少年叢書

文白对照本

苏秦

孙毓修◎著

团结出版社

图书在版编目（CIP）数据

少年丛书 / 孙毓修编. -- 北京 : 团结出版社,2015.7
ISBN 978-7-5126-3662-0

Ⅰ.①少… Ⅱ.①孙… Ⅲ.①名人—生平事迹—世界—少年读物 Ⅳ.①K811-49

中国版本图书馆CIP数据核字(2015)第130183号

出版：团结出版社
（北京市东城区东皇城根南街84号 邮编：100006）
电话：(010) 65228880 65244790 （传真）
网址：www.tjpress.com
Email：65244790@163.com
经销：全国新华书店
印刷：三河市祥达印刷包装有限公司
装订：三河市祥达印刷包装有限公司

开本：148×210 1/32
印张：128
字数：1500千字
版次：2015年12月 第1版
印次：2016年4月 第2次印刷

书号：978-7-5126-3662-0
定价：490.00元（全28册）

少年叢書

《少年丛书》白话语译编委会

出版前言

近代著名思想家、政治家梁启超曾经说："少年强则国强，少年智则国智，少年富则国富，少年独立则国独立，少年自由则国自由，少年进步则国进步，少年胜于欧洲，则国胜于欧洲，少年雄于地球，则国雄于地球。"这是他的散文《少年中国说》中的一段，作于戊戌变法失败后的1900年。文中极力歌颂少年的蓬勃朝气，指出封建统治下的中国是"老大帝国"，热切希望出现"少年中国"，振奋人民的精神。

或许是受到梁启超先生的感召，1908年冬天，上海商务印书馆编译所推出了一套系列丛书——《少年丛书》，又名《中外伟人的传略》，这是二十世纪中国的第一部历史人物类学生课外阅读丛书。首任编辑和作者是林万里，第二任编辑是孙毓修，孙毓修是这套丛书的主要作者，后期加盟写作的骨干还有国学大师钱智修。他们都博览中外，以精准而严格的眼光审视中外古今文化资源，选取其中有益于

少年儿童精神世界的材料，予以整合，编写成册。这套书出版以后，广受少年儿童的欢迎，每册前后加印达几十次，若整套书累计，恐怕达到数百次之多，发行量之大，影响力之广，在二十世纪的人物传记类图书中堪称罕见。

《少年丛书》前后出版了近三十余种，每一册传主为一位中外历史名人。我们在全国各地经过多方的搜寻，共得二十八册，其中中国名人十五位，外国名人十三位。每篇先叙述名人的生平传记，后加以作者的评论，根据时事，启发少年，借以激励少年树立远大志向，明确奋斗目标，成就健全人格。著名作家茅盾在阅读这套书后曾评论说："记事简明，议论正大，阅之足以增长见识，坚定志气。"这套出版之初即为砥砺少年志向的书影响了当时无数少年儿童由此走上振兴中国之路。著名作家张天翼、赵景深、陈伯吹等，都曾深受这套书的影响。

《少年丛书》的三位作者，都是当时学贯中西的通儒，不仅有深厚的国学功底，也有睁眼看世界的非凡眼光。撰写本套书册数最多的孙毓修先生，他是我国近代著名的目录学家、藏书家、图书馆学家。他同时还创作了大量的儿童文学作品。除了《少年丛书》，他还先后主编出版《少年杂志》、《童话丛书》等，被茅盾誉为"中国童话的开山祖师"。

另一位作者钱智修，浙江嵊县人，字经宇，是著名的国学大家，博古文学家，东方学派思想家。他在学时，就以"国学国文湛深，文章洛阳纸贵"赢得尊敬，并被上海多家进步报馆争揽为特约撰稿人。1911年毕业后，他应编译所长高梦旦之聘，担任商务印书馆编

译所编辑。1920年7月他任《东方杂志》主编，长达12年，是该杂志有史以来任期最长的主编。他还参与编辑《辞源》及《中国人名大辞典》、《中国古今地名大辞典》。1931年任国民政府监察院秘书长。

第三位作者林万里是民国年间著名的报人，原名獬，又名白水，字少泉。他幼承家学，又拜名士高啸桐（商务印书馆创始人之一）为师。清光绪二十四年(1898年)，他在杭州参与创办求是书院、养正书塾、东城讲舍、蚕学馆4所新式学堂，任求是书院总教习；后任《杭州白话报》主笔，宣传新思想。光绪三十年(1904年)，他出任《警钟日报》主编，宣扬孙中山及其领导的革命，后追随孙中山。帝制取消后，林万里重操新闻旧业，创办过多份报刊。

鉴于每位作者独有的知识结构和兴趣热点，每位编者对人物都有自己的选择。孙毓修所撰写的大部分是中国历史名人，而且写作的视角也非常独特，如其所写的《玄奘》是一个历史人物，而不是《西游记》中的唐僧。现代的普通读者对玄奘的了解绝大部分是来自于《西游记》等小说，而历史上的真实情况却鲜有人知——玄奘取经并非唐太宗支持，相反还受限于当时的法令，他冒着生命危险才得以出境。这就需要有人为读者打开另外一扇窗户，还原真实的玄奘，而不是小说中的文学形象。茅盾先生对孙毓修所写的《玄奘》评价很高："可以说是内容翔实，深入浅出，既宜于少年阅读，也使成年人增加历史知识。"再如《苏秦》，作为一位著名的辩士，《史记》必然为之列传。孙毓修在写苏秦游说各国发言的时候采用了《史记》中记载的史料，而在后面的评论部分对苏秦的表现作了恰当的点评，分析苏秦游说秦、燕、赵、韩魏、齐楚的过程，阐述了苏

秦辩术策略的不断提高。对于国外人物的选取，孙毓修也是偏爱励志型的，如德谟士，从一个小人物成长为大演说家；彼得大帝，从受制于人，成为欧洲赫赫有名的皇帝。

另一位作者钱智修，先后写有《林肯》、《苏格拉底》、《拿破仑》等，这些都是西学东渐后中国人十分崇仰的外国名人。值得注意的是，钱智修秉承严复所主张的信、达、雅翻译原则，特别讲究传记所含的真实性。他所抒发、张扬的传主虽然都被列为人们仿效的楷模，写法却不做作，更没有为了塑造人物形象而更改史实。

林万里所写的外国传记和钱智修的作法大致相近，即在第一章抒发己之传记宗旨，后文谈及传主读书之术、治学之道与其行事风格，并进行了点评。此外还有其他人关于传主的言论，更有编译者自己的评论，以引导少年儿童正确地学习和借鉴，而不是一味盲从。

《少年丛书》的最大特色，就是“记事简明，议论正大”。书中除了记叙人物的生平故事之外，作者的评论也让这套书大为增色。其议论宏富，既能够结合少年的成长特点，指明如何学习书中人物的优良品质，也指出了其中的不足之处，对于引导少年如何立志修身，大有裨益。

这套书的另一大特色，就是全部用文言文写作，语言凝炼，文笔流畅，保持了中国传统作史传的鲜明特色。当时，白话文风已经悄然兴起，而作者能够不从时髦，采用文言写作，甚为难得。以至我们今日再读此书，依然能够体味到文言笔法的无穷魅力。然而考虑到近百年来，国人的文言文水平已经一落千丈。今日的大部分少年，阅读文言文尚有一定困难，因此我们特别组织人员，将全套书进行了

白话翻译。尽管我们做了最大的努力，文言文的神韵依然是难以用白话表达出来。因此，我们希望少年朋友通过阅读这套书，体会文言文的独特魅力，进而热爱和学习文言文。

《周易》有云："君子以多识前言往行，以畜其德。"说的就是多学习古人的嘉言懿行，对我们修身立德至为重要。古人尝言："童蒙养正，少年养志，壮年养德。"少年时期是人生至为关键的时候，这个时期树立什么样的志向，以什么样的人为榜样，往往会决定一个人未来的人生成就。而一个人少年时期读的书，也足以改变他的一生。在今日少年课外读物良莠不齐的状况下，《少年丛书》堪称鲜有裨益少年的优秀读物。若今日的少年，能够认真研读这套《少年丛书》，对于树立远大志向、培养健全人格、完善道德情操将大有裨益。或许，今日的风华少年，即是将来成就伟业的千古豪杰、泽被世人的大圣大贤。勉哉！勉哉！

为什么要读名人传记

——《少年丛书》白话语译序

我从小很喜欢读书，可是，因为身处偏僻山村，小的时候却无书可读。那个时候，家中只有父亲买的一本《古文观止》，儿时翻阅过无数次，虽看不太懂，却记忆深刻。有人说，儿童时期读的书，一生也难以忘记。此言确实不虚。

没有想到的是，儿时无书可读的我，日后竟然投身于出版业。今天，我国的出版业已经非常发达，给少年儿童读的书也非常多。可是，若细心寻求，真正的好书却是少之又少，尤其是给少年儿童介绍历史文化的书。

一个偶然的机会，我们与这套百年前的《少年丛书》结缘，这套当初专为少年而写的中外名人传略，让我眼界大开，没想到，百年前的前辈们，竟给少年们创作出如此优良的传记读物。要知道，给少年

儿童写作，比给成年人写作更难，尤其是给人物作传，既要符合历史史实，不可随意编撰，又要注意引导青少年如何取其长，避其短，以免误人子弟。因为，作为历史人物，不可能处处皆堪为今人楷模。这就需要作者要极富有爱心、责任心和严谨精神，才能让读者从中获得纯净的人生智慧。可以说，目前各种写给青少年的人物传记，很少能与这套《少年丛书》相提并论的。

这套书中的二十八位中外名人，大多数是我们耳熟能详的人物，但是对于他们的生平事迹，也许就知之甚少了。读了他们的传记，方知欲为圣贤豪杰，需下一番苦功夫才能有所成就。“人人皆可为尧舜”，说的是我们每个人都有成圣成贤的资质，然而虽有圣贤之资，也需后天的不懈努力，方能成就一番伟业。所以，这一套书作者的目的并不仅仅是让读者了解一下名人轶事，而是以伟人的事迹启迪和激励少年朋友，树立人生的志向，汲取这些英雄豪杰的人生智慧，修身立德，练就自身本领，最终成为造福国家和社会的有用之才。

这套书虽然是写给少年看的，并不意味着就不适合大人阅读。大作家茅盾就曾大力推荐这套书。现在的青年人，乃至家长、老师，若能读读这套书，对于人生事业，教育子弟，也是大有益处的。可以说，这是一套老少皆宜的好书。

《少年丛书》在当时之所以大受欢迎，销量巨大，也不是没有原因的。这套书每册文字量不大，文笔流畅，史实可靠，评议精彩，这都是许多普通名人传记所不具备的。因此，这套书深受读者欢迎，也就不难理解了。

读名人传记，重在学习名人的智慧和经验。正如文天祥所说，

"人生自古谁无死，留取丹心照汗青"。人生有涯，知也无涯，如何在有限的生命里寻求到人生的价值，获取人生的智慧，而不浪费光阴？《少年丛书》中的这些圣贤豪杰，就是我们的榜样。他们身上伟大的人格，比如孝友、善良、爱心、坚毅、勇敢等等，这些人性的光辉，都是我们的学习之处。

我们用了近一年的时间，将这一套书作了白话语译，希望今天的少年们，能够喜欢阅读并且从中汲取智慧。若能让每一位读者都能够有所收获，那就不负当初写作这套书的三位老前辈的一片苦心，而我们的工作也就没有白做了。

这一套书规模宏大，在校对和语译的过程中，难免会有错误，恳请广大读者不吝指正。

《少年丛书》语译小组　主编　萧祥剑

目录

第一章 总论

周之季也，封建诸国，俱已略尽，惟余七国，所谓称雄者也。地博而势强，兵多而气骄，皆有因利乘便、宰割天下之心，而皆无政策，无定见。得于东者旋失于西，成于此者又毁于彼，此天下之所以纷纷不定也。

夫称强于七国之中者，则六国畏之。来享来王，至荣也。作威作福，至乐也。珠玉美女之玩，高堂广榭之适，又时君之所至愿也。于是七雄之君，各思徼幸于万一，而达其目的矣。自以智短才浅，急于求贤。草泽下士，一言投契，万乘之王不惜纡尊降贵，郊迎庭见，屈膝再拜。黄金白璧，美人车马，恣其所欲。虽周公之吐握（周公礼士甚，至有求见者立，即见之。方食尝，立吐其哺；方栉尝，立握其发），文王之养老（伯夷、太公以文王善养老而归之），不能过也。

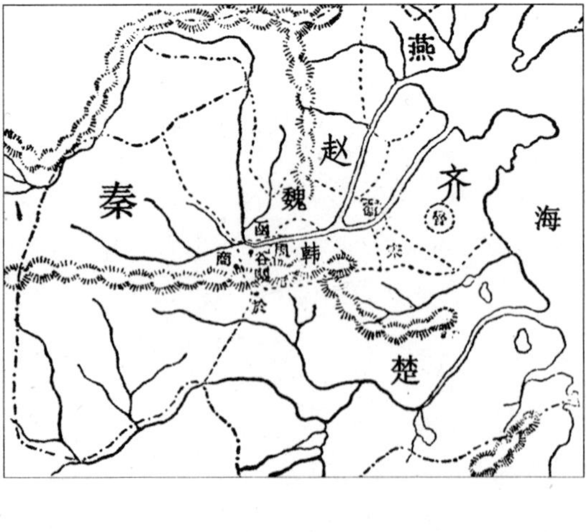

语曰：“得士者昌，失士者亡。”七国之君，既求士矣，且重用之矣，此于理宜昌。然而

周朝晚期，原来朝廷分封的各个小国都已经被吞并殆尽，只剩下七个国家，就是所说的战国七雄。这几个国家幅员辽阔，势力强劲，军事实力强大而气势傲慢，都意图趁有利的时机和便利的机会征服天下，却没有具体的政令和确定的方针。所以在一段时期内，各个国家攻下东边，接着在西边失守，在一方面有所成就，很快就在另一方面失败，这就是天下纷乱不定的原因啊。

一个国家在七国中称霸，其余六个国家就会畏惧它。让其他国家来进贡、朝拜，是极大的荣耀。站在其他国家头上独揽威权擅行赏罚，是极大的乐事。能够赏玩珠宝玉石以及美女，能够舒舒服服地住在高大豪华的宫室里，是当时各国国君最大的愿望。于是这七个国家的君主，都抱着万分之一的侥幸心理，想要达到自己的目的。他们自认为才智不足，所以求贤若渴。平民百姓，一句话跟君主的见解相合，就能让兵车万乘的大国君主不惜放下尊贵的身份，在郊外迎接，在朝廷上召见，以隆重的礼节对待他。黄金白玉，美人车马，想要多少给多少。即使是周公吐哺握发（周公非常尊敬有才能的人，以至于有求见的人在等待，立刻就去相见。如果他正在吃东西，就立刻吐出嘴里的食物；如果他正在洗头发，就立刻用手握住，停止洗头发），文王赡养老人（伯夷、姜太公因为文王尊敬老人赡养老人而去投奔他），也不能超过他们了。

俗话说：“得到人才的国家就会兴盛，失去人才的国家就会灭亡。”七个国家的君主，求到人才后，就重用他们，按理说国家应该会渐渐兴盛起来。然而得失出于偶然，有的国家仅仅能够维持，诡得诡失，苟且图存，甚则破国亡家，并不能保其社稷。所谓富国强兵者，卒未见其明效，是又何也？吾盖反覆思之，而知其故矣。

战国之君，非真有礼贤之精意，而能虚己以从也。故孟子不用于齐梁，荀卿以兰陵令终，而屈原至于自沉。使果好贤，何至于此哉？彼之所好，在于辟土地，朝秦楚，莅中国，抚四夷，求逞其大欲。揣摹之士，知其然也，乃托富国强兵之策，以投其所好。于主德之得失，绝不敢措一辞。复夤缘左右，巧为蒙蔽，苟求利禄。彼多欲自侈之主，堕其术中，尚不觉悟，以为吾诚得士矣，富强之效不难致矣。此孟子所谓缘木求鱼者也。

吾读史，知一种时势，自有一种人才，应时势之要求，蕴酿而出，以应其变。战国之时，于地理则易统一而为割据，于用人则易世家而为布衣，于学说则尚功利而轻道义。其合于长治久安之道与否姑置勿论，而既成此特殊之时局，则必有特殊之治法以维持之。运会所趋，遂生出一种之人才，而影响于时局。

时则至尊者莫如君主，至贵者莫如武人。顾武人君主有的就国破家亡，不能保存他们的国家。所声称的使国家富强军事实力提高，最后并未见到明显的效果，这又是什么原因呢？我反复思考这个问题，明白了其中的缘故。

战国时代的君主，并不是真正地明白礼贤下士的含义，虚心听从贤士的意见。所以孟子在齐梁之间游说却不能被任用，荀子以兰陵令的身份去世，屈原甚至于在汨罗江投水身亡。假使这些国君真的尊敬贤者，哪里就到了这种地步呢？他们所看重的，在于开辟土地，使秦、楚这样的大国来朝拜，在中原称霸，安抚周边的少数民族，以求显示自己的权力。善于揣摩意图的人，知道国君心里的想法，就假借有富国强兵的方法，来迎合国君的喜好。对于国君品德上的对错，这些人却一点也不敢多说。攀附权贵，左右巴结，用巧妙的手段蒙蔽国君，只追求一时的利益。那些野心勃勃的国君，陷入他们的手段里，尚且不觉悟，一心认为自己确实得到了贤士，富国强兵指日可待了。这就是孟子所说的“缘木求鱼”了。

我阅读历史，知道在一种时势之下，自然就会产生一类人，顺应时势的要求，积蓄力量待时而出，顺应时代的变化。战国的时候，从地理环境上来看，国家统一变为诸侯割据；从任用人才上来看，从世家子弟变为平民百姓；从提倡的学说上来看，各个国家都崇尚功利而轻视道德仁义。这种情况跟长治久安之道契合与否姑且放在一边不讨论，这种特殊的时势形成以后，必定有特殊的方法来维持这种状况。这种形式下，一种人才应运而生，对时局产生一定的影响。

那个时代地位最高的没有比得上君主的了，最尊贵的没有比虽尊贵，犹如无汽之机械耳。而为之汽力者，则惟当时之所谓策士。朝秦暮楚之流，纷纷者何限？虽孟子之所羞称，然皆造时势之英雄，未可等闲视之者也。

战国之世，大势在秦。六国之君相，仓皇应付，无不失败，久之而合纵（古作从）连横（古作衡）之新名词出焉。所谓合纵，言六国联盟以拒秦；所谓连横，言秦联五国以击一。纵之利在六国，横之利在秦。一利一害，针锋相对，彼此对待之政策，至是始明，而造成之者苏秦也。

【批评】

太史公曰“苏秦被反间以死，天下共笑之，讳学其术”，又曰“张仪之行为，甚于苏秦，此两人真倾危之士”。由此观之，苏秦之为人，其可知矣。然其人于历史上，关系非小，《少年丛书》中，岂可少此人物？

太史公以苏秦之政策偏于倾危而深恶之，然扰攘之中，事势万变，蹈常袭故，亦非救时之才。譬如行舟于险滩之中，非巧为迎距，则必有沉溺之患矣。

得上将帅的了。可是他们虽然看起来尊贵，却只不过跟没有动力的机器一样罢了。可以为他们提供动力的，就只有当时所说的策士了。反复无常的那些人，都纷纷出来发挥自己的能力。虽然孟子不好意思称赞这些人，但是他们都是影响时势的英雄人物，不能把他们看成一般人。

战国时代，主导能力掌握在秦国手中。其余六国的君主和宰相们被动地应对，却没有不失败的，过了很久才有“合纵”（古代写作“从”）、“连横”（古代写作“衡”）这样的新名词出来。所谓的合纵，就是六国结成联盟来对抗秦国；所谓连横，就是秦国联合五个国家来攻打一个国家。合纵对六国有利，连横对秦国有利。合纵连横与七国厉害相关，针锋相对，秦与六国之间对峙的策略，到这个时候才渐渐明朗，而造就这种情形的就是苏秦。

【评论】

太史公说“苏秦死在反间计之下，天下人都笑话他，不愿再学习他的东西”，又说“张仪的行为，比苏秦还过分，这两个人真的是非常狡诈的人”。从这方面来看，苏秦的为人，就能够被人们知道了。但这个人的历史地位不低，《少年丛书》中怎么能少了这样的人物呢？

太史公认为苏秦的主张偏于阴险狡诈而非常厌恶他，但是世间之事瞬息万变，一味地拘泥于以往，不算是匡救时弊的人才。比如说在水流湍急的地方行船，不能巧妙地计算各方面因素，那么就必然有沉舟的危险。

大约古人每有短处，后人学古，但学其长，勿学其短，则遂无不可学之人。

大概古时的人或多或少地都会有一些短处，后来的人学习古人的时候，只学习他们的长处，不学习他们的短处，这样就没有不值得学习的人了。

第二章 家世及教育

苏秦号为策士，夫策士亦儒生业也。古者重世业，故士之子恒为士，农之子恒为农。而苏秦固非士人之子，一旦为儒生之业，奋迹青云，成左右一世之人物，宜其艰难困苦倍于寻常。百世之后，闻其风者，犹为之兴起也。

苏秦，东周雒阳轩里（今河南洛阳县）人也。兄弟五人，秦最少，故字曰季子。兄曰代，曰厉，曰辟、鹄。自苏秦得志，代、厉皆受其学，亦以游说著于时。周人之俗，治产业，力工商，逐什一以为务者，谓之本业。苏秦独否。负笈出门，从师访友，以此耗其家资，而己亦时遭困阨。兄弟、嫂妹、妻妾皆笑之，曰：“今子释本业而事口舌，困不亦宜乎？”

周天子境内阳城之地（今河南登封县），有谷焉，山深林密，人迹罕至，世因名之曰鬼谷（亦名归谷）。中有隐士，不知其名（或云晋人王栩，与墨子友），以其居于鬼谷也，皆称谓鬼谷子云。鬼谷子之胸中，无所不知，尤熟于七国之大势。自创一种学说，曰纵横之学。盖其身虽隐，其心则未尝忘天下也。罗致英才，传其所学，使成将相之资。又著书十四篇（书名《鬼谷子》今存十二篇）。旋乾转坤之人才，合苏秦号称纵横家，纵横家也是读书人的一种职业。古代人看重祖传的职业，所以士族的后代一直做官，农民的后代一直务农。而苏秦本来就不是士族子弟，有朝一日读书做官，奋起投身于高官显爵之中，成为影响时势的人物，他所付出的艰难困苦肯定比一般人多。千百年后，听到他事迹的人，还依然为他兴致勃发。

苏秦，是东周雒阳轩里（今河南洛阳县）人。他们兄弟五人，苏秦是年纪最小的一个，所以他的字叫季子。他的兄长分别叫苏代、苏厉、苏辟、苏鹄。自从苏秦实现了自己的理想后，苏代、苏厉都学习他的学说，也凭借游说诸侯在当时称名。周朝人的习俗，治理产业，大力发展手工业和商业，追求十分之一的利润为目的，被认为是基本的谋生职业。苏秦单单不认同这点。他背着书箱出门，拜师学习，访问友人。因为这样，家里的钱财渐渐花光殆尽，而自己也经常遭遇困窘。他的兄弟、嫂妹、妻妾都嘲笑他，说："如今你放弃基本的谋生职业去做这些口舌之事，落得困顿的地步不也是应该的吗？"

周朝境内的阳城（今河南登封县），有一道山谷，高山绵延，丛林密布，人们很少经过这个地方，世人因此把这里称为鬼谷（也叫做归谷）。谷中有一位隐士，人们不知道他的名字（有人说是晋国人王栩，跟墨子有交往），因为他住在鬼谷中，都称他为鬼谷子。鬼谷子这个人没有什么是他不知道的，特别熟悉战国的天下大势。他自己创立了一种学说，叫做纵横学。这个人虽然归隐了，但心里从没有忘记天下。他搜罗一些有才华的人，把自己的学说传授给他们，使他们足以担当起将军、宰相的职务。他还有著作十四篇（著作名为《鬼纵连横之局势，已于空山风雨、寂然不动之中，蕴酿成矣。其门弟子中，以口辩著者，则周人苏秦、魏人张仪也。

苏秦之学成而归也，正当卫鞅用秦之时。秦之为国，僻处西陲，东出而争霸于中原，则赵拊其背，韩掣其肘，魏扼其吭。西南北三面，又山岭崎岖，蛮夷逼处，实无霸业之可图。孝公之世，任用卫鞅，先整内治，以树富强之基。既已成功，谋倾其势力于东方，则梗于三晋（韩赵魏本晋国，故又称三晋），而魏尤逼近。盖秦之有魏，如人有腹心之疾，非魏并秦，即秦并魏，势不两立者也。以国势论，魏之不如秦也远甚，于是魏始危矣。

夫首谋弱魏，以次蚕食各国，而遂统一之愿者，此秦人之素志也。彼楚齐燕赵韩之五国者，既非尽聋瞽，岂不知唇亡齿寒之理？合力以存魏，如昔年英法共保土耳基，以抗强俄之故事。乃竟不然。

周显王二十八年，齐伐魏，破魏师于武陵，杀其将庞涓，虏太子申。二十九年，秦人乘魏人新败，使卫鞅伐魏，诱执其将公子卬而败之。魏乃献河西地于秦以和。因去安谷子》，现在流传下来的只有十二篇)。改天换地的人才，合纵连横的局势，已经在鬼谷的风景变换中悄无声息地酝酿成了。他门下的弟子中，以能言善辩出名的，有周人苏秦、魏国人张仪。

苏秦学成归来的时候，正值卫鞅在秦国被重用的时候。秦这个国家，地处偏僻的西边，如果它向东出发与诸国在中原争霸，那么赵国可以攻击它的背后，韩国可以拉住它的胳膊，魏国可以扼住它的喉咙。它的西南北三面，又是些崎岖的山岭，一些少数民族聚居的地方，实在是无法谋求什么霸业。秦孝公在位的时候，任用卫鞅，首先整顿内部，来树立富国强兵的基础。整顿好国内以后，就把国内的全部实力都投入到东边，受到韩赵魏三国的阻碍(韩赵魏本来属于晋国，所以又称三晋)，而魏国离秦国尤其近。秦国旁边有魏国，就像是一个人的胸腹之间生了病，不是魏国吞并秦国，就是秦国吞并魏国，这两个国家是势不两立的。从国家实力来看，魏国远远不如秦国，于是魏国就危险了。

首先想着削弱魏国，接着渐渐地吞食其他国家，完成统一天下的大愿，这是秦国人一直以来的愿望。而楚齐燕赵韩五国，又不都是聋子瞎子，哪里会不知道唇亡齿寒的道理？它们应该集中力量保存魏国，就像前几年英国法国一起保存土耳基来对抗俄国的事情一样。后来居然不是这样的。

周显王二十八年的时候，齐国讨伐魏国，在武陵大败魏军，杀死魏国将领庞涓，俘虏魏太子申。二十九年，秦国人趁着魏国刚刚打了败仗，派卫鞅攻打魏国，诱捕魏国将领公子卬，大败魏军。魏邑（故城在今山西夏县西南三十里，遗址尚存），徙都大梁（今河南祥符县，控引河汴，南通淮泗，北接滑卫，舟车之所凑集）。是年，齐赵又伐之。三十年，秦又伐魏，虏其将魏错。魏本非强国，连年丧败，魏势益弱而秦势日张。

于斯时也，苏秦适去寂寞之山林，而入纷纭之世界。既知天下之大势如此，乃定其入世之方，而战国之风云起矣。

【批评】

鬼谷子，盖六国时之有心人也。相传齐人孙膑、魏人庞涓亦其弟子，则又以纵横家而兼兵家矣。今江湖卖卦者流，皆托其术于鬼谷，悬像以为招牌。古人为后人误用，往往类此。

纵横固非治本之道，以云治标，则虽有智者亦不能更易一说，以善其后也。梁襄王问孟子曰："天下恶乎定。"孟子对曰："定于一。"如六国合力以拒秦，秦兵不敢东出而天下安。秦联五国以攻一国，以次蚕食，天下为一则亦免于兵争之苦，如此则天下定矣。惟以时君之多欲，与策士之无行，虽暂定于一时，亦未能永息干戈耳。治标之策，所以异乎孟国献出黄河以西的土地送给秦国来求和，并离开安邑（老城在现在山西夏县西南三十里，遗址还在），迁往大梁（今河南祥符县，贯通黄河、汴水，向南通往淮河、泗水，北面接近滑国与卫国，是个交通便利、舟车聚集的地方）。这一年，齐国、赵国又来攻打魏国。三十年的时候，秦国又攻打魏国，俘虏了魏国将领魏错。魏国本来就不是一个强国，又连年打败仗，国力越来越弱，秦国的国力却越来越强。

在这个时候，苏秦离开寂寞的山谷，投身于纷乱的世界中。他已经明了天下的大势，就确定了投身社会的方法，战国开始风起云涌了。

【评论】

鬼谷子，是这一时期的有志之士。相传齐国人孙膑、魏国人庞涓也是他的弟子，那么他既是纵横家又是军事家了。如今江湖上那些算卦算命的，都假托自己的本领是鬼谷子传下来的，并挂着鬼谷子的画像作为招牌。古代的人被后世的人假借错用，往往就像这样。

纵横之术本来就不是治理国家的根本之道，用来治理一些表面上的问题，那么即使是再聪明的人也不能作出改变，然后妥善处理问题。梁襄王问孟子说："天下怎样才能安定下来？"孟子回答说："统一了就能安定下来。"如果六国一起对抗秦国，秦兵就不敢东进，战争减少，这样天下会安定。秦国联合五个国家攻打一个国家，渐渐地吞并其他国家，统一天下，这样也能让黎民百姓免于战争之苦，这样的话天下就安定了。只是因为国君欲望子之言者在此。

鬼谷子之术，大意如此，而运用之者要不外乎口舌之巧妙。苏秦张仪之口，可谓巧于运用者。虽由天才，想受鬼谷子之教亦不少。吾国雄辨学之初祖，必推鬼谷子，惜不传于后世也。

太多，再加上谋士没有什么真才实学，即使一时之间暂且安定了，也不能永远停止战争。解决表面问题的方法，跟孟子说的不同的地方就在于此。

鬼谷子的学说大概就像这样，但运用的关键在于口舌的巧妙。苏秦张仪的口舌，可以说是巧妙地运用起来了。即使他们天生就能言善辩，想来蒙受鬼谷子的教导也不少。我国雄辩学的鼻祖，一定得推鬼谷子了，可惜后世没有流传下来。

第三章 说秦

苏秦之世，周天子尚在，而秦又周人也，乃就近求见周显王。显王左右以秦浮说，多不中世务，轻之，劝王弗用。盖恐苏秦见用，旧时人物，失其势位，犹汉廷之沮贾谊耳（贾谊，洛阳少年，汉文帝爱其才，而绛、灌诸大臣交言其短，遂不见容）。而苏秦进身之始，不曳裾于七国之廷，说当代之雄主，而求容于孱王，亦不识时务甚矣。然苏秦岂真不识时务哉？其意盖欲奉成周之共主，以号令诸侯，而奏一匡天下之效。无如周之不能用也。

苏秦念天下之名分在周而大势则在秦，既不得志于周，则西行至秦耳。然周秦相去，水有河洛之阻，陆有崤函之险，必备舟车与从而后可行。秦虽意气慷慨，非惮于冒险者，然又安能布衣韦带敝车瘦马以庭，说赫赫之秦王哉？家贫，旅费无所措，久之，乃得成行。

苏秦之入秦也，适当秦惠文王（名驷）即位之初，商鞅（本名卫鞅，因封于商，又号商君）被诛，尚未有代之者。苏苏秦所处时代，周天子还在，而苏秦又是周人，于是就近去求见周显王。周显王身边的人认为苏秦言谈虚浮不实，多半不会通晓政务，对他很轻视，就劝说周显王不要任用他。他们估计怕苏秦一旦被任用，自己就失去了权势地位，就像汉代朝廷的官员们阻挠贾谊一样（贾谊是洛阳的少年，汉文帝喜爱他的才华，但是周勃、灌婴等很多大臣都说他的坏话，于是贾谊被排挤走了）。苏秦刚开始投身社会，没有在七国的朝廷之上拖拽着衣服去游说当时的那些野心勃勃的国君，反而去周朝求见懦弱的周显王，也算是看不清当时的形势的了。但苏秦真的是看不清形势吗？他是想侍奉身在成周的周显王，来向诸侯发号施令，取得匡正天下的效果。哪里想到周显王竟然不任用他呢？

苏秦想着周天子虽然号称坐拥天下，但天下的主导力量却在秦国，在周天子那里碰了钉子以后，就往西边到秦国去。然而周秦之间，水路有黄河、洛水阻碍，陆路上有崤山、函谷关这样险峻的地方，一定得准备好车船跟着才能出发。苏秦虽然意气豪迈，是个不怕危险的人，然而怎么能衣衫褴褛，驾着破车瘦马到朝廷，去游说威名赫赫的秦王呢？苏秦家里穷，无法凑齐路上的盘缠，过了很久才得以上路。

苏秦进入秦国的时候，正当秦惠文王（名字是驷）刚即位不久，商鞅（原名卫鞅，因为封地在商地，所以又被称为商君）刚刚秦以为有机可乘，私心窃喜，乃以连横之术说之曰：

大王之国，西有巴蜀（皆古国名，今四川保宁、顺庆、夔州、重庆及泸州等处皆巴地，成都、雅州、印州、茂州、松潘等处皆蜀地）、汉中（今陕西汉中县，在秦之西南、楚之西北、汉水南之地，故曰汉中）之利，北有胡貉代马（胡楼烦、林胡之类，出貉可为裘，幽州郡出马，一说以马貉皆为地名）之用，南有巫山（山在今四川巫山县，自巫峡东至西陵峡，皆连山无断处，非亭午夜分不见日月，风无南北，惟有上下）、黔中（今湖南常德、辰沅、永顺、澧靖、华容及湖北公安、常阳皆古黔中地）之限（黔，故楚地，皆不属秦，故曰限），东有殽（有殽二，东殽西殽是也，相距三十五里，地皆险绝，在今永宁、陕州、渑池县界）、函（今陕西灵宝县，有洪溜涧，古函谷关也，路在谷中，深阴如函，故以为名，林荫谷中殆不见日。汉武元鼎三年从杨仆言徙关于河南新安县）之固，田肥美，民殷富，战车万乘，奋击（士之能奋起以击者）百万。沃野千里，蓄积饶多，地势形便，此所谓天府，天下之雄国也。以大王之贤，士民之众，车骑之用，兵法之教，可以并诸侯，吞天下，称帝而治。愿大王少留意，臣请奏其效。

被杀，还没有接替他位置的人。苏秦以为可以抓住这样的机会，私下里很高兴，于是就用连横的学说游说秦王：

大王您的国家，西面有巴蜀（巴、蜀都是古国名，现在四川保宁、顺庆、夔州、重庆及泸州等地都属巴地，成都、雅州、印州、茂州、松潘等地都属蜀地）、汉中（现在陕西汉中县，在秦国的西南方，楚国的西北方，汉水南面，所以称为汉中）的富饶，北方出产可用的胡貉、代马（胡地楼烦、林胡这些少数民族，出产貉子可作裘衣。幽州郡出产骏马，一说认为马、貉都是地名），南方有巫山（在今天四川巫山县，从巫峡向东直到西陵峡，都是连绵群山，只有正午和午夜才能看到太阳和月亮。风的方向不分南北，只有上下滚动的气流）、黔中（现在湖南常德、辰沅、永顺、澧靖、华容及湖北公安、常阳这些地方都属古代黔中）的险阻（黔，以前是楚国的地方，不属秦国，所以称为险阻），东面有崤山（有两个崤山，东、西崤山，相距三十五里，地势都非常险要，在今天永宁、陕州、渑池等县的边界）、函谷关（今天陕西灵宝县的洪溜涧，就是古代的函谷关。路在山谷中，像幽深阴暗的匣子一样，所以用函谷关为名。树林荫蔽，谷中几乎见不到太阳。汉武帝元鼎三年时采纳杨仆的建议把关口迁徙到了河南新安县）的稳固，土地肥沃，人民富足，战车成千上万，壮年人（那些能够有力地进攻敌人的兵士）有一百多万。富饶的田野积蓄了大量财富，地理位置又好，这就是所说的天府，天下显赫的大国啊。凭借大王您的贤能，人民的众多，车骑的充足，兵法的教导，一定可以吞并诸侯，统一天下，改称皇帝君临天下。希望大王您稍微注意一下，我请求来给您实现这件事。

秦王曰："寡人闻之，毛羽不丰满者不可以高飞，文章不成者不可以诛伐，道德不厚者不可以使民，政教不顺者不可以烦大臣。今先生俨然不远千里而庭教之，愿以异日。"是时秦新诛商鞅，疾辨士，故弗用也。

苏秦千里而来，志在必成，岂肯一击不中，即萌厌倦之心而骞然远引者？乃复上书曰：

臣固疑大王之不能用也。昔者神农伐补遂（国名），黄帝伐涿鹿而擒蚩尤（蚩尤，黄帝时诸侯，无道，黄帝与大战于涿鹿之野，杀之），尧伐驩兜，舜伐三苗，禹伐共（音恭）工，汤伐有夏，文王伐崇（崇侯虎，纣之卿士，导纣为恶，文王故伐之），武王伐纣，齐桓任战而霸天下。由此观之，乌有不战者乎。古者使车毂击驰，言语相结，天下为一，约纵连横，兵革不藏。文士并饬，诸侯乱惑，万端俱起，不可胜理。科条既备，民多伪态，书策稠浊，百姓不足，上下相愁，民无所聊。明言章理，兵甲愈起，辨言伟服（伟服，儒者盛服），战攻不息。繁称文辞，天下不治。舌敝耳聋，不见成功。行义约信，天下不亲。于是乃废文任武，厚养死士，缀甲厉兵，效胜秦王说："我听说，羽毛还没有长丰满的时候不可以飞得太高，文章写得不好的时候不可以声讨人家，道德不深厚的人不可以役使人民，政教不顺民心的不能烦劳大臣。现在先生您一本正经地老远跑来在朝廷上开导我，我愿改日再听您的教诲。"那时候秦国刚刚杀掉商鞅，正痛恨说客，所以苏秦不得用。

苏秦走了那么远才来到秦国，怎么会一次没有成功就萌生厌倦之心听任事情的发展退下来呢？于是又上书说：

我本来就怀疑大王不会接受我的意见。以前神农讨伐补遂（国家的名字），黄帝在涿鹿讨伐并擒获了蚩尤（蚩尤是黄帝时候的诸侯，非常暴虐，黄帝和他在涿鹿的郊外大战一场，杀了他），尧讨伐驩兜，舜讨伐三苗，禹讨伐共（音恭）工，商汤讨伐夏桀，周文王讨伐崇国（崇侯虎是纣王的卿士，引导纣王作恶，文王因此讨伐他），周武王讨伐纣王，齐桓公用武力称霸天下。由此看来，哪有不用战争手段的呢？以前人们让车辆来回奔驰，用言语交结，天下成为一体，有的约纵有的连横，不再储备武器甲胄。文士个个巧舌如簧，诸侯听得稀里糊涂，群议纷起，难以清理。规章制度虽已完备，人们却到处虚情假意，条文记录又多又乱，百姓还是衣食不足。君臣愁容相对，人民无所依靠。道理愈是清楚明白，战乱反而更多。穿着讲穷服饰的文士虽然善辩，攻战却难以止息。愈是玩弄华丽的文辞，天下就愈难得到治理。说的人说得舌头破，听的人听得耳朵聋，却不见成功，嘴上大讲仁义礼信，却不能使天下人和睦相处。于是就废却文治、信用武力，以优厚待遇蓄养勇士，备好盔甲，磨好兵器，在战场上决一胜负。至于无所作为就有好处，安于战场。夫徒处而致利，安坐而广地，虽古五帝三王五霸，明主贤君，常欲坐而致之，其势不能。故以战续之，宽则两军相攻，迫则杖戟相撞，然后可建大功。是故兵胜于外，义强于内，威立于上，民服于下。今欲并天下，凌（侵也）万乘，诎（服也）敌国，制海内，子元元（元，善也。民性皆善，故称元元），臣诸侯，非兵不可。今之嗣主，忽于至道，皆惛于教，乱于治，迷于言，惑于语，沉于辨，溺于辞。以此论之，王固不能行也。

【批评】

《赵策》：苏秦说李兑曰："君杀主父而族之，君之立于天下，危于累卵。君听臣计则生，不听臣计则死。"李兑送以明月之珠，和氏之璧，黑貂之裘，黄金百镒，苏秦得以为用，西入于秦。

案：兑杀主父时，苏秦已死久矣，史迁谓世言苏秦事多异，异时事有类此者，皆附之秦，即此类也。

苏秦见周显王，必有所说，史策未载，今不可知矣。周制重世禄，苏秦起自布衣，家世微贱，故左右轻之，劝王弗用，谓其不知世务者，特托词耳。

然坐等就想扩展疆土，即使是上古五帝、三王、五霸，再贤明的君主，想要坐等实现，那也是不可能的。所以用战争来解决问题，相距远的就两支队伍相互进攻，相距近的就持着刀戟相互冲刺，这样方能建立大功。因此对外军队取得了胜利，对内因行仁义而强大，国君确立权威，下面的人民才能驯服。现在要想并吞天下，超越大国，使敌国屈服，管理天下，教化万民，使诸侯为臣，非发动战争不可。现在在位的国君，忽略了这个根本道理，都教化不明，治理混乱，又被一些人的奇谈怪论所迷惑，沉溺在巧言诡辩之中。这样看来，王道是无法实现的。

【评论】

《赵策》中记载，苏秦游说李兑说："您杀害主父武灵王并灭了他的宗族，生活在天地间，危险得像摞在一起的鸡蛋一样。您听我的方法就能活下来，不听我的就会死亡。"李兑送给苏秦明月珠、和氏璧、黑貂裘，还有很多黄金。苏秦用这些财物才得以向西到秦国去。

编者按：李兑杀主父的时候，苏秦早已死去多时，司马迁说民间流传的苏秦的故事有很多差异，凡是不同时期和苏秦相类似的事迹，都附会到苏秦身上，就是说的这类。

苏秦觐见周显王的时候，肯定有说的话，但是史书中没有记载，现在不可能知道了。周朝看重世家大族，苏秦出身平民，家世贫贱，所以周显王身边的人轻视他，劝说周显王不要任用他，说他不通政务，只不过是借口罢了。

苏秦岂不知周室已衰，一姓不能再兴？而贸然说之，盖以身名未显，遽出说大国之君，恐不足当其一盼，故先自小国起耳。稍积资望，更为择木之计，此苏秦慎于进身之意也。

初说秦王书，史记仅取数句，国策载其全文。今读之，则立意无非主战，与当时之所谓策士口吻者迥乎未合。语亦直率无开阖擒纵之势，宜秦王之不为动也。

苏秦难道不明白周王室已经衰微，姬氏不能再兴起吗？他轻率地去游说周显王，就是因为名声还没有显露，突然去游说大国的君主，只怕不值得他们一看，所以先从小国开始。渐渐地积蓄名望，再选择新的目标，这就是苏秦谨慎为官的本意。

第一次游说秦王的上书，《史记》中只记载了几句，《战国策》中记载了全文。现在读来，苏秦无非是主张战争的，和当时那些谋士们的口气显然不一样。他的语言直率，不讲究说话的谋略，秦王不被他打动是应该的。

第四章　说燕

苏秦说秦王，书十上而说不行。黑貂之裘敝，黄金百斤尽，资用之绝，乃不得不去秦而归矣。当苏秦失败于周天子之时，难免不为家人所笑，故愤而赴秦，以为秦庭之明，自不如周人之暗。方其乘肥马，衣轻裘，历百二之山河，而至于秦也，意气慷慨，以为凭三寸之舌，君臣相遇，致身通显，他年衣锦还乡，岂犹旧日之苏秦哉？亲戚故旧，会当刮目相看耳。

不意时会未至则壮士无颜，径路未通则英豪坐困。乘兴而去者，竟败兴而归矣。此时也，苏秦则赢縢履蹻（赢，缠也。縢，束胫斜幅，自足至膝便于行也。蹻，草履）负书担囊，形容枯槁，面目黧黑，盖状有愧色云。

苏秦一己之无聊，既若是其甚矣，而又足重苏秦之抑郁者，更有其家人。归至家，父母见之，默不与言也；嫂见之，饥不为炊也；其妻方织，见之亦不下絍也。其他邻里朋旧，相遇之间，态度落寞，自不待言矣。

苏秦游说秦王，奏折多次呈上，而主张仍未实行。黑貂皮大衣破了，百斤黄金也用完了，钱财一点不剩，只得离开秦国，返回家乡。当初苏秦在周天子那里碰壁，难免不被家人嘲笑，所以生气地奔赴秦国，认为秦国君主英明，自然跟周天子昏昧不一样。当他驾着大马，穿着华贵的裘衣，穿山越岭到达秦国的时候，意气风发，觉得凭借他的三寸不烂之舌，君臣相会，必能身居高位，将来富贵还乡，哪里还像以前落魄的苏秦呢？亲戚朋友们必定会对他刮目相看。

没想到时机未到而使得壮士失了脸面，路途不通而让英雄被困。来的时候满怀壮志，回的时候竟然情绪低落。这个时候，苏秦缠着绑腿布，穿着草鞋（羸，缠。縢，绑腿布，从脚缠到膝盖以便于走路。蹻，草鞋），挑着书箱行囊，身体干瘦，脸色黝黑，面有愧色。

苏秦一个人落魄而归，生活穷困，无所依赖，已经狼狈到这种地步了，而又加重苏秦的苦闷的，还有他的家人。回到家后，父母见了他，默默地不跟他说话；嫂子见了他，饿了不给他做饭；妻子正在织布，见了他也不下织机。其余的邻居朋友，见到他的时候，态度冷淡，就不用多说了。

苏秦至此，乃喟然叹曰："妻不以我为夫，嫂不以我为叔，父母不以我为子，是皆秦之罪也。"乃夜发书，陈箧数十，得太公阴符之谋，伏而诵之，简练以为揣摩。读书欲睡，引锥自刺其股，血涔涔然流至足下。奋然曰："安有说人主不能出其金玉锦绣，取卿相之尊者乎？"彼于失败之余，不怨天，不尤人，惟知反躬自责，其进行之积极，自治之严厉，迥非常人可及，宜乎有志者事竟成也。

如此者期年，自谓揣摩成熟，窃自喜曰："此真可以说当世之君矣。"思及锋而试，偿其素志，惟于周于秦，皆无所遇。纷纷六国，何者为托迹之所？此时赵肃侯在位，有贤声，苏秦遂东之赵。

赵相奉阳君者，赵王之弟也，方恶游士，故苏秦在赵又不遇。乃北之燕，求见燕文侯，经年犹不得见。金尽裘敝，无异在秦之时。旅舍主人哀之，贷与百钱，乃得支持。会文侯出猎，苏秦伏于道左，再拜奉谒。文侯知其名，甚喜曰："洛阳苏季子，寡人闻之久矣。何不早来庭见，而自屈至此？"盖苏秦之事，悉为左右所蔽，而竟不知也。藉非道见，则又不知羁旅至于何时。侯门如海，可胜叹哉。

苏秦看到这种情况，就长叹一声说："妻子不把我当作丈夫，嫂子不把我当作小叔，父母不把我当作儿子，这都是我的罪过啊！"于是就连夜找书，摆开几十只书箱，找到了姜太公的兵书，埋头诵读，反复推敲体会。读到昏昏欲睡时，他就拿锥子扎自己的大腿，汩汩的鲜血一直流到脚跟。他激愤地说："哪有游说君主而不能拿出他的才华，就取得卿相高位的呢？"苏秦在失败的时候，没有怨恨命运，责怪别人，只知道自我批评反省，他态度积极，自制力极强，不是一般人能比得上的。这样有志向的人最后应该会成功的。

这样过了一年，苏秦自认为学到家了，私下里高兴地说："这下我确信能够游说当今的国君了。"想着趁机发奋而起，实现素来的愿望，只不过在周朝廷和秦国都没有遇到赏识自己的人。那么另外的六个国家，哪个是能够托身的呢？这时候赵国赵肃侯在位，名声比较贤明，苏秦就往东去赵国。

赵国宰相奉阳君，是赵王的弟弟，正讨厌游说的人，所以苏秦在赵国又没有发挥出自己的才华。于是他往北去往燕国，求见燕文侯，过了一年还没有见到。黄金花光了，衣服破败了，状况跟在秦国的时候差不多。客栈的老板可怜他，借给他一些钱，苏秦才得以苦苦支撑。赶上燕文侯外出打猎，苏秦趴在道路的左侧，拜见文侯。文侯听过他的名字，很高兴地说："洛阳的苏季子，我听说很久了。为什么不早点来见，却委屈自己到了这种地步？"原来苏秦请求拜见的事情，都被身边的人瞒下了，文侯居然不知道苏秦来了。如果不是在路边遇到，苏秦又不知道落魄异乡到什么时候了。富贵人家门禁森严，真是值得慨叹啊。

文侯与苏秦并载还朝，问以时事，苏秦条陈其说如左：

燕东有朝鲜辽东（辽东今奉天府地），北有林胡（今陕西榆林镇东北四百五十里，有胜州城，东北临黄河，战国时林胡所居也）、楼烦（楼烦国在今山西代县雁门关北），西有云中（今胜州）、九原（今榆林东北，鄂尔斯都界内，黄河东岸古九原地），南有滹沱（水名，出山西繁峙县，东南流至文安入海）、易水（源出易县西，东南流与滹沱河合），地方二千余里，带甲数十万，车六百乘，骑六千匹，粟支数年。南有碣石（战国时有四碣石，此盖平州之碣石，古大河入海处）、雁门（山名，雁之所出，因以名云，今代县北三十里）之饶，北有枣栗之利。民虽不佃作，而足于枣栗矣。所谓天府者也。夫安乐无事，不见覆车杀将，无过燕者。大王知其所以然乎？夫燕之所以不犯寇被甲兵者，以赵之为蔽其南也。秦赵五战，秦再胜而赵三胜。秦赵相毙，而王以全燕制其后，此燕之所以不犯寇也。且夫秦之攻燕也，踰云中九原，过代上谷，弥地数千里。虽得燕城，秦计固不能守也。秦之不能害燕亦明矣。今赵之攻燕也，发号出令，不至十日，而数十万文侯和苏秦一起乘车回到王宫，向苏秦询问当时的形势，苏秦把他的主张分条讲述如下：

燕国东边有朝鲜、辽东（辽东是今天的奉天府），北边有林胡（今天陕西榆林镇的东北四百五十里，有个地方叫胜州城，它的东北靠着黄河，战国时期林胡就在这里居住）、楼烦（楼烦国在现在山西代县雁门关以北），西有云中（今天胜州）、九原（今天榆林镇的东北，鄂尔斯都界内，黄河东岸就是古代九原），南有滹沱（河流的名字，发源于山西繁峙县，向东南流到文安县入海）、易水（发源于易县西，流向东南与滹沱河合流），地域方圆两千多里，军队几十万人，战车六百辆，战马六千匹，储存的粮食足够用好几年。南有碣石（战国时期以碣石为名的有四个地方，这里是平州的碣石，在古代大河的入海处）、雁门（山的名字，有大雁从这里经过，所以用来命名，位于现在代县北面三十里）的肥沃土地，北方有红枣和板栗的收益。那里的百姓即使不耕作，光是这红枣、板栗的收获也足够富裕的了。这就是所说的天然府库啊。能够安居乐业没有战事，看不到军队覆灭、将领被杀的情景，没有比得上燕国的。大王知道原因吗？燕国之所以不被敌人侵犯，是因为赵国在燕国的南面保护着。秦国和赵国发动五次战争，秦国胜了两次而赵国胜了三次。两国相互杀伤，彼此削弱，而大王可以凭借整个燕国的势力在后边牵制着他们，这就是燕国不受敌人侵犯的原因。况且秦国要攻打燕国，就要穿越云中和九原，穿过代郡和上谷，远离几千里。即使攻克了燕国的城池，秦国也考虑到没法一直守住它。秦国不能侵害燕的形势很明显了。如今赵国要攻打燕国，只要发出号之军，军于东垣（今直隶真定县）矣。渡滹沱易水，不至四五日，而距国都矣。故曰秦之攻燕也，战于千里之外；赵之攻燕也，战于百里之内。夫不忧百里之患，而重千里之外，计无过于此者。是故愿大王与赵从亲，天下为一，则燕国必无患矣。

文侯曰："子言则可。然吾国小，西迫强赵，南近齐。齐赵，强国也。子必欲合从以安燕，寡人请以国从。"

【批评】

苏秦说秦归来，若无家中之激厉，即恐悠悠忽忽不复振作，埋没此生亦未可知。势利固是恶俗，亦少年人之药石也。

太公阴符，《隋书·经籍志》尚有之，至唐遂亡。今所传阴符经，不过数页书，托名黄帝所作，所言于兵家为近，实有精语。自后人以炼丹之说解之，遂属于道家。此又是一书，决非苏秦所诵之太公阴符也。

苏秦未至赵之先，自谓揣摩纯熟，会当破壁飞去矣，乃又不成。可知工夫自工夫，时会自时会，两不相假。非谓工夫一到，便可横行天下，毫无所阻。孔子曰"不患莫己知，求为令不到十天，几十万大军就会挺进到东垣(今天直隶真定县)驻扎了，再渡过滹沱，涉过易水，用不了四五天的时间就到燕国的都城了。所以说秦国攻打燕国是在千里以外打仗，赵国攻打燕国是在百里以内作战。不忧虑百里以内的祸患而重视千里以外的敌人，再没有比这更错误的策略了。因此我希望大王您与赵国和睦相处，把各国联成一体，那么燕国一定不会有祸患了。

文侯说："您说的当然不错。可是我的国家弱小，西边又紧靠着强大的赵国，南边接近齐国。齐、赵都是强国啊。您一定要用合纵的办法使燕国安全无事，我愿倾国相从。"

【评论】

苏秦游说秦国回来后，如果没有家人们的刺激，只怕就慵懒闲散不再积极读书，也许一生就此没有什么作为。人情势利固然是一种不好的风俗，但也可能成为让青年人奋发向上的良药。

《太公阴符》，《隋书·经籍志》中还有这本书，到唐朝就流失了。如今流传下来的阴符经，只有几页，假托是黄帝写的，所说的多少兵法，确实有精彩的部分。自从后世的人们用炼丹的方法解释这本书，阴符经就属于道家了。这是另外的一本，绝对不是苏秦读的那本《太公阴符》。

苏秦没到赵国之前，自以为研究透彻了，一定能像潜龙破壁腾飞一样得到高官厚禄，却没有成功。由此可知，下的工夫是工夫，时机是时机，两者不能混同。不是说工夫到了家，就可以在天下间任意横行，一点也没有阻碍的。孔子说"不要担心没有人知道自己，可知也”，熟复此语，则时会且弗论，固当以工夫为急耳。

苏秦之说燕王也以合纵，说秦王也以连横，其立说之异同且莫论，而说燕文字，气象峥嵘，语势扼要，自较说秦者为佳。固是工夫纯熟之候。

而是要看自己值不值得以让人家知道”，经常回顾这句话，就是说时机暂且不要说，本来就应该以加强本身的实力为急务。

苏秦游说燕王主张合纵，游说秦王的时候主张连横，他主张的差异暂且不论，就说游说燕王的文字，气势雄浑，语言扼要，当然比游说秦王的时候好多了，这也是工夫到了家啊。

第五章　说赵

苏秦说燕，燕王既纳其说，苏秦可取卿相于立谈之顷矣乎，而犹未也。盖将使之赵，观其坐而言者，果足起而行否，然后授以官爵，而任以国事。于是资苏秦车马金帛以至赵，赵王闻苏秦将至，已使人郊迎矣。

秦虽僻处关中，常阴使政客刺取六国之行动而为之备，故举无遗策。燕王之意向，秦已知之。时奉阳君方相赵，知其与苏秦不协，乃使李兑至赵，谓奉阳君曰："齐燕合则赵轻，而君甚不善苏秦，苏秦能抱弱燕而孤于天下哉？是驱燕而使合齐也。"奉阳君乃使使与秦结交。乃华屋山邱，人事无常，秦赵之交未合，而奉阳君忽捐馆舍。此天与苏秦以成功之会也。因说道肃侯曰：

天下卿相人臣及布衣之士，皆高贤君之行义，皆愿奉教陈忠于前之日久矣。虽然，奉阳君妒君而不任事，是以宾客游士，莫敢自尽于前者。今奉阳君捐馆舍，君乃今复与士民苏秦游说燕王，燕王采纳他的主张以后，苏秦可以马上升到卿相的位置，却居然没有。因为燕王要派他出使赵国，看看他坐着谈的大道理，能不能真的付诸行动，然后才封他为官，把国家大事托付给他。接着资助苏秦盘缠到赵国去，赵王听说苏秦要来，早就派人在郊外迎接他了。

秦国虽然在关中那么偏僻的地方，却经常暗地里派遣密探刺探六国的行动以作准备，所以秦国提出的计谋没有失算的。燕王的意图，秦国已经知道了。那时候奉阳君刚刚当上赵国宰相，秦国知道他和苏秦之间不融洽，就派李兑到赵国去，对奉阳君说："齐国燕国关系和睦，赵国的地位就轻了，而您非常不喜欢苏秦，苏秦怎么可能守着弱小的燕国在七国中孤立呢？所以他主张燕国跟齐国联盟。"奉阳君就派人跟秦国结交。但是盛衰兴亡转瞬即逝，世事无常，秦国和赵国的约定还没有形成，奉阳君忽然去世了。这就是上天赐给苏秦成功的机会啊。苏秦游说赵肃侯说：

天下的卿相臣子以及穿粗衣的读书人，都仰慕您这贤明的国君施行的仁义政策，都一直希望能在您面前听从教诲陈述忠言。即使如此，然而奉阳君妒嫉人才而您又不理政事，因此宾客和游说之士相亲也，臣故敢进其愚虑。

窃为君计者，莫若安民无事，且无庸有事于民也。安民之本，在于择交。择交而得，则民安；择交而不得，则民终身不安。请言外患。齐秦为两敌，而民不得安；倚秦攻齐，而民不得安；倚齐攻秦，而民不得安。故夫谋人之主，伐人之国，常苦出辞断绝人之交也。愿君慎勿出于口，请别白黑，所以异阴阳而已矣。君诚能听臣，燕必致旃裘狗马之地，齐必致鱼盐之海，楚必致橘柚之园，韩魏中山皆可使致汤沐之奉，而贵戚父兄皆可以受封侯。夫割地包利，五伯之所以覆军擒将而求也；封侯贵戚，汤武之所以放弑而争也。今君高拱而两有之，此臣之所以为君愿也。

今大王与秦，则秦必弱韩魏；与齐，则齐必弱魏。魏弱则割河外，韩弱则效宜阳。宜阳效则上郡（今鄜延安丹坊鄜银夏绥德保安之地，古上郡地也）绝，河外割则道不通，楚弱则无援。此三策者，不可不熟计也。夫秦下轵道（故没有谁敢在您面前畅所欲言。如今奉阳君已经撒手人寰，您又可以和士民百姓亲近了，所以我才敢于向您陈述我这些浅薄的见解。

我私下为您考虑，没有比百姓生活安宁、国家太平并且无须让人民卷入战争中去更重要的了。使人民安定的根本，在于选择邦交。邦交选择得当，人民就安定；邦交选择不得当，人民就终身不安定。请允许我分析赵国的外患。假如赵国与齐、秦两国为敌，那么人民就得不到安宁；如果依靠秦国攻打齐国，人民也不会得到安宁；假如依靠齐国攻打秦国，人民还是得不到安宁。所以想要算计别国的国君，攻打别人的国家，常常难于公开声明断绝跟别国的外交关系。希望您小心谨慎不要轻易把这话说出来。请让我为您分析这种黑白、阴阳极其分明的利害得失吧。您果真能听我的忠告，燕国一定会献出盛产毡裘狗马的土地，齐国一定会献出盛产鱼盐的海湾，楚国一定会献出盛产桔柚的园林，韩、卫、中山都可以相应地献出供您沐浴的费用，而您的亲戚和父兄都可以裂土封侯了。获得割地、享受权利，正是春秋五霸不惜全军覆没、将领被俘的代价去追求的；使贵戚封侯，正是商汤、武王所以要起兵并冒着流放甚至弑君的罪名去争取的。如今您安然就座就可以轻易地获得这两种好处，这就是我对您的希望。

现在如果大王和秦国友好，那么秦国必然会利用这种优势去削弱韩国、魏国；如果和齐国友好，那么齐国一定会削弱楚国、魏国。魏国衰弱了就要割河外之地，韩国衰弱了就要献出宜阳。宜阳一旦献纳，秦国上郡（今天麟延安丹坊鄜银夏绥德保安这些地方，是古时候上郡的地方）就要陷入绝境，割让了河外就会切断城在今河南济源县东南，战国时分属韩魏），则南阳危；劫韩包周，则赵氏自操兵（周都洛阳，秦若劫取韩南阳，是包襄周都也，赵邯郸危，故须起兵自守）；据卫取淇（卫地，濮阳也，故城在郑州武原县西七里），则齐必入朝秦。秦欲已得乎山东，则必举兵而响赵矣。秦甲渡河踰漳，据番吾（漳水，在潞州。番吾，又名蒲吾，今直隶羊山县东南），则兵必战于邯郸之下矣（赵都，故城在今直隶邯郸县西二十里），此臣之所为患也。

当今之时，山东之建国，莫强于赵。赵地方二千余里，带甲数十万，车千乘，骑万匹，粟支数年。西有常山，南有河漳，东有清河，北有燕国。燕固弱国，不足畏也。秦之所害于天下者莫如赵。然而秦不敢举兵伐赵者，何也？畏韩魏之议其后也。然则韩魏，赵之南蔽也。秦之攻韩魏也，无有名山大川之限，稍蚕食之，传（同附）国都而止。韩魏不能支秦，必入臣于秦。秦无韩魏之规，则祸必中于赵矣。此臣之所为君患也。

臣闻尧无三夫之分，舜无咫尺之地，以有天下。禹无百上郡的交通。楚国要衰弱了您就孤立无援。这三个方面您不能不仔细地考虑啊。秦国攻下轵道(旧城在今天河南济源县东南,战国时候分别属于韩国和魏国),韩国的南阳就危在旦夕;秦国要强夺南阳包围周都,那么赵国就要拿起武器自卫(周朝都城在洛阳,秦国如果打下韩国南阳,把周朝都城给包围起来,赵国邯郸就危险了,所以必须准备兵马自卫);假如秦国占据了卫地攻取了淇地(卫国的地方,就是濮阳,老城在郑州武原县西七里),那么齐国一定会向秦国俯首称臣。秦国的欲望既然已经在崤山以东得逞,就一定会发兵向赵国进犯。假如秦军渡过黄河越过漳水占据番吾(漳水,位于潞州。番吾,也叫蒲吾,在今天直隶羊山县东南),那么秦、赵两国的军队一定要在邯郸城下作战了(邯郸是赵国都城,老城在现在直隶邯郸县西二十里)。这就是我替您忧虑的原因啊。

现在崤山以东境内的国家没有比赵国强大的。赵国区域纵横两千多里,武装部队几十万人,战车千辆,战马万匹,粮食可支用好几年。西有常山,南有漳水,东有清河,北有燕国。燕本来就是个弱小的国家,不值得害怕。天下间秦国最忌恨的莫过于赵国。然而秦国为什么不敢发兵攻打赵国呢?是害怕韩国和魏国在后边暗算它。既然如此,那么韩、魏可算是赵国南边的屏障了。秦国要是攻打韩、魏就没有什么名山大川的阻挡,像蚕吃桑叶似的逐渐地侵占直到逼近两国的国都为止。韩、魏不能抵挡秦国必然会向秦国臣服。秦国解除了韩、魏暗算的顾虑,那么战祸必然会降临到赵国了。这也是我替你忧虑的原因啊。

我听说当初唐尧没有分到过三百亩的赏赐,虞舜也没有得到过人之聚，以王诸侯。汤武之大，不过三千，车不过三百乘，卒不过三万，立为天子，诚得其道也。是故明主外料其敌之强弱，内度其士卒贤不肖，不待两军相当，而胜败存亡之机，固已形于胸中矣。岂掩于众人之言，而以冥冥决事哉？臣窃以天下之地图案之。诸侯之地，五倍于秦，料度诸侯之卒，十倍于秦。六国为一，并力西向而攻秦，秦必破矣。今西面而事之，见臣于秦，夫破人之与见破于人也，臣人之与见臣于人也。岂可同日而论哉？夫衡人者（衡同横谓助秦者），皆欲割诸侯之地以予秦。秦成则高台榭，美宫室，听竽瑟之音，前有楼阙轩辕，后有长姣（姣美也）美人。国被秦患，而不与其忧，是故夫衡人日夜务以秦权恐愒（恐愒谓相恐胁也）诸侯以求割地，故愿大王孰（同熟）计之也。

臣闻明主绝疑去谗，屏流言之迹，塞朋党之门，故尊主广地，强兵之计，臣得陈忠于前矣。故窃为大王计，莫如一韩魏齐楚燕赵以从亲以畔秦，令天下之将相会于洹水之上，通质（音踬）刳白马而盟。要约曰：秦攻楚，齐魏各出锐师以佐之，韩绝其粮道，赵涉河汉，燕守常山之北；秦攻韩一尺的封地，他们却能拥有整个天下。禹聚集的民众不够百人，却能在诸侯中称王。商汤、周武的卿士不足三千，战车不足三百辆，士兵不足三万，却能成为天子，他们确实掌握了夺取天下的策略。所以一个贤明的君主对外要能预料敌国的强弱，对内要能估计士兵们素质的优劣，这样用不着等到双方军队接触，胜败存亡的关键早就了然于胸中了。怎么会被众人的议论所蒙蔽，而昏昧不清地决断国家大事呢？我私下考察过天下的地图。各诸侯国的土地，是秦国的五倍，估计各诸侯国的士兵，是秦国的十倍。假如六国结成一个整体，同心协力向西攻打秦国，秦国一定会被打败。如今六国反而向西侍奉秦国，向秦国称臣，打败别人和被别人打败，让别人向自己称臣和自己向别人称臣，难道是可以同日而语的吗？凡主张连衡政策的人（衡同横，说的是帮助秦国的人），都想把各诸侯国的土地割让给秦国。秦国的霸业成功，他们就可把楼台亭榭建得高大，把宫室建得华美，欣赏着竽瑟演奏的音乐，前有楼台宫阙、高敞华美的车子，后有窈窕艳丽的美女。至于各国遭受秦国的祸害，他们就不去分担忧愁了。所以那些主张连衡的人凭借秦国的权势日夜不停地威胁诸侯各国谋求割让土地，因此希望大王能仔细地考虑啊。

我听说贤明的君主决断疑虑排斥谗言，摒弃流言蜚语的途径，堵塞结党营私的门路，所以我才有机会在您面前陈述使国君尊崇、使土地扩展、使军队强大的计策。我私下为大王考虑，不如使韩、魏、齐、楚、燕、赵结成一个联合的整体对抗秦国，让天下的将相在洹水之上聚会，互派人质，杀白马歃血盟誓。彼此约定：假如秦国攻打楚国，那么齐、魏就分别派出精锐部队帮助楚国，韩国切断秦国魏，则楚绝其后，齐出锐师而佐之，赵涉河汉，燕守云中；秦攻齐，则楚绝其后，韩守成皋，魏塞其道，赵涉河博阙，燕出锐师以佐之；秦攻燕，则赵守常山，楚军武关，齐涉勃海，韩魏皆出锐师以佐之；秦攻赵，则韩军宜阳，楚军武关，魏军河外，齐涉清河，燕出锐师以佐之。诸侯有不如约者，以五国之兵共伐之。六国从亲以宾（同摈，绝也）秦，则秦甲必不敢出于函谷以害山东矣。如此则霸王之业成矣。

赵王曰："寡人年少，立国日浅，未尝得闻社稷之长计也。今上客有意存天下，安诸侯，寡人敬以国从。"乃饰车百乘，黄金千镒，白璧百双，锦绣千纯，以约诸侯。

【批评】

李兑说赵奉阳君事见燕策，此与史传他策并异。古史谓奉阳君即公子成，事武灵王、惠文王、肃侯之世，实未亡也。且苏秦死，张仪说赵，赵王言"先王之时，奉阳君蔽欺先王"，明其未死也。故于苏秦传载李兑之言于说燕之后，的运粮要道，赵军南渡河漳支援，燕军固守常山以北；假如秦国攻打韩国、魏国，那么楚军切断秦国的后援，齐国派出精锐部队去帮助韩、魏，赵军渡过河汉支援，燕国就固守云中地带；假如秦国攻打齐国，那么楚国切断秦国的后援，韩国固守城皋，魏国堵塞秦国的要道，赵国的军队渡河漳挺进博关支援，燕国派出精锐部队去协同作战；假如秦国攻打燕国，那么赵国固守常山，楚国的部队驻扎武关，齐军渡过渤海，韩、魏同时派出精锐部队协同作战；假如秦国攻打赵国，那么韩国的部队驻扎宜阳，楚国的部队驻扎武关，魏国的部队驻扎河外，齐国的部队渡过清河，燕国派出精锐部队协同作战。假如有的诸侯不照盟约办事，其他五国的军队便共同讨伐他。假如六国结成一体共同抵抗秦国，那么秦国一定不敢从函谷关出兵侵犯崤山以东六国了。这样您霸主的事业就成功了。”

赵王说：“我还年轻，即位时间又短，不曾听到过使国家长治久安的策略。如今您有意使天下得以生存，使各诸侯国得以安定，我愿诚恳地倾国相从。”于是为苏秦装饰车子一百辆，载上黄金一千镒，白璧一百双，绸缎一千匹，用来游说各诸侯国加盟。

【评论】

李兑游说赵国奉阳君这件事记载在《燕策》中，此处与史书中别的记载不一样。史书中说奉阳君就是公子成，历经赵武灵王、惠文王、肃侯三朝，实际上没有死。况且苏秦死后，张仪游说赵王，赵王说“先王在位的时候，奉阳君曾经蒙蔽欺骗过他”，表明了他没有死。所以在《苏秦传》中把李兑的话记载在《说燕》的后面，却删而削奉阳捐馆之语，大事记从之。吴师道谓苏秦所称奉阳君，必别为一人，然不可考。

苏秦至秦，则以连横之说进。既不见用，乃一变其连横之说，为合纵之谋。向谋利之者，今又害之矣，翻云覆雨，时君所以深畏策士也。孟子游梁，以仁义说惠王，惠王不用。后复游齐，又以仁义说宣王。未闻以前者不用，更易一说以投时王之好也。大贤之为大贤，策士之为策士，观此可见。

苏秦见燕王，劝其南连赵国，意即注于合纵，却未在燕王前畅其意旨，而详陈于赵王之前者。盖燕为弱国，不足以号令天下，言之徒泄其计画，秦人破坏其谋也将益力。

掉了奉阳君逝世的部分，记载的大事则跟前面一样。吴师道认为苏秦所说的奉阳君，必定不是一个人，这话却无法考证了。

苏秦到秦国后，用连横的观点游说秦王。秦王没有采纳他的观点，他就改连横的观点为合纵的计划。以前曾经打算对秦国有利的，如今却又打算对秦国有害，变化多端，所以那时的君主们很怕说客。孟子游历到魏国，用仁义的主张劝说惠王，惠王没有听。后来到了齐国，孟子又用仁义的主张游说宣王。从来没听说过游说之前的人不听，就改变主张来迎合当时君主的喜好的。大贤者之所以成为大贤者，说客之所以只是说客，看这一点就知道了。

苏秦见到燕王后，劝说他向南联合赵国，就已经有合纵的想法了，却没有在燕王面前透彻地把自己的想法说出来，反而在赵王面前详细地陈述出来。这是因为燕国较弱，不能够发出号令让天下响应，跟燕王说了白白泄露了自己的计划，秦国人也会加大力度破坏他的谋划。

第六章 张仪入秦

苏秦已得燕赵之同意，功在垂成，将之韩，而事变遽起。是时周天子致文武之胙于秦惠王（胙，祭肉也，谓以祭文王武王之肉赐之），惠王使犀首攻魏，禽（擒同）魏将龙贾，取雕阴（今陕西绥德县），且欲东兵。秦乘纵约未成之际，为先发制人之谋，其计毒矣。至此而苏秦之计穷，至此而苏秦之智见。

苏秦之同学，有魏人张仪者，字余子，与苏秦同游鬼谷子之门，秦自以为不及。仪归，出游于楚，无所遇，寄居楚相昭阳门下。会昭阳携宾客，出游郊野，觞于赤山（在今湖北宜城县）之下。众人纷扰之顷，昭阳失其和氏之璧。和氏之璧，天下之至宝也。穷究宾客，门下皆疑张仪，曰："张仪无赖，盗相君之璧者，必此人也。"乃执之，掠笞数百，不服，释之。舁归其家，妻见之，曰："嘻！子今日受辱，皆读书游说所致。若安居务农，宁有此祸耶？"张仪张口谓其妻曰："吾舌尚存乎？"其妻笑曰："舌固在也。"仪曰："足矣。"

苏秦得到燕赵两国的首肯后，合纵之约马上就要成功了，他将要到韩国去，事情突然发生了变化。这时候周天子把祭祀文王、武王的肉赐给秦惠王，惠王派遣犀首攻打魏国，俘虏了魏国将领龙贾，攻占雕阴，军队将要往东进兵。秦国趁着合纵之约还没有完成的时候，先下手为强，这个计策真毒啊！到这个时候苏秦的谋划就到头了，而到这个时候苏秦的智慧也显现出来了。

苏秦有个同学，是魏国人张仪，字余子，曾跟苏秦一起在鬼谷子门下学习，苏秦自认为比不上张仪。张仪学成归来后，在楚国游历，没有遇到赏识他的人，就寄居在楚国宰相昭阳的家里。有一天昭阳带领宾客们到郊外去游玩，在赤山下面喝酒。就在大家吵吵闹闹的时候，昭阳发现和氏璧丢了。和氏璧是天下的至宝。彻查宾客的时候，昭阳身边的人都怀疑张仪，说："张仪平时就非常无赖，偷宰相和氏璧的，肯定是这个人。"于是把他抓起来，拷打了数百下，张仪还是不认，只好把他放了。张仪被抬回家里，妻子见了，就说："唉！你今天受到的屈辱，都是因为读了书去游说导致的。如果你能安心在家里种田，怎么会有这灾难呢？"张仪张开嘴对妻子说："我的舌头还在吗？"妻子笑着说："舌头当然在了。"张仪说："有舌头就够了。"

张仪家居久之，困穷愈甚，闻苏秦已得志于赵，思往从之。贫不能具车马之资，欲致身于赵，与故人一诉别况，其难不啻登天也。无聊中，有赵客贾舍人者，来游大梁。张仪渐与之稔，乃叩之曰："客自赵国来，今赵国之相，果苏君也耶？"舍人曰："然也。君与苏君，岂有故耶？不然，胡为见问？"张仪慨然曰："苏君固同学也，尝相约曰'苟富贵，毋相忘'。今日云泥分隔，安得至赵，使苏君履此平生之言哉？"舍人曰："君毋然，苟欲见苏君者，旅费仆为任之。"

张仪藉贾舍人之力至赵，舍人遂别去。舍馆定，投刺谒苏秦。自以同学至好，足及门，则倒屣相迎，握手问无恙，开抱送襟，适馆授餐，流连晨夕，引己于青云之上，固意中事。乃屡谒不得见，张仪始而怪，继而疑，终乃愤而欲归。旅馆主人，恐仪去而秦来召，无以应命，且得罪，因坚留不令去。

张仪在家里时间长了，越来越穷困，听说苏秦已经在赵国飞黄腾达，就想着去投奔他。因为家里穷，凑不够车马的费用，那么想到赵国去跟老朋友说一说分别后的情形，难度不亚于上天了。正在无所依靠的时候，赵国有个贾舍人，在大梁游历。张仪渐渐地跟他熟悉了，就问他："您是从赵国来的，现在赵国的宰相，果然是苏秦吗？"舍人说："是的。您跟苏君难道有交情吗？要不是这样，您为什么问这个呢？"张仪感慨地说："苏君是我的同学，我们曾经互相约定'如果一个人富贵了，不要忘了对方'，现在我们的差距就像天上的云和地上的泥土，怎么才能到赵国去，让苏秦履行他以前的诺言呢？"舍人说："您不要这样，如果您想见到苏君，我愿意为您提供路上的费用。"

张仪凭借贾舍人的帮助到了赵国，舍人就告辞离开了。张仪安排好住处以后，拿着名帖去拜见苏秦。张仪原想着两人是至交好友，等到自己进门，苏秦一定热情欢迎，握着手询问彼此的身体，真诚相待，很快自己就成为客卿，两人整天在一起，苏秦引导自己走向高官显爵，这些都是想象中的事情。后来几次去拜见都没有见到，张仪开始觉得奇怪，接着就怀疑了，最后想明白了，生气地想要回去。旅馆的主人怕张仪走了苏秦再来召见他，自己没法交代，得罪了宰相，就一直挽留张仪，不让他走。

张仪旅舍无聊，则日往苏秦之门。一日，门者戒其明日早至，仪如约而往。及于堂下，将上阶，左右曰止。则见苏秦上坐，吏白事者数十人，秦颐指气使，意甚得。仪立堂下，若未见者。日将昃，吏尽散，堂上呼客进，张仪谒见甚恭。苏秦遥呼之曰："余子别来无恙？得无饥乎？"仪未及置辞，而食已具于堂下，视之则粗粝耳。苏秦因让之曰："以子之材能，乃自令困辱至此。吾宁不能言而富贵子，子不足恃也。"谢去之。

张仪以苏秦不相助，而反见辱，愤甚，思雪此耻。当时六国皆弱，惟秦强，能苦赵，誓至秦求用，顾旅用无所资，以是踌躇。偶与贾舍人言之，舍人慨然，愿与俱行，车马衣物，恣其所欲。张仪资其力，得见秦惠王。惠王以为客卿，与谋伐诸侯，而败苏秦之纵约。

张仪得遇秦王，饮水思源，微贾舍人之力不至此，愿其长留门下，以偿感恩知己之私。乃舍人忽欲回赵，张仪曰："赖子得显，方思报德，何言去也？"舍人惶恐曰："臣非知君者，知君者乃苏君。"

张仪在旅馆中百无聊赖，就天天往苏秦那里跑。一天，守门的人告诉他第二天早点到，张仪按照约定的时间早早到了。等到了厅堂中，张仪正要迈上台阶，身边的人阻止了他。张仪看见苏秦坐在上座，回话的官员有几十个人，苏秦态度傲慢，旁若无人。张仪站在堂下，却好像没有看见他似的。太阳快到头顶了，官员们才全部散去，堂上有人叫客人进来，张仪拜见的时候对苏秦非常恭敬。苏秦远远地叫着张仪说："余子分别后身体好吗？没有遇到饥饿吧？"张仪还没来得急回答，食物已经在堂下准备好了，张仪一看，全都是一些粗劣的食物。苏秦责备张仪说："凭借你的才能，竟然让自己困窘受辱到了这样的地步。我实在不能替你说话而让你富贵，你不值得接纳。"就让张仪离开了。

张仪因为苏秦不帮助自己，反而侮辱自己，非常生气，就想着洗刷这样的耻辱。当时六国都比较弱，只有秦国实力较强，能让赵国吃点苦头，张仪发誓到秦国去求得任用，只是想着旅途费用没有着落，所以很犹豫。张仪偶然间把这个想法跟贾舍人说了，舍人很慷慨地愿意跟张仪一起走，所需要的车马衣物，尽张仪所用。张仪借此才得以见到秦惠王。秦惠王任命他为客卿，跟他一起商量讨伐诸侯，来破坏苏秦的合纵之约。

张仪得以见到秦王，追本溯源，没有贾舍人的力量不能够到这一步，希望贾舍人一直留在自己这里，来报答他对自己的恩情。舍人忽然之间想要回赵国去，张仪说："我依赖您的力量才能够发达起来，正想着报答您呢，为什么说要离开呢？"舍人惶恐地说："我不是懂您的人，懂您的人是苏君。"

张仪至此，方始恍然。前日痛恨苏秦之念，不觉尽消，而感愧之心，且无穷期矣。盖苏秦忧秦伐赵，败其纵约，念非张仪莫能得秦柄而助己者，故先召而激怒之，令其愤而至秦，又阴使人给以财用。张仪乃谢舍人曰："嗟夫，吾在术中而不悟，吾不及苏君明矣。吾又新用，安能谋赵乎？为吾谢苏君，苏君之时，仪何敢言？"舍人遂别去，张仪则舍赵而谋楚，为昭阳诬其盗璧，搒掠几死故也。

【批评】

昭阳亡璧，门下不疑他客而独曰张仪无赖，其平日为人可知。至受搒掠之惨，归卧穷门，牛衣对泣，此三家村里贫贱夫妻之常态。吐舌强笑，竟活画出一幅无赖光景。

张仪至秦，骤得惠王之信用，其进说之言，今不可考。史策皆谓苏秦资之至秦，独《吕氏春秋》谓出于周昭文君，吕氏谓张仪将西游于秦，过东周，昭文君送而资之，至于秦，留有间，惠王悦而相之，张仪德昭文君，令秦惠王师之。

或谓苏秦欲张仪得秦柄，以为己用，则何妨资其旅费，到了这时候张仪才恍然大悟。以前痛恨苏秦的想法，不知不觉间都消失了，感动和羞愧的心情，在胸中涌动。苏秦担心秦国攻打赵国，破坏了他的合纵大计，想着除了张仪没有人能够到秦国帮助自己，所以先把他召来激怒他，让他一怒之下到秦国去，又暗地里派人供给他钱用。张仪对舍人说："唉！身陷在别人的计策中却没有感觉到，我不如苏秦看事情明白啊。我现在刚刚被任用，怎么能图谋攻赵呢？您替我给苏君谢罪，苏君在，我哪里敢说什么呢？"舍人于是离开了，张仪舍下赵国计划攻楚，这是当时昭阳诬蔑他偷盗和氏璧，被拷打几乎致死的缘故。

【评论】

昭阳丢失了和氏璧，他身边的人不怀疑别人却单单指责张仪无赖，张仪平时的为人就可以知道了。等到他受到责打，惨不堪言的时候，回到贫寒的家里，夫妻二人共守凄凉，这也是偏远小村中夫妻生活困厄的一般状态罢了。张仪在困顿中吐出舌头勉强说笑，活生生地刻画出一幅无赖的样子来。

张仪到了秦国后，突然之间得到惠王的宠信任用，他游说秦王的话，现在已经无法考证了。史书中都称是苏秦资助张仪去的秦国，只有《吕氏春秋》称资费出自周昭文君。书中说张仪想往西到秦国去，经过东周，昭文君为他送别并且提供了盘缠。到了秦国后，停留了没多久，惠王对他很满意，任命他为宰相，张仪感激昭文君的恩德，让秦惠王拜他为师。

有人说苏秦想让张仪掌握秦国政权，并且被自己所用，那么而明告之，度张仪未必不感激而图报也，则应之曰。不然，张仪之为人，苏秦岂不知之？见利则趋，见义必避，彼一用秦，则必竭力以破纵约，立不世之功，以固秦王之宠。为苏秦计者，是树敌也。惟笼之以权术，相与结一时之欢。及其境过忘情，迁延岁月，苏秦之功固已成矣，盖亦无可如何。而为此一时之计，以苏秦之智，不能败帝秦之局，论古者亦只得委之于天也。

秦策：秦惠王谓寒泉子："苏秦欺寡人，欲以一人之智，反覆山东之君，从以欺秦。诸侯不可一，犹连鸡之不能俱止于栖亦明矣。吾欲使武安子，喻意焉。"寒泉子曰："不可。夫攻城堕邑，请使武安子；善我国家、使诸侯，请使客卿张仪。"惠王曰："敬受命。"观此则首破纵约者，仍是张余子耳。

明确告诉张仪，资助他旅费又有何妨？料想张仪未必不会感激报答他，却说不这样做的话，张仪的为人怎样，难道苏秦不知道吗？这个人一见到利益就会凑上去，一谈到义气就会避开，一旦他在秦国当政，肯定会竭尽全力破坏合纵之约，建立大功来巩固秦王的宠信。如果为苏秦考虑，那就是给自己树立仇敌啊。所以苏秦只能用权术笼络张仪，跟他短时间内结交。等到时间慢慢过去，苏秦的大计已经成功了，那就无所谓了。但为了这一时之间的谋划，凭借苏秦的智慧，还不能破坏秦国强大的局面，所以只能寄托在上天手中了。

《战国策·秦策》：秦惠王对寒泉子说：“苏秦欺负我们太甚，他企图凭自己的雄辩之术，来改变崤山以东六国君主的政策，连结合纵之盟来抗拒和欺扰秦国。然而，诸侯各怀心思，就像把很多鸡绑起来不能栖息在一处，合纵不成，这是很明显的道理。我因此想派武安君白起去会见崤山以东的各诸侯，让他们明白天下的局势。”寒泉子说：“不可以这样。攻城掠地，可以派武安君率军前往；然而假如要为我们秦国争取利益、差遣诸侯，那大王就应该派张仪才行！”秦惠王说：“我完全接受你的意见。”看到此处，很明显最先破坏合纵之约的，仍然是张仪啊。

第七章 说韩魏

苏秦得舍人归报，知其计已成，乃复至韩，说韩宣王。其辞曰：

韩北有巩、洛（今河南巩县）、成皋（春秋时之虎牢，故城在今河南汜水县东南）之固，西有宜阳、商阪之塞（商，山名，在商洛之间，适秦楚之险塞也。宜阳在洛州福昌县东十四里），东有宛、穰、洧水（宛、穰，二县名，并属南阳。洧，水名，在新郑东南流入颍），南有陉山（召陵有陉亭，密县有陉山，在新郑西南三十里）。地方九百余里，带甲数十万，天下之强弓劲弩，皆从韩出。溪子（南方蛮夷出柘弩及竹弩），少府时力、距来者（韩有溪子弩及少府所造二种之弩，时力谓作之得时，力倍于常也），皆射六百步之外。韩卒超足而射，百发不暇止。远者括蔽洞胸，近者镝弇心。韩卒之剑戟，皆出于冥山（《史记》注在朔州北）、棠溪（故城在豫州偃城县西八十里，《盐铁论》云有棠溪之剑）、墨阳（《淮南子》云墨阳之莫邪）、合赙（音附，一作伯）、邓师（邓国有工铸剑，因名邓师）、宛冯（宛人于冯地铸剑，故名宛冯）、龙渊、太阿（《吴越春秋》曰楚王召风胡子而告之曰：“寡人闻吴有干将，越有欧冶，寡人欲因子请此二人作剑，可乎？”风胡子曰：“可。”乃往见。二人作剑，一曰龙渊，二曰太阿），皆陆断牛马，水截鹄雁，当敌则斩坚甲铁幕、革抉（抉，一作决，谓以革为射决，决射鞲苏秦得到舍人回来的报告，知道自己的计划已经成功，就又到了韩国，游说韩宣王，说：

韩国北部有坚固的巩邑、洛邑（现在的河南巩县）、城皋（春秋时的虎牢，故城在现今河南汜水县东南），西部有宜阳、商阪这样的要塞（商，山名，在商洛之间，正好是秦楚之间的险塞。宜阳在洛州福昌县东十四里），东有宛、穰、洧水（宛、穰，两个县名，并属南阳。洧，水名，在新郑东南流入颍），南有陉山（召陵有陉亭，密县有陉山，在新郑西南三十里）。地域纵横九百多里，穿铠甲的军队有几十万，天下的强弓硬弩都是从韩国制造出来的。像溪子弩（南方蛮夷出柘弩及竹弩），以及少府制造的时力、距来两种弩（韩有溪子弩及少府所造的两种弩，时力谓作之得时，力道比平常的大一倍），射程都在六百步以外。韩国士兵脚踏连弩而射，能连续不停地发射一百箭。远处的敌人，可以射穿他们胸前的铠甲，穿透胸膛，近处的敌人，可以射透他们的心脏。韩国士兵使用的剑、戟都是从冥山（《史记》注在朔州北）、棠溪（故城在豫州偃城县西八十里，《盐铁论》记载说有棠溪之剑）、墨阳（《淮南子》云墨阳之莫邪）、合赙（音附，一作伯）、邓师（邓国有工铸剑，因名邓师）、宛冯（宛人于冯地铸剑，故名宛冯）、龙渊、太阿（《吴越春秋》中说，楚王召见风胡子并告诉他说："我听说吴国有干将，越有欧冶，我想让你去请这二人来铸剑，可以吗？"风胡子说："可以。"于是前去见二人。二人铸的剑，一把叫龙渊，一把叫太阿）锻冶的，这些锋利的武器在陆上能截断牛马，水上能劈开天鹅、大雁，临阵对敌能斩断坚固的铠甲、铁衣，从臂套、盾牌到系在盾牌也）瞂芮（瞂，音乏，楯也。芮谓系楯之纷绶也）无不毕具。以韩卒之勇，被坚甲，跖劲弩，带利剑，一人当百，不足言也。夫以韩之劲，与大王之贤，乃西面事秦，交臂而服，羞社稷而为天下笑，无大于此者矣。是故愿大王孰计之。

大王事秦，秦必求宜阳、成皋，今兹效之，明年又复求割地，与则无地以给之，不与则弃前功而受后祸。且大王之地有尽，而秦之求无已。以有尽之地，而逆无已之求，此所谓市怨结祸者也，不战而地已削矣。臣闻鄙谚曰："宁为鸡口，毋为牛后（音宁，为鸡中之生，不为牛子之从后也。鸡口虽小犹进食，牛后虽大乃出粪也）。"今西面交臂而臣事秦，何异于牛后乎？夫以大王之贤，挟强韩之兵，而有牛后之名，臣窃为大王羞之。

于是韩王勃然作色，攘臂瞋目，按剑仰天太息曰："寡人虽不肖，必不能事秦，今主君诏以赵王之教，敬奉社稷以从。"

苏秦乃又至魏，说魏惠王曰：

大王之地，南有鸿沟（蔡水上流，即汴河，自中牟县流迳祥符县南分流，又东南迳许尉氏入河南陈州界，即古鸿沟，又名河沟，又名沙水）、汝南（今河南实丰县）、许（今河南许上的丝带，韩国军队没有不具备的。凭着韩国士兵的勇敢，披着坚固的铠甲，拉着强劲的硬弩，佩戴着锋利的宝剑，即使以一当百，也不在话下。凭着韩国兵力的强劲和大王的贤明，却向西侍奉秦国，拱手而臣服，使国家蒙受耻辱而被天下人耻笑，没有比这更严重的了。因此我希望大王仔细地考虑啊。

如果大王去侍奉秦国，秦国必定会向您索取宜阳、成皋。今年把土地献给他，明年又要索取。给他吧，却没有土地可给，不给吧，那么就会丢掉以前割地求得的功效而遭受后患。况且大王的土地是有限的，而秦国的索取是没有止境的。拿着有限的土地，去换取无止境的索取，这就叫做拿钱购买怨恨，种下祸根啊。不用打仗，而土地就被割去了。我听说过一句俗话："宁愿做鸡的嘴，不做牛的屁股。"现在，如果向西拱手臣服，和做牛的屁股有什么不同呢？凭着大王您的贤明，又拥有韩国强大的军队，却蒙受着牛后的丑名，我私下为大王感到羞耻啊。

这时韩王突然变了脸色，捋起袖子，愤怒地瞪大眼睛，手按宝剑，仰望天空长长地叹息说："我虽然没有出息，也决不能去侍奉秦国。现在您既然转告了赵王的指教，我愿意把整个国家托付给您，听从您的安排。"

苏秦又到了魏国，游说魏惠王说：

大王您的国土，南边有鸿沟（蔡水上流，即汴河，自中牟县流迳祥符县南分流，又东南迳许尉氏流入河南陈州界，即古鸿沟，又名河沟，又名沙水）、汝南（现在河南的实丰县）、许地（今河南许昌县西南）、郾地（今河南郾城县南）、昆阳（今河南叶县）、召陵昌县西南）、郾（今河南郾城县南）、昆阳（今河南叶县）、召陵（今河南郾城县东三十五里）、舞阳（今河南舞阳县西）、新都（今河南新野县东）、新郪（今河南阜阳县东八里有新郪城），东有淮颍（淮、颖，皆水名，今河南安徽江苏间之大川）、煮枣（今济阴）、无须，西有长城之界（惠王十二年，龙贾帅师筑长城于西边），北有河外（秦以河东为河外，梁以河西为河外）、卷衍（卷、衍二邑，今河南怀庆是也）、酸枣（酸枣，故城在今河南延津县北十五里），地方千里。地名虽小，然而田舍庐庑之数，曾无所刍牧。人民之众，车马之多，日夜行不绝，輷輷殷殷（輷，麾宏反。殷音隐），若有三军之众。臣窃量大王之国不下楚。然衡人怵王交强虎狼之秦以侵天下，卒有秦患，不顾其祸。夫挟强秦之势，以内劫其主，罪无过此者。魏，天下之强国也。王，天下之贤王也。今乃有意西面而事秦，东藩筑帝宫（谓为秦筑官，备其巡狩而舍之，故谓之帝宫），受冠带，祀春秋（谓冠带制度皆受秦之法，春秋贡奉以助秦祭祀），臣窃为大王耻之。

臣闻越王句践，战敝卒三千人，禽夫差于干遂（地名，或云在今吴县西北四十余里万安山前）；武王卒三千人，革车三百乘，制纣于牧野（今卫州）。岂其士卒众哉？诚能奋其威

（今河南郾城县东三十五里）、舞阳（今河南舞阳县西）、新都（今河南新野县东）、新郪（今河南阜阳县东八里有新郪城），东边有淮河、颍河（淮、颖，都是水名，今河南安徽江苏间之大川）、煮枣（今济阴）、无须，西边有长城为界（惠王十二年，龙贾帅师筑长城于西边），北边有河外（秦以河东为河外，梁以河西为河外）、卷地、衍地（卷、衍二邑，就是现在的河南怀庆）、酸枣（酸枣，故城在现在河南延津县的以北十五里处），国土纵横千里。地方名义上虽然狭小，但是田间到处盖满房屋，连放牧牲畜的地方都没有了。人口稠密，车马众多，日夜行驰，络绎不绝，轰轰隆隆，好像有三军人马的声势。我私下估量大王的国势和楚国不相上下。可是那些主张连衡的人诱惑您侍奉秦国，伙同像虎狼一样凶恶的秦国侵扰整个天下，一旦魏国遭受秦国的危害，谁都不会顾及您的灾祸。依仗着秦国强大的势力，在内部劫持别国的君主，没有罪恶比这更严重的了。魏国是天下强大的国家；大王您是天下贤明的国君。现在您竟然有意向西面奉事秦国，自称是秦国东方的属国，为秦国建筑离宫（是说为秦国筑官，备其巡狩时留宿，所以称为帝宫），接受秦国的分封，采用秦国的冠服式样，春秋季节给秦国纳贡助祭（是说冠、带制度都受秦法制约，春秋贡奉以助秦祭祀），我私下为大王感到羞耻。

我听说越王勾践仅靠三千疲惫的士兵作战，就在干遂（地名，有人说在现在吴县西北四十多里的万安山前）活捉了吴王夫差；周武王只用了三千士兵，三百辆蒙着皮革的战车，在牧野（现在的卫州）制服了商纣。难道他们是靠着兵多将广吗？实在是因为也。今窃闻大王之卒，武士二十万，苍头二十万（谓以青巾裹头，以异于众），奋击二十万，厮徒十万（厮，养马之贱者，今起之为卒），车六百乘，骑五千匹，此其过越王句践武王远矣。今乃听于群臣之说，而欲臣事秦。夫事秦必割地以効实（谓割地献秦以効己之诚实），故兵未用而国已亏矣。凡群臣之言事秦者皆奸人，非忠臣也。夫为人臣，割其主之地以求外交，偷取一时之功而不顾其后，破公家而成私门，外挟强秦之势以内劫其主，以求割地，愿大王孰察之。

周书曰："緜緜不绝，蔓蔓奈何，毫厘不伐，将用斧柯。"则虑不定，后有大患。将奈之何？大王诚能听臣六国从亲，专心并力壹意，则必无强秦之患。故敝邑赵王使臣効愚计，奉明约，在大王之诏诏之。

魏王曰："寡人不肖，未尝得闻明教。今主君以赵王之诏诏之。敬以国从。"

充分地发挥出了他们的威力啊。现在，我私下听说大王的军事力量，精锐部队二十万，裹着青色头巾的部队二十万，能冲锋陷阵的部队二十万，勤杂兵十万，战车六百辆，战马五千匹。这些实力已经远远超过越王勾践和周武王了。可是，如今您却听信群臣的建议，想以臣子的身份服事秦国。如果奉事秦国，必然要割让土地来表示自己的忠诚，因此，还没动用军队，您的国家却已亏损了。凡是群臣中主张服事秦国的，都是奸妄之人，而不是忠臣。他们作为君主的臣子，却想割让自己国君的土地，以求得与秦国的友谊，偷取一时的功效而不顾后果，破坏国家的利益而成就私人的好处，对外凭借着强秦的势力，从内部劫持自己的国君，以达到割让土地的目的，希望大王仔细地审察这种情况。

《周书》上说："草木滋长出微弱的嫩枝时，如果不及时去掉它，到处滋长延伸了将要怎么办呢？细微嫩枝不及时砍掉它，等到长得粗壮了，就得用斧头了。"事前不考虑成熟，事后就会有灾祸临头，那时将要对它怎么办呢？大王果真能听从我的建议，六国联合起来结成合纵盟约，专心合力，一个意志，就一定不会担心强秦这样的祸患了。所以敝国的赵王派我来献上不成熟的策略，奉上详明的公约，全赖大王的指示号召大家了。

魏王说："我没有出息，从没听说过如此贤明的指教。如今您奉赵王的使命来指教我，我将恭敬地率领国人听从您的安排。

【批评】

孟子说齐梁，常云“地方百里而可以王”、“未闻以千里畏人者也”。苏秦说韩魏，亦常以越王句践故事为比，皆俱有至理，不能以言出苏秦，便疑其一味扯淡也。惟孟子则纯从根本上图自强，苏秦只图一时之邀幸，言同而旨异耳。

苏秦所举各国情形，皆不免有意夸张，而远于事实处。顾其口辩，自亦可惊，读之尚可移情，听之能不动容哉！

【评论】

孟子游说齐国和魏国，经常说“地域方圆百里就可以称王”、“没有听说依靠方圆千里的地方还怕别人的”。苏秦游说韩国和魏国，也几次以越王勾践的事情打比方，这都是有着深刻涵义的，不能因为话出自于苏秦之口，就怀疑他胡说八道。只是孟子是纯粹地从根本上追求自强，苏秦只是谋求一时的宠幸，说的话一样，目的不同罢了。

苏秦所列举的各国的情形，都免不了有意识地夸张了一点，跟事实相比有些差距。看到他的辩才，读者也会感到惊异，读到的时候尚且能够受到感染，听到的话怎么能够不动声色呢？

第八章 说齐楚

苏秦见韩赵魏三国，既已成功，因东说齐宣王曰：

齐南有泰山（在山东泰安县北五里），东有琅琊（故城在今山东诸城县东南一百四十里），西有清河（今直隶清河县，清河旧经其处），北有勃海（碣石以西至直沽口，禹时为逆河，战国时谓之勃海），此所谓四塞之国也。齐地方二千余里，带甲数十万，粟如邱山，三军之良，五家之兵，进如锋矢，战如雷霆，解如风雨。即有军役，未尝倍泰山，绝清河，涉勃海也（绝、涉，皆渡也，言有军役不用渡河取诸二部，但取诸临菑而已足）。临菑（临淄，齐都城古营邱地城临淄水故云）之中七万户，臣窃度之，不下户三男子，三七二十一万，不但发于远县，而临菑之卒，固已二十一万矣。临菑甚富而实，其民无不吹竽鼓瑟，弹琴击筑（筑似琴而大头，围五弦击之）斗鸡走狗，六博蹋鞠者（六博、蹋鞠，皆古嬉戏之事）。临菑之涂，车毂击，人肩摩，连衽成帷，举袂成幕，挥汗成雨（此以言其人多也），家殷人足，志高气扬。夫以大王之贤，与齐之强，天下莫能当。今乃西面而事秦，臣窃为大王羞之。

且夫韩魏之所以重畏秦者，为与秦接境壤界也。兵出而相当，不出十日，而战胜存亡之机决矣。韩魏战而胜秦，苏秦看到韩赵魏三国已经游说成功，就向东去游说齐宣王说：

齐国南面有泰山（在山东泰安县北五里），东面有瑯邪山（故城在今山东诸城县东南一百四十里），西面有清河（今直隶清河县，清河旧经其处），北面有渤海（碣石以西至直沽口，禹时为逆河，战国时谓之勃海），这可说是四面都有天险的国家了。齐国的土地纵横两千余里，铠甲军队有几十万人，粮食堆积得像山丘一样高大。三军精良，联合起五家的兵卒，进攻如同锋芒之刀刃、良弓之矢那样勇猛捷速，打起仗来好像雷霆震怒一样猛烈，撤退好像风雨一样快地消散。即使发生战争，也不用征调泰山以南的军队，也不曾穿过清河，渡过渤海去征调这二部的士兵（绝、涉，都是渡的意思。是说有军役不用渡河取诸二部，但取诸临菑而已足）。光是临淄就有居民七万户，我私下估计，每户不少于三个男子，三七二十一万，用不着征集远处县邑的兵源，光是临淄的士兵本来就够二十一万了。临淄富有而殷实，这里的居民没有不吹竽鼓瑟、弹琴击筑、斗鸡走狗、下棋踢球的。临淄的街道上车子拥挤得车轴互相撞击，人多得肩膀挨着肩膀。把人们的衣襟连接起来，可以形成围幔；举起衣袖，可以成为遮幕；大家挥洒的汗水，就像下雨一样。家家殷实，户户富足，志向高远，意志飞扬。凭借着大王的贤明和齐国的强盛，天下没有哪个国家能够比得上。如今您却要向西去奉事秦国，我私下替大王感到羞耻。

况且韩、魏之所以非常畏惧秦国，是因为他们两国和秦国的边界相接壤。假如双方派出军队交战，不出十天，胜败存亡的局势就决定了。如果韩、魏战胜了秦国，那么自己的兵力要损失一半，则兵半挫，四境不守；战而不胜，则国以危亡随其后。是故韩魏之所以重与秦战，而径为之臣也。今秦之攻齐则不然。倍韩魏之地，过卫阳晋之道（阳晋，地名，在卫国之西南），经乎亢父之险（亢父，山名，故县在任城县南五十一里），车不得方轨，骑不得比行，百人守险，千人不敢过也。秦虽欲深入则狼顾（狼性怯，走常还顾），恐韩魏之议其后也。是故恫疑虚喝，骄矜而不敢进，则秦之不能害齐亦明矣。夫不深料秦之无奈齐何，而欲西面而事之，是群臣之计过也。今无臣事秦之名，而有强国之实，臣是故愿大王少留意计之。

齐王曰："寡人不敏，僻远守海，穷道东境之国也，未尝得闻余教，今足下以赵王诏诏之，敬以国从。"

苏秦乃西南说楚成王曰：

楚，天下之强国也；王，天下之贤王也。西有黔中、巫郡（注见说燕），东有夏州（今夏日也）、海阳，南有洞庭（今洞庭湖，又名青草湖）、苍梧（今道州南石苍梧山），北有陉塞（陉山在楚北境）、郇阳（郇阳即新阳也），地方五千余里，带甲百万，车千乘，骑万匹，粟支十年，此霸王之资也。夫以楚之强，与王之贤，天下莫能当也。今乃欲西面而事秦，则诸四面的国境无法保卫；如果作战不能取胜，那么国家接着就陷入危亡的境地。这就是韩、魏把和秦国作战看得那么重要，而很轻易地想要向秦国臣服的原因。现在，秦国攻打齐国的情况就不同了。秦国背靠着韩、魏的土地，要经过卫国阳晋的要道，穿过齐国亢父的险塞，战车不能并驶，战马不能并行，只要有一百人守在险要之处，就是有一千人也不敢通过。即使秦国军队想要深入，也会像狼一样疑虑重重，时常回顾，生怕韩、魏在后面暗算它。所以它虚张声势，恐吓威胁。它虽然骄横矜傲却不敢冒险进攻，那么秦国不能危害齐国的形势也就相当明显啦。不能深刻地估计到秦国根本对齐国无可奈何的实情，却想要向西而奉事秦国，这是群臣们策略上的错误。现在，齐国还没有向秦国臣服的丑名，却有强大的国家实力，所以我希望大王您稍微留心考虑一下，以便决定对策。

齐王说："我不是一个聪明的人，居住在偏僻遥远、紧靠大海、道路绝尽、地处东境的国家，从未听到过您高明的教诲。如今您奉赵王的使命来指教我，我将恭敬地率领全国民众听从您的安排。"

苏秦又往西南区，到楚国游说楚成王说：

楚国，是天下强大的国家；大王，是天下贤明的国王。楚国西边有黔中、巫郡，东边有夏州（现在的夏日）、海阳，南边有洞庭（现在的洞庭湖，又叫青草湖）、苍梧（现在道州南石苍梧山），北边有径塞（陉山在楚国的北境）、郇阳（就是新阳），土地纵横五千多里，铠甲军队一百万，战车千辆，战马万匹，存粮足够用十年。这是建立霸业的资本啊。凭借着楚国的强大和大王您的贤明，天下没有哪个国家能比得上。如今您却想向西侍奉秦国，那么，天侯莫不西面而朝于章台之下矣。秦之所害莫如楚，楚强则秦弱，秦强则楚弱，其势不两立。故为大王计，莫如从亲以孤秦，大王不从秦，必起两军，一军出武关，一军下黔中，则鄢郢动矣。臣闻治之其未乱也，为之其未有也，患至而后忧之则无及已。故愿大王早孰计之。

大王诚能听臣，臣请令山东之国，奉四时之献，以承大王之明诏，委社稷，奉宗庙，练士厉兵，在大王之所用之。大王诚能用臣之愚计，则韩魏齐燕赵卫之妙音、美人必充后宫，燕代橐驼良马必实外厩。故从合则楚王，衡成则秦帝。今释霸王之业，而有事人之名，臣窃为大王不取也。

夫秦，虎狼之国也，有吞天下之心，秦，天下之仇雠也。衡人皆欲割诸侯之地以事秦，此所谓养仇而奉雠者也。夫为人臣，割其主之地以外交强，虎狼之秦以侵天下，卒有秦患，不愿其祸。夫外挟强秦之威，以内劫其主，以求割地，大逆不忠无过此者。故从亲则诸侯割地以事楚，衡合则楚下就再没有哪个诸侯不向西面拜服在秦国的章台宫下了。秦国最大的忧患没有比得上楚国的，楚国强大，那么秦国就会弱小；秦国强大，那么楚国就会弱小。从这种情势判断，两国不能同时并存。所以，我替大王考虑，不如合纵相亲，来孤立秦国。如果大王不采纳合纵政策，秦国一定会出动两支军队，一支从武关出击，一支直下黔中，那么鄢、郢的局势就动摇了。我听说在未发生动乱之前，就应该治理它，在祸患没有降临之前，就要采取行动。要等到祸患临头，再去忧虑它，那就来不及了。所以希望大王能早作仔细的打算。

大王果真能听从我的建议，我能使崤山以东各国向您奉献四时的礼物，接受你英明的指教，把国家委托给您，奉献宗庙请您保护，训练士兵，磨砺兵器，听任大王的指挥。大王果真能采纳我这不成熟的计策，那么，韩、魏、齐、燕、赵、卫等国动听的音乐和美丽的女子，一定会充满您的后宫。燕国、代地所产的骆驼、良马一定会充满您的畜圈。所以，合纵成功了，楚国就能称王。连衡成功了，秦国就能称帝。如今您要放弃称王称霸的功业，蒙受侍奉别人的丑名，我私下认为大王这种做法不可取。

秦国，是虎狼一样凶恶的国家，还有吞并天下的野心。秦国也是天下各诸侯的共同仇敌。凡主张连衡的人都想割取各诸侯的土地奉献给秦国，这就叫做供养仇人和敬奉仇敌啊。做为人家的臣子，却要割取自己国君的土地，用来和如狼似虎的强秦相交往，侵扰天下，而自己的国家突然遭受秦国的侵害，他们却不顾及这些灾祸。对外依仗着强秦的威势，用来在内部劫持自己的君主，索取割地以事秦，此两策者，相去远矣。二者相去何居焉？敝邑赵王使臣效愚计，奉明约，在大王诏之。

楚王曰："寡人之国，西与秦接境。秦有举巴蜀、并汉中之心。秦，虎狼之国，不可亲也。而韩、魏迫于秦患，不可与深谋，与深谋恐反人以入于秦，故谋未发而国已危矣。寡人自料以楚当秦，不见胜也，内与群臣谋，不足恃也。寡人卧不安席，食不甘味，心摇摇然如县（同悬）旌而无所终薄。今贤君欲一天下，收诸侯，存危国，寡人谨奉社稷以从。"

【批评】

燕为弱国，苟免于难，亦无他求，故苏秦之辞不多费，而说已行。韩赵魏三国，亦深苦秦人之暴，苟得保境息民，于愿亦已足矣。苏秦于此，亦易成功。齐处东海，春秋以还，世为霸国，其自视又与韩赵魏不同，说之较为费力。苏秦借韩魏之地势，以与齐国相比，而鼓动齐王之勇气，其说割地，是最大的叛逆，最大的不忠，没有比这更严重的罪过了。所以，合纵相亲，各诸侯就会割让土地奉事楚国，连衡成功，楚国就要割让土地奉事秦国，这两种策略相差太远了。这二者，大王要处于哪一方的立场呢？所以敝国赵王派我来奉献这不成熟的策略，奉上详明的公约，全靠大王晓喻众人了。

楚王说："我国西边和秦国接壤，秦国有夺取巴、蜀并吞汉中的野心。秦，是虎狼一样凶恶的国家，是不可以亲近的。韩、魏经常遭受秦国侵害的威胁，不可以和他们作深入地策划。假如和他们深入地策划，恐怕有叛逆的人泄露给秦国，以致计划还没施行，而国家就面临危险了。我自己估计，拿楚国对抗秦国，不一定取得胜利；在朝廷内和群臣谋划，他们又不可信赖。我躺在床上睡不安稳，吃东西也感觉不到香甜，心神恍恍惚惚，好像挂在空中的旗子，始终没有个着落。现在您打算统一天下，团结诸侯，使处于危境的国家保存下来，我愿意恭恭敬敬地把整个国家托付给您，听从您的安排。"

【评论】

燕国是比较弱的国家，只求免于危难，没有别的要求，所以苏秦没有费多少口舌就游说成功了。韩赵魏三国，也深受秦国暴虐之苦，只求保国安民，他们的愿望就满足了。苏秦到这些地方，也比较容易成功。齐国地处东边海域，自春秋时代以来，世世代代是霸主之国，因此齐国自以为与韩赵魏不一样，游说的时候比较费力。苏秦借着韩魏两国的地势，拿来跟齐国相比，来鼓动齐王的勇楚也亦然。惟楚为山东强国，其自视又不同于齐，苏秦于纵横利害之外，又不得不加上许多空话以媚之，正是狮子用全力处也。

为说士者，平日必读书通古今，贯澈历史地理之学，旁及风土人情，无所不晓。至一国。则能抉一国之利害，以其所挟持之政见，明目张胆，陈说于侯王之前。盖非兼才学识三长者不办，不是空言无补，或巧言乱政者之所得伪为也。读苏秦说六国文，常知苏秦之真本领。

气，他游说楚国也是这样的情况。只是楚国是崤山以东的强国，看待自己又跟齐国不一样，苏秦除了谈论时势利害，还不得不加上许多空话来讨好楚王，这正是发挥狮子的全部力量啊。

能够成为说客的那些人，平时必然读了很多书，博古通今，熟悉历史地理方面的学问，了解地域的风土人情，这些方面没有他们不知道的。到了一个国家，则要切中这个国家的命脉，来推行自己的主张，无所畏惧地在国君面前娓娓而谈。这不是身兼才情、学问、见识的人不能办到，不是只讲空话或者花言巧语扰乱国政的人所能做得到的。读了苏秦游说六国的文章，才知道苏秦的本领真实不虚。

第九章　纵约之成

苏秦既得六国之同意，乃代表赵王，会韩人、魏人、齐人、楚人、燕人盟于洹水（出河南林县西三十里林虑山，东取迳安阳、临漳至内黄县入卫河）。其辞曰："秦以牧马贱夫（秦始祖非子为周孝王养马于汧渭之间，马大蕃息，孝王封为附庸而邑之秦），恃强凌弱，思并诸侯，惟众可以御寡，六国为一，众莫加矣。自今以后，凡我同盟，结为兄弟，一国背盟，五国共击之。"于是六国合纵而并力焉，苏秦为纵约长，并相六国。此周显王三十六年事也（民国前二千二百十四年）。

当此时也，天下之大，万民之众，王侯之威，谋臣之权，皆欲决于苏秦之策。方其归自洹水，北报赵王也，革车百乘，锦绣千纯（音遯，束也），白璧百双，黄金万镒（二十四两曰镒），以随其后。过洛阳故里，山川云树，依然如故，低徊今昔，荣枯异状，固已感慨系之矣。

周显王闻苏秦将至，特为除道，使人郊劳（古者宾至近郊，君主使卿朝服用束帛劳之）。至家，兄弟妻嫂，皆侧目不苏秦得到六国同意以后，就代表赵王，会同韩国、魏国、齐国、楚国、燕国等诸国代表在洹水结成盟约。盟约说："秦国本来是放牧的卑贱人的后代，依仗军事力量欺凌弱国，意图兼并诸侯。各国只有达成一致才可以对抗秦国，如果六国行动一致，那么就没有什么可担心的了。从今往后，凡是参与盟约的国家，都结为兄弟之国，如果一个国家背弃盟约，另外五个国家一起讨伐它。"于是六国结成合纵盟约共同对抗秦国，苏秦做了纵约长，担任六个国家的宰相。这是周显王三十六年的事情。

这个时候，天下虽大，民众虽多，但君王的威仪，谋臣的权略，都取决于苏秦的计谋。当他从洹水回来，到北方向赵王汇报的时候，百辆战车，一千匹锦锈，百双白璧，万镒黄金，跟在他的后面。苏秦经过洛阳故里的时候，看到周围的景物还跟以前一样，仔细想想现在和以前兴衰的情形，本来就感慨万千了。

周显王听说苏秦将要到来，特意为他清扫道路，派人到郊外迎接慰劳。苏秦回到家里，他的哥哥弟弟妻子嫂子都侧着头不敢仰视。苏秦笑谓其嫂曰："嫂，何前倨而后恭也？"嫂委蛇（读若威姨）蒲伏（读若匍匐），以面掩地而谢曰："见季子位尊而多金。"苏秦曰："嗟乎！此一人之身，富贵则亲戚惧之，贫贱则父母恶之。人生世上，势位富厚，盖可以忽乎哉？且使我有洛阳负郭田二顷（负，背也，枕也，近城之田，最为膏腴，百亩为一顷），吾岂能佩六国相印乎？"

丰沛之鸡犬（汉高祖十二年，过沛，留置酒，沛宫悉召故人父老子弟纵酒，帝击筑自为大风歌），南阳之子弟（世祖十七年，帝幸章陵，置酒作乐，赏赐与宗室诸母相酣悦），古之英雄，亦以富贵还乡，为人生第一得意事。此时苏秦之顾盼自雄，不可一世，为如何也。留洛阳数日，散千金，以分赠宗族朋友，遍报诸所尝见德者。在燕国时，负旅舍之人百钱，报以百金。从者有一人，独未得报，乃前自白。苏秦曰："我非忘子，子之与我至燕，再三欲去我于易水之上（易水有三，皆出易州，自定兴西南合拒马河者曰中易，西为西易，亦名涉河，南为南易，亦名雹河，并合卫河，及呼沱入海，苏秦所渡，

敢抬头看他。苏秦笑着对嫂子说:“嫂子,为什么以前对我那么傲慢,现在却对我这么恭顺呢?”嫂子赶紧伏俯在地上,弯曲着身子,匍匐到他面前,脸贴着地面请罪说:“因为我看到小叔您地位显贵,钱财多啊。”苏秦感慨叹息说:“同样是我这个人,富贵的时候亲戚就敬畏我,贫贱时父母也会轻视我。一个人活在世上,权力地位和财富,难道是可以忽视的吗?假使我当初在洛阳近郊有二顷良田,现在我还能佩带得上六个国家的相印吗?”

丰沛的民众,南阳的宗室子弟,古代的英雄,向来都把衣锦还乡作为人生中最得意的事。这个时候苏秦得意洋洋,不可一世,跟刘邦和世祖一样。苏秦在洛阳停留了几天,拿出千金,分给宗族里的朋友,到处去报答那些曾受到过恩惠的人。在燕国的时候,苏秦欠了旅店主人一百钱,就回报给他一百金。随从人员中,唯独有一个人没得到报偿,他就上前去为自己申说。苏秦说:“我不是忘了您,当初您跟我到燕国去,在易水边上,您再三要离开我(易水有三个,都源自易州,从定兴西南方与拒马河合流的是中易;西南是西易,也名涉河;南面是南易,也叫雹河,与卫河、呼沱河一起合流入海。苏秦过的,与太子丹送别荆轲的都是中易)。那时正当及太子丹送荆乡所渡之易水皆中易也)。是时我方困,故望子深,子今亦得矣。”

苏秦归赵,赵封为武安君,乃缮纵约一通投秦,意若曰尔毋轻量天下士,今有以报尔矣。盖未忘金尽裘敝之恨也,自是秦兵不敢出函谷关者十五年。

【批评】

自苏秦以合纵困秦,天下始畏说士,景春所谓一怒而诸侯惧,安居而天下息者也。《史记苏秦传》“乃投纵约于秦,秦兵不敢窥函谷关者十五年”,然周显王三十七年,秦以齐魏之师伐赵,苏秦去赵适燕,通鉴考异以为妄,故不载秦兵不敢出函谷关语。然考张仪说楚赵,范睢说秦,并有此语,则非无因也。古史(宋苏辙撰)书齐魏伐赵,纵约皆解。然诸侯宗秦之策,时相与合纵,或合或解,秦人病之,兵不敢大出者十五年,此言得之。

为六国谋者,即不能行孟子之言,而能行苏秦之计,亦足求一时之安,其故则苏子由论之详矣。曰:“秦之所与争天下者,不在齐楚燕赵也,而在韩魏之郊。诸侯之所与秦争我困窘不堪，所以我深深地责怪您，所以把您放在最后。您现在也可以得到赏赐了。”

苏秦回到赵国后，赵国封他为武安君，把合纵盟约送交秦国，意为你们秦国不要轻视天下英雄，现在有合纵盟约来对抗你们了。大概苏秦还没忘记金子花光衣服破烂的耻辱吧？从此秦国的士兵十五年不敢迈出函谷关。

【评论】

自从苏秦用合纵的战略使秦国受困，天下人才开始害怕说客，景春所说的说客一生气那么诸侯都害怕，说客不活动那么天下就少了很多纷争。《史记·苏秦传》中记载“于是苏秦把合纵盟约送交秦国，从此秦国长达十五年之久不敢窥伺函谷关以外的国家”，然而周显王三十七年，秦国联合齐国和魏国的军队攻打赵国，苏秦离开赵国去了燕国，《通鉴考异》认为是假的，所以没有记载秦兵不敢从函谷关出来这样的话。然而考证张仪游说楚国和赵国，范雎游说秦国，都有这样的话，所以并不是没有原因的。古史中记载齐国魏国攻打赵国，合纵盟约就解散。然而诸侯们对秦的策略，有时候联合起来合纵抗秦，有时候盟约解散，秦国人受此困扰，兵马十五年间不敢大举越过函谷关，这句话说得对啊。

那些替六国打算的人，即使无法实行孟子的主张，如果能按照苏秦的计策行事，也足以求得一时的安宁，其中的原因苏辙说得已经很详细了。他说：“秦国和诸侯争夺天下的目标，不在齐、楚、燕、赵等地区，而是在韩、魏的边境；诸侯和秦国争夺天下的目天下者，不在齐楚燕赵也，而在韩魏之野。韩魏塞秦之冲，而蔽山东之诸侯。齐楚燕赵四国，宜助韩魏，使之拒秦，乃计不出此，而贪目前之小利，背盟败约，以自相屠灭。至使秦人得伺其隙，以取其国，可不悲哉！”

苏秦还乡时事，国策摹写最足。人情冷暖，世态炎凉，家庭之中，已若此之甚矣。三代淳朴之风，至战国时，已凌夷至此耶。是知善良之风俗，百年培之而不足者，一旦败之而有余。无怪二千年来，世风日下，酿成今日争名夺利之社会也。

标，也不是在齐、楚、燕、赵等地区，而是在韩、魏的边境。韩、魏两国阻碍了秦国出入的要道，却掩护着崤山东边的所有国家。齐楚燕赵四个国家，应该相助韩魏抵御秦国，他们却不知道要采用这种策略，只贪图边境上一些微小的利益，违背盟誓、毁弃约定，来互相残杀同阵营的人。直到让秦国人能够趁虚而入来并吞了他们的国家，怎不令人感到悲哀啊！”

苏秦回到家乡的事情，《战国策》中描写最充分。人情冷暖、世态炎凉，在一个家庭中就已经到这种地步了。夏商周三代淳朴的风气，到战国时已经衰败至此了。这才知道善良的社会风俗，用百年的时间来培养也不够，却只用一天就能衰败下来了。怪不得两千年来，社会风气日渐衰败，造就了今天这个争名逐利的社会啊。

第十章　苏秦之末路

纵约成，秦国大惧，日夜谋所以破之者。周显王三十七年，秦使犀首欺齐魏，与共伐赵，以败纵约。赵肃侯让苏秦，秦恐，请使燕，必报齐。苏秦去赵。

苏秦至燕，值文侯新薨，太子即位，是为燕易王。易王初立，齐宣王因燕丧伐之。易王谓苏秦曰："往日先生至燕，而先王资先生见赵，遂约六国从。今齐先伐赵，次至燕，以先王之故，为天下笑。先生能为燕得侵地乎？"苏秦大惭曰："请为王取之。"

苏秦知易王之后，为秦惠王之女，燕之于秦，丈人行也。苏秦明知惠王此举，阳结两国之好，阴为弱燕之计，非真有爱于燕，然藉此足为说齐之资。往见齐宣王，俯而庆，仰而吊。齐王曰："是何庆吊相随之速也？"苏秦曰："臣闻饥人所以饥而不食乌喙者（附子一岁为乌喙，三岁为附子，四岁为乌头，五岁为天雄），为其愈充腹而与饿死同患也。今燕虽弱小，即秦王之少婿也。大王利其十城，而长与强秦为仇。今使弱燕为雁行，而强秦敝其后，以报天下之精兵，是食乌喙之类也。"齐王愀然变色曰："然则奈何？"苏秦曰："臣闻古之善制事者，转祸为福，因败为功。大王诚能听臣计，即归燕之十城。燕无故而得十城，必喜。秦王知以己之合纵盟约结成以后，秦国非常害怕，日夜谋划怎么破坏合纵盟约。周显王三十七年的时候，秦国派犀首公孙衍欺骗齐国和魏国，诱使他们一起攻打赵国，来破坏合纵盟约。赵肃侯责备苏秦，苏秦很害怕，请求出使燕国，一定让齐国有所交代。苏秦就离开了赵国。

苏秦到了燕国，正赶上文侯刚刚去世，太子即位，就是燕易王。易王刚刚登位，齐宣王趁着国丧攻打燕国。易王对苏秦说："以前先生来到燕国，先王资助您去了赵国，于是才能结成六国合纵的盟约。现在齐国先是攻打赵国，接着又攻打燕国，因为先王的缘故，使燕国被天下耻笑。先生您能为燕国得回被侵占的土地吗？"苏秦很惭愧地说："请允许我为您取回失地。"

苏秦知道易王的王后是秦惠王的女儿，秦国对于燕国来说，是丈人之国。苏秦明确地知道秦惠王这个举动，明面上维护两国的交情，暗地里图谋削弱燕国，并不是真的爱惜燕国，然而这足以作为游说齐国的资本了。苏秦去见齐宣王，弯下腰去，向齐王表示庆贺；仰起头来，又向齐王表示哀悼。齐王说："您为什么庆贺和哀悼相继这么快呢？"苏秦说："我听说饥饿的人，宁愿饿着而不吃乌头这种有毒植物，原因是它越是能填满肚子就越是和饿死的灾祸没有区别啊。现在燕国虽然弱小，但燕王却是秦王的小女婿。大王占了十座城池的便宜，却长久地和强秦结成仇怨。如今使得弱小的燕国作先锋，强大的秦国跟在后面做掩护，从而招致天下的精锐部队攻击你，这和吃乌头是相类似的啊。"齐王的脸色一下子变得凄怆而严肃，说："既然如此，那现在怎么办呢？"苏秦说："我听说古代善于处理事情的人，能够把灾祸转化为吉祥，通过失败故而归燕之十城，亦必喜。此所谓弃仇雠而得石交者也。夫燕秦俱事齐，则大王号令天下，莫敢不听。是王以虚辞附秦，以十城取天下，此霸王之业也。”齐王从之。

人有毁苏秦于齐王者，曰：“左右卖国反覆之臣也，将作乱。”苏秦遂归燕。夫苏秦之辞赵王也，曰将藉燕国之力，惩齐王破约之罪，今返燕十城，于赵未获丝毫之利，而于理则燕王应德苏秦之功。乃返燕后，燕王竟不复官之。

苏秦乃说燕王曰：“臣居燕不能使燕重，而在齐则燕必重。”于是详（同佯）为得罪于燕而亡走齐，齐宣王以为客卿。宣王卒，愍王即位。苏秦说愍王厚葬以明孝，高宫室大苑囿以明得意。盖欲以此敝齐之国力，而使之不能谋燕也。其后齐大夫多与苏秦争宠者，而使人刺苏秦，不死殊而走（殊，死也，言苏秦时虽不即死，然是死创，故云殊）。齐王使人求贼不得。苏秦且死，乃谓齐王曰：“臣即死，车裂臣以狥于市，曰苏秦为燕作乱于齐。如此则臣之贼必得矣。”于是如其言而杀苏秦者果自出，齐王因而诛之。

达到成功。大王果真能听从我的计策，就请立即归还燕国的十座城池。燕国白白地收回十城，一定很高兴。秦王知道因为他的关系而归还燕国的十城，也一定很高兴。这就叫做放弃仇恨而得到牢不可破的友谊。燕国、秦国都来奉事齐国，那么大王对天下发出的号令，没有敢不听的。这就等于用虚名依附秦国，实际上却以十城的代价取得天下，这是称霸天下的功业啊。”齐王听从了他的建议。

有毁谤苏秦的人对齐王说：“苏秦是个左右摇摆、出卖国家、反复无常的臣子，将要引起乱子。”苏秦就回到了燕国。苏秦辞别赵王的时候，说将借燕国的力量，惩罚齐王破坏盟约的罪行，现在齐国归还了燕国的十座城，对于赵国来说没有得到一点利益，在情理上燕王则应该感激苏秦的功劳。苏秦返回燕国后，燕王最后没有让他做官。

苏秦游说燕王说：“我留在燕国不能使燕国地位上升，那么去了齐国就一定提高燕国的地位。”于是，苏秦假装得罪了燕王而逃跑到齐国，齐宣王便任用他为客卿。齐宣王去世后，湣王继位，苏秦就劝说湣王把葬礼办得铺张隆重，以此来表明自己的孝道，筑高宫室，扩大园林，以表明自己得志。其实苏秦打算借此消耗齐国的国力，从而使齐国不能图谋燕国。此后，齐国大夫中有许多人和苏秦争夺国君的宠信，因而派人刺杀苏秦，苏秦当时没死，带着致命的伤逃跑了。齐王派人捉拿凶手，然而没有抓到。苏秦快死了，便对齐王说：“我马上就要死了，请您在人口集中的街市上把我五马分尸示众，就说：‘苏秦为了燕国在齐国谋乱’，这样做，刺杀我的凶手一定可以抓到。”当时齐王就按照他的话做了，那个刺杀苏秦的凶手果然自动出来了，齐王因而就把他杀了。

苏秦死，葬洛阳青阳门外三里之孝义里，冢旁有宝明寺。寺僧常见秦出入此冢，车马羽仪，若宰相状也。其故宅至北魏时，为三公令史高显略宅。每夜见赤光行于堂前，掘地得黄金千斤，铭曰苏秦家金（已上皆见《洛阳伽蓝记》）。岂苏秦势利之心，虽死亦不销欤，亦大可慨矣。

【批评】

苏秦之始出也，历无数之困苦，费尔许之气力，成得洹水之功。其政策，其手腕，皆卓然可传。盖自秦孝公发愤图强，山东诸国，既莫不惧之扰攘久之，未闻有以约纵抵制连横，藉保均势之局者。苏秦明眼觑定，亲手做到，可谓难矣。战国策写苏秦处，杂入议论，已失史裁。史公好奇，又录其说，遂令后世之人，看得苏秦仅一势利之徒，余事皆一笔抹煞。是固苏秦之立品不严所致，亦可见作史之难也。

苏秦前半节事，有一坚确之主义，故其败也，人皆惜之，其成也，人皆贺之。至纵约坏，赵王疑，苏秦失意之期又至。理宜急流勇退，养望自重，为卷土重来之计。乃不出此，而苟且求容，依违无行（史谓苏秦通于燕易王之母），至苏秦死后，被葬在洛阳青阳门外三里的孝义里，墓旁边是宝明寺。寺院中的僧人经常见到苏秦在墓中出入，车马仪仗，像是宰相的样子。苏秦故居到北魏的时候，成为三公令史高显略的宅子。高显略每天晚上都能看见堂前放红光，就掘开地面，得到一千斤黄金，刻上苏秦家金的字样。难道苏秦追求权势利益的心思，即使死了也没有消失吗？也太可叹了！

【评论】

苏秦刚开始出山的时候，经过了无数困难，花费了许多气力，才成就了洹水的结盟。他的策略、方式，都很突出，值得记录。自从秦孝公努力壮大自己的实力，崤山以东的各国，没有不害怕秦国、不担忧自己国家处境的，却没有听说有人提倡用合纵来抵制连横、以保持各国势均力敌的局面的。苏秦眼光精准，又亲自实行，做到这一点，真算得上难的了。《战国策》写苏秦的地方，夹杂着议论，已经失去了对史事的裁断能力。太史公对此事好奇，又把情况记录下来，于是就让后世的人看到苏秦只是一个追求势利的小人，别的事情都一笔抹去了。这固然是苏秦持身不正所导致，也可以见得写作史书的难度很高啊。

苏秦前半段故事，有自己坚定的目标，所以他失败的时候，人们都为他感到可惜，他成功的时候，人们都祝贺他。等到合纵盟约被破坏，赵王对他产生怀疑，苏秦失意的日子又降临了。这时候他应该急流勇退，培养声望而自重，为卷土重来作准备。他却没有这么做，只是勉强求得暂时的安稳，依旧没有良好的品行（野史于杀身，亦无人为之太息者，以其苟求禄位，毫无主意故也。

吾人作事，全仗精神，精神一到，何事不成。苏秦之始也，困顿于饥寒，揶揄于邻里，激刺深而精神奋，故能战胜万难，达其目的。后则安富尊荣，颓然无复远志，事业遂终于此矣。

《袁淑真隐传》载鬼谷子遗苏秦张仪书曰："若岂不见河边之树乎？仆御折其枝，波浪荡其根，上无径寸之阴，身被数千之痕。此木岂与天地有仇怨哉？盖所居然也。子不见嵩岱之松柏，华岳之檀柏乎？上枝干于青云，下根通于三泉，千秋万岁，不受斧斤之患。此岂与天地有骨肉哉？盖所居然也。"此盖以功成身退勖仪秦，惜仪秦不知也。

洛阳县志，苏秦冢在河南郡有三处，《洛阳伽蓝记》所称一也。一在新安县，《通志》引唐张巡诗：沙埋古篆折碑文，六国存亡事系君。今日凄凉无处说，乱山秋尽有寒云。一在巩县，巩志：县西南六十里，有三苏冢，苏秦苏代苏厉是也。

记载苏秦跟燕易王的母亲私通)，最后被杀，也没有人为他叹息。这是因为苏秦一味追求高官厚禄，失去自己理想的缘故啊。

人们做一件事的时候，全凭一股精神，精神被提起来了，还有什么事做不成呢？当初苏秦被饥寒所困，被邻居嘲笑，受了刺激就能奋起精神，所以能战胜困难，达到自己的目的。后来安享荣华富贵，当初的壮志都消磨殆尽，所以功业就停止了。

《袁淑真隐传》记载鬼谷子给苏秦张仪的书信说："你们难道看不见河边的树吗？奴仆、御者折断它的枝条，河里的波浪冲刷它的根，头上没有一点遮蔽，身上有很多伤痕。这棵树难道跟天地有仇吗？只是因为所处的环境造成的罢了。你看不到嵩山泰山的松树、柏树，华山的檀树、柏树吗？枝干高耸入云，树根下到地下三重泉，千秋万代不用担心被刀斧砍。这难道是跟天地有什么特殊关系吗？只是环境这样罢了。"这封信大概是劝导苏秦张仪功成身退的，可惜他们不知道。

洛阳县志记载，苏秦墓在河南郡有三处，《洛阳伽蓝记》中记载的是一处。还有一处在新安县，《通志》中引用唐代张巡的诗：沙埋古篆折碑文，六国存亡事系君。今日凄凉无处说，乱山秋尽有寒云。另外一处在巩县，《巩志》记载：县西南方六十里，有三苏墓，就是苏秦苏代苏厉三人的墓。

少年叢書

文白对照本

信陵君

孙毓修◎著

團結出版社

图书在版编目（CIP）数据

少年丛书 / 孙毓修编. -- 北京 : 团结出版社,2015.7
ISBN 978-7-5126-3662-0

Ⅰ.①少… Ⅱ.①孙… Ⅲ.①名人—生平事迹—世界—少年读物 Ⅳ.①K811-49

中国版本图书馆CIP数据核字(2015)第130183号

出版：团结出版社
（北京市东城区东皇城根南街84号 邮编：100006）
电话：(010) 65228880 65244790 （传真）
网址：www.tjpress.com
Email：65244790@163.com
经销：全国新华书店
印刷：三河市祥达印刷包装有限公司
装订：三河市祥达印刷包装有限公司

开本：148×210 1/32
印张：128
字数：1500千字
版次：2015年12月 第1版
印次：2016年4月 第2次印刷

书号：978-7-5126-3662-0
定价：490.00元（全28册）

少年叢書

《少年丛书》白话语译编委会

出版前言

近代著名思想家、政治家梁启超曾经说："少年强则国强，少年智则国智，少年富则国富，少年独立则国独立，少年自由则国自由，少年进步则国进步，少年胜于欧洲，则国胜于欧洲，少年雄于地球，则国雄于地球。"这是他的散文《少年中国说》中的一段，作于戊戌变法失败后的1900年。文中极力歌颂少年的蓬勃朝气，指出封建统治下的中国是"老大帝国"，热切希望出现"少年中国"，振奋人民的精神。

或许是受到梁启超先生的感召，1908年冬天，上海商务印书馆编译所推出了一套系列丛书——《少年丛书》，又名《中外伟人的传略》，这是二十世纪中国的第一部历史人物类学生课外阅读丛书。首任编辑和作者是林万里，第二任编辑是孙毓修，孙毓修是这套丛书的主要作者，后期加盟写作的骨干还有国学大师钱智修。他们都博览中外，以精准而严格的眼光审视中外古今文化资源，选取其中有益于

少年儿童精神世界的材料，予以整合，编写成册。这套书出版以后，广受少年儿童的欢迎，每册前后加印达几十次，若整套书累计，恐怕达到数百次之多，发行量之大，影响力之广，在二十世纪的人物传记类图书中堪称罕见。

《少年丛书》前后出版了近三十余种，每一册传主为一位中外历史名人。我们在全国各地经过多方的搜寻，共得二十八册，其中中国名人十五位，外国名人十三位。每篇先叙述名人的生平传记，后加以作者的评论，根据时事，启发少年，借以激励少年树立远大志向，明确奋斗目标，成就健全人格。著名作家茅盾在阅读这套书后曾评论说："记事简明，议论正大，阅之足以增长见识，坚定志气。"这套出版之初即为砥砺少年志向的书影响了当时无数少年儿童由此走上振兴中国之路。著名作家张天翼、赵景深、陈伯吹等，都曾深受这套书的影响。

《少年丛书》的三位作者，都是当时学贯中西的通儒，不仅有深厚的国学功底，也有睁眼看世界的非凡眼光。撰写本套书册数最多的孙毓修先生，他是我国近代著名的目录学家、藏书家、图书馆学家。他同时还创作了大量的儿童文学作品。除了《少年丛书》，他还先后主编出版《少年杂志》、《童话丛书》等，被茅盾誉为"中国童话的开山祖师"。

另一位作者钱智修，浙江嵊县人，字经宇，是著名的国学大家，博古文学家，东方学派思想家。他在学时，就以"国学国文湛深，文章洛阳纸贵"赢得尊敬，并被上海多家进步报馆争揽为特约撰稿人。1911年毕业后，他应编译所长高梦旦之聘，担任商务印书馆编

译所编辑。1920年7月他任《东方杂志》主编，长达12年，是该杂志有史以来任期最长的主编。他还参与编辑《辞源》及《中国人名大辞典》、《中国古今地名大辞典》。1931年任国民政府监察院秘书长。

第三位作者林万里是民国年间著名的报人，原名獬，又名白水，字少泉。他幼承家学，又拜名士高啸桐（商务印书馆创始人之一）为师。清光绪二十四年(1898年)，他在杭州参与创办求是书院、养正书塾、东城讲舍、蚕学馆4所新式学堂，任求是书院总教习；后任《杭州白话报》主笔，宣传新思想。光绪三十年(1904年)，他出任《警钟日报》主编，宣扬孙中山及其领导的革命，后追随孙中山。帝制取消后，林万里重操新闻旧业，创办过多份报刊。

鉴于每位作者独有的知识结构和兴趣热点，每位编者对人物都有自己的选择。孙毓修所撰写的大部分是中国历史名人，而且写作的视角也非常独特，如其所写的《玄奘》是一个历史人物，而不是《西游记》中的唐僧。现代的普通读者对玄奘的了解绝大部分是来自于《西游记》等小说，而历史上的真实情况却鲜有人知——玄奘取经并非唐太宗支持，相反还受限于当时的法令，他冒着生命危险才得以出境。这就需要有人为读者打开另外一扇窗户，还原真实的玄奘，而不是小说中的文学形象。茅盾先生对孙毓修所写的《玄奘》评价很高："可以说是内容翔实，深入浅出，既宜于少年阅读，也使成年人增加历史知识。"再如《苏秦》，作为一位著名的辩士，《史记》必然为之列传。孙毓修在写苏秦游说各国发言的时候采用了《史记》中记载的史料，而在后面的评论部分对苏秦的表现作了恰当的点评，分析苏秦游说秦、燕、赵、韩魏、齐楚的过程，阐述了苏

秦辩术策略的不断提高。对于国外人物的选取，孙毓修也是偏爱励志型的，如德谟士，从一个小人物成长为大演说家；彼得大帝，从受制于人，成为欧洲赫赫有名的皇帝。

另一位作者钱智修，先后写有《林肯》、《苏格拉底》、《拿破仑》等，这些都是西学东渐后中国人十分崇仰的外国名人。值得注意的是，钱智修秉承严复所主张的信、达、雅翻译原则，特别讲究传记所含的真实性。他所抒发、张扬的传主虽然都被列为人们仿效的楷模，写法却不做作，更没有为了塑造人物形象而更改史实。

林万里所写的外国传记和钱智修的作法大致相近，即在第一章抒发己之传记宗旨，后文谈及传主读书之术、治学之道与其行事风格，并进行了点评。此外还有其他人关于传主的言论，更有编译者自己的评论，以引导少年儿童正确地学习和借鉴，而不是一味盲从。

《少年丛书》的最大特色，就是"记事简明，议论正大"。书中除了记叙人物的生平故事之外，作者的评论也让这套书大为增色。其议论宏富，既能够结合少年的成长特点，指明如何学习书中人物的优良品质，也指出了其中的不足之处，对于引导少年如何立志修身，大有裨益。

这套书的另一大特色，就是全部用文言文写作，语言凝炼，文笔流畅，保持了中国传统作史传的鲜明特色。当时，白话文风已经悄然兴起，而作者能够不从时髦，采用文言写作，甚为难得。以至我们今日再读此书，依然能够体味到文言笔法的无穷魅力。然而考虑到近百年来，国人的文言文水平已经一落千丈。今日的大部分少年，阅读文言文尚有一定困难，因此我们特别组织人员，将全套书进行了

白话翻译。尽管我们做了最大的努力，文言文的神韵依然是难以用白话表达出来。因此，我们希望少年朋友通过阅读这套书，体会文言文的独特魅力，进而热爱和学习文言文。

《周易》有云："君子以多识前言往行，以畜其德。"说的就是多学习古人的嘉言懿行，对我们修身立德至为重要。古人尝言："童蒙养正，少年养志，壮年养德。"少年时期是人生至为关键的时候，这个时期树立什么样的志向，以什么样的人为榜样，往往会决定一个人未来的人生成就。而一个人少年时期读的书，也足以改变他的一生。在今日少年课外读物良莠不齐的状况下，《少年丛书》堪称鲜有裨益少年的优秀读物。若今日的少年，能够认真研读这套《少年丛书》，对于树立远大志向、培养健全人格、完善道德情操将大有裨益。或许，今日的风华少年，即是将来成就伟业的千古豪杰、泽被世人的大圣大贤。勉哉！勉哉！

为什么要读名人传记

——《少年丛书》白话语译序

我从小很喜欢读书，可是，因为身处偏僻山村，小的时候却无书可读。那个时候，家中只有父亲买的一本《古文观止》，儿时翻阅过无数次，虽看不太懂，却记忆深刻。有人说，儿童时期读的书，一生也难以忘记。此言确实不虚。

没有想到的是，儿时无书可读的我，日后竟然投身于出版业。今天，我国的出版业已经非常发达，给少年儿童读的书也非常多。可是，若细心寻求，真正的好书却是少之又少，尤其是给少年儿童介绍历史文化的书。

一个偶然的机会，我们与这套百年前的《少年丛书》结缘，这套当初专为少年而写的中外名人传略，让我眼界大开，没想到，百年前的前辈们，竟给少年们创作出如此优良的传记读物。要知道，给少年

儿童写作，比给成年人写作更难，尤其是给人物作传，既要符合历史史实，不可随意编撰，又要注意引导青少年如何取其长，避其短，以免误人子弟。因为，作为历史人物，不可能处处皆堪为今人楷模。这就需要作者要极富有爱心、责任心和严谨精神，才能让读者从中获得纯净的人生智慧。可以说，目前各种写给青少年的人物传记，很少能与这套《少年丛书》相提并论的。

这套书中的二十八位中外名人，大多数是我们耳熟能详的人物，但是对于他们的生平事迹，也许就知之甚少了。读了他们的传记，方知欲为圣贤豪杰，需下一番苦功夫才能有所成就。“人人皆可为尧舜”，说的是我们每个人都有成圣成贤的资质，然而虽有圣贤之资，也需后天的不懈努力，方能成就一番伟业。所以，这一套书作者的目的并不仅仅是让读者了解一下名人轶事，而是以伟人的事迹启迪和激励少年朋友，树立人生的志向，汲取这些英雄豪杰的人生智慧，修身立德，练就自身本领，最终成为造福国家和社会的有用之才。

这套书虽然是写给少年看的，并不意味着就不适合大人阅读。大作家茅盾就曾大力推荐这套书。现在的青年人，乃至家长、老师，若能读读这套书，对于人生事业，教育子弟，也是大有益处的。可以说，这是一套老少皆宜的好书。

《少年丛书》在当时之所以大受欢迎，销量巨大，也不是没有原因的。这套书每册文字量不大，文笔流畅，史实可靠，评议精彩，这都是许多普通名人传记所不具备的。因此，这套书深受读者欢迎，也就不难理解了。

读名人传记，重在学习名人的智慧和经验。正如文天祥所说，

“人生自古谁无死，留取丹心照汗青”。人生有涯，知也无涯，如何在有限的生命里寻求到人生的价值，获取人生的智慧，而不浪费光阴？《少年丛书》中的这些圣贤豪杰，就是我们的榜样。他们身上伟大的人格，比如孝友、善良、爱心、坚毅、勇敢等等，这些人性的光辉，都是我们的学习之处。

我们用了近一年的时间，将这一套书作了白话语译，希望今天的少年们，能够喜欢阅读并且从中汲取智慧。若能让每一位读者都能够有所收获，那就不负当初写作这套书的三位老前辈的一片苦心，而我们的工作也就没有白做了。

这一套书规模宏大，在校对和语译的过程中，难免会有错误，恳请广大读者不吝指正。

《少年丛书》语译小组　主编　萧祥剑

目录

第一章 战国时之重士

我国历史上，列国纷纭之世，莫甚于战国。正惟七雄并峙，相持不下。一胜一败，国家之强弱所关，国民之荣辱立见。故其国民，皆有杀身亡家以救国之心，而爱国之士独多。

君相之爱国心，孰有大于保国养民，上以承先王之宗庙，下以保黎元之身家者乎？既欲保之，则不得不应时势而行相当之政令。知交隣之有赖乎辞令也，则养游说（音税，以言语论人，使从己也）之士。知保国之不可以无兵也，则行征兵之制。知行政之必资乎人才也，则设招贤之馆。励精图治，息息以亡国为懼，此君相之所有事也。而一国之中，与国之关系最切者，则惟贵族。用事之贵族，既助其君发号施令矣；不用事之贵族，则亦有其惟一之天职，曰破家以养贤士，曰养士以备国用。夫任人而不任法，虽为制度阔略时所必至之趋势。知之明而行之切，盖未有甚于战国诸公子者也。

生战国之时者，苟有一技之长，无不为人主卑礼厚币，聘之而引之将相之位。故奇才异能，盛极一时，侠客辨士，传为美谈，不异欧洲古时之有希腊罗马也。今欧美之编教科书儿童书者，不能不有取乎二国之故事，然则我今可以遗战国之人物耶？

更奇者，自秦始皇统一天下，东亚之战国，久已消灭。

我国历史上，诸侯并立、时局混乱的时代莫过于战国时期了。当时适逢七个强国互相对峙，争持不下。胜利或者失败，都和国力的强弱相关，国民的荣辱立刻就能显现。这个时候每个国家的民众，都抱着以身报国的心思，而爱国的人士特别多。

君主宰相的爱国之心，没有比保住国家和教化民众更重要的了，对上继承先王的宗庙，对下保护黎民百姓的性命和家庭。既然想要保护他们，那么就不得不顺应时代的形势，然后发布实施合适的政令。知道和邻国交往要依靠外交辞令，那么需要养外交游说（读音是税，指用言语和他人讨论，使别人听从自己的意见）的人。知道保护国家不可以没有军队，那么就需要实行征兵的制度。知道实施政策必须依靠人才，那么就要设立招贤馆。励精图治，时时刻刻害怕亡国，这就是君主和宰相的事情。而一个国家之中，和国家关系最密切的，就只有贵族了。掌管事务的贵族，能够帮助他的君主处理政务；不掌管事务的贵族，也有唯一的天职，就是散尽家财来供养贤能的人，以备国家的需要。任用人而不依靠法律，即使是在法律较为宽松的时候。认知明确行动切实的人，没有比得过战国那些公子的了。

生在战国时期的人，如果有一技之长，没有不被君主用礼敬和厚禄聘用，然后登上将相之位的。所以有奇异才能的人盛极一时，侠客和说客，都传为美谈，和欧洲古时候的希腊罗马之时没有什么不同。现在欧美写儿童教科书的人，没有不在希腊罗马的故事里取材的。既然这样，我现在怎么能丢下战国时期的人物呢？

更加奇特的是，自从秦始皇一统天下，东亚战国已被消灭了很二千年后，迄乎民国，而战国之局势，于今又见。盖以海陆交通之捷，万里之隔，重洋之阻，利害相关，如一家也。无论纽约出一新闻，伦敦来一电报，有不耸动北京之政界，上海之市场者乎？中国境内之一统如故，实以消息灵而地球似缩，交涉多而感觉愈神。惜小战国，今乃成一大战国。然则战国时之人物，岂不为我少年模范人物中最适用者哉？

昔战国之人，一言一动，皆当具世界之眼光，犹之乎今也。惟彼之世界，限于中国，今之世界，充乎五洲，小大不同耳。彼之养成此眼光也，幼而学于名师，壮而游于各国之都市，闻其政而知其俗。揣摩既熟（《史记·苏秦传》乃夜发书陈箧数十，得太公阴符之谋，伏而诵之，简练以为揣摩，言以我之简练者，揣摩时势而用之），然后朝秦暮楚，为进取之运动。当时寒士生涯，类多如此。空山讲学，其道虽尊；而布衣草食，生计寂寞，豪士所不甘焉。工商诸业，为彼时社会所轻。范蠡操致富之术，亦仅于投闲置散之时，偶一为之。有志功名者，去之惟恐不速也。然以一草茅新进，无左右为之先容；贵人为之延誉，一朝而欲登大将之坛，取上相之印，此极难之事。于是各国公子贵族养客之风，因之而久。两千年后，到了民国，类似战国时期的局势在今天又出现了。大概是因为海陆交通便捷，即使相隔万里之遥，隔着大洋，但是各国间的利害紧密相关，就像一家人一样。无论是纽约出现一条新闻，还是伦敦发来一个电报，大多都会惊动北京的政界、上海的市场。中国境内像原来那样统一，其实是因为消息灵通而像地球缩小了一般，交涉越多就越感觉神奇。以前是小战国，今天已经成了一个大的战国。既然这样，战国时期的人物，不就是我们少年的模范人物吗？

以前战国的人，一言一行，都应该具备放眼世界的眼光，今天也同样如此。以前人的世界，限制在中国，现在的世界，是天下，只不过大小不同罢了。以前的人养成这样的眼光，是小时候跟随名师学习，长大了在各个国家都市中游历，听闻他们的政策，知道他们的习俗，揣摩熟悉（《史记·苏秦传》记载，苏秦连夜找书，在数十箱藏书中，一一查找，终于找到姜太公所著的《阴符》兵书。趴在桌子上阅读，对其中的关键之处仔细揣摩，挑选关键并熟练记忆，研究时事然后运用）之后，早晚奔波，为进取而运作行动。当时的读书人的生活，也大都和他一样。在寂静的山谷中讲学，行为虽然高尚，但是穿着布衣，吃着糟糠，生计贫乏，生活寂寞，这是豪杰之士所不愿意接受的。工业商业等，被当时的社会看轻。范蠡致富，也仅仅是处在闲散位置的时候，偶尔这样做。对功名利禄有志向的人，则唯恐避之不快。然而一个人以新进的身份上位，没有人为他铺路，没有贵人替他宣传，短时间内就想要登上高台，取得高官印绶，这是特别难做到的事情。于是各国公子贵族起。盖此实一国人材之预备机关也。

今试一读《战国策》，名臣大将之历史，有非某君之食客者鲜矣。甚至鸡鸣狗盗之徒，苟足备一朝之用者，亦无不揖之为座客。士之未至也，则远绍旁搜以致之；其既至也，则卑礼厚币以事之，甘之如肉（《后汉书·独行传》说上甘于肉，喻爱士之诚切也），爱之若命。而国家一有危急，则或出其口舌之长，排难解纷；或运其帷幄之谋，取威定霸。此实古今中外希有之风会，而战国所独有者，思之殊有趣味也。

【批评】

记战国之事者，有《战国策》，事奇而文亦奇，太史公为战国人作传，多采其书。人谓太史公之文章好，所以《史记》最传。顾自太史公后，断代为书者，实有二十三部。其体例摹太史公也，文章摹太史公也，何以与会皆不如《史记》之佳甚？或令阅者昏然欲睡。盖太史公书中，记战国时事，几及其半，事奇，故文易奇也。

古言男子志在四方，四方犹今言世界也。秦以前，世界之为我先民所知者，《禹贡》所载冀、雍、青、兖、豫、徐、扬、荆、梁所称九州之外，不知其他矣。与古时欧洲人，谓供养门客的风气，因为这样而起。原来这真的是一个国家预备人才的重要部门啊！

现在试读一下《战国策》，名臣大将的历史，不是某一位贵族的食客的太少了。甚至连那些鸡鸣狗盗的人，只要能够发挥一点功用，没有不礼敬他们，把他们奉为座上客的。贤士没有到来的时候，即使再远也要广泛搜罗；来了之后，就给他很高的待遇，爱护他们就像喜好美味那样（《后汉书》里的《独行传》上说，用喜好肉来比喻喜爱贤才的恳切），爱才如命。而国家一旦到了危急的时候，这些人有的用三寸不烂之舌排忧解难，有的人运筹帷幄，树立威信，成就霸业。这实在是古今中外都没有的事情，而是战国独有。想想它，这是多么有趣的事情啊！

【评论】

记录战国时期事情的，有《战国策》。事情奇特，文章记得也奇特。太史公给战国的人做传，大多采用这本书的说法。人们都说太史公的文章好，所以《史记》最有影响力，传的最久。太史公之后，各种断代史书，共有二三十部。他们的体例都是模仿太史公，文章也模仿太史公，但为什么不如《史记》那么好看呢？有的读者读着读着就昏昏入睡。原来太史公的书中，记载战国时期的事，就占了大半。事情奇特，所以文章也跟着奇特起来。

古话常说男子志在四方，这时说的四方就像我们今天说的世界一样。在秦国以前，我们先祖所知道的世界，除了《禹贡》中记载的被称为九州的冀、雍、青、兖、豫、徐、扬、荆、梁之外，就不地中海外，更无土地人民之说略同。而以山川之隔绝，舟车之不便，百里千里之远，即有老死不相往来者。以今观之，九州亦甚小耳。而在古人，则已觉夸父不能尽，章亥不能步，浩浩乎莫测其境之所穷。无以名之，因名之曰四方。战国时，齐人驺衍，有大九州之说，未知衍固逞其理想耶？抑实知其地耶？至于今日，五洲之远，如在目前，一利一害，息息相关。人不放开眼孔，高瞻远瞩，则将何以自立？

驺衍，齐人，生在孟子后。今所传《驺子》一书，疑为后人所依托。《史记》载其大九州之说曰："儒者所谓中国者，于天下乃八十一分居其一分耳。中国名曰赤县神州。赤县神州内，自有九州，禹之序九州是也。于是有裨海环之，人民禽兽，莫能相通者。如一区中者，乃为一州。如此者九，乃有大瀛海环其外天地之际焉。"齐近海，其说或得之海上远游之人。当时如有好事者，即其说而出游赤县神州之外，则世界之发明，或不待至近五百年也。

三代之时，官皆出于世家。世家子弟，登进甚易，不必其有才德也。不幸而生于贫贱之家，则虽有才德，亦难见用。至于战国，人君莫不深明"得士者昌，失士者亡"之理。

知道其他的地方了。这和古代的欧洲人，认为除了地中海之外，就没有土地的说法大概相同。山川隔绝，舟车不便，相隔很远，有到老死都不相互往来的人。现在看来，九州也是很小的啊。但是在古人看来，则已经感觉夸父不能跑尽九州的路，大章和竖亥不能走完九州的土地，浩瀚广大，无法达到世界的尽头。这片土地没有合适的名字，只好称为“四方”。战国的时候，齐人驺衍，有大九州的理论，但不知道他是以此炫耀自己的理论呢，还是真的知道有这些地方？到了今天，五洲之间的距离，却就像在眼前一般，彼此利害，息息相关。人如果不放宽眼界，高瞻远瞩，那么将靠什么来立足呢？

驺衍，是齐国人，出生在孟子之后的时代。今天人们相传的《驺子》一书，被人怀疑是后人所写，假托其名。史家记载他的大九州之说是：“儒家中所说的中国，是天下的八十一分之一，中国名叫赤县神州。赤县神州的境内，就有九州，这就是大禹排列的九州。于是，就有了小海环绕在九州周围，人民和飞禽走兽，不能相互沟通和往来。就像一个地区里的人，就是一个州了。像这样的地区有九个，于是才有了大瀛海环绕在天地交际之处的情状。”齐国接近海边，他们的说法可能出自于海上远游而来的人。当时如果有好事的人，按照这种说法出海游历，那么世界的发现，也许不会等到最近五百年了。

夏、商、周的时候，当官的人都出于世家。世家的子弟，当官进爵特别容易，不必需要有才能德行。如果不幸生在贫穷卑贱的家庭，那么即使有才能德行，也很难被任用。到了战国，君主没有不求贤之意，皇皇然，汲汲然，唯恐不及。世家之制，遽尔打破。而秦汉以后，王侯将相本无种之说，因以成立。战国之时，几无人不殉此潮流。上以是求，下以是应。尝谓战国之游士，两晋之清谈，明清两朝之时文，皆吾国历史上，有一无二之社会也。

战国之时，游士既多，未必一至国都，即能际会风云。其人大都皆寒士，而又不能尽有安贫乐道之操。设无人容纳而收养之，非特无缘扩大其学识，为世大用；更不免堕其志气，转为社会之忧。宋时有士子，冒秦会之（秦桧之字）信，至外省求官，为人揭破，缚至秦处，听其处分。会之给与士子钱五百贯，又与美官。人怪之。会之曰："此人敢冒我手书，其胆甚大。如不有以慰其情，彼处日暮途穷之境，倒行逆施，将为国之大患。"盖其时宋之外，尚有金国，秦虑其投金以祸宋也。会之为人，虽不足道，而此言颇有远见。

明白“得到士子就会昌盛，失去士子就会衰亡”的道理的。求取贤人的心意，急急忙忙，匆匆切切，惟恐得不到贤人。世家的制度，一时间被打破。但秦汉之后，王侯将相本不是天生的说法，因此成立。战国时期，几乎没有人不认为这是潮流。上面因为这样而寻求，下面因为这样而呼应。曾经有人说战国的游士，两晋的清谈，明清两朝的时文，都是我国历史上独一无二的社会现象。

战国时期，云游的士人很多，不需要都聚集到国都，便能有大量的人才云集。这些人大都也是穷苦的读书人，但又没有完全安贫乐道的操守。假如没有人接受并且收养，他们不仅无法扩大他的学识，无缘为社会大用，更不能免于泄气，转而成为社会的忧患。宋时有个士子，冒充拿着秦会之（秦桧之字）的书信，到外省去求官，被人揭破了，捆绑到秦桧面前，由他处分。秦桧给了这个士子五百贯钱，又给了他一个好的官职。大家对此感到奇怪，秦桧说：“这人敢拿着冒充我的手信，他的胆子一定很大。如果不能抚慰他，当他处于日暮途穷的境地时，他一定会倒行逆施，成为国家的大患。”因为当时除了宋朝以外，还有金国，秦桧担心这个士子会投靠金国来祸害宋国。秦桧的为人，虽然不值得称道，但他这句话说得很有远见。

第二章 五公子

当时公子之以好客名天下，知与不知，莫不艳称之者。在齐有孟尝君（名文，田婴之子），在赵有平原君（名胜，赵惠文王弟），在魏有信陵君。门下食客，常数千人，其声望虽敌国亦畏之。即不任职，而国之大事，无不与闻。既闻，则归与其客，反复熟虑。人君采而用之，无不中款。亦有寒士起家，位至将相，倾慕诸公子之高风，而与起者，各国皆有。楚之黄歇（楚人也，相楚顷襄王，号为春申君），秦之吕不韦（阳翟大贾也，相秦庄襄王，号为文信君），其尤著者也。《史记》春申君、吕不韦本传，皆言黄、吕自羞以秦楚之强，不如平原、信陵，尊贤下士。因亦设馆招贤，而厚遇之。此尤今日甲国行一善政，乙国亦急起直追，以为抵制也。其关系之重如此。

然而五君之中，未可一概论也。五君者，其侠同，其功异；其下士同，其知士异，其能得士亦异。太史公各为五君列传，而于信陵君则赞曰："吾过大梁之墟，那时候的公子都以好客而闻名天下，不管是认识的还是不认识的，没有不羡慕称赞他们的。当时，齐国有孟尝君（名字是文，田婴的儿子），赵国有平原君（名字是胜，赵惠文王的弟弟），魏国有信陵君。他们门下的食客，常常有数千人之多；他们的声望即使是敌国也畏惧。即使他们不任职，国家的大事，没有他们不参与讨论的。讨论之后，他们就回去跟门客们反复思虑。在意见提出之后，被君主采纳，从没有不被证明是正确的。也有出生于贫穷之家的人，官位做到将相，倾仰羡慕各个公子的高风亮节，然后和他们一起的，各个国家都有。如楚国的黄歇（楚国人，辅佐楚国顷襄王，号称春申君），秦国的吕不韦（阳翟的大商人，秦庄襄王时期当宰相，被封为文信侯），都是很明显的例子。《史记》记载的春申君、吕不韦本传，都说黄歇和吕不韦凭借秦国和楚国的强大，却比不上平原君和信陵君尊重贤才，礼遇人士。因此，他们趁机设馆招纳贤才，然后厚礼相待。这就好像今天甲国施行了一个好的政策，乙国便也急着来效仿追赶，以此来抵制甲国。这其中关系的重要性就是如此。

然而五位公子之中，不可以一概而论。五位公子，他们的侠义之气大抵相同，但是他们的目的却不一样；他们礼遇士子之心相同，但他们识别士子的能力不同，他们获得士子的方法也不同。太史公为五位公子分别作了列传，对于信陵君则称赞道："我经过大求其所谓夷门。夷门者，城之东门也。天下诸公子，亦有喜士者矣。然信陵君之接岩穴隐者，不耻下交。有以也，名冠诸侯，不虚耳。高祖每过之，而令民奉祀不绝也。”抑扬抵徊，其推崇为独至。综五君之行事而评论之，则夫好士之诚，收效之大，举无有如信陵君者也，次平原，次春申，而孟尝、文信无取焉。

何以明其然也？四君皆齐、楚、秦、赵之相国也。国被难而拯之，若援饥溺，相国之责任宜然。信陵，大梁一公子耳，居魏未相魏，居赵十年未相赵。顾始以救魏之故，椎杀晋鄙以存邯郸，不忍见先王宗庙之夷，自赵趋魏，而破秦军于河外，厥功大矣。彼其所下者，侯生、朱亥、毛公、薛公之徒，皆能明大义以完人国者，可不谓智乎？绝口不言救赵之功，而仅受其汤沐。魏信秦间，自甘屏废，可谓知有义而不知有利，知有公而不知有私者也。

更如平原君门下，有一毛遂而不知，必待其自荐而与俱至楚，此已暗于知人矣。毛公、薛公，俱赵之贤士，而平原不礼焉。故信陵曰：“平原徒豪举耳(顾炎武《日知梁的废墟，寻求他们所说的夷门。夷门，就是城的东门。天下诸多公子，也有喜好接收士子的人。然而，信陵君亲自到岩穴之处拜访隐者，并且不觉得是耻辱。因为这样，名字列在诸侯之首，名不虚传啊！高祖每次经过这里，都会让当地民众祭奠奉祀他，从未停止过。”进退徘徊间，对他的推崇是独到的。综合五位君子的作为来评论，那么他们对人才的真诚，收到的效益，没有超过信陵君的。然后是平原君，再然后是春申君，而孟尝君和文信侯，没有值得称赞的地方。

为什么这么说呢？另外四位公子分别是齐国、楚国、秦国、赵国的相国。国家陷入危难后拯救国家，就像是救援了饥饿的人和被淹没的人，这是相国的责任。而信陵君，是大梁的公子，在魏国时没有在魏国当国相，在赵国十年也没有当赵国的宰相。当初他以拯救魏国为由，杀掉晋鄙而保住了邯郸，不忍心见到先王的宗族被灭，从赵国到了魏国，然后在河外击破秦军，他的功劳实在是太大了。在他门下的人，如侯嬴、朱亥、毛公、薛公等，都是知晓大义、能成全国家的人，能说他们没有智慧吗？而他一句话也不提拯救赵国的功劳，而仅仅接受了他们的汤沐邑。魏国相信了秦国的离间计，自己甘愿废掉屏障，可以说这是知道道义而不知道利益，知道有国家而不顾及私利的行为啊！

就像平原君的门客中，有一位叫毛遂的，而平原君却不知道，必须要等到他自荐，而后才和他一起前往楚国。这说明他不擅长识人啊！毛公、薛公，都是赵国的贤才，但是平原君对他们不礼遇。所以信陵君说：“平原君只是举止行为豪放不羁罢了（顾炎武录》曰：谓特貌为豪杰举动，非直欲求有用之士也)，不求士也。”史言：“赵客之至楚者，皆以瑇瑁为簪，饰刀剑之宝以珠玉，欲以夸示于楚。春申君令其上客尽蹑珠履，赵客见之，乃大惭。”楚之珠履者，予不知其何人。然贤如荀卿，仅令兰陵(荀卿，赵人，年五十始游学于齐。齐人或谗荀卿。春申君以为兰陵令，因家焉。李斯尝为弟子。兰陵，今江苏武进县)；智如朱英，终不见用(朱英谓春申君曰：“人皆以楚为强，而君用之弱，其于英不然。先君时善秦，二十年而不攻楚，何也？秦逾黾隘之塞而攻楚，不便；假道于两周，背韩魏而攻楚，不可。今则不然，魏旦暮亡，不能爱许、鄢陵。其许魏割以予秦，秦兵去陈百六十里，臣之所观者，见秦、魏之日斗也。”楚于是去陈，徙寿春，而秦徙卫，春申君由此就封于吴，行相事)，则歇之暗于知人，亦胜类也。始而强楚，终而害楚，棘门之诛，不为不幸矣(李园以妹侍春申君，有孕而进之孝烈王。及李园妹生子，遂为太子。园贵显用事，恐春申君泄其隐，遂杀之于棘门之内)。若田文者，既相齐湣，弃而之魏，合四国之兵，促临淄而死王于莒，此乱贼也。即其所饭者，非鸡鸣狗偷之徒，则暴桀子弟，大侠奸人耳。太史公谓薛俗与邹鲁殊，皆其客为之。(太史公在《日知录》中说：不平常的举动是豪杰的特征，并不是只想要寻求对国家有用的人），而不知道辨识人才。”史书上说：“赵国的人到了楚国，都戴着用玳瑁做的簪子，佩戴着用珠宝装饰的宝剑，想要向楚国夸耀赵国的优越。春申君命令他的宾客们都穿上珠宝修饰的鞋子，赵国的人见到了，自惭形秽。”楚国穿珠宝装饰的鞋子的人，我不知道是些什么人。但是像荀卿那样有才能的人，也仅仅只是个兰陵令（荀卿，赵国人，五十岁时才开始到齐国游学。齐国有人说荀子的坏话，春申君便派他去当兰陵令，于是就定居在兰陵。李斯曾经是他的弟子。兰陵，在今天的江苏武进县）；像朱英一样高明的人，却始终不被任用（朱英对春申君说：“人们都认为楚国本是一个强国，只是因为由您执掌才国势衰弱，但我不这么看。先王在世时，秦国与楚国相友善，二十年间从不攻击楚国，这是为什么呢？是因为秦国要越过黾隘要塞来进攻楚国，十分不便；而要借道西周与东周，背对着韩国和魏国来征伐楚国，又为有后顾之忧不可行。但是现在不同了。魏国朝不保夕，随时都会被灭亡，根本无力顾及属地许、鄢陵，一旦魏国将这两地割让给秦，秦国军队距离楚国的都城陈就不过一百六十里了。我所看到的是，秦楚两国天天陷于相互争斗之中了。”楚国于是将都城由陈迁至寿春，秦迁徙到卫地。春申从此去到他的封国吴地，仍行使相国的职权）。而黄歇不擅长识别人才，也和赵胜一样。开始的时候壮大楚国，最后使楚国衰弱，在棘门被杀，不是不幸啊！（李园用妹妹来侍奉春申君，怀孕后进献给孝烈王，等李园妹妹生下孩子，就被立为太子。李园显贵掌权后，害怕春申君泄露他的秘密，于是就在曰：“吾尝过薛，其俗率，多暴杰子弟，与邹鲁殊。问其故，曰孟尝君招致天下任侠奸人入薛中，盖六万余家矣。”）而王安石亦谓盗在门，则士不至（孟尝君使于秦，秦昭王囚而欲杀之。孟尝使人乞救于昭王宠姬，宠姬曰：“妾愿得白狐裘。”然其裘已献于昭王矣，客有能为狗盗者，乃夜为狗入秦藏宫中，取裘以献宠姬。宠姬为言于昭王，释。孟尝既出，即驰去，夜半至函谷关。昭王悔，使追之。关法须始鸣始出客。孟尝君恐追至，客有能为鸡鸣者，鸡尽鸣，遂得出。王安石论之曰：“孟尝君特鸡鸣狗盗之雄耳，岂足以言得士？夫鸡鸣狗盗之出其门，此士所以不至也。”），此确论也。生无尺寸之功于齐，死贻横暴之俗于薛，即平原、春申，已不得较长而比大，而况魏公子乎？不韦以吕易嬴，本贾人之故智，收篡国之大利（不韦本阳翟大贾，贩贱卖贵，家累千金。时秦王孙子楚质于赵，不韦见之，曰：“此奇货可居也。”遂以孕妾献于子楚，临别谓其妾曰：“苟富贵，无相忘。”复为子楚设计归秦。后为秦王，即孝文是也，妾所生之子即始皇帝。秦本嬴姓，始皇实不韦子，故云以吕易嬴），其所饭之客，亦不知何许人。闭户著书，而传不韦之名，则皆不能与军国大事，而不过充豪门之书记，亦可见已（不韦使其客各著所闻，以为八览、六棘门杀害了春申君。）像田文这样的人，在齐国当了宰相之后又抛弃了，转而到了魏国，集合了四国的军队，到了临淄然后在莒地把齐王给杀死了。这是乱贼啊！他养的那些食客，不是鸡鸣狗盗之徒，就是暴民匪盗，奸佞的小人。太史公说薛地的民俗跟邹地鲁地不一样，都是他的食客的缘故。（太史公说："我曾经经过薛地，那里的民俗比较粗率，很多是暴民匪盗，跟邹地、鲁地完全不同。我询问其中的原因，他们说孟尝君招纳天下的侠士佞人进入薛地，大概有六万多。"）而王安石也说，门客中有匪盗之人，那么正直的士子不会前来。（孟尝君出使秦国，秦昭王把他关起来，要杀他。孟尝君派人去求助于昭王的宠姬，宠姬说："我想要得到您那件白裘皮衣。"但是白裘皮衣已经献给昭王了。门客中有人会装成狗的样子，于是趁夜去偷来白裘皮衣，献给宠姬。宠姬对昭王说好话，于是孟尝君获释。他出来后就逃跑了，半夜到了函谷关。秦昭王后悔了，派人追赶。函谷关关卡规定，要等到鸡鸣才能开门。局势危急，这时门客中有个人学鸡鸣，于是附近的鸡都叫起来。关门打开，孟尝君就逃出来了。王安石说，孟尝君只是鸡鸣狗盗之人的首领罢了，怎么能说他得到了人才呢？这些鸡鸣狗盗的人来往于他的门下，就是真正的人才不去的原因啊。）这是正确的。他活着的时候对于齐国没有任何的功劳，死后在薛地留下暴烈的民俗，即使是平原君和春申君，也比他做得要好，更何况是魏公子呢？吕不韦将吕姓换成了嬴姓，用商人的智慧，收到篡国的利益（吕不韦本来是阳翟的大商贩，贱买贵卖，家里很富有。这时候秦王的孙子子楚在赵国当人质。吕不韦见到了，说："这就像珍稀的东西，可以存论、十二纪，凡二千余言，号曰《吕氏春秋》，以其书布于咸阳市门，悬千金其上，延诸侯游士宾客，有能增损一字者予千金）。今以信陵君之一生，介绍于读者，想亦诸君所乐闻者也。

【批评】

战国时养士最盛者，实为平原、信陵、孟尝、春申、文信五君。文信僻在西秦，称之者较少，以是四公子之名独高。然春申实非公子也，至宋犹沿其误，如刘敞有《四公子论》是也。明郭子章独称四君，于义甚允。

天下事，往往行之既久，遂至舍本逐末，与其初意相背驰。如诸君之爱客，初意极善，其后遂流为豪举。惟信陵始终自持，不乖其志趣，所以为高。

太史公敬仰信陵，不为他事，大抵是重其任侠。我先民起来当做资本的。”于是就把有孕的侍妾献给子楚，对他的妾说：“如果富贵了，不要忘记我。”后来又为子楚筹谋策划回到秦国。子楚回到秦国后当了秦王，这就是孝文帝，那个侍妾所生的儿子就是始皇帝。秦国的姓本来是嬴氏，始皇帝是吕不韦的儿子，所以说吕不韦用吕姓代替了嬴氏）。他养的那些食客，也不知道是什么人。吕不韦只让他们在家中写书，然后为吕不韦传名，却不能参与国家大事，只不过是充当豪门的写书人罢了（吕不韦让门客把他们听闻见到的都写下来，这就是八览、六论、十二纪，有二十多万字，称为《吕氏春秋》。吕不韦把这本书写在布匹上，挂在咸阳门城口，悬挂千金，有能在这部书上增减一字的，就送给千金）。现在把信陵君的一生介绍给读者们，想必你们也是愿意听闻的吧。

【评论】

战国时期养门客最多的人，就是平原君、信陵君、孟尝君、春申君、文信侯五个人了。文信侯远在秦国，称道他的人比较少，所以其他四公子的名气比较大。但是春申君不是公侯之子，到了宋朝还在延续这个错误，就像刘敞就有《四公子论》。明朝郭子章只说是四君，这个意思是很对的。

天下的事情，往往时间久了之后，就到了舍本逐末的地步，和它的本意相反了。就像各个公子们喜爱人才门客一样，刚开始的本意是很好的，但后来就成了豪杰的举动。只有信陵君始终坚持，不背离他的志趣，所以是很值得称道的。

太史公对信陵君很尊重，不是因为别的，大抵是看重他的侠任侠之风，两汉之时犹未绝也。太史公已有今亡之叹，无论近世矣。奴颜婢膝，相习成风，欲国之不危，得乎？

《吕氏春秋》，又名《吕览》，今犹有传本。其时古本甚多，秦火以后，悉已荡然，化为灰烬。赖此书为之钞撮，因得存什一于千百，故后世考古者重之。盖所重在古书，而非重吕氏之书也。悬千金于咸阳市门，而诸侯游士，不敢改易一字者，实畏其势耳。岂真其书无可议处哉？

义。我国先民见义勇为的风气，到两汉时期还没有断绝。太史公当时就曾叹息这种风气已然不存，更不用说近代了。卑躬屈膝，相继延续，成为风气，这样还想要国家不危险，可能吗？

《吕氏春秋》，又叫做《吕览》，今天还有它的传本。那个时候古书很多，秦代烧书以后，大多都消失化为灰烬了。幸好这本书做了摘录，因而得以保存下很少的一部分，所以后世的学者很重视它。重视的是其中摘录的古书，而不是看重吕氏的书。在咸阳的城门悬挂千金，而各国的游士连一个字都不敢改变，其实害怕他的权势罢了。难道真的书中没有可议之处么？

第三章　范雎入秦

《史记》叙信陵君家世曰："魏公子无忌者，魏昭王（名遫，襄王之子）少子，而安釐（釐，虚宜切，同僖）王异母弟也。昭王薨，安釐王即位，封公子为信陵君（汉地理志无信陵，当是乡邑名也）。"太史公叙他公子，皆称名，或称封号，独于信陵君传中皆称公子。此于《史记》书中为变例，而其尊慕信陵之意，亦可见也。编者仍之，于《少年丛书》中，亦为变例云。

公子为人，仁而下士，士无贤不肖，皆谦而礼交之，不敢以其富贵骄士。士以此不远数千里，争往归之。门下常有食客三千人(言恃公子而食之客有三千人）。

当公子之时，齐楚燕赵韩魏六国，虽各有土地数千里，甲兵数百万，而莫不畏秦者。故六国之政策，或张或驰，不能自立，视秦之政策如何，而定对待之策。韩赵魏，故晋地也，逼近秦国。秦兵不出则已，出则未有不经三国之郊者。以是三国之外交尤难，畏秦尤甚。及公子年长，崭然（崭，士减切，崭然，高峻貌）露头角，贤名远布，诸侯皆畏之，不敢加兵谋魏者十余年。乃意外来一魏齐与范睢之交涉，而魏国几危。

当魏昭王时，遣其中大夫须贾使于齐。须贾与其客范睢同往。齐襄王（名法章）闻睢有才，甚敬爱之，使人赐睢金

《史记》对信陵君的记载是："魏公子无忌，是魏昭王（名字是遬，襄王的儿子）的小儿子，安釐(釐，虚宜切，同僖)王的异母弟弟。昭王死后，安釐王即位，封公子当了信陵君（汉朝的地理志里没有信陵这个地方，应该是乡邑的名字）。"太史公记述别的公子的时候，都直接说他们的名字，或者说他们的封号，只在信陵君的传记中，称他为公子。这在《史记》中是一个特别的例子。他对信陵君的敬意，在这方面就可以体现了。编者也是这样，在《少年丛书》中，也成为一个特别的例子。

公子为人，仁义而礼贤下士。无论士子们贤与不贤，他都谦虚地以礼相待，不敢因自己富贵而慢待士人。因此士子不远千里，争相归附于他。门下常有食客三千人之多（说依靠公子吃饭的人有三千人）。

公子那个时代，齐、楚、燕、赵、韩、魏六国，虽然各有数千里土地，几百万士兵，却都畏惧秦国。因此六国的政策，有时候紧张，有时候舒缓，无法自己确定，需要看秦国的政策如何，而确定相对的策略。韩、赵、魏是以前的晋国，靠近秦国。秦国的军队不出来就没事，只要出来就没有不经过这三个国家的郊外的。因此这三个国家的外交非常难进行，特别畏惧秦国。等到公子长大，显露出优异的才能，贤德的名声传开，诸侯都害怕，十多年不敢加兵图谋魏国。但意外来了个魏齐与范雎的问题，于是魏国危在旦夕。

魏昭王的时候，他派遣大夫须贾和客人范雎一同去齐国。齐襄王（名字是法章）听说范雎很有才能，特别尊敬他，派人赐给范

十斤及牛酒。睢以大夫无私交（言大夫不能与外国政府有私交也，语见《礼记》），辞而不受。须贾知之，心疑齐王何爱于睢而有馈赠，必睢以魏国政府中之秘密私告于齐，故齐以此报之。使事毕，须贾以此语魏相魏齐，齐亦魏之公族，与信陵君同源也，魏齐信之。

魏齐约日大会宾客，呼范睢至，责其卖国，睢不服。魏齐大怒，令笞之，至于折胁断齿，睢佯死，仆人以箦卷其尸，置诸厕所中。宾客醉者，皆往溺之，睢忍辱不敢动。呜呼，魏齐之待范睢，亦太甚矣。然与睢实无宿怨。盖列国并峙，虽貌为和亲，而阴实猜忌，各于帷幄之中，阴谋秘计，以制邻国之命。其未发之政策，岂可泄露哉？魏齐故疾首痛心于范睢，且欲令宾客见者以为戒，而不知其冤也。

睢既幸免，不敢家居，匿于友人郑安平家，而更姓名曰张禄。当此时，秦昭王使谒者（秦官名）王稽至魏，稽问郑安平："魏有贤人，可与俱西游者乎（秦在魏西，故曰西游，意谓西雎十斤的金和牛肉、酒。范雎因为大夫没有私交（士大夫不能和外国的政府有私下的交往，这可以在《礼记》中见到），推辞没有接受。须贾知道了，心中怀疑齐王为什么喜欢范雎而给他馈赠，一定是范雎告诉了齐王魏国的机密，所以齐国来报答他。出使任务完成后，须贾把这些话告诉了魏国的宰相魏齐，魏齐也是魏国的公族，他相信了须贾的话。

魏齐约定日子举行宴会，叫范雎前来，责备他卖国，范雎不认罪。魏齐大怒，命令手下鞭打他，打到肋骨折掉，牙齿也全断了。范雎装死，仆人用竹席裹着他的尸体，放在公厕中。喝醉的宾客都前去解手，范雎忍着屈辱不敢动。唉！魏齐对待范雎也太过分了！实际上他和范雎并没有什么深仇大怨。当时各个国家对立，虽然表面上和和睦睦，但其实暗中相互猜忌，分别在秘密之中，制定计策，来对付邻国。国家没有颁布的命令，怎么能泄露出去呢？所以魏齐对范雎痛心疾首，非常痛恨，想要令宾客们引以为戒，却不知道他是被冤枉的！

范雎幸免于死之后，不敢在家居住，藏在朋友郑安平的家里，把姓名改成了张禄。这个时候，秦昭王派谒者（秦国官吏的名称）王稽到了魏国，王稽问郑安平说："魏国贤人多，有没有一起行仕秦也）？”郑安平以张禄对，又言张禄避仇，不敢昼见。王稽约以夜与俱来。张禄见王稽，语天下事，王稽知其贤，乃载之入秦。过湖关（秦地名），望见车骑从西来，范雎问王稽来者谁也，王稽曰：“此我相国穰侯东行县邑（东向巡行其县邑也）。”

范雎思穰侯擅权于秦（穰侯，即魏冉，宣太后之异母弟，与华阳君芈戎、高陵君公子市、泾阳君公子悝擅权用事，高陵、泾阳皆秦昭王同母弟），恶纳游士，见我至，必不喜，因匿车箱以避之。有倾，穰侯果至，因问王稽曰：“关东有何变（六国皆在函谷关之东，故曰关东有何变，言有无新闻也）？”曰：“无有。”又谓王稽曰：“君得无与诸侯客子俱来乎（诸侯客子，言六国中之游士也）？此辈实无益于秦。”王稽佯对曰：“不敢。”少顷，穰侯遂去。范雎在车中闻之了了，谓王稽曰：“吾闻穰侯虽智，而见事稍迟，间者疑车中有人，到西方去做官的呢（秦国在魏的西面，所以说是西游，意思是到秦国做官）？”郑安平说张禄可以，又说起张禄躲避仇家，不能在白天见面。于是王稽约他在晚上相见。张禄见到王稽，谈论天下的事情，王稽知道他的贤能，于是就载着他到了秦国。经过湖关（秦国地名）的时候，有车骑从西面来，范睢问王稽来的人是谁。王稽说：“这是我们的宰相穰侯去东边视察县邑（向东巡行他的县邑）。”

范睢想，穰侯在秦国弄权（穰侯就是魏冉，宣太后的异母弟弟，和华阳君芊戎、高陵君公子市、泾阳君公子悝私用权力，任意行事。高陵、泾阳都是秦昭王的同母弟弟），非常不喜欢接纳游士，见到自己一定不会开心，所以在车厢里躲避。不久，穰侯果然来了，问王稽说：“关东有没有什么变化（六个国家都在函谷关的东面，所以说东面有什么变化，意思是有没有什么新闻）？”王稽回答说：“没有。”穰侯又对王稽说：“您有没有和诸侯的门客一起来呀（诸侯的门客就是说六国中的游士）？这些人对秦国来说实在是没有益处啊！”王稽撒谎说：“我不敢。”不一会，穰侯离开了。范睢在车中听得一清二楚，对王稽说：“我听说穰侯虽然聪明，但忘索之，恐将复至。”于是下车急走。已而穰侯果还，索车中，无客乃已。于是王稽益知范雎之智，而荐之于秦王。穰侯之玉成范雎者大矣。

范雎相秦，秦王封为应侯。秦人皆知应侯者固氏张而名禄，天下之人，亦以张禄之名惊相告语，不知有所谓范雎者。即其仇人魏齐、须贾意中，亦渭范雎死已久矣。魏闻秦将伐韩魏，因使须贾于秦以觇之。范雎于是敝衣徒步，以范雎之名见须贾于旅馆。须贾惊曰：“范叔（叔，范雎字也），固无恙乎？今在此何事？”雎佯曰：“吾为人佣耳。”须贾意哀之，留与同食，又取绨袍为赠（绨，厚袍，今之锦袍）。

须贾因问曰：“秦相张公若知之乎？吾事之成否，全在张公，孺子岂有客习于相君者哉？”（孺子，谓雎，言雎或能识相君之客，而可以为贾先容也）范雎曰：“主人翁习知之（范雎言在秦为人佣，则必有主人矣），虽雎亦常谒见，今请引君见于张君。”须贾独作骄状曰：“吾马病，车轴折，非大车驷马，吾固不出。”范雎曰：“愿为借大车驷马于主人翁。”范雎归，取车马为须贾御之，入秦相府。及门，谓须贾曰：“再此待我，我为君先入，通于相君。”须贾待之久，不见至，乃问门下曰：“范叔不出，何也？”门下曰：“何为范是判断事物却不够灵敏。待会可能才怀疑车中有人，忘记问明，我害怕他会回来。”于是范雎下了车跑开了。不久，穰侯果然返回，看明车中没有人。于是王稽更加明白范雎的智慧了，然后把他推荐给秦王。穰侯对成全范雎的作用是很大的啊！

范雎当了相国，秦王封他为应侯。秦国人都知道应侯是姓张名禄，天下的人也惊讶地互相传告张禄这个名字，不知道他其实是范雎。即使是他的仇人魏齐、须贾，也认为范雎已经死了很久了。魏国听说秦国将要讨伐韩国和魏国，派遣须贾到秦国偷偷观望。范雎于是穿着破衣服，徒步去往旅馆来见须贾。须贾惊讶地说：“范叔（叔，是范雎的字），别来无恙呀，现在在这里做什么呢？”范雎撒谎说：“我当了仆人。” 须贾很可怜他，留下他一同吃饭，又拿来绨袍给范雎（绨就是厚袍，现在的锦袍）。

须贾问道：“秦国的宰相张公你知道么？我事情的成败都取决于张公，你认不认识张公的门客呢（孺子，是对范雎的称呼，意思是范雎或许能认识张公的门客，就可以在须贾之前先说话）？”范雎说：“我的主人跟他很熟（范雎在秦国做仆人，那么就一定会有主人），即使是我也经常拜见他，现在我引您去见他。”须贾却作出骄傲的样子说：“我的马生病了，车轴也坏了，除非是驷马拉着的大车，否则我不出去。”范雎说：“那我向我的主人借吧！”范雎回去了，取来车马给须贾坐，驾车进入丞相府。到了门口，范雎对须贾说：“你在这里等我，我先进去，向宰相禀报。”须贾等了很久，也不见范雎出来，于是就问下人：“范叔为什么还不出来？”门下的人说：“范叔是谁？刚刚那个人是我们的相国张公啊！”须贾

叔？顷者吾相张君也。”须贾至此大惊，自知见卖，乃肉袒膝行（袒裸露肉，袒谓露其左臂，古人于凶事行此礼也。膝行谓跪地而行），因门下人谢罪。于是范睢盛饰帷帐，侍者甚众见之。

须贾顿首而言曰：“贾不意君能自致于青云之上，贾不敢复读天下之书，不敢复与天下之事。贾有汤镬之罪（古有以沸汤烹人者，镬，釜具也），生死惟命。”范睢数之曰：“汝罪有三：昔楚昭王时，申包胥为楚却吴军，楚王封之五千户，包胥不受，为邱墓之寄于楚，不宜坐视父母之邦，有覆亡之惨也。今睢之先人邱墓亦在齐，公前以睢为有外心于齐而恶睢于魏齐，公之罪一也；当魏齐屏我于厕中，公不止之，罪二也；更醉而溺我，公其何忍乎？罪三矣。念公绨袍恋恋，尚有故人之情，故释公。为我告魏王，速持魏齐头来，不然者我且屠大梁（今河南开封，魏自魏惠王后都此）。

听到了大惊，知道自己被出卖，于是就肉袒膝行（袒裸露肉，袒是说露出左臂，古人在面对凶事的时候就这样做，膝行就是说跪地而行），通过下人向范雎道歉，于是范雎设置豪华的帷帐，带着很多侍者接见了他。

见到范雎之后，须贾叩头说："我没有想到您能做到这样的官位，我不敢再读天下的书了，也不敢再参与天下的事情。我有汤镬之罪（古代有沸水煮人的刑罚，镬，就是釜具），生死都听从您。"范雎数落他说："你有三宗罪：以前楚昭王的时候，申包胥为楚国击退吴军，楚王封他五千户爵邑，申包胥不接受，逃隐避封，因为父母的坟墓在楚国，不应坐视父母之邦的灭亡。现在我先人的坟墓也在齐国，你以前认为我对楚国有二心，想对齐国效力，然后对魏齐说我的坏话，这是你的第一样罪。当魏齐把我扔在厕所中的时候，你不阻止他，这是第二样罪。宾客醉了在我身上解手，你怎么能忍心呢？这是第三样罪。我念在你给了我绨袍，还有故人之情，所以放你回去替我告诉魏王，速速拿魏齐的头来，不然我就要攻打大梁（现在河南的开封，魏国从魏惠王之后都在这里建都）！"

须贾归，告魏齐。魏齐恐，亡走赵，匿居平原君家。夫人少年落拓，受恩受怨，世态之常。一旦得志，报复以快其意，此不过个人之私事耳。乃秦王以重爱范睢之故，后竟以此牵入两国交涉之漩涡中，咄咄逼人，弱国亦太可怜矣。

【批评】

《史记》一书，主于行文，故其书法体例殊无一定，班固《汉书》虽踵《史记》而起，然以纪事详瞻为主，体例较史公为谨严，故史公叙三千年事唯五十万言，班固叙二百年事乃八十万言，读史汉者不可不知此意也。

立国需贤，此古今不易之公理。然专制之君，恶能识某也贤某也不贤而进退之？则识贤殊为不易。观战国之君，虚心礼贤，可谓至矣，而终不免于危乱者，何也？真正大贤如孟荀之徒，其始皆礼致之，及闻其言论，无非尊王道、贱霸术，则以为迂，而不能行，其所倾慕而乐用者，惟功利之徒。

秦得地利，独能兼并六国，以成一时之功，然不旋踵，非特战胜之土地不能有，即非子之遗封，亦并失之（非子为周孝王养马于济渭之间，马大蕃息，孝王封之以附庸之国，此须贾回去之后，告诉了魏齐。魏齐很害怕，逃到赵国，藏在平原君的家里。人少年的时候落魄，尝尽了世态炎凉，无常变化，一旦得志，就要报复别人来使自己快意，只不过是私人的事罢了。因为秦王重爱范雎的缘故，后来竟然把两国牵入到交涉的漩涡之中，咄咄逼人，弱国也真是可怜啊！

【评论】

《史记》这本书，主要是作文章，所以它的写法体例不固定。班固写的《汉书》虽然接着《史记》而起，但是记录事情很详细，体例要比太史公严谨，所以太史公叙述三千年的事情只用了五十万字，而班固讲述二百年的事情就用了八十万字，阅读《史记》、《汉书》的人不可以不知道其中的道理。

治理国家需要贤能的人，这是从古至今都不会改变的公理。但是封建专制的君主，怎么能知道哪个人贤能与不贤能，并且赏识或贬低他呢？所以识别贤人特别不容易。看看战国的君子们，虚心礼贤下士，可以说是做到极致了，但是也终究不能免于危乱，为什么呢？真正贤能的像荀子、孟子那样的人，一开始还礼遇他们，但是听说他们的言论，无非就是尊崇王道、贬低霸权，就认为太迂腐，不能够实行，他们所仰慕乐意任用的人，全都是喜好功名利禄的人。

秦国占有地势之利，能够吞并六国，来成就一时的功业。但是没过几年，不仅是战胜的土地不能保有，连祖先非子的封地也一并失去了（非子在济渭之间为周孝王养马，马都膘肥体壮，孝王把秦之开国史也）。所谓富国强兵之功效，又安在哉？今之世界，又是功利主义极盛之日，时人闻弭兵大同之说，以为迂，犹齐梁之君以尊王贱霸之说为迂，进化之期尚未至也。

战国之时，法律不完，贵族尤可专横，若魏齐之凭喜怒以处置范雎，当时人民不能恃法律以保护其生命财产，尽可知也。然雎不遭此屈辱，则智不长而志不决，所谓吃了苦进了步也。

范雎数须贾之罪，而引申包胥事，以明己之未尝卖国，其后又何以有伐魏之举哉？春秋时楚国人伍子胥奔吴，其父武奢方在监狱中，闻伍子胥事，因曰："楚国自此多事矣。"言其将来必报仇也。方范雎含愤出亡之时，人人皆知其得志之后必报魏仇，今又何必作此欺人之谈耶？律以爱国之道，则伍、范二人皆千古之罪魁，后人勿复学之可也。

王稽使魏，公事之外复汲汲然搜罗人才，为本国用，使乎使乎，不可及矣。片言之下，即知范雎为可用之才，其眼力亦非常人所及。

范雎避穰侯之事，真能以目听以耳视者，王稽至此那得不十分倾倒。穰侯亦非梦梦者，为其行事不如范雎之敏疾耳。宋人常谈，以见事迟者，名曰穰侯，即指此也。

这里给他做了封国，这就是秦国的开国历史）。所说的强兵富国的功效，又在哪里呢！现在的世界，又是一个追求功利的时代，现在的人听说消除战争实现大同是迂腐的，就像齐、梁的君主认为尊王道贱霸术是迂腐的，这是他们的思想进化还不够啊。

战国的时候，法律不完善，贵族非常专横，就像魏齐凭借喜怒就处置范雎一样。当时的人们不能依靠法律来保护财产和生命的情况，都一览无余。但是范雎不遭受这样的屈辱，那么就不会增长智慧，意志也不会坚决。正所谓吃了苦，进了步。

范雎数落须贾的罪过，而引用申包胥的事情来表明自己没有卖国。其后又为什么有讨伐魏国的举动呢？春秋时期，楚国人伍子胥逃到吴国，他的父亲武奢在监狱中听闻了伍子胥的事情，说："楚国从此就会多很多事情了！"意思是说将来伍子胥一定会报仇。当范雎含恨出亡的时候，人人都知道他得志之后一定会报仇，现在又何必做这样骗人的谈论呢？归结到爱国的方面，那么伍子胥、范雎两人都是千古的罪人，后人可不要学习他们啊！

王稽出使魏国，公事之外又匆匆忙忙地搜罗人才为本国用，一般使者，都比不上他啊。只言片语，就知道范雎是可用之才，他的眼力也不是一般人能比得上的。

范雎躲避穰侯的事，真能用眼睛听用耳朵去看的，王稽到这哪能不十分为之倾倒。穰侯也不是愚蠢的人，只是他行事还不如范雎敏捷迅速。宋人平常的言论，常把反应迟钝的人叫作穰侯，即指此而言。

范睢狠心辣手，何尝以古人绨袍而宽须贾之死，所以释之者，令寄语魏齐耳。然舍须贾外，范睢何难遣一介之使以告魏齐，特必须贾言之，始觉神情跃然，愈足显己之快意也。

范雎心狠手辣，哪里会因为接受绨袍而放过了须贾呢？之所以放了他，是因为要让他给魏齐传话罢了。但是放过须贾之外，派遣一个使者来告诉魏齐又有什么难的呢？必须让须贾来告诉他，才觉得志得意满，也更加满足了自己的快意。

第四章　公子与侯生

范雎数责须贾之事，既喧腾于一时，于是天下皆知范雎之名。范雎记其微时之恩仇，一饭之德必赏，睚眦之怨必报（睚眦，谓相嗔怒而见齿也）。而于郑安平、王稽二人，所报尤多焉（后郑安平为赵所围，举兵以降。王稽为河东守，与诸侯通，坐法诛，范雎亦以此罢相）。秦昭王闻魏齐在平原君所，欲为范雎必报其仇，乃佯遗平原君书曰："寡人闻君之高义，愿与君为布衣之友，君幸过寡人，共作十日之饮。"平原君畏秦且信其无他，即入秦见秦昭王，秦昭王乃言曰："范君之仇在君之家，愿使人归取其头来，不然今不令君归矣。"

平原君曰："贵而为友者，为贱也。富而为交者，为贫也（上为如字下为于字，反言为富贵而结交，情深者为有贫贱之时也）。夫魏齐者，胜之友也。在固不出也，况又不在臣所。"昭王又遗书赵王，令其杀魏齐，不然将举兵伐赵，又不放归平原君。赵孝成王恐，发兵围平原君家。魏齐夜亡，出见赵相虞卿，虞卿度赵王终不可说，乃解其相印，与魏齐亡。

平原、虞卿宁弃其富贵，以救其穷迫之友，高情侠义，诚可以风示后人者也。虞卿挟魏齐奔大梁，求蔽于信陵君。秦闻公子之匿魏齐也，乃举兵伐魏国大梁。魏王及公子患之，及魏齐自刎，而秦始罢兵。

范雎数落须贾的事情，在一时之间沸沸扬扬，于是天下都知道了范雎。范雎牢记落魄时的恩仇，对他有恩德的一定赏赐，有仇恨的一定会报复（睚眦，就是说生气发怒，咬牙切齿）。而对于郑安平、王稽二人，回报尤其多（后来郑安平在赵国被围困，率兵投降。王稽当河东守的时候和诸侯私通，被杀了。范雎也因为这个被罢免相国）。秦昭王听说魏齐藏在平原君的家里，想替范雎报仇，于是假装给平原君一封信说："我听说您的高义，想要和您结交朋友。请您来秦国，和我一起游玩十天吧。"平原君惧怕秦国，并且认为秦昭王没有别的意思，于是到秦国拜见秦昭王。秦昭王就说："范雎的仇人在您家里，希望您派人把他的头拿过来，不然我就不会让您回去了。"

平原君说："真正值得交的朋友，是当你贫贱时，还依然视你为朋友的那个人；当你在富贵的时候交的朋友，是不值得的（上面是如字，下面是于字，反过来说贫贱时的才是真朋友）魏齐，是我的朋友。即使他在我那里我也不会把他交出来，况且他不在我那里。"秦昭王又给赵王一封书信，让他杀掉魏齐，不然将讨伐赵国，也不归还平原君。赵孝王非常害怕，发兵围住平原君的家。魏齐在晚上逃了出去，去见赵国的宰相虞卿，虞卿认为赵王终究不会被说服，于是解下相印，和魏齐一起逃跑了。

平原君、虞卿宁愿放弃富贵来挽救穷迫中的朋友，侠情义骨，实在可以给后人作为楷模。虞卿带着魏齐到了大梁，想要在信陵君家中求得庇佑。秦国听说信陵君藏匿了魏齐，于是发兵攻打魏国，魏王和公子很担忧，直到魏齐自杀，秦国才罢兵。

欲知魏齐所以自刎之故，则知弱国之外交为可哀矣。方虞卿魏齐之奔魏也，盖知公子能急人之所急，而不存世态炎凉之见。公子非不欲力践此义，以畏秦故，犹豫未肯见，又恐客窥见其隐，因问虞卿何如人。时侯嬴在旁对曰：“人固未易知，知人亦未易也。夫虞卿跋涉至赵，一见赵王，即受相印，封万户侯，当此之时，天下争知之。及魏齐穷困过卿，虞卿不敢重爵禄之尊，解相印捐万户侯，急士之穷而归公子，公子曰何如人，人固未易知，知人亦未易也。”公子大惭，魏齐闻公子之不肯见也，怒而自刭（音景，以刀割颈也）。赵王闻之，卒取其头予秦，秦昭王乃归平原君。

公子在魏，四方皆知其贤，然未尝有赫赫之功，魏王即不重之，亦未尝忌之也。赵与魏接壤，一日公子与魏王博（博局戏以五木为杀，有枭、卢、雉、犊、塞五者之采，枭为最胜），而北境举烽（烽即烽遂，古时用以告警者也），言赵寇至，且已入界。魏王释博，欲召大臣谋，公子止王曰：“赵王田猎耳，非为寇也。”复博如故。王恐，心不在博。俄顷北方复传言来曰：“赵王猎耳，非为寇也。”魏王大惊，曰：“公子何以知之？”公子曰：“臣之客有能探得赵王阴事者，赵王所为，客辄以报臣，臣以此知之。”

公子欲得邻国之阴事秘计，俾本国可预为之防，一时想知道魏齐自杀的原因，就明白弱小国家的外交真是可哀啊。虞卿、魏齐投奔魏国，就是知道公子能急人之所急，不会有世态炎凉的看法。公子不是不想努力做到，是因为害怕秦国，犹豫着不肯见，又怕客人看见他的难言之隐，于是问虞卿是什么样的人。当时侯嬴在旁边回答说："人本来就不容易被人看懂，看懂别人也不容易啊。那个虞卿跋涉到赵国，一见到赵王，即接受相印，封万户侯，在这个时候，天下都知道的。当魏齐走投无路找到虞卿，虞卿不敢看重爵禄的尊贵，解下相印抛弃万户侯，因为他人的穷困而着急，来投奔公子。您问是什么样的人，人本来就不容易知道，知道别人也不容易啊。"公子十分惭愧，魏齐听到公子不愿见他，一怒之下刎颈自杀(刭的读音和景一样，用刀割脖子的意思)。赵王听了，把他的头给秦国，秦昭王就放还了平原君。

公子在魏国的时候，人们都知道他贤能，但是不曾有显赫的功绩，魏王就不看重他，也不忌惮他。赵国与魏国接壤，有一天公子和魏王下棋(棋盘游戏以五木作为杀着，有枭、卢、雉、犊、塞五类等级，枭是最优的)，而北部边境举烽火示警(即烽火，远古时用以烽火报警)，说赵入侵，而且已经进入边界。魏王停止下棋，想召见大臣商议，公子制止魏王说："赵王打猎罢了，不是侵犯。"又重新下棋。魏王担心，心不在焉，不久北方又传来报告说："赵王打猎罢了，不是侵犯。"魏王大吃一惊，说："你怎么知道的？"公子说："我的门客有能探得赵王情报的人，赵王做什么他就会立即报告我，我因此知道的。"

公子想得到邻国的情报，使本国可以提前进行防范，一时得

得意，遂不觉尽泄于王前，而不知适以触王之忌也。是后魏王畏公子之贤能，不敢再任公子以国政。呜呼，魏王休矣。己无能而能用人之能，己不贤而能用人之贤，犹可以为治也。乃家有贤能之公子，反畏之不敢用，而宁受外国之欺凌，其不可慨也哉！然公子并不以此灰心，礼贤下士，孜孜然惟恐不及，一如平时。

魏有隐士曰侯嬴，年七十，家贫，为大梁夷门监者。夷门者，城之东门也。公子闻之，往请，欲厚遗之（遗，音位，赠也）。侯嬴不肯受，曰："臣修身洁行数十年，终不以监门困故而受公子财。"公子于是置酒，大会宾客，坐定，公子从车骑，虚左（车中以左位为尊，言公子虚左位以待侯生也），自迎夷门侯生。侯生登车，上坐不让，欲以观公子。公子执辔愈恭，侯生又谓公子曰："臣有客在市屠中，愿枉车骑过之。"公子引车入市，侯生下见其友朱亥，故久立，与朱亥语，絮絮不休，微察公子，公子颜色愈和。当是时，魏将相宗意，不觉地在魏王前泄露了秘密，而不知道刚好触动了魏王的大忌。从此以后，魏王畏惧公子的贤能，不敢再任公子把持国政。唉，魏王要完了。自己没有才能而能用有才能的人，自己不贤而用贤人，这样还可以治理国家。朝中有贤能的公子，反而害怕不敢任用，而宁愿接受外国的欺负，岂不令人感慨啊！但是公子并没有因此灰心，礼贤下士，孜孜不倦地唯恐不及，还像平时那样。

魏国有个隐士叫侯嬴，七十岁，家里贫穷，是大梁夷门的守门人。夷门，就是城的东门。公子听说后，就去请，想送给他厚礼。侯嬴不肯接受，说："我几十年修身洁行，始终不为看门贫困而接受公子的钱财。"公子于是摆酒大宴宾客，人们坐下后，公子驾着车马，空着左边(车中以左位为尊，说公子空着左位来给侯生坐)去往夷门迎接侯生。侯生上车，直接坐了上座，想要来观察公子的反应。公子手握马缰绳，态度更加恭敬。侯生又对公子说："我有个朋友在街上当屠夫，希望委屈您的车马去拜访他。"公子驾车入市，侯嬴下车去见他的朋友朱亥，故意站了很久，与朱亥聊天，絮絮叨叨地说个不停，暗中观察公子，公子的脸色更加温和。当时，魏国将相室宾客满堂，待公子举酒。市人皆观公子执辔，从者窃皆骂侯生。侯生视公子，色终不变，乃别朱亥就车。至家，公子引侯生上坐，遍赞宾客（赞，告也，谓以侯生介绍于宾客也），宾客皆惊（惊公子之重视侯生若此也）。

酒酣，公子起为寿侯生前，侯生因谓曰：“今日嬴之累公子亦足矣。嬴乃夷门抱关者也，而公子亲枉车骑，自迎嬴于众人广坐之中，不宜有所过，今公子故过之。然嬴欲就公子之名，故使公子车骑市中过客，以观公子。公子愈恭，市人皆以嬴为小人而以公子为长者，能下士也。”于是罢酒，侯生遂为上客。

侯生谓公子曰：“臣所过屠者朱亥，此子贤者，世莫得知，故隐屠间耳。”公子欣然往请，数往，朱亥亦不致谢，公子怪之。夫公子所敬礼之侯生朱亥，其人为何如人乎？盖皆古之勇士，苟遇知己，则慷慨任事，一瞑不返者也。

宗室宾客满堂，等待公子举杯。集市上的人都看公子手握缰绳，跟随的人都骂侯生。侯生看公子的脸色始终没有变，于是告别朱亥上车。到了公子家，公子引侯生上坐，把侯生介绍给了每位宾客(赞，告诉的意思，把侯生介绍给宾客)，宾客都很吃惊（惊讶公子竟然如此重视侯生）。

饮酒尽兴，公子到侯生面前祝酒，侯生借机对他说："今天我役使您也够了。我只是夷门的守门人，可是公子在大庭广众之中驾着车马迎接我，本来不应去别的地方，现在公子反而去了。我想成就公子的名声，所以让公子的车马在闹市中访客，来观察公子。您变得更加恭敬，集市上的人都是以为我是小人而认为您是长者，能礼贤下士啊。"于是酒席结束后，侯生便成了上客。

侯生对公子说："我所拜访的屠夫朱亥，这是个贤能的人，世上没有人能知道，所以隐居当了个屠夫。"公子欣然去请，多次前往朱亥也不致谢，公子感到奇怪。那公子所尊重的侯生、朱亥，他们的为人会是什么样的呢？全部都是古代的勇士，如果遇到知己，那么慷慨任事，死也不会感到遗憾啊。

【批评】

魏齐乃范雎之私仇，此何预于秦昭王事，乃至逼勒平原，威吓魏王，掀动如许风波，强国心中惟知有己，岂复顾他人难堪哉。平原之不畏强御，虞卿之屈己存友，皆千古血性中人，可以泣鬼神，可以屈侯王。若赵王之唯唯听命，尚复成何国体。

结客诸公子中，平原之建白殊少，然唐人极重之，如云："买丝绣出平原君。"又云："未知肝胆向谁是，令人却忆平原君。"倾倒如是，盖独重其不出魏齐一事高谊足风也。

信陵欲蔽魏齐，以畏秦故，犹豫不决，此所谓失其自由者也。盖自由云者，言得依正道而行，不为强暴所夺，于儒家谓之义。有强暴者，禁遏其志，不得行其心之所安，乃即迁就委屈于其间，则所谓失却自由者是。不然而身可死，志不可屈，则所谓争回自由者是。儒家杀身成仁者，如龙逢、比干之抗暴君，文天祥、史可法之殉国难，盖自由二字爆发之时。如此其正且大也。若夫傲慢其长上，放恣其嗜欲，内则负疚于良心，外则见屈于清议，失其自由未有若此者也。自由云乎哉！

太子丹欲使荆卿刺秦王，而未得间，会秦将樊於期奔燕，荆卿乃思借樊将军之头，以亲见秦王，一击中之，为燕

【评论】

魏齐是范睢的私仇，这不关秦王的事，但是秦王逼迫平原君，威吓魏王，掀动如此大的风波，强国心中只知道有自己，怎么会考虑其他人的难堪呢？平原君不畏强暴，虞卿委屈自己来使朋友存活，这些都是千古血性中人，可以使鬼神哭泣，可以使侯王屈服。如果像赵王那样唯命是从，那还会成何体统呢。

各个公子中，平原君的建树很少，但是唐代人最重视他，比如说："买丝线来绣出平原君。"又说："我不知道谁是真心为国，却让人又想起平原君。"像这样钦佩平原君，是因为看中他不出卖魏齐这一件事所体现的看重友谊的风范。

信陵君要隐藏魏齐，因为害怕秦国才犹豫不决，这就是失去了自由。完全自由的人，言行按正道而行，不被强暴剥夺，在儒家眼中就是义。如果有暴权势力阻止他的志向，不能使他的心得到安宁，于是委屈于其中，那么这是所谓的失去了自由。不然的话身体可以死，志向不可屈服，那么这就是所谓的争回自由。儒家杀身成仁的人，像龙逢、比干反抗暴君，文天祥、史可法因国难而死，就是自由二字完全爆发的时候。这样的人正直而高大。如果有些人对长辈傲慢，放纵自己的嗜好欲望，对内则在良心负疚，对外则屈服于舆论，失去了自己的自由，还说什么自由啊！

太子丹想派荆轲刺杀秦王而没有得到机会，恰巧秦将樊於期逃奔到燕国，荆轲于是想借樊将军的头来亲自见秦王，一国及樊报仇雪恨。樊慨然允之，拔剑自刎，亲以其头付之荆卿之手。君子虽悲其遇，然较之忍辱偷生者，岂不凛凛然大丈夫哉。魏齐穷迫等于樊将，惟身本魏人，非若樊於期之出奔，秦人得以蔽其逃犯，强令燕国执之也。乃秦公然命之，赵欣然行之，以魏人而魏之国力不能保，哀已。以堂堂公子宰相，而魏之国力不能保，尤可哀已。转辗逃避，终觉天地虽宽，无彼栖息之处，至愤而自尽，函首西秦，弱国之民见此，能不人人自危也欤？亡羊补牢，或可挽救，顽廉懦立，不可一刻缓矣。

侯生用种种方法试验公子，毕竟浅率。观诸葛武侯之于先主，固未尝有此，而君臣之间亦未尝不鱼水相欢。盖先主之诚意与否，早断定于草庐三顾之中，既出而复悔之，亦晚矣。战国时人，好为此等做作，而不知适以见其浅也。

击中的，为燕国和樊於期报仇雪恨。樊於期慨然答应，拔剑自刎而死，亲自把他的头给了荆轲。君子虽然对他的遭遇感到悲哀，但是和忍受耻辱苟且偷生的人相比较，这难道不是大义凛然的丈夫吗？魏齐走投无路的情况跟樊於期一样，只不过他本身就是魏人，不像樊於期的出逃，秦国人就可以用隐藏逃犯的罪名，强迫燕国拘捕他。于是秦国公然命令，而赵国欣然遵从，作为魏人而魏国的力量不能保全他，悲哀啊。以堂堂公子和宰相，魏国的力量不能保全他，尤其可悲。他辗转逃避，始终觉得天地虽宽，却没有其栖息的地方，最后愤怒而自杀，把头颅装在盒子里给了秦国，弱小国家的民众看到，能不人人自危吗？亡羊补牢，或许还可以挽救，使顽劣的人变得廉洁，使懦弱的人变得坚强，就一刻不能放松了。

侯生用种种方法考验公子，毕竟浅率。看看诸葛亮对于先主，就不会这样，而君臣之间也感觉鱼水相欢。刘备的诚意与否，早在三次拜访草庐之时就断定了，如果是出来后却又后悔就太晚了。战国时的人，喜欢做作的样子而不知道刚好显现出浅薄来啊。

第五章　秦围邯郸

赵之畏秦也（时惠文王已卒，太子冉立，是为孝成王），至逼取魏齐之头以献。赵之君臣自以为奉令承教，可幸无罪，不知秦恃其强，得尺则尺，得寸则寸，其欲何厌之有？周赧王五十七年，秦昭王使王龁（音乾）伐赵（秦初欲使王陵伐赵，王陵辞曰：“邯郸实未易攻，且诸侯之救日至，赵应其内，诸侯攻其外，破秦军必矣。”），已破赵长平军，又进兵围邯郸（赵之都也）。赵平原君夫人，公子姊也，赵魏又唇齿相依之邦也。乃因公子而求救于魏王，然魏兵寡，不足以制秦，因又求救于楚，楚魏赵三国合纵，则秦兵可却矣。

求救于魏，则有深明时势事之公子在，不劳平原亲行，自能赴救。而楚则不能不自往，使命重要，故不可不妙选随员以为助。乃于名下食客中，选文武兼备者二十人，与之偕行。然可取者仅得十九人耳，余无可取者，无以满二十人。门下有毛遂者，闻之，自荐于平原君，愿以备员。平原君曰：“先生处胜之门下，几年于此矣？”毛遂曰：“三年于此矣。”平原君曰：“夫贤士之处世也，譬若锥之处囊中，其末立见（锥为尖锐之刀，置于囊中，其尖必破囊而出，以喻才士虽处众人之中，必有见长之处）。今先生处胜之门下，三年于此矣，左右未有所称颂，胜未有所闻，是先生无所赵国很害怕秦国(当时惠文王已经去世，太子冉即位，这就是赵孝成王)，到了被逼着取魏齐的人头献给秦国的程度。赵国的君主臣子自己以为接受、秉承命令就可以万幸无罪，不知道秦国自恃强大而得寸进尺，哪有满足的时候？周赧王五十七年，秦昭王派王龁(音和乾一样)攻打赵国，(秦国一开始想要让王陵攻打赵国，王陵推辞说："邯郸实在不容易攻下，而且诸侯救兵一天就能赶到，赵国内应，诸侯在外围进攻，秦军一定会输。")已经攻破赵国长平的军队，又进兵围攻邯郸（赵国的都城）。赵国平原君的夫人，是公子的姐姐，赵国和魏国又是唇齿相依的国家。于是赵国就通过公子求救于魏王，但魏国兵少，不足以制服秦国，于是又去楚国求救，楚、魏、赵三国联合，那么秦国的军队可以击退了。

向魏国求救，则有深知当时时势的公子在，不必劳烦平原君亲自前往，也可以前去相救。然而楚国却不能不自己前往，这次的使命很重要，所以必须要精心挑选随员来帮助自己。于是平原君从自己名下的食客中来挑选二十个文武兼备的人，与他一起前往。然而最后挑选出来的只有十九个人，剩下的没有可以挑选的，不够二十个人。平原君门下有一个叫毛遂的人，听闻这件事，自己推荐自己给平原君，愿意作为准备的成员。平原君说："先生在我的门下呆了多久了？"毛遂说："在这里呆了三年了。"平原君又说："大丈夫如果是以贤能处世，就好比如是尖锐的刀放在包裹中，它的末端一定会扎破包裹露出来（尖锐的刀放在包裹中，它的尖一定会扎破包裹而出来，用这个来比喻有才学的人虽然身处在众人之中，但肯定有他的长处）。现在先生在我的门下已经呆了三年，但有也。先生不能，先生留。”毛遂曰：“臣乃今日请处囊中耳。使早得处于囊中，乃颖脱而出，非特其末见而已。”平原竟以毛遂充数。十九人相与目笑之，同行之楚，接其言论，则十九人皆服。

平原君至楚，与楚言合纵之利害，自日出至于日中，反复不决，十九人谓毛遂曰：“先生上！”毛遂按剑历阶而上，谓平原君曰：“纵之利害，两言而决耳。至今不决，何也？”楚王叱曰：“胡不下？吾乃与而君言，汝何为者也？”毛遂按剑而前曰：“王之所以叱遂者，以楚国之众也，今十步之内，王不得恃楚国之众也，王之命悬于吾手，吾君在前，叱者何也？且昔汤以七十里之地王天下，文王以百里之地臣诸侯，岂其士卒众多哉？诚能据其势而奋其威，今楚地方五千里，战士百万，此霸王之资也，

以楚之强，天下勿能当。白起小竖子，率数万之众，兴师以

我从来没有听到身边的人称颂先生，我也没有听闻过先生，这就表示先生并没有过人之处，所以先生不能去，先生还是留下吧。”毛遂说：“臣下今天才处于包裹中，如果早些就被放在包裹中，早就会脱颖而出，并非是我的末端看不见。”于是平原君用毛遂做了最后一个人，另外十九个人嘲笑地看着毛遂，他们一起出发去楚国，毛遂的言论，让其余十九人非常钦佩。

平原君到了楚国，与楚王说明合纵之间的利害关系，从早晨讲到了中午，还是没有决定下来。其余十九个人都和毛遂说：“先生去说。”毛遂随即拿着剑顺着台阶上去，对平原君说：“合纵的关系，无非就是利害二字，三言两语就可以决定，到现在还没有决定，是因为什么？”楚王呵斥：“赶快退下，我在和你的主人说话，你是什么人？”毛遂拿着剑上前几步说：“大王之所以训斥毛遂，是因为楚国的人数众多。现在十步以内，大王无法依仗楚国的人，您的性命悬在我的手里。我的君侯在眼前，你斥责我是为什么？况且，我听说汤以七十里的地方统一天下，文王以百里的土地使诸侯称臣，难道是由于他们的士卒众多吗？实在是由于他们能够凭据他们的条件而奋发他们的威势。今天，楚国土地方圆五千里，持戟的士卒上百万，这是霸王的资业，以楚国的强大，天下不能抵挡。白起不过是一个小小的竖子，率领几万部众，发兵来和楚国交战，一战而拿下郢（楚国都城，今湖北江陵县东南有故郢城），二战而烧掉夷陵，三战而侮辱大王的祖先（周赧王三十七年，秦派遣白起攻楚，攻下郢都，火烧夷陵。夷陵，楚先王墓，今湖北省东湖县。从那以后，楚国于是迁都到了陈，今天河南陈州）。这是百与楚战，一战而举郢（楚都城也，今湖北江陵县东南有故郢城），再战而烧夷陵，三战而辱王之先人（周赧王三十七年，秦使白起攻楚，拔郢都，烧夷陵。夷陵楚先王墓今湖北东湖县是也，自此以后，楚遂迁都于陈，今河南陈州事也）。此百世之怨，而赵之所羞（言赵且为楚羞之），王顾弗知恶焉？合纵者为楚，非为赵也。吾君在前，叱者何也？”楚王唯唯（以水切，诺也）：“诚若先生之言，谨奉社稷以从先生。”毛遂曰：“纵定乎？”楚王曰：“定矣！”毛遂谓楚王之左右曰：“取鸡狗马之血来（古者，盟之所用牺牲贵贱不同，天子用牛及马，诸侯以犬及豭，大夫以下用鸡，今此综，言盟之用血，故云取鸡狗马之血来耳）。”毛遂捧铜盘而跪进之楚王，曰：“王当歃血而定纵，次者吾君，次者遂。”既定纵于殿上，毛遂左手持盘血而右手招十九人曰：“公相与歃血于堂下，公等碌碌（碌碌，随从之貌也），所谓因人成事者也。”平原君自此尊毛遂为上客。

平原君返赵，春申君以楚师至，闻魏亦使将军晋鄙将军十万救赵，已在途矣。邯郸之民被围日久，易子而食，析骸而炊（言民不忍亲食其子，故易子而食之。不能出城采薪，故炊死人之骸骨）。望魏兵之来，如大旱之望云霓也。乃久之不至，其故因秦闻魏救赵，即遣使者恫吓魏王，曰：“吾攻代的仇恨，而且是赵国都感到羞辱的事（意思赵国都为楚国感到羞耻），而大王却不知道羞耻。合纵是为了楚国，并不是为了赵国呀。我的君主在眼前，你斥责我干什么？”楚王说：“是，是！实在像先生说的，谨以我们的社稷来订立合纵盟约。”毛遂问：“二合纵盟约决定了吗？”楚王说：“决定了。”于是，毛遂对楚王左右的人说：“取鸡、狗和马的血来（古代的人，结盟用的祭品是不一样的，天子用牛或者马，诸侯用狗或公猪，大夫以下用鸡，今此综言之用血，所以说取来鸡狗马的血）。”毛遂捧着铜盘跪着献给楚王，说：“大王应当歃血来签订‘合纵’的盟约，其次是我的君侯，再次是毛遂。”于是毛遂在宫殿上签定了合纵盟约。毛遂左手拿着铜盘和血，而用右手招唤那十九个人说：“你们在堂下互相歃血，先生们碌碌无为（碌碌，和随从一样），这就是人们所说的依赖别人而办成事情的人啊。” 平原君从那以后就尊崇毛遂为自己的上客。

平原君返回赵国，春申君已经带着楚国的军队到达，听说魏国也派遣将军晋鄙率十万大军前来救赵国，已经在路上了。邯郸的子民已经被围困了很久，互相把孩子交换来吃，把尸体的骸骨分解当柴烧来做饭（说民众不忍心吃自己的孩子，就相互换孩子吃，不能出城去找柴火，就烧死人的骸骨）。他们期盼魏国的军队前来，就像是大旱的时候看见乌云。只是一直不见到来，其实原因是秦国赵旦暮且下，而诸侯敢救者，已拔赵，必易兵先击之。”（言赵即将为秦所灭，如有敢救赵者，秦必以得胜之兵伐之。）魏王恐，使人止晋鄙，留军驻邺（鲁仲连传云止于汤阴）。名为救赵，实持两端以观望。

平原君以魏救不至，使者冠盖相属于道（使者冠盖相属于道，极言使者之多），让魏公子曰：“胜所以自附为婚姻者，以公子之高义，能急人之困。今邯郸旦暮降秦，而魏救不至，安在公子能急人之困也？且公子纵轻胜，弃之降秦，独不怜公子姊也？”公子得书，忧思无计，数请魏王促晋鄙出军，魏王畏秦终不为所动，又使诸宾客辨士百计游说亦终无效。

【批评】

秦索魏齐，诱平原君入关，其事在赵孝成王初立，太后用事之年。太后溺爱其少子长安君，不肯使之赴齐。嫁女于燕，哭泣不舍，尽一庸庸无能之女流耳，何能挡虎狼之秦？宜其不顾国体，取媚于秦，而偷旦夕之安也。

听说魏国要去救赵国，便派遣使者去吓唬魏王，说："我就要攻打下赵国，这是早晚的事，其他的诸侯如果敢去救赵国，我拿下赵国后，必定先用兵攻打你们（意思是秦国马上就要消灭赵国，如果谁敢救赵国，秦国必定用胜利后的军队来讨伐）。"魏王十分害怕，就派人拦住晋鄙，留军驻守在邺（鲁仲连传中说停留在汤阴），名义是要救赵国，实际上是采取两面倒的策略来观望形势的发展。

平原君看到魏国的救援还不到，连续不断地派遣使者到魏国来，频频告急，责备魏公子说："我赵胜之所以自愿依托魏国跟魏国联姻结亲，就是因为公子的道义高尚，能热心帮助别人摆脱危难。如今邯郸危在旦夕，早晚就要投降秦国，可是魏国救兵至今不来，公子能帮助别人摆脱危难又表现在哪里？再说公子即使不把我赵胜看在眼里，抛弃我让我投降秦国，难道就不可怜你的姐姐吗？"公子为这件事忧虑万分，屡次请求魏王赶快出兵，魏王因为害怕秦国始终按兵不动，又让宾客辩士们千方百计地劝说魏王，也没有效果。

【评论】

秦国想得到魏齐，诱惑平原君进入关内，这件事是在赵国孝成王刚刚登基，太后还在当政的时候。太后非常溺爱自己的小儿子长安君，不肯让他出使齐国。嫁自己的女儿去燕国的时候，她也哭着不舍得。她本身就是一个庸庸无为没有什么能力的女流之辈，怎么能抵挡如虎狼般的秦国？最后她也不顾自己国家的荣誉而献媚与秦国，求得暂时的安稳。

古之才士，即终身不遇，亦以不求见知为高，以自荐为耻。然若毛遂之有才而求用，犹胜于无才而求官职，不问己之胜任与否，惟藉官职为利禄者也。圣人教人不求进用，不慕荣利，看似与幼学壮行之意相矛盾，然苟有才德，则虽不求不慕，亦何尝不能见用。古之贤人，且有以名为累，而逃之深山穷谷之中，以避人主之访求者矣。圣人教人如此，实欲养人羞耻之心，而非欲人之忘世以为高，绝俗以为名也。语曰："自炫自媒者，士女之丑行。"士之求用，正如女之自媒，其可耻孰甚焉。

文章最重比喻，如平原君与毛遂问答一段，如实说："先生非贤士也，不然，胡处胜门下，三年于兹，而不见知也。"辞亦未尝不达，趣味则索然矣。即此可悟作文之法。寻常文字中，言白则云如雪，言黄则云如金，言忧则云如醉，言乐则云如仙。他如水深火热，米珠薪桂，皆比喻之词也。凡难显之情，能以比喻出之，则文省而意达矣。

平原君至楚，见楚王，其所言者，今虽不传，以意度之，大约言合纵之利耳。乃自日出言之，反覆论难，至于日中，尚不能得楚王之同意，其目的几不能达。毛遂上堂，不过数古代有才气的人，即使终身都不发迹，也会认为不求被人知道是高尚的，认为自荐是耻辱的。然而像毛遂这样有才就自荐，也胜过那些没有才却去求官，不管自己能不能胜任，只是借官谋利的人了。圣人教人不求做官，也不贪慕荣华富贵，这看起来和小时候学习的雄心壮志自相矛盾。然而只要有才德，虽然不求荣华富贵，又何尝不能为人所用呢？古代的贤士，有的怕被名声拖累，而逃到了深山中隐居起来，以此来逃避其他人的访求。圣人教人也是一样的，实际是想让人养成羞耻之心，并不是想让人忘却自我，自以为是，逃避世俗而为了名声。有话说："自己夸奖自己和自己为自己做媒，是君子淑女的丑行。"贤士的任用，就好像是女子自己给自己做媒，其中的羞耻谁能比的过呢。

写文章最重要的是运用比喻，就像是平原君和毛遂的问答一样，实话实说："先生并非是贤士，不然，你在我赵胜的门下，呆了三年，我怎么不知道你呢。"措辞并没有词不达意，但是却没有半分的趣味。这个在写作文的时候也可以领悟。寻常的文字中，形容白则是说如同雪一样，形容黄则是说和黄金一样，形容忧虑就是喝醉了，形容快乐就是说和神仙一样。别的像水深火热、米珠薪桂，都是用来比喻的词语。凡是难以形容出来的，都可以用比喻的方式说出来，那样文章就非常简练而意思完全都可以表达出来了。

平原君到了楚国，见到楚王，他所说的话，现在虽然没有流传下来，但猜想一下，无非就是说合纵对楚国非常有利。从日出开始说，反反复复说明问题所在，到了中午，还没有得到楚王的同意，他的目的几乎不能达到。毛遂上堂前，不过说了几句话而已，楚王言，楚王唯唯听命，举国以从。迄今读之，毛遂亦无他妙法，仍不过言合纵之利耳。乃开口之时，即借楚王一叱，陡然抢白，趁势又引汤文之事，以恭维之，提白起之事，以反激之。气盛词宜，有声有色，不待词毕，已搔著楚王痒处，心中口中，莫不许之矣。俗说"一席话胜于十万师"，辞令之不可不讲也如此。

以毛遂比蔺相如，则毛遂之才气，虽不逊相如，而气度则不及矣。相如完璧归赵，虽立大功于外，而抑然谦退，不与廉颇相争。即学道之君子，亦何以加焉？毛遂定纵，即面辱十九人，毫不顾人之难受。稍存忠厚者，尚不肯为之，而谓君子为之乎。毛遂归，平原君尊为上客，史上不复见其行事。一生事业，想此外亦无表见者。

秦伐魏，魏将段干子请割南阳之地，与秦以求和。苏代（苏秦之弟）曰："不可。夫以地事秦，犹抱薪救火，薪不尽，火不灭。"此诚破的之论。秦所以愚六国，与六国所以受愚于秦，皆由于此。然明之者，只有苏代一人。不然，秦伐一国，一国毅然当之，复使五国救之。如此，则六国安能为秦并？而信陵君亦何所成其名哉？

使唯唯听命，率领全国听从。现在读来，毛遂并没有什么奇妙的办法，仍然是说合纵对楚国的好处而已。他要开口的时候，被楚王出声训斥，硬生生抢了话题。毛遂便趁势引用商汤、文王的事情，来恭维楚王，提起白起的事情，来刺激楚王。气势和说话都非常的到位，有声有色，还没有等说完，就已经搔到了楚王的痒处，心中和口中，都同意了他的话。俗话说"一席话胜过十万大军"，外交人员说话不得不说也是因为这样。

把毛遂和蔺相如比较，毛遂的才气，虽然和蔺相如不相上下，但是气度却不如蔺相如。蔺相如完璧归赵，虽然在外面立了大功，然而他却谦虚退让，不和廉颇相争。即使是学道的君子，也无法超过。毛遂定下了合纵的盟约，随即当面羞辱其他的十九人，丝毫不顾及他人的脸面难受。只要稍稍有点忠厚的人，定是不会这样做的，况且是所谓的君子呢。毛遂回到赵国，平原君尊重他为上客，历史上再也没有看见他做了其他的事情。他一生的事业，想必除了这件事之外并没有什么可以表现的。

秦国讨伐魏国，魏国的将军段干子提议割据南阳，用来和秦国求和。苏代（苏秦的弟弟）说："不可以。用土地来向秦国求和，就像是抱着柴火去救火，只要柴火烧不完，那火就不会灭。"这实在是正中要害的观点啊。秦国之所以可以愚弄其余六国，和六国之所以让秦国愚弄，全部都是源于这个原因。然而明白这个道理的人，却只有苏代一个人。不然，秦国讨伐一个国家，这个国家就奋力抵挡，然后等其他的五个国家去救，如果这样，那六国怎么会让秦国吞并，而信陵君又怎么样来成就自己的名望呢？

第六章 鲁连义不帝秦

当楚魏之救未至，邯郸危急之秋，赵有爱国之事二则。至今读之，犹令人起舞也。其一为鲁仲连事，而一为李同事。

鲁仲连，齐人，好奇谋，而有高节。出游于赵，值秦师大至，仲连处于围城之中。魏王使晋鄙救赵，暗中又使之按兵不发，反使客将新垣衍（新垣姓，衍名也）入邯郸，说赵王尊秦为帝。欲以虚名媚秦，冀不战而解邯郸之围。鲁仲连闻之，乃求平原君为之介绍于新垣衍。既见，相视无言。新垣衍曰："吾视居此围城之中者，皆有求于平原君者也。今吾观先生之玉貌，非有求于平原君者也，曷为久居此围城之中而不去？"鲁仲连曰："世以鲍焦为无从颂（音从容，解亦同）而死者，皆非也（韩诗外传，鲍焦，周时隐者，廉洁自守，独居不妻，不臣天子，不友诸侯。子贡遇之，谓之曰："吾闻非其政者不履其地，污其君者不受其利，今子履其地食其利可乎？"鲍焦曰："吾闻廉士重进而轻退，贤人易愧而轻死。"遂抱水立枯焉）。众人不知，则为一身（言众人不识鲍焦之意，以耻居浊世而避之，非是自为一身而忧死）。彼秦者，弃礼义而上首功之国也（秦法斩首多为上功，斩一人首赐爵一级，故曰首功）。权使其士，虏使其民（言秦人以权诈使其战士，以奴虏使其人民，言待人无恩德也）。彼若肆然而为帝，以号令天当楚国和魏国的救兵还没有到，邯郸十分危急的时候，赵国有两则爱国的事情。现在读起来，依然十分让人欢心起舞。其中一件事关于鲁仲连的事情，而另外一件则是李同的事情。

鲁仲连，齐国人，善长谋略，又有高风亮节。他出游到了赵国，正好秦国的军队到，鲁仲连被围困在城中。当时魏王派遣晋鄙救赵国，暗中又嘱咐晋鄙按兵不动，反而派遣说客新垣衍（新垣是姓，名字是衍）去邯郸，游说赵王尊崇秦王为皇帝，想要用虚名来魅惑秦王，希望不打仗就解了邯郸的困境。鲁仲连听闻后，便去请求平原君为他介绍认识新恒衍。见了以后，两个人互相看着没有说话。新恒衍说："我看这座城池里居住的人，全部都是有求于平原君的，今天看见先生的相貌，并非是有求于平原君的人，为什么在城里呆了这么久还不离去？"鲁仲连说："世人认为鲍焦没有博大的胸怀而死去，这种看法都错了（韩诗外传，鲍焦是周朝时期的隐士，廉洁自守，自己一个人住，不娶妻子，不侍奉他人为人臣，也不喜欢结交诸侯。子贡碰到他说："我听说政见不同就不会踏入人家的土地，说君主的坏话就不会接受君主给的利禄，现在你踏着人家的土地，拿着人家的俸禄，可以吗？"鲍焦说："我听说廉洁的人重视前进，轻视后退，有贤才的人容易羞愧而轻视死亡。"于是立刻投水而死）。一般人不了解他，认为他是为个人打算（说众人不了解他耻居浊世的心意，然而他并不是为了自己而去死）。那秦国，是个抛弃礼仪而只崇尚战功的国家（秦国法律中斩首大多是上等功，斩下一人的首级赏赐晋爵一级，所以称为首功）。用权诈之术对待士卒，像对待奴隶一样役使百姓（说秦国以权诈之术对待士卒，像对下，则连有赴东海而死耳，不忍为之民也。所为见将军者，欲以助赵也。”

新垣衍于是进而叩其助赵之策，鲁连曰：“吾将使魏及燕助之，齐楚则固助之矣。”新垣衍曰：“燕则吾不知。若乃魏者，则吾新从魏来，固知魏王无助赵之意。”鲁连曰：“魏未睹秦称帝之害故耳，使睹其害，则必助赵矣。”新垣衍曰：“秦称帝之害何如？”鲁连曰：“昔者齐威王尝为仁义矣，率天下诸侯而朝周。周贫且弱，诸侯莫朝，而齐独朝之。后周烈王崩，齐后往。周怒，告于齐曰：‘天崩地坼，天子下席，东藩之臣因齐（齐威王名也）后至，当斩。’齐威王勃然大怒，斥骂周王。天下皆笑威王生则朝之，死则叱之。然威王之所以出此者，诚不忍周之恃天子之名分，以责之也。彼天子固然，其无足怪（言周天子之责齐王，礼在则然，犹不足言其太过也）。”

鲁连之词未毕，新垣衍曰：“先生独不见夫仆乎？十人而从一人者，宁力不胜而智不若耶？畏之也。”鲁连曰：“呜待奴隶一样役使百姓，说秦国对待百姓毫无恩德）。如果让它无所忌惮地恣意称帝，进而统治天下，那么，我只有跳进东海去死，也不愿意作它的顺民。我所以来见将军，是打算帮助赵国啊。”

新垣衍于是进一步问先生要怎么帮助赵国，鲁仲连说：“我要请魏国和燕国帮助它，齐、楚两国本来就帮助赵国了。”新垣衍说：“燕国嘛，我不知道；至于魏国，我就是刚刚从魏国过来的，所以知道魏王根本没有帮助赵国的意思。”鲁仲连说：“魏国是因为没看清秦国称帝的祸患，才没帮助赵国。假如魏国看清秦国称帝的祸患后，就一定会帮助赵国。”新垣衍说：“秦国称帝后会有什么祸患呢？”鲁仲连说：“从前，齐威王曾经奉行仁义，率领天下诸侯而朝拜周天子。当时，周天子贫困又弱小，诸侯们没有谁去朝拜，唯有齐国去朝拜。过了一年多，周烈王逝世，齐王奔丧去迟了，新继位的周显王很生气，派人到齐国报丧说：‘天子逝世，如同天崩地裂般的大事，新继位的天子也得离开宫殿居丧守孝，睡在草席上，东方属国之臣田婴齐居然敢迟到，当斩。’齐威王听了，勃然大怒，骂道：‘呸！您母亲原先还是个婢女呢！’天下人都笑话齐威王在周天子活着的时候去朝见，死了就破口大骂。他这样做实在是忍受不了新天子的苛求啊。那些当天子的本来就是这个样子，也没什么值得奇怪的（说周天子责备齐王，礼本如此，还不能说是做得太过分了）。”

鲁仲连的话还没有说完，新垣衍说：“先生难道没见过奴仆吗？十个奴仆侍奉一个主人，难道是力气赶不上、才智比不上吗？是害怕他啊。”鲁仲连说：“唉！魏王和秦王相比，自以为像仆人呼！魏之比于秦，自以为仆耶？然则吾将使秦王烹魏王。”新垣衍怏然不悦曰：“噫嘻，亦太甚矣，先生之言也。先生又乌能使秦王烹吾王？”鲁连曰：“吾将言之。昔者九侯、鄂侯、文王，纣之三公也。九侯有子而好，献之于纣。纣以为恶，醢九侯。鄂侯争之，又脯鄂侯。文王闻之，喟然而叹，故拘之羑里欲令之死。由此观之，秦一称帝，固可以烹魏王也。齐湣王将之鲁，夷维子从，谓鲁人曰：‘子将何以待吾君？’鲁人曰：‘吾将以十太牢待之。’夷维子曰：‘吾君，天子也。天子至，诸侯当避舍，视膳于堂下。天子已食，乃退而听朝。’鲁人闻之，怒而不纳，齐湣王不得入于鲁。将之薛，假途于邹。当是时，邹君死，湣王欲入吊。夷维子谓邹之新君曰：‘天子吊，必移棺于西，主人北面哭，天子南面而吊之。’邹之群臣曰：‘必若此，吾将伏剑而死。’湣王因又不敢入邹。邹鲁小国耳，然且欲行天子之礼于邹鲁，邹鲁之臣，犹不能受。今秦与魏，同为万乘之国，各拥国王之名，见其一战而胜，遂欲从而帝之，是使三晋之大臣，不如邹鲁之仆妾也。且秦果为帝，则将变易诸侯之大臣。彼将夺其所不肖而与其所贤，夺其所憎而与其所爱。彼又将使其子女谗妾（谓善于谗间之妇女也），为诸侯妃姬，处魏之宫，魏王安得晏然而已乎？而将吗？那么，我就让秦王烹煮魏王。”新垣衍很不高兴地说：“哼哼，先生的话，也太过分了！先生又怎么能让秦王烹煮了魏王呢？”鲁仲连说：“当然能够，我说给您听。从前，九侯、鄂侯、文王是殷纣的三个诸侯。九侯有个女儿长得娇美，把她献给殷纣，殷纣讨厌她，就把九侯剁成了肉酱。鄂侯刚直诤谏，激烈辩解，又把鄂侯杀死做成了肉干。文王听到这件事，只是长长地叹息，殷纣又把他囚禁在羑里监牢内，想要他死。从这里就可以看出，秦国只要一称帝，就可以烹煮你们魏王了。齐湣王前往鲁国，夷维子替他赶着车子作随员。他对鲁国官员们说：‘你们准备怎样接待我们国君？’鲁国官员们说：‘我们打算用十副太牢的礼仪接待您的国君。’夷维子说：‘我那国君，是天子啊。天子到各国巡察，诸侯例应迁出正宫，移居别处，安排几桌膳食，站在堂下伺候天子用膳。天子吃完后，才可以退回朝堂听政理事。’鲁国官员听了，就很生气地关闭上锁，不让齐湣王入境。齐湣王不能进入鲁国，打算借道邹国前往薛地。正当这时，邹国国君逝世，齐湣王想入境吊丧，夷维子对邹国的嗣君说：‘天子吊丧，丧主一定要把灵柩转换西面，丧主在北面哭，然后天子面向南吊丧。’邹国大臣们说：‘如果一定要这样，我们宁愿用剑自杀。’所以齐湣王不敢进入邹国。邹鲁只是两个小国，然而在邹鲁用天子的礼仪，他们的臣子们尚且不能接受。如今，秦国和魏国，同样是拥有万辆战车的国家，又各有称王的名分，只看它打了一次胜仗，就要顺从地拥护它称帝，这就使得三晋的大臣比不上邹、鲁的奴仆、婢妾了。如果秦国贪心不足，终于称帝，那么，他们就会更换诸侯的大臣。他将要罢免认为不肖的，换军又何以长有其宠乎？”新垣衍至此，乃恍然大悟，不敢复言帝秦。秦军闻之，为之夺气。

适其时又有传舍吏子名李同者（主传舍者之子也，传舍，即后世之驿站），谓平原君曰：“君不忧赵亡耶？”平原君曰：“赵亡，则胜为虏，何为不忧乎？”李同曰：“邯郸之民，穷困甚矣，而君之后宫以百数。婢妾被衣縠餍粱食，而民褐衣不完，糟糠不给。民困兵尽，或剡木为矛矢（言民困之极，矛矢告竭，则削木为之也），而君器物钟磬自若。使秦破赵，君安得有此？赵得全，君何患无有？今君诚能令夫人以下，编于士卒之间，分功而作，家之所有，尽以飨士。士方危苦之时，易以恩德结之也。”平原君从之，得敢死之士三千人，李同将之，人人效死。秦军为却三十里，而李同亦死于此役。

【批评】

我国交邻之道，在战国时甚见重，在战国时亦最无术。一遇秦兵，四出求救。苟应其求，则割地联姻，无所不至，恩德的，不可以忘记；我对别人的恩德，不可以不忘记。现在公子杀了晋鄙，救了邯郸，打败了秦国，保存了赵国，这是大恩大德的事情。现在赵王亲自来郊外迎接，等下见到赵王，希望公子可以忘了对别人的好。”信陵君说：“无忌谨此受教了。”

魏王听说公子盗出兵符，假传君令击杀晋鄙后，大怒。所以在打退秦军拯救赵国之后，公子就让部将带着部队返回魏国去，自己和门客就留在了赵国。赵孝成王感激公子，想把五座城邑封赏给公子，公子听到这个消息后，露出了居功自满的神色。门客中有个人劝说公子道：“公子现在对赵国来说算是有功劳了，但对魏国来说那就不算忠臣了。您却因此自以为有功，觉得了不起，我私下认为公子实在不应该。”公子听后，立刻责备自己，好像无地自容一样。赵王打扫殿堂台阶，亲自到门口迎接贵客，并执行主人的礼节，领着公子走进殿堂的西边台阶。公子则侧着身子走一再推辞谦让，并主动从东边的台阶升堂（《礼记》中说，主人从东边的台阶进，客人从西边的台阶进，客人如果要自谦，就从主人的台阶进去）。公子称说自己有罪，对不起魏国，于赵国也无功劳可言，谦虚自责的态度非常明显。赵王陪着公子饮酒直到傍晚，始终不好意思开口谈封献五座城邑的事。公子终于留在了赵国。赵王把鄗（和霍同音）邑封赏给公子，这时魏国仍然把信陵邑作为公子的食邑。

【评论】

秦国讨伐赵国，魏国人以为自己国家可以幸存，贪图小的利益也。孔斌独忧之，此已非当时流俗人可及。燕雀处堂之喻，古今一辙，诵之能不悲乎？

观此则知，当平原君至魏求救之日，魏国之人，盖分不救与当救两派。主张不救者，多无识之人。主张当救者，如孔斌，亦其一也。然孔斌虽于事理较明，而亦无所作为。当国家存亡危急之秋，空言奚益。本章特引此事于信陵未发之前者，一以见信陵为能实行其怀抱，一以见信陵救赵，非为私亲而为国计也。

侯生于公子盗兵符事，虑之极详，而于战事，则不置一辞。一若兵符到手，必操胜算，可无毫厘之疑者，则知魏兵之训练有素，可以一战，与公子之能将，令读者自于言外见之。

侯生自刎于公子出兵之日，以常人之眼光视之，则侯生无必死之道，而竟死。其死也，有伤于勇矣（孟子曰可以死，可以无死，死伤勇）。盖侯生逆知公子此行，无论功成与否，必为魏王所怒，而无返国之望，身已暮年，不能久待，故遂毕命于知己之前。此真血性男子之所为也。生言“夺晋鄙军，北救赵而西却秦，此五霸之功”，魏王诚能悟救赵即以救魏之理，与公子表同情，胜秦之后，欢迎公子还朝，而使而忘记了大的伤害，这就是灭亡的原因。孔斌自己一个人忧虑，这一点当时的大部分人就没有办法比得上。燕雀在大厅的比喻，过去和现在是一样的，念起来都会感觉到悲伤。

看这里就可以知道，当时平原君到魏国求救的时候，魏国的人，大概是分成了救和不救两派。主张不救的人，大多是没有见识的。主张救的，就像是孔斌这一类的。然而孔斌虽然明事理，但也同样没有什么作为。当国家在生死存亡之际，说空话是没有用的。这一章特别引用这件在信陵君还没有出发之前的事，一则是因为信陵君可以实现自己的想法，二则是信陵君救赵国并非是因为自己的亲戚，而是为了国家大计。

侯生让公子盗取军符，考虑十分详细。而对于战争，则是不加以任何的评论。一旦兵符到手，必定是稳操胜券，没有一点点的差错和怀疑。侯生深知魏国的军队都是训练有素的，可以和秦国一战，让公子去做将军，让读者可以看清他的言外之意。

侯生在公子出兵之日自杀，用常人的眼光去看，则认为侯生并没有必须要去死的理由，他最后还是死了。他死了，只是有伤勇敢罢了（孟子说：可以死，也可以不死的，死了有损勇敢）。侯生定是知道公子此行，无论成功还是失败，魏王都会十分恼怒，公子并没有返国的希望，自己已经年纪老了，不能久存于世，所以在知己之前自杀。这才是真正的血性男儿做的事情。他生前说“夺取晋鄙的军队，向北救援赵国，向西打退秦国，这是五霸那样的功业”，魏王如果能明白救赵国也就是救魏国的道理，理解公子的做法，在公子战胜秦军后，欢迎公子回来，让他主持朝政，那么管之主持国事，则管仲之功，何难再见？惜乎其不能也。胜秦之后，魏未能得何利益，坐失事机，岂不惜哉？

骄矜之意，最是难除。以公子之贤，加以唐睢之忠告，其初犹几几乎不能克除此二字也。后闻客言，痛自责备，侍魏王席，谦退之容可掬，过而能改，毕竟公子不凡。

或谓公子初以不得已之故，矫魏王之命，夺军救赵。事毕之后，理宜不避严责，自缚而归，谢罪于魏王之前。奈何逗留外国，以坏国法乎？此唐荆川所以论其专权自恣，无人臣之道也。答之曰："公子若归，则不死于魏，而必死于秦。不观魏齐乎？魏齐不过得罪于范睢耳，秦人迫之，转辗逃避。赵魏之国力，不能保之，竟至自刎。公子身败秦师，其得罪于秦大矣。秦人逆知公子有矫命之罪，必谗慝于魏王之前，假魏王之手杀之而泄其恨。否则强逼魏王，如以待魏齐者待之。以魏王之孱弱，有不惟命是从者乎？观于居赵十年，一旦归国，秦人犹能行间以去之，则此说亦非武断矣。死于魏之国法可也，死于秦之威命则不可。公子欲留有用之身，俟祖国危急之际，奋身救之。何必拘于小节，以逃后世书生之论，而误大事哉？"

仲辅佐齐桓公那样的功业，何愁不重现呢？可惜魏王不能明白。打败秦国以后，魏国没有得到任何的利益，白白失去时机，那不是很可惜的吗？

骄傲自大的情绪，居功自满的神色，最是难以除去。以公子的贤能，加上唐雎的忠告，刚开始的时候还几乎是不能免除这两个字。后来公子听了门客的话，深切自责，侍奉魏王左右。谦卑退让，有过错可以及时改正，这就是公子的不凡之处。

有的人说公子刚开始以不得已的理由，假传魏王的命令，夺取军队救赵国。事情结束后，理应不逃避严责，自己把自己绑起来，主动回到魏国，在魏王面前谢罪。为什么要逗留在别的国家，破坏自己国家的法律呢？这是唐荆川为什么说公子专权恣意的放纵自己，没有为人臣子的道义。回答说："公子要是回到魏国，则不是死在魏王手里，就是死在秦王手里。这个可以看魏齐的下场。魏齐不过是得罪了范雎，秦国人就一直逼迫他，一直在东躲西藏。赵国和魏国的国力，都不能保护他，最终只能自杀。公子打败了秦国军队，他得罪秦国严重多了。秦国人如果知道公子是假传命令，肯定会在魏王面前说公子的坏话，用魏王的手来杀了公子泄恨。否则就强逼魏王，就如同魏齐那样对待魏王。以魏王的胆小怯弱，肯定是唯命是从的。现在看公子在赵国十年，一旦回到国家，秦人就用离间计想杀了公子。这个说法并不武断。死在魏国的法律下可以，但是死在秦国的威逼利诱下却是不可以的。公子想留着自己有用的身体，在国家危难的时机，奋不顾身地救自己的国家，这样何必要拘泥于小节，来逃避后世书生的评论，而误了大事呢？"

唐荆川（名顺之，武进人，有《荆川文集》）之“信陵君救赵论”一首，自来选古文者，多收之。其最得意之一段云：“赵不请救于王，而谆谆焉请救于信陵。是赵知有信陵，不知有王也。平原君以婚姻激信陵，而信陵亦自以婚姻之故，肯急救赵。是信陵知有婚姻，不知有王也。其窃符也，非为魏也，非为六国也，为赵焉耳。非为赵也，为一平原君耳。使祸不在赵，而在他国，则虽撤魏之障，撤六国之障，信陵亦必不救。使赵无平原，或平原而非信陵之姻戚，虽赵亡，信陵亦必不救。”此等论调，不是作文，直是游戏耳。其大意无非戒人臣不可自擅，而欲以语妙胜人，故不觉成此极谬之词，而于理论无所依据也。荆川集中，不少名作，选家偏舍之，而独取此。岂欲彰唐公之失乎？彰唐公之失其事小，少年见之，将尽变成自了汉，其祸更大。故不得不表而出之，非敢摘前贤之失也。

唐荆川（名顺之，武进人，著有《荆川文集》）之“信陵君救赵论”这篇文章，古往今来选文章的，大多收录。其中最为精彩的一段是：“赵国不请求于魏王，而不断地恳切求救于信陵君，这说明赵国只知道有信陵君，不知道还有个魏王呢。平原君用亲戚情分来激将信陵君，而信陵君自己也为了亲戚的原故，急于救赵，这说明信陵君只知道有自己的亲戚，不知道还有君王。他盗窃兵符，不是为了魏国，不是为了六国，而是为了赵国。其实也不是为了赵国，只是为了一个平原君罢了。假使祸患不在赵国，而在其他国家，即使撤销了魏国的屏障，撤销了六国的屏障，信陵君也必然不会去拯救的。假使赵国没有平原君，或者平原君不是信陵君的亲戚，纵然赵国亡了，信陵君也必然不会拯救的。”这样的论调，不像是做文章，倒像是游戏了。其中的大意无非就是告诫人臣不可以擅自做主，而又要在语言上胜过别人，所以不自觉地说出这样荒谬的言论来，理论上并没有任何的依据。《荆川文集》中，有不少的名作，选家偏偏都舍弃了，而唯独选取这个。岂不是想彰显唐公的过失吗？彰显唐公的过失事小，让年少的人看见了，都变成只顾自己不顾大局的人，这样的祸患更大。所以我不得不表述出来，并非是想指责前人的过失。

第八章　公子归国

公子在赵，闻赵有处士毛公藏于博徒，薛公藏于卖浆家（博徒谓赌徒，卖浆家谓卖酒家）。公子慕之，求见两人。两人匿不肯见。公子伺知其所在，徒步而往。两人见其诚，出见之，自此相得甚欢。

平原君闻公子交毛公薛公，不悦，语其夫人曰："始吾闻夫人弟公子，天下无双，今乃从博徒卖浆者游。公子妄人耳！"夫人以告公子，公子曰："始吾闻平原君贤，故背魏王而救赵，今始知其非。无忌在大梁时，常闻此两人贤，至赵恐不得见。以无忌从之游，尚恐其不我欲也。今平原君乃以为羞，其不足与共居也明矣。"乃束装欲去。夫人具以语平原君，平原君为免冠而谢，固留公子。平原君门下闻之，半去平原君，归公子。天下士复归公子，公子倾平原君客（言公子尽有平原君之客也），公子于是留赵，十年不归。

公子在赵，虽不与故国之事，然礼贤下士，一如平时，暇则讲求兵法。盖知天下纷纷，藐然一身，其关于前途者甚大。又可见志士仁人，虽颠沛之中，亦不废时，不灰心，积极公子听说赵国有两个有才有德而没有从政的人，一个是藏身于赌徒中的毛公，一个是藏身在酒家的薛公。公子仰慕他们的才华，很想见见这两个人，可是这两个人躲了起来不肯见公子。公子打听到他们的藏身地址，悄悄地步行去拜访他们。这两个人被公子的诚意感动，于是相见，彼此都以相识为乐事。

平原君听说了这件事后，有些不高兴，就对他的夫人说："当初我听说夫人的弟弟魏公子是个举世无双的大贤人，如今我听说他竟然跟那伙赌徒、酒店伙计交往，公子只是个无知妄为的人罢了。"平原君的夫人把这些话告诉了公子，公子听后说："以前我听说平原君贤德，所以背弃魏王而救赵国，现在才知道不是这样的。我从在大梁时，常常听说这两个人贤能有才，到了赵国，惟恐不能见到他们。我这个人跟他们交往，还怕他们不要我呢，现在平原君竟然把跟他们交往看作是羞辱，看来平原君这个人不值得结交啊。"于是就整理行装准备离去。夫人又把公子的话全都告诉了平原君，平原君听了自感惭愧，便去向公子脱帽谢罪，坚决把公子挽留下来。平原君的门客们听到这件事，有一半人离开了平原君归附于公子，天下的士人也都去投靠公子。公子的为人使平原君的宾客仰慕而尽都到公子的门下来（说公子拥有平原君的全部门客），于是留在赵国，十年没有回魏国。

公子虽然身在赵国，不再参与魏国的事务。然而一如继往地对待有才有德的人，空闲的时候就和门客研讨兵法。因为知道天下大乱，一身虽微，但对国家的前途关系却很大。又见到那些有识之士，即使身处于困顿挫折的环境之中，也不浪费光阴，不灰心，保进行，无有已时也。

公子离魏后之魏国，又何如乎？则朝政多非，国势日弱。秦人日夜攻之，亡在旦夕，魏王忧之。夫人忧则思，思则明。至此乃知秦之志，必欲亡魏，向日亲秦之政策，实亡国之政策。而惟行公子之说，方能救国家之危亡。乃赦公子罪，使人请公子归国，意公子闻之，必即日就道矣。而公子犹未知魏王之诚意也，反戒门下，有敢引进魏使者，罪至死。宾客皆以公子无爱国心，稍稍去之，亦莫有敢谏者。毛公薛公两人，往见公子曰："公子所以重于赵，名闻诸侯者，徒以有魏也。今秦攻魏，魏急而公子不忧，使秦破大梁，而夷先王之宗庙，公子有何面目立于天下乎？"语未及终，公子立变色，备驾而归。

公子不履大梁之土，十年于兹矣。四郊多垒，所谓满目山河泪沾衣者，能不为公子咏乎？魏王与公子相见，暮年兄弟，此日重逢，追思前事，悲从中来。公子之悲感，亦同之持积极的心态，奋斗不息。

公子离开后的魏国，又是怎样一番景象呢？就是朝政是非多，国力日渐削弱。秦国趁机日夜不停地发兵向东进攻魏国，都快到亡国的边缘了，魏王为此事焦虑万分。一个人一旦开始担忧焦虑，就会开始思考，而一思考就会变得明白。此时魏王清楚地知道秦国的目的，就是一定要将魏国灭亡，以前亲近秦国的政策，实际上是亡国之路，而只有实行公子的方法，才能救魏国而免于亡国。于是他赦免公子的罪，派使臣去请公子回国，想着公子知道后，一定会马上就回来的。然而公子仍担心魏王恼怒自己，就告诫门下宾客："有敢替魏王使臣通报传达的，处死。"宾客们都认为公子没有爱国之心，于是慢慢地有一些人离他而去，更没有谁敢劝公子。这时，毛公和薛公两人去见公子说："公子所以在赵国受到尊重，名扬诸侯，是因为有魏国的存在啊。现在秦国进攻魏国，魏国危急而公子毫不顾念，假使秦国攻破大梁而把您先祖的宗庙夷平，公子还有什么脸面活在世上呢？"公子不等他们把话说完，脸色马上就变了，立即嘱咐车夫赶快套车回魏国。

公子整整十年不曾踏足大梁的土地了。四郊的营垒很多，外敌入侵，国家危难，满目山河泪沾衣，就是为公子吟咏的啊！魏王与公子再次相见，人到晚年，兄弟重逢，再想起以前二人相处的时光，更是伤心不已。公子的悲伤感受，也是相同。于是两人不禁相也。于是两人相持而泣。呜呼！患难之中，性情自见，此事不独哀动行路，事美千秋。魏王奋发有为，信任公子之心，亦于是决矣，即日以上将军印授公子。

公子既任国事，先发使者，以归国之状，遍告诸侯。诸侯闻之，发兵往救者，凡五国焉。魏安釐王三十年，公子率五国之兵，破秦军于河外，走蒙骜，遂乘胜逐秦军，至函谷关，抑秦兵，秦兵不敢出。公子之威名，振于天下。

公子联关东之国，与魏合纵而拒秦，此六国之利，而秦之大患也。非去公子，则秦之势力，不复能发展于天下。乃求晋鄙之客于魏，使谗构公子于王前。事成，许以重金为谢。客以其主人晋鄙，无罪而死，怨公子甚，故甘受秦人愚弄。因言于魏王曰："公子在外十年矣，与诸侯纳交甚深。今为魏将，诸侯之兵皆属之。天下徒知有魏公子，而不知有魏王。公子欲因此时，南面而王，诸侯虽非之，而畏公子威，将共立之矣。"客之所言，既婉转动听矣，而秦又故遣使者，公然至大梁，贺公子得立为王未也。魏王日闻其毁，又见秦使，是固不能不信矣。后果罢公子兵权，不复用之。

对落泪。唉，危难的时刻，才能见人的真心。这件事不但让路人都感到哀伤，而且流传千古。魏王振作精神，有所作为，对公子十分信任，于是决定把上将军大印授给公子。

公子开始处理国事以后，首先派使臣把自己担任上将军职务一事通报给各个诸侯国。诸侯们得知，五个国家各自调兵遣将，救援魏国。魏安釐王三十年（公元前247年）公子率领五个诸侯国的军队在黄河以南地区把秦军打得大败，秦将蒙骜败逃，进而乘胜追击直到函谷关，把秦军压在函谷关内，使他们不敢再出关。当时，公子的声威震动天下。

公子联合函谷关以东的国家，与魏国连成一线抗击秦国，这事对六国有利，而却成了秦的忧患。不把公子除掉，秦国的势力就不能发展，就不能统一天下。于是秦王寻找晋鄙原来在魏国的门客，让他们在魏王面前说公子的坏话。并许诺，事成之后，一定以重金为谢礼。食客认为主子晋鄙没有任何罪行，却被杀死，一直对公子十分怀恨，因此甘愿被秦人利用。于是他对魏王进谗言说："公子流亡在外十年了，与各位诸侯都很有交情。现在担任魏国大将，诸侯国的将领都归他指挥。诸侯们只知道魏国有个魏公子，不知道还有个魏王。公子如果趁这个时机称王，诸侯们即使不想这样做，却又害怕公子的权势声威，也会共同拥立他为王的。"食客的这番话，说得十分委婉含蓄。秦国又派人到大梁，假装不知情地请他们向公子祝贺，问是否已经立为魏王了。魏王天天听到这些毁谤公子的话，又见到秦国使者的到来，因此不得不信以为真了。后来果然罢除公子的上将军职位，不再任用。

公子闲居，日夜自危，又不忍亲见祖国之亡，乃与宾客纵饮醇酒，多近妇女，以求速死。如此者四岁，竟病酒而卒。夫醇酒妇人，人所视为行乐之事者也，以子乃视为鸩毒。读者于此，可悟酒色之不可近。而公子以有用之才，深愿断送于此而不悔，其伤心又可知矣。

秦闻魏王疑公子，其计既行，则大喜。然恐魏王见事急，则复起用之也，故未敢遽加兵于魏。后闻公子卒，则其喜可知已，即使蒙骜攻魏，拔二十城，自后稍稍蚕食。公子死后十八年，而魏竟亡。时则公子早已骨化形销，冥然罔觉，国虽被灭，亦不知所以恨矣。

【批评】

毛公薛公，号为高隐者，乃一托于博徒，一混于卖酒家。托业如此，实不可解，宜平原君之羞与为伍也。其后劝公子归国之言，则又非有学问者见不到此。两人在公子门下，意必建白甚多。而史公既忘其名，行事之可见者，亦止此而已。皇甫谧高士传，不载两人。陈仲醇逸民传，全录史记公子安闲居家，无事可做，日日夜夜都感觉得到自己处境的危险，又不忍心眼看着国家一步步走向灭亡，于是就与宾客们通宵达旦地痛饮烈性酒，常跟女人厮混，只求能早点死了。这样寻欢作乐度过了四年，终于因饮酒无度患病死亡。因此，烈酒与女色，人人都认为这是能让人开心的好东西，而那些有道德的人却认为是剧毒。读者读到这里，就会明白是不能沉溺于酒色的。而公子这样能为国家做出贡献的人才，情愿将自己断送在酒色上而不后悔，可见得他伤心到了何种程度。

秦王听说魏王怀疑公子，离间计行得通了，非常高兴。然而又害怕魏王见眼前战事紧急，再次启用公子，因此不敢仓促之间出兵魏国。后来听说公子死了，心中有多开心可想而知。秦王马上派蒙骜进攻魏国，攻占了二十座城邑。从此以后，秦国逐渐地像蚕食桑叶一样侵占魏国领土。公子死后十八年，魏国灭亡。此时公子早已经死了，对于发生的一切茫然无知，祖国虽然被灭亡了，但也不知所谓恨了。

【评论】

毛公、薛公是隐士中的高手，一个藏身于赌徒之中，一个混在酒家里当伙计。以这样的方式谋生，实在难以理解，所以平原君觉得与他们为伍是一件耻辱的事。至于后来劝公子回国的言论，不是有学问的人没有这样的远见。两人在公子门下，肯定说了很多对国家的建议和主张。然而司马迁竟然不记得他们的名字，他们的事情，也就仅仅是这一件了。皇甫谧编写的《高士传》没有这两人的信陵君传，使两人得以附见。他亦无所发明也。

食客闻平原君轻视毛公薛公，则去之；闻公子贤，则归之；后闻公子忿而不归，则又去之。可知若辈于义利是非之间，皆辨之甚明，非若后世做门客者，专为豪家鹰犬，势利之外，一切皆不计也。

公子在赵，以羁旅之身，脱离宠辱之境，得专门研究兵学，以备他年之用。他人以公子为无聊者，公子反得闭户读书之机会。朱子曰："一息尚存，此志不容少懈。"公子有焉。

公子不欲回国，盖知魏王之意，非至十分危急，必不悟其亲秦之非计，而诚心悔悟，迎还公子耳，非不欲归也。毛公薛公以大梁垂危告之，不闻为魏王表白诚意，而公子即日束装告归，则以亡国事大，一身之利害，又不暇计矣。

专制之朝，其亡也，因于知人不明者，十居八九。事急之时，则求贤以自辅。事过之后，猜忌交至，放斥随之。一部廿四史之兴亡，无不如此，固不独魏安釐王一人为然耳。

公子见魏国国势，已陷于不可挽救之境，至求速死以为快。当其将死未死之际，问天天不语，入地地无门。古来记载，陈仲醇编写的《逸民传》补全史记中的信陵传，才使这两人得以在正本中的附录中出现，别的地方就没有什么发现了。

食客听到平原君看不起毛公和薛公的消息，就离他而去；听到公子贤能，就都归依他；后来听到公子因恨而不回归自己的祖国，又离他而去。可知这些人在大义与利益是非面前，都分辨得特别清楚，并不是后来那些所谓的做人门客的人，专门做有权有势豪门人的爪牙，除了权、钱、势之外，一切都可以不在乎。

公子在赵国时，以异乡人身份，远离一切荣辱，得以专门研究学习兵法，以便在以后的年月中能用上。一些人认为公子是无所事事，公子反而有了闭户读书的机会。朱子说："只要还有一口气在，这个志向就不容丝毫的怠懈。"公子做到了。

公子不想回魏国，是因为知道魏王不到十分危急的时候一定不会明白，亲近秦国并不是什么好计策，诚心诚意悔悟，接他回去的，并不是不想回去。毛公薛公把大梁的安危和现在的处境告诉他，并没有听到魏王来表达诚意，而公子当时就整装向赵国告辞回去，就是以国家安危为重，个人利益没有时间和心思去计较。

君主独掌大权的朝代之所以会灭亡，十有八九是君主看人不清而造成的。当遇到危急的时候，他们就向贤能之士求助辅助自己；而当危急解除后，又开始猜疑忌妒，放逐、斥退也随之而来。一部二十四史里记载的各个朝代的兴盛与衰亡，哪个不是这样的，原本不只是安釐王一个人如此。

公子看到魏国的国力和未来，已经到了无法挽回的地步，只求快点死早点解脱。在他濒临死亡的时候，是喊天天不应，入地地伤心人，谁有如公子者？后人读之，其伤感为何如哉。然弗徒作伤感也。

古时一国之兴亡，在乎君。今时一国之兴亡，在乎民。在乎君者，民既无如之何。在乎民者，谁扼我之手足，而不改过以图新，自强以保国也。奈何今之少年，皆惟香奁体之小说是喜，不学公子之立志，而惟学其醇酒妇人耶？嘻噫，可以思矣。

无门。从古至今伤心失意的人，又有谁像公子一样的呢？后辈们读到这些记载，又是怎样的一种伤心和感慨啊！然而，这都只是徒增伤感罢了。

古时候一个国家兴盛与衰亡，关键在于君主。而现在一个国家的兴盛和衰亡，关键在于百姓。君主独掌大权的，百姓也只是无可奈何。而百姓当家的，哪里会被人控制住手脚，还不马上改正错误，重新做人，自强不息以保卫国家呢？然而现在的年轻人，都只喜欢闺阁小说，不学习公子的大志向，只学沉迷于烈酒美女了。唉，可以好好想想了。

第九章 结论

太史公之传公子也，极力写生，于养士救赵二事，言之详矣。而于公子沉机观变，先觉觉世之微，则未尝明言之也。夫雨至而曰雨，风至而曰风，此在聋瞽者亦能。惟豪杰之士，能当天下事未发之先，知其趋势而预为之防。由是论之，则公子平时之恶秦，实公子之识见，高于时人万倍也。

人处于社会，势不能孤立也，则必结友以自固焉。国立于世界，势不能孤立也，则必交邻以自固焉。结友慎毋结匪人，交邻慎毋交敌国。何谓敌国？包藏祸心，以我之灭亡，为彼之利益者是矣。若是则魏之仇敌莫如秦，当交而不当亲，当拒而不当近。至今读史者，人人明之。而当日则举国惛然，认敌为友，自称东藩，以求其庇。其有哓音苦口，以秦之阴谋，暴于国人，主张亲赵而排秦者，惟公子一人。

公子少时，齐楚尝相约而攻魏。魏人不悟齐楚之侵入，为祸较小，而秦之不可亲也，竟使人求救于秦焉。秦人故为作难，兵不即发。乃有自号名士之唐雎，求使于秦，而谓秦王曰："夫魏一万乘之国也，然所以西面而事秦，称东藩，受冠带者，以秦之强，足缓急有恃也。今齐楚之兵，已合太史公为公子作传，写得活灵活现，特别是在收罗贤才和救赵国这两件事情上，记载特别详细。而对于公子的深藏机智，观察变化的才能，先于人们察觉世界的微小变化方面，就没有明白地说出来。这种下雨了说下雨了、起风了说起风了的事情，聋子瞎子都可以做得到。只有才智勇力出众的人，才能在天下大事没有发生之前，就知道事情的发展势头而提前做好防备。由此看来，公子平时厌恶秦国，实际是公子的见识，比一般人高了万倍啊。

人活在这个世界上，一定不能被孤立，必须结交朋友来巩固自身地位，确保自身安全。一个国家处立于世界之林，也一定不能被孤立，必须与邻国结交来保证国家安全。结交朋友千万小心不要结交到坏人，结交邻邦千万不要结交到敌国。什么是敌国，就是那种暗藏着不可告人的坏心思，以我们国家的灭亡而换来他们利益的。这样的话魏国的仇敌只能是秦国了，应该结交，却不应该当亲近，应该抵抗保持距离而不该接近。现在读史的人每个人都很清楚。而当时魏国全国上下都神智不清，把敌人当成了朋友，还自称东藩，求秦国的庇护。而那时反复恳切劝说，把秦人的阴谋，显露在国人面前，主张亲近赵而排挤秦国的，仅有公子一个人而已。

在公子年轻时，齐国和楚国曾经约定联合起来攻打魏国。魏国人不能领悟到齐国和楚国的入侵危害比较小，但秦国是不可亲近的，居然派人向秦国求救。秦人故意阻挠作难，救兵没有马上出发。于是有位自称为名士叫唐雎的人，向秦国求救，对秦王说："魏国做为一个拥有上万辆战车的大国，之所以向西来侍奉秦国，自称为秦国的东方属国，接受秦制衣帽，是因为秦国的强大于魏郊，而秦救不至。在秦岂不以魏之受祸未烈，故尔迟迟乎？如魏已急，而秦救不至，则已割地以和齐楚，王尚何救焉？故必待其急而救之，是失一东藩之魏，而强齐楚也，王亦何利之有？”秦王闻唐雎之言，即为发兵。魏虽幸免齐楚之祸，而雎之言，亦可哀矣。不明大势，不图自强，而惟依赖虎狼之秦，早已不成为独立国矣。

不但此也，魏见唐雎之说行，亲秦之心愈甚。魏王欲求秦助其伐韩，以求故地。公子闻之，乃痛切上书，彻始彻终，天下之大势了然，后日之兴亡如见。此非特关于一国之事，实六国之事，非特一时之说论，实亦千古之龟鉴。战国之士，未有能见及此者，可与诸葛武侯草庐之对，同为一代之大文也。

其辞曰：

秦与戎翟（同狄）同俗，有虎狼之心，贪戾好利，不识礼义。苟有利焉，不顾亲戚兄弟，若禽兽耳，此天下之所知也。今王与秦共伐韩，而益近秦患。臣甚惑之，而王不知，可以帮助魏国。然而今天齐、楚的军队已经打到魏国的郊外了，可秦国的救兵还没有出发。在秦国看来，是认为魏国还没到危急时刻，才迟迟不发兵吗？假如魏国情况紧急，而秦国的援军又不及时赶到，魏国就将割让土地而联合齐、楚两国。到时候大王即使想去救魏国，哪里还来得及呢？所以如果等到魏国危急了才去援救，那样不仅会失去一个东方属国，而且会增强齐、楚两个国家的力量，对大王又有什么好处？”秦王听了唐睢的一番言词，有所悔悟，立即发兵援救魏国。魏国虽然幸免了齐、楚两国灭国的灾难，然而唐睢的话，也让人觉得悲哀。不清楚大势所趋，不图国家自强，而仅仅是依赖着如狼似虎的秦国生存，魏国早已不是一个独立的国家了。

不仅如此，魏国见唐睢请求秦国出兵救援成功，与秦国亲近的心更加迫切了。魏王还想请求秦国出兵一起攻打韩国，希望能收回原来的地盘。公子听说后，于是非常迫切地上书给魏王，至始至终对于天下大势都十分清楚明了，后来魏国的兴衰果然如同他预料的一样。这并不仅关系到魏国一个国家的命运，实际上跟其他六个国家也息息相关；更不是短时期的正直之言，而是千百年给后人的借鉴。战国时期的贤士，没有谁能像公子一般见识长远的。可以跟诸葛亮未出山前分析当时天下局势一样，同样称为一代大作。

上表内容说：

秦国与戎狄是同类，都有贪婪暴戾，凶残贪利的野心。不尊重礼仪，哪里有什么好处，就六亲不认了，和禽兽没有区别，这也是天下人众所周知的。现在大王与秦国商讨着联合起来攻打韩则不明。群臣莫以闻，则不忠。今韩以一女子，奉一弱主，内有大乱，外当秦魏之兵，王以为不亡乎？韩亡，秦有郑地，与大梁邻，王以为安乎？王欲得故地，而与强秦益亲，王以为利乎？秦非息事之国也。韩亡之后，必更求拓地。其拓地也，必不伐楚与赵矣。是何也？夫越山踰河，绝韩上党而攻赵，秦必不为也。若道河内，倍邺朝歌，绝漳滏水，与赵兵决于邯郸之郊，秦必不为也。秦又不敢跋涉山谷，行三千里而攻楚。若道河外，倍大梁，与楚兵决于陈郊，秦又不敢。故曰秦必不伐楚与赵矣，又不攻卫与齐矣。韩亡之后，秦兵东出，惟一魏国可攻。而决荥泽水，灌大梁，大梁必亡。天下皆识秦之欲无穷也，非尽亡天下之国，而臣海内，必不肯休。故为今之计，莫如行纵，行纵则楚赵之所欲，而魏之利也。如与秦亡韩，二周安陵必危，楚赵不保，卫齐亦亡，天下西乡而驰秦，入朝而为臣矣。

公子所抱之政策盖如此，无如举世不悟。邯郸之事，有可乘之机，而不敢为。非侯生之智，公子之勇，则秦早南面国，这更有利于秦国强大而成为一个隐患。臣心中十分疑惑不定，而王上您却看得不够清楚，不够透彻。大臣们没有告诉你，就是他们不够忠心。如今韩国就一介女流侍奉着一个年幼的国君，且有内乱，外又有秦国和魏国的强兵围困，大王以为不会灭亡吗？韩国灭亡了，秦国吞并郑地，与大梁相邻，王上以为就安全了吗？王想夺回原来的领地，而与强大的秦国更加亲密，王上以为是对魏国有利的吗？秦国并不是什么愿意平息事端的国家，韩国灭亡后，肯定会更进一步拓展疆土。而拓展的地方，也肯定不是攻打楚国或者赵国。为什么呢？因为要翻山越水，越过韩国上党而攻打赵国，秦国肯定不会这样做。如果取道黄河以北，背离邺城朝歌，越过滏水，再和赵兵在邯郸效外进行决战，秦国肯定不会这么做。秦又不敢跋山涉水翻山越岭，行军三千里来攻打楚国。如果取道河外，背向大梁，跟楚兵在陈的郊外决战，秦国还是不敢。所以说秦国不会攻打楚国和赵国，又不攻打卫国和齐国，韩国灭亡以后，秦国再次东征，只会是魏国了。如果使荥泽决堤，就会水淹大梁，大梁必亡。天下人都认识到秦国的胃口很大，不吞并各国，统一天下，誓不罢休。因此，如今之计，还不如联纵，纵向联合起来是楚赵一直想要的，也对魏国有利一些。如果与秦国联合灭亡韩国，东周、西周与安陵这些地方也危险了。楚国和赵国保不了，而齐国和卫国也会灭亡，天下都将被面向西面的秦而收服，入朝为秦国的臣民了。

公子心中所想的策略就是这样，然而大家却执迷不悟。邯郸之事，本来有机可乘，却不敢去做。如果不是侯生的机智、公子的而称帝，不待至始皇也。

且公子非但具过人之识而已，其军学亦不寻常。留赵之时，著兵法二十一篇（《史记》言诸侯之客进兵法，公子皆名之，故世俗称魏公子兵法。《汉书艺文志》有魏公子二十一篇，图七卷，今皆亡矣）。当七雄之末，诸善战者，吴起、孙膑、田单、白起、廉颇、李牧，皆有名于天下，而公子不与焉。不知善用兵者，莫如公子也。吴起孙膑之时，秦固未甚强。而田单之所摧，则燕将骑劫；廉颇之所败，则栗腹；李牧之所胜，则匈奴也。白起用秦之强卒，以攻诸侯，固当必胜。若夫邯郸之围，秦悉关中河内之卒，杀赵人四十五万，而直趋城下，城且旦暮下矣。公子虽窃符以有魏师，而兵将皆非素习，仓卒之间，提偏师以临大敌，竟逐之以存赵，此其兵略为何如也。秦乘公子出，而日夜伐魏，其目中已无魏矣。公子将五国之师以救之，国五其将，将五其师，此非可以顷刻联合也，公子又率而大破之。然则一代大军人，诚非公子莫属也。汉高祖知兵善战，后得天下，每过大梁，常祠公子。高祖十二年，从击黥布还，为公子置守冢五家，世世以四时奉公子，为钦其将略也。

勇敢，秦国早就坐北面南称帝，而不用等到秦始皇时期了。

公子不但具有过人的才学见识，而且他的军事才能也是非比寻常的。留在赵国时，他写了兵法二十一篇（《史记》上记载说，诸侯的门客进兵法，公子都会署名，所以俗称为魏公子兵法。《汉书艺文志》中记载魏公子二十一篇，图七卷，而如今全都没有了）。当七国争战末期，善用兵的，如吴起、孙膑、田单、白起、廉颇、李牧等人都是闻名于天下的，然而公子却没有什么名声。其实这些善于用兵的，都不如公子。吴起、孙膑时期，秦国还没有很强大，而田单打败的是燕国的将领骑劫；廉颇战败的是栗腹；李牧战胜的是匈奴。白起用秦的精兵，攻打诸侯，本来应当稳操胜券。然而秦国围困赵国都城邯郸，全部是关中河内的士兵，杀了赵国四十五万人，兵临城下，城被攻破是早晚的事。公子虽然偷了兵符带来了魏国军队，但兵将们都不熟悉，匆忙之间，调动主力以外的部队与大敌对阵，竟然将秦军驱逐而保存了赵国，可以想想他排兵布阵的谋略是如何了得。秦国趁公子在赵国，而抓紧时间攻打魏国，早就没有把魏国放在眼里了。公子率领五国的军队来解围，而五个国家的将士和五个国家的军队，也不是一时半会儿可以联合起来的。公子又率领联军打败秦国。一代大军事家，除了公子也没有其他人了。汉高祖善用兵法，后来得了天下，每次经过大梁，常常去祭祀公子。汉高祖十二年，他击败叛将黥布回来，经过大梁时，为公子安置了五户人家，专门为公子守墓，让他们世世代代每年四季祭祀公子，是因为敬仰公子的军事才华而已。

【批评】

秦人之志，欲灭六国久矣。其灭六国之法有二，一则连横以斗诸侯，一则远交齐楚，而近攻三晋。凡此方针，秦已明目张胆言之。六国之君相，冥然罔觉，甘受其愚，以至于亡。读史者为之忿忿而不平，当局者迷，而旁观者清也。当时惟公子知之，能进对症之药，其识高矣。志意未伸，抑郁而死。天欲兴秦，其奈之何？

六国之士，以能拒秦者为能爱国者也。楚之屈原，其仕于楚也，对于内治，则以亲贤为本；对于外交，则以拒秦为急。内自强而外择交，当列国纷纭之世，明此可以立国矣。乃以怀王之昏庸也，内则不能自强，外则不能择交。屈原无可如何，终自沉而死。今与公子相比，其识同，其志同，其末路亦同。人皆知屈原以爱国而自杀，其实公子虽获终正寝，亦自杀也。太史公赞屈原曰："推此志也，虽与日月争光可也。"今以此语移赠公子，亦无愧色。

唐雎亦当时游士之有名者，彼岂不知求秦之非计，乃一味乞怜，绝不虑及魏国之后患。盖彼之志，惟在达魏王之目的，藉以固位而求宠也，岂计及社稷之安危哉？

【评论】

秦国人的愿望，就是想灭了六国。他们想用两种办法来消灭六国，一种是用连横的办法来消灭诸侯；一种是远交齐国和楚国，而近攻三晋。这两种办法，秦国已经明目张胆地说过了。六国的君相，愚昧无知，不思悔改，甘愿受秦国的欺骗，以至于最后亡国。读过《史记》的人，都为他们感到不平。当局者迷，而旁观者清。当时只有公子知道这种结果，能对症下药，可见他的见识非常高远。但是他的志向却无法完成，抑郁而死。上天想要兴盛秦国，他又有什么办法呢？

六国的人士，都以能抗拒秦朝的人作为爱国人士。楚国的屈原，在楚国当官，对于国内政治，则是以亲贤为基本；对于外国的外交，则是以抗拒秦朝为紧要。国内富强而对外选择盟友，在强国争霸的乱世，这样就可以立国本强盛了。但是楚怀王是一个昏庸无道的人，国内不能强盛，对外也不能选择好的盟友。屈原没有其他的办法，最终投河自尽。现在与公子比起来，他们的见识是一样的，志气也是一样的，最后的结局也是一样的。人人都知道屈原是以爱国之心而死，其实公子虽然最后是寿终，但是也相当于自杀了。太史公赞赏屈原说："推想屈原的志向，即使和日月争辉，也是可以的。"这句话现在用来赠送给公子，也是实至名归的。

唐雎也是当时游士里面比较有名的，他怎么会不知道向秦国求和并不是好办法呢，仍然一味地摇尾乞怜，丝毫不顾及魏国后面的路该怎么走。这就可以知道他的志气，只是达到魏王的目的，借此来稳固自己的宠臣地位罢了，根本就毫不顾忌江山社稷的安危。

公子上魏王书，实为一代大文。宋苏子由之六国论，即本于此。乃自来选古文者，知有子由之文，而不知公子之文。严铁桥全上古三代秦汉六朝文，亦竟遗之。何哉？本书所引，特为节短，原文见《史记·魏世家》中。

公子之军学，一为揭出，便成确论。以是知读书论古，须从四面八方看去。但据一人一事之记载，而不观其全段，则难与论古也。

公子给魏王上书，实在称得上是一代大文。宋代苏辙的六国论，就是来源于此。古往今来选文章的人，都知道有苏辙的文章，却不知公子的文章。严铁桥编著的《全上古三代秦汉六朝文》，也同样没有收录。这是为什么？我这本书所引申的，只是其中的一些片段，原文请见《史记·魏世家》里面。

公子的军学，一经揭示，就会成为定论。因此我们知道读书谈论古今，须全面来看，只根据一个人一件事的记载，并不能看见他的全部，这样就不能与之谈古论今了。

少年丛书

文白对照本

张良

孙毓修◎著

团结出版社

图书在版编目（CIP）数据

少年丛书 / 孙毓修编. -- 北京 : 团结出版社,2015.7

ISBN 978-7-5126-3662-0

Ⅰ.①少… Ⅱ.①孙… Ⅲ.①名人—生平事迹—世界—少年读物 Ⅳ.①K811-49

中国版本图书馆CIP数据核字(2015)第130183号

出版：团结出版社

（北京市东城区东皇城根南街84号 邮编：100006）

电话：(010) 65228880　65244790 （传真）

网址：www.tjpress.com

Email：65244790@163.com

经销：全国新华书店

印刷：三河市祥达印刷包装有限公司

装订：三河市祥达印刷包装有限公司

开本：148×210　1/32

印张：128

字数：1500千字

版次：2015年12月 第1版

印次：2016年4月　第2次印刷

书号：978-7-5126-3662-0

定价：490.00元（全28册）

少年叢書

《少年丛书》白话语译编委会

出版前言

近代著名思想家、政治家梁启超曾经说："少年强则国强，少年智则国智，少年富则国富，少年独立则国独立，少年自由则国自由，少年进步则国进步，少年胜于欧洲，则国胜于欧洲，少年雄于地球，则国雄于地球。"这是他的散文《少年中国说》中的一段，作于戊戌变法失败后的1900年。文中极力歌颂少年的蓬勃朝气，指出封建统治下的中国是"老大帝国"，热切希望出现"少年中国"，振奋人民的精神。

或许是受到梁启超先生的感召，1908年冬天，上海商务印书馆编译所推出了一套系列丛书——《少年丛书》，又名《中外伟人的传略》，这是二十世纪中国的第一部历史人物类学生课外阅读丛书。首任编辑和作者是林万里，第二任编辑是孙毓修，孙毓修是这套丛书的主要作者，后期加盟写作的骨干还有国学大师钱智修。他们都博览中外，以精准而严格的眼光审视中外古今文化资源，选取其中有益于

少年儿童精神世界的材料，予以整合，编写成册。这套书出版以后，广受少年儿童的欢迎，每册前后加印达几十次，若整套书累计，恐怕达到数百次之多，发行量之大，影响力之广，在二十世纪的人物传记类图书中堪称罕见。

《少年丛书》前后出版了近三十余种，每一册传主为一位中外历史名人。我们在全国各地经过多方的搜寻，共得二十八册，其中中国名人十五位，外国名人十三位。每篇先叙述名人的生平传记，后加以作者的评论，根据时事，启发少年，借以激励少年树立远大志向，明确奋斗目标，成就健全人格。著名作家茅盾在阅读这套书后曾评论说："记事简明，议论正大，阅之足以增长见识，坚定志气。"这套出版之初即为砥砺少年志向的书影响了当时无数少年儿童由此走上振兴中国之路。著名作家张天翼、赵景深、陈伯吹等，都曾深受这套书的影响。

《少年丛书》的三位作者，都是当时学贯中西的通儒，不仅有深厚的国学功底，也有睁眼看世界的非凡眼光。撰写本套书册数最多的孙毓修先生，他是我国近代著名的目录学家、藏书家、图书馆学家。他同时还创作了大量的儿童文学作品。除了《少年丛书》，他还先后主编出版《少年杂志》、《童话丛书》等，被茅盾誉为"中国童话的开山祖师"。

另一位作者钱智修，浙江嵊县人，字经宇，是著名的国学大家，博古文学家，东方学派思想家。他在学时，就以"国学国文湛深，文章洛阳纸贵"赢得尊敬，并被上海多家进步报馆争揽为特约撰稿人。1911年毕业后，他应编译所长高梦旦之聘，担任商务印书馆编

译所编辑。1920年7月他任《东方杂志》主编，长达12年，是该杂志有史以来任期最长的主编。他还参与编辑《辞源》及《中国人名大辞典》、《中国古今地名大辞典》。1931年任国民政府监察院秘书长。

第三位作者林万里是民国年间著名的报人，原名獬，又名白水，字少泉。他幼承家学，又拜名士高啸桐（商务印书馆创始人之一）为师。清光绪二十四年(1898年)，他在杭州参与创办求是书院、养正书塾、东城讲舍、蚕学馆4所新式学堂，任求是书院总教习；后任《杭州白话报》主笔，宣传新思想。光绪三十年(1904年)，他出任《警钟日报》主编，宣扬孙中山及其领导的革命，后追随孙中山。帝制取消后，林万里重操新闻旧业，创办过多份报刊。

鉴于每位作者独有的知识结构和兴趣热点，每位编者对人物都有自己的选择。孙毓修所撰写的大部分是中国历史名人，而且写作的视角也非常独特，如其所写的《玄奘》是一个历史人物，而不是《西游记》中的唐僧。现代的普通读者对玄奘的了解绝大部分是来自于《西游记》等小说，而历史上的真实情况却鲜有人知——玄奘取经并非唐太宗支持，相反还受限于当时的法令，他冒着生命危险才得以出境。这就需要有人为读者打开另外一扇窗户，还原真实的玄奘，而不是小说中的文学形象。茅盾先生对孙毓修所写的《玄奘》评价很高："可以说是内容翔实，深入浅出，既宜于少年阅读，也使成年人增加历史知识。"再如《苏秦》，作为一位著名的辩士，《史记》必然为之列传。孙毓修在写苏秦游说各国发言的时候采用了《史记》中记载的史料，而在后面的评论部分对苏秦的表现作了恰当的点评，分析苏秦游说秦、燕、赵、韩魏、齐楚的过程，阐述了苏

秦辩术策略的不断提高。对于国外人物的选取，孙毓修也是偏爱励志型的，如德谟士，从一个小人物成长为大演说家；彼得大帝，从受制于人，成为欧洲赫赫有名的皇帝。

另一位作者钱智修，先后写有《林肯》、《苏格拉底》、《拿破仑》等，这些都是西学东渐后中国人十分崇仰的外国名人。值得注意的是，钱智修秉承严复所主张的信、达、雅翻译原则，特别讲究传记所含的真实性。他所抒发、张扬的传主虽然都被列为人们仿效的楷模，写法却不做作，更没有为了塑造人物形象而更改史实。

林万里所写的外国传记和钱智修的作法大致相近，即在第一章抒发己之传记宗旨，后文谈及传主读书之术、治学之道与其行事风格，并进行了点评。此外还有其他人关于传主的言论，更有编译者自己的评论，以引导少年儿童正确地学习和借鉴，而不是一味盲从。

《少年丛书》的最大特色，就是"记事简明，议论正大"。书中除了记叙人物的生平故事之外，作者的评论也让这套书大为增色。其议论宏富，既能够结合少年的成长特点，指明如何学习书中人物的优良品质，也指出了其中的不足之处，对于引导少年如何立志修身，大有裨益。

这套书的另一大特色，就是全部用文言文写作，语言凝炼，文笔流畅，保持了中国传统作史传的鲜明特色。当时，白话文风已经悄然兴起，而作者能够不从时髦，采用文言写作，甚为难得。以至我们今日再读此书，依然能够体味到文言笔法的无穷魅力。然而考虑到近百年来，国人的文言文水平已经一落千丈。今日的大部分少年，阅读文言文尚有一定困难，因此我们特别组织人员，将全套书进行了

白话翻译。尽管我们做了最大的努力，文言文的神韵依然是难以用白话表达出来。因此，我们希望少年朋友通过阅读这套书，体会文言文的独特魅力，进而热爱和学习文言文。

《周易》有云："君子以多识前言往行，以畜其德。"说的就是多学习古人的嘉言懿行，对我们修身立德至为重要。古人尝言："童蒙养正，少年养志，壮年养德。"少年时期是人生至为关键的时候，这个时期树立什么样的志向，以什么样的人为榜样，往往会决定一个人未来的人生成就。而一个人少年时期读的书，也足以改变他的一生。在今日少年课外读物良莠不齐的状况下，《少年丛书》堪称鲜有裨益少年的优秀读物。若今日的少年，能够认真研读这套《少年丛书》，对于树立远大志向、培养健全人格、完善道德情操将大有裨益。或许，今日的风华少年，即是将来成就伟业的千古豪杰、泽被世人的大圣大贤。勉哉！勉哉！

为什么要读名人传记

——《少年丛书》白话语译序

我从小很喜欢读书，可是，因为身处偏僻山村，小的时候却无书可读。那个时候，家中只有父亲买的一本《古文观止》，儿时翻阅过无数次，虽看不太懂，却记忆深刻。有人说，儿童时期读的书，一生也难以忘记。此言确实不虚。

没有想到的是，儿时无书可读的我，日后竟然投身于出版业。今天，我国的出版业已经非常发达，给少年儿童读的书也非常多。可是，若细心寻求，真正的好书却是少之又少，尤其是给少年儿童介绍历史文化的书。

一个偶然的机会，我们与这套百年前的《少年丛书》结缘，这套当初专为少年而写的中外名人传略，让我眼界大开，没想到，百年前的前辈们，竟给少年们创作出如此优良的传记读物。要知道，给少年

儿童写作，比给成年人写作更难，尤其是给人物作传，既要符合历史史实，不可随意编撰，又要注意引导青少年如何取其长，避其短，以免误人子弟。因为，作为历史人物，不可能处处皆堪为今人楷模。这就需要作者要极富有爱心、责任心和严谨精神，才能让读者从中获得纯净的人生智慧。可以说，目前各种写给青少年的人物传记，很少能与这套《少年丛书》相提并论的。

这套书中的二十八位中外名人，大多数是我们耳熟能详的人物，但是对于他们的生平事迹，也许就知之甚少了。读了他们的传记，方知欲为圣贤豪杰，需下一番苦功夫才能有所成就。"人人皆可为尧舜"，说的是我们每个人都有成圣成贤的资质，然而虽有圣贤之资，也需后天的不懈努力，方能成就一番伟业。所以，这一套书作者的目的并不仅仅是让读者了解一下名人轶事，而是以伟人的事迹启迪和激励少年朋友，树立人生的志向，汲取这些英雄豪杰的人生智慧，修身立德，练就自身本领，最终成为造福国家和社会的有用之才。

这套书虽然是写给少年看的，并不意味着就不适合大人阅读。大作家茅盾就曾大力推荐这套书。现在的青年人，乃至家长、老师，若能读读这套书，对于人生事业，教育子弟，也是大有益处的。可以说，这是一套老少皆宜的好书。

《少年丛书》在当时之所以大受欢迎，销量巨大，也不是没有原因的。这套书每册文字量不大，文笔流畅，史实可靠，评议精彩，这都是许多普通名人传记所不具备的。因此，这套书深受读者欢迎，也就不难理解了。

读名人传记，重在学习名人的智慧和经验。正如文天祥所说，

“人生自古谁无死，留取丹心照汗青”。人生有涯，知也无涯，如何在有限的生命里寻求到人生的价值，获取人生的智慧，而不浪费光阴？《少年丛书》中的这些圣贤豪杰，就是我们的榜样。他们身上伟大的人格，比如孝友、善良、爱心、坚毅、勇敢等等，这些人性的光辉，都是我们的学习之处。

我们用了近一年的时间，将这一套书作了白话语译，希望今天的少年们，能够喜欢阅读并且从中汲取智慧。若能让每一位读者都能够有所收获，那就不负当初写作这套书的三位老前辈的一片苦心，而我们的工作也就没有白做了。

这一套书规模宏大，在校对和语译的过程中，难免会有错误，恳请广大读者不吝指正。

《少年丛书》语译小组　主编　萧祥剑

目录

第一章 忧患中之修养

有苏秦、张仪之智，而无其谲；有荆轲、聂政之勇，而无其粗（荆轲，卫人，为燕太子丹刺秦王，未成而死。聂政，为严仲子刺杀韩相侠累，二人皆入《史记·刺客传》）；有鞠躬尽瘁之忠，而晚年从赤松子游，从容终老，不若诸葛公秋风五丈原，至竟勤劳而死；有扁舟五湖之高，而身居长安，备朝廷之顾问，不若范少伯之隐姓改名，莫知其处（少伯范蠡相越王勾践灭吴，功成而后扁舟泛五湖，莫知其所终），若此之大人物，则惟留侯张良为然。

人之少也，父母师长，孰不望其他日为名人？不但望其为一节可取之名人，且望其为纯粹完美之名人。望其尽力于公家，有益于社会，且望其富贵寿考，为世上之福人。西汉之兴，云起龙骧，一时豪杰皆大建功名于世。而萧何以狱吏见斥，陈平之阴谋太险，韩信彭越，皆不得善终。此数子者，皆千载之选，而犹不足令人踌躇满志。足令人踌躇满志者，其惟留侯乎。然留侯者，非生而为完美之名人，康宁之福人，盖几经蹉跎，而始得力于忧患之中者也。

大人物之原素有三：曰才学识，才由于天赋，学识由于造就。子房少年任侠，为韩报仇。其才气有过人者，然充其所为，亦不过一刺客之流亚耳。后遇圯上老人始有以消有苏秦和张仪的智慧，却没有他们的狡诈；有荆轲和聂政的勇敢，却没有他们的鲁莽（荆轲，卫国人，为了燕国太子丹去刺杀秦王，没有成功而死。聂政，为了韩国严仲子而去刺杀韩相侠累，两个人都入了《史记·刺客传》）；有鞠躬尽瘁的忠诚，但晚年却跟随赤松子云游四方，从容终老，而不像诸葛亮晚年了还与敌军相持于五丈原，最后劳累而死；有泛舟五湖的高尚情操，却身居长安，随时为朝廷出谋划策，不像范蠡那样隐姓改名，没人知道他的去向（范蠡，字少伯，他帮助勾践兴越国，灭吴国，功成名就之后泛一叶扁舟于五湖之中，没有人知道他的去向），能做到这些的大人物，就只有留侯张良了。

在人年轻的时候，他的父母老师，谁不希望他日后可以成为一个有作为的人？不仅是希望他在一方面成功，更希望他在各个方面都可以成为完美的人。希望他尽心尽力的为国家，做对社会有益的事；还希望他可以富贵长寿，做一个有福气的人。西汉兴起之初，英雄豪杰纷纷乘时而起，一时间各路豪杰都在世间大建功名。但萧何因曾为狱吏而遭人诟病，陈平的计谋又太过阴险，韩信和彭越也都没有得到善终。这些人，都是千载难遇的豪杰，但还是不能让人感到满意。能够让人感觉满意的，就只有留侯张良了。但张良并非生下来就是完美的名人，健康的有福之人，也是在经过许多困难后，才得以在忧患中得到了提升。

要成为大人物，向来需要有三个条件，分别是才、学、识。才是来自于天赋，学、识则因为生活造就。张良年轻时讲究侠义之气，一心想为韩国报仇。他的才气确实有过人之处，但他的所作所除其粗豪之气，而辅以深沉之学识矣。

子房，韩人也。韩本晋大夫韩厥之后。至其孙虎，与赵魏二氏，共分晋国，建国曰韩，今河南之郑州，其都城也。传十余世，秦始皇十七年，灭之。子房先世，自祖至父，皆为韩相，已五世矣。由此言之，韩固子房之祖国，与韩之公室，又有休戚相关之谊。其不能坐视韩之亡也明甚。惟此时年少，且未食禄于朝，不能有所计议，救韩国于不亡。既亡之后，又不能率韩国之遗民，近之如项羽之复楚（项羽之先世为楚将，楚亡，其叔父梁起兵，立楚国之后，重复楚国），远之如文山之保宋（文天祥，字文山，江西吉安人，宋犹起兵以图兴复，力竭死之），独此忠义之心耿耿不忘，计无复之，乃有博浪沙之事。

当韩之亡也，子房遣散家童三百人，弟死不葬，悉以家财求壮士，刺秦皇，为韩报仇。自秦始皇并诸侯，焚诗书，坑天下之儒士；诽谤时政者，杀其三族（谓父党、母党、妻党也）；两人聚而相语，不问其所言之何如，皆弃市；又复南修五岭（岭者，西自衡山之南，东至于海其间，共分五岭，秦始皇使尉佗开通岭路，以攻百越），北筑长城，东填大海，西建阿房，劳民伤财，天下骚然。子房此举，盖非特为充其量也就是个刺客。直到后来在沂水圯桥头遇上了位老翁，才开始消除身上的粗豪之气，而学会了沉稳处事。

张良，是韩国人。韩国的开国君主，是晋国大夫韩厥的后代。韩厥孙子韩虎，与赵襄子、魏献子两人共分晋国，建国名为韩国，都城建在现在的河南郑州，传位十余世，秦始皇十七年时被灭。张良的祖先，从祖父到父亲等先辈，都在韩国为相，已经经历了五代。由此而言，韩国本来就是张良的祖国，他与韩国的皇宫贵族，又有十分密切的关系。他不能看着韩国灭亡而什么都不做。只是那时他还年少，没有在朝廷为官任职，不能做些什么来阻止韩国的灭亡。韩国覆灭后，又不能统率韩国的遗民，近像项羽复兴楚国（项羽祖先是楚国的将军，楚国灭亡后，项羽的叔叔项梁起兵后，又建立了楚国），远如文天祥保卫宋朝（文天祥，字文山，江西吉安人，宋朝衰竭时依然带兵打仗，希望可以兴复宋朝，最后力竭而死）那样，唯独这份忠心不能忘记，虽没有办法复兴祖国，但仍策划了博浪沙行刺秦王这样的事。

韩国灭亡后，张良遣散了家中三百多奴仆，弟弟死了以后也没有下葬，而是用所有的家财招募壮士，刺杀秦始皇，为韩国报仇。自从秦始皇统一了天下之后，他焚毁了先代典籍，坑埋天下的儒士；凡是说秦朝坏话的人，诛灭三族（指父亲一族，母亲一族，妻子一族）；两个人聚在一起，不问你说的是什么，都会被斩首于市；又在南边修了五岭（五岭，西始自衡山之南，东始自于海里，中间共分五岭，为大庾岭，骑田岭，都庞岭，萌渚岭，越城岭，秦始皇让赵佗开通五岭之间的路以便攻打百越），北边修筑了长城，东边为韩报仇，亦为天下除害也。

子房东见仓海君（当时夷狄之长也），得力士，为铁椎，重百二十斤（此古秤也，古时秤小，今时秤大，一百二十斤约抵今四十斤）。秦皇帝东游会稽（今浙江绍兴），子房伺之于博浪沙中（浪亦作狼，今河南阳武县南），车驾至，突出击之。然始皇恐六国遗民，出而报仇，车驾所至，常有副车在前，使人莫测。力士不知其计，见前驱者至，以为是矣，实乃中其副车也。于是始皇大怒，大索天下，求贼甚急。而子房从容脱去，走至下邳（今江苏邳县），变姓名，匿居故人项伯家。

呜呼，子房之计亦疏矣。秦灭六国，非一时一人之力。继毙始皇，亦何补于亡韩之大计也哉？而徒使亡国之民，多一层箝制。如波兰之受虐于俄，印度之受虐于英，安南之受虐于法，高丽之受虐于日而已。苏文忠以一身之危险，为子房惜（详见苏轼《留候论》），犹其小焉者也。子房当匿居之际，幽思深虑，其亦有悔心乎。

填了大海，西边建造了阿房宫，既劳民又伤财，百姓怨声载道。张良的举动，虽是想为韩国报仇，但也是为天下的黎民百姓除害。

张良到东方拜见仓海君（当时夷狄的君王），找到一个大力士，为他打造了一只重达120斤的大铁锤（这是古时候秤的标准，古时候的秤比较小，现在的秤大，120斤大约是现在的40斤）。秦始皇东游到会稽（现在的浙江绍兴），张良和大力士藏在博浪沙（浪也可做狼，现在河南阳武县的南边），等车行驶过来，突然袭击。然而秦始皇很怕六国遗民出来报仇，故车队所到之处，常常是副车在前面，让人无法判断真假。大力士不知道其中玄虚，看见前面的车，以为是秦始皇的车辇，其实误中副车而已。秦始皇对此事十分恼怒，下令全国缉捕刺客，急切地想抓到贼人。然而张良从容地逃脱了，逃到了下邳（今江苏邳县），隐姓埋名，隐匿在朋友项伯的家中。

唉，张良此计真是粗劣啊。秦国灭六国，绝非一个人一时之力就可。就算杀死了秦始皇，对于已经灭亡的韩国复国的大计，又有什么帮助呢？只会让亡国的遗民，多一层钳制而已。就如同波兰受制于俄国，印度受制于英国，安南受制于法国，高丽受制于日本一样。苏轼因张良以一己之力冒着生命危险去刺杀秦始皇，而为他感到遗憾（详见苏轼《留侯论》），这是常见的事。只是不知张良隐居之时，深深反思，也会后悔吗？

闲居无聊，偶步下邳桥上，有一老人，坐于桥阑之侧。见子房走近，故堕其履于桥下，顾谓子房曰：“孺子为我取履！”夫以素不相识之人，一旦邂逅，而遽命以仆妾之役，未有不怫然不悦者也。况子房视万乘之尊如无物，直前刺之，何有于一老人。不谓子房强忍下取履，跪而进之，老人绝不辞让，以足受履，笑而去。以子房之以才气自喜者而能谦抑至此，盖自悔其少年举动之孟浪，今已幡然一变矣。

老人见子房之受役而不忤也，乃遂语曰：“孺子可教矣。”约五日后平明，相会于桥上。子房欲穷其异，因诺之。如期而往，老人已先在，怒曰：“与老人期，何后也？今去，五日后早会。”五日后，子房鸡鸣即往，老人又先在，复怒曰：“何后也，五日后复早来。”子房乃以夜半往，候有顷，老人始来。喜曰：“当如是。”子房见老人郑重至此，不知其胸中有若何之秘密，将剖腹以相告。继见老人出一卷书相授，曰：“读此则为王者师，后十年兴。十三年，孺子见济北谷城山下黄石，即我已。”遂去不见。

张良在家闲来无事，偶然走到下邳桥上，遇到了一位老翁，坐在桥栏杆边上。这个老翁见张良走近，故意把鞋扔到了桥下面，然后差使张良道："小子，下去给我捡鞋！"这人本是素不相识的人，才刚见面，就立刻让人做下人做的事，没有人会高兴开心的。况且张良连秦始皇都视为无物，敢前去行刺，更何况是一个老人呢。不说张良强忍心中的不满，替老人将鞋捡了上来，并恭敬地递给了老人，却说老人一点也不表示感谢，穿了鞋后，长笑而去。以张良这样以才气自喜的人而能够如此谦让并控制自己的性情，大概是后悔自己年少时做事的鲁莽，而今日已经幡然悔悟了吧。

老翁看见张良被自己差使也没有忤逆，于是便对张良说："你这小子还是可以教导的。"并约张良五日后的凌晨，再到桥头相会。张良想知道老人是何意，就应诺下来。五日后如期前往，老翁已经先到，他生气地斥责道："与老人相约，为何迟到？今天先走了，五日后早点来。"五日后，张良凌晨鸡一叫就前往相约地，老人又先到了那里，很生气地说："怎么又迟到了？五日后再早点来。"五日后，张良于是半夜就前往相约地，等了一会，老人也来了。他高兴地说："就是应该这样。"张良见老人如此郑重其事地来这里，不知道他心中有什么重要的秘密，想要诚心告诉自己。随后只见老人拿出一卷书，交给张良说："熟读此书后就可以做帝王的老师，十年后就会发迹，大富大贵。十三年后，你到济北谷城山下见到的黄石，便是老夫。"说罢便离去不见了。

【批评】

太史公为人作传，好摭拾一二荒唐之事，以附会之。堂堂正正之事，反多遗漏。虽非史传之正轨，而文章则独绝矣。如子房遇老人事，史公写得恍恍惚惚，如遇鬼魅，致后世读者皆不能定其所遇之果为何人。苏东坡读书，别具慧眼，始定为避秦之隐士，虽姓名翳如，其说则确然可信矣。

天资奇特之人，偶为血气所蔽，行事不轨于正，终能言下顿悟，或事后追悔，痛除前非，誓不再犯。子房为韩报仇，不务其大者远者，而出于暗杀，此非大丈夫光明正大之行为也。仓皇避难，折节老人，其正子房痛悔之时乎？后日佐汉高，与项羽相争，运筹帷幄，未尝复出其椎击之手腕。加之项羽，盖自知其少年之举动，可一而不可再也。

暗杀之目的，公愤为上，而私仇为下。子房之杀始皇，固公愤而非私仇，然其无补于事，而徒为人道之贼，则一也。设当日无副车之误，而专制之魔王，竟死于博浪之中。秦人丧君有君，天下晏然，而韩终不能复。更安知秦不鉴于始皇行事之非，其嗣君以仁易暴，四海归心？刘项更无

【评论】

太史公为别人写传记，喜欢收集一些比较荒唐的事情，来补充其人的经历。这种堂堂正正的事，反而会删漏一些不予记载。虽然这不是史传的正统写法，但是却更具独特性。比如张良遇到老人的事情，太史公写得恍恍惚惚，就像是遇到了鬼魅一样，让后世读书之人都不能断定张良遇到的到底是什么人。苏东坡读书，别具慧眼，开始就将他定义为逃避秦始皇的隐士，虽然姓名湮灭无闻，但他说的确实比较可信。

天资奇特的人，偶尔也会被血气所影响，行事不按常规出牌，但最终都能听取别人的劝告而幡然醒悟，或者是事后追悔，痛改前非，发誓以后再也不犯。张良当年为韩国复仇，没有长远的谋略，而是选择了暗杀，这个举动就不是大丈夫光明磊落的行为。后来仓皇逃难，折服于老人，不正是张良痛心悔悟的时候吗？日后辅佐刘邦，与项羽相争，运筹帷幄之间，没有再使用过之前刺杀秦始皇的手段。加上遇到项羽，便知道自己年少时轻狂的举动，不可以再犯了。

暗杀的目的，报国仇在先，私仇为后。张良刺杀秦始皇，固然是因为国仇而不是私恨，但也是于事无补的，徒然被世人称之为贼人，这是第一。假设当时没有误中副车，而是刺杀成功，那么专制的魔王秦始皇最终死在了博浪沙，但是秦始皇死了之后还会有其他人继承皇位，天下依然安定，韩国终究将无法复兴。又怎么能知道秦国后来的君主不会借鉴秦始皇的错误行事风格，以仁义替代暴政，从而使四海归心？这样刘邦、项羽更没有崛起强盛的机崛兴之机，而子房之欲覆之者，正所以拥之也哉？观于近日俄国虚无党之无成，可以知之矣。

秦始皇三十三年，有一惊天动地之事，足为汉族之光者，则开通南粤是矣。南粤之地，实包今之广东广西安南等地，始皇徙民五十万人移居之，休养生息，开发其地之利源。虽殖民政策矣，然南粤僻居岭外，中央政府，有鞭长莫及之势。则以开辟道途，求交通之利便为急，于是有南修五岭之事。五岭者，《水经注》云：五岭最东者曰大庾，第二曰骑田，第三曰都庞，第四曰萌渚，最西曰越城。按：大庾，在今广东南雄府，保昌县北；骑田，一名上岭山，又曰黄岑山，在今湖南郴州南；都庞亦曰永明岭，在今湖南永州府永明县北；萌渚在今永州府江华县西南；越城亦曰始安岭，在今广西桂林府兴安县北。

会，而张良想要颠覆的秦朝，不正是维护了秦国吗？观察近日俄国虚无党一无所成，就可以知道答案了。

秦始皇三十三年，发生了一件惊天动地的事，足够成为中原汉族的荣耀，那就是打通了连接南粤的道路。南粤这个地方，实际是包括了现在的广东广西越南等地方，秦始皇迁徙了五十万人到这里居住，休养生息，开发这里的有利资源。用的虽然是殖民者的政策，但南粤地理位置比较偏僻靠近山岭，秦王朝的统治有些鞭长莫及的感觉。原则上就以开辟道路，力求交通畅行为最紧要之事，于是就有了秦始皇南修五岭的事情。五岭，《水经注》里说：五岭中最大的叫大庾岭，第二叫骑田岭，第三叫都庞岭，第四叫萌渚岭，靠近最西边的叫越城岭。注：大庾岭，在现在的广东省南雄县，保昌县北边；骑田岭，还有一名字叫上岭山，又叫黄岑山，在现在的湖南郴州南边；都庞岭也叫永明岭，在现在的湖南永州永明县北边；萌渚岭在现在的永州江华县西南边；越城岭也叫始安岭，在现在的广西桂林兴安县北边。

第二章 秦季之发难

子房所得于老人之书，旦日视之，则周武王时太公望所著之兵书也（又名六韬，其书至今犹存）。子房得其书，开卷读之，如获至宝。诸君亦知太公兵法，果太公所著乎？夫太公当日，佐武王定天下，岂有闭户著书之工夫？此盖春秋战国时人所撰，而托名于太公者也。以今世人之眼光视之，则著书之目的，其上焉者为名，而下焉者为利。乃劳心笔札，而托名于他人，复何名利之有？盖古人著书，将以发见其所学，初无名利之心。又恐己之名氏不足引重，人将以轻其名者，并轻其书，故嫁名于一世之大人物以为重焉。周汉间人，常有此例。然则著太公兵法者，其人为何许人，而攻何种之学派，以今观之，盖为道家之学者（今所传黄石公书，谓即圯老人所作，然不可信）。

道家之学，始于春秋时之老子（名聃，周人也），其弟子满天下。至于战国，士方揣摩纵横之术（战国之时，秦连一国，以伐五国，曰横。六国联盟，以拒秦，曰纵。其说始于鬼谷子），未有挟道家之言，见之于整治者。至汉文景之间，采其清静无为之说，以为治术，天下颇安。而开其端者，张子房也。

子房未读太公兵法以前，散千金求死士，以刺暴君，张良从老人那里得到书后，待天亮时打开一看，发现原来是周武王时姜太公吕望所著的兵书（又名《六韬》，此书至今还存在于世）。张良得到这卷书，刚开始读后，就感觉如获至宝。大家也知道太公兵法，但这本书真的是姜太公本人所写吗？当时的姜太公，正辅佐周武王打江山，定天下，哪里有闭门写书的时间呢？这卷书大概是春秋战国时期有人写后，假借姜太公的名字罢了。以现代人的眼光来看，著书立说的目的，一是为名，二是为利。他费心写书，却又假借他人之名，又哪能求得名和利呢？因为古时候的人写书，主要是将好的、有用的学问留给后人，一开始根本没有名利之心。但又怕自己人微言轻，不能足够引起他人的重视，人们不认识这个人，便不会看重这本书，因此才假借一位当时影响力大、受人尊敬之人的名字，希望书能得到后人的重视。周朝、汉朝时期的人，经常这样做。然而撰写太公兵法的到底是什么人，是哪一学派的，如今看来，大概是一位信奉道家的学者吧（现在所传的黄石公书，有人说就是圯老人的著作，但是这不可采信）。

道家的学说，起源于春秋时期的老子（老子，名李耳，字聃，周朝人）。他的学生很多，遍满天下。到了战国时期，士人才研究、学习合纵连横之术（战国时期，秦国用联盟一个国家而讨伐其余五国的方法叫连横，六国联盟抵抗秦国的方法叫合纵。纵横之术起源于鬼谷子），没有执政者用道家的主张来整治国家的。到了汉文帝、汉景帝年间，采用了道家清净无为而治的理论，作为治理国家的方法，天下很是太平。而首先提出这一主张的，就是张良。

张良在没有学习太公兵法之前，花重金招募死士，去刺杀暴何其勇也。其后浸淫于道家知白守黑，尚柔下刚之旨（句见《老子约略》。言之即俗语，退一步之意，道家之要道在此），而粗豪之气质，为之一变。少年人不能得贤师友而切磋之，得名人之遗著，朝夕讽诵，其收效之速，与名人亲炙于一堂，无以异也。老氏之学，虽有流弊，而子房一生，实得力于此，故表而出之 。

子房在项伯家，好赴人之难，急人之危，虽在羁旅之中，而读书不辍。游侠成风，不以破家之祸，戚戚于胸中。其识量过人远矣。项伯常杀人，吏捕之急。子房设计匿之，得免。当博浪沙事发作之后，始皇大索天下十日，竟不能得。今且以亡命之术，转授项伯，而项伯亦无恙。其智之不可及如此。

二世元年（民国前二零一五年）阳城（今河南河南府登封县东南）人陈胜（字涉）阳夏（今河南陈州府太康县）人吴广（字叔）起兵。时天下恶秦已久，顾莫敢发难。二世即位，发平民九百，出戍渔阳（今直隶顺天府密云县西南），胜、广皆为屯长。夫去国离乡，人情所悲，况其为军役乎！以是人皆不愿。当日暴君专制役使人民，等于犬马，固未君秦始皇，这是多么勇敢！但后来他沉浸于道家学说，深知为人处世，自己一定要明白是非对错，外要表现得愚钝，懂得进退，崇尚怀柔、以退为进的思想（具体见老子约略，里面说的退一步的意思，道家的中心思想就在这里），而后他身上的粗豪之气因此完全改变了。少年人虽然没有贤师益友可以相互切磋，但得到了名人所著之书，早晚诵读，其进步的速度，与直接得到名人的教诲是没有区别的。老子的道家学说，虽然也有弊端，但张良的一生，确实是得利于此的，所以才在这加以表述。

张良在项伯家的时候，喜欢帮助别人，救人于危难，即使是客居异乡，但读书却没有停止。他虽喜欢行侠仗义，却没有因为家破人亡而时刻陷于忧伤。他的见识胆量超过别人太多了。项伯曾经杀了人，巡捕急切想抓住他。张良用计将他藏匿了起来，让他得以幸勉于祸。当日博浪沙刺杀之事发生后，秦始皇大怒，全天下通缉了十天，都没有抓到张良。现在他把逃命藏匿的方法教给项伯，项伯也得以安然无恙。张良的智慧常人无法企及到了这个地步。

秦二世元年（民国前2015年），阳城（现在河南省登封县东南边）人陈胜（字涉）、阳夏（现在河南省陈州府太康县）人吴广（字叔）率兵起义。当时人民虽然痛恨秦的残暴统治已经很久，但是没人敢反抗。秦二世即位后，征调了九百平民去戍守渔阳（今北京市密云西南），陈胜和吴广都是带队的屯长。背井离乡，是件让人感到悲伤的事，何况还是去服军役呢！因此，人们都不愿意。当时秦朝的专制制度残暴无情，奴役人民就像对待犬马一样，本来就不能以像现在的人们报效祖国的大义一样来责备这九百人。他们可以今日人民报国之大义，责此九百人也。行至大泽乡（今安徽凤阳府宿州南），会天大雨，道不通。度至彼已失期。依秦之法令，军人失期者皆斩。胜广乃告众曰：“公等遇雨皆已失期，当斩。纵令不斩而戍，死者固十六七。且壮士不死则已，死即举大事，令有名于天下也！王侯将相，宁有种乎？”徒属皆从之。

子房自博浪沙后，在东南草泽中，浪游十载。本极无聊。闻胜广起兵，乃大喜，亦聚少年百余人，起而应之。时景驹自立为楚假王，在留（今江苏沛县东南）。子房欲往从之。适沛县人刘邦，亦杀沛令而自立为沛公。陈胜遣武臣、张耳、陈余攻略赵地，郡县响应，沛公遥和之。兵至下邳，与子房相遇焉。

沛公有大度，宽厚爱人。子房一见倾心，遂不赴景驹所，而以其兵属于沛公。草创之世，君择臣，臣亦择君。择君之法，不在兵强地众，而以其人之可与有为与行进到大泽乡（今安徽宿州西寺坡乡）时，正好碰上大雨，道路无法通行，眼看无法按期抵达渔阳。按照秦朝当时的律法规定，凡所征戍边兵丁不能按时到达指定地点者，一律处斩。陈胜和吴广因此对大家说："我们遇上了大雨，已不能按期抵达渔阳了，按照法令将被斩首。即便不被砍头而去戍守边塞，十分之六七的人也会送命。再说英雄好汉不死便罢，要死就要取得大名声，要让天下人都知道自己的名字！王侯、将相，难道天生就是贵种吗？"众人都选择跟随了陈胜、吴广。

张良自从博浪沙刺杀事件后，在东南的荒野水乡浪迹了十年。本来是十分无聊的。现在听说陈胜、吴广率兵反秦，非常高兴，也召集了一百多个年轻人，起义响应他们。当时景驹自立为代理楚王，驻兵于留县（现在江苏沛县的东南部），张良打算前去追随他。正好当时沛县人刘邦，也杀死了沛县县令自立为沛公。陈胜派遣武臣、张耳、陈余去攻打赵地，各郡县纷纷响应，刘邦派兵远行相助。当他行兵到下邳时，与张良相遇了。

刘邦十分大度，待人宽厚仁爱。张良一见他，便对他倾心不已，于是没有再前往景驹那里，而是带领他的兵归顺了刘邦。天下开创之初，君主选择臣子，臣子同样也在选择君主。选择君主的标准，不在于兵强地广，而在于这个君主能否共同创业。当时群雄否为断。当时群雄并起，强盛十倍于沛公者何限，子房皆不喜，独与沛公相善，可谓有眼识英雄矣。少年人与人结纳，亦当如此。

【批评】

秦汉之间，道家之学，盛行于世，而儒术微矣。道家尊专制，拥帝王，与儒术相反。子房用之，以兴汉业。然此亦时世所造成，不能遽责子房，谓何不行共和于灭秦之后也。

古来名人，往往得力于一卷之书。赵普为宋之开国元勋，实得力于半部《论语》。盖事实本乎理想，理想之造成，资乎观感。书如食品然，酸盐异味，各随人嗜好以求之，无不得所欲而去者。初则博览，后则守约，不但一卷可奉以终身，即一字一句，亦有终身行之，尚不能尽者。

子房击始皇，专制国定律，此为罪大恶极矣。项伯肯与之同死，其义侠有过人者。鸿门之事，复为解围，诚血性男子哉。吾人结友，能得此等人而友之，始无憾矣。

并起，实力十倍强胜于刘邦的人不知道有多少，但张良都不喜欢，唯独与刘邦交好，真可谓是慧眼识英雄啊。年轻人与他人结交朋友，也应当如此。

【评论】

秦末汉初之时，道家的学说十分兴盛，而儒家学说已经没落。道家学说推崇帝王专制，与儒家恰好相反，但张良却推崇道家学说，并用它来兴建汉室。这也是当时的时势造成的，不能因此骤然责备张良，说他为什么不在秦朝灭亡之后就推行共和制度。

自古以来的名人，成功往往得益于一本好书。赵普成为宋朝的开国元勋，实际是得益于半部《论语》。因为事实本来就来自于理想，理想的形成，又来源于感观。书就像食品一样，酸甜苦辣各有味道，各自根据自己的爱好去选择，没有不是得到了自己想要的就离开的。他们开始时博览群书，然后便按书中的要求去做，不但一本书可以信奉一辈子，就算是一字一句，也有用一生去实践而不能完全研究透彻的。

张良刺杀秦始皇，按专制国家的法律，这是罪大恶极的行为。但项伯肯与张良同生共死，这说明他比一般人讲义气啊。在鸿门宴上，他又为刘邦解围，确实是个有血性的男子汉！我们交朋友，能得到这样的人为朋友，才会无憾啊！

第三章 复韩

当豪杰之群起而亡秦族也，皆狃于三代封建之风，欲自统一而返诸割据。各求齐、楚、燕、赵、韩、魏之后，奉之为君。夫自春秋以后，天下之苦在封建战国，以后天下之痛在专制，二者皆非良法也。今去一统之专制，而为割据之专制，是犹以水濯水，徒扬其波，不足以保民而久安也明甚。然秦灭六国，其遗民皆有故国旧君之思。今适如其望而复之，自足维系人心，后来之利害，亦不暇计矣。

时项梁起兵于楚，求楚怀王之孙心，立为楚王。至是子房复韩之机，不可失矣。乃往说项梁曰："君已立楚后，而韩诸公子成贤，可立为王，以厚列国之党而弱秦。"由是韩国始复，子房继其祖父之业，再为韩相，出兵与沛公合，西向而攻秦。

沛公西入峣关（即蓝天关，在西安府蓝田县东南），此时赵高既弑二世。使人与沛公约，分王关中，沛公不许。及子婴诛赵高，遣将将兵距峣关，沛公欲击之。子房曰："秦兵尚强，未可轻视。臣闻其将，屠者子，易动以利。愿我兵无动，但张旗帜于诸山上为疑兵。令郦食其（郦音历，食其读若异基），持重宝陷（徒滥切以利饵人曰陷）秦将，事乃可成。"

当时各路英雄豪杰揭竿而起要灭秦朝，却都拘泥于秦朝以前三代的封建思想，各自都想一统天下，反而回到了最初群雄割据的局面。他们各自找到齐、楚、燕、赵、韩、魏六国的后代，拥戴为王。自从春秋时期以后，天下百姓痛苦地生活在封建战国时代的战火之中，之后又生活在秦朝的专制制度之下，这两种都不是好的治国办法。现在推翻了统一的专制王朝，又变成了群雄割据的状况，就像是用水洗涤水，只是推波助澜罢了，明显的不能保证百姓的长治久安。然而秦朝灭六国后，六国的遗民都有兴复故国旧君主的念头。现在正好满足他们的希望而让他们重建故国，自然可以维系人心，至于后来利害关系，也就无暇顾及了。

当时项梁在楚地起兵，他找到楚怀王的孙子芈心，立芈心为楚王。这下张良有了复兴韩国的机会，机不可失。于是他前往游说项梁说："您已经拥立了楚国的后人，而韩国后人中的一位公子韩成十分贤能，可以立他为韩王，以此来增强抗秦阵营的力量。"于是韩国复国，张良继承祖父的官位，做了韩国的丞相，带兵与沛公汇合，向西进发攻打秦国。

刘邦率军进入峣关（现在蓝天关在西安府蓝田县东南）时，赵高已经杀害了秦二世。他派人过来与刘邦协商，想两人在关中各自为王，刘邦不同意。子婴杀了赵高后，他派遣将领率重兵扼守峣关，刘邦想要攻取峣关。张良说："目前秦国守关的兵力还很强大，不可轻视敌人而轻举妄动。我听说峣关的守将是个屠夫的儿子，容易被钱财收买。我希望您暂且不要行动，但可在四周的山上插上军旗，虚张声势，作为疑兵。然后再派郦食其（郦读历音，食其与异基同郦食其者，高阳人（杞县之高阳城也），好读书，家贫落魄，无衣食业，年六十余，犹困于监门，里老皆谓之狂生。沛公略地陈留（今河南开封府陈留县），过高阳，食其仗剑诣军门造谒。沛公方于床上，令两女子洗足。食其见之，长揖不拜，曰："足下必欲诛无道秦，不宜踞见长者（长者食其自称也）。"沛公改容谢之。自此食其常在军中，为沛公划策。其人负胆气，工口辩，有战国策士之遗风。子房故举之，以为秦使。

秦将得沛公之重宝，又入郦食其之游说，果愿连和，与沛公俱西袭咸阳。子房曰："此独其将欲叛耳，恐士卒不从。不从必危，不如因其懈而击之。"沛公乃引兵击秦军，大破之。遂北至蓝田（今陕西西安府蓝田县西）。再战，秦兵竟败。沛公之兵，长驱直入，遂破咸阳，秦王子婴降。沛公入秦，睹秦宫室帷帐、狗马、

音）带着珍宝财物（白白地给很多珍宝来引诱敌人称之为陷）去劝诱秦将，这样事情就可能成功了。”郦食其，陈留县高阳乡人（杞县就是高阳城）。喜欢读书，从小家境贫寒，缺衣少食，六十多岁了还在当看门人，家乡的里长都称他为“狂生”。刘邦带兵攻打陈留（现在河南省开封市陈留县），路过高阳，郦食其带剑前往军营拜访。当时刘邦正坐在床边让两个女人洗脚。郦食其进来见此情形，只对刘邦作个长揖而没有倾身下拜，并说：“如果您决心推翻暴虐无道的秦朝，那就不应该用这种倨慢无礼的态度对待长者（郦食其自称为长者）。”刘邦赶紧恭敬道歉。从那以后郦食其便留在军中，为刘邦出谋划策。郦食其很有胆识，并且能言善辩，很有战国时期谋士的风范。张良因此向刘邦举荐他，作为前往峣关游说的使者。

峣关守将得到刘邦送来的珍宝，又加上郦食其的游说，果然愿意与刘邦联合，一起向西袭击咸阳。张良却说：“这只是峣关的守将想反叛罢了，恐怕底下的士兵们是不会听从的。士兵不听从必定会带来危险，不如趁着他们松懈时攻打他们。”于是刘邦率兵攻打秦军，大败敌兵。于是向北到达了蓝田（现在陕西省西安市蓝田县西边），与春军再次交战，秦兵惨败。刘邦的军队因此长驱直入，最终攻破咸阳，秦王子婴投降。刘邦进入秦国皇宫，看见宫室里面的帐幔、狗马、贵重的宝物和美女等，不计其数，就想留下来重宝、妇女之富，意欲留居之。夫奢侈娱乐，此秦之所以亡天下也。今沛公乐之，其无远志可知矣。

樊哙谏沛公出舍于外，沛公不听。子房曰："秦为无道，故沛公得至此。夫为天下除残贼，宜躬行苦俭，为天下倡。今始入秦，即安其乐，此所谓助纣为虐。且忠言逆耳利于行，良药苦口利于病（见《孔子家语》）。愿沛公听樊哙言。"沛公从之，还军霸上（临潼县南霸水之上也。霸亦作灞）。豪杰初起，各自为政，无统一之政府。此时项羽最强。羽，楚人也。而其所奉之主，则楚义帝也。诸侯并认为共主，而听命焉。义帝遣人入关灭秦。是时秦兵强，诸将无以先入关为利者。独项羽怨秦破项梁（项梁败秦兵有骄色，后为秦将章邯所破，杀项梁），自愿先行，义帝不许。初，义帝尝与诸将约曰："先入定关中者王之。"不意沛公乃先入关，欲执行义帝之约，以王关中。于是有鸿门之役，微项伯之助，几乎身不能保。强弱之间无公理，观于古而已然矣。

当沛公入关之先，秦

住在皇宫里。正因为奢侈娱乐过度，所以秦王朝灭亡了。现在刘邦却喜欢这些，可见他也是没有远见的了。

樊哙劝谏刘邦出去居住，刘邦不听。张良说："正因秦朝暴虐无道，所以沛公才能够有机会来到这里。要想为天下人消灭暴政，应该自身要勤俭朴素，作为天下作表率。现在沛公刚刚进入秦都，就想安享其乐，这正是人们说的助纣为虐。况且忠言逆耳利于行，良药苦口利于病（详见《孔子家语》），希望沛公能够听取樊哙的意见。"刘邦这才听从，率军回到霸上（临潼县临潼县南霸水之上。霸也作灞）。当时各路豪杰刚刚兴起，各自为政，没有统一的政府。那时，项羽的队伍是最强大的。项羽，楚国人。他所侍奉的君王是楚义帝。其他各诸侯也共同侍奉楚义帝，听命于他。楚义帝派人进入关中，消灭秦朝。那时秦朝的兵力强盛，各诸侯没有一个认为先进入关中是对自己有利的。唯独项羽怨恨秦杀了项梁（项梁在击败秦兵后有骄傲的表现，后来被秦朝将领章邯所杀），自愿先入咸阳，但楚义帝不同意。当初，义帝曾经与众将约定："谁先进入关中，就封谁为王。"没想到刘邦最先进入关中，他想按与楚义帝的约定，在关中称王。于是这才有了鸿门之宴，如果不是项伯偷偷相助，刘邦几乎不能自保。强者和弱者之间，从来就没有道理可言，通过古代的事情就可以知道了。

在刘邦进入关中之前，秦国派兵讨伐赵国，赵国向楚国求救。

伐赵，告急于楚。义帝使宋义为上将，项羽为次将，范增为末将，北救赵。项羽杀宋义，自为上将军，率诸侯兵渡河，皆自沉其船，破釜甑，烧庐舍，持三日粮，以示士卒必死，无一还心。于是，至则围王离，与秦军遇，九战，绝其甬道，大破之；杀苏角，虏王离；涉间不降楚，自烧杀。当是时，楚兵冠诸侯。诸侯军救钜鹿者十余壁（军所驻之处，皆筑垒以自卫。十余壁，谓诸侯之兵分筑十余垒也。钜鹿今直隶赵州宁晋县西南），莫敢纵兵。及楚击秦，诸将皆从壁上观。楚战士无不一以当十，呼声动天，诸侯军无不人人惴恐。楚既破秦军，项羽召见诸侯将，入辕门，无不膝行而前，莫敢仰视。项羽由是始为诸侯上将军，诸侯皆属焉。楚汉之争，亦于是始矣。

【批评】

人之识见，皆以经验而随时改变。子房初欲刺始皇，为韩报仇。既知此事难成，即成亦无补于事。于是以正正之师，堂堂之旗，西行灭秦。初欲重立韩后，既知封建不能再复，割据不能久安，乃忍其亡国之痛，不复作存亡继续之楚义帝命令宋义为上将军，项羽为次将，范增为末将，北上救赵国。后来项羽杀了宋义自己做了上将军，率领各诸侯军渡河救赵。他命士兵把渡船全部砸沉河底，打破做饭的釜甑，烧掉所有行军帐篷，只带三天的军粮，以此来表示全体将士拼死战斗，不留后路的决心。于是，军队抵达后便包围了王离的军队，与秦军相遇，展开了9次激战，截断了对方甬道，大败秦军；击杀了秦将苏角，俘虏了王离；涉间因不愿投降楚军，放火自焚而死。当时，楚兵的勇气和声威盖过各路诸侯军。各诸侯军中前来解救钜鹿之围的有十多座营垒（军队驻扎的地方，筑营垒十多座以保自卫。这里说各诸侯国的兵力一共筑了有十多座营垒之多。钜鹿在现在的河北省南自平乡任县至晋县藁城一带），没有谁敢派兵出击。等到楚军攻击秦军时，各诸侯军都躲在营垒上观战。楚军战士都是以一当十，杀声震天，诸侯军将士无不颤栗恐惧。楚军打败秦军以后，项羽召见诸侯将领，他们进入军营辕门时，没有不是跪着向前的，没有谁敢抬头仰视。从此之后，项羽便成了各路诸侯军的上将军，各诸侯都属他节制。楚汉之争，也从这时开始了。

【评论】

人的学识见地，都会因为生活经历的变化而随时改变。张良最初是想去刺杀秦始皇，为韩国报仇。后来他知道这件事很难成功，就算成功了也于事无补。于是他便率领堂堂正正的军队，光明正大地西上灭秦。刚开始想重立韩国王室后人为王来复国，后来知道封建王朝不能再重建，群雄割据不能让天下长治久安，于是思。今日之见解，胜于昨日，则弃旧从新，虽十易其政见不为病。而固非有始无终，游移不定，及以势利为从违者，所可借口也。

汉初承战国之余风，故犹未脱策士之习。郦食其、陆贾、随何皆卓然舌辩之士，其用贤于十万师。古人以辩士之舌端，与武士之剑端并重，辩士之有益于国亦大矣。古时纸墨未兴，传写不易，故不重笔而重舌。其口述之语，犹今笔述之文，抑扬反复，皆非苟焉而已。昔齐宣王在稷下、狙丘两地，开馆以延能言之士，梁昭明太子文选序曰：“坐狙丘，议稷下，冰释泉涌，金相玉振。”即赞其言语之妙，他人听之，如聆音乐，不觉意为之移。此后世极妙之文字，尚不能及也。子房佐汉，利用此术，以代武士之剑端，诚得其道矣。

汉祖灭秦，即乐其宫室妇女之奉，而无大志，又不量力，遽欲闭关绝楚，据关中以自立。平心论之，其英武不如项羽，先发难不如陈胜，项陈不得人故败，汉祖得人故成也。子房初见汉祖，说以太公兵法，语人曰：“吾与他人言，忍受着亡国之痛，不再去想韩国的复国之事。现在人们的学识见解，远远胜过从前，因此弃旧从新，即使十次改变政见也不算什么毛病。当然，这也不能成为那些有始无终、游移不定，以及因势利变化而依从或者违背者的借口。

汉朝初期承袭了少许战国时期的作风，所以还没有摆脱任用谋士的习惯，郦食其、陆贾、随何等都是能言善辩的人，他们的用处胜过十万军队。古人以能言善辩者的舌尖，与武士的剑端相提并论，觉得两者同样重要，认为能言善辩者对国家的兴盛也很有益。古时候纸张和笔墨没有普及，传授书写东西不方便，所以那时不重书写而重演说。他们口述的话，就相当于现在用笔写的文章，抑扬顿挫，都不是随便而为。从前，齐宣王在稷下、狙丘两个地方开设学馆来招揽辩士，梁昭明太子在《昭明文选》的序言里为此写道："辩士辩于狙丘，议于稷下，高谈阔论，像冰雪消融、泉水奔涌一样滔滔不绝，又像黄金为质、玉声铿锵一般文质兼美。"这便是称赞他们的语言非常奇妙，让人听了，就好像是在听音乐，不知不觉地就跟随他们的想法转移。这就算是后世奇妙的文字，也不能和他们相比的。张良辅佐汉朝，利用这种方法，以舌尖代替武士的剑，确实是深得其中的精髓啊。

汉高祖刘邦灭秦之后，便想享受秦朝皇宫内侍女的侍奉，而胸无大志，又不自量力，急切想封锁关卡隔绝楚军，以关中之地自立为王。平心而论，他的英勇威武不如项羽，起义又没有陈胜早，但项羽和陈胜因为没有得到贤人帮助而失败，刘邦因为得到了厉害的谋士，所以他成功了。张良刚开始遇见刘邦，便向他讲说太公皆不省，独沛公闻之欣然。遂以兵属之。”盖子房之于汉祖亦不以汤、武相待，惟取其能纳善言而已。夫己不智而能用人之智，犹胜于愎谏自用者。项羽有一范增而不能用，陈胜有一武臣而不能用，此其所以败也。

项羽钜鹿之战，亦吾国历史上之大战也。力拔山兮气盖世之概，可于此战见之。羽之善战，可比拿破仑，惟治国之才不及。如以拿破仑当之，则入关之后，天下事已大定矣！何至有垓下之困，而身败名裂也哉！

兵法，后来张良对别人说：“我跟别人说太公兵法，别人都不能领悟，只有刘邦听后很高兴，于是我将军队指挥权交给了他。”张良对待刘邦也不像对待商汤、周武王那样把他当作圣王，只是因为刘邦善于接纳别人意见而已。自己没有智慧，但是能够任用有智慧的人，这比那些刚愎自用的人强很多。项羽有一个范增却不能用，陈胜有一个武臣也不能用，这就是他们所以失败的原因。

项羽指挥的钜鹿之战，也是我国历史上有名的一个大战役。他力拔山兮气盖世的风范，可从这场战役看出。项羽的善战，可以和拿破仑相提并论，只是治国的才能比不上。如果换作是拿破仑担任统帅，那么在入关之后，天下的大局早就定了！又如何会有后来的垓下之困，以致自己身败名裂呢！

第四章 鸿门之会

项羽至函谷关，有兵守之，不得入。又闻沛公已破咸阳，欲王关中。项羽大怒，破关而入。是时项羽兵四十万，在新丰鸿门（今陕西西安府临潼县东北）。沛公兵十万，在霸上，相去四十里。项羽期旦日飨士卒，为击破沛公军。风云将兴于俄顷，而沛公犹梦梦也。盘根错节，乃见利器。此时可观子房之手段矣。

项伯者，项羽之季父，子房昔日患难之交也，今在羽军中为左尹（楚官名）。闻子房在沛公军，夜往见之，具以羽之计告，呼与俱去曰："毋从俱死也。"子房曰："臣为韩王送沛公，今事急亡去，不义。请公少待臣，入言之。"子房乃入，具告沛公，且问沛公，谁为划此策者。沛公曰："有人说我曰，闭关无纳诸侯，秦地可尽王也，故听之。今触项王之怒，为之奈何？"

子房此时，因项伯之来，乃于危急之中，而得转圜之计。属沛公以礼接见项伯，而托其解释于项王之前，两军言归于好。沛公从之，出见项伯，奉卮酒上寿（古人于相见之时，献酒于其人，并加颂词，名曰上寿。今欧美人亦有此风）。

项羽带领军队到了函谷关，有军队守卫，他没能进入关内。又听到消息说刘邦已经攻占咸阳，想在关中称王。项羽因此勃然大怒，于是率军破关而入。此时的项羽拥兵四十万，驻扎于新丰鸿门（即现在的陕西西安府潼县东北一带）；刘邦有兵十万，驻扎在霸上，两军距离仅四十里而已。项羽下令次日早上让士兵饱餐一顿，为打败刘邦做准备。战争的风云将兴起于顷刻之间，而刘邦却还如同在梦中，毫不知情。盘根错节，才能体现器具的锋利。这时就可以看出张良超人的谋略了。

项伯，是项羽的叔父，曾经和张良是患难之交，如今在项羽军中任左尹（楚国官名，相当于左丞相。）一职。他听说张良在刘邦军中，连夜赶往刘邦军营去见张良，将项羽的计划告诉了他，劝他和自己一起离开。他说："不要跟着汉王一起被杀。"张良答道："我答应了韩王送刘邦入关的，如今沛公大难在即，我却逃离，为不义。请您等我一下，我去将此事告诉沛公。"张良进入刘邦帐内，将事情告诉了刘邦，并问刘邦，这是谁替他出的计策。刘邦说："有人曾向我说，守住函谷关不让其他诸侯进来，秦国所有的地盘便可任我称王，因此我才听了他的话。现在因这让项王犯怒，如何是好？"

此时的张良，因为项伯带来的消息，在危急之中想出了转圜的办法。他让刘邦以高规格的礼仪接见项伯，而托项伯让他在项羽面前帮自己解释这一误会，两军和平相处。刘邦听从了张良的建议，到帐前面见项伯，并奉上美酒给他（古时候的人在见面时，有献酒并赞美对方的习俗，称之为"上寿"。如今西方国家的人也有约为婚姻。项伯固长者，见沛公礼意甚殷，则已愿任调停之责矣。

沛公平日，本不善辞令，而其对项伯之语，则何其婉耶！殆子房教之也。其言曰："吾入关，秋毫不敢有所近，籍吏民（谓以其户口登于簿籍），封府库，而待将军。所以遣将守关者，备他盗之出入，与非常也。日夜望将军至，岂敢反乎？愿伯具言臣之不敢背德也。"项伯许诺，谓沛公曰："旦日不可不早自来谢项王。"沛公诺之，于是项伯复夜去。

天高月小，灞水有声，一骑夜驰，急于星火。一至月落星横，晓日重临，则阵云布野，两军已肉薄于郊原矣。险哉！此真一刻千金之时也。项伯回营，急叩项王之帐，具以沛公言告，因言曰："沛公不先破关中，公岂敢入乎？今人有大功而击之，不义也。不如因善遇之。"项羽以许诺。伯非说士（说读如税），无苏秦张仪之舌，徒以诚恳之心，奔走于楚汉之间。竟以一席之话，释项王之疑，安汉王之军，使鲁仲连不得擅美于前（战国时，秦兵围赵，欲使诸侯尊秦为帝，鲁仲连出而游说，排难解纷秦兵乃退）。子房因人成事，其手段之灵妙，有如此者。

这样的习俗)，并约为亲家。项伯本为长者，他见刘邦对自己礼遇有加，便答应了刘邦，愿意调解双方的矛盾。

刘邦平时本来不善言词，但他对项伯说的话却为什么如此委婉动听呢？原来，这都是张良教他的。刘邦对项伯说：“自从我入关以来，丝毫财物也不敢沾染，我登记官民户口(是说把人口登记到户籍簿上)，封存了府库，以等待将军的到来。之所以派遣官兵把守函谷关，是为了防备盗贼的进出和意外变故。我日夜盼望着将军的到来，怎么敢反叛项王呢？希望您对项王详细地说明，我是不会忘恩负义的。”项伯答应了，他对刘邦说：“明天你不能不早些来向项王谢罪。”刘邦答应了。于是项伯又连夜赶了回去。

天高月明，水声潺潺，项伯一路飞驰，如同天空急闪而逝的流星。一旦到月落星斜、朝阳东升的时候，便会是大军布野，两军在原野上展开厮杀的时候。好险啊！现在真的是一刻千金之际。项伯回到营中，急急忙忙入项王帐内，详细将刘邦的话转告给了项羽，因此说道：“刘邦不先攻破关中，您怎么敢进来呢？现在人家有大功你却要打人家，这是不仁义的。不如就趁机友好地款待他。”项王便答应了。项伯不是说客(说读音税)，没有苏秦、张仪的能言善辩，只是用诚恳之心，奔走于楚国项王与汉王刘邦之间。最后用这一翻话，便去了项王的疑心，使汉王得以安全，这让战国时期的鲁仲连都不能独享其美名(战国时期，秦国的军队困住了赵国，使其他诸侯国不得不尊秦为帝，是鲁仲连出面游说，排忧解难，进行劝说才使秦国退兵的)。张良借别人之手办成自己的事，其手段之灵活巧妙，达到了这种程度。

明日，沛公从百余骑来见项王。至鸿门，谢曰：“臣与将军戮力而攻秦，将军战河北，臣战河南，然不自意能先入关破秦，得复见将军于此。”项王即日留沛公与饮。项王、项伯东向坐，亚父（项羽尊范增为亚父，犹齐桓公之尊管仲为仲父）范增南向坐，沛公北向坐，张良西向坐。范增忌沛公，思即席杀之。举所佩玉玦，以示项王者三。玦与决同音，令其决意也。项王默然不应。范增出，使项庄入舞剑，欲因以击沛公。庄则入为寿（注见前）。毕寿，曰：“君王与沛公饮，军中无以为乐，请以剑舞。”乃拔剑起舞。项伯常以身翼蔽沛公，庄不得击。

子房见席间光景如此，出语樊哙曰：“顷事甚急。项庄拔剑舞，其意常在沛公也。”哙曰：“此迫矣。臣请入，与之同命。”哙即带剑拥盾入军门。交戟（戟古军器也。守卫之兵，互交其戟，以防人之潜入，故曰交戟）之卫士欲止不纳，樊哙侧其盾以撞卫士仆地，遂得入。披帷西向立，瞋目视项第二天天一亮，刘邦就带领一百多人马来见项羽。到达鸿门后，刘邦向项羽谢罪说：“我和将军合力攻打秦国，将军在黄河以北作战，我在黄河以南作战，然而我自己也没想到能先打败秦军入关，又得以在这再次见到将军。”项王当天就留下刘邦饮酒。项羽和项伯面东而坐，亚父（项羽尊称范增为亚父，和齐桓公尊称管仲为仲父一样）范增面南而坐，刘邦面北而坐，张良面西而坐。范增这个人忌惮刘邦，想在酒席上杀了刘邦。他举起所带的玉玦，多次示意项羽动手。玦通为决绝之意，用这个示意让项羽下定决心。项羽沉默没有回应。范增起身外出，让项庄到帐内舞剑助兴，想借此杀了刘邦。项庄进到帐内后向刘邦祝酒（详见前面注释）。祝完酒后，说道：“君王和沛公饮酒，军营里没有什么可以娱乐的，请让我舞剑来助兴吧。”于是拔出佩剑舞了起来。项伯也拔剑伴舞，并常常用自己的身体掩护刘邦，项庄没机会下手。

张良见席间气氛如此紧张，便起身到门外对樊哙说：“席上情况非常危急！现在项庄拔剑起舞，他的目光常常落在沛公身上，想杀沛公。”樊哙说：“这太紧迫了！请让我进去，和他们拼命。”樊哙说完就带着剑拿着盾进入军门。交戟的军门卫兵（戟是古时候军人的兵器，卫兵之间相互交换自己的戟，用来防止人潜入）想要阻止不让他进去，樊哙侧举盾牌将守卫撞倒在地就进去了。他

王，头发上指，目眦尽裂。项王曰："壮士能饮乎？"哙乘势说之曰："臣死且不避，卮酒安足辞。夫秦有虎狼之心，天下皆叛之。义帝与诸将约曰，先破秦，入咸阳者，王之。今沛公先破秦，入咸阳，毫毛不敢有所近，封闭宫室，还军霸上，以待大王来。劳苦而功高如此，未有封侯之赏，而听细人之说，欲诛有功之人，此亡秦（谓已亡之秦也）之续耳。窃为大王不取也。"项王未有以应，曰坐。樊哙从子房坐。

坐须臾，沛公起如厕，因招樊哙出。项王俟之，久不至，因使陈平召沛公。沛公不至，令子房留谢，从间道逃归霸上。临行，语子房曰："从此道至吾军，不过二十里耳。度我至军中，公乃入。"子房如其言，入谢曰："沛公不胜酒，不能面辞，谨使臣良奉白璧一只，再拜献大王足下。玉斗一只，再拜献大将军足下（大将军谓范增也）"。项王问沛公安在，子房曰："闻大王有意督过之（谓督责其过失揭开帷幕面向西站立，瞪眼看着项羽，头发根根直竖，眼眶也要裂开似的。项羽说：“壮士！能喝酒吗？”樊哙乘机说道：“我死都不怕，一杯酒又哪里值得推辞！秦王有虎狼一样凶狠的心肠，天下老百姓才都背叛了他。义帝曾与各位将军约定，先打败秦军进入咸阳的人，将封为王。现在沛公先打败了秦军进入咸阳，所有东西丝毫不敢动用，封闭宫室，然后退军霸上，等待大王到来。如此劳苦功高，却没有得到封侯的赏赐，您反而听信小人谗言，想要诛杀有功之人，这只是亡秦的继续罢了。我以为大王不应该采取这种做法。”项王没有回应，只说“坐”。樊哙挨着张良坐下。

坐了一会儿，刘邦起身上厕所，趁机把樊哙叫了出来。项王等了很久，却不见刘邦回来，因此派都尉陈平去叫刘邦。刘邦没有来，他让张良留下来道歉，自己从小道逃回了灞上。临行前，刘邦对张良说：“从这条路到我们军营，不过二十里罢了，估计我回到军营了，你再进去。”张良依刘邦所言，进入帐内向项羽道歉说：“沛公因不胜酒力，不能当面向您辞谢，让我奉上白璧一双，敬献给大王；玉斗一双，敬献给大将军（大将军指范增）。”项王问沛公现在在哪里，张良说：“听说大王有意要责备他，他已独自离开，回到军也），脱身独去，已至军矣。”如此存亡呼吸之危局于一昼夜间了之。虽有沛公之机警，樊哙之奋勇，而暗中为之主动者，实子房也。

【批评】

沛公入关，即欲王之，恃有义帝之成约在先，则亦坦然无所疑虑。然两国相交，要以强权为重。条约也，公理也，皆强国欺人之谈耳！岂足恃哉？鸿门之事，沛公自始至终，从未提及义帝旧约，真是识窍。

沛公闭关绝楚之计划，子房何不讽谕于事前，而必待补救于事后？然观子房谁为大王划策之问，则固未知沛公之行事也。诸葛公在军，事无巨细，无不躬亲。如此军国大事，而子房不知，何其疏也。然子房此时，处宾师之位，固不如诸葛公责任之专。史称子房常称病不出，从知此公虽寄迹军旅，复闭门习静之时为多，神志萧闲，固与诸葛公之食少事烦者异趣矣。

秦汉之间，彭城项氏，实多奇才。梁羽二人之战功，固已照耀史册。而吾所爱者，乃在项伯。匿子房于下邳，义也；手刃仇人之头，侠也；及闻项羽欲击破沛公军，复不忘故营了。”这样，存亡于呼吸之间的危局就在一夜之间化解了。其中虽然有刘邦的机警、樊哙的勇敢，但在暗中掌握主动权，出谋划策的还是张良。

【评论】

刘邦入关后，便想在关中称王，是凭借义帝之前的约定，这样确实也可坦然，不用有所怀疑和顾虑。然而两国相交，实力强大才是最重要的！那些条约、公理，都只是强国用来欺骗他人耳目的手段而已！怎么可能成为保障？鸿门宴之会，刘邦从头至尾，都没有提起义帝之前的约定，还是有自知之明的。

刘邦封锁函谷关阻止楚军进入的计划，张良为什么不在事发之前提出来，而要在事后才来进行补救？然而看张良问刘邦是谁出的主意，便可知道他在事前是不知道这个计划的。诸葛亮在军中，大小事宜，都是亲力亲为的。这样的军国大事，张良却不知道，这是多么疏忽啊！但这时的张良，只是刘邦的宾客，本来就不能像诸葛亮那样专职做事。历史上有记载说张良经常对外称病而闭门不出，从这可知，张良虽然身在军队里，但经常闭门静修的时间很多，精神和志趣处于闲散的状态，这本来就与诸葛亮日理万机废寝忘食的情况是不同的。

秦汉之间，彭城的项氏一族，确实是出了很多奇才。项梁与项羽两人的战功，本就已光耀史册。但我个人所欣赏的，却是项伯。在下邳时他帮助张良躲藏，这是仁义；亲手取下仇人的头颅，这是人，驰往相救；经沛公之剖白，即慨然以鲁仲连自任。对羽之言，亦得大体。鸿门席上，不用一毫武力，以身翼蔽，而已令沛公安如泰山。兴汉之功，伯当居第一。项羽虽喑呜叱咤，而于尊长之言，无不听从。梁使之学，即学；戒其无妄言，即不妄言；梁见破于秦，羽常有报仇之志；鸿门誓师，正尔盛怒，闻伯一言，即为霁颜，光明磊落，诚血性男子也。

子房见项伯，即在项伯身上讨生活。然惟平日相知有素者，乃可以肝胆相托耳。天下尽有迫于势利，不惜卖友求荣者。子房之率然托付，正以见知人之明，而项伯之为人愈足重矣。

范增效忠于项氏，别无远大之图，而惟即席杀沛公为快，其识见之陋，正如子房少年。然行之于宴席之间，其诡秘之手段，又在子房下数等。项羽不应，任其遁归霸上，则犹能持大体也。岂得以乌江之败，而归咎于当日之不断哉？

侠义；等听到项羽要派兵攻打刘邦时，又不忘记朋友，急忙赶去救援；听了刘邦的辩解后，又以鲁仲连自居，豪爽地扛起了调解的责任。项伯对项羽说的话，也是识大体的。鸿门宴上，没有使用任何武力，以自己的身体为屏障，而后便使刘邦得以像泰山一样安然无恙。大汉朝建立的功劳，项伯应当位居第一才是。项羽虽然叱咤风云，而且对长辈的话也是言听计从。项梁要他学习，他就学习；告戒他不要乱说话，他就不乱说话；项梁被秦军杀后，项羽想着为他报仇；鸿门誓师，正是他盛怒的时候，但听了项伯的话，便收敛了怒容，光明磊落，确实是个真正的血性男儿！

张良一遇到项伯，就在项伯身上寻求活路，躲避秦始皇的追捕。然而只有平时相互非常了解的人，才可以肝胆相照，以性命相托。天下因外界利益引诱，不惜出卖朋友以求荣华富贵的大有人在。张良毫不犹豫地将性命托付项伯，正反映了他的知人之明，而项伯的为人也就更值得人尊重了。

范增效忠于项氏一族，并没有什么远大的抱负，而只是想着在宴席上杀掉刘邦以图痛快，他浅陋的目光就和张良年轻的时候一样。但他在宴席上的行为，其诡秘的手段，又比张良差了几个等级了。项羽没有回应他击杀刘邦，任由刘邦逃回了霸上，说明他还是有一定的大局观。怎么能将后来的乌江之败，归咎于当时的不果断呢？

第五章　汉中之关系

伊索寓言，载狮与他兽同猎，得一鹿。他兽皆喜，以为狮必与之均分矣。乃狮曰："首吾所嗜也，腹亦吾所欲，如有触其尾者，则请尝吾之足。"于是诸兽皆默然而退。沛公与项王共伐秦，其结果盖亦如此。但鸿门相会，业已讲解，又恶负约，致诸侯之恶感。乃阴谋曰："巴蜀道险秦之迁人（谓有罪之人也），皆居焉。且巴蜀亦关中地也（四川省今属扬子江流域汉时扬子江之航路未通，川中往来，皆假道陕西，故亦其区域属于关中）。"故立沛公为汉王，王巴蜀。汉王赠子房黄金百镒（二十两曰镒百镒二千两也），明珠二斗，以酬其功。子房具以献项伯，使请汉中地，与汉王。项王许之，汉王乃就国。

子房初意在复韩国，以尽其爱国之心而已。今见暴秦已倒，各国故侯，亦皆复国，以为天下从此太平。而周季七雄并峙之局，再见于楚汉之际也。岂知时势不同，事机即异，古今岂有印板之历史哉？汉王至国，子房送至褒中（今陕西汉中府襄城县东南），握手言别。

伊索寓言中，记载了一头狮子与其他野兽共同猎食，猎得了一头鹿。其他野兽都很高兴，认为狮子肯定会很公平地分配，但是狮子却说："头部是我所喜欢的，身体也是我想要的，如果有触碰到它尾部的，就请先尝尝我爪子的利害。"于是所有的野兽都默默地退后了。刘邦和项王一起讨伐秦，其结果大概也是这样吧。但是鸿门之会时，双方已经和解，项羽又不愿违背和约，怕因此引起各诸候的反感。于是项羽暗中想道："巴蜀两郡道路凶险，秦朝时有罪的人都流放居住此地，且巴、蜀也算关中的地盘（汉朝时四川省内的扬子江流域航路没有开通，往来都绕道陕西，因此这一段也称为关中）。"因此就封刘邦为汉王，统治巴蜀之地。汉王赐给张良黄金两千两（二十两约等于一镒，百镒就是两千两），明珠二斗，以奖赏他的功劳。张良将这些都送给了项伯，请他向项羽请求将汉中之地封给汉王。项羽同意了，于是汉王去了自己的封地。

张良最开始是想恢复韩国，以尽自己的爱国之心。如今看到暴秦已经覆灭，各国之前的诸候，也都恢复了国号，以为天下从此会太平了。然而东周战国七雄争霸的局面，又在楚汉的历史舞台上再次上演。哪里知道时势不同，行事的方式也就会有所不同，从古至今哪有和模板一样印刻的历史呢！汉王去往领地，张良送到褒中（现在的陕西汉中府襄城县东南），然后两人握手言别。

汉王依依不忍，子房曰："送君千里，终有一别。窃有一言，为王告者。项王驱王至此，明示其猜忌之心也。王何不烧绝所过栈道，示天下无还心，以固项王意？"汉王以为然。子房还，乃行烧绝。

子房至韩，则项王不许韩王成就国，既又杀之。时齐王田荣反于楚，项王将击之，而又虑汉王袭其后。子房乃曰："汉王烧绝栈道，无还心矣。"项王犹未敢深信，乃三分关中，王秦降将，以拒汉王，而自将兵东伐齐。子房见韩国已无再兴之望，项王东去，关中空虚，有机可乘。乃转辗亡归汉王，鱼水君臣，一朝重聚，其欣喜可知。伐楚之谋，于是定矣。汉王封之为成信侯。

汉元年（史以高祖十月至霸上为汉元年，因秦以十月为岁首，也民国前二一一七年）五月，汉王引兵从故道出，还定三秦（三秦者，即项羽所封之，秦降将雍王章，邯塞王司马，欣翟王董翳也）。当汉王之入蜀也，诸将及士卒皆歌讴思东归，多道亡者（道亡，谓随行之人不愿至蜀，半途逃去

刘邦舍不得与张良道别，张良道：“送君千里，终有一别。我私下有一个想法，认为该告诉汉王。项王将您分封到这里，明显表示出了他对您的猜忌之心。汉王您为何不索性烧掉所有入蜀的栈道，向天下表示您已没有再回来的打算，以消除项羽的顾忌呢？”汉王听从了张良的建议，张良离去后就烧了所有的栈道。

张良回到韩国，但项羽不许韩王成恢复国号，不久后又杀了韩王成。当时齐王田荣起兵反楚，项羽想派兵攻打他，但又顾虑刘邦会袭击自己的后方。于是张良说：“汉王烧毁了所有的栈道，就没有再回来的心思了。”项羽还是犹疑不决，不敢深信，于是将关中之地一分为三，封给了三个秦朝的降将，以此来牵制刘邦，而自己则率兵东进讨伐齐国。张良见韩国已经没有复国的希望，项羽又东去攻打齐国了，关中兵力薄弱，汉王这时就有了可乘之机。于是张良几经波折后回到了汉王身边，关系如鱼水般亲密的君臣，一旦再次相聚，其中的欣喜可想而知。讨伐楚国的计划，也就这样定下了。汉王刘邦封张良为成信侯。

汉元年（历史上是以汉高祖刘邦到霸上时称为汉元年，因为秦朝时以十月为一年的开始，也就是公元前206年）5月，汉王刘邦率兵从原路返回关中，平定三秦（三秦就是当时项羽封的要秦朝降将雍王章、邯塞王司马、欣翟王董翳）。当汉王刘邦的军队进入到四川时，将士们都唱起了思乡的歌，他们想东归回家，很多人因此在路途中逃跑了（道亡就是随行的人，不愿意到蜀这等荒芜之地，半途逃了的人）。韩信作为掌管粮草的治粟都尉也逃了。萧何得知后，将他追了回来，并将他推荐给汉王，说：“要想夺得天下，者)。韩信为治粟都尉,亦亡去。萧何追还之,因荐于汉王曰:“必欲争天下,非信不可。”于是汉王设坛场,拜信为大将军。信劝汉王决策东向,与项羽争天下,并陈三秦易并之计。汉王然之,既略定三秦。羽闻之,欲还。子房遗书阴阻之曰:“汉欲得关中,如约即止,不敢复东。”羽信之,遂无西还意,而北击齐。

项羽今徐州宿迁人也(楚称彭城),前者入关,以大势言之,则宜就秦之故居,阻山带河,以定国都。羽见秦之宫室,皆已烧残,乃曰:“富贵不归故乡,如衣锦夜行。”遂返都彭城。而汉王之故乡为沛(今属徐州),与项王同里闬也。其父母妻子皆在焉。今乘项羽在北,乃部五诸侯兵,凡五十六万人,入彭城收其宝货美人,日置酒高会。项王闻之,即令诸将击齐,而自以精兵三万人,还击汉。汉军大败,返至睢水。围汉王三匝。忽大风从西北起,折木发屋,窈冥画晦,汉王乃得与数十骑遁去。

汉王欲与项羽争天下,而关东之诸侯,皆不属汉。天下大势,皆趋于楚。固非若战国之时,六国各自为政,秦以关中一隅之地,出其阴谋,挑拨诸侯,使与秦连横,已得收兼不能没有韩信。”于是汉王斋戒沐浴开设法坛，拜韩信为大将军，韩信劝汉王下令东去，与项羽争天下，并且陈说了将秦朝三个降将拉拢的良计。汉王同意了，于是平定了三秦。项羽得知这个消息后，想马上赶回来。张良写信蒙蔽项羽说：“汉王想得到关中，就像之前合约中约定的，然后就会停止，他是不敢再向东的。”项羽听信了，于是打消了西回的念头，转而向北继续攻齐。

项羽，是现在的徐州宿迁人（楚国时的彭城）。前次入关，就当时的局势而言，他本应该依靠秦朝故地环山靠河的险要地势，将这做为国都。但项羽因见秦朝的宫室都已经烧毁，于是说：“荣华富贵之后不回家乡，就如同穿了一件华丽的衣服在夜里行走。”于是他返回了彭城，将自己的家乡定为国都。而汉王刘邦的故乡在沛县（今属徐州），和项羽是同乡。他的父母、妻子和儿女都在这里。如今趁项羽还在攻打田荣，刘邦于是令常山王张耳、河南王申阳、韩王昌、魏王豹和殷王卬五路诸侯，领兵五十六万人，直捣楚都彭城，大肆收集财宝、美女，整日置酒宴会。项羽听说彭城失陷，便下令让属下将领继续攻打齐，而自己立即率领3万精兵，回彭城攻打刘邦。刘邦大败，率军退回到睢水。项羽将刘邦里外围了三重。忽然之间，从西北方向刮起了大风，树枝都被折断了，屋顶也都掀翻了，虽是白天却如同黑夜，汉王这才得以带着几十人逃了。

刘邦想与项羽争夺天下，但关东一带的诸侯都没有依附汉王。天下的大势，都是向着楚国的。本来就不像战国时期一样，六国各自为政，秦国凭借关中这块小地方，经营策划，挑拨诸侯之间并之效。此其故子房虑之熟矣，而合纵之谋，乃不得不再见于楚汉之间。

【批评】

蜀以山川之险，著名于世。秦时始与中国通。及考其所以通道之故，则不得不服我先民之智也。秦惠王欲伐蜀，路无由人。乃刻石为牛五头，置金于后，伪言此牛能屎金，以此遗蜀。蜀王贪而信之，乃令五丁共引牛。堑山堙谷，致之成都。秦遂寻道伐之，因名其道曰石牛道。或以其说为荒唐，不知为开化之民族，往往易欺。昔希腊率同盟军之攻脱罗（Troy）（小亚细亚之古国）也，十年长围，竟不能下。西路乃佯为退兵，而暗伏甲士于木马之中。脱罗人见之，以为天赐也，曳之入城。城门窄不能容马，毁门而入。至夜，伏兵齐发，希人乘之，城门不守，遂灭脱雷。此正与秦愚蜀人之事相同。

巴蜀绝地也。自有史以来，居巴蜀者，仅得偏安而已，未有能入中原而争天下者。乃汉转得养精蓄锐，乘项羽之的关系，使他们与秦横向相连，收到了兼并的成效。这就是张良深谋远虑的地方，而合纵连横的策略，又不得不再次出现在楚汉之间。

【评论】

川蜀一直都以山势险峻而闻名于世。秦朝时才开始和黄河流域相通。在考证了它与中原地区相通的原因之后，则不得不佩服我们祖先的聪明才智。当时秦惠王想要讨伐蜀地，但是没有路可通行，于是令人用石头雕刻了五头牛，将金子放到牛屁股后，谎称这些牛能拉出金子，并将这些牛送给蜀国。蜀王因贪财而信了谣言，便派了五个大力士来拉这五头石牛。他们挖山填谷，将这五头石牛拉到了成都。秦惠王便顺着这条路攻占了蜀国，并称这条道为石牛道。或许有人会说这件事很荒唐，却不知没有开化的民族，往往是最容易被欺骗的。过去，希腊人率领同盟军攻打脱罗人（现在的小亚细亚），围困了脱罗十年之久，始终攻不下。于是西路盟军假装撤兵，而将士兵悄悄藏在了城外的木马肚子里。脱罗人见到这些木马，以为是神赐给他们的，于是想将木马牵入城。由于城门狭窄，木马进不了，于是脱罗人毁掉城门，将木马拉进了城。到了晚上，埋伏在木马内的士兵同时发起攻击，希腊军也乘机发起攻击，攻占了城门，最终灭掉了脱罗国。这正好与秦惠王愚弄蜀国人如出一辙。

巴蜀是个与世隔绝的地方。自有史以来，占居巴蜀的，仅仅能偏安一隅，没有入主中原争霸天下的。汉王在这得以养兵蓄锐，趁不备，唾手而得关中，为根据地，然后东向以争天下。如秦故事，其机全在得汉中之地。汉中者，秦蜀之咽喉也。走褒斜则入西安（今称北栈），走金牛则入成都（今称南栈）。使此地不属于汉，则长陷于蛮夷之中；泗上亭长，不过一南越王之流亚耳。然为得汉中者，子房也。乘项羽未及注意之时，仅以黄金百镒，明珠二斗得之。其眼光之锐利，识力之远大，诚非常人所能及矣。

道家有言曰："将欲取之，必固与之。"子房劝汉之烧绝栈道，示无还信，亦即欲取固与之术也。何景明《雍大记》：栈道有四出。从成和、阶文出者为沓中、阴平道，邓艾伐蜀由之；从两当出者，为故道，汉高帝攻陈仓由之；从褒、凤出者，为今连云栈道，汉王之南郑由之；从城固、洋县出者，为斜骆道，武侯屯渭上由之。储大文曰："两当道乃谚所谓'明修栈道，暗渡陈仓'者，其系于蜀汉甚钜。"

封建之祸，始于春秋，极于战国。宋、明诸儒，误读古书，犹慨慕封建之风，以为三代之极轨，其识皆出子房之下。子房既复韩，见灭于项羽，其后复有郦食其欲高祖重项羽不备，轻而易举占据了关中，并将关中作为根据地，然后向东扩展争夺天下。就像过去秦国一样，它能统一全国的关键就在于拥有汉中之地。汉中，就像秦朝和蜀国的咽喉一般，走褒斜道（现今称为北栈）则可以到西安，走金牛道（现今称为南栈）则可以进入成都。假如这里不在汉王手里，就会长时间落在少数民族手中。这样，刘邦也只不过是南越王之流。然而，为他得到汉中的人，是张良。他趁项羽没有注意时，仅用两千两黄金和二斗明珠就取得了这块地。张良看问题眼光的锐利、考虑事情目光的长远，确实是一般人所不能及的。

道家有这样一句话："要想获得什么，必定得先付出什么。"张良劝刘邦将栈道全部烧光，向项羽表达不再回来的信息，也就是采用的先给予的策略。明朝时何景明在《雍大记》中记载，栈道可通往四个方向。从成和、阶文方向走可到沓中、阴平一带，邓艾灭蜀时走的就是这条道；从两当县方向走，可到达故道，汉高祖攻打陈仓时走的就是这里；从褒县、凤县方向走，可到现在的连云栈道，汉王去南郑的时候就是走的这里；从城固县、洋县方向走，是斜骆道，诸葛亮当时驻军渭上就是走的这里。清代储大文说："两当道，就是谚语中所说折'明修栈道、暗渡陈仓'中所指的道，它对蜀汉来说作用巨大。"

封建社会的灾祸，是从春秋时期开始的，战国时期达到顶峰。宋、明时期的儒生，错误领会古书的意思，还在感慨和羡慕忠君的封建思想，认为这是夏、商、周三代发展到极致的表现。他们的见识都不如张良啊。张良复立韩国后，不久又被项羽灭了，后立六国后之机会。子房闻之，宜喜而不寐矣。乃销印息议，惟恐不及。盖不忍重见朝秦暮楚之局，而陷斯民于水火之中。故宁牺牲其半生之主张而不复有所依恋。世有藉国利民福为口头语，阴谋破坏一统之局，以为私利者，观此亦可废然返也。

韩信本淮阴人，始为布衣时，贫无行，不得推择为吏，又不能治商贾之业，寄食人家，人多厌之者。数至亭长家就食，数月后亭长妻患之，乃先时而炊，及韩信至，则饭食已无，亦不更为具食。信知其意，怒竟绝去。惟城外有漂母，怜而食之。浮沉数年，始归汉王，以一都尉而拜大将，卒定汉业。萧公之赏鉴，固不可及。不知者，以为韩信于少年流浪之中，养成大将之才，几疑英雄之本于天授。然登坛之论，洞见时局，背水之阵，能举兵法，固非不学无术，遭逢时会，猎取封侯者也。书缺有间，后之人末由见其为学之甘苦耳。从来安有不学之英雄哉！

秦始皇混一天下，欲传万世。咸阳为帝王之家，不惜物力，以经营之。观乎阿房之壮大，甬道之宏整，金人之高大，来又有郦食其想劝刘邦重新恢复六国立六国之后为王的机会。张良听到这个消息，应该高兴得睡不着才是。但是他却急忙销毁了六国印鉴，平息言论，还担心时间来不及。因为他不忍再现过去各诸侯小国朝秦暮楚、左右为难的局面，让老百姓陷入战火之中。所以他宁愿牺牲个人半生以来的愿望而不再有一点点依恋。世上有以国家的利益、百姓的幸福为借口，用卑鄙手段破坏国家安定团结来谋取私利的人，看到这里，也应该迷途知返了。

韩信本是淮阴人（今江苏淮安），最初只是平民的时候，无一技之长，既无法为官，又不能经商。经常到别人家吃住，为人们所讨厌。他曾经常到一位亭长家吃饭，几个月后亭长的妻子讨厌他，就早早起来做好饭吃了，等韩信到的时候，饭菜已经没有了，也没有再给他准备吃的。韩信明白了她的意思，一怒之下离开了。只有城外有位以帮人洗衣为生的老妈妈，可怜他而给他吃的。漂泊了几年之后，他才得以归顺刘邦，从一个小都尉到官拜大将军，最终帮刘邦奠定了大汉基业。萧何对他的赏识和举荐，帮助是无法估量的。不知内情的人，都以为因韩信在年轻时的四处流浪，培养了他领兵作战的能力，甚至怀疑他的本领是上天赐予的。但是能登坛拜将，能清晰地把握当时的局势，有背水一战的勇气和决心，能熟知兵法，这本就不是不学无术的人，正好遇到合适的机会，就能获取功名爵位的。只是古书上记载有遗漏，后来的人没能看到他努力学习的辛苦罢了。世上从来就没有不学无术的英雄。

秦始皇一统天下后，想传万世之久。咸阳是帝国的首都，因此他不惜耗费物力财力进行建设。看看阿房宫的雄伟壮观，地宫的铜柱之坚固，增事踵华，魄力沉雄，颇有欧美人之观念。自古作邑作京之盛，未有过此者也。项羽见之，悉付一炬，其火至三月而始息。三代以来，六国诸侯，累代之菁华，皆荡然无存。人皆知始皇之蔑古，不知项羽之罪为尤重也。

一种时世，自有一种适于时世之方法。战国之时，列国抗衡，合纵连横之说出焉。合纵连横，遂为处置列国抗衡最善之方法。今日欧美各国，以合纵连横为进取，以机会均等为保守。吾国自秦汉以来，一统已久，合纵连横之术，久已不谈，交涉故多失败。虽然今日之列国，非战国时之列国，可以口舌欺也，必先有实力，而后可纵可横耳。

宏伟，金属人像的高大，铜柱的坚固，继承了前代的传统并加以发展，魄力沉雄，很有欧美人的风格。自古以来，建设城镇和国都的繁盛，没有超过这的。项羽看到这些，全部一把火烧了，大火一直烧了三个月才熄灭。夏、商、周三代以来，到秦朝一统六国时，所有积累的精华，全都烧光殆尽。世人都知晓秦始皇蔑视古人，却不知道项羽的罪孽更为深重。

一个时代，自有一个时代的生存之道。战国时期，各国相互抗衡，就有了合纵连横的策略。而合纵连横，最终也成了处置各诸侯国抗衡的最好手段。现在的欧美各国，以合纵连横作为进取的策略，以大家机会均等来平衡和保护自己。我国自秦汉以来，统一的时间很久了，合纵连横的方法久到大家都快忘记了。因此对外交涉时才会多次失败。虽然如今的国家，早已不是战国时期的诸侯国，可以用言语来欺骗和拉拢的了，必须先得国家有实力，然后才可以纵横世界。

第六章 游说之成功

战国之时，苏秦、张仪，以口辩称，朝秦暮楚，藉甚一时。士无贤不肖，皆尚其风，而雄辩之学盛焉。至于汉初，其风未衰。子房之佐汉，亦收功于此。初不仅恃，攻城野战也。汉王自遭彭城之败，仓皇西走。子房从之。至下邑（今江苏徐州府砀山县东），汉王下马踞鞍而问曰："吾欲捐关以东弃之，谁可与共功者？"其意欲联关东诸侯，以分项氏之势。此本秦人，惯用之伎俩，今日袭之，亦殊适用也。子房进而对曰："九江王黥布，楚勇将，与项王有郄（同隙）；彭越与齐王田荣反梁地。此两人者，缓急之际，可备指使。而王之将，独韩信可属大事，当一面。即欲捐之，捐之此三人，则楚可破也。"

因欲联黥布、彭越，而游说之士出矣。其往淮南说黥布者，随何也。何仕汉，为谒者。至淮南，太宰主之（布使其太宰款待随何，代为主人也），三日不得见。随何因谓太宰曰："王之不见何，必以楚为强，以汉为弱，然臣亦有其见。使何得见，言之而是耶，是大王所欲闻也；言之而非耶，使何伏罪于淮南之市，以明背汉而与楚也。"太宰乃言之王，王见之。随何曰："汉王使臣敬进言大王，窃怪大王与楚何亲也？"布曰："寡人北面而臣事之。"何曰："大王与项王，俱战国时期，苏秦和张仪都是巧舌能辩之人，他们时而倾向秦国，时而倾向楚国，一时间赫赫有名。士人不管贤能与否，都崇尚这种风气，因而雄辩之学开始兴盛起来。到了汉朝初期，这种风气还没有衰退。张良辅佐汉朝，也是因为这而成功。刚开始时，依靠的不仅是这个，还有攻城野战。汉王刘邦在彭城之战失败后，仓皇向西逃走。张良也一路跟随。到了下邑（现在江苏省徐州市砀山县东边），刘邦下马倚着马鞍问张良："我打算舍弃函谷关以东的一些地方作为封赏，谁能与我一起建功立业呢？"刘邦是想联合关东各地的诸侯，来分散项羽的势力。这种办法是之前秦朝常用的伎俩，现在照搬，也是很适用的。张良进言说："九江王黥布是楚国的猛将，同项羽有隔阂（同隙）；彭越与齐王田荣在梁地反楚，这两个人在有变故发生之时，可以使用。而汉王帐下，只有韩信可以托付大事，独当一面。如果想要分封关中以东的地方，就分封给这三个人，那么楚国就可被打败了。"

因为想要联合黥布和彭越，所以刘邦派出了使者去游说他们。其中去往淮南游说黥布的人，叫随何。随何，在汉王手下做官，是掌通传晋见的人。到了淮南，由太宰接待（黥布派太宰设宴款待随何，代替自己招待客人），等了三天也没有见到淮南王。随何因此对太宰说："大王不召见我，一定是认为楚王强大，汉王弱小，但是我有不同的看法。倘若我得以召见，我的话要是说得对，那正是大王想听的；我的话说得不对，就将我在淮南场市上斩首吧，以此表明大王背汉向楚之心。"太宰于是把这话转告黥布，黥布接见了随何。随何说："汉王派我恭敬地上书大王驾前，我私下

列为诸侯，北面而臣事之，必以楚为强，可以托国也。然楚汉战于彭城之日，王苟事楚，宜悉境内之兵，以属于楚。乃坐观成败。托国于人者，固若是乎？夫楚兵虽强，天下负之以不义之名，以其背约而弑义帝也。故楚不如汉，其势易见也。今大王不与万全之汉，而自托于危亡之楚，臣窃为大王惑之。”

黥布心然其言，阴许叛楚与汉。随何知楚使者在，方急责布发兵。突入语楚使曰：“九江王已归汉，楚何以得发兵？”布愕然。何曰：“今事已败露，不如遂杀楚使，而与汉并力。”布思楚既见疑，不归汉，亦无以自全。遂击杀楚使，与随何归汉。复使辩士说彭越，亦下之。

辩士之舌，终不敌子房之脑，能宰制万事。汉三年，项羽急围汉王于荥阳。汉王忧恐，与郦食其共谋之。郦固辩士也，语汉王曰：“昔汤伐桀，武王诛纣，皆封其后。今秦灭六国，其子孙无立锥之地。陛下诚复立六国后，则皆争戴德义，愿为效死。楚之兵势，必弱矣。”此亦深得外交之奇怪大王为什么和楚王那么亲近？”黥布说：“因为我向他面北称臣侍奉他。”随何说：“大王和项王都并为诸侯，向他北面称臣来侍奉他，一定是认为楚王强大，可以把您的国家托付给他。但汉王和楚王在彭城作战的时候，大王如果是奉楚为王，那么应该集合国内所有士兵，将他们交给楚王。但您却垂衣拱手，在旁观看。把国家托付给人家的人，难道是这个样子的吗？楚军虽然强大，却背负着天下不义的名声，因为他背弃盟约杀害了义帝。所以说楚王不如汉王，这是显而易见的。如今大王不和万全的汉王交好，却将自身托付于危在旦夕的楚王，我私下为大王感到迷惑。”

黥布心里承认随何说得对，暗中答应了叛楚归汉。随何知道楚国的使者也在，正迫不及待地催促黥布出兵。随何突然闯入对楚国使者说：“九江王已归附汉王，楚王凭什么让他出兵？”黥布大吃一惊。随何趁机劝黥布说：“现在事情已经败露，不如杀死楚国的使者，与汉王并肩作战吧。”黥布考虑到楚国已经起疑，如果不归顺汉朝，也没有办法自保。于是他击杀了楚国的使者，与随何一起归顺了汉王。刘邦又派人去游说彭越，同样游说成功。

谋士的口舌之利，终究是比不了张良的智慧，能掌控万千之事。汉三年（前204年），项羽把汉王紧紧地围困在荥阳。汉王很是忧恐，与郦食其一起商议解决办法。郦食其原本就是谋士，他对汉王说：“昔日商汤讨伐夏桀，封夏朝后人于杞国。如今秦朝消灭了六国后，他们的后代没有任何封地。陛下如果能够重新封立六国的后裔，六国的君臣百姓一定会对陛下感恩戴德，甘愿为陛下法，汉王如从其计，未始不可收效于一时，而不知其返一统为封建，天下将从此多事也。郦生未行，适子房从外来谒汉王。汉王方食，具以郦生之言告。子房惊曰："果如此，则大事去矣。夫天下游士，离亲戚，弃坟墓，去故旧以从陛下者，但日夜望咫尺之地。今乃立六国后，土地皆尽，无以封有功之人；游士各归事其主，从亲戚，返故旧，陛下谁与取天下乎？"汉王辍食骂曰："竖儒几败乃公事。"遂寝其议。

【批评】

史记云，韩信平齐，使人告汉王曰："齐夸诈多变，反复之国，不有假王之填（同镇）之，其势不定。臣请自立为假王。"汉王大怒，骂曰："吾困于此，旦暮望若来，乃欲自立为王耶。"子房急蹑汉王足，因附耳语曰："汉方不利，宁能禁信之自王乎？不如因而立之，使自为守。不然，变且立生。"汉王悟，因复骂曰："大丈夫定诸侯，即为真王耳！何以假为？"于郦生之言则止之，于韩信之请则许之，通权达效死。这样，楚国的兵力势必会消弱。”郦食其这种办法深得外交的精髓，汉王如果听从了他的计谋，短时间内未必没有效果，只是他不知道，如果将统一的国家制度改为封建君主割据制度，那么天下从此将又会变得不得安宁了。郦食其还没有离开，正好张良从外面来拜见汉王。汉王正在吃饭，他把郦食其的话都告诉了张良。张良大惊道：“如果真是这样，那陛下的大事就要完了。天下的游士，他们离开亲人，舍弃祖坟，告别朋友跟随陛下，只是日夜盼望着得到一块小小的封地。假如现在复立六国后代为君，土地都封赏出去了，就没法封赏那些有功之人了；这样天下的游士各自去侍奉旧主，陪伴亲人，返回故乡，陛下将与谁一起夺取天下呢？”汉王听了放下碗筷，骂道：“这个书呆子差点坏了大事。”于是否决了郦食其的办法。

【评论】

《史记》记载，韩信平定齐国之后，派人告诉刘邦说：“齐国人狡诈多变，是个反复无常的国家，如不设立一个代理君主来镇压，局势将不会安定。请求陛下让我成为代理齐王。”刘邦听后十分愤怒，大骂韩信：“我被困在这很长时间了，天天盼着你前来助我，没想到你却想要自立为王。”张良急忙暗中踩刘邦的脚，凑近他的耳边说：“汉军现在正处境不利，怎么能阻止韩信自立称王呢？不如就此机会立他为王，使他自守一方。否则，可能马上就会发生变乱。”刘邦经提醒后醒悟过来，因此又骂道：“大丈夫平定了诸侯，就能做真王了，为什么只要做代理君主呢？”对郦食其的变，以赴事机，非子房不能也。而汉王之一骂而怒，一骂而喜，亦皆有深意存乎其间，可谓巧于骂者也。

六国各守其祖宗相传之基业，势均力敌，莫能相下。与秦无怨亦无德，故向之可也，背之亦可。若汉初关东诸国，皆项氏卵育而翼传之，其事楚之心甚坚，说之不易。随何始则委宛曲折以说之，终则用手段以制之，真是口手并灵者。

子房知灭楚方法，宜以战士辅辩士而行，故又继萧何而荐韩信。武侯当草庐坐啸之日，决定他日进行之策。子房于彭城大败之后，决定他日进行之策，其眼光正同。

计谋进行阻止，对韩信的请求便又同意，能根据情况的化懂得变通，以适应事情的发展，这只有张良能够做到。而汉王的一骂而怒，又一骂而喜，也同样有他深刻的含义在里面，也可以说是懂得骂人的艺术了。

战国时六国各自守着祖宗传下来的江山基业，势均力敌，不分上下。他们与秦朝没有任何的仇恨或恩德，所以归属秦国可以，背叛秦国也可以。如果汉初时期的关东各诸侯国，都是项氏从刚开始就辅佐传位，那他们侍奉楚国的心肯定十分坚定，游说会十分困难。随何刚开始很委婉地游说他们，后来则用手段制服了黥布，当真是头脑和行动都十分灵活的人。

张良知道灭亡楚国的方法，应当用战士辅助谋士，所以接着萧何又举荐了韩信。诸葛亮当日在草庐闲坐吟啸（亦作坐歗）时，就决定了以后行动的方向；张良在彭城打败之后，便决定了日后行动的策略，他们的远见卓识是一样的。

第七章 灭楚之计划

楚汉久相持未决，丁壮苦军旅，老弱疲转输。项王谓汉王曰："天下匈匈数岁者，徒以吾两人耳！愿与汉王挑战决雌雄，毋徒苦天下之民也。"夫古之武士，志在杀其仇人而止仇人以外。有滥及无辜者，虽与以天下勿取也。项王此言，其犹有古时武士之风焉。汉王则不听。

时汉兵盛食多，项王兵疲食绝。先是汉王父母妻子，为楚军所掠。至是汉王使侯公往说项王，请归汉王父母妻子。项王乃与汉约，中分天下，割鸿沟（在荥阳县东南二十里）以西者为汉，鸿沟以东者为楚，即归汉王父母妻子。汉王乃封侯公为平国君，曰："此天下辩士，所居倾国，故号为平国君（古诗云，一愿倾人城，再愿倾人国。倾者平之，反贯其国，将不平而即于危亡之途，故封为平国君）。"侯公不受封，匿弗肯见。

和议既定，项羽解兵东归，汉王亦欲解兵而西矣。时汉之四年也，两方皆苦兵革。自有此和。庸庸者以为天下从此太平，武臣谋士，可以酬庸受报，安享富贵矣。惟子房则曰否否。

子房谓汉王曰："今汉有天下大半，楚兵疲食尽，此天楚、汉长久相持，胜负未决，年轻人厌倦了长期的军旅生活，老弱也因水陆运输而十分疲惫。项王因此对汉王说："天下动荡纷乱好几年，只是因为你我两个人。我想要和汉王单独挑战，一决雌雄，不要让天下的子民受苦了。"古时候的武士，志在杀死自己的仇人，而不会波及仇人之外的人。有滥杀无辜的人，就算把整个天下都给他，也不会愿意。项羽说这话，还存有古时候武士的风范啊。汉王没有听从。

当时汉朝兵强马壮，粮草充足，项羽则是兵疲粮绝。之前汉王的父母、妻子被楚军所抓。此时汉王派侯公前去游说项羽，请归还汉王的父母妻子。于是项羽就和刘邦约定，平分天下，割鸿沟（在荥阳县东南二十里）西边为汉朝，东边为楚国，汉王如果同意这个条件便立即放回他的父母妻子。汉王于是封侯公为平国君，说："这个人是天下的能辩之士，他呆在哪国，就会使哪国倾覆，所以给他个称号叫平国君（古诗云，一愿倾人城，再愿倾人国，倾覆其所在的国家，并占领这个国家，将倾覆不了的国家推向灭亡，所以封他为平国君）。"侯公没有接受刘邦的封赏，隐匿起来不与刘邦相见。

和约商定后，项羽便带上队伍退兵回了东边，汉王也想撤兵去西边。当时是汉朝四年，楚、汉两方的军事都非常辛苦。自从这个和约签定后，平庸之人以为从此就会天下太平了，将军和谋士，都可以得到相应的酬劳，安享荣华富贵了。唯独张良感说不可能会是这样的。

张良对刘邦说："现在汉朝已经拥有天下的大半，楚国已经亡之时。不因其机而遂取之，所谓养虎自贻患也。”和议方成，而遽背之，其道似近于杂霸。然外交之道，总以自利为前提，风云变幻，安有定局？岂能拘小信而误大事哉？

汉五年冬十月，汉王乃追项王至阳夏南。止军，与淮阴侯韩信、建成侯彭期，会而击楚。至固陵（故城在河南陈州府怀宁西北），而信、越之兵不至。楚击汉军，大破之。汉王复入壁，深堑而自守。谓子房曰：“诸侯不从约，为之奈何？”对曰：“楚兵且破，信、越未有分地，其不至固宜。君王能与共分天下，今可立致。不然则事未可知也（韩信前已自立为齐王，子房更欲使汉王正式封之，以安其心耳）。”汉王曰善。

于是发使者告韩信、彭越曰：“并力击楚，楚破，自陈以东傅海，与齐王；睢阳以北至谷城，与彭相国。”使者至，韩信彭越皆报曰：“请今进兵。”

当和议未成之时，有齐人蒯通，知天下权在韩信，欲为奇策以感动之。乃托相人之术，入见韩信，因以说之曰：“当今楚汉之命，悬于足下。足下为汉则汉胜，与楚则楚胜。诚能听臣之计，莫若两利而俱存之，三分天下，鼎足而兵疲粮尽，这正是上天亡楚国的时机。如果不趁这个机会将楚消灭，这就会是所谓的‘养虎为患’啊。”和约才刚刚达成，便马上背叛，这样的行为有点像用王道掺杂霸道。但是外交的手段，总是以维护自身利益为前提，风云变幻，怎么会有定局？又怎能因拘泥于小信而延误了大事呢？

汉五年冬十月，汉王追击项王到达阳夏南边。他让部队驻扎了下来，和淮阴侯韩信、建成侯彭越会合，约定共同攻打楚军。汉军到达固陵（古时候指河南陈州府怀宁西北），而韩信、彭越的部队没有来会合。楚军攻打汉军，大败汉军。汉王又逃回营垒，掘深壕沟堑坚守。汉王问张良道：“诸侯不遵守约定，怎么办？”张良回答说：“楚军快被打垮了，韩信和彭越还没有得到分封的土地，所以他们不来也是很自然的。君王如果能和他们共分天下，现在他们就会立刻前来。如果不能，形势就难以预料了（韩信已经自立为齐王，张良更迫切地想让汉王正式封赏韩信，用来安抚韩信的情绪）。”汉王答应了。

于是汉王派出使者告诉韩信、彭越说：“你们和我一起合力攻击楚国，打败楚军后，从陈县往东至海滨一带的地方给齐王；睢阳以北至谷城一带的地方给彭相国。”使者到达后，韩信、彭越都说：“我现在就带兵出发。”

当楚河汉界的协议还没有达成的时候，有个齐国人叫蒯通，知道天下大局的关键在韩信手中，因此想用妙计打动韩信。于是他借口说自己会相面术，面见韩信，并因此游说韩信说：“现在楚、汉的命运，全部都掌握在您的手上。如果您帮助汉王，汉王就会

举，其势莫敢先动。”韩信如听其说，则秦亡以后，天下四分五裂，人民不得安堵，非数年或数十百年之后，不能重见太平也。幸其徘徊未决之时，而汉使即至。韩信念汉廷相待之厚，终不忍背之，遂谢蒯通。子房之识力可谓宏远矣。

汉王乃合韩、彭之兵，围项王于垓下。项王有美人名虞，常幸从；骏马名骓，常骑之。夜闻汉军四面皆楚歌，则夜起，饮帐中，悲歌慷慨，自为诗曰：“力拔山兮气概世！时不利兮骓不逝！骓不逝兮可奈何？虞兮虞兮奈若何。”项王之乌江自杀，楚遂亡。时汉五年，民国前二千一百十年，汉家一统之业始于此。此虽系于韩信、彭越、英布、樊哙之善战，萧何、陈平之善谋，随何、侯公、郦食其之善辩，合群策群力，以成此大功！要惟子房为能断大事而定大难也。

取胜；您与楚国联合，楚王就会胜利。希望您能听我的建议，不如让他们两方都得益，一起存世，这样三分天下，鼎足而立，其势必没有人敢先发难。”韩信当时如果听了蒯通的建议，那么秦朝灭亡之后，天下仍然四分五裂，黎民百姓都不得安宁，除非数十年或者数百年之后，不然都不能有太平盛世。幸好在韩信犹豫未决的时候，汉朝使者到了。韩信顾念汉王对自己的厚遇，终究不忍心背叛，于是谢绝了蒯通。这样看来，张良看人的眼力真是宏远啊。

汉王于是联合韩信、彭越的军队，把项羽围困在垓下。项羽身边有一个美人名虞姬，一直受宠跟在项羽身边；有一匹骏马，名叫骓，项羽经常骑。他深夜听到汉军在四面唱起了楚地的歌，连夜起来，在帐中饮酒，不禁慷慨悲歌，自己作诗吟唱道：“力量能拔山啊，英雄气概举世无双！时运不济啊，骓马不再往前闯！骓马不往前闯可怎么办啊？虞姬呀虞姬，怎么安排你才好呀？”项羽在乌江自杀，楚国随即灭亡。当时是汉五年，民国前2110年，汉朝的一统天下就是从这时候开始的。这虽然是韩信、彭越、英布、樊哙的善战，萧何、陈平的谋略，随何、侯公、郦食其他们的能言善辩，大家群策群力，所以成就了这千秋大业，但其中能够决断大事、平定大难的就只有张良了。

【批评】

子房劝汉王背约之事，后人皆以为讥。宋程子曰：“张良才识高远，有儒者气象，而亦以此说汉王，不义甚矣。”明杨慎辩之曰：“程子之言迂矣！张良此言，正所以为义也。且张良之佐汉，本为韩报仇。报仇者谁？先则无道之秦，后则不仁之羽也。且秦之无道，甚于商纣；羽之不仁，埒于嬴秦。高祖之诛秦灭项，何异于书所谓兼弱攻昧，取乱侮亡？易所谓汤武革命，顺天应人。乘此机不取，则大事去矣！天下何时而息肩乎？程子之所谓义，必欲汉王守小信而西归，项羽复炽，则天下生灵，死于干戈，又不止长平四十万而已。儒者立论，何其迂哉？”蒙谓程子之论，固已迂矣；杨氏之辩，庶为得之。书言“知彼知己，百战百胜”。子房实知彼己间之优劣，故不忍坐失此机。夫成败之机，间不容发。常人能于事过之后，追论往事，而当前则昧。立断于机先，明鉴于事前，其惟英雄豪杰能之。

信、越一受封，而即请进兵。武夫浅陋，已在子房算中。亦以此见忌汉祖，引后日杀身之祸。

蒯通之言，其所以为韩信谋者至矣。韩信辞谢之后，通

【评论】

张良劝汉王背弃盟约之事，后人都以此来讽刺他。宋朝程子说："张良才识高远，非常有儒者的气度，却劝告汉王背弃盟约，这点非常不义。"明朝杨慎辩解说："程子说的话很迂腐。张良这样说，才是真正的义。张良辅佐汉王，本来就是要为韩国报仇。找谁报仇？刚开始是残暴无道的秦朝，后来是不仁不义的项羽。而且秦朝的残暴无道，更甚于商纣王；项羽的不仁，跟秦始皇差不多。汉高祖刘邦诛灭秦朝和项羽，与《尚书》上所说的兼并弱小、攻击愚昧，夺取政治荒乱、将亡之国有什么区别？《易经》中所说商汤、周武王的战争，是顺天应人的。如果不趁这个机会拿下项羽，那就错失大势了！天下什么时候才能安定下来呢？程子所说的义，必定是要汉王守信率兵回西边，等项羽恢复实力，那么天下的黎民百姓死于战争的，就不止长平之战的四十万人了！儒生的这种理论，是多么迂腐啊！"个人认为程子言论，原本就是很迂腐的；杨慎的辩解，差不多领悟到了张良的想法。书中说"知己知彼，百战百胜"。张良确实是知道汉王和项羽之间的实力差距，所以不忍心失去这个机会。事情成败的机会，稍纵即逝。一般人只是在事后来追论事情的始末，在事情发生时则显得愚昧无知。在机会来临前作出决断，在事情发生前预判结局，这只有英雄豪杰能做到。

韩信和彭越刚一受封，就立刻请求发兵。武夫见识浅陋，早已经在张良的算计之中。也正因为这样，被汉高祖猜忌，导致了日后的杀身之祸。

蒯通的话，为韩信考虑得也算周到了。韩信辞谢之后，蒯通又说之曰："足下自以为善汉王，欲建万世之业，臣窃以为误矣。始常山成安君为布衣时，相与为刎颈之交（犹言生死之交也）。其后两相忿争，成安君至于见杀。此二人相与，天下至欢也，然而卒相擒者，何也？患生于多欲，而人心难测也。今足下欲行忠信以交于汉王，必不能固于二君之相与也。而事多大于张餍、陈释。故臣以为足下必汉王之不危己，亦误矣。且臣闻勇略震主者身危，而功盖天下者不赏。足下虏魏王、禽夏说、诛成安君、徇赵、协燕、定齐，南摧楚人之兵二十万，东杀龙且，此所谓功无二于天下，而略不世出者也。归楚楚人不信，归汉汉人震恐，足下将持是安归乎？夫势在人臣之位，而有震主之威，窃为足下危之。"高文雄辩，至今诵之，犹令人气旺，故附记之。且以见专制国内，为人臣之难，有如此者。

又劝他说："您自认为和汉王非常友好，想一起建立千秋万世的功业，我私下认为这种想法是错误的。当初常山王张耳与成安君陈作还是平民时，两人结为刎颈之交（相当于生死之交），后来两人因事互相争执，成安君最终被常山王杀害。这两人结交之时，亲密无间，其友谊天下无人能比，然而最后却自相残杀以至死亡，这是为什么呢？这祸患就起于欲望太多，人心难测啊。现在您因为忠信而与汉王交好，肯定不会比常山王与成安君关系更紧密，而所争论的事情又往往比张餍、陈释的事重要。所以我认为您坚信汉王不会危害您是错误的。况且我听说勇猛和谋略使君主忌惮的人将难保性命，功业压倒当世的人必将得不到奖赏。您俘获魏王，活捉夏说，讨伐成安君，攻占赵国，以声威镇服燕国，平定齐国，向南摧毁楚国军队二十万，向东进军斩杀龙且，这些都是天下没有第二人可比的功绩，世间少有的谋略。如果归附楚王，楚人不会信任您；归附汉王，汉人也会害怕您。您想带着这些功业和威望怎么归附呢？处在人臣的地位，而有高于君王的名望，我实在为您担心啊。"高亢的雄才辩论，至今读诵，仍然令人精神振奋，所以把它写在这里。且从这可看出，在专制国家，为人臣子，有多么的困难。

第八章　一统后之设施

汉廷大臣，风节凛然，作法垂后。奠国家于苞桑之固，措人民于衽席之安者，其人亦不可胜数。独子房不矫矫以立异，亦不庸庸以随俗，不泥涂乎轩冕，亦不热中乎富贵；似隐非隐，似谲非谲，盖以才智自喜，而又得力于黄老之学者也。

群雄纷扰之秋，则兵强者胜矣。然高祖语项王曰："吾宁斗智，不愿斗力。"其后灭项兴刘，卒恃智而非恃力。高祖之敢为此言，盖自知己之兵力，不敌项羽，惟子房之才智，则日在高祖之心目中，虽遇失败仍隐然恃之，以为有斯人在吾终不亡。史称子房常常称病，怯弱如妇人女子，及其挥智术，运奇谋，则力扫千军而有余，非萧何、陈平所能望其项背。高祖之为人也外柔而内刚，外拙而中巧，独遇子房则质直如小儿，天真烂然，相见以诚。是盖深信子房之忠于为国，而其智又足以决事也。

汉六年，天下已平，大封功臣二十余人；未得封者，日夜争功不决。高祖居洛阳南宫，从复道望见诸将数十人，并坐沙中，指天画地，若有大事相议者。高祖甚疑之，以问子房，子房曰："陛下不知乎？此谋反耳。"

夫谋反何事，而乃聚数十人于禁近之地，倡言无隐，此虽至愚者亦不出此。子房之为此言，盖逆知革除之后，人人汉朝的大臣，风骨节操令人敬畏，行事方法留传后世。为国家奠定了牢固的根基，令百姓生活平安稳定，这种人多不胜数。唯独张良没有觉得自己不同凡响而标新立异，也不庸庸碌碌俗于众，不轻贱权贵，也不刻意巴结富贵之人；像隐居又不是隐居，像狡诈又不狡诈，这都是因为他以才智而自好，而又得益于黄老之学啊。

各路英雄互相残杀的时候，只有兵强马壮才可以取得胜利。然而高祖却对项羽说："我宁愿斗智，也不愿斗力。"后来消灭项羽兴建汉朝，他依靠的都是智慧而不是武力。汉高祖之所以敢这样说，是因为他知道自己的兵力不如项羽，但是张良的才智，却天天记在高祖的心里，即使遇到了失败，但高祖仍隐隐依靠着张良的计策，认为只要有张良在，自己就始终不会失败。历史上称张良经常称病，性格胆小的如同妇人女子，到他挥洒自己的才智，运用奇谋，则是力扫千军而绰绰有余，不是萧何和陈平可以赶上的。高祖的为人，是外柔内刚，外表笨拙而内心灵巧，唯独遇上了张良就变得质朴，如同小孩子一样天真烂漫，以诚相待。这是因为他深知张良对自己的忠心，而他的智慧又可以决定天下大事。

汉六年，天下已经平定，皇上大封功臣二十多人，其余没有得到封赏的，日夜都在争抢功劳，争执不下。刘邦住在洛阳南宫，从楼阁复道看见几十个将领，并排坐在沙地上，指天画地，好像在议论什么大事。刘邦很是疑惑，便问张良。张良说："陛下不知道吗？这是在商议谋反呀。"

他们是要谋反什么，聚集了几十个人在皇宫禁地，畅所欲言，毫不隐瞒，再愚蠢的人也不至于会这样做。张良之所以这样说，自以为有功，欲尽裂地而封之。则土地有所不给，不封则人怀反侧，早晚必有大乱，故思设法以消弭之也。高祖闻之，蹙然不安曰："为之奈何？"子房曰："陛下起布衣，与此属取天下。今陛下已为天禧，而所封皆故人，所诛皆仇怨。今军吏计功，天下不足以遍封，若辈虑陛下有意督过之，故相聚而谋反耳。今急先封雍齿。天下皆知雍齿，为陛下所怨，今且得封，余子自安然待命，无有谋反者矣。"高祖以为然，于是功臣皆安。

自来建都一事，常为有国者之一大问题。我国自开辟以来，皆建都河南。虽黄帝之都幽蓟，尧舜禹之都冀方，于今皆为河北，在昔皆为河南（郑樵《通志·都邑略》云：大河故道自碣石入海，碣石今平州也所以，幽蓟之邦，冀都之壤，皆为河南地，周定王五年以后，河道湮塞渐移南流，至汉元光三年，徙从顿邱入渤海河道遂南）。自周以来，河南之都，惟长安、洛阳；自汉晋以来，江南之都，惟金陵、杭州。然吴、越又常为偏安之首选也。洛阳据中国之中，八方之所会集，亦二千年前重要之区。高祖会诸大臣，共议定都之地。刘敬大概是预料到变革成功之后，每个人都觉得自己有功劳，都想着自己能分封到土地。但土地不能分给所有人，没有受到封赏的人肯定会有反叛的心，这样天下早晚会有大乱，所以他故意设下这个局来消除这个祸患。汉高祖听了，局促不安地问：“应该如何处置？”张良说：“陛下以平民身分起事，靠着这些人取得了天下。现在陛下做了天子，而所封赏的都是萧何、曹参这些陛下所亲近宠幸的老友，所诛杀的都是仇人。如今计算将领们的功劳，天下的土地不够一一封赏，这些人怕陛下有意责难而不封赏他们，所以就聚在一起图谋造反了。现在请赶紧先封赏雍齿。天下人都知道陛下最讨厌的就是雍齿，群臣见雍齿都被封赏，大家对自己能受封必会坚信不疑，自然就没有要谋反的人了。”于是高祖按照张良说的封赏了雍齿，群臣果然全部都安心了。

自古以来建立都城的事情，常常是国家的一个大问题。我们国家自开天辟地以来，大部分建都在河南。纵然黄帝当时建立都城在幽州和蓟州一带（劀字，后来书中记成“蓟”字），尧、舜、禹建立都城于冀方，现在都属于河北，但在古时候都是属于河南的（郑樵《通志·都邑略》说：黄河古时候从碣石入大海，碣石山位于河北省昌黎城北1公里，北京和河北的土地，都属于河南的地方。周定王五年以后，河道因为堵塞逐渐向南边流动，到了汉武帝元光三年，黄河在今河南濮阳西南瓠子决口，再次向南摆动）。自周朝以后，河南的都城只有长安和洛阳；自汉、晋以后，江南之地的都城，只有金陵和杭州。然而吴、越，又是偏安东南的小国常常选择作为都城的地方。洛阳地处中国中央，四面八方的来客汇集在这谓宜都关中，而左右大臣，皆山东人（古称太行以东诸地，为山东，非今之山东省也），多劝帝都洛阳。帝以问子房，子房谓洛阳四面受敌，非用武之国，宜都关中。西汉、全唐，我国极盛之时也，皆卜宅于长安，此亦子房佐命中之可纪者也。后世迭经寇乱，冲车所攻，矢石所集，繁华之都，划为荆榛。加以文明之会，交通之利，日趋于江海之区，而黄河流域，遂无复建都者。

【批评】

高帝项王，皆楚人。沛临淮，相去至近。二人之心，岂一日忘山东哉。羽见秦地皆已烧残，乃思东归。使其如昔日之盛，未必不都关中也。汉五年夏，虽自洛阳，驾之关中，然长安宫殿，寄治栎阳，高帝之在关中，无几时矣。五年秋，亲征臧荼，复至洛阳。六年十二月，取韩信，退至洛阳。七年冬十月，自征韩信，又自洛阳至长安。时宫阙已成，乃是栎阳徙都长安，则高帝都关中定矣。萧何未尝劝驾，而营未央宫，特为壮丽，以坚帝四迁之心，其用意深矣。

里，在二千年前就是重要之地。汉高祖面见众大臣，共同商议定都之事。刘敬认为应当定都关中，而左右大臣大多是山东人（古时候太行山以东的地方称为山东，而不是今天的山东省），多数劝皇上定都洛阳。皇上问张良怎么办，张良认为洛阳四面受敌，不是建都之地，应当定都关中。西汉和盛唐，是我国历史上的极度繁荣昌盛时期，全部定都在长安，这也是张良辅佐汉朝事件中可值得记载的。后世历经外患和内乱，这里遭冲车冲撞，箭石攻击，繁华的都城变成了荒芜之地。加上文明汇集的地方，交通便利的地方，逐渐向江海地区靠近，因此黄河流域便再也没有人在这建立都城。

【评论】

汉高祖和项王，都是楚国人。丰沛、临淮（汉高祖，沛丰邑人，因以丰沛称高祖故乡。临淮，安徽凤阳县临淮关镇），离得很近。汉高祖和项羽的心里，又怎么会有哪天忘记过山东呢。项羽见秦朝的宫室都已经被烧毁，便想着回山东。假如将这恢复它往日的昌盛，他未必不会定都关中。汉五年夏天，刘邦虽然从洛阳移驾关中，然而长安宫殿空置，政务大多在栎阳处理，汉高祖在关中的时间并没有多少。汉五年秋天，刘邦亲自征讨臧荼，又回到洛阳。汉六年十二月，攻打韩信，退回到洛阳。汉七年冬天十月，亲自征讨韩信，又从洛阳回到长安。当时长安的宫殿已建成，于是将办公地从栎阳迁移到长安，则高祖定都关中一事才定下来。萧何没有尝试过劝说高祖，只是把未央宫建得特别华丽壮观，用此来坚定高祖四次迁都的决心，其中的用意是非常深刻的。

鼎革之后，人人自以为有功，常有报者倦矣施者未厌之苦。独美国独立功成，自华盛顿以下诸元勋皆解甲归田，其平日为农者仍为农，为工者仍为工，灯前酒后，追话当年战争事，以为笑乐，未尝有责偿食报之心也。盖彼之视国事，犹家事也。家中有意外之事，子弟各弃其职业，而赴公家之难。虽已解矣，则仍各返其业，此有何责偿食报之可言。及至化家为国，则国内之事不能不有人承之。然某也贤，可当某事；某也才，可当某事，皆听国人之公举。公举及之，始不得不弃其故业，出门就道焉。此卓然平民政治之风，美之所以盛也。吾国自古以来，视官吏为一种之职业，且视为最荣之职业，故有功之人，无不欲谋充一官，以慰夙望。而聪明才智之士，皆视实业为卑陋，而不屑为。振古如兹，滔滔不返，社会安得有起色哉。

改朝换代之后，大家都认为自己有功，常常是上报功勋以求赏赐的下人都跑累了，但功臣们却还不满足。唯独美国的独立战争胜利后，从华盛顿往下的将军元勋都解甲归田，平日里做农民的还是农民，做工人的还是工人，也就在灯前酒后，追忆下当年战争的事情，当作笑话取乐，没有过想要报答的心思。因为他们都把国家的事，当成了自己的家事。家中有了意外之事，家中子弟们便都放弃了自己的职业，而赶赴公家的危难。国家的危难已经解除，他们仍各自返回自己的岗位，这又有什么要求报答的呢？等到后来把家和国联成一体，那么国内的事情就不能没有人来承担。然后某人贤能，可以做某件事，某人有才，可以做某件事，这些都要由国民来选举。大家推选了他，他便不得不丢弃原本的职业，出门踏上就职征途。这样不平凡的平民政治风气，就是美国繁荣昌盛的原因。我们国家自古以来，都把做官作为一种职业，并且看作是一种最光荣的职业，所以有功劳的人，没有不想谋求一官半职的，以满足自己的愿望。而聪明智慧的人，都把实业看作是低下的行为，不屑去做。远古以来就是如此，如滔滔之水一去不返，社会又怎么能有所起色呢？

第九章　史公作传之奇

子房一生，好为权奇倜傥之行。司马迁作文章，遇奇人奇事，又喜加意摹写。其遗传虽皆实事，而暗带小说滋味。如黄石公事其一也（见第一章）。天下既定，封子房为留侯，服辟谷药，闭门不出者岁余。然上伐代，下马邑，及立萧相国，所与从容言天下事甚多。陶宏景（梁武帝时人）好学神仙，而才可经国，时号山中宰相。李泌（唐德宗时人）志栖尘外，虽拜宰相，仍布衣。是皆追慕子房之风，而得其遗范者矣。

子房家居，有一奇事，史公不以为诞。而曲折传之者，莫如定太子一事。帝有宠姬戚夫人，生赵王如意，欲立以为太子。大臣数争之，未能定也。吕后忧之。或曰："留侯善画计，上信用之。"吕后乃使建成侯吕泽劫良曰："君常为上谋臣。今日上欲易太子，君安得高枕而卧？"子房曰："始上在患难之中，幸用臣策。今天下安定，以爱欲易太子，骨肉之间，虽臣等百人何益？"吕泽要求再三，子房踌躇久之，乃得一意外之奇策焉。

司马迁遗像

张良的这一生，喜好出谋划策且又不受拘束。司马迁写文章，遇到奇人奇事，又喜欢加一些自己的文字描述。他留下来的传记虽然都是记的实事，却又隐隐带了些小说的味道。例如黄石公的事情就是其中之一（详见第一章）。大汉基业已稳，封张良为留侯，张良修道，服用辟谷药，常一年多闭门不出。然而张良跟随汉高祖刘邦讨伐代国，用计攻下马邑，劝他立萧何为相国，和皇帝之间谈论了很多天下大事。陶宏景（梁武帝时期的人）专注于学习神仙之术，然而才能又足以治理国家，当时有“山中宰相”的称号。李泌（唐德宗时期的人）志趣都在红尘之外，虽然做官到宰相，仍然是一袭布衣的平民。他们都是因倾慕张良的作风，而得到了他遗风的人。

张良在家时，发生了一件怪事，司马迁不认为这奇怪。而事情曲折传播的，莫过如立太子一事。皇帝有得宠的姬妾戚夫人，生了赵王如意，想要立他为储君。大臣们多次进行劝阻，皇帝都不听。吕后很是惶恐。有人给吕后出主意，说：“留侯张良善长筹谋计算，皇上信任他。”于是吕后派自己的哥哥建成侯吕泽劫持了张良，说：“您经常为皇上出谋划策，是皇上的谋臣。现在皇上打算换立太子，你又怎么能高枕而卧呢？”张良说：“当初皇上在危难关头，采用了我的计谋。如今天下安定，因为喜爱而更换太子，这些至亲骨肉之间的事，即使有一百个与我一样的人进谏又有什么用？”吕泽再三胁迫，张良犹豫了很久，才将一条出人意料的妙计告诉给吕后。

有秦代遗民，曰园公、绮里季、夏黄公、角（读如六）里先生者。年老矣，隐居商山，谓之四皓。以高祖慢侮士人，故逃匿山中，义不臣汉。然帝慕此四人，恨弗能致也。子房暗属吕后卑礼厚币，使辩士邀之，为太子客。汉十一年，黥布反，上疾，欲使太子往击之。四人相谓曰："吾属之来，将以安太子也。今太子将兵，而赵王常居宫中，太子不得立矣。"乃以告吕后，吕后日夜言于上前，太子得不行，帝自将往平之。

汉十二年，上破黥布归，疾益甚，愈欲易太子，子房谏不听。偶宫中会宴，太子侍。上回顾，见太子之后，有四人从焉，须眉皓白，衣冠甚古。上怪问曰："此四人谁也？"四人前对，各言其姓名。上乃惊曰："吾求公，公避我。今公何自从吾儿乎？"四人曰："陛下轻士善骂，臣等义不辱，故恐而亡匿。今闻太子仁孝，恭敬爱士，天下莫不延颈，愿为太子死者，故臣等来。"

有秦朝的遗民，分别叫园公、绮里季、夏黄公和甪（读如六）里先生。他们年纪都大了，隐居在商山，被称为“商山四皓”。因为汉高祖对士人轻慢无礼，因此他们逃亡隐匿于山野之中，不肯做汉朝的官。然而，皇上仰慕这四人，只可惜不能得到。张良暗中叮嘱吕后不惜谦恭有礼，带着金玉璧帛，派有口才的人去邀请这四人，作为太子的宾客。汉十一年（前196年），黥布反叛，皇上得了病，想让太子率兵前往讨伐叛军。这四个人互相商议说：“我们之所以来，是为了要保全太子。如今如果太子率兵外出平叛，赵王如意经常居住在皇宫中，那太子之位就很危险了。”于是立即告诉吕后，吕后找机会日夜在皇上跟前哭诉，于是太子得以免除带兵出征，皇上亲自带兵东征平息了叛乱。

汉十二年（前195年），皇上平定了黥布叛乱后回来了，病势加重，更想尽快更换太子，张良劝谏，皇上不听。有一次，宫中设置酒席，太子在旁陪侍。皇帝回头，看到太子身后跟着四个人，须眉洁白，衣冠很有古风。皇上感到奇怪，问道：“他们四个人都是谁？”四个人向前回答，各自说出姓名。皇上非常吃惊，说：“我访求各位，各位都逃避着我。现在你们为何自愿跟随我儿呢？”四人都说：“陛下轻慢士人，喜欢骂人，我们义不受辱，所以因害怕而逃避。现在我们私下听说太子仁义孝顺，对士人谦恭有礼，天下人没有谁不想为太子拼死效力的，所以我们就来了。”

帝闻之，乃召戚夫人至，指视四人而语之曰：“我欲易之，彼四人为之辅。羽翼已成，难动矣。吕氏真乃主矣。”戚夫人涕泣，上为作楚歌以解之。

高帝崩，惠帝即位。吕后心感子房，强劝之食，曰：“人生一世，如白驹之过隙，何自苦如此。”子房乃自叙其生平曰：“家世相韩，及韩灭，不爱万金之资，为韩报仇，天下震动。今以三寸舌为帝者师，封万户侯，此布衣之极，于愿足矣。愿弃人事，从赤松子游耳。”

读史者至今有一疑问，则子房所云之赤松子，不知何许人也。今考刘向《列仙传》，赤松子从神农时服水土而为雨师，数往来昆仑山。止西王母石室中，随风雨上下。已而少女追之，俱与仙去。其说甚无稽也。而子房者智术过人，其于天下之故抑了然矣。岂不知世之所习神仙者，幻而非真者耶？何至于弃人间事，举其身而从之游？从之游矣，而向之所谓昆仑石室者之深，王母少女者缥缈霞矫之佩，抑尝与之相及上下乎否也。

司马迁《留侯世家》，记子房以吕后时薨，谥曰文成侯。

皇帝听了后，召唤戚夫人过来，指着那四个人对她说道：“我想更换太子，但是他们四位高士都来辅佐太子。太子的羽翼已经丰满，难以撼动。吕后确实是你的主子啊！”戚夫人听了失声痛哭，皇上为她唱楚歌才得以化解。

汉高祖驾崩后，汉惠帝继承大统。吕后感激留侯，便竭力劝他进食。说：“人生一世，时光有如白驹过隙，何必这样苦了自己呢！”留侯于是说了自己这一生的过往，说：“我家世代为韩相，到韩国灭亡，不惜万金家财，为韩国向强秦报仇，天下为此震动。如今凭借三寸之舌做了帝王的老师，封邑万户，位居列侯，这对一个平民来说已是极致了，我已经非常满足了。我愿丢却人世间的事情，随赤松子去云游。”

熟读史书的人到今天还有一个疑问，就是张良口中所说的赤松子，不知道到底是谁。如今考证刘向所撰的《列仙传》，可知赤松子是相传为神农时的雨师，服食水土，经常去往昆仑山。在西王母的石室里歇息，随风雨自由上下。不久炎帝的小女儿曾跟随他，亦成仙飞升而去。这种说法真是无稽之谈。而张良的聪明才智、计谋都过人一等，对当时天下之事都已看开了，又怎么会不知道世上所修炼神仙的，都是幻象而不是真的呢？又怎么会抛却功名利禄，而全身心随赤松子去云游四方呢？就算张良跟随赤松子去云游，与刘向所说的昆仑山石室之深，王母娘娘侍女在缥缈霞高举玉佩，或许不相关了吧？

司马迁撰的《留侯世家》，记载了张良在吕后当政时就死了，子房始所见下邳圯上老父与书者，后十三岁，从高帝过济北，果得谷城山下黄石，取而宝祠之。及子房死，并葬黄石。每上冢伏腊，祠黄石。子房之为人不以此重，而史公之好奇，有如此者。

四皓，《史记》著其别号而已。陶潜《群辅录》云，园公姓唐名秉，字宣明，陈留襄邑人，自注见《陈留志》。夏黄公姓崔名廓，字少通，齐人，自注见崔氏谱。余亦仅载别号。今商州金鸡原有四皓庙，蒙按四皓固实有其人，惟子房之有无此事，实不可知。即有之，则入侍太子者，必伪四皓也。盖子房利用其名，以起高帝之敬，而定储君之位。不然，四皓高士，太子之定否，何与乃公事，乃翩然来仪，堕其高节也哉。

专制之国，以天下为私产，故异己者必锄而去之。谋臣猛将譬之走狗，事急则惟恐其不至，事过则惟恐其不去。昔人所以有“狡兔获，良犬烹”之叹也。汉灭楚，醢淮阴、梁王，杀九江王；酂侯与帝患难交也，然又不免系囚。子房之智，早已见之，特寄意赤松子，数称病辟谷，内以明其澹泊宁静之风，而使之不吾虑，外以远其割裂山河之嫌，而使之追封谥号文成侯。张良年轻时在下邳圯上遇到的送给他书的老人，十三年后，跟随汉高祖经过济北时，果然在谷城山下找到了黄石，拿了回去放在祠堂郑重拜祭。在张良死后，一并下葬。他的家人每次上坟伏腊祭祀时都会拜祭黄石。张良并不看重这个，而太史公对此的好奇，竟然到了如此地步。

四皓，《史记》中记载的只是他们的别号而已。陶潜《群辅录》中有记载，园公姓唐，名为秉，字宣明，是陈留襄邑人，详见《陈留志》；夏黄公本姓崔，名为廓，字少通，是齐国人，详见《崔氏谱》；其余的也仅仅是记载了别号。现在在商州的金鸡原有四皓庙，我个人认为"四皓"是确实有这四人，只是张良当时到底有没有让吕后去找这四个人，实在是无从得知。就算是有，那么辅佐太子的，必定是假的四皓。大概是张良利用四皓的名气，来引起汉高祖对他们的尊重和重视，而确定太子的位置。不然的话，四皓是高义之士，太子之位是否稳固，为何他们会来参与这样的公事？他们如此翩然来仪，实在是降低了自己的高尚节操啊。

封建专制国家，将天下当作个人的私有财产，因此对与自己思想不统一的人一定会排挤掉。在皇上眼中，谋臣猛将就像走狗一样，遇到急事时就担心他们不来，待事情处理好后又怕他们占居高位不走。这才有了古时候人所说的"兔死狗烹"的感慨。汉灭了楚后，便杀害了淮阴侯韩信、梁王彭越，以及九江王英布，萧何与汉高祖是患难之交，也免不了被囚禁的命运。以张良的机智，早就预料到了，便特意托辞说随赤松子修道，多次称病辟谷，对内以不吾忌。此其所以独脱于虎口，而进则与他人同其功，退则不与诸人同其患也。岂果有神仙哉。

表明其恬淡寡欲，不追求名利，喜好清静，让皇上不会对自己有所忧虑；对外远离了叛国分裂的嫌疑，使皇上对他不会有顾忌。这也是他最终能得以幸免，但在成功时能与其他人一样获取功劳，退隐时又能避免像其他人一样惨遭祸患的原因。又怎么会真有神仙呢！

少年叢書

文白对照本

马援

孙毓修◎著

团结出版社

图书在版编目（CIP）数据

少年丛书 / 孙毓修编. -- 北京 : 团结出版社,2015.7
ISBN 978-7-5126-3662-0

Ⅰ.①少… Ⅱ.①孙… Ⅲ.①名人—生平事迹—世界—少年读物 Ⅳ.①K811-49

中国版本图书馆CIP数据核字(2015)第130183号

出版：团结出版社
（北京市东城区东皇城根南街84号 邮编：100006）
电话：(010) 65228880 65244790 （传真）
网址：www.tjpress.com
Email：65244790@163.com
经销：全国新华书店
印刷：三河市祥达印刷包装有限公司
装订：三河市祥达印刷包装有限公司

开本：148×210 1/32
印张：128
字数：1500千字
版次：2015年12月 第1版
印次：2016年4月 第2次印刷

书号：978-7-5126-3662-0
定价：490.00元（全28册）

少年叢書

《少年丛书》白话语译编委会

出版前言

近代著名思想家、政治家梁启超曾经说："少年强则国强，少年智则国智，少年富则国富，少年独立则国独立，少年自由则国自由，少年进步则国进步，少年胜于欧洲，则国胜于欧洲，少年雄于地球，则国雄于地球。"这是他的散文《少年中国说》中的一段，作于戊戌变法失败后的1900年。文中极力歌颂少年的蓬勃朝气，指出封建统治下的中国是"老大帝国"，热切希望出现"少年中国"，振奋人民的精神。

或许是受到梁启超先生的感召，1908年冬天，上海商务印书馆编译所推出了一套系列丛书——《少年丛书》，又名《中外伟人的传略》，这是二十世纪中国的第一部历史人物类学生课外阅读丛书。首任编辑和作者是林万里，第二任编辑是孙毓修，孙毓修是这套丛书的主要作者，后期加盟写作的骨干还有国学大师钱智修。他们都博览中外，以精准而严格的眼光审视中外古今文化资源，选取其中有益于

少年儿童精神世界的材料，予以整合，编写成册。这套书出版以后，广受少年儿童的欢迎，每册前后加印达几十次，若整套书累计，恐怕达到数百次之多，发行量之大，影响力之广，在二十世纪的人物传记类图书中堪称罕见。

《少年丛书》前后出版了近三十余种，每一册传主为一位中外历史名人。我们在全国各地经过多方的搜寻，共得二十八册，其中中国名人十五位，外国名人十三位。每篇先叙述名人的生平传记，后加以作者的评论，根据时事，启发少年，借以激励少年树立远大志向，明确奋斗目标，成就健全人格。著名作家茅盾在阅读这套书后曾评论说："记事简明，议论正大，阅之足以增长见识，坚定志气。"这套出版之初即为砥砺少年志向的书影响了当时无数少年儿童由此走上振兴中国之路。著名作家张天翼、赵景深、陈伯吹等，都曾深受这套书的影响。

《少年丛书》的三位作者，都是当时学贯中西的通儒，不仅有深厚的国学功底，也有睁眼看世界的非凡眼光。撰写本套书册数最多的孙毓修先生，他是我国近代著名的目录学家、藏书家、图书馆学家。他同时还创作了大量的儿童文学作品。除了《少年丛书》，他还先后主编出版《少年杂志》、《童话丛书》等，被茅盾誉为"中国童话的开山祖师"。

另一位作者钱智修，浙江嵊县人，字经宇，是著名的国学大家，博古文学家，东方学派思想家。他在学时，就以"国学国文湛深，文章洛阳纸贵"赢得尊敬，并被上海多家进步报馆争揽为特约撰稿人。1911年毕业后，他应编译所长高梦旦之聘，担任商务印书馆编

译所编辑。1920年7月他任《东方杂志》主编，长达12年，是该杂志有史以来任期最长的主编。他还参与编辑《辞源》及《中国人名大辞典》、《中国古今地名大辞典》。1931年任国民政府监察院秘书长。

第三位作者林万里是民国年间著名的报人，原名獬，又名白水，字少泉。他幼承家学，又拜名士高啸桐（商务印书馆创始人之一）为师。清光绪二十四年(1898年)，他在杭州参与创办求是书院、养正书塾、东城讲舍、蚕学馆4所新式学堂，任求是书院总教习；后任《杭州白话报》主笔，宣传新思想。光绪三十年(1904年)，他出任《警钟日报》主编，宣扬孙中山及其领导的革命，后追随孙中山。帝制取消后，林万里重操新闻旧业，创办过多份报刊。

鉴于每位作者独有的知识结构和兴趣热点，每位编者对人物都有自己的选择。孙毓修所撰写的大部分是中国历史名人，而且写作的视角也非常独特，如其所写的《玄奘》是一个历史人物，而不是《西游记》中的唐僧。现代的普通读者对玄奘的了解绝大部分是来自于《西游记》等小说，而历史上的真实情况却鲜有人知——玄奘取经并非唐太宗支持，相反还受限于当时的法令，他冒着生命危险才得以出境。这就需要有人为读者打开另外一扇窗户，还原真实的玄奘，而不是小说中的文学形象。茅盾先生对孙毓修所写的《玄奘》评价很高："可以说是内容翔实，深入浅出，既宜于少年阅读，也使成年人增加历史知识。"再如《苏秦》，作为一位著名的辩士，《史记》必然为之列传。孙毓修在写苏秦游说各国发言的时候采用了《史记》中记载的史料，而在后面的评论部分对苏秦的表现作了恰当的点评，分析苏秦游说秦、燕、赵、韩魏、齐楚的过程，阐述了苏

秦辩术策略的不断提高。对于国外人物的选取，孙毓修也是偏爱励志型的，如德谟士，从一个小人物成长为大演说家；彼得大帝，从受制于人，成为欧洲赫赫有名的皇帝。

另一位作者钱智修，先后写有《林肯》、《苏格拉底》、《拿破仑》等，这些都是西学东渐后中国人十分崇仰的外国名人。值得注意的是，钱智修秉承严复所主张的信、达、雅翻译原则，特别讲究传记所含的真实性。他所抒发、张扬的传主虽然都被列为人们仿效的楷模，写法却不做作，更没有为了塑造人物形象而更改史实。

林万里所写的外国传记和钱智修的作法大致相近，即在第一章抒发己之传记宗旨，后文谈及传主读书之术、治学之道与其行事风格，并进行了点评。此外还有其他人关于传主的言论，更有编译者自己的评论，以引导少年儿童正确地学习和借鉴，而不是一味盲从。

《少年丛书》的最大特色，就是“记事简明，议论正大”。书中除了记叙人物的生平故事之外，作者的评论也让这套书大为增色。其议论宏富，既能够结合少年的成长特点，指明如何学习书中人物的优良品质，也指出了其中的不足之处，对于引导少年如何立志修身，大有裨益。

这套书的另一大特色，就是全部用文言文写作，语言凝炼，文笔流畅，保持了中国传统作史传的鲜明特色。当时，白话文风已经悄然兴起，而作者能够不从时髦，采用文言写作，甚为难得。以至我们今日再读此书，依然能够体味到文言笔法的无穷魅力。然而考虑到近百年来，国人的文言文水平已经一落千丈。今日的大部分少年，阅读文言文尚有一定困难，因此我们特别组织人员，将全套书进行了

白话翻译。尽管我们做了最大的努力，文言文的神韵依然是难以用白话表达出来。因此，我们希望少年朋友通过阅读这套书，体会文言文的独特魅力，进而热爱和学习文言文。

《周易》有云："君子以多识前言往行，以畜其德。"说的就是多学习古人的嘉言懿行，对我们修身立德至为重要。古人尝言："童蒙养正，少年养志，壮年养德。"少年时期是人生至为关键的时候，这个时期树立什么样的志向，以什么样的人为榜样，往往会决定一个人未来的人生成就。而一个人少年时期读的书，也足以改变他的一生。在今日少年课外读物良莠不齐的状况下，《少年丛书》堪称鲜有裨益少年的优秀读物。若今日的少年，能够认真研读这套《少年丛书》，对于树立远大志向、培养健全人格、完善道德情操将大有裨益。或许，今日的风华少年，即是将来成就伟业的千古豪杰、泽被世人的大圣大贤。勉哉！勉哉！

为什么要读名人传记

——《少年丛书》白话语译序

我从小很喜欢读书，可是，因为身处偏僻山村，小的时候却无书可读。那个时候，家中只有父亲买的一本《古文观止》，儿时翻阅过无数次，虽看不太懂，却记忆深刻。有人说，儿童时期读的书，一生也难以忘记。此言确实不虚。

没有想到的是，儿时无书可读的我，日后竟然投身于出版业。今天，我国的出版业已经非常发达，给少年儿童读的书也非常多。可是，若细心寻求，真正的好书却是少之又少，尤其是给少年儿童介绍历史文化的书。

一个偶然的机会，我们与这套百年前的《少年丛书》结缘，这套当初专为少年而写的中外名人传略，让我眼界大开，没想到，百年前的前辈们，竟给少年们创作出如此优良的传记读物。要知道，给少年

儿童写作，比给成年人写作更难，尤其是给人物作传，既要符合历史史实，不可随意编撰，又要注意引导青少年如何取其长，避其短，以免误人子弟。因为，作为历史人物，不可能处处皆堪为今人楷模。这就需要作者要极富有爱心、责任心和严谨精神，才能让读者从中获得纯净的人生智慧。可以说，目前各种写给青少年的人物传记，很少能与这套《少年丛书》相提并论的。

这套书中的二十八位中外名人，大多数是我们耳熟能详的人物，但是对于他们的生平事迹，也许就知之甚少了。读了他们的传记，方知欲为圣贤豪杰，需下一番苦功夫才能有所成就。“人人皆可为尧舜”，说的是我们每个人都有成圣成贤的资质，然而虽有圣贤之资，也需后天的不懈努力，方能成就一番伟业。所以，这一套书作者的目的并不仅仅是让读者了解一下名人轶事，而是以伟人的事迹启迪和激励少年朋友，树立人生的志向，汲取这些英雄豪杰的人生智慧，修身立德，练就自身本领，最终成为造福国家和社会的有用之才。

这套书虽然是写给少年看的，并不意味着就不适合大人阅读。大作家茅盾就曾大力推荐这套书。现在的青年人，乃至家长、老师，若能读读这套书，对于人生事业，教育子弟，也是大有益处的。可以说，这是一套老少皆宜的好书。

《少年丛书》在当时之所以大受欢迎，销量巨大，也不是没有原因的。这套书每册文字量不大，文笔流畅，史实可靠，评议精彩，这都是许多普通名人传记所不具备的。因此，这套书深受读者欢迎，也就不难理解了。

读名人传记，重在学习名人的智慧和经验。正如文天祥所说，

“人生自古谁无死，留取丹心照汗青”。人生有涯，知也无涯，如何在有限的生命里寻求到人生的价值，获取人生的智慧，而不浪费光阴？《少年丛书》中的这些圣贤豪杰，就是我们的榜样。他们身上伟大的人格，比如孝友、善良、爱心、坚毅、勇敢等等，这些人性的光辉，都是我们的学习之处。

我们用了近一年的时间，将这一套书作了白话语译，希望今天的少年们，能够喜欢阅读并且从中汲取智慧。若能让每一位读者都能够有所收获，那就不负当初写作这套书的三位老前辈的一片苦心，而我们的工作也就没有白做了。

这一套书规模宏大，在校对和语译的过程中，难免会有错误，恳请广大读者不吝指正。

《少年丛书》语译小组　主编　萧祥剑

目录

第一章 家世及少年状况

汉显帝永平中，追感前世功臣，乃图画邓禹以下三十二人于南宫云台。论者至以诸人上应列宿（古代天文学分周天之星为二十八宿。四方各有七宿，东方角、亢、氐、房、心、尾、箕；北方斗、牛、女、虚、危、室、壁；西方奎、娄、胃、昴、毕、觜、参；南方井、鬼、柳、星、张、翼、轸），其说虽不可信，然咸能感会风云，奋其智勇，亦各志能之士也。而马援雍容儒雅，外建功业，内笃行谊，可谓完人以。顾以椒房之亲（援女为显帝皇后），独不得与于云台之列。东平王争之而不从（东平王苍观图，问于帝曰："何故不画伏波将军像？"帝笑而不言），岂非遗憾耶？

援字子渊，其先出于赵奢，故将种也。奢为赵将，赵惠文王崇其功，赐爵号为马服君，言能服驭马也，子孙因以为氏。援祖父当西汉武帝时，以吏二千石自邯郸徙居茂陵之成懽里（茂陵故城在今陕西兴平县东北），遂为三辅人（汉以京兆、左冯翊、右扶晟为三辅，今陕西关中道之地）。曾祖父通，以功封重合侯。

东汉永平（汉显帝年号，公元58年–75年）年中，汉显帝为追感前代东汉江山的开拓功臣，便命令工匠在南宫的云台上刻画了邓禹等32名优秀将领的图像。论述者认为这些伟人应该对应天上的28星宿（古代的天文学家把整个天空中的恒星分为二十八星宿。四方各有七个星宿，分别是东边的角、亢、氐、房、心、尾、箕；北边的斗、牛、女、虚、危、室、壁；西边的奎、娄、胃、昴、毕、觜、参；南边的井、鬼、柳、星、张、翼、轸），这种说法虽不可信，但我们借此却能切实感觉到这些被刻画纪念的文武功臣，生前奋勇卫国，各展其能的情景，也能感觉出他们都是志向远大、才能高卓的人。而同时代的马援，雍容尔雅，在外建功立业，在内行为淳厚，纯正踏实，可称得上是个完美的人。但因他是皇后的父亲（他的女儿是汉显帝皇后），为了避嫌，唯独没能列入云台功臣之中。东平王刘苍为此提出争议，显帝没有听从（东平王即光武帝之子刘苍，封在山东东平县，他欣赏了云台上的图画后，问汉显帝："您为什么不画马伏波将军的像呢？"皇帝笑而不答），这难道不是一件憾事吗？

马援，字子渊，他的祖先是战国时期赵国名将赵奢，是武将世家出身。赵奢是赵国将军，赵惠文王尊崇他的赫赫战功，赐予他爵号马服君，取能够驯服、驾驭马匹之意，其子孙后代因此沿用"马"姓。汉武帝时，马援的祖父是郡县太守，从邯郸迁徙到茂陵的懽里乡（茂陵的旧城城址在现在的陕西平县东北一带），成为了三辅人（三辅，指西汉时治理京都一带的三位官员京兆尹、左冯翊、右扶晟，后来用三辅来指代他们管辖的地区，今陕西关中道一带）。马援的曾祖父马通，因为功劳被封为重合侯。

武帝时，皇太子据杀使者江充（事在武帝征和二年，太子败自杀）。充有友马何罗者（马，《汉书》作“莽”，“莽”、“马”音同，古文通用），重合侯通之兄也。充既诛，何罗惧罪及已，谋反伏诛，而通亦并坐。故援再世不显。

马仲生四子：况字君平，余字圣卿，员字季主，季即援也。三兄并有才能，仕于王莽。况河南太守，封穷虑侯；余中垒校尉，封致符子；员增山连率。援年十二而孤。少有大志，诸兄奇之。比长，长七尺五寸，色理、发肤、眉目、容貌如画。汉人尊经学，又重师门。援师事颍川蒲昌（昌字君都，受诗于匡衡，为詹事），受《齐诗》（汉时《诗经》立学官者有齐、鲁、韩、毛四家，今惟《毛诗》存），但通其意而不守章句。盖与诸葛孔明但观大意，陶元亮不求甚解之趣相同。彼之于书，别有会心，而岂若经生家之寻行数墨哉？

时同里朱勃（字叔阳），年十二，能诵《书》、《诗》。常候援兄，衣方领，能矩步，辞书娴雅。援裁知书，见之自失。况知其意，乃酌酒慰援曰：“朱勃小器速成，智尽此耳。卒当汉武帝时，皇太子刘据诛杀了绣衣使者江充（这件事发生在汉武帝征和二年，以太子刘据的失败自杀告终）。江充有一个叫马何罗的朋友（马，在《后汉书》中写作“莽”，这两个字发音相同，在古文中通用），也是重合侯马通的哥哥。江充被诛杀后，马何罗害怕波及自己，因而谋反，后来事败被诛，而马通也遭受牵连，被判处死刑。所以到马援这一代时，家世不显。

马援的父亲马仲有四个儿子：大儿子马况，字君平；二儿子马余，字圣卿；三儿子马员，字季主，小儿子就是马援。马援的三个哥哥都很有才识，都在王莽手下为官。马况为河南太守，被封为穷虑侯；马余是中垒校尉，被封为致符子；马员担任增山连率。在马援十二岁的时候，父亲去世。他年少时就心怀远大志向，三位兄长很是惊奇。等到马援长大，他身高七尺五寸，俊美得像一幅画，上下没有一丝瑕疵。汉朝的人重视经学，又看中师门出身。马援师从颍川的蒲昌（蒲昌，字君都，随匡衡学习《诗经》。当时任詹事一职），学习《齐诗》（汉朝时研究《诗经》的学官分为齐、鲁、韩、毛四家，现在只有《毛诗》流传至今），马援只通晓了诗的含义，却没有拘泥于章节句式。这大概和诸葛亮读书只看大意，陶渊明学习不追求完全知晓类似吧。但他看书写文章，常有特别的领悟，怎么会跟那些专在文字上下功夫的经学家一样呢？

当时同乡的朱勃（朱勃，字叔阳），年纪只有十二岁就可以朗诵《尚书》、《诗经》。朱勃常常来看望马援的兄长，衣着得体大方，步行规规矩矩，言辞文雅，书法美观。马援刚刚知道一点读书的

从汝禀学，勿畏也。”（后朱勃未二十出试，渭城宰。及援为将军封侯，而勃位不过县令）

三兄年事既长，早出为吏。援以家用不足，久学且耗兄产，乃辞况，欲就边郡田牧。况曰：“汝大才当晚成。良工不示人以朴（朴玉之在石中者，言未琢，而求售，良工不为；未学而入世，良士不为也）。且从所好（从其所请也）。”援既得兄之许可，将行，而况卒。援行服期年，不离墓所。敬事寡嫂，虽在闺内，必衣冠然后入见。其笃于内行如此。

援在乡里，早已知名。或荐援有大略，由是为郡督邮（官名。汉置为郡守佐吏，主督察属县。惩尤，“邮”即“尤”之借字也。有东西南北中部谓之五部督邮）。送囚至司命府（王莽置司命官上公已下皆纠察），囚有重罪，援哀而纵之，遂亡命北地。夫囚逃且不可，况故事，看到了朱勃感到惭愧沮丧。兄长马况知道马援心中的想法，就一边喝酒一边安慰他说：“朱勃只是有点儿小才能，进步得快，他的智力水平到这也就是尽头了。最后他还会向你学习，你根本不要畏惧他。”（后来朱勃没有到二十岁通过考试，主管渭城；马援当了将军，封了侯位时，朱勃还是一个县令）

马援的三个哥哥年纪大了，他们早早在外当官。马援因为家用不足，学习时间长且还耗费了各位兄长的钱财，便辞别了大哥马况，打算到郡县边境上种田放牧。马况说：“你有渊博的才识，一定会大器晚成。手艺高明的工匠不会把没有雕刻过的璞玉直接拿出来卖（朴玉，指没有雕刻过的玉石，手艺高明的工匠不会出售它；没有学成就去做官，讲诚信的士人不会这么做）。现在且去做你喜欢的事吧（听从他的请求）。”马援得到大哥马况的准许，准备动身时马况却去世了。马援在家服孝一年，没有离开过马况的墓地。他对待嫂子很敬重，即使是在家中，也穿戴好衣帽才去见她。马援在家中就是这样严格遵守礼节。

马援在邻里乡间很早就有名声。有人觉得他有雄才大略推举了他，因此他当上了郡城督邮（都督，官名。汉朝时设置，辅佐郡守的官职，主要负责监督、视察附属县城方面的事。罪过又称为“愆尤”，督邮的“邮”就是“尤”的借字。按照各自负责的地方不同，分为东南西北中五部分，称之为五部督邮）。一次他押送囚徒到司命府（王莽称帝的时候设置司命官，负责纠察上公以下的所有官员），囚徒犯有重罪，马援同情他，把他放了，于是弃官逃往北地。押送的囚犯私自逃跑了，官员都要承担责任，况且是故意放走，难道马援不

纵之，援岂不知以此且获罪？徒见囚觳觫而就死地，心实不忍，乃不顾己之利害，决然为之。观过知仁，其此之谓夫！

后遇赦，遂复自由。先是援亡命北地，寄居任氏。任氏业牧畜，援乐之，不即返里。自援祖宾，本客天水，父仲又尝为牧帅，是时兄员为护苑使者。北地故多宾客、故人，皆敬援声望，多归附之，遂役属数百家。转游陇漠间，尝谓宾客曰："丈夫为志，穷当益坚，老当益壮。"因处田牧，至有牛马羊数千头，谷数万斛，既而叹曰："凡殖货财产，贵其能施赈也，否则守钱虏耳。"乃尽散以与昆弟故旧，而身衣羊裘皮绔（羊裘皮绔，盖古贫士之服）。

【批评】

云台二十八将者：邓禹、马成、吴汉、王梁、贾复、陈俊、耿弇、杜茂、寇恂、传俊、岑彭、坚镡、冯异、王霸、朱祐、任光、祭遵、李忠、景丹、万修、盖延、邳彤、铫期、刘植、耿知道自己会因此获罪吗？只是因为看到囚犯在被押送到行刑场的路上害怕得发抖，于心不忍才不顾自己私人的利害关系，坚决做了这件事。观察他所犯的这些过失，就能知道他是个有仁德的人，马援就是这样的人啊！

后来马援被赦免，恢复了自由。在此之前他逃亡到了北地，寄居在任氏一家中。任氏一家从事畜牧，马援很乐于这项工作，所以被赦免后没有即刻返回故乡。马援的祖父马宾，本就客居在天水，父亲马仲也曾经在这里担任牧帅，那时候兄长马员是护苑使者。所以在北边有很多他们一家的门客、故人，大家都敬重马援，大多归附他，于是马援渐渐管理了好几百户人家。马援带着这些人游牧于陇漠一带，曾经对门客说："大丈夫的志向，在走投无路的时候更加坚定，年华不再的时候更加壮大。"他就在这里住下种田、畜牧，渐渐发展到有数千头牲畜，数以万计的粮食，他看到这样的景致，叹道："凡是干养殖、商贩这一类赚钱的事，贵在能够施舍救济于人，否则就是一个守财奴而已。"他就把全部的家产分给兄弟姐妹、邻里之间，自己仅仅穿着破旧皮衣（羊裘皮绔，指古代贫困人的衣服）。

【评论】

云台二十八将，分别是邓禹、马成、吴汉、王梁、贾复、陈俊、耿弇、杜茂、寇恂、传俊、岑彭、坚镡、冯异、王霸、朱祐、任光、祭遵、李忠、景丹、万修、盖延、邳彤、铫期、刘植、耿纯、王常、

纯、王常、臧宫、李通也，后又益以马武、窦融、刘隆、卓茂四人。合三十二人。

世有恒言曰："血性男子。"血性即天性也。人生必有血性流露处，方是男子。父子、昆弟、朋友之间，最足观人，若此处不见血性，决不是男子。马援，英雄也，非讲学家也。然其事兄也如事父，事寡嫂也如事兄，门内之行笃矣。及为督邮，释放死囚，虽罹重罪而不顾。此以门内之行，推之于外也。其后建不世之勋，成奇伟之人，何一非由血性二字做起？

马况落落数语，真挚可感，今人喜逸恶劳，崇虚厌实。有子弟者，惟望早入仕途，早得浮名。谁愿其远至边郡，就畜牧之业哉？孰得孰失，知者当能辨之。

马援以羁旅之身，而能致富，其才不可及。聚而能散，其识尤不可及。

臧宫、李通，后来又纳入了马武、窦融、刘隆、卓茂四个人。总计32人。

世上有句老话："血性男子。"血性就是天性。一个人必须有血性流露，展露出他正直的天性，这才是男子汉。通过父子、兄弟、朋友关系间，最容易看到一个人的本质，如果这里还是看不到血性，那他绝不是男子汉。马援说得上是一位英雄，而不是讲学家。虽然如此，他还是严格遵守礼节，侍奉兄长和孝顺父亲一样，对待嫂子也像对待兄长，在家里行为淳厚踏实。到了担任督邮时，释放死罪的囚徒，即使是判重罪也不顾。这就是把家庭中的行为准则，推广到外。马援后来建立了万世功业，成为了一位雄奇伟大的人，哪一点不是来源于"血性"二字呢？

兄长马况开导他说的寥寥几句话，感情真挚动人；现在的人好逸恶劳，崇尚虚无，厌恶脚踏实地。家长都惟愿孩子早点步入仕途做官，早点追求到名声。有谁愿意到偏远的边疆，从事畜牧养殖？当官追求名利，还是到边疆磨练意志，这两者孰得孰失，智者应当好好分辨。

马援漂泊在外，却能够发家致富，他的才能没人能及。等到致富后又把财产分发出去，他的境界更是无人可及。

第二章 初见光武

承平之世，怀才者限于门第，用人者拘于资格，智能之士，不得志于有司，老死草泽者，往往而有。鼎革之际，八方云扰，屠沽之雄，亦得乘时崛起，云起龙骧，化为侯王。马援浮沉边郡，虽大才终非久困者，而际遇未至。与木石居，与鹿豕游，盖不胜士不遇之感。未几而真人崛起（光武初，起应图谶为白水真人，帝名秀，字文叔，高祖九世孙），天下多故，豪杰立功之秋至矣。

王莽阴移汉祚（汉孺子婴初始元年十二月，王莽自称皇帝，国号曰“新”，汉亡），四方兵起。莽从弟卫将军林，广招雄俊，乃辟援及同县原涉（涉字巨先）为掾（音“砚”，古佐贰官之通称），荐之于莽。莽以涉为镇戎大尹（王莽改天水为镇戎，太守为大尹），援为新成大尹（莽改汉中为新成）。及莽败，援兄员时为增山连率（莽改上郡为增山。连率亦太守也。莽《法典》：郡者公为牧，侯称率，正伯称连率，其无封爵者为尹也），与援俱去郡，复避地凉州（今甘肃武威县西）。闻光武即位，汉室再兴。员先诣洛阳，帝遣员复郡，卒于官。援因留西州（今太平年代，有识之士受门第家族限制，而用人者又拘泥于出身，使有才智之人无法得到任用，郁郁不得志，最终老死于村野。这样的不幸常有发生。改朝换代的时候，国家风起云涌，出身市井的雄才，也得以趁机崛起，云起龙骧，化为侯王。马援在偏远的郡县里沉沉浮浮，或得意或失意，虽然他也有雄才大略，不会长久困在民间，但是时机未到。他住在草木丛生、乱石堆积的野外，和野鹿、野猪一同生活，常有怀才不遇的痛苦之情。没过多久光武帝刘秀自称真人兴起发兵（当初东汉光武帝为了顺应迷信预言，在白水乡起兵，称白水真人。光武帝刘秀，字文叔，是汉高祖九代孙），天下开始扰动不安，豪杰争相立功的时机到了。

西汉末年，王莽改制，篡夺帝位，结束了西汉统治（初始元年十二月，王莽篡权自称皇帝，国号“新”，结束了大汉统治。初始，汉孺子刘婴皇帝的年号），反叛之兵四起。王莽的堂弟王林当时是卫将军，他广交各路英雄豪杰，就任命马援和同县的原涉（原涉，字巨先）为掾（掾，发音和砚相同，古时统称所有的附属官员），把他们推荐给王莽。王莽任命原涉镇戎大尹（王莽把天水改称镇戎，太守改称大尹），马援为新成大尹（王莽把汉中改称新成）。王莽失败时，马援的兄长马员是增山太守（王莽改称上郡为增山。连率指的也是太守。在王莽的《法典》中规定，郡守称牧，侯爵是率，正伯是连率，其中没有封爵的为尹），他和马援一起离开了自己管辖的郡县，再次到了凉州（今甘肃武威县西部）。他们听闻光武帝刘秀即位，大汉复兴。马员就先到洛阳，光武皇帝派遣马员再去治理原来的郡地，最终逝世于任上。马援就留在了西州（在今甘肃甘肃天水县西南)。

隗嚣(字季孟)据天水(汉郡,治平襄,故城在今甘肃通渭县),自称西州上将军,三辅士大夫避乱者多归之。嚣倾身引接,为布衣交,由是名震西州(今甘肃西部),闻于山东(以太行山以东也)。援往归之,嚣甚敬礼,以为绥德将军,与决筹策。是时公孙述据蜀(述字子阳,扶风茂陵人。初为清水长,有能名,迁导江卒正,治临邛。南阳宗成等起兵徇汉中,以应汉众数万人。述遣使迎之,成等至成都虏掠暴横。述谓郡中豪杰曰:"天下同苦新室,思刘氏久矣。故闻汉将军到,驰迎道路。今百姓无辜而妇子系获,此寇贼,非义兵也。"乃诈为汉使者,拜述将军兼益州牧。击成,杀之而并其众),嚣使援往觇之。援素与述同里衎(衎,里门也)相善,以为既至,当握手欢如平生,乃竟不然。述闻援至,盛陈陛卫,以延援入,交拜礼毕,使出就馆,更为援制都布单衣(单,古与"禅"通。《凡将篇》曰:黄润

天水县西南一带)。

隗嚣(字季孟)据守在天水(汉朝时的郡城名,管辖平襄一带,郡城旧址在今甘肃通渭县),自称为西州上将军,三辅一带的士大夫逃避战乱的大多归附了他。隗嚣恭敬地接待了他们,不论地位高低,结为布衣之交,因此隗嚣在西州一带名声大震,连太行山东部(古代指太行山的东部)一带也有传闻。马援归附了他,隗嚣对他十分敬重,拜为绥德将军,跟他一起筹划决策大事。当时公孙述占据着巴蜀(公孙述,字子阳,扶风茂陵人。最初是清水县令,因为治理郡县才能突出,升为导江太守,治理临邛一带。南阳人宗成在汉中起兵,响应宗成的达数万人。公孙述派遣使者迎接他们,宗成他们到了成都后掠夺百姓,强横霸道。公孙述就对郡城中豪杰说:"天下痛恨王莽新朝,思念大汉已经很久了。所以老百姓听到大汉将军到了,都夹道欢迎。可是现在百姓遭受无辜,妇女小孩被抓,可见这是贼寇,不是义兵。"于是公孙述诈称自己是大汉使者,是将军,兼任益州牧。他率军讨伐并诛杀了宗成,收编了他的军队),隗嚣派遣马援到蜀地暗地视察情况。马援和公孙述是同乡人(衖,里门,古代五家为邻,五邻为里),一向关系深厚,他以为到了那,公孙述会和他握手谈笑,就像平常一样,没想到最后不是这样。公孙述听到马援来了,摆出庞大的卫队迎接马援,引导马援入宫相互行拜礼后,送他到宾馆,公孙述更是为马援用蜀地优质布料缝制了华美的衣裳(单,在古代和"禅"字通用。司马相如的《凡将篇》中说:古时候蜀地的布料最著名,质地黄润,轻薄纤细适合做禅衣),以及高贵的交让冠,然后才在文武百官面纤美宜制禅，盖古时蜀布最著名也），交让冠，会百官于宗庙，中立旧交之位。述鸾旗旄骑，警跸就车，磬折而入（磬折者，屈身如磬之折，敬之至也），礼享官属甚盛。欲授援以封侯大将军位。援之宾客皆以为不世之逢，而乐就之。

援见公孙述以天子之贵骄故人，又曲修布衣之好，以示纡尊，心甚鄙之。乃晓宾客曰："天下雌雄未定，公孙不吐哺走迎国士（哺食也，《史记》周公诫伯禽曰："吾一沐三握发，一饭三吐哺，犹恐失天下士心也。"），与图成败，反修饰边幅（言若布帛，徒修整其边幅，而无益于实际也），如俑人形（俑，偶人也。虽有面目机发宛似生人而无灵气也），

此子何足久稽天下士乎（稽，留也。言贤士将去之，不能为彼留也）？"因辞归，谓嚣曰："子阳井底蛙耳（言述志识褊狭如蛙，在井底一无所见），而妄自尊大，不如专意东方（东方谓汉也）。"

前会见他，给他专门设置了“旧交”的席位。公孙述上朝时，使用着天子才能用的华丽旗帜和充当先驱的骑兵，他用帝王卫队清道，乘坐马车弯着腰（磬折，弯着身子像磬钟，形容礼节非常敬重。磬，古代打击乐器），掌管着礼节和祭祀的官员非常多。公孙述打算授予马援封侯大将军一职。马援的随从们都认为这是千载难逢的机会，很乐意接受。

马援看到公孙述迎接他的旧友时像皇帝天子一样骄傲，还迂回地弥补两人的布衣之情，来显示自己礼贤下士，因此在心底非常鄙视他。于是他对自己的门客说：“这天下谁胜谁败还难确定，公孙某人不像周公一样吐出口中的食物赶忙迎接有才能的人（哺食，司马迁《史记》记载：周公告诫伯禽说：“我洗一次澡要三次束起头发，用一次餐要三次吐出口中的食物，都是为了及时迎接天下英才。就算是这样做了，我还是害怕会失去天下贤士啊。”），与他们探讨谋划天下大事，反而修饰边幅（像布帛，只是修整它的边幅，而没有实际含义），像人偶一样徒有外表（俑，指的是人偶。虽然有面孔，皮肤，头发，宛如真人但是没有气息）。这样的人怎么能长留下天下英才呢（稽，是留下的意思，文中指的是贤能的人将要离开，不再为了公孙述停留）？”马援随即辞别了公孙述，回来对隗嚣说：“公孙述只是井底之蛙（说公孙述的志向短浅，好像井底下的青蛙一样），妄自尊大，不如我们专心考虑东边（东方，指汉朝）的刘秀政权吧。”公孙述自立为帝，国号“成家”（公孙述势力起于成都，所以国号“成家”），年号龙兴，后来被光武帝刘秀打败。建武（光武帝的年号）四年，隗嚣派遣马援带着文书到大汉述自立为天子，号成家（以起成，都故号成家），建元龙兴，后为光武所败。建武（光武年号）四年冬，嚣使援奉书洛阳（今河南洛阳县东溪都此）。援到，敕令中黄门引入，时上独坐宣德殿南庑下迎，笑谓援曰："卿遨游二帝间（谓汉与公孙述也），今见卿，使人大惭。"援顿首辞谢，因曰："当今之世，非独君择臣也，臣亦择君矣。臣与公孙述同县，少相善，臣前至蜀，述陛戟而进臣。臣今远来，陛下何知非刺客奸人，而简易若是？"帝复笑曰："卿非刺客，顾说客耳。"援曰："天下反覆，盗名字者不可胜数（盗名字谓窃称帝号），今见陛下恢廓大度，同符高祖，乃知帝王自有真也。"帝甚壮之。

援从帝南幸黎丘，转至东海。及还，以为待诏，使太中大夫来歙，持节送援西归。

【批评】

马援在北地畜牧，固不甘以是终老也，然亦未尝露抑郁不得意之概，而废俗务。尝见怀才未试者，穷居无聊，不治生产，不习劳苦，一事不为，坐耗岁月，以俟大用。不知学问岂有穷尽，俗务亦关经济，少年当以马援为法。

国都洛阳（今河南洛阳县东溪）。马援到了后，刘秀命令从中黄门迎接他进来，当时皇帝独自一人坐在宣德殿南边的廊屋中欢迎马援，他笑着说：“你辗转在我和公孙述两位皇帝间（二帝指汉光武帝和蜀公孙述），现在亲眼见到你，我大感惭愧啊。”马援叩头道谢，顺势说：“当今天下，不仅仅是君主选择臣子，臣子也选择君主。我和公孙述同县，年少时关系很好，我先前到蜀地去，公孙述命令近臣手持戟侍卫在两旁，然后才召见我进去。我今天来，您怎么知道我不是刺客奸人，反而如此粗心呢？”皇帝笑着说：“你不是刺客，不过是个说客罢了。”马援接着说：“天下政权反反复复交换，窃取名字称帝的人不可胜数（盗名字，指私自称帝），今天看到陛下您恢弘大度，和汉高祖一样，我就知道真正的帝王出现了。”皇帝非常赞赏他的话。

马援跟随光武帝视察黎丘，又到了东海一带。回来后，皇帝让他暂时待命，派遣太中大夫来歙，持节护送马援回到西边。

【评论】

马援在北边放牧，当然不甘心这样子终老一生，但是他也没有感慨自己郁郁不得志，没有荒废俗世里的劳作。我曾经看到怀才不遇的人，投奔无果，百般无聊，他们不经营生计，不劳动，甚至什么事都不做，白白浪费时光，等着有一天当官，派上大用场。他们不知道学习是永无止境的，况且世俗里的劳作也和经邦济世相关，少年们应当把马援当作榜样。

马援自祖父以及诸兄，皆仕于汉，世受汉恩，不宜臣莽。然如龚胜之饿死（王莽迎龚胜为太子师，友祭酒，胜谓门人曰："吾受汉家厚恩，无以报。今年老矣，旦暮入地，岂以一身事二姓？下见故主哉！"遂不食而死），薛方之却聘（齐人薛方，有清名，莽以安车迎之，方谢曰："尧舜在上，下有巢由。今明主隆唐虞之德，小臣欲守箕山之操），或如徐乡之讨贼（王莽初年，徐乡侯刘快起兵讨莽，不克，死之），郅恽之危言（郅恽，字君章，汝南西平人。明天文历数，以汉为再兴，上书说莽归政），士各有怀。独行其志，皆无不可。而援既无官守，何必守硁硁之小节耶？终老丘园，固非素志，抑亦不必矣。

公孙述初见马援，有如许做作，岂足当马援之一笑？归对隗嚣，寥寥数语，已将公孙为人，活画出来，其不屑之意可见矣。及至洛阳，一见光武，即屈膝称臣，固知帝王自有真，援之眼力亦是不弱。

从马援的祖父到几个兄长，都是在汉朝任职，世世代代享受汉皇的恩赐，所以马援兄弟们不应当对王莽称臣。但是像龚胜绝食饿死（王莽任命龚胜为太子老师，他的朋友祭酒道贺，龚胜对门人说："我受到汉朝厚重的恩待，无法报答。现在老了，很快就要入地为安了，难道让我一个身躯侍奉两家姓吗？我还是到地下见我的君主吧！"他就绝食饿死了），薛方辞退聘请（齐国人薛方，有清廉的名声，王莽派车迎接他做官，薛方推辞："上古时期尧舜当政时，巢父和许由为隐士。现在您是明主，推崇唐虞的德行，小臣我想要效法箕山上的美好节操。"，或者徐乡起兵反王莽（王莽初年，徐乡侯刘快起兵讨伐王莽，失败被杀），郅恽上书劝说（郅惮，字君章，汝南西平人。明晓天文、历法、算术，认为汉会再度复兴，上书劝王莽归还政权），这仅仅只能说明人各有志。每个人按照他自己的想法做事，没有什么不对的。况且马援没有官位，何必奉守小节呢？终老在家中，本来就不是他平素的志向，也不必这样做。

公孙述对待马援，如此做作，岂能博得他一笑？马援回去对隗嚣寥寥数语，就把公孙述的为人活灵活现地描绘了出来，他不屑的程度可见一斑。等到马援到了洛阳，一拜见光武帝，就卑躬屈膝，俯首称臣，他知道真正的帝王出现了，马援的眼力也不差。

第三章 说隗器

隗嚣之初起也，用方望言：立高帝庙，称臣奉祀，以系民望，故人士归心。及王莽授首，光武正位。为嚣计者，正应纳土归藩，以示从前之所为，实出于保境息民之苦心，初无窃据一方之私意。朝廷嘉之，则隗氏子孙，带砺河山，永绥福禄矣。而嚣犹不能决，故遣援东行，观察情势。

援归，隗嚣与援共卧起。问以东方之事，援说嚣曰：“前到朝廷，上引见十数，每接宴语，自夕至旦。才明勇略，非人敌也。且开心见诚，无所隐伏，阔达多大节，略与高帝同。经学博览，政事文辩，前世无比。”嚣曰：“卿谓何如高帝。”援曰：“不如也。高帝无可无不可。今上好吏事，动如节度，又不喜饮酒。”嚣意不怿，曰：“如卿意，反复胜耶。”

隗嚣闻援言，虽不甚喜，然雅信援，故遂遣长子恂入质。而嚣将王元、王捷常以为天下成败未可知，不愿归汉，元遂说嚣曰：

“昔更始西都，四方响应，天下喁喁（喁

隗嚣当初兴起的时候，听从方望的话：建立汉高祖的宗庙，对汉称臣来获取民心，所以很多贤人归附他。到了王莽篡权，光武帝刘秀继承正统帝位。按照先前的建议，正应当把土地缴纳上去，建立藩属政权，表示出自己以前的所作所为，都是出于保境安民的苦心，当初没有私自据守一方的想法。这样一来，朝廷嘉奖他，那么隗嚣的子孙就可以世世代代安享福禄了。但是隗嚣犹豫不决，所以派遣马援去东方观察形势。

马援东行回来后，隗嚣和他同睡同起。问起东边的事，马援对他说："先前到朝廷去，皇上十多次接见我，每次和他在宴席上交谈，都从晚上到次日早上。我看他很有才能，明晓道理，勇猛又善于谋略，不是别人可以匹敌的。而且他坦白诚恳，没有隐瞒，胸怀广大而有大节，大抵和汉高祖相同。而他在博览经学，政治文章辩述方面，前世无人可比。" 隗嚣问："你说，他和汉高祖相比怎么样？"，马援答道："比不上。高祖不会说这个可以那个不可以，只要符合正义原则就行。现在皇帝喜爱政事，处理政务恰如其分，又不喜欢喝酒。" 隗嚣心里不愉快，说："照你这样说，刘秀倒胜过高祖了？" 隗嚣听了马援的话，虽然不是很高兴，但是他十分信任马援，就派遣长子隗恂到京城作人质。可是隗嚣手下的将领王元、王捷常以为天下成败还不知道，不愿意归属刘秀，王元劝说隗嚣道：

"过去更始帝在西边定都于长安，四方响应，天下景仰归顺（喁喁，众人抬头张嘴的样子），说是天下太平了。一旦更始帝失败，大王您都几乎没有安身之所了（厝，通"措"，新市平林喁，众口向上也），谓之太平。一旦败坏，大王几无所厝（同“措”，新市平林诸将共立刘玄为皇帝，改元更始，大败王莽之兵于昆阳。于是海内响应，皆杀其牧守，自称将军，用汉年号，以待诏命，未几为赤眉所杀）。今南有子阳，北有文伯（虏芳字也），江湖海岱，王公十数（谓张步据齐，董宪起东海，李宪守舒，刘纡居垂惠，俊彊，周建，秦丰等各据州郡），而欲牵儒生之说，弃千乘之基（儒生谓马援说嚣归光武），羁旅危国，以求万全，此循覆车之轨，计之不可者也。今天水完富，士马最强，北收西河上郡，东收三辅之地。按秦旧迹，表里河山（秦地外山而内河，故云表里河山），元请以一丸泥为大王东封函谷关，此万世一时也。若计不及此，且畜养士马，据隘自守，旷日持久，以待四方之变。图王不成，其弊犹足以霸，要之鱼不可脱于渊（老子曰：鱼不可脱于泉，脱失泉则涸矣），神龙失势，即还与蚯蚓同。”

援以嚣言谏不从，因归洛阳，并携家属同行。居数月，帝不任以官职。援见三辅地旷土沃，而所将宾客猥多，空縻官食。乃上书求屯田上林苑中，以资生计。帝许之。援虽乐此不疲，然长材短驭，烈士暮年，岂免于抚髀之叹哉！

各位将领共同立刘玄为皇帝，改元更始，在昆阳大败王莽的军队。于是海内响应，人民都杀死了他们的牧守，自称将军，使用大汉年号，等待诏命，没过多久被赤眉军斩杀）。现在南有公孙述，北有文伯（字虏芳），江西湖南，以及山东渤海至泰山一带，也有占据土地的王公十多位（这里指的是据守齐国的张步，兴起于东海的董宪，占领着舒一带的李宪，霸守在垂惠的刘纡，还有俊彊、周建、秦丰等人，他们也都控制着一些州郡），但是您却想迁就儒生马援的意见，放弃千乘军马的基业（儒生指先前劝说隗嚣归附光武帝的马援），寄居在危险的国度，以求万全，这好比顺着翻车的轨道而进，不是好计策啊。现在天水完整富裕，兵马最为强盛，北攻西河、上郡，东收三辅之地，按照秦的旧迹，外山内河互为表里（秦国一带外被山包围，内有江河滋润，所以说表里河山）。请您派我王元用少数兵力为大王扼守险要的函谷关，这是万世一时的良机。如果现在不能采用此计，那么就暂时畜养兵马，据险自守，坚持下去，以等待四方的变化，即使图王不成，退一步也足以称霸一方。总之，鱼是不能脱离深水的（老子说：鱼离不开水，失去水的滋养就会渴死），神龙失去了依托，就与蚯蚓没有两样了。”

马援看到隗嚣不听从自己的建议，就归顺光武，到洛阳去了。在那里住了几个月，皇帝不给他任职。马援看到三辅一带土地广阔肥沃，而且京城中军队、门客人数众多，白白浪费了老百姓上缴的官粮。马援就上书请求在上林苑中屯田，来维持国家长久的生存发展。皇帝批准了。虽然马援干这些事乐此不疲，但是想到自己有大才却委身于此，好像壮士晚年一般，难免有岁月易逝，功业未成之叹啊！

援身虽在汉，心终不忍隗嚣之覆亡，数以书记责譬。乃嚣怨援背己，得书增怒，其后遂发兵拒汉。援乃上疏曰：

“臣援自念归身圣朝，奉事陛下，无公辅一言之荐，左右为容之助。臣不自陈，陛下何因闻之？夫居前不能令人轻，居后不能令人轩，与人怨不能为人患，臣所耻也。故敢触冒罪忌，昧死陈诚：臣与隗嚣，本实交友。初嚣臣东，谓臣曰：‘本欲为汉，愿足下往观之，于汝意可，即专心矣。’及臣还反，报以赤心，实欲导之于善，非敢谲以非义。而嚣自挟奸心，盗憎主人，怨毒之情，遂归于臣。臣欲不言，则无以上闻，愿听诣行在所，极陈灭嚣之术，得空胸腹。申愚策，退就陇亩死无所恨。”

帝乃召援计事，援具言谋画。因命援将突骑五千，往来游说嚣将高峻、任禹之属，他及羌豪，为陈祸福，以离嚣支党。

【批评】

方望，平陵人。嚣初起时，聘为军师。会更始征隗嚣。嚣将行，望止之，不听。遂以书辞谢而去曰：“足下将建伊吕虽然马援已经归顺了汉，终不忍心看到隗嚣灭亡，就多次写信去责备。隗嚣早就怨恨马援背叛了自己，得到了信后更是愤怒，后来隗嚣发兵抗汉。马援上书说：

“臣下我自念归身圣朝，敬侍陛下，本来没有三公辅相一句话的推荐，也没有左右的人为我先言。我自己不说，陛下怎么能听到？居前不能令人分高低，居后不能令人分轻重。招人怨不能为人患，这是臣感到羞耻的。所以我敢于触冒罪忌，冒死陈述至诚之心：我与隗嚣，本来是朋友。当初，隗嚣派我来洛阳，对我说：‘我是想归顺汉，希望你先去看看，如果你以为可以，我就专心事汉了。’等到我回去，拿着赤心报隗嚣，想真心实意地劝导他从善，不敢挑唆他干出不义之举。但是隗嚣私自藏有奸心，憎恨陛下您，而把这种怨恨之情归结到我身上。我如果不说，意见就无从上达。我愿亲自到你那去陈述消灭隗嚣的策略，能够把想说的话统统说完，申述我的浅见，然后退回老家去种田，我就死而无憾了。”

于是皇帝召见马援议事，马援详细具体的出谋划策。因此就派遣马援率领突击骑兵五千人，往来游说隗嚣的将领高峻、任禹，以及羌地中的英雄豪杰们，为他们剖析形势说明祸福成败，来离间隗嚣的党羽。

【评论】

方望，平陵人。隗嚣刚起势时，聘他当军师。正好遇到更始帝征讨隗嚣，隗嚣准备发兵应战。方望劝止他，他没有听。方望因此之勋，弘不世之功，而大事草创，英雄未集，以望异域之人（望，平陵人，以与嚣别郡，故言异域），疵瑕未露，欲先崇郭隗，想望乐毅（《新序》云：郭隗谓燕昭王曰：“王诚欲致士，请从隗始。隗且见事，况贤于隗者乎？”于是昭王为隗筑宫而师之。乐毅自魏往，邹衍自齐往，剧辛自赵往，士争赴燕）。故钦承大旨，顺风不让。将军以至德尊贤，广其谋虑，动有功，发中权，基业已定，大勋方缉。今俊又并会，羽翮（同“翼”）比肩，望无耆耇之德，而猥托宾客之上，诚自愧也。虽怀介然之节，欲洁去就之分，诚终不背其本，贰其志也。何则？范蠡收责勾践，乘扁舟于五湖（收责，谓收其罪责也。《史记》曰：范蠡与勾践灭吴，为书辞勾践，乃装其轻宝朱玉，自与其私徒属乘舟浮海以行），咎（同“舅”）犯谢罪文公，亦逡巡于河上（逡巡，不进也。《左传》曰：晋公子重耳返国及河，子犯以璧授公子曰：“臣负羁绁从君巡于天下，臣之罪多矣，请由此亡。”公子曰：“所不与舅氏同心者有如白水。”）。夫以二子之贤，勒铭两国，犹削迹归愆，请命乞身。望之无劳，盖其宜也。望闻乌氏有龙池之山，微径南通，与汉相属。其旁时有奇人，聊及闲暇，广求其真，愿将军勉之。”望后与安陵人弓陵等求得前定安公婴于长安，立之，自为丞相，聚众数千人。为更始所破，皆斩之。书末广求奇写信辞谢而去。信中说："将军想要建立伊尹、吕尚一样的功业，弘扬非凡的功绩，但现在正处草创之时，英雄豪杰还没有聚齐。我方望是异郡的人（方望是平陵人，和隗嚣不是同一郡城，所以说异域），缺点还没有暴露出来，本想效法郭隗侍奉燕昭王，以便吸引乐毅那样的大英雄归附到将军麾下（刘向《新序》中记载，郭隗对燕昭王说："大王您想要诚心招揽士人，请从郭隗我开始。郭隗都可被任用，何况那些比郭隗贤明的人呢？"于是昭王为郭隗筑建了宫室，向他学习。不久，乐毅从魏国来了，邹衍从齐国来了，剧辛从赵来了，士人们争相赶赴燕国）。所以当初您聘请我时，我没有推辞。将军德行高尚，尊重贤才，能广纳他人意见，只要有所行动就有功绩，出击便能击中要害。现基业已定，正是开疆辟土的大好时机。而现在天下贤才俊杰又都集中在您这，国家羽翼（翮，通"翼"）已丰，我方望没有长者的德行，却官居宾客之上，实在是惭愧。我虽怀有介然之节，想澄清辞职的原因，确实是始终无法背弃自己的本心，另怀二志。为什么呢？范蠡助勾践灭吴后自收其责，乘扁舟泛于五湖之上（收责，指范蠡收回自己的罪责。司马迁《史记》记载：范蠡与勾践灭吴，写信辞别勾践，就装上少量的宝珠玉石，和他的私仆一起乘舟漂泊海上离开）；晋文公的舅舅（咎，通"舅"）子犯随文公在回国途中向文公请求离去时，也曾在黄河边上徘徊不前，（逡巡，徘徊不前。《左传》中记载：晋公子重耳回国途中，到了黄河边时，子犯拿了一块宝玉献给公子重耳，说："臣下我牵着马，手持缰绳，跟随您走遍了天下各国。自知罪恶多多，请让我从此离开吧。"公子重耳说："我与舅舅是一条心，就有人云云，意盖早在定安公矣。

大乱之世，人人想作帝王。王元之说隗嚣，岂曰非计？却未见到人心思汉一层，以比马援，则识力之高下自见。

如白水一样清澈。”）凭借贤德，范蠡、子犯两人在越国和晋国的史书上都留下了功名，他们还消踪匿迹，归罪于己而请求回乡。我没有什么功劳，辞职是应该的。我听说乌氏县有座龙池山，从小路向南与汉疆域相连。那周边有奇人，等空闲时，请多方寻找这些人吧，希望将军您尽力而为。”后来方望和安陵人弓陵等一同在长安找到前定安公刘婴，立他为天子，自己当丞相，聚集了几千人。后来被更始帝打败，都被斩杀。这么看来，方望当初在辞别信末尾所说广求奇人一类的话，大概是他早就想到定安公了。

天下大乱的时候，人人都想当皇帝。王元劝说隗嚣，难道说不是他的计谋吗？可是他没人看到人心归汉这一层。跟马援比起来，他们的见识高低就很明显了。

第四章 聚米画策

援雅善笔札，乃为书与隗嚣将杨广，冀以利害说之，而免于用兵。其书云：

“春卿无恙（春卿，杨广字）。前别冀南寂无音驿，援间远长安，因留上林。窃见四海已定，兆民同情，而季孟闭拒背畔，为天下表的（背叛之罪为天下所指射），常惧海内切齿，思相屠裂。故遗书恋恋，以致恻隐之计。乃闻季孟归罪于援，而纳王游翁谄邪之说（章怀太子注：游翁，王元字也。按《嚣传》，元字惠孟，游翁盖其别字），自谓函谷以西，举足可定。以今而观，竟何如耶？援间至河内，过存伯春（伯春，隗嚣子，恂之字，为质于汉），见其奴吉从西方还。说伯春小弟仲舒，望见吉，欲问伯春无它否。竟不能言，晓夕号泣，婉转尘中。又说其家悲愁之状，不可言也，夫怨、雠可刺不可诽。援闻之，不自知其泣下也。援素知季孟孝爱，曾、闵不过（曾谓曾参，闵谓闵子骞），夫孝于其亲，岂不慈于其子？可有子抱三木（桎梏及械曰三木），而跳梁妄作，自同分羹之事乎？（《战国策》曰：乐羊为魏将，而攻中山。其子在中山，中山君孰料其子而遗之羹，乐羊啜之尽一杯而攻拔中山）季孟平生自言，所以拥兵众者，欲以保全父母之国而完坟墓也。又言苟厚士大夫而已。而今所欲全者将破亡之，所欲完者将毁伤之，所欲厚者将反薄之。季孟尝马援擅长文字功夫，就写信给隗嚣的将领杨广，希望通过陈述利害关系劝说他，让他不要起兵抗汉。信中说：

“春卿兄别来无恙（春卿，字杨广）。之前在冀南分别后，一直没和你通过音信。我在这期间回到长安，因此留在了上林苑。我看到四海已定，亿万民众心意已同，可是隗嚣他仍旧闭关背叛，成了天下千夫所指（背叛之罪，被天下人指责）。他时常害怕海内对他的背叛恨之切齿，恨不得要将他杀了分尸，所以我写信给他，表达我的恋恋不舍，及对他的同情。听说隗嚣归罪于我，接受了王元奸邪的计策（章怀太子注：游翁，是王元的字。按照范晔编撰的《后汉书·隗嚣传》，王元字惠孟，游翁大概是别字），自以为函谷关西边，轻轻抬起一只脚就可以安定下来。从当今的形势来看，究竟是怎样的呢？我曾到河内，看望伯春（伯春，隗嚣的儿子隗恂的字，他在汉当人质），见到他的奴仆吉从西方回来。话说伯春的小弟仲舒望见了吉，想问问伯春他人有没有意外。吉竟然说不出话来，早晚嚎啕大哭，哭声婉转在风尘之中。吉又说他家悲愁的情况，用语言形容不出来。怨愤和仇恨可结不可解。我听了，不知不觉也潸然泪下。我平素知道隗嚣很有孝心，即使是曾参、闵子蹇（曾是曾参，闵是闵子骞）也不会超过他。对长辈孝顺的人岂能不对儿子慈爱呢？哪有忍心看着儿子身带刑具枷锁（刑具桎梏，还有相应器械，叫做三木），但是为父的还在强横作恶，像乐羊一样忍心吃用儿子的肉做成的羹汤呢（刘向编纂的《战国策》中记载：乐羊是魏国将领，攻占中山国。他的儿子在中山国，中山国君主煮了他的儿子，给乐羊一杯肉汤，乐羊一杯喝完，然后攻破了中山国）？隗嚣平生自己也说他之所以拥有军队，只是想保全父母所在的国家，让先人的坟墓得以完整保留。他又说自己只是苟且厚待士大夫们折愧子阳，而不受其爵，今更共陆陆（“陆陆”犹“碌碌”也），欲往附之，将难为颜乎？若复责以重质，当安从得子？主结是哉（言蜀若复贵质子，当何从得子以为质也）！往时子阳独欲以王相待（谓欲封为朔宁王也），而春卿拒之。今者归老，更欲低头与小儿曹共槽枥而食（果木华实相半曰槽。枥撕，椑也。博雅木下支谓之椑撕），并肩侧身于怨家之朝乎？男儿溺死何伤，而拘游哉（“游”谓泅水）？今国家待春卿意深，宜使牛孺卿与诸耆老大人（大人谓豪杰）共说季孟。若计画不从，真可引领去矣。前披舆图，见天下郡国百有六所，奈何欲以区区二邦，以当诸夏百有四乎？春卿事季孟，外有君臣之义，内有朋友之道。言君臣耶，固当谏争；语朋友耶，应有切磋。岂有知其无成，而但萎腇咋舌，叉手从族乎（萎腇，蓄缩貌。咋舌，不言貌。叉手，不动貌。谓岂可蓄缩而噤声，措手以就族灭乎）？及今成计，殊尚善也，过是欲少味矣（以食为喻）。且来君叔（来歙字）天下信士，朝廷重之，其意依依，常独为西州言。援商（度也）朝廷，尤欲立信于此，必不负约。援不得久留，愿速急报。”

罢了。但是现在他想保全的将要破亡了，想完整留存的也将要毁掉了，本想要厚待的现在反而轻视了。隗嚣曾经藐视过公孙述，没有接受公孙述的封赐，现在却与公孙述同流合污了（“陆陆”通“碌碌”），甚至还想要归附他，他难道不感到难为情吗？假若公孙述要隗嚣再送儿子到洛阳当人质，他从哪再找一个儿子呢(指如果蜀国还想要隗嚣拿儿子当人质，他从哪再得到一个儿子)？以前公孙述想封他为王（指公孙述想封隗嚣为朔宁王），而你曾劝阻。现在老了，却还想低头与小儿辈们一起吃饭（果木的花果相伴叫做“槽”。枥撕，指椑。博雅木下支叫椑撕），并肩侧身面对结下怨恨的朝廷吗？男儿淹死了又怎么样？难道就拒绝游泳了吗（“游泳”就是“泅水”）？现在国家对待你情谊深厚，你应当和牛孺卿与各位老岁豪杰们（大人就是豪杰）一起共同说服隗嚣，如果计划不被接受，你就可以拂袖而去了。我先前展阅地图，看到天下郡国一共有一百零六个，奈何他想凭借区区两个邦，抵挡天下的一百零四个邦呢？你侍奉隗嚣，在外有君臣的道义，在内有朋友的情谊。从你们的君臣关系来看，你应当着他面进谏；从你们朋友关系来说，你应当和他商量切磋。难道会有明明知道隗嚣他不会成功，自己却软弱不敢开口，叉着手等着被灭族吗（萎腇，缩手缩脚的样子。咋舌，指不说话。叉手，一动不动的样子。这是说难道可以缩手缩脚，一言不发，一动不动，等待被灭族吗）？如果现在计划成功，国家对你的待遇还是很优厚的，失了这个机会，就很可惜了（拿食物作为比喻）。况且来君叔（来歙的字）是天下的信士，朝廷很敬重他，他时常为西州一带说话，对你们有依依不舍之情。我猜想（考虑的意思）朝廷，更是想要在这件事上树立自己的威信，一定不至于违约。我不会久留在此，愿你快点回信。”

广得书，竟不答。时汉方谋伐蜀，而公孙述恃隗嚣为藩蔽。援说嚣不降，乃决计用兵。

建武八年，帝自西征，至漆（今陕西邠县）。诸将多以王师之重，不宜远入险阻，计犹豫未决（犹，行貌也，豫亦未定也）。会召援夜至，帝大喜，具以群议质之，援因说："隗嚣将帅有土崩之势，兵进有必破之状。"又于帝前众米为山谷，指画形势，开示众军所从前径往来，分析曲折，昭然可晓。帝曰："虏在吾目中矣。"明旦遂进军，嚣众大溃。

【批评】

马援之与隗嚣，尝有朋友之契，君臣之分。非不愿其成王业也，顾观察大势，则知人心尚未忘汉，中原已有共主。虽江湖海岱，王公十数，而终归劣败。盖可断言，劝其归藩，爱之至也。英雄爱人，岂屑效儿女子姑息之态哉？若云援卖嚣以求荣，则误矣。

史言：嚣宾客掾史，多文学生，每所上事，当世士大夫，杨广得到了马援的信，竟然没有回复。当时大汉正谋划讨伐蜀国，公孙述凭借隗嚣作为藩篱屏障。马援劝说隗嚣投降，隗嚣不听。于是朝廷决定用兵。

建武八年，皇帝御驾亲征，向西边进军。到了漆地，诸位将领们认为皇帝亲征，要保证军队的绝对安全，不应当深入险境，他们征讨的计划犹豫不决（犹，走动不停的样子。豫，也是没有确定的意思）。等到召见的马援连夜赶来，皇帝大喜，把君臣的议论情况详细告诉他，马援说："隗嚣的将帅们有土崩瓦解的趋势，士兵们有战败的征兆。"他又在皇帝面前聚米为山谷模型，指画形势，指出众军应从哪条山道进去又从哪条山道出来，分析其中的曲折，明明白白。皇帝说："敌人已可不必正眼看了。"第二天早晨就进军，隗嚣的军队溃败。

【评论】

马援和隗嚣，是朋友，也是臣下和君主。马援不是不愿意协助他称王，只是观察天下大势，就能看出市民百姓还没有忘记大汉，在中原地区的汉室后代光武帝，正是他们共同拥护的君主。即使是在湖南、江西，以及山东渤海至泰山一带，还有十几位王公据地顽抗，但是他们终究是败劣之徒。所以马援断言国家终会统一于汉，劝导隗嚣归还土地，为大汉镇守一方，这是马援对隗嚣深切的怜惜。英雄爱惜一个人，岂是和爱儿子女儿一样姑息放纵他？如果说马援归汉是卖身，劝导隗嚣是求得荣誉，那就大错特错了。

史书中记载：隗嚣的门客官员，大多是儒士文人，所以每次他皆讽诵之。故帝有所辞答，尤加意焉。如援与杨广书，委曲动人，不意东汉人笔札之工，至于如此。末言来君叔天下信士云云。按来歙屡往说嚣，嚣遣子入侍，亦歙力也。后见嚣反覆，欲刺杀之。援作书时，意在两人未交恶之时乎。然亦未闻其与隗嚣有何信约，申屠刚谓嚣曰："玺书数到，委国归信，欲与将军共吉凶。布衣相与，尚有不负然诺之信，况于万乘者哉！"汉与隗嚣，所谓信约者，亦如高祖之对田横，大者王小者侯之约耳。

援在帝前，聚米为山谷，指画形势。平日留心地理，可以见矣。当其牧畜时，意别有在，夫岂仅以牛羊茁壮为心乎？

们上书，文辞优美，当时的大夫们都争相诵读奏章。所以光武帝要是有所回复，他们更是注意。例如马援给杨广的信，内容委婉动人，没想到东汉人的文字功夫到了如此的地步。信结尾说了来君叔是天下信士等等的话，考察当时的情况，来君叔多次往来游说隗嚣，隗嚣派遣自己儿子当人质，这是他的功劳。后来见到隗嚣背叛汉，来君叔正想要诛杀他。马援写这封信，想的是在他们两个人关系还没有恶化的时候，有所劝告。但是也没听说过来君叔和隗嚣有什么约定，倒是申屠刚跟隗嚣说："现在朝廷多次送来印信与诏书，委托我国事，表示信任，要与将军共患难。普通人相交往尚且有拼死不负诺言的，何况统率千军万马的将军呢！"大汉和隗嚣的约定，也就像汉高祖和田横，是在势力强大的王和势力弱小的侯之间的约定而已。

马援在皇帝面前聚米为山谷模型，指画形势。平日里留心当地的地理环境，其中的重要性终于显现了出来。看来在西边畜牧养殖时，马援是别有用心的，难道他仅仅想着牛羊的茁壮成长？

第五章　出守陇西

汉兵屡败隗嚣，嚣病且饿，恚愤而死。建武九年，拜马援为太中大夫，副来歙监诸将平凉州。当王莽世，羌虏多背叛，而隗嚣招怀其酋豪，遂得为用。及嚣亡后，五溪先零诸种，数为寇掠，入居塞内，皆营堑自守，州郡不能讨。来歙知援有干济材，奏言陇西侵残，非马援莫能定。十一年夏，玺书拜援陇西（今甘肃狄道县）太守。援自从光武，君臣相契，千载一时，而大知大受，则自兹始。

援至陇西，发步骑三千人，击破先零羌于临洮，斩首數百级，获马牛羊万余头。守塞诸羌八千余人，诣援降。

羌虏诸种，合兵数万，屯聚寇钞，拒浩亹隘（浩亹读若“告门”，汉县名，属金城郡，今甘肃碾伯县东）。援与扬武军马成击之。有允吾谷者（允吾读若“鈆牙”），地僻而险，羌因将其妻子辎重，聚匿谷中，轻骑出寇。援知之，乃潜行间道，掩赴其营。羌大惊溃，复远徙唐翼谷中，援追讨之。

羌引精兵聚北山上，援陈军向山，而分遣数百骑绕袭其后，乘夜放火，击鼓叫噪，虏大溃，凡斩首千余级。援以汉兵多次打败隗嚣，隗嚣饥饿病重，怀恨而死。建武九年，任命马援为太中大夫，帮助来君叔，监督诸位将领平定凉州。在王莽当权的时候，西羌大多背叛中原政权，而隗嚣招来他们的首领，把西羌的军队控制在自己手上。等到隗嚣失败后，五溪、先零一带的几个少数民族多次掠夺中原人的财产，他们移居在城塞中，全部建筑营地防守，州郡的军队无法讨伐他们。来君叔知道马援有救济人民大众的才干，就奏请皇帝，说明了陇西一带遭到少数民族的入侵和摧残的事实，并说只有马援可以平定。建武十一年夏天，皇上下诏任命马援为陇西（今甘肃狄道县）太守。马援自从跟随光武帝后，君臣同心，为千载难得，一个敢委以重任，一个敢承担重任，他们之间的合作也从此开始。

马援到了陇西，发兵统率步兵骑兵三千人，在临洮击破了先零的羌族，斩首数百人，获取了马牛羊各类牲畜万余头。守塞的羌兵八千多人向马援投降。

几路羌兵集结军队数万人，囤积集众一起攻击抢夺，据守在浩亹（浩亹，读作“告门”，汉朝时县名，属于金城郡，今甘肃碾伯县东）关，马援和扬武将军马成对他们发起进攻。那里附近有个叫允吾（允吾读作“鈆牙”）的峡谷，地势偏僻险峻，羌兵就把妻子和孩子，以及战略物资，集中起来藏在这个峡谷中，然后他们以轻骑兵出动。马援知道了他们的动向，就偷偷地走小路，突然袭击他们的营地，羌兵大惊，惊慌着溃散，再次远迁到唐翼谷中，马援追击他们。

羌族将领引精兵屯在北山上，马援向山分部军队，派遣数百骑兵绕到羌兵背后，趁夜放火，击鼓呼叫，羌兵溃乱，一共被斩首

兵少，不得穷追，收其谷粮畜产而还。诸羌据其部落，以逸待劳。汉兵既少，主客之势又殊，而援出奇制胜，使羌人寒胆，可谓名将也已。

方事之殷，援奋不顾身，中矢贯腓肠（腓肠，胻也，或作腨，亦蹲也。从《东观记》、《后汉书》作“胫非”）。上闻，以玺书劳之，又赐羊三千，牛三百头以养病。援尽班诸宾客。

是时朝臣以金城破羌之西（破，羌县名，属金城郡，故城在今湟水县西），途远多寇，议欲弃之。援上疏曰：

“破羌以西，城多完牢，易可依固，其田作肥壤，灌溉流通。如令羌在湟中（湟，水名，出金城临羌县，东至允吾入河，今鄯州湟水县，取其名也，一名乐都水），则为害不休，不可弃也（袁宏《后汉纪》亦载此疏，云：亢吾以西数十里一城，城皆完坚，旧制置塞，因山阻每其蹦径，辄有候尉，故虏不得妄动也。案：亢吾当作“允吾”）。”

帝然之，于是诏武威太守梁统，令悉还金城客民（金城人之在武威者），归者三千余口，使各反旧邑。援奏为置长千余级。马援认为兵力不足，不得穷追不舍，收集他们的粮食谷物、牲畜物产回营了。在这场战役中，羌族各个军队，据守在部落中，他们在战前做好了充分的准备。而汉兵军力不足，而且羌兵作主，汉兵作宾，局势相差甚大，但是马援可以出奇制胜，让羌族胆战心惊，他实在是一代名将。

战事正盛的时候，马援奋不顾身，流箭贯穿了小腿（腓胀，指的是脐，或指綮，也是踌。这里从刘珍《东观记》、范晔《后汉书》改作“胫非”）。皇帝听说马援受伤，亲自写信犒劳他，还赐牛羊数千头，要他好好养病。马援把牲畜全部分发给各个门客。

这时，朝臣认为金城在羌族破县（破，羌族县名，属于金城郡，旧城在今湟水县西部）西边，道路遥远，盗寇很多，商议想要放弃。马援上书说：

“羌族破县以西的城池大多完整，易于防守，土地可作良田，灌溉也很便利。如果让羌族占领了湟河（湟，河流名，流出金城临羌县，东到允吾入河。今鄯州湟水县，这是取这条河的名字。或者称乐都河）一带，那就为害不止，所以不能够放弃这里。”（袁宏《后汉纪》中也有这条注释，说：亢吾以西数十里有一城，城都完善坚固，沿用旧时的制度设置了城塞，因为山势阻隔，每次少数民族出兵，就有中原军队把手，所以他们不敢轻举妄动。经考据，亢吾当写作“允吾”。）

皇帝赞同马援的建议，于是诏武威太守梁统，命令他们把逃到金城的客民（在武威的金城人）都迁回金城。回来的人有三千吏，缮城郭，起坞候（坞，小障也，一曰小城宇，或作“隖”，音一古反），开导水田，劝以耕牧，郡中乐业。又遣羌豪杨封，譬说塞外诸羌，皆来和亲。

公孙述在蜀，深得氐人之助。氐人闻援善待诸羌，亦慕义来归。援皆上复其侯王君长，赐印绶，由是蜀势愈蹙。

建武十三年，武都参狼羌与塞外诸种为寇，杀长吏。援将四千余人击之，至氐道县（汉制县管蛮夷曰道。氐道县属陇西郡，今甘肃清水县西南），羌在山上，援军据便地，夺其水草，不与战，羌遂穷困。豪帅数十万户。亡出塞。诸种万余人悉降。于是陇右清静。

自来筹边事者，不难于使蛮人畏威，而难于使蛮人怀德；不难于一日灭寇，而难于百年无事。援自平羌人，务开宽信，恩以待下，任吏以职，但总大体而已。宾客故人，日满其门，诸曹时白外事，援辄曰：“此丞掾之计，何足相烦，颇哀老子，使得遨游。若大姓侵小民，黠羌欲旅距（旅距不从之貌），此乃太守事耳。”

傍县尝有报仇者，吏民惊言羌反，百姓奔入城郭。狄多，把他们分配到原来的旧邑去。马援奏表，给他们派置长吏，修理城墙，建立起小城镇（坞，小障碍物的意思，一说是小城镇。或着写作“隖”，作一古反），开导水田，劝他们耕种，郡中的人得以安居乐业。马援又派遣羌族的富豪杨封，劝说塞外的羌民，都来和亲。

公孙述在蜀地，深得氐人的协助。氐人听说马援善待羌族，也慕名而来。马援奏请恢复了他们侯王军长的职位，赐给他们印绶，这样一来公孙述在蜀地的势力越来越薄弱。

建武十三年，武都、参狼一带的羌族和塞外一些少数民族起兵，杀死了当地的长吏。马援率领四千余人攻击他们，追击到了氐道县（汉时设置的县城，管理蛮夷地区的叫做“道”。氐道县属于陇西郡，今甘肃清水县西南一带），羌在山上，马援军占据了有利的地形，就夺走了羌军的水草，不与他们交战，羌军他们被困。一些富豪们率领数十万户居民逃出了塞外，其他少数民族的万余人全部投降，于是陇右就清静了。

从古以来，筹划边疆的事宜，威慑蛮人不难办，难的是让他们归顺；快速灭敌不难，难的是长时间安定。自从马援平定了羌族，他就致力于广施恩惠，树立威信，对待下属宽容，任用下级官吏时，让他们有职有权，自己只处理大事、要事罢了。客人和旧友每天都挤满了他的家。众人有时前来报告外面发生的事情，马援总是说：“这都是底下官员的责任，何必来麻烦我呢！你还是可怜一下我这个老头子，叫我清闲清闲吧。如果豪强侵吞百姓，狡猾的羌人打算闹事犯边（旅距指不服从），这才是我太守该管的事啊。”

附近的县曾发生过复仇的事情，官吏和百姓听传言说羌人造

道长诣门（狄道县属陇西郡，今肃州县也），请闭城发兵。援时会宾客饮，大笑曰："烧虏何敢复犯我（烧虏即烧羌也），晓狄道长，归守寺舍（晓喻也寺舍官舍也）。良怖急者，可床下伏。"后卒无变，人以此服之。

【批评】

光武征隗嚣，不任马援。非不信援也，以援归命未久，声望出吴汉、来歙、岑彭、耿弇、盖延诸人下，故但令任帏幄之事耳。

《风俗通》曰：汉有牛崇，为陇西主簿，马文渊为太守，羊喜为功曹。凉部云：三牲备具。此亦一时雅谑也。

援少年时，志在牧畜，其后卒成其志。羁留北地，习其山川道里，风土人情。一旦见用，遂建绝世之勋。隗嚣、公孙述皆资氐羌，与汉为敌，援剪其羽翼，汉廷早得统一。当汉业衰微，塞外诸国皆钣，援出奇制胜，开疆拓土，扬天汉之威灵，边烽永息，其功甚大！

反了很惊慌，百姓都跑到了城里。狄道县县令来拜访马援（狄道县属陇西郡，现在的肃州县），请求关闭城门，发兵征讨。马援当时正在和宾客饮酒，大笑道："羌人哪还敢再来进犯我们呢（烧虏即是"烧羌"）！请狄道长您赶快回去看守好官舍（这里是比喻，把寺舍比作官舍）吧。如果谁实在怕死，就让他趴在床下躲起来吧。"后来，城里终究是没有发生变乱，郡县中的人因此都十分佩服马援。

【评论】

光武帝征讨隗嚣的时候，没有任用马援。不是因为不信任他，只是他归顺没多长时间，名声在吴汉、来歙、岑彭、耿弇、盖延等将军以下，所以只是任用他掌管扎营一事而已。

应劭《风俗通》中记载汉朝有陇西主簿牛崇，太守马援，功曹羊喜。凉部说：三大牲畜都齐全了。这也是当时趣味高雅的戏谑之词。

马援年少时，梦想是放牧，后来也实现了梦想。在北方漂泊时，他对当地的山川道路，以及风土人情都很熟悉。当派上用场时，便成就了他的绝世功业。隗嚣和公孙述资助氐族、羌族，与汉为敌，马援就剪掉了他们的翅膀，使汉得以早日统一全国。在汉国运衰弱时，塞外各附属国背叛了中原，马援出奇制胜，开疆拓土，宣扬了汉朝的天威，使得边疆烽火长久停息，功劳很大！

第六章 平交阯

援在陇西，视事六年，征入为虎贲中郎将。初援在陇西，上书言：“富国之本，在于食货，宜如旧铸五铢钱（汉武帝时铸五铢钱，王莽居摄变汉制，罢五铢钱，货币杂用布帛金粟）。”事下三府，三府奏以为未可许，事遂寝。及援还公府，求得前奏难十余条，乃随牒解释（《东观记》曰：凡十三难，援一一解之，条奏其状），更具表言。帝从之，天下称便。

援闲于进对，尤善述前世行事。每言及三辅长者（谓近畿有道德文章之人），下至闾里少年，皆可观听。自皇太子诸王侍闻者，不属耳忘倦。又善兵策，帝常言：“援论兵与我意合。”每有所谋，未尝不用也。

初，卷人维汜（卷，县名，属河南郡，故城在今原武县西北也）妖言称神。有弟子数百人，坐伏诛。后其弟子李广等宣言，汜神化不死，以诳惑百姓。十七年，遂共聚会徒党，攻没皖城（皖，县名，属庐江郡），杀皖侯刘闵。自称南岳太师。

从来帝王之兴，多托符命，本欲藉此以绝草泽英雄之妄想。承平之世，草泽英雄，亦利用此说以惑世，往往激成大马援在陇西任职六年后，应召回京担任虎贲中郎。起先马援在陇西时曾上书说："使国家富强的根本，在于粮食和商品，国家应当像过去一样铸造五铢钱（汉武帝时铸制五铢钱，王莽篡权后改换汉朝制度，停用五铢钱，使用的货币很杂，有布帛、黄金、谷粟等）。"朝廷将此事交给太尉、司徒、司空等三府办理，三府奏报认为不可，此事就被搁置了。等到马援回京师，从公府找到十多条以前的奏书、辩论，就按照牒书一一解释其中的利害（刘珍《东观记》中记载：一共有十三条奏章，马援一条一条解释，上奏），再次上表章申述理由。皇上同意了，天下人都说统一货币后很方便。

马援善与人对答，特别是讲述前世故事。每次讲故事，无论是像三辅长者（指的是京城中有道德修养、文学才识的人）这样有才识的人，还是乡里的少年，都可以听得懂。从皇太子到诸王的侍从们，他们听到都竖起耳朵，忘记了疲倦。马援又善于用兵建策，皇帝曾说："马援论兵，与我的意见相合。"他每有出谋划策，没有不被采纳的。

起初，卷县人维汜（卷，县城名，属于河南郡，旧城在今原武县西北部），妖言惑众，说自己是神。他有弟子数百人，都被朝廷杀头了。后来弟子李广等人宣扬神化不死，欺骗老百姓。建武十七年，他们就纠集徒党，攻下了皖城（皖，县城名，属于庐江郡），杀死皖城城守刘闵。李广自称是"南岳太师"。

从来帝王的兴起，大多依托迷信思想，这本来是想打压草野英雄称王的妄想。在太平盛世，草野英雄也利用封建迷信妖言惑世，常常造成了很大的动乱。李广一撮人的猖狂行径，也是这样子乱。李广之猖狂，亦此类也。朝廷闻李广反，遣谒者张宗将兵数千人讨之，复为广所败。贼势益盛，复使援发诸郡兵合万余人击之，援威名素着，贼望风溃散，李广败死，其事遂平。

时有麊泠（音麋零，汉县，元和郡《县志》安南都护府峰州，汉麊冷县地）县雒将（《水经注》：交趾未有郡县时，有雒田垦之者为雒民，统其民者为雒王，其下有雒侯、雒将）之女曰征侧者，嫁为朱鸢人诗索之妻，甚雄勇。交趾太守苏定、以法绳之。侧怨怒，遂与其女弟征贰反。攻没交趾，九真、日南、合浦、蛮俾（南夷种名）皆应之，寇略岭外六十余城。侧自立为王，都麊泠，寇乱连年。建武十八年，诏长沙、合浦、交趾具车船，修道桥。通障（与嶂同）溪，储粮谷，将以伐之。

玺书拜援为伏波将军，以扶乐（汉县名，属陈国）侯刘隆为副，督楼船将军叚志等（袁宏纪：又有平乐侯，韩字叚志作般志）南击交趾。军至合浦，而志病卒，诏援并将其兵。

援于军书旁午，羽石当前之时，复有是正文字之奏，亦可谓好整以暇者矣。盖所佩伏波将军印，“伏”字“犬”外向。所见成皋令“皋”字为白下羊（宋板后的。朝廷里听说李广造反，派遣张宗率领几千人讨伐，又被李广打败了。于是就派马援组织各个郡城里的兵力，调动了一万多人，攻打李广。马援的名声一向很大，造反的人望风而逃，李广败亡，这件事就平定了。

当时麊泠（音“麋零”，汉时县城，元和郡的《县志》记载安南都护府的峰州在汉时在麊泠县地）县雒将（郦道元《水经注》中记载：交趾一带还没有设郡县的时候，有雒田，开垦的人叫做雒民，统治这些人的叫雒王，他底下的官员叫雒侯、雒将）的女儿叫征侧，她嫁给朱鸢人诗索，征侧很是猖獗。交趾太守苏定，依法逮捕她。侧怨知道了很愤怒，就和她妹妹征贰造反，攻陷了交趾。九真、日南、合浦、蛮俾南方的少数民族等少数民族都响应她们，侵掠了岭外六十余城，征侧自立为王，定都麊泠。从此这里一带祸乱连年。建武十八年，皇帝诏书命令长沙、合浦、交趾城准备车船，修建道路桥梁，连通障（与“嶂”同）溪，储存谷物粮食，准备讨伐他们。

皇帝亲自任命马援为伏波将军，扶乐（汉时县城名，在陈国境内）侯刘隆为副手，督楼船将军段志（袁宏记载：还有平乐侯，韩字的段志应当作“般志”）等一起南征交趾。行军到了合浦，段志病逝，诏书令马援带领他的军队。

马援在军事非常繁重、敌军逼近的时候，又送达了统一文字的奏疏，也可是说是遇事从容不迫了。他上书是因为他佩戴的伏波将军印，“伏”字的“犬”向外露出，又看到成皋令中“皋”字是“白”字下面一个“羊”字，而丞印的“皋”是“四”字下面一个“羊”，尉汉书作丰，丰，工力反），丞印四下羊，尉印白下人，人下羊（从白，从苹，故云白下人，人下羊），即一县长吏，印文不同，恐天下不正者多。援谓符印所以为信，所宜齐同，荐晓古文字者，事下大司空正郡国印章。奏可。

援率诸军，缘海而进，随山刊道（刊道谓“除道”也），千余里至浪泊（《水经注》曰：叶榆水过交趾麊泠县北，分为五水，络交趾郡中，其南水自麊泠县东，迳封溪县北。东迳浪泊，马援以其地高，自西里进屯焉。按，浪泊在今安南国交州府东关县。一名西湖），与贼战，破之。斩首数千级，降者万余人，征侧奔入禁溪穴中。数败之（禁溪，即金溪也。胡三省曰：在麊泠县西南），贼遂散走。十九年正月，斩征侧、征贰，传首洛阳。封援为新息侯，食邑三千户。援拜命，乃击牛酾酒，劳飨军士（酾，所宜反，犹滤也，诗曰：酾酒有薁。毛苌注云：以筐曰“酾”），从容显官属曰：

“吾从弟少游常哀吾慷慨多大志，曰‘士生一世，但取衣食裁足，乘下泽车（《周礼》曰：“车人”为车，行泽者欲短毂，行山者欲长毂，短毂则利，长毂则安也），御款段马（款，犹缓也。言形段迟缓也），为郡掾吏，守坟墓乡里，印的又是“白”字下面一个“人”，“人”字再下面是“羊”（皋，偏旁从白，从芈，所以说“白”字下边一个“人”，“人”字下面是“羊”），即使是一个县的长官，他的印文也不同，恐怕天底下文字不统一的情况很多。马援觉得符印是展现政府信用的，文字应当统一，他奏请招揽通晓古文字的学者，在大司空新设一个部门，办理统一郡国的印章一事。皇帝批准了。

马援率领部队，沿着海路推进，顺着山势开辟道路（刊道指开辟道路），走了一千多里路到达浪泊（郦道元《水经注》中记载：叶榆水流进交趾麊泠县北部，分为五条河流，交错在交趾郡中，其中南边一条从麊泠县东，过封溪县北，向东到浪泊。马援认为这里地势高，就从西边进来屯兵在此。经考究，浪泊在今安南国交州府东关县。浪泊也叫西湖），与贼接战，大败贼军。他们斩首敌军数千人，投降的有一万多人，征侧等逃入了禁溪。马援多次打败贼军（禁溪，即金溪。胡三省注：在麊泠县西南），贼军因此解散逃走了。建武十九年正月，马援斩杀了征侧、征贰，把首级带回了洛阳。皇上因此封马援为新息侯，食邑三千户。领封后，马援杀牛斟酒，慰劳军士（釃，所宜反，滤酒的意思。《诗经·伐木》：釃酒有藇。毛苌注：用竹筐过滤酒叫做“釃”），并从容地对属下说：

“我的堂弟少游常常哀叹我的慷慨大志，说‘人生一世，只要有吃有穿，能乘坐在沼泽中行走的短毂车（《周礼·车人》记载，造车，走沼泽路的人要求车子有短小的圆木，走山路的人要求车子有长长的圆木。有短小的圆木车行快速，有长长的圆木车行安稳），驾御着行动缓慢的马（款，缓慢的意思。这里说行动迟缓），称善人，斯可矣。致求盈余，徒自苦耳。'当吾在浪泊、西里间，虏未灭之时，下潦上雾，毒气重蒸，仰视飞鸢，跕跕堕水中（跕，音都牒反。跕跕，堕貌也），卧念少游平生语（孔安国《论语》注》曰：平生犹少时也），何可得也。今赖士大夫之力，被蒙大恩，猥先诸君纡佩金紫，且喜且惭。”吏士皆伏称万岁。

【批评】

马援奏复五铢钱，而铸钱者多因缘为奸。第五伦为督铸钱掾，领长安市。伦平铨衡，正斗斛，市无阿枉，百姓悦服。援能言之，伦能行之，故得成为善政。不然，亦适以扰民而已。《书》曰：言之匪艰，行之惟艰。岂不信哉？

光武初年，仗师武臣之力，削平群雄，统一海内。马援非从龙之彦，从隗嚣处，自拔来归。则中原已无用武之地，而壮志未酬，岂能免抚髀之叹。乃万里之外，蛮荒之中，有造反者。帝环顾左右，功臣宿将，已多暮气，惟援富有冒险心，因付以征南之役。瘴海蛮天，山川风土，既非素习。慷慨受命，亦竟不辞，未及一载，奏凯而做一个郡的掾史，守住祖先的坟墓，乡里人都称赞说是个好人，这样就可以了。至于追求更多的东西，那就是自找苦吃了。'当我在浪泊、西里之间，贼未灭之时，下面是水上面是雾，毒气熏蒸，仰望天上巨鹰跕跕坠落水中（跕，读音是都牒反。跕跕，坠落下来的样子），回想少游以前对我说的话（孔安国《论语》注：平生就是指少年时期），真不知怎样才能得到呢！如今幸赖大家的共同努力，蒙受大恩，侥幸在你们之前封侯晋爵，我真是既高兴又惭愧啊。"属下们都伏地高呼万岁。

【评论】

马援奏议再次铸造五铢钱，但是按以往来看铸钱的官吏都凭借职位便利徇私枉法。第五伦被指派督察铸钱的官吏，他总管长安市，校定衡器，匡正量具，于是百姓在交易中再没有弄虚作假的行为，百姓心悦诚服。这件事，马援能说明其中的道理，第五伦行之有效。如果不是这样，铸钱的政策也是扰乱民生而已。《尚书》记载：说话容易做事难。难道不对吗？

光武帝刚刚继位时，依靠军队武臣之力，战胜了群雄，统一天下。马援不是跟随光武帝的宿将，而是从隗嚣那自己投奔光武帝的。这时候中原战事已定，英雄已无用武之地，但是他壮志未酬，难道不会抚髀长叹吗？在这时候，万里外的荒蛮之地，有人造反，皇帝环顾左右，功臣名将都年岁已大。只有马援富有冒险心，皇帝就派他南征。所到之地，乌烟瘴气漫天，这里的山山水水都不是平日里熟悉的。马援慷慨受命，竟然也不推辞，不到一年，就归，殊为读者所不料。原来天下之事，万有不齐，而理只是一个。轨简驭繁，则任是何事，皆如驾轻车、就熟路耳。若是有能有不能，终缘于理未曾贯通也。援对官属一段文字，意态雄杰，神情壮往。人当得意时，回想生平，应有此种感慨。然非范蔚宗有良史之才，亦不易传出。

胜利回朝，非常出乎读者的意料。原来天下的事，纷繁万种，但是“理”只有一个。有了“理”，就可以胜任任何事，就像驾驭轻装马车、走着熟悉的道路一样。如果有能做的和不能做的事，还是因为“理”没有贯通。马援对官属们说的一段话，豪情万种，慷慨激昂。人在得意的时候，回想自己的生平，应当有这种感慨。当然了，没有天才一般的史官范晔，也很难写得这么传神。

第七章 铜马

征侧虽死，余党都羊等势尚盛，援将楼船大小二千余艘，战士二万余人击之，贼渠降。进入余发（在今安南境），渠帅朱伯弃郡亡。入无功，至居风（无功，居风，二县名，并属九真郡），并斩级数十百，九真乃清，峤南悉平（峤，岭峤也。《尔雅》曰：山锐而高曰）。铸铜为柱，立于交趾，为汉之极界，铭曰：

汉建武十八年，平征侧于龙编，树铜柱于象浦。其铭曰：金人汗出，铁马蹄坚，子孙相连，九九百年。（见马希范《溪州铜柱记》）

援所过辄为郡县治城郭，穿渠灌溉，以利其民。条奏越律与汉律駮者十余事（駮，乘舛也），与越人申明旧制，以约束之。自后骆越奉行马将军故事（骆者，越别名）。二十年秋，振旅还京师，赐兵车一乘，朝见位次九卿。

援平交趾，本传不载其方略，今不可考。其轶事见于他书，辑之如左：

除其竹木，譬如婴儿，头多虮虱，而剃之荡荡然，虮虱无所复依。（《御览·九百五十一》引《东观汉记》）

征侧虽然死了，但是她的余党以都羊为首的势力还在，马援指挥两千多艘大大小小的楼船，以及军队两万多人进攻他们。贼人大多投降。随后马援进入余发（在今安南境内），贼首朱伯放弃郡城逃跑了。马援军到了无功、至居（无功，居风，二座县城名，都属于九真郡）一带，斩首几千人，九真和峤南（峤，岭峤的意思。《尔雅》：尖锐，高大的山称作“峤”）等地的造反平息了。马援就铸造铜柱，立在交趾作为大汉的疆界，刻上铭书说：

大汉建武十八年，在龙编平定征侧之乱，在象浦树立铜柱。铭文说：金人雄勇，铁马蹄坚，子孙代代，永世为安。（记载于马希范的《溪州铜柱记》）

马援每到一处都为郡县修建城郭，挖渠灌溉，方便那里的老百姓。他又奏明点出了越律与汉律不完全相同的十几项（駮，相悖的意思），跟越人申明以往的制度来加以约束，自此以后越人都遵守马将军的旧制（骆是“越”的别称）。二十年秋，马援整顿军旅回京师，皇帝赏赐马援兵车一乘，朝见时地位仅次于九卿。

马援平定交趾一事，史传中没有详细记载，现已无法考据。在其他书中记录了当时的一些轶事，现在集中写在这里：

（破贼须灭巢），除掉山林竹木，敌人就没有藏身之地了。好比小孩头上生了虮虱，剃一个光头，虮虱也就无所依附了 。（北宋《太平御览》九百五十一卷记载，引用于《东观汉记》）

《禹贡》厥包橘柚，疑谓是也，其味美于春夏笋。（至荔浦见冬笋名曰苞笋，上言。聚珍本《东观汉记》）

从（同麊）泠出贲古击益州，臣所将骆越万余人，便习战斗者二千兵以上弦毒矢，利以数发，矢注如雨，所中辄死。愚以行兵，此道最便。盖承藉水利，用为神捷也。（《水经·华榆水》注）

臣谨与交趾精兵万二千人，与大兵合二万人，船车大小二千艘。自入交趾，于今为盛。（上同）

太守苏定，张眼视钱，𥉌眼讨贼，怯于战功，宜加切敕。（聚珍本《东观汉记》）

西干县户有三万二千，远界去庭千余里，请分为封溪望梅二县。（《后汉书本传》）

交趾人喜铸铜鼓，以高大为贵。面阔丈余，援得之，乃镕其鼓以铸名马，定为表式。师还。上之于朝。盖援好骑，善别名马也。表曰：

“夫行天莫如龙，行地莫如马。马者，甲兵之本，国之大用。安宁则以别尊卑之序，有变则以济远近之难。昔有骐骥，一日千里，伯乐见之，昭然不惑。（伯乐，秦穆公时善

《尚书·禹贡》中记载的“厥包橘柚”，可能指的就是这个，味道比春夏时期的笋子还好吃。（马援到了荔浦见到这里的冬笋叫做“苞笋”，就报告皇帝。摘自聚珍本的《东观汉记》）

从（同“麊”字）泠出发到贲古攻击益州，臣率领的越人有一万多人，其中善于战斗的两千士兵带着毒箭。他们多次发射利箭，箭雨纷纷，被击中的马上毒死。臣以为用兵，这种方法最方便。因为这利用了河水的便利，可以快速解决战斗。（摘自郦道元《水经注·华榆水》的注释）

臣和交趾的一万两千精兵会和，组建成了两万人的大部队，共有大大小小的船只、车辆两千多。自从进入交趾以来，到现在已经强大了。（同上）

交趾郡太守苏定，张眼时眼中只有钱，讨伐造反军时却眯着眼，害怕夺取战功，这应当受到制裁。（摘自聚珍本《东观汉记》）

西干县户口有三万二千人，这里离朝廷一千多里，请批准把该县分为封溪、望梅二县。（自《后汉书·马援本传》）

交趾人喜欢铸造铜鼓，越高大越尊贵。有一面鼓，鼓面有尽一丈宽，马援缴获了，就烧融铜鼓铸造名马，作为法式。军队回朝后，他就把铜马献上朝廷。这是因为马援喜好骑马，善于分辨名马。马援的奏章说：

“在天上走的没有什么比得上龙，在地上走的没有比得上马的。马是兵甲战争的根本，对国家有大用。国家太平时可用以识别尊卑顺序，国家有变乱时可以平定远近的患难。过去有名马骐骥，一天可行千里，伯乐见了，不觉得奇怪，因为他懂马（伯乐是秦穆公

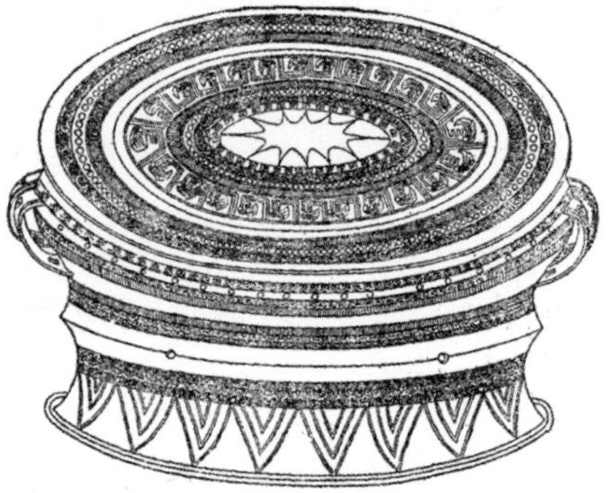

相马者也。桓宽《盐铁论》曰：骐骥负盐车，垂头于太行之阪，见伯乐则喷而长鸣）近世有西河子舆，亦明相法，子舆传西河仪长孺，长孺传茂陵丁君都，君都传成纪杨子阿，臣援尝师事子阿，受相马骨法，考之于行事，辄有验効。臣愚以为传闻不如亲见，视景（同影）不如察形。今欲形之于生马，则骨法难备具，又不可传之于俊。孝武皇帝时，善相马者东门京，铸作铜马法献之，有诏立马于鲁班门外，则更名鲁班门曰金马门。臣谨依仪氏輢中，帛氏口齿，谢氏唇髻，丁氏身中，备以数家骨相以为法。”

有诏置于宣德殿下（《东观记》作德阳殿下）。马高三尺五寸，围四尺四寸，援又制铜马相法曰：

水火欲分明（水火在鼻两孔也），上唇欲急而方，口千欲红而有光，此马千里。颔下欲深，下唇欲缓，牙欲前向，牙去齿一寸，则四百里，牙剑锋则千里。目欲满而泽，腹欲充，肷欲小，季肋欲长，县薄欲厚而缓（悬，薄严也），胁堂欲平时期善于看马的人。桓宽《盐铁论》中记载：良马骐骥推着运盐的车，垂着头走在崎岖的太行山上，看到伯乐就高兴得长时间鸣叫，近代有西河子舆，也通晓相面之法。子舆把这秘术传给了西河仪长孺，长孺传给了茂陵丁君都，君都传给了成纪杨子阿，我曾经拜子阿为师，接受了相马骨法。在事实上考验，时常可见功效。我以为传闻不如亲见，看影子（景，同“影”）不如考察形体。现在我想拿活马来考察，那这匹马的骨架很难了解齐全，这样的秘术也无法传给后世。孝武皇帝时，有个善于看马的人叫东门京，铸作了铜马法献给皇上，皇帝下诏令把这匹马立在鲁班门外，并把鲁班门改名为金马门。我现在谨慎地依据仪氏的马络头，中帛氏的口齿，谢氏的嘴唇马鬣，丁氏的身体，把这数家优良马骨集中在一个模型上作为考察良马的器具。”

皇上下诏，将这铜马模型立在宣德殿下（《东观记》作“德阳殿下”）。马高三尺五寸，马身围长四尺四寸。马援又写了《对照铜马法》，说：

水火必须分明（水火指马鼻两孔），上唇必须急转成方形，口唇必须血红有光泽，这就是千里马。如果颔下很深，下盾平缓，牙齿前倾，牙尖离牙床一寸，就是日行四百里的马；如果牙齿像剑一样锋利，那这便是千里马。千里马眼睛饱满水润，腹部充实，肋骨和胯骨之间细小，两侧肋弓最低点缓长，而且轻薄厚实，胁堂平满，汗沟欲深长，而膝本欲起，肘腋欲开，膝欲方，蹄欲厚三寸，坚如石，鬃欲戴中骨高三寸（鬃，中骨也），颊欲开而膺下欲广一尺以上，能久走，鞅欲方（颈前），胸欲直而出（骨前面），凫间欲开望，视之如双凫。（《后汉书·本传》注及《太平御览》八百九十六）

【批评】

交趾铜鼓，《后汉书》注引裴氏《广州记》曰：狸獠铸铜为鼓，鼓唯高大为贵。面阔丈余，初成悬于庭，克晨置酒招致同类，来者盈门，豪富子女，以金银为大钗，执以叩鼓，叩竟，留遗主人。按汉铸铜鼓，今犹有存者，然至高者不逾二尺，面径不逾三尺，腹围八九尺，重一千余两。《广州记》云，面阔丈余者，概之未见。今岭南一道，廉州有铜鼓塘，钦州有铜鼓村，博白有铜鼓潭，则因以为地名矣。唐岭南节度使郑絪，得铜鼓于春州峒户，面阔五尺，脐隐起罗布海鱼虾蟆等纹，旁设两耳，今传世者，约略相同。蜀汉诸葛武侯亦铸铜鼓。

古人谓行天莫如龙，行地莫如马，其重马如此，故历代皆有善相马之人，师法相承，具有渊源。西汉以后，遂不复传。明人有《安骥集》，不过言养马之法耳。

满，汗沟深长，膝盖像站起来的样子，肘腋张开，膝方正，马蹄厚三寸，坚硬像石头，中骨长出三寸（鬃指中骨），马面两侧张开，胸下宽广一尺以上，可以长时间的跑，马颈前方正（颈的前面），胸竖直横出（骨的前面），凫间一带张开，看起来像双双飞起的野鸭。（《后汉书·本传》注及《太平御览》八百九十六）

【评论】

交趾的铜鼓，《后汉书》的注释引用裴氏的《广州记》，说：狸獠人用铜铸造鼓，鼓越大越显尊贵。鼓面宽有一丈，挂在庭院中，主人在早晨开酒席招来朋友亲人，前来拜访的都是富豪家的子女，他们拿着金银叉器叩击鼓面，击打完后就把器物送给主人。经考察，汉时铸造的铜鼓，现在还有留存的，但是最大的高不过二尺，鼓面宽不过三尺，鼓身周长八九尺左右，重一千两左右。《广州记》中说的鼓面一丈宽的大鼓，还没有看到过。现在在岭南一带，廉州有铜鼓塘，钦州有铜鼓村，博白有铜鼓潭，都是因为铜鼓得名。唐朝岭南的节度使郑絪，在春州峒户发现了一面铜鼓，鼓面五尺宽，鼓脐处隐隐约约画着罗布海鱼虾蟆纹饰，旁边修饰着，现在传世的鼓，大多跟这个唐鼓类似。蜀国诸葛亮也曾经铸造过铜鼓。

古人说的“在天上走的没有什么比得上龙，在地上走的没有比得上马的”，他们是如此的重视马。所以历代都有善于看马的人，他们师生一代代传承，有源头。到了西汉以后，就失传了。明代有《安骥集》，不过是讲养马的方法罢了。

广西太平府有镇南关，关在凭祥土州，两山夹峙，中设关门，关外即安南境，一小山当其前。汉伏波将军铜柱在焉，至今尚露五尺许。当立柱时，与之誓曰："铜柱折，交趾灭。"故安南人常以土培之，惧其折也。

广西太平府有镇南关，关卡在凭祥土州，被两山所夹持，山间设置关门，关外就是安南境内，一座小山当前。大汉马援将军的铜柱就在那，至今尚有五尺在外。在立柱之时，马援对安南人发誓说："当铜柱折倒时，交趾将会毁灭。"所以安南人常常用土加固基座，害怕它折倒。

第八章　矍铄哉是翁

方援奏凯还京，故人多迎劳之。援居高思危，志意愈恭。平陵人孟冀名有计谋，于坐贺援。援谓之曰：“吾望子有善言，反同众人邪？昔伏波将军路博德开置七郡（《汉书·路博德传》平南越以为南海、苍梧、郁林、合浦、交趾、九真、日南、朱崖、瞻耳九郡，今此言七郡则与前书不同也），裁封数百户。我今微劳，猥飨大县，功薄赏厚，何以能长久乎？”冀谢曰：“愚意不能知也。”援曰：“方今匈奴、乌桓，尚扰北边，欲自请击之。男儿要当死于边野，以马革裹尸还葬耳！何能卧床上，在儿女子手中耶？”冀曰：“谅为烈士，当如此矣。”还月余，会匈奴乌桓寇扶风，援以三辅侵扰，园陵危逼，因请行。许之。十二月，复出屯襄国（县名，属赵国，今龙冈县），诏百官祖道，赐巨鹿缣三百匹。

明年秋，援乃将三千骑，出高柳，行雁门、代郡、上谷障塞。乌桓候者见汉军至，遂散去。援无所得而还。

建武二十四年，武威将军刘尚，击武陵五溪蛮夷（郦元《注水经》云：武陵有五溪，谓雄溪、樠溪、酉溪、潕溪、辰溪，悉是蛮夷所居，故谓五溪。皆槃弧之子孙），深入，军没。援因复请行，时年已六十二矣。帝愍其老，未许之。援自请马援凯旋回京，旧友都来迎接他。马援居安思危，显得更加恭敬。平陵人孟冀，以有计谋著名，他祝贺马援。马援对他说："我希望你有善言勉励我，你反而同众人一样只是祝贺吗？过去伏波将军路博德开置七郡（《汉书·路博德传》中记载：伏波将军路博德平定南越，设置了南海、苍梧、郁林、合浦、交趾、九真、日南、朱崖、瞻耳九座郡城，这里说七座，跟以前的记载有出入），才封了数百户；现在我只是微小功劳，却有食邑三千户，功劳小赏赐却厚重，这样怎么能长久呢？"孟冀道歉说："我没有想到。"马援说："现在匈奴、乌桓还在北部侵扰，我想请求去讨伐，男儿应当死于边野，以马革裹着尸体回来安葬，哪能睡在床上守着妻子儿女呢？"孟冀说："真正的勇士，应当是这样的。"马援回来后一个多月，恰逢匈奴、乌桓侵犯扶风，马援觉得三辅一带受到侵扰，皇家园陵受到危逼，请求出兵，皇帝准许了。他从九月回京，十二月又出兵屯守在襄国（县城名，属于赵国，今龙冈县）。皇帝下令让百官为他饯行，同时赐予他百匹巨鹿布帛。

第二年秋天，马援统领三千骑兵出高柳，攻打雁门、代郡、上谷等边塞。乌桓候者看到汉军攻过来，就逃散离开了，马援军一无所获，只好退兵。

建武二十四年，武威将军刘尚，进兵武陵的五溪一带蛮夷（郦道元《水经注·注水经》记载：武陵有五条溪，分别是雄溪、樠溪、酉溪、潕溪、辰溪，都在蛮夷境内，所以统称五溪。这里的蛮夷都是槃弧的子孙后代），军队深入敌境，遭到覆灭。马援因此曰："臣尚能披甲上马。"帝令试之。援据鞍顾眄，以示可用。帝笑曰之："矍铄哉，是翁也（矍铄，勇貌）！"

帝遣援率中郎将马武、耿舒、刘匡、孙永等，将十二郡募士，及弛刑四万余人。征五溪，夜与送者诀曰："吾受厚恩，年迫余日，率（尽也）常恐不得死国事。今获，所愿甘心瞑目。但畏长者家儿，或在左右，或与从事，殊难得调，介介独恶是耳（长者家儿，谓权要子弟等。介介，犹耿耿也）。"

明年春，军至武陵临乡，遇贼攻县。援迎击破之，斩获二千余人，皆散走入竹林中。初军次下隽（隽，音子兖反。下隽，县名，属长沙国，故城今沅陵县），有两道可入：从壶头则路近而水崄（壶头，山名，在今辰州），从充（《袁宏纪》作"充中"）则涂夷而运远（充，县名，属武陵郡）。帝初以为疑。及军至，耿舒欲从充道，援以为弃日费粮，不如进壶头搤（持也）其喉咽，充贼自破。以事上之，帝从援策。

又请求出兵，马援这时已六十二岁，皇帝怜惜他年老，没有准许。马援自请说：“臣还能披甲上马。”皇帝就让他试试。马援在马鞍上稳稳当当，左顾右盼，显现出仍可胜用。皇帝笑着说：“勇猛啊，这个老头子（矍铄，勇敢的样子）！”

于是皇帝就派遣马援率领中郎将马武、耿舒、刘匡、孙永等将军。又到十二个郡城中招募士兵，再加上卸下枷锁的刑徒，一共四万多人，一起征讨五溪蛮夷。马援夜间与送行的人诀别，他说：“我受厚恩，年龄紧迫余日已经不多，时常（率，全部的意思）恐惧自己不能死于国事，现在获得出征机会，死了也心甘瞑目，害怕的只是一些权贵的子弟，他们有的在左右侍奉皇上，有的参与政事，（遇到战事）特别难以调遣安排，我独独为此耿耿于怀而已。”（长者家儿，指权贵的子弟。介介，通“耿耿”，有心事的样子）

第二年春天，马援行军到了临乡，就碰到贼军攻打县城，马援前往迎战击破了贼军，斩杀和俘虏二千多人，其余的都跑散到一片竹林中了。起初军队驻守在下隽（隽，子兖反。下隽，是县城名，属于长沙国，旧城在今沅陵县），有两条路可进入竹林追讨敌军，从壶头进入的路很近但是水势险（壶头，山名，在今辰州），从充（《袁宏纪》作“充中”）县进入的路宽敞安全但是运输路程遥远（充，县城名，属于武陵郡）。起先皇帝拿不定主意，等到军队赶到，耿舒打算从充县进入追击，马援认为这样路途遥远，拖延时间长而且耗费的粮食多，不如走壶头，还可以扼住（搤，把持的意思）敌人的咽喉，充贼自然就破灭了。他把这个计策报告给皇上，皇上采纳了。

汉兵进营壶头，贼乘高守隘。水疾，舩（同船）不得上。会暑甚，士卒多疫死。援亦中病，遂困。乃穿岸为室，以避炎气（今壶头山边有石坚，即援所穿室）。贼每升险鼓噪，援辄曳足以观之，左右哀其壮意，莫不为之流涕。未几，薨于军中。援久在军中，料敌未尝失算，而遽遭败绩。盖成败利钝，虽智者固未能逆料。耿舒与兄好畤侯弇书曰：

"前舒上书当先击充，粮虽难运而兵马得用，军人数万争欲先奋。今壶头竟不得进，大众怫郁行死，诚可痛息。前到临乡，贼无故自致，若夜击之，即可殄灭。伏波类西域贾胡，到一处辄止（言似商胡，所至之处辄停留），以是失利。今果疾疫，皆如舒言。"

弇得书，奏之。帝乃使虎贲中郎将梁松（统之子），乘驿责问援，乃代监军。初援尝有疾，梁松来候之，独拜床下，援不答。松去后，诸子问曰："梁伯孙帝婿（伯孙，字松，松尚舞阴公主），贵重，朝廷公卿以下，莫不惮之。大人于是马援进军壶头，贼军趁机在高处把守住关隘。因为河水湍急，船只（舩，就是船）不能逆行上去。当时又正好是酷暑时节，士卒们很多患病死去，马援自己也得了病，结果军队就在这种形势下被困住。士兵们就在河岸边凿洞开辟小室，来躲避酷暑（现在壶头山脚还有坚石，就是马援军队当时穿凿的屋室）。贼军常常爬到高而险要的地方击鼓叫嚣，马援时常拖着病腿去察看，左右副官被他这种壮举感动，都留下眼泪。没过多久，马援在军中病逝。马援一生指挥作战，从来没有失算过，却在最后一役惨遭失败。唉，这大概是因为成败难料，智者千虑必有一失。耿舒写信给哥哥好畤侯耿弇，信中说：

"以前我就上了书，建议应该先进攻充县，虽然粮食难以运输，但是这样一来兵马就可以展开驱使，发挥应有的作用，要知道当时的数万士兵可是争先恐后，意气奋发的。哪像现在被困在壶头不能前进，大众忧郁将死，我实在是感到痛惜啊。前次到临乡，贼军就没有声息地进攻，当时我们如果乘着夜色攻击他们，就可以一举消灭掉的。我看马援用兵就像是当时西域的胡商，每到一处就止步不前（就是说马援用兵像胡商，所到之处就停留），所以就失败了。果然他现在被疾疫困住了。全部都跟我预计的一样。"

耿弇收到信后，将内容上奏朝廷。皇上就派虎贲中郎将梁松（梁统的儿子），让他乘驿站快马去问责马援，同时代理监军。当初马援得病的时候，梁松来看望他，拜在床下，马援竟然没有答礼。梁松走后，马援的儿子问他："伯孙梁松可是皇帝的女婿（伯孙，字松。他娶了舞阴公主），身份贵重，朝廷中公卿以下的官员，奈何独不为礼？”援曰:”我乃松父友也。虽贵何得失其序乎？”松由是不平。为监军，乃因事陷之。帝大怒，追收援新息侯印绶。

【批评】

忧勤惕厉者成矣，骄盈自足者败矣。当马援平交趾，振旅还京，故人郊迎之日，此岂非大丈夫得意之秋？乃退然自下，闻谀则惧，闻规则喜；得意事也，而以失意事处之。如此存心，宜其永保令名，免于中伤矣。乃偶在梁伯孙前，摆出老前辈面孔，遂至一蹶不振，吁可畏也。宋儒教人在在处处，存一敬字，如此则治己治人，可无大过欤。常人当有事之时，尚能用意；燕居之时，不觉玩忽。存养工夫有未至也。

马援以垂老之年，据鞍显盼，以示可用。固本其生平马革裹尸之壮志，亦以贵盛之身，难善其后，不如出身报国，可以孤忠结主知也。壶头一役，功业蹉跎，遂以身殉。薏苡明珠，腾谤身后。为臣不易，观此益信。

都忌惮他。唯独父亲您怎么不行礼呢？”马援回答说：“我和梁松的父亲是朋友。梁松他虽然身份贵重，我怎么要因此乱了长幼次序呢？”梁松因此心中很是不平。当时，他代理监军，因此便捏造事实陷害马援。皇帝因此大怒，收回了马援新息侯的印绶。

【评论】

谦虚警惕的人可以成功，骄傲自满的人就会失败。当时马援平定了交趾，收兵回京城，这难道不是大丈夫洋洋得意的时候吗？马援却退一步委屈人下，听到阿谀奉承道贺的话就恐惧，听到规劝就高兴。他把得意的事看做失意的事。有这样的用心，他应该可以永远保持好名声，不会被人中伤。哪想到他偶尔一次在梁松面前，摆出了长辈的面孔，没有行礼，就这样被诬陷，一蹶不振了。这值得我们畏惧啊。宋朝的儒士认为在一举一动，生活中的各个地方，都必须心存“敬”字，这样克制自己，要求他人，就不会犯大错了。我们平常人在一般时候，还能够克制自己；到了退朝闲居时，不知不觉就懈怠了。我们在保持自我本心上都还有没做到的地方啊。

马援在衰老的时候，稳当当地坐上马鞍，炯炯有神，表示自己还可以被任用，他这样争着上阵本来也就是想实现马革裹尸的壮志，同时也因为自己官位贵重，很难独善其身，还不如报国身死沙场，可以表达自己的忠贞来得到皇帝的赏识。可惜在壶头一战，让他功业灰飞烟没，自己也以身殉职。毁谤的人却将薏米当作明珠，大肆渲染，使他死后仍遭人诬蔑。由此可更加确信，为人臣子不容易啊。

第九章　朱勃上书

援前在交趾，常饵薏苡实，用能轻身省欲，以胜瘴气。南方薏苡实大，援欲以为种。军还，载之一车。时人以为南土珍宝，权贵皆望之。援时方有宠，故莫以闻。及卒，复有上书谮之者，以为前所载还，皆明珠文犀（犀以有文彩者为贵）。马武与于陵侯侯昱等（昱，侯霸之子）皆以章言其状。帝益怒。

援妻孥见朝廷责难未已，惶惧不敢以丧还旧茔，裁买城西数亩地槁葬而已（槁，草也。槁葬谓权葬。《水经注》：援墓在石马亭，西睢水所经也），宾客故人莫敢吊。会严（援之兄子）与援妻子草索相连，诣阙请罪。帝乃出松书以示之，方知所坐，上书诉冤，前后六上，辞甚哀切，然后得葬。

前云阳令朱勃诣阙上书。为援讼言曰：

“臣闻王德圣政，不忘人之功，采其一美，不求备于众，故高祖赦蒯通，而以王礼葬田横，大臣旷然，咸不自疑。夫大将在外，谗言在内，微过辄记，大功不计，诚为国之所慎也，故章邯畏口而奔楚，燕将据聊而不下。岂其甘心末规哉？悼巧言之伤类也。窃见故伏波将军新息侯马援，以四年冬始归正朔。当此之时，虏述矫号于益州，隗嚣拥兵于陇先前马援在交趾时，经常食用薏米来清身醒脑，抵御这一带的瘴气。南方薏苡的果实大，马援想带上做种子，等到还军归朝时，他就装了一车。当时人们以为这是南方的珍宝，权贵们都想要到一点，只是当时马援盛宠，没有人知道那一车货到底是什么。到了马援病逝，有些人上书拿这个诬陷马援，他们捏造当时车上运载的是珠宝、纹绘犀角（犀角中有文彩的价值高），马武和于陵侯侯昱（侯昱是侯霸之子）等人甚至还做文章描绘了这些宝物的形状。皇帝听了更加愤怒。

马援的妻子和儿子们看到朝廷的责难没完没了，他们惶恐畏惧，不敢把马援的灵柩运回旧坟安葬，只买了城西的几亩地草草地埋葬了事（槁，一种草。槁葬指的是权且安葬。郦道元《水经注》记载：马援墓在石马亭，西睢水经过的地方）。马援的门客们也不敢去吊唁。马严与马援妻子用草绳绑着到朝廷请罪，皇帝拿出梁松的诬告书，才知道马援因诬告获罪，他们就上书诉冤，前前后后一共六次，信中言辞十分悲切，这样马援才得以安葬。

前任云阳县令朱勃到朝廷上书，为马援辩护说：

“臣听说贤明君王的德政，不忘别人的功劳，有一点的优点就采用，并不求全责备。所以高祖赦免了嗦使韩信造反的蒯通，又用王族的礼节安葬了不归顺大汉的田横，这样大臣们心中便变得旷达起来，都不再疑心罪责会降到自己头上。大将在外征战，小人却在朝中毁谤他们，专挑他们的小过，而不看他们建立的大功。这种情况确实应当慎重看待啊。楚汉纷争时章邯害怕谗言，归降了项羽；燕将攻下聊城后，因害怕谗言而不敢回去。难道是他们甘心出此下冀，豪杰盱睢，且自为政。援拔自西州，钦慕圣义，间关险难，触冒万死，孤立群贵之间，旁无一言之佐，驰深渊，入虎口，岂显计哉？宁自知当要七郡之使，徼封侯之福邪？八年，车驾西讨隗嚣，国计狐疑，众营未集。援建宜进之策，卒破西州，隗嚣克定，援有力焉。及吴汉下陇，冀路隔断，豪强叛城，酋羌杀吏（二语从《北堂书钞》补），唯独狄道，为国坚守，士民饥困，乃啖弩煮履（此语亦从《书钞》补），寄命漏刻。援奉诏西使，镇慰边众，乃奋不顾身，间关山谷之中，挥戈先零之野，招集豪杰，晓诱羌戎，谋如涌泉，势如转规，遂救倒悬之急，存几亡之城。兵全师进，因粮敌人，陇冀略平，而独守空郡，兵动有功，师进辄克。诛锄先零，缘入山谷，猛怒力战，飞矢贯胫。征在虎贲，则有忠策、嘉谋于国。又出征交趾，土多瘴气，援与妻子生诀，无悔吝之心，遂斩灭征侧。克平一州，使王府纳越裳之贡，边境无兵革之忧。间复南讨，立陷临乡，师已有业，未竟而死，吏士罹疫，援不独存。夫战或以久而立功，或以速而致败，深入未必为得，不进未必为非。人情岂乐久屯绝地，不生归哉？惟援得事朝廷二十二年，北出塞漠，南渡江海，触冒害气，僵死军中，名灭爵绝，国土不传；海内不知其过，众庶未闻其罪。卒过三夫之言，横被诬罔之谗，家属杜门，葬不归策吗？可恨小人谗言伤人啊。我看到已故的伏波将军新息侯马援，是在建武四年冬归顺王朝的。当时，隗嚣拥兵据守在陇冀一带，豪杰们红着眼，都相继建立政权。马援从西州出来，钦慕圣贤忠义，历经崎岖险难，冒着万死之难，孤立于朝廷群臣之间，没有人帮助，独自奔驰在深渊边，涉险虎口，他还顾忌什么呢？难道他知道自己会当上七郡使臣，得到封侯吗？建武八年，皇上亲自西讨隗嚣，大家都拿不定主意，众军队也没有集结，马援提出进军的路线，并建议快速进军，于是部队很快就攻破了西州，平定了隗嚣。马援在这场战斗中有很大功劳。后来吴汉攻下了陇西，冀一带的道路被隔绝，各路豪杰造反占城，羌人也杀死了官吏（这两句从《北堂书钞》抄补的），只有狄道为国坚守，士民们又饥又困，都到了啃弓弩上的筋、煮鞋子吃的地步了（这句也是从《北堂书钞》抄补的），他们生死存亡于顷刻之间。马援奉诏西使，镇压叛乱，安慰边塞群众。他奋不顾身，穿行在山谷间，操戈在先零野外；诏安叛变的豪杰，引诱羌人归顺；谋略层出不穷，形势迅速转变，转危为安，这才解决了燃眉之急，保存了几乎失去的城邑。他率军进发，从敌人那夺取粮食，平定了陇冀一带。而他独自守住了空郡，一出兵就有功绩，一进军就能克敌制胜。在平定先零的战斗中，马援潜行山谷之中，奋力作战，小腿都被箭射穿了。在任虎贲中郎将时，他又建言献策，忠心为国。后来他又出征交趾，当地多瘴气，马援与妻子生离死别，没有一点后悔的心思，于是很快斩灭了征侧，平定了整个州郡，从此朝廷享有越地的进贡，再也不用担忧南部边境的安危。紧接着他又向南进军，很快就攻下临乡，这次出师刚刚建立了功业，但马援没有完成任务就身墓，怨隙并兴，宗亲怖栗，死者不能自明，生者莫为之讼。臣窃伤之。夫明主醲于用赏，约于用刑。高祖尝与陈平金四万斤，以间楚军，不问出入所为，岂复疑以钱谷间哉？夫操孔父之忠，而不能自免于谗，此邹阳之所悲也。诗云：取彼谗人，投畀豺虎，豺虎不食，投畀有北，有北不受，投畀有昊。此言欲令上天而平其恶，惟陛下留思竖儒之言，无使功臣怀恨黄泉。臣闻《春秋》之义，罪以功除；圣王之祀，臣有五义。若援所谓以死勤事者也。愿下公卿，平援功罪，宜绝宜续，以厌海内之望。臣年已六十，常伏田里，窃感乐布哭彭越之义，冒陈悲愤，战栗阙庭。”

死了。当时士兵们患了疾病，马援也没有保全自己。要知道战争有时候时间长了才能建立功勋，有时候快速进军反而会遭受失败，深入敌境不一定就能取胜，不深入未必就错了。按人情，谁愿意久留绝境而不想活着回去呢！只有马援在朝廷二十二年中，北边去了边塞沙漠，南渡江海，遇到病气，死于军中。没想他反而因此名声败裂，爵位被收回，朝廷都不记载他的事迹，人们还不知他有什么过错，百姓们没有听说他犯了罪。他最终遭到了小人的诬陷，被谗言中伤，家属们只得关门闭市，马援也没有埋葬在家族中。埋怨嫌弃的声音开始兴起，马援的宗族亲戚们胆战心惊。死者不能陈述实际情况，生者又没有人敢为他申冤，臣下我实在感到悲哀。明智的君主赏赐起来厚重，用刑就轻微。汉高祖曾给陈平四万黄金来贿赂、离间楚军，却不过问这些黄金的使用情况，难道高祖他是感觉这些钱粮闲着没地方用吗？孔子那样忠诚也不能免于季孙的谗言，这是让邹阳感到悲痛的。《诗经·小雅》说：'把那个诽谤者抓来，丢去喂豺狼虎豹。豺狼虎豹不吃，就丢到北国不毛之地。北国不要，说把他交给上帝惩罚。'这是要让上天平息他们的罪恶。请陛下留心小人的谗言，不要让功臣怀恨在九泉之下。我听说《春秋》想要表达的义理，是犯了罪可以将功抵罪；圣王的祭祀中，有五种臣子是应当被祭祀的（立法安民，忧劳去世，劳苦立国，抵御大灾，平定大乱）。像马援，就是五者中忧劳去世的。希望陛下让公卿们评定马援的功劳和罪行，再决定应不应当让马援后代继承爵位，以满足天下人的愿望。臣下我年已六十，蛰居在田间野地，因为感慨这类似于栾布哭祀彭越的义气，冒死陈述自己的悲愤之情，战栗着奏上此书。"

书奏。时梁松、窦固等在中。上问知朱勃乎，对曰："故云阳令。"因以所上章使读之。松固惊相语曰："如是陛下不甚罪伏波也。"

永平（明帝年号）十七年，援夫人卒。乃更修封树，起祠堂。建初（肃宗年号）三年，肃宗使五官中郎将持节追策谥曰忠成侯。四子廖、防、光、客卿，客卿幼而岐嶷，援甚奇之，早夭。余子皆贵显。

【批评】

当马援之盛也，一时趋炎慕势者，其数何限。至于身后，诸人皆望望然去之。冒死而为之颂冤者，乃出于乡里旧交，老不发迹之故云阳令也。朱勃之名，遂至今与马伏波并传矣。岁寒见松柏，疾风知劲草，岂不然哉。

薏苡，一年生草。叶狭长，有平行脉，花生于叶脉，实椭圆，其仁白色。可杂米中作粥饭及磨面，并入药。

朱勃上奏给了皇上。当时梁松、窦固等人在朝廷上。皇上问他们是否认识朱勃，他们回答道："是前任云阳县令。"皇帝就把奏章拿给他们读。梁松因此大惊道："如果这样，陛下您就不怪罪马援了吗？"

永平（汉明帝年号）十七年，马援的妻子去世。于是朝廷才为马援聚土为坟，植树为标记，建起了祠堂。建初（汉肃宗年号）三年，汉肃宗命令五官中郎将拿着旄节，追谥马援为忠成侯。马援的四个儿子分别是马廖、马防、马光和客卿。客卿幼年聪慧，可惜早夭，其余的儿子都显贵。

【评论】

在马援盛宠时，趋炎附势的人，不可胜数。在他死后，大家都头也不回地离开了。冒死为他申述冤情的，竟然是他乡里的旧交、老了也没有当上大官的前任云阳县令朱勃。他的名字，至今和马援一起流传于世。"岁寒见松柏，疾风知劲草"，难道不是吗？

薏苡，一年生草本植物。叶子狭长，平行叶，花开在叶脉上，果实呈椭圆形，果仁白色，可夹杂在大米中煮饭、煮粥，磨面，也可以入药。

第十章 家训

史称援娴于进对，尤善述前世行事，每言及三辅长者（胡三省《通鉴》注：长者谓诸贵戚），下至闾里少年，皆可观听。自皇太子诸王侍闻者，莫不属耳忘倦。至于识远心朗，知人善鉴，则尤千古一人而已。

出伐匈奴时，黄门郎梁松、窦固送之。援谓二子曰："凡人为贵，当可使贱。如卿等欲不可复贱，居高坚自持，勉思鄙言。"松后果以贵满致灾。

援次兄余之子，曰严曰敦，并喜讥议，而通轻侠客。援在交趾，特遗书诫之曰：

"吾欲汝曹闻人过失，如闻父母之名：耳可得闻，口不可得言也。好议论人长短，妄是非正法（谓讥刺时政也），此吾所大恶也。宁死不愿闻子孙有此行也。汝曹知吾恶之甚矣，所以复言者，施衿结褵，申父母之戒（诗云：亲结其褵。《毛注》云：褵注曰，即今之香缨也），欲使汝曹不忘之耳。龙伯高敦厚周慎，口无择言，谦约节俭，廉公有威。吾爱之重之，愿汝曹效之。杜季良豪侠好义，忧人之忧，乐人之乐，清浊无所失（轻重合宜），父丧致客，数郡毕至。吾爱之重史书中记载说马援善与人对答，特别是讲述前世的故事。每次讲故事，无论讲到三辅显贵（胡三省在《资治通鉴》中注释：长者指的是贵族和皇族亲戚），还是乡里的少年，都值得一听。从皇太子到诸王的侍从们，听到他讲故事，没有不竖起耳朵听而忘记了疲倦的。至于马援学识广博，内心旷达，知人论事，善于借鉴，实在是千古才出一位的英才。

马援出使讨伐匈奴时，黄门郎梁松、窦固为他送行。马援对他们两个人说："当人变得显贵时，就应当看低自己。你们俩却不再谦虚，自居高位骄傲不已。希望你们多想想我这个鄙人说的话。"梁松后来果然因此而招致灾祸。

马援二哥的两个儿子，叫马严和马敦，他们都喜欢讥讽议论别人的事，而且爱与侠士结交。马援在交趾时，专门写信告诫他们，说：

"我希望你们听到别人的过失，就应该像听见了父母的名字一样：耳朵可以听，但嘴中不可议论。喜欢议论别人的长处和短处，胡乱评论朝廷的法度（指讥讽时政），这些都是我深恶痛绝的。我宁可死，也不希望自己的子孙有这种行为。你们知道我非常厌恶这种行径，这是我一再强调的原因。就像女儿在出嫁前，父母一再告诫一样（《诗经·豳风·东山》说：娘为女儿结佩巾。《毛诗》注：褵注，就是现在的香缨），我希望你们不要忘记啊。龙伯高这个人敦厚诚实，说的话没有什么可以让人指责的，谦约节俭，又不失威严。我爱护他，敬重他，希望你们向他学习。杜季良这个人是个豪侠，很有正义感，把别人的忧愁作为自己的忧愁，把别人的快乐作为自己的快之，不愿汝曹效也。效伯高不得，犹为谨敕之士，所谓刻鹄不成，尚类鹜者也（鹜鸭也）；效季良不得，陷为天下轻薄子，所谓画虎不成，反类狗者也。讫今季良尚未可知，郡将下车辄切齿，州郡以为言。吾常为寒心，是以不愿子孙效也。”

季良名保，京兆人，时为越骑司马。保仇人上书讼保：“为行浮薄，乱群惑众。伏波将军万里还书，以诫兄子。而梁松、窦固以之交结，将扇其轻伪，败乱诸夏。”书奏，诏免保官，而松固亦被责。伯高，名述，亦京兆人，为山都长（山都，县名，属南阳郡），由此擢拜零陵太守。

援兄子婿王磐（字子石），王莽从兄平阿侯仁之子也。莽败，磐拥赀，居故国，为人尚气节而爱士好施，有名江淮间。后游京师，与卫尉阴兴、大司空朱浮、齐王章，共相友善。援谓姊子曹训曰：“王氏废姓也，子石当屏居自守，而反游京师长者，用气自行，多所陵折，其败必也。”后岁余，磐果与司隶校尉苏邺、丁鸿，事相连，坐死洛阳狱。

磐子肃复出入北宫及王侯邸第，援谓司马吕种曰：“建武之元，名为天下重开，自今以往，海内日当安耳。但忧国家乐，无论好人坏人都结交（轻重都合宜）。他的父亲去世时，来了很多人。我爱护他，敬重他，但不希望你们向他学习。（因为）学习龙伯高不成功，还可以成为谨慎谦虚的人，正所谓雕刻鸿鹄不成，尚且像一只鹜（鹜就是鸭）。一旦你们学习杜季良不成功，那就成了纨绔子弟，就是'画虎不像反像犬了'。到现今杜季良还不知晓，郡里的将领们到任就对他咬牙切齿，州郡内的百姓对他的意见很大。我时常替他寒心，这就是我不希望子孙向他学习的原因。"

杜季良，名保，京兆人，当时是越骑司马。杜季良的仇人上书告他："行为轻薄，乱群惑众。伏波将军从万里外写信回来，训诫侄子不要学他。但是梁松、窦固还跟他们交往，想要煽动他轻佻的行为，败乱我华夏。"书奏了上去，皇帝免去杜季良的官职，梁松也遭到责备。龙伯高，名述，也是京兆人，当时山都县令（山都，县城名，属于南阳郡），因此被提升为零陵太守。

马援侄子的女婿王磐（字子石），是王莽的哥哥平阿侯王仁之子。王莽失败时，王磐手上资金充裕，他住在故乡，为人处世很有气节，又珍惜士人英才，乐于施舍，在江淮一带很有名声。后来他游历京城，跟他关系好的有卫尉阴兴、大司空朱浮、齐王刘章。马援对他外甥马曹说："王姓是败落之家，王磐本应深居自保，可他反而与京城显贵交往，又意气用事，得罪了很多人，他必遭祸事。"一年后，王磐果然和司隶校尉苏邺、丁鸿一道，犯罪牵连死在了洛阳监狱中。

王磐的儿子王肃却再次出入于北宫和王侯府第之中。马援对司马吕种说："建武开国，重建天下，从今以后，海内本应当诸子并壮，而旧防未立（旧防诸侯王子不许交通宾客）。若多通宾客，则大狱起矣。卿曹戒慎之。”及郭后薨，有上书者，以为肃等受诛之家客，因事生乱，虑致贯高任章之变（《汉书》张敖为赵王，其相贯高。以高祖不礼赵王，故耻之，置人壁中，欲害高祖。又任章父宣，霍氏女婿，坐谋反诛。宣帝祠昭帝庙，章乃玄服夜入庙待帝至，欲为逆，发觉伏诛）。帝怒，乃下郡县收捕诸王宾客，更相牵引，死者以千数。吕种亦豫其祸，临命叹曰：“马将军真神人也。”

援之先见，大率类此。见爵位而无实者，笑曰：“刀不应齿，士不闻耳，何足畜乎？”有奇异于众者，虽在少贱，必异待之（本袁宏纪）。顾亦以是招忌，故范蔚宗谓：“援戒人之祸智矣，而不能自免于谗隙。岂功名之际，理固然乎（居功名之地，谗搆易兴，而能免之者少矣）？夫利不在身，以之谋事则智；虑不私己，以之断义必厉。诚能回观物之智，而为反身之察。若施之于人则能恕，自鉴其情亦明矣。”（见人之谓智，自见之谓明，以自见之明，为见人之用，其于物理岂不通乎）范氏此言，虽非定论，要可为涉世者之明鉴也。

日益安定。我只是忧虑皇子们同时长大，而旧有的禁令未能恢复实施(旧时制度：诸侯、皇子不允许结交门客)。如果他们广纳宾客，那么可能就会有人犯重大的篡权谋反罪。你们要警戒小心！”到郭后死后，有人上书控告王肃等都是受诛的家室，宾客们因事生乱，恐怕将导致像以前贯高、任章一样的叛乱(班固《汉书》记载：张敖是赵王，丞相贯高。因为高祖不礼遇赵王，他感到耻辱，把军队藏在墙中，想要谋害高祖。任章的父亲任宣，是霍氏的女婿，因为谋反罪牵连被诛。宣帝在昭帝庙祭祀时，任章穿着黑衣服连夜潜入庙中，等待皇帝的到来，想要逆反弑君，被察觉后遭到诛杀)。皇帝得知大怒，于是下令郡县逮捕各个皇子们的门客，案件相互牵连，判死刑的有几千人。吕种也预感到了此祸，他在处决前叹息道：“马将军真是神人啊！”

马援的先见，大多如此。那些光有爵位没有真才实学的人，他笑着评价说：“俸禄与年龄不相称，士人不曾听闻，有什么好的地方吗？”碰不同寻常的人，虽然地位较低，但是遇到了必定会另眼相待(据袁宏的《后汉纪》)。但马援也因此遭到嫉妒，所以范晔在《后汉书》中点评：“马援告诫他人远离福祸是明智的，但他却不能自免于谗言。难道一个人在他功名盛大之时，就一定会这样吗？(拥有功名的时候，容易遭谗，而能自免的很少。)如利不关己，为人谋事就会明智；考虑事情不偏私，决断必定会公正。如真正能把考察外界事物的智慧，反过来用到自己身上，这样对人就能宽恕，自己鉴别事情也就明智了。”(知人者智，自知者明。把认识自己的这种“明智”用于认识他人，在道理上难道不通吗？)范晔这一番话，虽说不是盖棺定论，但也值得初入仕途的人借鉴。

【批评】

明王祎《王忠文公集》卷十三《有书代祀马援颂后》云：初王君廉使安南，奉上旨，就赍白金若干两，具牲牢代祀马援于横州之乌蛮滩。至则睹其庙貌颓坏，因斥余金，俾有司缮修之。洪武四年，上御大本堂，廉因奏对之顷，具言修援庙事。上曰："援当时杀戮群蛮过当，故蛮俗今犹不供其祀耳。为之修庙良是也。"按：援在交趾，杀戮过当，史无明文，不知明祖何据。

【评论】

明代王祎撰在《王忠文公集》第十三卷《有书代祀马援颂后》中写道：当初王君廉出使安南时，奉皇上的旨意，带着白银若干两，以及祭祀用的牲畜，去横州的乌蛮滩祭祀马援。他到了那里，看到马援庙宇已坍塌毁坏，因此用部分剩下的白银，命令当地政府修缮马援庙。洪武四年（1371年），明太祖上朝大本堂，王君廉在圣上质问群臣问题时，具体说明了修缮马援庙一事。皇帝说："当时马援杀戮蛮族过于残忍，所以至今蛮人都不供奉他。为他修缮庙宇是对的。"据考察，马援在交趾，杀戮过当，在历史上没有明文记载，不知道明太祖所说依据是什么。

少年叢書

文白对照本

班超

孙毓修◎著

团结出版社

图书在版编目（CIP）数据

少年丛书 / 孙毓修编. -- 北京 : 团结出版社,2015.7
ISBN 978-7-5126-3662-0

Ⅰ.①少… Ⅱ.①孙… Ⅲ.①名人—生平事迹—世界—少年读物 Ⅳ.①K811-49

中国版本图书馆CIP数据核字(2015)第130183号

出版：团结出版社
（北京市东城区东皇城根南街84号 邮编：100006）
电话：(010) 65228880　65244790 （传真）
网址：www.tjpress.com
Email：65244790@163.com
经销：全国新华书店
印刷：三河市祥达印刷包装有限公司
装订：三河市祥达印刷包装有限公司

开本：148×210　1/32
印张：128
字数：1500千字
版次：2015年12月 第1版
印次：2016年4月　第2次印刷

书号：978-7-5126-3662-0
定价：490.00元（全28册）

少年叢書

《少年丛书》白话语译编委会

出版前言

近代著名思想家、政治家梁启超曾经说：“少年强则国强，少年智则国智，少年富则国富，少年独立则国独立，少年自由则国自由，少年进步则国进步，少年胜于欧洲，则国胜于欧洲，少年雄于地球，则国雄于地球。”这是他的散文《少年中国说》中的一段，作于戊戌变法失败后的1900年。文中极力歌颂少年的蓬勃朝气，指出封建统治下的中国是“老大帝国”，热切希望出现“少年中国”，振奋人民的精神。

或许是受到梁启超先生的感召，1908年冬天，上海商务印书馆编译所推出了一套系列丛书——《少年丛书》，又名《中外伟人的传略》，这是二十世纪中国的第一部历史人物类学生课外阅读丛书。首任编辑和作者是林万里，第二任编辑是孙毓修，孙毓修是这套丛书的主要作者，后期加盟写作的骨干还有国学大师钱智修。他们都博览中外，以精准而严格的眼光审视中外古今文化资源，选取其中有益于

少年儿童精神世界的材料，予以整合，编写成册。这套书出版以后，广受少年儿童的欢迎，每册前后加印达几十次，若整套书累计，恐怕达到数百次之多，发行量之大，影响力之广，在二十世纪的人物传记类图书中堪称罕见。

《少年丛书》前后出版了近三十余种，每一册传主为一位中外历史名人。我们在全国各地经过多方的搜寻，共得二十八册，其中中国名人十五位，外国名人十三位。每篇先叙述名人的生平传记，后加以作者的评论，根据时事，启发少年，借以激励少年树立远大志向，明确奋斗目标，成就健全人格。著名作家茅盾在阅读这套书后曾评论说："记事简明，议论正大，阅之足以增长见识，坚定志气。"这套出版之初即为砥砺少年志向的书影响了当时无数少年儿童由此走上振兴中国之路。著名作家张天翼、赵景深、陈伯吹等，都曾深受这套书的影响。

《少年丛书》的三位作者，都是当时学贯中西的通儒，不仅有深厚的国学功底，也有睁眼看世界的非凡眼光。撰写本套书册数最多的孙毓修先生，他是我国近代著名的目录学家、藏书家、图书馆学家。他同时还创作了大量的儿童文学作品。除了《少年丛书》，他还先后主编出版《少年杂志》、《童话丛书》等，被茅盾誉为"中国童话的开山祖师"。

另一位作者钱智修，浙江嵊县人，字经宇，是著名的国学大家，博古文学家，东方学派思想家。他在学时，就以"国学国文湛深，文章洛阳纸贵"赢得尊敬，并被上海多家进步报馆争揽为特约撰稿人。1911年毕业后，他应编译所长高梦旦之聘，担任商务印书馆编

译所编辑。1920年7月他任《东方杂志》主编，长达12年，是该杂志有史以来任期最长的主编。他还参与编辑《辞源》及《中国人名大辞典》、《中国古今地名大辞典》。1931年任国民政府监察院秘书长。

第三位作者林万里是民国年间著名的报人，原名獬，又名白水，字少泉。他幼承家学，又拜名士高啸桐（商务印书馆创始人之一）为师。清光绪二十四年(1898年)，他在杭州参与创办求是书院、养正书塾、东城讲舍、蚕学馆4所新式学堂，任求是书院总教习；后任《杭州白话报》主笔，宣传新思想。光绪三十年(1904年)，他出任《警钟日报》主编，宣扬孙中山及其领导的革命，后追随孙中山。帝制取消后，林万里重操新闻旧业，创办过多份报刊。

鉴于每位作者独有的知识结构和兴趣热点，每位编者对人物都有自己的选择。孙毓修所撰写的大部分是中国历史名人，而且写作的视角也非常独特，如其所写的《玄奘》是一个历史人物，而不是《西游记》中的唐僧。现代的普通读者对玄奘的了解绝大部分是来自于《西游记》等小说，而历史上的真实情况却鲜有人知——玄奘取经并非唐太宗支持，相反还受限于当时的法令，他冒着生命危险才得以出境。这就需要有人为读者打开另外一扇窗户，还原真实的玄奘，而不是小说中的文学形象。茅盾先生对孙毓修所写的《玄奘》评价很高：“可以说是内容翔实，深入浅出，既宜于少年阅读，也使成年人增加历史知识。”再如《苏秦》，作为一位著名的辩士，《史记》必然为之列传。孙毓修在写苏秦游说各国发言的时候采用了《史记》中记载的史料，而在后面的评论部分对苏秦的表现作了恰当的点评，分析苏秦游说秦、燕、赵、韩魏、齐楚的过程，阐述了苏

秦辩术策略的不断提高。对于国外人物的选取，孙毓修也是偏爱励志型的，如德谟士，从一个小人物成长为大演说家；彼得大帝，从受制于人，成为欧洲赫赫有名的皇帝。

另一位作者钱智修，先后写有《林肯》、《苏格拉底》、《拿破仑》等，这些都是西学东渐后中国人十分崇仰的外国名人。值得注意的是，钱智修秉承严复所主张的信、达、雅翻译原则，特别讲究传记所含的真实性。他所抒发、张扬的传主虽然都被列为人们仿效的楷模，写法却不做作，更没有为了塑造人物形象而更改史实。

林万里所写的外国传记和钱智修的作法大致相近，即在第一章抒发己之传记宗旨，后文谈及传主读书之术、治学之道与其行事风格，并进行了点评。此外还有其他人关于传主的言论，更有编译者自己的评论，以引导少年儿童正确地学习和借鉴，而不是一味盲从。

《少年丛书》的最大特色，就是“记事简明，议论正大”。书中除了记叙人物的生平故事之外，作者的评论也让这套书大为增色。其议论宏富，既能够结合少年的成长特点，指明如何学习书中人物的优良品质，也指出了其中的不足之处，对于引导少年如何立志修身，大有裨益。

这套书的另一大特色，就是全部用文言文写作，语言凝炼，文笔流畅，保持了中国传统作史传的鲜明特色。当时，白话文风已经悄然兴起，而作者能够不从时髦，采用文言写作，甚为难得。以至我们今日再读此书，依然能够体味到文言笔法的无穷魅力。然而考虑到近百年来，国人的文言文水平已经一落千丈。今日的大部分少年，阅读文言文尚有一定困难，因此我们特别组织人员，将全套书进行了

白话翻译。尽管我们做了最大的努力，文言文的神韵依然是难以用白话表达出来。因此，我们希望少年朋友通过阅读这套书，体会文言文的独特魅力，进而热爱和学习文言文。

《周易》有云："君子以多识前言往行，以畜其德。"说的就是多学习古人的嘉言懿行，对我们修身立德至为重要。古人尝言："童蒙养正，少年养志，壮年养德。"少年时期是人生至为关键的时候，这个时期树立什么样的志向，以什么样的人为榜样，往往会决定一个人未来的人生成就。而一个人少年时期读的书，也足以改变他的一生。在今日少年课外读物良莠不齐的状况下，《少年丛书》堪称鲜有裨益少年的优秀读物。若今日的少年，能够认真研读这套《少年丛书》，对于树立远大志向、培养健全人格、完善道德情操将大有裨益。或许，今日的风华少年，即是将来成就伟业的千古豪杰、泽被世人的大圣大贤。勉哉！勉哉！

为什么要读名人传记

——《少年丛书》白话语译序

我从小很喜欢读书，可是，因为身处偏僻山村，小的时候却无书可读。那个时候，家中只有父亲买的一本《古文观止》，儿时翻阅过无数次，虽看不太懂，却记忆深刻。有人说，儿童时期读的书，一生也难以忘记。此言确实不虚。

没有想到的是，儿时无书可读的我，日后竟然投身于出版业。今天，我国的出版业已经非常发达，给少年儿童读的书也非常多。可是，若细心寻求，真正的好书却是少之又少，尤其是给少年儿童介绍历史文化的书。

一个偶然的机会，我们与这套百年前的《少年丛书》结缘，这套当初专为少年而写的中外名人传略，让我眼界大开，没想到，百年前的前辈们，竟给少年们创作出如此优良的传记读物。要知道，给少年

儿童写作，比给成年人写作更难，尤其是给人物作传，既要符合历史史实，不可随意编撰，又要注意引导青少年如何取其长，避其短，以免误人子弟。因为，作为历史人物，不可能处处皆堪为今人楷模。这就需要作者要极富有爱心、责任心和严谨精神，才能让读者从中获得纯净的人生智慧。可以说，目前各种写给青少年的人物传记，很少能与这套《少年丛书》相提并论的。

这套书中的二十八位中外名人，大多数是我们耳熟能详的人物，但是对于他们的生平事迹，也许就知之甚少了。读了他们的传记，方知欲为圣贤豪杰，需下一番苦功夫才能有所成就。“人人皆可为尧舜”，说的是我们每个人都有成圣成贤的资质，然而虽有圣贤之资，也需后天的不懈努力，方能成就一番伟业。所以，这一套书作者的目的并不仅仅是让读者了解一下名人轶事，而是以伟人的事迹启迪和激励少年朋友，树立人生的志向，汲取这些英雄豪杰的人生智慧，修身立德，练就自身本领，最终成为造福国家和社会的有用之才。

这套书虽然是写给少年看的，并不意味着就不适合大人阅读。大作家茅盾就曾大力推荐这套书。现在的青年人，乃至家长、老师，若能读读这套书，对于人生事业，教育子弟，也是大有益处的。可以说，这是一套老少皆宜的好书。

《少年丛书》在当时之所以大受欢迎，销量巨大，也不是没有原因的。这套书每册文字量不大，文笔流畅，史实可靠，评议精彩，这都是许多普通名人传记所不具备的。因此，这套书深受读者欢迎，也就不难理解了。

读名人传记，重在学习名人的智慧和经验。正如文天祥所说，

“人生自古谁无死，留取丹心照汗青”。人生有涯，知也无涯，如何在有限的生命里寻求到人生的价值，获取人生的智慧，而不浪费光阴？《少年丛书》中的这些圣贤豪杰，就是我们的榜样。他们身上伟大的人格，比如孝友、善良、爱心、坚毅、勇敢等等，这些人性的光辉，都是我们的学习之处。

我们用了近一年的时间，将这一套书作了白话语译，希望今天的少年们，能够喜欢阅读并且从中汲取智慧。若能让每一位读者都能够有所收获，那就不负当初写作这套书的三位老前辈的一片苦心，而我们的工作也就没有白做了。

这一套书规模宏大，在校对和语译的过程中，难免会有错误，恳请广大读者不吝指正。

《少年丛书》语译小组　主编　萧祥剑

目录

第一章 少年之修养

班超，字仲升，东汉时扶风平陵人，今陕西咸阳人也。容貌壮伟，为人有志，不修细节，然内行孝谨。居家常勤苦，不耻劳辱。有口辨，精《公羊春秋》，其余诗传，涉猎之而已，涉如涉水，猎如猎兽。言不死守章句，如东汉时之经生，英雄所见者大，夫岂屑拘拘于字句之间乎？

洛阳者，东汉之都城也。语有之："争名者于朝，争利者于市。"超既怀抱才器，不甘终老牖下，则必至京师，置身人海之中（人海，言京师为人所趋，人多如海也。苏东坡诗云：万人如海一身藏），以赴机会。明帝永平五年（明帝永平未改元），兄固被征诣校书郎（校书郎，东汉时官名也），超与母随至洛阳。

超家固贫，居京师，不愿受养于兄，常为官佣书以自活。尝辍业投笔叹曰："大丈夫无他智略，犹当效傅介子、张骞，立功异域，以取封侯。安能久事笔研间乎？"傅班超，字仲升，东汉时期扶风平陵人，也就是现在的陕西咸阳人。他的容貌看起来雄伟强壮，为人也很有志气，对于小节的事情，不很在意，但是却很孝顺，做事十分谨慎。他在家里勤苦耐劳，不以劳作为耻。他天资聪颖，口才很好，精通《公羊春秋》。至于其他诗、传等，他稍有涉及，只是简单的阅览或探索，没有深入研究掌握。他平时也不拘泥于别人的观点，譬如与东汉时代的经学博士相比，英雄的眼界要大得多，又怎么会像他们一样局限于一字一句之间呢?

洛阳，是东汉时的都城。有古语曾说："在朝堂上争名，在闹市中争利。"班超既然心怀大志，自然不肯像一般腐儒一样，一生无所作为。他想要一展抱负，就非到繁盛的都市，使自己置身于人海中，来寻找机会不可了(人海，是说京师吸聚人群，人多如海。苏东波诗云：万人如海一身藏)。明帝永平五年(明帝永平没有改年号)，朝廷征召他的哥哥班固做校书郎(东汉的官名)，他便和母亲随同哥哥一齐到了洛阳。

班超的家境很穷，虽然哥哥做了官，但他却不愿依赖哥哥而生活，便经常受官家的雇佣，代他们书写文件，赚取微薄的报酬，借以维持生活。曾经有次他写得疲倦了，便把笔一抛叹道："大丈介子，西汉时北地人（今甘肃环县东南），元帝时使西域，刺杀楼兰王，封义阳侯；张骞，西汉时汉中人（今陕西南郑县），武帝时凿空（谓通其道路也）开西域，封博望侯，皆吾国历史上之大冒险家，为我汉族拓万里之殖民地。论其功绩，可与开辟美洲之哥伦布、开辟澳洲之伋顿曲、开辟非洲之立温斯顿，东西辉映。当超慨叹之时，正在佣笔无聊、志行未见之日。悠悠之人，其孰信之。左右皆因笑其妄，定远因慨然曰："小子安知壮士志哉！"

凡少年之人，生长家庭，既未接受名师良友之熏陶、名山大川之开发、世事升沉之阅历，而能毅然立志不汩没于流俗，不回惑于贫贱，则必以其天资之过人也。不然则濡染于其父兄之言行也。夫超之父兄，固非常人矣。其父彪，当光武之世，游说隗嚣（嚣，字季孟，今甘肃奉安县人。王莽末，与其同志三十一人起兵与莽为敌，据有甘肃。光武中兴，遣使招之降。嚣不应，自称王。嚣卒，其子纯降汉），嚣不从，乃避地河西（今甘肃境）。大将军窦融召为从事，待以师友之道。彪乃为融出谋划策事汉，总河西以拒隗嚣。入汉以功名终。其兄固，博载籍，弱冠即为东平王苍记夫即使没有别的志愿，也应该学傅介子和张骞到国外去做一番事业，来取得功名，怎能一直在笔砚间讨生活呢？”傅介子是西汉时候的北地（现在甘肃环县东南）人，元帝时出使西域，刺杀了楼兰王（楼兰是西域的国名），被封为义阳侯；张骞是西汉时候的汉中（现在陕西南郑县）人，武帝时开通了西域的道路，使西域的许多国家都臣服于西汉，被封为博望侯。他们都是我国历史上的大冒险家，为我们汉族开拓了千万里的疆土。他们的功绩，实在可以和开辟美洲的哥伦布、开辟澳洲的伋顿曲、开辟非洲的立温斯顿并驾齐驱。班超在做一个小小的书记时，发出这样的感慨，谁会放在心上呢？身边的人听了，大多笑他狂妄和无聊。他感叹道：“这般小子，怎能知道我的壮志？”

一个少年人，生长在家庭里，既没有名师良友的指导和熏陶，又没有走南闯北的经验，也没有世事的阅历，而能够毅然坚定志向，成为一个伟大的人物，不因贫贱的生活迷失方向，这种人必定天资过人。否则，必是受到良好的家庭教育，有良好的父兄做模范，在不知不觉之中，受了感化。班超的父兄，都是非同寻常的人物。父亲名班彪，当光武帝时，他游说隗嚣（隗嚣字季孟，东汉时成纪人，现在甘肃奉安县人。王莽末年，他和三十一个人起兵与王莽为敌，占据了甘肃，称西州将军。光武中兴后，派遣使者招他投降，他没有听从，自己称王。他死后，他的儿子隗纯投降汉朝），劝他降汉，隗嚣没有听，他便避到河西（今甘肃境）。大将军窦融仰慕他的才华，召他为从事（汉时官职名），对待他像对师友一般。他便代窦

室，承父之志，续成汉书。后随窦宪出征匈奴，大破单于，登燕然山，作对《燕然山铭》，刻石而归。乃至其妹昭，亦非常女。和帝闻其才，数召入宫，令皇后诸贵人师事焉，号曰大家（家与姑同，大家，女之尊称。今福建人妇称姑，犹曰大家）。每有贡献异物，辄召大家作赋颂。及邓太后临朝，大家与闻政事，盖不啻一女顾问也。又以其暇，续成兄固之书（即今行世之汉书）。临终，又作《女诫》七篇。

观此则班氏一门之人物，无一非杰出之材。超少长其间，濡于耳接于目者，无一非良好之模范，宜其志趣日向于高明。人生少时，贤父兄之相助，岂不重哉？且古人崇拜英雄之心，亦较后人为盛。遇名臣良将、高人逸士之死也，则文学之士，不谋而为之立传，刊行于世，名曰别传。宋太宗时，修《太平御览》，引用汉魏时人别传，犹存百数十种，而今皆亡矣。傅介子、张骞诸人，当时必有别传行世，其行事奇伟，实一绝妙之冒险谭，宜超读之而投袂以起。由是观融策书，劝他归汉（其时窦融据河西，称五郡大将军），总领河西之军，来对抗隗嚣。后来被朝廷征召，晚年任望都长。班超的兄长班固，博学多才，二十岁时便做东平王苍的记室（后汉官职名）。他继承父亲的遗志，续编《汉书》。后来随从窦宪出征匈奴，大败单于，登上燕然山（今外蒙古赛音诺颜部有杭爱山，距陕西宁夏北二千余里，即古时的燕然山），写了一篇《燕然山铭》，刻在山石上。班超的妹妹班昭，也不是平常的女子。和帝听说她的才学，几次召她入宫，命令皇后等后妃尊她做师长，受她的教诲，称她为大家（家与姑同，大家是女子的尊称）。每次遇到进贡的罕见之物，和帝都召班昭写文章歌颂。后来邓太后临朝，班昭参与政治，不亚于一位女顾问。她还在闲暇的时候，续写完成了她父兄所著的《汉书》。到了老年，她又著作了《女诫》七篇。

看到这，我们便可以知道班氏一家，没有一个不是杰出之才。班超生长在这种家庭里，耳濡目染，都是良好的模范，他的志趣自然会高尚起来。一个人年少的时候，贤明父兄的帮助，难道不重要吗？而且古人崇拜英雄的心理，也比后世的人强。名臣良将高人逸士们死后，文学之士都不谋而合地替他们作传刊行，叫作别传。宋太宗的时候，朝廷修订《太平御览》，引用汉魏时人的别传，还保存着一百几十种，到现在就都没有了。如傅介子、张骞等人，当然肯定也有这种别传。这些人行事都非常奇异不凡，实在是一部绝妙的冒险小说啊。班超读了，心中自然会有无限的兴趣，便不知不之，传记之益人亦大矣。

【批评】

诸葛亮读书，观其大略；陶渊明读书，不求甚解；班超读书，涉猎而已。此言不死守章句，一字之辨，费至数万言，如经生家之所为耳。非谓读过一书，于其大义茫然不知，又或一知半解，自号通人也。试观诸葛亮一生所作文章，皆小心精密；陶渊明作群辅录，亦详备无遗漏；班超专守公羊之学，精一家之言。非好学深思，心知其意，那得有此？

凡人有数卷书，烂熟于胸中，则终身受用不尽。史传常言某专精某书，此即记其一生得力处也。宋赵普以半部《论语》佐太祖定天下，精熟之效，有如此者。

少年修养之时，宜居村野，不徒取其静穆已也，境绝纷华，此心自能鞭辟入里，更以村野之间，富于天然界之趣味，山之蕴藉，水之流动，鱼虫草木之自然，无不足以养人高尚之志。故自古伟人，无不入山数年，于静中立定根基，后来终身受益。及乎壮行，自当厕居都市，以赴事机，争名于朝，争利于市。古有是言至于今日：人事纷烦，机关灵敏。此觉地投笔而起了。从这点来看，传记对人的益处也是很大的。

【评论】

诸葛亮读书，只看书的主要内容；陶渊明读书，只求领会文章的大意；班超读书，只是粗略浏览。这是说读书不拘泥于字句之间，不要因为辩论一个字的差别，花费几万字，就像经学博士们做的那样。不是说读过一本书，对书中的主要观点却一无所知，又或者是一知半解，就自以为是通达的人了。试看诸葛亮一生所写的文章，都非常小心谨慎；陶渊明写《群辅录》也非常详备，没什么遗漏；班超专攻公羊之学，精通一门学问。不是爱好读书，深入思考，懂得书中精义，哪里能够这样呢？

一个人如果有几卷书，读得烂熟，那么其中的好处就会终身受用不尽。史书中经常说某个人专门精通哪一部书，这就是这个人一生得益的地方。宋代赵普用半部《论语》辅佐太祖平定天下，就是对于《论语》精通熟悉的缘故。

一个人在年少时修身，应该居住在乡村山野里，不只是因为这里安宁静谧，周围的环境隔绝了俗世的纷乱繁华，人心自然就能够沉静下来，切实作学问，再加上乡村之中，充满天然的趣味，大山的含蓄，水流的灵动，花鸟鱼虫的自然，都有利于培养一个人高尚的情怀。所以从古至今，伟人们都是在山里待几年，在宁静的日子里打定基础，后来才会终身受益。等到长大以后，他们就应该进入到城里，寻找机会，在朝堂上争取功名，在闹市中寻求利益。古时二语愈中于情实矣。然欧美之人，当政海澜翻、军书旁午之日，又且抽数日之闲，脱离朝市，徜徉野外，以回复其精神。城乡易住，亦一张一弛之道也。

为贫而谋事，可不问其所入之多寡，惟当问其所作之事，于自己有益与否。如其事而有益于己也，则借事以历练，于将来之所得已多，可弗斤斤于酬报也。班超家贫，为人佣书，其所入必不能多，而借此读书，则少年光阴，不至虚掷。家贫之少年，不可不知此理。

凡人静极则思动，郁极则思通。当项羽书剑未成之时，见秦始皇帝东游，卒（同猝）然叹曰："彼可取而代也。"当刘季泗上飘零之日，遇见始皇，亦曰大丈夫当如此矣。当陈胜辍耕陇上之际，怅然甚久，曰苟富贵，无相忘。班超投笔之叹，亦是英雄本色语。此种感慨，人皆有之，惟志有大小耳。

孟子曰："中也养不中，材也养不材，故人乐有贤父兄也。"然贤父兄不能常有。孔子曰："君子以仁辅友，以友辅仁。"然良友亦不易相逢。在在处处，可以代贤父兄良友任者，其惟书乎？昔人当印本未行，得书不易之日，犹披蒲削候有这样的话传到现在：“人情世故多而繁复，需要灵敏的思维来应对。”这两句话现在看来更加切中现实啊。然而欧美国家的人，当政务繁忙、军事交错的时候，还抽几天空闲时间，离开朝堂和闹市，去野外安闲自在地生活，来恢复自己的精力。城市和乡村轮流住，也是劳逸结合的方法了。

因为生活贫困而去找事情做，可以不问收入的多少，只问所做的事情，对自己有没有好处。如果这项工作对自己有益，那么就借此来锻炼自己，将来会得到更多的回报，就不要对报酬斤斤计较了。班超家里穷，他替人家抄书，收入肯定不会太多，但可以借着这个机会读书，那么大好的光阴就不至于浪费了。家中生活困难的年轻人，要明白这个道理。

一个人安定时间长了就会想着出去闯荡，心中郁积到极点就会想着变通。当项羽读书和剑术都一无所成的时候，有一次看到秦始皇出游，他突然叹息说：“这个人我可以取代他。”当刘邦还在做泗水亭长的时候，看到秦始皇的风光场面，也说男子汉就应该这样。当陈胜在田地边休息的时候，怅惘了很久，说大家日后富贵了，不要忘了彼此。班超扔笔长叹说的话，也显示了英雄本色。这种感慨，人们都有，只是志向有大小之分而已。

孟子说：“品德修养好的人教育熏陶品德修养不好的人，有才能的人教育熏陶没有才能的人，所以人们都希望有贤明的父兄。”但是贤明的父兄不会一直有。孔子说：“君子凭着仁德来交朋友，同时用朋友的德行来帮助自己修行仁德。”但是品行高尚的朋友却不容易碰到。无处不在、可以代替贤明父兄和良友行使责竹，得而读之。我辈生当求书最易之时，可以吝此小费而不买书，读之以自救乎？

任的，不就是书吗？过去的人，没有通行的印刷书籍，得到一本书非常不容易，还靠用蒲叶竹简来记录，很多人还想尽一切方法找书来读。我们这些人生在求书最容易的时候，难道还舍不得拿一些小钱来买书，通过读书来提高自己的修养吗？

第二章 当时西域之情势

超在京师，佣书有年，郁不得伸。会显宗（明帝庙号）问固卿弟安在，固对为官写书，受直以养老母。帝乃除超为兰台令史（东汉时设兰台令史六人，掌书劾奏及印主文书），后坐事免官。显宗十六年（民国纪元前一千九百三十三年），窦固出击匈奴，以超为假司马（假司马，言权借使为司马之官，即暂署之意），将兵别击伊吾（今新疆之哈密）。战于蒲顿海（今天山路南之巴尔库勒），多斩首虏而还。此乃我国大冒险家，抛弃佣书之生涯，初发展其雄图之日也。

定远一生之功业，尽在西域。则欲叙其建功之历史，不可不先知两汉时西域之情势。

汉时西域，以今地释之，为新疆行省，中国西北一大部也。西倚葱岭，南凭昆仑，北负阿尔泰山，东界甘肃。山有天山、祁连之胜，川有伊犁、塔里木之大。其物产有哈密之瓜、和阗之玉；兽皮五金，尤充牣焉。昔雄才大略之汉武，慕其名马，思与之交通，而张博望乃冒万险以开拓之。博望当日，足迹所临，至远者，乃离长安一万二千余里，跋涉今之新疆、俄属土耳其斯坦、印度之北部。断匈奴之右臂，振汉族之威声，凿欧亚之孔道（当海道未通之时，欧州人之来中国者，皆自印度北行，经新疆者而入中国），辟万里之新陆。此即超佣笔时，日夜所崇拜之人也。以为大丈夫得志于时，此班超在洛阳做书记，做了好几年，他的壮志，一直郁郁不得伸。恰巧那时明帝问他的哥哥班固道："你的兄弟在什么地方？"班固回答说："他为官家抄写，赚钱养活母亲。"明帝便委任班超做兰台令史（东汉时设置了六位兰台令史，掌握朝廷往来公文、奏章以及印主文书），后来因事被罢免。显宗十六年（明帝年号，民国纪元前一九三三年），窦固奉命出发攻击匈奴，任命班超代理司马（代理司马是说权且任命他为司马，就是暂署的意思），率领一支军队去攻击伊吾（今新疆的哈察），在蒲顿海（今天山南路的巴尔库勒）和敌人开战，大胜而回。这是我国大冒险家抛弃抄书生涯而发展雄图大业的开始。

班超一生的功业，都在西域，那么要叙述他建功立业的历史，便不能不先明了两汉时代西域的情形。

汉时的西域，就是现在的新疆，是中国西北部的一大片土地。西面倚着葱岭，南面临近昆仑，北面是阿尔泰山，东面与甘肃相接。这里有天山和祁连等大山，有伊犁河和塔里木河等河流。物产则有哈密的瓜，和田的玉，以及兽皮五金等，产量都十分丰富。从前雄才大略的汉武帝，爱慕那里的名马，想和他们交换，于是张骞便冒着万险，努力开拓道路。他当时足迹所至，最远的竟离长安有一万二千多里，经过了现在的新疆、俄属土尔其斯坦和印度的北部。他切断了匈奴的右臂，振兴了汉族的声威，打通了欧亚的通道（当海上道路未通的时候，欧洲人到中国来，都是从印度北行经新疆省而入中国），开辟了万里新土地，真可谓劳苦功高了。这就是班超替人抄书的时候日夜崇拜的人物。他认为男子汉大丈夫就应事非异人任矣。

汉武之时，匈奴寖衰。元成间，以五单于（单于读如善于，匈奴人犹言王也）争立，南向稽颡，求为我国之藩属以自庇。中国国威，震于域外，惟此时为盛。既而王莽篡立，轻蔑远夷，贬易侯王，匈奴及西域皆怨。匈奴东结乌桓鲜卑之众，西连西域诸国，频犯北塞。光武既定天下，急修内治，不遑驰域外之观也。因此匈奴益骄，烽火（古时交通不便，故于路上以泥作灶形，遇寇至，昼则在灶中出烟，夜则出火，以为告警呼救之记号。高丽未灭时，犹用烽火之法，西人称为火电信）时及山陕边鄙，为汉民患。未几，匈奴内乱，分为南北。南匈奴通款内附，如元成间故事（谓西汉元帝成帝时也）。而北匈奴方负，固不服，竭力联合西域，以重其势。汉之河西郡县，边警日至，城门昼闭。于时汉与西域使命不通者，已越六十五年。张博望、傅介子已成之功业，至此尽付之流水。

使今之白种人，处东汉中叶之境，则举国视为不可忍之事，而早已出发远征之队，收塞外之沙漠为殖民地矣。我当乘时建功立业，这不只是这些不凡之人的责任。

汉武帝时候，匈奴的势力已渐渐地衰弱了。到元帝、成帝之时，匈奴因为内部五位单于争位，纠纷不断，便向西汉投诚，自愿做西汉的藩属，西汉的国威远震于域外，以这时为最盛。后来王莽篡位，他轻视远夷，不注意外交，以致匈奴和西域都心生怨念。于是匈奴东结乌桓鲜卑（部落名），西连西域诸国，常常侵犯北塞。当时光武帝因为天下初定，急于修整内治，无暇顾及域外的事情，因此匈奴越发骄悍，烽火（古时交通不便，所以在路上以泥做成灶形，遇到军情的时候，白天便在灶中放出烟雾，夜晚就燃起大火，作为告警呼救的信号，西人称为火电信）的警号，常常在边境点燃，边地人民受害不浅。不久，匈奴内乱，分为南北两邦，南匈奴归附中国，和元帝、成帝时一样；北匈奴因为刚刚吃了败仗，因此不服，于是竭力联合西域，以增强自己的势力。汉朝河西一带边境的郡县，几乎天天都有警告，甚至白天也得关闭城门。这个时候，汉族和西域已经有六十五年不通使命，博望侯、义阳侯傅介子之前成就的功业，至此便尽付流水了！

假使现在的白种人，处于东汉中叶的境遇中，那么全国都会看作是不能忍耐的事情，早就会派出远征军队，收复塞外的沙漠，国先民则有鉴于好大喜功之主，开疆拓土，专务虚荣，往往所得不偿所失，故恒以辟地为大戒。当窦宪秉国，筹议边事之日，袁安、任隗，皆上书切谏。其言曰：“汉故事，供给南单于费直，岁亿九十余万，西域岁七千四百八十万。今北庭弥远，其费过倍，是乃空尽天下，而非建国之安也。”盖当时以母国之财，供殖民之用，大失开边之本义，宜庸庸者之难与图始耳。《张骞传》云：“骞之使乌孙（今之伊犁）也，天子使赍牛羊数万，金币值数千钜万，而后此求宛马者（大宛在今新疆极西，汉武帝闻其国产良马，使张骞往求之），相望于道。”一辈大者数百人，小者百余人，所赍操大仿博望侯时。从此可知前汉以辟地之故，举文景两朝太仓之积聚而尽空之，益以桑孔心计，厚敛于民，犹且不足，卒致元元（谓百姓也）愁叹，海内骚然。倘使汉武得西域，移三辅之丁壮以实之，使之就新地以开发利源，邛杖蜀布，有无相通。人皆见辟地之利，则冒险之精神自生。而我先民，亦何让于条顿（Tenton）、拉丁（Latin）民族哉（今英德美诸国皆条顿民族，法意葡西诸国皆拉丁民族）？是皆为帝王一人之虚荣心所误，张骞、傅介子诸人，则何罪焉？

当班超之时，汉廷诸人，主张不通西域者，袁安、任隗将其划为自己的疆土了。当时一般人的意见，认为好大喜功的君主，开拓疆土，只讲求虚荣，往往得到的还不如损失的多，因此大家都不赞成开辟疆土。到窦宪主持国政的时候，筹议边事，袁安、任隗都上书切谏。他们说："汉朝旧事，与南单于往来交流的花费，一年就有一亿零九十多万钱，跟西域则是七千四百八十万。现在北匈奴的王庭更远，花费也会加倍，这样倾尽天下之力，不利于国家的安定。"因为当时用本国的财力，来供给殖民地所用，就大大失去了开发殖民地的意义，平庸无为的人们很难开创大业，也是理所当然的了。《张骞传》中说："张骞出使乌孙的时候，皇上派他带去了几万头牛羊，价值几千万钱的金币。在这以后求取大宛马（大宛在今天新疆的最西边，汉武帝听说这个国家出产好马，派遣张骞去求取）的人，道路上随处可见。"求马的队伍中，多的有几百人，少的有一百多人，带的东西跟张骞大体相仿。由此可知西汉时期因为开通西域的缘故，使得整个文景两朝国家的积蓄消耗殆尽，加上桑弘羊、孔仅的经济措施，对人民征收重税，尚且不够，最后导致百姓们的愁叹、国内的动荡。倘若汉武帝得到西域，把京畿附近的壮丁迁移到这里来，让他们利用新地区的资源开拓发展，那么邛竹杖、蜀锦这些东西，就可以互相流通了。人们都看得到开辟新土地有利的方面，那么他们的冒险精神自然就被激发了。我国的先人，又怎么会落后于条顿（Tenton）、拉丁（Latin）这两个民族呢？这都是被帝王一个人的虚荣心耽误了，跟张骞、傅介子等人有什么关系呢？

但是当时在朝议事的群臣中，反对通西域的不过袁、任二人；

二人；主张通西域者，宋由、丁鸿、耿秉等十人。天子乃从多数，可窦宪之议。宪既历试班超，以为可当一面也，乃遣从事郭恂，与超俱使西域。万里穷荒，汉使一出玉门关，则步步如履荆棘，而超欣然受命，视此行为登仙也。其意气之盛，可谓壮哉。

【批评】

汉时，匈奴数为中国患。汉高之时，猛将如云，谋臣如雨，且有白登之围。用陈平奇计，方能出险。至于文帝，匈奴之势，益复猖狂。而汉廷诸臣，常举高祖故事，以戒天子。盖恐其出师疲中国，用意非不善也，然未免太示人以弱。久之匈奴益骄，和亲无效。如非武帝主张用兵，破其庭而诛其君，则五胡之祸，已见于两汉之间矣。武帝末年，虽有轮台之悔，论其功业，洵不在禹下者也。匈奴既衰，其种族之一部分，曰麦迦（Magyar）者，乃游行至欧洲。里海之东，窝瓦（Volgs）河流域之间，本有亚剌尼（Alam）、各斯（Goth）诸小国，匈奴灭之，而有其地。寖至多瑙河（Danube）之平原，遂流连而不忍去，因建国其地，曰匈牙利，今为欧洲强国之一。

由此观之，汉武之攘匈奴，诚非得已，而其得计，则在主张通西域的却有宋由、丁鸿、耿秉等十人。于是皇上便听从多数人的意见，认可了窦宪的提议。窦宪已经考验过班超，认为他可以独挡一面，便派了一个从事名叫郭恂与班超一同出使西域。像这种万里穷荒，汉使一出玉门关，便像走在荆棘丛中，艰苦万状，难以用言语形容，但是班超却欣然领命，好像这次的长征是最快乐不过的事情。由此可见，当时他的意气是何等的壮盛！

【评论】

汉代的时候，匈奴多次成为中国的祸患。汉高祖的时候，朝中谋臣猛将很多，尚且发生了白登之围，高祖采用了陈平的计谋，才脱了险。到了文帝的时候，匈奴更加猖狂，但汉朝的各位大臣经常拿高祖的事情来告诫皇上。他们是怕贸然出兵会消耗国家实力，用意是好的，但未免太示弱于人了。这样时间长了匈奴气势更加骄慢，和亲收不到效果。如果不是汉武帝主张对匈奴出兵，攻破王庭，杀了单于，那么五胡乱华的祸患，就已经在两汉时期出现了。汉武帝末年的时候虽然下罪己诏忏悔自己开拓西域的过失，但论起他在位期间所建立的功业，实在不在大禹之下啊。匈奴衰落以后，他们民族中的一部分叫作麦迦的，迁到了欧洲。在里海东面，窝瓦河流域之间，本来有亚剌尼、各斯等小国，迁往欧洲的这些匈奴人来把这些小国灭了，占领了他们的土地，他们的领地因此一直延伸到了多瑙河平原。于是他们停留在这再没有离开，并在这里建立国家，叫作匈牙利，现在是欧洲强国之一。

由此来看，汉武帝出兵匈奴是非常不得已的。他们之所以能先收伏西域诸国。当时，西域诸国，与汉则汉重，与匈奴则匈奴重。东汉时之情形亦然。班超窥此形势，故以通西域自任。非平日留心大局，临事安有把握。古时名人未得志以前之豫备，旧史家常不屑措意，即偶一书之，亦极疏略。是在善读史者，体会得到，则一室之中，能自得师矣。

我国民族之无远略，实坏于一二好大喜功之主。不以辟地为殖民之大计，而惟博重译来朝之虚名。用兵塞外，居者有重敛之苦，行者受舆尸之伤。至其究竟，则于民间一无所补，以是人皆恶闻边事。久之，乃成一视外国事与己绝不相干之观念。此种观念，虽在今日，犹未尽化除也。当宋元之间，有意大利人曰马可波罗（Marco Polo）者，从陆路冒险至中国，入仕元廷，到处考察我国风俗。数年之后，从海道归国，以其所见所闻，著一游记（此书有英文译本，名《Travels of Marco Polo》）。出版之后，人人争读。欧洲之人，乃倾其

马可波罗

成功，在于先拉拢了西域诸国。那个时候，西域诸国，亲近汉朝汉朝就厉害，亲近匈奴匈奴就强大，东汉时期的形势也差不多。班超看清了形势，所以把连通西域作为自己的责任。如果不是平时就对局势上心，事到临头哪会有把握？古代的名人没有发迹以前所做的准备，以往的史学家常常不屑去写，即使偶然间写上一笔，也是非常粗略的。这样对于善于读史书的人来说，自然能够体会得到，因此不出家门就可以自学了。

我国民族没有了长远的发展战略，实际上是坏在一两个好大喜功的君主手中。他们不以开疆拓土作为势力扩张的重要大计和谋略，却只是注重万国来朝的虚名。至于在边塞用兵，会使人民承受沉重的苛捐杂税，使来往的人们生命安全受到威胁。到最后，兴兵对百姓没有一点好处，所以人们都不愿听到边塞传战事。时间长了，人们就形成了外国的事跟自己毫不相关的观念。这种观念，即使在今天也还没有消除。在宋元的时候，有位名叫马可波罗的意大利人，从陆路一路冒险来到中国，在元朝宫廷做官，到处考察我国的风土民情。几年后，他坐船回国，凭借自己的见闻，写成一部游记（这本书有英文译本，名为《马可波罗游记》）。这本书出版以后，人人争相阅读。欧洲人崇拜马可波罗书中的思想，都想着思想，谋来我国。数百年后，卒达其通商市利之愿望矣。回思我国之初至印度者，前有法显（著《佛国记》），后有玄奘（著《大唐西域记》），除得数卷之佛经外，于国民未尝有丝毫之影响。独明郑和游历南洋群岛，前后二十七年，闽粤之人，皆欣然随往。然其人皆为饥寒所迫，以个人之冒险，散而至于海外各国，既无团体之结合，亦无公家之保护，以视殖民政策，倜乎远矣。是皆为汉唐以来之君主所误也。今虽大好河山，已各有主，然机会何常，惟在我国民之有准备耳。拔赵帜而树汉帜，岂必无之事哉。

到中国来。几百年后，他们终于达成了通商的愿望。回想我国那些刚到印度的人，前有法显（著有《佛国记》），后有玄奘（著有《大唐西域记》），除了带回几卷佛经以外，对国人没有一点儿影响。只有明代郑和下西洋，前后二十七年，福建、广东一带的人，都争相跟随。但这些人都是被生活所逼进行的个人冒险，并且行踪分散到海外各国，既没有团体结合，也没有国家的保护作后盾，这样的殖民政策，远远不如欧洲啊。这都是被汉唐以来的君主延误了啊。现在虽然大好河山已经各有主人，但机会变化多端，只要国民有所准备，拔旗易帜，又怎么一定会是不可能之事呢？

第三章　鄯善于置之畏服

昔曹沫（《左传》又作曹刿）三战三北，卒返昔年之侵地（曹沫有勇力，鲁庄公用之为将，与齐桓公三战皆败，庄公惧，割地求和，盟于坛上。曹沫执匕首劫齐桓公，桓公惧，返其侵地）。秦孟明与晋人战而败，穆公用之，秦终以霸。说者谓曹沫孟明，皆能收功于晚节。然使二人者，一出师而即有功，其所得不更多乎？故语曰“先声夺人”，言首事之贵有成也。超与恂持节西行，以道里之便，先到鄯善，则请观其初到西域之第一功。

鄯善本西汉时楼兰国，居今新疆省镇西、哈密之间，离玉门关（今名玉门县）最近之国。其地扼祁连之要冲，不首服善鄯，不足以畏诸国。汉昭帝时，大将军霍光遣傅介子往。介子将勇敢士，赍金币，扬言以赐外国为名。既至楼兰，诈其王，欲赐之。王喜，与介子饮，醉。约其王，屏左右私语。壮士二人，从后刺杀之。贵人左右皆散走。介子告谕以王负汉罪，天子遣我诛之，当更立王。汉兵方至，毋敢动，自令灭国。介子将王首驰传诣关，悬首城门，天下皆壮之。此即班定远心中所仰慕之人物，建功于鄯善之往事也。今日身当其境，将何以出奇制胜，与古人媲美乎？

从前，曹沫（《左传》中又写作曹刿）多次战役都失败了，最后却收回了被侵占的土地（曹沫很勇猛，鲁庄公任命他为将军，跟齐桓公几次交战都被打败，庄公害怕了，割让土地来求和，齐鲁两国在坛上会盟。曹沫用匕首劫持了桓公，桓公怕了，把侵占的土地还给了鲁国）。秦国孟明，率秦军与晋国决战，屡战屡败，秦穆公却继续任用他，最终孟明战胜晋军，秦国也得以称霸。人们说曹沫、孟明，都能够在后期取得成功，但是假使二人刚开始就成功，他们得到的不就会更多吗？所以俗话说“先声夺人”，是说一开始主持事情便取得成功是很可贵的。班超和郭恂拿着符节一路向西，因为顺路，先到达了鄯善。请看他刚到西域立下的第一件功劳。

鄯善本是西汉时的楼兰国，在现在新疆的镇西与哈密之间，是离玉门关（今名玉门县）最近的国家。其地扼守着祁连山的要冲，如果不先将鄯善征服，便不足以教其余的各国畏服。汉昭帝时候，大将军霍光曾派遣傅介子到那里去。傅介子带了许多勇敢的兵士和金币，故意扬言说要将金币赐给外国。他到了楼兰，哄骗楼兰王说要把带来的金币赐给他。楼兰王大喜，设宴招待他。酒酣之际，介子叫楼兰王屏退左右的随从，说有私话和他密谈，命令预先埋伏的两个壮士从后出来杀死了楼兰王。王的贵人、左右随从知道后，都纷纷逃散了。介子告谕大众说：“楼兰王得罪汉朝，天子命我来杀他，重立新王。汉兵随后即到，大家不得乱动，自取灭国之祸。”他派人带着楼兰王的头飞速送往朝廷，悬在城门之上，天下都称赞他的壮举。这就是班超心中所仰慕的人物和往事。现在他身当其境，将有什么出奇制胜的计谋和古人媲美呢？

定远至鄯善，其王名广，盛设供帐，礼接汉使，至为敬恭。数日之后，忽见疏懈。超谓其官属曰："宁觉广礼意薄乎？此必有北虏使来，狐疑未知所从故也。明者睹未萌，况已著耶？"乃召侍胡，诈之曰："匈奴使来数日，今安在乎？"侍胡惶恐，具服其状。定远乃闭侍胡，不令出。

此时定远所携，未尝有一正式之兵士，惟从者三十六人耳。孤身万里，以入于虎狼之国，其胆量已可惊矣。遭此事变，乃悉会其三十六人，与共饮。酒酣，因激怒之曰："卿曹与我俱在绝域，欲立大功，以求富贵。今虏使到裁（同才）数日，而王广礼敬即废。如令鄯善收吾属送匈奴，骸骨长为豺狼食矣。为之奈何？"官属皆曰："今在危亡之地，死生从司马。"超曰："不入虎穴，不得虎子。当今之计独有因夜以火攻虏使。彼不知我多少，必大震怖，可殄尽也。灭此虏，则鄯善破胆，功成事立矣。"众曰："当与从事（从事，官名）议之。"超怒曰："吉凶决于今日，从事文俗吏，闻此必恐而谋泄。死无所名，非壮士也。"众曰："善。"

班超到了鄯善以后，鄯善王广接待了汉使，极为恭敬，布置欢迎的一切，十分隆盛。但是几天之后，态度忽然疏懈起来。班超对他的官属说："你们觉得鄯善王的礼意淡薄了吗？这一定是有匈奴的使者到来，他心中犹豫，不知道投靠汉朝好，还是投靠匈奴好，所以有这样的情形。聪明的人要在事情还没有萌发的时候就看出端倪，何况这件事已经很明显了呢？"他便诈侍胡（侍胡是侍候他的胡人）道："匈奴使者已经来了几天，现在什么地方呢？"侍胡惶恐，不敢隐瞒。班超便将侍胡关了起来，不准他出去。

这时班超所带的人，并没有一个正式的兵士，只有随从他的三十六个人。他孤身万里，只带这几个人走进像虎狼一般的国家，胆量让人惊佩。现在既遇着这种事变，他便召集三十六人，和他们一同饮酒聚谈。饮到高兴时，他用话激他们道："现在你们和我都是身在绝域，都是想立大功以求富贵的。现在匈奴使者才到几天，鄯善国王对我们的礼貌便荒疏了。假如鄯善王将我们拘囚起来，送给匈奴，那么恐怕我们的骨头也要给豺狼吃去了。这可怎么办呢？"大家都说道："现在大家都在危亡的地方，无论死生我们都跟从着您。"班超道："不入虎穴，焉得虎子？现在只有趁着晚上用火去攻击匈奴的使者。他不知道我们有多少人，必定大为惊慌，这样便可以杀尽他们。只要把这个虏使灭掉，鄯善国王一定吓破心胆，我们便可以成功了。"大众都道："应当再和从事（指郭恂）商议商议。"班超怒道："事情的吉凶就决定于今天，从事是文人俗吏，听到这种计划，必定吓慌了而泄露我们的秘密。我们死了却得不得好名声，不算大丈夫。"众人才说："好！"

定远既谋定。初夜，遂将吏士往奔虏营。会天大风，超令十人持鼓藏虏舍后，约曰：见火然，皆当鸣鼓大呼。余人悉持兵弩，夹门而伏，超乃顺风纵火。前后鼓噪，虏众惊乱。超手格杀三人，吏兵斩其节使支赖带、副使离支及从士三十余级。余众百许人，悉烧死。明日乃还，告郭恂，恂大惊，既而色动。超知其妒己之成功也，乃举手曰："掾（音砚，古佐贰官之通称，指恂也）虽不行，班超何以独擅之乎？"恂始悦。超于是召鄯善王广，以虏使首示之，一国震怖。超晓告抚慰，遂纳子为质，还奏于窦固。固大喜，具上超功效。

窦固以超设奇计，一时成功，恐其狃于此役之易，别遇失败，以损国威，求更选材勇之人以为使。此亦见大臣谋国之慎，而非有娼疾之见，存于其心。显宗独毅然曰："吏如班超，何故不遣，而更选乎。今以超为军司马，令续前功。"于是超复受使。固欲益其兵，超曰："愿将本所从三十余人足矣，如有不虞，多益为累。"乃率其身经剧战，功奏破虏之三十六人，去鄯善而益西。

鄯善为近边之国，既先收服，则无返顾之尤矣。乃走班超和部下计议停当后，天一黑便带领众人奔往匈奴营帐。那时恰巧起了大风，班超命令十人拿着鼓躲藏在匈奴营帐后面，约定看见火起，就击鼓大呼，其余的人都带了兵器，埋伏在门边。班超布置停当，便顺风放火。伏兵前后鼓噪起来，营帐里的匈奴人都大惊，不知所措。班超亲手杀了三个人，吏兵斩杀了匈奴使者支赖带、副使离支及从士三十余人。其余的一百多人，都被火烧死了。第二天班超回去告诉郭恂，郭恂大惊，接着便有妒色。班超知道他妒忌自己成功，便举手道："请你放心，你虽然没有同去，但是我决不会独占这功劳的。"郭恂这才高兴起来。班超便把鄯善王广召来，将匈奴使者的头给他看，鄯善国上下都很震惊害怕。班超抚慰群众，并且将鄯善王的儿子带回到中国作为质子。他回朝对窦固奏明情况，窦固心中十分欢喜，把他的功劳都上奏皇上。

但是窦固因为班超施用奇计，一时成功，恐怕他把这一次的成功看得太容易，若再有事故发生，或许因轻忽而遭失败，以致有损国威，便想另选才勇俱全的人代他出使。他这种主张，并不是妒忌班超，正是大臣谨慎谋国的苦心。可是明帝却不以为然，他毅然地说道："像班超这样的人，为什么不派遣而要另选别人呢。现在便任命他做正式的军司马，命他继续前功。"于是班超仍旧为使。窦固因为他带去的人太少，想添派兵士给他。班超道："但愿率领本来所随从的三十余人，便已够了。如有不测的事故发生，人多反而会成为累赘。"于是他带着身经剧战、破虏奏功的三十六人，离开鄯善，向更西的地方前进。

鄯善是靠近汉朝边界的国家，先收服它，就没有后顾之忧

龙堆，越大漠，而至于阗，今新疆之和阗也。东汉时，从精绝（西域名，在今新疆克里雅之南）西北至疏勒十三国中，惟鄯善与于阗为大。和帝之时，于阗王广德新攻破莎车，而併其地，遂雄视于祁连南道。国王信仰匈奴，政事皆听其监护。超至，广德礼意甚疏。且其俗信巫，巫皆党于匈奴。因造神语，谓广德何故向汉，向汉神必怒，将降之罚。汉使有騧马（騧马，浅黑色也），急取以祠我。广德乃遣使就超请马，超密知其状，报许之，而令巫自来取马。有顷，巫至。超即斩其首，以送广德，因责让之。广德素闻超在鄯善诛灭虏使，大惶恐，即攻杀匈奴使者而降超。超重赐其王以下，因镇抚焉。

定远没后，于阗国复与汉绝。今附录其事，以见成败利钝，皆人为之也。桓帝之时，汉使赵评在于阗病痈死。评子迎丧，道经拘弥。拘弥王成国，与于阗王建有隙，乃语评子云："于阗王令胡医（谓胡人之知医者）持毒药著创中，故了。他们经过龙堆和大漠，到达于阗，就是现在新疆的和阗。东汉时从精绝（西域的地名，在现在新疆克里雅之南）西北到疏勒的十三国中，只有鄯善和于阗两国为最大。和帝时，于阗王广德攻破莎车，吞并了它的土地，便在祁连山南路称雄。国王信仰匈奴，政事都受匈奴的监护。班超到了之后，国王广德的态度很疏远，而且他们的风俗迷信，相信巫蛊，这班巫人又都是党附于匈奴的。因此巫人假造神言，说："于阗王广德归向汉朝，神必大怒，便要降罚于他了。汉朝的使者有匹浅黑色的马，赶快取来祭我。"广德便派人向班超要求，把那马给他。班超已经知道其中的实情，便允许他的要求，叫他命巫人自己来取。不久，巫人果然来了，班超便斩了他的头，送到广德那里，并且大加责骂。广德已经知道班超在鄯善诛灭虏使的威名，因此大为惶恐，便立即攻杀了匈奴的使者，自愿投降。班超重赏广德以及他的部下，安抚了他们。

但是班超死后，于阗又与汉朝断绝了关系。现将其中经过附在这里，以便让后人知道成败利害在于人为。桓帝时，汉使赵评在于阗患痈而死，他的儿子去迎丧，经过拘弥国。国王成国和于阗王建有仇隙，他告诉赵评的儿子说："于阗王命胡医把毒药放在你父亲的创口中，所以他才会死的。"赵评儿子信以为真，便告诉敦煌死耳。”评子信之。还入塞，以告敦煌太守马达。明年，以王敬使于阗，达令敬隐核其事。敬先过拘弥，成国复说云：“于阗国人欲以我为王，今可因此罪诛建，于阗必服矣。”敬贪立功名，且受成国之

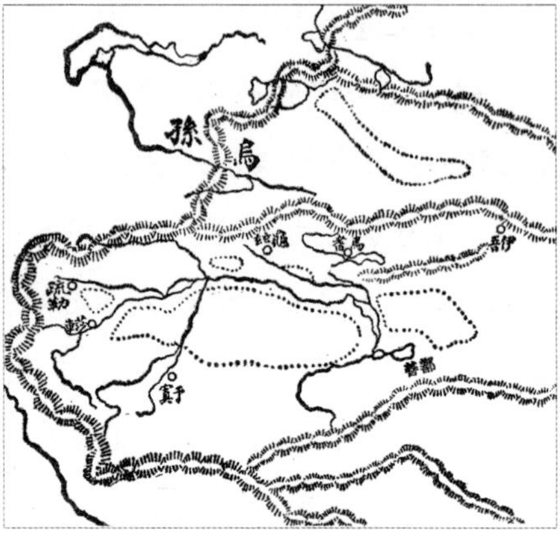

汉时西域略图

说，前到于阗，设供具请建，而阴图之。或以敬谋告建。建不信，曰：“我无罪，王敬何为杀我。”旦日，建从官属数十人诣敬。坐定，敬起行酒。敬叱左右缚之，吏士并无杀建意，官属悉得突走。时成国主簿秦牧随敬在会。持刀出曰：“大事已定，何为复疑。”即前斩建。于阗侯将输僰等遂会兵攻敬。敬持建头，上楼宣告曰：“天子使我诛建耳。”于阗侯将，遂焚营舍，烧杀吏士，上楼斩敬，悬首于市。自此遂与汉绝。

【批评】

试披今之舆图，则欧亚之交，有黑暗之点。其面积之大，几抵欧罗巴全洲者，即今之东西土耳其斯坦也（今之新

太守马达。第二年，朝廷派王敬为使到于阗，马达命王敬暗中调查这件事。王敬先经过拘弥，成国又对他道："于阗国人要拥戴我做他们的国王，现在可以借毒杀赵评的罪名把建杀了，于阗便可以降服了。"王敬贪立功名，便听信了成国的话。他一到于阗，便设宴请国王建来，准备谋害他。那时有人把王敬的计谋告诉了建，建不相信，道："我没有罪，王敬为什么要杀我呢？"第二天，于阗王建带着官属数十人到王敬这里来。坐定之后，王敬起来敬酒，便喝令左右的人把建绑缚起来。那时成国的主簿（官名）秦牧随着王敬在席上，他拔出刀来道："大事已定，还有什么疑惑？"便走上前去举刀把建杀了。于阗的侯将输焚等便召集兵马攻打王敬，王敬把建的头带上楼，宣告道："是天子派我来杀建的啊！"于阗侯将便放火焚烧了王敬的营舍，斩杀了他的吏士，并上楼将王敬也杀了，把他的头悬挂在街市上。从此，于阗便和汉朝便断绝了往来。

【评论】

打开现在的地图，欧洲和亚洲交界的地方，有一片土地，其面积之大，几乎能顶得上欧罗巴全洲，那就是现在的东西土耳其斯坦（今天的新疆，西方人称为东土耳其斯坦，其余属于俄罗斯、疆，西人称为东部土耳其斯坦Eastern Turkestan，其余属俄罗斯、属阿富汗者，称为西部土耳其斯坦Western Turkestan）。实以山川之阻，人种之杂，至今尚未开辟。而万里荒漠，同于弃地，不啻黑暗之非洲（Dark Africa今地理家之通称）。其有关于东西文明国之历史者，在汉则甘英，由此以通地中海；在晋唐则法显玄奘，由此以通印度；在元则马可波罗，由此以至北京。盖不过作一东西两洲之引渡而已，他则无闻焉。然首冒险入其境者，我汉族之伟人也。东土耳其斯坦，自附属版图以来，富庶之象，亦非西部之所及。考天山南北路，虽有硗瘠不毛之地，而水草丰茂、可耕可牧之地亦不少。加以野多毛革，山富五金，土广而人稀，民愚而工贱，正吾国寄诸内府之殖民地也。我少年盍去休，胜国乾嘉诸儒，研究西域地理者，一时成为风气。原望内地之人，闻风欣慕，适彼乐郊，我同胞何以至今不作也。今英俄两国，皆有窥伺之心，唇亡齿寒，舐糠及米。尺寸之土，岂可与人。欲固吾圉，惟在开辟。开辟之道，必赖移民。凡我同胞，一览先民开疆之历史，其亦奋然而起，思有以继续前烈者乎。

傅介子之事，可谓冒险极矣。昔英国之清教徒，率百有二人，航海至于美洲，欲求一席之地，以营生活。与土人善言之不可，则出于战，纷纭数年，然后定之。西班牙之冒险阿富汗的，称为西土耳其斯坦）。实际上这片土地因为有山河的阻碍，有复杂的种族关系，到现在还没有被开发。这万里荒漠，沦为废弃的土地，无异于黑暗非洲（Dark Africa，是现在的地理学家的通称）。历史上对东西文明交流作出贡献的，汉朝有甘英，开拓了通往地中海的道路；晋代法显，唐代玄奘，开辟了通往印度的道路；元代马可波罗，开辟了欧洲通往北京的道路。这些只不过是两个地区之间的偶尔流通而已，别的就没有听说过了。但首先冒险入境的，是我汉族的英雄人物。东土耳其斯坦自从归属我国以来，越来越富庶，这是西部比不上的。考察天山南北这些地方，虽然有一些地方很贫瘠，但是水草丰茂、可耕可牧的土地也不少。再加上出产皮革，山上富含矿产，地广人稀，人民愚钝，正适合我国把国内的人民迁移至此。我国现在的年轻人，不像乾嘉时期的大儒们，研究西域的地理状况，一时之间成为风气。原本希望内地人，听到风声就很高兴地去往这片乐土，但同胞们为什么到现在还没有行动呢？现在英国和俄国，对这片土地都有窥伺之心，唇亡齿寒，西域和中原的命运息息相关，一尺一寸的土地也不能拱手让人。要想坚守领土，就要开辟新的土地，而开辟土地最重要的是移民。凡是我国的同胞，看到前人开辟疆域的历史，就应该奋然而起，想着有所作为来承继前人的成就啊。

傅介子的事情，可以说是非常冒险的了。以前英国的一个清教徒，率领一百零二人，航行到达美洲，想要求得一块土地，来维持生活。他们跟土著人好言相求，却被拒绝，于是双方发生了战争，这种混乱持续了好几年，才安定下来。西班牙冒险家科尔士到墨西者科尔士Hernands Cortes之至墨西哥也，亦携兵士，濒万死，而后服之。傅介子只身入楼兰，仅以虚声相恫吓，而楼兰唯唯听命，不敢崛强者，其得诀在“汉兵且至”一语，使蛮人不能测其强弱，亦可见当时大汉之威声，足以震慑蛮荒。而英吉利西班牙之声名，尚不足以压倒西印度人也。人居本国，日享国家保护，而不自知。一至国外，观人之待遇我者何如，则可见个人之于国家，相关至切。国家强盛，则个人受其荣；国家衰弱，则个人蒙其辱。此爱国心之所以不能已也。

定远鄯善之役，旧史氏多讥其邀幸以成功，蒙谓冒险事情，皆带邀幸之性质。此其成功，必平日熟筹其事，临时又有坚忍之手段、灵敏之心思，方能洞中事机，而定大难于俄顷。岂一庸庸碌碌之人，所能办到？邀幸二字，为之释义曰：邀幸云者，谓其事机凑拍得好，未遭困难，而已功成。然其未邀幸之先，固豫备冒万难尝万险者也。是岂贪天之功以为己力，或赖他人之事以为己功者？所得借口，读定远在鄯善一段记载，其果庸人之邀幸乎，抑英雄之邀幸乎？

和阗之回人，称汉人为赫探（祁韵士西域释地作赫台）。相传任尚都护西域，遣其人众于此。回人名其所居之城曰赫探城，是我最先之殖民也。《西域记》（清时长白人哥探险，也携带很多士兵，拼尽全力才降服当地人。傅介子一人在楼兰，仅仅靠语言攻势吓唬人，就让楼兰人乖乖听命，不敢反抗，要诀就在于“汉兵快要到了”这一句，使楼兰人不能确定他后面的力量有多强，也可以从中显现出大汉的声威，足以震慑千里之外的蛮荒之地。而英吉利、西班牙那时候的名声，还不足以震慑西印度人。人们住在自己的国家，平常享受着国家的保护却觉察不到。一旦到了国外，看别人对待自己的态度如何，就可以看出国家的强弱对个人来说是密切相关了。国家强盛了，那么个人就会感受到它的荣耀；国家衰弱了，那么个人就会蒙受它的屈辱。这就是我们爱国思想存在的原因。

班超在鄯善的那场战斗，以前的史学家大多讥讽他是因为侥幸才成功的，说那些冒险的成功，都带有侥幸的成分。其实班超的成功，都是平时仔细筹划，临到事时又凭借坚忍的手段、灵敏的心思，才会洞察玄机，在顷刻之间平定大难，哪里是一个平庸无为的人所能办得到的呢？邀幸两个字，解释它们的含义就是：邀幸，是说事机把握得好，没有碰到什么困难，就已经成功。但没有邀幸之前，也本就准备冒着千难万险的。这怎么能说是偷窃上天的功劳当作自己的力量，或者依赖别人作为自己成功的依据呢？这些借口，在读了班超在鄯善的这段记载后，还能说是平庸人的侥幸吗？还是说是英雄的侥幸？

和阗的回人，称汉人为赫探。相传任尚作西域都护的的时候，命人们迁移到这里，回人称他们住的地方为赫探城，这是我国最早的殖民。《西域记》（清代长白人七十一著）中说，和阗有七十一撰）云，和阗有河，产玉石子，大者如盆如斗，小者如拳如栗，有重三四百斤者。各色不同，如雪之白、翠之青、蜡之黄、丹之赤、墨之黑者皆上品。河底大小石错落平铺，玉子杂生其间。採之之法，远岸官一员守之，近河岸营官一员守之。派熟练回子，或三十人一行，或二十人一行，截河并肩赤脚蹈石而步。遇有玉子，回子即脚踏知之，鞠躬拾起，岸上兵击锣一棒，官即过硃一点。回子出水，按点索其石子。附录于此，以见土风。

条河，出产玉石子，大的像盆像斗，小的像拳头像栗子，有的重达三四百斤。它们的颜色各不相同，那些雪白、翠青、蜡黄、丹红、墨黑的都是上品。河底有大大小小的石子错落地平铺着，玉石子就夹杂在其中。采玉石子的时候，远处岸边一位官员守着，近处岸边一位官员守着。派遣熟练的回人，有时三十人一行，有时五十人一行，在河中肩并肩光着脚踩着石头走。遇到有玉石子，回人用脚踩就能知道，弯腰拾起来，岸上的士兵敲一下锣，官员用朱笔点上一笔。回人上岸以后，就按照朱笔所点检视玉石数量。将采玉的土方法附录在这，以见证当时当地的风俗。

第四章 处置龟兹疏勒之困难

游客过新疆之库车（英文曰Kucha，今为直隶州领县二），方城四门，依山为基，望之巍然，如金汤之巩固也。城东南十里许，有芜城一段，长可五里，坚实高厚，雉堞犹存，相传为汉时屯兵之所。至今班定远之功烈，如在眼中。

库车，即后汉时之龟兹（又名天竺，读如鸠兹）。龟兹幅员宽广，地扼要冲，为西入回疆之门户。其王建为匈奴所立，倚恃虏威，据有北道。明帝永平十六年（永平明帝年号未改元），攻破疏勒，杀其王成，自以龟兹左侯兜题为疏勒王。定远之西征，其目的在弱匈奴之右臂。鄯善于阗，皆依违两可之国，而非匈奴之死党，服之尚易。龟兹，大国也，又夙附于匈奴，服之甚难。定远乃不遽至龟兹，而先下疏勒，以折其羽翼。永平十七年春，定远从间道至疏

天山中之湖泊

游客到新疆的库车（英文名为Kucha，现在是一个直隶州，辖内有两个县）就会发现，这座城四四方方，有四个门，依山势为基础，远远看去，高大雄伟，固若金汤。城东南十里远的地方，有一段荒芜的城墙，大约五里长，坚实高厚，城上的防护短墙还在，相传是汉代时屯兵的地方。到现在班超的功绩，还仿佛就在眼前。

库车，就是汉时的龟兹（读如“鸠兹”，又名天竺），幅员辽阔，地处要冲，是进入回疆的门户。国王名建，是匈奴立的，倚恃着匈奴的威势，占据着北道。明帝永平十六年，他率兵攻破疏勒，杀了疏勒国王成，而派本国的左侯（龟兹的官职名）兜题做了疏勒王。班超西征的目的，就是要削弱匈奴的辅助力量。鄯善和于阗都是可以依从匈奴也可以背弃匈奴的国家，并不是匈奴的死党，降服它还比较容易。龟兹却是一个大国，而且向来是归附匈奴的，要降服它确是很难。所以班超不直接去往龟兹，他想先拿下疏勒，以折断它的羽翼。永平十七年春天，班超抄小路到了疏勒，驻扎在离兜题所住的盘橐城九十里的地方。他派遣一个叫田虑的使者先去，并预先嘱咐他道：“兜题本不是疏勒的种族，国人一定不会完全服从他。假使他不肯就降，你便可以将他捉住。”田虑到了以后，兜题见他很懦弱，看不起他，便没有投降的意思。田虑乘他没有防备，突然上前把兜题绑了。兜题左右的人出其不意，都吓得纷纷逃走。田虑成功后，派人飞马回报班超。班超赶到盘橐，召集疏勒的全部将吏，宣布龟兹无道的情状，立疏勒故王的侄儿忠为国王，全国的人民都很欢喜。国王忠和他的官属请班超把兜题杀了，但是班超要示威信于外国人，没有听他们的话，而是把他放掉了。

勒，去兜题所居槃橐城九十里，遣吏田虑先往。预嘱虑曰：“兜题本非疏勒种，国人必不用命。若不即降，便可执之。”虑既到，兜题见虑轻弱，殊无降意。虑因其无备，遂前劫缚兜题。左右出其不意，皆惊惧奔走。虑既成功，驰报定远。定远即赴槃橐，悉召疏勒将吏，说以龟兹无道之状，因立其故王兄子忠为王，国人大悦。忠及官属皆请杀兜题，定远欲示外人以威信，不听诸人言，释而遣之。疏勒由是与龟兹结怨。定远时，天山南路之强国有三，疏勒、龟兹、焉耆皆是。定远既得疏勒，则其余二国，自知唇亡齿寒，不得不合以谋我者势也。永平十八年显帝崩，焉耆乘中国大丧，遂攻没都护陈睦。焉耆番名喀刺沙尔，其东南为罗布淖尔之溢地。塔里木河葱岭以西，天山以南，昆仑以北之水潴入焉。罗布淖尔四围，及濒于塔里木河两岸，田土肥美，土宜五穀。清之中叶，准噶尔踞其一隅，犹足强。国则当日之抚有此土者，其盛可知也。龟兹姑墨（在今温宿州之东北），亦承势应之，发兵攻疏勒。定远守槃橐城，与忠为首尾。顾士吏单少，拒守岁余。肃宗（章帝庙号）初即位，闻之，以陈睦新没，恐超单落不能自立，下诏征超回国。

定远以三十六人至西域，遂乃下西域三十余国。其功不可谓不烈，然其志尚未竟也。今乃奉召，初疑定远必有不疏勒从此便和龟兹结怨。那时，天山南路只有三个强国，就是疏勒、龟兹、焉耆。班超收服了疏勒，那么其余二国自然会感到唇亡齿寒，不得不联合起来对付他了。永平十八年，明帝死了，焉耆乘中国大丧的时候，攻击都护陈睦。焉耆的别名叫做喀剌沙尔，东南方是罗布淖尔沼泽地，在塔里木河、葱岭西面，天山南面，昆仑山北面的河流都汇聚到了这里。罗布淖尔四周和临近塔里木河两岸的地方，土地肥沃，非常适合种植五谷。清代中期，准噶尔占据这里的一角，就足以称霸。焉耆当时统辖的是整个罗布淖尔地区，可以想象它的繁盛了。龟兹、姑墨（在今温宿州之东北）也乘势响应，发兵攻打疏勒。班超守着盘橐城，和国王忠首尾相应，但是将士很少。拒守了一年多后，肃宗即位，听说了这件事，因为陈睦刚死不久，他担心班超单弱不能自立，便下命召他回国。

班超以区区三十六人到西域，降服三十余国，他的功绩不能说不大，但是他的志愿却还没有完全实现。现在皇上召他回去，

遽奉召者。乃闻命即行，绝无顾惜。此非定远之始盛而终衰，乃其临事而惧，不肯孟浪从事之处也。定远临行，疏勒举国尤恐。其都尉黎弇曰："汉使弃我，我必复为龟兹所灭耳。诚不忍见汉使去。"因以刀自刭。还至于阗，王侯以下，皆号泣曰："依汉使如父母，使者不可去。"互抱马脚，不得行，乃更还疏勒。疏勒两城，自定远去，复降龟兹，而与尉头连兵。定远捕斩反者，击破尉头，杀六百余人，疏勒复安。

建初三年（明帝三年），定远率疏勒、康居、于阗、拘弥兵一万人，攻姑墨石城，破之。斩首七百级，欲乘此遂平诸国，乃上疏请兵曰："臣窃见先帝欲开西域，故北击匈奴，西使外国。鄯善于阗，即时向化。今拘弥、莎车、疏勒、月氏、乌孙、康居，复愿归附，欲共并力，破灭龟兹，平通汉道。若得龟兹，则西域未服者，百分之一耳。臣伏自惟念，卒伍小吏，实愿从谷吉，效命绝域（谷吉，永之父也，元帝时为卫司别人都以为他必定不肯立刻从命的。不料他一接到诏书，即刻动身回朝，毫不顾惜。大家都觉得奇怪，殊不知他阅历已深，临事谨慎，志愿虽未了，却不肯莽撞从事。班超临行的时候，疏勒全国人民都十分忧恐。疏勒都尉黎弇说道："汉使如果抛弃我们，我们必定又为龟兹所灭，我实在不忍见汉使回去。"他说完，便拔刀自杀了。班超归途经过于阗，于阗国内自王侯以下，都哭着道："我们依赖汉使像小孩子依赖父母一般，使者不要离开。"群众互相抱着他的马脚，使他一步不能前进。班超不得已，只有返回疏勒。那时疏勒两城，自从班超离开后，便又投降龟兹，而与尉头（国名）联兵。班超捕杀了反叛的人，又击破了尉头，斩杀了六百余人，疏勒才得安定如常。

建初三年（章帝三年），班超率领疏勒、康居、于阗、拘弥的兵，共一万人，攻破姑墨石城，斩敌七百余人。他想乘此余威，平定其他各国，于是上疏奏请朝廷遣派军队来助："我私下里看到先帝想要开辟西域，所以向北攻打匈奴，向西出使诸国。鄯善、于阗立刻就归顺了。现在拘弥、莎车、疏勒、月氏、乌孙、康居这些国家，也愿意归附大汉，想一起努力，攻破龟兹，为汉朝开通道路。如果能够再收服龟兹，那么西域诸国中还没臣服大汉的，就只有百分之一了。我私下想着自己只不过是一个军中小吏，但是愿意像谷吉一样，为陛马使，送郅支单于，为郅支所杀）。庶几张骞，弃身旷野（张骞，武帝时为郎，使月氏，为匈奴所闭，留三十余岁，乃亡走大宛，穷急即射鸟兽给食）。昔魏绛列国大夫，尚能和辑诸戎，况臣奉大汉之威，而无铅刀一割之用乎。前世议者，皆曰取三十六国，号为断匈奴右臂。今西域诸国，自日之所入，莫不向化。大小欣欣，岁奉不绝，惟焉耆、龟兹，独未服从。从前与官属三十六人，奉使绝域，备遭艰厄。自孤守疏勒，于今五载。胡夷情数，臣颇识之。问其城郭小大，皆言依汉与依天等。以是验之，则葱岭可通，葱岭通则龟兹可伐。今宜拜龟兹侍子白霸为其国王，以步骑数百送之，与诸国连兵，岁月之间，龟兹可擒。以夷狄攻夷狄，计之善者也。臣见莎车、疏勒，田地肥广，草牧饶衍，不比敦煌鄯善间也。兵可不费中国，而粮食自足。且姑墨温宿二王，特为龟兹所置，既非其种，更相厌苦，其势必降。若二国来降，则龟兹自破。愿下臣章，参考行事。诚有成功，死复何恨？”

书奏，帝知其功可成，议欲给兵。平陵（在今咸阳西北）人徐干素与定远有同心，亦一冒险家也，上疏愿往。建初五下在万里之外效命（谷吉，是谷永的父亲，汉元帝时期任卫司马，受命送郅支单于回匈奴，结果被杀）。也许可以跟张骞一样，舍生忘死（张骞是汉武帝时期的郎官，出使月氏的时候被匈奴抓住，被囚三十多年，后来逃到大宛，有的时候走投无路只能打猎为食）。以前的时候魏绛只是一个诸侯国的大夫，尚且能够跟诸戎和睦相处，何况我仰仗大汉的声威，即使是把钝刀也会有一定的用处啊。此前商议的都是先拿下三十六国，号称断掉匈奴的右臂。而现在的西域诸国，凡是太阳能照到的地方，没有不遵从大汉命令的。无论大国还是小国，都高高兴兴地缴纳岁贡，只有焉耆、龟兹还没有臣服。从前我跟三十六名官属，奉命出使西域，遭受了很多艰难困苦。我们驻守疏勒，到现在已经有五年了。西域的风俗习惯，我比较了解，不论小国还是大国，都表示服从汉朝。由此可知，葱岭可以打通。葱岭通了，龟兹就可以讨伐。现在应该把龟兹送来汉朝陪侍天子的儿子立为国王，并送给他几百步兵骑兵，和别的国家联合，这样短时期内龟兹就可以拿下了。利用夷狄来攻下夷狄，这样的计策才是最好的。我看到莎车、疏勒国内土地肥沃，畜牧发达，不比敦煌、鄯善差。这样的话，可以不消耗大汉的力量就能保证充足的粮食。况且姑墨王、温宿王都是龟兹扶植的，既不是一个民族，又互相讨厌，这种情况下他们肯定会投靠汉朝。如果这两个国家来投靠，那么龟兹自然就被攻破了。希望陛下您能考虑下我的建议，再做决定吧。果真能够成功的话，我即使死了也不会有遗憾的。”

章帝看了他的奏疏后，知道他的建议可行，便商议派兵前往。那时有一个平陵人叫徐干，也是一个冒险家，他上疏皇上，自愿前年（章帝五年），遂以干为假司马，将弛刑及兵从千人，往西域助定远。

【批评】

明者见事于机先，智者料事于未萌，其定远之谓矣。鄯善、于阗，本皆弱小之国，可以智取，可以势夺。寻常之冒险家，犹克胜之。疏勒，固西域之强国也，非杀一人而可以定者。乃定远于此，亦绝不费力，而事已定。盖兜题本非疏勒种，疏勒人不得已而戴之，非心服也。疏勒之人，仰定远至其国，为民除暴也久矣。故逐一兜题而疏勒即来归，其料事如见，有如此者。缚降兜题以后，人皆欲杀之，以取快于一时，独定远不可。盖兜题本一无足轻重之人，杀之徒以重龟兹之怨，而无益于事，不如纵之以为德也。前于虏使则烧之，于巫则杀之，此于兜题则生之。生杀之间，皆非漫然。

定远得疏勒，而汉帝召之归。综前事以例之，则定远必不愿归，而更冒险以成功矣。然定远非无道德，而但有胆量之冒险家也，故事必量其轻重，功必澈乎始终。时则陈睦新败，焉耆、龟兹、姑墨诸国，皆与汉为难。定远孤立于四面楚歌之中，倘恃其血气之勇，而轻与之抗，一身不足惜，其如大往。建初五年，朝廷便以徐干为代理司马，率领囚徒及兵士等千人，前往西域帮助班超。

【评论】

明理的人会在事情发生之前就预见，智慧的人在事情还没有萌芽的时候就会料定，这说的就是班超啊。鄯善、于阗，本来都是弱小的国家，可以智取，也可以武力攻下，一般的冒险家就能夺取。疏勒，本是西域的强国，不是杀一两个人就可以平定的。班超来到这里后，没有费什么力气，就把疏勒平定了。因为兜题本来不是疏勒国人，疏勒人不得已奉他为王，心里并不服气。疏勒人日夜盼望班超到来，为他们驱除暴君，所以赶走一个兜题疏勒就臣服了大汉。班超预料事情像能够亲眼见到一样。抓住兜题以后，人们都想杀了他，来取得一时之间的痛快，只有班超认为不可以。因为兜题本来是一个无足轻重的人，杀了他白白加重龟兹的怨恨，对大事却没有什么好处，不如用仁德的名义放了他。之前的时候班超烧死匈奴使者、杀死巫人，这时候却把兜题放了。不管生还是死，都不是随便做出决定的。

班超收服疏勒以后，皇帝下诏让他回去。综合以前的事情来考虑，那么班超肯定不愿回去，而是想再冒险取得成功。但是班超并不是没有原则的人，而是一个思虑周详的冒险家，所以做事会考虑轻重，建功立业会贯彻始终。那时候陈睦刚死，焉耆、龟兹、姑墨等国家，都跟汉朝为难。班超在西域，四面楚歌，倘若他依靠武力跟那些国家对抗，那么他牺牲自己一个人不要紧，整个西域局何？且此时之疏勒，势既弱于龟兹，归汉之心，亦非可恃者。观定远之不与疏勒王忠同居，而自与其从者守槃橐城，不信疏勒之意可见。其后归途，为于阗所遮，更还疏勒，则又降龟兹矣，至此益足见侯料事之明。

西班牙葡萄牙人，皆至美洲辟地。自以文明之族，妄自尊大，视土人如犬马，虐使之，杀戮之，惟恐其不甚。土人怨愤填胸，聚而一逞。白人曰：此野蛮之人，不可以理喻者也，威以兵力而矣。从未有返问其良心，而稍改其手段者。土人屡蹶屡起，白人亦不胜其烦，委而去之，乃尽失其属地。其始之冒万难而得之者，不过留一瞥之荣光，徒为他人作嫁衣裳也。定远在西域，不藉本国之兵力，而远人感之，至攀马脚而不忍其去，皆曰依汉使如依父母。此其抚驭之方，殊非哥伦布辈可及也。

定远孤守疏勒，至于五载，坚苦忍耐，非他人所能受也。尝谓两汉从事西域，其最坚忍耐苦者，前汉惟一苏武，后汉惟一定远。然苏武忠实有余，而智略不足，贮辛停苦一十九年，保得一汉节而已，于大事未有进步也。定远则沉机观变，五年之中，于西域之事，了如指掌，一面又与强邻支吾兵事。其才能非苏武可及也。然武之不负本国，亦至可敬形势怎么办？况且这个时候的疏勒，势力比龟兹弱，那么它归顺汉朝之心就不太坚定了。这点从班超没有跟疏勒王忠住在一个地方，却跟自己的侍卫驻守槃橐城就可以看出来，显然是不相信疏勒的。后来他回国的时候在于阗受阻，返回疏勒，疏勒又归降龟兹，这时候就显现出班超料事如神来了。

西班牙人和葡萄牙人，都去美洲开辟殖民地。他们以文明民族自居，妄自尊大，对待土著人跟牲畜一样，虐待、杀戮，唯恐他们过得好，土著人满腔怨愤，集合起来暴乱。白人说这些野蛮人不讲道理，必须得用武力征服他们，却从来没有用良心想想，稍微改变一下统治手段。土著人的反抗活动愈演愈烈，白人忍受不了这种烦乱离开了，于是所有的土地都失去了。他们历尽千辛万苦得来的土地，留在手中不过是昙花一现，白白地为别人作嫁衣裳。班超在西域，没有利用本国的兵力，却能够感化西域这些人，到了抱住他的马脚不愿让他走的程度，都说依赖汉朝使者就像孩子依靠父母一样。这就是班超安抚驾驭的办法，不是哥伦布这类人能够比得上的。

班超驻守疏勒五年，忍受着常人难忍的困难。历史学家们曾经说两汉时期处理西域事情，其中最坚忍耐苦的，西汉时期是苏武，东汉时期是班超。然而苏武太过忠实，智略不足，受尽十九年的辛苦，只保持了汉朝的符节，对国家大事没有什么帮助。班超则是灵活机变，在西域五年，对西域的事情有了全面的了解，另一方面又跟邻国应付兵事。他的才能不是苏武能比得上的。然而苏武志向坚定，不负大汉，也是非常值得称道的。现在引文如下，作为服。称引如下，以为我少年界之模范焉。

苏武，字子卿，杜陵人也（今陕西西安人）。父建，屡从大将军卫青击匈奴。武少以父任，与兄嘉、弟贤并为郎。武帝天汉元年，遣武以中郎将持节，送匈奴使在汉者，武与常惠俱。既至，单于待之甚骄倨。武等约缑王与虞常等谋反匈奴中。适单于出猎，独阏氏（阏氏，读若焉支，匈奴语，谓后也）子弟在。虞常等七十余人欲发，其一人夜亡，告知单于。缑王等皆死，虞常生得。武恐为匈奴所杀，辱汉声威，引佩刀自刺。旁人抱持之，驰召医。凿地为坎，置煴火（煴谓有火而无炎者也），覆武其上，蹈其背以出血。武气绝半日，复息。单于壮其节，朝夕遣人候问，说之降匈奴。武不可，乃被囚于大窖中，绝不与饮食。天雨雪，武卧，啮雪与旃毛并咽之，数日不死。匈奴更徙武北海上无人处，使牧羝

现在少年人的模范。

苏武，字子卿，是杜陵人（今陕西西安人）。父亲名为苏建，经常跟随大将军卫青攻击匈奴。苏武很年轻时就因为父亲的关系，和哥哥苏嘉、弟弟苏贤一起作了郎官。天汉元年，汉武帝派苏武以中郎将的身份持使节，送在汉朝的匈奴使者返回匈奴，苏武和常惠一起去。到了匈奴以后，单于对他们很傲慢。苏武等人与缑王约定在匈奴内部谋反。恰逢单于出去打猎，只有阏氏（阏氏读起来跟焉支一样，是匈奴语，意为王后）的兄弟在。虞常等七十多人想要发难，其中有一个人连夜逃出，去告诉单于。缑王等人都被杀，虞常待罪。苏武怕被匈奴杀了会有损大汉的声威，就想用佩刀自杀。旁边的人扶持着他，马上去找大夫。大夫来了以后在地上挖了个坑，坑中烧起微火，把苏武脸朝下放在坑上，拍打他的背，让淤血流出来。苏武气绝了半天，又渐渐恢复了呼吸。单于有感于他的气节，不断派人问候，游说他投降匈奴。苏武没有答应，被囚禁在一个大地窖里，饮食也被断绝。天冷下雪，苏武卧在地上，只能吃雪和旃毛维持生命，这样支撑了好几天。因为坚持不投降，匈奴就把他流放到北海荒无人迹的地方，让他放牧公羊，说只有公羊生了小羊才能回来。苏武在北海，没有吃的东西，只能挖野鼠和草种充饥。他带着使节牧羊，使节顶端的牦牛尾毛都脱落殆尽。过了五六年，单于的弟弟可怜他，才供给他衣服、食物和居住的帐篷。当时有人偷盗苏武的羊，苏武因此获罪，又变得跟当初一样穷困。

（牡羊也），羝乳，乃得归。在海上，无所得食，掘野鼠及草实而食之。杖汉节牧羊，卧起操持，节旄尽落。积五六年，单于之弟怜之，始给衣食，及帐幕以居。会有人盗武羊，武获罪，复穷饿如故。初，武与李陵，俱为侍中，武使匈奴之明年，陵降，不敢与武相见。久之，单于使陵至海上，为武置酒设乐，因谓武曰："单于闻陵与子卿素厚，故使陵来说足下。来时，太夫人已不幸，陵送葬至阳陵。子卿妇年少，闻已更嫁矣。独有女弟二人，两女一男，今复十余年，存亡不可知。人生如朝露，何久自苦如此。陵始降时，忽忽如狂，自痛负汉，加以老母负保宫。子卿不欲降，何以过陵（言汉因陵降囚其母于保宫，子卿不降亦未闻有所优待其家属也）？且陛下春秋高，法令无常，大臣无罪夷灭者数十家。安危不可知，子卿尚复谁为乎？"武曰："自分已死久矣，单于必欲降武。请毕今日之欢，效死于前 。"陵见其至诚，喟然叹曰："嗟乎义士，陵与卫律之罪，上通于天。"因泣下沾襟，与武别去。武闻武帝崩，南向号哭，至于呕血。后匈奴与汉和亲，汉求武等。匈奴诡言武死，使者云天子射上林中，得雁足，有系帛书，言武等在某泽中，未死也。于是武乃得还。李陵闻之，置酒河梁为别，赋诗泣下，有"携手上河梁"之句。今之五言诗，实始于此也。武既还国，又于九月九在汉朝的时候，苏武和李陵都是侍中，苏武出使的第二年，李陵投降匈奴，却不敢见苏武。过了很久，单于派李陵到北海，为苏武备下酒菜。李陵对苏武说：“单于听说您和我向来交情好，所以派我来游说您。我从汉朝过来时，您母亲已经去世了。我替你送了殡，葬在阳陵。您夫人还年轻，听说已经改嫁了。家中只剩两个妹妹，两个女儿和一个儿子。如今又过了十多年了，也不知他们怎样了。人的一生就像早晨的露水一样短暂，何必要这么长久地折磨自己？我刚刚投降的时候，整天魂不守舍，几乎要发疯，因为对不起汉朝而心里愧疚，再加上老母亲又被囚禁在保宫。您没有投降，汉朝对您比对我好了吗（说汉朝因为李陵投降，就把他母亲关押到了保宫。苏武没有投降，也没听说汉朝对他家属有什么优待的地方）？况且陛下年纪大了，法令随时更改，被灭族的无罪大臣有几十个。安危都不能预料，您还为谁守节呢？”苏武说：“我自觉已是死了很久的人了，单于一定要我投降的话，就请您不要再说了，我立刻死在您面前。”李陵感叹他的忠诚：“唉！苏武是个忠义之人啊！我和卫律罪孽深重。”因此泪流不断，告别了苏武。苏武听说汉武帝驾崩，面对着南方痛哭，以致于吐血。后来匈奴跟汉朝和亲，汉朝请求匈奴放苏武回去。匈奴谎称苏武已死。汉朝使者说，汉朝皇帝在御林苑中打猎，射到一只大雁，雁足上系着一块帛书，说苏武在某一片大泽中，还没有死。于是匈奴不得已放苏武回去了。李陵听说后，在河梁置酒跟苏武作诗道别，感慨垂泪，其中有“携手上河梁”的句子。现在的五言诗，实际上是从这时候开始的。苏武回来以后，九月九日又收到李陵的书信，就日得李陵书，今所传“李陵得苏武书”是矣。武前后留匈奴凡十九年，始以强壮往，及还，鬓发尽白。

春秋之末，智伯之臣豫让，谓赵简子曰：“中行氏以众人待我，故以众人报之；智伯以国士待我，故以国士报之。”李陵以汉待之薄，故不愿守节义。此种心理，实渊源于豫让之言。而谬种流传，至今为甚，是不可以不辨。夫受人之禄者，忠人之事，此古今中外不易之常理也。既不相知，则辞而去之可也。尸其位而忠不至，一逢艰难，即去之而不顾，此贱丈夫之行而犹得谓之国士乎？且大丈夫坚韧不拔以立功名于斯世，而传其名至于无穷，本为己非为人，故苏武终不以李陵之邪说动，而李陵之所以身败名裂也。今者权利义务之说，洋洋盈耳，其勿计较太甚，而自越其范围可耳。

是现在所传的“李陵得苏武书”。苏武在匈奴共待了十九年，去的时候是一个壮年人，等回来的时候，头发都白了。

春秋末年，智伯的臣子豫让，对赵简子说：“中行氏像对待一般人那样对我，所以我也像一般人那样回报他；智伯像对待国士一样对我，所以我也像国士一样报答他。”李陵因为汉朝薄待他，所以不愿意为汉朝守节义。这种心理，实际上起源于豫让的话。但是错误的说法到今天为止一直在流传，这个是不能不说明白的。接受人家的俸禄，就要对人家忠诚，是古今中外不可改变的常理。如果双方没多少交情，那么推辞离开是可以的。好多人白白地占着位置却没有足够的忠诚，一碰到危难，就立刻离开，这种有辱于大丈夫行为的人怎能称得上是国士呢？况且大丈夫不会为困难所阻碍，想要在世上建立功名，让名字流传后世，本来就是为了自己而不是为了别人。所以苏武最终没有被李陵的邪说打动，李陵最后却身败名裂。现在关于权利义务的说法经常听到，其实不用太过计较，直接打破界限就好。

第五章 战胜莎车乌孙疏勒龟兹康居之伟略

今疏勒东南有大城曰莎车府，即汉时莎车国之遗址也。地势西据波谜尔高原，南凭哈剌昆仑，东北临大漠，叶尔羌河斜贯其间。以色勒库尔一道接于瓦罕，而适与英领印度相通，商贾之往来此道者，终岁不绝。海道未通以前，欧亚交通之大道也。其于地理上占重要之位置如此。当定远请兵，汉兵未发之时，莎车以力不能御龟兹，遂背汉而降。疏勒都尉番（同潘）辰亦复反叛。会徐干适至，定远遂与幹击番辰，大破之，斩首千余级，多获生口（谓人口也）。

汉兵既破番辰，欲进攻龟兹，虑兵力不足，思借诸胡之助。时有大国曰乌孙，今之惠远城也。那特剌山绵亘其南，博罗布尔噶苏山蔓延其北，伊犁河自东而西，横贯其间。于天山北路诸国中，地味最沃，气候亦佳，故蔚为强国。定远乃上言：“乌孙控弦十万，故武帝妻以公主。至孝宣皇帝，卒得其用（汉书西域传：宣帝即位，乌孙遣使上书，言匈奴连发大兵，侵击乌孙，欲隔绝汉，愿发国中精兵五万骑，尽力击匈奴，惟天子出兵以救公主。汉大发十五万骑，五将军分道并出。乌孙以五万骑从西方入，至右谷蠡王庭，获四万余级）。今可遣使招慰，与共合力。”帝纳之，随拜定远为将兵长史，假鼓吹幢麾（横吹麾幢，皆东汉时大将之仪，超非大将，故言假）以徐干为军司马，别遣卫侯李邑，护送乌孙使者，现在疏勒的东南有大城市莎车府，就是汉朝时候莎车国的遗址。这里地势西据帕米尔高原，南凭哈剌昆仑，东北临大漠，还有叶尔羌河斜贯其间。因为色勒库尔（蒲犁）一道，和瓦罕相接可通印度，所以这条道路上商贾往来，终年不绝。当海道还没有开通之前，这就是欧亚交通的大道，在地理上，占有重要的位置。当班超请兵，而汉兵还没有出发的时候，莎车因为力量不能敌龟兹，便背汉投降了。疏勒都尉番辰也叛变了。那时恰巧徐干赶到，班超便和徐干攻击番辰，将他打败，斩首一千多人，俘虏了很多人。

汉兵打败番辰后，要想进兵攻下龟兹，而又恐怕兵力不足，便想借西域各国的帮助。那时一个大国名叫乌孙，就是现在的惠远城，那特剌山护卫在它的南面，博罗布尔噶苏山在它的北面，伊犁河从东向西横穿其中。在天山北路各国中，它是土地最为肥沃的，气候也好，因此便成了当时的强国。班超便上书朝廷："乌孙国中能够开弓的士兵有十万，所以武帝把公主嫁到了那里。到了孝宣皇帝的时候，果然派上大用场（《汉书西域传》：宣帝即位后，乌孙派使者上书皇帝，说匈奴最近一直派兵骚扰，侵略乌孙，想要把乌孙和汉朝隔绝开来，乌孙情愿派出国中的五万精兵，全力追击匈奴，只希望皇上派兵来保护公主。汉朝派出十五万骑兵，五位将军兵分几路前往。乌孙五万骑从西面攻入匈奴右谷蠡王的王庭，斩获四万人）。现在朝廷可以派使者招揽乌孙，跟乌孙合力攻打龟兹。"章帝听从了他的话，便拜他为将兵长史，赐用大将军仪仗，以壮他的声势（横吹麾幢，都是东汉时期大将军所用的仪仗，班超不是大将军），并将徐干升做军司马，另外再派遣卫侯李邑护送乌孙赐大小昆弥以下锦帛（昆弥，乌孙国王名也）。

人之智愚贤不肖之相去，诚不可以道里计也。李邑奉使，行至于阗，值龟兹、疏勒交兵境上，棘荆遍地。惧不敢前，又恐以怯弱见罪，因上书陈西域之功不可成，又盛毁定远拥爱妻、抱爱子，安乐外国，无内顾心。呜呼！定远自至西域，身经万难，筹划至今，功在垂成，而几败于竖子之言，闻之其将何以为情耶？已惮于冒险，而为此无责任之言，为全身之计，不顾国家之利害，其罪尚可逭哉。定远知其事，乃不上疏自陈，而痛自尅责曰："身非曾参，而有三至之谗。"恐见疑于当时矣（曾子之母方织，或来告曰曾参杀人，其母不信，三告而其母疑焉），遂去其妻。

帝得李邑奏，深知其诬，乃切责邑曰："纵超拥爱妻、抱爱子，思归之士千余人，何能尽与超同心乎？"令邑诣超受节度，诏若邑在外者，便留与从事。超即遣邑将乌孙侍子还京师。徐干谓超曰："邑前亲毁君，欲败西域，今何不缘诏书留之，更遣他吏送侍子乎？"超曰："是何言之陋也。以邑毁超，故今遣之。内省不疚，何恤人言。快意留之，非忠臣也。"

使者，带着锦帛，赐给乌孙的大小昆弥（昆弥，是乌孙国王名）。

人的聪明与否、品行好坏的差别，真的是无法用里程长短来区分。当李邑奉使走到于阗的时候，恰巧遇着龟兹和疏勒交战，荆棘遍地，路上十分危险。他吓得不敢向前，又恐怕因为胆怯懦弱被怪罪，便上书皇上，说要想收服西域绝不会成功，又捏造谣言，说班超拥爱妻、抱爱子，在西域非常安乐，并没有内顾之心。唉！班超身经万难，远至西域，苦心筹划，到大功垂成的时候，几乎败在小人手里。听到这些让他情何以堪啊？自己怕冒险，却说出这样不负责任的话，只为自身考虑，不顾国家利益，这样的罪行难道还可以逃避吗？班超知道这回事后，却并不上书辩白，只是痛切克责自己："我虽然不是曾参，却同样遭受很多谗言。"班超怕被皇帝怀疑（曾子的母亲正在织布，有人来告诉她曾子杀了人，曾母不信，后来又有几个人来说这件事，曾母就开始怀疑了），于是就抛弃了妻子。

章帝拿到李邑的奏章，知道他是诬告陷害，便大骂他道："假使班超拥爱妻、抱爱子，难道一千多名思归的将士，都肯和他同心吗？"便仍命他到班超处去，受他的指挥调度，同时诏告班超，说若是李邑可以担任外事，便留他做从事。班超却并不留他，派他送乌孙的侍子回京师。徐干不以为然道："李邑之前在皇上面前毁谤您，要败坏您在西域的功劳，现在何不借着皇上的命令，将他留住，另外派人送侍子往京师呢？"班超道："你这话见识太狭小了。我因为他毁谤我，所以才派他去。我自己问心无愧，哪会怕人言呢？若为自己痛快而留他，便不是忠臣了。"

元和元年（章帝九年），汉又遣假司马和恭等四人，将兵八百诣定远。定远以声威已壮，因发疏勒于阗兵击莎车。莎车阴通使疏勒王忠，多以珍宝诱引之，忠遂反，从之西保乌即城。超乃更立其府丞成大为疏勒王，悉发其不反者以攻忠。积半岁，而康居遣精兵救之，汉兵不能下。定远知月氏新与康居婚，相亲睦，乃使人赍锦帛遗月氏王，令晓示康居王，无助疏勒王忠。康居王即罢兵，执忠以归其国。乌即城遂降。

忠既失位，旅居康居，深怨于汉。久之，复说康居王借兵还据损中（一作顿中），密与龟兹谋至定远处，行诈降计。定远内知其奸，而外伪许之。忠大喜，以为可以一逞矣，即从轻骑诣定远。定远密勒兵待之，为供张设乐。酒行数巡，乃叱吏缚忠，即席斩之，因击破其众，杀七百余人。天山南北道，于是尽为汉有。一骑相通，无有相抗者矣。

【批评】

定远初入西域，其行事纯乎一冒险家。其后龟兹、莎车，相继违命。在彼则种族言语，本是相同，感情易合。汉使握空拳，与此风马牛之群蛮相处，其势甚孤。于是，运外元和元年（章帝九年），汉朝又派代理司马和恭等四人，率领八百兵士，赶到班超这里。班超因为声威已经很盛，便征调疏勒、于阗两国的兵去攻打莎车。莎车王暗中派人去联络疏勒王忠，送了许多珍宝等贵重东西来引诱他。忠果然为利所动，竟然反汉，跑到乌即城固守。班超便另立他的府丞（官职名）成大为疏勒王，征调疏勒所有不反的人，一齐攻打忠。打了半年，康居国派遣精兵来救援，因此汉兵没有攻下。班超知道月氏国刚刚和康居缔结婚姻，甚为亲睦，便派人带着锦帛送给月氏国王，叫他晓谕康居王，不可帮助疏勒王忠。康居王立即罢兵，并将疏勒王忠捉了回去。乌即城便投降了。

忠失去王位后，客居康居国，心里怨恨汉朝。过了很久，他又说动康居王，借兵回据损中（另有一种说法叫顿中），秘密和龟兹王商定，用诈降计来骗班超。班超早已识透他的诡计，表面上装作不知，接受他的请求。忠心中大喜，以为班超中计，便带着轻装的骑兵来到汉营。班超预先布置兵卒等他，并且供设酒乐款待。等到酒过数巡，他便喝令士卒把忠绑起，就在席前斩首，击破他的余众，杀死七百余人。于是天山南北道都归顺了汉朝，一骑相通，没有抵抗的人了。

【评论】

班超刚到西域的时候，他的为人处事完全是一个冒险家。后来龟兹、莎车相继违抗命令，对这几个国家来说，他们的种族语言都是一样的，感情上容易相合，汉朝使者空有力量，跟这些原本毫不交之妙腕，以济其穷，乃联乌孙，亲月氏，以众不及万之汉兵，而能从容应付于三十六国之中者，皆恃交邻之道也。此时汉廷之上，亦无文俗之吏，遥击其肘，不然亦难成事。

李邑真小人哉！己有罪而忘己之罪，己无功而忌人之功。定远之事，不为所败者幸耳。李邑与定远，初无深仇大怨，必欲坏其事也，第以道途梗塞，惮于冒险之故。冀汉廷采纳其言，撤回定远，己可免于远行。然其后终安抵槃橐城，与定远相见，未闻遭何危害。不忍一时之困苦，而肆意妄行，躬为小人之所为而不自知。吾辈处世，深当以此为戒。

定远待李邑，犯而不校，有古君子之风。可以快意之处，而仍归忠厚，勿为已甚，此非学养兼至者不能。华盛顿为独立之战，与英国相持甚苦。一千七百八十一年，尽驱英兵至约克当。英兵见前有追兵，后无去路，统帅康丸利率数万之残军，缴械投降。指其饥寒之同胞，而对华盛顿曰："惟上帝之故，求将军怜惜。"此何等快意事，乃华盛顿抚疮痍而悲锋镝，恻然动容，几至垂涕。不忍面受其降，匿居帐中，使别将慰而受之。此则忠厚之至矣。定远之事，较此为小，然亦颇有此风。

相干的人打交道，处于弱势。于是，班超运用巧妙的外交手段，抓住他们的弱点，联合乌孙，亲近月氏，凭借不到一万的汉兵，从容地在西域三十六国中间周旋，依靠的是与邻国交好之道啊。这时的汉朝也没有刻板的官员在朝中阻挠，不然的话班超也很难成功。

李邑真的是小人啊！自己有罪忘了自己的罪行，自己没有功劳却嫉妒别人的功劳。班超的事业，幸亏没有被他破坏。李邑和班超，开始并没有深仇大恨，一定要破坏他的事业，是因为道路艰难、害怕冒险的缘故。李邑希望朝廷采纳他的建议，将班超撤回，自己就可以不用远行了。然而最后他还是没有逃过，抵达盘橐城，跟班超相见，没有听说他受到什么迫害。忍受不了一时的苦，就肆意妄为，自己做了小人做的事情却不知道。我们为人处世，应该引以为戒啊。

班超对于李邑，受到了触犯却没有计较，有古时君子的风范。可以痛快的时候，却仍然忠厚行事，不做过分的事，这不是学识、修养都达到一定程度的人不能做到的。华盛顿为了美国的独立战争，跟英国对峙。1781年，他们把英兵赶到约克当。英兵看到前面有追兵，后面没有退路，统帅康丸利率领几万残兵投降，他指着饥寒交迫中的同胞，对华盛顿说："求将军看在上帝的份上可怜可怜他们吧！"这是多么痛快的事情！华盛顿看到困苦的人群，哀伤动容，几乎要流下泪来。他不忍心当面受降，就躲在帐篷中，派别的将军抚慰英兵受降。这就是太忠厚了啊。班超的事，比这事小，但很有这样的风范。

第六章　出奇制胜之班定远

元和四年（章帝十二年），定远发于阗诸国兵二万五千人，复击莎车。而龟兹王遣左将军发温宿、姑墨、尉头兵，合五万人救之。定远召将校及于阗王议曰："今兵少不敌，其计莫若各散去。于阗从是而东，西史亦于此西归，可须夜鼓声而发。"阴缓所得生口（生口，谓俘虏也。定远之意，欲使龟兹知其计划，故暗使其俘虏逃归，以告知龟兹王）。龟兹王闻之大喜，自以万骑于西界遮超，温宿王将八千骑于东界徼于阗。定远知二虏已出，密召诸部勒兵，鸡鸣驰赴莎车营。胡大惊乱，追斩五千余级，大获其马畜财物，莎车遂降，龟兹等因各退散。自是威震西域。

初月氏（读若月支）尝助汉击车师有功，是岁贡奉珍宝、符拔（形似长鬣狐而无角）、狮子，因求汉公主（西汉时屡以公主嫁匈奴，名为和亲，今月氏亦欲效之）。定远拒之，月氏由是怨恨。永元二年（和帝二年，永元，和帝年号，未改元），遣其副王谢将兵七万来攻。汉兵少，闻之皆大恐。定远宽譬之曰："月氏兵虽多，然数千里

元和四年（章帝十二年），班超征调于阗等国的兵力二万五千人，再次进攻莎车。但是龟兹王遣左将军征调温宿、姑墨、尉头各地士兵共五万人来救莎车。班超召集将校和于阗王商议道："现在我们兵少，不可以正面抵抗敌人，不如各自散去。你从此向东，我也从此西归，到夜晚鼓声起的时候，便可出发。"他暗地里把俘虏放了。这是他用的计策，故意使俘虏逃跑，来告知龟兹王。龟兹王知道了，果然大喜，自己带着一万兵埋伏于西界，想截班超的归路，温宿王带着八千兵埋伏于东略，想截断于阗的归路。班超知道他们已经出发了，便秘密召集部队，鸡鸣时分杀奔莎车营。莎车营中大乱，被汉兵追斩五千多人，俘获的马畜财物不计其数。莎车就投降了，龟兹等国也就各自退散。从此大汉的威望震动西域。

起初月氏（读如"月支"）国曾经帮助汉兵攻击车师，立下功劳。这年，贡奉珍宝、符拔（长得像长鬣狐却没有角）、狮子等，请求和汉公主结婚姻（西汉的时候，常将公主嫁给匈奴，名为和亲，现在月氏也想效仿）。班超拒绝了他们的要求，月氏从此心怀怨恨。永元二年（就是和帝二年，永元，是和帝年号，登基后没有改元），月氏派遣他们的副王谢，带兵七万来攻。当时汉兵很少，听见这种消息，大为惊恐。班超宽慰他们道："月氏国的兵虽多，但是奔走数千里越过葱岭到这里，没有运输接济，何足忧惧。只要收谷坚守，他们饥饿穷迫，自然会投降，不过数十日，便可解决了。"后来月氏兵果然为饥所迫，抢掠又无所得。汉军料得他们粮尽，将向龟逾葱岭来，非有运输，何足尤耶？但当收谷坚守，彼饥穷自降，不过数十日决矣。”谢兵果饥，抄掠又无所得。汉兵度其粮尽，将从龟兹求救，乃遣兵数百，于东界要之。谢果遣骑赍金银珠玉，以赂龟兹。汉伏兵遮击，尽杀之，持其使者首以示谢。谢大惊，即遣使请罪，愿得生归。定远许之。月氏由是大震，岁贡奉献，龟兹、姑墨、温宿、皆降。朝廷拜定远为都护，徐干为长史，白霸为龟兹王。白霸时留汉，遣司马姚光送之。龟兹向称崛强，今新败，定远乘战胜之威，与光直入其国，协龟兹人废尤利多而立白霸为王，迫废王使与光俱还京师。定远恐龟兹反复，自居它乾城（在龟兹国内），而使徐干屯疏勒。此时诸国咸服，惟焉耆、危须、尉犁，以前杀汉都护，恐惧不敢来归。定远以是未能踌躇满志也。永元六年秋，定远发龟兹鄯善等八国之兵，合七万人，及吏士贾客千四百人，讨焉耆。兵发，先使人晓谕焉耆、尉犁、危须曰：“都护此来，非有他意，欲镇抚三国也。如肯改过向善，宜遣大人（谓酋长也）来

兹求救，便派兵数百，在东界等候截击。月氏副王谢果然派遣使者，带着金银珠玉去贿赂龟兹王。才到东界，汉兵群起伏击，将他们全部歼灭，拿着使者的头给王谢看，王谢大惊，立即遣使认罪，恳求保全生命。班超许可，放他回去了。月氏国因此大为震惊，纳贡归附。龟兹、姑墨、温宿都一齐投降。朝廷便拜班超为都护，徐干为长史，白霸为龟兹王。其时白霸还在汉朝，朝廷派司马姚光送他回国。龟兹向来倔强，如今刚刚失败，班超乘战胜的声威，和姚光直接进入龟兹国，强迫龟兹人废尤利多（龟兹王）而立白霸为王，并让废王和姚光同往京师。班超又恐龟兹再反，便自己住在它乾城（在龟兹国内）镇守，又派徐干屯驻疏勒。此时各国都已降服，只有焉耆、危须、尉犁等国，因为从前曾经杀戮过汉朝派驻的都护，心怀恐惧，不敢来归，因此班超还觉得不满意。永元六年秋天，班超征调龟兹、鄯善等八国的兵力共七万人，以及手下一千四百名官兵商人，讨伐焉耆。军队出发的时候，先使人晓谕焉耆、尉犁、危须道：“都护这一次来，并没有别的用意，为的是要想镇抚你们三国，如果你们肯改过向善，就应该派遣大人（酋长）来迎接，那么自王侯以下，都可以领受皇家的赏赐，完毕便回。现在先赐你们国王彩帛五百匹。”焉耆王广派他的左将北鞬支带了牛、酒来迎接。班超问明，知道他并不是大人，便责北鞬支道：“即使你是匈奴的侍子，而且执掌国权，但现在我亲自前来，而你们的国王不准时来迎，这都是你的罪过。”左右的人都说不如把他杀了。班超道：“不可，这人在国王那里，很有权力，现在还没有到他们的国境便将他杀了，正足以引起他们的疑心，假如他们因而扼守险要，我迎，当赏赐王侯已下，事毕即还。今赐王采五百匹。”焉耆王广遣其左将北鞬支奉牛酒相迎。定远诇知其非大人也，乃诘鞬支曰：“汝虽匈奴侍子，而今秉国之权，都护自来，王不以时迎，皆汝罪也。”左右谓不如杀之，定远曰：“此非汝所知，此人权重于王，今未入其国而杀之，适起其疑，设备守险，岂得至其城下哉。”于是赐而遣之，广见汉使待之厚，乃出迎于尉犁，奉献珍物。焉耆国有苇桥之险，广乃绝桥，不欲令汉军入国。定远更从他道进，遇河不得渡，皆解甲涉水以过。七月晦，到焉耆，去城二十里，营大泽中。广出不意，大恐，乃悉驱其人，入山自保。

定远约期大会诸国王，知胡人贪利，因扬言当重加赏赐。于是焉耆王广、尉犁王汎、及北鞬支等三十人，相率赴会。其国相腹久等十七人惧诛，皆亡入海，而危须王亦不至。坐定，定远怒诘广曰：“危须王何故不到？腹久等何为逃亡？”叱吏士收广、汎等，于陈睦故城斩之，传首京师。因纵兵抄掠，斩获无算，更立之孟为焉耆王。定远留焉耆半岁，抚慰其众，于是西域五十余国，悉皆纳质内属。溯定远始以三十六人入西域，至是已二十二年矣，百折不回，终达目的。世之有志功名者，可以知者，可以知所从事矣。朝廷嘉之，乃下诏曰：“往者匈奴独擅西域，寇盗河西。永平之们还能到他们的城下吗？”于是赏赐了他，放他回去。焉耆王广，看见汉使待他这样厚，便到尉犁来迎接，并且献上珍贵的东西。焉耆国有一座桥，名叫苇桥，是入境的险要之道。广不愿让汉军入境，便把桥折断了。班超便从别的道路进入，遇着河川过不去，兵士们都解开铠甲趟过去。七月底已经到了焉耆，离城只有二十里，驻扎在大泽中。这一来，殊出焉耆王广意料之外，他吃惊不小，便带着一班人逃入山中，以图自保。

班超约定一个日期，大会各国的国王。他知道胡人贪利，便扬言说，凡来会的都有重赏。于是焉耆王广、尉黎王汎，及北鞬支等三十人，相率到会。他们的宰相腹久等十七人恐怕被杀，都逃到了海上，危须国王也没有到。大家坐定之后，班超发怒，责问焉耆王广道：“危须王为什么不到？腹久等为什么逃亡？”便喝令吏士收押广、汎等人，在陈睦旧城前一起斩首，把他们的头传送京师。班超又派兵洗劫，斩获无数，改立之孟为焉耆王。他留在焉耆半年，抚慰民众，于是西域五十多个国，都归附汉朝，进贡宝物。班超最初以三十六人入西域，到这时已经二十二年了。他抱着百折不回的精神，终于达到目的。世间有志于功名的人，要学习他的精神啊。朝廷十分嘉许他，颁下诏令：“以前的时候匈奴在西域独大，经常骚扰河西地区，永平末年到了城门白天都要关闭的程度。先帝怜末（谓明帝末年），城门昼闭。先帝深愍边氓，婴罹寇害，乃命将帅，击右地，破白山，临蒲类，取车师城郭。诸国震慑响应，遂开西域，置都护。而焉耆王舜，舜子忠，独谋悖逆，恃其险隘，覆没都护（指攻没陈睦之事），并及吏士。先帝重元元之命，惮兵役之兴，故使军司马班超安集于阗以西。超遂逾葱岭，迄县度（县度，山名。县同悬，谓当以绳索悬而过，甚言其险也），出入二十二年，莫不宾从。改立其王，而绥其人。不动中国，不烦戎士，得远夷之和，同异俗之心，而致天诛，蠲宿耻，以报将士之仇。司马法曰：赏不逾月，欲人速睹为善之利也。其封超为定远侯，邑千户。”

【批评】

语曰：“盘根错节，乃见利器。”定远每遇艰难，则有一手段应付之。艰难愈多，其手段亦愈活泼。料龟兹、温宿、姑墨、尉头四国之兵，断月氏嗣王之求救，绕道入焉耆，使焉耆不战而自服，斩焉耆王、尉犁王之首，为陈睦报仇雪耻。数年之间，事变万端，定远悉以一人之脑力应付之。如老航海者，任尔怪风逆浪，瞬息千变，皆有术以驾御之，而惜边境百姓遭受侵害，于是命令将帅出击西部地区，攻破天山，兵临蒲类国，取得车师国的城池，各国受到震慑，一一呼应，于是开通了西域，设置了都护府。而焉耆王舜、舜的儿子忠，独自违反正道，犯上作乱，倚仗险要关隘，推翻西域都护府，并加害到都护府官吏。先帝看重百姓的生命，不愿兴兵讨伐，所以派遣军司马班超安定于阗以西地区。班超于是越过葱岭，抵达悬度（悬度，是古山名，说应该用绳索悬穿而过，极力说明它的险要），出入二十二年，各国没有不服从的。他改立各国的国王，并安抚各国的人民，没有动摇中国的力量，不劳烦士兵，使得远方夷人地区和睦，统一不同民俗的人们，而行上天的惩罚，除去了旧耻，以报阵亡将士的仇恨。《司马法》规定，对有功之人的奖赏不要超过一个月。这为的是要人们很快地看到做善事的好处。今封班超为定远侯，封以一千户之地为采邑。”

【评论】

俗话说：“大树树根盘曲，枝叶交错，才能显现出工具的锋利。”班超每次遇到艰难，都有相应的手段应对。遇到的艰难越多，他的手段就越灵活。他准确预料龟兹、温宿、姑墨、尉头四国的军队动向，切断月氏嗣王的求救之路，绕道进入焉耆，使焉耆不战而屈，斩杀焉耆王、尉犁王，为陈睦报仇雪恨。几年之间，局势变化莫测，班超都凭借自己的头脑应对。就像一位老航海家，任凭风吹浪打，瞬息万变，都有法子驾驭好航船，安然脱离险境。不仅得安然出险。不特同舟者，皆受其赐，即此老航海者，亦经一番阅历，多一番见识也。今定远之事，不但定远于事过之后，回首当年，悉为得意之历史，即读者亦为之得意也。

孔子曰："言忠信，行笃敬，虽蛮貊之邦行矣。"观定远之于西域，知孔子之言，岂欺后世哉。不杀兜题，不伤鞬支，大兵之后，抚字土人不遗余力，故能相安无事。而前此之战，俘虏其人民，抄掠其牲畜，蛮夷之人亦谅其不得已之苦衷，而释然无憾也。哥伦布发见美洲，葡萄牙西班牙人，皆以其地富有黄金，俯拾即是，见土人之蠢如鹿豕，以为易与，诛求无厌，漫不设备。虽逞心于一时，终失败于后日。非兵力之不足，不忠信故也。忠信者，立身之根本，在在处处不可一日无者也。初绕南美洲，入太平洋，至南洋群岛，绕世界一周之马志伦（葡萄牙人），渺视蛮族，以六十人与菲律宾人战于泽中而死（事在一千五百二十一年）。以彼能犯万险，而通此亘古未通之大海，夫亦盖世之英雄矣，而困于一蛮人之手者，轻躁故也。人轻躁之时，即忠信不存之时也。

当王莽之末，天下纷纷。光武崛起布衣，无拳无勇，而耿弇独从之，曰必成王业。后光武谓弇曰："将军前在南阳，建此大策，常以为落落难合，有志者事竟成也。"定远同船的人得到好处，即使这位老航海家，也多了一番经历和见识。现在班超的成功，不但自己在事后回首往事的时候会想到这段得意的历史，即使是读者读到，也会为他感到自豪的。

孔子说："说话要忠信，行事要笃敬，即使到了蛮貊地区，也可以行得通。"从班超在西域的事迹，便能验证孔子的话，他又怎么会欺瞒后世之人呢？班超没有杀兜题，没有伤鞬支，打完仗以后，全力抚恤当地人，所以能够跟西域人相安无事。而之前打仗的时候，俘虏人民，劫掠牲畜，当地人也会体谅他不得已的苦衷，再加上战后抚恤，心里就平静了。哥伦布发现美洲的时候，葡萄牙人和西班牙人，都因为那里遍地黄金，看到土著人像鹿、猪一样蠢笨，认为他们好欺负，没完没了地勒索，一点也不为将来考虑。虽然他们能够短时间内为所欲为，但日后终会落败。不是兵力不足，是他们不讲忠信的缘故。忠信是一个人立身社会的根本，一天都不可以少。最先绕道南美洲、穿越太平洋，到达南洋群岛，绕世界一周的麦哲伦（葡萄牙人），看不起土著人，凭借六十人跟菲律宾人在沼泽中斗争而死（此事发生在1521年）。他能够冒着巨大的风险，开辟从未开通过的航道，也算是一位盖世英雄了，却被一群土著人困住，就是因为浮躁的缘故啊。一个人在浮躁的时候，也就是不讲求忠信的时候。

王莽末年的时候，天下大乱。光武帝从平民中崛起，没有什么实力，耿弇却跟着他，认为他日后必成大业。后来光武帝对耿弇说："从前你在南阳的时候，提出建议，我还以为你口气太大，原来有志气的人，最终一定会成功啊！"班超在给人抄书的时佣笔之日，远慕傅介子张骞之风，思立功于异域，不及四十年，果得位至通侯，身名俱泰。有志者事竟成，岂不信然。

候，羡慕傅介子、张骞的风范，想着在西域建功立业，不到四十年，果然后来身居高位，功成名就。有志气的人最终会成功，难道不是真的吗?

第七章　功成归国

永元十二年，定远以久在绝域，思归祖国，上疏曰："臣闻太公封齐，五世葬周（太公封于齐，五世之中皆反葬于周）；狐死首邱，代马依风（语见《韩诗外传》，不忘故乡之意也）。夫周齐同在中土，千里之间，尚不能忘，况于远处绝域，小臣能无依风首邱之思哉？蛮夷之俗畏壮侮老，臣超犬马齿尽，常恐年衰，奄忽僵仆，孤魂弃捐。昔苏武留匈奴中尚十九年，今臣幸得奉节，带金银（金银谓印也），护西域，如自以寿终屯部，诚无所恨。然恐后世或名臣为没西域（言恐后世以超不得生还而视西域为畏途也），臣不敢望到酒泉郡（今肃州），但愿生入玉门关（今玉门县）。臣老病衰困，冒死瞽言，谨遣子勇随献物入塞。及臣生在，令勇目见中土。"书入不报。

定远之妹昭，更上书为之请曰："妾同产兄西域都护定远侯超，幸得微功，特蒙重赏，爵列通侯，位二千石。天恩殊绝，诚非小臣所当被蒙。

永元十二年，班超因为久在西域，想回祖国，便上疏说："我听说，姜太公封于齐国，五世而归葬于周（姜太公的封地在齐，五世之内都安葬在周境内）。狐狸死的时候，头总朝着它出生的土丘，代地的马依恋北风（这句话出自《韩诗外传》，是不忘记故乡的意思）。周和齐同在中国，相距不过千里，何况我远居绝域，怎能没有'依风'、'首丘'的感情呢？蛮夷的风俗，害怕年壮的，欺侮年老的。我年纪渐长，经常怕年老体衰，突然死去，孤魂漂泊于异域。昔年苏武滞留匈奴只不过十九年，现在我持符节、捧印玺以监护西域，如果年寿将终，死于驻地，那也没有什么可遗恨的。然而我恐怕后世或许有人不敢再入西域（是说怕后世因为班超没有从西域生还而把西域看作险恶之地）。我不敢希望到酒泉郡，只愿活着进入玉门关。我老而多病，身体衰弱，冒死上言，谨派遣我的儿子班勇随带进贡的物品入塞。趁我活着的时候，让班勇回来看一看中国。"词意恳切，但是朝廷置之不答。

他的妹妹班昭又代他上书请求："我同父母的兄长西域都护定远侯班超，侥幸因微小的功勋，特蒙皇帝重赏，爵位列居通侯，官同二千石。天恩超绝，真非小臣所应当蒙赏的。班超当初出使西域，立志牺牲自己的家身性命，希望能建立微小的功勋，以图报效。不意碰上陈睦事变，道路阻塞。班超孤身挣扎于艰险的异地，以言辞晓谕西域各国，凭借各国的兵力，每有攻野战，总是奋超之始出，志捐躯命，冀立微功，以自陈效。会陈睦之变，道路隔绝，超以一身转侧绝域，晓譬诸国。因其兵众，每有攻战，辄为先登身被金夷（夷，伤也，言为刀箭所伤也），不避死亡。赖陛下神灵，且得延命沙漠，至今积三十年。骨肉生离，不复相识，所与相随时人士众，皆已物故。超年最长，今且七十。衰老疾病，头发无黑，两手不仁，耳目不聪明，扶杖乃能行。虽欲竭尽其力，以报塞天恩，迫于岁暮，犬马齿索（索犹尽也）。蛮夷之性，悖逆侮老。而超旦暮入地。久不见代，恐开奸宄之源，生逆乱之心。而乡大夫咸怀一切，莫肯远虑。如有卒暴，超之气力，不能从心，便为上损累世之功，下弃忠臣竭力之用，诚可痛也。故超万里归诚，自陈苦急，延颈逾望，三年于今，未蒙省录。妾窃闻古者十五受兵，六十还之（此据周时制度，男子十五充兵役，六十岁而免役也），亦有休息不任职也。缘陛下以至孝理天下，得万国之欢心，不遗小国之臣，况超得备侯伯之位。故敢触死为超求哀，丐超余年（丐，乞也）。一得生还，复见阙庭，使国永无劳远之虑，西域无仓卒之尤。超得长蒙文王葬骨之恩（周文王出见骨，命人埋之，皆曰西伯泽及枯骨，而况于生者乎），子方哀老之惠(田子方，魏文侯之师也，见君之老马弃之，曰少尽其力，老而弃之，非仁也。于是收而养之)。诗云：‘民亦劳止，汔可勇向前，即使身受重伤，也不逃避死亡的危险。幸蒙陛下的神灵护佑，班超得以在荒漠之地延续生命，到现在已经三十年了。兄妹骨肉之亲，长久离别，相见也许会不认识了。所有同他一道出使的人，都已经不在人世了。班超年纪最大，现在将近七十岁了。身体衰老患病，头发也全白了，两手麻木不灵活，耳不聪，目不明，要拄着拐杖才能走路。他虽然想要竭尽力量来报答皇上的天恩，只是迫于年岁迟暮，年老体衰。蛮夷的本性，违反正道，欺侮老人，而班超旦夕之间就会逝去。长久不见有人来代替他，恐怕坏人伺机而动，萌生犯上之心，而下层官员心存一时应付的想法，不肯作深远的考虑。如果突然发生暴乱，班超力不从心，不能平息，那么上会毁灭国家累世的功勋，下会废弃忠臣所作的一切努力，那真是可悲痛的啊!所以班超于万里之外，怀归国之诚，自己陈述痛苦焦急之心，伸颈企望，到现在已经三年了，仍未蒙皇上省察。我听说古代十五岁服役，六十岁免役，也有休息而不任职的。因陛下以至孝来治理天下，博得万国之欢心，不遗忘小国的臣子，何况班超位列侯伯的爵位呢。所以我敢于冒死为班超哀求，乞让班超能安度余年。如果班超能活着回来，再见宫阙，让国家永远没有劳师远征的忧虑，西域也没有猝然暴发动乱的忧愁。班超得以长久蒙受皇上像文王那样赐予归葬骸骨的恩德，像田子方那样哀怜衰老的惠爱。《诗经·大雅》说：'老百姓通过劳动，可以得到小康。先施恩惠于中国，然后乃安定四方。'班超写信和我作生前的诀别，恐怕真不会见到他了。我确实伤感于班超在壮年时候竭尽忠孝于沙漠之中，衰老的时候则被遗弃而死于荒凉空旷的原野。这真够悲伤可小康，惠此中国，以绥四方。’超有书与妾生诀，恐不复相见。妾诚伤超以壮年竭忠孝于沙漠，疲老则便捐死于旷野，诚可哀怜，如不蒙救护，超后有一旦之变，冀幸超家得蒙赵母卫姬先请之贷（赵母，谓赵奢之妻，赵括之母也。惧括败见坐，先请于君，言括必败。后果败，赵君追思其母先见之明，得勿与其子同罪。卫姬者，齐桓公之姬。桓公与管仲谋伐卫，卫姬脱簪珥解环佩，下堂再拜，曰愿请卫之罪。桓公乃止）。妾愚戆不知大义，触犯忌讳。”

书奏，章帝大为所感动，乃征定远还。定远在西域，前后凡三十一年，又比苏武多十二年也。永元十四年八月，至洛阳拜为射声校尉。定远素有胸协疾，至，病遂加。帝遣中黄门问疾，赐医药。其年月卒，年七十一。朝廷悯惜焉，遣使吊祭赠赗，恩礼有加。侯之有功于汉，与汉廷报功之厚，后世两美之。

当定远之被召也，朝命以戊己校尉任尚为都护。临别，

怜啊！如果不蒙皇上的救援爱护，班超以后西域一旦有变，希望班超一家能蒙受皇上像赵母、卫姬那样（赵母是指赵奢的妻子、赵括的母亲，她怕赵括打败仗受牵连，自己先去跟国君请罪，说赵括一定会败。后来赵括果然打了败仗，赵国国君回想到赵母之前的提醒，就没有把她和赵括一起治罪。卫姬是齐桓公的夫人。桓公跟管仲商量讨伐卫国，卫姬摘下配饰，向桓公请罪，桓公就停止了伐卫），因我事先上奏而免于治牵连之罪的宽恕。我愚笨不懂得大义，触犯了忌讳。”

她的奏疏上奏后，章帝看后大为感动，便下令调班超回国。班超在西域，前后共三十一年，比西汉时的苏武被留匈奴还要多十二年。永元十四年八月，班超回到洛阳，朝廷拜为射声校尉。他的胸胁间本有疾病，回朝后，病情加重。和帝赐医问疾，结果无效，终于在这一年九月病故，其时他已经七十一岁了。朝廷怜悯他，派使者吊唁拜祭，赐给丧葬费用，来表示礼敬。班超对汉朝有功，和汉朝对他的丰厚回报，被后世传为美谈。

当班超被召回国时，朝廷命戊己校尉任尚代他为都护。临别的时候，任尚请教他道：“您在外国三十多年，我是个无用的小尚请益于侯曰："君侯在外国三十余年，而小人猥承君后。任重虑浅，宜有以诲之。"侯曰："年老少智，任君数当大位，岂班超所能及哉？必不得已，愿进愚言。塞外吏士，本非孝子顺孙，皆以罪过徙补边屯，而蛮夷怀鸟兽之心，难养易败。今君性严急，水清无大鱼，察政不得下和（二句家语），宜荡佚简易，宽小过，总大纲而已。"侯去后，尚私语所亲曰："我以班君当有奇策，今所言平平耳。"尚至数年，而西域反乱，以罪被征，如侯所戒。

【批评】

光武时，伏波将军马援出守交趾。其地下潦上雾，毒气重蒸；仰视飞鸢，跕跕堕水中（跕跕，堕貌也。音贴）。及还，故人多迎劳之，贺其生还。援独辞之曰："男儿要当死于边野，以马革裹尸还葬耳。何能卧床上，在儿女手中耶？"定远自以远羁西域，急急求归，不如伏波之老当益壮矣？曰非也！伏波奉使未久，故作此豪语以自壮耳。定远在外，与祖宗邱墓、骨肉故旧，相别三十余年矣，于此而不思归者非人情。汉人行事，多依礼经。七十之年，应在悬车之列（悬车，谓车悬而不用，退老之谓也）。蛮夷之人，贵少侮老。使定远人，承继您担负这重大的责任，请您多多指教。”班超道：“我已衰老，没有多少智慧，您多次承担重要任务，哪里是我能比得上的呢？既承你问及，不得已，稍贡献一点愚见。塞外的官兵，都是因为有罪而被送往边塞的，性情本不纯良。加之蛮夷的心肠，像鸟兽一般难养而易败。您的性情过于严厉急躁。水太清澈了，就没有大鱼；在政事上苛求，就不能使部下和谐、团结。应洒脱而不严厉，平易近人，宽容小过错，只掌握关键性的大事就可以了。”班超走后，任尚私下对左右说道：“我以为班君有什么妙策呢，现在所说的未免太平淡了。”可是任尚到了没几年，西域便叛乱了。他因此获罪，正如班超当日所戒勉他的话。

【评论】

光武帝时，伏波将军马援驻守在交趾。交趾这地方只要地面有水，就会大雾缭绕，毒气熏蒸，天上的巨鹰飞着飞着就会坠落水中。当他回来时，朋友们大多来迎接他，祝贺他活着回来。马援却推辞说：“男子汉应当死在边境野外，用马皮把尸体包裹回来安葬。怎么能躺在床上，经儿女之手安葬呢？”班超以为自己被困在西域，匆匆忙忙请求回来，是不如马援越老越豪迈吗？其实不是这样的。马援只是奉命出使时间不长，所以说这种豪言壮语来激励自己罢了。班超在西域，跟祖宗坟墓、亲人朋友分别三十多年了，这样的情况下不想着回来就太不合人情了。汉族人处事，大多遵从礼仪经典。七十岁的人，应当退休了。蛮夷的风俗是看重年轻人，欺侮老人。假使班超为了避免背因避怯弱之名终不言归，万一事变猝起，精力已衰，不若壮年之精力弥满，动辄中机，身败名裂，并有损于国家之大计。岂定远之所敢出者哉？疏中就此著笔，虽立言之体，不得不尔，然亦是实在情。

定远思归之切，使其子奉表先还，曰令其目见中土，蒙因之有感矣。古时世界尚未开通，中国之外，不知有他。若今日之人类，策亚剌伯之肥马，衣里昂之锦绣，冬被俄罗斯之裘，夏戴巴拿马之笠，餐北极之鹿肉，然南洋之香料。以三带之气候，补其体温；五洲之膏腴，肥其身体；五色之人种，供其劳役。吾人之生命悬于世界，何必狭小其眼光，而惟故乡之恋乎？然对于世界，尚有狭小之区域，为人所永不可忘者，则即最亲密而受恩最深之本国是也。人不皆出洋游历，思国之念或未亲尝，则移思乡之念以例之可矣。人出门数里，或数百里，则未有不怀其故土者。陶渊明之诗曰："少无适俗韵，性本爱邱山。误落尘纲中，一去三十年。羁鸟恋旧林，池鱼思故渊。"盖乡土之于人实有一种不可思议之势力，实能使人他日为国家的世界之活动。故刘后主"此间乐不思蜀"之语，骂为全无心肝者之吐属，为其忘本也。爱乡土故能爱国，爱国故能爱世界。海天茫茫，故国万里，上怯懦的名声一直不提出回国，万一有事变发生，他精力衰退，已经比不上壮年时期的饱满状态，一旦陷入其中，不仅自己身败名裂，也对国家的安定大业有损，这怎么是班超敢冒险的呢？班超的上疏中也提到过这一点，虽然因为体裁不得不说，但也是实情。

班超回国心急，派他的儿子带着奏表先回去，说让他能看一眼中国，这是有感而发啊。古代的世界还没有开通，中国以外的地方，人们都不了解。像今天的人们，驾着亚剌伯的骏马，穿着里昂的锦绣，冬天披着俄罗斯的裘衣，夏天戴着巴拿马的斗笠，吃着北极的鹿肉，点着南洋的香料。他们享受着全世界的温暖，吃着全世界的美味，役使着全世界的奴隶。我们的生命都像飘浮在空中一样没有着落，何必用狭小的眼光眷恋故乡呢？然而对于全世界来说，人们却还有一片狭小的地方，永远不会被人所忘，就是人们最亲的也是受到最多恩泽的祖国。人们不是都有出国的经历，想念祖国的感觉有的人没有亲自尝过。那么就举想家的感情为例吧。人们离开家乡，有时候几里，有时候几百里，没有不怀念自己故乡的。陶渊明作诗写道："少无适俗韵，性本爱丘山。误落尘网中，一去三十年。羁鸟恋旧林，池鱼思故渊。"因为家乡对于人们确实有一种不可思议的感觉，能够让人们为了家国而奋斗。所以刘后主"乐不思蜀"的话，被骂为没有心肝，因为这句话忘了自己的根本。热爱自己的家乡才能爱国家，爱国家才能爱世界。海天相接处一片苍茫，祖国远在万里之外，如果能时时刻刻不忘自己的国家，那么他的所作所为必苟刻刻不忘本国，则其所作所为于本国必有益矣。我少年慎勿谓男子志在四方，而笑定远之迂也。

英雄之才识，固由天赋，而庸德庸言，当处处实践，则亦无异于常人。不知者以为成大事立大功之英雄，必别擅天才，非老生常谈之庸德庸言所能束缚。故任尚闻定远之言，心终不足，私移定远之不肯以实告也，而不信奉其言，西域后果大乱。夫乌获之力，不能自举其身离地一步。盖世之才不能外庸德庸言，亦犹此耳。庸德庸言，做到极处，便是圣贤豪杰。我少年其知之。

定对祖国有益。我们的年轻人千万不要只说男子汉的志向在远方，而笑话班超想要回国啊。

英雄的才学见识，固然由上天决定，而对于一般人来说，应该处处践行基本的道德规范。不知道的人以为成就大事业的英雄，一定具有特殊的才能，不是平常人天天说的道德规范能够束缚的。所以任尚听到班超的话，心中不以为然，私下里怀疑班超不肯说实话，后来西域果然大乱；乌获那么大的力气，却不能自己把自己举起来。盖世英才不能脱离基本道德规范之外，也就是这个道理。平常的道德规范，做得好了，就是英雄豪杰。我们的年轻人应该知道这个道理。

第八章　名父之后有名子

国之强弱，岂不系乎人哉。定远开西域五十余国，断匈奴右臂，绝汉边患，其功大矣。既殁，而西域又叛，乃有承家之令子出，而继其贤父之绪。虽功烈不逮，亦足见世泽之绵长，而家庭教育之得力也。勇，字宜僚，侯之少子也，少有父风。元初元年（安帝年号），西域不靖，受命为军司马，与兄雄俱出敦煌，迎都护及西域甲卒而还。从此罢都护，西域更无汉吏。敦煌太守曹宗，亦英奇磊落人也。安帝六年（元初六年），宗遣长吏索班将千余人屯伊吾（今哈密南），车师前王及鄯善王皆來降。后数月，北单于与车师后部遂共攻没班，进击车师，略有北道。鄯善王急求救于曹宗，宗请出兵五千人击匈奴，报索班之耻，因复取西域。

时安帝年幼，邓太后当国。得曹宗奏，集公卿会议于朝堂，多以为宜闭玉门关，遂弃西域。太后特以问勇，勇力言西域不可弃，并言处分之策。汉时虽行独裁政体，而每有大事，则集

一国的强弱，与人才有很大的关系。班超征服西域五十多个国家，切断了匈奴的右臂，杜绝了汉廷的边患，他的功劳，真是大极了。但是他死后，西域又叛乱，幸而他的儿子，能够继承他的遗志，虽然功绩不及父亲，也可以算得一位人材了，足见家庭教育的重要性。班勇，字宜僚，是班超的小儿子，小时侯便有父亲的风度。元初元年（安帝年号），西域又不安定，他受命为军司马，同他的哥哥班雄一起去往敦煌，迎接都护及驻西域的兵士回国。朝廷从此便把西域都护一职裁撤了，西域不再有汉朝的官吏。敦煌太守曹宗，也是一个英奇的人物。元初六年，他派遣长史索班，带领千余人屯扎在伊吾（现在哈密之南），车师前王和鄯善王都来投降。几个月后，北单于和车师后部联合攻打索班，把索班打死了。他们又进攻车师，侵略天山北路。鄯善王急忙向曹宗求救，曹宗奏请出兵五千人击匈奴，报索班的耻辱，于是汉朝又拿下了西域。

那时安帝年幼，邓太后掌管政权。收到曹宗的奏报，邓太后召集公卿在朝堂上开会，公卿多数主张关闭玉门关，放弃西域。太后特意问班勇，班勇坚决主张不可放弃西域，并且陈述应对西域的策略。汉朝那时候虽然行独裁政体，但是遇着国家大事，便召集大臣和天子一起坐着讨论，得到多数人的同意，然后才决定执行。假使有一个人极力坚持自己的意见，便教众人和他辩难，逐条辩驳，若是那人的理由充足，不为他人所屈服，那么那人必朝官天子，与之并坐而议之，得多数之同意，然后决行。设有一人力持己见，则交众人难之，逐条辩驳，而其理不屈，则必其人有独见之明。天子乃屈众人之议服从一人之言。其法至善也。今太后见勇持异议，乃修行旧例，而使大臣难之，以定可否。

尚书难曰：“今立副校尉，何以为便？又置长史屯楼兰，利害云何？”

勇对曰：“昔永平之末，始通西域。初遣中郎将居敦煌，后置副校尉于车师。既为胡虏节度，又禁汉人不得有所侵扰，故外夷归心，匈奴畏威。今鄯善王尤还（尤还，王名），汉之外县，若匈奴得志，则尤还必死。此等虽同鸟兽，亦知避害。若出屯楼兰，足以招附其心，愚以为便。”

长乐卫尉镡显、廷尉綦毋参、司隶校尉崔据难曰：“朝廷前所以弃西域者，以其无益于中国，而费难供也。今车师已属匈奴，鄯善不可保信，一旦反覆，班将（以勇为军司马，故称之为将）能保北虏不为边害乎？”

勇对曰：“今中国置州牧者，以禁郡县奸猾盗贼也。若州牧能保盗贼不起者，臣亦愿以要（同腰）斩保匈奴之不为边害也。今通西域，则虏势必弱。虏势弱，则为患微矣。孰有独见之明，天子便抛弃众人的意见独听他一人的主张。这个方法是非常好的。当时邓太后看见班勇独持异议，便照旧例，使各大臣跟他辩论，来确定能否实行。

尚书提出难题："现在设立副校尉，有什么方便？又设置长史驻扎楼兰，有什么利害关系？"

班勇回答说："以前永平末年的时候，国家开始开通西域。最初派中郎将驻守敦煌，后来又在车师设副校尉。这样既可以约束胡人，又可以禁止汉人的侵扰，所以外国人有归向汉朝之心，匈奴也畏惧汉朝威严。现在鄯善王尤还（尤还，是鄯善王的名字）是汉朝的外孙，如果让匈奴为所欲为，那么尤还一定会死。他们这些人虽然跟鸟兽差不多，却也知道趋利避害。如果出兵驻在楼兰，足够让他们归附，我认为这样对汉朝有利。"

长乐卫尉镡显、廷尉綦毋参、司隶校尉崔据反驳道："朝廷从前想抛弃西域，因为西域对中国没有好处，而经费又供给不足。现在车师已属匈奴，鄯善也不可靠，一旦出现反覆，你能担保北方匈奴不成边疆的后患吗？"

班勇答道："现在中国设州牧，为的是防止郡县出现狡猾的盗贼。如果州牧能保证盗贼不出来捣乱，我也愿意用腰斩来保证匈奴不成为边害。如果现在开通西域，那么匈奴的势力必然减弱；敌势减弱了，那么为害的可能性就缩小了。难道要归还他们的与归其府藏，续其断臂哉？今置校尉以捍抚西域，设长史以招怀诸国。若弃而不立，则西域绝望。绝望之后，屈就北虏。缘边之郡，将受困害。恐河西城门，必复有昼闭之警矣。今不廓开朝廷之德，而拘屯戍之费，若北虏遂炽，岂安边久长之策哉？”

太尉属毛轸难曰：“今若置校尉，则西域骆驿遣使，求索无厌，与之则费难供，不与则失其心。一旦为匈奴所迫，当复求救，则为役大矣。”

勇对曰：“今设以西域归匈奴，而使其恩德大汉，不为钞盗则可矣。如其不然，则因西域租入之饶、兵马之众，以扰动缘边，是为富仇雠之财，增暴夷之势也。置校尉者，宣威布德，以察诸国内向之心，以疑匈奴觊觎之情，而无财费耗国之虑也。且西域之人，无他求索，其来入者，不过禀（同廪）食而已。今若拒绝，埶（同势）归北属，夷虏并力，以寇并凉（今甘肃陕西诸边地），则中国之费不止千亿。置之诚便。”

邓太后以班勇之议是。乃复敦煌郡营兵三百人，置西域副校尉，居敦煌。虽复羁縻西域，然亦未能出屯。其后匈奴果数与车师共入寇钞，河西大被其害。延光二年夏（安帝内脏，接续他们的断臂吗？现在设校尉来保卫西域，设长史来招降诸国，如果放弃不管，那么西域必然失望。希望断绝后，他们一定向北匈奴投降，边境各郡一定会受到困害，恐怕河西城门白天又要关上了。现在如果不广泛宣传朝廷的大德，而只看到驻扎军队要多花几个钱，如果北匈奴更加强大，难道边塞会得到长治久安么？”

太尉属毛轸反驳道：“现在如果设置校尉，那么西域不断派使者来,要钱要粮将无止境。给他吧，那么费用难供，不给又违背他们的心愿。一旦被匈奴所迫，当然又来求救，那么事情就闹大了。”

班勇答道：“如果让西域归附匈奴，使他们感念大汉的恩德，不作侵扰的寇盗也可以。如果不是这样，那么凭借西域丰厚的租税收入，众多的兵马力量，将来在边陲捣乱起来，这等于让敌人富足，增添强敌的势力啊。设校尉的目的，无非是宣传汉朝的威德，维系各国归附内地的心愿，使匈奴的侵略野心有所收敛，而没有耗费国家财力的忧虑。何况西域的人要求不高，他们归降，不过要点粮食罢了。现在如果一概拒绝，他们一定依附北虏，联合起来进犯并州、凉州，那么中国的耗费决不止千亿而已。所以还是设置为好。”

于是辩论到最后，邓太后采纳了班勇的主张。朝廷便在敦煌郡驻营兵三百人，设西域副校尉居于敦煌。这样，虽然仍旧控制西域局势，但没有出兵驻扎在他们境内。后来匈奴果然几次和车师国共同侵略边境，河西一带，大受其害。延光二年夏（安帝十七年），复以勇为西域长史，将兵五百人，出屯柳中（今西州县），如定远故事。西域遂服。勇更发西域兵，进击匈奴后部王军就，大破之，捕得军就及匈奴持节使者，于索班没处斩之，以报其耻。

此时西域诸国，惟焉耆王元孟未降。勇请攻元孟，于是遣敦煌太守张朗将河西四郡兵三千人配勇（金城、敦煌、张掖、酒泉，是为汉时河西四郡）。勇发诸国兵四万余人，分骑为两道击之。勇从南道，朗从北道，约期俱至焉耆。而朗先有罪，欲立功自赎，遂先期至爵离关（焉耆关名），遣司马将兵前战，首虏二千余人。元孟惧诛，遣使乞降。张朗径入焉耆，受降而还。朗遂得免诛。勇以后期，免官下狱，卒于家。以勇之才可以继定远之功，而为同辈所卖，赍志以终岂不惜哉！

【批评】

两汉时每逢国家大事，则集大臣会议，此犹今日本之御前会议也。虽云专制，实有庶政公诸舆论之意。今所传桓宽《盐铁论》，即当时答难之辞。古者医不三世，不服其药，重专门也。国家有难事，亦问诸世官。定远以老于西域闻，既卒，则问诸其子，国家以忠厚待人而终食其报。此皆古人十七年)，朝廷又任命班勇为西域长史，带领五百兵士，出屯柳中(今西州县)。班勇便征调西域的军队，进攻匈奴后部王军就，大败军就，俘虏军就及匈奴的使者，在索班死难的地方斩首，以报前次的耻辱。

这时西域各国，只有焉耆王元孟还没有投降。班勇奏请出兵攻他，于是朝廷派遣敦煌太守张朗率领河西四郡的兵力三千人交给班勇指挥(金城、敦煌、张掖、酒泉，是汉时河西四郡)。班勇又征调各国的兵四万余人，分为两路进攻。班勇从南道，张朗从北道，约定日期齐到焉耆。张朗因为先前有罪，想趁这机会，立功赎罪，便提前赶到爵离关(焉耆的关名)，派遣司马领兵进战，杀敌二千余人。焉耆王元孟很害怕，派遣使者前来求降。张朗便直入焉耆，受降而回，他先前的罪，便因此抵消，免受诛杀。可是班勇因为落后，便被免去官职，还被送进监狱，后来病死家中。像班勇这样的才智，本可以像他父亲一样立功域外，不幸为同事所卖，壮志未伸而终，多么可惜啊!

【评论】

两汉时期朝廷每次遇到国家大事，就召集群臣商议，这就像今天日本的御前会议。虽然说是专制国家，但实际上让各种政务处于群众舆论监督之下。流传下来的桓宽的《盐铁论》，就是根据那个时候的辩论整理的。古代的大夫不历经三代，不能服他的药，就是重在专门研究上。国家遇到难事，也要问各位官员。班良法美意之所当学步处。

张朗与勇相约合兵攻焉耆，朗不俟期而先发，胜则己据其全功，败亦得卸过于勇。其自为谋则巧矣，而良心则不可问。勇为所卖，不能自明，非怯也，以为同是努力为国，期于有成而已。朗既成功，己之功罪，何必过较。定远闻李邑之言，痛自刻责，绝不与辩，事白之后，以德报怨，尽释前嫌。勇之度量，亦庶几焉。朗之卖友自全，功不补过，当时非之，后世薄之，小人枉自为小人，亦何益哉？

超因为在西域时间长而著名，他死后，朝廷就问他的儿子，国家对待人才宽厚，最终收到回报。这些都是古人值得我们学习的好方法。

张朗跟班勇约定联兵进攻焉耆，张朗没有等班勇就先出发，如果打了胜仗自己就可以占据全部功劳，如果失败了还可以把过错推到班勇身上。他为自己算计得可以说是精巧了，却没有问问自己的良心。班勇被他出卖，没有为自己辩解，不是因为怯懦，而是认为一起为国家效力，就是希望有所成就。张朗既然已经成功，自己得到的是功劳还是罪过，又何必计较呢？当初班超听到李邑的话，沉痛地自责，却不辩解。事情清楚以后，不记恨李邑，反而对他很优待，把以前的事情都放下。班勇的度量，也跟班超差不多啊。张朗出卖朋友保全自己，功劳不足以补全过失，当时受到人们的非议，后世受到人们的轻视，白白地做了小人，有什么好处呢？

少年叢書

文白对照本

诸葛亮

孙毓修◎著

团结出版社

图书在版编目（CIP）数据

少年丛书 / 孙毓修编. -- 北京 : 团结出版社,2015.7
ISBN 978-7-5126-3662-0

Ⅰ.①少… Ⅱ.①孙… Ⅲ.①名人—生平事迹—世界—少年读物 Ⅳ.①K811-49

中国版本图书馆CIP数据核字(2015)第130183号

出版：团结出版社
（北京市东城区东皇城根南街84号 邮编：100006）
电话：(010) 65228880　65244790 （传真）
网址：www.tjpress.com
Email：65244790@163.com
经销：全国新华书店
印刷：三河市祥达印刷包装有限公司
装订：三河市祥达印刷包装有限公司

开本：148×210　1/32
印张：128
字数：1500千字
版次：2015年12月 第1版
印次：2016年4月　第2次印刷

书号：978−7−5126−3662−0
定价：490.00元（全28册）

少年叢書

《少年丛书》白话语译编委会

出版前言

近代著名思想家、政治家梁启超曾经说："少年强则国强，少年智则国智，少年富则国富，少年独立则国独立，少年自由则国自由，少年进步则国进步，少年胜于欧洲，则国胜于欧洲，少年雄于地球，则国雄于地球。"这是他的散文《少年中国说》中的一段，作于戊戌变法失败后的1900年。文中极力歌颂少年的蓬勃朝气，指出封建统治下的中国是"老大帝国"，热切希望出现"少年中国"，振奋人民的精神。

或许是受到梁启超先生的感召，1908年冬天，上海商务印书馆编译所推出了一套系列丛书——《少年丛书》，又名《中外伟人的传略》，这是二十世纪中国的第一部历史人物类学生课外阅读丛书。首任编辑和作者是林万里，第二任编辑是孙毓修，孙毓修是这套丛书的主要作者，后期加盟写作的骨干还有国学大师钱智修。他们都博览中外，以精准而严格的眼光审视中外古今文化资源，选取其中有益于

少年儿童精神世界的材料，予以整合，编写成册。这套书出版以后，广受少年儿童的欢迎，每册前后加印达几十次，若整套书累计，恐怕达到数百次之多，发行量之大，影响力之广，在二十世纪的人物传记类图书中堪称罕见。

《少年丛书》前后出版了近三十余种，每一册传主为一位中外历史名人。我们在全国各地经过多方的搜寻，共得二十八册，其中中国名人十五位，外国名人十三位。每篇先叙述名人的生平传记，后加以作者的评论，根据时事，启发少年，借以激励少年树立远大志向，明确奋斗目标，成就健全人格。著名作家茅盾在阅读这套书后曾评论说：“记事简明，议论正大，阅之足以增长见识，坚定志气。”这套出版之初即为砥砺少年志向的书影响了当时无数少年儿童由此走上振兴中国之路。著名作家张天翼、赵景深、陈伯吹等，都曾深受这套书的影响。

《少年丛书》的三位作者，都是当时学贯中西的通儒，不仅有深厚的国学功底，也有睁眼看世界的非凡眼光。撰写本套书册数最多的孙毓修先生，他是我国近代著名的目录学家、藏书家、图书馆学家。他同时还创作了大量的儿童文学作品。除了《少年丛书》，他还先后主编出版《少年杂志》、《童话丛书》等，被茅盾誉为“中国童话的开山祖师”。

另一位作者钱智修，浙江嵊县人，字经宇，是著名的国学大家，博古文学家，东方学派思想家。他在学时，就以“国学国文湛深，文章洛阳纸贵”赢得尊敬，并被上海多家进步报馆争揽为特约撰稿人。1911年毕业后，他应编译所长高梦旦之聘，担任商务印书馆编译所编辑。1920年7月他任《东方杂志》主编，长达12年，是该杂志有史以来任期最长的主编。他还参与编辑《辞源》及《中国人名大辞典》、《中国古今地名大辞典》。1931年任国民政府监察院秘书长。

第三位作者林万里是民国年间著名的报人，原名獬，又名白水，字少泉。他幼承家学，又拜名士高啸桐（商务印书馆创始人之一）为师。清光绪二十四年(1898年)，他在杭州参与创办求是书院、养正书塾、东城讲舍、蚕学馆4所新式学堂，任求是书院总教习；后任《杭州白话报》主笔，宣传新思想。光绪三十年(1904年)，他出任《警钟日报》主编，宣扬孙中山及其领导的革命，后追随孙中山。帝制取消后，林万里重操新闻旧业，创办过多份报刊。

鉴于每位作者独有的知识结构和兴趣热点，每位编者对人物都有自己的选择。孙毓修所撰写的大部分是中国历史名人，而且写作的视角也非常独特，如其所写的《玄奘》是一个历史人物，而不是《西游记》中的唐僧。现代的普通读者对玄奘的了解绝大部分是来自于《西游记》等小说，而历史上的真实情况却鲜有人知——玄奘取经并非唐太宗支持，相反还受限于当时的法令，他冒着生命危险才得以出境。这就需要有人为读者打开另外一扇窗户，还原真实的玄奘，而不是小说中的文学形象。茅盾先生对孙毓修所写的《玄奘》评价很高："可以说是内容翔实，深入浅出，既宜于少年阅读，也使成年人增加历史知识。"再如《苏秦》，作为一位著名的辩士，《史记》必然为之列传。孙毓修在写苏秦游说各国发言的时候采用了《史记》中记载的史料，而在后面的评论部分对苏秦的表现作了恰当的点评，分析苏秦游说秦、燕、赵、韩魏、齐楚的过程，阐述了苏

秦辩术策略的不断提高。对于国外人物的选取，孙毓修也是偏爱励志型的，如德谟士，从一个小人物成长为大演说家；彼得大帝，从受制于人，成为欧洲赫赫有名的皇帝。

另一位作者钱智修，先后写有《林肯》、《苏格拉底》、《拿破仑》等，这些都是西学东渐后中国人十分崇仰的外国名人。值得注意的是，钱智修秉承严复所主张的信、达、雅翻译原则，特别讲究传记所含的真实性。他所抒发、张扬的传主虽然都被列为人们仿效的楷模，写法却不做作，更没有为了塑造人物形象而更改史实。

林万里所写的外国传记和钱智修的作法大致相近，即在第一章抒发己之传记宗旨，后文谈及传主读书之术、治学之道与其行事风格，并进行了点评。此外还有其他人关于传主的言论，更有编译者自己的评论，以引导少年儿童正确地学习和借鉴，而不是一味盲从。

《少年丛书》的最大特色，就是“记事简明，议论正大”。书中除了记叙人物的生平故事之外，作者的评论也让这套书大为增色。其议论宏富，既能够结合少年的成长特点，指明如何学习书中人物的优良品质，也指出了其中的不足之处，对于引导少年如何立志修身，大有裨益。

这套书的另一大特色，就是全部用文言文写作，语言凝炼，文笔流畅，保持了中国传统作史传的鲜明特色。当时，白话文风已经悄然兴起，而作者能够不从时髦，采用文言写作，甚为难得。以至我们今日再读此书，依然能够体味到文言笔法的无穷魅力。然而考虑到近百年来，国人的文言文水平已经一落千丈。今日的大部分少年，阅读文言文尚有一定困难，因此我们特别组织人员，将全套书进行了

白话翻译。尽管我们做了最大的努力，文言文的神韵依然是难以用白话表达出来。因此，我们希望少年朋友通过阅读这套书，体会文言文的独特魅力，进而热爱和学习文言文。

《周易》有云："君子以多识前言往行，以畜其德。"说的就是多学习古人的嘉言懿行，对我们修身立德至为重要。古人尝言："童蒙养正，少年养志，壮年养德。"少年时期是人生至为关键的时候，这个时期树立什么样的志向，以什么样的人为榜样，往往会决定一个人未来的人生成就。而一个人少年时期读的书，也足以改变他的一生。在今日少年课外读物良莠不齐的状况下，《少年丛书》堪称鲜有裨益少年的优秀读物。若今日的少年，能够认真研读这套《少年丛书》，对于树立远大志向、培养健全人格、完善道德情操将大有裨益。或许，今日的风华少年，即是将来成就伟业的千古豪杰、泽被世人的大圣大贤。勉哉！勉哉！

为什么要读名人传记

——《少年丛书》白话语译序

我从小很喜欢读书，可是，因为身处偏僻山村，小的时候却无书可读。那个时候，家中只有父亲买的一本《古文观止》，儿时翻阅过无数次，虽看不太懂，却记忆深刻。有人说，儿童时期读的书，一生也难以忘记。此言确实不虚。

没有想到的是，儿时无书可读的我，日后竟然投身于出版业。今天，我国的出版业已经非常发达，给少年儿童读的书也非常多。可是，若细心寻求，真正的好书却是少之又少，尤其是给少年儿童介绍历史文化的书。

一个偶然的机会，我们与这套百年前的《少年丛书》结缘，这套当初专为少年而写的中外名人传略，让我眼界大开，没想到，百年前的前辈们，竟给少年们创作出如此优良的传记读物。要知道，给少年

儿童写作，比给成年人写作更难，尤其是给人物作传，既要符合历史史实，不可随意编撰，又要注意引导青少年如何取其长，避其短，以免误人子弟。因为，作为历史人物，不可能处处皆堪为今人楷模。这就需要作者要极富有爱心、责任心和严谨精神，才能让读者从中获得纯净的人生智慧。可以说，目前各种写给青少年的人物传记，很少能与这套《少年丛书》相提并论的。

这套书中的二十八位中外名人，大多数是我们耳熟能详的人物，但是对于他们的生平事迹，也许就知之甚少了。读了他们的传记，方知欲为圣贤豪杰，需下一番苦功夫才能有所成就。“人人皆可为尧舜”，说的是我们每个人都有成圣成贤的资质，然而虽有圣贤之资，也需后天的不懈努力，方能成就一番伟业。所以，这一套书作者的目的并不仅仅是让读者了解一下名人轶事，而是以伟人的事迹启迪和激励少年朋友，树立人生的志向，汲取这些英雄豪杰的人生智慧，修身立德，练就自身本领，最终成为造福国家和社会的有用之才。

这套书虽然是写给少年看的，并不意味着就不适合大人阅读。大作家茅盾就曾大力推荐这套书。现在的青年人，乃至家长、老师，若能读读这套书，对于人生事业，教育子弟，也是大有益处的。可以说，这是一套老少皆宜的好书。

《少年丛书》在当时之所以大受欢迎，销量巨大，也不是没有原因的。这套书每册文字量不大，文笔流畅，史实可靠，评议精彩，这都是许多普通名人传记所不具备的。因此，这套书深受读者欢迎，也就不难理解了。

读名人传记，重在学习名人的智慧和经验。正如文天祥所说，

“人生自古谁无死，留取丹心照汗青”。人生有涯，知也无涯，如何在有限的生命里寻求到人生的价值，获取人生的智慧，而不浪费光阴？《少年丛书》中的这些圣贤豪杰，就是我们的榜样。他们身上伟大的人格，比如孝友、善良、爱心、坚毅、勇敢等等，这些人性的光辉，都是我们的学习之处。

我们用了近一年的时间，将这一套书作了白话语译，希望今天的少年们，能够喜欢阅读并且从中汲取智慧。若能让每一位读者都能够有所收获，那就不负当初写作这套书的三位老前辈的一片苦心，而我们的工作也就没有白做了。

这一套书规模宏大，在校对和语译的过程中，难免会有错误，恳请广大读者不吝指正。

《少年丛书》语译小组　主编　萧祥剑

目录

第一章 武侯之政策及其时势

五丈原秋风远逝，廿一年，将星遂殒。千载之后犹令人唏嘘凭吊感慕不已者，惟诸葛武侯而已。武侯死后五百年，有唐杜甫以诗王之资格，谒其祠堂赋诗一首曰：“丞相祠堂何处寻，锦官城外柏森森。映阶碧草自春色，隔叶黄鹂空好音。三顾频烦天下计，两朝开济老臣心。出师未捷身先死，长使英雄泪满襟。”读其前半首益令人低徊而不能去，至后半首则又欲慷慨起舞矣。古来论武侯者，莫如甫此诗。而欲知武侯之心事，以见其为前此政治界中唯一人之伟人，则不可不辟旧史氏之谬说，而易以现世界之眼光。

后汉之季，中央政府，失其威信，于是群雄崛起，分典州郡。当武侯之壮岁，虽黄巾已除，二袁既仆，而刘表割据于荆襄，刘璋自立于蜀郡，孙权拥江表之雄，曹操据宛洛之固。此数子者，皆有声名才望于时。独刘豫州奋起侧陋之中，固不如孙权承破虏讨逆两世之烈，兵雄将猛，即比曹操之起东郡，亦大不侔。然其人真英雄也。有时而结人心，则以长者自居；有时而逃人忌，则以弱夫自全；有时而据要五丈原秋天的风已经离我们远去，闪耀了二十一年的将星，也在此时殒落。千年之后还令人叹息怀念不已的人，也仅有诸葛亮武侯了。武侯死了五百年后，唐朝时期被尊为“诗圣”的杜甫，曾去他的祠堂拜见，并赋诗一首：“丞相祠堂何处寻，锦官城外柏森森。映阶碧草自春色，隔叶黄鹂空好音。三顾频烦天下计，两朝开济老臣心。出师未捷身先死，长使英雄泪满襟。”我们读这首诗的前四句，有一种十分迫切的仰慕之情，而后四句又让人情绪激昂，充满了斗志。古人所有怀念、歌颂武侯的诗，都比不上杜甫的这一首。而要想知道武侯的心事，展现出他是千年前政治界中唯一的伟人，则要抛开以前史家的谬论，改用现代人的眼光去看待。

东汉末年，朝廷失去威信，于是各路英雄纷纷崛起，瓜分了各个州郡。当时武侯正当壮年，虽然那时黄巾起义已经被镇压，袁绍与袁术也已经倒下，但是还有刘表分割占据了荆州、襄阳，刘璋在蜀郡独立，孙权拥兵东吴，曹操坐据南阳、洛阳。这几个人，在当时都是很有声望的。唯有刘备在僻陋之中崛起，比不上孙权继承孙坚、孙策两代威名，加上兵源充足，将领勇猛，即使和曹操起兵东郡相比，也难以比拟。然而，刘备这人也算是个真英雄。有时为了笼络人心，他就以忠厚长者自居；有时为了不遭人忌讳，他又津、赴机会，则蹶然而起。此武侯之所以舍曹而事刘也。操欲用侯，侯自陈不乐出身。操谢之，曰：“义不使高世之士，辱于污君之朝。”（见《抱朴子》）夫彼岂果不乐出身？特以操负挟天子以令诸侯之恶名，身为汉民，而他日直接以灭汉，此于旧伦理上所不能通者也。豫州为帝室之胄，人心所系，辅之则易以集事，此武侯之作用也。果其心乎复汉，则当孝献未废之日，何不如光武之事？更始闻献帝遇害之谣，何不效高祖之为发丧？且于入吴求援之日，何无一语及汉，而明目张胆说以鼎足之势哉？其欲以刘豫州为天下之共主也明矣。故当知武侯为蜀汉之武侯，而非后汉之武侯。旧史氏不知武侯之志！固将灭魏吞吴，统一中原，以施其伟大之抱负，为三代后未有之一人。乃以忠汉不忠汉，为唯一之问题。其识亦陋矣。

侯在隆中，抱膝长吟，自比管乐，此其企慕固甚高也。晋宋以来，追慕伟人，为侯作传者，自陈寿外，有宋张栻之《汉丞相诸葛忠武侯传》（见《十万卷楼丛书》）、萧常之传（见《续后汉书》）、元郝经之传（见《续后汉书》）、明谢升之传（见《季汉书》）、李贽之《忠诚大臣传》（见藏书）。虽互有详略，而陈寿传中之自比管乐一语，他传皆削之。张栻示弱来保全自己；有时占据要地、为了抓住机会，便会奋然而起。这也是武侯为什么不跟随曹操而追随刘备的原因。曹操想任用武侯，武侯说不愿意做。于是曹操说：“我不会让超绝世俗的人，在无道昏君的朝堂上受侮辱。”（见《抱朴子》）诸葛亮难道真的不愿意做官吗？只不过因为曹操背负着挟天子以令诸侯的恶名，而诸葛亮身为汉朝的子民，日后要他灭汉，这在伦理道德上是说不通的。刘备是汉室皇帝的子孙，人心所向，辅佐起来更容易成事，这也是诸葛亮的用意。确实是想要匡复汉室，那么在孝献帝没有被废除的时候，为什么不学光武帝行事？宁愿相信献帝遇害的谣言，为何不学习高祖发丧的行为？况且在向吴求援的时候，为什么没有一字半语提到匡复汉室，而是明目张胆地大说三国鼎立的天下形势？他所想要的就是奉刘备为天下人共有的君主！这才是目的。因此应当知道武侯是蜀汉的武侯，而不是东汉朝廷的武侯。这是旧史官不懂武侯的志向啊！诸葛亮将消灭魏国、吞并吴国、统一中原作为自己毕生的抱负，是夏、商、周三代后仅有的人物！旧史官却只纠结于诸葛亮忠不忠于汉这个问题，可见他们的眼光也是短浅的。

武侯隐居隆中时，经常抱膝吟唱，把自己比做为管仲和乐毅，这是他仰慕他们的才华，希望达到更高的境界。从晋宋开始，有仰慕他才华的人，为武侯写传的，除了陈寿，还有宋朝时张栻写的《汉丞相诸葛武侯传》（见《十万卷楼丛书》）、萧常的传（见《续后汉书》）、元朝郝经的传（见《续后汉书》）、明朝谢升的传（见《季汉书》）、李贽的《忠诚大臣传》（见藏书）。传记上虽然有的详细有的简略，但陈寿在传书中的自比管仲和乐毅这一说法，其他又为之辞曰："侯在隆中，传称以管、乐自许，予谓侯盖师慕王者之佐，其步趋则然，岂与管乐同在功利之域者哉？意是传者之误，故不复云……予既作传，以示新安朱元晦，元晦以予不当不载以管、乐自许事，谓侯为后主写《申》、《韩》、《管子》、《六韬》之书，及劝昭烈取荆、益以成霸业。可见其所学未免乎驳杂。"是可见旧史氏眼光之陋也。

夫管、乐何如人哉？乐毅用于燕而未尽其用，然其将略，已显于世。观其下齐七十余城，而人不知兵，被谗去国，不出恶声。其人固有名将之风，夏侯太初论之详矣。至于管子，以今日政治家之学识论之，则诚吾国历史上有数之人物也。二十世纪之所以立国者五，曰国家思想也，法治精神也，地方制度也，经济竞争也，军国民主义也。凡此五者，有之则强，无之则亡。磅薄发辉，于今为烈，乃二千年前管子已实行之，以成其功业。武侯之时，汉室不振，神洲之内，豆剖瓜分。其所遇之时势，与管子同。故其相昭烈后，主持强兵富国，法治尚武之术，亦莫不祖述管子。而与现世界所以立国之原，如合符节。自晋唐以后，人狃于一统之局，颓然自放，转诋管葛之治为杂霸。而泄沓成风，相忍为传记上都没有记载。张栻又解释说："武侯隐居隆中，传记中称以管仲乐毅自称，我觉得是武侯仰慕王侯的佐证。他选择行走的路，怎么能和管仲乐毅这些都是功名利禄中人相比呢？想来是写传的人误会了其中的意思，因此不再多说……我写了这篇传记后，拿去向朱元晦请教，元晦认为不应该不记载武侯自许为管仲和乐毅这回事，认为武侯后来为刘禅手书《申》、《韩》、《管子》、《六韬》这些书，及规劝刘备占领荆州、益州以图霸业。可见他所学的东西未免太杂了些。"由此可见以前史官们的目光之短浅。

管仲、乐毅是什么样的人物？乐毅在燕国还没有完全发挥出才能，然而他的将才伟略却已经向世人显露出来，看他统帅燕国等五国军队攻下齐国七十多个城池，然而燕国人却都不懂用兵之道，乐毅因为流言而投奔了赵国，也没有说燕国的坏话。这人也是有大将风范气度的，夏侯玄关于他的评论已经很详尽了。至于管子，以现在政治家的眼光看来，确实是我国历史上少有的人物。二十世纪中使国家存在的条件有五个：国家的思想、法治的精神、各个地方的制度、经济竞争、军国民主义。具备这五个条件的国家就会强大，不具备的国家就会慢慢走向衰亡。将这五个条件充分利用，到现在会使国家气势盛大。这在两千年前管子已经实行过了，助他成就了一番大业。武侯那个时候，汉朝皇室衰微，国家分东离西，国土被分割，当时的情形和管子是一样的。因此在他辅助刘备后，主持强兵富国、治理国家、统治军队的方法，也都是学习管子。而与现在世界所有建立国家的原则，基本上也是相符合的。从晋唐以后，人们拘泥于一成不变的局面，萎靡不振，自我放纵，回过头来却毁谤管子和诸葛亮治理国家是用王道掺杂霸道。

国，遂以积弱闻于世界。乌知吾先民强毅而贞固之手段，固不让彼横绝一世、睥睨五洲之大政治家大军人之所为也？况如武侯之高风亮节，出处皎然，尤非他人所能望其项背者哉。

当懈怠成为社会风气，隐忍苟且成为立国方略，于是积贫积弱任人摆布的名声就闻名于世了。难道不知道我们国家先民那种坚毅顽强、守持正道的方略，相比那些纵横一时、傲视世界的大政治家、大军事家的所作所为也毫不逊色吗？况且像武侯这种高风亮节的人物，更不是一般人所能比得上的。

第二章　武侯之少年

侯名亮，姓诸葛，字孔明，追赠武乡侯，谥忠武，琅琊阳都人也（今山东沂水县南）。少孤，从父玄，署豫章太守。亮往依之。叔去官，依刘表于荆州，挈亮俱行。叔卒，亮乃择地修养，以励节而勉志焉。伟人之少时，其志意固已远矣。

荆洛处天下之中。自周迄汉，常为四达之通衢。世而治，则衣冠文物之所聚会也；世而乱，则群雄剧寇之所出没也。当两汉之间，中州人物，以南阳一郡为归。其郊外有冈，起自嵩山之南，绵亘数百里，至此，截然而止，如巢然。山水深厚，云树苍茫。退则窈然深藏，遗世而独立，出则面襄汉而走樊邓，易与当世贤士大夫握手交欢，互通声气。武侯乃结草庐于其中，躬耕陇亩，啸傲自适。此时也，春雷掩声于地下，虎豹匿影于雾中。淡泊以明志，宁静以致远，虽伊吕何加焉。

方献帝建安之初，曹操迁帝于许都。二袁跋扈，吕布纵横，中原纷纷，有如云扰。而侯一室晏然，安其弦诵之常，与颍川石广元、徐元直、汝南孟公威游。三人务于精熟，而侯武侯姓诸葛，名亮，字孔明，刘禅追赠为武乡侯，谥号为忠武，琅琊阳都人（今山东沂水县南）。他小时候就成了孤儿，叔父诸葛玄为豫章太守，诸葛亮便前去投靠他。后来官位被免职，于是叔父又带着诸葛亮投奔了在荆州的刘表。叔父病逝后，诸葛亮找了个比较隐蔽的地方修身养性，砥砺节操并且勉励志向。伟大人物的少年时代，便有了长远的志向与抱负。

荆州、洛阳都处于重要的地理位置。自周朝到汉以来，一直是通达四方的中心城市。如果是太平盛世，这里就是经济文化交流中心；如果处在乱世之中，这里就会成为各路英雄豪杰、盗贼们出没的地方。当时两汉之间时，中州有突出才华的人物，以南阳郡为归隐地。南阳郊外有山脊，从嵩山南面起，数百里绵延不断，到这里后突然终止，就和一个窝一样。山谷幽深，雨水丰厚，云树苍茫，广阔无边。退隐时可以幽然深藏，超然遗世。出仕时直面襄阳、汉中，而且经过樊邓，可以毫不费力地与当时的贤能人士见面、交往，相互间传递信息。武侯于是在这里修筑了简陋的屋子，亲自在田地里耕种，放歌长啸，傲然自得。而这时期，他就像春天轰轰的雷声都掩藏到地下，虎豹无影无踪地躲进了雾中。看淡世俗的名利，才能明确自己的方向；身心安宁恬静，才能实现远大的理想，即使是伊尹和吕尚也不过如此吧？

汉献帝建安初年，曹操将献帝接到许都。这时袁绍与袁术骄横跋扈，吕布放纵无忌，整个中原地区像浮云一样的纷乱。而诸葛亮独自过着安闲的日子，满足于时常抚琴吟唱的生活，与颖川石广元、徐元直、汝南孟公威三人交往。三人对所学内容力求精确独观其大略。每晨夜从容，抱膝常吟，而谓三人曰：“卿三人仕进，可至刺史郡守也。”三人问其所至，侯但笑而不言。后公威思乡里，欲北归，侯谓之曰：“中国饶士大夫，遨游何必故乡耶？”

草庐西偏地址极高，背山临水，风景最胜。侯常登之鼓琴，以为《梁甫吟》。《梁甫吟》者，盖咏齐国晏子之事。其词曰：“步出齐东门，遥望荡阴里。里中有三坟，累累正相似。问是谁家墓，田疆古冶子。力能排南山，文能绝地纪。一朝被谗言，二桃杀三士。谁能为此谋，相国齐晏子。”此盖思琅邪故乡，如庄舄之越吟也。或谓侯之意，愿辅佐明主，又惧为谗邪所阻，故发此吟。以侯之明，遇其主则出，不遇其主则伏，而何必豫存一忧谗畏讥之心，以损其草堂之乐耶？侯虽云中国饶士大夫遨游，何必故乡，然怀土之心，即爱国心之所本也。某山某水，忆游钓而徘徊；为故为亲，话桑麻而动色，此人之情也。圣贤豪杰，亦何必远乎人情？

黄承彦者，高爽开朗，为沔阳名士，谓诸葛孔明曰：“闻和熟练，唯独武侯不拘泥于细节，从总体上掌握其精神实质。每天都悠闲舒缓，不慌不忙，时常抱膝吟唱，并且对三人说：“你们三人求取功名的话，可做到刺史、郡守。”三人问武侯能做到哪个位置，武侯笑而不答。后来孟公威想念家乡，想要回到北方。武侯对他说：“中原多有贤德之士，要四方遨游，何必一定要回到自己的故乡呢？”

诸葛亮的住处西侧地势高，背靠山，面临水，位置极好，风景最佳。武侯经常在此弹琴，作了《梁喃吟》。《梁喃吟》咏的是齐景公采纳晏婴的计谋，“二桃杀三士”的故事。词是这样写的：“步出齐东门，遥望荡阴里。里中有三坟，累累正相似。问是谁家墓，田疆古冶子。力能排南山，文能绝地纪。一朝被谗言，二桃杀三士。谁能为此谋，相国齐晏子。”这也是武侯思念琅琊故乡，和越国的庄舄在病中思念越国而吟唱越声是一样的。有人说武侯是想要辅佐明主，却又害怕被谗佞奸邪的人阻止，因此才作这一首《梁甫吟》。以武侯的明智，遇到明主就会出山，而没有遇到却会一直潜伏，又何必怀着一颗怕被馋言中伤的心，来破坏他居草堂的快乐时光呢？武侯虽说德高才厚的人应该遨游四方，不一定要回到自己的故乡，然而怀念故土的心情就是和热爱国家的心情是一样的。故乡的某一座山某一条河，记忆起游钓时光仍往返回旋；因为有故乡和亲人，谈论着田间的作物和家事，声音和脸色都变得激动，这也是人之常情。圣人和贤人，英雄豪杰，又何必远离人情世故呢？

黄承彦，高洁豪爽，性格豁达乐观，是沔阳的名士，他对诸葛亮说：“听说你要选妻子，而我家中有一丑女，头发黄，皮肤黑，但君择妇，身有丑女，黄头黑色，而才堪相配。”孔明许，即载送之。时人以为笑，乡里为之谚曰：“莫作孔明择妇，止得阿承丑女。”

方侯在南阳日，同县庞德公素有重名，司马徽兄事之。娶孔明小姊，夫妻相敬如宾。孔明每至其家，独拜床下，德公初不令止。其从子统，小时朴钝，未有识者，惟德公与徽重之。德公尝谓亮为卧龙，统为凤雏，徽为水鉴。

【批评】

时世多事之秋，正少年求学之日也。尝见无志之人，一睹时事纷纭，便百务灰心，苟且求安，更无向上念头。其有志者，则直舍其学业，奔走国事，纷心时局，而不遑修养。如去年革命时，少年界中人，争投身于军事是矣，不知此爱国之小者也。天生我材当用之大处，以智识未老、学业未足之时，便去报国，其热心虽甚可敬，然犹落未熟之果，摘方长之瓜。良好之瓜果，而使之不得尽其材，岂不大可惜乎？须知生逢危局，凡我青年将来所负之责任，必更重大。欲尽此重大责任，全恃少年时代，专心一意，修养其身心，磨励其才学和你相配。”诸葛亮同意了，于是用车辆载送过来。当时人们把这当做笑谈，于是村里人都流行了一句话：“不要学诸葛亮选择老婆的方法，最终只能娶到黄承彦的丑女儿。”

武侯在南阳时，同县的庞德公德高望众，司马徽视之为兄长。德公的儿子娶了诸葛亮的小姐姐，夫妻相敬如宾，非常和睦。诸葛亮每次到小姐姐家里，都跪拜在德公的坐榻前，行晚辈礼，德公也并不禁止。德公的侄子庞统，少年时纯朴诚恳，没有人知道他是个奇才，只有德公很是赏识他。德公曾经说过，诸葛亮是卧龙，庞统是凤雏，司马徽为水镜。

【评论】

当时正处于多事之时，却也正是年轻人求学的好时侯。可那些没有远大志向的人，一看到天下纷乱，都对各种事务丧失了信心，得过且过，只求眼前安稳，根本没有一点上进的心思。而有远大志向的年轻人，却直接舍弃学业，为国家政事而奔波，操心当前杂乱的政治，而没有时间加强自身的修养。就像去年革命时，年轻人争先恐后地投身到军旅，却不知道这样的行为发挥的作用不大。我们的才华应该用到大地方。在智力见识还不够成熟、学识还不够丰富时，便去报效国家，虽然他们的热情很高，可就像是打落没有成熟的果子，摘下正在成长的瓜果一样。好的瓜果，不能把他的才华发挥到最有用的地方，难道不是非常可惜吗？生逢乱世应该知道，我们青年人所肩负起的责任，一定更加重大。要想肩负起这重大的责任，全凭少年时期，专心一意修养身心，磨励志气。如志气。若因此辍学，费其贵重之时光，谓之自暴自弃也可。武侯生当群雄扰攘、个人生命朝不保夕之时，乃不遑他事。而汲汲焉择地读书，萧然草庐，独立不惧，其气概为何如也。同时如石广元、孟公威、黄承彦辈，虽亦一时名士，然皆作避地厌世之想而已。惟武侯处消极之世，而抱积极之志，此武侯之所以为武侯也。当隋末之乱，王通隐居河汾。身为大师，孕育房杜诸贤，开有唐一代之治。当元末之乱，刘基隐居青田，遇合太祖，开有明一代之治，一旦遭逢知己，出身而任国事，无虞其竭蹶者，学足故也。我辈生丁危世，其亦可知所取法矣。

《水经注》云：沔水历孔明旧宅，在今襄阳县西隆中山东也，《出师表》所云“先帝三顾臣于草庐之中，咨臣以当世之事”，即此宅也。沛国刘季和镇襄阳，与犍为人李安共观此宅，命安作宅铭。永平五年，习凿齿又为其宅铭。后改为祠，是侯之遗宅。晋时犹无恙也，今则陈迹已湮，啸声俱杳。过客徒于荒烟蔓草之中，慨然凭吊而已。若英美名人之宅，虽数千年亦悉保存，非特保存而已，并当年之一器一物果因生逢乱世而放弃学习，浪费掉宝贵的学习时间，可以说是自暴自弃了。诸葛亮在英雄辈出、混乱暴动、生命都朝不保夕的年代，仍然没有顾及其他杂事，而是求知若渴地选地方躲起来读书。虽然是简陋的草庐，但一个人恬淡安然地生活，在人世间隐居也不会感到苦闷，这是怎样的一种大气概啊。像同一时期的石广元、孟公威、黄承彦等，虽然也是当时的名士，却都是有一种逃避生活、悲观消极、厌弃人世的想法。只有武侯处在乱世，却抱有积极的志气和想法，这也是武侯之所以成为武侯的原因。当隋朝末年战乱时，王通隐居在河汾。他是一位大师，培养出了房玄龄、杜如晦等贤相，为唐朝贞观之治，打下了基础。当元朝末年大乱时，刘基隐居在青田，遇到太祖（朱元璋），成为明朝的开国功臣。一旦遇到知己，为官而参与国家大事，一定会尽最大努力使国家太平无事，这是学养充足的原因。我们生活在乱世之中，其实也是可以向他们学习这种方法的。

《水经注》中有记载：沔水曾是孔明的旧宅，在现在襄阳县西隆中山的东面，《出师表》中所说的“刘备曾经三次来草庐相请，向臣问询当时的时事”，就是这个地方。沛国刘季和镇守襄阳，和犍为人李安一起参观旧宅，让李安作武侯宅铭。永平五年，习凿齿又为武侯作宅铭。后来改为祠，是武侯的故居。晋朝时，它还保存完好，可如今，旧迹已经被浸没，啸声都已经无影无声了。过往的来客只能在空旷偏僻、冷落荒凉的山地中，面对着古迹感慨凭吊而已。像英国、美国名人的故居，即使历经上千年，却也保存完好。不仅仅是保存完好，连名人当年的每一件器皿、每一个物件位置的先位置之次第，亦悉如其旧。户外之风云变幻，草木荣枯一岁中不知换若干次之度态也，而宅内之景象，则自名人去世至今，未尝一变。后之入此室处者，抚其遗迹，而数千年前之主人，若呼之欲出。于是摹为图画，制为信片。而名人之起居，名人之精神，无不深印于人人之脑中，惜吾国未能知此也。咸阳三月，可怜焦土，以从前专制帝王之魔力，尚不能保其所居，而况乎他人哉？

观武侯所与游者，皆一时才俊。然与武侯比，则其学识，皆较逊一筹。而侯与之互通款曲，共相师友，泰山不让土壤，故能成其高。江海不择细流，故能成其大。人有恃才傲物，视举世无一当意之人者，自大乎实自小耳。

武侯读书观其大略，此谓熟精义理，而不为章句之学耳。盖前汉经师，多治大义，以求致用。至于后汉，则破碎太甚，咬文嚼字，无益于大体。武侯之学，求其经世，夫岂屑追随康成、季长之后者乎？不用心读书者，幸弗误会，陈傅后摆放，全部和原来一样。屋外局势动荡、风云变迁，草木茂盛或干枯在一年之中不知要变换多少次，然而屋内的景象，是从名人去世到今天，不曾改变过。后人参观旧居的，抚摸古人遗物，就好像上千年前的主人，马上就会走出来一般。于是照着样子画下来，制作成明信片。名人的日常起居，名人的精神，没有不深深地印刻到每个人脑海中的。可惜的是，我们国家不能做到这样。咸阳被项羽纵火焚烧三月，宫室到处成为一片焦土，真是可惜了。凭借从前帝王专政的强大力量，都不能将他的宫殿保存完好，更何况其他人呢？

看武侯的住所和交往的人，都算得上才华横溢的有为青年，然而与武侯相比较，他们的学识见地，都比武侯差了一些。武侯却和他们相互交流，相互请教、切磋。泰山之所以有这样的高度，是因为不拒绝渺小的土壤，堆砌而成才能形成如今的高度；江河之所以有这样的深度，正是因为不拒绝细微的溪流，汇流而成才能形成如今的规模。有的人自负其才，藐视他人，觉得世间的士人没有一个合他心意的，自以为了不起，其实是自己过高地评估了自己。

武侯读书都只是把握大体，这可以说是深入文章义理而又不偏重解释篇章字句。西汉的经师，大多研究文章、论著的精要之处，以便能够在现实生活中发挥作用。而到了东汉，却太过零碎残缺，过分死扣字眼而不注意文章的精神实质，对大局没有帮助。武侯所学的，求书中治理国事的方法，怎么可能追随郑玄、马融等人的脚步？不用心读书的人，希望不要误会，告诉师傅说，读书不必仔细研究。历史上说陶渊明读书只求领会要旨，不刻意在字句上而猥曰，不必深考也。史称陶渊明读书，不求甚解，此其理想，又入旷达一路，与武侯读书似同而实异。

花工夫，属于心胸开阔、乐观的类型，和武侯读书看着相同，其实本质上是不一样的。

第三章　武侯之出处

侯躬耕南阳之时，天下之大乱作矣。莽莽群雄并延访英俊，如恐不及。侯深自晦匿，不求闻达。昭烈在荆州，访士于襄阳司马徽，徽曰："儒生俗士，岂识时务？识时务者，在乎俊杰，此间自有伏龙、凤雏。"昭烈问为谁，曰："诸葛孔明、庞士元也。"

徐庶见昭烈于新野，昭烈器之。庶曰："诸葛孔明，卧龙也，将军岂愿见之乎？"昭烈曰："君与俱来。"庶曰："此人可就见，不可屈致也。将军宜枉驾顾之。"由是昭烈遂诣侯，凡三次乃见，时建安十二年也。宋朱子作纲目，大书刘备见诸葛亮于隆中，其郑重至此。

昭烈见侯，因屏从者，郑重致词曰："汉室倾颓，奸臣窃命，主上蒙尘。孤不度德量力，欲信（同伸）大义于天下，而智术短浅，遂用猖獗，至于今日。然志犹未已，君谓计将安出？"侯曰："自董卓以来，豪杰并起，跨州达郡者，不可胜数。曹操比于袁绍，则名微而众寡。然操遂能克绍，以弱为强者，非惟天时，抑亦人谋也。今操已拥百万之众，挟武侯隐居南阳时，已经是天下大乱。各路英雄都四处寻访才智卓越的贤能人才，就怕来不及被别人抢了。武侯自己隐蔽不露，不求显达。刘备当时在荆州，寻访到襄阳名士司马徽，司马徽说："庸俗的书生，哪里认得清什么时局形势？真正能认清时局形势，是聪明能干的人，这里有隐伏的龙和凤雏。"刘备问是谁，司马徽说："诸葛亮、庞统。"

当时刘备驻军在新野，徐庶来拜见，刘备很器重他。徐庶对刘备说："诸葛孔明，是卧龙啊，将军可愿意见他吗？"刘备说："您和他一起来吧。"徐庶说："这个人只能到他那里去拜访，不能委屈他，召他上门来，您应当屈身去拜访他。"于是刘备到武侯那里去，去了三次才见到，那时是建安十二年。宋代朱子作《通鉴纲目》，花了大量笔墨记录刘备到隆中与诸葛亮相见的细节，非常郑重。

刘备拜访武侯，让旁边的人退下，郑重地说道："汉室的统治崩溃，董卓、曹操先后专权，皇上蒙受风尘遭难出奔。我不能衡量自己的德行和力量能否安人，想要为天下人伸张大义，然而智慧与谋略浅薄不足，就因此失败，弄到今天这个局面。但是我的志向到现在还没有停止，先生认为该采取怎样的办法呢？"武侯回答道："自董卓独掌大权以来，各地豪杰纷纷起兵，占据州郡的人数不胜数。曹操与袁绍相比，声望小，人又少，然而之所以能打败袁绍，天子以令诸侯，此诚不可与争锋。孙权据有江东，已历三世，国险而民附，贤能为之用。此可与为援，而不可图也。荆州北据汉沔，利尽南海，东连吴会，西通巴蜀，此用武之国，而其主不能守。此殆天所以资将军，将军岂有意乎？益州险塞，沃野千里，天府之土。高祖因之，以成帝业。刘璋暗弱，张鲁在北，民殷国富，而不知存恤。智能之士，思得明君。将军既帝室之胄，信义著于四海，总揽英雄，思贤如渴。若跨有荆、益，保其岩阻，西和诸戎，南抚夷越，外结好孙权，内修政理，天下有变则命一上将，将荆州之军，以向宛、洛。将军身率益州之众，以出秦川。百姓孰敢不箪食壶浆，以迎将军者乎？诚如是，则霸业可成，汉室可兴矣。”

先主曰：“善。”于是与亮情好日密，关羽、张飞不悦。先主解之曰：“孤之有孔明，犹鱼之有水也，愿诸君勿复言。”羽、飞乃止。

以弱胜强，不仅依靠天时，更有人的谋划得当。现在曹操已拥有百万大军，挟持皇帝来号令诸侯，这确实不能与他争强。孙权占据江东，已经历三世了，地势险要，民心归附，又任用了有才能的人。孙权这方面只可以把他作为外援，但是不可谋取他。荆州北靠汉水、沔水，一直到南海的物资都能得到，东面和吴郡、会稽郡相连，西边和巴郡、蜀郡相通，这是大家都要争夺的地方，但是它的主人却没有能力守住它。这大概是上天拿它用来资助将军的，将军你是否有占领它的意思呢？益州地势险要，有广阔肥沃的土地，自然条件优越，物产丰富，高祖凭借它建立了帝业。刘璋昏庸懦弱，张鲁在北面占据汉中，那里人民殷实富裕，物产丰富，刘璋却不知道爱惜。有才能的人都渴望得到贤明的君主。将军既是皇室的后代，而且声望很高，闻名天下，广泛地收揽英雄，思慕贤才，如饥似渴。如果能占据荆、益两州，守住险要的地方，和西边的各个民族和好，又安抚南边的少数民族，对外联合孙权，对内革新政治；一旦天下形势发生了变化，就派一员上将率领荆州的军队直指宛、洛等中原一带。将军您亲自率领益州的军队到秦川出击，老百姓谁敢不用竹篮盛着饭食、用壶装着酒来欢迎将军您呢？如果真能这样做，那么称霸的事业就可以成功，汉室天下就可以复兴了。”

刘备说：“好！”从此与诸葛亮的关系一天天深厚起来。关羽、张飞等人不高兴了，刘备劝解他们说：“我有了孔明，就像鱼得到水一样，希望你们不要再说什么了。”关羽、张飞才不再说什么了。

【批评】

裴氏《三国志注》引《魏略》曰："刘备屯于樊城，是时曹公方定河北，亮知荆州次当受敌。而刘表性缓，不晓军事，亮乃北行见备。备与亮非旧，又以其年少，以诸生意待之。坐集既毕。众宾皆去，而亮独留，备亦不问其所欲言。备性好结毦（读若致），时适有人以髦牛尾与备者，备因手自结之。亮乃进曰：'明将军当复有远志，但结毦而已耶？'备知亮非常人也，乃投毦而言曰：'是何言欤？我聊以忘忧耳。'亮遂言曰：'将军度刘镇南孰与曹公耶？'备曰：'不及。'亮又曰：'将军自度何如也？'备曰：'亦不如。'曰：'今皆不及，而将军之众，不过数千人，以此待敌，得无非计乎？'备曰：'我亦愁之，当若之何？'亮曰：'今荆州非少人也，而著籍者寡，平居发调，则人心不悦。可语镇南，令国中凡有游户，皆使自实因录，以益众可也。'备从其计，故众遂强。备由此知亮有英略，乃以上客礼之。"蒙以为侯自表谓三顾臣于草庐之中，则非侯先诣昭烈。可知宋儒论人最苛，而于侯之出处，则无间然。知《魏略》云云，皆好事者为之也。

【评论】

裴松之注的《三国志》引用《魏略》中说："刘备屯军于樊城，当时曹操刚刚在河北平定袁绍，诸葛亮预测荆州会是第二个遭攻击的地方，但刘表性格和缓，不通晓军事，于是他往北去见刘备。刘备跟他没有旧交情，又因为诸葛亮年纪较小，所以以一般接待门客之礼接待了他。军内升帐完毕，其他的宾客都走了，只有诸葛亮留了下来，刘备也不问他想说什么。刘备喜好编织，当时正好有人送了髦牛尾给他，他便亲自动手编织。诸葛亮于是进言说："贤英的将军应当有远大志向，怎么只是会编织？"刘备因此看出诸葛亮不是一般之人，于是扔下髦牛尾回答说："这说的是什么话呢？这只是我无聊时打发时间罢了。"诸葛亮于是献言说："将军认为刘表和曹操谁厉害？"刘备回答说："刘表不如曹操。"诸葛亮又说："将军自己呢？"说："我也不如曹操。"诸葛亮说："现在都不如曹操，但将军的军队不过数千人，凭这个来迎敌，难道没有别的办法？"刘备说："我也心烦这个，应该怎么办呢？"诸葛亮说："现在荆州不是人口少，而是登记在户的少。一般住户都有苛刻的赋税，所以人们心中不高兴。您可以和刘表说，让国内没有登记的住户自己登记，这样的话国内人口就多了。"刘备听从了诸葛亮的计谋，军队因此强大了。刘备由此深知诸葛亮的谋略，于是以上等宾客之礼对待诸葛亮。裴松之认为，武侯自己说"先帝三次到草庐之中来拜访我"，那么就不是武侯先拜访刘备了。宋代的儒者谈论他人最为苛刻，而对于诸葛亮的出处，却无可挑剔。像《魏略》中的那些说法，都是那些瞎掺合的人做的。

武侯交游中，蒙谓徐庶最有才识。庶先名福，本姓单氏，少落拓无行，好任侠击剑。中平末（中平，灵帝年号），尝为友报仇杀人，白垩突面，披发而走。为吏所得，问其姓名，闭口不肯言。吏乃于车上立柱维磔之，击鼓以令于市。乡邻莫敢相识者。会其党伍共篡解之，始得免。由是感激，弃其刀戟，更疏巾单衣，折节向学。始诣精舍，诸生闻其前作贼，不肯与共栖止。福乃卑躬自下，蚤起恒自扫除，听习经业，义理精熟。遂与同郡石韬相亲爱，因韬以获交武侯。后出事昭烈，当阳之败，徐庶母被获，乃辞去之，指其心曰："本欲与将军共图王霸之业者，以此方寸地耳。今念母在彼，方寸乱矣，无益于事，请从此辞。"遂北去诣操。武侯北伐时，庶犹在也。观其少年意气，颇有燕赵间悲歌慷慨，先民任侠之风。忽能折节读书，服役同舍，惩忿窒欲，尤非常人所能办到。因老母被拘，决然弃其功名之热心，惟愿依依膝下，奉母家居，以尽人子之职。诚血性男儿哉！诚血性男儿哉！愿我少年人以徐庶为法也。

诸葛亮交往的人中，应该属徐庶最有才华见识了。他以前名叫福，原姓单，少年时放浪不羁，喜欢剑术，常年行侠仗义。中平末年（中平，灵帝年号），曾经为了帮朋友报仇而杀了人，以白色垩泥涂抹面孔，披头散发逃了。后来被官差抓住，官府问他姓名，他始终不开口。官差派人将徐庶绑在刑车立柱上，击鼓游街，要老百姓来辨认他的身份。老百姓感于徐庶行侠仗义，所以无人出面指认。后来经党羽营救，终于脱险。徐庶心中感激，自此以后，徐庶放下刀枪剑戟，换了衣服，潜心读书求学。刚开始他去精舍求学时，许多人听说他以武犯禁，都不肯与他往来。但他为人谦逊诚恳，早起扫除，孜孜不倦地投入学习中，对于书中的义理掌握得精炼纯熟。于是与同郡的石韬（字广元）志趣相投，成为亲密无间的好友，通过石广元的关系认识了武侯。后来他追随刘备，当阳战败后，徐庶母亲被曹操俘获，于是不得不辞别刘备，用手指着自己的胸口说："我本打算与将军共图王霸大业，耿耿此心，唯天可表。现在不幸老母被掳，已方寸大乱，即使我留在将军身边也无济于事，请将军允许我辞别。"于是北上归顺曹操。当诸葛亮北伐时，徐庶还在曹操军中。看徐庶年轻时的侠义之气，很有几分燕、赵时期的壮烈气慨，和先民遗留下来的侠士风范。他能突然之间改变想法读书，为一起学习的人干活，克制心中的愤怒，这尤其不是一般人能做得到的。只因为母亲被敌人掳去，就义无反顾地放弃功名和心中所向往的事业，只为了回到母亲的身边，在家侍奉母亲，以尽到为人儿子的职责。真是有血性的男子汉啊！真是有血性的男子汉啊！希望现在的少年都能以徐庶为学习的榜样啊。

有一国之才，有天下之才；有一世之才，有百世之才。武侯语石广元辈“卿三人仕，进可至刺史郡守”，三人问其所至，但笑而不答，一若大言欺人者。及草庐坐对，澈始澈终，谈天下事，津津然若有余味，则侯为天下才，百世才，而非一国才，一世才，不必至秋风五丈原后而知之矣。读史至此，足引起无限向上之心，不待闻鸡而后起舞也已。时侯年止二十七耳，固知大器晚成之说，非定评也。

有能治理一个国家的人才，有能治理天下的人才；有影响一个时代的人才，也有影响百代的人才。武侯对石广元等人说过“你们三人入仕为官，最高可以做到刺史、郡守的位置”，三个人都问他，他却只是笑而不答，因为他若说出来就像是说大话欺骗别人的人。当他们在草庐相对而坐，从头至尾谈论的都是当时的天下大事，充满了喜悦而兴致高昂，那么武侯就是可以治理天下的人才、百世难求的人才，而不仅仅是只治理一个国家、一个时代的人才，不必再等到他死后才能判断了。史书读到这里，就足够能引起人们努力进取之心，不用等听到鸡鸣后才开始刻苦用功了。当时武侯只有二十七岁，因此关于大器晚成的说法，也不是定论的。

第四章 赤壁成功

汉建安十二年，曹操北伐乌丸。先主说表袭许都，表不能用，事后始悔之，谓先主曰："不用君言，故为失此大会。"先主曰："今天下分裂，日寻干戈，事会之来，岂有终极乎？若能应之于后者，则此未足为恨也。"表卒，子琮代立，操引兵南下，琮遣使请降。时先主屯樊城，琮不敢告。久之，先主乃觉，遣所亲问琮。琮命宋忠来报，详告其事。先主乃大惊骇，谓忠曰："卿诸人作事如此，不早相语，今祸至方告我，不亦太剧乎？"引刀向忠曰："今断卿头不足以解忿，亦耻大丈夫临别复杀卿辈。"侯说先主攻琮，荆州可有。先主曰："刘荆州临亡，托我以孤。背信自济，吾所不为。"琮左右及荆州人多归先主，比到当阳，众十余万，辎重数千两，日行十余里，别遣关羽乘船数百艘，使会江陵。或谓先主："宜速行保江陵，今虽拥大众，被甲者少，若曹操兵至，何以拒之？"先主曰："夫济大事，必以人为本。今人归吾，吾何忍弃去？"

曹操以江陵有军实，恐先主据之，乃释辎重，轻军到襄阳。闻先主已过，操将精骑五千急追之。一日一夜，行三百东汉建安十二年，曹操率兵北上攻打乌丸。刘备劝说刘表偷袭许都，刘表不听，等到曹操从乌丸王踏顿大本营柳城班师时，刘表才后悔，对刘备说："都怪我不听你的劝，才错失了这大好机会。"刘备说："如今天下分裂，战事很多，恨不能天天都会打仗，以后还有很多机会的，哪会这么快就结束呢？如果今后能够快速反应，这一次就不必遗憾了。"刘表死后，他的儿子刘琮继承了他的位置。曹操领兵南下，刘琮派使者去投降。这时刘备正驻军在樊城，而刘琮没有告诉他。过了一段时间，刘备有所察觉，派亲信追问刘琮。刘琮派宋忠来报告事情的详细经过。刘备十分惊骇，对宋忠说道："你们这些人做出这等事，竟然都不早点告诉我，如今大祸临头了才告诉我，不是也太过分了吗？"于是将刀架到宋忠的脖子上，说道："今天，砍了你的人头都解不了我心中的恨意，同时我也以受刘景升托付而杀你等为耻。"诸葛亮劝说刘备攻打刘琮，这样就可以占有荆州。刘备说："刘表临死时托孤给我，违背信义这种事，是我不能做的。"刘踪的下属及许多荆州人士多归附了刘备，等到当阳县时，追随他的人就达十多万，粮草物资装了几千车，每天只能行进十几里，于是他另外派关羽率几百艘船从水路行进，约定在江陵会合。有人劝先主："应当全速前进去保江陵，现在虽说人众甚多，但能作战者很少，如果曹操的大军追上，我们怎么抵抗呢？"先主说："成就大业以取得天下人心为本，现在人们主动归随我们，我怎可忍心抛下他们而去？"

曹操知道江陵有军备，怕刘备先占据，就放下辎重，轻军简骑到达襄阳。听说刘备已经过去了，他亲率五千精锐骑兵急速追击，余里，及于当阳之长坂。先主弃妻子，与武侯、张飞、赵云等数十骑走，斜趣汉津，适遇羽船，得济沔。表长子江夏太守琦，亦率众万余人来会，俱奔夏口。

操下荆州，志在得先主，其锋不可当。先主以孤军保夏口，情势岌岌。侯曰："事急矣，请奉命求救于孙将军。"时权拥军在柴桑，观望成败。遣鲁肃吊刘表二子，并令与先主相结。遇于当阳，因宣权旨，论天下事势，致殷勤之意，于是侯与肃共诣权。

侯既见权，乃说之曰："海内大乱，将军起兵，据有江东。刘豫州亦收众汉南，与曹操并争天下。今操芟夷大难，略已平矣，遂破荆州，威震四海。英雄无所用武，故豫州遁逃至此，将军量力而处之。若能以吴越之众，与中国抗衡，不如早与之绝。若不能当，何不案兵束甲，北面而事之。今将军外托服从之命，而内怀犹豫之计，

一昼夜行进三百余里，到当阳县长坂时即追上先主。先主丢下妻子儿女，与诸葛亮、张飞、赵云等数十人乘马前奔，抄近路奔赴汉津，恰好与关羽的船队相逢，故得以渡过沔水。半道又相遇到刘表长子江夏太守刘琦所率的万余人马，于是大家一道奔赴夏口。

曹操攻打荆州，志在攻打刘备，来势凶猛，锐不可挡。刘备孤军奋战保全夏口，情势十分危急。武侯说："情况危急，请让我奉命去向孙权将军求援。"当时孙权驻军在柴桑，正观望曹操和刘备双方交战的情况。于是他派遣鲁肃来吊唁刘表的两个儿子，并命令与刘备结交。双方在当阳相遇，鲁肃说明孙权的来意，谈论天下大事的势态，表示恳切慰问的心意，于是诸葛亮与鲁肃一起来见孙权。

武侯见到孙权后，游说他说："现在天下大乱，将军您在江东起兵，占据了江东。刘豫州在汉南招兵马，与曹操共同争夺天下。现在曹操削平大乱，大致已稳定局面，于是攻破荆州，威势震动天下。英雄没有施展本领的地方，所以刘豫州逃遁到这里，希望将军估量自己的实力来对付这个局面。如果能用江东的兵力同中原对抗，不如趁早同他绝裂；如果不能，为什么不放下武器、捆起铠甲，向他面北称臣呢？现在将军假托服从的名义，而内心里怀着犹豫不决的心思，局势危急而不能决断，大祸没几天就要临头了！"孙权说："假若如你所说，刘豫州为什么不向曹操投降呢？"武侯事急而不断，祸至无日矣。”权曰：“苟如君言，刘豫州何不遂事之乎。”侯曰：“田横，齐之壮士耳，犹守义不辱。况刘豫州王室之胄，英才盖世，众士仰慕，若水之归海。若事之不济，此乃天也，安能复为之下乎。”权勃然曰：“吾不能举全吴之地，十万之众，受制于人。吾计决矣，非刘豫州莫可以当曹操者，然豫州新败之后，安能抗此难乎？”

侯曰：“豫州军虽败于长坂，今战士还者，及关羽水军，精甲万人。刘琦合江夏战士，亦不下万人。曹操之众，远来疲弊，闻追豫州，轻骑一日一夜，行三百余里，此所谓‘强努之末，势不能穿鲁缟’者也，故兵法忌之，曰‘必蹶上将军’。且北方之人不习水战，又荆州之民附操者，偪势耳，非心服也。今将军诚能命猛将，统兵数万，与豫州协规同力，破操必矣。操军破，则必北还。如此，则荆吴之势强，鼎足之形成矣。成败之机，在于今日。”权大悦，即遣周瑜、程普、鲁肃等水军三万，随侯诣先主，并力拒曹操。

周瑜遗像

时操军屯于赤壁，军众已有疾病。初一交战，操军败说："田横，只不过是齐国的一个壮士罢了，还能恪守节义不受屈辱；何况刘豫州是汉王室的后代，英明才智超过所有的当代人，众人敬仰、倾慕他，就像水归大海一样。如果事情不成功，就是天意，怎能再居于别人之下呢？"孙权发怒说："我不能拿全东吴的土地，十万将士，来受人控制，我已经拿定主意了！除了刘豫州就没人能够抵挡曹操了。可是刘豫州在刚打完败仗之后，怎能抵抗得住这个大难呢？"

诸葛亮说："刘豫州的军队虽然在长坂坡打了败仗，但现在归队的士兵加上关羽率领的精锐水兵，还有一万人，刘琦收拢江夏的战士也不下于一万人。曹操的军队远道而来已疲惫不堪，听说追逐刘豫州，轻装骑兵一日一夜跑三百多里，这就是所谓'强弓发出的箭到了尽头，连鲁国的薄绢也穿不透'啊！所以兵法上忌讳这样做，说'一定会使主帅遭到挫败'。况且北方的士兵，不习惯在水上作战，还有，荆州的民众所以归附曹操，是被武力的威势所逼，不是发自内心的顺服。现在将军果真能派猛将统领几万大军，与刘豫州协同规划、共同努力，攻破曹操的军队是必然的。曹操的军队被打败，势必退回到北方。这样，荆州、吴国的势力就会强大，三国分立的形势就会出现。成败的关键，就在今天！"孙权听了非常高兴，立即派遣周瑜、程普、鲁肃等率领三万水军，跟随武侯拜会刘备，一起抗拒曹操。

当时曹操驻军在赤壁，很多军士已经患了疾病。初次交战，曹退，引次江北。瑜等在南岸，瑜部将黄盖曰："今寇众我寡，难与持久。然观操军方连船，舰首尾相接，可烧而走也。"乃取蒙冲斗舰数十艘，实以薪草，膏油灌其中，裹以帷幕，上建牙旗。先书投操，欺以欲降，又豫备走舸，各系大船后，因引次俱前。操军吏皆延颈观望，指言盖降。盖放诸船，同时发火。时东南风急，因以十舰最着前，中江举帆。盖举火白诸校，使众兵齐声大叫曰："降焉。"操军人皆出营立观。去北军二里余，同时发火，火烈风猛，往船如箭，飞埃䒷（音肸，大赤也）烂。烟炎涨天，烧尽北船，人马烧溺，死者甚众，延及岸边营砦。先主与瑜等，率轻骑锐军继其后，雷鼓大进，北军大坏。操败退，留曹仁等守江陵，径自北归。先主遂收江南，以侯为军师中郎将，使督零陵、桂阳、长沙三郡，调其赋税，以充军实。

操败退，驻扎在江北。周瑜的军队停在江南与曹操对峙，周瑜的部将黄盖说："现在敌多我少，很难与他们持久对峙。曹操的军队正好把战船连接起来，首尾相接，可用火攻来打退他们。"于是调拨十只大小战船，装满干苇和枯柴，在里面灌上油，外面用帷帐包裹，上面树起旗帜，先送信给曹操，假称要投降，接着预备好轻快小船，系在战船的尾部，其余船只都依次前进。曹操军中官员都伸长脖子看，指指点点地说黄盖来投降。黄盖放开大船，同时点起火。这时东南风来势很急，黄盖把十只战船排在最前头，到江中挂起船帆，举起火把让各位校尉命令士兵一齐大喊："来投降了！"曹操军中的将领、士兵都走出营房站在那里观看。离曹操军队二里多远时，各船同时点起火来，火势很旺，风势很猛，船只往来像箭一样。霎时间，烟火满天，人马烧死的、淹死的很多，并蔓延到岸上营寨。刘备、周瑜等率领着轻装的精兵跟在他们后面，擂鼓震天，曹军彻底溃散了。曹操大败，于是留下征南将军曹仁把守江陵，自己率领其余的军队退回北方。这样，刘备收复了江南，任命诸葛亮为军师中郎将，督令零陵、桂阳、长沙三郡，负责调整赋税，充实军资。

【批评】

当阳之受败，东吴之奉使，皆武侯第一次盘根错节之试验也。至赤壁一胜，而三分之局定矣。特怪旧史氏叙赤壁战事，不见于侯传，而见于周瑜传，一若其功之不属于侯者。而岂知收霜回电之手段，发踪指示之指挥，固不在吴而在侯。方曹操之下荆州，降刘琮，顺流而东也，舳舻百里，旌旗蔽天，已令吴人胆落矣。操又遣一志得意满之书于权曰："近者奉辞伐罪，旌麾南指，刘琮束手，今治水军八十万众，方与将军会猎于吴。"权得之，以示其下，莫不响震失色，多劝权降者。所主张不降者，独周瑜、鲁肃寥寥数子耳。设侯不于此时运其良平之策，说以苏张之口，则安知孙权之不为刘琮、江东之不为荆州也哉？

旧史氏以武侯劝先主袭刘琮为非，此经生迂论也。当时刘表身亡，长江无主，是取荆州于曹操，而非取荆州于刘表也。且先主不欲成大事则已，先主而欲成大事，则舍荆州外，更有何处为立足之地乎？隆中之对，已明言之。先主不用其谋，侯亦不复强者。此时操以迅雷不及之势，虎视荆州。先主、刘琦之兵，不满二万，仓猝成军，兼支两大胜负之数，安能预必？万一复为当阳之续，孑身投吴，吴人缚而献

【评论】

当阳战败，奉命出使东吴，都是武侯第一次处理如此繁难复杂事情的试验。直到赤壁之战的胜利，三分天下已经成为定局。令人奇怪的是以前史官记录赤壁之战的战事，没有记载到武侯列传，而是写到了周瑜传中，好像这份功劳不属于武侯似的。他们不知道收霜回电的手段，幕后的操纵指挥，不是东吴而是武侯。当时曹操南下荆州，刘琮投降，顺着长江东下的时候，战船连接百里，旌旗遮蔽天空，已经让吴军害怕了。曹操又派人送来一封得意洋洋的信，说："近来我奉皇帝命令讨伐有罪的人，军旗指向南方，刘琮投降。现在训练了水军八十万之多，正要同将军在东吴一起打猎。"孙权将这封信拿给部下的众人看，没有一个不像是听到巨响而失去常态的，大多数臣子都劝孙权向曹操投降。主张不投降的，只有周瑜、鲁肃很少的几个而已。假如诸葛亮不在这个时候运用像张良、陈平的好计策，发挥像苏秦、张仪的好口才，怎么知道孙权不会步入刘琮的后尘，江东又不会沦为下一个荆州呢？

以前的史官认为诸葛亮劝刘备袭击刘琮是不对的，这是他们的言行、见解太过陈旧，不合时宜。当时刘表已经死了，长江一带没有领导者，是在曹操手中夺取荆州，而不是在刘表手中夺取荆州。况且刘备不想成就一翻大事业也就罢了，如果他想要成就一翻大事业，放弃了荆州，又哪里有更好的地方可以立足呢？当诸葛亮与刘备在隆中对话时，这种设想就已经表明了。刘备不用这个方法，武侯也不加以强求。这时曹操来势迅猛，贪婪而凶狠地盯着荆州。刘备、刘琦的军队，不到两万人，急急忙忙地组成军队，加诸操，则大事去矣。以豫州之弱，而侯犹能挟之自重，以动孙权之听，使之折而入我者，有江夏百里之地故也。设并此而无之，作穷鸟之投入，空言虽美，岂足成事？此外交之所以必有后盾也。

武侯受命于败军之际，而能转危为安，其后长驰北伐，而无内顾之忧，皆得外交之用也。昔范蠡之相越也，取远交近攻之策，而越以霸。武侯之相蜀也，取近交远攻之策，而蜀以兴。文无定法，惟其当而已矣。

先主对刘表曰："事会之来，岂有终极？若能应之于后，则可勿悔之于前。"此我少年之万金良言也。孔子取狂者而不取狷者，为狂者抱积极之进取主义故。进取之事，岂无艰阻？狷者预虑其事之有所阻，不肯枉抛心力，而蠖居以自守。使人人效彼，则世界安得有冒险家，人类安得有进化史？从来大英雄欲成大业，虽遭千万劫之失败，而其气不衰，其志不回，终必有告成之日。庸人则不然，一次失败便不敢为第二次之试验矣。刘表拥全盛之荆州而败，先主一上两次胜败的次数，怎么能预料得到结果呢？万一重蹈当阳战败的覆辙，只身一人去投奔东吴，东吴再将他绑起来献给曹操，那时就大势已去，为时已晚。以刘备那么弱小的力量，诸葛亮都能依靠他的智谋，说服孙权，使他转身投入到自己的阵营之中，无非是因为依靠着江夏百里之地。假设没有后备，身处困境如同无处栖身的鸟儿，说空话大话虽好听，但也是不能成事的。这也是为什么做外交必须有强大后盾的缘故。

武侯在败军之时接到命令，而且能化险为夷，后来又一直主张北伐，而国内没有忧患，都是外交的作用啊。以前范蠡当越国丞相，采取结交距离远的国家，而进攻离自己较近的国家的方法，而使越国称霸。武侯为蜀国的丞相，采取的是结交邻近国家，而进攻距离自己较远的国家，使蜀国得以兴盛。治国方略没有什么一成不变的模式，只要运用得当就可以了。

先主刘备对刘表说："以后还有很多机会，哪里会这么快就结束的？如果今后能够快速反应，这一次也不必遗憾了。"这是对我们年轻人非常宝贵的劝告和教诲啊。孔子赞同敢作敢为而不赞同拘谨保守的人，是因为敢作敢为的人有一种积极的进取精神。而积极向上的事情，哪里不会有艰难和阻碍呢？拘谨保守的人，事先考虑到会遇到很多困难，就不想枉费心血，蜷缩起来以求自保。每个人都效仿这样的话，这个世界上哪里还有什么冒险家，人类又哪里会有进化史？自古以来，大英雄们想要成就一翻大事业，虽然遭遇千万次的劫难和失败，气势不减，坚持不懈，终有大功告成的一天。平庸的人却不会，有了一次失败的经历后就不敢再尝无凭借而成，成败之机，观此可知。

英国历史中有一事，足以证明鄙说者。译之如下：

苏格兰当柏鲁思王在位时，国内多故，英人思乘其弊，一举下之。苏格兰六战六败，兵尽援绝，亡在旦夕。柏鲁思忧思无策，遁入荒山。山中不见一人，居无屋，食无粮，夜色沉沉，天又大雨，一时感慨无聊，悲愤欲绝。见一蜘蛛，在其头上结网，风动枝摇，弱丝易断。旧者断，新者续，如是凡六次而终不成，柏鲁思伤之。然蜘蛛终不以累次之失败，而自绝于天，则更试其第七次之运动。柏鲁思视其一顾一却，凄凉之感以忘，私心为之希冀曰："庶几其成功乎？"而果也，精神所至，阻力尽消，烈风骤雨，不能毁一发之丝，而网以成。柏鲁思乃奋然起曰："我亦愿为最后之决战。"觅路而归，即以蜘蛛之事，通告国中。因苏人累败之余，兵气不扬，藉此以激之也。于是流亡皆集，英人累胜而骄，苏人皆怀死志，遂大胜之。

战争者，人类最大之戏剧也。故西国史家重之，震古烁今之大战事，史家记载，往往多至数十万言，虽千百年后读试第二次了。刘表拥有整个荆州还是失败了，而刘备什么都没有却成功了，成功失败的关键从这里可以看出。

英国历史上有一件事，足以证明这种说法。翻译过来故事如下：

苏格兰的柏鲁思王在位时，国内多变故，英国人想着趁机一举将苏格兰攻克。苏格兰六战六败，士兵都快打完了，也没有了后援，眼见着就要灭亡了。柏鲁思十分忧虑，却又苦无对策，就逃避到荒山野岭。山里见不到一个人，没有房子住，没有东西吃，天色越来越暗，天又下起了大雨，柏鲁思一时间心中感触不已，痛苦到不想活了。突然他看到一只蜘蛛，在自己头顶上方结网。树枝随着风摇动，残弱的细丝特别容易断。原来的断了，新的又连接起来，如此反复了六次还是没有成功。柏鲁斯很为之感伤，然而蜘蛛却不因为多次的失败而放弃，依然进行第七次尝试。柏鲁思见到蜘蛛这样一来一回，自己内心的悲凉之情便忘记了，私下里多了几分希望，说："差不多快成功了吧？"果然，坚持的精神所到，阻力自动消失，狂风暴雨都不能毁掉蜘蛛的一根丝线，最后终于结成了网。柏鲁思振奋精神起身说道："我也愿意进行最后的决战。"于是找到下山的路回去，将蜘蛛结网的事情向全国通告。因为苏格兰人多次失败，士气低迷，柏鲁思借这件事鼓励国民。于是流亡在外的人们都集结起来，英国人多次连续的胜利后变得骄傲了，而苏格兰人都抱着必死之心参加战斗，于是苏格兰大胜。

战争，是人类最大的戏剧。因此西方国家的史学家们十分重视，功绩显赫的大战事，史学家的记载，往往多达好几十万字，即之，犹如身亲其境。赤壁之战，是吾国历史上何等大事。而旧史氏乃以数百言了之，后之人而欲见先民之精神于散阙之史乘，其亦难矣。

使在千百年之后读到，却仍然让人有身临其境的感觉。赤壁之战，在我国历史上是怎样的一件大事啊！然而以前的史官竟然就用几百个字草草了事，让我们这些后人想在零散的史书中一睹祖先的风彩，也是难啊！

第五章 成都荆州之一成一败

建安十六年，益州牧刘璋遣法正迎昭烈，使击张鲁。昭烈留侯与关羽镇荆州，由江州赴成都，北讨张鲁，自葭萌还攻璋。侯与张飞、赵云等率众溯江，分定郡县，与昭烈会成都。成都平，以侯为军师将军，署左将军府事，于是并用群才。凡刘璋所尝投任及其婚姻，与所排摈忌恨，悉别其器，能处以显任。

先主外出，侯常镇守成都，足食足兵，惟刑法峻急，上下震恐。法正谏曰："昔高祖入关，约法三章，秦民知德。今君假借威力，跨据一州，初有其民，未垂惠抚。且客主之义，宜相降下，愿缓刑弛禁，以慰其望。"侯答曰："君知其一，未知其二。蜀土人士，专权自恣。宠之以位，位极则贱，顺之以恩，恩竭则慢。今吾威之以法，法行则知恩，限之以爵，爵加则知荣。为治之要，于斯而著。"

建安二十四年，孙权以先主已得益州，欲索还荆州，以为赤壁战胜之报，先主未许。权遣吕蒙袭夺长沙、零陵、桂阳三郡，先主乃与权连和，分荆州、江夏、长沙、桂建安十六年，益州牧刘璋派遣法正迎接刘备，并让刘备攻打张鲁。刘备留下武侯和关羽镇守荆州，从江州出发奔赴成都，北上讨伐张鲁，从葭萌回到原处攻打刘璋。武侯和张飞、赵云等率军队溯长江而上，占领了沿江两岸及巴郡，与刘备在成都会合。成都安定后，刘备任命诸葛亮为军师将军，署左将军大权管理府事，于是启用各路英雄和有才能的人。凡是刘璋的旧部，曾经想要投靠的，及他们的家属，与旧部中招到排挤忌恨的，全部都给予不同程度的器重，有能力的安排在显要的位置。

每每刘备出兵征伐，武侯便负责镇守成都，为刘备提供足够的粮食和兵力。唯独在刑法方面很是严厉，上上下下的人都很惊恐害怕。法正规劝说："以前汉高祖入关时，曾经约法三章。秦国民众感念他的恩德。如今您借着主公的名义，占据一州，才刚刚开始治理百姓，不及时对他们施以恩德和体恤，行待客之礼，应该使他们降服和归顺，希望您能解除禁令，让他们心里得到安适。"武侯回答道："您是只知其一，不知其二。蜀地的人专权武断，自以为是。我给他们高位以示宠爱，官位无法再高时反而受到轻视，顺从他们的要求，施以恩惠，不能满足的时候就会受到轻慢。我现在要树立法令的威严，法令执行时，人们便会感谢我们的恩德，以爵位限制官员的地位，加爵的人就会觉得很光荣。这是治国的根本，由此可以清楚地显示出来。"

建安二十四年，孙权因为刘备夺得了益州，想要回荆州，作为赤壁之战胜利后的回报，刘备没有答应。孙权派吕蒙偷袭夺取了长沙、零陵、桂阳三郡，刘备于是又与孙权连和，默认了荆州、江阳界之。越三年，先主率诸将进兵汉中，与魏将夏侯渊、张郃等相拒。明年大破渊军，操引兵来战，先主领众拒险，操无功而还。先主遂有汉中，侯以高祖以汉王王汉中，出定三秦，遂有天下，乃率群下，上先主为汉中王。

建安二十五年，曹丕废献帝而自立，群下劝先主正位号，先主未许。侯曰："昔吴汉、耿弇等初劝世祖即帝位，世祖辞让，前后数四。耿纯进言曰：'天下英雄喁喁，冀有所望。如不从议者，士大夫各归求主，无为从公也。'世祖感纯言深，遂然诺其言。今曹氏篡汉，天下无主，大王刘氏苗族，绍世而起，今即帝位，乃其宜也。士大夫随大王久勤苦者，亦欲望尺寸之功如纯言尔。"先主于是即皇帝位，建元章武，策侯为丞相。

章武元年秋，先主忿关羽之败，帅诸军伐吴以报怨。侯留守成都，及先主兵败还永安，叹曰："使孝直在，必能谏上不东行也。"

附吕蒙取荆州事

吴将吕蒙拜汉昌太守，与关羽分土接境。知羽骁雄，有并兼心，且国夏、长沙、桂阳是东吴的领地。过了三年，刘备率领军队进攻汉中，与魏国大将夏侯渊、张郃相抗衡。第二年，刘备打败夏侯渊军队。曹操率兵来战，刘备带领军队凭借险要拒敌，曹操无功而返。刘备于是占领汉中，武侯因为高祖当初先是以汉王统领汉中，后来才平定三秦，统一天下，所以拥立刘备为汉中王。

建安二十五年，曹丕废掉汉献帝自己称帝，群臣劝刘备称帝，刘备不答应。武侯说："从前吴汉、耿弇等人规劝世祖光武皇帝称帝登基，世祖推辞不允，先后推让四次。耿纯于是进言说：'天下英雄对您十分景仰，希望追随您。如果您不采纳众人的建议，大家就会各择新主，无人再跟随您了。'世祖感到耿纯的话很在理，于是答应了众人的请求。现在曹丕篡汉，天下无主，大王乃刘氏皇族后裔，承汉室世系，即位登基，此乃合情合理之事。士大夫们长期追随大王，历经艰辛困苦，也是希望像耿纯所说的那样能建下尺寸之功啊！"刘备于是即位称帝，改年号为章武，并册封诸葛亮为丞相。

章武元年秋天，刘备怀恨关羽吃了败仗，率领军队攻打东吴为此报仇。武侯留守成都，到刘备兵败退回永安，叹息道："如果法正还在，肯定会劝得主公不攻打东吴啊。"

附吕蒙取荆州事

东吴将领吕蒙被任命为汉昌太守，和关羽驻守的领地地界相连。吕蒙心知关羽勇猛威武，很难打得过他，又常怀有兼并之心，而且位居长江上游，恐怕目前互相拒守的形势难以持久。鲁肃等居上流，其势难久。鲁肃等以曹操尚存，祸难始构，宜相辅协，与之同仇，不可失也。蒙谓："当今国势，何忧于操，何赖于羽？不于强壮时图之，一日僵仆，复欲陈力，其可得耶？"权深纳其策，又与论取徐州意。蒙对曰："今操远在河北，抚集幽、冀，未暇东顾，徐州往自可克。然地势四通，今日得之，操后旬必来争，虽以七八万人守之，犹当怀忧。不如取羽，全据长江，形势益张。"权尤以此言为当。时关羽方与操战于樊城，擒其将于禁，威名大震，然仍留兵将备公安南郡，恐蒙图其后故也。蒙乃诈称病，笃还建康，言于权曰："陆逊意思深长，才堪负重，而未有远名，非羽所忌。"权使逊代蒙镇陆口，羽果尽撤备兵。蒙阴还寻阳，尽伏其精兵舳舻中，使白衣摇橹，作商贾人服，昼夜兼行，至羽所置江边屯候，尽收缚之，是故羽不闻知。遂降南郡，蒙入城，尽得羽及将士家属，皆抚慰，约令军中，不得干历人家，有所求取。羽还，在道路数使人与蒙相问，蒙辄厚遇其使，使者私相参讯，咸知家门无恙，见待过于平时，故羽吏士无斗心。羽父子见虏，荆州遂定。

认为曹操还在，祸患刚起，吴蜀联盟理应互相协助，同仇敌忾，不可彼此失信。吕蒙说："以当前国家的形势，曹操没什么担心的，关羽也没什么可以依仗的。不在我们强壮时除掉这一后患，一旦我们不在了，那时再想和他较量还会成功吗？"孙权采纳了吕蒙的计策，又与他讨论如何攻打徐州。吕蒙说："曹操现在远在黄河之北（指邺城，当时首都许都形同虚设，大小事务皆直接禀告邺城），正处理幽州、冀州的事，没时间顾及徐州。徐州兵力不足，如率军攻打一定可以拿下。但是徐州地势开阔，四通八达，就算今日拿下徐州，曹操十日内必来反攻，就算派七八万军队防御也不一定能守住。不如攻打关羽，依靠长江之险利于防守。"孙权很是认同吕蒙的分析。这个时候关羽正在樊城攻讨曹操，擒获了曹军的将领，名声大震，但还是留下很多军队守备公安、南郡，以防备吕蒙的偷袭。于是吕蒙对外假称病重，要到建康休养，对孙权说："陆逊这个人谋虑深远，才干足能担负重任，又没有太大的名声，关羽不会有所顾忌。"孙权派陆逊代替吕蒙镇守陆口，关羽果然将后方兵将都撤走，专心攻打樊城。吕蒙又暗地里前赴寻阳，将精兵埋伏于小船中，令将士身穿白衣，乔装成商人，日夜急行，直到江边，将关羽所设置的守兵尽数制伏，因此身在樊城战线的关羽对吕蒙的行动毫不知情。成功袭取南郡后，吕蒙入驻城中，擒得关羽及其军队的将士家属，并采取怀柔策略，抚慰各军家属，又严令约束军士不得侵犯城中百姓，更不能豪取强夺。关羽回来的时候，在道路上数次派人与吕蒙相通消息，吕蒙每次都厚待使者，让他向前线士卒的家属致问或投送家书。士卒们得知家门无恙，所受的招待甚至比平时更好，这时关羽的军士们都变得全无斗心。后来关羽父子被抓，东吴于是平定了荆州。

附陆逊破蜀兵事

先主伐吴，当孙权黄武元年也。权命陆逊为大都督，发五万人拒之。先主从巫峡、建平连围夷陵界（今湖北宜昌东湖到东），定数十屯，以金帛爵赏，诱动诸夷。先遣吴班将数千人于平地立营，欲以挑战。吴将皆欲击之，逊曰："备举兵东下，锐气始盛，且乘高守险，难可卒攻。攻之纵下，犹难尽克，若有不利，损我大势，非小故也。今但且奖厉将士，广施方略，以观其变。若此间是平原旷野，当恐有颠沛交驰之忧；今缘山行军，势不得展，自当罢于木石之间，徐制其弊耳。"诸将不解，以为逊畏之，各怀愤恨。备知其计不可，乃引伏兵八千，从谷中出。逊曰："所以不听诸君击班者，揣之必有巧故也。"逊上疏曰："夷陵要害，国之关限，虽为易得，亦复易失。失之非徒损一郡之地，荆州可忧。今日争之，当令必谐。备不守窟穴，而敢自送。臣虽不才，凭奉威灵，破坏在近。备不水陆俱进，反舍船就步，处处结营，察其布置，必无他变。"诸将并曰："攻备当在初今，乃令入五六百里，相持经七八月，其诸要害，皆以固守，击之必无利矣。"逊曰："备更事多，其军始集，思虑精专，未可干也。今住已久，不得我便，兵疲意沮，计不复生。犄角此寇，正在今日。"乃先攻一营，不利。诸将皆曰："空杀兵耳。"逊曰："吾已晓破之

附陆逊破蜀兵事

汉王刘备率领大军向东进攻吴国，正是孙权建立吴国的黄武元年。孙权任命陆逊为大都督，率五万大军抵抗刘备。汉王从建平沿长江南岸翻山越岭到吴国的夷陵边界（现在的湖北宜昌，东湖到东一带），设立几十处屯兵，用黄金、布帛、爵位赏赐诱动各夷族人，先遣将领吴班率几千人在平地立营，想来挑战。吴国将领都请求出兵迎击，陆逊说："刘备率军沿长江东下，锐气正盛，而且凭据高山，坚守险要，很难向他们发起迅猛的进攻。即使攻击成功，也不能全将他们击败，如果攻击不利，将损伤我们的主力，绝不是小小的失误。目前，我们只有褒奖和激励将士，多方采纳和实施破敌的策略，观察形势变化。如果这一带为平原旷野，我们还要担心有互相追逐的困扰；如今他们沿着山岭布署军队，不但兵力无法展开，反而会困在树木乱石之中，自己就会渐渐精疲力竭，我们要有耐心，等待时机加以攻击。"属下将领一时无法理解，都认为陆逊是胆小害怕，心中怀有愤恨。刘备知其计不能施行，于是带领八千人伏兵，从谷中撤出来。陆逊说："我之所以不听从各位进击吴班，是因为揣测到蜀军必有诈伪的缘故。"陆逊上奏孙权说："夷陵是军事要害之地，我国重要的关隘，虽说容易夺取，但也容易丢失。失去夷陵并非只是损失一郡的土地，主要是荆州由此令人担忧。现在争夺此地，务必取得成功。刘备违背常理，不守着自己的老巢，而竟敢自来送死。为臣虽说不才，但凭借陛下的声威，击破歼灭蜀军，即在眼前。为臣起初担心他水陆并进，如今他反而舍弃舟船专以步兵作战，处处扎营相连，观察他的军事部署，肯之术。”乃勑各持一把茅，以火攻拔之。回率诸军，同时俱攻，破其四十余营。备升马鞍山，陈兵自绕。逊督促诸军，四面蹙之。土崩瓦解，死者万数。备因夜遁入白帝城，其舟船器械，水步军资，一时略尽。尸骸漂流，塞江而下。备大惭恚曰：“吾乃为逊所折辱，岂非天耶？”

当御备时，诸将军或是孙策时旧将，或公室贵戚，各自矜持，不相听从。逊案剑曰：“刘备天下知名，曹操所惮，今在境界，此强对也。诸君并荷国恩，当相辑睦，共剪此虏。上报所受而不相顺，非所谓也。仆虽书生，受命主上。国家所以屈诸君使相承望者，以仆有尺寸可称，能忍辱负重故也。各任其事，岂得复辞？军令有常，不可犯矣。”及至破定没有什么大的变化。”众将领都说：“攻打刘备应当在他刚进军的时候，如今让他深入境内五、六百里，相互对峙七、八个月，很多要害关隘都被他们控制坚守，出击必然对我们不利。”陆逊说：“刘备经历的战争很多，他的军队刚刚集结时，考虑精密用心专一，不可轻易进犯他。如今他驻扎时间很长了，没有占到我们的便宜，军队疲惫情绪沮丧，再也想不出新的计策。抵触这种敌人，现在正是时候。”于是陆逊先出兵进攻蜀军一处营寨，失败了。众将领都说：“这是白白让兵卒去送死。”陆逊说：“我已掌握到打败敌人的办法了。”于是命令全军将士每人拿着一把茅柴，用火攻的办法攻破蜀军的营寨。陆逊便率领各军同时进攻，攻破蜀军四十多处营寨。刘备登上马鞍山，列阵布军防守。陆逊督促各军四面收围紧逼，蜀军土崩瓦解，死者数以万计。刘备乘黑夜逃到白帝城，蜀军船只军器、水军步兵的物资，一下子全都丢失殆尽，兵卒尸体随水漂流，拥塞江面而下。刘备十分悔恨忿怒，说：“我竟受到陆逊的侮辱，这难道不是天意吗？”

陆逊受命抵御刘备的时候，部下将领，有些是讨逆将军孙策的老部下，有些是孙权的同族或亲戚，都骄傲自大，不服从指挥调度。陆逊于是召集众将领议事，手按宝剑说：“刘备天下知名，连曹操都畏惧他。现在他带兵来攻，是我们的劲敌。希望诸位将军以大局为重，同心协力，共同消灭来犯敌人，表面上说受到主公的恩德，实际上大家却不服从管理，这是不可以的。我虽然是个书生，但主上拜我为大都督，统率军队，我当克尽职守。国家之所以委屈诸位听从我的调遣，就是因为我还有可取之处，能够忍受委屈，负备，计多出逊，诸将乃服。

【批评】

列国割据之时，连衡合纵，惟利是趋，未有于己国无利，而贸然为之者也。当东吴之许侯共拒操于赤壁也，岂为侯哉？以为大敌当前，而两雄不和，徒资渔人之利。以先主之兵微将寡，岂足称为劲敌？退操之后，除之未晚，固不必急切下手，以致蹈险耳。不意荆州暂住而益州之动机又至。周瑜虽欲为先发制人之计（周瑜说权，乘刘备未定去取益州。见本传）而已，不及侯遂成大业于从容谈笑之顷。而赤壁之战一若专为刘氏者，此周瑜之所以愤愤而不平也。侯诚可谓善于外交矣，惜乎关羽虎将自矜，未知远计，终为吕陆所乘。长江之险，尽为吴有，以致困守蜀中，不能赴中原之事变。此则成败利钝，非能逆睹，而外交界之风云智者亦难豫测者耳。

侯生平所学，兼及申韩，承汉季法令废弛之后，非此何以立国。议者动引汉高三章之法，以相非难，而不察其所承之时，非秦皇比也。武侯之所谓法治，固与今立宪国之法治担重任的缘故。大家各任其事，各司其职，怎么能够相互推辞？军令如山，违者要按军法从事，大家切勿违反！”直到打败刘备，大多计策谋略都是陆逊想出来的，于是各位将领对陆逊心服口服。

【评论】

战国分裂时，连衡合纵，唯利是图，对于自己国家没有好处的事，没有谁愿意轻易去做。当东吴答应武侯一起在赤壁对抗曹操的时候，难道是为了武侯吗？当大敌当前，双方不和平共处，只是让敌人趁虚而入罢了。凭当时刘备薄弱的力量，哪里是曹操的对手？击退曹操之后，再除掉刘备也不晚，因此不必急着动手，这也是一场历险。没想到荆州暂时给刘备驻军而夺取益州的想法又出现了。周瑜虽有先发制人的计策（周瑜劝孙权，趁现在刘备还没有安定下来时夺取益州。事情在本传中有讲），却赶不上武侯只在谈笑瞬间就把大事敲定的从容。而赤壁之战好像是专门为了刘备打的，因此周瑜才愤愤不平。武侯确实善于外交，可惜关羽以猛将自负，考虑事情不够长远，最终被吕蒙、陆逊所算计。长江天险，全部都归东吴占有，以致于出现蜀被围困、而不能远赴中原的变故。这就是成败的关键，有些事情并不能事先预知，就算在外交谈判方面，即使是有雄韬大略的聪明人也难以预料得到。

武侯一生所学的，包括申韩之术，在汉朝法令懈怠的时候，不懂这些就无法立国。评论者引用汉高祖当初的约法三章，用来为难，却没有看清楚所承袭的时间不同，并不能和秦朝那时候可比。诸葛亮所提倡的法治，当然和现在的立宪法治国的法治不相同，然不同，然立宪国苟无此精神，则亦不足为国矣。今日日言法治，而法制扫地，治道日棼，长此不已，大乱即至。望我浩然独立之少年，在家则守伦常之法，在校则守学校之法，与人交则守社会之法，法律至而自由在其中矣，如此方许为共和之民。上无道揆，下无法守，能立于世界者，无有也。

侯劝先主亟正位号，而引耿纯之语为言，岂侯之志仅止于攀龙附凤而已乎？曰非也。当时之人，心系于君权，而君权最高之名，称则曰皇帝。魏已称帝，而蜀不尔，则是以小朝廷自居，殊不足以维系人心，号召中外。且利用曹丕篡位之名，绍汉正统，以离散魏人而作。本国将士之气，此实侯灵敏之手段也。

关羽、吕蒙、陆逊，皆一时智勇之将，然羽败而蒙、逊成者，一则徒有智勇，一则加之以深沉也。读拿破仑传，则失败与胜利参半；读纳尔逊传，亦失败与胜利参半。而最后之胜利，终不在拿破仑，而在纳尔逊者，亦以拿破仑生平，终欠深沉之故。智勇可由生成，深沉必由学力。少年人头角峥嵘，每视此为迂谈，而他年失败之机，必暗伏其中矣。不可不痛遏其骄矜之气，以勉成伟大之国民也。

而立宪治国如果没有这种精神，也就不能够称得上一个国家了。如今天天喊着依法治国，却是将法律制度扫地，治理国家的政策越来越混乱，长久下去，国家就要大乱了。希望我们现在正直、独立有为的年轻人，在家时遵守伦常礼法，在学校时遵守学校的规章制度，在和他人交往时遵守社会法律，那么自由也就在其中了，这样才称得上为共和国的子民。上没有法度、准则，下没有法制可以遵守，能矗立于世界之林，那是不可能的。

武侯在规劝刘备正式称帝的时候，引用了耿纯的话，这难道是武侯的志气想法仅仅是攀龙附凤而已吗？当然不是的。当时人们的心里，想着的都是君权，而君权的最高名称，就是皇帝了。魏已经称帝了，而蜀不称帝的话，只能让人认为是小朝廷，这样是不能够维系安定人心，对内外发出有力号召。而且利用曹丕篡位的恶名，继承汉室正统，离间魏人用来鼓舞本国将士的士气，武侯的技巧实在是机敏灵活啊。

关羽、吕蒙、陆逊都是当时智勇双全的将领，然而关羽失败了而吕蒙、陆逊却成功了，是因为一个只有智谋和勇气，一个除了智谋和勇气外又加了几分深沉和冷静。读《拿破仑传》，是失败和胜利各自占一半；读《纳尔逊传》，也是失败和胜利各占一半。然而取得最后的胜利的，不是拿破仑，而是纳尔逊，也是因为拿破仑一生，考虑问题终究还是欠缺深沉和周密的缘故。智谋和勇气可以是天份，而深沉、周密却一定是学来的。年轻人显露出才华，每每认为这些是迂阔的谈论，后来失败的危机，一定是早就潜藏在其中了。少年人要遏制骄傲自大的习气，来做个我国伟大的国民。

第六章　武侯之外交

章武三年，先主于永安病笃，召侯于成都，托以后事。谓侯曰："君才十倍曹丕，必能安国，终定大事。若嗣子可辅，则辅之；如其不才，君可自取。"侯涕泣曰："臣敢不竭股肱之力，效忠贞之节，继之以死。"临终时，呼鲁王与语："吾亡之后，汝兄弟父事丞相。"遂崩。后主禅即位，改元建兴，封侯为武乡侯，开府治事。顷之，又领益州牧，政事无巨细，咸取决焉。于是此世界之伟人，益发展其才，以指挥天下事矣。编官职修法制，开诚布公，与物无竞，境内大治。

自先主驻永安，吴人惧有后图，复来请和。会先主崩，尚书邓芝见侯曰："主上幼弱新立，宜遣大使，往申吴好。"侯曰："吾思之久矣，未得其人耳。今始得之。"芝问谁，侯曰："即使君也。"因遣芝往时，孙权犹未显与

成都昭烈图

章武三年春，先主刘备在永安病危，把诸葛亮从成都招来，把自己的身后事托付给他，先主对诸葛亮说："你的才华胜过曹丕十倍，肯定能够使蜀国安定，最终成就大事业。如果我的儿子值得辅佐，你就辅佐他；如果他没什么才能，你可以取代他为君。"诸葛亮流泪道："臣一定竭尽全力，奉献忠贞，到死为止！"刘备临死前又对鲁王说："我死了以后，你们兄弟，要像对待父亲一样尊敬丞相。"于是刘备就驾崩了。刘禅即位后，改年号为建兴元年，封诸葛亮为武乡侯，特别允许他可以开设官府理事。不久，武侯又兼任益州刺史的职务，政事不分大小，都由他裁决。于是，世界上如此令人敬仰的人物，越发能够施展其才华，用以对天下大事发令、调度了。武侯设定官职，修改法制，坦诚相待，与世无争，国家政治修明，局势安定。

刘备在永安驾崩以前，吴王孙权害怕蜀国有什么图谋，派人请求和好。刘备死后，邓芝就去拜见武侯，说道："现在主上年纪还幼小，又是刚即位，应该派遣大使重新申明和吴国通好之意。"武侯答复他说："这件事我考虑很久了，就是没有找到适当的人选罢了，今天可找到了呀！"邓芝问这人是谁，诸葛亮说："就是使君您啊！"于是派邓芝去和孙权敦睦邦交。孙权还在犹疑是否要改变外交政策，和魏断绝关系，不肯立刻见邓芝。邓芝于是自己上表请求晋见孙权，说道："小臣今天来也是为了吴国，不仅仅是为了蜀国啊。"孙权这才见他，对邓芝说："我诚心想和蜀国亲和，但是担心你们国主年纪太小，国土狭窄而形势紧迫，被魏人所利用，不能保全自己，因此才犹豫的啊！"邓芝回答说："大王您是名高一世的英明魏绝，心怀狐疑，不时见芝。芝乃自表请见权曰：“臣今来亦欲为吴，非但为蜀也。”权乃见之，语芝曰：“孤诚愿与蜀和亲，然恐蜀主幼弱，国小势偪，为魏所乘，不自保，全以此犹豫耳。”芝对曰：“大王名世之英，诸葛亮亦一时之杰。蜀有重险之固，吴有三江之险，合此二长，足为唇齿，进可兼并天下，退可鼎足而立，此理之自然也。大王今若委质于魏，魏必上望大王之入朝，下求太子之内侍。若不从命，则奉辞伐罪，蜀必顺流东下，见可而进。如此江南之地，非复大王有也。”权然之，良久曰：“君言是也。”遂自绝魏，与蜀连和，遣张温报聘于蜀。蜀复令芝重往，权谓芝曰：“若天下太平，二主分治，不亦乐乎？”芝对曰：“夫天无二日，土无二王。如并魏之后，大王未深识天命者也，君各茂其德，臣各尽其忠，将提枹鼓，则战争方始耳。”权大笑曰：“君之诚款，乃当尔邪！”权与侯书曰：“丁厷掞张（谓丁厷之言浮艳），阴化不尽，和合二国，惟有邓芝。”自是吴蜀通好，并力图魏。时事所宜，权辄令陆逊语侯，并刻权印，以置逊所。权每与侯书，常过示逊，轻重可否，有所不安，便令改定，以印封行之。

魏闻先主之丧，遣华歆、王朗、陈群、许芝、诸葛瑾等，各致书于侯，陈天命人事，欲使举国称藩。侯遂不报书，作领袖，诸葛亮也是一时的人杰。蜀国有重重的山险作屏障，吴国有三江的防阻，联合这两种长处，互为唇齿相依的盟邦，进可以兼并天下，退可以保有鼎足而立的形势，这是最自然的道理。大王今天若想向魏妥协投降，魏必然首先希望大王您入朝称臣，其次要太子进京侍奉。如果不听从他的命令，就托辞要讨伐叛逆，蜀国必然顺流而下，见到时机许可就进兵。如此一来，江南的地方就不再属于大王您所有的了。”孙权认为他说得对，过了很久说：“你说的话很对啊！”于是就主动和魏绝交，跟蜀连和，并派张温到蜀国报聘。蜀国又派遣邓芝再度前往，孙权对邓芝说：“如果天下太平，二位国君分别治理，岂不是很快乐吗？”邓芝回答说：“天上没有两个太阳，地上也没有两个国君。如果兼并魏国之后，大王您未能深切体认天命所归的话，双方的君主各自努力修德，臣子们各尽忠诚辅佐，将领们拿起擂槌战鼓，那么，战争才刚开始罢了。”孙权大笑说：“先生你的忠诚，竟是如此。”孙权写信给诸葛亮说：“丁厷言辞铺张浮艳（就是说丁厷浮躁、夸张），阴化不能完尽，能和合二国，只有邓芝。”从此后，东吴与蜀国保持友好，合力对抗魏国。根据当时形势的需求，孙权即命令陆逊告知武侯，并刻孙权的印玺放在陆逊的官署。孙权每次给武侯的书信，都让陆逊过目，措辞语气轻重，有所不妥之处，便叫陆逊修改定稿，然后用孙权印玺封好送走。

魏国得知刘备去世的消息后，派华歆、王朗、陈群、许芝、诸葛瑾等人分别写信给诸葛亮，述说尽人事、听天命，想要蜀国向魏国称藩国。诸葛亮没有回信，而是作了《正议》表达自己的立场，

《正议》以示意曰："昔者项羽，起不由德，虽处华夏，秉帝者之势，卒就汤镬，为后永戒。魏不审鉴，今次之矣，免身为幸，戒在子孙。而二三子各以耆艾之齿，承伪指而进书，有若崇、竦称莽之功，亦将逼于元祸苟免者耶！昔世祖之创迹旧基，奋羸卒数千，摧莽强族四十余万于昆阳之郊，夫据道讨淫不在众寡。及至孟德，以其谲胜之力，举数十万之师，救张郃于阳平，势穷虑悔，仅能自脱，辱其锋锐之众，遂丧汉中之地，深知神器不可妄获，旋还未至，感毒而死。子桓淫逸，继之以篡，纵使二三子多逞苏张诡靡之，认奉驩兜滔天之辞，欲以诬毁唐帝，讽解禹稷，所谓徒丧文藻烦劳翰墨者矣。大人君子之所不为也。又《军诫》曰：'万人必死，横行天下。'昔轩辕氏整卒数万，制四方，定海内，况以数十万之众，据道而临有罪，可得干拟者哉！'"

【批评】

先主临崩之语，初不闻有议其非者，惟孙盛首论之曰："夫杖道辅义，体存信顺，然后能匡主济功，终定大业。曰弈者举棋不定犹不胜其偶，况量君之才否？而二三其节，写道：“曾经的西楚霸王项羽，因为不以仁德对待百姓，即使力量强大，有帝王的威势，最终还是身败名裂，成为千古遗恨。如今魏国不吸取项羽灭亡的教训，反而去追求效仿，即使曹操有幸不死，他的后代子孙也必然要灭亡的。而现在你们都一把年纪了，行事却顺从贼子之意，就像当年陈崇、孙竦称赞王莽篡汉一样，讨好盗贼，却还是被盗贼逼迫而死！从前光武帝创业时，率领几千人就在昆阳郊外一举击溃王莽四十万人，因此可见以正道伐淫邪，胜败不在人数。到了曹操这里，诡诈奸猾，纠集十万人来战先帝，妄图救张郃于阳平，却只落得自己狼狈逃窜，不但辱没了精锐之师，还丢掉了汉中，此时他才知道，国家是不能随便窃取的，没等他退军回到家，就已染病身亡。曹丕骄奢淫逸，篡夺帝位。即使你们几个像张仪、苏秦那么能诡辩，说得天花乱坠、滔滔不绝，也不可能诋毁尧、舜，只是白白浪费笔墨而已！正人君子绝不会这么做。《军诫》中说：‘如果一万名士卒，抱着必死的决心，那就可以天下无敌了。’从前的轩辕黄帝率领几万士卒，还能击败四方，平定天下，何况我们有几十万兵马，是在替天行道，讨伐有罪的人，谁还能够与我们匹敌呢！”

【评论】

刘备临终前的话，起初没有听说有人认为不妥的。只有孙盛第一次提出质疑的观点，他说：“刘备认为武侯守大义，心中怀有信念，这样才能辅佐后主成就一翻功业。人们说下棋的人拿着棋子游移不定，肯定不能赢了对方，况且是否考量了他的才干呢？如何以摧服强邻、囊括四海者乎？备之命亮，乱孰甚焉！世或有谓备欲以固委付之人，且以一蜀人之志。君子曰：不然。苟所寄忠贤，则不须若斯之诲；如非其人，不宜启篡逆之涂。是以古之顾命，必贻话言，诡伪之辞，非托孤之谓。幸值刘禅暗弱，无猜险之性；诸葛威略，足以检卫异端，故使异同之心，无由自起耳。不然，殆生疑隙，不逞之衅，谓之为权，不亦惑哉！”

近人又谓兹数语，殆敌人毁谤之辞，所以疑误汉之君臣者，承祚不察，而遽载诸史耳。蒙以为此皆以操莽之心术，论鱼水之君臣，其言愈巧，其谬愈甚。夫先主，英雄也，英雄之奋志功名，为热血所驱使而然。死且不惧，遑计及子孙之富贵否乎？壮志未竟，大限遽至，其伤心宁有极邪！语曰：知子莫若父。后主之庸懦，先主岂不知之？循世及之明文，自不能不与后主。侯之才，先主知之谂矣。千秋万岁后，后主而能总己以听，则吞吴遗恨，尚可望武侯代了之。不然者，风雷来破斧之谗（周武王崩，成王年幼，周公摄行大事。管叔蔡叔流方于外，曰公将不利于孺子。成王疑焉，周公出征，管蔡作破斧之诗，成王乃感悟），芒棘起骖乘之祸（汉武帝崩，托昭帝于霍光，一时霍光之权震于内外。尝与昭帝同果他的心思不专一，怎么可能摧毁强大的邻国，统一整个天下呢？刘备命诸葛亮取而代之，跟之前的嘱托很矛盾。世人有评论说刘备托付儿子显示的诚意，并且表明自己作为蜀一国之君的胸襟。但孙盛并不这么认为。如果你托孤的人是一个忠诚、贤能的人，就用不着说什么；如果你找的这个人找错了，那你不是教唆人家谋反吗？因此刘备的临终之意，留下来的话语，是诡诈虚伪的话，不是托孤该说的话。幸亏刘禅懦弱不明事理，没有起猜忌阴险的心思。武侯的威望高，能够看出异志和离心，没有出什么乱子。不然，既有嫌隙而又心怀不满，这样的权术，很容易让人迷惑啊。”

近代又有人认为这几句话是敌人的闲言碎语和挑拨嘲讽的话，所以让人误以为是君臣关系很好，陈寿没有想到这一点，于是就载入史册。我觉得这都是曹操、王莽这些人的心思，说君臣之间的关系就像是鱼和水彼此相依，话说得越是巧妙好听，就越是不合情理。刘备，称得上是一位大英雄，而英雄的奋斗，为创一番功业，赢得身后名，是被心中热血所激励的。连死都不怕，还在乎后代子孙们的富贵吗？伟大的志向还没有完成，大限已到，难道有比这更为伤心的吗？俗话说，谁都比不上父亲了解自己的孩子。刘禅的昏庸、懦弱，刘备哪里会不知道的？沿袭老祖宗的规矩，又不得不传位给自己的后代。武侯的才能刘备是知道的。他死了之后，刘禅要是能够听从自己的话，那么吞并东吴的未了心愿，尚且可以指望武侯代他完成。不然的话，像周公辅政引发的流言（周武王驾崩时，成王年纪小，由周公摄政，管叔、蔡叔对外散布流言，说周公要篡夺皇位。于是成王起了疑心。当周公出征后，管叔、蔡叔公开车，光骖乘[古乘车尊者居左，御者居中，又一人居右，以防倾侧，谓之骖乘]，帝震惧若芒棘在背，光薨，遂灭霍氏），武侯将不得行其志。以艰难百战之山河，坐付诸仇雠之手，子孙之富贵，非特不可保，而反以促之，则何如付诸能者，国保而家亦长保也。故曰："嗣子可辅则辅之，如其不才，君可自取。"磊磊落落，非英雄不能有此胸襟也。是诚以国利民福为前提，而能有公天下之量者也。吾国数千年前，已有此公天下之帝王，蒙方引为历史之光荣。而论者又欲为之辨，辨之不得，又欲曲为之讳。夫亦慑于四千年来专制之余威，致懞于正理也欤？

昔克林威尔当长期国会纷扰之后，独能征爱尔兰，实行重商主义，辉国威于海外；拿破仑当大革命后，全国恐慌，独能提兵四出，蹂躏全欧，几使法国为世界共主。若是则大政治家，未有不取积极政策，而取消极政策者也。武侯遭蜀兵新败之后，不惜贬损，通好于吴，其如会稽之辱何？证以克林威尔、拿破仑两雄之事，则侯之政策，似近于叛乱，成王才醒悟过来），像霍光陪乘引发君王的恐慌（汉武帝驾崩时，将汉昭帝托付给了霍光，一时之间霍光权倾朝野。他曾经和昭帝共乘一辆车，霍光在右边作为骖乘[古时候乘车地位高的人坐在左边，驾车的人坐在中间，还有一个人坐在右边，以防倾斜，叫做骖乘]，汉昭帝像是有刺在扎他的背一样害怕。霍光死后，霍氏被灭族），武侯将无法实现自己的志向。把历经千难万苦，身经百战夺下的江山，白白拱手送给仇人，不但保不了子孙后代的荣华富贵，反而会加快他们的衰落，那为什么不托付给有才华有能力的人呢？国能够保住，家也能够保住。因此刘备说："我的儿子能够辅佐就辅佐，如果实在不行，你可以取而代之。"光明磊落，如果不是大英雄不可能有这么博大的胸怀和气魄。这也是以国家利益人民幸福作为前提，才能有治理天下的气度啊。我国几千年以前，就有禅让皇位的皇帝，历史上把这当做无比光荣的事。而有的人又要争辩了，争辩没有用，又想加以隐瞒和掩饰。他们是害怕中国四千多年来帝王专政遗留下来的威力，而把无知当作正理吗？

以前克林威尔在国会长期动乱之后，却能出征爱尔兰，实行重商主义，国威弘扬于海外；拿破仑在大革命后，全国上下一片恐慌，却能派兵四处征战，欺压全欧洲人民，几乎使法国成为世界霸主。像这样的大政治家，没有不采取积极进攻的方法，而采用消极抵抗方法的。武侯在蜀国失利以后，不惜贬损自己，跟吴国建立友好关系，这跟勾践的会稽之辱相比，又怎样呢？跟克伦威尔、拿破仑这两个人的行事方式相比，武侯采取的政策，看起来像是消极的。我的回答不是这样的。武侯的政策，首先是要北伐，平定消极。应之曰，不然。侯之政策，首在北伐，规定中原，然后转旆江东，吴将焉往？不然魏据其腹，吴扼其吭，虽有智者，不能为矣。侯盖以消极为积极者也。

中原，然后再是转战江东。这样，吴国还能往哪儿逃呢？不然的话魏国占据了蜀的腹地，东吴又抓扼住了他们的喉咙，即使有智者，也无法做到了。武侯这正是将消极政策化为积极政策啊。

第七章 武侯之拓地

今四川宁远府以南，至今之云南，秦汉之际，皆为荒服。武帝时，始开通之，置益州、永昌、牂牁、越嶲四郡，叛服不常，羁縻而已。先主定蜀，遣安远将军邓方镇抚南中（即使益州、永昌、牂牁、越嶲四郡也），夷汉相安。先主崩，益州大姓雍闿、牂牁权太守朱褒皆反。孙权又利用之，以摇动蜀中。侯以新遭大丧，未便远征，遣使安抚，皆无效。

建兴三年，吴盟既定，内顾无忧，乃议南征。将行，问计于参军马谡，谡对曰：“南中恃其险远，不服久矣。夫用兵之道，攻心为上，攻城为下，心战为上，兵战为下，愿公服其心而已。”侯纳其言，大军遂行。三月，武侯自率大军，遵水道入越嶲，别遣马忠向牂牁，李恢向益州。雍闿为其部下所杀，独其将孟获，倔强不肯归命。夏五月，武侯率师渡泸，进征益州，与孟获战，大破之，生禽获。置诸军中，问曰：“尔试观吾用兵何如？”获对曰：“恨不相知，误坠公手，如公用兵，易禽耳。”侯思马谡言，念将用兵北方，而南中好乱如今的四川宁远府以南，到现在的云南，秦汉时期，都是属于荒蛮地区。汉武帝时，才开通道路，设立益州、永昌、牂牁、越巂四郡，收服笼络控制那里的民众而已。刘备平定蜀地后，派遣安远将军邓方镇守南中（就是益州、永昌、牂牁、越巂四郡），外夷与蜀汉和平共处。刘备驾崩后，益州大姓雍闿、牂牁代理太守朱褒都起兵叛乱。孙权加以利用，意图动摇蜀中的根基。武侯因考虑到刘备刚死，不方便出军远征，派使者前去安抚，都没有成效。

建兴三年，与东吴的联盟成功，国家内部没有了后顾之忧，于是商议南征。临行前，武侯问马谡有没有什么好的计策，马谡说："南中依恃地形险要和路途遥远，不服王化已经很久了。用兵作战的原则，以攻心为上策，攻城为下策；以心理战为上策，以短兵相接为下策，望您能使其真心归服。"武侯便采纳了马谡的建议，率领大军出发。三月，他便率军从水路由安上到越巂进入南中，又派马忠进攻牂牁郡、李恢攻向益州。雍闿被他的部下给杀了，只有部下孟获，倔强不肯顺从。五月，大军渡过泸水，向益州出发，跟孟获交战，攻破他的军队，成功俘虏孟获。武侯让他参观汉军的兵营阵列，说："您看我用兵怎么样？"孟获回答说："我只是遗憾没有准备，不小心落入您的手里。像您这样用兵，是很容易被我们所擒获的。"武侯想乐祸，其天性然也，宜穷其诈，以服其心，使不敢萌异志。乃释获使还，合军复战。凡七禽而七纵之，获等心服，皆稽首曰：“公天威也，南人不复反矣！”

是年秋，四郡悉平，于是改益州为建宁郡，以李恢为太守，盖益州之平，恢之功为多也。于是分建宁、越巂，为云南郡，以吕凯为太守；又分建宁、牂牁，置兴安郡，以马忠为牂牁太守。四郡之平也，或请悉其地而郡县之，易酋长为汉官吏。侯曰：“留外官，则当留兵，兵留而无所食，一不易也；蛮新伤破，父兄死丧，子弟孤弱，留外官而无兵以卫之，终必寻仇为患，二不易也；南人累有背叛之罪，自知罪重，虽留外官终不相信，三不易也。吾欲使不留一兵，不运一粮，而纲纪粗定。夷、汉相安，岂不善哉！”言者乃服，终武侯之世，南人果不复叛。

武侯既定南中，移其青羌劲卒万余家于蜀，隶为五部，其人皆趫勇善战，所向无前。分其羸弱，配南中大姓焦、雍、娄、爨、孟、量、毛、李为部曲，置五部都尉分统之；又以蛮姓狠很不驯，而大姓富于金帛。乃劝令出金谷，募其刚起临行前马谡的话，想着以后用兵主要是在北方的战场，而南中喜欢捣乱闯祸，是天性使然，应该让他们使尽所有诈术，而收服他们的心，使他们不再生出叛变之心。于是放孟获回去，领兵再战。这样将孟获抓了七次，又放了七次。孟获等人心服口服，都恭敬地跪下赔罪说："您代表着天意，以后南人再也不会反叛了。"

这年秋天，四郡平定，于是武侯将益州改为建宁郡，任命李恢为太守，因为平定益州，李恢的功劳最多。于是，分建宁、越嶲，为云南郡，以吕凯为太守；又分建宁、牂牁，设兴安郡，以马忠为牂牁太守。平定四郡，有人建议全部设为郡县，将酋长改换为汉吏。武侯说："留捍卫边境的外来将领，就应该留下兵士；留下兵士却没有食物，这是费事的地方之一；南人刚刚经历一场大败，大多有父亲、兄弟死去，留下来的都是些孤苦无依的人，留下捍卫边境的将领，终会有前来寻仇的隐患，这是其二；南人背负着叛变作乱的罪名，自知罪业深重，就算留下捍卫边境将领，但他们也会认为我们不可信，这是其三。我将不留下一个兵士，不向这里运送一粒粮食，而让这里的纲令和法纪大致定下来，边境人民与蜀国相安无事，不是很好吗？"劝的人表示心服，直到武侯去世，南人没有再叛变过。

武侯平定南中地区后，将青羌精锐部族一万多户迁移到蜀地，分属为五部。他们都有勇有谋，骁勇善战、锐不可挡。将贫弱无依的百姓分配给南中大姓焦、雍、娄、爨、孟、量、毛、李等为部属，分别设五部都尉统领他们。其中又以蛮姓的人刚猛不易驯服。而大姓家族比较有钱。于是，就劝他们多出钱、征集蛮姓不易驯服的人狠者为家部曲，得多者奕世袭官，蛮人皆贪货物，以渐服属于汉。又收其俊杰之士为官，属出其金银丹漆，耕牛战马，以给军国之用。其后军兴旁午，累年不息，而储胥充裕，民无加赋之劳者，皆恃南中为之转输。

侯之于南中，既资用其兵力财力，亦为之兴文化，布纪纲，同乎汉俗。诸夷感其德化，渐去山林，徙居平地，建城邑，务农桑。今云南全省，及四川、贵州，苗蛮窟居之地，悉归中国版图，而成为文明之域者。荜路蓝缕，微武侯之力不至此。溯其功绩，亦当与欧美辟地名人争美矣。

【批评】

马谡言过其实，不可大用，冰铁之语，遂为观人用人定论。武侯终迷此语，致贻街亭之挫。而孟获一役，始终用谡一语，又何其言之实，一至此耶？亦与今之无实而高谈者有间矣！

武侯之征南中，说者谓其释魏吴而么么是先，致使北定中原，反为迟局，殊惋惜之。呜呼！是岂肤浅所及测哉！南彝之地，接连巴蜀，孟获得彝落之心，有如玩不为讨。则作为自己的部属，驯服蛮人多的积累起来可以世袭官位。而蛮人都是很贪于财货的，就用这种方法，慢慢地服从汉人的管理了。又吸收优秀人才来做官，同时，将他们的战马、犀革、金银丹漆等战略物资又源源不断地运往成都，以供给国家的军备之用。随后，军队兴盛，事务纷杂，多年积累下来，蜀国存储充裕。百姓没有赋税而进行劳作，都是依赖南中作为运转。

武侯在南中，既利用他们的兵力和财力，也为当地带去了蜀人的文化，颁布法令，与汉族的风俗相同。许多少数民族都被感化，于是慢慢地离开山林，迁移到平地居住，筑建城池，开始耕种田地、进行农业种植。现在的云南全省以及四川、贵州等许多苗、蛮等少数民族居住地，都全部归入中国版图，而成为文明古国的疆域。创业艰辛，不是武侯的力量不会到这种地步。追溯他的功劳，可以与西方国家开辟国土的名人相提并论了。

【评论】

马谡说的话不切实际，不可以太过重用，这话说的真是冷静而尖锐，是看人、用人的原则。武侯终究没有看透这句话，导致后来的街亭失守。然而与孟获交战中，武侯至始至终都坚持马谡这一句话，又哪里来的言过其实呢？这跟现在没有什么实际才能而在那里与人夸夸其谈的人是有差别的。

武侯的南征之战，有人说武侯要消除魏国这个隐患，先稳定吴国，致使北上平定中原，反而晚了一步，真是可惜了。唉！这哪里是那些目光短浅的人能预料到的呢？南彝一带，与巴蜀接壤，孟获虽欲驰情域外，亦安得委门庭之寇，越在疆场哉？不但此也，列国并峙之世，机会所在，苟我不急赴，则邻国将起而图之，以谋我矣。蜀不图南彝，南彝必潜谋独立，遥附于吴，大为肘腋之患。五月渡泸，深入不毛，并日而食（出师表语），侯之所以不暇自安也。

在彝落深得人心，如果忽视放任不去讨伐，即使心里向往着境外，又怎么能放过家门口的盗寇，而纵情于战场呢？不仅如此，各国相对时，机会来了，如果我不及时赶到，邻国就有可能起兵来攻打，打我们的主意。蜀不谋取南彝，南彝肯定会暗中谋划着独立，或者依附于较远的东吴，成为很近地方的隐患。五月渡过泸水，深入不毛之地，顾不上吃饭（出师表语），这就是武侯之所以来不及考虑自身安危的原因啊。

第八章 武侯之北伐

建兴五年，侯率诸军北驻汉中，以经略中原，于时魏主明帝叡即位之元年也。

建兴六年春，扬声由斜谷道取郿（斜谷在郿县西南三十里，谷之南口曰褒，北口曰斜），使将军赵云、邓芝为疑军，据箕谷，而躬率大军攻祁山。魏延欲假精兵五千，裹粮从褒中出，循秦岭而东，当子午而北，不过十日，可到长安。侯以此计为危，不用。师出祁山，戎阵整备，赏罚肃而号令明，于是天水、南安、安定三郡，皆举军相应，围天水，拔冀城，虏姜维。魏明帝西镇长安，命张郃拒蜀。

时宿将有魏延、吴壹等，论者皆以为宜令为先锋。而侯违众拔谡，统大众在前，与魏将张郃战于街亭，为郃所破，士卒离散。侯进无所据，退军还汉中。初，先主临薨，谓侯曰："马谡言过其实，不可大用。"侯初不信，至是果败。谡下狱临终，与侯书曰："明公视谡如子，谡视明公犹父，愿深维殛鲧兴禹之义，使平生之交，不亏于此。谡虽死，

姜维遗像

建兴五年，武侯率领军队北上进驻汉中，来经营、治理中原，当时是魏国明帝曹叡即位的第一年。

建兴六年春天，武侯打算从斜谷道攻取郿县（斜谷在郿县西南三十里，谷的南口叫褒，北口叫斜），派遣将军赵云、邓芝为疑兵，占据箕谷，亲率大军攻打祁山。魏延请命率精锐兵士五千人，背负粮食，直接从山谷南口中出来，沿着秦岭往东，到子午道后折向北方，用不了十天功夫，可以抵达长安。诸葛亮认为这是危而不妥的计策，于是没有采用。大军攻祁山，戎阵整齐，赏罚严肃，号令分明。于是，天水、南安、安定等郡都背叛魏而响应武侯，围困天水，夺取冀城，俘获姜维。魏明帝到达长安，任命右将军张郃监管军务，向西抵御蜀军。

当时久经战场的老将有魏延、吴壹等人，众人都认为他们适合做先锋。然而武侯违背众人的意见任命了马谡，统领他们做先锋，与魏将张郃在街亭交战，被张郃打败，士兵都被冲散。诸葛亮前进没有据点，只得退回到汉中。当初刘备临终时对武侯说："马谡言词夸大，不切实际，不可以委以重任。"武侯一开始不相信，到现在果然打了败仗。马谡被关进监狱，临终前上书对武侯说："丞相待我亲如子，我待丞相敬如父，只是恳望丞相以后能像舜帝杀鲧用禹一样照顾好我一家妻儿老小，不枉我们之间的交情。这样我死后也就放心了。"当时在场的十万将士，都感动得哭了。

无恨于黄壤也。”于时十万之众，为之垂泣。侯自临祭，待其遗孤若平生。蒋琬谓侯曰：“昔楚杀得臣，然后文公喜可知也。天下未定，而戮智计之士，岂不惜乎！”侯流涕曰：“孙武所以能制胜于天下者，用法明也；是以扬干乱法，魏绛戮其仆。四海分裂，兵交方始，若复废法，何用讨贼耶！”

街亭败，上疏请自贬。或劝侯更发兵者，侯曰：“大军在祁山、箕谷（祁山在巩昌府西和县七里，箕谷在褒城县北十五里），皆多于贼，而不能破贼，为贼所破者，则此病不在兵少也，在一人耳。今欲减兵省将，明罚思过，校变通之道于将来。若不能然者，虽兵多何益？自今已后，诸有忠虑于国，但勤攻吾之阙，则事可定贼，可死功可跷足而待矣。”于是考微劳，甄壮烈，引咎责，躬布所失于天下，厉兵讲武，以为后图。戎士简练，民忘其败矣。

魏蜀相拒，以汉中为重镇，而阴平、武都为北门锁钥。魏人若潜师南袭，则栈道剑阁，皆失其险矣。建兴七年春，复遣将陈式攻武都、阴平，魏雍州刺史郭淮率众来争，式战不利，侯自往援之，败郭淮，式卒克两郡而还。（汉中在凤武侯亲自祭祀，像对待亲人一样善待他的家人儿女。蒋琬对诸葛亮说："古时候晋国同楚国交战，楚国杀了领兵的大臣成得臣，晋文公喜形于色。现在天下没有平定，而杀了智谋之士，难道不惋惜吗？"诸葛亮流着泪说："孙武能够制敌而取胜于天下的原因，是用法严明；所以晋悼公的弟弟扬干犯法，魏绛就杀了为他驾车的人。现在天下分裂，交战刚刚开始，如果又废弃军法，怎么能够讨伐敌人呢？"

街亭失败，诸葛亮上书请求自己贬降三级。有人劝说诸葛亮再次发兵，诸葛亮说："大军在祁山、箕谷的时候（祁山在巩昌和县七里，箕谷在褒城县北十五里），都多于敌军，但没有打败敌人，反而被敌人打败，问题不在于兵少，而在我一人。现在我打算减少兵将，显明责罚，反省过失，订正变通的方法为将来做准备。如果不能这样，即使兵再多也没有什么用处。从今以后，凡是一心为国家分忧效忠的人，多多批评我的过错，那么大事就可以安定，敌人就可以打垮，大功就可跷足而待了。"于是考察有功将士，连微小的功劳也不遗漏，对壮烈之士，一一加以甄别，引过自责，把自己的过失在境内公开宣布，练兵讲武，准备将来进取。将士精简干练，民众已忘记以往的兵败了。

魏国与蜀国打仗，以汉中为战事重镇，而阴平、武都为北门的出入要道。魏人如果暗中派军队南下偷袭，栈道和剑阁就失去了地利之险。建兴七年春，蜀国再次派遣将领陈式攻打武都、阴平，魏国雍州刺史郭淮率军队来抗击，陈式危急，武侯亲自率兵前去增援，最终打败了郭淮，陈式于是攻下两郡而回。（汉中在凤翔的翔之南，地势居秦岭、巴山之间。汉水横贯中央，西汉水纵贯其四部，右据嶓冢，以瞰秦陇。左厄峣风，以通襄郢。入关之道有三：东曰子午，自洋县东百六十里之午口，北踰终南山达子口，谷长六百六十里；中曰傥骆，自洋县北三十里之傥口东，北踰小秦岭达骆谷口，谷长四百二十里，其间历盘道八十里；西曰褒斜，自褒城县北十里之褒谷东，北踰狮子岭达斜谷口，谷长四百七十里。入蜀之道，亦有三：一曰米仓道，自南郑而南，西踰米仓山，又行于孤云山，达保宁府之巴州者是也；一曰金牛道，自南郑溯汉水北岸，西至沔西，南踰剑阁，达于大剑口者是也；一曰阴平道，自沔县分道，而西北经略阳，至甘肃阶州，由文县入四川，取龙安府东之左担道出江油。此用奇之间道也。）

九年，侯复出祁山。惩前此之败，皆因粮道之艰险。乃造木牛流马，以利转输。而参军蒋琬亦能足食足兵，以相供给。侯每言公琰托志忠雅，当与吾共赞王业者也。侯围祁山，招鲜卑轲比能。比能等至故北地石城，以应汉军。于是魏大司马曹真有疾，魏明帝使司马懿西屯长安，懿使费曜、戴陵留精兵四千守上邽，余众悉出，西救祁山。侯自统诸军逆懿于上邽。将战，懿戎服莅事，使人密觇武侯，乃乘素舆、葛巾、持白羽扇，指挥三军。懿闻而叹曰："诸葛君可谓名士矣！"五月，懿遣张郃攻蜀将何平，侯使魏延等南部，地势处于秦岭、巴山之间。汉水从中央横穿过去，西部又纵穿四郡，占据右侧嶓冢，俯瞰整个秦陇。左边阻塞峣风，可以通往襄、郢。入关的路有三条：东面是子午，从洋县东面一百六十里的午口，向北穿过终南山到达子口，谷长六百六十里；中间是傥骆，从洋县北三十里的傥口东面，向北穿过小秦岭到达骆谷口，谷长四百二十里，其间有八十里盘道；西面是褒斜，从褒城县北面北里的褒谷东，向北逾过狮子岭到达斜谷口，谷长四百七十里。进入蜀地的道路也有三条：一条叫做米仓道，从南郑的西南方向过米仓山，又走到孤云山，到达保宁府的巴州；一条叫金牛道，从南郑逆汉水北岸而上，西到沔西，南到剑阁，可到大剑口；还有一条叫做阴平道，从沔县分道，向西北经略阳，到甘肃阶州，由文县方向进入四川，从龙安府东面左担道出江油。这是用奇计的小路啊。）

九年，武侯再次出兵祁山。总结前几次失败的原因，都是因为粮草运送艰难。于是他制造木牛流马，以利于运送。而参军蒋琬也能保证有充足的粮草、兵源供给。武侯每次都说起蒋公琰忠诚可靠，一定是与我一起辅佐完成王业的人。武侯包围祁山，招纳鲜卑首领轲比能。比能等人守在北地石城，以便接应汉军。但魏军大司马曹真生病了，魏明帝派司马懿驻守长安，司马懿先派费曜、戴陵带四千精兵前往上邽防守，自己则将率剩余兵力解救祁山。武侯自己率主力在上邽迎战司马懿。将要开战的时候，司马懿身着军服处理事务，派人在暗中窥探武侯。属下回报，诸葛武侯常服纶巾，执羽扇指挥战事。司马懿听闻后，感叹道：“诸葛亮真是名士啊。”

迎战，大破之。既而食尽，遂班师。张郃来追，中流矢死，魏兵皆败走。

十二年春，侯悉大众由斜谷出，以木牛流马运，据武功五丈原，与司马懿对于渭南。侯每患粮不继，己志不伸，是以分兵屯田为久住之基，耕者杂于渭滨居民之间，而百姓安堵，军无私焉。

【批评】

谨慎二字，看似平常，其实自古伟人未有不以谨慎而成，以放肆而败者。以武侯之震古烁今，其所自信者，只曰谨慎而已。观其出师请命，小挫请贬；用人如恐不尽，闻过如恐不及；至俭约终身，不使死有赢财以负知遇；略擅千古而不以先人，勋盖一时而不以自伐。真到底谨慎人也。

魏延之计，自来论史者，多以为奇计。侯之不用其言，然以三国时事证之。孟达之反新城，不八日而司马扼其谋；郝昭之守陈仓，历数旬而孔明穷于计。奇计之不可恃，而敌五月，司马懿派张郃攻打蜀将何干，武侯派魏延等人迎战，大败其军。不久粮草将尽，于是班师回朝。张郃紧追，被埋伏于高处的蜀军射中右膝，伤重病逝，魏军大败而逃。

十二年春，武侯率领十万人马由斜谷出，用木牛流马运送粮草，占据武功五丈原，与司马懿在渭南对峙。诸葛亮常常忧虑粮食接济不上，自己的壮志无法伸展，于是开始令士兵杂居在渭、滨的居民之间屯田生产粮食，百姓安居，军无私藏。

【评论】

谨慎这两个字，看起来很是寻常。其实自古以来伟大人物没有不因为小心谨慎成功、因为放纵不拘束而失败的。以武侯能够名垂古今而言，他所自信的地方，只是谨慎小心而已。从他向刘禅请命出兵来看，有小失败就自贬官爵；用人就怕不能展示出他的全部才华，听到别人指出自己的过错后又唯恐来不及改正；一生勤俭节约，死后不留余财，不辜负刘备的恩德；谋略高超而不骄傲，功名盛极一时却从来不自我夸耀。真是非常谨慎的人啊。

魏延的计谋，自古以来谈论历史的人，大多认为是奇计。武侯之所以没有依计而行，是有三国时事可以佐证的。孟达攻打新城，不到八天就被司马懿扼制住了其谋划；郝昭镇守陈仓二十多天，连诸葛亮都没招了。因此不可以只依赖于好的计谋，也不可轻视之不可轻，如此谓延之计而可必其成哉？且其计可进而不可退，可出而不可入，可成而不可败。使人有以料达者而料延，先为之备，以待延之至，蜀必无延矣。又不然，而夏侯楙婴城而守，迁延旬日，如陈仓之不可卒破，蜀亦必无延矣。延之败不足惜，而以张魏人之威，挫我军之锐，侯其何辞焉！侯所能者，日用兵而民不知兵，日调赋而国不知赋，军农并兴，若行无事，以周公之法，寓于管子之令。事之不成，天也。宋胡寅以侯不从魏延之计，讥其长于治国，短于将略，误矣！

马谡死，习凿齿论之，深谓武侯不当杀马谡（见三国志注）。今按陈志于谡传，明言下狱亡故，则谡自病死耳，岂武侯杀之哉！推武侯之心，岂不欲稍折谡骄矜之气，然后湔祓而用之，以成其材哉！而无如谡之性气，刚而不能柔，褊而不能宽，一经挫折，遂不胜其忧愤无聊之概，而以身命殉之。是岂武侯之所料耶？呜呼！天下不如意事常八九，长沙痛哭，平子穷愁，一经忧患，不能自振，此皆非英雄豪杰之作用也。困心衡虑，正天之将降我以大任，少年人其念兹哉！

木牛流马之制，载于侯之遗集，谓每具能载一岁粮，日对手，这样魏延的计谋能保证一定成功吗？况且他的计谋只可以进不可以退，只可以出不可以入，只许成功不可以失败的。假使有眼界长远的人预料到魏延的计谋，提前按他的计划准备，来等待魏延，那么魏延必死无疑。再者，夏侯楙镇守婴城，迁制魏延十几天，如果陈仓不能马上破敌，魏延也早就必死了。魏延的失败不值得可惜，而魏国威名得以宣扬，我军锐气受到打击，武侯如何逃过这种罪责呢？武侯所擅长的，就是每天行军打仗，民众却感觉不到；每天调节税赋，而百姓却感觉不到赋税增加，军事与农业一起兴复，好像平常一样，将周公的存心行使在管子的政令中。大业能不能成功，要看天意了。宋代胡寅因为武侯不听从魏延的计策，笑他善长治理国家，而不善长领兵作战，实在是误会啊。

马谡的死，习凿齿认为，武侯不应该杀了马谡（见三国志注解）。现在按照陈寿写的马谡传，都说是在监狱里亡故的，就说马谡是自己病死的，哪里是武侯杀的。推测武侯当时的心境，难道不是想要先稍微折服马谡身上的骄傲自矜的习气，然后再用戴罪立功的方式任用他，以培养他成材吗？却没有想到马谡的个性刚烈而不柔和，心胸狭窄而不能宽容，一旦遇到挫折失败内心就感到无比的伤心、愤怒，因此用生命来殉葬。这哪里是武侯能预料得到的呢？唉，天下事不能顺从人意的十有八九，贾谊痛哭，张衡思愁，他们一旦遇到忧虑的事，不能自己振作，这都不是英雄豪杰们的行为。心意困苦，思虑阻塞，正是上天将以重大任务交给我，年轻人要有这样的想法才对。

木牛流马的制作，记载在《诸葛亮集》中，说每一具能装一年行二十里，盖可以省人力，而不能省时间。汽机之任重多而致远速，则千倍于此。然当侯之世，而已有此新奇之发明，已足为祖国之光。魏氏春秋又载：侯损益连弩之制，谓之元戎，以铁为矢，矢长八寸，一弩十矢并发。宋时有神臂弓，即权舆于此。木牛流马，后世未有闻者，我国工艺之退化，即此可见。

侯以建兴五年始，率军渡汉中，图中原。六年正月，败于街亭；十二月，围陈仓；斩魏将王双。七年春，拔魏武都、阴平；秋，次成固，却魏师。九年春，伐魏，围祁山；夏，败司马懿于卤城，杀张郃。十二年，进军渭滨，分兵屯田。前后凡十一役，其道路皆自西而东，至渭滨屯田，则东去长安，不过二百里耳。耕者杂于居民，此居民必非魏民可知。然则永州之地，自咸阳以西，渭水之南，南山之北，其地皆已复为汉之郡县矣。史记北伐之师，未尝大胜，而拓地如此。所谓不战而屈人之兵者，非武侯其孰能之？

吃的粮食，每天能行二十里，因此可以节省人力，但不能节省时间。汽油、飞机能运载很多东西，速度比较快，比这好上千倍。然而武侯那个时代，有这样新奇的发明，已经是国家的荣耀了。魏氏春秋中还有记载，武侯还发明了可以连续发射的弓弩，称做元戎。用铁为箭，箭长八寸，一弓十箭一起发射。宋朝时发明的神臂弓，就是来源于此。木牛流马，后来没有听说和见到过，由此可见，我国工艺的退步。

武侯从建兴五年开始，率军队渡汉中，图谋中原。建兴六年正月，街亭战败。十二月，围困陈仓，斩杀魏国猛将王双。建兴七年春，夺取魏武都、阴平二郡；同年秋，驻扎成固，退魏军后回朝。九年春，讨伐魏国围攻祁山；夏，在卤城打败司马懿，计杀张郃。十二年，进军谓水，命令士兵分别屯田耕种，作为久居的基地。前后有十一场战役，路线都是从自西向东，到渭滨屯田，东到长安，不过就二百里路程了。杂居在渭、滨之间的居民屯田生产粮食，可想而知这里的居民肯定不是魏国的百姓。然而永州这一地带，从咸阳以西，渭水以南，南山以北，这些地域都全部又成为了蜀汉的郡县了。历史记载北伐军队没有打过大胜仗，但是也开拓了这么多疆土。所说的不用打仗就使敌人的军队丧失战斗能力，除了武侯又有谁能做得到呢？

第九章 武侯之身后

侯与魏兵在渭南相持之日，已寝疾矣，而力疾治军，不少懈弛。见司马懿终不出战，乃遗以巾帼妇人之服以辱之。侯遣使者诣魏军，懿饷以酒食，与絮语良久，第问侯治事之繁简，与其起居饮食之状，无一语及戎事。使者曰："诸葛公夙兴夜寐，罚二十以上，皆亲览焉。所食日不能数升。"懿告人曰："孔明食少事繁，其能久乎？"既而病笃。后主使仆射李福诣军前省视，因咨大计。已别去数日矣，复还至军。侯曰："孤已知君还意，公所问者，公琰其宜也？"福谢："前实失不咨请，公百年后，孰可任大事者。故辄还耳。"又请其次，曰："文伟可。"公琰，蒋琬字，文伟，费祎也。又问其次，则不答矣。八月，薨于军，年五十四，为蜀建兴十二年，即魏青龙二年，吴嘉禾三年，而民国建设前之一千六百七十八年也。

侯遗命长史杨仪、司马费祎、护军姜维等为退军节度。百姓奔告司马懿，懿追之。仪反旗鸣鼓，若将向懿者，懿惧，

武侯与魏国军队在谓南相对立的时候，已经得了重病，然而还是带病作战，不敢有丝豪松懈。他看到司马懿坚守着一直不出战，于是派人送给司马懿女人的服饰来侮辱他。武侯再派人到魏军军营，司马懿用好酒好菜招待，并与使者谈了好久，询问武侯治理军务忙不忙，吃饭睡觉休息时间是什么情形，没有一句话是涉及到军事上的。使者说："丞相起早贪黑，夜以继日的工作。稍微大一点的事情，都要亲自审批，吃的东西也非常少。"司马懿对部下说："孔明吃得少，要处理的事务又多，这样能长久坚持吗？"诸葛亮由于操劳过度，终于病倒了。消息传到后主刘禅那里，他连忙派大臣李福来慰问，询问大计。李福离开没几天，又回到军中。武侯说："我已经知道了你回来的目的了，主公要问的，蒋琬合适吗？"李福说："那天确实忘记了问您一件事，如果您去世之后，谁可以继任接替你的丞相之位。因此又回来了。"问蒋琬之后是谁，武侯说："文伟可以。"公琰是蒋琬的字，文伟就是费祎。再问费祎之后，武侯就不再回答了。八月，武侯在军中逝世，年五十四岁，当时是蜀国建兴十二年，即是魏国的青龙二年，东吴的嘉禾三年，民国建设前一千六百七十八年。

武侯留下遗命，命长史杨仪、司马费祎、护军姜维等为退军节度。老百姓跑来告诉司马懿，司马懿派兵来追击。杨仪整军而出，反旗鸣鼓作出反击之势，司马懿害怕了，赶紧撤退。蜀军入谷然后发丧，老百姓就传出俗语："死诸葛亮吓走了活仲达。"司马懿听后，笑说："我能推测判断活着的人和事，但对于死人我就不能预不敢逼。入谷，然后发丧，百姓为之谚曰：“死诸葛走生仲达。”懿闻之，笑曰：“吾能料生，不能料死故也。”汉兵既退，懿案行其营垒处所，曰：“天下奇才也。”丧返成都，为葬于汉中定军山（在沔县东南十里），因山为坟冢，足容棺，敛以时服，不须器物。初，侯自表后主曰：“成都有桑八百株，薄田十五顷，子弟衣食，自有余饶。至于臣在外任，无别调度，随身衣食，悉仰于官。不别治生，以长尺寸。若臣死之日，不使内有余帛，外有赢财，以负陛下。”及薨，如其所言，景耀六年春，诏立庙于沔阳。

诸葛瞻，字思远，侯子。建兴十二年，侯出武功，与兄瑾书曰：瞻今八岁，而聪慧可爱。嫌其早成，恐不为重器耳。瞻工书画，疆识念，蜀人追思侯，咸爱其才敏。每朝廷有一善政佳事，虽非瞻所建倡，百姓皆传相告语曰：“葛侯之所为也。”邓艾入蜀，遗书诱瞻曰：“若降者，必表为琅琊王。”瞻怒，斩艾使，临阵死。瞻长子尚，亦驰赴魏军死。次子京，仕晋至广州刺史，亦复有称。

诸葛公所止，必令军士种蔓菁。取其才出甲可生啖也，叶稍舒可煮食也，久居则随以滋长也，弃去不足惜也，回即料了。”汉兵退后，司马懿巡视营房、堡垒等处，感叹说：“真是天下奇才啊！”丧队返回成都，下葬在汉中定军山（在沔县东南方向十里），挖山作为坟冢，刚好够容纳棺材，穿平常的衣服下葬，没有陪葬任何器皿。当初，武侯向刘禅上书说：“我在成都有八百棵桑树，十五顷不肥沃的土地，供应我家族的子弟们吃穿用已经足够了。至于我在外边当官的时候，不用多拿什么，随身穿的衣服物品，都依靠国家供给，没有另外准备衣服来浪费布料。我死的时候，不会让自己家里有多余的布帛，外边有多余的钱财，来辜负陛下！”武侯死后，果然和他原来说的一样。景耀六年春，刘禅下诏给武侯在沔阳立庙。

诸葛瞻，字思远，是武侯的儿子。建兴十二年，武侯率兵到武功，给兄长诸葛谨写信说：诸葛瞻今年八岁，聪慧、可爱，只怕他身心过早成熟，恐怕将来不能担当大任。诸葛瞻善长于书法绘画，记忆力强。蜀人十分怀念武侯，便也爱惜诸葛瞻的品德情操以及才华。凡是朝廷有了什么成绩，即使不是诸葛瞻所提议的，百姓都相互转告说：“这是他建议倡导的。”邓艾攻打蜀国，留书引诱诸葛瞻说：“如果你投降了，肯定封你为琅琊王。”诸葛瞻怒火中烧，斩了邓艾的使者，接着，战败死于战场。诸葛瞻的长子诸葛尚，也奔赴战场与魏军交战而死。二儿子诸葛京，官位做到广州刺史，同样有名号。

诸葛亮每停驻一个地方，都会令军士种蔓菁。因为取种子就可以生吃，嫩叶可以煮着吃，时间长了可以随处生长，铲除了也不会有多可易寻而采之也，冬有根可断食也。比诸蔬属，其利不亦溥乎，三蜀江陵之人，今呼蔓菁为诸葛菜。

桓温征蜀，犹见武侯时小吏，年百余岁。温问："诸葛丞相今谁与比？"答曰："葛公在时亦不觉异，自公殁后，不见其比。"

【批评】

人之生也，愈澹泊，愈明神；愈勤劳，愈果锐。彼饱食终日，无所用心，尸居余气，亦安见其能久生哉！司马懿闻武侯罚二十以上者皆亲览，乃云"食少事烦，其能久乎"，不幸其亿中。世之论者，遂以是咎武侯，谓其不自爱惜。呜呼，仲达斯言果真耶？观其动师追袭，睹姜维之反旗回指，遂不敢逼，卒成"死诸葛走生仲达"之谣。彼能卜孔明之死于尚生，顾疑孔明之生于既死；彼于使者之言卜其将死，于百姓之奔告疑其犹生，乃自解曰："能料生不能料死。"死且不能料，而况于生乎？此出于敌人嫉妒之言，而非实理，不辨自明。夫仲达出奇制胜，变化如神，天下莫不惮之，虽孙权亦不敢惜，返回来又特别容易找到摘采，冬天可以吃它的根。比起其他蔬菜类，更为普遍有利些，三蜀江陵一带的人都称之为诸葛菜。

桓温征战蜀国时，还见到了武侯身边的小史，已经一百多岁了。桓温问他："如今这世上，谁可以和诸葛丞相相比？"回答说："武侯在的时候倒不觉得，但自从武侯死后，没有看到能与他相比的人。"

【评论】

人的这一生，越是让自己清心寡欲，越是能使自己的志向明确坚定；越是勤奋刻苦，越是能果断敏锐。如果一天到晚吃饱喝足不干什么正经事，无所用心，死气沉沉的，这个人又怎么可能活得长久？司马懿听说诸葛亮稍微大一点点的事情都要亲自处理，于是说"他吃得又少，事情又多又繁杂，哪里活得了多久"，不幸还真让他说中了。后世的研究者，于是怪武侯，说他太不爱惜自己了。唉，仲达这人说得真有理吗？看他率兵追击，看到姜维举着反攻的大旗要打回去，于是不敢再紧逼，才有了"死诸葛吓走生仲达"的民谣。他能在武侯活着的时候算到什么时候死，反而在死后怀疑武侯还活着；他根据使者的话判断武侯快死了，却在百姓跑来告诉他的时候怀疑武侯还活着，于是自我解嘲说："我能预料他活着时的计谋，却无法识破他死后所预留的计策。"连死后的计策都不能预料，何况活着的时候呢？这话是出自敌人的嫉妒之言，而并不是真实的道理，不用过多的辩解都会明白。仲达能出奇招打败敌人，变化莫测，天下人没有不忌惮害怕的，即使是孙权也不敢与与抗。孔明以步卒十余万，西行千里，行行然求与之战，而仲达以劲卒三十万，仅能自守。贾栩等常逼之战，兵交即败，不敢复出，不过日夕望其死，而无他术也。是可见武侯之奇才，而仲达亦有自知之明矣。

他相对抗。武侯仅以十多万步兵，西行上千里，奔赴那么远前来请战，而司马懿率精兵三十万，却仅仅是自守。贾栩等经常逼迫他出战，刚一交战就败了，再也不敢迎战了，只不过是日日夜夜间盼着武侯早点死，而没有其他的方法了。如此可以看出武侯真的是奇才啊，而司马懿也算是有自知之明了。

第十章 遗著

陈寿所编诸葛氏集，其目录之载于蜀志本传者，凡二十四篇，为表以献，略谓论者。或怪亮文采不艳，而过于丁宁周至。愚以为咎繇大贤也，周公圣人也。考之《尚书》，繇之谟略而雅，周公之诰烦而悉。何则？繇咎与舜禹共谈，周公与群下矢誓故也。亮所与言，尽众人凡士，故其文指，不得及远也。然其声教遗言，皆经事综物，公诚之心，形于文墨，足以知其人之意理，而有补于当世。今陈寿所定之本已亡，而行世者有三，明张溥辑本一卷，清朱璘青辑本，益以年谱等为四卷，张澍本五卷，《张鹏翮别辑忠武志》，益以兵事之书为八卷。今采录数首，以为知人论世之一助焉。

臣亮言：先帝创业未半而中道崩殂，今天下三分，益州疲敝，此诚危急存亡之秋也。然侍卫之臣不懈于内，忠志之士忘身于外者，盖追先帝之殊遇，欲报之于陛下也。诚宜开张圣听，以光先帝遗德，恢弘志士之气，不宜妄自菲薄，引喻失义，以塞忠谏之路也。

宫中府中，俱为一体，陟罚臧否，不宜异同。若有作奸犯科及为忠善者，宜付有司论其刑赏，以昭陛下平明之治，陈寿编著的《诸葛亮集》的目录记载在蜀志本传中，总共有二十四篇，为表示尊重，简要叙述作者。有的责怪诸葛亮的文章不够华丽，叮嘱得太过细致。但我认为像皋陶是大贤人，周公是大圣人。但从《尚书》中考证，皋陶的文辞简略而文雅，周公写的《三诰》却繁琐而详尽。怎么会这样？原来是皋陶和舜、大禹共同讨论商议，周公和部下一起盟誓的缘故。诸葛亮讨论的对象，也都是一些平凡的人，因此他的文章立意，也不能太深远。然而他遗留下来的声威教化，治理事务的常规和道理、公正公平诚实的内心，表现在文章里，足以让人了解到他做人的思想，而有益于现代。如今陈寿所写的版本已经没有了，而流行开世的有三个版本，明朝文学家张溥辑录的一卷，清朝朱璘青按年月记载的有四卷，张澍记录的有五卷。《张鹏翮别辑忠武志》，又以兵法书集记录的有八卷。现在选取几首，用来帮助大家了解武侯以及他所处的时代。

臣诸葛亮启奏：先帝开创的事业没有完成一半，却中途去世了。现在天下分裂成三个国家，我方民力困乏，这实在是危急存亡的时候啊。然而朝中官员在朝廷毫不懈怠，忠诚有志的将士在外面舍生忘死，是因为追念先帝对他们的特殊厚待，想要在陛下身上报恩啊。陛下实在应该广泛地听取意见，发扬先帝遗留下来的美德，振奋有抱负的人们的志气，而不应该随便看轻自己，说一些不恰当的话，以致堵塞人们忠言劝谏的道路啊！

皇宫中和丞相府中的人，都是国家的官员；升降官吏，评论人物，不应该因在宫中或在府中而有所区别。如果有作奸、犯科，或不宜偏私，使内外异法也。侍中侍郎郭攸之、费祎、董允等，此皆良实，志虑忠纯，是以先帝简拔以遗陛下。愚以为宫中之事，事无大小，悉以谘之，然后施行，必得裨补阙漏，有所广益。

将军向宠，性行淑均，晓畅军事，试用之昔日，先帝称之曰能，是以众议举宠以为督。愚以为营中之事，事无大小，悉以谘之，必能使行阵和穆，劣优得所也。

亲贤臣，远小人，此先汉所以兴隆也；亲小人，远贤臣，此后汉所以倾颓也。先帝在时，每与臣论此事，未尝不叹息痛恨于桓、灵也。侍中、尚书、长史、参军，此悉贞良死节之臣也，愿陛下亲之信之，则汉室之隆可指日而待也。

臣本布衣，躬耕南阳，苟全性命于乱世，不求闻达于诸侯。先帝不以臣卑鄙，猥自枉屈，三顾臣于草庐之中，谘臣以当世之事，由是感激，遂许先帝以驱驰。后值倾覆，受任于败军之际，奉命于危难之间，尔来二十有一年矣。

先帝知臣谨慎，故临崩寄臣以大事也。受命以来，夙夜做了好事对国家有贡献的人，都应该交给主管的官员判定他们受罚或者受赏，来显示陛下公正严明的治理，而不应当有偏袒和私心，使朝廷内外刑赏的法令不同。侍中侍郎敦攸之、费祎、董允等，都是善良诚实的人，他们的志向和思虑都忠诚纯正，所以先帝把他们选拔出来留给陛下。我以为宫廷中的事情，无论大小，都可以拿来跟他们商量，然后实行，就一定能够补救缺点，防止疏漏，得到更多的成效。

将军向宠，性格品行善良中正，通晓军事，过去任用他的时候，先帝称赞他能干，所以大家商议推举他做中督。我认为军营中的事情，无论大小都拿来和他商量，就一定能够使军中团结和睦，才能高的和才能低的都得到合理安排。

亲近贤臣，疏远小人，这是先汉兴旺发达的原因；亲近小人，疏远贤臣，这是后汉倾覆衰败的原因。先帝在世时，每次和我谈论到这些事情，没有不对桓、灵二帝的昏庸感到痛心遗憾的。侍中、尚书、长史、参军，这些人都是忠贞优秀、以死报国的大臣，希望陛下亲近他们，信任他们，这样汉朝的兴盛便为时不远了。

我本来是个平民，在南阳种地，只希望在乱世里苟且保全性命，并不想在诸侯中做官扬名。先帝不嫌我身份低微，见识浅陋，不惜降低身份，委屈自己，三次到草庐来探望我，向我询问当代的大事，我因此有所感动，答应为先帝奔走效劳。后来遇到挫折，在军事失败的时候接受重任，在危难紧迫的关头奉命出使，从那时到现在有二十一年了。

先帝知道我办事谨慎，所以临终的时候，把国家大事托付给忧虑，恐付托不效，以伤先帝之明。故五月渡泸，深入不毛。今南方已定，甲兵已足，当奖帅三军，北定中原，庶竭驽钝，攘除奸凶，兴复汉室，还于旧都。此臣所以报先帝而忠陛下之职分也。至于斟酌损益，进尽忠言，则攸之、祎、允等之任也。

愿陛下托臣以讨贼兴复之效，不效，则治臣之罪，以告先帝之灵。若无兴德之言，则责允等之以章其慢。陛下亦宜自谋，以谘取善道，察纳雅言，深追先帝遗诏，臣不胜受恩感激。

今当远离，临表涕泣，不知所云。

与孙权书

汉室不幸，王纲失纪，曹贼篡逆，蔓延及今。皆思剿灭，未遂同盟。亮受昭烈皇帝寄托之重，敢不竭力尽忠。今大兵已会于祁山，狂寇将亡于渭水。伏望执事以同盟之义，命将北征，共靖中原，同匡汉室。书不尽言，万希昭鉴。

我。我接受命令以来，早晚忧虑叹息，唯恐托付给我的大事做得没有成效，而有损于先帝的英明，所以五月渡过泸水，深入到不长庄稼的荒凉地方。现在南方的叛乱已经平定，武器装备已经充足，应该勉励三军，率领他们北上平定中原。我希望能够奉献平庸的才能，去铲除那些奸邪凶恶的敌人，振兴汉朝，迁回故都洛阳。这是我报答先帝、忠于陛下的职责。至于考虑朝中政事是否可行，毫无保留地向陛下提出忠诚的劝谏，那是郭攸之、费祎、董允等人的责任了。

希望陛下把讨伐曹魏兴复汉室的任务交付给我，如果不能实现，就治我的罪，来告慰先帝的在天之灵。如果没有发扬圣德的忠言，就应当责罚郭攸之、费祎、董允等人的怠慢失职，指明他们的过失；陛下也应该自行谋划，征询治国的良策，认识、采纳正确的言论，深切追念先帝的遗命。我接受您的恩泽，心中非常激动。

现在我就要远离陛下了，面对这份奏表，禁不住流下泪水，也不知说了些什么。

与孙权书

汉朝皇室不幸，天子的纲纪法度松散，曹操等乱臣贼子叛逆，一直到今天。很多人都想着征讨消灭，却没有结成同盟。我现在肩负昭烈皇帝寄负的重任，不敢不拼尽全力，竭尽忠诚。现在大军已经聚集在祁山，骄恣的敌人将在渭水被歼灭。希望您能与我们结成同盟，命将士北上征伐，一起平定中原，共同拯救汉室。书信难以充分表达我要说的话，还请明鉴。

诫子书

夫君子之行，静以修身，俭以养德。非淡泊无以明志，非宁静无以致远。夫学须静也，才须学也，非学无以广才，非志无以成学。淫慢则不能研精，险躁则不能理性。年与时驰，意与日去，遂成枯落，多不接世。悲守穷庐，将复何及！

兵法

知有所甚爱，知有所不足爱，可以用兵矣。故夫善将者，以其所不足爱者，养其所甚爱者。士之不能皆锐，马之不能皆良，器械之不能皆利，固也处之而已矣。兵之有上中下也，是兵之有三权也。孙膑有言："以君下驷，与彼上驷；取君上驷，与彼中驷；取君中驷，与彼下驷。"此兵说也，非马说也。下下之不足以与其上也，吾既知之矣，吾既弃之矣。中之不足以与吾上，下之不足以与吾中，吾既不能再胜矣乎？得之多于弃也，吾斯从之矣。彼其上之有三权也。三权也者，以一权而致二者也。管仲曰："攻坚则瑕者坚，攻瑕则

诫子书

君子的操守，应该用静来修善自身，用俭朴来淳养品德。如果不淡泊名利就不能明确自己的志向，如果不内心安宁就不能高瞻远瞩。学习必须静心，才识需要学习，不学习无从拓广才识，不立志就不能学习成功。沉迷滞迟就不能励精求进，偏狭躁进就不能冶炼性情。年年岁岁时日飞驰，意志也随光阴一日日逝去，于是渐渐枯零凋落，大多不能济世安民，可悲地守着贫寒的居舍，那时才后悔哪里来得及啊。

兵法

知道有些东西是应当喜爱的，知道有些东西是不值得去喜爱的，这样的人可以去带兵打仗了。所以那些善于指挥作战的将帅，总是牺牲那些不值得爱惜的东西来维护值得爱惜的东西。士兵不可能都是精锐的，马匹不可能都是精良的，兵刃器械不可能都是坚固锋利的，这是事物的本然之理，就看使用他的人们如何的处置了。士兵分为上、中、下三等，这样用兵就有三种权变。孙膑曾经说过："用你的下等马与对方的上等马比赛，用你的上等马与对方的中等马比赛，用你的中等马与对方的下等马比赛。"实际上这讲的是兵法而不是讲赛马。下等马不能够赛过对方的上等马，这个我们早已明白的，这样安排是故意放弃这次胜利的机会。对方的中等马不能赛过我们的上等马，对方的下等马不能胜过我们的中等马，这样不就可以取得两次胜利吗？得胜的次数比失败的次数要多，所以选择放弃下等马，而选用这样的方法。对方以上有三种权变，而三种权变就是用放弃一次胜利的机会来达到三次交锋最后胜利的目标。管仲说：

坚者瑕。”呜呼！不从其瑕而攻之，天下皆强敌也。

兵要

人之忠也，犹鱼之有渊，鱼失水则死，人失忠则凶。故良将守之，志立而名扬。

不爱尺璧而爱寸阴者，时难遭而易失也。故良将之趋时也，衣不解带，足不蹑地。

贵之而不骄，委之而不专，扶之而不隐，危之而不惧。故良将之动也，犹璧之不朽。

论交

势利之交，难以经远。士之相知，温不增华，寒不改叶，能贯四时而不衰，历险夷而益固。

【批评】

武侯之文，近世目录家，皆以入政书一类。当时曹氏诸

“攻打对方强点则对方弱点也会变强，攻打对方弱点则对方强点也会变弱。”唉，如果不先攻打对方的弱点，那整个天下都是强敌了。

兵要

人要具有忠诚的品行，才会有展示自己能力的舞台，就像鱼生活在水里，才能悠游自如。鱼没有了水就会死，人没有了忠诚就会变得很危险。因此好的将领臣子谨记恪守，坚定自己远大的志向最后能名扬千古。

不爱美玉而珍惜每一次战机到来的时间，因为有利的时机难以遇到而极易错失。所以，作为良将应当追逐作战的时机，睡觉时衣不解带，脚上的靴子脱落了也不去睬它，以免贻误战机。

为将的人，地位贵重的时候不骄傲，被委以重任时不专断，有人扶持的时候不依赖，面临危险的时候不恐惧，所以良将的一言一行不为外物所动，就好似璧玉那样没有任何污点。

论交

建立在权势和名利之上的交往，是难以持久的。有修养的人之间彼此深交而心息相通时，就好比花木，温暖时也不会多开花，寒冷时也不会改变叶子的颜色，能够经历一年四季而不衰败，经历艰险而日益牢固。

【评论】

诸葛亮的文章，近代的目录学家，都将其归到政治书籍这一王，盛尚诗歌，绣虎雕龙，词章流美，武侯殊不遑及此。然其文字，经世综物，公忠之心，露于纸墨之外，读者无不为之动容。伟人遗教，固不屑与雕章琢句之辈，较其优劣者也。少年人熟读之，景仰之心自油然而生，下笔时亦免浮夸之习。

《陈志本传》《昭明文选》皆载《出师表》而已，乃后世又有所谓《后出师表者》。《汉晋春秋》云，诸葛亮闻孙权破曹休，魏兵东下，关中虚弱，十一月上言云云，于是有散关之役，晋张俨默记始载之，裴松注《三国志》遽为采入，遂盛行于世。实是晋人伪托，非武侯之言也。表中事实，多与史传相乖，昔人论之详矣，今故不取。

类。当时曹操一族，盛行和推崇诗歌。文章的词藻华丽，诸葛亮在这一点上是比不上的。但他的文字，治理国家、管理民众，公正诚恳的存心，都在文章中显露出来，读者没有不被感动的。功绩显著的伟人留下来的教诲，根本不屑与咬文嚼字的平庸之辈去比较谁好谁坏。年轻人读多了，敬仰之心自然会油然而生，自己写文章时也会避免浮夸之气。

《陈志本传》《昭明文选》都记录了武侯的《出师表》，于是后世的人又有了所谓的《后出师表》。《汉晋春秋》上有记载说：诸葛亮听说孙权打败曹休，魏国军队东下，而关中一带空虚薄弱，十一月向后主上表，于是有了散关之战。这是从晋朝张俨默开始有了记载，裴松之注解的《三国志》就将这一段选录了下来，于是流传于世。这其实是晋代时假造的，并不是诸葛亮的言语。表中所写的事迹，大多不符合历史，曾经有人对此进行了详细的阐述，在这里就不再多说了。

少年丛书

文白对照本

陶渊明

孙毓修◎著

团结出版社

图书在版编目（CIP）数据

少年丛书 / 孙毓修编. -- 北京 : 团结出版社,2015.7
ISBN 978-7-5126-3662-0

Ⅰ.①少… Ⅱ.①孙… Ⅲ.①名人－生平事迹－世界－少年读物 Ⅳ.①K811-49

中国版本图书馆CIP数据核字(2015)第130183号

出版：团结出版社
（北京市东城区东皇城根南街84号 邮编：100006）
电话：(010) 65228880 65244790 （传真）
网址：www.tjpress.com
Email：65244790@163.com
经销：全国新华书店
印刷：三河市祥达印刷包装有限公司
装订：三河市祥达印刷包装有限公司

开本：148×210 1/32
印张：128
字数：1500千字
版次：2015年12月 第1版
印次：2016年4月 第2次印刷

书号：978-7-5126-3662-0
定价：490.00元（全28册）

少年叢書

《少年丛书》白话语译编委会

出版前言

近代著名思想家、政治家梁启超曾经说："少年强则国强，少年智则国智，少年富则国富，少年独立则国独立，少年自由则国自由，少年进步则国进步，少年胜于欧洲，则国胜于欧洲，少年雄于地球，则国雄于地球。"这是他的散文《少年中国说》中的一段，作于戊戌变法失败后的1900年。文中极力歌颂少年的蓬勃朝气，指出封建统治下的中国是"老大帝国"，热切希望出现"少年中国"，振奋人民的精神。

或许是受到梁启超先生的感召，1908年冬天，上海商务印书馆编译所推出了一套系列丛书——《少年丛书》，又名《中外伟人的传略》，这是二十世纪中国的第一部历史人物类学生课外阅读丛书。首任编辑和作者是林万里，第二任编辑是孙毓修，孙毓修是这套丛书的主要作者，后期加盟写作的骨干还有国学大师钱智修。他们都博览中外，以精准而严格的眼光审视中外古今文化资源，选取其中有益于

少年儿童精神世界的材料，予以整合，编写成册。这套书出版以后，广受少年儿童的欢迎，每册前后加印达几十次，若整套书累计，恐怕达到数百次之多，发行量之大，影响力之广，在二十世纪的人物传记类图书中堪称罕见。

《少年丛书》前后出版了近三十余种，每一册传主为一位中外历史名人。我们在全国各地经过多方的搜寻，共得二十八册，其中中国名人十五位，外国名人十三位。每篇先叙述名人的生平传记，后加以作者的评论，根据时事，启发少年，借以激励少年树立远大志向，明确奋斗目标，成就健全人格。著名作家茅盾在阅读这套书后曾评论说："记事简明，议论正大，阅之足以增长见识，坚定志气。"这套出版之初即为砥砺少年志向的书影响了当时无数少年儿童由此走上振兴中国之路。著名作家张天翼、赵景深、陈伯吹等，都曾深受这套书的影响。

《少年丛书》的三位作者，都是当时学贯中西的通儒，不仅有深厚的国学功底，也有睁眼看世界的非凡眼光。撰写本套书册数最多的孙毓修先生，他是我国近代著名的目录学家、藏书家、图书馆学家。他同时还创作了大量的儿童文学作品。除了《少年丛书》，他还先后主编出版《少年杂志》、《童话丛书》等，被茅盾誉为"中国童话的开山祖师"。

另一位作者钱智修，浙江嵊县人，字经宇，是著名的国学大家，博古文学家，东方学派思想家。他在学时，就以"国学国文湛深，文章洛阳纸贵"赢得尊敬，并被上海多家进步报馆争揽为特约撰稿人。1911年毕业后，他应编译所长高梦旦之聘，担任商务印书馆编

译所编辑。1920年7月他任《东方杂志》主编，长达12年，是该杂志有史以来任期最长的主编。他还参与编辑《辞源》及《中国人名大辞典》、《中国古今地名大辞典》。1931年任国民政府监察院秘书长。

第三位作者林万里是民国年间著名的报人，原名獬，又名白水，字少泉。他幼承家学，又拜名士高啸桐（商务印书馆创始人之一）为师。清光绪二十四年(1898年)，他在杭州参与创办求是书院、养正书塾、东城讲舍、蚕学馆4所新式学堂，任求是书院总教习；后任《杭州白话报》主笔，宣传新思想。光绪三十年(1904年)，他出任《警钟日报》主编，宣扬孙中山及其领导的革命，后追随孙中山。帝制取消后，林万里重操新闻旧业，创办过多份报刊。

鉴于每位作者独有的知识结构和兴趣热点，每位编者对人物都有自己的选择。孙毓修所撰写的大部分是中国历史名人，而且写作的视角也非常独特，如其所写的《玄奘》是一个历史人物，而不是《西游记》中的唐僧。现代的普通读者对玄奘的了解绝大部分是来自于《西游记》等小说，而历史上的真实情况却鲜有人知——玄奘取经并非唐太宗支持，相反还受限于当时的法令，他冒着生命危险才得以出境。这就需要有人为读者打开另外一扇窗户，还原真实的玄奘，而不是小说中的文学形象。茅盾先生对孙毓修所写的《玄奘》评价很高："可以说是内容翔实，深入浅出，既宜于少年阅读，也使成年人增加历史知识。"再如《苏秦》，作为一位著名的辩士，《史记》必然为之列传。孙毓修在写苏秦游说各国发言的时候采用了《史记》中记载的史料，而在后面的评论部分对苏秦的表现作了恰当的点评，分析苏秦游说秦、燕、赵、韩魏、齐楚的过程，阐述了苏

秦辩术策略的不断提高。对于国外人物的选取，孙毓修也是偏爱励志型的，如德谟士，从一个小人物成长为大演说家；彼得大帝，从受制于人，成为欧洲赫赫有名的皇帝。

另一位作者钱智修，先后写有《林肯》、《苏格拉底》、《拿破仑》等，这些都是西学东渐后中国人十分崇仰的外国名人。值得注意的是，钱智修秉承严复所主张的信、达、雅翻译原则，特别讲究传记所含的真实性。他所抒发、张扬的传主虽然都被列为人们仿效的楷模，写法却不做作，更没有为了塑造人物形象而更改史实。

林万里所写的外国传记和钱智修的作法大致相近，即在第一章抒发己之传记宗旨，后文谈及传主读书之术、治学之道与其行事风格，并进行了点评。此外还有其他人关于传主的言论，更有编译者自己的评论，以引导少年儿童正确地学习和借鉴，而不是一味盲从。

《少年丛书》的最大特色，就是"记事简明，议论正大"。书中除了记叙人物的生平故事之外，作者的评论也让这套书大为增色。其议论宏富，既能够结合少年的成长特点，指明如何学习书中人物的优良品质，也指出了其中的不足之处，对于引导少年如何立志修身，大有裨益。

这套书的另一大特色，就是全部用文言文写作，语言凝炼，文笔流畅，保持了中国传统作史传的鲜明特色。当时，白话文风已经悄然兴起，而作者能够不从时髦，采用文言写作，甚为难得。以至我们今日再读此书，依然能够体味到文言笔法的无穷魅力。然而考虑到近百年来，国人的文言文水平已经一落千丈。今日的大部分少年，阅读文言文尚有一定困难，因此我们特别组织人员，将全套书进行了

白话翻译。尽管我们做了最大的努力，文言文的神韵依然是难以用白话表达出来。因此，我们希望少年朋友通过阅读这套书，体会文言文的独特魅力，进而热爱和学习文言文。

《周易》有云：“君子以多识前言往行，以畜其德。”说的就是多学习古人的嘉言懿行，对我们修身立德至为重要。古人尝言：“童蒙养正，少年养志，壮年养德。”少年时期是人生至为关键的时候，这个时期树立什么样的志向，以什么样的人为榜样，往往会决定一个人未来的人生成就。而一个人少年时期读的书，也足以改变他的一生。在今日少年课外读物良莠不齐的状况下，《少年丛书》堪称鲜有裨益少年的优秀读物。若今日的少年，能够认真研读这套《少年丛书》，对于树立远大志向、培养健全人格、完善道德情操将大有裨益。或许，今日的风华少年，即是将来成就伟业的千古豪杰、泽被世人的大圣大贤。勉哉！勉哉！

为什么要读名人传记

——《少年丛书》白话语译序

我从小很喜欢读书，可是，因为身处偏僻山村，小的时候却无书可读。那个时候，家中只有父亲买的一本《古文观止》，儿时翻阅过无数次，虽看不太懂，却记忆深刻。有人说，儿童时期读的书，一生也难以忘记。此言确实不虚。

没有想到的是，儿时无书可读的我，日后竟然投身于出版业。今天，我国的出版业已经非常发达，给少年儿童读的书也非常多。可是，若细心寻求，真正的好书却是少之又少，尤其是给少年儿童介绍历史文化的书。

一个偶然的机会，我们与这套百年前的《少年丛书》结缘，这套当初专为少年而写的中外名人传略，让我眼界大开，没想到，百年前的前辈们，竟给少年们创作出如此优良的传记读物。要知道，给少年

儿童写作，比给成年人写作更难，尤其是给人物作传，既要符合历史史实，不可随意编撰，又要注意引导青少年如何取其长，避其短，以免误人子弟。因为，作为历史人物，不可能处处皆堪为今人楷模。这就需要作者要极富有爱心、责任心和严谨精神，才能让读者从中获得纯净的人生智慧。可以说，目前各种写给青少年的人物传记，很少能与这套《少年丛书》相提并论的。

这套书中的二十八位中外名人，大多数是我们耳熟能详的人物，但是对于他们的生平事迹，也许就知之甚少了。读了他们的传记，方知欲为圣贤豪杰，需下一番苦功夫才能有所成就。“人人皆可为尧舜”，说的是我们每个人都有成圣成贤的资质，然而虽有圣贤之资，也需后天的不懈努力，方能成就一番伟业。所以，这一套书作者的目的并不仅仅是让读者了解一下名人轶事，而是以伟人的事迹启迪和激励少年朋友，树立人生的志向，汲取这些英雄豪杰的人生智慧，修身立德，练就自身本领，最终成为造福国家和社会的有用之才。

这套书虽然是写给少年看的，并不意味着就不适合大人阅读。大作家茅盾就曾大力推荐这套书。现在的青年人，乃至家长、老师，若能读读这套书，对于人生事业，教育子弟，也是大有益处的。可以说，这是一套老少皆宜的好书。

《少年丛书》在当时之所以大受欢迎，销量巨大，也不是没有原因的。这套书每册文字量不大，文笔流畅，史实可靠，评议精彩，这都是许多普通名人传记所不具备的。因此，这套书深受读者欢迎，也就不难理解了。

读名人传记，重在学习名人的智慧和经验。正如文天祥所说，

“人生自古谁无死，留取丹心照汗青”。人生有涯，知也无涯，如何在有限的生命里寻求到人生的价值，获取人生的智慧，而不浪费光阴？《少年丛书》中的这些圣贤豪杰，就是我们的榜样。他们身上伟大的人格，比如孝友、善良、爱心、坚毅、勇敢等等，这些人性的光辉，都是我们的学习之处。

我们用了近一年的时间，将这一套书作了白话语译，希望今天的少年们，能够喜欢阅读并且从中汲取智慧。若能让每一位读者都能够有所收获，那就不负当初写作这套书的三位老前辈的一片苦心，而我们的工作也就没有白做了。

这一套书规模宏大，在校对和语译的过程中，难免会有错误，恳请广大读者不吝指正。

《少年丛书》语译小组　主编　萧祥剑

目录

第一章 总论

名节侠义之风，莫盛于东汉党锢诸贤，趋死不避，何其烈也。曹魏得志，恶其不为己用，乃百端凌折之，而士气衰矣。朱子答刘子澄书曰：“建安以后，中州士大夫只知有曹氏，不知有汉室。且以荀氏一门论之，则荀淑正言于梁氏用事之日，而其子爽已濡迹于董卓专命之朝，及其孙彧则已为唐衡之婿，曹操之臣，而不知以为非矣。盖刚大直方之气，折于凶虐之余，而渐图所以全身就事之计，故不觉其沦胥以至于此。”司马氏以曹氏重臣，阴篡其国。魏之士大夫，亦复倒戈相向，无复为曹氏守节者。虽天道之好还，而名节侠义之风遂不复存。

晋之建国，初无忠厚开基之道，而有作人之雅化也。承魏何晏、王弼之风，祖述老庄，雅尚清谈，崇尚虚浮，不遵礼法。王衍、乐广之徒，俱宅心事外，名重于时，天下化之。终日捉麈尾，据胡床，自称名士学者。以老庄为宗，而黜六经。谈者，以虚无为辨而追求名节侠义的风气，没有人能比得过东汉时期遭“党锢之祸”中的那些贤人，就算被杀头，他们也不会因此而逃避，这是多么地刚烈啊！曹魏政权建立之后，统治者痛恨他们不肯为自己服务，于是便百般折磨他们，从而导致读书人的这种追求名节侠义的风气日渐衰落。朱熹在给刘子澄的回信中说：“建安时期以后，中原一带的士大夫们只知道有曹氏家族，却不知道有汉家天下。就以荀氏一族来说，在荀淑向梁冀直言陈事的时候，而他的儿子荀爽，滞留在董卓操纵下的朝廷；他的孙子荀彧，则已经做了汝阳侯唐衡的女婿，成了曹操的臣子，却不知这种做法是错误的。大概是因为这种刚正率直的气节，在遭到社会的迫害时，他们便开始寻找保全性命的方法，因此，不知不觉中就沦落到如此地步。”司马氏凭借自己是曹魏政权的重臣，暗中篡权，夺取了曹魏政权。曹魏政权的士大夫们，便又纷纷投靠司马氏，没有一个人为曹氏政权拼死抗争的。即使世间善恶有报，这种侠义风气却不复存在了。

晋朝建立的时候，一开始并没有忠实厚道的开国之法，但却有立身行事的纯正教化。沿袭了魏国何晏和王弼的学风，效法老子和庄子的思想，喜欢空谈玄理，崇尚虚无，不遵守礼仪法度。王衍和乐广的学生，都把心放在尘世之外，名声显赫，得到人们的推崇，社会便形成了一种风气。他们每天都拿着拂尘，靠坐在胡床上，称道名望和学问。他们把老子和庄子的思想作为自己为人处世的标准，而抛弃了六经学说。他们的谈论，都以道体虚无作为争论焦点，而轻视名誉和礼法；立身处世，都把放纵邪行作为通用标准，而忽视节操和信义；求取功名，都以贪求富贵作为重要准贱名检；行身者，以放浊为通而狭节信；仕进者，以苟得为贵而鄙居正；当官者，以望空为高而笑勤恪。朝野之间，翕然成风。有识者，固不待石勒之啸、刘裕之篡，而知汉族之不竞，晋室之必亡矣。

当众人梦梦，举世滔滔之日，而无一人焉。树风节，明大义，为疾风之劲草，岁寒之松柏，则波流所届，伊于胡底？譬之于时，长夜漫漫而无旦时，天地之道亦将息矣，岂不危哉？乃知人类之赖有忠臣、孝子、贤人、高士也，甚于粟米水火之不可一日阙也。

乱极之世，人才乃出，其出身加民，致位将相，旋乾转坤，而奏赫赫之功者。夫固泽流一世矣，亦有人焉，避世若浼，逃名不出。高洁之行，天下皆望之；难言之痛，天下皆谅之。其迹愈隐，其风概愈显。百世之下，闻其风者，犹足使顽夫廉，懦夫有立志。在当时，虽不及名将名相有特殊之功绩，而其为一代之典型，维万古之纲常，则非廊庙中人所能及其万一也。

东晋之季，有陶渊明焉。世皆以隐逸称之，徒以其迹论则，而蔑视刚直和正道；做官都崇尚不问政务的作风，而嘲笑勤勉恭谨。这种情况在朝廷和民间形成了一种风气，有见识的人不用等到石勒谋反、刘裕篡位，就已经知道汉族是不会胜利的，晋朝是一定会灭亡。

正当世人浑浑噩噩、社会混乱不堪的时候，没有一个人建立风骨和节操，显明正道，作大风中的劲草，寒冬中的松柏，如此水流所能流到的地方，谁知道要流到哪里才算完呢？如果用时间来比喻的话，就好像是长夜漫漫没有天亮的时候，天地之间的大道也将停止了，这难道不很危险吗？于是才知道人类对忠臣、孝子、贤人和高士的依赖，比对日常生活中一天都不能缺少的粟米水火的依赖还要厉害。

混乱的时代，有才学的人就会出现，他们做官会施恩惠给人民，官位升到将军、宰相，能够扭转乾坤，拥有显赫的功绩。尽管他们一定能享受一辈子的荣华富贵，但仍有人逃避乱世就像逃离污染一样，逃避声名而不愿意出来做官。这些人高尚纯洁的品行，天下人都仰慕；他们隐藏在内心难以说出口的痛苦，天下人都会原谅。他们的生活越隐密，他们的风度和气概就越显赫。世世代代以来，这种气度和品行仍然能够使冥顽不灵的人变得廉洁正直，使软弱无能的人变得意志坚强。这在当时社会，虽然比不上名将名相有显赫的功绩，但他们作为一个时代的精神代表，维系着千百年来的伦理道德，即使是朝廷中的那些达官显贵们也不能达到他们的万分之一啊。

东晋末年，有个人叫陶渊明。世人都称赞他为隐士，如果只之，则固然矣。今读其《饮酒》《述酒》诸诗，则知陶公之托于曲蘖，逃于昏冥者，夫岂得与阮籍辈并论？公固宰辅子孙，当恭帝之时，刘裕迫帝禅位，既而废帝为零陵王。未几，潜行弑逆，公乃高举远蹈，不受世纷，而至于躬耕乞食，其忠义亦足见矣。其退休所作诗，类多悼国伤时，感讽之语。论者不察，与竹林诸狂士(晋书嵇康，所与神交者，惟陈留阮籍、河内山涛、向秀，沛国刘伶，籍兄子咸，琅琊王戎，遂为竹林之游，世所谓竹林七贤也)等量齐观，夫岂足与论古者哉？

楚之屈大夫、韩之张司徒、汉之诸葛丞相、晋之陶征士，是四君子者，其制行也不同，其遭时也不同，而其心一也。一者何？明君臣之义而已。欲为韩而毙吕殄秦者，子房也；欲为汉而诛曹殄魏者，孔明也。虽未能尽如其心焉，然亦略得伸其志愿矣。灵均逆睹谗臣之丧国，渊明坐视强臣之移国，而俱莫如之何也？略伸志愿者，其事业见于世，莫如之何者，将没世而莫之知，则不得不托之空言，以泄忠是从他的生活轨迹来说，那么他确实是这样的。如今读了他写的《饮酒》《述酒》这些诗歌之后，就会知道陶渊明把他的理想抱负都寄托到了酒当中，想要借此来逃离混乱的社会，又怎么能与阮籍他们相提并论呢？陶渊明本来是宰相的后代，在东晋恭帝在位的时候，刘裕逼迫皇帝让出皇位，随后，刘裕便废黜了恭帝，并封他做零陵王。没有多久，刘裕又派人暗地里刺杀了恭帝，于是陶渊明便远离官场，开始隐居起来，不再受人世间的纷乱，最后竟然自己亲自耕种，甚至借贷，这些足以看出他的忠心和正义。他辞官休息期间写的诗歌，大多都是吊念故国，感伤时世，带有伤感讽喻的诗句。谈论的人如果不能明察这些，而把陶渊明与竹林七贤同等看待（《晋书·嵇康传》中写道：能够与嵇康进行心灵上对话的，只有陈留的阮籍、河内的山涛和向秀，沛国的刘伶，阮籍兄长的儿子阮咸，琅琊的王戎，于是他们约在竹林游玩，这就是人们所说的"竹林七贤"），那么又怎么能与他们谈论古人呢？

楚国的屈原大夫、韩国的张良司徒、汉朝的诸葛丞相、东晋的陶渊明，这四个君子，他们的道德品行不同，遇到的时代也不同，但是他们的心却是一样的。这种一样是指什么呢？那就是他们都懂得君臣之间的道义罢了。想要为韩国报仇，志在灭秦，这个人就是张良；想为汉朝去杀光曹姓的人，灭掉魏国，这个人就是诸葛亮。尽管没有能完全实现他们的心愿，但这也算是伸张了志气和心愿。屈原预见奸臣会把国家败亡，陶渊明眼看着掌权的大臣篡夺国家政权，而他们都没有办法。那些能够稍微伸张自己意愿的人，他们的事迹都是被世人所见证的；而那些不能伸张自己意愤。人所以每读屈辞、陶诗而为之流涕太息也。嗟乎，陶公无昭烈之可辅以图存，无高皇之可倚以复雠，乃终以高隐终也。悲夫！

愿的人，就算到死也没有人知道他们，那么就不得不借助一些不切实际的言谈去寄托自己的意愿，从而来表达自己内心的忠义与愤激。这就是人们每次读屈原的楚辞、陶渊明的诗歌流泪叹息的原因。唉！陶渊明既没有像刘备那样的明主可辅佐图存，又没有像刘邦那样的雄主依仗来讨贼，于是最终只得隐居终老。真是痛心啊！

第二章 五柳自况

陶潜，字渊明(唐人避高祖讳，改称泉明)，或云字元亮，私谥靖节先生，浔阳柴桑人也(在今江西九江县西南)。生于晋哀帝兴宁三年乙丑，民国前一千五百四十七年也。考公故居凡三处，一在今新昌县东二十五里。《图经》云：陶公始家宜丰，后徙柴桑。宜丰，今新昌也。一在南康府城西七里之玉京山，一名上京，公诗所云“畴昔家上京”是也。又称南村。其地当大湖之滨，一峰苍秀，彭蠡(今鄱阳湖是也)东西数百里，云山烟水，浩淼萦带，皆列几席间，奇绝不可名状。安帝戊申(义熙四年)六月中遇火，越后年，遂徙住焉。一在今九江西南九十里柴桑山，村名栗里(今属星子县虎爪厓下)。试游浔阳，有平石如砥者，陶公当日醉卧处也。有栖隐寺者，五柳先生之故宅也。

大司马侃(字士行)，为晋名臣，封长沙郡，公谥曰桓，陶公之祖也。平居无事时，辄运白甓于斋外，暮运入于斋内。人问其故，答曰：“吾方致力中原，过尔优逸，恐不堪事。”史赞其励事勤力，皆此类也。

侃薨，世子夏袭爵，杀其弟斌。庾亮奏加放黜，表未至陶潜，字渊明（唐代人为了避讳唐高祖名字中的“渊”字，把“渊明”改称为“泉明”），也有人说他字元亮，死后门人给他一个谥号，叫靖节先生，他是浔阳柴桑人（在今江西九江县西南）。陶渊明生于晋哀帝兴宁三年乙丑年。经考证，他的故居一共有三处，一处在今天的新昌县向东二十五里的地方。《图经》上说：陶渊明的家开始在宜丰，后来才迁到柴桑的。宜丰，也就是今天的新昌。一处在南康府城向西七里的玉京山，又叫上京，陶渊明曾在诗中写道“我的家原来在上京。”这个地方又称为南村，正好在一大湖的水边，山峰苍翠秀美，从彭蠡（今鄱阳湖）向东西绵延几百里，都是高耸入云的山峰和雾霭迷蒙的水面，广阔的水面环绕着群山，就像分布在几案和席子之间一样，非常奇妙，不可用言语来形容。东晋安帝戊申年（义熙四年）六月中旬，这里出现了火灾，两年之后，陶渊明搬到这里住了下来。还有一处在今天九江向西南九十里的柴桑山，村子叫栗里（今属星子县虎爪崖下）。如果去浔阳游玩就会看到有一块像磨刀石一样的平坦石头，那就是陶渊明当年喝醉酒睡觉的地方。那里还有一座栖隐寺，就是陶渊明的旧宅。

大司马陶侃（字士行），是晋朝的名臣，封在长沙郡做官，他的谥号为桓，是陶渊明的曾祖父。他平时没事的时候，总是把一百块砖运到书房的外面，傍晚又把它们运回书房里。别人问他为什么要这样做，他回答说：“我正致力于收复中原失地，过分的悠闲安逸，恐怕就不能承担大事。”史书称赞一个人做事勤恳努力，就是指陶侃这样的人！

陶侃死后，他的儿子陶夏继承了他的爵位，（在争斗中）杀死而夏卒，诏以夏之侄名宏者，袭侃爵。宏卒，子绰之嗣；绰之卒，子延寿嗣。陶公于延寿，为诸父行。其时晋室衰微，世家自亦不竞。惟清门旧德、故家乔木之风，依然存在耳。

陶公少怀高尚，博学善属文，颍脱不羁，任真自得，为乡里所知名。宅边有五柳树，因号“五柳先生”，作传以自况，其文曰：

先生不知何许人也，亦不详其姓氏。宅边有五柳树，因以为号焉。闲静少言，不慕荣利。好读书，不求甚解，每有会意，便欣然忘食。性嗜酒，家贫不能常得。亲旧知其如此，或置酒而招之，造饮辄尽，期在必醉。既醉而退，曾不吝情去留。环堵萧然，不蔽风日，短褐穿结，箪瓢屡空，晏如也。常著文章自娱，颇示己志，忘怀得失，以此自终。赞曰：

黔娄(鲁之高士，其妻亦贤，见《列女传》)有言：“不戚戚于贫贱，不汲汲于富贵。”其言兹若人之俦乎(一本作味其了自己的弟弟陶斌。庾亮上奏皇帝请求将陶夏罢官流放，奏章还没有送到朝廷，陶夏就去世了，皇帝下旨让陶夏的侄子陶宏继承陶侃的爵位。陶宏死后，他的儿子陶绰之继承了爵位；陶绰之死后，他的儿子陶延寿继承了爵位。对于陶延寿来说，陶渊明是他的叔父辈。当时，晋朝王室已经衰落，达官显贵人家也一蹶不振。只有高门大族的品德和显贵之家的风气，还依旧保存着。

陶渊明在少年时就拥有高雅的品质，知识渊博，善于写文章，才华出众，不拘小节，自然率真，闲适自得，地方上的人都知道他的名气。他的住宅旁边有五棵柳树，所以就取号为“五柳先生”，并写了一篇传记来自比，这篇文章写道：

五柳先生不知道是什么地方的人，也不清楚他的姓名。（因为）他的住宅旁边有五棵柳树，所以就用这个作为他的号了。他安闲沉静，很少说话，也不羡慕荣华富贵。他喜欢读书，却不强求一字一句的解释。每当对书中的内容有所领会的时候，就会高兴得忘了吃饭。（五柳先生）本性喜欢喝酒，因为家里贫穷不能经常有酒喝。亲戚朋友知道他这种情况，有时摆了酒席来招待他，他去喝酒一定要喝完，目的就是一定要醉。喝醉了就会离开，从来都不会留恋不归。他的家里空空荡荡，不能遮风挡雨，穿的粗布短衣上打着补丁，盛饭的篮子和饮水的水瓢里经常是空的，而他却能安然自得。他常常以写作文章作为娱乐，很能显示自己的志趣，不把得失放在心上，用这种心态过完自己的一生。赞语说：

黔娄（鲁国的一个隐士，他的妻子很贤惠，《列女传》有记载）曾经说过：“不为贫贱而感到忧愁，不热衷于发财做官。”这话大言，一本作极其言)。衔觞赋诗，以乐其志，无怀氏之民欤？葛天氏之民欤(无怀氏、葛天氏皆古帝皇名)？

此文既出，人多传诵，皆谓其文可作陶公实录也。

陶公高尚之趣，出于天性，夫岂有厌贫贱而乐富贵之心哉？只以家世清贫，菽水之欢，竟不克承。古人原有亲老家贫，而为禄仕者，乃求为州祭酒。夫以素怀高洁，夙未与世缘接触者，一出即理钱谷刑名之琐事，而日与胥吏为缘，其抑郁不得志而难与久居也明矣，未几即弃职归。

当道又欲征为主簿，陶公惩于前事，辞不往也。躬耕自给，思亲友则赋《停云》之章，感时序则咏《荣木》之诗(皆四言诗见集中)，盖极闲适之趣云。

【批评】

《困学纪闻》：陶公栗里，前贤题咏，独唐颜鲁公一篇，令人感慨，今考鲁公诗云："张良思报韩，龚胜耻事新。狙击苦不就，舍生悲拖绅。呜呼陶渊明，奕叶为晋臣。自以公相后，每怀宗国屯。题诗庚子岁，自谓羲皇人。手持《山海概说的是五柳先生这样的人吧（一种版本上写作“味其言”，一种版本上写作“极其言”）。一边喝酒一边作诗，为自己的志趣而感到快乐，不知道是无怀氏时候的百姓，还是葛天氏时候的百姓呢（无怀氏和葛天氏都是古时候帝王的名字）？

这篇文章一写出来，人们就纷纷传扬称颂，都说这篇文章可以作陶渊明的实录。

陶渊明高尚的志趣，来自他先天的品性，又怎么可能有讨厌贫贱而喜欢富贵的思想呢？只是因为家境贫寒，需要赡养父母，最终才没能继承这种品性。古时候就有因亲人年迈、家里贫穷而被任用为官的人，于是陶渊明求得了州祭酒这个官职。因为他向来就内心高尚纯洁，从未和人间世事接触过，一出来做官就处理钱粮刑律之类的杂事，并且天天和差吏们在一起，他越来越觉得不能够实现自己的抱负并且也很难和他们相处，没过几天就辞职归隐了。

州里长官又想征召他当主簿，陶渊明鉴于之前做官的遭遇，便辞谢没有前去。亲自耕田，自给自足，思念亲朋好友时便写了《停云》诗，感叹光阴时便作了《荣木》诗（这些都是四言诗，可在诗集中看见），这些让他充分享受了悠游自在的乐趣。

【评论】

《困学纪闻》：陶渊明的故乡栗里，前代贤人对这个地方有题记歌咏的，只有唐代颜鲁公的一篇作品，读完让人非常有感触，现在考证颜鲁公的诗，诗歌里说：“张良时刻想着怎么报答韩国，龚胜则以侍奉王莽新政权而感到耻辱。张良募力士狙击始皇，可惜经》，头戴漉酒巾。兴与孤云远，辨随还鸟泯。”(见《庐山记》，《鲁公集》不载)。

朱子跋鲁公诗后云：颜文忠公栗里诗，见陈令举《庐山记》，而不得其全篇。虽然，读之者亦足以识二公之心，而着于君臣之义矣。栗里，在今南康军西北五十里，谷中有巨石，相传是陶公醉眠处。予尝往游而悲之，为作归去来馆于其侧，岁时劝相，间一至焉，俯仰林泉，举酒属客，盖未尝不赋是诗也。

《靖节集》中，有赠长沙公诗四首。序云长沙公于余为族，祖同出大司马(一本无祖字)。而《宋书》及《昭明传》，并以侃为曾祖，《南史》且明云晋大司马侃之曾孙。《晋书·陶侃传》称：媵妾数十，家僮千余，珍奇宝货富于天府。及其薨也，诸子不协，自相鱼肉，再传之后，家遂中落。《赠长沙公》诗云：“昭穆即远，视同路人。”盖隐痛家难，不忍斥言之也。可知同室操戈，则虽极盛之家亦极易衰落。

没有成功，龚胜不仕王莽政权绝食而死。陶渊明啊，世代作为晋朝的臣子，自从成为朝廷的官员以后，经常会怀念起故园的生活。庚子年的时候陶渊明写了一首诗，自己说自己是伏羲氏的后人。手里拿着《山海经》，头上带着漉酒巾。兴致随着孤云飘飞而变得高远，思绪随着鸟儿归巢而停止消失。”（这些在《庐山记》中都可以看见，《鲁公集》没有记载）。

朱熹在颜鲁公的诗歌后面作了一个题跋，写道：颜真卿的栗里诗，在陈令举的《庐山记》里能看到，但却不是完整的一篇。虽然如此，读到它的人也能够看出这两位先生的心意，从而知道君臣之间的道义。栗里，在现在的南康军向西北五十里远的地方。山谷中有一块巨大的石头，据传说这是陶渊明喝醉酒后睡觉的地方，我曾经去那里游历过，心生怜悯，在它的旁边为它建了归去来馆，时时以此来勉励自己，每次到了这里，一举一动都可以欣赏山林泉水，和宾客们一起举起酒杯，相互劝酒，没有一次不吟诵这首诗的。

在《靖节集》中，有四首赠给长沙公的诗。诗序中说长沙公与我是同一宗族，祖先都是大司马陶侃（另一版本中没有“祖”字），但《宋书》和《昭明传》中都把陶侃作为长沙公与陶渊明的曾祖，《南史》则明确说陶渊明是晋朝大司马陶侃的曾孙。《晋书·陶侃传》中写道：陶侃有妻妾数十个，奴仆上千个，奇珍异宝比朝廷还多。等到他去世的时候，他的子孙不和睦，互相争夺欺凌，爵位传了一代之后，家势开始衰落。他在《赠长沙公》的诗中说：“由于世系相隔已远，彼此也互不相识。”因为是自家内部的不幸变故而难以向别人诉说，更不忍心再斥责这件事了。由此可知同是一家人而相互欺凌，那么就算是非常显赫的人家也是非常容易衰败的。

渊明之父，史无明文。李公焕《命子诗注》引宋陶茂麟《家谱》云：父名逸，为姿城太守，生五子，母孟氏，孟嘉女也。

今人言县令事，多用陶公五柳事，实误。公为彭泽令，去家百里，则彭泽未尝有五柳矣。

陶渊明的父亲，在史书上没有明确的记载。李公焕在《命子诗注》中引用了宋代陶茂麟的《陶氏家谱》，写道：陶渊明父亲名叫陶逸，是姿城的太守，有五个孩子，母亲姓孟，是孟嘉的女儿。

现在人们一提到陶渊明的事情，大多都会谈到陶渊明五棵柳树的故事，实际上这是错误的。陶渊明做了彭泽的县令，离家有一百多里，然而彭泽那里并没有过五棵柳树。

第三章　作令彭泽

陶公体素弱，殊以躬耕为苦。后出求仕，为镇军、建武将军。尝奉建威之命，一至京师，参军禄入甚寡，谓亲朋曰："聊欲弦歌，以为三径之资，可乎？"时其叔夔官太常，语于执事者，以为彭泽令。

至任，公田悉令种秫稻(秫音术，稷之黏者，可以酿酒。崔豹《古今注》谓：秫为黏稻。苏颂《图经》谓：秫为黏黍。皆因时地不同而歧其名也)，将以酿酒曰："吾常得醉于酒足矣。"妻子固请种秔，仍使二顷五十亩种秫，五十亩种秔。

公居官，素简贵，不私事上官。郡遣督邮至，县吏白："应束带见之。"叹曰："我不能为五斗米折腰，向乡里小人。"即日解印绶去职，陶公尝云："公田之利，足以为酒，故便求之。"是彼之出山，专为杯中物，犹望秫稻登场，漉巾一醉，以快素志。然仲秋至冬，在官八十余日，即复归栗里。二顷五十亩之秫秔，盖未尝颗粒到口也。悲夫！

去彭泽时，赋《归去来辞》以见意，其辞曰：

陶渊明向来体质就比较弱，所以亲自耕种就会感到非常辛苦。后来出去求官，做了镇军将军、建威将军的参军。曾经奉建威将军的命令，到京城办事，他觉得参军的俸禄太少了，就和亲朋好友说："想要用这点钱来过弹琴唱歌的隐居生活，可以吗？"那时，他的叔叔陶夔做了太常，陶夔告诉主管这事的官员，于是便让陶渊明做了彭泽县令。

陶渊明当了彭泽县令，下令官府的田地全部种秫稻（"秫"读音为"术"，就是黏的稷子，可以酿酒，崔豹在《古今注》中说：秫是一种黏的稻子；苏颂《本草图经》中说：秫是一种黏的黍子。这都是因为时代和地域的不同而造成的不同名称），将要用它来酿酒，说："（如果）我能常常喝醉酒，就十分满足了。"妻子坚持请求种粳稻，陶渊明照旧让二顷五十亩的田地种秫稻，五十亩的田地种粳稻。

陶渊明做官，向来简朴自爱，不巴结长官。郡里派遣督邮到了他县里，他的下属说："应该穿上官服去见督邮。"陶渊明叹息说："我不能为五斗米这点俸禄而去弯腰巴结，为乡下的小人做事。"当日就辞去官职，陶渊明说："公田收获的粮食，足够酿酒饮用，所以才请求去那里。"陶渊明出来做官，完全是为了饮酒，他还希望能收获秫稻堆满谷场，用布巾滤酒，（然后）痛饮美酒来满足自己向来的志愿。然而从立秋第二个月到冬天，陶渊明只做了八十多天的官，就又回到了家乡栗里。他种的二顷五十亩秫稻，大概连一粒也没有吃到嘴里吧，这真是太悲哀了！

离开彭泽县时，陶渊明写了《归去来辞》来抒发心意。其辞写道：

归去来兮，田园将芜胡不归？既自以心为形役，奚惆怅而独悲！悟已往之不谏，知来者之可追。实迷途其未远，觉今是而昨非。舟摇摇(一作遥遥)以轻扬，风飘飘而吹衣。问征夫以前路，恨晨光之熹微。乃瞻衡宇，载欣载奔。僮仆欢迎，稚子候门。三径就荒(李善注《三辅决录》曰：蒋诩，字元卿，舍中竹下开三径，唯求仲羊、仲从之游。皆挫廉逃名不出)，松菊犹存。携幼入室，有酒盈罇。引壶觞以自酌，眄(眄，读如俛，读作盼者非)庭柯以怡颜。倚南窗以寄傲，审容膝之易安(李善注《韩诗外传》北郭先生妻曰：今结驷列骑，所安不过容膝；食方丈于前，所甘不过一肉)。园日涉以成趣(趣，同趋，七喻反，《尔雅》曰：堂上谓之行，堂下谓之步，门外谓之趋，中庭谓之走)，门虽设而常关。策扶老以流憩(扶老，藤也。谈助曰：邛竹可为杖，磥磥不凡，谓之扶老)，时矫首而遐观。云无心以出岫，鸟倦飞而知还。景翳翳以将入，抚孤松而盘桓(《吴正传诗话》曰：《归去来辞》“三径就荒，松菊犹欢写孤寂的松柏，例如“寒冬山岭中生长着青秀的松树”，例如“青松生长在东园，众草杂树掩盖了它的风姿”，又说“树木连成树林人们也没察觉，而一棵树超群出众便会引人惊奇”，这些都是用来自我比喻的）。回去吧！让我同外界断绝交往。他们跟我的志趣不合（《文选》中作“遗”字），还要驾车出去追求什么？跟亲戚朋友谈心使我愉悦，弹琴读书能使我忘记忧愁。农夫告诉我春天到了，我将要去西边的田地耕作（李善注解贾逵的《国语注》中写道：一井地方的大小为一畴）。有时驾着布篷的小车，有时划着一条小船。既要探寻那幽深的沟壑（“寻壑”在《宋书》《南史》中都作“穷壑”。作“穷”字较好），又要走过那高低不平的山丘（《埤苍》中说：崎岖就是不平的样子）。树木生长茂盛，泉水缓缓流动。我羡慕万物恰逢繁荣滋长的季节，感叹自己一生即将结束。算了吧！身体存活在天地间还能有多少时候？为什么不随心所欲，顺其自然呢？为什么心神不定，还想去什么地方？富贵不是我所求，升入仙界也没有希望（李善注解《庄子》说：华封人对尧说，乘着白云就能到达仙界）。独自去欣赏那些让人怀念的良辰美景，或者就扶着拐杖锄草耕种；登上东边山坡我放声长啸，面对清清的溪流而赋诗。姑且随顺自然的变化（李善注解《孔子家语》中提到，孔子说：阴阳二气相结合，万物便产生了，这就是生；然后逐渐变化结束，这就是死），度到生命的尽头。顺从天命的安排，还有什么可疑虑的呢（欧阳修说：晋朝除了陶渊明的《归去来辞》就没有可以称得上是文章的了。李格非说：《归去来辞》的气势就像是从心底中流出来的一样，更看不见有刻意而为的地方。谢枋得在《文章轨范》一书中选取了陶渊明的这篇文章，没有进行任何评析圈点，大概是因为不敢擅自评价吧）？

今湖口县东三十里，有玩月台，相传陶公为令时，筑以玩月者也。台南有洗墨池，云凿以涤砚者。县南有九曲池，云陶公所穿，与陆修静、周续之三人聚讲处也。东流县治后，有菊所，为陶公艺菊处。安福县南四十里有书岗，为陶公读书处。八十日中，胜迹常留，其去思已足千古矣。

【批评】

《归去来辞》自序云："家叔以余贫苦，遂见用于小邑。于时风波未静，心惮远役。彭泽去家百里，公田之利足以为酒，故便求之。及少日，眷然有归与之情。何则？质性自然，非矫厉所得，饥冻虽切，违已交病。尝从人事，皆口腹自役。于是怅然慷慨，深愧平生之志。犹望一稔，当敛裳宵逝。寻程氏妹丧于武昌，情在骏奔，自免去职。仲秋至冬在官八十余日。"

苏东坡曰："俗传书生入官库，见钱不识。或怪而问之，生曰：'固知其为钱，但怪其不在纸裹中耳。'予偶读渊明《归去来辞》云：'幼稚盈室，瓶无储粟。'乃知俗传在今天湖口县东三十里的地方有个玩月台，相传是陶渊明当县令时修筑用来赏月的地方。玩月台的南面有个洗墨池，相传开凿用来洗涤砚台的。县的南面有个九曲池，传说是陶公开挖的，是他与陆修静、周续之三人在这里聚会交流的地方。东流县的县衙后面，有个菊园，是陶渊明种菊花的地方。安福县南四十里的地方有个书岗，是陶渊明读书的地方。在陶渊明做官的八十天中，其工作过的地方作为古迹还能留下来，而大家对他的怀念也已久远了。

【评论】

《归去来辞》的自序中说："叔父因为我家境贫苦"（于是便替我想办法），我就被任命到小县去做官。当时社会上动荡不安，心里害怕到远方当官。彭泽县离家一百里，公田收获的粮食，足够造酒饮用，所以就请求去那里了。等到过了一段时间，便产生了思念家乡的感情。这是为什么呢？本性追求自然，这不是勉强能得来的；解决饥寒虽然很急迫，但是违背自己本意去做官已经弄得身心痛苦。曾经出仕为官，但都是为了养家糊口。因此惆怅感慨，觉得非常愧对自己这辈子的志愿。只要再等一年，便收拾行李连夜离去。不久，嫁到程家的妹妹在武昌去世，去吊丧的心情像骏马奔驰一样急迫，自己请求免去官职。自立秋第二个月到冬天，在职一共八十多天。"

苏东坡说："相传有一个读书人进入官府的钱库，看见了钱竟不认识。有人认为奇怪便问他，读书人回答说：'我本来知道那是钱，只是奇怪它不在纸的包裹中罢了。'我偶然读到陶渊明的《归去信而有证，使瓶有储粟，亦甚微矣。此翁平生只于瓶中见粟也耶？”

陶公心迹，观此甚明，既云“尝从人事，皆口腹自役”，何竟不能忘情于酒？固知生人必有所寄。寄物之累，高人不免，克己工夫，亦谈何容易耶？

传言渊明以郡遣督邮至，即日解印绶去，而渊明自序，则言以程氏妹丧，去奔武昌，遂以解职。蒙谓二事皆托辞耳，盖渊明仕于晋祚将移之日，世道人心皆不可问，而气节学问无所用之，徒劳何益。五斗折腰之说，有托而逃，犹张翰因秋风而思莼鲈，所谓“见几而作，不俟终日”也。故曰：“景翳翳以将入，抚孤松而盘桓。”又曰：“帝乡不可期。”一篇之中，三致意焉。今为拈出，其意昭然若揭矣。

来辞》，上面写道：‘儿童满屋子，瓶里面没有储存的粮食。’才知道传说中书生入库的故事确实是可信的。即使瓶中有储存的粮食，也是很少的。难道这老头平生只在瓶中见过粮食吗？”

陶渊明心中的想法，通过这一点就能看得十分明了，既然说“过去当官做事都是为了吃饭而委屈自己”，为什么始终不能忘情于酒？因此明白，活着的人一定要有所寄托。借助外物来寄托自己的情怀，这种拖累就算是志行高尚的人也无法避免，克制自己，又怎么会那么容易呢？

相传陶渊明因为郡守派遣督邮到那里，当天便解下印绶，辞去官职离开了，然而陶渊明在自序中，却说因为嫁到程家的妹妹去世，去武昌奔丧，于是才辞官的。这两件事都是推托的言词，原因在于陶渊明是在晋朝即将衰亡的时候做官，不能够过问世道和人心，而且气节和学问都无用武之地，白白的忙碌又没有什么好处。不为五斗米折腰的说法，是因为要离开而作的托词，就像张翰因为秋风而怀念蘘荷和鲈鱼，这就是《易经》所说的：“看清事物的细微变化而抓住时机有所行动，而不是终日等待”。所以他说：“日光暗淡，即将落山，我流连不忍离去，手抚着孤松徘徊不已。”又说：“仙境是遥不可及的。”一篇文章中，三次写出了自己的意愿。现在把它提取出来，它的意思是非常明显的。

第四章 重酒醉菊

陶公还乡，志不复出。义熙末年，征之入京，欲著作郎官之，不就。

先是江州刺史檀道济，慕陶公名久，特往候之，见其门户萧条，穷饿偃卧，已数日矣。道济谓曰："贤者处世，天下无道则隐，有道则至。今子生文明之世，奈何自苦如此？"对曰："潜也何敢望贤，志不及也！"道济馈以粱肉，麾而去之。

及辞彭泽令还，避人愈甚。江州刺史王宏慕其高明，欲识之，不能致也。会陶公有庐山之游，宏私约陶公故人庞通之（官参军集中有赠答诗），赍酒具于半道栗里之间要之。陶公有脚疾，使一门生二儿舁篮舆，既至欣然，便共饮酌，俄顷宏至，亦无忤也。

陶公最爱重九之名，尝九月九日，秋菊盈园，而时醪靡至，怅望夷犹，乃赋诗曰：

陶渊明回到家乡以后，下决心不再出去做官，义熙末年的时候，朝廷又召他进入京城做官，想让他担任著作郎一职，他并没有去做官。

江州的刺史檀道济，他仰慕陶渊明很久了，特地去陶渊明的家里等他，看见陶渊明家里门窗破落，贫穷饥饿的陶渊明躺在床上，已经很多天了。道济告诉他说："贤能的人生活在世上，天下不讲究道义的时候就去归隐，讲究道义的时候就去做官。现在你出生在文教昌明的时代，为什么要让自己贫苦到如此地步呢？"陶渊明回答说："我陶渊明怎么敢和贤人相比，志向达不到啊！"道济就赠给他粮食和肉，陶渊明却拒绝了。

等到陶渊明辞去彭泽县令回到家乡，他更加躲避别人。江州刺史王宏仰慕他的聪明才智，想要结识他，却请不来他。恰逢陶渊明去庐山游玩，王宏私下约见了陶渊明的老朋友庞通之（陶渊明当参军时的诗集中有给庞通之的赠答诗），带着酒具，在庐山半路的栗里邀见陶渊明。陶渊明有脚痛的毛病，他让一个门生和两个儿子抬轿子，到了那里之后，陶渊明十分高兴，便和庞通之一起饮酒。过了一会，王宏到了，陶渊明也并没有不高兴。

陶渊明最喜爱"重九"这个名称，曾经在九月九日秋菊满园的时候，（因为）当时他没有酒喝，只能惆怅而犹豫地欣赏着秋菊，于是他便写了一首诗，诗中说：

世短意常多（《文选》李善注古诗云：“人生不满百，常怀千岁忧。”今渊明以五字尽之，曰“世短意常多”。东坡：“意长日月促”，则倒转陶句耳），斯人乐久生。日月依辰至，举俗爱其名。露凄暄风息，气澈天象明。往燕无遗影，来雁有余声。酒能祛百虑，菊解制颓龄。如何蓬庐士，空视时运倾。尘爵耻虚罍，寒华徒自荣。敛襟独闲谣，缅焉起深情。栖迟固多娱，淹留岂无成。

赋毕，值王宏使白衣人送酒至，即便就酌，醉而后归。今九江西南九十里，有王宏冈，相传即送酒地云。

先是颜延之为刘柳后军功曹，在浔阳，与陶公情款。后为归安郡（郡在今赣粤之交，如旧南安府旧南雄州一带是），经过栗里，日日造访，每往必酣饮致醉。临去留二万钱与陶公，陶公悉送酒家，稍就取酒，王宏尝欲邀延之过其居，延之不往，宁流连于贫士之家，其志趣迥不犹人，洵足与陶公相赏于风尘之外者矣。

短暂的人生中有很多的忧愁（李善在注解《文选》时说：“人的一生活不满一百年，心中却常常有千年的忧愁。”今天陶渊明用这五个字道出了它的意思，所以说“人生短暂，但忧愁很多。”苏东坡说：“忧愁很多，但人生又很短暂。”就是把陶渊明的句子颠倒过来说），世人都喜欢长生。日月运转又到了重九，人们也都非常喜欢重九这一天。秋天露水出现天气开始变冷，而天空却秋高气爽。看不到南飞燕子的踪影，还能听得到大雁飞过留下的鸣叫声。喝酒能消除心中各种各样的忧虑，品尝菊花酒还能益寿延年。为什么一个破茅屋里的穷人，只能眼睁睁地叹息佳节匆匆结束。酒杯里落满了灰尘，酒壶也已经空了，秋天的菊花只能独自开放。整理衣裳，独自坐在那里唱歌，思考的时候突然想起了曾经的感情。隐居闲适的生活有许多乐趣，虚度光阴竟然什么事情也没有做成！

写完这首诗时，正好王宏让人送的酒到了，就开始喝酒，喝醉之后就回家去了。今天九江西南方向九十里的地方，还有王宏冈，相传就是他让人送酒的地方。

先前，颜延之是刘柳的后军功曹，在浔阳时和陶渊明交情很好。后来颜延之到始安郡做官（始安郡在今天江西、广东的交界，在先前的南安府和南雄州一带），路经栗里的时候常常去拜访陶渊明，每次去都一定喝很多酒直到喝醉。离开的时候留下了二万钱给陶渊明，陶渊明把这些钱都送到了酒店，以便随时能去拿酒喝。江州刺史王宏想邀请颜延之去闲坐，颜延之没有去，他宁愿去贫穷的读书人家，他的志向和别人不同，确实可以和陶渊明一样置身于人世之外而相互赏识。

陶公不解音律，而蓄无弦琴一张。每酒适，辄抚弄以寄其意，所谓“但得琴中趣，何劳弦上音？”者也，贵贱造之者，有酒辄设，若先醉，便语客曰：“我醉欲眠，卿可去。”其真率如此。

陶公于酒，真所谓神理独契者，集中饮酒诗，居其多数。但家贫不能常得，更不能得美酒，其所与饮，多田野樵渔之人，班坐林间，兴之所至，别有会心，固不泥乎迹也，尝曰：“余闲居寡欢，兼比(比一作秋)夜已长，偶有名酒，无夕不饮，顾影独尽，忽焉复醉，既醉之后，辄题数句自娱。纸墨遂多，辞无诠次，聊命故人书之，以为欢笑尔。”读其饮酒诗二十首，或析名理，或慨时事，纡回往复，寄托深远。夫岂醉人所能，世之醉者，既自以为醒，而醒者遂不得不自为醉，处此苦境者，古今来岂独一渊明也哉？

陶公饮酒诗之后，又继以止酒诗，曰：“居止次城邑，逍

陶渊明不太懂音乐，但他却有一张无弦琴。每逢喝酒的时候，就弹琴来抒发自己的感情，正所谓："只要懂得琴中的真意，又何必要劳烦琴弦发出声音呢？"来拜访的人不论贵贱，只要有酒就会招待他们。陶渊明如果先喝醉，就告诉客人："我喝醉了要睡觉，你可以走了。"他的天真直率竟然达到这种地步。

酒对于陶渊明来说，真可以说是他的灵魂，在他诗集中关于饮酒的诗，占了绝大多数。只是因为家里贫穷而不能常常有酒喝，更没有好酒喝，和他一起喝酒的大多是山野中的砍柴人和打渔人，他们一起坐在树林中，兴趣来了，也会有独到的领会和见解，本来就不拘泥于外在形式。他曾经说："我在家里无事可做，（感到）缺少欢乐，加上黑夜又很漫长（"比"字在另一个版本中又写为"秋"字），偶尔有好酒，没有一个晚上不喝酒的，（一边）看着自己的影子，（一边）独自喝酒，很快就又喝醉了，醉了之后，就写几句诗来自我娱乐。虽然写了很多张纸，但内容却语无伦次，勉强让好朋友抄写下来，用来自娱自乐吧。"读了陶渊明的二十首饮酒诗，有的是分析事物名和理的是非异同的，有的是感慨当时政事的，来回不停地论述，寄托了自己深远的情怀。难道这些都是喝醉酒的人才能做到的吗，世上那些醉醺醺的人，自认为他们很清醒，而那些清醒的人却不得不让自己喝得醉醺醺的，因为他们处在社会的困境之中，自古以来难道就只有陶渊明一个人这样吗？

陶渊明写了《饮酒诗》之后，又继续写了《止酒诗》，他写道：

遥自闲止。坐止高荫下，步止荜门里。好味止园葵，大欢止稚子。平生不止酒，止酒情无喜。暮止不安寝，晨止不能起。日日欲止之，营卫止不理。徒知止不乐，未知止利己。如觉止为善，今朝真止矣。从此一止去，将止扶桑涘。清颜止宿容，奚止千万祀。”意谓他事皆可止，惟酒则不能，倘羽化登仙，离此人世，则可止耳。题曰止酒，实劝酒也。

【批评】

止酒诗前六句，谓坐止于树荫之下，则广厦华堂，吾何羡焉？步止于荜门之里，则朝市声利，吾何趋焉？好味止于噉园葵，则五鼎方丈，吾何欲焉？大观止于戏稚子，则燕歌赵舞，吾何乐焉？若此四者，止之久矣，所未止者酒耳。“如觉止为善”以下六句，旧解谓止酒之正文，其实诙谐迷离，到底仍是不止，若作正意解，则为陶公瞒过矣。

渊明生当鼎革之秋，触目生愁，抚景增叹，无可奈何，则逃于酒，且犹夙兴夜寐，不敢怠荒，其醒不可及，其醉

“我家居住在县城边，在这逍遥的莫过于悠闲自在。坐在大树的树荫下，散步最远只到柴门前。最好的味道是园中的葵菜，最快乐的是和孩子一起玩耍。一辈子都戒不了酒，戒酒让心中不舒服。晚上不喝酒睡不好觉，早晨不喝酒不能早起。每天都想戒酒，又怕经脉会不循环。只知道戒酒会不开心，不知道戒酒会对身体好。开始感觉戒酒很好，今天开始真正戒酒。从此一直戒下去，一直戒到自己成为神仙。戒到自己苍老的容貌变成清秀的容颜，哪里是戒千万年就能够戒掉的。”陶渊明的意思是其他的事都可以戒掉，只有酒不能戒掉，如果自己死后成为神仙，离开了人间，那么就能戒掉了。诗的题目是“戒酒”，实际上却是“劝人喝酒”。

【评论】

止酒诗的前六句说坐在树荫下面，就算是高楼大厦，我又有什么好羡慕的呢？在自家破旧的柴门前散步，就算是外面有功名利禄，我又有什么好去追求的呢？能吃到园中的葵菜，就算是丰盛的美味佳肴，我又有什么羡慕的呢？能和孩子一起快乐地玩耍，就算是非常精致的歌舞，我又有什么想看的呢？像这四种情况，戒掉已经很久了，没有戒掉的就是酒了。诗中“如觉止为善”这句话下面的六句，以前人们认为是这首诗的正文，其实都是他诙谐风趣和捉摸不透的表现，到最后他还是没有戒掉酒，如果把这作为正确的意思来解释，那么就是被陶渊明欺骗了。

陶渊明出生的时候正当改朝换代的时候，社会上一片破败的景象，看到这些情形更加悲伤，对这些又没有办法，就沉溺到了酒尤不可及，读者勿漫学之。马援曰："画虎不成反类狗。"汉武帝曰："不食马肝，未为不知味。"学古人者，必先胸中有此鉴衡也。

中，（尽管如此）他仍旧起得早而睡得晚，不敢懒惰放荡，他醒的时候，我们比不上他，他醉的时候，我们仍然比不上他，读者不能随意地去学他。马援说："没有画虎的本领却要画虎，结果把老虎画得像狗一样。"汉武帝说："如果吃肉不吃马肝，不算是不知道肉的味道。"向古人学习，首先必须要在心中有一个标准。

第五章　武陵寄意

陶公见宋王业渐隆，不复肯仕。所著文章，义熙（晋安帝年号）以前，明书晋年号，自永初宋武帝年号以来，唯云甲子而已。此犹汉陈咸不臣王莽，仍用汉腊之意。忠臣节士，无可如何，乃用此以表志，夫亦大可怜矣。

陶公所作《桃花源记》，当晋亡之后乎！不然，何其厌世之深也，文曰：

晋太元中（太元晋武帝年号），武陵人捕鱼为业。缘溪行，忘路之远近。忽逢桃花林，夹岸数百步，中无杂树，芳草鲜美，落英缤纷，渔人甚异之。复前行，欲穷其林。林尽水源，便得一山，山有小口，仿佛若有光。便舍船，从口入。初极狭，才通人。复行数十步，豁然开朗。土地平旷，屋舍俨然，有良田美池桑竹之属。阡陌交通，鸡犬相闻。其中往来种作，男女衣着，悉如外人。黄发垂髫，并怡然自乐。

见渔人，乃大惊，问所从来。具答之。便要还家，设酒杀鸡作食。村中闻有此人，咸来问讯。自云先世避秦时乱，率妻子邑人来此绝境，不复出焉，遂与外人间隔。问今是何

（虽然）陶渊明看见宋朝的霸业日渐兴盛，也不愿意再出来做官。他写的文章，在晋安帝在位以前，明确标注晋的年号，自从宋武帝在位开始，只是标注甲子干支来纪年。这就像汉代的陈咸不向王莽称臣，仍然沿用汉朝的历法一样。忠臣和有名节的人，不管怎么样，都是这样表明自己志向的，这也是一件值得称赞的事。

陶渊明写的《桃花源记》，应该是在晋朝灭亡之后吧！如果不是这样，为什么会这么悲观消极呢，文章写道：

东晋太元年间（太元是晋武帝的年号），武陵有个人以打渔为生。（一天）他沿着溪水划船，忘记了路程的远近。忽然遇到一片桃林，在小溪两岸几百步之内，中间没有别的树，芳香的花草十分美丽，地上落了很多的花。渔人对此感到十分奇怪，便继续往前走，想要走到林子的尽头。桃林的尽头就是溪水的源头，渔人发现了一座小山，山上有个小洞口，洞里隐隐约约有点光亮。（渔人）便舍弃了小船，从洞口进去。开始，山洞十分狭窄，只能容得下一个人通过，又走了几十步，突然变得开阔明亮了。（眼前）一片平坦宽阔的土地，一排排整齐的房屋，还有肥沃的田地、美丽的池塘，有桑树、竹林这类的植物。田间小路交错相通，鸡鸣狗叫的声音此起彼伏。在田野里来来往往耕种劳作的人们，男女的穿着打扮和外面的人都一样。老人和小孩都非常快乐。

（村里的人）看见渔人，感到非常惊讶，问他是从哪儿来的。（渔人）把自己知道的事都详细地作了回答。村中人就邀请他到自己家里去，摆酒、杀鸡来款待他。村子里的人听说来了这样一个人，都来打听消息。他们说自己的祖先为了躲避秦时的战乱，带着世，乃不知有汉，无论魏晋。此人一一为具言所闻，皆叹惋。余人各复延至其家，皆出酒食。停数日，辞去。此中人语云：“不足为外人道也。”

既出，得其船，便扶向路，处处志之。及郡下，诣太守，说如此。太守即遣人随其往，寻向所志，遂迷，不复得路。

南阳刘子骥（《晋书》刘驎，字子骥），高尚士也，闻之，欣然规（俗本作亲）往。未果，寻病终，后遂无问津者。

庐山之秀，甲于人寰，避世之士，多匿迹焉。陶公栗里，既在兹山之麓，而同时复有刘遗民（名程之，彭城人）、周道祖（名续之，雁门广武人）者，并高不事之节。陶公亦时与诸人往还赠答，世称浔阳三隐。惠远者，庐山之僧，世称之曰远公，止于东林寺，立莲社，众至百二十有三人，刘遗民、周道祖皆入社，慕陶公高旷，欲罗致之，远公手书相招，陶公报曰：“许我饮酒则诺。”许之，遂造焉，无妻子儿女和乡邻们来到这个与世人隔绝的地方，不再出去过，所以跟桃花源外面的人断绝了来往。（这里的人）问如今是什么朝代，他们竟然不知道有过汉朝，更不用说魏、晋两朝了。渔人把自己所知道的事一一告诉了他们。听完，他们都很感叹惋惜。其余的人各自又把渔人邀请到自己家中，拿出酒菜来款待他。渔人住了几天后，向村里人告别。村里的人告诉他：“（这里的情况）不值得对外面的人说啊。”

（渔人）出来以后，找到了他的船，就顺着来时的路回去，处处都做了记号。他到了郡城，去拜见太守，说了这番经历。太守立即派人跟着他去，寻找先前所做的记号，最终迷路了，再也找不到通往桃花源的路了。

南阳有个名叫刘子骥的人（《晋书》中刘驎，字子骥），是位高尚的读书人，他听到这个消息，高兴地计划着前往桃花源（“规”通俗版作“亲”）。但是没有实现，他不久就病死了。后来就再也没有探访桃花源的人了。

庐山的秀美，是人间第一的，逃避尘世的人往往都隐居在这。陶渊明的家乡栗里，就在这座山的山脚下。与陶渊明同一时期的刘遗民（名程之，彭城人）、周道祖（名续之，雁门广武人）两人，都因不愿为官而出名。陶渊明常与他们写诗互赠，世人称他们为“浔阳三隐士”。惠远是庐山的和尚，世人称他为远公，他住在东林寺，建立了净土宗最初的结社，人数最多达到一百二十三人。刘遗民和周道祖都加入了莲社。惠远仰慕陶渊明豁达开朗的性格，想让他参加莲社。他写了一封信邀请陶渊明，陶渊明回信说：

何，攒眉而去。

六朝人尚老佛，高明之士，皆爱逃禅，举世不以为非也。独陶公则不尔，故不入远公之社，以酒而去者伪也。其生平理想，见之于《形影相赠诗》《神释诗》，大意以世情惑于惜生，故极陈形影之苦，而释以神之自然。形赠影曰："愿君取吾言，得酒莫苟辞。"影答形曰："立善有遗爱，胡为不自竭？"形累于养而欲饮，影役于名而求善，皆惜生之辞也，故神释之曰："日醉或能忘，将非促龄具！"所以辨养之累曰："立善常所欣，谁当为汝誉？"所以解名之役，虽得之矣，然所致意者，仅在促龄与无誉，不知饮酒而得寿，为善而见知，则神亦将汲汲而从之乎，似未能尽了也。是以极其释曰："纵浪大化中，不喜亦不惧。应尽便须尽，无复独多虑。"此乃不以死生祸福动其心，泰然委顺，乃得神之自然，此诚能达生而遗世者也。

“如果给我酒喝，那么我就答应。”惠远答应了，于是陶渊明便去了莲社。去了之后却没有酒，陶渊明便皱着眉头离开了。

六朝时，人们崇尚道教和佛教，清高的人都喜欢逃离尘世参禅，世人也不认为那样做有什么不对。只有陶渊明不这么认为，因此他没有加入惠远的莲社，以没有酒而借口离开。陶渊明一生的理想，从他写的《形影赠答诗》和《神释诗》中可以看出，他因世人都顾惜自己的生命而感到很困惑，所以极力陈述以形和影二者为名为寿操劳的辛苦，并借神话来解释顺应自然的道理。形对影说：“希望你能听我的话，得到了美酒千万不要推辞。”影回答形说：“立了大功就可以得后人的喜爱，为什么不竭尽你的能力去做呢？”形不怕辛苦地养活身体而想要喝酒，影被驱使着去追求名利而想要善良。这些都是珍惜生命的理由，因此神解释说：“每天喝点酒或许可以暂时缓解不能长生的苦恼，但是时间长了说不定不但不能长生，反而减寿了！”所以在议论追求长生过程中的苦累时说：“多做善事确实是件好事，可又有谁会一直赞美你呢？”因此虽然明白了要摆脱名声的束缚，然而世人还是只知道它们会让身体减少寿命和不能得到长久的名誉，却不知道喝酒也能延长寿命，做好事也能被大家知道，那么神也将会匆匆跟随着形体而不能长久地存在。因此最后他极力解释说：“无拘无束地生活在大自然中，不因长生而欢喜，也不因短寿而悲伤。等到老天安排人生到了尽头，那就到了，不要因为这些去自寻烦恼了！”这是不因为生、死、祸、福去改变自己心中的想法，心情安定，顺其自然，于是就会得到神所说的自然，这确实能够获得长生并且流传美名。

【批评】

后代诗人以陶公有《桃花源记》，多赋桃源行，皆以桃源为仙境，而称赞仙家之乐。惟韩昌黎云：“神仙有无何渺茫，桃源之说诚荒唐。世俗那知伪与真，至今传者武陵人。”亦不及陶公所以作记之意，今观桃源之事，以避秦为言，至云无论魏晋，乃寓意于刘裕，而托之秦耳。

明乎此，则陶公作记之意，昭然若揭。后世注家，乃以桃源县（巢湖南）南十里之桃源山当之，谓其西北乃沅水曲流，南有障山，东带钞锣溪，周回三十二里，即桃花源。又谓渔人姓黄，名道真，太守即刘歆（晋有刘歆与汉时刘向之子同姓名），必求其地与人以实之，穿凿附会，抑何可笑。

《宋书》《南史》《文选注》皆言陶公入宋所作，但题甲子。今考公详有题甲子者，始庚子距丙辰，凡十七年间事。只九首耳，皆晋安帝时所作也。中有乙巳岁三月，为建威参军使都，经钱溪作，此年秋，乃为彭泽令，在官八十余日，而解印绶。后十六年庚申，晋禅，宋恭帝元熙二年也，岂容晋未禅宋前二十年，辄耻事二姓，所作诗但题甲子以自

【评论】

后世的诗人因为陶渊明写了《桃花源记》，很多人便写了《桃源行》，都把桃源看作仙境，而且称赞它是神仙的乐园。只有韩愈说："有没有神仙这是很难说的，桃花源的说法真的很荒谬。世人哪里知道这是真的还是假的，到现在还在传说着武陵人的故事。"他们都不知道陶渊明写这篇文章的真正用意，现在来看关于桃源的记载，（表面上）以躲避秦朝为理由，更不用说魏晋时期的朝代了，这其实目的在暗指刘裕的宋朝，只是以秦朝为借口罢了。

明白这个道理，那么陶渊明写这篇文章的目的就十分明了了。后来注解的人便把桃源县（巢湖的南边）南十里的桃源山当作桃花源，并说桃花源的西北是沅水，南面有障山，东面环绕着钞锣溪，周围三十二里的地方就是桃花源。又说那个渔人姓黄，名道真，太守就是刘歆（晋朝有人叫刘歆，与汉代刘向的儿子名字一样），他们一定要考证出每个地方和每个人的具体情况，生拉硬扯，解释牵强，实在太可笑了。

《宋书》《南史》和《文选注》都说陶渊明在宋建立之后写的文章，只书写甲子年。现在考证陶渊明作品中明确记载为甲子年的，主要是从庚子年到丙辰年的作品，在这十七年内只有九首诗，都是他在晋安帝在位的时候写的。其中有的诗是在乙巳年三月，陶渊明做为建威参军奉命去京城的时候，经过钱溪写的。这年秋天，陶渊明做了彭泽县令，一共做了八十多天就辞官了。之后过了十六年，到了庚申年的时候，晋朝皇帝退位了，也就是宋恭帝元熙二年的时候，怎么能在晋朝皇帝还没有退位的前二十年的时候，取异哉。沈约、李延寿、李善诸人，盖未深考也。周续之时称为高隐，然高祖北讨，世子居守，迎续之馆于安乐寺，讲礼月余。高祖践阼，召之，开馆东郭外，是犹未能谢绝势分也，安得云高？刘程之尝为柴桑令，陶公集中所称刘柴桑者是也。谢安、刘裕嘉其贤，相推荐之，皆力辞，裕以其不屈，乃旌其门曰遗民，人品固高于周，惜耽于佛耳。

就说自己以作为后一朝代的百姓而感到耻辱呢，他写的诗只落款为甲子年是为了与众不同罢了。沈约、李延寿、李善等人，大概没有深入考查这些吧。周续之在当时被称为隐士，然而刘裕讨伐北方时，太子留在朝廷处理事务，迎接周续之到安乐寺，讲授了一个多月的礼仪知识。刘裕登上皇位时，召见了周续之，在东城给他建了私塾讲堂，他并没有能拒绝权势和地位的诱惑，哪里能说得上是隐士呢？刘程之曾经做了柴桑县令，就是陶渊明的文集中称为刘柴桑的那个人。谢安和刘裕夸奖他很有才能，要向朝廷推荐他，都被他拒绝了，刘裕认为他不向世俗屈服，于是便在他的门上题写了“遗民”两个字来表扬他，他的品行本来是比周续之要高的，可惜他身心都归向了佛教。

第六章 训子

陶公训子最切至，与其平日放旷之怀，判若两人。观此可知陶公之流于放旷，实遭逢使然，非本心也。官彭泽时，不以家累自随，送一力给其子，书曰："汝日夕之费，自给为难，今遣此力助汝薪水之劳，此亦人子也，可善遇之。"慈祥恺悌，千载下如见其心，以此教子其意深矣。三十丧妻，继妻翟氏，志趣亦同能安苦节。夫耕于前，妻锄于后，共有五子，曰舒俨，曰宣俟，曰雍份，曰端佚，曰通佟，亦称俨（字求思）、俟、份、佚、佟。俨前妻出，俟以下皆翟氏出也。

《命子》诗者，盖陶公三十岁以前所作，专以训俨者也，有云："卜云嘉日，占亦良时。名汝曰俨，字汝求思。温恭朝夕，念兹在兹。尚想孔伋，庶其企而。"

又有《责子》诗曰：

"白发被两鬓，肌肤不复实。虽有五男儿，总不好纸笔。阿舒已二八，懒惰故无匹。阿宣行志学（谓十五岁也），而不爱文术。雍端年十三，不识六与七。通子垂九龄，但觅梨与栗。天运苟如此，且进杯中物。"

陶渊明教导孩子最恳切周至了，这和他平时豪放旷达的胸怀相比，简直就像是两个人一样。通过这一点，我们也可以看出陶渊明的豪放旷达，不拘礼俗，其实都是他人生遭遇历程所造成的，并不是他本来的品性。他在彭泽做官时，没有让家人跟在自己的身边，他送给儿子一个仆人，并写信说："你一天正常的花费，自己提供是很困难的，现在送你一个仆人帮你干活，这也是别人的儿子，你要好好对待他。"他的这种慈爱和平易，千百年之后还能让人体会到他的真心，用这种方法来教导孩子，真是用心良苦啊。陶渊明三十岁的时候死了妻子，又娶了一个妻子姓翟，她能够和陶渊明一起享受幸福，一起度过困难。陶渊明在前面耕地，她在后面锄田，陶渊明一共有五个儿子，他们分别叫舒俨、宣俟、雍份、端佚和通佟，也称他们叫俨（字求思）、俟、份、佚、佟。陶舒俨是陶渊明前妻生的，陶宣俟和他的弟弟们都是后娶的妻子生的。

《命子》这首诗是陶渊明三十岁以前写的，专门用来教导陶舒俨的，诗中说："你要出生的那天，占卜是个吉利的日子，美好的时辰。给你取名叫俨，给你取字叫求思。你温和恭顺地和我生活在一起，要牢牢记住你名字的含义啊。孔子的孙子叫孔伋，我希望你能向他学习。"

还有一首《责子》诗说：

"白发已经长满了两鬓，肌肤松弛也不再丰满了。虽然有五个儿子，但他们都不喜欢学习。陶舒俨已经十六岁了，没有人比他还懒惰。陶宣俟也已经十五岁了（十五岁叫志学），而他也不喜欢写文章。陶雍份和陶端佚也都十三岁了，连六和七这些数字都不会数。小儿子陶通佟也都快九岁了，只知道贪吃。如果上天真的给了我这些没有出息的儿子，那我也没办法，还是喝酒吧。"

黄山谷论之曰："观靖节此诗，想见其人慈祥戏谑，可观也。俗人便谓渊明诸子皆不肖，而愁叹见于诗耳。"盖渊明襟怀旷达，高出尘壒之表，大抵诸郎皆中人之资，期望甚切，稍不满意，遂作贬词。况雍端甫十三，通子方九龄，过庭之训尚浅，可遽以不肖断之耶？

又有与子俨等疏，以作遗训曰：

告俨、俟、份、佚、佟：天地赋命，生必有死，自古圣贤，谁能独免？子夏有言："死生有命，富贵在天。"四友之人（孔丛子：孔子四友，回、赐、师、由，非子夏，此云然者谓其同列耳）亲受音旨，发斯谈者，将非穷达不可外求，寿夭永无外请故耶。吾年过五十，少而穷苦，每以家弊，东西游走（沈约《宋书》作"吾年过五十而穷苦荼毒，家贫弊，东西游走"，无"少"字及"每以"二字）。性刚才拙，与物多忤，自量为己，必贻俗患，僶俛辞世，使汝等幼而饥寒。余尝感孺仲贤妻之言，败絮自拥，何惭儿子，此既一事矣（按："孺仲"，当作"儒仲"。《后汉书·王霸传》：霸，字儒仲。《列女传》：霸少立高节，光武时连征不仕，霸与同郡令狐子伯为友。后子伯为楚相，而其子为郡功曹。子伯遣子奉书黄山谷评论说："读陶渊明的这首诗，他那慈祥而幽默的样子，可以想象出来。因此世人便说陶渊明的这些儿子都没有出息，他的忧愁和惋惜在诗中都能看见。"陶渊明胸怀宽广，他的想法超出常人，从不随波逐流，大概那些评论他的都是一些才智一般的人，他们的期望太高，稍微有点不满意的地方，便写诗来讽刺他。况且陶雍份和陶端佚才刚刚十三岁，陶通佟才九岁，父亲的教导还很少，能够很快地凭借这一点就判断他们没有出息吗？

陶渊明还写了一些告诫的话给儿子们，用来作为对他们的临终教导，他写道：

告诫俨、俟、份、佚、佟：天地给了人生命，有生就一定会有死，从古到今圣贤的人，有谁能够幸免呢？子夏说："生死是由天命决定的，富贵是由上天注定的。"连"四友"那样的人（《孔丛子》：孔子有四个朋友，颜回、子贡、子张、子路，没有子夏，这样说是因为他们同辈），都接受这样的言谈教诲，他们这么说，也足以看出穷困和显贵不能求助于别人，长寿和早逝也不能借助于外力。我的年龄已超过了五十，小的时候家里穷苦，每次因为家里贫穷而到处奔波（这句在沈约的《宋书》里写成"吾年过五十而穷苦荼毒，家贫弊，东西游走"没有"少"这个字及"每以"这两个字）。性格刚直，才能浅陋，为人处世时往往会和别人起冲突。自己为自己考虑，那样下去必然会留下灾患，勉强辞官隐居，让你们年幼就忍受饥寒。我曾经感叹东汉王霸妻子说的话，坏的棉絮自己拥有，为什么要连累孩子呢？这都是一样的（案："孺仲"应该写成"儒仲"。《后汉书·王霸传》：王霸，字儒仲。《列女传》：王霸小时候就志向高远，光武帝好几次召见他，他都不去，王霸和同郡的令狐子伯于霸，客去为久卧不起。妻怪，问其故，曰：“向见令狐子容服甚光，举措有适，而我儿蓬发历齿，未知礼则见客，而有惭色，父子恩深，不觉自失耳。”妻曰：“君少修清节，不顾荣禄，今子伯之贵，孰与君之高？君躬勤苦，子安得不耕，以养即勤，安得不黄头历齿，奈何忘宿志，而惭儿女子乎？”霸崛起而笑曰：“有是哉。”遂共终身隐遯)。但恨邻靡二仲，室无莱妇（嵇康《高士传》：“求仲羊、仲从皆治车为业，挫廉逃名，蒋元卿之去兖州，还杜陵，荆塞门舍，中有三径，不出，惟二人从而游，时人谓之二仲。” 《列女传》：“楚老莱子逃世耕于蒙山之阳，楚王欲使守国之政。妻曰：‘妾闻之可食以酒肉者，可随以鞭捶，可授以官禄者，可随以鈇钺，今先生食人之酒肉，受人之官禄，此皆之所制也，居乱世而为人所制，能免于患乎？’老莱子遂随其妻至于江南而止”）

抱兹苦心，良独内愧。少学琴书，偶爱闲静，开卷有得，便欣然忘食。见树木交荫时，鸟变声，亦复欢然有喜。常言“五六月中，北窗下卧，遇凉风暂至，自谓是羲皇上是好朋友。后来令狐子伯做了楚国的丞相，而他的儿子做了郡功曹一职。令狐子伯让儿子送信给王霸，客人离开后，王霸躺在床上很长时间都没起来。他的妻子就很奇怪，问他原因。他说：“刚刚看见令狐子伯儿子精神很好，举止动作都很得体，而我们的儿子头发乱蓬蓬的，牙齿稀疏不齐，见到客人也不懂礼貌，还面带有羞愧，父子情深，不由得感觉自己很失败。”妻子说：“你一向注重清高气节，不考虑荣华富贵，现在令狐子伯发达显贵了，谁能比得上你那么清高？你不怕劳累亲自耕田，儿子哪能不去耕田，每天辛勤劳作，哪里能不头发乱蓬蓬的，牙齿稀疏不齐呢，为什么忘了你先前的志向，而为孩子感到惭愧呢？”霸起身笑着说：是这样的啊。”于是就一起归隐）。只是遗憾没有像二仲那样的邻居，家里没有像老莱子妻子那样的妻子（嵇康在《高士传》中记载，求仲羊、仲从都以制造马车来维持生计，为了逃避名声而隐居，蒋元卿辞官离开兖州，回到家乡杜陵，院子长满了野草，还有三条小路，于是他隐居下了不再出去。只有两个人会来拜访，当时人们称这两个人为二仲。《列女传》中说：“楚国的老莱子在蒙山南面隐居耕种，楚王想让他为朝廷做事。他的妻子说：‘我听说可以吃酒肉的人，可以被别人随意打骂，可以得到高官厚禄的人，可以去杀人用刑，现在先生吃别人的酒肉，接受别人的高官厚禄，这都是别人所给的，活在这混乱的社会上被别人牵制，这能没有祸患吗？’老莱子于是听从他妻子的话，去了江南隐居。）

心中怀着这样痛苦的想法，自己心里很惭愧。小时候开始弹琴读书，喜欢悠闲清净的生活，读书有了收获，就高兴得忘了吃饭。看见树木长得郁郁葱葱，不同季节有不同的鸟叫声，就十分高兴。俗话说：“五月、六月的时候，在北边窗户下躺着，凉风刚好吹人”。意浅识罕，谓斯言可保。日月遂往，机巧好疏，缅求在昔，眇然如何。病患以来，渐就衰损，亲旧不遗。每以药石见救，自恐大分，将有限也。汝辈稚小家贫，每役柴水之劳，何时可免？念之在心，若何可言，然汝等虽不同生，当思四海皆兄弟之义。鲍叔管仲，分财无猜（管仲与鲍叔共贾，鲍叔分与管仲金独多，知其贫也）。归生伍举，班荆道旧（春秋时，楚伍举与声子相善，后相遇于郑，班荆相与语食而言复故）。遂能以败为成，因丧立功，他人尚尔，况同父之人哉！颍长韩元长（《金楼子》作“陈元长”，王应麟曰：谓韩融，韶子。见后汉《韩韶传》），汉末名士，身处卿佐，八十而终。兄弟同居，至于没齿。济北氾稚春，晋时操行人也，七世同财，家人无怨色（《晋书·氾毓传》：“毓字稚春，奕世儒素，敦睦九族，客居青州，逮毓七世，时人号其家‘儿无常父，衣无常主。’”）。《诗》曰：“高山仰止，景行行止。”虽不能尔，至心尚之。汝其慎哉，吾复何言。

来，自己认为自己成了伏羲氏以前的人。”意识浅显见识很少，以为这样的生活可以保持下去。随着时间的迁移，体力开始衰退，精力旺盛的日子不会再出现了。得病以来，身体慢慢衰弱，亲人和好朋友都没有抛弃我。每次都用药物救治我，自己感觉恐怕寿命将要到了。你们从小就家境贫寒，每次都让你们做砍柴挑水的工作，什么时候可以免除啊？这些我都挂念在心里，还能说些什么呢！虽然你们不是同一个母亲所生的，但应当想到四海之内都是兄弟情义。鲍叔和管仲分钱的时候从来没有猜疑（鲍叔和管仲共同做买卖，分钱的时候管仲总要多占一点，但是鲍叔不觉得他贪财，因为知道他家里穷）。归生和伍举在路上相遇，便在地上铺上荆条，一起谈论过去的交情（春秋时代，楚国的伍举和归生交情很好，后来他们在郑国相遇，两人在地上铺上荆条叙旧吃东西，感情还像以前那样好）。就是因为鲍叔的帮助，管仲变失败为成功，因为归生的帮助，伍举在出逃后又回国立了功，其他人尚且如此，何况你们是同一父亲的儿子啊！颍川的韩元长（《金楼子》写成“陈元长”，王应麟说：韩融，是韩韶的儿子。在《后汉书·韩韶传》中有记载）是汉朝末年的有名望的人，做官做到了卿佐一职，八十岁才去世。他们兄弟一起居住，直到去世。济北的汜稚春，是晋朝时很有节操和品行的人，他们家七代都是使用共同的财产，家人没有怨怒的脸色（《晋书·汜毓传》中说：“汜毓，字稚春，家里是读书人家，家庭和睦，家族居住在青州，到了汜毓是第七代，当时人们都说他家是‘兄弟们之间往来无间，衣服常相互换来穿’”）。《诗经》中说：“对于古人崇高道德则敬仰，对于他们高尚的行为则学习。”即使不能那样，也要诚心诚意地崇尚他们。你们可要慎重啊！我没什么再说的了。

【批评】

与子一疏，乃陶公毕生实录，全副学问也。穷达寿夭，即一眼觑破，则触处任真，无非天机流行，末以善处兄弟劝勉，亦其至情不容已处，读之惟觉真气盎然。

陶公高蹈独善，宅志超旷，视世事无可芥其中者，独于诸子，拳拳训诲，知陶公固亦理学中人也。公既厚积于躬，薄取于世，其后宜有兴者。《梁书》："安成王秀为江州刺史，前刺史取渊明曾孙为里司，叹曰：'陶潜之德，岂可不及后世！'即日辟为西曹掾。"袁郊《甘泽谣》云："陶岘彭泽之后，开元中，家于昆山。"杜甫诗："陶潜避俗翁，未必能达道。观其着诗篇，颇亦恨枯槁。达生岂是足，默识盖不早。有子贤与愚，何其挂怀抱。"杜以渊明教子为不达，非笃论也。

【评论】

给儿子们的这些告诫话语，是陶渊明一生的真实描写和学问的全部体现。穷困、显贵、长寿和早亡，他一眼就看明白了，对什么事都顺其自然，率真任情，除了天赋的灵性能广为流传之外再也没有其他的了。他在文章最后教导兄弟之间要善待对方，互相勉励，这也是他流露自己真挚感情的地方，读了之后只感觉有股浓厚的刚正之气。

陶渊明过着避世隐居的生活，不去管人间的俗事，胸怀高远旷达，在他的眼中世间的俗事没有一件可以干扰到他的生活，然而只有对他的儿子们，他才深切地教导，（从这一方面来看）我们可以知道陶渊明是一个非常注重伦理道德教育的人。他大多都是自己亲自动手去做一些事，很少依靠别人的帮忙，他的后人应该有兴旺发达的吧。《梁书》："安成王萧秀做了江州刺史，前任刺史任命陶渊明的曾孙担任里司一职，萧秀感叹说：'凭借陶渊明的才行品德，怎么能不优待他的后人呢！'当天就授予他西曹掾一职。"袁郊《甘泽谣》中写道："陶岘是陶渊明的后人，开元年间，家住在昆山。"杜甫诗中说："陶渊明虽然避世隐居，但也并没有真正进入忘怀得失的境界。看看他写的诗和文章，对自己穷困潦倒的生活充满着遗憾。一辈子真正做到不受世俗务牵累，大概他对这些并没有很早就记在心里。他对自己儿子是聪明还是愚笨，是多么在意啊。"杜甫凭借这一点就说陶渊明教育儿子不成功，这不是准确的评价。

第七章 自挽

《朱子纲目》于宋文帝元嘉四年，特书晋征士陶潜卒，书法曰："潜卒于宋，书晋何？潜始终晋人也。"终纲目一人而已矣。宋室将征之，而公适卒，是天亦欲使公为完人也。

陶公年六十三岁，自知不起，预为挽歌，又作自祭文，其达于生死之际有如此者。文曰：

岁惟丁卯（宋文帝元嘉四年），律中无射（九月）。天寒夜长，风气萧索（音瑟），鸿雁于征，草木黄落。陶子将辞逆旅之馆，永归于本宅。故人凄其相悲，同祖行于今夕。羞以嘉蔬，荐以清酌。候颜已冥，聆音愈漠。呜呼哀哉！茫茫大块，悠悠高旻，是生万物，余得为人。自余为人，逢运之贫，箪瓢屡罄，絺绤冬陈。含欢谷汲，行歌贫薪（《汉书·朱买臣》：独行歌道中，负薪墓间）。翳翳柴门，事我宵晨，春秋代谢，有务中园，载耘载耔，乃育乃繁。欣以素牍，和以七弦。冬曝其日，夏濯其泉，勤靡余劳，以有常闲。乐天委分，以至百年。惟此百年，夫人爱之，惧彼无成，愒日惜时。存为世珍，没亦见思。

《朱子纲目》在宋文帝元嘉四年的时候，特地写了东晋陶渊明去世的事，文章评论道："陶渊明死于宋朝，为什么要写'晋朝'呢？陶渊明始终都是晋朝人。"整个《朱子纲目》只有他一个人是这样的，宋朝王室想选拔他做官，但他那时候刚好去世，这是老天都想让陶渊明成为十全十美的人啊。

陶渊明六十三岁的时候，自己知道自己快要死了，提前为自己写好了挽歌，又写了祭奠自己的文章，他面对生和死时，是多么乐观的一个人啊。他的文章写道：

"丁卯年的九月(宋文帝元嘉四年)，十二律为无射，位于戌的方位(这是指九月)。天气寒冷，夜晚漫长，到处一片萧瑟("索"字读"瑟"音)，大雁在南飞的途中，草木也发黄凋落了。陶渊明也将要告别人世，永远回归到泥土中了。老朋友悲痛伤心，一同在今晚为我送行。摆上美味佳肴，倒上清醇美酒。看着我的脸色渐渐暗淡无光，听着我的声音越来越远去。唉，太可悲了，辽阔的大地，高远的天空，天地养育万物，我才得以成为人。自从我出生以来，遇到的都是贫困的命运，饭碗、水瓢常常是空的，冬天还穿着夏天的衣服。带着欢乐去山谷里挑水，一路唱着歌背着柴草(《汉书·朱买臣》中写道：朱买臣独自在路上唱歌，在坟岗之间背柴草)，柴房非常昏暗，从早上到晚上都在干活。春去秋来，都要在园中干活，又是耕田又是培土，又是育苗又是繁殖。高兴地看书，快乐地弹琴。冬天晒晒太阳，夏天洗洗清泉。辛勤劳动而不剩下一点体力，心中常常会感到悠闲。快乐地去接受上天给我安排的命运，顺从自己的本分一直到死。只因为人生只有这一百年，所以人们才会珍嗟我独迈，会是异兹。宠非己荣，涅岂吾缁？捽兀穷庐，酣饮赋诗。识运知命，畴能罔眷。余今斯化，可以无恨。寿涉百龄，身慕肥遁。从老得终，奚所复恋？寒暑逾迈，亡即异存。外姻晨来，良友宵奔。葬之中野，以安其魂。窅窅我行，萧萧墓门，奢耻宋臣（《家语》："孔子在宋见桓魋自为石椁，三年而不成，愀然曰：若是其靡也"），俭笑王孙（《汉书》："杨王孙病且终，令其子曰：'吾欲赢葬，以反吾真，为布囊盛尸，入地七尺，既下，从足引脱其囊，以身亲土'"）。廓兮已灭，慨焉已遐。不封不树，日月遂过。匪贵前誉，孰重后歌？人生实难，死如之何？呜呼哀哉！

颜延之者，陶公故人，相知最深，不以生死易操者也，撰《陶征士诔》，私谥曰"靖节征士"，陶公之心事，遂大白惜它。害怕自己一事无成，才会珍惜时光。活着的时候是世上的珍宝，死去之后还会被人们思念。可叹我与世人不一样，想法也与别人完全不同。我认为别人对我的宠爱不是自己的荣耀，别人对我的玷污也不是自己的耻辱。在破败的茅屋里依然高傲，痛快地喝酒写诗。了解了自己的命运，才能做到不再留恋人生。如今我死了，也可以没有遗憾了。到了一百岁的年龄，一心都想待在家里很少出去。因为年老而死去，又有什么可以再留恋的呢？寒暑交替，死了亡之后便以灵魂存世。亲戚们一大早就来了，好朋友们趁着夜里也赶来了。把我葬在野外，让我的灵魂能够安宁。我的鬼魂在暗中行走，我的坟墓在空旷的山野中显得冷冷清清，宋国的大臣因为修建非常奢华的坟墓而让人为他感到羞耻（《孔子家语》中说："孔子在宋国见到桓魋为自己修造石椁，三年都还没有修造完，神色严肃地说，像这样真是太浪费了"），王孙入葬过于简单而让人笑话。（《汉书》中说，杨王孙得了重病快要死了，命令他的儿子说："我想要简单的葬礼，从而能够返回我的本来面貌，用布袋装着我的尸体，埋在离地面七尺深的地方，尸体下葬后，从脚下扯下那布袋，使身体贴近土地。"）死了就什么也没有了，感慨叹息也都变得遥远了。不堆起坟头，也不栽树，日月也就这样过去了。不看重生前的赞美和夸奖，谁还会看重死后的歌功颂德呢？人生实在是很艰难的，死又算得上什么呢？唉，悲哀啊！"

颜延之，是陶渊明的老朋友，他们对对方的了解都非常深，不因为生死而去改变自己的操守，他写了《陶征士诔》，给了陶渊明一个谥号叫"靖节征士"，陶渊明的内心思想，于是后代的人都明白于后世，今录其序文如左：

夫璇玉致美，不为池隍之宝；椒桂信芳，而非园林之实。岂其乐深而好远哉？盖云殊性而已。故无足而至者，物之藉也；随踵而立者，人之薄也。若乃巢、由之抗行，夷、皓之峻节，故已父老尧、禹，锱铢周、汉。而绵世寖远，先灵不属，至使菁华隐没，芳流歇绝，不亦惜乎！

虽今之作者，人自为量，而首路同尘，辍涂殊轨者多矣，岂所以昭末景，泛余波乎？有晋征士浔阳陶渊明，南岳之幽居者也。弱不好弄，长实素心；学非称师，文取指达；在众不失其寡，处言愈见其默。少而贫苦，居无仆妾。井臼弗任，藜菽不给。母老子幼，就养勤匮。远惟田生致亲之义，追悟毛子奉檄之怀。初辞州府三命，后为彭泽令。道不偶物，弃官从好。遂乃解体世纷，结忠区外，定迹深栖，于是乎远。灌畦鬻蔬，为供鱼菽之祭；织絇纬萧，以充粮粒之费心。好异书，性乐酒德，简弃烦促，就成省旷，殆所谓了，现在把《陶征士诔》的序文摘录下来，如下：

像璿玉一样的精致美丽，却没有被当做皇城里的宝贝；像肉桂、山椒那样芳香，却没有成为园林里的果实。难道是因为他喜欢深沉和追求高远的原因吗？大概是因为他的性质比较特别罢了。所以没有脚的人却达到了，那是借助了外物；挨着别人脚后跟站立的人，就会遭到别人的鄙视。假若有巢父和许由那样高尚的行为，有伯夷和商山四皓那样高尚的节操，就已经视为舜、禹为普通父老，观周、汉无足称道。可是时代已经久远，英灵不再，人才凋零，风范不存，这不是很可惜吗！

即使是现在的隐者，各人自以为自己是对的，他们一开始都是同路人，可是中途就有很多人改变了方向，这难道就是在彰显社会衰败景象和繁荣逝去留下的余辉吗？晋代征士浔阳的陶渊明，是庐山的一个隐居人。他幼年的时候不喜欢嬉戏玩耍，长大之后有一颗不加掩饰的诚心；做学生时不能让老师满意，但写出的文章却能够主旨通达，容易理解；在人群中落落寡合，少言寡语。他年轻的时候家里贫穷，家中没有仆人和小妾。他不会挑水舂米，也不能提供野菜和豆类食物。母亲年老，孩子幼小，侍奉父母的食物非常少。信奉田过受君致亲的议论，追求毛义捧檄而喜的情怀。开始拒绝了州府官员的多次征召，后来做了彭泽县令。官场与自己的追求不相合，就弃官去做自己喜欢的事。于是离开了世间的纷争，而把自己的志向放在了官场之外，避世隐居，平时总是呆在家里很少外出，离尘世生活更加远了。浇灌菜园，去卖蔬菜，为的是能够得到一些简陋的祭祀物品；结渔网，编草席，为家里购买粮食

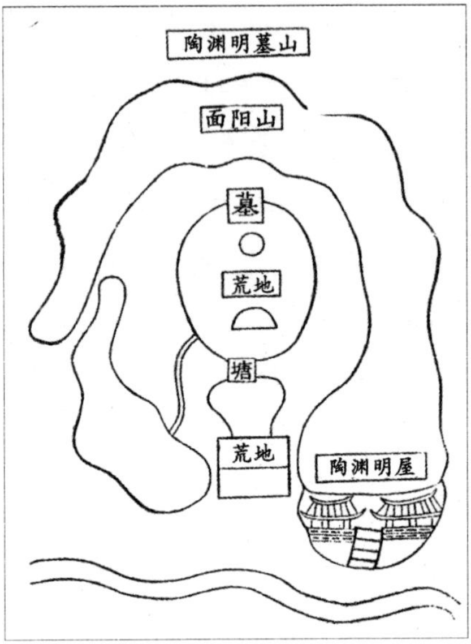

国爵屏贵，家人忘贫者欤？有诏征著作郎，称疾不赴。春秋六十有三，元嘉四年月日，卒于浔阳县柴桑里。近识悲悼，远士伤情，冥默福应，呜呼淑贞。夫实以诔华，名由谥高，苟允德义，贵贱何算焉？若其宽乐令终之美，好廉克己之操，有合《谥典》，无愆前志。故询诸友好，谥曰靖节征士。

陶公墓在今星子县北二十五里，明正德十年，提学李梦阳，仰止高风，重为修整，并立靖节书院焉。

《诗文集》八卷梁昭明太子萧统所录序云：“素爱其文，不能释手，尚想其德，恨不同时。”是又陶公异代之知己也，世又传《五孝传》一卷，《圣贤群辅录》二卷（又名四八目），“后搜神记”十卷，盖后人所伪托云。

等生活用品；喜欢奇异的书籍，天性喜好饮酒；抛弃了烦琐的陈规陋习，养成了简约安闲的习惯，大概这就是所说的富贵也要让王公显贵们忘记爵禄，贫穷也要让家人都忘记贫寒吧？皇帝下诏任命他为著作郎，他称病不去赴任。六十三岁时，即元嘉四年，陶渊明在浔阳县柴桑里去世了。附近认识他的人都非常伤心，远方的朋友也很痛苦，行善得福的报应因为他的死去而变得沉寂不可知了，唉，真是一种淑贞的性格啊。一个人的成就往往凭借诔文的华美而显得更大，名气也凭借谥号的雅正而显得更广，如果符合德义的要求，贵贱又有什么可计较的呢。如果他的宽厚和乐善的美名，爱好廉洁克制自己的操守，都符合《谥典》，不会损害他生前的志向。所以我咨询了各位朋友的意见，应该给他的谥号叫“靖节征士”。

陶渊明墓在今天的星子县北二十五里的地方，明朝正德十年，提学使李梦阳，对陶渊明的高尚的风骨、气节十分仰慕，便对陶渊明墓进行了重修整理，并在那里建立了靖节书院。

《陶渊明诗文集》一共八卷，是梁朝昭明太子萧统编的，序中说：“我向来喜欢陶渊明的文章，经常喜欢得舍不得放手，崇尚他的思想和品德，遗憾不能和他出生在同一个时代。”这又是陶渊明不同时代的知己啊，社会上又流传《五孝传》一卷，《圣贤群辅录》二卷（又叫《四八目》），《后搜神记》十卷，都是后来的人借陶渊明的名字编造的。

【批评】

《自祭文》云:“律中无射”,挽歌云:“严霜九月中,送我出远郊”,其卒当在九月,颜延之诔云:“疾惟店疾,视化如归。”则是以店疾卒也。

《四库全书》著录《陶渊明集》八卷,提要云:北齐阳休之序录潜集行世,凡三本。一本八卷,无序。一本九卷,有序目而编比颠乱,兼复阙少。一本为萧统所撰,亦八卷,而少《五孝传》及《四八目》,休之参合三本,定为十卷,已非昭明之旧。宋宋庠得江左旧本,次第最为伦贯,今世所行即庠称江左本也。然昭明太子去潜世近,已不见《五孝传》《四八目》,不以入集,阳休之何由续得,所引《尚书》,自相矛盾,决不出于一手,当必依托之文,休之误信而增之。

陶集今有宋汤汉(字东磵,谥文清,江西鄱阳人)注四卷本,有诗无文(刻入拜经楼丛书中),李公焕(庐陵人,明何燕桌云元人)笺注十卷本(贵池刘氏翻刻本)何孟春注本,毛晋汲古阁本(有附录及吴仁杰年谱)焦竑本(无《四八

【评论】

《自祭文》中说："十二律为无射"，《挽歌》中说："在寒冷的九月时候，把我的尸体抬到郊野之外的地方"，陶渊明死的时候应该在九月，颜延之的诔文中说："他只有在店中生过一次病，他把死看得像回家一样。"那么他就是因为在店中生病而死的。

《四库全书》收集了《陶渊明集》八卷，《提要》中说：北齐时，阳休之收录的《陶渊明集》在社会上流行，一共有三个版本。一种版本是八卷的，没有序；一种版本是九卷的，有序目，但是编的顺序有点混乱，还有一些遗漏；一种版本是是萧统编的，也是八卷，但少了《五孝传》和《四八目》，阳休之参考了这三种版本，统一定为十卷，这已经不是萧统的那个旧版本了。宋代的宋庠在江左找到了《陶渊明集》的老版本，编写顺序最顺畅，现在社会上流行的，就是宋庠称为江左本的这个版本。然而昭明太子萧统距离陶渊明生活的年代比较近，已经都看不到《五孝传》和《四八目》了，没有收入到陶渊明的文集中，阳休之又是从哪里找到的呢，而且其中所引用的《尚书》内容，前后不一致，这决不是一个人写出来的，应该是别人借陶渊明的名字伪造的文章，阳休之错误地相信而把他增加到陶渊明的文集中去了。

陶渊明的文集，现在有宋朝汤汉(字东磵，谥号文清，江西鄱阳人）注解的四卷本，只有诗歌而没有古文（这个文集被刻入了拜经楼丛书当中），李公焕（庐陵人，明朝的何燕桌说他是元朝人）《陶渊明集笺注》十卷本（贵池刘氏的翻刻本）何孟春的注本，毛晋的汲古阁本(有附录和吴仁杰的年谱)焦竑本（没有《四八目》）

目》）莫友芝小字本，翰选楼小字本（以上皆十卷本，并附《五孝传》《四八目》），张溥汉魏百三名家本（一卷），张泉公本（诗有删去者），绿君亭本（亦汲古阁所刻，正集三卷，余为杂附）复有黄文焕之析义、吴瞻泰之汇注，而罗列众家之长，汇为一书，则莫善于安化陶文毅公澍之《靖节先生集》。

六朝人专集，存于今者，寥寥数家。独陶公集至今一刻再刻，不致坠废，文以人重也，彼不务其行，而求工于文者，虽捻断吟髭，瘦尽诗骨，亦徒自苦耳，何足传哉？

《搜神后记》，明有刻本，《四库》亦著录。考陶公卒于宋元嘉四年，而书中有元嘉十四年、十六年事，其伪可不待辨。

莫友芝的小字本，翰选楼的小字本(以上的版本都是十卷本，并且附有《五孝传》和《四八目》)，张溥的汉魏百三名家本(一卷)，张泉公本(诗歌有的部分被删了)绿君亭本(也是汲古阁刻印的正集三卷，其余的都是附录的)，还有黄文焕的《陶诗析义》、吴瞻泰的《陶诗汇注》，但是罗列吸收了各个版本的长处，汇集成为一本书，则没有比清朝安化的陶文毅公陶澍的《靖节先生集》更好的了。

六朝人的专集，一直保存到现在的，只有少数的几家。只有陶渊明的文集到现在是多次刻印，不至于消失荒废的，文章是因为人得到重视的，如果一个人不重视自己的德行，而想要写出精妙的文章，即使捻断了胡须，消瘦了身体，那也只是自寻苦恼，又怎么能够让自己的文章传世呢?

《搜神后记》这本书，明朝有刻本，《四库全书》也有收录。考证陶渊明死于刘宋时期元嘉四年，然而书中却有元嘉十四年、十六年的事，因此它的真伪不能分辨。

少年叢書

文白对照本

玄奘

孙毓修◎著

团结出版社

图书在版编目（CIP）数据

少年丛书 / 孙毓修编. -- 北京 : 团结出版社,2015.7

ISBN 978-7-5126-3662-0

Ⅰ.①少… Ⅱ.①孙… Ⅲ.①名人—生平事迹—世界—少年读物 Ⅳ.①K811-49

中国版本图书馆CIP数据核字(2015)第130183号

出版：团结出版社

（北京市东城区东皇城根南街84号 邮编：100006）

电话：（010）65228880　65244790（传真）

网址：www.tjpress.com

Email：65244790@163.com

经销：全国新华书店

印刷：三河市祥达印刷包装有限公司

装订：三河市祥达印刷包装有限公司

开本：148×210　1/32

印张：128

字数：1500千字

版次：2015年12月 第1版

印次：2016年4月　第2次印刷

书号：978-7-5126-3662-0

定价：490.00元（全28册）

少年叢書

《少年丛书》白话语译编委会

出版前言

近代著名思想家、政治家梁启超曾经说:“少年强则国强,少年智则国智,少年富则国富,少年独立则国独立,少年自由则国自由,少年进步则国进步,少年胜于欧洲,则国胜于欧洲,少年雄于地球,则国雄于地球。”这是他的散文《少年中国说》中的一段,作于戊戌变法失败后的1900年。文中极力歌颂少年的蓬勃朝气,指出封建统治下的中国是“老大帝国”,热切希望出现“少年中国”,振奋人民的精神。

或许是受到梁启超先生的感召,1908年冬天,上海商务印书馆编译所推出了一套系列丛书——《少年丛书》,又名《中外伟人的传略》,这是二十世纪中国的第一部历史人物类学生课外阅读丛书。首任编辑和作者是林万里,第二任编辑是孙毓修,孙毓修是这套丛书的主要作者,后期加盟写作的骨干还有国学大师钱智修。他们都博览中外,以精准而严格的眼光审视中外古今文化资源,选取其中有益于少年儿童精神世界的材料，予以整合，编写成册。这套书出版以后，广受少年儿童的欢迎，每册前后加印达几十次，若整套书累计，恐怕达到数百次之多，发行量之大，影响力之广，在二十世纪的人物传记类图书中堪称罕见。

《少年丛书》前后出版了近三十余种，每一册传主为一位中外历史名人。我们在全国各地经过多方的搜寻，共得二十八册，其中中国名人十五位，外国名人十三位。每篇先叙述名人的生平传记，后加以作者的评论，根据时事，启发少年，借以激励少年树立远大志向，明确奋斗目标，成就健全人格。著名作家茅盾在阅读这套书后曾评论说："记事简明，议论正大，阅之足以增长见识，坚定志气。"这套出版之初即为砥砺少年志向的书影响了当时无数少年儿童由此走上振兴中国之路。著名作家张天翼、赵景深、陈伯吹等，都曾深受这套书的影响。

《少年丛书》的三位作者，都是当时学贯中西的通儒，不仅有深厚的国学功底，也有睁眼看世界的非凡眼光。撰写本套书册数最多的孙毓修先生，他是我国近代著名的目录学家、藏书家、图书馆学家。他同时还创作了大量的儿童文学作品。除了《少年丛书》，他还先后主编出版《少年杂志》、《童话丛书》等，被茅盾誉为"中国童话的开山祖师"。

另一位作者钱智修，浙江嵊县人，字经宇，是著名的国学大家，博古文学家，东方学派思想家。他在学时，就以"国学国文湛深，文章洛阳纸贵"赢得尊敬，并被上海多家进步报馆争揽为特约撰稿人。1911年毕业后，他应编译所长高梦旦之聘，担任商务印书馆编

译所编辑。1920年7月他任《东方杂志》主编，长达12年，是该杂志有史以来任期最长的主编。他还参与编辑《辞源》及《中国人名大辞典》、《中国古今地名大辞典》。1931年任国民政府监察院秘书长。

第三位作者林万里是民国年间著名的报人，原名獬，又名白水，字少泉。他幼承家学，又拜名士高啸桐（商务印书馆创始人之一）为师。清光绪二十四年(1898年)，他在杭州参与创办求是书院、养正书塾、东城讲舍、蚕学馆4所新式学堂，任求是书院总教习；后任《杭州白话报》主笔，宣传新思想。光绪三十年(1904年)，他出任《警钟日报》主编，宣扬孙中山及其领导的革命，后追随孙中山。帝制取消后，林万里重操新闻旧业，创办过多份报刊。

鉴于每位作者独有的知识结构和兴趣热点，每位编者对人物都有自己的选择。孙毓修所撰写的大部分是中国历史名人，而且写作的视角也非常独特，如其所写的《玄奘》是一个历史人物，而不是《西游记》中的唐僧。现代的普通读者对玄奘的了解绝大部分是来自于《西游记》等小说，而历史上的真实情况却鲜有人知——玄奘取经并非唐太宗支持，相反还受限于当时的法令，他冒着生命危险才得以出境。这就需要有人为读者打开另外一扇窗户，还原真实的玄奘，而不是小说中的文学形象。茅盾先生对孙毓修所写的《玄奘》评价很高："可以说是内容翔实，深入浅出，既宜于少年阅读，也使成年人增加历史知识。"再如《苏秦》，作为一位著名的辩士，《史记》必然为之列传。孙毓修在写苏秦游说各国发言的时候采用了《史记》中记载的史料，而在后面的评论部分对苏秦的表现作了恰当的点评，分析苏秦游说秦、燕、赵、韩魏、齐楚的过程，阐述了苏

秦辩术策略的不断提高。对于国外人物的选取，孙毓修也是偏爱励志型的，如德谟士，从一个小人物成长为大演说家；彼得大帝，从受制于人，成为欧洲赫赫有名的皇帝。

另一位作者钱智修，先后写有《林肯》、《苏格拉底》、《拿破仑》等，这些都是西学东渐后中国人十分崇仰的外国名人。值得注意的是，钱智修秉承严复所主张的信、达、雅翻译原则，特别讲究传记所含的真实性。他所抒发、张扬的传主虽然都被列为人们仿效的楷模，写法却不做作，更没有为了塑造人物形象而更改史实。

林万里所写的外国传记和钱智修的作法大致相近，即在第一章抒发己之传记宗旨，后文谈及传主读书之术、治学之道与其行事风格，并进行了点评。此外还有其他人关于传主的言论，更有编译者自己的评论，以引导少年儿童正确地学习和借鉴，而不是一味盲从。

《少年丛书》的最大特色，就是“记事简明，议论正大”。书中除了记叙人物的生平故事之外，作者的评论也让这套书大为增色。其议论宏富，既能够结合少年的成长特点，指明如何学习书中人物的优良品质，也指出了其中的不足之处，对于引导少年如何立志修身，大有裨益。

这套书的另一大特色，就是全部用文言文写作，语言凝炼，文笔流畅，保持了中国传统作史传的鲜明特色。当时，白话文风已经悄然兴起，而作者能够不从时髦，采用文言写作，甚为难得。以至我们今日再读此书，依然能够体味到文言笔法的无穷魅力。然而考虑到近百年来，国人的文言文水平已经一落千丈。今日的大部分少年，阅读文言文尚有一定困难，因此我们特别组织人员，将全套书进行了

白话翻译。尽管我们做了最大的努力，文言文的神韵依然是难以用白话表达出来。因此，我们希望少年朋友通过阅读这套书，体会文言文的独特魅力，进而热爱和学习文言文。

《周易》有云："君子以多识前言往行，以畜其德。"说的就是多学习古人的嘉言懿行，对我们修身立德至为重要。古人尝言："童蒙养正，少年养志，壮年养德。"少年时期是人生至为关键的时候，这个时期树立什么样的志向，以什么样的人为榜样，往往会决定一个人未来的人生成就。而一个人少年时期读的书，也足以改变他的一生。在今日少年课外读物良莠不齐的状况下，《少年丛书》堪称鲜有裨益少年的优秀读物。若今日的少年，能够认真研读这套《少年丛书》，对于树立远大志向、培养健全人格、完善道德情操将大有裨益。或许，今日的风华少年，即是将来成就伟业的千古豪杰、泽被世人的大圣大贤。勉哉！勉哉！

为什么要读名人传记

——《少年丛书》白话语译序

我从小很喜欢读书，可是，因为身处偏僻山村，小的时候却无书可读。那个时候，家中只有父亲买的一本《古文观止》，儿时翻阅过无数次，虽看不太懂，却记忆深刻。有人说，儿童时期读的书，一生也难以忘记。此言确实不虚。

没有想到的是，儿时无书可读的我，日后竟然投身于出版业。今天，我国的出版业已经非常发达，给少年儿童读的书也非常多。可是，若细心寻求，真正的好书却是少之又少，尤其是给少年儿童介绍历史文化的书。

一个偶然的机会，我们与这套百年前的《少年丛书》结缘，这套当初专为少年而写的中外名人传略，让我眼界大开，没想到，百年前的前辈们，竟给少年们创作出如此优良的传记读物。要知道，给少年

儿童写作，比给成年人写作更难，尤其是给人物作传，既要符合历史史实，不可随意编撰，又要注意引导青少年如何取其长，避其短，以免误人子弟。因为，作为历史人物，不可能处处皆堪为今人楷模。这就需要作者要极富有爱心、责任心和严谨精神，才能让读者从中获得纯净的人生智慧。可以说，目前各种写给青少年的人物传记，很少能与这套《少年丛书》相提并论的。

这套书中的二十八位中外名人，大多数是我们耳熟能详的人物，但是对于他们的生平事迹，也许就知之甚少了。读了他们的传记，方知欲为圣贤豪杰，需下一番苦功夫才能有所成就。“人人皆可为尧舜”，说的是我们每个人都有成圣成贤的资质，然而虽有圣贤之资，也需后天的不懈努力，方能成就一番伟业。所以，这一套书作者的目的并不仅仅是让读者了解一下名人轶事，而是以伟人的事迹启迪和激励少年朋友，树立人生的志向，汲取这些英雄豪杰的人生智慧，修身立德，练就自身本领，最终成为造福国家和社会的有用之才。

这套书虽然是写给少年看的，并不意味着就不适合大人阅读。大作家茅盾就曾大力推荐这套书。现在的青年人，乃至家长、老师，若能读读这套书，对于人生事业，教育子弟，也是大有益处的。可以说，这是一套老少皆宜的好书。

《少年丛书》在当时之所以大受欢迎，销量巨大，也不是没有原因的。这套书每册文字量不大，文笔流畅，史实可靠，评议精彩，这都是许多普通名人传记所不具备的。因此，这套书深受读者欢迎，也就不难理解了。

读名人传记，重在学习名人的智慧和经验。正如文天祥所说，

“人生自古谁无死，留取丹心照汗青”。人生有涯，知也无涯，如何在有限的生命里寻求到人生的价值，获取人生的智慧，而不浪费光阴？《少年丛书》中的这些圣贤豪杰，就是我们的榜样。他们身上伟大的人格，比如孝友、善良、爱心、坚毅、勇敢等等，这些人性的光辉，都是我们的学习之处。

我们用了近一年的时间，将这一套书作了白话语译，希望今天的少年们，能够喜欢阅读并且从中汲取智慧。若能让每一位读者都能够有所收获，那就不负当初写作这套书的三位老前辈的一片苦心，而我们的工作也就没有白做了。

这一套书规模宏大，在校对和语译的过程中，难免会有错误，恳请广大读者不吝指正。

《少年丛书》语译小组　主编　萧祥剑

目录

第一章 总论

唐宋以前，东方之大国，惟吾中华人主之国也。西部则如印度，象主之国也；如波斯，宝主之国也；如土耳其，马主之国也。虽声名、文物不逮中华，皆泱泱乎有大国风，比之于吾，犹兄弟也。

试披舆图，五天竺国（古称印度为天竺，其义不可考。盖胡僧初至，称其国为天国，其书为天书，聊自夸大，非有他义）尤与吾为近邻，宜乎交通频烦，汉梵诸族亲如一家。乃自张骞奉使以来（《汉书》：张骞，汉中人也，建元中奉使西域，通三十六国，封博望侯），介子立功之后（《汉书》：傅介子，北地人也，西凤中使大宛，以计杀楼兰王，威震西域，封义阳侯），西方诸国，通于中国者多矣。而远识之士，终以和戎为大戒，远交为非计。其通使之故，不外二道：彼之来也，常以朝贡；我之去也，恒以兵事。此外海舶南来，驼队东至，仰杖见于大宛（注详批评中），团扇供于师子（《法显佛国传》：显在师子国，忽于玉像前见商人以晋地一白团扇供养），货贿流通汉晋已然。顾其志仅在商在唐宋以前，东方的大国只有我们中国以衣冠文物著称。在西方，则有如以出产大象著称的印度，以出产宝物著称的波斯，以出产名马著称的土耳其等国。这些国家虽然名声、文化、物产比不上中国，却也气魄宏大，有大国的风范，对于我们来说，就是兄弟之国。

且看一下地图，五天竺国（古代称印度为天竺，它的含义已经不可以考证了。大概是胡僧刚到中国的时候，称自己的国家为天国，他们的书为天书，只不过是自我夸大罢了，没有什么别的含义）距离我国特别近，因此来往也频繁一些，汉族和印度各个民族互相亲近，好像一家人一样。从张骞开通西域（《汉书》：张骞是汉中人，建元年间奉命出使西域，开通三十六国，被封为博望侯）和傅介子立下大功以后（《汉书》：傅介子是北地人，西凤年间出使大宛，用计谋杀了楼兰王，从此威震西域，被封为义阳侯），西方各国往来中国开始较以前增多。那些目光长远的人，始终认为与外族通婚和好是大戒，与远国交好不是长久之道。两国之间互派使者的原因，只有两种：一是外族前来朝贡，二是我国发兵攻打。除此以外，从海外南来的商船，自西部东来的驼队，蜀地产的手杖来到了大宛国，中国产的团扇供奉在师子国（《法显佛国传》：法显在师子国，忽然看见一位商人把一柄晋国的白色团扇供养在玉像面前），说明汉晋时期就已经有货物流通了。只是这些行为只存在于贩，其事不由政府，故亦不闻有他种之发展也。

若夫以个人之冒险，作域外之远游，亲陟须弥，身瞻舍卫（须弥，印度山名。舍卫，印度城名，皆佛在世时讲经处），神州学术，蒙其影响，东亚坤舆，资夫实验。此等大事，乃出自佛教中之信徒，而史传不详其事，学者莫究其书。惟彼教之中，尚守其故书雅记，不至湮没无闻。元时意大利国有马哥博罗者，行滕履跷，来游中土。西人至今称之，重译其书，侈为美谈。而吾国僧人，遵陆西迈、仗策孤征者，其数匪一。彼有一马哥博罗而语之惟恐不详，吾有无数马哥博罗而讳之惟恐不深，岂不异哉？

汉永明中，明帝夜梦金人飞空而至，乃大集群臣，以占所梦。傅毅言："西域有神，其名曰佛。陛下所梦，将必是乎。"帝以为然，即遣郎中蔡愔、博士弟子秦景等，使往天竺，寻访佛法。愔等于中天竺，遇见胡僧摄摩腾、竺法兰，乃要还汉地。冒涉流沙，至乎洛邑。明帝甚加赏接，于城西州立白马寺处之（事在明帝永平十一年，民国前一千八百四十四年，西历六十八年）。

此为汉地有佛法之始（案：《朱士行经录》云，秦始皇帝之时，沙门宝利防等十八人赍佛经来化，帝以其异俗囚之。《汉武故事》云，汉武帝元狩中，伐匈奴得金人，帝香华礼商贩之中，没有政府参与，也没听说有什么别的发展。

如果一个人孤身冒险，到国外去远游，亲自爬上须弥山，瞻仰舍卫城（须弥山和舍卫城，都是佛在世时讲经的地方），回来以后中国的文化都受其影响，东亚的版图也有赖于他的验证。这样的大事，却是由佛教徒来完成的。但史书中却没有详细的记载，读书人也不去探究这方面的资料。只有在佛教典籍中还留着一些记载，不至于被埋没。元代的时候有位叫马可波罗的意大利人，克服重重困难来到中国。西方人至今还津津乐道，多次加印他的书籍，并传为美谈。我们国家的僧人，心怀着理想，孤身踏上征途的并不少。西方有一个马可波罗，他们唯恐说得不够多，我们有无数的马可波罗，却闭口不提，难道不是很奇怪吗？

汉朝永明年间，明帝晚上梦见有位金人从空中飞来，于是召集大臣们来解梦。傅毅说："西域有位神仙，名字是佛。陛下梦见的难道是佛吗？"明帝认为是，就立即派遣郎中蔡愔、博士弟子秦景等人，去往天竺寻访佛法。蔡愔等人在中天竺遇到胡僧摄摩腾、竺法兰，便邀请他到中国来。他们跋山涉水到了洛阳，明帝对他们奖赏有加，在城西修建白马寺安置他们（这件事发生在汉明帝永平十一年，民国前一千八百四十四年，公元68年）。

这是佛法传入中国的开始（注：《朱士行经录》中说，秦始皇的时候，沙门宝利防等十八人带着佛经来到中国传教，秦始皇认为他们行为怪异，就把他们关了起来。《汉武故事》中说，汉武帝元狩年间，朝廷征讨匈奴，俘获了金人，汉武帝用香花礼拜，把拜，祭之于甘泉宫。刘向《列仙传序》云，刘向校书天禄阁，往往见有佛经，又考自古寻仙者百四十六人，其中七十四人已见佛经。《魏西戎传》云，前汉哀帝元寿元年，博士景宪等使月支国，日受浮图经。是汉明以前佛教早已东渐，群书言汉明始者，从其盛也），亦即中印人士沟通学术之始。当日蔡愔、秦景之往来，取道何所，经历几年，及其所至之国，与所见之风土如何，人情如何，书缺有间，今皆不可知矣。

汉桓帝时，安息国王太子安清，灵帝时，月支国人支娄迦识（亦云支识），游方弘化，并来洛阳。三国时，魏有中天竺人昙柯迦罗，亦至许都。吴有康居国人僧会、维祇难并来江左。降及六代，来者尤多。自晋至唐，吾国古德高僧，游历印度者，亦得五六十人，然仅达葱岭之东而止，或至印度之一处而止。若夫诚重劳轻，求深愿达，周游西宇十有七年（四语皆唐太宗赐玄奘圣教序中语），则惟唐僧玄奘一人。高据论坛，折服五千余众，受各国王者之优礼，此诚足为吾国增光者也。其坚忍之心，强毅之力，不避险阻，不辞劳瘁，不畏濡迟，均可于其所述之《西域记》想见之。

【批评】

唐初声威极盛，进兵西域，不止一次。如李靖进兵至吐金人供奉在甘泉宫。刘向《列仙传序》中说，刘向在天禄阁整理书籍，经常见到佛经，又考证古代寻仙的人有一百四十六人，其中有七十四人在佛经中出现。《魏西戎传》中说，西汉哀帝元寿元年，博士景宪等人出使月氏国，带回浮图经。所以汉明帝以前佛教早就已经往东方传播了，史书中说从汉明帝时期开始，是表示佛教的大量传播），也是中国和印度两国文化交流的开始。当时蔡愔、秦景的往来交通，路过了什么地方，经过了多少年，以及到了哪些国家和途中的风俗人情怎样，史书中都缺漏了，现在都无法知道这些了。

汉桓帝的时候，有安息国的太子安清，灵帝的时候有月氏国人支娄迦识（也叫支识），游历四方，一起来到洛阳。三国时期，魏国有中天竺人昙柯迦罗，也来到许都。吴国有康居国人僧会、维祇难一起来到江南。到了六代时期，来到中国的人越来越多。从晋代到唐代，我们国家去往印度的高僧大德，也有五六十人，但他们都只是到达葱岭东就止步了，或者是到了印度的某一处便止步了。至于不怕艰辛、怀着挚诚的心愿长时间游历西域各国的，只有唐代高僧玄奘一人而已。他开坛说法，折服五千多人，受到各国国王的礼遇，这确实足以为我国争光了。他那种坚忍、强毅，和不避险阻、不辞劳瘁的精神，都可以从他所著的《大唐西域记》中想象出来。

【评论】

唐朝初期的时候国家比较强盛，不止一次进兵西域。例如，李谷浑，侯君集进兵至高昌，郭孝恪进兵至焉耆，阿史那社尔进兵至龟兹，苏定方进兵至贺鲁，又进兵至阿支那属部，王方翼进兵至伊丽，元庆进兵至大勃律。惟王元策由西藏进兵入天竺，直抵恒河流域之科普尼尔城而返。至此中央亚细亚天山南路之路开矣。而其事多在玄奘西行之前，故其旅行极艰险也。

印度或称婆罗门国，意谓婆罗门神所造之国土。婆罗门或曰梵天，故又称梵土，而其国语，乃称梵语。印度之异名，或为月氏、月邦、月明、月支、天竺、身毒、贤豆、天豆、天真。《汉书·张骞传》骞曰："臣在大夏时，见邛竹杖、蜀布，问安得此。大夏国人曰，吾贾人往市之身毒国。身毒国在大夏东南，可数千里。其俗土著，与大夏同，而卑湿暑热；其民乘象以战，其国临大水焉。以骞度之，大夏去汉万二千里，居西南，今身毒又居大夏东南数千里，有蜀物，此其去蜀不远矣。今使大夏，从羌中险，羌人恶之，少北则为匈奴所得。从蜀宜径，又无寇。"观此知中国与印度汉时已有商业，骞谓"从蜀宜径"，盖由四川入藏，逾雪山而通道也。论者不察，多谓中印两国，山川阻隔，古时不通往来。良由欧美人士多喜至中亚细亚探险，自诩独得，土苴前人。彼于吾国之史传，本非所悉，何吾国人士亦沿袭其说而不一考耶？

靖进兵吐谷浑，侯君集进兵高昌，郭孝恪进兵焉耆，阿史那社尔进兵龟兹，苏定方进兵贺鲁，又进兵阿支那属部，王方翼进兵伊犁，元庆进兵大勃律。只有王元策从西藏发兵进入天竺，抵达恒河流域的科普尼尔城方返回。到此中央亚细亚和天山南路的道路就开通了。这些事情大多发生在玄奘西行很久以前，所以他的西行之路极其艰险。

印度也叫婆罗门国，意思是婆罗门神所造的国家。婆罗门也称梵天，所以印度又叫梵土，他们的语言就叫梵语。印度的别名，有月氏、月邦、月明、月支、天竺、身毒、贤豆、天豆、天真等。《汉书·张骞传》中张骞说："我在大夏的时候，见到有邛竹杖和蜀布，就问他们这些是怎么来的。大夏国人说，我们国家的商人从身毒国贩卖的。身毒国在大夏国的东南方，大概有几千里，他们风俗习惯跟大夏基本相同，只是更为湿热，人们驾着大象打仗，国家靠近大河。我猜测，大夏离汉朝一万两千里，在大汉西南方，身毒国又在大夏东南几千里，而且有蜀地的东西，那肯定距离蜀地不远。现在我出使大夏，从羌中走的话会比较危险，羌人比较凶，稍微往北边一点就会被匈奴抓获。还是从蜀地走吧，没有盗寇。"由此可以看出中国和印度在汉朝时就已经有商业往来，张骞说"从蜀地好走"，是因为由四川进入藏地，只需要翻越雪山就可以到达印度。很多人没有认识到这一点，就说中印两国由于山川的阻隔，古代的时候没有来往。后来欧美人大多喜欢到中亚细亚探险，自以为有独到的发现，看不起前人。他们对于我国的史书传记本来就不熟悉，为什么我们国家的人也沿袭他们的观点却不考证

《大唐西域记》十二卷，玄奘奉诏撰，其弟子辩机润辞。记载翔实，今东西诸国，均有译本。盖考据印度古事与李唐之声威者，惟此为可信。金山钱氏守山阁刻置丛书中，跋其后云："唐释玄奘作《大唐西域记》，明西洋人艾儒略作《职方外纪》，皆以自张其教。然外纪于各国山川风土，犹能略举其概。元奘所记，则惟侈述灵异而已。其弟子辩机雅擅文辞，故虽极荒诞，尚不至令人掩卷欲睡也。"此等评语，诚可谓之荒诞。

马哥博罗之书，名《Marco Polo Travels》，原书用拉丁文。今各国皆有译本，并加详注。吾国亦有译本，名《马哥博罗游记》，宁波丁氏谦注其地理。

一下呢?

《大唐西域记》共十二卷，由玄奘奉皇命编撰，他的弟子辩机加以润色。书中记载比较翔实，现在东方和西方各国都有译本。大概考证印度以前的事和大唐的盛况，只有这本书最为可信了。清代金山钱氏编纂的守山阁丛书，在其书的后面有一篇跋写道:“唐代释玄奘作《大唐西域记》，明代西洋人艾儒略著《职方外纪》，都是想着光大本教。但是《职方外纪》中对各国的山川风土还能够大略一提，玄奘记载的就只有大量叙述灵异之事了。他的弟子辩机非常擅长文辞，所以书虽然荒诞，却不至于让人看了昏昏欲睡。”这样的评语，确实是很荒诞的。

马可波罗的书，名为《Marco Polo Travels》，原书是用拉丁文写的。现在各国都有自己的译本，并且加上了详细的注释。我们国家也有译本，名为《马可波罗游记》，宁波丁氏为其中的地理状况作了注释。

第二章　唐以前之西游者

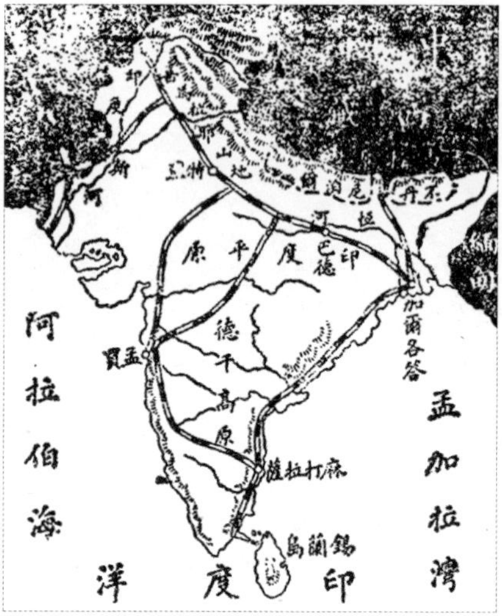

当玄奘之前二百年，乘危履险径行印度，增吾国历史之光者，有沙门法显焉。法显姓龚，平阳武阳人也。出家于江陵寺，常慨经律舛阙，誓志寻求。以晋安帝隆安三年（西历三九九年，民国前一五一三年，《佛国记》作弘始二年，岁在己亥。弘始是后秦姚兴年号，即当隆安三年。显发迹长安，长安，今陕西西安府，时为后秦所据，故以弘始纪年也），与同学慧景、道真、慧应、慧嵬等，发自长安。

法显尝撰《佛国记》一卷，以纪行程。盖初发迹长安，度陇（陇山，在秦州，时乞伏乾归在陇西称西秦王），至乾归国。前至耨檀国（即南凉王秃发耨檀，时降秦为凉州刺史，镇姑臧，今凉州府），至张掖镇（今甘州。《十门国春秋》是年，沮渠、男成等叛吕光，推段业为主，攻张掖，克之，段业为张掖王），复进到敦煌（在嘉峪关外，今为县）。敦煌太守李浩，供给度沙河（即党河，以河在沙碛中，故名）。沙河中，多有恶鬼热风，遇则皆死，无一全者。上无飞鸟，下无走兽，遍在玄奘之前二百年左右，有一位叫法显的出家人，冒着千难万险游历印度，在我国的历史上写下浓墨重彩的一笔。法显俗家姓龚，是平阳武阳人。他在江陵寺出家，常慨叹经文的错误残缺，便立志要去寻求完整的经律。于晋安帝隆安三年（公元三九九年，民国前一五一三年，《佛国记》作弘始二年，岁在己亥。弘始是后秦姚兴的年号，即隆安三年。法显从长安启程，长安便是现在的陕西西安，那时被后秦占据，所以《佛国记》以弘始纪年），和同学慧景、道真、慧应、慧嵬等，从长安出发。

法显曾著《佛国记》一卷，记载他到西方的行程。他们从长安出发，越过陇山（陇山，在秦州，当时乞伏乾归在陇西称西秦王）到达乾归国。又前行到达耨檀国（即南凉王秃发耨檀，当时降秦做了凉州刺史，镇守姑臧，今凉州府），再到达张掖镇（现在的甘州，《十门国春秋》记载，这年，沮渠、男成等背叛吕光，推选段业为主，攻占了张掖，段业为张掖王），然后前行到达敦煌（在嘉峪关外，今为县）。敦煌太守李浩，给他们提供了物资，度过了沙河（即党河，以河在沙碛中，故名）。沙河中，常常有恶鬼热风发生，遇到的人都死了，没有一个生还的。这里上无飞鸟，下无走兽，遍望极望极目，欲求度处，惟以死人枯骨为标帜。从此西行向北天竺，在道一月，得度葱岭。山中冬夏积雪，有毒龙吐毒风雨，沙砾山路艰险，壁立千仞。昔有凿石通路，傍施梯道，凡度七百余所，又蹑悬絙（谓绳桥也。今云南等处尚有之）过河，如此者历数十余处。

既越雪山（今名喜马拉亚山），度新都河（即印度河），便入北天竺界。俗人衣服饮食亦与中国同。次度小雪山，寒风景起，同行者多道死。法显自力孤行，遂过山险，出恒水（即恒河，印度中部诸水总称，其源有五，显所度者为乾吉思河也）之岸，游中印度，又寄附商船，到狮子国（即锡兰岛，又名僧伽罗，以昔有僧伽罗者，能制伏狮子故，又称执狮子国）。

显同旅者十余，或留或亡，顾影惟己，常怀归想。即载商人大船，可有二百余人，后系一小舶，海行艰险，以备大船毁坏。得好信风，东下三日，便值大风，舶漏水入。商人欲趣小舶，小舶上人恐人来多，即砍絙断。商人大怖，命在须臾。如是大风十三昼夜，到一岛边，补船复前。海中多有抄贼，遇辄无全。大海弥漫无边，不识东西，唯望日月星宿而进。若阴雨时，为风逐去，亦无所准。当夜暗时，大浪相搏，但见怪鱼，海深无底，又无下住处，至天晴已，乃知东西。

目，想要找到穿越的道路，只有以死人的枯骨作为标帜。从这里向西行走便是北天竺。他们走了一个月，穿过了葱岭。葱岭山中无论冬夏都是积雪，常有毒龙吐出毒风毒雨。沙砾遍地，山路艰险，山壁高耸达千仞。过去有人凿穿石壁，作为通道，并在道傍安置了梯道。像这样的地方有七百多处，然后又得经过悬絙（即索道，现在在云南等地还有）过河，像这样的地方也有几十处。

越过雪山（现称喜马拉雅山），渡过新都河（即印度河），便进入了北天竺境内。这里百姓的衣服、饮食也与中国一样。接着穿越小雪山，寒风呼啸，同行的人大多死在了路途中。法显独自奋力前行，越过了山中险地，穿过恒水（即恒河，印度中部诸水的总称，其源有五处，法显所度的是乾吉思河）之岸，到达了中印度；又通过顺道的商船，到达了狮子国（即锡兰岛，又名僧伽罗，因过去有个叫僧伽罗的，能制伏狮子，所以，又称执狮子国。今斯里兰卡）。

与法显一起出发的十多人，有的留在别的地方了，有的死在路上了。回头看看，只有法显自己一人了，因此他常生起回国的念头。于是他便搭乘了一艘商人的大船，可以载二百多人。商船后面系着一艘小船，因为海上航行很艰险，以防备大船遭毁坏。商船选择了一个好天气出发了，向东航行了三天，便碰上了大风，船舶上漏水了。商人想转移到小船上，但小船上的人害怕上来的人太多，便砍断了缆绳。商人很是害怕，能否活命便在须臾间。就这样大风刮了十三个昼夜，商船到达了一处海岛边，他们将船修补好后继续前行。当时海中经常有抢劫的海盗，如果遇上了则没法保全。而大海又弥漫无边，无法分辨东西方向，只有根据日月、星宿的方位前如是九十许日，乃到一国，名耶婆提（即爪哇）。

复随他商人，附舶东行，赍五十日粮，东北行趣广州。一月余日，夜鼓二时，遇黑风暴雨。商人贾客，皆悉惶怖，加以天多连阴，海师相望僻误。遂经七十余日，粮食水浆欲尽，取海盐水作食，分好水，人可得两升，遂便欲尽。商人议言：常行时正可五十日，便到广州。今已过期多日，将无僻耶。即便西北行求岸，昼夜十二日，到长广郡界（长广，晋郡，治不其县。今山东即墨县地），牢山（即劳山县，即墨县南）南岸，便得好水菜。但经历险难，忧惧积日，忽得至此岸，见藜藿菜依然，知是汉地，然不见人民及行迹，未知是何许。或言未至广州，或言已过，莫知所定。即乘小舟，入浦觅人，欲问其处，乃是青州长广郡界（今山东益都县），牢山南岸，统属晋家。

法显自发长安，六年到中印度，停经六年，还经三年，达青州。凡所游履，共三十国。还时，岁在甲寅，晋安帝义熙进。如果碰上阴雨天，船被大风吹走，也是说不准的事。当夜晚天黑后，海上大浪相搏，只见怪鱼出没，海水深不见底，又没有停船休息的地方。到天晴时，才知道哪是东哪是西。就这样走了九十多天，到了一个国家，名叫耶婆提（也就是现在的爪哇）。

法显又跟随其他商人，搭乘小船向东航行。他们准备了五十天的粮食，向东北方向驶向广州。一个多月后的一天，夜鼓二更时分，他们遭遇了黑风暴雨。商人们都非常恐慌，加上天气连续多天阴沉，驾驶海船的师傅面对这种情况也是你看我我看你，认不清海路。历经七十多天，粮食和水都快用完了，他们只得取用海盐水来做饭，饮用水如平均分配，每人可得两升，于是便想把饮用水分了。此时商人们商量，按正常行驶，正好五十天便可以到达广州。现在已经超过多天了，应该离广州不会很远了。于是他们便向西北方向航行寻找海岸，经过十二昼夜，终于到了长广郡境内（长广是晋的一个郡，治理不其县，即现在山东的即墨县），牢山（即劳山县，在即墨县南）的南岸，顺利获得了好的水和菜。虽然经历了险难，忧惧担心了几天，忽然到达了这处岸边，见到了藜藋菜，知道是到了汉人居住地，然而他们却没有见到人以及人活动过的行迹，不知道是什么原因。有人说是还没到广州，有人说已经过了广州，没有定论。于是便乘坐小舟，到河流入海的地方去找人，想知道这是什么地方。问后才知道这是青州的长广郡（今山东益都县），牢山的南岸，统属于晋。

法显从长安出发，用了六年的时间到了中印度，在这停留了六年，回国时用了三年时间到达了青州。他所游历过的国家共有三十十二年矣。自云："顾寻所径，不觉心动汗流，所以乘危履险，不惜此形者，盖是志有所存，专其愚直，故投命于必死之地，以达万一之冀。"自古以来未有冒险如显之比（显至荆州寺，卒年八十六），然后知诚之所感，无穷否而不通；志之所好，无功业而不成。显之后，又有魏僧慧生。

《魏书》：熙平中，明帝遣王子伏子统、宋云、沙门法力等，往西域访求佛经。时有沙门慧生者与偕行，三年而还。所著游记，今已不传。唐高宗咸亨二年，沙门义净亦发中国。航南海，入印度，游历三十余国，携归经典四百部，则又在玄奘之后矣。

【批评】

唐以前吾国僧人之西游者，仅达葱岭之东，至于于阗而止。惟法显竟达印度，而昙无竭、智严、宋云、康法朗、惠生、玄奘、又须、不空等继之。诸人著述存于今者，仅法显《佛国记》、玄奘《西域记》。其《宋云家记》及《道药传》均佚，赖《洛阳伽蓝记》摘录大概而已。义净之《南海传》，闻日本尚有之。

个。回来时，正好是甲寅年，也就是晋安帝义熙十二年。他自己说：“回头看看自己所经过的地方，不觉心有余悸，汗流直下。之所以愿意乘危履险，不顾惜身体，是因为心存远大志向，为达目标不顾一切，所以不惜身经必死之地，以求实现理想的万分之一。”自古以来，从没有冒险者像法显这样的（法显到了荆州寺，终年八十六）。通过法显，我们知道，只要真诚所至，没有什么困厄是克服不了的；只要心怀愿望，没有什么功业是不能成功的。法显之后，又有魏国僧侣慧生到西域取经。

《魏书》中记载：熙平年间，魏明帝派遣王子伏之子王统、宋云、沙门法力等，去往西域访求佛经。当时有个沙门叫慧生的与他们一起西行，三年后回国。他所写的游记，现在已经失传了。唐高宗咸亨二年时，另一个沙门义净也从中国出发了。他坐船经南海进入印度，游历了三十多个国家，最后带回了四百部经书典籍，这又在玄奘之后了。

【评论】

唐代以前我国的僧人向西出国游历的，仅到达葱岭东面，到了于阗就停步了。只有法显最终到了印度，而昙无竭、智严、宋云、康法朗、惠生、玄奘、义须、不空等人，又相继西游。他们的著述留存到现在的，只有法显的《佛国记》、玄奘的《大唐西域记》。至于《宋云家记》和《道药传》都散佚了，幸好《洛阳伽蓝记》中还有摘录的大概内容。义净的《南海传》，听说在日本还有留存。

法显《佛国记》，英国牛津大学中文掌教（James Legge）有译本，名《A Rccord of Buddhistic Kingdoms》，于地名辨证颇详。

法显之书，仅止一卷，所叙可分三节，一叙由长安西行出塞，渡沙河，逾葱岭，抵北印度及西印度边界各国事；二叙游历中印度，自摩显罗至摩竭提诸国事；三叙游王舍城诸地，及自多摩梨帝航海，还至青州事。

我国游记之最古者，莫如《山海经》、《穆天子传》二书，但按诸今地，多不可考。惟法显、惠生、玄奘之书，皆得之亲历，不同凿空，非但吾国之瑰宝，抑亦印度之信史也。

西人皆不信有龙，然吾国最古之书，莫如《易》，而《易》之言龙，彰彰也。《春秋左氏传》言，夏时有豢龙之官，其事当非诬。法显玄奘之西游也，亦往往言有毒龙，则不但出没于亚洲之东，且为害于亚洲之西矣。

法显的《佛国记》，英国牛津大学汉学教授(James Legge)有译本，名为《A Rccord of Buddhistic Kingdoms》，在地名方面的论证很详细。

法显的书只有一卷，书中所讲叙的内容可以分为三节：一是叙述从长安往西走，渡过沙河，翻越葱岭，抵达北印度和西印度边界各国的事；二是叙说在中印度从摩显罗到摩竭提等国的经历；三是叙说游历王舍城等地方，以及从多摩梨帝归航，回到青州的事情。

我国最早的游记是《山海经》、《穆天子传》两本书，但现在来看，其中的内容往往不能考证。只有法显、惠生、玄奘的游记，都是他们亲历，不是凭空而写，不但是我们国家的瑰宝，也是关于印度的如实记载。

西方人都不相信有龙的存在，但我们国家最早的书，就是《易经》，《易经》中清楚地提到了龙。《春秋左氏传》中说，夏朝的时候有豢养龙的官员，这事应该不是假的。法显、玄奘游历西方的时候，也经常说有毒龙，那么龙不但在中国出没，而且还出没于亚洲西部害人。

第三章　玄奘之家世

法显、惠生，均可称为吾国之探险家。但法显所历，仅西中东三印度，惠生仅至北印度，踪迹更隘，皆不能与玄奘同日而语也。玄奘，本名祎，后住大慈恩寺，故又称慈恩法师。俗名陈氏，世居陈留，汉太丘长仲弓之后也。因祖康仕齐，食邑周南，遂家焉，故又为洛川缑氏人（陈留，今河南县，缑氏在今偃师县东）。父慧，早通经术，长八尺，明眉目，拜江陵令。隋大业（隋炀帝年号）中，解组而退，生四男，奘其第四子也。年八岁时，父坐于几侧，口授《孝经》。至曾子避席，忽整襟而起。问其故，对曰："曾子闻师命避席，儿今奉慈训，岂宜安坐？"父甚悦之。

仲兄长捷（初名素），于东都净土寺出家。携玄奘至寺中，俄而有敕于洛阳寺度僧（按：明以前僧人皆经官司给以度牒，不得擅自为僧）。玄奘以经少不预所限，立于公门之侧，徘徊不去。时主其事者，为大理卿郑善果，有知人鉴。见而奇之，问曰："子为谁家？"答以氏族。又问："出家意何所为？"答曰："意欲远绍如来，近光遗法。"善果深嘉其志，又贤其器貌，故特取之。因谓官僚曰："诵业易成，风骨难得。若度此子，必为释门伟器。"其后果如所言。

法显和惠生，都可以称得上是我国的探险家。但是法显仅仅到过西、中、东三印度，惠生只到了北印度，行程更少，都不能跟玄奘相提并论。玄奘，本名是祎，因为后来住在大慈恩寺，所以又被称为慈恩法师。他俗家姓陈，世世代代住在陈留，是汉代太丘长陈仲弓的后代。因为祖父陈康在齐地做官，食邑在周南，就迁居了，所以又是洛川缑氏人（陈留是现在河南的一个县。缑氏在现在偃师县东面）。父亲名陈慧，擅长经学，身高八尺，眉目清明，任江陵令。隋朝大业（隋炀帝年号）年间，辞官卸任，有四个儿子，玄奘是他的第四个儿子。玄奘八岁的时候，父亲坐在桌子旁，给他讲解《孝经》。听到曾子避席那里，玄奘忽然整理好衣服站起来。父亲问他原因，他回答说："曾子听到老师的命令会离开坐席，我现在蒙受您的教诲，怎么可以安安稳稳地坐着呢？"父亲听了很高兴。

玄奘二哥陈捷（原名陈素），在洛阳净土寺出家。他带玄奘到寺中居住，不久官府奉诏到洛阳寺度和尚（明代以前的僧人都需要经过官府考察然后发放度牒，不能够擅自出家）。玄奘因为年纪小学习少不能考试，就站在官署旁边，徘徊着没有离开。那时候官署中主事的是大理卿郑善果，他善于识人，看到玄奘觉得他很奇特，就问："你是谁家的孩子？"玄奘回答说是陈家子弟。郑善果又问："为什么出家呢？"玄奘回答说："我想要继承如来家业，光大佛法。"郑善果对他的志向很赞赏，又觉得他的相貌奇特，所以破例答应了他，并且对同僚说："念经是很容易的，但是有佛的风骨的人难得。如果剃度了这个孩子，必将会成为佛门一个非常伟大的人物。"后来果然像他说的那样。

玄奘出家后，与兄同止，见儿戏者意辄鄙之。时年止十三，而芳声从兹发矣。其后隋氏失御，天下沸腾。乃启兄曰："此虽父母之邑，而丧乱若兹，岂可死守？今闻唐主驱晋阳之众，已据有长安。天下依归，如适父母（隋炀帝大业十三年，李渊起兵太原。十一月入长安，立恭帝。明年宇文化及弑炀帝于江都，恭帝亦为王世充所弑，隋亡），愿与兄投也。"兄从之，即至长安，时武德（唐高祖年号）元年也。

是时国基草创，兵甲尚兴，孙吴之术斯为急务，孔释之道有所未遑，以故京城未有讲席。初，炀帝于东都建四道场，召天下名僧居焉。其征来之僧，皆是高行。末年国乱，供料停绝，多游巴蜀（四川古为巴蜀地）。玄奘又启兄曰："此无法事，不可虚度。愿游蜀受业焉。"兄韪其计，乃经子午谷（在西安西南，为入蜀径道），共入成都。

诸僧既集于成都，乃大建法筵。玄奘精勤不怠，二三年间，究通诸部。时天下饥乱，惟蜀中安静。故四方僧侣，投之者众。讲座之下，常数百人，然无出玄奘右者。其兄亦丰神朗俊，学识宏通。至于匡振颓纲、包挫殊俗，则不逮玄奘也。然昆季二人懿业清规、芳声雅质，均足多焉。

玄奘出家以后，跟兄长一起作息，看到玩乐的人心里就很讨厌。那时候他只有十三岁，美名却从那时候就传扬了开来。后来隋朝无道，天下大乱，玄奘对兄长说："这里虽然是我们的故乡，但是死亡祸乱纷纷，怎么能死守在这里呢？听说唐王率领晋阳的人民，已经占据了长安。天下人争相归附，就像归附父母一样（隋炀帝大业十三年，李渊在太原起兵。十一月攻入长安，册立了隋恭帝。第二年宇文化及在江都杀死隋炀帝，恭帝也被王世充杀死，隋朝灭亡），我希望咱们去投奔他们。"兄长答应了，他们就到了长安，那时候是武德（唐高祖年号）元年。

那个时候唐朝刚刚建国，还有好多战事，大家急需的是兵法知识，儒家释家这些理论就没有人顾及，所以长安城中也没有开讲的地方。当初隋炀帝在洛阳建立了四个道场，召集天下的高僧。召集而来的僧人，修为都很高深。后来国家动乱，朝廷停止了供养，僧人们大多去了巴蜀。玄奘又对兄长说："这里没有地方讲经说法，但是时光不能虚度。我希望游历蜀地增长见识。"兄长同意他的说法，于是他们经过子午谷（在西安西南方，是进入蜀地的路径），一起到了成都。

僧人们在成都汇集，于是大兴经会。玄奘一直认真钻研，两三年的时间就贯通了佛法。那时候天下到处都有饥荒祸乱，只有蜀中平静。所以天下的僧侣到这里来的很多。他们设立讲坛，经常有数百人在听讲，但是没有能比得上玄奘的。玄奘的兄长也很杰出，学识渊博，但是在重振衰败的纲纪、移风易俗，就比不上玄奘了。但是兄弟二人在佛法上取得的成就，获得的美名，都是非常大的。

【批评】

出家人与在家人，形迹虽殊，事理则一。观玄奘少时，受《孝经》而避席，可知其孝；奉兄命为行止，可知其悌；见同辈作儿戏者，辄鄙其人，不与为伍，勤习经典，寸阴是宝。虽在少年，已有成人之度。吾道中之圣贤亦莫不如是，岂得以彼教而外之耶？

唐僧慧立撰《大慈恩寺三藏法师传》十卷，玄奘之事，得传于后世者，幸赖此书。慧立言玄奘至长安，以丧乱饥馑，复避地成都。《续高僧传》言以沙门道基，开化益州，玄奘闻而慕之，故与兄偕往。此可补慧立之遗。

俗有《西游记》一书，托玄奘取经事，敷衍而成，大约成于明世。考宋人先有《三藏法师取经诗话》二卷，名曰诗话，实章回体也。《西游记》盖以此为蓝本，玄奘之事正史不详，幸有小说，至今流俗皆知耳。

【评论】

出家人和在家人，虽然在外表有所不同，但是遵守的行为道德是一致的。玄奘小的时候学习《孝经》离开坐席，可以看出他的孝；事事先请示兄长，可以看出他的悌；见到玩耍的同辈人，就不跟他们交往，而是勤奋学习，珍惜时光。虽然他只是一个少年，却已经有成年人的风度了。我们所推崇的圣贤之人都是这样的，怎么会因为玄奘是佛教徒就排斥他呢？

唐代僧人慧立编写了《大慈恩寺三藏法师传》十卷，玄奘的事情能够流传后世，多亏了这本书。慧立说玄奘到长安后，因为战乱饥荒，又避居成都。《续高僧传》中说因为出家僧人道基在益州弘法，玄奘听说后很钦慕，所以跟兄长一起去了。这里可以补上慧立的遗漏。

民间有《西游记》这本书，假托玄奘取经的故事，改编而成，大约成书于明朝。学者们考证宋代出现了《三藏法师取经诗话》二卷，名字虽然是诗话，实际上就是章回体小说。《西游记》大概是以它作为蓝本，玄奘的事情正史上记载不清，幸亏有小说，到现在世间都知道他了。

第四章　西游之始

武德五年，玄奘年二十，止益南慧空寺。闻京师承平，思西去寻师。询问殊旨，尝谓“学贵经远，义重疏通，钻仰一方，未成探赜”。其兄以手足之谊，情不忍别，固留之。乃私与商人结侣，泛舟三峡（在夔县境，曰滟滪，曰瞿塘，曰巫山，皆长江险隘处），沿江而遁，到荆州天皇寺。

时汉阳王以威德懿亲化镇于彼，闻玄奘至甚欢，躬申礼谒，酬对明畅，王甚咨赏。在蜀时，屡参道基法师，基每顾而叹曰：“余游讲坛多矣，未见少年神悟若斯人也。”至是复由荆州北游，询求高僧。至相州（今河南省彰德县），闻沙门慧休，道声高邈，行解相当，旋入长安。时沙门道岳，宗师俱舍（《俱舍论》，天亲菩萨造，此属小乘，然在声闻对法藏中最为精妙，印度佛教及非佛教中人莫不诵习。六朝时传入中国，风靡一世，五代后禅宗盛行，学者耻言名相，此宗遂废），扬业长安，来仪群学，乃又从焉。又向沙门僧辩、玄会咨质疑义，遂留住大庄严寺。

长安号为人海，九流之产、三教之英，莫不翕聚。以佛学论，其中解究二乘（大乘学、小乘学也），行穷三学（谓戒、定、慧），为上京法匠，缁素所归者甚多。玄奘既共切磋，而神解超悟，奄有众长，遂誉满京邑。顾造诣愈深则疑虑愈武德五年，玄奘二十岁，在南慧空寺。他听说长安已经平定了，就想着西行去拜师学习。别人问他这样做有什么特殊的意义，他曾经回答说“做学问贵在长远谋划，经文重在贯彻汇通，如果只是在一个方向研究，就不能真正地探索奥秘”。兄长怜惜手足之情，不忍心跟玄奘分别，一直挽留他。玄奘于是私下里跟商人结伴，乘船经过三峡（在夔县境内，分别为滟滪堆、瞿塘峡、巫峡，都是长江中险要的地方），沿江顺流而下，到了荆州天皇寺。

那时候汉阳王亲自驻守这里，听到玄奘到了特别高兴，亲身礼敬拜谒，玄奘应答明畅，汉阳王非常赞赏。玄奘在蜀地的时候经常去拜见道基法师，道基法师每次都慨叹说：“我游学开讲很多年了，从来没见过这样悟性极高的少年啊。”后来他又经荆州北上，访求高僧。到了相州（现在河南省彰德县）后，他听说有位慧休法师声名远扬，修为高深，于是来到长安。那时候有位叫道岳的出家人，修习《俱舍论》（《俱舍论》是天亲菩萨所造，属于小乘佛法，但是在声闻论典中是最为精妙的，印度佛教徒和非佛教中人没有不诵读研习的。六朝时期传入中国，风靡一时，五代以后禅宗开始盛行，学的人渐少，俱舍宗就衰落了），在长安推崇佛法，玄奘慕其盛名，跟随着学习。他又向沙门僧辩、玄会问难质疑，于是就留住在了大庄严寺中。

长安号称“人海”，三教九流之人都汇集在这里。单以佛法而论，就有研究大乘、小乘佛法，践行戒、定、慧三学的，这些僧人佛法精深，因而慕名而来的人非常多。玄奘同他们切磋问难，见解超群，领悟很深，兼取众人的长处，于是很快就誉满长安。但是甚，况中土佛书皆经翻译，或辞不足义，或举一遗三。必欲祛滞释疑，定其指归，则莫如亲至印度，习贝叶之文，寻释迦之迹，求道于源，无为得之。玄奘于是遂有西游之志。

学问无穷，闭户钻研，夫岂能尽？孔子之圣，尚习礼于郯子，问乐于苌宏，观柱下之古史，翻百国之宝书，而后于学无所不通。玄奘之欲往印度，亦此意也。耆阇崛山，为如来之圣地，教徒之重视之也，固应如耶教徒之于耶路撒冷，回教徒之于麦开。然耶、回教之赴其地也，教主之墓在其处，故往顶礼，其于宗风并无发明。今玄奘之志，则更有大于此者矣。

唐太宗之世，境内既治，威棱及于域外。北则平突厥，破延陀，威回纥；西则臣吐蕃，服高昌。不但尽有汉时之西域，声威且及于天竺、大食，可谓盛矣。然国威虽振，而旅游自艰，况以孤客西出玉门关。绳行沙度，越岭逾跷，所遇有身热头痛之乡，所见皆异服异言之俗，其为险阻可胜言耶？

今之西人，号为好奇，于地理之调查详矣。荒若南北冰极，动植绝灭之区，莫不驾犬曳橇以搜其秘；深若大洋海底，极鲛人蜑户之所不能谈者，莫不绠探绳测于九渊之下，玄奘在佛法方面的造诣越深疑虑就越多，况且中国的佛经都是翻译而来的，有的词不达意，有的遗漏不少。如果一定要解决全部疑问，确定经文的主旨意向，就不如亲自去印度，学习梵文佛经，追寻释迦牟尼佛的足迹，从源头上求道。因此玄奘开始有了西游取经的想法。

学问是无穷无尽的，关起门来自己琢磨，哪里能琢磨透呢？孔夫子那样的圣人，尚且跟随郯子学习礼仪，向苌宏询问音乐，到东周向老子请教，参考各国文献，然后在学问上就没有不精通的了。玄奘想去印度，也是这个意思。耆阇崛山，是佛陀说法的地方，教徒们都很重视这里，就像是耶路撒冷对于基督教徒、麦加对于伊斯兰教徒一样。然而基督教、伊斯兰教徒去朝圣的时候，教主的墓就在那里，所以去那里顶礼对于宗教传播并没有什么发展。而现在玄奘的理想，意义要比那些大得多。

唐太宗的时候，国内稳定，外国咸服。在北方，朝廷出兵平定了突厥、大败延陀部，威震回纥；西面使吐蕃、高昌臣服。唐朝这时候不但恢复了西汉时期对西域的统治，声威更波及天竺和大食，可以说是强盛了。但是国家威名虽盛，行路之人却很艰难，何况是孤身一人从玉门关往西呢。攀援索道，穿越沙漠，翻过峻岭，到达的地方有的气候炎热，让人头痛，见到的人们服饰、语言都不同，这其中的难处哪里能够说得清呢！

现在的西方人，号称好奇，作了好多详细的地理调查。像南北极那么荒芜、动植物几乎绝迹的地方，他们都驾着狗拉雪橇深入探究；像大洋海底那么深的地方，鲛人和蜑户的居住地，他们都以觅其形。独于中亚细亚，至今犹称为秘密之乡，未能胪指其山川，详记其道里，使人如指诸掌。无论铁轨轮舟，皆未能行矣。有志之士，亦以游行中亚细亚为一大事，而况乎玄奘之世也。

玄奘既以求法为重，生命为轻，千难万难视同无物，而卒亦生还，是知有志者事竟成。世之小丈夫重生命而轻事业，事业既无所成就，生命亦未必长保，瞻顾徘徊，虚生无补。玄奘不幸而为僧耳，不然其功业岂出张骞、傅介子、班超诸人之下？然以彼弃世，遗俗之人尚能作如许事业，百世之下，闻者能不兴起也哉？

班超

玄奘欲行，道俗皆力阻之。答曰："昔法显、智严亦一时之士，皆能求法，导利群生。岂使高迹无追，清风绝后？大丈夫会当继之。"时天下初定，政府禁约百姓，不许出蕃。夫假国家威力，以行蛮貊，犹可有恃而无恐。今微特不能得政府之保护，且转触政府之禁令，其行役不尤难哉？

拉着绳子下到深渊，记录地形。只有对于中亚细亚，西方人到现在还称为秘密之乡，没能够把这里的山川地形，详细地记载到他们的笔记中，使人很好地了解这里。无论是火车还是轮船，在这里都行不通。有志向的人士，也把游历亚细亚作为一件大事，何况玄奘那时候呢！

玄奘把求得真经看得比生命还重，对千辛万难都不放在眼里，而且最后他平安归来，由此可见立定志向不怕困难的人，所作的事情最后一定会成功的。世上一些人过分看重生命，轻视事业，后来事业上没有取得什么成就，生命也走到了尽头，一生犹豫徘徊，虚度光阴。玄奘只不过是出了家，不然的话，他建立的功业又怎么会在张骞、傅介子、班超这些人之下呢？但他是僧人，一个超脱世俗的人尚且能够作出这样的事业，千年以后，听到他事迹的人怎么能够不奋起努力呢？

玄奘要出发的时候，人们都劝阻他。他回答说："以前的时候，法显、智严也是一代高僧，他们能够去求法，度化众生，我怎么能不发扬前辈的风范呢？真正有作为的人应当继承这种精神。"那时候天下刚刚安定，朝廷约束百姓出国。只有借着国家的威力，经过蛮夷地区，才能有所倚仗不害怕。现在非但不能得到政府的保护，反而会触犯政府的禁令，这段行程不更难上加难了吗？

【批评】

玄奘以勤习经典，犹为未足，于是访道基则不以蜀道为险，从道岳则不以长安为远，礼慧休则不以离兄为嫌，参礼诸方，启发疑义。为学之道，固当如是，犹以为未足，乃复身冒万险，愿往西方。非不世出之人又安能哉？

求外国之学，必资译本。自汉至唐，翻佛书者，或出于汉梵兼通之西僧，或出于精通内典之才士，故其书皆可观。然梵文义约而词丰，以汉文传之，往往不能尽摄，故一本至有数译。至于地名人名之各异，亦与今之译欧美文者同。玄奘迳往印度，一以学习梵文，一以搜罗遗典，有益宗门，功诚不小，而历史地理亦多所发明。

慧立传言：“法师将行，结侣陈表，有诏不许，诸人咸退，惟法师不屈。”立志不坚，遇难退转。所谓“诸人”者，而今安在哉？

【评论】

玄奘勤奋地学习佛家经典，却还觉得不够，于是不怕蜀道险峻拜访道基法师，不怕长安遥远向道岳法师，不怕兄弟之间生嫌隙礼敬慧休，参校各方面的资料，提出疑问。求学问之道，本来就应该这样，但他对这样还没有满足，又亲身冒险，去往西方取经。不是世间少有的人又怎么能够做到呢？

学习国外的学问，一定要有译本。从汉到唐，翻译佛经的，有的是汉语梵语都通晓的西方僧人，有的是精通佛经的饱学之士，所以他们的书都值得一看。然而梵文词句简约，含义深刻，用汉语来表达，有的时候不能表述清楚，所以一本书经常有好几个译本。至于那些地名、人名叫法的不同，也跟现在翻译欧美作品一样。玄奘去印度，一方面学习梵文，一方面搜罗缺漏的佛经，发展佛教，这方面的功劳很大，而且在历史地理上也有许多创新。

慧立作的传中记载："法师要出发的时候，向朝廷请旨，结果下达的诏令不允许去，别人都要退让了，只有法师不屈不挠。"立下志向却不坚定，遇到困难就退缩。那些所谓的"别人"，现今又在哪里呢？

第五章 临发之自试

唐太宗贞观三年，玄奘生二十六年矣。将以仲秋首途，又以西路艰险，乃自试其心，以人间众苦种种调伏，堪任不退，既能自信，乃始决心。

时有秦州僧孝达，将自京还乡，玄奘遂与俱去。至秦州（今甘肃天水县）停一宿，逢兰州（今甘肃皋兰县）伴，又随去。至兰州一宿，遇凉州（今甘肃武威县）人送官马归，又随去，至彼停月余日。时李大亮为凉州都督，既奉禁约百姓不许出蕃之旨，防禁特切。此时有人报亮云："有僧从长安来，欲向西国，不知何意。"亮使人相追，逼还京师。有僧慧威者，闻玄奘求法之志，极为赞叹，密遣二弟子慧琳、道整，窃送向西。自是不敢公出，昼伏夜行，遂至瓜州（在今嘉峪关外安西县）。

瓜州刺史独孤开闻玄奘至，颇不见拒。因访西方行程，开云："从此北行五十余里，有葫芦河（今名党河，在敦煌县西），上广下狭，洄波甚急，深不可渡。上置玉门关（古玉门关，在今党河西岸），路必由之，即西境之襟喉也。关外西北，又有五烽，候望者居之，各相去百里，中无水草（丁谦《西域记》考证，唐时五烽以今所设卡伦地证之，第一烽当即巴颜木伦地，第二烽当即阿布图乌鲁苏地，第三烽当即噶唐太宗贞观三年，玄奘二十六岁了。他想要在中秋启程，又觉得西行之路艰险，于是自己试验自己，承受人间种种苦楚，自信能够承受住不改变决心，这样才开始西行。

那时候有位叫孝达的秦州僧人，要从长安回家乡，玄奘就跟他一起出发。到了秦州（现在甘肃天水县）住了一晚上，玄奘遇到一位兰州（现在甘肃皋兰县）的同伴，又跟着他一起上路。到了兰州住了一晚，遇到凉州（现在甘肃武威县）的人送完官马要回凉州，玄奘就跟随他们启程，在凉州停留了一个多月。那时候李大亮任凉州都督，奉命禁止约束百姓出入国界，防范很严密。这时有人来跟李大亮报告："有位僧人从长安过来，想要去往西方，不知道有什么用意。"李大亮派人追赶玄奘，逼迫他返回长安。有位叫慧威的僧人，听说玄奘立志求经，非常欣赏他，秘密派遣两位弟子慧琳、道整，偷偷地把玄奘送到西边。从此以后玄奘不敢公然出现了，都是白天休息晚上赶路，后来到了瓜州（在现在嘉峪关外的安西县）。

瓜州刺史独孤开听说玄奘到了，一点也不排斥他。玄奘向他询问西行的路程，独孤开说："从这里往北走五十多里，有条河叫葫芦河（现在称为党河，在敦煌县西面）。这条河上宽下窄，水流很急，水位很深，非常难渡。要去往玉门关（古玉门关，在现在党河西岸），一定要经过那里，那是西面的咽喉。玉门关外西北方，又有五座山峰，驻有守望的官兵。各烽之间相距百余里，当中没有水、草（丁谦《西域记》考证，唐朝时候五烽以现在所设的卡伦地为证，第一烽应该是巴颜木伦地，第二烽应该是阿布图乌鲁苏地，顺地，第四烽当即阿枭格色尔腾地，第五烽当即纳木哈乌苏地。盖卤碛中央无泉水处人不能居，故古今屯戍之所不甚相远也）。五烽之外，即莫贺延碛，伊吾国境（伊吾国：据《唐书地理志》，贞观六年改设伊州，玄奘于三年至彼，尚自立为国。今为哈密地）。”玄奘闻之，不免愁愦，所乘之马又死，迟回未发，而追牒又至。

盖凉州刺史访知玄奘实未还京，故移牒瓜州云：“有僧字玄奘欲入西蕃，所在州县，宜严候捉。”州吏李昌密怀牒来见云：“师不是此耶？”玄奘迟疑未答。昌曰：“师须实语必是，弟子为师图之。”玄奘乃实告。昌深赞叹曰：“师实能尔者，为师毁却文书。”即于前裂之，仍云：“师须早去。”

所从两小僧，道整先向敦煌，唯慧琳在。知其不堪远涉，亦放还。遂易得马一匹，但苦无人相引。忽有一胡人来，自云姓石字槃陀，愿受戒为弟子，玄奘从之。胡甚喜，辞还，少时赍饼果来。玄奘见其雄健，貌又恭肃，遂告行意。胡人言愿护送过五烽山，玄奘大喜，乃更质衣资为买马而期焉。

明日，彼胡更与一胡老翁，乘一瘦老赤马，相逐而至。少胡曰：“此翁极谙西路，来去伊吾，三十余返，故共俱第三烽应该是噶顺地，第四烽应该是阿臬格色尔腾地，第五烽应该是纳木哈乌苏地。因为卤碛中央没有水源，人无法居住，所以无论古代还是现代，戍守兵士的驻所都不会相距太远）。五烽之外，才是莫贺延碛，伊吾国境（伊吾国：根据《唐书地理志》中记载，贞观六年改设伊州，玄奘是贞观三年到这里的，那时候还是一个自立的国家。现在是哈密）。”玄奘听后，不免发愁，乘坐的马刚好又死了，还没出发，朝廷的追牒又到了。

因为凉州刺史访查得知玄奘实际没有回京，所以把追牒送到了瓜州：“有位叫玄奘的僧人想要向西去，各州县应该严密地抓捕。”州中官员李昌秘密带着追牒来见玄奘，说：“法师就是这个人吗？”玄奘迟疑着没有回答。李昌说：“您一定要告诉我实话，我来为您想办法。”玄奘就告诉了他实情。李昌赞叹道：“您确实是能做到的，我替您把文书毁掉。”就伸手把追牒撕了，还说：“您要早点离开。”

跟随玄奘的两位小僧，道整先往敦煌去了，只有慧琳在。玄奘知道他受不了远行，也放他回去了，最后跟人换得一匹马，只是苦于无人引路。忽然有一位胡人来见玄奘，自称姓石，字槃陀，希望能够受戒拜玄奘为师，玄奘答应了他。胡人很高兴，辞别后，过了一会儿送来食物。玄奘见他体态康健，看上去又非常恭顺，就把西行的事情告诉了他。胡人说他愿意护送玄奘过五烽山，玄奘很高兴，于是变卖衣服买了马等待出发。

第二天，胡人和一位胡人老翁，驾着一匹又瘦又老的红马，一前一后而来。年轻胡人说：“这位老人对西方的路非常熟悉，来往来。”胡翁因说：“西路险恶，沙河阻远，鬼魅热风，遇无免者；徒侣众多，犹数迷失，况师单独，如何可行？愿自料量，勿轻身命。”玄奘曰：“吾为求大法，发趣西方。若不至婆罗门国，终不东归，纵死中途，非所悔也。”胡翁见其志坚，乃曰：“师必去，可乘我马。此马往返伊吾，已有十五度，健而知道。”玄奘以为然，遂即换马。胡翁欢喜，礼敬而别。

于是装束，与少胡夜发。三更许到河，遥见玉门关。去关上流十里许，两岸可阔丈余，旁有梧桐树丛。胡人乃斩木为桥，布草填沙，驱马而过。玄奘既得安渡，于是大喜，因解驾停憩，与胡人相去，可五十余步，各下褥而眠。

少时，胡人忽拔刀而起，徐向玄奘，未到十步许又回，不知何意。玄奘坦然无虑。天欲明，唤令起，取水盥漱讫欲发。胡人曰：“弟子念前途险远，又无水草，唯五烽下有水，必须夜到，偷水而过；但一处被觉，即足死人，不如归还，用为安稳。”玄奘不从。胡人曰：“弟子不能去，家累既大，而王法不可忤也。”玄奘知其意，遂任还。胡人曰：“师必不达，如被擒捉，则可奈何？”玄奘答曰：“纵使切割此身如微伊吾之间有三十多次，所以我跟他一起来了。”年老胡人说：“西行路上非常险恶，有沙漠，有神出鬼没的热风，碰上就无法幸免；人多了还经常会迷失，何况您一个人，怎么能上路呢？希望您再考虑考虑，不要轻视自己的生命。”玄奘说：“我为了求取大乘佛法，立志去往西方。如果不到天竺，绝不会回头，纵然死在路上，也不会后悔。”年老胡人看到他的志向非常坚定，就说：“您一定要去，可以乘坐我的马。这匹马往返伊吾已经有十五次了，很健壮，而且也认识道路。”玄奘认为他说得对，就换了马。年老胡人很高兴拜首告辞了。

于是玄奘和年轻胡人收拾好，晚上便出发了。三更时分到了河边，远远地就能看见玉门关。这里离玉门关上流十里左右，两岸宽约一丈，旁边有梧桐树丛。胡人砍树做成桥，铺上草和沙，赶着马匹过河。玄奘顺利渡过，非常高兴，就解下马鞍休息，离胡人有五十来步的距离，分别打开铺盖睡觉。

过了一会儿，胡人突然拔刀而起，慢慢地向玄奘走来，但到距离他十余步处突然又返回，不知什么意思。玄奘很坦然。天快亮了，玄奘把那个胡人叫醒，拿出水来洗漱完毕，就想出发。那胡人说：“我觉得前途非常危险，又没有水源补充，只有五烽下面有水，必须趁夜间偷水才行。但如在一处被发现，命就不保，不如回去妥当。”玄奘法师没有听从。胡人说：“我不能跟随您了，家里还有诸多牵绊，又不想触犯王法。”玄奘明白他的意思，就任凭他离开了。临别时胡人道：“师父您一定通不过，如被捉住，那怎么办呢？”玄奘法师回答道：“纵使我的身体被切割成如微尘那么大尘者，终不退回。”

【批评】

玄奘西行之先，以人间众苦，调伏其心；心不退转，乃始决意。吾人欲为一事，亦必如此，乃能有成。然举事之先，自谓坚决，至于临事，徬徨畏难，中止者多矣。玄奘在途，亲历之难，百倍于其意想之难，而杖策孤行，竟不返顾。具此毅力，故终成其志耳。

玄奘西行，所虑者，山川险阻、习俗怪异，与夫毒蛇猛兽之见阻、祁寒暑雨之难当耳。政府之禁令，固以为可避。盖一出玉门关，人烟稀少，岂复讥察之所能及？乃凉州之逼还，瓜州之追牒，五烽之暗箭，此种困难，盖又出意料之外者矣。加以胡人及胡老翁之危辞耸听，历试诸艰，而无悔心，诚哉其不退转也。

小，我也绝不退缩。”

【评论】

玄奘出发之前，用人世间的种种苦难调和其心，降服自己的习气，不生退心，才开始下定决心。我们想要做一件事，也应该如此，才能成功。但往往在开始之前，自以为很坚定，等事情来临时，便犹豫徘徊，害怕困难，坚持不下去的人太多了。玄奘在西行路上，亲身经历的困难，比他料想中的还要困难百倍，但他仍孤身一人拄杖直行，没有回头。正是因为他有这样的毅力，所以最终完成了自己的理想。

玄奘在西行路上，所担心的就是险峻的山川、怪异的习俗，还有毒蛇猛兽的阻挠、寒风苦雨的折磨而已。朝廷的禁令，本来就是可以躲避的。因为一到玉门关之外，人烟稀少，朝廷哪能顾及？至于在凉州时被逼还、瓜州的追牒、五烽的暗箭这些困难，又出乎他的意料之外了。加上胡人和老胡翁故意夸大的话，玄奘尝尽种种困难却无怨无悔，他不退转的心实在是坚定啊。

第六章 高昌王

玄奘初行，尚有惠威所遣之两弟子相伴，后既遣去；又遇胡人，未至五烽，彼胡又去。孑然一身，回翔沙漠，此岂足令玄奘败兴？适以坚其自立之志耳。凡事求诸己，他人安足恃耶！

径八十余里，见第一烽。恐候者见，乃隐伏沙沟，至夜方发。到烽西，见水下饮，盥手讫，欲取皮囊盛水，有一箭飒来，几中于膝。须臾更一箭来，知为候者所见，乃大言曰："我是僧，从京师来。汝莫射我。"即牵马向烽。烽上人亦开门而出，将入见校尉王祥。问知其意，乃曰："西路艰难，汝终不达。今亦不罪，送汝回敦煌去。"玄奘不从。校尉嘉其志，资以清水面饼，指以径向第四烽而去。

玄奘夜到第四烽，恐为留难，欲默取水而过。至水未下间，飞箭已至，即急趋至烽官许。烽官欢喜留宿，更施大皮囊及马麦相送。独行百余里，失道，觅泉不得，所携饮料，失手覆之。千里之资，一朝斯罄，沙路盘回，不知所趣。乃欲东归，还第四烽，行十余里，自念："我先发愿，若不至天竺，终不东归一步。今何故来，宁可就西而死，岂归东而生？"于是旋辔，向西北而进。

玄奘刚开始上路的时候，尚且有惠威派的两个弟子作伴，后来都打发走了；又遇到一位胡人，还没到五烽，那胡人又走了。孤身一人，徘徊沙漠，这又怎么能打击玄奘的信心呢？这些困难只不过更坚定了他的志向而已。一切事情都要靠自己，别人怎么能够依赖呢？

走了大约八十里，看见了第一烽。玄奘怕被守卫发现，就趴在沙沟里，等到晚上才出发。到了烽西面，看见有水，他下马饮水，刚洗完手，想要拿出皮囊装水，一支箭射来，几乎射中膝盖。过了一会儿又射来一箭。玄奘知道被人发现了，就大声说："我是僧人，从长安来的，请不要射我。"就牵着马向烽炲走去。守卫也打开门出来，带着他去见校尉王祥。王祥问明他的目的，就说："西行之路非常艰难，你一定不会成功的。现在我也不治你的罪，只把你送回敦煌去。"玄奘没有听从。校尉被他的志气感动，资助给他水和粮食，并给他指了去往第四烽的路。

玄奘晚上到了第四烽，怕被人为难，想要悄悄地取了水过去。他到了水边还没下马，飞箭就射过来了，立即赶到烽官那里。烽官很高兴地留他住宿，又送给他大皮囊和马粮。玄奘继续出发，独自走了一百多里，迷路了，找不到泉水，带的水不小心打翻了。本来能支撑千里，谁知道一会儿就没了。沙漠之中道路漫漫，不知道走到了哪里。玄奘就想往回走，回到第四烽去。走了十多里，他在心中自语："我之前发愿，如果不到天竺，不会往东走一步。现在怎么会这样呢？宁可在西行路上死，也不能在东归路上生。"于是拨转马头，向西北方向走去。

此时四顾茫然，人马俱绝。夜则妖魑举火，烂若繁星；昼则惊风拥沙，散如时雨。如是心无所惧，但苦水尽，渴不能前。四夜五日，无一滴沾喉，口腹干燋，几将殒绝，不复能进，遂卧沙中。至第五夜半，忽有凉风触身，冷快如沐寒水，遂得目明，马亦能起。行经数里，忽见青草甘泉，人马俱得苏息。更经两日，方出流沙，到伊吾矣。

时高昌王（高昌故址，在今吐鲁番西二十里雅尔湖滨）曲文泰闻伊吾到有汉僧，即日发使，敕伊吾王送来高昌。高昌建国于元魏之中叶，虽僻在西垂，亦是汉族，故闻汉僧而慕之。玄奘行经六日，至高昌界白力城（今广安城地）。时日已暮，王与侍人前后列烛，自出宫迎入后院，坐一重阁宝帐中，拜问甚厚。王云："碛路艰阻，师能独来，甚为奇也。"又云："寡人与先王游大国，从隋帝历东西二京，及燕代汾晋之间，多见名僧，心无所慕。自承法师名，身心欢喜。拟师至止，受弟子供养，伏愿察纳微心，不以西游为念。"玄奘固辞。

高昌王乃动色攘袂大言曰："吾有异涂处师，师安能去？必定相留，或送还国，请自思之。"玄奘呜咽，不复能这时候玄奘环顾四周，一片茫然，人和马都水粮断绝。沙漠中夜晚常有鬼火，就像天上的繁星一样；白天则是大风吹着流沙，飞散着像阵雨一般。这样的情形，玄奘并不害怕，只是苦于没有水，焦渴异常，无法前行。五天四夜，他没有喝过一滴水，口腹中干得发燋了，几乎丧命，再也不能往前走了，于是就趴在沙中。到了第五天夜里，忽然有凉风拂在身上，像沐浴在冷水中一样畅快。玄奘感到眼睛明亮，马也能够站起来了。一人一马走了几里，忽然看见一片青草甘泉，人和马都得以恢复了体力。又走了两天，才走出流沙，到达伊吾境内。

那时高昌王（高昌旧址在现在吐鲁番西面二十里的雅尔湖滨）曲文泰听说伊吾来了一位汉僧，当天便派出使者，让伊吾王送汉僧来高昌。高昌在北魏中叶建国，虽然地处西陲，也还是汉族，所以听说来了汉僧就非常钦慕。玄奘走了六天，到达高昌境内白力城（现在广安城）。那时候天已经黑了，高昌王和侍卫点燃蜡烛，把玄奘从宫外迎进后院，请他坐在高阁华丽的帐幕中，对他礼敬有加。高昌王说："砂石之路异常艰难，法师能一个人过来，令人惊奇啊。"又说："我曾经和先王到中国去，跟着隋朝皇帝游历了洛阳、长安，以及河北、太原一带，见到很多高僧，心中却没有钦慕之情。自从听到法师您的名号，我就身心欢喜。我打算请您到这里停下，接受我的供养，请您体察我的这点心意，不要再往西方去了。"玄奘坚决推辞。

高昌王于是生气地捋起袖子大喊："我这里有两条路供您选择，您怎么能离开呢？要么您留下来，要不就送您回国，请您自己考言。王亦不纳，更使增加供养，每日进食，王躬捧盘。玄奘既被停留，违阻先志，遂誓不食，以感其心。于是端坐，水浆不入于口三日。至第四日，王深生愧悔，乃谢云：“任尔西行，乞垂早食。”玄奘恐其不实，要王指日为言。王从之，并约为昆弟。

玄奘之行初为高昌王所阻，其后乃大得高昌王之助。不有此遇，恐玄奘之志终不能成，亦其至诚，有以感之也。高昌王即许放行，则为度沙弥四人，以充给侍，制服三十具。以西土多寒，又造面衣手衣靴袜等各数事，黄金一百两，银钱三万，绫及绢等五百匹，马三十匹，手力二十五人。遣殿中侍御史欢信，送至叶护可汗衙，又作二十四封书，通屈支等二十四国。每一封书，附大绫一匹为信。又以绫绢五百匹，果味两车，献叶护可汗，并书称法师者，是奴弟，欲求法于婆罗门国，顾可汗怜师如怜奴，仍请敕以西诸国，给邬落马（邬落，一作乌落，今云乌拉，即驿马也），递送出境。

【批评】

高昌王本马氏，魏太和间，其王马儒为国人所杀，推长史曲嘉为王，是为麹氏有国之始。文泰嗣位于唐武德，初年号延寿。贞观十三年，以文泰遏绝西域朝贡，复兴突厥、虑一下。”玄奘流着泪说不出话来。高昌王还是不听，只令增加供养，每天进斋的时候，高昌王亲自捧盘，殷勤劝食。玄奘被迫停留，违背了自己的志向，于是发誓绝食，来感化高昌王。于是玄奘端坐一处，三天不吃不喝。到了第四天，高昌王深感惭愧，向玄奘谢罪：“任凭您去西方，只求您早点吃东西。”玄奘怕他说谎，要高昌王指着太阳发誓。高昌王答应了他，并且跟他结为兄弟。

玄奘的行程最初被高昌王阻挠，后来又得到高昌王的大力相助。如果没有这段经历，恐怕玄奘的理想终究不能实现，也是因为他的挚诚之心，感化他人的缘故。高昌王答应了放玄奘西行，便为他剃度了四个沙弥，来侍奉他，同时做了三十件衣服。因为西域比较寒冷，高昌王又命人制作了面巾、手套、靴袜等各类东西，赠送一百两黄金，三万银钱，五百匹绫、绢等，三十匹马，二十五个劳力。高昌王还派遣殿中侍御史欢信，把玄奘一行人送到叶护可汗衙，又写了二十四封书信，给屈支等二十四个国家。每封书信都附上一匹大绫作为信物。他又把五百匹绫绢、两车果品献给叶护可汗，并在书信中说这位法师是自己弟弟，想要去往印度求经，请可汗像照顾自己一样照顾法师，也请可汗敕令西域诸国，为他提供驿马，送他出国境。

【评论】

高昌王本来是姓马的，北魏太和年间，因国王马儒被国人杀死，便推举长史曲嘉为国王，这就是曲氏统治高昌的开始。曲文泰在唐武德年间继承王位，第一个年号为延寿。贞观十三年，朝廷因击伊吾、破焉耆，下书切责，征文泰入朝，又称疾不至。唐发兵讨之，文泰忧惧而卒，国降，以其地为西州。文泰之遣发玄奘，令充二十年往还之资。谁知其国运与寿命，皆不及待也。悲夫！

玄奘谢高昌王启曰：奘闻江海遐深，济之者必凭舟楫；群生滞惑，导之者实假圣言。是以如来运一子之大悲，生兹秽土；镜三明之慧日，朗此幽昏。慈云荫有顶之天，法雨润三千之界，利安已讫，舍应归真。遗教东流六百余祀，腾、会振辉于吴洛，谶、什钟美于秦凉，不坠玄风，咸匡圣业。但远人来译，音训不同；去圣时遥，义类差舛。遂使双林一味之旨，分成当现二常；不二之宗，析为南北，两道纷纭，凡数百年。率土怀疑，莫有匠决。玄奘宿因有庆，早预缁门，负笈从师，年将二纪。名贤胜友，备悉咨询，大小乘宗，略得披览，未尝不执卷踌躇，捧经侘傺。望给国而跂足，想鹫岭而载怀，愿一拜临，启伸宿惑。然知寸管不可窥天，小蠡难为酌海，但不能弃此微诚。是以束装取路，经途荏苒，遂到伊吾。伏惟大王禀天地之淳和，资二仪之淑气，垂衣作王，子育苍生。东抵大国之风，西抚百戎之俗。楼兰月氏之地，车师狼望之乡，并被深仁，俱沾厚德。加以钦贤爱士，好善流慈，尤矜远来，曲令引接。既而至止，渥惠愈深，赐以话为文泰断绝了西域的朝贡，又帮助突厥、攻伊吾、破焉耆，所以下诏书谴责，征召文泰入朝，文泰称病不去。于是朝廷派兵讨伐，文泰因忧虑惊怕而死，高昌国投降，朝廷把高昌作为西州。文泰帮助玄奘西行，为他准备了二十年往来的费用。谁知道高昌的国运和他的寿命，都等不到了呢。唉！

玄奘谢高昌王道：我听说江海深远，要渡过必须凭借船和船桨；百姓蒙昧，引导他们要借助圣人的话。所以如来因为悲悯众生，诞生在这片土地上；用阳光一样的佛法，照亮幽暗的天地。他的慈悲和法力遍布天下，完成以后，涅槃成佛。他传下的佛教传到东方六百年间，摄摩腾、康僧会分别在洛阳、吴国大放异彩，支娄迦谶、鸠摩罗什分别在秦州、凉州做出贡献，共同成就佛教的兴盛。但是外国人翻译过来的佛经，音韵跟汉文不同，意义有时候也跟原文相差甚远。这样就使得双林一味的宗旨，分成当常、现常两部分；不二法门分为南北两宗，几百年里都莫衷一是。人们因此对佛教产生了怀疑，无法决断。我前世有缘，今生很早就在佛门中，二十来岁的时候背着书箱跟着师父求学。诸多的贤者好友，我都曾经咨询过；大乘佛法和小乘佛法，我也都浏览过，经常捧着经卷犹豫。我常常踮起脚跟想望见舍卫国孤独园，瞻仰灵鹫道场的想法充满心怀，发愿亲临圣地朝见。虽然我知道自己见识短浅，但不能放弃这一点诚意。所以整顿行囊上路，几经辗转到达伊吾。想到大王您承受天地间的淳和与神灵之气，无为而治，教化百姓。处于大唐和百戎之间，吸收两地风俗。楼兰、月氏、车师、狼望这些地方，都感受到您的仁德。再加上钦敬贤士，乐善好施，对远言，阐扬法义。又蒙降结娣季之缘，敦奖友于之念，并遗书西域二十余蕃，煦饰殷勤，令递饯送。又愍西游茕独，雪路凄寒，爰下明敕，度沙弥四人，以为侍伴。法服绵帽，裘毯靴袜五十余事，及绫绢金钱等，令充二十年往还之资。伏对惊惭，不知起处。决交河之水，比泽非多；举葱岭之山，方恩岂重。悬度凌溪之险，不复为扰；天梯道树之乡，瞻礼非晚。倘蒙允遂，则遂之力焉，王之恩也。然后展谒众师，禀承正法，归还翻译，广布未闻。剪邪见之稠林，绝异端之穿凿，补像化之遗阙，定玄门之指南。庶此微功，用答殊泽。又前途既远，不获久留。明日辞违，预增悽断。不任铭荷，谨启谢闻。

高昌国别有文字，状如今蒙古文，亦一字一音。明初十国译语中别有高昌一种，当日曲王作书与叶护可汗，想即用此体也。

方来的人特别优待关怀备至，临行之际给予丰厚的待遇，还赐给阐扬法义的机会。又承蒙您自降身份，跟我结为兄弟，并且写信给西域二十多个国家，请他们送我过境。您又担心我一个人西行，前路漫漫，所以颁下敕令，剃度了四个沙弥，作为我的侍从。还有法衣棉帽、裘服毛毯靴袜等五十多种，以及绫罗金钱等，足够二十年间来回的资费。我深深地感到惊惶和惭愧，不知道怎么办。把交河的水都放出来，也不如您的恩泽多；把葱岭所有的山脉都举起来，也不如您的恩惠重。在您的帮助下，险峻的山岭、悬崖，路上的一切困难，都不再成为我的困扰。倘若我得偿所愿，那么就是您的恩德啊。我才能拜谒众位师父，学习真正的佛法，回来后翻译佛经，传播佛教。剪除邪见，杜绝异端，补充缺漏，确立宗旨。我希望用这样一点微小的功劳来报答您的恩遇。前路还很遥远，我不能过多停留。明天就要离开了，离别在即，我对您感激不尽，在此拜谢您。

高昌国有自己的文字，样子好像现在的蒙古文，也是一个字一种发音。明代初期十国翻译的语言中有高昌语，当时曲王写信给叶护可汗，想来就是用这种字体了。

第七章　游北印度

玄奘出高昌境，则转向西北，至阿耆宜国（即汉时焉者，今新疆阿克苏道之焉耆县）。于此度开都河，而入屈支国（今名库车），又入跋禄迦国（即汉时姑墨，今名拜城）。经凌山之险，寒风惨烈，悬釜而炊，席水而寐，七日不得出。徒侣冻馁十死三四，牛马尤甚。以地理言之，出高昌后，宜南向，今之阿克苏道，渡库木塔格沙漠与喀什噶尔道之大戈壁，由疏勒以逾葱岭，直趋印度，较为便捷。玄奘之舍近就远也，又胡为哉？

初唐之世，西突厥统叶护可汗方强，西域诸小国，皆为所役属。旅行之中，非藉其保护不可，故必绕道西北至千泉（一名平城），见其可汗。千泉在素叶城之西南，对雪山，三垂平陆，泉地千所，故以名焉。突厥可汗每来避暑，风土殊胜。玄奘至后，可汗相待如何，今不可考矣。

玄奘之通路

将至雪山，当入铁门。铁门者，左右带山，山极峭峻。中通狭径，两旁石玄奘出了高昌国，转向西北方向，到达阿耆宜国（就是汉代的焉耆，现在新疆阿克苏道的焉耆县）。从这里过了开都河，进入屈支国（现在的库车），又进入跋禄迦国（就是汉朝的姑墨，现在名为拜城）。经过险峻的凌山，饱受惨烈的寒风，有时候只能架着锅烧饭，泡在水里睡觉，七天七夜都没有走出来。跟玄奘一起同行的人有十之三四都冻死了，牛马也冻死了很多。从地理上来说，从高昌国出来后，应该往南走，经过现在的阿克苏道，穿过库木塔格沙漠和喀什噶尔道的大戈壁，从疏勒越过葱岭，直达印度，这样比较方便快捷。不知玄奘舍近求远，又是为什么呢？

初唐时期，西突厥统叶护可汗正当强盛，西域的各小国都在他的管辖范围之内。玄奘的西行途中，必须要借着他的保护，所以一定要向西北绕道，到千泉（也叫平城）见叶护可汗。千泉在素叶城的西南方，一面对着雪山，其他三面是平坦的陆地，有上千个泉眼，所以被称为千泉。突厥可汗经常到这里来避暑，这个地方的风土民情非常好。玄奘来到以后，可汗对他怎样，现在已经不能考证了。

快要到雪山的时候，先要经过铁门。铁门两侧是陡峭的山峰，中间一条狭窄的小径，两旁石壁的颜色像铁一样。这里设置了门户，又用铁加固，因此名为铁门，在羯霜那国（现在名喀什，就是明史上说的渴石）内。玄奘从这里又经过了十来个小国，到了揭职壁其色如铁。既设门扉，加以铁固，因以为名，是在羯霜那国（今名卡什，即明史之渴石）。自是又历小国十余，至揭职国，于其东南入雪山，遂入北印度。

玄奘在北印度，所历二十余国，中如健驮罗国（梵语 Ganb hara），往古时代，雄长五印度中。有弥兰王、迦腻色迦王者，皆英略盖世，教化昌明，故于佛教史上最重要焉。

古时印度境内，宏阐佛教诸论师，如那罗延天、无著菩萨、世亲菩萨、法救如意、胁尊者等，皆生长于健驮罗。及玄奘之世，则政教已非，邑里空荒，居人稀少，多敬异道，少信正法。迦腻色迦王时所立僧伽蓝千余所，摧残荒废，芜秽萧条，徘徊凭吊，感慨系之矣。

独有一重阁，是迦腻色迦王为胁尊者之所建者，其旌表尚存，记尊者年垂八十，舍俗出家。城中少年，皆诮之曰："愚夫朽老，一何浅智？夫出家者，有二业焉，一则习定，一乃诵经。而今衰耄，无所进取，滥迹清流，徒知饱食。"胁尊者闻诸讥议，因谢时人而自誓曰："我若不通三藏理（经、律、论曰三藏），不断三界欲（欲界、色界、无色界为三界），终不以胁而至于席。"自尔之后，唯日不足，经行宴坐，住立思维。昼则研习理教，夜乃静虑凝神，绵历三岁，遂通佛道。时人敬仰，因号胁尊者。

国，从它的东南方进入雪山，于是到了北印度。

玄奘在北印度，游历了二十多个国家，其中像健驮罗国（梵语Ganb hara），在往古时代曾经雄霸五印度。几位君主，如弥兰王、迦腻色迦王，都英明神武，政策昌明，所以在佛教史上具有举足轻重的地位。

古代的时候印度境内，宏阐佛教的几位论师，像那罗延天、无著菩萨、世亲菩萨、法救如意、胁尊者等，都在健驮罗国出生成长。等到玄奘那时，政治教化已经不复从前，乡里一片荒芜，人烟稀少，人们大多崇尚外教，很少人坚信佛教。迦腻色迦王时期建立的一千多座寺院，基本都被摧残荒废了，只剩下一片萧条，让人凭吊，感慨万端。

只有一座重阁，是迦腻色迦王为胁尊者修建的，它的牌坊还在，记载着尊者年纪将近八十的时候，舍却俗世，出家为僧。城中的年轻人都嘲笑他说："你年纪那么大了，为什么做蠢事呢？人家出家的人，需要做两种功课，一是习定，二是诵经。现在你年老糊涂，学不了多少东西，只是在寺庙中混饭吃罢了。"胁尊者听到各种议论，就向当时的人谢罪并且发誓："我如果不通晓三藏之理（经藏、律藏、论藏为三藏），不斩断三界的欲望（欲界、色界、无色界为三界），终生不让胁躺到席子上。"从那以后，他只觉得时间不够，修行打坐，做功课。白天钻研理教，晚上凝神入定，这样过了三年，佛道全通。当时的人们敬仰他，就称他为胁尊者。

伽湿弥罗（即汉时罽宾），亦古时北印度之雄邦。国王闻玄奘至，遣使相迎。王率群臣及都内僧与玄奘相见，羽从千余人，幢盖盈涂，烟华满路，礼赞殷厚。国人相与叹曰："此脂那僧智力宏胆，顾此众中无能出者，以其明懿，足继世亲昆季之风，所恨生乎远国，不早接圣贤遗芳耳。"

当健驮罗国迦腻色迦王之盛也，因胁尊者请诸圣众，内穷三藏，外达五明（印度学问之区分：一声明，文字训诂之学也；二工巧明，技术工作历数之学也，与今之工学理学相当；三医方明，禁咒药石针艾之学也；四因明，论理修辞之学也；五内明，容万有之谛理，与今之哲学相当）者，得五百人，于此结集。三藏奥义重明，此之力也。玄奘于此停留二年，学诸经论。

【批评】

今之新疆行省，为佛教界之大旅行家大翻译家法显、玄奘备尝酸苦之地，遗迹甚多。宣统初元，英人司泰音（Stcin）穷游其地，于沙迹中发见宋以前古物甚多，悉辇归伦敦，置之博物馆。日本瑞超、野村营三郎二君，闻司泰音伽湿弥罗（就是汉朝的罽宾），也是古时候北印度的大国。国王听说玄奘来到，派遣使者迎接。国王率领群臣和国内的僧人跟玄奘见面，羽林扈从有一千多人，仪仗队伍塞满道路，表示对玄奘的礼敬。国人互相感叹道："这位中国僧人智慧胆识都超过一般人，这些僧人中没有能比得上他的，他的明达美德足以承继世亲菩萨的遗风，只是遗憾的是他生在遥远的中国，不能早点接触到圣贤啊。"

当健驮罗国迦腻色迦王强大的时候，由于胁尊者的倡导，僧众中学习三藏之理，研究五明学问（印度学问有几个部分：一是声明，研究语言和名、句、文身等如何构成的学问；二是工巧明，包括技术、农商、历法、数学等，和现在的工学、理学差不多；三是医方明，相当于现代的医药科学和医疗技术；四是因明，修辞学、逻辑学等；五是内明，包含所有的哲理，跟现在的哲学差不多）的人，有五百人，在这里聚集研究佛法。三藏经典奥义重新显明，就是他们的功劳。玄奘在这里待了两年，学习各种经纶。

【评论】

今天的新疆，是佛教界的大旅行家、大翻译家法显和玄奘受尽艰苦的地方，遗迹很多。宣统初年，英国人司泰音（Stcin）游遍了这里，在沙迹中发现很多宋代以前的古物，于是都用车船载回伦敦，陈列在博物馆中。日本的瑞超野、村营三郎两个人，听说了司泰音的事情，也兴冲冲地跑到新疆。他们雇佣了三十五名当地人，之风，亦欣然规往。雇用土人三十五名，令各持圆匙、十字锹等，随地发掘，得佛像、碑片、古钱、经文之断片等，可供历史之研究资料者，实需马七十头，方可载归。吾国无人及此，任令东西国人捆载而去。古德有知，将若何感叹耶？西人考欧亚交通之起源，谓始于马哥博罗。不知马基顿王亚力山大，已从印度至我东土耳其斯坦（即今之新疆喀什噶尔地方）。吾国人之西行最远者，莫如后汉时之甘英（班超部将），盖曾行抵今之波斯湾，闻距大秦（即罗马帝国）尚远，废然而返，是甘英从未至大秦。而新疆印度之间，固皆有其车辙马迹矣，尚在马哥博罗前千年也。法显、玄奘之取道，又与前人不同，良以沙迹之中，变化倏忽，旧道难寻，故无轨辙可遵耳。

命令他们各自拿着圆匙、十字锹等工具，到处挖掘，得到了一些佛像、碑片、古钱、经文的残片等可以供研究的历史资料，需要七十匹马，才能拉回去。我们国家却没有人来这里，任凭别的国家将这些资料掠夺而去。假如古代先贤地下有知，将会有什么感慨啊！西方人考证欧亚交通的起源，说是从马可波罗开始。他们不知道马其顿王亚历山大，早就已经从印度到达东土耳其斯坦（就是今天新疆喀什噶尔）了。我们国家往西方行程最远的，是东汉时代的甘英（班超的部将），他曾经抵达今天的波斯湾一带，听说离大秦（罗马帝国）还很远，于是就返回了，因此甘英从没到过大秦。然而新疆和印度之间，在马可波罗的一千年以前，早就已经有车辙马迹的存在了。法显、玄奘的行程，又跟前人不一样，确实是因为沙漠之中，变化多端，旧迹难寻，所以没有什么痕迹可以参考。

第八章　游中印度

中印度者，佛教书中谓之中国。其时地学未明，谓此据世界之中，八方之所会，祥气之所钟也。是如来本生地，文教独盛。而佛祖应化之迹，于此最多，玄奘淹留亦最久焉。凡所经历，盖三十余国云。

当玄奘之世，中天竺强国，盖莫如羯若鞠阇。都城西临殑伽河，城隍坚固，台阁相望，居人丰乐，笃学游艺。其王名尸罗阿迭多（唐言戒日），与玄奘相见。王劳苦已，问曰："自何国来？"对曰："从大唐国来。"王曰："大唐在何方？云斯远近？"对曰："当此东北数万余里，即印度所谓摩诃至那国是也。"王曰："尝闻摩诃至那国有秦王，少而灵鉴，长而神武。昔先代丧乱，率土分崩，秦王平定海内，风教遐被，殊方异域，慕法称臣。有《秦王破阵乐》，闻之久矣。大唐国者岂此是耶？"对曰："然至那者，前王之国号；大唐者，我君之国称。昔未袭位，谓之秦王。今已承统，称曰天子。风猷大，难以备举。"王曰："盛哉！彼土群生福感圣主。"玄奘在此国跋达罗毗诃罗寺三月，习学经典。

如来佛

中印度，在佛教书中被称为中国。那个时候人们对地理情况不清楚，称中印度为中国，是说它在世界的中心，四面八方的人在这里聚集，祥瑞之气在这里汇聚。这里是如来佛祖的出生之地，文明教化非常昌盛。佛祖教化众生的痕迹在在这里最多，玄奘在这里停留的时间也最长。他大概经历了三十多个国家。

玄奘到中印度的时候，这里的强国，没有比得上羯若鞠阇的。它的都城西临殑伽河，有坚固的城楼和众多的台阁，人们勤劳敦厚，安居乐业。国王名为尸罗阿迭多（唐代人称为戒日王），接见了玄奘。寒暄完毕，国王问道："法师从哪里来？"玄奘回答说："从大唐国来。"国王问："大唐在什么地方？离这里远还是近？"玄奘回答说："大唐在此地东北方，距离有几万里，就是印度所说的摩诃至那国。"国王说："我曾经听说摩诃至那国有位秦王，年少的时候就很聪慧，长大以后更加神武。以前的朝代连年混战，各种势力割据，秦王平定天下，教化百姓，外国人都很仰慕他，向他称臣。我还久闻《秦王破阵乐》的大名，大唐国就是这样的吗？"玄奘回答说："至那是前朝的名称，大唐是我国现在君王的国号。以前还没有即位的时候，我国君主被封为秦王，现在已经登基，就称为天子了。他的教化功德很大，无法全部列举出来。"国王说："真是兴旺啊，大唐的百姓遇到一位圣主！"玄奘在这个国家的跋达罗毗诃罗寺待了三个月，学习佛教经典。

释迦牟尼生长处，曰劫比罗伐窣堵国（法显记作迦维罗卫国，梵文作kapiiav），净饭王（释迦之父）之正殿犹存。有石柱高三十余尺，上刻师子之象，傍记佛寂灭时事，无忧王之所建也（无忧王，又译阿育王，生后如来百年，信奉佛法，中印度多其遗迹）。境内有地名腊伐尼林者，实如来诞生之处。摩揭陀（一作摩揭提）者，在恒河之南，于古为中天竺之名国，及玄奘之世，已稍衰矣。以其为如来成道处（又有弥勒、迦叶波、舍利子、龙猛提婆、马鸣、护法、德慧诸菩萨遗迹），无忧王八万四千塔，盛极一时，佛教遗迹，多可考见。师事戒贤和尚，学婆罗门书及印度梵书，经五载而行。

此国周五千余里，城少居人，邑多编户，土沃宜稼，土地热暑，邑居高原。孟夏之后，中秋之前，平居流水，可以泛舟，风俗醇质，尊敬佛法。殑伽河南有故城，周七十余里，荒芜虽久，基址犹存。号拘苏摩补罗城（唐言香花宫城），王宫多花，故以名焉。如来涅槃后百年，无忧王自王舍城迁此，重筑外郭，周于故城。

城西南三百里，渡尼连禅河，至伽耶城。城险固，少居人。西南有伽耶山，俗称灵山，东渡大河至钵罗笈菩提山（唐言，前正觉如来将证正觉，先登此山）。无忧王于佛登山释迦牟尼佛出生成长的地方叫劫比罗伐窣堵国（法显记作迦维罗卫国，梵文作kapiiav），净饭王（释迦牟尼佛的父亲）的正殿还保留着。有座高三十多尺的石柱，上面刻着狮子像，旁边记载着佛涅槃时候的事情，是无忧王建的（无忧王，又译为阿育王，出生于如来以后一百年，信奉佛法，中印度有很多他的遗迹）。国内有个叫腊伐尼林的地方，实际上就是如来佛的诞生之地。摩揭陀（一作摩揭提），位于恒河南岸，以前曾经是中印度的著名国家，等到玄奘那个时候已经渐渐衰落了。因为这里是如来佛祖成道的地方（又有弥勒、迦叶波、舍利子、龙猛提婆、马鸣、护法、德慧诸菩萨的遗迹），无忧王修建了八万四千座塔，佛教在当时极度繁盛，很多遗迹，可以考证。玄奘拜戒贤和尚为师，学习婆罗门书和印度梵书，过了五年才离开。

这个国家周围有五千多里，人们很少在城中居住，乡里住的多是普通人家。这里土地肥沃，适宜庄稼生长，地处高原，酷暑炎热。初夏到中秋这段时间里，降水丰沛，可以在河上泛舟。这里民风淳朴，崇尚佛法。殑伽河南岸有座旧城，周围七十多里，虽然荒芜的时间久，但还有遗址在。这座城被称为拘苏摩补罗城（唐朝称为香花宫城），因为王宫里有很多花，所以以此命名。如来佛祖涅槃百年以后，无忧王从王舍城迁到这里，重新加筑了外城，围绕着旧城。

城外西南方三百里处，渡过尼连禅河，就到了伽耶城。伽耶城险而稳固，居民很少。城西南有座伽耶山，俗称为灵山，向东渡过大河就是钵罗笈菩提山（唐代人认为，前正觉如来要证正觉，先上下之迹，皆树旌表。又西南十四五里有菩提树，砖叠为垣，周五百步，佛坐其下成等正觉处（正遍知，又称等正觉，亦称正等觉，佛之十号之一，具一切智，于一切法无不了知之谓）。

东渡莫诃河百里，至屈屈播陀山（唐言鸡足山），峻起三峰，为大迦叶波寂灭处。从此山东行百余里，至奢羯罗补罗城（唐言上茅宫城），在摩揭陀国正中，前王所都，以多出香茅故名。崇山四周，以为外郭，周百五十余里，内城余址周三十余里。东北十四五里，有姞栗陀罗矩吒山（唐言鹫峰，一作耆阇崛山），如来在世，多居于此。又东北至曷罗阇姑利泗城（唐言王舍）。

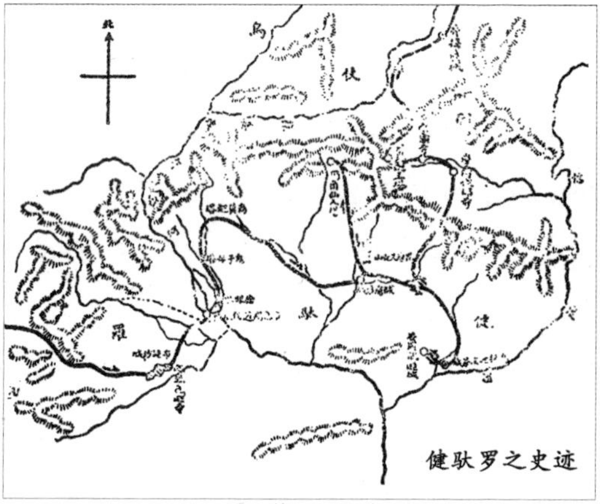

玄奘之通路

【批评】

日本每称中国为支那，溯厥由来，盖始于此记。惟记中所谓支那者，专指隋朝，而非中国之通称。盖其时李唐开国未久，印度僻远，虽闻秦王威名，犹未知易隋为唐，故仍呼登上这座山）。无忧王在佛登山的遗迹旁边都树立了旌表。山的西南十四五里处有菩提树，用砖砌成了周围长五百步的墙，佛就是坐在这下面成等正觉的（正遍知，又称为等正觉，也称正等觉，佛的十个名号之一，具有一切智慧，对一切法都了解的意思）。

向东渡过莫诃河一百里后，就到了屈屈播陀山（唐代人称为鸡足山），这里有三座险峻的山峰，是大迦叶波涅槃的地方。从这座山向东走一百里，到达奢羯罗补罗城（唐代人称为上茅宫城），位于摩揭陀国的正中，以前国王的都城，因为香茅很多而出名。崇山峻岭在围绕四周，成为了外城，方圆一百五十多里，内城遗址方圆三十多里。在它的东北方十四五里之外，有座山名为姞栗陀罗矩吒山（唐代人称为鹫峰，一作耆阇崛山），如来佛祖在世的时候，大多居住在这里。再往东北就是曷罗阇姞利泗城（唐代人称为王舍城）。

【评论】

日本称中国为支那，追根溯源，大概是从这里开始的。只是记载中所说的支那，专指隋朝，而不是中国的通称。当时李唐开国不久，印度相距又远，即使听说过秦王的威名，也不一定知道隋摩诃至那。若至那为中国通称，玄奘又何必断断致辩耶？至那即支那，英语作斋那（China），至、支、斋皆隋之转音。那者，语尾词。摩诃，大也，质言之犹曰大隋。洎唐《唐书天竺传》，始有摩诃震旦语。震旦译言东方，摩诃震旦方为中国通称，乃不为好事者所引用，独于支那二字愈用愈广。试取《西域记》一读，或当哑然自笑也。

玄奘游劫此罗伐窣堵国，见释种大冢。盖昔时胜军王（骄刹罗国主）求婚于释种，释种鄙其非类，诈以家人之女予之。胜军王立为正后，产子为毗罗择迦王。王为太子时，欲就舅氏受学，至劫比罗伐窣堵之都，于其城南，见新讲堂，即中憩驾。诸释逐而骂之曰："卑贱婢子，敢居此室？此室诸释建也，拟佛居焉。"毗卢择迦嗣位之后，追复先辱，便兴甲兵，战胜诸释，虏其族类，得九千九百九十九人，并从杀戮，遂灭释种。此大冢是也。

佛生于释种之王家，灭度以后，其种竟为异种所殄，至于流血成渠，白骨如邱。诸行无常，佛固已自言之矣，感生老病死之不可逃，而毅然出家，不生不灭，常、乐、我、净，此其所以为大雄也。

朝已经改为唐朝了，所以还是称为摩诃至那。如果至那是中国的通称，那么玄奘又何必致辞辩解呢？至那就是支那，英语为斋那（China），至、支、斋都是隋的转音。那，是语尾助词。摩诃，大的意思，总体来说就是大隋。等到在《唐书天竺传》中，才开始有摩诃震旦这样的称谓。震旦翻译为东方，摩诃震旦就是中国的通称，却不被好事的人采用，只有支那一说越来越广。如果拿《西域记》过来读一下，人们可能就会忍不住发笑了。

玄奘游历劫此罗伐窣堵国，参拜了释迦族的坟墓。昔日胜军王（骄刹罗国主）向释迦族求婚，释迦族因他不是同族而看不起他，骗他把家奴的女儿嫁给了他。胜军王将她立为正室王后，生了个儿子就是毗罗择迦王。毗罗择迦王当太子的时候，想要去舅舅家学习，到了劫此罗伐窣堵国都，在城南见到一座新的讲堂，就进去休息。释迦族人驱赶他，骂道："卑贱奴婢的儿子，怎么敢到这里？这里是族人修建的，打算让佛住的。"毗罗择迦即位以后，想起之前受的屈辱，便发兵攻打，战胜了释迦族，俘虏了他们九千九百九十九位族人，一起杀掉，灭绝了释迦族。这座坟墓就是这样来的。

佛祖生在释迦族的王室，涅槃以后，他的族人被外族杀害，以致血流成河、白骨如山。人生无常，佛祖本来就已经说过了。因感慨生老病死不可逃避，所以毅然出家，了脱生死，证入不生不灭常乐我净的境界，这就是他为什么被称为大英雄的缘由。

第九章　游东西印度及归程

玄奘自中印度，而东印度，而西印度，所历又三十余国，复傍波剌斯（今波斯）、僧伽罗（今锡兰）诸国而返。于东印度之迦摩缕波国，作一盛会，可云胜游。

玄奘自钵伐多罗国还，住摩揭陀那烂陀寺，复至般若跋陀罗大德处停两月，谘决疑义。又在杖林山胜军论师处请益，留彼二年，仍还那烂陀寺，折服师子光大德，著《会宗论三千颂》，又折服顺世外道，著《破恶见论》。此玄奘未至迦摩缕波国以前事也。

迦摩缕波国（唐书作加没路，或谓即孟加拉部库治贝哈城），周万余里，东印度之大国也。王统为婆罗门种，自有疆土，已历千世。今王号拘摩罗，好学不倦，众庶从化。初闻至那僧在摩揭陀，殷勤来请，玄奘将往见之。适羯若鞠阇国戒日王征恭御陀还，亦闻名来请。遂与拘摩罗王同溯殑伽河，至羯朱嗢祇罗国相见（此国在中印度上章，记戒日王与玄奘问答，当与此同时）。王特开大会，于曲女城发敕告诸国及义解之徒并集，听至那法师之论。

斯会也，五印度中到者，国王十八、谙知大小乘僧三千余人、婆罗门及外道二千余人、那烂陀寺僧千余。会所先营草殿二，各可坐千余人。会日自王行宫仪卫拥金佛，行至殿玄奘从中印度到了东印度，又到了西印度，历经三十多个国家，最后从波剌斯（今波斯）、僧伽罗（今锡兰）这几个国家返回。他在东印度的迦摩缕波国曾经参加过一个盛会，可以说是一次畅快的经历。

玄奘从钵伐多罗国回来，住在摩揭陀那烂陀寺，又到般若跋陀罗大德处停留了两个月，讨论不确定的义理。他又在杖林山胜军论师处进修，待了两年，仍然回到那烂陀寺，折服了高僧师子光，写成《会宗论三千颂》，还折服了顺世外道，写成《破恶见论》。这是玄奘还没到迦摩缕波国之前的事情。

迦摩缕波国（唐书写作加没路，有的认为就是孟加拉部库治贝哈城），面积一万多里，是东印度的大国。它的王室是婆罗门，统治这片土地已经经历了千世了。现在国王名为拘摩罗，爱好学习，教化庶民。他听说有位中国僧人在摩揭陀，于是殷勤邀请，玄奘就想要去见他。恰好羯若鞠阇国戒日王讨伐恭御陀回朝，也听说了玄奘的大名，来邀请他。玄奘就跟拘摩罗王一起渡过殑伽河，到羯朱嗢祇罗国与戒日王相见（这个国家在中印度上章，记载了戒日王和玄奘的问答，应该是同一时候）。戒日王单独为玄奘开设大会，在曲女城发布告示告诉各国和了悟之人齐聚城中，听中国法师讲论。

这场大会，五印度中来到的，有十八位国王、三千多谙熟佛法的僧人、两千多婆罗门和外教人、一千多位那烂陀寺的僧人。大会修建了两个大草殿，每个都能坐一千多人。大会开始的时候，仪仗队从国王行宫簇拥着金佛，走到草殿前完成礼佛、施食后，另外礼佛施食讫，别设宝床，请玄奘坐为论主。

玄奘乃升座，称扬大乘，序作论意，宣示大众，言其间有一字无理，能难破者，请斩首以谢。如是至晚无一人敢言，王欢喜还宫。竟十八日，无人发论。散之夕，各国主珍施巨万，玄奘皆不受。

拘摩罗王乃庄严一大象，施幢请玄奘乘巡众，告喝曰："支那国法师立大乘义，破诸异见，十八日来无敢论者，并宜知之。"西国立法，凡论胜者如此。

散会后，玄奘辞欲还。王曰："弟子在位三十余年，崇积财宝。每五年，为七十五日无遮大施。今欲作第六会，何不暂往随喜？"玄奘诺之。遂发行向钵众耶伽国，就大施场。殑伽河在北，阎牟那河在南，二河会合处作大墠，周十四五里。

时道俗到者五十余万人，排日大施，一月方遍。至是府库皆尽，并在身衣饰无复留遗。然后诸王各将财富，赎王所施衣饰等，还以献王，始得服用如故。会场既散，玄奘始辞行。

玄奘之行也，王与诸王厚相饯送，以大象一头、金钱三千、银钱一万供其旅费，并遣重臣赍书于玄奘所经诸国，设了一具宝床，请玄奘坐在上面当论主。

玄奘登上高座，称颂大乘佛法，依次作了论述，并向大众宣示，说他的讲论中如果有一个字不合理有人若能非难破斥，请求斩首来谢罪。这样一直到傍晚都没有一人敢说话，拘摩罗王高兴地回宫了。十八日过后，没有人向玄奘论辩。散会的时候，各国国主布施很多珍宝，玄奘都推辞了。

拘摩罗王就装饰了一头大象，请玄奘骑乘巡视，并说："中国法师立足于大乘佛法，破除了各类不同见解，十八天以来没有人敢来辩论，大家要知道啊。"按西方国家法律，凡是辩论胜利者就是这样的。

散会以后，玄奘想要辞别回国。拘摩罗王说："我在位三十多年了，积攒了很多财宝。每过五年，我们都要进行一次七十五天的无遮施舍大会。现在马上要到第六次了，法师何不暂且前去随喜？"玄奘答应了，于是在钵众耶伽国准备施舍场地。殑伽河在北面，阎牟那河在南面，两河交汇处修建了很大的一个场地，方圆有十四五里。

那时有五十多万俗家人和出家人到场，一天接一天布施，一直持续了一个月。这时府库中的东西都用尽了，连身上的饰品也没了。然后各国国王分别拿着钱财，来赎回拘摩罗王施舍的衣服饰物，献给拘摩罗王，这样才回复之前的衣服用具。会场散后，玄奘才向拘摩罗王辞行。

玄奘离开的时候，拘摩罗王和其他各国国王为他准备了丰厚的礼物饯行，送他一头大象、三千金钱、一万银钱作为盘缠，并且令发乘遞送，终至汉境。

归途复至迦毕试境，王又为七日大施。事毕，遣百余人送度雪山，凡越大岭三重，经二十余日，始得通过。旅行之艰，此为极矣。

玄奘之归也，非循旧境。既逾雪山，登达摩悉铁帝（唐书作护蜜）之高原，度波迹罗川（唐书作播蜜川，今日帕米尔河）之大河，路无人烟，登危履险，惟多冰雪。乃出葱岭之东，所历之国，曰朅盘陀（今萨雷库勒塔什库尔干城），曰乌铩（其地产玉），曰佉沙（今叶尔羌城，改设莎车府），曰斫句迦，曰瞿萨旦那（今和阗）。

玄奘之在外也，印度学人，咸仰盛德，进以徽称。或曰木义提婆（唐言解脱天），或曰摩诃邪那提婆（唐言大乘天）。于是历览山川，译记故事，几越岁月，返迹神京。得如来肉舍利一百五十粒，金银刻檀佛像七躯，三藏文五百二十夹，总六百五十七部。玄奘游览既周，乃采印度人之说而论地理，曰：

美文德之盛，郁为称首。详观载籍，所未尝闻；缅惟图牒，诚无与二。不有所叙，何记化洽？今据闻见，于是载述。

然则索诃世界（原注旧曰娑婆世界，又曰娑诃世界，皆派重臣带着书信到玄奘要经过的国家，请他们派车马护送玄奘一直到中国边境。

归途中玄奘又到了迦毕试境内，国王又为他作了七天的大布施。完成以后，国王派遣一百多人送玄奘过雪山，共翻越三座大山岭，历经二十多天，才得以通过。旅途中最艰难的莫过于此了。

玄奘回国之路没有按以前的路线。翻过雪山，登上达摩悉铁帝（唐书写作护蜜）的高原，度过波迹罗川（唐书写作播蜜川，今日帕米尔河）的大河，路上没有人迹，多是冰雪，困难重重。从葱岭之东走出来后，经过的国家有朅盘陀（今萨雷库勒塔什库尔干城）、乌铩（这里产玉）、佉沙（今叶尔羌城，改设莎车府）、斫句迦、瞿萨旦那（今和阗）。

玄奘在外国的时候，印度求学的人，都仰慕他的盛德，给他加上一些美称。有的称他为木义提婆（唐代人称为解脱天），有的说摩诃邪那提婆（唐代人称为大乘天）。这样玄奘游历山川，翻译佛经，记载行程故事，过了很多年才回国。他带回了一百五十粒如来舍利、七座金银刻檀佛像、五百二十夹三藏文，共六百五十七部。玄奘周游完毕，就采取了印度人的观点论述地理。他说：

这里的文化德育兴旺发达。仔细查阅我国的典籍，对此都没有记载；遥想图籍表册中，也没有相对应的。如果不记载下来，怎么能使教化普沾？现在根据所闻所见，叙述一下。

索诃世界（原来的注释为娑娑世界，又为娑诃世界，都是错误），三千大千世界，为一佛之化摄也。今一日月所照临四天下者，据三千大千世界之中。诸佛世尊，皆此垂化，现生现灭，导圣导凡。苏迷卢山（原注唐言妙高山，旧曰须弥，又曰须弥娄，皆讹略），四宝合成，在大海中，据金轮上，日月之所回薄，诸天之所游舍。七山七海，环峙环列；山间海水，具八功德。七金山外，乃咸海也。海中可居者，大略有四洲焉。东毗提诃洲（原注：旧曰弗婆提，又曰弗于逮，讹），南瞻部洲（原注：旧曰阎浮提洲，又曰剡浮洲，讹也），西瞿陀尼洲（原注：旧曰瞿耶尼，又曰劬伽尼，讹），北拘卢洲（原注旧曰郁单越，又曰鸠楼，讹）。金轮王乃化被四天下，银轮王则政隔北拘卢，铜轮王除北拘卢及西瞿陀尼，铁轮王则唯瞻部洲。夫轮王者，将即大位，随福所感，有大轮宝浮空来应，感有金、银、铜、铁之异境，乃四、三、二、一之差，因其先瑞，即以为号。

则瞻部洲之中地者，阿那婆答多池也（唐言无热恼阿耨达池，讹）。在香山之南，大雪山之北，周八百里矣（一本作周八百余里）。金、银、琉璃、颇胝，饰其岸焉。金沙弥漫，清波皎镜。大地菩萨，以愿力故，化为龙王，于中潜宅，出清冷水，给瞻部洲。是以池东面银牛口流出殑（一本作兢）伽河（原注：殑，巨升反，旧曰恒河，又曰恒伽，讹也），绕池一误的)，三千大千世界，都是佛陀教化的范围。现在太阳和月亮照到的地方，都在三千大千世界中。众多的佛都在这里出生教化，展示生灭关系，导引圣人和凡人。苏迷卢山(原注中唐朝人说是妙高山，以前称为须弥，又称须弥娄，都是错误的)是四种宝物组成的，在大海中，位于金轮上，太阳月亮盘旋围绕，护法众天神在此游玩休息。七座山七片海围绕，山间海水，有八种功德。七金山以外，是咸海。海中能居住的地方，大概有四个洲。东面是毗提诃洲(原注：以前称为弗婆提，又称为弗于逮，错误)，南面是赡部洲(原注：以前称为阎浮提洲，又称剡浮洲，错误)，西面是瞿陀尼洲(原注：以前称为瞿耶尼，又称劬伽尼，错误)，北面是拘卢洲(原注：以前称为郁单越，又称鸠楼，错误)。金轮王恩德感化四洲，银轮王管辖除拘卢洲之外的其他三洲，铜轮王管理除拘卢洲和瞿陀尼洲之外另外两洲，铁轮王则只有赡部洲。所谓轮王，是即将继承大位的，依据福德的感应，有大轮宝从天空飘浮而来感应。因为有金银铜铁的差异，教化范围于是有了四三二一的差别，都是因为先前的祥瑞，作为各王的名号。

赡部洲的中心是阿那婆答多池(唐朝人说是无热恼阿耨达池，错误)。它位于香山以南，大雪山以北，周围有八百里(有的说是周围八百多里)。金、银、琉璃、颇胝各类宝物装饰着岸边。金沙弥漫在空中，池中水像镜子一样明亮。大地菩萨因为愿力的缘故化成龙王，在里面潜伏着，使清冷的水流出，来供给赡部洲。因此池东面银牛口，流着殑(有的写成兢)伽河(原注：殑，巨升反，以前称为恒河，又称恒伽)，绕池一周，流入东南海；池南面金象匝，入东南海；池南面金象口，流出信度河（原注：旧曰辛头河，讹），绕池一匝，入西南海；池西面琉璃马口，流出缚刍河（原注：旧曰博叉河，讹），绕池一匝，入西北海；池北面颇胝师子口，流出徙多河（原注：旧曰私陀河，讹），绕池一匝，入东北海，或曰潜流地下，出积石山，即徙多河之流，为中国之河源云。

又曰：时无轮王应运，瞻部洲地，有四主焉。南象主则暑湿宜象，西宝主乃临海盈（一本作多）宝，北马主寒劲宜马，东人主和畅多人。故象主之国，躁烈笃学，特闲异术，服则横巾右袒，首则中髻四垂；族类邑居，宝宇重阁。宝主之乡，无礼义，重财贿，短制左衽，断髮长髭，有城郭之居，务殖货之利。马主之俗，天资犷暴，猜忍杀戮，毳帐穹庐，鸟居逐牧。人主之地，风俗机慧，仁义昭明，冠带右衽，车服有序，安土重迁，务资有赖。四主之俗，东方为上。其居室则东辟其户，旦日则东向以拜。人主之地，南面为尊。方俗殊风，斯其大概。至于君臣上下之礼，宪章文轨之仪，人主之地无以加也。清心释累之训，出离生死之教，象主之国，其理优矣。

口，流着信度河（原注：以前称为辛头河，错误），绕池一周，流入西南海；池西面琉璃马口，流着缚刍河（原注：以前称为博叉河，错误），绕池一周，流入西北海；池北面颇胝师子口，流着徙多河（原注：以前称为私陀河，错误），绕池一周，流入东北海，有的人说是流入了地下，从积石山出来，也就是说徒多河，是中国河流的源头。

又说：那时没有轮王顺应时运，瞻部洲有四位主人。南象主气候湿热，适宜大象繁衍；西宝主临近海边，珍宝众多；北马主寒冷风劲，适宜养马；东人主气候和畅，人口密集。所以象主之国的人们热爱学习，尤其注重异术，穿衣打扮喜戴横巾，袒露右臂，头顶正中结成发髻，四周垂下。他们同族的人住在一起，住所非常华丽。宝主之国，人们不讲礼义，只重视财物。他们的衣服很短，并且前襟向左掩，头发短胡须长，住在城中，买卖财货来赚取利益。马主国家的风俗，天性比较粗犷，充满猜忌杀戮。他们住在毡房中，跟随水草，放牧为生。人主之国，人们勤劳聪慧，讲究仁义道德，衣襟向右边掩。社会井然有序，人们都依恋自己的家乡。这四地的风俗，东方为最好。他们住的地方都是向东面开窗户，每天向东方礼拜。人主之国以南面为尊贵。地方风俗大概就是这样。对于君臣上下、宪章文轨的礼仪，人主之国就已经很完善了。清心宁静、看透生死的哲理，是象主之国最擅长的了。

【批评】

玄奘之游，至是告毕，读之盖不胜慨然也。石室之经藏，开元之制钱，不犹有存焉者乎？裴岑之纪功碑，张骞之葱草木，不犹有遗焉者乎？印度之真言经咒，新疆之古寺佛迹，不又有尚在者乎？吾独异当日史臣，博雅如班孟坚，宏通如欧阳公，犹未能独具特识，纪一高人一高僧也。胜清盛时，重定四域，改列行省，鄯善县矣，蒲梨厅矣，诺羌轮台属矣，温宿疏勒郡矣，莎车焉耆府矣。改乌孙为伊犁，名卑陆为迪化，蒲类亦号镇西，伊吾且名哈密。逾岭而东西，如西之循休、捐毒。又环峙回疆，自省而西南，如昔之吐谷浑、党项，并系藩封。疆域之广，跨汉凌唐，亦云烈矣。曾日月之几何，而绝域无将才，中朝无实力。佛教既衰，回教亦不昌。伊犁下游回疆诸部，或折入强邻，或狡焉思启，或贫乏不能自立。膴膴西邮，其忍瞻顾哉？至印度之已不祀，波斯之不能独立，更何暇哀之？

【评论】

玄奘的西行之路，到此结束，读起来还是忍不住感慨啊。石室里的经藏，开元年间的制钱，不是还有流传下来的吗？裴岑的纪功碑，张骞经过的那些草木，不是还有遗存吗？印度的真言经咒，新疆的古寺佛迹，不也还有存在的吗？我只是奇怪当时的史官们，像班固那样博雅的人，像欧阳修那样宏达的人，都没能够独具慧眼，记录一位高人一位高僧的事迹。清朝强盛的时候，重新划分行政区域，改设了行省，如鄯善县，蒲梨厅，诺羌轮台属，温宿疏勒郡，莎车焉耆府。又把乌孙改为伊犁，把卑陆命名为迪化，蒲类改叫镇西，伊吾也叫哈密。跨越葱岭，连接东西，像西域的循休、捐毒国一样。环绕着回疆，设置行省，从这往西南方向像以前的吐谷浑、党项，都称为藩地。这个时候的疆域比起汉朝、唐朝，也称得上广阔壮大了。不知什么时候开始，边关没有出色的将领，朝廷没有足够的底气了。佛教衰落，回教也不昌盛。伊犁河下游回疆的几个部落，有的被强大的邻居吞并，有的想着自立，有的太过贫弱无法自存。曾经富饶的西域，现在还忍心看吗？对于亡国的印度，无法独立的波斯，哪里又有时间哀叹呢？

第十章　太宗之待遇

玄奘行至于阗，乃为于阗王（王之先祖即无忧王之太子，本曰地乳资成，故于阗王音称地乳国）所留，未获即还，因修表使高昌人逐商侣入朝，陈已往昔印度求法，今得还归到于阗。盖虑太宗追咎既往，故留以待命也。其表曰：

沙门玄奘言：奘闻马融该赡，郑玄就扶风之师；伏生明敏，晁错躬济南之学。是知儒林近术，古人犹且远求，况诸佛利物之玄踪，三藏解缠之妙说，敢惮涂遥而无寻慕者也？玄奘往，以佛兴西域，遗教东传，然则胜典虽来，而圆宗尚阙，常思访学，无顾身命。遂以贞观三年四月，冒越宪章，私往天竺。践流沙之浩浩，涉雪岭之巍巍，铁门巉险之途，热海波涛之路。始自长安神邑，终于王舍新城，中间所经五万余里，虽风俗千别，艰危万重，而凭恃天威，所至无鲠，仍蒙厚礼，身不苦辛，心愿获从。遂得观耆阇崛山，礼菩提之树；见不见迹，闻未闻经。穷宇宙之灵奇，尽阴阳之化育；宣皇风之德泽，发殊俗之钦思。历览周游，一十七载。今已从钵罗耶伽国，经迦毕试境，越葱岭，渡波谜川，归还达于于阗。为所将大象溺死，经本众多，未得鞍乘，以是少停（按：奘师前为沙河失经，到此更使人往屈支疏勒访求）。不获奔驰，早谒轩陛，无任延仰之至。谨遣高昌俗人马玄玄奘走到于阗的时候，被于阗王（于阗王的祖先是无忧王的太子，本来叫地乳资成，所以于阗王也叫地乳国）留住，没有马上离开，就写奏表派高昌人跟随商侣入朝，陈述以前去印度求经的事，现在回国到了于阗。因为担心太宗追究以前的过失，所以留住高昌等待君命。奏表中说：

沙门玄奘奏言：我听说，马融值得人供养，因此郑玄跟随这位扶风人学习古文经；伏生聪敏惠达，因此晁错从他那里传下《尚书》。所以古人对于儒家治世之道尚且不辞路远求学，何况佛教惠利群生的道场、三藏解除烦恼的学说，怎么会因为惧怕路途遥远就不去追求呢？我前往是因为佛教在西方兴起后流传到中原，虽然经典传过来了，但是大乘佛教真实圆满之教义，依然有缺漏，所以经常想着去求取学问，而不顾及自身的生命。于是在贞观三年四月，我违反法规，私自前往天竺。穿过大沙漠，攀越高高的雪山，铁门险途，热海波涛。从长安出发，到达王舍新城，中间经过了五万多里，虽然各地的风俗有差别，路上有无数的困难，但是凭借大唐的威名，没有碰到什么阻碍，还蒙受各个国家丰厚的待遇，完成了心愿。于是我得以看到耆阇崛山，礼敬菩提树，看到从没见过的景象和经典；探寻宇宙间的奇观和阴阳化育万物的妙理，宣扬大唐的功德，启发异域人们的思想。我的行程共花了十七年。现在已经从钵罗耶伽国，经过迦毕试境，越过葱岭，渡过波谜川，进入大唐境内的于阗。因为乘坐的大象淹死了，携带的经典又多，没有交通工具，所以暂且停下了（玄奘法师之前曾经在沙河丢失经文，到这里后又派人去屈支疏勒查访寻求）。没有马匹，不智，随商侣奉表先闻。

使还，蒙恩敕降使迎劳。诏曰：闻师访道殊域，今得归还，欢喜无量。可即速来，与朕相见。其国僧解梵语及经义者，亦任将来。朕已敕于阗等道，使诸国送师人力鞍乘，应不乏。令燉煌官司于流沙迎接，鄯善于沮沫迎接。

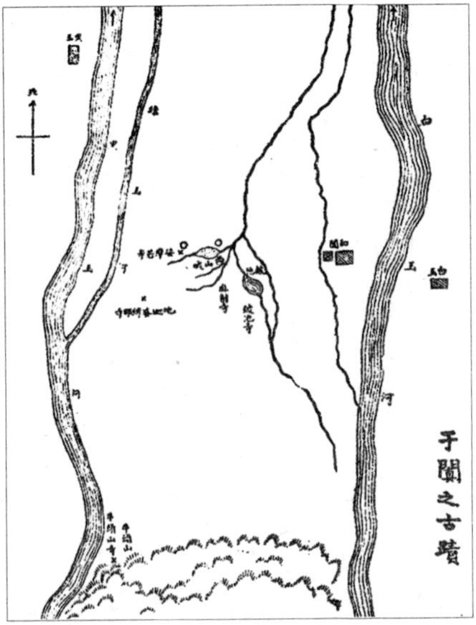

奉敕已，即进发，于阗王资饯甚厚。乃得展转达于汉境，既至沙洲（今甘肃敦煌县），又附表。时帝在洛阳宫，表至，知玄奘渐近，勅西京留守房玄龄使有司迎待。

玄奘闻上将伐辽东，恐稽缓不及，乃倍道而进，以贞观十九年正月至西京，谒帝于洛阳宫。帝迎慰甚厚。既而坐讫，帝曰："师去何不相报？"奘谢曰："玄奘当去之时，以再三表奏，但诚愿微浅，不蒙允许。无任慕道之至，乃辄私行。专擅之罪，唯深惭懼。"帝曰："师出家与俗殊隔，然能委命求法，惠利苍生，朕甚嘉焉。但念彼山川阻远，方俗异心，怪能早点拜见陛下，我一直引颈仰望。现在先派高昌人马玄智跟随商侣奉上奏表，使您知道。

使者带回了太宗的恩赦和朝廷派人迎接玄奘的诏书。诏书中说：听说法师去往远方求学，现在回来了，我非常高兴。希望你快点回来，跟我见面。送你回来的几位僧人如果能通晓梵语了解经义，请将他们带来。我已经命令于阗等地方派人送给法师人力和鞍乘，使物资供应充足。让敦煌长官在流沙迎接，鄯善在沮沫迎接。

接到诏书以后，玄奘就出发了，于阗王送给他很多东西。辗转进入边境，到了沙洲（现在甘肃敦煌县）后，又呈上奏表。那时候太宗在洛阳宫中，收到奏表后，就知道玄奘快到了，便命西京留守房玄龄派人接待。

玄奘听说太宗要讨伐辽东，怕赶不及，就日夜兼程，在贞观十九年正月赶到了西京，在洛阳宫中拜见太宗。太宗隆重接见了他。坐定以后，太宗问：“法师离开的时候怎么不汇报呢？”玄奘谢罪说：“我离开的时候，已多次上奏。但可能是我的愿望不够吧，没有被允许。但心中对大道怀有无限向往，所以就私自出行。请宽恕我的自专。”太宗说：“法师是出家人，对俗世无所牵绊，但能够舍身去求法，惠及苍生，我非常赞赏。只是天竺路途遥远，风俗各异，我很惊异法师能够到达啊。”玄奘回答：“承蒙陛下天威，所以往返都还顺师能达也。”奘曰：“既赖天威，故得往还无难。”帝曰：“此自是师长者之言，朕何敢当也。”

帝又广问异域之事。自雪岭以西，印度之境，玄奘既亲游其地，考察疆邑，耳闻目览，记忆无遗，随问酬对，皆有条理。帝大悦，因劝其还俗，将以官之。玄奘谢曰：“玄奘少践缁门，服膺佛道，玄门是习，孔教未闻。命遗从俗，无异乘流之舟，使弃水而就陆，不唯无功，亦徒令腐败也。愿得毕身行道，以报国恩。”固辞乃止。时帝即日将亲往辽东，兴师伐罪，欲玄奘随行。辞曰：“陛下东征，大军奉卫，罚乱国，诛贼臣，必有牧野之功，昆阳之捷。玄奘自度终无裨助行阵之効，虚负途路费损之惭。加以兵戎战斗，律制不得观看。既佛有此言，不敢不奏，伏愿天慈哀矜。”帝信纳而止。返长安，住弘福寺，专翻经典。贞观二十年秋，新译经论现了，表上之。

【批评】

据佛教家言，谓如来灭后，诸比丘遂倡异议。五六百年，大乘绝响，马鸣菩萨起，始作《大乘起信论》以正之。而小乘论师，群焉集矢，至谓大乘非佛所说。迨玄奘西游取利。”太宗说：“这是法师您的忠厚之言，我哪里敢当呢。”

太宗又问了很多别的国家的事。从雪岭往西，印度境内，玄奘亲身游历，所有的风土民情，都是亲眼看见亲耳听见，他记忆清晰，没有遗漏。太宗随问随答，条理清楚。太宗很高兴，就劝说他还俗，授予他官职。玄奘推辞道：“我从小出家，学习的都是佛家教义，从没有受过儒家教育。现在您让我还俗，就像是让在水中的小船，离开水道，来到陆上，不但没有什么作用，而且会白白地让船腐烂。我只求终身研究佛法，来报答国家的大恩。”玄奘坚决推辞，太宗才打消了这个念头。那时候太宗要亲自去往辽东，出兵讨伐高丽，想让玄奘随行。玄奘说：“陛下出兵征讨高丽，惩罚作乱的国家，诛灭不法的臣子，一定会有像牧野之战、昆阳之捷那样的结果。我自认为对行军打仗没有什么帮助，白白浪费路途花费会让我内心不安，再加上打仗这些事，按照佛家戒律不能观看。既是佛家有这样的戒律，我不敢不上奏，请陛下怜悯体谅。”太宗采纳了他的观点，不再勉强他。玄奘返回了长安，住在弘福寺里，专门翻译佛教典籍。贞观二十年秋天，新译经论完成，玄奘写奏表上报朝廷。

【评论】

根据佛教中的说法，如来佛祖涅槃以后，各位比丘便有了不同的观点。此后五六百年间，大乘佛法渐渐消逝，到了马鸣菩萨，才开始写成《大乘起信论》，以正视听。主张小乘佛法的师父们，群起攻击，甚至认为大乘佛法不是佛说的。等到玄奘西行取经的经，印度大乘，犹属尾声，而起信论一书，已成坠典，玄奘译唐为梵以归之。而印度始如有大乘教法相一宗，久已式微，玄奘在印度，从戒贤论师，尽得其道，归后以授其弟子窥基，而此宗复盛。据此二事，则玄奘此行他事且勿论，其关于宗教者已极重大。

观太宗之待遇，玄奘知帝诚，非常人也。礼远归之僧，而不厌其烦陈；尽命之罪，而不念其过；隆翻经之典，则儒释并容；询异域之情，则雄图如见。至于玄奘，辞轩冕而愿乐清净，谏征伐而婉托经律，其高亦不可及。

时候，印度的大乘佛法已经没落了，而《大乘起信论》，已经被废弃，玄奘把汉文版的翻译成梵文。印度的法相宗已经衰微，玄奘在印度的时候，跟随戒贤法师学习，完全掌握了其精要，回来后传授给了自己的弟子窥基，于是法相宗又开始昌盛了。根据这两件事，玄奘西行，别的事暂且不说，他对于宗教的意义是非常重大的。

看太宗的态度，玄奘知道太宗是很真诚的，不是一般人。他礼敬从远方归来的僧人，不厌烦地听他讲述；僧人犯下了重罪，却没有追究过失；推崇翻译的经典，对儒家佛教一起包容；询问异域的情况，显示出他的雄心壮志。至于玄奘，辞官不受，只愿留在佛门清净之地，委婉地托词经律来劝谏兴兵，他的德行之高也不是一般人能比得上的。

第十一章　三藏圣教序

先是，驸马高履行，请帝为其父撰碑。至是帝谓之曰："汝前请朕为汝父作碑，今气力不如昔，愿作功德为法师作序，不能作碑，汝知之。"

贞观二十五年，幸玉华宫，宣玄奘至，问以所翻经论。玄奘上新翻经论九本，又请经题。上乃出之，名《大唐三藏圣教序》，于明月殿命弘文馆学士上官仪对群僚读之。其辞曰：

盖闻二仪有象，显覆载以含生；四时无形，潜寒暑以化物。是以窥天鉴地，庸愚皆识其端；明阴洞阳，贤哲罕穷其数。然而天地包乎阴阳而易识者，以其有象也；阴阳处乎天地而难穷者，以其无形也。故知象显可徵，虽愚不惑；形潜莫睹，在智犹迷。况乎佛道宗虚，乘幽控寂，弘济万品，典御十方，举威灵而无上，抑神力而无下。大之则弥于宇宙，细之则摄于毫厘。无灭无生，历千劫而不古；若隐若显，运百福而长今。妙道凝玄，遵之莫知其际；法流湛寂，挹之莫测其源。故知蠢蠢凡愚，区区庸鄙，投其旨趣，能无疑惑者先前驸马高履行，曾经请求太宗为他父亲撰写碑文，到这时太宗告诉他："你之前请求我为你父亲写碑文，现在我的精力大不如前了，希望这次能积累功德，为法师写序文，不能为你写碑文了，你要知道这件事。"

贞观二十五年，太宗驾幸玉华宫，宣召玄奘，问他翻译的经论。玄奘呈上刚刚翻译的九本经论，又请求太宗题名。太宗于是题为《大唐三藏圣教序》，命令弘文馆学士上官仪在明月殿对群臣朗读。其序言为：

听说天地有形状，所以显露在外，覆盖并且承载着一切生命；因为四季没有形状，所以深藏着严寒酷热来化育万物。因此观察天地间的变化，即使是凡愚之人也能知道它的一些征兆；要通晓明白阴阳变化，即使是贤能智慧的人也极少能研究透它的变化规律。但是天地包含的阴阳变化而让人们容易懂得，是因为天地有形状；阴阳变化在天地之间而难以研究透，是因为阴阳变化是没有形状的。所以天地的形象显露在外并能得到验证，即使愚蠢的人也会明白；而阴阳的变化隐藏起来没有人能看得见，即使是聪明人仍会迷惑不解。况且佛道以虚空为宗，探求幽微空寂的性理，普度众生，教化十方法界。佛的威德往上说无以复加，神力无法超越。佛道从大处说它遍布宇宙，从小处说又能收拢于毫厘之中。它不生不灭，所以虽历经久远而永不衰落。它有时隐藏，有时显露，至今造福众生。佛法中寓含的神妙道理和高深玄机，遵循它也无法知道它的边际；佛法的流传，法水深邃静远，即使推崇它也没有谁探究出它的根源。所以众多平凡而无知的人，以及哉!

然则大教之兴，基乎西土，腾汉廷而皎梦，照东域而流慈。昔者分形分迹之时，言未驰而成化；当常现常之世，民仰德而知遵。及乎晦影归真，迁仪越世，金容掩色，不镜三千之光；丽象开图，空端四八之相。于是微言广被，拯含类于三涂；遗训遐宣，导群生于十地。然而真教难仰，莫能一其指归；曲学易遵，邪正于焉纷纠。所以空有之论，或习俗而是非；大小之乘，乍沿时而隆替。

有玄奘法师者，法门之领袖也。幼怀贞敏，早悟三空之心；长契神情，先苞四忍之行。松风水月，未足比其清华；仙露明珠，讵能方其朗润？故以智通无累，神测未形，超六尘而迥出，双千古而无对。凝心内境，悲正法之陵迟；栖虑玄门，慨深文之讹谬。思欲分条析理，广彼前闻，截伪续真，开兹后学。是以翘心净土，往游西域，乘危远迈，杖策那些平庸浅陋之辈，面对佛教高深的旨意，能没有疑惑吗？

然而佛教是在西方产生并兴起的，流传到东汉，使人们从沉迷的梦中醒来，照耀着东方，流淌着慈爱。天地初开的时候，不用教化而自然合道，教化倡明时，人们敬慕德行遵循礼仪。世道更替，虚幻掩盖了人心的本性，衡量事物的观念发生了变化。早先佛祖那光辉的容颜被遮蔽，众生感受不到佛光的照耀；今朝它美好的形象才得以展开，我们似乎看到了空中端坐着佛像，甚至连三十二个显著特征都清晰可见。于是精妙的法理广为流传，生死的苦难中众生得以拯救。遗教得以长久地传播，引导在广阔的大地上的众生度过苦难。但是在历史的长河中真的正教很难广泛流传，各种教派不能把真教的意旨精华统一归属到一起；而邪说却容易使人依从，于是邪正之间就在教义上交错杂乱。所以有了空、有的争论，有时沿袭着旧俗便产生了争执。于是，大乘佛教和小乘佛教的学说，就暂时沿着时间的流逝而在或兴或衰中交替流传。

有位叫玄奘的法师，是法门的领袖人物。他从小就很聪明，心怀忠诚，早就能明白“三空”的教义；长大后他的神情、性格又和佛教的要求很是投合，他总是按照“四忍”的境界来修行。即使是松林涧的清风、湖水中的朗月，也比不上他的清丽华美；即使是仙饮的晨露、明亮的珍珠，岂能和他的明朗润泽相比？所以他智慧超群，没有牵挂，精神清透，并不显露；他超出“六尘”，不同于常人，多少年来没有人可以和他相比。他聚精会神地从内心修炼自己，常为正统佛学的衰落而悲伤；他静心钻研佛教，常因这精深的孤征。积雪晨飞，途间失地；惊砂夕起，空外迷天。万里山川，拨烟霞而进影；百重寒暑，蹑霜雨以前踪。诚重劳轻，求深愿达，周游西宇，十有七年。穷历道邦，询求正教，双林八水，味道餐风，鹿苑鹫峰，瞻奇仰异。承至言于先圣，受真教于上贤，探赜妙门，精穷奥业。一乘五律之教，驰骤于心田；八藏三箧之文，波涛于江海。

爰自所历之国，总将三藏要文，凡六百五十七部，译布中夏，宣扬胜业。引慈云于西极，注法雨于东垂，圣教缺而复全，苍生罪而还福。湿火宅之干焰，共拔迷途；朗爱水之昏波，同臻彼岸。是知恶因业坠，善以缘升，升坠之端，惟人所讬。譬夫桂生高岭，零露方得泫其华；莲出渌波，飞尘不能污其叶。非莲性自洁而桂质本贞，良由所附者高，则微物不能累；所凭者净，则浊类不能沾。夫以卉木无知，犹资理论被谬传而感慨叹息；他想着要有条有理地分辨剖析经文，扩大佛学古代的经文典籍；取掉虚假的，保留真实的，让后辈学者从此开始不再混淆真伪。因此他向往净土，就到西域去求学。他冒着生命危险在万里征途上行进；他拄着拐杖独自远行。途中艰险无以计数，早晨的漫天飞雪，行进途中有时找不到栖身之地；傍晚的滚滚风沙，遮天蔽月难辨方向。在万里山川之上，有着他排开险阻、拨开迷雾前进的身影；在多少个严寒酷暑的季节里，留下他踩霜宿雨而前进的脚印。他凭着对佛祖的诚心，视付出的辛苦为小事，期望着自己的心愿得以实现。他游遍了西域各国，历时一十七年。他历经了所有经过的地方，探询追寻正教。他经双林，到八水，体会到了佛教圣地的高贵风尚；他去鹿苑，登鹫峰，瞻仰了佛祖生活过的奇珍异途。他在先贤圣人那里接受了深奥的学问。对于“一乘”“五律”的佛学教说，他很快就牢记在心中，对“八藏”“三箧 ”的佛学理论，他讲起来就像波涛流水，滔滔不绝。

于是玄奘从所经过的大小国家中，总共搜集吸取了三藏主要著作，一共六百五十七部，翻译成汉文后在中原传播，从此这宏大的功业得以宣扬。慈仁的云朵，从西方缓缓飘来，功德无量的佛法像及时雨一样遍洒在大唐的国土上。残缺不全的佛教教义终于恢复完整，在苦难中生活的百姓又得到了幸福。熄灭了火屋里燃烧的熊熊烈火，解救众苍生于水深火热之中，从此不再迷失方向；佛光普照，驱散了昏暗，照耀着众生到达超脱生死的彼岸。因此懂得了作恶必将因果报应而坠入苦海，行善也必定会凭着佛缘而升入天堂。为什么会有升有坠，那就只有看人的所作所为。比如桂

善而成善，况乎人伦有识，不缘庆而求庆。方冀兹经流施，将日月而无穷；斯福遐敷，与乾坤而永大。

读罢，百僚称庆，玄奘复表谢。皇太子（即高宗）又制《述圣记文》赐之，移住慈恩寺。

高宗即位，恩遇尤隆。显庆二年，驾幸洛阳，玄奘亦陪从。自离京洛，岁月已迈，今因扈从，暂得还乡。游览旧尘，问访亲故，沦丧将尽。唯有姊一人，适瀛州张氏。遣使迎来，相见悲喜，问姊父母坟垄所在，躬自扫谒。为岁久荒颓，乃觅地改葬。

后魏孝文帝自代徙都洛阳，于少室山北，造少林寺。因山势之高卑，有上方下方之称，都一十二院。东据嵩岳，南面少峰，北依高岭，兼带三川。其西台最为秀丽，即菩提留支译经处也。寺西北岭下，缑氏县之东南，凤凰谷陈村，又名陈堡谷，即玄奘所生地也。以地既清幽，又依父母之邦，花生长在高高的山岭上，天上的雨露才能够滋润它的花朵；莲花出自清澈的湖水，飞扬的尘土就不会玷污它的叶子。这并不是说莲花原本洁净，桂花原本贞洁，的确是因为桂花所依附的条件本来就高，所以那些卑贱的东西不能伤害到它；莲花依附的本来就很洁净，所以那些肮脏的东西就玷污不了它。花草树木没有知觉，尚且能凭借好的条件成就善事，更何况人类有血有肉有思维，却不能凭借好的条件去寻求幸福。希望这部《大唐三藏圣教》经得以流传广布，像日月一样，永放光芒；将这种福祉久远地布撒人间，与天地共存，发扬广大。

读完以后，百官称赞。玄奘上表表示感谢。皇太子（就是高宗）又写了《述圣记文》赐给玄奘，玄奘住到慈恩寺中。

高宗即位后，对玄奘更为礼敬。显庆二年，高宗驾幸洛阳，玄奘也陪从在侧。玄奘从少年时候离开洛阳，已经过了多年，现在因为随侍皇帝出巡，暂时得以回到家乡。游览旧时地方，访问亲朋故旧，都快没有印象了。只有一位姐姐，嫁到瀛洲张家，玄奘派人接来，姐弟见面悲喜交加。玄奘问明父母的坟墓所在，亲自扫墓。又因为父母坟茔年岁日久荒芜，于是改葬到别的地方。

北魏孝文帝从平城迁都到洛阳，在少室山北面，建成少林寺。顺应山势高低的变化，共修建了十二座院落。它东面是嵩山，南面是少室山，北面倚靠着高岭，其间有三条河流。少林寺的西台最秀丽，那是菩提留支翻译佛经的地方。西北岭下面，缑氏县的东南，是凤凰谷陈村，又叫陈堡谷，是玄奘的出生之地。因为这里非常清幽，又倚靠家乡，玄奘就上表请求留驻少林寺。高宗没有准许。麟表请住少林寺。不许。麟德元年二月，终于长安西明寺，寿六十有三。帝哭之，辍朝三日，谓左右曰："朕失国宝。"凡五下御札，褒恤葬事，四方会葬者，可百余万人。送葬之盛，前后无比。

【批评】

《大唐三藏圣教序》，首叙佛典之玄妙，次述玄奘之劳苦。不夸张国家之声威，异域之恭顺，立言最为得体。至文词之美，又其余事。太宗亲集右军书，刻此文于石，至今流传万本，书家莫不奉为楷则。

世多议沙门弃世离俗，有伤忠孝。今观玄奘，以佛经化浇俗，以征辽谏太宗，可不谓之忠乎？年老还乡，改葬父母，愿住少林，亦白云亲舍之意，可不谓之孝乎？彼出家人且能如此，吾辈可勿勉之。

德元年二月，玄奘在长安西明寺圆寂，享年六十三岁。高宗痛哭，为法师罢朝三日，对身边的人说："我失去了一件国宝啊。"他五次赐下御札，亲自过问丧事。四面八方来参加葬礼的有一百多万人。这样盛大的葬礼，空前绝后。

【评论】

《大唐三藏圣教序》，先说佛典的玄妙，再说玄奘的辛苦。没有夸大国家的声威和外国的恭顺，语言得体。至于辞藻的美妙，又是别的事了。太宗亲自集合了王羲之的书法，把文章刻在石碑上，到现在流传了一千多年了，书法家没有不奉为楷模的。

世上很多人认为出家人抛开俗世，是不忠不孝。玄奘用佛教来教化天下人，借征辽的机会劝谏太宗，能说不是忠吗？他年老后回到家乡，改葬父母，希望留驻少林寺，也是思念亲人的意思，能说不是孝吗？出家人尚且能够这样，我们这些人要共勉啊！

少年叢書

文白对照本

郭子仪

孙毓修◎著

團結出版社

图书在版编目（CIP）数据

少年丛书 / 孙毓修编. -- 北京 : 团结出版社,2015.7
ISBN 978-7-5126-3662-0

Ⅰ.①少… Ⅱ.①孙… Ⅲ.①名人—生平事迹—世界—少年读物 Ⅳ.①K811-49

中国版本图书馆CIP数据核字(2015)第130183号

出版：团结出版社
（北京市东城区东皇城根南街84号 邮编：100006）
电话：(010) 65228880 65244790 （传真）
网址：www.tjpress.com
Email：65244790@163.com
经销：全国新华书店
印刷：三河市祥达印刷包装有限公司
装订：三河市祥达印刷包装有限公司

开本：148×210 1/32
印张：128
字数：1500千字
版次：2015年12月 第1版
印次：2016年4月 第2次印刷

书号：978-7-5126-3662-0
定价：490.00元（全28册）

少年叢書

《少年丛书》白话语译编委会

出版前言

近代著名思想家、政治家梁启超曾经说："少年强则国强，少年智则国智，少年富则国富，少年独立则国独立，少年自由则国自由，少年进步则国进步，少年胜于欧洲，则国胜于欧洲，少年雄于地球，则国雄于地球。"这是他的散文《少年中国说》中的一段，作于戊戌变法失败后的1900年。文中极力歌颂少年的蓬勃朝气，指出封建统治下的中国是"老大帝国"，热切希望出现"少年中国"，振奋人民的精神。

或许是受到梁启超先生的感召，1908年冬天，上海商务印书馆编译所推出了一套系列丛书——《少年丛书》，又名《中外伟人的传略》，这是二十世纪中国的第一部历史人物类学生课外阅读丛书。首任编辑和作者是林万里，第二任编辑是孙毓修，孙毓修是这套丛书的主要作者，后期加盟写作的骨干还有国学大师钱智修。他们都博览中外，以精准而严格的眼光审视中外古今文化资源，选取其中有益于少年儿童精神世界的材料，予以整合，编写成册。这套书出版以后，广受少年儿童的欢迎，每册前后加印达几十次，若整套书累计，恐怕达到数百次之多，发行量之大，影响力之广，在二十世纪的人物传记类图书中堪称罕见。

《少年丛书》前后出版了近三十余种，每一册传主为一位中外历史名人。我们在全国各地经过多方的搜寻，共得二十八册，其中中国名人十五位，外国名人十三位。每篇先叙述名人的生平传记，后加以作者的评论，根据时事，启发少年，借以激励少年树立远大志向，明确奋斗目标，成就健全人格。著名作家茅盾在阅读这套书后曾评论说：“记事简明，议论正大，阅之足以增长见识，坚定志气。”这套出版之初即为砥砺少年志向的书影响了当时无数少年儿童由此走上振兴中国之路。著名作家张天翼、赵景深、陈伯吹等，都曾深受这套书的影响。

《少年丛书》的三位作者，都是当时学贯中西的通儒，不仅有深厚的国学功底，也有睁眼看世界的非凡眼光。撰写本套书册数最多的孙毓修先生，他是我国近代著名的目录学家、藏书家、图书馆学家。他同时还创作了大量的儿童文学作品。除了《少年丛书》，他还先后主编出版《少年杂志》、《童话丛书》等，被茅盾誉为“中国童话的开山祖师”。

另一位作者钱智修，浙江嵊县人，字经宇，是著名的国学大家，博古文学家，东方学派思想家。他在学时，就以“国学国文湛深，文章洛阳纸贵”赢得尊敬，并被上海多家进步报馆争揽为特约撰稿人。1911年毕业后，他应编译所长高梦旦之聘，担任商务印书馆编译所编辑。1920年7月他任《东方杂志》主编，长达12年，是该杂志有史以来任期最长的主编。他还参与编辑《辞源》及《中国人名大辞典》、《中国古今地名大辞典》。1931年任国民政府监察院秘书长。

第三位作者林万里是民国年间著名的报人，原名獬，又名白水，字少泉。他幼承家学，又拜名士高啸桐（商务印书馆创始人之一）为师。清光绪二十四年(1898年)，他在杭州参与创办求是书院、养正书塾、东城讲舍、蚕学馆4所新式学堂，任求是书院总教习；后任《杭州白话报》主笔，宣传新思想。光绪三十年(1904年)，他出任《警钟日报》主编，宣扬孙中山及其领导的革命，后追随孙中山。帝制取消后，林万里重操新闻旧业，创办过多份报刊。

鉴于每位作者独有的知识结构和兴趣热点，每位编者对人物都有自己的选择。孙毓修所撰写的大部分是中国历史名人，而且写作的视角也非常独特，如其所写的《玄奘》是一个历史人物，而不是《西游记》中的唐僧。现代的普通读者对玄奘的了解绝大部分是来自于《西游记》等小说，而历史上的真实情况却鲜有人知——玄奘取经并非唐太宗支持，相反还受限于当时的法令，他冒着生命危险才得以出境。这就需要有人为读者打开另外一扇窗户，还原真实的玄奘，而不是小说中的文学形象。茅盾先生对孙毓修所写的《玄奘》评价很高：“可以说是内容翔实，深入浅出，既宜于少年阅读，也使成年人增加历史知识。”再如《苏秦》，作为一位著名的辩士，《史记》必然为之列传。孙毓修在写苏秦游说各国发言的时候采用了《史记》中记载的史料，而在后面的评论部分对苏秦的表现作了恰当的点评，分析苏秦游说秦、燕、赵、韩魏、齐楚的过程，阐述了苏秦辩术策略的不断提高。对于国外人物的选取，孙毓修也是偏爱励志型的，如德谟士，从一个小人物成长为大演说家；彼得大帝，从受制于人，成为欧洲赫赫有名的皇帝。

另一位作者钱智修，先后写有《林肯》、《苏格拉底》、《拿破仑》等，这些都是西学东渐后中国人十分崇仰的外国名人。值得注意的是，钱智修秉承严复所主张的信、达、雅翻译原则，特别讲究传记所含的真实性。他所抒发、张扬的传主虽然都被列为人们仿效的楷模，写法却不做作，更没有为了塑造人物形象而更改史实。

林万里所写的外国传记和钱智修的作法大致相近，即在第一章抒发己之传记宗旨，后文谈及传主读书之术、治学之道与其行事风格，并进行了点评。此外还有其他人关于传主的言论，更有编译者自己的评论，以引导少年儿童正确地学习和借鉴，而不是一味盲从。

《少年丛书》的最大特色，就是"记事简明，议论正大"。书中除了记叙人物的生平故事之外，作者的评论也让这套书大为增色。其议论宏富，既能够结合少年的成长特点，指明如何学习书中人物的优良品质，也指出了其中的不足之处，对于引导少年如何立志修身，大有裨益。

这套书的另一大特色，就是全部用文言文写作，语言凝炼，文笔流畅，保持了中国传统作史传的鲜明特色。当时，白话文风已经悄然兴起，而作者能够不从时髦，采用文言写作，甚为难得。以至我们今日再读此书，依然能够体味到文言笔法的无穷魅力。然而考虑到近百年来，国人的文言文水平已经一落千丈。今日的大部分少年，阅读文言文尚有一定困难，因此我们特别组织人员，将全套书进行了白话翻译。尽管我们做了最大的努力，文言文的神韵依然是难以用白话表达出来。因此，我们希望少年朋友通过阅读这套书，体会文言文的独特魅力，进而热爱和学习文言文。

《周易》有云：“君子以多识前言往行，以畜其德。”说的就是多学习古人的嘉言懿行，对我们修身立德至为重要。古人尝言：“童蒙养正，少年养志，壮年养德。”少年时期是人生至为关键的时候，这个时期树立什么样的志向，以什么样的人为榜样，往往会决定一个人未来的人生成就。而一个人少年时期读的书，也足以改变他的一生。在今日少年课外读物良莠不齐的状况下，《少年丛书》堪称鲜有裨益少年的优秀读物。若今日的少年，能够认真研读这套《少年丛书》，对于树立远大志向、培养健全人格、完善道德情操将大有裨益。或许，今日的风华少年，即是将来成就伟业的千古豪杰、泽被世人的大圣大贤。勉哉！勉哉！

为什么要读名人传记

——《少年丛书》白话语译序

我从小很喜欢读书，可是，因为身处偏僻山村，小的时候却无书可读。那个时候，家中只有父亲买的一本《古文观止》，儿时翻阅过无数次，虽看不太懂，却记忆深刻。有人说，儿童时期读的书，一生也难以忘记。此言确实不虚。

没有想到的是，儿时无书可读的我，日后竟然投身于出版业。今天，我国的出版业已经非常发达，给少年儿童读的书也非常多。可是，若细心寻求，真正的好书却是少之又少，尤其是给少年儿童介绍历史文化的书。

一个偶然的机会，我们与这套百年前的《少年丛书》结缘，这套当初专为少年而写的中外名人传略，让我眼界大开，没想到，百年前的前辈们，竟给少年们创作出如此优良的传记读物。要知道，给少年

儿童写作，比给成年人写作更难，尤其是给人物作传，既要符合历史史实，不可随意编撰，又要注意引导青少年如何取其长，避其短，以免误人子弟。因为，作为历史人物，不可能处处皆堪为今人楷模。这就需要作者要极富有爱心、责任心和严谨精神，才能让读者从中获得纯净的人生智慧。可以说，目前各种写给青少年的人物传记，很少能与这套《少年丛书》相提并论的。

这套书中的二十八位中外名人，大多数是我们耳熟能详的人物，但是对于他们的生平事迹，也许就知之甚少了。读了他们的传记，方知欲为圣贤豪杰，需下一番苦功夫才能有所成就。“人人皆可为尧舜”，说的是我们每个人都有成圣成贤的资质，然而虽有圣贤之资，也需后天的不懈努力，方能成就一番伟业。所以，这一套书作者的目的并不仅仅是让读者了解一下名人轶事，而是以伟人的事迹启迪和激励少年朋友，树立人生的志向，汲取这些英雄豪杰的人生智慧，修身立德，练就自身本领，最终成为造福国家和社会的有用之才。

这套书虽然是写给少年看的，并不意味着就不适合大人阅读。大作家茅盾就曾大力推荐这套书。现在的青年人，乃至家长、老师，若能读读这套书，对于人生事业，教育子弟，也是大有益处的。可以说，这是一套老少皆宜的好书。

《少年丛书》在当时之所以大受欢迎，销量巨大，也不是没有原因的。这套书每册文字量不大，文笔流畅，史实可靠，评议精彩，这都是许多普通名人传记所不具备的。因此，这套书深受读者欢迎，也就不难理解了。

读名人传记，重在学习名人的智慧和经验。正如文天祥所说，

“人生自古谁无死，留取丹心照汗青”。人生有涯，知也无涯，如何在有限的生命里寻求到人生的价值，获取人生的智慧，而不浪费光阴？《少年丛书》中的这些圣贤豪杰，就是我们的榜样。他们身上伟大的人格，比如孝友、善良、爱心、坚毅、勇敢等等，这些人性的光辉，都是我们的学习之处。

我们用了近一年的时间，将这一套书作了白话语译，希望今天的少年们，能够喜欢阅读并且从中汲取智慧。若能让每一位读者都能够有所收获，那就不负当初写作这套书的三位老前辈的一片苦心，而我们的工作也就没有白做了。

这一套书规模宏大，在校对和语译的过程中，难免会有错误，恳请广大读者不吝指正。

《少年丛书》语译小组　主编　萧祥剑

目录

第一章 总论

贤人杰士，必待明君在位，然后出仕，以行其道。此古人所以祝圣主贤臣，一时遇合也(汉王褒有《圣主得贤臣颂》)。然历数专制之史，明君不常有。必待明君在位，而贤人杰士始肯立于其朝，则亦太隘矣(孟子谓伯夷隘，以其不立于恶人之朝也)。且时乱主暗，急需救国之臣，犹之错节盘根，方资锋利之器也。古之大臣，有立身于庸暗之朝，而言听计从，相得益彰，因以成其盖天之勋者，则莫如唐郭忠武王子仪。

郭忠武之威名，为妇孺所共知。顾多谓忠武际国家多难之秋，天子不得不恃武臣以立国，故忠武握兵自重，而身名俱泰耳。今即其遗传而考之，则知忠武一生所遇，皆极艰难困苦之境。顾能化险为夷，化危为安。而出其百战之勋，再造唐社稷，封王晋爵，大富贵，亦寿考(唐人小说载，子仪见空中灵威五色，现“大富贵亦寿考”六字)。为间世一出名人者，惟恃忠诚而已。

古之大臣，得君甚专且久，用是以身许国，发舒抱负，不以谗慝短其气，不以投闲堕其功者，惟管仲之于齐桓、诸葛武侯之于后主。夫齐桓英主，故能毅然决然以任管仲，而竖刁、易牙、开方(三人皆桓公之嬖人)不能惑；武侯在蜀权贤能杰出的人一定要等到圣明君主在位的时候才走上仕途，来施行自己的主张，这就是古人用来赞美圣明天子和贤良大臣风云际会的话（汉代王褒有《圣主得贤臣颂》）。可是历数封建专制社会的历史，圣明君主不会一直出现。如果说一定得等到圣明君主在位，贤能杰出的人才愿意出仕朝廷，也过于狭隘了（孟子说伯夷狭隘，就是因为他不肯为污君的朝廷做官）。而且时局乱的时候君主又昏庸，急需挽救国家的大臣，这形势好比盘根错节的绳子需要锋利的刀才能解开。古代的大臣，有些在昏暗的朝廷做官，对皇帝言听计从，相得益彰，因而成就他那盖世的功勋的，这方面没有比唐代郭子仪更出众的了。

郭子仪的大名妇孺皆知，只不过大家都认为他是处于国家多灾多难的时期，天子不得不倚靠武臣来扶持国家，所以郭子仪手握重兵，既获得了大名声，也安稳舒泰地度过一世。现在考察他的传记，就会知道郭子仪一生所遇到的都是极为艰难困苦的情况。然而他却能化险为夷，转危为安。他身经百战，功勋卓著，再造了大唐的江山，封王拜爵，荣华富贵享用不尽，而且活了很大年纪（据唐朝人的小说记载，郭子仪看到天空中有五种色彩，显示出“大富贵亦寿考”六个字），成为几百年才出现的一位大人物。他之所以如此，全是靠的忠心耿耿和诚恳待人罢了。

古代的大臣中，能一直得到君主的信任，因此将自己奉献给国家，施展抱负，不因谗言而消减自己的志气，不因被闲置而荒废功业的，只有管仲对于齐桓公和诸葛亮对于蜀后主。齐桓公英明果断，所以能毅然决然地重用管仲，不受竖刁、易牙、开方（这三人

陆忠宣

集于己，德孚于民，虽以后主之庸，故亦拱己以听，不为黄皓(后主时之宦官)所误，而武侯能以功名终。若子仪之所遇者，为唐肃、代、德三宗，事急则求良将，乱平则近小人，既无齐桓仲父之知(齐桓尊管仲为仲父)，复无后主丞相之敬(后主常称武侯为丞相，而不名)，同时如陆贽(字敬舆，谥忠宣，浙江嘉禾人)之贤而不见容，李泌(字长源，唐之政治家)之智而不终用，独子仪终身无所忤，夫岂偶然之遭遇也哉？

人臣鞠躬尽瘁，死而后已，莫如蜀汉诸葛公；廓然大公，与世无竞，莫如北宋司马公(名光，字君实，谥文正。河南光山人)。是二人者，一则忠之至，一则诚之至也。郭忠武实兼而有之。夫忠信可及蛮貊，至诚可感金石，而况于人主乎！彼之位极人臣，而主上不嫌其逼；功盖天下，而中外不疑其叛者，皆此忠诚之气，有以感之也。

我国大一统之朝，声威著于华夷者，厥惟汉唐，而唐尤盛。太宗以旷世之才，东征西讨，北至蒙古，南至安南，东至辽东，西至青海，唐以前之东夷北狄、西戎南蛮，为中国患者，皆一一收为藩属，效顺如犬羊。即其部落，列置州县，都受齐桓公宠幸）等人蛊惑；诸葛亮在蜀国大权在握，将德政和公信施泽于百姓，即使蜀后主刘禅昏庸，他也能恭敬地听从孔明的教导，不被自己宠幸的黄皓耽误，诸葛亮最后也获得了不朽的功名。跟这两位相比，郭子仪就没那么幸运，他侍奉过的君主从唐肃宗、唐代宗到唐德宗，国事吃紧时就需要能打仗的将领，战乱平定后就亲近小人们，既没有齐桓公对管仲的知遇（齐桓公尊称管仲为仲父），也没有蜀后主对诸葛亮的尊敬（蜀后主常常称诸葛亮为丞相，不叫姓名），同时代的陆贽（陆贽，字敬舆，谥号为忠宣，是浙江嘉禾人）那么贤能却不被容纳，李泌（字长源，唐代的政治家）那么聪慧却没有被重用，只有对子仪的意见一直没有反对，这样的遭遇难道是偶然的吗？

作为大臣，能够为朝廷勤勤恳恳竭尽心力的，要数蜀汉的诸葛亮为最；要论心胸坦荡，大公无私，与世无争，没有比得上北宋司马光的了。这两人，一个是忠心到了极点，一个真诚到了极点。郭子仪可以说兼有这两人的美好品德。他的忠信都让蛮夷敬服，至诚都能感动金石，何况是皇帝呢！他位极人臣，皇帝不嫌他功高盖主；威震天下，朝廷内外不怀疑他阴谋叛乱，都是因为他的忠信品格感动了人们啊。

我国大一统的朝廷，国威影响国内外的只有汉朝和唐朝，而唐朝尤其声名远播。唐太宗凭着旷世奇才，东征西讨，北到蒙古地区，南到越南地区，东到朝鲜半岛，西到青海地区，唐朝以前的东夷、北狄、西戎、南蛮曾经是中国的大患，这时候都一一被收编为藩属国，像小羊羔一样向唐朝效命安顺。唐朝直接在他们的部落大者为都督府，以其首领为都督刺史。至于玄宗，天下声教所被之州，三百二十一；羁縻之州，八百五十六(唐以都督刺史所治之州府号为羁縻，言不能使之改化仅羁縻之而已)，置十节度经略使以备边。中外一家，此为极盛。然夷狄之人，往来无阻，因以窥见中朝之治乱，而生其野心，有唐中叶之祸，从此作矣。忠武适于其时，应运而生，中国人民因以免亡国亡种之惨，其关系岂不大哉？

【批评】

子仪所遭之时势，尚未至十分棘手之时。彼以武人起家，亦未尝有避世之志。及建立功名之后，惧为鱼朝恩、程元振、元载所害，始有引退之心，然卒亦未退。鱼朝恩、程元振、元载见其功高忌之，子仪却始终未与若辈结纳，以求免祸，而祸亦未及。盖其一生待人接物，无非忠诚，故虽奸如鱼朝恩、程元振、元载，暗如肃宗、代宗、德宗，亦皆为其所化。吾人即不能冀公之功业，何弗先学公之忠诚？本章言“今即其遗传而考之，则知忠武一生所遇，皆极艰难困苦之境”，此盖兼个人与大局而言，个人之行为，不谐于俗。既如上述，而当时之大局，则安禄山反，而两京陷；史思明反，建立州县，大的地方设立都督府，首领是都督刺史。到了唐玄宗时代，大唐文明教化福泽的州有三百二十一个，不能教化但能管束的州也有八百五十六个（唐代把都督刺史管辖的州府称为羁縻，说是不能让它改化，仅仅是笼络控制）。另外设置十个节度经略使，用以防备边疆。中国和外族像一家人一样杂居，在唐朝最为盛极一时。然而外族在中国畅通无阻，因而窥视到国内的治乱形势，产生了政治野心，中唐时候的祸患，这时便埋下伏笔。郭子仪生逢其时，可谓应运而生，中国人民倚靠他才避免了亡国灭种的惨剧，这其中的关系难道不是很大的么？

【评论】

郭子当时仪遭遇的时势，还没到十分棘手的地步。他以武人起家，也不曾有过避世的想法。等到他功成名就以后，因担心遭受到鱼朝恩、程元振、元载等人的陷害，才有过退引的想法，但最终还是没有退隐。鱼朝恩、程元振、元载等人忌惮他功勋卓著，但郭子仪却始终没有与这些人结交，来求得免祸，而且最后也没有惹上灾祸。因为他一辈子待人接物所靠的不过是忠诚二字，所以即使像鱼朝恩、程元振、元载那些人那样奸诈，像三朝皇帝那样昏庸，最终也都被他感化。我们后人即使不能建立郭子仪那样的功业，何不先学学他的忠诚？前面说“现在考察他的传记，就会知道郭子仪的一生所遇到的都是极为艰难困苦的情况”，这大约是将个人和局势两方面综合来说，就他个人行为而言，是不合俗流而河北失；吐蕃回讫入寇，而西京又失。国家存亡，间不容发。使公图一己之安，削迹而去，则谁以一身，系朝野之望乎？若李泌则不然，忽来忽去，惟欲自全其身，而置国家于不顾，才优于德，不及忠武多矣。

唐天宝后，以十节度备边。安西节度，抚宁西域，治龟兹(读如邱兹)城，今新疆库车是也；北庭节度，防制突骑施坚昆，治北庭都护府，今吐鲁番是也；河西节度，断隔吐蕃、突厥，治凉州，今甘肃武威县是也；陇右节度，备御羌戎，治鄯州，今甘肃西宁是也；朔方节度，捍御突厥，治灵州，今甘肃灵县是也；河东节度，与朔方犄角，以御突厥，治太原府，今山西太原是也；范阳节度，临制奚契丹，治幽州，今直隶顺天是也；平卢节度，镇抚室韦、靺鞨，治营州，今直隶永平县是也；剑南节度，备御吐蕃，南抚蛮獠，治益州，今四川成都是也；岭南节度，绥靖夷獠，治广州，今广东广州是也。又有经略使三，以防海寇：长乐经略，福州领之；东莱经略，莱州领之；东牟经略，登州领之。此唐治外之大略也。

开元二十一年，分天下为十五道，每道置采访使。十五道者京畿(治西京，今长安)、都畿(治东都，今洛阳)、关内(京官遥领)、河南(治汴，今开封府)、河东(治蒲，今蒲县)、河的。像上面说的，当时大的局势就是安禄山造反，致使两京沦陷；史思明造反，致使河北国土沦丧；吐蕃回纥入侵，西京长安又沦陷。国家的存亡就在旦夕之间。假使郭子仪贪图自己的安逸，辞职而去，那么还有谁能牵动着朝廷内外的厚望呢？李泌却不是这样，突然当政，突然隐退，只不过想保全自身，将国家置身事外，才能比德行强，这就是他不如郭子仪的地方。

唐代天宝年间以后，设置了十个节度以备边患。安西节度，安抚西域诸国，治所在龟兹城，就是现在的新疆库车；北庭节度，防备突骑施和坚昆，治所在北庭都护府，即现在的吐鲁番；河西节度，主要是隔断吐蕃和突厥，治所在凉州，就是今天的甘肃武威；陇右节度，主要抵御羌戎，治所在鄯州，就是现在的甘肃西宁；朔方节度，主要抵御突厥，治所在灵州，即现在的甘肃灵县；河东节度，和朔方形成犄角之势，来防御突厥，治所在太原府，就是现在的山西太原；范阳节度，防御奚和契丹，治所在幽州，在如今的直隶省顺天府（今北京）；平卢节度，镇抚室韦、靺鞨，治所在营州，就是如今的直隶永平县；剑南节度，主要防备吐蕃，安抚南边的蛮獠，治所在益州，即如今的四川成都；岭南节度，主要是防备与安抚蛮夷，治所在广州，即如今的广东广州。另外设置三个经略使，来防备海盗：一是长乐经略，管理福州；一是东莱经略，管理莱州；一是东牟经略，管理登州。以上就是唐代对外政策的大概情况。

开元二十一年，朝廷将全国分为十五个行政区域，各设置一名采访使。这十五道分别是：京畿(治西京，今长安)、都畿(治东都，今洛阳)、关内(京官遥领)、河南(治汴，今开封府)、河东(治蒲，北(治魏，今大名)、陇右(治鄯，今西宁)、山南东(治襄，今襄阳)、山西(治梁，今汉中)、剑南(治益，今成都)、淮南(治扬，今江都)、江南东(治苏，今吴县)、江西(治洪，今南昌)、黔中(治黔，今重庆)、岭南(治广，今广州)。此唐治内之大略也。

明万历间人李卓吾，著藏书，为廿一史翻案，内分忠诚大臣、容人大臣等目。郭汾阳宜可入忠诚之列矣，而乃目之为容人大臣，其书之颠倒是非于此可见。

今蒲县)、河北(治魏，今大名)、陇右(治鄯，今西宁)、山南东(治襄，今襄阳)、山西(治梁，今汉中)、剑南(治益，今成都)、淮南(治扬，今江都)、江南东(治苏，今吴县)、江西(治洪今南昌)、黔中(治黔今重庆)、岭南(治广今广州)。这是唐代对内管辖的行政划分。

明代万历年间的李贽写了一本书叫《藏书》，为二十一史翻案，里面分忠诚大臣和容人大臣等条目。郭子仪很明显应该列入忠诚大臣，可是李贽竟然将他列入容人大臣，可见此人写的书实在是颠倒错乱啊。

第二章 忠武之首功

郭子仪，字子仪，谥忠武，今陕西华县人也(唐为华州郑县)。身长七尺二寸，体貌秀杰。少时尝犯法当斩。诗人李白(字太白，四川籍人也，曾与杜甫齐名，并称李杜)游并州，见之。两人素不相识也，以奇其貌，特为之营救，因以免死。救子仪一人，无异救中国数万人，书生巨眼，竟相赏于风尘之外，实忠武生平第一知己。后李白以党于永王璘，璘叛，朝廷将诛白。时忠武已贵，闻之，请解官以赎，白得末减其罪。知己之恩，得便即报，此实英雄之本色也。

忠武少以武举异等起家，为天德军使(今吴州二旗西北)兼九原太守(今鄂尔多斯右翼后旗西一百里)。其时已过中年，而天下太平，八方无事。英雄无用武之地，故亦无所建白，为天子守边而已。天宝十四载(玄宗在位之第四十三年，自天宝二年后，改年需载)，安禄山反于范阳(今直隶涿县)，鼙鼓动地，忠武立功之机会至矣。唐自高祖开基至此，承平日久，朝野皆习于安乐，不知兵为何物；名城要塞，皆漫无设郭子仪，字子仪，谥号忠武，是现在的陕西华县人（唐朝时候为华州郑县）。他身高七尺二寸，体貌秀伟。少年时，他曾经犯了法，应处以死刑。诗人李白（字太白，四川绵县人，诗与杜甫齐名，世称“李杜”）经过并州，遇到了他。李白和他并不相识，但因为郭子仪相貌清奇，便特地设法营救，因而郭子仪得以免死。李白当时救了郭子仪一个人，相当于后来救了中国几万人啊。一个书生，竟能认识一个未出色的英雄，实是郭子仪生平第一知己了。后来李白因为和永王磷交好，受永王反叛连累，朝廷要杀李白。那时郭子仪已经显贵，听说这件事后，情愿自己免官，代他赎罪，李白的罪因此得以减轻。知己之恩，有机会就报答，这便是英雄本色了。

郭子仪少时以武举起家，后来任天德军使（现在吴州二旗西北）兼九原太守（现在鄂尔多斯右翼后旗西一百里）。那时，他的年岁已在四十左右，而天下太平，四方无事。英雄没有用武之地，所以也没有什么表现，不过为国家守边罢了。天宝十四年（玄宗在位的第四十三年），安禄山在范阳造反（范阳是现在河北省涿县），战火连绵，这便是郭子仪立功的机会。唐朝从高祖统一以后，一直到玄宗，因为太平的日子长久了，所以大家都习惯了安宁享乐，不知道用兵是什么一回事。重要的地方也没有什么军事设备，因此安禄备，禄山振臂一呼，河北州县，望风瓦解。不及四月，玄宗幸蜀，两京不守，天下骚然。自古大一统之朝，覆亡之速未有若此者(禄山以天宝十四载十一月反。明年二月，帝幸蜀，两京相继失陷)。然当玄宗出亡蜀中之时，正忠武立功河北之日。苟帝能稍缓须臾，则岂不较易于收拾哉？此实彼时交通滞缓，有以致之。若在今世，则电信飞驰，早止马嵬之驾矣(马嵬，今陕西兴平县西。玄宗幸蜀至此，六军不发。杨国忠为禁军所杀，贵妃杨氏赐死)。

安禄山之初叛也，黄河流域守土之官，无不开门迎降。起兵讨贼者，惟平原太守颜真卿(平原，今山东平原县。真卿，字清臣，后死朱泚之乱，谥文忠)、常山太守颜杲卿耳(常山，今山西恒县。杲卿，字昕，常山陷，杲卿死之)。时忠武在九原太守任，朝命授为朔方节度使，率军东讨。先是忠武与李光弼(光弼，契丹酋长之子，卒谥武穆)，俱在安思顺部下，充牙门都将。二人素不相能，虽同盘饮食，常睇目相视，不交一言。及子仪骤大用，光弼惧，入见子仪曰："一死固甘，乞免妻子可乎？"子仪趋下，持抱上堂，而泣曰："今国乱主迁，非公不能东伐，岂怀私忿时耶？"执其手相持而拜，更荐之于朝，以为河东节度使，分朔方兵万人与之。后光弼于安史之乱，多立战功，然非忠武，亦安能至此？

山造反，河北的各州县，便都失陷了。不到四个月工夫，玄宗皇帝逃往蜀中，东西两京失守，天下大乱。自古以来大一统的王朝，没有比这覆亡更快的了（安禄山在天宝十四年十一月反叛，第二年二月，玄宗逃往蜀中，长安、洛阳相继失陷）。但当玄宗逃往蜀中的时候，正是郭子仪在河北立功的日子。假使当时玄宗慢些出走，时局也许要比较容易收拾些。这都是当时交通阻滞、消息不灵的缘故。若在现在，电子通讯飞驰，消息可以顷刻相传，千里可以朝发夕至，早就让马嵬坡的御驾停止了(马嵬，今陕西兴平县西。玄宗逃到这里，军队止步不走。杨国忠被禁军所杀，杨贵妃被赐死)。

当安禄山刚开始叛乱的时候，黄河流域的官吏，没有一个不开门迎降的。起兵讨贼的，只有颜真卿(平原，今山东平在县。真卿，字清臣，后死于朱泚之乱，谥文忠)和颜杲卿(常山，今山西恒县。杲卿，字昕，常山失陷后，杲卿就死了)两个人。那时郭子仪在九原太守任上，朝廷任命他为朔方节度使，率军东讨。先前郭子仪和李光弼(光弼，是契丹酋长之子，死后谥号武穆)都在安思顺的部下充当牙门都将，二人素来不合，虽同在一桌吃饭，常常一句话都不说。等到郭子仪骤然间蒙朝廷大用，李光弼心中害怕，便进去见他道："我死固然很甘心，但请求你赦免了我的妻儿，可以吗？"郭子仪急忙走下来，抱住他，跟他一起走上堂，流着泪道："现在国家乱得这样，若没有你的帮助，我也不能东伐，这哪里是怀私忿的时候？"他握住李光弼的手，相向而拜，又推荐李光弼做河东节度使，分一万朔方兵给他。后来李光弼在安史之乱中立下不少战功，若不是郭子仪这样的宽大识人，李光弼也决不会如此的。

忠武使李光弼、仆固怀恩破贼于振武(唐军名,单于都督府治,其地在今归化城南),乘胜直抵东陉关(今山西代州南)。既而贼将史思明陷常山,颜杲卿殉难。李光弼率蕃汉步骑万余人、太原弩手三千人,出井陉,至常山,克其七县,惟九门、藁城(藁城县,在今直隶九门,故城在藁城西北二十五里)尚为史思明所据。光弼与思明相持四十余日,思明绝常山粮道,光弼遣使告急于忠武。忠武驰至,与光弼军合,大败史思明于九门城南。思明收合余众,奔入赵郡(今直隶县)。自安禄山反,惟忠武此战,能首挫其烽,而以见唐之兵威犹在也,其关系岂不大哉!

安禄山闻史思明大败,更出精兵佐之。忠武集将佐谋曰:“彼恃加兵,必轻我。轻我心不固,战必克之。”与战未决,戮一步将以徇,士殊死斗,遂破之,斩首四万级,生擒五千人,获马五千匹。思明跣足露发,奔于博陵(今直隶定郭子仪派李光弼、仆固怀恩（仆固是复姓）在振武(唐军名，单于都督府治，其地在今归化城南)所辖区大败贼军，乘胜直抵东陉关（今山西代州南）。后来贼将史思明攻陷常山，颜杲卿殉难。李光弼率领一万多蕃汉步骑，三千太原弓弩手，出井陉，到常山，收复七县，只有九门、藁城（藁城县，在今河北省，九门故城在藁城西北二十五里）还被史思明所占据着。李光弼和史思明相持四十几天，史思明断绝常山粮道，李光弼派人到郭子仪处告急。郭子仪亲自赶到，和李光弼合军，在九门城南进攻史思明，把史军打得大败。史思明收集残军，逃奔赵郡（现在的直隶县）去了。自安禄山反后，惟有郭子仪这一战，算是第一次挫了他的锐气，使他们知道唐朝的兵威还在，不敢轻视，所以这场战役的关系是很大的。

安禄山听见史思明大败，便派出精兵去援助他。郭子仪召集将佐谋议道："他依仗增兵，必定轻视我们，轻视我们的话心就不会坚定，我们必定可以一战而胜了。"交战的时候，胜负未决，他杀了一个步将以儆戒大众，将士便奋勇死斗，又将史思明打得大败，县)。于是河北十余郡，皆斩贼守将，以迎王师，忠武威名振于天下。

【批评】

李白能识忠武于微时，其眼力已可惊矣。白仕于朝，颇见宠用。后见恶于高力士，摘白沉香亭诗中“可怜飞燕倚新妆”句，进谗于杨贵妃曰：“白以飞燕相比也。”飞燕，汉成帝妃，实一时祸水也。贵妃恚白，以是浮沉不遇。此时子仪已贵，设白自矜其当年垂救之恩，而依附之，亦岂无再起之日，而白顾不屑也。《战国策》载唐睢说信陵君曰：“吾有德于人也，不可不忘也。”李白有焉。“人有德于我也，不可忘也”，子仪有焉。

安禄山，营州杂胡种也，小名轧荦山。及长，冒姓安，名禄山，解九蕃语，为诸蕃互市牙郎。张九龄见之，语人曰：“乱幽州者，必此胡也。”欲杀之，玄宗不从。李林甫复荐之，由是特加宠遇，甚至杨妃认为养儿，出入禁中，等于亲王。宰相杨国忠与之不洽，屡谮于上，言其必反，数以事激怒禄山，欲其速反，以取信于上。天宝十四载，遂反于范阳。禄山一胡奴耳，玄宗至爱之如骨肉，任之如股肱，而终不能使之感恩图报，狼子野心，复何责焉！语曰：“非我族类，斩敌四万人，生擒五千人，夺获战马五千匹。史思明赤足披发，逃奔博陵（今河北定县）。于是河北十几个郡，都斩杀贼人的守将，来迎接王师。郭子仪的威名，震动天下。

【评论】

李白能在郭子仪微贱之时赏识他，其眼力真可谓惊人。李白在朝廷做官，挺受宠信。后来他被高力士厌恶，于是将李白《清平调》里的“可怜飞燕倚新妆”的句子摘出，向杨贵妃进谗说：“李白将您比作赵飞燕。”赵飞燕是汉成帝的妃子，实际上是一代红颜祸水。杨贵妃因此怨恨李白，李白故而仕途不顺。当时郭子仪已经显贵，假设李白拿当年的施救恩德来要求郭子仪，依附他，以后难道就没有东山再起的时候么？只不过李白不屑罢了。《战国策》里记载唐雎对信陵君进言说：“我对别人有恩，不能不忘记。”这说的是李白。“别人对我的恩德我绝不能忘记”，这是说的郭子仪。

安禄山是营州的杂种胡人，小名轧荦山，长大后冒姓安，名禄山，他懂得九个蕃族的语言，做各个蕃族交易的牙郎。张九龄看见他，对人说：“扰乱幽州的一定是这个胡人。”想要杀了他，玄宗不许，李林甫后来还举荐了他，因而特别受宠，甚至于杨贵妃将他认作干儿子，允许他随意出入皇宫，身份等同亲王。宰相杨国忠跟他不合，多次向玄宗诬陷他，说他肯定会造反，多次用事激怒安禄山，希望加快他的造反，自己好取信于皇帝。天宝十四年，安禄山真的在范阳造反了。安禄山不过是一个胡人的小儿罢了，玄宗爱其心必异。”世之弃同种而恃异种者，观此亦可鉴矣。战国时，赵惠文王以蔺相如完璧归赵之功，拜为上卿，位在廉颇之右。廉颇曰：“我为赵将，有攻城野战之大功。而蔺相如徒以口舌为劳，而位居我上，我见相如必辱之。”相如闻，不肯与会，即偶望见之，亦必引车避匿。舍人皆诮其怯，相如曰：“秦之所以不敢加兵于赵者，徒以吾两人在也。今两虎共斗，其势不俱生。吾所以为此者，以先国家之急而后私仇也。”廉颇闻之，因宾客至相如门谢罪，卒为刎颈之交。子仪与李光弼之事，亦颇似之，必如此而后具大臣之风格矣。

“先国家之急而后私仇”一语，岂惟大臣宜知！此理凡属国民，亦宜知之。如近年英之爱尔兰，与政府不协，其势汹汹，几于决裂也；俄之工党与虚无党，与政府不协，其势汹汹，几于决裂也；德之社会党，与政府不协，其势汹汹，几于决裂也；法之故王党，与政府不协，其势汹汹，几于决裂也；匈奥两国，合数十种之民族，而统于一王之下，其在平时亦不能悉泯猜疑。今各国战事一起，昔之秣马厉兵，欲操同室之戈者，皆转而为同仇敌忾之人，万众一心抵御外侮。

第三章 收复两京

当玄宗之幸蜀也，行至马嵬，父老请留。上命太子解释西行之意，并宣慰之。父老曰：“天子既不肯留，某等愿率子弟从太子东破贼，取长安(谓西京也)。若太子与天子同入蜀，中原百姓谁为之主？”太子不肯从。建宁王倓(太子之子，后以谗害死)与李辅国(本名静忠，以宦者得幸肃宗。代宗立，恶其专权，遣使者杜满杀之)执鞚(音控，马勒也)谏曰：“逆胡犯关，四海分崩，不因人情，何以兴复？太子不如收西北两边之兵，召李、郭(谓李光弼、郭子仪)于河北，与之并力东讨逆贼，克复二京，削平四海，使社稷危而复安，岂非孝之大者？何必为儿女之恋乎？”夫以唐室之盛，寇盗窃发，即欲弃两京而入偏僻之蜀，其失策亦已甚矣。而指陈得失，挽千钧一发之危机者，乃出于道旁之父老，朝中可谓无人。使无父老之谏，则中原无主，忠武虽有回天之力，亦安所施其技？从此知英雄成事亦有天焉。

当玄宗出亡奔蜀，走到马嵬坡（今陕西兴平县西）的时候，当地的父老都请他留驾，不可入蜀。玄宗命太子对群众解释西行的意思，并且抚慰他们。父老们说道："皇上既然不肯留，那么我们愿率子弟们跟从太子向东去破贼，夺回长安。如果太子和天子都到蜀中去了，那么谁为中原的百姓们做主呢？"太子不肯听从。建宁王李倓（太子的儿子，后来被人谗害而死）和李辅国(本名静忠，作为宦官受到肃宗宠幸。代宗即位后，讨厌他专权，派使者杜满杀了他)拉着马勒谏他道："逆胡进犯边关，天下分崩，不顾人情，怎能复兴？太子不如收西北两边的兵马，从河北召回李光弼和郭子仪，与他们合力，讨伐逆贼，收复二京，使国家转危为安，这才是尽孝的方法。为什么要作出小儿女的姿态呢？"以大唐如此强盛的国家，一遇到叛乱突然爆发便要丢弃京城，躲到偏僻的四川，也实在太失策了。而指出其中利害关系、挽救危机的人竟然是路边的父老，可见朝廷无人啊。假使没有父老的劝谏，那中原便没有君主统治，郭子仪纵然有回天之力，又怎么能施展他的才干呢？从这也能明白英雄成就大业也得靠天命啊。

当忠武大破史思明后，即欲直捣范阳，以倾贼巢，乃哥舒翰(本突厥人，潼关失陷，俘于禄山后，为禄山所杀。唐犹追赠太尉，谥武愍)之败报忽至。先是哥舒翰守潼关，以大军未集，不敢迎战，而杨国忠假上命，日夜迫之。翰不得已，抚膺恸哭，引兵出关，为贼将崔干佑所败，潼关遂陷。玄宗在宫，见平安火不至(注见后批评中)，知潼关不守，遂与杨国忠等仓卒出亡。幸忠武闻太子已在灵武(今甘肃灵州西北)即位(是为肃宗)，即率步骑五万，自河北来勤王。是时肃宗初立，朝威未振。忠武至，兴复之势，民有望焉。

唐以长安为西京，洛阳为东京，今并陷于贼，则眼前之事，孰有急于收复两京者哉？招讨节度使房琯者(琯，字次律，河南人)，平时喜宾客，好谈论，思立不世之功以自显。请将兵复两京，上许之。琯效古战法，用车战，以牛车二千乘，马步夹之。贼顺风鼓噪，牛皆震骇，火焚之，人畜大乱，死伤四万余人。肃宗知此重大之业，非忠武莫可任者，而忠武亦受命而不辞。

周时烽火

郭子仪大破史思明之后，便要直捣范阳，倾覆贼巢，不料忽然接到哥舒翰（他本来是突厥人，潼关失陷后，被安禄山俘虏，被杀。朝廷追封为太尉，谥号为武愍）失败的消息，暂时便不能如愿。原来哥舒翰守潼关，因为大军没有齐集，不敢迎战，杨国忠假托朝廷的命令，一直强迫他出战，哥舒翰不得已，抚胸痛哭，引兵出关，为贼将崔乾佑所败，潼关便失陷了。玄宗在宫中，看到平安火没有燃起，便知道潼关失守了，于是和杨国忠仓皇出逃。幸而郭子仪听见太子已在灵武（今甘肃灵州西北）即皇帝位（就是肃宗），便率领五万步骑从河北赶来。这时肃宗刚刚登上皇位，朝威未振，郭子仪到了，人民对于兴复的局势，才觉得大有希望。

唐朝以长安为西京，以洛阳为东京，这时一齐陷于贼手，眼前的事情，当然以收复两京为最急了。招讨节度使房琯（字次律，河南人），平时的时候喜欢宴请宾客，爱高谈阔论，想着立下大功来成就自己的名声。于是他奏请带兵去收复两京，得到了肃宗的许可。房琯仿效古时的战法，用牛车二千辆，马步兵夹着前进。贼人顺风鼓噪，牛都被震惊了，贼人又用火焚烧，于是人畜大乱，死伤四万多人。肃宗知道这件重大的事业，非郭子仪担任不可，于是郭子仪也受命不辞。

忠武以为欲复西京，必先扫其四郊之贼垒而后可。乃先取潼关，复蒲州，收陕邑。自是潼陕之间，无复寇钞。至德(肃宗年号)二载九月，上劳飨诸将，遣攻长安，谓忠武曰："事之济否，在此行也。"对曰："此行不捷，臣必死之。"破釜沉舟，志亦壮矣。回纥怀仁可汗(回纥，旧唐称作迴纥，今之库伦是也。可汗，即君长之意。天宝末，封其王为怀仁可汗)遣其子叶护等，将精兵四千余人来会，忠武与叶护宴狎修好，相与誓平国难，约为兄弟。广平王俶(肃宗太子，即代宗也。时为兵马大元帅，子仪副之)将朔方等军，及回纥西域之众，共十五万，发凤翔(今陕西县)，至长安城西，陈于香积寺(在长安县东神禾原上)北澧水之东。忠武将中军，李嗣业为前军，王思礼为后军，贼将李归仁以十万兵陈于其北。归仁出挑战，官军逐之，逼于其陈。贼军齐起，官军却，李嗣业曰："今日不以身饵贼，军无孑遗矣。"乃肉袒执刀，大呼奋击，杀数十人，阵乃稍定。回纥以骑兵出贼阵之后，夹攻之，贼军大溃。自午至酉，斩首六万级。官军入长安，老幼百万夹道欢呼，皆曰：

他认为要收复西京，必须先把西京四郊的敌垒扫清，然后才可以得手。于是先取潼关，克复蒲州，收回陕邑，从此潼陕之间便没有贼寇的扰害了。至德（肃宗年号）二年九月，皇上犒赏各将，派遣他们攻打长安，对郭子仪说："大事能不能成，就看这一次了。"郭子仪回答说："这次不打胜仗，我宁愿一死。"下定决心不顾一切，志气何等壮烈。那时回纥怀仁可汗（回纥，或作迴纥，就是现在的库伦。可汗，就是君长的意思。天宝末年，朝廷封其王为怀仁可汗）派他的儿子叶护等人，率兵四千余人来帮忙。郭子仪和叶护交好，大家立誓平定国难，约为兄弟。广平王李俶（肃宗的太子，便是后来的代宗，其时为兵马大元帅，郭子仪为副元帅）率领朔方等军及回纥西域之众共十五万人，自凤翔（今陕西县）出发，到长安城西，列阵于香积寺（在长安县东神禾原上）北，澧水之东。郭子仪领中军，李嗣业为前军，王思礼为后军。贼将李归仁率十万兵列阵于唐军之北。李归仁出来挑战，官军把他赶回去，直逼贼人的行阵，贼军齐起，官军退却。李嗣业说："今天如果不用自身作引诱贼人的诱饵，军中将要没有残存的人了。"于是他赤膊执刀，大声呼喊着奋击，斩杀数十人，阵势才得稍定。回纥的骑兵到贼阵之后，前后夹攻，贼军于是大败。自午时起至酉时止，斩首六万级，官军便进入长安。长安的百姓，老幼百万人，都夹道欢呼："想不到今天会再见到官军！"欢声响震远近。大军在这里休息了

“不图今日复见官军。”军士大休三日。

安庆绪(禄山之子，至德二载，杀父自立，改元天和)闻西京既失，悉发洛阳兵，使严庄、张通儒将之，步骑犹十五万，与官军遇于新店(在陕州西)，依山为阵，声威甚壮。忠武以大军击其前，回纥登山乘其背。而贼潜师于山中，大军稍却，贼更分兵三千人，绝唐归路，众心大摇。忠武挥回纥令进，于黄埃中发十余矢，贼惊顾曰：“回纥来矣。”遂溃。官军与回纥夹击之，贼大败走。安庆绪弃洛阳，渡河保相州(今河南汉县)。忠武奉广平王入东京，陈兵于天津桥南，士庶欢呼于路。寻入朝，天子遣兵仗戎容，迎于灞水之上。肃宗劳之曰：“虽吾之国家，实由卿再造。”忠武顿首感谢。

【批评】

唐书及通鉴，皆谓哥舒翰之败，由杨国忠忌之之故。据《安禄山事迹》(唐华阴县尉姚汝能纂)所记，则翰亦不能无罪焉。翰至潼关，军中之务不自躬亲，尽委之于田良邱。其将王思礼、李承光又争长不协，全无斗志。及出师，未阵而溃，为麾下人拔归仁执降于禄山。翰兵十五万，贼兵一万，以十五万之众，更凭潼关之险，乃败于一万之寇，以致西京不守，天子出奔，几使中国为夷狄，其罪大矣。及见禄山，俯伏三日。

安庆绪（安禄山的儿子，至德二年，杀了父亲自立为王，改元天和）一听见西京失去的消息，便尽发洛阳的军队，使严庄、张通儒率领，步骑兵共有十五万人，与官军在新店（在陕州之西）相遇，便依山为阵，声威甚壮。郭子仪指挥大军攻他前面，回纥军登山袭击他的背后。但是贼人早有军队潜伏在山中，大军稍微退却。贼又分兵三千人，断绝唐军的归路，军心大为摇动。郭子仪指挥回纥的军队命他们前进，在尘土弥漫中连发十余箭，贼人吃惊地道："回纥人来了。"于是便溃散了。官军和回纥军两面夹击，贼军大败而逃。安庆绪丢弃了洛阳，渡河退守相州（今河南汉县），郭子仪奉广平王入东京，陈兵于天津桥南。沿路民众都欢呼不绝。不久，郭子仪入朝，肃宗派人在灞水上迎接他。肃宗慰劳他道："虽然是我的国家，实在是由你再造的！"郭子仪叩首谢皇恩。

【评论】

《唐书》和《资治通鉴》都认为哥舒翰的失败是由于杨国忠忌惮他的缘故。根据《安禄山事迹》（唐华阴县尉姚汝能纂）所记载的话，那哥舒翰也难辞其咎。哥舒翰到潼关后，军中机要不能亲自过问，全部交给田良邱，部将王思礼、李承光又计较高下，军队完全没有斗志。等到出兵，还没列阵就全军覆没，哥舒翰本人被部下拔归仁绑缚送到安禄山那里。哥舒翰拥兵十五万，叛军有一万。掌握十五万的军队，倚靠着潼关的天险，竟然败给一万兵力乞哀，称肉眼不知圣人，廉耻更安在哉?

《史记》:“周幽王为烽燧，有寇举之。”正义曰:“昼日燃燧，以望火烟，夜举燧以望火光也。烽，土橹也;燧，炬火也。皆山上安之，有寇举之。”当交通不便之世，得此已为便利，周幽王不愧发明史上之一人物矣。自周以后，历代行之。《通鉴注》引《唐六典》曰:“烽候所置，大率相去三十里，若有山冈隔绝，须逐便安置，得相望见，不必要限三十里。其逼边境者，筑城而置之，每烽置帅副各一人，其放烽有一炬、两炬、三炬、四炬，随贼多少为差。”《通鉴注》引《太宗实录》曰:“初罗士信取千金堡，太宗令屈突通守之。王世充自来攻堡，通惧，举烽请救。太宗度通力堪自守，且缓救，以骄世充。通举三烽以告急，太宗方出援之。”覩此知唐人以举火之多少，示军情之缓急，其法更精矣。玄宗时潼关失陷，见平安火不至，遂出奔。不云烽火而云平安火，当又是一种，惜不能考也。烽火之法，近世久已不用，惟高丽犹奉行维谨。西人谓之高丽电报，至国亡而后已。

房琯与杜甫交好，故世皆重之。兵败之后，李泌犹为营救，得以不死。其实琯之庸妄，一死亦不为冤。世谓人之贤的叛军，导致长安沦陷，天子外逃，几乎使得中国沦为蛮夷之邦，他的罪过可谓太大了。等见到安禄山，他俯首求饶，自称肉眼不识真命天子，哪里还有廉耻可言？

《史记》记载："周幽王制作了烽燧台，有入侵时就点燃烽火。"《史记正义》说："白天燃烽，靠烟气辨别信号，夜晚燃燧，靠火光辨别信号。烽，就是土橹；燧，就是火炬。都是山上安置的，有人入侵时就点燃。"在交通不便的时代，用这个已经算很便利了，周幽王不愧是一代发明家。从西周以后，历代都使用烽燧。《资治通鉴注》引用《唐六典》说："烽燧台一般相隔三十里，如果有山峦隔绝，就得按需安置，得以互相望见，不必限定三十里。边疆地区，筑城来设置。每个烽燧设大帅、副帅各一人，点燃烽燧的数目有一炬、两炬、三炬、四炬，根据来犯敌军数目确定。"《资治通鉴注》引用《太宗实录》说："之前罗士信攻下了千金堡，太宗让屈突通把守。王世充亲自来攻打，屈突通害怕了，点燃烽燧求救。太宗估计屈突通的能力足以把守，便暂缓援兵，让王世充轻敌。屈突通点燃了三次烽燧告急，太宗才出兵援救。"从这我们能了解唐人举烽燧次数可以表示军情的缓急，方法更为健全。玄宗那时候潼关失守以后，见平安火迟迟不到，因而出逃。不说烽火，而说平安火，应当又是一种，可惜考证不了了。烽火的办法近代已经很久不用，只有高丽（朝鲜）仍然谨遵古法。西方人称之为"高丽电报"，直到高丽灭国才废止。

房琯和杜甫交好，所以历代对他很重视。他兵败以后，李泌尚且伸出援手，让他得以不死。其实房琯这个平庸的妄人，即使死否，至盖棺而后论定。其实人之贤否，即史上亦无定论。

忠武复两京，其功大矣。而借兵回纥，实是失着。据唐书谓肃宗速欲得京师，与回纥约曰："克京之日，土地士庶归唐，金帛子女归回纥。"及城破，回纥欲如约，广平王俶拜于马前曰："今始得京师，若遽俘掠，则东京之人皆为贼固守，不可复取矣。愿至东京乃如约。"及取东京，回纥纵兵大掠，意犹未厌，更赂以罗锦万匹，乃止。当肃宗初年，两京虽陷，东南诸道犹为完善；灵武兵力虽弱，何不征勤王之师，而乞援于回纥乎？忠武不能匡正，殊失大臣之体。两京之民，既陷贼中，官军克复，再受外人之劫掠，既苦我民，亦失国体矣。回纥自恃功高，其心终不餍足。代宗之初，竟合吐蕃入寇，唐人得不偿失。每读史至此，未尝不为之废书三叹也。

安禄山以天宝十五载正月，僭称雄武皇帝，国号曰燕，改元曰圣武，以范阳为东都。至德二年正月，为其子庆绪所杀，僭窃三年，年五十五。

了也不冤。世人总说人贤能不贤能，等到死后就有定论了。实际情况却是人的贤能与否即使历史上也没定论。

郭子仪收复两京的功劳真是很大了，然而向回纥借兵却是失策。根据《唐书》记载，唐肃宗想尽快恢复两京，便跟回纥约定："京都恢复以后，土地和士人百姓归大唐，金银财宝和妇女归回纥。"等到攻下京城后，回纥想按照约定掳掠，广平王李俶在马前下拜说："如今才获得西京，如果立即掳掠，那东京的人都会为叛军坚守，再也打不下来了。请到东京后再按约定行事。"等到收复东京，回纥纵兵大肆抢掠，意犹未足，唐皇室又送给他们万匹绫罗，方才满足。在唐肃宗初年，两京虽然沦陷了，东南各省还未受影响，肃宗兵力虽然弱，为何不征调勤王的军队，却向回纥求援？郭子仪不能匡正皇帝的失策，实在有损大臣风范。两京百姓，本来在沦陷区，官军恢复以后，又遭受外族的掳掠，不仅坑苦了我国民，也失掉大唐的国体。回纥仗着功劳大，终于不能餍足。唐代宗时期，竟然联合吐蕃一起入侵，唐人因此得不偿失。每每读史书至此，没有不放下书几次感叹啊。

安禄山在天宝十五年正月伪称雄武皇帝，国号大燕，改元圣武，将范阳郡设为东京。至德二年正月，安禄山被他儿子安庆绪杀死，做了三年伪皇帝，死时五十五岁。

第四章　鱼朝恩之阻扼

肃宗至德二载，两京皆复，上皇返宫(上皇，谓玄宗也。肃宗立，尊为太上皇。至是，迎还西京)。而安庆绪在邺，犹据七郡；史思明在范阳，犹据十七郡；高秀岩在河东，亦拥兵数万，唐之君臣未能高枕无忧也。未几，史思明、高秀岩各以所部来降，唐人大喜。乃思明反复，降而复叛，两京残破，守之非易，时事之艰，不减于灵武即位之初。而李辅国、鱼朝恩(鱼朝恩，亦宦官，领内兵，权倾中外，后缢杀之)相继用事，蔽贤误国；肃宗不悟，任用将相，遂不能如前之专。此唐之所以终于不振也。

乾元元年(肃宗第三年)九月，九节度之师讨安庆绪，忠武与焉。朝廷以九节度勋位相等，难相统属，故不置元帅，而以鱼朝恩为观军容宣慰处置使(观军容之名始此)。

方安庆绪之弃东都而北走也，手下步骑，离散略尽，疲卒才一千，骑士三百而已。至滏阳县界，时河东节度使李光弼屯卒一万、军马三百在滏阳。庆绪处必死之地，谓诸弟曰："一总是死，不如刀头取决。"领家童数百，设奇计大破官军。庆绪遂分八道告捷，命诸军依限屯集，诸贼逆心又固，受其招诱，旬日之中，会者数十万。庆绪改相州为安成府。九节度军围之，城中甚危，旦夕可下。庆绪穷蹙，求救于史思明。思明乃引兵来援，诸将皆欲袭思明。忠武欲引安肃宗至德二年两京一齐收复，上皇回宫（上皇指玄宗，肃宗登基后，尊玄宗为太上皇，这时便迎还西京）。那时安庆绪在邺，还占据着七个郡；史思明在范阳，还占据着十七个郡；高秀岩在河东，也拥兵数万，唐朝的君臣还不能高枕无忧啊。不久，史思明和高秀严各率领部众前来投降，唐朝人大喜。但是史思明反复无常，降而又叛。两京已经残破，固守不易，这时候形势艰难，不亚于肃宗刚刚在灵武即位的时候。而李辅国和鱼朝恩（鱼朝恩也是宦官，管领内兵，权倾中外，后被缢杀）相继主事，任用小人，耽误国家大事，肃宗却没有意识到，因此任用将相，便不能跟以前一样专心。这就是唐朝最终没有能振兴的原因。

乾元元年（肃宗第三年）九月，肃宗派九个节度使，讨伐安庆绪，郭子仪也是其中的一个。因为九个节度使的勋位相等，统属比较困难，便不设元帅，让鱼朝恩做观军容宣慰处置使（观军容的名字就是从这里开始的）。

当安庆绪弃了东都而北走的时候，手下步骑，差不多离散尽了，只有一千疲惫的步卒，三百骑兵罢了。他跑到滏阳县界时，滏阳有河东节度使李光弼的屯卒一万，军马三百。安庆绪自知已处在必死的绝境了，便对他的几个兄弟说道：“总归要有一死，不如拼尽全力。”于是率领几百家僮，定下奇计，大破官军，分八道告捷，命各军依限屯集。因此贼人的叛逆之心又坚定了，受他招降诱导，十日之中，会合数十万人。安庆绪改相州为安成府。九个节度军围攻相州，城中危急，马上就要被攻下了。安庆绪没有办法，只得求救于史思明，史思明便引兵来救。各将都想袭击史兵，郭子仪要引安

阳河水灌城，谋议不协。遂列大阵于邺县南十里，步骑六十万，军容甚壮。终以军无统帅，进退无所禀，士卒离心；思明之兵蓄锐已久。两军激战，未分胜负，天忽起狂风，吹沙拔木，天地尽晦。城下诸军，望见回军，以为贼徒大至，一时尽溃，战马万匹，甲仗十万，遗弃殆尽。忠武行二三里，驻马以待师与诸将，断河阳桥以保东都；诏诸军各还本镇，以忠武为东都留守。慨自禄山造反，天下震惊，今元恶已死，惟存余孽，设以忠武为大将，令八节度受其指挥，则何难一放荡平哉？乃以鱼朝恩为观军容使，位在九节度之上，使将士短气，以至于败，肃宗之昏庸甚矣。

鱼朝恩夙忌子仪功高望重，恐不利于己，久思中伤之。从来君子与小人势不两立，然君子之心，坦然廓然，未必有严防小人之心；而小人自觉其平日之行为，皆不可为君子所知，因日夜图之，而君子危矣。九节度军溃于相州，非忠武之罪也；兵败而断河阳桥，东都不致再陷，是忠武不但无罪，且又有功。鱼朝恩乃归罪于忠武，而谮之，遂夺其兵阳河水灌城，诸将意见不协调。于是在邺县南十里列下大阵，步骑共有六十万人，军容威壮。但最终因为军无统帅，进退没有统一的号令，士卒因此离心。史思明的军队，蓄锐已久，两军激战，胜负还没有分，忽然狂风大起，吹起沙石，拔起树木，天地晦暗。城下官军，以为是贼人大部队到了，一时全部溃散，战马万匹，甲仗十万，都抛弃尽净。郭子仪走了二三里，停马等待溃散的军队和诸将，拆断河阳桥，以保守东都。政府得报，便命诸军各还本镇，以郭子仪为东都留守。自安禄山造反以来，天下震惊，这时元恶已死，只存余孽，假使以郭子仪为大将，将其余的八个节度使都让他来指挥，便不难把余贼一鼓荡平了。朝廷竟然以鱼朝恩为观军容使，位在九节度之上，使将士没士气，以至于溃败，肃宗的昏庸，也算达到极点了。

鱼朝恩素来妒忌郭子仪功高望重，恐怕他不利于己，早已想暗中伤害他。自来君子和小人就是势不两立的，但君子的心胸坦然，未必会有防备小人的心思；而小人自己觉得自己平时的行为，都不能被君子知道，所以日夜想着陷害君子。九节度军在相州溃败，并不是郭子仪的罪过；兵溃之后，他拆断河阳桥，使东都不致于再陷。因此他不但无罪，而且有功。鱼朝恩却归罪于他，在肃宗面前说他坏话，肃宗昏庸不察，便夺去他的兵权。召还京师，教李柄，召还京师，以李光弼代领其军。

忠武受命，即日就道，士卒涕泣遮留。忠武绐之曰：“我往饯送钦使耳，非行也。”因跃马而去。光弼以五百骑赴东都，夜入其军。兵马使张用济屯河阳，与诸将谋以精锐突入东都，逐光弼，请复用忠武。命其士皆披甲上马以待，或谓用济曰：“君以兵逐李公，朝廷必疑郭公讽君为之，是破其家也。郭公百口(百口，谓其家中数百人也)何负于君乎？”用济乃止。光弼以数千骑，东出汜水，用济单骑来谒，光弼责而斩之。忠武虽不见用，以国难未平，不遑寝息。俄而史思明再陷河洛，吐蕃亦有南侵之势，朝廷震恐。有言于上者曰：“子仪有社稷大功，今残孽未除，不宜置之散地。”肃宗深然之。上元二年九月，以忠武为诸道兵马都管使，取范阳。诏下旬日，复为鱼朝恩所阻。

【批评】

史思明乃安禄山之宿将。庆绪僭位，惧思明不服，因宠光弼代领他的军队。

郭子仪接受皇命，即日回京。他的部下都涕泣遮留，不肯放他离去。郭子仪骗他们道：“我去送皇上的使者，并不是离开啊。”他说完便跃马而去。李光弼带着五百骑到东都接收郭子仪的军队，夜里进了郭军。郭子仪的部下兵马使张用济，那时屯驻在河阳，和诸将计谋，想以精锐的部队，突然攻入东都，把李光弼赶走，请肃宗再用郭子仪。他命令兵士都披甲上马，准备出发。但是有人对他说道：“你用武力赶走李公，朝廷必定疑心郭公授意给你的，这不但与郭公无益，恐怕反而连累了他的家人，你又何必如此呢？”张用济听他这么一说，心才明白，便把此意打消。李光弼带着数千骑，东出汜水，张用济单骑来拜见他，李光弼大加责骂，随即把他杀了。郭子仪虽不得朝廷的信用，但因为国难未平，他常怀着忧国忧民的心。不久，史思明再陷河洛，吐蕃也有南侵之势，朝廷震恐，束手无策。那时有人对肃宗道：“子仪有大功于国家，现在残孽未除，不应该弃了他。”肃宗深以为然，便于上元二年九月，以郭子仪为诸道兵马都管使，攻取范阳。诏书下来十日，又被鱼朝恩所阻。

【评论】

史思明是安禄山的旧将，安庆绪杀死安禄山篡位以后，担心史思明不服，因而对其极为重用，赐予“安”姓，改名“容国”，封异之，赐思明姓安氏，改名荣国，封妫川王。然思明不为所动，寻以河北降唐，唐封为归义王，任范阳节度使。李光弼以思明终当叛乱，而乌承恩为思明所亲信，阴使图之，又劝上以承恩为范阳节度副使，令图思明。上从其计。事泄，思明杀承恩。肃宗又慰谕之曰："此非朝廷之意，皆承恩所为，杀之甚善。"思明遂反，自称大圣燕王。大凡处置大事不可逆诈，思明果叛，设法防之可也，不能出此，至于暗杀。暗杀不成，反以慰谕，国家之威信安在哉？使忠武当国，必不有此失算之事。

唐人称郭李为元勋，其实李之功业远不如郭。即以人品论，亦出郭下。当朔方受代之际，使郭李易地而居，恐光弼不能如子仪之略无芥蒂矣。二人优劣，以此定之。

专制之主，长于深宫之中，养于妇寺(寺谓太监)之手，故不知世务。肃宗遣九节度合兵讨安庆绪，以郭李皆元勋，不能相统属，遂以宦官鱼朝恩为观军容使，令九节度皆在其下。夫九节度勋位相等，且不能李使郭郭使李。以一宦官之贱，而欲令其指挥九节度之尊，此非极不通世务之人必不为此，宜其败矣。肃宗复不悟致败之由，更信鱼朝恩之言，以去忠武，为妫川王。可是史思明根本不为所动，不久就将河北诸州投降大唐，大唐封他为归义王，并任命他为范阳节度使。李光弼认为史思明最后还是会反叛，而乌承恩又是史思明的心腹，便暗地将其收买，同时又劝诫皇帝封他为范阳节度副使，让他暗地谋划杀掉史思明。皇帝听从了李光弼的意见。谁知密谋泄露，乌承恩被史思明给杀掉，唐肃宗便又下诏安慰说："这不是朝廷的意思，都是乌承恩个人所为，杀了他非常好。"史思明因而反叛，自称"大圣燕王"。大凡对国家大事的处理不可以预先怀疑别人欺诈，史思明如果真的谋反，设法阻止就好了，不能用这样的法子，甚至于用暗杀的伎俩，暗杀不成，反而劝慰安抚，将国家的威信置于何地？假使郭子仪当政，肯定不会出现这样失策的事情。

唐朝人将郭子仪和李光弼并称为元勋，实际情况是李光弼的功业远远不如郭子仪。就拿人品来说，李光弼也比不上他。在朔方兵权交接的时候，假使郭子仪和李光弼互换，恐怕李光弼不能像郭子仪那样毫无怨恨了。这两人的高下，由此可见。

专制国家的君主从小生长在皇宫中，被宫女太监养大，所以不通世务。唐肃宗派遣九个节度使联兵征讨安庆绪，因为郭子仪和李光弼都是大功臣，怕他们互相不听命令，便将宦官鱼朝恩任命为观军容使，让九大节度使都位居其下。这九大节度使功劳相当，尚且不能让李光弼和郭子仪互相使唤。而凭借一个小小宦官，就想指挥地位尊崇的九大节度使，如果不是极为不通世务的人，怎么会做出这等蠢事？所以失败是当然的。唐肃宗仍不明白导致失败的根由，更听信鱼朝恩的话，换掉郭子仪，这皇帝的昏庸愚笨真其昏愚亦不可及也。

史思明大胜官军，不与庆绪相见，庆绪大惧，上表称臣于思明。思明报书，言愿约为兄弟。庆绪大喜，以三百骑诣思明营。思明陈兵待之，引入再拜，忽震怒曰："尔为子杀父，天地所不容。吾今当讨贼，岂受尔佞媚乎？"命左右牵出杀庆绪，并及其党。

史思明杀庆绪，立次子朝兴为太子，长子朝义为怀王。使朝义与官军战，皆败。思明大怒，欲斩之。朝义惶惧不自安，左右骆悦、蔡文景劝朝义弑父而自立。悦等遂往，思明右臂中箭，问悦等曰："是何人作难？"对曰："怀王所命。"思明曰："我朝来语错，合招此事。然汝废我太早，何不待我收长安，终归汝事。今虽废我，汝必不成。"因急呼朝义小名者三曰："莫杀我，我不惜死，恐汝有杀父之名。"悦等终杀之。朝义后亦为其将李怀仙所杀。

合安史之事，观之则知不义之人，未有能善终者。天道好还，可不畏哉？

是不可及啊。

史思明大败官军，不跟安庆绪见面，安庆绪大为恐慌，便呈上奏表给史思明自愿称臣。史思明回复书信，说愿意跟他结拜为兄弟。安庆绪极为高兴，带着三百骑兵来到史思明营帐。史思明列兵欢迎，将其带到帐中，安庆绪向他下拜，史思明忽然震怒说："你作为儿子居然杀了自己父亲，不能被天地容忍。我如今要讨伐你这等奸贼，怎么会受你的谄媚诳惑？"让手下把安庆绪拖出去斩首，并杀了余党。

史思明杀了安庆绪后，将二儿子史朝兴立为太子，大儿子史朝义封为怀王。他命史朝义和唐朝官军打仗，全部败北。史思明大怒，想将其斩首。史朝义惶恐不安，手下谋士骆悦、蔡文景劝史朝义杀了父亲，自立为皇帝。骆悦等人便去暗杀史思明，史思明右手臂中了一箭，询问骆悦等："你们是受何人指使？"骆悦等人回说："是怀王史朝义。"史思明说："我早上说错了话，活该有这等事。可是你杀我太早了些，何不等我攻下长安，最后都是你的。现在即使杀我，你肯定一无所成。"因而急忙叫了三遍史朝义的小名，并说："别杀我，我不怕死，只是怕你有杀父的恶名。"骆悦等人最终杀死了史思明。史朝义后来又被手下将领李怀仙所杀。

将安禄山、史思明等人的故事合起来看，可以明白，多行不义必自毙，天道好还的道理，难道不值得警示吗？

第五章　经营河东

肃宗虽猜疑忠武，而事势危迫，终不能不屈己相从。使其生当敌国外患不起之时，以肃宗为之主，鱼朝恩、元载为之同列，则忠武之废弃久矣。时世造英雄，岂不信哉？

上元二年二月，李光弼兵败于邙山，河阳失守，鱼朝恩退保陕州。三年二月，河中太原军皆乱，朝廷恐其合纵连贼，甚以为忧。后辈帅臣，威望不足者，又不能弹压，乃起忠武为河北诸州节度行营，兼兴平国副元帅，进封汾阳王，出镇绛州(今山西平阳)。公忠体国之大臣，古之明君所祷祀以求之者也。肃宗明知忠武有拨乱之才，乃废而不用，至于万不得已，而后用之，此诚可为怀才不遇者一哭。忠武即在投闲置散之中，一闻朝命，不记前嫌，即日赴召。其忠君爱国之心，千载下如见也。

忠武将赴镇，肃宗方卧病，群臣皆不能入见。忠武请曰："老臣受命，将死于外，不见陛下目不瞑矣。"帝乃引至卧内，谓忠武曰："河东之事，一以委卿。"忠武感激知遇，为之流涕，君臣相契，至于如此。读史者将谓忠武此行，必能竟其功。乃出师未久，肃宗晏驾(天子崩曰晏驾)，朝局一变，阃外之寄(古之命将者曰，阃以内寡人主之，阃以外将军主之，以示命将之专也)，又不能专矣。

忠武一出京，京外之强藩悍将，闻其威名，莫不奉命维谨。无何，肃宗崩，代宗嗣位，程元振有宠，忌功臣宿将。忠肃宗虽然猜疑郭子仪，但是形势危迫，最终还是不能不屈己相从。假如郭子仪出生在没有敌国外患之时，又正值肃宗为皇帝，鱼朝恩、元载与他同朝，那么他早就被废弃了。时世造英雄，又怎么能不信呢？

上元二年二月，李光弼在邙山兵败，河阳失守，鱼朝恩退保陕州。三年二月，河中太原军，都起来作乱。朝廷恐怕他们合纵跟贼人联合，非常忧虑。后辈的将帅，威望不足，不能服众，于是只能起用郭子仪为河北诸州节度行营，兼兴平国副元帅，进封汾阳王，出镇绛州（今山西平阳）。尽忠为国的大臣，古代英明的君主都会祈盼着。肃宗明知郭子仪有平乱的大才，却废而不用，直到万不得已的时候才用他，这真可以为有才华而得不到重用的人哭一场了。郭子仪虽被朝廷摈弃不用，但一接到命令，便不计较之前的嫌隙，即日赴召。他这种爱国之心，过了一千多年也是历历在目啊。

郭子仪将赴任的时候，肃宗正在患病，群臣都不能入见。郭子仪请求道："老臣受命，生死未卜，不见皇上一面，便死也不能瞑目。"肃宗便命他入内，对他道："河东的事情，全权委托你了。"郭子仪听了，感激得流涕不止。君臣之间的恩遇到了这样的地步。读者也许会认为郭子仪这次出征，一定能够成就大功。不料他出师不久，肃宗便死了，政局又起了变化，郭子仪在外，战事调度(古代君主任命将军的时候说，城郭以内我来做主，城郭以外将军做主，来显示将军权力可以自专)又不能自己拿主意了。

郭子仪一出京师，京外的强藩悍将，听见他的威名，个个都奉命维谨，不敢稍违。没过多久，肃宗驾崩，代宗嗣位。程元振很武功尤高，忌之又甚于他将，日夜在新主前谮之，意欲罢其副元帅，改充肃宗山陵使。是欲使其去攘夷平内之重任，而为皇陵督工，长材短用，宁不令豪杰灰心耶。忠武知之，内不自安，上表进肃宗所赐前后手诏，因自陈诉其词曰：

臣德薄蝉翼，命轻鸿毛(蝉翼至薄，鸿毛至轻，借物以自喻也)，累蒙国恩，猥厕朝列。会天地震荡，中原血战，臣北自灵武(肃宗即位之地)举兵而南。先帝忧勤宗社，托臣以家国，俾副陛下扫两京之妖雾(代宗为太子时，充兵马大元帅，子仪为副，合力收复两京)。陛下雄图丕断，再造区宇。自后不以臣寡劣，委文武之二柄，外敷邦教，内调鼎铉。是以常许国家之死，实荷日月之明。臣本愚浅，言多讦直，虑此招谤，上渎冕旒(冕旒，人主之冠，指代宗也)。陛下居高听卑，察臣不贰；皇天后土，察臣无私。伏以器忌满盈，日增兢惕，焉敢偷全，久妨贤路？自受恩塞下，制敌行间，东西十年，前后百战。天寒剑坼，血溅征衣，野宿魂惊，饮冰伤骨，跋涉难阻，出没死生，所仗惟天。以至今日，先帝曲垂惠奖，念及勤务，贻臣诏书一千余首。圣旨微婉，慰谕绸缪，彰微臣一时之功，成子孙万代之宝，凡二十卷。昧死上进，庶烦听览。

受宠，他忌妒功臣宿将。郭子仪的功劳最高，程元振最忌妒他，日夜在新主面前，说他的坏话，想罢免他的副元帅，改充肃宗的山陵使。这是想让一位攘夷平内的大将，去做皇陵的督工，大材小用，怎么能不让英雄豪杰灰心！郭子仪知道这事，心里很不自安，便上表进呈肃宗前后所赐给他的手诏，恳切陈诉说：

我的福德像蝉翼一样薄，生命像鸿毛一样轻（蝉翼最薄，鸿毛最轻，借这两种东西比喻自己），一直蒙受国家的恩惠，混杂在朝臣中。正赶上天下大变，中原发生血战，我从北边的灵武（肃宗即位的地方）举兵南下。先帝忧心社稷，把国家托付给我，让我辅佐陛下扫除两京的妖雾（代宗做太子的时候，任兵马大元帅，子仪为副帅，一起收复两京）。陛下雄图大业，重新造就了天下。从那以后陛下不嫌弃我见识短浅，把文武两方面的事情都交给我，对外应对属国，对内作为国家重臣。因此我常常许诺为国家而死，来昭显君主的圣明。我本来就愚昧无知，说话太耿直，招致很多毁谤，辜负陛下恩德。陛下身居高处，一定能知道我的忠心；皇天后土，一定会知道我没有私心。器物忌讳太满，每天要战战兢兢，哪里敢存侥幸之心，堵塞贤者进阶之路？我从在塞下承受恩德，十年间东征西讨，前前后后打了上百场仗。冬天寒气冻裂了宝剑，热血溅满了征衣，野外住宿有一点动静就要打起万分小心，冰雪的寒气伤了骨头，军队在艰难中跋涉，出生入死，所倚仗的只有老天。到了现在，先帝嘉奖我，想着我勤劳，赐给我一千多首诏书。圣旨中抚慰我，彰显我一时的功劳，成为我子孙后代的至宝，一共二十卷。我冒死给您进言，烦劳您听闻。

代宗为太子时，与忠武少同患难，览奏，下诏答曰："朕不德不明，俾大臣忧疑，朕之过也。朕甚自愧，公勿以为虑。"程元振之谮，遂不果行。

【批评】

方史思明之据东京也，其兵甚锐，李光弼不敢与之争锋。或谓肃宗，思明之将士，皆燕人，久戍思归，上下离心，急击之可破也。鱼朝恩亦信以为然。上勅光弼进取。仆固怀恩附朝恩，亦言东京可取。盖怀恩所部恃功不法，忠武常优容之；每用兵，倚以集事。光弼一裁之以法，怀恩怨之，故附会朝恩。及与光弼合兵攻洛阳，又故与之相左，光弼遂大败。怀恩以私怨败国家大事，罪固当诛，然唐如任用忠武，则安得有此？

唐自安史乱后，中央政府之威令，不能及于各道。于是各道节度使皆不奉命，生杀自专，纪纲荡然。肃宗末年，河东军杀其节度使邓景山，擅以兵马使辛云京为节度使；绛州行营，杀其都统李国贞；镇西北庭行营杀其节度使荔非元，礼推裨将白孝德为帅。及忠武出镇，此风稍戢。

代宗做太子的时候，和郭子仪曾经同过患难，看见他的奏章，便下诏答复他："我没有什么德行，也看不清明，以致让你忧疑，这都是我的罪过。我十分惭愧，您不要因为这个忧虑。"于是程元振的谗言，便没有发挥效力。

【评论】

当史思明刚占领东都洛阳的时候，兵力十分强盛，李光弼根本不敢跟他争锋。有人对肃宗说，史思明的部将都是燕人，在外长期驻守，早就想回乡，军中上下离心离德，若是快速进攻一定能大败他们。鱼朝恩也认为这样是对的。于是肃宗命李光弼赶快进攻，仆固怀恩依附鱼朝恩，所以也说洛阳可以攻下。仆固怀恩的部将因为仗着功绩常常违法乱纪，郭子仪常常能宽待为怀，等到打仗的时候，正好倚靠这支部队打胜仗。李光弼接管后，只用严刑峻法管束，仆固怀恩抱恨在心，所以依附了鱼朝恩。等到和李光弼联兵攻打洛阳时，又跟他互相掣肘，不得合力，因而大败。仆固怀恩因为私人恩怨败坏国家大事，其罪当诛，然而朝廷如果任用郭子仪，又怎么会发生这种情况呢？

唐朝自从安史之乱以后，朝廷的威信和命令都不能下达到各个地区，各部分的节度使因而都不听诏令，自己掌握生杀大权，使得国家法律形同虚设。肃宗末年，河东军杀掉了节度使邓景山，擅自推举兵马使辛云京为节度使；绛州行营杀害了都统李国贞；镇西北庭行营杀害了节度使荔非元，推举偏将白孝德做元帅。等郭子仪到地方镇守，这种风气才稍稍减息。

初唐承六朝之风，一切文字，无非骈俪(骈俪，亦称骈体，与四六文不同，四六始于宋也)，如忠武表文是也。至韩文公起，始兴古文，谓复三代秦汉之体，故曰古文。其实六经之中，已见骈辞。晋唐之世，亦有散文。韩文未兴以前，六朝人以直言为文(即近世所说之散文)，加辞为章(即近世所说之骈文)。阮元《揅经室集》尝论及之，学者观之可以自悟。

初唐承袭六朝的文风，一切文章都是骈俪（骈俪，也称为骈体，跟四六文不一样，四六文开始于宋朝）对偶，就跟郭子仪的奏表一样。后来韩愈出道以后，才开始振兴古文，自称是复兴夏商周三代和秦汉时期的文体，所以称之为古文。其实六经里面已经出现了骈词俪句，而晋代、唐代也是有散文的。韩愈没出道之前，六朝人将直抒胸臆称为“文”（就是近代所说的散文），加以润饰的叫做“章”（就是近代所说的骈文）。阮元《揅经室集》曾经论述过，研究者可以找来看看，就会明白了。

第六章　留守长安

时安庆绪、史思明虽死，思明之子朝义尚据洛阳。雍王率师进讨(雍王名适，代宗太子，即德宗也)，议以忠武副之，而鱼朝恩、程元振乱政，格之不行。俄而梁崇义据襄阳叛，仆固怀恩起兵于汾州，引回纥、吐蕃之众，入寇河西。广德元年(代宗年号)冬十月，吐蕃至奉天(今陕西乾县)，京师震骇，急令忠武出镇河阳以御之。闲废日久，部曲离散，仓卒召募，得二十骑而行。及至咸阳，吐蕃已过渭水。忠武请益兵，又为程元振所阻。吐蕃遂入西京，代宗出奔陕州，六军逃散，多往商州(今陕西县)暴掠。

忠武谓其将王延昌曰："大军逃溃，多往商州，速往收之。"延昌径往抚谕之。诸将方纵兵暴掠，闻忠武谕，皆大喜听命，得四千人，军势稍振。忠武乃泣谕将士以共雪国耻，取长安，皆感激受约束。

段秀实

代宗在陕州，虑吐蕃出潼关，征忠武诣行在(天子所在之处，曰行在)。忠武表曰："臣不收京城，无以见陛下。若兵出蓝田(今陕西县)，寇亦不敢东向。"上许之。鄜坊节度判官段秀实(字成代宗即位之后，安庆绪、史思明都已死了，但史思明的儿子史朝义，还占据着洛阳。雍王（名适，代宗的太子，即后来的德宗）率兵讨伐，朝廷想让郭子仪做他的副手，而鱼朝恩、程振元扰乱政务，硬从中作梗，以致不能实现。不久，梁崇义占据襄阳叛变，仆固怀恩又在汾州起兵，引回纥吐蕃的兵，入寇河西。广德（代宗年号）元年冬十月，吐蕃到奉天（今陕西乾县），朝廷震惊，急忙命令郭子仪出镇河阳去抵御。但是因为闲废的日子太久了，他的部队早已离散，仓猝之间，只召募了二十骑，便带着前去。等他赶到咸阳，吐蕃兵已经渡过渭水。郭子仪请朝廷增兵，又被程元振阻碍。吐蕃便直入西京。代宗逃往陕州，六军逃散，大多到商州（今陕西县）干抢掠的生涯。

郭子仪对他的部将王延昌道："大军逃多往商州溃逃，赶快去把他们收编。"王延昌便赶到商州去招抚，那时各将正在纵兵暴掠，听说郭子仪招抚他们，都很高兴地听命于他，收服四千人，军势稍振。郭子仪流泪告谕将士，共雪国耻，收复长安。全军都感激涕零，愿意听从指挥。

代宗在陕州，担心吐蕃出潼关，便调郭子仪到天子的行在（天子外出待的地方，叫行在）。郭子仪上表道："我如果不收复京城，没有脸来见皇上。如果能够从蓝田（今陕西县）出兵，贼人也不敢往东边。"代宗许可。那时鄜坊节度判官段秀实（字成公，开阳人。朱泚叛乱后，段秀实用笏打他，于是被杀）劝说白孝德带兵救难。白公，汧阳人。朱泚反，秀实以笏击之，遂遇难)说白孝德引兵赴难。孝德即日引兵趋京畿，与蒲陕华商之兵，合势进击。吐蕃闻之，大惧。京师百姓又恐之曰："郭汾阳王自商州将大兵至矣。"吐蕃不战而退，西京乃复。忠武奉命为西京留守。

自西蕃入寇，天子东走，天下皆归过于程元振，太子尤深恶之。元振惧，见忠武复立功，上必听从其言，乃劝天子毋还长安，而都洛阳。此忠武留守之命所由来也。长安，自唐初作都以来，经累朝之经营，宫殿市廛，皆极一时之盛。其时天下之大势，不趋于江海，而趋于陆。我国形胜，当海道未通以前，作都之地，莫有善于关中者也。忠武因上疏论之曰：

臣闻雍州之地(秦地于禹、夏为雍州之城)，古称天府，右控陇蜀，左扼崤函(崤函山名)；前有终南、太华之险，后有清渭、浊河之固；神明之奥，王者所都；地方数千里，带甲十余万，兵强士勇，雄视八方；有利则出攻，无利则入守。此用武之国，非他方所同，秦汉因之，卒成帝业。其后或处之而泰，或去之而亡，前史所书，不惟一姓。及隋氏季末，炀帝南迁(炀帝即位，以洛阳为东京，自长安都此，筑芳华苑，穷极侈丽，以迄于亡)，河洛邱墟，兵戈乱起。高祖唱义，亦先入关，故能剪灭群雄，底定区宇。以至于太宗、高宗之盛，中宗、玄孝德便即日带兵赶到京畿，与蒲陕华商四处的兵马，合力进攻。吐蕃听到这个消息，大为惊恐。京师的百姓，又吓他道："汾阳王从商州带着大队兵马就到了。"于是吐蕃不战而退，西京便又收复了。郭子仪奉命在西京留守。

自从吐蕃入侵以来，代宗往东逃了，天下人都怪罪于程元振，太子更是恨他恨得厉害。程元振心里害怕，又见郭子仪立了大功，知道代宗必定听从他的话，便劝代宗不要回长安而定都于洛阳，所以有让郭子仪留守西京的命令。长安自从唐初建都以来，经过历朝的经营，宫殿市廛，都是盛极一时。那时天下的形势，重点不在江海，而在于陆地上。我国的胜地，在海路还没有开通的时候，用来作都城的地方，是没有再比长安好的了。因此郭子仪便上疏切论东西两京的利害：

我听说雍州的地势，古来称为天府之国。西边控扼陇西和西蜀，东边以殽崤为屏障，前面有终南山和华山的天险，后面有渭水、黄河的保护，实在是神明的所在，帝王天然的都城。方圆几千里，战士十几万，兵强马壮，雄视天下。有利时就出关攻打，失利时便入关自守。在这里建都最适合用兵，不是其他地方可比，秦朝汉朝都代代于此建都，最后成就了帝王大业。后来的政权，有的在此建都而成功，有的离开此地而失败，前代史书所记载，不是一家王朝的孤例。等到隋朝末年，隋炀帝南迁首都（隋炀帝即位后，把洛阳作为东都，从长安迁都，修建芳华苑，奢侈异常，直到灭亡），致使中原地区化为废墟，兵乱四起。我大唐高祖皇帝首倡起义，也是先进入关中，所以能扫灭群雄，安定天下。后来太宗、高宗朝的强盛，和中宗、宗之明，多在秦川，鲜居东洛。间者羯胡(羯，匈奴别称，今山西辽州即其故居。胡者，北狄之通称，安禄山等，唐人皆目之为胡)构乱，九服分崩(九服，犹言九方也)，河北、河南，尽从逆命。然而先帝(指肃宗)仗朔方之众，庆绪奔亡；陛下藉西土之师，朝义就戮(贼将田承嗣、李怀仙杀史朝义来降)。岂惟天心就顺？抑亦地势使然，此陛下所知，非臣饰说。近因吐蕃凌逼，銮驾东巡。盖以六军之众，素非精练，皆市肆屠沽之人，务挂虚名，苟避征赋，及驱以就战，百无一堪。又中官(即太监)掩蔽，庶政多荒。遂令陛下震荡不安，退居陕服，斯盖关于委任失所，岂可谓秦地非良者哉？今道路云云，不知信否？咸谓陛下已有成命，将幸洛阳。臣熟思其端，未见其利。夫以东周之地，久陷贼中，宫室焚烧，十不存一。百曹荒废，曾无尺椽(谓卫署，皆已荒废也)，畿内不满千户。井邑榛棘，豺狼所嗥，既乏军储，又鲜人力。东至郑汴，达于徐方；北自覃怀，经于相土，人烟断绝，千里萧条，将何以奉万乘之牲饩，供百官之次舍？况其土地狭隘，才数百里。东有成皋，西有二室，险不足恃，适为战场。陛下奈何弃久安之势，从至危之策；忽社稷之计，生天下之心？臣虽至愚，窃为陛下不取。

玄宗朝的开明，多是皇帝呆在关中之地，很少到东都洛阳居住的。自从羯人、胡人（羯，是匈奴的别称，现在山西辽州就是他们以前待的地方。胡，是北狄的通称，安禄山等人都被唐人看做胡人）叛乱以来，天下分崩离析，河南河北全部降服于叛军。然而先帝肃宗仰仗朔方的军队，才令安庆绪节节败退；陛下您也是借着西边的军队，才将史朝义斩首（田承嗣、李怀仙杀掉史朝义向朝廷投降）。难道仅仅依靠的是天命所归么？怕也是有地利的缘故，这些都是陛下您知悉的事情，不是老臣随便杜撰。近来因为吐蕃侵犯皇城，大驾向东巡幸，之所以有这等危难，是因为军队大部分都没经过严格训练，都是些市井之徒，只求在军队挂个虚名，暂且躲避各种赋税而已。等到要用他们时，一上战场，没有一个管用的。而且太监蒙蔽圣听，导致国政荒废。致使陛下您颠沛不安，退到陕州来避难，这只因任命非其人罢了，怎么能说关中不是好地方呢？如今路上老百姓都这样说，都说陛下要巡幸东都洛阳，不知可有此事？我细细思索了一番，实在没看出有什么好处。东都洛阳长期被叛军占据，皇宫几乎被毁坏，各个官署的房子也缺乏，而且城内人口不满千户，市井到处是荆棘，连豺狼都来嚎叫乱窜。既没有军队储备，又缺少人力物力。向东从郑州、汴州，直到徐州；向北从覃州怀州到相州，人烟稀少，千里没有人烟，如此将要怎么供奉陛下的日常开销，怎么供给百官的住宿呢？况且洛阳土地狭小，只有几百里地。虽然东部有成皋，西边有华山的险要，但根本不足以成为凭仗，只能做战场。陛下您何必放弃能长期安定的长安城跑到极为险要的洛阳，忽视国家大计，致使百姓恐慌呢？老臣虽然极为愚笨，私下也认为这是不妥的。

代宗览奏，不觉垂泣谕左右曰：“子仪用心，真社稷臣也。可急还京师。”十一月，车驾自陕还宫，忠武伏地请罪。帝驻车劳之曰：“朕用卿不早，故及于此。”呜呼！此言也，其犹有自知之明也夫。

【批评】

吐蕃入寇，诸将不来勤王，百姓不为固守，坐视中国之亡，此非时人之无爱国心也，实愤帝之用程元振耳。太常博士柳沆一疏，可作国民之代表。其辞曰：

“犬戎犯阙度陇，不血刃而入京师，武士无一人力战，此将帅叛陛下也。陛下疏元功，委近习，日引月长，在庭无一人犯颜回虑，此公卿叛陛下也。陛下始出都，百姓填然夺府库，相杀戮，此三辅叛陛下也。自十月朔，召诸道兵，尽四十日，无只轮入关，此四方叛陛下也。陛下既欲存宗庙，安社稷，独斩程元振首，驰告天下；悉出内使隶诸州，持兵符付大臣，然后削尊号，下诏引咎。如此而兵不至，人不感，天下不服，臣请阖门寸斩，以谢陛下。”

其言甚壮，代宗犹以程元振有保护之功，仅削官爵，放归田里而已。由此观之，专制之朝，是非不明至此，而国不亡者幸也。

代宗看完他的奏疏，不觉流泪，对左右的人道：“子仪的用心，真是忠于国家的大臣啊，我要赶紧回到京师。”便于十一月自陕州回到长安。郭子仪伏地请罪。代宗停车慰劳他道：“我不能早用你，所以失败到这种地步！”代宗的这句话，似乎还有自知之明。

【评论】

吐蕃入侵的时候，诸将不来援助朝廷，百姓不愿坚守，眼看中原被占领，这不是因为大家没爱国之心，实在是对皇帝重用程元振很愤怒。太常博士柳沆的一封奏疏可以作为唐朝国民的代表。他的奏疏说：

“吐蕃入侵，过了陇西，兵不血刃直接攻入京城，武将没有一个肯力战，这是将帅背叛陛下您。陛下疏远大功臣，将政务委任亲近的人，时间长了，朝廷里的大臣没有一个人敢犯颜直谏，这是公卿大臣背叛陛下。陛下才离开国都，百姓轰然抢夺了府库，互相残杀，这是京畿官员背叛陛下。从十月初陛下下诏各路军队来援，过去四十天，没有一个士兵进入关中，这是四方藩镇背叛陛下。陛下既然还想守着宗庙，安定国家，只有杀了程元振，向天下人急速告知；将所有内臣隶属于诸州，将兵符付与大臣，然后自削尊号，下诏书承认罪过。如果这样天下军队还不来勤王，百姓还不感发忠义之心，天下诸侯不服从命令，我请求满门抄斩，来向陛下您谢罪。”

他的话非常悲壮，唐代宗仍然因为程元振曾经有护驾的功劳，只将他削去官爵，放回老家罢了。从这可以看出专制王朝的君主不明事理到了这等地步，不亡国简直是幸运。

我国文明至唐而极盛矣，其菁华皆聚于西京。今览唐人说部所载，可知其概也。玄宗而后，寇盗屡作，已多残毁，加以黄巢之焚掠，五季之纷纭，而唐人遗迹尽矣。后世虽欲见先民之规范，以资模仿，而不可得，可胜叹息。近有英人史泰音者，游历新疆，于沉沙中得唐人残破之物，有木器、陶器、绣品等物，欧人见之，惊为至宝。我国并此残物亦不得也。

肃、代之时，版图日蹙，迥非开元以前比矣。云南为南诏所有，而吐蕃乘间蚕食。凤翔以西，郑州以北，悉被其患。山南、剑南诸边州，亦往往没于吐蕃。忠武奉命驰驱，亦仅能拒之而已，不能复其故疆也。代宗不能励精图治，惟思迁都以避其锋，不知我能往，寇亦能往。即使迁都，亦不过偷安旦夕，安见其能长治久安哉？

我国的文明到唐朝可谓最鼎盛了，所有精华全部汇聚于西京长安。现在只要翻阅唐人的小说记载就可以了解大概。唐玄宗以后发生多次叛乱，长安城已经多处残破毁坏，加上黄巢起义焚烧掳掠，五代战乱，唐人的遗迹损失殆尽。后代即使想看看老祖先的规范，想要模仿，都不能够了，怎能不叹息呢？近代有位叫史泰音的英国人，在新疆游历，在流沙里发掘到唐代人残破的物品，有木器、陶器、丝织品等东西，欧洲人看到了惊叹不已，如获至宝。我国就连这等残存之物都没有了。

肃宗、代宗的时候，大唐版图已经逐渐萎缩，远不是开元以前时期可以比拟的了。云南被南诏国吞并，而吐蕃乘着中原内乱，渐渐往中原侵占。凤翔以西、郑州以北的地方，全部遭受外患。山南、剑南等边疆州县，也往往被吐蕃吞并。郭子仪奉命讨伐，也只不过能抵御而已，不能再恢复旧有的疆土了。代宗不能励精图治，只想迁都来避开锋芒，不知道我能去，敌寇也能去，即使迁都，也不过偷安于一时，怎么能长治久安呢？

第七章 单骑退敌

自古未有小人在于君侧，而大将能立功于外者。代宗虽因柳沆之言，不用程元振，然元振仍衣妇人服，伏处宫中。忠武忧谗畏讥，意不自安，常欲弃官归隐，继范蠡之踪(范蠡相越灭吴，功成之后，扁舟泛五湖，莫知所终)，追留侯之迹(张良封留侯，晚岁弃官而归，自云从仙人赤松子游)，又以大臣当与国同休戚，当此时事方艰之日，夫岂人臣独善之时？徘徊未发。而仆固怀恩(铁勒部人)之警告又至。

仆固怀恩，昔助唐收复两京，有大功，一门死王事者四十六人。后鱼朝恩与之不和，怀恩积不能平，遂反。时邠州(今陕西县)别驾李抱真(字太元)，自邠州还京，上召见问计。抱真对曰："此不足忧也。朔方将士，思郭子仪如父兄，陛下诚以子仪镇朔方，彼皆不召而来矣。"上然之，以忠武为关内河东副元帅，河中节度等使。怀恩将士闻之，皆曰："吾辈从怀恩为不义，何面目见汾阳王？"

广德二年，仆固怀恩复诱吐蕃、回纥、党项数十万人入寇，朝廷大恐。忠武谓此不足忧，怀恩虽骁勇，素失士心。今所以能为乱者，引思归之人耳。怀恩本臣偏将，其下皆臣之部曲，恩信尝及之。今闻臣至，必不忍以锋刃相向。以此知其无能为也。

忠武至奉天，诸将皆请击贼。忠武曰："敌军深入，利自古以来，君主旁边有了小人，大将绝不会立功于外。代宗虽然因为柳沆的话，不再重用程元振，但程元振仍旧穿着女人的服装，待在宫中。郭子仪怕那班小人常说他的坏话，很不安心。他常想弃官归隐，学古时的范蠡、张良（范蠡帮助越国灭吴，功成之后，泛舟五湖，不知所终。张良助汉得天下，封为留侯，晚年弃官归隐，自己说是跟随仙人赤松子游历），但是转念一想，觉得大臣应该和国家同休戚，不应该在时事艰难的当口，只顾自身的安全，因此犹豫着没有行动，不料仆固怀恩（铁勒部人）的惊耗又来到了。

仆固怀恩从前曾经助唐收复两京，立下大功，他一家之中死在王事中的，有四十六人。后来鱼朝恩与他不和，他心中忿忿不平，便反了唐朝。那时邠州（今陕西）别驾李抱真（字太元）自邠州回京，代宗问他对付怀恩的方法。李抱真回答道："这是不值得担心的，朔方的将士，思念郭子仪如同思念自己的父兄，陛下如果任用子仪镇守朔方，他们便自己就来归顺了。"代宗以为然，便以郭子仪为关内河东副元帅、河中节度等使。仆固怀恩的将士听见了，都说："我们跟着怀恩是不讲义气，有何面目见汾阳王？"

广德二年，仆固怀恩又引诱吐蕃、回纥、党项，数十万人入侵。朝廷很害怕。郭子仪道："这不值得担忧，怀恩虽然骁勇，但是向来不得军心。现在之所以能够作乱，是因为他鼓动着想家的兵士。怀恩本是我的偏将，他的部下也都是我的部曲，我待他们，曾有恩信，现在听见我来到了，他们必不忍用武力对我，因此我知道他们不成气候。"

郭子仪到了奉天（陕西乾县），诸将都请求攻击敌人，郭子仪于速战。彼下素德我，吾缓之，当自携贰。”因下令敢言战者斩，坚壁待之，果不战而退。寇去，忠武自泾阳(今陕西县)入朝，赐与铁券，随命出镇河中。

永泰元年，吐蕃自北道趋奉天，党项自东道趋同州，吐谷浑、奴剌(剌，卢达及吐谷浑别种)，自西道趋盩厔(盩厔，音舟质，今县属陕西。山曲曰盩，水曲曰厔)，回纥继吐蕃之后，怀恩又以朔方兵继之。忠武奏寇皆骑兵，其来如飞，不可轻视，请使诸军节度，各出兵以扼其冲要。上从之。未几，怀恩得暴疾死。吐蕃十万至奉天，始列营。朔方兵马使浑瑊(浑瑊，铁勒部人。骁勇善战，讳忠武)，帅骁骑二百冲之，吐蕃披靡。瑊夹其一将，跃马而还，士气大振。夜引兵袭之，杀千余人。会大雨旬日，寇不能进，大掠而去。

吐蕃退至邠州，遇回纥，复相与入寇，合兵围泾阳，忠武命严备而不出战。时二寇闻怀恩死，争长不相睦。忠武闻之大喜，乃遣牙将李光瓒说回纥，约与共击吐蕃。回纥闻忠武尚在，不信，谓光瓒曰：“令公(时子仪官尚书，故称令公)存乎？仆固怀恩言唐天子已弃四海，令公亦捐馆(捐馆，谓人亡也)，中国无主，故从之来也。令公果在，可得见乎？”光瓒回报，忠武曰：“今众寡不敌，难以力胜。昔与回纥相契甚道："敌军深入，速战比较有利。他的部下，素来感激我，我从缓进攻，他们自然会变心。"便下令道："谁敢说战的便斩首。"于是坚守营垒等待敌军自变。不久，贼人果然不战而退。贼退之后，郭子仪自泾阳（今陕西县）入朝，代宗赐他铁券，随命他出镇河中。

永泰元年，吐蕃从北道进犯奉天；党项从东道进犯同州；吐谷浑奴剌（剌卢达及吐谷浑别种）自北道进犯盩厔（盩厔音舟质，今属陕西，山弯曲的地方叫盩，水弯曲的地方叫厔）；回纥跟在吐蕃之后；仆固怀恩又带领朔方兵跟着。郭子仪奏请代宗说，敌人都是骑兵，来势如飞，不可轻视，请使各军节度，分别出兵以扼守要塞。代宗照他的话办了。没过多久，怀恩忽然得急病死了。吐蕃兵十万人到奉天，才就地扎营，朔方兵马使浑瑊（铁勒部人，骁勇善战，忌讳郭子仪）带着二百骁勇的骑兵，冲杀过去，吐蕃的兵溃散四逃，浑瑊夹起他们的一员将官，跃马而还，士气大振。到夜里他又带兵去袭击，杀死一千多人。恰巧一连下了十天大雨，贼人不能进兵，便大肆掠夺而离去。

吐蕃退到邠州，遇着回纥，大家又连合入侵，合兵围攻泾阳。郭子仪只命严为戒备而不出战。那时候吐蕃、回纥因为怀恩已死，彼此争长失和，郭子仪听见这个消息，大喜，便派遣牙将李光瓒去游说回纥，约他共攻吐蕃。回纥听说郭子仪还在，不信，对李光瓒道："令公（郭子仪做尚书令，故称令公）还在吗？仆固怀恩说皇帝已驾崩，令公也已经死了，中原无主，我们才跟着他来的。令公如果还在，可以一见么？"李光瓒回报子仪，子仪道："现在众寡不敌，很难凭借力量取胜。从前我与回纥相交甚厚，不如我去

厚，不若挺身说之，可不战而平也。”诸将请选精骑五百为卫。忠武曰：“此适足为害耳。”郭晞(公之第三子)扣马谏曰：“大人国之元帅，奈何以身为寇饵？”忠武曰：“今战则父子俱死，而国家危。往以至诚与之言，或幸而见从，则四海之福也。不然，则身没而家全。”以鞭击其手曰去。遂与数骑出，使人传呼曰：“令公来。”回纥大惊，大帅药葛罗，可汗之弟也，执弓注矢，立于阵前。忠武免胄释甲，投枪而进，诸酋长相顾曰：“是也。”皆下马罗拜。忠武面药葛罗而让之曰：“汝回纥有大功于唐，唐之报汝，亦不薄。奈何负约，深入吾地，弃前功，结后怨，背恩德而助叛臣乎？且怀恩叛君弃母(怀恩反，其母扬刀逐曰‘吾为国家杀此贼’)，于汝何有(言怀恩君亲且不顾，与回纥有何恩意乎)？今吾挺身而来，听汝杀之。我之将士，必致死与汝战矣。”药葛罗曰：“怀恩欺我，言天子晏驾，令公亦捐馆，中国无主，我是以来。今皆不然，怀恩又为天所杀，我曹岂肯与令公战乎？请为公尽力以谢过。”忠武即取酒与其酋长共饮，先执酒为誓曰：“大唐游说他，可以不战而平。”诸将请他挑选五百精骑作为卫护，子仪道：“不必，这样反而不妥。”郭晞（子仪的第三子）扣马谏道：“父亲大人是国家的元帅，怎么可以用自己作为贼人的诱饵呢？”子仪道：“现在，战则父子都死，而国事也危险，去用至诚之心和他讲说，或许幸而成功，则便是国家之福了。就是不然，我一身虽死，而家可保全。”说完，便以马鞭打他的手道：“走开！”于是带着几个骑士出去。到了以后，他派人传呼道：“令公来了！”回纥大惊，他们的大帅药葛罗是可汗之弟，引弓搭箭，站在阵前。郭子仪脱去甲胄，投枪而进。回纥的各酋长彼此相顾道：“这是令公啊！”便都下马拜见。郭子仪向药葛罗质问道：“你们回纥对唐朝有大功，唐朝酬报你们，也不算薄，为什么负约，深入我地，抛开前功，结下后怨，背叛恩德而帮助叛逆呢？况且怀恩叛君弃母（怀恩叛乱，他的母亲提刀赶他道‘我为国家杀此贼’），于你有什么恩意呢（说怀恩连君主和亲人都不顾及，对回纥又有什么恩情呢）？现在我挺身而来，任凭你们把我杀了，我的将士，一定要和你们死战的。”药葛罗道：“怀恩欺骗我，他说皇帝晏驾，令公您也去世了，中原无主，我所以才来，现在都不是的，怀恩又自取灭亡，我们哪里肯和令公打仗呢？请您让我为您出力，来为之前的错误谢罪。”郭子仪便取出酒和他们的酋长共饮。他先举酒发誓道：“大唐皇帝万岁！回纥可汗万岁！两国将相万岁！如有负约的，在阵前身亡！”药葛罗也道：“如令公的誓言！”于是各酋长大喜道：“军中的巫人说，此行安稳，不跟唐朝打仗，见到一位大人物就会回来。现在果然不错了。”郭子仪便劝说他们转攻吐蕃。回纥一面派遣他们的首领入

天子万岁，回纥可汗亦万岁，两国将相亦万岁，有负约者，身陨阵前。”药葛罗亦曰：“如令公誓。”于是诸酋长大喜曰：“军中巫言，此行安稳，不与唐战，见一大人而还。今果然矣。”忠武因说之转攻吐蕃。回纥遣其首领入朝，而率全军进攻吐蕃，大破其众十余万于灵武台西原，所获牛、羊、驼、马三百里而不绝。当寇警之迭至也，代宗方与百官讲佛经于西明寺。设无子仪，则蹈梁元帝之覆辙必矣。回纥军中见一大人而还，此实千古未有之佳话，非忠武其孰当之。

【批评】

朝政清明，则能化敌为友，否则化友为敌。仆固怀恩、回纥、吐蕃，昔皆助唐平安史之乱，曾不数年，即率兵入寇矣。可知邻国之向背何常，惟视内政之治否为准。今之交邻，尤注重此点。盖一国之土地，至富也。拥此至富之土地，而国民无爱国之心，内乱大作，贫弱日见，此犹委金于朝，一面率全军进攻吐蕃。在灵武台西原，把吐蕃的十几万大兵，打得大败，所俘获的牛羊驼马，竟接连着有三百里。当警报不断地传来的时候，代宗正和百官在西明寺讲佛经，毫不以为意。假如没有郭子仪，那么君臣肯定要重蹈梁元帝的覆辙了。回纥军中见到一位大人物就回，这确实是千古没有的佳话啊，除了郭子仪谁能当得起呢？

【评论】

朝廷政治清明时，能将敌人转为朋友，反则亦然。仆固怀恩、回纥、吐蕃，以前都曾经帮助唐朝平定安史之乱，没过几年，就领兵入侵了。由此可见邻国的依附或敌视哪有什么定准，只看国内政治是否清明罢了。当今我国跟邻国的外交尤其应当注意这一点。一个国家的土地，是这个国家最富饶的财产。拥有这样富饶的国土，而国民却没有爱国心，一旦发生内乱，就会越来越贫穷，这就好地，行路之人，谁不生心？此争彼夺，更足引起列国之大乱。于是列国指此不治之国，为扰乱世界和平之公敌，而不得不瓜分之，如波兰之见分于俄、德、奥三国是矣。或屈伏于一国势力之下，而种族沦亡，如高丽之见灭于日本是矣。呜呼！前车不远，邦人君子，尚深念之。

吐蕃、回纥，率数十万人入寇中原，唐人万不能敌。设战而竟败，则事不可为矣。子仪必不得已，乃为此冒险徼幸之事，其所恃者，为夙与回纥有恩之一段因缘而已。观其对子之言，虽似计出万全，实已置性命于度外。可知平时内力不充者，一遇患难，则虽有大人物，亦莫可挽救。犹之病亟之人，虽有神医，亦不能起死回生也。

或问当今之世，敌国来伐，至不能抵抗之时，老臣宿将，有如子仪之单骑赴敌者，不亦可乎？则应之曰，微论今之中国，无威望著于中外之大臣如子仪者，即有之，寇亦不能不战而退也。前代之战、和，皆凭一人之威福，忽起忽灭，专断在心。故子仪说动其大将，立能化干戈为玉帛，并能使之背吐蕃之盟而反击之。今日各国之战，国民欲战也，和国民欲和也，岂能凭一人为进退哉？《战国策》所载苏秦、张仪诸策士，一言能令诸侯怒，一言能令诸侯喜，颠倒是非，玩弄万乘之君如婴儿。使苏秦、张仪居今之世，恐亦未能若比把金块扔在地上，路上人哪个不想去抢？你争我抢，足以引起各国的大乱。因此各国说这是个不文明的国家，是扰乱世界和平的公敌，不得不去瓜分它，比如波兰被俄国、德国、奥国三个国家分裂。或者有的在某一国势力下屈服，导致种族沦亡，比如高丽被日本灭国。唉！前车之鉴不是很久远，国家的执政者们，要好好想想啊。

吐蕃、回纥率领十万多人的部队侵略中国，唐人绝对抵御不了。假使开战最后战败了，就会大势已去。郭子仪在万不得已的情况下，做出这样冒险侥幸的行为，他所倚仗的不过是曾对回纥有恩这个缘由罢了。看他对儿子交代的话语，看似自己的计划万无一失，实际上他已经将性命置之度外了。由此可见，平时精神气量不够充盈的人，一遇到患难，即使有大人物，也救不了他。就好比病重者，即使有神医，也不能够起死回生。

有人问，当今之世代，敌国来犯，到了生死存亡之际，如果派国家的老臣和老将单刀赴会，不也可以么？我回答说：且不说现在的中国，没有像郭子仪那样具有崇高威望的领导人，即使有，敌人也不可能不战而退。以前的战争和和解，全凭领导一人的威福，决定还是放弃，断决于一心。所以郭子仪能说动对方的大将，立马化干戈为玉帛，而且能让他们背弃约定转而攻击吐蕃。如今各国的战争，全部由国民主宰，国民想战争想和平，政府就得顺从，怎么能凭借一人的口舌之争就罢休呢？《战国策》记载的苏秦、张仪等谋士，既能一句话能让诸侯动怒，也能一句话令诸侯高兴，完全颠倒正义和是非，将大国君主当小孩子般戏弄。假使苏秦、张仪生在此之易售也。

唐时人臣有大功，则赐以铁券。券上刻文，许其犯死罪九次，或三次，皆不论抵，即免死牌也。唐初铁券，今不可见。宋程大昌《演繁露》云，唐铁券半缺，形如小木甑，上有四窍，可以穿条；凸面镌字，陷金以焕之；中分其器为二，一以藏官，一以授诸得券之人。唐末昭宗乾宁四年，赐与钱武肃王之铁券，至今犹藏天台钱氏。《金石契》云，其形如瓦，方广约一尺五寸，镕铁而成，镂金为字。未知代宗所赐者，与此同焉否也？钱氏铁券，凡二十六行，行十四字，计三百三十二字，字画全者一百四十七，至今千有余年矣，是诚历史上之古物也。

当今时代，恐怕他们也不会这么得势吧。

唐代大臣有了大功劳就赐予铁券。铁券上刻着文字，允许受者犯九次或三次死罪，全部不问罪，这就是俗称的免死金牌。唐初的铁券现在看不到了。宋代程大昌《演繁露》记载，唐代铁券一半缺失，形状像小木甑，上面有四个孔，可以穿绳子；凸出的一面镌刻着文字，阴文涂金，更加分明；从中间分开，一半藏在官府中，一半授予得到铁券的人。唐代末年昭宗乾宁四年，朝廷赐予钱镠的铁券，到现在还藏在天台钱氏家里。《金石契》说，形制就像瓦，宽约一尺五寸，铸铁而成，刻着金字。不知道代宗赐的跟这个是不是一样？钱氏铁券一共二十六行字，每行十四字，一共三百三十二字，笔画能辨认清晰的字有一百四十七个，这东西已经有一千多年的历史，实在是历史的古董啊。

第八章　忠武之晚年

唐至肃、代之时，强藩专权，闾阎凋敝，故西蕃之寇屡作，一有警至，长安即不能安居。大局如此，虽有忠武，亦难挽救。使其生当国家全盛之时，何难率偏师以击匈奴，领从者而开西域，如汉之卫青、霍去病、张骞、班超之所为也。以此知有国者，当及国家无事之时，而公保其国家之昌盛，则犹可及也。如至危亡即在目前，而始憬然发爱国之心，思恢复其昔日之荣名，是已不可为矣。忠武虽以权变说退回纥，击败吐蕃，知此终非长治久安之计。还朝之后，代宗召见延英殿，语及西蕃充斥，苦战不暇，言之涕零。呜呼！老臣忧国，天步方艰，其心如见也。

忠武念制敌非练兵不可，然连年荒乱，民不聊生，筹饷又不易也。在河中日，自耕百亩，为将士先，于是士卒皆不劝而耕，野无旷土，军有余粮。忠武年益高，功愈崇，虽强藩悍将，无不畏之如神；走卒小夫，无不敬之如父。田承嗣者，史思明之降将也，据魏州，傲悍无礼，为诸节度最。忠武尝遣使至，承嗣西望拜之，指其膝谓使者曰："兹膝不屈于人若干岁矣，今为公拜。"李灵

唐朝到了肃宗和代宗的时候，强藩专权，民生凋敝，所以常常发生西蕃入寇的事情。一有警报，长安便不能安居。大局势如此，即使有郭子仪，也不能挽救。假使他生在国家全盛的时代，率领一支部队讨伐匈奴，或者率领随从去开辟西域，就像汉代的卫青、霍去病、张骞、班超等人的所作所为，又有什么难的呢？可知一个国家，应该在无事的时候，大家努力建设，保全它的昌盛；等到危亡在眼前了，才憬然地生出爱国之心，想恢复它从前的荣名，那就已经来不及了。郭子仪虽然用权变说退回纥，打败吐蕃，但是他也知道这并非长治久安之计，不过暂时的苟延残喘罢了。回朝之后，代宗在延英殿召见他，谈到西蕃入寇，苦战不休，他只是流泪不止。唉，老臣忧虑国事，国家正在艰难之极，他的忠心日月可鉴。

他认为要制服敌人，非练兵不可，但是连年荒乱，民不聊生，筹划军饷，很不容易。他在河中的时候，亲自耕种了百亩农田，为士卒先导，于是士卒都自觉地耕种。野外里没有荒芜的农田，军中有了余粮。年纪越高，功劳也越大，即使是强藩悍将，也没有一个不畏他如神明的，走卒贩夫，没有一个不敬他如父母。那田承嗣，是史思明的降将，占据着魏州，是各节度使中最傲悍无礼的人。有一次郭子仪派人到魏州，田嗣承对着西方叩拜，指着自己的膝盖对使者道："我这膝盖不向人屈服已经好几年了，现在特为郭公而下拜。"李灵曜占据汴州，所有公私的财赋，都不敢从他的境内经过，只有郭子仪封币经过他的地方，他不但不敢扣曜据汴州，公私财赋，一皆遏绝。忠武封币过其境，莫敢留之，必持兵卫送，其为豺虎所服如此。

德宗建中二年，忠武年八十五矣，夏病甚。六月十四日，遽薨于位。人谁不死？有轻于鸿毛者，有重于泰山者。如公之死，非所谓重于泰山者耶！有八子七婿，皆为朝廷重官；诸孙数十人，每群孙问安，不尽辨，颔之而已；参佐官吏六十余人，位至将相者，不可胜数；岁入官俸二十四万贯(唐时千钱曰贯)，私利不在焉；其宅在亲仁里，居其里四分之一，中通长巷；家人三千，相出入者，不知其居；前后赐良田美器，名园甲馆，不可胜纪；代宗不名，呼为大臣，天下以其身为安危者，殆二十年。公之幸福，求之史上，不见有第二人。其死也，可无遗憾矣。所惜朝有佞臣，野多敌国，虽驰驱一世，而临命之际，犹不免赍志没地，长怀无已之慨焉。从知专制之国，虽得人亦不能治。而人之立于其朝者，亦惟自尽其鞠躬尽瘁之心，而置成败利钝于不顾也。

史臣裴洎(音忌)曰："汾阳事上忠诚，临下宽厚。每降城下邑，所至之处，必得士心。前后遭逢幸臣程元振、鱼朝恩谮毁百端，时方握强兵，或方临敌阵，诏命征之，未尝不即日应召，故谗谤不能行。麾下老将，若李怀光辈数十人，皆王留，而且还派兵护送。当时虎狼之辈，没有一个不是这样畏服他敬重他的。

德宗建中二年，郭子仪已经八十五岁了。这一年的夏天，他病得很厉害，于六月十四日逝世。人谁不会死，有的死比羽毛还轻，有的比泰山还重，郭子仪的死，难道不是比泰山还重吗？他有八个儿子，七个女婿，都是朝廷的大官，孙子有几十人。他在世的时候，对于一群来问安的孙子，他都辨不清楚谁叫什么，只点点头而已。后辈中做参佐官吏的有六十余人，位至将相的，数不胜数；每年的官俸收入有二十四万贯（唐朝时候，每一千钱为一贯），私利还不在内。他的住宅在亲仁里，占全里四分之一的地方，其中通一长巷，全家上下有三千人，出入的人，互相不知道对方住在哪里。前后赐良田美器名园甲馆，不可记数。代宗对于他称大臣，而不叫名字。他做了二十年的重臣，国家的安危几乎都系在他一人身上。自古以来，像他这样幸福的人简直没有第二个。所以他死的时候，可以说是没有什么遗憾了。所可惜的，就是朝中有奸臣，外面多敌国，他虽然纵横一生，而临死的时候，还免不了满怀壮志未酬的感慨。可知君主昏庸的国家，即使有人才，也不能尽用。忠臣良将，也只有鞠躬尽瘁而已，成败利钝只好置之不顾了。

史臣裴洎评价他说："郭子仪对皇帝忠诚，对部下宽厚，每次攻下城池，所到之处一定会获得军民的欢心。前后遇到佞臣程元振、鱼朝恩等人，对他百般诋毁。当时他手握重兵，有时正在临阵对敌，皇帝一下诏征他回来，他没有不即刻奉召的，所以各种谗言毁谤都失效了。部下的老将像李怀光等几十人，都是王侯贵侯重贵，子仪颐指进退，如仆隶焉。权倾天下，而朝不忌；功盖一代，而主不疑；侈穷人欲，而君子不之罪；富贵寿考，繁衍安泰；哀荣终始，人道之盛，此无缺焉。”忠武一生，此为定论矣。

忠武长子名曜，性孝友谦谨，尝代忠武治家，少长千人，皆得其所。诸弟急饰池馆，盛其车服，曜以俭朴自处。贵介子弟，能自克如此，未易得也。忠武薨，杨炎、卢杞，相次用事。勋臣之后，尤为所忌，而郭氏不为所害，皆曜之力也。

晞，忠武第三子，少善骑射，常从父征伐，累建奇功。暧，忠武第六子，尚代宗第四女升平公主。孙钧，曾孙承嘏，亦皆有名。子孙世贵，与唐社稷相终始，可谓自古未有之盛事。此可以验君子之泽矣(孟子曰，君子之泽，五世而斩)。

【批评】

薛嵩、田承嗣、令狐重，本史思明之降将也。唐以薛为潞州节度使，田为魏博节度使，令狐为滑台节度使，三镇结为婚姻，不奉中央之命。唐之河北，于是失矣。唐人杨巨源，记薛嵩帐下有红线女者，殊可异焉。田承嗣将伐薛嵩而夺其族，郭子仪在军中指挥他们就像对奴仆一样。如此权倾天下而朝廷不忌惮，功盖一代而君主不猜疑，穷奢极欲而正人君子不批判，富贵荣华，寿终正寝，子孙繁衍，家族安稳，跟唐王朝的盛衰相终始，做人到了这个地步，可以说了无遗憾了。”这是对郭子仪一生的定评。

郭子仪的长子名郭曜，性情孝悌友善谦谨，曾经代子仪治理家事，大大小小一千多人，各人都得到满足。他的兄弟，饮食起居，都是崇尚奢侈，惟有他却俭朴自处。富贵子弟，能够自我克制，这是很不容易的。子仪死后，杨炎、卢杞等，又相继掌权，功臣的后裔，特别被他们忌惮，而郭氏能够不受他们影响，都是郭曜的力量。

郭晞是子仪的第三子，少年时善于骑射，常跟随父亲征伐，建立不少奇功。郭暧，是子仪的第六子，娶代宗第四女升平公主。孙郭钧，曾孙郭承嘏，也都是有名的人物。郭子仪的子孙世世贵显，和唐朝相终始，真可谓自古未有的盛事了。这可以来验证君子的恩泽了(孟子说君子成就了事业，留给后人的福禄，经过几代人就消耗殆尽了)。

【评论】

薛嵩、田承嗣、令狐重，本是史思明的降将，唐朝任命薛嵩为潞州节度使，田承嗣为魏博节度使，令狐重为滑台节度使，这三个地区结为儿女亲家，不听朝廷的命令，唐朝的河北地区就从这时候丢失了。唐人杨巨源记载说，薛嵩帐下有个叫红线女的极为值得称道。田承嗣将要讨伐薛嵩，夺其地盘，薛嵩甚为忧虑，红线女地，嵩甚忧之。红线夜往田承嗣帐中，盗其枕旁所置之金合而归，卫兵森严，皆无知者。翌日，薛嵩乃发使入魏，还其金合，而为之辞曰："昨夜有客从魏中来，云自元帅床头，获一金合，不敢留驻，谨却封纳。"承嗣以失合故，正在搜捕，得书大惊，侵薛之谋，于是止焉。相传红线女可行至极速，洞房密闼，亦能伺隙而入，盖剑侠也。唐人所记剑侠极多，虽不无傅会处，或古人确有此技，后世失传，亦未可知。

专制之朝，积威所至，虽一衣一节之微，亦能使人臣凛于天泽之严，而自然屈服。若忠武不过一朝廷大臣，而田承嗣、李灵曜跋扈之将，虽朝廷之威令，亦不违行者。独于忠武则严惮之，盖为忠武之电气所感服矣。忠诚之气，即彼至强之电气也。

忠武一生栉风沐雨，躬冒矢石之时为多，加以忧谗畏讥，朝夕不欢，宜以此损其寿矣，乃克享期颐，为古来名臣大将所未有。缘其存心宽厚，湛然如水；渊然如天，元气不动，而精神亦不竭也。忠武从未谈养生术，而善谈者亦不及焉。

连夜奔往田承嗣的帐中，偷出他枕边放着的金盒子便返回，卫兵如此森严，都没人发现。第二天，薛嵩派使者去魏州，还给他金盒子，并解释说："昨晚我一个宾客从魏州来，说从元帅床头得到一个金盒子，我不敢放在身边，现在请还给您。"田承嗣因为失去盒子的缘故，正在到处搜寻，得到来信，极为震惊，想要侵略薛嵩的计谋因此作废了。相传红线女能够极快地行走，再封闭的房室也能乘机而入，她属于剑侠之流。唐人记载剑侠故事特别多，虽然不无附会的地方，也许古人确实有这等技艺，后世失传了也不一定。

专制的朝廷，威严所到之处，即使穿衣吃饭这样细小的地方，也能让臣子极为震恐而自然臣服。郭子仪只不过是一介朝廷大臣，而田承嗣、李灵耀都是飞扬跋扈的将领，即使是朝廷的严令也不听从，唯独对郭子仪极为害怕，大抵是被郭子仪的气场征服了吧。忠诚的气度就是他强大的气场。

郭子仪戎马一生，在战场的时间比较多，加上忧虑谗言害怕被诽谤，每天都愁眉不展，应该因此折寿才对，谁知竟然颐享天年，是古来的著名大臣中不曾见过的。大约因为他宅心仁厚，胸无芥蒂，待人接物，极为自然，元气不妄动，精神因而也就不涣散。郭子仪从没谈过养生之术，可是擅长谈论养生的都不及他长寿。

第九章　遗事

论史者尝谓“英雄不拘小节”。释之者曰:“英雄之智勇,多出于天赋,不如学者积数十年之修养,非礼勿动,非礼勿言,非礼勿行,非礼勿视,防检甚严,虽小德亦不逾也。”自有此语,于是酒、色、贪、横转为英雄之本色,而古今无完人矣。

忠武一生之功业,既如上述,读者当无不许之为英雄矣。及观其平居克己自治之严,无异学士,从此知酒、色、贪横不拘小节者,万不得谓之英雄也。自有英雄不拘小节之语,彼绿林之盗,亦得自托于英雄,而人欲纵恣,为世之大害矣。故辑忠武之私德,以著于篇。

忠武之子暧,尚升平公主,尝与争言。暧曰:“汝倚乃父为天子耶,我父薄天子而不为。”公主恚,奔车奏之。上曰:“此非汝所知,彼诚如是。使彼欲为天子,天下岂汝家所有耶?”慰谕令归。忠武闻之,囚暧入待罪。上曰:“鄙语有之,不痴不聋,不为家翁。儿女闺房之言,何足听也?”忠武归,杖暧数十。

边塞事急,则遣忠武出征,立功即还朝,率以为常。大历四年,自邠州还,鱼朝恩邀之游章敬寺。元载恐其相结,密告忠武曰:“朝恩谋不利于公。”忠武不听,将士请束甲

“英雄不拘小节”，这是中国的一句老话。解释这话的人说：“英雄的智勇，大多是天生的，不像学者需要累积几十年的修养，才能像圣人那样非礼勿动、非礼勿言、非礼勿行、非礼勿视。防卫很严谨，即使有违小德的事情也不会去做。”自有了这句话，于是酗酒、好色、贪财、蛮横，反变成英雄的本色，这样说从古至今都没有完美的人了。

郭子仪一生的功业，已经如上所述。读者自然没有不认为他是英雄的了。但是看他平时克己自治的严谨，跟做学问的人一样，就可以知道那些酗酒、好色、贪财、蛮横，不拘小节的人，万不能算英雄了。自从有“英雄不拘小节”的话传开后，那些盗贼也自称大英雄，为所欲为，成为世人大害。所以现在再把他的私德，来略为叙述一下。

郭子仪的第六子暧，娶升平公主。有一次，他和公主吵嘴，说：“你不就仗着你的父亲是皇帝吗？我的父亲把皇帝看得很轻，不想做！”公主听了这话，十分气恼，便立刻进宫，向代宗告状。代宗对她道：“这个你不懂得，他的确是如此，假如当年郭子仪要做天子，天下还是咱们家的吗？”便对公主慰谕一番，叫她回去了。郭子仪知道此事，忙绑着郭暧入朝待罪。代宗道：“俗语有句话：‘不痴不聋，不为家翁。’小孩子闺房中的话，哪里值得计较呢？”郭子仪回去，把郭暧打了几十杖。

边塞有急事的时候，朝廷便派郭子仪出征，立功后便回朝，这是常常如此的。大历四年，他自邠州回来，鱼朝恩邀他去游章敬寺。元载恐怕他们交好，便秘密告诉他道：“朝恩想乘此害你。”

以从。忠武曰："吾国之大臣，彼无天子之命，安敢害我？若受命而来，汝曹欲何为？"乃从家僮数人而往，朝恩惊问其故，忠武以所闻告，且曰："恐烦公经营耳。"朝恩抚膺流涕曰："非公长者，能无疑乎？"

忠武在朔方，尝奏除州县官一人，朝廷不报，僚佐以为言。忠武曰："兵兴以来，方镇跋扈，凡有所求，朝廷必委曲从之，盖疑之也。今某所奏，朝廷以其不可行而止之，是不以武臣相待而亲厚也。又何怪焉？"闻者皆服。

忠武不悦张昙。有吴曜者，又从而谗之，因奏昙扇动军众，诛之。掌书记高郢力争，忠武不听，奏贬郢。既而僚佐多以病求去。忠武悔之，悉荐于朝，曰："吴曜误我！"遂逐之。

代宗将葬，禁屠宰。忠武之隶人犯禁，金吾将军裴谞奏之。或谓曰："君独不为郭公地乎？"谞曰："此乃所以为之地也。郭公勋高望重，上新即位，以为群臣附之者众。吾故发其小过，以明郭公之不足畏，上尊天子，下安大臣，不亦可子仪不听，将士请求穿上护甲跟去。子仪道：“我是国家的大臣，他没有皇上的命令，怎样敢害我？他若是受了命令而来，那么你们又能干什么呢？”他便带着几个家僮而去。鱼朝恩看见他轻车简从，只带几个家僮而来，甚为惊奇，问他什么缘故。子仪便把自己听见的话告诉鱼朝恩，并且说道：“恐怕你忙烦，故不敢多带随从。”鱼朝恩听了，抚着胸口流泪道：“若不是像这样的忠厚长者，谁能不见疑呢？”

郭子仪在朔方的时候，曾经奏请免掉一位州县官，而朝廷没有回复。他的僚属都觉得奇怪，心中很抱不平。子仪道：“自从战事一起，各方藩镇都很专横，凡有所求，朝廷必委曲顺从他们，其实是心中对他们有所怀疑。现在我所奏请的，朝廷认为不可行便不行。这正是不以武臣相待，而亲厚我，有什么可怪呢？”各人都大为敬服。

郭子仪不喜欢他的部下张昙。有个叫吴曜的又从中进谗言，奏报张昙煽动军众，要杀了他。掌书记高郢力争以为不可。子仪不听，奏请贬降高郢。后来他的属下多托病请求离开。他才懊悔前事，便将他们都荐于朝廷，并且说：“吴曜误导了我啊。”于是把吴曜赶走了。

代宗要下葬，禁止屠宰，郭子仪的仆人犯了禁，金吾将军裴谞奏闻朝廷。有人对裴谞道：“你不替郭公留一点面子么？”裴谞道：“这正是替郭公留面子的啊。郭公勋高望重，现在皇上刚刚即位，正怀疑群臣大多趋附他，我便故意告发他的小过失，来表明郭公并没有多大的势力。这样，上尊皇帝，下安大臣，岂不可以吗？”子乎？”忠武闻而谢焉。

盗发忠武父墓，捕盗未获。人以鱼朝恩素恶子仪，疑其使之。忠武心知其故，及自泾阳还朝，议者虑其构变，公卿皆以为忧。及忠武入见，帝言及之，忠武号泣奏曰：“臣久主兵，不能禁暴，军士残人之墓亦多矣。此臣不忠不孝，上获天谴，非人患也。”朝廷乃安。

仆固怀恩引回纥、吐蕃入寇，忠武使其子晞将兵救邠州。晞纵士卒为暴，节度使白孝德患之，而不敢言。段秀实自请补都虞，候晞军士入市取酒，刺酒翁，坏酿器。秀实列卒，尽取其首，注槊上，植市门。晞一营大噪，尽甲。孝德恐，秀实曰：“无伤也，请往解之。”选老躄(音辟，与躠同，足不能行也)者一人，持马至晞门。甲者出，秀实笑且入曰：“杀一老卒何甲也，吾戴吾头来矣。”晞出，秀实让之曰：“副元帅(谓子仪也)勋塞天地，当念始终。今兵卒为暴，行且致乱；乱则罪及副元帅，郭氏功名，其存者几何？”言

仪知道了，便去拜谢他。

有盗贼把郭子仪父亲的坟墓掘了，官府抓捕却没抓到人。大家认为鱼朝恩向来讨厌子仪，便疑心是他主使的。郭子仪也知道这个缘故。他自泾阳回朝，大家怕他要追究，都十分忧惧。等到他入朝见皇上的时候，皇上谈及这事，他痛哭着奏道："臣一直掌握兵权，不能禁止部下的暴行，军士残害人民坟墓的事情很多。这是臣不忠不孝，受到上天的责罚，并不是人家和我为难啊。"于是朝廷上下才安心。

仆固怀恩引回纥吐蕃兵入侵，郭子仪命他的三子郭晞，率兵士援救邠州。郭晞放纵士卒在外作恶，节度使白孝德颇为忧虑，又不敢说。段秀实便自请做他军中的都虞候。有一天，郭晞军到街上买酒，刺杀酒翁，打坏酿器。段秀实派兵把闹事的人全数斩首，把头穿在枪尖上，把枪插于市门口。郭晞军中全营鼓噪，都披甲执兵器，准备厮杀。节度使白孝德大为恐慌，段秀实道："不要紧，我去解释。"便选一个跛脚的老兵牵着马到郭晞的营门，披甲的兵士出来，秀实笑着进去道："杀一个老兵，哪里用得着披甲？现在我带着我的头来了。"郭晞出来见他，他便责备道："副元帅（谓郭子仪）功勋塞天下，总想有始有终。现在你的兵卒作恶，恐怕就要生乱了，生乱就会罪及副元帅，那时郭氏的功名，恐怕不能保存了！"他话没有说完，郭晞便拜了又拜道："幸而得着你的教言，我怎么未毕，晞再拜曰：“公幸教晞以道，敢不从命。”叱左右皆解甲，敢哗者死。秀实因留宿军中。明日，复至孝德所谢。此虽晞之勇于改过，亦忠武以身作则有以感之也。

【批评】

语曰：“取法乎上，仅得其中。”言悬格之不可不严也。古人岂无短处？然吾人万勿仅记其短处，以为酒、色、贪、横，即古人亦所不免，我辈不必自苦也。虽小疵不能掩大醇，而白璧微瑕，终减声价。少年人切勿自宽，学古人当学其是处，毋学其不是处。

暧与公主争詈云云，诚一呆公子口角耳。代宗一笑遣之，尚有君人之度。缚子待罪，此举自万不可少。

忠武之世，同朝共列者，如鱼朝恩、程元振、元载，皆误国之臣也。或谓忠武，何不力争于上前，逐而去之？朝廷方倚公为长城，宜必听从其言。然肃、代诸帝，即能因公之言而去三凶，以肃、代之暗弱，去一鱼朝恩、程元振、元载，安知不更来一鱼朝恩、程元振、元载？公握兵在外，易涉嫌疑；小人在君侧谮之，己之一身纵不足惜，其如大局何哉？公所以委曲交欢于群小之间，而不敢搏击之，其用心亦良苦矣。

敢不从命呢？”便喝令左右解甲，敢喧哗的便处死刑。第二天郭晞又到白孝德处谢罪。这虽是郭晞勇于改过，但也是在子仪良好的家庭教训下耳濡目染的。

【评论】

古语说：“取上等的为准则，也只能得到中等的。”是说选择榜样不能不严谨。古人怎么会没缺点呢，只是我们后辈千万别抓住他们的小缺点不放，从而误认为酗酒、好色、贪财、蛮横，即使古人也在所不免，我们就不必自我抑制。虽然小缺点不能掩盖大功德，然而白璧上有微瑕，还是会掉价的。年轻朋友们可不能自我放松，要学古人对的地方，别学他们的错误。

郭暧跟公主争吵说的话，简直就是富贵公子的口角罢了，代宗一笑了之，尚且还有君王的气度，郭子仪绑缚儿子待罪皇宫，这也是不能少的。

郭子仪的时代，同朝为官的人比如鱼朝恩、程元振、元载等，都是误国的奸臣。有人说郭子仪何不在皇帝面前力争，将这些人都赶出朝堂？朝堂正倚靠郭子仪带兵打仗，应该会听从。可是肃宗、代宗各位帝王即使能因为郭子仪的话除去这三人，像肃宗、代宗这样软弱无能，除去这三人，还会有同样的奸臣上来。郭子仪带兵打仗，远离朝廷，非常容易惹人嫌疑，有小人在君主旁边一直毁谤，自己的性命纵然不足惜，国家大事怎么能耽误呢？所以郭子仪在这些小人中间周旋，却不敢除掉，真是用心良苦啊。

忠武误听吴曜之言，而杀张昙，事后知之，即时改正，其勇于改过如此，谁谓英雄与圣贤有二途哉？

发忠武父之墓者，实为鱼朝恩。《唐书本传》载之：朝恩因忌郭氏之盛，故为此以压胜之。然既发之后，郭氏亦无恙也，小人枉自为小人。朝恩倘有天良，亦当自愧。而风水之不足信，亦可恍然。明之思宗，以流寇猖狂，计无所出，默使边大绶掘闯贼祖父之墓(墓在陕西米脂县)。边氏著《虎口余生记》，详载其事。其后闯贼虽败，而明亦未尝存也。闯之行为，本无不败之理，与掘墓事亦无涉也。

郭子仪误听了吴曜的话杀了张昙，事后知道真相，立刻改正，他如此勇于改过，谁还能说大英雄跟圣贤绝对不同呢？

掘了郭子仪父亲坟墓的确实是鱼朝恩，《唐书本传》记载，鱼朝恩因为忌惮郭子仪权势煊赫，所以想用这种方法镇服。可是掘了坟墓以后，郭家也并未怎么样啊。小人徒然做了小人。鱼朝恩倘若还有良知，也会愧疚的吧？同时我们借此知道风水学的说法是不足信的。明代的崇祯帝因为流寇猖獗不止，没办法，便暗地让边大绶掘了李自成祖父的坟墓（墓在陕西米脂县），边氏《虎口余生记》对此事记载很详细。后来闯王虽然失败，而大明也覆亡了。李自成的行为本来就会招致失败，跟掘坟墓一点关系也没有。

少年叢書

文白对照本

司马光

孙毓修◎著

团结出版社

图书在版编目（CIP）数据

少年丛书 / 孙毓修编. -- 北京 : 团结出版社,2015.7
ISBN 978-7-5126-3662-0

Ⅰ.①少… Ⅱ.①孙… Ⅲ.①名人–生平事迹–世界–少年读物 Ⅳ.①K811-49

中国版本图书馆CIP数据核字(2015)第130183号

出版：团结出版社
（北京市东城区东皇城根南街84号 邮编：100006）
电话：(010) 65228880 65244790 （传真）
网址：www.tjpress.com
Email：65244790@163.com
经销：全国新华书店
印刷：三河市祥达印刷包装有限公司
装订：三河市祥达印刷包装有限公司

开本：148×210 1/32
印张：128
字数：1500千字
版次：2015年12月 第1版
印次：2016年4月 第2次印刷

书号：978-7-5126-3662-0
定价：490.00元（全28册）

少年叢書

《少年丛书》白话语译编委会

出版前言

近代著名思想家、政治家梁启超曾经说："少年强则国强，少年智则国智，少年富则国富，少年独立则国独立，少年自由则国自由，少年进步则国进步，少年胜于欧洲，则国胜于欧洲，少年雄于地球，则国雄于地球。"这是他的散文《少年中国说》中的一段，作于戊戌变法失败后的1900年。文中极力歌颂少年的蓬勃朝气，指出封建统治下的中国是"老大帝国"，热切希望出现"少年中国"，振奋人民的精神。

或许是受到梁启超先生的感召，1908年冬天，上海商务印书馆编译所推出了一套系列丛书——《少年丛书》，又名《中外伟人的传略》，这是二十世纪中国的第一部历史人物类学生课外阅读丛书。首任编辑和作者是林万里，第二任编辑是孙毓修，孙毓修是这套丛书的主要作者，后期加盟写作的骨干还有国学大师钱智修。他们都博览中外，以精准而严格的眼光审视中外古今文化资源，选取其中有益于

少年儿童精神世界的材料，予以整合，编写成册。这套书出版以后，广受少年儿童的欢迎，每册前后加印达几十次，若整套书累计，恐怕达到数百次之多，发行量之大，影响力之广，在二十世纪的人物传记类图书中堪称罕见。

《少年丛书》前后出版了近三十余种，每一册传主为一位中外历史名人。我们在全国各地经过多方的搜寻，共得二十八册，其中中国名人十五位，外国名人十三位。每篇先叙述名人的生平传记，后加以作者的评论，根据时事，启发少年，借以激励少年树立远大志向，明确奋斗目标，成就健全人格。著名作家茅盾在阅读这套书后曾评论说："记事简明，议论正大，阅之足以增长见识，坚定志气。"这套出版之初即为砥砺少年志向的书影响了当时无数少年儿童由此走上振兴中国之路。著名作家张天翼、赵景深、陈伯吹等，都曾深受这套书的影响。

《少年丛书》的三位作者，都是当时学贯中西的通儒，不仅有深厚的国学功底，也有睁眼看世界的非凡眼光。撰写本套书册数最多的孙毓修先生，他是我国近代著名的目录学家、藏书家、图书馆学家。他同时还创作了大量的儿童文学作品。除了《少年丛书》，他还先后主编出版《少年杂志》、《童话丛书》等，被茅盾誉为"中国童话的开山祖师"。

另一位作者钱智修，浙江嵊县人，字经宇，是著名的国学大家，博古文学家，东方学派思想家。他在学时，就以"国学国文湛深，文章洛阳纸贵"赢得尊敬，并被上海多家进步报馆争揽为特约撰稿人。1911年毕业后，他应编译所长高梦旦之聘，担任商务印书馆编

译所编辑。1920年7月他任《东方杂志》主编，长达12年，是该杂志有史以来任期最长的主编。他还参与编辑《辞源》及《中国人名大辞典》、《中国古今地名大辞典》。1931年任国民政府监察院秘书长。

第三位作者林万里是民国年间著名的报人，原名獬，又名白水，字少泉。他幼承家学，又拜名士高啸桐（商务印书馆创始人之一）为师。清光绪二十四年(1898年)，他在杭州参与创办求是书院、养正书塾、东城讲舍、蚕学馆4所新式学堂，任求是书院总教习；后任《杭州白话报》主笔，宣传新思想。光绪三十年(1904年)，他出任《警钟日报》主编，宣扬孙中山及其领导的革命，后追随孙中山。帝制取消后，林万里重操新闻旧业，创办过多份报刊。

鉴于每位作者独有的知识结构和兴趣热点，每位编者对人物都有自己的选择。孙毓修所撰写的大部分是中国历史名人，而且写作的视角也非常独特，如其所写的《玄奘》是一个历史人物，而不是《西游记》中的唐僧。现代的普通读者对玄奘的了解绝大部分是来自于《西游记》等小说，而历史上的真实情况却鲜有人知——玄奘取经并非唐太宗支持，相反还受限于当时的法令，他冒着生命危险才得以出境。这就需要有人为读者打开另外一扇窗户，还原真实的玄奘，而不是小说中的文学形象。茅盾先生对孙毓修所写的《玄奘》评价很高：“可以说是内容翔实，深入浅出，既宜于少年阅读，也使成年人增加历史知识。”再如《苏秦》，作为一位著名的辩士，《史记》必然为之列传。孙毓修在写苏秦游说各国发言的时候采用了《史记》中记载的史料，而在后面的评论部分对苏秦的表现作了恰当的点评，分析苏秦游说秦、燕、赵、韩魏、齐楚的过程，阐述了苏

秦辩术策略的不断提高。对于国外人物的选取，孙毓修也是偏爱励志型的，如德谟士，从一个小人物成长为大演说家；彼得大帝，从受制于人，成为欧洲赫赫有名的皇帝。

另一位作者钱智修，先后写有《林肯》、《苏格拉底》、《拿破仑》等，这些都是西学东渐后中国人十分崇仰的外国名人。值得注意的是，钱智修秉承严复所主张的信、达、雅翻译原则，特别讲究传记所含的真实性。他所抒发、张扬的传主虽然都被列为人们仿效的楷模，写法却不做作，更没有为了塑造人物形象而更改史实。

林万里所写的外国传记和钱智修的作法大致相近，即在第一章抒发己之传记宗旨，后文谈及传主读书之术、治学之道与其行事风格，并进行了点评。此外还有其他人关于传主的言论，更有编译者自己的评论，以引导少年儿童正确地学习和借鉴，而不是一味盲从。

《少年丛书》的最大特色，就是“记事简明，议论正大”。书中除了记叙人物的生平故事之外，作者的评论也让这套书大为增色。其议论宏富，既能够结合少年的成长特点，指明如何学习书中人物的优良品质，也指出了其中的不足之处，对于引导少年如何立志修身，大有裨益。

这套书的另一大特色，就是全部用文言文写作，语言凝炼，文笔流畅，保持了中国传统作史传的鲜明特色。当时，白话文风已经悄然兴起，而作者能够不从时髦，采用文言写作，甚为难得。以至我们今日再读此书，依然能够体味到文言笔法的无穷魅力。然而考虑到近百年来，国人的文言文水平已经一落千丈。今日的大部分少年，阅读文言文尚有一定困难，因此我们特别组织人员，将全套书进行了

白话翻译。尽管我们做了最大的努力，文言文的神韵依然是难以用白话表达出来。因此，我们希望少年朋友通过阅读这套书，体会文言文的独特魅力，进而热爱和学习文言文。

《周易》有云："君子以多识前言往行，以畜其德。"说的就是多学习古人的嘉言懿行，对我们修身立德至为重要。古人尝言："童蒙养正，少年养志，壮年养德。"少年时期是人生至为关键的时候，这个时期树立什么样的志向，以什么样的人为榜样，往往会决定一个人未来的人生成就。而一个人少年时期读的书，也足以改变他的一生。在今日少年课外读物良莠不齐的状况下，《少年丛书》堪称鲜有裨益少年的优秀读物。若今日的少年，能够认真研读这套《少年丛书》，对于树立远大志向、培养健全人格、完善道德情操将大有裨益。或许，今日的风华少年，即是将来成就伟业的千古豪杰、泽被世人的大圣大贤。勉哉！勉哉！

为什么要读名人传记

——《少年丛书》白话语译序

我从小很喜欢读书，可是，因为身处偏僻山村，小的时候却无书可读。那个时候，家中只有父亲买的一本《古文观止》，儿时翻阅过无数次，虽看不太懂，却记忆深刻。有人说，儿童时期读的书，一生也难以忘记。此言确实不虚。

没有想到的是，儿时无书可读的我，日后竟然投身于出版业。今天，我国的出版业已经非常发达，给少年儿童读的书也非常多。可是，若细心寻求，真正的好书却是少之又少，尤其是给少年儿童介绍历史文化的书。

一个偶然的机会，我们与这套百年前的《少年丛书》结缘，这套当初专为少年而写的中外名人传略，让我眼界大开，没想到，百年前的前辈们，竟给少年们创作出如此优良的传记读物。要知道，给少年

儿童写作，比给成年人写作更难，尤其是给人物作传，既要符合历史史实，不可随意编撰，又要注意引导青少年如何取其长，避其短，以免误人子弟。因为，作为历史人物，不可能处处皆堪为今人楷模。这就需要作者要极富有爱心、责任心和严谨精神，才能让读者从中获得纯净的人生智慧。可以说，目前各种写给青少年的人物传记，很少能与这套《少年丛书》相提并论的。

这套书中的二十八位中外名人，大多数是我们耳熟能详的人物，但是对于他们的生平事迹，也许就知之甚少了。读了他们的传记，方知欲为圣贤豪杰，需下一番苦功夫才能有所成就。“人人皆可为尧舜”，说的是我们每个人都有成圣成贤的资质，然而虽有圣贤之资，也需后天的不懈努力，方能成就一番伟业。所以，这一套书作者的目的并不仅仅是让读者了解一下名人轶事，而是以伟人的事迹启迪和激励少年朋友，树立人生的志向，汲取这些英雄豪杰的人生智慧，修身立德，练就自身本领，最终成为造福国家和社会的有用之才。

这套书虽然是写给少年看的，并不意味着就不适合大人阅读。大作家茅盾就曾大力推荐这套书。现在的青年人，乃至家长、老师，若能读读这套书，对于人生事业，教育子弟，也是大有益处的。可以说，这是一套老少皆宜的好书。

《少年丛书》在当时之所以大受欢迎，销量巨大，也不是没有原因的。这套书每册文字量不大，文笔流畅，史实可靠，评议精彩，这都是许多普通名人传记所不具备的。因此，这套书深受读者欢迎，也就不难理解了。

读名人传记，重在学习名人的智慧和经验。正如文天祥所说，

“人生自古谁无死，留取丹心照汗青”。人生有涯，知也无涯，如何在有限的生命里寻求到人生的价值，获取人生的智慧，而不浪费光阴？《少年丛书》中的这些圣贤豪杰，就是我们的榜样。他们身上伟大的人格，比如孝友、善良、爱心、坚毅、勇敢等等，这些人性的光辉，都是我们的学习之处。

我们用了近一年的时间，将这一套书作了白话语译，希望今天的少年们，能够喜欢阅读并且从中汲取智慧。若能让每一位读者都能够有所收获，那就不负当初写作这套书的三位老前辈的一片苦心，而我们的工作也就没有白做了。

这一套书规模宏大，在校对和语译的过程中，难免会有错误，恳请广大读者不吝指正。

《少年丛书》语译小组　主编　萧祥剑

目录

第一章 总述

温公遗像

人生此世，浮沉于人海之中，七尺之躯，至弱也。将捍万难而浩然独立，其何恃乎？恃才则才有时而绌，恃智则智有时而尽，恃势则势有时而穷。即使才不见绌，智不见尽，势不见穷，而刻刻竭智尽虑以防祸患之至，尔诈我虞，五中纷然，尚何暇治天下事哉？

天下有无形之才、无形之智、无形之势，居乎一室，应乎千里。虽蛮貊可以感，豚鱼可以孚，其物维何？曰诚而已。《大学》之言治国平天下也，其第一事在诚意，如木之有本，水之有源。意既诚矣，复何事不可为也？知此乃可与论司马光。

当宋仁宗、英宗、神宗之世，中外乂安，才智之士、谋略之臣皆不能仓促以建功名，况司马公之不甘以才智见，不愿以谋略著，休休然如不及者耶。王安石（字介甫，江西临川人，封荆国公，谥曰文）在位时，忌公甚，处以散秩，官以末人这一辈子，在社会上起起落落，七尺的身躯，是很弱小的，要去面对一切困难并且还要保持一身正气和自我独立，能依靠什么呢？依靠才能，那么才能也有不足的时候；依靠智力，那么智力也有用完的时候；依靠权势，那么权势也有用光的时候。就算是才能不会不足，智力不会被用完，权势不会被用光，但如果每时每刻都想方设法来防止祸患到来，互相欺骗，内心中乱七八糟的，还哪里有时间去治理天下大事呢？

世上有一种不露形迹的才能、不露形迹的智慧、不露形迹的权势，待在一个小小的屋子里，却能感应到千里以外的事情。可以感化落后的部族，可以取信微贱的豚鱼，这是因为什么呢？只是真心罢了。《大学》强调治理国家、让天下太平，它的第一要务就在于心意真诚，就好像树木有根，河水有源头一样。心意真诚了，那么还有什么事做不到呢？知道了这些便可以来一起谈论司马光了。

在宋仁宗、宋英宗和宋神宗在位的时候，国内外都比较安定，有才能的人和有谋略的人都不能短时间内建功立业，更何况司马光还不愿意凭借才智让人发现，不愿意凭借谋略出人头地，悠闲地就好像一个处处都落后的人一样。王安石（字介甫，江西临川人，被封为荆国公，谥号是文）执掌朝政的时候，非常厌恶僚。公见志不行也，退居洛下，出则与田夫野老为侣，居则与诗书笔墨为缘，几类于绝人逃世者之所为。然天下之人想望丰采，无人不知有司马君实，冀其出而霖雨苍生也，是果以何道而致此？

虎豹隐于深山而人不敢近者，畏其威也。司马公一介书生，无威可畏，且其时世之于公，非畏之而爱之。使人畏易；使人爱难，吾观于公乃知圣人所言“诚能动物”“诚中形外”之效有如此者。公与邵康节（名雍，字尧夫，河南人，谥康节先生）为心交，问之曰：“光何如人？”曰：“君实脚踏实地人也。”公深以为然。亦尝自向人言：“吾无过人者，但生平所为，未尝有不可对人言者耳。”观此则后人之学公者，亦可以知所从事矣。闻之画者曰“画人难画鬼易”，作史者亦然，传奇人易传正人难。今欲综论司马公之为人，则非一事可尽，一言可括也，无已则有宋人之所以论公者在。

苏轼（字子瞻，谥文忠，眉山人，与公同时）为公撰行状。其言曰：“公忠信孝友、恭俭正直，出于天性。自少及司马光，让他当一个有官名而没有固定事情做的低等官。司马光眼见自己不受重用，便回到了洛阳，在外和山野百姓一起作伴，在家的时候则看书写字，几乎跟隔绝人世的隐居者一样。然而天下人都想看一看他的面貌，没有人不知道司马光的，希望他出来拯救天下百姓，这又是因为什么才会变成这样的呢？

虎豹隐藏在深山中，让人不敢去接近它们，那是因为人们害怕它们的威力。司马光是一个读书人，没什么威力可以让人害怕的，况且那时候世人对于司马光没有害怕，而只有喜欢。让人害怕自己，这很容易；让人喜欢自己，这很困难，我了解司马光之后才知道圣人所说的“真诚能够感化动物”“内心真诚，也会在行动上表现出来”原来是这样的。司马光与邵康节（名叫邵雍，字尧夫，河南人，谥号为康节先生）是知心朋友，他问邵康节说：“你觉得我司马光是个什么样的人？”邵康节回答说：“你是一个做事认真踏实的人。”司马光也认为确实是这样的，他曾经也跟人说：“我没有什么比别人强的地方，只是我一辈子做的事，没有一件事是不能和人说的。”看了这些，那么后代学习司马光的人，也可以知道该怎么做了。听画画的人说“画人很难，画鬼很容易”，书写历史也是这样的，写奇异的人很容易，写正直的人很困难。现在想要综合论述司马光的为人，那不是一件事就可以写完，一句话就能够概括的，一定要说的话，那么还有宋代人关于司马光的论述呢。

苏轼（字子瞻，谥号文忠，是眉山人，与司马光同时代）为司马光撰写生平，他写道：“司马光忠诚，讲信用，孝顺父母，对兄弟友爱，恭谨谦逊，而且还非常正直，这些品性都是出自他的本老，语未尝妄。其好学如饥之嗜食，于财利纷华如恶恶臭，诚心自然，天下信之。退居于洛，往来陕郊。陕洛间皆化其德，师其学，法其俭。有不善，曰‘君实得无知之乎？’博学无所不通，音乐律历天文书数皆极其妙。晚节尤好礼，为冠婚丧祭法，适古今之宜。不喜释、老，曰‘其微言不能出吾书，其诞吾不信。’不事生产，买第洛中，仅庇风雨。有田三顷，丧其夫人，质田以葬。恶衣菲食以终其身，躬亲世务不舍昼夜。”

苏轼撰蜀公（范镇，字景仁，成都华地人，封蜀国公，谥忠文）墓志曰：“熙宁元丰（皆神宗年号）间，士大夫论天下贤者，必曰君实、景仁。其道德风流足以师表当代；其议论可否足以荣辱天下。二公盖相得欢甚，皆自以为莫及，曰：‘吾与子生同志，死当同传，而天下之人亦无敢优劣之者。’公尝谓人曰：‘吾与景仁，兄弟也，但姓不同耳。’

性。从小到大说话都不说假话，他喜欢读书就好像饿了想要吃饭一样，对于金钱利益就好像讨厌臭气味一样，内心真诚，顺应自然，天下的人都信任他。他辞官后住到了洛阳，在陕县城外来来往往。陕县和洛阳之间的人们都被他的道德所感化，效法他的学问，学习他的勤俭。有什么事做得不好，人们就说'司马光该不会知道吧？'司马光学识渊博，没有什么不精通的，对于音乐、法律、历法、天文、六书和九数这些知识，他都非常精通。晚年特别喜欢研究礼，对于成年的冠礼、婚丧嫁娶的礼仪和祭祀方法，都要做到古代与现在的仪式相适宜。他不喜欢佛教和道教，说'它们精微之处超不过儒家，荒诞之处我不相信。'（编者注：释道和儒家文化同为中华文化之精华，因宋儒辟佛，故后世不少读书人因此反对佛法，这一点是不可取的，读者应当明辨。）司马光不从事耕种，在洛阳买的房子，只能遮蔽风雨。他有三顷田地，妻子去世的时候，他把田卖了来给她安葬。他一直到死都过着破衣粗食的日子，追求治理国家的事情一天都没有停止过。"

苏轼撰写的蜀公（范镇，字景仁，是成都华县人，被封为蜀国公，谥号为忠文）墓志中说："熙宁、元丰（这两个都是神宗的年号）年间，士大夫们谈论天下的贤人，一定会说到司马光和范镇。他们风雅潇洒的道德足够成为当时天下人的表率；他们评议事情的对错足够成为褒扬和贬低天下事的标准。他们二人相处得非常开心，都认为自己比不过对方，说：'我和你活着的时候是志同道合的朋友，死了之后也应当放在一起来写传记，这样世人也不敢评价我们谁优谁劣了。'司马光曾经和人说：'我和范镇是好兄弟，然至于论钟律则反复相非，终身不能相一，君子是以知二公非苟同者。”

黄震（字东发，慈裕人）曰：“温公之得人心，生荣死哀，自尧、舜、三代之佐，皆无其比者，何哉？呜呼！事盖有因变而彰者矣。王安石行新法，天下苦之。公以争新法不便，辞枢副不拜，退居洛十五年，人心感其我爱而悲其身之退者，为何如？一旦二圣临御，顺民心之所欲，拜而相之，凡天下之所苦于安石者，一洗而尽。人心之郁于久望而快于一遂者，为何如？望之十五年之久，慰之一旦之顷而。俄薨背于三月之遽，人心之伸于久郁而惊其忽逝者，又何如？呜呼。温公之得人心，盖有因事变而彰者矣。尧舜三代之佐，始终与天下相忘于无事，帝力且不知其有，况相臣乎？”

【批评】

《大学》：“古之欲明明德于天下者，先治其国；欲治其国者，先齐其家；欲齐其家者，先修其身；欲修其身者，先正只是姓不一样罢了。’然而当他们谈论音律时，却多次都不能达到一致，一辈子都不能达到统一，因此，君子们知道他们二人不会轻率地表示同意对方的。”

黄震（字东发，是慈裕人）说：“司马光能够获得众人的感戴拥护，活着的时候受人敬重，去世的时候让人悲痛。从尧、舜、夏、商、周以来的贤臣，都不能和他相比，这是为什么呢？唉！有些事情会因为变化才得以彰显出来。王安石实行新法，天下百姓都感到十分痛苦。司马光因为在辩论新法时没有占据优势，便辞去了枢密副使的官职，在洛阳居住了十五年，世人心中都为他爱护百姓而感动，为他辞去官职而难过，这能怎么样呢？直到太皇太后和哲宗治理国政，开始听取百姓的心声，司马光被任命为宰相，凡是百姓痛恨的王安石新法，全部都被废除了。人们的内心压抑了很久，终于能够一下子痛快地释放了，这能怎么样呢？他盼望了长达十五年之久，终于在这一刻得到了安慰和解脱。却才过了三个月的时间他就去世了，百姓心中长久以来的痛苦才刚刚得到舒缓又被他的突然去世而震惊，这又能怎么样呢？唉！司马光能够获得众人的感戴或拥护，大概就是因为有些事情会因为变化才得以彰显出来吧。尧、舜、夏、商、周以来的贤臣，始终与天下百姓没有什么争执而彼此都忘记了对方，帝王的恩德尚且都不知道，更何况宰相大臣呢？”

【评论】

《大学》中说：“古代那些想要把自己的美德传播到天下的人，就要先治理好自己的国家；要治理好自己的国家，就要先管理其心；欲正其心者，先诚其意；欲诚其意者，先致其知，致知在格物。”看来格物与治天下有何相关，而《大学》言其次第如此。士人无格物工夫，掠取几句政治话头，凭借时世，亦俨然与人家国事，其可乎哉？

温公之学，始于不妄语，而成于脚踏实地，明言之只是“不自欺”三字耳。其事非高远而难为也，从此入手人人皆可学步。

好自己的家庭；要管理好自己的家庭，就要先提高自己的修养；要提高自己的修养，就要先端正自己的思想态度；要端正自己的思想态度，就要先有诚心；要想有诚心，就要先增长自己的学识，增长学识的途径就是要格除自己的物欲。”格除物欲与治理天下有什么关联，《大学》中都已经说清楚它们之间的顺序了。读书人没有格除自己的物欲，随便拿来几句政治话语，凭借时代环境也一本正经地和别人谈论修身、治家和治理国家的事情，这样可以吗？。

司马光的学问，是从不说假话开始的，最后以脚踏实地的态度获得成功，简单地说就是“不欺骗自己”这几个字。这一点并不是非常地高尚远大，而且很难做到的，从这一点开始，每个人都可以学着去做的。

第二章　少年时代

公复姓司马，名光，字君实，号迂夫，晚号迂叟，世称涑水先生，陕州夏县人（今山西夏县）也。父天章，为光山（今河南光山县）令。宋真宗天禧三年十月十八日，生公于官舍，故取名曰光。今光山县学内有司马井，世传公生时汲此水洗浴，故名。后人建书院祀公而为之记云：“光虽僻陋而生司马温公，则光之为光也大矣。”山川生色，地以人重，人可不勉乎哉？

天章以文学行义，事真宗仁宗，官至三司副使，以清直闻于天下，号称一时名臣。公母钱塘君聂氏，才淑孝睦，称于邦家。公生值朝野清晏之时，又有贤父母，家庭教育，固已加人一等矣。

语曰：“少成若天性。”公儿时，已不与常儿同。自记三岁时事云：性不喜华靡，自为乳儿，长者加以金银华美之服，辄羞赧弃去之。后中进士甲科，闻喜宴独不戴花，同列语之曰：“君赐不可违也。”乃簪一花，其黜华崇实之心，已基于三岁时矣。

公六岁，父兄教之书。偶弄青胡桃，女兄欲为脱其皮，司马光复姓司马，名叫光，字君实，号迂夫，晚年号称迂叟，人们都称他为涑水先生，他是陕州夏县人（今天的山西省夏县）。父亲叫司马天章，是光山县（今天河南省光山县）的县令。宋真宗天禧三年十月十八日，司马光在光山县的县衙出生，所以取名叫光。今光山县的学校里还有司马井，世人相传司马光出生的时候就是在这里打水给他洗澡，所以井就取了这个名字。后人建造书院来祭祀他并且给他写了一篇传记，其中写道："光山虽然偏僻简陋，但司马光却在这里出生，那么他就把光山的名气发扬光大了。"山川因为秀丽的美景而出名，一个地方因为伟大的人物而受到重视，人们能不勉励自己吗?

司马天章用文学去实行仁义，侍奉了宋真宗和宋仁宗这两朝皇帝，做官做到三司副使，因为清廉耿直而闻名天下，被称为当时有名的贤臣。司马光的母亲是钱塘聂家的女儿，贤良淑德，孝顺和睦，得到了乡亲的一致称赞。司马光出生的时候，天下十分太平，又有贤德的父母和良好的家庭教育，本来就比别人高出一等了。

俗话说："小时候养成的习惯就像人的天性一样牢固，很难改变。"司马光小时候，就已经和平常的小孩子不一样。他回忆自己在三岁时的事情说，他天生就不喜欢富贵奢华，小的时候，长辈们把华美的衣服穿在他身上，他就非常羞愧地把它丢掉。后来中了进士的甲科，听说在喜宴的时候只有他不戴花，一起参加喜宴的人都和他说："皇上赏赐的是不能违背的。"于是就戴了一枝花。他讨厌奢华、崇尚朴实的性格，在三岁时就已经形成了。

司马光六岁的时候，父亲和哥哥开始教他念书。有一次，司马不得。女兄去，一婢子以汤脱之，女兄复来，问脱胡桃皮者，公曰："自脱也。"其父适见，诃之曰："小子何得谩语！"公自是不敢谩语。

公七岁时，凛然如成人。闻讲左氏春秋，爱之，退为家人讲，即了其大旨。以圆木为警枕，小睡则枕转而觉，乃起读书。尝与群儿戏于道，一儿登瓮，跌没水中，众皆弃去。公持石击瓮破之，水迸儿得活，其后京洛间画以为图。

公初宦时，年止二十，家人每每见其卧斋中，忽蹶起著公服，执手版危坐。久之，率以为常，莫识其意。范纯甫尝从容问之，公答曰："吾时忽念天下事，夫人以天下安危为念，岂可不敬耶？"

【批评】

欧风东渐，吾国俭朴之风扫地尽矣。风俗习于奢华，光在玩青核桃，姐姐想给他剥皮，怎么也剥不掉。姐姐走后，一个丫环用热水烫了之后剥掉了核桃皮，姐姐回来后问是谁把核桃皮剥掉的，司马光说："是我自己剥掉的。"父亲刚好看见这一切，严厉地训斥他说："小孩子怎么能够说谎！"从此以后，司马光再也没有说过谎。

司马光在七岁的时候，虽然年轻却已经很老练稳重了。听了别人讲解《左氏春秋》之后，他非常喜欢这本书，回家后就为家人讲解，能够讲出这本书的大意。他用圆木做枕头，小睡时枕头就会晃动，他就会醒来，于是又起来开始读书。他曾经和一群小孩子在大路上玩，一个小孩踩在盛水的缸上，不小心掉进了缸里的水中，大家吓得都跑了。司马光拿着石头就砸水缸，水缸砸破之后，水从缸中流了出来，落水的孩子得救了，从这以后，京城的人都画他砸缸救人的故事。

他刚做官时，才二十岁，家人经常看到他在自己的卧房中，突然站起身来，穿上官服，手拿笏版正襟危坐。时间长了，家人便习以为常了，只是不知道是什么意思。范纯甫曾经不经意间问过他，司马光回答说："我当时是忽然想起了天下之事，人都应当以天下的安危为重，我怎么能不敬呢？"

【评论】

欧洲的民风习气逐渐向东方漫延，我国的俭朴之风在慢慢人心趋于贪欲，此实社会之大患。观司马公少时，便有崇俭黜华之心。一生事业，皆从此做起。晚年训子书云：“平生衣取蔽寒，食取充腹，亦不服垢敝，以矫俗干名，但顺吾性而已。众人皆以奢靡为荣，吾心独以俭素为美。人皆嗤吾固陋，吾不以为病。古人以俭为美德，今人乃以俭相诟病，嘻，异哉！”书中又历引李文清公、王鲁公、张文节公、臧御孙、正考父、管仲、何曾、寇莱公之事，以为法戒。盖古来以俭立名，以侈自败者，比比然也。少年皆宜知之，习与性成，则难返矣。

白乐天三岁识字，可为早慧。司马公三岁未能识字，而知恶金银华美之物，胜于识字多矣。

司马公自谓生平无过人处，惟不妄语。不妄语一事，看似平常，行之实难。欲不妄语，当从敬字入手。能不妄语，则心正意诚，可入圣贤之域矣。

美国华盛顿，少时以斧斫园中樱树。其父见之大怒，问谁为之者。华盛顿急往自白曰：“儿实为之。”父为之霁颜，抚其顶曰：“儿不妄语，甚善。区区樱树，复何足道？”与司马公去胡桃皮事，颇相似。语曰：“东方有圣人出焉，消失。社会风俗日益追求奢华，人心渐渐变得贪婪，这实在是社会的大问题。看司马公年少时，便有崇尚俭朴、拒绝奢华的志向。他一生的事业，都是从这点做起的。他在晚年的训子书中曾写道：“我一生生活俭朴，衣着只求能蔽寒，食物只求能饱腹，但也不会穿肮脏破烂的衣服，来求得矫正世俗的虚名，只是顺应我的本性而已。大家都以奢靡为荣，但我心中认为只有节俭朴素才是美的。大家都笑我思想顽固，见识浅陋，但我不认为这是错的。古人以节俭为美德，现在的人却因节俭而相互嘲讽。唉，真是怪异啊！”书中又多引用李文清公、王鲁公、张文节公、臧御孙、正考父、管仲、何曾、寇莱公等人的事迹，以之作为后辈的榜样和借鉴。因为自古以来，因节俭而立名的，因奢侈而衰败的，比比皆是。年轻人应该了解这些，否则当习惯和性格养成之后，再想改变就难了。

白居易3岁时便开始识字，可以说是早慧了。司马公3岁时还不能识字，但是却懂得厌恶金银华美的东西，这比能识字强太多了。

司马公自认为生平没有什么过人之处，但是能做到不妄语。不妄语一事，看起来平常，实际上做起来很难。要想不妄语，应当从一个“敬”字入手。能够不妄语，那么便能心正意诚，可以登入圣贤之境了。

华盛顿小的时候，有一天用斧子把自己家院子里的樱桃树砍了。父亲见樱桃树砍被砍了，大怒，便问是谁砍的。华盛顿急忙上前承认说：“是我砍的。”父亲听后，马上收起怒容，摸着他的脑袋和颜悦色地说：“儿子不撒谎，很好。区区樱桃树，又怎么能和这相比呢？”这与司马公去胡桃皮一事，很是相似。有人说：“东此心此理同也；西方有圣人出焉，此心此理同也。”观此岂不信哉？

常见父母对于孩童，欲逗其顽笑，造作谎事，冀孩童之见信，明知其不合于理，则自解曰：“聊戏之耳。”孩童天性未漓，为父母者不趁此机会教之以诚，而引之以伪，扪心清夜其何以自安？

念及天下事便衣冠起坐，今人闻之必大笑其迂。吾谓人必如此，方足任天下事耳。昔有远客之人，修禀父母至具名处，必肃拜而后书；与友朋通函至具名处，必顿首而后书；不欺暗室，皆足令人起敬而动向慕之心者也。

方有圣人出现时，这种心境与道理是一样的；西方有圣人出现时，这种心境与道理也是一样的。”看了司马公与华盛顿的故事后，又怎么能不让人相信呢？

常常见到有父母对于孩童，想逗他们开心，便编造一些虚假的事，想让孩童们相信，心中明明知道这于理不合，于是便自我辩解说：“这只是玩笑而已。”孩童天性淳厚，为人父母的不趁着这个机会教导他们应当警诫的东西，反而以虚假的东西引导他们，夜间扪心反省，做父母的内心又怎能自安呢？

司马公一想到天下大事，便正襟危坐，现在的人听了，必定会大笑他迂腐吧。我认为人必须像司马公一样，才足以胜任管理天下事的重担。过去人如果去远游，写信禀告父母，落款时，必定要先恭肃地拜过之后才写；在与朋友通信落款时，必定行顿首礼后才书写；在无人的地方，也不做见不得人的事，这些都足以令人起敬而生向慕之心。

第三章　注孝经

公二十岁成进士，除奉礼郎。自此以后，即视其身非己之身，为报国之身矣。范文正公（名仲淹，字希文，苏州吴县人，谥文正）作秀才时，便以天下为己任。公之忠诚，岂出文正下哉？乃登第未久，连遭大故，服丧累年，闭户而注《孝经》。公著书之业，盖由此始。

诸经中以《孝经》为最切要。朱子官南康军时（今江西南康县），特以《庶人》之孝章（在《孝经》中），劝人持诵，谓胜于持诵佛号。明初人郭守正采集史传，作《二十四孝》，至今传诵（世俗所行《二十四孝》无撰人名氏，《永乐大典》采之，题郭守正名），可见秉彝攸好，人类皆莫能外。故公常曰："《孝经》、《论语》，其文虽不多，而立身治国之道尽在其中。"公所著孝经，不用今文，而用古文，名曰《古文孝经指解》。公以为身居散秩，犹当借文章以报国。书成乃表上之，今其书已亡，惟本集中犹存自序一首，录之使人得见其旨趣焉。

《古文孝经指解》序：

圣人言则为经，动则为法，故孔子与曾参论孝，而门人司马光二十岁考中了进士，被授予奉礼郎一职。从此以后，他便认为自己的身体不是自己一个人的了，是用来报效国家之身了。范文正公（名叫仲淹，字希文，是苏州吴县人，谥号为文正）做了秀才时，便把国家的兴衰当做自己的责任。司马光的忠诚，哪里比范仲淹少啊？他考中进士不久，家里接连遭遇丧事，连续多年带孝守丧，于是他在家闭门注解《孝经》。司马光著书的事业，大概就是从这时候开始的。

在各种各样的经书中，《孝经》是最切要的一本书，朱熹在南康军做官的时候（今天的江西省南康县），特意把《孝经》中的《庶人章》摘录出来，让人们去诵读，并说这样比念诵佛号还要有用。明朝初期，郭守正收集历史资料，写了《二十四孝》这本书，到现在人们还在传扬赞颂（世上通行的《二十四孝》，没有留下作者的名字，《永乐大典》收录了这本书，并把作者写为郭守正），这也可以看出上天赋予给人的本性美德，每个人都不能不需要它。因此，司马光经常说："《孝经》和《论语》，它们的字数虽然不多，但教人们为人处世、治理国家的道理都在书中。"司马光注解的《孝经》，不用《今文孝经》，而是用《古文孝经》，书名叫《古文孝经指解》。司马光身为闲官，却还想凭借自己的文章来报效国家。这本书注解完了之后，他便把书献给了皇上，现在这本书已找不到了，只有他的文集中还有一个自序，现在我把它收录下来，使得人们能够理解他这本书的大意。

《古文孝经指解》的序言是这样写的：

圣人说的话就是经，圣人做的事就是法，因此孔子和曾参讨书之，谓之孝经。及传授滋久，章句漫差。孔氏之人，畏其流荡失真，故取其先世定本，杂虞、夏、商、周之书及《论语》，藏诸壁中。苟使人或知之，则旋踵散失，故虽子孙不以告也。遭秦灭学，天下之书，扫地无遗。汉兴，河间人颜芝之子得孝经十八章。儒者相与传之，是为今文。及鲁恭王坏孔子宅，而古文始出，凡二十二章。当是之时，今文之学已盛，故古文排摈不得列于学官。独孔安国及后汉马融为之传，诸儒党同疾异，信伪疑真。是以历载累百，而孤学沉厌，人无知者。隋开皇中，秘书学士王逸于陈人处得之，河间刘炫为之作稽疑一篇，将以兴坠起废，而时人已多讥笑之者。及唐明皇开元中，诏议孔郑二家，刘知几以为宜行孔废郑。于是诸儒争难蜂起，卒行郑学。

及明皇自注，遂用十八章为定。先儒皆以为孔氏避秦论“孝”的时候，弟子把它记录了下来，这就成了《孝经》。在流传了很长一段时间之后，书中的一些句子便出现了差错。孔子的后人担心它在流传的过程中会失去本来面貌，因此拿出以前经过整理而确定下来的版本，把《孝经》和虞、夏、商、周时期的经书以及《论语》一起藏进了墙壁之中。如果让人知道了这件事，那么这些书很快又会丢失，所以即使是他们的子孙，也没有把这件事告诉他们。后来秦朝焚书坑儒，天下的经书都被烧光了。汉朝建立之后，河间有个人叫颜芝，他的儿子得到了十八章的《孝经》，读书人之间都互相流传，这就是今文《孝经》。等到鲁恭王拆除孔子宅院的墙壁时，古文《孝经》才开始出现，一共有22章。这一时期，今文经学已经十分兴盛，因此，古文经学就被排除在外，不能够设立古文的官员和教师。只有孔安国和东汉的马融还在传授古文《孝经》，许多读书人都袒护与自己观点相同的经书，攻击与自己观点不同的经书，（结果就）相信了假的经书而去怀疑真的经书，因此，千百年来，真正的《孝经》都快要成为将要失传的学问了，没有几个人知道。隋朝开皇年间，秘书学士王逸在前代陈朝人那里得到了《孝经》，河间的刘炫给这本书写了一篇考证的文章，介绍这本书的兴衰过程，但遭到了当时很多人的取笑。到了唐明皇开元年间，皇帝下诏议论孔安国和郑玄这两个人注解的《孝经》，刘知几认为应该推行孔安国注解的《孝经》而废除郑玄注解的《孝经》。于是许多读书人便开始争论起来，最后推行了郑玄注解的《孝经》。

后来唐明皇亲自给《孝经》做了注解，便把《孝经》定为十八章并作为最后固定的版本。以前的读书人都以为孔子后人为了躲禁而藏书，臣窃疑其不然。何则？秦世科斗之书废绝已久，又始皇之十四年，始下焚书之令，距汉兴才七年耳，孔氏子孙，岂容悉无知者，必待恭王然后乃出？盖始藏之时，去圣未远，其书最真。与夫他国之人，转相传授，历世疏远者，诚不侔矣。且《孝经》与《尚书》，俱出壁中，今人皆知尚书之真，而疑孝经之伪，是何异信脍之可啖，而疑炙之不可食也。嗟乎！真伪之名，皦若日月，而历世争论，不能自伸。其中异同不多，然要为得正，此学者所当重惜也。前世中孝经多者五十余家，少者亦不减十家。今秘阁所藏，只有郑氏、明皇及古文三家而已，其古文有经无传。案：孔安国以古文时无通者，故以隶体写尚书而传之。然则论语孝经，不得独用古文。此盖后世好事者，用孔氏传本，更以古文写之，其文则非，其语则是也。

夫圣人之经，高深幽远，固非一人所能独了，是以前避秦朝焚书才藏书的，我却不认为是这样的，为什么呢？秦朝蝌蚪文写的经书早就绝迹了，而且在秦始皇十四年的时候，才颁布焚书的命令，这距离汉朝才七年的时间，孔子的后人难道会全都不知道吗，一定要让书等到鲁恭王拆孔子家的院墙才出现吗？在一开始藏书的时候，距离孔子的时代还不是很远，这时候的书是最准确的。和其他诸侯国所传习的版本不同，经过几代之后，差距就变得越来越大了，确实不一样了。况且《孝经》与《尚书》都是出自孔子家院墙之中，现在人们都知道院墙中取出的《尚书》是真的，而怀疑院墙中取出的《孝经》是假的，这与相信细切的肉可以吃而烤熟的肉不可以吃又有什么不同的呢？唉！真的和假的就像太阳和月亮一样洁白分明，但千百年来一直都在争论，却不能够去证明。这些版本书中的不同点并不是很多，然而真正得到《孝经》的本来意思，这才是读书人所应该重视的。以前研究《孝经》，多的时候有五十多种，少的时候也不少于十种。现在收藏在宫中的《孝经》，只有郑玄、唐明皇及古文这三种版本的，其中古文版本的《孝经》只有经文而没有注解。案：孔安国认为当时没有人能够读懂古文版的《尚书》，所以就用隶书字体来抄写古文版的《尚书》并把它传授给别人。这样之后，那么《论语》《孝经》就都不能使用古文版本的了。这大概是后代喜欢多事的人把孔安国流传下来的版本用古文字体来抄写的，它的字体虽然不对，但是文章的内容却是对的。

圣人流传下来的经典，博大精深，思想深远，本来就不是一个人能够完全了解的，所以以前各家不同的说法都能够一起存在，世并存百家之说，使明者择焉，所以广思虑，重经术也。臣愚虽不足以度越前人之胸臆，窥望先圣之藩篱，至于时有所见，亦各言尔志之义，是敢辄以隶写古文为之指解。其今文旧注有未尽者，引而伸之，其不合者，易而去之，亦未知此之为是，而彼之为非。然经犹的也，一人射之，不若众人射之，其为取中多也。臣不敢避狂僭之罪，而庶几于先王之道，万一有所裨焉。

【批评】

朱子知南康时，示俗文云："《孝经》云：'用天之道，分地之利，谨身节用，以养父母，此庶人之孝也。'以上《庶人章》正文五句，系先圣至圣文宣王所说。奉劝民间逐日持诵，依此经解说，早晚思维，常切遵守，不须更念佛号、佛经，无益于身，枉费力也。

温公《家范》录《孝经》"居则致其敬；养则致其乐；病则致其忧；丧则致其哀；祭则致其严。"凡五句，每句各引经史以证之，后人名此为五致，可见让聪明的人自己去选择，这是开阔思想，积累学术的主要方法。我虽然不能揣摩到前人的想法，感受到前代圣人的境界，当我有一些自己见解的时候，也说说自己对经书的看法，所以才敢用隶书来抄写古文版的《孝经》并为它做了注解。对今文《孝经》中以前注释有不详细的，进行了拓展延伸，对《孝经》中今文版本和古文版本不同的，就进行删改，也不知道哪个版本是对的，哪个版本是错的。然而经书就好像是箭靶一样，一个人射它，不如大家一起射它，这是为了能够射中很多。我不敢逃避狂妄僭越的罪名，希望能对古圣先王大道，有万分之一的补充吧！

【评论】

朱熹在南康做官的时候，《示俗文》中写道："《孝经》云：'利用自然的规律，分清楚土地的高下优劣，行为谨慎而且节省俭约，以此来孝养父母，这就是普通老百姓的孝道了。'以上这些话是《孝经·庶人章》正文中的五句话，这句话是孔子说的。他是想劝告百姓们要每天诵读，按照这本经书的解释，每天早晚的时候都要想着这句话，每天都要去遵守它，这样就不需要再去念诵佛号和佛经了，那样对身体没有好处，还会白白浪费精力。

司马光在《家范》中摘录了《孝经》里的"在日常生活中，对待父母要恭敬；在奉养父母时，要保持愉快的心情；父母生了病，要带着忧虑的心情去照料他们；父母去世了，要带着悲痛的心情去料理后事；对先人的祭祀，要保持严肃恭敬的态度。"一共是五句话，每句孝道之重，而温公此书不徒作矣。

郑康成《六艺论》云："孔子以六艺题目不同，指意抉别，恐道离散，后世莫知根源，故作《孝经》以总会之。"从知《孝经》为道之根源，六艺之总会也，后生小子焉可忽哉？

话都引用经书和史书来论证，后人把这五点称为“五致”，这也可以看出孝道的重要性，可见司马光的这本书不是白作的了。

郑玄在《六艺论》中说：“孔子认为六艺的主旨不一样，内容意义也不相同，担心它的主旨会散乱，后代的人不知道它的来由，因此就写了《孝经》来对六艺进行综合汇总。”从而让人们知道《孝经》是古代大道的根源，六艺的汇总，年轻的晚辈们怎么能够轻视呢？

第四章　争建储事

公营葬二亲毕，赴京师补官，时以新进，浮沉于人海之中，名未甚辉赫。独庞丞相（名籍，字醇之，冀州武城人，封颍国公，谥庄敏）奇之，方镇郓州（今山东东平县西北十五里），辟公为幕僚，典州学。吕正献公（字晦叔，寿州人，夷简子，封申国公，谥正献）亦曰：“若君实者可谓实过其名也。”后公隆名盖代而知于众人，未知之前者，庞丞相与正献公二人而已。莫为之前，虽美勿彰，士之所以贵有知己而求知之前，又必如公之先求自知。

仁宗之世，内政外交，皆若无足忧者。然而，公忠之臣深谋远虑，当朝野无事之时辄作痛哭流涕之谈，患至而张皇补苴，亦已晚矣。

嘉祐元年（仁宗在位之三十四年）仁宗违豫，累月不能临朝。太子未立，天下寒心，中外之臣，莫不引以为忧。而皆不敢言，虽勇悍不屈，以忠直自负如唐介（字子方，江陵人，谥曰质肃）等亦然，惟范镇时为谏官，首建立储之议。公此时在并州庞籍幕一判官耳，官卑地远，亦何必冒不测之威而与此等大计耶？然君子之对于国家也，知有公而不知有司马光办完父母的丧事之后，便赶往京城去补授官职，当时他是新考中的进士，在那么多人员中等待着补授官职，名气还不是很大。只有庞丞相（庞丞相名叫庞籍，字醇之，是冀州武城人，被封为颍国公，谥号庄敏）认为他比较奇特，当时庞丞相镇守郓州（今天的山东省东平县西北十五里），征召他作为自己的参谋，负责主管郓州的学校事务。吕公著（字晦叔，寿州人，是吕夷简之子，封申国公，谥号正献）也说："像司马光这样的人，可以说是他的真才实学要超过他的名声。"后来司马光的才能和功勋超过了当时所有的人，人们都知司马光这个人，却不知道推荐他的人就是庞丞相和吕晦叔他们二人。如果没有前辈的推荐，就算是才华横溢也很难被发现，这就是读书人看重知己而希望有人推荐的原因，这也一定像司马光那样，先要自己了解自己。

仁宗在位的时候，国内的政事和外交好像不需要忧虑。然而，司马光作为一个忠臣，计划周密，考虑深远，在朝廷无事的时候便表现出痛哭的样子，如果等到忧患来了再去挽救，那就晚了。

嘉祐元年（仁宗在位的第三十四年）仁宗生病了，几个月都不能够上朝。这时太子还没有确立，天下百姓都十分担心，朝廷内外的大臣，没有人不为此而担忧的。但他们都不敢谈论这件事，即使是勇敢而且又不屈服，并以忠诚正直自居的，例如唐介（字子方，江陵人，谥号为质肃）等人也不敢谈论，只有当时做谏官的范镇，首先提出设立皇太子的建议。司马光这个时候正在并州做庞籍手下的判官呢，官位很低而且离京城又远，为什么要冒着激怒皇上的危险而参与这件事呢？原来作为一个君子，他对于国家只知道考私，知有义而不知有利，祸福岂所计哉？乃上《请建储副或进用宗室第一状》略谓：

“陛下未有皇嗣，人心忧危。伏望陛下深念祖宗之艰难，基业之闳美，神器之大宝，苍生之重望，勿听苟且之言，勿从因循之计，断自圣志，昭然勿疑。谨择宗室之中，聪明刚正，孝友仁慈者，使摄居储贰之位，以俟皇嗣之生，退居藩服。倘圣意未欲然者，或且使之辅政，或典宿卫，或尹京邑，亦足以镇安天下之心。如此则天神地祇，宗庙神稷，实共赖陛下圣明之德，况群臣兆民，其谁不欢呼鼓舞乎？昔鲁漆室之女，忧鲁君老，太子幼，彼匹妇也，犹知忧国家之难，盖以鲁国有难则身必与焉故也。况臣食陛下之禄，立陛下之朝，又得承乏典册之府，比于漆室之女，斯亦重矣。诚不忍坐视国家至大至急之忧而隐默不言，臣诚知言责不在，臣言之适足自祸。然而必言者，万一冀陛下采而听之，则臣于国家譬如蝼蚁，而为陛下建万世无穷之基，救四海生民之命，臣荣多矣。愿陛下勿以臣人微位贱谓之狂狷而忽之。”

虑国家的事情而不知道考虑自己个人的事情，只知道考虑是否对国家有益而不知道考虑是否对自己有利，难道还会在乎自己的灾祸和福气吗？于是他便向皇上上奏了《请建储副或进用宗室第一状》，大致是说：

皇上您没有皇子，天下人都很担忧。希望皇上您能够好好想想祖宗打江山的艰难，江山社稷的美好，皇家权位的重要，天下百姓殷切的希望，不要听那些只图眼前、得过且过的建议，不要采取那些轻率的计策，这件事还得皇上您来决定，不要再疑惑了。谨慎地从皇族中选择一个聪明刚正、孝顺友善而且仁慈的人，让他来做太子，等待皇子出生的时候，再让他退位做藩王。如果皇上不想这样做的话，也可以暂且让他辅佐治理政事，或者让他掌管禁军，或者让他做京城的地方长官，这样就足够让天下百姓不再担忧了。这样一来，天神和地神，祖先宗庙和国家神稷，都依赖着皇上圣明的恩德，更何况是众多大臣和亿万百姓，他们谁不欢乐兴奋呢？过去鲁国漆室氏有一个女儿，她担心鲁国国君年老，太子还很小，她一个平民妇女，尚且知道为国家的灾难而担忧，大概是因为鲁国有了灾难自身也会受牵连才参与到这件事中的。更何况我领着皇上的俸禄，在朝廷中做官，又掌管着帝王封立继承人的事务，比漆室氏女儿的责任还重啊。真的不忍心眼睁睁地看着国家出现危机和忧患而一句话都不说，我深知谈论立储之事，非职责所在，说了这件事之后又会招惹祸患。但是我一定要说，只希望皇上万一采纳微臣的建议，那么我以微贱之躯的代价，但却为皇上建立了千秋万代的基业，挽救了天下百姓的生命，是非常荣幸的。希望皇上不要因为我地位低下，就认为是狂捐之言而忽视了它。

此状报进，未获效果。复上第二、第三状，始降付中书。公贻书劝范镇，当以死争。后入京面对仁宗曰：“臣昔通判并州，所上之章，愿陛下果断力行。”帝沉思久之，曰：“得非欲选宗室为继嗣者乎？此忠臣之言。但人不敢及耳。”

公退，复上疏曰：“臣向者进说，意谓即行。今寂无所闻，此必有小人言陛下春秋鼎盛，何遽为不祥之事。小人无远虑，特欲仓促之际，援立其所厚善者耳。定策国老、门生天子之祸，可胜言哉？”

仁宗得之，乃大感动。又见宰相韩琦（字稚圭，相州安阳人，封魏国公，谥忠献）等曰：“诸公不及今定议，异日禁中夜半出寸纸，以某人为嗣，则天下莫敢违。”琦等拱手曰：“敢不尽力？”

未几，诏英宗判宗正，辞不就。遂立为皇太子，又称疾这个奏折上报给皇上之后，并没有得到皇上的采纳。于是司马光又向皇上写了第二个、第三个奏折，这时候皇上才把这件事交给中书官员去处理。司马光写信劝说范镇，应该冒死向皇上进谏。后来他去了京城朝见皇上说："我过去做并州通判的时候，给皇上写了奏折，希望皇上您能够果敢决断，不迟疑。"皇上沉思了很久，说："一定要选一个皇族作为我的继承人吗？这是忠臣所说的话，只是别人都不敢说罢了。"

司马光退出来之后，又给皇上写了奏折说："我之前向皇上说的建议，意思是让皇上马上做决定。现在皇上您还是什么都没有做，这一定是有奸诈小人说您现在还年轻力壮，有什么好担心自己会去世的呢？奸诈小人没有长远的考虑，只想着能够趁着慌乱的时候，去拥立那些会善待他们的人来当皇上。唐代自敬宗至宣宗，宦官操纵皇帝废立大权的灾祸，还能说得尽吗？"

宋仁宗看了之后，十分感动。司马光又拜见宰相韩琦（字稚圭，相州安阳人，被封为魏国公，谥号为忠献）等人说："各位大臣不如现在做出决定，如果以后某一天夜里皇宫中传出来旨意，上面写着让某人做皇太子，那么天下就没有谁敢违抗了。"韩琦等人赶紧行礼说："怎么敢不竭尽全力呢？"

没过多久，皇上下旨让英宗掌管王室亲族的事务，英宗推辞不不入，公言：“皇子辞不赀之富，至于旬月，其贤于人远矣。然父召无诺，君命召不俟驾（《礼记》文），愿以臣子大义责皇子，宜必入。”英宗遂受命，而国基定矣。

【批评】

今民主之国，总统外，更选副总统，为猝有非常，副座就位，匕鬯不惊，朝野安然也。至君主之国，或防权臣窃命，或恐宗支争位，故君主国之宜早定继位之人，更视民主国为切要。

皇嗣未定，臣下以此进告，忠诚之言，人主当欢迎不暇，何致逢彼之怒？盖人情莫不畏死，况人主之尊荣富贵，尤可恋爱，贪生恶死之念，自更甚矣。臣下请立皇嗣，措辞无论若何巧妙，终是催逼皇帝赶办后事耳。触其所甚忌之心，安得不郁然震怒哉？

仁宗，贤主也。臣下以此进言，未必遽遭不测之祸，观于范景仁、司马公之事而可知。然事前皆不敢言者，狃于积去担任这个职务。于是又让他做皇太子，他又借口有病而不愿进宫做太子。司马光说：“皇子不愿接受皇太子的位置，已经有十个月了，他比皇族中的其他人都要贤能。然而父亲召唤时，儿子不能用缓应‘诺’来应答，君王召见时，臣子不等车子驾好就要动身（这句话来自《礼记》），希望能够用作为臣子的义务来劝说皇子，那样他就一定会进宫的。”英宗便接受了皇太子的称号，国家的根基也稳定下来了。

【评论】

现在民主国家，在总统之外，都会再选副总统，如果总统突然发生意外而去世了，那么副总统就代替他的位子，政局不会动荡，国家依旧稳定。而君主国家，有的是为了防止拥有大权的臣子篡位，有的是担心皇族其他成员争夺皇位，因此君主国家应该早早地确定继承人，这和民主国家相比更有必要。

皇位继承人没有确定，大臣便对这件事进行劝告，这是忠诚的话语啊。君主应当感到高兴都来不及，怎么会生气发怒呢？这是因为没有人心中不害怕死亡的，况且君主拥有无比的荣耀和富贵，对这些还非常地眷恋，贪求活着而厌恶死亡的念头，更加厉害啊。大臣请求设立皇位继承人，他说话时言语无论怎么巧妙，终究是在催着皇上准备后事啊。这触动到了皇上内心的忌讳，哪里能不发怒生气呢？

宋仁宗是一个贤明的君主。大臣建议设立皇位继承人，不一定会受惩罚，这可从范景仁和司马光的事情上看出来。然而在这件事没有提出之前，大家都不敢谈论，这是拘泥于长久以来形成的习惯习耳。故见义勇为、一往不顾者，未必得祸，而畏首畏尾、工于趋避者，未必得福也。

范景仁官居谏议，朝政得失，犯颜极谏，宜也。温公官仅通判，身在边疆，可以不言而言者也，较之景仁，尤为难得。

罢了。因此意识到是正义的事就大胆去做并且一直向前，无所顾忌的人，不一定就会遭遇灾祸，而那些做事胆小，满心顾虑并且擅长追求利益，逃避责任的人，不一定就会获得福分。

范景仁做谏议官时，对于朝廷政事中出现的利弊，敢于冒犯君主进行规劝，这是应该的。司马光当时只做了一个小小的通判，而且还是在遥远的边疆做官，本来可以不向皇上提出建议的，但他却向皇上提出建议了，这和范景仁相比，更是难能可贵啊。

第五章　筹边

宋当仁宗之世，燕云之间，虽无入寇之事，而西夏常为边患。嘉祐二年，公在并州，亲往麟州（今陕西神木县北四十里）察看形势，见屈野河西一带田土，积年以来，为夏人所侵。谕之以理，则不肯退缩；逼之以兵，则动成战斗；召之重定界至，则偃蹇不来。本处官吏，遂置之不问，民间则甚苦之。

公察麟州西临大河曰屈野。自河以西，直抵界首五六十里，并无保障斥堠。以此夏人得恣耕其田，游骑往往直至城下，突过城东，而州人尚未知。

公与经略司庞籍，谓当于州西二十里，增置二堡。此堡为之，不过十日。从此以后，州兵出入，有所宿顿，藉为麟州耳目藩蔽，利国利民，莫善于此。籍用公言，即牒麟州守将为之。

牒到未及兴作，而夏人之兵，已复大集。州将引一千许人，夜开城门，径往屈野河西，前无探候，后无策应，但赍酒食，期战胜后痛饮耳。恃勇轻敌，临事无备如此焉，往而不败哉？兵败，议者以庞籍宋朝仁宗在位时，幽州和云州之间的地方，虽然没有外敌入侵进犯，但常常有西夏人侵扰。嘉祐二年的时候，司马光在并州做官，亲自去了麟州（现在的陕西省神木县北四十里）察看地形，他看见屈野河西边一带的土地，多年来被西夏人侵占。和西夏人讲道理，他们不肯退让；用武力来驱逐他们，就会出现战斗；召集他们来重新确定边界，但西夏人又迟迟不来。本地的官员便将这件事放置在一边，不加理睬，民间百姓便遭受了很多苦难。

司马光察看了麟州西面一条叫屈野的大河。从屈野河向西，一直到界首的五六十里的地方，并没有瞭望敌情的堡垒。因此，西夏人才能够放肆地耕种这些土地，而且西夏流动的骑兵往往能够一直达到城下，冲过城东，麟州人竟然察觉不到。

司马光和经略司庞籍说应该在麟州西面二十里的地方，增建两个堡垒。这两个堡垒不超过十天就能建好。从此以后，来往的麟州军队，就有了安顿的地方，这也可以成为麟州的防御保障，对国家和百姓都有利的事情，没有比这更好的了。庞籍采用了司马光的建议，随即发出文书让麟州的守将去增建堡垒。

文书到了之后，还没还得及增建堡垒，西夏人的军队已经又重新集结在屈野河了。麟州守将带领一千多人，在夜里打开城门，一直向屈野河西面前进，军队前面没有人探路，后面没有人接应，只带着美酒和食物，想要在增建完堡垒之后痛快地饮酒。他们仗着自己勇敢而不把对手放在心上，面临战事而毫无准备，这样去增建堡垒能不失败吗？战败之后，朝廷官员都认为庞籍擅自增修堡垒，才引起边境战事，于是庞籍被贬降职。司马光在朝中详细说明擅修堡寨，引起边衅，遂致迁谪。公状其事于朝，引为已过，愿代籍等受罪，不报。复上第二状，略谓：

“臣伏自惟念，若朝廷不以修堡为非，庞籍等必不受责。若以为非，则庞籍先已指挥麟州罢修此堡，因臣至彼见虏骑退散，方议再修。武戡、夏倚等虽建此策，因臣至彼，传道其言，方得达于庞籍。由是言之，修堡之事皆臣所致，若治其罪，臣当为首。今庞籍等先受其责，而臣未蒙谴罚，臣实内惭，无以自处。况臣在并州日，受经略司牒管勾本司要重公事。庞籍凡处置边事，未尝不询及于臣，采用其说。臣亦夙夜竭尽愚虑，知无不言，庶几协心裨补国家有万一之益。今乃以智识浅短，思虑不精，上为朝廷之忧，下为庞籍之累。若复苟求自脱，不即大诛，是臣以蕞尔之躯，亏国家至平之法，罪衅愈重，不容于死。”

后籍卒，公升堂拜其妻如母，抚其子如昆弟，盖所以报其知己，又代己受过也。

初，西夏边使致祭，延州（今陕西肤施县）指使高宜押伴，傲其使者，侮其国主，使者诉于朝。公与吕诲乞加宜罪，了这件事，并认为这是自己的过错，愿意代替庞籍等人受罚，没有得到皇上的批准，他又向皇上写了第二封奏折，大意是说：

“我认真地考虑之后认为，如果朝廷不认为增建堡垒是错误的，那么庞籍等人就不应该受到责罚。如果朝廷认为增建堡垒是错误的，那么庞籍之前就已经下令麟州守将停建堡垒，只是因为我到了麟州看见西夏军队已经撤退，才决定再次增建堡垒的。武戡和夏倚等人虽然建议增建堡垒，那也是因为我到了那里，在路上和他们说了这件事，才传到了庞籍那里。因此，增建堡垒这件事情都是我一个人导致的，如果要惩罚的话，我应该首先受到惩罚。现在庞籍他们先受到了惩罚，而我却没有受到惩罚，实在是内心惭愧啊，不知道自己该怎么办。况且我在并州的那段日子里，处理经略司的文书及管理经略司的重要公事。庞籍凡是处理边境的事情，没有不向我咨询并采纳我的建议的。我也是每天都竭尽全力，只要是知道的就没有不说出来的，希望能够同心协力为国家贡献自己万分之一的力量。现在竟然因为见识浅陋，考虑不周，给朝廷添乱，也连累了庞籍。如果还苟且寻求免罪，不被杀头，这是因为我小小的一人，而去损害国家公正的法律，我的罪过就会越重，就算是死也不能抵罪啊。”

后来庞籍死了，司马光登上厅堂像拜见母亲一样去拜见他的妻子，就像对待兄弟一样去抚养他的孩子，这是为了报答庞籍对自己的了解，并且又代替自己受罚的事情。

当初，西夏使者来祭祀，延州（今陕西肤施县）军官高宜陪伴着使者，他对待使者非常傲慢，侮辱西夏的君主，使者便在朝堂不从。治平（英宗年号）初，夏人犯边，杀掠吏士。赵滋为雄州（今直隶雄县），专以猛悍治边，公论其不可。

契丹者，宋之北寇也。至是契丹人捕鱼界河，伐柳白沟（河名，在直隶涿县、新城雄县一带）之南。廷议以知雄州李中祐为不材，将代之。公谓国家当戎夷附顺时，好与之计较末节，及其桀骜，又从而姑息之。此数语足隐括吾国历来对外之失。

韩琦当国，刺陕西义勇二十万。民情惊挠，而纪律疏略不可用。公白琦，琦曰："兵贵先声，谅祚（夏主名）方桀骜，使骤闻益兵二十万，岂不震慑？"公曰："兵之贵先声，谓无其实也，独可欺之于一夕之间耳。今吾虽益兵，实不可用，不过十日，彼将知其详，尚何惧？"琦不能从。

其后元祐（哲宗年号）时，公为相。朝廷谓西人势已衰弱，心实内附。来则不拒，去则不追，置之度外，不以为意。然昔年宋兵大举深入时，将士所过，劫掠甚惨，此吾国官兵上控诉这些情况。司马光和吕诲请求治高宜的罪，皇上没有听从。于是在治平（宋英宗的年号）初年，西夏人侵犯边境，屠杀抢掠官兵。赵滋在雄州（今天的河北雄县）做官，专门采取凶狠的治理边境策略，司马光认为不能这样。

契丹是宋朝北方的敌人。到了这时候，契丹人在界河捕鱼，在白沟南面砍伐树木白沟（是一条河名，在直隶涿县、新城雄县）一带。朝廷决定因为雄州知州李中祐办事不利，想要找人取代他。司马光说当那些少数民族部落归顺国家的时候，朝廷却和他们斤斤计较，等到他们侵犯边境的时候，朝廷又顺从他们并且对他们过分宽容。这简短的几句话足够概括我们国家一直以来对外交往失利的地方。

韩琦执掌朝政的时候，在陕西招募了二十万民兵。当地百姓的生活生产都受到了惊扰，而且军队纪律非常松散并不能够打仗。司马光对韩琦说了这些情况，韩琦说："用兵打仗重点在于要先发出使人震慑的气势，谅祚（西夏君主的名字）气焰嚣张，让他突然听说我们兵力增加到了二十万，怎么能吓不到他呢？"司马光说："用兵打仗重点在于要先发出使人震慑的气势，这说的是那些没有真正实力的军队，只能够欺骗敌人一段时间罢了。现在我们虽然增加了兵力，但实际上他们并不会打仗，不超出十天，对方就知道了我们详细情况，这样他们还会害怕什么呢？"韩琦没有听从司马光的建议。

后来，元祐（宋哲宗的年号）年间，司马光做了宰相。朝廷觉得西夏人的势力已经衰弱了，他们诚心归顺宋朝了，便对西夏人的到来也不抗拒，离开也不追击，把这些事情都不放在心上。然而过之积习，古今如一者也。夏人怨毒欲仇报之心，窥逾欲乘衅之意，日夜不忘，若渴者不忘饮，盲者不忘视也。而中国不以为念，譬如有虎狼在屋侧，垂头熟寝，人见其不动，狎而侮之，循其头，蹑其尾，岂不危哉？

公谓一宜返其侵疆，二宜禁其私市。返其侵疆，所以释其宿恨；禁其私市，所以断其供给。恩威并用，亦彼时安边之至计也，惜神宗不能用耳。

【批评】

温公，书生也，外交似非其长。顾从前中国对付外国，皆无诚意。事缓则忘，事急则乱。公之主张，则反乎是。其言曰："国家当戎夷抚顺时，好与之计较末节，及其桀骜，又从而姑息之。"清时，中国失去诸藩属。通商之初，与欧美诸国，结不利之条约。贻误至今者，皆坐此而败。孔子言忠信笃敬，行于蛮貊，圣人之言，岂有诬哉？

格兰斯顿，英之名相也，以忠心公道，辅佐女王维多利去宋朝军队大规模的讨伐西夏时，军队路过的地方，被抢劫掠夺得十分悲惨，这是我们国家军人长久以来形成的习惯，从古到今都是这样。西夏人内心十分痛恨，想要报仇雪恨，企图寻找机会，他们日日夜夜都没有忘记报仇，就像口渴的人不会忘记喝水，眼瞎的人不会忘记重现光明。但宋朝的人并没有把这些放在心上，就好像有老虎和狼在房屋旁边，低着头熟睡，人们看见它一动也不动，便去戏弄它们，玩弄它们的头，踩踏它们的尾巴，难道不危险吗？

因此，司马光说首先应该返还侵占西夏的土地，其次应该禁止私自开放的集市。返还侵占西夏的土地，能够缓解他们的仇恨；禁止私自开放的集市，能够切断他们的货物供应。恩惠与威力一起使用，这也是当时安定边境的最好办法，可惜宋神宗没有采纳。

【评论】

司马光是一个读书人，对外交往似乎不是他的长处。回顾古代中国和外国的交往，都没有真正的诚意。事情缓和时便会淡忘交情，事情紧急时便慌乱不堪。司马光的主张则与此相反。他说：“当那些少数民族部落归顺国家时，朝廷却和他们斤斤计较，等到他们侵犯边境时，朝廷又顺从他们并过分宽容。”清朝时，中国失去了各附属国。在刚开放通商口岸时，和欧美各国缔结了不平等条约。其危害一直到现在，都因这个原因导致国家外交失败。孔子曾经说过，如果说话忠诚守信，做事厚道谨慎，即使到了野蛮部落也会畅通无阻。圣人的话，难道会是瞎说的吗？

格兰斯顿，是英国有名的首相，凭借自己的忠心和正直，辅亚。人谓格公短于外交，然英国海外事业最盛，其基皆植于五十年前，格公为相之时。是则外交之过，岂尽恃诡谲耶？

屈野河西筑堡之事，温公初不言功，其事为麟州官吏所坏。朝廷归咎于庞籍。而不及公。以恒情言之，公亦乐得便宜，乃心中终不自安，累疏救籍，愿以自代。世之龌龊丈夫，读此将何以自处哉？

温公遇事，一念决定，虽对于君父，必获伸而后已，故常有一事而抗论三四次者，其文皆载集中，凡此皆所谓诚也。

佐维多利亚女王。人们都说他不擅长处理外交事务，但是英国海外事业的最兴盛时期，都是建立在五十年前打下的基础之上，也就是格兰斯顿当首相的时候。这样看来，外交的过错，又怎么能全部依靠阴谋狡诈呢？

屈野河西面修筑堡垒这件事，司马光开始并没有说它的功绩，后来修筑堡垒的事又被麟州守将破坏了。朝廷把罪责归到了庞籍身上，而没有怪罪司马光。按常情来说，司马光应该是得到了便宜，但他心中始终都不能安定，多次写奏折去救庞籍，愿意去代替他承担罪责。世间那些品行卑劣的人们，读到这里他们将怎么想呢？

司马光遇到事情，极短时间内就决定了，即使是面对君王，他也一定要去辩解申诉，因此常常会为了一件事而去抗争许多次，这些文章都记载在文集当中，所有这些文章体现的都是他的真诚啊。

第六章　争新法

神宗即位，参知政事欧阳修（字永叔，谥文忠，江西庐陵人）荐公德性惇正，学术通明，谠言嘉谋，著在两朝（仁宗英宗朝也）。知而不言，是谓蔽贤掩善。光忠国大节，隐而未彰。臣既详知，不敢不奏。

神宗颇向用公，擢为翰林学士。公力辞，帝曰：“古之君子，或学而不文，或文而不学，惟董仲舒、扬雄兼之。卿有文学，何辞为？”竟不获辞。明年，公乞补外官，上不许，曰：“君子小人，皆知卿方正。吕公著使契丹，亦问有司马光者，其人甚方正，今为何官名为夷狄所知，奈何出外？”

神宗重公如此，而终不能大用者，王安石阻之也。是时新法盛行，天下骚然，而神宗不悟。公于迩英殿进读时，遇事进谏，安石党忌之。尝进读通鉴萧何、曹参事（萧何死，曹参为相，奉萧何遗法无所变更）。公曰：“参不变法，得守成之道，故孝惠高后时，天下宴然，衣食滋殖。”上曰：“汉常守萧何之法不变乎？”公曰：“何独汉也，使三代之君常守禹汤文武之法，虽至今存可也。汉武帝用张汤言，取高帝法纷神宗在位的时候，参知政事欧阳修（字永叔，谥号文忠，江西庐陵人）举荐司马光，因为他品性淳朴正直，博学而贤明，敢于直言并有高明的治国谋略，曾经在两朝做官都很出色（仁宗、英宗两朝）。知道有能力的人而不说出来，这就是埋没贤人掩盖好人。司马光忠君爱国的气节，被埋没而没有彰显出来。我既然知道了，就不敢不上奏皇上。

神宗一直以来都想任用司马光，提拔他做了翰林学士。司马光极力推辞，皇上问道："古代的君子，有的有学问而不擅长写文章，有的擅长写文章但学问不深，只有董仲舒、扬雄能够做到这两方面兼具。你也是一个既有学问、又擅长写文章的人，为什么要推辞呢？"最终没有推辞掉这个官职。第二年，司马光请求到外地做官，皇上不准许，说："天下的君子和小人都知道你刚正直言。吕公著出使契丹时，还有人问到听说有个叫司马光的人，非常刚正，现在你的官名都已经被外族所重，为什么还去地方上做官呢？"

神宗这么器重司马光，而最终不能够重用他，这是因为王安石的阻挠。当时新法十分流行，天下搞得很乱，但神宗并没有察觉。司马光在迩英殿为皇上讲读诗文的时候，就变法的事向皇上进行劝谏，遭到了王安石他们的痛恨。司马光曾经讲读《资治通鉴》中萧何、曹参的事情（萧何死后，曹参做了丞相，奉行萧何遗留下来的治国方法，没有改变）。司马光说："曹参没有改变先前的治国之法，才能够保持前人的成就和业绩，因此孝惠帝和高后在位的时候，天下才会太平盛世，食物粮食才会增多。"皇上说："汉代一直坚持萧何的治国方法都没有改变吗？"司马光说："不仅仅是汉更之，祖宗之法不可变也。”公之主张，大率如此。

元丰三年，韩琦亦上疏论青苗之害。上感悟，欲罢其法。二月，乃拜公枢密副使。公上章力辞，至六七上，曰：“上诚能罢新法，虽不用臣，臣受赐多矣，不然终不敢受命。”然王安石终不去，青苗法不罢，公亦卒不受命。

公既辞枢密副使，名重天下。韩魏公元臣旧德，犹加歆慕，在北门与公书云：“闻执事以宗社生灵为意，屡以直言开悟上听，恳辞枢密，必冀感动，大忠大义充塞天地，横绝古今，固与天下之人叹服归仰之不暇，非于纸笔一二可言也。”

公又移书安石，三往返，开谕切至，犹冀安石之听而改也。且曰：“忠信之士，于公当路时，虽龃龉可憎，后必徐得其力。谄谀之人，于今诚有顺适之快。一旦失势必有卖公以自售者。”意谓吕惠卿（字吉甫，泉州晋江人，《宋史》列《奸臣传》），对宾客辄指言之曰：“覆王氏者必惠卿也。”

朝，假使是夏、商、周三个朝代的君主也都一直坚持夏禹、商汤和文王武王的治国方法，即使到了现在王朝都会存在。汉武帝采用了张汤的建议，把汉高祖时期的治国方法都改变了，老祖宗的治国方法是不可以改变的。”司马光的主张，大概就是这样的。

元丰三年的时候，韩琦也向皇上上书阐述青苗法的害处。皇上很受感动而有所醒悟，想要废除新法。这年二月份的时候，朝廷任命司马光为枢密副使。司马光便写奏折极力推辞，一直向皇上写了六七次奏折，说：“皇上如果真的能废除新法，即使不能重用我，我也会收获很多，不然的话我还是不敢接受皇上任命的。”然而王安石最终还是没有离开，青苗法也没有被废除，司马光最终还是没有接受任命。

司马光辞掉了枢密副使一职之后，赢得了天下人的尊重。韩魏公是朝廷的老臣，对司马光都十分钦佩，在翰林院给司马光写信说：“听说您一心为了国家稳定和百姓安乐，屡次劝谏皇上领悟变法的害处，诚恳地推辞枢密一职，希望以此触动皇上内心，您的忠君正义之情天下都知道，超过了古今的贤人，一定会让天下人佩服敬仰您都来不及，这实在不是纸上一两句话可以描述的。”

司马光又写信给王安石，一共写了三次，真诚地开导王安石，仍然希望王安石能够听从而取消变法。他说道：“那些忠正诚信的人，在您做官的时候，虽然令您十分痛恨，但在以后您一定会慢慢地感受到他们的善意。而那些阿谀奉承的小人，现在都非常顺从您，一旦您失去权势，一定会有人出卖您来自保的。”这话的意思是在说吕惠卿（字吉甫，泉州晋江人，《宋史》把他放在了《奸臣其后六年而惠卿叛安石，由是天下服公先知。

公又面问王安石曰：“介甫行新法，乃引用一副小人。或在清要，或为监司，何也？”安石曰：“方法行之初，旧时人不肯向前，因用一切有才力者，候法行已成，即逐之。”公曰：“介甫误矣，君子难进易退，小人反是。若小人得志，岂可去也，必成仇敌，他日将悔之。”安石默然。

公见新法不罢，素志未伸，郁郁不乐，遂求去，罢翰林学士，出知永兴军（今湖北新阳县）。至任，乞免本路青苗助役，诏不许。公遂乞判西京留守司御史台，不报。又上章曰：“臣先见不如吕诲，公直不如范纯仁（仲淹子）、程颢（字伯淳，河南人，世号明道先生。弟颐，字正叔，世号伊川先生），敢言不如苏轼、孔文仲（字经父，临江新喻人，与弟武仲、平仲并以文学起家，号江西三孔），勇决不如范镇。若臣罪与范镇同，即乞依镇例致仕。若罪重于镇，或窜或诛，所不敢逃。”

神宗必欲用公，召知许州（今河南许昌县）。令过阙传》中)，司马光对着宾客就指着他说：“将来推翻王安石的一定会是吕惠卿。”之后的第六年，吕惠卿果然背叛了王安石，因此天下人都佩服司马光的预知能力。

司马光又当面问王安石说：“您推行新法，却任用一群小人。有的人管理着重要的政务，有的人做了监察的官员，这是为什么呢？”王安石说：“在推行变法的一开始，以前的官员都不愿意配合，因此就任用了一些愿意配合变法的人，等到新法推行成功，就罢免他们。”司马光说：“您错了，君子很难引进却很容易辞退，小人正好相反。如果小人当了官，怎么会那么轻易就能辞退，一定会成为仇敌，在将来的某一天你会后悔的。”王安石没有说话。

司马光眼看新法不能废除，先前的想法不能实现，心里非常不开心，于是想要离开，辞去了翰林学士一职，外出去永兴军(今天的湖北省新阳县)做官了。到了那里上任后，他请求废除本地的青苗和助役的新法，皇上下命令不准废除。于是司马光请求去西京做留守司御史台，请求没有能上报给皇上。他又写奏折说：“我的预见能力比不上吕诲，公平正直的品德比不上范纯仁(范仲淹的儿子)、程颢(字伯淳，河南人，世号明道先生，他的弟弟叫程颐，字正叔，世号伊川先生)，敢于直言的性格比不上苏轼、孔文仲(字经父，临江新喻人，与弟弟武仲、平仲一起都以文学出名，号称江西三孔)，勇敢决断的魄力不如范镇。如果我的罪过和范镇一样，那么请求按范镇的标准来安排我的官位。如果我的罪过比范镇还重，是流放还是砍头，我都不会逃避。”

宋神宗非常想任用司马光，下令让做许州(今天河南省许昌上殿，谓监察御史程颢曰：“卿度光来否？”颢对曰：“陛下能用其言，光必来。不能用其言，光必不来。”帝曰：“未论用其言如光者，常在左右，自可无过。”公果辞召命，固请留台。

【批评】

公与安石为素交，屡进忠言，而不之悟，其执拗有如此者。朱子论之曰：“安石以文章、节行高一世，而尤以道德经济为己任。被遇神宗，致位宰相，世方仰其有为，庶几复见二帝三王之盛。而安石乃汲汲以财利兵革为先务，引用凶邪，排摈忠直，躁迫躔戾，使天下之人嚣然丧其乐生之心。卒之群奸肆虐，流毒四海，至于崇宣（崇宁、宣和皆徽宗年号）之际，而祸乱极矣。”

朱子此论，最为平允。安石行新法，其事虽非，不过书生之见耳，非有王莽、卢杞之心也。以正人皆不附和，广引群小为辅大，为安石身后之累，老泉误天下之论（苏老泉恶安石为人，著《辨奸论》，谓必误天下），至于哲宗、徽宗之县）的知州。在路过京城的时候下令召见他，宋神宗对监察御史程颢说："你感觉司马光会来吗？"程颢回答说："皇上如果能采用他的建议，那么他一定会来。如果不能采用他的建议言，那么他一定不会来。"宋神宗说："没见过有像司马光这样进谏的，这样的人经常在身边，自然就不会犯错误了。"司马光果然推辞了召见，坚持请求留在那里做留守司御史台。

【评论】

司马光和王安石向来交情很好，他屡次向王安石进献忠言，但王安石却没有领悟，王安石的固执已经到了如此地步。朱熹评论说："王安石因为学问文章和气节操守在世上高人一等，尤其把治理国家、帮助百姓作为自己的责任。他得到了宋神宗的赏识，坐到宰相的位置，世人便开始仰慕他的所作所为，希望（在他的治理下）能出现太平盛世的景象。然而王安石却急着把改革财政和军队作为首要的任务，任用奸邪凶恶的小人，排斥摒弃忠心直谏的大臣，把人民生活搞得乱七八糟，让人民对他丧失了信心，最终奸臣到处作乱，全国各地的百姓都受他们的毒害。到了崇宣（崇宁、宣和都是宋徽宗的年号）年间，祸乱达到了顶点。"

朱熹的这个评价非常公正。王安石推行新法，事情虽然不对，不过是书生的见解罢了。他没有王莽、卢杞的野心。因为君子都不附和他的变法，才大肆任用那些小人来辅政，这也成了王安石的累赘，所以苏洵才说他会耽误天下百姓（苏洵讨厌王安石的为人，写了《辨奸论》，说他一定会耽误国家），到宋哲宗、宋徽宗时，这句世而大验矣。使早省司马公之言，岂惟社稷之幸，亦安石之幸也。

古无百年不变之法，公对神宗之言，盖为安石发也。言各有当，不可拘泥。公平生不喜孟子，以为伪书，出于东汉，因作疑孟论。此亦一时偏见，未见可据也。

神宗拜公枢密副使，不拜。后有谗公者，神宗不为动，曰："谁肯辞官如司马光者？"知公非不深，而终不能用，何耶？

话得到了验证。假使能早点理解司马光的话，岂止是江山社稷的大幸，也是王安石的大幸啊。

自古以来就没有一百年都不变的治国方法，司马光对神宗说的话，大概是为王安石辩解所说的。说话要各个方面都要适当，不可以固执而不知变通。司马光一辈子都不喜欢孟子，认为现在所看到的关于孟子的书都是假的，都是东汉时期伪造的，因此写了一篇《疑孟论》。这也是他暂时的片面见解，不见得可以作为根据。

宋神宗让司马光做枢密副使，他没有接受。后来有人向皇上说司马光的坏话，宋神宗并没有被他打动，并说："有谁愿意像司马光那样辞去官职呢？"宋神宗了解司马光并不是不深，但终究没有采用他的建议，这是为什么呢？

第七章　居洛

公归洛，绝口不谈时事。宋以洛阳为西京，熙宁（神宗初即位时年号）中，以清德硕望，为朝野所重，而退居于洛者，大臣曰富郑公（名弼，字彦国，河南人，封郑国公，谥文忠）、韩魏公，侍从曰吕申公。士大夫位卿监，以清德早退者十余人。好学乐善，有行义者几二十人。德星翕聚，园林相属。至以洛阳之盛衰，卜天下之治乱。今公复归之，里中后生，皆知畏廉耻，欲行一事，必曰无为不善，恐司马端明（公尝为端明殿学士）、邵先生知。邵先生者，康节也。时新法行，吏牵迫不可为，或投劾去。雍曰："此贤者所当尽力之时，新法固严，能宽一分则民受一分之赐矣，投劾何益耶？"救民之心与公同而异其迹者也。

公于洛阳尊贤坊北买田二十亩，辟以为园，名之曰独乐，自伤不得与众同也。有读书堂、弄水轩、钓鱼庵、种竹斋、采药圃、浇花亭、见山台诸胜，自号迂叟。

洛俗，春日放园，园子得茶汤钱，与主人平分。一日，园子吕直纳公钱十千，公令持去，再三欲留。公怒，乃持去，回司马光到了洛阳，闭口不谈论朝廷的事情。宋朝把洛阳当作西京，熙宁（宋神宗刚即位时年号）年间，这里有一些德高望重，曾经被朝廷重用而现在退居到洛阳的人，朝中大臣中有富郑公（名弼，字彦国，河南人，被封为郑国公，谥号为文忠）、韩琦，做侍从的有吕公著。士大夫中做到卿监一职的，并因为品德高洁而辞官的有十几个人。爱好学习，乐于助人，行侠仗义的人将近有二十人。有才能的人都聚集在了这里，园林相互连接着。这就可以通过洛阳的兴盛和衰落，来卜算天下的太平和混乱。现在司马光又回到了这里，乡里中的年轻人都知道敬畏廉操和懂得耻辱，想要做一件事情，一定会说不好的事不做，因为他们担心被司马光（司马光曾经做过端明殿学士，因此他又叫司马端明）和邵先生知道。邵先生也就是康节先生邵雍。当时新法正在推行，情况十分紧迫，一些不想推行新法的官员，就递交辞职文书离开。邵雍说："这正是贤人应该竭尽全力的时候，新法固然很严，但在推行的过程中能够宽松一点，那么百姓就能获得一点的恩赐，递交辞职文书有什么用处呢？"他拯救百姓的爱心和司马光是一样的，只是他们做的事情不一样罢了。

司马光在洛阳尊贤坊的北面买了二十亩的土地，把它开辟成一个园子，给它取名叫独乐园，感伤自己不能够和众人一样。这个园子里有读书堂、弄水轩、钓鱼庵、种竹斋、采药圃、浇花亭、见山台等景点，自己给自己取了一个号叫迂叟。

洛阳习俗，春天开放园林的时候，看管园林的人能够得到一些小费，要与主人平分。一天，看管园林的吕直要向司马光缴纳

顾曰："只端明不爱钱耶？"后十余日，吕直创一井亭。问之，乃用前日不受十千也，公之化及仆隶者如此。

洛下新第初迁入，一日步行，见墙外暗埋竹签数十。问之，则曰："此非人行之地，将以防盗也。"公曰："吾箧中所有几何，且盗亦人也，岂可以此为防？"命亟去之。会穷乏，令老兵卖所乘马，语云："此马夏月有肺病，若售者先语之。"老兵窃笑其拙。公之至诚，其见于小事者如此。公有兄曰旦，字伯康，居夏县。公居洛多暇，岁一往省。伯康年将八十，公奉之如严父，保之如婴儿，每食，少顷则问曰："得无饥乎？"天少冷，则拊其背曰："衣得无薄乎？"

公以志不得伸，退休洛下，然天下事未尝一日忘也。熙宁七年三月，上以天下旱蝗，诏求直言。公读诏泣下，欲默不忍。四月，乃复上疏曰：

"方今朝之阙政，其大者有六而已。一曰广散青苗钱，使民负债日重，而县官无所得；二曰免上户之役，领下十千钱的平分钱，司马光让他都拿走，他再三地想把钱留下。司马光发火了，他才把钱拿走，想想便说："只有司马光不爱钱吗？"过了十几天，吕直修建了一个井亭。司马光问他，原来这是前些天自己没有接受的那十千钱，司马光的品格竟然都感化到了奴仆的身上。

司马光刚刚迁居到洛阳的新房子里，一天外出散步，看见墙外掩埋着十几根竹签，便问仆人。仆人说："没有人从这里走路，这里是用来防盗的。"司马光说："我家中箱子里能有多少钱，况且盗贼也是人啊，怎么可以这样设防呢？"便让人立刻把设防的东西都拆除了。一次，司马光的生活遇到了困难，就让老兵去把自己骑的马卖了，并说："这匹马夏天的时候有肺病，卖的时候要先和买主讲清楚。"老兵暗地里笑他太迂了。司马光的诚实，在这些小事中都能看得清清楚楚。司马光有个哥哥叫司马旦，字伯康，住在夏县。司马光住在洛阳的时候有很多空闲时间，每一年都会去看望他的哥哥。司马旦都快八十了，司马光对他就像侍奉父亲一样，保护他就像保护婴儿一样。每天吃晚饭，过了一会儿便问："饿了吗？"天气稍微转凉，便摸着他的背部说："衣服薄吗？"

司马光因为自己的志向不能实现，辞官住在了洛阳，然而却没有一天会忘记天下大事。熙宁七年三月，朝廷因为旱灾和蝗灾，下旨征求敢于直言进谏的人。司马光读完诏书眼泪就下来了，想要默不作声却忍不住。四月的时候，他便给朝廷写了奏折说：

"现在朝廷有缺陷的政治措施，大概有六个。一是大量地散发青苗钱，使得百姓欠官府的债越来越多，而官府却一点收入都户之钱，以养浮浪之人；三曰置市易司与细民争利，而实耗散官物；四曰中国未治，而侵扰四夷，得少失多；五曰团结保甲，教习凶器，以疲扰农民；六曰信狂狡之人，妄兴水利，劳民费财。若其他琐琐米监之事，皆不足为陛下道也。”

寻有诏言新法已行，必不可动。公自是闭口不言时事者，十有一年。时文潞公（名彦博，字宽夫，汾州介休人，封潞国公，谥忠烈）以太尉留守西都，慕白乐天“九老会”，乃集洛中公乡大夫年德高者，为“耆英会”。公年未七十，潞公素重其人，用唐九老狄兼暮故事，请入会。洛阳多名园古刹，有水竹林亭之胜，诸老须眉皓白，衣冠甚伟，每宴集都人随观之。

【批评】

政事之枢机在于朝，而士夫之清议在于野，必野有贤人而清议重于朝旨，朝与野隐然立于对待之地位。执政者，即欲凭权藉势以蠹国病民，而有所不敢也。神宗时之洛阳，为贤士大夫之渊薮，犹之明季之东林然。东林虽盛，既无救没有；二是免除富裕人家的劳役，领去贫穷人家的钱财，去养活那些不务正业的人；三是设置市易司一职，和老百姓争夺利益，而实际上消耗了官府的财物；四是自己国家还没有治理好，还去侵略邻国，得到的很少失去的却很多；五是建立地方民兵组织和保甲制度，让人们练习打仗，导致百姓都十分疲惫不堪；六是信任狂妄狡诈的人，胡乱地兴修水利工程，既使百姓劳苦，又浪费钱财。至于其他的一些琐碎事情，就都不值得讲给皇上听了。”

过了一段时间，皇上批复说新法已经推行，一定不能再变动了。司马光从此闭口不再谈论朝廷的事情了，这一直延续了十一年。当时文潞公（名彦博，字宽夫，汾州介休人，被封为潞国公，谥号为忠烈）留守西都洛阳做太尉，仰慕白居易他们组织的“九老会”，于是便集合了洛阳城中的读书人和一些德高望重的人，组织了“耆英会”。司马光当时年纪还没到七十，潞公向来都很看重他，便用唐代狄兼暮未满七十而加入九老会的先例，让司马光入会。洛阳有很多的著名的园林和古老的寺庙，有溪水、竹林、亭台等景色，各位老者的头发和胡须都白了，穿着打扮十分有气势，每次举行宴会时都有人跟着围观。

【评论】

管理政事的机构设在朝廷，而士大夫们对时政的议论则在民间，民间一定要有贤人对时政的议论才会比朝廷的旨意重要，那么朝廷的旨意与民间的议论慢慢就形成了制约的关系。这样的话，当官的人即使想要凭借权势来危害国家残害百姓，他们也会有所

于国之危亡，而一时名士亦罗党锢之祸。其淑身淑世之道，不及洛下诸贤多矣。公独乐园中，藏书五千卷，比诸当时王原叔、宋宣献、毕文简、钱穆父诸家，皆藏至数万卷者，公之所有，诚不足道。然书贵能读，不贵多藏。赵普以半部《论语》治天下，善读书者当如此。

独乐园之园丁，不爱十千钱，所谓有其主自有其仆。《辍耕录》（元陶宗仪著）又载公家一仆三十年，只称君实秀才。苏子瞻学士来谒，闻而教之，明日改称大参相公。公惊问，以实告。公曰：“好一个仆被东坡教坏了。”

顾忌。宋神宗在位的时候，洛阳成了贤人和士大夫聚集的地方，就好像明朝末年的东林党人一样。东林党人虽然很多，他们不但没有挽救国家危亡，而且一些贤人还遭受了党争的祸害。他们陶冶身心和治理国家的方法，远远不如洛阳的各位贤人。司马光的独乐园中，藏了五千卷书，和当时的王原叔、宋绶、毕士安、钱勰父他们都藏了几万卷相比，司马光的藏书确实不值得称道。然而藏书最重要的是能够阅读，而不在于藏了多少书。赵普用半部《论语》治理天下，善于读书的人就应该这样。

独乐园中管理园林的人，不贪恋十千钱，这就是所说的有什么样的主人自然会有什么样的仆人。《辍耕录》（元代陶宗仪著）又记载说司马光家有一个干了三十年的仆人，只称呼司马光秀才。苏轼来拜访的时候，听说了这件事便教他改变称呼，第二天这个仆人便改称司马光为参政宰相。司马光惊奇地问他，他便把来龙去脉告诉司马光。司马光（开玩笑地）说："好好的一个仆人都被苏东坡给教坏了。"

第八章　撰写《资治通鉴》

司马迁创修《史记》，上始五帝，下讫天汉（汉武帝年号）。班固以来之书，皆仿其体，惟各自断代为书耳。纪、传、表、志，文字繁多，士人常有毕生未曾阅览一过者，况人主乎？而《史记》以前，先有《春秋》，《春秋》编年之体，年经事纬，首尾联贯，实史家不刊之良规。自司马迁之书行，编年之史，皆不敢续，而史学便少此一种书。

孔子笔削之后，成一千三百六十二年之编年史，后世不敢增损其一字，史家遵其成规。与正史并行，其事实始自公，今所传之《资治通鉴》是也。

公在京，六任冗官，无以表见。英宗三年，上命公编历代君臣事迹。公言不如续《春秋》作编年史，于是发凡起例。刘恕（字道原，筠州人）、赵君锡（君锡父丧，不赴命，太常博士刘攽代之）助之，后又辟范祖禹（景仁从孙）为助。初名通志，书未脱稿，神宗已重之，数促使终篇，赐以颍邸旧书二千四百卷。元丰（神宗年）七年，书成，表上之，神宗为易名《资治通鉴》，亲制序文以赐。又谕辅臣曰：“前代未尝有此书，过荀悦《汉纪》远矣。”迁公为资司马迁编写《史记》，上起五帝时期，下至天汉年间（汉武帝年号）。班固《汉书》以来的史书，都模仿《史记》体例格式，只是这些史书都是按朝代来编写的。这些史书包括纪、传、表、志，文字非常繁多，读书人常常用一生的精力都不能把这些史书读一遍，何况是皇上呢？在《史记》之前，先有《春秋》，《春秋》是编年体史书，以时间为经线，以事情为纬线，前后联贯一致，实在是史书不容改动的好体例。自从司马迁的《史记》流行之后，编年体的史书，都不敢再编写了，而史书编写中又少了一种书写体例。

继孔子删订《春秋》之后，完成了1362年的编年体史书，后世之人不敢对这本书再增减一个字，成为史学范式。编年体史书和官修纪传体史书一起通行，这其实始于司马光编纂、现在所流传的《资治通鉴》。

司马光在京城，六次担任无专门职务而备执行临时使命的官职，无法施展自己的才能。英宗三年的时候，皇上让司马光编写各个朝代君王和大臣的事迹。司马光说不如续写《春秋》编写一部编年体史书，于是便规定了全书的主旨和体例。刘恕（字道原，筠州人）、赵君锡（君锡因为父亲亡故，没有去，太常博士刘攽代替了他）作为助手，后来又任命范祖禹（范景仁的从孙）为助手。开始这部书叫《通志》，书稿还没有完成的时候，宋神宗已经很重视了，数次催促尽快完成，赐了颍邸的旧书2400卷。元丰（神宗年号）七年时，书上表稿完成了，献了给皇上，宋神宗把它改名叫《资治通鉴》，亲自赐写了序文，又下旨给宰相说："前代没有这种书，超出荀悦的《汉纪》很多啊。"司马光被任命为资政殿学士，下旨政殿学士，降诏奖谕。

《资治通鉴》之体裁与公藉往事以规时政之意，悉具于进书表中。其文如左：

“伏念臣性识愚鲁，学术荒疏，凡百事为皆出人下。独于前史粗尝尽心，自幼至老，嗜之不厌。每患迁固以来，文字繁多，臣常不自揆，欲删削冗长，举撮机要，专取关国家兴衰、系生民休戚、善可为法、恶可为戒者，为编年一书，使先后有伦，精粗不杂。私家力薄，无由可成。伏遇英宗皇帝，资睿智之性，敷文明之治，爰诏下臣，俾之编集。书未进御，先帝违弃群臣。陛下绍应大统，钦承先志，宠以冠序，赐之嘉名。每开经筵，常令进读。臣虽顽愚，荷两朝知待，如此甚厚，陨身丧元，未足报塞。研精极虑，穷竭所有，日力不足，继之以夜，遍阅旧史，旁采小说，简牍盈积，浩如烟海，抉摘幽隐，校计毫厘。上起战国，下终五代，凡一千三百六十二年，修成二百九十四卷。又略举事目，年经国纬，以备检寻，为目录三十卷。又参考群书，详其同异，俾归一途，为《考异》三十卷，合三百五十四卷。自治平开局，迨今始成，岁月淹久，其间牴牾，不敢自保。重念臣违离阙庭十有五年，虽身处于外，区区之心，朝夕寤寐，何尝不在陛下之左右。顾以驽蹇，无施进行褒奖。

《资治通鉴》的体例格式和司马光凭借往事来劝谏朝政的想法，都写在了给皇上进献此书的文书中了。他写的文章如下：

“我深知自己资质愚钝，学问浅薄，做各种事情也都不如别人。只是对以前的历史考究还算尽力，从小到老都喜欢而不厌倦。我常担心司马迁、班固之后的史书，文字太过繁多，不能够全部理解，想要删减冗长之处，摘选主要内容，专门选取一些关乎国家兴衰、百姓命运，好的可以效法、恶的应该警戒的事迹，把它们按年代编成一本书，使内容有先后次序，大事和小事不会混杂在一起。我一个人力量很小，没办法完成。恰逢英宗皇帝，想要凭借卓越见识，实现清明的政治，通过遍读天下史书来扩大文明教化，于是下旨给臣，命臣编写这部著作。书还没有编好的时候，先皇便丢下我等而去。皇上（指宋神宗）继承了皇位，继承先帝的遗志，为这部书写了序言，并赐给这部书一个美好的名字。每次宫中讲习，常命我进读。我虽愚笨，在两朝都受到优待，而且如此的丰厚，即使牺牲生命，也不足以报答。只有尽心尽力，奉献自己所有精力，白天时间不够用，就利用晚上的时间，遍读史书，采集民间言论。大量的简册文书，像云烟火海一样多，摘取一些重要而不易被发现的事迹，考订和校对细微的内容。这些书上从战国开始，下至五代结束，共1362年，编了294卷。又概要地列举了纲目，以年代为经线，以国家为纬线，为了查检的方便，又编了30卷目录。还参考了其他书籍，以评定事迹的异同情况，使内容一致，编了30卷《考异》内容，共计354卷。从英宗治平年间开始，一直到现在才编成，用的

而可，是以专事铅椠，用酬大恩，庶竭涓尘，少裨海岳。臣之精力尽于此书，伏愿陛下宽其妄作之诛，察其愿忠之意。以清间之燕，时赐省览，监前世之兴衰，考当今之得失，嘉善矜恶，取是舍非，则臣虽委骨九泉，志愿永毕矣。”

当公修史时，得自选属，官置局于崇文院，许借龙图、天章阁、三馆、秘阁书籍（崇文、龙图、天章，皆宋藏书之处）。内府时颁笔墨缯帛及御前钱以供果饵。神宗朝，王安石用事。公数上书斥新法之扰民，小人欲中伤之，而公行义无可訾者。乃倡为浮言，谓书之所以久不成，缘书局之人，利尚方笔墨绢帛及御府果饵金钱之赐耳。以此议公几同儿戏，亦见小人之害君子无所不至有如此者。

公进读《资治通鉴》至汉贾山疏，因言从谏之美，拒谏之祸。上曰：“王安石不好官职，及自奉养，可谓贤者。”公时间太长了，书中前后内容会有一些矛盾的地方，我不敢确保没有错误。再想想我离开朝廷已经有15年了，虽然身在外面，然而真诚的心，无论是在早上还是晚上，是睡着还是醒着，心什么时候不在皇上的身边呢？只是禀性顽劣，做什么事情都觉得不称心，因此就专心负责编写这部书，以此来报答皇上的大恩，希望能够竭尽全力，为天下大事贡献一点微薄的力量。我的精力全部都放在了这部书上，希望皇上能够宽恕我胡乱编写的罪过，考察我编写这部书的忠心。在清闲的时候，常常能够读一读这部书，借鉴前代的兴盛和衰败，考察现在政事的得失，奖励善良的人，怜悯有过错的人，采取对的事情，舍弃错的事情，那么，即使我死了也心满意足了。”

在司马光编修史书时，他能够自己选聘助手，在崇文院内设立书局，朝廷允许他借调龙图阁、天章阁、三馆及秘阁的书籍（崇文、龙图、天章都是宋代藏书的地方）。皇宫仓库经常提供笔、墨、缯帛并用皇上专用的钱来给编修史书人员提供水果和糕点。宋神宗在位时期，王安石执掌朝政。司马光多次写奏折批评新法扰乱百姓，一些奸人想要诬陷他，但是司马光的言行没有一点值得怀疑的地方。于是便散布谣言，说这部书之所以这么久都没编成，那是因为书局里的人想享用皇上专用的笔、墨、绢帛以及皇上专用的水果、糕点、金钱这些赏赐。用这种方法来攻击司马光就如同儿童游戏一样轻率，也可以看出奸人想祸害君子竟然如此地不择手段啊。

司马光为皇上进读《资治通鉴》到汉代贾山的奏疏时，顺便向皇上讲解了听从劝谏的美德，不听从劝谏的危害。皇上说：“王安石不看重官职，俸禄也只能养活自己，可以说是一个贤人。”司曰："安石诚贤，但性不晓事而愎，此其短也。又不当信任吕惠卿，惠卿奸邪，而为安石谋主，故天下并指安石为奸邪也。"又读至张释之论啬夫利口，因曰："孔子称恶利口之覆邦家，夫利口何至覆邦家？盖其人能以是为非，以非为是，人君苟以为然，则邦家之覆诚不难矣。"时吕惠卿在坐，公盖指之也。

【批评】

王安石用事时，温公居洛，修《资治通鉴》。神宗许以书局自随，其宠任之不可谓不至，独不能退王安石而用公。《通鉴》成，公年六十六岁矣，晚景无多，君恩未报，一腔忠爱，既悉寄于书中。遇进读之时，又复借古鉴今，随事进规。千载之下，其心如见。温公修通鉴未成时，谗言朋兴，公于是严课程，省人事，促修成书，表云："日力不足，继之以夜，简牍盈积，浩于渊海，其间牴牾，不敢自保。"今读其书，盖自唐及五代，采取微冗，日月或差，良有由也。

《通鉴》一书，取材多有出于正史之外者，又能考诸马光说："王安石确实很贤能，只是有些不明白事理而且固执，这是他的短处。他还不应该信任吕惠卿，吕惠卿是奸诈小人，他是为王安石出谋划策的主要人物，因此天下人把王安石也一起认作是奸诈小人了。"司马光又读到张释之论说农夫能说善辩的故事，便说："孔子讨厌那些在朝廷上能说善辩但会导致国家灭亡的人，能说善辩怎么会导致国家灭亡呢？因为他们能够把对的说成错的，把错的说成对的，君王如果认同了他们，那么国家灭亡有什么难的呢。"当时吕惠卿也在那里，司马光大概就是指他的。

【评论】

王安石执掌朝政时，司马光住在洛阳编修《资治通鉴》。宋神宗允许司马光在书局里任意行事，对他的宠爱不能说不多，唯独没有罢免王安石而任用他。《资治通鉴》编完之后，司马光已经66岁了，剩下的日子也不多了，但皇上的恩情还未报答，于是他把忠爱之心，全都寄托在了《资治通鉴》这本书中。碰到为皇上诵读《资治通鉴》时，他便借古鉴今，根据不同的内容进行相应劝谏。千百年来，他的忠心依稀可见。《资治通鉴》还没编完时，诽谤或挑拨离间的话兴起，司马光于是加快了进程，精简人员，催促大家加紧编书。他在奏折中说："白天时间不够，便晚上继续，读过的书简册章，就像云烟火海一样多。书中前后内容有些矛盾的地方，我不敢确保没有错误。"现在读了这本书，从唐代一直到五代时期，内容略显冗长，年日稍有差错，这都是有原因的。

《资治通鉴》这本书，内容选取除了大多来自官修史书之外，还史之异同而裁正之。昔人所言事增于前，文省于旧，惟《通鉴》可以当之。朱文公之《纲目》，虽因温公之书，无所增益，而义例谨严，犹能成一家言。若明人薛方山之《续通鉴》，于宋、辽、金、元四史，尚未能寻其要领，况在正史之外乎？温公之书，多采格言，使人易忆，非徒以记闻为博也。后之作史者既无温公之学，乏三馆之书，又不得刘恕、范祖禹助其讨论，而欲成一代之良史，岂不难哉？

《考异》、《目录》，各自为书。《资治通鉴》初有史炤释文，今通行胡三省注本。胡氏《通鉴》分修诸子考，谓汉则刘攽，三国迄于南北朝则刘恕，宋则范祖禹。今读温公与醇夫帖子，始知胡氏之言不然。帖曰："从唐高祖初起兵修长编，至哀帝禅位止。其起兵以前，禅位以后事，于今来所看书中见者，亦请令书史别用草纸录出。每一事中，间空一行许，以备剪黏。隋以前与贡父，梁以后与道原，令各修入长编中。盖缘二君更不看此书，若足下只修武德以后，则此等事迹，尽成遗弃也。"观于是言，则贡父所修，盖自汉至隋，而道原任五代也。公平日最服膺道原，其通部义例，多能对比其他史书的异同情况来评定和更正一些内容。过去人们所说的做事情要提前考虑周密，写文章要多参考前人作品，这句话只有《资治通鉴》才可以当得起。朱熹的《资治通鉴纲目》，虽然是借助司马光这本书，内容也没有什么增加扩充，但它的体例非常严谨，仍然能够成为自成一家的学说。然而明朝人薛方山的《续资治通鉴》，对于宋、辽、金、元这四个朝代的史书，尚且还没有了解它们的主旨，更何况这些正史之外的史书呢？司马光的这本书，很多都是采用格言的形式，让人能很容易记住，并不只是记载的内容广博这一个特色。后来编写史书的人既没有司马光的才学，也缺乏三馆这么充足的书籍，更没有刘恕、范祖禹这样的助手帮忙一起讨论，而想要成为一个时代的优秀的史学家，难道不是很难吗？

《资治通鉴》的考异和目录内容，各自编成一本书。《资治通鉴》一开始有史炤作的解释，现在流行的是胡三省的注解版本。胡三省在注解的《资治通鉴》各部分编写人员考证中，指出汉代内容是刘攽负责的，三国到南北朝时期的内容是刘恕负责的，宋代的内容则是范祖禹负责的。现在读了司马光给胡宗回的帖子，才知道胡三省的说法是不对的。帖子中说："从唐高祖起兵的时间为起点开始搜集资料，按次排列，一直向上到汉哀帝退位为止。唐高祖起兵以前和汉哀帝退位以后的事情，在最近看的书中出现的这些内容，让负责文书的人员另外用草纸抄录出来。每件事之间，空出来一行多的距离，留用来粘贴一些字条。隋朝以前的内容由刘攽负责，梁代以后的内容由刘恕负责，各自搜集资料，按次排列。因为他们二人更难承担这些内容，如果您只搜集唐高祖以后的内容，从之商榷。

那么剩下的这些内容，都要被丢弃了。”通过这些话，那么便可以看出刘攽搜集的内容，大概是从汉代到隋代，而刘恕则负责五代时期的内容。司马光平时最佩服刘恕，这本书的体例，很多都是和他商量出来的。

第九章 进用

元丰八年（神宗在位之第十八年），公居洛已十五年，春秋六十七矣。三月，神宗崩，哲宗立。年幼，太皇太后高氏同听政。公闻孙固（字和父，郑州管城人）、韩维（字持国，开封雍丘人）皆集阙下。时程颢在洛，亦劝公行。乃赴阙，卫士见公入，皆以手加额曰："此司马相公也。"民遮道呼曰："公无归洛，留相天子活百姓。"所在数千人聚观之。

太皇太后遣使劳公，问所当先者。公言："近岁士大夫以言为讳，闾阎愁苦于下而上不知，明主忧勤于上而下无所诉，此罪在群臣而愚民无知，归怨先帝，宜下诏首开言路。"

公元丰末来京师，都人叠足聚观，即以相公目之，马至不能行。谒时相于私第，市人登树骑屋窥瞰。人或止之，曰："吾非望而君，所愿识者司马公之丰采耳。"呵叱不退，屋瓦为之碎，树枝为之折，其得人心如此。

元丰八年（宋神宗在位的第十八年），司马光住在洛阳已经十五年了，时年他已六十七岁。这年三月，宋神宗去世，宋哲宗登基。宋哲宗当时年纪很小，太皇太后高氏和他一起主持朝政。司马光听说孙固（字和父，郑州管城人）、韩维（字持国，开封雍丘人）都在朝廷做官。当时程颢在洛阳，也劝说司马光去做官。于是司马光便去了京城，卫兵们看见司马光回到朝廷都非常高兴，说："这是司马宰相。"百姓拦路高喊："您不要再回洛阳了，留下来帮助皇上拯救百姓吧。"当时有几千人在迎接司马光的归来。

太皇太后派人来慰问司马光，问他现在首先应该做什么。司马光说："近年来士大夫们说话都十分小心，民间生活非常困苦但朝廷却不知，圣明的君主在朝廷辛勤工作但民间百姓的苦难却没有地方申诉，之所以这样都是大臣的过错，但是百姓却不知道，因此就把怨恨都归到了刚刚去世的皇帝身上，现在应该下旨首先扩大向朝廷进言的途径。"

司马光在元丰末年来到京城，京城里的人都出来围观，想看看司马宰相是什么样子，导致司马光的车队不能正常前进。别人来司马光的住处拜见他的时候，市民们就爬在树上或蹲在房顶上来观看。有人制止他们，他们则说："我不是看你的，想看的是司马光的风度容貌。"大声呵斥他们，他们也不离开，屋顶的瓦片都被踩碎了，树枝也被踩断了，可见他是多么得人心啊。

公上疏言新法之害，曰："先帝励精求治，以致太平。不幸所委之人，不足仰副圣志，多以己意轻改旧章，谓之新法。边鄙之臣，行险侥幸，轻动干戈，深入敌境。又有生事之臣，建议置保甲、户马、保马，以资武备，变茶监铁冶等法，增家业，侵街商税钱，以供军稰，皆非先帝本意也。先帝升遐，奔丧至京，蒙太皇太后陛下特降中使，访以得失。既而闻有旨，罢修城役夫，撤诇逻之卒，止御前造作，斥退近习之无状者。戒饬有司，奉法失当，过为烦扰者，罢货物等场及民所养户马，又宽保马年限，四方之人，无不鼓舞圣德。新法之弊，天下之人，无贵贱愚智知之，是以陛下微有所改，而远近皆相贺也。然尚有病民伤国，有害无益者，如保甲、免役钱、将官之事，皆当今之急务，厘革所宜先者。"

哲宗起公知陈州（今河南淮阳县），帝冲幼，太皇太后临政，锐意用公。御前札子催赴阙廷，使者劳问，相望于道。公至京，拜门下侍郎。公固辞不拜，兄旦引大义语之曰：

司马光向朝廷写奏折论述新法的危害，说："先帝一直振奋精神，尽力设法去治理好国家，求得天下太平。不幸的是，他所托付的官员，不足以完成皇上的嘱托，经常根据自己的看法轻易去改变以前的制度，并说这是新法。守护边境的大臣，冒险行事以便能够获得名利，轻易就挑起战争，深入到敌人的领地。此外，还有一些制造麻烦的大臣，建议设置保甲、户马、保马这些制度，用来扩充军事装备，改变茶监和冶铁的方法，让百姓实行家庭生产，侵占店铺商家的税收钱财，用来提供粮食和军费，这些都不是先帝的本来意愿。先皇去世的时候，我从外地赶回京城参加丧事，得到太皇太后和皇上的信赖，让我作为使者去查访国家政事的得失情况。不久，听到朝廷下旨，遣散了修理京城的劳工，撤消了监视官员和百姓的诇逻兵，停止了宫中的一些器物制造，斥退了所亲幸的小人。告诫申饬那些遵守的法令不恰当而且给百姓造成很大困扰的官员。废除货物场以及百姓养户马的制度，又放宽了收买保马的年限，天下百姓没有不歌颂朝廷恩德的。新法的害处，天下人中无论是达官贵人还是穷苦百姓，无论是聪明的人还是愚笨的人都知道，因此皇上稍微对新法进行一点改变，天下人都互相庆贺。然而还是存在一些对百姓和国家只有害处而没有好处的制度，如保甲制度、免役钱以及对将官的规定，这些都是当前急切应该解决的事情，也是改革应该先做的事情。"

宋哲宗任用司马光做陈州（今天的河南省淮阳县）的知州，当时皇上还很年幼，太皇太后亲自处理朝政，坚决要任用司马光。朝廷下了通知文书催促司马光回到京城，并派使者去慰问，在道

“生平诵尧舜之道，思致其君，今时可而违，非进退之正也。”公乃幡然就位。

时苏轼自登州（今山东登县）召还，所过处，人相聚呼号曰：“寄谢司马相公，毋去朝廷，厚自爱以活我。”如是者，千余里不绝。

时公有书与侄云：“近蒙圣恩，除门下侍郎，举朝忌者甚众，而以愚直处其间，如黄叶在烈风中，几何不坠？是以受命以来，有惧无喜，汝辈当识此意。”

时有诏求直言，而大臣有不以此为便者，设六语云：“若阴有所怀，犯非其分，或扇摇机事之重，或迎合已行之令，上以邀宠希进，下以眩惑流俗。若此者罚无赦。”公曰：“此非求谏，乃拒谏也。人臣惟不言，言则入六事矣。”诏乃改行之，于是上封事者以千数起。

是时天下之民，引领拭目，以观新政，而议者犹谓三年路旁等待司马光。司马光到了京城，被任命为门下侍郎。司马光推辞不接受这个官职，他的哥哥司马旦引用君臣大义来劝导他，说：“你一辈子都读尧、舜的治国道理，想要报效朝廷，现在时机正好而你却要放弃，这不符合做官和隐退的道理。” 于是司马光很快便接受这个官职。

当时苏轼从登州（今天山东省登县）被朝廷召回，他路过的地方，人们都聚在一起大喊：“替我们向司马宰相说一声谢谢，让他不要离开朝廷，要保重自己，造福百姓。”像这样的情况，在几千多里的路程上都没有断绝。

当时司马光给他的侄子写了一封信，说：“最近承蒙皇上恩宠，任命我做门下侍郎，整个朝廷里嫉妒我的人非常多，而我以真诚正直处其间，就好像枯黄的树叶处在暴风中，能坚持多长时间不掉下去呢？因此接受这个任命以来，只有担心而没有欢喜，你们应该明白这个道理。”

当时朝廷下旨要寻找敢于说实话的人，然而一些大臣却在阻碍这一措施，列出了六种不得当言论情况：“内心对其他人有所褒贬想法，超出自己的职权，煽动国家政事出现危机，迎合已经推行的命令，寻求皇上的恩宠来加官进爵，迷恋下层百姓的平庸粗俗。像这样的都要惩罚，不能宽恕。”司马光说：“这不是寻找敢于说实话的人，这是在拒绝说实话的人。大臣除非不向君主提出劝谏，只要提出劝谏，那么就触犯了这六种情况。”于是诏书才改了这些内容，于是向君主提出劝谏的人便成百上千地出现了。

这个时候天下百姓，都热切关注着朝廷对新政的态度，但是无改于父之道，但毛举细事，稍塞人言。公曰：“先帝之法，其善者，虽百世不变，可也。若安石、惠卿所建，为天下患者，改之当如救焚拯溺，况太皇太后以母改子非子改父。”众议遂定。

公既改新法，或谓公曰：“元丰旧臣，如章惇（字子厚，建州浦城人，《宋史》入《奸臣传》）、吕惠卿辈，皆小人。他日有以父子之意间上，则朋党之祸起矣，不可不惧。”公正色曰：“天若祚宋，必无此事。”

【批评】

温公对客之语，张南轩尝论之曰：“使他人答之，必曰：‘苟利社稷，遑恤其他。’只如此说已是好。温公乃曰：‘天若祚宋，必无此事。’更不论一己利害，想其平日所养，故临事发言能如是中理，虽圣人不过如此说，近于终条理者矣。”

专制之朝，病在壅塞，言路通则壅塞去矣。民主之国，万机决于公论，议院之外，又有报纸，为民口之机关，壅塞之病，似可绝矣。然而人图其私，是非难断。昔之以断绝言反对的人仍然说三年内不能改变之前的治国方法，只要大概地列举一下小事，就能堵塞别人向朝廷提出劝谏。司马光说：“先帝治国，其中好的方法，即使过了一百年也不能改变，这是对的。但是像王安石、吕惠卿他们提出的新法，扰乱天下百姓，改变它们应该像救火和拯救溺水人一样急迫，何况太皇太后的变法是母亲改变儿子的治国方法，并不是儿子改变父亲的治国方法。”于是大家的议论才平定下来。

司马光改变新法后，有人对他说：“元丰年间的老臣，如章惇（字子厚，建州浦城人，《宋史》把他放在《奸臣传》）、吕惠卿他们，都是一些小人。哪一天他们利用恩宠向皇上挑拨离间，那么政见不同的党派争斗就会出现，不能不担心啊。”司马光正色说：“上天如果保佑大宋，那么一定不会发生这样事的。”

【评论】

对于温公的待客之语，张南轩曾评论说：“如果是别人来回答，必定会说：‘如果有利于江山社稷，还管其他的干什么呢。’如果仅仅只是这样说已经是好的了。但温公却说：‘上天如果保佑我大宋，必定不会有这样的事发生。’更不会只议论自己的利害，想着自己平日的所需了，所以面对事情发言能这么中理，即使圣人也不过如此，近乎完美了。”

在专制国家，治国最大的问题在于蔽塞，如果进谏之路通畅，那么壅塞也就不存在了。在民主国家，各种国家事务决断于公众意见，除议院之外，还有报纸等，成为民众意见的窗口，壅塞的路为壅塞者，今又以大开言路为壅塞也，言者愈多而听者愈难矣。

神宗末年，王安石虽罢，而其徒党如蔡确、章惇、韩缜、张璪等，尚把持朝纲。温公初进，周旋于群小之中，不顾一切，毅然请开言路，罢新法。如旭日朝升，云雾俱消，此何等快意事。然毁城掘社，本非与狐鼠为仇，而狐鼠以失其凭依之故，恨之刺骨矣。非公之名望，不能奏扩清之功，亦非公之忠勇，不能有坚决之心也。

问题，似乎可以杜绝。但是因为人心谋私，所以仍是非难断。过去是因为言路断绝而壅塞，现在又变成了因为言路大开、意见难以统一而壅塞，发言的人越多而听者就越难以决断。

神宗末年时，王安石虽然被罢免，但是他的门徒，如蔡确、章惇、韩缜、张璪等，还在把持着朝政。司马温公刚刚进入朝廷，周旋在一群小人之中，不顾一切，毅然请求广开言路，取消新法。他的进言如旭日朝升，云雾俱消，这是多么令人快意的事。然毁坏城墙、社坛，本来不是要与狐鼠为仇，但狐鼠因为失去了自己的凭依之所，所以对毁坏者恨之入骨。当时如果不是司马温公的名望，也不能达到肃清言路的功效；如果不是司马温公的忠勇，也不会有这么坚定的决心。

第十章 病中情形

哲宗元祐元年正月，公始得疾。当元丰五年秋，公居洛时，公有语涩疾，自疑当中风。乃预作遗表，详尽感慨，亲书缄封，置卧内，戒其子曰："吾死，当以授范纯仁、范祖禹，使上之。"后亦无恙。今辅相未久，大星遽霣，惜哉。使天假之年，何至不久即有南渡之祸也？

公虽病，而刻刻不忘天下事。时青苗、免役、将官之法犹在，而西戎之议未决。公叹曰："四害未除死，不瞑目矣。"折简与吕公著云："光以身付医，以家事付愚子，惟国事未有所托，今以属公。"仍力疾上疏，论免役五害，乞直降敕罢之，率用熙宁以前法，诏即日行之。又论西戎大略，以和戎为便，用兵为非。时异议者甚众，公持之益坚。

闰二月，公被诏为尚书左仆射。疾稍间，将起视事。诏免朝觐，许以肩舆，三日一入都堂，或门下、尚书省。公不敢当，曰："不见君不可以视事。"诏公肩舆至内东门，子康扶宋哲宗元祐元年正月的时候，司马光生病了。在元丰五年的秋天，司马光住在洛阳时，说话便开始不清晰了，他怀疑自己得了中风，提前写了临终前奏折，详细论述了对国家大事的想法，亲自书写并将奏折封藏起来，放在卧室，告诫儿子说："我死后，要把这个奏折交给范纯仁、范祖禹他们，让他们把它交给皇上。"后来他的病又好了。现在他当上宰相还没有多久，便去世了，真是令人惋惜。假如上天赐给他足够寿命的话，怎么会在他死后不久，国家灭亡而朝廷南迁呢？

司马光虽然病倒了，但他时时刻刻都没有忘记国家的大事。当时的青苗、免役、将官等制度仍然还存在，而且西夏的和谈还没有决定下来。司马光感叹说："这四个祸害不除去，我就是死了也不能瞑目啊。"于是他写信给吕公著说："我把身体交给了医生，把家里的事情交给了儿子，只有国家的事情还没有托付，现在就把它托付给你了。"司马光仍然极力向朝廷写奏折，论述免役等五种危害，希望皇上直接下旨废除它们，全部采用熙宁年间以前的法令，下诏书立即颁布实行。又论述了应对西夏的策略，应该主张议和，而不能采用武力。当时反对者非常多，司马光坚持自己的看法。

元祐元年闰二月的时候，司马光被任命为尚书左仆射。他的病刚刚有点好转，便要去处理公事。皇上下旨让他免去上朝拜见，准许他乘坐肩舆，三天去一次都堂，或者是门下、尚书省。司马光不敢承受这样的恩赐，说："不朝见皇上，不能够处理公事。"皇入对小殿，且曰毋拜。公惶恐，入对延和殿，再拜。遂罢青苗钱，专行常平粜籴法。

公作相，辽人闻之，敕其边吏曰："中国相司马矣，毋轻生事，开边隙。"尝亲书榜稿，揭于客位曰：

"访及诸君，若睹朝政阙遗，庶民疾苦，欲进忠言者，请以奏牍闻于朝廷。光得与同僚商议，择可行者，进呈取旨行之，若但以私书宠谕，终无所益。若光身有过失欲赐规正，即以通封书简，分付吏人令传入，光得内自省讼，佩服改行。至于整会官职差遣，理雪罪名，凡干身计，并请一面进状，光得与朝省众官公议施行，若在私第垂访，不请语及，光再拜咨白。"

公对宾客，无贤愚长幼，悉以疑事问之。有草簿数枚，常置坐间，苟有可取，随手记录，或对客即书，率以为常。

公自见言行计从，欲以身殉社稷，躬亲庶务，不舍昼夜。宾客见其体羸，举诸葛亮食少事烦以为戒，公曰："死上便下旨让司马光可以坐着肩舆到达宫内东门的地方，再由他的儿子司马康扶着进入小殿来回答皇上的问题，并说可以不用跪拜。司马光很惭愧，在延和殿回答皇上的问题，拜了又拜。于是皇上废除了青苗钱，只实行谷物便宜时提高价格并开始收购，谷物昂贵时减低价格并开始卖出的政策。

司马光做了宰相，辽国人听说了，下令边境官员说："现在司马光担任中国宰相了，你们不要无事生非，制造边界上的冲突。"司马光曾经亲自书写榜文，贴在客厅说：

"来访的诸位，如果发现朝政中有不足的地方，百姓有困苦，而想要向朝廷进献忠言的人，请你们写奏折递交给朝廷。我才能够和众位大臣们一起商议，选择合理可行的建议，呈现给皇上让他下旨推行，如果只是一些个人问候和赞誉的内容，最终没有一点用处。如果我司马光有什么过失，你们想要让我改正，也可以给我写信，让守门人传递进来给我，让我能够自我检查，勇于改正。至于任命官职和派遣职务，申辩罪名，凡是涉及自身利益的，都请大家把这些内容书写再递交上来，我才能够和朝廷的各位大臣一起商议施行，如果是在家中拜访，请不要提到这方面的内容。司马光再拜陈说。"

司马光对待宾客，没有贤人和笨人、年长和年幼的分别，都会向他们请教一些疑难问题。他有几个草稿本，常常放在置座席之中，如果有值得采纳的意见，他便随手记录下来，或是面对客人就把它写下来，这些都已经成为很平常的事了。

司马光见自己的建议被朝廷采纳推行后，便想为国家奉献一生，他亲自处理各种事物，不管白天还是黑夜。宾客们见他身体消生，命也。”为之益力，数月复病，病革不复自觉，谆谆如梦中语，然皆朝廷天下事也。

九月丙辰朔，公薨，年六十八岁。太皇太后闻之恸，与帝即临其丧，赠太师温国公，襚以一品礼服，赙银绢七千，谥曰文正，碑曰忠清粹德。京师人罢市往吊，鬻衣以致奠，巷哭以过车，四方来会葬者盖数万。边裔之人，亦相率具祭。都中及四方，皆画像以祀，饮食必祝焉。京师民画其像，刻印鬻之，家置一本。四方皆遣人购之京师，时画工有致富者。

公机务填委，身又感疾，犹手抄诸子书，名《徽言》。题其末曰：“余此书类举人抄书，然举子所抄猎其词，余所抄核其意。举人志科名，予志道德。”其好学不厌，克勤小物，如此其至也。小楷端谨，百世之下，安得不使人肃然起敬也哉（此书惟明人《百川书志》尚载其目，今亡）？生平著述，失传者不少。今世所流行者，有《文集》八十卷、《资治通鉴》二百九十四卷、《考异》三十卷、《稽古录》二十卷、《易说》

瘦，便以诸葛亮吃的少、事情多的例子来劝告他，司马光说："活着还是死去，都是天命啊。"于是他更加努力工作，几个月后他的病又复发了，病情严重都神志不清了，他还喃喃自语，如说梦话，然而他说的都是朝廷和天下的大事。

元祐元年九月初一，司马光去世，享年六十八岁。太皇太后听说之后十分悲痛，和皇上一起去祭奠他，并追赠给司马光为太师、温国公，赐一品礼服，赐了银子和布绢，共计七千两，赐谥号文正，神道碑为"忠清粹德"。京城里的人都结束集市活动去吊唁他，卖了衣服来祭奠他，在道路两旁哭泣送丧车离开，各地来夏县参加司马光合葬的人有数万人之多。边远地区的人们，也不约而同地祭奠他。京城及各地皆购买他的画像来祭拜，饮食之前一定先祷告一番。京城的画工画他的像，并刻印来售卖，家家都购买一幅。其他地方的人都派人来京城购买他的画像，当时有的画工就是凭借这个而发财的。

司马光尽管朝廷公务繁忙，身体又不太好，但他仍然亲手抄写诸子书，给它起名叫《徽言》。他在书的末尾题道："我这本书和举人抄书相近，然而举人抄写的是文章中的文字，我抄写的是文章中的意思。举人追求的是功名，我追求的是道德。"他喜爱学习而不厌倦，对每件小事都非常认真，达到如此的程度。他的小楷写得非常端正严谨，千百年来，怎么不让人肃然起敬呢（这本书只有明朝人在《百川书志》中记载了书名，现在已亡失）？司马光一生的著作，失传了很多。现在留存下来的，有《温国文正司马公文集》80卷、《资治通鉴》294卷、《资治通鉴考异》30卷、《稽古录》

三卷、《注系辞》二卷、《注太玄经》八卷、《注杨子》十三卷、《书仪》八卷、《家范》四卷、《潜虚》一卷（或疑他人伪托）、《续诗话》一卷、《涑水纪闻》十卷。其文如金玉谷帛药石也，必有适于用，无益之文未尝一语及之。

公薨未久，宣仁太后即崩。哲宗亲政进用群小，尽复王安石之政，追夺公赠谥。章惇、蔡卞（字元度，兴化仙游人，京之弟也。《宋史》俱列《奸臣传》）至以斫棺暴尸为请。当公病亟时，闻安石死耗，简吕申公曰："介甫无他，但执拗耳，赠恤之典宜厚。"自安石执政，公始终与之反对，此因政见不同，处于敌位而私交自在也，故其待安石如此。观于章、蔡之所以待公者，而公之贤愈见。欲知安石之为人，观于彼之徒党而可知矣。度宗咸淳元年，以公从祀孔子庙廷。

【批评】

宋张无垢撰刘元城《尽言集》序，曰："司马温公与王介甫清俭廉耻，孝友文章，为天下学士大夫所宗仰。然二公所趋，则大有不同，其一以正进；其一以术进。介甫所学者，申

20卷、《易说》3卷、《系辞注》2卷、《太玄经注》8卷、《注扬子》13卷、《书仪》8卷、《家范》4卷、《潜虚》1卷（有人怀疑这本书是他人伪托司马光的名写的）、《续诗话》1卷、《涑水纪闻》10卷。他的文辞就好像黄金和珠玉那样美好，谷物与布帛那样朴实，药剂和砭石那样实用，一定有适用到的地方，多余的话语一句都没有。

司马光去世后不久，宣仁太后就去世了。宋哲宗亲临朝政，任用一些小人，全部恢复了王安石的新法，剥夺赠给司马光的谥号。章惇、蔡卞（字元度，兴化仙游人，蔡京的弟弟，《宋史》把他们二人都放在《奸臣传》中）甚至请求挖开司马光的棺木，把他的尸骨丢在外面。在司马光病重的时候，听到了王安石的死讯，他给吕公著写信说："王安石并没有其他问题，只是固执了一点，安葬他的规格应该隆重一点。"自从王安石执掌朝政，司马光始终都反对他，这是因为他们的政治主张不一样，虽然处在敌对的位置但他们私下的交情仍然还是在的，因此他才会这样对待王安石。再看看章惇、蔡卞这样对待司马光，却让司马光的贤能更加明显。想要了解王安石的为人，看看他的门徒和党羽就知道了。宋度宗咸淳元年，司马光作为孔子庙里的附祭。

【评论】

宋代张无垢给刘元城的《尽言集》撰写序时，说："司马光和王安石都清高节俭，懂得廉耻，他们的道德文章，都为天下学子和士大夫们所敬仰。然而他们二人的追求，却大不相同，一个凭借德韩而文之以六经；温公所学者，周孔亦文之以六经，故介甫之门多小人，而温公之门多君子。温公一传而得刘器之（字元城，谥忠定），再传而得陈莹中；介甫一传而得吕太尉，再传而得蔡新州，三传而得章丞相，四传而得蔡太师，五传而得王太傅云。”

哲宗初年，苏轼、程颐在朝。轼恶颐，每玩侮。于是颐门人右司谏贾易、左正言朱光庭等积不能平，因借事诋轼。时吕公著独当国，群贤在朝，不能不以类相从，遂有洛党、蜀党、朔党之分。熙宁用事之臣，退休散地。怨入骨髓，阴伺间隙，而诸贤不悟，各为党比以訾议。

公薨葬之明年，哲宗命苏文忠公撰其隧碑，亲为篆其额曰：“忠清粹德之碑”。迨绍圣、崇宁间，奸臣章惇、蔡卞辈反目公为奸党，而仆其碑，磨其文。迄于靖康，虽复公封爵，而碑则埋没未立也。金皇统九年，县令王廷直，访于公从曾孙曰作曰通，得其旧本，为重刻之，并建祠祀公。元明以来，皆修置不废。

徽宗时，蔡京擅政，撰奸党碑，令郡国皆刻石。长安石工安民当镌字，辞曰：“愚人固不知立碑之意，但如司马相道纲常被任用，一个凭借治国方法而被任用。王安石学的是申不害和韩非并以六经为文饰；司马光学的是周公和孔子也是以六经为文饰，因此王安石门下大多是小人，而司马光的门下大多是君子。司马光的第一个门生是刘器之（字元城，谥号为忠定），再传门生是陈莹中；王安石的第一个门生是吕惠卿，再传门生是蔡确，三传门生是章惇，四传门生是蔡京，五传门生是王黼。”

宋哲宗初年，苏轼和程颐都在朝廷做官。苏轼厌恶程颐，每次都戏耍侮辱他。于是程颐的门人右司谏贾易和左正言朱光庭等人心中不满，因此找事来对抗苏轼。当时吕公著一个人执掌朝政，很多贤人都在朝廷做官，这些人都和自己政治主张相同的人聚在一起，于是便有了洛党、蜀党、朔党的区别。熙宁年间得到任用的大臣，都被罢免了。他们对这一举措十分怨恨，偷偷地寻找机会，而各位大臣还不知道，各自为自己的朋党来诋毁别人。

司马光死后下葬的第二年，宋哲宗命令苏文忠公给司马光撰写神道碑，并亲自篆写了碑额为：“忠清粹德之碑”。等到绍圣、崇宁年间，奸臣章惇、蔡卞他们反而认为司马光是背叛朝廷的人，推倒了他的墓碑，磨掉了碑文。直到靖康年间，虽然朝廷恢复了司马光的封爵，但墓碑还埋在地下没有树立起来。金朝皇统九年，县令王廷直拜访了司马光的从曾孙司马作和司马通，得到了原来的碑文，为司马光墓重新刻写了碑文，并建了司马光祠来祭祀他。元朝和明朝以来，都不断修葺而没有荒废。

宋徽宗在位的时候，蔡京独揽朝廷大权，要给司马光撰写奸党碑，下令各个郡国都要刻写这个石碑。长安石匠安民也应该去公者，海内称其正直，今谓之奸民，不忍刻也。”官府怒欲加罪，泣曰：“被役所不敢辞，乞免镌安民二字于石末，恐得罪于后世。”闻者愧之。

刻字，他却推辞说："我虽然不知道立碑的目的，但像司马宰相的这样的人，天下人都称赞他正直，现在说他是奸党，我不忍心刻写。"官府的人非常生气，想要治他的罪，他哭着说："我被役使不敢推辞，只希望不要在石碑的末尾刻上安民这两个字，我害怕会得罪后世的人。"听了这话的人都非常惭愧。

少年叢書

文白对照本

苏轼

孙毓修◎著

團结出版社

图书在版编目（CIP）数据

少年丛书 / 孙毓修编. -- 北京：团结出版社,2015.7
ISBN 978-7-5126-3662-0

Ⅰ.①少… Ⅱ.①孙… Ⅲ.①名人—生平事迹—世界—少年读物 Ⅳ.①K811-49

中国版本图书馆CIP数据核字(2015)第130183号

出版：团结出版社
（北京市东城区东皇城根南街84号 邮编：100006）
电话：(010) 65228880　65244790 （传真）
网址：www.tjpress.com
Email：65244790@163.com
经销：全国新华书店
印刷：三河市祥达印刷包装有限公司
装订：三河市祥达印刷包装有限公司

开本：148×210　1/32
印张：128
字数：1500千字
版次：2015年12月 第1版
印次：2016年4月　第2次印刷

书号：978-7-5126-3662-0
定价：490.00元（全28册）

少年叢書

《少年丛书》白话语译编委会

出版前言

近代著名思想家、政治家梁启超曾经说："少年强则国强，少年智则国智，少年富则国富，少年独立则国独立，少年自由则国自由，少年进步则国进步，少年胜于欧洲，则国胜于欧洲，少年雄于地球，则国雄于地球。"这是他的散文《少年中国说》中的一段，作于戊戌变法失败后的1900年。文中极力歌颂少年的蓬勃朝气，指出封建统治下的中国是"老大帝国"，热切希望出现"少年中国"，振奋人民的精神。

或许是受到梁启超先生的感召，1908年冬天，上海商务印书馆编译所推出了一套系列丛书——《少年丛书》，又名《中外伟人的传略》，这是二十世纪中国的第一部历史人物类学生课外阅读丛书。首任编辑和作者是林万里，第二任编辑是孙毓修，孙毓修是这套丛书的主要作者，后期加盟写作的骨干还有国学大师钱智修。他们都博览中外，以精准而严格的眼光审视中外古今文化资源，选取其中有益于

少年儿童精神世界的材料，予以整合，编写成册。这套书出版以后，广受少年儿童的欢迎，每册前后加印达几十次，若整套书累计，恐怕达到数百次之多，发行量之大，影响力之广，在二十世纪的人物传记类图书中堪称罕见。

《少年丛书》前后出版了近三十余种，每一册传主为一位中外历史名人。我们在全国各地经过多方的搜寻，共得二十八册，其中中国名人十五位，外国名人十三位。每篇先叙述名人的生平传记，后加以作者的评论，根据时事，启发少年，借以激励少年树立远大志向，明确奋斗目标，成就健全人格。著名作家茅盾在阅读这套书后曾评论说："记事简明，议论正大，阅之足以增长见识，坚定志气。"这套出版之初即为砥砺少年志向的书影响了当时无数少年儿童由此走上振兴中国之路。著名作家张天翼、赵景深、陈伯吹等，都曾深受这套书的影响。

《少年丛书》的三位作者，都是当时学贯中西的通儒，不仅有深厚的国学功底，也有睁眼看世界的非凡眼光。撰写本套书册数最多的孙毓修先生，他是我国近代著名的目录学家、藏书家、图书馆学家。他同时还创作了大量的儿童文学作品。除了《少年丛书》，他还先后主编出版《少年杂志》、《童话丛书》等，被茅盾誉为"中国童话的开山祖师"。

另一位作者钱智修，浙江嵊县人，字经宇，是著名的国学大家，博古文学家，东方学派思想家。他在学时，就以"国学国文湛深，文章洛阳纸贵"赢得尊敬，并被上海多家进步报馆争揽为特约撰稿人。1911年毕业后，他应编译所长高梦旦之聘，担任商务印书馆编

译所编辑。1920年7月他任《东方杂志》主编，长达12年，是该杂志有史以来任期最长的主编。他还参与编辑《辞源》及《中国人名大辞典》、《中国古今地名大辞典》。1931年任国民政府监察院秘书长。

第三位作者林万里是民国年间著名的报人，原名獬，又名白水，字少泉。他幼承家学，又拜名士高啸桐（商务印书馆创始人之一）为师。清光绪二十四年(1898年)，他在杭州参与创办求是书院、养正书塾、东城讲舍、蚕学馆4所新式学堂，任求是书院总教习；后任《杭州白话报》主笔，宣传新思想。光绪三十年(1904年)，他出任《警钟日报》主编，宣扬孙中山及其领导的革命，后追随孙中山。帝制取消后，林万里重操新闻旧业，创办过多份报刊。

鉴于每位作者独有的知识结构和兴趣热点，每位编者对人物都有自己的选择。孙毓修所撰写的大部分是中国历史名人，而且写作的视角也非常独特，如其所写的《玄奘》是一个历史人物，而不是《西游记》中的唐僧。现代的普通读者对玄奘的了解绝大部分是来自于《西游记》等小说，而历史上的真实情况却鲜有人知——玄奘取经并非唐太宗支持，相反还受限于当时的法令，他冒着生命危险才得以出境。这就需要有人为读者打开另外一扇窗户，还原真实的玄奘，而不是小说中的文学形象。茅盾先生对孙毓修所写的《玄奘》评价很高："可以说是内容翔实，深入浅出，既宜于少年阅读，也使成年人增加历史知识。"再如《苏秦》，作为一位著名的辩士，《史记》必然为之列传。孙毓修在写苏秦游说各国发言的时候采用了《史记》中记载的史料，而在后面的评论部分对苏秦的表现作了恰当的点评，分析苏秦游说秦、燕、赵、韩魏、齐楚的过程，阐述了苏

秦辩术策略的不断提高。对于国外人物的选取，孙毓修也是偏爱励志型的，如德谟士，从一个小人物成长为大演说家；彼得大帝，从受制于人，成为欧洲赫赫有名的皇帝。

另一位作者钱智修，先后写有《林肯》、《苏格拉底》、《拿破仑》等，这些都是西学东渐后中国人十分崇仰的外国名人。值得注意的是，钱智修秉承严复所主张的信、达、雅翻译原则，特别讲究传记所含的真实性。他所抒发、张扬的传主虽然都被列为人们仿效的楷模，写法却不做作，更没有为了塑造人物形象而更改史实。

林万里所写的外国传记和钱智修的作法大致相近，即在第一章抒发己之传记宗旨，后文谈及传主读书之术、治学之道与其行事风格，并进行了点评。此外还有其他人关于传主的言论，更有编译者自己的评论，以引导少年儿童正确地学习和借鉴，而不是一味盲从。

《少年丛书》的最大特色，就是“记事简明，议论正大”。书中除了记叙人物的生平故事之外，作者的评论也让这套书大为增色。其议论宏富，既能够结合少年的成长特点，指明如何学习书中人物的优良品质，也指出了其中的不足之处，对于引导少年如何立志修身，大有裨益。

这套书的另一大特色，就是全部用文言文写作，语言凝炼，文笔流畅，保持了中国传统作史传的鲜明特色。当时，白话文风已经悄然兴起，而作者能够不从时髦，采用文言写作，甚为难得。以至我们今日再读此书，依然能够体味到文言笔法的无穷魅力。然而考虑到近百年来，国人的文言文水平已经一落千丈。今日的大部分少年，阅读文言文尚有一定困难，因此我们特别组织人员，将全套书进行了

白话翻译。尽管我们做了最大的努力，文言文的神韵依然是难以用白话表达出来。因此，我们希望少年朋友通过阅读这套书，体会文言文的独特魅力，进而热爱和学习文言文。

《周易》有云：“君子以多识前言往行，以畜其德。”说的就是多学习古人的嘉言懿行，对我们修身立德至为重要。古人尝言：“童蒙养正，少年养志，壮年养德。”少年时期是人生至为关键的时候，这个时期树立什么样的志向，以什么样的人为榜样，往往会决定一个人未来的人生成就。而一个人少年时期读的书，也足以改变他的一生。在今日少年课外读物良莠不齐的状况下，《少年丛书》堪称鲜有裨益少年的优秀读物。若今日的少年，能够认真研读这套《少年丛书》，对于树立远大志向、培养健全人格、完善道德情操将大有裨益。或许，今日的风华少年，即是将来成就伟业的千古豪杰、泽被世人的大圣大贤。勉哉！勉哉！

为什么要读名人传记

——《少年丛书》白话语译序

我从小很喜欢读书，可是，因为身处偏僻山村，小的时候却无书可读。那个时候，家中只有父亲买的一本《古文观止》，儿时翻阅过无数次，虽看不太懂，却记忆深刻。有人说，儿童时期读的书，一生也难以忘记。此言确实不虚。

没有想到的是，儿时无书可读的我，日后竟然投身于出版业。今天，我国的出版业已经非常发达，给少年儿童读的书也非常多。可是，若细心寻求，真正的好书却是少之又少，尤其是给少年儿童介绍历史文化的书。

一个偶然的机会，我们与这套百年前的《少年丛书》结缘，这套当初专为少年而写的中外名人传略，让我眼界大开，没想到，百年前的前辈们，竟给少年们创作出如此优良的传记读物。要知道，给少年

儿童写作，比给成年人写作更难，尤其是给人物作传，既要符合历史史实，不可随意编撰，又要注意引导青少年如何取其长，避其短，以免误人子弟。因为，作为历史人物，不可能处处皆堪为今人楷模。这就需要作者要极富有爱心、责任心和严谨精神，才能让读者从中获得纯净的人生智慧。可以说，目前各种写给青少年的人物传记，很少能与这套《少年丛书》相提并论的。

这套书中的二十八位中外名人，大多数是我们耳熟能详的人物，但是对于他们的生平事迹，也许就知之甚少了。读了他们的传记，方知欲为圣贤豪杰，需下一番苦功夫才能有所成就。“人人皆可为尧舜”，说的是我们每个人都有成圣成贤的资质，然而虽有圣贤之资，也需后天的不懈努力，方能成就一番伟业。所以，这一套书作者的目的并不仅仅是让读者了解一下名人轶事，而是以伟人的事迹启迪和激励少年朋友，树立人生的志向，汲取这些英雄豪杰的人生智慧，修身立德，练就自身本领，最终成为造福国家和社会的有用之才。

这套书虽然是写给少年看的，并不意味着就不适合大人阅读。大作家茅盾就曾大力推荐这套书。现在的青年人，乃至家长、老师，若能读读这套书，对于人生事业，教育子弟，也是大有益处的。可以说，这是一套老少皆宜的好书。

《少年丛书》在当时之所以大受欢迎，销量巨大，也不是没有原因的。这套书每册文字量不大，文笔流畅，史实可靠，评议精彩，这都是许多普通名人传记所不具备的。因此，这套书深受读者欢迎，也就不难理解了。

读名人传记，重在学习名人的智慧和经验。正如文天祥所说，

“人生自古谁无死，留取丹心照汗青”。人生有涯，知也无涯，如何在有限的生命里寻求到人生的价值，获取人生的智慧，而不浪费光阴？《少年丛书》中的这些圣贤豪杰，就是我们的榜样。他们身上伟大的人格，比如孝友、善良、爱心、坚毅、勇敢等等，这些人性的光辉，都是我们的学习之处。

我们用了近一年的时间，将这一套书作了白话语译，希望今天的少年们，能够喜欢阅读并且从中汲取智慧。若能让每一位读者都能够有所收获，那就不负当初写作这套书的三位老前辈的一片苦心，而我们的工作也就没有白做了。

这一套书规模宏大，在校对和语译的过程中，难免会有错误，恳请广大读者不吝指正。

《少年丛书》语译小组　主编　萧祥剑

目录

第一章 总论

尝游四川之眉县，峨眉揖于前，象耳镇于后；山不高而秀，水不深而清；观突蟆颐，滩穿龙爪，介岷、峨之间，为江山秀气所聚，是宋苏文忠之故里也。世逾五百，流风已往，犹令人低徊流连不能去云。

自唐以来，言文章者必曰韩、苏。韩公文起八代之衰（东坡《潮州韩文公庙碑》中语），得文忠之言而愈彰。或谓韩公之文因文见道，文忠之文往往尚纵横、杂佛老，不如韩公之“非先王之言不言”。不知此正见文忠之文，气盛言宣、汪洋闳肆，广纳百氏，而其要归则亦正道明谊而已矣。

文忠之学得之其父洵（又称老苏），洵得之庐陵欧阳氏文忠，盖其再传弟子也。初好贾谊、陆贽书（贾谊有《新书》十卷，陆贽有《奏议》十卷），论古今治乱不为空言。既而读《庄子》，喟然太息曰：“吾昔有见于中，口未能言，今见庄子，得吾心矣。”乃出《中庸论》，其言微妙，皆古人所未喻。尝自谓：“作文如行云流水，初无定质，但当行于所当行，止于所不可不止。虽喜笑怒骂之辞，皆可书而诵之。”又曰：

我曾经到四川的眉县游玩，峨眉山在前，象耳山在后；山不是很高，却风景秀丽；水不是很深，却清澈见底；蟆颐观独立高耸，龙爪滩蜿蜒曲折，介于岷山与峨眉山之间，被江山的灵气所聚集，这里便是宋朝苏轼的故乡。虽然时间已经过去了五百多年，前代遗传下来的风俗已成过往，此地仍然教我流连忘返，不忍离去。

从大唐以来，凡是谈论文章的必然会提到韩愈、苏轼。苏轼在《潮州韩文公庙碑》里说韩愈的文章"挽救了从六朝以来华而不实的萎靡之风"，这句评价让韩文公的功绩越发彰显。有人说韩愈的文章是以文载道，而苏轼的文章往往崇尚纵横捭阖的辩论，时而掺杂了佛家、道家的学说，不如韩愈的"不是先王的言论从不谈及"。他们不知道这正体现了苏轼的文章气魄盛大、语言清晰，意境像大海一样汪洋广阔，广纳各种学说，而文章的宗旨也不过是彰显正道仁义罢了。

苏轼的学问是从他父亲苏洵（又称老苏）那里得来，苏洵是学自庐陵人欧阳修，苏轼属于欧阳修的再传弟子。苏轼最开始爱读贾谊、陆贽的文章（贾谊有《新书》十卷，陆贽有《奏议》十卷），因为这些文章论述古今的治乱规律时不作空谈。后来读了《庄子》，他感叹道："我以前心中有想法，表达不出来，如今看到庄子的书，就像我自己说的，让我很受用。"于是写出《中庸论》，言辞精微高妙，都是古人不曾领悟的道理。他曾经评价自己："我写文章就好比飘荡的云、流动的水那么自然，根本没有一定的形态，不

“某生平无快意事，惟作文章，意之所到，则笔力曲折无不尽意，自谓世间乐事无逾此矣。”

所作文章浑涵光芒，雄视百代，又通经学。老苏公晚岁读《易》，玩其爻象，得其刚柔、远近、喜怒、逆顺之情，以视其辞，皆迎刃而解。作《易传》，未完，疾革，命文忠述其志，文忠泣受命，卒以成书。后作《论语说》，时发孔氏之秘。最后居海南，作《书传》，推明上古之绝学，多先儒所未达。

士先器识而后文艺，则文忠之为文忠，岂必以文字见长？当其为童子时，读石介《庆历圣德诗》（详见第二章），盖已有颉颃当世贤哲之意。弱冠，父子兄弟至京师，一日而声名赫然，动于四方。既而，登上第，擢词科，入掌书命，出典方州，必以爱君为本，忠规谠论，挺挺大节，群臣无出其右。但为小人忌恶挤排，不使安于朝廷之上。至于祸患之来，节义足以固其有守。夫受之于天，超出乎万物之表而充塞乎天地之间者，气也。施之于事业，足以消阻金石；形之于文章，过像流水行云行到它应该到的地方，停止于不得不停止的地方罢了。即使是可喜、可笑、可恨、可骂的话都能下笔叙述而出。”又说：“我平生没有别的快意的事情，只有做文章时，心中有了所想达到的效果，笔力就曲折宛转，没有不写尽我的心意的，自认为人世间的快乐之事再没有能超过这个了。”

苏轼所写的文章博大深沉、精光内敛，足以傲视千古，又精通经学。父亲苏洵晚年研究《易经》，玩味爻、象，感悟其中或刚或柔、或远或近、或喜或怒、或顺或逆的情况，再来看《易经》的文辞，就全部毫不费力地理解了。苏洵作了《易传》，还没完成，病情就恶化了，便嘱托儿子苏轼继承他的志向，完成他的心愿，续写他未完成的著述，苏轼哭着接受了嘱托，最后完成了《易传》。后来苏轼又作了《论语说》，阐发孔子深奥难解的义理，最后苏轼被贬谪到海南，撰写了《书传》，推究阐明上古时代失传的至理妙道，很多都是先前的大儒所未曾通达的。

作为士人，器量见识最重要，其次才是文学艺术，那么苏轼之所以谥号为文忠，难道一定只是文章写得优秀过人吗？当苏轼还是个小孩时，读到石介的《庆历圣德诗》，已经有了赶超当代贤人哲士的心思。刚成年，苏轼就与父亲苏洵、弟弟苏辙赶赴京城，声名鹊起，震动天下；不久进士及第，中了词科，进入翰林院，出任地方官。他凡事一定以敬爱君王为根本，忠诚的规劝，直言不讳的言论，高尚正直的节操，满朝大臣都无人能及，只是被小人忌惮排挤，无法在朝廷上安身。等到祸患降临，他的品节忠义足以让他坚固自己的操守。所谓上天所禀赋，能超越万物而充满整个天地间足以羽翼元化。故置之朝廷之上，而不为之喜；斥之岭海之表，而不为之愠。迈往之气，折而不屈，此人中龙也。

文忠始终进德之叙，则由学问阅历而得之。方嘉祐（仁宗）、治平（英宗）间，年盛气强；熙宁（神宗）以后婴祸触患，靡所回挠；元祐（哲宗）再入，益趋平实，片言只辞，风动四方；迨绍圣（哲宗）后，则消释贯通，沉毅诚悫，又非中年比矣。平生大节在于临死生利害而不可夺。其厚于报知己、勇于疾非类，则历熙、丰、绍圣之变如一日。而世之徒以文艺知文忠者末也。

【批评】

文忠所著《易书》及《论语说》三书成，抚之曰："今世要未能信，后有君子当知我矣！"朱子以《易解》与颍滨《老子解》及张无垢《中庸解》、吕氏《大学解》并驳之斥为杂学，未免贪偏见。

墓志及本传皆载《东坡集》四十卷，《后集》二十卷，《奏议》十五卷，《外制》三卷，《和陶诗》四卷。今世所行《七集》本比此多《应诏集》十卷，《续集》十二卷，《和陶诗》则在续集中，不别行。按宋时有《南行集》、《坡梁的是“气”。将它使用于事业上，足以排除万难；使用于文章上，足以妙夺造化。所以将苏轼放在朝廷里，他不会因此窃喜；将他贬斥到岭南海南，他也不会因此愤怒。他拥有一往无前的气势，百折不挠的精神，这真是人中之龙啊！

苏轼始终按照顺序进益德行，随着学问与阅历慢慢地积累。他在宋仁宗嘉祐年间、宋英宗治平年间，年轻气盛；宋神宗熙宁年间以后，遭受祸患，也没有丝毫屈服；宋哲宗元祐年间再次进入朝廷，德行越发平实，波澜不惊，片言只语，足以耸动四方人士；到宋哲宗绍圣年间以后，就消泯痕迹，品德圆融，深沉坚毅，真诚谨饬，又不是中年时期可以比拟。苏轼平生品德操守的原则在于能够面临生死考验仍然百折不回，至于他的厚待知己、勇于跟恶势力做斗争等等，是从熙宁年间一直到绍圣年间数十年如一日的，而世间人只从文艺方面的成就来认识苏轼，可以说只是看到了他的末节。

【评论】

苏轼所撰写的《易书》《书传》与《论语说》三册书完成以后，抚摸着书说：“当今之世如果没有懂得的人，后世应该有君子懂得我吧！”朱熹将苏轼的《易解》与苏辙的《老子解》以及张无垢的《中庸解》、吕氏的《大学解》通通驳斥为杂而不纯的学问，不免太过偏见。

苏轼的墓志铭和《宋史·苏轼传》都记载《东坡集》四十卷，《后集》二十卷，《奏议》十五卷，《外制》三卷，《和陶诗》四卷。现代刊印的《七集》本比这个版本多了《应诏集》十卷，《续集》十二卷。《和陶诗》在续集中，不另外刊行。按：宋代有《南行集》、集》、《钱塘集》、《超然集》、《黄楼集》、《眉山集》、《武功集》、《雪堂集》、《黄冈集》、《仇池集》、《昆陵集》、《兰台集》、《真一集》、《岷精集》、《掞庭集》、《百斛明珠集》、《玉局集》、《海上老人集》、《东坡前集、后集》、《东坡备成集》、《类聚东坡集》、《东坡大全集》、《东坡遗编》等名，均生前刊行，崇宁初年奉诏毁板。诗文在宋时注者甚多，今惟王十朋、施宿、郎晔之注存，余皆亡矣。清朱从延、查慎行、翁方纲、冯应榴、王文诰俱有补注。

或以文忠为禅学之宗，其实不然，集中《议学校贡举书》极斥士大夫主佛、老之非，及与世不合，始与释子往来，所谓“桑榆暮景，忧患余生，乃始学佛者也”（文忠语）。

王渔洋诗云：“庆历文章宰相才，晚为孟博亦堪哀。淋漓大笔千秋在，字字华严法界来。”盖以公文如万斛水源，随地涌出，如《华严经》之称性而谈，无所不有，无所不尽，法界事理，开遮涌现，无门庭，无墙壁，无差择，世谛文字，固已荡无纤尘，何自而窥其深浅，议其工拙乎？盖公之学，深斥释教之非，而公之文，又深得华严之妙也。

幼而好书，老而不倦，自言不及晋人，至唐之褚、薛、颜、柳，仿佛近之。黄山谷评之云：“东坡简札，字形温润，

《坡梁集》、《钱塘集》、《超然集》、《黄楼集》、《眉山集》、《武功集》、《雪堂集》、《黄冈集》、《仇池集》、《昆陵集》、《兰台集》、《真一集》、《岷精集》、《掞庭集》、《百斛明珠集》、《玉局集》、《海上老人集》、《东坡前集、后集》、《东坡备成集》、《类聚东坡集》、《东坡大全集》、《东坡遗编》等名，全部是苏轼生前刊印发行的，崇宁初年奉皇帝诏书烧毁苏轼所有作品的书版。苏轼的诗文在宋代注家非常多，如今只有王十朋、施宿、郎晔的注释保存下来，其余的都散佚了。清代的朱从延、查慎行、翁方纲、冯应榴、王文诰都有补注。

有人认为苏轼是禅学的先导，其实不是这样，他文集中《议学校贡举书》极力驳斥士大夫主张佛学与道家的错误，等到他跟世道不合，不得志时才开始跟佛门弟子交往，就像他自己说的“风烛残年，忧患一生的最后阶段，才开始学佛法的啊”。

王士祯的诗说：“庆历文章宰相才，晚为孟博亦堪哀。淋漓大笔千秋在，字字华严法界来。”大抵因为苏轼的文章就好比无穷的水源，随处喷涌出来，又像《华严经》里面依据“性心”而谈论事物，什么都可以包括，什么都可以穷尽，法界事理，开闭涌现，没有门庭、墙壁，没有差别选择，世俗的见识和文字，本已经扫荡的一点尘埃都不剩，还从哪里计较文章的深和浅，评议它的工稳与拙劣否？苏轼的学问，深刻批判佛教的错误，而他的文章又深得《华严经》等佛学的妙处。

苏轼小时候就喜欢书法，到了晚年也不厌倦，自己说书法不如晋代人，至于唐代的褚遂良、薛稷、颜真卿、柳公权，大概可以比无一点俗气。今世号能书者数家，虽规摹古人，自有长处，至于天然自工，笔圆而韵胜，所谓兼四子之有以易之，不与也。”（北宋以苏、黄、米、蔡为四大书家）

所作竹、木、拳石皆有致，邓公寿云：“眉山高名大节，照映今古。据德依仁之余，游心兹艺，所作墨竹，尽得与可之法。运思清拔，其英风劲气来逼人，使人接应不暇，恐非与可所能拘制也。兰陵胡世将家收所画蟹，琐屑毛介，曲隈芒缕，无不备具，量亦得从心不逾矩之道也。”

得上。黄庭坚评价说："东坡先生的简牍和书札，字体温润，没有一毫尘俗气息。当代号称善于书法的几大家，虽然取法古人的规矩模范，但各自都有擅长的地方，至于浑然天成，笔致圆润，气韵生动，要将苏东坡这些独有的优胜处，跟上面提到的褚、薛、颜、柳四大家替换，我是不赞成的。"（北宋以苏轼、黄庭坚、米芾、蔡襄为四大书家）

苏轼画的墨竹、树木、拳石都有韵致，邓公寿说："苏轼的大名和高尚品德，照耀着古往今来的人们。他在践行仁义道德的余暇，专心投入于绘画上，所创作的墨竹完全继承了文与可的方法。运笔的思致清秀挺拔，画作的英秀之风、劲瘦之气，扑面而来，感染人心，使人目不暇接，这恐怕不是文与可能够限制的境界了。兰陵胡世将家所收藏苏轼画的螃蟹，细微到苇毛蟹壳的每一部分，惟妙惟肖，没有不具备的，这大约也是苏东坡晚年绘画水平到了从心所欲，而有不逾越规矩的境地吧。"

第二章　科第

苏文忠公轼，字子瞻，一字和仲，又号东坡居士（按：世于东坡称号不一，如髯仙、长帽翁之类，诗家习称之。山谷诗“翰林若要真学士，唤取儋州秃鬓翁”；赵德麟《侯鲭录》记之云：“谓东坡也。”同时与东坡往来诗，又有呼为“子平”者。文与可诗云：“子平谓我同所嗜，万里书之特相寄。”注云：诗中子平，即子瞻也），世又称长公（称其弟辙为少公），或谓大苏或谓二苏（按：老苏之长子景先早卒，见欧阳公《墓志》；黄山谷《避暑李氏园》有句云“题诗未有惊人句，会唤诗仙苏二来”，谓东坡也。山谷又私东坡为二丈云），世家眉山，宋仁宗景祐三年丙子十二月十九日卯时，生于纱縠行私第，比长，修髯朗眉，背有黑子，若星斗状，七、八岁知读书，入乡校，奉道士张易简为师。

有自京师来者，以石守道《庆历圣德诗》示乡先生，文忠从旁窃窥，问：“诗中所云之十一人何人也？”先生曰：“童子何用知之？”文忠曰：“此天人也耶？则不敢知；若亦人耳，何为其不可。”先生奇之，尽以相告，且曰：“韩、范、富、欧此四人者，人杰也。”比长，追忆此事，常云：“时虽未尽了，则已私识数公矣。”

文忠生十年，父洵宦学四方，母程氏亲授以书，问古苏轼字子瞻，又字和仲，号东坡居士（按：世间对于东坡的称号很多，比如髯仙、长帽翁之类，诗人习惯这样称呼他。黄庭坚的诗就说："翰林若要真学士，唤取儋州秃鬓翁。"赵德麟《侯鲭录》记载这句诗，解释说："是说苏东坡先生。"同时代的人跟苏轼交往唱和的诗中又有称呼他为"子平"的。比如文与可的诗说："子平谓我同所嗜，万里书之特相寄。"注解：诗中的子平，就是说的苏轼），世间又称呼他为苏长公（称他弟弟为苏少公），有的称他为大苏或者二苏（按：苏洵的长子苏景先早早去世，记载于欧阳修的《苏洵墓志铭》；黄庭坚的《避暑李氏园》有诗句说"题诗未有惊人句，会唤诗仙苏二来"，就说的苏东坡了。苏轼又私下被黄庭坚称为二丈），世代居住眉山，宋仁宗景祐三年丙子十二月十九日卯时，苏轼出生于纱縠行私人府邸，成年后，留着大胡子，眉毛清朗，背后有黑痣，就像北斗七星，七八岁就会读书，进入乡间学校，拜道士张易简为师。

有从京城归来的人，将石介的《庆历圣德诗》拿给乡先生看，小苏轼从旁边偷看，问道："诗里面讲的十一个人是什么人呀？"先生道："小孩子知道这些干什么？"小苏轼说："这若是天上的人呢，我自然不敢过问；如果也是人的话，为何不能让我知道呢？"先生认为小苏轼很特别，便全部告诉他，而且说："韩琦、范仲淹、富弼、欧阳修，这四个人是世间的杰出人物。"等到苏轼长大以后，回想当年这件事，常常说："当时虽然不是十分了然师傅的话，可是已经默默记住了这几位先生了！"

苏轼到十岁上，父亲苏洵游学四方，母亲程氏亲自教他读书，

今成败，辄能语其要。母尝读《东汉史》至《范滂传》，慨然太息，文忠问曰："轼若为滂，吾母亦许之否乎？"母曰："汝能为滂，吾顾不能为滂母耶？"（《后汉书·党锢传》：范滂，字孟博，少厉清节，为州里所服。建宁二年，大诛党人，滂临刑，其母就与之诀，滂曰："惟大人割不可忍之恩，勿增感戚。"母曰："汝今得与李杜齐名，死亦何恨！既有令名，复求寿考，可兼得乎？"滂跪受教，再拜而辞。）文忠亦奋励有当世志，母喜曰："吾有子矣！"及出仕，早得谤誉，晚罹党禁，追念此言，能不感慨系之耶？

少与弟辙同师其父洵，兄弟间又互为师友，辙每云："子瞻读书，有与人言者，有不与言者，与辙言之而谓辙知之。"又曰："抚我则兄，诲我则师。"六十年中，仕隐语默，忧患欢愉，两人无不共喻相关，有如手足。尝与家氏兄弟并从学于西社刘微之，理宗所谓"西社同门友"者也。

仁宗嘉祐二年，文忠年二十二，春赴礼部试，仁宗笃于求士，进士诸科一举而获选者至千三百余人。士子习尚险问苏轼关于古今成功失败的教训，总是能讲出大概。母亲曾经读《东汉史·范滂传》，感慨叹息，小苏轼问："儿子如果做范滂，母亲大人也会允许我这样做吗？"母亲说："你能做范滂，我难道就做不得范滂母亲吗？"（《后汉书·党锢传》记载："范滂字孟博，少年时代就有高尚品节，被州里所敬服。建宁二年，朝廷大肆诛杀党人，范滂临刑前，他母亲前来跟他诀别，范滂说：'希望母亲大人割舍不能忍心的慈爱之恩，切勿增添悲感和哀戚。'母亲说：'你如今能和李固、杜乔齐名天下，就算死了又有什么遗憾！既然有了美好名声，又想求取长寿，怎么可以鱼掌兼得呢？'范滂跪下听母亲的教导，拜了两拜，跟母亲作别。"）苏轼也奋发自励，要在世上做一番大事业，母亲欢喜地说："我儿子有出息啊！"等到后来苏轼步入仕途，早年遭受各种毁谤，晚年遇到党禁的祸患，回想当年这段话，怎么能不对之感概万千呢？

少年时和弟弟苏辙一起师从他们的父亲苏洵，兄弟两个既是朋友，又互相为师傅，苏辙常常说："哥哥子瞻读书，有的心得跟别人讲，有的心得不跟别人讲，可是都跟我讲，而且说我懂得他。"苏辙又说："子瞻爱护我时就是哥哥，教诲我时就是师傅。"兄弟二人在六十年里，无论做官隐居、发言或缄默、忧患和欢乐，没有不是息息相关的，就像是一人的手和脚那样关系密切。他俩曾经跟家氏兄弟一起从学于西社的刘微之，这就是宋理宗所说的"西社同门友"了。

宋仁宗嘉祐二年，苏轼年22岁，春天赶赴礼部科考。仁宗皇帝求才心切，进士等科一次及第的人数多达1300多人。士人素习怪奇涩之文，号“太学体”。时翰林学士欧阳修知贡举，痛抑新体，梅圣俞与其事，得文忠《刑赏忠厚之至论》以示修，修惊喜，以为异人，欲以冠多士，疑门下士曾巩（字子固，南丰人）所为，因避嫌，抑置第二。后以春秋对义居第一，及殿试，与弟辙中进士乙科。仁宗读二人制策，退而喜曰：“朕今日为子孙得两宰相矣！”（欧阳公谓文忠必名世，且为书抵圣俞曰：“读轼书不觉汗出，快哉！快哉！老夫当避此人，放出一头地。”闻者始哗不已，久乃信服。）

登第后，自谓报亲之日方长，不意其年四月，遽遭武阳君程氏之丧。幸老苏公尚健，服除，侍父舟行出游，自蜀至楚，舟行六十日，过郡十一，县二十有六，自荆州陆行至京。

授河南府福昌主簿，会朝廷求直言之士，欧阳公以文忠荐，天章阁待制杨畋亦荐之，上文忠文五十篇，遂入选，比答制策，复入三等，授大理评事，签书凤翔府判官。时知凤翔府者为中书舍人宋选，初意文忠文人，未历吏事，及见文崇尚奇险、怪癖、生涩的文风，号称“太学体”。当时的翰林学士欧阳修主持贡举，对新出的“太学体”大加贬抑，梅圣俞也参与改卷，看到苏轼的《刑赏忠厚之至论》，拿给欧阳修看，欧阳修喜出望外，认为作者是个很特别的学生，想将他列为众多举子的的魁首，又疑心是门下的学生曾巩（字子固，是南丰人）所作，因此为了避嫌，委屈放在第二名。后来苏轼参加春秋对义又获得第一名，等到殿试，与弟弟苏辙二人双双高中进士乙科。仁宗皇帝读到兄弟二人的制策，退朝回到后宫跟皇后说：“我今天为子孙谋得两个宰相！”（欧阳修说苏轼一定能知名于当世，而且写信给梅圣俞说：“读苏轼的文章不觉热汗直流，痛快痛快！老夫应该让出地步，给这个青年出人头地的机会。”听闻的人们开始都哗然不止，很久以后才信服欧阳修的话。）

及第以后，苏轼自以为报答双亲的日子很多，谁料当年的四月份，母亲程氏突然就去世了。幸而父亲苏洵还康健，苏轼兄弟守丧完毕以后，侍奉父亲乘船出门游历，从蜀地到楚地，坐船六十天，经过十一个郡，二十六个县，然后从荆州陆路抵达京师。

不久苏轼被授予河南府福昌主簿，正当朝廷寻求直言进谏的士人，欧阳修推荐了苏轼，天章阁待制杨畋也推荐他，并呈上了五十篇苏轼的政论文，于是苏轼入选制科考试，到制策问答时，又进入第三等，被授予大理评事，任凤翔府签书判官。当时做凤翔府知府的是中书舍人宋选，开始想苏轼一介文人，哪有什么办案经忠判狱如流，乃愈重之。

治平（英宗年号）二年，转殿中丞，遂自凤翔还朝。英宗自藩邸闻其名，欲以唐故事召入翰林知制诰，为宰相韩琦所止。未几，遭父丧，英宗亦即崩。

【批评】

《庆历圣德诗》者，石介颂仁宗登用富弼、贾昌朝、余靖、欧阳修、韩埼、范仲淹、蔡襄、杜衍、王素、王拱宸十一人而作也。君明臣良，赓歌喜起，真盛世景象。其时既无报纸，乃一首新诗，已不胫而走，虽蜀道中冬烘村塾，亦已见之，与小学生口讲指画，津津乎有余味焉，宋之盛于斯为极矣。

韩、范、富、欧为时名臣，庐陵尤以文章重天下，草野小生皆知其名，宜也。乃以童年梦想之人，及乎壮岁，徒步上京拾取科第，一一结识之，使老成发后生可畏之叹，岂非人生第一得意事哉！

宋人王宗稷撰《东坡年表》，记其干支为“丙子年辛丑月癸亥日”，因曲为之说云：“丙子、癸亥，水得东流，故才汗漫而澄清，子卯相刑，晚年多难。”东坡亦云：“退之以磨蝎为身宫，仆以磨蝎为命宫，生平多得谤誉，殆同病也！”星命验，等看见苏轼判决案件非常敏捷，才愈发重用他。

宋英宗治平二年，苏轼升任殿中丞，于是从凤翔回到朝廷。英宗皇帝在做皇子时就听说苏轼的大名，想用唐朝的旧例将他招入翰林院掌管制诰，被宰相韩琦劝止。不久，父亲苏洵又去世了，英宗也驾崩了。

【评论】

《庆历圣德诗》是石介为了歌颂宋仁宗任用富弼、贾昌朝、余靖、欧阳修、韩琦、范仲淹、蔡襄、杜衍、王素、王拱宸等十一个人而创作的。君王圣明，臣子贤良，互相酬唱诗歌，真是一派盛世景象。当时没有报纸，竟然一首新诗，能传遍天下，即使是四川那边偏远落后的乡村私塾也能见到这诗，先生向学生津津有味地讲解指点，宋代在这个方面可谓是最繁盛的了。

韩琦、范仲淹、富弼、欧阳修是当时的著名大臣，庐陵欧阳修尤其以文章名重天下，穷乡僻壤的学生都知道他的大名，是应该的。可苏轼竟然能将童年时代梦想的大人物，在他成年以后徒步上京城赶考，获取功名以后一个一个地认识，使得功成名就的欧阳修等人发出后生可畏的感叹，这难道不是人生第一件值得得意的事情吗？

宋代人王宗稷撰写的《东坡年表》记载苏轼出生年月的天干地支为“丙子年辛丑月癸亥日”，因而勉强地解释道：“丙子、癸亥，水向东流，所以才华浩瀚而清澈爽朗，子卯互相伤害，晚年会多灾多难。”苏轼本人也说过：“韩愈是以磨蝎为身宫，我以磨蝎为命宫，平生的毁谤和赞誉无数，大概是有同样的忧患呀！”星辰之说，近于迷信，今故不取。

欧阳公与其子棐论文，因及东坡公，叹曰：“汝记吾言，三十年后世上人更不道及我也！”其推许至矣！公殁，文忠为铭其墓。

苏洵在京修《礼书》，东坡、子由二人均外任，念老苏左右无侍子，子由奏乞留京师养亲。老苏临死以兄太白早亡，子孙未立，妹嫁杜氏，卒未葬，心常耿耿，东坡除丧，即葬姑。后官可荫，推与太白曾孙彭，一门孝友如此，三苏之所以为三苏也，岂徒文章而已哉。

命运的说法近于迷信，因而如今不采纳。

欧阳修跟儿子欧阳棐讨论文章时提到苏东坡，感叹道："你记住我的话，三十年以后世上的人再也不会提及我了！"这可谓极大的推许了！欧阳修死后，苏轼给他撰写了墓志铭。

苏洵在京城撰写《太常因革礼》，苏轼和苏辙兄弟俩都在地方任职，考虑老父亲身边没有服侍的儿子，苏辙启奏皇帝请求留在京城赡养老父亲。苏洵弥留之际还因为自己的兄长苏太白早早亡故，其儿子孙子还没有立业，自己的妹妹嫁给杜姓人家，死了还没安葬，心里常常愧疚不安，念念不忘。苏轼守孝完后就安葬了姑姑。后来官职可以荫袭，便让给苏太白的曾孙苏彭。一家孝顺友爱以至于此，三苏之所以为三苏，难得仅仅凭借文章而已吗？

第三章　与王安石之关系

神宗即位，改元熙宁，其年四月，诏王安石越次入对。文忠服阕还朝，则已在安石参政之时。倡言新法，朝局尽变，神宗召见文忠，问以政令得失，公谓："求治不宜太急，听言不可太广，进人不可太锐，愿镇以安静待物之来，然后应之。"退而上《万言书》曰：

臣之所欲言者，三言而已，愿陛下结人心、厚风俗、存纪纲。

人主之所恃者，人心而已。如木之有根，灯之有膏，鱼之有水，农夫之有田，商贾之有财，失之则亡，此理之必然也。自古至今，未有和易同众而不安，刚果自用而不危者。陛下亦知人心之不悦矣。

祖、宗以来，治财用者不过三司。今陛下不以财用付三司，无故又创制三司条例一司，使六、七少年日夜讲求于内，使者四十余辈分行营干于外。夫制置三司条例司，求利之名也；六、七少年与使者四十余辈，求利之器也。造端宏大，民实惊疑；创法新奇，吏皆惶惑。以万乘之主而言利，以天子之宰而治财，论说百端，喧传万口。或言京师正店议置盐官，夔路深山当行酒禁，拘收僧尼常住，刻减兵吏禀禄，甚至欲复肉刑。民且狼顾，然而莫之顾者，徒曰："我神宗皇帝即位后改年号为熙宁，当年四月，下诏书召王安石越级进宫面圣，询问治国方略。苏轼服丧期满，回到朝廷，已经是王安石当政的时期了。王安石倡议新法，朝廷局面完全改变，神宗皇帝召见苏轼，问他政策的得与失，苏轼对皇帝说："追求天下大治不可以太急迫，听从朝臣意见不可以太广泛，升任官员不可以太仓促，希望陛下能用安宁的政策，等待时机到来，然后做出相应的对策。"退出后，苏轼写了一封《万言书》递上去，其中说：

臣所想说的，只有三句话罢了。请求陛下维系民心、敦厚风俗、保存纲纪。

君主依靠的是民心，就像树有根，灯有油，鱼有水，农夫有田地，商人有资产，失去了就会灭亡，这是必然的道理。从古到今，没有朝廷和顺平易与百姓同心同德而国家不能安定的，也没有朝廷刚愎独断而不陷入险境的。陛下也知道百姓对新法的不满了。

自从太祖、太宗以来，管理财政的是三司。现在陛下不把财政交付给三司，无故又创设三司条例司，让六七个青年人天天在里面讨论研究，又派出四十多人分头外出办事。设置三司条例司，是想谋利的借口，六七个青年人和四十多个外派人员，是谋利的工具。新法开始声势很大，让百姓感到惊疑；因创法新奇，差吏都很惊惶疑惑。以一国之主的身份来谋求财利，以天下主宰的身份来管理财务，产生了各种舆论，万民议论纷纷。有的说京师的官方正店正商议要设置盐官，夔州路的深山里要施行酒禁，要将和尚尼姑拘拿收监，要锐减士兵府吏的薪水，甚至想恢复肉刑。老百姓且极其不安，但朝廷却置之不顾，还说："我没有这事，何必顾无其事，何恤于人。”言操网罟而入江湖，语人曰“我非渔也”，不如捐网罟而人自信；驱鹰犬而赴林薮，语人曰“我非猎也”，不如放鹰犬而兽自驯。故臣以为，欲消谗慝而召和气，则莫若罢条例司。

今君臣宵旰几一年矣，而富国之功，茫如捕风，徒闻内帑出数百万缗，祠部度五千余人耳。以此为术，其谁不能？所行之事，道路皆知其难。汴水浊流，自生民以来，不以种稻。今欲陂而清之，“万顷之稻必用千顷之陂，一岁一淤，三岁而满矣”。陛下遂信其说，即使相视地形所在，凿空访寻水利，妄庸轻剽，率意争言。官司虽知其疏，不敢便行抑退，追集老少相视可否。若非灼然难行，必须且为兴役。官吏苟且顺从，真谓陛下有意兴作。上糜帑禀，下夺农时，隄防一开，水失故道，虽食议者之肉，何补于民？臣不知朝廷何苦而为此哉！

自古役人必用乡户，今者徒闻江浙之间，数郡顾役，而欲措之天下。单丁、女户，盖天民之穷者也，而陛下首欲役之，富有四海，忍不加恤。自杨炎为两税，租调与庸既兼之矣，奈何复欲取庸？万一后世不幸有聚敛之臣，庸钱不除，虑别人说。”正如拿着鱼网到江中湖中去，对人说“我不是去捕鱼”，不如丢掉鱼网，人们自然相信；赶着鹰和狗进入山林，对人说“我不是去打猎”，不如放掉鹰和狗而野兽自然驯服。所以我以为要消除谗言而招致和气，那就不如撤销制置三司条例司。

现在君臣日夜忙碌，几乎一年了，而使国家富裕的功业，还茫茫然像捕捉风一样，只听说内府拿出几百万缗钱，祠部给僧侣度牒五千多人而已。用这些手段作为富国的办法，谁不能做呢？而所实行的事情，路人都知道其困难。汴河的水混浊，从有人民以来，就不用来种稻。现在想建池塘水库使水变清，“灌溉一万顷的稻田，一定要用一千顷的水库，一年一沉淀，三年水库就满了”。陛下就相信这种说法，便让他们考察地形所在，毫无凭据地寻求水利，狂妄和平庸之人轻浮急躁，随意争相进言。有关部门虽然明知道办法不合适，也不敢就此停止，却召集当地老少，去看是否可以实行。如果不是明显地难办，必定姑且发动工役。官吏们暂且顺从，真认为是陛下有意兴起工程。此举在上浪费国家财物，对下夺去农民耕作时间。堤坝防线一开，水流离开原来的河道，造成灾祸，即使吃了建议者的肉，对百姓又有什么补益！我不知道朝廷何苦要这样做呢？

从古以来的徭役对象，一定用乡间的人。现在听说江、浙之间，有几个州雇人代役，而要把这办法施行于天下。单丁户、女户，这是百姓中天生的穷苦人，而陛下首先要役使他们，皇帝拥有四海的财富，竟对这些人不加怜恤！自从杨炎制定两税法，原来的租调与力役已经都包括在内了，怎么又想收取力役钱？万一后代不幸有差役仍旧，推所从来，则必有任其咎者矣。青苗放钱，自昔有禁，今陛下始立成法，每岁常行，虽云不许抑配，而数世之后暴君污吏，陛下能保之与？计愿请之户，必皆孤贫不济之人。鞭挞已急，则济之逃亡。不还则累及邻保，势必有至，异日天下恨之，《国史》记之曰青苗钱自陛下始，岂不惜哉！且常平之法可谓至矣，今欲变为青苗，坏彼成法，所丧逾多，亏官害民，虽悔何及！

昔汉武帝以财力匮竭，用贾人桑宏羊说，买贱卖贵，谓之“均输”。于时商贾不行，盗贼滋炽，几至于乱，孝昭既立。霍光顺民所欲而予之，天下归心，遂以无事。不意今日此论复兴。立法之初其费已厚，纵使薄有所获，而征商之额，所损必多。譬之有人，为其主畜牧，以一牛易五羊，一牛之失则隐而不言，五羊之获则旨为劳绩。今坏常平而言青苗之功，亏商税而取均输之科，何以异此？臣窃以为过矣。议者必谓“民可与乐成，难与虑始”，故陛下坚执不顾，期于必行。此乃战国贪功之人，行险侥幸之说，未及乐成，而怨已起矣！臣之所愿陛下结人心者此也。

搜刮钱财的臣子，力役钱不去而差役仍旧，以此追查，则必然有要担当其罪责的人。青苗放钱法，以前就禁止。现在陛下开始立为成法，每年都照常执行。虽说不许强迫借款，而几代之后，暴君和贪官的出现，陛下能保证得了吗？估计那些愿意申请青苗钱的民户，一定都是孤弱贫穷无法生活的人，用鞭子抽打，急着催还债务，他们就会逃亡。人不回来，就把债务摊派给邻居和担保人，这是势所必然的事情。将来天下人怨恨此事，国史记载说青苗法从陛下开始，难道不可惜吗！而且常平法，已经算是极好了。现在要变为青苗法，破坏现成的好法律，所损失的更多，亏损官府危害人民，到那时即使后悔也来不及了！

从前汉武帝因财力枯竭，用商人桑宏羊的办法，官家在货物贱时买进，贵时卖出，叫作“均输法”。当时商人们都停止来往贩卖，盗贼猖獗，几乎酿成大乱。汉昭帝登上帝位后，大臣霍光顺应民心，取消均输法，然后天下太平，百姓安心，没有出现乱事。想不到今天这种观点又兴起了。立法之初，所花费的钱财已不少，纵然能稍有收获，而能征收的商税，所受的损失必然很多。譬如有人为主人放牧，用一头牛换来五只羊。失去一头牛，就隐瞒不说；获得五只羊，目的却是为了功劳。现在毁弃常平法而说青苗法的功绩，损害商税而取得均输的利益，和这个有什么区别呢？臣私下认为是错了。议论的人必然说“百姓乐于见到成功，却难于跟他一起谋划开始”，所以陛下不顾舆论坚持这种做法，一定要实行下去。这是战国时代那些贪功的人，冒险想侥幸成功的说法，不等到事情的成功，就已经民怨四起了。我希望陛下维系民心的原因，就在于这里。

国家之所以存亡者，在道德之浅深，不在乎强与弱；历数之所以长短者，在风俗之薄厚，不在乎富与贫。人主知此，则知所轻重矣。故臣愿陛下务从道德而厚风俗，不愿陛下急于有功而贪富强。爱惜风俗，如护元气。圣人非不知深刻之法可以齐众，勇悍之夫可以集事，忠厚近于迂阔，老成初若迟钝。然终不肯以彼易此者，所得小而所丧大也。仁祖持法至宽，用人有叙，专务掩覆过失，未尝轻改旧章。考其成功则曰未至；以言乎用兵，则十出而九败；以言乎府库，则仅足而无余；徒以德泽在人，风俗知义，故升遐之日，天下归仁焉。议者见其末年，吏多因循，事不振举，乃欲矫之以苛察，齐之以智能，招来新进勇锐之人，以图一切速成之效。未享其利，浇风已成。多开骤进之门，使有意外之得，公卿侍从，跬步可图，俾常调之人，举生非望。欲望风俗之厚，岂可得哉？近岁朴拙之人愈少，巧进之士益多，惟陛下哀之、救之，以简易为法，以清净为心，而民德归厚。臣之所愿陛下厚风俗者此也。

祖宗委任台、谏，未尝罪一言者。纵有薄责，旋即超升，许以风闻，而无官长。言及乘舆，则天子改容，事关廊庙，则宰相待罪。台、谏固未必皆贤，所言亦未必皆是，然须养其国家之所以存亡，在于对道德重视的深浅，不在于强大和弱小；朝代长短的原因，在于风俗的厚薄，不在于富裕和贫穷。君主如果懂得这些，就会知道事情的轻重。所以我希望陛下崇尚道德而使风俗淳厚，不希望急于有功绩而贪求富强。爱惜风俗，像保护元气一样。圣人不是不知道严厉苛刻的法律可以使民众齐心，勇敢强悍的人可以成事，忠诚厚道的人过于迂腐，老成的人看似迟钝。但始终不肯用那些人来代替这些人，是知道那样做所得的少，而所丧失的多。仁宗执法极为宽大，用人有次序，体谅人的过错，从不轻易变更旧的法规。查考政绩，则可以说未必尽善尽美；拿用兵来说，十次出兵九次失败；拿府库来说，则仅能够开支而没有剩余。只有恩德在人们心中，世间懂得其中的道义，所以仁宗逝世的时候，天下人都归心于他的仁德。议论的人看到他晚年官吏多数因循苟且，没有振作，就想用苛察来纠正，用智慧能力来整顿，招来一批新进有勇锐取的人，以求一切速成的功效。还没有收到好处，而浇薄的风俗已经养成。很多人骤然晋升，有意外的得益，一小步就可跨上公卿和侍从之臣的地位，使按照常规升迁的人终生难于期望，这样而想要风俗淳厚，怎么能得到呢？近年来质朴的人越来越少，取巧升进的人越来越多。请陛下哀怜拯救，以简易作为施政之法，以清净作为施政之心，而使百姓的道德归于淳厚。我希望陛下淳厚风俗的原因，就在于这里。

祖宗任用御史和谏官，从没有把其中任何一个敢说话的人治罪。即使小有责罚，不久就将其官职超升，允许他们将所听到的上奏，而不必顾及什么长官和上司。说到皇帝用的东西时，皇上就要锐气，而借之重权者，岂徒然哉？将以折奸臣之萌也。今法令严密，朝廷清明，所谓奸臣，万无此理。然养猫以去鼠，不可以无鼠而养不捕之猫；畜狗以防盗，不可以无盗而畜不吠之狗。陛下得不上念祖宗设此官之意，下为子孙万世之防？臣闻长老之谈，皆谓台、谏所言，常随天下公议。公议所与，台、谏亦与之，公议所击，台、谏亦击之。今者物论沸腾，怨讟交至，公议所在，亦知之矣。臣恐自兹以往，习惯成风，尽为执政私人，以致人主孤立，纪纲一废，何事不生？臣之所愿，陛下存纪纲者此也。

【批评】

宋黄震（字东发，余姚人，著《黄氏日钞》）评东坡此文云："如长江大河，一泻千里。至其混浩流转、曲折变化之妙，无复名状。方其年少气锐，尚欲迅扫宿弊，变张百度，有贾太傅流涕汉庭之风。其言切中民隐，发越恳到，岩廊崇高之地，如亲见闾阎哀痛之情，有不能不恻然感动者，真可垂训万世。"

端正颜色听取；有关朝廷时，那宰相就得待罪处理。御史和谏官自然不一定都是贤能之人，他们所说的也不一定都正确无误。但须要养成他们敢于说话的勇气，给予他们大权，这难道是徒然的吗？这是要用他们来消除萌生奸臣的危险啊。现如今法令严密，朝廷清明，所谓有奸臣，当然万万没有这个道理。但养猫是为了消灭老鼠，不可以因为没有老鼠就养不捉老鼠的猫；养狗是为了防盗贼，不可以因为没有盗贼就养不叫的狗。陛下岂能不对上想到祖宗设立这官职的用意，对下为子孙万代作防范措施？我听到有德行的长辈们议论，都说御史谏官所说的，常常符合天下的公议。公议所赞同的，御史谏官也赞同；公议所抨击的，御史谏官也抨击。现在舆论沸腾，各种怨恨的话交迭而来，公议在哪里，也就可以知道了。我恐怕从此以后，习惯养成风气，谏官御史都替执政大臣私人说话，直到君主被孤立，法纪全被废除，到那时有什么事情不会出现？我希望陛下保存法纪的原因，就在于这里。

【评论】

宋代黄震（字东发，浙江余姚人，撰有《黄氏日钞》）评价苏轼这篇文章时说：“这文章好比长江黄河，一泻千里。至于其中混茫浩荡、曲折变化的妙处，简直无法描述。当时苏轼年少气盛，仍然想迅速扫除国家积累的弊端，做一番大革新，有贾谊在汉代朝廷之上痛哭流涕进谏的遗风。他的话说中了百姓困苦的要害，激昂恳切，仿佛在庄严崇高的庙堂之上也能亲眼看见里巷百姓哀痛的情状，让人不能不恻隐感动，实在足以作为万世的训诫。”

第四章 治群之政绩

安石与文忠，以政策不能相同，乃使御史谢景温论奏其过（景温结好安石，得骤进侍御史，司马光尝荐文忠为谏官，至是，范景仁复应诏推举，景温遂力排之，惧其弹安石也），穷治无所得。文忠未尝以一言自辨，乞外任避之，通判杭州。杭州为东南胜地，至则觞咏其间，畅发天机，不以迁谪为意，而亦不废公事。是时，四方行青苗、免役、市易，浙西兼行水利盐法，每因法以便民，民以少安。

高丽入贡，使者凌蔑州郡，押伴使臣皆本路筦库，乘势骄横，至与钤辖亢礼。文忠使人谓之曰："远夷慕化而来，理必恭顺，今乃尔暴恣，非汝导之不至是也，不悛当奏之。"押伴者惧，为之小戢。使者发币干官吏，书称甲子，公却之曰："高丽于本朝称臣，而不奉正朔，吾安敢受？"使者亟易书称熙宁，然后受之，时以为得体。

守杭三年，吏民畏爱，及罢去，犹谓之学士而不言姓。熙宁七年，移知密州。秋末离杭时，方行手实法，使民自疏王安石跟苏轼因为政见不合，因此让御史谢景温向皇帝奏报论述苏轼的过错（谢景温跟王安石结为姻亲，得以快速上升到侍御史的地位，司马光曾经推荐苏轼做谏官，当时，范景仁也奉皇帝诏书推举苏轼，谢景温竭力排挤苏轼，生怕苏轼当了谏官会弹劾王安石），经彻底调查没有发现问题。苏轼也不曾辩解过一句话，为了躲避这些人，请求离京任地方官，到杭州做通判去了。杭州是东南地区的风景名胜之地，苏轼到了那就在湖光山色间饮酒咏诗，尽情释放天赋的才华，不将贬谪当一回事，而同时也不荒怠公务。当时全国各地施行青苗法、免疫法、市易法，浙江西部地区同时还施行水利盐法，苏轼往往设法使这些法律便利百姓，百姓因此得到稍微的安宁。

高丽派遣使者来上贡，使者凌驾州府官员之上，态度十分轻蔑，陪同使臣都是本行政区域的管库，乘势骄傲蛮横，甚至跟兵马钤辖礼节对等。苏轼派人对陪同使臣说：“远方的蛮夷倾慕我大宋的教化而来，理当恭恭敬敬，如今竟然如此狂妄恣意，不是你引导不至于如此严重，再不改正我当禀明圣上！”陪同使臣害怕了，因此稍稍收敛了些。高丽使者分派见面礼给杭州官员，书函使用甲子年号，苏轼推辞了礼品，说：“高丽向我大宋朝称臣，却不使用我们的年号，我怎么敢接受？”高丽使者急忙换了书函使用大宋年号熙宁，这样苏轼才接受了对方的礼品，当时人都认为苏轼做得得体。

苏轼在杭州做了三年知州，官吏百姓对他敬爱有加，等到他卸任，仍然称呼他学士而不称姓氏。熙宁七年，改任密州知州。九月离开杭州时，朝廷正实行手实法，让百姓自报财产以定民户财产以定户等，又使人得告其不实。司农寺又下诸路，不时施行者，以违制论。文忠谓提举常平官曰："违制之坐，若自朝廷，谁敢不从？今出于司农，是擅造律也若何？"使者惊曰："公姑徐之。"未几，朝廷亦知手实之害，罢之。

熙宁八年冬，作《杞菊赋》，序云："予仕宦十九年，家日益贫，移守胶西而斋厨萧然。"盖自登第至是，刚十九年，宦而能贫，岂他人可及也？

自密徙徐。熙宁十年，河大决于澶州曹村（在今开县西南，此黄河南北分流之始），而徐适当其冲。自开直河水势增涨，田庐益坏，遂致溃决。北流断绝，河道南徙，东汇于梁山张泽泺（在寿张县东南梁山下，即古钜野泽，下流汶济二水，会而成泺。宋时决河，汇入其中，绵延数百里，后大河南徙，岁久填淤，遂成平陆）分为二派，一合南清河，入于淮；一合北清河（即古济水），入于海，凡灌郡县四十五。此诚巨灾，乃适于文忠治徐之日出现，盖天欲以盘根错节试其利器也。

黄水汇于徐州，涨不得泄，城将崩，富民争出避水。文忠曰："富民若出，民心动摇，吾谁与守？吾在是，水决不能等级，又允许百姓告发虚报的人。司农寺又派人去各个州，对不立即实行的以违反诏令论罪。苏轼对提举官说：“违反诏令的定罪，如果出自朝廷，谁敢不服从？现在出自司农寺，这是擅自制定法令，该当何罪？”提举官吃惊地说：“先生且慢慢推行新法。”不久，朝廷也知道这法令有害于百姓，便撤销了它。

熙宁八年冬天，苏轼写了一篇《杞菊赋》，序文说：“我做官十九年，家里一天比一天穷困，改任密州的时候厨房已经揭不开锅了。”从苏轼及第到如今，刚好十九年，做官能越做越穷，这哪是别人能比得了的？

苏轼从密州改任徐州知州。熙宁十年，黄河在澶州曹村（在今天开县西南，这是黄河河道南北分流的开始之地）决口，而徐州正好首当其冲。从开直河起，水位暴涨，田地房屋多被毁坏，终于导致决堤。北边河道断流，河道向南迁移，向东汇流到梁山张泽泺（在寿张县东南梁山脚下，就是古代的钜野泽，向下游与汶水、济水汇合成为泺水。宋代河水决堤，汇入其中，绵延数百里，后来黄河改道，时间久了就泥沙淤积，变成平地）分成两道，一道汇合于南清河（就是古代的泗水），注入淮河；另一道汇合北清河（就是古代的济水），流入大海，沿途一共淹没了四十五个郡县。这的确是巨大的洪灾，竟正好在苏轼当政徐州的时候出现，大约上天也想用极其复杂的问题来考验苏轼的能力吧！

黄水汇集于徐州城下，水位上涨得不到排泄，城墙快要被浸坏崩塌了，富裕的百姓争着出城避水。苏轼说：“富人如果出城，百姓都人心动摇，我和谁守城？我在这里，水一定不会冲塌败城。”驱使复入。乃履屦仗策，亲入武卫营，呼其卒长谓之曰：“河将害城，事急矣！虽禁军，宜为我尽力。”卒长呼曰：“太守犹不避涂潦，吾侪小人效命之秋也。”执梃入火伍中，率其徒，短衣徒跣，持畚锸以出，筑东南长堤，首起戏马台，尾属于城。堤成，水至堤下，害不及城，民心乃安。然雨日夜不止，河势益暴，城不没者三板，文忠庐于城上，过家不入，使官吏分堵而守，卒完城。事闻，诏褒之，在徐奏书论徐州之重要并设备之方甚备。未几，移知湖州，到任三月，文字之狱又起。

【批评】

士大夫生当乱世，大权在握，兴利除弊，奠国家于苞桑之固，登斯民于衽席之安，岂不幸甚？若困于下僚，限于职守，局促如辕下驹，有弃官而去者矣，有饮酒赋诗不理民事者矣。东坡独不然，既无法以止新法，冀于奉行之际委曲求全，官多尽一分之心，民多得一分之益，即为国家多存一分元气也。

安石对于新法，志在必行，趋时者且变本加厉以媚时城墙。”又把富人重新赶进城去。苏轼穿着草鞋，拄着拐杖，亲自到武卫营去，大声对卒长呼喊：“河水将要冲坏城墙，事情紧急，你们虽是禁军，也应该给我出力。”卒长说：“太守尚且不躲避泥淖前来，我等小人，应当效命。”卒长操起木棒进入队伍当中，率领兵卒，穿着短衣，光着脚，拿着畚箕铁锹出去，筑起东南长堤，从戏马台开始，直到城墙。大堤筑好了，洪水流过城下，徐州城里没有发生灾害，百姓的心里才踏实了。然而大雨日夜下个不停，城墙差三板的高度就要被淹没。苏轼搭帐篷住在城上，路过家门也不进去，派官吏在城墙上分段防守，最终保全了这座城。这件事被皇帝听闻，下诏书褒扬了苏轼。苏轼在徐州上书详细地论证徐州的重要性和具体设防备的办法。不久，他改任湖州知州，到任才三个月，就发生了“乌台诗案”。

【评论】

士大夫若能生逢乱世，大权在握，兴起有利的举措，除去积弊的国政，奠定国家稳固的农业基础，让百姓安居乐业，难道不是一件荣幸的事情吗？如果是困守在地位低下的职位，限于职位的权力，不能施展抱负，好比马车下的马那样局促束缚，就会有放弃官职离开的，也有饮酒写诗不管民生事务的。唯独苏轼不像他们一样。既然没办法阻止新法的施行，那么就寄希望于在施行新法的时候委曲求全，官员多用一分心思，百姓就多获得一份利益，也就为国家多保存了一分元气。

王安石对于新法的实施，志在必得，随波逐流的人也变本加宰。东坡独面折提举，是何等胆气。

手实法者，因免役出钱或未均，吕惠卿乃创此法。其法官为定立物价，使以田亩、屋宅、资货、蓄产随价自占。凡居钱五，当蕃息之钱一，非用器食粟而辄隐落者，许告，有实，以三分之一充赏。预具式示民，令依式为状，县受而籍之，以其价列定高下，分为五等，既该见一县之民物产钱币，乃参会通县役钱本额，而定所当输钱。其事仿佛今外国之财产税与所得税，彼行之不以为病者，由于民权发达，官吏不能欺蔽，虽上下交征而一时尚不觉有何险象耳。

厉地讨好他。唯独苏轼当面驳斥提举，这是什么样的胆量。

手实法是吕惠卿以免役出钱不均为理由，建议实行的。其法为：由官府为制定物价标准,让民户根据自家田亩、房屋宅地、资产、牲畜，按照标准价格自行折算。现钱与生息之钱比价以五当一，不属于日常使用的器皿、粟米而隐瞒的，允许告发，如果属实，将其三分之一的钱作为奖赏。朝廷预先将手实法的格式传达给各地百姓，要求农户按照格式填写自己的产业情况，然后送交县官登记入册，官府按产业多寡将价格划分成五等，总计一县老百姓产业的实际数量平均摊派原来所规定的役钱。这事好比如今外国的财产税和个人所得税，他们施行而不产生弊端是因为外国民权发达，官员不能欺下瞒上，即使政府跟百姓争夺利益，一时之间也不会有什么大危险。

第五章　文字狱

后世有所谓“文字之狱”者，其端实始于宋。小人中伤君子，求其罪而不可得，则吹求及于文字，巧合傅会，使人主不由不信，而其人亦无以自白。此风既开，迁谪之人，虽欲啸歌吟咏，享文字上之自由，亦不可得矣。文忠一生尤罹此苦。其至友文同（字与可，梓潼人，与公为中表兄弟。）至以“北客若来休问事，西湖虽好莫题诗”十四字为谆嘱也。

盖自安石秉政，变更成法，文忠心不谓然，口不敢言，缘诗人之义托事以讽，庶几有补于国。谗人见之，取其文字，日夜罗织，欲置之死，文忠不知也。元丰二年七月，知湖州时，中丞李定、御史何大正、舒亶，上疏论文忠自熙宁以来作为文章，怨谤君父，交通戚里（指与王诜往来事），逮赴御史台狱。诏定与大正等杂治之，定等媒蘖，以为诽谤诬慢，有四可杀。

太皇太后曹氏方病，闻之，急语神宗宽其狱，帝曰：“谨受教。”吴克申救甚力，帝亦怜之。安石之兄安礼从容白帝曰：“自古大度之君，不以言语罪人，轼以才自奋，谓爵禄可立取，顾碌碌如此，其心不能无觖望，今一旦致于理，恐后世谓陛下不能容才。”帝曰：“朕固不深谴也，行为卿贳之，后世有所谓的“文字狱”，它的发端其实就源于北宋。小人想毁谤中伤君子，苦于寻求不到罪状，便对君子所作文章诗歌吹毛求疵，牵强附会，让皇帝不由得不相信，而那被中伤的君子也无法为自己辩解。这个风气一开，被贬谪的官员即使想吟诗作文，享受文字上的自由乐趣，也不能够了。苏轼一生尤其遭受这种苦难。他的好朋友文同（字与可，梓潼人，与苏轼是中表兄弟）甚至用“北客若来休问事，西湖虽好莫题诗”这十四个字谆谆告诫他。

自从王安石当政以来，旧的法律改变，苏轼心里不认同，嘴上却不敢说出来，便依靠诗人以诗讽刺的传统写出讽刺诗，希望会对国家有些益处。那些爱进谗言的小人看见苏轼这些诗，挑选出其中对他们有利的部分，日日夜夜罗织罪状，想将苏轼置于死地，苏轼本人却并不知情。元丰二年七月，苏轼在湖州任知州，中丞李定和御史何大正、舒亶，一起上书说苏轼自从熙宁以来所做的文章，里面怨恨诽谤皇帝，勾结皇亲国戚（指苏轼跟王诜往来一事），因此将苏轼逮捕，投进御史台的监狱。皇帝下诏让李定和何大正等人会审苏轼，李定等人引申傅会苏轼的诗文，认为苏轼诽谤、污蔑、轻慢，有四条罪状，每一条都是死罪。

太皇太后曹氏这时正生病，听说这件事，急忙让神宗皇帝宽恕苏轼的罪行，神宗皇帝说：“我恭谨地接受您的教导。”吴克申坚持营救苏轼，皇帝也不忍心了。王安石的哥哥王安礼缓缓启奏皇帝说：“从古至今凡是气量大度的君主，不会因为臣子的言语而治罪，苏轼因为自恃才华，狂妄自大，认为高官厚禄如同探囊取物，可如今竟然如此庸庸碌碌，心里不免有些怨气。如今一旦将他治罪，第去，勿漏言。轼方贾怨于众，恐言者缘以害卿也。”

当日锻炼成罪，所据为铁案者，以文忠到湖州《谢表》其中有：“愚不识时，难以追陪新进；老不生事，或能牧养小民。”指为谤讪。又有诗“赢得儿童语音好，一年强半在城中”，指为讥青苗。“读书万卷不读律，致君尧舜终无术”，指为刺课士。“东海若知明主意，应教斥卤变桑田”，指为斥盐政。“岂是闻韶解忘味，迩来三月食无盐”，指为非盐禁。“根到九泉无曲处，世间惟有蛰龙知”，指谓有不臣之心。人言可畏，一至于此。

舒亶又言：“驸马都尉王诜辈，公为朋比，如盛侨、周邠固不足论；若司马光、张方平、范镇、陈襄、刘挚皆略能诵说先王之言，而所怀如此，可置而不诛乎？”诸人之意，盖又欲藉此以陷群贤。帝不从，但贬文忠黄州团练副使，本州安置，弟辙及诜皆坐谪贬，张方平、司马光、范镇等二十二人俱坐罚铜。

方狱之急也，长子迈主送食，与之期：“送食惟菜与肉，有不测，则撤二物而送鱼。”迈谨守逾月，会有事他往，托恐怕后代的人们会说陛下您不能容纳有才的人士。”皇帝说：“我本来就不打算对他重罚，听了你这段话，给你个面子饶恕他，你只管去吧，千万别泄露了我们的谈话。苏轼现在正引起众人的怨恨，我怕那些人会因为这个迫害你。”

当时用来罗织苏轼的罪名作为铁案的材料是苏轼到湖州上任所呈给皇帝的《湖州谢表》，里面说：“我愚昧不识时务，难以跟随新进的改革家；老来没什么作为，或许能管理普通百姓。”“生事”二字被指为诽谤朝廷。苏轼又有诗“赢得儿童语音好，一年强半在城中”，被指为讥讽青苗法。“读书万卷不读律，致君尧舜终无术”，被指为讽刺新科举法。“东海若知明主意，应教斥卤变桑田”，被指为指斥盐政。“岂是闻韶解忘味，迩来三月食无盐”，被指为非难盐禁。“根到九泉无曲处，世间惟有蛰龙知”，被指为有大逆不道的心思。人心的可怕，竟然到这步田地。

舒亶又说：“驸马都尉王诜等人，公开与苏轼相互勾结，结为朋党，比如盛侨、周邠等人自然不值一提，可像司马光、张方平、范镇、陈襄、刘挚都是能讲说先王之言的人物，竟然也藏着如此不轨的心思，难道可以放过不予处置吗？”那起小人的意思，还想借着苏轼事件要将一群贤能的人士一网打尽。皇帝没有听从他们的谗言，只是将苏轼贬谪到黄州作为团练副使，本州安顿。弟弟苏辙以及王诜都受牵连遭贬谪，张方平、司马光、范镇等二十二个人全部因牵连而受罚。

当案情紧急的时候，苏轼的大儿子苏迈负责给父亲送饭，两人约定好：“送饭只送蔬菜和肉食，一旦事情严重，就撤掉蔬菜所亲代，误进鱼羹。文忠大骇，知不免，赋诗与弟诀，有“魂飞汤火命如鸡”之句，流入禁中。神宗读之，凄然感动，遂得曲赦，以诗得罪者，终以诗免死也。

【批评】

反对东坡者，锻炼周纳，体无完肤，固是过当。东坡下笔时，亦不免恃才狂放，至与人以可乘之隙。吾固不欲轻恕何、舒诸人，而借题托讽，以文为戏，则亦非明哲保身之道。（王应麟亦谓：“东坡文章好讥刺。”又宋人小说称：“东坡在元祐时，以高才狎侮公卿，率有标目，独于司马温公，不敢有所轻重。一日，相与论免役、差役利害不合，及归舍，方却巾舒带，辄连呼曰：‘司马牛，司马牛。’”）

神宗始终怜爱东坡，逮狱时，密遣小黄门至狱视之。不然者，恐已毙于狱吏之手矣。王诜亦贵戚中之贤者，方东坡自湖赴狱，亲朋皆绝与交通，道出广陵，诜往见之，台吏不和肉食而送鱼。”苏迈谨记约定，过了一个月，因为有事情去往别的地方，托付亲近的人代送，那人误送了鱼羹。苏轼非常害怕，知道免不了一死，便写诗跟弟弟诀别。其中有句子说“魂飞汤火命如鸡”，诗传到了皇宫里。神宗皇帝读到这句，悲伤感动，于是宽恕了苏轼。因为诗得罪的人，最终因为诗而免死。

【评论】

反对苏轼的人深文周纳、罗织罪名，将他批判得体无完肤，自然是非常不恰当。而苏轼写文章下笔的时候也不免仗着才华狂妄自负，以至于送给别人以可乘的机会。我本不想轻易饶恕何大正、舒亶等人，可是借着题目作文讽刺，以文章做游戏，却也并非聪明贤哲之人保全之道。（王应麟也说：“苏轼写文章爱好讽刺人。”又有宋代人笔记小说记载：“东坡先生在元祐年间，仗着才华过人轻慢戏弄公卿大夫，每人都被他起了外号，唯独对于司马光不敢有所轻慢。某一天，苏轼跟司马光互相辩论免役法、差役法，两人言语不合。等到苏轼打道回府，一边脱巾子解腰带，一边连连呼喊：‘司马牛！司马牛！’”）

神宗皇帝始终喜爱苏东坡，苏轼被逮捕入狱之时，秘密派遣小太监到监狱去探视。要不然，恐怕苏轼早就死在狱卒的手里了吧！王诜也是皇亲国戚里的贤者，当苏轼从湖州被押往御史台监狱之际，亲朋好友全部跟他断绝来往，路过扬州，王诜去见他，许通。或曰："公与轼相知久，其所往来文字书问，宜焚之勿留，不然且获罪。"诜曰："欺君负友，吾不忍为，以忠义分谴，则所愿也。"

熙宁中，有宣州汪辅之者，以职方郎中为广南转运使，时蔡确为御史，摭其《谢上表》"清时有味，白首无能"二句，言涉讥讪，坐降知虔州卒，此以文字罗织之始。后确在安州，尝游车盖亭（今湖北安陆县西北），赋诗十章。知汉阳军吴处厚笺释其语，上之，以为讥讪，确遂流窜新州而死。请君入瓮，天道好还，人苦不自知耳。元祐群小皆以此术诬东坡，竞传衣钵。元符、崇观之间，其术益炽，流入南渡，韩、史辈概以此术排善类，桧贼一言不合，辄致士大夫死非命，至不可计，皆讽御史所为也。朱元晦亦受此害，当忧患时，其见文忠手翰，无不叹赏宝重。论议一变者，多缘自蹈世患而后知公之所以为难，盖托公自伤而已。

御史台的狱卒不允许两人见面。有人对王诜说："您跟苏轼相交很久，那些往来的书信文章，应该要全部焚毁，不可有留存，不然将要获罪。"王诜说："欺瞒皇帝，辜负好友，这是我不忍心做的事情，如果因为忠义而分担罪责，我心甘情愿。"

熙宁年间，有个宣州人叫汪辅之，从职方郎中转任广南转运使，当时蔡确做御史，摘取汪辅之《谢上表》里面的两句话"清时有味，白首无能"，说他有讥讽朝廷的嫌疑，因而被降职为虔州知州而死在任上，这就是用文字罗织罪名的开始。后来蔡确在安州，曾经游赏车盖亭（在今天湖北安陆市西北），写了十首诗。主管汉阳军的吴处厚寻出其中的文字做出解释，呈递给皇帝，认为蔡确诽谤朝政，蔡确因而被贬谪到新州，也死在任上。就像周兴最终被自己设计的酷刑整死，做多了缺德事，上天也会降下报应，就怕那人自己不知道罢了。元祐年间那群小人都用文字狱的手段诬陷苏轼，代代竞相传授经验。元符、崇观年间，这手段越发无所不至，一直蔓延到南宋，韩侂胄、史弥远等人一概用这个方法排挤好人；秦桧只要有士大夫跟他一言不合，就将士大夫至于死地，死于非命的人数以至于计算不过来，这全是他们暗地指示御史们干的。朱熹也曾受过这等祸害，当他在忧患之际，看见苏轼的手稿，无不赞叹欣赏作为珍宝看待的。对苏轼的评价发生改观，多源于朱熹亲自品味了世间的苦难以后才懂得了苏轼的难能可贵，大约朱熹也是借着东坡抒发自己的感伤之情吧。

第六章 黄州

元丰三年二月，文忠至黄州，上谢表，其言和平，盖得于忧患者多矣。略谓：

伏念臣早缘科第，误忝搢绅，亲逢睿哲之兴，遂有功名之意。亦尝召对便殿，考其所学之言；试守三州，观其所行之实。而臣用意过当，日趋于迷，赋命衰穷，天夺其魄，叛违义理，辜负恩私，茫如醉梦之中，不知言语之出。虽至仁屡试，而众议不容。案罪责情，固宜伏斧质于两观；推恩屈法，犹当御魑魅于三危。岂谓尚玷散员，更叨善地，投畀麏鼯之野，保全樗栎之生。臣虽至愚，岂不知幸？此盖伏遇皇帝陛下，德刑并用，善恶兼容，欲使法行而知恩，是用小惩而大戒。天地能覆载之，而不能容之于度外；父母能生育之，而不能出之于死中。伏惟此恩，何以为报？惟当蔬食没齿，杜门思愆，深悟积年之非，永为多士之戒。贪恋圣世，不敢杀身，庶几余生，未为弃物。

初至之日，寓居定慧院，幅巾芒屩，与田夫野老相从溪元丰三年二月，苏轼来到黄州，给皇帝上了一封谢表，其文言语平和从容，大约是从忧患中感悟颇多之故吧。大概是说：

微臣回想早年因为科举及第，厕身于士大夫中间，亲身遇到睿智明哲的皇帝陛下您的中兴，因而产生了献身功名的志愿。也曾被您在皇宫便殿召见，考查我平生所学。也曾让我尝试治理过几个州府，观察我的实际能力。可是我过于自负，师心自用，神志日趋迷离。上天赋予我衰弱困穷的命运，又夺去我的魂魄，致使我违背了道义和情理，辜负了皇帝的恩惠，就像在醉酒睡梦中，不知道怎么就写出那些文辞言语。虽然仁慈的陛下给了我机会，但舆论对我总是不能容忍。推求我的罪责和过失，本来就应该在皇宫前处斩；对我加以宽容照顾，仍然应该投到魑魅魍魉出没的三危山。谁料想还能做一个闲散的地方官，还能迁居到秀美的黄州城，把我流放到野鹿野鼠出没的荒野，保全了我樗木栎树一样大而无用的散材的性命。微臣即使极其愚笨，怎能不感到庆幸？这也是因为遇到皇帝陛下您，恩威并施，好人坏人都能容忍，想让刑法实施后人们才知道恩德的可贵，用小惩罚来作为大的警示。天和地能够覆盖承载人，却不能容纳不尊法度的人；父母能生育抚养人，却不能将其从死亡边缘救出。微臣私下念及这个大恩大德，怎么报答呢？只应该吃素直到生命终止，闭门反省过失，深刻领悟多年以来的错误，永远作为士大夫们的前车之鉴。我留恋圣明的时代，所以不敢杀身报答，希望在剩下的时光里，还能有所作为，不作被抛弃的废物。

苏轼才到黄州的时候，在定慧院寄居，戴着幅巾穿着草鞋，跟谷之间，其逍遥自适、惩忿窒欲之致，见于《答秦太虚书》云：

吾侪渐衰，不可复作少年调度，当厚自养炼。谪居无事，颇窥其一二。已借得本州天庆观道堂三间，冬至后当入此室，四十九日乃出。自非废放，安得就此？太息他日一为仕宦所縻，欲求四十九日闲，岂可复得耶？当及今为之，寝食之外，不治他事，但满此期，根本立矣。此后纵复出从人事，事已则心返，自不能废矣。

快哉亭（在黄州）

又云：

初到黄，禀入既绝，人口不少，私甚忧之。但痛自节俭，日用不得过百五十。每月朔便取四千五百钱，断为三十块，挂屋梁上，平旦用画叉挑取一块，即藏去。又仍以大竹筒别贮用不尽者，以待宾客。此贾耘老法也。度囊中尚可支一岁有余，至时别作经画。水到渠成，不须预虑，以此胸中都无一事。

农夫野老交往于山水之间，他那逍遥自得、杜绝欲望的情致，表现在《答秦太虚书》之中：

我们这些人渐渐衰老了，不能够再像年轻时那样对待自己的身子，应当采用道书上方士说的办法，加强养身方面的修炼。我被贬住在这里没有事做，对道书上讲的方法也略微知道了一些。现已借到本州天庆观三间房子，冬至后就住到里面去，过四十九天才会出来。假如不是被贬官、遭到放逐，我怎么会有这样的机会？叹息将来一旦受到官务的束缚，想求得四十九天的空闲，又哪里能有机会呢？应该趁现在有空闲去做，除吃饭睡觉以外，不做别的事，只要满了这期限，养身的根基就建立了。从此以后，纵然再出来处理人间的事务，事情办完，心情又会回到原来的闲静状态，修炼神性的事自然不会废止。

又说：

刚到黄州，俸钱断绝，人口没有减少，我为这事十分发愁，只好大力节俭，每天费用不准超过一百五十钱。每月初一就取出四千五百钱，把它分成三十份，挂在屋梁上，每天早晨就用挂画用的叉子挑取一份，然后把叉子藏起来。未用完的钱仍然用另外的大竹筒装好贮存起来，用来招待客人。这是贾耘老的办法。估计袋中的钱还可用一年多，到时候再另想办法了，水到渠成，不必预先考虑，因此我胸中记挂的事一件也没有。

又云：

所居对岸武昌，山水佳绝，有蜀人王生在邑中，往往为风涛所隔，不能即归，则王生能为杀鸡炊黍，至数日不厌。又有潘生者，作酒店樊口，棹小舟径至店下，村酒亦自醇酽，柑、橘、椑、柿极多，大芋长尺余，不减蜀中。外县米斗二十，有水路可致，羊肉如北方，猪、牛、獐、鹿如土，鱼、蟹不论钱。岐亭酒监胡定之，载书万卷随行，喜借人看，黄州曹官数人，皆家善庖馔，喜作会。

又于《答毕仲举书》想见其高致：

黄州滨江带山，既适耳目之好，而生事百须亦不难致，早寝晚起，又不知所谓祸福果安在哉？偶读《战国策》，见处士颜蠋之语“晚食以当肉”，欣然而笑，若蠋者可谓巧于居贫者也。菜、羹、菽、黍，差饥而食，其味与八珍等。而既饱之余，刍、豢满前，惟恐其不持去也。美恶在我，何与于物。

马正卿为请于郡守，得故营地数十亩。躬耕其中，自号东坡居士。在黄州东门筑堂，以大雪中为之，因绩雪于四壁，名曰“雪堂”，《赤壁赋》中所谓“步自雪堂”者也。

又说：

我住处的对岸武昌，山水美妙到了极点。有位老家在蜀地的王生住在城里，我过江后常常因为风涛阻隔，不能马上回家，王生能为我杀鸡煮饭，在他那里住上几天，他都不厌烦。又有一位潘生，在樊口开有酒店，可以划船直接到他店旁，虽是乡村酿的酒，却味醇汁酽。这里柑、橘、椑、柿非常多，大芋头长有一尺多，不比蜀中的差。外县的米一斗卖二十钱，从水路过去可以买到。羊肉价格和北方一样，猪、牛、獐、鹿价钱贱得像泥土一样，鱼、蟹不论价钱。岐亭监酒胡定之，随行带有万卷书，喜欢借给人看。黄州官署的一些官员，家家都会做好吃的东西，且喜欢举行宴会。

又在《答毕仲举书》中可以想象到他的兴致：

黄州临江环山，既有愉悦视听的好处，而各种生计各种需求也不难弄到，早睡晚起，又不知道所谓的祸福到底在哪里？偶然读到《战国策》，看见里面讲处士颜蠋的话“迟一点吃饭当成吃肉”，我便高兴地笑了。像颜蠋这样的人，真可谓对于贫穷有巧妙的应付方法了。蔬菜、汤羹、豆子、黄米，略微饿的时候食用，味道跟山珍海味没有区别。吃饱以后，各种鸡、鸭、牛、羊等肉即使堆了满满一桌，也只怕不把它们端走。好坏美恶，都取决于我的心，跟外物有什么关系呢？

马正卿为东坡向州长官请求，获得几十亩旧营地。苏轼亲自耕种，自己取了别号，叫“东坡居士”。他又在黄州东门盖了一座草堂，因为在大雪天建造，故而在墙壁上画上雪景，称为“雪堂”，这就是《赤壁赋》里说的“步自雪堂”的雪堂。

【批评】

东坡初至黄州，借天庆观道士堂，静坐四十九日，其知为学之要矣。静坐之理与其功效，今人已盛倡之，兹不具论。惟吾人习静，非如释氏之耽寂，道家之养炼，弃人世之义务，为出世之事业也。盖欲以收敛易放之心，坚固易衰之体，以应事接物，为入世之用。东坡虽未臻其境，而已得其理，其言曰："出从人事，事已则心返。"人为物欲所拘，情感所激，往往一往无前，迷失本心者，皆无此一段静功，不能返观其心之故。苟炼得此心如太虚长空，一无阻碍，有何理之不可通，身之不能养哉。

东坡言节用之法甚善，人未有不喜奢侈者，故必用强制之法，以自束缚。俭可养廉，关系人生不小，吾辈可不于节用二字着力乎？然忌著居积，人相有余时复济人，或会宾客，斯为善耳。

【评论】

苏轼刚到黄州，借了天庆观的道士房间，静坐四十九天，这说明他知道做学问的要领了。静坐的深意和功效，现在的人已经大力提倡，这里就不多说了。只是我们这些人修习养静，不是像佛门弟子沉迷枯寂，道家的培养提炼精气，抛弃人间的各种该做的事务，去忙着逃避人间的事业。我们的养静是想收敛容易放纵的心灵，保养容易衰老的身体，用来应对事务，作为在人间进取的调剂之用。苏轼虽然还没到这个境界，却已经明白这个道理，他说："处理俗务，事务完成，心也回归宁静的状态。"人被欲望所束缚，情感所激励，往往一门心思向前冲，迷失了本来的初衷，都是因为没有做这一番养静的功夫，不能回到内心，观察内心的缘故。如果能把内心修炼得好比清空广阔的天空，一点尘埃和阻碍都没有，那还有什么道理不能通达，什么身体不能保养呢？

苏轼所说的节俭办法非常好，人都喜欢奢侈浪费，所以一定要用强制手段克制自己。节俭可以养成廉洁的品行，这对人的一生影响可不小，我们这些人怎么能不在节俭两个字上下功夫呢？然而最忌堆积财产，如果觉得有多余的钱时，拿出来救济别人，或者开宴会招待客人，才算是好事呢。

第七章　宣仁之知遇

谪黄州之第三年（元丰五年），神宗有意复用，而言者沮之（元丰七年），神宗手札徙汝州，略曰："苏轼黜居思咎，阅岁滋深，人材实难，不忍终弃。"未至，上书自言有饥寒之忧，有田在常（今江苏武进县），愿得居之，乃量移常州团练副使。过金陵，与王安石相见，时安石罢相，寄居金陵，语之曰："大兵大狱，汉唐灭亡之兆，今西方用兵，连年不解，东南数起大狱，公独无一言责之乎？"

士大夫知上之卒喜文忠也，方共欣幸，无何，裕陵（神宗陵名）晏驾，虞渊之日既没，鼎湖之剑何依，因不果用。

哲宗即位，起司马光为相，罢新法，天下颙颙望治。诏复文忠朝奉郎，知登州，比至，召为礼部郎中，除中书舍人，盖朝廷缘神宗意欲用之。文忠以躐等骤进辞，宰相卒不许，迁翰林学士。盖自登州召还，十月之间三迁清要，寻兼侍读。每进，谈至治乱、兴衰、邪正、得失之际，未尝不反覆开导，觊有所启悟。

文忠尝锁宿禁中，召入对便殿，宣仁后问曰："卿前年为何官？"曰："臣为常州团练副使。"曰："今为何官？"曰："臣今待罪翰林学士。"曰："何以居至此？"曰："遭遇太苏轼贬谪到黄州的第三年（元丰五年），神宗有意重新起用苏轼，被言官阻止（元丰七年）。神宗皇帝手书圣旨叫苏轼移居汝州，大意说："苏轼贬斥在外反省过错，时间很长了，这种人才实在是难得，朕不忍心终身摒弃他。"苏轼未到汝州，上书自称有饥饿寒冷的忧患，有田产在常州（在今天江苏武进），希望在那里居住。于是获得恩准迁移到常州做团练副使。路过金陵，他见到王安石，说："大的军事行动和大的刑狱，是汉、唐灭亡的预兆。如今对西夏用兵，连年不止，东南又兴起几桩大狱，您不说一句话去责问有关部门吗？"

士大夫知道皇帝最终还是喜爱苏轼的，正在互相庆幸，没多久，神宗皇帝就驾崩了。神宗皇帝都死去了，还能倚仗皇帝什么呢，因而没能重用苏轼。

哲宗皇帝即位，启用司马光为宰相，停止新法，全国人民翘首企盼天下大治。皇帝下诏书恢复苏轼朝奉郎之职，改任登州知州，等到苏轼刚到登州，又御召苏轼回朝廷做礼部郎中，任命为中书舍人，大约朝廷因为神宗的遗志想重用苏轼。苏轼越级向皇上进言，宰相最终没有允许。苏轼又改任翰林学士。自从苏轼从登州召回以来，十个月之中三次升任高官要职，不久又兼任侍读。每次进宫讲授史籍，谈到国家治乱兴衰，法令邪正得失的时候，总是反复开导讲解，希望皇帝有所启发。

苏轼曾经在宫中锁门值宿，被召进便殿面见太皇太后和皇帝，宣仁太皇太后问道："爱卿前年做什么官？"苏轼说："臣做常州团练副使。"又问："现在做什么官？"回答说："臣现任翰林学士。"

皇太后、陛下。”曰：“非也。”曰：“岂大臣论荐乎？”曰：“亦非也。”公惊曰：“臣虽无状，不敢自他途以进。”曰：“此先帝意也。帝每诵卿文章，必叹曰‘奇才，奇才’，但未及进用卿耳。”文忠不觉哭失声，宣仁后与哲宗亦泣，左右皆感涕。已而命坐，赐茶，撤御前金莲烛送归院。

司马公薨。文忠颇以言语文章规切时政，往往以此遭忌。卫尉丞毕仲游忧其及祸，贻书戒之曰：“君官非谏官，职非御史，而好是非人，危身触讳，以游其间，殆犹抱石而救溺也。”文忠不能从。

群贤在朝，不能不以类相从，遂有洛党、蜀党、朔党之语。洛党以程颐为首，而朱光庭、贾易为辅；朔党以刘挚、梁焘、王岩叟、刘安世为首，而辅之者极众；文忠以蜀人为党魁，故号蜀党，而吕陶等为辅。是时安石余党退休散地，怨入骨髓，阴伺间隙，而诸贤不悟，各为党比以訾议。惟吕大防秦人，憨直无党也，范祖又问："凭什么能骤然升到这个官位？"回答说："因为碰到了太皇太后、皇帝陛下。"太皇太后说："不是。"苏轼说："难道是大臣论奏保荐吗？"说："也不是。"苏轼惊讶地说："臣虽然没有品行，却不敢从其他途径谋求晋升。"太皇太后说："这是先帝的意思。先帝每次诵读你的文章，一定叹赏说'奇才，奇才'，只不过没来得及进用你罢了。"苏轼不觉痛哭失声，宣仁太皇太后和哲宗皇帝也哭了，左右的人都感动流泪。一会儿又命苏轼坐下并赐茶，撤去皇帝面前的金莲灯台照送苏轼回翰林院。

这一年司马光去世。苏轼喜欢用文章讽谏切中时政的弊病，常常因此遭到忌恨。卫尉丞毕仲游担心苏轼因此惹祸上身，便写信告诫他说："您既不是谏官，职位又不是御史，却喜欢批评人。本身就危险，还触犯忌讳，去讽刺时政，大概好比抱着石头去救溺水的人啊。"苏轼没有听从他的劝告。

贤能的诸公在朝廷上，往往因为政见不同组成各种党派，于是便出现洛党、蜀党、朔党这类称呼。洛党以程颐作为首领，朱光庭、贾易作为辅助；朔党以刘挚、梁焘、王岩叟、刘安世作为首领，辅佐的人极其多；苏轼是蜀地人的领袖，所以号称蜀党，吕陶作为辅助。当时王安石党派的人都下野遣派到各种闲职，对这些贤人的怨恨深入骨髓，暗地里窥伺，寻找可乘之机报复，而众位贤人大夫都没觉察，各自树立党派互相批评议论。只有吕大防是禹、司马光不立党。既而哲宗闻之，以问胡宗愈，宗愈对曰：“君子指小人为奸，则小人指君子为党，陛下能择中立之士而用之，则党祸息矣。”因著《君子无党论》以进。时程颐为崇政殿说书，文忠谓其不近人情，深嫉之。于是颐门内右司谏贾易、左正言朱光庭等劾公。

尝侍上读《祖宗宝训》，因及时事，历言“今赏罚不明，善恶无所劝沮；又黄河势方西流，而强之使东；夏人寇镇戎，杀掠几万人，帅臣掩蔽不以闻，朝廷亦不问。事每如此，恐寖成衰之渐。”当轴者恨之，使赵挺之、王觌攻之，文忠知不见容，乞外任。四年，以龙图阁学士再知杭州，出郊未发，遣内侍赐龙茶、银盒，用前执政恩例，所以慰劳甚厚。

【批评】

神宗每读东坡文叹为奇才，可谓不世出之知遇矣。方欲向用，乃即晏驾，文人不幸，往往如此。禁中召对，宣仁说知，益复感激知遇，竭忠辅佐。旁观者疑其多事，当局者出秦地人，憨厚正直，没有加入各党派。范祖禹、司马光也不结成党派。不久哲宗皇帝听闻有这种事，就问胡宗愈，胡宗愈回答说："君子指责小人奸诈，小人就指认君子结党。陛下如果能挑选重用中立的士人，那么党派的隐患就会消除了。"因而撰写《君子无党论》上呈皇帝。当时程颐身任崇政殿说书，苏轼说他讲经典不近人情，程颐嫉恨在心。于是程颐门人右司谏贾易、左正言朱光庭一起弹劾苏轼。

苏轼曾经侍奉哲宗皇帝诵读《祖宗宝训》，因而谈到时事，逐个发表看法，说："如今赏罚不够分明，无法劝勉善人行善，无法阻止恶人作恶。黄河水势正向西流，却勉强让它向东流；西夏人入侵我边关重镇，杀伤抢掠将近一万人民，领兵的大臣遮掩过失不向朝廷禀报，朝廷也不加过问。事情如果都像这样，恐怕国家慢慢有衰落的趋势。"当政的大臣怀恨在心，让赵挺之、王觌攻讦他，苏轼知道自己在朝廷没有立足之地，便请求调任地方官。元祐四年，他以龙图阁大学士的身份再次出任杭州知州，出京到郊外还没起程，皇帝太后派遣宫中太监赐予苏轼龙茶、银盒，用的是以前对宰相的施恩惯例，这对苏轼可谓是慰劳极其隆重了。

【评论】

神宗皇帝每每读到苏轼文章总是赞叹他是一代奇才，可以说皇帝对他有世上少有的知遇之恩了，正想重用苏轼，就驾崩了。文人的命运往往像这样不幸。苏轼被召入宫中问答，宣仁太皇太后说明缘故，苏轼越发感恩戴德，竭尽忠诚辅佐君王。旁观者疑于不觉，信而见疑，忠而被谤，古今来岂独一东坡哉。

从来门户党援之习，率由君子小人互相攻讦，如薰莸、冰炭，气味自尔差池。未闻正人同处，亦彼此分标树帜者，若洛、蜀诸党之说，似未有当也。然后世之党，则竟明目张胆，各争权利而无所顾忌矣。此非但宋贤之所不为，亦唐时牛、李之所不屑者矣。

东坡出守杭州时，文潞公平章军国事，吕申公平章军国重事，吕汲公、范尧夫为左右仆射。潞公谆谆劝公，至杭不可作诗，恐言者笺释以上申。东坡出，潞公旋卒，尧夫亦去，以上四人无恨东坡者。惟中书侍郎刘挚与邢恕善，而东坡与恕同为起居舍人，恕子宽夫因从东坡游，与恕素无嫌隙。恕乃倾危之士，凡与相识者，无不构成巨祸，东坡亦为所中。其后助章惇必欲杀挚者，亦恕所为也。此等人，惟有不相识之为幸。

惑苏轼多管闲事，当政者的攻讦也出于不自觉。忠诚可信，却被怀疑、被诽谤的，古往今来何止苏轼一人呢？

自古以来树立党派门户的习气，大多因为君子和小人互相攻击指责，犹如香味和臭味、冷冰和热炭，性质本就是相对的，故而对立。从没听过正派的士人相处在一起还彼此各自分门立派，像洛党、蜀党那样的说法，似乎不大恰当吧！然而后代的党派竟然能明目张胆，各自为夺取利益和权力，不择手段，无所顾忌。这不仅宋代贤人不肯做，也是被唐代牛、李党争的人物所唾弃的。

苏轼出任杭州时，文彦博身为平章军国事，吕公著身为平章军国重事，吕汲公、范尧夫身为左、右仆射。文彦博谆谆规劝苏轼到杭州后不要写诗，生怕言官挑刺上报给皇上。苏轼出守杭州，文彦博不久就去世了，范尧夫也离开朝廷，以上四人都不忌恨苏轼。只有中书侍郎刘挚与邢恕交好，苏轼跟邢恕同为起居舍人的时候，邢恕的儿子刑宽夫跟苏轼交朋友，苏轼跟邢恕素无怨仇。可邢恕是个狡诈之徒，凡是跟他认识的人无不被他构陷成大罪，苏轼后来也被他中伤。后来协助章惇一定要杀刘挚也是邢恕所为。这样的人，只希望不要认识最好。

第八章　元祐之党争

文忠再至杭，作守二年，多善政，杭人尸祝之。尝谓：“杭，水陆之会，因疫病死者，比他处常多。”乃作病坊，名安乐坊，在众安桥，以僧主之。三年之间，管干病坊僧医逾千人，赐紫衣及祠部牒一道，以为奖励，终宋之世其事不废。

杭本江海之地，水泉咸苦，唐刺史李泌，始引西湖水，作六井，民足于水，故井邑日富。及白居易复浚西湖，放水入运河，自河入田，所溉至千顷。然湖水多葑，自唐及吴越钱氏（吴越王钱俶也），岁辄开治，故湖水足用。宋兴，废而不理，湖中葑田积二十五余丈，而水无几矣。运河失湖水之利，则取给于江潮，河行阛阓中，潮浑浊多淤，三年一淘，为市井大患，而六井亦几废。

文忠至杭，浚茅山、盐桥二河，造偃闸以蓄泻湖水，然后潮不入市。且以余力，复完六井，大浚西湖，以葑田之泥，筑长堤于湖中，堤成，植芙蕖、杨柳其上，望之如图画，即今之苏公堤也。

刘挚收召洛党为己用，使居言职，以待文忠入。文忠知入必堕其术中，因累状请郡，以待后命，复在杭查看水灾，苏轼又到杭州做了两年知州，有很多好的政绩，杭州人将他画像供起来祭祀。苏轼曾经说：“杭州是水陆交会的城市，因为传染病感染而死的人往往比别的地方多。”因而在众安桥建立了病坊，称为“安乐坊”，让和尚主管。三年之中，来里面管事的和尚医生多达一千多人。皇帝赐予苏轼紫衣和祠部度牒一道作为奖励，直到大宋朝灭亡这个病坊也没有废除。

杭州原来靠近浙江、东海，当地泉水又咸又苦。唐代刺史李泌首先引西湖水造了六口井，百姓用水充足，所以这里越来越富裕。到白居易任职的时候，他又疏通西湖水流入运河，从运河流入田亩，灌溉田地达一千顷。湖水中有很多茭白根，从唐朝到吴越钱氏（吴越王钱俶），每年都疏浚治理，所以湖水足够民用。宋朝立国后，停止了治理，茭白根聚积为田，有二十五多丈深，剩下的湖水没有多少了。运河丧失了湖水的便利，靠江中的潮水供水，船在市中行驶，潮水浑浊多淤泥，三年淘挖一次，成为百姓的大灾难，六口井也几乎荒废了。

苏轼到了杭州，疏通茅山、盐桥二河来通航运，又造了坝堰闸门，用来作为积蓄和排泄湖水的枢纽，从此江中的潮水不再流入城市。用剩下的人力物力修复了六口井，彻底疏通了西湖，又把茭白根堆积在湖中，筑成南北长三十里的长堤以便通行。堤筑成后，又在上面种了芙蓉、杨柳，看上去就像画卷一样，就是今天的“苏公堤”。

刘挚招揽洛党的成员为自己所用，让他们担任言官之职，等待苏轼回到朝廷。苏轼明白回去必然堕入他们设置的陷阱，因而多借以拖延。（文忠谓："浙江潮自海门东来，势如雷霆，而浮山峙于江中，与渔浦诸山犬牙相错，洄洑激射，岁败公私船，不可胜计。欲自浙江上流之石门，并山而东，凿为运河，引浙江及溪谷诸水二十余里以达于江。又并山为岸，不能十里以达于龙山之大慈浦。自浦北折抵小岭，凿岭五十丈，以达于岭东古河，浚古河数里以达于龙山运河，以避浮山之险。"元祐六年奏上时已闻召回之信，事遂未行。）

元祐五年，奉召为翰林承旨，复侍迩英（殿名），与弟辙同朝于时。熙丰旧党（熙宁、元丰均神宗年号，王安石当国之时），争起邪说，以摇撼在位。文忠兄弟并有文名，忌者因谓："二人徒有文学，而无器识，刚狠好胜，与安石无异。"当神宗末年，文忠之自汝移常也，受命于宋。会神宗崩，文忠哭于宋，而南至扬州，常人为公买田。书至，作诗有"闻好语"之句，贾易、赵君锡遂谓公闻讳而喜。又举《草吕惠卿制》，皆诽谤先帝，无人臣礼。（元祐元年，吕惠卿有罪，建州安置，公为中书舍人，草制其制曰："惠卿以斗筲之才，穿窬之智，谄事宰辅，同升朝堂，乐祸贪功，好兵喜杀，以聚敛为仁义，以法律为诗书。首建青苗，次行助役，均输之致，事同商贾，手实之祸，下逮鸡豚。苟可蠹国害民，率皆攘臂称首。先帝次上表请求改任别的州郡，等待以后的任命，又在杭州视水灾情况，借以拖延时间。（苏轼说："钱塘江的潮水从海门由东而来，有雷霆万钧之势，而浮山峙立在江中，和渔浦各山犬牙交错，潮流旋转回流激荡喷射，每年冲毁公私船只数不胜数。建议从钱塘江上流的石门，沿着山向东，开凿运河，引二十多里钱塘江水和各山谷的水进入江中。又沿着山修筑堤岸，不足十里就到达龙山大慈浦，从浦以北曲折抵达小山岭，开凿山岭六十五丈以达岭东的古河道，疏通几里古河道到达龙山的运河，来避开浮山的险处。"元祐六年上奏时已经听闻自己将被召还朝廷，于是工程便没施行。）

元祐五年，苏轼被皇帝圣旨召回，作为翰林承旨再次在迩英殿侍奉，与弟弟苏辙同朝为官。神宗皇帝熙宁、元丰年间，王安石当政时的旧党派，争先发表邪说，攻击在位的公卿士大夫。苏轼兄弟俩都因文学而有美名，忌恨他们的人因此说道："这兄弟两人只懂文学罢了，毫无器量和见识，又为人倔强好强，爱斗狠，跟王安石并无区别。"在神宗皇帝晚年，苏轼从汝州改任常州的时候，在宋州接受任命，正好遇到神宗皇帝驾崩，苏轼就在宋州为皇帝哭丧，然后南去扬州。常州人为苏轼购置了田产，书信到后，苏轼写了诗，里面有"闻好语"的句子。于是贾易、赵君锡说苏轼是因为听到神宗驾崩的消息而欣喜。他们又举出苏轼起草的《草吕惠卿制》，说他无处不在诽谤先帝，没有作为臣子的礼节。（元祐元年，吕惠卿有罪，被贬到建州，苏轼时任中书舍人，草拟了制书，里面说："吕惠卿以浅陋的学问，苟且的智谋，谄媚宰相，共同把持朝政。嫁祸于人，贪恋功劳，爱好战争，喜欢杀戮，将聚敛当做仁义，求贤如不及，从善如转圜，始以帝尧之仁，姑试伯鲧；终焉孔子之圣，不信宰予。犹宽两观之诛，薄示三危之窜。”天下传诵称快，今言官摘先帝数联为诽谤也。）

太后怒，罢易、君锡，吕大防请并公两罢，乃以为龙图阁学士出知颍州，寻改扬州，未阅岁，以兵部尚书召还，兼侍读。

元祐八年，宣仁后崩，哲宗亲政，公乞补外，以龙图、端明两学士出知定州。时国是将变，公不得入辞行，既行，上书曰：

天下治乱，出于下情之通塞。至治之极，小民皆能自通；迨于大乱，虽近臣不能自达。陛下临御九年，除执政、台、谏外，未尝与群臣接。今听政之初，当以通下情、除壅蔽为急务。臣日侍帷幄，方当戍边，顾不得一见而行，况疏远小臣欲求自通，难矣。然臣不敢以不得对之故，不效愚忠。古之圣人将有为也，必先处晦而观明，处静而观动，则万物之情，毕陈于前。陛下圣智绝人，春秋鼎盛。臣愿虚心循把法律当做诗书。是他第一个倡议青苗法，又施行助役法，均输法的手段，就像是行商；手实法的危害，甚至伤及牲畜。如果发现能危害国家和百姓的事情，他便摩拳擦掌，第一个冲上去做。先帝求贤若渴，从善如流，开始用唐尧的仁德，姑且试用伯鲧；最终像孔子的圣明，不信任宰予。朝廷仍然饶恕了他的死罪，只将他贬谪到蛮荒之地罢了。”这篇文章，流传天下，大家都拍手称快。如今言官摘取其中关于先帝的几句来诽谤苏轼。）

太皇太后很愤怒，罢黜了贾易和赵君锡，吕大防请求将苏轼也一起罢官，于是朝廷让苏轼以龙图阁学士的身份出任颍州。不久改任扬州，没过一年，便任命他为兵部尚书，召回朝廷，兼任侍读。

元祐八年，宣仁太皇太后去世，哲宗皇帝亲自主持政务，苏轼请求到地方任职，于是苏轼以龙图阁、端明殿两学士的身份出任定州知州。这时国家政策将要大变，苏轼不能够进入皇宫跟皇帝辞行，出发后，便上书说：

天下的太平和衰乱，就看底下的情况是否能上达朝廷。最太平的时候，小百姓都能自己表达意见；到大乱时，即使皇帝身边的近臣也不能发表自己意见。陛下即位九年了，除了执政大臣、御史谏官外，从不和群臣接触。现在亲政开始，应当把通晓下情、除去壅塞蒙蔽当作紧急要务。臣每天侍从于皇帝身边，马上要到边地戍守，临走却不能见您一面，何况疏远的小臣想进谏自陈意见，就更难了。但臣不敢因不能面见的缘故，就不尽忠。古代的圣人将要有所作为，必然先在暗处观察明处，处于静态观察动态，那样，万理，一切未有所为，默观庶事之利害，与群臣之邪正。以三年为期，俟得其实，然后应物而作。使既作之后，天下无恨，陛下亦无悔。由此观之，陛下之有为，惟忧太早，不患稍迟，亦已明矣。臣恐急进好利之臣，辄劝陛下轻有改变，故进此说。

绍圣元年（曾布上疏乞改元以顺天意，辄改元祐九年为绍圣元年），绍述之议兴（试进士李清臣发策，有诛元祐诸臣议，尹和靖焞不对而出）。六月，用来之劭（殿中侍御史）言，以承议郎出知英州，未至，责授宣远军节度副使，惠州安置。

【批评】

林希（攻元祐党人者）作启谢执政诸公，于苏子由有联，云："父子以文章冠世，迈渊、云、司马之才，兄弟以方正决科，冠晁、董、公孙之对。"及绍圣中，行子由谪词云："父子兄弟，挟权变诈，惊愚惑众。"子由捧之泣曰："某兄弟固无足言，先人何罪耶！"其行子瞻谪词云："汝轼文足以惑众，辩足以饰非，然而自绝君亲，又将谁怼？"其反物的情况，就全部呈现在面前了。陛下圣明才智过于常人，年纪正盛。臣希望陛下虚心地推求事理，一切尚未有所作为时，默默地观察各种事情的利弊和群臣的好坏。用三年作为期限，等到得出事物的实际情形，然后根据事物的实际情形而采取相应的行动。让有所行动之后，天下没有怨气，陛下也没有悔恨。由此看来，陛下的有所作为，只怕太早，不怕稍迟，也是很明白的事了。臣怕急进近利的人，擅自劝陛下轻易有所改变，所以呈进此说。

绍圣元年（曾布上书请求改元顺从天意，便把元祐九年改为绍圣元年），继承神宗时代新法的提议兴起（考试进士时，李清臣出了策论的题目，提议诛杀元祐时代的各位大臣，和靖先生尹焞没有应答就离开了）。六月份，朝廷采用殿中侍御史来之劭的建议，命苏轼以承议郎的身份出任英州知州，还没到任，又把苏轼降职授予宣远军节度副使，安置于惠州。

【评论】

攻击元佑党人的林希曾经作《谢执政诸公启》，提到苏辙时说："他们父子三人都凭借盖世的文章享誉全国，才能超越了王渊、杨雄、司马相如，兄弟二人又参加贤良方正科，对策比晁错、董仲舒、公孙弘的还好。"等到绍圣年间，林希草拟的贬谪苏辙的判词写道："父子兄弟三人用诡诈权谋的学术，使愚人惊叹，让庸人迷惑。"苏辙捧着判词哭着说："我们兄弟二人固然不值一提，死去的父亲大人有什么罪过啊！"贬谪苏轼的判词写道："你苏复如此。

元祐间，吕大防、刘挚当国，欲稍引用熙、丰旧党，以平夙怨，谓之调停，子由以谓不可而止。后贾易、赵君锡攻文忠，太后怒二人，吕大防请并罢文忠，即本其所持调停之策也。

杨康国谈颍滨云："辙之兄弟谓其无文学，则非也，蹈道则未也，其学乃学为仪、秦也（仪谓张仪，秦谓苏秦，战国时纵横之士），其文率务驰骋，好作为纵横捭阖，无安静理。陛下若悦苏辙文学而用之不疑，是又用一安石也。辙以文学自负，而刚很好胜，则与安石无异。"洛党诸人借口以攻苏氏兄弟者，不外此说，要不足以服天下之心也。

杨康国之奏，为元祐中洛、蜀交攻极大一案，论者指此为伊川所为，其实此时伊川已罢去四载，且在忧中，岂能讽御史攻公耶？

颍滨作《文忠墓志》，于元祐六年召入为翰林时云："当轴者不乐，讽御史攻之。"按《颍滨遗老传》（苏辙自撰）云："莘老（刘挚字）昔为中司，台中旧僚多为之用，前后有意见攻。"公《杭州召乞郡状》云："蒙恩召还，及除臣弟辙执轼，文章足以惑乱大众，辩论足以文过饰非，如此是自己要跟皇帝断绝关系，又怨谁呢？”这人就是如此反复无常。

元祐年间，吕大防、刘挚当政，想渐渐起用熙宁、元丰年间的旧党，用来化解过去的恩怨，称之为“调停”，苏辙对他们说不可以，这才停止。后来贾易、赵君锡攻击苏轼，太后对二人很愤怒，吕大防请求太后将苏轼也一起罢免，就是根据他们所秉持的调停政策。

杨康国向皇帝议论苏辙：“苏辙兄弟二人说他们没有文学才华吧，也不能这么说，只是他们对道学尚未入门，他们的学问不过是从战国时代的纵横家张仪、苏秦学来的罢了。他们文章大多追求自由奔放，议论上都是纵横家那一套手段，没有清静的义理。陛下如果喜欢苏辙的文字而任用不怀疑，那又是任用了一个王安石了。苏辙在文学上很自负，为人倔强，好胜心强，跟王安石没什么区别。”洛党里面的人用以攻讦苏家兄弟的借口也不外乎这些话，总之是不足以让天下人信服。

杨康国的奏章，是元祐年间洛党、蜀党互相攻讦的一件大事，评论家认为这是程颐指使干的。实际情况是当时的程颐已经被罢官四年了，而且还在服丧期间，怎么能够劝御史指摘苏辙呢？

苏辙所写的《苏轼墓志》，在元祐六年苏轼招入翰林期间的事情记载道：“当政者不高兴，指使御史指摘苏轼。”按苏辙自己写的《颍滨遗老传》里面说道：“刘挚曾经身任御史中丞，御史台里许多旧官员很多被他收为己用，前后他都有意要指摘我。”苏轼的《杭州召乞郡状》说：“承蒙皇恩，将我召回朝廷，和将我弟弟苏政（为尚书右丞），皆非大臣本意（指刘挚），即日上章辞免，行至中路，果闻弟辙为台、谏所攻，搬出廨宇待罪。”又云：“贾易擢贰风宪，付以雄权，必须言臣并及弟辙。”以上皆《墓志》所载，当轴讽御史攻公之证，台、谏交章不已，两公必罢一以息群言，子由既入政府，动关国体，未易遽罢，则文忠之必罢可知。明知必为攻罢而自蹈陷阱，不若乞郡外补，既可远祸，又可为国尽力也。宣仁太后不悟，至于自请戍边，亦不许，于是不得不入，而日困网罗，坐待白简矣。刘挚用洛党以去二苏，而又不居其名，既去，犹代其辩白，宦海风波，可畏至此。

辙委任执政大臣（做尚书中丞），都不是刘挚大人的本意，当日我就上表辞去职务，走到半道，果然听闻弟弟苏辙被御史、谏官指摘，搬出办公的屋子等待定罪。”又说：“贾易兼任御史，拥有了大权，必定要指摘我跟弟弟苏辙。”以上都记载于《苏轼墓志》，当政者指使御史指摘苏轼的证据，御史、谏官上奏的折子一个接一个，苏轼兄弟两人知道肯定有一个要被罢免以消除众人的议论，苏辙已经进入政府，一举一动关乎政府形象，不可立即罢免，那么苏轼被罢免就显而易见了。明知道一定会被弹劾进入陷阱，不如自己请求外放，既可以远离祸害，又能为国效力。宣仁太后不明白其中的利害关系，甚至于苏轼亲自请求守卫边疆也不被允许，因此苏轼不得不进入政府，越发遭受束缚，坐等着弹劾他的奏章。刘挚任用洛党的人来除掉苏轼兄弟，自己却脱却了干系，苏轼被罢免，他还假惺惺地为他说话，官场的险恶，是如此让人害怕。

第九章　海南之谪

文忠居惠三年，惠人敬爱之。大臣以流窜者为未足也，四年，复以琼州别驾安置昌化，昌化非人所居，药饵皆无，盖古儋耳地也。

宋时士大夫视岭南为畏途，窜居其地者，多抑郁不自得。文忠以侍从齿岭南编户，闻命之日，遣骨肉还阳羡（江苏宜兴县），独与幼子过，及侍妾朝云，并二庖婢过岭。瘴疠所侵，蛮蜑所侮，淡然无所芥蒂，人无贤愚，皆得其欢心。喜读陶渊明、柳子厚集，谓之“南迁二友”，又遍和陶诗以寄其趣云。

在惠州日，居白鹤峰。至昌化，初就官屋以居，有司犹谓不可，遂买地筑室，儋人运甓畚土以助之，名为“桄榔菴”，在城南南污池之侧，蜒坞獠洞，处之泰然，平居从其父老游，若将终身，常偃息于桄榔林中，摘叶写书。

在儋耳时尝云：“吾始至南海，环视天水无际，凄然伤之曰：‘何时得出此岛耶？’已而思之：‘天地在积水中，九州在大流中，中国在少海中，有生孰不在岛者？’覆盆水于地，芥浮于水，蚁附于芥，茫然不知所济。少焉水涸，蚁即径去，见其类，出涕曰：‘几不与子相见，岂知俯仰之间，有方轨八苏轼在惠州居住了三年，惠州人都敬爱他。执政大臣都认为对他的贬谪还不够。第四年，又以琼州别驾的身份安置于昌化。昌化不是普通人能居住的地方，药物都没有，是古代所谓儋耳地界。

宋代的士大夫将岭南视为凶险之地，被贬到那的人大多抑郁苦闷，满心痛苦。苏轼从皇帝身边的大官一下被贬谪为岭南的小民，听到任命之时，将亲人都安置在阳羡（今天的江苏宜兴），只和小儿子苏过还有侍女朝云和两个厨房的婢女一起来到岭南。瘴疠之气的侵袭，土著居民的欺辱，对他而言毫不在意，所以当地百姓无论贤人还是愚人，都喜欢苏轼。在岭南期间，苏轼喜欢读陶渊明、柳宗元的集子，称他们俩为"南迁二友"，又把陶渊明的诗全部和韵了一遍，用以寄寓自己的情趣。

他在惠州的时候，居住在白鹤峰。到了昌化，开始住在官家屋子里，政府仍然不准许，于是自己买了地盖了房子，儋耳当地居民帮着他搬砖运土，建好的房屋被称作"桄榔菴"，在地处城南的南水泽旁边，土著房屋之间，苏轼过着泰然自若的生活，平时就跟当地的父老乡亲交游，好像要在那里养老一般。又常常在桄榔树林里卧着休息，摘取树叶写字。

在儋耳的时候他曾经说："我刚到海南时，环顾四周，海水与天空茫茫无边，对此非常感伤：'什么时候才能离开这座岛呢？'不久又自己想：'天地在积水之中，九州在大河之中，中国大陆在少海之中，凡是生物哪有不在岛上的呢？'将一盆水倒在地上，把一根草放在水面上，有一只蚂蚁不知怎的附着于草上，看着四周的大水，茫茫然不知怎么渡过去。不一会，水干了，蚂蚁便径直离开达之路乎？’念此可为一笑。”其襟怀洒落，类如是也。

元符三年，哲宗崩，徽宗即位，移文忠内郡，初徙廉，再徙泉，已乃奉朝奉郎提举城都玉局观，居从其便。明年正月度岭，时大江南北，咸以司马光望公，所至聚观如堵，竞传入相。行至真州（今江苏仪征县），病暴下，至常州，体气稍复，着小冠，披半臂，坐舱中，运河两岸千万人围随而行，公曰：“莫看杀轼否？”初，公乐阳羡之胜，邵民瞻为卜宅，凡五百缗，公倾囊仅能偿之。卜吉，将入居，闻旧主以百年旧居，未忍相离，遂以屋还之，不索其值，返居于常。

六月，请老，以本官致仕。七月二十八日薨于常州孙氏寓馆，年六十六，时徽宗建中靖国元年也。娶王氏，继室以其女弟，亦先公卒，崇宁元年闰六月，葬于郏城县之钓台里。

浙西、淮南、京东、河北之民，闻公薨，相与哭于市，其士君子奔吊于家，秦、陇、楚、粤之间，车尘马迹，所至无贤愚，皆咨嗟出涕，太学之士数百人，相率了，见到同伴，流着眼泪说：‘哎呀呀，差一点就见不到你啦，谁成想转眼之间，出现了四通八达的大路呢！’想到这，足以让人发一笑。”他胸襟的洒脱，大略如此。

元符三年，哲宗皇帝去世，徽宗皇帝即位，将苏轼迁移到内部郡县，开始移到廉州，后又移到永州，最后任命为奉朝奉郎提举成都玉局观，随他在哪里居住。第二年正月，苏轼度过大庾岭，当时大江南北的人都像对司马光一样对他寄予厚望，凡是苏轼所经过的地方，围观者人山人海，争着说苏轼要入朝做宰相。走到真州（现在的仪征市）时，病情突然恶化，到常州，身体又稍稍恢复，他戴着小帽，披着半臂，坐在船舱中，运河两岸有成千上万的人聚集着跟着他走，苏轼说：“这是要去看杀我么？”在此之前，苏轼喜欢阳羡的风景名胜，邵民瞻帮他相中了房子，一共要花费五百缗钱，苏轼掏空钱袋才刚好能支付。选了良辰吉日，将要搬进去，听说旧主人因为那是他家百年老宅，不忍搬走，苏轼知道后，便把屋子还给他们，还不要回钱，回到常州居住去了。

第六年，苏轼请求告老还乡，以当时的官职退休。七月二十八日在常州的孙氏寓馆去世，享年六十六，那时是宋徽宗建中靖国元年。苏轼第一任夫人叫王弗，跟着苏轼十年就去世了。又续弦，娶的是王弗的堂妹，叫王润之，也比苏轼去世早。崇宁元年闰六月，苏轼被安葬在郏城县的钓台里。

浙西、淮南、京东、河北的百姓，听闻苏轼去世的消息，相随聚集在大街上哭泣，到他家奔丧的秦、陇、楚、粤之间的士子大夫，车马来往不绝，不管是贤人还是愚人都叹息流泪。太学生有几百人，一饭僧惠林僧舍，其哀如此。高宗即位，赠资政殿学士，孝宗尤爱其文，亲制集赞，赐其曾孙峤，追赠太师。敕云：

朕承绝学于百圣之后，探微言于六籍之中，将兴起于斯文，爰缅怀于故老。虽仪刑之莫觌，尚简策之可求，揭为儒者之宗，用锡帝师之宠。故礼部尚书、端明殿学士、赠资政殿学士、谥文忠苏轼，养其气以刚大，尊所闻而高明；博观载籍之传，几海涵而地负；远追正始之作，殆玉振而金声；知言自况于孟轲，论事肯卑于陆贽。方嘉祐全盛，尝膺特起之招；至熙宁纷更，乃陈长治之策。叹异人之间出，惊谗口之中伤，放浪岭海而如在朝廷，斟酌古今而若干造化。不可夺者峣然之节，莫之致者自然之名，经纶不究于生前，议论常公于身后。人传元祐之学，家有眉山之书，朕三复遗编，久钦高躅，王佐之才可大用，恨不同时；君子之道暗而彰，是以论世。倘九原之可作，庶千载以闻风。惟而英爽之灵，服我衮衣之命，可特赠太师，余如故。

起到惠林僧舍来供养僧人。他们就哀伤到了这种程度。南宋的高宗皇帝即位后，赠与苏轼资政殿学士的称号。孝宗皇帝特别喜爱他的文章，亲自写了《苏轼文集赞》，赐给苏轼的曾孙苏峤，又追赠他为太师。敕令说：

朕在历代圣人之后继承绝世学问，在六经等经典里探索微言大义，将要让文学重新振兴，所以缅怀故去的这位老人。虽然已经看不到他的风范，可是还有遗留的诗文可以借以想见其为人。我现在将他推举为儒家的宗师，用以赐予他作为皇帝老师的恩宠。曾经的礼部尚书、端明殿学士、赠资政殿学士、谥号文忠的苏轼，涵养了刚正博大的气度，遵行所听闻的先王高明之道；博览各种传世的典籍，几乎像大海大地所承载容量，追赶远古的雅正的作品，大概像钟声一样宏伟，像玉佩声一样轻妙。他自许像孟子一样懂得辩论，政论却肯输于陆贽。当嘉祐全盛的时代，他曾接受特别征召。到熙宁年间的新法纷争，更上陈长治久安计策。可叹奇异的人不时出现，对他谗言中伤。他虽被贬谪到海南还心系朝廷，品评古今就像夺取造化。没人能剥夺他那高尚的情操，没人能获得他那自然的名声。他满腹经纶，不能在身前被重用，他大公无私，常常在他死后被评议。人人传承元祐的学术，家家藏有眉山苏家的著作。朕反复翻看他留下的文章，对他的钦仰已非只一日了。他那足以辅佐君王的才能可堪大用，可惜我们不在同一时代；君子的道义往往越被打压贬抑就越发彰显明晰，所以我为他做了一生的评价。倘若先生能再降世为人，也许就算千载我也能探听得您的消息。希望您的英灵来穿上我赐予大臣的衮服。赠苏轼为太师，其余官职跟过去一样。

【批评】

三苏墓，在今郏县西三十余里，盖少公于政和三年卒，亦葬此山，元至正间，杨允瘗老泉衣冠于两公冢右，故称三苏也。

东坡尝言："上可侍玉皇大帝，下可陪卑田院乞儿。"具此胸襟，故能无入而不自得。南迁时，若以他人处之，鲜有不郁郁欲死者，而公心气愈闲，文章愈淡，蛮烟瘴雨，以公视之，无非和日丽风，此最难处。

【评论】

三苏墓在现在的郏县西三十多里之地。苏辙于政和三年去世，也葬在这座山，到了元朝至正年间，杨允将苏洵的衣冠葬于兄弟二人的右侧，所以称为三苏墓。

苏轼曾经说：“我对上可以侍奉玉皇大帝，对下可以陪伴收容院的乞丐。”具有如此的胸怀，所以无论在什么境地都能自得自在。贬谪南方时，如果换成别人，很少有不郁闷而想死的，而先生心境越发清静，气度越发从容，文章越发淡美，蛮荒之地的瘴雾，在先生看来也是风和日丽，这是最难做到的事。

第十章 党碑及党争

文忠没未及葬，二惇（章惇、安惇）、二蔡（蔡京与弟卞）禁元祐之学，文忠与司马光等皆追削官爵，子孙不许官京师。崇宁、大观间（均徽宗年号），凡文辞墨迹皆毁之，海内诵习传说，称昆陵先生而不名。（放翁题跋《苏氏易传》云：“此本先君宣和中入蜀时所得也，方禁苏氏学，故谓之昆陵先生云。”）政和（亦徽宗年号）间，忽弛其禁，求文忠墨迹甚锐。（时宝箓宫设醮，道士伏章，久而方起，上问其故，答曰：“适至帝所，值奎宿奏事，方毕，始达。”上问：“奎宿何神？”答曰：“即本朝苏轼也。”上大惊，乃赠轼龙图阁待制。语见张端义《贵耳集》。按此盖道士之托讽，明嘉靖中方士托乩仙以逐严嵩，盖师此道士之故智耳。）南渡后，赵汝愚当国，尽驰其禁，和议起，秦桧又禁之。绍兴（高宗年号）之末，又驰之，郑丙诸人为忌朱子，又启之，则由元祐党案，一变为庆元党案矣。此两宋治乱存亡之所关也。

元祐党籍，或谓之元祐党人，或谓之元祐奸党，崇宁元年九月，蔡京定之：待制以上官，文忠为首，宰执以文彦博为首，徽宗御书，刻于端礼门，京又自书一通，颁行州县，刻之。三年六月，京又将上书人及已苏轼死后还没安葬，章惇、安惇、蔡京、蔡卞就封禁了元祐年间诸公的学术，苏轼与司马光等人都被撤销了官位和爵位。他们的子孙也不准在京城做官。宋徽宗崇宁、大观年间，凡是苏轼的文章笔墨全部销毁，国内流传诵读他的文章时都称他毘陵先生，不称呼名字。（陆游为《苏氏易传》题跋时说道："这本书是我父亲在宣和年间到蜀地获得的，当时正封杀苏家的学术，所以称呼苏轼为毘陵先生。"）政和年间（也是徽宗年号），忽然松弛了封禁，而且求索苏轼的手稿极其迫切。（当时徽宗皇帝在宝箓宫打醮，道士趴在那里上章，很久才起来，徽宗皇帝问他缘故，他说："刚才到了天帝所在，正好遇见奎宿正在启奏事情，等他结束，我才上达了旨意给天帝。"徽宗问："奎宿是什么天神？"道士回答说："就是本朝的苏轼。"徽宗大吃一惊，因此追赠苏轼为龙图阁待制。这个故事记载于张端义《贵耳集》。这大概是道士的假托讽谏，明代嘉靖年间术士假托扶乩请神灵来驱逐了严嵩，大约是宋代道士的故伎吧。）到了南宋以后，赵汝愚当朝为政，禁令全面放开。跟金国求和的议论兴起以后，秦桧又再度封禁。宋高宗绍兴末年，又放开禁令，郑丙等人因为忌惮朱熹，又重新封禁。元祐党案，一下子变成了庆元党案。这两个案子都关系到南、北宋的存亡。

元祐党籍，或称元祐党人、元祐奸党，崇宁元年九月，蔡京规定党人顺序：待制以上官员，以苏轼为首，宰相以文彦博为首。名单由徽宗皇帝亲笔御书，刻碑树立在端礼门上，蔡京又自己抄了一份，颁行到各州县刻碑。崇宁三年六月，蔡京又将要把自己平时厌恶的人作为附属名单加入党籍，仍然以苏轼名列待制的首位，而宰所不喜者作附丽人，添入党籍，仍以文忠列待制以上首，而宰执以司马光居首，文忠之弟文定列执政中，苏门诸贤，如秦观、张耒、黄庭坚、王巩、李格非、晁说之、家愿，亦均在禁中。初刻碑或谓百二十人，或谓九十八人，重刻碑三百九人，史书所记人数多寡不一，姓名各异，盖缘毁碑之后（崇宁五年星变，毁朝堂石刻，其外处亦令除毁），虽有翻刻，不无传闻失实处耳。（按：三百九人事迹，莫备于龚颐正之《列传谱述》一百卷，所阙者只四人，盖龚氏去北宋不远，文献有征，采辑尚易，惜其书已佚，不可得见矣。）

党中诸贤多有墓草已宿者，京之意盖欲污蔑诸贤，使其子孙亦有余辱，抑岂知公论之在人心者，终不可泯。至于摩挲遗刻，历数姓名，粲然若繁星之丽天，虽其子孙亦以祖父得与涑水、眉山联名为荣，曾不以为辱也。呜呼！爱憎之私，果足以掩是非之公耶？碑之所列，德业无闻者居多，然赖此碑之存，而天下后世知其为君子之党，乃至刻工安民亦得与之并传，何其幸也。

元祐之碑固章、蔡成之，而蜀党、洛党之争则由来已久，其事之得失，张溥（字天如，华亭人，明季复社党魁）论之详矣。其言曰：

“元祐之初，正人登进，程颐以崇政殿说书召，苏轼以相以司马光居首，苏轼的弟弟苏辙列名于执政大臣中，苏门各位贤者，比如秦观、张耒、黄庭坚、王巩、李格非、晁说之、家愿等人也都名列其中。初次刻碑有的说是一百二十人，有的说是九十八人，重刻碑三百零九人，史书所记的人数也参差不齐，姓名各异，大概因为毁碑之后（崇宁五年陨石降落，毁坏了朝堂的石碑，别的地方的石碑也下令毁坏去除），虽然也有翻刻，免不了有传闻不真的地方。（按：三百零九人的事迹，记载最完备的莫过于龚颐正撰写的《列传谱述》一百卷，只缺了四个人没写，因为龚氏离北宋不是很久远，有很多文献资料可以征用，编纂比较容易，可惜这部书已经亡佚，见不到了。）

党籍中好几位贤者已经去世多年，蔡京是想污蔑他们，让其子孙也蒙上羞辱，他哪里知道公道自在人心，最终不会被泯灭。至于摩挲着遗留的石碑，依次细数姓名，灿烂得就好像天上的繁星，即使是他们的子孙也会以自己的祖父跟富弼、苏轼等人联名为荣，根本不觉得耻辱！唉！人的私人爱恨，果真能够掩盖是非的公道么？石碑上所列的姓名，德行事业默默无闻的居多，然而靠这个碑的保存，让后代的天下人知道他们属于君子一党，甚至刻碑工人安民也得以跟他们一起流传，这是何等的幸运啊！

元祐党碑固然是章惇、蔡京造出，可蜀党、洛党的纷争是由来已久的，关于此事的得与失，明代末年复社的首领张溥曾有过很详细的议论，他说：

“元祐初年，正直的人被任用，程颐以崇政殿说书被征召，苏轼以翰林学士被征召，都受到不一般的提拔，侍奉在皇帝身边。不翰林学士召，咸拔擢不次，在帝左右。未几以言论不合，贾易、朱光庭等劾轼，胡宗愈、孔文仲、顾临等劾颐，洛蜀交攻，遂分二党。六、七年间，废罢不一，终宣仁清明之世，竟未施用，海内惜之。

唐长庆（穆宗年号）、太和（文宗年号）之召党也，始于李宗闵、李逢吉、牛僧孺恶李德裕、李绅而排之，目以为党，倾轧报复垂四十年。宋庆历之有党也，始于贾昌朝、陈执中、王拱辰、钱明逸恶范仲淹、富弼等而排之，目以为党，飞章抵毁，一网立尽。

此皆小人结约，急为身谋，功名累心而恩怨自迫，明知君子有益于国，而深畏其不利于已，是以背公论，聚死党，奋发横溢而不顾也。轼与颐合志同方，出处不异，熙丰之际，或坚卧山林，或放逐湖海，一朝遇主，携手偕行。

方冀其一心奉公，更化善政，司马光未竟之业，诸贤力赞其成，而口语参商，攻讦竞起，初不闻有国家大政，争若新法；仕涂抵巇，怨若牛李也。右颐者诋轼曰‘谤讪’，右轼者诋颐曰‘矫激’，在两贤本无罪可指，而言路亦非积憾为仇，特以师友之故，辞色不下，嘲侮小嫌，诟谇靡已，即盈朝之上书，犹家人之室斗耳。迨章惇、蔡京专国反政，颐、轼久因为两人言论不合，贾易、朱光庭等人弹劾苏轼，胡宗愈、孔文仲、顾临等人弹劾程颐，后来被称为洛党的人和被称为蜀党的人互相攻讦，于是分出了两个党派。六、七年之间，两党的人多次被罢官，直到宣宗仁宗政治清明的时代结束，最终也没受到任用，天下人都觉得可惜。

唐穆宗长庆年间和唐文宗太和年间之所以有党争，源于李宗闵、李逢吉、牛僧孺嫉恨并且排挤李德裕、李绅，将后者视为朋党，两派互相倾轧报复，斗争了近四十年。宋仁宗庆历年间之所以有党争，源于贾昌朝、陈执中、王拱辰、钱明逸嫉恨并且排挤范仲淹、富弼等人，将后者视为朋党，上奏公文诋毁并将他们一网打尽。

这些都是小人互相勾结，升官心切，功名心极重，加以恩怨之情逼迫，明知道君子对国家有益，却很怕他们对自己不利，因此违背公论，聚集死党，用尽功夫，为所欲为而毫无顾忌。苏轼与程颐志向和学术相近，出仕隐退也一致，在熙宁、元丰年间，程颐坚定的隐居山林，苏轼被放逐到沿海州郡，等某一天遇到贤明君主，两人便一起进入皇宫。

世人正希望他俩能一心一意奉行公事，更变旧政，推行善政，各位贤者都想他们用力完成司马光未完成的事业，然而两人却因为发生口角，双方互相攻讦，开始完全没听说有像对新法那样关于国家大政的争论，仕途间的排挤倾轧，也没有像牛李党争那样互相怨恨。支持程颐的诋毁苏轼‘毁谤讥刺’，支持苏轼的诋毁程颐‘诡异偏激’，在两位贤人本身是没什么罪过可以指摘，谏官也并非积累怨恨互相为敌，只不过因为都是师之徒，贬窜接踣，端门之碑，姓名并列，此固向所攘臂勃谿，忿询角立者，小人斥为一党而并击之。

治世不同福，乱世则同祸，诸贤当此，亦当自悔其籓篱之不固，而水火之必伤也。蜀、洛之议，吕公著等所痛，章惇所快也，元祐君子之失，未有大于此者。”

【批评】

元祐党籍碑，今世所传皆南宋人所翻三百九人之本，一在静江府，为梁焘曾孙律所重勒，有“庆元戊午吉州饶祖尧跋”；一在融州，为沈千曾孙韦所重勒，有“嘉定辛未跋”。梁本字画较大，于诸臣身故者，名下注一故字，与沈本异。

沈本末一行为“臣不忠曾任宰臣，王珪、章惇两人”。梁本有惇无珪，梁本内臣有王化臣一人，沈本无之。衮公适，梁本误衮为兖；冯百药，沈本误冯为洪，龚夬梁误作史。按《崇宁诏书》云“三百九人”，以两碑所列姓名数之，皆阙其一，当傅朋友的缘故，言语脸色落不下，所以嘲讽侮辱，各种嫌憎，辱骂责备，不得消停。即便是在朝廷的奏章上，也如同家里人在室内的吵架一样。等到章惇、蔡京把持朝政，程颐、苏轼等人被接二连三地贬谪，端门上的党人碑，两人姓名并列在一起。这以前本是捋袖子争吵、愤怒对立的两派人，小人却将他们指斥为一个党派一并攻击。

太平时期不共谋福报，混乱时期就会共受祸患，诸位贤者在这时也会后悔他们的防线不够坚固，没想到两派势同水火互相伤害，却让渔翁得利。蜀、洛两派的党争，让吕公著等人痛心，让章惇等人快意。元祐年间各位君子的失策，没有比这更严重的了。”

【评论】

元祐党籍碑，现在所传的都是南宋人翻刻的有三百零九人的版本，一本在静江府，是梁焘的曾孙梁律重新翻刻的，上面还有“庆元戊午吉州饶祖尧跋”；一本在融州，是沈千的曾孙沈韦重新翻刻，有“嘉定辛未跋”。梁本字比较大，在已去世的各大臣名字下面注了一个“故”字，与沈本不同。

沈本最后一行为“臣不忠曾任宰相，王珪、章惇两人”。梁本有章惇，没王珪，梁本的内臣有王化臣一人，沈本没有。衮公适，梁本将衮误刻成兖；冯百药，沈本误刻成洪百药，龚夬梁误刻成龚史梁。按《崇宁诏书》说“三百零九人”，将两块碑所罗列的姓名数一下，会发现都各自缺少一人，应当在梁本里增入王珪，沈本增入王化臣，才是真实情况。

于梁本增入王珪一人，沈本增王化臣一人，乃得其实。

淳安县学亦有元祐党碑，为县尉司马逨所刊，载于《新定续志》，未见拓本。是知诸贤之子孙，以此片石一刻再刻，若惟恐碑之淹没，欲长留天地间为快，且如章惇者，转叹其适从何来，居集于此也。当毁碑时，蔡京厉声曰："碑可灭，名不可毁！"呜呼！名固不可毁也，京亦愚矣。

绍兴中，尝命张章简公纲，看详党籍碑，据其覆奏则初刻本计九十八人，除王珪一人不合在籍，自余九十七人多是名德之臣。《元城语录》云"元祐党人只七十八人"，则所谓九十七人者，已附益十九人矣。

淳安县学也有元祐党碑，是县尉司马逑刊刻的，被记载于《新定续志》，没见过拓本。由此可见各位贤人的子孙，将这一块碑一而再再而三地翻刻，生怕石碑埋没，想把它永远留在世上。而且像章惇的名字也在上面，反而会惊讶这是怎么来的，怎么会被刻在碑上。当时要毁坏党人碑的时候，蔡京大声说："石碑可以毁灭，石碑上那些人名不可能被毁灭！"唉！名字本来就不可能被毁灭，蔡京也太愚蠢了些。

绍兴年间，皇帝曾经让张章简公纲审阅研究党籍碑，根据他的禀报结果看，初刻本共计有九十八个人名，除去王珪一人不应该列入党籍以外，其余九十七人大多是有名的贤德大臣。《元城语录》说"元佑党人只有七十八人"，那么这所谓的九十七人，已经被增添了十九个人了。

第十一章 家学及苏门诸子

自宋以来，人传元祐之学，家有眉山之书，可谓盛矣。一门家学，则有老苏、少公。诸子群从，声应气求，不乏门人，今并列之，以见其渊源。

文忠之学得诸父洵。洵年二十七始发愤为学，嘉祐时携长公、少公同至京师，欧阳公得其所著书二十篇，大爱其文辞，一时学者，竞效苏氏为文章，有文集二十卷，谥法三卷。

辙字子由，文忠之弟，年十九同岁登进士，又同策制举。神宗立，上书言事，召对延和殿。时荆公执政，吕惠卿附之，与论多相牾，与文忠同贬。晚年致仕，筑室于许，号颍滨遗老，卒谥“文定”。性沉静简洁，为文汪洋澹泊，似其为人，名节与文忠相上下。所著《诗传》、《春秋传》、《古史》、《老子解》、《龙川略志、别志》、《栾城文集》并行于世。

文忠三子：迈、迨、过。迈，字伯达，知仁化县，文章政事，绰有父风，以政最，迁雄州防御推官，终驾部员外郎。迨，官承务郎，与弟过俱善为文。过，字叔党，年十九，以诗赋解两浙路，任右承务郎。文忠累迁贬谪，独过侍以往来，饮食服用，凡生理昼夜寒暑之所须者，一身自为，而不知其难。自号斜川居士，有《斜川集》，文定每自从宋代以来，人人传承元祐的学术，家家藏有三苏的书籍，可以说很兴盛了。苏门的家学，就有苏洵、苏辙。几个儿孙和各位侍从弟子，志同道合的门人也不少，如今一并列出，可以看出苏学的渊源。

苏轼的学问源自父亲苏洵。苏洵二十七岁的时候才开始发愤读书，嘉祐年间带着苏轼、苏辙一同赶赴京城，欧阳修读了苏洵所写的二十篇文章，非常喜爱，当时的学子竞相仿效苏洵写文章的方法，苏洵有《文集》二十卷，《谥法》三卷。

苏辙字子由，苏轼的弟弟，十九岁时跟苏轼同年考中进士，又同年应策制举。神宗皇帝即位，苏辙上书讨论政事，被召入延和殿当面对答。当时王安石主政，吕惠卿依附王安石，苏辙与吕惠卿政论大多不合，因而跟苏轼一起被贬谪。晚年退休，在颍昌建造房屋，号称颍滨遗老，死后谥号为“文定”。为人沉静朴素，文风汪洋恣肆、淡泊雅洁，像其为人，名声操守跟苏轼不相上下。传世的著作有《诗传》、《春秋传》、《古史》、《老子解》、《龙川略志、别志》、《栾城文集》。

苏轼有三个儿子：苏迈、苏迨、苏过。苏迈，字伯达，曾任仁化县知县，文章和政事颇有父亲的遗风，以政绩最优，升任雄州防御推官，最后的官职是驾部员外郎。苏迨任职承务郎，跟弟弟苏过都擅长作文章。苏过，字叔党，十九岁凭着诗赋才华被两浙路推荐入京，担任右承务郎。苏轼多次遭贬，唯独苏过侍奉父亲往来奔波，饮食吃穿用度，凡是白天夜晚、一年四季生计所需的东西都是他一人负责，却不觉得困难。自己起别号“斜川居士”，有《斜川集》传世，称其孝以训宗族。

元老，字在廷，文忠从孙，幼力学，善属文，黄山谷奇之。举进士，累官大常少卿。时禁元祐学术，文忠方在党禁，元老亦罢，叹曰：“昔颜子附骥尾而名显，元老以家世坐，岂不荣哉！”

文定三子：迟、适、逊。迟字伯克，建炎二年，以右朝请大夫直秘阁，知婺州，奏改税额，父老为立生祠，因家焉。

黄庭坚字鲁直，义宁人，号山谷道人。幼警悟，读书五行俱下，文忠见其诗于孙莘老家，绝叹，以为世久无此作矣，因以诗往来。庭坚于诗尤奇，效其体者谓之江西派。绍圣初，责置戎州，徽宗即位，召还。尝因嘲谑，侮赵正夫。及正夫为相，诬以罪，遂除名，编管宜州以卒。

张耒字文潜，淮阴人，幼颖异，十三能为文，文忠称其文汪洋冲澹，有一倡三叹之声。由进士历官太学录，绍圣初，以直龙图阁知润州，坐党籍贬斥。论文以理为主，尝著论云：“自六经以下，至于诸子百氏、骚人辨士论述，大抵皆将以为寓理之具也。故学文之端，急于明理，如知文而不务理，求文之工，世未尝有也。”著《柯山集》。

苏辙常常称道他的孝顺来训诫族人。

苏元老，字在廷，苏轼的从孙，小时刻苦学习，擅长作文章，黄庭坚对他很赏识。后来考取进士，多次积累政绩升任大常少卿。当时封杀元祐学术，苏轼正在党禁中，苏元老也被罢官，感叹道："古时候颜回跟随孔子而名声煊赫，我因为家世牵连而被罢免，难道不是荣幸之事么？"

苏辙有三个儿子：苏迟、苏适、苏逊。苏迟字伯克，建炎二年，以右朝请大夫身份进入尚书省，后来做婺州知州，上奏改革税收额度，当地父老为他建立了生祠，后来他也在婺州定居。

黄庭坚字鲁直，义宁人，别号山谷道人。小时机警聪慧，读书能五行文字一并看，苏轼在孙莘老家里看见他的诗，极其叹赏，认为世间很久没有这样的好作品了，因此两人以诗交往唱和。黄庭坚的诗尤为称奇，效仿他诗体的人被称作江西诗派。绍圣初年，被贬谪到戎州，徽宗皇帝即位，召回朝廷。他曾经因为嘲讽戏谑，侮辱赵正夫。等到赵正夫做了宰相，就找罪名诬陷黄庭坚，于是被除去官籍，流放到宜州，被编入当地户籍，受当地官员管束，最后死在宜州。

张耒字文潜，淮阴人，小时候非常聪颖，十三岁就会写文章，苏轼称赞他的文章义理深广、气势雄健而又语言质朴、不假雕饰，有一唱三叹的韵致。考取进士后，他担任过太学录，绍圣初年，以龙图阁直学士的身份出任润州知州，因为党籍案被贬谪。他论文章以义理为主，曾经写文章说道："从六经以后，包括诸子百家、诗人、辩论家的著述，大多是用来当做寄托义理的工具。所以学文学的要点在于迅速明了义理，如果只知道文辞而不追求义理，想让文字工稳，世间不曾有过这样的情况。"著作有《柯山集》。

晁补之，字无咎，钜野人，说之从兄也。聪明强记，自幼即善属文。尝游钱塘，述其山川风物之丽，著《七述》以谒文忠，文忠为之搁笔，又称其文博辨隽伟，绝人远甚，由是知名。举进士，官至编修实录检讨官。补之文章温润典缛，其凌丽奇卓，出于天得，尤精《楚词》，有《鸡肋集》。

秦观字少游，一字太虚，高邮人，少豪杰慷慨，溢于文辞。见文忠于徐，为赋黄楼，谓有屈宋才。登第后，文忠以贤良方正荐于朝，累除国史院编修，后坐党籍斥逐。观文长于议论，文丽而思深，有《淮海集》。

李廌字方叔，其先自郓徙华，六岁而孤，能自奋立。谒文忠于黄，贽文求知。文忠谓其笔墨澜翻，有飞沙走石之势，张耒、秦观之流也。文忠薨，廌作文祭之曰："皇天后土，鉴一生忠义之心；名山大川，还万古英灵之气。"词语奇壮，读者为悚。

王巩字定国，莘县人，文正公旦之孙，工部尚书素之子也。长于诗，从文忠游，文忠守徐州，巩往访之。与客游泗水，登魋山，吹笛饮酒，乘月而归。文忠待之于黄楼上，语之曰："李太白死，世无此乐三百年矣！"。

晁补之字无咎，巨野人，是晁说之的堂兄。聪明伶俐，博闻强识，从小就擅长做文章。他曾经游览过杭州，记述杭州山水风俗的美好，撰《七述》，用以拜见苏轼，苏轼为之搁笔，并称赞他的文章博大雄辩、俊丽奇伟，远远超过一般人，因为苏轼的褒奖，晁补之被人广泛熟知。考中进士后，任编修实录检讨官。晁补之的文章温润典雅，他那高妙奇丽的才华出于天生，特别擅长楚辞体，有《鸡肋集》传世。

秦观字少游，又字太虚，高邮人，少年时慷慨豪放，在诗文里有所表现。他在徐州拜见苏轼，为苏轼做《黄楼赋》，苏轼称赞他有屈原、宋玉的才华。进士及第后，苏轼以贤良方正举荐他于朝廷，多次升官，曾任国史院编修，后来因为党籍案被贬谪。秦观的文章长于议论，文辞清理而思致深邃，有《淮海集》。

李廌字方叔，其先人从郓州迁徙至华州，六岁就死了父亲，却能自立奋发，刻苦学习。他在黄州拜谒苏轼，献上文章请求赏评。苏轼认为他文章笔墨酣畅，如同大江的波浪翻涌，具有飞沙走石的气势，是张耒、秦观一类的才子。苏轼死后，李廌写文章祭奠，其中说道："苍天大地鉴证着他那一生忠义的精神；名山大川收回了他那万古英灵的元气。"遣词造句奇特雄壮，读者为之惊叹。

王巩字定国，莘县人，是文正公王旦的孙子，工部尚书王素的儿子。擅长写诗，与苏轼交游，苏轼任徐州知州，王巩前往拜访。跟同伴游览泗水，登上魋山，吹着笛子喝着酒，在月光下归来。苏轼在黄楼上等候他，对他说："李白死后，已经三百年没有人拥有这种快乐了。"

李格非，字文叔，济南人，登进士第，戾执政意，故仕不显。格非工于辞章，尝言："文不可以苟作，诚不著焉，则不能工。"（格非妻王氏，宣徽使拱辰孙女，女清照，自号易安居士，皆能文。）

陈师道字履常，一字无已，彭城人。少而好学，年十六，以文谒曾巩，一见奇之，许其以文著。元祐初，苏轼荐其文行，起为徐州教授。后又用梁焘荐，为太学博士。言者谓其在官尝越境出南京见轼，改教授颍州。又论其进非科第，罢归，调彭城令，不赴。官颍时，苏轼知州事，待之绝席，欲参诸门弟子间，而师道赋诗"向来一瓣香，敬为曾南丰"之语，其自守如此。为文精深雅奥，喜作诗，自云学黄庭坚，至其高处，或谓过之。

【批评】

苏门四君子，山谷年最长。先是，秦少游、晁无咎、张文潜皆以文学游苏氏之门，山谷与同时入馆，世因号四学士也。黄梨洲《宋元学案》，全谢山为补《苏氏蜀学略》，则四子外又有李方叔、王定国、李文叔三人。

李格非字文叔，济南人，登进士及第，因为跟执政者意见不合，所以官职不够显要。李格非擅长诗文，曾说："文章不能随便做，没有诚意在文字里，就不会工稳。"（他的妻子王氏，是宣徽使王拱辰的孙女，女儿李清照，自号易安居士，母女俩都擅长做文章。）

陈师道，字履常，又字无己，彭城人。少年好学，十六岁拿着自己的文章去拜谒曾巩，曾巩一见就很欣赏他，期许他会以文章著名。元祐初年，苏轼荐举他的文学品行，被起用为徐州教授。后来梁焘又推荐他，被任命为太学博士。言官说他曾经在做官期间离开任所，越境到南京拜访苏轼，因此被降职为颍州教授。言官又说他的进身不是通过科举，于是被罢官，调任彭城县令，陈师道不赴任。陈师道在颍州当官时，苏轼做颍州知州，对待他用的是"绝席"的礼节（独坐一席，以示比客人尊贵），想让他做自己的弟子，而陈师道却写诗说"向来一瓣香，敬为曾南丰"，表示只认曾巩为师傅，他就是如此的坚守尊师重道的礼节。陈师道的文章精粹深邃、雅正奇奥，喜爱写诗，自己说是学黄庭坚，至于高妙的地方，有人说比黄庭坚还好。

【评论】

苏门四君子，以黄庭坚年纪最大。在此之前，秦观、晁补之、张耒都以文学才华出入苏轼门下，黄庭坚与苏轼同时进入馆阁，世人因此称他们四人为"四学士"。黄宗羲的《宋元学案》，全祖望为之补充了《苏氏蜀学略》，其中说苏门学士，除了以上四人以外还有李格非、王巩、李廌三人。

《苏门六君子文粹》者，明季新安胡潜所刻，谓是宋陈亮所编，则黄鲁直、张文潜、晁无咎、秦少游、李方叔外，又以陈后山（名师道，字无已，彭城人）入之。晁无咎诗云："黄子似渊明，城市亦复真。陈君有道举，化行乡非淳。张侯公瑾流，英思春泉新。高才更难及，淮海一髯秦。"则无已固在内，惟无方叔耳。

《柯山集》有《赠李德载》诗云："长公波涛万顷海，少公峭拔千寻麓。黄郎萧萧日下鹤，陈子峭峭霜中竹。秦文倩丽绗桃李，晁论峥嵘走珠玉。"乃知人才各有所长，虽苏门不能兼全也。

《苏门六君子文粹》，明代末年新安人胡潜所刊刻，说是南宋陈亮所编纂，那么除了黄庭坚、张文潜、晁无咎、秦少游、李方叔，还将陈后山（名师道，字无已，彭城人）算进苏门弟子。晁无咎的诗说："黄子似渊明，城市亦复真。陈君有道举，化行乡非淳。张侯公瑾流，英思春泉新。高才更难及，淮海一髯秦。"如此看来陈师道本来就在里面，只是没有李格非罢了。

张耒的《柯山集》里面有《赠李德载》一诗，其中说："长公波涛万顷海，少公峭拔千寻麓。黄郎萧萧日下鹤，陈子峭峭霜中竹。秦文倩丽纾桃李，晁论峥嵘走珠玉。"因此我们知道人的才华各有所侧重点，即使是苏门的师徒也不能各种风格兼备。

少年叢書

文白对照本

岳飞

孙毓修◎著

團結出版社

图书在版编目（CIP）数据

少年丛书 / 孙毓修编. -- 北京：团结出版社,2015.7
ISBN 978-7-5126-3662-0

Ⅰ.①少… Ⅱ.①孙… Ⅲ.①名人—生平事迹—世界—少年读物 Ⅳ.①K811-49

中国版本图书馆CIP数据核字(2015)第130183号

出版：团结出版社
（北京市东城区东皇城根南街84号 邮编：100006）
电话：(010) 65228880　65244790（传真）
网址：www.tjpress.com
Email：65244790@163.com
经销：全国新华书店
印刷：三河市祥达印刷包装有限公司
装订：三河市祥达印刷包装有限公司

开本：148×210　1/32
印张：128
字数：1500千字
版次：2015年12月　第1版
印次：2016年4月　第2次印刷

书号：978-7-5126-3662-0
定价：490.00元（全28册）

少年叢書

《少年丛书》白话语译编委会

出版前言

近代著名思想家、政治家梁启超曾经说："少年强则国强，少年智则国智，少年富则国富，少年独立则国独立，少年自由则国自由，少年进步则国进步，少年胜于欧洲，则国胜于欧洲，少年雄于地球，则国雄于地球。"这是他的散文《少年中国说》中的一段，作于戊戌变法失败后的1900年。文中极力歌颂少年的蓬勃朝气，指出封建统治下的中国是"老大帝国"，热切希望出现"少年中国"，振奋人民的精神。

或许是受到梁启超先生的感召，1908年冬天，上海商务印书馆编译所推出了一套系列丛书——《少年丛书》，又名《中外伟人的传略》，这是二十世纪中国的第一部历史人物类学生课外阅读丛书。首任编辑和作者是林万里，第二任编辑是孙毓修，孙毓修是这套丛书的主要作者，后期加盟写作的骨干还有国学大师钱智修。他们都博览中外，以精准而严格的眼光审视中外古今文化资源，选取其中有益于

少年儿童精神世界的材料，予以整合，编写成册。这套书出版以后，广受少年儿童的欢迎，每册前后加印达几十次，若整套书累计，恐怕达到数百次之多，发行量之大，影响力之广，在二十世纪的人物传记类图书中堪称罕见。

《少年丛书》前后出版了近三十余种，每一册传主为一位中外历史名人。我们在全国各地经过多方的搜寻，共得二十八册，其中中国名人十五位，外国名人十三位。每篇先叙述名人的生平传记，后加以作者的评论，根据时事，启发少年，借以激励少年树立远大志向，明确奋斗目标，成就健全人格。著名作家茅盾在阅读这套书后曾评论说："记事简明，议论正大，阅之足以增长见识，坚定志气。"这套出版之初即为砥砺少年志向的书影响了当时无数少年儿童由此走上振兴中国之路。著名作家张天翼、赵景深、陈伯吹等，都曾深受这套书的影响。

《少年丛书》的三位作者，都是当时学贯中西的通儒，不仅有深厚的国学功底，也有睁眼看世界的非凡眼光。撰写本套书册数最多的孙毓修先生，他是我国近代著名的目录学家、藏书家、图书馆学家。他同时还创作了大量的儿童文学作品。除了《少年丛书》，他还先后主编出版《少年杂志》、《童话丛书》等，被茅盾誉为"中国童话的开山祖师"。

另一位作者钱智修，浙江嵊县人，字经宇，是著名的国学大家，博古文学家，东方学派思想家。他在学时，就以"国学国文湛深，文章洛阳纸贵"赢得尊敬，并被上海多家进步报馆争揽为特约撰稿人。1911年毕业后，他应编译所长高梦旦之聘，担任商务印书馆编

译所编辑。1920年7月他任《东方杂志》主编，长达12年，是该杂志有史以来任期最长的主编。他还参与编辑《辞源》及《中国人名大辞典》、《中国古今地名大辞典》。1931年任国民政府监察院秘书长。

第三位作者林万里是民国年间著名的报人，原名獬，又名白水，字少泉。他幼承家学，又拜名士高啸桐（商务印书馆创始人之一）为师。清光绪二十四年(1898年)，他在杭州参与创办求是书院、养正书塾、东城讲舍、蚕学馆4所新式学堂，任求是书院总教习；后任《杭州白话报》主笔，宣传新思想。光绪三十年(1904年)，他出任《警钟日报》主编，宣扬孙中山及其领导的革命，后追随孙中山。帝制取消后，林万里重操新闻旧业，创办过多份报刊。

鉴于每位作者独有的知识结构和兴趣热点，每位编者对人物都有自己的选择。孙毓修所撰写的大部分是中国历史名人，而且写作的视角也非常独特，如其所写的《玄奘》是一个历史人物，而不是《西游记》中的唐僧。现代的普通读者对玄奘的了解绝大部分是来自于《西游记》等小说，而历史上的真实情况却鲜有人知——玄奘取经并非唐太宗支持，相反还受限于当时的法令，他冒着生命危险才得以出境。这就需要有人为读者打开另外一扇窗户，还原真实的玄奘，而不是小说中的文学形象。茅盾先生对孙毓修所写的《玄奘》评价很高："可以说是内容翔实，深入浅出，既宜于少年阅读，也使成年人增加历史知识。"再如《苏秦》，作为一位著名的辩士，《史记》必然为之列传。孙毓修在写苏秦游说各国发言的时候采用了《史记》中记载的史料，而在后面的评论部分对苏秦的表现作了恰当的点评，分析苏秦游说秦、燕、赵、韩魏、齐楚的过程，阐述了苏

秦辩术策略的不断提高。对于国外人物的选取，孙毓修也是偏爱励志型的，如德谟士，从一个小人物成长为大演说家；彼得大帝，从受制于人，成为欧洲赫赫有名的皇帝。

另一位作者钱智修，先后写有《林肯》、《苏格拉底》、《拿破仑》等，这些都是西学东渐后中国人十分崇仰的外国名人。值得注意的是，钱智修秉承严复所主张的信、达、雅翻译原则，特别讲究传记所含的真实性。他所抒发、张扬的传主虽然都被列为人们仿效的楷模，写法却不做作，更没有为了塑造人物形象而更改史实。

林万里所写的外国传记和钱智修的作法大致相近，即在第一章抒发己之传记宗旨，后文谈及传主读书之术、治学之道与其行事风格，并进行了点评。此外还有其他人关于传主的言论，更有编译者自己的评论，以引导少年儿童正确地学习和借鉴，而不是一味盲从。

《少年丛书》的最大特色，就是“记事简明，议论正大”。书中除了记叙人物的生平故事之外，作者的评论也让这套书大为增色。其议论宏富，既能够结合少年的成长特点，指明如何学习书中人物的优良品质，也指出了其中的不足之处，对于引导少年如何立志修身，大有裨益。

这套书的另一大特色，就是全部用文言文写作，语言凝炼，文笔流畅，保持了中国传统作史传的鲜明特色。当时，白话文风已经悄然兴起，而作者能够不从时髦，采用文言写作，甚为难得。以至我们今日再读此书，依然能够体味到文言笔法的无穷魅力。然而考虑到近百年来，国人的文言文水平已经一落千丈。今日的大部分少年，阅读文言文尚有一定困难，因此我们特别组织人员，将全套书进行了

白话翻译。尽管我们做了最大的努力，文言文的神韵依然是难以用白话表达出来。因此，我们希望少年朋友通过阅读这套书，体会文言文的独特魅力，进而热爱和学习文言文。

《周易》有云：“君子以多识前言往行，以畜其德。”说的就是多学习古人的嘉言懿行，对我们修身立德至为重要。古人尝言：“童蒙养正，少年养志，壮年养德。”少年时期是人生至为关键的时候，这个时期树立什么样的志向，以什么样的人为榜样，往往会决定一个人未来的人生成就。而一个人少年时期读的书，也足以改变他的一生。在今日少年课外读物良莠不齐的状况下，《少年丛书》堪称鲜有裨益少年的优秀读物。若今日的少年，能够认真研读这套《少年丛书》，对于树立远大志向、培养健全人格、完善道德情操将大有裨益。或许，今日的风华少年，即是将来成就伟业的千古豪杰、泽被世人的大圣大贤。勉哉！勉哉！

为什么要读名人传记

——《少年丛书》白话语译序

我从小很喜欢读书，可是，因为身处偏僻山村，小的时候却无书可读。那个时候，家中只有父亲买的一本《古文观止》，儿时翻阅过无数次，虽看不太懂，却记忆深刻。有人说，儿童时期读的书，一生也难以忘记。此言确实不虚。

没有想到的是，儿时无书可读的我，日后竟然投身于出版业。今天，我国的出版业已经非常发达，给少年儿童读的书也非常多。可是，若细心寻求，真正的好书却是少之又少，尤其是给少年儿童介绍历史文化的书。

一个偶然的机会，我们与这套百年前的《少年丛书》结缘，这套当初专为少年而写的中外名人传略，让我眼界大开，没想到，百年前的前辈们，竟给少年们创作出如此优良的传记读物。要知道，给少年

儿童写作，比给成年人写作更难，尤其是给人物作传，既要符合历史史实，不可随意编撰，又要注意引导青少年如何取其长，避其短，以免误人子弟。因为，作为历史人物，不可能处处皆堪为今人楷模。这就需要作者要极富有爱心、责任心和严谨精神，才能让读者从中获得纯净的人生智慧。可以说，目前各种写给青少年的人物传记，很少能与这套《少年丛书》相提并论的。

这套书中的二十八位中外名人，大多数是我们耳熟能详的人物，但是对于他们的生平事迹，也许就知之甚少了。读了他们的传记，方知欲为圣贤豪杰，需下一番苦功夫才能有所成就。“人人皆可为尧舜”，说的是我们每个人都有成圣成贤的资质，然而虽有圣贤之资，也需后天的不懈努力，方能成就一番伟业。所以，这一套书作者的目的并不仅仅是让读者了解一下名人轶事，而是以伟人的事迹启迪和激励少年朋友，树立人生的志向，汲取这些英雄豪杰的人生智慧，修身立德，练就自身本领，最终成为造福国家和社会的有用之才。

这套书虽然是写给少年看的，并不意味着就不适合大人阅读。大作家茅盾就曾大力推荐这套书。现在的青年人，乃至家长、老师，若能读读这套书，对于人生事业，教育子弟，也是大有益处的。可以说，这是一套老少皆宜的好书。

《少年丛书》在当时之所以大受欢迎，销量巨大，也不是没有原因的。这套书每册文字量不大，文笔流畅，史实可靠，评议精彩，这都是许多普通名人传记所不具备的。因此，这套书深受读者欢迎，也就不难理解了。

读名人传记，重在学习名人的智慧和经验。正如文天祥所说，

“人生自古谁无死，留取丹心照汗青”。人生有涯，知也无涯，如何在有限的生命里寻求到人生的价值，获取人生的智慧，而不浪费光阴？《少年丛书》中的这些圣贤豪杰，就是我们的榜样。他们身上伟大的人格，比如孝友、善良、爱心、坚毅、勇敢等等，这些人性的光辉，都是我们的学习之处。

我们用了近一年的时间，将这一套书作了白话语译，希望今天的少年们，能够喜欢阅读并且从中汲取智慧。若能让每一位读者都能够有所收获，那就不负当初写作这套书的三位老前辈的一片苦心，而我们的工作也就没有白做了。

这一套书规模宏大，在校对和语译的过程中，难免会有错误，恳请广大读者不吝指正。

《少年丛书》语译小组　主编　萧祥剑

目录

第一章 南宋之时势

我国上下数千年中，名人亦不少矣。而一举其名，虽妇人孺子，里老走卒，亦莫不肃然起敬，至拟之为神，拜之如佛者，则惟得两人而已。其一则蜀汉之关壮缪，其一则南宋之岳武穆也。今考关壮缪之生平，其可传者，忠义之气过人，勇武之略盖世，受后人之崇拜，亦固其宜。然与武穆相比，则又后来居上，而武穆之为人，尤足为少年之模范。

岳飞

亚洲之东，环汉族而处者，种类甚繁，历代以来，常受其祸。北宋之季（从太祖至钦宗，凡九主建都大梁，称北宋），辽、金、夏三国，分峙于北、东、西三方。其人为通古斯、突厥诸种人，言语风俗显与中国不同。是皆黄种之别派，特开化较晚耳。故其性残忍好杀，不知礼义，我先民斥之为犬羊之族。顾汉族对之，虽极厌恨，而三国唯一之目的，皆思并吞南朝（时称宋为南朝）。以优游于丰华富饶之乡，臣仆我礼义冠带之族，弯弓牧马，狡焉思启。宋之君相，因应失宜，往往丧师失地，至于岁奉金缯，结为兄弟，何其衰也！徽宗之时，辽、夏寖弱，而金人崛起，纵横一时。于时南朝，阃内无良平在我国数千年的历史上，出名的人很多。但是要一提到他的名字，即使是妇人、孩子，以及里巷中的老人、街边的走卒，没有一个不对他肃然起敬，甚至是视为神明、拜为佛祖似的，这样的人那就只有两个了。一个是蜀汉时期的关羽，一个是南宋时的岳飞。现在来看关羽的生平，他让人传诵的，是他过人的忠义气节，盖世的勇武胆略，因此受后人的崇拜，那是当然的事。但是将他同岳飞相比较，似乎岳飞又更胜一筹，而岳飞的为人，更足以成为青少年的模范。

在亚洲的东部，围绕我们民族定居的种族有很多，历代以来，我们常常受到他们的侵犯。北宋时候（从太祖至钦宗，凡九主建都大梁，称北宋），辽、金、夏三国，分立在北、东、西三方。他们的人民属于通古斯、突厥等种族，言语、风俗，完全与宋朝不同。这些都是黄种人的支派，只不过文明程度太低，开化的比较晚罢了。他们的性情残忍而好杀，不懂得礼义为何物，我们祖先将他们贬称为牧羊的民族。我们汉族人对他们虽然极为厌恨，可他们唯一的目的，却都是想着吞并宋朝（时称宋为南朝）。悠闲自在地生活在物产富饶的地方，想奴役我礼仪文明之邦，弯弓牧马，心图谋掠中原。宋代的君王大臣，因为应对失策，常常被他们打败，失去了许多土地，甚至于每年还得纳岁币给他们，并与他们结为兄弟盟友。这是何等的孱弱无能！到徽宗的时候，辽和夏都慢慢衰弱了，独有金人最为强

（谓汉之张良、陈平也）之谋，河上有逍遥之帅。御彼方、张之冠，犹以螳臂当车，其不败者几希。

钦宗靖康二年（民国纪元前八百二十五年），武穆生二十五年矣（据梁玉绳《岳王年谱》则武穆以徽宗崇宁二年癸未二月十五日生），其年三月，为赵宋一朝，最可怜之时期，而亦我国历史上未有之奇祸也。徽钦二宗与其后妃皇子，见虏于金，槛车而辞龙楼凤阙之天，系组而入毳帐戎氈之地。回忆艮岳之宵（宣和四年造百岁山，更名艮岳，山周十余里，费人工无算，宫庭游观此为最胜。宋人张淏撰《艮岳记》以志其概），延福之梦，清歌排日，妙舞回风，既渺不可追矣。而天潢亲贵，后宫美人，亦复鞭笞就道，飘零可怜。以一国之元首，负辱至此，国民之悲痛何如！国民之悲痛何如！

当此时也，金人挟战胜之威，即命将江东，尽收南朝之地，入其版图，夫亦何不可之有。乃俘虏其皇室搜括其金帛，要其割地称侄之后，即立张邦昌而去。岂黠虏亦知今之所谓“灭国新法”，而以虚名还中国。金人惟遥执其财政兵权，以制汉族之死命，而不屑以蛮力征服耶？曰：非也。虏人初至，本无大志，不意宋之君臣自误至此，使金人得以成功。旷日盛，称霸一时。当时的宋朝，国内没有像汉代张良、陈平那等谋士，边疆却有逍遥自得的将领。他们就连抵御方腊、张用等贼军都是螳臂当车，不失败的机率极小！

宋钦宗靖康二年（公元1127年），岳飞已经二十五岁了（根据梁玉绳的《岳王年谱》考证，岳飞出生于宋徽宗崇宁二年癸未二月十五日）。这一年的三月，是宋朝最可怜的时期，也可以说是我国历史上从来没有过的奇祸。徽宗、钦宗，两个皇帝同他们的后妃、皇子们都被金人虏去，乘着囚车作别了壮丽的汴梁皇宫，被绑缚着送入胡人的帐篷里受尽凌辱。当他们回忆在艮岳山游乐的夜晚（宋徽宗宣和四年建造百岁山，后改名艮岳，山周十里有余，耗费的人力物力无计其数，宫廷游览之地莫胜于此，宋人张淏撰写过《艮岳传》来记载人们对它的慨叹），延福宫的清梦，清歌妙舞，响遏行云，回风带雪，已经缥缈得不可追寻。而身为大宋国的皇后、王妃、公主以及宫女，也被鞭子抽打着上路，忍受飘零北国的苦楚。徽宗作为一国的天子，遭受这样的耻辱，国民的悲痛该是多么深切，该是多么深切啊！

在这个时候，金人如果趁热打铁，立即派将领跨过长江，侵占所有南宋的领土，并入自己的版图，这也不是不可能！然而他们俘虏了大宋皇室成员，搜刮了所有皇宫财宝，强迫他们割地赔偿并自称侄子辈，然后便立了个傀儡皇帝张邦昌，扬长而去。难道狡猾的胡人也懂得现在所谓的“灭国新法”，灭了一国后再改一新法令，改头换面，把空头名号还给中国，他们只需遥控宋国的财权和兵权，将汉族置于死地，而不屑动用武力征服吗？答案是否定的。金人刚持久，勤王之师大至，则犹虎豹投陷井，此危道也。故一遂其欲，即仓皇北遁。高宗苟好自为之，何难还我河山（本武穆语），报仇雪恨？乃其心有一不可告人之秘，则惟恐徽、钦归国，皇位不能长据，故虽有张、韩、刘、岳（张俊、韩世忠、刘锜及武穆也）为之将，而宁愿割地求和，不思恢复。武穆处此事与愿违之境，虽无秦桧，亦必惨遭奇祸而死，此后世之所以叹息痛恨于专制之朝也。

武穆烈烈轰轰，洒热血以报国也，前后约十年。脱无武穆，则临安之小朝廷，不能延须臾之命。更有一大事，于汉族有极大之关系者，则中原之文献是也。我国文化大盛于唐，经五季之乱而文化大衰。宋祖开基，休养数百年，文化复进，金元迭起，则又衰矣。昔希腊人之遇罗马也，老师宿儒逃至亚洲，抱残守缺，以待时机。后十字军东征，复一一传至欧洲，古学中兴，得有今日之强盛，其关系之重如此。我国古学，未尽亡于北宋之后者，幸有武穆御戎马之足，南方之学者，固得晏然；北方之学者，亦渡河南徙，有以自保汉族之至今为东亚文明之主者，虽谓之尽由于武穆之力可也。

打来时，本没有长远的打算，却没想到大宋的君王和大臣自己耽误自己，以至于此，使得金人得以成功。但如果两国对战持续时间一长，等宋国各地勤王的义军大规模赶到，金人就好比虎豹掉入陷阱里，非常危险，他们才不干。所以欲望一满足后，他们便立即向北撤退。宋高宗如果好好应对，恢复大宋江山、报仇雪恨又有什么难处？然而他心中有一个不可告人的秘密，生怕徽宗、钦宗回国，自己的皇位不能长久。所以虽然有张俊、韩世忠、刘琦、岳飞等名将做羽翼，仍然宁愿割地求和，不谋求恢复故土。岳飞正好生在这种事与愿违的时代，即使没有秦桧，也一定会惨遭奇祸而死。这就是后代为什么对专制的朝廷叹息痛恨的原因了。

岳飞轰轰烈烈、披肝沥胆的报国事业，前后约有十年的时间。如果没有岳飞，那么临安小朝廷恐怕不能延续片刻的生命。还有一件大事，对于汉族人有极大的关系，那就是中原文献。我国的文化在唐代达到了鼎盛期，但经过五代战乱，文化大为衰落。宋太祖开国以后休养了一二百年，文化才渐有起色。北方的金国、元国相继兴起，文化又衰落了。古时候古希腊遭到罗马侵略，有学问的人逃到亚洲，守着古籍，等待日后的复兴，后来十字军东征，将这些古籍一一传回欧洲，所以他们的古代学问被复兴、发展，得以有如今的强盛，所以其重大意义就在于此。我国的古典文献，没有在北宋灭亡后完全散佚，幸亏有岳飞的军队保卫，使得南方的学者能有一方安宁，北方的学者也渡过黄河南迁，使得汉族文化得以自保，以致今日仍然是东亚文明的主宰，即使说这全部都是因为岳飞的功劳，也不为过吧！

【批评】

神之有无不可知，然普通人之心理，于其人之至正至大者，则以神尊之。自古至今，名人何限，而普通人之心理，以为死后足以成神者，惟有关、岳二公，可见公道自在人心。然拜之尤当学之。学关不成，恐有画虎之诮，惟学武穆，则文武皆当，出处咸宜矣。

蒙古、满洲、西藏，在七八百年前，文化甚低，汉族又习于文弱，故常受其害，至诋之为犬羊，为胡夷。今则非其时矣，五族共和，亲如手足，亟宜合力共济时艰，而为我昆弟之满洲、蒙古、西藏，近亦日进于文明。五族平等，共相努力，以御外侮，此其时矣。

靖康元年（哲宗年号）十一月，金将斡喇布自真定趋汴（今河南开封府宋之都城），仅二十日而至城下。尼吗哈自河阳来会，屯于青城（青城有二，一在开封府城北，一在城南，宋南北郊斋宫也），使刘晏来要帝出盟。时西南两道援兵，为唐恪、耿南仲遣还。于是四方无一人至者，城中惟卫士及弓箭手七万人。乃以万人分作五军，备缓急救护，遣使以蜡书间行，出关召兵。又约康王及河北守将来援，多为敌人所获，使命不得达。唐恪计无所出，密言于帝曰："唐自天宝而后，屡失而复兴者，以天子在外，可以号召四方也。今宜举景德故事

【评论】

这世上到底有没有神明是不可能知道的了，然而普通人的心理，对于极为崇高伟大的人物，往往将他们尊奉为神明。从古至今，著名人物有多少，而在普通民众心里，认为死后足以当做神明的，只有关羽和岳飞两个人。可见公道一直在人民心中不曾泯灭。然而膜拜他们，还得效法他们。学关羽不成，恐怕免不了画虎不成反类犬，只有学岳飞才能文武兼备，进退合宜。

蒙古、满洲、西藏，在七、八百年前文明程度甚为低下，汉族人又普遍比较文弱，所以常常受他们的侵害，以至于诋骂他们是畜生、胡虏。现在已经不是那个时代了，现在五族共和，亲如兄弟，亟需并肩合力共度难关。而作为我们兄弟的满洲、蒙古、西藏等民族近来也日趋文明。五族平等，共同努力抵御外辱，正在今日。

宋钦宗靖康元年（哲宗年号）十一月，金国将领斡喇布从真定打到汴梁（今河南省开封，大宋的都城），仅仅花了二十天就兵临城下。尼吗哈从河阳赶来汇合，在青城（青城有二，一在开封府城北，一在城南，宋南北郊斋宫也）安营扎寨，派遣刘彦来强迫钦宗出城会盟。当时西南两道的援兵被唐恪、耿南仲遣散回去了。因此大宋全国没有一个援兵前来，汴梁城中只有皇宫卫兵和弓箭手七万人。于是将一万人分作五个军，作为紧急救驾的预备军，派遣使者携带皇帝诏书从小路逃出城外，到关外招救兵。又和康王赵构与守卫河北的将军约定前来援救，全部被敌人发现，皇帝使命不能传到。唐恪没有办法，秘密向皇帝进言：“唐朝从天宝以后，京城屡次被侵占却失而复得的原因，就是天子在外，可以号召四方。如今应该效仿景

（景德，真宗年号。时因辽警，寇准奉帝渡河，次于澶州，辽人即退），留太子居守，而幸西洛，连据秦雍，领天下兵，亲征以图兴复。”帝将从之，开封尹何栗入见，引苏轼所论，谓周之失计，未有如东迁之甚者。帝翻然而改，以足顿地曰：“今当以死守社稷。”既而京城破，帝如金营请降，北宋遂亡。今按当日情势论之，唐恪之见，实较何栗为高。纵战而不胜，如明土木之变（明英宗与额森战于土木，兵溃，英宗被虏。未几，即议和还宫，额森旧译也先，或作乜先），亦不至动摇国本，酿成南北之局。乃泥国君死社稷之义，卒演成蒙尘之惨史，明之怀宗复蹈其覆辙，身死国亡哉!

德（景德，真宗年号。时因辽警，寇准奉帝渡河，次于澶州，辽人即退）的成例，将太子留京居守，陛下亲自行幸西都洛阳，控制关中地区，总领天下兵马，然后御驾亲征，图谋光复神州。”钦宗准备采纳这个建议。这时开封府尹何栗觐见，引用苏东坡的言论说，周朝的失策没有比东迁首都更糟糕的了。钦宗因此立即改变主意，用脚踏着地说：“如今应当拼死守护社稷。”不久，京城被攻破，钦宗到金国军营请求投降，北宋因而灭亡。现在按当时的情势来看，唐恪的见解实在比何栗要高明许多。即使战而不胜，像明代土木之变（明英宗与额森战于土木，兵溃，英宗被虏。未几，即议和还宫，额森旧译也先，或作乜先），也不至于毁坏国家的根基，造成南北分裂的局面。这完全是拘泥于君王应当与社稷共存亡的道义，最终演变成了皇上被俘虏到北方的悲惨历史。明末的崇祯帝又重蹈覆辙，致使人死了，国家也灭亡了。

第二章　武穆之少年

真正之大人物，五百年而一遇。此超乎古今，塞乎天地之大人物，岂天之降材有殊，或家庭之教育能培养之耶？曰：否否，不然。此盖积数百年间，纯正之风俗，良善之社会，而始有此等大人物出产。宋自太祖开基，人皆厌五季之乱，思正人心、道德，迫乱世而反之正。真宗、仁宗两朝，正人君子盈于朝野，其时风俗之淳厚，社会之整齐，为吾国历史之最。试观元、明间人之传奇说部，必以德行之至美者，托于赵宋之世，则其风可见。明乎此而后可以观武穆之少时矣。

武穆，今河南彰德府汤阴人也。生时，有大鸟若鹄，自东南来，飞鸣于寝室之上。其父和遂名之曰飞，字之曰鹏举。未弥月，黄河决内黄西（内黄，今属彰德府），水暴至，母姚氏，仓卒无计。抱其儿，坐巨瓮中，冲涛而下，乘流灭没，幸而及岸，竟免于沉溺。少负气节，沉重寡言，天资敏悟，书传无所不读，尤好《左氏春秋》及《孙吴兵法》，昼夜诵习，达旦不寐。家贫不能常得烛，昼拾枯薪，夜以代烛云。

真正的大人物，五百年才能遇到一个。这样冠绝古今顶天立地的大人物，难道是上天所降的人才有异或者家庭教育能培养出的吗？回答是否定的。我认为只有积累了几百年纯正优良的风俗的社会才能诞生这等大人物。自从宋太祖赵匡胤创立大宋基业以来，老百姓都已厌倦五代的战乱，盼望国家能教化道德人心，将乱世中颠倒的风俗矫正过来。宋真宗、仁宗两朝，朝廷内外满是正人君子，当时社会风俗淳厚，社会安定，是我国历史上最鼎盛的时代。只要翻开元代和明代的杂剧、传奇等书，里面讲的德行高尚的人物，一定是生活在这个时代的，由此可见当时风气有多良好。理解了这点，就能认识岳飞的少年时代了。

岳飞，是现在河南彰德府汤阴县人。据说，他出生的时候，有一只像天鹅的大鸟，从东南边飞来，在他家的寝室上面，不住地鸣叫。因此，他的父亲岳和因此替他起名叫飞，字鹏举。在他还没有满月的时候，黄河的内黄西边决了口，凶猛的洪水汹涌而至。他的母亲姚氏惊慌得没有办法，便抱着他，坐在一个大瓮中，浮在波涛上，冲流而下，随着波浪漂浮，幸而没有沉溺，终于登了岸。他在少年时候，气概便与众不同，天资聪敏，无论什么典籍，都喜欢读，尤其爱读《左氏春秋》和《孙吴兵法》，常常夜以继日的用功，甚至通宵不睡。他的家境很穷，不能每夜点烛，于是他在白天里拾些枯的树枝，夜里便拿它代替蜡烛。

武穆生有神力，未冠，以引弓三百斤，腰弩八石。尝学射于乡豪周同。一日，同集众射，自示其能。连中的者三，指以示武穆曰：“此可以言射矣。”武穆谢曰：“请试之。”引弓一发，破其筈（音括，箭末曰筈），再发又中。同大惊，因以所爱弓二为赠，由是益自练习，能左右射。未几同死，武穆悲恸不已，每值朔望，则鬻一衣，设卮酒鼎肉，奠于同墓而泣。又即所遗（音位，投赠也）弓，发三矢而后反。父觉而诘之，对曰：“射三矢者，识艺之所由精也。祭毕而酬酒瘗肉者，周君所享，飞不忍食也。”闻者皆奇其言，父抚其背曰：“使汝异日得为时用，其徇国死义之臣乎！”武穆应声曰：“惟大人许飞，得以遗体报国家，何事不敢为？”和叹曰：“有子如此，吾无忧矣！”

徽宗十九年（宣和四年），武穆年二十。时金人已起于北方，日夜出锐师以攻辽。宋人不自强，转幸辽之灭亡，取还燕云十六州，以取快于一时，而唇亡齿寒之隐忧，已伏其中。王黼、童贯诸人，方以边功自喜，上结道君之知（徽宗好岳飞生来力气很大，年纪还不到二十岁的时候，就能拉开三百斤重的弓，腰围可负八石重的弩（有机关的弓）。他曾跟从乡豪周同学习射箭。有一天，周同聚集大家比试射箭，显示他自己的本领。果然他连发了三支箭，都中在靶子上，很得意地指给岳飞说："像这样才可以谈射箭呢。"岳飞很客气地说："请让我试试看。"说罢便拉开弓，发了一箭，恰巧中在周同的一支箭的尾巴上，将它射破了。再发一箭，又中了靶子。周同见了，大为惊奇！于是将他自己所爱的两把弓赠给岳飞。从此岳飞格外勤加练习，左右两手都能射箭。不久，周同死了，岳飞悲恸不已，每月初一和十五，他去卖一件衣服，然后买一杯酒、一碗肉，到周同坟墓上祭奠，哭泣一番。又用周同给他的弓，发出三支箭而后回家。他的父亲发觉了他的这种举动后，便责问他。他回答说："射三支箭，是感念他的指教，我的技艺才能这样精良。每次祭完了，把肉埋在地下，是因为周先生享受过的酒食，我不忍再吃了。"凡听见的人，都觉得他这话很稀奇。他的父亲也抚着他的背说："假使你将来有机会为国家所用，可以做一个殉国死义的忠臣吗？"岳飞说："如果父亲许我把身体报答国家，我什么事不敢做呢？"他的父亲感叹说："有这么样的一个儿子，我还愁什么！"

宣和四年，也就是徽宗十九年，岳飞二十岁。那时，金人已经崛起于北方，日夜出精锐军队攻辽。宋朝的人自己不求强盛，反以辽的衰亡为幸事，乘机收复了燕云十六州（十六州是幽、蓟、瀛、莫、涿、檀、寰、顺、新、妫、儒、武、云、应、朔、蔚。在今河北的北部和山西的东北），只图一时痛快，可是唇亡齿寒的隐忧已经潜道教，自称为道君皇帝），靖康之祸，基于此矣。其时金人虽未南侵，而人民痛恨政府，所在为乱，群盗满山。真定府路宣抚使刘韐，募敢战士备胡，武穆往焉，韐一见，大奇之，命为小队长。相州剧贼陶俊、贾进攻剽县镇，杀掠居民，官军屡败，武穆率步骑二百，用奇计擒杀俊、进，余党悉散。此武穆崭然露其头角之始。

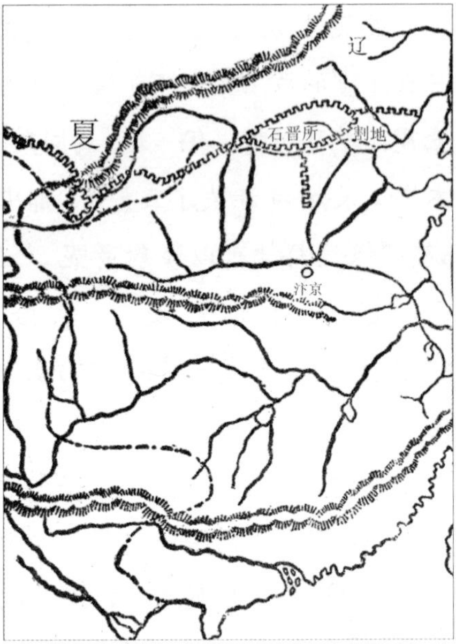

宋初燕云十六州为辽所有之图

武穆以一少年，即平剧寇，人皆仰之。忽连遭大故，徒跣奔还汤阴，执丧尽礼，哀毁骨立，及终制出山，则已属高宗南渡之年。事势仓皇，山河破碎，时局之盼望武穆，亦已亟矣。

【批评】

为父兄者，谁不望其子弟之成材。然而英雄伟人，一若生有自来，其聪明睿智，超出寻常，皆非教育之所能助长伏其中了。王黼、童贯等人正因边疆功劳沾沾自喜，向宋徽宗邀功呢。靖康之难的祸根便从此埋下了。这个时候，金人虽然没有向南边侵犯，但是人民痛恨政府，到处扰乱，群盗满山。真定府路的宣抚使刘韐，招募勇敢战士，预备抵御胡人。岳飞到他那里去投军，刘一见，便知道他不是平常的人，命令他做小队长。那时，相州地方的强盗陶俊、贾进等，攻劫县镇，杀戮平民，官军屡次战败。岳飞统率步骑二百，用奇计把陶俊和贾进捉住杀了，余党也就散了，岳飞从此崭露头角。

那时岳飞只是一个少年，就平了那样厉害的强寇，人们都很敬仰他。忽然接连遭着父母之丧，奔回汤阴，在家守孝三年，等到他守丧期满再出来的时候，徽宗、钦宗两个皇帝已被金人捉去，高宗已南渡大江。当时山河破碎，形势急迫，时局也非常需要岳飞这样的英雄了。

【评论】

作为父亲兄长，谁不希望自己的儿子、弟弟能成大材呢？然而伟大人物，好像都是天生的，他们的聪明睿智，远远超出平常人，也。求其故而不得，遂以为精灵转世，山岳钟英，由是而迷信之说起矣。蒙今思之，此间世而出之伟人，非由于天，非由于地，而实由其时会，积数百年间之好社会，数百万人之好模范，吉祥善气滋长争荣，无所发洩，于天则为卿云，于地则为瑞木，于人则为圣贤。故论世者，观风俗之得失，而以卜人材之消长。然则我辈欲教育子女为伟人，毋宁己先勉为正人君子，以成良善之社会，为尤要也。

武穆生时，有大鸟适来，其父见之，取以为名，本无足怪。生未数月，适值黄河决口，仓猝之际，抱置瓮中。瓮大孩小，不致沉没，此亦事理之常，不足奇也。乃演义小说，遽创作大鹏转世，河神拥护之说。事本不经，而人亦信之者，缘崇拜英雄之心太盛，则不得不疑其人为天之所特产，地之所特长。草泽奸雄，欲惊世惑众，以遂其好乱之心，亦利用此一种心理，以售其欺，不独演义小说，善于附会，一部二十四史中，类此者亦甚多，读者勿遽信之可也。

武穆生当兵戈扰攘之世，故志在习武。盖时势之与人，如时令然，冬自求暖，夏自求凉，实有不期然而然之趋势。所异者，武穆生在农家，又处得书不易之日，而射之余，更以夜分读书。天资既高，加以学力，自比常人更为猛进。此这都不是教育能够帮助他长成的。人们探求不到原因，便认为这是神灵转世，是山川灵气的汇聚，因而各种迷信的说法便出现了。如今想想，这等数百年才能出现的伟人，不关天，不关地，实际上是由几百年的良好社会，几百万人的良好模范，各种祥瑞之气滋长争荣，无处发泄，于是在天便形成了祥云，在地便化为了瑞树，在人便育成了圣贤。所以讨论时事，只要看当时的风俗如何，就知道会出现什么样的人物。但是，我们如果想培养子女成为伟人，不如先自我勉励做个正人君子，慢慢形成良性社会，这才是最要紧的。

岳飞出生时有大鸟刚好飞来，他父亲见了，便给他取名叫“飞”，这本来不是什么怪事。出生没几个月，就遇到黄河决堤，仓猝之际，母亲将他放在大瓮中。瓮大，小孩小，不会沉没，这也是情理之中，不足为奇。于是演义小说，便将岳飞写成是大鹏转世，有河神保护等传说。这等故事本来是无稽之谈，可人们就是相信，只因英雄崇拜情结太重，于是不得不疑惑他是天地间独特的产儿。那些草莽奸雄，想震惊世人，蛊惑世人，以满足自己叛乱的私心，也想利用这样的心理，来欺骗世人，于是不单单演义小说善于杜撰附会，二十四史里面，也有许多这样的东西，读者不必全部相信。

岳飞出生在战争频仍的乱世，所以立志习武。因为当时的时势对于人们来说，就像季节变换一般，冬天自然求取温暖，夏天求取清凉，实在有一种不自觉的趋势在里面。不同的是，岳飞出生在农民家庭，又不容易弄到书读，在练习射箭的余暇，他更是夜以实武穆一生得力处也。

师之于弟子，传道授业，恩情兼至。古礼，遭先生之丧，弟子心丧三年，盖如此其郑重也。私塾之师，与公学之师，名称虽殊，而传道受业，弟子受其恩，感其情，则一也。凡我少年，当以武穆感念周同之事为法，以厚自己之心地，以矫世俗之浇风。

武穆忠孝之性，自其少时，已是奋发，此非英雄特异处也。少年人天真烂然，血性未漓，与之语忠臣孝子之事迹，未有不欣然愿闻者。至古人遭逢不偶，颠沛患难，可惊可喜之处，往往为之泣下。其后出而涉世，利害之心深，而性情寖以薄矣。惟圣贤豪杰，能不以世缘丧其天真。孟子曰“大人者，不失其赤子之心者也”，岂不然哉。

武穆祖父，皆以力田为业。值岁饥，其父和常以脱粟数升，杂蔬为糜，与家人旦暮食取半饱，尽以其余，呼道路之饥者，均而饲之。家人有不堪者，和曰：“彼饥者亦人耳，而能一二日不食，吾与若日再食，而求饱耶？吾裁吾之仅有，以济人之绝无耳。”人有侵其地以耕者，割而予之；有贷其财弗偿者，折券弃之，无愠色，乡人咸敬而爱之。近世功利之继日的读书。他天资本来就高明，加上努力学习，自然比普通人更加勇猛精进。这就是岳飞一生得力的地方。

师傅对于弟子而言，不仅传授其为人处世之道及各种学问，大恩和大情也都兼顾到了。按照古代的礼仪，遇到师傅的去世，弟子要在心里悼念三年，古人对师礼就是这样郑重。私塾老师和公立学校老师的名称虽然不一样，而传授学问，弟子受其恩情是一样的。凡是我国的少年，应当效仿岳飞感念师傅周同的事迹，来厚实自己的内心，矫正浮薄的世风。

岳飞忠义孝顺之性，从他少年时便已经表现得很明显，这倒不是英雄异于常人的地方。少年人天真烂漫，血性还没淡薄，跟他提忠臣孝子的事迹，没有不喜欢听的。说到古人生不逢时，遭遇颠沛流离的患难，让人又惊心又高兴的地方，往往能感动落泪。后来经历社会，患得患失的心理加重，性情便渐渐变得凉薄了。只有圣贤和豪杰之人，能够不被世俗左右丧失天然的心性。孟子说“所谓‘大人’，是指那些不会失掉赤子一般心性的人哪”，这难道说的不对吗?

岳飞的祖父和父亲都务农。每逢饥荒的年月，父亲岳和常常将几升粟米掺杂着蔬菜熬成粥，跟家人早晚食用，只吃半饱，然后喊道路上的饥民，将剩下的全部平均分给他们。家里人有忍受不了的，岳和说：“他们饥民也是人啊，能忍受一两天不吃饭，我跟你们每天吃两顿，还要贪求饱吗?我不过拿出一份我们不多的食物去救济那些一无所有的人罢了。”有人侵占了他家田地来耕种，岳和便割让给他；有人借了钱不还，岳和便把借据撕毁，脸上说盛行，此等慈善事业，几欲斥为迂怪，深可慨也。《易》谓“积善之家，必有余庆”，孟子谓“君子之泽，五世而斩”。伟人之家，皆有祖德，历试不爽，非迂谈也。

没有一丝不快，乡里人都对他敬爱有加。近代以来倡言功利，像这样的慈善事业，几乎要被贬斥为迂腐可怪，实在令人感概。《周易》里说“常常行善的人家，肯定有福泽”，孟子说“君子的恩泽，过五代人才会消逝”。大凡伟大人物的家庭，一定会有祖上积德，自古都是这样，分毫不差，这绝非迂阔的言论。

第三章 武穆之与宗泽

乌获虽勇不能自举其身也，必有引之者焉。伟人伏处草茅，潜而未升之日，则必有人焉，攀引而煦沫之。故曰：“莫为之前，虽美而不彰；莫为之后，虽盛而不传。”（本韩文公语）。大丈夫磊磊落落，自以材略立功名于世，而当奋迹之始，亦岂能一无所攀附哉？武穆初投刘韐，中事杜充，皆不过以一战士蓄之，而未尝以非常之人，破格相待也。未几，乃与宗忠简相遇于东京（今河南开封府）。

宗忠简公，名泽，字汝霖，今浙江义乌县人也。高宗南渡，忠简留守东京。忠义奋发，惟以恢复神州，迎还二帝为念。时黄潜善、汪伯彦辈方执政，小人道长，忠简不得行其志，愤甚，疽发背卒。临死，诵杜子美吊诸葛侯之诗曰：“出师未捷身先死，长使英难泪满襟。”又连呼渡河者三。至今读其遗传，犹懔懔有生气焉。

高宗元年（年号建炎），武穆以偏裨，与金人战于开德（今直隶大名府开州），

乌获虽然勇猛善于举重，却不能提举自己（双关语），肯定有提拔推举他的人。当伟人还潜伏于乡野尚未发迹的时候，那么必定会有人提拔救助他。所以韩愈说："如果没有人为他在人前宣传，即使这人很优秀也不能彰显；如果没有人在他死后为他宣传，即使这人做的事业很伟大，也不能流传千古。"伟大的人物，虽然是拿自己的才略立功于世，但在初出来的时候，总得有人提拔才行。岳飞初投军到刘韐的部下，后来又投事杜充，他们都只是把他当作一个普通的战士，并没有当他是非常的人物而破格相待。没多久，他便在东京（现在的河南开封）遇着了宗泽。

宗忠简公，名泽，字汝霖，是现在浙江义乌的人。高宗南渡后，忠简留守东京。他为人非常忠义，时刻念着要恢复已失去的北方土地，和迎还被捉去的两个皇帝。可惜那时黄潜善、汪伯彦一班小人刚刚执政，忠简不能实行他的志愿，愤恨极了，以致疽发而死！他临终的时候，还朗诵着杜甫吊诸葛武侯的诗句："出师未捷身先死，长使英雄泪满襟！"又连喊："渡河！渡河！渡河！"现在读他的遗传，还能感受到他那栩栩如生的样子。

高宗元年，岳飞和金人战于开德（现在的直隶大名府开州），连发两箭，射死了敌人的两个酋长；乘势率骑兵冲锋，将金兵打败

两矢殪其二酋；纵骑冲突，败之。又战于曹州（今山东曹州），披髪挥四刃，直犯虏阵，士皆奋击，遂得大胜。忠简大奇之，谓之曰：“尔智勇材艺，虽古良将不能过。然好野战，非古法，今为偏裨尚可，他日为大将，此非万全计。”因以阵图相授，武穆一览即置之。后复以问，对曰：“留守所赐阵图，飞熟视之，乃定局耳。古今异宜，夷险异地，岂可按一定之图？兵家之要，在于出奇不可测，始能取胜，若平原旷野，猝与虏遇，何暇整阵哉？”忠简怫然曰：“如尔言，阵法不足用耶？”武穆曰：“阵而后战，兵之常法。运用之妙，存乎一心。”忠简称善。

建炎初政，许人上书，极言政治得失。武穆上书数千言，皆切中时弊，朝廷非惟不用，反谓越职言事，削其官爵，遣归田里。专制之国，出尔反尔，事同儿戏，不值读史者之一笑也。时青州张所，方为河北招抚使，武穆往焉。所一见，待以国士，尝从容问曰：“闻汝从宗留守，勇冠三军，汝自料能敌几何？”武穆曰：“勇不足恃也，用兵在先定谋。谋了。又会战于曹州（现在的山东曹州），他自己披着发，手挥四刃刀，一直冲进敌阵，兵士都奋勇痛击，又大胜而归。忠简觉得很惊奇，对岳飞说："你的智、勇、才、艺，虽是古代的良将也不过如此。然而你喜欢野战，不是古代传统战法，现在做他人的副将还可以，如果将来身为大将，独当一面，便不能这样了。"于是给了他一张作战阵势图，岳飞看了一遍之后就置之不用了。忠简后又问他，他回答说："您赐给我的阵图，我看得很熟，这乃是固定的战局布置。古今的局势不同，地点的形势也不同，哪能按照定的图来布置阵势呢？而且用兵的要诀，在于出奇不测，才能取胜。假如在平原旷野，突然和敌相遇，哪里还有工夫整理阵势呢？"忠简有点生气的说："照你这样说，难道阵法不足用吗？"岳飞答说："先布阵而后战，这是兵家的常法。可是战法运用的巧妙，在于心机的灵敏。"忠简听了，转嗔为喜说："对啰！"

高宗初即位的时候，允许大家自由上书，极力评论当时政治的得失。岳飞便也上了一封数千言的奏章，大都是切中时弊的话，但朝廷不但不用他的计划，反归罪于他，说他越职谈论国事，削了他的官爵，遣他回归故里。专制国家，做事出尔反尔，如同儿戏，真不值一笑。那时候青州人张所，正做河北招抚使，岳飞便到他那儿去。张所一见他，待他像国士一般很有礼貌，曾问他道："听说你跟从宗留守时非常地勇敢，你自己觉得能敌多少人？"岳飞回答说：

者，胜负之机也。栾枝曳柴以败荆，莫敖采樵以致绞（二事皆见《左传》）皆谋定也。”所矍然曰：“君殆非行伍中人！”惟英雄能知英雄，两人之遇合殆非偶然。

此时高宗避金人之锐，暂去中原。而宗泽、张所诸军，声势甚盛，恢复之事，未必绝望也。武穆说张所，谓国家都汴，恃河北（谓黄河以北）以为固，必令金人不能窥河南（谓黄河以南），而京师根本之地方固。所深然之，即命从王彦渡河。

武穆此时，官不过偏裨，带兵数百人耳。虽有盖世之略，而无兵无饷，其亦何以自见。然盘根错节，乃知利器，观于新乡之战，而知之矣。是时武穆从王彦渡河，至新乡（当在湖北施府境），金兵甚盛，彦不敢进。武穆独引所部鏖战，夺其纛而舞，诸军争奋，遂拔新乡。夜屯石门山下，或传金兵复至，一军皆惊，武穆坚卧不动，金兵卒不来。粮尽，走王彦处乞粮，彦不许，则引兵益北。尝单骑持丈八铁枪刺杀金酋，号黑风大王者，敌众败走，因不为王彦所容，复归宗泽，为留守司统制。泽卒，杜充代之，仍居故职。

高宗三年（建炎三年），金人约反寇曹成攻东京，盖用

“勇，是不足恃的，用兵在于先定好计谋。计谋，才是胜负关键。所谓‘晋国的栾枝曳柴惑敌打败楚国，楚国的莫敖派出砍柴人诱敌而大败绞国’，这些都是预先谋划好的。”张所听了，吃惊地说：“你并不是一般的武人啊！”只有英雄才会是英雄的知音，两个人的相遇大约不是偶然。

这时候，高宗为避免金人的锋芒，暂时离开了中原。但是，宗泽、张所等各路军队，声势很大，若要恢复国土，不是不可能的事。岳飞游说张所说，国家定都在开封，依靠黄河以北为屏障，现在必得设法使金人不敢进到黄河以南，首都重地才能稳固。张所很赞同他的意见，就命他跟从王彦渡河。

岳飞这个时候，不过是一个偏裨，带兵只有数百人。虽有盖世的谋略，倘若无兵无饷，他也无法可想。然而在困苦艰难当中，方能见出真才，这从新乡之战就能充分说明。当时岳飞随从王彦渡河，到新乡（现在的湖北施南府境），金兵很盛，王彦不敢前进。岳飞单独引他的部下出去苦战，夺得金人的大旗，于是诸军争告奋勇，攻下了新乡。他们夜里屯扎在石门山下，有人传说金兵反攻来了，全军都很惊惶，岳飞坚持不信，睡着不动，结果金兵并没有来。后来，他军中的粮尽了，到王彦处乞粮，王彦不给他，他就引兵北进，单独骑在马上，手中拿着丈八长的铁枪，刺杀了金兵的酋长黑风大王，金兵大败而走。因为不为王彦所容，岳飞又回到宗泽那里，做留守司统制。宗泽死后，杜充来代做留守，岳飞仍保留他的原职。

高宗三年，金人约同反寇曹成一起进攻东京，想用汉人残害以汉人残汉人之策，鹬蚌相持，利归渔翁。昔满清之入关，亦以此成功也。时贼众五十万，武穆所部仅八百，众惧，不敢前，武穆曰：“吾为诸君破之。”左挟弓，右运矛，横冲其阵，贼乱，大败之。杜充将还建康（故城在今江宁上元县南三里）。武穆争之曰：“中原地，尺寸不可失。今一举足，此地非我有。他日欲复取之，非数十万众不可。”充不听。

【批评】

平原君曰：“贤者之处世，犹锥处囊中，机虽未发，其末立见。”其武穆之谓矣。少年出见长者，宜有一种英华外发，清机内沉之概，见者动容嗟赏，许为大器。此事非由天生，从容修养，自能得之。赠人以物，不如赠人以言。宗泽之于武穆，可谓相爱甚深，何难为之迁补一官。乃其所郑重相付者，偏在一册之阵图。有识者知其所赠之大，有甚于一官一邑者也。

大凡少年能读书，则求道于源，其嗜好自高人一等，然有善读不善读之分焉。善读书者，能不死于字句之中，而发挥自己之意见，所谓眼高于顶，识大于书者也。昔人有“非人磨墨墨磨人”之喻。不善读书者，得毋类是。武穆既读阵汉人的方法，使他们鹬蚌相争，而利益归他们。过去满清之所以能入关，也是用这个策略成功的。当时贼众有五十万，岳飞所率领的，仅有八百，军士们惧怕，不敢向前。岳飞说："让我来为诸君攻破他们。"于是左手挟弓，右手运矛，横冲到敌军的阵线，贼军大乱而败。杜充将要退回建康（在现在的江宁上元县南三里）。岳飞争执说："中原地土，一尺一寸也不可失去。现在我们一抬脚，这个地方就不是我们的了。将来如果想再取回，那就非用数十万大军不可。"杜充却不听他的话。

【评论】

平原君说："贤能的人在世上，就好比锥子放在袋子里，虽然还没发出，那尖端已经显露出来了。"这就是说的岳飞。少年人出门面见年长的人，应该具有一种英气逼人，深沉内敛的气度，让见到的人为之动容叹赏，推许为大材。这事可不是天生的，是慢慢修养得来的。赠送人礼物，不如赠送人良言。宗泽对于岳飞可以说是非常器重了，帮他升个一官半职，又有何难呢？然而却偏偏珍重的托付给他一册阵图。有大见识的人会理解这赠送的东西的重大意义比赠送一官半职或一城一地更重要。

大凡少年人读书，如果能寻求学问的根本，这样他的嗜好自然会高人一等，但是还是有善于读书和不善于读书的区别。善于读书的，不会被书本中的字句给限制死，因而能够发挥自己的见解，这就是所谓的"眼高于顶，识大于书"的人。古人有"非人磨墨墨磨人"的比喻，不善于读书的人，跟这是不一样的。岳飞读罢图，即能下精确之判断，为著书人补发未尽之蕴。如此则读一书自能得一书之用，而不致以书簏见讥矣。

阵图就能立刻做出精确判断，为写书的人增补阐发尚未发明晰的涵义。像这样读书，读一本书自能得到一本书的好处，知道怎么运用，而不至于被嘲笑为书呆子。

第四章　黄天荡之战

高宗即位之初，内有李纲，外有宗泽、张俊、韩世忠，内外协力，不难驱除胡虏，报仇雪恨。未几而李纲罢，黄潜善、汪伯彦辈用。金兵横行山东，群盗蜂起，而汪黄诸人，既无谋略，专权自恣，言事者不纳其说，请兵者不以上闻。既而金兵日南，高宗不得不弃中原用武之地，而移都杭州（时改杭州曰临安府）避之。

金人见中国无主，遣其将乌珠（旧译兀述，今据清殿本金史改），大起燕云、河朔之兵，出定中原。于是杜充逃而东京不守，唐佐死而南京又亡，刘光世遁而江西陷（刘光世在九江置酒高会，金兵至而不知），陈邦先降而建康去。临安之小朝廷，亦不可守，乃不得不委第一湖山（谓杭州也）于丑夷之手，而仓皇逃避至越（今绍兴府，宋名越州）至明（今宁波府，宋名明州），皆不安稳，卒逃至海中（舟次昌国县，今镇海县也）。千乘万骑，去九重之安，而冒险于洪涛骇浪之中，此中国帝王所未有也。汉族之运命，至是诚岌岌关，非武穆其孰保之。

其时乌珠之兵，自安徽之广德（今广德州），侵入临安。杜充一军，既已降敌（杜充时在建康），武穆独引所部，追蹑金兵，六战皆捷，俘获甚众。察其可用者，结以恩信，仍遣还，令夜斫营纵火。宋军乘乱纵击，大败之。金人相与震恐高宗即位的初期，朝廷内有李纲，外有宗泽、张俊、韩世忠等人，内外协力合作，并不难驱除胡虏以报仇雪恨。可惜不久李纲被罢职，黄潜善、汪伯彦等一班小人用事。到了金兵横行山东，群盗蜂起的时候，而汪、黄等人既没有谋略，而且专权自恣；所进的忠言他们不采纳，那些请求出兵的奏章他们隐瞒不上报皇上。因此金兵一天一天的南下，高宗不得不抛弃中原等战略要地而移到杭州避乱，改杭州为临安府。

金人看见中国无主，便派遣他的大将乌珠（旧译兀述，今据清殿本金史改），率领燕云、河朔的全部兵力，出击并占领了中原。于是杜充败逃，东京失守；唐佐死了，因而南京也丢失了；刘光世遁逃，江西陷落（刘光世在九江置酒高会，金兵至而不知）；陈邦先投降，建康失守。临安的小朝廷，也不可保，高宗便不得不放弃了第一湖山（指杭州），仓皇逃避到越州（现在的绍兴，宋名越州），又到明州（现在的宁波），都不安稳，最后只得逃到海中（舟次昌国县，现在的镇海县）。千乘万骑，放弃中原这片安稳的土地，而冒险于洪涛骇浪之中，这是历朝从来没有的事。汉族的运命，此时确实是岌岌可危的关头了，如果不是岳飞，谁又能来保全呢？

那时乌珠的军队，从安徽的广德（现在的广德县）侵入临安。杜充的军队，已经降敌，岳飞单独率领他所部的兵士，追击金兵，连战了六次，都大胜，捉得的敌兵很多。岳飞考察内中有用的人才，就以恩义结识他们，仍然放他们回去，命令他们在夜间破营放火。宋军乘敌军混乱时冲击，大败金人。金人非常震恐，大家互曰："此岳爷爷军也。"乌珠闻之，不敢久恋，改入江苏境，将由此北归。微广德之胜，则厓山（在广州海中）之事，恐不待帝昺而见矣（宋亡于帝昺，元兵入临安，陆秀夫、张世杰奉帝入海，败于厓山，帝自溺死，宋遂亡）。

乌珠攻常州（今江苏武进县），朝命武穆移屯。城外有金沙禅寺，武穆乐其僻静，尝从容登览，留题壁间，至今传为名迹。与金人遇，四战皆捷。尾袭于镇江府东，又大胜。横尸十五里。乌珠趋建康，武穆设伏牛首山（在江宁府境内）以待；又令百人，黑衣混金营中扰之。金兵惊，自相击杀。乌珠奔淮西，遂复建康。建议谓建康为要害之地，宜选兵固守，更宜益兵守淮，拱护腹心。盖金人常自山东、河南南下，其时汽船未行，则淮河、大江实为南北之天堑。北以武昌为重镇，南以金陵为扼要。迄今言东南形势者，皆本武穆此论而不可易。论史者每谓乌珠破临安，高宗航海之时，宋之国祚，得以转危为安者，实赖韩世忠（字良臣，封蕲王，延安人）黄天荡（在江宁府东北，长江至此寖，深广横阔三十里）之战。不知此因武穆扼其北路，乌珠乃冒险而走苏常。北人不习水战，又当新败之后，胆丧气夺，仓皇窜走。武穆又扼之于建康，世忠所以成功。滚滚长江，自周郎赤壁以后，寂寥久矣。黄天荡事，尤为吾族对外之大战。虽胜败参相招呼说："这是岳爷爷的兵呀！"乌珠见士气如此，不敢久恋此地，改入江苏境，将由那里回归北方。假使不是广德的这一次胜仗，恐怕在厓山（在广州海中）战役中，宋朝就早已灭亡了，不会等到帝昺的时代才实现（宋亡于帝昺，元兵入临安，陆秀夫、张世杰奉帝入海，败于厓山，帝自溺死，宋遂亡）。

乌珠进攻常州（现在江苏武进），朝廷命岳飞移军去救。城外有一座金沙禅寺，岳飞喜欢那里的僻静，曾经悠闲地登临观赏，还在墙壁上题诗，成为了今天的一处名胜古迹。他与金人相遇，交战四次，都取得大胜。而且尾随在他们的后面，于镇江府东袭击，他们又获大胜。敌兵的死尸横在路上，长有十五里。乌珠逃到建康，岳飞早设伏兵在牛首山（现在江宁境内），等待他过来，又命令一百多人，穿黑衣混到金营中扰乱。金兵大为惊恐，自相击杀。乌珠逃奔淮西，岳飞于是收复了建康。他建议说建康是军事要害之地，应当选兵固守，更应当增加兵力防守江淮，守护京城。因为金人常从山东、河南一带南下侵犯，当时没有汽船等工具，所以淮河、大江实际上是南北之间的一道天堑，北以武昌为重镇，南以金陵为扼要。到现在为止，讨论东南形势的，都坚持岳飞的这个论点而不变。读历史的人，常常说到乌珠破临安、高宗航海的时候，认为宋朝的不亡，完全是倚靠韩世忠（字良臣，封蕲王，延安人）的黄天荡（在江宁府东北，长江至此寖，深广横阔三十里）一战，不知道这是因为岳飞扼住了他的北路，乌珠只能冒险而走苏常。而北方人不习惯于水战，又是刚刚战败之后，胆丧气夺，仓皇窜走，岳飞又扼守在建康，世忠这才能成功的啊！滚滚长江，自从周瑜在赤壁大半，犹得与诸君浮白而读之。

其时世忠自镇江退守江阴，以前军屯青龙镇（在松江北，以青龙江为名），中军驻江湾（宝山县南，离上海十里），后军驻海口，俟乌珠西窜，将邀击之。会上元节，就秀州（今嘉兴县）张灯高会，忽引兵趋镇江。金师至江上，世忠先以八千人屯焦山寺（山在镇江县东江中，后汉处士焦光隐此，因名）。乌珠欲济江，乃遣使通问，且约战期。世忠许之，因谓诸将曰："是间形势，无如金山（在镇江西北，与焦山对峙，本名浮玉山，以裴头陀开山得金，因改名）龙王庙者。敌必登之，以觇我虚实。"乃遣苏德将百人伏庙下岸侧。先戒之曰，"闻江中鼓声，则岸兵先入，庙兵继出，以合击之。"及敌至，果有五骑趋庙，庙兵先鼓而出，获两骑。其三骑则振策以驰，驰者一人，红袍玉带，既坠，复跳而起。诘获者，则乌珠也。

两军既战，凡数十合。世忠妻梁夫人亦在行间亲执桴鼓，以励军士。敌终不能济，俘获甚众，虏乌珠之婿龙虎大王。乌珠惧，请尽归所掠以假道。世忠不许，复益以名马，又不许。遂自镇江泝流西上，金人循南岸，宋人循北岸，且战败来犯的曹操百万大军以后，很久没有这等抵御外辱的战斗了。黄天荡战役，尤其在我们民族反侵略战争中值得大书特书，虽然胜负各一半，仍然值得我跟各位读者为之痛饮一杯。

当时韩世忠从镇江退守江阴，将前军屯扎在青龙镇（现在松江北边），中军驻江湾（宝山县南，离上海一里），后军驻海口，等到乌珠西窜的时候，拦路痛击。适逢上元节，他到秀州（现在的嘉兴）参加盛大灯会时，忽引兵赶赴镇江。金兵到江上，世忠先派八千人屯守在焦山寺。乌珠想要渡江，就遣派使者通问，而且约定了战期。世忠答允了，同时告诉诸将官说："这里的形势，只有金山（在镇江西北，与焦山对峙，本名浮玉山，以裴头陀开山得金，因改名）龙王庙最好，敌人必定到那上面，偷看我军的虚实。"便教苏德带领百名兵士，埋伏在庙下江岸的旁边。出发前韩世忠对他说："你一听见江中的鼓声，就令岸旁的兵先进去，庙里的兵继续出来，这样里应外合进行夹击。"当敌军到的时候，果然有五个骑兵直向庙内走来，庙内的兵先击鼓而出，俘获着两骑。其余的三骑，就拼命地奔驰，其中有一人身穿红袍，扣玉带，坠落到了马下，又再跳上了马背。后来问那两个被捕获的人，才知道那坠马的就是乌珠。

两军既开战，打了有数十回合。世忠的妻子梁夫人也在行营中，亲自执桴击鼓，以励军士。结果敌不能渡江，被俘获的很多，并且乌珠的女婿飞虎大王也被捉住了。乌珠非常惧怕，愿意将他所掠的物件一概归还，以借道通行。世忠没有答应，他就加送了些名贵的马，世忠还是没有答应。于是两军从镇江沿江西上，金人沿着

且行。世忠艨艟大舰，出金师前后数里，击柝之声达旦，军士皆欢呼。世忠出酒相慰劳，酒罄，掷其瓶于江中。今渔人往往得之，古董家称为韩瓶。将至黄天荡，乌珠窘甚，有汉人教之曰："老鹳河（亦名老鹳嘴，在黄天荡南）故道，今虽湮塞，若凿之，可通秦淮。"乌珠从之。一夕渠成，凡三十里，遂趋建康。

乌珠至建康，则武穆早厉兵秣马以待之矣。乃以骑三百，步兵三千，邀击于新城（亦曰北城，在句容县北），大破之。乌珠无可奈何，复自龙湾（市名，在上元西北）出江中，趋淮西。会达赉（旧作挞辣）自湾州遣贝勒塔叶（旧作孛莲太乙），引兵来援。乌珠乃复引还，欲北渡，世忠与之相持于黄天荡。塔叶军江北，乌珠军江南，世忠以海舰进泊金山下，乌珠穷蹙，求会语，祈请甚哀。世忠曰："还我两宫，复我疆土，则可以相全。"

乌珠见海舟乘风使篷，往来如飞，谓其下曰："南军使船如使马，奈何。"乃募人献破海舟之策，于是闽人王姓者，南岸，宋人沿着北岸，且战且行，世忠的艨艟大舰，出没于金兵前后数里，击柝的声音整夜未歇，军士都欢呼。世忠拿出酒来慰劳军士，酒喝完了，便将酒瓶抛掷在江中。直到现在，渔人们往往由江中网得这种酒缸，古董家称为“韩瓶”。将到黄天荡地方的时候，乌珠更显窘迫。有一个汉人告诉他说：“老鹳河（又名老鹳嘴，在黄天荡南）的水道，现在虽然淹塞，若将它凿开，可以通秦淮河。”乌珠听从了他的话。一夜的工夫，把沟渠凿成，大约有三十里长，金兵便由这条路到了建康。

乌珠到了建康，岳飞早已厉兵秣马在等候他。岳飞便以骑兵三百，步兵三千在新城（亦曰北城，在句容县北）阻击，大破金兵。乌珠无可奈何，复从龙湾（市名，在上元西北）出江中，奔向淮西。恰巧那时达赉（旧作挞辣）从湾州派贝勒塔叶（旧作孛莲太乙）引兵来救。乌珠便又回来，想北渡。世忠与他相持在黄天荡。塔叶军在江北，乌珠军在江南，世忠将海舰逼进停泊在金山下。乌珠没有办法了，求与世忠会面谈话，显得很是可怜。世忠说：“送还我们的两宫皇帝，归还我们的疆土，便可以放你回去。”

乌珠看见海舟乘风使篷，往来如飞，就对他的部下说：“南军善于驾船，就如同北军善于骑马一般，这该怎么办呢？”便下令征教其舟中载土，以平板铺之，穴船板以棹桨，俟风息则出。海舟无风不可动也，且以火箭射其箬篷，则不攻自破矣。乌珠从之，刑白马以祭天。及天霁风止，乌珠以小舟出江，世忠绝流击之。海舟无风，不能动。乌珠令善射者，乘轻舟，以火箭射之。烟焰蔽天，师遂大溃，世忠仅以身免，奔还镇江。乌珠遂济江而去。此战也，世忠以八千人拒乌珠十万之众，凡四十八日而败，然金人自是亦不敢复渡江矣。

【批评】

钦宗之时，京师有言曰："城门闭，言路开，城门开，言路闭。"鄙谚曰"急来抱佛脚"，其意正同。专制之国，一人孤立于上，其能阿谀之者，以为贤；不能阿谀之者，以为不贤，故正人君子，常不容于朝。高宗果能始终以朝事任李纲，以兵事任张、韩、刘、岳，金人不足平也。乃是非不明，贤奸莫辨，不能救中原于涂炭，复汉官之威仪，可胜惜哉。民主之国，自不患此。而意气用事，则亦往往有是非不明，贤奸莫辨之虑，我少年当知之。

辽、金、元三朝，皆非汉人，文字各异。辽、金二史，修求攻破海舟的计策。果然有一个姓王的福建人，教他在舟中载着泥土，用平板铺着，船板上雕着洞以便摇桨，等风息了便开出去。因为海舟很大，没有风就不能行动，这时用火箭向它们的篷上射去，那么海舟就不攻自破了。乌珠听从了这个建议，杀白马以祭天地。等天晴风止的时候，乌珠将小舟开到江中，世忠准备截断河流攻击他们。可是没有风，海舟不能行动。乌珠便教善于射箭的人，乘着轻舟，用火箭射向海舟。海舟着了火，烟焰蔽天，宋师最后大败，世忠仅单身一人得以幸免，逃到镇江。乌珠乘此渡江逃走了。这次的战事，世忠不过八千人，抵抗乌珠的十万大兵，经过四十八日，最后虽然战败，然而金人从此也不敢再渡江了。

【评论】

钦宗年间，京城里流传这样一句话："城门闭，言路开；城门开，言路闭。"俗语说"急来抱佛脚"，跟这意思差不多。专制的国家，只有唯一的领导者——皇帝。巴结他的，他认为是贤能的人；不懂得奉承的，他便认为不贤能，所以往往正人君子不能在朝廷立足。南宋的高宗皇帝如果能从始至终都将政事托付给李纲，将战事托付给张俊、韩世忠、刘光世、岳飞，抵御金人，简直易如反掌。可是他不明是非，不辨忠奸，不能拯救中原百姓于水深火热之中，也不能恢复汉家的衣冠制度和威仪，实在很可惜！民主国家，自然不必担心这个。只不过往往意气用事，也会有不明是非，不辨忠奸的隐患，我们的少年应该要了解。

辽国、金国、元，都不是汉人建立的王朝，所用的语言文字也于元人，元史修于明人。元人不习辽金文字，明人不习蒙古字，故译音不能无讹。清乾隆帝别撰《辽金元三史国语解》，以索伦语正辽史之误，以满州语正金史之误，以蒙古语正元史之误，音义较旧译为确，今皆从之。

战器有古今，战略亦有古今，惟随时应变，出奇制胜，则今犹古也。武穆对宗泽、张所之言，诚为至论。其后孤军转战，以弱胜强，以少胜多，可谓巧于用兵矣。然莫谓武穆纯恃巧术也。其忠义之气，入人者深，故兵虽败而不乱，虽饿而不掠，赴汤蹈火，一惟武穆之命。故为将之道，立身为先而战术次之。

韩蕲王，亦南宋名将也。黄天荡之战，乌珠有甲十万，而无所施其计，至于涕泣求哀。金人横行中原以来，未有若此次之穷蹙者。读史者至此，不禁拍案称快。乃有汉奸，为虎作伥，教猱升木，终致转胜为败，岂不惜哉。然世忠亦不得辞其责也。大舟非风不能行，此理之浅而易见者也。周郎赤壁，乘风纵火，而胜曹公。此事之显而易防者也，世忠皆未虑及，不败何待。脱以武穆当之，必无此事。

各不相同。辽史、金史，都是元人修纂的，而元史修纂于大明朝。元代人不学习辽国、金国的文字，明朝人不学习蒙古人的文字，所以翻译人名时会有讹误。清朝的乾隆皇帝另外编纂了《钦定辽金元三史国语解》，分别用索伦语、满洲语、蒙古语来勘正《辽史》、《金史》、《元史》的讹误，音译和含义比旧史的准确，现在依据的都是这个。

战争武器古今不同，战略也有古今的区别，只是随机应变、出奇制胜是古今通用的准则。岳飞向宗泽、张所说的话诚然是非常正确的。后来他孤军深入，转战北方，以弱小的兵力战胜强大的外族军队，可以说是非常善于运用战术和战略的。然而别以为岳飞纯凭技巧和战术，他那忠义的气节，已经深深印在别人的心中，所以他的军队即使吃了败仗也不会混乱，即使士兵都饿着肚子，也不会掳掠百姓的粮食，反而听从岳飞的指挥，赴汤蹈火，在所不辞。所以作为将军，最首要的是做人要正直，其次才是讲究战术。

韩世忠，也是南宋的名将。黄天荡战役，乌珠有军队十万人，却在他面前无计可施，甚至于流泪哀求。这是金国人侵略中原以来，不曾有过这样的窘迫。读史书读到这里，禁不住要拍案叫好。然而竟然有汉奸为虎作伥，帮敌人出谋划策，最终让金国人转败为胜，实在太可惜了。只是韩世忠也难辞其咎。大船只要没有风就不能行驶，这是显而易见的道理。三国东吴的周瑜，在赤壁之战中，乘风用火烧了曹操的船队，因此大胜，这是很明显且容易防范的事，但是他都没考虑到。怎么会不失败呢？如果换成岳飞是主帅，一定不会出现这样的状况。

吾国自汉唐以还，人习于一统之治。故爱国之心，淡然若忘，而自私自利之心，牢不可破，是可慨也。闽人王姓，明是宋人，乃不惜覆祖国之同胞于逆浪之中，以利敌国。且当时乌珠率十万之兵，深入东南，米薪诸物，岂能尽携？而不闻其有绝粮之虑，是必宋人给之矣。惟利是图，恬不为怪，所以欧美联军北上之日，其奋勇当先者，皆我国之佣兵也。是非一朝一夕之故，其所由来者渐矣。呜呼。

我们国家自从汉、唐以来，已经习惯国家的大一统。所以，爱国心非常淡薄，而自私自利的心却牢不可破，这真让人感慨啊。那个福建人王某，分明是宋朝人，竟然不管不顾，让祖国的同胞倾覆在亡国的惊涛骇浪之中，使敌国从中得益。而且当时乌珠率领十万大军，深入东南地区，粮草等东西难道能全部带来？却从未听说他们会有供给不足的忧虑，这一定是宋朝的汉奸帮助了他们。这些汉奸唯利是图，恬不知耻，所以当时欧美联军攻入北京的时候，奋勇在前的都是我国的雇佣兵。这已经不是一天两天产生的现象，其来由实在很久很久了。唉！

第五章　武穆之平内寇

南宋之初，为金人所利用者，刘豫（金人封为齐王）外，则有大盗李成、张用辈。内乱未平，终不能一意对外。而对付内寇，与对付外国之手段，自当有别。但以强敌凭陵，兼顾备难，则往往用内抚外战之策，卒之内乱愈炽，而外寇乘之，国遂不救。观于明季流寇之祸，而可以知之矣。南宋之初，张俊辈治盗，亦皆主抚，独武穆谓盗力强则肆暴，力屈则就招，苟不略加剿除，蜂起之众，未可遽殄也。朝议是之。

高宗元年（绍兴元年），李成将马进犯洪州（今江西南昌府），连营西山（在南昌城外，王勃《滕王阁赋》所谓西山暮雨者也）。武穆以贼贪而不虑后，若以骑兵自上流绝生米渡（谓章江之上流也。生米渡，在今南丰县境），出其不意，环而攻之，必可得志。乃重铠跃马，潜出贼右，突其阵。所部从之。进大败，走筠州，武穆追之。进整兵而至，布阵十五里。武穆预设伏，以红罗为旗，上刺岳字，选二百骑令其随旗。而前贼易其少，薄之。伏发，又败走。武穆使人呼曰："不从贼者坐，吾不汝杀。"坐而降者八万余人。李成闻马进败，自南康（自江西南康府）引兵十余万来，又败之。成走湖北，降于张用。

张用亦一时剧寇，与李成同扰江西。张用相人也，与武南宋初年，被金国人利用的傀儡除了刘豫以外，还有大盗李成、张用等人。内乱还未平息，终不能一致对外。而对付国内的叛乱，跟对付敌国的手段自然应当有所区别。只不过因为强敌压境，来势汹汹，要做到内外兼顾很难，所以往往采用对内安抚，对外作战的策略，最终导致内乱越发炽盛，而外寇也乘机而入，国家最终灭亡。这只要看看明末流寇的祸患，就可以知道了。南宋初年张俊等人对付盗贼也都主张安抚，唯独岳飞认为盗贼强大时就恣意扩张，弱小时便接受招安，如果不稍加扫荡，就会像蜂群一样起来造反，不可能轻易被消灭。朝廷同意了岳飞的意见。

高宗元年，李成的部下马进侵犯洪州（现在的江西南昌），连营驻扎于南昌城外的西山（在南昌城外，王勃《滕王阁赋》所谓西山暮雨者也）。岳飞知道盗贼贪婪而不会顾及后方，如果用骑兵从上流断绝生米渡（谓章江之上流也。生米渡，在今南丰县境），然后出其不意，围攻他们，必定可以取胜。于是他自身穿着重铠，跃马而前，暗中赶到贼兵的右边，突入敌军的阵营。部下的兵士也一拥而上。于是马进大败，逃走到筠州，岳飞追击。马进又重整军队而来，布阵十五里。岳飞预先设了伏兵，用红罗为旗，旗上绣一“岳”字，选二百名骑兵随着旗向前。贼看见兵很少，以为容易对付，毫不放在心上。当伏兵出现时，又大败而逃。岳飞使人大喊说：“不愿跟从贼盗的人快坐下来，我决不杀你们。”因此坐降的有八万多人。李成听说马进败了，从南康率领了十余万人来反攻，又被打得大败而逃。李成就逃到湖北，投降了张用。

张用也是当时的一个大盗，与李成一起祸乱江西。他是河南穆为同乡，乃先以书谕之曰："吾与汝同里。今吾在此，欲战则出，不战则降。"用得书曰："果吾父也。"遂降。于是江淮皆平，独李成犹崛强，由江西历湖湘，据道、贺二州。

时朝命授武穆为荆湖东路安抚都总管。成闻之，惊曰："岳家军来矣。"即分道而遁。武穆入贺州境，得成谍者，缚之帐下。武穆出帐调兵食，吏曰："粮尽矣，奈何。"武穆佯曰："姑反茶陵。"已而顾谍，若自悔其失言者，顿足而入。谍归以状告成，成大喜，期翌日来追。武穆命士蓐食，潜师袭之。成大败，遂奔连州。武穆遣其将张宪等追之。临行，戒之曰："成党散去，追而杀之，则协从者可怜。纵之，则复聚为盗。今遣若等诛其酋而抚其众，慎勿妄杀。"宪等受命而去，李成走降伪齐。

伪齐刘豫遣李成挟金人入侵，破襄阳、唐、邓、随、郢诸州（今湖北境）及信阳军（今河南信阳州）。湖寇杨么，亦与伪齐通，欲顺流而下。李成又欲自江西陆行趋两浙，与么人，和岳飞是同乡。岳飞先写信告诉他说："我与你同乡。现在我在这儿，你要是想战的话，就出来；要是不想战的话，就请你投降。"张用得着书说："果然是我的父老。"便投降了。于是江淮一带都平静了，独有李成仍然倔强，由江西经过湖北、湖南，占据道州、贺州。

当时朝廷授命岳飞为荆湖东路安抚都总管。李成听说后惊慌地说道："岳家军来了啊！"就各自分道逃遁。岳飞进入贺州境界，抓到李成的一个间谍，将他缚在营帐里。岳飞出帐调查兵粮，管粮的人说："没有粮食了，怎么办呢？"岳飞假意说："暂时退回茶陵吧。"说了后就看看间谍，好像自悔不应把这秘密告诉人似的，将脚一顿，进帐去了。这个间谍逃回去后，将这些情形告诉李成，李成欢喜得不得了，预备第二天来追。岳飞命令兵士一大早饱餐后悄悄出击。李成大败，逃奔到连州。岳飞派遣张宪等追赶。临走的时候，岳飞告诉他说："李成的党羽散去了，如果现在去追杀他们，把被强迫为盗的一齐杀了，委实可怜！假使将他们放了，他们又会在此聚集为盗。现在差遣你们去诛杀他们的首领，安抚其余的盗众，千万不要乱杀。"张宪等接受了命令而去，李成逃走投降了伪齐。

伪齐王刘豫差遣李成带着金人的兵力来犯，攻破了襄阳、唐州、邓州、随州、郢州及信阳各地。湖南洞庭湖杨么，也和伪齐勾结，想顺流而下。李成又想从江西陆行到两浙一带，和杨么会合。

会。此时中原诸将，惟恃武穆为重，而内忧外患一时俱集，虽智者亦无以善其后矣。则请观武穆应变之手段。

武穆奏襄阳等六郡，为恢复中原基本，今当先取六郡，以除心膂之患。李成远遁，然后加兵湖湘，以殄群盗。高宗以问赵鼎，鼎曰："知上流（两湖据长江上游，故曰上流）利害，无如飞者。"遂以此事委之武穆。渡江，中流顾幕属曰："飞不擒贼，不涉此江。"

两湖据中原之形胜，有湖山之险阻，而李成又百战之剧寇也。加以伪齐金虏，遥为声援，纵以武穆当之，意必聚南朝之精锐，暴师数年，而后克之。乃不及半年而东南底定，英雄之举事令人不能测也。

当时李成据襄阳迎战，左临襄江。武穆笑曰："步兵利险阻，骑兵利平旷。成左列骑江岸，右列步平地，虽有众十万，其何能为？"举鞭指王贵曰："尔以长枪步卒，击其骑兵。"指牛皋曰："尔以骑兵击其步卒。"既战马应枪而毙，后骑皆拥入江，步卒死者无数。成夜遁，复襄阳。又败刘豫、刘合孛堇（金将名）之师，于是湖广江浙皆安。武穆受武昌郡开国侯之封，立功拜爵，人皆羡之。而问其年，则仅这时中原的将领，只靠岳飞一人，而且内忧外患同时俱来，虽是绝顶聪明的人，也不容易有善后的方法。请看看岳飞应付变乱的手段吧。

岳飞上书朝廷，认为襄阳等六郡，是恢复中原的基本，应当先夺取这六郡以除去心腹祸患。等到李成远遁后再用兵湖湘，扑灭群盗。高宗将这建议告诉赵鼎，询问他的意见，赵鼎说："知道长江上流利害的人，只有岳飞了。"于是高宗就把这事委托给岳飞。他在渡江的时候，到了中流，对属下众人道："我如果不能擒贼，决不再渡过这江面了！"

湖南、湖北背靠中原地区的险要之地，拥有湖泊、高山的险要，而李成又是身经百战的大盗，加之伪齐和金国遥相呼应声援，纵使让岳飞来镇压，势必要聚合南宋所有的精锐部队，在外作战数载，才能平定。可他竟然不用半年就让南宋转危为安，英雄做事就是如此的让人深不可测。

那时李成占据襄阳，出来迎战，左边临近襄江。岳飞看见这样的形势，笑着说："步兵要利用险阻，骑兵要利用平旷。现在李成左边排列骑兵于江岸，右边排列步兵于平地。即使有数十万大军，又有什么作为？"便举鞭指着王贵说："你用长枪步卒，攻击他的骑兵。"又指着牛皋说："你用骑兵攻击他的步卒。"开战后，马一遇着枪，就倒毙了，后面的骑兵都被挤入了江心，步卒死的也不知有多少。李成半夜里逃遁了，于是岳飞收复了襄阳。又击败刘豫和金将刘合孛堇的兵，于是湖广江浙一带都安稳了。岳飞受封为武昌郡开国侯，立功拜爵，人们都羡慕他。一问他当时的年龄，却还只有三十二几耳。

杨么者，鼎州妖贼钟相之余党，名太。楚人谓幼为么，故称么云。相败死（在建炎末年），么率其余部居湖湘间，兵至数万，自称楚王。高宗五年（绍兴五年），武穆受诏讨捕，所部皆西北人，不习水战。武穆曰：“兵何常，顾用之何如耳。”遂至潭州。时张浚以都督军事至潭，参政席益告浚，谓武穆玩寇。浚曰：“岳侯忠孝人也。兵有深机，胡可易言？”益惭而止。会朝廷召浚还防秋（金人南犯常在秋间，宋人此时防之最严，故云防秋），武穆袖小图示浚，浚欲俟来年议之。武穆曰：“已有定画，都督能小留，不八日可破贼。”浚初不信，终乃笑而许之。武穆先遣使持檄往湖中（么居洞庭湖）招杨么。先是，鼎州太守程昌、安抚使孟庾、李纲，凡遣使十七次招降，尽为么所杀。至是，所遣之使叩头伏地曰：“节使遣某，犹以肉喂饿虎也，宁齿（齿犹刺也，谓宁为节使之剑刺死）节使剑，不忍受逆贼辱。”武穆叱之起曰：“吾遣汝，汝决不死。”使者捧檄至其境，望见贼营，即厉声呼曰：“岳节使遣我来。”诸寨开门延之。使者以檄投贼，贼奉檄钦颂。或问岳节使安否，于是么部将黄佐等潜来降。不战而屈人之兵，非武穆之声望，安能有此。

三十二岁。

杨么，是鼎州妖贼钟相的余党，名字叫太。当时楚人念“幼”为“么”，故又称杨么。钟相战死之后，杨么率领他的部下住在洞庭湖和湘江之间，聚兵数万，自己号称楚王。高宗五年，岳飞受诏去讨捕杨么，但他的部下都是西北人，不熟习水战。岳飞说：“这有什么关系，用兵没有一定之规，只要看怎样用法就是了。”于是到了潭州。适逢张浚因都督军事也到潭州，参政席益就告诉张浚，说岳飞怎样的看轻敌人。张浚回答说：“岳侯是全忠全孝的人。用兵有深机，怎么能轻易批评？”席益听了，很是惭愧，便没有说下去了。这时，朝廷召张浚回去防秋（金人南犯，常在秋季，宋人这时防备最严，所以叫做防秋），岳飞将袖子内的小图给张浚观看，张浚想要等到来年再说。岳飞说：“已经有了一定的计划，都督能够在这儿小住些时，不出八天，就可以破贼了。”张浚起初不相信，后来就笑着答应了。岳飞先差遣使者拿着檄文到洞庭湖中去招降杨么。先前鼎州太守程昌、安抚使孟庾、李纲等曾经有十七次遣派使者招降，使者都被杨么杀了。所以岳飞这次的使者，听说要派他去，他就伏在地下叩头哀告说：“节使差遣我去，犹如将肉喂饿虎！我宁可被节使的剑刺死，不愿意受逆贼的侮辱。”岳飞呵叱他起来说：“我差遣你去，你决不会死。”使者奉命捧檄到杨么的境界，望见他的军营，就大声喊着说：“岳节使派我来的。”各寨都开门引进，使者将檄文交给他们，他们捧着檄文恭恭敬敬地诵读，有的人还问岳节使安好。于是杨么的部将黄佐等人，私自来投降。不战而使敌兵屈服，若不是岳飞的声望，怎么能这样容易？

杨么部将多降，而么负固不服，方浮舟湖中，往来如飞。其船以轮激水，不用帆橹，旁置撞竿，官舟迎之辄碎（么舟有所谓望三州、和州、载五楼、九楼、大德山、小德山、大海鳅头、小海鳅头，以数百计，兵在楼上发矢石，官军仰面攻之，见其舟而不见其人，以是不敌）。王燮以数万人讨之，皆为所败，因其有此舟故也。武穆乃伐君山（在洞庭湖中）之木为巨筏，塞诸港，又以腐木乱草，浮上流而下，择水浅处，遣善骂者挑之，且行且骂。贼怒来追，则草木拥积，舟轮不行。遣兵击之，贼奔港中，为筏所拒。官军张牛革以蔽矢石，举巨木撞其舟，尽坏。么投水，牛皋擒斩之，余酋尽降。武穆亲行诸寨慰抚之，纵老弱归田，籍少壮为军，果八日而杨么平。

【批评】

西人常曰："盗贼者，恶政府之结果也。"当北宋之季，徽钦二宗，荒淫无道，重征暴敛，民不聊生，斗米千钱，饿莩载道，乃迫而为盗。恶政府之结果，至是而著矣。其主抚者，亦未尝不存归咎政府之心，以为良民何罪，何忍概为焚杀也。此当国家承平，草泽奸雄，偶然倡乱，政府之威力，足以削平之而有余，乃行宽大之政，用招降之策，则人于畏杨么的部将多投降，杨么自负以为有洞庭湖的险固，不肯服降，把舟浮在湖上，如飞似的往来。他的船是用轮激水，不用帆橹的，舟的旁边放着撞竿，官船迎上来便被撞碎！（这种舟共有数百只。兵在楼上发矢石，官兵仰面攻击的时候，但看见舟，看不见舟中的人，所以总是敌他不过）。王燮带了数十万人来讨伐他，都被他打败。因为要对付他的这种舟，岳飞便伐取君山的树木，做成大筏，塞在港口。又用腐木乱草，从上游顺流而下，选择水浅的地方，派遣会骂的人去挑战，一面走一面骂。贼被激怒了，就来追，那些草木拥积湖面，缠住舟轮，不能行动。岳飞派遣兵士乘机攻击，贼逃奔港中，又被木筏阻住。官兵展开牛革以躲蔽箭和垒石，举起大木撞贼军的舟，舟尽被撞坏。杨么投水，被牛皋擒住斩首，其余的首领尽行投降。岳飞亲自到营寨抚慰，老弱的就遣归田里，少壮的就收编为部下。果然只有八天工夫，便将杨么消灭了。

【评论】

西方人常常说："盗贼造反，都是痛恨政府的结果。"在北宋末年，徽宗、钦宗两位皇帝，荒淫无道，横征暴敛，致使民不聊生，米价昂贵，路边到处是饥民，他们因此被迫做了强盗。人们痛恨政府导致的结果，于此可以明显看见了。那些主张安抚的官员也未尝没有归咎政府的心思，认为普通百姓有什么罪，哪里忍心都将他们一网打尽呢。这要是遇着国家太平，草野的英雄好汉偶然起义，政府的威慑力足够轻松平定，而且还有余裕。若这时政府用

威之余，转多怀德之心。若夫一朝之季，政府之能力，既极薄弱，奸民之势力，既已蔓延，则非武殊不能止武矣。武穆之言可为千古治盗之良鉴。金人俘徽钦，则立张邦昌为帝，后又立刘豫为王。立张邦昌，则今日灭国新法中不变其政府之策也；立刘豫，则今日灭国新法中以本国人攻本国之策也。今开明之民族，虽敌国欲以此相加，而决不能者，则国中虽妇人孺子，皆有爱国心故也。

威望之与事功，其关系大矣。武穆刺岳字与旂，而马进却步；遗尺一之书，而张用投降。杨么部将，皆至桀骜不驯者，杀宋十七使而独欢迎武穆之使，皆仰其威望故也。威望之为物，视之冥冥，听之无声，养之非一朝，积之非一事，必也学行兼到，而又试之于事，彰之于功，然后威望生焉，而固非凭藉权势之谓也。

杨么虽一反贼，而能创造轮舟，以行地之法行水，为西怀柔政策来招安，那些流寇多半在震慑之际反而感念政府的恩德。如果在一个朝代的末期，政府的能力已经很薄弱了，奸诈的流民势力已经蔓延开来，那么不用武力是不能摆平的了。岳飞的话，可以作为永久对付盗贼的好办法。金国人俘虏了徽宗、钦宗后，便扶植了个傀儡皇帝张邦昌，不久又立刘豫为王。扶植张邦昌，就像今天灭国新法里的不改变政府的策略；立刘豫，就像灭国新法里的本国人攻击本国人的策略。如今开明的民族，即使用这等计策也对付不了他们，只因为这样的民族，连妇女儿童都拥有了爱国之心。

威望对于功业的作用非常之大。岳飞在旗帜上刺"岳"字，就让马进望而却步；投赠一尺书信，张用就乖乖投降。杨么的部将都是极为桀骜不驯的，已经杀了十七名宋朝使臣，唯独欢迎岳飞派的使者，都因为他们仰慕岳飞。威望作为一种存在，看不见，听不到，不是一朝一夕能培养的，也不是一举一动能积累出的，必须学问和行事都兼顾，又要在事上试用，在功业上彰显，然后就能产生威望了，而不是凭借权威和势力能够获得的。

杨么虽然是一介草寇，却能创造轮舟，将在陆地上行驶的办人汽舟之先声，其巧思未可非也。武穆诛其人而并没其轮舟之法，冤矣。光绪中叶，苏沪之间，亦尝有此，俗呼曰“木轮船”。自苏州至上海，一昼夜而达，急行者常附之。自内河行轮（谓小汽船也）之约立，木轮船不能与争而罢。闻故老言，此船之轮，设于后尾，用人力踏之，如桔槔然。除汽船外，无有及其速者。杨么之战轮，不知与此何如耳。宋人有《杨么事迹》一书，今已失传，莫由知其制作之法矣。

法用在水面上，可以算开了西方人汽船的先河，他灵巧的心思不应该被批判。岳飞杀了他本人，又一并埋没了轮舟的制法，实在太冤枉了。清朝光绪中叶，苏州与上海之间，也曾有这样的船，老百姓都称作木轮船，从苏州抵达上海只需要一昼夜，赶路的人往往乘坐。自从小汽船的合约签订以后，木轮船因为争不过就废弃了。听老者说，这种船的轮子装在船尾，用脚踏，像水车一样，除了汽船以外，没有能比得上它的速度的。杨幺的战船，不知道跟这个有什么不同。宋人曾写了《杨幺事迹》这本书，如今已经失传，没法了解它的制作方法了。

第六章 武穆郾城之捷

高宗十年(绍兴十年),金人叛盟。先是,金宋议和,仍以河南还宋。此事盖秦桧主之(秦桧初从徽、钦至金,后忽与其妻王氏归国。自言杀金人监己者夺舟而来,大言曰:"如欲天下无事,须南自南,北自北。"高宗常曰:"桧朴忠过人,朕得之喜而不寐。"遂拜为相。先是,朝廷虽数遣使于金,恒且守且和,而专意与金解仇息兵,则自桧始。盖金人阴纵之归,使为汉奸者也),武穆争之,表中有云:"臣愿定谋于全胜,期收地于两河(即黄河南北也),唾手燕云(即燕云十六州),终欲复仇而保国,誓心天地,尚令稽首以称藩。"由此大为秦桧所忌。武穆虽处南北平和之日,而教练士卒,屯钱粮,未尝一日而忘复仇也。

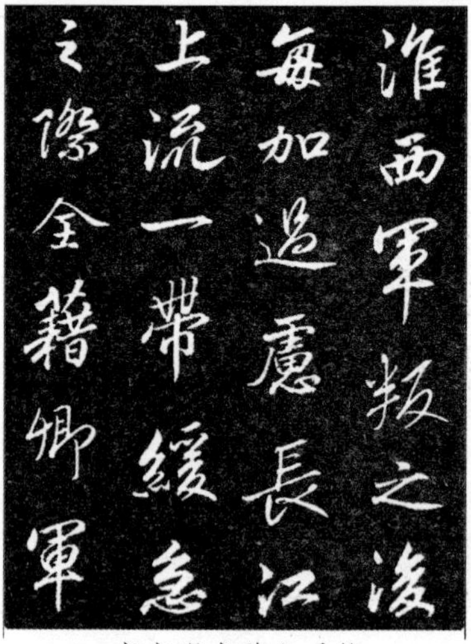

高宗赐武穆之手札

金人又来伐宋,刘锜告急。高宗命武穆驰援,并赐札云:"设施之方,一以委卿。"武穆乃遣王贵、牛皋、董先、杨再兴、孟邦杰、李实等,颁布要隘,以经略西京、汝、郑、颍昌、陈、曹、光、蔡、诸郡(皆在今河南境)。又命梁兴渡河,纠高宗绍兴十年，金国人背叛盟约。起初，金国和宋人议和，仍然将河南还给宋国。这结盟之事由秦桧主持（秦桧最初跟随徽宗、钦宗被掳到金国，后来忽然跟妻子王氏逃回宋国，自己解释说将看守自己的金国人杀掉，抢了一条船逃回来。而且夸口说："想让天下太平，一定要让南朝就是南朝，北朝就是北朝。"高宗常说："秦桧质朴忠厚，远过他人，我得到他以后兴奋地睡不着。"因此任命他为宰相。在此之前，南宋朝廷虽然多次派使臣去金国，往往是边战守边议和。自从秦桧秉政，才专心跟金国一味求和。大约金国人暗地放他回国，是要他做汉奸卧底的）。岳飞上奏表示反对，奏折中说："臣愿意谋划全面的战争胜利，预期将黄河南北的国土都收复，轻松的取回燕云十六州。最终复我国仇，保卫国土，让金国对天地发誓，对我国俯首称臣。"因此被秦桧极为忌惮。岳飞虽然处在南北暂时和平的时期，可是依然训练士兵，囤积粮草，没有一天忘记报仇雪恨。

金人又来伐宋，刘锜告急。高宗命令岳飞星夜赶去救援，并且赐他手札，教他一切可以自由做主。岳飞便派遣王贵、牛皋、董先、杨再兴、孟邦杰、李宝分布在各要隘，以经略西京、汝、郑、颍昌、陈、曹、光、蔡等郡县。又吩咐梁兴渡河，纠合忠义社，取河东北州县，又分遣兵士向东去援助刘铸，向西去援助郭浩，自己却领合忠义社，取河东北州县，又遣兵东援刘锜，西援郭浩，自以其军长驱以窥中原，驻于颍昌(今河南许州)。颍昌地势坦平，汝颍二水，左右回环，洵一片好战场也。兵势甚锐，乌珠大惧。会龙虎大王议，以为诸帅易与，独岳家军不可当，欲诱致其师，并力一战。中外闻之大惧，武穆夷然，若不以为意者。盖其胸中早有成算，故能临大事而不惧也。

武穆方略既定，乃日出一军挑战，且詈之。乌珠怒，约期七月初八日(绍兴十年)会战，合龙虎大王、盖天大王、伪昭武大将军韩常之兵逼郾城。盖武穆分军驻颍昌，而自以轻骑屯郾城也。乃遣子云领背嵬(武穆所练之军名)马军，直贯虏阵，谓之曰："必胜而后还，如不用命，吾先斩汝矣。"云，武穆长子也(武穆五子，云、雷、霖、震、霆。云死年二十三，而武穆此时年三十九，十六岁而已生子。一云：云是养子)，年十二，即从军，军中呼为赢官人。每战手握两铁椎，重八十斤。郾城之战，出入虏阵，甲裳为赤，敌尸布野。杨再兴以单骑入其军，擒乌珠不获，手杀数百人而还。初，乌珠有劲军，皆重铠，贯以韦索，凡三人为联，号拐子马，又号铁浮图，每进一步，即以拒马木拥之，故可进不可退，皆女真人(女真，金部藩名也。)为之，号长胜军。宋军不能当，所至屡胜。是战也，以万五千骑来，诸将惧。武穆笑曰："易耳。"乃令步兵长驱以窥中原，驻扎在颍昌（现在河南许州）。因为此处地势平坦，汝水、颍水回环于左右，真是一处作战的好场地。岳飞的兵势很锐，乌珠很是惧怕。和龙虎大王会商，认为各将帅都容易对付，惟有岳家兵不可挡，想引诱岳家军到自己的营地，合并力量与岳飞一战。宋军中人听了都很惧怕，岳飞却很镇定好像不在意似的。因为他的胸中早有成算，所以能临大事而不惧。

岳飞方略既定，就每日派出一支兵来挑战，且加以谩骂。乌珠大怒，约定七月八日会战，合并龙虎大王、盖天大王、伪昭武大将军韩常的兵逼到郾城。因为岳飞分军驻颍昌，自己率领轻骑屯扎在郾城。岳飞见金兵来攻，便遣他的儿子岳云领"背嵬"（岳飞所练的军名）马军直贯金兵的阵线，命令他说："必定要胜，方才可以回来。如果不遵守我的命令，我就先杀了你。"岳云是岳飞的长公子(岳飞五子，云、雷、霖、震、霆。云死年二十三，而岳飞此时年三十九，十六岁而已生子。一说：岳云是养子)，十二岁就从军，军中呼他为"常胜将军"。每次战争时，他手拿两个铁锥，有八十斤重。郾城一战，他出入虏阵中，衣裳和铠甲都被血染成了鲜红的颜色。敌人的尸身布满了野外。杨再兴单骑到虏军中，想擒拿乌珠，没有成功，亲手杀数百人方才回来。当初乌珠有劲军，都是身负着重铠，用牛皮带联贯在一起，三人一联，号称"拐子马"，又名"铁浮图"，每次进一步，就用拒马木推着，所以只可前进，不可后退。兵士大都是金本部的女真人。宋军每遇这种军队，都不能抵挡，它所到的地方，每次必胜，故称为常胜军。这次的战争，有一万五千军以麻札刀入阵，勿仰视，但斫马足。拐子马本相联合，一马偾，二马皆不能行，坐而待毙。宋军奋击，僵尸如山。乌珠大恸曰："自海上起兵，皆以此胜，今已矣。"拐子马由是遂废。事后，武穆语人曰："某之士卒真可用矣。郾城之战，人为血人，马为血马，无一人肯回顾者，复中原有日矣。"此诚有史以来吾族与他族之大战役也。

乌珠又益兵至郾。初十日，背嵬部将王纲以五十骑出觇虏。遇之，奋身先入，斩其大将。武穆时出视战地，望见黄尘蔽天，众欲少却。武穆曰："不可，汝等封侯取赏之机正在此举，岂可后时。"自以四十骑驰出。都训练宁坚者，扣马谏曰："相公为国重臣，安危所系，奈何轻敌。"武穆鞭坚手，而挥之曰："非尔所知。"乃突入贼阵，左右驰射，士气增倍，无不一以当百，呼声震地，金人大败。

郾城方再捷，武穆谓岳云："敌犯郾城，屡失利，必回锋以攻昌，汝宜速以背嵬援王贵军。"既而乌珠果以十万骑来，于是贵将游奕(亦武穆所练军名)。云将背嵬，战于城西，虏骑列阵十余里，金鼓震天，城堞为摇，其势极盛。云令诸军勿牵马执俘，视梆而发，以骑兵八百，挺前决战，步军拐子马来攻，众将官都很惧怕，岳飞笑说：“这很容易对付。”就令步兵用麻札刀入阵，不许仰着头看，只顾斫马的脚。拐子马本来是相联合的，一匹马跌倒了，其余两匹马就不能行走，坐而待毙！宋军奋勇痛击，僵尸如山，乌珠大恸，说：“自从海上起兵，都是凭借这个取胜的，现在完了！”拐子马从此以后就废了。战事过后，岳飞告诉人说：“我的兵士，真可以用了！郾城一战，人成了血人，马成了血马，没有一个人肯回头看的。这样，恢复中原的日期必不远了。”此战确实是有史以来，我中华民族与外族之间的一次大战役。

乌珠又增兵到郾城。初十日，“背嵬”部将王纲，带了五十骑出来察看虏兵。和虏相遇，他奋身先进，斩了敌军的大将。岳飞当时出来视察战地，望见黄尘蔽天，兵众想稍稍退却，岳飞说：“不可。你们封侯取赏的机会，正在此一举，哪里可以错过？”他自己带了四十骑驰出，都训练（官名）宁坚牵着他的马劝谏说：“相公是国家的重臣，与国家的安危有很大的关系，怎么可以轻敌而看轻自己的性命呢？”岳飞用鞭打着宁坚的手说：“这不是你所能知道的。”便冲入贼阵，左右奔驰射击，士气因此倍增，都是以一当百，呼声震地，金人大败。

正当郾城第二次得胜的时候，岳飞对岳云说：“敌犯郾城，屡次失败，他必定回头去攻打颍昌，你应当赶快带了‘背嵬军’去援助王贵。”既而乌珠果然带了十万骑来，于是王贵率领“游弈军”（也是岳飞所练的军名），岳云率领“背嵬军”，在城西应战。虏骑列阵有十几里长，金鼓震天，城堞都被摇动，声势很大。岳云命令各军士不要牵马执俘，听见梆声就出发。他带了八百骑张左右翼而进。自辰至午，战方酣，董先、胡清继之。虏大败，死者五千余人，擒获无数。乌珠狼狈遁去，自胡人入寇以来，曾未闻以孤军抗劲敌如此次之大胜者。武穆之名遂震于中外。

【批评】

行军使马，要以控纵便捷为主。三马联络，马力既有参差，势必此前彼却。而三人相联，或勇怯不齐，勇者皆为怯者所累，此理之易明者。拐子马之说，金史绝无记载，惟见于《宋史》中的岳飞、刘锜传中，言之凿凿，又若实有其事者。蒙今度之，或当时金人列队齐发所向披靡，宋人见其势不可当，遂从而附会之耳。马被重铠，亦徒束缚而不能逞其腾骧之力。西洋古时虽有行之者，以理论之，实非行军之利。秦桧久陷虏中，独得安然反国，论史者皆谓桧必与金虏有约，故阴纵之。其约维何，则不外宋人如以权利许金，永相和好，则金人不令徽、钦南还，高宗得长为皇帝。以蒙思之，此皆非事实。《宣和遗事》记徽、钦在北，备受惨遇，苟得生还，于愿已足，岂复有帝王之癖存于胸中，而招高宗之忌耶？且颍昌、郾城之战，皆当秦桧秉政之时，初不闻桧发班师之令。后人初因秦桧生还，后又陷害武穆，故作此说，兵，挺身向前与敌决战，步军张开左右两翼而前进，从早晨到下午，战得正酣，董先、胡清继续助战。于是虏军大败，死了五千多人。宋军擒着的人，获得的军械，不知有多少！乌珠狼狈逃去。自从胡人入寇以来，从来没有像这次以孤军抵抗劲敌，而这样大胜的。于是岳飞的名字，震动中外。

【评论】

带兵骑马，要以操控自如为主。三匹马连在一起，马的脚力本就参差不一，势必会这个在前面，那个在后面，而三位骑马的士兵绑在一处，也会因为胆子不一样大，胆大的被胆小的拖累，这是很明显的道理。拐子马的说法在《金史》里面绝无记载，只在《宋史》的岳飞、刘锜的列传里见到，描述的很可信，又像真有这事一般。我现在推测，或者当时金国部队列队一齐进发，所向披靡，宋人觉得来势凶猛无法抵挡，便因而附会出各种传说。战马披着重重的铠甲，也只是个束缚，不能施展出驰骋的本领。西方古时候虽然偶尔这样做，按道理来说，这不是行军打仗的好主意。秦桧长期在金国做俘虏，偏只有自己和妻子安全返回祖国，历史学家都说秦桧肯定和金国人有约定，所以暗地放走他。至于约定的内容，不外乎宋国人如果给金国某些利益，永远和平相处，那么就不让徽宗、钦宗回国，高宗得以稳坐皇帝宝座。我认为，这些都不是历史事实，《宣和遗事》上记载徽宗、钦宗在北方饱受虐待，如果能活着回来，已经求之不得，哪里还有再做皇帝心思，好让高宗忌讳？而且颍昌、郾城的战役，都在秦桧当政的期间，不曾听说秦以甚其罪。夫以桧之巧猾，何难设计逃归。武穆以忠直贾祸，即张俊亦欲杀之矣，特其事成于桧手耳。

颍昌、郾城之战，实为金宋间之大战事也。将士一气，百折不回，加以布置有方，始能得此效果。李心传《朝野杂记》云："乾道二年，蒋子礼执政，遂以明州城下、和尚原、杀金平、大仪镇、顺昌、皁角林、胥浦桥、唐岛、采石、蔡州、茨胡、確山、琼州，为十三处战功，命参政眉山李壁季章撰《中兴十三处战功录》以记此事(其书久逸，今从永乐大典中辑存)，独遗武穆颍昌、郾城、朱仙镇之战，何欤？"

人以血肉之躯，效命疆场，所以鼓其敢死之气者，不外二因，一则保卫国家，一则争回自由。若为封侯取赏之故，始不惜以生命博之，则亦可鄙甚矣。当时军人程度幼稚，非以此为鹄则不能得其欢心，是非武穆之不知大义也。

颍昌之战，杨再兴以三百骑遇虏于小高桥(在许州临颍县南，下临小溵河)，骤与之战，杀二千人，及万户萨巴、千户百人，再兴亦阵亡。获死尸焚焉，于骨中得箭镞二升，真勇将也。岳云战功亦甚著，武穆悉以让他将，故不著闻。

桧命令班师回朝。后人最初因为秦桧活着回国，后来又陷害岳飞，所以这样传说，加重他的罪孽。像秦桧这么狡猾，设计逃回又有何难。岳飞因为忠心耿直招来祸患，即便是张俊也想杀了他，只不过借了秦桧的手罢了。

颍昌、郾城的战役，实际上是金国和南宋之间的大战。将军和士兵同仇敌忾，拥有百折不挠的勇气，加以指挥布置得当，才会有这样惊心动魄的效果。李心传的《朝野杂记》说："乾道二年，蒋子礼主持政务，因而将明州城下、和尚原、杀金平、大仪镇、顺昌、皁角林、胥浦桥、唐岛、采石、蔡州、茨胡、確山、琼州等战役作为十三个战功，让参政眉山人李壁（字季章）撰写《中兴十三处战功录》来记载这些事（这书早已亡佚，现今从永乐大典里面辑录部分），唯独遗漏岳飞在颍昌、郾城、朱仙镇领导的战役，为什么呢？"

人之所能满腔热血凭着血肉之躯，在沙场拼命，不外乎两个原因，一个便是保卫国家的职责，第二个就是要争取自由。如果为了封侯求赏，才不吝惜自己的生命去肉搏，那这等心思也真太让人鄙夷了。当时的军人素质很低下，岳飞不这样诱惑他们，他们也不会欢欣鼓舞，这倒不是说岳飞就不懂得民族大义。

颍昌一战，杨再兴率领三百骑兵在小高桥(在许州临颍县南，下临小溵河)遭遇来犯的金国军队，突然交战，杀了对方两千人和万户萨巴及千户百人，杨再兴自己也阵亡了。后来运回他的尸体焚化，在骨灰中找出两升箭头，真是一名骁将啊！岳云的战功也很卓著，岳飞全部让给别的将领了，所以不是很出名。

第七章 直抵黄龙之快语

时金人累败，他将以不奉朝命，未敢擅动。武穆独以其军进，至朱仙镇（离汴京四十五里为四大镇之一），乌珠悉起汴京之兵十万来对垒。武穆按兵不动，仅遣骁将以背嵬五百骑迎，大破之。宋帝陵墓，多在汴京，自南渡以来，麦饭久虚，松柏不存，至是武穆始遣官行视诸陵，备申泪扫。父老未忘祖国，见之皆为泣下。

武穆知燕云之人，久陷虏中，受其蹂躏，人心思宋，乃密遣家将梁兴渡河，攻金人于太行，破平阳府；遣张横败金人于宪州，遣高岫、魏浩破怀州；又密令梁兴等宣布朝廷意，招纳两河忠义豪杰之士，相与犄角破敌，河北尽呼梁小哥；又遣张俊、李善渡河抚谕，申固其约。

此时河北人心浮动，一夕数惊，虏酋亦不能制其下，但曰："毋轻动，俟岳家军来，当迎降。"亦有即日举兵来降者，以至金主之心腹禁卫亦密受武穆旗

那时，金人屡次战败，其他的将官因为没有接到朝廷的命令，不敢擅自行动。岳飞单独率领自己的兵前进，到了朱仙镇（离汴京四十五里，是当时四大镇之一）。乌珠率领汴京的十万大军来对抗。岳飞按兵不动，只遣派骁勇的将官带领“背嵬军”五百骑迎战，大破金兵。宋朝帝王的陵墓，多在汴京。自从南渡后，长久没有麦饭祭奠，坟墓上的松柏，也早已不存在了。这时岳飞才差遣官吏去察看那些陵墓，洒扫一下。汴京的父老还没有忘记祖国，看见这种情形，都感动得流泪。

岳飞知道燕云的人民，长久陷在胡虏的统治之下，受他们的蹂躏，人心尚思念宋朝，就秘密地差遣家将梁兴渡过黄河，大败金人于太行山，攻破平阳府；再派张横战败金人于宪州，派高岫、魏攻破怀州；又密令梁兴等宣布朝廷德意，招纳两河忠义豪杰之士，联合起来攻破敌军，河北人都呼梁兴为梁小哥；再使张俊、李善渡河，抚谕大众，巩固他们的盟约。

这时河北人心浮动，一夕数惊，胡虏的酋长也不能制止他的部下，但说：“你们不要轻动，等岳家兵来的时候，我们可迎上去投降。”竟有等不及即刻引兵来降的。甚至金主的心腹禁卫军，也密受岳飞的旗牓，率领他的部众从北方来降。于是金人的一动一静，牓，率其众自北方来降。于是金人动息，及其山川险易，宋人尽得其实。自磁、相、开德、泽、潞、晋、绛、汾、隰（今山西河南境），豪杰期日兴兵，所揭旗皆以岳为号，闻风响应。

自朱仙镇之捷，武穆欲乘胜深入，两河忠义，各赍兵仗、粮食，团结以待；父老百姓，争挽车牵牛，载糗粮以馈义军。虏所置守令，熟视莫可谁何，自燕以南，号令不行。乌珠以败故，复募军河北，无一人应者。武穆大喜，语诸将曰："这回杀番人直到黄龙府（辽之东京道龙州也，今奉天开原县境），当与诸君痛饮耳。"

时秦桧力主和议，欲画淮以北弃之，称臣于金，而令武穆班师。武穆以时机不可失，乃以如火如电之热心，累次上表，力争班师之命。高宗亦悟，以御札报曰："得卿十八日奏，言班师机会诚为可惜。卿忠义许国，言词激切，朕心不忘。卿且少驻近便得地利处，报杨沂中、刘锜同来相度。如有机会可乘，即约其并进。"桧必欲败其事，乃先矫诏召韩世忠、张俊、刘锜、杨沂中，各以本军归，而后言于高宗，谓武穆孤军不可留，乞姑令班师，一日而奉金字牌者十有二。

武穆以功在垂成，而朝命又不可违，嗟惋至再，不禁泣下。久之而后班师。诸军既先退，武穆孤军在敌境，惧乌珠知之，断其归路，乃声言翼日将渡河。乌珠恐居京之民以及山川险易的情形，完全被宋人知道了。磁相、开德、泽、潞、晋、绛、汾、隰（都在现在山西、河南境界），各地的豪杰，都约定日期兴兵，所揭的旗帜上面，都写着“岳”字，大家闻风响应。

自从朱仙镇大胜以后，岳飞想乘胜深入，黄河两岸的忠义之士，都准备着兵械和粮食，团结以待命，父老百姓们争先挽车牵牛，载着酒粮来馈赏义军。金虏所设置的官吏只得眼睁睁看着他们，没有法子对付他们，从燕以南，金虏号令不能行。乌珠因为败了的原故，又在河北招兵，可是没有一个人应招。岳飞听见了这消息，不觉狂喜，告诉他的将官们说：“这回去杀番人，直捣黄龙府（辽时的东京道龙州，现在辽宁开原县境），当时当与诸君痛饮一番！”

当时秦桧竭力主张和议，想放弃黄河以北的土地，对金称臣，因此命令岳飞班师。岳飞认为时机不可失去，就凭着他如火如电的热心，累次上表，拼命力争，不肯班师。高宗也觉悟了，回复岳飞说：“看到爱卿十八日的奏报，说班师的话会错失机会，实在很可惜。爱卿忠义报国，言辞激烈，朕的心里时时记着。爱卿姑且暂时驻扎在方便恢复故土的地方吧。我会让杨沂中、刘琦一起前来与你会和，如有机会可乘，你们即约期并进。”秦桧想要破坏他的事，就先假造诏书，召韩世忠、张俊、刘锜、杨沂中等带领本部军队回来，然后再奏于高宗，说岳飞孤军不可以单独留在那里，请求高宗暂时让岳飞班师。于是岳飞一天接到了十二道金牌。

岳飞虽不忍放弃垂成的功绩，而朝廷的命令又不敢违背，嗟叹惋惜，至再至三，不禁泣下。最后，无可奈何，只得遵令班师。各路军队既已先退，岳飞孤军在敌境，恐怕乌珠知道了，断绝他的归

为内应，夜弃而北遁。班师之时，父老人民大失望，皆遮马首，恸哭曰："我等顶香盆，动粮草，以迎王师，虏人悉知之。今日相公去此，某等不遗噍类矣。"武穆亦驻马踌躇，悲不自胜也。

武穆班师至蔡，有士人数百辈，坌集于庭而进言曰："某等沦陷腥膻，将逾一纪。伏闻相公整军北来，志在恢复，某等跂望车马之音，以日为岁。今威声所至，故疆渐复，民方室家胥庆，以为幸脱左衽。忽闻班师，诚所未谕，纵不以中原赤子为念，其亦忍弃垂成之功耶？"武穆乃出诏书示之，皆叹息而去。

方乌珠夜弃汴京，将渡河。有宋时之太学生，叩马谏曰："太子（乌珠称为四太子）无走，京城（谓汴京也）可守也。岳少保兵且退矣。"乌珠曰："岳少保以五百骑破吾精兵十万，京城之人日夜望其来，何谓可守？"生曰："不然，自古未有权臣在内而大将能立功于外者。以愚观之，岳少保祸路，便故意声明说，第二天将要渡河进攻。乌珠恐怕居留在东京的人民做他的内应，当夜就放弃了东京，向北方逃遁。班师的时候，父老人民大失所望，都拦住马头恸哭说："我们顶香盆、动粮草，欢迎王师，虏人都已知道。现在相公去了，虏人一定要报复我们，我们将无人能幸免了！"岳飞听了，也驻马踌躇，不胜悲痛。

岳飞的军队到了蔡地，又有土人数百，簇拥到庭院中，对岳飞说："我们沦陷在胡虏的铁蹄下已经将近十二年啦！听闻岳将军挥师北来，志在恢复中原，我等度日如年的翘首期盼将军的车马。如今将军的威名所到的地方，故土都渐渐恢复，老百姓家里互相庆贺，认为终于要脱掉胡虏的衣服，重回祖国的怀抱了。突然听见将军要班师回朝，实在不懂这其中的缘故。纵然不顾念中原的百姓，怎么忍心放弃即将完成的功业呢？"岳飞就拿出诏书给他们看，大家只得叹息而去。

当时乌珠趁夜放弃了汴京，正准备渡河。有个太学生，拦着他的马进谏说："太子（乌珠称为四太子）不要走，京城（谓汴京也）还可守呢。岳少保就快要退兵了。"乌珠说："岳少保用五百骑破我精兵十万，京城的人日夜望他来，怎么说还可守呢？"太学生回答说："不是这样的。自古以来朝内有权臣，大将决不能在外立功。依我的观察，岳少保的性命恐难保，还想成功吗？"他所说的权臣且不免，况欲成功乎？”盖指秦桧也。乌珠亦悟，乃卒留居。翼日，果闻班师。然亦幸其去，不敢追也。从此河南新复府州，皆复为金有。

【批评】

朱仙镇之战，诸史皆不载，惟岳珂所撰《行实》中有之。说者谓珂过于铺张，有乖实录。然诸史又载乌珠夜弃汴京之事件，许州距开封尚远，金人虽败，尚可固守开封，又何必仓皇急走？惟朱仙镇受败武穆之兵，可以长驱直入，乌珠乃惧。以此事揆之，而珂之所记，当非虚诞，非孝子慈孙溢美其祖父之辞也。

读至班师一段文字，人人切齿于秦桧，固不待言。论者谓武穆即被诏，违而前进，夫复旧物，以功赎罪，不亦可乎？则又有难之者曰，违而前进，则是有跋扈不臣之心，况十二金牌，一日迭至，虽功盖天下，罪亦难赎。君子其肯蒙首就是指的秦桧。乌珠听了这话也觉悟了，便留居不去。第二天果然听到班师的消息，但他也不敢追逐。从此河南新复的府州，又为金人所有。

【评论】

朱仙镇战役，各种史料都不记载，唯独岳珂撰写的《宋少保岳鄂王行实编年》中有。有人说岳珂过于夸大，跟事实违背。然而各种史料又记载乌珠连夜丢弃汴京的事件，认为许州距离开封还很远，金国人虽然战败，还可以坚守开封城，又何必仓皇逃走。只有朱仙镇遭受岳飞的痛击，即将长驱直入金国了，乌珠才会如此害怕。借助这个事件来揣度，岳珂的记载应当不是虚妄，不会是孝顺的子孙为其祖父添加的溢美之词。

读到班师回朝那段，人人都会对秦桧无比痛恨，自然不消说。有评论家说，岳飞虽然被皇帝遣回，但可违反命令依然前进，光复故土，将功赎罪，难道不行么？又有人反驳说，违背圣旨继续行军，就是专横不服君上的心思了，何况十二道金牌一天内相继送达，即使功劳盖过天下人，这样的大罪也是赎不了的。君子怎么恶之名哉？蒙谓此论皆非知当时之情况者，人徒见武穆席转胜之威，长驱逐北，金之号令不能行于河北，谓其功在垂成，不知武穆孤军深入，内外无援，安能保其必胜？此扣马书生所以逆料少保之必退也。武穆虽善战，亦止当一面耳。诸路大兵已撤，中原无复宋师，协武穆以不得不还之势，致金牌促召，固已事不可为，武穆之悲泣回军，实亦知难而退者。区区功罪之说，犹未深知其时势之当然也。嗟嗟临安偏处，已非一木所能支，而复多方摧抑，自即危亡，专制君主之受人欺弄，茫然不知所从，不亦大可怜哉。

肯蒙受罪恶之首的恶名呢？我认为这些议论都是不了解当时形势的，大家只见到岳飞势如破竹，一路北上，金国的号令在河北地区失效，认为大功即将建立，不知道岳飞是孤军深入敌国，内外没有援助，怎能保证一定会胜利呢？这就是扣马书生之所以预料岳飞肯定退兵的原因。岳飞虽然善于战斗，也不过只抵挡一面罢了，各路大军都已经撤退，中原地区没有南宋军队，协助岳飞改变不得不回师的形势。等到金牌召回，本来就已经没有任何办法了，岳飞的悲痛哭泣而班师回朝，实在也是知难而退。区区功劳罪过等说法，仍是对当时形势了解不深入的想当然。可叹那临安小朝廷偏安一隅，就像鸟巢已经不是一跟树枝所能撑起来的了，又对它多方摧折，自然会危亡了。专制时代的君王受人欺瞒玩弄，致使茫然无措，不也挺可怜的啊！

第八章 武穆之结局

武穆还朝，力请解兵权，归田里。使果从韩蕲王作湖上之游（韩世忠不以和议为然，为秦桧所抑，即乞解兵柄，杜门谢客。时跨驴携酒，从一二奚童，纵游西湖，以自乐平时，将佐罕见其面，孝宗朝追封蕲王），学张留侯为赤松之隐（张良佐汉高祖定天下，封留侯，自言愿弃官，从赤松子游），则能以故将军终其天年矣。然英雄奇人也，天必待之以奇，故终不能于疑惧交集之时，听其谢绝尘鞅，翛然于政海之外以全其身。高宗十二年（绍兴十二年），金人分道渡淮，至于卢州。高宗见事急，以十七札趣武穆应援。金人闻岳家军至，又遁。既而和议又起。桧患武穆异己，乃召还，诬以谋反。武穆裂裳，以背示何铸（时为承审官也），有精忠报国四大字，深入肤里，铸白其无罪。而秦桧与张俊必欲杀之。顾系狱两月，虽欲罗织其罪而无从。至岁暮，狱竟不成。桧一日，自都堂出，经小阁，危坐终日，已而食柑，以爪画其皮殆尽。良久，手书小纸，令老吏付狱中，遂报武穆死矣。盖高宗十五年，十二月二十九岳飞还朝后，极力请求解除自己兵权，退归家乡。假如果真能跟韩世忠一样在西湖之上逍遥玩乐（韩世忠不同意跟金国人和谈，被秦桧排挤，便立即请求解去兵权，闭关谢客，偶然骑着驴子背着酒壶，跟着一两个小童，在西湖边纵情游乐，以享受太平。以前的将领都很少见到他的面。到孝宗朝追封他为蕲王），学张良跟随赤松子学道求仙（张良辅佐汉高祖平定天下后自己说想抛弃官职，和赤松子仙游），那么岳飞也能以旧时大将的身份以终天年了。可是英雄奇人，老天必定用奇特的方式对待他，所以最终不能在对他疑惑忌惮交加之际，准许他抛弃俗尘，离开朝廷在外超然与世无争，保全性命。高宗绍兴十二年，金人又分道渡过淮水，到了庐州。高宗见事急了，又接连用十七道书信召岳飞去应援。金人听见岳家军到了，又复逃遁。既而和议又起，秦桧担心岳飞与他意见不同，就召他回来，诬说告他谋反。岳飞把衣裳撕破了，将背部显出来，给承审官何铸看，背上刺着“精忠报国”四个大字，深深地印在皮肤里。何铸告诉皇上说他无罪，但是秦桧与张俊一定要杀他。关在狱中，有两个月，要定他的罪名，又无从着手。到了年终，竟不能定案。有一天秦桧从都堂出来，经过小阁，很不安地坐了一整天，后来在吃柑子，用手指划它的皮，一直把皮划尽了。过了好久，亲手写了一个小纸条，命令老吏交给狱中。于是便有人报告岳飞死了。当时正是高宗十五年，十二月二十九日，距离民国前约六百五十日，距民国前约六百五十年也。年三十有九。云弃市，籍家赀，徙岭南。妻李氏历授楚国夫人，有贤德，亦流岭表。时洪皓在金国中，蜡书驰奏，以为金人所畏服者惟飞，至以父呼之。诸酋闻其死，酌酒相贺。

武穆三十岁时，作《满江红》词以见志曰：

“怒发冲冠，凭阑处潇潇雨歇。抬望眼，仰天长啸，壮怀激烈。三十功名尘与土，八千里路云和月。莫等闲，白了少年头，空悲切。

“靖康耻，犹未雪；臣子恨，何时灭？驾长车，踏破贺兰山阙（贺兰山在内蒙古北，人呼骏马曰贺兰，蒙古语称阿拉善山）。壮志饥餐胡虏肉，笑谈渴饮匈奴血。待从头，收拾旧山河，朝天阙。”

又金沙禅寺题壁云：“予驻大兵宜兴，沿干王事，至此暂憩，遂拥铁骑千余，长驱而往。然俟立奇功，殄丑虏，复三关，迎二圣，使圣朝再振，中国安强。他时过此得勒金石，不亦快哉！”武穆虽一军人，而其文字，激昂慷慨，爱国保种之心溢于言表，寤寐不忘。乃壮志未酬，卒死于权奸之手，英雄遗恨，岂有穷哉。孝宗即位，诏复其官，以礼改葬，追封鄂王。

年。死的时候，才三十九岁。岳云也被斩于刑场。家产被没收了，家人被流徙到岭南。岳飞的妻子李氏，曾封为楚国夫人，非常贤德，也同流徙到岭南。当时洪皓在金国中，得了这个消息，便写一封奏书，封在蜡丸中，寄到宋朝。书中大意是说：金人所最惧而佩服的，只有岳飞，甚至呼他为父。诸酋长听说他死了，却酌酒互相庆贺。

岳飞三十岁的时候，作了《满江红》一词，借以抒发自己的志愿。其词写道：

“怒发冲冠，凭阑处，潇潇雨歇。抬望眼，仰天长啸，壮怀激烈。三十功名尘与土，八千里路云和月。莫等闲，白了少年头，空悲切！

“靖康耻，犹未雪；臣子恨，何时灭？驾长车，踏破贺兰山阙（贺兰山在内蒙古北，人呼骏马曰贺兰，蒙古语称阿拉善山）。壮志饥餐胡虏肉，笑谈渴饮匈奴血。待从头，收拾旧山河，朝天阙。”

他还曾在金沙禅寺的墙壁上题字道：“我在宜兴驻军，为朝廷办事，路过这里，暂时休憩，终将指挥千军万马，长驱进发。等到建立大功，消灭胡虏，恢复边疆，迎回徽钦二圣，使得圣朝再次振兴，国强民安。他年再经过此地，能将功劳镌刻在石碑上，该是多么痛快之事啊！”岳飞虽然是一个军人，可是他的文字激昂慷慨，爱国保种的心溢于言表，寝食难忘。可怜他壮志未酬，最终死在权奸的手中，英雄遗恨，真是千古奇冤啊！后来孝宗即位，诏谕恢复他的官职，用礼改葬，追封鄂王。

西湖鄂王墓

武穆墓在今西湖葛岭之下，上有古柏数株。说者谓枝皆南向，以金虏在北，故避之。此殆附会之词，不足深信云。墓前有铁像二座，见者皆怒之以目，跌之以足，又或徙而溲溺之。是何人？则千年遗臭之秦桧，及其妻王氏也。见武穆之墓前则拜之，见秦桧之像前则击之。"青山有幸埋忠骨，白铁无辜铸佞臣"，爱武穆而幸及青山，恶秦桧而惜及顽铁。此则一时之苦乐，固不足道，惟荣名为无穷也。

武穆生平，持躬接物，皆非常人所能及。身为大将而家无姬侍。吴玠饰名姝遗之，武穆曰："国家多难，岂大将安乐时？"却不受。高宗欲为营第，武穆辞曰："金虏未灭，何以为家？"或问天下何时太平，武穆曰："文臣不爱钱，武臣不惜死，天下太平矣。"待士卒有恩礼，而军令极严，有取民麻一缕以束刍者，立斩以徇。卒夜宿，民开门愿纳，无敢入者。军号冻不拆屋，饿死不虏掠。卒有疾，躬为调药。诸将远征，遣妻劳问其家。死事者哭之，而育其孤，或以子婚其岳飞的坟墓在西湖葛岭底下，上面有古柏树数株。有人说那些树枝都向着南方，后人以为这些树也感受岳飞的忠义之气，不肯向着北方的金虏。这不过是附会的说法，不足深信。坟墓的前面有铁像二座，见到的人都会愤怒的看着他们，用脚踹，或者拖出来，在上面小便。这两个人是谁？就是千年遗臭的秦桧和他的妻子王氏。人们看见岳飞的墓就拜倒，看见秦桧的像就击打。“青山有幸埋忠骨，白铁无辜铸佞臣”。因为爱岳飞，连青山也被一并爱惜了；因为厌恶秦桧，甚至对铸铁都表示了惋惜。由此看来，一时的苦乐委实不足重轻，独有英名是无穷尽的。

岳飞生平，对待自己的要求之高，其接人待物的态度，也不是常人所能及到的。他身为大将，而家里没有姬妾。吴玠送了一个美女给他，他说：“国家多难，哪里是大将安乐的时候？”不肯接受。高宗想为他营造府第，岳飞辞谢说：“金虏还没有灭，怎么能够考虑小家？”有人问他天下何时太平，岳飞说：“文臣不爱钱，武臣不惜死，天下便太平了。”岳飞待士卒既有恩，又有礼。可是他的军令极严，如有取民间的麻一缕的人，立刻斩首。兵士夜间有借宿的，百姓开门愿意容纳，却没有人敢进去。军中号令：“冻死不拆屋，饿死不抢掠。”兵卒有病，他亲自为他们调汤药。诸将女。每调军食，必蹙额，语将士曰：“东南民力竭矣。”自奉甚薄，庖人供鸡，戒其以后勿多杀物命。爱焚香，然仅取瓦炉烧柏香耳，后来亦屏之。每曰：“大丈夫欲立功业，岂可有所好耶？”

【批评】

武穆冤死，千古伤心。秦桧之恶，固无可恕，而张俊亦不能无罪也。秦桧之为人也，如毒蛇毒兽，人遇之必伤。顾使之出草莱而噬人者，俊也。俊劾李纲、武穆，而荐秦桧。知之而荐，是不仁也；不知而荐，是不智也。宋南渡后，张俊为朝廷倚重之臣，而是非倒置若此，欲求不亡得乎？胡安国，时之大儒也，亦称秦桧之才可比荀文若，力为推荐，误国之罪，与秦桧同耳。

以名将而擅文学者，千古惟一武穆。至今读其遗翰，皆足令人感泣。盖以忠义之气过人，其文不求工而自工也。遗集今有二本，一为钱塘梁玉绳辑本，厘为八卷，附以年谱；一为南汇吴兰省辑本，不分卷，盖翻刻明崇祯间单恂本也，不如梁本之备。

官远出征战，他差遣自己的妻子去慰问他们的家眷。如有战死了的，必定抚育他的孤儿，或者将自己的儿子与他的女儿结婚。每次征调军饷时，他总是感觉到愁苦。他对将士们说："东南的老百姓很穷了啊。"他自己的享受很薄，厨房人常杀鸡进馔，他却警诫厨房以后不要多杀生命。他爱好焚香，然而仅取瓦炉烧柏香，后来甚至柏香也不焚了。他时常说："大丈夫要立功业，哪里可以有所爱好呢？"

【评论】

岳飞冤死，千年以来的人们都为之伤心。秦桧的可恶，本来就不能被饶恕，然而张俊也不能说没有罪责。秦桧的为人就像毒蛇猛兽，人遇见他都会受伤。但将他引出草丛出来咬人的是张俊这个人。张俊弹劾李纲和岳飞，举荐秦桧。如果张俊了解秦桧而举荐他，就是不仁；如果不了解秦桧而举荐，就是不明智了。宋朝南渡以后，张俊是朝廷倚重的大臣，可是竟如此是非颠倒，国家怎么会不灭亡。胡安国是当时的大儒，也称道秦桧的才干，将他比作荀彧，大力保荐。这样的人耽误国家，是和秦桧一样有罪的。

作为一代名将而且擅长文学，千年只有岳飞将军一人而已。至今读到他的遗书，都能让人感动落泪。大约因为他的忠义慷慨之气超过常人，文章不追求工巧却自然工巧。岳飞的遗稿如今有两种版本，一种是钱塘梁玉绳的辑本，分为八卷，附上了年谱；一种是南汇吴兰省的辑本，不分卷，是翻刻明代崇祯年间的单恂本，不如梁本的完备。

为武穆作传记者，除宋史外，当时有章尚书颖所撰《皇宋中兴四将传》，鄂王居其一，此皆本武穆之孙珂所撰《岳忠武行实编年》而作。珂感伤祖德，博观建炎、绍兴以来纪述之事，下及野老所传，故吏所录，即笔之于册，积日累月，博到而精核之，五年而成。记武穆之遗事者，惟此最详。然有二事，为编年所遗者，一则背刺精忠报国四大字（《中兴四将传》亦不载），一则银瓶投井事也（银瓶，武穆幼女，痛父冤，抱银瓶入井而死，即今西湖上之孝娥井也。今鄂王庙中亦为立像，惟以张宪为其夫，则失之诬。详见俞樾《银瓶》）。

观武穆遗事，则知武穆之所以为武穆，不外庸德之谨。庸言之行，人勿震以为天人，而不可学步也，第自庸德庸行做起可耳。

唐中叶以后，为将相者，皆授节度使之职，征领生杀，皆在其手，故家皆豪富。宋以文臣知府事，赋税有经，稍革方镇聚敛之弊矣。然南渡将帅之豪侈，又有度越前代者。观宋人《玉照新志》、《夷坚志》、《驾幸张府纪略》等书，可略见也。张浚岁收租六十四万斛。偶游后圃，见一老兵昼卧，询知其能贸易，即以百万付之。其人果往海外，大获而给岳飞写传记的除了《宋史》以外，当时有尚书章颖撰写的《皇宋中兴四将传》，岳飞是其中之一，这全部取材于岳飞的孙子岳珂所撰写的《岳忠武行实编年》。岳珂为祖父痛惜伤感，因此大量搜集了建炎、绍兴以来的各种记载，旁及父老相传的事迹，旧部下所记录等等，采集到一点就记录下来，日积月累，最后内容非常广博而且可靠，足足花了五年时间才写成。记录岳飞事迹的书，数这本最为详尽。然而还有两件事是没被记载的，一件是岳飞背上刺着“精忠报国”四个大字的故事（《中兴四将传》也不记载），还有一个是银瓶投井的故事（银瓶是岳飞的小女儿，痛惜父亲的冤死，抱着银瓶跳井而死。这井就是如今西湖上的孝娥井。岳王庙里为她也立了塑像。只是说她是张宪的夫人，纯粹是诬蔑了。详细情节请参看俞樾的《银瓶》）。

看了岳飞的传记就知道岳飞之所以是岳飞，不外乎靠忠厚平和的德行和谨慎的言行。大家不要被他的神人一样的伟大震慑，以为不能效法学习，大家只要从做人说话都保持中正平和就行了。

唐代中期以后，大将军和宰相都被授予节度使的职位，掌握生杀大权和征收税赋的权力，所以家私都极为雄厚。宋代用文臣来做军人的统帅，赋税都有规定，渐渐革除方镇聚敛的弊病。然而南渡以后，将帅的豪奢程度又有远超前朝的。只要看看宋朝人写的《玉照新志》、《夷坚志》、《驾幸张府纪略》等书，就能大致了解一二了。张俊每年收租六十四万斛。一次偶尔在后园游玩，看见一名老兵大白天睡觉，问了才知道他擅长贸易，因而立即将百万钱归。韩世忠以廉闻，而其子孙迁于苏者，买沧浪亭价百万，其他可知。惟岳武穆廉洁自守，为将帅十年，家风寒俭，为不可及。籍没之日，仅金玉带数条，布绢三千疋，粟麦五千余斛，钱十余万，书数千而已。

交给他，让他去海外贸易，赚了很多钱回来。韩世忠以廉洁著称，可他的子孙迁居苏州，花了百万贯购置了沧浪亭，其他的可想而知了。唯独岳飞以廉洁自律，做将军十年，家风朴素，甚至有些寒酸，是那些将军比不来的。岳飞被抄家的时候，只有几条金玉带，三千匹布绢，五千余斛粟麦，十余万贯钱，几千部书罢了。

少年叢書

文白对照本

朱子

孙毓修◎著

团结出版社

图书在版编目（CIP）数据

少年丛书 / 孙毓修编. -- 北京：团结出版社,2015.7
ISBN 978-7-5126-3662-0

Ⅰ.①少… Ⅱ.①孙… Ⅲ.①名人—生平事迹—世界—少年读物 Ⅳ.①K811-49

中国版本图书馆CIP数据核字(2015)第130183号

出版：团结出版社
（北京市东城区东皇城根南街84号 邮编：100006）
电话：(010) 65228880 65244790 （传真）
网址：www.tjpress.com
Email：65244790@163.com
经销：全国新华书店
印刷：三河市祥达印刷包装有限公司
装订：三河市祥达印刷包装有限公司

开本：148×210 1/32
印张：128
字数：1500千字
版次：2015年12月 第1版
印次：2016年4月 第2次印刷

书号：978-7-5126-3662-0
定价：490.00元（全28册）

少年叢書

《少年丛书》白话语译编委会

出版前言

近代著名思想家、政治家梁启超曾经说："少年强则国强，少年智则国智，少年富则国富，少年独立则国独立，少年自由则国自由，少年进步则国进步，少年胜于欧洲，则国胜于欧洲，少年雄于地球，则国雄于地球。"这是他的散文《少年中国说》中的一段，作于戊戌变法失败后的1900年。文中极力歌颂少年的蓬勃朝气，指出封建统治下的中国是"老大帝国"，热切希望出现"少年中国"，振奋人民的精神。

或许是受到梁启超先生的感召，1908年冬天，上海商务印书馆编译所推出了一套系列丛书——《少年丛书》，又名《中外伟人的传略》，这是二十世纪中国的第一部历史人物类学生课外阅读丛书。首任编辑和作者是林万里，第二任编辑是孙毓修，孙毓修是这套丛书的主要作者，后期加盟写作的骨干还有国学大师钱智修。他们都博览中外，以精准而严格的眼光审视中外古今文化资源，选取其中有益于

少年儿童精神世界的材料，予以整合，编写成册。这套书出版以后，广受少年儿童的欢迎，每册前后加印达几十次，若整套书累计，恐怕达到数百次之多，发行量之大，影响力之广，在二十世纪的人物传记类图书中堪称罕见。

《少年丛书》前后出版了近三十余种，每一册传主为一位中外历史名人。我们在全国各地经过多方的搜寻，共得二十八册，其中中国名人十五位，外国名人十三位。每篇先叙述名人的生平传记，后加以作者的评论，根据时事，启发少年，借以激励少年树立远大志向，明确奋斗目标，成就健全人格。著名作家茅盾在阅读这套书后曾评论说："记事简明，议论正大，阅之足以增长见识，坚定志气。"这套出版之初即为砥砺少年志向的书影响了当时无数少年儿童由此走上振兴中国之路。著名作家张天翼、赵景深、陈伯吹等，都曾深受这套书的影响。

《少年丛书》的三位作者，都是当时学贯中西的通儒，不仅有深厚的国学功底，也有睁眼看世界的非凡眼光。撰写本套书册数最多的孙毓修先生，他是我国近代著名的目录学家、藏书家、图书馆学家。他同时还创作了大量的儿童文学作品。除了《少年丛书》，他还先后主编出版《少年杂志》、《童话丛书》等，被茅盾誉为"中国童话的开山祖师"。

另一位作者钱智修，浙江嵊县人，字经宇，是著名的国学大家，博古文学家，东方学派思想家。他在学时，就以"国学国文湛深，文章洛阳纸贵"赢得尊敬，并被上海多家进步报馆争揽为特约撰稿人。1911年毕业后，他应编译所长高梦旦之聘，担任商务印书馆编

译所编辑。1920年7月他任《东方杂志》主编，长达12年，是该杂志有史以来任期最长的主编。他还参与编辑《辞源》及《中国人名大辞典》、《中国古今地名大辞典》。1931年任国民政府监察院秘书长。

第三位作者林万里是民国年间著名的报人，原名獬，又名白水，字少泉。他幼承家学，又拜名士高啸桐（商务印书馆创始人之一）为师。清光绪二十四年(1898年)，他在杭州参与创办求是书院、养正书塾、东城讲舍、蚕学馆4所新式学堂，任求是书院总教习；后任《杭州白话报》主笔，宣传新思想。光绪三十年(1904年)，他出任《警钟日报》主编，宣扬孙中山及其领导的革命，后追随孙中山。帝制取消后，林万里重操新闻旧业，创办过多份报刊。

鉴于每位作者独有的知识结构和兴趣热点，每位编者对人物都有自己的选择。孙毓修所撰写的大部分是中国历史名人，而且写作的视角也非常独特，如其所写的《玄奘》是一个历史人物，而不是《西游记》中的唐僧。现代的普通读者对玄奘的了解绝大部分是来自于《西游记》等小说，而历史上的真实情况却鲜有人知——玄奘取经并非唐太宗支持，相反还受限于当时的法令，他冒着生命危险才得以出境。这就需要有人为读者打开另外一扇窗户，还原真实的玄奘，而不是小说中的文学形象。茅盾先生对孙毓修所写的《玄奘》评价很高："可以说是内容翔实，深入浅出，既宜于少年阅读，也使成年人增加历史知识。"再如《苏秦》，作为一位著名的辩士，《史记》必然为之列传。孙毓修在写苏秦游说各国发言的时候采用了《史记》中记载的史料，而在后面的评论部分对苏秦的表现作了恰当的点评，分析苏秦游说秦、燕、赵、韩魏、齐楚的过程，阐述了苏

秦辩术策略的不断提高。对于国外人物的选取，孙毓修也是偏爱励志型的，如德谟士，从一个小人物成长为大演说家；彼得大帝，从受制于人，成为欧洲赫赫有名的皇帝。

另一位作者钱智修，先后写有《林肯》、《苏格拉底》、《拿破仑》等，这些都是西学东渐后中国人十分崇仰的外国名人。值得注意的是，钱智修秉承严复所主张的信、达、雅翻译原则，特别讲究传记所含的真实性。他所抒发、张扬的传主虽然都被列为人们仿效的楷模，写法却不做作，更没有为了塑造人物形象而更改史实。

林万里所写的外国传记和钱智修的作法大致相近，即在第一章抒发己之传记宗旨，后文谈及传主读书之术、治学之道与其行事风格，并进行了点评。此外还有其他人关于传主的言论，更有编译者自己的评论，以引导少年儿童正确地学习和借鉴，而不是一味盲从。

《少年丛书》的最大特色，就是“记事简明，议论正大”。书中除了记叙人物的生平故事之外，作者的评论也让这套书大为增色。其议论宏富，既能够结合少年的成长特点，指明如何学习书中人物的优良品质，也指出了其中的不足之处，对于引导少年如何立志修身，大有裨益。

这套书的另一大特色，就是全部用文言文写作，语言凝炼，文笔流畅，保持了中国传统作史传的鲜明特色。当时，白话文风已经悄然兴起，而作者能够不从时髦，采用文言写作，甚为难得。以至我们今日再读此书，依然能够体味到文言笔法的无穷魅力。然而考虑到近百年来，国人的文言文水平已经一落千丈。今日的大部分少年，阅读文言文尚有一定困难，因此我们特别组织人员，将全套书进行了

白话翻译。尽管我们做了最大的努力，文言文的神韵依然是难以用白话表达出来。因此，我们希望少年朋友通过阅读这套书，体会文言文的独特魅力，进而热爱和学习文言文。

《周易》有云："君子以多识前言往行，以畜其德。"说的就是多学习古人的嘉言懿行，对我们修身立德至为重要。古人尝言："童蒙养正，少年养志，壮年养德。"少年时期是人生至为关键的时候，这个时期树立什么样的志向，以什么样的人为榜样，往往会决定一个人未来的人生成就。而一个人少年时期读的书，也足以改变他的一生。在今日少年课外读物良莠不齐的状况下，《少年丛书》堪称鲜有裨益少年的优秀读物。若今日的少年，能够认真研读这套《少年丛书》，对于树立远大志向、培养健全人格、完善道德情操将大有裨益。或许，今日的风华少年，即是将来成就伟业的千古豪杰、泽被世人的大圣大贤。勉哉！勉哉！

为什么要读名人传记

——《少年丛书》白话语译序

我从小很喜欢读书，可是，因为身处偏僻山村，小的时候却无书可读。那个时候，家中只有父亲买的一本《古文观止》，儿时翻阅过无数次，虽看不太懂，却记忆深刻。有人说，儿童时期读的书，一生也难以忘记。此言确实不虚。

没有想到的是，儿时无书可读的我，日后竟然投身于出版业。今天，我国的出版业已经非常发达，给少年儿童读的书也非常多。可是，若细心寻求，真正的好书却是少之又少，尤其是给少年儿童介绍历史文化的书。

一个偶然的机会，我们与这套百年前的《少年丛书》结缘，这套当初专为少年而写的中外名人传略，让我眼界大开，没想到，百年前的前辈们，竟给少年们创作出如此优良的传记读物。要知道，给少年

儿童写作，比给成年人写作更难，尤其是给人物作传，既要符合历史史实，不可随意编撰，又要注意引导青少年如何取其长，避其短，以免误人子弟。因为，作为历史人物，不可能处处皆堪为今人楷模。这就需要作者要极富有爱心、责任心和严谨精神，才能让读者从中获得纯净的人生智慧。可以说，目前各种写给青少年的人物传记，很少能与这套《少年丛书》相提并论的。

这套书中的二十八位中外名人，大多数是我们耳熟能详的人物，但是对于他们的生平事迹，也许就知之甚少了。读了他们的传记，方知欲为圣贤豪杰，需下一番苦功夫才能有所成就。“人人皆可为尧舜”，说的是我们每个人都有成圣成贤的资质，然而虽有圣贤之资，也需后天的不懈努力，方能成就一番伟业。所以，这一套书作者的目的并不仅仅是让读者了解一下名人轶事，而是以伟人的事迹启迪和激励少年朋友，树立人生的志向，汲取这些英雄豪杰的人生智慧，修身立德，练就自身本领，最终成为造福国家和社会的有用之才。

这套书虽然是写给少年看的，并不意味着就不适合大人阅读。大作家茅盾就曾大力推荐这套书。现在的青年人，乃至家长、老师，若能读读这套书，对于人生事业，教育子弟，也是大有益处的。可以说，这是一套老少皆宜的好书。

《少年丛书》在当时之所以大受欢迎，销量巨大，也不是没有原因的。这套书每册文字量不大，文笔流畅，史实可靠，评议精彩，这都是许多普通名人传记所不具备的。因此，这套书深受读者欢迎，也就不难理解了。

读名人传记，重在学习名人的智慧和经验。正如文天祥所说，

“人生自古谁无死，留取丹心照汗青”。人生有涯，知也无涯，如何在有限的生命里寻求到人生的价值，获取人生的智慧，而不浪费光阴？《少年丛书》中的这些圣贤豪杰，就是我们的榜样。他们身上伟大的人格，比如孝友、善良、爱心、坚毅、勇敢等等，这些人性的光辉，都是我们的学习之处。

我们用了近一年的时间，将这一套书作了白话语译，希望今天的少年们，能够喜欢阅读并且从中汲取智慧。若能让每一位读者都能够有所收获，那就不负当初写作这套书的三位老前辈的一片苦心，而我们的工作也就没有白做了。

这一套书规模宏大，在校对和语译的过程中，难免会有错误，恳请广大读者不吝指正。

《少年丛书》语译小组　主编　萧祥剑

目录

第一章 总论

生民之初，治教皆统于圣王，故曰作之君、作之师（《尚书·泰誓》中语）。小民受成而已，故曰不识不知，顺帝之则（见《庄子》）。至孔子时，世衰道微久矣，周天子不能兼君师之职，而师道属于孔子。内明学说，外阐王道，固已师表万世。自是以来，君师分权，大儒辈出，相与扶世道人心于不敝焉。

秦汉以来，诸儒于籍去书焚、师异指殊之后，急于考订文字，辨析名物，未暇讲明义理也。训诂明而义理出，义理出而圣人之道明。天若故留此事，以待后贤，而为哲学界中，放一异彩者。至宋之盛，南自湖湘、北至河洛、西极关辅，千里之内，名贤接踵，声应气求，若合符节。曰极、曰诚、曰仁、曰道、曰忠、曰恕、曰性命、曰气质、曰天理、曰人欲、曰阴阳鬼神，若此等类，凡皆圣门讲学之枢要。而千数百年，习浮踵陋莫知其说者，至是脱然如沉疴之忽起，大寐之遽醒，可谓快哉。而集大成者，朱文公也。

上古时期，国家的治理和教化全部由圣君明王负责，因此圣王是人民的领导、人民的老师（出自《尚书·泰誓》）。普通百姓只是享受圣王治理的成果而已，因此说百姓没有必要去学习更多的知识，只需要顺从帝王定下的规则就行了（参见《庄子》一书）。到孔子生活的时期，世风衰败，道德沦丧，周朝的天子很长一段时期都不再能扮演领导和老师的角色，教书育人的任务落到孔子头上。夫子在内追求修身的道理，对外阐述圣王之道，已经成为历代值得学习的榜样典范。从此之后，君主和老师的角色就分开了，学问渊博的儒者大量涌现，都致力于扭转世道人心沦落的局面。

从秦、汉以来，各位儒者在经历了秦朝焚书和汉朝罢黜百家、人们的学习遵从不同学派、有着不同追求之后，他们急迫地想要考证和修订典籍，辨析事物的名称和实体，还来不及阐述其中的义理。能够把字义和词义搞清楚，道理自然就明晰了；道理明晰了，那么圣人之道就明白了。上天好像是故意把这件事留着不做，以等待后世的贤人，从而在哲学界中产生一位能有突出成就之人。到宋朝鼎盛时期，南起湖南，北到黄河、洛河一带，西到陕西中部地区，千里之内，著名的贤人接连出现，志趣相投的人彼此应和，如同兵符一样完全吻合。其中有研究极、诚、仁、道、忠、恕、性命、气质、天理、人欲、阴阳、鬼神等等类似这样的问题，这些都是讲解圣人学问的关键问题。一千多年来，大家跟着错误的方向，没有人能深刻领会其学说旨意，到现在才忽然像是久治不愈的病一下子痊愈、睡了很久突然醒悟过来一样，真是大快人心。这其中有一位传统学术取得突出成就、吸纳百家之长的大家，就是朱文公。

宋之理学大儒，前乎文公者，有周濂溪敦实（道州营道县人，字茂叔，原名敦实，后避英宗讳，改名字敦颐，学者称濂溪先生，谥元公）发明太极图。而箸通书有程明道颢（字伯淳，世居中山博野，后徙河南，为河南人，学者称明道先生，谥曰纯公）、伊川颐（字正叔，学者称伊川先生，明道弟也，谥曰正公，世亦称明道为大程子、伊川为二程子，皆从周子学）上承师说，而下启来者。张横渠载（字子厚，其先大梁人，备凤翔县横渠镇之南，谥曰明。弟戬，字天祺，亦知名）著《西铭》，邵康节雍（字尧夫，其先范阳人，后徙为洛阳人，谥康节，子子文伯温能世其学）创《皇极经世》内外篇。之数子者，并能一扫宋以前墨守传注之陋习，另辟径路，卓然自立，而为格物穷理之魁杰。所谓曰极、曰诚、曰仁、曰道、曰忠、曰恕、曰性命、曰气质、曰天理、曰人欲、曰阴阳鬼神者，切磋之，分别之，亦几无余蕴矣，然犹未能尽也。

朱文公出，强志博见，凌高厉空，自受延平李子（李侗，字愿中，剑浦人，世称延平先生，谥文靖），退然如将弗胜，于是敛华就实，反博归约。迨其蓄久而思浑，资深而行熟，则贯精粗，合外内，先贤之精蕴，百家之异议，毫分缕析，如宋朝理学界的大儒，在朱熹之前有濂溪先生周敦实（道州营道县人，字茂叔，原名周敦实，后来为了避宋英宗的名讳，改名为周敦颐，学者称他为濂溪先生，谥号元公），研究创制了太极图。撰写儒学通书的有明道先生程颢（程颢，字伯淳，世代居住在中山的博野县，后来迁居河南，为河南人，学者称他为明道先生，谥号纯公）、伊川先生程颐（程颐，字正叔，学者称他为伊川先生，他是明道先生的弟弟，谥号正公，世人也将明道先生称为大程子，伊川先生为二程子，他们都在周敦颐门下求学），他们继承了老师的学问，为后来人开辟了道路。横渠先生张载（字子厚，祖籍大梁人，后迁徙到凤翔县横渠镇南边，谥号明。他弟弟张戬，字天祺，也非常出名），创作了《西铭》。康节先生邵雍（字尧夫，他祖先是范阳人，后来迁到洛阳，谥号康节，他儿子邵伯温能够继承他的学说）创作了《皇极经世》内外篇。这些学者，都能够扫除宋朝以前拘泥于古人注解的陈规陋习，另找新的途径方法，并取得卓越的成就，自成一派，成为了穷究事物义理的杰出人物，跟那些研究极、诚、仁、道、忠、恕、性命、气质、天理、人欲、阴阳鬼神等学说的人，相互研讨勉励，分辨其中的不同，也基本上都将其中的道理呈现出来，然而仍然没有能够达到顶峰。

朱熹出现后，强于记忆，见识广博，目光高远，受学于延平先生李侗（李侗，字愿中，剑浦人，世人称他为延平先生，谥号文靖），谦卑之貌好像难以承受，于是收敛其外在光华，追求其内在实质，从广博归于简约。等到长期积累之后思想越发浑厚，阅历逐渐丰富，践行圣贤之道也更加娴熟，无论精细还是概略、无论是视诸掌。同时张宣公（名栻，字敬夫，学者称为南轩先生，溪州县竹人，忠献浚之子也）、吕成公（名祖谦，字伯恭，浙江金华人，学者称为东莱先生，其先世莱州人，徙寿州。六世祖宰相夷简徙开封，祖好问随高宗南渡，仕至尚书右丞，卜居金华。自四世祖希哲从程颢游，以儒行名于世，故其家子孙有中原文献之传）同心协力，以闲先圣之道，而不永其年，论述靡竟，惟朱子巍然独存。中更学禁，自信益笃，盖自《易》《诗》《中庸》《大学》《论语》《孟子》，悉为之推明演绎，以至“三礼”、《孝经》，下迨屈韩之文、周程邵张之书、道家之言、司马公之史、先正之言行，亦各为之论著。然后帝王经世之规，圣贤新民之学，粲然中兴。学者习其谈，惟其义，则知三才一本，道器一致。幽探乎无极太极之妙，而实不离乎匹夫匹妇之所知；大至于位天地育万物，而实不外乎暗室屋漏之无愧！呜呼至矣。

内修还是外治都能融会贯通，先贤的思想精髓，诸子百家的不同观点，都能够细致详尽地剖析，好像看自己的手掌一样清晰。同时期，还有张宣公（名张栻，字敬夫，学者称他为南轩先生，溪州县竹人，张忠献的儿子）、吕成公（名吕祖谦，字伯恭，浙江金华人，学者称他为东莱先生，祖籍在莱州，后迁入寿州，他六代前的祖先吕夷简曾官至宰相，迁居到北宋首都开封，曾祖父吕好问追随宋高宗南渡黄河，官至尚书右丞，择地居住在浙江金华，他的四世祖吕希哲与程颢交游，以儒行闻名于世，因此他家中子孙有中原文献古籍相传）志趣相同，致力于研究先圣之道，但两人年岁有限，相关著作没有完成就去世了，只有朱熹一人巍然存于世间。中年又遭受“庆元学禁”的迫害，让他对理学的追求更加坚定，从《易经》、《诗经》、《中庸》、《大学》、《论语》、《孟子》开始推演铺陈，延伸到《仪礼》、《周礼》、《礼记》及《孝经》，乃至屈原、韩愈的文章，周敦颐、二程、邵雍、张载的著作，道家的言论，司马迁的《史记》，前代贤人的言语行为，都分别进行了论述分析。然后先世帝王治理国家的做法、圣贤教化百姓的学说，由此开始辉煌灿烂，由衰转盛。学者研习他的言论、尊崇他的义理，由是知道天地人三才的根本是相同的，抽象道理与具体事物的核心是一致的。他的思想深邃到能够探求无极太极的奥妙，但是又不脱离普通百姓的认知水平；理论宏大到参究天地之间的万物规律，但又不外乎在暗室和隐秘处也不会有羞愧之心！真是达到极致啊！

第二章　家学与师门

朱子，名熹，字仲晦，又字元晦。晚居建阳之考亭，学者称考亭先生，谥曰文（小名沈郎，小字季延，又名五二），婺源松岩里人也。父松（字乔年）擢进士第，入官尚书郎，以不附秦桧和议去官，学者称为韦齐先生（松性卞急，因取古人佩韦之义，名其居曰韦齐，以自警焉），为建州政和县尉，遂寓建之崇安五夫里。而文公则生于南剑尤溪之寓舍云。

文公幼即颖异。生四岁，父指天示之曰："天也。"问曰："天之上何物？"韦齐异之。人必心有所疑，而后勉力乎学问，文公少即怀疑如此。五岁入小学，八岁读《孝经》，题其上曰："不若是，非人也。"尝从群儿戏沙上，独端坐，以指

画沙，视之，八卦也。初读《孟子》，至"圣人与我同类者"喜不可言，以为圣贤可必至。韦齐在日，即受学于家庭。夫韦齐亦非常人也。伊洛之学，源于二程子，传之者杨文靖公，时世所称龟山先生者也（文靖，

朱子，名熹，字仲晦，也字元晦。晚年居住在建阳一个叫考亭的地方，因此学者也称他为考亭先生，谥号为文（他小名叫做沈郎，小字季延，又叫做五二），祖籍在婺源县松岩里。他父亲朱松（字乔年）通过了殿试成为进士，担任尚书郎一职，因为没有附和秦桧与金朝议和的主张被罢免官职，学者称他为韦齐先生（朱松性情急躁，因此借鉴古人佩戴熟皮用来自戒急躁，把他的居室命名为韦齐，从而自我警醒）。因为他担任建州政和县的县尉，于是在福建崇安的五夫里这个地方安居下来，朱熹就出生在南剑州尤溪县的住所里。

朱熹年幼的时候就聪明异常。四岁的时候，他父亲指着天上对他说："这是天。"他问道："在天的上面还有什么东西呢？"朱松惊讶不已。人必然是心中先存有疑惑好奇，然后才能尽力学习知识释疑解惑，朱熹年幼的时候就怀有这样的好奇之心。五岁的时候进学，八岁的时候就学习《孝经》，在书上做笔记说："若不如此做，便不成人。"他曾和一群小孩儿在沙堆上玩耍，唯独他端坐着，用手指在沙上画，一看，他画的竟然是八卦图。他才开始学习《孟子》的时候，读到"圣人和我们是同一类人"这句话，就十分高兴，认为自己一定能做到圣贤那样。朱松还活着的时候，朱熹就在家里学习。朱松也不是一般人。伊洛理学，是由程颢和程颐创建的，这一学派的传承人是杨文靖公，就是人们传说的龟山先生（杨文靖，字中立，南剑州将乐人）。罗豫章（字彦仲、仲素，南剑州人，学者称他为豫章先生，谥号文质）和李延平又跟随龟山先生学习，从而得到真传。朱松拜两人为师，而且特别佩服龟山先生的学识，字中立，南剑州将乐人）。罗豫章（名字彦仲、仲素，南剑州人，学者称为豫章先生，谥文质）、李延平又从龟山学，而得其传。韦齐师事二人，而尤服膺龟山，痛自刻厉，刮浮华以趋本实，日诵《大学》《中庸》之书，以用力于致知诚意之地。文公得名父之熏陶，其根器固已与人不同。绍兴（宋高宗年号）十三年癸亥春，韦齐疾革。时文公止十四岁，学业未成。韦齐弥留之际，所最恋恋而不能恝然者也。手自为书，属遗孤于刘屏山（名子翚，字彦冲，少传子羽之弟）、刘草堂（名勉之，字致中，白水人，学者称为草堂先生）、胡原仲（名宪，籍溪人）三先生之门，顾谓文公曰："此三人者，吾友也，学有渊源，吾所敬畏。吾即死，汝往父事之，而唯其言之听。"

韦齐临殁，又以家事属屏山之兄子羽，子羽为筑室于其里第之傍，文公奉母夫人迁而居焉。乃遵遗训，承学于三君子之门。三君子抚教如子侄，草堂因以其女妻之。尝与屏山讲学武夷山，去家颇远，屏山于中途建歇马庄，以为休止之所。屏山身后，始以其田归之屏山之子。二刘早亡，亲炙甚少，独事籍溪胡公为最久。

对自己要求苛刻严厉，去除表面上的虚浮，追求本源实质，每天读诵《大学》、《中庸》这类书，把功夫下在获取知识、使自己心志真诚上面。朱熹受到这样重视学问的父亲的濡染影响，他的品行器量自然就与常人不一样。绍兴（宋高宗的年号）十三年癸亥年的春天，朱松病重。当时朱熹才十四岁，学业还没有完成。朱松在病危将死的时候最放心不下的就是这件事。于是他亲自写信，将朱熹托付给刘屏山（名子翚，字彦冲，刘少传、刘子羽的弟弟）、刘草堂（名勉之，字致中，白水人，学者称为草堂先生）、胡原仲（名宪，籍溪人）三位老师的门下，看着朱熹说："这三个人，是我的好友，学问非常深邃，我对他们很敬重，我死了以后你就去把他们当做父亲一般侍奉，他们教导什么都要听从。"

朱松临近去世的时候，又把家中的事务交付给刘屏山的哥哥刘子羽，刘子羽在他家旁边为朱熹母子建了一间房子，朱熹侍奉着母亲迁居到这里，然后按照父亲的临终嘱咐，在这三位老师的门下接受教育。三位老师抚育教导朱熹如同对待自己的子侄一般，刘草堂还将他的女儿嫁给朱熹。朱熹曾经跟刘屏山到武夷山讲学，离家距离很远，刘屏山就在路途中间建造了一个歇马庄，用作讲学来回中途休息的场所。刘屏山死后，朱熹把他的田地给了刘屏山的儿子。刘草堂和刘屏山去世都比较早，朱熹受他们教导很少，唯独跟随绩溪胡原仲的时间最长。

【批评】

史言朱子幼即颖异，观其所为，诚哉其颖异也。然小时了了，大未必慧。盖天分如种子，种子虽美，又恃人之培植，未必种子好，就得佳果。

观韦齐之自待，甚不薄矣，教其子者，自不宜薄。临殁之日，不以家贫子幼为念，惟为择贤师友而托之，可谓知本矣。以此教子，君子知其后必大。二刘籍溪，受韦齐之托，便慨然引为己任，视故人子，无异子侄。子羽且为筑室里第之傍，以便护视，热肠古道，令人可歌可泣。韦齐可谓识人矣。

元晦之字，出于屏山，其词曰："冠而钦名，粤惟古制。朱氏子熹，幼而腾异，友朋尚焉，请祝以字。字以元晦，表名之义，木晦于根，春荣晔敷，人晦于身，神明内腴。昔者曾子，称其友曰，有若无，实若虚，不斥厥名，而传于书。虽百世之远也，揣其气象，知颜子如愚，迹参并游，英驱岂无他人，夫谁敢居。自诸子言志，回无欲无伐，一宣于声，终身勿越，陋巷暗然，其光烈烈。从事于斯，惟参也无惭，贯道惟一，省身则三。夹辅孔门，翱翔两

【评论】

史书上说朱熹年幼时就聪明异于常人，看他的所做所为，确实是非常聪明过人。然而人少年时聪明，长大了未必就有才智。人的天分就像种子一样，种子虽然好但也要依靠人的栽培，不一定好的种子就会结出好的果实。

看朱松自己研究学问，自我要求极为严格，他教导他的儿子，自然不会放松要求。临死的时候，他不忧虑以后家中贫困、孩子尚且年幼，唯独将选择贤师良友这件事托付于人，可以说是抓住根本了。用这样的言行教导孩子，君子知道他的后代必然会有很大作为。刘屏山、刘草堂、胡原仲三人，受到朱松所托，慷慨地把所托之事当做自己的责任，对待故人的儿子，无异于对待自己的子侄。刘子羽甚至还在朱家附近为其母子建房居住，以方便照顾，这种待人厚道真诚的态度，让人感动流涕，朱松可算是有识人之明啊。

朱熹的字“元晦”，是出自刘屏山之手，取字时他做的词是：“成年加冠就取字，是遵循古代礼制。朱家后人朱熹，年幼就聪颖过人，和道德高尚的人交往。现在请求给他赐字，赐字叫元晦。这个字的含义是，树木的能量在根部，人的能量在修身，内心精神智慧将充实丰富。以前曾子称赞他的朋友说，有学问就像没学问一样，满腹知识却像一无所知一样，不排斥别人的意见看法，然后青史留名。虽然间隔的时代久远，揣摩圣贤们的气概，就知道颜渊好像很愚钝的样子，与曾参一起游学，孔子弟子中才能出类拔萃的人怎么会没有，但谁又敢列于颜渊之前呢。自从孔子让弟子各言其志，颜渊说自己没有过多的欲望、不夸耀自己的功劳之骖，学的欲正，吾知斯之为指南。”期以颜曾，而不及其他，屏山可谓善颂。

先是韦齐尝过建阳，至考亭，爱之，书日记曰：考亭溪山清邃可以卜居。光宗绍熙二年，公自漳州归，迁居考亭，以成韦齐之志。孝子之用心，无微不至如此。

后，一说出这句话就能做到终身践行，从来没有逾越他的诺言，虽然居住的巷子昏暗简陋，但他的人格魅力却闪耀出耀眼的光芒。贯彻圣人之道在于专一，曾参每天三次反省自己。他们继承和传播孔子的学说，如同车前两侧的骏马一样驰骋。学问想要步入正道，我知道这些人可以作为努力的方向。”刘屏山期望朱熹成为颜回、曾子这样的人而不提其他圣贤之人，真是善于祝愿啊。

最初，朱松曾经经过建阳，到了考亭这个地方，非常喜欢，于是在日记中写道：考亭山清水秀，可以在这个地方选择一处居住。宋光宗绍熙二年，朱熹从漳州回老家后，就迁居到考亭，从而完成朱松的遗愿。作为一个孝子，朱熹孝敬父母的心思竟细心周到到这种程度啊。

第三章 出试同安

宋世取士，亦行科举之法。文公以绍兴十七年，举建州乡贡。考官蔡兹谓人曰："吾取中一后生，三篇策皆欲为朝廷措大事，他日必非常人。"明年春，登王佐榜进士，列第五甲第九十人，准刺赐同进士出身。二十一年春，诠试中等，授左迪功郎泉州同安县主簿。

学人常不胜吏事，文公则不然。在同安时，莅职勤敏，纤悉必亲，苟利于民，虽劳无惮。廨中有燕坐之室，更名曰高士轩，以令甲所当为者大书楣间。每点追税，必先期晓示，出入之簿，逐日点对签押，以免吏人作弊。

同安有寇警，分守城之西北隅，循行所部，循勉慰饬，谕意吏士，士皆感奋为用。相城之隅，得隙地以为射圃，属其徒日射其间。其后盗虽溃去，而圃因不废，间往射如初。观此，则文公亦不忽武备。

宋时，主簿兼学事。文公之在同安也，选邑之秀民充弟子员，有本县进士徐应中议论纯正、王宾操履坚确，请赴学，待以宾客之礼，俾诸生有所矜式。又有柯君翰者，家居教授，常百余人，行峻不苟，遂请为学识。又以为治而防以宋代选拔官员，也是实行分科取士的办法。绍兴十七年，朱熹在建州乡试中考取贡生。考官蔡兹对别人说：“我评卷时取中一名后生，三篇策论都是要为朝廷谋划大事，以后必然会成为不同寻常之人。”第二年春天，中了王佐榜第五甲第九十名，诏书授予他同进士出身（不是进士但是按进士出身对待）。绍兴二十一年春天，朱熹再次参加选拔考试，获得中等，被授予左迪功郎、泉州同安县主簿。

读书人多数不能胜任政事，但是朱熹则不这样。在同安县任职时，他在岗位工作上非常勤勉，事无巨细都要亲自完成，只要对百姓有利的事，即使劳心费神也不退缩。朱熹办公的地方有一间休息的房间，他将其改名称作高士轩，把法令要求做的事用大字写在门楣上面。每次征收税赋，都要提前进行公示，收支的账本每天进行核对签字，避免差役从中做手脚。

同安县有贼寇之患，他负责带人巡守城中的西北角，深入所管辖队伍，勉励慰问将士，整顿军机，士兵们都深受感动，乐为所用。他在城角找了一个地方，辟建了一小块地作为射箭场所，朱熹带着他的属下每天在其中练习射箭。在此之后盗贼虽然散去，但射箭场所却没有被废除，还是像往常一样操练士兵。根据这件事，可以知道朱熹也不忽视武备。

宋朝的时候，主簿还兼任主管教育。朱熹在同安时，选拔城邑中有才华的百姓做学生弟子。同安县的进士徐应中评论事物真诚公正，王宾操守品行坚定，朱熹就邀请他们入学，用对待宾客的礼仪对待他们，使这些学生能够有楷模标准可以学习。还有一位柯君翰，在家中讲解传授经教，经常有一百多人求学，他品行高尚，毫不马法制，而义理不足以悦其心，则亦无以使之知所趋而兴于行，乃增修讲问之法，使职事诸生，相与渐摩，理义有以博其内，规矩有以约其外，学者翕然从之。

为同安诸生劝学文曰："学如不及，犹恐失之，此君子所以孳孳焉。爱日不倦，而兢兢尺寸之阴也。今闻诸生晨起入学，未及日中，各已散去，岂爱日之意哉？"宋时，县学多有藏书，以便学者借阅，即今图书馆之权舆矣。然往往虚行故事，敝刓残脱，官不知理。文公尝奉檄至帅府，愿橅（同摹，谓就版摹印也）府中所有书以归，俾学者得肄习焉。帅即日属官工橅以予，归建经史阁以藏之。盖宋时州郡，皆有书版，即便流通，校雠精审，又足正坊本之失，意甚善也。

同安秩满，代者不至，申建宁府状云："同安到任四年，省罢归乡，偶以亲老食贫，不能待缺。"遂弃官归，以奉亲讲学为急。其去也，士思其教，民怀其惠，相与立祠于学宫。

虎，于是朱熹请他过来担任老师。朱熹又觉得靠规矩制度管束他们，如果所学的义理不能够让他们发自内心的喜欢，那么也没办法让他们知道学习的方向和自觉应用于日常行为，于是增加了修习讲问的教学方法，让这些学生相互探讨切磋，用义理来丰富他们的内心，用规矩来约束他们的行为，学习的人纷纷来跟他求学。

朱熹又劝导同安的学生们要努力学习说："学习知识就像追赶不上那样，追赶上了又像会担心失去一样，这种对知识的强烈渴望是君子勤奋学习不知疲倦、珍惜利用点滴的光阴的原因。现在听说你们早晨起来上学，还没有到中午就都各自离开了，这哪里是珍惜光阴的做法呢？"宋朝时，县里的学馆多数都有藏书，从而方便学习的人借阅，即是现在所谓的图书馆的萌芽。然而学馆往往没有按照规定落实，书籍磨损残缺脱页了，官吏也不知道整理修缮。朱熹曾经带着公文到帅府，请求复印（橅，同摹，刻版进行复印）帅府中所藏有的书籍并拿回去，使学生能够有书学习。帅官当天就让下属将印刷的模板交给了朱熹，他回去后建设了经史阁用来收藏这些书籍模板。因为宋朝时候的州郡都有各自的印刷书版，方便在民间流通，文本校勘核对也比较精确，还能够修正民间书坊刻印书籍的谬误，这个主意非常好。

朱熹在同安县任职期满，继任者没有来。他向建宁府提出请示说："我在同安县任职已经四年，应当辞去官职回家。我因为母亲年迈生活困难，不能够等待递补官职。"于是放弃官职回家，把侍奉亲长，讲授学问视为第一要务。他离开后，同安的士子思念他的教导，百姓怀念他的恩惠，共同在学宫为朱熹立祠。

【批评】

科举以言取人，难得真才，前人论之详矣。今已废而不用，学校考试，虽以平日积分为主，而亦不能不弃文不论。盖文之所尚，惟在器识，搬演科学，即能及格，又何由知其所志乎？惟言心声，衡文巨眼，以此观人，百不失一，观蔡兹之取朱子，其可知也。

绍兴十八年登科录，以朱子之故，其书留传至今。《粤雅堂丛书》中有刻本，亦犹宝佑四年登科录之以文文山见重也。

学人不喜治事，身临民社，往往弹琴赋诗以鸣高，搜奇觥异以为乐。誉之者且以为真名士，且以为非俗吏。吏以治民为务，既不治事，不知国家要此官何用。

学非仅空言，必验之事而后见。既厌实事，则彼所孜孜矻矻，自以为学者，皆无用之学，程子所云玩物丧志而已。

学校但讲形式，则学者亦以形式应之，形式果足以造就人才乎？必如朱子之言“理义有以博其内，规矩有以约其外”，而后能收作人之效也。

【评论】

科举靠文章选拔人才，难以获得真正的人才，这个问题前人已经论述得很详细了，现在科举已经废止不再实行。学校的考试，虽然以平时学习的积分作为主要参考依据，但也不能不完全放弃考察文章。因为文章所尊崇的是一个人的气度格局，演算科学算式即便能够及格，又从哪里能知道这个人的志向呢？只有文章能反映一个人的真实内心，依靠锐利的鉴别能力来品评文章，借此观察一个人，一百次中无一次失误，从蔡兹录取朱熹这件事就可以知道了。

绍兴十八年科举的登科榜因为朱熹的缘故，榜文到现在还留存着，《粤雅堂丛书》存有翻刻的版本，这跟宝佑四年的登科录因为文天祥状元及第而被重视的性质是一样的。

学者不喜欢具体的政务，虽然在基层政府供职，但往往通过弹琴赋诗来自命清高，以搜索传说奇异的东西作乐，赞誉他们的人认为他们才是真正的名士，而且觉得他们不是落入俗套的小吏。然而官吏的职责就是治理百姓，既然不理政务，不知道国家选拔任用这样的官员有什么用处。

学习不仅仅是空谈大论，必须通过具体实践来检验才能见证所学。既然都厌恶具体事务，那么他们勤勉不倦地学习，自认为是已经学到了知识，实际上都是没用的学问，这就是程颢所说的玩物丧志的表现。

学校只是讲授知识的表象，而学习的人也只是用表面的东西来应对，这种靠形式来传授知识的方法真的能够造就人才吗？前提是必须像朱熹所说的“用义理来丰富他们的内心，用规矩来约束他们的行为”，然后才能收到培养人才的效果。

第四章 授延平之学

自科举盛而士非科举之学不治，自学校兴而士非学校之课不读。治科举者，以得科举为心，入学校者，以望毕业为志。所志既遂，宜若可以讲求切己之学、经世之图，为入仕之具。辄营营于功名利禄之途，不得于君则热中，谁复以学问为事者。

文公自释褐以至出仕，年未三十，以恒情言之，则正热心功名之日，乃其心未尝一日忘学，视富贵如敝屣之可弃、如烟云之过眼。惟读书做人，乃千古之事，而不敢忽。

初龟山杨氏倡道东南，从游甚众，语其潜思力行，任重诣极者，罗公仲素一人而已。剑浦李延平为罗氏入室弟子，学成，屏居山田，结茆水竹之间，人罕知者。同学邓迪（字天启，沙县人）独曰："愿中（延平字），如冰壶秋月，莹澈无瑕，非他人可及。"韦齐与延平，固同门友，深以迪为知言。文公少时，耳熟而心仪之久矣。

归自同安，不远数百里，往谒延平而受学焉。文公幼孤，尝从屏山学问。及壮，以父执事延平而已。至于论学，盖未之契，每自诵其所契于延平之前，延平亦莫之许也。延自从科举制度盛行以后，只要不是科举需要学习的内容，士子就不会研究；从学校兴起以后，只要不是学校教授的课程，士子就不会阅读。研究科举学问的人，以取得科举名次为目的；上学的人，以顺利毕业为目的。他们的目的实现后，理论上应当是深入研究追求修养自身的学问和经世济民的方法，作为担任官职的手段。但现在却是热衷于追逐功名利禄之事，如果得不到君王的恩泽就内心急躁，谁还会把做学问作为事业呢。

朱熹从科举及第到担任官职，还不满三十岁，以人之常情而论，这个年龄正是热衷于追求功名的时候，然而他内心之中没有一天忘记学习，把富贵看做可抛弃的破旧鞋子，看做过眼云烟。只有读书做人这件事，他认为是千古之事，丝毫不敢疏忽。

最初，龟山先生杨文靖在东南地区传授学问，追随他的人特别多，要说其中能够深入思考、竭力而行、造诣极深的人，只有罗仲素一个人而已。剑浦人李延平是罗仲素的亲传弟子，学业完成后，独居在山野之中，在水竹之间编茅为屋，世上很少有人知道他。与他一同求学的邓迪（字天启，沙县人）唯独评价他："愿中（李延平的字）这个人，好像盛水的玉壶和中秋的月亮一样，晶莹剔透、洁白无瑕，不是一般人能比得了的。"朱松和李延平原本是同师受业的朋友，把邓迪看做是自己的知音。朱熹小时候，经常听说李延平，内心仰慕他很久了。

从同安回去以后，朱熹不顾数百里之远，前往拜谒李延平并接受他的教导。朱熹从小就失去父亲，曾经跟刘屏山学习。长大后，便像对待父亲一样侍奉李延平。至于论说学问，还没有契合，平之言曰："学问之道，不在多言，但嘿坐澄心，体认天理。久久用力于此，庶几渐明，讲学始有力。"常于静中，验喜怒哀乐未发之前，气象为如何，而求所谓中者。其造诣之深，亦可见矣。文公未能心折，殆所谓少年气盛者耶。后反复延平之言，若有所得，于是尽弃所学而师事焉。尝谓门人赵师夏曰："余之始学，亦务为儱侗阔之言，好同而恶异，喜大而耻于小。于延平之言，则以为何为多事若是，心疑而不服。今始知其不我欺矣。"文公为学，鞭辟入里，盖始于此。

文公既幡然一变，延平甚称之。与其友罗博文书云："元晦进学甚力，乐善畏义，吾党鲜有。"又云："此人极颖悟，力行可畏，讲学极造其微处。"又云："此人别无他事，一味潜心于此，初讲学时，颇为道理所缚，今渐能融释，于日用处一意用工夫。若于此渐熟，则体用合矣。"而文公亦云："喜获从李先生游，每一去而复来，则所闻必益超绝。"盖师弟相得如此。

他每次在李延平面前朗诵称心的文章，李延平也没有表示肯定。李延平对他说："做学问的方法，不在于话多，只要静坐使自己的内心澄澈，体会感受天理。长期坚持这么做，就可以逐渐明白，讲解阐述自己的学术理论才能让人信服。"朱熹常常在沉静之中，感受喜怒哀乐各种情绪产生前表现出的景象是怎样的，而追求所谓的中庸之道。朱熹境界水平之高，从这里也能看出来。朱熹对李延平的话不服，可能是年轻气盛的原因吧。后来反复体会李延平的话，好像有所领悟，于是他放弃了所有以前学的东西，拜李延平为师。朱熹曾对他的门生赵师夏说："我开始学习的时候，也是追求空洞浮华的文辞，喜欢相同的观点而厌恶异端学说，喜欢宏大的论断而耻于细枝末节。对李延平的话认为何必这么费事，心中怀疑，感到不服。现在才知道他没有欺骗我。"朱熹的学问切实，是从这里开始的。

朱熹彻底地改变后，李延平特别赞赏他，在给他的朋友罗博文的书信中写道："朱熹学习十分用功，乐于向善，怕失道义，我们这群人中很少有他这样的。"又说："这个人悟性非常高，刻苦学习的劲头令人敬畏，阐述学问特别能探寻其中的微妙之处。"还说："这个人没有别的追求，单纯的专心致志研究学问。一开始讲学的时候，很受道理束缚，现在逐渐能融会贯通，在日常事务中能够专心下功夫。如果在这上面渐渐纯熟，那么就能做到理论与实践相融合。"而朱熹也说："很高兴能够跟李延平老师交往，每次从他那里学习回来，所学到的都是更加高深的学问。"老师和徒弟互相投合达到这样的程度。

文公至延平，每寓西林院僧惟可之舍，以朝夕往来受教焉。日所闻者，夜间字字思量，如温故书。有疑，明日又问。

【批评】

学亦多术矣，古人皆有成名者。至义理之学，汉儒虽有精语（陈澧《汉儒通义》七卷载之甚详），宋儒始讲得明白，说得痛切。今人但求学问于校课之中，而不知真儒之学。或则空疎，或则务外，其弊与从前科举同，所谓何种甘蔗不成渣也。朱子所师事者，如屏山、草堂、籍溪、延平四先生，皆韦齐之友，而留以遗其子者也。世之为父者，第知积金遗子孙，乌知以贤师友遗子孙哉？

朱子初见延平，不甚契合，后乃自悔其所见之浅，虚心受教。而延平亦不敢不尽，如与朱子书云："某得早从罗先生游，自少时粗闻端绪。中年一无佽助，为世事澒汩者甚矣。所幸比年来得吾元晦，相与讲学于颓堕中。后此激发，恐庶几于晚境也，何慰如之。"

朱熹到李延平处求学，每次都住在西林院的僧人惟可的住所，方便早晚往来去求教。白天听闻的道理，晚上逐字逐句思考，就像是书上说的“温故知新”那样，有所疑惑则第二天再请教老师。

【评论】

学问也有很多种，古人在不同的学术领域都有很出名的。至于研究义理的学问，汉代儒学家虽然也有精辟的论述（清末陈澧撰写的《汉儒通义》七卷记载得非常详细），但到宋代的儒学家才分析得最清楚、论述得最透彻。现在的人只是在学校课堂中学习知识，却不知道真正的儒学。这些知识要么空洞浅薄，要么专注于表面，这个弊端和从前的科举制度一样，所谓的什么甘蔗最后都变成渣子。朱熹所拜的老师，像屏山、草堂、籍溪、延平四位学者，都是朱松的朋友，朱松把他们留给自己的儿子。世上当父亲的，只知道积攒金钱留给子孙，哪里知道把贤师良友留给子孙呢？

朱熹才见到李延平的时候，不是非常合拍，最后才后悔自己的见识肤浅，从而虚心接受教育，李延平也倾尽所学教导朱熹。例如在给朱熹的书信中写道：“我早年跟随罗仲素老师学习，从年轻的时候就对学问有些粗略的认识，等到中年的时候毫无建树，被俗事缠身。幸运的是这些年遇到了朱熹，在颓废的境遇中一同研究阐述学问，如果不是受此激发，恐怕就要颓废终老吧，遇到朱熹是多么值得欣慰啊。”

第五章 廷对

方高宗之南渡也，中原失陷，父兄羁虏，虽有张浚、韩世忠、刘锜、岳飞为之将，而信用秦桧，抑战士之怒，不惜忍辱负耻，以与敌和。正人君子，始则力争之而不得，则相率归田里，而不复立于其朝。文公之父，亦以此而去。文公壮时，既志在求学，而未暇谈国家之大计，亦以朝政颠倒，尚非弹冠之时，宁沉沦于草野耳。幼学壮行之志，岂其一日忘哉。

绍兴三十二年，六月，高宗内禅。孝宗即位，诏求直言。朱子应诏上封事，略言：

圣躬虽未有阙失，而帝王之学不可以不熟讲，朝政虽未有阙遗，而修攘之计，不可以不早定。利害休戚，虽不可遍以疏举，然本原之地，不可以不加意。陛下毓德之初，亲御简策，不过讽诵文辞，吟咏情性。比年以来，欲求大道之要，又颇留意于老子释氏之书，记讼词藻，非所以贯本末而立大中。夫帝王之学，必先格物致知以极夫事物之变，使义理所存，纤悉毕照，则自然意诚心正，而可以应天下之务。

宋高宗南渡的时候，中原地区沦陷，宋高宗的父亲宋徽宗和哥哥宋钦宗都被俘虏，虽然有张浚、韩世忠、刘锜、岳飞担任将领，但朝廷信任使用秦桧，压制战士们的丧国之怒，不惜忍受背负耻辱，和敌人议和。品行端正的人开始的时候竭力劝阻而无法实现，于是相继回家，不再担任朝中职务。朱熹的父亲也是因为这个原因而辞官。朱熹壮年的时候，立志于探求学问，没有时间谈论国家大政方针，也是因为朝廷政治昏暗，还不是可以出仕的时候，所以宁愿流落在民间。但他幼时勤于学习、壮年施展抱负的志向，哪一天曾忘记？

绍兴三十二年六月，宋高宗禅位于宋孝宗。孝宗即位后，下诏寻求正直的言论谏诤，朱熹按照皇帝的诏命上呈密封奏章。简要说明如下：

皇帝虽然没有过失，但如何做帝王的学问不能不熟悉，朝廷政事虽然没有疏忽，但是内修政教、外御强敌的战略不可以不趁早制定。各种利害关系，虽然不能够全部逐条列举，然而根本核心的东西，却不能够不留心注意。陛下在修养德性的初期，亲自批阅奏疏，不过是诵读诗文章句，通过吟咏文章提高品性修养。近年来，想要寻求治国理政的核心关键，但却又特别重视道家佛教的书籍，背诵经文词藻，这不是贯穿事物本末、建立大中至正之道的要领。帝王的学问，必须先穷究事物的本原而获得，以便透彻地认识事物的变化，使世间万物的道理，都能存在于心中，对事物的纤细微末之处全都看得透彻，就会自然意念真诚，心地端正，而可以治理好天下的事情了。

中云："今日之计，不过修政事、攘夷狄。然计不时定者，讲和之说疑之也。今敌于我，有不共戴天之仇，则不可和也，义理明矣。知义理之不可为，而犹为之，以有利而无害也。以臣策之，所谓和者，有百害而无一利，何苦而必为之？顾畴咨大臣，总揽群策，鉴失之之由，求应之之术，断以义理之公，参以利害之实，闭关绝约，任贤使能，立纪纲，厉风俗，使吾修政事攘夷狄之外，孑然无一毫可恃，以为迁延中已之资，而不敢怀顷刻自安之意。然后将相军民，无不晓然知陛下之志，更相激厉，以图事功。数年之外，志定气饱，国富兵强，视吾力之强弱，观彼衅之浅深，徐起而图之。中原故地，不为吾有，而将焉往？"

末云："四海利病，系斯民之休戚；斯民休戚，系守令之贤否。监司者，守令之纲，朝廷者，监司之本。欲斯民之得其所，本原之地，亦在朝廷而已。陛下以为今日之监司，奸赃狼籍，群虐以病民者，谁则非宰政台谏之亲旧宾客乎？其已失势者，既按见其交私之状，而斥去之，尚在势者，岂无其人，顾陛下无自而知之耳。"

文章中间说:“当前的方针,不外乎修明朝政,抵御外敌,然而这个方针之所以不能及时制定,就是因为受主和言论的影响。金朝对宋朝,有不共戴天的仇恨,双方不可能和议,这个道理明摆着。明白按道理不能做却偏要做,那是因为其中有利益而没有害处。在我看来,所谓的主和,对我们有百害而无一利,何苦一定要这么做?应当咨询访求大臣的意见,综合考虑所有计策,分析以前失败的缘由,而去寻找应对当前形势的方法。坚决果断按照公认的道理,结合利害关系的实际,封闭关隘,断绝和约,任用贤明能干的人才,确立国家法度,纯洁士风民俗,使我们在修明朝政、抵御外敌之外,其他的没有丝毫可以依赖作为拖延的资本,而不敢有一点自以为安的想法。然后将军宰相、士兵百姓,都明白陛下的志向,会更加相互激励来为国家建功立业。几年以后,国家上下意志坚定,气势饱满,国家富足,军队强大,再根据我国力量的强弱,观察敌人挑起争端的程度,慢慢积蓄力量设法打败他们。中原地区沦陷的土地,不回到我们国家,还能归到哪里去?”

文章最后说:“全国的利害,取决于百姓的快乐与否,百姓的安危忧乐,取决于地方官员是否贤明。负责监察辖区官吏的监司,是地方官员的表率,朝廷又是监司的根本所在。要让百姓得到恰当的安排,根本之所,是在于朝廷。陛下看现在的监司,那些狼狈为奸、贪赃枉法,大规模虐待伤害百姓的人,哪个不是宰相、台谏的亲戚、故旧、门客呢?他们中已失去权势的人,已经查出他们结党营私的实情,而罢黜了他们,但是还在当权的人,难道没有做出这样事的吗?只是陛下自己不知道罢了。”

孝宗隆兴元年，召赴行在（行在，谓临安也，亦曰行都），辞不获命。其年十一月，奏事垂拱殿。时宋遣王之望使金约和，未还，宰臣汤思退等，皆主和议，而近习曾觌、龙大渊招权。文公将趋朝命，问延平所宜言。延平以为今日三纲不立，义利不分，故中国之道衰，而夷狄盛，人皆趋利不顾义，而主势孤。文公即用其说以对。第一札谓制治之原，莫急于讲学，略云：

陛下虽有生知之性，高世之行，而未尝随事以观理，故天下之理，多所未察，未尝即理以应事。故天下之事，多所未明，是以举措之间，动涉疑贰，听纳之际，未免蔽欺，平治之效，所以未著。

第二札谓经世之务，莫大于复仇，略云：

君父之仇，不共戴天。凡有君臣父子之性者，发于至痛不能自已之同情，而非专出于一己之私。然则今日所当为者，非战无以复仇，非守无以制胜，是皆天理之同然，非人欲之私忿也。

第三札谓德业成败则决于君子小人之用舍，略云：

制御夷狄之道，其本不在于威强，而在于德业，其备不宋孝宗隆兴元年，朝廷召令朱熹赶赴皇帝住所（行在，是指临安，也叫行都），朱熹推辞拒绝前往。当年十一月，朱熹受命在垂拱殿奏事。当时宋朝派遣王之望到金朝约定和议，还没有回来。宰相汤思退等人都主张和议，而君主宠爱的亲信曾觌、龙大渊等人正掌权。朱熹将入朝赴命之前，咨询老师李延平自己适合说什么。李延平认为当前纲常失序，公义和利益没有区别，所以宋朝的世道衰微，而夷狄的气势强盛，人们都追逐利益而不考虑忠义，皇上势单力薄。朱熹就按李延平的意思来上奏。第一篇文章说治理国家的根本，没有比讲学更急迫的，概述如下：

陛下虽然有生而知之的秉性、超乎世人的德性，然而没有根据事物来考究道理。因此，天下的道理，有很多还没有认识到，无法运用理论来指导实践。因此，天下的事，有很多没有搞明白，导致有些措施常常疑惑不定，听言纳谏的时候，难免会被欺骗蒙蔽，平定治理国家的效果因此没有显现出来。

第二篇文章叫做治理国事的要务，没有比复仇更重要的了，概述如下：

欺侮君王和父母的仇恨，不共戴天。只要存有君臣父子忠孝之情的人，就会产生无法自我控制的极大痛楚的相同感情，而不是仅出于个人的私情。然而现在所应当做的，除了主战没有别的办法可以复仇，除了守住城池没有别的办法可以取胜，这都是天理如此，而不是发自人欲的私怨。

第二篇文章叫做德行与功业的成败取决于是用君子还是小人，概述如下：

在于边境，而在于朝廷，其具不在于号令，而在于纪纲。今日谏诤之用途尚壅，佞幸之势方张。爵赏易致，而威罚不行，民力已殚，而国用未节，则业未可谓修，朝廷未可谓正，纪纲未可谓立。凡古先圣王所以强本折衝，威制夷狄之道，皆未可谓备。

文公之言，可为至矣。孝宗闻第一奏，颜色温粹，酬答如响，闻第二第三奏，则默然不答。寻除武学博士，拜命而归。

【批评】

格物致知，世以为儒生之业，一日万几之帝王，何暇作此迂阔之谈。不知治天下者，此其本也。本之不立，虽有海军之强如英国，陆军之精如德国，工商之富如美国，而以雄才大略如秦皇汉武者为之君，竭忠尽虑如诸葛武侯者为之相，战必胜，攻必取，如孙吴卫霍者为之将，亦不能措国家于长治久安之途者也。

三札所陈，不出封事之意，而辞气则又剀切矣。朱子初无意于为文，而读其奏议，理明辞达，切至动人。学作文字抵抗防御夷狄入侵的手段，根本不在于军事的强盛与否，而是在于德行功业，守备关键不在于边境，而在于朝廷，攻守器具不在于号令，而在于纲常秩序。如今谏言献策的途径仍被壅塞，佞臣小人的势力正不断壮大。爵位赏赐容易得到，但是惩罚却难以落实，民众的物力财力已经用完，但是国家的花费用度却不知节俭，那么德业不能算是修成了，朝廷不能算是持守正道了，纲纪不能算是树立起来了。那些古代圣贤君王制定的夯实国家基础、靠威力制衡夷狄的策略，都不算是周全完备。

朱熹的话，可以说是至理之言。宋孝宗听到第一篇奏章时面色温和，应答声音还很洪亮，听到第二、三篇奏章时则默默不语。不久提拔朱熹为武学博士，朱熹拜受诏命而回。

【评论】

格物致知，历代以来都是儒生研究的内容，每天日理万机的帝王，哪里有时间进行如此不切实际的谈论？不知道治理天下，这才是根本。根本没有树立起来，即使有英国那样强大的海军，德国那么精锐的陆军，美国那么富强的工商业，有像秦始皇、汉武帝那样的雄才大略担任君主，有像诸葛亮那样尽忠职守的人担任宰相，有像孙膑、吴起、卫青、霍去病那样战必胜攻必取的人担任将军，也不能把国家引导到长治久安的道路上啊。

三篇文章所陈述的，没有脱离密奏的意思，而同时修辞语气又切中事理，朱熹开始的时候并没有在文章辞藻上刻意雕琢，但读他的奏议文章，道理清楚，语言通畅，深刻动人。学习写文章的者，须与于此等文求之。

朱子之谏孝宗，以讲学为制治之原，复仇为经世之要，退小人、进君子，为下手之方。呜呼，尽之矣！无论专制之朝，共和之世，未有如此而不兴，不如此而不亡者也。

朱子之学，受于延平，奏对之言，亦本于延平。延平沉沦草野，避世若浼，其致君泽民之意，发于门弟子，洵文中子（隋时，王通隐居河汾，唐初宰辅如魏征辈，皆其门人，著《文中子》）一流人物也。

人，必须要达到这种文章的标准。

朱熹谏言宋孝宗，将讲学作为治理国家的本源，将复仇作为治理国事的要务，将罢黜小人、擢用君子作为施政的切入点。这几篇文章把治国的道理都阐述全了，无论是专制体制的朝代还是共和体制的国家，没有这样做而不兴盛的，不这样做而不灭亡的啊。

朱熹的学问，受教于李延平，此番上奏的文章，也是源于李延平。他隐居民间，逃避恶俗如同污泥浊水，但其辅佐君主、造福百姓的想法通过门人弟子而得到阐发，实在是像文中子王通（隋朝时期，王通隐居河汾。唐朝初年的辅政大臣例如魏征等人都是他的门人，著有《文中子》一书）这样的一流人物。

第六章 鹅湖之会

孝宗二年，延平卒，文公往哭之，比葬，复往会，语人曰："熹少而鲁钝，百事不及人，独幸稍知有意于古人为己之学，而求之不得其要。晚亲有道，粗得其绪余之一二，方幸有所向而为之焉，则又未及卒业，而遽有山颓梁坏之叹。伥伥然如瞽之无目，擿埴索途，终日而莫知所适也。"时执政钱端礼等方主和议，遂不复出。

延平既逝，旧德无存，老成凋谢，而后起之秀，如张南轩讲学于潭州（今长沙府），吕东莱倡道于金华（浙江金华县），陆文安（名九渊，字子静，抚州金溪人，学者称为象山先生，谥文安）与兄子寿（名九龄）、子美（名九韶）聚徒于金溪。伊洛之学一时称盛，山川隔阂，各不相通。乾道元年，八月，文公奉府檄行视水灾。八月，过潭州，造南轩之庐而访焉。淳熙二年夏四月，东莱过访寒泉精舍。鹅湖（在江西铅山县）之会，象山兄弟，与清江刘清之偕来。辅仁之友，声气相通，攻错相资，而学愈进矣。

诸友中，南轩东莱，宗旨忻合，都无间言，惟象山则不尽合，所谓朱陆异同者，至今遂成理学中一重公案。文公欲今孝宗二年，李延平过世，朱熹前去哭丧，等到下葬的时候，朱熹再次去吊唁，他对别人说：“我年少的时候愚鲁迟钝，各种事都赶不上别人，唯独值得庆幸的是略知道向往古人注重个人修养的学问，但是寻求学问而没找到要领。后来亲近有道之人，大概能够理清一点学问的头绪，刚刚有幸找到方向而要为之努力，然而还没来得及完成学业，就突然有如山塌梁坏（意指李延平之死）这样的悲叹，内心沮丧如同盲人没有眼睛、以杖点地摸索道路，整天不知道何去何从。”当时，执掌朝政的钱端礼等人正主张和议，于是朱熹没有出仕为官。

李延平去逝后，过去德行高的人基本上都已过世，成熟稳重的人也越来越少，而后辈中的优秀人物，比如张南轩在潭州（现在的长沙）讲学，吕东莱在金华（浙江金华）传授学问，陆文安（名九渊，字子静，抚州金溪人，学者称为象山先生，谥号文安）和他哥哥陆子寿（名九龄）、陆子美（名九韶）在金溪收徒教学。伊洛之学短时间内呈现出繁盛的景象。受大山大河等地理环境阻隔，他们之间相互没有交往。乾道元年八月，朱熹按照上级命令巡视水灾情况，八月份经过潭州，到张南轩家中去拜访他。淳熙二年夏天四月，吕东莱路过到访朱熹创办的寒泉精舍。鹅湖（在江西铅山县）聚会，陆九渊兄弟和清江人刘清之一同前来。以仁德为目标的友人，彼此沟通，相互取长补短，相辅相成，学术更加精进了。

这些友人中，张南轩和吕东莱的思想与朱熹比较一致，没什么异议。只有陆九渊的主张不完全相同，所谓的“朱陆异同”这个说法，到现在就成为了理学发展史中的一件重要事件。朱熹认为世人人泛观博览，而后归之约，二陆欲先发明人之本心，而后使之博览，其不同之点在此。东莱因两家之说，各尊所闻，各行所知，欲今归于一而定其所适，故有鹅湖之会。

学犹水然，水异派同趋于海，学异致而同归于道。朱子之说，脚踏实地，陆子之说迥绝恒蹊，皆无可轩轾。后儒笃守朱子之教，卓然名世者，世固多有。而绍陆子之说，如姚江一派（明王阳明学派也，以其为余姚人，故又称为姚江之学）亦于哲学史中，成为大宗也。故鹅湖会次，陆子之见虽未能融化，而朱子亦不加诋諆，惟云“子静脱略文字，直趋本根，不知其与中庸学问思辨，然后笃行之旨，又如何耳”。又云“子寿笃实孝友，兄弟皆有主，旧所学稍偏，近过此相聚累日，亦甚有问道四方之意”。

东莱深知两家之学，皆具根柢而非漫然者。朱子所主，虽稍近支离（当时朱以陆之教人为太简，陆以朱之教人为支离），而平实无弊。所谓狂者循此而进取，狷者亦守此而有所勿为也。于答要先广泛涉猎浏览群书然后再归于精简，陆九渊、陆九龄则认为要先探求人的本心，然后再让他们博学多识，双方的不同点在这里。吕东莱因为两家学说各自遵奉自己的见闻见解，想要让他们达成一个共识，以确定选择哪一方学说，因此有鹅湖之会。

学问如同水，水来源不同但都流向大海，学问主张不同但都归结于道。朱熹的学说脚踏实地，陆九渊的学说超脱俗套，都无法分出高下。后代儒学家笃信遵守朱熹的教诲，取得卓越成就的，世上固然有很多人。而追随陆九渊的学说，比如姚江派（指明朝的王阳明学派，因为王阳明是余姚人，因此又被称为姚江之学）也在哲学史上成为一大流派。因此鹅湖聚会后，陆九渊的见解虽然没有做到融会贯通，而朱熹也没有对他进行贬低污蔑，只是说“陆九渊超脱文字章法，直接研究其中的根本，不知道他对儒家中庸学问中的提出的博学、审问、慎思、明辨、然后笃行的主张，是怎么看的”，又说“陆九龄忠厚老实，孝悌友爱，他们兄弟都很有主见，以前所学的东西有些偏颇，近日到这里聚会几天，很有一些问道四方的意思”。

吕东莱深知双方的学问，都有根基，而不是随便提出的。朱熹的主张虽然有些接近繁琐杂乱（当时朱熹认为陆九渊教育人过于简单，陆九渊认为朱熹教育人过于琐碎）但却平实没有错误。那些所谓志向高远的人可以遵循这个理论而有所收获，拘谨自守的人也可以恪守这个道理而有所不为。这在给邢邦用的书信中能够看到其中的意思，上面说道：“我从春末到建宁，和朱熹相聚四十多天，又一起到鹅湖聚会，湖陆及刘清之各兄弟都聚集在此，对讲论学问大有裨益。之前的信中评论非常恰当，近期会跟陆九渊详邢邦用书中，见其意云："祖谦自春末为建宁之行，与朱元晦相聚四十余日，复同出至鹅湖，湖陆及子澄诸兄皆集，甚有讲论之益。前书所论甚当，近已当为子静详言之。讲贯诵绎，乃百代为学通法，学者缘此，支离泛滥，自是人病，非是法病。见此而欲尽废之，正是因噎废食。然学者苟徒能言其非，而未能反己就实，泛泛汩汩，无所底止，是又适所以坚彼之自信也。"

学业盛则精理日出，而派别亦因之以分，其中自不无精粗邪正之别，传者各尊师说，遂生入主出奴之见。文公生时，于东莱为至契，与象山亦相好，切磋琢磨，相与有成。惟于陈同甫（名亮，龙川人，以辟和议除名），则力辟之。然亦尽规劝之义耳，非绝之也。其后东莱之学，变而为永嘉，象山之学，变而为姚江，与传朱学者时相诟厉矣，此岂朱子之意也哉。

【批评】

人生师友之助，断乎不可少。闭户读书，而不寻贤师友以自辅，纵能言规行矩，亦不过成为一乡之善士而已，安能为世间之大儒哉？

细交流。讲习诵读并探寻其含义，是历代以来做学问惯用的方法，求学的人因为这个原因导致学习杂乱泛滥，应当是人的问题，而不是方法的问题。因为这样而要全部否定这种办法，正如同吃饭噎住了就索性连饭也不吃了一样。然而学习的人如果仅能说出其中的不对，而不能反过头来要求自己踏踏实实，流于平常肤浅，又没有尽头，这又恰好坚定了他们对自己观点的信心。”

学问研究兴盛，那么精微的义理就会逐渐明晰，而不同的派别也因此而产生，其中自然不会没有精深和粗浅、歪理和正道的区别，传播学问的人各自遵奉自己老师的学说，于是便产生了把前者奉为主人、把后者当作奴仆的宗派主义观念。朱熹在世时，和吕东莱关系密切，和陆九渊关系也不错，互相商量研究，取长补短，相互帮助有所成就。唯有对于陈同甫（名亮，龙川人，因为排斥和议而被罢职）则大力排斥，然而也是尽到了规劝他的义务，并非是与他绝交。后来吕东莱的学说演化为永嘉学派，陆九渊的学说演变为姚江学派，他们与传授朱熹学说的人时常相互诋毁，这哪里是朱熹的本意呢？

【评论】

人生一世，老师和朋友的帮助，断然不能缺少。关门闭户读书而不寻找贤师良友来辅导自己，纵然能够做到言语行为符合规矩，也不过能成为一个小地方的善学之人而已，怎么可能成为世间的大儒呢？

今观朱子，以韦齐为父，延平、白水、屏山、籍溪为师，南轩、东莱诸君子为友。其传道切磋之人，皆名世之大贤也。又禀颖敏之资，用辛苦之力，安得不成？尝自言曰：“某旧时用心甚苦，思量这道理，如过危木桥子，相去只在毫发之间，才失脚便跌下去。”可见用功之苦。然世固有不得高明之指导，误入歧趋，愈用功而离道愈远者，师友固可少乎哉？

陆子之学所与朱子异者在穷理。朱子以学、问、思、辨为穷理，陆子以悟得本心为穷理，故颇蒙禅学之俏，然朱子亦未尝诋禅。其答汪应辰书云：“熹于释氏之说，盖尝师其人，尊其道，求之亦切至矣，然未能有得。其后以先生君子之教，校夫先后缓急之序，于是暂置其说，而从事于吾学。其始盖未尝一日不往来于心也，以为俟卒究吾说而后求之，未为甚晚耳，非敢遽绌绝之也。”

现在看朱熹，有朱松做父亲，李延平、刘草堂、刘屏山、胡原仲做老师，张南轩、吕东莱等君子作为朋友，他身边传授知识、交流学问的人，都是社会上著名的贤人。朱熹自己又有聪明敏锐的天分，下苦功夫求学，这样怎么可能没有成就？他曾经自己说："我以前读书十分用心，思索道理就如同走用枯朽的木头搭建的桥，哪怕相差只有一丝一毫，一旦走错了也会跌下去。"由此可见朱熹用功的刻苦程度。然而世上固然有些学者得不到高明之人指导，在学问上误入歧途，越用功那么偏离正确的道路就会越远，但良师益友岂是能够缺少的吗？

陆九渊的学说与朱熹的不同在于如何穷究事物之理。朱熹以"博学、审问、慎思、明辨"作为穷究事物之理的途径，陆九渊以发觉本心作为穷究事物之理的途径，有些佛家禅学的意味，然而朱熹也未尝诋毁禅学。他在给汪应辰的回信中写道："我对于佛家的学说，曾经拜佛门中人为老师，尊奉佛道，研究佛学也算是深入了，然而没有什么心得。后来因为老师和贤人的教导，考虑到做学问有先后缓急的顺序，于是暂缓搁置研究佛学，而专注于做好我自己的研究。从一开始就没有一天不在心里思考，认为等把我的学说研究透彻以后再探求佛学，也不算太晚，不敢仓猝就否定放弃它。"

第七章 著书

士不立于朝，则昌明学术，以待后之学者。而与其著书，不若订正前人之书，为免无知妄作之嫌也。文公为程门私淑弟子，于其遗书，殆无一字不精熟，知其中颇为后人窜易，非程子之本意。乃反复参订，以复其真。乾道四年书成，九年，又成外书。

横渠张子，关中大儒，士子宗师。尝于学堂双牖，左书《砭愚》，右书《订顽》。伊川改曰《东铭》、《西铭》，尝言《西铭》明理一而分殊，扩前圣所未发，与孟子性善、养气之论同功。游其门者，必令看《大学》《西铭》。文公发明其义，成《西铭解义》。

濂溪周子，著《太极图》，明天理之根源，究万物之终始。又著《通书》四十篇，发明太极之蕴，其言约而道大，文质而义精，得孔孟之本源，大有功于学者。世误以图为书之卒章，使周子立象尽意之微指，暗而不明。文公厘正其失，作《太极图说解》、《通书解》。《西铭解义》《太极图说》二书，至晚年始出以授学者，盖慎之至也。

读近代文集及记事之书，所载宋名臣言行之迹，多有士子如果不在朝廷中做官那就研究阐述学问，以等待后来的学者。与其自己写书，不如修订矫正前人所写的书，以避免出现无知而任意胡为的嫌疑。朱熹对程氏敬仰而不能从学，自以为其弟子，对程氏的著书，没有一个字不研习精熟，知道这其中有一些被后人私自篡改，不是程氏的本来意思，于是多次修订他们的书，恢复其真实面貌。乾道四年修订完成《程氏遗书》，乾道九年补修成《程氏外书》。

横渠先生张载是关中地区的大儒、士子们的宗师，曾经在学堂的两个窗户上左边写《砭愚》一文，右边写《订顽》一文。伊川先生改称为《东铭》、《西铭》，曾说《西铭》是明确了理学根本是一样的但发散开来却各有不同，拓展了以前圣贤没有阐述的内容，和孟子的人性本善、保养元气的观点有同样的效果。对随他求学的人，一定会让其看《大学》、《西铭》两篇文章。朱熹阐述其中的义理编写成《西铭解义》。

濂溪先生周敦颐作《太极图》，明晰天理的根本，寻究世间万物的始终，又写了《通书》四十篇，阐述太极的内涵，语言简练而道理博大，文章朴实而义理精微，得到了孔子和孟子思想的根本宗旨，对学习的人非常有利。世人误认为《太极图》是整本书的结尾末节，使得周敦颐通过取法万物形象来表达思想的精深微妙的意旨，变得晦暗不明。朱熹纠正了这种错误，写了《太极图说解》《通书解》。《西铭解》《太极图说》这两本书等到朱熹晚年的时候才拿出来传授给别人，由此可见朱熹治学谨慎到极致。

他阅读近代的文集和记事的书，觉得记载宋代著名大臣言语补于世教。然以其散出而无统也，既莫究其始终表里之会，而又汩于虚浮诡诞之说。于是采取其要，撰《名臣言行录》，盖与《伊洛渊源录》相表里云。

居母氏丧，则撰家礼，以复古制。顾吾人于朱子之书，所最不可一日废者，其《小学》《近思录》乎。《近思录》掇取周程张四子之言，关于大体而切于日用者，作后学入门之阶梯，总六百二十二条。助成之者，东莱吕子也。《小学》一书，做人样子，最为切要，自序云：

古者小学，教人以洒扫应对进退之节，爱亲敬长隆师亲友之道，皆所以为修身齐家治国平天下之本，而必使之讲而习之于幼稚之时，欲其习与智长，化与心成，而无扞格不胜之患也。今其全书虽不可见，而杂出于传记者亦多，读者往往直以古今异宜而莫之行，殊不知其无古今之异者，固未始不可行也。今颇搜辑以为此书，授之童蒙，资其讲习，庶几有补于风化之万一云尔。淳熙丁未三月朝旦晦庵题。

盖文公既发挥《大学》，以开悟学者，又惧其失序无本，而不能以有进也，乃辑此书，以训蒙士，使培其根以达行为的事迹，对社会教育很有补充作用。然而因为这些书籍出自不同人之手，没有统一整理。既无法追究其始终表里的来龙去脉，又陷于虚伪浮夸荒诞的学说。于是选取其中的纲要，撰写了《名臣言行录》，这与《伊洛渊源录》互相配合印证。

朱熹为母亲守丧期间，撰写了《家礼》，来恢复古代礼制。细数我们对于朱熹的著作之中，一天也不能荒废的就是《小学》和《近思录》。《近思录》摘取周敦颐、二程、张载四家的言论，主要是关乎圣贤大道且跟平时生活密切相关的内容，作为后来学习之人入门的阶梯，一共有六百二十二条。帮助他写成此书的，是吕东莱。《小学》一书中，强调立身处世的规矩最为重要，朱熹自己作序说：

古代小学教导人洒水扫地、沟通交流、行为举止的节度，以及爱戴亲人、尊敬长辈、尊崇老师、亲近朋友的道理，这都是用来修身齐家治国平天下的根本，一定要在孩子小的时候进行讲解练习，让孩子学习与智力一同增长，感化于善行并根植于内心，而不会产生抵触情绪和格格不入的隐患。现在前人所做的《小学》一书全文虽然看不到了，但在不同的传记中体现出的内容也很多，读者往往因为固执于古今礼法制度不同而不愿意学习，竟然不知道那些没有古今差异的，也未必不能够实行。现在搜集整理到一些内容编辑成此书，传授给儿童，作为给老师讲授之用，或许可以对风俗教育起到一点补充教育的作用吧。淳熙丁未三月朝旦，晦庵题。

朱熹把《大学》的意思充分表达出来，以使学习之人开智悟理后，又担心失去常规没有参照，不能找到进步的载体，于是编辑其支。内篇四：曰立教，曰明伦，曰敬身，曰稽古。外篇二：曰嘉言，曰善行。修身之事，此略备焉。

司马温公受诏编集《资治通鉴》，既成又撮其精要之语，别为目录三十卷。晚病本书太详，目录太简，更著《举要》历八十卷，以适厥中，而未成也。至绍兴初，南阳胡文定公始复因公遗稿，修成《举要补遗》若干卷，则其文愈约而事愈备矣。朱子犹病其识之弗强，不能有以领其要而及其详也，乃别为义例，增损隐括，而成《资治通鉴纲目》。法《春秋》，寓褒贬于书法之中，上下千有余年，乱臣贼子，真无所匿其形矣。

【批评】

世之汲汲求仕者，莫不曰为欲行所学也。使其果有实学，则吾身即不用，而讲学著书，亦未尝不可以行道。观朱子身虽在野，其学说足定一世之耳目，其遗书可正万代之人心，吾道岂非已大行乎？今人一出学堂，即想利禄，操教科报章之学，谓即可以治天下，学堂愈多而学风愈坏，学生日多而学人日少，言之慨然。

这本书，来教导幼童学者，使他们能够扎好根基以通达其枝节，内篇一共有四章，分别叫做立教、明伦、敬身、稽古。外篇有两章，分别为嘉言和善行。修身的事，这里基本说的比较完备了。

司马光接受诏令编纂《资治通鉴》，完成以后又摘取其中精粹切要的内容，另行编写目录三十卷。晚年他不满《资治通鉴》原书太过于详细，目录太过于简练，又计划编写《举要》共八十卷，以符合中正之道，可惜没有完成。等到绍兴初年，南阳胡文定开始在司马光遗稿的基础上，修编成《举要补遗》若干卷，其文笔更加简约而叙事更加完备。朱熹仍然不满其见识不强，不能够领会原文的要旨、探及其详细含义，于是另外撰写阐明义理的事例，增加删减，矫正规范，著成《资治通鉴纲目》。该书效法《春秋》写作风格，将对人物的褒贬寄托在文章之中，文章上下横跨一千多年历史，乱臣贼子的所作所为都被记录下来，无法再隐匿其恶行。

【评论】

世上热衷于追求官职的人，无不说想要践行自己所学到的知识。假如他们果真有真才实学，那么即使我自己得不到任用，而去传道讲学写书，也未尝不能践行大道。看朱熹虽然身在民间，但他的学说足以决定一代人的见识，留下的著作可以端正万代人的心性，圣贤之道岂不是已经盛行起来了吗？现在的人刚迈出学校，就想着功名利禄，拿着教科书里文章的那点知识，就说可以治理天下了，学校越多学习风气反而越坏，学生日益增多但能踏实学习的人日益减少，说到这里不禁让人为之感慨啊。

理学始于宋，而周程张四子为之魁，朱子于周子则解其《通书》与《太极图说》，于二程子则订其遗书，于张子则注其《西铭》，不愧集大成者也。

《五朝名臣言行录》十卷，《三朝名臣言行录》十四卷，皆朱子撰。五朝为开国至英宗，三朝则英宗以后至徽宗也。朋溪李士英又撰《皇朝名臣言行续录》八卷，《四朝名臣言行录》二十六卷，《皇朝道学名臣言行外录》十七卷。今有合刻本。

《近思录》有江永注本，《小学》注者不一家，近通行高愈本。同治间，湘乡罗忠节公泽南因朱子之书，撰《小学韵语》，简明易诵，有子弟者，不可不置一本也。有苏州书局刻本。

温公《资治通鉴》，上起战国，是明示人以继春秋之后矣，而不敢于书法寓褒贬，则温公之谦也。朱子改为纲目，与蔡季通书云，“通鉴节本，只名纲目，取一纲举众目张之义。”其实纲即拟经，目即拟传，最足正温公之书者，于三国之帝刘黜魏是也。

理学研究开始于宋朝，周敦颐、二程、张载四位学者作为其中的魁首，对于周敦颐，朱熹解析了他写的《通书》和《太极图说》；对于二程，则修订了《程氏遗书》《程氏外书》；对于张载，则注解他写的《西铭》，朱熹不愧是理学集大成的学者。

《五朝名臣言行录》共十卷，《三朝名臣言行录》共十四卷，都是朱熹撰写的。五朝为宋朝开国以来到宋英宗，三朝是从宋英宗以后到宋徽宗。朋溪人李士英（李幼武）又撰写了《皇朝名臣言行续录》共八卷、《四朝名臣言行录》共二十六卷、《皇朝道学名臣言行外录》共十七卷，现在有合订本。

《近思录》有江永注解的版本，注解《小学》的不止一家，近年通行的版本是高愈注解本。清朝同治年间，湘乡罗忠节公（罗泽南）根据朱熹的《小学》，撰写了《小学韵语》，简单明了，容易朗诵，家中有上学的孩子的，不能不买一本使用。有苏州书局翻刻的版本。

司马光的《资治通鉴》，记事最早到战国时期，明确告诉世人这本书接着《春秋》记事时代之后的，不敢在《春秋》已经记载的事情上再做褒贬，这体现出司马光的谦虚。朱熹著书时改为《资治通鉴纲目》，在与蔡季通的书信中说“通鉴的节选版本，只取名叫做纲目，是取抓住事物的关键就可以带动其他环节的意思”。实际上“纲”就好比是简练的“经”，“目”就好比是内容丰富的“传”，最能够订正司马光这本书的，是在撰写三国时尊奉刘备为正统而贬低魏武帝。

第八章 解经

自伊洛之说昌，而学说已焕然一新。至于经书，则仍以汉唐注疏立于学官。及朱子之《集注》出，注疏之学为之一变。元明以来，易、诗、书、礼、论语、孟子皆宗宋学，而汉唐注疏几乎不行，此亦可见文公学力之大矣。

诸经之中，论孟二书，最为精要。文公先编次《论孟精义》三十四卷，又作《训蒙口义》，既而约其精粹，妙得本旨者为《集注》，即今所行者是也。又疏其所以去取之意，为《论孟或问》三十四卷。

朱子自言于此二书，理会过四十年，字字为咀嚼过，所作集注，多一字不得，少一字不得。秦吕不韦撰《吕览》（亦名《吕氏春秋》），尝榜咸阳门曰“有能增损一字者与千金”，卒无有人能增损一字者。此畏其势耳，岂不能增损哉？朱子之书则庶几矣。

《大学》、《中庸》，本《礼记》中篇名。宋儒以《大学》为初学入德之门，《中庸》为孔门传授心法，故抽出别行，以配论孟，总称四书。文公始为章句，较汉唐旧本，经文颇有移易，语孟早成，学庸至晚年始定。易箦之日，犹伏枕改大学诚意章曰，“此人鬼关也”。别有《大学或问》一卷、《中自从伊洛之学盛行以后，学术界面貌焕然一新。至于研习经书，在学校中则仍然是使用汉朝和唐朝的注解。等到朱熹的《四书集注》完成，注疏的学问因此发生巨大变革。元朝明朝以来，《易经》《诗经》《尚书》《礼记》《论语》《孟子》均推崇宋代注疏，汉唐时期的注疏几乎不再流行。这也可以看出朱熹学问的精深。

各类经书之中，《论语》和《孟子》两本最为精粹切要。朱熹先编纂了《论孟精义》三十四卷，又撰写了《训蒙口义》，然后凝练其中的精华，将能够反映《论语》《孟子》核心旨意的内容编成《论语集注》和《孟子集注》，就是现在通行的版本。然后又解释所作注解取舍的原因，编成《论孟或问》三十四卷。

朱熹自己评价这两本书说，研究领会超过四十年，每个字都仔细推敲过，所作的集注，多一个字不行，少一个字也不行。秦朝吕不韦编纂《吕览》（也叫《吕氏春秋》），曾在咸阳城门口张榜公示说“如果有人能够增加或删改其中一个字的，就给他一千金”，最终没有人能增加删改一个字。这只是畏惧吕不韦的权势而已，哪里是不能删改？朱熹所作的集注则差不多接近无法删改。

《大学》《中庸》原本是《礼记》中的一部分，宋代儒学家将《大学》看作是初学者进入圣人品德修养境域的门路，《中庸》是孔门传授圣贤大道的心法，因此将这两篇文章抽出来另成书籍，配合《论语》《孟子》一起统称为“四书”。朱熹最初做书籍注释，跟汉唐的旧版本比较，经文有较大改动。《论语》和《孟子》注解完成较早，《大学》和《中庸》注解等到晚年才定稿。朱熹将要去世之前，仍然倚着枕头修改《大学·诚意章》，说“这是人与鬼的区庸或问》一卷。

《诗经》自毛郑（诗有毛传郑笺，毛苌传之，郑元笺之也）以来，皆以小序为主（小序，序所以作诗之意冠各篇，或云子贡所作），其与经文舛戾，则穿凿为说以通之。郑樵（字渔仲，莆田人）撰诗辨妄，力诋其非。文公作《诗集传》，乃尽废小序，涵咏经文，而得其意，订其序之是非，别为一编，附置经后，以还其旧（今坊本每不刻次卷）。

《易》以卜筮之书，未遭秦火。汉兴，言易者六家，独费氏传古文易，而不立于学官。东汉之时，马融、郑玄皆为费氏学，其书始盛行。自康成（郑玄字）、辅嗣（王弼字，注《易经》）合彖象文言于经，学者遂不见古本。东莱吕子，因嵩山晁氏所编古《周易》，而重定之。朱子撰本义，谓象数乃作易根本，卜筮乃其用处之实。凡读一卦一爻，便如占筮所得，虚心以求其词义之所指，以为吉凶可否之决然，后求其象之所已然者，求其理之所以然者，然者后推之于事（画卦揲蓍之法别有一书，摸印以传，名曰《易学启蒙》，署名云台真逸，即朱子别号也）。

别”。另外还著有《大学或问》一卷和《中庸或问》一卷。

《诗经》自从毛亨、毛苌和郑玄（《诗经》有毛传郑笺之说，毛苌所作的注解名叫《毛诗故训传》，郑玄又为“毛诗”作笺注名为《毛诗传笺》）以来，都以注解小序为主（小序，就是冠于《诗经》各篇之首解释主题的简短序言，有人说是子贡所写的），小序内容和对应的文章内容相悖谬，则把讲不通的硬要讲通。郑樵（字渔仲，莆田人）写文章辨明其中错误，有力地指明其中的不当。朱熹做的《诗集传》，于是全部废除小序，反复吟咏诗文意境，从而明确其含义，修订序言的对错，另外编成一书，附在《诗经》后面，以还原其本意（现在民间书坊的版本基本不刻印附件）。

《易经》因为是用来占卜的书籍，所以没有被秦朝焚毁。汉朝兴起后，研究易经的有六个派别。只有费氏传授古文的《易经》，没有被官方认可。东汉的时候，马融、郑玄都推崇费氏学说，然后费氏的书才开始盛行。自从康成（郑玄的字）辅嗣（王弼的字，注《易经》）将彖、象、文言与经合为一体，学者于是就看不到古本《易经》了。吕东莱，在嵩山晁氏所编写的古《周易》的基础上重新编订。朱熹撰写《周易本义》，指出象数才是创制易经的根本目的，占卜是易经实际运用。每分析一卦一爻，就如同占卜时得到的卦辞爻辞，虚心探求卦爻所要表达的意思，分析断定所占之事的吉凶可否，然后探求卦象为什么呈现出这样，探求其中的道理为什么是这样，然后将卦象与实际联系起来（画卦数蓍草的方法另外有一本书，刻板印刷流通，叫《易学启蒙》，书籍署名叫云台真逸，即朱熹的别称）。

《书》本行孔安国注，朱子命弟子蔡沈（字仲默，号九峰，建阳人）作集传。光宗绍熙元年冬，刊易、诗、书、春秋经义四子书于临漳。及其成也，为文以告先圣，有书临漳所刊四经后，书临漳所刊四子后文各一首，其论四子云：

“圣人作经义诏后世，将使读者诵其文，思其义，有以知事理之当然，见道义之全体，而身力行之，以入圣贤之域也。其言虽约，而天下之故、幽明巨细靡不赅焉，欲求道以入德者，舍此为无所用心矣。然去圣既远，讲诵失传，自其象数、名物、训诂、凡例之间，老师宿儒尚有不能知者，况于新学小生骤而读之，是亦安能遽有以得其大指要归也哉？故河南程夫子之教人，必先使之用力乎《大学》《论语》《中庸》《孟子》之言，然后及乎六经。盖其难易远近大小之序，固如此而不可乱也。故今刻四古经，而遂及乎此四书者，以先后之，且考旧闻，为之音训，以便观者。又悉着凡程子之言及于次者，附于其后，以见读之之法，学者得以览焉。抑尝妄谓《中庸》虽七篇之所自出，然读者不先于《孟子》而遽及之，则亦非所以为入道之渐也。因窃并记于此云。”

文公于三礼，未及订注，第以《仪礼》授之黄干，成《仪

《尚书》版本通行的是孔安国注解本，朱熹让弟子蔡沈（字仲默，号九峰，建阳人）作《尚书集传》。宋光宗绍熙元年冬天，在临漳刊印了《易经》《诗经》《尚书》《春秋经义》四部子集。等到完成后，作文来告慰先圣，分别在临漳刊印的四经后面和临漳刊印的四部子集后面分别作文一篇，论述四部子集说：

“圣人作经义来诏示后世之人，为了使读者在诵读这些文章时，能够思考其中的义理，来知晓事理的本来状况，窥见道义的全部面貌，从而身体力行以达到圣贤的境界。文章虽然简练，但天下的缘故、无论有形和无形的、大的和小的都无不涵盖其中，想要追求得道而进入圣贤境界的人，不这样就没有地方用心了。然而现在离圣贤时代久远，讲解诵读方法没有流传下来，对于其中的象数、名物、训诂、凡例等内容，阅历丰富的老师和素有声望的博学之士尚且有不明白的地方，更何况是才入学的儿童很快就读这类书，怎么能够掌握文章的大旨要义呢？因此河南程颢教育人必须先让人在《大学》《论语》《中庸》《孟子》这几本书上下功夫，然后再学习六经，求学先易后难、先近后远、先小后大的顺序是固定的，不能够随意颠倒改变。因此现在刻印四本古文经书，然后才是这四本书，以区分先后之序，并且考证往昔的典籍，为其注音解义，方便阅读的人。又全部将程颢关于四书的言论附在书后，以使阅读的方法能够让学习的人得以看到。曾猜测《中庸》是《孟子》七篇中抽出的内容，但读者如果不在读《孟子》之前研习《中庸》，则也不符合圣贤之道循序渐进的要求。因此一并记录于此。”

对于《周礼》《仪礼》《礼记》三礼，朱熹还没来得及修订注礼经传通解》三十七卷、续二十九卷。于《孝经》有刊误，于《离骚》有集注，于韩文有考异，于道家言，如《参同契》《阴符经》，亦皆有撰述。盖无所不通云。

【批评】

汉唐笺注之学，详于名物，而略于义理，未免偏重。北宋诸儒，如司马温公、欧阳文忠公、苏文忠公皆兼以义理说经。伊洛继起，析理愈精，而圣人之道愈明矣。其后承学之士，尽废汉学，高谈义理，空疏无补，则其末流之失，而不可以并疵朱子，朱子固极博学者。善乎！清陈澧（字兰甫，番禺人，著《东塾读书记》等书）之言曰："近儒考据之学，源出朱子，不可反诋朱子。"

朱子之学，细读《四书集注》，《大学》《中庸》章句，足以尽之矣。文集语录，共数百卷，人不能尽有，有之亦不能读，不如四子书之到处可得也。

朱子说《诗》，以孔子有"郑声淫"，《礼记》有"郑卫之音，亡国之音也"等语，遂尽以郑卫为淫奔之诗，不知此指其声也，非指其诗也。

解，先把《仪礼》传授给黄干，著成《仪礼经传通解》三十七卷，后又续二十九卷。针对《孝经》著成《孝经刊误》，针对《离骚》著成《离骚集注》，针对韩愈的文章写了《韩文考异》，对于道家的言论，比如《参同契》《阴符经》也都有著作论述，朱熹可谓没有什么不通晓的。

【评论】

汉唐以来的笺注之学，对于事物名称研究的比较详细，但对其中的义理分析有些简略，总体上未免有些轻重失衡。北宋的各个儒学家比如司马光、欧阳修、苏轼都结合义理来阐述经书。伊洛之学兴起之后，剖析义理更加精微，圣人之道更加明晰。在此之后继承他们学说的人，彻底抛弃汉代学说，围绕义理大发议论，空洞无用，但这只是末流学者的谬误，而不能借此来批评朱熹，朱熹确实是博大精深的学者。清朝陈澧（字兰甫，番禺人，著《东塾读书记》等书）有句话说的好："近代儒学家的考据之学，起源于朱熹，不能反过来由此而诋毁朱熹。"

朱熹的学问，只要认真细致地阅读他写的《四书集注》《大学章句》和《中庸章句》，就能够详尽地了解了。其他的文集语录，一共有数百卷之多，人们不可能全都有，即便是有也不可能全部读完，不像是四子书到处都能得到。

朱熹解说《诗经》，因为孔子说过"郑声淫"，《礼记》中有"郑卫之音，亡国之音也"等文字，就认为郑国、卫国的诗全部都是描写男子淫乱女子私奔的诗，却不知道这里说的是指郑卫的音乐，而不是指郑卫的诗。

第九章 书院

史浩为相，必欲官文公，或言宜处以外郡。淳熙五年八月，差权发遣南康军（今江西赣州）事。东莱、南轩，皆谓须一出为善，遂赴召。

南康在庐山下，山中有白鹿洞者，故唐隐士李渤所居，当时学者多从之游，遂立黉舍。五代时，李氏为建书院，官师给赡田养，从众甚盛。宋太宗时，尝诏赐《九经》，而官其洞主。其后沦坏，日久莽为邱墟。朱子为访求遗址，属教授杨大法、星子县令王仲杰，重建书院于其地。落成之日，率宾佐合师生修释菜之礼，以告于先圣先师，又置田以赡学者。每休沐辄一至，诸生质疑问难，诲诱不倦，退则相与徜徉泉石间，竟日乃反。

白鹿洞书院学规，先立五教之目，“父子有亲，君臣有义，夫妇有别，长幼有序，朋友有信”。尧使契为司徒，敬敷五教，即此是也。学者学此而已，而其所以学之之序，亦有五

庐山第一泉

史浩担任宰相，一定要给朱熹封官，有人建议说可以把朱熹放到外面的郡县做官。淳熙五年八月，朝廷任命朱熹代理南康（现在的四南江康县）军事。吕东莱和张南轩均劝说朱熹出仕为好，于是他奉命赴任。

南康位于庐山脚下，山上有个叫白鹿洞的地方，是以前唐朝的隐士李渤居住的地方，当时的很多学者和他交往，于是建了一个书院。五代时，李氏为了建设书院，请政府拨付田地供养，到此求学的人非常多。宋太宗时曾下诏赏赐给书院《九经》，并封白鹿洞山长官职。后来书院荒废了，时间一长变成了废墟。朱熹探寻到书院的遗址，责令教授杨大法、星子县令王仲杰在原址上重新建设书院。书院建成那天，朱熹带领幕宾佐吏及老师学生，举行祭祀先圣先师的释菜礼，以祭告先圣先师，又划拨田产以供养学者。每到休假时，朱熹就来到书院，学生有疑问和难题，则耐心教育引导而不知疲倦，讲解完后则与学生一起闲游山水之间，过一整天才返回。

白鹿洞书院的学规，先要树立五伦的教育，即“父子有亲，君臣有义，夫妇有别，长幼有序，朋友有信”。尧让契担任司徒，恭敬地推行五种教化，说的即是这五教。学习的人学的也就是这些而已，而用来学习圣贤学问的方法次序，也有五步，哪五步？“博学之，审问之，慎思之，明辨之，笃行之”，学、问、思、辨四个方面，是用来穷究道理的方法，至于笃行之事，从修养身心到处事、接物，都各有不同的道理。修养身心的关键是“言语忠诚老实，行为焉，五者何？“博学之，审问之，慎思之，明辨之，笃行之”。学问思辨四者，所以穷理也，若夫笃行之事，则自修身以至于处事接物，亦各有其道。修身之要，曰“言忠信，行笃敬，惩忿窒欲，迁善改过”。处事之要，曰“正其谊，不谋其利，明其道，不计其功”。接物之要，曰“己所不欲，勿施于人”。

又为之说曰：“熹窃观古昔圣贤所以教人为学之意，莫非使之讲明义理，以修其身，然后推以及人，非徒欲其务记览为词章，以钓声名取利禄而已也。今人之为学者，则既反是矣。然圣贤所以教人之法，具存于经，有志之士，固当熟读深思，而问辨之。苟知其理之当然，而责其身以必然，则夫规矩禁防之具，岂待他人，而后有所持循哉？近世于学有规，其待学者，为已浅矣，而其为学，又未必古人之意也。故今不复施于此堂，而特取凡圣贤所以为学之大端，条列如右，而揭之楣间。”

白鹿洞书院

宋初，斯民新脱五季锋镝之厄，学者尚寡，渐而向平，忠诚厚道而又严肃认真。克制愤怒，杜绝私欲，改正过失而趋向至善”。处理事务的关键是“言行合乎正义，不谋个人私利，宣明大道而不计较功利”。与人交往的关键是“自己不愿承受的事，也不要强加在别人身上”。

然后又解释说：“我私下里看古代的圣贤教导人们学习的原因，无非就是让人了解掌握义理，来修养身心，然后推之于别人，而不只是让人专门致力于背诵阅读和遣词造句，以钓取声望名声和功名利禄而已。现在研究学问的人，则是恰恰相反。然而圣贤用来教育人的方法，都存在于经书之中。立志学习的人，固然应当熟练诵读、深入思考，询问辨识其中的道理。如果知道其中的道理应当怎样，因而要求自己必须这样，那么所立的规矩禁忌又岂用得着他人约束，然后才有所遵循呢？近代在书院里所立的规矩，对于学习的人而言，对自己来说太肤浅，做学问又未必符合古人的意图。因此现在这些规矩不在这个学堂施行，而专门选取圣贤用来做学问的重要纲目，逐条列举如下，悬挂在门楣之上”。

宋朝初期，老百姓才摆脱五代十国的战乱之患，做学问的人文风日起。儒先往往依山林，即闲旷以讲授，大师多至数十百人，嵩阳、岳麓、睢阳及是洞为尤著，天下所谓四书院者也。当是时，士皆上质实下新奇，敦行义而不偷，守训诂而不凿，至于河南程氏、横渠张氏相与倡明正学。熙宁（神宗年号）初，明道在朝，建白学制，纲条甚悉，而为王安石所阻，至是始复书院。而学问之统纪，关洛之绪言，益以光大。其关系于学术民风者，至重且大。后至潭州又复岳麓书院，亦此意也。

官南康之明年，陆子静来访，此亦学术史上一佳话也。盖子静之见，本与朱子不同，今特造访，请书其兄子寿墓志，则其心折朱子而重视之也至矣。朱子见其至，如接大宾，率僚友诸生，与俱至白鹿洞书院，请升讲席。子静讲“君子喻于义，小人喻于利”章（见《论语》），朱子以为切中学者隐微深痼之病。盖听者莫不然动心焉，请书于简以谂同志。

【批评】

白鹿洞书院学规，要言不烦，窃谓大小学校中，皆应楷书一通，以提撕而警觉之也。

还很少，渐渐地社会稳定下来，研究学问的风气日益兴起。儒者往往依附山林之中，在闲暇之中讲解传授学问，造诣高深的学者多到数十乃至上百人，嵩阳书院、岳麓书院、睢阳书院及白鹿洞书院尤为著名，世上称为四大书院。在那个时期，士子都注重本质和务实，轻视创新，勉力去做到义而不取巧，恪守训诂而不牵强附会。等到河南二程、张载一同倡导阐明理学，熙宁（宋神宗年号）初，程颢在朝中为官，建立白学制，纲领条目非常完备，但被王安石所阻挠，到此时才恢复书院，学问的头绪条理、伊洛之学已发而未尽的言论，日益得以发扬光大，影响民间教化风俗至为重要和深远，后来到潭州又恢复岳麓书院也是这个意思。

在南康做官的第二年，陆九渊来探访朱熹，这也是学术史上的一段佳话。陆九渊的观念，本来就与朱熹不一样，现在特意造访朱熹，请他为兄长陆子寿写墓志铭，可看出他内心已被朱熹折服，极为重视朱熹。朱熹看到他来了以后，如同迎接贵重的宾客，带着同僚和学生，与陆九渊一同到白鹿洞书院，请他登上讲经的席位讲经说法，陆九渊讲解“君子喻于义，小人喻于利”一章（见《论语》）。朱熹认为他讲的十分切合学习之人隐约细微的积习病根，聆听讲解的人无不触动内心，于是请陆九渊把他讲的内容写在书简上，以劝告同道之人。

【评论】

白鹿洞书院学规，简明扼要，我个人认为大小学校里，都应该抄写一遍，以教导提醒警觉学生。

朱子在南康，时虽不久，而善政甚多。予尝游其地，越七百余年，其地之人，无不知有朱子，而太息斯人之不再作也。书院之风，始于白鹿。明之东林，至与强臣相对垒，节义文章，皆自白鹿启之也。

君子小人之分，在义利之途。君子无非为义，小人无非为利，其黠者且假仁义之迹，阴成其攘利之志，玩一喻字。夫子之言，可谓深切。陆子讲义，今有石刻，亦见《象山集》中。

朱熹在南康的时候，时间虽然不长，但是好的政策措施却非常多。我曾经去过南康，历经七百多年，当地的人没有不知道朱熹的，对朱熹不存于世而感到叹息。兴办书院的风气，开始于白鹿洞，明朝的东林书院甚至与当朝权臣相抗衡，后世读书人的节操义行文章，都是从白鹿洞书院开启的。

君子和小人的区别，在于追求义还是利。君子是为了义，小人为了利。那些狡诈之人用假仁假义的行迹，暗中实现他们攫取利益的目的，玩味一个“喻”字。孔夫子的话可以说是深入透彻。陆九渊的讲义，现在有石刻本，《象山集》中也有收录。

第十章　宦迹

文公晚年，孝宗颇向用之。南康任满，浙东大饥，除提举浙东常平茶监事，即日单车就道。即移书他郡募米商，蠲其征，面陈七事而行。比至部，米已辐辏。与僚属钩访民隐，至废寝食。行部乘轻车，简御徒，秋毫不及州县。虽深山穷谷，拊存不遗。贪吏有自劾去者，由是所部肃然。

宰相王淮闻之，赞于上曰："熹之荒政，乃行其所学，民被实惠"。进直徽猷阁，会知台州唐仲友者，暴行不法，而与淮同里为姻家，业迁江西提刑矣。文公劾之。淮持章不下，疏十上愈力。淮不得已，下绍兴府鞫讯，狱具伏，则夺其新命，以授文公。乃太息曰："是所谓蹊田而夺之牛也。"辞不拜。淮大恚，嗾御史郑丙、陈贾诋道学假名济伪，遂去职。

周必大为相，力荐文公。除江西提刑，促赴召。有要之路者，曰："正心诚意之说，上所厌闻，毋以此入对"。文公曰："吾平生所学，惟此四字，岂可逆探上意，为面谩乎。"及奏对，反复于天理人欲之际甚力。帝朱熹晚年的时候，宋孝宗很想起用他。南康任期满后，恰逢浙东遭遇大饥荒，朱熹就被提拔为浙东常平茶监事，当天乘坐一辆车直接赴任。他立即给其他郡县的米商写信，让米商往浙东贩粮，免除他们的税赋，当面承诺了七件事就走了。等到了任上，粮食已经集中到浙东。朱熹和下属搜求察访民间隐情，达到了废寝忘食的地步。考察时行装简单，跟随的人少，对下面的州县丝毫不侵犯。虽然有些地方地处偏远，但他都一一安抚照顾，没有遗漏。贪官污吏有自己辞职的，从此朱熹的部下都很严肃谨慎。

宰相王淮听说后，在皇上面前称赞说："朱熹在荒年时采取的救济措施，实践了他所学的圣贤道学，让百姓获得了实际的好处。"朱熹被提拔到徽猷阁值班供职，赶上台州知州唐仲友行径残暴，不守法纪，唐仲友和淮同里是联姻的亲家，淮同里已经提拔为江西提刑官。朱熹弹劾唐仲友，淮同里把弹劾的奏章压着不呈，朱熹上疏了十余次。淮同里没办法，将唐仲友收监审问，唐仲友在狱中认罪，于是剥夺了唐仲友的新任职务，并将其授予朱熹。淮同里叹息说："这就是所谓的牛践踏了别人的田地，而被人抢走了，惩罚太重了。"朱熹推辞不受命。淮同里心里极为怨恨，唆使御史郑丙、陈贾诋毁道学是借助名望营私，朱熹于是就辞职了。

周必大担任宰相时，极力推荐朱熹。朱熹被任命为江西提刑官，并催促他赶快赴任。有人在路上拦住了朱熹，并对他说："正心诚意之类的学说，皇上不喜欢听，千万不要用这些内容应答皇上。"朱熹说："我一生所学习的只有这四个字，怎么能猜测皇上的心思，而当面欺蒙皇上呢？"等到在皇上面前回答问题的时候，他极力阐称善数四，曰："久不见卿，浙东事朕自知之。今当处以清要，不复劳卿州县"。除兵部郎。文公有得君之机，宜可大用，以行其道，而忌者已伺其后矣。兵部侍郎林栗先数日，与论《易》《西铭》不合，恚之，遂上疏丑诋，而帝意终向之。未踰月，复召为崇政殿说书。不赴，具封事投匦以进，反复数千言。疏入，夜漏下七刻，帝已就寝，亟起秉烛读之终篇。会执政有指道学为邪气者，深中之。除秘阁修撰，竟中沮，而孝宗亦内禅矣。

光宗即位，改知漳州。其敦俗训士，一如在南康时。除属县无名之赋七百万。差知潭州，力辞。有旨长沙巨屏，得贤为重，乃拜命。至镇，修武备，戢奸吏，抑豪民，而主于章教兴学。邻郡数百里毕来学，至坐不能容。

宁宗初在潜邸，闻文公名，每恨不得公为本宫讲官。及即位，首召奏事。帝开怀容纳，而韩侂胄寖用事，以内批罢宰臣台执。文公念国柄旁落，将自此始疏力争。侂胄大憾，述其对于天理人欲的理念。皇帝几次称赞朱熹讲得好，说："长时间没看见你，浙东的事我自己心里知道。现在你应当去一个清净紧要的位置，不再让你操劳于州县之事。"于是提拔他为兵部郎中。朱熹有君主赏识的机遇，本来可以委以重用，以使自己的学说得以施展，然而嫉妒他的人却已在背后等待时机中伤他。兵部侍郎林栗几天前，与朱熹谈论交流《周易》《西铭》意见不一致，内心憎恨他，于是给皇帝上疏用难听的话诋毁朱熹，然而皇帝本意还是偏向朱熹。不到一个月，皇帝又召朱熹到崇政殿担任讲官。朱熹没有赴任，通过密奏上疏的形式进言，反复阐述了数千字。奏章呈上时，计时用的夜漏已经下去七刻，皇帝已经躺下睡觉了，又急忙起来点着蜡烛将整篇文章读完。当时的执政大臣有指责道学是邪说的，深深中伤了他。朱熹拜受秘阁修撰，没想到中途受阻，而孝宗也将皇位禅让给了光宗。

光宗即位，朱熹改任漳州知州。他教化风俗，训导官吏完全跟在南康时一样。他免除了所属州县没有正当依据的税赋七百万。后来又被任命为潭州知州，但他坚决推辞不受。圣旨说长沙是朝廷强大的屏藩，需要有一名贤臣镇守，于是受命。到了长沙，他修整军备，约束枉法营私的官吏，打压豪强，重点发展教育兴办书院。周边郡县相隔数百里都来求学，以至于书院里都坐不下了。

宁宗在做太子时听说过朱熹的名声，常常遗憾不能让朱熹做自己的讲学官。等到宁宗即位，他首先就召朱熹奏议国事。皇帝畅开襟怀接纳建议，而韩侂胄专揽朝权，私自罢免朝中大臣。朱熹考虑到国家大权落到旁人手里，从此时开始就上疏竭力劝谏。韩侂深倾之，遂罢。

初，汝愚既相，收召四方知名之士。中外引领望治，公独以侂胄用事为深忧，数以手书启丞相，当厚赏酬其劳，勿使预政，汝愚方谓其甚眇易制。及文公去国，丞相逐而中外大权尽归侂胄矣。公登第五十年，仕于外者九考，立朝才四十日而罢。设行其言，则公虽罢而犹得为宋延国命也。至侂胄得志，国事益不可为矣。

汝愚去位，侂胄诬以不轨，欲诛之，举朝无敢为关说者。文公自以义不容默，则洒泣草疏万余言明其冤，辞旨痛切。诸生迭谏以为必贾祸。不听。请筮之，遇遯之同人，乃默然。取谏草焚之，自号遯翁。宁宗庆元六年三月卒，民国前七百十二年也，年七十一。子三人，塾、埜、在皆以荫补官。弟子极众，以蔡元定（字季通，建阳人，称西山先生）及其子沈（字仲默，元定仲子也，世称九峰先生，谥文正）、黄干（号直卿，闽县人，文公之婿也，世称勉斋先生）等为最著。

胄感到非常忿恨，极力排挤朱熹，朱熹于是被罢免了。

当初，赵汝愚担任宰相后，招收聚集四方的名士。朝廷内外殷切期望国家大治，唯独朱熹对韩侂胄当权而深表忧虑，多次给赵汝愚亲笔写信，建议他应当对韩侂胄增加物质上的赏赐，而不要让韩侂胄干预政事，赵汝愚只认为韩侂胄地位低容易控制。等到朱熹离开朝廷，丞相被逐官，朝廷内外的大权全都落到韩侂胄手中。朱熹自从登科中举五十年间，在外地做官一共九年，在朝廷中才待了四十天就被罢免了。假如朱熹的主张能够实行，那么朱熹即使免官也仍然能够让宋朝延续国家命数啊。等到韩侂胄把持朝政后，对国家大事就更加无能为力了。

赵汝愚被免去职务后，韩侂胄以图谋不轨的罪名诬陷他，想要诛杀赵汝愚，满朝大臣没有敢替赵汝愚说情的。朱熹自认为按照道义自己不能沉默不语，于是挥泪草拟奏章一万多字，说明赵汝愚的冤屈，文辞悲痛而深切。门下的学生不断劝谏，认为朱熹这样做肯定会招致祸患。朱熹没有听从。学生恳请对这件事进行占卜，得出本卦为遯卦，变卦为同人卦，于是朱熹沉默不语。他把奏章拿出来烧掉，自称为遯翁。宁宗庆元六年三月，朱熹去世，也就是民国前七百一十二年，终年七十一岁。朱熹有三个儿子，朱塾、朱埜、朱在，他们都因为恩荫封官。朱熹弟子特别多，其中蔡元定（字季通，建阳人，称西山先生）及蔡元定的儿子蔡沈（字仲默，蔡元定二儿子，世称九峰先生，谥文正）黄干（号直卿，闽县人，朱熹的女婿，世称勉斋先生）等最为著名。

【批评】

文公卒，黄干为撰行状，曰："窃闻道之正统，待人而后传。自周以来，任传道之责，得统之正者，不过数人。由孔子而后，曾子子思继其微，至孟子而始著。孟子而后，周程张子，继其绝。先生出，而自周以来历圣相传之道，一旦豁然，如日中天。"

道统二字，始见于此。明潞人仇熙著《道统传》，清仪封张伯行因之而著《道统录》。一若孟子以后，惟周程张朱为知道，余子虽功名如何显，学问如何高，皆未足以言知道者。此易启门户之见，而衣钵相承，碍学术之进步。故不著之，而附辨于此。

【评论】

朱熹去世了以后，黄干为他撰写行状，说："我听说大道的正统，一定要等到合适的人出现才能承续。自从周朝以来，承担传播大道责任、得到嫡传学说的，不过几个人而已。在孔子之后，曾子和子思继承其学说精妙，等到孟子的时候才开始光大。孟子之后，有周敦颐、程颢、程颐、张载继承孔孟等以往的圣人不传的学问。朱熹出世后，周朝以来历代圣贤递相传授的大道，忽然豁然开朗，如同太阳正在上升，十分兴盛。"

道统这两个字，最早见于此。明朝潞县人仇熙著有《道统传》，清朝仪封人张伯行在此基础上撰写了《道统录》。他们一致认为自从孟子之后，只有周敦颐、程颢、程颐、张载、朱熹算是研知大道的圣哲，其他的人无论功名多么显耀、学问多么高深，都不算称得上是懂得大道的。这容易导致学术界的门户偏见，而一味讲求衣钵相传也会阻碍学术进步，因此不写在正文之中，而是以附辨的形式说明。

第十一章 结论

文公一生，集注诸经，订定周程张司马诸书，文集语录，又各数百卷，广博浩繁，固未易得其要领。简要言之，则不外主敬、穷理、反躬三者，主敬以定其本，穷理以致其知，反躬以践其实。

主敬、穷理、反躬言之虽若三事，实则一而已矣。致知不以敬，则昏且纷，知何由致？躬行不以敬，则怠且肆，行岂有当哉？故敬者，圣学成始成终之要。程子终身服膺"君子庄敬日强，安肆日偷"二语（《礼记》文），良有以也。

文公尝曰："盖天地皆物也，有是物必有是当然之则，是上帝所降之衷，生民所秉之彝也。近取之身，则心之为物，其体有仁义礼智之性，其用有恻隐、羞恶、恭敬、是非之性，浑然在中，随感而应，有则而不可乱也，所当格也。身之为物，有口鼻耳目四肢之用，有亲爱、贱恶、畏敬、哀矜之施，有君臣、父子、夫妇、长幼、朋友之伦，有则而不容已也，所当格也。外而观于人，则人之理，不异于己也。远而察乎物，则物之理，不异于人也。极其大，则天地之运，古今之变不能外。尽于小，则一尘之微，一息之顷，不能遗也。是朱熹的一生，对各种经书进行注解，修正校定周敦颐、程颢、程颐、张载、司马光等人的著作，他自己的文集和语录又分别有数百卷，博大繁多，固然不容易得到其关键要领。简单扼要的说，则不超过主敬、穷理、反躬三个方面，主敬是确立其根本，穷理是达到完善的理解，反躬是将所学融入实践。

主敬、穷理、反躬，说起来好像是三件事，但实际上只有一件而已。致知不依靠诚敬，则容易昏聩困惑而且杂乱无章，智慧怎么可以获得呢？躬行不依靠诚敬，则容易怠惰而且放纵任意，行为怎么可能恰当呢？因此诚敬这件事，是圣贤之学一以贯之的关键。程颢一生衷心信奉“君子庄敬日强，安肆日偷”这两句话（出自《礼记·表记》，意思为君子能够时刻庄重恭敬，就会日渐长进，倘若安逸放纵，就会日趋苟且）是有原因的。

朱熹曾说：“天地都是物，有这样的物也就必然有这样理所当然的规则，这是上天所施降的福泽、百姓所持执的常道。以身边的事作为例子，心作为物，其最根本的是仁义礼智的特点，其外在表现出来的是恻隐、羞恶、恭敬是非的特点，全然存在其中，随着感觉而有所反应，有规则就不会任意随便，这是应当要穷究的。身作为物，有口、鼻、耳、目四肢可以使用，有亲爱、贱恶、畏敬、哀矜的行为，有君臣、父子、夫妇、长幼、朋友的伦常纲纪，有规则而不能控制自己，这是应当要穷究的。对外观察别人，别人适用的道理跟自己的没有区别，再远一些观察物，物中蕴含的道理跟人的道理没有区别，将规则放大到极致，那么天地运动、古今变化也不能超乎其外。将规则缩小到极致，那么一粒微小的所谓降衷秉彝，有物有则者也。学之为道，必存此心于齐庄静一之中，穷此理于学问思辨之际，自身心性情以达于人伦日用。由天地鬼神以极于草木鸟兽，皆有以见其当然而不容已，与其所以然而不可易，而反之于身，以践其实焉。此学所以析之极其精而不乱，合之尽其大而无余也。”此见文公《格物论》中。其造诣之精，示教之切，悉具于学者循其说而求之则得矣。

文公聚徒讲学之室，曰寒泉精舍，曰武夷精舍。公常泛舟涧溪，成《武夷棹歌》十首，以明性道，门人陈普（字惧齐）为之注。

宋儒之为学也，其初亦尝求之外道。及其既也，则用其方法，而不堕其理障，是可谓善学者也。如周子《太极图》，得之于陈抟，本道家之精微，而宋儒以之悟《易》。静坐之法，倡于释氏，而程子以此为入门工夫。他如“语录”“公案”“观心”等语，亦皆释子家言，而朱子亦公然用之。

文公平居，终日俨肃，如对神明，行舒而恭，坐端而直。日未明辄起，深衣幅巾方履，拜家庙及先圣。退坐一室，几尘土、一次短暂的呼吸，都不会被遗漏。所谓上天赋予的人伦常道，就是事物的运行法则。学者追求道，必须要在严肃诚敬、镇定专一时存有这种心思。在学习追究思考分辨时推究这个道理，从身体、精神、性格、情感各个方面，以通达于人际关系的日常应用上。从天地鬼神推广到草木鸟兽，都要从中看到不受人为意志左右的当然之理，和为什么会这样的不可更易的道理，然后再回到自己身上，以践行其中的实质。这种学习方法，可以做到把学问分开到极为精细也不会杂乱，合到一起不管多大也不会有所遗漏。”这段文章出自朱熹的《格物论》，其学问程度的精深、显示教化的深切，全都表现在学习之人只要按照朱熹的学说去探寻，就一定会学有所得。

朱熹聚集弟子讲学的地方，一个叫寒泉精舍，一个叫武夷精舍。他经常在涧溪上乘船泛行，写了《武夷棹歌》十首，来阐明人性与天道，门人陈普（字惧齐）为其做过注解。

宋代儒学家做学问，开始的时候也借助于别的理论。等到学成后，就只使用外道的方法，而不陷入外道迷惑真知真见，这可以算是善于学习的人。比如周敦颐的《太极图》，是从陈抟那里得到的，本来是道家的精深微妙之学，但是宋代儒学家将它拿来参悟《易经》。静坐作为修养身心的方法，本来是起源于佛家，但是程颢将它作为进入学习门径的工夫。其他的像语录、公案、观心等内容，也都是佛家的语言，然而朱熹也毫无掩饰地使用。

朱熹平时在生活中，整天都很严肃，如同面对着神明，行为舒缓而恭敬，坐姿端正而直挺。天还没有亮就起床，穿着上衣和下案必正。寒暑造次，未之或间。家庭之内，斩斩如也，怡怡如也。自奉甚约，而奉觞荐俎，曲尽诚敬。其教人规模广大，而科级辨严，不容凌躐以进。虽疾病支离，而讲论率至于午夜。

韩侂胄当国，斥理学为伪学，禁其说，锢其人。文公与诸生讲学不辍，有请谢遣生徒者，文公笑而不答。有以书谏者，文公曰："放流窜殛，久置度外。诸生远来，无可遣去之理。朝廷必有行遣，亦须符到奉行。若仰人鼻息为舒惨，则方寸之间长戚戚矣。"

裳连一起的深衣，用帛巾束首，脚穿方履，然后拜祭家中祖庙和孔圣。回到房间坐着时，桌子必须摆正。无论冬夏忙闲，没有一次间断过。家庭中也是整整齐齐、和顺安适。自己遵守规矩特别严格，祭祀时举杯敬酒、进献祭器的时候，竭尽做到诚恳恭敬。他教育的人数非常多，按照学习程度置办行装，不允许超出寻常顺序进学。即使生病憔悴衰弱，讲学时仍然带头坚持到半夜。

韩侂胄掌权时斥责理学是伪学，禁止理学学说，禁闭研究理学的人。朱熹跟学生仍然不停止研习学问。有人劝说他遣散学生，朱熹笑着没有回答。有人写书信劝谏他，朱熹回复说："被流放和杀戮，我很久就不放在心上了。学生从远道而来，没有遣回他们的道理。朝廷一定要让我舍弃他们，也必须要等到命令下来以后再遵照执行。如果总依赖别人来决定自己的好坏，那么心中就会时常忧惧啊。"

少年丛书

文白对照本

文天祥

孙毓修◎著

团结出版社

图书在版编目（CIP）数据

少年丛书 / 孙毓修编. -- 北京 : 团结出版社,2015.7
ISBN 978-7-5126-3662-0

Ⅰ.①少… Ⅱ.①孙… Ⅲ.①名人—生平事迹—世界—少年读物 Ⅳ.①K811-49

中国版本图书馆CIP数据核字(2015)第130183号

出版：团结出版社
（北京市东城区东皇城根南街84号 邮编：100006）
电话：(010) 65228880　65244790 （传真）
网址：www.tjpress.com
Email：65244790@163.com
经销：全国新华书店
印刷：三河市祥达印刷包装有限公司
装订：三河市祥达印刷包装有限公司

开本：148×210　1/32
印张：128
字数：1500千字
版次：2015年12月 第1版
印次：2016年4月　第2次印刷

书号：978-7-5126-3662-0
定价：490.00元（全28册）

少年叢書

《少年丛书》白话语译编委会

出版前言

近代著名思想家、政治家梁启超曾经说："少年强则国强，少年智则国智，少年富则国富，少年独立则国独立，少年自由则国自由，少年进步则国进步，少年胜于欧洲，则国胜于欧洲，少年雄于地球，则国雄于地球。"这是他的散文《少年中国说》中的一段，作于戊戌变法失败后的1900年。文中极力歌颂少年的蓬勃朝气，指出封建统治下的中国是"老大帝国"，热切希望出现"少年中国"，振奋人民的精神。

或许是受到梁启超先生的感召，1908年冬天，上海商务印书馆编译所推出了一套系列丛书——《少年丛书》，又名《中外伟人的传略》，这是二十世纪中国的第一部历史人物类学生课外阅读丛书。首任编辑和作者是林万里，第二任编辑是孙毓修，孙毓修是这套丛书的主要作者，后期加盟写作的骨干还有国学大师钱智修。他们都博览中外，以精准而严格的眼光审视中外古今文化资源，选取其中有益于

少年儿童精神世界的材料，予以整合，编写成册。这套书出版以后，广受少年儿童的欢迎，每册前后加印达几十次，若整套书累计，恐怕达到数百次之多，发行量之大，影响力之广，在二十世纪的人物传记类图书中堪称罕见。

《少年丛书》前后出版了近三十余种，每一册传主为一位中外历史名人。我们在全国各地经过多方的搜寻，共得二十八册，其中中国名人十五位，外国名人十三位。每篇先叙述名人的生平传记，后加以作者的评论，根据时事，启发少年，借以激励少年树立远大志向，明确奋斗目标，成就健全人格。著名作家茅盾在阅读这套书后曾评论说："记事简明，议论正大，阅之足以增长见识，坚定志气。"这套出版之初即为砥砺少年志向的书影响了当时无数少年儿童由此走上振兴中国之路。著名作家张天翼、赵景深、陈伯吹等，都曾深受这套书的影响。

《少年丛书》的三位作者，都是当时学贯中西的通儒，不仅有深厚的国学功底，也有睁眼看世界的非凡眼光。撰写本套书册数最多的孙毓修先生，他是我国近代著名的目录学家、藏书家、图书馆学家。他同时还创作了大量的儿童文学作品。除了《少年丛书》，他还先后主编出版《少年杂志》、《童话丛书》等，被茅盾誉为"中国童话的开山祖师"。

另一位作者钱智修，浙江嵊县人，字经宇，是著名的国学大家，博古文学家，东方学派思想家。他在学时，就以"国学国文湛深，文章洛阳纸贵"赢得尊敬，并被上海多家进步报馆争揽为特约撰稿人。1911年毕业后，他应编译所长高梦旦之聘，担任商务印书馆编

译所编辑。1920年7月他任《东方杂志》主编，长达12年，是该杂志有史以来任期最长的主编。他还参与编辑《辞源》及《中国人名大辞典》、《中国古今地名大辞典》。1931年任国民政府监察院秘书长。

第三位作者林万里是民国年间著名的报人，原名獬，又名白水，字少泉。他幼承家学，又拜名士高啸桐（商务印书馆创始人之一）为师。清光绪二十四年(1898年)，他在杭州参与创办求是书院、养正书塾、东城讲舍、蚕学馆4所新式学堂，任求是书院总教习；后任《杭州白话报》主笔，宣传新思想。光绪三十年(1904年)，他出任《警钟日报》主编，宣扬孙中山及其领导的革命，后追随孙中山。帝制取消后，林万里重操新闻旧业，创办过多份报刊。

鉴于每位作者独有的知识结构和兴趣热点，每位编者对人物都有自己的选择。孙毓修所撰写的大部分是中国历史名人，而且写作的视角也非常独特，如其所写的《玄奘》是一个历史人物，而不是《西游记》中的唐僧。现代的普通读者对玄奘的了解绝大部分是来自于《西游记》等小说，而历史上的真实情况却鲜有人知——玄奘取经并非唐太宗支持，相反还受限于当时的法令，他冒着生命危险才得以出境。这就需要有人为读者打开另外一扇窗户，还原真实的玄奘，而不是小说中的文学形象。茅盾先生对孙毓修所写的《玄奘》评价很高："可以说是内容翔实，深入浅出，既宜于少年阅读，也使成年人增加历史知识。"再如《苏秦》，作为一位著名的辩士，《史记》必然为之列传。孙毓修在写苏秦游说各国发言的时候采用了《史记》中记载的史料，而在后面的评论部分对苏秦的表现作了恰当的点评，分析苏秦游说秦、燕、赵、韩魏、齐楚的过程，阐述了苏

秦辩术策略的不断提高。对于国外人物的选取，孙毓修也是偏爱励志型的，如德谟士，从一个小人物成长为大演说家；彼得大帝，从受制于人，成为欧洲赫赫有名的皇帝。

另一位作者钱智修，先后写有《林肯》、《苏格拉底》、《拿破仑》等，这些都是西学东渐后中国人十分崇仰的外国名人。值得注意的是，钱智修秉承严复所主张的信、达、雅翻译原则，特别讲究传记所含的真实性。他所抒发、张扬的传主虽然都被列为人们仿效的楷模，写法却不做作，更没有为了塑造人物形象而更改史实。

林万里所写的外国传记和钱智修的作法大致相近，即在第一章抒发已之传记宗旨，后文谈及传主读书之术、治学之道与其行事风格，并进行了点评。此外还有其他人关于传主的言论，更有编译者自己的评论，以引导少年儿童正确地学习和借鉴，而不是一味盲从。

《少年丛书》的最大特色，就是“记事简明，议论正大”。书中除了记叙人物的生平故事之外，作者的评论也让这套书大为增色。其议论宏富，既能够结合少年的成长特点，指明如何学习书中人物的优良品质，也指出了其中的不足之处，对于引导少年如何立志修身，大有裨益。

这套书的另一大特色，就是全部用文言文写作，语言凝炼，文笔流畅，保持了中国传统作史传的鲜明特色。当时，白话文风已经悄然兴起，而作者能够不从时髦，采用文言写作，甚为难得。以至我们今日再读此书，依然能够体味到文言笔法的无穷魅力。然而考虑到近百年来，国人的文言文水平已经一落千丈。今日的大部分少年，阅读文言文尚有一定困难，因此我们特别组织人员，将全套书进行了

白话翻译。尽管我们做了最大的努力，文言文的神韵依然是难以用白话表达出来。因此，我们希望少年朋友通过阅读这套书，体会文言文的独特魅力，进而热爱和学习文言文。

《周易》有云：“君子以多识前言往行，以畜其德。”说的就是多学习古人的嘉言懿行，对我们修身立德至为重要。古人尝言：“童蒙养正，少年养志，壮年养德。”少年时期是人生至为关键的时候，这个时期树立什么样的志向，以什么样的人为榜样，往往会决定一个人未来的人生成就。而一个人少年时期读的书，也足以改变他的一生。在今日少年课外读物良莠不齐的状况下，《少年丛书》堪称鲜有裨益少年的优秀读物。若今日的少年，能够认真研读这套《少年丛书》，对于树立远大志向、培养健全人格、完善道德情操将大有裨益。或许，今日的风华少年，即是将来成就伟业的千古豪杰、泽被世人的大圣大贤。勉哉！勉哉！

为什么要读名人传记

——《少年丛书》白话语译序

我从小很喜欢读书，可是，因为身处偏僻山村，小的时候却无书可读。那个时候，家中只有父亲买的一本《古文观止》，儿时翻阅过无数次，虽看不太懂，却记忆深刻。有人说，儿童时期读的书，一生也难以忘记。此言确实不虚。

没有想到的是，儿时无书可读的我，日后竟然投身于出版业。今天，我国的出版业已经非常发达，给少年儿童读的书也非常多。可是，若细心寻求，真正的好书却是少之又少，尤其是给少年儿童介绍历史文化的书。

一个偶然的机会，我们与这套百年前的《少年丛书》结缘，这套当初专为少年而写的中外名人传略，让我眼界大开，没想到，百年前的前辈们，竟给少年们创作出如此优良的传记读物。要知道，给少年

儿童写作，比给成年人写作更难，尤其是给人物作传，既要符合历史史实，不可随意编撰，又要注意引导青少年如何取其长，避其短，以免误人子弟。因为，作为历史人物，不可能处处皆堪为今人楷模。这就需要作者要极富有爱心、责任心和严谨精神，才能让读者从中获得纯净的人生智慧。可以说，目前各种写给青少年的人物传记，很少能与这套《少年丛书》相提并论的。

这套书中的二十八位中外名人，大多数是我们耳熟能详的人物，但是对于他们的生平事迹，也许就知之甚少了。读了他们的传记，方知欲为圣贤豪杰，需下一番苦功夫才能有所成就。“人人皆可为尧舜”，说的是我们每个人都有成圣成贤的资质，然而虽有圣贤之资，也需后天的不懈努力，方能成就一番伟业。所以，这一套书作者的目的并不仅仅是让读者了解一下名人轶事，而是以伟人的事迹启迪和激励少年朋友，树立人生的志向，汲取这些英雄豪杰的人生智慧，修身立德，练就自身本领，最终成为造福国家和社会的有用之才。

这套书虽然是写给少年看的，并不意味着就不适合大人阅读。大作家茅盾就曾大力推荐这套书。现在的青年人，乃至家长、老师，若能读读这套书，对于人生事业，教育子弟，也是大有益处的。可以说，这是一套老少皆宜的好书。

《少年丛书》在当时之所以大受欢迎，销量巨大，也不是没有原因的。这套书每册文字量不大，文笔流畅，史实可靠，评议精彩，这都是许多普通名人传记所不具备的。因此，这套书深受读者欢迎，也就不难理解了。

读名人传记，重在学习名人的智慧和经验。正如文天祥所说，

“人生自古谁无死，留取丹心照汗青”。人生有涯，知也无涯，如何在有限的生命里寻求到人生的价值，获取人生的智慧，而不浪费光阴？《少年丛书》中的这些圣贤豪杰，就是我们的榜样。他们身上伟大的人格，比如孝友、善良、爱心、坚毅、勇敢等等，这些人性的光辉，都是我们的学习之处。

我们用了近一年的时间，将这一套书作了白话语译，希望今天的少年们，能够喜欢阅读并且从中汲取智慧。若能让每一位读者都能够有所收获，那就不负当初写作这套书的三位老前辈的一片苦心，而我们的工作也就没有白做了。

这一套书规模宏大，在校对和语译的过程中，难免会有错误，恳请广大读者不吝指正。

《少年丛书》语译小组　主编　萧祥剑

目录

第一章　忠臣与良臣

文天祥者，宋朝灭亡时之忠臣也。或曰忠臣可以救国，而文天祥不能救宋祚之危亡；忠臣可以御敌，而文天祥不能御元兵之侵掠。是则忠臣者，徒为一己之名，而无补于时局者欤。曰恶，是何言？忠臣所在之国，其国虽亡，犹凛凛有生气。后世读史者，犹不敢轻量其国也，而谓无补于时局耶。至国有忠臣，仍不能挽回其气运，此则国君之罪，而忠臣固不任其咎。

君子之出仕也，为利国利民，而非为利己。不以其道，则不仕于朝。如伊尹之于汤，诸葛亮之于先主，三聘而后去有莘之野（伊尹耕于有莘之野。今山东兖州府曹县北有莘城古华国）、弃南阳之庐（诸葛亮躬耕南阳。在今湖北襄阳县）。既仕矣，不以其道，即奉身而退。如孔子之为鲁司寇（季桓子受齐女乐，三日不朝，孔遂行）、孟子之历游齐梁（孟子在齐梁，皆以时君不用其言，不愿出仕），皆难进而易退。然其时，为宫室之美、妻子之奉，而求功名之人，方与君子争位置。君子拙而小人巧，君子迂而小人捷。故君子与小人同时求官，小人有必胜之算，君子有必败之机。以是君子常隐，而小人常显。及至小人在位，灾害并至，人君始悟其奸，退小人而进君子。则国事已败坏而不可收拾，虽有善者，亦无如之何矣。譬如病者，已误于庸医，六脉既绝，乃求文天祥，是宋朝灭亡时的一个大忠臣。有人说忠臣可以救国，但文天祥却没能挽救宋朝的危亡；有人说忠臣可以御敌，但文天祥却没能抵御元兵的侵掠。这样，忠臣便只剩下了一个名声而已，而对于当时的时局却没有一点用处。唉！这说的是什么话呢？忠臣所在的国家，其国家虽然灭亡了，但还凛凛有生气。后世读史的人，还不敢轻易评量他的国家，而只是说这无补于时局。至于国家有了忠臣，却仍不能挽回国家气运的情况，这主要是国君的过错，而忠臣本来就不应承担这个责任。

君子出来担任官职，是想利国利民，而不是为了利己。如果不采用他们的方法，那么他们不会出任朝廷官员。例如伊尹辅助汤，诸葛亮辅助先主刘备，都是多次邀请后才离开有莘之野（伊尹在有莘的郊野耕作。今山东兖州曹县北有莘城古华国）、放弃南阳之庐（诸葛亮躬耕南阳。在今湖北襄阳）而出任朝职的。出任官职后，不采用他们建议的，他们便抽身而退，如孔子当时出任鲁国司寇（季桓子因为享乐于齐国的歌舞和女色，三天没有上朝，孔子于是离开了）、孟子游历齐梁时（孟子在齐梁，都因为当时的君王不采纳他的建议，所以不愿出仕为官），都因为当时君主难以进言而马上离开。然而在当时，为了宫室之美、妻子之奉，而自求功名利禄之人，才会与君子来争夺位置。君子在这方面显得笨拙而小人却会取巧；君子显得迂阔而小人却敏捷。所以君子与小人同时求官时，小人有必胜的把握，而君子是必败的结果。因此，君子常常退隐，而小人常处显位。等到小人上位后，灾害一起到来时，君主才意识到小人的奸邪，远离小人而亲近君子。但是这时国家朝政已扁鹊（古之良医也），其可及乎？良医不能活已死之人，犹之忠臣不能救已亡之国。不能活已死之人，不害其为良医也。不能救已亡之国，不害其为忠臣也。

宋自高宗南渡以后，内乱蔓延，敌国凭陵。宋之小朝廷，日在漂摇风雨之中。引用君子，犹恐不足以救危。然其时之在朝者，果何种人物乎？用黄潜善、汪伯彦，而李纲、宗泽退矣；用秦桧，而岳武穆死矣；用韩侂胄，而太学儒生十六人杀矣；用史弥远、丁大全、贾似道，内之诛锄忠良，外之玩寇兴戎，而事已大坏矣。文文山起兵勤王，已在帝㬎之时（㬎，开颢。帝㬎，庙号恭宗，年号德祐，即位时方四岁，谢太后临朝），距宋之亡，不及二年。而犹有贾似道、陈宜中、留梦炎诸人，防之如敌国。文山纵有奇才，亦难发展其抱负也。

夫人之敢于冒险，而锐志以赴其目的者，为冀其万一之成功也，所谓希望是也。非甚懦弱无志之人，大抵皆有此心。当宋之季，虽草野之人，亦知宋祚之不保，无所用其希望矣。常情度之，为文山者，伏处乡里，弃官归隐可也。宋亡经败坏而不可收拾，即使有大能力者，也没有办法挽回了。譬如一个病人，已因为庸医而耽误了治疗，人体六脉已经断绝，才去求神医扁鹊（古代医术高明的医生）治疗，扁鹊还能治好吗？神医无法救活已死的人，就像忠臣无法救治已经灭亡的国家。不能救活已死的人，不能怪罪良医的责任；不能挽救已经灭亡的国家，不能说忠臣就不是忠臣。

宋朝自高宗南渡以后，内乱蔓延，外患紧逼。可怜的宋朝这个小朝廷，无日不处在风雨飘摇之中。就算是起用君子治国，恐怕也不足以挽救国家危亡。然而当时在朝为官的，真正是些什么样的人呢？当时高宗起用奸臣黄潜善、汪伯彦等，以致忠臣李纲、宗泽不能立足于朝；任用秦桧，而导致岳武穆被害；听信韩侂胄，而导致太学儒生十六人被杀；任用史弥远、丁大全、贾似道等大奸臣，对内诛除忠良，对外消极抗敌，引发战端，以致国家根本败坏，无可挽回。文天祥起兵勤王时，已是帝㬎在位之时（㬎，开颢。帝㬎，庙号恭宗，年号德祐，即位时刚四岁，谢太后临朝听事），距宋朝灭亡，不到两年。而当时还有贾似道、陈宜中、留梦炎等人，防备他就像防敌人一样。文天祥纵使怀抱奇才，也难以施展他的抱负，以挽救危亡了。

人之所以敢于冒险，而且立志全力以赴要达到其目的，为的只是想那万分之一成功的机会，这也就是所谓的希望。只要不是十分懦弱无志的人，大抵都有这种想法。当时的宋朝，即使是草野之人，也知道宋朝的江山无法存续了，已没有任何希望可言。以常情来看，作为文天祥这样的人，隐居在乡里，弃官归隐便行了。

之后，不受蒙古之禄，不拜蒙古之官，黄冠草履，作一平民可也。乃文山皆不出此，明知大势已去，而又出师勤王。勤王兵败，为元人所缚，明知必无济矣，复乘间逃归，作最后之决战。决战又败，元人囚以槛车，遣之燕都（今北平也）。新朝之君相，百计劝降，而卒不肯降。幽囚数年，元帝不忍杀之，亦不忍臣之，有可生之机矣，而卒不肯生，至于身死柴市，而其所负之正气始完。死之日，宋亡七年，崖山亡又五年矣。即不死，亦谁得而讥之者？人皆以一死为惧，彼反以一死为慰，是亦不可以作千古忠臣义士之模范也哉。

语曰："愿为良臣，毋为忠臣。"言才识之士，际会时机，发号施令，亲睹太平之化，臣主俱荣，身名俱泰；而不愿有如文山之结局，国破家亡，首领不保，徒以忠肝义胆，照耀史册也。然国运不能有成而无败，时会不能有通而无塞。

宋朝灭亡之后，不接受蒙古国的奉禄，不做蒙古国的官员，黄冠草履，作一介平民就行了。但文天祥都没有如此。他明知宋朝大势已去，却仍出师勤王。勤王兵败后，为元人所擒，明知已没有什么用了，仍寻找间隙逃了回来，准备作最后的决战。决战又失败了，被元人囚禁在槛车里，押送往元都燕京（今北京）。元朝的君王丞相，千方百计想劝降文天祥，但最终也没有成功。文天祥被囚禁了数年，元朝皇帝不忍杀他，也不忍心让他为臣了，因此他仍有活命的机会。但他最终没有选择苟且偷生，最后身死柴市，而他所背负的正气才算完结。死的那天，距离宋朝灭亡已经七年，距离崖山战役结束也五年了。即使他得以不死，又有谁能够讥笑他呢？人都把死看作是恐惧的事，而文天祥反以一死作为慰藉。这不也一样可以作为千古忠臣义士的模范吗？

俗话说：“希望做个良臣，不愿做忠臣。”意思是说一般有才识的士子，当碰上好的时机，他们发号施令，亲眼见证国家的太平盛世，君臣都显荣贵，身体安康、享有声誉。因此他们大都不希望有像文天祥这样的结局，国破家亡，性命不保，只剩下了忠肝义胆，照耀史册。然而一个国家的运数不可能只有成而没有败，时

吾人宁可不遇文山之事于此生，而不可不存文山之气节于胸中。今日世变益亟，患难愈多，稍一不忍，即有亡国灭种之祸。更不可不学文山之爱国，而巩固国基于平时，以无蹈宋季之覆辙也。

【批评】

古有句云：“慷慨捐生易，从容就义难。”文天祥之不可及处，即是元人不欲死之。而彼必求一死，所谓从容就义也。比明季之史可法，尤难一著，可算得千古一人。

战国时，淳于髡以孟子在齐，齐国依然不振，以为贤者无益人国。孟子对以虞不用百里奚而亡，秦穆公用之而霸。此非孟子之聊以解嘲也，事理实是如此。文天祥之于宋帝，相遇已晚，无力回天。设竟如洪承畴之仕清者而仕元（洪承畴，明季大臣，兵败降清，为佐命之臣，死后入《贰臣传》），则其设施，必然可观。非人之前愚而后贤，用与不用也。

机不可能只有通顺时而没有不畅的时候。我们宁可此生不要遇上文天祥这样的事，但不能不心存文天祥这样的气节。今天的世道变换更是频繁，灾患险难更多，稍一没忍住，便有亡国灭种的灾祸。我们更不可不学习文天祥的爱国精神，应当在平时注意巩固国家基础，以避免重蹈宋朝亡国的覆辙。

【评论】

古人有句话说："慷慨捐生易，从容就义难。"文天祥这种让人难以企及的从容就义的精神，便是元人不想处死他的原因。而他决心只求一死，就是无所畏惧地为己义而死。与明朝末年的史可法相比，尤难以赶得上，可算得上是千古一人了。

战国时期，淳于髡因为孟子在齐国为官，而齐国依然没能振兴，因此认为贤者对于国家无益。孟子便以虞国不任用百里奚而亡、秦穆公任用他后而称霸战国来回应他。这并不是孟子的自我解嘲，而事理上也是如此。文天祥对于宋帝来说，相遇并起用他太晚了，已无力回天。假如他最终像洪承畴降清一样而降元出任官员（洪承畴，明末大臣，兵败降清，被委以重任，死后入《贰臣传》），那么他最终的结果，必然可观。这并不是说谁愚昧谁贤能，而是用与不用的问题。

古之爱国者，莫如楚人屈原。当楚怀王在位，亲小人，远贤臣，国势日衰。屈原谏之不听。为屈原计者，亦可已矣。乃竟自沉于汨罗之河以死，为不忍见祖国之灭亡，而宁先死以避之也。若文天祥之志节，则又进一步矣。文氏常谓此身未死以前，皆是报国之日（见指南录自序）。故临安失守不死（帝显时，临安之都城不守，宋灭亡），崖山投海不死（宋亡，张世杰奉帝昺航海至广州之崖山，元张弘范攻之，帝昺投海而死），至元之基业大成，宋之宗室尽亡，决无楚项羽卷土重来之机（项羽以八千子弟渡江而西，后败于乌江，唐杜牧吊之云："江东子弟多才俊，卷土重来未可知。"）、夏少康一旅中兴之望（夏朝被篡于羿，少康以一旅中兴。古法以军五百人为旅），始可死而无憾矣。其志之远大，节之坚忍，又非屈原之所能及。

古时候的爱国者，莫过于战国时期楚国人屈原了。当楚怀王在位时，亲近小人，远离贤臣，导致国势日益衰退。屈原多次进谏，怀王不听。要是为屈原自己考虑，这样也就算了，但他竟然自沉于汨罗河而死。这是因为他不忍心见到祖国的灭亡，而宁愿自己先死，以避免自己亲眼见到国家的灭亡。而像文天祥的志节，则又比他要进一步了。文天祥常说，只要这个身躯没有死亡以前，就都是报国的时间（见《指南录》自序）。所以，在临安失守的时候他没有选择死（宋恭帝时，都城临安被攻破，南宋灭亡），崖山战役皇帝投海后他没有选择死（宋亡后，张世杰奉帝昺航海至广州的崖山，元朝的张弘范攻击他，帝昺投海而死），到元朝的基业大成、宋朝宗室全部灭亡了，已绝对没有楚国项羽那样卷土重来的机会（项羽率领八千子弟渡江西向，后败于乌江。唐杜牧吊之云："江东子弟多才俊，卷土重来未可知。"）没有夏少康以一旅之人而中兴的希望（夏朝被羿篡位，少康帝率五百人中兴夏朝。古法以军五百人为旅），他才觉得可以死而无憾了。其志向之远大，节操之坚忍，又非屈原所能及了。

第二章　少年时之立志

宋文丞相天祥者，江西庐陵人也。祖父累世忠厚，一乡皆称为积善之家。天祥生时，其祖梦见小儿，乘紫云而下，故名云孙，字曰天祥。后理宗览其策，见其名，曰："此天之祥，乃宋之瑞也。"遂又字曰瑞卿，其后果符此颂；又自号文山。幼时，体貌丰伟，见者皆知其非凡儿也。

人当少年，所以感发其志气者，家庭师友之启导也，良善之书籍也。而乡先贤之遗风，亦大足为兴起之资。今郡县皆有孔子庙，亦称学宫地方之人，常取其邑之先贤，列祠于学。春秋二季，则备牲牢，集官绅而拜之，后进观之。既羡乡先贤之尊荣，又动感慕效法之心，常有太息泣下者。少年天真烂缦，尤易作此观念。宋时庐陵之乡先贤，有欧阳修（字永叔，谥文忠公）、杨邦义（谥忠襄，守建康时死节，其子载兴为岳飞部将，以忠勇著）、胡铨（字邦衡，又号淡菴老人，谥忠简。尝上乞斩秦桧）诸人，皆塑像于祠，仪态如生。文山十岁时，家人引与瞻其遗祠，又为之讲三人之历史。文山欣然慕之曰："身后不与诸贤并祀者，非大丈夫也。"

宋时取士，一以考试为归。元明清之朝，皆守其遗法宋朝末期的丞相文天祥，是江西庐陵人。他家祖上世代都是忠厚长者，所以一乡都称他家为积善之家。天祥出生的时候，他的祖父梦见一个小儿，驾着紫云从天而下，所以给他取名云孙，字天祥。后来宋理宗阅看考试卷子的时候，看见他的名字，便说："此天之祥，乃宋之瑞也。"于是他又取字瑞卿，后来的事实也证明确实是如此；他又自号文山。年幼时，文天祥体貌丰伟，看见他的人，都知道他是个不同寻常的孩子。

当人在少年时，能够感发他们志气的，主要是家庭、老师和朋友的启导，是那些良善的书籍。而乡里先贤们的遗风，也足以成为他们兴起的资本。现在各郡县都建有孔子庙，也称作是地方上的学校。他们常将本地先贤的画像，挂列在学堂的祠堂。每年春秋二季，则准备了牲牢，召集了当地的官绅来祭拜他们，而后一起进祠观瞻他们。他们既羡仰乡里先贤的尊荣，又常因有感而生出仰慕效法的念头，因此常有叹息而泣的人。少年人天真烂缦，尤其容易生出这样的观念。宋末时庐陵乡贤祠里的先贤遗像，有欧阳修（字永叔，谥文忠公）、杨邦义（谥号忠襄，守建康时为守气节而死。他的儿子载兴，为岳飞的部将，以忠勇著称）、胡铨（字邦衡，又号淡庵老人，谥号忠简。他曾经上疏请求斩秦桧）等人。他们的遗像，仪态如生。文天祥十岁的时候，他家里的人带他去乡贤祠观看这些遗像，又把他们三个人的历史讲给他听。他十分羡慕地说道："我死后，如果不能和这几位先贤并祀在这个祠中，我便不是大丈夫。"

宋朝时候，都是以考试来拔取人才。元、明、清三朝，都遵也。考试之时，其最荣者，莫如状元，号为天下第一人。文山则宝祐四年（宋理宗二十年，民国前六百四十年）状元也。其文数万言，不为稿，一挥而成。考官王应麟（字伯后，庆元府人。著《玉海》《困学纪闻》等书）评之曰：“是卷古谊若龟鉴，忠肝如铁石，可为本朝得人贺。”时文山年不过二十也。其弟璧，亦同时登科。

文山之父革斋，伴二子进京与试。闻二子皆中选，老人之怀，自觉喜慰。不意风烛之年，朝不保暮，贤郎以五月二十四日报捷，而封翁以二十八日长逝于客邸矣。宋时，政府待进士之礼颇优，凡新进士遭丧，则政府致其费。兄弟二人，即日扶柩还里，既而任命文山为宁海节度判官（判官，犹今之秘书也）。

文山虽居卑官，未尝不留心时务。范文正公（名仲淹，兴县人）作太平时之秀才，尚以天下为己任，况文山处南宋之

守着这种传统方法。考试的时候，最光荣的当然是第一名，便是“状元”，号为“天下第一人”。文天祥便是宝祐四年（宋理宗二十年，民国前六百四十年）的状元。他考试的那篇文章，洋洋万言，并没有起稿，一挥而成。当时的考官王应麟（字伯后，庆元府人。著《玉海》《困学纪闻》等书）评价说：“这份考卷有古贤人之风仪，可为后人学习的榜样。其忠义之心如铁石般坚定，可以为我朝能够得到这样的人才而祝贺了。”这个时候他才二十岁。他的弟弟文壁，也同时考中。

他弟兄二人进京考试，是他们的父亲革斋陪送来的。他当时听得两个儿子都考中了，心中自然是非常喜悦。不幸他老人家已风烛残年，朝不保暮，两个儿子于五月二十四日中选，他自己却于二十八日在客寓里病死了。宋朝时候，政府对待进士的礼数很优厚，凡是新进士遭丧，政府都会致送费用。文天祥弟兄二人，当天便扶柩还乡。不久，朝廷便任命文天祥为宁海节度判官（判官，等于现在的秘书）。

文天祥虽然只做了个小官，但很留心时务。范文正公（名仲淹，兴县人）作为国家太平之时的秀才，尚以天下为己任，何况文季，内忧外患交迫之日乎？时蒙古（后建国号曰元）灭金并夏，国势日强。而宋用一丁大全（字子万，镇江人）为相，贾似道（字师宪，亳州人。其姊为贵妃，有宠于理宗，似道因以得）为将（似道属以师相，出京督兵），专权误国，日被侵削。宝祐六年（理宗二十二年），蒙古大举南侵，入四川，破广西、贵州，更以重兵，直趋两淮及长江上、下游，江西不保，武昌被围，朝野震恐，君臣相顾，不知所为。太监董宋臣，请迁都四明（今浙江宁波县），以避敌锋。别有一太监名何子举者，以为不可，皇后亦不欲行，乃止。

文山初闻迁都之说，以为临安形势已失。四明尤滨海小郡，高宗播迁至此，几不能自存。前车可鉴，岂可复蹈覆辙？乃上书请斩宋臣，以禁止内侍干预政治，淆乱人心之罪。书奏不报，遂弃官还里。

度宗初年。拜文山官尚左郎，屡辞不允。宋时，授官者例命文臣撰诰辞付之，其文类皆风雅可诵。度宗授文山诰辞曰："苏轼有云：'仁宗皇帝在位最久，得人最盛，进士高科，类至显位。'我理宗享国，庶几仁宗（仁宗在位四十年，理宗亦二十八年故云庶几），取士之数，却又伙焉。当时褒然之选（褒然之选，谓以第一名中选者），今其存者，无不登天祥是处在南宋末年，内忧外患交迫的时候呢？当时蒙古（后来建立国家，国号为元）吞并了金、夏两国，国势日强。而宋朝用一个丁大全（字子万，镇江人）为相，用一个贾似道（字师宪，亳州人。他的姐姐为贵妃，受理宗宠爱，贾似道因此发迹）为将（贾似道以宰相身份出京监督军队），独揽大权，坑害国家，渐被外敌侵略削守。宝祐六年（理宗二十二年），蒙古大举南侵，入四川，破广西、贵州，更是派重兵直接奔赴两淮地区及长江上、下游，江西不保，武昌被围，以致宋朝全国上下震惊，朝廷内君臣相顾，不知做什么好。太监董宋臣，上奏请求迁都到四明（今浙江宁波），以避开敌人强劲的进攻。但是又有一个太监叫何子举的，他认为这样不可，而且当时皇后也不愿迁都，这个主张就此打消。

文天祥起初听见迁都的话，以为临安的大势已经失去，十分忧急。而四明这个地方是濒海的小郡，当年高宗将都城搬迁到这里，几乎不能自存，前车可鉴，怎么能够再重蹈覆辙？于是便上书请斩建议迁都四明的太监董宋臣，以禁止太监干预政治，定他淆乱人心的罪名。书信奏上去没有结果，他便弃官回乡了。

度宗初年，拜文天祥为尚左郎，他多次推辞，朝廷都没有允许。宋代，某人授官时，按例都需由文官撰写诰辞诏告天下，诰辞的内容都风雅可诵。度宗授文天祥官职时，其诰辞这样写道："苏轼曾说：'仁宗皇帝是在位最久的，得到人才最多，进士高科，逐步升为高官。'我朝理宗在位时长，和仁宗差不多（仁宗在位四十年，理宗在位也有二十八年，所以说差不多），但录取的读书人数，却又更多了。当时各地考试当选第一名的（褒然之选，指以第一名中进。独尔以陈情之表（晋李密养亲不仕，有《陈情表》），读礼之文（人子丧亲守制，谓之读礼），淹留在外，尚迟向用。夫风之积不厚，则其负大翼无力（大翼，谓大为也。语本《庄子》）。若尔之植立不凡，非特以高科也（高科，谓最高之科，即状元也），而又益增培植，则其滋长也，孰能御之？”文山少年科第，固可早达，而蹉跎不遇。诰辞云云，盖以慰藉之也。文山出仕未久，即与贾似道不相合，免官而归。思及此闲暇之时，为修养之计，乃筑室于文山。山在庐陵南百里，两山夹一溪，溪中怪石林立，水曲折其间，从高注下，姿态横出。山下石尤奇怪，跨溪绵谷，低昂以立，各有天趣。山上下流泉四出，随意灌注，无所不至。其高处可望数百里，俯视万壑，云烟芊绵，真广大之观也。宅基在山南，其地平旷，长可百丈余，深可三十丈，溪水至其前。青山屋上，流水屋下，风景绝佳。文山读书会友其中，隐居求志。他日成仁取义之大节，皆养成于此矣。

【批评】

文山梦紫云而生，宋史本传，及胡广所撰传，皆载之。

选者），凡现在还在世的，没有不考中进士的。唯独你以有李密《陈情表》所说情形（晋朝李密，孝养祖母，不出仕做官，留有《陈情表》一文），表示要遵读礼之文（为人之子，父母去世，治办丧事，庐墓守孝，叫做读礼），因而停留在进士之门外，迟迟没有被任用。风如果积累得不大，那么其将无力让大鸟飞起来（大翼，谓大为也。语本《庄子》）。像你这样卓尔不凡的，并非特意取你为状元（高科，谓最高之科，即状元也）。如果再加以培养，那么你的成就之大，到时谁又能预测呢？”文天祥少年时便中了科第，本来早就可以发达，但因各种原因蹉跎不遇。诰辞中这样写，主要是慰藉他而已。他做官不久，便与贾似道意见不合，又辞官回乡了。他想在这个闲暇的时候，自我修养，于是便在文山建筑了很精雅的一所小室。文山在庐陵之南一百里，两山夹一溪流，溪中立着许多怪石，水从这些怪石中间曲折流过，由高处往下注泻，十分有趣。山下的石头尤其怪异，横跨溪水，绵延山谷，有低有高，各有天然情趣。从山上留下的泉水四处流淌，随意灌注，到处都是。山的最高峰，可以远望数百里，从山下望万壑起伏，云烟弥漫，真是奇观。他的小室便筑在山的南面，地势平坦广阔，地基长达一百多丈，宽深达三十多丈，溪水围绕屋前面。青翠的山峦耸立在背后，溪水从屋子下流过，风景极佳。文天祥在此读诗书，会友人，过着清雅绝俗的生活。后来成仁取义的大节，都是在这个地方养成的。

【评论】

文天祥出生时，他的祖父梦见他乘紫云而来，在《宋史》本传梦之吉凶，固不可信，惟古时甚以为重。周时特设掌梦之官，为民占梦。梦中境界，果能为未来之先兆否？泰西学者，刻方研究及之，今未可说定也。

吾国之乡贤祠，对于古人，表示报功崇德之心，又足令后之人，观其庙貌，考其历史，发其向往之志气。而爱乡之心，亦油然以生。一举而数善备焉，惟造祠尤不如造像之善。像竖于通衢大道，人人皆见，不如祠门之终年关闭，一善也；姿态逼真，不如木主之黯然无色，必识字之人，始能辨其姓字，二善也；金石之质，不如木主泥像之易于毁坏，三善也。泰西各国，所以有像而无祠，教少年人，自以直观之事，为易于觉悟。后有作者，改祠为像可也。

科举之世，同时登科者，谓之同年。每一科举，则有登科录，详记同年人之姓名、籍贯、年龄。此等书万无久传之理，独宝祐四年登科录，以文天祥一人之故，自宋至今，藏书家犹钞录之。观此则人可以知所自处矣。

人早年得志，必然意气太盛，视己身若万能，视天下无不可为之事。古之爱才若命者，遇此等人，必培养之，曰将以老其才。如树木然，未长足时伐之，则其材小；长足后伐及胡广所撰写的传记中，都有记载。所做之梦的吉凶，固然不可信，但在古时候却是很相信的。周朝时特别设置了掌管推算梦兆的官员，为民众占梦。梦中的境界，果真能成为未来事情发生的先兆吗？西方的学者，刻意研究了这个问题，到现在也没有个确定的说法。

我国的乡贤祠，对于古人大多表现出了报功崇德的心情。这又足以让他的后人，观瞻他的神像，考究他的历史，抒发他们向往先贤的志气。而爱护乡里的心情，也因此油然而生。这一个举动便带来了众多好处，只是造祠还是比不上造像的好处多。神像竖在通衢大道边，人人都能看见，不像乡贤祠的门终年关闭，这是第一个好处。神像姿态逼真，不像乡贤祠中的木雕黯然无色，必须要识字的人才能辨别出其姓名，这是第二个好处。神像为金石所造，不像乡贤祠中木雕泥像那样易于毁坏，这是第三个好处。西方各国，之所以有神像而没有乡贤祠，是想教少年人，自己通过观看神像，使他们更易于觉悟。如果以后有人想做这事，不妨将乡贤祠改为神像吧。

在科举考试年代，同时登科的，称之为同年。每一次科举考试，都会建有登科录，详细记录同年人的姓名、籍贯和年龄。像这样的名录万无久传的道理，唯独宝祐四年的登科录，因为文天祥一人的缘故，自宋末到现在，藏书家还藏有抄录本。看了这之后，那么人就可以知晓自己所处的地位了。

一个人早年得志，必然会意气风发，认为自己好像是万能的，看天下之事没有不可以做到的。古代爱才若命的人，如果遇上了这样的人，必定会大力培养他，说是想让他将来成才。就像树木一之，则其材大。用一老字，实在有味。文山二十而登科，飞扬腾达，若可预期。乃人事相左，蹉跎十年，未展抱负。读文山指南录自序，则并不以此怨尤，确认天将使之动心忍性，增益其所不能也，可谓能自克者矣。

文山功名不遂，归而读书求志。此实大人物之作用也。今人一在学堂毕业，即求利禄。求之不得，亦不肯反求诸己。盖功利之说，中于人心者深矣。此实非社会之福也。明之严嵩，固一万世唾骂之人，然少年登第之后，不肯就官，忍饥耐寒，在钤山（在今江西分宜县，严本分宜人也）读书十年，固未尝无一节可取也。设能始终如一，则与文山之志节何异焉？今人不肯尚志，病在居欲求安，食欲求饱，耐不得贫，所以竖不起志气。少年欲担当天下事，须从吃苦做起。

样，还没有长成的时候砍伐了，那么其材比较小；如果等长大之后再砍伐，那么得到的木材就大。用了一个老字，实在有味。文天祥二十岁时便中举登科，飞扬腾达，似乎可以预期。然后事实正好相反，蹉跎了十年的岁月，不能够一展抱负。读他的《指南录自序》，发现他却并没有因此而产生怨尤，而是确信上天将让他磨练心性，增益他所不能做到的。这可以看出，他可谓是个能够自我克制的人了。

文天祥在仕途上功名不遂，因此回家读书以求他日实现自己的理想。这就是大人物的作风。现在的人一从学堂毕业，就想求得利禄。如果求不到，也不肯自我反省，从自身求。这是因为功利学说，已经深入人心了。这实在不是社会的福音啊。明代的严嵩，虽然是一个被万世唾骂的人，然而在年少登第之后，他却是不肯就职当官的。他忍饥耐寒，在钤山（在今江西分宜县，严嵩本是分宜人）读了十年书，所以也不是没有一点可取之处。假如他能始终如一，那么与文天祥的志节又有什么区别呢？现在的人不肯立志，都只想着平时追求安逸，饮食上追求保暖，耐不得贫穷，所以竖不起志气。少年人想要担当天下大事，必须从吃苦做起。

第三章 勤王

专制之弊，至宋季而极矣。神奸巨蠹，相望于朝。人君日日求治，而为此辈所蔽。虽欲求治，其可得乎？贾似道为断送南宋最后之一人。彼一日在位，正人君子，即一日不能相容，文山之所以高蹈而不顾也。夫抱热心救国之志，不得居乎朝市，而匿居于空山无人之中。其感喟不平之心为何如哉！

临安之都，恃长江为屏蔽，而湖北之襄阳、樊城，扼水陆之冲。此而不守，则长江皆失其险矣。此地理上一定之形势也。元将围襄阳五年，守将吕文焕，百计御之，久困援绝。文焕每一巡城，南望恸哭，告急于朝，贾似道匿不以闻。先是元将阿尔哈雅（旧作阿里海牙，今依辽、金、元国语考改正）攻樊城，得西域人所献大炮，破樊城。至是移之以向襄阳，一炮中其谯楼，声如震雷，城中汹汹，势不能守。吕文焕遂以城降。元主拜文焕为襄汉大都督，长江诸郡大震。时则度宗十年也（咸淳十年）。

文山以度宗九年，起为湖南提

专制的弊害，到宋朝时候，可谓达于极点。奸臣当道，相望于朝，蒙蔽皇上。皇上天天想着如何治国，却被这些人蒙蔽。虽想要求得天下大治，他能够实现吗？贾似道便是断送南宋的最后一个人。他在位一日，正人君子便一日不能被容纳。所以像文天祥那样有才干的人，也只好高蹈远避了。他抱着热心救国的志愿，不能施展于朝廷，而只能隐藏在空山无人的地方。他感慨不平的心，想想该是何等的强烈啊！

临安的形势，是专靠长江做屏蔽的；而湖北的襄阳、樊城，是扼守水陆交通的要道。假如这个地方不能保守，长江的险要便都失去了。这是当时地理位置上的形势。那时元将围攻襄阳经过五年之久，襄阳守将吕文焕，百计抵御，才能勉强挣扎着而没有被攻破，但是久困在城中，外面没有救援，危险已极。吕文焕每次巡城，都是望着南方失声痛哭。他告急的文书，送到朝中，都被贾似道隐瞒着，没有奏知皇上。起初，元将阿尔哈雅（旧作阿里海牙，今依辽、金、元国语考改正）攻打樊城，凭借着西域人所造的大炮，攻破了樊城。至此，元将又把攻打樊城的大炮移来攻打襄阳，一炮击中城门上的鼓楼，声如震雷，吓得军民人等，心胆俱碎，全城汹汹，其势不能再守。吕文焕不得已，便献城投降了。元主便拜他为襄汉大都督，长江各郡都大震恐。其时正是度宗十年（咸淳十年）。

文天祥于度宗九年，出任为湖南提刑（官名），剿平了邵阳、永州（今湖南地方）地区的巨寇，肃清了来往道路，便利地方安靖。当刑，平邵永（邵阳、永州，皆今湖南地）巨寇，道路肃清。见故相江万里（字子远，都昌人，后殉国难）于长沙。万里素奇文山志节，语及国事，愀然曰："吾老矣。观天时人事当有变。吾阅人多矣。世道之责，其在君乎！君其勉之！"寥寥数言，而忧国之念，相赏之情，千载下如见其心，如闻其语。然此时贾似道犹当国，文山郁郁不得志，乞本省一郡，以便养母，遂知赣州。

元兵得襄阳，犹不能渡江，其将巴延急攻郢州（今湖北安陆县）。时张世杰（字君实范阳人）为郢州守，预在汉水南岸，横铁絙，锁战舰，密植桩木，水中夹以炮弩，其要津皆施杙（杙，音弋，小木桩也），设攻具。元军袭城，世杰力战，元军不能前。巴颜（巴颜，蒙古人，元平宋时唯一之功臣也。旧译作伯颜）潜兵入汉，屠沙洋（镇名，在荆门州东南，临汉水上），袭青山（青山矶，在武昌东，北滨长江），乃渡江围汉阳，趋鄂州（今武昌府），权守张晏然遂以州军降。巴颜命阿尔哈赤以四万人守鄂，规取荆湖，而自率大军，与阿珠东下，直犯临安。至此而宋之国运，如大梦之乍醒。宋之弱点，如图穷而匕首见（荆轲刺秦王，藏匕首于地图之中。秦王览图翻至末叶，遂见匕首），虽欲更偷须臾之安，而不可得矣。三秋桂子，十里荷花之景（金主临安之语），黯然而无色。芙蓉时他在长沙见到了以前的丞相江万里（字子远，都昌人，后来死于国难）。江万里一直佩服文天祥的志节。他们谈及国事，江万里现出忧愁的颜色道："我已经老了！照现今的天时人事看来，当有变故。我见过的人已经很多了，我看匡时救世的责任，还是在你身上啊！你勉力吧！"他这寥寥的几句话，把他的忧国之念和赏识文天祥之情，显然地表露出来了。但是这个时候，贾似道掌握着朝政，文天祥郁郁不得志，只得乞求朝廷给他到本省去做一个郡守，以便赡养老母，朝廷便派他做了赣州知府。

元兵攻下襄阳后，仍没有办法渡过长江，他们的将官巴延，便率军急攻郢州（今湖北安陆县）。那时张世杰（字君实，范阳人）为郢州太守，他预先在汉水的南岸，横系铁链，锁住战舰，又密集地打了一排排木桩，在水中夹放着炮弩，所有的要津，都打上了小木桩和攻击敌人的各种设备。元军攻城时，张世杰竭力应战，元军不能前进。元将巴颜（蒙古人，是元人得宋朝天下时的唯一功臣，旧译作伯颜）暗中派兵入汉水，屠杀了沙洋镇（镇名，在荆门州东南，临汉水上），袭取了青山矶（青山矶，在武昌东北，滨长江），随后便渡江围攻汉阳，逼鄂州（今武昌）。鄂州守张晏然率领州军投降。巴颜命阿尔哈赤以四万人守鄂州，谋划袭取荆湖。他自己统率大军与阿珠东下，直犯临安。至此，宋朝的国运，便如大梦初醒；宋朝的弱点，也如图穷而匕见（荆轲刺秦王，把匕首藏在地图中，秦王看地图翻到最后时，匕首便露出来了），即使还想要偷得片刻的安宁，却也不能够实现了。三秋桂子、十里荷花的美景（金主临安之语），已是黯然无色；芙蓉阁、香兰亭（理宗宠内侍，董宋臣巢筑

阁、香兰亭（理宗宠内侍，董宋臣巢筑芙蓉阁、香兰亭，玩倡优、傀儡，不以国事为意）、葛岭之楼台，多宝之玩好（贾似道造第于西湖之葛岭。宋人所谓春风杨柳太师桥者也。秋来兴群妾，踞地斗蟋蟀于其中，酷嗜宝玩，建多宝阁，日一登玩），皆有不能长保之势。

德祐元年（帝元年），诏天下勤王。文山本文臣耳，未尝身列行间，有兵事上之阅历也。既奉勤王之诏，忠义奋发，涕泣不能仰。乃发郡中豪杰，及吉州兵，士民皆响应，数日之间，已集万人。此皆非训练有素之师，徒以忠义号召也。其能与蒙古一战与否，尚未可知。不意朝中更有沮之，而使之不得一战者。

朝廷闻文山慷慨勤王，甚喜。命为江西安抚使，权兵部侍郎。盖左相王爚（字仲潜，新昌人）之力也。文山将率兵入卫，而右相陈宜中（字与权，永嘉人。宋亡，遁至暹罗，死于其地）殊不欲，王爚罢职。京中太学生上书讼宜中奸邪芙蓉阁、香兰亭，玩倡优、傀儡，不把国家大事当回事）、葛岭的楼台，多宝亭的奇物珍宝（贾似道在西湖边上的葛岭建造府第，宋人称之为“春风杨柳太师桥”。秋天的时候，他率领一大群妻妾，在那里斗蟋蟀。他特别酷爱珍宝玩物，修建了多宝阁，每天都要来看看），都出现了不能长期保存的态势。

德祐元年（恭帝元年），恭帝下诏天下救援皇室（以兵救援王室叫勤王）。文天祥本是一个文臣，从来没有过军队的生活经历，更没有军事上的阅历。但是他奉了勤王的诏书之后，忠义奋发，痛哭流涕，便召集郡中的豪杰和吉州的兵士准备勤王，各处都纷纷响应，几日之间，便已经集合了万人。这班人，都不是经过训练的战士，不过是受忠义之心的号召而聚集的人。他们能否和蒙古军一战，还在不可知之数。不料朝中还有人阻挠他们，使他们连一战的机会都没有！

朝廷听得文天祥慷慨勤王，很是喜悦，便命他做江西安抚使，暂兼兵部侍郎。这都是左丞相王爚（字仲潜，新昌人）的力量。文天祥准备率领兵士入朝护卫，不料右丞相陈宜中（字与权，永嘉人。宋朝灭亡后，逃遁到暹罗，后来死在那里）不想要他来，误国，亦无效。及留梦炎代宜中为相，有党于江西制置黄万石。梦炎奏召万石入卫，以文山移屯隆兴（今江西南昌府），经略九江（今江西九江府）。

未几，京师之情势益危。将亡之国，君昏于上，臣蔽于下。一旦事急，则如人之将死。苟可以免死者，无不欣然为之，而不复有所顾忌矣。于是急召文山，率兵至京。其友止之曰："今元军逼京师，君以新募之兵赴之，是何异驱群羊而与猛虎斗哉。"文山曰："吾岂不知。第以祖国亡在旦夕，而天下之兵，无一人一骑赴救者。吾深恨于此，故不自量力，而以身殉之，如此则天下忠臣义士，将有闻风而起者。义胜者谋立，人众者功济，如此则国可保也。"

军将行，粮饷无所出，文山尽以家资为军费。每与宾佐语及时事，辄流涕抚几言曰："乐人之乐者，忧人之忧；食人之食者，死人之事。"闻者为之感动。时贾似道已遭斥罢，王爚、陈宜中为左右丞相，并兼枢密使，都督诸路军马，拜文山权兵部尚书。恭宗元年（德祐元年）七月七日，大兵发吉州。八月，至阙下，驻兵西湖上。九月，命知平江府事（平江今江苏吴县）。十月十五日，入府视事，遣军解常州（江苏今王爚因此而辞职。京中的太学生上书状告陈宜中奸邪误国，也是没有效果。等到留梦炎代替陈宜中为相，他与江西的制置（官名）黄万石私交甚好，因此他奏请召黄万石入京保卫，将文天祥的部队移驻隆兴（今江西南昌），治理九江（今江西九江）。

没过多久，京师的情势便更加危急。一个将要灭亡的国家，国家君王昏庸无能，朝廷大臣则事事欺瞒不报。一旦事态恶化，大家便像快要死亡之人一般。如果可以免除死亡，他们没有不高兴去做的，而不再有一点点顾忌。于是恭帝急忙下令召文天祥，让他率兵至京护卫。他的朋友劝阻他说："现在元军逼近了京师，而你以刚刚招募的新兵去保卫京城，这与驱赶群羊与猛虎战斗有什么区别呢。"文天祥回答说："我怎么会不知道这些呢。但现在祖国灭亡就在旦夕之间，而天下的兵马，没有一人一骑赶赴救援的。我很痛恨这种行为，所以不自量力，而只能以身殉国。这样一来，天下的忠臣义士，就会有闻风而起的。正义凛然，谋划就能成立，人员众多功业就能圆满。这样国家就能够保住了。"

军队即将出行了，但粮饷却没有着落，文天祥于是将全部家产捐为军费。每次与幕宾佐吏谈及时事时，他便抚着几案，痛哭流涕道："享受了人家的快乐，便要为别人分忧；吃了别人的东西，就要用生命去报答。"听了这话的人无不为之感动。当时贾似道已经遭受罢斥，王爚、陈宜中为左右丞相，并兼任枢密使，都督各路军马，拜文天祥为兵部尚书。恭宗元年（德祐元年）七月七日，文天祥率大军兵发吉州。八月，到了阙下，驻军于西湖上。九月，被任命为平江府知府（平江今江苏吴县）。十月十五日，他进入平江府视武进县）之围。政府以独松关急（独松关，在今杭县西北独松岭上，为江浙二省之要隘），趣师入卫，第吴门空虚，文山愿分兵戍守。乃朝旨一再敦促，卒弃平江，趋临安。去三日而平江为元所得。都人大骇，议文山不应弃平江。文山乃出两府决弃平江之札，榜示朝天门，谤议始息。

【批评】

火药大炮，不独元军有之，宋军亦有之。是火药之发明，固出于中国也，惟新式之炮创于西域耳。当时之所谓西域，即今之欧洲各国也。发明火药，约在民国前六百五十年。后来欧洲诸国，得其制造之法，发辉而光大之。至于今日，中国反仰其供给矣，是可叹也。

襄阳将破之前，李庭芝使统制张顺、张贵，将兵救之。其兵虽败，而二张冒险之精神，亦卓卓可传。记之如下：

李庭芝（字祥甫，随县人，为扬州制置使。益王遣使以少保左丞相召，城亡死之）欲救襄阳（度宗六年，以庭芝为京湖制置大使），探知襄阳西北，有河曰清泥河，发源于城之西北，东流入汉。于其上流，暗中造小船百艘，以三舟为一联，察履行职事，派遣军队解了常州（今江苏武进）之围。当时政府认为独松关危急（独松关，在今杭县西北独松岭上，为江浙二省之要隘），催促文天祥率军救援，但是当时吴门也空虚。文天祥本想分兵戍守两地，但是朝廷旨意一再催促他，最终他放弃了平江，奔赴临安。离开三天后，平江便被元军所占。都城的人听后大惊，谤议文天祥不应放弃平江。文天祥于是拿出两府决定放弃平江的书札，张贴在朝天门示人，谤议才慢慢停息。

【评论】

火药大炮，不仅仅只有元军有，宋军也有。火药的发明，本来出自中国，只是新式的火炮是西域之人创造的。当时的所谓西域，便是指现在的欧洲各国。发明火药，大约是在民国前六百五十年。后来欧洲的各国，得到了火药的制造方法，并将其发扬光大。到了今天，中国的武器火药反而要仰仗欧洲的供给了，这真是可悲可叹啊。

在襄阳城快被攻破之前，李庭芝派遣统制张顺、张贵，率兵前往救援。后来虽然他们兵败，但二张的冒险精神，却是高超出众。可以传颂。现将他们的事迹记述如下：

李庭芝（字祥甫，随县人，是扬州制置使。益王派人以少保左丞相的职位召他，城破后殉难）想要救援襄阳（度宗六年，以庭芝为京湖制置大使），探知在襄阳西北，有条河流叫做清泥河，发源于襄阳城的西北，向东流入汉水。他便在清泥河的上流，暗中

中一舟装载，左右两舟，则虚其底而覆掩之。既成，乃出重赏募死士，得两湖民兵之勇敢善战者三千人；求将，得民兵部辖张顺、张贵，举之为都统。顺身材短小，而贵家有竹园，军中皆呼曰矮张贵，竹园张顺。二张出令曰：“此行有死而已。汝辈或非本心，宜急去，毋坏吾事。”三千人皆愿从。于是诸舟顺流而下。夜半，已入汉河。薄元军，以红灯为号，矮张先登，竹园张次之。乘风破浪，直犯重围，大败元兵。天明，抵襄阳城下。城中久不见救兵，闻顺等至，其欢喜之状，一时无可拟者。及收军，未亡一人，而独不见顺。过数日，乃见其尸，浮出水上，身中四枪六箭，怒气勃勃如生。贵入襄阳，守将吕文焕留之。贵恃其勇，仍欲冒险还郢（今湖北钟祥县）。乃募二士，能伏水中，数日不食，持蜡书（以信封于蜡中，则水不能伤也），至郢乞范文虎来援。元兵增守益密，水路连锁数十里，密插木桩，虽鱼虾亦不得过。二人携锯而行，遇桩即锯断之，竟达郢。范文虎许发兵五千，驻襄阳县东南之派人制造了百艘小船，以三艘舟为一联，中间的一艘舟用来装载人物，左右两侧的舟，底是空的，上面虚掩着。等船全部造好后，于是出重赏招募死士，得到两湖勇敢善战的民兵三千人；又访求将领，得到民兵部辖张顺、张贵二人，便举荐他们为都统。张顺身材短小，张贵家中有竹园，因此军中都叫张顺为矮张顺，叫张贵为竹园张贵。二张就职后，便出令道："我们此去，是拼死命的。你们如果不是出于本心，可以赶快回去，不要在这里坏我们的事。"三千人都愿意跟从他们前去。于是大家乘着小船顺流而下，到半夜，已经进了汉河，直逼元军。他们以红灯为号，矮张在先，竹园张在后，乘风破浪，直犯重围，把元兵打得落花流水，大败奔逃。天明时，便抵达了襄阳城下。城中的人，很久没有见到救兵，听说二张等救兵到来，他们的欢喜一时间也不知道怎么来形容。等到收兵的时候，查点人数，不伤一人，独不见张顺。过了几天，才看见他的尸首浮出水面，身上中了四枪六箭，怒气勃勃的样子仍如生前一样。张贵进了襄阳城，吕文焕留他暂住，他自恃勇敢，仍想冒险回郢（现在湖北的钟祥县），便募到两个善泅的人，能够在水中伏处几天。叫他带着蜡书（将信封在蜡当中，以免被水浸湿），到郢州求范文虎来救。元兵自从被二张打败后，增兵防守，比较以前更加严密，水路连锁数十里，密密地插着木桩，就是鱼虾也跑不过去。两个善泅的人带着锯子，遇着木桩，便把它锯断，经过无数的艰险，终于达到了郢州。范文虎允许发兵五千人驻扎襄阳县东南的龙尾洲帮助夹击。期限既经约定，张贵便辞别吕文焕东下。不料事机不龙尾洲，以助夹击。刻日即定，张贵即别文焕东下。乃其事为元之侦候所知，先据龙尾洲，以逸待劳。贵与战而困，且出于不意，所部杀伤殆尽。贵身被数十创，力不能支，遂被执。元将欲降之，贵誓不屈，乃见杀。吕文焕为二张立庙于襄阳，号曰“双忠”。

樊城之战守，亦宋元间之大事也。樊城被围四年，守将范天顺（文虎之姪）、牛富（霍邱人）力战不为屈。富又数射书襄阳城中，约吕文焕相与固守，为唇齿。襄樊两城，相隔以汉水。文焕于汉水中造浮桥，以通援兵，樊城亦恃此为固。后元兵冒死烧浮桥，断襄樊之援，力攻樊城，城遂破。天顺仰天叹曰：“生为宋人，死为宋鬼。”自缢而死。牛富率兵巷战，元兵死伤者不可计。渴饮血水，然无退志。富身被重伤，遂死。裨将王福见富死，叹曰：“将军死国事，吾岂宜独生？”亦奋斗而死。

襄樊险要之地，以吕文焕、范天顺、牛富守之，诚得人矣。于时贾似道当国，两城死伤山积，日夜告急，而彼酣歌恒舞，不以为意。“战士军前半死生，美人帐下犹歌舞”，能不为之太息哉？

吕文焕守襄阳，困守五年，非忠勇过人者不能。乃以恨贾似道奸邪之故，竟降于元，其后大为宋患。与文山相比，密，竟被元兵的侦探知道了。元兵便先据龙尾洲，以逸待劳。张贵和元兵大战被困，他的部下差不多杀伤尽净。张贵身上受了十几处伤，力不能支，便被元兵捉住。元将看见他奋勇善战，很爱惜他，便劝他投降。他誓死不屈，于是被杀害了。吕文焕为二张在襄阳立了庙，称为“双忠”庙。

樊城的攻与守，对于宋和元来说也是大事。樊城被围困了四年，守将范天顺（文虎之姪）、牛富（霍邱人）力战元军而不屈。牛富又多次用箭将书信射入襄阳城中，与吕文焕约定一起固守，互为唇齿。襄、樊两城，相隔仅汉水。吕文焕在汉水中建造了浮桥，以相互通援兵，樊城也凭借此而防守更加牢固。后来元兵冒死烧毁了浮桥，断绝了襄樊的援助，并猛烈攻击樊城，樊城最终被攻破。范天顺因此仰天长叹道：“我生为宋人，死后也是宋鬼。”于是自缢而死。牛富率兵与元军展开巷战，元兵死伤者不可计数。他们渴了就饮血水，但没有一点退缩之意。牛富被重伤，最后因此而死。他的裨将王福见他死了，叹息道：“将军因国事而死，我又怎么能独活呢？”于是也力战而死。

襄、樊两城为险要之地，以吕文焕、范天顺、牛富来守卫，确实是用对了人。当时是贾似道在朝掌政，两城的死伤人员如山堆积，日夜告急，但贾似道却沉醉于歌舞，不以为意。正如高适在《燕歌行》中写的：“战士军前半死生，美人帐下犹歌舞。”能不为他们叹息吗？

吕文焕守卫襄阳城，坚守了五年，这不是忠勇过人者所不能做到的。但他因为憎恨贾似道奸邪，最后竟然投降了元朝，成为了则一贤一不贤，相去不可以道里计矣。

文山以新募之兵，入都勤王，其对客云云，即诸葛公“鞠躬尽瘁，死而后已。成败利钝，非所逆覩”之意也，读之令人流涕。

专制之国，社会望治之心，皆注于皇帝一人，故皇帝为社会之中心。如皇帝亦以国民为中心，则天下治矣。无如皇帝之中心，则注于宫室服御之好，而不注于民。故一有危急，则外县可失，而京城不可失。如宋季之弃襄阳、樊城、平江，而独保临安是也。唇亡齿寒之道，固非彼所知矣。

宋朝的大患。与文天祥相比，他们一贤一不贤，他们之间的差距简直无法计算。

文天祥以新募的兵勇，进入都城勤王。他对宾客们常流露出诸葛亮“鞠躬尽瘁，死而后已。成败利钝，非所逆睹”的意思，读了令人流泪。

在一个专制的国家，社会期待国家得到治理的愿望，都倾注在皇帝一人身上，所以皇帝是整个国家的中心。如果皇帝也以国家百姓为中心，那么天下就能得到治理了。如果皇帝没有以国家为中心，便会只专注于宫室之美、服饰之好，而不会关注民生。所以国家一有危急，便会认为外围的府县可以丢失，但京城是不可以丢失的。像宋朝末年丢弃襄阳、樊城、平江城，而独保临安城就是这样。唇亡齿寒的道理，不是他们这些人所能知晓的啊。

第四章 入巴颜军

文山至临安，除知临安府，辞不拜。欲面见皇帝，陈安危大计，又不得见。第奉命守独松关而已，他事非所宜闻也。元兵日逼，宰相留梦炎惧而逃。此皆庸臣，可与共安乐而不可与共患难。爱国之士，一息尚存，此志不肯少懈。岁寒乃知松柏也。文山倡议四事如下：

一、安排吉王、信王（吉王，帝显之兄，名昰。信王，帝显之弟，名昺）离京，分赴闽广。万一国都有变，两王仍可在闽广重立。

二、以福王或沂王判临安，以系人望。而己为副，以辅之。

三、请帝后密移他邑，以免徽钦之辱（徽、钦二帝为金人所执）。

四、请将京师义士二十万，与城内外军数万人，隶于张世杰，与元兵决一死战。议上，政府采用其第一条，余皆不从。

恭宗二年（德祐二年）正月十八日，元将巴颜（旧作伯颜）至皋亭山（在今杭县东北），距临安只三十里。宰相陈宜中、张世杰又步留梦炎之后尘而逃。文山代宜中为右相，诸路军马，皆归其都督。此时也，身担军国之重任，指挥天下，宜可以奏其效，而惜乎见用之太晚也。

文天祥到了临安，朝廷授他为临安知府，他辞谢没有接受。他想要面见恭帝，陈奏国家安危的大计，又不得见。但奉命驻守独松关而已，其他的事不是他所能参与的了。那时元兵一天逼近一天，局势已经十分危急，宰相留梦炎竟吓得逃走了。可见庸碌之臣，只知道误国害民，只可与他共安乐而不可共患难。爱国之士，只要一息尚存，守卫国家的意愿就不会有一点点的松懈。真是“岁寒乃知松柏也”。当时文天祥便倡议四事如下：

一、安排吉王、信王（吉王，是恭帝之兄，名昰；信王，是恭帝之弟，名昺）离开京城，分赴闽广两地。万一国都有变，两王仍可在闽广重立。

二、以福王或沂王守临安府（以大兼小谓之判），以维系朝廷人望，而自己为副职，来辅佐福王。

三、请皇帝、皇后秘密移居别邑，以避免遭受徽、钦之辱（徽宗、钦宗为金人所掟，死于五国城）。

四、请求带领京师义士二十万人，与城内外军队数万人，隶属于张世杰统一指挥，与元兵决一死战。他这四条建议奏上去之后，政府只采用了第一条，其余的都置之不用。

恭宗二年（德祐二年）正月十八日，元将巴颜率大军到皋亭山（在今杭县东北），离临安只有三十里了。可笑宰相陈宜中和张世杰，又步留梦炎的后尘，弃职而逃。陈张既逃，于是文天祥才得着大用的机会，朝廷拜他代陈宜中为相，各路的军马，都归他节制指挥。此时，他身担军国的重任，指挥天下，本可以抵御元兵，但是大势已去，不可挽回，到这时才用他，已经太迟了！

元兵屯榷木教场，城中兵将官，纷纷自往纳降。文山欲召富阳（今浙江富阳县）兵入城，已不及。帝后亲贵，百万生灵，立有鱼肉之忧。元人按兵不动，遣使约宋廷大臣相见。诸执政侍从，聚议终日，皆不知计之所出。文山念事已至此，不能爱一身，决计亲往巴颜处，掉三寸不烂之舌，如苏秦、张仪游说之故事，或足以延宋祚于一线。遂与吴坚同往。怀必死之心，入虎狼之地，无异荆卿之赴秦，虽白衣冠送之可也（燕太子丹使荆卿刺秦王，送之于易水之上，知其必死，皆着白衣冠送之）。

文山至元军，因说巴颜曰："宋承帝王正统，非辽金比。今北朝将欲以为与国乎？将欲毁其宗社乎？若以为与国，则宜退兵平江或嘉兴，然后议岁币，金帛犒师，北朝全师以还，此不战而胜，策之上者也。若欲毁其宗社，则两淮、两浙、闽广，尚多未下。穷兵取之，利钝未可知。假能尽取，豪杰并起，兵连祸结，必自此始。"

巴颜动之以威，文山谓："我是状元宰相，富贵已极，所欠者一死报国耳。国存与存，国亡与亡。刀锯在前，鼎镬在后，非所惧也。"巴颜连呼好男子，因曰："前日已遣这时元兵屯扎在榷木教场，宋城中的将士和兵卒，都纷纷自己前去投降。文天祥想召集富阳（今浙江富阳县）的兵进城，已经来不及了。此时皇帝、后妃和一般亲贵以及百万生灵，都如釜中之鱼，顷刻就有生命的危险。元人却按兵不动，遣使约宋朝的大臣相见。一般执政的人和侍从，聚议终日，终想不出妥当的计策来。文天祥看见事情已弄到这种地步，不能再爱惜一身，便决计亲往巴颜处，想以三寸之舌，如从前苏秦、张仪游说各国一样，或者有延长宋朝江山的一线希望。便决定和吴坚同到元营。他们怀着必死之心，进入虎狼之地，无异于战国时荆轲赴秦，即使是身着白衣白冠，送他也是可以的（燕太子丹，派荆卿刺杀秦王，太子丹送他到易水之上，知道他一定会死，都身穿白衣白冠为他送行）。

文天祥到元军中后，便游说巴颜道："宋朝秉承了帝王的正统，非辽、金可比。现在北朝（指元人）是想以宋为友善之国呢？还是想要毁灭他呢？若是想以宋为友善之国，那么应该退兵到平江或嘉兴，然后再议岁币（北宋时每年纳钱币于契丹国，谓之岁币）及犒赏军士的金帛，北朝全师而还。这是不战而胜，是计策中的上上之策；若是真个要毁灭宋朝，那么现在两淮、两浙及闽广等处，尚有许多地方没有攻下。假如你们穷兵黩武去略取，结果是利是害，还不可知，即使尽数取得，而天下的豪杰必定同时并起，从此兵连祸结，更不堪设想了。"

巴颜用威势来胁迫文天祥，文天祥道："我是状元宰相，富贵已极，所欠缺的只是以一死来报国罢了。国存与存，国亡与亡。即使刀锯在前，鼎镬在后，也不是我所惧怕的。"巴颜连称好男子，程鹏飞诣宋太皇太后帘前，亲听处分。俟鹏飞至，即与丞相定议。”

巴颜见文山举动不常，疑有异志，留之军中，遣吴坚还。文山怒，数请归，曰：“我之此来，为两国大事，何故留我？”巴颜曰：“勿怒。君为宋大臣，责任非轻。今日之事，正当与我共之。”盖元人知宋廷诸臣，皆碌碌不足畏，所足畏者文山，故不肯放还也。

是日，文山宿元营，关怀国事，忧心如焚。时正月下旬，寒威未解，昼短夜长。听牧马之悲鸣，数营门之更鼓，度一刻如一岁。呜呼！一夜甚短也，而汉族之运命，已尽于此一夜中。明日，巴颜召文山至大营，则峨冠博带，济济一堂者，皆宋之大臣也。其人为吴坚、贾余庆、谢堂、家铉翁、刘岊、吕师孟。问其何事来此，则为奉降表而来也。文山知大事已去，自悔不应轻离朝廷，使逢迎畏死之徒，得乘隙而卖国。悲愤交加，早拼一死。于是痛责巴颜失信，又大骂吴坚辈，忘恩负义，慷慨激烈，闻者愧之。

巴颜遣人入临安，改临安为两浙大都督府。强令宋太后手写降书，又令其檄谕州县，同时迎降，不得抗拒；诸大臣皆署名，独家铉翁不肯（铉翁，眉州人，字则堂，宋亡居不并道："前天我已经派遣程鹏飞到宋朝的太皇太后帘前，亲听处分。等鹏飞回来，再和丞相定议。"

巴颜看见文天祥举止不同寻常，疑心他怀有异志，便把他留在军中，只遣和他同来的吴坚回去。文天祥很生气，屡次要求回去，道："我到这里来，为的是两国大事，为什么把我留在这里？"巴颜假意劝他："请别发怒。您是宋朝大臣，责任不轻。今天的事，正应当与我一起担当。"依旧把他留在军中。因为元人知道宋朝的一班大臣，都是庸庸碌碌的人，不足畏惧，所可怕的只有文天祥一个人，所以不肯放他回去。

这一天文天祥便住宿在元营。他关怀国事，欲归不得，弄得他忧心如焚。这时正是正月下旬，寒威未解，昼短夜长，他身羁元营，听牧马的悲鸣，数营门的更鼓，过一刻如一年，他是多么的忧愤悲哀啊！一夜实在是很短的一刹那间，而汉族的命运，也就在于这一夜中了！第二天，巴颜召文天祥到大营，他看见峨冠博带济济一堂的，都是宋朝的大臣，如吴坚、贾余庆、谢堂、家铉翁、刘岊（音"节"）、吕师孟等，一班日日同朝的人，都在那里。问他们为什么到这里来，却是为奉降表而来。文天祥知道大势已去，自悔不应该轻离朝廷，以致逢迎怕死之徒，得以乘此机会卖国。他悲愤填胸，早拼一死，于是痛骂巴颜失信，又大骂吴坚这一班卖国贼忘恩负义，慷慨激烈，使听的人惭愧得无地自容。

巴颜遣人到临安城，改临安为两浙大都督府。强迫宋太后手写降书，又逼她檄谕各州县，同时迎降，不得抗拒；各大臣都在降书上署名，独有家铉翁（家铉翁，眉州人，字则堂，宋朝亡后，他隐仕）。巴颜尽驱帝后嫔妃北行，封府库，收图书，及百司符印、告敕；罢官府及侍卫军，解散勤王之师。南宋亡。其时为恭宗二年正月二十一日，即民国前六百三十七年。

【批评】

孟子曰：“国必自伐，而后人伐之。”此言岂不信哉。南宋之季，外患日迫，虽以公忠体国之大臣当之，犹恐不胜。乃其当国者，非奸即庸，知有家而不知有国，知有私而不知有公。所以自伐其国者，至矣尽矣。及至祸悬眉睫，则一逃可也，一降可也，如留梦炎、陈宜中辈。岂不令人可恨？

文山所陈四事，纵政府依之，亦恐无补于大局。事虽无聊，亦所谓我尽我心耳。

文山轻身入元军，实是失计。说者谓同朝诸臣，有意相陷，而公竟中其计也。小人之与君子，本不两立，不能谓同朝者之无比心。而文山亦有深意，此时和、战皆不可恃，意欲冒险一往，如能以口舌动之，则可达到缓兵之目的；即不能，亦得觇元人之虚实，归筹抵御之方。盖自与元交涉以来，元人未尝有羁留使臣之事。文山故恃此而无恐也，卒至羁留虏中，求死不得。虽智虑之未周，而其志固可居不出）一个人不肯签名。巴颜把皇帝的后妃等，尽数押到北地。封了府库，收缴图书，以及百司的符印、告敕；罢官府及侍卫军，解散了勤王的军队。于是乎南宋亡了！其时是恭宗二年正月二十一日，即民国前六百三十七年。

【评论】

孟子曾说："一个国家必定先种下了被伐的恶因，然后才会遭人来讨伐的结果。"这话怎么能不信呢。南宋末年，外患日益严重，即使以尽忠为国的大臣执政，犹恐不能挽救大局。何况当时的当权者，不是奸臣就是庸才，他们只知有家而不知有国，只知有私而不知有公。所以，为国家造下恶因的人多的是，等到祸悬迫在眉睫了，则要么选择逃跑，要么选择投降，如留梦炎、陈宜中等人。这难道不令人可恨？

文天祥所陈述的四件事，纵使政府全部采纳了，恐怕也无补于大局了。事情虽已没什么用，但也正所谓我尽我的心意罢了。

文天祥轻率亲身进入元军，实在是失策。有人说这是同朝的众多大臣，有意陷害他，而他竟然中了他们的计。小人之与君子，本就是对立的，不能说同朝为官之人没有结党的心。而文天祥决定去也有深意。此时对于宋来说，和与战都已不可倚恃，因此他想冒险前往，如果能以口舌说动巴颜，则可以达到缓兵的目的；即便不能，也能够偷偷察看元军的虚实，回来后可筹划抵御的方略。因为自从与元交涉以来，元人还没有过羁留使臣的事情。文天祥凭此而有恃无恐，最后导至被羁留在元军中，求死不与日月争光矣。

处恶社会之中，而能卓然自立，不随波逐流而去者，惟圣贤志士为然。下此者不能矣。有好社会，即有好人。此中之关系，犹农夫之种瓜自然得瓜，种豆自然得豆。朝政清明，奖善惩恶，则社会日趋于善矣。北宋真宗、仁宗之时，正人君子，相望于朝，祥光满天，如景星庆云。盖由于上有善政，故下有良俗，而朝野有善人也。至宋季则反是。此非个人之无良也。盖无论在朝在野，皆为恶社会所熏陶浸灌，则亦日趋于恶，而不自知矣。明乎此，则可不恨贾似道、陈宜中、吕文焕辈。有识者观今日之社会，更不暇为宋人忧也。

清蒋士诠作《冬青树传奇》，即记宋亡国之事。内有留营一出，即记文山之事。中描写降元诸臣丑态，虽近于谑，要足见若辈之心事也。

得。虽然这是智虑不周全造成的，但他的志向却可与日月争辉了。

处在险恶的社会之中，能够卓然自立而不随波逐流的，只有圣贤志士，除此之外再也没有人能够做到了。在良善的社会中，便会有良善之人。这其中的关系，就像农夫种瓜自然得瓜、种豆自然得豆一样。如果朝政清明，奖善惩恶，那么社会就会日趋于良善。北宋真宗、仁宗之时，正人君子，相望于朝，祥光满天，有如景星庆云。这是因为朝廷有善政，所以社会就会有好的风俗，而朝野也就会有善人。到宋末的时候则正好相反。这并不是个人没有好的德行。因为无论在朝廷还是在民间，都会被险恶社会的坏习俗所熏陶浸灌，也就会日趋于恶而不自知了。明白了这个道理，那么就不必恨贾似道、陈宜中、吕文焕等人了。有识之士，看到现在的这个社会，就更没有时间去为宋人忧虑了。

清代的蒋士诠作了《冬青树传奇》，便是记载的宋朝亡国之事。其中有《留营》一出，便是记录文天祥事迹的。里面描写了投降元朝的众大臣的丑态。虽然这近于戏谑，但也足以体现他们这些人奴颜婢膝的心态了。

第五章 京口之逃

天下之悲，孰有悲于国亡者？天下之恨，孰有恨于坐困者？激昂慷慨，国亡与亡，亦足快意。如文山者，身幽敌寨，国未亡，不能援手；国已亡，不能引决，其抑郁难言之苦，较之断头绝腕，为尤甚焉。逆知元既灭宋，则必驱己北上。与其受辱于敌人，不如先死。乃从容作家书，处置后事。时为二月朔日，距宋亡十日矣。

或劝文山曰："今二王在外（谓吉王、信王，在闽广也），国事尚有望，可以无死。"文山乃止，随元军登舟北行。公前募富阳兵，令其守卫京师者，今已退趋婺（今安徽婺源县）、处（今浙江处州）等州，皆愿为效死，欲以道中劫公，而不得间。文山之从者，亦百计谋遁，皆不可。行行重行行，则去钱塘，过吴门。观禾黍之离离，顾云树之茫茫，大好江山，将一别而不可再见矣。立马踌躇，欲前反却。真所谓"此中日夕，惟有以泪洗面耳"（陈后主语）。

行十一日，至京口（公以德祐二年二月初八日在临安行十八日至京口。京口，今镇江）将渡江。时从行者十有二人。中有余元庆者，真州（今仪征县）人也。有一故人，为北军管船。贿银千二百两，令其觅一舟，其人曰："吾为大宋脱一丞相，事成，岂止白金千两哉？"强委不受，为具舟以待。北亡国，本就是天下最可悲的事情；坐困敌营，失去自由，尤其是天下最可恨的事情。如果真能慷慨激昂，与国同亡，倒也未尝不足以快意。但是文天祥身陷敌寨，国家未亡，却不能救援；国已亡时，又不能自杀，他心里的郁愤和难言之苦，真比断头绝腕，还要痛苦呢！他知道元既灭宋，必定要把自己押往北方，与其受敌人的侮辱，还不如先死了的爽快。于是从容不迫地写好家书，处置后事。其时为二月初一，距宋朝灭亡，已经十天了。

当文天祥正预备自杀的时候，有人劝他道："现在二王（吉王、信王在闽广）在外，国事还有希望，可以不必死。"这几句话提醒了他，便暂时把自杀的念头搁起，跟着元军登舟北行。他从前所募集的守卫京师的富阳兵勇，其时已经退到婺源（今安徽婺源县）、处州（今浙江处州）等地，都情愿为他效死。他们想在路上劫取文天祥却没有机会。文天祥的随从，也千方百计地想逃走，都不能如愿。于是行行重行行，随着元兵离开了钱塘，经过了吴门，眼看着路旁的禾黍、天边的云树、大好山河，将从此一别而不能再见了。于是他立马踌躇，想向前却反而不由自主地后退着，真所谓是"此中日夕，惟有以泪洗面耳"（陈后主语）啊。

走了十一天，到了京口（京口即现在的镇江。文天祥于德祐二年二月初八日在临安起行，十八日到京口），此时从行的有十二人，将渡江的时候，从行的人中，有一个真州人名叫余元庆，他有一个朋友，为元军管船，他以白银一千二百两贿赂他，叫他代找一只船。这个人道："我为大宋放脱一位丞相，事成之后，岂止白金千两呢？"强意委赠他却不肯受，却预备了一只船，在江边等候他

军之监押文丞相者，为王千户，居河岸上沈颐家，坐以相随，顷刻不离。十九日之夕，从者托言“明日渡江，直达北庭。我辈南人，将永与故乡长别矣。不可不置酒为欢，以作纪念”。监者许之，因醉王千户及主人（即沈颐）。伺其熟寝，启门出。又从沈氏先识巡夜者杜某，强与之饮，而宿之酒楼，得其官灯。文山变服，一小卒提官灯导行，至半途，以银与小卒，令其回营，始以来日至某处来相候。遂至甘露寺下（在镇江城外北固山。清康熙帝南巡改名超岸寺），则有一小舟相待。既登舟，见北船运亘十数里，几为巡夜者所获。幸彼舟搁浅，逃舟风便幸脱，竟达真州城下。此三月朔日事也。

真州守将苗再成，延文山入城。此时交通不便，临安与真州，相去不过数百里，而临安亡已二月，真州犹未知也。文山至，始知近状，无不感愤流涕，皆谓两淮兵力，本可兴复。惜制使李庭芝，怯不敢进，与淮西夏贵，又有嫌隙，不能协力勤王。今丞相北来，幸得疏通情意，联为一气，不一们。元军监押文天祥的人是王千户（千户，元时的官名），他押着文天祥住在河岸上一个人名叫沈颐的家里，坐卧相随，顷刻不离。十九日的晚上，文天祥的从人托辞“明天渡江之后，便可直接到达北朝。我们都是南方人，从此将和故乡长别了。不可不置酒为欢，以作纪念”。监押的人许可。他们便把王千户和主人沈颐都灌醉了，等他俩睡熟的时候，便开门出去。他们又从沈氏处认识巡夜的人杜某，也把他在酒楼中灌得烂醉如泥，睡在酒楼里，像死去一般，他们得着他的巡夜的官灯。文天祥改装变服，一个小卒提官灯在前引导。到半路上，给钱与小卒叫他回营，骗他明日到某处来等候。他便到了甘露寺下（在镇江城外北固山，清朝康熙皇帝南巡的时候，改名为超岸寺），果然有一只小船，在江边等待，他便上了小船。一望元军的兵船，互连十几里，他差点被巡夜的人捉住。幸而元军的船大水浅，行动迟缓，幸亏他的小船轻快，又是顺风，才得逃脱，一直到真州城下。这是三月初一日的事情。

真州的守将名苗再成，他把文天祥请进城去。这时交通不便，临安和真州相去不过几百里，而临安亡了将近两个月，真州竟还没有知道。文天祥到了，大家方才明白，个个都感愤流涕，说：“两淮的兵力，本可以恢复失地，只可惜李庭芝胆怯不敢进兵，而且他和淮西的夏贵有嫌隙，不能协力勤王。现在丞相北来，可以疏通情意，联为一气，不须一个月便连兵大举，江南不用攻战，但月间，连兵大举，江南可传檄定也。文山问计将安出，再成曰："为今之计，先约夏公，提兵出江边，如向建康（今江宁府）之状，以牵制敌人。此则以通泰（今江苏之南通、泰兴）军政攻湾头，以高邮、淮安、宝应军攻杨子桥，以扬州大军向瓜州；再成与刺史赵孟绵，以舟师直捣京口，同日并举，使敌人首尾不能兼顾。湾头扬子守兵，弱而无斗志，王师一到，必解甲来降。然后以淮东军入京口，淮西军入金陵。敌在两浙，无路可出，其大帅可坐致也。"文山闻之，称善者再。

文山出虎口，得投两淮，方幸兴复之机，尚未绝也。不意事变之来，又有未可知者。先是扬州有自元军逃归之卒，密言于李庭芝，谓元遣一丞相，往真州说降。庭芝亦疑文山并十二人，无得脱理，此必为元人赚城来也。因密谕苗再成，亟杀文山以自白。不然，将移兵击之。再成不忍，给文山出视城壕，使王陆二都统，导之出城，示以制司文书。文山方惊叹间，两都统急鞭焉入城，门已闭矣。此时四海虽宽，用文书传布各地，便可降城得地了。”文天祥问他们有什么好计。苗再成道：“为今之计，先约夏贵，带兵从江边走，假装向建康（前清江宁府）的样子，以牵制敌人。这里以通泰（今江苏之南通和泰兴）军攻湾头，以高邮、淮安、宝应军攻扬子桥，以扬州大军向瓜州；再成和刺史（官名）赵孟绵以水兵直捣京口，同日并举，使敌人首尾不能兼顾；湾头和扬子的守军，懦弱而无斗志，王师一到，必定解甲来降；然后以淮东军入京口，以淮西军入金陵，敌人在两浙无路可出，我们可以坐在这里把他们的大帅捉来。”文天祥听了他这个计划，连声称好。

文天祥得脱虎口而到两淮，才庆幸兴复宋室的机会还没有绝望，不料事情变化的发生，往往出人意外。当时有一个从元军逃归的小卒，秘密告诉李庭芝，说元人遣一丞相到真州去说降。李庭芝也疑心文天祥共有十二人之多，决不是逃脱出来的，这必定是元人用计骗城的了。因此他就秘密通知苗再成，叫他赶快把文天祥杀掉，以表自己清白，不然他就移兵来攻打他。苗再成不忍杀害文天祥，便骗他出去察看城壕，使王、陆两个都统引导他出城，然后把李庭芝的文书给他看。文天祥正在惊叹的时候，王、陆竟无容身之地；茫茫歧路，何处可归，其穷困为何如哉？

从者亦悲愤交集，欲投城壕以死。忽有二人自城来，自言苗安抚遣送丞相者，且问所向。文山云：“今惟往扬州，见李制使，自白些心，庶几见信，共图恢复。否则从通州浮海归闽（时益王在闽也）。”二人故谓扬州欲杀丞相，丞相万不再往。文山决意不从。即云：“安抚已具船，今江行归扬州，或归通州，俱听丞相便。”文山至此，始恍然曰：“如此则安抚亦疑我矣。”二人方吐实云：“安抚犹在疑似之间，令某二人便宜从事。某见丞相忠义如此，何敢加害？既决欲往扬州，当相送。”于是遂行。

时江北随处有元兵驻守。行时，军弁遥指某处瓜州也，某处扬子桥也（二处皆已属元），相距不远。逼近扬州，所见敌骑益多。行至暮，彼二人者，先辞去，留二十卒送扬州。二十卒者，又行十数里，勒取白金，亦辞去不可挽。文山不识路，扬州有商贾，以马载物，夜窃行于途，曰马垛子。不得已乃随马垛子行。

两都统已急急地驱马入城，把城门关闭了。这时天下虽大，竟无他容身之地。茫茫歧路，何处可归？当时文天祥的困苦艰辛，是多么的可悲啊！

跟从他的人，也都悲愤交集，想投城壕自杀。这时忽然有两个人从城里出来，自己说是苗再成派来送文天祥的，问文天祥想到什么地方去。他道："现在惟有亲身到扬州去见李制使（李庭芝），表明自己的心迹，希望他可以见信，共图恢复，不然便从通州浮海到闽。"二人听了故意说："扬州要杀丞相，丞相万不能再去。"文天祥决计不从。于是二人又说道："安抚已经预备了船，现在归扬州或归通州，全听丞相之便。"文天祥到这时才恍然大悟道："这样看来，安抚也疑心我了！"二人这才吐实话道："安抚还在疑似之间，叫我们二人便宜从事。我们看见丞相如此忠义，怎敢加害？丞相既决计要到扬州，我们便当送去。"于是大家一同向扬州进发。

这时江北方面，到处都有元兵驻守。走的时候，看见军弁们遥指远处道："某处是瓜州，某处是扬子桥（二处都已属元）。"两地相距不远。愈走近扬州，所见敌骑愈多。走到傍晚，相送的二人先辞去，留下二十名兵卒送他到扬州。走了几十里，二十名兵卒勒索银钱，又都辞去了，不能挽留。文天祥不识路，不知道如何走法。当时扬州有商人以马载物，夜里偷偷地在路上走，叫做"马垛子"。文天祥无可奈何，只得跟着马垛子前行。

【批评】

此一章书，记文山国亡后之冒险，处处惊涛骇浪，时时恨雨愁风，可谓极人世之不幸矣。愁肠寸结，精神未免不舒，虑事不能周密。而文山胸中，洒洒落落，一无杂念，惟有一片救国之心。方其趦趄于淮扬之时，喟然曰：“予之得至淮也，使予与两淮合。北虏悬军深入，犯兵家大忌，可以计擒，江南一举而定也。天时不济，人事好乖，一夫困顿不足道，而国事不竞，哀哉。”读此数言，可以见其浩然之气矣。

金宋相持之时，金将乌珠以舟师轻入，将犯临安。韩世忠、岳武穆扼之于京口，金人大败于黄天荡而返。可见北兵南下，当海道未通之时，必先得两淮，而后进可以战，退可以守。今元人冒险进师，虽得临安，亦不能守。以两淮尚为宋守，可以扼元人之吭，而断其归路也。文山逃至真州，本可资以兴复，以李庭芝之见疑，致失机会。自慨云云，自是当时实情，而非故作大言也。

人之上流与下流，当以人格定之，不当以职业定之。如北军管船人等，皆非士大夫。而危急之中，不为利动，奋身相救，过于宋季之宰相多矣。

宋廷大臣，为元军所迫，驱而至北者，不止丞相一人。及至京口，言笑自若，无一人与丞相同志者。冒死救国，惟见一

【评论】

这一章节，主要讲文天祥在宋亡之后的冒险，处处惊涛骇浪，时时恨雨愁风，可以说是遭受了人世间最不幸的事了。人在愁肠寸结时，精神可能会不济，考虑事情不能周密。但是文天祥的心中，却洒洒落落，没有一点杂念，只有一片救国之心。在他犹豫前往淮扬之时，他喟然长叹道："如果我能到达淮扬，与两淮之军汇合，北虏元兵孤军深入，犯了兵家大忌，定可以用计擒获，从而使江南一举而定。然而天时不济，人事好乖，一人受困不足以称道，而国事不顺，真是悲哀呀。"读了他这几话，其浩然之气足可感受到了。

金宋相持之时，金将乌珠以舟师轻易入侵，将要侵犯临安。韩世忠、岳武穆等将他阻挡在京口，金人因此在黄天荡大败而归。可见北兵想要南下，当海道没畅通之时，必定得先夺取两淮，而后才进可以战，退可以守。现在元人冒险进师，虽攻占了临安，也是无法守住的。因为两淮之地尚在宋军手中，可以扼制元人的咽喉，而断绝他们的归路。文天祥逃到真州，本来可借此机会兴复宋室，但因为被李庭芝怀疑，以致错失了机会。他的自我感慨之词，便也是当时的实情了，而不是他故意做作夸大。

区分人是否为上流人还是下流人，应当以人的人格来确定，不应当以职业来区分。如北军的管船人等，都不是士大夫，但在危急之中时，他们不为利动，能够奋不顾身相救，比南宋末年的那些宰相强多了。

南宋朝廷的大臣，被元军强迫到达北方敌国的，不止丞相文天祥一人。等到了京口后，他们言笑自若，竟然没有一人与丞相有人。此忠臣义士之所以可贵也。文山与诸人之至留远亭也，贾余庆辈，方约北帅，置酒为欢。余庆骂坐，毁本朝人物无遗者，以此献媚北庭。刘岊且挟村妇以为乐，吕文焕稍有天良，指两人曰："国家将亡，生出此等人物。"呜呼，是可耻矣。

相同的志向，想冒死救国的只有文天祥一人。这就是忠臣义士之所以可贵的原因吧。文天祥与众人至留远亭后，贾余庆等人刚约了北方敌军统帅，摆酒为欢。贾余庆乘酒性骂坐，将宋朝的众人骂了个遍，以此来讨好献媚元朝。刘岊更是拉着村妇取乐。只有吕文焕稍有天良，指着两人道："国家快亡时，竟然生出了你们这等人物。"呜呼，真是可耻啊。

第六章 通州道中

文山阅无限之艰难，得至扬州城下。时方昏夜，风露凄然，四野无人，严城击柝，迥非承平时烟花三月、绿杨城郭之概矣（唐人诗“烟花三月下扬州”，清人诗“绿杨城郭是扬州”，皆言杨州之胜）。行至西门，惫甚。有一古庙，仅存墙阶，片瓦俱无。一行人皆藉地而卧。闻谯楼已三鼓，风寒露湿，愁绪万端。闻打四更，皆趋至郭外。兵民候启门者，无虑百数。当高声报名，而后得入。继见城门悬制使告示，捕丞相甚急。又闻逃人言，元人自失丞相，在京口、扬州、高邮、间大索，骑兵纵横，遍地皆是。此诚有满地江湖行不得之叹矣。

诸客之中，有谓扬州既不见信，入必死于城门矢石之下，不如至通州者。有谓此去通州，尚五百里，敌骑充斥，何由而达？与其死于途，不如死于扬者。从前说，则恐制臣见杀；从后说，则虑北骑见捕，莫知所决。时晓色渐分，文山去数步，则主前说者来追回；回数步，则主后说者来劝驾。事之难定，未有如此之甚者也。

趦趄之间，从者李茂、吴亮、萧发、余元庆四人，携所腰金各一百五十两而逃。文山外既困苦，内又饥渴，行数十文天祥经过无限的艰难困苦，才得到扬州城下。这时正当昏夜，风露凄凉，四野没有人迹，城内外戒严，只听得巡逻击柝之声，远不是太平时候“烟花三月”“绿杨城郭”的景象了（唐人诗“烟花三月下扬州”，清人诗“绿杨城郭是扬州”，都是说扬州的胜景）。他走到西门，已经疲倦极了。那里有一座古庙，四面只剩得将倒的墙阶，屋上一片瓦也没有。他们一行人只得都睡在地上。听城楼上已经打三更了，当时风寒露湿，让人愁绪万端，真是度一刻如一年。好容易才听得城楼上打四更，他们便都跑到郭外，看见兵民人等在等着开城门的，何止几百人。各人都高声报名，然后才得进城。他看见在城门口悬挂着制使李庭芝的捕捉文丞相的告示，又听见自元军处逃出来的人说：“元人自从失掉丞相，便在京口、扬州、高邮之间大加搜索。骑兵纵横，遍地皆是。”这样，他真有“满地江湖行不得”之叹了。

在众多的随从中，有的人说，扬州既然已不能相信我们，如果进去，我们必定会死在城门矢石之下，不如到通州去吧。有的人说，这里到通州还有五百里，敌人的兵卒，在路上到处都是，怎能到达？不如死在扬州吧。听从前面之人说的，则怕制使见杀；听从后面之人说的，又恐怕被元兵捉去。大家进退两难，不能决定。其时天色已渐渐明亮了。文天祥向前走了几步，而主张到扬州的人，来追他回去；才回去几步，而主张到通州的人又来劝阻。弄得他无所适从，真不知究竟到什么地方去好。

正在进退无法决定的时候，他的随从人员李茂、吴亮、萧发、余元庆四个人，携带着他们各人腰间所带的一百五十两银子逃步，喘甚不能进，倒荒草中。扶起又行，如此数十次而天晓矣。

时见扬州难入，决计舍之，而赴高邮。城外有半山，土围一所，马粪堆积，趋入稍息。扫净数尺地，以衣贴地而睡。四山阒然，无一人影，无米可饭，有米亦无烟火可炊，怀金亦无救于饥饿也。元人出兵巡哨，常以午前，午后收兵不出矣。是日已延至午后，未见追者，一行人皆欣然曰："今日得命矣。"忽闻军马甚喧，自壁窥之，乃北骑数千，自东而西。于是不死于扬州城下，而被捕于敌骑之说验矣。皆傍壁深坐，无复人色。若一骑入墙，即无类。墙外马足与箭筒之声，历历在耳也。

此厄既过，遣人下山汲水，并市米菜，以救饥饿，则皆不能得矣。城外既尽逃亡，元兵数百骑。是日薄扬州西城，城门不开。诸人闻之，相与忍饥而已。来时，见山下有古庙，离此一里许，于是下山投宿。庙中已有丐妇数十满其中。坐未定，忽有携梃而至者。良久，三四人陆续来。文山恐甚。后乃知其人赴城中卖柴者，无恶意也。数人煮饭，黄粱未熟，而香味已透。此时虽铁石心肠之文丞相，亦不免有从漂母乞饭之思矣（本韩信事）。樵夫哀之，出余粒以走了。文天祥到了这时，外既困苦，内又饥渴。走了几十步，气喘腿软，一步不能再移，倒在了荒草中。从人扶他起来再走，走了又倒，像这样的挣扎了几十次，而天也已经大明了。

他们看见扬州势难进去，便决计往高邮去。城外有半山，山间有土围一所，其中堆满了马粪。他们走进去，略作休息。扫净几尺地方，把衣服贴在地下而睡。四山寂静，没有一些人影。莫说无米可以做饭，就是有米，也没有烟火可以炊煮。身上虽还有银子，也救不得饥饿啊。幸而元人出兵巡哨都在午前，午后便收兵不出了。这一天已经延到午后，没有看见追兵，一行人都欣然道："今天有命了！"正在私相庆幸的时候，忽然听见军马之声，甚为喧扰。他们忙从壁缝里张望，看见敌骑数千，自东而西。于是"不死于扬州而被捕于敌骑"的话实现了。大家都吓得面无人色，靠壁深坐，不敢稍动。只要一骑入墙，大家便一个不得活命。墙外马足和箭筒之声，都历历在耳，真是危险极了。

他们渡过这重难关，便派人下山取水，买米和菜，准备一救饥饿，不料竟不能实施。因为城外的居民已经逃亡一空，只有数百骑元兵在巡逻。这一天进逼扬州西城，城门不开，什么都没有得买。于是各人只好忍饿了。他们来的时候，看见山下有一座古庙，此去不过一里多路，便下山投宿庙中。这时庙中已经有几十个丐妇坐满着。他们到庙还没有坐定，忽然有几个带着棍棒的人跑进来，一会儿又有三四个人进来了。文天祥很是惊恐。后来才知道这班人是到城中去卖柴的，并非是怀着恶意的。这几个人，在庙里煮饭，饭香充满着空中。这时即便是铁石心肠的文丞相，也不免有跟相饷，从者犹不能遍及也。

文山见樵夫之意良厚，告以患难，以厚许报酬，使导往高邮。樵夫欣然见从，谓至贾家庄，当为籴米买肉以救饥。雇马办干粮，以备行役。如其言而行，盖枵腹已两昼夜矣。于贾家庄饱饭，雇骑以黑夜赶程。走四十里，至板桥，迷失道，行田亩中，不知东西。风露满身，人马饥乏。四山渐明，忽隐隐见北骑。道有竹林，急入避之。须臾，二十骑绕林呼噪。从者张庆，右目中一矢，项中二刀。王青缚去，杜浒与金应、林中被获，出所怀黄金赂之得免。文山藏匿处，距杜浒不远。北马入林，过其傍三四，皆不见。仆夫邹捷，卧业筱下，马过踏其足，至于流血，不敢动也。是役也，文山自分必死。当事急时，万窍怒号，风雨猝至，北骑匆匆而去，盖亦有天幸焉。事定之后，追思前路，又不胜日暮途穷之感。人生穷蹙，无以加此者矣。其事在宋亡之年，三月五日。

着漂母讨饭（西汉时韩信的故事）的思想了。樵夫可怜他，便把剩余的饭给了他，他的从人还是不能每个人都能吃着。

文天祥看见樵夫很厚道，便把自己的患难告诉他，又答应给他很厚的报酬，叫他引导到高邮去。樵夫很欢喜地答应了，并且说到了贾家庄之后，便代他们籴米买肉，以便充饥；雇马办干粮，以备上路。他们到贾家庄的时候，已经饿了两昼夜了。在贾家庄吃饱之后，便雇马于黑夜赶路，走了四十里，到了板桥却又迷了路，走在田亩之中，不辨东西。那时风露满身，人马饥乏，看看天已渐明，忽然隐隐地看见元骑，他们便避入路旁的竹林里。一会儿元骑已经赶到。二十骑围绕着竹林，大声呼噪。文天祥的从人中有一个叫张庆的，右眼中了一箭，脖子上中了两刀；一个叫王青的被元兵绑去；其余如杜浒、金应在林中都被元骑捉住，幸而他们把带着的黄金拿出来贿赂元兵，才得免祸。当时文天祥所躲的地方，距离杜浒很近，元兵骑马进入竹林，三四次经过他的旁边，都没有看见他。他的仆夫邹捷，躲卧在一丛细竹之下，元兵骑马经过，马蹄踏着他的脚，至于流血都不敢一动。这一次，文天祥自度必死，不料事急的时候，突然刮起了狂风，下起了大雨，元骑便匆匆而去。文天祥才侥幸得免于难。事定之后，想起将来的一切，真是“日暮途穷”。人生穷困到这个地步，可算是无以复加了。其时正是宋朝灭亡那一年的三月初五日。

板桥之风波方定，明知前途万险，然决无中止之理。于是黾勉前驱。仓皇匍匐，力不能行。从者见事已绝望，多有恶声相向者。逡巡道路，益有同舟敌国之虑。遇乡人有掘土者，请其运送。文山则坐土箩中，六夫更迭，荷之而行。此诚仅见之代步法也。幸一路无惊，得达高邮，喘息稍定矣。高邮方在戒严中，往来之人，搜禁甚严。见文山以箩为轿，又张庆血流满面，衣衫皆污，人皆怜其为遇寇，不复以奸细疑。然闻扬州制使，有文书报诸郡，指文山为赚城者，令觉察关防。于是不欲入城，急买舟去。

先是二月六日，元将柳岳、洪雷震运辎重北归，高邮兵击之于城子河，元人大败。自元入江淮，宋兵之获胜者，惟

板桥的风波才定，文天祥明知前途隐伏着万种危险，但决没有就此中止的道理。于是他们勉力向前进行，仓皇奔走，走到力不能支的时候，便连手带脚匍匐而行。随从人员见事情已绝望，有些便对他恶声相向。如果在路上徘徊不定，更有引起同舟敌国注意的忧虑。他们在途中遇着了几个掘土的乡人，便请他们运送，因为文天祥实在无法挣扎着再向前走了。他坐在盛泥的竹箩中，六个乡人交换着抬他向着高邮的路上前进。这的确是仅有的可以替代步伐的方法了。幸而一路没有发生变故，平安地达到高邮，喘息才算稍定。其时高邮正在戒严期中，往来的人，搜查得很严，看见文天祥以土箩为轿，又见张庆血流满面，衣衫污秽，都当他们是遇着寇盗，并不疑心他们是奸细。但是路上传闻扬州制使有文书到各郡县，指文天祥是赚骗城池的人，令各处查察关防。于是他们不愿进城，便急急买舟而去。

在之前二月初六日的那一天，元将柳岳、洪雷震运辎重北归，高邮的兵士在城子河大败元兵，自元人入江淮以来，宋兵打胜此战耳。文山今过其战场，见河中积尸，上下几二十里，无间断。既动不忍之心，又慨两淮有可用之兵，而无藉手之缘也。舟行三百里，越十四日，竟至通州。此行也，元人水路有兵，显然追逐，屡濒于死，而又不死。文山思之，天其或者不忍亡宋，而留此一个孤忠将使有为也。则无穷之希望，又油然生矣。然回忆其事，未免惊心动魄，而不能忘。因曰："死生昼夜事也。死则死矣，而境界危恶，层见错出，非人世所堪。痛定思痛，痛何如哉。"因作《十五难》诗，以记其事。孤灯寒夜，一为讽诵，虽千载之下，犹令人悲其遇，崇其节焉（诗载《指南录》中）。

【批评】

人莫不畏难而苟安，贪生而恶死。故凡可以避难者无不为，可以苟生者无不为。然天下不如意事常八九，往往所趋者不能至，而所避者反相逼而来。则何如依道而行，死生利害，置之度外之为愈也。观文山自京口至通州之事，人亦何苦不于死中求活哉？

十五难者，一曰定计难，言定逃走之计也。二曰谋人难，言从者不守秘密，几至败事也。三曰踏路难，言幸得间道而出仗的只有这一次。文天祥经过战场，看见河中的积尸，上下几乎有二十里没有间断。他就生出不忍之心，又慨叹两淮本有可用之兵，而没有一用的机缘，使他对着满河的死尸，不住的痛心。船走了三百里，过了十四天，终于到了通州。这一条路上，元人水陆都有兵卒，他一路行来，常被他们追逐，屡次险些要死而又不死。文天祥心想：天或者不忍宋朝的灭亡，而留他这一个孤忠之臣，将使他努力有为呢？他想到这里，心中又生出了无穷的希望。但是一回想到过去的经历，又未免惊心动魄，永不能忘，便道："死生本是早晚间的事情，死便死了，有何足惜。但是境界的危恶，层出不穷，非人世所能堪，痛定思痛，其痛何如！"因此便作了《十五难》诗，以记其事。孤灯寒夜时，诵读这些诗，虽过了千年，还是令人为其遭遇感到悲伤，为他的气节心生崇敬（诗载《指南录》中）。

【评论】

人没有不害怕艰难而想苟且偷安、贪图生命而厌恶死亡的。所以，凡是能够避开困难时没有不去做的，可以苟且偷生时没有不去做的。然而天下不如意的事常十有八九，往往是你追求的得不到，而你想回避的反相逼而来。这样还不如顺其自然，不管死生利害，置之度外反而可能会更好。从文天祥自京口至通州发生的事来看，人又何苦不从死中求活呢？

他所谓十五难，一是定计难，是说确定逃走之计难；二是谋人难，是说随从人员不守秘密，几乎坏了大事；三是踏路难，是说也。四曰得船难，言北船满江，无舟可载也。五曰治北难，言监守之严也。六曰定变难，言从者之机警也。七曰出门难，言酒醉王千户沈颐之事也。八曰出巷难，言赚得官灯，得以脱走也。九曰出隘难，言街巷有马拦路也。十曰候船难，言甘露寺下之船，几失约也。十一曰上江难，言江中北军，巡逻之严密也。十二曰得风难，言逃时遇顺风也。十三曰望城难，言至真州也。十四曰上举难，言至真州城外也。十五曰入城难，言真州守将之不见信也。自古惊心动魄之事，生平遇其一二，亦已足矣。遭逢不偶，未有如文山者也。

使文山一至真州，有苗再成之欢迎，无李庭芝之疑忌，岂不甚善。乃两淮到处见逐，元骑日夜严捕，仓皇穷蹙，水穷山尽。而文山则身可死，志不可死，身可辱，志不可辱，天其奈之何哉？非患难，不能显得志士。人生吃苦处，正是受用处也。

与文山共患难者，其姓名备见于邓光荐之“文丞相督府

侥幸而得着小道逃出；四是得船难，是说元人的兵船满江，没有船可以载渡；五叫治北难，是说监守的严密；六叫定变难，是说随从人员的机警；七是出门难，是说酒醉王千户和沈颐的事情；八叫出巷难，是说当时骗得官灯，得以脱身逃走之事；九叫出隘难，是说街巷有马拦路；十叫候船难，是说甘露寺下的船，几乎失约；十一叫上江难，是说江中元军巡逻严密；十二叫得风难，是说逃走的时候，遇着顺风；十三叫望城难，是说艰难到了真州；十四叫上举难，是说到了真州城外；十五叫入城难，是说真州守将不相信他。自古以来，像这种惊心动魄的事，生平能遇到一二件，已经很难应付了，而文天祥却一一经历。人生境遇的不幸，真没有再比他厉害的了。

如果文天祥一到真州，只有苗再成的欢迎，而没有被李庭芝怀疑猜忌，这不是很好吗？但他却在两淮间到处被驱逐，元军骑兵日夜严厉追捕，仓皇穷蹙，山穷水尽。然而文天祥身可死，志却不可死；身可辱，志却不可辱，老天又怎能奈何他呢？没有经过患难，不能显扬志士的精神。人生中吃苦的地方，正是让他受益的地方。

与文天祥共患难的，他们的姓名详细记载于邓光荐的“文丞忠义传”，凡四十人。而从亡之中，文山最相契者，惟杜浒。浒字贵卿，号梅壑，天台人。文山与之有异姓兄弟之欢。

相督府忠义传”中，共四十人。而随从中一起逃亡的，与文天祥最相契的，只有杜浒。杜浒字贵卿，号梅壑，天台人。文天祥与他有异姓兄弟的情谊。

第七章 再缚

自温州奉书劝进，始以五月朔日，帝昰即位福州，改元景炎（元世祖至元十三年），以观文殿学士召文山。比至，除右丞相。时陈宜中复用事，文山辞不拜。未几，元兵入闽，降人并致书文山，说之来降。复书言候见老母，即从先帝地下，无可言者。盖国亡之后，江西不守，文山母弟妻子，亦流离迁徙，茫茫天涯，音问不通久矣。复梅州（今广东嘉庆县），始得相见，各诉生平，悲喜交集。

景炎二年（元至元十四年），文山入赣，经略江西。江西各郡，豪杰响应，号令通于江淮。不幸为元江西宣慰使李恒所败，文山兵溃，妻妾子女皆陷。赵时赏（宋宗室，和州人）被执，元兵问为谁。时赏曰："我姓文。"众以为文山，擒之归。文山以此得逸去，与母曾夫人、子道生，俱奔汀州（今福建汀州）。明年，汀州亦不守。帝昰薨於海中（景炎元年，元将阿楼罕兵至建宁，陈宜中、张世杰备海舟，奉帝及衢王杨太妃等，航海止于潮州。三年四月，薨后葬于崖山，曰谥瑞宗），卫王炳立（改元祥兴，元至元十五年），驻驿崖山，授文山少保信国公，职任依旧。是年，太夫人弃养、长子复亡，家属几尽。其年闰十一月，屯于潮阳（今潮州），平剧盗陈懿、刘兴于潮。兴死，懿以海舟导元张弘范兵济潮阳。张弘范以轻兵至五坡岭（在今海丰县北），营中方宴客，步骑奄至，文山文天祥从通州到温州后听说赵昰还没就帝位，便上书劝进。赵昰才于五月初一在福州即位，改元景炎（元世祖至元十三年），令文天祥做观文殿学士。文天祥既来，又拜他为右丞相。其时陈宜中又起用事，文天祥便辞右相不就。不久，元兵入闽，投降的人都致书文天祥，劝他来降。文天祥复书说："等见着老母之后，马上就跟随先帝到地下，没有话可说了。"国亡之后，江西也失守，文天祥的母弟妻子，都流离迁徙，不知下落，收复梅州（今广东梅县）之后，才得相见，各诉别后情形，大家都是悲喜交集。

景炎二年（元至元十四年），文天祥入赣，经略江西，江西各郡的豪杰，都闻风响应，他的号令可以通于江淮。不幸后来被元朝的江西宣慰使李恒打败，他的兵士溃散，妻妾子女都陷于敌中。赵时赏（宋朝的宗室，和州人）被元兵捉住，元兵问他是谁，他说："我姓文。"众人以为他是文天祥，便把他抓了回去。文天祥因此得以逃走，他和母亲曾夫人及儿子道生奔赴汀州（今福建汀州）。第二年，汀州也失守了，帝昰死在海中（景炎元年，元将阿楼罕率兵到建宁，陈宜中、张世杰，奉帝及杨太妃、卫王等，坐船停留在潮州。三年四月，帝薨，后葬于崖山，谥曰端宗），卫王昺立（改元祥兴，元至元十五年），驻守在崖山，授文天祥少保信国公，职任依旧和以前一样。这一年他的母亲曾夫人去世，而长子又死，家属几乎全没了。这年闰十一月，他屯兵潮阳，剿平了剧盗陈懿、刘兴。刘兴死了，而陈懿用海船引导元人张弘范带兵到了潮阳，张弘范又率轻兵到达了五坡岭（今海丰县北）。当时宋营正在宴客，元军步兵骑兵突然杀过来，文天祥料定自己不能脱度不得脱，急取怀中脑子尽服之。脑子又名龙脑香，俗名冰片，多服能毒人至死。盖文山久怀死志，故常藏此，以备不时之需也。元人拥之上马，急索水狂饮，冀得速死。已而腹中暴下，竟不死。于是诸军皆溃，宋不可复救。自出师至此，用景炎正朔，止四十日耳。

夫文山自京口，间关至此，固将以复国也。一战再战，兵败被执，壮志未伸，英雄末路，其悲恨岂有穷哉。冀见张弘范，大骂求死。越七日，送至潮阳张弘范处，踊跃请就剑。弘范必欲以礼相见，左右命之拜。文山曰："吾不能拜。吾尝见巴颜，惟张揖耳。今吾惟能死，不能拜。"相持至日昃，弘范竟不能强，遂以客礼相见。弘范送之登海艘，自海丰行至厓山。时张世杰、陆秀夫，拥祥兴帝，收拾余烬，崛强于海上。弘范命文山为书招世杰。文山曰："己不能救国，又教人卖国，可乎？"逼之愈急，乃书《过零丁洋》一诗与之，末云："人生自古谁无死，留取丹心照汗青。"弘范笑而置之。自此守护益谨，然礼貌益隆。

祥兴二年（元世祖至元十六年），二月六日，金山破。先是陆秀夫以枢密兼宰相。至是请于太妃曰："临安母子已被辱（谓恭宗母子城亡不死，被缚至燕京事），殿下不宜再身，便急忙取出怀中的脑子吃了下去。脑子又叫龙脑香，就是俗名说的冰片，吃多了能够把人毒死。原来文天祥早就抱有死志，所以常把此物藏在身边，以备不时之需。元兵拥他上马，他便要水狂饮，希望速死。不料后来腹中大泻，竟没有死。他被捉后，各军溃散，宋朝终不可再得挽救。自从出师之日起到现在，启用景炎正朔的年号，仅仅只有四十天。

文天祥自京口逃到这里，原抱着复国的大志。不料一战再战，兵败被执，壮志未伸，英雄末路，他心里的悲恨，是永远不会消灭的。他想要见张弘范，大骂求死。过了七天，元兵把他送到潮阳张弘范处，他请求张弘范拿剑来给他自杀。张弘范一定要以礼相见，左右的人都叫他拜，他说："我不能拜，我曾经见过巴颜，不过长揖罢了。现在我只能死，不能拜。"相持到午后，张弘范终究没能相强，便以客礼相待。张弘范送他登海船，自海丰到厓山。当时张世杰、陆秀夫拥祥兴帝在海上收拾残余的力量以谋抵抗。弘范叫文天祥写信招降张世杰，文天祥说道："自己不能救国，又教人卖国，哪里可以呢？"张弘范逼迫他很急，他便写了一首《过零丁洋》的诗给他，末后有两句："人生自古谁无死，留取丹心照汗青。"张弘范便付之一笑。从此守护越发谨密，而礼貌也越发隆重。

祥兴二年（元世祖至元十六年）二月六日，金山被攻破。这时陆秀夫以枢密兼任宰相，他看见事已不可为，便请于太妃道："临安母子已经被辱（是说恭帝母子城亡不死，被缚至燕京的事情），辱。”言讫，即自沉其妻孥冠裳，抱祥兴帝赴海死。太妃宫人以下，皆从之；将士官属，义不降元，蹈海而死者，数十万人。文山闻之，不胜忧愤，为长歌哀之。

张弘范平宋，于军中置酒大会，延文山入坐。举酒相属，从容谓之曰：“国亡矣，忠孝之事尽矣。丞相改心易虑，以事大宋者事大元。大元贤相，非公而谁？”文山流涕曰：“国亡不能救，为人臣者，死有余罪。况敢逃逸其死，以二其心乎？”弘范又谓：“国亡矣，即死，谁复书之？”文山曰：“商亡，夷齐不食周粟，亦自尽其心耳！岂论书与不书？”弘范为之改容，遣使俱奏文山不屈之状。元世祖命送至京师，弘范以宋降臣邓光若等伴送之。

文山既俘，其夫人欧阳氏，为元之将校所得。将逼而辱之。夫人曰：“吾有死耳，义不以洁白之躯，辱于贱卒。夫吾天也。夫既执，尚安所顾藉哉？”遂自刎死。文山闻之，哭而祭之曰：“节妇不事二夫，忠臣不事二主。天地之间，惟我与汝。”

文山发广州，入江西界，始系头縶足。以江西为公本乡，殿下不应该再加侮辱。”他说完，便把自己的妻子及衣冠都沉入海中，自己也抱着祥兴帝投海而死。太妃宫人以下，都跟着他跳海自杀；将士官属，不肯降元而投海的，有数十万人。文天祥听说后，不胜忧愤，便做了一首长歌来哀悼他们。

张弘范平定了宋朝后，在宫中置办了酒席召开庆功大会，邀请文天祥入座。他举起酒杯，从容地对文天祥道：“您的国家已经亡了，忠孝的事情总算已经尽了。请丞相把心思改变一下，拿事大宋的心来事大元。那么，大元的贤相，除了你还能有谁？”文天祥流涕道：“国亡了，做臣子的不能救，就是一死以报国，也还有罪。怎么还能再有二心，希图免死呢？”张弘范又道：“国既经灭亡，你就是死，又有谁代你把这事记录在史上？”文天祥道：“商朝亡了，伯夷、叔齐不食周粟，饿死于首阳山，也不过是自尽其心而已。历史上记载与否，他们是不管的。”张弘范听了这番话，心中很为感动，对他更加恭敬，便派人将这些详细汇报给元帝，陈述文天祥不屈服的情形。元世祖命他把文天祥押送到京师，张弘范便叫宋朝的降臣邓光若等伴送他去。

文天祥被俘后，他的夫人欧阳氏，也被元人的将校抓获。将校逼迫并想侮辱她。夫人说：“我只有一死了，绝不让自己的清白之躯，受到贱卒的侮辱。丈夫是我的天。现在夫君已经被抓，还有什么需要顾虑的呢？”于是自刎而死。文天祥得到这个消息后，大哭并祭吊夫人道：“节妇不事二夫，忠臣不事二主。这个天地之间，只有我和你了！”

文天祥自广州动身北行，到了江西地界，才给他戴上枷索脚虑有人劫夺也。文山自此绝粒不食，以为行至庐陵当得饿死，正合古人狐死邱首（礼记：狐死正丘首，仁也）之义。于是为文祭墓，为诗别诸友，遣人驰归。乃饿八日而精神愈奋，绝无死状。念委命荒丘，志节不白，不如光明磊落而死，于是强复饮食。

【批评】

文山战于江西，战于广东，皆未能奏绩。此时人心已去，虽有智者，不能为力，固不能以成败论之。然临安将亡之时，遣发二王之议，实倡于文山。海疆数载，犹延残喘，皆文山明烛机先之力。皋亭见元将时，元将问度宗几子，答曰："三子。"问皇帝是第几子，答曰："第二子，立嫡也。"问："第一子、三子封王乎？"曰："一吉王，一信王。"问："今何在？"曰："大臣护之去矣。"骇云："去何处？"曰："非闽则广，宋疆土万里，尽有世界在。"云："既是一家，何必远去？"曰："何为恁地说？宗庙社稷所关，岂是细事？北朝若待皇帝好，则二王为人臣；若待皇帝不是，即便别有一皇帝出来。"词锋咄咄可畏，后事皆不出其所料也。

宋之国破，文山之家亦亡。人以为文山既已绝望，则其镣。因为江西是他的本乡，解送的人恐怕有人来劫夺他，便把他的颈和脚都捆绑起来。他从此绝食，自以为走到庐陵，一定会饿死了，这也正好合了古人所说“狐死后头部向着自己巢穴的山丘”的仁义之说。于是他作文祭墓，写诗别友，派人送回家里。不料饿了八天，却没有一点要死的状态。他想，就这样死在荒丘，自己的志节不能表白，不如光明磊落而死，于是他又勉强恢复了饮食。

【评论】

文天祥在江西与元军交战，在广东与元军交战，都未能取得胜绩。因为此时人心已去，即使是有智者，也无能为力，所以不能以战场的胜负来评论他。然而在临安即将灭亡之时，遣散二王的提议，确实是文天祥提出的；在沿海转移数年，犹延残喘，都是文天祥预知先机的功劳。在皋亭面见元将时，元将问他度宗有几个儿子，他答说：“三个儿子。”又问皇帝是第几子，他回答说：“第二子，是嫡出的。”又问：“第一子、三子封王了吗？”回答道：“一个为吉王，一个为信王。”又问：“现在他们在哪？”他答道：“由大臣护送他们离开了。”元将大惊，道：“去了哪里？”他回答道：“不是福建就是广州。宋朝的疆土几万里，总会有地方去。”又问：“既然是一家人，何必要远去？”他回答道：“为什么这样说？关乎国家宗庙社稷的事，怎么会是小事？北朝如果对待皇帝好，那么二王便是人臣；如果你们待皇帝不好，那么马上就会有另一个皇帝出来。”词锋令人感到畏惧、惊诧，而后面发生的事也都不出他的所料。

宋灭亡了，文天祥的家破灭了。很多人以为文天祥既已绝望，忠义之心，亦可已矣。不知文山正因无所希望，无留恋之故而死生了然，不达其目的不止。语云：“视死如归。”文山当之矣。

忠臣义士，行其心之所安而已，岂为名乎？张弘范曰：“国亡矣，即死，谁复书之？”此诚以待小人者待忠臣义士矣。彼小人者，虽奖之以荣名，亦决不肯改志为忠臣义士。则忠臣义士，亦岂虑身后无名，而改节为小人也哉？

欧阳夫人先公自刎死，见《张枢文丞相传补遗》，又汪水云《浮邱道人招魂歌》，其第五云：“有妻有妻不得顾，饥走荒山汗如雨。一朝中道逢狼虎，不肯俭生作人妇。左掖虞姬右陵母，一剑捐身刚自许。天上地下吾与汝，夫为忠臣妻烈女。”及陶九成作《辍耕录》，始言张千载于文山死后，寻访欧阳夫人于俘虏中。是皆当时降元诸臣，造此以污蔑之者；与文山自请黄冠归故乡之语，同一无稽，正刘须溪（宋末元初人）所谓“昔忌其生，今忌其死”者也。

那么他的忠义之心，也可以停止了。没想到文天祥正因为无所希望、无所留恋的缘故，因而看透了生死，不达目的不罢休。有句话叫做“视死如归”，文天祥当称得上是了。

忠臣义士，只会做让自己能够心安的事，怎么会为了名利而肆意妄为呢？张弘范对文天祥说：“国家已经灭亡了，如果你为之死了，谁又会来为你书写呢？”他这是以待小人的心来待忠臣义士呀。小人，即使以荣名来褒奖他们，他们也决不肯改志向而成为忠臣义士的。而忠臣义士，又怎么会考虑让自己身后无名而改节成为小人呢？

欧阳夫人先于文天祥自刎而死，这事记载在《张枢文丞相传补遗》中，另外汪水云作《浮邱道人招魂歌》，在其第五篇中唱道：“有妻有妻不得顾，饥走荒山汗如雨。一朝中道逢狼虎，不肯俭生作人妇。左掖虞姬右陵母，一剑捐身刚自许。天上地下吾与汝，夫为忠臣妻烈女。”到陶九成作《辍耕录》时，才说张千载在文天祥死后，在俘虏中寻访欧阳夫人。这都是当时投降了元的那些大臣，造谣来污蔑他们的。这与那些文天祥自己请求黄冠归故乡的传言，同样是无稽之谈，正如刘须溪（宋末元初人）所说的“昔忌其生，今忌其死”一样。

第八章 幽囚

元世祖十六年十月，文山行至元都。供张甚盛，然义不寝食，坐以待旦。元人百计说降，虽许以官爵而不从。留梦炎（宋之降臣）说之，受其唾骂；瀛国公（宋帝孙也，元封为瀛国公）往说之，一见，北面拜号，乞回圣驾。于是元人知不可动，移囚兵马司，枷项缚手，坐一空室，防卫甚严；日给钞一钱五分，以为饮食之需。居数日，始见元丞相博罗，平章张弘范，暨诸院官。通事命之跪，文山不可。左右曳之于地，或举颈，或拿手，或按足，或以膝倚其背，要之无非令其免作跪态而已。通事问“有何言”，文山曰：“自古有兴必有废。我为宋宰相，国亡，职当死。今日见囚，法当死，复何言？”博罗问曰：“自古尝有宰相以宗庙、城郭、土地与人，又遁去者否？”文山曰：“为宰相而奉国以与人者，卖国之臣

元世祖十六年冬十月，文天祥到了元都。元人供奉极盛，但他不眠不休也不进食，夜间坐着等待天亮。元人千方百计游说他投降，许他以高官厚禄，但丝毫不能动摇他的一片忠义之心。留梦炎（宋降臣）去劝他，被他唾面大骂；瀛国公（即宋恭帝，元主封他为瀛国公）去劝他，他北面拜号，请恭帝回圣驾。于是元人知道他不可劝说，便把他囚在兵马司，枷项缚手，坐在一间空房里，防卫得异常严密。每日给他一钱五分的钞币，作为他饮食的费用。住了几天，才见到元朝的丞相博罗、平章（官名）张弘范及各官。通事命他下跪，他不肯，左右的人把他拖下地去，有的抬他的脖子，有的拿住他的手，有的按住他的脚，还有的用膝盖顶住他的后背，硬要使他作跪的状态。通事问他有什么话说，他道："自古有兴必有废。我是大宋的宰相，国亡了，还有什么话说？"博罗问道："自古有没有做宰相的，把宗庙、城郭、土地送给人，而又逃走的呢？"他说："做宰相而把国家送人的，都是卖国之臣；卖国者必定不会逃，逃离的必定不是卖国的人。

也。卖国者必不去。去者，必非卖国之人。前予除宰相不拜，奉使巴颜军前，寻被拘留，不幸有贼臣卖国。国亡当死，但以度宗皇帝二子在浙东，老母在广，故去之耳。”问：“德祐非君乎？”曰：“吾君也。”曰：“弃嗣君而立二王，果忠臣乎？”曰：“德祐不幸失国。当此之时，社稷为重，君为轻。故从怀愍而北者非忠，从元帝为忠（晋怀帝、愍帝皆为汉主刘聪所复。西晋亡，元帝立于金陵，重兴晋室），从徽、钦而北者非忠，从高宗为忠。”（宋徽宗、钦宗皆见辱于金。北宋亡，高宗立于临安，号为中兴。）又问：“汝立二王，竟成何事？”曰：“立君以存国，臣子之责。若夫成功，则天也。父母有疾，虽不可为，无不用医药之理。不用医药者，非人子也。天祥今日，有死而已，何必多言。”

从此在燕四年，元人不放亦不杀。此四年中，日日望死，刻刻求死，一腔感愤，无可发泄。则寄之于诗，手自编定遗稿，付与其弟壁，而附以书曰：

“广州不死者，意江西可以去之。及出南安，系吾颈，絷吾足，于是不食，将谓及吉州则死，丘首之义也。乃五日过吉，又三日过丰城，无饭八日，不知饥。既过吉，思之无义，且尚在江南，或有生意。遂入建康，居七十余日，果有忠义人约夺我于江上，盖真州境也。及期失约，惘然北从前我没有就宰相的职位，奉使到巴颜军前，被他拘留，不幸有贼臣卖国。国亡，便应该死。但是因为度宗皇帝的两个儿子在浙东，我的老母在广东，所以我才赶去的。”博罗又问道：“德祐（恭帝）不是皇帝么？”他道：“是我的皇帝。”问：“那么，你弃了他而另立二王，这算忠臣吗？”他答道：“德祐不幸失国，这个时候，国家为重，皇帝为轻。所以，随从怀、愍二帝而北去的不算忠臣，跟从元帝的才是忠臣（晋朝有怀帝、愍帝都被汉王刘聪捉去，西晋灭亡。元帝在金陵即位，重兴晋室）；跟随徽、钦二帝北去的不算忠臣，跟随高宗的才是忠臣（宋徽宗、钦宗都被金人捉去，北宋灭亡。高宗在临安自立，号为中兴）。”又问：“你立二王，成就了什么事？”他回答道：“立君以存国，这是臣子的责任。至于是否成功，那就全在上天了。父母有病，虽然明知已不可为，但绝没有不送医用药之理。不送医用药，那便不是人子了。我今天有死而已，何必多说。”

文天祥从此便被留在燕地过了四年，元人不放他也没有杀他。在这四年当中，他天天盼望着死，时刻请求死，一腔的感愤，却没有可以发泄的地方。于是他便写了许多诗，亲自编写稿本，写信寄给他的兄弟文壁，并附带书信道：

“我在广州时没有求死，是想着到了江西后可以逃跑。等到出了南安，元人给我上了枷索，上了脚镣，于是我开始绝食，想着到了吉州时便会饿死，以成就丘首之义。于是五天后过了吉州，再三日后过了丰城，八天没有吃饭，却不知道饥饿。过了吉州后，我想着死已没有意义，况且还身处江南，或许会有逃生的机会。于是到了建康城，在这住了七十多天，果然有忠义人士相约在江上救我，这行。道中求死，无其间矣。入幽州，下之狴犴，枷颈锁手，节其饮食。吾舍生取义，无可全者。今千万寄此及诗，达吾弟。盖绝笔也。”

文璧本惠州守臣，宋亡即降。入觐元帝，右丞相帖木儿不花具奏，此人是文天祥弟。世祖问谁是文天祥，博罗奏即文丞相。世祖叹息久之，曰：“是忠臣也。”次问璧。右丞相奏是以惠州城归附者。上曰：“此大元之顺民也，是孝顺我者。”呜呼！手足之间，异趣至此！昔人所以有“南枝向暖北枝寒”之叹也。元陶宗仪作《辍耕录》，记文丞相有子出为郡教授，行数驿而卒，人皆作诗以悼之。闽人翁某有一联曰：“地下修文同父子，人间读史各君臣。”固知忠孝节义之事，各尽其责道。虽父子兄弟之间，有不能强者。狱中作《正气歌》以见其志。自序曰：

“予囚北庭，坐一土室。室广八尺，深可四寻；单扉低小，白间短窄；污下而幽暗。当此夏日，诸气萃然，雨潦四集，浮动床几，时则为水气；涂泥半朝，蒸沤历澜，时则为土气；乍晴暴热，风道四塞，时则为日气；檐阴新爨，助长炎虐，时则为火气；仓腐寄顿，陈陈逼人，时则为米气；骈肩大概是在真州境内吧。到后来他们失约了，我惘然北行。道路途中我多次想寻死，但一直没有机会。进入幽州后，被囚禁在监狱，枷索铁镣加身，并减少了我的饮食。我虽然想要舍生取义，却没办法成全。现在千方百计送出了此信及写的诗到了我弟弟手上。这大概也是绝笔了。”

文璧本是惠州的守臣，在宋朝亡后，他便投降了元人。他入觐元帝的时候，元朝右丞相帖木儿不花详细奏道：“这是文天祥的兄弟。”元世祖问道：“谁是文天祥？”博罗奏道：“便是文丞相。”元世祖叹息了好一会，说道：“这人是忠臣啊！”后又问起文璧。右丞相奏道：“这人便是以惠州城来归附的。”世祖道：“这人是大元的顺民，是孝顺我的啊！”文天祥兄弟之间，人品竟这样大的不同！难怪过去的人所以有“南枝向暖北枝寒”的感叹。元代的陶宗仪写了《辍耕录》一书，记载了文天祥有个儿子当时被任命为郡教授，为传授奔行了数个驿站后而死，很多人为此作诗来哀悼他。福建人翁某作有一对联道：“地下修文同父子，人间读史各君臣。”由此可知忠孝节义之事，在于各自尽到自己的职责和道义。即使是父子、兄弟之间，也不能够勉强。文天祥在狱中作了《正气歌》一诗来表达自己的志愿，他自己在序言中说：

“我被囚禁北方元朝都城，关在一间土牢内。土牢宽有八尺，深达四寻（八尺为寻）；唯一的牢门又低又小，窗户短而窄；地面脏且不平，光线幽黑。此时正是夏天，各种气味聚集在室内，大雨后积水汇集于牢内，以致床几都浮动了起来，这就是水气；雨后满室泥泞，经过半天的蒸泡后更加糜烂，这就是土气；天气忽然放晴

杂还，腥臊污垢，时则为人气；成圊溷，或毁尸，或腐温，恶气杂出，时则为秽气。叠是数气，当之者鲜不为历。而予以孱弱，俯仰其间，于兹二年矣，幸而无恙，是殆所养致然。然亦安知所养何哉？孟子曰：‘吾善养吾浩气之气。’彼气有七，吾气有一；以一敌七，吾何患焉？况浩然者，乃天地之正气也。作《正气歌》一首。”

【批评】

文山在狱四年，其困苦之状，略见于弟书及《正气歌》自序中，在此待死而已。身体肤发之困苦，视如太空之浮云，若于己无与者。如不能耐此，则亦早降矣。公少年颇喜豪华，及临大节，乃能刻苦至此。

《文山集》中，有诗一首云：“悠悠成败百年中，笑看柯山局未终。金马胜游成旧雨，铜驰遗恨付西风。黑头尔自夸江总，冷齿人能说褚公。龙首黄扉真一梦，梦回何面见江东。”即暗指留梦炎辈。

而燥热，然而牢房却闭塞不通，这就是日气；在屋檐下升火烧饭，使室内更加炎热，这就是火气；仓库的米粮腐烂了，阵阵臭气四溢逼人，这就是米气；囚犯并肩挤在一起，身上污垢发出腥臊般的恶臭，这就是人气；有时从厕所、死尸、烂鼠等处，散发出混杂的恶臭，这就是秽气。这几种气味加起来，遇到的人很少有不病倒的。而我身体虚弱，生活在这里已经两年了，幸好没有生病，这大概是有所修养才能如此吧！但又怎知我所修养的是什么呢？孟子说：'我擅于培养自身的浩然正气。'这土牢中有七种恶气，我的浩然正气只有一种，用一股正气抵抗那七种恶气，我还怕什么呢！何况这浩然之气是天地间的正气啊！于是作《正气歌》一首。"

【评论】

文天祥在狱中呆了四年，其困苦之状，在他写给弟弟的信以及《正气歌》的自序中略有描述。他在狱中只是等死而已，身体肤发上的困苦，他当作是天空中的浮云，好像和自己无关一样。如果不能忍耐这些，那么他早就投降了。他少年时比较讲究豪华，面临这种大节之时，他却能刻苦到这种地步。

在《文山集》中，有诗一首写道："悠悠成败百年中，笑看柯山局未终。金马胜游成旧雨，铜驰遗恨付西风。黑头尔自夸江总，冷齿人能说褚公。龙首黄扉真一梦，梦回何面见江东。"这是暗指的留梦炎等投降的人。

文山在狱中，手编其诗，尽辛巳岁为五卷；自谱其平生行事一卷；集杜甫五言句，为绝句二百首，号《集杜诗》；自广州至金陵所作为一卷；自吴门归临安，走淮至闽得诗三卷，号《指南录》。

日本伊藤博文当国时，吾国留学生毕业归国者，临行，至伊藤处走别，伊藤出《信国公文集》为赠曰："此吾东方之宝也。诸君读之，一生受用不尽矣。"伊藤虽非圣贤，其言真有味也。《信国公集》具在，少年何不求之，以体会伊公之所谓受用者？

文天祥在狱中，自己亲手编订诗歌，辛巳年一年的全部编订为五卷；写自己平生事迹行为的编为一卷；汇集杜甫的五言句，为绝句的二百首，编为《集杜诗》；从广州到金陵一路所作的编为一卷；从吴门回临安，从淮到闽所作的诗编为三卷，起名为《指南录》。

日本伊藤博文当政之时，我国有留学生毕业回国的，临行时到伊藤博文那辞别，伊藤博文拿出《信国公文集》相赠，并说："这是我们东方的瑰宝。诸位读了，将会一生受用不尽。"伊藤虽然不是圣贤，但他的话却是有道理的。《信国公集》现在都还存在，少年人为什么不找来看看，体会一下伊藤博文所说的受用呢？

第九章　成仁

文山在狱中时，南北之人，无论知与不知，皆惜其死。元臣王积翁、谢昌元、程飞卿等十人，谋请释文山为民。留梦炎私语积翁曰："文公赣州移檄之志，镇江脱身之心固在也。忽有妄作，我辈何以自解。"（意言文公见必复起兵。如此，则今为之请者，皆连累矣）遂不果。元世祖自开平还燕，问南北宰相疏贤，群臣皆曰："北人无如耶律楚材，南人无如文天祥。"世祖将付以大任。积翁、昌元以书喻上意，文山复书云："诸公义同鲍叔，天祥事异管仲。管仲不死，而功名显于天下；天祥不死，而尽弃其平生，遗臭于万年，将焉用之？"

王积翁又为奏请释文山而礼之，以为事君者劝。元祖语积翁，命兵马司好与饮食。积翁出语宰相，将行之，文山使人语积翁曰："吾义不食官饭数年矣（文山狱中所食，皆平时朋好所捐金相济者）。今一旦饭于官，吾且不食。"积翁始不敢言。

百计以求文山不死之王积翁，文山反以为多事，而未当引之为知己。其可引为知己者，乃反是望其速死之王炎午（又名鼎翁，字梅边，庐陵人。有《吾汶稿》，与文山有旧）。

文天祥在监狱的时候，南北的人，无论识与不识，都替他可惜。元臣王积翁、谢昌元、程飞卿等十人，想方设法谋求让元世祖释放文天祥为民。留梦炎私下对王积翁说："文公在赣州移檄的意志和在镇江逃脱的心思，到现在还没有消灭。倘若我们设法释放了他，他又乱动起来，岂不连累了我们？"（意思是文天祥脱身后必然会再起兵攻元。这样，现在为他求情的人都会被连累。）因此大家便不敢再提此议。元世祖自开平回到燕都，问起南北的宰相，谁最贤能。群臣都说："北人没有再比耶律楚材贤的，南人没有再比文天祥贤的了。"元世祖便想重用文天祥。王积翁和谢昌元，把世祖的意思写信告诉了文天祥，文天祥回信道："诸位的义气同鲍叔一样，但天祥的事与管仲不同。管仲不死，而功名天下人都知晓；天祥要是不死，而放弃自己平生的全部，将会遗臭于万年，又怎么能行呢？"

王积翁又奏请世祖释放文天祥，特别优待他，借此劝勉一般事君的人。世祖便告诉王积翁，让他命兵马司好好地给文天祥饮食。王积翁出来告诉宰相，将照圣旨实行。文天祥让人告诉积翁说："我为节义不吃官饭已经几年了（文山在狱中所食，都是平时靠朋友捐赠的钱财接济的）。现在一旦让我吃官家的饭，我将绝食。"王积翁从此便不敢再说。

用尽种种方法想营救文天祥的王积翁，文天祥反以为他多事，不当他是知己。他所引为知己的，却是希望他速死的王炎午（又名鼎翁，字梅边，庐陵人。著有《吾汶稿》，和文天祥有旧炎午闻文山再被执，未闻就义，因以疑之。与友人刘尧举对床谈及，尧举赋诗云："天留中子坟孤寂，谁向西山饭伯夷？"伯夷、叔齐，商亡，不食周粟，饿死西山，意谓文山久而不死，必有饭之者矣，所以讽其即死也。炎午以寥寥短章，不足尽其情，乃作生祭文以劝之。其起语谓："维年月日，里学生旧太学观化斋生王炎午，谨采西山之薇，酌汨罗之水，哭祭于丞相文先生未死之灵，而言曰。呜呼，大丞相可死矣。"云云。已而文山果死，炎午乃叹曰："丞相得死矣。呜呼痛哉！"又为望祭文一首。此二文者，他人读之，当有感慨泣下者。文山读之，我知其必欢然一笑曰："此诚如见我心者也。"

元世祖十九年（至元十九年），纲目大书"杀宋少保枢密使信国公文天祥。"数日前，世祖召文山入，谕之曰："汝移所以事宋者事我，当以汝为相。"文山曰："天祥为宋宰相，安能事二姓？愿赐之一死足矣。"帝犹未交)。王炎午听说文天祥又被捉，而没有听见他被杀的消息，因此怀疑他的品行。他在与友人刘尧举隔床谈话时谈及此事，刘尧举因此赋诗道:“天留中子坟孤寂，谁向西山饭伯夷。”伯夷、叔齐，在商亡后，不愿吃周朝的粟粮，最后饿死于西山。刘尧举这诗的意思就是说文天祥被抓这么久了也没有死，必定是吃了官家的饭了，所以讽刺他应该马上去死。王炎午认为这寥寥几句话不足以完全表达他的意思，便作了一篇生祭文，劝文天祥速死。他这篇祭文的起语是:“某年某月某日，里学生旧太学观化斋生王炎午，谨采西山之薇，取汨罗之水，在丞相文先生未死之灵前哭祭道:唉，文丞相可以放心离去了……”等等。不久文天祥真被杀了，王炎午于是叹息道:“文丞相终于能够死了。呜呼！真让人心痛啊。”于是又作了《望祭文》一首。这二篇文章，别人读了，应当有感慨而流泪的;但如果是文天祥读了，我知道他必定会高兴地笑着说:“这确实就像看见了我的内心啊。”

元世祖十九年(至元十九年)，元史官在纲目中用大字写道:“杀宋少保枢密使信国公文天祥。”几天前，世祖召文天祥入宫，劝他道:“你拿事奉宋的忠诚来事奉我，我当拜你为相。”文天祥道:“天祥为宋宰相，怎么能事奉两个朝廷?但请你赐我一死，便心满意足了。”元世祖还是不忍杀他，但是左右的人都赞成允许他的请求。于是文天祥于十二月初九日被杀。他将出狱的时候，便自己写了自赞的绝笔书，系在衣带间。绝笔书写道:“孔子和孟子都说要为了正义而牺牲生命。只有有了正义，忍，左右力赞从其请，遂以十二月初九日，杀之。文山将出狱，即为绝笔自赞，系之衣带间。其词曰："孔曰成仁，孟曰取义。惟其义尽，所以仁至。读圣贤书，所学何事？而今而后，庶几无愧。"过市意气扬扬自若，观者如堵，无不为之流涕。南人留燕者，悲歌慷慨相应和。死之日，年四十七也。故人张千载（字义甫，庐陵人）为收其骨，归葬故乡。当文山贵显时，屡欲官千载，皆不就。及文山就俘北上，道过吉州，千载诡姓名随行，至燕寓于兵马司侧，即文山羁囚之所也。日以美食奉之，三年无倦色。潜造一椟，文山就义后，即藏其首，负之而归，诚义士也。

谢翱（字皋羽，陵平人。有《晞发集》），文山之客也。闻公就义，思慕独深，每一动念，即于梦中寻之。或山水池榭，云岚草木，与所别处，及其时适相类，则徘徊顾盼，悲不自胜。文山死后三年，翱过姑苏。姑苏，文山初开府旧治也。望夫差之台而始哭公焉。又后四年，过浙江，上禹陵（在绍兴县会稽山），北向而哭之。又后五年，而哭之于子陵之台（东汉时严子陵之钓

仁心才能保全。我从小读圣贤书，又学会了什么呢？从今以后，大概没有什么可愧疚的了！”他被押经过市上时，意气扬扬，镇定自若，围观的人多得有如围墙，没有一个不为之流涕的。南方人身在燕京的，都悲歌慷慨，互相应和。他死的那一年，才四十七岁。他的故人张千载（字义甫，庐陵人）把他的尸骨收起，归葬于故乡。当文天祥显贵的时候，屡次想让张千载做官，他都没有接受。等到文天祥被俘北上，路过吉州时，张千载便改换姓名跟着他一路北行。到燕京之后，寓居于兵马司的旁边，就是文天祥被囚的地方。他每天以美食供奉文天祥，这样过了三年，没有倦色。他又暗中造了一只木椟，文天祥死后，他便把他的头藏在椟中，背着回到了故乡。这个人，真可算是义士了。

谢翱（字皋羽，陵平人。有《晞发集》），是文天祥的坐上宾客。他听到文天祥就义后，思慕之情最深，每次一动念，便会在梦中重温一次。有时遇到山水林池台榭及云霞草木，与他们分手时的情状恰巧相像时，就会令他徘徊流连仔细察看，悲痛异常而不能控制自己。文天祥死后的第三年，谢翱经过姑苏，这是文天祥第一次为官治理过的地方，看到夫差之台而第一次哭悼文公。又过了四年，他过浙江，上禹陵（在绍兴县会稽山），向朝北方而哭悼文公。后又过了五年，他到于子陵之台（东汉时严子陵的钓台，在今浙江桐乡县）哭悼文公。这次来哭悼的，有吴思齐、冯桂芳、翁衡及谢翱。他们一起登上西台，在荒亭中为文公设了灵位，多次伏首拜跪，悲恸哀号不止。此时，满目江山，已物是人非，想到悠悠天地的高远广袤，独自忧伤，让人禁不住泪流满面而沾台也。在今浙江桐乡县)。来会者，吴思齐、冯桂芳、翁衡及翺也。共登西台，结位于荒亭，再拜跪伏，号而恸者三。此时也，江山满目，人物已非，念天地之悠悠，独怆然而泪下。有云从西南来，滃浥渤郁(云飞扬之状也)，气尊林木，若相助以悲者。乃以竹如意击石作歌，为文山招魂。其词曰:“魂朝往兮何极，暮归来兮关水黑。化为朱鸟兮，有噣焉食。”歌讫，竹石俱碎。此一哭也，声满天地，义塞古今。亡国遗民之悲，于斯极矣。文山虽死，亦可不恨。

自古亡国之恨，殉国之烈，未有若宋元之间者也。元有天下累世，而东南遗老，犹匿迹于荒江野岸之间，结月泉吟社，祀楚屈原、晋陶潜以示不忘故国。至于感念文山，而为之左右奔走者，如王梅边、谢皋羽、唐玉潜诸人。或爱助之，而欲全其名节；或伤悼之，以招慰其精爽；或破家弃赀，以收拾其旧主之骸骨，而不顾于祸患。迹其所为，固有不同，然亦各尽其心而已。他若张毅甫之间关远道，而无死生之间；方韶卿之欷歔歌哭，而有《黍离》(《黍离》见《诗经·王风》，思念周亡而作)之思；吴子善甘于冻饿，而不肯再仕；龚圣予撰《二忠传》，而纪述甚详；汪大有之幽忧沉痛发诸诗，梁隆吉之守道安贫终其世，郑所南之劲节峻行，志向实过于王哀；林德旸之深居远遁，高洁湿了衣襟！当时有云从南边飘来，阴湿郁结，云气罩住了林木，好像是为了加重悲哀的气氛。他们用竹如意敲着石块，演奏楚歌来为文公招魂。歌词为："魂灵啊你早上要飞往何方？晚上归来时关塞一片昏黑。你化为了朱鸟，虽然有嘴却能吃到什么？"歌毕，竹如意与石块俱已碎裂。他们的这一次哭祭，声满天地，义塞古今。亡国遗民的悲痛之情，这次可谓达到了极点。文天祥虽然死了，也可以不含恨九泉了。

自古以来，亡国之恨，殉国之烈，从没有像宋元之间这样强烈的。元朝历经天下几代了，而在东南沿海一带仍有前朝老人旧臣，还藏匿于荒江野岸之间，组成了月泉吟诗社，祭祀楚国的屈原、晋代的陶潜，以示不忘故国。至于感念文天祥，而为之左右奔走的，如王梅边、谢皋羽、唐玉潜等人。或是用爱来助他，因而想要保全他的名节；或是伤悼他，来招慰他的魂魄；或是变卖家资，来收拾旧主的骸骨，而不顾虑会因此招来祸患。各人所为，固然各有不同，但是也各自尽到了自己的心意。其他的像张毅甫的辗转各方，远道而行，而不顾死生；方韶卿为之欷歔歌哭，其情状有如《黍离》（《黍离》见《诗经·王风》，思念周亡而作）中悲悼故国之思；吴子善宁愿自己受冻挨饿，而不肯再出仕为官；龚圣予撰写了《二忠传》，其讲述很是详尽；汪大有为了他忧伤沉痛而作了众多诗歌；梁隆吉为了他而守道安贫，终其一生；郑所南为了他而保持着坚贞的节操，苛刻要求自己的一言一行，其志向实际要超过了王可配乎渊明，其有关于世道人心，岂不大哉？谢枋得（弋阳人，字叠山，谥文节）以与文山同乡，谓文山死，而己不可不死，却聘绝粒，以遂其志。呜呼！可谓难已！天下节义道德之风，一人倡之，必有和之者。无文山之百折不回，气作山河，以为之倡，则亦安得有此？

【批评】

文山死后，元《明人集》中，颇多遗闻逸事，要之皆涉于神怪，易启后人之惑。今故不录，是皆起于崇拜英雄心太盛故也，其辨已见少年丛书之“岳飞”中。

本文末节所引宋遗民，除王梅边、谢皋羽、张毅甫诸人行履，已见本文外，余人详之如左：

唐玉潜，名珏，绍兴人。元浮屠总统杨琏真伽掘宋诸陵，珏货家具，雇人以真骨藏之，易以牛羊诸骨，为改瘞兰亭山，上种一冬青树为识。

方韶卿，名凤，浦江人。宋亡，与二子隐居不仕，有《存雅堂稿》。

吴子善，名思齐，永康人。与方凤、谢翱为友。

龚圣予，名开，山阳人。熟于文丞相遗事，作文丞相及哀；林德旸为了他深居远遁，高洁的品行可比陶渊明。他对于世道人心的影响，难道说不大吗？谢枋得（弋阳人，字叠山，谥文节）因为与文天祥是同乡，他说文天祥死了，因而自己不能不死，因此拒绝进食，以成全自己的心愿。呜呼！这可说是很难了！天下的节义道德之风，如有一人倡导，必定有相和的人。如没有文天祥的百折不回，气作山河，为之倡导，那么又怎会有现在这种结果呢？

【评论】

文天祥死后，元《明人集》中，有很多遗闻逸事，总的来说都是关于神怪一类的，容易启发后人的惑想。现在特意不录这些，是出于崇拜英雄的愿望太盛的缘故，其原因已在《少年丛书·岳飞》一书中说明。

本文末节所引述的宋朝遗民，除了王梅边、谢皋羽、张毅甫等人的行迹，已在本文讲叙外，其余人的详细情况说明如下：

唐玉潜，名珏，绍兴人。元朝佛教都总统杨琏真伽挖掘了宋代皇室的陵墓后，唐珏变卖家产，雇人将宋代皇室成员的真骸骨收藏起来，而用牛羊骨头代替了真骨头，然后将宋代皇室成员的真骸骨改葬在兰亭山，并在墓上种了一棵冬青树为标识。

方韶卿，名凤，浦江人。宋亡后，与两个儿子隐居起来不愿做官，留有《存雅堂稿》。

吴子善，名思齐，永康人。与方凤、谢翱是朋友。

龚圣予，名开，山阳人。熟习文天祥丞相事迹，写了文丞相及陆君实《二忠传》。

梁隆吉，名栋，武昌人。宋亡，入茅山为道士。

王元量，名大有，号水云，钱塘人。以善琴受知宋主。国亡，奉三宫留燕甚久。与文山狱中唱和，有《水云集》。

郑思肖，名所南，号忆翁，福州人。宋末太学生，善画菊。宋亡题诗于画菊云：“宁可枝头抱香死，何曾吹落北风中。”有《谬余集》《自叙一百二十图诗》《心史》等书。

林德旸，名景曦，号霁山。有《霁山集》。当杨总统发掘诸陵寝时，林故为丐者，背竹箩，向西番僧乞得高宗、孝宗两腰骨，归葬于东嘉。

陆君实的传记《二忠传》。

梁隆吉，名栋，武昌人。宋亡后，上茅山当了道士。

王元量，名大有，号水云，钱塘人。以善于弹琴而为宋主知晓。宋亡后，因侍奉三宫而留在燕都很长时间。他与文天祥在狱中相互唱和，有《水云集》存世。

郑思肖，名所南，号忆翁，福州人。宋代末的太学生。善于画菊。宋亡后他在画菊时题诗于画上道："宁可枝头抱香死，何曾吹落北风中。"著有《谬余集》《自叙一百二十图诗》《心史》等书。

林德旸，名景曦，号霁山。有《霁山集》。当杨琏真伽挖掘宋皇室的陵寝时，他故意化装成乞丐，背着竹箩，向西番僧求得高宗、孝宗的两截腰骨，归葬于东嘉。

少年叢書

文白对照本

王阳明

孙毓修◎著

團结出版社

图书在版编目（CIP）数据

少年丛书 / 孙毓修编. -- 北京 : 团结出版社,2015.7
ISBN 978-7-5126-3662-0

Ⅰ.①少… Ⅱ.①孙… Ⅲ.①名人—生平事迹—世界—少年读物 Ⅳ.①K811-49

中国版本图书馆CIP数据核字(2015)第130183号

出版：团结出版社
（北京市东城区东皇城根南街84号 邮编：100006）
电话：(010) 65228880 65244790 （传真）
网址：www.tjpress.com
Email：65244790@163.com
经销：全国新华书店
印刷：三河市祥达印刷包装有限公司
装订：三河市祥达印刷包装有限公司

开本：148×210 1/32
印张：128
字数：1500千字
版次：2015年12月 第1版
印次：2016年4月 第2次印刷

书号：978-7-5126-3662-0
定价：490.00元（全28册）

少年叢書

《少年丛书》白话语译编委会

出版前言

近代著名思想家、政治家梁启超曾经说："少年强则国强，少年智则国智，少年富则国富，少年独立则国独立，少年自由则国自由，少年进步则国进步，少年胜于欧洲，则国胜于欧洲，少年雄于地球，则国雄于地球。"这是他的散文《少年中国说》中的一段，作于戊戌变法失败后的1900年。文中极力歌颂少年的蓬勃朝气，指出封建统治下的中国是"老大帝国"，热切希望出现"少年中国"，振奋人民的精神。

或许是受到梁启超先生的感召，1908年冬天，上海商务印书馆编译所推出了一套系列丛书——《少年丛书》，又名《中外伟人的传略》，这是二十世纪中国的第一部历史人物类学生课外阅读丛书。首任编辑和作者是林万里，第二任编辑是孙毓修，孙毓修是这套丛书的主要作者，后期加盟写作的骨干还有国学大师钱智修。他们都博览中外，以精准而严格的眼光审视中外古今文化资源，选取其中有益于

少年儿童精神世界的材料，予以整合，编写成册。这套书出版以后，广受少年儿童的欢迎，每册前后加印达几十次，若整套书累计，恐怕达到数百次之多，发行量之大，影响力之广，在二十世纪的人物传记类图书中堪称罕见。

《少年丛书》前后出版了近三十余种，每一册传主为一位中外历史名人。我们在全国各地经过多方的搜寻，共得二十八册，其中中国名人十五位，外国名人十三位。每篇先叙述名人的生平传记，后加以作者的评论，根据时事，启发少年，借以激励少年树立远大志向，明确奋斗目标，成就健全人格。著名作家茅盾在阅读这套书后曾评论说："记事简明，议论正大，阅之足以增长见识，坚定志气。"这套出版之初即为砥砺少年志向的书影响了当时无数少年儿童由此走上振兴中国之路。著名作家张天翼、赵景深、陈伯吹等，都曾深受这套书的影响。

《少年丛书》的三位作者，都是当时学贯中西的通儒，不仅有深厚的国学功底，也有睁眼看世界的非凡眼光。撰写本套书册数最多的孙毓修先生，他是我国近代著名的目录学家、藏书家、图书馆学家。他同时还创作了大量的儿童文学作品。除了《少年丛书》，他还先后主编出版《少年杂志》、《童话丛书》等，被茅盾誉为"中国童话的开山祖师"。

另一位作者钱智修，浙江嵊县人，字经宇，是著名的国学大家，博古文学家，东方学派思想家。他在学时，就以"国学国文湛深，文章洛阳纸贵"赢得尊敬，并被上海多家进步报馆争揽为特约撰稿人。1911年毕业后，他应编译所长高梦旦之聘，担任商务印书馆编

译所编辑。1920年7月他任《东方杂志》主编，长达12年，是该杂志有史以来任期最长的主编。他还参与编辑《辞源》及《中国人名大辞典》、《中国古今地名大辞典》。1931年任国民政府监察院秘书长。

第三位作者林万里是民国年间著名的报人，原名獬，又名白水，字少泉。他幼承家学，又拜名士高啸桐（商务印书馆创始人之一）为师。清光绪二十四年(1898年)，他在杭州参与创办求是书院、养正书塾、东城讲舍、蚕学馆4所新式学堂，任求是书院总教习；后任《杭州白话报》主笔，宣传新思想。光绪三十年(1904年)，他出任《警钟日报》主编，宣扬孙中山及其领导的革命，后追随孙中山。帝制取消后，林万里重操新闻旧业，创办过多份报刊。

鉴于每位作者独有的知识结构和兴趣热点，每位编者对人物都有自己的选择。孙毓修所撰写的大部分是中国历史名人，而且写作的视角也非常独特，如其所写的《玄奘》是一个历史人物，而不是《西游记》中的唐僧。现代的普通读者对玄奘的了解绝大部分是来自于《西游记》等小说，而历史上的真实情况却鲜有人知——玄奘取经并非唐太宗支持，相反还受限于当时的法令，他冒着生命危险才得以出境。这就需要有人为读者打开另外一扇窗户，还原真实的玄奘，而不是小说中的文学形象。茅盾先生对孙毓修所写的《玄奘》评价很高："可以说是内容翔实，深入浅出，既宜于少年阅读，也使成年人增加历史知识。"再如《苏秦》，作为一位著名的辩士，《史记》必然为之列传。孙毓修在写苏秦游说各国发言的时候采用了《史记》中记载的史料，而在后面的评论部分对苏秦的表现作了恰当的点评，分析苏秦游说秦、燕、赵、韩魏、齐楚的过程，阐述了苏

秦辩术策略的不断提高。对于国外人物的选取，孙毓修也是偏爱励志型的，如德谟士，从一个小人物成长为大演说家；彼得大帝，从受制于人，成为欧洲赫赫有名的皇帝。

另一位作者钱智修，先后写有《林肯》、《苏格拉底》、《拿破仑》等，这些都是西学东渐后中国人十分崇仰的外国名人。值得注意的是，钱智修秉承严复所主张的信、达、雅翻译原则，特别讲究传记所含的真实性。他所抒发、张扬的传主虽然都被列为人们仿效的楷模，写法却不做作，更没有为了塑造人物形象而更改史实。

林万里所写的外国传记和钱智修的作法大致相近，即在第一章抒发己之传记宗旨，后文谈及传主读书之术、治学之道与其行事风格，并进行了点评。此外还有其他人关于传主的言论，更有编译者自己的评论，以引导少年儿童正确地学习和借鉴，而不是一味盲从。

《少年丛书》的最大特色，就是“记事简明，议论正大”。书中除了记叙人物的生平故事之外，作者的评论也让这套书大为增色。其议论宏富，既能够结合少年的成长特点，指明如何学习书中人物的优良品质，也指出了其中的不足之处，对于引导少年如何立志修身，大有裨益。

这套书的另一大特色，就是全部用文言文写作，语言凝炼，文笔流畅，保持了中国传统作史传的鲜明特色。当时，白话文风已经悄然兴起，而作者能够不从时髦，采用文言写作，甚为难得。以至我们今日再读此书，依然能够体味到文言笔法的无穷魅力。然而考虑到近百年来，国人的文言文水平已经一落千丈。今日的大部分少年，阅读文言文尚有一定困难，因此我们特别组织人员，将全套书进行了

白话翻译。尽管我们做了最大的努力，文言文的神韵依然是难以用白话表达出来。因此，我们希望少年朋友通过阅读这套书，体会文言文的独特魅力，进而热爱和学习文言文。

《周易》有云：“君子以多识前言往行，以畜其德。”说的就是多学习古人的嘉言懿行，对我们修身立德至为重要。古人尝言：“童蒙养正，少年养志，壮年养德。”少年时期是人生至为关键的时候，这个时期树立什么样的志向，以什么样的人为榜样，往往会决定一个人未来的人生成就。而一个人少年时期读的书，也足以改变他的一生。在今日少年课外读物良莠不齐的状况下，《少年丛书》堪称鲜有裨益少年的优秀读物。若今日的少年，能够认真研读这套《少年丛书》，对于树立远大志向、培养健全人格、完善道德情操将大有裨益。或许，今日的风华少年，即是将来成就伟业的千古豪杰、泽被世人的大圣大贤。勉哉！勉哉！

为什么要读名人传记

——《少年丛书》白话语译序

我从小很喜欢读书，可是，因为身处偏僻山村，小的时候却无书可读。那个时候，家中只有父亲买的一本《古文观止》，儿时翻阅过无数次，虽看不太懂，却记忆深刻。有人说，儿童时期读的书，一生也难以忘记。此言确实不虚。

没有想到的是，儿时无书可读的我，日后竟然投身于出版业。今天，我国的出版业已经非常发达，给少年儿童读的书也非常多。可是，若细心寻求，真正的好书却是少之又少，尤其是给少年儿童介绍历史文化的书。

一个偶然的机会，我们与这套百年前的《少年丛书》结缘，这套当初专为少年而写的中外名人传略，让我眼界大开，没想到，百年前的前辈们，竟给少年们创作出如此优良的传记读物。要知道，给少年

儿童写作，比给成年人写作更难，尤其是给人物作传，既要符合历史史实，不可随意编撰，又要注意引导青少年如何取其长，避其短，以免误人子弟。因为，作为历史人物，不可能处处皆堪为今人楷模。这就需要作者要极富有爱心、责任心和严谨精神，才能让读者从中获得纯净的人生智慧。可以说，目前各种写给青少年的人物传记，很少能与这套《少年丛书》相提并论的。

这套书中的二十八位中外名人，大多数是我们耳熟能详的人物，但是对于他们的生平事迹，也许就知之甚少了。读了他们的传记，方知欲为圣贤豪杰，需下一番苦功夫才能有所成就。“人人皆可为尧舜”，说的是我们每个人都有成圣成贤的资质，然而虽有圣贤之资，也需后天的不懈努力，方能成就一番伟业。所以，这一套书作者的目的并不仅仅是让读者了解一下名人轶事，而是以伟人的事迹启迪和激励少年朋友，树立人生的志向，汲取这些英雄豪杰的人生智慧，修身立德，练就自身本领，最终成为造福国家和社会的有用之才。

这套书虽然是写给少年看的，并不意味着就不适合大人阅读。大作家茅盾就曾大力推荐这套书。现在的青年人，乃至家长、老师，若能读读这套书，对于人生事业，教育子弟，也是大有益处的。可以说，这是一套老少皆宜的好书。

《少年丛书》在当时之所以大受欢迎，销量巨大，也不是没有原因的。这套书每册文字量不大，文笔流畅，史实可靠，评议精彩，这都是许多普通名人传记所不具备的。因此，这套书深受读者欢迎，也就不难理解了。

读名人传记，重在学习名人的智慧和经验。正如文天祥所说，

“人生自古谁无死，留取丹心照汗青”。人生有涯，知也无涯，如何在有限的生命里寻求到人生的价值，获取人生的智慧，而不浪费光阴？《少年丛书》中的这些圣贤豪杰，就是我们的榜样。他们身上伟大的人格，比如孝友、善良、爱心、坚毅、勇敢等等，这些人性的光辉，都是我们的学习之处。

我们用了近一年的时间，将这一套书作了白话语译，希望今天的少年们，能够喜欢阅读并且从中汲取智慧。若能让每一位读者都能够有所收获，那就不负当初写作这套书的三位老前辈的一片苦心，而我们的工作也就没有白做了。

这一套书规模宏大，在校对和语译的过程中，难免会有错误，恳请广大读者不吝指正。

《少年丛书》语译小组　主编　萧祥剑

目录

第一章 少年之义气

周秦之间诸子蜂起，老聃、庄周、杨子、墨翟（老著《老子》，庄著《庄子》，墨著《墨子》，杨著《杨子》，《杨子》今不传）之徒，各标主义，著书聚徒党，道其所谓道，而与儒家争胜。汉典，至于武帝，罢黜百家，表彰六经，学者非孔子之书不读。至宋程朱诸儒继出（黄宗羲《宋元学案》著录凡数百人，而以二程及朱子为集大成也。程颢，字伯淳，学者称明道先生。弟颐，字正叔，学者称伊川先生，河南人。朱熹，字符晦，又号晦庵，谥曰文，婺源人），既排斥佛老，而又讥汉唐诸儒主训诂而不求义理，非切己之图。乃发六经之精蕴，穷究身心性命之学，融会贯通，研精极微。人得其一言一行，皆可受用于无穷。此道学（道学之名词，实始于宋。《宋史》特著道学传，亦称理学）之所以不磨也。

朱子既没，其道益章，上自帝王，下至逢掖之士，莫不宗之，而无有异说者。惟同时陆九渊（九渊，字子静，江西金溪人，学者称象山先生。兄九韶、九龄，皆名儒也）与之不合。盖朱子之学，则以道问学为主；陆子之学，则以尊德性为宗。此朱陆异同之公案，所由来也。至明之中叶，阳明王在周朝到秦朝的这几百年时光里，诸子百家涌现，老子、庄子、杨子、墨子等人，各自标榜自己的思想（老子著《老子》，庄子著《庄子》，墨子著《墨子》，杨子著《杨子》，《杨子》没有流传下来）。他们写下著作、聚集学徒，宣讲他们的思想，与儒家争锋。汉朝建立后，到了汉武帝年间，罢黜百家，独尊儒术，标榜六经，天下学子就只读孔子的著述。到了宋朝，程颐、程颢、朱熹诸位大家登上历史舞台（黄宗羲《宋元学案》记录了几百人，其中以二程和朱熹为集大成者。程颢，字伯淳，被称为明道先生。他的弟弟程颐，字正叔，被称为伊川先生，河南人。朱熹，字符晦，又号晦庵，谥号为文，婺源人），他们不但排斥佛家道家，也不满汉唐诸多儒士主张字字精研经典，却不去思考经典中的道理，觉得这并不是修养己身的学法。于是钻研儒门《六经》中的精髓，穷尽探究修身养性的妙理，研习天赋和禀受的学问，融会贯通，天人一脉，精深微妙，无处不通。只要悟得他们的一言一行，就可以受用无穷。这便是道统传承的学问（道学的名词，实际上从宋朝开始的，《宋史》中特意写了《道学传》，也称为理学）之所以能历久弥新，跨越时光的阻隔，在历史的长河中熠熠生辉的原因。

朱熹先生故去以后，他的学问被后人发扬光大，上到帝王将相，下到寒门学子，没有不崇信他们的。当时只有一位陆九渊先生（九渊，字子静，江西金溪人，学者称象山先生。兄长九韶、九龄，都是当时有名的儒士），不赞同他的思想。大体说来，朱子的学问是把用事实来砥砺学问当作主旨；陆先生的学问，则把反省内心、磨练性德作为主旨。这就是朱熹、陆九渊这一公案的由来了。到了

氏之学以兴。阳明之学，出于陆氏，原与朱子异道而同归。乃反对之者，辄斥之为异端，目之为空谈，朱王之间，成为水火。盖两家门户之见，非定论也。夫天下之理无穷，而后来者胜，甲彼而乙此，非今而是古。此吾国之通病，岂独对与阳明为然也哉？

阳明之学，将于下文发之。兹先以其少年之生涯，贡与读者如左：

阳明，姓王，名守仁，字伯安，追封新建候，文成其谥也。先世本居山阴，自山阴徙余姚。父华（字德辉，又号龙山），复自余姚迁还山阴。今绍兴城内有光相坊者，其旧居也。及长，筑室于余姚之阳明洞，读书其中，故学者称为阳明先生。以明宪宗成化八年，九月三十日，生于光相坊宅中之瑞云楼（公元1472年，民国纪元前四百六十年）。

阳明十一岁时，因其父宦游北京，祖天叙（号竹轩）携之作京华之游，道出镇江，游金山。有客欲作诗，而苦吟不就，阳明在傍，代赋一首，见者皆惊赏之。一日，问塾师曰：“何明朝中叶，阳明王氏之学兴起。王阳明的学问，是从陆先生的学问中阐发出来的，本来就同朱夫子的理论殊途同归。但是那些反对他的人，就指斥他的学问是异端邪说和空谈。朱熹和王阳明两派之间，便势同水火了。大体说来这两家的学说见解，本来并没什么定论。天下的道理无穷无尽，而后来者居上，于是各说其词，各行其道，厚古薄今，贵古贱今。这是我国儒士的通病，怎么会只对王阳明的心学指斥呢?

王阳明先生的学问，我将在下文中阐述。先将他少年的时光介绍给读者。

阳明先生，姓王，名守仁，字伯安，死后追封为新建侯，谥号文成。他的先祖本来居住在山阴县，后来搬迁到余姚。其后，他的父亲王华（字德辉，又号龙山）又将家再次迁回了山阴。现在绍兴城里，有座光相坊，这便是他的故居了。他长大后在余姚阳明洞里建了座书房，常去洞中读书，所以后世学者就称他为阳明先生。他于明宪宗成化八年九月三十日，在光相坊瑞云楼出生。

十一岁时，他父亲去京城做官，他的祖父天叙（号竹轩）便带着他去京城游玩，需经过镇江、金山。当时有位游客打算作诗，苦苦思索但就是吟不出，王阳明在一旁替他吟了一首，看到的人都大为惊讶赞叹。一天，他问私塾老师："什么是天下第一等事？"老师回答说："是读书登第作官。"王阳明反驳道："恐怕不是。应当是为第一等事？”师曰：“读书登第耳。”阳明曰：“恐未是，当读书作圣人耳。”尝暗诵祖父所读书。祖讶之，曰：“向闻祖读时已默记矣。”

方是时，海内虽清晏无事，而直隶有石英、王勇之寇；陕西有石和尚、刘千金之乱。阳明方童年授读，忽厌弃诗书，发班超投笔之想（后汉班超，为人佣书，尝辍业投笔叹曰：“大丈夫无他志略，独当效傅介子、张骞，立功异域，以取封侯。安能久事笔研间乎？”详见《少年丛书·班超》）。出游居庸，见塞外人骑健马，驰逐平原，慨然有杀贼立功之志。乃留居其地，躬习骑射。弥月而归，感慨时事，欲学贾生上《陈政事疏》（汉贾谊，世又称为贾生。文帝时期上《陈政事疏》）。以知兵自负，意气卓越，不可一世，诚奇童也。其父不许，乃止。阳明十七岁时，至江西迎娶。合卺之日，偶行入铁柱宫，与道士谈养生之术，终夜不倦，若不知结褵之事，即在今夕者。妇家候之不至，出而大索，亦不获。至明日始归，补行婚礼。妇翁诸养和，为江西参议，款婿居于署中。有纸数箧，日取之学书，书法大进。尝曰：“吾始模帖，止得字形，后举笔不轻落纸，凝思静虑，拟形于心，久之始通其法。”阳明小时聪明，当时颇多附会之言。后世史传，亦即因之。相传阳明娠十四月而生，五岁犹不读圣贤书，为圣成贤才是。”他曾经暗暗记下祖父读的书，祖父大为惊讶，他说：“以前听您读书的时候已经默默记下啦。”

在那时，边疆虽然平安无事，但直隶有石英、王勇贼寇，陕西石和尚、刘千金作乱。王阳明读书没多久，忽然厌恶并嫌弃诗书，想效仿班超一样投笔从戎，征战沙场（后汉班超，替人抄书，曾经放下笔叹息说：“大丈夫没有别的志向，就应该效仿傅介子、张骞，在异域建功立业，来博得封侯，怎么能一直在笔墨间打交道呢？”详见《少年丛书·班超》）。他去居庸关游历，看见塞外健儿骏马飞驰，于是产生了军旅杀敌、立功报国的想法。于是留下来，在那里学习骑射。过了一个月后回家，又感慨起时事，打算学习汉朝贾谊（汉代贾谊，世人又称为贾生。文帝时期上《陈政事疏》）上疏谏事。当时他自负通晓军事，意气卓越，不可一世，也算得上是个奇才。父亲不准许他从军，他只好作罢。等他到了十七岁，去江西迎娶诸家女儿，婚礼当日，他在迎娶的路上偶然走进铁柱宫，同道士谈起养生的法门，一不留神谈了一整夜，好像压根没想起来当晚就是洞房花烛夜。结果女方等他没有等到，到处寻找，也没找到。等到次日早上，他才跑回诸家，又补行一遍婚礼。他岳父诸养和，是江西参议，在官署里款待王阳明。他存了几个书箱的纸，王阳明平日无事拿了箱里的纸练字，书法大为长进。他曾说：“我开始临摹，只学会了字形的写法，后来举笔的时候不轻易落纸，而是凝思静虑，拟形于心，久而久之通晓了写字之法。”王阳明小时侯很聪明，当时也有很多附会的言论。后来的史传中，也多沿袭了这种说法。相传王阳明是母亲怀孕十四个月后才生下来的，五岁时还不能言。有神僧过而目之曰："好个孩儿，可惜名字道破。"盖阳明生时，其祖母岑，梦云中鼓乐送儿来。惊寤，已闻啼声，因以云为名也。其父母闻僧言，更以今名，既能言。夫胎孕之过期，与言语之迟早，皆不过产母与小儿生理上之关系。乃悉指为神奇之事，亦缘吾国崇拜英雄之心太盛故也。史又言阳明十一岁时，在京与儿童出游长安街，遇相者曰："吾为尔相，尔发拂领，入圣境；发至上丹田，结圣胎；发至下丹田，圣果圆。"如此云云。则人之为圣为愚，于赋形之初，已一成而不可变。愚者苦学而不能进于高明，圣者淫昏而不能流于不肖，天下有是理哉？

明承宋元遗风，崇尚理学。草野之间，砥砺名节，聚徒读学，以高风亮节名世者，所在多有。有明一代，民所以醇厚，士节之所以高洁也。上饶（今江西省上饶县）娄一斋（名说，字克贞，别号一斋，及卒，门人取谥曰文肃），亲传康斋之学（吴与弼，字子传，别号康斋，崇仁人，隐居躬耕，不求闻达），读书乐道，远近尊之。阳明在江西就婚，会说话。有位神僧路过见到他之后，感慨说：“好个孩儿，可惜名字道破了天机。”原来王阳明出生的时候，他的祖母岑氏梦见天边云中鼓乐齐鸣，吹吹打打送来个小孩，惊醒之时就听见胎儿呱呱坠地的哭声了，所以一开始，给他起名叫王云。后来他的父母听了神僧的话后，改为后来这个名字，他才会说话。一般说来，小孩子无论是出生时辰准确与否，乃至或早或晚开始说话，都是母亲与孩子之间生理上一点联系罢了。大家都认为这是件神奇的事，这也有国人崇拜英雄的心理太甚的缘故。史书上又说他十一岁时，在北京长安街上跟小朋友们玩耍，遇到个相面的人，告诉他说：“我给你看看相。当你头发长到脖颈时，你将进入圣境；当你头发长至上丹田时，将结圣胎；当你头发长至下丹田时，你的圣果将圆满。”如此种种。要是果然是真的，那么一个人的人生命运，一出生就定下了，天生愚钝的人日日千磨万击也不能变得高明；而圣贤人即使沉迷享乐、昏昏度日也不会没出息，天下哪有这样的道理呀？

明朝秉承宋元崇尚理学的风气。有学问的人在市井之间，村野之中，磨炼自己，以保持清廉的名节，聚集学生读书研学，很多人都因为高尚的道德与行为被世人称道。这便是明朝一代民风淳厚、士子高风亮节的缘故。上饶（现在江西省上饶县）有位娄一斋先生（娄一斋名谅，字克贞，别号一斋，死后门人给他取的谥号为文肃），亲自传授先达康斋先生的学说（吴与弼，字子传，别号康斋，崇仁县人，隐居起来自耕自种，不追求显达的名声），他研习经典，乐于求道，周围人都很尊敬他。王阳明在江西结完婚，回家路上船经过上饶，特意拜望他。娄一斋见到他思想不同一般人，便比归，舟过上饶，特往谒之。一斋见其思想不凡，与语圣贤之学。阳明闻之，甚喜，以为圣人必可学而至，遂从一斋问学，深相契也。

【批评】

春秋时，鲁大夫叔孙豹对范宣子曰："太上有立德，其次有立功，其次有立言。"一法制创于上代，惠泽被于无穷，如伏羲、神农、黄帝、尧舜、周公、孔子者，谓之立德矣。救危治难，功满于时，若禹之治水，稷之播穀，谓之立功矣。老、庄、荀、列、孙、吴诸人，创立哲学；屈原、宋玉、贾谊、扬雄、司马迁、班固诸人，撰集史传，妙解文章，后世传诵，皆是立言者也。中外人物，其不朽者，皆不出此三者之范围。近世学人，则皆有趋重于立功之势。盖以生当国家危急之秋，遂觉立德立言，甚是迂缓；又当列国竞争，功利主义，物质文明极盛之日，遂人人有愿学铁血宰相俾斯麦、发明家奈端瓦德之想。呜呼！此诚不揣其本而齐其末也矣。立德、立功、立言，看似三事，其实则一。能立德者，必能立功；能立功者，必能立言；能立言者，必能立德。而或以立德闻，或以立功闻，或以立言闻，则各以其机缘之凑泊而成，岂平日所能预定乎？夫功者，德言之表见于外者也；诚于中，则形于外。不以德言为根柢，而妄冀立功，是犹望折枝之花生佳同他一起谈论圣贤学问。王阳明听闻后大为欢喜，坚信圣人境界可以通过学习来达到，于是就从师于娄先生，两人特别投机。

【评论】

春秋时期鲁国大夫叔孙豹对范宣子说："至高无上的是立德、其次是立功、再次是创立学说。"所谓立德，就是在自己的时代创制一种制度而造福于后世无数代人。自古以来，如伏羲、神农、黄帝、尧舜、周公、孔子等都算在这一类。所谓立功，就是拯救国家于危机，造福一个时代的人，好比说大禹治水、稷氏播种，要算到这一类。像老子、庄子、荀子、列子、孙子、吴起等人建立哲学，屈原、宋玉、贾谊、扬雄、司马迁、班固等人，撰文著史，说解文章，后人传诵至今，他们算是能做到立言的人。古今中外无数英杰，他们所以名标青史，千载不朽，都出不了这三条。近代的学者，都有看重立功，不重视立德立言的倾向，因为生在国家危难之际，觉得立德立言未免迟缓。又正是列国争霸，功利主义极盛之时，于是个个都有学俾斯麦从政，耐端瓦德搞发明的想法，这的确是舍本逐末的做法。立德、立功、立言这三件事，本质上是一件事，能立德的人，必定能立功，能立功的，必定能立言，能立言的，也必定能立德。这些伟人有的以立德闻名，有的以立功闻名，有的以立言闻名，他们只在某个方面有所成就，都是机缘巧合聚合而成，怎么能在平日里就预先定好呢？事功，是德言的外在表现，只要己身修养到了火候，功业自然就能做成。不把德行学问当作根基而妄想立下不世功勋，就好像想让折下的花长出果实，想让没有源头的水果，指无本之水为源泉也，岂可得哉？

欲救此弊，则莫如返亲先儒性理之书，涵养其德性，心平气和，而后可以知所自处。故今传阳明先生，先生以一人而备立德、立功、立言三者之德。其生平事迹，莫不可惊可喜。固非若其余理学家之满纸迂腐气，为少年人所不欢迎者。

观阳明少年，天才卓然。但此正未可喜，譬诸不受羁勒之良马，其胜踔之材，虽高出于驽骀，而亦难免于败驾。后汉孔融，方十岁，谒李膺。膺奇之。陈炜曰："夫人小出聪明，大未必奇。"正谓少时聪明，尽赖天资。有此天资，而居则有贤父兄之裁成，出则有名师友之琢磨，为圣为贤，自不难矣。如其不然，则所有聪明，必至误用，而无所成就。故早慧之子弟，为父兄者当加意教之。

唐李泌七岁作诗，即有惊人之句，傲然自负。张九龄戒之，泌痛自克责，至于流涕。及长，遂成名人。王勃、杨炯、卢照邻、骆宾王，皆少年即有文名，谓之四杰。裴行俭曰："士之致远，先器识而后文艺。勃等虽有文才，而浮躁浅露，岂享爵禄之器耶？杨子沉静，应得令长，余得善终为幸。"其后勃溺南海，照邻投颍水死，宾王以反被诛，炯终成为清泉一样，怎么可能实现呢？

想要解决这一弊端，最好是学习先儒修性言理的经典，涵养性德，平心气和，这之后才能知道自己的德行学问达到什么水平。所以现在为王阳明先生作传。因为他一人立下三不朽的功劳，生平事迹无不是可惊可喜的，不像其他理学家满纸迂腐，不受少年人欢迎。

看王阳明先生儿时天资卓绝，但这样正是叫人担忧的，好比没有马具去拘束的良马，虽然资质奇佳，远远超过劣性的马，但不受驾驭终究难成气候。后汉孔融十岁时，去参见李膺，李膺对他的才华很惊讶。陈炜说："人小时聪明，大了未必会有什么成就。"正所谓小时候的聪明，完全仰赖天资，有了如是的天资，平时在家有父亲兄长的教诲，出外有老师朋友的磨练，成圣为贤，自然不难。要是不这样的话，无论天资多么聪明，终究还是误用一世，不会有什么成就。所以自小聪慧的子弟，做父亲兄长的人，一定要格外用心教育他。

唐朝李泌年方七岁便可作诗，还常写出惊人的诗句，秉持着如是才华，他就特别骄傲自满。多亏张九龄训诫他，让他深刻感受到自己的错误，痛哭流涕并下决心悔改，长大后才成为栋梁之才。王勃、杨炯、卢照邻、骆宾王这四位从小就凭借文学名声大振，当时被并称"初唐四杰"。裴行俭评价说："士子最终的成就是否高远，并不取决于他文学成就的高低，主要看他内在涵养的厚薄、器量的大小、学识的深浅。王勃这几个人虽然文采斐然，但是却非常浮躁，为人处世上并不高明，怎么是能享得起爵禄，做得了大事的盈川令，皆如行俭之言。

观此数事，则知阳明之代客赋时，欲陈政事疏，皆非养成大器之道。不遇娄一斋，则将来之结果，正未可知。

天资拙者，倍以人力，则亦可及得天资高者。但毕竟天资高者占便宜，如阳明听一斋一席之话，即能洒然自悟，立定根基。此事甚难，非天资绝高者，不易办到。

年谱记阳明二十二岁，赴京会试，不第。宰相李西涯慰之曰："待汝作来科状元，试为来科状元赋。"阳明拈笔而就。有忌者曰："此子取上第，目无我辈矣。"来年再试，果为忌者所抑，观此则知少年狂放之果非福也。

人呢？就杨炯显得沉着冷静，大概能做得个小官，剩下几个能善终就已经不错啦。”这之后王勃南海溺死，卢照邻颍水自沉，骆宾王反叛受诛，杨炯做了盈川令，都跟他预言的一样。

看这些先人的例子，就知道王阳明替游人作诗，打算上书谏事这些行为，都不是修养己身、成就大才的做法。要是没有遇到娄一斋先生，后来的人生命运如何，也很难说啊。

天资拙笨的，只要比别人加倍努力，那么也可以赶上天资高的人。但是毕竟天资高的人占便宜，如王阳明听了一斋先生的一席话之后，便能洒然自悟，立定根基。这事很难，不是天资绝高的人，难以轻易办到。

年谱记载王阳明二十二岁时进京会试不中，当时宰相李西涯劝慰他说：“期待你明年考中状元，请为明年的状元写个状元赋。”他提笔就写了一篇。有人嫉妒地说：“等这小子拿了状元，定然是要轻看我等。”结果他第二年再去考试，果真被嫉妒他的人压制，现在看来年少轻狂果真不是福气啊！

第二章 龙场之谪

少年读此章所记，则知人欲革除旧习，一变至道，诚有如东方朔所谓谈何容易者也（语见汉书本传）。虽以天资卓绝，如阳明者，尚历尽无数之魔境，始能拨云雾而见青天，况他人哉。

阳明始闻一斋之言，归家取考亭之书读之（考亭，即朱子。所著有《诸经章句》、《文集语录》等书），至上光宗疏，有曰："居敬持志，为读书之本。循序致精，为读书之法。"乃悔前日用力虽勤，而无所得者，欲远故也。因循序以求之。然中心傍徨，无以自处，沉郁既久，因得心疾。偶闻道士谈养生术，惑之，颇思遗世入山，然又不果。

自成化（明孝宗年号）以来，南省常有盗祸，烽火频惊。阳明忧之，因慨然有澄清天下之志。平居研究兵术，遇宾客宴会，常聚果核，列阵势为戏。及登进士第，以其研究所得上疏《论边务八事》。

始得进士，观政工部。未几，又改官刑部，奉命至安徽治狱。事竣，游九华山。有道士蔡蓬头者人以为仙，阳明特往见之。又闻地藏洞有异人，坐卧松毛中不火食，阳明历岩险访之。其好奇如此。阳明在京无聊，辞官归越，筑室阳明洞，行道家导引之术。友人王思舆等来访，阳明少年人读这一章的内容，就知道一个人打算去除恶习，走上正途，当真有如当年东方朔所说的“谈何容易”。像王阳明这样，凭借卓绝的天资，尚且要破除无数魔障，才能拨开云雾看见青天，何况别人呢？

王阳明从娄先生处听到了他的真知灼见，回家拿出朱夫子（考亭，即朱子，著有《诸经章句》《文集语录》等书）的著述来读，读到朱给光宗的上书中说道：“保持恭敬秉持志向，是读书的根本；循序渐进研精研微，是读书的要诀。”他就深悔自己先前因为好高骛远，虽然勤奋努力学习，但却没什么实际收获。所以为了长远的目标，开始循序渐进地求学。但是他心中彷徨无措，没法一个人独处，忧郁了好一段时间，因而落下了心病。偶然间他听到道士谈论养生的方术，被其神妙之处迷惑，就想隐居山林，但终究没有成行。

当时南方有很多从明成化年间就兴起的盗匪，掠夺财物搅扰民众。他对此很为担忧，因而感慨地产生了澄清天下的志向。平时研究带兵打仗的技巧，遇到同宾客一起饮宴，常常凑出些果核，排列军阵来当作游戏，等到进士及第，他就把他的研究成果汇编成《论边务八事》上奏皇帝。

当他刚中进士的时候，在工部见习，后来又改去刑部做官，奉皇上命令去安徽管理牢狱，事情做完后他去九华山游玩。当时有个道人蔡蓬头很是神异，人们都把他当作神仙下凡，王阳明特意前往拜访。后来他又听说地藏洞有个怪人坐在松针堆里，不吃熟食，他也亲自爬山去见，他的好奇心就是如此这般。他在北京闲来无事，就辞官回老家，在阳明洞里建了书房，亲行道家炼气术，朋友们偶

命仆迎之，且历语中来迹，似先知者。众惊异，以为得仙术。阳明亦自喜。久之，乃悔曰："此非正道。不足学也。"遂屏去其术，欲验出家远遁，又念祖母及父尚存，因循未决。后忽悟曰："爱亲之念，生于孩提。此念可去，是不啻自绝其良心矣。"尝居西湖，闻有僧禅坐三年，欲以成佛。阳明问其家，以有老母对。因与语爱亲之道，僧涕泣谢，归。

阳明至此，忽忽三十四岁，出入于儒释道三家之间，志意茫然，中无定见。日月易逝，壮岁蹉跎，思之可惧。复入京，官兵部，与湛甘泉定交。湛名若水，字元明，广东增城人，亦明之大儒也。未岁，即有三大杖谪龙场驿丞之事。

武宗（年号正德）即位之初，信用旧太监刘瑾（瑾，兴平人。本姓谈，幼自宫投中官刘姓者，以进用，冒姓刘，后以擅权伏诛）。瑾复引其党马永成、谷大用、魏彬、张永邱、聚高凤、罗祥等相交结，时谓之八虎。日导帝游戏，由是怠于政然来拜访他，他早早就能派僮仆去迎接，几次说话都仿佛能够未卜先知。大家都对此非常诧异，觉得他已经习得了仙术，他自己也为此十分欣喜。等时间长了他又有些后悔，说："炼气修仙并非正途，不值得去学。"于是就放弃了修仙。后来又有了出家的想法，但是想到祖母与父亲还活着，有些犹疑不决，后来顿悟："眷恋亲人这一念，在襁褓之中便已经生发，这个念头要是摒弃了，那么不就是放弃良心了吗？"后来他在西湖边住了一段时间，听说有个僧人禅坐三年，想要成就佛果。王阳明问他的家人，僧人回答说老母尚在。于是王阳明便同他讲了一番顾爱亲人的道理，僧人听闻后，流下了感动的泪水，拜谢他之后就回家了。

王阳明一转眼已经有三十四岁了，在儒释道三家间出出进进，没有什么确定的志向，也没有什么既定的目标。奈何光阴如箭，日月如梭，他细细思量后大为惶恐，就再次入京，到兵部为官，同当时的大学问家湛甘泉结交。湛甘泉，名若水，字元明，是广东增城人，也是明代的大儒。年底，就发生了他受廷杖、被贬谪龙场的事。

当时明武宗（年号正德）即位，信任旧太监刘瑾（刘瑾，是兴平人。他本来姓谈，小时候自宫投奔一位姓刘的宦官，得以进宫，就冒姓刘，后来因为擅权被杀）。刘瑾勾结其朋党马永成、谷大用、魏彬、张永、邱聚、高凤、罗祥等，当时世人称为"八虎"，惑乱圣听，每天放纵小皇帝玩耍，使他懈怠政事。当时南京科道戴铣、事。南京科道戴铣、薄彦徽上疏谏诤。帝怒，下诸人于狱。阳明上《宥言官（谓谏官也，即指戴薄等）去权奸疏》，谓：“铣等职居谏司，以言为责。其言而善，自宜嘉纳施行；如其未善，亦宜包容隐忍，以开言路。”从来时政得失，人民不得议论者，谏官（即御史肃政也，今名史）得言之。故谏官一职，朝野皆视为神圣不可侵犯，虽专制之君，亦不敢贸然斥退者也。武宗即位伊始，即罪戴铣、薄彦徽，失德甚矣。而廷臣无一人营救者，阳明故不能已于言也。

疏上，帝大怒，廷杖四十（廷杖者，帝怒其人，即就朝堂杖之。《礼》刑不上大夫，明世公然行之，实可骇怪之甚者也），谪贵州龙场驿（今贵州修文县境）丞。元明清之世，官中文书，皆于陆路设驿，命一丞主之，其秩甚卑。况龙场在贵州万山之中，蛇虺蛊虫之所聚，蛮烟瘴雨之与居，中原士大夫，鲜有过此者。阳明其何以堪此？乃闻命，即日出国门，将至贬所。而刘瑾恨之不已，暗中遣人伺阳明于路，欲害之。阳明行至钱唐江（在今浙江杭县），令从者扬言已投江死，而密附商船往舟山（舟山岛，今属浙江定海县）。海风大作，船漂至闽界，登岸，在荒山野径中，独行数十里。夜扣僧舍求宿，僧不纳，更趋野庙，倚香案而卧。夜半，闻虎绕屋而薄彦徽上书进谏，被他打入大牢。王阳明上陈《宥言官（指谏官，就是戴、薄等人）去权奸疏》，说：“戴铣等谏官的职责，在于向皇上进言，保证皇上不受奸邪蒙蔽，这些官员分明是履行了自己的职责。他们的言论是对的，就应该接纳他们的言论。就算说错了，也应该包容他们，这样才能鼓励群臣上书谏言献策。”历来皇朝，政事得失，老百姓不够资格议论，只有谏官才能议论指谪。所以谏官这个职位，历来是神圣不可侵犯的。即便是再专制的君主，也不敢贸然申斥定罪于他们。而明武宗刚即位，就治罪于戴铣、薄彦徽，实在是太失德了。然而群臣中却没有人敢去营救，所以王阳明看不下去而忍不住说出来。

这道奏折一上，皇上大为恼怒，当庭杖打四十下（廷杖，就是皇帝对某大臣很生气，就当堂杖责这人。《礼记》中说“刑不上大夫”，明代却公然杖责大臣，实在是骇人听闻啊），将王阳明贬谪到贵州龙场做驿（今贵州修文县境）丞。元、明、清时代，官府文书，由驿站传送，每个驿站由驿丞管理，是极卑下的官职。况且龙场那个地方群山环绕，毒虫满野，瘴气弥漫，中原士子，少有经过。王阳明怎么受得了这个苦？他接受命令当日就出了城门，去往龙场。但是刘瑾对他怀恨不已，偷偷派人埋伏在路上，打算暗害他。他走到钱塘江（在今浙江杭县），派随从散布消息说他投水死了，偷偷依附商船去舟山岛（舟山岛，今属浙江定海县），路上海风大作，商船飘到闽南地界，上岸后在荒山里独自走了几十里路。晚上敲开寺院的门，请和尚留宿他一晚，但和尚没有同意。于是他就跑到荒野里一座破庙，靠着香案睡下。半夜听到老虎绕着屋子大吼，啸，树叶簌簌下。阳明安然不惊，其能不动心如此。

阳明欲遁世不出，以逃龙场之谪。既念如此则刘瑾之憾愈甚，不能快心于己，将迁怒于父，遂奋然上道。比抵其地，从者皆病。阳明亲析薪汲水，作糜饲之，又为歌诗谈笑，以相解慰。然而万里投荒，一身无主，衣食不继，生命可危。境遇之厄，可谓至矣。天将降大任于是人也，必先苦其心志，劳其筋骨，饿其体肤，空乏其身，行拂乱其所为。则能动心忍性，增益其所不能。故曰人生于忧患，而死于安乐也（语本《孟子·告子下》）。天使阳明困苦颠连至如此，欲使之动心忍性，而付以继往开来之大任也。

阳明此时，因思设使圣人处此，将以何道自遣。忽中夜大悟格物致知之旨（格物致知之说，首见于《大学》），不觉呼跃而起。人欲去而天理见，始于是矣。虽其愤懑不平之气，犹不能尽消，而进德之根基，已确乎不可拔矣。

树叶都随着簌簌落下。他却安然不动，毫无惊诧之意，他能心神凝定、如如不动到这般境界。

他当时打算隐世，不再回返凡尘，以逃过去龙场的贬谪。但想到如果自己不去，刘瑾不得出气，定要加害自己父亲，最终还是咬紧牙关上路。等到了龙场，所有随从都病了，他亲自照顾他们，砍柴、打水、熬粥，又给他们唱歌、做诗、聊天，相互慰藉。但是万里迢迢走入蛮荒之地，漂泊无依，衣物食物都接济不上，生命都到了岌岌可危的境地。王阳明此时境遇的困厄，算是到了极致。上天将要降下重大的责任在这样的人身上，一定要首先使他的心性和意志痛苦，使他的筋骨劳累，使他经受饥饿，以致肌肤消瘦，让他做的事颠倒错乱，总不如意。通过这些使他的内心警觉，使他的性格坚定，增加他不具备的才能。所以说一个人是在忧患中成长，在安逸中死去的（语本《孟子·告子下》）。上天使他遭受困厄，颠沛流离到了这样的地步，也是要磨练他的心性，使他变得意志坚定，性格坚韧，这样才能托付给他为往圣继绝学、为万世开太平的重任。

他到了这般地步，又开始思考倘使圣人到了这般境地，又当如何？某天半夜忽然悟到格物致知的道理（格物致知的说法，最早出现在《大学》中），不觉高兴地欢呼跳跃。放下了人欲，天理就自然能见到了，他的学说就从这时开始发端了。虽然他胸中愤懑不平的意气还是不能完全消却，而将来德行精进的基础，此时已经是坚定不移了。

【批评】

人生营营，莫不有欲。欲念去，则志气清明，浩然之气，塞乎宇宙，为圣为贤，皆不难矣。然此事最难，正要静气凝神，屏去私欲，则中心纷扰，杂念愈多。李太白诗“抽刀断水水更流”，此之谓也。释道二家谓之魔，吾儒谓之欲。《西游记》，宗教家之小说也。唐僧方一意取经，而魔难乘之，至于七十二次而后已，此喻进德之难，非大勇者不能斩除葛藤，自辟正路也。

阳明在未谪龙场以前，何尝不有志。然见一样，喜一样，心无定见。既欲从一斋甘泉讲学，又欲入山作道士；既欲入山作道士，又欲作进士，又欲杀贼立功。如此而欲践其圣人可学而至之言，难矣！从知人生何处不逢磨难，岂必西天道上。

后来规规矩矩，作一进士。刘瑾以一刑余之人，专权误国。阳明不顾利害，抗疏参之，是真大丈夫男子汉之行为。龙场一谪，人皆惜之，不知从此而阳明身心中之磨难去矣。

阳明在龙场，已能动心忍性，一归于道矣。而得失利害之见，犹不能廓然忘机。读旅文（《王阳明先生全集》卷十），可知其胸中犹有几许不平之气，未臻乎不知不愠

【评论】

人生一世忙忙碌碌，所有人都怀有人欲。只要欲望的念头去尽，那么志向与神气便清净明快，浩然正气便充塞宇宙，成圣为贤都不难了。但是这件事本身是最难的，要平静心气，凝练神思，但心中烦烦扰扰，杂念繁多。李太白有诗“抽刀断水水更流”，就是比喻这件事而说的。佛、道二家管它叫魔，儒家人管它叫欲。《西游记》作为一篇宗教小说，里面的唐僧一心要去西天取经，妖魔也乘机而至，历经七十二考验终于圆满。这也是比喻德行增进的艰难，不是大勇大智的人不能斩除欲望的藤蔓，从而独自开辟一条走向正知正见的道路。

他在贬谪龙场以前，又怎么没有志向呢？但是心性不定，看见一样爱一样，先是跟了娄一斋先生讲学，后来又要进山当道士，当了道士想做进士，还打算沙场戎马立功，一直这样虎头蛇尾，之前发下圣人可学而至的宏愿也是很难完成的。从他的故事里，我们知道不仅仅是唐僧西天取经路，人生处处都有磨炼与考验。

后来，规规矩矩，考取了进士。但是太监刘瑾独揽大权、坑害国家。王阳明因此不顾己身，上疏弹劾刘瑾，这是真正的大丈夫男子汉的行为。虽被贬至龙场，大家都为他感到惋惜，却不知他身心的磨难从此都去除了。

他在龙场之时，心灵已经受到了震动，意志更加坚韧，一心走上求道之路了。但是得失利害这些俗情还不能彻底去尽，读他旅途中写的诸多文章（《王阳明先生全集》卷十），就能知道他心里

（《论语》：人不知而不愠，不亦君子乎？含怒意），抱道自乐之慨也。

名人修养，多择深山穷谷之中；卜筑数椽，与世相忘。读圣贤之遗书，玩自然之现象，则志气日趋于高。明名人遗迹，山水生辉，白鹿（白鹿，即在江西庐山，宋时朱子于此讲学）阳明，先后同揆矣。

还有几分不服，还没有达到人不知而不愠（《论语》中说："人不知而不愠，不亦君子乎？"隐含怒意），能守住大道自得其乐的境界。

高人修养己身，大多选个深山幽谷，建几间小房，遗世隐居。品读圣人著述，探究自然气象，志向与气节渐渐升华。明朝的名人遗迹，令山水生辉。前有朱子的白鹿洞（白鹿，即在江西庐山，宋代时朱熹在这里讲学），后有王守仁的阳明洞，一先一后，在历史上遥遥呼应，熠熠生辉。

第三章 道德之猛进

世无不可化之人，地无不可易之俗。今之神州禹域，称为远东文明之渊薮者，其始皆獉獉狉狉之苗族之所窟宅者也。由此推之，龙场虽僻，岂遂不足与为哉？

阳明初至，犹与夷俗不相习。既而以身作则，化导夷民。民皆感化，相率伐木为屋以栖之。阳明处之泰然，题其室曰“龙冈书院”，曰“寅宾堂”，曰“何陋轩”，曰“君子亭”，曰“玩易窝”，各作文以记之。蛮夷之长，亦争馈粱肉、金币、鞍马，皆不受。

明之中叶，上古三苗九黎之遗裔尚多。湖南、广东、广西、四川、云南、贵州山中，皆彼族栖息之乡（今湖南、广西已无土司）。朝廷不置汉官，仍其君长；子孙世袭，俨若封建之诸侯。顾其中又各别，一是土官。土官之系，皆出于汉族，凡事直受朝廷命吏之指挥，其职有长官司、土知州、土知县、土州同诸称。一是真土著，皆酋长自治其部人，而间接以受朝廷命吏之指挥。时水西宣慰安氏，有地千里，拥众四十八万，以是颇崛强。政府议设军卫于其境，筑城郭以戍之，既而中止，然驿传尚存。安以据其要害，于己不便也，欲去之。阳明遗书折之，其略曰：“凡朝廷制度，定自祖宗，后世守之，不可以擅改。如其改之，从朝廷不见，罪有司者将执法绳之，使君必且无益。使君之先，自汉唐以来，千几百世上没有不能教化的民众，各地没有不能改变的风俗，现在的神州禹域，被称作中华文明之源起，当年也不过是一个草木丛生、野兽出没的蛮荒部族的后裔。从这里可以看出，龙场虽说偏僻，又怎么不值得加以教化呢？

王阳明刚到这里的时候，不熟悉当地民众生活习惯。但他以身作则，教化引导当地百姓。民众都被感化，争着为他砍树盖房作为安身之所。他泰然处之，为那些屋子分别题名为：龙冈书院，寅宾堂，何陋轩，君子亭，玩易窝，分别撰写文章来纪念。荒野蛮夷的首领们也争相送他粮食、肉食、金钱、鞍马，他都不接受。

明朝中叶，上古遗留下来的少数民族还很多，湖南、广东、广西、四川、云南、贵州山中等地都是这些少数民族的聚居地（现在湖南、广西已经没有土司了）。朝廷对他们管理很是宽松，不派官吏管理，任由他们选出自己的首领，子子孙孙世袭职位，就像分封的诸侯一样。但这之中也有些分别，一种是土官，由汉族人担任，直接接受朝廷指挥管理，其职务有长官司、土知州、土知县、土州同等。还有一种是本地土著，都是由部落酋长自己管理，间接受朝廷指挥。当时水西宣慰司有安氏，坐拥千里土地，四十八万之众，凭借这个不大服从朝廷管理。于是当时政府在那里建了个小城戍守，不久也就不了了之了，只是驿站还留存。安家认为那里占据了自己领地的要害所在，打算拆了它，王阳明给他们写了封信，说："大凡朝廷定下的制度，都是由祖宗定下，后世子孙须要遵守，不能擅自修改。如果果真修改了，朝廷一旦发现，向来是要严厉查办的，对您必然没什么好处。您的先人，从汉唐以来，千余年时光过去，年，土地人民，未之或改，所以长久若此者，以能世守天子礼法，竭忠尽力，不敢分寸有所违越，故天子亦不得逾礼法，无故而加诸忠良之臣。不然，使君之土地人民，富且盛矣，朝廷悉取而郡县之，有谁以为不可？夫驿可减也，亦可增也；驿可改也，宣慰司亦可革也。由此言之，殆甚有害，使君其未之思耶。”书去，安氏遂不敢动。

安氏之部落中宋氏酋长，有阿贾阿札者，叛明，为地方患。阳明又遗书安宣慰司诋讽之，略谓：“阿贾阿札等，为地方患，传者谓使君实使之。始省中长官，得是说，即欲闻之于朝。既念使君平日颇忠实，未必有是。姑令使君讨贼，苟遂出军剿扑，则传闻皆妄矣。既而文移三至，分屯寨堡者，不闻擒斩以宣国威，惟增剽掠以重民怨。使君与宋氏同守土，而使君为之长，地方变乱，皆守土者之罪也。使君宜速出军，评定反侧，破众谗之口，息多端之议，补既往之愆，要将来之福。某非为人作说客者，使君幸熟思之。”安得书悚然，率所部平其难民赖以宁。

孔子曰：“言忠信，行笃敬，虽蛮貊之邦行矣。”阳明在龙场，草一纸书，而强酋奉命，边境又安，非平日忠信笃敬占有的土地，从属的人众，也没有更变过。之所以能一直这样，也是靠着世世代代遵守天子定下来的规矩，尽力做事，不敢越界一丝一毫。所以即便是天子也不能违背礼法无故伤害忠良。要不然，你这么富庶的土地，朝廷看着不错，便将之收回，又有谁敢说个不字？那么驿站要是能减少，想来也是能增加的，要是驿站都能更改，您这宣慰司也是可以革除的呀。从这个角度看来，确实害处多多，是您所没有思量的。”这封书信一发，安氏就不敢有异动了。

安氏部落里有个宋氏酋长，叫阿贾阿札，反叛明朝，是地方的一大忧患。王阳明就又修书一封给安氏指谪这件事，大意是：“阿贾阿札这类人，是地方的祸患，有人传言是您指使的，开始打算报告省里的长官们，他们得到这样的消息，那就肯定是要报告皇上的了。现在想到你平时很忠实的，未见得有这种事。我暂且让你派兵出去剿灭他们，则传闻会不攻自破。稍后公文接二连三而来，您屯住在寨中的军队，没听说擒拿或斩杀贼人来宣扬国威，而是只知道多次剽掠加重民怨。您同宋氏共同守护这片土地，您还是宋氏的首领，地方有变乱，罪责是要归到守护土地的人身上。您得赶紧出兵，平定这帮叛逆，塞住众小人的嘴，平息这种不实的议论，弥补之前的过失，才能求得未来的安宁。我也不是给别人当说客来的，您还是好好想想吧。”安氏看到书信大为惊恐，立马带着部属平定叛乱，民众这才得以过上安宁的日子。

孔子说：“能够做到言语忠诚守信、行为至诚恭敬，即使是野蛮之地也可以行得通。”王阳明在龙场，一封书信就能让强悍的之所钦？贵州提学副使席书（字文同，遂宁人）闻其名，聘至省城，主讲贵阳书院。知行合一之理，即此时所讲明者也。其说如下：

徐爱问曰：“人皆知父当孝，兄当弟，却不能孝不能弟。以此观之，知、行明是两件事。”曰：“此已被私欲间断，不是知、行本体也。未有知而不行者，不行只是未知。圣贤教人知、行，正是要复其本体。《大学》云：‘如好好色（上好字，呼到切，下如字），如恶恶臭（上恶字，乌路切，下如字）。’指明知、行之理，莫切于是。见好好色属知，好好色属行。见好色时，心已好之；不俟既见之后，又蓄意，好之也。闻恶臭属知，恶臭属行，但自恶臭时，已自恶之；不俟既闻之后，又立心恶之也。盖知是行之主意，行是知之工夫；知是行之始，行是知之成。”

蛮酋接受他的命令，安定了边疆，难道不是因为他平时就保有这些美德吗？当时的贵州提学副使席书听到了他的美名，聘请他到省城贵阳书院讲学。他知行合一的道理，就是在这一阶段讲出来的。其中有一段是这样的：

徐爱问："人们都知道对父亲应当孝顺，对兄长理当恭敬，却既不能孝顺，又不能恭敬。从这里看来，知道一件事和力行那件事原本是两件事。"他回答说："这是知、行之间被私欲间断的后果，并不是知行一事本身了。天下并没有知道道理却不去力行的人，他们不去力行只是因为他们并不真正明白那些道理。圣贤人教导人知行合一，正是要恢复其本性。《大学》中曾经说道：'就像喜欢美丽的颜色，厌恶肮脏的臭气一样，从心而生。'知行合一的道理在这句话中表现得再明白不过了。将知道好的道理比作看到美丽的颜色，将努力践行比作对它的喜爱。看到美丽的颜色，不用再思再想，一眼就知道喜欢；闻到臭气肮脏就已经知道了，心里厌恶肮脏的臭气就已经行动了。但是从闻到肮脏的臭气，就已经起了厌恶的心，并不是等闻到肮脏的臭气之后，再立起一个厌恶的念头出来。总而言之，'知'是行为的起因，'行'是感悟之后自然生发的行为。'知'是'行'的开始，'行'是'知'的结果。"

自谪龙场，凡三载而归。在南京，复以“致良知”训学者。其说曰：知是心之本体，体心之天职在于知也。见父自然知孝，见兄自然知弟；见孺子入井，自然知恻隐。此良知之所以不假外求也。若良知之发，更无私意障碍，即所谓充其恻隐之心，而仁不可胜用矣（语本《孟子》）。常人不能无私意，所以须用“致知格物”之功。胜私复礼，良知更无障碍。以充塞流行，便是致其知，知致则意诚。

阳明此一席话，足令志士闻声而起舞，懦夫闻风而立志。阳明之学，至是果大进矣。夫阳明之学，不进于诗礼昌明之地，而进于蛮荒僻壤之中，则洵乎评鉴忧患之益人不浅也！

【批评】

人生不如意事常八九。常人遇到困难，便觉忧伤憔悴；其又甚者，至于愤不欲生。汉时雒阳人贾谊（雒本作洛，汉以火德王火能胜水，故选洛作雒），年十八，以能诵诗书属文，称于郡中。年二十余，文帝征为博士，甚见宠遇，将任以公卿之位。而诸大臣皆忌之，乃出为长沙太傅，谊意不自自从他被贬龙场，转眼间三年期满。他到南京，又用他“致良知”的理论来教导学生。他说，知来自于心灵本身，而心灵本体的天职就在于感知世界。看到父兄，自然知道孝顺、尊敬。看到小孩子掉到井里，自然生发出恻隐之心。所以人的良知并不需要依托身外之物求得。一旦良知生发，又没有私心杂念阻碍，自然如大江奔流，一泻而出，充塞胸臆，取之无尽，用之不竭了。可寻常人又不能做到没有私心杂念，这便是要让人做格除物欲，走向良知的功课，战胜私欲来将自己复合于道，这样良知自然没有私欲阻隔，那么就可以充塞胸臆，返照自身。这便是澄净心灵，心灵一旦澄净，自然一举一念，都生于本心。

他这一席话，足够让所有听见的有志之士受鼓舞，坚定前行，无志之人听到，也能立定志向。经这一番磨难，他的学问到此方大为精进。他的学问未曾在儒学繁盛的中原精进，反倒是在那蛮夷荒山之中有所长进。可见，忧患对人的磨练与助益，果然很深啊！

【评论】

人生之不如意事十有八九。寻常人遇到困难，就感到忧伤憔悴，甚而至于痛苦到不想活的地步。当年汉朝贾谊十八岁就能写很好的诗和文章，扬名一郡。二十多岁的时候他被皇上任命为博士，很受恩宠，最后出任公卿之职。但是很多大臣因而忌恨他，于是想办法将他贬到长沙作太傅。他很是失意。后来做了梁怀王太傅，梁怀王一不留神落马摔死。他为此悲伤了一年多后抑郁而死，死时也得。后又傅梁胜，胜坠马死。谊常哭泣岁余，亦死，年三十三矣。夫贾谊外迁，未若廷杖之辱也。至长沙，至梁，未若龙场之僻也。居师傅之位，未若驿丞之贱也。谊竟不胜其忧患，郁郁而死。阳明则动心忍性，能以忧患而坚其志气，不以忧患而变其初心。此谊之所以早死，而阳明之所以能成一番事业也。成败关头，可不慎哉。

士大夫一遇乡老，便傲慢自大，以为不屑与语。至入蛮夷之中，则更避之若浼，否则恃势欺凌。宋季不能得南洋之助，以成恢复之季；不能得缅甸之助，以支偏安之局，皆以平日蔑视其人，故事急之际，求之而不应也。阳明在龙场，能使土人爱之如父母，敬之若师傅，危急之际，一纸空文，蛮王俯首，为国家弥患于无形，足为孔子忠信笃敬，可行蛮貊之注脚。

前朝处置边方，因其风俗不同中土，故用以夷治夷之法。拔其酋长，属于汉官，遂有宣慰司、土司之名，至于今不改。然所谓土司者，大抵不知世务，待其部落，惨酷无理，因循怠惰，有乱无治理。在昔闭关自治时代，无他人之觊觎，异族之争，竟犹可为治，今则不能矣。四川、云南、甘肃、新疆之边，土司充斥，万里膏腴，荒而不治，将折入英、俄、法不过三十三岁罢了。贾谊不过外迁贬谪，也未曾像王阳明那样受庭杖的侮辱；所到长沙，也总要好过龙场太多；贬作太傅，总要比一个小小驿丞有地位。贾谊还是禁不住打击，忧郁殒身。王阳明先生却能不受外界干扰，用忧患来坚定他的志气而并非因为忧患改变本心。这便是为什么贾谊死得早而王阳明却能成就一番事业的缘故。看来能否禁得住忧患的打击就像横亘在成与败之间的一道关口，一定要谨慎地对待呀！

中原士大夫一旦遇到乡下人，就傲慢自大，认为不值得与之交谈。若是跑到蛮夷人群之中，那肯定是要么避之不及，要么仗势欺凌。所以宋朝末年没有办法得到少数民族的帮助，最终失败；不能得到缅甸的扶助，以挽回偏安一隅的局面。这都是因为平时蔑视这些人，所以到了危机之时，再怎么求人也没用了！王阳明在龙场的时候，能让当地人像对父母一样地爱戴他，对老师一样地尊重他，那么一到危机之时，一封书信，就能让蛮族的首领顺从领命，为国家消弭祸患，使国家重归太平，这足可以作为孔子所说的“忠信笃敬，可行蛮貊”的最好解释。

前朝人处置地方事务，因为其地方风俗与中原不同，就采用本地人统治本地人的方法。选拔一些酋长，当作朝廷官吏对待他们，这才有了宣慰司、土司的称呼，到了现在也还没有改变。然而那些土司们，根本不大懂得世俗政务，对待他管辖的部族残酷无理，因循守旧，怠惰无为，只能祸乱地方，完全起不到治理的作用。在以前闭关自守的时代，没有别人非分的企图，也没有少数民族之间纷乱之争，自然太平无事，但是现在就不能这样了。想一想我国诸国矣。我少年如能学成而往冒险，经营如欧人之于非美诸州，则统治之权，可以渐归汉族。不可折一兵，不遗一矢，得若千万里之殖民地矣。

人性本善，所以有不善者，私欲蔽之也。能刻刻迁善改过，则复其本性矣。而人多不能者，皆分知、行为二，而昧于心之天职之故。阳明好色恶臭之喻，令人言下恍然。顽廉懦立，断推此种议论。

徐爱字曰仁，号横山，余姚之马堰人，阳明内兄弟也，奉阳明为师，随至龙场，信阳明之道，最早、最笃，如孔门之有颜子（名渊，字回，孔子弟子，居德行科之首。早卒）。曾游衡山，梦老僧抚其背而歌曰：“子与颜子同德，亦与颜子同寿。”觉而异之，后果然。

四川、云南、甘肃、新疆等地，当地土司放着千里沃土荒芜而不去治理，很快就会被西方列强吞并的。现在我们中国的少年要是能学有所成，冒着危险前去治理，像欧洲人经营非洲、美洲那样治理这些地方，那么这些土地自将渐渐回归华夏而不费一兵一戈，就好比是得到了几万里的殖民地。

人性本来是善良的，之所以做出种种不善事，都是被私心杂念蒙蔽。能时时刻刻一心向善，不断弥补自己的过失，那么就能复归人的本性了。但是人们大多不能这么做，都是因为他们被私心杂念蒙蔽而把知、行分一为二，障蔽了心灵的本体，而不知天职本来如一的缘故。王阳明用“如好好色，如恶恶臭”引申出来的议论，真是叫人恍然大悟啊！能使贪婪的人变得廉洁，怯弱的人变得坚强自立，一定就是这种议论啊！

徐爱字曰仁，号横山，余姚马堰人，是王阳明的妹夫，拜了他作老师，跟着他到龙场受苦，最早也最坚定信奉他的学说，就像颜回（颜回，名渊，字回，是孔子弟子，在德行科中最为优秀，英年早逝）之于孔夫子一样。徐爱曾经去衡山游玩，梦到老和尚轻轻地抚摸着他的肩背，唱着：“你跟颜回德行相同，奈何寿命也是一样的。”他醒了以后大为惊异，后来果然应验。

第四章 南赣平盗

古之君子，得其时而仕，则泽加于民，声施烂然；不得其时而隐，则或抱守先儒之绝学，或阐明未发之新知，盖随处抱利济斯民之志也。阳明自正德五年，归自龙场，任庐陵县事者七月（今江西庐陵县），更历仕南北两京，皆居闲曹（旧时以京官事务不多，曰为闲曹，犹言清闲之官也），无所藉手，故亦无所表见。宾从往来，无非讲学而已，所谓若仕若隐之时代也。

时陆甘泉傅白沙之学（陈献章，字公甫，广东新会之白沙里人。学者因称之为白沙先生，隐居教授弟子，身盛甚明，成化间大儒也），讲学京师，于阳明为先辈。阳明以后进之士，与之分主讲席，甘泉亦盛称之。两人学派，微有不同，盖甘泉犹守旧说，而阳明则多凭心得也。阳明曰“致良知”，甘泉曰“随处体认天理”。然天理即良知也，体认即致也，故两人之学同而异，异而实同。阳明在京任吏部主事，方献夫（字叔贤，南海人，谥文襄）为郎中。

古代的君子，时机成熟时便做官，因此能够施恩泽于百姓，声名大振；时机不成熟时就隐居世间，有的坚守古圣先贤的学说，有的就阐述前人没有讲述的道理，随时随地都抱着帮助国人、泽被苍生的志向。王阳明于正德五年从龙场回来，在庐陵县当了七个月的主事（今江西庐陵县），后来在南京、北京做了一段时间闲官，没有什么能拿来做大事的权柄，所以也没什么表现，所到各处不过讲学教人罢了，这段时间就是他半入世半隐居的时期。

当时陆甘泉秉承陈献章先生的学问（陈献章，字公甫，广东新会之白沙里人，学者因此称他为白沙先生。他隐居起来教导学生，享有盛名，是成化年间的大儒），在京城讲学，同王阳明对比，算是前辈了。王阳明作为后进的士子同他分别主讲一席，陆甘泉大为称赞他的才学。其实两个人的学派，也有一点不同，大体说来陆甘泉尚且固守着前人的说法，而王阳明多是凭借内心的体悟。王阳明提出“致良知”的道德修养方法，陆甘泉提出“随处体认天理”的道德修养方法。其实天理就是良知，体察、认知也就是所谓的实践达到，所以这两个人的学说至理相同而殊途同归，言辞各异而各立称谓（一个以本统末，一个由末归本，都是一道同风，一脉相承，同理同宗）。这段时间王阳明在京都主管吏部，方献夫（字叔贤，南海人，谥号为文襄）任郎中。

正德之初，南中诸省，盗贼疯起，皆据地称王。陈金俞谏，先后讨之，数年不见功，起前南赣汀漳巡抚文森（字德华，太原人。谥恭襄）治之。森畏难不敢受命，称疾而去。于是寇盗滋多，民不聊生。兵部尚书王琼荐阳明，乃升为都察院左都御史，巡抚南赣汀漳。阳明以一书生，而受兵事，剿剧寇，人人皆以为危。乃阳明闻命即行，毫无畏死之状，独王思兴语人曰：“阳明此行，必立事功。”人问其何以知之，曰：“吾触之不动矣。”盖人能猝然临之而不惊，无故加之而不怒，谓之不动心。能不动心，则学养已到，可以出而任大事矣。王思兴能于此观人，则亦岂寻常之士也哉。

正德十一年冬，出京，赴赣州。道经万安，有贼数百，沿途劫掠，商船不敢进。阳明乃结数十船为阵势，扬气鸣鼓，如赴战状。贼惧，罗拜呼曰：“饥荒流民，乞求赈济。”乃令人谕之曰：“至赣后，即差官抚插，各安生理。毋作非为，自取戮灭。”贼皆散归。

正月至赣。二月，已平漳州之盗。四月，班师。九月，改正德初年，南方诸省，强盗流寇急剧增加，都占据一方，自称为王。陈金俞进谏并先后去征讨，打了几年也没什么成效，朝廷打算让负责管理南赣汀漳的巡抚文森（字德华，太原人，谥号为恭襄）去治理。结果他畏惧困难不敢接受命令，假托生病逃跑了。故而这帮强盗更加猖狂，民众苦不堪言。兵部尚书王琼推荐王阳明担此重任，于是王阳明就被提拔做了督察院左都御史，替代文森做南赣汀漳巡抚，主管地方平定叛乱。本来是一介书生，但却接受了军事的调遣去平叛流寇盗贼，大家都为他这样做而感到危险。但他一接受命令就立马出发，完全没有露出胆怯怕死的样子。当时只有王琼跟别人说："王阳明这一去，定然立下功劳。"有人问他怎么知道的，他说："我去冒犯他，但他却毫不为我所动。"一个人如果能做到猝然临之而不惊，无故加之而不怒，这就意味着他达到了孟子所说"不动心"的境界了。人能做到这种地步，意味着他的学养已经纯熟，可以派出他去干大事了。王琼能凭借这个细节来观察别人，想来也并非常人吧。

正德十一年冬，王阳明离开京都前往赣州平乱，路上经过万安的时候有几百蟊贼一路劫掠，商人的船只都不敢通过。他集合了数十只船，结成阵势，大声击鼓，像是要去打仗的样子。这些蟊贼一见这样的阵势，立马心惊胆寒，连忙齐齐跪倒："我等本是受着饥荒的流亡人，求大人您开恩救济！"于是王阳明派人对他们说："等我到了赣州，就派官吏来安置你们，你们以后一定要各安生计，别再做这些扰乱社会的勾当，自取灭亡。"盗贼们都四处逃散而离去。

王阳明正月到了赣州，二月就平定了漳州的盗贼，四月份就提督南赣、汀漳等处军务。十月，平横水、桶冈（横水，隘名，在江西崇义县东。其南为十八面岭。桶岗，在崇义县西北，与湖南郴州接境）诸寇，贼首谢志珊就擒。阳明问之曰："汝何得党类之众若此？"志珊曰："亦不易也。平时见世上好汉，断不放过，必多方钩致之。或周其急，或逞其嗜好，待其怀德，与之谋，无不应矣。"阳明顾谓门人曰："吾儒求友之切，亦当如是。"十二月，班师。正德十二年，正月，征三利（又名利头山，名有上、中、下三利，在广东和平县西北接江西龙南县界）。三月，平大帽、利头诸寇。四月，班师。六月，朝廷以平贼功，升右副都御史。

计自受命巡抚，仅一年有半，而江西、福建、广东、湖南等处，千余里之乱，次第削平。又复改定兵制，建筑城邑，疏通盐法，设立书院，举行乡约，治事之暇，更不废读书讲学。人至功夫成熟之后，出而治事，得心应手，左右逢源，其乐有如此者。

【批评】

语曰："长袖善舞，多财善贾。"即曾子"诚于中而形于外"之意也。今人在学校一毕业，即想立功自见，此犹穷汉班师回朝，九月份就改任提督，专管南赣、汀漳等地军务。十月份平定了横水、桶冈的匪患（横水，关隘名，在江西崇义县东，南面为十八面岭。桶岗，在崇义县西北，与湖南彬州接境），匪首谢志珊被活捉。王阳明问他如何聚集如此多的人众，他说："这也不是什么容易事呀，平时一旦见到江湖上有名有姓的好汉，断然不会白白放过他们，一定要投其所好。要么在危急关头帮助他，要么投其所好取悦他，等他心怀感激，那么同他谋划起事，就没有不响应的。"王阳明回头对门生们说："咱们做学问的人访求同道，也要像这位贼首一样心切呀。"十二月班师回朝。正德十二年正月，王阳明征伐三利山（又称利头山，名字中有上中下三利，在广东和平县西北和江西龙南县交界），三月份平定大帽、利头等贼寇，四月份班师回朝。六月份朝廷因他平定匪患功勋卓著，擢升他做右副都御史。

从他接受巡抚的命令以来，才一年半的时光，而江西、福建、广东、湖南等南方千里之地的匪患已经被他依次平定。然后他又改定兵制，建造城池，梳理盐法，设立书院，订立乡规，管理公事的同时还没有荒废读书教学。一个人若是到了修养纯熟的时候，管理政事，就能得心应手、左右逢源，其中有如此大的乐趣。

【评论】

俗语说，"穿着长袖服装，跳舞更好看；钱多的人，更便于做买卖。"这也是曾子说的"一个人如果内心真诚，能在其举止中看出东拼西凑，有了些微资本，便想开设行铺，识者早知其必败矣。但买卖场中，犹有机会可乘。至于治国安民之大业，确确凿凿，做一件，是一件，断无侥幸可图。故学不足者，宁可忍饥数年，学成而求任事。

昔孔子弟子有漆雕开者，孔子使之出仕，漆雕开辞。曰："吾斯之未能信。"言己之学问，未能自信，不能出任以求事功也。孔子赏之。今观阳明亦然。自成童授书，至二十八岁而通籍；四十五岁，出任大事，受之不辞者，此时学问，实能自信故也。热中之士，急于求用，人亦未必信其学行有素也，而美之曰"有经验"。上以是求，下以是应，此世事之所以日非也。呜呼！可不反其本哉？

人之所以到处觉得无乐趣者，正因未吃过一番苦。天下之至苦者，莫过于学而未成之时。孔子状学而未成时之意态，曰愤曰悱。愤者，心求通而未得之意。悱者，口欲言而未能之貌。及至豁然贯通，苦尽甘来，则又通身愉快，实有难以言语形容者。不学之人，未知苦，又焉知乐？其终身戚戚也固宜。

苏秦说秦王，秦王不用，穷困而归。发愤读书，夜倦欲来”。现在的人从学校刚毕业，就想着建立功勋显露自己的能力，就好比是一个穷汉东拼西凑，出些微少的资本便想要开店，有见识的人一看就知道他肯定是要失败的。但是生意场中尚有机会可乘，治国安民这样的大事业，确确凿凿，做一件是一件，绝对没有侥幸可图。所以学业不精者，宁肯数年挨饿，等学问大成再谋求担当大事也不迟。

往昔孔子有个徒弟叫漆雕开，孔子叫他出去作官，他拒绝了。他解释说：“我对自己的学问还不大相信。”意思是自己的学问自己不相信，是不能出去作官以求功绩的。孔子对他大为欣赏，现在看来王阳明也是这样。王阳明自开蒙读书以来，二十八岁而精通典籍，四十五岁才开始担负重担。之所以接受大任却不推辞，是因为他这时的学问，已经能让自己坚信不疑了。热衷功名的人，急着作官被任用，别人也未必相信他的学识和行为，而美其名曰“有经验”。上级用这个来要求下属，下属也拿这个来糊弄上级，这也是之所以世风日下，人心不古了。唉，怎么能不本末倒置呢！

人们之所以做什么都觉得没有乐趣，都是因为没吃过苦。天下最苦的事情，没有比得过钻研学问却没有成果的时候。孔子用“愤”、“悱”来描述这种状态。所谓”愤”，就是心中了解但未能通达。所谓”悱”，就是想说却不能恰当表达。等到突然明了，豁然贯通，那么苦尽甘来之际，那份浑身畅快的感觉，实在是无法对外人说道。不苦心钻研学术的人，没有那份痛苦，何来快乐呢？那么他们一生忧苦畏惧，也是应当的。

苏秦游说秦王，秦王不任用他。回来发奋读书，每晚苦读，困睡，引锥自刺其股，流血至足，其志亦卓矣。及观其求学之目的，则曰“安有说人主，不能出其金玉锦绣，取卿相之尊者乎”。鄙陋至此，尚足谓之学乎？国策称之为“揣摩”。揣摩二字极当。苏秦胸中，知有揣摩而已，何曾知有学？揣摩成熟之后，攫取卿相之位，彼自以为乐矣。学道人之乐，固未尝梦见也。阳明之乐，方是真乐。滁州之游，清风明月，一片天机，此之谓名教中自有乐地。

倦欲睡之际用锥子扎自己的大腿保持清醒，血一直流到脚下，他的志向确实坚定。但考察他求学的目的，却是“怎么有人去游说君王，却拿不到他的酬劳，坐不上他的相位呢”。见识浅陋至此，也能称他作学问吗？《战国策》把他的行为叫做“揣摩”，这两个字极为恰当，他的心里也只有揣摩而已，何曾知道有作学问这件事呢？等他揣摩到位了，就去夺取卿相的尊位，他倒是自以为乐了。但是修学大道者的快乐，他即使做梦也想不到的。王阳明的快乐，才是真正的快乐。滁州一游，清风明月，一片天赋之灵性，这便是所谓的名教中自有一片乐土。

第五章 平宁王之难

阳明少年喜谈兵，长而讲学，未尝亲历行间也。一旦出任疆寄，率数文吏，平积年巨寇，虽老于兵间者不及，远近惊为神。观此则文武果不分途，亦惟立德立言者，为能立功也。然天下之祸患尚未已，而区区草寇，王阳明似尚未尽其遗大投艰之用，乃复有四十二日中，削平宁王之事。

宸濠者，太祖诸孙，承祖父封爵，居于南昌，袭称宁王。武宗无嗣，加以游幸不时，人情畏惧。王遂反。正德十四年六月也，时福建兵叛，阳明奉命勘之。行之丰城（江西丰城县，在南昌之南），闻变。宁王在南昌，与丰城相去不过数十里。江西巡抚孙燧（字德成，余姚人）、按察司副使许逵（字汝登，固始人）皆死，余人尽附逆。设此时阳明更入虎口，则主持无人，事愈不可为矣。于是返吉安，调集兵马，徐图补救。宁王遣兵来追，不及。

王阳明年少的时候喜欢谈论兵法，长大后四处讲学，没有在军中做事的经历。一出任地方长官，就率领几个文官平定了盘踞多年的大盗贼。即使是那些经验丰富的将领也比不上，远近的人都惊叹他用兵如神。看到这件事，果然文、武不分家，也只有立德立言的人，才能立功。然而天下的祸患还没有停止，而区区的草寇，王阳明好像还没有完全发挥出上天所赋予他的处理重大艰难任务的作用，于是便有了在四十二天中，平定宁王叛乱的事。

朱宸濠，是明太祖的众多孙子之一。他继承祖父的封爵，居住在南昌，继承了宁王爵位。明武宗没有子嗣，加上常常出游，民心充满了畏惧。宁王就起兵反抗。正德十四年六月，福建发生军队叛乱，王阳明奉命去勘察。走到江西南昌南面的丰城县，听说兵变，宁王在南昌，与丰城相距不过几十里。江西巡抚孙燧（字德成，余姚人），按察司副使许逵（字汝登，固始人）都已死，其他的人都归附了逆贼。假设此时王阳明再入虎口，就没有人主持政事，更加不可行了。于是他返回吉安，调集兵马，慢慢谋划，匡补挽救。宁王派兵来追，没有追上。

阳明在丰城闻变时，夫人、公子在舟。阳明呼一小渔船，将返吉安，令参谋雷济、萧禹持米二斗，脔鱼五寸，与夫人为别。将发，问济以物备否，济对以已备。阳明笑曰："还少一物。"济、禹思之不得。阳明命取黄盖（明时大官出行前张黄盖），曰："到地方无此，何以示信？"明日，至吉安城下，城门戒严，舟不得泊。济、禹张盖以示城中，始开门迎入。此虽一小事，亦其虑事精详之一端也。

阳明平宸濠，尽用权变。古人云："兵不厌诈。"是固不足为儒者病也。返吉安，与知府伍文定征调兵食，治器械舟楫，又传缴四方，暴宸濠罪，俾守令各率吏士勤王。因集众议曰："彼若出长江，顺流东下，南都（即南方）不可保。吾欲以计挠之。少迟旬日，无患矣。"于是伪为火牌、公文、间谍等，虚张声势，使濠闻之。人问曰："宁王见此，恐未必信。"曰："即不信，亦可疑否？"对曰："疑则不免。"阳明曰："得渠一疑，吾事济矣。"

李士实、刘养正者，宸濠之谋士也。阳明思离间之，佯遗书二人，书中叙其归国之诚，令怂恿宁王早日发兵东下，而又故泄之。宸濠果疑，与士实、养正谋，则皆劝之疾趋南王阳明在丰城县听到兵变的消息时，他的夫人和儿子在船上。于是他叫了一艘小渔船，返回吉安，命令参谋雷济、萧禹，拿二斗米、五寸腐鱼，与夫人告别。将要出发时，王阳明问雷济物品是否齐备了，雷济回答说已齐备。王阳明笑着说："还少一样东西。"雷济、萧禹想不出来。王阳明命令他们拿来黄盖（明代大官出行的时候前面有黄盖），说："到那儿没有这个，拿什么作为信物呢？"第二天，到吉安城下，城门戒严，船不能停泊。雷济、萧禹展开黄盖给城中的人看，侍卫才开门迎入。这虽然是件小事，也是他考虑事情周全的一个体现。

王阳明平定宸濠之乱，用尽了通权达变的办法。古人说："兵不厌诈。"所以儒家学者不应认为这是件耻辱的事。返回吉安县后，王阳明与知府伍文定征调兵马粮食，打造兵器舟船，又广发檄文，公开声讨宸濠的罪行，让各个县守各自率领士兵救援君王。他集众商议说："他如果出长江，顺流东下，南方就保不住了。我想以计谋阻挠他。稍微推迟十天，那样南方就没有危险了。"于是伪造了火牌、公文、间碟等，虚张声势，让宸濠知道。有人问道："宁王看到这个，恐怕未必相信。"王阳明说："就算不信，也可以生疑心吧？"回答说："难免有疑心。"王阳明说："朱宸濠一迟疑延误，我的目的就达到了。"

李士实、刘养正二人是宸濠的谋士。王阳明打算离间他们，假装给二人写信，叙述了他们报效国家的诚意，让他们怂恿宁王早日发兵东下，而后又故意泄露这个消息。朱宸濠果然产生了怀疑，与李士实、刘养正商议，他们都劝他立即去南京，即皇位。朱宸濠京，即大位，宸濠益大疑。阳明又多写告示及招降旗号，开谕逆顺祸福。初时宸濠谋以六月十七日出兵，径趋南京，谒陵（明太祖所葬孝陵也，在南京城外钟山）即位，遂直指北京。因得前项，诸事怀疑，遂不敢轻出。先遣兵士攻南京、九江，而自留省城以备阳明。兵士候濠不出，久驻江湖，师老气衰，又见四路所贴告示，及插旗号木牌，人人解体，日渐离散。其后濠探知四路无兵，方始出城，东下长江，攻安庆。（围安庆十八日不下，宸濠曰："安庆且不下，况金陵乎？"）而阳明之师已整矣。

阳明闻宸濠离南昌，议进兵。众人以为安庆被围，宜引兵直越安庆。阳明曰："不然。九江、南康皆已失陷，而南昌

更加怀疑。王阳明又到处张贴告示和招降的旗号，告知顺从叛逆的坏处和投降的好处。朱宸濠本打算六月十七日出兵，直驱南京，拜谒明太祖陵（明太祖所葬的孝陵，在南京城外钟山）后便登上皇位，最终直接到北京。因为前面的影响，对很多事都产生了怀疑，遂不敢轻易出兵。他先派士兵攻打南京、九江，而自己留在南京准备迎战王阳明的部队。士兵久等朱宸濠也不见他出来，因为长时间停在江面上，队伍士气低落，又见到四周贴的告示，以及插的旗号木牌，人人心理瓦解，军心渐渐离散。后朱宸濠打探到没有来兵，才出城，沿长江东下攻打安庆。（包围安庆十八天都没有攻下，朱宸濠说："安庆都攻不下来，何况南京呢！"）而此时王阳明的军队已整顿好了。

王阳明得知朱宸濠离开南昌，商议进兵之计。众人认为安庆被围，应带兵直取安庆。王阳明说："不是这样。九江、南昌都已失

城中数万之众，精悍亦且万余，食货充积。我兵若抵安庆，敌必回军死斗。安庆之兵，仅仅自守，必不能援我于湖中；南昌之兵，绝我粮道；而九江、南康之敌，合势挠蹑；四方之援，又不可望，事难图矣。不如速攻南昌，破其根本，宸濠势必归救。如此则安庆之围自解，而宁王亦可以坐擒矣。”此一席话，其料事之明，如掌上观纹，虽苏秦、张仪策士之揣摩时世，亦不及也。

先是宁王伏兵千余于南昌城外，阳明知之，破其军，败溃之卒皆奔告城中，城中惊惧。阳明挥兵进攻，益震骇夺气。官军乘其动摇，呼噪并进梯垣而登，城中之兵皆倒戈退奔，城遂破。入城，散释胁从，封府库，谨关防，以抚军民，军民皆安。

既下南昌，居二日，遣伍文定、徐琏、戴德儒各将精兵分道并进，而使瑞州通判胡尧元等设伏以待。宸濠闻南昌败，果解安庆围，撤兵还救。遇于黄家渡（在南昌府东，通陷，而南昌城里有几万人的军队，其中精兵也有万人，补给充足。我军若到安庆，敌军一定回头来决战。安庆的兵马仅仅能够自守城池而不能在鄱阳湖支援我军；南昌的军队，能够断绝我们运粮的道路；而九江、南康的敌军合力阻挠；四方的支援又指望不上，事情就难办了。不如迅速攻打南昌，破坏其根本，朱宸濠势必回来营救。这样安庆的包围就自行解除了，而宁王也可以轻易被擒拿。”这一席话对事情的预料如同看手掌上的纹路一样清晰，即使苏秦、张仪这样游说诸侯的纵横之士，都不如王阳明对当时事态分析得透彻。

先前宁王在南昌城外埋伏了一千多士兵，王阳明得知后，击溃这个部队后，溃败的士兵都跑到城中，城中的人都感到惊惧。王阳明指挥军队攻城，更加增加了紧张的气氛。官兵们趁着人心动摇，喊着口号推进，从城墙登梯而上。城中的士兵都倒戈逃跑，城池就被攻破了。入城后，解散并释放了胁从者，查封了府库，把守城防，安抚军队和百姓，军队和百姓都迅速安定了下来。

攻下南昌后，住了两天，王阳明派伍文定、徐琏、戴德儒各自率领精兵分道并进，让瑞州通判胡尧元等设下埋伏。朱宸濠听到南昌战败的消息果然解除了对安庆的包围，撤出军队，返回援救南余干县），文定当其前锋。敌趋利，刑珣绕出其背，文定乘之，尧元等伏发，敌大溃。退保八字脑（在饶州西），尽发南京兵。复战，大败。退保樵舍（镇名，在南昌西北），联舟为方阵，尽出金宝犒士。明日，宸濠方晨朝其群臣。官兵奄至，以小舟载薪，乘风纵火，焚其副船。妃娄氏（上饶人）以下，皆投水死。（宸濠将反，娄氏尝苦谏，不听。及是，叹曰："昔纣用妇言亡，吾以不用妇言亡。悔何及？"）宸濠舟胶浅，仓卒易舟遁，乃为万安知县王觉所执，南康、九江亦下。凡四十一日而事平。

宸濠之初发难也，兵势众盛，视阳明蔑如也。乃卒困于一隅，跳跃数月，一筹莫展，以至于亡。因此益见阳明之应变如神，不可测也。当南昌城下之时，忽传令造免死木牌数十万，左右之人，莫知所用。及鄱阳湖之战，于湖上取木牌，顺流放下。时敌兵闻省城已破，协从之众，俱欲逃窜，而恐于不能免死。见水浮木牌，一时争取。由此宸濠之军，无斗志矣。

湖上之战初交绥，官军少挫，阳明急令斩先却者。知府伍文定立于炮铳之间，方奋笃各兵，殊死抵战。敌兵忽见一大牌上画"宁王已擒，我军毋得纵杀"，一时惊扰，遂大溃。

昌，在黄家渡（在南昌府东，通余干县）遭遇伍文定带领的军队。敌军急功近利，刑珣绕到背面，伍文定乘势迎敌，等到胡尧元埋伏的军队出动，共同击溃敌军。敌军退守八字脑（在饶州西），全力向南京进发。双方又遭遇，大败敌军。敌军退守保樵舍（镇名，在南昌西北），把船都摆成方阵，把所有的财物都拿出来犒赏士兵。第二天，朱宸濠早起召见群臣时，朝廷的军队都用小船载着薪柴，点燃后趁着风势烧毁了宁王乘坐的副船。除了娄妃（上饶人），以下的嫔妃全部都投水而死。（朱宸濠要谋反时，娄妃曾经苦苦劝谏，朱宸濠不听。此时，他才叹息道："以往商纣王听从妇人的话而亡国，现在我因不听妇人的话而亡身，后悔也来不及了。"）朱宸濠的船搁浅了，仓促换了条船逃跑，却被万安县的知县王觉捉住了，南康、九江也被攻下。此次，共用时四十一天便平息了叛乱。

朱宸濠叛变初期兵强势众，蔑视王阳明不如自己。最终困在偏僻的地方，挣扎了几个月，一筹莫展，以至灭亡。这件事更能显现出王阳明应变如神、深不可测。兵临南昌城下时，王阳明忽然传令造几十万免死木牌，左右没有人知道其用途。到了鄱阳湖战斗时，王阳明让人在湖上取出木牌，顺流放下。当时敌兵已听说省城被攻破了，那些协从叛乱的人，都想逃跑，却又害怕不能免死。这时见了水上浮着的木牌，一时间争相夺取。从这以后，朱宸濠的军队，便再也没有斗志了。

鄱阳湖战役交战之初，官军遇到了小挫。见此，王阳明急令斩杀先退却的士兵。知府伍文定站在炮铳之间指挥，才激发众兵殊死抵抗。敌军忽然看见一个大牌子上写着"宁王已经就擒，我军不宸濠思欲潜遁，见一渔船隐于芦苇之中。宸濠呼渡，渔人移棹而往，竟送中军，诸将尚未知也。

与宸濠交战时，阳明仍在中军，聚弟子讲学。谍者走报前军失利，坐中皆有怖色。阳明出见谍者，退而就坐，复接绪言，神色自若。顷之，谍者走报敌兵大溃，坐中皆有喜色。阳明出见谍者，退而就坐，复接绪言，神色亦自若。其能不动心如此。

【批评】

历史上儒将已为少见，如阳明之用兵，则尤少矣。阳明之后，以理学名儒，而身列戎行，百战之敌，终为所困者，则有曾国藩（字涤生，谥文正，湘乡人），然犹得战将之助为多。若阳明幕中，参与机密者，不过一二从学之士；指挥前敌者，不过本省府县佐贰诸职。阳明悉以一心运之，遂使头巾中人，悉成名士；簿书中人，悉成良将。真有化朽腐为神奇手段，令人敬煞爱煞。

宁王反，朝廷得阳明疏，集朝臣会议。兵部王琼曰："竖子素行不义，今仓卒举乱，殆不足虞。王守仁据上游，蹑之必得乱杀”，一时便被惊扰，于是敌军大败。朱宸濠想要潜逃，见一渔船停在芦苇之中。朱宸濠叫渔民渡他逃离，渔民于是将船划了过去，将他送回中军，众多将领却还未发觉。

与朱宸濠交战时，王阳明仍在中军，聚集弟子讲学。送情报的士兵来报，说前线军队失利，在坐的人都面露恐惧。王阳明走出中军，听取情报兵的详细汇报后，退回座位坐下，又接着前面的内容继续讲课，神色泰然自若。过了一会儿，情报人员又跑来汇报说敌兵大败了，坐中的众人听了都面露喜色。王阳明走出中军，听取情报兵的详细汇报后，退回座位坐下，又接着前面的内容继续讲课，神色还是一样镇定自若。他不动心的功夫已经达到了这样的程度。

【评论】

历史上儒家出来的军事将领已经是很少见的，像王阳明的用兵之法，则更加少有。王阳明之后，作为理学的名儒，身在军中，百战之敌终为所困的，只有曾国藩（字涤生，死后赐号文正，湘乡人），但他还得到了较多战将的辅助。像王阳明的幕僚中，参与机密的不过一、二个跟随他学习的人；指挥作战之前，不过本省知府州县的辅佐官几人。王阳明充分调动他们，最终使这些戴着头巾的人都成为名士，整理簿书的人都成为良将。真有化腐朽为神奇的手段，令人非常恭敬、爱戴。

宁王造反，朝廷得到王阳明的奏疏，召集朝臣开会。兵部王琼说：“朱宸濠一向做事不讲道义，现在仓促发动兵变，不足为虑。王守仁位置在长江上游，紧随其后，必定会擒住他们。”知道王阳成擒矣。”知阳明之才者王琼也，知阳明之学者王思舆也。

或问阳明用兵有术否。阳明曰：“用兵何术？但学问纯笃，养得此心不动，乃术尔。凡人智能相去不甚远，胜负之数，不待卜诸临阵，只在此心动与不动之间。”明时战争，武器单简，犹可以用兵何术一语概之，若今世则不能矣。然两国对垒，坚甲利炮相若也，地势人数相当也。而一败一胜者，岂非一则学问未臻乎诚笃，临事而心动；一则学问已臻乎诚笃，临事而心不动耶？战术有古今，有中外，此心无古今，无中外。

据阳明年谱，正德十四年，六月十五日，闻变。十九日，返吉安，上疏告变。七月十三日，兵发吉安。十五日，遣奉新县知县刘守绪，袭破宸濠伏兵。十九日，发市议。二十日，拔南昌。二十四日，战于黄家渡。二十五日，战于八字脑。二十六日，获濠于樵舍，江西平。由此推之，此事首尾共四十二日，《续资治通鉴》言三十五日者非。今从年谱。

明之才的人是王琼，知道王阳明之学的人是王思舆。

有人问王阳明用兵是否有战术，王阳明说："用兵有什么战术，只要学问纯熟笃定，养得这颗心如如不动，就是战术。凡人的智慧相差不大，胜负的定数，不用等着临阵来推测，只在于心动与不动之间。"明朝的战争武器很简单，还可以"用兵何术"一句概括，现在就不能这样用了。然而两国对垒，坚甲利炮相似，地势人数相当，却一败一胜，难道不是一方学问不到诚敬笃定的程度临时心动，而另一方学问已经达到诚敬笃定的程度，临时心不动的缘故吗？战术有古今、有中外，而这个本心无古今、无中外。

据王阳明年谱记载，正德十四年六月十五日，王阳明得知朱宸濠兵变。十九日，返回吉安县，上书奏秉朝廷发生兵变。七月十三日发兵吉安。十五日，派奉新县知县刘守绪突袭，攻破朱宸濠伏兵。十九日，发布市议。二十日，攻下南昌。二十四日，在黄家渡交战。二十五日，在八字脑交战。二十六日，在樵舍擒获朱宸濠，江西平定。由此推算，此时前后共四十二天，《续资治通鉴》上写三十五天有误。现在按照年谱记载为准。

第六章　事后之机谗

金乌珠为岳武穆所败，将退师，有书生叩马谏曰："自古未有权臣在内，而大将能立功于外者。以愚观之，岳少保祸且不免，况欲成功乎？"盖指秦桧也。当阳明之平难也，上有武宗之荒淫，下有江彬之专横，谗慝交张，左右为难。非阳明之忠，而又济之以权变，则出师未捷身先死，其不蹈武穆之覆辙者几希。虽幸而成功，其中忧谗畏讥，维持调护之心，亦良苦矣。读此亦可见处世之难。

武宗闻宸濠之变，下诏亲征，盖欲假此以畅其南游之志也。更奇者，彼不以皇帝之名义，号令四方，而托于威武大将军镇国公朱寿。驾至保定（今直隶省会），而捷书已至。帝匿之，不以宣布，其意似不以乱之速平为喜，而反以事出无名，不得偿其南游之愿为歉耳。

阳明上宸濠反书之时，意欲藉此以警帝之宠幸宦官，书中有"请黜嬖幸，以回天下豪杰心"云云。群小见之，皆不悦。及宸濠之事平，则又起冒功之念，且恐阳明之发其隐也，则又大惧，因于帝前百计谗之。太监张忠、安边伯许泰，率禁军往江西，欲令纵宸濠鄱阳湖中，待帝亲自擒之，以逢迎帝心。

阳明乘二人未至，先俘宸濠，发南昌。忠、泰以威武大金乌珠被岳飞打败，将要退兵。有书生拉着马进谏说："自古以来，没有掌握重权的大臣在内，而大将能在外立功的。以本人愚见，岳飞的灾祸在所难免，何况还想立下战功呢？"指的就是秦桧。当王阳明平息叛乱时，上面有明武宗荒淫无度，下面有江彬的专横跋扈，谗言和匿信不断，左右的人处处为难。如果不是王阳明忠心耿耿，又能通达权变，那么他还未出师便被陷害致死，不重蹈岳飞的覆辙也很难啊。即使幸庆获得成功，他担心谗言中伤，畏惧恶言毁谤、维持调护的用心，也是良苦之至。读到这里也可看出处世的艰难。

明武宗听说朱宸濠发动兵变，下诏书亲自征讨，是想借此机会实现游历南方的愿望。更奇怪的是，他不以皇帝的名义号令四方，而借威武大将军镇国公朱寿发号施令。明武宗行至保定（今河北保定）捷报已送到。他藏匿起捷报，不宣布，他似乎不把动乱迅速被平息当做喜事，反而以事出无名，不能达成他游历南方的愿望而感到遗憾。

王阳明上书报告朱宸濠兵变之事，想借此提醒皇帝不要宠幸宦官，奏文中说"请罢黜嬖幸，以挽回天下豪杰的心"等等。众多的奸佞小人见到了，都不高兴。等到朱宸濠之乱平息，就又兴起冒功的念头，而且担心王阳明揭发他们的隐情，非常恐惧，所以在皇上面前想方设法进谗言毁谤中伤王阳明。太监张忠、安边伯许泰，率领禁军奔赴江西，想让王阳明把朱宸濠放入鄱阳湖中，让皇上亲自抓住他，以逢迎皇上的私心。

王阳明趁二人没到，先俘获了朱宸濠并送到南昌。张忠、许将军檄，邀之广信（今江西广信县），索宸濠，阳明不与。太监中有张永者素贤，时在杭州。阳明往见之，谓曰："江西之民，受宸濠之毒已久。甫经大乱，继以旱灾，又加以京、边军官，供应不支，必逃聚山谷为乱，天下将成土崩之势。公素爱国，岂不念之？"永曰："然。吾之此出，欲调护左右，以默辅圣躬，非为争功来也。"阳明信其忠直，以宸濠付之，而已则称病，习静于西湖之净慈寺，口不言功。盖与韩蕲王湖上骑驴之意同矣（宋高宗时，秦桧擅权，韩世忠退隐西湖，自称清凉山人）。在西湖，得巡抚江西之命，再返南昌。时张忠、许泰二人在江西，百计搜罗其失，望风附会，肆为蜚语，又令京军与南军不和。阳明抚之愈厚，传谕军中，谓北军至此为客，当敦主客之礼。每遇北军丧，必停舆唁慰。久之，北军咸感服。忠、泰欲与阳明较射，意阳明文臣，必不能射，欲以此屈之也。阳明勉应之，三发三中。北军在傍，哄然举手。忠、泰大惧曰："我军皆附之耶。"乃班师至南京，时武宗在南京故也。

诸嬖幸憾阳明不已，谮于上前，谓其有反志。上问以何为验。曰："试召之，必不来。"上果召之。张永暗使幕宾钱秉忠密告阳明，嘱其速来。闻命趋至，而忠、泰复拒之芜湖（今安泰依据威武大将军的檄文，邀请王阳明到广信县（今江西广信县）要求将朱宸濠交给他，王阳明不给。有位名叫张永的太监，一向贤良，他正好在杭州。王阳明前去拜见他，说："江西的百姓受到朱宸濠的毒害已久，刚刚经过战乱，接着赶上旱灾，又加上京城、边关军官的花费，供应跟不上，必然逃到山谷聚众作乱，天下将呈现土崩瓦解的趋势。您一直爱国，怎么能不担忧呢？"张永说："是。我此次出来，想调护左右，以暗自辅助皇帝，不是为争功而来的。"王阳明相信他是忠诚正直之士，就把朱宸濠交付给他，而自己假称身体有病，在西湖的静慈寺修习静坐，口不言功。大概与韩蕲王韩世忠在西湖边上骑驴有相同的意趣（宋高宗时秦桧擅自专权，韩世忠退隐西湖，自称清凉山人）。王阳明在西湖时受到江西巡抚的命令，再次返回南昌。当时张忠、许泰在江西，想尽办法搜罗他的过失，望风附会、大肆制造流言蜚语，又使京都的军队与南京的军队不融洽。王阳明更加努力安抚南军，传令到军队中，称北京来的军队到江西是客，要尽主客之礼。每次遇到北军士兵去世，必定停车吊唁慰问。时间长了京都来的军队都很感动、佩服。张忠、许泰想与王阳明比赛射箭，猜想王阳明是文臣，一定不擅长射箭，想以此使他屈服。王阳明勉强答应了，结果是三发三中。京都的军队在一边观看，举手欢呼。张忠、许泰大为惊惧，说："我军士兵都归附他了。"于是班师到南京。当时明武宗在南京。

那些小人不能撼动王阳明，又在皇上那里诋毁他，称他有谋反的意向。皇上问怎么证明，说："您试着召见他，一定不来。"皇上果然召见他，张永暗暗让幕宾钱秉忠密告王阳明，嘱咐他速速徽芜湖县）半月。阳明不得已，入九华山，每日宴坐草庵中。上阴遣人觇之，曰："王守仁学道人也，安得反？"命还江西。以武宗之不明，加以张忠、许泰，日夜谋孽，而竟不能损阳明之毫末，其智岂可及哉？盖至是而阳明之疑谤尽释矣。

武宗南下，群小未能逞志于阳明，其心终不快。阳明亦不欲结怨于群小，以树他年之敌。乃重上江西捷音，而归功于帝及其左右诸人，以曲媚之。朝廷乃悦，收师返跸，南方大定。事后，霍韬（字渭厓，广东南海人）谕之曰："是役也，罪人已执，犹动众出师；地方已宁，乃杀民奏捷；误先朝（先朝，谓武宗也。韬此言发于世宗时）于过举，摇国基于将危。忠、泰之攘功贼义，厥罪滔天矣。"自得此谕，而阳明之功罪，可以昭然。

来京。王阳明奉命到了，而张忠、许泰又拒绝他入芜湖（今安徽芜湖）达半个月。王阳明不得已，进九华山，每日在草庵中静坐。皇上暗地派人观察，说："王守仁是学道的人，怎么可能谋反？"命令他回到江西。当时，明武宗不明智，加上张忠、许泰天天谋划阻挠，竟然都不能给王阳明造成一点点损害，他的智慧常人怎么能比得上呢？至此对王阳明的怀疑、诽谤都消失了。

明武宗南下时，那些小人对王阳明的阴谋没有得逞，心中都不痛快。王阳明也不愿意与他们结怨，以免今后树立很多敌对势力。于是重新上报江西平定战乱的捷报，而归功于皇上及其左右的人，以曲意迎合他们。朝廷上下大悦，收兵回京，南方恢复安定局面。事后，尚书霍韬（字渭厓，广东南海人）发布公告说："这次战役，有罪的人已被执法，还兴师动众。地方已经安定，还杀害百姓而上奏捷报，这些过分的举措误导先朝（先朝指武宗，此文发于明世宗时），动摇并危害了国家的基础。张忠、许泰争功不义，其罪行滔天。"从这个文告中，人们可以看到王阳明的功劳与罪过，已经得到了昭显。

正德十六年十二月，世宗即位（年号嘉靖），谕江西之功，封阳明为新建伯。诏至，适值其父龙山诞辰，阳明捧觞为寿。龙山蹙然曰："宸濠之变，皆以汝为死矣，而不死。皆以事难平矣，而卒平。谗构朋兴，祸机一发，岌乎几不免矣。天开日月，显忠遂良。父子滥冒封赏，穹官高爵，复相见于一堂，岂非幸欤？然盛者衰之始，福者过之基。虽可幸亦可惧也。"阳明洗爵而跪曰："大人之教，儿所日夜切心者也。"以半生之学养，数月之危疑，始博得此父子欢然，踌躇满志之一日。可见建功立业之非易已。

【批评】

阳明第一次报捷疏，载于集中；重报捷疏，以非实录，故不载也。门生龙光书于疏后曰："先生奏捷疏，虑繁文太多，一切反间之计，俱不言及。亦以设谋用诡，非君子得已之事，不欲明言示人。当时若使不行间计，迟留宁王，宁王必即时拥兵前进。正所谓迅雷不及掩耳，两京各路，何恃为备？所以破败宁王，使之坐失事机，全是迟留宁王一着。所以迟留宁王，全是谋行反间一着。今人读奏册所报，皆是可书之功，而不知书不能尽者，十倍于奏册也。事平之后，北军南来，失其奸谋，痛恨先生，百计罗织，无所泄毒。挤怒正德十六年十二月，明世宗即位（年号嘉靖），上谕江西之功，封王阳明为新建伯。诏书送到时，正逢其父龙山寿诞日。王阳明捧起酒杯贺寿。父亲皱着眉头忧心地说：“朱宸濠兵变时，都以为你战死了，而没有死。都以为事情难以平定，也平定了。进谗言搆合的人兴起，灾祸一触即发，又几乎不可避免于一死。日月彰明，重见天日，忠臣突出，贤良得进。父子两代人冒犯领取朝廷的封赏，官高爵贵，又相见于一堂，岂不幸运吗？然而极盛之时也是衰败的开始。福报现前往往也是过失的根源，虽可庆幸，也应畏惧啊！”王阳明跪下说：“父亲大人的教诲，正是我所日夜思索的。”王阳明用了半生的学识修养，几个月遭受的危机和质疑，才博得这次父子欢聚、踌躇满志的一天。可见建功立业实属不易啊！

【评论】

王阳明第一次上奏的捷报文本，在文集中有记载。第二次奏疏的文本，因为不是实录，所以没有载入。他的门生龙光在奏疏后边写道：“先生撰写捷报的奏疏时担心文字太多，一切反间朱宸濠的计策，都没有提及。还因为设谋略、用诡计，不是君子可以做的事情，不想明说给人。当时如果不用反间计留住宁王，宁王必定会立即带兵前进。正所谓迅雷不及掩耳，两京各路的军队，哪有什么准备呢？所以打败宁王，使他坐失时机，只有迟留宁王一个办法。所以迟留了宁王，谋划了反间计。现在人读奏文册所报，都是可以留名史册的功劳，而不知道其中所不能说尽的事情，比奏册多十倍。叛乱平定之后，朝廷的官兵开到南方来，他们的奸计失算，门人冀元亨，与济禹光等，俱欲置之死地。元亨被执，光等四窜逃匿，家破人亡，妻离子散。直伺官军离省，方敢出身回家。当时光等粘贴告示，标插旂号木牌，皆是半夜昏黑。冲风冒雨，涉险破浪，出入贼垒，万死一生。所差行间人役，被宸濠杀者，俱是亲信家人。今当事平之后，议者不究始末，将在册功资，亦尽削去。赏罚若此，倘自今以后，天下再有事变，人皆以光等为鉴戒矣。”观此，益可见当日处事之难。

我国帝王之中，千奇百怪，无所不有。若正德之自称威武大将军，自封镇国公，此等儿戏，直似演义小说中事。只以君臣之间，大义所在，何敢直斥其非？婉辞而谏，谏而不听，犹必费尽心机，将此事成全过去，更不得不面谀之曰：天王神圣也。我辈共和国民，重读旧史，能不失笑？

忠、泰等在江西，故与阳明挑衅。阳明百般忍耐，处处忠厚老实到底，与平宁王日用间用诈，机械百出之时，判然如两人。试问此时骄兵悍将，近在肘腋，稍一不慎，祸即不测。除却忍耐之外，更有何术？其后忠、泰之奸不售，而阳明之功名，终得保全，地方赖以安靖者，皆此忍耐之力也。毕竟忠厚老实，胜于机械变诈。机械变诈，譬如毒药，必不得已之时，偶一用之可也。忠厚老实，乃是家常便饭，一日不可缺少。

开始痛恨先生。百般罗列先生过失，无处发泄他们的情绪。挤怒王阳明的门生冀元亨、济禹光等，都想置他们于死地。元亨被杀，济禹光等四处逃匿，家破人亡、妻离子散。一直等到朝廷军队离开江西省，才敢回家。当时他们张贴告示、标插旗号木牌，都是黑天半夜。冲风冒雨、涉险破浪，出入敌人营垒，万死一生。被派遣到军中服役，被朱宸濠杀死的，都是亲信家人。现在叛乱平定之后，评功的人都不考察事情的详细情况，把这些在册人员的功绩也都削去。这样的赏罚，假如从今以后天下再有事变，人人都会以济禹光等为戒了。”这里也可以看到当时处事的艰难了。

我国帝王之中，千奇百怪，什么样的都有。像正德这样自称威武大将军，自封镇国公，这样的儿戏，真像演义小说中的情节。而君臣之间，因为有大义所在，怎么敢直接斥责他的过错？婉言进谏又不听，还必须费劲心机，将这事成全过去，更不得不当面阿谀说：“皇上是天王神圣啊。”我们这些共和国公民，重读旧史，怎能不哑然失笑？

张忠、许泰等在江西，故意向王阳明挑衅。王阳明百般忍耐，处处忠厚老实到底，与平定宁王时用反间计、智计百出的时候判若两人。试问此时骄兵悍将，尽在身旁，弓箭稍一不慎，会有不测的祸患。除了忍耐之外，还有什么办法呢？其后张忠、许泰的奸计没有得逞，而王阳明的功名最终得到保全，地方得以安靖，都依靠这个忍耐的功夫了。毕竟忠厚老实，胜于机械变诈。机械变诈，好比毒药，必是不得已的时候采用，偶尔一用可以。忠厚老实，才是一日不可缺少的家常便饭。

阳明重报捷疏，曲笔以媚群小，毋乃非儒者所为。但苟不如此，则群小必怂恿帝纵宸濠湖中，再动干戈。在彼不过儿戏，而地方必遭蹂躏，此实阳明不得已之苦衷，非徒为避一己之祸患起见也。

王阳明第二次上报的奏疏，婉转委曲以迎合众小人，不是儒者所应做的。但是假如不这样做，则众小人必然怂恿皇上把朱宸濠放到湖中，再动干戈。在朝廷不过是儿戏，而地方百姓必遭受蹂躏。这实在是王阳明有不得已的苦衷，而不只是为了避免自己的祸患考虑。

第七章 立功两广

阳明越历宦海，行其所学。及至江西之事大定，岁月不居，忽忽五十余岁矣。其父更白发萧然，桑榆景迫。方拟养亲读书，不求闻达，又承龙山公持盈戒满之意，上疏再辞封爵。不意嘉靖元年之春，遽遭父丧，距称觞上寿之期，才三月耳。

嘉靖四年，父丧既满，礼部尚书席书特疏荐阳明。有曰："生在臣前者见一人，曰杨一清（字应宁，巴陵人，谥文襄。博学，善权变，比于唐姚崇）；生在臣后者见一人，曰王守仁。"其推崇可谓至矣。时广西田州蛮不服，六年诏起之至两广，总制军务。

阳明当宸濠初平，解兵不用之时，又录武士。或问宸濠既平，尚录此何为。阳明笑曰："交趾有内难，出其不意而捣之，亦一机会也。"观此，知阳明夙有安边之志。今既奉命，即日辞家，取道江西，而走两粤。先是，阳明设学会于朱子讲学处之白鹿洞。今日，没于清龙铺。临没，张目视北子曰："吾去矣，此心光明，亦复何言？"顷之，瞑目而逝。

以阳明之学问勋猷，宜可以享上寿，顾得年五十七岁而止。乃知寿之修短，虽圣贤豪杰，亦只能付之自然，而无可奈何。然元气不死，即其人不死。学者能会此意，于圣贤豪王阳明历经官场宦海，一直在践行着他毕生所学。等到江西叛乱之事平定时，岁月匆匆，他已经是五十多岁了。他的父亲更白发苍苍，已是在世时日不多了。他准备奉养父亲，安心在家读书，不求闻名显达，又听取了父亲龙山公持盈戒满的意见，多次上疏辞去封爵。没想到在嘉靖元年的春天，父亲便辞世而去，距离他上次的寿辰之期，刚过去三个月。

嘉靖四年，为父服丧期满。礼部尚书席书特别上奏举荐王阳明，说道："生在我之前的有一位高人，叫杨一清（字应宁，巴陵人，谥号文襄，他博学善权变，与唐代姚崇不相上下）；生在我之后的有一位高人，叫王守仁。"他对王阳明的推崇可谓最高了。当时广西田州地方的少数民族不服，发生动乱，嘉靖六年，皇上下诏，派他去两广，总管军事。

当初平定宸濠之乱，解散军队不再打仗的时候，王阳明还在招录武士。有人问宸濠之乱已过去，为何还招录武士。王阳明笑着说："广西交趾地区有内乱，能出其不意而捣毁，也是一个机会。"从这里可以知道，王阳明一向有安抚边疆的志向。现在奉朝廷之命，第二天就辞别家人，经过江西到达两广。先前王阳明在朱熹讲学的白鹿洞设立了学会，而今在青龙铺去世。临终时，他睁开眼睛看着周积说："我走了，心里很光明，没有什么可说的。"顷刻，闭上眼睛去世了。

凭王阳明的学问贡献，应当可以长寿，但他只活到了五十七岁。所以，寿命的长短，虽然是圣贤豪杰，也只能顺其自然，而无可奈何。然而，只要元气不死，便是其人不死。学者能领会其中杰之病榻缠绵，奄然长逝之时，虽破涕为笑可也。

阳明身后，桂萼等仍憾之不已。爵荫、赠谥诸典，皆不下；更指其学为伪学，下诏禁之。黄绾上疏，论其大功有四，大学有三。略谓：

守仁之大功有四。其一，宸濠不轨，谋非一日。内臣如魏彬等，嬖幸如钱宁、江彬等，文臣如陆完等，为之内应；镇守如毕真、刘朗等为之外应，故当时中外诸臣，多怀观望。若非守仁忠义自许，不顾赤族之祸，身任讨贼之事，则天下安危，未可知矣。今乃皆以为伍文定之功，是轻发纵而重走狗也。其二，大帽、茶寮、利头、桶冈诸贼寨，势连四省，兵积累岁。守仁临镇，次第底定。其三，田州思恩，构衅有年，事不得息，民不得安。故起守仁以往，使卢、王之徒，崩角来降，感泣受杖，遂平一方之难。其四，自来八寨为两广腹心之疾（八寨者，人结寨于思恩田州之境，以抗明兵也。阳明上善后五策，而广永安），如其间守戍官军，与贼为党，莫可奈何。守仁假永顺狼兵，卢、王降卒，袭而歼之，遂去两广无穷之巨害。

其学之大要有三。一曰致良知。致知出于孔氏，而良知出于孟轲，何可异也。二曰亲民（《大学》在亲民，朱子亲为的意思，面对着卧病不起、突然逝世的圣贤豪杰，即使是破涕为笑也是可以的。

王阳明死后，桂萼等人仍觉得怀恨不已，他的爵位、谥号等，都没有颁布，他的学问被指称是伪学，下诏书予以禁止。黄绾上奏，说王阳明有重要的功绩四项、高明的学问三项。大意如下：

王阳明的功绩有四项。其一，朱宸濠图谋不轨，并非一日。内臣如魏彬等，宠幸之臣如钱宁、江彬等，文臣如陆完等，作为他的内应；毕真、刘朗等镇守大臣作为他的外应。所以当时中外诸臣，多怀观望态度。如果不是王阳明怀抱忠义之心，不顾全族被杀的危险，亲自承担讨伐叛贼的任务，那么天下的安危存亡还不可知呢。现在都以为这是伍文定的功劳，是轻视了指挥调动而重视了跟随者。其二，大帽、茶寮、利头、桶冈等乱贼驻扎的村寨，势力相连达到四省之广，多年来囤积了很多叛兵。王守仁担任镇守后，逐步平定了这些地方势力。其三，田州的思恩，互相挑衅已经很长时间了，事情不能平息，人民不能安稳。朝廷派王阳明治理以后，使卢、王之类的，叩头投降，感激涕零地接受处罚。一方大难得以平定。其四，王阳明来到八寨后，被两广的人视为心腹之患（八寨是结寨于思恩田州境内抵抗明军的，王阳明上奏善后五策后两广就安宁了）。如果期间守戍官军与贼勾结，就没有办法禁止。可喜的是，王阳明利用永顺的狼兵，卢、王的降兵，突袭歼灭了八寨乱贼，铲除了两广地区危害百姓的大害。

王阳明学问的高明有三项。一是致良知。致知出于孔子，而良知出于孟子，对此又有什么异议呢？二是亲民（《大学》在亲民，朱新作新民解读）。盖《大学》书本，所谓亲民者，即百姓不亲之亲。凡亲贤乐利，与民同其好恶，而为絜矩之道者是也，亦非创为之说也。三曰知行合一。盖亦大易所谓知至至之，知终终之，只一事也。守仁发此，欲人言行相顾，勿事空言。是守仁之学，弗诡于圣，弗畔于道，乃孔门之正传也。今守仁客死，妻子孱弱，家童载骨，藁埋空山。臣实不忍见圣明之世，有此事也。假使守仁生于异世，陛下犹当追崇，况在今日哉？

疏入不报，至穆宗（年号隆庆）即位，始追赠新建侯，谥文成。万历十二年，从祀孔庙。

【批评】

阳明遭父丧，哭踊几绝，戒家人素食百日。未几，又令弟侄辈进干肉。曰："诸子豢养习久，强其不能，是恣其作伪也。不如稍宽之，使各求自尽可矣。"会久哭暂辍，有吊客至，侍者云宜哭。阳明曰："哭发于心。若以客至而始哭，则以客退而不哭矣。世人饰情行诈，皆于父母亦然。"此皆可为居丧之法。

子将亲字解释为新，解读为做新民）。大概《大学》书本上所谓亲民，即对百姓不亲之亲。使君子小人各得其所，用心体悉百姓的冷暖好恶，一举一动都能做到内心公平中正，做事中庸合德，也并不是王阳明独创的学说。三是知行合一。大概是《易经》所说“知至至之、知终终之”，是同一件事。王阳明阐发了这个道理，想要让人们做事言行一致，表里如一，不要说空话。王阳明的学问不似神圣那么诡秘，也不是旁门左道，是孔门的正道传承。如今王阳明客死他乡，妻子和孩子体弱，只有童仆运送他的尸骨，把他埋在空旷的山野。臣实在不忍心看到在这圣明的时代发生这样的事。假如王阳明生于别的时代，皇上都应当推崇，何况在今天呢？

奏疏到了朝廷，官员没有上报，一直到明穆宗（年号隆庆）即位，才追赠其为新建侯，谥号文成。万历十二年，将王阳明列入孔庙祭祀。

【评论】

王阳明遭遇丧父之痛，痛哭欲绝，告诫家人食素百日。时间未到，又下令弟弟、侄子等可以吃干肉，说：“这些孩子长期以来习惯了好的生活，勉强让他们做他们不能做到的事，是放纵他们弄虚作假。不如稍微放宽要求，使每人自己尽力就行。”等到时间长了，哭声暂时停止，有吊唁的客人来了，侍者说应该哭。王阳明说：“哭是发于心的，如果因为客人来了而开始哭泣，则等客人走了就不哭了。世上的人矫饰欺诈，对待父母也这样。”这都可以称为居丧的法则。

自有阳明，始有良知之学，学者斐然从之。王门弟子，布满天下，每一集合，会者常数百人。观阳明至南昌，讲学明伦，一时闻风尘至，座为之满。唐尧臣不惜身充茶役，惟以得闻为快。呜呼！何其盛也！社会得师儒之观感，虽百工贾竖，亦有尊师慕道之心。编者少年乡居，犹有此风，今则亡矣。

《大学》本《礼记》之一篇，宋儒始别行之，与《中庸》《论语》《孟子》合称“四书”。古本《大学》者，自“大学之道，至此谓知本”，未经朱子分传以前之原本也。《大学》自《朱子章句》补传，以至于明，举世皆无异说。至阳明，独倡古本，而不从朱子，此是与朱子立异处。

自宋以来，学者尊崇朱子，亚于孔孟，服其言而诵其行，虽有新知，亦不敢出之于口，以与朱子立异。夫朱子诚大贤，然必垄断其学说，至于数千百年之内，不许有人与之立异，此决非朱子之本心。当日忌阳明者，固乐得借此以作攻击之资料（桂萼言守仁，事不师古，言不称师，立异以为高，则非朱熹格物致知之论。知众论之不予，则为《朱熹晚年定论》之书即为此也），乃作《明史》者，亦附和之（如评阳明曰：矜其创获，标异儒先，卒为学者讥。云云），未知是自从有了王阳明，才开始有良知的学说，学习的人都乐意跟随。王氏门中的弟子满天下都是，每次集会，参加的人达到几百人。王阳明到南昌讲习学问阐明人伦，一时之间闻风赶来的人很多，会场满座。唐尧臣不惜自己冒充茶役，一心把能够听讲作为快事。啊，盛况空前啊！这就是人们得到老师教养的感受，即使是工匠、商人，也有尊师重道的心。编者在少年之时家乡还有这样的风气，现在已经消失了。

《大学》本来是《礼记》之中的一篇，到宋代时儒家学者才开始将它单独编排，与《中庸》、《论语》、《孟子》合称“四书”。古本的《大学》，从“大学之道，到此谓知本”，这是未经朱熹分别编撰之前的原本。《大学》从《朱子章句》补述作传以来，流传到明代，天下都没有人对此提出不同看法。到王阳明，唯独提倡古本，而不依从朱子，这是与朱子不同的地方。

自宋代以来，学者尊崇朱熹，仅次于孔子、孟子。信服他的言论，歌颂他的德行，即使有新的知见，因为有别于朱熹的观点，也不敢说出口。朱熹的确是个大贤人，但一定要居垄断地位，以至于千百年之内，不许有人与之相异，这绝不是朱熹的本意。当时嫉妒王阳明的人，本就喜欢借此作为攻击他的资料（桂萼说王阳明做事不效法古人，言语不称颂老师，为了显示自己高明而标新立异，这不是朱熹格物致知的观点。知道大家的议论而不接受，这就是王阳明后来编撰《朱熹晚年定论》一书的原因），写作《明史》的人，也附和这一观点（比如批评王阳明，说他骄傲，在儒家学者中何用意也。学问如阳明，事功如阳明，而百世人后，犹未论定，能不慨然？

标新立异，最终为学者讥讽，等等），不知道是何用意。学问做到王阳明这样的水平，功绩达到王阳明这样的水平，而经百世之后，还没能做出定论，这能不让人感慨吗？

第八章 粹言

阳明一生言行，备见于遗书之中（所著有《王阳明先生全集》二十卷。崇祯间，四明施曜又刻《集要》，分《理学》《经济》《文章》三集，凡十五卷。门弟子各记所闻，又为《传习录》）。其所常言者，如“至善是心之本体”，“至善只是尽乎天理之极，而无一毫人欲之私”，“良知即天理”，明白浅近，易知易行，如布帛菽粟，多少于人皆有益处。原书浩繁，或不易得其要领。为发凡于此，而又摘录要语如下，时时省览，可以自镜也。

问：“主一之功，如读书则一心在读书上，接客则一心在接客上。可以为主一乎？”曰：“好色则一心在好色上，好货则一心在好货上。可以为主一乎？是所谓逐物，非主一也。主一，是专主一个天理。”

日间工夫觉纷扰，则静坐；觉懒看书，则且看书，是亦因病而药。

问：“圣人应变不穷，莫亦是预先讲求否？”曰：“如何讲求得许多？圣人之心如明镜，只是一个明，则随感而应，无物不照。”

义理无定在，无穷尽，吾与子言，不可以少有所得，而遂谓止此也。再言之，十年，二十年，五十年，未有止也。

问：“静时亦觉意思好，才遇事，便不同。如何？”曰：

王阳明一生的言行，都收录在他遗留下来的书稿里（其著作有《王阳明先生全集》二十卷，崇祯年间四明施曜又刻《集要》，分《理学》《经济》《文章》三卷，共十五卷。门下弟子各自听讲的记录，又刻印成了书，名为《传习录》）。他常常说的，如“至善是心之本体”、“至善只是尽乎天理之极而无一毫人欲之私”、“良知即天理”，明白浅近，容易认知容易实行，就如布帛、蔬菜、粮食等，无论多寡对人都有益处。原书内容广大、深邃，不容易得其要领。为了阐发王阳明心学的观点在此，又摘录重要的言语如下，常常可以省察阅览，可以当成镜子，自我对照。

问：“专注于一方面，比如读书就一心在读书上，接待客人则一心在接待客人上，可以称作‘专一’了吗？”答：“好色，就一心在好色上；好货，就一心在好货上，可以称作‘专一’吗？这是追逐物质，不是‘专一’。‘专一’是专注在一个天理上。”

白天感觉纷纷扰扰，就静坐；感觉懒得看书，就看书。这也是对症下药的道理。

问：“圣人面对千变万化的事情都能给予解答，是否预先研究了？”答：“如何能研究这么广博呢？圣人的心如同明镜，只有明亮，随感而应，没有照不见的。”

义理没有固定的范围，没有穷尽，我与你所说的道理不要因为稍稍有所收获，就止步不前。更进一步，十年、二十年、五十年，是没有止境的。

问：“心静的时候也觉得所讲的道理很好，一遇到事情，便觉

"是徒知养静，而不用克己功夫也。如此，临事便要倾倒。人须在事上磨，方立得住，方能静亦定动亦定。"

问："人皆有是心，心即理，何以有为善，有为不善？"曰："恶人之心，心失其本体。"

诸公近见时少问，何也？人不用功，莫不自以为已知为学，只循而行之是矣。殊不知，私欲望日生，如地上尘，日不扫，便又有一层。着实用功，便见道无终穷，愈探愈深，必使精白无一毫不澈，方可。

朋友观书，多有摘议晦庵者。曰："是有意求异。即不是，吾认为晦庵时有不同者，为入门下手处，有毫厘千里之分，不得不辨。然吾之心与晦庵之心未尝异也。若其余文义，解得明当处，如何动一字？"

种树者必培其根，种地者必养其心。欲树之长，必于始生时删其繁枝；欲德之盛，必于始学时去夫外好。

大凡朋友须箴规，指摘处少，诱掖奖劝意多，方是。

问知行合一。曰："此须识我立言宗旨。今人学问，只因知行分作两件，故有一念发动虽是不善，然却未曾行，便不去禁止。我今说个知行合一，正要人晓得一念发动处，便即得不能用上。这是怎么回事呢？”答：“这是只知道静心养性，而不能运用克己的功夫。这样，遇事便要偏离本心。一个人必须在处事中磨练才能立得住，才能达到心静的时候内心安定，行动的时候内心也安定。”

问：“人人都有这样的心思，心就是天理，为何有的做善事，有的做不善的事？”回答说：“恶人的心，失去了心的本体了。”

各位近日见面时很少提问，是什么原因？人不用功，都自以为已经知道做学问了，只是按着所学去做就可以了。殊不知，私欲每天都在增长，如地上的灰尘，一日不扫，便又有一层。着实用功的人，便知道修道是无穷无尽的，越探究越深广。必须达到精深、明了而没有一毫不透彻，才可以。

朋友看书，多有对朱熹批评指责的议论。王阳明说：“这是有意寻求差异。我认为与朱熹不同的地方，是入门下手的地方，有失之毫厘，谬以千里的差异，不得不加以辨析。然而我的心与朱熹的心没有差异。对于其余的文义，分析得很明白，怎么能改动一个字呢？”

种树必须培植树根，种地必须养农夫的心志。想让树长好必须在开始时就砍去它多余的枝杈，想要人的德行提高，必须从小学习的时候去掉他对物质的贪欲。

跟朋友相处，多告诫规劝，少互相指责，并且彼此多加引导扶持、褒奖劝说，这样的朋友才是真朋友。

问如何理解知行合一。王阳明说：“必须认识我立言的宗旨。现在的人做学问将知、行分作两件事，所以发动了一个不善的念头，却没有去做，便不去禁止。我今天说的知行合一，正是要人们是行了。发动处有不善，就将这不善的念克倒了，须要澈根澈底，不使那一念不善，潜伏在胸中。此是我立言宗旨。”

问：“先生尝谓善恶只是一物。善恶两端，如冰炭相反，如何谓是一物？”曰：“至善者，心之本体。本体上才过当些子，便是恶了。不是有一个善，却又一个恶来相对也。故善恶是一物。”

人但得好善如好好色，恶恶如恶恶臭，便是圣人。初时闻之觉甚易，后体验得来，此个功夫，着实是难。如一念虽知好善恶恶，然不知不觉又夹杂去了。才有夹杂，便不是好善如好好色，恶恶如恶恶臭的心。善能实实的好，是无念不善矣；恶能实实的恶，是无念及恶矣。如何不是圣人？故圣人之学，只是一诚而已。

先生尝言，佛氏不着相，其实着了相；吾儒着相，其不着相。如佛怕父子累，却逃了父子；怕君臣累，却逃了君臣；怕夫妇累，却逃了夫妇。都是为个君臣、父子、夫妇着了相，便须逃避。如吾儒有个父子，还他以仁；有君臣，还他以义；有夫妇，还他以别，何为着父子、君臣、夫妇的相？

问：“心无恶念时，此心空空荡荡的，不知亦须存个善念否？”曰：“既去恶念，便是善念，便是心之本体矣。譬如日光被云来遮蔽，云去光已复矣。若恶念既去，又要存个善知道发动一个念头的时候便是行了。起心动念有不善，就要把这不善的念头消除，必须彻彻底底，不使一个不善的念头潜伏在心中。这是我立言的宗旨。”

有人问：“先生曾说善恶是一体的。但善恶两端，如同冰炭一样截然相反，怎么能说是一体的呢？”回答说：“到了至善的程度，就是心的本体。本体上过当的便是恶，不是有一个善念，然后又有一个恶念来相对，所以善恶是一体。”

人只要做到好善如同喜欢美色，厌恶恶行如同厌恶恶臭，便是圣人了。这话刚听到时觉得很容易做到，但当体验以后，才知道这个功夫真的很难。比如，虽知道好善恶恶，然而不知不觉又夹杂了别的念头。有夹杂便不是好善如好美色、憎恶为恶如同厌恶恶臭的心。对善能够实实在在地喜好，是无念不善；对恶能够实实在在地憎恶，是无念有恶了，这如何能不是圣人呢？所以，圣人的学问，只是一个诚字而已。

王阳明曾说佛家不着相，其实着了相。儒家着相，其实不着相。如佛家怕父子累，却逃避了父子关系；怕君臣累，却逃避了君臣关系；怕夫妇累，却逃避了夫妇关系。都是因为怕君臣、父子、夫妇着相，便逃避这三个关系。比如我们儒家有父子关系，则以仁相待；有君臣关系，则以义相待；有夫妇关系，则规定各自的职责分工，这样就不必担心在这三个关系上着相。

有人问先生：“心里没有恶念时，这颗心是空空荡荡的。不知是否须存个善念？”先生回答说：“既然除去了恶念，便是善念，便是心的本体了。好比太阳被云遮蔽，云散后太阳光就又会恢复了。

念，即是日光之中添燃一灯。”

一友常易动气责人。先生警之曰：“学须反己。若徒责人，只见得人不是，不见自己非。若能反己，方见自己有许多未尽处，奚暇责人？”

门人有言邵端峰论童子不能格物，只教以洒扫应对之说。曰：“洒扫应对，就是一个物。童子良知到此，便教去洒扫应对，就是致他这一点良知了。又如童子知畏先生长者，此亦是他良知处。故虽戏嬉中，见了先生长者，便去作揖恭敬，是他能格物以致敬师长之良知了。童子自有童子的格物致知。”

人生大病只是一傲字。为子而傲，必不孝；为臣而傲，必不忠；为父而傲，必不慈；为友而傲，必不信。诸君常要体此。人心本是天然之理，精精明明，无纤介染着，只是一无我而已。胸中切不可有我，有即傲也。谦者众善之基，傲者众恶之魁。

一日，市中哄而诟。甲曰尔无天理，乙曰尔无天理；甲曰尔欺心，乙曰尔欺心。先生闻之，呼弟子曰：“听之，夫夫哼哼，讲学也。”弟子曰：“诟也，焉学？”曰：“汝不闻乎？曰天理，曰心。”非讲学，而何曰既学矣焉诟？曰：“夫夫也，惟知如果恶念已经消除了，又要存个善念，这就像是在日光之中添了一盏灯。”

一个友人常常容易动气指责别人。先生警告他说：“做学问必须要反省自己。如果只是责难别人，只见别人的不是，不见自己的过失。如果能反省自己，看到自己又有很多没有做到的地方，哪里有闲暇去指责别人呢？”

门人中有人说，邵端峰认为童子不能格物，只应当教以洒扫应对。王阳明听后说：“洒扫应对就是一个物。童子良知在这点上，便去教他洒扫应对，就是致他的这一点良知了。又如童子敬畏先生、长者，这也是他有良知的地方。所以，即使是在嬉戏中，见到了先生、长者，他们便去作揖恭敬，是他们能格物以致敬师长的良知了。所以童子自有童子的格物致知。”

人生的大过患就在于一个傲字。为人之子傲慢，必然不孝；为人之臣傲慢，必然不忠；为人之父傲慢，必然不慈；为人之友傲慢，必然不守信。各位要常常体会这个道理。人心本是天然之理，精精明明，没有丝毫染着，只是一个无我而已。心中切不可有我，有便是傲慢。谦虚是所有善行的基础，傲慢是所有恶行的罪魁之首。

一日，街市上哄闹之中有两人互相责骂。甲说你无理，乙说你无理；甲说你欺心，乙说你欺心。先生听了，便对学生们说：“听着吧，听他们在讲学。”弟子说：“那是在责骂，哪里是讲学？”王阳明说：“你没听到吗？说天理，说心。”不是讲学，又怎么说是已经学了那些责骂的话？先生说：“人们只知道责骂别人，却不知道要责诸人，不知返诸己故也。”

【批评】

此章钞集《阳明语录》，皆以切于人生日用者为归，不涉高深之学理，欲人易知易行也。盖尝论之，共和国民，以人人有普通知识为急。子弟七八岁，父兄送之入小学，习一切教科书，以得普通之智识。顾有学焉而知识日进，志趣日高者；有学焉而知识不进，志趣日下，反不如一字不识之乡愚者。是何以故？夫人莫不饮食也。有饮食多而身体日健者，医者曰此其血液足以消化之也；有饮食多而身体反弱者，医者曰此其血液不足以消化之也。彼学而日进，或学而不进者，其理亦是如此。消化饮食者是血液消化，学问者是良心。此章所云皆消化学，问之要药学者，不可一日缺者也。

欲求姚江之学者，读其遗集；欲穷姚江之学之源委者，则有《明儒学案》，明季遗老黄宗羲之所著也。是书继宋元学案而作。合二书而观之，上下数百年间，哲学之流别尽于此矣。宗羲字太冲，别号梨洲，亦治姚江之学者。

黄氏论朱陆之学曰：“紫阳（即朱子）之学，则以道学问为主，谓‘格物穷理’，乃吾人入圣之阶梯。夫苟信以自是，而惟从事于覃思，是师心之用也。艾轩（即陆子）之学，以尊多多反省自己啊。”

【评论】

这一章汇集的王阳明语录，都是以符合人生常用的为标准，不涉及高深的学理，希望人们容易知晓、容易践行。曾经有人论述过，共和国公民，以人人有普通知识为急。孩子七八岁的时候，父母兄长送入小学，学习一切教科书，为了得到普通的智慧学识。有人学习知识日进，志趣日高；有人学习知识不进，志趣日下，反不如一字不识的乡巴佬，这是什么缘故呢？人没有不饮食的。有饮食多而身体更加健康的，医生说他的血液足以消化食物；有饮食多而身体反弱者，医生说他的血液不足以消化食物。那些学而日进，或学而不进的，其道理也是如此。消化饮食靠的是血液。学问者靠的是良心。这章我说的都是消化学，学者不可一日缺少良心这个重要的药。

想研究姚江之学的，请读他留下的文集；想研究姚江之学渊源的，则请看《明儒学案》，这是明朝末年遗老黄宗羲所著。该书是继《宋元学案》而作。将两本书结合起来看，上下数百年间，哲学的流派尽在其中了。黄宗羲，字太冲，别号“梨洲”，也是姚江之学的研究者。

黄宗羲论述朱陆的学说，说：“紫阳（即朱子）的学问，以探究考察天地万物的妙理为主，主张‘格物穷理’，这是我们悟入圣道的阶梯。朱子的用心，其实是希望我们从内心相信，从而能够深思是效法心的作用。陆九渊的学问，以了悟心灵的本体为宗德性为宗，谓先立乎其大，而后大之所以与我者，不为小者所夺。夫苟本体不明，而徒致功于外索，是无源之水也。”

明施邦曜论朱王之学曰：“晦庵当五季之后，虚无寂灭之教，盈于天，患在不知穷理也，故宗程氏之学，揭主敬穷理之教，使人知所持循。文成当晦庵之后，辞章训诂之习，没溺人心，患在徒事见闻也。故明陆氏之学，揭知行合一之旨，使人知所返本。”朱、陆、王皆宋明间大儒，其学派相异而实相济也。观施、黄二先生之论，可见一斑矣。

旨，主张先确立心灵的本体，而后万事万物都为所具备，就不会再存有是非人我、私心杂欲。假如本体不明悟，而枉费苦心向外界去索取，那将是无源之水。”

明朝施邦曜论述朱子和王阳明的学说说：“朱熹在五代以后，虚无寂灭之教充盈于天，忧患世人不知道穷理，所以承继程氏之学，揭示主敬、穷理的教法，使人知道所持循的学问。王阳明在朱熹之后，学者多讲求辞章训诂，使人心沉溺其中，弊端在于只注重表面见闻。所以显明陆氏之学，揭示了知行合一的宗旨，使人明白要回归根本。”朱熹、陆九渊、王阳明都是宋朝、明朝的大儒，其学派不同而实际上彼此贯通。看施、黄二位先生的论述，就可见一斑了。

少年叢書

文白对照本

德谟士

孙毓修◎著

团结出版社

图书在版编目（CIP）数据

少年丛书 / 孙毓修编. -- 北京 : 团结出版社,2015.7
ISBN 978-7-5126-3662-0

Ⅰ.①少… Ⅱ.①孙… Ⅲ.①名人—生平事迹—世界—少年读物 Ⅳ.①K811-49

中国版本图书馆CIP数据核字(2015)第130183号

出版：团结出版社
（北京市东城区东皇城根南街84号 邮编：100006）
电话：(010) 65228880　65244790（传真）
网址：www.tjpress.com
Email：65244790@163.com
经销：全国新华书店
印刷：三河市祥达印刷包装有限公司
装订：三河市祥达印刷包装有限公司

开本：148×210　1/32
印张：128
字数：1500千字
版次：2015年12月　第1版
印次：2016年4月　第2次印刷

书号：978-7-5126-3662-0
定价：490.00元（全28册）

少年叢書

《少年丛书》白话语译编委会

出版前言

近代著名思想家、政治家梁启超曾经说："少年强则国强，少年智则国智，少年富则国富，少年独立则国独立，少年自由则国自由，少年进步则国进步，少年胜于欧洲，则国胜于欧洲，少年雄于地球，则国雄于地球。"这是他的散文《少年中国说》中的一段，作于戊戌变法失败后的1900年。文中极力歌颂少年的蓬勃朝气，指出封建统治下的中国是"老大帝国"，热切希望出现"少年中国"，振奋人民的精神。

或许是受到梁启超先生的感召，1908年冬天，上海商务印书馆编译所推出了一套系列丛书——《少年丛书》，又名《中外伟人的传略》，这是二十世纪中国的第一部历史人物类学生课外阅读丛书。首任编辑和作者是林万里，第二任编辑是孙毓修，孙毓修是这套丛书的主要作者，后期加盟写作的骨干还有国学大师钱智修。他们都博览中外，以精准而严格的眼光审视中外古今文化资源，选取其中有益于

少年儿童精神世界的材料，予以整合，编写成册。这套书出版以后，广受少年儿童的欢迎，每册前后加印达几十次，若整套书累计，恐怕达到数百次之多，发行量之大，影响力之广，在二十世纪的人物传记类图书中堪称罕见。

《少年丛书》前后出版了近三十余种，每一册传主为一位中外历史名人。我们在全国各地经过多方的搜寻，共得二十八册，其中中国名人十五位，外国名人十三位。每篇先叙述名人的生平传记，后加以作者的评论，根据时事，启发少年，借以激励少年树立远大志向，明确奋斗目标，成就健全人格。著名作家茅盾在阅读这套书后曾评论说："记事简明，议论正大，阅之足以增长见识，坚定志气。"这套出版之初即为砥砺少年志向的书影响了当时无数少年儿童由此走上振兴中国之路。著名作家张天翼、赵景深、陈伯吹等，都曾深受这套书的影响。

《少年丛书》的三位作者，都是当时学贯中西的通儒，不仅有深厚的国学功底，也有睁眼看世界的非凡眼光。撰写本套书册数最多的孙毓修先生，他是我国近代著名的目录学家、藏书家、图书馆学家。他同时还创作了大量的儿童文学作品。除了《少年丛书》，他还先后主编出版《少年杂志》、《童话丛书》等，被茅盾誉为"中国童话的开山祖师"。

另一位作者钱智修，浙江嵊县人，字经宇，是著名的国学大家，博古文学家，东方学派思想家。他在学时，就以"国学国文湛深，文章洛阳纸贵"赢得尊敬，并被上海多家进步报馆争揽为特约撰稿人。1911年毕业后，他应编译所长高梦旦之聘，担任商务印书馆编

译所编辑。1920年7月他任《东方杂志》主编，长达12年，是该杂志有史以来任期最长的主编。他还参与编辑《辞源》及《中国人名大辞典》、《中国古今地名大辞典》。1931年任国民政府监察院秘书长。

第三位作者林万里是民国年间著名的报人，原名獬，又名白水，字少泉。他幼承家学，又拜名士高啸桐（商务印书馆创始人之一）为师。清光绪二十四年(1898年)，他在杭州参与创办求是书院、养正书塾、东城讲舍、蚕学馆4所新式学堂，任求是书院总教习；后任《杭州白话报》主笔，宣传新思想。光绪三十年(1904年)，他出任《警钟日报》主编，宣扬孙中山及其领导的革命，后追随孙中山。帝制取消后，林万里重操新闻旧业，创办过多份报刊。

鉴于每位作者独有的知识结构和兴趣热点，每位编者对人物都有自己的选择。孙毓修所撰写的大部分是中国历史名人，而且写作的视角也非常独特，如其所写的《玄奘》是一个历史人物，而不是《西游记》中的唐僧。现代的普通读者对玄奘的了解绝大部分是来自于《西游记》等小说，而历史上的真实情况却鲜有人知——玄奘取经并非唐太宗支持，相反还受限于当时的法令，他冒着生命危险才得以出境。这就需要有人为读者打开另外一扇窗户，还原真实的玄奘，而不是小说中的文学形象。茅盾先生对孙毓修所写的《玄奘》评价很高："可以说是内容翔实，深入浅出，既宜于少年阅读，也使成年人增加历史知识。"再如《苏秦》，作为一位著名的辩士，《史记》必然为之列传。孙毓修在写苏秦游说各国发言的时候采用了《史记》中记载的史料，而在后面的评论部分对苏秦的表现作了恰当的点评，分析苏秦游说秦、燕、赵、韩魏、齐楚的过程，阐述了苏

秦辩术策略的不断提高。对于国外人物的选取，孙毓修也是偏爱励志型的，如德谟士，从一个小人物成长为大演说家；彼得大帝，从受制于人，成为欧洲赫赫有名的皇帝。

另一位作者钱智修，先后写有《林肯》、《苏格拉底》、《拿破仑》等，这些都是西学东渐后中国人十分崇仰的外国名人。值得注意的是，钱智修秉承严复所主张的信、达、雅翻译原则，特别讲究传记所含的真实性。他所抒发、张扬的传主虽然都被列为人们仿效的楷模，写法却不做作，更没有为了塑造人物形象而更改史实。

林万里所写的外国传记和钱智修的作法大致相近，即在第一章抒发已之传记宗旨，后文谈及传主读书之术、治学之道与其行事风格，并进行了点评。此外还有其他人关于传主的言论，更有编译者自己的评论，以引导少年儿童正确地学习和借鉴，而不是一味盲从。

《少年丛书》的最大特色，就是“记事简明，议论正大”。书中除了记叙人物的生平故事之外，作者的评论也让这套书大为增色。其议论宏富，既能够结合少年的成长特点，指明如何学习书中人物的优良品质，也指出了其中的不足之处，对于引导少年如何立志修身，大有裨益。

这套书的另一大特色，就是全部用文言文写作，语言凝炼，文笔流畅，保持了中国传统作史传的鲜明特色。当时，白话文风已经悄然兴起，而作者能够不从时髦，采用文言写作，甚为难得。以至我们今日再读此书，依然能够体味到文言笔法的无穷魅力。然而考虑到近百年来，国人的文言文水平已经一落千丈。今日的大部分少年，阅读文言文尚有一定困难，因此我们特别组织人员，将全套书进行了

白话翻译。尽管我们做了最大的努力，文言文的神韵依然是难以用白话表达出来。因此，我们希望少年朋友通过阅读这套书，体会文言文的独特魅力，进而热爱和学习文言文。

《周易》有云：“君子以多识前言往行，以畜其德。”说的就是多学习古人的嘉言懿行，对我们修身立德至为重要。古人尝言：“童蒙养正，少年养志，壮年养德。”少年时期是人生至为关键的时候，这个时期树立什么样的志向，以什么样的人为榜样，往往会决定一个人未来的人生成就。而一个人少年时期读的书，也足以改变他的一生。在今日少年课外读物良莠不齐的状况下，《少年丛书》堪称鲜有裨益少年的优秀读物。若今日的少年，能够认真研读这套《少年丛书》，对于树立远大志向、培养健全人格、完善道德情操将大有裨益。或许，今日的风华少年，即是将来成就伟业的千古豪杰、泽被世人的大圣大贤。勉哉！勉哉！

为什么要读名人传记

——《少年丛书》白话语译序

我从小很喜欢读书，可是，因为身处偏僻山村，小的时候却无书可读。那个时候，家中只有父亲买的一本《古文观止》，儿时翻阅过无数次，虽看不太懂，却记忆深刻。有人说，儿童时期读的书，一生也难以忘记。此言确实不虚。

没有想到的是，儿时无书可读的我，日后竟然投身于出版业。今天，我国的出版业已经非常发达，给少年儿童读的书也非常多。可是，若细心寻求，真正的好书却是少之又少，尤其是给少年儿童介绍历史文化的书。

一个偶然的机会，我们与这套百年前的《少年丛书》结缘，这套当初专为少年而写的中外名人传略，让我眼界大开，没想到，百年前的前辈们，竟给少年们创作出如此优良的传记读物。要知道，给少年

儿童写作，比给成年人写作更难，尤其是给人物作传，既要符合历史史实，不可随意编撰，又要注意引导青少年如何取其长，避其短，以免误人子弟。因为，作为历史人物，不可能处处皆堪为今人楷模。这就需要作者要极富有爱心、责任心和严谨精神，才能让读者从中获得纯净的人生智慧。可以说，目前各种写给青少年的人物传记，很少能与这套《少年丛书》相提并论的。

这套书中的二十八位中外名人，大多数是我们耳熟能详的人物，但是对于他们的生平事迹，也许就知之甚少了。读了他们的传记，方知欲为圣贤豪杰，需下一番苦功夫才能有所成就。“人人皆可为尧舜”，说的是我们每个人都有成圣成贤的资质，然而虽有圣贤之资，也需后天的不懈努力，方能成就一番伟业。所以，这一套书作者的目的并不仅仅是让读者了解一下名人轶事，而是以伟人的事迹启迪和激励少年朋友，树立人生的志向，汲取这些英雄豪杰的人生智慧，修身立德，练就自身本领，最终成为造福国家和社会的有用之才。

这套书虽然是写给少年看的，并不意味着就不适合大人阅读。大作家茅盾就曾大力推荐这套书。现在的青年人，乃至家长、老师，若能读读这套书，对于人生事业，教育子弟，也是大有益处的。可以说，这是一套老少皆宜的好书。

《少年丛书》在当时之所以大受欢迎，销量巨大，也不是没有原因的。这套书每册文字量不大，文笔流畅，史实可靠，评议精彩，这都是许多普通名人传记所不具备的。因此，这套书深受读者欢迎，也就不难理解了。

读名人传记，重在学习名人的智慧和经验。正如文天祥所说，

“人生自古谁无死，留取丹心照汗青”。人生有涯，知也无涯，如何在有限的生命里寻求到人生的价值，获取人生的智慧，而不浪费光阴？《少年丛书》中的这些圣贤豪杰，就是我们的榜样。他们身上伟大的人格，比如孝友、善良、爱心、坚毅、勇敢等等，这些人性的光辉，都是我们的学习之处。

我们用了近一年的时间，将这一套书作了白话语译，希望今天的少年们，能够喜欢阅读并且从中汲取智慧。若能让每一位读者都能够有所收获，那就不负当初写作这套书的三位老前辈的一片苦心，而我们的工作也就没有白做了。

这一套书规模宏大，在校对和语译的过程中，难免会有错误，恳请广大读者不吝指正。

《少年丛书》语译小组　主编　萧祥剑

目录

第一章 绪论

德谟士遗像

国之亡也，其精神固已先亡矣。虽然，垂灭之灯，必扬其焰；已逝之水，或扬其波。无论其国之腐败何若，而当其将亡之时，精神必有表现者。精神之表现，不见之于全社会，亦必见之于一二人。然至是大率以时会不利，与夫继起乏人，颠蹶不起，元气乃消，而国遂亡矣。吾读雅典德谟士传，为之废书三叹也。

当德谟士之世，雅典之人心，腐败已极。然而众人皆浊，而彼德谟士独清；众人皆醉，而彼德谟士独醒，以是德谟士遂不为社会所容。

吾前此所作诸传中，大率皆成功之英雄，而无失败之英雄。纵失败矣，亦不过失败于一时。其失败也，同志之人，犹能曲谅其心迹。抑其失败，或由于其人之自取，而非独时会之不幸也。若夫德谟士则异于是。使命之报告，则众疑其诬，受赇之嫌疑，则身罹于法。且彼日号呼于国民之侧，而全国人士，苟安偷活，冥然罔觉。彼德谟士一生之生涯，固无一而非不幸也。虽然，于彼何害。

当一个国家灭亡时，国家的精神也早就衰亡了。即使这样，就算是快要湮灭的灯烛也仍会高扬火焰，逝去的流水有时也还会推波助澜。不论这个国家的腐败到了什么样的地步，在其即将灭亡之时，必将会有人承载国家精神；即使整个社会没有表现出国家精神，也一定能够在一两个人的身上看到国家精神。然而在这种时候，大概是因为没有天时地利的因素，后继无人，以致一蹶不振，国家元气逐渐消亡，于是国家就灭亡了。当我在阅读雅典人德谟士的传记时，经常放下书，为他的经历感慨万千。

在德谟士生活的时代，雅典人腐败不堪。众人都糊里糊涂，唯有德谟士头脑清晰；众人都迷醉于世事，只有德谟士明白事理。以至于德谟士不被当时的社会所接受。

我之前撰写的人物传记中，大都是记述一些成功的英雄人物，没有失败的英雄。即使这些英雄失败了，也只是暂时的失败。他们失败了，与他们志同道合的人还能原谅他们的思想和行为。然而他们的失败，有时是咎由自取，而并不仅仅是因为时代的不幸。至于德谟士，则不同于这些英雄人物。他的使命是报告社会上发生的事情，众人怀疑他诬陷自己，就让他涉嫌受贿，受到法律的追究。他每天在众人之中呼吁国家精神，但是，全国的人民苟且偷安，愚昧无知，不闻不问。德谟士一生的经历，固然就无一不是不幸的。即便是这样，对于德谟士来说，又能有什么坏处呢？

吾于是知，英雄者，社会之产物也。英雄之活动，社会活动之代表也。非有容英雄之社会，则亦不得有造社会之英雄。意大利人民，独立之心不强，则加里波的无以成其功；德意志人民，统一之志不固，则俾斯麦亦无以施其术。以一狼而率群羊，其羊之为羊自若也。夫英雄豪杰之士，其困踬不过以死者，自古至今，盖不可胜数。然则，英雄之成，社会之功也；英雄之不成，社会之罪也。社会不仅指现在之人而言，即过去之社会，亦与有责。然吾亦尽吾之责而已。吾若求人之尽责，其事即可能，而要非可必者也；若吾自尽其责，则固可得而必者矣。先立于可必之基，而后勉为其可能之事。如是，则吾固可以不为亡国之民矣。成败利钝，岂能逆睹哉？

读此传者，当作历史读，勿徒作传记读。作传记读，则其所注目者，但在于其人之一身；作历史读，则当并及于其时之社会。夫当时希腊社会，其对于德谟士之冷遇，果何如耶，吾人所当引以为戒者也。然彼德谟士者，虽受希腊社会之冷遇，而之死不二。殆所谓知其不可而为之者欤，斯又吾人所当引以为法者也。以可戒可法之事，萃于一编之中，而于是我明白了，英雄是社会的产物。英雄人物的所作所为，就是社会活动的代表。如果没有能够容纳英雄人物的社会，就不会产生成就社会的英雄。如果意大利人民渴望独立的心愿不强烈的话，那么加里波的也就不会成就他的丰功伟绩；如果德意志人民追求祖国统一的志向不坚定的话，那么俾斯麦也没有机会施展他的才华。用一条狼来看管一群羊时，那么这群羊就会表现出很镇静的样子。那些英雄豪杰人士，在窘迫的时候不过就是一死。从古至今，英雄大概不计其数。然而，英雄人物能够获得成就，是整个社会的功劳。英雄的落败，同样也是整个社会的罪责。这个“社会”一词不仅是指当下社会的人民，也是指过去社会的人民，同样负有相当的责任。然而，我也只是尽到了自己的责任而已。如果我能够要求其他人也能尽到他们的责任，那么，这些英雄人物就有可能获得成功，但这并非总是可以预料到必然如此；如果我们自己能够尽到自己的职责，那么一定可以预料到必然如此。首先立足于坚实基础之上，然后努力去做可以做到的事情。像这样，我们一定不会成为亡国奴。成败得失，怎能预见得到呢？

阅读这本传记，要把它当做历史去读，不要仅仅作为人物传记去阅读。如果把这本传记当做人物传记去阅读，那么读者所关注的对象就局限在这个人物身上。把这本传记当做历史去读，还应该考虑到那时的社会状况。那个时代的希腊社会，对待德谟士的冷遇，没想到会达到如此地步，我们今天的人一定要引以为戒。德谟士虽然受到希腊社会的冷遇，然而他却誓死不二，忠心耿耿。这就是所谓知其不可而为之，这又是我们当今之人应该效吾人读之，宁亦无所动耶！无所动，则将为希腊之续矣。乌夫！吾人，既自天受此聪明才力，吾幸勿负吾天；吾既自社会受此聪明才力，吾幸勿负吾社会；吾既明此理，吾幸勿负吾心。三者具，乃可以读吾德谟士传。

法的典范。这本书汇集了这样一些引以为戒和值得效法的事情，我们当今之人读后，难道不也为之感动吗？如果没有感动，就将重蹈希腊的覆辙。啊！我们的聪明才智从上天那里获得，我就不要辜负上天；我从社会中获得聪明才智，我就不要辜负这个社会；我已经明白了为人处事的道理，我就不要辜负自己的良心。只有具备上述三条要求，才可以开始阅读德谟士的传记。

第二章 德谟士以前之希腊大势

欲明物体之位置者，不可不察其前后左右之地域；欲明英雄之事迹者，不可不察其前后时势之大概。吾今欲传德谟士，而先叙希腊者，亦此意也。

希腊者，半岛之国也。其地突出地中海，国内多山，间隔为市府十数。其中最强者，曰斯巴达，曰雅典。二国人种殊异，气候风俗亦不同。各树势力，以争霸业，以故二国相阋者久矣。其后波斯来侵，希腊全土，乃互解宿怨，结希腊大同盟，同心御侮。波斯来侵，一破之于马拉逊，再蹙之于拉米斯，国势益盛。自是雅典常为希腊盟主，斯巴达见雅典之寖强也，积不能平，遂酿衅隙，而有悲罗彭之战。希腊列国中，或党斯巴达，或助雅典。战役亘二十年，卒为斯巴达所胜。于是斯巴达遂执希腊之牛耳。顾斯巴达施政，喜专制，往往残酷其民。有齐武者，亦希腊中列国也。见斯巴达人民咸怨其上，知机有可乘，乃起与斯巴达战，大破其军。希腊统一之业，至是遂破。

先是希腊北境坎巴尼山外，有小国一，曰马其顿，与希腊为同种。然希人摈不与齿，号之曰夷狄，使不得位于列国要想辨明一个物体在哪个方位，就不得不观察这个物体所处前后左右的地理位置；要想讲述清楚一个英雄人物的生平事迹，就不得不观察他生活时代的社会状况。我现在要撰写德谟士的传记，首先要叙述希腊的情况，就是这个用意。

希腊是一个半岛之国，其国土伸向地中海，山脉众多，几十个城邦分布在半岛之中。其中实力最强的是斯巴达和雅典。这两个城邦种族极不相同，气候和风俗习惯也不一样。为了争夺霸业，两个城邦各自发展势力，所以两个城邦相互争斗了很久。之后，波斯人入侵希腊，希腊境内所有的城邦暂时化解了长久以来的恩怨，结成希腊大同盟，同仇敌忾，共同抵御外敌入侵。波斯人入侵时，希腊在马拉逊这个地方大败敌军，不久又在拉米斯这个地方再败波斯军队，希腊国力日益强盛。从这之后，雅典就经常作为希腊的盟主。而斯巴达看到雅典逐渐强盛，内心的愤恨久久不能平息，于是找借口制造了争端，引发了悲罗彭之战。希腊各个城邦中，有的追随斯巴达，有的帮助雅典。此次战争持续了二十年之久，斯巴达最终取得了胜利。于是斯巴达顺理成章地成了希腊的盟主。回顾斯巴达的执政方式，喜好专制，往往用残酷的手段镇压人民。有一个叫齐武的城邦，是希腊众多城邦中的一个，看到斯巴达的人民对斯巴达的统治怨声载道，知道自己有机可乘，于是向斯巴达宣战，大破斯巴达的军队。希腊半岛的统一，从此被打破。

早先，在希腊国境北部的坎巴尼山之外，有一个小国，叫马其顿，和希腊是同一个种族。然而希腊人却并不愿意提到这个国家，称它为夷狄，并且不让其在希腊的城邦中占有一席之地。马其顿人中。顾其国民躯体强健，盛倡尚武之风，以故国力渐盛。至王非里世，乃大扬其威力。窥希腊有隙，欲举兵乘之。虽然，希腊之人民，爱自由之人民也。不自由而生，毋宁自由而死，此希腊人之恒言也。虽其时，民气颓丧，岂无一二义士，出而抗此大难者？而果也，有德谟士生于其间。

【批评】

希腊当时，所以能存立者，在于国民之独立心。国民之独立心，希腊之精神也。夫国民既有此精神，终不至于灭没。纵有失败，亦时机未至而已。德谟士即其精神之表现者也。无如当时社会心理，逐于物质，贿赂公行，是非倒置，其结果遂至于亡国。罗马末流，亦复如是。盖国之强也，在于社会精神之充满，而最足为精神之蠹者，无过于唯物论。夫人生于忧患，而死于安乐，国亦有然。汉文之治，号称承平，而贾长沙已为之痛哭。若至事已败坏，则社会虽复觉悟，恐亦无及。观于德谟士事迹，可以知其概矣。

民身体强壮，崇尚习武之风，所以国力日渐昌盛。在非里当国王时，马其顿的势力更加强大。非里窥探到希腊境内的城邦之间有矛盾，于是想要发兵入侵希腊。即使在这种时候，希腊的人民也是崇尚自由的。若不能自由地生活，倒不如为自由而死，这是希腊民族的格言。在那个时候，希腊人民精神虽然萎靡不振，但又怎么会没有一两个仁人志士挺身而出来挽救大难呢？确实，出生在这样时代里的德谟士就是这种人。

【评论】

当时的希腊，之所以能够独立存在，是因为希腊的国民有追求独立之心。国民的独立之心就是希腊的精神。既然国民有这样的精神，最终也都不至于亡国。纵然会有失败，也只是时机还没有到来罢了。德谟士的身上就体现着这样的希腊精神。无奈的是，当时的希腊社会的普遍心思在于追求物质利益，公然行贿受贿，颠倒是非，结果就导致亡国。罗马帝国的后期，也是如此。大概国家的强盛，就是在于这个社会有饱满的精神，而最为毒害精神的，没有什么比得上唯物论了。忧愁患害可以使人生存，而贪图享乐安逸就会使人衰亡，那么国家也是如此。汉文帝统治时期，号称太平盛世，但是贾谊却为那个社会痛哭不已。如果国事已经败坏透顶，即使社会有觉悟，恐怕也无能为力了。看看德谟士的事迹，就可以了解一个大概了啊。

第三章　德谟士之少年修养

德谟士者，希腊雅典人也。生于纪元前三百八十一年（周安王十九年，即民国前二二九二年），父名德谟士。西人之俗，子孙多袭其祖父名，故德谟士以父之名为名焉。

德谟士之父，以制兵器为业，役奴隶数十，家称素封。母名克礼奥，世传为雅典亡命者给伦之女也。德谟士七岁丧父，财产托于亲戚，后为亲戚所没。德谟士年渐长，在法当袭遗产，而已荡然无余。其父在时，富甲全市，纳租税亦最多，而德谟士竟为贫人。忿而讼其亲戚于法庭，得直与否，史家不载，今亦无可考。

德谟士因家业尽耗，乃发愤读书，喜修辞学。其时，雅典有加里斯者，以雄辩闻于时，名声藉甚。一日，德谟士从其友往听加里斯演说，见加氏立演坛上，演论时事，滔滔如悬河，众皆拍手称善。德谟士心艳之，自是益潜心修辞之学。雅典国法，凡诉讼者，两造宜亲诣法庭，自为辩难，不得延律师。德谟士自期成年后，必讼其亲戚，恢复家产，故治修辞学益力。

希腊有哲学家，名柏拉图，以学问为举世所宗。柏拉德谟士，是希腊雅典人，出生于公元前381年（周安王十九年即民国前2292年），他父亲的名字叫德谟士，按西方人的习俗，子孙后代大多承袭他们祖辈的名字，所以德谟士以他父亲的名字作为自己的名字。

德谟士的父亲，以制造兵器为职业，有几十个奴隶，自称为素封（注：无官位封地而富比封君的人）。德谟士的母亲叫克礼奥，相传是雅典逃亡者给伦的女儿。在德谟士七岁的时候，他的父亲去世了，遗产交给了德谟士的亲戚管理，后来他的亲戚将这些财产占为己有。德谟士长大的时候，按照法律规定应当继承他父亲的遗产，但是遗产已经所剩无几。德谟士的父亲在世时，富甲一方，所缴纳的赋税也是最多的，然而德谟士竟然沦落到如此贫苦的地步。他愤然将这些亲戚状告至法庭，最后是否得到公正的处理，史书没有记载，现在也无从考证。

因为家业耗尽，德谟士开始发奋读书，喜欢研究修辞学。那个时候，在雅典有个叫加里斯的人，他凭借雄辩而闻名于世，名声非常大。有一天，德谟士和朋友一起去听加里斯的演说，看见加里斯站在演讲台上，演说社会之事，滔滔不绝，口若悬河，听众都鼓掌称好。德谟士心里非常羡慕，于是更加潜心地研究修辞学。根据雅典的法律，只要是参与诉讼，原告和被告必须亲自参加法庭的审理，为自己辩论，驳斥对方的观点，并且不得聘请律师。德谟士期望在自己成年后，一定要起诉他的那些亲戚，夺回家产，所以更加用功地研究修辞学。

希腊有一个哲学家，名叫柏拉图，他凭借自己的学问被世人所图有弟子，曰伊塞吴斯者，亦有名之雄辩家也。德谟士往从之，学修辞。伊塞吴斯更介之于柏拉图，自是德谟士乃得为柏拉图弟子，常受柏拉图感化。而希腊前代有历史家，曰斯西知者，亦以文辞称。德谟士喜读其文，手录其著述，前后凡八次，遂尽通斯西知氏之学。

德谟士既勤治修辞之学，顾其为人躯干羸弱，举止不娴。与人言，恒讷讷不出口，呼吸至短促。一入会场，则心悸气动，失其常态。是数者，为雄辩家所最忌，凡有此者，断乎不能成名。德谟士知其资禀与所学适相戾也，

苏格拉底　　柏拉图

则痛改之。日含沙砾于口，以正其语音；疾驰于峻坂之上，强其呼吸；又凿地为窖以居，摈绝宾客；剪去其发之半，示不出游，专以攻治其学。遇暴风起则出，赴海滨。立狂波怒涛之前，以波涛之汹涌，比群众喧嚣，对之演说。扬手挥腕，大声疾呼，自习演说之技，观者以为狂也。

德谟士修养既久，自以为可。一日，于集会时，出席演说。语未半，座间有呵者、笑者、厌倦者，继则嘘气作响，嚣于一堂。德谟士惭汗浃背，不复能语，逡巡而下。归家，以语

推崇。柏拉图有一个弟子，叫伊塞吴斯，也是一个有名的雄辩家。德谟士跟着他潜心学习修辞。伊塞吴斯向柏拉图举荐德谟士，于是德谟士成为柏拉图的弟子，经常受到柏拉图的感化。希腊前代的历史学家斯西知，也以精美的文辞著称。德谟士爱好阅读他的文章，前后一共八次亲手抄录了他的著述文章，于是全面通晓斯西知的学说。

德谟士勤奋地研究修辞的学问，但是他的身体瘦弱，一举一动不是很文雅。和别人交谈时，经常结结巴巴而说不出口，并且呼吸急促。一旦进入会场，就会感到心中悸动，有失常态。这几样是雄辩家最为忌讳的，只要有这样的缺点就绝对不会成为一个有名的雄辩家。德谟士知道他自己的天资禀赋与学习的内容恰好相矛盾，于是下定决心加以改变。每天在口中含一粒沙石，用来纠正他的发音；在陡峭的山坡上飞快地奔跑，以加强他的呼吸；居住在自己挖的地窖里，谢绝宾客的拜访；他将头发减去一半，用以表示不出去游玩，专心致志地研究学问。遇到狂风大作时，就走出去，来到海边，站在狂波怒涛的面前，把汹涌的波涛比作是人群的喧嚣声，进行演说。他高扬手臂、挥舞手腕，并且大声疾呼，自己练习演说的技巧，旁观的人以为他疯了。

德谟士练习了很长时间，自己认为可以进行演说了。有一天，在集会的时候，他出席演说。还没有说到一半，席间就有呵斥、嘲笑和厌倦演说的人，继而发出嘘声，喧哗吵闹，不绝于耳。德谟士其友，其友曰："君尚无镇压群众喧骚之勇，今日之失败，一因于怯懦所致，是后当鼓其气，勿以呵者众而罢演也。"德谟士深自引咎，乃益磨练其术。一日复上演说台，众见德谟士至，又笑骂之。德谟士羞不可仰，以外套被面，忸怩而归。归途自思，吾学修辞已久，今其结果，乃至于是，吾志终不得达矣。因大懊丧，垂首蹒跚于道上，步不能进。忽遇其友人，因涕语之曰："吾已竭吾精力，注吾热诚，乃竟不能动众人之听，至不足以比醉夫，吾乃至于是。"言已，唇震手栗，泪数行下。其友慰之曰："君言良然，吾为君计，及今当亟读孛夫奥戏曲，能尽通其秘，不患不能演说也。"

德谟士闻友人之言，归家急取孛夫奥戏曲读之，模仿其言论，至废寝食。又悬大镜于室中，日对镜演说，自视姿容，辄矫正其失。如是者数年，卒以雄辩有名于时，以一身系希腊之轻重焉。

见此情形，非常惭愧，以致汗流浃背，不能继续演说，徘徊着走下演讲台。回到家中，他将这件事告诉了朋友，朋友对他说："你还没有具备镇住听众喧闹与骚乱的勇气，今天演说的失败，原因之一就是你胆怯懦弱，今后应当鼓励自己，为自己打气助威，不要因为呵斥你演说的人多，从而放弃演说。"德谟士听后，深深地自责，于是更加刻苦地操练演说的技巧。又一天，他走上演说台准备演说，人们见到德谟士来了，又一次嘲笑并责骂他。德谟士羞愧难耐，不敢抬头面对听众，用自己的外套遮住脸，非常羞愧地回来了。在回来的路上，他进行了一番反思：自己学习修辞已经很长时间了，现在的这个结果竟然是这样，看来自己的志向终究不会达成了。想到这儿，他非常懊悔丧气，低头蹒跚地走在路上，徘徊不前。忽然遇到自己的朋友，于是声泪俱下地对朋友说："我已经竭尽全力了，即使我为此注入自己的热情和诚恳，但是竟然不能打动听众，落到这样的地步还不如一个醉汉，我就是这样了。"说完，他嘴唇颤动，手臂发抖，泪如雨下。朋友安慰他说："你说的这些也很正常，我给你提一个建议，从现在起你应当加紧阅读孛夫奥的戏曲，如果能够通晓他戏曲中的奥秘，就不怕不能很好地演说了。"

德谟士听到朋友这番话，回到家中急忙取出孛夫奥的戏曲阅读，模仿其中的言论，以至于废寝忘食。他又在房屋中悬挂一面大镜子，每天面对着镜子进行演说，自己注视演说时的姿态与面部表情，能够及时矫正不当的地方。像这样练习了数年之后，最终成为一个闻名于时的雄辩家，以其一身担负希腊的安危。

【批评】

精神一到，何事不成，信哉！德谟士性质万不能工修辞。然彼一立其志，能以毅力继之。一数再败，为世所笑，卒不顾之，竟以成功。夫以彼之受于天者，如是其不完全。顾能努力前进，以人胜天。而世之天资能力，胜彼万万者，乃独不务其美。犹自为之辞曰，吾限于天无能为也。呜乎！此所谓自暴自弃之徒也矣。

世人动谓学问才气，由于先天而定，吾始亦信之。虽然，得天固不能齐，要亦视其所用如何耳。今但就一面观察，虽若近理，而实非真理也。夫使人皆限于天，则所谓人一己十，人百己千之说，将不可信矣。所谓惟上智与下愚不移之说，亦诬矣。（上智与下愚不移之说，不可误解。不过谓上智虽移，不至于下愚。下愚虽移，难几于上智而已，非真不可动也。兹附及之。）

人生境遇之幸与不幸，甚难以一概论。夫天下之事，成败常参半。见其幸，则知其与之相伴者，必有不幸存也。见

【评论】

要相信，精神一到，做什么事情不能成功呢？以德谟士的性格和才智来说，他是万万不能学习修辞学的。然而，他立下了一定要研究学习修辞的志向，并且毅力惊人。虽然一再失败，为当时的人所嘲笑，但是他并没有放在心上，最终获得了成功。有人认为德谟士的成功来自于上天，如果是这样认为的话，是不全面的。看看德谟士的刻苦努力和不断前进，就知道，人能够战胜上天。但是那些天资和能力胜过德谟士千万的人，却不能与德谟士相媲美。他们还为自己找借口说，我是限于先天的不足而不能成功罢了。哎！这就是所谓的自暴自弃的人。

世人都说一个人的学问和才气是先天决定的，我一开始也是相信这一说法的。即使是这样，因为每个人从上天那里获得的才气也不会一模一样，关键还要看他如何去运用了。今天想来，仅仅是观察一个方面的话，虽然看上去好像有道理，但事实上这并不是真理。认为所有的人都受限于上天，那么我们通常所说的人一己十，人百己千就是不可相信的。所谓的最聪明的人和最愚笨的人是先天决定且不可改变的说法也是错误的。（不要误解最聪明的人和最愚笨的人不能改变的说法。只不过是说最聪明的人改变了，终不会成为最愚笨的人，最愚笨的人改变了，很难成为最聪明的人而已，并非是真的不能够改变。在此附上说明。）

人的一生幸运与不幸运的境遇，不能一概而论。天下的事情，成功与失败也经常各占一半。看到幸运的事情，就知道必有不幸其不幸时亦然。德谟士幼时境遇不可谓非不幸。然动心忍性，卒能增益其所不能。然则世人亦何忧境遇之不幸，亦自视其战胜境遇之能力何如耳！

的事与之相伴随。看到不幸的事情也是一样，必会存在幸运的事与之相伴存在。德谟士年幼时的境遇不能说是幸运的，然而，他培养自己坚定的心意、坚韧的性情，最终增加了他所缺少的才能。但是世人又为何忧虑自己不幸的境遇呢？也只不过是正视一下自己战胜不幸境遇的能力是怎么样罢了！

第四章 准备时代

德谟士所处之时，实至难之时也。希腊精神，殆全销沉。自悲罗彭战争以来，希人狃于承平，咸以无为是尚，耽目前之娱乐，忘后来之忧患。其畴昔勇往之概，无复存者。人人顾其私利，不肯服役军务。国家防御之事，一委之佣兵。市民既无爱国之情，佣兵不审义务之说。世道人心，日坏一日。德谟士于希腊本为望族，虽家产中落，而尚为国人所重。彼睹此时势，孤愤慷慨之气，益不能平。知希腊政主姑息，终胎祸乱。计及今，惟有舌敝唇焦，向国人演说，冀动众听，而以群力挽回之也。

雅典法庭，常为政治论争之处。凡有政党为政治上之反对者，咸集于此，日相辩论。德谟士亦屡至法庭，发表意见。纪元前三百五十五年，德谟士在法庭，与安多罗辩论，力陈议院不公、国家财政不整之事。翌年，又与礼布低为反对辩论，斥当时课税不当，持论颇急烈，自是于政界中遂占势力。

当时有蜚语，谓波斯国王将以舟师来袭希腊。是说传播，偏于各市府。先是雅典尝庇波斯一叛将，意波斯必以是故，出兵问罪。于时雅典人心大震，因聚议抵御之法。众皆默然，莫发一语。德谟士乃上演台，纵论雅典国民责任之德谟士所处的时代，确实是最困难的时候。希腊的精神已经消失殆尽。自从悲罗彭战争以来，希腊人民习惯了太平的生活，都崇尚无为而治，沉溺于娱乐消遣，忘记了身后的忧患，以往希腊人身上拥有的勇往直前的气概也不复存在。大家都只考虑自己的私利，不愿去服兵役。希腊的国防事务，都委托给了国外的雇佣兵。人民没有爱国之情，雇佣兵也不积极履行他们的义务。世道人心，一天比一天败坏。在希腊，德谟士一族本是名门望族，虽家道中落，但仍为国人所敬重。德谟士目睹希腊社会的时势，愤慨之情久久不能平复。德谟士知道希腊的执政者姑息纵容，终究是产生祸乱的根源。考虑到当今的时势，只有费尽唇舌，向国人演说时势，寄希望于能够打动民众，依靠众人的力量来挽回希腊的颓势。

雅典的法庭经常成为政治争论的场所。凡是有政党在政治上持反对意见，都会集中在这里，每天相互辩论。德谟士也经常到法庭来发表意见。公元前355年，德谟士在法庭上与安多罗辩论，有力地陈述了议院的不公平和国家财政的不公正之事。第二年，德谟士又和礼布低辩论，斥责当时的课税不恰当，辩论颇为激烈，自此就在政界中占据了势力。

当时有流言蜚语说，波斯国王将要用海军侵袭希腊，这个流言传遍了希腊各个市府。先前雅典曾经庇护了一个波斯叛变的将领，波斯可能以此为理由，出兵问罪。于是那时的雅典人心大震，因此聚集在一起讨论抵御波斯军队的方法，但是，众人都沉默不语。德谟士于是登上演说台，广泛地谈论雅典国民责任的重要性。其次，德谟士援引历史，称希腊人的祖宗都是武烈之人，而当今重。次援据历史，谓祖宗武烈，今日几于堕地。又论及现在形势，谓雅典今日民气坠落，国民前此常有非常抱负，今则委靡莫振，自甘于亡。是时德谟士演说沉痛已极，听者无不感愤，其最后乃言曰："波斯大王，何足畏耶？彼之百万艨艟，又何足畏耶？我雅典苟能万众一心，修其兵备，自审不必赖外援而有战斗之力。则亦奚必逡巡张皇作此态耶？特患我此时兵备未振耳。为今之计，不如暂避其锋，勿激波斯之怒。得以其间、急自为谋，图自强之策。"

德谟士演说至此，更厉声而言曰："所谓自强之策者何耶，亦在于吾人皆知有对国之义务而已。若夫议论之时，吾见众人无不引为义务，刺刺争辩无已时。迨至实行，则又互相推让，惟以逃责为事。循是以往，果有成功之一日耶！"

德谟士演说，语语沉挚，刺人心坎，众大感动，至有泣下者。于是又论及海军扩张之事，与财政计画甚详，闻者莫不称善。

时齐武弗奥克斯之战不利，斯巴达欲乘此机会，侵略齐武与国。雅典人本雠视齐武，议举兵助斯巴达。德谟士亦恶齐武暴横，然默察事势，以为齐武与国若灭，则斯巴达将却没有几个。又谈论现在的形势，说到雅典的民风士气已经堕落，以往的希腊国民都有远大抱负，而今天的国民萎靡不振，自甘堕落，乃至消亡。演说到这个时候，德谟士沉痛至极，没有听众不感到愤慨的。德谟士最后说：“波斯国王，有什么值得畏惧的呢？他有百万战船，又有什么畏惧的呢？如果我们雅典人民能够万众一心，修整武器装备，确定自己没有必要依赖外来的援助就会有战斗力。那么，为什么一定要张皇犹豫呢？只是担心我们此时的武器装备没有准备好啊。从当前的处境来看，不如暂时回避波斯的锋芒，不要激怒波斯。这样才能够赢得时间，加紧谋划，以图自强的策略。”

说到这里，德谟士更是厉声说道：“所谓自强的策略是什么，就是我们的人民都知道自己对这个国家需要履行义务。在议论的时候，我看到众人没有不说到要履行义务的，并且连续不断地进行争论，没有停止。而等到去实行的时候，就相互推诿，逃避责任。如果是遵循以往希腊人民做事的准则，难道会有成功的那一天吗？”

德谟士的演说，言语真挚沉重，深深地刺入到听众的心坎，众人大受感动，以至于有听众落下眼泪。于是德谟士又谈论扩张海军一事，与谈论财政时一样，提出了详细的计划。听众没有不拍手称好的。

当时，齐武在弗奥克斯的战争中处于不利之势，斯巴达想借此机会入侵齐武和他的盟国。雅典一直仇视齐武，商议发兵来帮助斯巴达。德谟士也憎恶齐武的专横暴行，然而他仔细观察时复横，适为雅典之患。因盛论希腊全土不可自相残灭，若有发难者，雅典当出死力与抗。以信义号令天下，同心戮力，以御外侮。

自是之后，德谟士与亚里士多德政见亦常不合，兹不具述之。自纪元前三百五十五年至纪元前三百五十三年间，彼所发布政治上意见颇多。其所唱之论，如内政之不可不刷新，政治家之不可不重责任，不得相为党援，以营私利求空名。至于外交，则一惟雅典之利益及名分是视。纵舆论主战争，非视为必不得已时，不可轻发，且须自量己力，尤不得因而破坏希腊全土之一致。纵有弱国怂恿雅典出兵援助之事，而吾亦当自顾天职所在，不可为彼所动。其所定雅典国，是在于蓄养实力，以备外患。彼之谋国，亦可谓至矣。惜乎！国民不悟，终为败虏，岂不大可憾哉！

德谟士对雅典之政策，不得见之应用者，一为罗特斯问题。罗特斯本属雅典联邦，后以事分离，为波斯属土。纪元前三百五十一年，罗特斯王崩，其后嗣位。国内民党大起，谋脱波斯羁绊，乞援于雅典。德谟士倡议出兵，助其国民独立，以为雅典当为人类社会政治上自由而战争，当为维持希腊之光荣而战争也。其说虽不见用，然其生平抱负，于此盖可见矣！

势，认为齐武和他的盟国如果被灭亡，那么斯巴达就将再一次横行，这正是雅典所忧患的。因此努力宣说希腊全境不能够自相残杀，如果有侵犯他国的国家，雅典必将以死相抗。凭借信义号令天下，齐心合力，抵御外族的入侵。

从此之后，德谟士与亚里士多德的政见也是常常不和，在此不再详细叙述。从公元前355年到公元前353年期间，德谟士发表的政见非常多。他所提倡的，如内政不得不革新、政治家不得不重视自己的责任、不得结党营私追求空虚的名利。至于外交，就要以雅典的利益和名誉作为唯一看重的内容。即便社会舆论倡导要发动战争，如果不是在万不得已的时候，不能轻率地发动战争。并且要量力而行，尤其是不能因此而破坏了希腊全境的统一。即便有弱国怂恿雅典出兵援助，我们也应当自视我们的职责所在，不能因为他们而动摇。德谟士为雅典定下的政策是蓄养国力，以防范外患。他为国家的谋略，可以说是非常好的。但很可惜的是，雅典人民没有觉悟，终究成为他国的俘虏，难道不是很遗憾吗？

德谟士为雅典谋划的政治策略，没有被采纳运用在实践中，其中之一就是罗特斯问题。罗特斯本来是属于雅典的一个城邦，后来因为某件事而从雅典分离出来，成为波斯的属地。在公元前351年时，罗特斯的国王去世，他的后代继承了王位。这个时候，罗特斯国内的民主党派势力大起，谋划脱离波斯的统治，向雅典乞求援助。德谟士倡议雅典要出兵帮助罗特斯国的人民获得独立。他认为雅典应当为了人类社会的政治自由而战争，也应当为了维持希腊的光荣而战争。虽然他的呼吁没有被采纳运用，但是他的平生抱负，大概在这件事上就可见一斑。

【批评】

国民智识缺乏，尚不足患。能力缺乏，斯为患矣。夫智识缺乏，一经开濬，便如源泉之涌出矣。若夫能力薄弱，则其患不在不知，而在不行。德谟士之演说，闻者至为感泣。则是希腊人固非无智识者，乃其究也，终不能以免亡，何也？曰，无能力之故耳。语曰，巽语之言，能无说乎？绎之为贵。法语之言，能无从乎？改之为贵。若国民不思自振，则虽哓音瘏口，无如之何。韩非说难，六国终敝。屈原离忧，三户卒亡。盛衰之理，岂非人事哉？岂非人事哉？

希腊之在当时，亦不过蕞尔小邦耳。然所以能与强国久抗者，以统一故也。德谟士有见于此，所以盛倡希腊全土一致之说。然而众人不知。奇谋伟略，终不得行，岂非希腊人之自取灭亡乎？夫希腊列国并峙，而处强邻耽耽之时。德谟士犹谓当联合全土，以与敌抗。今乃有于一国之内，分为畛域，邑顾其私，人怀其产。大乱纷纷，数年不息，是患力之不杀。本之不蹶，而必欲授敌以机也。有德谟士起，当如何痛哭流涕而长太息也哉？

【评论】

国民缺乏智慧和知识，尚且不足以忧患。而缺乏能力，就是值得忧患的事。人缺乏智慧和知识，只要一经开导，就像泉水一样喷涌而出。如果他能力不行，那么不担心他没有智慧和知识，担心的是不行动。德谟士的演说，听到的人都深深地感动、哭泣。那么希腊的国民并非没有智慧知识，进一步探究，最终不能避免灭亡的悲剧，是什么原因呢？这是没有能力的原因罢了。《论语》上说，符合自己心意的话，怎么能不高兴呢？认真分析一番辨明真伪才可贵。符合礼制规矩的话，怎么能不听从呢？只有按它改正错误才可贵。如果国民不去思考自己如何振作，那么即使费尽口舌，也没有任何办法。韩非子游说各国遇到很多困难，六国终究凋敝。屈原遭遇忧愁，楚国三大户室最终灭亡。盛衰的道理，难道不是人事造成的吗？难道不是人事造成的吗？

当时，希腊只是一个很小的国家，但却能与其他强大的国家对抗，是因为希腊能够维持统一。德谟士明白这个道理，所以就积极倡导保持希腊全境统一的言论。但是，希腊国民不知道这样的道理。德谟士的奇谋伟略始终不能得到施展，这难道不是希腊人自取灭亡吗？希腊各个城邦相互对峙，这个时候，强大的邻国对它虎视眈眈。德谟士还倡导要联合希腊全境的城邦，与敌人对抗。现在，在一国之内，界限分明，每个城市只顾及自身利益，国民各自拥有自己的财产。战乱纷纷，多年没有停息，是担心力量不够而不平息。本来不会垮台，但是必然给了敌人乘机侵夺的机会。若有像德谟士一样的人也奋发起来，又怎么会痛哭流涕而长声叹息呢？

第五章 马其顿的强盛

非里第二

马其顿夙为希腊所轻，既如前述。然自其王非里即位，国势日强。略定塞沙里地，又进兵略沙尔卑里。是地为雅典要区。昔英武之斯巴达王，曾与波斯剧战于此。白骨沉沙，至今犹称大战场者也。非里若蹦沙尔卑里，则希腊门户尽撤，敌可长驱直入，一无所忌。雅典人闻非里将侵沙尔卑里，乃谋出兵扼其南进之路。然非里兵势方张，所至无敌与抗，雅典人咸受其蹂躏。纪元前三百五十二年十一月，非里率兵入斯礼斯，雅典大震，国人皆惊惶不知所措。议遣军舰筹防御之策，旋闻非里王病死，雅典人民大喜，以为自此可以无患。遂罢兵备，已而知其讹，于是雅典坐失机会。盖若当时乘机直捣敌垒，则可占胜利，而他年屈辱之事，亦可得免。德谟士见众人苟且偷安，不知亡国之痛即在目前，愤激至不可已，乃于会日演说。世称为第一非里问题演说。

雅典会场演说之法，当局者于演说告终时，继演之人，必以年龄为序次，俾以次提出意见。时非里问题，会场中久马其顿一直以来被希腊所轻视，这在前文中已经叙述了。然而，从国王非里即位后，马其顿的国力日渐强大。在攻克平定塞沙里这个地方之后，它又发兵进攻沙尔卑里。这个地方是雅典的要塞。古时英明神武的斯巴达国王曾经在这儿与波斯人进行过激烈的战争。一堆堆白骨埋入沙场，直到现在这里仍然被称为大战场。如果非里国王踏过沙尔卑里，那么希腊的门户都会撤退，敌军就会长驱直入，肆无忌惮。雅典人听说非里国王将要入侵沙尔卑里，于是商议发兵扼守住敌军向南边挺进的要塞。然而非里国王军队正当强大之时，所到之处没有敢于和他对抗的，雅典人都受到他的蹂躏。公元前352年11月，非里率领大军入侵斯礼斯，雅典非常震惊，国人惊慌不知所措。他们商议派遣军舰筹备防御的计策，不久听闻非里国王因病去世，雅典人民非常高兴，认为从此就没有了灾祸。于是放弃准备武器装备，等到知道被欺骗了以后，雅典已经失去了良机。如果当时乘机直捣敌军的大营，就可以获得胜利，那么以后遭受的委屈和耻辱就可以避免。德谟士看到众人苟且偷安，不知亡国灭种的悲痛，就在眼前，内心的激愤不能抑制，于是在集会那天上台演说。历史上称为第一非里问题的演说。

在雅典会场演说的规则是，演说的人在演说结束时，接下来演说的人必须以年龄为顺序，依次提出意见。当时针对非里的问题，在会场中已经讨论了很久。但是德谟士不满足这样已讨论。德谟士不能满，乃临场演说，冀以动众人之听。其言曰：“诸君乎，我雅典，曩者不尝与斯巴达争其光荣耶。乃今胡为甘屈于非里之下，而不以为羞也？夫吾国之士，苟人人能一洗其从前冷薄怠惰之积习，各思于国家有所尽力，则转败为功，事岂难哉？噫！吾雅典之人，久忍屈辱，曾无卧薪尝胆之志。敌人非里，虽起自弱小，而立志坚定，彼方数加侵害于雅典矣。顾我雅典人士，对之如何耶？以云社会，则柔懦莫振。以云国家，则兵备何在？循是以往，大事亦可知矣。纵非里之死耗为真，而世尚有第二之非里起而灭我。诸君乎，若等勿以余之提议为新奇，骇君等之闻听也，请姑忍之，以俟余言之毕。”

其下皆提议事，兹不悉举。要其大意，在使市民服军务，整兵备，早夜兢兢，如临大敌。乃足以防敌之乘虚抵瑕，且得与敌相持，而力不衰。最后又论及兵费之事，顾当时雅典臣民，咸不愿服役军务。兵役之事，悉委佣兵。而政论之士，亦复避社会忌讳，务与世合。德谟士独发其弊习，不稍顾忌。其勇于建议可见矣。

时雅典人士，专以姑息为上策。敌至则仓皇不知所为。一闻敌去，则额手相庆。其苟且求全如此。德谟士之建议，的讨论，于是就临场演说，希望能够打动众人。他说道：“诸位，我们雅典人过去不曾与斯巴达争夺光荣。但是现在为什么要甘心屈居非里之下，并且不以此为羞辱呢？我们雅典的国民，如果每个人都能改掉以前冷漠、懈怠和懒惰的恶习，考虑为国家尽一份自己的力量，那么就会转败为胜。做到这样的事情，难道很困难吗？唉！我们雅典人民，长久地忍受着屈辱，没有卧薪尝胆的意志。而我们的敌人非里，虽然一开始很弱小，但是志向坚定，已经多次对我们雅典施加侵害。看看我们雅典的人民，又是怎么应对的呢？谈论社会之事，则优柔懦弱，精神不振奋。谈论国家之事，则不知兵备在哪儿。如此下去的话，在大事方面也就知道他们的应对能力了。即便非里的死讯是真实的，然而这个世上还会有第二个非里，一样想要消灭我们啊。诸位，你们不要认为我的提议是新奇的，如果有骇人听闻的内容，请诸位暂且忍耐，等我演说完毕。”

接下来，德谟士都提到了国家的事务，在此不再详细列举。大概的意思是，国家得要求人民服兵役，整理武器装备，早晚兢兢业业，好像面临强大的敌人一样。这样才能足以抵抗敌人乘虚攻击，并且能够和敌人相抗衡，保持实力不衰退。最后又谈论了军费一事，当时雅典的官民，都不愿意服兵役。服兵役的事情，都委托给了雇佣兵。而政客们，也都回避社会的忌讳，希求迎合世俗。唯独德谟士指出他们这种坏习气，没有任何的顾虑。德谟士敢于提出建议的勇气可见一斑。

当时的雅典人士，只以姑息纵容为上策。敌人侵犯时就仓皇不知所措。一听到敌人离去，就将双手放在额头上，以示庆幸。他们就卒不为众所容。朝士中又有受非里之贿而阴为彼用者，有傲然自大，以非里为不足畏者。希腊国俗，以年事长者为尊。德谟士年方二十余，故其建议，不为社会所信任。时有党于非里者，故造波斯来侵之说，使国人对于非里不坚其敌视之意。一市之内，公德腐败，党争迭起，德谟士建议之不得行，亦时势使然也。

【批评】

国必自伐，而后人伐之。观于雅典而知之矣。抑雅典国内屡起纷争，本国朝士，至反为敌人之用。而波兰亡国，亦因国内多喜联俄。乌乎！国家将亡，必有妖孽。欲于今日世界上，占一国民位置，而不先举其国中所谓妖孽者排之，则吾恐其终不可得以幸存也。佣兵之制，粉饰太平之世始用之。欲以之与敌抗，则万无足恃者。吾人既生于世，则必有自拥护其地域内团体之利益，而吾乃得以遂其生。故当兵者，自一面而言，为吾人所不可不尽之责；自一面而言，亦吾人所不可不有之权也。若弃其权，是无异放弃其自由，弃其生命。自由生命而可弃，则吾人之处此世也，更何为哉？世俗之人，每不悟此，可谓大愚。

是像这样的苟且偷安。德谟士的建议最终没有被众人所接受。议会中又有人接受了非里的贿赂暗地里被他所用，也有狂妄自大的人，认为非里不足以畏惧。希腊国家有个风俗，就是认为年龄大的人更尊贵。德谟士当时才二十几岁，所以他的建议不被社会信任。当时有帮助非里的人，造谣说波斯侵犯希腊，这使得国人对于非里没有坚持他们的敌视之意。在一个国家内部，社会公德败坏，党争不断，德谟士的建议得不到采纳和运用，也是社会时势所造成的。

【评论】

一个国家必先种下了被讨伐的恶因，然后才会有别人来讨伐的结果。看看雅典就知道了。雅典国内多次引发纷争，国内的一些官员竟然为敌人所用。波兰之所以亡国，也是因为国内有官员与俄国联系紧密。唉！国家灭亡，必有邪恶之人。现在要想在这个世界上占据一席之地，如果首先不找出国内的所谓邪恶之人并将它们排除在外，恐怕这个国家最终不会幸免于难。雇佣兵的制度，从那些粉饰太平的朝代就开始运用了。想要用雇佣兵跟敌兵对抗，那么就一点儿可以倚仗的地方都没有了。我们既然降生到这个世上，就一定要拥护自己所属地域里整个团体的利益，这样我们才能够生存下来。所以，那些当兵的人，一方面，替我们履行我们不可不尽到的义务；一方面，也拥有我们不得不享有的权利。如果放弃这样的权利，无异于放弃了自由、放弃了生命。放弃了生命和自由，那么我们在这个世界上又能做什么呢？那些庸俗的人，却不能感悟到这样的道理，可以说是非常愚昧的了。

第六章 雅典与马其顿之冲突

德谟士屡建议于国中，议皆不行。是时非里益横，希腊诸邦，亦渐恶之。奥林沙士者，前曾受非里土地之赠，阴与非里同盟，贰于雅典。至是乃弃其旧怨，复欲与雅典合。非里怒其反覆，欲举兵击之。会以疾，不克出师。疾愈，乃袭奥林沙士。奥林沙士危急，乃遣使乞援于雅典。德谟士以为奥林沙士前此虽贰雅典，今既欲求合，则吾得此新同盟，正足以厚其国力，因盛论雅典当援奥林沙士，与非里相抗。德谟士之主持此议，其意非欲救奥林沙士，亦非虑非里得胜之后，将转其锋以向雅典。盖德谟士之意，谓如不援奥林沙士，则彼将再与非里同盟，永为雅典之患。故今之援奥林沙士，非为彼而战，实雅典自为战也。因演说其旨于众曰："余固非欲屡扬非里威力，以促诸君竭奉公之义务者。果其如是，则视非里过重，视诸君过轻矣，余何敢尔？夫彼非里之得有今日，若皆出于正义之行为，则余不能不以彼为可虑。愿诸君思之，彼之强也，一则由于诸君之怠慢与浅虑，一则由于彼辄以不正手段，收我雅典党人，引为

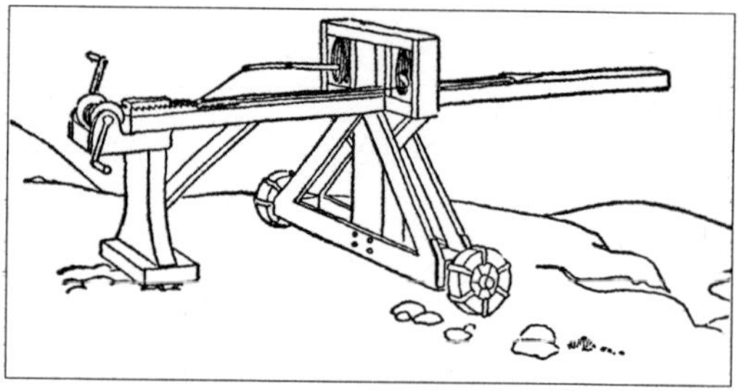

希腊弩床

德谟士在议会上多次提出建议，但是都没有被采纳实行。那个时候，非里更加专横，希腊的各个城邦也渐渐地厌恶非里。奥林沙士曾经从非里那里得到过土地，私下里与非里结成同盟，对雅典有二心。此时他摒弃过去的恩怨，又想和雅典结合。非里对于奥林沙士的反复无常很震怒，将要发兵攻击奥林沙士。恰巧非里生病，不能发兵进攻。等到病好了以后，就准备袭击奥林沙士。奥林沙士感到形势危急，于是派遣使者向雅典请求援助。德谟士认为，虽然先前奥林沙士对雅典有二心，但是现在既然想要谋求联合，那么我们雅典就应该抓住这个新的同盟，正好能够充实国力，因此积极主张雅典应当援助奥林沙士，和非里对抗。德谟士主持这个会议，本意不是想要援助奥林沙士，也不是考虑非里战胜之后把战争的锋芒指向雅典。德谟士的考虑是，如果现在不救援奥林沙士的话，那么他将会再和非里结成同盟，永远成为雅典的忧患。所以现在救援奥林沙士，不是为了他而战，实际是为了雅典而战。因此在众人面前演说他的意图，他说道："我固然没有想要多次宣扬非里的威力，从而来督促诸位都能奉公守法，履行义务。如果真是这样的话，就过于重视非里，而过于轻视诸位了，这怎么敢呢？非里能有今天的成就，如果都是出于正义所为，那么我就不得不忧虑。希望诸位能够好好考虑，非里的强盛，一方面是由于诸位的怠慢和考虑不足，一方面是由于他使用了不正当的手段，收买了我们雅典人，为他所用。此外，更是欺负奥林沙士等国家，使他们服从。现在上已用。更欺奥林沙士诸国，使之从彼。今日天诱其衷，诸国咸察其伪，既不彼协矣。彼非里之势，自是当顿衰矣。即马其顿之人，亦渐厌苦军役，群生离贰。而统兵将帅，率皆凡庸。非里知其国情，辄思自掩。内藏其支绌之态，外示其夸大之威。彼之成业，可云天幸。虽然，雅典人士，倘于此时能各竭其股肱之力，则雅典之得天，宁不更厚于彼耶！

“今诸君坐视国难，日习于偷惰，无奋发大有为之心。见国家陵夷至此，非委之运命，则祈之于天与神明。乌乎！天与神明，于我何有焉。夫比年以来，彼非里者，非无与我以可乘之机，第吾人坐失之而已。终日喋喋，作无益之议论，而无一措之于行事者。则非里之日逞其野心，固无足怪耳。

“乌乎！雅典人不尝与斯巴达竞争，为希腊之自由而战耶。不尝掷其生命财产，以与野心家抗耶。当年意气，今果沉销于何所。人人避奉公之义务，吝其自卫之费，是诚何心哉？昔者以保存全希腊为己任，义声满天下。今乃于切肤之痛，视之若忘。日任群盗胠箧，而曾不为恤。然则雅典之所以有今日者，吾不得不咎诸君。诸君若不及今改其行为，奋其志气，国家将终至于不可救。余窃不解诸君何以一无所顾虑也。

“今夫追复已失之物，与保存固有之物，其难易相较，天开导了他们的心意，各国都察觉到非里的虚伪，已经不协助他了。非里的势力，从此一下子就衰落下去。即使是马其顿的人民，也会逐渐厌恶劳苦的兵役，有了叛离的心意。而带领军队的将领，都资质平庸。非里知道他本国的国情，于是考虑掩盖这种情况。对内掩盖其财力支配不足的事实，对外夸大他的威力。他能够成就一番事业，可以说是上天给予他的荣幸。即使这样，我们雅典人，如果这时能够竭尽全力，那么雅典得到上天的护佑，难道不比非里更坚实吗？

“现在诸位对于国难漠不关心，每天习惯了偷懒堕落，没有奋发图强之心。见到国家衰落到这个地步，不是委托于自己的命运，而是向上天和神明祈祷。唉！上天和神明，与我有什么关系呢？连年以来，非里不是没有给我们可乘之机，但是我们坐失良机。整天喋喋不休，发表没有用处的议论，却没有一件事付诸实际行动。那么非里每天放纵他的野心，这就没有什么奇怪的了。

“唉！雅典人不曾和斯巴达竞争，是为了希腊的自由而战。不曾抛弃自己的生命财产，来和野心家相对抗。当年的意志气概，今天不知道沉寂消失到哪里了。人人回避奉公的义务，吝啬自我防卫的费用，这是什么诚心呢？以往雅典人以保全希腊为己任，正义的名声响满天下。而今天看到自己亲身经历的痛苦，好像都忘记了。每天任由盗贼打开自己的箱子，却一点儿也不担心。然而，雅典之所以有今天，我不得不责怪诸位。如果诸位现在不改正自己的行为，振奋自己的志气，那么国家最终会不可救药。我不理解诸位为什么没有一点顾虑呢？

“追回已经失去的东西，与保护已经拥有的东西，两者进行难殆不可以道里计。吾国前此不知保存其固有，遂令所损失之地日见其多。及今倘不勉为其难，力图恢复，则后之悲今，当甚于今之悲昔矣。顾欲图恢复，则必不可无服役之人，必不可无供给之费。而当此巨任，非吾人其谁耶？夫军人不尽其职，则战功终不可得而成。而望之于避兵役吝费用之国民，是犹不用饵而欲获鱼也。故吾人今日，当竭忠尽诚，各奉生命财产，以分任国家之务。”

德谟士此论，至为明晰痛快。顾雅典国俗，重老轻少。是时德谟士年仅三十一，人咸以为年少之言也，卒莫为动。于是德谟士之策，遂不得行。

雅典既与奥林沙士立约同盟，不遣军救其急。非里乃为反间之言，以煽动奥林沙士，且增兵围攻之。奥林沙士形势日蹙，国中素党马其顿者，益愤雅典不信，咸谋通款非里。奥林沙士执政，更遣使至雅典求援，使者相望于道不绝。德谟士见其情势，益不能忍，乃更为演说于众，冀促国民猛省。其言曰：“呜呼！今日之事急矣，幸速决救奥林沙士之议。派遣二军，以一军捣非里所据之地，以一军救奥林沙士。先遣使者驰告奥林沙士，谓援军将到，以安其民心，且易比较，大概不能用路程的远近来计算。我们国家先前不知道保护固有的领土，于是导致每天损失的土地越来越多。倘若现在不去勉强自己做不愿意做的事情，力图恢复国力，那么未来对于今天的悲伤将甚于今天对于以前的悲伤。要想恢复国力，那么不可没有服兵役的人，不可没有供给的费用。而能够担当这个重任的人，不是我们还会有谁呢？如果军人不尽到他们的职责，那么战功终究不会得到。而那些希望避免兵役并且吝啬费用的国民，是不想用鱼饵就期待能够抓到鱼。所以我们今天应当竭尽忠诚，奉献生命和财产，来分担国家的事务。"

德谟士的这番言论，非常明白清晰和畅快。由于雅典的风俗重老轻少，德谟士当时只有三十一岁，众人都认为这是年轻人的言论，大家最终没有被感动。于是德谟士的建议还是没有得到采纳实行。

雅典和奥林沙士订立同盟之约以后，但又不派遣军队去救援。于是非里发表反间的言论，来煽动奥林沙士，并且增兵围攻。奥林沙士的形势一天比一天紧迫，国内向来帮助马其顿的人，对于雅典的不诚信更加愤恨，都在谋划和非里通和言好。奥林沙士执政时，再次派遣使者前往雅典请求援助。使者在道路上可以相互看见，络绎不绝。德谟士见到这种情形，更加不能忍受，于是再次发表演说，希望能够促使国民幡然醒悟。他说道："唉！今天这个事情非常紧急，希望能够赶快作出决断来救援奥林沙士。派遣两支军队，一支军队直捣非里所占据的地方，一支军队去救援奥林沙士。首先派出使者疾驰告知奥林沙士援军即将赶到，来安定他宜屯兵其地，徐察其变。今若计不出此，非里必将用其威力与诈谋，诱胁奥林沙士。奥林沙士降服，旦暮间事耳。夫非里亦何厌之有？既服奥林沙士，必自斯礼斯进攻雅典，此必然之势，可于今日决者也。然则今日者，宁非雅典赴难之秋耶！奥林沙士战争者，天之所命。雅典存亡荣辱，在此一举。苟目前之安，而遗远大之计者，决不足以处今日之变也。”

德谟士最后更厉声而言曰：“以一军赴奥林沙士之难，以一军直捣非里所据，此为今日唯一之规画。两者缺一，则事终于无效。若夫费用，则雅典之富，甲于全市，足以给此战争而有余。至于筹费之道，余以为可节祭神之费，以供军用。顾其道正多，非必限于是也。军队当克期召集，费用当即日筹措，要当乘此机会，迅速处断而已。”

德谟士所论，语语皆深中雅典人之病。至其主张节省祭神之费一节，尤为当时人士所不敢言。盖雅典国俗视祭祀一事，最为重大也。

雅典人闻德谟士之言，乃议遣军援奥林沙士，所遣仅外国佣兵。既而其军与非里合战获胜，捷报至雅典，雅典人人狂喜，以为非里不足患。德谟士忧国民苟安之习，将以益们的民心，并且应该在那里屯兵驻扎，观察形势的变化。如果今天不作这样的计划，非里必将用他的威力和诈谋，引诱威胁奥林沙士。奥林沙士投降屈服，只是旦夕之间的事情。非里哪有什么满足的？降服奥林沙士后，一定会从斯礼斯进攻雅典，这是必然的趋势，今天一定要作出决断。然而今天，难道不是雅典多难的时期吗？奥林沙士的战争，这是上天安排的命运。雅典存亡与荣辱就在此一举。如果贪图眼前的安逸，放弃远大的计谋，绝对不能够处理今天的变故。”

德谟士最后再次严厉地说道：“用一支军队援助奥林沙士解决他的困难，用一支军队直捣非里占据的地方，这是今天唯一的计划。两者缺少一个，那么就不会有什么效果。关于军费，雅典的富庶，在希腊全境是第一，足以供给战争所需并且还有富余。关于筹备军费的方法，我认为可以节省祭祀神明的费用，用来供给军用所需。考虑到方法很多，没有必要限定这种方法。军队应当在规定的时间内召集，军费应当立即筹措，要趁现在的机会，迅速做出决断。”

德谟士的论述，每一句话都深深地戳中了雅典人的要害。至于他主张节省祭祀神明费用的事，尤其是当时的人所不敢谈论的。大概是因为雅典风俗中把祭祀看成是最为重大的事情。

雅典人听到德谟士的言论，于是商议派遣军队援助奥林沙士，所派遣的仅仅是雇佣兵。这支军队与非里军队相战，获得了胜利。胜利的消息传到雅典，雅典人非常高兴，认为非里不足以害怕。德谟士担心国民苟且偷安的恶习会加深，于是再次演说道：

深，乃更为演说曰："近者闻有欲乘胜惩膺非里之说，此说大谬，不合于今日事实之真相。诸君不可不一辨之也。吾国异日，固必有征伐非里之机会，然其时去今尚远。故吾人今日所宜努力者，在于保我同盟，以固势力。势力既固，然后徐图惩膺，未为晚也。窃谓今日时势，实有大可虑者。吾雅典幸勿再蹈三年以前之失策。当时非里之在斯礼斯也，诸君不尝议决出征讨之师耶，乃一闻非里死耗，遽寝出师之议，以为大憝已死，雅典人可以高枕无忧。嗣以死耗不确，则欲再为出师之谋，而事机已坐失矣。夫诸君当日，苟能断行其计，则非里之祸，固已早平，何至尚有今日乎？前事不忘，后事之师。余及今而犹哓哓置辩者，则以目前事势，甚类曩昔也，余固欲诸君勿再蹈前辙者。然使诸君不尽其全力以援奥林沙士，则深恐授非里以间，而坐失机会，亦适如三年以前也。

"诸君苟欲与奥林沙士共戮力以抗非里，今正其时。能乘此时抗非里，则非里败，而雅典存。吾国安危，实系于此。如迟徊审顾，使非里得逞，所欲于奥林沙士，彼目中宁复有雅典耶？吾人今既决议援助奥林沙士矣，顾必先自问其能力如何，而后乃能达援助之目的，吾今欲答此问，诸君必以为怪，虽然吾愿诸君静听我言。盖吾以为雅典今日，宜

“近来我听到有要乘胜讨伐非里的说法，这种说法非常荒谬，不符合现在的事实真相，诸位不可不一一进行辨别。我国从前固然有讨伐非里的机会，但是那个时候已经离今天很远了。所以我们现在应该努力保全我们的同盟，来稳固我们的势力。势力稳固了，然后慢慢谋划讨伐一事，为时不晚。我认为现在的时势，确实需要慎重考虑，希望我们雅典不要再重蹈三年以前失败的策略。当时非里在斯礼斯，诸位不曾作出决断去讨伐他，而是一听到非里的死讯，于是停止了出兵讨伐的决议，认为这个大恶人已经死了，雅典人就可以高枕无忧了。后来非里的死讯不确切，想要再次谋划出兵一事，但是已经坐失良机了。当时诸位如果能够果断执行计划，那么非里的祸乱早就被平息了，哪里会有今天呢？前事不忘，后事之师。我现在仍不断地唠叨，是因为目前的形势，和过去非常相类似，我确实想让诸位不要重蹈覆辙。然而假如诸位没有尽全力去援助奥林沙士，我特别担心的是受到了非里的反间，坐失良机，就像三年之前一样。

“如果诸位想要和奥林沙士通力合作对抗非里，那么现在正是良好的时机。若能趁现在对抗非里，那么非里会失败，雅典就会生存下来。我们国家的安危，确实与这息息相关。如果迟疑徘徊、瞻前顾后，使非里得逞，他将先征服奥林沙士。那么他眼中还会有雅典的存在吗？我们现在既然已经决定援助奥林沙士，那么就必须先要问问自己的能力怎么样，然后才能达到援助的目的。我今天就要回答这个问题，诸位必定会认为很奇怪，即使这样，我希望诸位能够安静地听我说。我认为现在的雅典，应该立即下令急命立法者。不必更定新法，但于旧有法律中，视其有与时势不适者，悉取而废弃之。吾以为法律中有宜立废者，无过于祭典费用，及不服役军务二事。前者糜巨费于无用，非使诸君无余力以供给军事耶？后者不惩逃役，非奖励国民以轻武之习耶？今宜及早改正，俾国家可以集巨费，以充军需。使国民可以勇公战，而赴国难。此吾所甚愿于闻，吾议之诸君。及前此创定法律诸君，咸赞斯议也。夫诸君前此制定法律，不过以迎合国民之欢心而已。今既知其有害，而尚以迎合为务，保存弊俗，而不知革，是决不得谓合于正义也。欲废此等法律，要当出以公意。若依违，不置可否。而以是劳怨之事，悉归之于提议者之一身，则亦不得谓为光明正大也。诸君今日欲废此旧律，不可望之于苟求自免之士，而亦非仅望之不避嫌怨之人，要当全体一致耳。"

世称为第三奥林沙士问题演说者，即为此篇，盖德谟士演说中有名之一也。然雅典人士听其言者，竟无所动。自此演说之后，

雅典古殿

制定法律。没有必要再次制定新的法律，但是在现行的法律中，对于那些与现在时势不符合的内容，都要废弃。我认为法律中应该立即废弃的就是关于祭祀的费用和不服兵役这两件事情。前者耗费巨额费用而毫无用处，难道不是让诸位没有余力去供给军费吗？后者不惩罚那些逃避服兵役的人，难道不是鼓励国民轻视尚武的习俗吗？现在应该趁早改正，使国家可以集聚巨额的费用，来充实军事所需，使国民可以勇于为保卫国家而战斗，解除国家的危难，为国献身。这就是我特别希望听到的，我非常希望能和诸位讨论。先前制定法律的人都赞同这样的观点。诸位先前制定这样的法律，不过是为了迎合国民的欢心罢了。现在已经知道了这样的害处，还是以迎合为主要任务，保存鄙陋的习俗，不知道变革，这绝不能说的上是符合正义的。要废除这样的法律，应当根据公共的意志。如果犹豫不决，不表示赞同，也不表示同意。让这种劳苦和怨恨都归于提议的人，那么不能称得上是光明正大。诸位现在要废除这些陈旧的法律，不能指望那些贪求自保的人，也不能指望那些不逃避嫌疑和怨恨的人，应当要全体人员取得一致。”

被人称为第三奥林沙士问题演说的，就是这一篇，大概是德谟士演说中最著名的其中一个。然而雅典人听了他的言论后，竟然无动于衷。在这次演说之后，没有多长时间，就发生了优卑亚暴乱。早先优卑亚和雅典交情很深，而且时间很长，等到非里势力逐

雅典神像

末几，而有优卑亚之乱。先是优卑亚久与雅典深相结，至非里势力渐张，优卑亚国民，多倾心欲附非里。而非里更遣人煽动其众，使为内乱。纪元前三百四十九年春，内乱遂起。国中有党雅典者，名卜尔太，遣使至雅典乞援兵。德谟士疑其伪，且虑生他祸，以为干与一区域之事，非谋国至计。顾朝士中党于卜尔太者甚多，遂出师援之。其后虽得胜利，而糜费不赀，库藏为空，优卑亚亦不以雅典为德，雅典转失势力焉。

自此战役告终，雅典国内，党争益烈。时战后经营之议，颇有主德谟士政策，欲节祭典资金以充军备。而尤卜拉诸党，哗然反对其事，更议设法律，不许人再言节祭典资金事，违者科以谋叛之罪。党争既剧，党人咸为暴乱之举。于时希腊人大举祭典，适得优卑亚胜报，咸归功于神贶，故其祭典较往年尤隆。德谟士随其族人赴祭坛，礼未终，有反对党人，曰米低亚者，突出击之，意欲辱德谟士于稠人中。德谟士乃诉其事于众，众咸道米低亚无礼，攻击甚力。会有人渐扩张后，优卑亚的国民大多想要依附于非里。非里更是派人煽动优卑亚的国民，使他们发生内乱。公元前三百四十九年的春天，优卑亚发生了内乱。国内有支持雅典的人，叫卜尔太，派遣使者到雅典请求援助。德谟士怀疑这是假的，并且担心发生其他的祸乱，认为干预一个区域的事情，并非为国家谋划的最好的计策。然而国内官员中支持卜尔太的人很多，于是出兵援助他。之后虽然取得了胜利，但是耗费的军费不可计量，国库空虚，优卑亚也不认为雅典有道德，于是雅典失去了这股势力。

自从这场战争结束后，雅典国内，党派斗争更加激烈。那时关于战后经营的议论，有不少主张德谟士提议的政策，要节省祭典的资金来充实军备。然而尤其是卜拉几个党派，吵吵嚷嚷反对这件事情，更是要商议设定法律，不允许有人再说节省祭典资金的事，违法者将被处以谋叛的罪名。党派斗争逐渐剧烈，政党的成员都发动暴乱。那时雅典人举行大规模的祭典仪式，正好得到了优卑亚胜利的消息，都将胜利归功于神明的恩赐，所以祭典较往年更加隆重。德谟士伴随他的族人来到祭坛，行礼还没有结束，有一个反对党的人，叫米低亚，突然出现，殴打德谟士，想要在人群中羞辱德谟士。德谟士于是将出为调停其事，德谟士遂亦不复深究。

优卑亚问题，雅典既遭失败。奥林沙士虽得雅典助，而非里兵势方张。雅典兵因易视非里之故，迭遭败北。非里乃举兵屠诸城，直迫奥林沙士都下。使人谓之曰，若等将开城降耶，抑将自绝于马其顿耶，惟君所择。奥林沙士市民闻之大怒，誓以死拒。非里攻击益烈，市民守御亦甚坚，数击却非里军。会城中有为内应者，城乃陷。

马其顿士兵

奥林沙士城陷之日，惨不可状，全市悉为非里所毁。国民尽失其财产珍宝，男女老幼，咸为奴虏。自是之后，永不得复。其后三年，德谟士行过其地，铜驼荆棘，极目平芜，无复有断片零屑留作遗址者。德谟士见之怅然不能去，呜呼！孰知其时之奥林沙士，莽莽平原中，若隐告彼以他年雅典亡国之状，无异于此。天殆命德谟士先睹其后日之状耳。

这件事告诉众人，众人都认为米低亚很没有礼貌，对他进行了很有力地攻击。恰在这个时候，有人出面进行调停，德谟士于是不再深究。

关于优卑亚的问题，雅典已经失败了。奥林沙士虽然得到雅典的援助，但是非里的军队日益强大。雅典军队因为轻视非里，多次遭到失败。非里于是发兵屠杀多个城市，一直逼迫到奥林沙士的都城之下。派人对他们说，要么你们打开城门投降，要么自行灭绝在马其顿军队之下，希望你们能够做出选择。奥林沙士市民听到后，发誓要以死相抗。非里军队的攻击更加猛烈，市民的防守也是更加坚强，多次击退了非里军队。这时城内有人暗中为非里策应，都城于是被攻陷。

奥林沙士都城被攻陷之日，现场惨不忍睹，整个城市都被非里毁坏殆尽。奥林沙士国民失去了他们全部的财产珍宝，男女老少都沦为奴役俘虏。从此之后，城邦永远没有恢复。在这之后的第三年，德谟士从这里经过，铜驼荆棘，放眼望去，辽阔的原野上草木丛生，没有一点残留的断片零屑留作遗址。德谟士看到后，心中惆怅失意不愿离去。唉！谁知道那个时候在茫茫平原中的奥林沙士，隐隐约约地告诉德谟士未来雅典亡国后的惨状，和这里没有什么差异啊。大概上天想让德谟士先看看日后雅典的状况罢了。

【批评】

天下事之败坏，多由于逞感情，而不顾道理。观雅典援奥林沙士而不力，而于优卑亚问题，独尽其全力者。以朝士党于卜尔太者多，遂不惜以一己之私情而牺牲国家之公益。故吾人作事时，当先自审其心中，含有感情与否，而后可以得真真权衡。不然，则方寸无主，全凭外物用事。亡国败家相随属者，皆以此也，可不鉴哉！

强大之邦，狃于小胜者，未有不败，而况其为小弱者耶！故夫以成败论是非者，犹非真是非也。雅典之救奥林沙士而胜，征优卑亚而胜，骄心益萌。旋遭颠蹶，使其当日蒙一小挫，国民容有觉悟之念，不至于亡国，未可知也。鄢陵一捷，而士燮祈死。世之人士，幸勿以小得自矜，致招大害也。

士无诤友，则其身必亡。国无诤臣，则其社必杌。然将亡之国，大率以防民之口为事，此古今所同慨也。如雅典之立法律，科提议节省祭金者以罪，则岂特拒谏不纳而已哉！夫人而自是，则知识永无进步之时。国而自是，则国政永无更新之日。抑天下之事，不进则退。彼既无进步之可

【评论】

天下事情的败坏，大多是由于放任感情，而不顾及事情本身的道理。看看雅典援助奥林沙士没有竭尽全力，而在优卑亚的问题上，唯独竭尽全力。因为官员中支持卜尔太的人多，于是不惜以个人的私情来牺牲国家公共的利益。所以我们在做事情时，首先要自己思考，在心里是否含有个人的感情，然后才可以认真地进行权衡。不然的话，就会六神无主，方寸大乱，全凭外部的事物做事。亡国败家随之而来的那些人，都是因为如此，难道不应该引以为鉴吗?

强大的国家，拘泥于很小的胜利，没有不失败的，更何况是一个弱小的国家呢！所以以成功或失败来评论是非，并不是真的是非。雅典救援奥林沙士胜利了，帮助优卑亚胜利了，骄傲之心日益萌发。如果随后遭到失败，让雅典当时蒙受一点小小的挫折，国民还有觉悟的思想，也不至于亡国，这也很难说。在鄢陵大捷时，范文子（士燮）就求死。世上的人，不要以小小的满足就自我炫耀，这会招致祸害的。

一个人要是没有诤友，那么他必定会丢掉他的性命。一个国家要是没有诤臣的话，那么这个国家必会倾覆。然而一个国家将要灭亡时，大概都会防范人民的言论自由，这是古今同样的感慨。例如，雅典制定的法律，对提议节省祭典资金的人科处罪罚，这何止是拒绝谏言而不采纳呢！一个人自以为是，那么他的知识永远不会有进步。一个国家自以为是，那么这个国家的政策永远不会更新。大概天下的事情，不进则退。如果没有进步的希望，那么必定望，则必日趋于腐败，而至于不可救。固事有必至，理有固然也已。

德谟士过奥林沙士之墟，而潸然出涕。岂知彼他年亡国之惨，固与奥林沙士同哉？秦人不暇自哀，而后人哀之，后人哀之，不引以为鉴，则使后人复哀后人耳。蛾之赴火，死者何算。然前者捐躯，来者犹接踵也。人类号称万物之灵，而史传中又固明明语我以兴亡成败之故者。乃读史之人，亦终不悟，驯致败亡。乌乎！奈何以人而类于蛾也？哀哉！

会越来越腐败，以至于不可救药。原本事情是必然要发生的，道理本来就该这样。

德谟士经过奥林沙士的废墟，潸然泪下。难道他知道以后亡国的惨状和奥林沙士一样吗？秦朝统治者没有空闲为自己的衰亡哀叹，只有后世的人为他们哀叹；如果后世的人只是哀叹而不引为戒，那么他们后世的人又会为他们哀叹了。飞蛾扑火，死了又算什么呢。前面的人捐躯而死，后来的人会接踵而上。人类号称万物之灵，然而史册上又清楚地说道我们人类以兴亡成败论事。阅读历史的人，也终究不会醒悟，逐渐招致灭亡。唉！为什么把人比作飞蛾呢？真是让人悲哀啊！

第七章　和议

雅典援奥林沙士，与非里抗。奥林沙士既陷，从军国民，尽为敌虏，送致马其顿。国内人心惶惶，议论蜂起。尤布拉、挨斯克等声言非里为希腊公敌，游说诸邦，将联希腊大同盟，以敌非里。然应者殊少，而国中人民，亦厌兵事。挨氏等见事势如此，乃主和议。德谟士亦以敌锋方锐，不如姑为结和息兵之计。雅典因使挨氏等十人赴马其顿议和，德谟士亦在行中。

希腊立法，国事皆由议会制定。即外交谈判，亦当于集会时，请两国使者相见。雅典使者至马其顿国都，非里大集名士以招待之。使者十人，以年龄为序次，相继吐其意见。德谟士年最少，次为挨斯克。及莅会，八人演说既毕，挨氏及德谟士乃继之。其演说要旨，史无所传，但当时有记其事者云：德谟士之名，夙为非里所重，演说之际，非里特注意听其言论也。

演说既终，非里待雅典使者殷勤特甚，独于德谟士不奏厚意，德谟士亦轻非里之为人，谓其非王者之器也。翌年纪元前三百四十八年春三月，使者归雅典。非里付以国书一通，书中辞意诚恳，欲与雅典为同盟。寻马其顿使者继至，雅典援助奥林沙士，一起和非里相对抗，奥林沙士沦陷之后，军人和国民都被敌人俘虏，非里把他们押到了马其顿。雅典人开始惊恐不安，议论的声音不断出现。尤布拉、挨斯克等人宣称非里是希腊的公敌，并到各个城邦进行游说，各个城邦要联合起来成立希腊大同盟，来对抗非里。但是响应的人非常少，然而国内的人民也很厌恶打仗。于是挨氏等人也看清了时势发展状况，便主张和非里议和。德谟士也认为敌人现在正士气高涨，还不如暂且采取议和停战的计谋。雅典便派挨斯克等十个人去马其顿议和，德谟士也在随行人员之中。

希腊的法律规定，国家大事都要开会商议来决定。即使是外交谈判，也要在举行会议时，请两个国家的使者见面。雅典的使者到了马其顿的首都，非里广泛地召集了许多知名人士来接待他们。雅典的这十个使者，按照年龄大小的顺序，依次发表自己的意见。德谟士年龄最小，其次就是挨斯克。到了集会场所，排在前面的八个人演说结束之后，挨斯克和德谟士便先后上台演说。这次演说的主要内容，历史上并没有留下记载。但是当时记录会议内容的人说，以德谟士的名气，非里向来都很敬重，在他演讲的时候，非里特别注意听他的论述。

雅典使者的演说结束之后，非里特别周到地款待了他们，但是唯独对德谟士不是十分周到。德谟士也很鄙视非里和跟人交往的态度，说非里没有国王的风度。第二年（公元前348年）春天三月的时候，使者们回到了雅典。非里向雅典递交了一封书信，信中文辞很有诚意，想要与雅典结为同盟。不久，马其顿的使者来到了谈判久之，乃约两国是后不得无故相侵。雅典欲要非里宣誓以为信，更遣使者十人至马其顿。

和议既成，雅典于马其顿虽无所犯，而非里乘其战胜之威，犹侵掠不止，连战连胜，势力益张。德谟士愤甚，欲赴马其顿诘问非里。时非里在斯礼斯，雅典地距斯礼斯仅六百余里。德谟士意不如径赴斯礼斯谒非里，而同行九人，必欲至马其顿都。及至，则相待五十余日，乃得与非里相会。

德谟士意气慷慨，纵论时事，誓与马其顿拼命。同行者忮其能，咸生怨恨，途次常与避面。德谟士始不欲至马其顿，此行盖出于勉强者。使者挨斯克，私与非里结密约，德谟士觉之，因驰书本国，告发其事，书反为挨氏所得。挨氏自知事败，乃更为伪报，以欺国人。德谟士欲驰归国，发其阴谋，具舟将行，为非里所抑留，不得归。

希腊战船

雅典，双方谈判了很久，最后约定，从此以后，两国不得无故侵略对方。雅典想要菲里通过宣誓来作为凭证，再次派出十个使者去了马其顿。

双方达成和议之后，雅典并没有侵犯马其顿。但是菲里却凭着自己打了胜仗的气势，依然没有停止对雅典的侵略，并且节节胜利，气焰更加嚣张。德谟士非常愤怒，想去马其顿责问菲里。当时菲里正在斯礼斯，雅典距离斯礼斯只有六百余里的路程。德谟士认为不如直接去斯礼斯责问菲里，但是同行的其他九个人，一定要去马其顿的都城。于是到了马其顿，等了五十多天才见到了菲里。

德谟士情绪非常激动地谈论国家大事，发誓要与马其顿斗争到底。同行的使者嫉妒他的才能，心里都充满了怨恨，在路上和旅馆里经常躲开他。德谟士开始是不想去马其顿的，这次访问大概也不是心甘情愿的。使者挨斯克私下与菲里秘密达成协议，被德谟士发现了。因此德谟士写了一封密信让人带到国内，来告发挨斯克密谋一事，但这封密信被挨斯克截获。挨斯克知道自己的事情已经败露，于是便把它更改了其中内容来欺骗百姓。德谟士想要赶紧回到雅典，揭发他的阴谋，准备好了一条小船将要出发，却被菲里扣留了，无法回到雅典。

时非里既整军，南向沙尔磨前进。沙尔磨者，马其顿侵希腊之要道也。非里既进军，沙尔磨人严守以拒，雅典以水师援之。非里不得进，乃扬言马其顿欲援弗奥克斯讨齐武，非有利于沙尔磨也。是时雅典使者犹在道，及返国，非里军距沙尔磨，仅三日程矣。

德谟士归国后，即日集会报告一切，并举发同行之阴谋，且谓非里不日南下，雅典宜速以兵扼沙尔磨。议员闻德谟士言，颇有所动，乃提议遣军队以援沙尔磨。

越一日，公会既开，议员等正欲提议，而使者挨斯克起为演说，众以挨氏狡诈，不欲听其言。而挨氏逞其雄辩，冀惑众听，于德谟士所发之事，不加争辨，但论非里发兵蹢沙尔磨之事曰："非里之来，雅典之朋友也，雅典之同盟也，弗奥克斯之保护者也，卑奢诸国之恢复者也。其所欲敌者，惟齐武耳。余此行盖以齐武之暴状具告于非里，以是之故，齐武衔我，至悬重金欲购余头颅。诸君，齐武夙为我雅典憾。今雅典乃不折一矢，而使彼立致灭亡。我雅典市民之心，宁不快耶？不宁惟是，诸君且将因是而大受其福。盖齐武灭，则雅典安，而诸君举安矣，此即余与非里所约。今姑为诸君述其梗概耳，顾余尚有所陈，今不欲明言之。因余同当时非里已经整顿好了军队，向南面的沙尔磨进军。沙尔磨是马其顿侵犯希腊的重要通道。非里进军到沙尔磨时，沙尔磨百姓死死把守城门来抵抗，雅典派水师来援助沙尔磨。非里不能够继续前进，于是扬言马其顿想要援助弗奥克斯去讨伐齐武，这对沙尔磨非常不利。而这时候，雅典的使者还在回国的半路上，等到他们回到国内时，非里的军队距离沙尔磨仅仅只有三天的路程了。

德谟士回到雅典之后，当天便开会向人们汇报了所发生的一切事情，并且检举揭发了同行使者挨斯克的阴谋，还说非里的军队马上就要向南进军了，雅典应该快速派兵守住沙尔磨。议员们听了德谟士的话，都很受感动，于是便建议派遣军队去援助沙尔磨。

过了一天，雅典举行了公会，议员们正想要提议派遣军队的事，然而使者挨斯克便起身演讲，大家都觉得挨斯克狡猾奸诈，不想听他说话。但是挨斯克却发挥了他的辩论能力，想要以假象迷惑大家，他对德谟士揭发他的事情，没有进行辩解，只谈论到非里发兵越过沙尔磨这件事。他说："非里这次到这里来，是作为雅典人的朋友，雅典的同盟，弗奥克斯的保护者，一些小国的重建者。他想要攻打的，只有齐武罢了。我这次去马其顿就是想把齐武的残暴行为一一告诉非里，因为这个原因，齐武的百姓才怨恨我，以至于悬赏重金想要购买我的人头。各位，齐武那个地方一直都是我们雅典的耻辱。现在雅典不需要浪费一支箭矢，就可以让齐武灭亡。这对我们雅典百姓来说，难道不是一件大快人心的事情吗？不只是这样，各位还能因此而获得很多利益。只要齐武灭亡了，那么雅典就保全了，而且各位也都安全了，这就是我和非里的行僚辈中，有虚伪之朋友在也（意指德谟士）。”

雅典人闻非里之来，初颇惶遽，及闻挨氏诡辩，众乃释然，若得捷报。德谟士起为驳论，顾挨氏之言，已为众所信，其说遂不得入。挨氏党叱之使下，其党员胡伊罗厉声言曰：“诸君当知德谟士所计画，乃与余辈大异，此固不足怪。以彼实阴郁饮水之人，而余辈乃好酒之人也。”（意谓德士阴险而彼正直。）

雅典人民，既惑于挨氏之说，乃不复为发兵计。非里此时方欲长驱其兵，为席卷之谋。而雅典又辄失联合诸国欢好，先是弗奥克斯侵底尔非神庙，与安非克昌联合国结怨，安非克昌在希腊列国中，同奉底尔非神教者也。雅典见弗奥克斯侵底尔非，乃宣言曰：“弗奥克斯若不还底尔非神庙地，雅典当以兵力胁之。”及非里兵至，弗奥克斯知雅典不足恃，乃以其地迎降。

沙尔磨及弗奥克斯诸邑，既全为非里所有。非里乃与齐武合兵，割让弗奥克斯诸邑，以与齐武。雅典闻报大震，然至是事已无及。

协议。现在暂且为大家简单说说这件事的大概情况，尽管我还有一些要说的话，但现在我不想明说了。因为我们的使者中，有虚伪的人在这里（意指德谟士）。”

雅典人听说非里要来，开始很害怕。等到听了埃斯克颠倒是非的议论后，大家都放松下来了，好像听到胜利的消息一样。德谟士起身进行反驳，但是埃斯克的话已经得到了大家的信服，他的说法就没有人能听得进去了。埃斯克的同伙斥责他退下，胡伊罗高声说道：“各位应该知道德谟士的想法，和我们是不一样的，这本来就是不值得感到奇怪的。像他那样实际上就是一个闷闷不乐只会喝水的人，而我们却都是喜欢喝酒的人。”（这话的意思是说德谟士阴险，而他们正直。）

雅典人民受到了埃斯克演讲的迷惑，于是不再考虑发兵的计策。非里这时候正想迅速地向远方进军，实行迅猛进攻的计谋。然而，雅典又失去了与其他国家的同盟关系。首先是因为弗奥克斯侵占底尔非神庙，因此与安非克昌联合国结下了仇恨。安非克昌是希腊的一个城邦，同样是信奉底尔非神教。雅典看到弗奥克斯侵略底尔非，于是便宣称：“弗奥克斯如果还不归还底尔非神庙，雅典就要派兵攻打他们了。”等到非里的军队到了，弗奥克斯知道雅典不值得害怕了，于是把他的土地作为投降礼物献给了非里。

沙尔磨和弗奥克斯等城邦，不久都为非里所占有。非里于是把军队和齐武军队联合在一起，并把弗奥克斯等城邦割让给了齐武。雅典听到这个消息后十分震惊，然而事情发展到这个地步已经无法挽回了。

非里既与齐武合兵，其势益横，因组织安非克昌联合，自为盟主。从前希腊全土斥马其顿为夷狄，至是咸望风输诚，而非里遂得干与希腊之事。德谟士见时事至此，虽痛哭流涕，而亦无补，则亦姑从众议，是实彼一生最伤心之时也。

【批评】

为天下之贼者，无过于倚赖之性质。独坐深山，引虎自卫，其自取灭亡也宜哉。岂独虎而已，纵其所引者麟也，亦复何裨？故凡为人者，不可无独立之志，当其依人之念一萌时，而所谓自由，所谓人格，固已扫地以去。惟国亦然，苟不能独立，而思今日联甲，明日联乙，以偷一日之安，其究也无以自存。此征之历史，固昭昭然也。雅典人士，始终以非里为可亲，后乃欲假手于彼，而灭齐武，则其心迹尤劣矣。当时齐武虽灭，雅典亦不过取快一时，现非里转与齐武合兵，以攻雅典也。

世之乱也，社会之人，常恶闻正言，故与彼顺者，彼虽疑其奸，而不能去，与彼逆者，彼虽知其善，而不能从也。夫善善恶恶，由于人类之天性，即一时迷误，亦未必无清明之非里和齐武军队联合在一起后，他的气焰更加嚣张了，便安排与安非克昌结盟，自己任命自己为盟主。从前希腊各个城邦都骂马其顿是野蛮国家，现在都顺应形势臣服他了，于是非里也因此能够干预希腊半岛的事务了。德谟士眼见事情已经发展到这个地步，虽然痛哭流涕，但是于事无补，暂且也只能听从众人的建议。这是他一辈子最伤心的时候。

【评论】

能够成为危害天下的人，不过于依赖他的禀性和气质。独自坐在深山之中，让老虎来保护自己，自己招致灭亡，这大概是他应该得到的结果吧。难道只是老虎吗，就算他依靠的是麒麟，又能有什么帮助呢？因此，作为一个人，不能没有独立的意志，当他产生依赖别人的念头时，他所说的自由、人格都已经全部丢光了。作为一个国家也是这样，如果不能够独立，还想着靠今天和甲联和，明天和乙联合来获取短暂的安全，那么它最终还是无法长久存在的。通过历史事件验证，就会非常明白了。雅典的那些人，自始至终都以为非里是可以亲近的，后来便想要借助非里的军队来灭掉齐武，他们的思想真是太恶毒了。那时齐武虽然被灭掉了，雅典也只不过获得了短暂的安逸，现在非里与齐武联合转过来攻打雅典了。

世道混乱，社会上的人常常会不喜欢听正直的言论，因此顺从他的人，他虽然怀疑那个人有狡诈心思，但却不能离开他，说话都逆着他的那个人，他虽然知道那个人心地善良，却不能听从他。喜欢善良，讨厌丑恶，这来源于人类的本性，即使一时受到迷惑而日。所患者善善而不能用，恶恶而不能去耳。故觇国者，不必入其朝也，但观其人民之性质，而可以知之矣。其人民自是之心与苟安之念强者，其国必不可救。观雅典会议时，议员信挨氏之言，而拒德谟士之谏，遂致卒为非里所灭。世之好闻甘言者，能无用以自警耳。

犯了错误，也不一定就没有清醒的那一天。最让人担心的就是喜欢善良却不能听从，讨厌丑恶却不能丢弃。因此观察一个国家，不一定要去看它的政府，只看看这个国家人民的秉性，就可以知道了。国民有强烈的自以为是的想法和苟且偷安的心思，那么这个国家一定是无药可救了。看看雅典举行会议时，正是因为议员们相信埃斯克的话，拒绝了德谟士的忠告，才导致雅典最后被非里灭了。世上那些喜欢听好话的人，难道可以不用这个例子来警示自己吗？

第八章 雅典与马其顿第二次之冲突

非里为希腊盟主后凡六年，雅典与马其顿虽貌示亲暱，而各敌意。非里蚕食希腊诸国，诸国无与抗者，顾独患雅典。德谟士忧希腊全土将悉为马其顿所并，乃于纪元前三百四十四年，躬赴诸国，说非里暴状，谓希腊诸国，当共起兵抗之。其年某国遣使来报，德谟士乃于会场中演说非里野心，以希腊全土灭亡，指日可见，其言辞极抗烈，所谓第二非里问题演说是也。雅典国民犹不以为意，非里闻德谟士欲煽希腊全土叛己，大惊，遣使来辩其事。

有克尔孛地者，希腊之一州也，其地出米谷甚多，希腊全土仰其供给。非里既蚕食诸州，欲乘势领有其地。于是雅典遣军保护其地之居留国民，更以书责让非里。非里悍然不顾，两军遂起冲突。非里遣使者来责雅典，雅典朝士党于非里，建议召还在克尔孛之兵。德谟士大愤，起而讨论此问题，所谓第三非里问题演说是也。其演说语极壮烈，千载之下，犹有生气，其言曰："吾国民宜及今使在克尔孛军队，无复后顾之忧，得以从容与非里战也。诸君不观彼非里者，常口称平和，而旋自食其前说乎？今雅典正宜师其所为，徇平和之虚名，而勿忘战争之实际可也。且克尔孛之地，希腊非里当了六年的希腊盟主，在此期间，雅典与马其顿虽然表面看起来十分亲密，但实际上他们很敌视对方。非里侵占希腊的城邦，各个城邦都没有能力与他抗衡，所以非里唯独担心的就是雅典。德谟士担心希腊国土将会全部被马其顿侵占，于是在公元前344年时，亲自到各个邦国控告非里的残暴行为，告诉希腊各个城邦，应当共同发兵来反抗非里。这一年，有个国家派遣使者来雅典报告，德谟士于是在集会场中发表演说，宣称非里很有野心，希腊全部的领土，不久就都会被非里侵占。德谟士的言辞高亢激烈，这就是所谓的第二次非里问题的演讲。雅典人民仍然不把这件事情放在心上。非里听说德谟士想要煽动希腊各个邦国反抗自己，十分震惊，派遣使者来解释这件事。

有个地方叫克尔孛，是希腊的一个州，那里生产的大米和谷子非常多，希腊各个邦国都依靠这里供应粮食。非里侵占希腊的很多地方后，想要乘机再占领克尔孛。在这时，雅典派遣军队来保护居住在克尔孛的人民，还发文谴责非里。非里蛮横无所顾忌，两国的军队便产生了冲突。非里派遣使者来质问雅典，雅典的一些大臣是非里的党羽，他们建议召回在克尔孛的军队。德谟士十分生气，起身争论这件事，这就是所说的第三次非里问题的演说。他的演说，用语十分豪壮激烈，千百年后仍然富有激情。他说："我们国家的人民应该从现在开始就要让在克尔孛的军队没有后顾之忧，让他们能够全身心地投入到与非里的战争中。大家难道看不出非里平时高喊和平口号，转而又违背诺言吗？现在雅典所做的都是正义的行动，顺从对外和平的口号，也不要忘了战争的现实情祖宗所遗，以传之子孙者也。今乃弃而委敌，欲冀餍非里之欲，而不吾噬，是委肉于饿虎，肉尽虎将及人，吾雅典宁有幸耶？夫欲维持领土，不外于奖励在外之军队，使得自由为祖国战，且吾料非里攻击巴衣奢，必亦非远。巴国前此固与我有憾，然今以雅典利益故，不得不出而保护之，使巴国勿落非里之手，盖辅车相依，唇亡齿寒。外侮当前，兄弟不为萧墙之阋，其理至明显矣。今希腊全土，咸濒危难。外则非里之军势日张；内则诸国之党争尚烈。方今之时，举维持希腊全土独立之任务，加于我雅典国民之肩，而吾之能遂此任务与否，又专赖于战斗。吾人宜以一腔热血，尽全力以任兹事，庶乎其可也。”

方是时，雅典民心，渐归德谟士。于是德谟士提议，遣使赴优卑亚，寻驻屯军队于其地，以压马其顿之势。德谟士自秉使节，赴克尔孛及巴衣奢等处。

德谟士既至克尔孛，励雅典士卒，语至沉痛。士卒皆感泣，人人愿为祖国效死。继至巴衣奢，巴国故与雅典结怨，况啊。况且克尔孛的领土，是希腊祖先留下来的，是用来传给后代子孙的。现在放弃克尔孛，拱手送给敌人，希望能够满足非里的贪婪欲望，让他不要再来侵犯我们，这就像是把肉丢给饥饿的老虎，老虎把肉吃完了就要吃人了，我们雅典难道会有幸躲过去吗？想要保护好领土，就要奖励在外打仗的军队，让他们能够自由地为祖国去战斗，况且我猜测非里进攻巴衣奢，一定不是想得到这个偏远的地方。在这以前，巴衣奢与雅典存在一些矛盾，但是现在为了雅典的利益，我们不能不出兵去保护它，一定不能让巴衣奢落在非里的手中，因为我们两国互为依存，利害相关，唇亡则齿寒。外敌侵犯，兄弟国家不能发生内部祸乱，这个道理是十分明显的。现在希腊全国，都处于危难之中。在国外，非里军队气焰越来越嚣张；在国内，各个邦国的党派斗争越来越激烈。此时此刻，共同维护希腊全部领土独立的任务，已经落在了我们每个雅典国民的肩上，而我们能否完成这个任务，关键又在于战斗。我们每个人都应该一腔热血，尽自己最大的努力去完成这件事，这样的话差不多就可以了。”

在这个时候，雅典的民心慢慢地都回到了德谟士的身上。于是德谟士建议，派遣使者去优卑亚，寻找驻扎军队的地方，来压制马其顿的嚣张气势。德谟士亲自作为使节，去克尔孛和巴衣奢等地方。

德谟士到了克尔孛，鼓励雅典的将士们，语气十分悲痛。将士们都感动得哭了，每个人都愿意为祖国去战斗。接着，他又到了巴衣奢，巴衣奢曾经和雅典结下过仇恨，德谟士一到那里就讲清楚德谟士一至其地，谕以利害。乃尽释前怨，与雅典结同盟。论者谓德谟士此行，不惟可以杀非里之势，而雅典民气国力，亦将自是加强焉。

非里先与安非克昌联合，至是更结其援，声言欲讨亚母非。自沙尔磨进兵，达于挨拉特亚，筑城壁而守之，并遣使齐武，约与共击雅典。且谓齐武若不欲联军，亦当假道于非里王，王当为齐武攻雅典也。此时非里既据挨拉特亚，若由齐武至雅典，行程仅三日耳。齐武若允非里之请，则雅典危亡，可以立见。

是报达雅典，时已及夜，议员等咸在官邸，将具食，得报大惊，相视不复能出语。议员中有趋出命吹喇叭召集公会者，有驰入市街燬商肆设窖将为防御者，仓皇至不可以状。天曙晓雾蒙潼，群众毕至。议场中几无立锥，议员咸列席，有一人起而报告其事，众皆错愕，不知所措。传令者循例宣言，问谁欲为演说者，满场默然，无一人应

了事情的利害关系。于是两国把以前的怨恨化解，结成同盟。谈论的人说德谟士此次出行，不仅可以压制非里的嚣张气焰，而且雅典人民的战斗意志和国家的实力从此也加强了。

非里先前和安非克昌联合，现在还要进一步联合同盟，声称要讨伐亚母非。从沙尔磨开始进军，到达挨拉特亚，修筑城墙堡垒来防守，并且派遣使者去齐武，商议一起进攻雅典。况且，如果齐武不想和非里联合，那么也应当给非里让路，非里应当帮齐武去攻打雅典。这时候非里已经占领了挨拉特亚，如果从齐武到雅典，只需要三天的路程。齐武如果同意非里的请求，那么雅典的生死存亡的紧要关头就到了。

这个情报到达雅典的时候，已经是深夜了，雅典的议员们都在官邸那里准备吃饭，听到这个消息都十分震惊，大家互相看着对方都说不出话。议员中有的人飞快地跑出去让人吹喇叭来集合大家召开公会，有的人则跑到街市砸毁商店把它改造成防御窑洞，匆促、慌张到无法形容。到天亮雾散的时候，雅典的人民都到了这里。集会场中挤满了人，议员们也都坐在了位子上，有一个人站起来报告了这件事，大家都很惊讶，不知道该怎么办。主持会议的人按照以往的惯例，问有谁想对这件事发表演说的，在场的人都不说话，没有一个人回应的。接着主持人又问了几次，仍然没有人起来发言。大家都沉默了很久，忽然有一个人从台子上站了起之。继又促之数次，仍无人起立。沈默久之，忽有人起立台上，众视之，则德谟士也。时众声咸寂，倾听德谟士演说，彼乃言曰："呜呼！吾雅典诸君，以君等今日之仓皇，反观之畴昔，则何其暇豫也。事前则空论者空论，大言者大言，犹豫狐疑者犹豫狐疑。及警报一至，则相与瞠目结舌，手足无措，斯何为者耶？顾今事势虽至于是，而余犹以为有不足忧者。盖彼非里久留挨拉特亚，不即进军者，固因齐武国中有党于非里之人，亦有党于雅典之人。党雅典之人，自欲与雅典相结合，非里宁不惧之？今诸君若犹念齐武旧怨，则非里之党，将以益多，齐武之军，可以立至我境。为今日计，惟有捐其夙嫌，急与齐武相合，以为齐武国中党我者声援，更遣使者十人，与以全权，使游说于齐武。齐武与我合，则我之势力厚，而非里孤矣，齐武即不吾应，而曲固在彼，吾雅典之名誉，亦无伤也。"

德谟士之论方终，群众争附和其说。于是议决遣使者往齐武，而命德谟士率之而行，

来，大家一看，原来是德谟士。当时大家都不说话，仔细听德谟士的演说。他说："唉！雅典的每一个人啊，现在你们这样地慌乱忙碌，反过来看看你们的过去，又是多么地悠闲自在啊。出事之前都是空谈之人在那儿说空话，喜欢说大话的人在那儿说大话，犹豫不决的人在那迟疑不决。等到危急信号一出现，就互相把眼睛瞪得大大的，慌乱得不知怎么办才好，这又是为什么呢？照现在的形势来看，我认为仍然不值得我们忧虑。非里一直呆在挨拉特亚，军队也不前进，这是因为齐武国中有非里的拥护者，也有雅典的拥护者。拥护雅典的人，自然想和雅典结盟，非里哪里能不担心呢？现在大家如果还想着雅典与齐武之间存在的怨恨，那么非里的拥护者将会越来越多，齐武的军队，可以立刻攻打到雅典的边境了。现在的办法只有放下以前的仇恨，抓紧时间与齐武结盟，得到齐武国中拥护雅典人的支持，还要派遣十个使者，授予他们全权处理事务的权利，让他们去说服齐武。如果齐武和我们结盟，那么我们的实力就更加雄厚了，而非里就会被孤立了，即使齐武不答应，那么错误也都在他们，而我们雅典的名誉也不会受到损害。"

德谟士的演说刚刚结束，大家便争着去附和他。于是雅典决定派遣使者去齐武，而让德谟士带着使者一同出发，同时又派遣

同时又派遣军队，驻屯边境以为备。

时非里所遣使者，亦在齐武。德谟士至，谒其朝士，痛论齐武与雅典相仇之非计，当始终相结，以御外侮。而齐武宿怨未释，非里使者又从而煽之，德谟士之说不得入。乃日谒其执政，反覆陈利害，久之，齐武卒从德谟士之请，捐弃前怨，与雅典结约，共抗非里。优卑亚诸国，亦加盟其中，雅典声势大振，乃命德谟士为军务大臣，时纪元前三百三十八年也。

德谟士率兵与非里开战，屡奏奇捷。非里乞援于悲罗彭诸国，诸国无应之者。顾德谟士本不知兵，而雅典之兵又不强。德谟士见此情势，惟怀必死之志，以报国而已。

最后乃有克罗捏亚之战，非里亲率一军，以当雅典，又遣其子亚历山大，别领一军当齐武。战良久，胜败未决，尘沙蔽天，尸如山积，雅典兵殊死战，非里渐不能支。雅典将校大呼曰："我勇猛军士，今宜乘此机会，长驱入马其顿。"会亚历山大大破齐武军，非里军望见之，兵气复振，奋斗益军队驻扎在边境以防止意外发生。

这时非里派遣的使者也在齐武。德谟士到了齐武，拜见了齐武的官员，十分痛心地讲述了齐武与雅典之间互相仇恨并不是长远打算，两国应该自始至终相互团结，共同抵抗外来侵略。但是齐武人民的怨恨并没有消除，非里的使者又挑拨离间，德谟士的建议并没有被齐武人采纳。于是德谟士每天都去拜见齐武掌权的官员，不断地讲述这件事中间的利害关系，过了很久，齐武人最终听从了德谟士的建议，抛开以前的恩怨，和雅典结盟，共同抵抗非里。优卑亚等一些小国，也加入到了这个联盟之中，雅典的气势得到了大大地提高，于是便下令让德谟士做军务大臣，这一年是公元前338年。

德谟士带领军队和非里展开战斗，不断地传来胜利的消息。非里乞求悲罗彭等一些国家的帮助，但那几个国家都没有答应他。然而德谟士本来就不太懂带兵打仗的事，并且雅典军队的战斗力又不是很强。德谟士眼见这种情形，只有带着必死的决心来报答祖国了。

最后便有了克罗捏亚战争，非里亲自带领一支军队抵抗雅典的进攻，又派遣他的儿子亚历山大带领另一支军队抵抗齐武军队的进攻。战争持续了很久，一直都分不出谁胜谁负，灰尘和沙子遮住了天空，士兵的尸体堆得像山一样，雅典的士兵拼死搏斗，非里的军队渐渐地不能够再支撑下去了。雅典的将校大声叫道："雅典勇猛的将士们，现在应该趁着这个机会，一直打到马其顿去。"恰逢亚历山大击败了齐武军队，非里的军队看见了这一情景，士气又力，雅典军遂溃，德谟士仅以身免。

【批评】

希腊末造，热心国事者，惟德谟士一人而已。其余朝士，无有助彼者。岂惟无助，如挨斯克等，且从而妨沮其事业。夫以雅典当日，风俗颓靡，人怀私利，政主姑息，而其所产人才，遂有如挨斯克者，亦何足怪。然则社会之人望得英雄，不如各自修养，而使社会日趋于改良。社会良，未闻有以无英雄而亡者也。社会不良，虽有英雄，亦将不能效其用，观于德谟士可以知矣。

世俗之士，往往以成败论英雄，吾非欲为之辩护。盖甚恶乎社会有似是而非之判断，其有害于人世不浅也。世人多责望于英雄者甚深，而责社会独恕。陈寿之评诸葛亮，谓其长于治国，短于治兵。欧洲史家亦谓德谟士非督师之才。然亦思彼当时所处之境何若乎？社会不从其言，至使非里屠奥林沙士，降弗奥克斯，扰及希腊列国。于时藩篱外撤，党争内讧，而彼以一新进少年，任军国重事，不辞艰阻，誓以身殉。人始则疑之，坐失事机。至于事急，则悉举至难至困之振作了起来，更加充满斗志，雅典军队于是便被击败了，只有德谟士一个人幸存。

【评论】

希腊晚期，关心国家大事的人只有德谟士一个人。其余的官员，没有一个帮助他的。不仅仅是不帮助，像挨斯克这些人还处处妨碍德谟士的活动。当时的雅典风气败坏，每个人心中只想着自己的利益，官员纵容迁就坏人，在这种环境下产生的人才，比如说挨斯克等人，这也不足以感到奇怪了。人们希望能够出现英雄，还不如每个人都完善自己的品格素质，来让社会风气渐渐地好转。社会风气好转了，没有听说因为没有英雄而导致国家灭亡的。社会风气不好，即使有英雄，也不会发挥他的功用，通过观察德谟士就可以知道这个道理了。

世上的普通人，大多都会根据一个人是成功还是失败来评价他是不是英雄，我并不是想要为这种评价方式进行辩解。社会上的一些人，他们评价和判断看着好像是对的，其实却是错误的，这真是太可恶了，这种评价和判断害人不浅啊。人们往往对英雄的人物要求很高，而对社会普通人的要求却很低。陈寿评价诸葛亮，说他擅长治理国家，而不擅长带兵打仗。欧洲的历史学家也说德谟士不是带兵打仗的人才。然而我们考虑到他们当时所处的社会环境是怎么样的了吗？社会上的人们不听从他的建议，导致非里侵占奥林沙士，击败弗奥克斯，连累希腊一些邦国。那个时候外面的敌军撤退了，国内的党派斗争和内部冲突不断，而德谟士作事，以属之彼，责其补救。然而已无及矣，而及其败也，又从而尤之。由此而言，则是难乎为英雄之士，而人固不可不为庸人也，不得事实之真相，好议人非，俗人往往有此，少年人不可不知。

为一个刚刚进入政坛的年轻人，管理着国家的各种大事，不辞劳苦，发誓为国家努力工作，不惜贡献出生命。人们开始都怀疑他，白白失去了良好的时机。等到事情紧急了，就把这些困难的事情全都交给了德谟士，让他来挽救局面。然而这时已经来不及了，等到失败的时候，人们又一起来责备他。由此来看，做一个英雄真的是太难了。然而人们本来就很平庸，不知道事实的真相，就喜欢议论别人的是非，庸俗的人往往都是这样，青少年们不可以不知道这一点啊！

第九章 第二和议

克罗捏亚既败，希腊全土日就危殆。德谟士敌党挨克斯辈，弹劾其失，雅典人深谅德谟士，不以为罪，仍从其言。国人谋葬克罗捏亚之战死者，推德谟士董葬役。德谟士临葬时，演说极沉痛，大为战死遗族所敬慕。其时雅典方筑城壁，德谟士自捐私金济工事，以是益得国人之欢。

未几，德谟士得密报，知非里已被刺死，而雅典人犹未知。德谟士欲藉此为激动人民之计。乃临会场，欣然告于众曰："余梦上天降福于我国，度不久当有喜报令诸君知也。"俄而，非里死耗至，雅典人大喜，以为德谟士梦兆已见，因置酒相贺，颂暗杀党波尼亚功德。时德谟士方丧其爱女，亦勉强临场，与众为欢而散。

亚力山大像

非里既死，德谟士欲与希腊诸国结大同盟，顾犹不敢。乃先遗书于波斯，说以亚历山大无能，怂恿波斯共起兵伐马其顿。波斯固与希腊同利害者，且夙闻德谟士之名，倾心克罗捏亚被打败之后，希腊各个城邦就越来越危险了。德谟士的死对头挨克斯等人，攻击他的过失，雅典人民都很理解德谟士，不认为他有罪，仍然相信他的话。雅典人民商议埋葬克罗捏亚战争中的死者，推荐德谟士来主持葬礼。德谟士在葬礼快要开始的时候，发表了非常沉痛的演说，这些死难者的亲人对他产生了深深的敬仰之情。那个时候，雅典正在修筑城墙，德谟士捐出钱财来帮助修城，因为这样的举动，更加赢得了人民的欢迎。

没多久，德谟士得到秘密情报，知道非里已经被刺杀身亡了，但雅典人民还不知道这一消息。德谟士想要借着这个机会给大家一个惊喜。于是他来到集会现场，兴奋地对大家说："我梦到了上天将福报降到了我们国家。估计不要多久，就会有喜讯传来让大家知道了。"过了一会儿，非里被刺杀的消息便传来了，雅典人民都非常高兴，认为德谟士的梦已经成真了，于是大家摆酒相互庆祝，歌颂暗杀党波尼亚的功德。那时侯德谟士心爱的女儿刚刚去世，但他勉强地到了那里参加这场庆祝活动，和大家一起庆祝直到活动结束。

非里死了之后，德谟士想和希腊各个城邦联合成为一个大同盟，考虑之后还是不敢这么做。于是他先送信到波斯，说亚历山大愚蠢无能，怂恿波斯和希腊一起发兵讨伐马其顿。波斯一直都已久，乃屡以巨金助雅典，使速为军备。

是时希腊全土，尽欲起与马其顿抗。齐武首发难，举兵袭马其顿守备队，杀戮甚众。德谟士以波斯所赠金充军实，加同盟于齐武，将与合兵。亚历山大知希腊全土将图大举，乃先平定内乱。国乃既定，急引兵趣卑池亚。雅典闻亚历山大已至卑池亚，气大沮，迟迟不肯出兵。于是齐武尽失同盟，独力与亚历山大抗，率为所败。马其顿乃灭齐武，国夷为县。

雅典见齐武既灭，人心大震，不知计所从出，乃遣德谟士使马其顿乞和。德谟士素为马其顿人所恨，亚历山大衔之尤深，去则必无全理，因道亡归。亚历山大遣使至雅典，求德谟士。德谟士言于众曰："君等欲遣吾使马其顿，殆欲自坏万里长城耶，若然则吾当委敌矣。"国民闻其言大感动，有底麻底斯者，乃自请至马其顿说亚历山大乞免德谟士之罪。众遂决议使之秉节而往，底麻底斯至马其顿，再三陈请，亚历山大乃允。

亚历山大既平希腊，又远征亚细亚，是时雅典国事，悉和希腊有着共同的利益，而且很早就听说过德谟士的名声，向往很久了，于是多次提供大量金钱来帮助雅典，让雅典能够快速地整顿好军事装备。

在这个时候，希腊各个城邦都起兵对抗马其顿。齐武首先发动进攻，发兵袭击了马其顿的守备军队，杀死了很多人。德谟士利用波斯赠送的金钱来加强军队装备，加入了和齐武同盟的队伍之中，将要和齐武组成联合军队。亚历山大知道希腊各个城邦将要大举进攻，便首先平定了国内的叛乱。国内安定之后，急忙带领军队赶往卑池亚。雅典听说亚历山大已经到了卑池亚，军队的气势很低落，迟迟不愿意出兵。于是齐武失去了全部的同盟，独自与亚历山大对抗，军队全部都被击败了。马其顿便灭掉了齐武，齐武国变成了马其顿的一个县。

雅典看到齐武被灭，国人心中都十分震惊，不知道应该想什么办法，于是便让德谟士去马其顿请求议和。马其顿人向来就憎恨德谟士，亚历山大对他尤其深恶痛绝，如果去了，那么一定不会有十全的胜算，因此在半路上就逃回来了。亚历山大派遣使者到雅典，要求雅典交出德谟士。德谟士对大家说："你们想让我出使马其顿，恐怕是要自己削弱自己的力量吧，如果是这样，那么我就去出使敌国。"雅典人民听了他的话都深受感动，有个人叫底麻底斯，便请求派自己去马其顿说服亚历山大，让他赦免德谟士的罪过。大家便同意派他出使，底麻底斯到了马其顿，一次又一次地向亚历山大陈述情况，恳求原谅，于是亚历山大便答应了。

亚历山大平定希腊之后，又攻打了远方的亚细亚，这个时候取决于底麻底斯，德谟士不过参与其间而已。斯巴达王亚克斯，欲乘亚历山大远征，大举兵伐马其顿。德谟士闻其事，倡议援之。顾雅典人慑亚历山大之威，不敢动。斯巴达以孤军深入马其顿，屡得大捷。然卒以无援故，全军遂没。德谟士见时局日蹙，乃不愿与政事，特以人心依附，故迟迟未能决耳。

先是挨克斯与德谟士不相能，屡伺其隙。会德谟士有戴冠冕事，挨氏以为违法弹劾之，历六年未审议。至是两造咸诣法庭，辩论甚烈。挨克斯于德谟士生平一言一行，攻击不遗余力，而德谟士能一一为辩论，世所称为冠冕论者是也。其语至痛快明畅，古今罕有。辩论既终，众咸左袒德谟士，赞挨氏之说者，不过五分之一。是会也，四方之人来旁听者极多。德谟士所论，不仅关于法律，且举其生平阅历抱负，无不一一倾吐。众议定德谟士无罪，而挨克斯当罚巨额金。挨氏家无财产，乃遁去外国。德谟士十数年之政敌，至是乃为社会所摈。然事势日非，希腊之亡，固已不可救矣。

雅典的国家大事，都由底麻底斯决定，德谟士只不过参与其中罢了。斯巴达王亚克斯想趁亚历山大远征的机会，派出大军征讨马其顿。德谟士听了这件事，建议雅典援助他。但是雅典人很害怕亚历山大的气势，不敢有所行动。斯巴达便凭借自己的军队攻打到了马其顿，不断取得胜利。然而最终因为没有援助，全部军队都被消灭了。德谟士眼看着社会的局势越来越紧张，便不愿意再参与国家政事了，只是因为有人还在支持他，所以迟迟没有下定决心。

先前挨克斯与德谟士不能相容，屡次查找他的过失。恰逢德谟士戴冠冕主持辩论，挨克斯便以德谟士违法为由来弹劾他，历经六年都没有审议。到了现在，双方都到了法庭，争论得更加激烈了。挨克斯对德谟士所作的每一件事，都毫无保留地进行攻击，而德谟士都能一一做出辩解，这就是世人所说的冠冕辨论的人。他的讲话非常流畅明了，古往今来都很难见到。辩论结束后，大家都维护德谟士，赞同挨克斯的人不超过五分之一。这次集会，四面八方来旁听的人非常多。德谟士说的话，不仅是关于法律的内容，还列举了他生平的见闻和自己的志向，没有什么不说给大家听的。最后，大家决定判德谟士无罪，而挨克斯则被罚了很多钱。挨克斯没有财产，便逃到其他国家去了。德谟士十几年的死对头，到现在终于被大家所抛弃了。然而事态形势越来越差，希腊的灭亡，已经是无法挽回的了。

【批评】

德谟士之着眼大局处，非浅见者可比。按希腊当日情势，甚类吾国六国时。马其顿始为希腊所摈，如秦孝公伏处西陲时也。及其始伸势于希腊，蚕食诸小国，如秦之吞并韩魏也。其离间齐武雅典之交，如秦之离间齐楚也。其与雅典交欢，而雅典亦卒后亡，如秦之独厚于齐也。其贿赂朝士，利用党争，诈谋百出，因利乘便，皆与秦所以处六国者相类。一言以蔽之曰："破其统一而已。"夫使六国而长成合纵之势，则秦无以逞其威。希腊而常存统一之形，则马其顿亦无以施其术。德谟士始终主统一，虽至情势危殆。然于齐武之将破也，则倡议援之，而雅典人不力也。于斯巴达之兴师也，则倡议援之，而雅典人不从也。德谟士之意见，殆与苏秦相类。苏秦合纵之策破，而六国亡。德谟士统一之说沮，而雅典覆。古今中外，同出一辙，有国者亦可借以为鉴矣。

德谟士当非里在斯礼斯卧病时，主兴师攻之，而于非里被刺，乃不乘机报复，何哉？以其时未可也。夫非里在斯礼斯时，雅典元气方盛，故可以用其锋。至于非里被刺之际，雅典新败，元气大挫，不如联合波斯，徐图再振，此诚谋国之至计也。然而雅典人旋夺其权，彼之规画，遂不得展，惜

【评论】

德谟士处处从大局出发，这不是浅陋之人能比的。按照希腊当时的形势来看，与我国六国时期非常相似。马其顿当初被希腊抛弃时，就像秦孝公在西部边境时一样。到马其顿开始侵略希腊，占领一些小国家时，就如同秦侵占韩、魏一样。马其顿挑拨齐武和雅典的关系，就如秦离间齐、楚一样。马其顿与雅典和好，最后雅典又被灭亡，就如秦厚爱齐一样。马其顿贿赂别国官员，利用他们的党派斗争，奸计一次又一次得逞，凭借有利形势，这些都与秦国对待六国相类似。一句话概括起来就是：破坏他们的统一罢了。如果让六国达成合纵的形势，那么秦国也没办法得逞。如果希腊能够维持长久统一的现状，那么马其顿也无法施展其策略。德谟士始终主张统一，即使到形势很危急的时候也是如此。然而在齐武将要被击破的时候，建议援助齐武，但是雅典人却不同意。在斯巴达发兵攻打马其顿时，也建议援助斯巴达，但是雅典人却不听从。德谟士的意见大概和苏秦相类似吧。苏秦合纵的计策失败后，六国就灭亡了。德谟士统一的观点遭到抛弃，雅典就覆灭了。古今中外都是一样的，统治国家的人都可以以此作为借鉴啊！

非里在斯礼斯病倒的时候，德谟士便主张发兵攻打，但在非里被刺杀的时候，却没有趁机报复，这是为什么呢？因为时机还没有到。非里在斯礼斯的时候，雅典实力很强，所以可以发动军队。而在非里被刺杀的时候，雅典刚刚才打了败仗，国家受到很大的破坏，不如联合波斯，慢慢想办法重新振作，这才是为国家谋划的好计策啊。然而雅典人民很快又夺取了他的权力，他的设想哉！彼当非里之死，临会欢宴，不违众人之意，此亦是彼能达权处。盖挫败之气，累世不复，彼所以假梦以为言者，欲图振其民气耳。不然，彼岂不知非里虽死，而第二非里，方足为雅典患哉？

便不能够实现了，真是可惜啊！德谟士在非里死的时候，到会场庆祝，不破坏大家的兴致，这也是他能顾全大局的地方。大概失败的心情，很长时间都难以平复，他之所以借着梦来说非里之死，是想要振奋大家的士气啊。如果不这样的话，他哪里不知道非里虽然死了，还有第二个非里，还会成为雅典的祸患呢？

第十章　德谟士之晚年

亚历山大之远征也，其守将哈尔巴为不法，亚历山大欲诛之。哈尔巴巡至雅典，所率从者数百，携财宝巨万以求庇。雅典人犹豫不敢遽留，而哈氏激劝雅典人出敌亚历山大，且以财货赂诸执政。执政纳之，德谟士独以为忧，且谓："若容哈尔巴，必触亚历山大之怒，不如拒之。今雅典兵力，不足与亚历山大战，奈何结怨于敌，以自取祸？"朝士既收哈氏赂金，反以德谟士为媚敌，谓其变节，于是不听。

未几，亚历山大果遣使至雅典，索哈尔巴甚急，雅典却之。亚历山大大愤，声言欲兴问罪之师。雅典惧祸，议捕哈尔巴置狱中，尽没其财宝，发议者德谟士也。朝士既收哈氏之赂，忽有此举，深负哈氏。雅不愿从德谟士言，顾此议竟通过。于是益愤德谟士，哈尔巴逃亡至克礼托岛，为其下所杀。

哈尔巴下狱时，德谟士召集议会，宣告于众，谓哈氏财宝凡七百二十他莲托。后检其数，只余三百五十他莲托，此事未尝明言，众犹以为七百二十他莲托也。久之，知其数不符德谟士所放言，众乃大怪，以为必有人侵蚀，议穷诘其事。

德谟士请高等法院审问，发现犯罪者，加以刑罚。事延亚历山大在远征的时候，他的守将哈尔巴做了违法的事，亚历山大想要杀了他。哈尔巴带领了几百人逃到了雅典，携带大量的财宝来求得雅典的保护。雅典人拿不定主意，也不敢收留他，而哈尔巴煽动雅典人去攻打亚历山大，并且用金钱来贿赂雅典的执政官员。执政官员收了礼物，德谟士非常担心，于是对他们说："如果收留哈尔巴，一定会触怒亚历山大，不如拒绝他吧。现在雅典的兵力，还没有能力和亚历山大开战，为什么要和敌人结仇，自己招惹祸害呢？"官员们已经收了哈尔巴的金钱，反而认为德谟士奉承敌人，说他改变了气节，于是便不听他的建议了。

没过多久，亚历山大果然派遣使者到了雅典，非常急切地向雅典索要哈尔巴，雅典拒绝了。亚历山大非常生气，扬言要向雅典发动军队。雅典害怕灾祸，建议逮捕哈尔巴，将他关进监狱，没收他的全部财宝，提出这个建议的是德谟士。官员们已经收了哈尔巴的钱财，突然采取这种做法，是很对不起哈尔巴的。他们都不愿意听从德谟士的建议，但这个决议竟然通过了。于是他们更加讨厌德谟士，哈尔巴逃到了克礼托岛，被他的手下杀害了。

哈尔巴被抓进监狱的时候，德谟士集合大家召开议会，将这件事报告给大家，说哈尔巴的财宝一共是七百二十他莲托。后来检查财宝数目的时候，只剩下了三百五十他莲托，这件事并没有和大家说，大家还以为是七百二十他莲托。很久以后，大家知道财宝的数目和德谟士所说的不一致，大家都非常诧异，认为一定有人私吞了财宝，商议要将这件事查个清清楚楚。

德谟士请高等法院对这件事进行审查询问，如果发现了那个六月，德谟士辄促法院穷治，乃搜索有名诸演说家，得嫌疑者数人，德谟士亦在内。德谟士大骇，力辩其诬，高等法院不听，遂宣告有罪，科五十他莲托罚金。顾德谟士家贫，无力受罚，自计不纳罚金，当禁锢，乃出奔。

先是德谟士宣告于众，谓哈氏财产有七百二十他莲托者，盖指其所携全额而言。哈氏至雅典后，以其财产偏贿雅典朝士，已耗其半，此德谟士所不知者也。顾当时哈氏未尝明言，而受贿诸人，又憾德谟士不容哈氏，因图报复。故谓哈氏财产为德谟士所干没，以此中伤之。德谟士竟坐是科罚，无以自白。

德谟士既出奔，有政敌数人，追之于路。德谟士见追急，欲图避匿。不得，追者呼其名谓："欲助以旅费，无他意。"德谟士泫然语曰："吾今者欲适他乡求朋友，然吾国人素与我为敌，今犹肯以旅费相赠，吾岂忍轻去吾国耶。"

德谟士既去雅典，故国之思，未尝去怀，常引领旧乡，仰天呼曰："嗟夫！雅典之神亚特那乎，尔何独近枭獍，而远凤麟耶？"因感慨呜咽，悲不自胜云。

犯罪的人，就对他处以刑罚。事情过去了六个月后，德谟士便督促法院抓紧办案，于是法院搜查了一些有名气的演说家，确定了几个犯罪嫌疑人，德谟士也在其中。德谟士非常吃惊，极力辩说自己遭到诬蔑，高等法院没有听他的辩解，便宣告德谟士有罪，要他交出五十他莲托的罚金。因为德谟士家里很穷，没有办法承担罚金，他考虑到自己交不出罚金，就会被送进监狱，于是便逃到国外去了。

先前德谟士向大家公布，说哈尔巴的财产有七百二十他莲托，那是指他携带的所有财产。哈尔巴到了雅典之后，用他的财产逐一贿赂了雅典官员，已经用掉了一半的财产，这是德谟士不知道的。因为当时哈尔巴并没有说这件事，而那些受贿的人，又很遗憾德谟士不能容纳哈尔巴，因此便借此机会进行报复。所以污蔑德谟士侵吞了哈尔巴的财产，借此来攻击德谟士。德谟士最后因此而受到惩罚，无法进行自我辩解。

德谟士逃到国外之后，他的几个政敌在路上追他。德谟士看见他们追得很急，想要躲避起来，却没有地方可以躲避。追他的人叫着他的名字说："想要给你一些路费，并没有其他意思。"德谟士哭着说："我现在想要去其他国家寻求朋友的帮助，然而我自己国家的人却和我成了敌人，现在你们还愿意赠送我路费，我怎么能够忍心轻易地就离开我的祖国呢？"

德谟士离开雅典之后，思念祖国的感情，很长时间都不能释怀，常常望着祖国的方向，仰起头大声说："唉！雅典的亚特那神啊，你为什么要亲近那些坏人，而远离好人？"因此唉声叹气，伤心流泪，心中的悲伤自己都承受不住。

【批评】

挑战舆论，其难百倍于攖君主之逆鳞。雅典为民主之国，凡事皆诉于舆论，故卑劣之政治家，皆以迎合人民欢心为务。而彼始终主持正义，始也与马其顿战，继也与马其顿反对党亦战，卒至为党人所构陷，蒙不白之冤以去。人之云亡，邦国殄瘁，雅典自彼去后，无几而社遂杌，岂不悲哉?

德谟士所志，在于统一希腊，而加里波的所志，在于统一罗马，其志气雄伟同，其规画远大亦同。然而成败不同者，则以其所处时会异也。意大利之人，几无一而非爱国之人；雅典之人，几无一而为爱国之人。德谟士虽哓音瘏口，而对此等不痛不痒之国民，将如之何?

德谟士爱国之心，希腊人亦渐信任。至于出奔时，反对党犹肯以旅费相赠。由是观之，人患不自修而已，岂患人之不己知哉。夫末世之人心，亦未有不辨善恶者，不过善善而不能用而已。观于德谟士，而知其信然。

【评论】

挑战公众的言论，这比违背君主意愿的一百倍还要难。雅典是一个民主的国家，什么事情都要靠大众来共同决定，因此一些卑鄙的政治家都把讨大众欢心作为他们的第一要务。那些一直主张正义的人，开始就和马其顿作战，后来又和马其顿的反对党抗争，最后却被一些小人陷害，蒙受冤屈而离开祖国。贤人忠臣都逃走了，国家也就要灭亡了，雅典自从德谟士离开之后，没过多久也就灭亡了，这难道不悲哀吗？

德谟士的志向，是想要统一希腊，然而加里波的志向，则是想要统一罗马，他们的志向和气魄都很高远，他们的构想和谋划也都很有远见。然而他们的成败却不同，这是因为他们身处的时代和环境不一样。意大利人中，没有几个人是不爱国的；而雅典人中，没有几个是爱国的。德谟士即使费尽口舌，又能对这些麻木不仁的国民怎么办呢？

德谟士的爱国之心，也慢慢地获得了希腊人的信任。在他逃去国外的时候，反对党的人还愿意送给他路费。从这一点来看，人的忧患在于不加强自身修养，怎么能担心别人不了解自己呢？虽然末世，人民还是有辨别好坏能力的，只不过在那时人们虽然喜欢善人而善人却难以被任用罢了。看看德谟士的结局，就知道这些都是真的了。

第十一章　德谟士之末路

德谟士虽去雅典，而惓怀故国之心，未尝一日已也。有卑西亚斯者，以马其顿王安低巴意，游说希腊诸国，谓不宜与马其顿绝，且劝诸国勿与雅典相结。德谟士闻之，乃亦游说诸国，谓当共起义兵，与马其顿抗，以雪前耻。在亚尔克亚地，与卑西亚斯相会，二人共列公会，各陈所见，斗于演台上。德谟士慷慨激烈，语语动人听。雅典人士闻之，咸以德谟士逋臣，犹惓念祖国，亟称其忠。乃许其归国，以舟迎之于河口。德谟士既上陆，迎者络绎于道不绝，欢声如涌。德谟士久与故国别，至是得归乡里，亦感泣不胜。顾以哈氏案当科罚金，力不能偿。众乃使之司祭祀之事，以其所入，偿罚金焉。

德谟士既得雅典人之欢，乃渐居重要之位，将纠合同盟，图与马其顿一战。以骁将礼奥斯总军事，礼奥斯用兵如神，屡与安低巴战，皆大捷，同盟军势颇张。会礼奥斯被伤死，同盟军再不振，卒为安低巴所败。雅典遂降马其顿，德谟士与同辈数人，遁走四方。

安低巴既降雅典，恐德谟士为己患，使使者追索之。雅典爱国之士，悉已被捕，骈首就戮。德谟士穷蹙无所归，乃德谟士虽然离开了雅典，但是恳切诚挚怀念故国的心，没有一天停止过。有一个叫卑西亚斯的人，按照马其顿国王安低巴的旨意，对希腊各个城邦进行游说，称不应该和马其顿断绝关系，并且劝告他们不要和雅典联合。德谟士听到这件事后，于是也对各个城邦进行游说，称应该共同发兵，和马其顿对抗，来洗雪之前的耻辱。德谟士在亚尔克亚这个地方地和卑西亚斯相见，两个人一起参加了公会，各自陈述自己的看法，在演说台上进行争论。德谟士慷慨陈词，言辞激烈，大家听得十分感动。雅典人民听了之后，都认为德谟士虽然是一个逃亡在外的罪人，但仍然心想着祖国，人们一直不停地表扬他的忠诚。于是同意让他回国，在河口用船来迎接他。德谟士上岸之后，来迎接他的人非常多，到处都是一片欢声笑语。德谟士离开祖国已经很久了，现在终于能回到故乡了，他感动得都不知道该如何是好。因为哈尔巴的案子需要德谟士缴纳罚金，他没有能力赔偿。众人便让他来主管祭祀的事，用工资收入来偿还罚金。

德谟士得到雅典人民的信赖之后，便慢慢地在国家中占有重要的地位，他想集合同盟军队，与马其顿开战。他任命猛将礼奥斯统领军队事务，礼奥斯非常善于指挥作战，在和安低巴的多次战斗中，都取得了胜利，同盟军的气势开始大振。后来礼奥斯被杀死，同盟军士气从此开始低落，最后都被安低巴击败了。雅典便向马其顿投降，德谟士和同辈的几个人，只好流亡四方。

安低巴击败雅典之后，担心德谟士成为自己的祸患，派出使者去追捕他。雅典的一些爱国人士，都已经被逮捕杀头了。德谟士投身于卡罗里亚岛神祠内。捕者侦知之，乘舟至其岛，使兵围神祠。使者入见德谟士，传安低巴之意，谓："安低巴欲见君，实无他意，君宜即行。"使者名亚尔克，俳优中人也，德谟士素识之，前一夕方梦与亚尔克为演剧竞技，卒为亚尔克所压。于是德谟士乃端坐熟视亚尔克而语曰："亚尔克，尔非俳优者耶？尔于剧场奏技，犹不能动余心，今所语亦复如是，尔技止此耶。"亚尔克大怒，径前挽其袖使行。德谟士从容答曰："请尔少假，吾将裁一书，付吾朋友，而后就缚。"乃退入神殿，倚一小几上，展纸濡墨，频频以口尝笔端，沉然若有所思者，既而自书德谟士、安低巴数字毕。忽以外套被首，枕腕而俯。门外兵士、观者咸以德谟士惧诛，笑其胆怯，而亚尔克更进为说谕，且言君第行，安低巴决不祸君者，语娓娓不绝。

德谟士频频以口尝笔端者，盖饮毒也。彼恐不得脱，预储毒药以待。至是知终当就擒，乃以笔濡毒药而吮之。少顷，毒渐发，德谟士揭其外套，睨亚尔克厉声骂曰："咄！汝今可为尔所欲为，速以余遗骸投饿狗。嗟夫！安低巴及尔马其顿奴辈，汝之暴行污汝神殿，神虽听汝，然余殊不欲见汝穷困潦倒不知道该去哪里，于是便来到了卡罗里亚岛的神庙里。抓捕他的人得知了这一消息，乘着小船来到了这个岛，让士兵围住神庙。使者进去见到了德谟士，传达了安伭巴的旨意，说："安伭巴想要见你，并没有其他的恶意，你应该现在就出发。"使者名叫亚尔克，是俳优人，德谟士以前就认识他，前一天晚上还梦到和亚尔克一起表演杂剧呢，最后却被亚尔克逮捕。于是德谟士便坐了起来，仔细看着亚尔克，说："亚尔克，你不是俳优人吗？你在剧场的表演，都不能打动我的心，现在你说的话依然不能打动我，你的技术也就这样啊。"亚尔克非常生气，走到德谟士跟前拉着他的袖子让他走。德谟士不慌不忙地说："请你稍微等一下，我想写一封信给我的朋友，然后就跟你们走。"于是德谟士回到了神庙内，他靠在一个小桌子上，铺开纸，蘸了墨水，不断地用嘴去舔笔头，沉默着好像在思考着什么，过了一会儿，他书写了德谟士、安伭巴这几个字。忽然用外套盖上头，俯下身子，趴在胳膊上。门外的士兵和围观的人都以为德谟士害怕被杀，都嘲笑他胆小，而亚尔克又进去劝说德谟士，并且说你只管跟我们走，安伭巴决不会杀你的，他滔滔不绝地说了很多。

德谟士不断地用嘴舔笔头，原来是在吃毒药。他担心自己不能逃脱罪名，提前准备了毒药。现在知道终于被抓获了，于是便把笔头蘸上毒药用嘴去舔。过了一会儿，毒性慢慢发作了，德谟士揭开他的外套，斜看着亚尔克大声骂道："呸！你现在可以想做什么就做什么了，快点把我的尸体拿去喂狗。唉！安伭巴和你们这些马其顿的奴才们，你们的罪行侮辱了你们的神殿，神灵虽然不管你之暴也。幸及余生时去此，毋以余死污汝之神圣。”言已，颜色忽变，呼吸益促，伸腕强自支拄，手战不能举，足亦不能步。兵士乃拥彼过神坛前，但闻呻吟一声，躯已仆地，盖德谟士逝矣。史家论之曰：“古来希腊之濒于危机者不止一次，当拉米斯之战，马拉逊之役，波斯大军撼天卷地而来，旌旗蔽日，艨艟横海，而希腊乃能以寡弱之众，支强大之师。非城壁之坚固，兵器之精锐也，盖由于国民有义勇壮烈之气，足以制敌而有余耳，乃不意其后卒为马其顿所灭。夫马其顿之军非强于波斯、非里之势，非优于节尔克也，而成败异势，功业相反者，盖进取之气萎，而爱国之情息也。

德谟士知其然也，故以维持此精神，保存此气象，为彼之天职，竭其忠诚，以遂兹事。其不能于国家有所裨者，盖风会使然，非彼之罪也。然而希腊以彼之力，尚未全坠高尚之理想。至于今日，欧洲之文化无一不本于希腊，而希腊亦于十八世纪间复告独立矣。世之论希腊人士者，或慕卑里克等政治上之伟勋；或感伊克低等美术上之杰作；或称诵苏格拉底柏拉图等思想上之玄妙。是数子者，要皆各有所长，们，但我非常讨厌看见你们的罪行。幸亏在我活着的时候就离开了这里，不要因为我的死而污染了神的圣洁。”说完，脸色突然变了，呼吸越来越急促，伸开胳膊勉强支撑着身体站立，手抖得不能举起来，脚也不能走路。士兵于是扶着他从神坛前面走过去，只听他叫了一声，便倒在了地上，原来德谟士已经死了。史学家评论说：“自古以来，希腊遇到的危机不少于一次，面对着拉米斯战役，马拉逊战役，波斯大军浩浩荡荡地冲来，军旗都遮住了日光，战船布满了大海，但希腊仍然能够以薄弱的军队实力，来抵抗强大的敌军。这并不是因为城墙坚固，兵器锋利，而是因为人民有奋勇豪壮的士气，这足够来对抗敌人而且还能留有余力，却没有想到最后会被马其顿灭了。马其顿的军队并不比波斯、非里的实力强，并不比节尔克有优势，然而他们的成败却是不同的，获得的功勋与事业也是相反的，原来是因为他们的进取心衰退了，而且爱国之情也平息了。

德谟士知道为什么会变成这样，因此他便把维护好人民的精神，保持好国内的稳定，作为他的职责义务，竭尽他的忠诚，来完成这个任务。他不能对国家有所帮助，是因为社会环境造成的，这并不是他的过错。然而希腊凭借自己的力量，还没有完全丧失他们高尚的理想。到了今天，欧洲没有哪一个地方的文化不是来源于希腊的，然而希腊也在十八世纪的时候再次宣布独立。世人评论希腊人，有的人仰慕卑里克等在政治上取得伟大功勋；有的人赞叹伊克低等在美术上拥有杰出作品；有的人称赞苏格拉底、柏拉图等在思想上有独特认识。这些人，凭借他们各自的特长，但然其见解所及，恒限于一区域之内，故或为雅典，或为斯巴达，或为齐武。若夫德谟士，则其眼光所射，常在希腊全土，其所发挥，常在希腊全土之精神。希腊末造，人士思想狭隘，不能远瞩高瞻，而当时之能大声疾呼，使希腊精神放最后之光彩。至于今日，希腊于历史上犹有炯炯之价值者，其功固不可不属之德谟士也。

德谟士之雄辩，至今已隔二千有余年，固未足窥其当日之气概矣。然一读其演说集，犹如见其当年忠勇侠烈之情。其间或叱咤懦弱之人心而奋起名誉之感情，或骂倒贪欲之凡辈而激动献身之义勇，或棒喝优游不断之积习以使赴最后之决心，或振作销沉之元气而使怀将来之希望。其真挚之情，浩瀚之气，溢于言表，无一语不使读者拍案叫绝，仰天而呼也。是岂以口御人者，所可同日而语哉？

然而彼之抱负虽复如是，而大厦将倾，一木何裨？遭时不偶，赍志以殁，岂不悲哉？后世之士，追怀彼一生之事业，而不能不太息痛恨于雅典之人也。

德谟士既逝后，世人慕之甚深，为之碑铭，其文曰：“德谟士乎，尔若有与尔心力相均之体力，则彼马其顿暴王者，亦安得肆其志而制希腊之命乎？”

他们见解所到达的范围，永远只局限在一个区域内，因此有的局限在雅典，有的局限在斯巴达，有的局限在齐武。至于德谟士，他的眼光所看到的地方，常常在希腊全境，他阐述的内容，往往都是希腊全境的精神。希腊晚期，人们的思想狭隘，不能做到高瞻远瞩，而在当时能够大力倡导，让希腊精神发挥出最后的光彩。到了今天，希腊历史上仍然还会有一些非常有才能和价值的人，这些功劳都不能不归功于德谟士。

德谟士有力的辩论，到今天已经过去了二千多年，本来也不能看到那时候的情形了。然而一读到他的演说文章，仍然像看见了他当年忠义勇敢、豪壮激烈的演说一样。他在演说时，有时会怒斥别人的懦弱而激发他们去追求名誉，有时会责骂别人的贪婪欲望而去激起他们勇于献身的精神，有时会斥责别人无所事事的坏毛病来让他们拥有坚定的决心，有时会鼓励别人不要消沉来让他们对将来充满希望。他这种真挚感情、博大的气势，都通过他的言谈流露出来，没有一句话不让读者拍手叫好、仰天大呼的。这哪里是那些只靠能言善辩来役使人的人，可以与之同日而语的？

然而他的志向，虽然这样高远，但是大楼快要倒塌了，一根木头又有什么帮助呢？他生活的时代和他的志向不相符合，胸怀志向而死去，难道不让人悲伤吗？后来的人，追求怀念他这一辈子的事业，没有不感伤痛恨雅典人的啊。

德谟士死后，人们非常怀念和仰慕他，给他写了碑铭，碑铭上说："德谟士啊，你如果有与你志向一样的体力，那么马其顿的暴君，又怎么能够得逞而灭了希腊呢？"

【批评】

德谟士至死不屈，叱睹逮捕之吏而无所悚，何其勇也。从容就义，不落敌手，何其智也。彼所以能如是者，以其心之纯而已。希腊人当时不能脱市府气象，如彼之高瞻远瞩者，几人哉。大凡人处境遇，而不为境遇所限者，必有非常之毅力，乃克当之。然非常毅力，原皆在于决心而已。吾人苟自甘为庸俗之人则已，不然，则既有所志矣。终当以热诚与勇气，冲破万千难关。记有之曰："国无道，至死不变，强哉矫。"然则处无道之世，而徒扼腕嗟叹，遽灰其心者，非志行薄弱之人，必利欲薰心之人也，好男儿不当如是。

德谟士碑铭中有云："尔不能有与尔心力相均之体力。"盖谓当时之无人也。夫心力所及，可以举天下之任而加之于双肩，而究非一人体力所足以集事。故社会者，由众人之心理而结合也。靡特心理而已，于众人体力，亦不能无所需，所谓群策群力是也。今人一遇困难之事，便曰："以待能者。"乌乎！纵彼能者肯任君等之事矣，亦安得有许多体力为君办之？君等请有以答吾言。殉国之事若以为分固宜尔，而实无救于国之亡。然以殉国而救亡，固不可必之事，而以

【评论】

德谟士到死都不屈服，大骂逮捕他的士兵，一点都不害怕，这是多么勇敢啊！悠闲地面对死亡，不愿落到敌人手里，这是多么聪明啊！他之所以能够这样，因为他的心地纯洁。当时的希腊人不能摆脱俗人的气息，像他一样目光远大的人，没有几个。面对自己所处的境遇而又不被这种境遇所束缚的人，必定有非同寻常的毅力，只有这样的人才能够做到。然而这非同一般的毅力，原来都只是决心罢了。我们如果自愿成为庸俗的人那就算了，不然，就应该确定志向，就应该带着热诚和勇气，冲破各种各样的困难。《礼记》上说："国家政治黑暗时，坚持操守到死都不改变，这才是真的刚强啊。"虽然这样，生活在黑暗的社会中，而只是叹息痛恨，很快就丧失信心的人，不是意志薄弱的人，就是贪欲迷住了心窍的人，好男儿不应该是这样的。

德谟士碑铭上写道："你没有与你意志相适应的体力。"大概是因为当时社会没有像他这样的人。意志和体力所能做的，可以担负起天下的重任，而终究不是一个人的体力能够完成的大事。因此，社会是由大家的意志和理性而组合起来的。并不只是意志和理性，还有大家的努力，这也是不能缺少的，这就是所说的大家共同决策，大家一起执行。现在人们一旦遇到困难的事，便说："等有能力的人来解决吧。"唉！即使那个有能力的人愿意为你们做事，哪里有那么多的精力去完成呢？请你们回答我的话。如果认为为国而死是他本来就有的责任和义务，实际上却没有把国家从危亡之中解救出来。然而以为国而死的方式去挽救国家危亡，这本来之警醒国民，而使不至于坠落，亦未始非英雄对国最终之义务也。德谟士之死，于今二千有余年，其间希腊蹂躏于蛮族马蹄之下者久矣。然而国民自由独立之心不死，故于今日尚能为一国，得谓非彼之赐乎！

就是不一定会奏效的事，而用它来唤醒人民，让他们不再堕落，这也不是英雄人物要为国家尽的最终义务。德谟士的死，到今天已经有二千多年了，在这段时间里，希腊长久以来都遭受着其他民族的侵略。然而人民追求自由独立的精神并没有消失，因此现在尚且能够成为一个国家，难道说这不是他的恩赐吗？

少年叢書

文白对照本

华盛顿

孙毓修◎著

团结出版社

图书在版编目（CIP）数据

少年丛书 / 孙毓修编. -- 北京 : 团结出版社,2015.7
ISBN 978-7-5126-3662-0

Ⅰ.①少… Ⅱ.①孙… Ⅲ.①名人—生平事迹—世界—少年读物 Ⅳ.①K811-49

中国版本图书馆CIP数据核字(2015)第130183号

出版：团结出版社
（北京市东城区东皇城根南街84号 邮编：100006）
电话：(010) 65228880　65244790（传真）
网址：www.tjpress.com
Email：65244790@163.com
经销：全国新华书店
印刷：三河市祥达印刷包装有限公司
装订：三河市祥达印刷包装有限公司

开本：148×210　1/32
印张：128
字数：1500千字
版次：2015年12月 第1版
印次：2016年4月　第2次印刷

书号：978-7-5126-3662-0
定价：490.00元（全28册）

少年叢書

《少年丛书》白话语译编委会

出版前言

近代著名思想家、政治家梁启超曾经说："少年强则国强，少年智则国智，少年富则国富，少年独立则国独立，少年自由则国自由，少年进步则国进步，少年胜于欧洲，则国胜于欧洲，少年雄于地球，则国雄于地球。"这是他的散文《少年中国说》中的一段，作于戊戌变法失败后的1900年。文中极力歌颂少年的蓬勃朝气，指出封建统治下的中国是"老大帝国"，热切希望出现"少年中国"，振奋人民的精神。

或许是受到梁启超先生的感召，1908年冬天，上海商务印书馆编译所推出了一套系列丛书——《少年丛书》，又名《中外伟人的传略》，这是二十世纪中国的第一部历史人物类学生课外阅读丛书。首任编辑和作者是林万里，第二任编辑是孙毓修，孙毓修是这套丛书的主要作者，后期加盟写作的骨干还有国学大师钱智修。他们都博览中外，以精准而严格的眼光审视中外古今文化资源，选取其中有益于少年儿童精神世界的材料，予以整合，编写成册。这套书出版以后，广受少年儿童的欢迎，每册前后加印达几十次，若整套书累计，恐怕达到数百次之多，发行量之大，影响力之广，在二十世纪的人物传记类图书中堪称罕见。

《少年丛书》前后出版了近三十余种，每一册传主为一位中外历史名人。我们在全国各地经过多方的搜寻，共得二十八册，其中中国名人十五位，外国名人十三位。每篇先叙述名人的生平传记，后加以作者的评论，根据时事，启发少年，借以激励少年树立远大志向，明确奋斗目标，成就健全人格。著名作家茅盾在阅读这套书后曾评论说："记事简明，议论正大，阅之足以增长见识，坚定志气。"这套出版之初即为砥砺少年志向的书影响了当时无数少年儿童由此走上振兴中国之路。著名作家张天翼、赵景深、陈伯吹等，都曾深受这套书的影响。

《少年丛书》的三位作者，都是当时学贯中西的通儒，不仅有深厚的国学功底，也有睁眼看世界的非凡眼光。撰写本套书册数最多的孙毓修先生，他是我国近代著名的目录学家、藏书家、图书馆学家。他同时还创作了大量的儿童文学作品。除了《少年丛书》，他还先后主编出版《少年杂志》、《童话丛书》等，被茅盾誉为"中国童话的开山祖师"。

另一位作者钱智修，浙江嵊县人，字经宇，是著名的国学大家，博古文学家，东方学派思想家。他在学时，就以"国学国文湛深，文章洛阳纸贵"赢得尊敬，并被上海多家进步报馆争揽为特约撰稿人。1911年毕业后，他应编译所长高梦旦之聘，担任商务印书馆编

译所编辑。1920年7月他任《东方杂志》主编，长达12年，是该杂志有史以来任期最长的主编。他还参与编辑《辞源》及《中国人名大辞典》、《中国古今地名大辞典》。1931年任国民政府监察院秘书长。

第三位作者林万里是民国年间著名的报人，原名獬，又名白水，字少泉。他幼承家学，又拜名士高啸桐（商务印书馆创始人之一）为师。清光绪二十四年(1898年)，他在杭州参与创办求是书院、养正书塾、东城讲舍、蚕学馆4所新式学堂，任求是书院总教习；后任《杭州白话报》主笔，宣传新思想。光绪三十年(1904年)，他出任《警钟日报》主编，宣扬孙中山及其领导的革命，后追随孙中山。帝制取消后，林万里重操新闻旧业，创办过多份报刊。

鉴于每位作者独有的知识结构和兴趣热点，每位编者对人物都有自己的选择。孙毓修所撰写的大部分是中国历史名人，而且写作的视角也非常独特，如其所写的《玄奘》是一个历史人物，而不是《西游记》中的唐僧。现代的普通读者对玄奘的了解绝大部分是来自于《西游记》等小说，而历史上的真实情况却鲜有人知——玄奘取经并非唐太宗支持，相反还受限于当时的法令，他冒着生命危险才得以出境。这就需要有人为读者打开另外一扇窗户，还原真实的玄奘，而不是小说中的文学形象。茅盾先生对孙毓修所写的《玄奘》评价很高："可以说是内容翔实，深入浅出，既宜于少年阅读，也使成年人增加历史知识。"再如《苏秦》，作为一位著名的辩士，《史记》必然为之列传。孙毓修在写苏秦游说各国发言的时候采用了《史记》中记载的史料，而在后面的评论部分对苏秦的表现作了恰当的点评，分析苏秦游说秦、燕、赵、韩魏、齐楚的过程，阐述了苏

秦辩术策略的不断提高。对于国外人物的选取，孙毓修也是偏爱励志型的，如德谟士，从一个小人物成长为大演说家；彼得大帝，从受制于人，成为欧洲赫赫有名的皇帝。

另一位作者钱智修，先后写有《林肯》、《苏格拉底》、《拿破仑》等，这些都是西学东渐后中国人十分崇仰的外国名人。值得注意的是，钱智修秉承严复所主张的信、达、雅翻译原则，特别讲究传记所含的真实性。他所抒发、张扬的传主虽然都被列为人们仿效的楷模，写法却不做作，更没有为了塑造人物形象而更改史实。

林万里所写的外国传记和钱智修的作法大致相近，即在第一章抒发己之传记宗旨，后文谈及传主读书之术、治学之道与其行事风格，并进行了点评。此外还有其他人关于传主的言论，更有编译者自己的评论，以引导少年儿童正确地学习和借鉴，而不是一味盲从。

《少年丛书》的最大特色，就是"记事简明，议论正大"。书中除了记叙人物的生平故事之外，作者的评论也让这套书大为增色。其议论宏富，既能够结合少年的成长特点，指明如何学习书中人物的优良品质，也指出了其中的不足之处，对于引导少年如何立志修身，大有裨益。

这套书的另一大特色，就是全部用文言文写作，语言凝炼，文笔流畅，保持了中国传统作史传的鲜明特色。当时，白话文风已经悄然兴起，而作者能够不从时髦，采用文言写作，甚为难得。以至我们今日再读此书，依然能够体味到文言笔法的无穷魅力。然而考虑到近百年来，国人的文言文水平已经一落千丈。今日的大部分少年，阅读文言文尚有一定困难，因此我们特别组织人员，将全套书进行了

白话翻译。尽管我们做了最大的努力，文言文的神韵依然是难以用白话表达出来。因此，我们希望少年朋友通过阅读这套书，体会文言文的独特魅力，进而热爱和学习文言文。

《周易》有云："君子以多识前言往行，以畜其德。"说的就是多学习古人的嘉言懿行，对我们修身立德至为重要。古人尝言："童蒙养正，少年养志，壮年养德。"少年时期是人生至为关键的时候，这个时期树立什么样的志向，以什么样的人为榜样，往往会决定一个人未来的人生成就。而一个人少年时期读的书，也足以改变他的一生。在今日少年课外读物良莠不齐的状况下，《少年丛书》堪称鲜有裨益少年的优秀读物。若今日的少年，能够认真研读这套《少年丛书》，对于树立远大志向、培养健全人格、完善道德情操将大有裨益。或许，今日的风华少年，即是将来成就伟业的千古豪杰、泽被世人的大圣大贤。勉哉！勉哉！

为什么要读名人传记

——《少年丛书》白话语译序

我从小很喜欢读书，可是，因为身处偏僻山村，小的时候却无书可读。那个时候，家中只有父亲买的一本《古文观止》，儿时翻阅过无数次，虽看不太懂，却记忆深刻。有人说，儿童时期读的书，一生也难以忘记。此言确实不虚。

没有想到的是，儿时无书可读的我，日后竟然投身于出版业。今天，我国的出版业已经非常发达，给少年儿童读的书也非常多。可是，若细心寻求，真正的好书却是少之又少，尤其是给少年儿童介绍历史文化的书。

一个偶然的机会，我们与这套百年前的《少年丛书》结缘，这套当初专为少年而写的中外名人传略，让我眼界大开，没想到，百年前的前辈们，竟给少年们创作出如此优良的传记读物。要知道，给少年

儿童写作，比给成年人写作更难，尤其是给人物作传，既要符合历史史实，不可随意编撰，又要注意引导青少年如何取其长，避其短，以免误人子弟。因为，作为历史人物，不可能处处皆堪为今人楷模。这就需要作者要极富有爱心、责任心和严谨精神，才能让读者从中获得纯净的人生智慧。可以说，目前各种写给青少年的人物传记，很少能与这套《少年丛书》相提并论的。

这套书中的二十八位中外名人，大多数是我们耳熟能详的人物，但是对于他们的生平事迹，也许就知之甚少了。读了他们的传记，方知欲为圣贤豪杰，需下一番苦功夫才能有所成就。“人人皆可为尧舜”，说的是我们每个人都有成圣成贤的资质，然而虽有圣贤之资，也需后天的不懈努力，方能成就一番伟业。所以，这一套书作者的目的并不仅仅是让读者了解一下名人轶事，而是以伟人的事迹启迪和激励少年朋友，树立人生的志向，汲取这些英雄豪杰的人生智慧，修身立德，练就自身本领，最终成为造福国家和社会的有用之才。

这套书虽然是写给少年看的，并不意味着就不适合大人阅读。大作家茅盾就曾大力推荐这套书。现在的青年人，乃至家长、老师，若能读读这套书，对于人生事业，教育子弟，也是大有益处的。可以说，这是一套老少皆宜的好书。

《少年丛书》在当时之所以大受欢迎，销量巨大，也不是没有原因的。这套书每册文字量不大，文笔流畅，史实可靠，评议精彩，这都是许多普通名人传记所不具备的。因此，这套书深受读者欢迎，也就不难理解了。

读名人传记，重在学习名人的智慧和经验。正如文天祥所说，

“人生自古谁无死，留取丹心照汗青”。人生有涯，知也无涯，如何在有限的生命里寻求到人生的价值，获取人生的智慧，而不浪费光阴？《少年丛书》中的这些圣贤豪杰，就是我们的榜样。他们身上伟大的人格，比如孝友、善良、爱心、坚毅、勇敢等等，这些人性的光辉，都是我们的学习之处。

我们用了近一年的时间，将这一套书作了白话语译，希望今天的少年们，能够喜欢阅读并且从中汲取智慧。若能让每一位读者都能够有所收获，那就不负当初写作这套书的三位老前辈的一片苦心，而我们的工作也就没有白做了。

这一套书规模宏大，在校对和语译的过程中，难免会有错误，恳请广大读者不吝指正。

《少年丛书》语译小组　主编　萧祥剑

目录

第一章 绪论

近今社会有一普通之心理焉，曰凡处腐败狡猾之社会，及治衰乱之天下者，必须有最巧妙之手段、最横溢之霸才，而后乃能适社会之生存，措天下于平治也。斯说一行，于是平民社会，争以巧妙之手段相答酬；官吏社会，争以横溢之霸才相陵遏，而社会遂益趋于腐败，天下遂日就于衰乱。

彼之创为是说者，不止于事实上得确实之证凭，其于历史上，亦间有是之证凭焉。即以上海而论，五方杂处，人类不齐，多以诈欺相尚，俗所谓滑头者是也。而久住于上海者，亦必习为滑头，而后始免诈斯之害。内地人有新到上海者，必须访一二知友，久于上海者，受其指导，而后始免于受欺。以故久于上海之人，名曰老上海。老上海者，质言之，即习于滑头也。苟不习滑头，则被人诈欺之事，触处皆见。俗所谓老实人多吃亏是也。此事实上之证凭也。

秦孝公用霸才横溢之商鞅，而富强之业成；汉献帝用霸才横溢之曹操，而董卓之乱定；法国有霸才横溢之拿破仑，而兵力几躏全欧；德国有霸才横溢之俾斯麦，而联邦遂能统一。史家尝言："当衰乱之世，苟不能得贤人君子，而得一二奸雄，亦足以为救时之用。"所谓使贪使诈是也。司马迁尊游侠，而不以朱家、郭解之杀人为非，殆亦执是意也。

当今社会的人有这样一种普遍心理，就是认为但凡处在腐败狡猾的社会或是处在国家治理衰败混乱社会的人，必须要善于运用最巧妙的手段，还要有足够的雄才霸略，然后才能在这样的社会上生存，并把天下治理得安定太平。这种说法一流行，于是平民百姓都争相以投机取巧的手段来互相应酬；而官场上的人则都争相用霸道专断的手段来相互欺压和伤害。因此，社会变得更加腐败，天下也变得日益混乱。

支持这种说法的人，不仅列出了事实证据，在历史上也能追究到相关证据。便以上海为例，各地人员杂居一处，鱼龙混杂，大家都以互相欺诈为风尚，也就是俗称的滑头。这样一来，长期住在上海的人，也一定会变为滑头，然后才能避免遭受别人的欺诈。内地新到上海的人，必须拜访一两个长期居住在上海的好友，接受他们的指导，而后才能避免受欺骗。所以，长期居住在上海的人，被称为老上海。老上海，从本质上说，就是那些习惯于耍滑头的人。如果不习惯耍滑头，那么被人欺诈的事情，到处都可以见到。这也就是俗话说的老实人吃亏多。这是现实中的证据。

秦孝公重用了霸才横溢的商鞅，因此国家变得富强了；汉献帝重用了霸才横溢的曹操，因此平定了“董卓之乱”；法国因为有霸才横溢的拿破仑，所以几乎占领了整个欧洲；德国也因为有霸才横溢的俾斯麦，所以联邦最终得以统一。历史学家常说：“处在乱世，即使不能得到贤人君子，但如果能得到一两个奸雄，也足够使当时的社会得到治理了。”说的正是利用人的贪婪和奸诈。司马迁崇尚游侠，因而并不认为朱家、郭解的杀人是不对的事情，大概他也此历史上之证凭也。

虽然，吾于此提出一问题焉。问曰：“以巧妙之手段，对付狡滑之社会者，果足以改良社会乎？抑适以相演狡滑于不止也？以横溢之霸才，对付衰乱之天下者，果足以安定天下乎？抑适以相煽衰乱于无穷也？”则必无敢直下判断之语者。

然而吾今亦即以前此彼辈所执之事实与历史证凭，还而问之曰：上海原始固有滑头，然自有对付滑头之滑头，而滑头遂相演以至今日而不止。盖当其始也，滑头之人，本居少数，自有人习于滑头，以谋抵御，于是渐习渐惯，久乃不知不觉亦变为完全滑头之人，而于是滑头愈多矣。滑头愈多，而习滑头者亦愈多。相演相乘，而于是举上海变为一滑头之世界矣。譬如有十人于此，其中有君子六人、小人四人。以六君子遇四小人，其初固不免为小人所欺。然使此六君子者，不贪为巧妙之手段，而安守其迂拙，则彼少数之小人原不足以造成风气。久而久之，其技亦必渐穷，或竟为君子所同化。此敢断言者也！倘此六君子者，不能忍微小之损害，群聚而研究种种巧妙之手段，出与小人相对付，自喜其成效之易见，于是遂迷信处狡滑社会者，不得不用巧妙手段。则此六君子，不久亦变为小人矣。自是小人愈多，君子愈少。而是持这样的想法吧。这些是历史上的依据。

即使这样，我在此还是想提一个问题。问题是：“用巧妙的手段对付社会上狡猾的人，果真可以使社会得到改良吗？或者能够让狡猾的社会风气得到适当的抑制？用才华横溢的人，来治理混乱的天下，果真能够让天下变得安定吗？或者是让不断互相煽动的祸乱得到适当的抑制？”那么我想一定没有敢直接下定论的人。

然而我今天也拿着过去这些前辈们所持有的事实依据和历史依据，回过头来问问他们：假如上海本来一开始就有滑头，这样自然就会产生对付这些滑头的滑头，于是滑头们之间相互耍滑，到今天也没能停止。大概最开始的时候，滑头的人，原本只是少数，自从有人习惯了滑头之后，于是其他人为了防御滑头之人，也就渐渐习惯了滑头。时间一久，不知不觉中他们也渐渐变成了完全的滑头，因此滑头也就越来越多了。滑头越多，而习惯于滑头的人也就越来越多。这样相互影响，愈演愈烈，于是整个上海也就变成了一个滑头之人的世界了。比如这里有十个人，其中有六个是君子，四个是小人。六个君子遇到四个小人，开始肯定免不了被小人欺负。但如果这六个君子不屑使用“巧妙”的手段而安守于自己的迂拙，那么这几个少数的小人本来就不能形成滑头的风气。久而久之，他们的滑头伎俩也就会慢慢被六个君子同化。这是可以断言的！如果是这六位君子，不能容忍小小的伤害，因而聚在一起研究各种“巧妙”的手段，与小人相互周旋，自以为自己获得了显著的效果而为此窃喜，于是最后便相信处在狡猾的社会不得不使用巧妙的社会风气，乃全趋于小人之一方，卒至腐败不可救药。试观今日之上海，印捕华捕，鹄立如林；侦探差役，巡逻如织；而奸拐命盗、倒欠诈取、大流氓小流氓，遍地皆是。呜呼！此岂少数恶人之过欤？毋亦多数习于恶者之过也？

即以历史而论，彼商鞅、曹操、拿破仑、俾斯麦诸人，当其出现时，其横溢之霸才，何尝不足以起当代之衰，靖一时之乱？然试翻秦汉法德之史，一寻其迹，则秦社之屋，去商君几时矣？汉祚之移，去曹操几时矣？森赫勒拿岛之放逐，拿坡仑且身被其灾；威廉王之被刺，俾斯麦亦躬见其乱。安在横溢霸才，果足以治衰乱之天下也？

吾今敢为大言于此曰："人者，造风气者也，不可为风气所造。人者，转移社会者也，不可为社会所转移。盖社会风气愈狡猾腐败，而吾人愈不可不以世俗所谓最迂拙之手段挽而回之。夫世俗所谓迂拙者何也？曰惟至诚而已矣！"

且夫至诚之感人亦大矣哉！以瞽瞍之顽而大舜能以至诚感之；以商纣之暴而文王能以至诚感之；周公以至诚而挽成王之心；闵子以至诚而回继母之意。自古以来，大奸手段。那么，这六位君子，不久之后也就变成小人了。从此之后，小人越多，君子越少。而社会风气，也因此完全趋向于小人一方，最终导致社会腐败而无可救药。我们看看当今的上海，印度巡捕、华人巡捕，到处都是；侦探、差役，到处不停巡逻；而坑蒙拐骗、杀人偷盗、欠债诈骗、大流氓小流氓，遍地都是。悲哀啊！这难道是那些少数恶人的过错吗？不也是大多数习惯于作恶的那些人的过错吗？

再从历史上来讲，如商鞅、曹操、拿破仑、俾斯麦这些人，当他们出现的时候，他们横溢的霸才，难道不足以拯救当时的衰败现象，平定当时的叛乱吗？然而我们翻看秦朝、汉朝的历史，法国、德国的历史，看看当时的情况。秦朝的宗庙崩塌，距离商鞅变革有多久？汉朝的江山被人取代，距离曹操作乱有多久？拿破仑被放逐到森赫勒拿岛，自己身受其害；威廉王被人刺杀，俾斯麦也亲自见证了这场祸乱。怎么能说有横溢的才华，便真的能够治理衰乱的天下呢？

我今天敢在这里大胆地说："人，是形成社会风气的主体，但不会被社会风气所造就。人，是社会变迁的主体，但不可能被社会所转移。大概社会风气越狡猾腐败，而我们就越不能不随世俗用所谓的最'迂拙'的手段来挽回世风。世俗所谓的'迂拙'是什么呢？说的就是那些为人'至诚'的人吧！"

且说以至诚之心感化人的作用，实在是大啊！瞽瞍如此的愚昧顽固，仍能够被大舜的至诚之心感化；商纣王如此暴虐，也被周文王的至诚之心感化；周公用至诚之心挽回了周成王的心；闵子雄大盗贼，平日肆无忌惮，往往遇一二至诚之人，卒为其所感动，而立戢其野心、自止其暴行者，历史所载不可胜数。故《大学》曰：“意诚而后心正，心正而后身修，身修而后家齐，家齐而后国治，国治而后天下平。”又曰：“欲治其国者，必先齐其家，欲齐其家者，必先修其身，欲修其身者，必先正其心，欲正其心者，必先诚其意。”由此而观，至诚之为用，岂不大哉？

或问曰：“以今日社会之腐败狡猾，设吾徒抱诚意，而处于其间，则彼方利我之迂拙，而时时加损害于我矣。夫好利恶害，人之情也。今既以诚而受害，则人又何乐于为此？吾子之论，得毋亦近于迂欤？”应之曰：“是不然。凡人未有不各具天良者。彼小人非无天良之人，只以日与小人相处，故无从发见其天良；而一见君子，往往天良发见焉。”故凡惯为狡猾之人，彼苟一见至诚之君子，恒生不忍相欺之心。或对君子偶发恶念，而一闻君子之言语，每至面赤汗下。此何故欤？盖皆天良之发见也。夫万物之竞生存也，常各以其类。树木竞生，而不妨及昆虫；昆虫竞生，而不妨及禽鸟。彼狡猾小人之竞生于社会亦然，其相妨也，恒在同类，而君骞用至诚之心挽回了后母的心意。自古以来，大奸雄大盗贼平日肆无忌惮，但只要遇到一两个至诚之人，最终被其感化，因而立刻放弃自己的野心，主动停止自己的暴行，这样的事例，在历史记载中数不胜数。所以《大学》中说："意诚之后，心自然会变得端正；心端正了之后，身性自然能得到修炼；身性得到修习后，自然能够管理好家庭；管理好家庭，国家自然会得到治理；国家得到治理后，天下自然变得太平。"又说："想要治理好国家的人，必须先管理好自己的家；想要管理好自己的家，必须先提高自己的修养；想要提高自己的修养，必须先端正自己的身心；想端正自己的身心，必须先使自己的态度真诚。"由此看来，"至诚"的作用难道不大吗？

有些人问道："在当今这个腐败狡猾的社会，如果仅仅怀有诚意，那么对方便会利用我的迂拙而时时加害我。喜欢好处而讨厌害处，是人之常情。现在既然因为至诚而受害，那么人们又怎么会愿意以至诚处世呢？您这样的结论，总结得不也近乎迂拙吗？"我想回答他们："这不一样。人没有不具有天理良心的。小人并不是没有天理良心，只是因为天天与小人相处，所以无从发现。然而一旦见到君子，他们的天理良心就会被发现了。"所以凡是习惯了狡猾的人，他们如果一见到至诚的君子，便常常会生起不忍欺骗之心。有些人偶尔会对君子产生恶念，然而每次只要听到君子的言语，便会面红汗下。这是什么原因呢？原来都是因为天理良心的发现啊。世界万物竞相生存，通常区分为不同的种类。树木之间竞相生长，不会妨碍昆虫的生存；昆虫之间的竞相生长，也不会妨碍禽鸟的生存。那些狡猾的小人，在社会相互竞争生存也是如此，与子之蒙害转鲜焉。此非吾之过言，亦事实上所恒有者也。

抑吾人之处于今日社会，果负有责任乎？不负责任乎？如曰不负责任，而只图自了，若世俗所谓自了汉者，则可以不论矣。如曰愿负责任，而思为改良社会、转移风气之人，则虽蒙百难冒万险，古人之犹有为之者，况小小受欺乎？以小小受欺，而即畏难焉？同流合污焉？何其无胆量至此也？佛氏曰：我不入地狱，谁入地狱？耶稣愿钉于十字架而救众生。而吾乃因欲避社会狡猾之害，至舍身而习为狡猾，此劣男子贱丈夫之所为，非堂堂须眉之所宜尔也！

吾故曰处今日腐败狡猾之社会，必出以至诚。苟能出以至诚，则君子敬之，小人爱之，而吾在社会之信用固矣。信用既固，而吾身将为全社会所信仰，人人争以吾为模范。于是吾之言论，无人不听从。不知不觉之间，而腐败狡猾之社会，将为吾所转移所感化。夫以一人而具有转移全社会之力，其手段之巧妙，为何如矣？彼世俗以吾为迂拙者，至此始悟吾实巧妙而非迂拙。而彼习于滑狡者，终至甲以诈来，乙以诈往，交相诈而两蒙害。前之以手段巧妙自诩者，至此这种情况相似，永远只会在同类中存在竞争，而君子被蒙害的很少有听说。这并不是我言过其实，而是事实上常常存在的。

那么我们处在今日的社会，究竟是需要承担责任呢，还是不需要承担责任？如果说不需要承担责任，而只是为了自己，就像社会中所谓的“自了汉”，那么我们便不说什么了。如果说愿意承担责任，成为改良社会、转移社会风气的人，那么即使承受百难万险，古代就有这样的人，何况只是受到小小的欺辱呢？因为很小的欺辱，便畏惧了困难吗？因而就同流合污了吗？怎么会如此的没有胆量呢？佛说：“我不入地狱，谁入地狱？”耶稣为了救众生而愿意被钉在十字架上。而现在我们却因为想要逃避社会奸诈带来的危害，竟然牺牲自己而去习惯于奸诈，这是懦弱、卑贱的人所有的行为，而不是堂堂男子汉所应该做的！

我因此认为，在今天这样腐败狡猾的社会，必须要有至诚之心。如果真能用至诚之心待人处事，那么君子会尊敬他，小人会敬爱他，那么我们在社会上的信用也就稳固了。信用稳固以后，那么我们的品行将会被全社会的人所信仰，人人都会争着以我为模范。于是我们的言论，没有人不听从的。不知不觉之间，这个腐败奸诈的社会，都将被我们所感化、改变。一个人就具有转移全社会的力量，那些巧妙的手段，如何能有这样的效果呢？那些以为我是迂拙的世俗人，到此才醒悟我其实是巧妙之人而不是迂拙之人。而那些习惯奸诈的人，最终是甲刚向乙使诈，而接着乙便向甲使诈，彼此相互使诈而两个人都蒙受祸害。前面那些自夸自己始悟彼实迂拙而非巧妙。读者疑吾言乎？则请观《北美建国之华盛顿》。

手段巧妙的人，到现在才醒悟，自己其实是多么迂拙而不是巧妙。读者对我的话有疑问吗？如果有疑问，可以参看《北美建国之华盛顿》一书。

第二章 华盛顿之家世及其少年

华盛顿者，其先英国人，曾祖曰祚祉。西历千六百五十八年（顺治十五年），祚祉与其兄弟二人，至北美之勿尔吉尼阿州，购土地而居。久之，为武官，官至大佐。生二男，长男名鲁连士，鲁连士生子二。次曰奥佳斯，奥佳斯娶一妻，生四子；未几妻死，再娶一妻，名马利褒，生五男。华盛顿其长也，生于西历千七百三十二年（雍正十年）二月二十二日。

华盛顿年十三，其父奥佳斯卒。遗命以财产土地，使数子均分之，各得田地十余里。其时华盛顿尚幼，财产监督惟赖马利褒（即华盛顿母）。马利褒有贤德，整理家政，教育子女，邻里戚党，莫不尊而敬之。

勿尔吉尼阿州无高等教育，州民亦但求治生之智识，而不遑他及。故子弟之入学者，苟能略具普通之学，即于愿已足矣。若欲求高等教育，则更须游学于英国。华盛顿少入是州学校，故所学只能通句读、习字、算术、簿记等而已。

华盛顿在学校时，勤勉好学。学问之暇，喜为活泼之游戏，如竞争飞跃、角力、抛铁杆及其他轻快之游戏，皆喜为之。又好为军事游戏，每聚学侣分队伍，为军队练习，或假华盛顿的祖先是英国人，曾祖是祚祉。在公元1658年（即顺治十五年）时，祚祉与他的兄弟两个人，来到北美勿尔吉尼阿州（即阿尔吉尼亚州），购买了土地定居下来。多年以后，他做了武官，一直做到了大佐。他生有两个儿子，长子叫鲁连士，鲁连士也生了两个儿子。次子叫做奥佳斯，奥佳斯娶了一位妻子，生了四个儿子；没过多久，他的妻子去世了，他便又娶了一位妻子，叫做马利褒，生了五个儿子，华盛顿是最大的，出生于公元1732年（即雍正十年）2月22日。

华盛顿13岁的时候，他的父亲奥佳斯便去世了。奥佳斯留下遗嘱，将他的土地财产让他的几个孩子平均分掉，每个人都得了10多里的田地。当时华盛顿尚且年幼，他的财产只有依赖马利褒（即华盛顿的母亲）来监督管理。马利褒很贤惠，料理家务，教育子女，邻里、亲戚、朋友没有一个不尊敬她的。

勿尔吉尼阿州没有高等教育学校，州民也仅仅只求有谋生的知识和技能，没有奢望过其他的。所以他们的孩子上学，如果能知道一些普通的基本常识，他们也就心满意足了。如果想要接受高等教育，就需要远行到英国去求学。华盛顿小时候便进入了勿尔吉尼阿州的学校学习，所以他所学的知识也仅限于能读书、写字、算术和简单的记账等。

华盛顿在学校时，勤勉好学。学习的课余时间，他喜欢玩一些比较活泼的游戏，如跳远比赛、角力、抛掷铁杆，以及其他比较轻快的游戏，都是他很喜欢玩的。他也特别喜欢军事类的游戏，经常聚集同学，分成不同的队伍，像军队一样练习；有时模拟营寨设寨塞，演种种攻击战斗之状。

幼时不善为文章，学法语亦少进步。然其为学，每喜切于实用。好为日记，凡有见闻，皆一一记于簿中，无所遗漏。治算术极有心得，其后渐通几何之理，遂喜为测量，所绘图甚多，皆美丽正确无有错误。

华盛顿为学，既以切用为主，故凡各种文书契券之类，皆能默识其式，而录之于簿中。又好辑经典格言，都为一册，时时诵读，以为修身之助。

华盛顿既喜游戏战斗，其性情初颇激烈。然极善于自制，生平守规矩，慎言行，绝不肯为不道德之事。故其一生，从无犯罪恶者。其所选格言一册，名曰《言行规律》，常以之矫正言行，自养成一伟大之人物。格言多至数十百条，今举其一二，亦可以见华盛顿之为人矣。

第二条　于他人前，以鼻声歌，或以手足为舞蹈之态者，是不敬之甚者也。

第十二条　在博识者之前，不可喋喋语琐细之事；对无学之人，务勿为非一时所能了解之高妙言语，及重大之问题。

第四十条　于发语前，当先审其当否，徐徐顺序为明了之发音。此能言之人也。

要塞，演练各种攻击战斗的情况。

华盛顿小时候不擅于写文章，学习法语的时候也很少有进步。然而他学习的东西，常常是实用的。他喜欢写日记，凡是所见到的，都会一一写在本子上，没有一样遗漏的。他学习算术非常有心得，之后慢慢地就通晓了几何的原理，于是喜欢上了测量。他所绘的图纸非常多，而且都很工整漂亮，没有错误。

华盛顿的学习，既然是以实用为主，所以凡是各种文书契券之类的，他都能默默记住它们的形式，然后记录在自己的本子里。他还特别喜欢辑录经典格言，将这些都记在一个册子上，并且常常读诵，以提高自己的品行修养。

华盛顿喜欢战斗类游戏，性情开始时比较刚烈。然而他非常善于自我管制，生平都恪守规矩、言行谨慎，绝对不会做不道德的事情。所以他的一生，从来没有违法乱纪的行为。他所选择摘抄的一册格言，叫做《言行规律》，他常常以此来矫正自己的言行，使自己成了一位伟大的人物。这册格言多达数百条，现在我在这里列举其中的几条，也就可以从中看出华盛顿的为人了。

第二条 在他人面前，用鼻子来哼歌，或者是手舞足蹈，这都是非常不礼貌的行为。

第十二条 在有学问的人面前，不可以喋喋不休地说一些琐碎的事情；对于没有学识的人，一定不要对他们讲一时之间不能理解的深奥之语或重大的问题。

第四十条 在发言之前，应当先考虑自己的话是否妥当，再慢慢地按一定的顺序来讲解。这才是真正会说话的人。

第五十七条 言行常要对良心无所愧。

观此则知，华盛顿不止为英雄，实能为圣贤者也。

华盛顿雄于胆识，每作事，皆不辞危险。尝以海军军人之生活，席海幕天，终日与暴风怒涛相战，极为壮快。于是思投身于海军。当十五岁时，其兄鲁连士为彼觅得一海军少尉候补生适任书。华盛顿喜极，欲往就职，其母不肯，以为当时海军士官多放纵，不守规矩，恐华盛顿年幼染其习也，仍命华盛顿读书。

十六岁小学校卒业，其时正研究几何三角测量诸学，颇有所得，乃为实地练习，测量校舍近旁之地。其测量极精细，一一记录，殆无遗漏。人有笑其过于认真者，彼决不顾，盖彼以为无论何事无不当认真也。

华盛顿兄弟各得父之遗产分地而居。其长兄鲁连士（西人子孙往往袭其祖父之名，故华盛顿兄亦名鲁连士）居汉程。华盛顿既卒业于小学校，其母命之住于长兄鲁连士家，受长兄之监督。鲁连士之妻父佛挨，常至婿家。见华盛顿质朴正直、沉毅勇敢，甚爱之。常与华盛顿偕往彼之领地，周观其山川田里，并田猎焉。

佛挨本为文人，生平极爱大人物。彼见华盛顿富于

第五十七条 自己的言行要常常对得起良心，问心无愧。

看到这里，我们便可以知道，华盛顿不仅是个英雄，实在是可以称为圣贤之人了。

华盛顿很有胆识，每次做事情时都不怕危险。他曾以海军军人的生活方式，幕天席海，一整天与暴风怒涛争斗，显得非常壮观。因此，他想成为一名海军。当他十五岁的时候，他的哥哥鲁连士为他弄到了一份海军少尉候补生的上任书。华盛顿高兴极了，想前去就职，但他的母亲不同意，认为当时的海军士官大多都很放纵，不守规矩，担心华盛顿年纪太小而沾染上这些习气，所以让华盛顿继续读书。

华盛顿十六岁小学毕业，当时他正在研究几何三角测量等学问，很有收获。于是他进行了实地练习，测量了学校宿舍附近的地方。他的测量非常精细，并且一一记录，没有一点遗漏之处。有人嘲笑他太过认真，他从来不管，因为他认为无论什么事情，都应该认真对待。

华盛顿的兄弟，各自得到了父亲的遗产后分地而居。他的大哥鲁连士（西方人的子孙常常世袭他们祖父的名字，所以华盛顿的哥哥也叫做鲁连士）住在汉程。华盛顿已经小学毕业了，因此他的母亲让他住在大哥鲁连士家里，让大哥来监督他。鲁连士的岳父佛挨，常常到女婿家来，看到华盛顿质朴正直、沉毅勇敢，很是喜欢。他常常和华盛顿一起前往他的领地，参观领地里所有的山川田地，并一起打猎。

佛挨本来是一个文人，生平非常仰慕大人物。他见华盛顿非忍耐力，且能遇事判断至为明晰，而不忽于微细。乃请华盛顿测量己之领地。然佛氏领地远在山谷间，跨数十里，皆大泽森林，道极险恶，时有土番劫掠、猛兽噬人之患。若非有非常之忍耐与勇气，不能从事也。当是时，英国移民于美洲者极多，人人争欲占领土地，故佛氏急欲从事测量，以定区域。

华盛顿既受佛挨之托，于千七百四十八年（乾隆十三年）四月，与一友人同行。既至其地，日从事于测量，无敢少懈，所居屋极小。华盛顿昼若有所计划，其夜恒不能寐。有时因日中测量稍倦，至夜欲就寝，而寝室又至不洁净，床上仅编稿少许，且无寝衣，有毯一袭，中皆畜虱。华盛顿不敢寝，乃坐椅上假寐待旦，如是以为常。

华盛顿本生于富家，生平不知贫困为何物。既至领地，日跋涉于深林荆棘之中，越山岭，渡溪谷；猛兽土番时来相袭，夜归又不得寝，然处之泰然，若为其素习也者。因是心胆日益磨练，身体日益强健。其后之建大功业，成大名誉，皆得力于此矣。

华盛顿从事测量两月，能破种种之障碍，而以精巧与细常有忍耐力，而且遇到事情时能够做出非常清晰的判断，而又不忽略细微之处。于是，他请华盛顿帮忙测量自己的领地。然而佛挨的领地在很远的山谷中，跨越几十里，都是些大沼泽和森林，道路非常危险，经常有土著人抢劫和猛兽吃人的祸患发生。如果不是具有非常好的忍耐力和勇气，是不可能完成这件事情的。当时，英国移民到美洲的人非常多，大家都想着多占领一些土地。所以佛挨很着急要测量土地，以确定自己的领域。

华盛顿接受了佛挨的嘱托，在1748年（乾隆十三年）4月，与一位朋友一起同行，来到了佛挨的领地。他们每天都在测量，不敢有丝毫懈怠，所居住的屋子也特别小。华盛顿白天如果想到了一些计划，晚上便常常不能入睡。有时因为白天测量会感觉有些困倦，到晚上时很想睡觉，然而卧室的床却很不干净，床上仅仅铺了一点点稻草，而且没有睡衣，只有一床毛毯，毛毯里长满了虱子。华盛顿不敢睡觉，于是就坐在椅子上小睡，等待白天的到来，这样的事情便成为了常态。

华盛顿本来生于富贵家庭，生来就不知道什么是贫困。到了佛挨的领地后，华盛顿天天跋涉于深山老林的荆棘之中，翻山越岭，爬涉溪谷；猛兽和当地的土著人还时不时来袭击，晚上回家后又不能够好好睡觉，但是对这些他都能泰然处之，就好像是平常的习惯一样。因为这样，他的心性和胆量日益得到磨练，身体也变得日益强壮。他日后建立的大功业，成就的大名声，与这段时间的经历是分不开的。

华盛顿在这里测量了两个月，能够克服种种障碍，测量工作密，尽其职务，遂得知其土地之形势，与土番之内情。其后悬师深入，所向皆胜，皆熟知地理之效也。自此以后，从事于测量者，有三年之久，遂以测量家驰誉于当世。

佛挨家藏书甚多。华盛顿既寓其家，得尽读其书。暇则与佛挨上下其议论，知识因以大进。越数年，英法殖民地战争之事起。

【批评】

华盛顿少时多得力于母教，其后虽受学校教育，然所得者甚浅。盖当时勿尔吉尼阿州为英国之属地，无高等教育也。今之青年学生，自己不肯读书，动骂学堂不好。而华盛顿之为圣贤，为豪杰，问其修业之地，亦不过一勿尔吉尼阿之学堂而已。

今之青年，一游戏便不肯用工，一活泼便不守规矩。观华盛顿之好为游戏，而算术几何诸学日精；好为活泼，而一言一行皆守规律。可见凡事都要识得分寸，能够不废业，即游戏亦无妨；能够不放纵，即活泼亦无碍。倒不在乎终日危坐，便可算得肯读书、守规矩也。

余尝谓圣贤与豪杰不同。圣贤守礼法，故大醇；豪杰不修边幅，故有小疵。而观华盛顿则不然。盖华盛顿者，实既做得精巧细密，做到了尽职尽责，最终了解了这个地方的地形和当地土著人的情况。他日后率军深入内地之时，所到之处都取得了胜利，这都是因为他熟悉当地地势的原因。从这以后，华盛顿从事地形测量工作，达三年之久，最终以测量家的身份而称誉当世。

佛挨家藏书很多。华盛顿因为住在他家的缘故，得以读完了这些书。空闲时，华盛顿与佛挨便一起讨论这些内容，他的知识因此也得以大进。几年后，英国与法国抢夺殖民地的战争爆发。

【评论】

华盛顿小时候的教育，主要是受益于母亲的教导，后期虽然接受过学校教育，然而收获的却很少。这是因为当时的勿尔吉尼阿州是英国的殖民地，没有高等教育。今天的青年学生，自己不愿意读书，却开口就骂自己的学校这不好那也不好。然而华盛顿却成为了圣贤、豪杰，如果是问他学习的地方，也不过就是一所勿尔吉尼阿的学堂而已。

今天的青年人，一旦开始游戏了，便不愿意用功学习；稍一放松，便不再遵守规矩了。看华盛顿也喜欢游戏，但是他的算数、几何等学科日益精进；他喜欢活泼，但他的一言一行都遵守规矩。由此可见，任何事情都要知道分寸，能够不荒废学业，即使玩玩游戏也没关系；能够不放纵，即使活泼一些也无妨碍，这并不是说整天正襟危坐，就能说是肯读书、守规矩了。

我曾说过，圣贤和豪杰是不一样的。圣贤之人遵守礼法，所以非常单纯；豪杰之类却不修边幅，所以有小瑕疵。然而华盛顿却能为圣贤，又能为豪杰者也。观其所选格言诸条，即吾国古圣古贤，克己工夫，亦不过如此。

观华盛顿好为日记，及抄录文书契券之式，足见其为学喜切用也；观华盛顿测量校舍旁地，绘图精细，足见其办事喜认真也。其华盛顿受佛挨之托，以一富家子弟身历艰苦，日夜劳神，不得安寝，足见其谨慎对人，不肯负托也。观佛挨领地之崎岖峻险，土番猛兽，时时袭人，而华盛顿尽其职务，不肯少懈，足见其胆量之雄壮也。而其结果，卒能悉土地之形势，察土番之内情，大为他日军事上之裨益。可见凡人无论当何时，办何事，都要仔细留意，断不可因其事之小而疏忽也。

不是这样。大概是因为华盛顿既是圣贤，也是豪杰吧。察看他所选摘的格言，即使是我国古代圣贤的克己功夫，也不过如此吧。

华盛顿爱好写日记，以及收集抄录文书契券的格式，足可以证明他喜欢学习实用的东西；观察华盛顿测量学校宿舍旁的土地，绘图非常精细，足可以说明他办事非常认真。华盛顿接受佛挨的委托，以一富家子弟的身份历尽艰险，日夜劳神，不能好好休息，足可以说明他为人谨慎，不肯轻易辜负重托。佛挨的领地崎岖峻险，当地土著和猛兽又常常袭击人，而华盛顿依旧尽职尽责，没有一点懈怠，足可以说明他的胆量气魄很强大。而这最后的结果，最终使他熟悉了当地的地形，了解了当地土著的情况，这为他以后的军事行动带来了很大的益处。可见，我们不管在什么时候，办什么事情，都要仔细留意，绝对不能因为它是小事而有所疏忽。

第三章 英法殖民地之战争

自古英雄，多应时势而起。故英雄者，实时势之宠儿也。不有暴秦，何以有刘邦、项羽？不有衰汉，何以有刘先主、诸葛孔明？故欲叙述英雄之事迹，必先就其与英雄关系之时势而述之。

先是千四百九十二年（明宪宗弘治五年），哥伦布既发见亚美利加大陆，报达欧洲。欧洲诸国艳其富饶，争移民以殖其地，语见《哥伦布传》（见《少年丛书》第一集）。至十七世纪末叶，北美之大西洋沿岸，遍为诸国殖民地。西班牙领中美，法兰西领北美之北部，而英之领地独大。法国忌之。于是英法二国，因欲扩张殖民地领土之故，时启争端。千七百五十二年（乾隆十七年），英法又因殖民地定界之事，两国争论不已。法人煽动土番，侵略英国领土。英领知事，乃下令募集民兵，谋与法战。其时华盛顿年已二十，请于其母，欲投身入陆军，其母许之。民兵组织之制，于每州分为数区，区置少佐一人将之，凡检阅、监督、练兵诸事皆属焉。华盛顿既投身陆军，州之知事命督一区。华盛顿受命之后，日夜读兵书，更就兵学家研究军事之学，因以所得，措之于行事。

未几华盛顿病，其兄亦病。久之，其兄死，遗一妻及幼女，以属华盛顿。此时外有祸乱，内有家难，内外奔自古以来，英雄大多数是顺应时代的形势而产生的。所以，英雄其实是时代形势的宠儿。如果没有残暴的秦朝，又怎么会有刘邦和项羽的出现？如果没有汉朝的衰败，又怎么会有刘备和诸葛孔明呢？所以，想要讲述英雄的伟大事迹，就必须先讲述让他成为英雄的这个时代。

1492年（明宪宗弘治五年），哥伦布就发现了亚美利加大陆，并传报回了欧洲。欧洲各国都羡慕这个大陆的富饶，因此争相移民到这里，抢占殖民地，具体描述可以参阅《哥伦布传》（见《少年丛书》的第一集）。到了17世纪末，北美洲的大西洋沿岸，全部成为了欧洲各国的殖民地。西班牙占领了美洲中部，法兰西占领了北美的北部，而英国的殖民领地最大。法国因此忌妒英国。所以英、法两个国家，因为都想要扩张殖民地领土的缘故，相互间常常起争端。1752年（乾隆十七年），英、法两国又因为殖民地定界的事情而争论不休。法国人鼓动当地土著人，侵略英国的领土。英国在当地的知事知道了这件事情，就下令募集民兵，准备与法国开战。当时华盛顿已经二十岁了，他想投身陆军，于是向母亲请示，母亲答应了。当时民兵组织的制度规定，将每个州划分为几个区，每个区设置一名少佐来领导，凡是检阅、监督、练兵等事情都属其权限范围。华盛顿投身陆军后，当时的州知事命令他负责管理一个区。华盛顿接受任命之后，日夜研读兵书，更是向兵学家请教和研究军事学问，并将学到的东西都运用于日常工作中。

不久，华盛顿生病了，他的哥哥也生病了。一段时间后，哥哥去世了，留下妻子和一个年幼的女儿，并将她们托付给了华盛顿。

走，公私交困，华盛顿之劳苦可知矣。然内之终足以慰其兄嫂之心，外之复不怠于职务，其心思之缜密而复广博，有如此者。

英领在北美者，以勿尔吉尼阿州为中心。州知事分其地为四大队区，而北方一区，独居重要。计惟华盛顿足以当其任，乃受命为北区之长。时华盛顿之年不过二十二耳。

此时法国联合其殖民地，自大湖以南，密士失必河以西，数千里间，皆扼要置兵。乃自倭海阿侵入英之领土，复诱土人共袭英兵，乘间建寨塞于其地。知事欲先遣使者诘问法人，顾其责任重，而又危险，无人愿行。华盛顿叹曰："州民既恐失地，又惮于冒险。天下之事，安有不先忧患而后能安乐也？吾今不行，则人人方袖手坐视，敌益迫我矣。"乃慷慨请行。是时法兵沿路占领英地，每占一地，必筑垒而守之。英之商贾往来于

密士失必河

这时外有战乱，内有家难，内外奔走，公事和私事交困在一起，华盛顿的劳苦由此可知。然而对内他最终让自己的嫂子得到了安慰，在外他又不懈怠于自己的工作，他心思的缜密、广博，竟然达到了这个地步。

英国在北美的殖民地领土，以勿尔吉尼阿州为中心。州知事将全州分为四个大队区，而北方的区域最为重要。考虑到华盛顿足够胜任自己的职务，便任命他为北区的领导人。这时华盛顿的年纪不过才22岁。

当时的法国联合它的殖民地，在从大湖以南到密士失必河以西数千里地方的重要位置都设置了军队。于是从倭海阿侵入英国的领土，同时又诱惑当地土著一起袭击英军，乘机在这些地方建立了要塞和寨子。英国的知事想要派人去质问法国人，因为这件事责任重大，而又很危险，所以没有一个人愿意去。华盛顿对此感慨道："州民既害怕失去土地，却又惧怕去冒险。天下的事，哪有不先有忧患而后才能安居乐业的呢？我们今天不去，那么人人都会袖手旁观了，敌人也会因此而逼迫得我们更厉害。"于是慷慨请求前往。当时法国的士兵沿路攻占英国领地，每占领一块地方，便筑起堡垒防守。英国商人经过这条路的，大多都被劫掠，相关的警报天天有。州知事于是命令华盛顿立刻前往，并沿路安抚当地百姓。华盛顿便与四名土著人，以及一名翻译一起同行。他们所走的山道者，多被劫掠，警报日至。州知事命华盛顿急就道以镇抚之。华盛顿遂与土人四名，及通译一人偕行。所过山岭，险峻无比，然华盛顿昔为佛挨测量，曾历各地，故能辨其路径，无有所苦。

行数日，至一村。华盛顿集村中之红人酋长，告以奉使将入法军事。酋长皆感泣，遣土人四名，护送出境。法兵每嗾使土人叛英，故华盛顿从行之人，咸思中道叛去，既而见华盛顿长者，不忍弃之。抵法军，见其总督，传知事之命。总督言："吾受长官之命令，为略地而来也。吾但知尽吾之责任，不知其他。"华盛顿闻总督之言，知平和终不可望，乃窃探法军所据城寨形势，及兵队之强弱而归。

美国殖民时代之景物

归途危险益甚，断岭绝壁，高不可攀。时值隆冬，万山积雪，皑皑呈白色，途次往往遇山巅崩雪，状如大石，颠坠而下，避稍不及，则足以伤害身命。此时土人不耐其苦，皆岭，都非常险峻，然而华盛顿因为以前为佛挨测量领土时，曾经游历过这种地方，所以能辨别路径，并没有遇到什么困难。

走了几天后，他们到达了一个村庄。华盛顿召集村中的红人酋长，告诉他们说自己奉命将进入法国的军事领地。酋长们听后都感动流泪，便派遣了四名土著人，护送他们出境。当时法军常常教唆当地人背叛英国，所以与华盛顿同行的几个人，中途时都想背叛他离去，但又见到华盛顿是忠厚长者，不忍心抛弃他。到达了法军营地，见到法军总督后，华盛顿向他传达了知事的意思。法军总督听后说："我受长官的命令，现在是为了占领土地而来。我只知道我应该尽自己的责任，其他的一概不知。"华盛顿听了总督的话，知道和平处理是没有希望了，于是悄悄地打探了法军所占领城寨的地形和兵力的强弱，而后便回去了。

回去途中更加危险，断岭绝壁，高不可攀。当时正好又是严冬，满山都是皑皑白雪，途中停歇往往遇到山顶雪崩，雪块像大石头一样，不断滚落下来，稍稍躲避不及时，就足以丧命。这时随行的土著人忍受不了劳苦，都离去了，随行的便只有一个人了。法散去，从行者只一人。法军间谍四出，时时隐身深林，鸣枪袭击。华盛顿所乘马，仆数次，卒因严寒，冻僵山中。华盛顿乃与从者一人，徒步踏雪而行。顾山中四无人居，无所投宿，而粮糗又竭。无所得食，乃俯拾地上雪块而嚼之，肝肠几为破裂，颤不可止，因卧于雪中，少顷醒而复行。

行数十日，归见知事，具道法总督无礼状，且言沿道所见，有应须建寨者数处。知事乃再募民兵，迁华盛顿为中佐，别遣人往建寨。法兵侦知之，率队来袭，建寨之工程兵，悉为所虏。

华盛顿督促民兵，沿道建城寨，为防御之计。嗣闻法军一队，已在五里之内。乃于夜间率兵四十，窃至其村袭击之，杀一将官，虏二十一人而归，法军尽遁。华盛顿恐法军重来，因急修治营垒以待敌。

时法军凭险自守，有兵数万，屯于西方，其势欲冲入英领之中央。又于他处筑城堡二，由间道直迫纽约。英领殖民地，处处受敌。民兵募集未成，兵器药弹多半不备。敌军集全力于亚礼佳尼东面。华盛顿建议，欲以兵力牵掣之，使法军西向，而英得乘间完兵备。谋于大尉马志伊。马志伊新自英国来，不审形势，以华盛顿此举为蹈险，意谓当退保国军的间谍四处出没，常常藏匿在深林之中开枪袭击。华盛顿所乘的马匹，跌倒了好几次，最后因为严寒而冻死在山中。华盛顿于是只得与最后一名随从，徒步踏雪前行。环顾山中，四处都没有人居住，所以没有地方可以投宿，而且粮食也吃完了。没有食物可吃，他们便俯身拣地上的雪块咀嚼，肝肠因此几乎破裂，浑身颤抖不止。而且他们只能在雪地中休息，一会儿冻醒了便继续前行。

走了数十日，他终于回到营地见到了知事，将法国总督无礼的行为都一一告诉了知事，并将沿道所见所闻告诉了知事，指出有几处地方应该要建筑城寨。知事于是再次招募民兵，升华盛顿为中佐，另外派人前往华盛顿所说地方建筑城寨。法国的士兵知道了这件事，便率兵前来偷袭，建筑城寨的工程兵都被俘虏了。

华盛顿督促民兵，沿路建筑城寨，以防备敌军。随后他听说有一队法军，已经到了距此五里之内的地方，于是在晚上率领四十名士兵，偷偷潜到法军所在的村落，杀死了一名将领、俘虏了二十一人而归，其余法军全部逃走了。华盛顿担心法军重新回来，便命人马上修筑营垒，以防备敌人。

当时法军凭借险要之地自守，有数万士兵驻扎在西面，大有想要进犯英国中央领地的意思。他们又在其他地方筑有两个城堡，从小路直逼纽约。英国的领地，处处受敌。当时民兵的募集工作还没有完成，大部分地方的兵器、弹药都没有准备好。敌军集中全部兵力驻扎在亚礼佳尼的东面。为此，华盛顿建议用兵力来牵制敌军，将法军牵制向西，而趁此时机，英军可以完善自己的兵备。于是华盛顿与大尉马志伊商讨此计。马志伊因刚从英国来，不境，不宜远出以袭法军。华盛顿曰：“今敌东迫，吾军终不足以御，不如远要之于途。纵遭败北，而敌军既为吾所牵，不能即东。吾殖民地将乘间急修兵备。此计实为万全。”乃自率勿尔吉尼阿军队直进。马志伊惧败，屡以为言。华盛顿叱之曰：“军谋已决，何忧为？”于是督士卒进扼西塞。

既而敌果大至，炮击颇烈，英军寂然不应，而豫设伏于塞外。敌兵进迫西塞，华盛顿率队冲出，伏亦起。奋斗数时，杀敌无数，炮弹贯敌阵地，敌兵不能支。至日暮，渐渐引去。法将遣人来请和，遂定一年休战之约。是役也，华盛顿部下之兵死者仅十二人，伤者四十二人。约既成，英人遂得乘间缮修军备，而殖民地之防御固。

纽约

先是华盛顿与法将定和议，约法国休兵一年，英人于了解当时的形势，认为华盛顿此举很冒险，他认为英军应该退守国境，不适合远袭法军。华盛顿说："现在敌人从东面逼迫，我军实力不足以抵御，不如在远处中途拦截他们。纵然失败了，敌军也会被我们所牵连，不能从东面袭击我们。我们的殖民地便可以乘机完善兵备。这实在是个万全之计。"于是他亲自率领匆尔吉尼阿的军队前往。马志伊担心失败，屡次劝说华盛顿。华盛顿因此呵斥他说："军事行动已定，你还担心什么呢？"于是督率士兵前往西部，把守西部的要塞。

不久敌军的大队人马果然到了，一路猛烈炮击，英军肃静驻守，不予回应，并且提前在塞外设了埋伏。敌军渐渐迫近西塞，于是华盛顿率兵冲出，埋伏的士兵也一起攻击，激战持续了好几个小时，杀敌无数，炮弹击穿了敌军的整个阵地，敌军渐渐不能支撑。到傍晚时，法军慢慢退去。法国将领派人前来请和，于是双方定下了一年的休战之约。这场战役，华盛顿的部下仅仅死了12人，伤了42人。停战协议达成了，英军于是乘此机会修缮军备，殖民地的防御得以稳固。

之前华盛顿与法国将领签订和议，约定法国休兵一年，而英亚礼佳尼以西不再建寨塞。法兵既退，州知事欲背约，再建寨于亚礼佳尼。华盛顿谏之，以为英军多未训练，兵器亦不完全；严冬隆寒，不利于远征，且休兵之约，一年为期。今衅开自我，失大信于天下，在理未可也。知事不用其言，贬华盛顿为大尉，使其所属将校上之。于是华盛顿不得已而辞职。

英军既建寨于亚礼佳尼以西，法人责其违约，盛出兵来问罪。英军连战皆败，殖民地益危，知事乃乞师于本国。

千七百五十五年（乾隆二十年），英廷遣一将军率二联队之师来援。将军素知华盛顿，既至勿尔吉尼阿，因语知事，复华盛顿之职，使为己助。华盛顿乃告将军，谓军队不宜集于一点，当分一队突进法属，乘其援兵未至而破之。将军不用其言，率全队猛进。七月九日，侵晓，英军距法营十里，将渡河，遇伏。是时军队集合为一点，敌炮猛击，无所隐避，死伤七百余名。军士皆怨将军不用华盛顿言，致有此败，乃以炮击将军。将军负伤，四日而死，埋于道旁。是役也，华盛顿亦失坐马二，上衣中弹凡四处，幸而不死。

先是法将闻英廷新遣大将率兵来援，颇以为虑，谋垒塞而遁。其所部谏之曰："英军聚全队为一点，进而渡河。

国人在亚礼佳尼西边不得建立城寨和要塞。法军退走后，英国州知事想要违背条约，再在亚礼佳尼建立城寨。华盛顿劝谏他，他认为英军大部分士兵没有接受过训练，而且武器也不充足；加之当时又正是极为寒冷的严冬，不利于远征，且与法军休战的约定期限是一年。现在如果英军先违背条约，将失信于天下，而且从道理上来讲也不可以。知事没有听从，并将华盛顿贬为大尉，让他原来的下属将校取代了他，于是华盛顿不得已而辞职。

英军在亚礼佳尼以西建寨，法军责怪他违约，便出兵问罪，英军连连败退，殖民地也陷于危险，知事就向英国请求调兵。

1755年（乾隆二十年），英国派遣了一位将军率领两个联队的士兵来支援。将军向来知道华盛顿，到了勿尔吉尼阿后，便告诉知事，让他恢复华盛顿的职位，来做自己的助手。华盛顿便告诉将军，说军队不适合集中在一处，应当分一队人马突进法国属地，然后趁法军的援兵还未来得及求援时攻击他们。将军没有采纳他的建议，而是率领全军猛烈进攻。七月九日，天刚刚放亮，英军在距离法国营地十里的地方，准备渡河的时候遇到伏击。当时英军全部集中在一起，敌军用炮火猛击，英军没有任何地方可以躲避，死伤了700多人。英军士兵怨恨将军没有听从华盛顿的建议，才导致这场战争的失败，于是用炮袭击了将军。将军负伤，四天后去世，被埋在道路旁。这场战役，华盛顿也失去了两匹战马，并且上衣中弹四处，侥幸没有死亡。

之前，法国将领听说英国新派遣了一位大将军率兵前来支援，非常担忧，因此谋划准备垒塞逃走。他的部下建议说：“现在吾苟设伏以待，乘其将渡，迎而击之，可大胜也。”法将如其言，遂以败英。殖民地既得报，人人怨英将不用华盛顿言，而勿尔吉尼阿军队，亦盛称其智勇。华盛顿以不见重于知事，已弃职而归。至是知事为舆论所迫，乃起之而迁其官。

千七百五十六年（乾隆二十一年），法国政府新遣一将军为总督，乘英将无备，纵兵大掠。自加拿大南下，势如破竹。不旬日间，已入纽约。城将不能御，求援亦不应。城遂陷，将士多被屠戮。法兵所至辄胜，占夺领地之大，二十倍于英。州知事乃任华盛顿为总督，使之组织军队。

殖民地军纪久弛，兵皆乌合，所用器械尤不精；人人骄横，不遵约束，临战往往脱逃。

法人乘战胜之威，迫胁土番从己，使在英领土中肆其劫掠。英军既防法人来袭，不能再以余力防遏土番。华盛顿以为欲御强敌，必先为军制之改革。深虑知事反复，时掣其肘。乃与知事约，必欲得殖民地军队将官任命之权，一切改革，当从其意见，不可牵阻。知事允之，于是华盛顿始肯就职。

华盛顿既就职，乃大修军律，整备器械，日训练其士英军聚集在一处，并准备渡河。我们如果在这儿设下埋伏等待，趁他们渡河的时候正面攻击他们，我们将可大获全胜。”法国将领听取了部下意见，因此打败了英军。当消息传回英属殖民地时，人们都埋怨英国将领没有采用华盛顿的建议，而勿尔吉尼阿的军队，也都纷纷称赞华盛顿的智慧和勇气。华盛顿因为得不到知事的重用，已经弃职回家。这样，知事因被舆论所迫，不得不重新起用华盛顿，并给他提升官职。

1756年（乾隆二十一年），法国政府新派遣了一位将军为总督，乘英军没有准备时，派兵大举攻掠。他们从加拿大南下，一路势如破竹。不到十天，便攻入了纽约。城中的士兵不能抵御，求援也没有得到回应，于是纽约城被法军攻陷，将士们大多被屠杀了。法军每到一处就取胜，夺占的土地面积之大，是英国的二十倍。英国州知事于是任命华盛顿为总督，让他组织军队。

英殖民地的军队纪律早已废弛，士兵大多为乌合之众。特别是军械很粗糙，而士兵又都骄横，不遵守约束，常常临阵脱逃。

法国人趁着胜利的余威，逼迫当地的土著屈服自己，让他们在英国的领地里肆意掠夺。英军所有的精力都在防御法国人的侵袭，再也没有余力来防御土著了。华盛顿认为，要想抵御强敌，必须先对军队制度进行改革。考虑到知事反复无常，经常对他的决策进行干预。于是华盛顿便与知事商议，自己必须要得到英殖民地军队将领的任命之权，一切改革都要听从自己的意见，知事不可以牵制阻碍。知事同意了，于是华盛顿这才同意上任就职。

华盛顿就职后，便大整军纪，整修军备器械，每天训练士兵。

卒。时军人习于骄纵，见华盛顿以法律绳之，咸不愿守号令。华盛顿又请于州会，凡有背命令，或擅去军队，及为暴乱者，已得以军法从事。州会许之，于是士卒皆不敢违。

法军既诱土人袭英地，土人益肆凶暴，时行劫于边村，残害生命，掠夺财物无数。村人怨华盛顿不能以兵力卫己，益张其不平之声。然当时民兵，为数甚寡，不足以分布各地。华盛顿引以为疚，欲自辞职，以谢村人。朋侪皆谏乃止。

桃高鲁者，英国之大尉也。既至殖民地，不欲从华盛顿之号令，华盛顿严罚之。大尉怒，诉于英军总督谢黎。华盛顿恐总督不察其故，因自驰二百里，见谢黎陈状。谢黎甚喜，乃命大尉当受殖民地总督之节制；有违令者，罪如律。自是全军将校，无不奉命惟谨。

军律既整，华盛顿困难因以少纾。顾士卒粮食衣服，往往不给，军中人人不平。华盛顿与同甘苦，饮食卧起必偕。众大感泣，咸愿耐饥寒，为华盛顿尽力。

是时全军训练，日就精熟，勇锐之气为前此所未有。而华盛顿形神兼劳，遂罹疾病，因解职，赴清旷之地宁神当时的士兵由于习惯了骄纵，看到华盛顿用法律来约束他们，都不愿意遵从号令。华盛顿便又向州议会请示，要求凡是违背命令，或者擅自离开军队，以及发动暴乱的，都以军法处置。州议会同意了他的要求，于是士兵们都不敢违背命令了。

因为法军诱惑土著袭击英国殖民地，当地土著也变得日益凶暴，常常在周边的村落进行抢劫，残害生命，掠夺了无数财产。村民因此埋怨华盛顿不能用兵力来保卫自己，这更是增添了他们不平的声音。然而，当时的民兵数量太少，不足以分布到各个地区。华盛顿常因此自责，想要辞去职务，向村民谢罪。因朋友和同事都劝阻，他才没有辞职。

桃高鲁，是英国的大尉，到了殖民地之后，他不想听从华盛顿的号令，华盛顿因此对他进行了严厉的处罚。大尉很生气，便向英军总督谢黎投诉。华盛顿担心总督谢黎不了解事情的原委，因此亲自骑马奔驰了二百多里，当面向谢黎陈述事情的实况。谢黎非常高兴，便下令大尉应当受殖民地总督的节制；如果有敢违背命令的，按照当地法律执行处罚。自此，全军的将领校官，没有不谨慎奉行命令的。

军队纪律得到严整后，华盛顿的困难因此也就少了许多。他看到士兵们的粮食、衣服常常供不应给，军中众人心中都不平。华盛顿便与大家同甘共苦，饮食起居都与大家一起。大家都被感动，甘愿忍耐饥寒，为华盛顿尽心效力。

这时全军的训练，日益精熟，士兵们的勇锐之气也是前所未有的。然而华盛顿却身心俱疲，最后病倒了。他因此离职，去了一个养疴。千七百五十八年（乾隆二十三年）三月，病愈，乃还本营。

英廷知殖民地与法国之交涉，非战不可，乃选精兵及舰队至美洲，以胡奥卑为总督，华盛顿仍监殖民地军。是时英国将校与殖民地士官，辄不相能。其意盖轻殖民地士官，以为不足与语战斗之事也。七月进军，华盛顿请于胡奥卑总督，自以军队为先驱。既至敌地，敌始觉而迎击。华盛顿挥勿尔吉尼阿军队而进，法兵弃城遁。华盛顿按兵不追，入城竖国旗。翌日，胡奥卑总督始至，英国将校自是不敢轻殖民地士官。

英军分数道前进，连陷敌垒，所当辄靡，法兵只余魁北克一城。城以强固峻险称，法兵悉力守之。英军至城下，见左右皆川，城立绝壁之上，距水面二百英尺。英军八千围城，久不能下。乃出奇计，乘舟夜渡迫城下，寻沿岸倾斜最少处，缘萝而升。呐喊惊守者，皆杀之。兵士得上，与法军大战于平原。英人获胜，法兵遂降。自是加拿大全地皆属于英。英法二国，乃结平和条约，而各罢兵。是役也，前后共六年，糜军费生命无数。英卒胜法，所得领土，十倍于前。亚美利加土番，既失法国之援，从此不敢再犯英国之领地。

清旷的地方，宁神养病。1758年（乾隆二十三年）3月，他的身体痊愈，于是又回到了军营。

英国政府知道因殖民地之事与法国的纠纷，非战不可，便挑选了精兵和舰队来到美洲，以胡奥卑为总督，华盛顿仍然监管殖民地的军队。当时的英军将校与殖民地士官，总是不和睦。大概是英军将校轻视殖民地的士官，认为不值得和他们讨论战争之事。七月份向敌进军，华盛顿请命于胡奥卑总督，让自己的军队作为先驱。当他们已经抵达敌军的领地后，敌军方才觉察并立刻迎击。华盛顿指挥勿尔吉尼阿的军队步步前进，法军弃城而逃。华盛顿命令不让士兵追击，而是进入城市，竖起了国旗。第二天，胡奥卑总督才到，从这之后，英国的将校便不敢再轻视殖民地的士官了。

英军分为几路前进，连连攻陷敌军城垒，所向披靡，法军只剩下魁北克一座城池。此城以坚固险峻著称，法军全力防守。英军抵达城下，看见此城四周都是河水，城市建在绝壁之上，距离水面有200多英尺。英军8000人围困此城，却久攻不下。于是他们想出一个奇计，晚上乘舟渡河直达城下，寻找河岸倾斜最低的地方，顺着萝藤攀缘而上。声音惊动了守卫，但都被杀掉了。英军得以上岸，与法军在平原地带展开大战。最后英军获胜，法军投降。从这以后，加拿大全境所有的土地都被英国占领。英法两国，于是签订了和平条约，各自罢兵。这场战役，前后历时共六年，浪费了无数的钱财，牺牲了无数的生命。最终，英国战胜法国，所得的领土，比之前要大10倍。亚美利加的土著，因为失去了法国的援助，从此不敢再侵犯英国的领地。

英法既解兵，华盛顿不欲执军役，乃辞职而归。将校以下，皆不忍其去，攀车送之，有流涕者。

先是华盛顿十七岁时，悦少女罗兰，约为夫妇。未几罗兰夭逝。华盛顿闻之，怅然不乐，悼亡之情，积年不释。会英法战争事起，华盛顿投身戎行，始将哀情亡去。战局既终，退归田里，与马露苔夫人意气相投，遂结婚约。马露苔夫人，本为寡妇，生一子一女。夫死无所归，遂嫁华盛顿。夫人美而才，既携其子女，同归华盛顿。家庭之间，至为和好。华盛顿抚其子女，爱之不啻己出。其后，夫人卒不育。美国人之爱华盛顿者，咸以华盛顿无子为憾。然华盛顿固为北美建国之父，自今数千万之生灵，皆彼之爱儿也。华盛顿又何憾？

法国领地魁北克之景

英法两军已经罢兵休战，华盛顿不想再从军役，于是辞职回家。军中将校以下的人，都不忍心让他离开，攀着他的车为他送行，有的甚至流下了眼泪。

之前华盛顿还只有十七岁的时候，喜欢少女罗兰，便约定以后做夫妻。不久罗兰便夭逝了。华盛顿听说后，非常伤心，常年哀痛，无法释怀。正好发生了英法战争，于是华盛顿投身军队，其哀悼之情才慢慢消逝。战争结束后，华盛顿回到乡下，与马露苔夫人意气相投，于是结为夫妇。马露苔夫人，原本是一个寡妇，生有一个儿子和一个女儿。丈夫死后，没有归宿，于是嫁给了华盛顿。马露苔夫人美丽而有才华，带着她的孩子，一起到了华盛顿家里。他们家庭间的关系很是和睦，华盛顿很喜欢她的两个孩子，视为己出。嫁给华盛顿后，马露苔夫人再也没有生育。敬爱华盛顿的美国人，都因为华盛顿没有自己的孩子而深感遗憾。然而华盛顿本来就是北美的建国之父，到现在数以千万的人们，都是他的孩子。华盛顿又有什么遗憾的呢？

【批评】

一时代有一时代之英雄。世界愈进文明，各种学问必愈发达。自今以后，所谓草莽英雄者，必绝迹于天壤矣。华盛顿一生，从未受过高等教育，所入者不过小学堂；又未尝受过军事教育，所得者不过自己读兵书、就兵学家研究军事之学，乃居然可以为将。始则胜法，继则胜英，而为独立建国之伟人。可见当时军事之学，并不十分发达。若在今日世界，军事之学精益求精，所用器械如此猛烈，将兵之人非有大学问、非有大经验，无论其万不能堪将帅之任，即一队长、一兵目皆不易为。盖时代之不同也。今人读英雄之传，慕为英雄。必须知古之英雄易为，今之英雄难做；学问、道德，皆须高人数倍，方足以建功业；不可以为古之英雄，皆无甚学问，居然可以成功，而吾亦只要坐待机会，不必致力于学问也。

华盛顿初就职时，即丧其长兄，自己又病。外有敌氛，内有家难，而彼能一面尊事其寡嫂，抚育其侄女，一面治兵事，公私均无所误。今之少年，藉口爱国，倡言破坏家族，家族革命，不特兄嫂侄女不顾，且并父母亦视同路人。夫国之本在家。观国家二字之义，即可以知之。今人好言为天下者不顾家，其实果能为天下，亦说得去，乃又并不见其有为天

【评论】

每个时代都有每个时代的英雄。世界越向文明发展，各种学问也必定越发达。从今以后，所谓的草莽英雄，一定将会从天地间绝迹了。华盛顿的一生，从来没有受过高等教育，所进的学校也不过是小学堂；也没有受过军事教育，所学到的不过是自己读兵书、向兵学家请教研究军事学问而已，他居然可以做将军。他开始战胜了法国，接着又战胜了英国，最终成为了独立建国的伟人。可见，那时的军事并不十分发达。如果是在当今这个世界，军事学问精益求精，所用的军备器械如此猛烈，带兵的如果不是有大学问、大经验的人，无论如何也不可能胜任将帅之职的，即使是一个队长、一个士兵头目也不容易当。这是因为时代不同了啊！现在的人读英雄人物传记，常羡慕他们。但必须知道，古代的英雄好做，如今的英雄不好做！现在，学问、道德必须高出古人好几倍，才可以建功立业；不可以认为古代的英雄，基本都没有什么学问，居然可以成功，而我也只要坐等机会就行了，不必努力求学了。

华盛顿刚就职的时候，他的哥哥便去世了，而自己又生病。外有敌人，内又有家难，他却能一边尊奉其寡嫂，抚育他的侄女，一边又处理军队事务，公事、私事都没有耽误。现在的年轻人，常常以爱国为借口，倡说要废除家族制，进行家族革命，不但不照顾兄嫂侄女，并且将父母也视为同路人。一个国家的根本在于家庭，这从“国家”两个字的含义就可以看出来。现在的人喜欢喊着为了国家的口号而不顾自己家。他们如果真是为了国家，也还说得过去，下之实，而徒见其不顾家。此等人真是丧心病狂矣。

华盛顿往见法军总督，沿道辛苦危险，真为人所未尝，而彼卒得无恙而归，且能探法军强弱，及其所据寨塞之形势，真智勇兼备之丈夫也。

当时殖民地兵备久废，应募之兵，半皆乌合，不遵约束，而粮食器械，又告缺乏；法兵土人，时来相袭。此等景象，难乎其为将矣。华盛顿为总督时，先以改革军制为第一着手，而又申明纪律，与士卒同甘苦。若非出于一片至诚，则全军未有不叛将帅而哗溃者。盖当时边村之民，被掠于土番，人人怨华盛顿；州知事又时掣其肘，不用其谋；英国派遣之将校，又不守其约束；兵士衣食缺乏，群鸣不平之声。此其困难为何如乎？大凡成一英雄，皆由极困苦、极艰难而来。今人好为英雄，偏不肯吃苦，是犹却行而欲其前也。

但又没有看到他们真为了国家而有所作为，只是看到了他们不顾家而已。这样的人真是丧心病狂啊！

华盛顿去见法国的总督时，一路辛苦而又危险，真的是经历了常人所没有经历过的困难，而他最终能够安然无恙返而回，并且能探察到法军兵力的强弱，以及他们所占据城寨和要塞的形势，真的可以称为智勇兼备的大丈夫了。

当时殖民地的兵备废弛很久了，招募的士兵大半是乌合之众，不守规矩，而当时粮食和军械又都十分匮乏；法国的士兵和当地的土著人，时不时出来袭击。这样的景象，对于一个将领来说真的是太难了！华盛顿做总督的时候，先以改革军队制度为第一着手点，而后又申明军队纪律，与士兵同甘共苦。如果不是出于一片至诚之心，那么全军将没有不背叛将帅而溃败的。当时边远村落的村民，常常被土著人掠夺，人人都怨恨华盛顿；州知事又经常阻碍他，不采用他的建议；英国派来的将校，又不遵守他的约束；士兵缺衣少食，大家都发出了愤愤不平的声音。这是多么困难的处境啊！但凡成为英雄的人，都是从异常的艰难困苦中磨练出来的。现在的人喜欢做英雄，却偏偏不肯吃苦。这种行为就像退步而行却又想要前进一样啊。

第四章 英王压制殖民

历史之变态，莫不乱极则治。固知乱世为治世之先驱，暴主为贤主之前导。北美合众国之独立，创之者华盛顿；而酿成之者，英王佐治也。盖不有佐治之压制，则彼十三州之殖民，方且耕田凿井，自安于不识不知，安在其有独立之想？十三州殖民无独立之想，则虽有百十个之华盛顿，日鼓舞其独立，而其道无由。故北美之有独立合众国者，英国王实造因者也。呜呼，英国王，汝慎勿怒殖民。殖民之叛汝，皆汝自作孽；汝殖民亦慎勿怨英国王，今日之自由，皆英国王促汝购取者也。

千七百六十三年（乾隆二十八年），英、法定和约于巴黎。自是以降，英领北美殖民地，东凌法国，南压西班牙，独步于新大陆之野，新大陆处处见英之国旗矣。殖民地区域日广，分为十三州，人口达二百万，金银充满，米谷丰熟，山高水清，气温土肥。此沃壤数千里，为何国属地？曰英国属地也！此子民数百万，为何国子民？曰英国子民也。大哉英国！世界人人称羡！

先是欧洲各国国民之来亚美利加也，人人皆富有自由思想。既到其地，从事垦土力作以为生。虽足致富，然土番屡相扰袭，殖民生命之丧于土番者不少。而本国政府，又以历史的变迁，往往是当国家乱到极点时便会得到治理。所以乱世是治世的先驱，暴君之后往往会出现贤主。北美合众国的独立，创立者是华盛顿；而酿成北美合众国独立的，则是英王佐治。如果没有佐治的压制，这十三个州的殖民地，还在耕田凿井，安于没有知识、没有智慧的状态，哪里还会有独立的想法呢？如果十三个州的人民没有独立的想法，那么即使有十个、百个华盛顿，天天鼓舞他们，让他们独立，也是没有办法的。所以北美之所以有独立合众国，实在是英国国王自己造成的啊。唉！英国的国王啊，你千万不要怨恨你的殖民者。殖民地的人们背叛你，都是你自作自受啊！殖民地的人们，你们也千万不要怨恨英国国王，你们今天的自由，都是英国国王促使你们取得的啊！

1763年（乾隆二十八年），英法两国在巴黎签订和约。从这以后，英国所占领的北美殖民地，东面凌驾于法国之上，南面压制了西班牙，在新大陆广阔的土地上独领风骚，新大陆到处都可以看到英国的国旗。随着殖民地的区域日渐扩大，英国将其分成了十三个州，人口达到二百万，且金银充足，谷米丰熟，山高水清，气温土肥。这好几千里的肥沃土地，是哪个国家的领地呢？是英国的领地啊！这好几百万的人民，是哪个国家的子民呢？是英国的子民啊！英国真是大啊！世界上人人都羡慕呢！

在这之前，欧洲各个国家的人民都来到亚美利加，人人都怀着自由的梦想。到了这个地方后，他们依靠开垦土地，努力耕作来谋取生存。虽然这足够可以致富，然而当地土著人却常常来骚扰，殖民者死于土著人之手的很多。然而各国政府，又因为路道远，不能以实力保护殖民，以故殖民欲安全其生命财产，不得不赖己之一身。因是之故，殖民外结团体，而内奋其自助精神，习练益久，遂成习惯。无依赖政府之心，而自由主义，亦日益发达。

观以上所述二节，则亚美利加土地之肥沃如此，其殖民之喜自由如此。然则英政府之欲多征租税，而殖民之不甘受压制，皆理所必至，势所固然，无足怪矣。今先述英廷待遇殖民之暴状如下：

英人为殖民于亚美利加者，国王皆与以特许状。特许状中，认殖民有占有土地之权利，顾未尝许以自治之权。以故如支配人、知事及管理殖民事务者，皆由英廷任命，自英而来，殖民不能任其职。夫以富于自由思想，富于自治能力之殖民，而母国顾不授以政治上之权，而长使之受治于母国，殖民之蓄其不平，盖已久矣。重以年代既远，殖民人之子孙不生自母国，其封于母国，感情自必日疏。此为独立宣告之第一因。

殖民地既以肥沃称，其生产力极富，商业逐渐发达。英国王征税极苛，所得赋税全归英国。殖民地地方费用，非有英王之命，殖民无支取之权。甚至殖民以劳力所得之金，欲途遥远，不能用实力来保护殖民地的人民。因此殖民地的人民想要保全自己的生命财产，就不得不依赖自己。因此，殖民者在外形成一个团体，而在内则提倡自助精神，这样时间久了，也就形成了他们的习惯。没有了依赖政府的心，自由主义也就越来越发达了。

从上面两节可以看出，亚美利加的土地很肥沃，殖民地的人民也是如此喜好自由，然而英国政府想要征收更多的租税，而殖民地的人民却不肯受到压制。这些都是必然的道理，形势本来也是这样，没有什么奇怪的。在这里先讲讲英国政府对殖民地居民的暴行吧。

对于来到亚美利加殖民地的英国人，英国国王都颁发了特许状。特许状中，承认殖民地的人民有占有使用土地的权利，但从来没有许可自治的权利，所以像支配人、知事以及管理殖民事务的人，都由英国政府来任命，来自英国本土的殖民者，不能担任这些职务。这些殖民者充满了自由的思想，并且有足够的自治能力，但英国却不授予他们政治上的权利，而使他们长期受制于本国，殖民者因此积蓄的不平，已经很长时间了。加上年代也越来越久远，殖民者的子孙们都不是出生在英国，对英国的感情也就慢慢疏远了。这是形成其宣告独立的第一个原因。

殖民地既然是因土地肥沃而闻名，所以生产力非常丰富，商业也慢慢发达了。英国国王征收的赋税苛刻繁重，所得到的赋税全部归于英国。殖民地地方的费用，没有英国君王的命令，殖民也没有支配的权利。甚至殖民用自己劳动换来的金钱，想用来为自己增益于己之资本，英廷亦不之许。所定法律极严，凡门地高者及财产富者，恒得势力，而平民永无享有平等利益之事。夫一地方之人民，富者皆居少数，英廷既征苛税，而所定贫富之阶级又严，则一般平民，从怨益甚，多数从怨，甚少数者纵厚于母国，亦终无补。此为独立宣告之第二因。

殖民地无高等教育，其所设学校，但备普通学科。殖民以为请，知事不允。盖惧殖民具有学问，则智识日高，将来或至独立，不愿受压制。故英廷之对殖民，只用愚民政策，殖民益愤。此为独立宣告之第三因。

自英法战争之间，殖民财产为法军及土番所掠者不少。平和既成，殖民欲振起其事业，以图恢复。知事禁之，课税弥重，种种制造皆加限制。又发航海条令，禁殖民输出物品，谓殖民地之生产物，但许供给英国市场之用，不许输入他国；又谓英法战争，英廷为糜国帑无算，皆为保护殖民之平安利益而费者，令不可不取偿于殖民，因年年增税不已。夫以殖民地天然生产力之富，复加以战争以后，人人欲图恢复财产，尽力工作，则其货品必多。货品既多，不能转售外国，英之商贾，得持其短长，而殖民困矣。此为独立宣告之第四因。

增加更多的资本，英国政府也没有同意。英国所制定的法律非常严苛，凡是家世高的、财富多的，便有势力，而平民则永远享受不了平等的利益。一个地方的人民，富人都是比较少的，英国政府又要征收苛刻的赋税，所定的贫富阶级又很严格。一般的平民，怨恨日益增加，甚至少数人大部分的收入都交给了英国，自己却所剩无几。这是独立宣告的第二个原因。

殖民地没有高等教育，当地所设立的学校，都是普通学科。殖民者为这事向知事请求，但知事不允许。他担心殖民者有了学问，智慧学识便会日益增高，将来或许会独立，不能再受压制。所以英国政府对殖民者，只能采取愚民政策，殖民者越来越愤怒。这是宣告独立的第三个原因。

在英法战争期间，殖民者的财产就已被法军和土著民掠夺了不少。已经和平了，殖民者想要振兴事业，想办法恢复以前的财产。知事禁止，赋税更加繁重了，各种制造业都被加以限制，又发布了航海条令，禁止殖民者的物品出口，说是殖民地的生产物，只能供给英国市场用，不可以出口到其他国家。又说，英法战争期间，英国政府国库的钱财已经没有了，都用在了保护殖民者的安危方面，因此下令从殖民者身上取回，所以年年增加税收。以殖民地丰富的天然生产力，再加上战争之后，人人都想恢复以前财产，尽心工作，所以货品必然很多。货品虽然很多，却又不能转售给外国人，英国的商人，因此得以利用这个空子，而殖民者却因此陷入了困境。这是宣告独立的第四个原因。

先是殖民地各州市民，以母国政府不许参与地方政务，相与集合为市民会，以同一平等之权利，谈论地方政务。自此市民会开设之后，自由共和之精神，益磨练发达。市郡各举代表者，组织州会，州会遍于各州。是时华盛顿亦被举为郡代表，列席于勿尔吉尼阿州会议场。

英廷征税于殖民地，既日益烦苛，殖民怒。谓以殖民地之财，治殖民地；母国政府，宜许其独立自治，不能视同属邦；若视同属邦，则前此战争之费，英廷当自取偿。不宜征之殖民地，不经代议可决者，非正当之税案也。有显理者，素称雄辩。在勿尔吉尼阿州会演说，言英国议院，断无课税亚美利加殖民地之权，极诋英王暴状。最后厉声而言曰：“昔罗马有西查，而遂有蒲拉打斯；英国有查理斯一世，而遂有古郎挨鲁；今彼佐治三世者，宁可无鉴耶？”州会人众数千，闻此演说，人人激昂，不可遏抑。殖民地人心既激昂，英廷不以为意，又下印花税之令。凡物品皆须黏贴印纸，否者，以伪品论，当没入官。此条令既布，殖民益怒，乃相约誓不用印纸。州知事先期告谕殖民，谓当于千七百六十五年十一月一日，实施印纸条令。至期，显理与州民，大集会，鸣钟铿然，召全市之人至议会。显理在公会之中，慷慨演说。

之前殖民地各个州的市民，因为本国政府不允许参加地方的政务，就相互集合起来办起了市民会，用同样平等的权利，谈论各地方的政务。自从这个市民会开设之后，自由共和的精神，日益得到磨练并逐渐深入人心。市郡各自推举代表，组织了州会，州会遍布各个州。当时华盛顿也被推举为郡代表，列席于勿尔吉尼阿州会议场。

英国政府从殖民地征收赋税，日益繁杂苛重，殖民地的人民更加愤怒了。他们认为殖民地的财产应该用来治理殖民地；英国政府应该宣告许可殖民地独立自治，不能视为它的属国；如果把殖民地视为一个属国，那么之前的战争费用，英国政府应该补偿他们。他们认为不应当征收殖民地的赋税，没有经过殖民地代表商议的税收方案，不是正当的税案。有个叫显理的人，素来被称为善辩的人，他在勿尔吉尼阿州会演说，说英国议院，绝对没有向亚美利加殖民地征收课税的权利，极力诋毁英国国王的暴行。最后他大声说道："以前罗马有西查，因而就有了蒲拉打斯；英国有查理斯一世，因而就有了古郎挨鲁；今天你们佐治三世，难道没有汲取以前的教训吗？"州会有数千人，听到这个演说，心情激昂，无法抑制。殖民地的人心都已非常激昂，然而英国政府却不以为意，又颁布了印花税的命令。规定凡是物品都必须黏贴印纸，否则，以假品论处，应当没收。此条令刚一颁布，殖民者更加愤怒了，都相互约定，发誓不使用印纸。州知事先告诉了殖民者，说会在1765年11月1日，实施印纸条令。当这一期限到来时，显理与州民举行了大集会，大声鸣钟，召集了全市的人来到议会。在公会上，市民闻者，皆怒发冲冠，人思独立。显理在演说场大声而呼曰：“与吾自由乎？不然宁与吾以死。”

英廷闻殖民激昂，乃废印纸条令，而别征茶、纸、玻璃等之税，置收税局于波士顿府。殖民抵抗益力，相约不用英国制造品及英之茶叶，人人皆采树叶以代茶。英廷乃免其他税而专课茶税，殖民犹不肯从。时有茶船三艘，新自英国来泊于港内。殖民改装夤夜潜至港内，登舟悉取其茶，投之于海。英政府闻之大怒，乃谋镇以兵力。

英将倪祉奉英廷之命，率兵侵入波士顿府，大肆杀戮。于是全殖民地鼎沸，各州志士会于一地，谋抵抗英廷之策，公举代表集议。勿尔吉尼阿州举代表七人，华盛顿亦与其选焉。

华盛顿自结婚后，至是已十有五年矣。常为州会议员，又选为各郡之代表者。华盛顿在州会甚少建言，然其判断力至明晰。在州会遂占势力，即显理亦甚服其为人。此时华盛顿为郡会之议长，以英国政府如此压制，实属无理已甚，殖民不可不与之抵抗。遂创独立之议，挟此议案，布告于众。州会之人皆表同情，更选派代表七人，至非勒特尔非尔殖民地议会。

显理发表了慷慨的演说。市民们听了后，怒发冲冠，人人都在想着独立的事情。显理在演说场大声号召：“给予我们自由吗？不然我们宁可去死。”

英国政府听说殖民者很愤怒，就废除了印纸的条令，而另外征收茶叶、纸张、玻璃等物品的税收，并在波士顿政府开设了收税局。殖民们抵抗更加强烈，相互约定不再使用英国的制造品和茶叶，大家都采树叶来当做茶叶使用。英国政府于是就免了其他税收，而专门只收茶叶税，殖民们依旧不肯屈从。当时有三艘茶船，刚从英国来，停靠在港口。殖民乔装打扮，在深夜偷偷潜入到港口，登上船将所有茶叶全部扔入了大海。英国政府听说之后大怒，就计划采取武力镇压。

英国将领倪社受英国政府的命令，率兵侵入波士顿府，大肆杀戮。于是全殖民地的人沸腾了，各个州的有志之士聚会在一处，策划抵抗英国朝廷的政策，由大家推举代表集体商议。勿尔吉尼阿州推举了七个代表，而华盛顿也在被选人之中。

华盛顿自从结婚之后，这时已经有十五年了，常常被选为州会议员，又屡次当选各郡的代表。华盛顿在州会很少说话，然而他的判断力却非常清晰，所以他在州会有了一定的势力，即使是显理也很佩服他的为人。当时华盛顿是郡会的议长，认为英国政府如此压制，实在是太没有道理，殖民们不得不与他们抵抗。于是他提出了独立的议案，并将此议案布告大众。州会的人们都表示同情，重新选择了七位代表，参与了非勒特尔非尔殖民地的议会。

各州代表至非勒特尔非尔殖民地者，共五十三人。有由各州会挟议案而来者，有携有从议会多数决定之委任状者，诸州投票权利，各为一票。因推俾汤为议长，而决议曰：“英国政府，果欲以兵力迫吾辈课税者，殖民地全体当尽力抗之。若有州民为英政府所困者，誓保护之，不使再受压制。全殖民地，当以坚断之决心，决议独立。如有怖英政府之威吓，蔑视同盟，遵英国法令之州民，全殖民地当向此叛徒，施处置之法。”议决后，一面送书加拿大，诉英政府之暴逆，冀以回英国之舆论；一面遣使英国，上请愿书于王，求其收回成命。

此时华盛顿以义勇兵之请愿，为步兵士官。凡义勇队中人，悉当受其训练及监督。显理尝告人云：“议员中有健全脑力、负天下之重望者，华盛顿大佐其人也。”其见重于人如此。

英王闻殖民起兵，则大怒，目其人为叛徒。因遣精兵，命倪祉将军守波士顿府。千七百七十五年（乾隆四十年）三月，勿尔吉尼阿州再开会，显理复为演说，满场慷慨，莫不痛恨英王者，独立之议遂定。

【批评】

大凡读史者，皆须有最巨之眼光，最精之学识；欲明现参加非勒特尔非尔殖民地议会的各州代表，一共有五十三人。有从各州会带着议案而来的，有带着议会多数人的决定委任状来的。各个州的投票权利，是每人一票。最后大家推举俾汤为议长，并做出了决议："英国政府，如果真想要以武力逼迫我们交纳赋税，殖民地全体人民将全力抵抗。如果有州民被英国政府所困扰，一定会保护他，使他不再受到压制。全体殖民地的人民，应当用坚毅的决心，决定独立。如果因为害怕英国政府的威吓而蔑视同盟，遵守英国法令的州民，全殖民地应当向这样的叛徒实施处置。"议案决定后，一面将决议送给加拿大政府，向其诉讼英国政府的暴逆行为，希望以此来回应英国政府的舆论；一面派遣使者到英国，向英国国王递交请愿书，请他收回命令。

当时华盛顿因为义勇军的请愿，出任步兵士官。凡是义勇军中的人，都受他的训练和监督。显理曾经告诉人们说："议员中有脑力健全、能够承担天下重望的，只有华盛顿大佐。"可见华盛顿受人尊重的程度。

英国国王听说殖民地的人民起兵造反，非常愤怒，将这些人视为叛徒，因此他派遣精兵，任命倪祉将军驻守波士顿府。1775年（乾隆四十年）3月，勿尔吉尼阿州再次召开大会，显理再次发表演说，全场慷慨激昂，没有不痛恨英国国王的，独立的议案也就定下来了。

【评论】

凡是读历史的人，都必须要有最厉害的眼光，最精深的学在，先观既往，此最要者也。如论汉高祖之得天下，必先研究秦代之事。以秦穆之治为第一段，孝公之治及商鞅变法为第二段，始皇之专制为第三段，二世时李斯、赵高之擅权为第四段，六国情形为第五段，楚汉战争为第六段。就此六段而贯穿之，则高祖所以得天下之故，自了然矣。美洲独立之事，其原因不一，既如上述，而其最远最大之原因，则在于人种上。盖美之殖民，其来自英盎格鲁撒逊人种，品格素与他种不同。故英国为宪法之出产国。此等英人，移殖美洲，多为重契约、爱自由而来。故百有二人于渡美舟中已订有共守之契约。且此等殖民多基督信徒，其政治思想渊源于宗教者亦颇不浅（见德国国法学者挨里捏克所著《人权宣言论》中）。然则欲知美国独立，必先以考其人种为第一段，考其宗教为第二段，殖民地情形为第三段，英王虐政为第四段。按段而求，则美国所以独立之故，亦得之矣。此皆读书之方法也，学者不可不知。

天下事之败坏，往往败坏于数人之手。殖民地情形如此。英政府固未尝目见之，当时州知事，若稍明时势，知人心所趋，不可过事遏抑，急告英廷，使除税律，别出笼络之策，则州民之怨既平，而独立战争之事可免矣。乃知事不以为意，以为政府之力，终可以胜平民。殖民只怨英王，而不识；想要明白现在，就要先明白过往，这是最重要的。比如讨论汉高祖如何得到天下，必须研究秦代的事情。以秦穆公的治理为第一段，秦孝公的治理和商鞅变法为第二段，秦始皇的专制为第三段，秦二世时李斯、赵高的擅权为第四段，六国时的状况为第五段，楚汉战争为第六段。将这六阶段的事进行贯通，那么汉高祖得到天下的原因，自然也就明白了。美洲独立的事情，原因不止一个，就如上面所论述的。但是其中最远、最大的原因，就是在于人种的问题上。因为美国的殖民者，大多是来自英国的盎格鲁撒逊人，品格向来与其它的人种不一样。所以英国也是宪法的出产国。这样的英国人，移民美洲，大多是因为重视契约、喜爱自由而来的。所以最初的102人在来美洲的船上就已经签订了共同遵守的契约。而且这样的殖民者，大多是基督信徒，他们的政治思想与宗教的渊源也非常不浅（见德国国法学者挨里捏克所著《人权宣言论》中）。然而想要知道美国独立的原因，必须先要考证人种的因素为第一段，考证它的宗教渊源为第二段，殖民地的情形为第三段，英国国王的虐政为第四段。按照这种划分去探求，美国独立的原因也就能发现了。这些都是读史书的方法，学者不能不知道。

天下大事的败坏，往往就败坏在几个人的手中。殖民地的情形就是这样的。英国政府虽然没有亲眼看到，但当时的州知事如果稍微明白时势，知道人心所趋，不能过分抑制，将这些立即告诉英国政府，让英国政府废除相关税法，再公布一些笼络人心的政策，那么州民的怨恨也就会平息了，而独立战争也就可以避免了。但知事不以为然，认为政府的力量，最终可以战胜平民。而殖民者知英王固寄耳目于知事。然则使英王丧数万里之殖民地，丧数百万之民。若谓为英王之罪，无宁谓为知事之罪也。故吾辈将来欲出而应事，必当通观时局，熟察情形，知大势之所趋，无得自任意气以强力相敌，则不至于误天下之事矣。

只知怨恨英国国王，却不知道知事就是英国国王的耳目。这样就使得英国国王丧失了数万里的殖民地，丧失了数百万的人民。如果说这是英国国王的罪过，倒不如说这是知事的罪过。所以我们将来想要出来做事情，一定要通观时局，熟察情形，知道大势所趋，不可以任性意气用事，以蛮力相敌，这样就不至于耽误天下的大事了。

第五章 独立战争

殖民既宣告独立，决议与英开战。是时英将倪祉守波士顿，知殖民已作战备，欲先发兵击之，以败其谋。殖民知之，守御益力。然以众寡不敌，终莫能支，独立军之辎重尽失，死者七人。此时千七百七十五年（乾隆四十年）四月十九日事也。

英兵由波士顿进据康科德，破坏民兵辎重粮食，颇极暴虐。民兵袭之，兵少不克而退。适援至，因再进击。英兵见民兵之数骤加，急退波士顿。民兵遮道袭击，毙英兵三百余人。

战报传于全殖民地，全殖民地人心大振。农夫弃锄犁，职工闭工场，无老无幼咸荷兵器来集，爱妻饰剑于夫之腰，慈母呼上天降福，遣其子赴敌。有一老妇闻独立事，大感奋，使二子皆从军。以鸟铳及所毁钥匙作丸，与其长子。次子年十六，不得兵器，家中止有一剑，已钝矣。其母挥泪而授之曰："儿暂保此剑，徐从行间乞其良者。即得，待战时第视敌兵有弃铳而逃者，儿可迳拾之而向敌也。"有一农夫，生一子名曰章，年未满十五，亦命入伍。军队出发，过农夫之门，望见其子，乃呼而告之曰："唉，勇猛将士，愿卿等健在。吾子章乎，汝在军宜努力，不然而翁不愿见若颜。"殖民殖民者已经宣告独立了，便决定与英国开战。当时英国将领倪祉驻守在波士顿，他知道殖民者已经做好了战争准备，因此想要率军先发动攻击，来破坏殖民者的计划。殖民者知道了他的计划，防守就更加严密了。但是寡不敌众，殖民者最终撑不住了，独立军的军事装备尽失，死了七人。这是发生于1775年（乾隆四十年）4月19日的事情。

英军从波士顿进驻到了康科德，破坏了民兵的军事装备与粮食，极为暴虐。民兵袭击了英军，但因兵少无法取胜而退了回来。正好当时援军到了，因而他们再次发起反击。英军看见民兵的数量突然增加，急忙退回了波士顿。民兵在路上拦截进行袭击，打死英军300多人。

战报传到所有的殖民地，整个殖民地人心大振。农夫扔掉了锄头和犁，职工关闭了工厂，无论老幼都拿着兵器前来集合；爱妻将佩剑挂在丈夫的腰间，慈母祈求上天赐福，让她的孩子前赴战场。有一位老妇人听说了独立的事情，非常兴奋，她让自己的两个孩子都加入了军队。她用鸟铳和毁坏了的钥匙做成子弹，给了她的长子。她的次子当时才16岁，没有兵器，只有一把已经锈钝了的剑。这个母亲流着泪对儿子说："儿子，请暂时先拿着这把剑，到行军路上再向别人要把好的吧。得到好武器后，等战争时如敌军有弃铳而逃的，你可以过去捡来用它杀敌。"有一个农夫，生了一个孩子叫做章，当时还未满十五岁，也被他命令入伍了。军队出发的时候，经过农夫的门口，他看见了自己的儿子，便大声对士兵们说："喂，勇猛的将士，希望你们都能安全归来。儿子章啊，你在军队里要努力呀，地人士，意气如此，相送相励。于是波士顿城外之独立军，不期而集者二万余人。

殖民既宣告独立，于是十三州无一人奉知事之命者。知事大恐，脱身远遁。各州委员开大会，议决此后必赌生命以求自由。时民兵骁将奥莲，率民兵数百进攻英人之坚塞。此塞在斜布莲湖前，奥莲设奇策，乘夜渡湖，达塞下，呐喊而上，守兵仓皇无策，不知所为，遂弃塞而走。民兵悉收其铳弹火药，虏英军数百人，民兵不失一人。时千七百七十五年十月也。越二日，又陷苦拉文地。

殖民初意在遏英国之强暴，以保美洲之治安，固无利其土地之心。今既屡战屡胜，谓从此可与英国和平议约矣。故再开第二次议会，议更选委员，募集民兵，整理军实，以备再战。别公举一人为使者，航海至英，上书陈情。时华盛顿为委员长，议发行纸币，以济军用。部署既定，待使者之报为进止。州会议员，以为英国虽暴，顾殖民若与母国分离，于情未忍。正犹豫间，而行人适至，具言英人无意罢兵，非尽毁殖民地之生命不止也。

未几，英廷果又大发兵舰入波士顿府，于是殖民战志不然你父亲我可不愿意再看到你的脸啦。”殖民地的人们，都是如此意气风发，相互送行，互相鼓励。于是波士顿城外的独立军，未经要求而主动聚集的达到了两万多人。

殖民地的人民宣告独立后，于是十三州再没有一人接受知事的命令。知事因此很是恐慌，借故脱身远逃了。各州的委员召开了大会，决定以后哪怕就是赌上自己的生命也要求得自由。当时民兵中的悍将奥莲，正率领着数百民兵进攻英军的坚固要塞。这个要塞位于斜布莲湖的前面，奥莲设下了妙计，乘着深夜渡过湖水到达要塞下，呐喊着冲向前去。驻守的士兵仓惶应对，没有什么良策，不知道该怎么办，于是弃塞而逃。民兵将他们的铳弹、火药都收走了，俘虏了数百英军，民兵没有损失一个人。当时是1775年10月。过了两天，民兵又攻陷了苦拉文地。

殖民者最初的意思只是想遏制英国的暴行，以保护美洲的治安，本来就没有占领土地的心思。现在既然是屡战屡胜，因此认为从此可以与英国和平商议相关条约了。所以他们又召开了第二次会议，商议更选委员，募集民兵，整理军备，以准备再次作战。另外公选了一人作为使者，通过海上到达英国，上书陈述情况。当时华盛顿为委员长，他们商议决定发行纸币，用以周济军用。部署确定，只等使者的情况报告来决定进退。州会的议员，他们认为英国虽然残暴，但想到殖民者们若是与母国脱离，于情不忍。正在犹豫的时候，出使英国的人也正好回来了，他详细地说明了英国人没有罢兵的意思，非得要摧毁了殖民地上所有的生命才罢休。

没过多久，英国政府果然又派出了大量的军队与舰船，进驻

华盛顿之军事俯

大定。议会选举殖民军总督，苦无其人，众咸举华盛顿当其任，乃由议长传命华盛顿。华盛顿辞谢再三，议会不许，不得已而诺之。乃对于州会演说曰：“余接此命令，深感谢同胞，赐予以至大之光荣。然退思吾责任之大，与吾之才力及兵学上之学识相较，则又不胜其惭愧也。顾今当国家存亡危急之秋，议会既信任余，委以重大之责任，余决当粉骨碎身，尽此职任而后已。”

于是佩总督印绶，率兵直向波士顿府。时千七百七十六年（乾隆四十一年）之正月也。先英军欲袭波士顿，图先进据仓丘。仓丘为波士顿府中之险要，直立百十英尺，再进为布里特山，较仓丘更高六十二英尺。英军若据此地，可俯瞰波士顿府。独立军乃率死士百人，乘夜先登其岭。明日，英军见之，悉锐来攻。民兵数不相抵，乃潜伏不发一炮，俟英波士顿府。于是殖民者们反抗英国政府的斗志更坚定了。议会选举殖民军的总督，却苦于找不到这样的人选，最后大家都推举华盛顿来担任这一职务，由议长来传达这一任命给华盛顿。华盛顿再三推辞，但议会没有接受，不得已他只得答应了。于是他在州会上说道："我接到这个命令，非常感谢同胞，赐给我无上的光荣。但是事后我想，我的责任之重大，与我的才能和兵学知识相比较，便又觉得非常惭愧。但是现在正是国家存亡危急的时候，议会既然信任我，委任给我这样重大的责任，我定当粉身碎骨，来完成自己的职责。"

于是华盛顿戴上了总督印绶，率兵直接向波士顿府开去。当时正是1776年（乾隆四十一年）的正月。原先英军想要袭击波士顿，打算先进军占据仓丘，仓丘是波士顿府邸最险要的位置，地势高一百一十多英尺。再往前一点便是布里特山，相比仓丘，这地势更是高了六十二英尺。英军如果占领了这个地方，就可以俯瞰波士顿府了。独立军于是派出了一百名死士，趁着晚上首先登上山巅。第二天，英军发现后，派出了所有精锐部队前来攻打。民兵的数量与军进至十步以内，乃发炮应之，弹皆命中，英军无不应声而倒。然仍增兵来攻，民兵弹药皆尽，乃持短剑奋斗，突围而下，遂弃仓丘，而波士顿为英军所夺。及华盛顿驰至，则已不及。

华盛顿既为总督，十三州之人闻之，皆大喜。以为彼固昔年英法战争时，曾建殊勋者也；今为独立军总督，其奏效可逆睹也。因是投袂而起，隶其麾下者日多。顾兵皆新募，而衣服兵器又皆不备，若以此当英兵，无异驱羊与虎斗也。华盛顿自计欲着手军事，必先从训练新兵始，而欲施训练，必资粮饷。然殖民地施政不能统一，号令难以及远。其人皆奋于一时之意气，投身戎行，既见军队之苦，则皆有知难而退之意。华盛顿乃驰书告议会曰："余立现今之地位，不能不表余心之苦痛于诸君。军中供给训练之事，既难着手。如此百事欠缺，适与作战计画相左。夫以新募之兵，未习行伍，此时练且不暇，而又安能使之临敌。然而敌兵袭击，则又不能不防御；防御不已，则又不能不交绥。余乃不得不饰其外形，而隐其弱点，以示敌兵与我国民，冀彼之不我轻，而我之勿自馁也。"

兵备既稍整，华盛顿乃谋炮击波士顿之英军，及港内英军相距太大，便潜伏下来没有发射一炮，等到英军前进到十步以内的距离时，才开始发炮回应，每发炮弹都命中目标，英军没有不应声而倒的。但是他们仍然增兵来攻，民兵的弹药都用没了，于是手持短剑与敌奋战，突围而下，最终放弃了仓丘，而波士顿也被英军夺取了。等华盛顿赶来之时，已经来不及了。

华盛顿出任总督之后，十三州的人们听了，都非常高兴。他们认为以前英法战争的时候，华盛顿曾经建立了了不起的功勋；今天作为独立军的总督，他的成功也是可以预见的。于是大家振作精神，立刻行动起来，投奔他旗下的人日益增多。但是士兵大多是新招募的，且衣服、兵器又都不齐整，要是想以这样的军队来抵挡英军，无异于驱赶羊群与老虎作战。华盛顿自己知道，想要管好军中事务，一定要先从训练新兵开始，而想要实施训练，就必须要先有粮食军饷做支撑。但是由于殖民地的施政未能统一，号令难以传达到各地。这些人虽然都因一时的意气，投身到军队，但当看到了军队的苦处后，就都起了知难而退的心思。华盛顿于是上书给议会说："我处在现在的位置，不得不将心中的痛苦告诉各位。军中供给、训练的事情，已经很难着手，像这样各种物资短缺不齐，正好与作战计划相违背。这些新招募的士兵，没有经过军队的历练，此时训练都已经来不及了，又怎么能让他们上阵杀敌呢？然而敌军的袭击，又不能不防备；防御不了，又不能不应战。我于是不得不掩饰我们营地的外形，从而隐藏我们的弱点，以蒙蔽敌军和我们的国民，希望他们不要轻视我们，而我们自己也不要气馁。"

兵备稍微有所整顿，华盛顿便谋划炮击波士顿的英军，以用敌舰，先占领波士顿湾内之一小岛。此岛险如仓丘，实出波士顿府右侧，去府仅一千码。自其后下瞰，全府历历在目。英军图袭击不得，以兵舰济师，欲乘夜夺其岛。而海风大作，师不得济；华盛顿亦盛为之备，英军无隙可乘，不得已乃退出波士顿。时千七百七十六年三月十七日也，世称为“波士顿之捷”。

英军既退，华盛顿乃分兵守波士顿府，而以一军突进纽约，四月十四日（千七百七十六年）入纽约。华盛顿知敌必来袭，乃先期为防御之计。是时英将率军舰，载大炮五十门，及精兵三千，欲征服南部。守兵迎击之，英兵又大败。水师提督，仅以身免。南部民气，于是大振。英兵初起，势张甚，自叠次败衄，兵气沮丧。统兵者乃与华盛顿约为平和谈判。华盛顿阅其公文，语多傲慢，遂不允其求。

独立厅

港口内的敌军舰船，抢先占领了波士顿海湾内的一座小岛。这座小岛的险要就像仓丘，就在波士顿府的右侧，距离波士顿府只有一千码。从这后面往下看，整座府邸历历在目。英军想突袭却没有成功，便用舰船帮助军队，想趁夜晚夺取这座岛。然而当时海风大作，英军没能渡过海水；加之华盛顿也做了万全的准备，使得英军无隙可乘，不得已而退出了波士顿。当时是1776年3月17日，世界史上称之为“波士顿之捷”。

英军退兵后，华盛顿便分兵驻守波士顿府，而另外派出一队士兵突击纽约，并于4月14日（1776年）进入纽约。华盛顿预料到敌军一定会来袭击，便预先做好了防御计划。当时英军将领率领军舰，载着五十门大炮和三千精兵，想要征服南部。驻守的士兵进行了还击，英兵又大败。英军的水师提督，只身逃出了险境。南部人民的气势，于是大振。英国士兵刚开始的时候，气势嚣张，自从多次失败之后，士气开始沮丧了。于是英军统帅向华盛顿发出进行和平谈判的请求。华盛顿看了他们的和谈公文后，觉得他们的语气太过于傲慢，就没有答应。

殖民地人得波士顿及南部之捷报，意气益盛。七月二日（千七百七十六年）开议会，提出殖民地独立案，而决议曰："殖民地联邦既自由独立矣，宜当有自由不羁独立国之权利。今吾等对于英国王不认有忠实之义务，因吾与英国政治上之关系，已无毫末之存也。"议员以斯会决议大意，布告全国，复明言之曰："亚美利加未曾有之大问题，既已决议。吾恐今后，亦无再有愉快之事如此问题者。"殖民地联邦遂宣言独立，发表"亚美利加合众国"之称号。

议会更选委员，草《独立宣言书》，布之殖民各部，及欧洲诸国。起草委员为富兰克林，书名《亚美利加合众国议会代议士之独立宣言书》。其首章先论母国分离为自然之理势，其言曰：从人类之进步，人事复杂以来，乃知连结一国民之相互之政治的连锁，而为数个国民者，为自然之理。吾人所无待证明，而可以断认之者也。大凡人类者，无不由于自然附与以平等不可让于他人之权利，如生命、如自由、如幸福，皆此权利之一部。欲此权利之安全，乃于人民间设政府，附与权利之一部，而许政府以设施之权。若政府谬其目的，蔑视人民之权利，滥用人民贷与之权利，于斯时也，人民欲自脱其生命、自由、幸福于危险之中，别建新政府者，此至当之事也。次乃论英政府之不足赖，及英王施政殖民地的人民得知波士顿和南部胜利的消息后，气势更加强盛。他们于7月2日（1776年）举行了议会，提出了殖民地独立的方案。决议中说：“殖民地联邦已经自由独立了，就应当享有不受约束的自由独立国的权利。现在我们对英国国王已经没有效忠的义务了，因为我们与英国在政治关系上，已经没有半点关系。”议员们将这次大会决议的大意，布告全国，更是明确地表示：“亚美利加未曾有过的大问题，现在已经有了决议。我想今后再也不会有像这样让人愉快的事情了。”殖民地联邦便宣告独立，宣布了“亚美利加合众国”的称号。

议会更选了委员，草拟《独立宣言书》，布告殖民地各个部落和欧洲各国。起草委员是富兰克林，书名为《亚美利加合众国议会代议士之独立宣言书》。该宣言书首章先论述了和母国分离是自然趋势，宣言说：从人类的进步，人事关系变得复杂以来，便可以得知连结一个国家民众相互之间的政治纽带，只是几个国民，这是自然的道理。我们不需要等待证明，就可以下这样的判断。只要是人类，没有不是由于上天自然赋予的平等的、不可以让给他人的权利，比如生命，比如自由，比如幸福，都是这种权利的一部分。若想要这样的权利安全，就需要在人民之间设立政府，并赋予部分权利，允许政府设置机构、实施管理的权利。如果政府错误地理解这样的目的，蔑视人民的权利，滥用人民赋予的权利，那么这时候，人民便会想着让自己的生命、自由、幸福都脱离危险之中，而另外建立新政府，这也是很合理的事情。其次，宣言书中又论述了英国政府不值得人民依赖的地方，以及英国国王施政目目的之谬，罗列其种种罪恶。又论分离母国之不得已。其最后乃诉于世界曰："以故吾等亚美利加合众国之代议士相聚于此，为正义公道，而诉于公明社会之判官；代全殖民地人民，为殖民地联邦自由不羁独立之宣言。不宁惟是，更宣言当自由不羁独立之权利，且宣言对于英国国王，不存毫末忠实之义务。宣言与英国政治不相关系，宣言殖民联邦为自由独立国，具有公布宣战、终结战局、缔约同盟，一切独立国所得行权利之力。殖民地人民者，依赖皇天之保佑，誓牺牲殖民地人民之生命、幸福与名誉以维持此宣言。"宣言书末幅，列议长及书记官之名。千七百七十六年四月四日布之各州。所至市街，人民如堵，争欲读之。纽约州故有英王铜像，州民既读宣言，自由独立之思想，涌沸于脑，乃群仆英王铜像以泄愤。波士顿市民集数千于市，读宣言，且读且狂叫，继之以泣。

英将闻殖民布告宣言，益愤。请于本国政府，求遣大军，及强力舰队，以图袭纽约。华盛顿豫知之，乃沉船材于海峡，使英国舰队不得入港；复以兵九千，与苦林将军，守各处要害。纽约对岸，有地曰布鲁克林者，左右皆大川。英军若袭纽约，必经是道。苦林将军置营守之，又设防于前面山麓，防击甚固。英军精锐三万人上陆，分道而进，又以坚船的的荒谬，罗列了他们的种种罪恶。宣言书又论说了与母国分离的迫不得已。宣言书的最后更是对世界诉说：“因为这样，我们亚美利加合众国的代表议员相聚在这里，为了正义公道，向公正文明的社会判官倾诉；代表所有殖民地的人民，为殖民地联邦的自由独立而发表宣言。不仅如此，更是宣告获得自由不受约束的权利，并且宣告对于英国国王，不存在丝毫忠实的义务。宣言与英国政治没有关系，宣言表示殖民联邦是自由独立的国家，具有公布宣战、终结战局、缔约同盟等一切独立国所能够行使权利的能力。殖民地的人民，依赖上天的保佑，发誓将牺牲殖民地人民的生命、幸福和名誉来维持这个宣言。”宣言书的最后，列出了议长和书记官的姓名，1776年4月4日布告到全国各州。宣言所张贴的城市、街道，人潮拥堵，争着想要先睹为快。纽约州原来立有英王的铜像。州民们读了《独立宣言书》后，自由独立的思想，在大脑中沸腾。于是他们一起将英王的铜像推倒在地以发泄心中愤怒。波士顿广场上聚集了数千名市民，宣读宣言书，一边大声读一边狂叫，继而都哭了。

英国将领听说了殖民者颁布的宣言后，更加气愤了。他们向本国政府请命，请求派遣大军和强大的舰队，准备袭击纽约。华盛顿预料到了，便在海峡处下沉船材，使英国舰队进入不了港口；又派九千士兵和苦林将军，防守了纽约的各处要害之地。纽约的对岸，有个地方叫布鲁克林，左右两边都是大川。英军如果想要袭击纽约，必定要经过这条道路。苦林将军在这里设置了营地防守，又在前面的山麓设了防，防御工事更加坚固。英军的三万精锐士兵上了岸，分道前进；又以坚固的舰船破坏了防备舰船入港的破坏防材，将炮击布鲁克林右侧。英军至布鲁克林者，本有三道，一通前山间，二绕山之左右两端侧，皆峡路也。苦林将军遣将守此甚力。适苦林病，不能起，将军沙里代其任。沙氏以右侧与中央之间道为要，仅遣别将守左侧。敌兵知之，乃故以兵猛击前塞及山之右侧，潜以锐卒趋左侧，间道直进。守将不知其计，方尽力守御前塞，而左侧间道已为英军占领。比得信，已不及，狼狈而走。英军疾走出前塞之背，前后夹击。又以一队进围布鲁克林。北河英舰，复为之援，民兵死者，不可胜算。欲图入布鲁克林，为敌所遮，不能进。是役也，民兵仅九千人，而四分之一无良器械，以敌英国三万精兵，其数已相悬绝，又以守将不用苦林将军计，其致败也宜矣。时实千七百七十六年八月二十七日，世称为“伦古哀兰之苦战”是也。

战正酣，华盛顿至自纽约。望见布鲁克林战场，惊骇不知所措。更视城卒，兵器不完，而敌兵已迫城下。美舰复自北河炮击，华盛顿乃决计舍弃布鲁克林，于二十八日夜乘大雨潜引军去，退保纽约。时雨甚，道路泥泞，华盛顿命兵士搬运器械、粮食与炮门等，缓缓而退，一无所遗。二十九日侵晓，全军渡东河。是时英军锐气方张，勇悍无匹。民兵既材料，准备炮击布鲁克林的右侧。到达布鲁克林的英军，又分成三路，一路向前面的山间进发，另外两路则从山的左右两边绕道前进，都是峡谷小路。苦林将军派遣将士驻守此地，很是严密。当时正赶上苦林将军生病了，不能起床，由沙里将军代行职权。沙里将军认为右侧和中间的道路非常重要，便只派遣了一个别将驻守左侧。敌军知道后，就故意派兵猛击前塞和山的右侧，而悄悄派遣精锐士兵急速赶往左侧，从小道长驱直进。驻守的将领不知道这是敌方之计，刚调兵全力防守前方要塞，而左侧的间道便已经被英军占领。当发现之时，已经来不及了，只得狼狈逃走。英军快速从前塞的背面攻来，形成前后夹击之势。又派出一队士兵围攻布鲁克林，加上北河上英舰的支援，使得民兵死伤者不可胜数。民兵打算退入布鲁克林，却被敌军所阻，不能前进。这场战役，参战的民兵仅九千人，而且有四分之一的人没有良好的武器，让他们来阻挡英国的三万精兵，光在数量上就已经很悬殊了，又因为守将没有采用苦林将军的计策，战役失败也就不奇怪了。当时是1776年8月27日，世人称之为“伦古哀兰之苦战”。

战争正激烈时，华盛顿从纽约来到了前线，看见布鲁克林的战场，惊讶得不知如何是好。又看到守城的士卒，兵器也不完备，而敌军却已经快到城下了。美舰又从北面开始炮击，于是华盛顿便决定放弃布鲁克林，在28日晚上，趁着大雨带领着军队悄悄离去，退守纽约。当时的雨特别大，道路非常泥泞，华盛顿命令士兵搬运器械、粮食和大炮等，慢慢撤退，没有留下一样东西。29日天刚刚放亮，全军便渡过了东河。那时英军的士气刚刚上不熟练，而复新遭败亡，华盛顿乃能率残兵，过精锐敌兵与有力舰队之前，得以安全，无有所失，非绝大之兵学家，安能有此才识？华盛顿于此次退军，历数日夜不寐，常跨马背之上，以为警备。

波士顿之役，英之军气大沮。今得“伦古哀兰之捷”，英人欲乘机提出和议。英水师提督乃遣使来请盟。殖民地议会遣使者三人，与之协议。顾英人执意以殖民地为英属邦，不许独立。使者报命，议会拒之，于是和议又不成。而纽约港及伦古哀兰诸地，悉为英军所据。

时英军来自本国者，号称十万，益以强力军舰，封锁港湾。而殖民之兵，为数不过二万。敌兵每攻一处，往往厚集其兵力，而民兵之数既少，又须分布各地，其力益单。且英军娴规律，精训练，粮食充足，兵器精良。而民兵大半新募，一一与之相反，服役期满皆相率引去。自伦古哀兰一败，民兵视英军如天神，望风引避，逃伍者，日有所闻，华盛顿不能制止。其种种困难，较之英法战争时，且十倍也。然华盛顿当此境遇，不怖战败，不辞困苦，不避非难，不耻屈辱，决不失望，决不挫屈，毅然支之数年，卒成独立之功。如彼之富于忍耐性者，诚为古今之所罕有，令人可惊叹者也。

涨，无比勇猛凶悍。民兵本来就对行军打仗不熟练，而又刚刚遭受败亡，华盛顿能够率领残兵，从精锐的敌军和强力的舰队之前通过，得以安全，没有任何损失，如果不是大兵学家，怎么会有如此才识呢？华盛顿在这次退军中，好几天都没能休息，常常骑在马背上，时刻警备着。

波士顿战役，使得英军士气大减。现在取得了伦古哀兰大捷，英国人想趁机提出和议。英国水师提督于是派遣使者前来请求结盟。殖民地议会，派遣了三位使者与他们协商，但英国人执意要让殖民地作为英国的属邦，不允许独立。使者向议会汇报情况，议会拒绝了。于是没有达成和约，而纽约港和伦古哀兰等地，都被英军占领了。

当时英军来自本国的号称有十万人，更是以强力军舰来封锁港湾，而殖民地的士兵，为数不过两万人，敌军每攻打一处，往往是大量聚集兵力，而民兵的数量本来就少，还必须分布到各个地方，力量更加单薄。而且英军熟悉军事规律，受过精良的训练，粮食充足，兵器精良。然而民兵大半都是新招募的，样样都和英军相反，兵役期满后士兵们便都相继离开了。自从伦古哀兰一战失败后，民兵就视英军为天神，闻风丧胆，逃离队伍的，天天都有，华盛顿无法制止。这种种困难，与英法战争的时候相比较，要困难十倍也不止。但华盛顿遇到这种境况，没有害怕失败，没有害怕困苦，没有逃避困难，不耻屈辱，没有一点失望，没有一点因挫折而屈服，毅然决然地坚持了好几年，最终成就了独立的功绩。像华盛顿如此可以忍耐的人，确实为古今中外所罕见，让人值得惊叹今请观其失败之历史。

英军在伦古哀兰，民兵在纽约，隔东河而阵。纽约府在纽约岛东，地近伦古哀兰。其北有北河，河广二里，为殖民要港。英军占领其中部，殖民地人行动失其自由。英将因攻布鲁克林，久不克，乃欲一举而陷纽约。九月十五日（千七百七十六年），英将率兵四千，渡东河，舰队掩护之，乃于去纽约东北五里地上陆，而据其高阜。民兵受舰队炮击，力不能支，相率遁去。英兵悉由布鲁克林来集，步步迫入纽约。民兵遂退出纽约府，阵于九里之外。英军入纽约府，筑炮垒于府之前面。九月十六日（千七百七十六年），两军前锋交绥。民兵战颇力，军气为之稍振。华盛顿欲死守纽约城，其所部谏之，以为此绝地也，不可以守。乃于十月二十六日退军，全队兵士，不过一万七千人耳。

华盛顿既退军，英兵从后追袭之。华盛顿分二军为左右翼，据高丘上，大战良久，右翼败，左翼距英军远，未交战。居三日，英军援至，谋再袭，适大雨，道路不通而止。华盛顿闻英军大集，自知阵地不利，又退守别处。英军乃进击前面二炮垒，二垒俱陷。守将苦林走华盛顿军，华盛顿分兵七千，使守要地，自引兵西向。

啊。现在请看看他失败的历史吧。

英军驻扎在伦古哀兰，民兵退守在纽约，两军隔着东河对阵。纽约府在纽约岛的东面，靠近伦古哀兰；在它北面是北河，河面宽二里，是殖民地的重要港口。英军占领了这个港口的中部，殖民地的人民因此在行动上失去了自由。英国将领因为长时间攻打不下布鲁克林，于是打算一举攻陷纽约。9月15日（1776年），英国将领率领四千士兵，渡过东河，在舰队的掩护下，在距离纽约东北五里地的地方登陆，并占据了此处的一处高地。民兵遭受到了舰队的猛烈炮轰，抵挡不住，便相继逃走了。英军都从布鲁克林赶了过来，在这里聚集，步步逼近纽约。民兵便退出了纽约府，在九里之外列阵对敌。英军进入纽约府后，在府第前面安装了炮垒。9月16日（1776年），两军前锋交战。民兵战斗很是英勇，士气稍微有所振作。华盛顿打算死守纽约城，他的部下劝他，认为这里已成了绝地，不可以再防守了。于是就在10月26日全军撤退，全军的士兵加起来，也不过只有一万七千人而已。

华盛顿率军撤退后，英军一直在后面追击。华盛顿将军队分成两队，为左右两翼，占据一高丘抵抗英军。双方激战良久，右翼被打败，左翼因为距离英军比较远，没有作战。三日之后，英军的援军到了，准备再次发起攻击，但正好赶上大雨，道路不通而被迫停止。华盛顿听说英军士兵大量聚集，知道自己的阵地已经十分不利，便又退守到其它的地方。英军继续攻打前面的两座炮垒，二座炮垒都沦陷了。驻守的苦林将军回到华盛顿的军队，华盛顿分出七千士兵，让他们留下驻守要地，自己引兵向西。

是时英军战无不胜，势如破竹，连陷伦古哀兰、纽约及二炮垒。民兵步步退却，因此勇气全失，惟袖手任敌所为。适兵役期限将至，民兵相率解队而去。华盛顿所部，仅余三千人，而兵器多窳败不能用，衣服布幕尤不完全，并饮食、釜甑之类亦不足用。而英兵追之甚急，华盛顿不得已乃退。

当华盛顿退军时，军皆沿河而下，见河中有舟，悉引而集之一处，炮兵辎重乃得渡河。适有援至，因与之合。是时华盛顿兵犹不满五千，英军追已近。欲渡河无舟，军中一裨将，奔避不及，为英兵掳去，兵气益沮丧，将士多自杀者。

先是华盛顿去纽约，叠次退兵，州民闻之大恐，募兵无应者。英人乘机施抚辑之策。于是富民渐谋英，仰其保护，仅中流以下诸人，犹怀独立之志，祝民兵战捷。当此时也，外则敌兵追袭，内则将士叛离，而在军者又以器械缺乏，粮食断绝，时思逃亡。华盛顿之忧虑，盖可知矣。然在军中言笑如常，不露愁色，兵士多恃而无恐。

华盛顿以军队组织不完全，终不可以当敌，乃驰书议会，请计各州人口征兵，服役之期以三年为限。且改定军当时英军战无不胜，势如破竹，接连攻陷伦古哀兰、纽约和二座炮垒。民兵步步退却，因此勇气全失，只有袖手旁观，任敌人攻打。这时正好士兵的服役期限快要结束，民兵都相继解散而去。华盛顿的所属部队，仅仅剩下三千人，而且兵器大都已陈旧破烂，不能再使用，衣服、营帐更是不完全，并且饮食、炊具也都不够用。然而英兵却在后面紧追不舍，华盛顿不得已之下只得撤退。

华盛顿退军的时候，所有士兵都沿河而下，只要看见河中有船，便都集到一处，炮兵辎重这才得以渡河。当时正好有援兵赶来，因此华盛顿便将两军合为一军。当时，华盛顿的士兵人数还不够五千，而英军已经追得很近。华盛顿他们想要渡河，却没有船，军中的一名副将，逃避不及，被英军抓去了，士气更加沮丧，很多将士都自杀而死。

之前华盛顿放弃纽约，多次退兵，州民听说之后都很害怕，所以招募士兵时没有人响应。英国人趁机对州民实施安抚政策。于是一些富民渐渐地投向了英国人，希望获得他们的保护；仅仅留下中、低层的众人，依然心怀独立的志向，希望民兵能够打大胜仗。这个时候，独立军外有敌军的追击，内有将士的叛离，而且军中又缺乏器械，粮食也断绝了，民兵们时时想着逃走。华盛顿的忧虑，可想而知。然而他在军中依旧谈笑如常，脸上没有一点愁容，士兵们大多也因此得到心理依靠而没有害怕。

华盛顿因为军队组织不完全，最终无法抵挡敌人，于是给议会写信，请求计算各州的人口，按一定比例进行征兵，服役期以三年为限。他要求改变军队制度，让应征的士兵不得自由解散队伍制，令应募者不得自由解队而去。又劝议会，当遣使欧洲，求他国之援。议会允之，乃命富兰克林等为委员，陈说于欧洲各国；一面调查全殖民地人口，以行征兵之令，共得七十八大队。

征兵之令虽行，而仓卒之间不能遽集。华盛顿计不得一胜，终不足以鼓舞人心，而扬兵气。时英兵三万，追蹑华盛顿，欲渡无舟，徘徊河上，暂阵于岸。华盛顿乘英兵散处，谋袭击之。乃分军队为三，自将中军，别遣二将分兵为两翼。夜窃渡，分三面俱进。天未明，军已悉济，突击英军。英军仓卒遇袭，决斗数时，不能支而溃。自是英人不敢再谋渡河，而民兵渐振。议会闻之，人人大喜，乃急派十六联队之师来会。

先是英将哈根率精兵，自加拿大直进，所向无敌，连陷数寨。民兵尽力抵御，几不支矣。值援至，乃奋战，败英军。英军既败之后，复谋再举。越数日，悉锐来攻。民兵将官名斯他克者，慷慨誓曰："吾不胜敌，不复再见十三州之同胞矣！"乃麾其军，殊死战。卒却敌，得铳炮弹药无算。北部殖民大振，来投军者甚众，悉以所得军器授之，使之入伍。

离开，又劝议会，应该派遣使者出使欧洲，请求其它国家支援。议会同意了他的要求，一面让富兰克林等委员前往欧洲，游说欧洲各国；一面调查全部殖民地的人口数量，实行征兵的命令，共征得了七十八个大队的士兵。

征兵的命令虽然颁布了，但仓猝之间不能聚集起那么多人来。华盛顿估计如果不能够打个大胜仗，最终不足以鼓舞人心，激扬士气。当时英军三万大军，追击华盛顿，想要渡河却没有船，只得徘徊于河边，暂时在岸边驻扎。华盛顿趁英兵分散在各处，准备偷袭他们。于是他将军队分成三队，自己率领中军，派出两位将军分别率领其它两队列于左右两翼。晚上，他们偷偷渡过河，分三路同时前进。天还没有亮时，军队便全部渡过了河，突击英军。英军仓猝遇袭，决战了几小时，因支撑不住而溃败。从这之后英军不敢再谋求渡河，而民兵士气渐渐振奋。议会听说后，人人大喜，便急忙派出了十六联队来与部队会合。

这之前英国将领哈根率领精兵，从加拿大出发直进，所向无敌，接连攻陷了好几个要塞。民兵尽力抵抗，几乎支撑不住了。这时正值援兵到了，于是大家浴血奋战打败了英军。英军失败之后，又谋划再次进攻。过了好几日，所有精锐全部发起了猛烈攻击。名叫斯他克的民兵将领，慷慨发誓道："我如果不战胜敌人，就不再见十三州的同胞了。"说罢便率领他的军队，与敌军展开了殊死战斗，最终打退了敌军，得到的敌军铳炮、弹药无数。北部殖民地的人民士气大振，来投奔军队的非常多，于是便将所缴获的军备武器给了他们，让他们加入队伍。

千七百七十七年九月十九，两军又会战，至日暮始休兵，英复大败。十月七日，又战而败，英军死伤之外，只余九千人。民兵一万三千，围之数重。英将哈根乃以数千之卒乞降，北部殖民兵威大振，欧洲各国，闻者莫不人人惊叹。是为“沙拉托之战捷”，民兵将帅名倪特。

哈根乞降

时华盛顿方守河岸，距英军才六十里。英军既不能渡河袭击，乃退出伦古哀兰。华盛顿恐其进迫北部殖民地，急遣将分守要地。自以兵四千，进扼庇拉乌亚州之南部。八月二十四日（千七百七十七年），英军击破庇拉乌亚州，转而北向，华盛顿御之。九月十一日，两军大战。时英军一万六千，华盛顿军只四千，遂败退。十六日，又欲迎击，会大雷雨，火药尽湿，不能战。

自八月二十五日至九月二十六日，华盛顿仅以数千之兵，

1777年9月19日，两军再次交战，到日落时方才停战，英军再次战败。10月7日，两军又战，英军再次失败。英军除去死伤外，只剩下九千人了。民兵一万三千人，将敌军包围了好几圈，英国将领哈根于是带领数千士兵，向民兵投降。北部殖民兵军威因此大振，欧洲各国，凡是听说的人没有不惊叹的。这就是“沙拉托战役”，民兵的将帅名叫做倪特。

当时华盛顿的军队驻守在河岸，距离英军才六十里。英军无法渡河袭击，于是便退出了伦古哀兰。华盛顿担心他们进军北部，威胁北部殖民地，于是急忙派遣将领分别驻守各要地，自己则率领四千士兵，进守庇拉乌亚州的南部。8月24日（1777年），英军攻破了庇拉乌亚州防线，转战向北，华盛顿率军抵御。9月11日，两军大战。当时英军有一万六千人，华盛顿军队只有四千人，最终败退。16日，华盛顿又想迎战敌军，刚好赶上大雷雨，火药都被雨淋湿了，无法作战。

自8月25日到9月26日，华盛顿仅用几千士兵，扼守河岸，将数万的英军阻拦在六十里的区域之间，支撑了30天；接着又转战数百扼守河岸，御数万英军于六十里间，支持三十日；又转战数百里，屡败复起，而华盛顿从容补救。从军之人，事后谈之犹为色变，谓非华盛顿，无有能耐此劳苦者。

自是之后，华盛顿又屡败屡退。其时适值北部沙拉托大捷，振动全国，倪特将军之名，为人所称。殖民颇有议华盛顿之不能胜任者。华盛顿既败，乃屯军于某地。时方严冬，士卒衣服不给，而外有强敌，军中人人怨言。华盛顿竭其诚意，抚慰三军。议会咸以倪特建功多，谋举之以代华盛顿为总督。

先是欧洲诸国，闻北美宣告独立，颇赞其事。盖英国势力之扩张，久为欧洲诸国所忌。今美苟独立，则英之势力可以少杀，故甚望其事之有成。然终以惮英故，不能公然助美。自沙拉托捷报，遍布诸国，于是诸国知英之无能为，望美独立益切。时富兰克林适使法国，因乘机说法政府发兵助己。法政府允之，乃遣舰队选锐卒来援。

法国援兵与战舰续续而至，英军闻报大惊，乃退保纽约府。华盛顿率兵追之，千七百七十八年（乾隆四十三年）六月二十四日，大破英军。

英军既败，民兵复得外援，军气益张。法人且以精锐兵里，每次战败后又起兵再战，而华盛顿能够从容补救。跟随他参加了这次战争的人，事后还是谈之色变，说除了华盛顿，没有人能承受得住这样的劳苦。

从那以后，华盛顿又是屡败屡退。当时正赶上北部沙拉托大捷，震动了全国。倪特将军的名字，也被人们所称颂。殖民中有很多人议论，认为华盛顿不能胜任他的职位。华盛顿失败后，就屯军于某地。当时正值严冬，士兵的衣服供给不上，而外面又有强敌，军中的将士都有怨言。华盛顿只得竭尽所能，真诚抚慰三军将士。议会中的人都认为倪特建功多，准备推举他替代华盛顿为总督。

之前欧洲各国，听说北美宣告独立了，都很赞成这件事。因为英国势力的不断扩张，早已为欧洲各国所担忧。现在如果美州独立，那么可以稍稍削弱英国的势力，所以很期望北美能够成功独立。但是最终还是因为害怕英国，所以不敢公开帮助北美。自从沙拉托的捷报传遍各国，欧洲各国知道英国将再也不会有所作为，所以盼望美州独立的心情更是急切。当时富兰克林正好出使法国，因此趁机游说法国政府派兵帮助自己。法国政府答应了，于是派遣了舰队、挑选了精兵前来援助。

法国的援兵和战舰，相继而到，英军听说后大惊，于是便退守到纽约府。华盛顿因此率兵追击，于1778年（乾隆四十三年）6月24日，大败英军。

英军被打败了，民兵又得到了国外援军，士气日益高涨。法国人将精锐兵器交给民兵使用，民兵于是和法军会合，一起谋划器授民兵，民兵遂与法军相合，谋抵御。时英军方击南部，民兵与法军合力防之。千七百七十九年（乾隆四十四年），议会欲令华盛顿远征加拿大，华盛顿以为非计，乃止。

自是以后，华盛顿屯兵于纽约近旁，监视敌军，防护国境，厚养兵力，图乘机大举。是时殖民地施政极纷乱，滥用纸币，纸币价贱，购靴一双，须纸币六百元（每圆合中国二元）。而中部之兵，每因转运不便，供给缺乏，至有因饥寒而毙者。军中怨言繁兴，众皆怠于职务。黠者谋叛，懦者愤而告归。华盛顿竭其志诚，以抚辑之。论者谓独立军之不至于哗溃者，不赖有华盛顿，实赖有华盛顿之诚而已。

千七百八十一年（乾隆四十六年），华盛顿谋攻纽约，而先注力于南方。盖南方多要镇。英军之在纽约者，皆赖以为声援。南方破，则纽约援绝，英之孤军，必不能支。于是先分军一枝，向纽约炮击，以欺其守将，而潜引大军趋南方。先与法国舰队司令长官约，共击约克敦。围十余日，约克敦陷，同时英兵舰亦悉为法舰所捕，南方诸镇皆破。

【批评】

当殖民宣告独立时，人人乐于从军。至后来经数次败衄，便满口怨叹，纷纷解队。夫独立建国，此何等事！而殖抵御之策。当时英军袭击南部，民兵和法军一起合力防御。1779年（乾隆四十四年），议会想让华盛顿远征加拿大，华盛顿认为不合适，便拒绝了。

从此以后，华盛顿便驻兵于纽约旁边，监视敌军，防护国境，厚养兵力，想找机会大举进攻。这时的殖民地施政非常混乱，滥发纸币，纸币的价值非常低廉，购买一双靴子，就需要纸币600元。而中部的士兵，总是因为物资运转不便，供给缺乏，导致有人因为饥寒而死。军中士兵怨言渐渐变多，众人都消极怠工。不老实的人想着谋反，老实的人便愤而离队回家。华盛顿用自己的真诚，安抚宽慰大家。后来有人议论说，独立军之所以没有哗变溃散，不是仰赖华盛顿的人，实际是仰赖华盛顿的真诚啊。

1781年（乾隆四十六年），华盛顿准备进攻纽约，但在这之前，得先从南方入手。因为南方有许多重要的城镇，英军之所以能占着纽约，都是因为有南方城镇的声援。如果南方城镇失守，那么纽约的支援便会断绝，英军便会成为孤军，必定不能长久支撑。于是华盛顿先分出一队士兵，向纽约进行炮击，以欺瞒其守将，而自己则悄悄率领大军南下。先与法国的舰队司令长官约定，一起围攻约克敦。围了十多天后，约克敦被攻陷，同时英军的兵舰也全被法国军舰所捕，英军所占的南方诸镇都被攻破。

【评论】

当殖民地宣告独立的时候，人人都愿意从军。然而到后来经过了几次挫败之后，大家便满口怨叹，纷纷解散了队伍离开。独立民乃始锐终馁如此。若非华盛顿竭血诚相与维持，其哗溃也必矣。可见天下之事，全靠少数之英杰，不在多数之凡民。盖彼凡民，皆逞一时高兴，非有澈始澈终之志，故一遇倾跌，便尔灰心。若少数人自己没有把握，而欲利用一时的之民气，轻举妄动，其失败将至不可收拾。虽然吾之为此论也，非以沮创业君子之心，实欲使世之有志者，知成事之难，而时存戒惧耳。

成败论人，古今同慨。观波士顿之捷，议会对于华盛顿，何等欢迎。其后稍有挫败，至欲使倪特代之为总督。华盛顿却不以为意，一面抚辑落胆丧魄之民兵，一面修葺不整不齐之军备，内释议会之疑，外防英军之袭。世人莫道他做大统领时好荣耀好快活，须知道他所吃的苦要比你们多几千倍啊！

建国，这是何等的难事啊！然而殖民者开始时气势大盛，但最后却如此气馁。如果不是华盛顿竭尽全力，呕心沥血地维持，军队的哗变溃散是必然的。可见天下的事，全靠少数的英雄豪杰，而不是大多数的凡人。因为像这样的凡人，都只是逞一时高兴，没有贯彻始终的志向，所以一旦遇到挫折，便会心灰意冷。如果少数人自己没有把握，而只是想利用一时的民气，轻举妄动，那么失败将是不可收拾的事。虽然我得出这样的结论，并不是想阻止那些创业君子的心，实在是想让世界上的那些有志之人，知道成事的艰难，并且时时存有戒惧之心罢了。

成败论人，古今一样。你看波士顿大捷时，议会对于华盛顿是何等的欢迎，后来稍有挫败，议会便打算让倪特替代他的总督职位。然而华盛顿不以为意，一面抚慰失魄丧胆的民兵，一面修整不齐全的军备；对内消除了议会的怀疑，对外防止了英军的袭击。世人不要认为他做大总统时多么荣耀，多么快活，一定要知道他所吃的苦比你们多好几千倍啊！

第六章　独立告成

英军以南方诸镇既破，孤立无援，遂退出纽约。从此英国军队之在殖民地者，皆瓦解矣。议会以英军既败，战争之局，可以告终，谋弛军备，而致力于内政。华盛顿反对其议，驰马访各州之议员，说以整顿军备之必要。谓英军虽败，尚未驱出境外，难保其不重来，且此时欲要英廷之认我独立，尤须盛张军威，以为后盾。英国不承认殖民之独立，殖民决不能一朝安也。议员从其请，乃一面修军，一面遣使，开和议于法京巴黎。英廷容殖民请愿，公认独立，缔结和约。使者报书返，十三州市民群集市街，欢呼万岁，公会堂钟声铿铿，报自由之胜利，祝火彻夜。亚美利加十三州，自是永为独立不羁之国民。

战局既终，议会方注意于内治。不酬军队之劳，将士不平。华盛顿慰之曰："君等慎勿尔。夫军队者，为国民争自由而战。国民之自由，以议会代表者之命为其范围。故军队亦不可不服从议会之命令。"将士不喻其言，愤益甚，谋拥华盛顿为帝，以颠覆议会。华盛顿更谕之曰："呜呼！吾等掷一身之幸福与生命而奋斗者，果何为耶？非欲求吾等殖民地人士之自由耶？顾今乃激于小事，欲夺其既得之自由，何无英军因为南方的所有城镇都被攻占，所以变得孤立无援，于是退出了纽约。从此，在殖民地的英国军队都被瓦解。议会因为英军已经失败，认为战争大局已定，可以结束了，打算放松军备，而致力于内政。华盛顿反对这个议案，奔走拜访各州的议员，诉说整顿军备的必要性。他说英军虽然败了，但还没有被驱逐出境，很难保证他们不会卷土重来；况且此时要让英国政府承认我们的独立，更加需要强大我军的实力做为后盾；如果英国政府不承认殖民地的独立，那么殖民地的人们绝对不可能有一天的安稳。议员们接受了他的请求，于是一面修整军队，一面派遣使者，在法国首都巴黎召开了和谈会议。英国政府接受了殖民地的请愿，公开承认殖民地的独立，签订了和约。使者拿着和约返回后，十三州的市民聚集在街道上，欢呼万岁，公会堂上的钟声铿铿响起，传达着自由胜利的消息，庆祝的火焰整夜亮着。亚美利加十三州，从此之后成为永远独立、自由的国民。

战局已经结束了，议会才开始注意内部的治理。因为没有支付给军队酬劳，所以将士们感到不平。于是华盛顿安慰将士们说："大家请稍安勿躁。军队，是为了国民的自由而战。国民的自由，又以议会代表们的意志为准。所以，军队也不能不服从议会的命令。"将士们不理解他的话，更是气愤，谋划着推举华盛顿为王，从而推翻议会。华盛顿更是告诫他们说："唉！我们抛弃了自身的幸福和生命，而浴血奋战，到底是为了什么呢？难道不是为了求得我们殖民地人民的自由吗？而现在因为一点小事而激愤，还想夺取已经得到的自由，怎么能如此没有节操啊？怎么能如此没有慈悲节操之甚耶?何无慈悲之甚耶? 呜呼! 吾等忍兄弟妻子离散之苦, 以肉与血购得自由之美花。今也自由之美花将开, 此有破节操之人, 而戕此美花者, 吾神圣军队, 誓与之敌。”军队闻之, 人人感泣谢罪。华盛顿乃驰书告议会, 陈军队愤激之状, 必有以弥其不平。议会从之。从此北美自由国乃能消种种障碍, 而辉其国光于世界。此时华盛顿若存野心, 利军队之戴己, 起与议会为难, 则北美内讧之患, 将以酿成。英人更乘隙而抵之, 则独立之旗倒矣。华盛顿之所以为美国之元勋也。

千七百八十三年十一月二十五日, 英军退出纽约, 华盛顿率义勇兵入市中。十二月四日, 大会将校, 与之告别。十九日, 至联邦议会解总督印绶, 单骑归乡, 遂其农民生活。朝起监督田夫, 夜则归寝, 若忘其身为大将军者。先是殖民地无交通机关, 航路尤不发达。华盛顿建议, 开勿尔吉尼阿诸州航路, 改浚运河。以其事谋于州会, 州会感华盛顿尽力公事, 不惜重费, 赞成其事。议案中, 特增一语曰: “为华盛顿将军功绩成此计画。” 议员以斯议建自华盛顿, 人人愿从, 议案遂通过。

千七百八十七年(乾隆五十二年), 勿尔吉尼阿州会选出代表者, 为北美合众国同盟规约改正委员, 众选华盛顿。

之心呢？唉，我们忍受着兄弟妻子离散的痛苦，用血与肉的代价，得到了这自由的美丽花朵。现在这自由的花朵就要开了。现在有破坏节操的人，想要摧毁这美丽的花朵，我们神圣的军队，誓将与他为敌。”军队的士兵听说之后，人人都因此感动而落泪道歉。于是华盛顿写信给议会，陈述了军队愤激的状况，必须要采取措施安抚他们心中的不平。议会接受了他的建议。从此北美自由之国得以消除种种障碍，从而使国家的光辉照耀了世界。这个时候如果华盛顿存有野心，利用军队拥护自己的机会，起来与议会为难，那么北美内讧的忧患，也就会酿成了。英国人更会趁机发起攻打，那么独立的旗帜也就会倒下了。这也是为什么华盛顿可以成为美国元勋的原因。

1783年11月25日，英军退出了纽约，华盛顿率领义勇军进入市中。12月4日，与众将校举行了隆重的聚会，与他们一一告别。19日，华盛顿到联邦议会解除了总督印绶，独自回乡，满足了他农民生活的愿望。早上起来监督农夫，晚上回来睡觉，好像忘记了自己曾是大将军了。之前殖民地没有交通部门，航路非常不发达。因此华盛顿建议，开通勿尔吉尼阿各州的航路，疏通运河。于是向州会提议此事。州会因感激华盛顿对于公事的尽心，于是不惜重资，支持此事。州会在议案中还特别增加了一句话：“因为华盛顿将军的功绩，而完成这个计划。”议员们因为看到这个建议来自华盛顿，人人都愿意支持，议案于是得以通过。

1787年（乾隆五十二年），勿尔吉尼阿州会选出代表，作为北美合众国的同盟规约的改正委员，大家都推选了华盛顿。又经过又经全会推举为委员长。讨论议案，遂组织合众制度，制定宪法。宪法既定，选举大统领。多数投票皆书华盛顿名，于是华盛顿遂为开创北美合众国之大统领。

千七百八十九年（乾隆五十三年）四月三十日，为大统领受任之日。华盛顿自其乡来纽约，仪式甚盛，如凯旋。既临会场，乃为就职之誓，演说语极简单，先谢众人推举之德，继言今后行事，必合于正义公道，愿赖上天之保佑，得完其责任云云。又对议会演说，语亦至简。谓今幸承诸君信托而就此职，恐不才不克完其职务，愿得诸君匡助，使我合众国有光荣于世界。

方华盛顿被举为大统领时，归语其母。母愀然曰："吾老且病，命旦夕耳，殆以今与汝诀。汝往哉，速奉行天之使命。"言已，泪潸然下。华盛顿亦涕泣不忍去，母勖之乃行。既至纽约就职，忽感疾，逾六周间。疾愈后，得报母死。华盛顿大恸，急命驾归，举行葬仪。国人以华盛顿母贤，且生令子，福国家，甚尊敬之。故闻其丧也，咸为之感泣。

合众国制度既成立，华盛顿举基挨夫任内阁，哈美鲁顿任大藏，显理任军务。哈氏整理财政，建议兴税法。基挨全会的推举，华盛顿当选为改正委员会的委员长。经过讨论议案，改正委员会组织了合众制度，制定了宪法。宪法确定后，便选举大总统。大多数的投票都写的是华盛顿的名字，于是华盛顿最终成为了开创北美合众国的大总统。

1789年（乾隆五十三年）4月30日，是大总统的受任之日。华盛顿从家乡来到纽约，仪式很是隆重，就像出征凯旋一般。到了会场后，华盛顿宣誓就职。就职演说语言非常简单，先是感谢众人的推举之恩，接着说今后行事一定会合乎正义公道，祈愿上帝保佑，自己能够完成职责等等。其后他又在议会上发表演说，语言更为简练。他说，今天有幸得到各位的信任而担任此职，担心自己没有能力不足以完成这项重任，希望能够得到各位的帮助，使我们的合众国能给世界带来光荣。

华盛顿刚被推举为大总统的时候，回家将此事告诉了他的母亲。他母亲严肃地说："我已经老了，生命只在旦夕之间了，大概现在就要和你永别了。你去吧，快去履行上天给你的使命吧。"说完，已潸然泪下。华盛顿也是眼泪直下，不忍离去，在母亲的勉励下他才出发赴职。到纽约就职后，他忽然得了重病，超过了六周的时间。疾病痊愈后，得到了母亲去世的消息。华盛顿异常悲痛，急忙骑马回家，为母亲举行葬礼。国人因为华盛顿的母亲贤惠，又生了这样一个好儿子，给国家带来了福运，很尊敬她，所以，当听说她去世后，也都为此感到伤心。

合众国的国家制度已经确定，华盛顿便举荐基挨夫出任内阁总理，哈美鲁顿出任财政大臣，显理任军务大臣。哈美鲁顿整理财夫反对其政策，以此党派纷起。民间亦均反对哈氏之议，几酿乱世，卒以军队镇压之。

朝廷党派既兴，基哈二氏，积不相能。华盛顿调停其间，终不奏效。定制大统领任期四年。华盛顿既满任，欲退隐。顾当时政局纷如乱丝，任满后，国民又选举华盛顿。千七百九十二年（乾隆五十七年）三月四日，华盛顿复就职。是时外交事件频起，法国组织共和政体，对英布告宣战。美人念法助己独立，与表同情，望政府与法结攻守同盟之约。华盛顿以为吾邦新造，内力未充，不能于列强有所左右，惟以局外中立为宜。且以一时任侠，投国家于争乱漩涡中，徒以危新自由国，无补于法也。乃拒绝法使之请，宣告局外中立。

【批评】

独立战争七年，北美建国，殊为不易。既幸英人认己，自由之花方灿。而又有军队与议会之冲突，斯时苟非华盛顿以一片血诚，劝导军队，则内讧既兴，外侮旋至，国运终即于危。军队意见既平，而党争又起。华盛顿何其多难也。观其一生所处之境，无非最逆最险。一不谨慎，动关大局。今政，建议大兴税法。基挨夫反对这项政策，因为这事党派纷争便开始出现了。民间也都反对哈氏的议案，并几乎因此酿成大乱，最终以军队镇压才平息了此次大乱。

朝廷党派兴起，基挨夫与哈美鲁顿两人，长期不亲善。华盛顿在他们之间进行调和，仍旧没有效果。制度规定总统任期为四年。华盛顿任期满后，打算退隐。但当时政局非常混乱，在华盛顿任满后，国民再次推选他为总统。1792年（乾隆57年）3月4日，华盛顿再次就职总统。当时外交事件频频发生，法国组织了共和政体，并向英国宣战。美国人民想到法国曾经帮助自己独立，对法国表示同情，希望政府与法国达成攻守同盟的条约。华盛顿认为自己的国家刚刚成立，国内实力不允许，不能被列强所左右，只有在局外保持中立最好。况且因一时的任性，将国家置于战争的漩涡之中，只会威胁到新成立的自由之国，对法国没有什么帮助。于是他拒绝了法国使者的请求，宣布保持中立。

【评论】

独立战争历经七年，北美能够独立建国，非常不容易。幸好英国政府认可了北美的独立，自由的花朵才得以灿烂开放。而接着军队和议会之间又起了冲突，当时要不是华盛顿用一片赤血之诚来劝导军队，那么内讧就会兴起，外辱也会立即到来，国家的命运最终也将陷入危险。军队的意见平复之后，党争又起来了。华盛顿遇到的磨难真是多啊！观察他一生所处的环境，无非是最逆、最之少年有血性者，多喜办事。须知办事非难，只要捐私意，布至诚，挨得苦痛，左右回顾，勿伤大局，甘以一身当危难之冲，则事可办矣。不然者，凭一时血气之旺，待临事时，只仗意气，不耐苦，不挨骂，扶东而倒西，顾此而失彼，必至全局败坏。可不戒哉？

古今人物，以华盛顿最为高洁。观其独立战争时，何等困难，而彼则维持七年。若有余味，殆所谓当今天下，舍我其谁者非耶？至独立告成，别军士，至议会解总督印绶，飘然归农。若忘大将军之贵，殆所谓视天下如弃敝屣者非耶？始则麾之不去，继则招之不来，先天下而忧后天下而乐。今之读《华盛顿传》者，能于此处着眼，则虽不做大统领，亦足以成伟人。

险的。稍微不谨慎，就会关系到大局。现在有血性的青年，大多想做点事情。他们应当知道做事并不难，只要能放下自私的念头，拿出诚意，忍得住苦痛，懂得前后总结，以大局为重，在危难之际愿意付出生命，那么事情就可以办成了。不然，仅凭自己的一腔热血，等到事情发生时，只知意气用事，不能忍耐吃苦，不能挨骂，扶东倒西，顾此失彼，这样必定导致全局败坏。这能够不警戒吗？

从古到今的大人物，以华盛顿最为高洁。看他在独立战争的时候，那是何等的困难，然而他坚持了七年。如果还有让人回味的地方，大概就是当今天下，他那舍我其谁的气概了。等到独立战争胜利后，他告别了军旅生涯，到议会解除总督印绶，洒脱地回家务农。好像忘记了大将军的尊贵，这大概就是所谓的视天下如扔弃破鞋吧！开始的时候，赶不走，现在又召唤不来，先天下之忧而忧，后天下之乐而乐。现在读《华盛顿传》的人，如果能够从此处入手，那么即使他不能做大总统，也一定能够成为伟人吧！

第七章 华盛顿之退隐及其轶事

华盛顿再任大统领时，朝中党争益烈。哈美鲁顿退任，华盛顿犹行其策。基挨夫以哈氏虽去位，犹为华盛顿助，意见终不能消。先是党派之争，其始皆各执一理，经数次反对后，乃渐驰于感情，明知敌之是，而不以为是，而敌之对己也亦然。于是愈相隔，愈不能解怨。随事反对，不凭是非。华盛顿自计惟有退出政局，使敌已者失反对之标，俾其感情之上生一顿挫，待其当局遭困以后，自能感悟前非，相与携手。且已年渐老，思乡念切，盍归乎来？千七百九十六年（嘉庆元年）九月，华盛顿第二次任满期，乃布诀别之辞于国民而归。

千七百九十八年（嘉庆三年），美法因外交事件欲开战。美国于海陆施防御，招华盛顿为副总督。华盛顿不愿就，但求得一士官任命之权。旋以战端已弥，海陆解防，而华盛顿犹带士官之职，以终其身。

千七百九十九年（嘉庆四年）十二月二十四日，华盛顿薨。先数日，感风少病，犹能强起。出郊外，散步田亩间。归家时，行至半途，疾大作，旋得肺炎，数日而逝，年六十八。国人闻华盛顿之丧，若丧父母。农夫辍其耒耜，百工停其居肆，官厅休事务，全市静悄无人声；寒云低垂，悲风吹吊华盛顿再次任职大总统的时候，朝中党争更加激烈。哈美鲁顿退任了，但华盛顿依旧实施着他的政策。基挨夫认为哈氏虽然退位了，但仍在帮助华盛顿，因此意见始终不能消除。先是党派的争斗，刚开始都是各执一理，经过数次的反对后，感情就慢慢疏远了。明知道对方是对的，却不承认对方是对的，对方对自己一方也是如此。于是双方关系越来越远，越不能解决怨恨。只要是对方的事情都反对，也不管正确与否。华盛顿认为只有自己退出政局，让敌对自己的人失去反对的目标，使他们在感情上受到一次挫折，等到局势遇到困境的时候，自然能够认识到之前的不对，因而相互携手并进。况且自己渐渐老了，特别思念家乡，何不回家呢？1796年（嘉庆元年）9月，华盛顿第二次任职期满，于是向国民发表了辞别演说而回家了。

1798年（嘉庆三年），美、法两国因为外交事件，准备开战。美国在海、陆都布署了防御措施，并招回华盛顿为副总督，华盛顿不愿意就职，只要求得到一个士官的职务。不久之后，战争的祸端消除了，海、陆解除了防御，而华盛顿却依旧带着士官的职位，终其一生。

1799年（嘉庆四年）12月24日，华盛顿逝世。在这几天之前，他受了点风寒，但还能够勉强起床。一天，他出门到郊外的田间散步，回家时，走到半路，疾病突然发作，不久便得了肺炎，没过几天后就去世了，时年68岁。国人听到华盛顿去世的消息，就好像父母去世一样悲伤。农夫扔掉了耒耜，工人们关闭了工厂，政府也停止了事务，全市静悄悄地没有人声；天上寒云低垂，悲伤的风吹过了旗而过。斯时，北美合众国若呈秋色，其萧索冷寂，殆莫能状。人民且恸哭，且追念，且感谢而赞美之，感情涌沸，莫可遏抑。盖自由国民顿失慈爱之父、建国之祖。回念伟人，实有不堪其悲哀者。于是全国人民为之服丧，葬其遗骸于俾路囊之丘上。

俾路囊在华盛顿府南十四里，水陆皆可通。陆行于秋最宜。天气澄清时，朝出都门，跨马过多里亚古市，寂寞宏壮，古代石屋，犹历历在目。茑萝缘壁而生，疏烟缕缕，出于林际。自是西南行四里，一丘累然，即俾路囊丘也。华盛顿坟在丘之半腹，炼瓦石造，如太仓。其前有广门二，皆铁制，上揭大理石额。门左右立纪念碑，碑亦大理石所造。棺室方一丈许，石室为华盛顿棺，左侧其母马利褒夫人也。茔四边殖草木花卉，下有园，夹以二轩之屋。华盛顿母屋，在其一面临河处。至今父老过此，尚追怀往事，乌悒不能去云。

园中央植杨柳数株，盖自拿破仑墓移来者。国人以华盛顿与拿破仑为近世史中大伟人。华能建造美国，拿能创霸欧洲；一成功而一失败，其为绝世事业则同，生前不能相吊旗。此时，北美合众国仿佛到了秋天，萧索、寒冷、寂静的样子无法描述。人民一面恸哭，一面追念着他的过去，一面感谢且赞美他，感情澎湃，涌上心怀，无法抑制。因为自由的国民一下子失去了慈爱的父亲、建国的创始人。回想起伟人，确实有无法承受的悲哀。于是全国人民都为他服丧，将他的遗体安葬在了俾路囊的山丘上。

俾路囊位于华盛顿府南面14里的地方，水路、陆路都可以到达。从陆路走的话，在秋天最合适。天气晴朗的时候，早上从都门出发，骑马经过多里亚古市，寂寞而宏伟壮观的古代石屋，还历历在目。茑萝沿着墙壁向上生长，缕缕疏烟，从林子里面升起。从这儿向西南方向走四里，一处山丘重叠的地方，就是俾路囊山丘。华盛顿的坟墓在山丘的中间，由瓦石做成，就像太仓一样。墓前有两扇大门，都是铁制的，上面盖有大理石的扁额。大门的左右两边立有纪念碑，碑也是大理石打造的。停放棺材的石室，大概只有丈许方圆，室内中间停放的是华盛顿的棺材，左边停放的是他母亲马利褒夫人的棺材。坟墓的四周种植了草木花卉，下面有一个小园子，园子两边建有两栋小屋。华盛顿母亲的屋子，在一处靠近河边的地方。至今，父老乡亲经过此处时，仍会怀念华盛顿母子的往事，连鸟儿也因忧伤而不忍离去。

园子的中央种植着几棵杨柳，是从拿破仑的墓地移来的。美国人认为华盛顿和拿破仑是近代历史中的伟大人物。华盛顿建造了美国，拿破仑创造了欧洲霸主的历史，只是一人成功了，而另一人失败了，但都是绝世事业，这一点是相同的，只是他们生前不能相见。而自由之友，固舍拿破仑以外无其人，故特从拿帝墓侧移柳植此，以慰其幽魂。

华盛顿少时，其父与以一小斧。喜甚。欲断庭中树木，以试其锐，遂误斫一樱树。父归家，见樱树被斫怒甚，问何人乃斫吾樱。华盛顿见父怒，大怖。继思格言有云，为人不可不正直，乃趋至父前，俯首自承。父大喜曰："儿能守正直，吾虽失百樱树，宁能易汝正直耶！"乃赦其过。

华盛顿初为测量时，尝与同伴息于河岸。有农家子方四岁，嬉于河沿，忽坠河。其母惊悲呼救，频言："在彼处，在彼处。"河居下流，水奔泻而下，其速如矢；怪岩奇石，耸于河中。旁观者无敢下。华盛顿见之，急脱衣跃入河。农妇见援者，大喜，目视其子浮沉，以手指之；顾流急，倏忽间又不见，因沿岸大呼。华盛顿泅水攫儿二次，为波所阻。少顷，近泷（瀑布也），流益急。望见溺儿已在数尺前，乃奋勇推波而进，一攫得之，转身向岸而泅，为流所推，因将陷于泷。农妇见华盛顿已拾得儿方喜，继见华盛顿陷泷，又大悲，以为儿必无返矣。两目突视泷道，忽大呼曰："彼处出矣！"同伴视华盛顿已近岸而泳。农妇大喜，几欲趋入水迎见。而热爱自由的朋友，本来除了拿破仑外就没有别人了，所以他们特意从拿破仑的墓旁移了几棵杨柳来这，用以慰藉他们的幽魂。

华盛顿小时候，他的父亲给了他一把小斧头。他很是喜欢，因此想要砍断院中的树木，来试试斧头是否锋利，于是误砍了一棵樱桃树。父亲回到家后，看到樱桃树被砍了，很是生气，就问是什么人砍了樱桃树。华盛顿见父亲非常愤怒，非常害怕，继而想到格言上说，为人不能不正直，于是走到父亲面前，低头主动认错。父亲非常高兴，说道："我的儿子能够坚守正直，我即使是失去了百棵樱桃树，又怎么能与你的正直相比呢？"于是免掉了他的过错。

华盛顿开始做测量的时候，曾与同伴在河边休息。有一户农家的孩子才四岁，在河边嬉戏，突然掉入河里面。小孩的母亲惊恐万分大声呼救，嘴里不停地说："在这里，在这里。"河水往下急流，河水奔泻而下，速度像射出的箭一样；而河中间，耸立着奇石怪岩。旁观的人，没有敢下河救人的。华盛顿见了，急忙脱下衣服，跳入河中救援。农妇看见有救援的人，大喜，盯着不断沉浮的自己的孩子，用手指着告诉华盛顿。但是水流太急，忽然间孩子就看不见了，农妇急得沿着河岸边跑边大叫。华盛顿两次潜水抓住了孩子，但都被水波挡住了。不一会儿，便靠近了一处瀑布，水流更急了。华盛顿看见溺水的孩子已近在咫尺，于是奋力推波前进，一把抓住了孩子，然后转身向岸边游去，却被水流所推，眼看就要掉下瀑布。农妇看到华盛顿抓到了自己的孩子刚刚放下心来，可突然又看到华盛顿身陷瀑布边缘，又悲伤起来，以为孩子肯定是救不回了。农妇两眼紧盯着瀑布，忽然大叫道："从那儿出来了！"同伴之。俄见华盛顿徐从河间淋漓现半体，先举溺儿付其同伴，已乃登岸。农妇且喜且泣，握华盛顿手，不能成声。久之乃曰："郎君冒险援吾儿，此非寻常人所能。吾愿皇天福郎君。"时华盛顿年仅十八。

【批评】

华盛顿生平服膺一语曰："正义所在，道之所在。"故其尽力国事，常不顾一己之劳瘁，以正义博爱称。其人品殆如春风暖日，天地和煦，群羊嬉嬉而啮春草。此华盛顿之胸襟也。

华盛顿自少即能至诚不欺，观于斫樱一事可知矣。年长，即不怖困难，不恐失败，只以守义为心，观救溺儿一事，又可知矣。博爱恻隐之心发于中，至于舍身为人。前者具公正自持之性质，后者具有为人类、为国家、为天下不顾身之精神。惟其有此公正之性质，舍身救世之精神，故其所成就，能使北美合众国卒告独立。

华盛顿一生，只守公正与纯洁。世之政治家，好用诡诈手段。华盛顿不然。彼尝言："正义为最上政略。"故彼对于国人，对于外人，皆以正直为主。

看华盛顿时，他已经游到了岸边。农妇大喜，几次都想到水中迎接。突然看见华盛顿从河中慢慢露出了半个湿淋淋的身体，先是举起溺水的孩子递给自己的同伴，然后自己才登岸。农妇喜极而泣，握着华盛顿的手，泣不成声，很久之后才说："您冒险救了我的孩子，这不是一般人可以做到的。我祈愿上帝保佑您。"当时华盛顿年仅18岁。

【评论】

华盛顿一生信奉的东西用一句话来总结就是："追求正义所在，追求真理所在。"所以他为了国事尽心尽力，常常不顾自己的劳累，赢得了人们正义、博爱的称赞。他的人品大概就像春风、暖日一样，让天地间充满了温暖，群羊在地上一边嬉戏，一边吃着春草。这就是华盛顿的胸襟。

华盛顿从小就待人真诚，不欺骗他人，从他小时候砍樱桃树这件事情上就可以看出来。成年之后，便不畏惧困难，不害怕失败，只有一颗坚守正义的心，这从他救溺水孩子一事上便可以知道。博爱、恻隐之心常在心中生起，甚至常常舍身救人。前者具有公正自持的性质，后者具有为人类、为国家、为天下而奋不顾身的精神。因为他具备了公正的品质，有了舍身救世的精神，所以他的成就，能让北美合众国最终宣告独立。

华盛顿的一生，坚守着公正和纯洁。世界上的政治家，喜欢用诡诈的手段，而华盛顿却不这样。他曾经说："正义是最好的政治策略。"所以他对于国人、对于外人，都是以正直为主。

华盛顿功业既传不朽，各州皆建纪念碑。美国首府，即以华盛顿为名。世人望纪念碑者，莫不惊叹。然华盛顿之不朽，实非纪念碑，亦非俾路囊丘之墓。盖彼所建设之合众国，及共和政体，实足以垂示万古，而彼之精神，亦即常存于合众国与共和政体之中，相与传之不朽矣。

华盛顿的功业流传不朽，美国各州都为他建立了纪念碑。美国的首都，便是以华盛顿的名字来命名的。世人看着他的纪念碑，没有不惊叹的。然而华盛顿的不朽，却并不是他的纪念碑，也不是俾路囊丘的墓地。因为他所建立的美利坚合众国，以及共和政体，实在是足以垂示万古了。而他的精神，也长存于合众国与共和政体之中，一起永传不朽了！

少年丛书

文白对照本

格兰斯顿

孙毓修◎著

团结出版社

图书在版编目（CIP）数据

少年丛书 / 孙毓修编. -- 北京 : 团结出版社,2015.7
ISBN 978-7-5126-3662-0

Ⅰ.①少… Ⅱ.①孙… Ⅲ.①名人—生平事迹—世界—少年读物 Ⅳ.①K811-49

中国版本图书馆CIP数据核字(2015)第130183号

出版：团结出版社
（北京市东城区东皇城根南街84号 邮编：100006）
电话：(010) 65228880　65244790 （传真）
网址：www.tjpress.com
Email：65244790@163.com
经销：全国新华书店
印刷：三河市祥达印刷包装有限公司
装订：三河市祥达印刷包装有限公司

开本：148×210　1/32
印张：128
字数：1500千字
版次：2015年12月 第1版
印次：2016年4月　第2次印刷

书号：978-7-5126-3662-0
定价：490.00元（全28册）

少年叢書

《少年丛书》白话语译编委会

出版前言

近代著名思想家、政治家梁启超曾经说："少年强则国强，少年智则国智，少年富则国富，少年独立则国独立，少年自由则国自由，少年进步则国进步，少年胜于欧洲，则国胜于欧洲，少年雄于地球，则国雄于地球。"这是他的散文《少年中国说》中的一段，作于戊戌变法失败后的1900年。文中极力歌颂少年的蓬勃朝气，指出封建统治下的中国是"老大帝国"，热切希望出现"少年中国"，振奋人民的精神。

或许是受到梁启超先生的感召，1908年冬天，上海商务印书馆编译所推出了一套系列丛书——《少年丛书》，又名《中外伟人的传略》，这是二十世纪中国的第一部历史人物类学生课外阅读丛书。首任编辑和作者是林万里，第二任编辑是孙毓修，孙毓修是这套丛书的主要作者，后期加盟写作的骨干还有国学大师钱智修。他们都博览中外，以精准而严格的眼光审视中外古今文化资源，选取其中有益于

少年儿童精神世界的材料，予以整合，编写成册。这套书出版以后，广受少年儿童的欢迎，每册前后加印达几十次，若整套书累计，恐怕达到数百次之多，发行量之大，影响力之广，在二十世纪的人物传记类图书中堪称罕见。

《少年丛书》前后出版了近三十余种，每一册传主为一位中外历史名人。我们在全国各地经过多方的搜寻，共得二十八册，其中中国名人十五位，外国名人十三位。每篇先叙述名人的生平传记，后加以作者的评论，根据时事，启发少年，借以激励少年树立远大志向，明确奋斗目标，成就健全人格。著名作家茅盾在阅读这套书后曾评论说："记事简明，议论正大，阅之足以增长见识，坚定志气。"这套出版之初即为砥砺少年志向的书影响了当时无数少年儿童由此走上振兴中国之路。著名作家张天翼、赵景深、陈伯吹等，都曾深受这套书的影响。

《少年丛书》的三位作者，都是当时学贯中西的通儒，不仅有深厚的国学功底，也有睁眼看世界的非凡眼光。撰写本套书册数最多的孙毓修先生，他是我国近代著名的目录学家、藏书家、图书馆学家。他同时还创作了大量的儿童文学作品。除了《少年丛书》，他还先后主编出版《少年杂志》、《童话丛书》等，被茅盾誉为"中国童话的开山祖师"。

另一位作者钱智修，浙江嵊县人，字经宇，是著名的国学大家，博古文学家，东方学派思想家。他在学时，就以"国学国文湛深，文章洛阳纸贵"赢得尊敬，并被上海多家进步报馆争揽为特约撰稿人。1911年毕业后，他应编译所长高梦旦之聘，担任商务印书馆编

译所编辑。1920年7月他任《东方杂志》主编，长达12年，是该杂志有史以来任期最长的主编。他还参与编辑《辞源》及《中国人名大辞典》、《中国古今地名大辞典》。1931年任国民政府监察院秘书长。

第三位作者林万里是民国年间著名的报人，原名獬，又名白水，字少泉。他幼承家学，又拜名士高啸桐（商务印书馆创始人之一）为师。清光绪二十四年(1898年)，他在杭州参与创办求是书院、养正书塾、东城讲舍、蚕学馆4所新式学堂，任求是书院总教习；后任《杭州白话报》主笔，宣传新思想。光绪三十年(1904年)，他出任《警钟日报》主编，宣扬孙中山及其领导的革命，后追随孙中山。帝制取消后，林万里重操新闻旧业，创办过多份报刊。

鉴于每位作者独有的知识结构和兴趣热点，每位编者对人物都有自己的选择。孙毓修所撰写的大部分是中国历史名人，而且写作的视角也非常独特，如其所写的《玄奘》是一个历史人物，而不是《西游记》中的唐僧。现代的普通读者对玄奘的了解绝大部分是来自于《西游记》等小说，而历史上的真实情况却鲜有人知——玄奘取经并非唐太宗支持，相反还受限于当时的法令，他冒着生命危险才得以出境。这就需要有人为读者打开另外一扇窗户，还原真实的玄奘，而不是小说中的文学形象。茅盾先生对孙毓修所写的《玄奘》评价很高："可以说是内容翔实，深入浅出，既宜于少年阅读，也使成年人增加历史知识。"再如《苏秦》，作为一位著名的辩士，《史记》必然为之列传。孙毓修在写苏秦游说各国发言的时候采用了《史记》中记载的史料，而在后面的评论部分对苏秦的表现作了恰当的点评，分析苏秦游说秦、燕、赵、韩魏、齐楚的过程，阐述了苏

秦辩术策略的不断提高。对于国外人物的选取，孙毓修也是偏爱励志型的，如德谟士，从一个小人物成长为大演说家；彼得大帝，从受制于人，成为欧洲赫赫有名的皇帝。

另一位作者钱智修，先后写有《林肯》、《苏格拉底》、《拿破仑》等，这些都是西学东渐后中国人十分崇仰的外国名人。值得注意的是，钱智修秉承严复所主张的信、达、雅翻译原则，特别讲究传记所含的真实性。他所抒发、张扬的传主虽然都被列为人们仿效的楷模，写法却不做作，更没有为了塑造人物形象而更改史实。

林万里所写的外国传记和钱智修的作法大致相近，即在第一章抒发己之传记宗旨，后文谈及传主读书之术、治学之道与其行事风格，并进行了点评。此外还有其他人关于传主的言论，更有编译者自己的评论，以引导少年儿童正确地学习和借鉴，而不是一味盲从。

《少年丛书》的最大特色，就是“记事简明，议论正大”。书中除了记叙人物的生平故事之外，作者的评论也让这套书大为增色。其议论宏富，既能够结合少年的成长特点，指明如何学习书中人物的优良品质，也指出了其中的不足之处，对于引导少年如何立志修身，大有裨益。

这套书的另一大特色，就是全部用文言文写作，语言凝炼，文笔流畅，保持了中国传统作史传的鲜明特色。当时，白话文风已经悄然兴起，而作者能够不从时髦，采用文言写作，甚为难得。以至我们今日再读此书，依然能够体味到文言笔法的无穷魅力。然而考虑到近百年来，国人的文言文水平已经一落千丈。今日的大部分少年，阅读文言文尚有一定困难，因此我们特别组织人员，将全套书进行了

白话翻译。尽管我们做了最大的努力，文言文的神韵依然是难以用白话表达出来。因此，我们希望少年朋友通过阅读这套书，体会文言文的独特魅力，进而热爱和学习文言文。

《周易》有云："君子以多识前言往行，以畜其德。"说的就是多学习古人的嘉言懿行，对我们修身立德至为重要。古人尝言："童蒙养正，少年养志，壮年养德。"少年时期是人生至为关键的时候，这个时期树立什么样的志向，以什么样的人为榜样，往往会决定一个人未来的人生成就。而一个人少年时期读的书，也足以改变他的一生。在今日少年课外读物良莠不齐的状况下，《少年丛书》堪称鲜有裨益少年的优秀读物。若今日的少年，能够认真研读这套《少年丛书》，对于树立远大志向、培养健全人格、完善道德情操将大有裨益。或许，今日的风华少年，即是将来成就伟业的千古豪杰、泽被世人的大圣大贤。勉哉！勉哉！

为什么要读名人传记

——《少年丛书》白话语译序

我从小很喜欢读书，可是，因为身处偏僻山村，小的时候却无书可读。那个时候，家中只有父亲买的一本《古文观止》，儿时翻阅过无数次，虽看不太懂，却记忆深刻。有人说，儿童时期读的书，一生也难以忘记。此言确实不虚。

没有想到的是，儿时无书可读的我，日后竟然投身于出版业。今天，我国的出版业已经非常发达，给少年儿童读的书也非常多。可是，若细心寻求，真正的好书却是少之又少，尤其是给少年儿童介绍历史文化的书。

一个偶然的机会，我们与这套百年前的《少年丛书》结缘，这套当初专为少年而写的中外名人传略，让我眼界大开，没想到，百年前的前辈们，竟给少年们创作出如此优良的传记读物。要知道，给少年

儿童写作，比给成年人写作更难，尤其是给人物作传，既要符合历史史实，不可随意编撰，又要注意引导青少年如何取其长，避其短，以免误人子弟。因为，作为历史人物，不可能处处皆堪为今人楷模。这就需要作者要极富有爱心、责任心和严谨精神，才能让读者从中获得纯净的人生智慧。可以说，目前各种写给青少年的人物传记，很少能与这套《少年丛书》相提并论的。

这套书中的二十八位中外名人，大多数是我们耳熟能详的人物，但是对于他们的生平事迹，也许就知之甚少了。读了他们的传记，方知欲为圣贤豪杰，需下一番苦功夫才能有所成就。“人人皆可为尧舜”，说的是我们每个人都有成圣成贤的资质，然而虽有圣贤之资，也需后天的不懈努力，方能成就一番伟业。所以，这一套书作者的目的并不仅仅是让读者了解一下名人轶事，而是以伟人的事迹启迪和激励少年朋友，树立人生的志向，汲取这些英雄豪杰的人生智慧，修身立德，练就自身本领，最终成为造福国家和社会的有用之才。

这套书虽然是写给少年看的，并不意味着就不适合大人阅读。大作家茅盾就曾大力推荐这套书。现在的青年人，乃至家长、老师，若能读读这套书，对于人生事业，教育子弟，也是大有益处的。可以说，这是一套老少皆宜的好书。

《少年丛书》在当时之所以大受欢迎，销量巨大，也不是没有原因的。这套书每册文字量不大，文笔流畅，史实可靠，评议精彩，这都是许多普通名人传记所不具备的。因此，这套书深受读者欢迎，也就不难理解了。

读名人传记，重在学习名人的智慧和经验。正如文天祥所说，

“人生自古谁无死，留取丹心照汗青”。人生有涯，知也无涯，如何在有限的生命里寻求到人生的价值，获取人生的智慧，而不浪费光阴？《少年丛书》中的这些圣贤豪杰，就是我们的榜样。他们身上伟大的人格，比如孝友、善良、爱心、坚毅、勇敢等等，这些人性的光辉，都是我们的学习之处。

我们用了近一年的时间，将这一套书作了白话语译，希望今天的少年们，能够喜欢阅读并且从中汲取智慧。若能让每一位读者都能够有所收获，那就不负当初写作这套书的三位老前辈的一片苦心，而我们的工作也就没有白做了。

这一套书规模宏大，在校对和语译的过程中，难免会有错误，恳请广大读者不吝指正。

《少年丛书》语译小组　主编　萧祥剑

目录

第一章 绪论

有一时之政治家，有千古之政治家。乘时藉势，内以救弊扶偏之术，统驭其民；外以纵横捭阖之谋，笼络与国，此一时的政治家之所为，所谓救时而已。其究也，不过以权力势利奔走天下之士。社会风节或因彼而日至于堕落，后患所存，有非浅人所能见者。

千古之政治家则不然。其文章从读书养气而来，其心期与皋、夔、稷、契相许，不以一日之利而遗百年之害；不以一隅之益，而贻全局之忧。当其生时，世人或不之知，且有笑其迂阔以为无用者。而至于数年、数十年、数百年后，乃大奏其功，置国家于苞桑之固，措天下于磐石之安。卓然古大臣之风概，当如是也。

试翻英国政治史中，其最优秀者，果在于何时代耶？非格兰斯顿内阁之时代耶？于政治、理财、社会、宗教、殖民诸事，凡百改革，无不成就，遂使英吉利国民自治之精神，益以发皇，国运骎骎，日进而未有已。“国之有人，邦家之庆。”英吉利之所以得有今日者，盖有由矣。

然而格氏之所以能有此者，非有他术，亦诚而已矣。彼之对于社会，则以鼓舞人心为务；对于议院，则不用笼络运动之术；于私交，于家庭，一动一静，无不本于正心诚意世上有显赫一时的政治家，有影响千古的政治家。乘时借势，对内以补救弊病、纠正偏差的办法来统治国民，对外以错综复杂的外交手段来笼络同盟国，这属于显赫一时的政治家的所作所为，所谓补救一时的措施而已。归根究底，也不过是利用权力和势利驱使全天下的士人为他奔走。社会风气也许会因他日趋堕落，伏下的隐患不是浅薄的人可以预料的。

影响千古的政治家却不是这样。他们的学问才华都来自于读书和道德涵养，他们期望自己能像古代的皋、夔、稷、契等伟大政治家一样，不会因为贪图一时或一方的利益，从而留下长久或影响全局的祸患。在他们生前，世人或许不理解他们，甚至嘲笑他们的迂腐和无用。但是等过了几年、几十年、几百年以后，就会显示出他们的功绩，使国家根基牢固，使天下平稳安定。卓尔不群的古代大臣，就应当有这样的风采。

尝试翻阅英国的政治史，想查找其中最优秀的政治家到底出现于哪个时代。难道不是格兰斯顿内阁时代吗？当时格兰斯顿在政治、经济、社会、宗教、殖民等等诸多事务上，历次改革，没有不成功的，最终让英吉利国民民主自治的精神，日益发扬光大，国力也蒸蒸日上。俗话说："国家有贤能之士，是国家人民的福气。"英吉利之所以能有今天的国运，的确是有来由的。

然而格兰斯顿之所以有如此伟大的成就，并非靠的旁门左道，只不过凭着一颗真诚的心而已。他对于社会，则把鼓舞民心作为当务之急；对于议院，也不用拉拢、到处奔走活动的伎俩；对之学。而所行悉轨乎义理，盖以一身为正义殉者。以一身为正义殉，故其生也为正义而生，其死也为正义而死。其他何者为名誉，何者为利益，何者为功业，何者为权谋，皆无容心焉。不独无容心而已，彼直不欲知之也。于是俯仰天地，无一而不自宽；顾盼身世，无一而不自得。以洋洋洒洒之天真，行磊磊落落之事业，其心胸何等，其气象何等乎！古来圣贤仙佛，其胸中无不有一段乐意。所谓“君子坦荡荡，小人常戚戚”，观于格氏而益信也。

格氏一生功业，言之不尽，要其得力处，可一言以蔽之曰：“有弗行，行之弗笃弗措也。”其在保守党时然，其入自由党时，亦莫不然。彼之所以能是，亦从极平易处下手。于心所不安者，虽小而不为；于心之所安者，虽微而必践；今日行一事，明日行一事，久之自然成性；今日穷一理，明日穷一理，久之自然贯通。一物者分子之积也，小德者百行之萃也。故欲学格兰斯顿者，不可视之过易，亦不必视之过难，如此可以为格兰斯顿矣。

抑吾犹有为少年告者，则以格兰斯顿之为人，最足为学生模范也。去古日远，世风日下，而学校之间，常为社会待朋友和家庭，举手投足间，无不源于正直的胸怀与正心诚意的学养。而所做的事都能符合义理的轨迹，大概是因为他将自己的一生都奉献给了正义吧。因为他将自己的一生都奉献给了正义，所以他活着是为了正义而生，死了也是为了正义而死。至于其他什么名誉、利益、功业、权谋，他全都没有放在心上。不仅没放在心上，甚至都不想知道这些。因此他认为自己上不愧天，下不愧人，回想自己波澜壮阔的一生，无不悠然自得。他以天真罄露的性情来做光明磊落的事业，这是怎样的胸怀，怎样的气象！古往今来的圣人贤士、老道高僧，他们胸中都各有一段自得其乐的意趣。所谓的“君子永远胸怀坦荡，小人才会常常苦闷忧虑”，看了格兰斯顿的事迹后，更加让人相信这话说得有理了。

格兰斯顿一生的功业一时说不尽，要说他最成功的地方，用一句话概括便是：“要么不做，做了就一定要成功！”他在保守党时是这样，加入自由党后也都是如此。他之所以能如此，也是因为他总是从最简单易懂的地方下手。于心不安的事，即使再小，他也绝不做；心安理得的小事，哪怕不足挂齿，他也一定书会去做；今天做一件，明天做一件，久而久之便养成了习惯；今天参透一个道理，明天参透一个道理，久而久之便会融会贯通。一个物体是由无数分子构成，小的德行也是由许多善行积累而成。因此，想学格兰斯顿的人，不能看得太容易，也不必觉得高不可攀，如此便能够成为像他一样的人了。

然而我同时还要告诫给少年朋友的是，格兰斯顿的为人，最是值得学生学习的。如今离淳朴的古代越来越远，世俗风气也日渐堕落，学校间的风气往往会左右社会的风气。所以，鄙人本着所则效。故敢本《春秋》责备贤者之意，而直揭少年之短处如下：

一则傲然自大，心醉自由平等之说，而目中不识有师长之尊；一则妄议学堂教授管理之不合，时起为难；一则各立党派，遇事生风，恃众以为要挟。学堂之风潮者，大率不外此矣。而观于格兰斯顿，始在伊顿校时，谨守严规，不敢有所犯。伊顿校学科，以不完全称，格氏自修数学，以补其缺。后在奥特克大学，复能谨饬言行，以一身为全校模范。自格氏入大学，而大学学风为之一振。此数者，皆今日学生之模范也。

故今学生诸君，当知彼格兰斯顿之所以能成为格兰斯顿者，非偶然也。盖其始也，必能服学校之严规，而后乃能为国家立法；必能谨饬言行，以一身为全学校之则，而后乃能立于庙堂之上，以大宰相之品格，风示全国国民。

且格氏生平之尤足举以为法者，则力守正义，不肯以诡秘之手段运动笼络其党人是也。盖运动选举，为今日立宪国之陋习。吾国今日民主之治，属幼稚时代，吾侪国民，务宜培植人格，日以正义维持其心，师格氏之行，而后乃足以为公民也。

孔子《春秋》里面教育贤人的古训，直接将少年朋友们的短处揭露如下：

第一是骄傲自大，醉心于自由平等的学说，竟然可以目无师长，不知道尊敬。第二是狂妄地议论学校的教学和管理，因为不合自己的心意，便常常聚集起来责难。第三是各个党派林立，遇到事情，横生枝节，仗着人多要挟学校。学校的学潮，不外乎这些情况。可是我们看格兰斯顿，他开始在伊顿公学时，恭谨地严守校规，不敢有所触犯。伊顿公学向来以学科不完备出名，格兰斯顿便自修数学来弥补缺憾。之后他在牛津大学也能言行端正，成为全校的模范。自从格兰斯顿进入大学以来，其大学的学风因此好起来。这几点都是今日的学子应当效仿的。

所以现在的学生朋友们，应当要知道格兰斯顿之所以成为格兰斯顿，并不是依靠运气偶然而成的！因为他从一开始，必须能坚定地服从学校严格的规章制度，然后他才能够为国家制定法律；必须能够谨言慎行，以身作则，成为全校的楷模，而后才能在国家治理中以首相的品性涵养，引领全国国民。

况且，格兰斯顿生平尤其值得我们效法的地方，就是他能够全力恪守正义，不肯用一些不可告人的手段来笼络党派人士。因为拉票选举，已经成为了立宪国家的陋习。我国现今的民主政治尚属于幼稚时期，我等国人务必要培养健全的人格，每天以正义的力量来守护内心，效法格兰斯顿行事，然后便足以成为一个合格的公民。

第二章　幼年时代之格兰斯顿

（一）家系

格兰斯顿氏者，英之望族也，系出于苏格兰。其先居里巴顿地，数传后，有一支族徙居拉那克郡，以格礼斯登为氏。英字“格礼”训苍鹰，“斯登”训岩石。拉那克郡多岩石，苍鹰常巢之，遂以为氏。是为今代格兰斯顿之祖。十三世纪时，格氏家有哈巴托者，曾仕于英，遂列士族。其后渐陵替，卖其领地，居比特卡市为麦商，因改称其氏曰“格兰斯顿”云。更数传后，有托麻斯者，移寓礼伊斯，以贩卖米谷为业。有子女十二人，长子曰章，随父赴里巴尔港，经营商业。谷商克里——商会主人，一见而奇之，劝托麻斯移家里巴布尔，助己营业。章慧敏见商机，屡亿辄中，主人遂使章为其商会组合员。于是章之名，闻于伦敦商界。

苏格兰风景

其后商会解散，章独继其业，与俄罗斯印度通商。千八百十四年，英国与吾国通市，章所经营商

（一）家系

格兰斯顿家族是英国的名门望族，祖籍苏格兰。其祖先最开始居住在里巴顿地区，几代以后有一族迁徙到拉那克郡，用“格礼斯登”作为姓氏。英文中“格礼”指苍鹰，“斯登”指岩石。拉那克郡有许多岩石，往往有苍鹰在上面筑巢，于是便将此作为家族的姓氏。这就是如今“格兰斯顿”名称的由来。十三世纪时，格礼斯登家族有个叫“哈巴托”的曾经在英国做官，最后被封为士族。后来渐渐衰落，于是卖掉了领地，迁居到比特卡市做麦子生意，因此把姓氏也改为了“格兰斯顿”。又过了几代以后，有个叫托麻斯的，迁居到礼伊斯，靠贩卖稻谷为生计。他有十二个子女，长子叫章（现译为“约翰”），跟随父亲到里巴尔港口经商。稻谷商克里是商会老大，一见到约翰便认为他是个奇才，于是劝托麻斯迁居到巴布尔，帮自己经营产业。约翰聪慧机敏，善于把握商机，多次预料行情，总能得手，商会老大便让他做商会组合员。因此约翰的名声，便在伦敦商界传开了。

后来商会解散，约翰独自继承了商会产业，跟俄罗斯和印度通商。1814年，英国与我国开通了贸易往来，约翰眼光敏锐，经营的贸易总是比其他商行起步早。因此，在里巴布尔当地的大商人中，约翰首屈一指。约翰虽说是商人，性情却极为慷慨，对社会多有贡献，尽心尽力，多次被推选为下议院成员。又因其商业政策业绩在当时有功，里巴布尔公民共同制作了赞颂的锦旗赠送给他，政府也封他男爵的称号，用以嘉奖他的功绩。约翰于1851年去世，享

拿破仑

业，独先于他商。于是里巴布尔地称豪商者，以章为最矣。顾章虽为商人而性情慷慨，于社会事多所尽力，屡被举为下院议员。又以商业政策有功于时，里巴布尔公民共制颂表赠之，朝廷亦叙章男爵，以褒其功。章以千八百五十一年殁，年八十七岁。呜呼！是即英国近代英雄格兰斯顿之父也。

章所娶结发妻，无子殁。又续娶，举四男二女。格兰斯顿其季也，名威里亚母，生于千八百九年十二月二十九日。方是时，拿破仑一世用兵于欧洲，欧洲诸国咸受其蹂躏，商业不通。而英国国政尤紊乱，国会皆以贿行。于是革命之说大起，人心汹汹，行将及乱。章始持自由主义，至是见国家失其秩序，不可终日，乃投身于保守党。友人甘宁古者，保守党人物也，章为之运动选举，且命其子格兰斯顿师之。故格氏初年，亦醉心于保守主义者。

格兰斯顿父禀赋既强，而母为苏格兰塞尔特人之裔。塞尔特人富血性，风俗优美，故其母亦慈善，富于想象力。格兰斯顿小时，母训甚严，有所谈话，必穷研道理，无所假借。虽年87岁。此人不是别人，正是英国近代的民族英雄——格兰斯顿的父亲。

约翰的结发妻子，没有生孩子时便去世了。约翰续弦后生了四个儿子，两个女儿。格兰斯顿是他最小的儿子，本名威里亚母，出生于公元1809年12月29日。这一年，拿破仑一世在欧洲发动战争，欧洲各国都遭受到了他的蹂躏，致使商业瘫痪。而英国的政局尤其混乱，国会里面贪污受贿现象严重。因此，革命学说风行天下，导致人心惶惶，眼看便有一场大乱。约翰当时最先信奉自由主义，如今见国家秩序日益紊乱，仿佛一天也撑不了，便加入了保守党。他有位朋友甘宁古是保守党派人士，约翰资助他拉选票选举议员，而且让儿子格兰斯顿拜甘宁古为师。有这样一位师父的熏陶，早年的格兰斯顿也沉醉于保守主义。

格兰斯顿的父亲秉赋优异，而母亲又是苏格兰塞尔特人的后裔。塞尔特人富于血性，风俗纯美，故而格兰斯顿的母亲也慈祥善良，富有想象力。格兰斯顿在小时候，母亲对他的教育非常严厉。母亲在跟他讲话时，一定要他自己深刻探究所谈事物的原理，不小事亦然。窗之开闭，必求准其时；天之晴雨，必推得其候。无论事之钜细，靡不详加讨论，不轻应答，卒能养成格兰斯顿优美之思想，为世矜式。故人称格兰斯顿者，尤称道其父母。由是观之，家庭教育及父母之遗传，其可忽乎哉。

（二）幼时

格兰斯顿既受良好之家庭教育，故其幼年时代，亦颇有足称者。英国北方竟古屋尔有老人古拉哈姆者，格兰斯顿父之笃友也。夏期休假中，格兰斯顿常偕母至其地，相与婆娑于绿荫之下。哈氏语人曰："格兰斯顿极喜研求物理，凡语彼以简单之说，彼闻之，恒不能满足。每遇一事物，必穷其奥蕴乃止。一日，吾与彼立于沟塍间，观农夫植马铃薯，格兰斯顿因详问农夫植马铃薯何以每植一株，必有距离之度乎。余告以故，格兰斯顿乃就怀中取小簿，记余所言。实彼欲以余所言供其参考，若有更新之论者，则将以之破余说也。"

古拉哈姆又语人曰："格兰斯顿不喜游戏，每里中儿童，相聚为戏时，彼辄引身避之。暇时，常出所携书籍观览。其所购小册书至多，读之至忘寝食。"

能借助外力。即使小事也如此。窗户一定要按时开关，晴天或雨天也一定得推测时日，无论事情大小，都详细地讨论研究，不允许轻率地回答应付，这样，最终养成格兰斯顿完美的思想，令世人称赞效法。所以每当人们颂扬格兰斯顿时，尤其会称道他的母亲。由此可见，家庭教育和父母品格的遗传，怎么能忽视呢！

（二）幼时

格兰斯顿受到了如此良好的家庭教育，故而他的幼年时代也颇为值得叙说称道。英国北方的竟古屋尔地区有个老人名叫古拉哈姆，是格兰斯顿父亲的挚友。暑假时，格兰斯顿常常跟随母亲到他那度假，一起在绿树荫下消遣。古拉哈姆对人说："格兰斯顿极爱研究事物的原理，凡是告诉他简单的道理，他听后往往不能够满足好奇心。每当遇见一件新事物，一定要彻底弄清其中深奥的义理后才肯罢休。有一天，我与他站在田埂上，观看农夫种植马铃薯，格兰斯顿因此便认真地询问我，说农夫种马铃薯为什么每种一株，便一定要留出一定的间距呢？我告诉了他缘故，他便从怀里掏出小本子，将我说的话详细记了下来。实际上，他是想将我所说的话作为参考，如果有了更新颖正确的观点，他便将用来反驳我的说法。"

古拉哈姆又对人说："格兰斯顿不喜欢游戏，每次街坊儿童聚在一起玩耍时，他总是远远避开。空闲的时候，他常常拿出随身携带的书来阅读。他购买的小册子书籍非常多，读的时候甚至于废寝忘食。"

格兰斯顿幼时虽受家庭教育，而得益友之力亦不少。里巴布尔多名人杰士，天若生之以玉成格兰斯顿者。如罗斯考以慈善家闻，克布逊以雕刻著，李家斯以高行著，奚曼士夫人以工诗名，皆与格兰斯顿相友善。加以社会之风潮激荡之，时局之变迁左右之，学校之修养进步之，因以养成格兰斯顿大人物之资格焉。

【批评】

读传记与历史同。读史记而欲求社会事实之因果，不可不求诸社会之起原及其变迁之状态；读传记而欲求个人行状之因果者，不可不求诸个人之起源及其变迁之状态。本章所叙格兰斯顿之家世居其大半，读者幸勿厌倦。夫人当幼时，未有不受其亲属之影响者。而中国今日尚在家族主义时代，故其受家族之影响尤钜。当自审其家世，以前人所受家族影响之如何，自为鉴戒。盖有获家族之益者，亦有以囿于家风而适受其敝者，不可不考其得失之原因，而定取舍之方法也。

求知心不强者，必不足以成大业。世人每遇稍难之问题，辄摇首咋舌，以为是非我之所能，必圣贤豪杰而始能之。呜呼，奈何自视之薄耶？夫彼圣贤豪杰，独非人耶？天固格兰斯顿幼年虽然受到了良好的家庭教育，但是获得益友的帮助也不少。里巴布尔的名士俊杰众多，就像上天要生出他们来成就格兰斯顿一般。比如罗斯考以慈善家闻名，克布逊以雕刻著名，李家斯以品行高尚著称，奚曼士夫人则是有名的诗人，他们都对格兰斯顿特别友善。加之当时激荡的社会风潮的影响，时局变迁增加了格兰斯顿的阅历，学校的培养使他慢慢进步，因而养成了他成为大人物的品质。

【评论】

读传记跟读史书一样。通过读史书而想要探索社会事件的因果关联，就不得不寻求社会事件的起因与它变迁的状态；通过读传记而想要了解个人行为的因果关系，就不得不探寻个人的出身以及他的生平活动状态。本章所叙述的格兰斯顿的家世占了大半篇幅，读者千万别觉得厌倦。每个人在年幼时没有不受亲属影响的。而在中国，现今还处于家族主义的时代，因而国人受家族影响巨大。每个人都应该审察自己的家世，用前人所受家族影响的来龙去脉作为自己的前车之鉴。因为有受家族制好处的，也有禁锢于家族风俗而正遭受家族制危害的，都不可不探索得失的原因而来决定取舍的方法。

求知欲不强的人，必然不能成就大事。常人每每遇见稍微困难的问题，总是摇头咋舌，认为这不是他能够解决的，肯定只有圣贤跟豪杰才能办到。唉！为何如此看轻自己呢！那些所谓的圣贤未尝于人之上造人，则凡属于人类所能为之事，吾未有不能为者矣。观格兰斯顿幼时，见农人种马铃薯，必问其每植距离之故，此即善于求知者也。能求知，所以能无不知。今之少年于自己所读之书且未能尽知，况欲求知于马铃薯之距离乎？

豪杰难道就不是人吗？上天未曾在人之上另外造出个人来，那么凡是属于人所能做的事情，我们没有办不成的。我们看格兰斯顿幼年时，他见农夫种植马铃薯，定要询问每一株之间有距离的缘故，这就是善于求索真知的人啊！能求索真知，所以能够无所不知。当代少年对自己所读的课本尚且不能完全理解，何况是让他们去想马铃薯间距这种问题的答案呢？

第三章 修学时代之格兰斯顿

（一）伊顿校

泰晤士河畔风景

格氏幼时，以罗逊为师，十三岁入伊顿校。伊顿校在泰晤士河畔，深林夹道，乔木参天，境极幽静。格氏去里巴布尔商埠至此读书，至其暮年犹追忆之不能忘。格氏居伊顿校时，尝以小刀镌己名于寝室，至今其字迹尚留于壁间也。

伊顿校组织颇不完全，学科常偏重一面。体育不讲，智育亦未完，顾其校中规则极严，学生虽达丁年，有过失不少假借，生徒服教，足为他校之冠。在伊顿校毕业而入大学者，其数虽不多，而成绩皆居优等，为他校所不及。其时校中功课，惟希腊、拉丁古文辞及地理书。格氏自修数学，以补其缺；读古文辞，能通其意，每遇荷马（希腊诗人）及希腊圣书中艰深之句，教师辄呼格氏解之。

格氏人品极方正，敬虔，畏礼法，守秩序，性刚毅洁白，富于慈爱。伊顿之俗，每节日，常以追逐家豚为笑乐，格氏见之，不以为然，人嘲其迂，而格氏卒不肯随俗为逐豚之戏。

（一）伊顿学校

格兰斯顿幼年拜罗逊为师，十三岁进入伊顿公学念书。伊顿公学在泰晤士河畔，校园里深林夹道，乔木参天，环境极为幽境。格兰斯顿离开里巴布尔商业城镇到这里读书，直到晚年他仍然念念不忘地追忆这段美好时光。格兰斯顿居住在伊顿公学时，曾经拿小刀在寝室镌刻了自己的姓名，至今字迹还留在墙壁上。

伊顿学校的组织颇不完善，学科常常偏重某一方面。体育课从没开过，智力课程也不完备，可校规却极其严格，学生即使成年了，犯了过失也不会有丝毫宽容，学生听从管束的程度足以名列诸多学校之首。从伊顿公学毕业而进入大学的人数虽然不多，成绩却全部优异，不是别的学校可以企及的。此时学校的科目只有希腊、拉丁古文与地理。格兰斯顿便自学数学来弥补缺憾，他阅读古典文章能通晓其中的含义，因而每当讲荷马史诗跟希腊经典的艰深文句时，老师总让他来解答。

格兰斯顿的人品极为正直，对礼法敬畏虔诚，遵守秩序，性格刚强坚毅，为人纯洁无暇，又富有爱心。伊顿的习俗，每到过节常以追逐家猪取乐，格兰斯顿对此很不看好，别人嘲笑他迂腐，而他最终也不肯跟随习俗追逐家猪。

格氏举止端重，不喜游戏，暇时但喜荡舟。尝自购一小艇，星期假日，则放舟水上，容与中流，意甚得也。又时为徒步之戏，暇时常与友人，散步学校旁边近地。其所交如尔伊斯（后为大藏大臣）、金古斯礼（苦里米亚战争之著者）、哈拉母（当时伊顿校之第一流人）等，后皆为当世知名之士。

格氏在伊顿校，成绩无以优于人，而所得颇不浅。其时学校虽禁生徒为政论，然大陆学说输入，学生往往相聚讨议其说。于是谋设立“伊顿讨论会”，发行《伊顿杂志》。格氏年十七，始入会，尝讨论贫民教育之问题，为众所称。在会时，或绍介新会员，或议课违反规则者以罚金，或发议刊行新闻。其立论大率扬贵族政治，贬抑民政，因获交甘宁古氏。受其感化，于是持保守主义益坚。自由党汉布登，格氏常以狂人目之。

《伊顿杂志》发行事，在格氏十九岁时。始于六月，至十二月格氏去，而杂志遂歇业。是时格氏之文章诗歌，已为人所称。《伊顿杂志》中辍，遂自任编辑，继续其事。曾撰《亡灵歌》、《雄辩论》，皆啧啧有声于时；又为《古今英才比较论》及《吊甘宁古》文，皆真挚可喜之作。

方格氏未去学校时，多伊尔、哈拉母二人已辞杂志编格兰斯顿举止端正，不爱玩别的游戏，闲暇时候只喜欢划船。他曾经自己花钱买了一只小艇，周末便泛舟水上，在波浪间遨游，意态非常自得。又时常散步，闲暇时经常跟友人在学校附近徒步游玩。他所结交的朋友，比如尔伊斯（后来做了财务大臣）、金古斯礼（苦里米亚战争中著名人物）、哈拉母（当时伊顿公学里第一流学生）等，后来都成为了当时的知名人士。

格兰斯顿在伊顿公学时的成绩并不比别人优异，然而收获却不小。此时学校虽然禁止学生讨论政治，可每当欧洲大陆有新的学说传入伦敦时，学生们便往往聚在一块研讨议论。因此，大家计划设立“伊顿讨论会”，并发行《伊顿杂志》。格兰斯顿十七岁时加入了讨论会，曾因讨论贫民受教育问题而被众人称赞。他在讨论会期间，有时介绍新会员入会，有时商讨上课不守纪律的学生该不该处罚金的问题，有时倡议推出新闻报刊。他立论主要站在贵族政治一面，打压民主政治，因为与甘宁古成了朋友。受他影响，格兰斯顿的保守主义思想日益坚定。对于自由党人汉布登，格兰斯顿常常将他视为疯子。

《伊顿杂志》在格兰斯顿十九岁时正式发行。从六月开始发行，到十二月份格兰斯顿离开学校后，杂志便停止发行了。此时格兰斯顿的文章和诗歌，已经为大家所称道。由于《伊顿杂志》中途停办，他便自任主编，继续刊行。他撰写的《亡灵歌》、《雄辩论》，在当时获得了大家的交口称赞；《古今英才比较论》和《悼念甘宁古》，全部是真挚感人的作品。

在格兰斯顿尚未离开学校时，多伊尔、哈拉母两人已经辞去辑之事，格氏独任之。多伊尔父读格氏文章，语多伊尔曰：“格兰斯顿编辑杂志，非为较汝与哈拉母为优。然观其文中气力，足以知其才，此少年将来殆必铮铮见头角者也。”哈拉母亦曰：“吾人运命虽不可知，而格兰斯顿固已苞浓艳馥郁之花，而待开于将来矣。”其为人所引重如此。

（二）奥特克大学

千八百二十七年十二月，格氏去伊顿校，从师补习诸学科，凡六月，翌年乃入奥特克大学为学生。格氏之将入校也，人有叩格氏所志者曰：“君他日欲执何业？”格氏曰：“余欲为政治家。”人曰：“君修神学，而欲为政治家，殆南辕而北辙者欤？君曷为不修法律之学？试观今之国会议员，皆半出于修法律者也。”格氏微笑应之曰：“足下奈何亦为此言，政治家固多习法律者。然独至大政治家，则出自法律者殊鲜。盖大政治家心中须臾不可离者，正义公道之念也，敬虔博爱之情也。余既从事学问，得少许知识矣，今将研治神学，以期大成耳。”呜呼，格氏之持论如此，盖伟人所见，不同于流俗矣。

时奥特克大学，生徒甚盛。与格氏同学者，如特叨（后为大僧正）、曼宁古（后来天主教中最宣力者）、哈亚巴托杂志编辑的工作，剩下格兰斯顿独自承担。多伊尔的父亲读了格兰斯顿的文章后对多伊尔说：“他编辑杂志的能力未必比你跟哈拉母强，但是看他的文章中表现的气势，足以令人想见他的才华非比寻常。这个年轻人日后一定能成为杰出人物。”哈拉母也说：“我们的命运虽然不可预知，但格兰斯顿却已经像一朵明艳馥郁的鲜花，即将在不久的将来绽放。”格兰斯顿便是如此被当时的世人看好。

（二）奥特克大学（即现在的牛津大学）

公元1827年12月，格兰斯顿离开伊顿公学，跟随老师补习各门学科，共六个月，第二年便考入了奥特克大学。格兰斯顿即将进入大学之际，有人询问他的志向：“你将来准备从事什么职业？”格兰斯顿回答：“我要当政治家。”那人说：“你选修的是神学，却想做政治家，你这不是南辕北辙吗？你为什么不修习法律专业？你看看当今的国会议员，大半是学习法律专业的。”格兰斯顿微微一笑，回答道：“您为何也说出这样的话呢？确实，政治家多是学法律的。然而唯独大政治家，出身法律的极少。原因大概在于，大政治家心中一刻也不能忘记的是正义公道的信念和虔敬博爱的情怀。我已经在求学中获得了少许知识，如今要研究神学，是期望获得大成就。”格兰斯顿所持观点如此不同凡响，大概是因为伟大人物的所思所想跟世俗之人大异其趣吧！

这时的奥特克大学，学生人数极多。跟格兰斯顿同学的，比如特叨（后来管理宗教事务）、曼宁古（后来成为天主教中宣扬教义

（与格氏同党）、罗保尔托（第二议院改革倡议者）等，皆一时之彦，格氏常与数子共切磋，所得不浅。在大学中，谨饬言行，以一身为全校生徒模范。故自格氏入奥特克大学后，奥特克大学风尚，为之一振。

大学科目中，神学古典科称最难。格氏以艰苦之志，悉力攻治，更以余暇修数学。格氏性喜剖析事物，故无论所习何科，皆能披其窾窍。时大学中，称为硕学高德之士者，皆浸染罗马古风，务维持旧习，与自由主义反对。盖彼谓教会与王位自天所命，合一而不可离者也。格氏浸润其说，于是保守主义，益复牢不可破。

格氏以修学之暇，在校中设“斗文会”，又入校中所设之讨论会，久之遂以第一雄辩家称。千八百三十一年，为讨论会之书记，未几举为会长。会中常发问题，格氏之持论多占优胜。中如“论惠灵吞行政失国民之信用”，如“论加特力教徒当许之为国会议员”，如“驳犹太人当与政权之说”，如“发奴隶

惠灵吞

最得力的人物）、哈亚巴托（与格兰斯顿同一党派）、罗保尔托（第二议院改革的倡议者）等等，都是一时的风流人物。格兰斯顿常与他们切磋学问，获益匪浅。格兰斯顿在大学里，言行谨慎，是全校学生的模范代表。自从格兰斯顿进入奥特克大学以来，奥特克大学的风气也因此变得大好。

大学的学科科目里，神学与古典科号称最难的。格兰斯顿靠着不畏艰苦的意志，全力研究学习，更是在余暇时自修数学。格兰斯顿天性喜爱剖析事物奥义，所以不管学哪一门，都能抓住其诀窍。那时大学中被称作博学高尚的人全都受到古罗马风俗的影响，常维持旧有的习俗，跟自由主义对抗。他们认为教会和王位来自于上帝的赐予，两者只能合而为一，绝不能分道扬镳。格兰斯顿受此学说熏陶，心中的保守主义思想更加坚定，难以撼动。

格兰斯顿学业闲暇时在学校设立了“斗文会”，又参加学校所设立的讨论会，久而久之，他竟以第一雄辩家著称。公元1831年，他任讨论会书记，不久被推选为会长。讨论会上常有人提出问题，格兰斯顿的解答往往占优。其中比如“论惠灵吞的施政举措失去民心”、“论应当许可加特力教徒成为国会议员”、“驳斥犹太人应当参与政治的言论”、“应当循序渐进的废止征发奴隶的议当以渐废止之议”，如“反对自由党名士古礼伊之改革”等，皆热心鼓吹其说，终得多数赞成焉。

又一日与牵布里特诸辩士，论诗人伊仑及西挨里二人之优劣。格氏以西挨里为优，人卒莫能难其说。牵布里特辩士中一人曰米尔揑士者，记当时讨论事，谓：“格兰斯顿最年少，最惹人目，实为将来之大人物。”又大学讨论会中，一人曰查尔斯者，闻格氏“反对议院改革”之演说，语人曰：“余闻此一场之演说，使余确信学生时代之格兰斯顿，异日必足以任宰相之器，如吾之自信吾身也。”

千八百三十一年十二月，格氏遂毕业于大学，时年二十三岁。古典、数学二科，皆获优等。先是格氏初入学时，成绩不甚优，独酷好文学，每以治数学为苦。因寄书于其父，言数学颇乏趣，拟自今以全力治古典一科。父以书谕之曰：“汝果若是，是诚可悲之事。数学者，练习知识之学也，苟不知数学者，人而非人矣。”格氏翻然大悟，乃得终其全科。后日格氏尝语人曰：“余当时若不从吾父之教，则终不足为大藏大臣矣。”

格氏既去大学，欲投身于宗教，父止之，乃不果。千八百三十二年，为大学图书馆所推，赴意大利习其邦语，并考察美术名胜诸事。

论”、“反对自由党派著名人士古礼伊的改革”等等，都热心地宣扬他的学说，最终获得了多数人的赞成。

有一天，他和牵布里特等雄辩家辩论伊仑与西挨里两位诗人水平的高下。格兰斯顿认为西挨里更为杰出，别人都未能反驳他的言论。牵布里特那一方辩论家中有一人名叫米尔捏士，后来他回忆当年的辩论场景时说：“格兰斯顿年纪最轻，却最惹人注目，确实是将来的大人物。”同时大学讨论会中，一个名叫查尔斯的人，旁听过格兰斯顿“关于反对议院改革的演讲”后，对别人说：“我听了这一场演讲，使我坚信学生时代的格兰斯顿，日后必定能担负起首相的重任，就如同我相信我自己一样。”

公元1831年12月，时年二十三岁的格兰斯顿大学毕业，古典文学、数学两门课都获得优等。早在刚入学时，格兰斯顿的大学成绩并非十分优异，唯独酷爱文学，常认为学数学是件苦差事。因而写信给父亲说自己对数学兴味不浓，准备从今以后全力研究古典文学。父亲回信告诫他：“你如果真要这样，实在很可悲。你哪里知道数学其实是实践知识、贯通知识的学科呢！如果不精通数学，人将不能成为人了。”格兰斯顿这才恍然大悟，因此得以完成全部课程。后来格兰斯顿常对人说：“我当时要不听从父亲的教诲，那么最后我也没资格做财政部长了。”

格兰斯顿离开大学以后，想投身于宗教事业，被他父亲劝阻了，于是没能如愿以偿。公元1832年，他因母校奥特克大学图书馆的推荐，到意大利学习意大利文，并考察那里的美术发展史和名胜古迹等。

（三）游历意大利

格氏既赴意大利，乃更入西西里岛（在地中海），欲一见挨多那火山之迹。率从者上山，自卡太尼亚至尼克罗尼时，忽有声如雷，举首一望，见火山之巅，直放异彩。从者告曰，是火山地所恒有，不足为怪。乃更徒步前进，森林蔚密，其道纡回曲折，俨若天然之公园也。少顷，斜阳西下，雾露迷漫山径间。取寒暑表视之，已下三十度。从者告曰："山上第一绝景，在朝暾将上时，请乘夜而上。"格氏从之。因暂憩道旁旅舍中，夜半起，期以侵晓达山巅。共循暗路至山腹，见有恶汉数人，坐而向火。格氏以为是殆盗贼攻剽之徒，因行过其前，恶汉不动。行数武，格氏以问从者，从者笑曰："彼等居山腹，乘夜间下山麓，欲窃入民家夺羊豚为业者。"格氏又问曰："然则彼等何不掠夺旅客乎？"从者曰："彼辈熟知公等登山，怀中固未有携多金者。"格氏乃莞尔笑曰："吾问织于女，问耕于农。今吾不习于山事，而乃得无谓之惊怪，亦宜哉。"既而行达山顶，朝暾渐破云而窥巴拉

意大利之火山

（三）游历意大利

格兰斯顿抵达意大利以后，便再次赶往西西里岛（在地中海），想看看埃多那火山的遗迹。他率领同伴一起上山，从卡太尼亚到克尼罗尼的时候，忽然听见轰鸣如雷的巨响，抬头一望，看见火山顶上火光喷薄，发出各种光彩。同伴告诉他说，这是火山地带的常见情景，不值得奇怪。于是他们继续徒步前行，一路上森林茂密，山径蜿蜒曲折，仿佛天然的公园。不久，夕阳西下，雾气和露水弥漫于山路间。拿出温度计一看，气温已经下降30度了。同伴对他说："山上最壮丽的景色就在朝霞半露、太阳将升的时节，不如我们连夜上山吧。"格兰斯顿同意了。一行人便在路边的旅社暂时休憩了一会，待到半夜起身，希望凌晨时到达山顶。他们一起沿着昏黑的小路来到山腰，遇到几个长相凶恶的大汉围着篝火而坐。格兰斯顿以为大概是拦路抢劫的盗贼，因此走过他们跟前，但那些人丝毫未动。格兰斯顿又走了几步，向同伴询问其中的缘故。同伴笑着说："他们习惯在山腰居住，每每乘着夜幕下山潜入人家，干些偷窃猪羊的勾当。"格兰斯顿又问："那他们怎么不对过路人下手呢？"同伴回答："他们知道你们登山，身上肯定不会带多少财物。"格兰斯顿一笑，说："我从纺织女那了解纺织的学问，从农夫那询问耕种的技巧。现如今因为我不熟悉山间的事，因而有些大惊小怪，也不必奇怪！"没多久他们到达山顶，旭日的光芒渐渐穿磨之巅，遥望低处，朝霞若山，灿如荼锦，微风徐来，若登仙焉。

已而更上至喷火处，忽闻轰然一声，山谷回应，观者耳为之振。格氏愕然凝立。少顷见火焰喷出，高至万丈，如金色蛇，迸射四处，久之乃息。盖火山喷火象也，挨多那火山为天下壮观，得格氏观之，其名因以益著。

格氏既睹火山爆裂状，方欲更觅他境，适纽卡斯侯以书召之，使格氏充其地代议士之候补者，格氏乃束装而归。

【批评】

格氏在学校，能以一身为全校模范，而全校卒受其感化。今人动谓他人皆用手段，吾若一人忠厚，未免吃亏。夫怕吃亏，而甘为庸众所为，则其人格真不可问矣。人人皆如此着想，则挽救弊俗者，终无其人，如一军出战，皆不敢先登陷阵，如之何其足以取胜也。

格氏欲为政治家而研究神学，则以治术根本于学术，而学术又根本于心术也。外国所谓神学者，其中如伦理、修身及文艺等，皆为必需学科，人生所不可不知者，岂独政治透云层，照耀在巴拉磨山顶，遥望天际低处，朝霞如同高山，色彩灿烂如同锦缎和荼蘼花，微风吹来，仿佛置身仙境一般。

然后一行人又继续爬到火山喷发的地方，忽然听见轰隆一声，整个山谷回应，令观看的人耳朵随之一振。格兰斯顿惊愕地凝立在那里。过了一会，只见火焰喷涌而出，高达万丈，像金色小蛇一样游离洒落，四处迸射，许久才熄灭。因为在火山喷发的景象中，挨多那火山是世间极为宏伟的奇观，在格兰斯顿看后一宣扬，其名声更加大了。

格兰斯顿看完了火山喷发的景象，正想寻求别的奇观，恰逢纽卡斯伯爵写信让他回去，要他做自己领地的候补代议员，格兰斯顿于是收拾行装回了英国。

【评论】

格兰斯顿在学校能够让自己成为全校人的表率，而全校学生都能受他人格力量的感召。现在人总说别人都是用欺诈手段谋取福利，唯独自己忠厚实在，难免会吃亏。可是怕吃亏就肯同流合污么？如果是这样，那么这种人的人品不用多说什么了。假如每个人都这样只为自己着想，那还有谁来挽救败坏的风俗？好比军队出战，如果士兵都不敢冲锋陷阵，那要如何才能取得胜利呢？

格兰斯顿想做政治家却研读神学，是因为治理国家的方法以学术为根基，而学术的好坏又往往跟人心的好坏有关。外国所谓的神学，其中关于伦理、修身养性和文学艺术都是必学科目，是人家当知之哉？今人不读书者，尚知道理，至一习学问，有一知半解时，反傲然自大，若于其所学之外，无复有天地者。如是决不足以成大器。

格氏之委身宗教界，人多以为其生计之裕，而天性又与宗教相近，其实不然。格氏不过由于慈悲心之所发，欲以正义公道导世而已。不然，则其始欲为政治家，而入大学既已有雄辩之名、能文之誉、明晰之头脑矣，岂有不起野心者耶？彼既不起野心，惟正义公道是从，于是彼信保守主义时，则保守；信自由主义时，则自由，其心常足以管束其身，一生洁白公正。为世人所崇者，岂非以此耶？若夫世人读书之时，只想做官；做官之时，只想富贵；富贵之时，只想为子孙计。所谓正义，所谓公道，果何在耶？

人生知识中，必要者有三：一、日常知识，如日常处世应物者是也；二、科学知识，如各种专门学问是也；三、伦理学知识，如人生之觉悟，王阳明所谓“良知”、“良能”者是也。三者缺其一，则不能成为完全之人。然而人性各有所偏，于是不免有出主入奴之见。以科学思想为神圣者，遂至詈伦理学；以伦理思想为神圣者，遂至詈科学。其实学问之道，皆可贯通，而与生人皆有关系，观格兰斯顿父所以诫一生不能不知道的学问，怎么是只有政治家才应当通晓的呢！如今的人不读书尚且明白事理，一旦读了某一方面的书籍，稍微有一点学问，反而自大自傲起来，仿佛除了他所学的东西以外，世界上不再有其他的学问了。像这样的人，是绝不可能成大器的。

格兰斯顿投身于宗教界，世人多认为他生计不愁而天性又与宗教契合之故，其实并非如此。格兰斯顿只因被自己慈善的心灵感召，想用正义和公道引导世俗弃恶扬善罢了。若非如此，那他刚开始想做政治家进入大学学习，接着拥有善辩论、擅文章的美名与清晰理性的思想，怎么会不产生政治家的野心呢？他既没有政治野心，又恪守正义公道的准则，故而他在信奉保守主义时就坚定地站在保守主义立场，信仰自由主义时便认准自由主义。他的内心足以驾驭他的行为，一生清白廉正。他之所以为世人所景仰，还不是因为他谨奉正义、严守公道吗？如果是世俗人，求学时便想着当官，当官了只想着富贵，已经既富且贵了，便一心想给子孙谋划家业。对他们而言，所谓的公道，又在哪里呢？

人这一生必需具备三种知识：第一种叫“日常知识”，包括日常的为人处世、待人接物的礼节等；第二种叫“科学知识”，比如各种专门学问；第三种叫“伦理学知识”，比如对人生的觉悟，像王阳明所谓“良知”、“良能”便是。三者缺一不可，缺任意一个，都不能塑造完整的人格。可人性往往各有偏爱，于是偏见诽谤的事情便发生了。举“科学神圣”大旗的，竟然至于怒骂研究伦理学的人；尊崇并神化伦理学思想的，竟也能怒骂搞科学的人。实际上，凡是学问都可以相通，而且都与人类相关。我们看格兰斯顿的父子，即可知矣。

人之生也，既有耳、目、鼻、口、舌，以发表其知觉，又有手、足，以运用其感情。仰而观天，日月星辰，天之文也；俯察于地，鸟兽草木，地之文也。人当攻苦之余，必暂脱尘境，以啸傲于山川，徘徊乎溪谷，然后入世，其胸襟自然阔大矣。

亲告诫儿子的话，便能知道大概了。

人生来便有耳朵、眼睛、鼻子、嘴巴、舌头，用以感受和知觉；又有四肢能表达内心想法。抬头看天，日月星辰是天上的好风景；低头看地，飞禽走兽、花草树木，是地上的好风景。人在奋斗得疲惫不堪之际，一定要暂时脱离俗尘，到山水之间任意徜徉观赏各种美丽风景，然后再回归俗尘，那样自己的胸襟也自然就会愈发清朗阔大。

第四章 保守主义时代之格兰斯顿

（一）选举法改正案之由来

先是英国政界紊乱，国中贵族平民，迭生轧轹，以是人心纷乱，法律不能奏其效。识者忧之，欲乘机定王家之地位，杀贵族之权利，以保护国民幸福。因议改选举法。贵族反对其事者甚多，议久不决。自佐治三世以来，五十年间，选举之法，卒未尝议决改正。

当时英国国会议员，分为三种。其第一种，为封建时代武士之代表，每州必出二人，以代表每州之武士。第二种为五港之代表，即英国各海港中有特权之人民，例如战时能出军舰为国家助力者是也。第三种谓之保罗，保罗者，不归贵族领有，而有独立特许状之市府也。然而岁序变迁，此等自由市府，日就衰弱，而新开市府，间有日趋繁盛者。顾所出议员员数，不能与保罗平均。国民忿之，屡与政府争议。济查母等十余人，前后五十年间，相继提出选举改革案于议会。前王济母士四世晚年，此论益盛，贵族反对之，下院议决，辄为上院所否。及济母士崩，威里亚母四世即位，选举改革之论益嚣，议案已通过于下院，上院复却之，如是者凡数次，上院仅略加修改，已足以塞责矣。于是下院怒，罢其议。选举人闻之大哗，小民群起迫王宫及围攻贵族邸第。上院议员睹事势至此，知不可遏，乃可其议。议定：市府中人

（一）选举法改正案的由来

在此之前，英国的政界极为混乱，国内的贵族和平民互起冲突，因此人心焦灼纷乱，法律常常失去效力。有识之士对此很是忧虑，便想乘机巩固皇家的地位，削弱贵族的权利，来保障国民的幸福。于是他们提议改革选举法，但是反对的贵族很多，提议迟迟未能得到决断。自从佐治三世以来，五十年间，选举法始终都未能决议改正。

当时英国国会的议员分为三种。第一种，是封建时代骑士的代表，每个州必须要推选出两人来代表本州的骑士。第二种，是五港的代表，这属于英国各个港口中有特权的人民，例如能在战争时期供给军舰为国效力的人。第三种叫做保罗，保罗不属于贵族管理，而是具有独立行政能力的市民政府。然而物换星移，这种自由的市民政府也日趋衰落，而新兴的市政府近来大有繁盛的势头，只是所推选的名额无法与保罗平均。这让国民很愤怒，屡次与政府发生争议。济查母等十余人，前后五十年间，相继向议会提出选举改革的方案。在前任国王济母士四世晚年，这种议论愈发炽盛，贵族们纷纷表示反对，下议院通过的决议总被上议院否决。等到济母士四世逝世，威里亚母四世即位，选举改革的言论更加热烈。议案已被下议院通过，又被上议院否决。如此反复几次，上议院仅对议案略加修改，便认为足以敷衍了事了。因此，下议院的人们愤怒不已，取消了议案。选举人听闻后一片哗然，老百姓聚集起来逼迫王宫，又进攻贵族的府邸。上议院看事态发展至口少者，减其所出议员员数，以让他市府之不能出议员者。更为之定相当之额：凡在市府，岁纳十镑以上之家屋税，在村邑岁纳五十镑以上之地租者，即有被选举资格。自此改革，五十万中等工商之民，皆得选举权，此实英国宪法之一大纪元，而是时格兰斯顿方在意大利眺挨多那火山喷火时也。

（二）选举准备

时英国保守党与自由党，大争势力。保守党之代表为贵族党，而自由党之代表则属民权党。自由党自选举改革案通过后，其势力弥张，保守党乃于选举执行时，振全力以与之抗。

纽卡斯侯者，故为保守党人物。侯有领地，其所佣农人曾于选举时，举出与侯反对者百数十名，侯尽逐之。人有尤之者，侯曰："以吾领地佣农人，宁不当从吾意为选举耶？"其横暴如此。顾侯所领纽亚克选举区，为急进派所夺，侯怒，欲复之于保守党，因觅侯补者，而难其人。侯子林可仑者，与格兰斯顿同学，因以格氏荐，侯乃招之归。

格氏得书，自西西里岛归国，时千八百三十二年十一月也。既归，谒侯，与为协议，侯以格氏为候补党之代表者，此，明白再也阻止不了了，便通过了议案。议案决定：市政府之中人数较少的，减损选举议员的名额，补贴给其他不能推选议员的市政府。又为此规定了相应的名额：凡是在市区的每年缴纳10英镑以上房产税，和在村郊的每年缴纳50英镑以上地租的人民，就有被选举的资格。从这次改革以后，五十万中等工商业人士都拥有被选举权了，这实在是英国宪法历史上一个划时代的事件。而此时的格兰斯顿还在意大利山脉眺望火山喷发呢！

（二）选举准备

此时英国保守党与自由党，正在争权夺势，异常激烈。保守党的代表是贵族党，而自由党的代表属于民权党。自由党自从选举改革议案被通过以后，势力愈发强大。因此，保守党在大选之际倾尽全力与之对抗。

纽卡斯伯爵以前属于保守党的人物。他拥有领地，领地里雇佣的农民因曾经在选举时有近百人投票投给了自由党，伯爵便把那些农民全部驱逐了。有人批评他，伯爵说："在我领地被我雇佣的农民，他们的选票我不能做主吗？"他就是如此蛮横凶暴。只是如今伯爵管辖的纽亚克选举区被激进派的人夺去了，伯爵极为恼火，想将选举区还给保守党，因而寻觅候选代议员，却苦于找不到合适人选。巧合的是伯爵的儿子林可仑跟格兰斯顿是同学，林可仑便将格兰斯顿推荐给父亲，因此伯爵急忙招他回国。

格兰斯顿收到书信后，从西西里岛启程回国，此时是1832年11月。回来后，他便去拜见了纽卡斯伯爵，与他进行了商议，伯爵推立于纽亚克选举场。时自由党候补者曰吴尔多，在纽亚克最有势力。格氏本书生，又无名声，而吴尔多为人严正不阿，且有辩才。新闻纸盛赞之，以为本期选举，自由党必占胜著矣。自由党乘大改革之势，雄据政界，保守党之势，远不逮也。

纽亚克既属侯之领地，侯于其间，颇有势力，以是格氏或有中选之望。时格氏年二十有四，黑发覆颈间，前额舒展，颜作苍白色，望而知为能者也。眼大，光炯炯照人，眉目浓秀，口常闭，广耳隆准，举止温雅，威严足以动人，一见而知为思虑沉笃之士。惟气尚未充，盖历练未老故耳。其后英人曾以格氏少年影片，示其少女，女熟视良久言曰："斯人殆似格兰斯顿者，顾格兰斯顿端重有威，斯人又何其怯弱耶？"其父乃告以："此为格氏少年之影。"足见格氏少时，其貌固无以逾人，而他日竟能为有名之政治家也。

格氏既为候补者，名字载于新闻纸中，人见之皆不识。或问："格兰斯顿何人乎？"答者皆谓："彼与纽卡斯侯之子同学，里巴布尔之商人子耳，其余无所表称。"及格氏至纽亚克，奔走数旬，乃渐为人所识。于是论者纷起，或谓：

举格兰斯顿作为保守党的候选代表，在纽亚克选举区参与选举。这时自由党的候选人叫吴尔多，此人在纽亚克最有势力。格兰斯顿本就是个学生，又没有名声，而吴尔多为人又严肃端正、刚毅不阿，且极具雄辩之才，新闻报纸盛赞他，认为本轮选举，自由党必然胜券在握。自由党人乘着大改革的势头，雄霸政坛，保守党望尘莫及。

纽亚克既然属于纽卡斯伯爵的领地，伯爵在其中自然具有一定势力，因此格兰斯顿或许有选举成功的希望。这时格兰斯顿二十四岁，浓黑的头发覆盖了脖子，额头宽大舒展，面色苍白，一望即知是有能力之人。他眼睛很大，炯炯有光，神采照人，眉宇清秀，嘴唇紧闭，高鼻梁大耳朵，举止温润典雅，威而不怒的神情足以使人敬畏，一看便知道他属于有深厚思想之人，只是气度尚未充盈，大概由于阅历尚浅之故罢了。后来有个英国人曾将格兰斯顿少年时期的照片给自己小女儿看，小女儿仔细看了半天，说："这人长得很像格兰斯顿。不过格兰斯顿本人威仪堂堂，这人却怎么这么文弱。"父亲便告诉女儿："这是格兰斯顿少年时代的照片啊！"由此可见，格兰斯顿青少年时期相貌并不出众，可是后来却成为了一代大政治家。

格兰斯顿成为候选人后，名字悄然出现在各大新闻报刊上，见到的人都说不认识这人。有人问："格兰斯顿是什么人？"有人回答道："听说他是纽卡斯伯爵儿子的同学，里巴布尔商人的儿子，其余没啥称道的。"等格兰斯顿到了纽亚克演说了几十天后，才渐渐为人所熟知。于是舆论纷纭，有的人说："格兰斯顿富于才

“格兰斯顿富于学识，长于辩才，有百折不回之气。”或谓：“格兰斯顿为奥特克大学之铮铮者，少壮政治家中，罕有其比。”时各党人咸设俱乐部，自由党以绿为识，保守党则以赤为识，各援其候补者，互为运动选举，竞争至烈。

（三）意外之当选

千八百三十二年十月九日，格氏乃发宣言书一通，题曰《告纽亚克独立议员》。其中所持论，先论培养国民道德，维持社会秩序，宜使政府与教会之关系密接，并力以防其害；次乃痛斥当时社会进取过锐，动流于轻举之弊；又论工人营谋生计，不可无相当之赁金。盖格氏曾持保守主义，固亦兼采自由之旨者，次乃更于奴隶解放问题，为之论曰：

“吾人固知压制奴隶之自由，而与以精神及肉体之束缚者，终不可不废止。虽然，于斯二者何先乎？正今日之疑问也。以经典之言推此疑问，则吾辈视去其肉体之束缚，宁去其精神之束缚为急也。精神上束缚之弊，更甚于肉体之束缚，盖无俟论矣。彼之日以束缚肉体为苦，急谋解放之说者，其论旨果安归乎？亦以束缚肉体之害，必及于精神而已。虽然，彼之为急进解放论者，欲遽解放奴隶使彼身心皆学，善于辩论，为人有百折不挠的精神。”又有人说：“格兰斯顿是奥特克大学的杰出者，新一代年轻政治家中罕有其匹。”此时，各党派中的人都开设了俱乐部，自由党的标识为绿色，保守党为红色，互相支持各自的候选者，各自操纵选举，竞争极为激烈。

（三）意外之当选

1832年10月9日，格兰斯顿发表了一篇题为《告纽亚克独立议员》的宣言书。其中所持观点认为，首先要培养国民的道德品格，维持社会秩序，应让政府与教会之间关系更加密切，齐心协力防止社会祸患；其次，他猛烈斥责当时社会追求进步过于猛烈，往往有轻举妄动的弊病；其次又讨论工人的经营生计不可以没有相应的雇佣金。因格兰斯顿虽曾坚持保守主义，当然也会汲取自由党合理的部分，其次又再次对奴隶解放问题发表阐述：

“我们当然知道压制奴隶自由，给他们在精神上、肉体上双重束缚的规矩，最终不得不废除。既然如此，那么对肉体与精神的束缚，应当先去除哪个？这恐怕就是问题所在了。以经典里的道理来推究答案的话，那么我们会认为解除肉体上的桎梏，不如先去掉他们精神上的枷锁更为急迫。精神束缚的弊端比肉体束缚的弊端大的多，这大概不用讨论了。过去那些说‘奴隶们每天苦于肉体束缚，须尽快谋其解放’的言论，他们的宗旨到底是什么呢？他们不过说‘束缚肉体的伤害必然影响到精神上’罢了。虽然他们的持论有一定道理，可那些持激进解放论的人，想立马解放奴得与自由民齿，而不知其所得之害更有甚于今日奴隶之害者。盖彼奴隶，久受人之箝束，卑劣之质传于子孙，今忽于身心两获自由，彼等必不能自存活，其甚乃至于乱社会之秩序，而遂受社会之屠戳，是使奴隶陷于更苦之境也。以是之故，吾人欲解放奴隶，必先使奴隶独立独行，有不倚赖他人之资。果如是，则可以无流血之惨、贫乏之患，于奴隶乃有益而无害。奴隶解放之事，斯其时矣。”

由此宣言书观之，可以知格氏之能辩矣。选举先一日，格氏乃与反对党候补者吴尔多氏同为演说，吴氏挥其党论，盛言奴隶当废，且陈奴隶买卖制度为文明国之玷、道德之贼，演说亘四时间乃已。其时英国国民人人怀自由思想，主持废止奴隶之说者居其多数，故于吴氏之论，无不和者。吴氏演说既终，听者已倦，至格氏登台时，反对党号呼之声骚然，间以嘲笑，相率退场者甚多，格氏遂不能终其说而止。会长令听众表赞成之意，众皆赞吴氏，与格氏表同情者仅数人而已。

欧洲诸国，皆为立宪政体，而选举之际，多舞弊者。盖政党既多，各党咸思张其势力，欲张势力，专视其党议员之能占多数与否。故当选举时，各党必互相竞争，群为运隶，使奴隶的身心与自由公民相等，殊不知这样冒进的危害，恐怕比今天奴隶的隐患更大。因为那些奴隶长久以来受人钳制管束，卑下顽劣的本质代代相传，如今忽然获得肉体、精神的双重解放，他们必然不能自己养活自己，甚至可能会影响正常的社会秩序，受到社会的惩罚，这分明是让奴隶陷入更加苦难的境地。因此之故，我们想要解放奴隶，必先教育奴隶有独立的能力，不倚靠他人生存的资格。果然能这样，那才可以避免流血惨剧的发生，也使他们免于饥寒交迫，这对于奴隶而言有百利而无一害。到那个时候，我们才能真正谈奴隶的解放啊！”

从这封宣言书中我们可以看出格兰斯顿是多么能言善辩了。选举日前一天，格兰斯顿与反对党候选者吴尔多一同做演讲。吴尔多发挥自由党的理论，强烈要求奴隶制应当被废除，而且还说奴隶买卖制度是文明国家的污点，是道德仁义的仇敌。演说持续了四个小时才结束。当时英国每个国民都怀抱自由民主的思想，赞成“废止奴隶制学说”的居其大半，所以对于吴尔多的演讲没有不应和的。吴尔多演讲结束后，听众已经很疲倦了，等格兰斯顿登台时，反对党的喧哗声非常吵闹，且杂以嘲笑，相随退场的人极多，格兰斯顿最终未能完成演讲就结束了。演讲大会的会长让听众投赞成票，众人全部赞成吴尔多的演说，赞成格兰斯顿的仅仅几个人。

欧洲各国都是立宪政体，每当选举时多有作弊。大约政党太多，每个党派都想扩张自己的势力，扩张势力就只看本党派能不能占议员的多数席位。所以每当大选的时候，各党派必然互相竞争，大规模的操纵运作。有的用流言蜚语中伤对方党派，以破坏对方动。或以蜚语中伤反对党，以破坏反对党之名誉；或行恐吓；或施贿赂，甚乃公然以资购买投票者，此各国选举之流弊，往往如是也。当时伦敦选举，亦多沿此陋习。顾纽亚克之选举，自由党期吴尔多必胜，乃不用此等诈术。至选举期届，检投票之数，则格氏得八百八十票，而吴氏得票仅七百十九，格氏因竟当选。保守党新闻祝之曰："天未厌英国，于纽亚克乃得今回之胜利，从此人望归向，维持现在政府，而保其秩序。格氏一日而存，恐彼吴尔多辈，不复能再现于政界也。"反对党新闻纸怒而詈之曰："今日之选举，彼格兰斯顿竟能当选！彼人为里巴布尔之商人子也。啜奴隶之血以果其腹，宁知治国之道，宁复有经验，宁足以餍人望，彼殆为纽卡斯侯之傀儡而已。呜呼！纽亚克人，无独立自治之精神，何一至于是！而乃任彼侯蹂躏其权利，而不以为羞，竟选举一木偶，以供国会议场之玩弄耶？"

以格氏之雄辩与学识，而当时受人嘲弄者如此，顾格氏曾不为动。其后在议会提出议案，遇失败时，辄声色俱变，如怯者之临战然，然格氏不以其失败而生退沮。至第二次会议时，则以数十倍之锐意，牢不可破之方略，而再提出其议案。故人每望之而生怖，此亦可见格氏之毅力矣。

的清誉；有的用恐吓手段，有的施行贿赂，甚至有光天化日之下用钱收买投票人的情况，各国选举的弊端往往如此。当时伦敦大选也沿袭了此等陋习。不过纽亚克的选举，自由党预计吴尔多必然胜出，便没有用这些欺诈之术。等到选举之日，检查投票情况，格兰斯顿竟然得了八百八十票，而吴尔多才得了七百一十九票，格兰斯顿因此竟然当选。保守党的媒体在报纸上庆祝说："上帝未曾抛弃英国，才让我们在纽亚克夺回了胜利，从此以后保守主义是民心所向，我们要维持现在的政府，确保正常的社会秩序。格兰斯顿只要一天活着，恐怕那些吴尔多们不可能再出现于政坛了！"反对党的新闻报纸也怒骂道："今天的大选，那个格兰斯顿居然能够当选！那人可是里巴布尔商人的儿子啊！从来是吮吸奴隶的血液来填饱肚子的，哪里会懂得治理国家？哪里会有政治经验？哪里会满足民众的期望？他大概只是纽卡斯伯爵的傀儡罢了！悲哀啊！纽亚克的人民，缺乏独立民主的精神竟然到了这个地步！竟然任由那个伯爵蹂躏自己的权利而不知羞耻，反而选举一名木偶，想提供给国会作为玩具吗？"

凭着格兰斯顿的辩才与学识，在当时竟然受人如此嘲弄，不过格兰斯顿不曾介意。之后在议会提议案遭受挫折时，他的声音和脸色虽然都变了，仿佛怯懦之人登上战场一般，然而格兰斯顿没有因为失败而退缩。到第二次会议的时候，他便用数十倍的锐气、无懈可击的策略再次提出他的议案。所以人们每每看到他，都会害怕，这也可见格兰斯顿的毅力之强大了。

（四）国会议员

选举法改正案通过后之第一议会，实以千八百三十二年一月二十八日召集。自由党内阁，既为舆望所归，议会中当选者，自由党每占多数。时古礼伊伯为大宰相，率上院，亚尔孛为下院首领，大法官安布罗，内务大臣米尔保伦，外务大臣来塞尔等，皆自由党名士。在野保守党者，以威灵吞为上院大将（言在上院中指挥其党），下院则以罗保率其党。而此外则更有阿康捏者，率爱尔兰党，鼎足而峙。此当时议院形势之大略也。

自此时至千八百三十四年十二月，卑尔内阁组织前二年间，虽有爱尔兰镇压案、大学免许案等种种问题，而其中最著名为奴隶解放问题一事。奴隶买卖制度成立已久，自佐治三世以来朝士多不韪其事，屡出严令禁之。顾其所已畜者，则恐其生计穷乏，不遽解放。其中奴隶娶妻治家业，子孙相袭，往往而有，非厉行解放之令，不足以绝其根。自由党内阁思副国民之望，乃使其党员建议，奴隶实时解放，议会遂可决其事。然当时奴隶之数达八十万人以上，奴隶解放，为主人者蒙害颇多，国会乃更议出金二千万镑，以偿其损失。

先是，殖民大臣某提出殖民地奴隶解放之决议案，谓

（四）国会议员

选举法改正案通过后的第一次议会，于公元1832年1月28日召开。自由党内阁成员，本就是众望所归，议会中当选的自由党派人士最多。此时古礼伊伯爵身为首相，掌管上议院，亚尔孛作为下议院首领，大法官安布罗，内务大臣米尔保伦，外务大臣来塞尔等，都是自由党著名人士。在野的保守党成员，以威灵吞作为上议院大将（是说他在上议院里指挥自己的党派），下议院则是罗保率领的党派。此外还有阿康捏率领的爱尔兰党，与其他党派鼎足而立。这就是当时议院的大概情况。

从这时一直到公元1834年12月，卑尔内阁政府组阁的前两年之间，虽然有爱尔兰镇压案、大学免许案等种种问题，但其中最著名的是关于奴隶解放的问题。奴隶买卖制度成立已经很久了，自从佐治三世以来，中央官员们都不认可买卖奴隶的事，屡次下发严厉的命令禁止。不过已经养在家里的奴隶，主人怕他们生计困难，便没有马上解放。其中还有些奴隶都已经娶了妻子，置办了家业，子孙沿袭，若非严厉的解放政策，不足以斩草除根。自由党内阁想要满足国民的期望，于是让自由党员提出议案，立刻解放奴隶，议会通过了这个决议。可当时奴隶人数多达八十万以上，被解放的奴隶，其主人蒙受的损失非常多，国会因而再次提议拿出2000万英镑，来补偿他们的损失。

在此之前，某殖民地事务大臣提出了让殖民地解放奴隶的决凡六岁以下之儿，及条例通过后所生者，得脱奴籍。余者于数年间，每日以其时间四分之三，供主人役使，其四分一之时间，则为主人役使，当受赁金。畜奴主人，所有损失，国库更以金偿之。而殖民次官何伊光氏，亦盛倡废止说，举西印度奴隶劳役过度，致多死亡例甚多，更引格氏父所领地中，使用奴隶之事。翌日格氏驱马过一公园，行人指而言曰：“此即格兰斯顿也。今夕会议，此君必为演说，当往听之。”是夕格氏果为演说，先驳何氏所言“西印度奴隶由于劳动过繁，卫生不讲”之说，次乃辩明其父所有地中，奴隶减少之事曰：

“吾父所有之领地中，奴隶减少，非由于残酷役使，而致死亡之灾，实因岛中殖产之业，利益殊少，乃移之他岛耳。试观印度在留人之书翰，即可以知其概矣。盖诸岛中，役使奴隶之法，实未尝用残酷手段，惟不得不施鞭挞而已。因其地奴隶愚昧无智，无良心之制裁，苟待之过宽，将肆其欲情，而不知所止，故有时加以鞭挞，殆出于万不得已，不得遽谓为不正也。夫世间执业之困难，岂独限于奴隶哉。水夫之于海上，矿夫之于矿穴，其所为之事，何一于生命无危议案，规定凡是六岁以下的小孩，以及解放奴隶的条例通过后所生的孩子，可以除去奴隶身份；其余奴隶在几年时间里，每天四分之三的时间给主人提供服务，其余四分之一时间被主人差遣的，应当获得报酬；奴隶主所有的损失，由国家用国库里的钱加以补偿；而殖民地的次官何伊光，也全力倡议废止奴隶制的提议，他例举了西印度群岛的奴隶因为劳动过度，致使很多人死亡，还援引格兰斯顿父亲的领地里面，大量使用奴隶的事情。第二天，格兰斯顿骑马路过一家公园，路人指着他对人说："这就是格兰斯顿。今晚的会议，他一定会做演讲，我们应该去听听。"那一晚，格兰斯顿果然发表了演说。他首先驳斥了何伊光所谓的"西印度群岛上的奴隶，因为劳动量过大，卫生条件极差，奴隶主不把他们的命当回事"的说法，其后他才辨明在他父亲的领地里，奴隶减少的事情。他说：

"我父亲的领地里，奴隶之所以减少，并非由于残酷的奴役而造成了死亡的灾祸，实际上因为岛上养殖产业利润太少，才把他们移到别的岛上去了而已。你们看看印度在留人时所写的书信，即可知道其大概了。在各个岛上，役使奴隶确实没有使用残酷的手段，只是不得不用鞭子抽打来管理他们而已。因为那地方的奴隶愚昧无知，没有自控能力，如果对待他们太宽容，恐怕将使他们放纵到无所不为的程度。故而有时候用鞭子抽，大抵出于万不得已，不可以武断地定为不公正的事。世间从事任何行业，哪个没有困难，难道仅仅是奴隶的问题吗？水手在海上，矿工在矿洞里，所险之虞，且有视奴隶更甚者矣。况怠于职务而蒙罚者，社会之通则也。人虽极其宽仁，决不能废此通则，于奴隶宁独有所异耶？今者不问情实，而以传闻之称，拘泥名义，欲为禁止，此不特害畜奴者之利益，且亦损彼奴隶之幸福矣。何也？彼奴隶者，概不知自立之道，舍受他人指挥之外，不过穴居山中，与禽兽为伍，以终其生耳。纵更让一步，奴隶得以禁止，然彼主人皆以相当之金钱购来者，固不能不谓之为适法之财产，然则奴隶之主人，岂独无所有之权耶？以故欲解放奴隶者，不可不先赔偿购买奴隶之价额于所有者，不可不使奴隶自进而从事于实业，若计不出此，则吾人既不与以精神之教化，而徒使彼奴隶得此可怜之自由，岂特不得谓之幸福，抑转以为灾害之媒耳。”

格氏演说毕，议院不采之，乃决议解放。格氏此时之演说，虽未能发扬精彩，而声音明晰，抑扬自在，身体动作亦活泼。其在议场演说酣时，辄目视其党员，促其喝采。其言辞之丰，点缀之巧，不及卑特托，弊在过于流畅，间有辞冗而复者，排偶亦太多。故当时之格氏，犹未足以雄辩称也。顾其讨论之伎俩，世人久已称之。时有批评家评格氏曰：“格兰斯顿演说，对于敌党，非常警敏，见敌之弱点甚速，而其摘发之也至巧，又善自藏其拙，使人不之知。彼每遇适干的活哪个没有生命危险？甚至比做奴隶更危险！况且懈怠工作受到惩罚，这是社会的通例，即使某人非常宽厚仁爱，决不至于废除这个通例。那么对奴隶就偏偏要例外么？现在不问事情真相，只听凭传闻，捕风捉影，拘泥于名词的含义，便想着废止奴隶，这不仅损害奴隶主的利益，同时也葬送了奴隶的幸福。为什么？那些奴隶对独立自主一概不知，除了受别人指挥劳作外，也不过是穴居山洞跟飞禽走兽打交道，以度过漫漫一生罢了。退一步讲，奴隶制度得到废止，可是那些奴隶主当初都是花相应的金钱购买他们的，自然不能不说奴隶是他们的合法财产。那么主人对于奴隶，难道就没有所有权么？因此，想解放奴隶，不可以不先按购买奴隶的价格赔偿给拥有者，也不可以不教奴隶上进，自主从事于实业。如果想不到这些，那么我们既然不给予奴隶精神的教化，仅仅让奴隶获得可怜的自由，那么岂止不能称之为幸福，只怕反而会成为转变为灾祸的媒介！”

格兰斯顿演讲结束后，议院没有采纳他的建议，于是决议解放奴隶。格兰斯顿这时候的演讲，虽说没有发挥得十分精彩，但是声音清朗，抑扬顿挫，身体语言丰富活泼。他在会场演讲到高潮部分，总是拿眼睛去瞟本党的党员们，暗示他们为自己喝彩助威。他语言的丰富、点缀的精巧，不如卑特托，主要弊病在于太过流畅，时而有重复的句子，排比也太多。所以当时的格兰斯顿，还不足以称为大辩论家。不过此时他讨论的方式手段已经为世人称赞了。当时有评论家评价格兰斯顿说：“格兰斯顿的演讲，对于敌对党，总是非常机警敏锐，能快速发现对方的弱点，而指摘的也十于一己、利于其党之论点，固执之甚坚。然苟避此论点而有利于政界时，则亦决然远此论点。此固非他人所得及者。”观此批评，格氏他年之能为雄辩家者，已于此见之矣。

（五）保守党之领袖

自由党内阁，旋以爱尔兰问题生内讧，遂致解散。卑尔氏乃代之，组织保守党内阁，以格氏为大藏理事官。时格氏年二十六岁矣。

已而内阁交迭，议员又解选，格氏又与焉。翌年二月开会，格氏亦临场，旋登用为殖民次官。其时格氏所提出之《欧洲及北美诸岛商船运输规则改正案》，大为议院所欢迎。然当时选举，自由党最占多数，政府甚危。未几，自由党首领来塞尔欲以爱尔兰教会收入之剩金，充英国全国之教育费，因提出《爱尔兰教会寺产调查法案》。格氏以为适以伤英政府与爱尔兰教会感情，反对其议。然其后自由党赞者多数，卑尔内阁遂辞职，米尔保仑入，组织自由党内阁。实其年三月也。

自是至千八百四十一年八月卑尔第二次内阁前，凡七年间。格氏去政府，从事于读书著述，及旅行结婚诸事。时分巧妙；又擅长隐藏自己的弱点，不让对方看出。他每遇到适合自己、利于自己党派的论点时，总是会坚定不移地坚持。可如果避开这个论点而有益于政治时，他又会毫不犹豫的放弃这个论点。这一点可不是其他人能够比拟的。”看了这个评价，格兰斯顿日后能够成为大辩论家，从这就可以看出一点端倪了。

（五）保守党之领袖

自由党内阁，不久因为爱尔兰问题发生了内讧，最终导致解散。卑尔氏接管了内阁，组织了保守党内阁，任命格兰斯顿为大藏理事官。这时格兰斯顿才26岁。

不久内阁更迭，议员又被解职再选，格兰斯顿又再次入选。第二年2月，召开了内阁会议，格兰斯顿也出席，不久便升任为殖民次官。当时格兰斯顿提出的《欧洲与北美诸岛商船运输规则改正案》，非常受议院的欢迎。可当时选举进入议会的自由党人数最多，政府十分危险。没过多久，自由党首领来塞尔想把爱尔兰教会收入的剩余资金，充缴国库作为全英国的教育经费，并因此提出了《爱尔兰教会财产调查法案》。格兰斯顿认为这正好会伤害英国政府与爱尔兰教会之间的感情，故而持反对意见。可后来自由党赞成法案的人占多数，卑尔内阁因此辞职，米尔保仑上台，组织了自由党内阁。这时正是当年的三月。

从这时直到1841年8月卑尔第二次主持内阁前，一共经历了七年时间。格兰斯顿离开了政府，从事读书、创作工作，以及旅行和结婚。当时的政坛安宁，没什么可记述的，其中最重要的事，只有鸦政界沉静，无可纪者，其中最著之事，惟鸦片战争而已。

千八百三十七年六月，威里亚母四世崩，女皇维多利亚继位。以新皇登极，改选议员，格氏复与焉。时格氏为保守党中有数之政治家，甚为其党所属目。先是，英国商舶载运鸦片入吾国，易吾国之茶叶而归。吾国政府屡禁之，令不行。两广总督林则徐，愤英人违禁，以毒遗我国人，乃率兵围英人商馆，逐商人，焚其鸦片二万余箱。英人闻报大哗，乃诘问吾国，吾国不应，英遣兵舰攻我沿海之地，战端遂开。格氏友人古拉哈母，以为罪在英国商人，以是启战端，殊害正义，格氏赞其说。时马克礼卿亦演说兹事，主开战之论，格氏乃于议会驳之曰：

林则徐

"忠诚有名誉、吾国之马克礼卿，卿之言曰：'吾英国之国旗，今以荣辉之光，翻于广东海港，是足以表吾国兵士不屈之概，无论何国，我决不轻让一步。'虽然，吾闻此说，吾思片战争而已。

公元1837年6月，威里亚母四世去世，女皇维多利亚继位。因为新皇登基，必要改选议员，格兰斯顿再次被选入。当时格兰斯顿是保守党中为数不多的有名的政治家，很受本党的关注。在此之前，英国商船运载鸦片进入我国，交换我国的茶叶而归。我国政府多次下令禁止，却屡禁不止。两广总督林则徐愤恨英国人违反禁令，用鸦片来毒害我国人，于是派兵把英国人的商馆围起来，驱逐了商人，焚毁了两万余箱鸦片。英国人闻讯后一片哗然，于是诘问我国政府。我国政府没有回应，英国人便派遣军舰进攻我沿海地区，战争由此拉开帷幕。格兰斯顿的朋友古拉哈母认为罪在英国商人，由于贩卖鸦片开启战端，对正义伤害极大，格兰斯顿赞同他的观点。这时马克礼也对此事发表演说，主张对中国开战，因而格兰斯顿在议会上驳斥他说：

“我们忠诚而有名誉的马克礼阁下，您说‘我大英帝国的国旗如今以荣耀的光辉飘扬在广东的海港，这足以表明我国军人不屈的气概，无论对哪个国家，我们决不轻易退让一步’。虽然您说的

之。夫见英国之国旗翩翩，而动敌忾之心者，果安在哉？毋亦以吾国之国旗，惟正义是兴，惟暴氛是扫，贵重之国权，因是而扩张，公正之商业，因是而振起，而望之者，遂油然生兴起之志耳。然今者吾之政府，滥用其威，无端而与中国开战，以保护此不法之商业。呜呼！堂堂英国国旗，闪于中国海港之外，为此不义之举，吾人实不得不以满身之战栗，遮映于吾人眼中之国旗之光。且吾于既往数年间，见吾国旗之闪闪于云表，每使吾人胸中兴无量之雄志。自是之后，吾人当不能复见如此之国旗矣。”

格氏之言，本于正义公道之言也。顾当时英人不采其议，于是鸦片战争之事起。而鸦片之毒，乃延至吾国今日，犹未息焉。

（六）格氏之财政改革

其年议会休期中，自由党内阁渐有摇动。千八百四十一是对的，但我听到这话后，还是想了又想。我们国人望见国旗飞舞飘扬而产生了同仇敌忾的决心，到底原因何在？不也是因为我国国旗代表着正义，坚决扫灭强暴，使得高贵的国家主权得到扩张，公正的商业得到振兴，所以我们望见国旗，奋斗的志气才会油然而生吗？然而如今我国政府滥用威权，无缘无故地跟中国开战，用以保护这些不法的贸易。可叹啊！堂堂的英国国旗在中国海港外面闪动飘扬，做这番不正义的举动，我等实在不得不用满身的恐惧，来遮映我们眼中国旗的光辉。况且我在过去几年，每当看见国旗飘扬在天空，我的心中总会兴起无穷的雄心壮志。从今以后，我们再也不能看见那样的国旗了。"

格兰斯顿的话，是根据正义公道而说的。不过当时的英国人没有采纳他的提议，因此鸦片战争不可避免地爆发了。而鸦片的流毒，蔓延到了我国的今天，现在还没能消灭（指作者当时而言）。

（六）格氏之财政改革

这一年议会的休会期间，自由党内阁渐渐有所摇动。1841年，议会召开会议，内阁因为政策失误的缘故，导致国家的财政收入年，议会开会，内阁以失政故，岁入短少。五月二十七日，卑尔以《内阁不足信任》提出议会，而米尔保仑（当时内阁）以为是不足以卜内阁之信用，更欲诉之国民舆论，乃解散议会。然改选后，与内阁反对者，仍居多数，于是自由党内阁遂辞职，卑尔乃再入组织保守党内阁，格兰斯顿亦为内阁阁员。时格氏于爱尔兰宗教及土地问题，甚为注意。卑尔以当时紊乱，非格氏莫能理，乃以格氏任商务局次长，并造币局长，使参枢密院事。

其时国库贮金，缺额二百七十万镑，而租税既已尽课，民间职业停滞，怨叹之声，满于四方。卑尔以为不如减原料品输入税，以去制造业者之桎梏，而轻劳役者之负担，国家岁入，则当取之于富豪之手。然财政改革案中，最烦劳者无过于关税改革。格氏身任其事，废千二百种课税品之税，其他减少者，亦不下七百五十种。会期时，议员质问其事，格氏一一说明之，至于一百二十九回之多，亦可以知其劳矣。卑尔氏曰："格兰斯顿于课税一事，可谓显其拔群超伦之才矣，欲使之不入内阁不能也。"千八百四十二年之财政改革，殆与千八百三十二年之选举法改正，同为政界之一大纪元，而自由贸易端绪，亦开于是。其时卑尔及格氏所主持，除谷物条例外，过半为自由贸易，此亦足以为趋向自由主义之特征矣。其不足。这一年的5月27号，卑尔在议会上提出了《内阁不足信任》的提案，而米尔保仑（当时的内阁首相）认为前面所述的原因不足以衡量内阁的信用，想要再诉诸国民舆论，由国民决定，于是便解散了议会。然而改选后，与内阁持反对意见的议员仍然占居多数，因此自由党内阁首相最终不得不辞职，卑尔因此再次上台，组织保守党内阁，格兰斯顿也成为了其中一员。此时格兰斯顿对于爱尔兰的宗教、土地问题颇为用心。卑尔认为当时财政经济紊乱，除了格兰斯顿没人能治理，于是任命格兰斯顿为商务局次长，兼任造币局长，同时让他参与内阁事宜。

当时国库的库金，亏空达270万英镑，而全年的租税都已经收完了，民间的工商业者大量失业，全国上下，怨声载道。卑尔认为不如减少原料商品的关税，以此来解除制造业的枷锁，从而减轻劳动者的负担；国家的年度财政收入，则应该从富豪那里收取。然而在财政改革里面最麻烦的就是关税的改革。格兰斯顿亲自主持关税改革，废除了一千两百种进口物品的关税，其他的关税，也减少了不下七百五十种。议会期间，议员们质问关税改革的问题，格兰斯顿一一进行了说明，以至于来回解释达到了一百二十九次之多，这也可以看出他的辛劳了。卑尔说："格兰斯顿在税收事务上的才能可谓出类拔萃，想不让他进入内阁都不行。"1842年的财政改革，大概与1832年的选举法改革一样，同样是英国政坛的一大开创性举措，而自由贸易的发端，也是由这开始的。当时卑尔和格兰斯顿所主持的改革，除了《谷物条例》以外，多半是关于自由贸易的，这也足以看出格兰斯顿趋向自由主义的特征。后来格兰斯顿后格氏渐进自由主义，所历之程甚多，详于后篇。

【批评】

格氏在议会，提出议案，多遇失败，遂至声色俱变，圣贤豪杰，固亦有时不免为感情所役。然至其再提此议案时，则再接再厉，无所悚焉。然则英雄不必常胜，不必有成也。但失而不屈，败而反省耳。

奴隶制度，其害正义公道，固不俟论，然以格氏之贤，乃竟反对废止之说，习俗移人，贤者不免。此格氏一生最大缺点，读者当引以为鉴也。夫人能一无所蔽者鲜矣。古人为时势所蔽者，其言未必尽足法，即于当时足法，而时迁序异，守旧习者，固不得以之为护身之符也。

凡一群之中，必有二种意见，则保守、自由是也。保守未必非，自由未必是，而折衷之谈，则更误矣。夫是二者，亦不过时势之产物而已。苟社会之人，而果能各各实行其主义，则时势所驱，保守者未必不入于自由，自由者未必不入于保守，政策上本无善恶，要惟适于时而已。最患者，国民无一毫之实心实力，言保守者，永无实行其保守之时；言自由者，未见其有践履自由之日，如是则国必亡。格兰斯顿始而保守，终而自由，亦从其良心之所认仰耳，世之日以守旧、慢慢信奉自由主义，其历程太多，详细情况记述在后。

【评论】

格兰斯顿在议会提出的议案，常常遭到否决，竟然以至于声音脸色都变了。可见伟大人物终究也不免被感情左右。然而当他再次提出这个议案的时候，反而一次比一次努力，无所畏惧。如此可知杰出人物不一定百战百胜，事事成功，他们只是在失败后没有屈服，而是自我反省原因而已。

奴隶制度违背了公道和正义，这自然不用说了，可是以格兰斯顿的贤能，竟然也反对废止，可见人一旦受到习俗影响，连贤者也不能避免。这是格兰斯顿一生最大的污点，读者应当引以为戒。能够不受任何事物蒙蔽的人太少了。古人被时代形势蒙蔽，说的话未必都值得效法，即使在当时值得效法，但随着时代变迁，守护旧习俗的人自然不能用古人来作借口了。

凡是一群人，肯定有两种以上观点，于是便出现了保守派和自由派。保守一派未必全错，自由一派未必全对，而想对二者进行折衷就更不对了。这两派也不过是时代的产物罢了。如果社会上的人果真能各自实行自己尊奉的主义，那么受形势的影响，保守一派的人未必不会成为自由党，自由一派的人未必不会成为保守党。政策本没有善恶之分，只要适用于当时时局就可以了。让人最为担心的是国民没有一点实干的心思，信保守主义的永远不去实行保守派的主张；谈自由主义的也看不见他去实践自由主义，这样下去，国家必定灭亡。格兰斯顿开始信奉保守派，最终转向自由派，也只维新自号者，其以格氏为法乎。

人类主义，与国家主义，可以并行不悖乎？是亦一疑问也。格兰斯顿于鸦片战争，所主者惟正义，然卒以与其国利害不协，为众所黜。然则二者之冲突，固今日之世界必不可免之数也。二者既不可调和，则吾人当以视其所处之地位以为断。使吾处折冲樽俎之地位，使吾处行阵战斗之地位，则吾固不能不按其国之国情，而妄以意行事也。若夫个人交际间，则固可不必以异国人而生特殊之感情也。夫世界之不能趋于大同，亦今日之不得已，吾人方当引以为憾，今乃视外人如仇雠，靡特其量太狭，亦社会进步之障碍也。

不过是随着良心所安而行罢了，世界上每天号称“守旧”、“维新”的人们，还是效法格兰斯顿吧！

人类主义和国家主义，两者能够并行不悖吗？这是一个问题。格兰斯顿在鸦片战争期间所信奉的是正义，可最终还是与本国的利益发生冲突，被众人排挤。如此说来，这两者的矛盾固然成为当今世界必不可免的定数了。两者既然不能调和，那么我们应该按照他所处的地位来作出判断。假如我处在外交家的位置，处在军事指挥的位置，那我固然不能不按国家的国情行动，决不可意气行事。如果是个人之间的交往，那固然不用因为国籍不同而产生异样的感情。世界不能趋向大融合，也是今天时势的无奈，我们应当将之视为遗憾。如今反而把外国人当做仇敌，不但显得气量狭小，恐怕也会阻碍社会的前进吧。

第五章 过渡时代

（一）宗教及教育之自由

格氏财政改革既告终，名声籍甚。千八百四十三年，遂进为商务局长，时年三十五岁也。是时格氏独当理财之任，于器械输出、铁道整理诸问题，不得不涉及教育问题、社会问题，因悟其从前经验狭隘，努力求自进其智识，而自由主义之思想，乃渐油然以生矣。

第一自由主义之征候，在于宗教自由一事。千八百四十四年，大法官林氏在议会提议，非国教徒所受之遗产，当确归其所有。格氏赞其议，谓此事合于正理，且于己生平所持宗教意见不相背驰云。

第二自由主义之征候，在于教育自由。千八百四十五年，宰相卑尔从爱尔兰议员之请，提出爱尔兰教育改革案于议会，其议案谓欲于爱尔兰置不关于宗教之专门学校，又增天主教徒专门学校之补助费，其费故为九千磅，兹议增为三万磅。先是，七年前格氏曾述国家与教会之关系，论政治与宗教相待而奏其功，故政府不可不以保护国教为务。而今于此法案独赞成之，格氏自思与前此所持论大异，虑世俗之士或以彼为怀禄慕势，结欢于政府，乃辞商务局长之职。以一议员资格，发布其意见于议院中，谓宗教当不问宗派，概宜与以扶助。闻者愕然。或谓格氏过于正直，苟赞斯议，亦

（一）宗教及教育之自由

在财政改革完成以后，格兰斯顿的名声已经非常显赫。公元1843年，他晋升为商务局长，时年35岁。这时格兰斯顿独自承担了财政管理的重任，在处理器械输出、铁道整理等诸多问题时，不得不涉及到了教育问题、社会问题，因此觉悟到了自己从前经验的不足，便努力寻求上进以扩充新知识，而自由主义的思想便渐渐油然而生。

他最先倾向自由主义的征兆，出现在对于宗教自由一事的看法上。1844年，大法官林氏在议会提议，凡是不属国教徒所受遗产，应该归还本人所有。格兰斯顿赞同这个提议，认为这事合情合理，而且跟自己平生所持的宗教观点并不冲突。

他倾向自由主义的第二个征兆，是在对教育自由这一问题的看法上。1845年，首相皋尔听从爱尔兰议员的请求，在议会上提出"爱尔兰教育改革案"。这个议案提议，在爱尔兰设立与宗教无关的专门学校，再增加天主教徒专门学校的补助费，补助费以前是九千英镑，这次提议增加到三万英镑。在七年以前，格兰斯顿曾经论述了国家与教会之间的关系，认为政治和宗教相互扶持才能得到大成功，所以政府务必要保护国家宗教。而如今唯独他对于这个法案持赞成态度，自己也忖度与之前所持论的太不一样，担心世俗之人或许会把他看成贪慕功名利禄、讨好政府之辈。因此他便辞去了商务局长一职，只以普通议员的身份在议院发表意见，他认为国家对宗教应该不分宗派，一律予以扶持。听众全都感到惊愕。有人说格兰斯顿太过正直，就算赞同这个议案，又何必辞职。

何必辞职。然格氏固不恋贵者，亦可见其心之公矣。

（二）非谷物条例

格氏既去官闲居，见闻渐广，未几著《论新商业制法》，述近时财政改革颠末及其结果；《论政府不可不除去关于制造业原料之制限》，盖彼自是心已渐向于自由贸易矣。

是时忽有一问题，即非《谷物条例》问题是也。《谷物条例》者，外国输入之谷物，较内国谷物价廉时，增加输入之海关税，以保护内国谷物，名之曰《准平法》。然以有此法律，故内地麦价，非常腾贵，动生荒歉，民之饥饿而死者不少。于是有所谓“非《谷物条例》党”者出，频倡谷物条例废止、自由贸易之议，而自由、保守二党中，尚鲜知注意及此者。格氏为商务局长时，曾与本国地主约，立《准平法》以保护之。然三年之间时势变易，格氏又为时势思潮，驱之而去。

当非《谷物条例》党势力极张之时，夏秋之交，风雨暴至，年谷不登，爱尔兰马铃薯之产亦大歉。于是其党益盛，攻击内阁政策益烈。卑尔氏开阁议，欲废去《准平法》，赞成者仅三人。遂退出内阁，旋又入阁。自是以后十年，保守不过格兰斯顿本就不是贪恋权势的人，从这也可以看出他的公正心了。

（二）非谷物条例

格兰斯顿自从辞去公职闲居在家，阅历见闻渐渐广博，不久便撰写了《论新商业制法》，论述了近年来财政改革的始末以及结果；撰写了《论政府不可不除去关于制造业原料的限制》，因为他从那时起心中便已经倾向于自由贸易了。

这时候突然新产生了一个问题，即反对《谷物条例》的问题。《谷物条例》，是指外国输入的谷物，当价格比国内的谷物价格低廉时，增加输入谷物的海关税，用以保护国内的谷物，称之为《准平法》。然而因为有了这个法律，所以内地麦子的价格高得离谱，一旦收成不好，老百姓饿死的非常多。于是出现了所谓的“非《谷物条例》党”，频繁倡议废止谷物条例和实行自由贸易的提案。而自由党、保守党两派中很少有人关注这点。格兰斯顿做商务局长时曾与本国的地主约定，设立《准平法》来保护他们。然而，这三年间政局形势变换，格兰斯顿也被时势的思潮驱离了政局中心。

当非《谷物条例》党的势力极速扩张之时，那年的夏秋之交，风雨猛烈，使得谷物收成不好，爱尔兰的马铃薯产量也十分惨淡。因此这个党派愈发强盛，攻击内阁的政策愈发猛烈。卑尔召开内阁会议，想废除《准平法》，赞成的仅三个人。于是他退出内阁，不久又回到内阁。从这以后的十年间，保守党再分裂为两派。卑尔党更分为二派。卑尔既入阁，乃以格氏为殖民事务大臣。提出《谷法废止案》，遂于议院通过，自由贸易之制，于是全成。纽卡斯侯闻而怒之，谓："格氏素主保守，今奈何奉职于卑尔而主持自由主义？"乃夺其选举区。格氏既失选举区，遂不能与其事。然格氏行事本于良心，前一商务局长，尚弃之如敝屣，而于一选举区何有焉。

（三）思想之变迁

六月二十五日，卑尔与格兰斯顿所提出之《谷法废止案》于上院通过之日，而《爱尔兰镇压案》败于下院。于是卑尔乃解印绶去，自由党复入阁。自是格氏在政界外者一年。千八百四十七年，行总选举，格氏乃于奥特克大学得举为议员。卑尔内阁解散，至格氏游意大利致书于安卑尔登侯，其间凡五年，格氏之思想变迁最为剧烈。其始所主持者，为"依上帝律法而反对亡妻姐妹结婚"之议，又以"选委员视察大学状况为损大学之威严"，又论"澳洲当置上院事"，皆未能脱保守主义。其后思想推移，遂渐入自由主义之域。其于宗教问题则谓"国家非专扶助一国教"，至陈其意见于选举人前。又论"犹太人可入国会"，"议院宣誓之当变更"等事，皆以灌输自由主义为务。其于实业问题，则以非再入内阁后，任命格兰斯顿为殖民事务大臣，一起提出了《谷物条例废止案》，最终由议院通过，自由贸易的制度最终完全形成。纽卡斯伯爵听闻消息后很愤怒，说："格兰斯顿素来主张保守主义，如今为何在卑尔手下就赞成自由主义了？"于是剥夺了他的选举区。格兰斯顿失去了选举区，于是再也不能参与选区的事务了。然而格兰斯顿本着良心作事，前面对商务局长一职尚且视之如弃屣，何况是区区的一个选举区呢！

（三）思想之变迁

6月25日，在卑尔和格兰斯顿一起提出的《谷物条例废止案》被上议院通过的同一天，《爱尔兰镇压案》却被下议院否决。因此卑尔辞去了内阁首相，自由党又重新掌管了内阁。从此之后，格兰斯顿被迫离开政坛长达一年。1847年，英国举行了全国大选，格兰斯顿被牛津大学推举为议员。从卑尔内阁解散，直到格兰斯顿游历意大利，写信给安卑尔登伯爵，这期间一共经历了五年。在这五年间，格兰斯顿的思想发生的变化最大。最开始他主张的议案包括："依上帝律法而反对亡妻姐妹结婚"、"选委员视察大学状况为损大学之威严"、"澳洲当置上院事"等，都未能摆脱保守主义倾向。之后思想产生变化，最终渐渐进入自由主义的领域。对于宗教问题，他提出了"国家不能专门扶助国教"，甚至在选举人面前陈说这种意见；他又提出"犹太人可以进入国会"、"议院的宣誓应该改变"等议案，都是给民众灌输自由主义思想。对于实业问题，他又以极大的热情倡导自由贸易；他还提出应该改变航海法常热心倡导自由贸易，又论航海律之当改正，正以为大洋当为自由往来公海，亦无一不倾于自由主义者。

未几，卑尔坠马殁。格氏始终崇奉卑尔，至以小卑尔自称。卑尔既死，党员脱党者大半，格氏犹以卑尔党自命。然而格氏与自由党接近之机会，自是更著矣。

（四）捏布尔书翰

千八百五十一年，格氏以子病，送子至意大利捏布尔养病，留四月。其间意大利新起事件，大足以触动格氏之感情者，而平日潜于胸中之自由平等思想，至是遂勃然不可复遏。

先是罗马帝国覆灭，德意志帝国勃兴，分罗马旧壤为德意志、意大利二大王国。至拿破仑倡霸欧洲，意大利乃为所有。及拿破仑败，意大利更分散为沙尔尼亚、捏布尔、西西里等诸小王国，受奥国保护。意大利至是，盖陵迟衰微矣。奥国自维也纳会议得势，钤制意大利者凡三十年。顾是时社会日向自由主义，意大利志士追怀罗马往昔，慨然有独立之志。然奥相梅特涅

梅特涅

律，认为海洋应当是各国自由往来的公海，这些无一不具有自由主义倾向。

不久，卑尔因骑马坠落而亡。格兰斯顿始终崇敬卑尔，以至于自许为小卑尔。卑尔死后，保守党员脱离党籍的占了大半，格兰斯顿仍然称自己是卑尔党。但是，格兰斯顿与自由党接近的机会，越来越明显了。

（四）捏布尔书翰

公元1851年，格兰斯顿因为儿子生病，亲自送儿子到意大利的捏布尔养病，在这停留了四个月。期间意大利新发生的事件大大触动了格兰斯顿的感情，而平日里潜藏在心中的自由平等思想，此时终于喷薄而出，无法再抑制。

在此之前，罗马帝国灭亡了，德意志帝国兴起，将罗马帝国分为了德意志、意大利两大王国。到拿破仑称霸欧洲大陆时，意大利被法国占领。拿破仑兵败以后，意大利又分裂为沙尔尼亚、捏布尔、西西里等几个小王国，受到奥地利的保护。意大利到这时，可以说是衰落之极了。奥地利自从维也纳会议得势以来，控制意大利一共达三十年。不过这时的社会日益倾向自由主义，意大利的仁人志士，追想罗马往昔的光荣，产生了一统全国、建立独立自主国家的愿望。然而奥地利首相梅特涅，仍然想以镇压的方式毁灭自由犹以压制为事，欲灭自由主义。意大利各州君主承奥国之旨，政刑苛酷殊甚，民气愈嚣。

其时意大利中，惟沙尔尼亚王最称贤明，意大利志士咸归之。因游说诸地，谋意大利统一事业。中部意大利诸国稍动，独捏布尔王欲屠戮志士，以取媚于奥国。顾未有间，千八百五十一年一月，意大利志士又开议，捏布尔政府以为大逆不道，因大行捕缚，株连者二千余人，尽置之狱。

格氏闻其事，乃亲赴狱中视察。其狱室穴土为之，白昼不能辩咫尺，空气腐败，臭不可闻。狱囚每四人为一组，以铁锁联系之，虽寝食亦不得释，囚多病者。狱中有狱医一人，然屋居楼上，未尝诊察一囚。囚病垂绝，登阶辄毙，毙者委之数日不过问。其审问时用刑讯，往往有无罪而自诬服者。盖因在狱亦死，受审问亦死也。故囚在狱中，但愿早处刑。格氏见此惨状，正义公道之念油然而生，乃致书于安卑尔登侯，中有一节述捏布尔之事曰：

"夫今日之捏布尔政府，向政敌所加之手段，大污我欧洲之文明也。彼既不认宗教之自由，其行事率戾于人情，背正义与公道。吾人置之不顾，乃使岁序变迁，意大利形势，益陷于危险，邦家分崩离析，而不可止，终至社会党之主义。意大利各个州的君主奉行奥地利国家的旨意，政治黑暗，刑法酷烈，人民怨气冲天。

当时意大利的各个国王中，唯有沙尔尼亚王最为贤明，意大利的仁人志士都归附于他。因此沙尔尼亚王到各王国游说，谋求意大利的统一事业。中部的意大利等国稍稍有所动摇，只有捏布尔国王想借屠杀爱国志士来讨好奥地利。但是没过多久，1851年1月，意大利的爱国志士再次召开会议，捏布尔政府认为他们大逆不道，因而大肆逮捕，受到牵连的有两千余人，全关入监狱。

格兰斯顿听说这事后，便亲自赶赴狱中视察情况。那个监狱是在土洞里的土牢，白天也伸手不见五指，空气恶臭难闻。囚犯每四人一组，用铁锁锁在一起，即使是睡觉、吃饭也不开锁，因此很多囚犯生病。监狱里只有一名医生，可是医生屋子在楼上面，从没下来诊视过一个囚犯。囚犯病倒弥留之际，刚登上台阶就死了。死了的囚犯倒在那，几天都无人过问。他们审问犯人时严刑逼供，往往没有罪的人也自首认罪。因为在监狱里也是死，受审问也是死，所以，关在牢里，他们宁愿早早受刑而死。格兰斯顿见了这惨状，正义公道的念头油然而生，于是写信给安卑尔登伯爵，其中有一段叙述捏布尔的事情：

“如今的捏布尔政府，对政敌所施加的手段，实在有辱我们欧洲的文明。他们既不认可宗教的自由，做事又都违背人情，违背了正义与公道。我们若是置若罔闻，不管不顾，使得时间一点点过去，意大利的形势恐怕会陷入更加危险的境地，国家的分裂，也将一发不可收拾，最终将导致社会党的势力日渐强大，以致蔓延势日盛，延及欧洲。以故吾人既为大英之国民，吾国既为欧洲之强国，所当由于公道，诉于正义，努力一扫此不可究诘之害，为天下先。今者捏布尔志士，无罪而罹于水火，愿以足下之力，速唤起英国舆论以处置其事。余尚调查其事实，期得其详，不日当归国以报于足下也。”

格氏此书，即世所称为《捏布尔书翰》者是也。自此书出，全欧振动。捏布尔政府大惊，急以书辩疏其事，然终不能治格氏一击之创。翌年格氏更著书以驳捏布尔政府，欧洲舆论大哗。意大利独立之原因，格氏与有力焉。

自此书出，格氏正义自由之念，益不能禁，而入自由党之机愈近矣。

【批评】

建功立业，由于名誉心者，则名誉丧而气遂沮；而由于义务心者，乃立于不败之地。格氏之辞商务局长失选举区，世之矫饰之士，则亦往往能之。顾格氏之辞商务局长，避嫌疑也，而非为一身而避嫌，欲以得社会之信用而遂其所志之事也。纵世之人有疑格氏者，而格氏之心可以泰然自若矣。今世之士，一遇人之毁己，辄凌乱失措，虽曰阅历使然，毋亦心之未尽公，而见之行事遂不能自掩其迹耶！呜呼！立心到整个欧洲。因此，我们身为大英帝国的国民，我国又是欧洲的强国，应当秉着公道，讲求正义，努力扫荡这些无法追责的祸害，作为全欧洲的表率。如今捏布尔的爱国志士，没有犯罪却身陷水深火热的境地，希望凭借您的影响力，迅速唤起全英国的舆论来处理这个事情。我还在调查具体事实，希望得到详细情况，不久便会回国向您禀报一切。”

格兰斯顿的这封书信，便是被世人称为《捏布尔书翰》的那封。这封书信发表以后，整个欧洲深受震动。捏布尔政府大惊，急忙写信解释这件事，可最终也无法掩盖格兰斯顿所揭发的真相。第二年，格兰斯顿又著书驳斥捏布尔政府，欧洲舆论一片哗然。意大利之所以能够独立，格兰斯顿也出力不小。

自从这封书信发出后，格兰斯顿的正义自由观念，更加不能禁止，而加入自由党的时机也就越来越近了。

【评论】

一个人建功立业如果是为了求取名誉，那么名誉遭受损害时就会非常沮丧；而如果是出自公道良心，那么便会立于不败之地。格兰斯顿辞掉商务局长、失去选举区，世间那些做作夸张的人，往往也能做到。但是格兰斯顿辞去商务局长只是为了避嫌，但又并非为了自己避嫌，而是想因此取得社会的信用，完成自己所追求的事业，即使世人疑心格兰斯顿，格兰斯顿自己也能处之泰然了。现在的人，一遇到毁谤自己的事情便总是手足无措，虽然说跟阅历有关，也不能不说是此人没有为公的心，致使表现在做事方面公者，几于无一事而不可为，纵有过失，亦日月之食耳。而私心未去者，纵日日行善，而尚悄然有不可告人之隐，何其自苦乃尔乎？

格氏自由平等之理想，为商务局长时，既露其萌，赴意大利后，更进其轨。然则自由平等之理想，固天经地义而人心所同具者矣。然亦因彼求知心之切，乃能有此机会耳。夫格氏少生于富豪之家，长习于保守之说，其久不能于自由有所悟，固亦无怪。今之人，动辄闭眼妄谈，误以自由为无所不可为，误以平等为无分尊卑长幼，此固不得以格氏为借口者也，不可不知。

终究不能掩盖其私心的痕迹！唉！能够大公无私的人，几乎没什么事是不能做的，纵然有过错，也会像日食、月食一样，大家看得见。而抱有私心的人，即使每天做善事，尚有不可告人的秘密，常为之忧伤，何苦这样作践自己呢？

格兰斯顿自由平等的理想，在他做商务局长时便已初露端倪，去了意大利之后越发明显。如此看来，自由平等的思想固然是天经地义、人人心中都具有的。然而也因为他求知欲强，才能有这样的机遇。格兰斯顿从小生长在富豪家庭，成长于保守学说的熏陶中，他迟迟不能对自由主义有所觉悟，本来也就没什么奇怪的。现在的人没事就闭眼胡说，误以为自由平等的“自由”就是任意妄为、无所不为，“平等”就是不分长晚辈、上下级，这些人自然不能拿格兰斯顿做挡箭牌，读者不可以不知道。

第六章 自由主义时代之格兰斯顿

（一）联合内阁之大藏大臣

格氏自发《捏布尔书翰》后一年间，英国政界，稳静无事。未几，自由党内阁解散，而激烈保守党代之。激烈保守党者，即千八百四十五年倡“非谷物条例”事，与保守党分离之党也。激烈保守党内阁既成立，基斯礼为大藏大臣，招格氏入阁，格氏不就。世人疑之，至以格氏为毛色难辩之马，谓不知其果属于何党也。是年选举，格氏又于奥特克大学当选，为议员。选举人评之曰：“此君殆已不足以代表吾之大学，”格氏闻之不以为意。

格氏与基斯礼意见不合，因基氏主用权术，格氏反对之，故不愿与之共事。时保守主义久为社会所排，基氏知之，特于议场提出《财政案》，演说阅五时，阳迎合众人意，而阴行己之政策。议员闻其说颇然之，格氏乃首起反对，刺取基氏前后矛盾之迹无遗蕴。质问既毕，基氏词窘，大愤之。厉声言曰：“英国不好联合，余今乃为联合军所败，余将去而诉之舆论矣。”基氏既败，激烈保守党遂解。

格氏以保守党而覆保守党政府，因之同党人愤甚。卡尔顿俱乐部少壮二十人，乘醉诘问格氏，时格氏适独坐俱乐部楼上，党人严诘其无状，欲抱持掷之窗外。格氏无所动，

（一）联合内阁之大藏大臣

自从格兰斯顿发表《捏布尔书翰》后的一年时间里，英国政坛都平静无事。不久，自由党内阁解散，而激烈保守党上台。激烈保守党便是1845年倡议“非《谷物条例》”从保守党分离出去的党派。激烈保守党内阁成立以后，基斯礼作为大藏大臣，招揽格兰斯顿进入内阁，格兰斯顿没有接受。世人对此表示疑惑，甚至有人把格兰斯顿比喻成一匹毛色难以分辨的马，说不知道他到底属于哪个党派。这一年的大选，格兰斯顿又在奥特克大学当选议员。选举人批评说：“这位先生大概已经不能够代表我们大学了。”格兰斯顿听闻后毫不在意。

格兰斯顿与基斯礼的政见不合，是因为基斯礼主张使用权术，格兰斯顿对此很反感，故而不愿跟他共事。此时的基斯礼知道，保守主义一直以来受社会排挤，故而特地在议会提出《财政案》，演说超过了五个小时，表面迎合众人的意思，暗地里却施行自己的政策。议员们听了他的演说都颇为赞同，格兰斯顿却第一个站出来反对，将基斯礼前后矛盾的地方揭露无遗。格兰斯顿质问完了，基斯礼语竭词穷，恼羞成怒。他大声呵斥道：“英国人从来不爱联合，我今天居然被联合军打败了。我将离开内阁，让公众来评理。”基斯礼下台后，激烈保守党便解散了。

格兰斯顿以保守党员的身份破坏了保守党政府，因而同党中人极其愤怒。卡尔顿俱乐部20个年轻的保守党员，乘着酒醉诘问格兰斯顿，当时格兰斯顿正独自坐在俱乐部的楼上，保守党员严厉攻讦他的无礼行为，想抱着他把他扔到窗外去。格兰斯顿不为所动，怫然而去。

千八百五十二年十二月二十七日，安卑尔登奉勅组织联立内阁，乃合自由党、卑尔党、急进党三者而成，于是格氏为财政大臣。翌年，提出《预算案》于议院，其预算案仍卑尔政策，以判多数人民为主。关于茶胰、皂印纸、马车等税，减少者百二十三项，全废者亦百二十三项，增财产相续税、酒税等。凡所得至百镑以上者，每镑税五辨士，以七年为期，至千八百六十年，全废之。格氏说明此案，演说至五时间。其所论至为巧妙，不能笔墨形容，听者皆忘倦，惟恐其辞之毕也。女皇婿飞书贺政府得人，英全国之士，以为卑尔生也。格氏一夕之话，身价顿增数倍。于是《预算案》遂通过于两院。

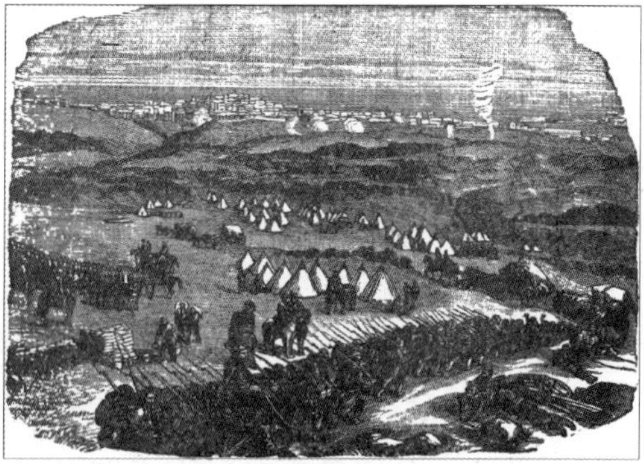
克里米亚

《预算案》既决，而克里米亚战事起。时俄国皇帝尼喀拉士，抱侵略之野心，藉宗教问题，与土耳其挑战。内阁中以此事会议连日。宰相主平和，自由派之巴米斯与来塞尔二卿，倡助土之说。格氏以下愤怒地离开了。

1852年12月27日，安卑尔登奉女皇的命令着手组建联合政府内阁，由自由党、卑尔党、急进党三派组成，格兰斯顿因此出任财政大臣。第二年，格兰斯顿在议院提出《预算案》，仍旧沿袭卑尔内阁的政策，主要考虑大多数民众的利益。关于茶腴、皂印纸、马车等税收减免了123项，全部废止的也有123项，增加了财产相续税、酒税等新税种。规定凡是收入在100英镑以上的人，每英镑抽税5便士，以七年作为期限，到1860年全部废止。格兰斯顿为了说明相关税收政策，演说了整整五个小时。他的演说极其精彩巧妙，无法用文字来表现，以致听众们都忘记了困倦，凝神静听，唯恐他的演说马上就结束了。女皇维多利亚的女婿上书祝贺英国政府得到了一个贤才，全英国的人都认为格兰斯顿是卑尔再生。格兰斯顿的一番演讲，使得他的身价立刻增加了几倍，《预算案》因此得到了上下两议院的一致通过。

《预算案》刚被通过，克里米亚战争就爆发了。当时的沙俄皇帝尼喀拉士，抱着侵略的野心，借口宗教问题与土耳其开战。内阁因此接连开了几天大会讨论这件事件。首相主张持中立和平态度，自由派的巴米斯与来塞尔两位议员倡议援救土耳其。格兰斯顿以下的卑尔党人士也主张中立。内阁不得已，因而调停两方意见，决定去跟俄国谈判。1854年3月27日，谈判破裂，英国便发出了宣之卑尔党，亦主平和。内阁不得已乃调停二说，与俄国谈判。千八百五十四年三月二十七日，谈判破裂，乃为开战布告，英法同盟，以舰队向克里米亚进发。

其时军事费用，通常财政不足支给，乃起国债四千一百万。时基斯礼主张盛募国债，格氏反对之，主军费征收策。然平和党以格氏始主平和，而继赞开战，反对之声嚣然。政府以是军费不给，兵屡败退。千八百五十五年，急进党员保氏提议，选委员调查政府处置之事，并视察英军。来塞尔氏以此议不当，愤然辞职。格氏虽反对保氏之议，亦不直来氏所为。然大势已去，于是联立内阁，遂于满院笑声中陷于瓦解之运。基氏所谓英人不好联合之说，至是而竟验矣。

（二）脱党之先声

联立内阁既倒，巴米斯继为大宰相，招卑尔党，格氏因再长财政。格氏是时曾宣言，必抵抗急进党之议。既入政府，巴氏不能从，格氏复辞职。格氏既辞职，乃倡战争速止之说，闻者颇不然之。未几，俄帝尼喀拉士崩，历山二世嗣位，仍先帝之策，与英法战。奥国将出为调停，英法不听，益进兵。九月陷塞巴斯，英将更陷斯布里堡，于是俄国乃屈。千八百五十六年，战书，英法组成联盟舰队，向克里米亚进军。

当时的军事费用，一般的财政不足以支撑，因此发行了4100万英镑的国债。当时基斯礼主张大范围的发行国债，格兰斯顿反对这种做法，主张征收军费的政策。然而中立党看到格兰斯顿开始主张中立，继而又赞成开战，于是反对的声音喧嚣日上。政府因此军费不足，军队节节败退。1855年，急进党的保氏提议，选派委员调查政府处置的事情，并视察英国军队。来塞尔因为认为这个提议极不妥当，便愤然辞职了。格兰斯顿虽然反对保氏的提议，却也不认可来塞尔的行为。可是大势已去，因此联合内阁在满议院的嘲笑声中陷入解散的命运。基斯礼所谓英国人不好联合的说法，到此竟然被验证了。

（二）脱党之先声

联合内阁倒台以后，巴米斯继任内阁首相，招揽卑尔党成员，格兰斯顿因此再次就任财政局长一职。格兰斯顿当时曾宣言，一定要抵制急进党的议案。进入政府以后，巴米斯不能听从他的意见，因而格兰斯顿又辞职而去。格兰斯顿辞职后，提出了战争会迅速停止的言论，听到的人颇不以为然。没过多久，沙皇尼喀拉士去世，历山二世继位，仍然延续先皇遗命与英法开战。奥地利想出来调停双方，英、法不同意，继续进军。九月，攻陷了塞巴斯，英国将平和条约成，而第一俄土战争之事，遂告终局。

格氏既辞内阁，千八百五十九年，巴米斯组织自由党内阁，招格氏，格氏不应。自是五年间，格氏心虽犹恋保守党，而思想日新，又以基斯礼在保守党，与己反对，乃益与自由党近。基氏亦英国有数之政治家，尝谓：“英国议会，五百有余之议员，皆碌碌无足数，足为吾敌手者，独有格兰斯顿一人耳。”故极意与格氏笼络。至底尔卑伯组织政府，犹虚殖民大臣之席以待之，而基氏亦谆劝格氏，格氏卒不应。政府患格氏在野，有所责难，乃遣格氏赴希腊爱何尼亚岛，且授以全权委员之任。格氏拜命即往，尽职归报。

历山二世

此时英国人口日增，文化渐进，选举权扩张之论复起。千八百五十九年，政府提出《选举改革案》。其所扩张者，如有银行股票者、文武官中受恩给者、大学卒业生、牧师、代言人、医师、教师等，而独遗劳动者。于是舆论大哗，政府乃解散议院，令其更选。更选后，自由党仍占多数，于是内阁大领接着攻陷了斯布里堡，俄国因而屈服求和。1856年，签署了和平条约，俄罗斯与土耳其的第一次战争终于宣告结束。

格兰斯顿离开内阁，到1859年巴米斯组织自由党内阁，招揽格兰斯顿，格兰斯顿都没有答应。从这之后的五年时间里，格兰斯顿虽然心中还依恋保守党，但思想一天比一天进步；又因为有基斯礼在保守党和自己作对，于是与自由党更加亲近了。基斯礼也是英国屈指可数的政治家，他曾对人说："英国议会，有500多名议员，据我看都是庸碌之辈，只有格兰斯顿一人足以做我的对手罢了。"所以他想方设法笼络格兰斯顿。到底尔卑伯爵组织政府时，仍然把殖民大臣的席位空着以待格兰斯顿，而基斯礼也谆谆劝导格兰斯顿，但他最终也没答应。政府害怕格兰斯顿在野，会遭受他的责难，于是派遣格兰斯顿赴希腊的爱何尼亚岛，委以全权委员的责任。格兰斯顿接受了命令赶赴希腊，尽职而回。

这时候英国的人口快速增长，文化日趋繁荣，扩大选举权的议论又被提起。1859年，英国政府提出了《选举改革案》，将选举权的资格范围扩大到了比如银行股票持有者、文武官员中受恩惠的人、大学毕业生、牧师、代言人、医生、教师等，唯独没有劳动者。舆论因此哗然，政府于是解散了议院，令其再次选举。再选后，自由党人仍占多数，于是众多内阁大臣集体辞职离开了。巴米斯臣遂联袂去，巴米斯复入内阁，自由内阁成立。巴氏又招格氏为大藏大臣，格氏应之。保守党以格氏投身敌党，大憾，而奥特克大学，亦盛为反对。格氏十三年间，徘徊于保守、自由二党，至是乃决入自由党，与保守党关系离矣。

（三）自由党内阁之大藏大臣

千八百五十九年巴米斯为大宰相，至六十五年殁，此六年间，世界颇多事。如美国南北战争，英法联军入我国北京，皆此时事也。而英国国内政界平稳，岁入大进，格氏自由贸易之效也。

英法联军攻破北京

其时内阁中，来塞尔与格氏颇洽。宰相巴氏之政策，格氏颇不谓然，顾其时巴氏方倚格氏为重，常不敢与争。国会七年期满，千八百六十五年七月，更为选举，格氏代表奥特克大学已十八年。至是因其主义与保守党忤，大学乃更选急再次进入内阁，成立自由党内阁。巴米斯又招揽格兰斯顿为大藏大臣，格兰斯顿应允。保守党因为格兰斯顿投靠敌对党，极其愤恨，而奥特克大学也非常反对他的这种行为。格兰斯顿在保守党、自由党二者间彷徨了十三年，至此最终决定加入自由党，与保守党脱离了组织关系。

（三）自由党内阁之大藏大臣

从1859年巴米斯做首相起，到1865年去世，这六年时间里，世界发生了许多大事。比如美国的南北战争，英法联军入侵北京，都是这时期的事件。而英国国内政坛安稳，国家财政年收入越来越多，这都是格兰斯顿推行的自由贸易起了效果。

当时的内阁中，来塞尔与格兰斯顿的关系颇为融洽。首相巴米斯的政策，格兰斯顿很不以为然，不过当时巴米斯正倚仗格兰斯顿，往往不敢跟他争论。国会七年期满后的1865年7月，再次大选，格兰斯顿代表奥特克大学已经十八年了。现在，因为格兰斯顿不再是保守党成员，奥特克大学因此更选了一名激进保守党员卡民

进保守党员卡民代之，格氏遂不与焉。

格氏既不获选，自赴兰卡舍亚区演说，乃被举为其区议员。是年宰相巴氏殁，来塞尔卿组织第二次内阁，格氏又为财政大臣，与在野保守党之领袖基斯礼氏为敌。

此期议会最可注意之事，则《选举改革案》是也。选举人资格，前例：郡之选举权，须能纳五十磅之地租，今减为十四磅；市之选举权，当纳十磅之直接税，今减为七磅。自此改革，选举人顿增四十万，议员反对者甚多。格氏乃奔走国中，鼓吹舆论，舆论渐盛，而议院反对之说亦愈强。讨论彻八日夜，格氏盛倡扩张说，基斯礼举格氏前在大学讨论会中，反对《选举案》事诘之，格氏乃夺其戈而反驳之曰："有名誉之绅士足下，自顾亦安见其失策之事耶？而乃以余少年时代之过误为口实也。余从前之谬见，诚有如足下所云，余亦颇以为憾。顾余前实受甘宁古之感化，以故余少年时代之思想，无一不源于甘君，而足下以已成熟之头脑，胡乃亦受甘宁古之感化，且受较甘宁古更有名保尔克之感化，来替代他。格兰斯顿因此没能参与选举。

格兰斯顿不能在奥特克大学参选，便自己赶往兰卡舍亚地区演讲，于是被选为当地的议员。这一年首相巴米斯去世，来塞尔第二次组建内阁，格兰斯顿又做了财政部长，与在野的保守党领袖基斯礼成为政敌。

这次议会最值得注意的事情，就是《选举改革案》。选举人资格按前面所述，郡的选举权需要选举人缴纳五十英镑的地租，现今减为十四英磅；市里的选举权本当纳十英镑的直接税，现今减为七英镑。自从这次改革之后，选举人的数量一下增长了四十万，议员持反对意见的因此极多。格兰斯顿于是奔走全国，到处鼓吹舆论，舆论支持的声音越来越强，而议院反对的声音也越来越强。讨论了八天八夜，格兰斯顿强烈倡议扩大选举权之说，基斯礼便举出格兰斯顿在大学讨论会时反对《选举案》的事情来反诘格兰斯顿。格兰斯顿以彼之道还施彼身，驳斥他说："我们有名誉的绅士阁下，您试着反观自己，难道不能发现自己失策的地方吗？您竟然拿我少年时代的过失作为把柄。我从前的荒谬见识确如阁下所说，一点不假，本人也很是引以为憾。不过我那时实在是受到甘宁古的影响，因此我少年时代的思想没有哪一点不是来源于甘先生。而凭着阁下思想健全的头脑，为何竟然也受到甘宁古的影响？而且还受到比甘宁古更有名的保尔克的感召，就跟我少年时代一样。我当年作为奥特克大学一名在校学亦如余少年时之头脑也。余当年为奥特克大学一学生，其对《改革案》所怀恐怖之情，与今日足下所感者正同也。”

次乃更为结论曰：“满场诸君听者，余辈今当攻击之冲。此法案者，与政府之运命，实共悬于一发者也。如来塞卿之言，余辈誓与之共存亡。若余辈而仆，恐为余辈之续者，亦必再携此法案而起。诸君能逐余辈出议席之外，诸君能没此法案，而必不能战将来之敌。时势滔滔，方进而未有艾，社会趋势固不能以余辈讨论之喧嚣，而蔽于一时也。夫此不可御之社会大势力，今非与诸君逆行，而与余辈同其方向耶？余辈今立此战场之上，所扶之大旆，或仆于余辈之头，未可知也。虽然，余固信此大旆，不久必握之合众人民之手，而再翻于天下，余恐胜利之期，去今固非远也。”

格氏虽为雄辩，卒不能制胜，内阁遂解，保守党更组织内阁。时千八百六十六年六月二十六日。

（四）大宰相

议会虽多数否选举改革之议，而舆论多数不服。自“改革案败，政府仆”之报，传于伦敦，市民皆甚激昂，聚街衢中，为改革断行之决议者，无虑万数。会终，整队过格氏门，洋洋唱颂功歌，格氏自是遂为人望所属。

生，对于《改革案》所怀有的恐惧心情，跟今天阁下您所受感到的如出一辙。”

接着他再次总结道：“在座的各位听众，我等现如今成了众矢之的。但这个法案，与政府的命运实在紧紧相连。就像来塞尔所说的，我等誓死保卫这个法案。如果我们这一辈人倒下了，恐怕继承我们事业的人，也必然会再次站出来提这个法案。你们能将我们驱逐出议会，能将这个法案搁置埋没，却定然不能战胜将来的对手。天下大势就像滚滚江河，一直向前，从未停止，社会发展的趋势，也不会因为我们这些人一时的争吵而被一时阻挡。这样不可抵抗的社会发展大潮，难道不是跟你们反方向，跟我们同方向吗？我等今日站在这个战场上所高举的大旗，也许会从我们面前倒下，这是不可预料的。即使如此，我还是坚信这面大旗不久以后必然会被全体民众接手，从而飘扬于全国。我相信胜利的日子离今天不会很远了。”

格兰斯顿虽然做了有力的辩论，却终究没能战胜对手，内阁因而被解散，保守党再次组成内阁。此时是公元1866年6月26日。

(四) 大宰相

议会虽然多数议员否决了选举改革的提案，但舆论却大部分是不服的。自从“改革案败，政府仆”的报纸传遍伦敦的大街小巷，市民全都慷慨激昂，聚集在大街道上，坚持改革案一定要施行的，不下几万人。大会结束，人们整队经过格兰斯顿家门口，欢乐地歌唱他的功劳，格兰斯顿从此成了万众瞩目的对象。

千八百六十七年二月五日，议会开会，基斯礼氏知大势难挽，乃提出《选举改革案》，自由党不满意，起而反对，撤回其议二次，迭经修正，至仅留原案中一字，乃通过两院。顾基氏犹以为政府之胜利也，扬扬有得色。

此法案于十九世纪中，为绝大之改革案。千八百三十二年之改革案，选举人虽已增多，而由此法案更增百万之选举人，且其权及于劳动社会。改革既成，基氏名声赫然，而格氏转不与其功，基氏为计亦至巧矣。是年末，来塞尔以年老退院，保守党首领底尔比卿，亦辞宰相职。于是基斯礼为宰相，格氏为自由党领袖，与之反峙。

千八百六十八年七月三十一日，议会解散后再选举，自由党仍占多数，基氏乃不待议会开会，经辞职去。女皇维多利亚即日召格氏，命组织内阁。时千八百六十八年，十二月三日。格氏在国会中为论战，至是凡三十五年，入自由党六年。

（五）爱尔兰自治案

九日，格氏遂入阁，自是居相位者三十年。其间组织内阁四次，世称为“自由主义之黄金时代”是也。第一次组织内阁，有《贫民学校条例》、《破产条例》、《惩戒条例》、《武官买卖禁止条例》、《小学校教则条例》、《华盛顿条

1867年2月5日，议会开会，基斯礼明白大势所趋不能改变，于是提出《选举改革案》。自由党不满意，站起来反对，两次撤销基斯礼的议案，经几次修改，最后只保留了原提案里面的一个单词，才被上下议院一致通过。不过基斯礼仍认为这是政府胜利，面露得意之色。

这个法案，在十九世纪是极其重要的改革法案。1832年的改革案，虽然增加了选举人名额，但从这次的法案通过后，增加了100万以上的选举者，而且选举权力涉及到了劳动人民。改革成功后，基斯礼名声大噪，格兰斯顿反而功劳不显，基斯礼的用心也算巧妙之极了。这一年年尾，来塞尔因老迈退出议院，保守党首领底尔比也辞去首相职务。于是基斯礼成了首相，格兰斯顿作为自由党领袖与他分庭抗礼。

1868年7月31日，议会被解散以后，再次进行了选举，自由党人仍旧占居多数议席，基斯礼因此没等召开议会，便辞职而去。维多利亚女王即日召见格兰斯顿，命他组建新内阁。此时正是1868年12月3号。格兰斯顿在国会里跟人论战，至此共计三十五年，加入自由党已六年。

（五）爱尔兰自治案

1868年12月9日，格兰斯顿组织内阁，从此以后位居首相之职长达三十年之久。期间，他四次组建内阁，被后世称为"自由主义的黄金时代"便是此时。第一次组建内阁，颁布的法案有《贫民学校条例》、《破产条例》、《惩戒条例》、《武官买卖禁止条例》、约谈判事件》、《大学宗教试验废止案》、《联合商业法案》、《宗教爵位条例》等。第二次内阁，有《破产及特许条例》、《时弊救济法案》、《选举权扩张案》、《选举区改正案》、《选举人名簿条例》等。第四次内阁，有《劳动问题》、《爱尔斯土地法案》等。其所行事，皆啧啧人口，本书不能尽详之。今举其最著者，则爱尔兰自治问题是也。

爱尔兰问题者，起原于种族与宗教。爱尔兰人为塞尔特人后裔，英人为盎格鲁撒逊人后裔；爱尔兰人为旧教徒，英人为新教徒；爱尔兰人为被征者之子孙，常为佣人，而英人则为征服者之子孙，常为地主；其权利不平等，轧轹日甚。爱尔兰故有国会，然其制甚不完全。至济母士三世，宰相悲托欲使其易治，乃建“一统英、爱”之议。爱尔兰志士起而反对之，卒为悲氏所破，用迫协手段，强并英、爱为一议院。然自是冲突日甚，地主肆其压制，农民苦之，教育事亦厚新教徒，而薄旧教徒，爱人不平之声嚣然。格兰斯顿见其状不忍，至入内阁后，乃提出《爱尔兰国教解散案》，使爱人信教得以自由，而不受英人压迫。顾在爱尔兰之僧侣与保守党，皆悍然抵抗，至上书女皇，请黜内阁。格氏不为动，法案竟得通过。

翌年二月，格氏又提出《爱尔兰土地法改革案》。先是，

《小学校教则条例》、《华盛顿条约谈判事件》、《大学宗教试验废止案》、《联合商业法案》、《宗教爵位条例》等等；第二次组建内阁颁布的法案有《破产及特许条例》、《时弊救济法案》、《选举权扩张案》、《选举区改正案》、《选举人名簿条例》等等；第四次内阁有《劳动问题》、《爱尔斯土地法案》等法案。他所做的事被人交口称赞，本书不能详细记载。现在选择其中最为著名的爱尔兰自治问题，记述如下。

爱尔兰问题，源自种族问题与宗教问题。爱尔兰人是赛尔特人的后裔，英国人是盎格鲁撒克逊人的后裔。爱尔兰人是天主教徒，英国人是新教徒。爱尔兰人属于被征服者的子孙，常常作为仆人；英国人却是征服者的子孙，常常作为地主，两边权利不平等，倾轧压迫越来越严重。爱尔兰以前是有国会的，可是制度并不完善。到了济母士三世，首相悲托想让爱尔兰容易治理一点，于是建议统一英国和爱尔兰。爱尔兰的有志之士群起反对，最终被悲托压下去，使用胁迫的手段强制合并了英国本土和爱尔兰的议院。然而从此以后冲突更加厉害，地主肆意压迫，农民感到非常痛苦，教育方面也优待新教徒，亏待天主教徒，爱尔兰人因此非常不平。格兰斯顿见到这个情况很不忍心，进入内阁后便提出《爱尔兰国教解散案》，使得爱尔兰人拥有信教的自由，不受英国人的压迫。不过爱尔兰的新教徒和保守党全部强烈反对，甚至上书给维多利亚女王，请求将格兰斯顿逐出内阁。格兰斯顿岿然不动，法案最后得以通过。

第二年二月，格兰斯顿又提出《爱尔兰土地法改革案》。在此

爱尔兰大学

爱尔兰佃农之弊殊甚，佃人对于地主，全负义务，几无权利可言。格氏议设法廷，以听地主与佃人之讼。此案亦得通过于议院。

格氏所欲解决之问题有三：即土地、宗教、教育是也。二者既得通过，而教育之事，犹未议及。千八百七十三年二月，格氏在第一次内阁五年矣，乃提出《爱尔兰大学改正案》。当时爱尔兰有新教制之太布林大学，定例凡奉天主教爱人，不得入；而俗制之古因大学，爱人又不愿入。格氏欲调和二派，议改太布林为中央大学，除去神学、伦理学、近世史各科，以避新旧二派之冲突；更设二派之专门学校，教育一以自由为主。此法案出，天主教徒不以为足，新教徒反对尤甚，自由党亦有异论，遂不得通过，格氏乃辞职。女皇维多利亚又命基斯礼氏组织内阁，基氏不应，格氏不得已乃复就职。格氏第一次内阁，英国政治史上称为自由主义之黄金时代。六年间，国债减一亿余万圆，租税减六千二百五十万圆，而库尚有二千五百万圆之剩余金。顾改革政策断行，与英人保守性质不合，与格氏之前，爱尔兰雇佣农民的弊端极其严重，被雇佣的农民对于地主负有全部的义务，却几乎没有任何权利可言。格兰斯顿提议，开设特别法庭，用以解决地主与雇农之间的纠纷。这个法案在议院也得以通过。

格兰斯顿想要解决的问题有三个，分别是土地问题、宗教问题和教育问题。前两者已经通过了法案，而教育问题却还未曾被人提及。1873年2月，格兰斯顿出任第一次内阁首相已经五年了，于是他提出了《爱尔兰大学改正案》。当时爱尔兰有实行新教制的太布林大学，规定凡是信仰天主教的爱尔兰人，不准进入该校学习；而实施传统教制的古因大学，爱尔兰人又不愿意去那学习。格兰斯顿想调和两派，提议把太布林大学改为中央大学，去除神学、伦理学、近代史等科目，为防止新旧二教教徒发生冲突；再增设两个教派的专门学校，教育内容统一改为以自由主义为主。这个法案出来以后，天主教徒不满意，新教徒尤其反对，自由党内部也有异议，于是最终没能通过，格兰斯顿因此辞去职务。维多利亚女王又任命基斯礼组织内阁，基斯礼不肯，格兰斯顿不得已再次复职。格兰斯顿第一次主持的内阁，在英国政治史上被称为“自由主义黄金时代”。短短六年时间，国债缩减了一亿多万元，租税减少6250万元，而国库还存2500万元的剩余资金。不过改革措施坚决施行，反抗者其数日增，保守党诘问政府，外交政策因循，格氏因解散议院。更选后，保守党仍占多数，格氏乃解印绶去，基氏再入阁。

基氏入内阁时，英国内政渐紊，舆论纷起。格氏乘势运动，四方回应，保守党内阁复解散，格氏再入阁。时千八百八十年四月二十八日。

格氏既组织第二次内阁，网罗人才，极一时之盛。其时巴捏尔氏，为爱尔兰自治党首领，屡与基氏角。千八百七十六年以来，爱尔兰屡大饥，佃人失佃者凡一万余人。格氏睹此情态，乃使殖民大臣提出《损害救济案》，以救失佃之佃人。此案于下院通过矣，而为上院所否决。自是爱尔兰地方佃人间日益多事。政府主先行镇压，徐图救济之法。千八百八十一年一月，殖民大臣提出《爱尔兰镇压案》，爱尔兰党反对之，然卒通过于议院。格氏乃更提出《第二土地改革案》，其内容较前次更广泛，佃人所得权利益多，是案亦得通过。然爱尔兰党犹不能靖，政府乃捕其首领巴氏置之狱，报达爱尔兰。巴氏妹乃结“妇人土地同盟”、“小儿土地同盟”与政府抗。巴氏自狱中发书告爱尔兰，言首领在狱，爱尔兰人终不可纳地租。政府见形势如此，乃解散爱尔兰土地同盟，禁止其地新闻纸。爱尔兰全州跟英国人的保守特质不合，所以反对格兰斯顿的人数与日俱增。保守党又质问政府的外交政策，为何保守软弱。格兰斯顿没办法，因此解散了议院。再次选举后，保守党仍然占优势，格兰斯顿便辞去职务，基斯礼再次主持内阁。

基斯礼主持内阁时，英国国内政治渐渐紊乱，舆论纷纭四起。格兰斯顿乘机奔走游说全国，全国都积极回应，保守党因而再次解散，格兰斯顿再次进入内阁。这时正是1880年4月28号。

格兰斯顿第二次组建内阁，大规模招揽人才，可谓盛极一时。当时的巴捏尔氏，是爱尔兰自治党的首领，他多次跟基斯礼角逐。1876年以来，爱尔兰多次发生大饥荒，失去耕地的雇农共有一万多人。格兰斯顿看到这个情况，于是让殖民大臣提出了《损害救济案》，以此来救济失去耕地的雇农。这个议案在下议院获得通过，但遭到了上议院的否决。从此后，爱尔兰地区雇农的反抗运动越来越多。英国政府主张先行镇压，再慢慢寻求救济的方法。1881年1月，殖民大臣提出了《爱尔兰镇压案》，爱尔兰党反对，可最后还是在议院获得通过。格兰斯顿于是再次提出了《第二次土地改革案》，内容比第一次更加广泛，雇农获得的利益更多，这个法案也获得了议院通过。然而爱尔兰党对此仍然不能满足，政府于是将他们的首领巴捏尔抓进了监狱，并通报了爱尔兰政府。巴捏尔的妹妹因此组织了“妇人土地同盟”、“小儿土地同盟”与政府对抗。巴捏尔从监狱里写信告知爱尔兰人民，说首领在监狱里，爱尔兰人无论如何也不要缴纳地租。政府见到这样的形势，因此解散了爱尔兰土地同盟，控制了那里的新闻报纸。爱尔兰全州的反抗反抗之声，如鼎沸然。

格氏始主镇压策，然至是知爱尔兰问题，不仅在地主、佃人之争，而实在于精神上。若与以自治，则患当可息。此数年间，政府交困于爱尔兰问题与埃及问题，内阁中亦分两派：一主爱尔兰镇压政策，一主爱尔兰自治。格氏立其间，未尝发表意见。千八百八十五年，政府所提预算条项不得通过，内阁遂以是解散，保守党内阁复立。

爱尔兰穷人之家

保守党内阁成立，四月，议会改选，自由党得三百三十三，保守党得二百五十一，爱尔兰党得八十六，自由保守二党之胜败，一操于爱尔兰党之手。其首领巴氏乃扬言曰："今日吾党当揭惟一之匾额，即爱尔兰自治是也。"时有一新闻论曰："格兰斯顿倘复职，则爱尔兰自治案当可成立。"闻者愕然，爱尔兰党冀其真也，乃倾心于格氏。议院勅语奉答，"爱尔兰党之八十六票，悉书格氏名。"保守党政府遂破，格氏乃组织第三次内阁。

的声音，越来越强烈。

格兰斯顿开始主张镇压的政策，至此他明白，爱尔兰问题不仅在地主与雇佣农之间有矛盾，实际上在精神领域矛盾更大。如果允许他们自治，那么祸乱自然解除。这几年里，政府被爱尔兰问题和埃及问题弄得内外交困，内阁中也分成了两派，一派主张爱尔兰镇压政策，一派主张爱尔兰建立自治政府。格兰斯顿在当中从来没发表过意见。1885年，政府所提出的预算条款没被通过，自由党内阁因此解散，保守党再次组建内阁。

保守党内阁成立后，在四月份，进行了议会改选，自由党获得了333席，保守党获得251席，爱尔兰党获得86席，自由党、保守党两党的胜败全部掌控于爱尔兰党人之手。爱尔兰党首领巴氏扬言说："现在我党唯一应该高举的旗帜，就是爱尔兰自治。"当时有一新闻评论说："格兰斯顿如果复职，那么爱尔兰自治法案应当可以成立。"听到的人都很错愕，爱尔兰党人希望这是真事，于是寄希望于格兰斯顿。议院奉女皇圣谕宣布："爱尔兰党员投的八十六票，全部写着格兰斯顿的大名。"因此保守党政府于是解体，格兰斯顿第三次组织内阁。

格氏既入阁，乃发表《爱尔兰自治意见》，麾下名士去者十数，全国之民群起反对。奥尔斯将军至以逆贼呼之，新闻纸攻击政府，不遗余力，谓格氏为狂人，或谓格氏为爱尔兰之降服者。格氏竟不屈，以千八百八十六年四月八日，提出《爱尔兰自治案》及《爱尔兰土地买收法案》于议会。

《爱尔兰自治案》要领曰：

（一）爱尔兰别设五年会期之议院，分总员三百九名为上下二种，但爱尔兰议员，不得出席于英国国会。

（二）置与党派无关系之太守一人，代表女皇，且为责任政府。政府之兴废，一由议院发言，但认可不认可及解散召集之权，太守奉女皇陛下之旨执行之。

（三）宣战、媾和、外交、军务、货币制度、度量衡、特许、版权、爵位、尊号等权在本国政府如旧。

（四）爱尔兰议会，不论宗教及国教，无予以特别补助之权。其他诸事，爱尔兰政府国会，可以任意处理。

（五）爱尔兰宜负担英国全国岁出十五分之一，关税权归本国政府管理，其他征收税权，一任之爱尔兰政府。

《爱尔兰土地买收法案》之大意曰：

以爱尔兰之土地，为爱尔兰人所有。自千八百八十八格兰斯顿组建内阁后，发表了《爱尔兰自治意见》，手下的著名人士有十几个因此离开了，全国的民众也都反对。奥尔斯将军甚至称他为叛徒，新闻报纸不遗余力地攻击政府，认为格兰斯顿是个疯子；有人说格兰斯顿是被爱尔兰降服了。格兰斯顿最终没有因此屈服，在1886年4月8号的议会上提出了《爱尔兰自治法案》和《爱尔兰土地买收法案》。

《爱尔兰自治案》的主要内容为：

（一）爱尔兰另外设立以五年为期限的议院，一共包括议员309名，分配到上议院和下议院；只要是爱尔兰的议员，不准出席英国国会。

（二）安排一个不属于任何党派、代表女王的长官，组成责任政府。政府的兴废，全部由议院发言讨论，但认可权和解散、召集权由长官奉女王陛下的旨意执行。

（三）宣战、缔结合约、外交、军事、货币制度、度量衡、特许、版权、爵位、尊号等权力照旧由英国政府掌管。

（四）爱尔兰的议会，不论宗教还是国教，都没有特别补助的权力。其他的任何事项，爱尔兰的政府国会，都可以根据需要任意处理。

（五）爱尔兰应负担英国全年财政经费的十五分之一，关税权归属英国政府管理，其他征税权全部任由爱尔兰政府管理。

《爱尔兰土地买收法案》的大意为：

爱尔兰的所有土地，都归爱尔兰人民所有。从1888年开始，几年内由政府发行5000万英镑的公债，从爱尔兰的地主那里收买年始，数年间发行公债五千万镑自爱尔兰地主买收土地，买收之代价与二十年前之租况相抵。割与买收之土地于佃人，岁纳地租，至二十年后，全归所有。其公债为爱尔兰政府对于本国之负债，宜以每年所收之地租，送呈本国，本国政府，以之偿却公债焉。

格氏提出此案，乃立议场中，陈说利害，至三时三十分，然竟否决。格氏解散议院，为更选，反对党仍占多数。于是格氏乃退阁，保守党又入而代之，主爱尔兰镇压策，格氏乃与爱尔兰党合抗政府。六年间，鼓吹舆论，欲行其所志。千八百九十二年，议院改选，因提出《政府不信任案》，得多数可决，保守党内阁遂败，格氏复入内阁。时格氏年已八十四岁，出入议会者六十年。

格氏既入阁，乃欲合社会劳动党、急进党等与保守党抗。至千八百九十三年，遂更提出《爱尔兰自治案》，反对党不能再沮之，经通过于下院，而上院仍否决其议。于是格氏年老，厌政事，因退院而归。千八百九十八年五月十九日，午前五时，薨于私邸。闻者知与不知无不流涕，虽其生平政敌，亦未有不慕其德行。爱尔兰自治，虽不克竟厥志，而格氏身经千挫，至死不磨，格氏固绝世伟人哉。

土地，收买土地的钱与二十年前的租金相抵。将这些购买的土地分割给雇农，雇农每年缴纳地租给爱尔兰政府，到二十年以后，这些土地便全部归农民私有。公债是爱尔兰政府对英国政府的负债，应当将每年所征收的地租送呈给英国，本国政府用这笔钱来偿还公债。

格兰斯顿提出这个议案后，便在议会上陈说利弊，讲了三个小时又三十分钟，可最后却遭到否决。格兰斯顿于是解散议院，再次进行议院选举，反对党仍然占多数。于是格兰斯顿退出内阁，保守党又接管内阁，主张爱尔兰镇压政策，格兰斯顿因而与爱尔兰党联合起来对抗政府。六年之间内，他制造舆论，想实现自己的主张。1892年，议院改选，他因此提出《政府不可信任》的议案，得到多数人通过，保守党内阁因此解散，格兰斯顿第四次组织内阁。这时格兰斯顿已经84岁高龄，出入议会60年。

格兰斯顿进入内阁以后，想联合社会劳动党、急进党等党派与保守党对抗。到1893年时，他再次提出《爱尔兰自治法案》，反对党无法再阻止，经下议院通过后，仍然又被上议院否决。此时的格兰斯顿年老体衰，厌倦了政治，因而退出议院回家了。1898年5月19日早上五时，格兰斯顿在家去世。听到噩耗的人不论是了解或不了解他的都为他落泪哭泣，即使是他生前政敌，也没有不敬仰他品德的。爱尔兰自治，虽然最终没能实现，可格兰斯顿虽经历了成百上千次挫折，却至死没有放弃，确实是一代绝世伟人！

【批评】

格氏为学生时反对选举改革，而至入政界时乃以选举改革自任。始主爱尔兰镇压策，而继而乃提出《爱尔兰自治案》，其前后若甚矛盾者，而不知此正格氏之所以为格氏也。夫为政治家者，有二要素：其一从正义公道之所命，排万难以达其所期；其一善审时势之潮流，而调和之而已，非有他能也。虽然，二者不可缺一，若缺其一，则前者不既于迂阔，后者乃至为随俗。世之学格氏者，苟学其一面，则其画虎不成，难既于类狗者矣。

格氏之提出《爱尔兰自治案》也，朋友故旧皆成仇敌。而格氏独能处之自若，居嫌疑之地，而无所动于心者，则以其所秉者为正义之旗，纵有人反对，亦复能谅其志。身死之后，犹能使敌党慕之不释，此与德谟士甚类，然而格氏之品格高尚，视德谟士更有进矣。

欧洲当十八世纪时，民族主义最盛，然以政权平等后，其患乃止。议者或谓民族主义，已属过去之事，此后殆不复起，实大不然。夫十八世纪之民族主义，亦何一非由于政治之关系？盖以最易惹起政治关系者，无若种族与宗教也，近者匈牙利之于奥大利，波兰之于俄罗斯，爱尔兰之于英吉

【评论】

格兰斯顿在学生时代时反对进行选举改革，然而等他进入政坛以后，反而以进行选举改革为己任。他开始时主张对爱尔兰实行镇压政策，但继而却提出了《爱尔兰自治案》，看起来好像前后矛盾，其实这正是格兰斯顿之所以是格兰斯顿的原因。作为政治家，有两个要素：第一是要遵从公平正义之心的驱使，排除万难也要达到目的；第二是要善于审时度势，跟随潮流，随时调整自己的策略使之符合时势，除此并没有别的才能。即使如此，两者一个都不能少，否则前者不免迂腐顽固，而后者则不免随波逐流。世上效法格兰斯顿的人，如果只学习他的一个方面，那就会画虎不成功，最后连狗都不像了。

格兰斯顿提出了《爱尔兰自治法案》以后，老朋友都变成了仇敌，但他仍能处之泰然，身处不可避嫌的境地仍能内心坚定，这是因为他秉承的宗旨是正义。即使别人反对他的议案，也能体谅他的苦心。他去世以后，仍能让敌对的人对他怀念不已，就跟德谟士很类似，但格兰斯顿的品格比德谟士更加高尚。

欧洲在18世纪时，民族主义最盛，后来政权平等后祸患才停止。有的评论家说民族主义已经属于过去式，以后大约再也不会兴起，其实他这话非常不对。所谓18世纪的民族主义运动，哪一次不是起因于政治纠纷？大抵最容易惹起政治纠纷的，莫过于种族问题与宗教问题了。近年的匈牙利与奥地利，波兰与俄罗斯，爱尔兰与英吉利，隐患一步步加深，不知道尽头在何方。解决这种问利，隐忧方深，未知所底。而解决此问题，战胜之民族，固必当降心以相从，受屈之民族，亦惟有并力以反抗。欲世界之平和，不可不自竞争得之，国与国争，种与种争，及其既也，或淘汰而亡，或均势而亡，盖亦尽人事而已，岂有天道？虽然，具此炯眼者，千古以来，惟有一格氏，而他无人焉。遂使生民涂炭，大祸未艾。吾俯仰大局，不能不与格氏同深感喟也。

题的方法，在于战胜的民族，必须要放低姿态顺从对方，被征服的民族也只有联合起来反抗压迫。想要世界和平，不得不自己通过竞争获得。国家与国家之间，种族与种族之间，竞争到最后，要么被历史淘汰而灭亡，要么势均力敌消耗而亡，因为这也只是尽人力罢了，哪里有天命？但是具有这种眼光的，千年以来只有格兰斯顿，并无别人。因而民族主义、国家主义使得生灵涂炭，大祸不止。我前后审查时局，不能不发出与格兰斯顿同样深重的感慨。

第七章　格氏之品性

格氏品性至高尚，今举其一二轶事于左：

格氏一生，惟知有正义公道，故于外交事，失败甚多，说者谓其长于内政，而短于外交，此皆不知有正义公道者也。俄土之战，英国恐俄乘势窥印度，故联合法国而与之抗，格氏乃盛反对其事，鸦片战争亦然，彼心中盖无半点之权谋者。其于议会，亦皆堂堂挑战，绝无笼络运动之策，其与基斯礼不合，亦以此也。

格氏所著书甚多，中如《荷马诗歌注》最有名于时。彼盖一大文学家，又一大宗教家也。然彼于伦理哲学，咸能窥其堂奥，而于近世进化之论，犹未通晓。一日与达尔文晤谈，达氏娓娓说进化之旨不绝口，格氏闻之，竟无所解，至倦而欲睡。

格氏颇留意于卫生，以旅行为最益之事。孟子曰：“居移气”。旅行者不仅移气而已，且能知风俗，知人情，交其邦之人物，察当时之治乱。格氏凡当失意之后，游于大陆者无虑数十次。暇辄散步原野，以运动身体，吸取新鲜空气。又好以巨斧斫柏树以消遣，至于老年，犹存此癖。盖彼欲休息其精神时，则必别觅一事为之，既可以习劳，又不伤脑力也。

格氏一生，笃信宗教，每日必参谒礼拜堂，终身未尝一格兰斯顿品德非常高尚，现在例举几个小故事：

格兰斯顿一生只知道公平正义，所以在外交上多次失败，评论家评价他擅长内政，不擅长外交，这其实是不懂他具有公平正义之心。俄罗斯与土耳其的战争，英国害怕俄罗斯乘机占领印度，因而联合法国一起对抗俄罗斯。格兰斯顿极其反对这件事，他对鸦片战争的态度也一样，因为他心中没有丝毫阴谋权术。对于议会，他也都光明正大的挑战，绝不使用笼络狡诈等手段，他和基斯礼合不来也是因为这个原因。

格兰斯顿的著作很多，最著名的要数《荷马诗歌注》了。大抵格兰斯顿既是一位大文学家，又是一位大宗教家。然而他对于伦理学、哲学都能深刻领悟其中的玄妙，反而对于近代的进化论尚不能明白。有一天他跟达尔文交谈，达尔文口若悬河的讲解进化论的要旨，格兰斯顿听了竟然不能理解，甚至感到困倦而想睡觉。

格兰斯顿对于养生颇有留意，认为旅行是最有益的方式。孟子说："环境能改变人的气质。"旅行不仅能改变气质，而且能通过游历见识风土人情，结交不同地方的人们，考察时政的好坏。格兰斯顿每当在政治上失意，便去欧洲大陆旅行，一共不下几十次。他闲暇时候总是在原野散步，用来活动筋骨，呼吸新鲜空气。他还喜欢用大斧子砍柏树作为消遣，到了晚年仍然有此癖好。大约他想使精神放松，必然要另外找一件事情来做，既可以锻炼身体，又不损伤脑力。

格兰斯顿一生信奉宗教，每天都会去教堂做礼拜，终其一日缺。盖彼自幼时，受甘宁古之感化，以救济群生为己任，始欲投身宗教界，为其父所阻，乃止。然彼崇正义、重公道之念，终身不渝。其笃信宗教者，欲以寄其心，而使不至于放耳。

先是，爱尔兰自治案之发生也，格氏闻之笑曰："爱尔兰若得自治，则苏格兰亦当尔，威挨尔斯更无论矣。夫居今日，苟明理有知识之人，稍识目下之时势，亦何为而舍此完全之制度，亦何为而取笑于万国，亦何为而欲举吾国有益之立法权，而自剥夺之也？"格氏于其时非难自治案如此，然未几而悟自由平等之真理，乃躬倡自治之议，麾下之士，如夏敦卿、张伯伦等，皆相率引去，亲故咸成仇党，而格氏坚持之不变，率得通过于下议院，其生平富于坚定力，有行之弗笃弗措之概，大率类此。

【批评】

格兰斯顿外交多失败，人多非之。然亦何足为格氏病。夫人不必皆全才，外交家亦何必尽人为之。今之世界，以国家为本位，于外交上，纵用阴秘手段，而于现今道德上，固亦未尝有冲突也。顾今人往往以外交家自命，而预先学外交家之手段，且不以此手段行之于国与国之间，而先试验之于生，没有一天缺席。因为他从小就受到甘宁古的濡染，将救济苍生作为自己的责任，最开始想投身宗教界，被父亲劝阻才作罢，可是他那崇尚公平正义的信念至死不渝。他信仰宗教，是为了想安放心灵，不想让它放纵罢了。

在这之前，就有人提过爱尔兰自治议案，格兰斯顿听后笑着说："爱尔兰如果能自治，那苏格兰也应该能了，威埃尔斯更不用说了。在今天，如果是稍有知识和明白事理的人，略微了解当下的形势就会明白，又何必抛弃这完美的制度？又何必因此而让外国取笑？又何必将我国有用的立法权自己剥夺了呢？"格兰斯顿那时如此责难《爱尔兰自治法案》，可不久后他却领悟了自由平等的真理，因而亲自倡议让爱尔兰自治的提案，手下的名人比如夏敦卿、张伯伦等等，都一起离他远去；亲戚旧交都成了敌对党，而格兰斯顿仍然坚持不妥协，使得下议院通过了《爱尔兰自治法案》。他一生拥有坚定不屈的精神，有"做事不做到底绝不罢休"的气概，大多都像这样。

【评论】

格兰斯顿在外交上多次失败，人们多次批评他。可是这哪里算是格兰斯顿的缺点呢？人本来就不一定要各种才能都具备，外交家又不一定什么人都能当。现在的世界以国家本位至上，外交上即使使用阴谋手段，跟现今的道德本来也没什么冲突。不过现如今的人往往自命为外交家，预先学习外交家的手段，先不用在国家与国家之间，而先使用于人际关系中。更有甚者，竟然以为外人与人之际。又其甚者，则以外交家不可无阴险之心术，乃至先养成此种心术，以为他日外交时之预备。动曰：“世界只有强权，并无公理。”卒之外交之事业未见，而心术全败，处世之道失矣。岂不可哀。

终日为同一之事，无所更易，必至伤其脑力。格兰斯顿以伐木为休息，与吾国陶侃运甓，用意相同，一以习劳，一以息精神，此修身养性之功，不可不知者也。

“人而无恒，不可以作巫医。”然哉！格兰斯顿一生，以实践为务。其每日参谒礼拜堂，无所间断，正彼有恒性处。故为学生之时，每日轻于缺课，或屡屡转校者，其于学业上之妨害犹小，而有恒性之损耗实大也。

格氏潜心伦理之学，而不好进化论，以其所趋之途殊也。夫伦理道德之学，专求之吾人之一心，而生物进化之理，则必期于事物之实验。格氏道德之入门，从实践下手者未尝留心于科学，比至老年，益与学问疏远，闻达氏言，自格格不相入矣。此近世分工必然之现象，不可以万能而责于一人之身者也。

交家不能不讲阴险的心术，甚至有先养成这种阴险的心术，为日后做外交家做准备。他们动不动就说："世界上只有强势的权力，并没有共通的伦理。"最后外交事业未见成效，而心术已经弄坏了。这属于处世做人的方法有问题。难道不悲哀么？

每一天只干同一件事，没有别的消遣，一定会伤害大脑。格兰斯顿用砍树作为休息精神的手段，与我国古代陶侃早晚搬砖的习惯用意一样。一方面锻炼身体，一方面休养精神，这就是修身养性的功夫，读者不能不知道。

"人如果做事没有恒心，就不能做巫医。"确实如此啊！格兰斯顿的一生，以信奉实践主义。他每天参加教堂的礼拜，从未间断，这正是他有恒心的体现。所以当还是学生时，如果每天旷课，或是常常转校，但对于他的学业影响却很小，但对于恒心的损害却是最大的。

格兰斯顿潜心研究伦理学，却不喜欢进化论，是因为两者的方向不同。伦理学是关于道德的，专门研究我们的内心，而生物进化等学问，则一定要求证于事实。格兰斯顿是从道德入门，实践方面不曾留心于科学，等到晚年越发跟学问疏远，所以听见达尔文的进化论学说，自然格格不入了。这是近代学问分工的必然现象，不可以对格兰斯顿求全责备。

少年叢書

文白对照本

富兰克林

孙毓修◎著

团结出版社

图书在版编目（CIP）数据

少年丛书 / 孙毓修编. -- 北京 : 团结出版社,2015.7
ISBN 978-7-5126-3662-0

Ⅰ.①少… Ⅱ.①孙… Ⅲ.①名人—生平事迹—世界—少年读物 Ⅳ.①K811-49

中国版本图书馆CIP数据核字(2015)第130183号

出版：团结出版社
（北京市东城区东皇城根南街84号 邮编：100006）
电话：(010) 65228880　65244790 （传真）
网址：www.tjpress.com
Email：65244790@163.com
经销：全国新华书店
印刷：三河市祥达印刷包装有限公司
装订：三河市祥达印刷包装有限公司

开本：148×210　1/32
印张：128
字数：1500千字
版次：2015年12月 第1版
印次：2016年4月　第2次印刷

书号：978-7-5126-3662-0
定价：490.00元（全28册）

少年叢書

《少年丛书》白话语译编委会

出版前言

近代著名思想家、政治家梁启超曾经说："少年强则国强，少年智则国智，少年富则国富，少年独立则国独立，少年自由则国自由，少年进步则国进步，少年胜于欧洲，则国胜于欧洲，少年雄于地球，则国雄于地球。"这是他的散文《少年中国说》中的一段，作于戊戌变法失败后的1900年。文中极力歌颂少年的蓬勃朝气，指出封建统治下的中国是"老大帝国"，热切希望出现"少年中国"，振奋人民的精神。

或许是受到梁启超先生的感召，1908年冬天，上海商务印书馆编译所推出了一套系列丛书——《少年丛书》，又名《中外伟人的传略》，这是二十世纪中国的第一部历史人物类学生课外阅读丛书。首任编辑和作者是林万里，第二任编辑是孙毓修，孙毓修是这套丛书的主要作者，后期加盟写作的骨干还有国学大师钱智修。他们都博览中外，以精准而严格的眼光审视中外古今文化资源，选取其中有益于

少年儿童精神世界的材料，予以整合，编写成册。这套书出版以后，广受少年儿童的欢迎，每册前后加印达几十次，若整套书累计，恐怕达到数百次之多，发行量之大，影响力之广，在二十世纪的人物传记类图书中堪称罕见。

《少年丛书》前后出版了近三十余种，每一册传主为一位中外历史名人。我们在全国各地经过多方的搜寻，共得二十八册，其中中国名人十五位，外国名人十三位。每篇先叙述名人的生平传记，后加以作者的评论，根据时事，启发少年，借以激励少年树立远大志向，明确奋斗目标，成就健全人格。著名作家茅盾在阅读这套书后曾评论说："记事简明，议论正大，阅之足以增长见识，坚定志气。"这套出版之初即为砥砺少年志向的书影响了当时无数少年儿童由此走上振兴中国之路。著名作家张天翼、赵景深、陈伯吹等，都曾深受这套书的影响。

《少年丛书》的三位作者，都是当时学贯中西的通儒，不仅有深厚的国学功底，也有睁眼看世界的非凡眼光。撰写本套书册数最多的孙毓修先生，他是我国近代著名的目录学家、藏书家、图书馆学家。他同时还创作了大量的儿童文学作品。除了《少年丛书》，他还先后主编出版《少年杂志》、《童话丛书》等，被茅盾誉为"中国童话的开山祖师"。

另一位作者钱智修，浙江嵊县人，字经宇，是著名的国学大家，博古文学家，东方学派思想家。他在学时，就以"国学国文湛深，文章洛阳纸贵"赢得尊敬，并被上海多家进步报馆争揽为特约撰稿人。1911年毕业后，他应编译所长高梦旦之聘，担任商务印书馆编

译所编辑。1920年7月他任《东方杂志》主编，长达12年，是该杂志有史以来任期最长的主编。他还参与编辑《辞源》及《中国人名大辞典》、《中国古今地名大辞典》。1931年任国民政府监察院秘书长。

第三位作者林万里是民国年间著名的报人，原名獬，又名白水，字少泉。他幼承家学，又拜名士高啸桐（商务印书馆创始人之一）为师。清光绪二十四年(1898年)，他在杭州参与创办求是书院、养正书塾、东城讲舍、蚕学馆4所新式学堂，任求是书院总教习；后任《杭州白话报》主笔，宣传新思想。光绪三十年(1904年)，他出任《警钟日报》主编，宣扬孙中山及其领导的革命，后追随孙中山。帝制取消后，林万里重操新闻旧业，创办过多份报刊。

鉴于每位作者独有的知识结构和兴趣热点，每位编者对人物都有自己的选择。孙毓修所撰写的大部分是中国历史名人，而且写作的视角也非常独特，如其所写的《玄奘》是一个历史人物，而不是《西游记》中的唐僧。现代的普通读者对玄奘的了解绝大部分是来自于《西游记》等小说，而历史上的真实情况却鲜有人知——玄奘取经并非唐太宗支持，相反还受限于当时的法令，他冒着生命危险才得以出境。这就需要有人为读者打开另外一扇窗户，还原真实的玄奘，而不是小说中的文学形象。茅盾先生对孙毓修所写的《玄奘》评价很高：“可以说是内容翔实，深入浅出，既宜于少年阅读，也使成年人增加历史知识。”再如《苏秦》，作为一位著名的辩士，《史记》必然为之列传。孙毓修在写苏秦游说各国发言的时候采用了《史记》中记载的史料，而在后面的评论部分对苏秦的表现作了恰当的点评，分析苏秦游说秦、燕、赵、韩魏、齐楚的过程，阐述了苏

秦辩术策略的不断提高。对于国外人物的选取，孙毓修也是偏爱励志型的，如德谟士，从一个小人物成长为大演说家；彼得大帝，从受制于人，成为欧洲赫赫有名的皇帝。

另一位作者钱智修，先后写有《林肯》、《苏格拉底》、《拿破仑》等，这些都是西学东渐后中国人十分崇仰的外国名人。值得注意的是，钱智修秉承严复所主张的信、达、雅翻译原则，特别讲究传记所含的真实性。他所抒发、张扬的传主虽然都被列为人们仿效的楷模，写法却不做作，更没有为了塑造人物形象而更改史实。

林万里所写的外国传记和钱智修的作法大致相近，即在第一章抒发己之传记宗旨，后文谈及传主读书之术、治学之道与其行事风格，并进行了点评。此外还有其他人关于传主的言论，更有编译者自己的评论，以引导少年儿童正确地学习和借鉴，而不是一味盲从。

《少年丛书》的最大特色，就是“记事简明，议论正大”。书中除了记叙人物的生平故事之外，作者的评论也让这套书大为增色。其议论宏富，既能够结合少年的成长特点，指明如何学习书中人物的优良品质，也指出了其中的不足之处，对于引导少年如何立志修身，大有裨益。

这套书的另一大特色，就是全部用文言文写作，语言凝炼，文笔流畅，保持了中国传统作史传的鲜明特色。当时，白话文风已经悄然兴起，而作者能够不从时髦，采用文言写作，甚为难得。以至我们今日再读此书，依然能够体味到文言笔法的无穷魅力。然而考虑到近百年来，国人的文言文水平已经一落千丈。今日的大部分少年，阅读文言文尚有一定困难，因此我们特别组织人员，将全套书进行了

白话翻译。尽管我们做了最大的努力，文言文的神韵依然是难以用白话表达出来。因此，我们希望少年朋友通过阅读这套书，体会文言文的独特魅力，进而热爱和学习文言文。

《周易》有云："君子以多识前言往行，以畜其德。"说的就是多学习古人的嘉言懿行，对我们修身立德至为重要。古人尝言："童蒙养正，少年养志，壮年养德。"少年时期是人生至为关键的时候，这个时期树立什么样的志向，以什么样的人为榜样，往往会决定一个人未来的人生成就。而一个人少年时期读的书，也足以改变他的一生。在今日少年课外读物良莠不齐的状况下，《少年丛书》堪称鲜有裨益少年的优秀读物。若今日的少年，能够认真研读这套《少年丛书》，对于树立远大志向、培养健全人格、完善道德情操将大有裨益。或许，今日的风华少年，即是将来成就伟业的千古豪杰、泽被世人的大圣大贤。勉哉！勉哉！

为什么要读名人传记

——《少年丛书》白话语译序

我从小很喜欢读书，可是，因为身处偏僻山村，小的时候却无书可读。那个时候，家中只有父亲买的一本《古文观止》，儿时翻阅过无数次，虽看不太懂，却记忆深刻。有人说，儿童时期读的书，一生也难以忘记。此言确实不虚。

没有想到的是，儿时无书可读的我，日后竟然投身于出版业。今天，我国的出版业已经非常发达，给少年儿童读的书也非常多。可是，若细心寻求，真正的好书却是少之又少，尤其是给少年儿童介绍历史文化的书。

一个偶然的机会，我们与这套百年前的《少年丛书》结缘，这套当初专为少年而写的中外名人传略，让我眼界大开，没想到，百年前的前辈们，竟给少年们创作出如此优良的传记读物。要知道，给少年

儿童写作，比给成年人写作更难，尤其是给人物作传，既要符合历史史实，不可随意编撰，又要注意引导青少年如何取其长，避其短，以免误人子弟。因为，作为历史人物，不可能处处皆堪为今人楷模。这就需要作者要极富有爱心、责任心和严谨精神，才能让读者从中获得纯净的人生智慧。可以说，目前各种写给青少年的人物传记，很少能与这套《少年丛书》相提并论的。

这套书中的二十八位中外名人，大多数是我们耳熟能详的人物，但是对于他们的生平事迹，也许就知之甚少了。读了他们的传记，方知欲为圣贤豪杰，需下一番苦功夫才能有所成就。“人人皆可为尧舜”，说的是我们每个人都有成圣成贤的资质，然而虽有圣贤之资，也需后天的不懈努力，方能成就一番伟业。所以，这一套书作者的目的并不仅仅是让读者了解一下名人轶事，而是以伟人的事迹启迪和激励少年朋友，树立人生的志向，汲取这些英雄豪杰的人生智慧，修身立德，练就自身本领，最终成为造福国家和社会的有用之才。

这套书虽然是写给少年看的，并不意味着就不适合大人阅读。大作家茅盾就曾大力推荐这套书。现在的青年人，乃至家长、老师，若能读读这套书，对于人生事业，教育子弟，也是大有益处的。可以说，这是一套老少皆宜的好书。

《少年丛书》在当时之所以大受欢迎，销量巨大，也不是没有原因的。这套书每册文字量不大，文笔流畅，史实可靠，评议精彩，这都是许多普通名人传记所不具备的。因此，这套书深受读者欢迎，也就不难理解了。

读名人传记，重在学习名人的智慧和经验。正如文天祥所说，

“人生自古谁无死，留取丹心照汗青”。人生有涯，知也无涯，如何在有限的生命里寻求到人生的价值，获取人生的智慧，而不浪费光阴？《少年丛书》中的这些圣贤豪杰，就是我们的榜样。他们身上伟大的人格，比如孝友、善良、爱心、坚毅、勇敢等等，这些人性的光辉，都是我们的学习之处。

我们用了近一年的时间，将这一套书作了白话语译，希望今天的少年们，能够喜欢阅读并且从中汲取智慧。若能让每一位读者都能够有所收获，那就不负当初写作这套书的三位老前辈的一片苦心，而我们的工作也就没有白做了。

这一套书规模宏大，在校对和语译的过程中，难免会有错误，恳请广大读者不吝指正。

《少年丛书》语译小组　主编　萧祥剑

目录

第一章 家庭

人之成为大人物也，固赖自己平时之修养，而亦得于凭借者为多。有凭科名而显者，有凭先达而进者，有凭时势而成者。盖士之崭然见头角、脱颖而出、千人皆见，莫不由此。若夫孤寒之士，贫困交迫。少无名师，资其启导；长无凭借，助其功名。是虽内蕴才智，外见节概，亦惟空山无人、孤芳自赏焉耳。欲有为于斯世，盖亦难矣。然人患无志、不患无成；患修名之不立，不患借凭之无所。读《富兰克林传》，即甚无聊赖、困苦已极之少年，亦可奋然决起，勿以前路茫茫，而稍挫其积极进行之想也。

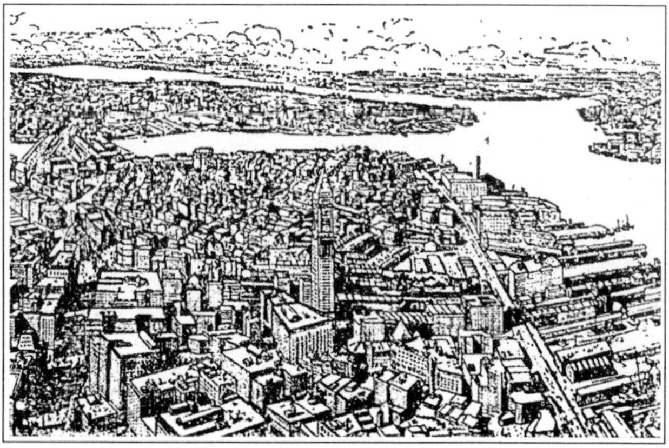

今之波士顿

富兰克林之祖，世居英国爱克登（Ecton）一小镇也，累代皆为铁匠。至其父裘赛亚·富兰克林（Josiah FranKlin），始改业为染工。后随清教徒之后，挈其妻子，去祖国而托居于新世界之波士顿（Boston），又以制肥皂为业。

一个人之所以成为举世闻名、叱咤风云的非凡人物，固然要依靠其自己日常的修身养性与积累，然而除此之外，大多数人还是得依靠外部因素。有的人凭借考取的功名而声名大振，有的人凭借先祖的财富而飞黄腾达，也有的人依助时势而取得成就。可见，一个人能鲜明显露才能，脱颖而出，从而被人们所关注，都脱离不了这些因素。像那些幼年丧父、家境贫困的人，他们在年少的时候，没有有名的老师来教导提携，年龄稍大一点的时候，又没有可以依靠的外力来帮助他成就功名。所以，即使内里富有才华，外在拥有独特的气韵风骨，他也仅仅如同身居荒山、无人发现一样，只好自我欣赏罢了。像这样的人想要在世间有所作为，大概也很困难吧。然而人应该忧虑的是自己没有志向，而不是忧虑自己没有成就；应该担心的是自己好的名声没有树立，而不是担心没有能依靠的外力来成就自我。阅读《富兰克林传》，即使是精神非常空虚或自身相当贫困窘迫的少年人，也可以发奋努力以改变现状，不会因为未来道路迷茫漫长，就逐渐消磨自己努力进取的意识。

富兰克林的祖先居住在英国一个叫爱克登（Ecton）的小镇上，他们家世代都是铁匠，直到他的父亲裘赛亚·富兰克林（Josiah FranKlin），才开始改变其职业成为一名染色工人。后来他的父亲带着妻子和孩子，跟随英国清教徒，离开祖国到了美国波士顿，以制造肥皂为生。

裘赛亚至美洲时，已有子女七人。乃室家初奠，遽赋悼亡。闻英国人福尔吉（Peter Folger）之女有贤德，迎为续妻，又生子女六人，而富兰克林居其一，于兄弟辈行最小，父母皆有贤名。后富兰克林为撰行述，其略曰：“吾之少也，从未闻父母有病，亦未见其稍有病容。二老皆享高年，父八十九，母八十五而卒。生平耿介，不妄取予；指导子女，皆有法度；白头夫妇，偕老齐眉，相处至五十五年之久。家故贫甚，然予居父母处，未尝见其戚戚，则吾亲之安贫而又不为贫所窘者，非他人可及矣。”

时有美人巴登（Parton）又论富兰克林曰：“富兰克林之形态，酷似其母，其母又酷似其父福尔吉。”由此知甥舅之间，所关甚大，世之择婚者，可以知所从事矣。

【批评】

人生贫贱之家，只以衣食为急。衣食之外，便无所求。一则迫于境地，一则限于见闻也。近如彭刚直公玉麟，本衡阳农家子。比长，独有大志。逃之山寺，奋志读书。家中父母裘赛亚到美洲的时候，已经有了7个孩子。但当他们在美洲刚安好家时，他的妻子就过世了。裘赛亚听说英国人福尔吉的女儿很贤德，便迎娶她为第二任妻子，此后又育有子女6人，而富兰克林即是其中最小的孩子。他的父母都有良好的声誉，这在后来富兰克林为父母撰写生平事迹的时候，大致说到过：“在我小时候，我从来没有听说我的父母有过疾病，也没有见过他们有一点点的病容。我的父亲活了89岁，母亲活了85岁，他们都是年纪很大才去世的。他们一生正直，不会随心所欲、贪得无厌。在教育子女上，都很注重方法、讲究分寸。夫妇二人共同生活了55年，白头偕老，相敬如宾，恩爱美满。我们家曾经非常贫困，然而我在父母亲那里，从来没见他们因贫困而面带忧虑或悲伤。我的父母在贫困中能有安然的心态却又不会因贫困而面露难色、止步不前。这一点，一般的人是难以做到的。”

当时有一个叫巴登（Parton）的美国人又评论富兰克林说：“富兰克林长得非常像母亲，母亲的长相又和她父亲福尔吉的长相非常相似。”从这便可以知道，外孙与外祖父的长相之间关联很大，世上选择配偶的人，可以从中知道一些借鉴方法。

【评论】

一个人若在贫困而地位低下的家庭中出生，则只担心温饱问题。对于温饱以外的事物，就没有什么多余的追求了。产生这样的情形，一方面在于环境逼迫，另一方面在于见识有限。以时间近的例子来讲，比如彭玉麟先生（清朝著名政治家、军事家、书画家，清亲戚，皆以为大怪，强之归耕。藉非公有坚决之志，几何不以老农终也。白屋之中出一人才，比世家大族，难过百倍。寄语世人，遇孤寒之士，当加意奖借，成其羽毛。

富兰克林之父，虽不在百有二人中，竟决然舍其本乡，挈妻子而至榛莽未辟之美洲，其独立自由之概，亦已可敬。富兰克林幼时，耳濡目染，在在处处，得益匪浅。

朝“中兴四大名臣”，中国近代海军奠基人），本来是湖南衡阳的农家子弟，可是当他长大后却生出了远大的志向。他躲避到山中的寺庙内，发奋读书。家中父母及其他内外亲属，都认为他的行为非常奇怪，强行逼迫他回家耕种。假若不是彭玉麟有坚定的志向，恐怕他也会一生躬耕及至老去吧！在普通百姓家出一个人才的情形，比在门第高贵世代为官的大家族中诞生一个人才要困难几百倍。因此，我想要对世人说，当你遇上贫贱却不失志向的读书人时，应当对他加倍关怀和扶持，帮助他，成就他的名声。

富兰克林的父亲虽然不是普通人家中所出的极出色的人才，可他竟然坚定地离开故乡，带着妻子和孩子到了荒僻且不发达的美洲大陆。像他这种追求独立和自由的精神气概，也是值得我们敬佩的吧！富兰克林从小时候起，便在很多方面耳濡目染地受到父亲的影响，从中获益匪浅。

第二章 口笛

一千七百六年（清康熙四十五年，民国前二百六年）一月十七日，富兰克林生于波士顿。是日为星期，邻里多赴北寺听讲者。北寺为波士顿最古之寺，离富兰克林家数弓地耳。啼声初闻，其父抱往寺中，受洗礼。请于牧师曰：必以吾弟朋极明（Benjamin）之名为名。盖其兄弟夙相友爱故也，牧师笑而许之。

富兰克林生产之处

富兰克林之家，只有小屋四间，兄弟中长者已成人，幼者方扶床，一十三人，实逼处此。后人为之设身处地，闭目一想，疑当日聚十三顽童于此小室之中，殆有塞破屋子之概。其实不然。每诸童聚会时，因室中坐具无多，或蹲于地，或坐于桌，并头促膝，转觉相亲。不以为怍天高地厚、俯仰皆宽，盖未尝有屋小如舟之叹。

富兰克林受洗礼之古寺

公元1706年1月17日（清康熙四十五年，民国前260年），富兰克林在美国波士顿出生。这天是星期日，街区邻人很多都到波士顿的旧北教堂（Old North Church）去做礼拜。旧北教堂（Old North Church）是波士顿最古老的教堂，距离富兰克林的家非常近。富兰克林一出生，他的父亲就把他抱到教堂接受洗礼，又由于他父亲与他叔叔兄弟二人间感情一向深厚，因此他父亲向牧师请求道："请一定要以我弟弟本杰明（Benjamin）的名字来为我儿子命名。"牧师笑着答应了。

富兰克林的家不大，只有四间小屋，却生活着十三个小孩。且孩子们彼此年龄差距很大，其中大的孩子已经成年了，小的才刚刚开始学习走路，他们实在是被迫生活在这种环境中的。后世人若将自己置于这样的环境中想一想，也许不会相信当时十三个小孩居住在这种小房间里，大概想到的是被塞在破屋中的情形吧。然而实际上却并非如此。每当所有小孩聚集在一起的时候，由于家中没有多的座椅，有的孩子就蹲在地上，有些孩子则坐在桌子上，他们彼此间头挨着头、膝靠着膝，反而更有一种亲切友爱的感受。在这样的环境下，他们没有产生天地自然并非辽阔广袤的感受，也不曾出现房屋狭小如同一叶扁舟的感叹。

富兰克林七岁时，有一极可记之事。此老于六十六年之后，犹举以告人也。盖其时富兰克林之母，给与办士（英国所用之铜币，此时美尚属英，故通行之）数枚。富兰克林受之，玩之极可爱，而不知此物之万能也。问诸母曰：“儿得此将何用乎？”母曰：“儿当宝之，此可市物。”

富兰克林知此可以市物，则大喜。又恍然市中之列百物而供人之求，徒为此耳。又问母曰：“若然则此区区者极易尽耳。不识吾母能更有以给儿耶？”母正色曰：“无矣，儿勿妄费也。”

富兰克林纳钱衣袋中，狂奔至市。钱在袋中作响，富兰克林闻之，尤喜心翻倒矣。当富兰克林之世，波士顿仅一小镇，非若今日之店肆林立、百物咸备。富兰克林遍观市中，则糖果与玩物，二者皆所欲。因家素贫困，衣食之外，他无所有。故其爱糖果及玩物也，实甚于他儿。

富兰克林正徘徊不决之时，忽遇一童子，横吹口笛，其状甚适。乃曰：“吾亦买此耳。”卒至一肆，见玩物之多，不啻充栋。富兰克林大喜，亦不暇叩其价之多寡，探囊尽出乃母所赐之钱，双手奉之曰：“此可易一口笛否？”肆主数之曰：“可矣。”投钱入柜中，随手付与一枚，比归，群从诘之，富兰克林7岁的时候，有一件非常值得记录的事。他在66年以后，还以这件事为例来戒告他人。他7岁时，母亲给了他一些便士（英国通用的货币。当时北美十三州是英国的殖民地，所以便士也在美国流通）。富兰克林得到后，觉得这些便士非常有趣，却不知道金钱有很多用途。富兰克林问母亲道："我能用这些便士干什么呢？"母亲答道："你要珍贵地对待它，这能够用来买很多东西。"

富兰克林在知道便士可以用来买东西后，十分高兴。可是他又突然意识到集市上供人购买的商品有很多，而自己却只有这一些便士，便问母亲："如果用来买东西的话，这些便士很快就会花光的。不知道您能不能再给我一些？"母亲听后严肃地说："没有多的钱给你了，不要随便花掉它们。"

富兰克林把钱装入衣服的口袋中，飞快地跑向集市。钱在口袋中碰撞发出响声，富兰克林听到后，非常欢喜。在富兰克林所处的那个年代，波士顿只是一个小镇，并不像今天这样店铺众多，各种商品都有。富兰克林把集市都逛了一遍，发现自己既想要糖果又想要玩具。这是由于他家境贫寒，除温饱以外没有其他的享受，所以他比一般的小孩更喜欢糖果和玩具。

在富兰克林面对糖果和玩具犹豫不决的时候，他忽然遇到一个吹口笛（whistle,也作口哨）的小孩，样子非常自得。富兰克林便自言自语道："我也买这个好了。"于是他很快到了一家店铺，看见了很多玩具，非常高兴，也没有想到去问价钱的多少，便从衣袋中拿出母亲给的所有钱，双手捧着问："用这些钱可以买到一个口笛吗？"店主数了数，说："可以。"富兰克林把钱投入了钱柜，店则已出过当之值。于是富兰克林悔极而啼，并掷其口笛，勿复爱之矣。富兰克林虽见欺于市人乎，然自此以后，见非必需之物，则决不购，至老如此。常以此戒后生曰："尔莫为口笛多费（Don't give too much for the whistle）。"

【批评】

人至亲莫如兄弟姐妹。方其少也，衣食相共，枣梨相让，一堂怡怡，几如同命之鸟。偶有争端，事过即忘，初无芥蒂。故小儿群居，在小儿心中，终不嫌屋小，偶居无猜，数十小儿，不啻一儿也。长成以后，倘勿以世故之心、妇女之口，加诸昆弟姐妹之间，则一家之中，和气翔溢，昌大必矣。

主随手给了富兰克林一个口笛。等到他回去的时候，人们问他口笛的价格，他这才发现店主多收了自己的钱。于是富兰克林后悔地哭了，并扔掉了口笛，不再喜欢它了。富兰克林虽然被集市上的商家欺骗了，但是从这以后，他看到非必需的商品，就一定不会购买，到他年老了仍是这样。富兰克林常用这件事来教育晚辈，他说："你们不要在口笛上花过多的钱（Don' t give too much for the whistle）。"

【评论】

对于常人来说，没有比兄弟姐妹更为亲近的人了。当一个人年少的时候，他和兄弟姐妹们整日生活在一起，彼此之间友爱谦让，家庭和谐欢乐。他们几乎就像是命运相共的鸟群，即便偶尔起了争端，事后也会忘了它而一点隔阂都不会有。因此小孩子们都能共同生活在一起，他们心中完全不嫌弃房屋狭窄，相互居住在一起也没有猜忌，十多个儿童，就像是一个孩子。等到他们成年之后，如果彼此间不用世俗功利的眼光相看，不听信家中妻子的无端猜忌来对待兄弟姐妹，那么一个大家庭中便会充满和气，必定能够昌盛。

少年初入世时，本其一味之天真，入此万恶之社会，见欺于人也必矣。虽然，见欺亦何妨？见欺而即能觉悟，则彼亦我师也。富兰克林以买口笛费钱，至于终身牢记，成一俭朴之人，得力岂不多哉？

富兰克林之母赐予办士时，何勿教以储蓄之法？吾闻近日美国人教童子储蓄之法极盛，农家子弟，其父母或予以田地数畦，或予以蜜蜂数房，使之力作，得钱则储蓄之。至于成年，即能自立，此法无间然矣。

少年人刚刚接触社会，怀天真之心面对着复杂的世界，被人欺骗也是正常的。即便如此，被欺骗了又有什么关系呢？如果被欺骗后能立刻意识到这一点，那么欺骗我的人也可以算作我的老师了。富兰克林由于买口笛多花了钱，因而终身牢记这件事，成为了一个节俭朴素的人，他得到的益处难道不多吗？

富兰克林的母亲给他便士时，怎么不教他存钱的方法呢？我听说这些年美国人教儿童存钱的教育很流行。农家子弟的父母，要么给孩子几片地，要么给他们几座蜂房，让他们劳动，孩子们得到了钱后又将钱存好。这样下来，到了成年的时候，孩子即能自立。富兰克林母亲的教育方法和这种方法是没有区别的啊！

第三章 入学

当富兰克林之世，美洲无所谓大学，仅有村塾，可习书算。富兰克林长，其父母循例遣之就塾。富兰克林诸兄，皆曾入学习书算，数年后，出就职业，亦不复知人间有学问事矣。独富兰克林嗜书若命。其父喜曰："此子或可成一牧师。"盖当时牧师皆有学问，为一方祭酒，故其父以此期之也。无如心有余而力不足，诵读二年，即令废学。

富兰克林出学，年止十岁。其父本以制造肥皂洋烛为业者，令其相助为理，盖亦小小之实业家矣。然素志不属，彼虽在童年，而已有特异之志趣，出于寻常理想之外。

波士顿者，大西洋之口岸，往来欧洲之船，皆集其地。富兰克林见彼航海之人，纵一苇之所之，临万顷之茫然，天风海水，俱足移情，因慕为舟子。屡请于父，父不许，盖不欲其为冒险之生涯也。

富兰克林虽力助其父，犹不乏休暇之时。常与邻儿，戏嬉野外，邻儿皆畏而爱之，惟富兰克林之命是听。屋外有方在富兰克林所处的年代，美国并没有所谓的大学，只有乡间学校，小孩可以在里面学习写字和计算。富兰克林的父母按照一般的习惯送富兰克林就读乡间学校。富兰克林的几位兄长，也都进了乡间学校学习写字计算，几年毕业后就开始工作，故而也不知道人世间还有学问知识的存在。只有富兰克林疯狂地喜爱读书。他父亲高兴地说："这个孩子大概能成为一个牧师吧！"他父亲之所以这么说，是因为当时的牧师都很有学识，是一个地区受人尊敬的长者。所以他父亲就把牧师一职作为对他的期望。可是他父亲心中虽然这样盼望，不过实际的经济能力却有限。富兰克林在读了两年书后，就被迫退学了。

富兰克林离开学校时，只有十岁。他的父亲原本是以制造肥皂、蜡烛为生的人，便让富兰克林帮忙协助，所以富兰克林也如同一个小小的实业家。但做这些与富兰克林的志向并不相符，他虽然年幼，却已经有特别的志向和兴趣，且已经超出了一般人理想志向的范围。

波士顿是美国大西洋沿岸的港口，往来于欧美间的船只都停靠在这里。每当富兰克林看到那些航海者乘着小船，出没在无垠的大海上，享受着自然的海风，听着波浪的回声，便感到心驰神往，所以富兰克林希望成为一名水手。他多次向父亲请求希望做一名水手，但都未得到同意，原因在于他父亲不希望他一生选择冒险的生活。

富兰克林虽然尽力帮助父亲，但仍有空闲休息的时候。这时，他常与附近的小孩在野外玩耍，附近的小孩对富兰克林又害怕、塘，一泓秋水，游鱼可数，日必偕齐偶游钓于此。第患泥淖，稍一不慎，即巅踬其中，沾体涂足，归家为父母所诃。富兰克林首建议曰：“是必以砖石筑一码头，乃为便利。”诸儿皆应曰然。

时里人有修屋者，预积砖石，置于隙地，将召匠石而命之焉。富兰克林见之，大喜，指挥群儿，移之以筑码头，不日而成，工事整齐，匠石为之亦不能过也。

明日，修屋者觉砖石不得，既知其故，乃咎富兰克林，并及其父。富兰克林犹不服，谓此殊于公众有用，事前即未告主人，理应恕儿之罪。其父曰：“儿乎，天下之至有用者，莫如诚实。”富兰克林乃不复言，并终身诵之不忘。

【批评】

人情莫不爱子，爱子莫如使之就学。世上无比之势力与受用，无过于学问也。富兰克林之父，见子嗜书，便欲造就之，使成牧师之业。爱子之心，可谓至矣。家贫未能如愿，又尊敬，都听富兰克林的命令。在他家外面有一个池塘，里面有一些游鱼，富兰克林和附近的小孩常一起在这里钓鱼。池塘周围有很多泥沼，稍有不慎就容易掉入泥沼中，而弄得全身都是淤泥，孩子回家必然会被父母呵责。富兰克林便首先提议说：“这样的话，我们应该用砖石来修筑一个码头，如此一来才方便。”所有的小孩都认同了这一提议。

当时正好有要修房屋的邻居，他提前在空地里堆好了砖石，准备叫砌石的工匠来搭建房屋。富兰克林见到这一堆砖石后，非常高兴，当下便指挥着各个小孩，将石头搬去修建码头。码头很快就被建好了，并且被修建得整整齐齐，连砌石的匠人也做得没有这个好。

第二天，修房屋的人感到砖石减少，在知道其中的原因后，他去找富兰克林及富兰克林的父亲理论。虽然如此，富兰克林仍不服气，说想到这样做对所有的人都有利，因此事先没有告诉砖石的主人，按理说应该宽恕自己的过错。他的父亲说：“孩子啊，世界上没有比诚实更有价值的东西了。”于是，富兰克林不再反驳，并且一生都记着父亲的这句话，时常告诫自己。

【评论】

没有人不爱自己的孩子，这来源于人的天性。而爱孩子的最好方式，莫过于让他学习。知识与学问的用途之广、益处之大，是世间一切地位和财富无法相比的。富兰克林的父亲看见孩子酷爱读书，就希望培养他成为牧师。他对自己孩子的爱，可以说是最深厚为子者一念及此，当如何感念也。然后来富兰克林终为学人，伦敦各大学，群奉以博士之名，可知真学问亦不必定求之学校。世之以贫废学者，其各勉之。

富兰克林初愿为航海家。或谓使果如此，则役役于风波之中，一生无所见长，其必不能造成如今历史上之富兰克林矣。则应之曰："是亦不然。使富兰克林而为航海家，则又有其他之事业，因之而发生。岂肯为境所拘哉？庸人殉于事物之中，智者超乎事物之外。"

俗谓三岁知老，其言良信。司马公少时，破缸救溺，远近称之，其后终为名臣。富兰克林幼为童子之长，后终为费城之长，为世界人类之长，观其幼年，盖已可见。

天下之至有用者，莫如诚实。至哉言乎！有此父，宜有此子。

的了。虽然家庭贫困使得富兰克林没有成为一名牧师，但是作为子女的，每每想到这里，又应当如何感恩和慨叹啊！然而后来富兰克林最终成为了一个知识渊博的人，伦敦各所大学都授予他博士学位，从这一点就可以知道，真正的学问知识，不一定仅仅在学校中获得。世界上由于贫困而辍学的人，都应以富兰克林的事迹自勉啊！

富兰克林最早的愿望是成为一名航海家。有人说假如他真是那样，那么他一生都在风浪中奔波而平凡度世，必定不能成为今天历史上的富兰克林。对此，有的人回应说："不是那样的。假如富兰克林真的成为了一名航海家，那么他必定又能作出另一番事业，这都随着环境的变化而变化。然而环境的改变，又怎么能让富兰克林变得平庸呢？普通人才会因为环境的改变而受到影响，有智慧的人却不会轻易被环境束缚内心，故而他们往往能取得非凡的成就。"

俗语说，观察三岁的小孩，往往就能推知他年长后的情况。这句话真的没有错。司马光年幼的时候，砸碎水缸而救了掉入其中的小孩，附近的人都称赞他，成年后最终成为了一代名臣。富兰克林小时候则是在儿童间树立了威信，成年后最终成为费城最受尊敬的政治家，也成为了人类社会中卓有贡献的人。这一切，通过观察他幼时的经历，就已经可以推知了。

世界上最有益的东西，莫过于诚实了。这句话说得真是好啊！有这样的父亲，也理当有富兰克林这样的儿子。

第四章　为印书人

富兰克林之父，既不愿使富兰克林以肥皂蜡烛业终其身，又不愿使就航海之事。则将执何业也？欲探知富兰克林之所好，乃与之入波士顿之市，见百工各依其本业，矻矻孳孳，惟日不足。富兰克林以为天下之至乐者，莫如工也。手运利器，目视方圆，成物致用，人皆赖之。向日乘风破浪之志，至是遂消归乌有。

—

富兰克林以读书为至乐，但苦不能得书。会其兄健姆氏（James）设一印书馆于波士顿，兼刊行新闻，富兰克林时年十二矣，入为艺徒，此亦工业也。名人著作，一经其手，便得风行，富兰克林谓天下之至乐，莫逾此者，实称其素志矣。

新教育未兴之时，凡便于儿童之书，无有也。高文典册，既非儿童所能知，且亦非随地可得。而富兰克林犹酷慕之，到处搜罗，所见极少。既入印书馆，借读较易，日间无暇，恒彻夜诵读，诘旦还之，更易其他。人见其还书不爽约，又不糟损坏，皆乐与通假。阅书虽多，自恨写作皆不如前人，见长老辄请业焉。

富兰克林的父亲，既不愿富兰克林一生制造肥皂和蜡烛，又不希望他成为一名航海家。那么应该让富兰克林选择什么样的职业呢？他想要知道富兰克林的兴趣所在，便和儿子一起到波士顿的集市上去。他们看见各行各业的人都在辛勤劳作以补贴家用。在富兰克林看来，世界上最快乐的事，莫过于从事手工业。他认为，做工便是用双手操纵工具，以双眼观察事物构造，最终制成人人需要而实用的器皿，这件事情非常有趣。所以他曾经的航海愿望在看到做工过程后就完全打消了。

富兰克林认为读书也是最快乐的事，但他一直因不能得到书籍而烦恼。在他十二岁那一年，适逢他的哥哥詹姆士（James）在波士顿开了一家印书馆，同时也会印发新闻报刊，富兰克林便进入印书馆成为了一名学徒。因为这样的工作，也是从事工业的一个方面。名人的著作，一旦经过富兰克林的策划、设计与制作，便能在市场上流行。富兰克林说，天下最快乐的事，莫过于读书。作一名印书馆学徒，也是和他一直以来的志向相匹配的。

新教育还没开办时，市面上没有适合儿童阅读的书籍。而那些高深的典籍，既不是儿童所能理解，也不可能随便可得。但富兰克林仍非常渴望得到这些书籍，因此到处搜罗，但接触到的很少。在进入印书馆后，书本借阅更为方便，于是他每天空闲时便不间断地读书，经常整夜地阅读，到早上再把书返还并借阅另外的书阅读。人们见他还书不超期，也不损坏书本，都乐意把书借给他。富兰克林读的书虽然多，然而却苦恼自身写作赶不上前人，所以他见到年龄大而有学问的人，就会向其请教写作的知识和要诀。

健姆氏待其弱弟，严而少恩，又不给工值，如此者七年，富兰克林思舍之他适。健姆氏怒，遍戒波士顿之印书馆，无得雇用富兰克林，盖欲穷其所往也。富兰克林思波士顿不可居，则他适耳，安能郁郁居此。

纽约今为美国唯一之大埠，而在彼时，则亦与波士顿同为一小镇，两镇相去三百英里。富兰克林不以为远，斥卖衣履书籍，充旅费，不告于父兄，负气出门。比至纽约，则举目无亲，投宿无门，备受旅行之苦。历访印书馆，均无成就，于是困甚。

今之纽约市

有人语富兰克林，费勒特尔非亚（Philadelphia）之印书馆，有招工事，君亟往，其有庸乎？彼时之费勒特尔非亚，其繁盛尚过于纽约。从纽约往彼，有海陆二道。富兰克林旅费无多，不能从船之安，乃乘当时之所谓公交车者，跋涉而往。费城距纽约一百英里，自汽车通行，两小时可达。富兰詹姆士（James）对待他这个年幼的弟弟，严厉苛刻而缺少恩情，甚至还不给富兰克林工钱，就这样持续了七年，所以富兰克林希望选择其他的雇主，可詹姆士对此表示极为生气，提前和波士顿所有的印书馆联系说不要雇用富兰克林，希望以此来断掉富兰克林的去处。富兰克林想，既然波士顿没办法再待下去了，就应另选一个适合的城市，怎能留在波士顿一直受到压抑呢？

如今，纽约是美国唯一的大都会。但在当时，纽约和波士顿一样，也是一个小镇。两镇间相距三百英里（约483公里），富兰克林却认为这距离并不遥远。他把自己一些衣服和书籍都变卖了充当旅费，在没有告知父亲和兄长的情况下，赌气离家。等到了纽约，因为他没有亲戚，无处寄居，故而尝尽了旅行的艰苦。他在纽约访遍了所有的印书馆，询问其是否有工作空缺，却没有得到回音，所以富兰克林那时的处境非常困顿。

有人对富兰克林说，费勒特尔非亚（Philadelphia，今多简称为费城，如下以费城称）的印书馆有招工启事，现在去应聘，可以满足印书馆的需要，又怎么会平凡而无用呢？在当时，费城比纽约还繁华。从纽约到费城，可以走海路，也可以走陆路。富兰克林没有多少旅费，不能选择舒适的海路，就乘坐当时的公交，奔波赶往费城。费城距离纽约大概一百英里（约161公里），汽车两小时就可以到达。富兰克林乘着公交冒雨前行，历时三天只行了路途的一半。

克林之行役也，冒雨进行，三日仅至半路。会有小舟至费城者，复弃车而舟，逆风打头，舟行极缓。

【批评】

父母为子择业，多择易得多金者。不知成败由人，岂有定格？好自为之，各有奋迹之机。富兰克林之父，使子自择其所喜者为之，循善法矣。

富兰克林，实行家也，故喜工事；又文学家也，故喜印书业。又由印书而得借书之便，与新闻之职，一生成功，开基于此矣。

书之益人最大。以富兰克林之天才，使终身不能得书，则亦安有进步。而蚩蚩者不知，家有藏书，付之残尘腻蠹，束之高阁者多矣。地方有图书馆，不知借阅，得钱不买有用之书。每念此辈，辄为可惜。

史言富兰克林之学作文也，先熟读古人之作，而后摹仿之，始学琢句，句成而为段，段成而为篇，久之触类旁通，力追古人矣。此自修之良法也。

适逢中途遇见到费城的小船，富兰克林就弃车登船。然而船行逆着风向，所以小舟前行非常缓慢。

【评论】

父母为子女选择职业，大多会选择容易获得报酬丰厚的职业，却不知道，成败在于人自身，怎会事先定好而一成不变呢？所以自己努力去做吧，但无论什么后果都要自己承担。每个人都有自己发达显名的机遇。像富兰克林的父亲这样让儿子自己选择喜好的事业，即是遵循了好的教育方法啊！

富兰克林是一个实干家，所以喜欢工业。他又是文学家，故而喜欢印刷业。他又因为印书工作而得到了借书的方便，则后来开始了在新闻业的工作。他一生的成功便从这里开始打下基础了。

书对人的益处最大。凭富兰克林的天赋，若让他一生无法阅读书籍，那么怎会有进步呢？这一点，是愚昧的人所不能了解的。家中有藏书，却把它们放在一边，致使书籍上遍满灰尘乃至被虫子蛀蚀，像这样的人很多。一个地区有图书馆，却不知从中借书；拥有财富却不买有益的书籍，我每每想到这类人，就很为他们感到可惜。

历史记载，富兰克林学习写作，首先熟读古人的文章，之后模仿它们。这以后开始学习如何造句，再次学习如何写作段落。当段落已能熟练写成，贯通起来就成了文章。经过长久持续的训练，就能够融会贯通、见微知著，掌握写作的要诀乃至学习其他事物的方法。他的学习和成就，都已接近古人的境界了。富兰克林的这种学习方式，也是自学的好方法啊！

人有坚决之心者，必能成事。富兰克林不以其兄之穷其所往，畏难中止，卒往纽约。比至纽约，厄穷已极，仍不返顾，而至费城。一意孤行，终达目的，有志者不当如是耶?

一个人坚定的信念，就必定能有所成就。富兰克林不因他兄长的阻碍而停止前进，没有害怕困境、中止努力，而是去往纽约。等他到了纽约后，又已是困窘之极，但他仍没有想到回头返还，而是到了费城，抱定决心，最终成功。有远大志向的人，不应当像他这样吗？

第五章　初至费拉特尔非亚

富兰克林之初至费城也，穷途潦倒，举目无亲，一种无聊之况，比于不遇归来之苏季子（苏季子，苏秦字也。说秦王，书十上而说不行，于是困甚归家，父母妻嫂皆不礼焉。详见国策）殆又甚焉。当此之时，谓富兰克林将发迹于此，有妻子田园于此，其谁信之。造物弄人，讵能逆料也。

富兰克林志在冒险，饥寒困苦，是意中事，固不以此而有失意之状也。然旅行困顿之余，尘容俗状，自不能掩。至其所存之旅费，盖不足美金一元。在舟中忍饥已数日，及至费城，急欲市物果腹，问之路人，而得其处。出三便士，以市面包。度不过供一饱而止。乃费城物价殊廉，三办士之面包，所易甚多。且食且行，过菜市街（Market Street）有一少女，见而笑之，富兰

今费城之市政厅

富兰克林刚到费城的时候，穷困潦倒，没有一个亲人。这样一种孤立无助的情形，和最初未得到秦惠王知遇、无功而返的苏季子（战国时期著名的纵横家、外交家、谋略家苏秦，字季子，主张“合纵”抗秦。早年曾十次上书游说秦王都不成功，在秦国耗尽资用，故极为困顿地离秦返家。到家后父母、妻子、嫂嫂对他都很冷淡。详细记载见《战国策》）相比，大概还要困顿吧？在这个时候，说富兰克林的命运将在费城发生转变，能在费城拥有家产、组建家庭、养育儿女，又有谁会相信呢？然而命运的变化发展，人们又怎能预料得到呢？

富兰克林爱好冒险，冒险途中忍饥挨饿，困顿穷苦是意料中的事，但他一定不会因为这些而精神颓废。然而旅途的艰难疲惫使他蓬头垢面，略显狼狈。他身上的旅费，已经不足一美元，在船上也已经几天没有吃东西了。故而他到了费城，便急于寻找能果腹的食物。他向路人询问到商店地址之后，连忙赶到商店用三便士买了一些面包充饥。他原本心想，三便士的面包仅仅只够吃一餐而已。可是费城的物价竟然十分低，三便士即能买到很多面包。富兰克林就一边吃着面包，一边前行，经过集市街（Market Street）时，一个少女在笑他边走边吃、风尘仆仆的窘境。富兰克林最早没有把此事放在心上，谁知道多年以后，这个克林初不以为意，谁知数年之后，竟与此女成为夫妇也。

富兰克林虽甚饥饿，所买面包仅食三分之一，亦已饱矣。念同舟有老妇，其贫弱尤甚于己，因悉以余食推之。是日为星期，过奎克儿教堂（奎克儿Quaker，耶苏教之一派也），重门洞启，人皆陆续而进，富兰克林亦尾之。入门坐定，久困之余，初得安息，即昏然睡去。富兰克林在费城得一椽之庇，此其第一次也。

【批评】

富兰克林此日之情形，可谓日暮途穷。顾境遇虽穷，而其胸中别有无限之希望，活泼泼地绝无一毫不平之气。求仁得仁，固无怨焉。如此少年，识者早知其必能成功。

富兰克林买得面包三枚，且食且行。少女见之，至于不得不笑。则此时无聊之状态，其亦可知。其后机缘凑泊，所谋皆成。此时少年之落拓，悉为英雄之美谈矣。

富兰克林初至费城，囊中不足美金一元，而有余之面包，复以济人，不作寒俭之态，此少年本色也。其后功成少女竟成了他的妻子。

富兰克林虽然很饥饿，但买的面包只吃了三分之一也已经饱了。想到同船一位身体衰弱的老妇比自己更为穷苦，因此把剩下的面包全部送给了老妇。这天刚好是星期天，有教堂的礼拜。富兰克林在经过奎克儿（Quaker）教会（奎克儿，兴于17世纪中期的英国及其美洲殖民地，一个基督教教派）时，教堂所有的门都打开了，人们都陆陆续续地进去听礼拜。富兰克林也跟在了人群后面。进去坐下后，富兰克林由于长时间的疲劳，最初安定而憩，随后昏然而睡。这是富兰克林在费城第一次得到心灵的荫庇与安慰。

【评论】

富兰克林当时的情形可以说是走投无路了。不过环境虽然困顿，但他心中充满着无限希望，保持乐观而没有一点忧郁和埋怨。心存仁爱的意愿，则仁爱必将来临，故而内心一定没有怨念。像富兰克林这样的少年，具有慧眼的人看到他就预先能知道他以后一定可以作出一番事业。

富兰克林买了三个面包，边走边吃，一路风尘，以至少女看到他都不得不发笑。那么他当时这样一种无依无靠的窘迫也可想而知了。后来他人生的机遇来临，所计划的事都能达成，则当时年少的潦倒，后来也都成为英雄的佳话了。

富兰克林刚到费城时，身上带了不到一美元，但所买的多出来的面包，又用以接济他人，没有寒酸吝啬的表现，这是少年人的名立，家无私蓄，斗粟尺布，与邻里乡党共之。此时已见其概。

本色啊！后来他事业有成、名望树立，家中没有私人的积蓄，多的粮食和布料都分给街区邻人，这些行为，在看他年少潦倒却能帮助他人的情形，已经能预想了。

第六章　总督之知遇

富兰克林在费城，不久，即得一位置于印书馆，与主人开满尔（Keimer）颇相得。另觅膳宿处于尔利特（Reed）之家，尔利特之女，即富兰克林至费城之第一日，受其冷笑者也。

富兰克林佣于其兄健姆氏之时，第受其衣食之供给，无工值也。今在开满尔处，始得佣资，乃稍稍买书。费城亦有一二少年，与富兰克林同抱爱书之癖者，富兰克林皆与之交。于是昼则赴工，工余之暇，读书会友为乐，不复念及家中父母。荏苒半年，未通音问。此一事也，富兰克林后甚悔之。绝裾而去，弃父母兄弟如遗，诚终身不可掩之大罪也。

富兰克林之父母，自其子离波士顿后，倚闾之思，每日不忘。游子无方，音问都绝，二老益复萦怀。所亲有呼墨司（Robert Holmes）者，主一帆船，往来于波士顿与特拉华湾（Delaware Bay）之间，尝停桡于纽喀斯德尔（Newcastle），离费城四十英里之小镇也。知富兰克林之所在，乃致一书，备述家中致念之意，劝其同归省亲。富兰克林得书，忽大感动。然自信前途幸福，决恃在外之冒险，故断然无回富兰克林在费城没多久就获得了一份印书馆内的工作。他和印书馆主人开满尔（Keimer）相谈很投机。此外，富兰克林又寻觅到一个寄宿家庭，这家人便是尔利特·里德（Reed）家。而尔利特的女儿，就是富兰克林第一天到费城时所遇见的笑他狼狈的女子。

富兰克林在为哥哥詹姆士（James）做工时，哥哥仅保证他的温饱，却不给他工钱，而现在在开满尔（Keimer）处，才拿到工钱。他拿到钱后，攒了一点点就用钱去买书。在费城也有几个和富兰克林一样酷爱读书的少年，富兰克林都和他们成为了朋友。从这以后，富兰克林白天就加紧做工，工作的闲暇时间就以读书会友为乐，不再挂念家中的父母。时间渐渐流逝，半年过去了，他也没给父母写信或托人带消息回去，这样的做法令富兰克林在晚年十分后悔。像那样坚决地离开，将父母兄弟弃之一旁不予联系就如同遗弃他们一样，这实在是他一生都不能掩盖的巨大过错。

富兰克林的父母在儿子离开波士顿后，思子心切，每日挂念。想到儿子离开时没有告知去向，音信全断，二位老人则更加牵挂。富兰克林的父母有一个亲戚叫罗伯特·霍姆斯（Robert Holmes），他拥有一艘帆船，常来往于波士顿和特拉华湾之间（Delaware Bay）。他的船曾停靠在距费城四十英里一个叫纽卡斯尔（Newcastle）的小镇上，得知富兰克林在费城做工，就给富兰克林写了一封信，将家中人对富兰克林迫切思念的情感写得淋漓尽致，并劝富兰克林和他一同回家探亲。富兰克林在得到这封书信后，顿时非常感动，然而他自身坚信自己的前途幸福，决心在外冒家之想。

富兰克林乃作书覆呼墨司，备述此意，嘱其转慰父母。其作书也，不敢草率，先具稿，几经改定，乘夜疾书，托首先开至纽喀斯德尔之舟，交与呼墨司。此虽小事，而富兰克林过人远矣。寻常书翰，犹致其郑重之心，其为人之可见者一也。得人书札，速即报闻，其为人之可见者二也。而果也，富兰克林以此一书竟获意外之知音。

时费城总督，为英之贵族克以思（Sir William Keith），呼墨司之友也，以事至纽喀斯德尔。两人相见，杯酒谈旧，为状至欢。富兰克林之报书，适以其时至。呼墨司开函读毕，转示克以思曰："不图十七岁之少年，笔札之工，乃至于此。"克以思亦深赞之曰："此可畏之后生也，吾必有以助之矣。"

克以思归，微服过开满尔家，访富兰克林于工厂之间。满厂闻之，皆惊疑不知所为。富兰克林从容与见，谈次，乃知总督之意，愿助富兰克林自辟一肆，凡费城官厅所用之印险，所以一点也没有回家的念头。

富兰克林便写信回复霍姆斯，详细地表达了自己的意思，并拜托霍姆斯代他向父母问好以使他们安心。富兰克林写信的时候，不敢匆匆挥笔而成。他往往会先打好草稿，并经过多次修改，再乘晚上空闲时快速誊写好修改过的信，次日清晨拜托第一班开往纽卡斯尔的船员将书信交给霍姆斯。这虽然是小事，然从中所体现的富兰克林对待事物的认真程度，也远远胜过一般人。对待平常的书信，尚且有这样认真谨慎的态度，欲了解富兰克林的为人处事，这是第一件很有代表的事；而收到人的书信便尽快回复，这则是第二件很有代表的事了。而最后的结果，富兰克林竟凭这封书信意外地得到了一个知音。

当时费城的总督是霍姆斯的朋友，英国贵族威廉·克以思（Sir William Keith，一作威廉·基斯）。他因为办事的缘故到了纽卡斯尔。这两人相见后饮酒叙旧，相谈甚欢，而富兰克林给霍姆斯的回信刚好在这时送达。霍姆斯看完了富兰克林的信后，把信拿给克以思看，并说："没想到十七岁的少年，书写竟然这样严谨工整。"克以思也很赞赏，说道："这个年轻人令人佩服，他势必超过前人而前途光明，我一定要扶助他。"

克以思从霍姆斯那里离开后，隐瞒身份经过了开满尔家，在印书工厂之间寻找富兰克林。全厂听说这件事后，都惊讶好奇不知道发生了什么事，富兰克林却镇定沉着地和他相见，一番交谈后，才知道总督的意思。原来总督愿意帮助自己开一家印书馆，凡是费城官厅需要用的印刷物都交给富兰克林的工厂去印。富兰克林听到刷物，悉取办焉。富兰克林闻之，自觉欣然，但云此事必归告老父，得其允许，并乞资本金之帮助。克以思亦以为然，作书致其父，嘱富兰克林携之归报。

【批评】

富兰克林居波士顿时，与兄不合。忿而出行，草草离乡，并未与父母作别。至费城后，亦未以近状禀知，至劳倚闾之望，此实不孝之大者。富兰克林得书而悔，固知一点良知，虽暂时蒙蔽，其后必复。少年有父母者，宜以富兰克林之事为戒，与其多此一悔，不如事前勿为。

吾人作事，当处处存心，不可一毫忽略。颜渊问仁，孔子答言："出门如见大宾，使民如临大祭。"说得如许郑重。富兰克林写一寻常信，不肯疏忽，于小事尚谨慎如此，况大事乎？无意之中，遂得有心之人知遇。世间固无冤枉事，尽一分心，自有一分功。

此事后感到非常高兴，但是对总督说这件事自己一定要返家告明年迈的父亲以得到他的允许，并希望他能在资金上给予帮助。克以思认为他的做法很妥当，就给富兰克林的父亲写了一封信，嘱咐富兰克林带信回家。

【评论】

富兰克林在波士顿时与兄长不和，匆匆愤怒离家，并未和父母告别，到了费城后，也没把自身近况告知父母，以至父母念子心切，日日挂念，这实在是很不孝顺的。富兰克林收到霍姆斯的书信后而悔悟，从这一点就能知道良知即使暂时被蒙蔽，后来也一定会恢复。有父母的少年，应该把富兰克林的事作为警戒，避免犯同样的错误。与其增添一丝悔意，不如事先不要做不应当做的事。

我们做事，应当各方面留心，不能有一点点疏忽。颜渊问孔子什么是仁，孔子回答说："出门办事和役使百姓，都要像迎接贵宾和进行大祭时那样严肃恭敬。"孔子说得如此郑重。而富兰克林写一封普通的信，也不愿意疏忽。像他这样对小事都能像这样谨慎，更何况对待大事呢？因此他在无意中就得到有心人的欣赏帮助。世间本来就没有不应当获得而获得的事。尽一分心力，就自然有一分收获。

第七章　还乡

富兰克林离家七月，今安然归来，父母兄弟诸妹见之，莫不欣然，情话极酣，惟其兄健姆氏前憾未释，不与为礼也。富兰克林出克以思总督之书呈其父，其父以总督之下交于其子也，则甚喜。既思富兰克林一童子耳，总督遽倾心相托，从来轻动之人，往往易于后悔。因不以为感，而反以为怪。然尚不敢遽以总督为无信用之人，因覆书致谢，至于资本，则实有爱莫能助之势。

富兰克林家居数日，不得要领，然终不以此失望，复归费城。临别，父母皆送之门外。父祝之曰："行矣戒之，必勤必信，无荒尔业。得钱则蓄之，慎勿投之于无益之地。若能如此，则儿从今日起，至于二十一岁，可卓然自立矣。"富兰克林谢曰："终不忘吾父之所以勉儿者。"

富兰克林之至费城也，取道纽约。舟至纽约，则又有一可喜之事，盖纽约总督亦爱书成癖者。闻富兰克林与己为同调，早已心许。今闻其至，特使人往迎之舟中，引至署内，以己所藏之书示之。行抵费城，出父之报书示总督，总督意良富兰克林离开家七个月了，现在平安无事地返回，父母亲和兄弟姐妹看到他都很高兴，大家畅快地抒发内心的情感，只有兄长詹姆士心中仍记着以前的不愉快，对富兰克林态度冷淡。富兰克林把克以思总督的书信拿给了父亲，他的父亲因总督能不考虑身份差异而和自己的儿子结交，非常高兴。不过又想到富兰克林还非常年轻，总督却突然如此看重，以一般经验来看，轻率作出决定的人，往往容易后悔。因此他父亲并没有因总督的结交帮助而感激动容，反而认为这件事很奇怪。然而他父亲尚且不敢草率断定总督是一个没有信用的人，所以写了封答复总督的感谢信，并说自己虽然有心支持富兰克林开办印书馆，却没有足够的资本。

富兰克林在家呆了几天，没有得到父亲的办厂同意和资金支持，却并不因为这而感到遗憾。他准备返回费城时，在临走之际，父母都送他送了很远。他父亲嘱咐道："言行举止要懂得节制分寸，一定要勤劳而守信，不要荒废你的工作。有了财富就要存起来，千万不要把钱财浪费在没有益处的地方。假如真能坚持这样，那么你从现在起，到二十一岁，就可以自己成就事业，独立在社会上闯荡了。"富兰克林感激地对父亲说道："我一定不会忘记您告诫我的勉励话语。"

富兰克林是经过纽约返回费城的。船行到纽约，又有一件令人高兴的事。纽约总督也是酷爱读书的人，听说富兰克林和自己一样，心中早就很欣赏他。如今听说他到了纽约，便特地派人到船上迎接富兰克林，把他带到自己的办公地，给他展示自己收藏的书籍。等富兰克林到了费城后，把父亲的书信拿给总督看。总督没不悖，语富兰克林曰："尊公亦太固执。谁谓有才子如尔，而犹以少不更事为虑者。"既而曰："尔事皆我任之，亦不需尔父之助。可预计印书应用之物，开单示我。"富兰克林于是大喜，以为不世之知遇矣。

美为英属之时，凡百器用，皆取给于母国，而殖民地不产焉。印书之架、铅铸之字，更非所有。富兰克林所开之单，值美金五百元。如能办成，则已为美洲唯一之印书馆。总督复曰："以此寄至英国，固能照单寄至。尔能亲往，则更善矣。孺子其有意乎？"富兰克林谨对曰："甚善。"总督趣即戒装，不久有船往伦敦也，旅费悉由彼任之。

富兰克林念成功在即，私心甚慰。数月来小有储蓄，船费能自办，可不以累总督。开往伦敦之船，名俺尼（Annis）者，行有日矣。总督常谓故乡交游，多一时达者，孺子去，当多与介绍书，不一日当名满伦敦，富兰克林益喜。

【批评】

意外之逢可喜而不可恃者也。克以思于文字间，激赏富有恼怒，对富兰克林说："您的父亲也太固执了。谁会有像你这样的儿子，还要担心他年少不懂事呢？"过了一会儿，总督又说："你创建印书馆的事都由我来操办，也不需要你父亲的资金支持。你可以提前归纳一下印书应该用到的东西，开一个清单给我。"富兰克林因此非常欢喜，认为降临了稀有的机遇，受到了巨大的赏识。

当时的美国是英国的殖民地，所有东西都由英国供给，殖民地却不生产。至于印书的架具、铅铸的字模在美国就更没有了。富兰克林给总督所列的清单物资，价值五百美元。假如印书馆能够开办，它就已经成为美国唯一的印书馆了。总督又说："把这个清单寄往英国，固然一定能够按照单子所述将需要的物资寄回来。可如果你能亲身去一趟英国，就更好了。你有这样的意向吗？"富兰克林恭敬回答道："（去英国验货）很好。"总督立即让富兰克林迅速准备行装，称没多久就有开往伦敦的船，而富兰克林的船费都由他来承担。

富兰克林想到成功在望，心中感到十分安心快慰。这几个月以来，他已积攒了一些钱财，于是告知总督船费能自己解决，可以不劳烦他。这艘开往伦敦的船名叫安尼斯（Annis），已经运营了一段时间了。总督常说，他在英国结交的人，大多都是显达之士。富兰克林去的话，必定给他写很多介绍信，要不了多久，他就会在伦敦出名。富兰克林听后，心中更加高兴。

【评论】

意外遇到值得高兴的事却不能得意忘形。克以思在文辞中，兰克林，作布衣之交，助其成业。施者出于格外，受者能不感恩。独富兰克林之父闻之，将信将疑。看到后来，则老年人之阅历，毕竟有几分把握。

富兰克林负气出门，凭借己力，终得小成，不贻父母之羞，虽谓之衣锦还乡可也。

富兰克林之父，虽未知名，观其所为，则亦非常人也。世之为父者，孰不欲有富贵子为门闾光？此老亦犹夫人之情也。独其训子之语曰：“必勤必信。得钱勿妄费。”由此以望其自立，纯从实地做起，其亦异乎险邀幸者矣。

纽约总督待遇富兰克林，看似平平，其实即此已足。克以思者，相爱过甚，转至不能自践其言，误人自误，亦何苦哉！

对富兰克林大加赞赏，和富兰克林结成布衣之交，帮助他成就事业。给予者超出一般的奉献，接收的人不能不感恩，唯独富兰克林的父亲听到后半信半疑。我们看到后来富兰克林的遭遇，就知道老年人的阅历毕竟还是会增添几分正确判断的把握。

富兰克林赌气离家，依靠自身的努力终于有了一点点小小的成就，他也没有让父母蒙羞。所以将他这样回家称作是衣锦还乡，也是可以的。

富兰克林的父亲，虽然不出名，但是观察他的言行举止，也能发现他是一个不同寻常的人。世界上的父亲，谁不希望儿女富贵从而为家庭增光添彩呢？富兰克林的父亲也是如此。但是唯独他却告诫儿子说：“一定要勤劳诚信，得到工钱后不要随意花费。”凭这一点告诫来希望儿子自立，单纯地从实实在在做起，这样看来他也和侥幸度过险境的人有所不同了。

纽约总督对待富兰克林，看似很平常，其实就这样已经足够了。像克以思这样的人，对富兰克林突然太过关怀，而到后来却不能践行自己的承诺，这样既对他人不利，对自身也没有好处，这又何必呢？

第八章 至伦敦

富兰克林静待总督所许之金，与介绍书，久之不至。乃佯作镇静之状，谒总督辞行。总督曰：“吾事大忙，君第行，书与金，当即至矣。”富兰克林不得已，强自登舟，推篷遥望，信使杳然。比至伦敦，亦无后命。至此始悟总督之言，盖不足恃，然已晚矣。

夫以总督之尊，无故欺一初涉世故之少年，诚令人百思而不得其解。其人格之卑陋，可不复言。惟读者诸君，于学业初成之际，思有为于世。忽有人焉，相赏于风尘之外，其感激此人也，与富兰克林当有同情。然当知赏识我者，其人果可恃否也。

富兰克林之初至伦敦也，浮沉人海之中，怅怅无所之，沿门求售，如初至费城时。不久，又作排字之生涯，暇则读书。同工之人，皆沉湎于酒。富兰克林时规劝之，多悔改者。富兰克林渴则饮水，不知酒为何物。故精神活泼，工作勤敏，得主人之欢心。

富兰克林善游水，尝比赛于伦敦，人莫能及。著书发明游水之旨趣，并言设立此种学校有必要。

富兰克林静候着总督许诺的资金和介绍信，不过，过了很久，这些东西总督都没有给他。富兰克林就假装作镇静的样子，到总督那里去告辞。总督说：“我事情太多了。你只管先行，介绍信和资金随后就到。”富兰克林没有办法，勉强自己登上了到伦敦的船。船行得越来越远，而介绍信的事也没有了下文。到了伦敦后，也没有总督随后的吩咐，富兰克林从这时起才明白总督的话不值得相信，不过已经晚了。

凭借总督的尊贵地位，毫无缘由地欺骗一个才接触世事的少年，这的确让人难以理解。这个人人格的卑鄙丑陋，可以不再提了。寄语诸位读者，在学习或事业即将成就之时，想要在社会上有所作为之时，若忽逢一个地位不凡的人赏识自己，我们对他的感激，大概和富兰克林当时有同样的感受吧。然而我们也应当考虑到，赏识自己的人，是否真正可靠。

富兰克林刚到伦敦时，在广阔的伦敦没有一处可栖身的地方。在他怅然不知道该做什么的时候，他又像刚到费城那样一个一个地拜访工厂寻找工作机会。不久，他又开始做排字工作，空闲时就读书。和他一起做工的人，都沉迷于喝酒之中。富兰克林经常规劝他人不要过分饮酒，和他一起做工的人中便有很多后悔自身酗酒的行为并改掉了嗜酒习惯。而富兰克林渴的时候就喝水，没有尝过酒的滋味，所以精力充沛、工作勤快、手脚麻利，这让雇主很欣赏。

富兰克林擅长游泳，曾在伦敦参加游泳比赛，没有人能比得过他。富兰克林还写书阐发游泳的技巧，并表明有设立游泳学校的必要性。

居伦敦时，与滕海姆（Denham）为至友。滕海姆者，费城之干物铺主。谈次，恒劝富兰克林仍返费城，愿与共事。富兰克林深以为然，乃于是年十月返费城。

【批评】

费城总督之待遇富兰克林，从前半观之，可谓至矣。以潜迹不闻，奋志求进之少年，忽有人焉，哀王孙而进食，其眼力亦自非常。而身受者，乌能不为之太息动容而发感恩知己之想耶？独富兰克林之父，未敢深信，岂不谓无故而爱我者，其人必别有深心，未可贸然受其重惠也。故曰：少年之智、老年之断，两者相合，事无不成。惜乎！富兰克林未一审其父之意也。

富兰克林至伦敦时，人海茫茫，等阮籍之穷途，类伍员之亡命。幸有薄技可售，乃得到处有为家，故人贵有专业也。

富兰克林与醉人同居，不染其习，已难。能戒人止酒，尤难。如此少年，那得不令人敬仰？

他在伦敦生活的时候，和德纳姆（Denham）是非常好的朋友。德纳姆是美国费城一个干货店的店主，在和富兰克林交谈几次后，他常常劝富兰克林返回费城，说愿意和富兰克林合作做生意。富兰克林认为德纳姆说得很有道理，就在这年十月返回了费城。

【评论】

费城总督对待富兰克林，看先前的行为，可以说是相当好了。富兰克林最初是默默无闻、奋发进步的少年。忽然有一个人来扶持他，这个人的眼力也是非同寻常。“哀王孙而进食”（语出《史记·淮阴侯列传》，讲述的是韩信未发迹、饥饿潦倒之时受到一位老妪接济的故事），又怎么可能不为自身受到赏识而对他产生感恩之情呢？唯独富兰克林的父亲不敢完全相信总督的许诺。一个人没有原因就对自身关切备至，这个人必然有其他的想法在内，故而不能轻易接收他厚重的恩惠。所以说，少年人的聪明才智和老年人的阅历谋断结合在一起，就没有成不了的事。真是可惜啊，富兰克林最初并没有细细体悟他父亲的深意。

富兰克林到了伦敦时，见人海茫茫，而他的际遇如同阮籍走投无路和伍子胥天涯逃命一样。幸好他还有一点点技能，才能找到一份维生的工作。所以人拥有一技之长很重要。。

富兰克林和嗜酒的人一起做工却不沾染上他们的习气，这已经是很困难的事了。他能劝人戒掉嗜酒的习惯，又是更加难得的事。像这样的少年，怎么让人不心生敬仰呢？

人能到处有得，逐日进步为佳。富兰克林至伦敦，未几，即善泅水之术，如此度日，可谓不空过矣。泅水之事，一方面可奋发冒险之志，一方面可医治衰弱之体。今其事已大行，且有专门学校，以教其术，皆富兰克林提倡之功也。

一个人能够在所处的环境有所收获，每天进步，就是好的。富兰克林到了伦敦没多久，就擅长游泳。像这样度过时光，可以说是没有虚度人生。游泳一方面能激发人冒险的情怀，另一方面能增强人的体质。现在游泳运动已很流行，而且有专门的游泳学习教授游泳技能。这些，都是富兰克林宣传提倡的功劳啊。

第九章　杂志之生涯

富兰克林二十一岁，迎尔利特女士（Miss Deboaroh Reed）为妻，相得甚欢。时滕海姆已逝世，其铺归诸他姓，富兰克林乃去之。

富兰克林之少也，原一寠人之子。壮年亦仅托业于工商，以糊其口。初非有赫赫之事，足以邀誉于众也，而远近已无不知之。位不显，家不富，顾人人心中，以为当今之世，惟富兰克林乃善人也、信人也、能造福于社会之人也。如颖在囊中、如兰馨山谷，人生不可无此种潜势力，不然，株守一隅，安有活动之余地，而发荣滋长也哉！

富兰克林有友，愿与合资，立报社于费城。从之，即名其报曰宾夕尔法尼亚杂志（Pennsylvania Gazette）。富兰克林文学既优，得藉报纸以发表其所见，实称素心。其所主张者，如设立公共图书馆，殖民地应自立大学，各地应设学会，应设火险公司，此不独于美洲所未闻，即大陆诸国，亦未必尽有之。富兰克林之说，前无古人后无来者，在当时诚为创议。至今日尽见事功，其有裨于人群，即此数端，已不小矣。

富兰克林二十一岁时，迎娶了尔利特女士（Miss Deboaroh Reed，也作德博拉·里德），二人感情融洽。当时德纳姆已经过世，而他的店铺已经转给了其他人，富兰克林就离开了费城。

富兰克林年少的时候，原本是穷苦人家的儿子。成年后也仅仅在工商界中打拼，来养家糊口。最早没有什么特别显著而足以获得众人称赞的事，但他实际在他生活的地方已经无人不知。他没有显赫的地位和富裕的家境，但每个人的心中，都认为在那个年代，只有富兰克林是善良、诚信，能造福于社会的人。有才能的人不会长久被埋没，终能崭露头角，就像禾穗放在口袋里，它的尖芒也会挺露出，也好比兰花在山谷里开放，香气远溢，终会被发现。人的一生不能没有这样的一种能力和品质，否则的话，境界狭隘，视野闭塞，便没有很大的发展空间，就如同草木长在角落，怎会有开阔的空间使之繁茂生长呢？

富兰克林有一个朋友愿意与他合资，在费城开办一家报社。报社开办后，就把报纸命名为宾夕法尼亚日报（Pennsylvania Gazette）。富兰克林文辞本来就很好，能够借报纸来发表他的观点看法，这实在是和他的心意相符。他的主张诸如设立公共图书馆，殖民地应该自己开办大学，各地应设立学会学堂，应该设立火灾保险公司（负责消防等业务）等，不仅是美洲当时从没听说过的，即使是大陆国家（诸如英、法、德等），也未必有人听说过。富兰克林的主张，前无古人，后无来者，在当时的确是创造性的提议，到现在全部都实现了。他对大众的利益，即使就说这几点，也已经不小了。

富兰克林于印书业中，发明铜版法，刻尽精细，为纽折尔西银行印行钞票，见者皆爱之。因是纽折尔西银行之纸币，流行最广。又特制一种火炉，炉中可烧木柴，世称之为富兰克林炉。至今木柴易得之处，犹习用之。

富兰克林与其家中，一别又十年矣。至是挈妇归省，家人相见甚欢，其兄健姆氏亦不如从前之落寞。返费城，被选为殖民地会之秘书，又兼费城邮政局事务。

富兰克林一生，无非以济人利物为怀，思开物成务，不若一言之易为也。人得一言可以终身行之，故赠人以言，为益甚大。爰本其心得，撰成格言，名曰《格言汇录》（Poor Richard’s Almanic），其书家置一本，流行之广，亚于经典。

富兰克林躬行实践其所服膺之格言，数十年如一日，即其夫人亦然。自奉极薄，家无长物。早餐，惟牛乳面包，所用泥盆，只值两办士，调羹则铅制者。其比邻之食器，皆中国精富兰克林在印刷业中，发明了铜版法，用这种方法铸字则刻制精良，所以他替新泽西银行印制钞票时，人人都喜欢所印制的钞票式样，因此新泽西银行的纸币也流通最广。他又特制了一种火炉，炉中可烧木柴，世称富兰克林炉（比壁炉散发更多热量，能提升炉子燃烧效率，同时节省大量柴火，减少费用。使用时烟也少，故在当时广泛流行）。现在容易拾取木柴的地方，仍经常使用它。

富兰克林和家人一别又是十年，到了带妻子回家探亲时，家人相见极为高兴。他的兄长詹姆士也不像以前那样计较而不愉快了。富兰克林返回费城后，当选为宾夕法尼亚州议会秘书，后来又兼任了费城副邮务长。

富兰克林的一生，从来都怀着救助别人、对世事有益的心，希望通晓万物的道理，并按照这些道理来办好事情。要做到利益广大，没有什么事比得上说出一句格言那么简单易行的了。一个人能够听到一句箴言并能够终身践行，这是多么好啊。所以用言语来鼓励、劝勉他人，功劳很大。富兰克林就从自己的阅历和感悟中提炼出经验，编写成了一本叫《格言汇录》（Poor Richard’s Almanic）的书。这本书每家都有一本，差不多可以和流传已久的经典著作相比了。

富兰克林亲身践行着他牢记在心的格言，几十年如一日。他的妻子也是这样。富兰克林对待自己非常节俭，家中没有奢侈的消费品。他的早餐只有牛奶面包，用的碗是泥制的，只值两便士，汤匙则是铅制的。而相比于此，他邻居家的餐具碗都是精美的中国瓷瓷。调羹以白银为之。一日，晨餐，富兰克林见案上所列者，都非旧物，意颇惊讶。其夫人曰：“以夫子之贤也，可不如邻人之自奉乎？”富兰克林笑而许之。

【批评】

富兰克林之为排字人，为商店经纪，二者皆不称其为人。呼牛马应，聊以糊口，孤寒之子，难言高尚也。久之方得藉报纸以行其所学，一生事业，至此方得归宿。

美当殖民时代，报纸极少，且亦不得涉及政治。富兰克林不作无益之谈，据其进化之理想，为人群谋利益，如图书馆、大学校、学会、火险诸事，反覆申论，一时虽未易实行，久之自成为舆论。又久之自见实行，以先知觉后知，以先觉觉后觉，大丈夫不当如是哉！

富兰克林之格言，取名为《年历》（Almanic）者，因其时人家火炉之侧，无不悬此，以知日月星期之数。富兰克林乃于其隙处，摘印格言使人人皆得与此格言朝夕相对，器，汤匙则是白银制的。一天早餐时，富兰克林看见桌上摆放的餐具都不是之前常用的，很是惊讶，原来是他的妻子为他换了一套新的餐具。妻子说："凭你的才德，日常花费难道还不配和普通邻居家的开销一样吗？"富兰克林便笑着同意了他妻子的做法。

【评论】

富兰克林做印刷工，做商店的经理人，这两项工作的特点都和他的为人不相称。每天看着人家的脸色办事，薪酬仅够糊口，对于这个贫寒子弟，难以说他高尚。富兰克林过了很久才能够借助办报来使他的学识抱负得以施展，他一生的事业，从这以后才有了着落。

美国在被英国殖民的时代，报纸很少，而且报纸内容也不得涉及政治。富兰克林不发表没有意义的言论，而是根据自身推动文明开化、社会进步的理想，替众人谋利益。比如主张设立公共图书馆、开办殖民地大学、创立学会、组建火灾保险公司等。富兰克林反复提倡并详细阐释他的建议。这些提议在最早虽不容易施行，可时间一长就众人皆知，又经过很长时间便被付之现实。富兰克林以先进的思想远见来启发广大的民众，有志气、有作为的人，不也应当像这样吗？

富兰克林的格言编录后取名为年鉴（Almanic，也译作年历，历书）。当时每个家庭的火炉旁，都悬挂着它，来查看日期。而富兰克林就在日历的空白处，摘录印刷格言，使其广泛发行，让人们早晚都能看见它们，把它们当做座右铭，如受到严师指点和良友告诫作座右铭，如严师益友，又不欲自见其名，拖于古人李却特（Richard）所为，其书商务印书馆今有印本。

世人不务修为，务于衣食住三事，力求华美，以为非此则不能使人知为上等人。呜呼！上等下等之身份，果于此见耶？富兰克林之夫人曰：“以夫子之贤也，可不如邻人之自奉乎？”其骂世也，微而严。其尊富兰克林也，婉而确。诚善事其夫者也！

一般。而富兰克林又不希望上面刊印着自己的名字，就假托古人理查德（Richard）所作。直至现在，商务印书馆（民国）还在印刷他这本书。

世间人日常生活中一般不会想到修身，只关注穿着、饮食和住宿，在这上面力求华丽、可口和高档。他们认为如果不这样追求物质享受的话，就不能让他人知道自己是地位、财富处于上流的人。可叹啊！上等人和下等人的差异，难道真的就表现在这上面吗？富兰克林的妻子说："凭你的才德，日常花费难道还不配和普通邻居家的开销一样吗？"她对世间某些风气的批判，言辞轻而分量重；她对富兰克林的尊敬，表达委婉却感情真挚，的确是很体贴丈夫的啊。

第十章　独立之成功

一千七百五十三年（民国前一百五十九年），富兰克林年五十五矣。被举为殖民地邮政总管，岁有美金三千元，尽以分赠亲朋之贫乏者。任事二十一年，家无余钱。

于时美洲殖民地，日益发达，顾人自为政，不相联属。土人法人，乘虚来攻。势分力寡，不能抵御，往往失败。富兰克林始倡联合之说。英皇闻之，深滋不悦，下令禁止。盖恐殖民地互相联合，势力日雄，尾大不掉，岂不受困？殖民地人，至此乃知英皇之深意，美人反抗之心，于是遂起。富兰克林初无意于化殖民地为国之心，乃由联合一事，致成十三州之义战，天下事安可逆料耶！

殖民地与母国，从此龃龉日甚。殖民地自建一议案，于顾全母国利益之中，更寓自卫之法，意至善也。欲遣一德望卓著之人，渡海请命于英皇，皆曰是非富兰克林，莫可任者。富兰克林遂往，历与英国执政，反覆论难，其议案得通过。富兰克林事毕而归，时一千七百六十二年也，留英已五年矣。殖民地人嘉其成功，于其归也，欢迎之者甚盛。

公元1753年（民国前159年），富兰克林已经五十五岁了。他被选举为北美殖民地邮政总代理，年薪有三千美元，富兰克林把薪水都分给了家中贫困的亲戚朋友。因此即便他担任行政职务二十一年，家里边也没有多余的积蓄。

在当时，北美洲殖民地日渐发展，呈现出各州各自为政、彼此间不相互联合的情形。因此，印第安土著和法国人常趁防范疏忽时攻打他们。由于各州势力分散，没办法抵抗入侵，屡屡失败。于是富兰克林才提出了各州应当联合来抵御敌人的观点。英国国王听说后，感到很不高兴，下令禁止这种说法。这是怕殖民地各州相互联合，势力日渐壮大，难以管理，以至脱离英国而被其他人控制，那样会对英国自身造成威胁。殖民地人民从这时起才知道英国皇帝的真实意图，因此北美人民生起了反抗英国殖民统治的心思。富兰克林最早并没有联合殖民地而另立国家的想法。历史却因为他提倡联合的观点，竟促成北美十三州为了独立自由而向英国开战，所以说世界上的事怎能预料得到啊！

英属北美殖民地和英国的矛盾从此日益加深。北美殖民地的人民提出一项议案，希望在不损害英国利益的情况下加强自卫。这种想法是很好的，当时大家希望派一德高望重的人，渡过大西洋去征得英国国王的同意。所有人都说除了富兰克林，没有更适合的人了。富兰克林于是前往英国，多次和英国政府交涉，使这项议案最得以通过。富兰克林完成使命返回北美时，已是公元1762年了。他在英国已经待了五年之久。北美殖民地人民为他的成功归来感到非常高兴，因此在他返回北美时，有很多人前来欢迎。

自由钟

未几，英国欲强行印花税于殖民地，殖民地人大哗，群造富兰克林之庐，欲其再至英国，解此纷争。富兰克林年已七十，皤然老矣，然义务所在，不敢辞，复渡海而去。

一千七百七十四年，富兰克林以印花税事，力争于英国议院之中，英政府志在必行。在座议员中，有詈富兰克林为无耻奴者，明日，政府下令，免其邮政总管之职，遂无所成而归。

富兰克林之返费城也，为一千七百七十五年之五月。半月以前，独立军已与英军小战于来克心登（Lexington）矣。

【批评】

富兰克林有余之钱，不以自私，分赠亲友，可谓多矣。盖惟自奉俭者能聚财，亦惟自奉俭者能散财。俭之反面为奢。奢则分内之财，用之不足，必为非分之求，丧德败行之不久，英国希望在北美强行征收印花税，北美人民感到愤愤不平，很多人都到富兰克林的住处去请求，希望他再去一趟英国来解除英国的印花税。当时富兰克林已经七十岁了，头发花白，年岁已大，然而他想到这是自身职务要求所在，不敢推辞，又渡过大西洋前往英国。

公元1774年，富兰克林为北美印花税的事，在英国议院据理力争。眼看着英国政府就要废除印花税了，一位英国议员对富兰克林进行了恶毒的人身攻击和侮辱。因此，第二天英国政府便下令免去了富兰克林邮政总管的职务，富兰克林最后无功而返。（编者注：此处疑存在误记。富兰克林前往英国交涉，英国政府废除了北美印花税。然此后英政府又向北美强制征收新的税种，英美矛盾恶化，事态复杂，富兰克林作为英美间一位关键人物，遭到了英国副检察长韦德伯恩的恶毒谩骂。）

富兰克林返回费城时，已经是公元1775年5月了。而就在半个月以前，北美独立军已经和英军在莱克星顿（Lexington）发生了武装冲突。（编者按："莱克星顿的枪声"，拉开了美国独立战争的序幕。）

【评论】

富兰克林拥有多余的钱财，自己没有留存它们，而是分给了很多给贫困的亲戚朋友。所以，能够节俭的人能够聚集财富，也只有节俭的人才有能力散财帮助他人。俭朴的反面就是奢侈。一个人事，遂由之而起。嗜欲外薰，精神内炼，命亦不久。故曰：万善莫如俭，万恶莫如奢。

殖民地与英国龃龉之初，人人心目中，以为惟富兰克林能解此难题，遂以外交之事相托。此皆富兰克林平时之潜势力，有以致之。伊尹躬耕，诸葛高隐，避人若浼。而大有为之君，且三聘而致之。人之欲救国救民者，何必纷纷以自献耶？

独立以前，富兰克林两次至英。前成而后败，非其材智，前裕而后绌也。诸葛公曰：成败利钝，非能逆睹，惟有尽心力而为之耳。

奢侈的话，已有的钱财是不能满足他的需求的，他必然会贪图谋取不义之财，做出超出本分的事来，道德败坏的行为，也就会因此而起。贪婪的欲望日益增加，内在的本真逐渐丧失，想必这个人的性命也不会太长了。所以说，一切的善良中，没有比勤俭更可贵的了；一切的不善中，没有比奢侈更可怕的了。

北美殖民地和英国矛盾恶化之初，每个人都认为富兰克林能解决这个棘手的问题，所以就把对英交涉的事托付给富兰克林。这都是因为富兰克林平时积累了的丰富知识和崇高的声望。伊尹和诸葛亮亲自在田间耕种，过着隐居的生活，就是唯恐世间的繁琐俗事躲避不及而玷污自己的道德名声。而非常贤明的君主，尚且会多次拜访以求贤任用（商汤访伊尹，刘备访诸葛亮）。所以，希望救国救民的人，哪里需要纷纷毛遂自荐呢？机会自然会降临。

北美独立之前，富兰克林两次前往英国，第一次成功而第二次失败，并不是他的才智先前丰富而后来不足。诸葛亮曾说，事情的成功或失败，进行得顺利还是不顺，都不是我的智慧能够遇见的，（见诸葛亮《后出师表》：“臣鞠躬尽力,死而后已，至于成败利钝，非臣之明所能逆睹也。”）只有尽心尽力去做罢了。

第十一章　电气之发明

徒以文学家政治家称富兰克林，尚未足表富兰克林为美洲第一人也，盖彼又为电学发明者。美洲之有科学家，以富兰克林为始。由此言之，美洲第一人非富兰克林其谁属。

富兰克林之风筝

当十八世纪时，科学二字为举世所不知，汽机尚未通行，电气作用，更未梦及。今二十世纪，种种新法，我辈所日用而不知者，富兰克林之世，虽帝王之富贵，未能享用也。

大风雨之中，必有闪电惊雷，此为人人所习见，而人人不知其秘密者。富兰克林始谓闪电之原子，乃由于空中之电气，寻思久之，自信益坚。终以理想不可过恃，欲亲为试验以征实之，久之而富兰克林之风筝出焉。

美人爱迪生试验电学

爱迪生后富兰克林六十一年发明电器甚多

风筝皆以纸糊，富兰克林独易之以绢。风筝皆以竹制，富兰克林独如果仅仅称富兰克林是文学家、政治家，还不足以表明富兰克林是美洲第一个如此非凡的人，还因为他在电学研究方面成就卓越。所以，美洲有科学家的历史，也要从富兰克林起开始记录。故而说，美洲第一个如此非凡的人，不是富兰克林，还会是谁呢？

在18世纪，科学这两个字还没被全世界的人理解。汽车尚未发明，而电气的应用，更没人想到。现在是20世纪，充满了各种各样的科学发明，我们在日常生活中经常使用却不了解它原理。而在富兰克林的时代，即使是如帝王那般富贵的人，也没能使用到这样多的科学发明。

夏天大风大雨的日子，一定有闪电雷鸣，这是人们习以为常的，但是每个人都不知道它的秘密。富兰克林最早认为，云层中的闪电和摩擦所产生的电，性质相同，即闪电和静电具有同一性。对这一点，他思考了很久，对自己的想法越发确信。不过他最终仍考虑到猜想不一定可靠，希望亲身实验来证明猜想的正确与否。没多久，富兰克林与风筝的故事就产生了。

风筝大都是用纸糊在竹棍上的，唯独富兰克林用绢来代替纸，用铁来代替竹棍。风筝做好后，他的小儿子对此很好奇，请求富兰克林到野外放这个独特的风筝。富兰克林说："孩子啊，现在杂之铁。既成，其幼子见之，深以为奇，乞至野外放之。富兰克林曰：“儿乎，此尚非其时。俟风雨至，则其时矣，儿今须为我秘之。”盖富兰克林不欲以未经实验之事，遽令人知，亦其谨慎之一端也。

某日，雷雨作。富兰克林唤其幼子，共携风筝并线，冒雨至野。其线亦寻常之麻线，惟执手处，易以丝线，并紧一铁轮，此又与寻常风筝特殊者也。风筝既上，富兰克林乃静观其变。

人第见闪电作时，其光一瞥而过。此时富兰克林则见铁轮之上，火星四迸，如新出炉之铁，于是喜甚。盖此星星者非他，即电气也。富兰克林以其特制之风筝，摄之于云霄之中，遂泄盖千古之秘。富兰克林以前之科学家，亦有注意此事，而以术摄取之者，往往触电而死，至富兰克林乃成其功。

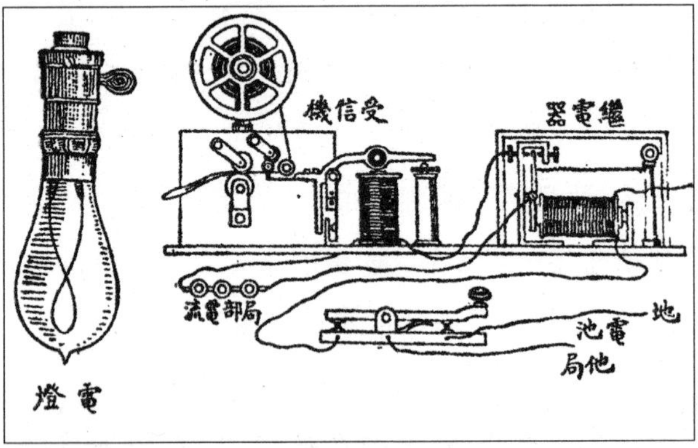

电信机

欧洲之人，闻富兰克林之发明，莫不爱敬之。牛津还不是时候，等到刮风下雨，我们就可以出去放了。不过你现在一定要为我这件事保密。”富兰克林这么说，是因为他不想把没有经过实验检验的猜想，立即公诸于世。从这个细节也可以看出他的谨慎。

在一个雷雨天，富兰克林叫上小儿子，他们一起拿上风筝和线，去雨中的原野上放风筝。他放风筝的线也不是普通麻线，而是在手拿线之处将麻线换成了丝线，并紧系着一个铁轮，这一点，又和平常的风筝不同。风筝越飞越高，富兰克林也静静观察着它的变化。

一般人看见闪电时，都只看到那一道光飞快划过的情形。而富兰克林在这时，却能看见铁轮上火星四溅，铁轮就像才从火中刚拿出的打制好的铁器那样。富兰克林非常高兴，这是因为四溅的火星不是其它事物，而是电流。富兰克林用他自己特制的风筝放于天空，揭开了千年来关于电的秘密。虽然在富兰克林之前，也有科学家注意到这件事，但是去验证的时候，却往往触电而死，直至富兰克林之时，这个实验才成功。

当时的欧洲人，听说了富兰克林的发明，没有不对他爱戴与崇

(Oxford)、爱丁堡(Edinburgh)两大学，皆赠以博士之称。法国之王，以玺书褒奖美。此为富兰克林四十岁前事，时尚未为殖民地之外交官也。

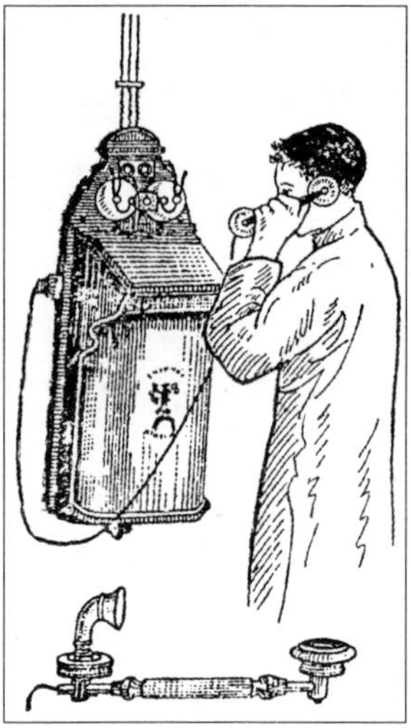
电话器

【批评】

富兰克林以一身而兼为文学家、政治家、科学家，其所得未必能与专门家比长而絜短也。然各致其功、各尽其用。吾无以名之，惟名之曰实行家而已。世不乏学富五车，识穷千古之人。好高远而不切于事，托空言而不求之实，敝帚自享，反不如一壶千金也。

富兰克林之发明，殊不寻常。自电气明而恃之以为用者，无虑数千百事。可兴瓦德之汽机，同为千古以来，惊心动魄之发明者也。

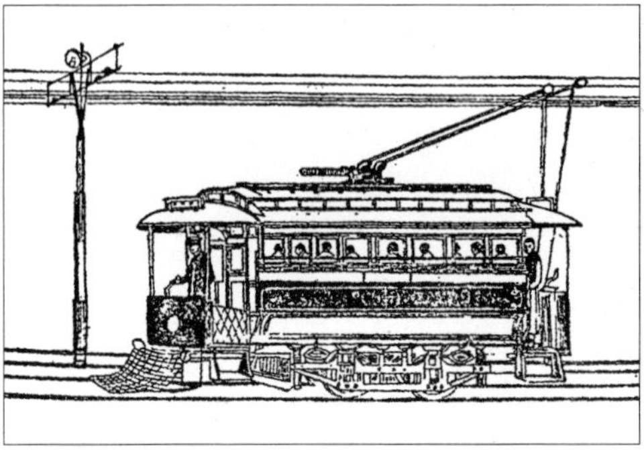
电　车

富兰克林发明电气，遽尔名震一时。可知欧人好奇心，自古已敬的。牛津（Oxford）与爱丁堡（Edinburgh）这两所大学，都授予他博士的称号；法国当时的皇帝，以帝王的名义下诏褒奖了美国。这些都是发生在富兰克林四十岁以前的事，当时他还没有担任殖民地的外交官。

【评论】

富兰克林身兼文学家、政治家、科学家，他取得的成就未必能和专攻文学、政治或科学的人相比较。但每个人都在尽自己的心力做事，故而每个人也会对社会有不同的贡献。我没有办法用一个特定的称谓来描述富兰克林，只能说他是一个实干家。世界上不乏知识渊博的人，但不少人喜好高深的理论却不付之实践，他们光说空话却不实地考察，敝帚自珍，这样反倒不如一些常见的有用结论能解决实际问题来得宝贵。

由于富兰克林对电的发现，对人类社会来说，是很不寻常的一件事。富兰克林发现了电后，人们不必再去担心很多问题，这在人类认识电流并运用、依赖它的历史过程中显得格外重要。同样的，瓦特蒸汽机的发明，也是自古以来颇不寻常的伟大探索。

富兰克林提出了电流的概念，很快在当时声名大震。从这一点可以看出，欧洲人好奇心之重，自古以来就是如此了。假设富兰克林生在我国乾隆嘉庆的时代，那么这样小的发现，哪里值得称道然。设富兰克林生当我国乾嘉之世，则此区区，亦何足道，反不如进士翰林之人人慕名也。今日人知趋重实学，然无其人则不知奖励，有其人亦不知尊重，盖徒为口头之趋重而已矣。

呢？反倒不如进士翰林等头衔官位令人人仰慕。现在的人知道了兴办工业、学习科学的重要，然而有很多人不知道鼓励其发展，也不懂得尊重它们。所以说，现在对工业、科学越发重视的情况，也只是口头的话罢了。

第十二章　家中之事故

一千七百七十六年，殖民地之代表，大会于费城，历史上所称为第二大陆美洲国会者也。美之初与英人抗也，志不过拒其非法之征求。一年之后，美人觉悟立国之必要，其年七月四日，国民议会乃发出布告，去殖民地之称，而改为独立自主之邦。外交之事又不得不借重此老，富兰克林又为独立声中重要之人物。

富兰克林之外交，第一在赴欧洲，游说各国，使其承认殖民地为独立自主之国。富兰克林衔此重大之使命而往，游说各国，法国首先承认。于时欧洲诸国，法最强大，法既承认，他国自无异议。富兰克林大喜，乃急归报，时则一千七百八十五年也。

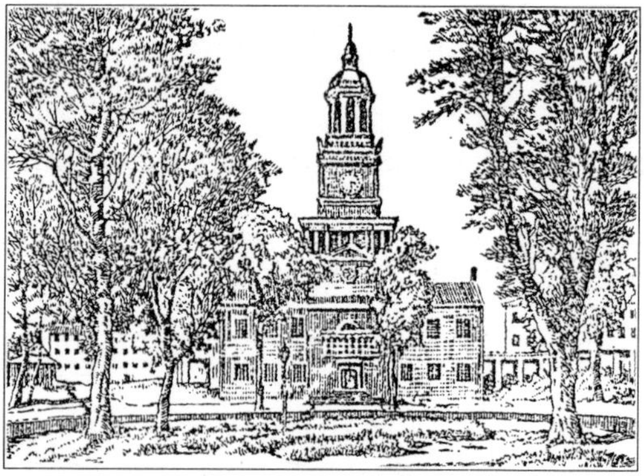

美国之独立厅

富兰克林之归也，年已八十矣。方其奉公于外也，家中父母兄弟悉化异物，白头相守之老妻，亦已化石西归。富兰克林在外，得此家报，未免有情，谁能遣此？然终以国事为公元1776年，英属北美殖民地在费城召开了第二次大陆会议。其实美国人最早与英国人抗争，也仅仅是想拒绝英国的非法掠夺。一年以后，美国人意识到有建立国家的必要，于是在当年（1776年）的7月4日，北美第二次大陆会议签署了《独立宣言》，向世界宣告了英属北美十三州的独立，美国由此诞生。可是新独立的北美十三州在外交事务上，又不得不依靠富兰克林的声望和才干。同时也因为富兰克林是参与促成美国独立事件的重要人物（富兰克林也是第二次大陆会议成员，参与了《独立宣言》的修订）。

富兰克林开展外交事务，首先去了欧洲游说各国，旨在让他们承认北美殖民地已是有主权的独立国家。富兰克林身负这样重大的任务，在欧洲游说近10年，使得法国首先承认了美国的合法性。又由于在当时欧洲各国中，法国最为强大。在法国承认美国独立主权后，其他国家也没有了异议。富兰克林十分高兴，就急忙返回美国告诉大家这个好消息，那时已是公元1785年了。

富兰克林回到美国时，已经八十岁了。当他在外为国家服务时，家中的父母、兄弟、妻子，都相继离世。当富兰克林在外得到家中亲人过逝的消息时，自然有难以言表而无法排遣的伤痛。然而他终究把国家的事务放在更重的位置上，完成了自己职责所在的重，事毕然后归。此诚爱国、男儿之行为也。

华盛顿主持独立之战，见丁壮暴骨于原野，人民流离于道路。外无援兵，内无生气，支持不易，来日大难。及闻富兰克林得法国之援助，又承认为独立自主之邦，全国之人，欢声雷动。于其归也，华盛顿亲往迎之，感其为国民立此大勋业也。战事亦不久即告终。

华盛顿议院

富兰克林归国之日，被选为宾夕尔法尼亚之民政长。其后戎衣大定，四方无虞，独立自治，气象光昌。富兰克林身与从前缔造之艰，此时悲喜交集。子孙侍侧，含饴鼓腹，岁时伏腊，宾朋语旧，掀髯抵掌，不减当年豪兴也。一千七百九十年四月卒，年八十四，葬于费城。

【批评】

富兰克林当独立之战，奉使于外，至于骨肉至亲，化为异物，而绝不动心，国尔忘家，可谓贤劳。法国以与英国争政治使命才回家。这实在是爱国的表现！也同时是一个男子汉应该做的！

华盛顿在领导美国独立战争时，看见原野上到处都是未埋葬的青壮年的尸体，人民无家可归，四处流浪。国外没有援助的军队，国内也是工商业停滞、一派萧条。华盛顿心中担忧没有足够的物质基础支持独立战争的继续进行，将来的行动恐怕会愈加困难。等到了富兰克林得到法国援助，并得到法国对北美独立的承认之时，全国上下，欢声雷动。他归国之时，华盛顿亲自去迎接他，感谢他对国家和人民有这样大功劳。而在得到法国支持后，独立战争也很快以北美十三州的胜利而结束了。

富兰克林回国的当天，当选为宾夕法尼亚州州长，这以后战事停止，国内太平，美国开始独立自治，国家越发繁荣。富兰克林看到这些场景，想到曾经建国的艰辛，悲喜交加。在国家安定、社会太平无忧之时，富兰克林已是儿孙满堂，而年年岁岁也常有宾客和朋友来拜访富兰克林。每当他讲起自己当年的经历，虽是感慨激动，也不减豪情壮志。公元1794年4月，富兰克林在费城去逝，享年84岁。

【评论】

富兰克林在美国独立战争期间，受国家之命在外奔波，即便是面对亲人过逝的悲痛，他也没有动摇过坚守使命的信念。为了美洲殖民地之故，积不相能。重以富氏之德望，慨然承任，并与以军事上之援助，独立之基，至此遂固于磐石矣。

由此言之，富兰克林之功，岂逊于华盛顿？华盛顿亦不没其功，惟圣知圣，惟贤知贤，岂不谅哉！

富兰克林晚年，亦既踌躇满志矣。彼死于枪林弹雨之中，暴骨郊原，未及扶杖而观太平之化者，何其不幸也。固知有德者，必有福寿。

国家的更高利益，他将家庭放在了第二位，真可以称得上是贤德辛劳啊。法国因为和英国争夺北美殖民地，与英国矛盾交加，同时又看重富兰克林的道德声望，爽快地承认了北美的独立，并予以北美军事上的支持。美国独立的基石，因此而奠定牢固了。

从这一点来说，富兰克林的功劳，怎么会比华盛顿小呢？而华盛顿也没有因为这些而隐瞒富兰克林的功劳。所以说，只有英雄能赏识英雄，这个道理怎么会有错呢？

富兰克林到了晚年，已取得了非凡的成就。然而独立战争中那些死于战火、尸骨暴露于原野或没能活得更长久而亲眼看见社会安定的人，该是多么可怜啊。因此我们更应懂得道德深厚的人，必定多福多寿这一道理。

少年
叢書

文白对照本

苏格拉底

钱智修◎著

團結出版社

图书在版编目（CIP）数据

少年丛书 / 孙毓修编. -- 北京 : 团结出版社,2015.7
ISBN 978-7-5126-3662-0

Ⅰ.①少… Ⅱ.①孙… Ⅲ.①名人—生平事迹—世界—少年读物 Ⅳ.①K811-49

中国版本图书馆CIP数据核字(2015)第130183号

出版：团结出版社
　　(北京市东城区东皇城根南街84号 邮编：100006)
电话：(010) 65228880　65244790 (传真)
网址：www.tjpress.com
Email：65244790@163.com
经销：全国新华书店
印刷：三河市祥达印刷包装有限公司
装订：三河市祥达印刷包装有限公司

开本：148×210　1/32
印张：128
字数：1500千字
版次：2015年12月 第1版
印次：2016年4月　第2次印刷

书号：978-7-5126-3662-0
定价：490.00元 (全28册)

少年叢書

《少年丛书》白话语译编委会

出版前言

近代著名思想家、政治家梁启超曾经说："少年强则国强，少年智则国智，少年富则国富，少年独立则国独立，少年自由则国自由，少年进步则国进步，少年胜于欧洲，则国胜于欧洲，少年雄于地球，则国雄于地球。"这是他的散文《少年中国说》中的一段，作于戊戌变法失败后的1900年。文中极力歌颂少年的蓬勃朝气，指出封建统治下的中国是"老大帝国"，热切希望出现"少年中国"，振奋人民的精神。

或许是受到梁启超先生的感召，1908年冬天，上海商务印书馆编译所推出了一套系列丛书——《少年丛书》，又名《中外伟人的传略》，这是二十世纪中国的第一部历史人物类学生课外阅读丛书。首任编辑和作者是林万里，第二任编辑是孙毓修，孙毓修是这套丛书的主要作者，后期加盟写作的骨干还有国学大师钱智修。他们都博览中外，以精准而严格的眼光审视中外古今文化资源，选取其中有益于

少年儿童精神世界的材料，予以整合，编写成册。这套书出版以后，广受少年儿童的欢迎，每册前后加印达几十次，若整套书累计，恐怕达到数百次之多，发行量之大，影响力之广，在二十世纪的人物传记类图书中堪称罕见。

《少年丛书》前后出版了近三十余种，每一册传主为一位中外历史名人。我们在全国各地经过多方的搜寻，共得二十八册，其中中国名人十五位，外国名人十三位。每篇先叙述名人的生平传记，后加以作者的评论，根据时事，启发少年，借以激励少年树立远大志向，明确奋斗目标，成就健全人格。著名作家茅盾在阅读这套书后曾评论说："记事简明，议论正大，阅之足以增长见识，坚定志气。"这套出版之初即为砥砺少年志向的书影响了当时无数少年儿童由此走上振兴中国之路。著名作家张天翼、赵景深、陈伯吹等，都曾深受这套书的影响。

《少年丛书》的三位作者，都是当时学贯中西的通儒，不仅有深厚的国学功底，也有睁眼看世界的非凡眼光。撰写本套书册数最多的孙毓修先生，他是我国近代著名的目录学家、藏书家、图书馆学家。他同时还创作了大量的儿童文学作品。除了《少年丛书》，他还先后主编出版《少年杂志》、《童话丛书》等，被茅盾誉为"中国童话的开山祖师"。

另一位作者钱智修，浙江嵊县人，字经宇，是著名的国学大家，博古文学家，东方学派思想家。他在学时，就以"国学国文湛深，文章洛阳纸贵"赢得尊敬，并被上海多家进步报馆争揽为特约撰稿人。1911年毕业后，他应编译所长高梦旦之聘，担任商务印书馆编

译所编辑。1920年7月他任《东方杂志》主编，长达12年，是该杂志有史以来任期最长的主编。他还参与编辑《辞源》及《中国人名大辞典》、《中国古今地名大辞典》。1931年任国民政府监察院秘书长。

第三位作者林万里是民国年间著名的报人，原名獬，又名白水，字少泉。他幼承家学，又拜名士高啸桐（商务印书馆创始人之一）为师。清光绪二十四年(1898年)，他在杭州参与创办求是书院、养正书塾、东城讲舍、蚕学馆4所新式学堂，任求是书院总教习；后任《杭州白话报》主笔，宣传新思想。光绪三十年(1904年)，他出任《警钟日报》主编，宣扬孙中山及其领导的革命，后追随孙中山。帝制取消后，林万里重操新闻旧业，创办过多份报刊。

鉴于每位作者独有的知识结构和兴趣热点，每位编者对人物都有自己的选择。孙毓修所撰写的大部分是中国历史名人，而且写作的视角也非常独特，如其所写的《玄奘》是一个历史人物，而不是《西游记》中的唐僧。现代的普通读者对玄奘的了解绝大部分是来自于《西游记》等小说，而历史上的真实情况却鲜有人知——玄奘取经并非唐太宗支持，相反还受限于当时的法令，他冒着生命危险才得以出境。这就需要有人为读者打开另外一扇窗户，还原真实的玄奘，而不是小说中的文学形象。茅盾先生对孙毓修所写的《玄奘》评价很高："可以说是内容翔实，深入浅出，既宜于少年阅读，也使成年人增加历史知识。"再如《苏秦》，作为一位著名的辩士，《史记》必然为之列传。孙毓修在写苏秦游说各国发言的时候采用了《史记》中记载的史料，而在后面的评论部分对苏秦的表现作了恰当的点评，分析苏秦游说秦、燕、赵、韩魏、齐楚的过程，阐述了苏

秦辩术策略的不断提高。对于国外人物的选取，孙毓修也是偏爱励志型的，如德谟士，从一个小人物成长为大演说家；彼得大帝，从受制于人，成为欧洲赫赫有名的皇帝。

另一位作者钱智修，先后写有《林肯》、《苏格拉底》、《拿破仑》等，这些都是西学东渐后中国人十分崇仰的外国名人。值得注意的是，钱智修秉承严复所主张的信、达、雅翻译原则，特别讲究传记所含的真实性。他所抒发、张扬的传主虽然都被列为人们仿效的楷模，写法却不做作，更没有为了塑造人物形象而更改史实。

林万里所写的外国传记和钱智修的作法大致相近，即在第一章抒发己之传记宗旨，后文谈及传主读书之术、治学之道与其行事风格，并进行了点评。此外还有其他人关于传主的言论，更有编译者自己的评论，以引导少年儿童正确地学习和借鉴，而不是一味盲从。

《少年丛书》的最大特色，就是"记事简明，议论正大"。书中除了记叙人物的生平故事之外，作者的评论也让这套书大为增色。其议论宏富，既能够结合少年的成长特点，指明如何学习书中人物的优良品质，也指出了其中的不足之处，对于引导少年如何立志修身，大有裨益。

这套书的另一大特色，就是全部用文言文写作，语言凝炼，文笔流畅，保持了中国传统作史传的鲜明特色。当时，白话文风已经悄然兴起，而作者能够不从时髦，采用文言写作，甚为难得。以至我们今日再读此书，依然能够体味到文言笔法的无穷魅力。然而考虑到近百年来，国人的文言文水平已经一落千丈。今日的大部分少年，阅读文言文尚有一定困难，因此我们特别组织人员，将全套书进行了

白话翻译。尽管我们做了最大的努力，文言文的神韵依然是难以用白话表达出来。因此，我们希望少年朋友通过阅读这套书，体会文言文的独特魅力，进而热爱和学习文言文。

《周易》有云：“君子以多识前言往行，以畜其德。”说的就是多学习古人的嘉言懿行，对我们修身立德至为重要。古人尝言：“童蒙养正，少年养志，壮年养德。”少年时期是人生至为关键的时候，这个时期树立什么样的志向，以什么样的人为榜样，往往会决定一个人未来的人生成就。而一个人少年时期读的书，也足以改变他的一生。在今日少年课外读物良莠不齐的状况下，《少年丛书》堪称鲜有裨益少年的优秀读物。若今日的少年，能够认真研读这套《少年丛书》，对于树立远大志向、培养健全人格、完善道德情操将大有裨益。或许，今日的风华少年，即是将来成就伟业的千古豪杰、泽被世人的大圣大贤。勉哉！勉哉！

为什么要读名人传记

——《少年丛书》白话语译序

我从小很喜欢读书，可是，因为身处偏僻山村，小的时候却无书可读。那个时候，家中只有父亲买的一本《古文观止》，儿时翻阅过无数次，虽看不太懂，却记忆深刻。有人说，儿童时期读的书，一生也难以忘记。此言确实不虚。

没有想到的是，儿时无书可读的我，日后竟然投身于出版业。今天，我国的出版业已经非常发达，给少年儿童读的书也非常多。可是，若细心寻求，真正的好书却是少之又少，尤其是给少年儿童介绍历史文化的书。

一个偶然的机会，我们与这套百年前的《少年丛书》结缘，这套当初专为少年而写的中外名人传略，让我眼界大开，没想到，百年前的前辈们，竟给少年们创作出如此优良的传记读物。要知道，给少年

儿童写作，比给成年人写作更难，尤其是给人物作传，既要符合历史史实，不可随意编撰，又要注意引导青少年如何取其长，避其短，以免误人子弟。因为，作为历史人物，不可能处处皆堪为今人楷模。这就需要作者要极富有爱心、责任心和严谨精神，才能让读者从中获得纯净的人生智慧。可以说，目前各种写给青少年的人物传记，很少能与这套《少年丛书》相提并论的。

这套书中的二十八位中外名人，大多数是我们耳熟能详的人物，但是对于他们的生平事迹，也许就知之甚少了。读了他们的传记，方知欲为圣贤豪杰，需下一番苦功夫才能有所成就。“人人皆可为尧舜”，说的是我们每个人都有成圣成贤的资质，然而虽有圣贤之资，也需后天的不懈努力，方能成就一番伟业。所以，这一套书作者的目的并不仅仅是让读者了解一下名人轶事，而是以伟人的事迹启迪和激励少年朋友，树立人生的志向，汲取这些英雄豪杰的人生智慧，修身立德，练就自身本领，最终成为造福国家和社会的有用之才。

这套书虽然是写给少年看的，并不意味着就不适合大人阅读。大作家茅盾就曾大力推荐这套书。现在的青年人，乃至家长、老师，若能读读这套书，对于人生事业，教育子弟，也是大有益处的。可以说，这是一套老少皆宜的好书。

《少年丛书》在当时之所以大受欢迎，销量巨大，也不是没有原因的。这套书每册文字量不大，文笔流畅，史实可靠，评议精彩，这都是许多普通名人传记所不具备的。因此，这套书深受读者欢迎，也就不难理解了。

读名人传记，重在学习名人的智慧和经验。正如文天祥所说，

“人生自古谁无死，留取丹心照汗青”。人生有涯，知也无涯，如何在有限的生命里寻求到人生的价值，获取人生的智慧，而不浪费光阴？《少年丛书》中的这些圣贤豪杰，就是我们的榜样。他们身上伟大的人格，比如孝友、善良、爱心、坚毅、勇敢等等，这些人性的光辉，都是我们的学习之处。

我们用了近一年的时间，将这一套书作了白话语译，希望今天的少年们，能够喜欢阅读并且从中汲取智慧。若能让每一位读者都能够有所收获，那就不负当初写作这套书的三位老前辈的一片苦心，而我们的工作也就没有白做了。

这一套书规模宏大，在校对和语译的过程中，难免会有错误，恳请广大读者不吝指正。

《少年丛书》语译小组　主编　萧祥剑

目录

第一章 叙论

国家之所与存立，群治之所与维系者，曰政治，曰道德。政治之事，其径捷，其用显，其效速。其从事于斯者，多有声华利实之可图，与智名勇功之可慕。故聪明有才气之士，皆乐为之。道德之事，其径迂，其用隐，其效缓。非具真知灼见，必不能察人心之隐患而振其颓风；非有孤诣苦心，必不肯弃人世之纷华而自甘岑寂。且以其事与时代潮流逆行，故当其时或戮辱诛锄以死，或憔悴枯槁以亡。鲜有能及身行道，得世人之馨香尸祝者。此所以时当叔季，政论如麻，政治家如鲫，而致力于道德事业者，乃不一二觏也。

虽然，欲振兴国家之政治，果可置国民道德于不顾欤？无论道德不良之社会，必不能产生良政治。即使他国之良法美意，可以模仿而行之，而从政者即无奉公守法之诚，被治者复无监护维持之力，则橘逾淮而为枳，在甲国以为良政治者，在乙国亦何不可为恶政治。盖政治，标也；道德，本也。

政治者为治之具，而道德者则为人之法则也。人可以国家之所以能够存续，百姓之所以能够得到治理，都是因为有政治和道德的存在。政治，手段直接，作用明显，成效非常快。但凡从事政治的人，大多是因为有显赫的名声和实在的利益，有智慧的名誉和勇武的功绩可以让人羡慕。所以，聪明有才气的人，都非常愿意从事政治。道德，途径比较曲折迂回，作用不明显，成效也慢。如果没有正确而深刻的认识和见解，一定不能看到社会大众心中隐藏存在的问题，然后整顿改变这种颓败的风气。如果没有苦心钻研的精神，能到别人所达不到的地步，肯定不能放弃人世间的诸多繁华而自愿甘于寂寞，何况这种事是和时代潮流相违背的。所以当时有人被诛杀受辱而死，也有的人是郁郁寡欢憔悴而死的，很少有人能在世时以身作则坚持道德正义，就能得到世人赞赏膜拜的。这就是为什么身处末世，政治混乱之际，从事政治的人很多，然而愿意致力于道德事业的人，却所见无几的原因。

即使这样，要振兴国家的政治，难道就可以致国民道德于不顾吗？如果道德不能有益于国家社会，那么国家也一定不能制定出良好的政治体系。即使是其他国家的优秀措施，可以模仿，然后在自己国家推崇实行。但如果从事政治的人没有奉公守法的诚意，被治理统治的人民也没有监督维护政治的能力，那么就像“橘过淮南则为枳”一样，在其他国家被称之为良好的政治体系，在这个国家也可以成为不好的政治体系。所以，政治是治理一个国家表面的东西，而道德是治理国家的根本。

政治是治理国家的工具，而道德则是为人立本的准则。人可终身不从政，而不可以日不为人。而使大多数国民，于所以为人之道，能无欠缺，则政治之修明，亦可操左券。反之而国民皆有忝于为人之资格，则国家资格又何有者。

《大学》之论治也，曰“身修而后家齐，家齐而后国治，国治而后天下平”。所谓修齐，则道德之事也；所谓治平，则政治之事也。

顾亭林之论治也，曰“有亡国，有亡天下，易姓改号，谓之亡国。仁义充塞，而至于率兽食人，人将相食，谓之亡天下”。所谓亡国，则政治不良之结果也。所谓亡天下，则道德不良之结果也。然则政治之与道德，其轻重本末，不亦可见。而国家之有赖于道德家，不亦较政治家为尤急耶。

道德家所以诏世者，固皆为人之法则。然欲知为人之法则，必当解释人生问题之究竟。于是因见解不同，而道德家之流别兴焉。

有从消极方面以解释人生者，其说以致虚守静为修养法门，以出世无生为究竟义谛，而谓人生之目的，必离弃人事以求之，如释迦，如老庄是也。

有从积极方面以解释人生者，则以人生之目的，于世法中求之，即已本末具足。穷理尽性，其功夫也；伦常日用，以一生不从事政治，但是不可以没有一日不做人。所以假使大多数的国民，对于为人立本的道德准则，没有什么欠缺，那么国家政治清正廉明，也可以有充分的把握了。相反，如果国民都没有遵守道德准则的意识，那么又哪有遵守国家政治标准的人呢？

《大学》中有讲治国的，说“品性修养好后才能管理好家族，管理好家族后才能治理好国家，治理好国家后天下才能太平”。所谓的修身养性管理家族，是指道德范畴内的事情；而治理国家，则是指关于政治的事情。

顾亭林在谈论国家治理的时候说：“有亡国，有亡天下。改朝换代，说的是亡国。仁义道德阻塞不通，在上位者鱼肉人民，甚至出现人吃人的惨剧，说的是亡天下。”所谓的“亡国”是政治治理不够完善的结果，而“亡天下”则是伦理道德沦丧的结果。然而，政治治理和尊崇道德，哪个更重要，难道不能看出来吗？所以国家需要道德家，不比需要政治家更为急迫吗？

道德家告诫世人的，都是做人本有的道德准则。然而想要知道为人处世的道德准则，必定要解释人生问题的究竟。于是，因为对问题的见解不同，道德家中出现了各种不同的派别。

有从消极思想方面解释人生问题的人，他们以致虚极、守静笃为宗旨，以出世无生为究竟要达到人生的目的，必须要放弃人间的各种琐事。这类人如释迦、老庄。

也有用积极的思想来解释人生的人，这类人认为人生的目的，要在世法中去追求，达到明知根本大原。世法中已经具足根其效验也。无取乎遁时厌世，亦不必高语玄虚，如孔孟，如程朱是也。

消极之人生观，虽亦言道德者所不废，然欲以为践履之准绳，处世之受用，则积极之说，盖尤为无弊者矣。

希腊有苏格拉底者，即本哲学原理以说明积极之人生者也。希腊为欧洲文化之源泉，故三千年前，已名儒辈出，著书造论。咸能泄造化之祕筌，探物理之阃奥。惟苏格拉底，独返求诸己而注重于道德。先以知德合一论，立学说之根柢，而后规定人之行为，有当然不可易之法则。盖哲学之切于人事而能鼓励人向上为善之心者，实以苏格拉底开其先河焉。论者称之为西洋孔子，尊之为道德哲学之开山，所谓实至名归者非欤。

抑苏格拉底，不仅以讲学家著也，其瑰奇卓特之行，强毅不屈之风，尤得天独厚。故虽旧教诋毁之，政府僇辱之，均顺受其正而无所于怵惕。

诚以苏格拉底心目中，惟知有所信之真理。彼以实行真理，完成其为人之法则，则膺世俗之诋毁之僇辱，在彼视之，皆属分内事，而非傥来之祸福也。此则尤足为浮浇软弱本和外用，通达事理人心是其功夫；每天在伦常之间，就是效验。不用逃避时事厌倦世俗，也不用故作玄虚高谈论调。这类人比如孔子、孟子，以及后来的程颢、程颐、朱熹等。

消极的人生观，虽然没有被道德家们排斥，然而要说被尊崇为日常生活准则，为人处世经常使用的，则一定是积极的人生观和准则。因为积极的人生观是尤其没有弊病的。

希腊有个叫苏格拉底的人，就是一个推崇积极人生观的哲学家。希腊是欧洲的文化发源地，所以三千年前，有名气的才学之士就层出不穷，著书立说。他们都能够宣导出造物主的秘密，能探究学问或事理的精微深奥所在。唯有苏格拉底，能遇到挫折时不责怪他人，而先反过来从自己身上找出问题的症结，并努力加以改正，注重道德。先是以知识道德合为一体，打好学说的根基，然后规定世人的行为准则，树立不可更改的法则。哲学之所以能深入解析人世间的事情而引导人心积极向上，实际上是从苏格拉底开创了先河。道德家们尊称苏格拉底为西方的孔子，尊他为道德哲学的开山鼻祖，正所谓是实至名归！

再者，苏格拉底不仅仅是因为讲学出名，他特立独行的行为、刚毅不屈的作风，尤其得天独厚，令人称赞。所以，即使欧洲旧时代的教会诋毁他、威胁他，政府迫害他、羞辱他，他都接受了，并没有害怕。

在苏格拉底心目中，只知道有所坚持的真理。他坚持实行推进真理，使其成为人世间尊崇的法则，那么被世俗诋毁羞辱，在他看来，都是属于应该承受担当的事情，而并非意外惹来的灾之士针砭，而少年有志于道德者所不可不勉者也。作苏格拉底传。

祸。这足以为那些虚浮软弱人的药石，有志于成为道德家的少年则不可以不自我勉励了。所以笔者写成《苏格拉底传》以勉励少年们。

第二章 时势

苏格拉底(Socrates)，希腊之雅典人也，其生年失考。据史家所推，约在西历纪元前四百七十一年至四百六十九年间(民国前二千三百八十年前后，周末元定之交)，与雅典大政治家贝理克(Pericles)初入政界同时。

雅典为希腊中部市府，其地行共和政体，擅工商，长贸易，夙以富庶称。然其时斯巴达方以武力执诸邦牛耳，雅典人非其敌也。及纪元前四百七十八年(周敬王三十八年)，波斯水军来侵，雅典将大破之。

寻又与爱琴海诸小国结提洛(Delos)同盟，增置水师，大修军备。于是斯巴达霸权，遂为雅典人所夺。此苏格拉底出世前之国势也。

纪元前四百六十一年(周贞定王八年)，贝理克为执政，扩张参政权，又取提洛同盟公帑以修雅典都城崇奖文学，振兴艺术，使男子皆就学，修文典音乐，练体操。一时人文蔚起，诗歌戏剧之雄，雕刻绘事之秀，咸接踵来游。雅典一城，遂为艺文之林薮，不特以政治兵力称雄于时。史家所谓黄金时代是也。

苏格拉底（Socrates），是希腊雅典人，他的出生日期已经无法考证了。根据史学家的推断，时间大约在公元前471年至469年间（民国前2380年前后，周末元定的交际之时），与雅典的大政治家贝理克（Pericles ）刚入政界在同一个时候。

雅典是希腊中部的一个地区，这个国家推行的是共和政治体系，擅长工商业，贸易发达，向来是非常富裕的。然而当时斯巴达刚刚凭借武力统治着各个领邦，成为老大。雅典人不是他的对手。等到公元前478年（周敬王38年）波斯水军来入侵，雅典将他们打得大败而逃。

然后又与爱琴海附近的一些小国家缔结了提洛盟约，增加了水军部队，大量增修军备。于是斯巴达的霸权，最后被雅典人夺取。这就是苏格拉底出生前的国家形势。

公元前461年（周贞定王8年），贝理克执政雅典，大量扩张参加政治的权利，又大量使用提洛同盟的公款，用于修建雅典都城，推崇奖励文学创作，振兴艺术创造，让所有的男孩都能上学，能修习文化音乐，练习体操。一时间雅典的人文艺术蓬勃发展。诗歌戏剧的名家，懂得雕刻绘画的人才，都前赴后继地来雅典游学。雅典这座城市，于是成为了艺术文化聚集的场所，不用政治兵力就能称雄于世界了。历史学家称这个时期为黄金时代。

然雅典人优游于太平之治日久，其虚骄浮夸之气亦盛。故至贝理克晚年，而衰象已渐见。及纪元前四百三十一年(周考王十年)，与斯巴达启衅，有此罗奔尼苏（Peloponnesus）之战。历时三十年，卒为斯巴达所败，立三十僭主（Thirty Tyrants）监其国，民政之统绝焉。其后虽以民党之力，光复旧物，然党派纷歧，暴民专政，而国权则从此不振矣。

其时各科学艺，亦渐衰败，而惟诡辩派哲学（Sophists）独占势力。诡辩派诸子，大都周游各市，以教育青年为职业。其人阅历既多，闻见复广，亦时能以诙奇新颖之言，益人智慧。然其持论则谬甚，以为世界无永久不变之真理，亦无标准确定之善恶。

个人所认为真者，真之可也，否则皆伪也；有益于个人者，善之可也，否则皆恶也。故其末流，遂以绝圣弃智任情纵欲为事。

雅典国民道德之所以堕落，社会风纪之所以陵夷者，其受诡辩派之害，盖不鲜也。

苏格拉底之生，于贝理克之振兴国运。修明文治，与其后人心陷溺，道德沦丧，而遘外患内乱之祸，盖皆及身亲见之。

然而雅典人在太平之世安于现状太久，他们虚无浮夸的气势越来越重。所以到贝理克晚年的时候，雅典的衰败现象已经慢慢显示出来了。等到公元前431年（周考王十年），雅典与斯巴达发生挑衅事件，爆发了罗奔尼苏（Peloponnesus）战役。战争打了三十年，最后被斯巴达战败，成立三十僭主，让它来治理监管雅典国家。于是，民主政治统治就结束了。虽然后来靠民党的力量，想恢复之前的民主统治，然而党派太多，意见不统一，暴君专政统治，从此之后国家民主权利就不再有了，再也没有振兴过。

这个时候的各种科学艺术，也渐渐衰败下来，而唯独诡辩派哲学独占鳌头，势力最为兴盛。诡辩派的人，多数都是在各个城市周游，以教育指导年轻人为生。这些人大都有丰富的阅历，见多识广，经常说些诙谐新颖的言语，启发人的智慧。然而他们坚持的理论是非常荒谬的，认为世界没有永久不变的真理，也没有标准来确定善良邪恶。

如果个人认为是真理的，那么就是真理了，否则就都是虚伪的；有益于个人的，就是善良的，否则就都是邪恶的。所以，他们沦为末流，不再坚持善良正义，放弃学术智慧，而做些任情妄为的事情。

雅典国民道德伦理之所以堕落，社会风气之所以衰败，这都是受了诡辩派的残害，因此伤害都不少。

苏格拉底的出生，是在贝理克振兴国运的鼎盛时期。政治清明，文化艺术繁荣，和后来人心涣散，道德沦丧，遭遇内部祸乱和外敌攻击的灾难，都是苏格拉底亲身体会、亲眼所见。

夫治乱兴衰之理，常智忽焉，而达士瞭焉。酣嬉泄沓之俗，凡民狃焉，而先觉恫焉。苏格拉底生于雅典，自不忍见雅典之沦亡，而又见夫挽危亡之厄运，非振起国民道德不为功。此则其道德哲学之所由创也。

【批评】

学问之风气，自政府奖励之，每不如自士大夫提倡之之入人深而收效速。雅典所以人才辈出，学术昌明者，虽由贝理克开其端绪，亦未始非一时巨儒哲匠师友相切劘之功也。

我国今日，虽文化中衰，士不悦学，然使得十许人各就所长，分科讲习，则应求即广风气斯开，濂洛关闽之规模，何遽不能相及，是在少年有志之士矣。

小雅不作，则四夷交侵。人心风俗之衰敝，未有不中其祸于国家民族者，特世人梦梦，方厝火积薪而末由警觉耳。此贾生所为痛哭于汉廷，而苏格拉底之所以见杀于雅典人也。悲夫！雅典、斯巴达，同为西洋文明之祖。其科哲诸学，则自雅典人启之。其尚武爱国，则自斯巴达人启之。而又益一个国家安泰、动乱，兴盛、衰败的道理，平庸之人往往轻忽不查，而有志之士却能通达明了。世俗之人往往醉心于安逸享乐，玩世不恭；沉酣于拖沓懒散，懈怠无礼。而唯有先知先觉的圣人洞察世事，并为天下忧心。苏格拉底生于雅典，自然不忍心看见雅典沦亡，然后又看见想要挽救危亡的厄运，非要先振兴国家人民的道德伦理不可。这就是他创造道德哲学的原由。

【评论】

做学问的风气，有政府鼓励推行，往往不如士大夫们提倡深入人心而且收效快。雅典之所以人才辈出，学识艺术繁盛，虽然是由贝理克开创了开端，也未尝不是由于当时学术人才师友相传、鼎力发展的功绩。

我们国家的今天，虽然文化中断衰落，学士不喜欢学习，然而假使一些人各有所学，研习专长，分科学习讲学，顺应时代要求，发扬广泛学习的风气，建立像宋代濂、洛、关、闽四大派的规模，怎怕不能达到那样鼎盛的状态？这件事情需要青年有志之士的努力啊！

诗礼教化不能推广，那么周边的敌人都将入侵。人心风俗衰败，其中就有不少祸害国家民族的人。世人还在梦中，如同将明火放置在柴草之上，却没有警醒的感觉和意识。这就是贾谊为汉朝的危机痛哭，苏格拉底之所以被雅典人杀害的原因啊。唉！雅典和斯巴达，同样作为西洋文明的鼻祖，他们的科学哲学等诸多学术，都是从雅典人开始的。他们崇尚武学爱护国家，则是由斯巴以罗马人之法律思想，故至今遂蔚为盛治。

吾人生于二十世纪，揽世界之菁英，挥固有之国粹，政治学术，事业正多，正不必持入主出奴之见也。

达开始的。然后又加上罗马人的法律思想，所以至今仍被视作一种优良传统。

我们现在的人都是生于二十世纪，可以学习世界的优秀文化，发扬本国传统的国粹。政治学术，能学习的都非常多，完全不需要有学术思想上宗派主义的分别。

第三章 家庭

苏格拉底家贫，父曰梭福罗尼斯谷（Sophroniscns），为雕刻师，有贤声于时。母曰菲纳雷底（Phaenerete），业产婆。苏氏幼受普通教育于家庭，旋以父命，习雕刻术，非所好也。会雅典富商某奇其才，资助之，因得成求学之志。

苏格拉底貌寝，鼻低而上向，睛凸唇厚，腹大如五石瓠，见者笑之。然资性颖异，又素怀谦冲，笃学好问，故一时闻人，多乐与之游。

苏格拉底　　柏拉图

初习物理学，兼精音乐天文历算之术。其学哲学也，尝师事安那萨哥拉（Anaxagoras），又问业于巴弥匿智（Parmenides）之门，即诡辩派诸名儒，如普罗达哥拉斯（Protagoras）、乔吉雅斯（Georgias）、普罗谛哥斯（Prodicus）辈，亦遍交其人，研习其学说。

然未尝依傍门户，守一先生之说，其后以道德哲学揭橥，盖皆以真积力久得之者。

苏格拉底天性温和，年弱冠，娶克散西佩（Xanthippe）为妻。克散西佩性悍，而苏则事事忍受之。

一日，克散西佩盛怒，倾水泼苏，自顶至踵俱湿。苏作谐语曰：“迅雷之后，必有急雨。”怡然不以为意。

苏格拉底家里很穷，父亲叫梭福罗尼斯谷，是一个雕刻师，在当时有贤良的名声。母亲叫菲纳雷底，是一个职业产婆。苏格拉底从小接受家庭的普通教育，遵循父亲的命令，学习雕刻，但这并不是苏格拉底所喜欢的事情。恰好雅典一个富商赏识苏格拉底的才华，资助他学习，因此才能圆他求学的梦想。

苏格拉底相貌丑陋，鼻梁低，鼻尖向上翘起，眼睛凸出来，嘴唇厚，腹部很大，犹如可容五石的大葫芦，看见的人都嘲笑他。然而他天资聪颖异于常人，待人接物都是怀着谦虚的态度，又勤奋好学。所以当时有名望的人，都乐意与他一起交往。

刚开始他学习物理学，兼修音乐、天文、历史、算术。他曾经跟随安那萨哥拉学习哲学，后又拜在巴弥匿智的门下，即诡辩派著名的学者，如普罗达哥拉斯、乔吉雅斯、普罗谛哥斯等人，也跟他们交朋友，研究学习他们的学说。

然而，他并没有依靠任何门派学说，坚持某一个学者的学说理论。苏格拉底后来以道德哲学标榜于世，都是因为他厚积薄发，长久坚持积累的结果。

苏格拉底天生性格温和，在二十岁的时候，娶了妻子克散西佩。克散西佩性格彪悍，因而苏格拉底事事都忍受她。

一天，克散西佩非常生气，倒水泼苏格拉底，从头淋到脚，全都淋湿了。苏格拉底说了句谐语：“电闪雷鸣后，一定会有大雨。”淡然处之，并没有因此生气。

人有诘其何故娶悍妻者，曰：“御马者必先御悍马，然后能善其术。吾欲习御人术故娶悍妻，能忍而御其妻，则处世亦无怨尤矣。”其善于忍耐如此。

苏格拉底多奇癖，而皆足为克己励精之证。平居尝断食，人或怪而问之，则曰“余盖为临阵之预备也”。又有患胃病者，就询于苏。苏正容告之曰：“汝能断绝饮食而勤于作事，则病自愈矣。”其人大惊而去。

苏格拉底服御俭朴。时雅典富人，鲜衣美食，竞以奢华相尚。苏恶之，叹曰：“氓之蚩蚩，大都为食而生。而余则为生而食者。”尝有友人见访，嘱其妻备餐，顾厨中空洞无一物。苏因出告其友曰：“君等之来，为欲知宇宙之真理也，非为饮食来也。若为饮食，则求鱼宜至水滨，求蔬宜至山泽，非寒家所办。”友竟无以难之。

苏格拉底有子三人，其何以为生，今不可考。然观苏氏居家日少，而其妻又权势至强，则衣食之费，殆由其妻任之。苏氏所以自为职者，则少年时代在访师求学，晚年时代有人责问苏格拉底为什么娶个如此彪悍的妻子，他说：“如果想要驾驭马，一定是先驾驭彪悍的马，然后才能熟悉驾驭马的技术；我想学会管理人的本领，所以娶了个彪悍的妻子，能忍并且管理好妻子，那么在社会中为人处世就没有什么艰难可抱怨了。”苏格拉底的善于忍让就是如此的厉害。

苏格拉底有很多奇怪的习惯，而都足以成为他克制自己励精图治的证据。他平日里曾经不吃饭，有人奇怪，就问他为什么。他则说“我这都是为发生战争时做准备呢”。有一个人患有胃病，就去询问苏格拉底该怎么办，苏格拉底严肃地告诉他：“你如果能不吃饭而勤奋做事，那么胃病就能自己好了。”那人听了觉得很荒谬，就离开了。

苏格拉底的衣服都很俭朴，当时雅典的富人，穿着漂亮的衣服，吃着美食，都是争相比拼奢华。苏格拉底非常厌恶这种行为，感叹说：“平凡大众，大都是为了吃饭而活着，而我则是为了活着才吃饭。”曾经有一个朋友来拜访苏格拉底，苏格拉底嘱咐妻子准备吃的。苏格拉底环顾厨房，没有什么可以做饭的，因此出来跟朋友说：“你们到我家来，是为了知道宇宙间的真理，并非是为了吃饭而来。若是为了吃而来，那么就应该去水边找鱼，去山野找蔬食，并非来我们贫寒之家。”朋友居然没有反驳他。

苏格拉底有三个孩子，他们是什么时候出生的，现在已经无法考证了。然而据了解，苏格拉底很少在家，而他的妻子又是一个强势的人，所以家里的衣食住行的花销，差不多都是由他的妻子负责的。所以苏格拉底是非常自由的，做着自己喜欢的事情，少年的时候在教育后进，所谓丈夫志不在温饱也。

【批评】

上品无寒门，下品无势族。士生贫贱之家，以境遇所迫，见闻所限，每不能大有成就。设苏格拉底无某巨商之资助，亦以雕刻师终其身耳。世有居高明之地者，若能以乐育人材为任，而士亦能黾勉学问，勿辜奖成之望，不特感恩知己，留佳话于无穷，抑亦振兴国家学术之机藉已。

苏格拉底之待遇悍妻，人谓其天性之温和，余则谓其进德之勇猛。盖人当横逆之来，往往心不自主，意气用事。于此等关头，能泰然不改其常度，则惩忿窒欲之功深，而世事之足以淆其所守者鲜我。薛敬轩(名瑄，明河津人，英宗时官至礼部右侍郎，其学以程朱为宗，世称河东学派)称二十年治一怒字，尚未销磨得尽。如苏格拉底之随处体认，庶几近之。

观苏格拉底居家之言行，殆近狂狷一流。然吾辈欲矫在外拜访老师求学，晚年的时候教育年轻的后学。正所谓是大丈夫的志向不在温饱饮食的琐事，而在志存高远！

【评论】

上层社会没有贫寒的人，下层社会没有有权势的人。有志气的人出生在贫寒之家，因为环境遭遇的原因，所见所闻都是有限的，大多不能有很大的成就。假如苏格拉底没有雅典那个富商的资助，或许就是做一个雕刻家，一辈子就这样了。世间有在上层高明的人士，如果能以乐于帮助需要的人接受教育为自己的责任，而且有志之士也能认真钻研学问，不要辜负别人的期望，感恩那些帮助自己的人，那么这样的佳话一定是无穷尽的，振兴国家学术的机会就会很大了！

苏格拉底对自己彪悍的妻子很好，大家都以为是苏格拉底天性温和的原因。我则认为是他道德深厚，能忍让。一般人在遇到逆境不顺的事情时，往往心里就会不由自主地意气用事，没有自制力。如果在这样的重要关头，能泰然自若心情平静，依然保持平时的风度，那么这个人抑制想要发怒的能力是非常强的。然而世间大多数的人都会控制不住，很少有人能像他一样控制住。薛敬轩（名字叫瑄，明朝河津人，英宗时代，做官做到礼部右侍郎。他学习程朱理论学术，称为河东学派）曾说二十年控制自己发怒，尚且没有完全控制得住。像苏格拉底这样随处都可以体现自己的认知，处处忍让谦和，几乎就是没有人能达到的。

观察苏格拉底平时生活中的言行，近乎狂放狷介的作风。然叔季之颓风，正宜从狂狷做起。若迁就世故，随俗浮沈，则未有不流入乡愿一路者，世之善学者志之。

苏格拉底师友，皆希腊当日闻人。今略载其生世事业，以备知人论世之资。安那萨哥拉，希腊之克拉沙明（Klasomne）人，生纪元前四百五十年。著《自然论》，阐明物质不灭之理，人推近世科学之祖。久居雅典与贝理克友善，后为仇人中伤，以不敬神祇，谪居兰巴克（Lampacus）以终。

巴弥匿智，埃黎亚（Elea）人，生纪元前五世纪顷，为埃黎亚派哲学之巨子。尝著史诗《自然篇》，以转变之理说万物，柏拉图最推服之。

普罗达哥拉斯，阿菩特拉（Alodera）人，生纪元前四百四十年。首揭诡辩派之目，讲学于雅典城，晚年遣戍西西里（Sicily）中途溺死。

乔吉雅斯，里洪底穆（Leontium）人，生纪元前四百八十三年，卒纪元前三百七十五年。奉使雅典，唱万物根源不可思议之说，才辩纵横，有盛名于时。

普罗谛哥斯，基亚斯（Chios）人，生卒年月不可考。其人立品甚高又明于生死之理，人以为苏格拉底之宗风，自普罗谛哥斯启之。

而我们现在这代人想要纠正末世的颓败风气，正是应该从狂放狷介的作风做起。如果迁就顺应世俗，跟随世俗沉沦，那么就会流于世俗，成为老好人，世间善于学习的人应该记住这件事。

苏格拉底的老师朋友，都是希腊当时闻名于世的人。现在我大概记录一些关于他们生前的一些事，用作后代子孙了解他们在世的作为。安那萨哥拉，希腊克拉沙明人，生于公元前450年，写有《自然论》，阐明物质不被毁灭的理论，被人推崇为近代科学的鼻祖。他长期居住在雅典，和贝理克是非常好的朋友。后来，被仇人恶意陷害，以他不尊敬神灵为由，流放到兰巴克生活直至死。

巴弥匿智，埃黎亚人，出生在公元前5世纪初，是埃黎亚派哲学很有影响的人。他曾经写有史诗《自然篇》，用转变的理论来讲解世间万物，柏拉图最为推崇拜服他的学说。

普罗达哥拉斯，阿菩特拉人，生于公元前440年。他最先揭露诡辩派的目的，在雅典城讲学，晚年的时候被派遣去西西里驻守，在去的路途中溺水死亡。

乔吉雅斯，里洪底穆人，生于公元前483年，在公元前375年去世。他奉命出使雅典，提倡“万物根源不可思议”的理论，辩证的才华奔放自如，一时之间是非常有名气的，人人都知道。

普罗谛哥斯，基亚斯人，生卒年都已经无从考证。他为人品行高尚，又对生死之事非常通达，大家都认为苏格拉底的风范是从普罗谛哥斯那里承继来的。

第四章 从军

苏格拉底壮年，尝三从军，一为波的达亚（Potidaea）之役(纪元前四百三十二年至四百二十九年)，一为狄里洪（Delium）之役(纪元前四百二十四年)，一为安斐玻利（Amphipolis）之役(纪元前四百二十二年)，均以勇武称。

波的达亚之役，有少年曰阿克毕第（Alcibiades）者，临阵负重伤，苏格拉底救之得免。及论功，阿克毕第言于上官，乞赏苏。苏辞不受，卒归功于阿克毕第。阿克毕第感其义，终身师事之。

狄里洪之役，雅典军败退，苏格拉底为殿，毅然不少怯。柏拉图尝假阿克毕第之言以记其事曰："其时予为骑兵，而苏为步兵。及退军，予犹见苏与为礼，观其指挥整暇，思虑周详，觉英迈之气，转有过于临阵时者。"

苏格拉底之从军，即以善战名。而体干坚强，善耐劳苦，所传轶事尤夥。军中尝绝粮，经日不食，不自知其饥渴也。严寒之日，他人非御重裘，以毛蔽膝踝，未敢外出。而苏则单衣跣足，出行大风云中，履坚冰如重茵，见者至自愧无勇。

又一日酷暑，苏自清晨立于庭中，若有所沈思，自作问苏格拉底壮年的时候，曾经三次参军。一次是波的达亚战役（公元前432年至429年），一次是狄里洪战役（公元前424年），一次是安斐玻利战役（公元前422），三次战役都表现得非常勇猛。

波的达亚战役中，有一个少年叫阿克毕第，在上战场前身负重伤，苏格拉底救了他。等到论功行赏的时候，阿克毕第告诉上面的领导，请求赏赐苏格拉底，苏格拉底不接受赏赐，最后都归功于阿克毕第。阿克毕第感激苏格拉底的义气，终生尊崇苏格拉底为老师。

狄里洪战役，雅典的军队战败退兵。苏格拉底作为军队的后卫，没有丝毫害怕。柏拉图曾经用阿克毕第的话来记录苏格拉底的事情，说："当时我是骑兵，而苏格拉底是步兵。等到退兵的时候，我还能看得到苏格拉底的风范。看到他指挥整顿军队，思虑得非常周密详细，觉得他才智超群，比最初临阵的人还要镇定。"

苏格拉底从军就以骁勇善战闻名。而关于他身体硬朗、善于吃苦耐劳等事，所传出来的各种闻所未闻的事迹尤其多。军队中曾经粮食断绝，他几天不吃饭，不会感觉到饥饿。天气严寒的时候，其他人不用厚重的裘衣、厚厚的毛裹着膝盖和脚裸保暖，都不敢出门。然而，苏格拉底却穿着单衣，光着脚，在大风里行走，踩在坚硬的冰上，就像是在双层的褥垫上走一样。看见的人都自愧不如。

又有一天酷暑，苏格拉底从清晨开始站立在庭院中间，好像在沉思，自问自答的样子。等到中午的时候，有士兵拿着凉席到树答状。及日午，兵卒有携枕簟出眠于树阴者，见苏仍鹄立不动，诧曰：“苏格拉底非自晨即立于此者乎？”如是至暮不去，入夜亦不去。翌日早起，此卒复往伺之，苏始作颂神之歌，望空长揖而归，而朝曦已在林间矣。人或诮苏氏之好奇，未尝不服其坚毅沈挚之精神焉。

苏格拉底之勇毅，匪特于从军时见之也。其为评议员，为司法官，亦守正不阿，稜稜有风骨。纪元前四百零六年(周威烈王二十年)，雅典军战斯巴达于雅吉纳塞（Arginusae），其军将八人，以逗挠罪定死刑。众议佥同，苏独以为违宪法，力持不可，时则苏以元老院议员为军法裁判长也。

【批评】

吾国文士，每鄙夷武事，于笔研间求生活。班仲升投笔封侯，终子云请缨诣阙，此风销歇久矣。不知六艺并肄射御，五材不废兵戎，执干戈以卫社稷，正吾儒分内事也。吾爱国少年，观于苏格拉底之三度从军，其亦有投袂而起者乎？

有健全之体魄，始有健全之精神。苏格拉底一生，自从荫下睡觉，看见苏格拉底仍然直立不动，非常诧异地问：“苏格拉底不是从早上就一直站在这儿吗？”像这样到傍晚也没有离开，到了晚上也没有离开。第二天早上起来，这个士兵又过去看，苏格拉底开始唱歌颂神明的歌曲，望着天空作了一个长揖然后离开，这个时候早上的阳光已经洒在树林间。有人嘲笑苏格拉底各种奇怪的癖好，但是未尝不佩服他坚毅诚挚的精神。

苏格拉底的勇敢坚毅，不仅是在从军的时候可以看见，他在做评议员、司法官的时候，也坚守正义刚正不阿，有威严刚正的气概。公元前406年（周威烈王20年），雅典军与斯巴达的部队在雅吉纳塞发生战争，军队将领8人，被以停留拖延罪判定死刑，大家的意见都一样，唯独苏格拉底认为这违背国家宪法，全力坚持反对死刑。此时苏格拉底是参议院议员中的元老，是军法裁判长。

【评论】

我国文人学士，经常不屑从事部队的事务，只在笔墨间研究学习用以谋取生活。班超投笔从戎最后封侯，终军向汉武帝请缨降敌，这种风气已经销声匿迹很久了。人们逐渐不知道礼、乐、射、御、书、术这六种技艺也包括射箭御马之术，天生五材五德，不会阻止战争，应该拿起武器保卫国家社稷，这不正是我们这些学者分内应做的事情吗？我们的爱国少年，了解了苏格拉底三次从军的事迹，有精神振作立即行动起来的人吗？

有健全的体格，才有健全的精神。苏格拉底的一生中，从开始投身政治和讲学，到最后为了道德事业舍身就义，都是因为有坚政讲学，以至舍生殉道，皆以强固之人格，与当时恶风习相奋斗。讵知其冰天烈日中，先有一番磨炼功夫乎？若文弱书生，则能胜卫道之任者鲜矣。

强的人格，和当时社会上的丑恶风气做斗争。他经历了各种折磨和阻力，可想而知，他当初在冰天雪地里和烈日酷暑下一定是先有一番辛苦的磨砺的。如果是文弱书生，能胜任为了道德而接受磨砺的人是非常少的。

第五章　倡学

苏格拉底中年后，始集弟子讲学。其讲学以前，尤有一轶事，盛传人口。初有克礼芬（Cleophon）者，苏之友也，尝以事至特尔发（Delphi）神祠。忽一祭司告之曰：“苏格拉底，万民之圣也。”其状至庄严，似为神所凭者。苏格拉底闻之，知先知先觉之责，授自彼苍，匪异人任，遂终其身尽瘁于讲学事业矣。

苏格拉底之讲学也，未尝树坛坫，立学校。晨起则赴公园或体操场，逢人强聒之。及日午，市人群集，又至市场中谆谆讲演，终日无倦容。有以私人名义见招者，苏亦不拒，惟不任私家教师，亦未尝从其门弟子取脩脯。当时雅典诸修词雄辩学家，咸藉讲学得酬资，厚自封殖。苏独以为道德天下公器，力矫其弊。尝曰：“世有能从我游者，我且愿日给以资。”家虽贫，恶衣菲食，不改其乐焉。

苏格拉底所教者，有宗教，有哲学，有政治，有军事，有美术，有论辩法。有涉世持身之道，有卫生缮性之方，其术不一。而要归于完成人格，以振起国民道德，其所用言辞亦各自不同。或于浅近之言，寓深微之理；或于诙谐之语，寄苏格拉底到中年后，开始集合弟子讲学。在他开始讲学之前，有一件趣事尤其令人赞扬，被大家口耳相传。开始的时候是有一个叫克礼芬的人，是苏格拉底的朋友，曾经有事到特尔发神庙。忽然有一个祭司告诉他："苏格拉底是万民的圣人。"他的神情非常严肃庄重，就像是在传达神的旨意。苏格拉底听闻这件事，知道有觉悟民众的责任，授自天命，不是一般的人能担任的。于是他终生都鞠躬尽瘁地从事讲学授道的事业。

苏格拉底讲学，从来没有树立学坛，建立学校。他早上起来就到公园或者体操场，看见人就唠叨不休地说。到中午，集市中集聚了很多的人，他又到集市中孜孜不倦地演讲，每天都没有疲倦的感觉。有人以私人名义请苏格拉底讲学，他也不拒绝，唯独就是不接受做任何私人的家庭教师，也从来都没有收取门下学生的学费。当时在雅典有很多有学问的雄辩家，都是借着讲学来得到学费等报酬的，用于积累财富。只有苏格拉底认为道德是天下大众的公共道德事业，竭力矫正道德风气中不正确的弊端。他曾经说："如果世间有人愿意跟随我游学，我愿意每天给他资助。"虽然他家庭贫困，穿着简单的破衣服，吃着糟糕的食物，但是却一直都很快乐。

苏格拉底所教的内容包括宗教、哲学、政治、军事、美术、辩证法。有的是在社会中保持自身道德的，有的是防止疾病修身养性的方法，教的各不相同。然而最终是想要完善社会中大众的人格，以振兴国民的道德。他所用的教学的语言也是各不相同的，有的是简单的语言，但是却饱含着深刻的道理。有的是诙谐活泼的庄严之思。而为人又和易可亲，不立崖岸，故人皆暱就之。上自达官贵绅，下至贩夫走卒，听苏氏讲演一二次，多折节称弟子。且有于闻言之下，感激涕零者，是可见其教义之入人深也。

苏格拉底教人，用问答法。常曰："真理者，生于众意相触之间者也。甲问乙答，而真理出矣。"而其问答，又分消极积极二步。始则设与真理相反之问题，令学者作答。及其即答，则因其类而推之。转其向以叩之，使言者前后矛盾，穷于置对。此消极法也。言者即穷于置对矣，然后苏以一二语破其疑团，或更使反省而识其自备于心之真理。此积极法也。学者经消极、积极之问答，客气即除，愧而思奋，有不自觉其响学之殷，进步之速者。苏以其母业产婆，因自名其教法曰"产婆法"。言其术由内导而不由外铄，其助人产生思想，犹产婆之助人产子也。

培根

苏格拉底之教法，以实际经验为基础。故其区别思想之有益与无益，也必博稽事例，而后下断语，为后世归纳话，但是寄予了庄重的思想。而且他的为人又亲切可亲，不孤僻不清高，所以有很多人都乐意亲近他。上至达官贵人，下至小贩贫困百姓，很多听苏格拉底演讲过一两次的人，多改变志趣，自称是苏格拉底的学生。而且有的人听他讲学，常常感激得流泪，由此可见苏格拉底的形象是多么的深入人心啊！

苏格拉底教育学生，都是用问答法的。他经常说："真理，在各种思想相互碰撞间产生。一个人问一个人回答，这样真理就出来了。"然而这样的问答，又分消极和积极两种。开始假设与真理相反的问题，让学生来回答。等学生回答了，然后就学生的回答来同类推理，转而向他反问，使学生前后矛盾，直到没有问题可以对答了，这就是所谓的消极法。回答的学生最后没有言语对答了，然后苏格拉底就会用一两句话解开疑团，或者让学生反省得出原有的真理，这就是积极法。学生经过消极、积极的问答后，场面上的话都除去了，惭愧后就想着努力学习，有的学生积极响应学习，不自觉地就进步非常快了。苏格拉底因为自己母亲是产婆，因此就将自己的这种教法叫做"产婆法"。意思是这种方法是由内在引导而不是由外在渗入的，这种帮助他人产生思考想法，犹如产婆帮助别人生孩子一样。

苏格拉底的教学法，是以实际经验为基础的。所以他区别思想是有益还是无益，也一定要广泛采用事例证明，然后才会下结论理之嚆矢。虽其归纳法，毕路蓝缕，未能如培根（Francis Bacon）(英国实验派哲学之初祖，生一千五百六十一年，殁一千六百二十六年)之精确。然出之于二千余年之先哲，固不能不惊其造诣之宏矣。

【批评】

特尔发祠神语事，史家聚讼纷纭，莫衷一是。惟德国历史哲学家柴洛氏（Zeller）(生一千八百十四年，殁一千九百零八年，以所著希腊哲学著名)则谓："苏格拉底当时，必已为知名士。故神语之说，遂传于世。然苏之能为道德改良家，则与神语无关。犹路得之为宗教改革家，与其得博士头衔无关也。"此言最为通论。盖言苏非藉神语以取重，实因人重苏之学行，始有神语之传说。而苏亦因之坚其信道之心耳，至于诋为迷信，斥为矫诬。此则执今论古，无当于事实者矣。

吾辈立身处世，志量欲其恢宏，操守则欲其贞固。惟志量宏，始能当仁不让，担当天下大事。惟操守固，始不至以富贵功名污其品节，而人亦能因其所守而重其所学。苏格拉底以匹夫倡学于雅典，家虽贫窭，独不愿籍此取资。伊尹之任，伯夷之介，殆以一身兼之。其学说之风靡一世宜矣。

论。这就是成为后世归纳论证的先声。虽然苏格拉底创造的归纳法，是开创创新，没有培根（英国实验派哲学的鼻祖，生于1561年，死于1626年）的精准，然而出之于两千多年的古代哲学家，怎么不让人惊讶他的思想宏伟、造诣伟大呢？

【评论】

特尔发神庙的传言这件事情，史学家都是众说纷纭，没有统一过。唯有德国的历史哲学家柴洛氏（生于1814年，死于1908年，著有《希腊哲学》）说："苏格拉底在当时，肯定已经是有名的人。所以神语这件事，就广传世间。然而苏格拉底之所以能成为道德改良家，和神话传说是没有关系的。就像路得能成为宗教改革家，和他的博士头衔是没有关系的。"这种说法是最为史学家同意接受的。大概说苏格拉底并非借神的话来获得尊重，实际上是因为人们重视尊重苏格拉底的学说行为，于是有了神灵的话这件事情。至于诋毁为迷信，呵斥为诬蔑，这就是用现在的事情说古代的事情，完全就是无视事实的人了。

我们立身处世，要有伟大的志向，要有坚贞的节操。只有树立伟大的志向，才能当仁不让地担当起天下的大事；只有有坚贞高尚的节操，才不会因为富贵功名而败坏名节。人们也能因为所坚守的道德志向，而重视所学的道德等准则。苏格拉底以自己一介匹夫百姓而在雅典提倡传授道德学习，家庭虽然贫困，但是就是不愿意以教学来收取学费。伊尹的责任担当，伯夷之骨气，苏格拉底都集合于一身兼备了。他的学说风靡一时是应该的。

孟子曰："万物皆备于我矣。"陆象山曰："汝耳自聪，目自明，事父自能孝，事兄自能弟，本无欠阙，不必他求。"与苏格拉底之产婆法，可互相印证。盖人性本善，善教者亦在因机利导，引起其潜伏之智能而已。近世教育家重自发作用（Spontaneous action）正用产婆法为原则也。

论理学有归纳（Induction）、演绎（Deduction）二法。归纳法亦译内籀，谓纳散见之事物于一体，以建立公例也。演绎法亦译外籀，谓公例即立，据以籀绎散见之事物也。人非有所据之公例，固不能致思穷理，然立例未精，则穷理亦必多误。故二者虽相因为用，而欲祛除锢蔽，独启新知，以归纳法为尤要。此学者所不可不知者也。

孟子说："万物皆备于我一身之中。"陆象山说："你本耳聪目明，侍奉父母自然就知道孝道，侍奉兄长就能自然知道友悌，本来就没有什么欠缺的，不需要再去其他地方求取了。"这和苏格拉底的产婆法是可以互相印证的。原来人的本性是善良的，善良的人是需要因机会引导教导的，引起他潜在的智慧能力。近世教育家都重视自我发现的作用，正是用的产婆法的原理。

论理学中有归纳、演绎两种法则。归纳法也翻译为归纳推理，就是使所有的散乱事物归纳为一体，用来建立公例。演绎法则翻译为外部归纳推理，称公例即成立，用以推理散乱的事物。人并没有立所有的根据为公例，所以不能完全思考出真理。然而，树立的案例不精确，则思考的真理一定会有很多的失误。所以这两种方法就互相利用。然而，想要摒除之前的弊端恶习，单独开创新的认识，尤其以归纳法最为重要。这就是学习的人都必须知道的。

第六章 问答录

苏格拉底与门弟子问答之语，多奇警可喜者，今着录数节，以见其学说之大凡焉。一日，苏格拉底于沙上画一线，问童子弥诺（Meno）曰："童子，知此线之长几何？"弥诺曰："一尺也。"苏又画一线曰："此线何如？"曰："二尺也。"苏曰："第二线之平方，较第一线之平方，大几倍乎？"曰："大二倍也。"苏因于沙上所画长短二线，各作一平方，复问之曰："汝谓第二平方较第一平方大几倍乎？"曰："予谓大二倍也。"苏指平方曰："汝观是，究大几倍？"于是弥诺乃曰："大四倍也。"苏曰："善，汝得之矣。"

又一日，苏格拉底尝与门人阿克特穆（Archiclamus）论判别邪正之道。苏曰："人能无诈乎？"阿曰："人多诈也。"曰："行诈者正乎？"曰："不正。"曰："为恶而害人正乎？"曰："不正。"曰："鬻公民为奴隶者如何？"曰："是亦不正。"

曰："为大将者，攻敌国而占其土地，奴虏其人民，则如何？"曰："是则正也。"曰："为将而欺敌正乎？"曰："正，然施之于朋友则为恶。"苏曰："然，吾知子之意矣。行为之正者，亦有时而不正。正邪之所由判，则由对敌人与对友朋而异也。今试问子，设战败而士气不振，为将者诈称寇至以激励之，正乎？"曰："正。"

苏格拉底和他门下的弟子问答的语录，有很多奇特而令人惊喜的地方。现在写一些出来，让大家见识一下他学说的大略。一天，苏格拉底在沙上画了一条线，问一个叫弥诺的孩子："孩子，你知道这条线有多长吗？"弥诺说："一尺长。"苏格拉底又画了一条线问："这条线呢？"弥诺说："二尺长。"苏格拉底说："第二条线的平方比第一条线的平方，大几倍呢？"弥诺说："大二倍。"苏格拉底因此在沙上画了长短两条线，各作了一平方，又问弥诺说："你说第二条线比第一条线大几倍。"弥诺说："也是大两倍。"苏格拉底指着平方说："你观察看看，究竟大几倍？"于是弥诺才说："大四倍。"苏格拉底说："是这样的，你知道了。"

又有一天，苏格拉底曾经与门人阿克特穆讲学论道判断正邪的道理。苏格拉底说："人们之间的相处可以没有欺骗吗？"阿克特穆说："人大多都很奸诈，喜欢欺骗。"苏格拉底说："使用欺骗的人是正确的吗？"阿克特穆说："是不对的。"苏格拉底说："为非作歹害人是正确的吗？"回答说："不对。"苏格拉底又说："把公民当奴隶的人怎么样呢？"说："这也是不正确的。"

苏格拉底说："作为国家的大将，攻打敌国占领敌国的土地，把其他国家的人作为奴隶，那又如何呢？"回答说："这是正确的。"苏格拉底说："作为将领欺骗敌国的人是正确的吗？"回答说："是正确的，然而这样对朋友就是邪恶的了。"苏格拉底说："这样，我知道你的意思了。行为作风对的人，也有行为不正确的时候。判断一个人的行为是对还是错的，则是由对敌人还是对朋友不同来确定的。那么现在试问你，假设战争战败了而士气不振，作为将领谎称敌人到了用来激励鼓舞士气，这是正确的吗？"回答说："是对的。"

曰："小儿畏服药，父母诈称为羹，服之而疾愈。正乎？"曰："正。"曰："有友愤恚欲自杀，夺其刀以救其死，正乎？"曰："是亦正。"曰："吾子自思之，从子之论，是交友不必常守直道，亦有时可用诈术也。今试更问子，以故意欺人者，与无意欺人者，孰为不正？"

于是阿克特穆词穷不能答。苏乃晓之曰："吾子数易其意见，此自困之道也。今有教人以真理者，而前后殊其词，子以为如何？人有迷途者，告之曰之左，又曰之右。子又以为如何？"曰："是愚妄无知者也。"而阿克特穆，已自承为愚妄无知矣。

阿黎士梯布（Aristippus）问于苏格拉底曰："子知何者为善乎？"苏曰："何者子所谓善者？谓其可以愈热病耶？"曰："否。""谓其可以治目疾耶？"曰："否。""谓其可以疗饥渴耶？"曰："否。"曰："然则子之所谓善者，亦太迷漫无标的矣。而余又何能知之？"阿黎士梯布不语，移时复问曰："子即不知善矣。其亦知所谓美乎？"苏曰："是颇知之。"曰："子谓凡物之美皆同乎？"曰："皆异。"

苏格拉底又说："小孩子害怕吃药，父母谎称药是汤，喝完后病就好了。这是对的吗？"回答说："是对的。"苏格拉底又说："有朋友愤世嫉俗想要自杀，夺过他的刀救了他的命，让他不至于死掉，这是正确的吗？"回答说："这也是对的。"苏格拉底又说："我请你自己思考，从你的结论来看，是不是交朋友就不必遵守正常的道理，有时候也可以使用奸诈。现在更是想问一下你，故意欺骗别人的人和无意欺骗别人的人，哪个是不正确的呢？"

于是，阿克特穆一时无话可说，不知道怎么回答。苏格拉底于是晓之以理："你几次改变自己的意见，这就是你把自己困住的原因。现在有人教给你真理，然而前后又不同，你认为该怎么办呢？人都有迷茫的时候，一会告诉他说走左边，一会又说走右边。你又认为该怎么样呢？"回答说："这是愚妄无知的人。"然而，阿克特穆已经承认自己是愚昧无知的人了。

阿黎士梯布问苏格拉底："您知道什么样的人才是善良的吗？"苏格拉底回答说："什么样的人你觉得是善良的呢？是可以使疾病全愈的人吗？"阿黎士梯布说："不是的。"苏格拉底又说："是可以治疗好眼睛瞎的人吗？"阿黎士梯布又回答说："不是的。"苏格拉底又问："是可以治疗饥渴的人吗？"阿黎士梯布回答说："不是的。"苏格拉底又说："然而你说的善良的人，说的范围太宽广了，有点漫无目的。所以你又怎么能知道什么是善良呢？"阿黎士梯布听了后就没有话说了，过了一段时间又问："您不知道善良，那您知道什么是美吗？"苏格拉底说："这个我知道一点。"阿黎士梯布又说："您认为是不是所有事物的美都是一样的呢？"苏格拉底说："都是不一样的。"

阿曰："夫物之异者必相反，白之与黑也，大之与小也，其异也，其相反也。子自谓知美，而又谓凡美皆异，然则美丑固可以混同欤？"曰："不然，子不见夫竞走者乎？腾足飞驰，超尘绝影，不亦极游戏之美观耶？然见角觝者力屈而逃，则丑之矣。又不见夫铁甲乎，以伟丈夫着之，美矣。设矮人被服而登场，则必奇丑可笑。是知美丑无定名，以其时之不同而定也。且子谓善与美异耶，余则以为善与美同。善即美，美即善，善之与美，盖皆以适用为鹄的者也。"

阿曰："信如子言，则溺器亦得谓之美矣，不亦可笑之甚耶？"苏曰："是何足笑？溺器即适用，固不能不谓之善，即亦不能不谓之美。反之而镂金刻玉，以饰介胄，使文士御之，以临战场，是谓不适用。不适用者不得谓善，因亦不得谓美也。"阿曰："然则同是一物，可被以美与非美之称矣。"曰："固然，肉糜可以疗饥，而不可以治病。药饵可以治病，而不可以疗肌。吾子去休，山何故高，水何故深，天下事之不能穷诘者众矣。"阿黎士梯布辞屈，乃嗒然出。苏格拉底之辩材如此，故有误以诡辩派目之者，然苏非诡辩派也。

阿黎士梯布又说："事物不同那么必然是相反的，就像白和黑、大与小一样，都是不同的，都是相反的。你自认为知道什么是美，然而又说凡是美都是不同的，那么美丑难道可以混淆吗？"苏格拉底回答说："不是这样的。你没有看见那些快步奔走的人吗？他们快步如飞，身影超凡飘逸，不也是游戏中很美的场景吗？然而那些斗角摔跤的游戏中，有的人力气不敌，最后败落而走，就是丑的。又可以看见穿着铁甲的人，被称为大丈夫，是美；假设矮人穿着铠甲登台，那就是奇丑无比，被人嘲笑了。因此我们知道美丑没有完全的界定，是以当时的不同来设定的。而且你认为善良和美丑是有差异的，然而我认为善良和美是相同的，善良就是美的，美也就是善良。善良和美丽，都是看以什么为目的来确定的。"

阿黎士梯布又说："就算我相信你说的，那么尿壶就是美了吗？不是很可笑吗？"苏格拉底说："这怎么可笑呢？尿壶是有用的，那么就不可以不称之是良的，也不能不说是美了。反之，喜欢雕刻金玉来装饰铠甲，让文人穿着，到战场面对敌人，就是所谓的不适用。不适用的东西就不能称之为善了，因此也不能称之为美了。"阿黎士梯布说："然而本来是同一个物品，可以被称之为美和不美吗？"苏格拉底说："当然了，肉粥可以治疗饥饿，但是不可以治病。药材可以治病但是不能治疗饥饿。如果你不停地问，山为什么高，水为什么深。天下的事情大家都不能问完的就太多了。"阿黎士梯布一下子就不知道怎么回答了，于是懊恼沮丧地离开了。苏格拉底有这样好的辩论才华，所以有人以为他是辩论派的头目，然而苏格拉底并不是诡辩派的人。

诡辩派以口给御人，其言使人仓皇失守，视真理如无物。苏则以诚意为感化力，以真理为根据地。其先设问以启人疑者，则以疑为信之基，人必自感其不足，而后能祛魔障而见真理也。

阿克毕第尝假当时雕象以赞之曰："苏格拉底，其弄笛之玛西亚耶。玛西亚者，半人半兽之象也。其弄笛也，天地为之转移，山川为之震荡。苏格拉底之所为笛，则言语而非器械也。闻其声者，皆若醉若痴，若快若不快。吾尝充耳而欲去，而其言语之吸力，制我使不能去也。吾闻言而内疚，如吾身之自九天而堕九渊也。吾欲攻其说，而不自知已为其说之奴隶也。"呜呼！是亦可见其感化力之伟大矣。

【批评】

问答之书，最足裨益智慧。吾国禅宗语录，亦问答体。然其言，常在可解不可解之间。盖与诡辩派为近，惟汉桓宽(字次公，宣帝时官至庐江太守)尝为盐铁论一书，集昭帝时贤良文学与御史大夫辩难盐铁榷酤之语，前后相承，首尾完具。学者取而观之，不特可以练习才辩，且可考见当时政学诡辩派是以口才来说服别人，他们的言论大都是使人手足无措。他们看轻真理，不把真理当回事。苏格拉底则是以真诚为感化力，他以真理作为根据地。先假设问题用来启迪人，以疑问作为诚信的基础，使人能感觉到自己的不足，然后能帮助人去除疑问，摈除障碍，看见真理。

阿克毕第曾经用当时的雕像比喻苏格拉底来称赞他说：“苏格拉底，就像吹笛的玛西亚。玛西亚是一个半人半兽的雕像。他吹笛，天地都会随着他转变移动，山川都会震动。苏格拉底的神器，不是什么器械，而是他说的话。听他讲学说话的人，都是失去了自制，如醉如痴，像是快乐的又像是不快乐的。我曾经想捂住耳朵想要离开，然而苏格拉底的语言太有吸引力了，治服了我，使我不舍得离开。我听了他的话而觉得内疚，使我好像是从九天之上坠落到了九层的深渊。我想攻击反驳他说的，然而却不知道我已经被他的理论所奴役了。”哎呀，这不也是可以显示他的感化力很伟大吗？

【评论】

苏格拉底的问答语录，最能够增进智慧。我们国家的禅语，也是问答体的形式。然而他们的语言比较神秘，经常在可以解读或者不能解读之间，所以与诡辩派很相近。惟有汉代桓宽（字次公，汉宣帝的时候官至庐江太守）曾经写的《盐铁论》的一本书，集合了昭帝时期贤良优秀的文学家和御史大夫在盐铁大会辩论中辩论国家政治经济问题的对话，前后相承，首尾完整。学习的人可以拿之得失也。

求学问自虚心始，苏格拉底之设问以启人疑，亦欲人去其虚矫之气，不为真理之蔽耳。至法儒特嘉尔（Descartes）(近代唯心哲学之初祖，生一千五百九十六年，殁一千六百五十年)，其说更精，以为疑中求信，其信始真。故吾人之遇事物，必当运吾精神以取舍之，而后不至为他人所误。学者以两家为师资，新旧异同之见，盲从附和之习，其亦可以少减矣。

特嘉尔

过来观摩学习，不仅可以练习辩论才华，而且可以了解汉代时期政治的得失。

求学问道从虚心开始，苏格拉底的假设提问用来启迪别人的疑惑，也是想祛除人身上的虚假骄傲的习气，不至于掩盖真理了。到法国哲学家特嘉尔（近代唯心哲学家的鼻祖，生于1596年，死于1650年）的学说就更精准了，他认为在疑问中寻求认知，这样的认知才是真理。所以我们遇到事情，一定要运用这种精神来进行判断和取舍，然后不至于被其他人所误导。求学的人应该以这两家的学说作为学习的资料，新旧不同的观点都可以看见，也可以减少很多盲目附和的学习了。

第七章 知德合一论

苏格拉底之讲学，以改良雅典道德为唯一职志，而又谓道德必以知识为本。故其言曰："道德者何？知识也。不道德者何？无知识也。天下无知识，天下决无道德。知识者，道德之体，而道德则知识之用也。"是谓"知德合一论"。

知德合一之说，于何证之？苏格拉底谓可于人之好善恶恶证之。人未有不欲其身之善者。人之欲善，无异其好乐而恶苦也。人惟欲善，是以能善，即曰能之，是以行之，故欲实行道德者，在知道德之于人为善。其为不善者，以不知善之为善故也。且惟道德属于知识，故善之美德，可由教育而得之。若知德截然两事，则人不能因教育而勉为善人，而进德修业之事废矣，是亦何贵乎道德哉。

难者曰，世有明知其恶而为之者，知德合一之说，又何以处之？苏格拉底谓是未可为真知也。知己之利而不求其利，世未有其人也。且藉令有之，而彼能自知其为恶，亦较诸不自知其为恶者为胜。盖彼即能知恶之为何物，亦必能知善之为何物，而可以使之进于善也。若不自知其为恶，则且终身为之而习焉不察，永无迁善改过之机矣。

苏格拉底讲学，把坚持改良雅典的道德作为自己唯一的志向职责，又坚持道德一定要以知识作为根本基础。所以他说："道德是什么？是知识。没有道德的人怎么样？就是没知识。天下的人都没有知识，天下也就没有道德可言了。知识是道德的本体，而道德则是知识的运用。"这就是所谓的"知德合一"。

知识道德合二为一的说法，用什么来证明呢？苏格拉底称可以用人喜欢善良讨厌邪恶来证明。人没有不希望自己本身就是善良的。人想要善良，那就像喜好快乐而讨厌疾苦一样。只有想要做善良的人，才会是善良的。既然说能做到善良，那么一定是会做善良的事情。所以想要实行道德的人，在于知道道德对于人来说是善良的；那么不善良的人，是因为不知道什么是善良的原因。而且道德属于知识，所以善良的美德，可以由教育而让人学习知道。如果知识和道德是两回事，那么人就不能因为接受了教导而成为善良的人了，那么进行道德修养学习的这件事业就是要作废了。这就是为什么道德是一件很重要的事情了。

有人刁难说，世界上也有明知邪恶而故意去做的人，知识道德合二为一的说法，又怎么来解释呢？苏格拉底称这并不是真正懂得真知的人。世界上没有知道对自己有利而不去争取这利益的人。而且就算现在有这样的人，然而他能知道这是邪恶的，比那些不知道什么是邪恶的人要好很多。既然大家能知道什么是邪恶的，那么也一定能知道善良是什么，然后可以使他们进步学习做一个善良的人。如果自己不知道这样的行为是错误的，而且一辈子都这样，成为了习惯都不能发现，那么就永远都没有改过自新成为良善的机会了。

然则行道之效果如何乎？苏格拉底则本其知德合一之原则，而定之为快乐，为幸福，以为人即知道德之于已为善而行之，则必因行道而获心安理得之境。心安理得，斯快乐矣，斯幸福矣，盖道德即为善之知识，自必能致善之效果也。此又人之所以乐道而好善之故也。

世间之道德，条流万端，各因其所施而不同。苏格拉底以为道德无不同者也，不同者其名目，而同者其本质也。本质维何，则知何者当为，何者不当为而已。是故人欲诚敬，在知临对神祇之理；人欲正直，在知待人接物之理；人欲勇敢，在知事之可惧与不可惧之理；人欲自制，在知趋吉避凶之理。所知之理万殊，而无不可由能知之力以得之，其功夫之易简为何如哉。

知德合一之说，具如上述。而"知己"一语，尤为其学说之关键。阿克特穆尝问善知事物之道，苏告之曰："在知我，知我者，非仅仅自知姓氏之谓也，返求诸己而知其宜于何事，夫是之谓知己。知己则知所以利己者，而推己及人，则又知所以利人者。己利人利，而事成矣。治国者亦然，不自知其国力者，自亡之道也。"此则其知德合一然而坚持道德的结果怎么样呢？苏格拉底坚持他的知识道德二合为一的原则，将这定义为快乐、幸福，认为人知道道德对于自己来说是好的并且坚持去做，那么就一定会因为坚持道德而获得心安理得的境界。心安理得，就是快乐了，就是幸福了。所以道德就是善良的知识，自然一定能导致善良的结果。这就是为什么人喜欢道德、坚持善良的原因了！

世间的道德，就像河流有千万支流，因为各自蔓延而各不相同。苏格拉底认为道德是没有不同的，不同的是各个名目，而相同的则是道德的本质。知道本质是什么，那就知道什么可以做，什么不可以做。因此，人们虔诚敬仰，是在知道即将面对神的时候；人们坚持正直，是在于知道接物待人的道理；人想要勇敢，是在于知道事情是否害怕和不害怕的道理；人想要自制，是在于知道趋吉避凶的道理。所知道的道理有种种不同，然而都是从能知之体得出来的。他讲道的功夫简便易行。

知识道德合二为一的说法，具体的就如上面叙述的那样。而“知己”一词，是他的学说中尤其关键重要的。阿克特穆曾经问认知事物的道理。苏格拉底告诉他说：“在于知道自我，知道自己的人，不仅仅是指知道自己的姓名，遇到挫折时切莫责怪他人，而应先反过来从自己身上找出问题的症结，并努力加以改正，知道自己适合做什么事情，这就是所谓的知道自己。知道自我就是知道什么有利于自己，从而由自己推及到其他人，然后知道怎么样有利于别人。有利于自己有利于别人，然后事情就做成了。治理国家也是这样的，不知道自己国家的实力，那么就是走上自我灭亡的道路论之应用法也。

【批评】

苏格拉底之知德合一论，与王阳明之知行合一论，最为近似。惟苏虑人之无知妄作，故曰："天下无知识，天下决无道德。"侧重知之一面。阳明虑人之怠于进取，故曰："知外无行，行外无知。若俟知得真时去行，则必终身不行，亦必终身不知。"侧重行之一面。然阳明以致良知为入德之门，而苏亦谓知物自知己始。是知希贤作圣之事，返省即得，无俟外求。两家之说，固若合符契矣。

苏格拉底谓能自知其为恶者，较不自知其为恶者犹胜。此特进一步言，以明读书穷理之不可已耳。盖天下真小人少，其流为小人者，大都蔽于物欲、中于客气而不自知者也。然须知苏氏此语，尤注重进善一层。若明知喜恶而不能迁善而去恶，则亦终于为小人而已矣，其罪恶又恶能末减也哉。

了。”这就是知识和道理合二为一理论的运用法了。

【评论】

苏格拉底“知德合一”的理论，和王阳明“知行合一”的理论，最为相近相似。只有苏格拉底能考虑到人的无知妄为，所以说：“天下没有知识，天下也绝对没有道德。”侧重的是知一个方面。王阳明考虑人不足的地方就是进取方面比较懈怠，所以说：“知识之外没有行为，行为之外没有知识，如果在等到知道是真理的时候再去行动，那么定会终生都不会行动了，也必定终身不会知道。”这就是主要侧重于行动一个方面。然而王阳明认为由良知显现是入道德的开始，苏格拉底也认为知道事物是由自知开始的。是以知道希望做到圣贤的事情，反省自己就可以做到，不需要向外界求助。两家的学说，本来就是相符合的。

苏格拉底称能够知道自己行为是恶的人，比那些自己不知道自己行为是恶的人要好一些。因此更近一步来说，明白读书追求真理是很重要的，那样天下的小人就会少很多。那些称为小人的人，大都是被物欲蒙蔽了，陷于客套却自己不知道的人。因此知道苏格拉底的这句名言，尤其需要注重进一步改善提升。如果明知道那些喜好恶习然而却不能改变，使自己变得有道德礼仪，去掉邪恶习惯的人，则最终是会成为真正的小人了，他们的罪恶是没有减少的。

第八章 宗教观

苏格拉底信神，而以天地万物之美善，与人间身体之构造，证明神之存在。尝问雅里斯多特穆（Aristodemus）曰：“子谓艺术中何者价值最贵？其能造无精神无动作之雕象者乎？抑能造有精神有知力之动作者乎？”雅曰：“是不待言而知其为后者也。”

又问曰：“不知目的而为之者，与能合目的而为利于人世者，孰为偶然之结果，孰为睿知之结果乎？”曰：“是亦不待言而知其为后者也。”曰：“始作人者，授之以五官，又随其目的而备物以应其求。是故目有可得而视之色，耳有可得而闻之声，皆于人为利也，此其智慧为何如乎。”

盖苏格拉底以神为吾人智慧所从出之原，而又谓神之智慧，以善为目的也。苏格拉底信一神论，以为神者，至尊无偶者也。天地万物，莫不统之以一，则造物之神，亦当是一而非二矣。如吾人之身，虽具有四肢百体，而至于精神则为一。神者，世界之精神也，是故神亦不能有二也。时希腊行多神教，凡世间事物，莫不立偶象以代表之。苏以为未能知造物之真恉也。

苏格拉底信灵魂不死之说，以为人之灵魂，实为造物之苏格拉底相信神灵，认为天地万物的美德善良和人的身体构造，都证明了神灵的存在。他曾经问雅里斯多特穆："你觉得艺术中什么是最可贵的呢？是能创造没有精神没有动作的雕像的人呢？还是能创造有精神有学习能力的能行动的人呢？"雅里斯多特穆说："当然不用说就知道是后者了。"

又问雅里斯多特穆说："不知道会有什么结果没有目标去做事的人，和那些能结合目的去做那些有利于人的事情的人，谁是偶然的结果，谁又是睿智的结果呢？"回答说："当然不用说是后者了。"苏格拉底说："最开始成为人，然后有了五官，又根据一个人的目的准备了一些东西用来满足他的需求，所以有了眼睛可以看见颜色，有了耳朵可以听见声音，对于人来说都是有利的。这就是人的智慧是怎么出来的。"

因此苏格拉底认为神灵是我们人类智慧来源的根本，因而又称神灵的智慧，是以善良为目的的。苏格拉底相信神灵唯一理论，认为神灵，是至高无上的，是唯一的。天地万物，都是由神灵统一的。那么创造万物的神灵，也就是唯一的。就像我们人类的身体，虽然具有四肢和各种器官，然而精神是唯一的。神，就是世界的精神，所以神不能有二。当时希腊推行多神教，凡是世间的事物，都会拥立一个偶像作为代表。苏格拉底认为这是不知道创造万物的真谛。

苏格拉底相信灵魂不死的说法，认为人的灵魂，实际是和创一体。造物不死，故灵魂亦不死也。又以为世有一种灵体，名曰太蒙（Daemon）。太蒙者，所以呵止不善之言行之声也，其为物也，不可见，不可闻，不可思议。

而时或选贤哲之人，隐然与之交接。盖其时太蒙自然凭依其人，人虽不自知之，而能赖其神力，以知往而察来也。是即苏氏所谓神之征象也。

苏格拉底之说，固亦近于宗教。虽然，苏未尝为凭虚叩寂之谭，索隐探微之论也。当时诸理学家，竞以研究自然为事，苏则以其迂远不切事情，而目之为狂愚。故希腊哲学，向以探讨外象为事者，至苏乃一变而求诸内。其所重者在人事，其所尚者在道德。至其有取乎太蒙之说，则藉以为修身立命之防检而已。锡西禄（Cicexo）尝论之曰：“若苏格拉底者，是殆挈天上之哲学。而致之地上，以分馈于人者也。”亦可见苏氏哲学之旨趣矣。

【批评】

哲学家重理想，宗教家重实行。故欲穷理尽性，以探事物之真相，以哲学家为胜。而欲本其所信，以移风易俗，则造万物的神灵是一体的。神灵是不死的，所以灵魂也是不会死去的。他又认为世间有一种灵体，名叫太蒙。太蒙阻止不善良的言行，它是一种事物，看不见，听不见，令人不可思议。

在选择贤良有思想的人的时候，太蒙就会悄悄地和他们接触，这个时候太蒙就自然地依附着这个人。贤良的人虽然自己不知道，但是却能依靠太蒙神奇的力量，凭借着它可以知道事情的前因，察觉以后的事情。这就是苏格拉底称为神的征兆现象了。

苏格拉底的学说，本来就接近宗教。即便如此，苏格拉底并没有因此谈论不切实际的事情。当时很多理论学家，争相以研究自然万物作为自己的事业。苏格拉底则认为这是迂腐不切实际的事情，并且把这看作是狂妄愚蠢的。所以希腊的哲学，本来是以探索讨论外界现象作为事业的，到苏格拉底的时候就开始改变了，转而变成探索追求内在。他们主要看中的是人的事业，他们追求的是崇尚道德。至于他所说的太蒙的说法，则是借用来为修身立命做防范和检束而已。锡西禄曾经谈论他说：“像苏格拉底这样的人，是拿着天上的哲学思想，到人间，分享给大家的。”由此可见苏格拉底哲学的意义了。

【评论】

哲学家比较看重理想，宗教比较看中实践行动。所以想要探究道理和本质，用来探索事物的真相，那么就要以哲学家的思想哲学家每不如宗教家。以宗教家常有灵魂不死天国净土等说，以助其希望而鼓其勇气，而哲学家无之也。苏格拉底，则哲学家而带有宗教家之臭味者，此其所以能自倡学说而自实行之欤。

太蒙之说，或有疑其近于巫祝者。虽然，此无可疑也。盖人当捐弃百事，专注于一目的时，常有此一种境界也。此种境界，在英语曰Inspiration(译音神通言感应)，在吾国曰诚。故曰至诚动神，又曰至诚所感，金石为开。如伊尹耕于畎亩，而自任以先知先觉之重。此先知先觉之任孰告之？诚告之也，亦神告之也。明乎此，则世界唯心，万法唯识，而太蒙之说，自可通矣。

希腊行多神教，其最著者有十二神。一曰芝哀斯Zeus，诸神之王也；二曰赫拉（Hera），芝哀斯之妻，绝美之女神也；三曰波塞顿（Poseidon），海神也；四曰阿德米（Artemis），司田腊之女神也；五曰特梅得（Demeter），农业之女神也；六曰赫菲斯笃（Hephoestus），火神也；七曰阿黎斯（Ares），战神也，嗜杀戮；八曰雅叵罗（Apollo），诗歌音乐之神，代表男子之美貌者也；九曰阿的奈（Athena），司智更为好一些。然而，想要让别人相信，改变社会风气，那么哲学家就不如宗教家了。因为宗教家经常有灵魂不死升到天国极乐世界的说法，用来建立人的精神寄托，从而鼓舞人的勇气，而哲学家就没有这样的。苏格拉底，则是一个带有宗教味道的哲学家，这就是为什么他能自己倡导学说然后自己推行实行了。

太蒙的说法，有人怀疑这差不多是巫蛊之说。即使这样，这是没有什么可以怀疑的。大概当一个人忘了所有的事情，聚精会神专注一个目的的时候，常常有这种境界。这种境界，在英语中叫神通言感应，在我们国家叫做诚。所以说心至诚能感动神灵，又说精诚所至，金石为开。就像伊尹在田间耕作一样，然后感悟到觉悟民众的重大责任。这种责任感是谁告诉他的呢？是诚告诉他的，也就是神灵告诉他的。知道了这个道理，那么世界就是唯心所现，万物就是唯识所变，因而太蒙的说法，就可以解释通了。

希腊实行多神教派，其中最著名的神灵有十二位。一个是宙斯（Zeus），所有神的王；第二个是赫拉（Hera），宙斯的妻子，是个绝色美丽的女神；第三个是波塞顿（Poseidon），是海神；第四个是阿德米（Artemis），是管理田腊的女神；第五个是特梅得（Demeter），是农业女神；第六个是赫菲斯笃（Hephoestus），是火神；第七个是阿黎斯（Ares），是战神，喜欢杀戮；第八个是阿波罗（Apollo），是诗歌音乐神，代表男子美貌；第九个是阿的奈（Athena），是智慧女神；第十个是希斯的阿（Hestia），是掌管灶慧之女神也；十曰希斯的阿（Hestia），司灶之女神也；十一曰阿佛罗特（Aphrodite），司恋爱之神也，代表女子之美貌；十二曰赫弥斯（Hermes），才辩之神，诸神之信使也。

此十二神，均祀于奥林庇亚（Olympia）山中。四年一大祭，祭之日，演竞走赛马百戏，记捷者姓名。国人欢洽，此即近世奥林庇亚运动所由出也。

台的女神；第十一是阿佛罗特（Aphrodite），是恋爱之神，代表了女子的美貌；第十二个是赫弥斯（Hermes），是才辩之神，也是所有神之间的信使。

这十二个神，都供奉在奥林庇亚山中。四年一次大的祭祀，祭祀的那一天，有竞走、赛马等各种游戏，记录下最优秀的人的姓名。国家所有的人都一起欢乐庆祝，这就是近代奥林匹克运动的由来。

第九章　晚年

苏格拉底之学，即重实用。故其教人，一以孝友忠信为主。其长子兰朴罗克尔（Lamprocles），以不孝失母欢。苏为说事亲之道，言甚痛切。有兄弟不睦者，苏和解之，告以兄弟为无价之宝。又尝论益友之义，谓朋友讲习，为社会道德之起点。其于体育，亦极注重，以为由运动以强其身，为人民对于国家之本务。每晨必散步于外，或至运动场，习体操，又善琴歌，年五十，独舞蹈以自娱焉。

苏格拉底晚年名日盛，然撝谦之度益甚。尝曰："吾实无所知，且自知其无所知者也。"又谓其门弟子曰："予非教导诸君，实与诸君共学耳。"时马基顿王雅吉維（Archelaus）好文士，闻苏名，欲聘往讲学。苏以方教育国人谢之。其徒克黎底雅（Critia）得政，授苏以官，苏亦辞不就。或问其故，曰："教导少年，自尽其责，此吾之所以靖献于国家也。其事大于从政矣。"其自任以师道之尊又如此。

苏格拉底虽不仕，仍抨击时政不少隐。其论政也，崇贤智而排威力，谓雅典之多数主义，以威抑为治，不合公道。尤恶抽签任官之制，谓未能得真材，以是政界中人多忌之。

苏格拉底的学说，非常注重实用。所以他教人，一直是以孝顺友爱忠厚诚信为主。他的大儿子朴罗克尔，因为不孝顺而不被母亲喜欢，苏格拉底为此跟他讲说孝顺亲人的道理，言辞令人痛彻心扉。有兄弟两人不和睦，苏格拉底去调解他们，告诉他们能作为兄弟是无价之宝。他又曾经讲朋友的道义，称朋友切磋共进，是社会道德的起点。对于体育，他也非常注重，认为要通过体育运动来强健身体，是人民对于国家的根本义务。他每天早上一定会出门散步，或者到运动场，练习体操。苏格拉底也很喜欢音乐歌曲，五十岁的时候，他还一个人跳舞以自娱自乐。

苏格拉底晚年的时候名声非常大，然而却越来越谦虚。他曾经说："我其实并不知道什么，而且我自己知道我很多的东西不知道。"又对自己门下的弟子说："我并没有教导大家，实际上是和大家一起学习。"当时马基顿王雅吉雒（Archelaus）喜欢有文化的学士，听说苏格拉底名气很大，想要聘请他去讲学。苏格拉底托词自己正忙于教育自己国家的人民而谢绝了。他的徒弟克黎底雅（Critia）从事政治后，想要授予苏格拉底官位，苏格拉底也推辞了。有人问他原因，苏格拉底说："教育引导少年，自己尽责任就好，这就是我奉献给国家的，这件事比从事政治要重要得多。"他就是这样尊重教育。

苏格拉底虽然没有从事政治，但是仍然抨击当时政治中隐藏的问题。他谈论政治，都是推崇圣贤智慧而反对威信势力，称雅典是一个多数主义的国家，用威严压迫治理，是不符合公道的。他尤其厌恶用抽签的制度来任命官员，称这样不能使真正有才华的人且有谓其反对民主政治者。又苏之道德宗教论，均前无师承，独标新。与人言，喜发其惭悔，故信之者众，而衔恨者亦复不少。而祸机亦伏于是矣。

先是有雅里斯多芬（Aristophones）者，雅典守旧派之诗人也。尝于纪元前四百二十三年(周威烈王三年)著一剧本，名之曰“云”（The Clouds），奏演于舞台。剧中以苏格拉底为巫师，能与云之神祇谈话。因以其说传播于雅典少年，意盖讥苏之左道惑众也。时政府尚未加罪苏氏，故苏仍得安然讲学，然反对党则已传为话柄矣。后三十僭主当国，欲流苏于萨拉弥斯（Salamis），亦以苏力抗得免。至是，民政复建。民主党人默利都（Meletus）以政见不同，控苏于高等法院。而苏遂被逮，其罪状则倡导太蒙之说，倾覆国教，且以论辩法诱惑少年子弟也。

【批评】

人欲有益于国家，必自审其材性所宜，而择一途以自处，然后用力专而功能显。若举棋不定，今日欲为政治家，明日又欲为学问家，今日欲为实业家，明日又欲为教育家，得到重任。因此，政治界中很多人都很忌惮他，而且很多人称他是反对民主政治的人。又因为苏格拉底提倡的道德宗教理论，都是之前没有人提出的，标新立异创建的。和人教授道德的时候，苏格拉底喜欢当面揭示别人之前犯过的罪过，使别人忏悔，所以相信他的人很多，而怀恨他的人也不少。因此祸害也就埋藏在这其中了。

最开始是有个叫雅里斯多芬的雅典守旧派诗人，他曾经在公元前423年（周威烈王三年）写了一个剧本，名字叫《云》。《云》在舞台上表演，剧中演的苏格拉底是巫师，能和云神谈话。因为苏格拉底的学说在雅典少年中传播，意思大概就是讥讽苏格拉底用旁门左道来迷惑平民大众。当时政府还没有对苏格拉底定罪，所以苏格拉底仍然可以安心讲学。然而反对派就已经将苏格拉底的道德宗教论传播为聊天的谈资了。后来三十僭主掌权的时候，想要将苏格拉底流放到萨拉弥斯，最后因为苏格拉底努力抗争才得以免除。后来，民主政治得以重新建立，民主党人默利都，因为政治见解不同，在高等法院控诉苏格拉底，于是苏格拉底被逮捕。罪状就是因为倡导太蒙学说，说苏格拉底是想要推翻国教，而且用论辩的方法诱惑误导青少年。

【评论】

人想对国家有益，一定要审视自己的才华秉性所适合的事务，从而选择其中一样来学习，然后再深入挖掘，专攻一项，最后才可体现自己的才华能力。如果举棋不定，今天想做政治未有不多岐亡羊，一无所成者。苏格拉底即以讲学为己任，即终身以之，绝不以高官美爵，易其素志。其自审之明与操守之严，足为少年立身之金科玉律矣。

孟德斯鸠（Montesquieu，法国法学家，生一千六百八十九年，卒一千七百五十五年，所著《法意》一书最著名）有言：“专制国以权势为精神，民主国以道德为精神。”雅典号称民主，而以威抑为治。是与民主国之精神，已背道而驰矣，又何怪苏格拉底之不满乎？世有葆爱民主政治者，其亦勉励道德，以造成民主国之精神也可。

明成祖起兵靖难，姚广孝谓之曰：“城下之日，勿杀方教孺，杀孝孺读书种子绝矣。”是可见通儒耆宿，实文化之明星，人伦之师表。虽专制国之臣，犹知此义也。雅典民治中兴，正宜尊师重道，以奠其百年长久之基，乃以门户党派之私，而首逞志于后生圭臬之苏格拉底。君子有以知其国祚之不永矣。

家，明天想做学问家，今天想做实业家，明天又想做教育家，泛而不专，学习的多了就没有什么是深入精通的了，最后只能一事无成。苏格拉底将讲学作为自己的责任，就终身都坚持，绝对没有因为高的官位和好的爵位，就轻易改变自己坚持的志向。这样审视自己和严格要求自己的操守，足以成为青少年立身的金科玉律了！

孟德斯鸠（法国法学家，生于1689年，死于1755年，他所写的《法意》这本书最有名）说过："专制的国家以权势作为精神支持，民主的国家以道德作为精神支持。"雅典号称是民主的国家，然而却以威严压制治理人民，这和民主治国的精神，已经是背道而驰的了。这就难怪苏格拉底不满意了。世界上有很多热爱民主政治的人，他们也鼓励坚持道德，用来造就民主国的精神。

明成祖在靖难起兵，姚广孝对他说："兵临城下的那一天，不要杀了方孝孺，杀了方孝孺那么以后读书人就会绝迹了。"这就可以看出有学问的儒士国老，实际上就是文化上的星辰，人间伦理的表率。即使专制国家的臣民，也知道这个道理的。雅典民主治理的中兴时期，正是适合提倡尊敬老师、注重道德的社会风气，来奠定百年长久不衰的基础，却因为门户私见，肆意迫害年青人的导师苏格拉底。有见识的人从这里就可以看出来这个国家已经离亡国不远了。

第十章　殉道

苏格拉底既被逮，政府遂以抽签法选任法官断其狱，计共选五百五十有六人，盖雅典仅见之大狱也。时演说家黎锡雅Lysias，预为苏拟辩护之词，苏辞不用。或劝苏措辞宜和婉，冀得法官之矜怜，苏亦不纳。乃于开审之日，大声言曰：

余今将有所言，公等其勿谓余意在免祸。余爱公等，故余欲有言也。夫余所以倡道德哲学者，此神所嘉赉于公等，为公等造福者也。公等不察，反欲以是为余罪，余惧公等之获罪于天矣。且公等亦见有身为罪囚而耻于屈笷，反欲以仁心感动法官者乎？有之则自余始。余亦知公等见余倔强，或将增益余罪。然余亦何所惮？摇尾乞怜，非大丈夫所为。纵喞冤负痛，亦只能推其诚心以感化法官而已。而为法官者，亦惟当坚守法律不必徇罪人之意。设余以泱涊之颜，乞怜于公等，冀公等骫法以从余愿，是为欺公等，且欺神明矣。余何人斯，而敢出此哉？

法官见苏格拉底无逊词，遂认为有罪。循雅典旧制，令苏自拟罪名。然苏仍不屈，谓以一身翼卫正道，于法当受赏，无罪名之可言。法官益怒，因以多数公决，论苏死刑。苏苏格拉底被逮捕后，政府于是以抽签法选择人民担任法官来审判他的案子。一共选了556人，大概是雅典仅有的一宗大案子。当时的演说家黎锡雅准备为苏格拉底拟写辩护词，苏格拉底推辞不用。有人劝苏格拉底说话措辞尽量温和委婉，争取法官的同情，苏格拉底同样也不采纳。最后到了开庭审判的时候，苏格拉底大声说：

“我今天将有话要说，大家不要以为我是想要免除祸害。我爱大家，所以我有话要说。我所倡导的道德哲学论，是神明嘉奖给大家的，是为大家造福的。大家没有发现，反而以为这是我的罪过，我害怕你们会得到上天的惩罚。况且大家看到过作为罪犯为求情感到耻辱，反而想要用仁义之心来感动法官的人吗？如果有，那么是从我开始的。我也知道你们看见我倔强，或许会增加我的罪行。然而，我又有什么好害怕的呢？摇着尾巴乞求怜悯，不是大丈夫的作为。即使心怀冤枉，身受委屈，也只是能用诚心来感化法官而已。然而作为法官，也应当坚守法律，不能徇私犯。假如我阿谀奉承，乞求大家怜悯，希望你们如我所愿执法，这是欺骗你们大家，而且也是欺瞒神明。那我将是什么样的人呢，又怎么敢从这儿出去呢？”

法官看见苏格拉底没有谦逊的言辞，于是认为他是有罪的。遵循雅典旧的制度，让苏格拉底自己给自己拟定一个罪名。然而，苏格拉底仍然不屈服，称凭自己捍卫正义道德，从法律上来说是应当受到奖赏的，没有什么罪名可说。法官听完后很生气，凭多数人投票，判决苏格拉底死刑。苏格拉底很淡定，又重新站到法庭闻之泰然，复立于法廷，为说以别国人曰：

呜呼！邦人兄弟，余实爱汝敬汝。虽然，余欲从时人之命，毋宁从神之命。一息尚存，余必力昌吾说而不敢懈也。且夫我雅典，文明之邦，而智识之渊海也。乃居是邦者，不顾真理，不求智识，而日惟胶胶扰扰于名利之中，讵不大可耻乎？邦人兄弟听之，德义者，公私诸善之泉源，而不可以财帛求者也。余之教人如是，而说者必以是为诬世惑民，则余滋罪矣。然公等纵戮我辱我碎我之骨，裂我之肌，而我终不枉正道，死亦何足畏？苟无未来世界则已，如其有之，则余至其间，得与古圣贤豪杰握手，其愉快为何如哉？神必不舍善人，余深知死之优于生，故太蒙不阻我之死也。余所望于公等者，苟吾子孙不遵德义，而惟贪黩与虚伪之是务，则求公等以罪我者罪之。今余与公等别矣，愿保公等百岁。余与公等，孰得孰失，惟神知之，非人之所能知也。

苏格拉底狱中讲学

苏格拉底定罪之翌日，律当行刑。会雅典人祀雅叵罗神于迭上，作演说告别国民说：

“唉！亲爱的国民兄弟们，我实在是非常爱你们，敬重你们。即使这样，我是将要顺从被人安排的命运，不如听神的命令。如果我还有一口气在，我一定会全力提倡我的学说，不敢也不会有任何懈怠。而且，我们雅典，是文明的国家，是智慧知识的海洋。作为文明的国家，不顾忌真理，不追求知识智慧，却每天在纷纷扰扰地追求名利，怎不觉得可耻呢！亲爱的国民兄弟们听我说，道德仁义，公理私情善良的源泉，是不可以用钱财来追求到的。我都是这样教育别人的。然而说这不对的都是一定认为这是污蔑世俗迷惑人民，于是，我就被定刑判罪了。然而，即使你们杀了我辱骂我，将我碎尸万段，我依然坚持正道，不枉正道，死又有什么好害怕的呢？如果没有未来世界则罢了，如果有，那么我将到那个时代，可以和古代的圣贤豪杰握手相谈，那将是一件多么快乐的事情啊！神一定不舍得善良的人，我深深知道死了比活着好，所以太蒙不会阻止我的死去。我就是希望你们，如果我的子孙不遵守道德仁义，却是唯利是图，是贪图虚伪的人，那么请求你们以处罚我的罪刑处罚他们吧！今天我和你们告别，希望神保佑你们长命百岁，我和你们，谁是对的谁是错的，只有神才知道，并非是人能知道的。”

苏格拉底定下罪刑的第二天，按照法律是需要当时执行处罚的。恰好遇上雅典人到迭罗斯祭祀雅巨罗神，祭祀的船刚刚出发，需要等船回来，三十天后定刑。所以苏格拉底被羁押在监狱中并罗斯（Ddlos）祭船方出，须定刑三十日，以待其归。故苏仍羁狱未死，时友朋往访者，多劝苏脱狱。有克里敦（Criton）者，谋之尤力，已为赇狱吏，备舟粮，设行馆于黑萨林（Thessaly），促苏即去。苏力拒之，曰："余未得许于雅典人而逃狱，可谓之正乎？以为正则从命，不然则死于此耳。"盖苏平日持论，谓人循正义而行，不当因横逆之来，更其节操。故虽所罚不中罪，而仍顺受其正也。

至行刑日，其友人门弟子，皆入狱吊之。苏格拉底脱桎梏，抚创痕，为说乐生于苦及灵魂不死之理，身心畅然，无异于平日。及妻孥来诀，涕泣不能仰。苏属人劝之归，无一语及后事。已而狱吏告时至，以毒酒进。苏神色自若，举杯一饮而尽。诸客见之，哭失声，举室营扰。苏徐谓客曰："公等何为如是，将德义之谓何？始吾命妻子归家，正虑此耳。"未几，体渐不支，以布掩面而卧。俄复揭布，谓克里敦曰："吾病中尝祷于阿斯克雷比亚（Aesculpius）神社，病愈未酬神，子为我购一鸡酬之，勿忘。"

苏格拉底死时情状

没有马上处死。那时很多亲朋好友去探访他，很多人劝说苏格拉底越狱。有个叫克里敦的，出谋划策最多，已经买通狱卒，准备好了船只和粮食，在黑萨林已经准备好了暂时的住所，催苏格拉底赶紧走。苏格拉底极力拒绝，说："我没有得到雅典人的允许而逃出监狱，可以说是不是正义的。如果是正义的我就听你的安排，不然就让我死在狱中吧。"苏格拉底平时，教人要遵循正义的事情，不要因为遭遇到蛮横拂逆，而改变自己的节操。所以虽然是无罪遭难，却依然顺从接受，正命而死，而不苟活。

等到行刑的那天，苏格拉底的朋友门下弟子学生，都到监狱中去吊慰他。苏格拉底脱下枷锁，抚摸着伤痕，为大家讲说快乐产生于艰苦中和灵魂是不会死去的道理。他的身心都是快乐安然的，和平时并没有什么差异。妻子和子女来道别，痛哭流泪，苏格拉底嘱咐别人劝说妻子和子女回去，并没有一句话提到死后的事情。后来监狱的看守来告诉他们说时间到了，让苏格拉底喝毒酒自杀。苏格拉底神情淡定，举起杯子一口喝下了。大家看了都失声痛哭起来，整个监狱都听到了哭声。苏格拉底对来看望他的人说："你们这又是做什么呢，将道德公义都忘了吗？我开始的时候让妻子子女回家，正就是怕哭声打扰了其他人。"没过一会，苏格拉底就体力渐渐支撑不了了，用布盖在脸上躺着。一会儿他又拿下布，对克里敦说："我生病的时候，曾经向阿斯克雷比亚神社祈祷，病好了没有酬谢神，你为我准备一只鸡酬谢神灵吧，不要忘了。"话说完就闭上了语次目瞑，时纪元前三百九十九年（周安王三年）某日之夕也，年七十二岁。

【批评】

道高一尺，魔高一丈，此世俗恶直丑正者所以多，而仁人君子所为灰心而短气也。虽然，是亦视吾人卫道之决心如何耳。若果于是非见得分明，则刀锯鼎镬，固成仁取义之机，而足以濯磨道德之光辉者也。观苏格拉底一死，而盛名垂于竹帛，学说播于全欧。然则谓苏氏之死，为苏氏之幸，且为道德之幸可也。

程伊川尝言："感慨杀身者易，从容就义者难。"盖人一时为意气所激，亦常有视死如归，义不返顾者。至于转念三念，则汨于利害，而畏死之心生矣。苏格拉底羁狱三十日，无应死之罪，有可遁之机。而苏仍安常处顺，不易其守死善道之初志。自非义理精熟，造次颠沛必于是者，又何足以语此。

苏格拉底为欧洲道德哲学之初祖，而其立身本末，尤足以副之。芝诺芬（Xenophon）尝论之曰："苏格拉底，敬天畏神者也，故非神所命者不为。义人也，故不利于人者不眼睛，当时是纪元前399年（周安王三年）的某一天傍晚，苏格拉底享年72岁。

【评论】

道高一尺，魔高一丈，这就是为什么世间世俗打压正直污蔑正义的人很多，仁义君子心灰意冷志气沮丧的原因。虽然这样，也要看我们坚持捍卫道德的决心怎么样。如果坚持是非分明，那么各种酷刑，原本为正义而牺牲的生命，就足以成为为洗涤磨炼道德的光辉者了。看苏格拉底虽然死了，但是却名垂青史，写在书中被后人敬仰，他的学说传遍了整个欧洲。既然如此，那么苏格拉底的死是他的幸事，也是道德的幸事。

程伊川曾经说："感慨杀身很容易，能从容就义却很难。"有人因为一时意气被激将，也常有人视死如归，坚持正义不会回头。至于有些人转念想一想，考虑到利害关系，然后怕死的心就有了。苏格拉底被羁押在监狱中三十天，没有应该判死刑的罪过，也有可以逃掉的机会，然而苏格拉底仍然像平常的日子、处于顺利的境遇中一样，不改变他坚守为道德死去的最初志向。若不是对仁义道理精通熟悉，且无论流离失所，生活困顿也能如此，又怎么能说出这样的话呢？

苏格拉底是欧洲道德哲学的鼻祖，他为人处世的行为准则从开始到最后，都可以和理论相匹配。芝诺芬曾经讨论苏格拉底说："苏格拉底，是敬仰天害怕神灵的人，所以不是神灵命令的就为。仁人也，故利人者无不为。勇者也，故能自制而屏嗜欲。智者也，故不假人力而别善恶。处事则断，知人则明，劝善规过，数十年如一日。盖一诸德具备之人物也。”可谓非溢美之词矣。

不做。正义的人，不利于别人的事情就不去做。仁义的人，有利于别人的都会去做。勇敢的人，能自己严格要求自己而摒弃陋习。智慧的人，不需要通过别人就可以辨别出善良和邪恶。处理事情果断，知人明理，劝别人要善良规避错误，几十年如一日。他是一个各种道德都具备的人物。”这样的评论可以说并不是过分赞美的言辞。

第十一章 弟子记

苏格拉底弟子綦众，其人有工，有商，有兵士，有处女，有文人，有伧夫，而以青年为尤多。其性行亦有刚，有柔，有训谨，有放诞，有恬淡，有勇敢，有真率，而无不因其材性之所宜，各有所造就。今举其尤著者数人，以著苏学之流派焉。

柏拉图（Plato）者，一名雅里大各（Aristocle），以纪元前四百二十九年（周考王十二年）生，形貌魁梧，善武事，故其师字之曰柏拉图。柏拉图，华言骈胁也。初擅诗歌，一见苏格拉底，尽弃旧学，从之十年。苏死，柏为讼其冤，后遍游埃及意大利，归讲学于亚克特美园（Academy），独得苏氏真传。苏学之有柏拉图，犹孔门之有颜渊也。

安得臣（Antisthenes）者，初居什匿克（Cynics）射圃，设帐授徒，号曰什匿克派。及闻苏格拉底名，遂撤皋比，自请为弟子，又命其门人亦从学焉。安得臣之学，主绝欲遗世，克己励行。其初谒苏氏也，衣敝衣，有自矜色。苏讽之曰："吾自汝衣之破绽中，而窥见汝之虚伪矣。"安有弟子曰棣俄奇纳（Diogenes）尤狂诞，常白昼携灯，徘徊于市，谓遍觅雅典城，不得一男子。家贫无室庐，以一木器自随，坐卧起居，皆在其内。一日方曝体，亚历山德大王谒之，问所欲，曰："若无混我而蔽我日苏格拉底的学生极多，他们中有工人，有商人，有士兵，有处女，有会写文章的学者，有贫贱的粗汉，其中青年人尤其多。这些人中性情有的刚烈，有的柔性，有的性格谨慎，有的行为放纵怪诞，有的性情恬淡，有的勇猛敢为，有的性情率直。苏格拉底都因材施教，使他们都有所创造有所成就。现在列举几个比较优秀的人，让大家看看苏格拉底学说流派的伟大。

柏拉图，又叫雅里大各，公元前429年（周考王十二年）出生，外形高大魁梧，善长武事，所以他的老师给他取名叫柏拉图。柏拉图，中文意思为圣人之像。他最开始是善于写诗歌，一见到苏格拉底，就都放弃了之前的东西，跟随苏格拉底十年。苏格拉底死后，柏拉图替他诉讼冤屈。后来，他游遍埃及、意大利，回来后在亚克特美园讲学，得到苏格拉底的真传。苏格拉底有柏拉图这个学生，就像孔子有颜回一样。

安得臣，最开始住在什匿克的习射场地，建有帐篷营地教授学生，号称什匿克门派。等到他听闻了苏格拉底的名声后，便撤了讲学的座席，自己请求做苏格拉底的学生，又命令自己门下的人也跟着苏格拉底学习。安得臣的学习，主要是拒绝欲望超脱尘世，避世隐居，克制和约束自己，培养良好的品行。他开始拜见苏格拉底的时候，穿着破旧的衣服，神情骄傲。苏格拉底讽刺他说："我从你衣服的破绽中，看到了你的虚伪。"安得臣有一个学生叫棣俄奇纳，尤其狂傲荒诞，经常白天带着一个灯，在大街上徘徊，称走遍雅典城里，看不到一个男子。他家里非常贫穷，没有住的地地方，只有一个木制的器具，随身带着，坐卧起居都在木器里面。一天他光也。”叱之去，其骄慢如此。后亦随安得臣而受业于苏。

阿黎士梯布者，富人也，亦孰贽于苏氏之门，其学以求乐为归。人以其故居在锡伦纳（Cyrene），因名之曰锡伦纳学派，与什匿克学派对峙。尤有士奥陀罗（Theodorus）、海格西亚（Hegesias）、安尼塞罗（Annicerus）三人，亦主求乐之说，而持论不同，各为别派。苏格拉底尝戒阿曰：“吾辈教青少年而欲其成就伟业，莫如导之艰难辛苦，以养其坚忍克己之性质。”盖亦以主乐之说为有弊也。

欧克黎特（Euclid）者，美加拉（Megara）人。慕苏格拉底名，欲亲炙之。会雅典与美加拉失和，禁美加拉人至其国，犯者锢之终身。欧克黎特乃伪为女装，日行路二十英里，而听讲于苏氏之门。及有所得，遂归创美加拉学派，标明真善出于理性之义。后苏格拉底遇难，诸弟子多避居美加拉者，得欧之营助为多，盖所以报师恩也。

芝诺芬者，雅典少年之杰出者也。苏格拉底识其人，欲招致之。一日遇诸途，问之曰：“欲沽美食，于何求之？”芝告以其处。又曰：“欲为善人，于何求之？”芝踌躇不能答。苏曰：“然则从我而学耳。”于是芝遂执贽称弟子。后以史学刚刚从木器里面出来，亚历山德大王来拜见他，问想要什么，他说："如果想要给予我什么，那就为我把日光遮住吧。"大声呵斥，让亚历山德离开了，他就是这样骄傲蛮横，后来也跟随安德臣向苏格拉底学习。

阿黎士梯布，是个富人，也拿着礼物拜在苏格拉底的门下学习，他学习主要是为了追求快乐。人们因为他的故居在锡伦纳，因而称为锡伦纳学派，和什匿克学派是相互对峙的。又有士奥陀罗、海格西亚、安尼塞罗三人，也是主张追求快乐的学说。他们因为坚持的理论不同，所以各自为一个派系。苏格拉底曾经告诫阿黎士梯布说："我们这辈人教育青少年，想要他们成就伟大的事业，莫不如教导他们艰难辛苦的道理，培养他们坚持忍耐克制自己的秉性。"所以也认为追求快乐的学说是有弊端的。

欧克黎特，是美加拉人。他仰慕苏格拉底的名气，想要亲自去拜访他。当时刚好雅典和美加拉关系不好，政府禁止美加拉国家的人到雅典，规定违反者就终身禁锢。欧克黎特于是穿上女装，日行20英里路，到苏格拉底门下听课。等到学有所得，回到自己国家创建了美加拉学派，标明真理和善良源于理性。后来苏格拉底遇难，很多苏格拉底的学生逃到美加拉避难居住，得到了欧克黎特的营救，这就是报答苏格拉底的教育之恩吧！

芝诺芬，是雅典少年中的杰出者。苏格拉底了解他，想要将他招到门下。一天他在路上遇到芝诺芬，问："想要去吃美食，到哪里去找呢？"芝诺芬告诉了它地方。苏格拉底又说："想要成为一个善良的人，怎么样能做到呢？"芝诺芬犹豫不决不知道怎么称，且于波斯之战著勇名。

【批评】

苏格拉底之学，自柏拉图外，所得皆偏而不全，甚至有互相反对者，史称小苏格拉底派（Imperfect Socratists ）。犹孔子之后，有子张之儒，子思之儒，颜氏之儒，孟氏之儒，漆彫氏之儒，仲良氏之儒，荀氏之儒，乐正氏之儒。墨子之后，有相里氏之墨，相夫氏之墨，邓陵氏之墨也（见《韩非子显学篇》）。然见仁见智，各明一义，可以见苏氏宗门之广大，不足为本师咎也。

苏格拉底不著书，其事迹散见于柏拉图之问答篇（Dialogue）及芝诺芬之纪念录（Memorabilia）中。柏书长于论学，而事实或未得其真。芝书详于事实，而学说则有误解之处。故说者谓二书不可偏废云。

回答。苏格拉底说："既然你回答不上来，那就跟着我学习吧！"于是芝诺芬拿着礼物拜苏格拉底为师。后来他因史学而出名，并且在波斯战役中勇猛果敢，非常有名气。

【评论】

苏格拉底的学说，除柏拉图外，其他的都学习得比较片面，甚至还有的是互相矛盾的，历史上称为小苏格拉底学派。就像孔子的后人，有子张儒学，子思儒学，颜氏儒学，孟氏儒学，漆彫氏儒学，仲良氏儒学，荀氏儒学，乐正氏儒学。墨子之后，有相里氏墨学，相夫氏墨学，邓陵氏墨学（见《韩非子显学篇》中）。然而，仁者见仁，智者见智，各自坚持正义。由此可见，苏格拉底门下宗派广大，不是老师的罪过。

苏格拉底不写书，他的事迹都是在柏拉图的问答篇以及芝诺芬的纪念录中记载的。柏拉图的书擅长写理论，事实可能不是真的。芝诺芬的书描写事实比较详细，但学说可能有误解的地方。所以有人说这两本书不可偏信其一，二者结合看最好。

少年叢書

文白对照本

林肯

钱智修◎著

團結出版社

图书在版编目（CIP）数据

少年丛书 / 孙毓修编. -- 北京 : 团结出版社,2015.7
ISBN 978-7-5126-3662-0

Ⅰ.①少… Ⅱ.①孙… Ⅲ.①名人—生平事迹—世界—少年读物 Ⅳ.①K811-49

中国版本图书馆CIP数据核字(2015)第130183号

出版: 团结出版社
(北京市东城区东皇城根南街84号 邮编: 100006)
电话: (010) 65228880 65244790 (传真)
网址: www.tjpress.com
Email: 65244790@163.com
经销: 全国新华书店
印刷: 三河市祥达印刷包装有限公司
装订: 三河市祥达印刷包装有限公司

开本: 148×210 1/32
印张: 128
字数: 1500千字
版次: 2015年12月 第1版
印次: 2016年4月 第2次印刷

书号: 978-7-5126-3662-0
定价: 490.00元 (全28册)

少年叢書

出版前言

近代著名思想家、政治家梁启超曾经说："少年强则国强，少年智则国智，少年富则国富，少年独立则国独立，少年自由则国自由，少年进步则国进步，少年胜于欧洲，则国胜于欧洲，少年雄于地球，则国雄于地球。"这是他的散文《少年中国说》中的一段，作于戊戌变法失败后的1900年。文中极力歌颂少年的蓬勃朝气，指出封建统治下的中国是"老大帝国"，热切希望出现"少年中国"，振奋人民的精神。

或许是受到梁启超先生的感召，1908年冬天，上海商务印书馆编译所推出了一套系列丛书——《少年丛书》，又名《中外伟人的传略》，这是二十世纪中国的第一部历史人物类学生课外阅读丛书。首任编辑和作者是林万里，第二任编辑是孙毓修，孙毓修是这套丛书的主要作者，后期加盟写作的骨干还有国学大师钱智修。他们都博览中外，以精准而严格的眼光审视中外古今文化资源，选取其中有益于

少年儿童精神世界的材料，予以整合，编写成册。这套书出版以后，广受少年儿童的欢迎，每册前后加印达几十次，若整套书累计，恐怕达到数百次之多，发行量之大，影响力之广，在二十世纪的人物传记类图书中堪称罕见。

《少年丛书》前后出版了近三十余种，每一册传主为一位中外历史名人。我们在全国各地经过多方的搜寻，共得二十八册，其中中国名人十五位，外国名人十三位。每篇先叙述名人的生平传记，后加以作者的评论，根据时事，启发少年，借以激励少年树立远大志向，明确奋斗目标，成就健全人格。著名作家茅盾在阅读这套书后曾评论说："记事简明，议论正大，阅之足以增长见识，坚定志气。"这套出版之初即为砥砺少年志向的书影响了当时无数少年儿童由此走上振兴中国之路。著名作家张天翼、赵景深、陈伯吹等，都曾深受这套书的影响。

《少年丛书》的三位作者，都是当时学贯中西的通儒，不仅有深厚的国学功底，也有睁眼看世界的非凡眼光。撰写本套书册数最多的孙毓修先生，他是我国近代著名的目录学家、藏书家、图书馆学家。他同时还创作了大量的儿童文学作品。除了《少年丛书》，他还先后主编出版《少年杂志》、《童话丛书》等，被茅盾誉为"中国童话的开山祖师"。

另一位作者钱智修，浙江嵊县人，字经宇，是著名的国学大家，博古文学家，东方学派思想家。他在学时，就以"国学国文湛深，文章洛阳纸贵"赢得尊敬，并被上海多家进步报馆争揽为特约撰稿人。1911年毕业后，他应编译所长高梦旦之聘，担任商务印书馆编

译所编辑。1920年7月他任《东方杂志》主编，长达12年，是该杂志有史以来任期最长的主编。他还参与编辑《辞源》及《中国人名大辞典》、《中国古今地名大辞典》。1931年任国民政府监察院秘书长。

第三位作者林万里是民国年间著名的报人，原名獬，又名白水，字少泉。他幼承家学，又拜名士高啸桐（商务印书馆创始人之一）为师。清光绪二十四年(1898年)，他在杭州参与创办求是书院、养正书塾、东城讲舍、蚕学馆4所新式学堂，任求是书院总教习；后任《杭州白话报》主笔，宣传新思想。光绪三十年(1904年)，他出任《警钟日报》主编，宣扬孙中山及其领导的革命，后追随孙中山。帝制取消后，林万里重操新闻旧业，创办过多份报刊。

鉴于每位作者独有的知识结构和兴趣热点，每位编者对人物都有自己的选择。孙毓修所撰写的大部分是中国历史名人，而且写作的视角也非常独特，如其所写的《玄奘》是一个历史人物，而不是《西游记》中的唐僧。现代的普通读者对玄奘的了解绝大部分是来自于《西游记》等小说，而历史上的真实情况却鲜有人知——玄奘取经并非唐太宗支持，相反还受限于当时的法令，他冒着生命危险才得以出境。这就需要有人为读者打开另外一扇窗户，还原真实的玄奘，而不是小说中的文学形象。茅盾先生对孙毓修所写的《玄奘》评价很高："可以说是内容翔实，深入浅出，既宜于少年阅读，也使成年人增加历史知识。"再如《苏秦》，作为一位著名的辩士，《史记》必然为之列传。孙毓修在写苏秦游说各国发言的时候采用了《史记》中记载的史料，而在后面的评论部分对苏秦的表现作了恰当的点评，分析苏秦游说秦、燕、赵、韩魏、齐楚的过程，阐述了苏

秦辩术策略的不断提高。对于国外人物的选取，孙毓修也是偏爱励志型的，如德谟士，从一个小人物成长为大演说家；彼得大帝，从受制于人，成为欧洲赫赫有名的皇帝。

另一位作者钱智修，先后写有《林肯》、《苏格拉底》、《拿破仑》等，这些都是西学东渐后中国人十分崇仰的外国名人。值得注意的是，钱智修秉承严复所主张的信、达、雅翻译原则，特别讲究传记所含的真实性。他所抒发、张扬的传主虽然都被列为人们仿效的楷模，写法却不做作，更没有为了塑造人物形象而更改史实。

林万里所写的外国传记和钱智修的作法大致相近，即在第一章抒发己之传记宗旨，后文谈及传主读书之术、治学之道与其行事风格，并进行了点评。此外还有其他人关于传主的言论，更有编译者自己的评论，以引导少年儿童正确地学习和借鉴，而不是一味盲从。

《少年丛书》的最大特色，就是“记事简明，议论正大”。书中除了记叙人物的生平故事之外，作者的评论也让这套书大为增色。其议论宏富，既能够结合少年的成长特点，指明如何学习书中人物的优良品质，也指出了其中的不足之处，对于引导少年如何立志修身，大有裨益。

这套书的另一大特色，就是全部用文言文写作，语言凝炼，文笔流畅，保持了中国传统作史传的鲜明特色。当时，白话文风已经悄然兴起，而作者能够不从时髦，采用文言写作，甚为难得。以至我们今日再读此书，依然能够体味到文言笔法的无穷魅力。然而考虑到近百年来，国人的文言文水平已经一落千丈。今日的大部分少年，阅读文言文尚有一定困难，因此我们特别组织人员，将全套书进行了

白话翻译。尽管我们做了最大的努力，文言文的神韵依然是难以用白话表达出来。因此，我们希望少年朋友通过阅读这套书，体会文言文的独特魅力，进而热爱和学习文言文。

《周易》有云："君子以多识前言往行，以畜其德。"说的就是多学习古人的嘉言懿行，对我们修身立德至为重要。古人尝言："童蒙养正，少年养志，壮年养德。"少年时期是人生至为关键的时候，这个时期树立什么样的志向，以什么样的人为榜样，往往会决定一个人未来的人生成就。而一个人少年时期读的书，也足以改变他的一生。在今日少年课外读物良莠不齐的状况下，《少年丛书》堪称鲜有裨益少年的优秀读物。若今日的少年，能够认真研读这套《少年丛书》，对于树立远大志向、培养健全人格、完善道德情操将大有裨益。或许，今日的风华少年，即是将来成就伟业的千古豪杰、泽被世人的大圣大贤。勉哉！勉哉！

为什么要读名人传记

——《少年丛书》白话语译序

我从小很喜欢读书，可是，因为身处偏僻山村，小的时候却无书可读。那个时候，家中只有父亲买的一本《古文观止》，儿时翻阅过无数次，虽看不太懂，却记忆深刻。有人说，儿童时期读的书，一生也难以忘记。此言确实不虚。

没有想到的是，儿时无书可读的我，日后竟然投身于出版业。今天，我国的出版业已经非常发达，给少年儿童读的书也非常多。可是，若细心寻求，真正的好书却是少之又少，尤其是给少年儿童介绍历史文化的书。

一个偶然的机会，我们与这套百年前的《少年丛书》结缘，这套当初专为少年而写的中外名人传略，让我眼界大开，没想到，百年前的前辈们，竟给少年们创作出如此优良的传记读物。要知道，给少年

儿童写作，比给成年人写作更难，尤其是给人物作传，既要符合历史史实，不可随意编撰，又要注意引导青少年如何取其长，避其短，以免误人子弟。因为，作为历史人物，不可能处处皆堪为今人楷模。这就需要作者要极富有爱心、责任心和严谨精神，才能让读者从中获得纯净的人生智慧。可以说，目前各种写给青少年的人物传记，很少能与这套《少年丛书》相提并论的。

这套书中的二十八位中外名人，大多数是我们耳熟能详的人物，但是对于他们的生平事迹，也许就知之甚少了。读了他们的传记，方知欲为圣贤豪杰，需下一番苦功夫才能有所成就。“人人皆可为尧舜”，说的是我们每个人都有成圣成贤的资质，然而虽有圣贤之资，也需后天的不懈努力，方能成就一番伟业。所以，这一套书作者的目的并不仅仅是让读者了解一下名人轶事，而是以伟人的事迹启迪和激励少年朋友，树立人生的志向，汲取这些英雄豪杰的人生智慧，修身立德，练就自身本领，最终成为造福国家和社会的有用之才。

这套书虽然是写给少年看的，并不意味着就不适合大人阅读。大作家茅盾就曾大力推荐这套书。现在的青年人，乃至家长、老师，若能读读这套书，对于人生事业，教育子弟，也是大有益处的。可以说，这是一套老少皆宜的好书。

《少年丛书》在当时之所以大受欢迎，销量巨大，也不是没有原因的。这套书每册文字量不大，文笔流畅，史实可靠，评议精彩，这都是许多普通名人传记所不具备的。因此，这套书深受读者欢迎，也就不难理解了。

读名人传记，重在学习名人的智慧和经验。正如文天祥所说，

“人生自古谁无死，留取丹心照汗青”。人生有涯，知也无涯，如何在有限的生命里寻求到人生的价值，获取人生的智慧，而不浪费光阴？《少年丛书》中的这些圣贤豪杰，就是我们的榜样。他们身上伟大的人格，比如孝友、善良、爱心、坚毅、勇敢等等，这些人性的光辉，都是我们的学习之处。

我们用了近一年的时间，将这一套书作了白话语译，希望今天的少年们，能够喜欢阅读并且从中汲取智慧。若能让每一位读者都能够有所收获，那就不负当初写作这套书的三位老前辈的一片苦心，而我们的工作也就没有白做了。

这一套书规模宏大，在校对和语译的过程中，难免会有错误，恳请广大读者不吝指正。

《少年丛书》语译小组　主编　萧祥剑

目录

第一章 英雄与时势

为乱世之英雄易，治世之英雄难；为专制国之英雄易，为民主国之英雄难。乱世之英雄，大都以兵力为凭藉，或奋迹行阵之中，或偶附风云之会。但使武力足以胜人，则虽刀笔小吏、椎埋屠狗之雄，皆可以乘时得志，于陈陈相因之相斫书（魏隗禧称《左传》为相斫书，以其多言战事也）中，占数行篇幅。而治世则不然。其政治已入轨道，则英雄之崛起也难；其人心习于故常，则英雄之成功也难。自非天才卓绝，能真知灼见于社会之隐患，而继之以进取奋斗之精神，断未有侥幸成名，流声于后祀者。盖乱世之英雄，为时势所造之英雄；而治世之英雄，则造时势之英雄也。

然虽生当治世，设其所托处者为专制之国家，则建立功业之机会，抑犹非甚难得者。盖专制国之精神在权势，权势之所在，人心每因之而转移。君主大权在握，固可以网罗一时之英俊，范我驰驱。即为人臣者得君主之信任，亦可利用权势，为操纵人心之具。有禄利以为诱饵，则疏附奔走者多；有刑威以为劫制，则中梗掣肘者少。此皆专制国之英雄树高名创盛业之枕中秘也。而民主国又不然，其国家主权，操诸多数人民，民意不可以劫取，民望尤不可以苟致，必其责任心过于恒流。以光明磊落之手段靖献于国家，而后国家在战乱年间成为英雄容易，在太平盛世年间成为英雄困难；在专制的国家成为英雄容易，在民主的国家成为英雄困难。乱世的英雄，大多数凭借的是武力，或在军队之中奋勇崛起，或靠难得的机会而聚合。如果武力已经足以胜过别人，那么即使是个掌管文案的小官吏，或是为非作歹的小人，也可以乘势而得志，因而在因袭陈旧、缺乏创新的战争史书中，占有几行篇幅。然而在太平盛世中，就不能这样。太平盛世的政治制度已经成形，所以英雄的崛起也就很困难；太平盛世中的人习惯于常规，所以英雄的成功也就很困难。若不是才能卓绝的人，对于社会的隐患能够具备真知灼见，加上具有不断进取奋斗的精神，断然不会有侥幸成名而流传于后世的。因此乱世的英雄，是时势造就的英雄；而太平盛世的英雄，则是造就时势的英雄。

然而即便是生活在安定的社会，假设他生活在专制的国家，那他建立功业的机会，或许也是非常难以得到的。专制国家的精神均在于权势，有权势的地方，人心就会因此而被转移。君主只要大权在握，便可以网罗当时的英雄豪杰，任他调遣，为他效命。也就是作为臣子只要得到君主的信任，便可以将权势作为操纵人心的工具。用功名利禄作为诱饵，则使疏远者亲附的比较多；用刑威来控制，则中途阻梗、从旁牵制的比较少。这些全部都是专制国家的英雄，用来树高名创伟业的枕中秘笈啊！民主国家却不是这样，国家的主权掌握在多数人手中，民众的意愿不可以夺取，民众的愿望更不可以随便应答。他们的责任心必然要稳固如永不断绝的流水，用光明磊落的做法来安定自己的国家，而后国家将会得到长久蒙无疆之庥而已，亦被其荣名焉。盖专制国之英雄，为奴役群众之英雄，而民主国之英雄，则役于群众之英雄也。

吾侪今日既生于中华民国共和确定之后，则欲为英雄，自不可不以治世之英雄自勉，尤不可不以民主国之英雄自勉。彼恃跅弛不羁之材，权谲机诈之能，以欺世而盗名者，则皆历史上之过去人物，而非所宜于今日者也。虽成功有难易之不同，而欲为识时务之俊杰，亦安可不勉为其难。且民主国之英雄事事须从平实处做起，故不特其成就之功业，有裨国利民福与纯盗虚声者不同。即不幸失败，亦进可以取，退可以守，不至失其安身立命之地。常见少年貌为爱国，以为吾既自任以天下之重，则身家事小，势有所不暇兼顾。刘季不治生产，祭遵结客报仇，轻薄之士每引以为美谈。卒至国家之责任未尽，而家庭之责任已先放弃，则又如何于礼法中先求稳固地盘之为愈乎。马伏波（马援，字文渊，后汉光武时仕至伏波将军）诫兄子曰："刻鹄不成尚类鹜，画虎不成反类狗。"此则尤少年之金科玉律，而为崇拜英雄者所当慎于去取者矣。

的庇荫保护，他们同样会被冠以光荣的称号。所以专制国家的英雄，是奴役群众的英雄；而民主国家的英雄，则是被群众所役使的英雄。

我辈人既然是出生于中华民国建立之后，那么要想成为英雄，自然是不能不以治世英雄的名号勉励自己，尤其是不可不以民主国家的英雄来勉励自己。那些自恃为放荡不受拘束的人才，有机诈权变，耍尽心机的能耐，用欺骗世人而盗取英雄之名的人，则都是属于历史上过去的人物，并不是现在的时代所需要的。虽然成功有困难和容易之别，然而要想成为识时务的俊杰，理应知道这是不能勉为其难的。并且民主国家的英雄，每件事都必须要从平常做起，所以他没有特意的去成就伟业，可让国家强大、民众享福，这点与纯粹盗取虚名的人是不同的。即使他们不幸失败，也同样进可以取，退可以守，不至于最终沦落到失去安身立命的地方。经常见的就是一些年轻人表面上看起来十分爱国，认为我既然要以天下的事为重，那自己和家里的事都是微小的，势必没有那么多时间一起兼顾。刘邦不下地干活，祭遵帮助别人报仇，轻佻浮薄的人每每说起来都以此为美谈。最终导致对于国家的责任没有尽到，而对于家庭的责任刚开始就已经放弃，这样又怎么在礼法中寻求越来越多的稳固地盘呢？马伏波（马援，字文渊。后汉光武帝时做了伏波将军）告诫自己的侄子说：“想要雕刻鹄，仿效失真，尚且还有点像鹜。想要画虎，画得不伦不类，反倒像只狗。”这话尤其是对于少年来说相当于金科玉律，一定要慎重取舍自己要崇拜的英雄。

吾求诸美国史中，而得一少年之模范人物焉，曰林肯。林肯生于十三州独立告成之后，其所处时代非群雄并峙，以武力角胜负之时也。起于畎亩之中，而为平民政治之国之一市民，非有势位之可凭，与权力之可藉也。初则为木工，继则为舟子，乃至为店伙，为律师，为议员，治一事则尽一事之职，未尝见异思迁。以大行不顾细谨为口实也，然卒能自跻于一国元首之地位。以成解放黑奴统一南北之大功者，无他，亦其责任心与进取心之过人而已。惟其责任心之过人，故任遇何事必不肯放松一步；惟其进取心之过人，故任遇何事必更求逼进一步。林肯才德兼茂，既充其量以成古今不世出之传人矣。即天才不及林肯者，但能以林肯之心为心，则虽不能为事业上之伟人，亦庶几不失德业上之善人为。此诚从平实处做起之英雄，学之似难而实易者也。然则谓为少年最适之模范，不亦宜哉？作《林肯传》。

我遍寻美国历史，从中找到了一位少年可崇拜的模范人物，就是林肯。林肯生于美国十三州独立告成之后，他所处的时代并非是群雄各自对峙，以武力决斗分胜负的时代。林肯奋起于乡村，只是民主自治国家的一个普通市民，并没有权势地位可以凭借。刚开始林肯是做木工，接着又做了船夫，到后来做小店伙计，做律师，做议员，每处理一件事都会尽职尽责，全心全意，从没有过见异思迁的行为。他曾因办事不拘小节而被人指摘，但他最终成功跻身于一国元首的位置。他能取得解放黑奴而统一南北这样的伟业，原因没有其他，同样因为他的责任心和进取心都过于常人。因为他的责任心过之于常人，所以碰到任何事情都不肯放松一步。又因为他的进取心过之于常人，所以碰到任何事情都要求更进一步。林肯德才兼备，充分施展了他的才华抱负，取得的成就古今中外绝无仅有，得以流芳百世。如果天赋不如林肯的人，可以拥有林肯为人处世的心态，即便不能在事业上成为林肯那样的伟人，却可以在道德上有所建树而成为一个善人。林肯这种从平常处做起的英雄，看似学起来很困难，其实很简单。固而说他是少年最适合崇拜的英雄模范，这不是应该的吗？因而作此《林肯传》。

第二章　阡的伊州之家庭

西美阡的伊州(Kentukey)霍琴斯镇(Hodgensville)之荒原,有一小屋焉。屋叠横木为之,仅能容膝,门揭熊皮为帘,无户扃。室中有土灶,灶旁瓶缶板凳数事,家具寥寥,适足代表草莱初辟时代之生活。主人姓林肯(Lincoln),名汤麦思(Thomas),世业木工,以受地垦荒与其妻南雪氏(Nancy)同居于此。先生一女,名沙雷(Sarah)。逾二年,是为一千八百零九年(清嘉庆十四年,民国前百零三年)之二月十二日,复生一丈夫子。汤麦思因以大父之名名之,曰亚伯拉罕(Abraham)。是即五十年后之美国大总统亚伯拉罕·林肯,而吾书之主人翁也。

亚伯拉罕·林肯生而壮健。甫能行,常偕其女兄作林中游,故天机活泼异于常儿。汤麦思为人勇敢而仁慈,以久居边荒,习为游猎生涯,则以游猎时新奇可喜之事,诏其子女。南雪夫人尤勤慧,缝衣、造饭,既以一身任之,尤能助其夫射猎。盖虽荜门圭窦,饘粥仅供,其家庭之空气,固甚为良好也。

美国西部的阡的伊州（Kentukey，即现在的肯塔基州）霍琴斯镇（Hodgensville）的荒原上，有一个小屋。小屋只是用一根根横木搭成的，非常狭小；门帘是用熊皮做的，没有门栓。屋中有个土建的灶，灶台旁边是一些瓶罐、板凳之类的用具，家具稀少，这仅仅相当于过去开荒时代人们的生活水平。房主姓林肯（Lincoln），名字叫汤麦思（Thomas），家中世代以做木工及开荒种地为生，他与妻子南雪氏（Nancy）生活在此。他们生的第一个孩子是女孩，名叫沙雷（Sarah）。两年后，也就是1809年（清嘉庆十四年，民国前百零三年）的2月12日，又生了一个儿子。汤麦思根据基督教中希伯来人的始祖之名，给儿子起名叫亚伯拉罕（Abraham）。这就是五十年后的美国大总统亚伯拉罕·林肯，也是我这本书的主人公。

亚伯拉罕·林肯生下来就很健壮。刚能走路，就常陪着他的姐姐去林中游玩，所以性格活泼超过平常的孩子。汤麦思为人勇敢而且仁慈，因为长久居住在边荒地带，习惯了打猎的生活，所以他常常将外出打猎时碰到的新奇、可喜的事情，告诉两个孩子。南雪夫人尤其勤快聪慧，她除了缝衣做饭外，还能帮助丈夫打猎。虽然这只是个寒微之家，每餐只有稀粥，但是家庭的氛围，却非常好。

汤麦思生平未入学校，惟南雪夫人则知书识字，耽悦图籍。汤麦思之略识之无，亦南雪夫人教之也。及林肯年稍长，则撷取《新旧约》中故事，教之读书。嗣后村民尝设三星期之短期学校。林肯年仅五岁，以素得母教之力，遂为个中翘楚。

南雪夫人之教子，于训育上尤为注意。林肯六岁时，尝钓于溪边，得小鱼一尾。携之以归，见一人荷枪急装至，知为兵士，因以此鱼赠之。归告其母，为状至乐。盖夫人尝言兵士舍身卫国，见者宜表示敬意。林肯之为此，即所以表其敬礼兵士之意也。

村间无礼拜堂。有时牧师旅行过此，则借农家集众宣教。有名爱尔京（Elkin）者，尤为村民所重。亦时造林肯家，享野禽脱粟之盛筵。林肯于其行后，每效其声吻，据树株土灶上讲说故事，村人子弟多喜听之。人谓林肯生平以演说著，已于幼年时代植其根基焉。

【批评】

人之品性，以家庭教育及父母之遗传性影响最大。林肯幼时，固得力于母教为多，然其父以游猎为生，又能将耳目所闻见之故事，诏其子弟，则其冒险进取之精神，亦可谓汤麦思一生没进过学校，只有南雪夫人能识字看书，尤其喜爱图书。汤麦思所认识的不多的东西，也是南雪夫人教他的。等到林肯稍微大些的时候，南雪夫人便从《新约》《旧约》中挑选一些故事，教他读书。后来村里曾经开设过三个星期的短期学校。林肯仅仅五岁，但因平时母亲的教导，成为了其中的佼佼者。

南雪夫人教育孩子，在道德教育上尤其注意。林肯六岁的时候，曾经在小溪边钓鱼，仅钓得一条小鱼。带着小鱼回家的时候，在路上看到一人背着枪、急速整装走来，林肯知道他是士兵，就把鱼赠送给了他。回家后将这件事告诉了妈妈，样子很是开心。因为南雪夫人曾经对他说过，士兵们为保卫国家常常舍身，见到了应该表示敬意。林肯之所以这么做，就是向士兵表示敬意的意思。

村里没有做礼拜的教堂。有时候，有传道的牧师会经过村子，他们便借用农户的房子来传教。有一个叫做爱尔京（Elkin）的传教者，尤其受到村民的敬重。他也常常来林肯家拜访，吃些野禽和粗粮。林肯在他走后，总会模仿他的声音和语调，站在树桩上，或是灶台上讲说《圣经》里的故事，村里的孩子们都很喜欢听。有人说林肯一生能够成为演讲家，其实在他小的时候已经打下了良好的根基。

【评论】

人的品德性情，受家庭教育以及父母的遗传影响最大。林肯小的时候，固然得益于母亲的教诲比较多，但是父亲以游猎为生，又能将自己所见所闻的故事，告诉孩子们，所以林肯的冒险进取生有自来矣。

立宪国民，人人有当兵卫国之义务。南雪夫人以敬礼兵士教林肯，则于不知不觉间已养成其国家思想矣。此夫人之善教子弟处。

前纽约某报，调查市内大人物之出身，谓十二人中，有十人生于纽约以外，而十人中又有八人生于农家。此事看似奇异，实有至理。盖大都会中，虽于教育上有种种便利，然污浊之空气、物质之诱惑，尝足以乱青年心志而摧其强毅有为之气，反不如农家子弟之以自然教育陶冶其精神之为愈也。寄语田舍郎，幸勿辜负良机。

精神也可以说是与生俱来的。

作为共和政体的国民，人人都有当兵卫国的义务。南雪夫人教导林肯要尊敬士兵，于是在不知不觉间培养了林肯以国为家的思想。这是南雪夫人善于教育孩子的地方啊！

以前纽约有一个报社，调查纽约市里大人物的出身，结果显示十二个人里面，有十个人出身于纽约以外的地方，而这十个人中又有八个人出身于农民家庭。这个调查结果看似奇异，实际上是很有道理的。因为在大城市中，虽然在教育上有各种便利，但是污浊的社会风气、物质的诱惑，都足以扰乱年轻人的志向，从而毁灭了他们坚强、刚毅、成就事业的勇气，使他们反而不如农家的孩子，以大自然来教育和陶冶其情操，治愈其精神上的毛病。希望那些出身农家的子弟，不要辜负了这样的好机会。

第三章　亡母遗言

一千八百十六（清嘉庆二十一年，民国前九十五年）冬，汤麦思迁居英的安纳州（Indiana）之斯宾塞郡（Spencer County），以其地地价廉，便耕殖也。既至，先葺草房以居。房三面有壁，前一面则露于天空。家人咸名之曰“露营”（Camp）。是年，即居此过冬。

汤麦思既寄顿妻子于“露营”，则鸠工庀材，为新居之预备。时林肯甫八岁，居然能持斧斤助其父，像一少年木工模样。暇则从母学字。家贫无文具，木业为纸，鹅毛管为笔，以练习勤，颇亦楚楚有致。此外尤能弹射野鸟，以佐庖厨。惟天性慈祥，过人一等。一日尝弹得一吐绶鸡，见其血肉模糊之惨状，竟惧极而啼。嗣后每出行猎，取足佐餐而止，不以多杀为能。

次年春，汤麦思新屋落成，全家迁入。是屋亦斫粗木为之，较阡的伊州旧居所胜无多。林肯辈备受雨雪风霜之苦，居此乃不啻天堂。然南雪夫人则已积瘁伤其身，终至不起。夫人疾革，呼林肯而诏之曰：“亚伯拉罕乎，余行别尔逝矣。余知尔能孝尔父而敬尔姊也。勉为善人，如余所教，尤宜虔事尔之上帝。”林肯敬记勿敢忘。及后为大总统，功成名遂，旧事重提，犹曰“余一生之事业若希望，咸

1816年（即清嘉庆二十一年，民国前九十五年）冬天，汤麦思将家搬迁到了印第安纳州（Indiana）的斯宾塞郡（Spencer County），因为这里的地价便宜且便于耕种。刚搬过来的时候，一家人先修建了间茅草房居住。房子的三面有墙壁，正前一面露对天空，没有墙壁。家人都称这为“露营”（Camp）。那一年，全家人就在这样的房子里渡过了冬天。

汤麦思把妻儿安顿在“露营”这样的房屋里，于是招集工匠，准备材料，为建新居做准备。当时林肯只有八岁，居然可以拿着斧子帮助父亲了，像一个少年的木工。闲暇的时候，他就跟着母亲学习写字。因家里贫困，条件不好，没有什么文具，就用木板做纸，鹅毛管做笔，勤奋练习，字写得也是有模有样。此外，林肯特别善用弹弓打野鸟，来改善伙食。只是他天性比别人善良，有一天打到了一只火鸡，看到火鸡血肉模糊的惨状，竟然吓得大哭了起来。从此以后，他每次外出打猎，只要够吃就行了，而不是认为打到的越多就能力越强。

第二年春天，汤麦思的新房子盖好了，全家搬进了新房。这所房子也是用粗木头建成的，不比在阡的伊州的旧房子好多少。林肯他们以前风餐露宿，现在居住在这里不异于住在天堂。然而南雪夫人已经积劳成疾，最终一病不起。南雪夫人病情危急，便将林肯叫到跟前，对他说：“亚伯拉罕啊，我将要离开你了。我知道你会孝敬父亲和尊敬姐姐的。尽力做个善人吧，就像我教你的，尤其是对上帝要虔诚。”林肯将母亲的话牢牢记在心里，不敢忘记。到后来成了大总统、功成名就的时候，提起这些旧事，他还说：

得力于母教也”。

南雪夫人之葬也，僻处荒村，无牧师为行祈祷礼，林肯引为大戚。忽忆及阡的伊州之牧师爱尔京，因作书招致之。阡的伊距斯宾塞郡几百里，路又荒梗，无寄书邮。林肯展转托人，仅乃得达。至次年春，爱尔京果翩然至。行礼时，村众咸集，均啧啧称爱尔京之诚，而嘉林肯之孝。

【批评】

孟子称，推其不忍人之心，而仁不可胜用也。林肯于吐绶鸡之微，犹不忍见其死状，则又安忍见圆颅方趾之同类，沦为奴隶而不一援手者？反之而小事忍心，则大事亦无不忍心，而凶于尔家，害于尔国之机在是矣。是故子弟幼时最宜教其爱惜微物，培养天和。既以化除桀骜不驯之戾气，亦以养成民胞物与之伟人。

道德上之信条，愈简要则愈易持循，不至旁皇歧路，漫无统纪。昔庾子舆（字孝卿，梁武帝时仕至巴陵内史）五岁诵《孝经》，人有告以文句不多，何用自苦者？子舆曰：“孝，德之本，何谓不多？”南雪夫人之遗言，亦只孝友敬天，寥寥数语，然立身接物之要，则已赅括无遗，可谓知其本矣。

“我这一生的事业能像现在这样，都得益于母亲的教诲。”

南雪夫人下葬的地方，位于偏僻的山村，没有牧师为她行祈祷礼，林肯为此很伤心。忽然想起阡的伊州的牧师爱尔京，因此林肯写信给他，请他过来。阡的伊州距离斯宾塞郡有好几百里，路又偏僻不好走，无法邮寄书信。林肯展转托人，才得以将信件送了出去。第二年春天，爱尔京果然来了。做祷告的时候，村民们都来了，他们都夸赞爱尔京的诚心，并称赞林肯有孝心。

【评论】

孟子说，一个人能把不想害人的心思扩展开去，仁就用不尽了。林肯对于火鸡这样的小动物，都不忍心看它的惨状，那么又怎么会忍心看到同样的人类，沦为奴隶而不去帮助他们呢？反过来，在小事上忍心，那么在大事上也会忍心，而危害自己的家庭，损害国家利益的起因也就在这里。所以在孩子小的时候，父母最应该教导他们爱护微小的动物，培养他们善良的天性。这样，既能除去他们桀骜不驯的戾气，也能培养他们成为爱护一切人与物的伟人啊！

道德上的信条越简单越容易遵循，不至于走上歧路，漫无目的。过去庾子舆（字孝卿，梁武帝时做官做到巴陵内史）五岁的时候诵读《孝经》，有人告诉他说《孝经》语句不多，何必费劲学习？庾子舆说：“孝，是德行的基础，怎么能说不多呢？”南雪夫人的遗言，也只是孝友敬天，寥寥几句话就把为人处事、待人接物的要点说得清清楚楚了，这可以说是抓住根本了。

第四章 华盛顿传

南雪夫人逝世，林肯过零丁孤露之生涯者一年。荒村矮屋，日有思，思其母；夜有梦，梦其母也。逾年冬，汤麦思续娶普希夫人（Bush）。夫人前夫遗一子二女，亦从其母来归。而林肯尤能以勤谨得继母欢。

林肯之在阡的伊州，既尝受三星期之学校教育。至是村人农隙设学，林肯亦随众往读，然每年仍不过数星期，至十七岁而止。综计一生，其正式受学之时间，不满十二月也。

林肯虽不得继续入校，而读书好学之心则不懈益励。其尤所心爱者，为《新旧约》、《天路历程》、《般斯诗集》等书。遇紧要关节必录入摘记簿中，至默诵无遗而后已。故虽腹笥犹贫，而受用已非浅尠。尝从农民克劳福（Crawford）家借得《华盛顿传》一册。林肯爱读不能释，就寝时携置床头，备晨起再观。而是晚天雨屋漏，竟损其书。林肯请于克劳福，为锄禾三日以偿，因为此破书之主人。

林肯既得《华盛顿传》，爱玩尤异于他书，田间陇畔，携以自随，读之无虑数百过。于是华盛顿遂为其心目中唯一之英雄。尝语人曰：“吾生纵不必如华盛顿之为美国大总南雪夫人去世以后，林肯过了一年孤苦伶仃的日子，在荒村的矮屋里，日日夜夜思念着他的母亲。第二年的冬天，汤麦斯又续娶了普希夫人（Bush）。普希夫人与前夫育有一个儿子、两个女儿，也跟着他们的妈妈一起嫁过来了。林肯因为做事勤快、谨慎小心很讨继母的喜欢。

林肯在阡的伊州的时候，曾经接受过三个星期的学校教育。现在村里在农闲的时候开设了学校，林肯也随着大家一起去读书，但是每年上学的时间仍旧只有几个星期，这样一直到他十七岁时才结束。终其一生，林肯正式的上学时间，加起来也不到十二个月。

林肯虽然不能继续在学校读书，但是他渴望读书、爱好学习的心从没有懈怠过，反而更加勤奋。他尤其喜欢《新旧约》、《天路历程》、《般斯诗集》等书籍。遇到精彩关键的片段一定会摘录下来记在笔记本里，一直到默诵没有遗漏的时候才罢休。所以虽然说腹中没有多少书，但是已受用匪浅。他曾经从一农民克劳福（Crawford）的家里借了一本《华盛顿传》。林肯对这本书爱不释手，晚上睡觉时就把书放在床头，以便第二天早上起床时阅览。但是那天晚上下起了大雨，屋里漏雨了，把书全淋坏了。林肯于是请求克劳福，让自己帮克劳福干三天的农活来补偿，从而成为了这本破损的《华盛顿传》的主人。

林肯得到《华盛顿传》后，非常喜爱翻阅这本书，即使是在田间陇畔，也都带着它，读了大约几百遍。华盛顿因此也成了林肯心目中唯一的英雄。他曾经对人说："我这一辈子，即使不能像华盛统，亦庶几勉循芎躅，无愧真心爱国之正人。”

林肯自修时代，既家贫无书，而其父伐木耕田，又在在需其臂助，困难较常人倍蓰。然以善用时间，未尝荒废，颇亦不觉其苦。窗隙之晨曦，火炉之微焰，皆林肯执卷吟哦之良伴侣也。每读书有暇，则练习体育，尤以善于角力闻。村人每年开运动会，林肯必冠其曹也。

林肯年十六岁，尝以事至蓬镇（Boonsville）参观其审判厅之审案，见被告律师雄辩滔滔，词源不竭，则直前握其手曰：“此余生平第一次所闻佳演说也。”时林肯衣粗敝之衣，身瘦长，跣其双足。律师固藐视之，未以为意。林肯受其白眼，始知社会不平等之现象，人不可不力争上流，自出头地。遂购一英的安纳州法典，孜孜研诵，备他日出而为律师。

【批评】

古今圣贤豪杰，其功夫多从勤字做起。勤则一时间得一时间之用，既不至断送光阴，亦不至坐失机会。林肯以十二月之学校教育，而成世界伟人，即善用时间之效也。岳武穆之词曰：“莫等闲，白了少年头，空悲切。”愿少年人加意记取。

顿一样成为美国大总统，但也会勉励自己追寻前贤的足迹，做一个真心爱国的正人君子。”

在林肯自学的那段时间，因家里贫穷没什么书，而他的父亲砍树耕田，也正需要他的帮助，所以读书遇到的困难比平常人多数倍。但是因为林肯善用时间，所以学习从未荒废，他也不觉得有多苦。清晨，从窗户进来的光线，火炉里的微光，都是林肯读书时的好伴侣。在读完书的闲暇时间，林肯便进行体育锻炼，尤其以角力较量而闻名。村里每年开运动会，林肯都能在同辈人中间拿到冠军。

林肯十六岁时，曾有一次到蓬镇（Boonsville）审判庭参观审案，看到被告律师滔滔不绝，善于雄辩，便直接上前，握着律师的手说：“这是我平生第一次听到这样好的演说！”当时林肯穿着粗破的布衣，身材瘦长，光着双脚。被告的律师很看不起他，对他的话满不在意。林肯遭受了白眼，才开始明白社会的不平等现象，人不能不力争上游，自己出人头地。于是他便买了一本英的安纳州的法典，孜孜不倦地研读，希望有朝一日可以成为一名律师。

【评论】

从古至今的圣贤豪杰们，他们的成就大都是在勤奋上下功夫而获得。如果多勤奋一点，那么就会多一点时间可用，既不至于浪费光阴，也不至于坐失良机。林肯凭借只有十二个月的学校教育，而成为了世界的伟人，这就是善用时间的效果啊。岳飞有词写道：“莫等闲，白了少年头，空悲切。”希望年轻人能将此牢记在心。

林肯学华盛顿，先学其真心爱国之榜样。英雄手眼，毕竟与才疏志广者不同。

有血统上之不平等，有才德上之不平等。血统上之不平等，如西洋中世纪之阶级制度，张贵族厉民之焰，杜平民进取之机，此必当掊而去之者也。才德上之不平等，有一分能力则得一分享受，既以昭社会报施之公，亦以鼓人类向上之心。此生存竞争之世所必不能去，且必不宜去者也。林肯感律师不平等之待遇，卒能研究法律，一雪此耻，是知社会之不平等不足为患，而吾人安于固陋，不图上进，则终身之患耳。世之以平等为口头禅者鉴诸。

林肯学习华盛顿，先学习的是他真心爱国的榜样。英雄处世的谋略，毕竟与那些志向广大却才疏学浅的人是不同的。

人有血统上的不平等，有才德上的不平等。血统上的不平等，就像西欧中世纪的等级制度，提高了贵族欺压老百姓的气焰，杜绝了平民百姓向上进取的机会。这种不平等的现象应当遭到谴责并去除。才德上的不平等，有一分能力就能获得一分享受，这样既能够显示社会的报答是公正的，也可以鼓励人向上的愿望。这是当今存在生存竞争的社会所不可缺少的，并且也是不应当去除的。林肯从被告律师那里感受到了不平等的待遇，于是研究法律，以雪此耻，是因为他知道社会的不平等不足为患，但如果我们自己安于现状，不求上进，那么这将成为我们终身的隐患。世间那些常以平等为口头禅的人应该引以为鉴。

第五章 操舟

英的安纳与阡的伊之两州间有俄亥俄河(Ohio)，中以小舟为渡。林肯年十八，以父命就佣于此，是为其入世谋生之始。佣金每星期二圆五角，悉数用以赡家，未尝私蓄一钱也。

时有法官毕邱（Pitcher）者，居近河旁，家富图史。林肯时向借观，毕邱亦怜其勤学，殷殷款接。此河求渡之人，本不甚多，林肯则于暇时本读书之所得，著为论文。毕邱深赏之，每为送登俄亥俄日报。盖是时林肯虽一舟子，而文名已惊其长老矣。

林肯佣于渡船者一年。次年春，有村贾姜德黎（Gentry）嘱林肯运货至纽俄连斯（New Orleans）。此行所涉更远，山川之所感发，闾阎之所见闻，在在足开拓心胸，令此未来英雄，破村落之樊篱以去。林肯毕事归，则谋诸其友威廉·胡德（William Wood），欲于此伟大世界中，别谋立足地。胡德曰："徐之。汝今年才十九岁也。人生二十一岁前，日力固属诸父，汝其助父矣。"而林肯亦不忘死母"孝于尔父"之末命，因决仍侍父以居，尽力农亩如常。

印的安纳州与阡的伊州之间是俄亥俄河，过河需要依靠渡船。林肯18岁的时候，就遵照父亲的命令在这里渡船，这是林肯步入社会谋生的第一份工作。摆渡的佣金是每个星期2元5角，他都用来补贴家用了，没有私自存留一分钱。

当时有一个叫做毕邱（Pitcher）的法官，家住在河旁边，他家里有很多图书史籍。林肯经常向毕邱借书看，而毕邱也怜惜林肯这么好学，每次都是热情接待他。这条河过河的人不是很多，林肯在闲暇时间便将读书的心得记录下来，写成论文。毕邱很是欣赏他，每次都将林肯写的论文送去登在俄亥俄日报上。所以，当时林肯虽然只是一个渡船人，但是他的文名已经让很多老一辈的人吃惊了。

林肯受雇渡了一年的船。第二年的春天，村里有个叫姜德黎（Gentry）的商人，委托林肯送货到纽俄连斯（New Orleans，即现在的新奥尔良）。这次走的地方更远，所见祖国山河的感触，大城市的所见所闻，处处都足以让人心胸开阔，从而使这位日后的大英雄，突破了村落的樊篱，脱颖而出。林肯送完货后回来，便和他的朋友威廉·胡德（William Wood）商量，想在这个伟大世界中，到别的地方谋求立足之地。胡德对他说："慢点吧。你今年才十九岁。人在二十一岁前，时间是属于长辈的，你帮帮你的父亲吧。"林肯也没有忘记他死去的母亲要他孝敬父亲的遗命，仍照顾父亲的起居，像往常一样努力耕作。

【批评】

《南史》称谢朓（字玄晖，南齐时仕至宣城太守，世称谢宣城）好奖人才，尝见孔顗文，嗟吟良久，曰：“士子声名未立，应共奖成，无惜齿牙余论。”毕邱之于林肯，假书延誉，一见如故，其爱惜人才之盛心，正不可及。

人生世间，当以现在之英雄自勉，不可以未来之英雄自放。于现在应为之职务，得寸则寸，得尺则尺，不肯放松一步，则智识由此而长进，声誉由此而养成，即未来事业之基础也。观林肯一生事业，何莫非由现在职务中打熬出来？若存一不屑小就之心，则奢望与年而俱长，厌心逐境以齐来，亦终至一事无成而已。故曰：“人而无恒，不可以作巫医。”

林肯游纽俄连斯归，雄心勃勃，已欲破壁飞去。顾因良友一言，终能事父如常，此为其当时不肯放弃家庭责任处，亦即其将来不肯放弃国家责任处。古称求忠臣必于孝子之门，此语在共和国仍用得着。

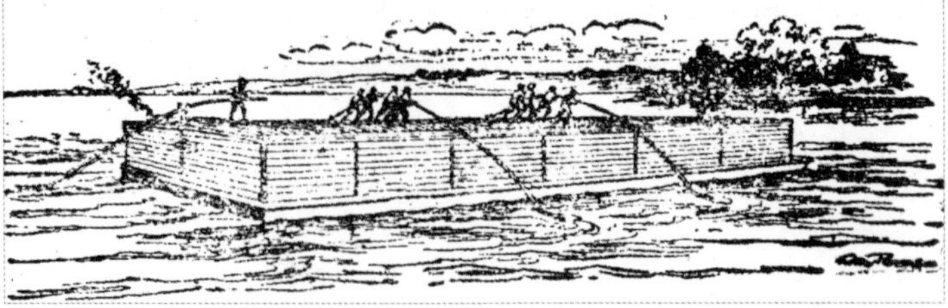

【评论】

《南史》称谢朓（谢朓，字玄晖，南齐时在宣城做太守，世人称之为谢宣城）喜欢夸奖有才学的人，曾经看见孔颤的文章，叹息了许久说：“学子们现在还没有什么名望，应当给予夸奖，不要吝啬这微末的赞扬言辞。”毕邱对于林肯，借文章为他播扬名誉，一见如故，他爱惜人才的这种热心，没有人可以比拟。

人生活在世间，应该以现世的英雄来自勉，而不能以未来的英雄自我放纵。对于现在应该去做的工作，能收获一寸就是一寸，收获一尺就是一尺，不要放松哪怕一步。这样，智慧和知识便会因此而长进，声望和名誉也会由此而养成，也就是说会打好未来事业的基础。看看林肯一生的事业，哪个不是在事业中打拼煎熬出来的？如果心中存有一点点不愿意做小事的想法，那么奢望只会与日俱长，到时厌烦的心境会随之而来，最终只会一事无成而已。所以说：“人如果没有恒心，是不可以成为巫医的。”

林肯游历了纽俄连斯回来后，变得雄心勃勃，想要离开村子自己出去闯荡。但因为好朋友的一句话，最终仍像平常一样照顾父亲，这是因为他当时不肯放弃自己家庭责任的缘故，也是他将来不肯放弃对于国家责任的原因。古话说，要想得到忠臣就必须从出孝子的家庭中寻找，这句话在美国一样用得到。

第六章 奕伦诺州之生活

一千八百三十年（清道光十年，民国前八十一年），林肯年二十一岁，已属成丁，于法可得自主矣。顾汤麦思适于其时迁居奕伦诺州（Illinois），故林肯仍随侍其父，筑屋围园，锄田艺稻，营农夫木工之生活。

逾年春，林肯受奥孚脱（Offut）之嘱，复运货至纽俄连斯。时林肯虽成人，犹着童子衣冠，无力更办。会邻村有米留（Miller）夫人者，以牧羊纺织为生，富于毛布，因请其缝衣裤各一事，而为劈栅栏木椿以偿。计布一码，劈木椿四百枚，共劈千四百枚有奇。盖林肯入世之初，一丝一缕，罔非以劳力得之者。

纽俄连斯，本林肯旧游地，无奇足述，惟此行旅居较久，乃得见南方人贩卖黑奴之惨状。奴以铁索贯之，妇孺累累成群，列肆拍卖。卖成，随契券归主人，终身作苦工。林肯见而大戚，告人曰："使余一日得当者，必革除此制，无恤吾力。"会奥孚脱设一商店于纽萨伦（New Salem），林肯乃受佣为店伙。

林肯之为店伙，诚实谦恭，顾客靡不爱之。一日，有客来购糖，付值多五便士，林肯镇日不安，至日暮收肆，卒冒风雪送还其家。又一日晚间，某妇购茶叶半磅，时烛炬已垂

1830年（清朝道光十年，民国前八十一年），林肯21岁，已经是成年人了，按当时的法律，他已可以自立门户，离开父母单独生活了。但由于汤麦思当时刚好搬到了奕伦诺州（Illinois），因此林肯仍然跟随父亲，一起过着修筑房屋、开荒种地的农夫生活。

第二年春天，林肯受到奥孚脱（Offut）的委托，再次运送货物到纽俄连斯。此时的林肯虽然已经成年，但仍是少年男子的着装打扮，没有钱进行置换。恰好邻村有一位米留（Miller）夫人，以牧羊纺织为生，家里有多余的毛布，因此林肯请她为自己缝制一套衣裤，自己帮她劈栅栏木椿作为补偿，每劈四百枚木椿计一码布，共劈了一千四百多枚。林肯进入社会以来，身上的一丝一缕，无不是用自己的劳力换来的。

纽俄连斯，本来就是林肯曾经来过的地方，没有什么稀奇的事情值得记叙，仅仅是这一趟出行逗留的时间比较长，所以得以见到了南方人贩卖黑人奴隶的凄惨情形。一排排黑人奴隶戴着脚镣、手铐站在那里，妇女、孩子被粗壮的绳子串在一起，像货物一样被陈列在市场上拍卖。买卖达成后，其卖身契归买主，终身成为买主的苦工奴隶。林肯见此情形十分悲伤，于是对人说："如果我有一天当了总统，一定倾尽全力废除这个残忍的制度。"正好奥孚脱在纽萨伦开设了一家商店，林肯被聘为店里的伙计。

林肯做为店里伙计，诚实谦虚，对人恭敬，顾客没有不喜欢他的。一次，有位客人来买糖，多付了五便士的钱，林肯一整天都感到不安稳，到傍晚店里打烊后，他冒着风雪把钱送还给了人家。还有一次晚上，一位妇人来买半磅茶叶，当时蜡烛快燃完了，林肯烬，林肯匆匆秤与。及明晨，见秤码，知付茶只半数，亦急访其人而补足之。此二事一时传为佳话，及林肯身后，美国各小学至播之诗歌，扮演戏剧。

林肯既以诚实得村人欢，而又孔武有力，见义勇为，故村人争哄，必以林肯为和事老。有时非口舌所能解，亦藉腕力以惩暴横。然受者无怨言，以林肯执理公也。及奥孚脱以破产闭肆，林肯始停职归。

【批评】

凡人喜受施惠，必至养成倚赖根性，不求自立。林肯虽贫，未必无漂母其人，哀王孙而进食者。然一衣一袴，宁易之以劳力，不愿受之于施惠。其廉风傲骨为何如！少年人欲有所树立，当于此等处立定脚跟也。

欲严义利之辨，当自一介不与一介不取始。五便士虽微，然固理欲之大防，诚伪之枢机也，可不慎诸？

武力亦儒者卫道之具。清初大儒，如黄梨洲之锥阉党、匆匆忙忙给人称了。到了第二天早上，他看到秤码，才知道只给人称了一半，他也是急忙寻找到了这个人并将茶叶补足了。这两件事一时之间被传为佳话，直到林肯死后，仍以诗歌和戏剧的方式在美国各小学传播。

林肯以诚实的品性受到村里人的欢迎，又强壮有力，见义勇为，所以村里人有什么争执纠纷，必定会请林肯出面来调和矛盾。有时并不是光嘴上说说就能解决问题的，也需要凭借武力来惩压暴力蛮横。然而，输了的人对此毫无怨言，因为他们认为林肯处事公正有理。到后来奥孚脱因为破产而关闭了商店，林肯才停职回家。

【评论】

平常人喜欢接纳别人的恩惠，这样一定会养成倚赖他人的心理，不求上进自立。林肯虽然贫穷，未必没有遇到像帮助韩信的漂母那样的人，因为哀怜他而馈赠给他食物。然而，林肯的衣服，他宁可靠自己出卖劳力来获得，而不愿接受别人的恩惠和施舍。他的廉洁之气和铮铮铁骨竟然到了如此地步！年轻人如果想有所建树，应当在这些方面严格要求自己，坚持原则。

想要严格区分义与利的关系，应该从微小物品的取舍开始。五便士虽然少，然而这却是天理人欲的界线，是真诚和虚伪的关键，能够不小心吗?

武力也是读书人维护正统思想体系和学说的武器。清朝初期的那些著名学者，如黄宗羲在朝庭上为父鸣冤而锥刺阉党人许显顾亭林之沉悍仆，皆凛然有武士道风，而颜习斋著书提倡，尤不遗余力。特用之宜得其当，不可好勇斗狠遗父母忧耳。观林肯之惩暴横而伸公理，庶几为善用武力者。

纯、顾炎武怒沉家中悍仆陆恩，都凛然有武士的无畏勇猛的风度，而颜习斋也写书提倡，更是全力以赴。所以，武力要使用在适当的时候，方式要得当，不可好勇斗狠，让父母担心。看看林肯惩戒残暴凶横而伸张正义，都是合理使用武力的。

第七章　义勇兵

是时西美各州，红种遗民犹伙。中有萨克族（Sac）者，夙居奕伦诺州北境，以不堪白种蹂躏，遁至密士失必西岸以居。然种人仇复之念，固无时忘。至一千八百三十二年（清道光十二年，民国前七十九年），乃戴土酋号“黑鹰”（Black Hawk）者以乱，史称“黑鹰之战”。

黑鹰战起，林肯则为义勇兵队长，助国军戡乱。林肯未尝学军旅之事，队员来自田间，尤椎鲁不易管束。然以遇士有礼，又执法不稍瞻徇，仍为人所敬惮。尝有红种人持军书诣营，队员以其诈，必欲死之。正拟枪待发，林肯入立其间曰：“余为此人保护，杀彼者死。”众中无一人敢动者。后有见此事者告人，谓林肯生平词色，未有如此次之严厉者。

林肯生平治事，从不半途而废。数星期后，本队现役期满，队员咸归。而林肯仍投一马队为目兵，至黑鹰成擒而止。是役也，历时仅数月，林肯未得与敌交绥，一显男儿身手。然其勇气，其毅力，其治人御众之材能，则已如锥处囊中，脱颖而出矣。

【批评】

不侮鳏寡，不畏强御，斯谓之大勇。吾于林肯之救红种当时，美国西部各个州，遗留下来的红种民众还有很多。其中萨克族（Sac），一直居住在奕伦诺州的北方境内，因不能忍受白种人的欺压摧残，搬逃到了密西西比河的西岸居住。然而，萨克族人的复仇念头从来都没有断过。在1832年（清朝道光十二年，民国前七十九年）时，他们拥戴叫做"黑鹰"的土酋发动了叛乱，历史上称之为"黑鹰之战"。

黑鹰战争开始后，林肯则成为了义勇兵的队长，帮助国家平息叛乱。林肯从没有接触过军事，而队员们大多又来自农村，特别鲁钝不好管理。但林肯因为平时对待士兵谦逊有礼，执法公平从不徇私情，仍旧让这些人心存敬畏。曾经有个红种人拿着军书到营地里来，队员认为其中有诈，一定要杀他。正拔枪想开枪的时候，林肯走到两人中间说："我为这个人做担保，想杀他的就要死。"众人中竟没有一个敢动一下的。后来有看到这件事的人对别人说，林肯这一生当中，从来没有像这次这么严历的。

林肯一生做事，从来都不半途而废。几个星期之后，他所率义勇兵的服役期满，队员们都回家了。而林肯仍然投身到一个马队作了普通士兵的小头领，直到黑鹰被捉拿后为止。这一仗，历时只有几个月，林肯没能与敌军正面交锋，一显他的男儿本色。然而，他的勇气、毅力和驾驭众人的才能，如同锋利的锥子放进袋子中一样，已显露头角，脱颖而出。

【评论】

不会欺负孤寡老弱，不会害怕强敌与权势，这可以说是具有人见之。

治事不半途而废，为成功之不二法门。诚以凡事之经验之兴味，必历久而后出也。故拿破仑谓：“战争之胜负，在最后五分钟。”

大勇的人了。我从林肯救红种人的这件事中看到了这一点。

做事不半途而废，是走向成功的唯一途径。做任何事的经验和兴趣，只有长久地坚持下去，才能有所成就。因此拿破仑说：“一场战争的输赢关键，在于谁能坚持到最后的五分钟。”

第八章 州议员与律师

林肯回纽萨伦时，适届州议会选举期。于是林肯以本区候选议员之资格，在巴拨斯镇（Pappsville）为第一次政治演说曰："市民诸君，余知君等之知余为何如人也。余为贫寒之亚伯拉罕·林肯，以受友人推举，出为州会候选议员。余之政见，可以三言尽之：一设立国民银行，一注重内治改良，一征收保护税则。此余政治之信条，亦余良知之感觉也。余而被选，固深感诸君之盛情；即不幸落选者，其感诸君也亦同。"

林肯之演说，明快简练，听者动容。然是期卒未入选，乃就纽萨伦分邮局长之职。是局不二年即停办。时林肯处尚存邮金十七元余，以总局无人往收，未及交款。后数年，林肯已迁居斯柏林菲（Spring field），而收款员至。林肯出一袜筒与之，曰："金在此。"发之则银铜币数十百枚，皆村民所用以购邮票者。核其数，则适存帐之数也。盖林肯虽处境至艰，未尝动用丝毫公款也。

林肯既解职邮局，寻任为散格蒙（Sangamon）测量员。及次届选举，乃被选为州议员，连任者两期。时奕伦诺州治在樊达利亚（Vandalia），地邻南鄙，州人以为不便。以林肯建议，迁至斯柏林菲。斯柏林菲人感其德，因迎之往居。

林肯回到纽萨伦时，刚好赶上州议会进行选举。于是林肯以本区候选议员的资格，在巴拔斯镇（Pappsville）进行了人生第一场政治演说。他在演说中说道："各位市民，我知道你们都了解我是一个怎么样的人。我是贫苦出生的亚伯拉罕·林肯，因受到朋友的举荐，出任州会候选议员。我的参政意见，简而言之也就三句话：一、设立国民银行；二、注重内政改良；三、征收保护税的法则。这些就是我的政治信条，也是我内心良知最真实的感受。我要是被选上了，感谢大家对我的肯定与厚爱；即便是不幸没选上，我对大家的感激之情也是一样的。"

林肯的演说，简明厄要，听众往往都被深深感动。然而，这期选举最后他没能入选，于是就任了纽萨伦邮局分局局长一职。这个分局不到两年就停办了。当时林肯那里还有邮金十七块多，因为总局没有人来收取，林肯也就没来得及上交了。几年后，林肯已经迁往斯柏林菲（Spring field），而邮局的收款员来收款了。林肯拿出一只袜筒交给收款员，说："钱都在这里。"收款员打开一看，有银、铜币几十上百枚，都是村民用来买邮票的。核对钱币数量，刚好是存帐上的数目。林肯虽然处境困难，却没有动用一分一厘的公款。

林肯从邮局解职后，寻求担任散格蒙（Sangamon）的测量员。到州议会再次选举时，林肯被选为州议员，并连任两期。当时奕伦诺州的州政府在樊达利亚（Vandalia），邻近南方的边远地区，该州老百姓认为出行十分不方便。后来因为林肯的建议，将州政府搬迁到了斯柏林菲。斯柏林菲人感念林肯的恩德，因此迎接

测量员之林肯

时一千八百三十七年（清道光十七年，民国前七十四年），林肯年二十八岁也。

林肯自受蓬镇法庭之戟刺，其治法律为律师之豫备，盖未一日懈。当其居纽萨伦时，业已代办契约，稍稍出席于治安审判矣。至是，乃与斯业先进斯韬脱（Stuart）合组事务所，为正式之律师。十年志事，一旦得归宿之地，其私心快慰为何如者。

自是林肯操法律事业者二十一年。彼于法学，由自修独习而成，未尝入学校受业大师哲匠之门。论其造诣，并非深邃，益以取费廉平。显然违法之案，从不妄接，故所得亦不甚丰，盖每年无逾二千金者。然同业及判事，咸钦其行，尤能以诚信得陪审官同情。久之声誉益扬，市人识与不识，咸称之曰“诚实之亚伯林肯（Honest Abe Lincoln）”。

【批评】

林肯之选举演说，何等坦白，何等直捷。彼世之工于求他前往定居。当时是1837年(清朝道光十七年，民国前七十四年)，林肯年仅28岁。

林肯自从受到蓬镇法庭的刺激后，他学习法律准备将来成为律师的决心，没有一天懈怠的。当他还住在纽萨伦时，便已经开始受理为别人代办契约这种业务了，偶尔也会出席治安审判。那时，他与这一行业的优秀律师斯韬脱(Stuart)一起组建了律师事务所，成为了正式律师。努力了十年的目标，有一天一旦实现，内心该是何等地开心快乐啊！

从这以后，林肯从事法律工作二十一年。他对于法律，都是自学而成，从来没有进入过正规学校进行系统的学习，或是受到哪位大师和哲学巨匠的指点。论他在法律上的造诣，并没有多么深邃，更是收费低廉。对于明显违法的案件，从不轻易受理，因此营利不多，每年不会超过二千金。然而，同行和审理者都十分钦佩他的为人，特别是他的诚信能够得到陪审官员的认同。时间长了，他的名声便也传扬出去了。市人不论认识的还是不认识的，都称他为“诚实的亚伯林肯(Honest Abe Lincoln)”。

【评论】

林肯的选举演说，是何等的坦诚直白，何等的直接了当啊！

官者，暮夜极夤缘之术，公庭饰逊让之词。其人格之高低，奚啻霄壤！

明儒邹南皋（名元标，字尔瞻。熹宗时官至左都御史，学者称南皋先生）有言："人若不肯沉埋，即在十八重幽暗中，亦自骧首青霄。"林肯自十六岁蓄志为律师，中间受过多少波折，经过多少困难，顾卒能曲折以达其目的。然则境遇岂锢得人？亦患人之无志耳。志于现在之职业，并不与将来之志事相妨。则余于上文已阐发之，可以各明一义者也。

林肯生平得力处，全在一诚字。观其为店伙，为律师，乃至为大总统，莫不凭一段真至精神，与人相处。此一段精神，即所谓诚也。惟诚故能感人，故能成事。若不诚则无物，何从生出事业来？

欧美人重名誉，我国古人亦重名节。吾以为于名下着一节字，则名字尤有实际。盖言名誉不宜苟得，必以己之节操为基础也。观林肯之处置邮局存款，庶几不愧名节二字，非浪得虚名者比（按：名誉，西文原名为honor，本含有诚实正直等义，与fame之专指声誉者不同）。

当世那些善于钻营求官的人，趁黑夜无人之时拉拢关系，向上巴结，但在公庭上却装出谦逊礼让的样子。这些人与林肯的品行高低，无异于天差地别。

明朝儒生邹南皋（名元标，字尔瞻。熹宗时官至左都御史，学者称南皋先生）曾说过："人如果不肯沉埋仕途，即便身处在十八重深的昏暗之地，也能抬头看见青天。"林肯从十六岁开始立志当律师，中间受到过多少挫折，经过了多少困难，但最终仍能坚持克服困难达到目的。然而外在的境遇怎么可能禁固得住人的思想呢？就怕人们没有志向啊！只着眼于现在的工作，并不会与将来的梦想发生抵触。这些我在前面已经阐述过了，可以分别说明一种道理。

林肯人生之得益，全在一个诚字。从他在店里当伙计，到后来做了律师，甚至到后来的大总统，无不是凭借一种真挚的精神，与人相处。这种精神，就是真诚。只有真诚，才能感动人，因此也才能成就一翻事业。如果为人不真诚就不会有真正的成功，又哪里来后来的事业呢？

欧美人重名誉，我国古人也注重名节。我以为"名"字后面加一个"节"字，这比实际的名字更为有意义。因此说名誉不会容易获得，必须以自己个人的品行操守作为基础。从林肯处理邮局存款的事情中就可以看出，他几乎没有侮辱"名节"二字，并不是那些浪得虚名的人可比的（按：名誉，西文原名为honor，本含有诚实、正直等义，与fame专指声誉不同）。

第九章　政治生涯之发展

林肯居斯柏林菲后，又续任州议员两期，遂于本州政治团体中，大显头角。初美国有两大政党，一曰民主党（Democrat Party），一曰辉格党（Whig Party，即今共和党之前身。详见下文）。其党争要点，在关税问题。民主党以南方农业家为多，利于外货输入，故主自由税。辉格党以北方制造家为多，利于提倡国货，故主保护税。然辉格党出世晚，势不敌民主党远甚。及林肯隶名党籍，而后该党始人才蔚起，骎骎与民主党竞爽。

一千八百四十年（清道光二十年，民国前七十一年），哈利孙（Harrison）被选为美国大总统，实为辉格党员。是期选举竞争最剧，史称"木屋选争（Log Cabin Compaign）"。以哈利孙家故贫，生于木屋，敌党曾以此嘲之也。时林肯以本州辉格党之领袖，任总统投票员，周历乡镇，演说甚勤。其与同州政敌杜格雷（Duglas）之相见于演坛，亦以是时为嚆矢。

逾二年，林肯年三十三岁，与玛利韬德（Mary Todd）女士结婚。时林肯虽于政治、法律两界为知名士，然生计仍困。初结婚，寄寓旅馆，每星期食宿费只四元。后自构一屋以居，起居服御，亦不逾中人。而韬德夫人尤有安贫乐道之林肯居住在斯柏林菲后，又继续任了两期州议员，最终在本州的政治团体中，大显身手，崭露头角。当初，美国有两大政治党派，一派是民主党（Democrat Party），一派叫辉格党（Whig Party，也就是现在共和党的前身。详见下文）。党派争论的关键，在于关税的问题。民主党以南方的农业家占多数，对于引进外来货物比较有利，因此主张关税自由；而辉格党主要以北方的制造家为主，他们提倡使用国货，这样对他们更为有利，因此主张关税保护。但是辉格党成立得比较晚，势力与民主党相差很远。直到林肯挂名加入了辉格党党籍之后，该党人才开始蓬勃兴起，很快便能够与民主党一争高下了。

1840年（清道光二十年，民国前71年），哈利孙（Harrison）被选为美国大总统，而他就是辉格党的成员。当时这届的总统选举，竞争最为激烈，历史上称之为“木屋选争（Log Cabin Compaign）”。这是因为哈利孙家里过去贫穷，是在木屋子里出生的，民主党曾因此而嘲讽他。当时林肯是本州辉格党的领袖，担任总统投票员。他遍游各个乡镇，尽力演说。他与同一州的政敌对手杜格雷（Duglas）在演讲坛上的相遇，也是当时两党竞选的一支利箭。

两年后，林肯已三十三岁，他与玛利韬德（Mary Todd）女士结婚了。当时林肯虽然在政治和法律界有一定的名气，然而生活还是很穷困。刚结婚时，他们只能寄居在旅馆，每星期的食宿费用只有四块钱。后来他们自己建了一幢小屋，饮食起居也不过是中等人家水平。而韬德夫人尤其有安贫乐道的风范，认为自己嫁风，以为余嫁得一贤能富后望之郎君，荆钗布裙，固胜于金玉锦绣矣。及一千八百四十七年，辉格党举林肯为国会众议员，于是其政治生涯乃更进一步。

林肯选任众议员时，尤有一事，可征其廉俭之美德。初辉格党以林肯贫，则于投票期内，赠以公费二百元，为旅行演说之需。及事竣，党员得其一书，并余金一百九十九圆二角五分。书曰："余御自蓄之马以行，至晚则宿友人家，此行所费不过七角五分，则用以购苹果汁者也。"

【批评】

当美国之初立也，林木多而人迹少，建屋之材，皆取之林中。自哈利孙生于木屋，林肯亦生于木屋，世遂不以木屋为陋矣。

世之择婿者，多据眼前而不计后来。韬德夫人独属意于林肯，谓其贤能而富后望，可为林肯之知己也。知己同处，自然相得益彰。林肯一生功业，得之于贤内助者，当不少也。

昔汤文正公斌为江苏巡抚时，尝自采野芥以和豆羹，民间呼为"豆腐汤"。林肯之苹果汁，可遥遥相对，而真率过之。

得了一位贤能而大有前途的丈夫，粗衣素食，也胜过无数的珍贵华美之物。到1847年时，辉格党推举林肯为国会众议员，于是林肯的政治生涯又前进了一步。

林肯选任众议员时，还有一件事，足可以证明他廉洁俭仆的美德。当初辉格党因为林肯家里穷，于是在投票期内送了二百元公费给他，作为一路旅行演说的费用。但选举演说完之后，党员们收到了林肯的一封信，还有剩下的一百九十九元二角五分钱。信上说："我骑着自己家里养的马赶路，晚上便睡在朋友家里，这次行程花费不过七角五分钱，都是用来买苹果汁了。"

【评论】

当美国刚刚建国时，国内林木众多而人口少，建筑房屋的木材，都是从森林里砍伐来的。因为哈利孙是在木屋出生的，林肯也是出生在木屋里，于是世人再不认为木屋简陋了。

一般人在选择女婿时，大多只看到眼前的利益而不会看得长远些。只有韬德夫人钟意于林肯，说他贤德有才且日后一定会有前途，这称得上是林肯的知己了。知己在一起，当然会互相配合，取长补短，发挥出更大的作用。林肯一生中取得的功绩，得益于贤惠妻子的帮助，一定不会少啊！

过去汤文正公汤斌在做江苏巡抚时，曾经亲自采摘野芥来拌豆羹吃，民间称之为"豆腐汤"。林肯购买的苹果汁，与这遥遥相对，但相对来说却更为真率。

第十章 奴隶问题

林肯之入国会，正奴隶问题纷纭扰攘之时；而其统一南北再造美国之功，亦以革除奴制为枢纽，则请先述奴隶之起源与现状，为读林肯政治史之前提。

初英女王伊理沙白（Elizabeth），以非洲黑奴输入勿吉尼亚州（Virginia），是为美人蓄奴之始。时在林肯入国会前之二百四十年，合众国犹未建也。其后流风所煽，蓄奴地点益广。至独立告成以后，北方宾夕尔佛尼亚（Pennsylvania）、纽约（New York），及新英伦（New England）诸州地，先申禁令，俄亥俄、英的安纳、奕伦诺、密执安（Michigan）、威士干逊（Wisconsin）诸州继之。于是俄亥俄河西北，始无奴隶之踪迹。

然南北两部，以经济上及气候上之利害不同，故新州编入之时，奴隶问题常互生争执。北方诸州富于港湾，工商业发达，无使用奴隶之必要。则以蓄奴为违天理，贼人道，时欲加以限制。而南方诸州则土沃宜农，甘蔗、谷物、棉花等之种植盛行，常以黑奴血汗，为其殖产之利器。且自纺织机器发明，需棉愈多，用奴亦愈众，尤欲扩充其固有之范围。如肯塔基、田纳西（Tennessee）、亚拉巴麻（Alabama）、密士失必、鲁西安纳（Louisiana），皆独立后新编入之州，而南人蓄奴之地也。

林肯进入国会时，正是美国奴隶问题混乱、纷争不断的时候。而美国南北统一的功劳，也是以废除奴隶制度为关键。那么先让我讲述一下奴隶制度的起源和现状，这是了解林肯政治史的前提。

自从当初英国女王伊理沙白把非洲黑奴运输到勿吉尼亚州，这是美国人开始蓄养奴隶的开始。当时还是在林肯进入国会前的二百四十年，合众国还没有成立。后来这种风气快速传播，奴隶买卖交易的地点更多了。到美国宣布独立以后，北方的宾夕尔佛尼亚（Pennsylvania）、纽约（New York），以及新英伦（New England）等各州界，首先发出禁止买卖奴隶的禁令。俄亥俄、英的安纳、奕伦诺、密执安（Michigan）、威士干逊（Wisconsin）等州也先后相继发出禁令。于是在俄亥俄河西北，再也没有奴隶交易的踪迹了。

然而南方和北方，因经济、气候等方面存在不同利益关系，在新州领地编入时，时常会因为奴隶问题发生争执。北方的州县有很多港口，工商业比较发达，没有使用奴隶的需求，所以他们认为买卖奴隶是伤天害理，常常想加以限制。而南方许多地方土地肥沃，甘蔗、谷物、棉花等种植面积宽广，时常以压榨黑人奴隶的血汗，来作为增加产值的有利武器。而且自从发明了纺织机后，需要的棉花越来越多了，而用到奴隶的地方也越来越多，他们甚至还想要扩大他们原来的范围。如肯塔基、田纳西（Tennessee）、亚拉巴麻（Alabama）、密士失必、鲁西安纳（Louisiana），都在独立后新编到了南方各州，成为了南方储蓄奴隶的领地。

一千八百二十一年（清道光元年，民国前九十一年），密苏里州（Missouri）编入美国，南人又欲以为蓄奴地，而北人拒之。国会中争辩甚烈，旋由亨利克来（Henry Clay）提议，定该州以北概禁用奴，以南诸州则许之，事始寝。是为密苏里调停案。

密苏里调停案通过后，其续许用奴者，为得撒州（Texas）。会美国战胜墨西哥，得其加利福尼亚（California）、新墨西哥（New Mexico）、乌台（Utah）三州。而此三州之用奴与否，又为南北相持之争点，其势较前尤激。时亨利克来又提四条件以调停之：（一）加利福尼亚为自由州（不用奴隶之意）；（二）新墨西哥及乌台许其用奴；（三）废哥伦比亚（Columbia）之奴隶贩卖场；（四）重定逃奴法案。是为一千八百五十年之调停案。

南北两部，既因奴隶问题处反对之地位，而民主党与辉格党，各以南北为分野，故辉格党人，亦自以反对奴制者为多，然其时林肯则犹养晦未出也。至一千八百五十四年（清咸丰四年，民国前五十八年），干萨斯（Kansas）、内布拉斯加（Nebraska）加入美国，国会废止密苏里调停案，听奴隶问题由本州居民自定，尽破从前法律之限制。于是林肯遂起为人道之明星、黑狱之救主，以与此恶潮流抗矣。

1821年（清道光元年，民国前91年），密苏里州（Missouri）并入美国，南方人又想将这里变为蓄奴之地，但北方人反对。在国会中，双方的争辩非常激烈，不久后由亨利克来（Henry Clay）提议，规定密苏里州以北的各个地区全部禁用奴隶，而以南的各个地区则允许使用奴隶，这事才得以平息。这就是密苏里调停案。

密苏里调停案通过后，允许继续使用奴隶的，为得克萨斯州（Texas）。当时正好美国战胜了墨西哥，从墨西哥得到了加利福尼亚（California）、新墨西哥（New Mexico）、乌台（Utah）三个州。而这三个州是否可以使用奴隶，又一次成为了南北双方相互争执的焦点，其争论之势比之前还要激烈。当时亨利克来又提出了四个条件，对此进行了调停：（一）加利福尼亚为自由州（不用奴隶的意思）；（二）新墨西哥及乌台允许使用奴隶；（三）废除哥伦比亚（Columbia）的奴隶贩卖场；（四）重新确定逃奴法案。这就是1850年的调停案。

南北双方，已经因为奴隶问题而处于互相反对的地位。而民主党与辉格党，也以南北为界限。因此，辉格党人也以反对奴隶制度的居多数。而当时林肯还在隐居，没有参与。到1854年（清咸丰四年，民国前58年）干萨斯（Kansas）、内布拉斯加（Nebraska）加入美国，而国会废止密苏里调停方案，听任奴隶问题由本州的居民自己决定，完全破坏了之前法律的限制。于是，林肯因此突起，成为人道主义的一颗明星、黑暗中的救世主，与这股恶势力潮流相抗横。

【批评】

奴隶制度不特违反人道而已，即以经济主义言，利害不相关切，则功食多糜滥，智识永无进步。则工作必楛劣，亦属有损无益。此其理，英儒亚丹斯密（Adam Smith）曾详言之。彼美人之蓄奴致富，特草昧初辟之地一时之现象耳，断无可以持久之理，然后知林肯之所见大也。

考美史，始倡废奴论者实为华盛顿、哲斐森（Jefferson）诸公，其后有伽利孙（Garrison）者，创立排奴会（Antislavery Society）声势尤盛，至林肯乃竟其全功。莫为之先，虽美勿彰；莫为之后，虽盛勿传。仁人君子之用心，可以辉映史策矣。

【评论】

奴隶制度不仅违反人道主义，就以经济主义来说，虽然利害关系并不是很密切，但如果贪功多食，不加选择，那么智力见识也永远都不会有进步，那么工作必定枯躁无味，品质拙劣，这也是有害无益的。这个道理，英国学者亚当斯密（Adam Smith）曾经做过详细的阐述。美国人蓄养奴隶来发家致富，这就和蒙昧未开化的时代一样，绝对不会是长久之计。了解了这点后，我们也可以看出林肯眼光是多么的长远了。

考查美国历史，开始提倡废除奴隶制度的有华盛顿、哲斐森（Jefferson）等人，后来又有伽利孙（Garrison），创立了排奴会（Antislavery Society），声势浩大，到林肯时才能取得最终胜利。如果没有前辈之功劳，布衣才士即便满腹经纶也难以出头；而如果没有后辈的传承宣扬，一个人即便功业鼎盛一时，其后也会湮没无闻。仁人君子的良苦用意，可以在史书记载中闪耀光芒。

第十一章 林肯与杜格雷

杜格雷

密苏里调停案之废止，其原动力出于杜格雷。时杜为奕伦诺州所选元老员也。及次届选举，民主党仍推杜格雷联任，而辉格党则推林肯为之。故两人之选举竞争，遂以奴隶问题为坛坫之戈矛。杜格雷以护前故，则谓奴制之存废，当取决于天然之气候，居民之利益；而又饰以调和南北之美名，劫以保持统一之口实。其说亦娓娓动听，林肯则直以自由正义破之。其警句有曰：

"吾开国诸老之署约于《独立宣言》书也，谓凡属人类咸生而平等，咸以造物主之赋畀而有生活自由求乐之权。此《独立宣言》书，实人类之福星，历劫不可磨灭者。汝独奈何破坏之？"

是役也，演说地点屡易，两人之辩才，亦无分轩轾。杜格雷雄于词，林肯长于理；杜格雷好以偏师取胜，林肯纯从大处落墨；杜格雷侏儒而多智，林肯修干而庄严，质疑问难，相引无穷，实开美国政治史上空前之奇观。其后杜格雷虽再获选，然林肯竭血诚以卫公理，卒能提醒人人所密苏里调停案的废止，最主要的原因在于杜格雷。当时杜格雷是奕伦诺州所选出来的元老。到了下一届的选举，民主党仍然推举杜格雷继续担任。然而辉格党则是要推举林肯做议员，所以两人因为选举而竞争，随后便以奴隶问题作为竞选舞台的武器。杜格雷则想维护之前的情况，说奴隶制度的保存和废弃，应该取决于天然气候，以及民众的利益。而后又以要调和南北的名声加以美饰，胁迫他人保持统一的口径。他说的话非常生动，娓娓动听，林肯则是直接用自由正义的言辞回击他，其中的警句有说：

“我们国家开国的那些老前辈制定了《独立宣言》一书，说但凡是人类就都是自由平等的，都是造物主赋予了他们生活并追求自由快乐的权利。这本《独立宣言》书，实在是人类的福星，历经了千辛万苦都没有被破坏。你怎么偏就要破坏它呢？”

这场较量，演讲的地点更换了很多次，两个人之间的辩论，都没有分出来一个高低轻重。杜格雷突出的是言词，而林肯擅长的是讲道理；杜格雷经常以偏概全，以此来取胜，林肯则是单纯从大处着眼，首先解决关键的问题；杜格雷个子矮小而智慧超凡，林肯身材修长而庄重严谨。两个人之间质疑问难，相引无穷，实在是美国开国以来政治史上难以看到的奇观。后面杜格雷虽然再次同具之良知，为数百万沉沦无告之黑奴。申其呼吁演说词刊载报章，举国传诵，咸曰诚实之亚柏林肯，战胜短小精悍之杜格雷矣。

林肯既败杜格雷于演坛，寻有共和党（Republican Party）之组织。是党以反对用奴区域之扩张揭橥，其多数党员由辉格党蝉联而来，而排奴会及民主党之宗旨相同者和之。一千八百五十六年（清咸丰六年，民国前五十九年）五月，开成立会于奕伦诺州之勃罗明敦（Bloomington）。林肯为其主干，声誉遍于全国，然南方人则恶之甚，谥之曰“黑共和党”。

是年总统选举，民主党杜格雷颇有望，然以废止密苏里调停案故，受北方本党之诟病，致为该党菩却南（Buchnan）所夺。菩却南任期中，奴隶问题仍迁延未决，南北之意见，亦相持益深。及四年任满，而美国至艰极巨之难题，遂急转直下，集于林肯之一身。

【批评】

政治家之好弄权术者，往往进退失据，做成两橛人。杜格雷之废止密苏里调停案也，意不过欲博南方民主党之欢心，用以为获得政权之手段耳。顾卒为引起南北战争之导获选，但林肯竭尽全力捍卫公理，最终提醒了每个人内心都具有的良知，为了数以百万沉沦而无从可告的黑奴。而后他呼吁演说的话语，在报纸上刊登连载，举国传诵，都说诚实的林肯战胜了短小精悍的杜格雷。

林肯已经在演说上败给了杜格雷，便去寻求有共和党（Republican Party）的组织。当时党派以反对用奴区域的扩张而发公告，其中大多数的党员都是由辉格党蝉联而来，且排奴会和民主党的宗旨是差不多相同的。1856年（清咸丰六年，民国前五十九年）5月，在奕伦诺州的勃罗明敦（Bloomington）召开党派成立会，林肯是党派的骨干主力，声誉遍布全国各地。然而南方人则是十分的讨厌他们，把他们叫做“黑共和党”。

第二年总统选举，民主党杜格雷很有威望，但是他废止了密苏里调停案，因此受到了北方本地党派的指责和嘲骂，最后被自己党派的菩却南（Buchnan）夺走。菩却南任职期间，奴隶问题仍然是拖延没有解决。南北方的意见，也越来越深。到四年任职期满，美国的这一艰巨难题，便急转直下，全部集中到了林肯一个人的身上。

【评论】

政治家中擅长玩弄权谋手段的人，往往前进和后退都会失去凭借，因而里外不是人。杜格雷起初废止密苏里调停案，不过是想博得南方民主党的欢心，用的是获得政权的手段而已。然而最终却成为了南北战争的导火线，自己本身也受到了本党人的排挤，以火线，而自身亦受本党之排挤，失败以去。其后战祸既肇，杜氏虽调停奔走，积瘁而亡，不失青史之令名，然《春秋》责备贤者，不能无夸者死权之诮已。

曾文正公有言：“秩序看言语，忠佞看嘴唇。”观林肯与杜格雷演说之态度，而两人之是非成败，已无待于蓍龟矣。“诚实之林肯，战胜胆小精悍之杜格雷”，此言足为天下直心人吐气。

失败而离开。后面南北战争爆发，杜格雷虽然一直在中间调停奔走，最终积劳成疾而死，让他留下名垂青史的美名。但是《春秋》里对贤德的要求更为严格，他终究不可能逃脱因争权夺势而死的笑柄。

曾文正说过："秩序看言语，忠佞看嘴唇。"看林肯和杜格雷的演说态度就可以知道最终两人的是非成败，已经不必等待什么占卜预测了。"诚实的林肯战胜了胆小精悍的杜格雷"，这句话足以为天下正直之人扬眉吐气了。

第十二章 合众国大总统

一千八百六十年（清咸丰十年，民国前五十二年）之总统选举，为美国奴隶制度与南北问题生死之关头。故各党之推举候选人，亦极一时妙选。时候选总统凡四人，民主党团体最大，分二派，一派举杜格雷，一派举勃勒肯里治（Breckinidge）。旧辉格党少数党员改组统一党（Union Party）者，举培尔（Bell）。而林肯则以共和党领袖，出任本党之候选总统，其政纲如下：

（一）各领土应保持自由之现状。

（二）除现行奴隶制度各地外，国中各立法机关，嗣后不得表决用奴之法律。

美国总统府

1860年（清咸丰十年，民国前52年）的总统选举，成为美国奴隶制度与南北问题的生死关键。因此各党派推选的候选人，也是经过精挑细选的。当时的总统候选人共有四人。民主党团体最大，分两派，一派推举杜格雷；一派推举勃勒肯里治（Breckinidge）。旧辉格党少数党员改组成统一党，推举培尔（Bell）。而林肯则以共和党领袖，出任本党的总统候选人，提出的政纲如下：

（一）各州领土应保持现有的自由状态。

（二）除现行奴隶制度各地外，国中各立法机关，以后不能再对奴隶制度的法律进行干涉和发表意见，更无表决权。

（三）干萨斯应以自由州编入联邦。

（四）贩卖奴隶，认为违反人道之罪恶。

是年五月，奕伦诺州共和党开总统预选会于本州之迪卡多（Decatur）。林肯受州长之绍介，方向各代表抒其政见。而斯时突有一须眉斑白之老农入会，益增会场逸趣。入者名汉克思（Hanks），系林肯为木工时老友。肩负栅栏二枚，上揭一小旗，署文如下：

亚伯拉罕林肯

栅栏木工

一八六〇年候选总统

栅栏二枚系一八三〇年所制，时汉克思与林肯共制同式之栅栏三千枚云。

林肯见是旗，则为会众述少年时代之轶事，及与汉克思同为木工之历史。于是会众咸欢呼，而林肯遂以“栏工候选总统”著。盖林肯以农家子而跻候选总统之地位，其老友引为殊荣，因有此创见之贺仪。而国民亦知林肯之功名，从千辛万苦中奋斗得来，因人人动其爱敬之诚也。

是月共和党又开全国预选会于芝加哥（Chicago），亦林肯占大多数。至十一月正式选举发表，而林肯遂继菩却南

（三）干萨斯应以自由州编入联邦政府。

（四）对于贩卖奴隶的情况，应当认同为违反人道主义原则的罪大恶极的事。

同年五月，奕伦诺州共和党在迪卡多（Decatur）召开了总统预选会。林肯在州长的介绍后，才向各位代表发表了自己的政见。而当时有一眉毛胡子都白了的老农，也突然来参加了会议，更是给会场增加了逸趣。参加会议的这名老人，名号汉克思（Hanks），是林肯当木工时的老朋友。他肩上背了两块栅栏，上面插了一面小旗，旗上写着：

亚伯拉罕林肯

栅栏木工

一八六〇年候选总统

栅栏二枚是1830年所制，据说当时汉克思和林肯一起制作相同样式的栅栏有三千枚。

林肯看到小旗子，就向参会的会员讲述少年时代的趣事，以及与汉克思一起做木工的历史。于是参会的会员听后都欢呼，而林肯更是因“栏工候选总统”的称呼而闻名。林肯以农家子弟一路向上跻身为总统候选人，他的老朋友引他为荣，因此才自己做了份特殊的贺礼。而平常百姓也都知道林肯现在的功业名声，都是经过千辛万苦奋斗才得来的，因此，大家都为他爱敬、真诚的品行所感动。

同月，共和党又在芝加哥（Chicago）召开了全国预选会，也是林肯占优势。到十一月正式选举发表，而林肯最终成为了菩却南的任，为北美合众国第十六代之大总统。以次年三月，行就职礼于华盛顿之议事厅。

【批评】

“栏工候选总统”之称，当时不以为辱而以为荣，是可征职业之神圣与平民政治之精神。

继任者，当选为北美合众国第十六任大总统。第二年三月，在华盛顿的议事厅举行了就职典礼。

【评论】

“栏工候选总统”的称号，当时并不认为是一种耻辱，反而是一种荣誉，这象征了工人职业的神圣和平民政治的精神。

第十三章 南北战争

林肯就职以后，其当头第一难题，即为南北战争。当总统竞争之方剧也，南方民主党已扬言，谓共和党获胜者，则南人之用奴权利，必剥夺至尽，非退出同盟不足自保。故林肯被选，而南方诸州宣告独立之事实，亦同时发现。

先发难者为南加罗里拿（South Carolina）。未几，密士失必、佐治亚（Georgia）、阿拉巴麻、佛罗里达（Florida）、鲁西安纳五州继之，寻得撒、勿尔吉尼亚、阿干萨、田纳西、北加罗里拿（North Carolina）五州亦加入。十一州别为同盟，称美利坚联邦（The Confederate States of Amercia），定宪法，主自由贸易奴隶制度，举大卫斯（Jefferson Davis）为大总统，而以勿尔吉尼亚之里士满（Richmond）为都城。

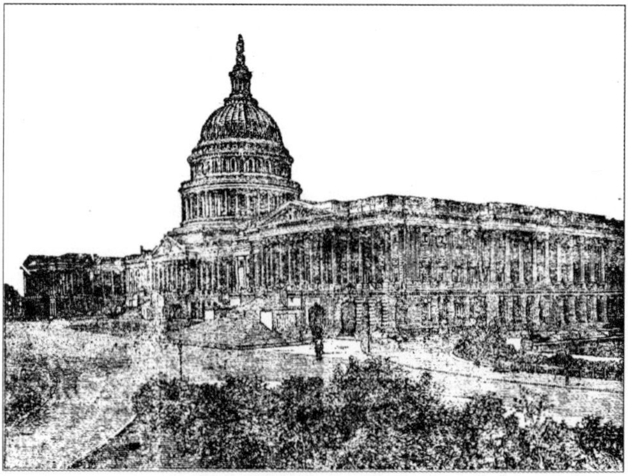

美国会议厅

林肯就职以后，一开始遇到的最大难题，就是南北战争。当总统竞选正处于激烈时，南方的民主党便已经放话了，说如果共和党的人当政了，一定会将南方人使用奴隶的权利全部剥夺，只有退出同盟，才能够自保。因此林肯当选后，南方许多州宣告独立出去的事实，便也同时发生。

最先发难的是南加罗里拿州（South Carolina）。没多久，密士失必、佐治亚（Georgia）、阿拉巴麻、佛罗里达（Florida）、鲁西安纳五州先后退出联邦，寻得撒、勿尔吉尼亚、阿干萨、田纳西、北加罗里拿（North Carolina）五州也退出联邦。十一州联合结成同盟，称为美利坚联邦（The Confederate States of Amercia），重新定立宪法，主要是提倡自由贸易奴隶制度，推举大卫斯（Jefferson Davis）为大总统，而以勿尔吉尼亚的里士满（Richmond）为首都。

联邦政府既立，据险要，占炮台，着着进步。至林肯就职时，南方炮台之为北军所守者，仅南加罗里拿之散的（Sunter），及佛罗里达之毕根斯（Pickens）而已。然林肯犹力以调停为事，其就职演说，所为丁宁告诫于南人者，字字皆调停之血泪也。词曰：

“诸君乎，余等之国家断无可以分裂之理。政见之不同，何不可以协议定之？试问，分裂以后其协议之方法果有以愈于从前耶？试问，以敌国而订条约与以友朋而定法律，其势果孰逆而孰顺耶？君等以不胜愤激而出于一战，然战亦讵可以久。逮两方面创巨痛深，精枯力尽，而君等则已停战矣。斯时君等所待协议之问题，不仍与今日同耶，而所得者果何物耶？吾失望之同胞听之，内乱之大祸，其责任在诸君而不在于余。政府之于诸君，毫无侵略之意。设非诸君首启衅端，则内乱又何从起者……同胞同胞，须知余等系友朋而非仇敌，何能互怀敌意？无论感情上若何冲突，断不可绝其友谊之羁绊也。”

然林肯之调停卒无效。至是年四月，是为林肯就职后之一月，南军发兵攻散的炮台，而南北之战端遂开。

南北之战，历时凡五年。当是时，南方十一州，人口九百万；北方二十三州，人口二千余万，众寡之势悬殊。在联邦政府成立后，据守险要关塞，并占领了炮台，步步紧逼。到林肯就职时，被北军守备的所有南方炮台，仅剩下了南加里拿的散的（Sunter），以及佛罗里达的毕根斯（Pickens）两地而已。然而，林肯还是力主调停，并将主要精力放在这上面。他的就职演说中，所有叮嘱规劝南方人的话，每一个字都是饱含深情，言语恳切，体现了其调停的良苦用心。他的演讲词为：

“合众国的公民们，我们的国家是绝对没有可以分裂的理由的。政见上的分歧，为何不可以协商来决定呢？请问，在分裂后比分裂前达成协议会更为适当吗？请问，以敌对方的身份订立协议与以朋友身份制定法律，其结果难道是以敌对方的身份订立协议更顺利吗？你等因为一时的激愤而不惜发动一场战争，但战争可能会持续很久。等到双方损失巨大，精疲力竭而毫无所获时，你们又会停止战斗继续往来了。那时摆在你们面前的还是协商的问题，不和今天碰到的情况一样吗？而所得到的结果又是什么呢？我失望的同胞们请听我说，内乱的抉择权在你们手里，而不在我。政府对于你们，没有任何袭扰侵略的意图。如果不是你们首先挑起事端，那么内乱又怎么能够发生呢……公民们，同胞们，你们应该明白，我们是朋友而非敌人，怎么能够心怀敌意呢？无论感情上有什么冲突，也不能让我们之间友谊的绳结断开啊。”

然而林肯的调停最终失败。到这年四月，也就是林肯就职一个月之后，南军发兵攻打散的的炮台，南北战争正式拉开帷幕。

南北战争，历经了整整五年。当时南方有十一个州，人口九百万，北方有二十三个州，人口两千多万，人数多少相差巨大。在林肯之意，固以为可指日平定。然南军多良将，气锐甚，散的炮台坚守未一月，即陷落。及七月，南北两军大战于薄尔仑（Bull Run），北军败绩，形势尽失。于是林肯请于国会，增兵五十万，军费五万万圆，大举以应敌，是为南北战争之第一年。

一千八百六十二年（清同治元年，民国前五十年），林肯遣格兰脱（Grant）将兵陷田纳西之铎尼尔孙（Donelson），海军大将法雷谷（Farragut）亦拔其纽俄连斯，北军之势稍振。会北将麦克尔兰（Mc Lellan）围里士满，败还。南军又乘势进，寻南将黎（Lee）略弗勒得力堡（Fredericksburg）据之。林肯遣将两次进攻，皆不利，丧师三万人。是为南北战争之第二年。

此二年中，战事虽互有胜负，然结果则多利于南军。林肯以合众国大总统兼陆海军大元帅之职，军费浩繁，国债山积，强寇外乘。敌党内伺遂以一身为众矢之的，且有张平和之帜，谓北军宜无条件屈服于南军者。然林肯不为动，尝曰："理胜者力亦胜。吾人应行其良知所信之义务，到底不懈。"斯言也，至次年颁布放奴令之后，果大著效验。

林肯的心里，原本以为用不了多长时间就可以平定内乱。然而，南方军队中有很多能征善战的将领，气势十分强盛，散的的炮台坚守不到一个月，就陷落了。到七月，南北两军在薄尔仑展开大战时，北军战败，北军的有利形势全部丧失了。于是林肯向国会请求，增兵五十万人，军费五个亿，大举兴兵以应对敌军，这还只是南北战争的第一年。

1862年（清同治元年，民国前50年），林肯派遣格兰脱（Grant）率军攻下了田纳西的铎尼尔孙（Donelson），海军大将法雷谷（Farragut）也夺取了纽俄连斯，北方军队的士气因此稍稍有所提升。当时正碰上北方将领麦克尔兰（Mc Lellan）围攻打里士满，但最终失败而归。南军又因此乘胜追击，南军将黎（Lee）攻占了弗勒得力堡（Fredericksburg）。林肯为此两次派兵攻打弗勒得力堡，但都出师不利，损失了兵力三万人。这是南北战争发生后的第二年。

这两年当中，双方战事各有胜负，然而最终结果却大多对南方军队有利。林肯以合众国大总统的身份兼着陆海军大元帅的职位，军费浩大且繁重，国家因此负债累累，强寇于是也趁机而入。敌对党派伺机让林肯一时成为大家攻击的对象，还有的主张进行和平谈判，说北军应该无条件服从南方军队。然而林肯却不为所动，他曾说："站在真理的一方最终是会取得胜利的。我们应该做讲良心守信义的事，一定要坚持到底。"这番言论，在第二年颁布的放奴令后，真的被应验了。

【批评】

一国幅员既广，必不能无意见利害之异同。惟两方面各以国家为前提，斯政争不致过激，法治不致破坏，而后能以调和互让之精神，维系于不敝。若不得志于政争，即欲诉之于武力，则政治之竞争一变而为权利之竞争。杀机既开，愈演愈烈，未有不两败俱伤者。痛乎，林肯之言也！曰：“逮两方面创巨痛深精枯力尽，而君等则已停战矣。”夫至此时而停战，则其国家将为何等国家乎？在美国当日以独立新大陆中，无外力乘其后，故犹能恢复元气，徐致盛强。若在强邻环伺，势力范围已定之地，正不知今日之域中是谁家之天下矣。呜呼，南北战争之名词，抑何不祥。吾读美史而哀俄罗斯，吾尤愿爱国之政治家，永永勿蹈俄罗斯之覆辙，而使后人寄哀于无穷也。

“理胜者力胜”，此言固足鼓吾辈卫道之勇气，然在处政争冲要之人，则尤须平矜释躁。取他方面之真理，以祛其固闭之私，此所谓自胜者强。古大臣休休有容之度也，若存一刚愎自是之心，则君子亦何尝不足误国。

【评论】

一个国家幅员辽阔，肯定会有不同的政见和利益得失上的争端。只有双方都以国家利益为前提，才不致于使政见相争过于激烈，法治才不会被破坏，然后才能以相互让步调解矛盾的精神，维系好双方关系而不被破坏。如果在政治争斗中不能如愿，就会想着使用武力来解决，这样，政治上的争斗便会演变成权利的竞争。杀机一开，只会越演越烈，没有不两败俱伤的。林肯的话让人感觉到了他的痛苦，他说："等到双方损失巨大、毫无所获，且精疲力竭时，那么你们就会停战了。"而到这个时候停战，那么这个国家将会成为什么样的国家呢？在美国当时宣布独立成立新政府时，没有外来力量乘机骚扰，因此还能恢复元气，并慢慢变得强大。如果是在周边强大国家环顾窥伺的情况下，当时势力范围已经确定的地方，真不知道今天那些领地会成为哪个国家的天下呢？唉，南北战争这个名词，可能不是很吉祥吧！我读了美国这段历史后而为俄罗斯伤心，我尤其希望那些爱国的政治家们，永远也不要重蹈俄罗斯的悲剧，而让后辈们限入无限的悲痛中啊！

"站在真理的一方最终会取得胜利"，这话虽然是鼓励我们保持维护道义的勇气，然而身处政治争斗重要位置的人，则特别需要平静心情，不能急躁。采纳别人正确的意见，来除去自己自私的念头。这就是人们所说的战胜自己的人才是强大的。古代大臣中宽容有气量的君子，如果固执己见、自以为是，那么即便是君子也不敢保证不会做出误国的事啊！

第十四章　放奴及被刺

一千八百六十三年（清同治二年，民国前四十九年）一月一日，林肯公布解放奴隶令，是为南北战争之一大转机。令曰："余以大元帅职权，际兹合众国内乱侵寻纲维解纽之时，敢以处置战争之必要。布令于众，自今伊始。各州境内有被蓄为奴隶者，其咸复乃自由。我合众国行政部暨陆海军官，当承认其自由而保护之。"

初，南北之开衅也，北方共和党已以放奴为请，林肯生平本为此一大事出世，自亦极表同情。然虑放奴以后，将益犯南人之怒，坚其负嵎反抗之心，故仍隐忍未发。至是战祸频年不已，南军以奴隶为前驱，连得胜仗。林肯乃知放奴之举，非特人道主义所不容缓，抑且可以制叛军之死命，永绝南北纷扰之机。

遂决以大元帅之职权行之。盖林肯仁心仁闻，固过人一等，而谋定后动，不敢举国家之大器，轻于一掷，其忍耐心尤不可及也。

1863年（清同治二年，民国前49年）1月1日，林肯公布解放奴隶令，这是南北战争的一大转机。林肯在解放奴隶令中说："我以大元帅的职权，值此合众国正发生内乱，原来维持国政的法度渐渐作废之际，有必要对这场战争采取必要的措施。现在将解放奴隶令宣布于众，从今天起开始生效。各州境内所有被贩卖为奴隶的人，都将获得你们的自由。我合众国政府，包括陆、海军当局在内，应当承认并保护你们的自由。"

刚开始，南北双方发生挑衅时，北方的共和党人便已经请求释放奴隶，而林肯本来就是为了解放黑人奴隶而生的，自然对奴隶也是极为同情的。然而考虑到奴隶解放后，将在更大程度上触怒南方人，会进一步加强他们负隅抵抗的决心，因此他一直强忍着没有采取行动。直到战争连年持续不停，而南方军队以奴隶做为先锋，接连取得胜利，林肯这才明白解放奴隶的举措，不仅仅是从人道主义上来说已不能再延缓，而且是抵制叛军并让他们陷于必然失败的命运，永绝南北混乱的好机会。于是林肯决定以大元帅的职权颁布解放奴隶令。虽然林肯仁慈的心肠，仁爱的声誉高人一等，但是其谋划周密而后行动，不轻易动用国家利器，等到时机成熟后轻轻一击，这种忍耐心更是别人赶不上的。

放奴令颁，除奴籍者凡四百万人。奴隶之役于南军者咸倒戈降，南军遂大挫。是年五月，南将黎战北军于盏塞罗维（Chancellersville），虽获胜，然丧其名将驾克孙（Jackson）。及七月，北将梅特（Meade）有揭地堡（Gettysburg）之捷，格兰脱有维克斯堡Wicksburg之捷。北军益乘势锐进，所向无前。法帝拿破仑三世劝和，林肯不从。是为南北战争之第三年。

一千八百六十四年（清同治三年，民国前四十八年），是为南北战争之第四年。时南军势益穷蹙，而林肯总统任期已垂满。北方民主党拥败将麦克尔兰为魁，选举之争甚烈，然林肯卒获联任。次年三月，林肯乃于四方告捷声中，行第二次就职礼。其演说词不矜己之功，不幸敌之败，尤蔼然仁者之言也。词曰：“吾侪其释愤怨，扩仁量，以果毅坚决之心，拥护正义。上帝既以保障正义之责任，授诸吾侪，吾侪其敢勿兢兢以求副斯责。国家之疮痍，当思有以复之；战场之勇士，当思有以劳之；阵亡诸先烈之寡妻弱息，当思有以抚之解放奴隶令一颁发，废除奴籍的奴隶有四百万人。被南方军队奴役的奴隶都倒戈投降，南军因此遭受大创。这年五月，南军将领黎与北军在盏塞罗维（Chancellersville）展开大战，虽取得胜利，然而其名将驾克孙（Jackson）战死。到七月，北军将领梅特（Meade）在揭地堡（Gettysburg）取得了大胜，格兰脱同样取得了维克斯堡（Wicksburg）战役的胜利。北军更是乘势突进，所向无敌。法国皇帝拿破仑三世从中劝和，林肯拒绝了。这是南北战争的第三年。

1864年（清同治三年，民国前48年），是南北战争爆发的第四年。当时南军的形势更加窘迫，而林肯的总统任期也快要到期了。北方民主党拥戴败军之将麦克尔兰为首领，选举的竞争相当激烈，然而林肯最终还是获得了胜利，得以联任。第二年三月，林肯在全国欢腾的胜利声中，举行了第二次就职典礼。他的演说词没有夸耀自己的功劳，没有对敌人的失败幸灾乐祸，更像是一位和善仁德的长者说的话。他在演讲中说："我们将放下愤怒和怨恨，提倡宽仁大量，以果断、坚毅、决绝的心来坚持和维护正义。上帝既然将保障正义的责任交给了我们，我们怎么敢不认认真真对待这份责任呢！国家已满目疮痍，我们应当想着如何来恢复；对那些在战场上的勇士，我们应当想着如何去慰劳他们；对那些在战争中恤之。凡可使吾国民与世界诸国同享久长公正之和平者，皆吾侪所不可不勉者也。”

林肯第二任就职之年，即南北战争平定之年也。先是林肯以格兰脱为总司令，连胜南将黎，困之于里士满。而南将约翰斯（Johnston）亦屡为北军别将夏曼（Sherman）所败，退守彼得堡（Peterburg）。至是年四月，格兰脱拔里士满，夏曼亦攻彼得堡下之，黎与约翰斯顿相继降，寻获其总统大卫斯于佐治亚，南北之战遂平。

里士满之陷也，林肯适以犒师巡战地。遂莅兹南军之旧都，抚其遗民。黑奴数万人，咸扶老携幼，呼上帝致感诚。寻归华盛顿，携其夫人赴伏特剧场（Ford' s Theater）贺战胜。伶人菩士（Booth）南军余党也，狙击之。林肯遂逝世，时一千八百六十五年（清同治三年，民国前四十七年）四月十四日也，得年五十六岁。

【批评】

奴隶解放令，为美国史中极有关系文字。《独立宣言》书所举自由平等诸大义，实至此始竟全功。然林肯以国民之公意，行其平日之宿愿，仍兢兢不敢轶出法律范围。一则曰“大元帅职权”，再则曰“处置战争之必要”。盖言此仅战牺牲的先烈们的遗孀、孤儿，我们应当想着如何去抚恤他们。凡是可以让我们的国民与世界各国之间实现持久、公正的和平的行为，我们都不能不为之努力。”

林肯第二任期就职的那一年，也是南北战争平定的一年。先是林肯任命格兰脱为总司令，他接连战胜南方将领黎，将他围困在里士满。而南军将领约翰斯（Johnston）也多次被北军副将夏曼（Sherman）打败，退守到彼得堡（Peterburg）。到这年四月，格兰脱攻下了里士满，夏曼也攻下了彼得堡，黎和约翰斯顿先后投降，并在佐治亚抓获了南方联盟总统大卫斯，南北战争最终结束。

里士满被攻破后，林肯正好到战地巡查犒赏军队。最后到了南军原来的首都，安抚其遗民。黑人奴隶数万人，都扶老携幼，对着林肯高呼上帝之名表达感恩之情。不久后林肯回到华盛顿，带着夫人到伏特剧场观看庆祝胜利的演出。演员菩士（Booth）是南军的余党，他开枪暗杀了林肯。林肯最终医治无效逝世，那天是1865年（清同治三年，民国前47年）4月14日，享年56岁。

【评论】

奴隶解放令，在美国历史上有着极其重要的作用。在《独立宣言》中所提倡的自由平等诸原则，实际上到此时才算得上是成功了。然而林肯以全国人民的意愿，践行着自己一生的愿望，仍然认认真真的不敢超越法律的范围。一是“大元帅的职权”，再是“处时之便宜行事，仍有待于立法机关之追认也。故禁奴之举，亦至约翰森（Johnson）继任，改正宪法以后，始为经常法典。凡立宪国之元首，可不奉为圭臬。

老子有言：“抗兵相加，哀者胜矣”。林肯之于南北战争，盖处处以哀字出之，故能卒奏胜利。然读其第二次就职演说词，则虽胜利以后，犹未忘哀之心也。与彼献俘告庙，贪天功而乐人祸者，其仁暴之相去为何如。

置战争的必要”，这些言论仅仅是为战争时期方便行事，但仍需要立法机关的追认。因此严禁贩卖使用奴隶的行为，也直到约翰森（Johnson）继任总统，更改了宪法以后，才成为正式法典。凡是成立立宪制的国家元首，无不将其当做典范和标准。

老子曾说过：“两兵交战，悲愤的一方将获胜。”林肯在南北战争中，处处以悲痛之心示人，因此能最终取得胜利。然而看他的第二次就职演说词，虽然胜利了，但他仍没有忘却内心的悲痛。这和那些把在战争中俘虏的人员进献给太庙，贪图功劳而将别人的痛苦当作自己的快乐的人相比，其仁慈与残暴的差距实在是太大了。

第十五章 言行拾遗

林肯之德业，与其再造美国之历史，既略具于前数章矣。然其嘉言美行，散见于载记者犹多，请更杂举之，以供少年之取法而殿吾书。

林肯私邸

林肯不吸烟，不饮酒，少年时尝作《禁酒论》，时已推为名笔。

林肯性朴素，不尚奢华。虽为大总统，服御仍无异于平民，出入未尝具警卫。

林肯富于乐天观，治事常从容不迫。当南北战争之际，万几丛脞，殆匪常人所堪。然林肯仍好整以暇，虽例行公事，亦多躬亲。

林肯好读小说，虽军书旁午，其几案间，必有齐谐志怪之书、滑稽索笑之编，以自排遣，尤喜为人道之。

林肯善社交，工演说，谈论好作诙谐语，演说时亦然。然待人一本于诚，政治家之阴谋诡计，最所深恶。

林肯爱真理而能决断，然深于服善克己之功，与朋辈林肯的德行功业，与他再造美国的历史，已经在前面数十章简单讲述过了。然而关于他的嘉言美行，大多零散地记载在一些书籍当中。现在随便列举一些，以供青少年效法并作为这本书的结尾。

林肯不吸烟，不饮酒，年轻时曾经写过《禁酒论》，现在已经被推崇为知名文章。

林肯生性喜欢朴素，不崇尚奢华。虽然贵为大总统，服饰装扮仍然和平民一样，出入也没有安排警卫。

林肯生性便富有乐观精神，处理事情常常从容不迫。南北战争时，各种事物细小繁琐，几乎是常人所不能承受的。然而林肯依旧从容不迫，虽是例行公事，但大多也是亲力亲为。

林肯喜欢读小说，虽然军事繁忙，但他的桌子上，一定会有齐谐志怪、诙谐滑稽的书籍，用来自我排解烦恼，且喜欢和别人说这些书的故事。

林肯善于社交，擅长演说，与人谈论时经常说些诙谐幽默的话，演说时也是一样。然而林肯待人接物却是一本诚心，政治家玩的阴谋诡计，林肯是最为讨厌的。

林肯钟爱真理，处事极其果断，但非常佩服别人比自己强的论事，每引咎自责。尝曰："余不能支配事实，惟能承认事实之真相而服从之。"

林肯悲悯之怀，得天独厚。军中有逃兵被捕，林肯辄纵赦之。一日获某兵，将军伯脱劳（Butler）必欲置诸法，林肯作谐语答之曰："天既与彼以怯懦之双腿，彼又安能不用此腿以逃。"卒纵之去。

林肯奉《独立宣言》书为政治之信条，于人权平等之义，信之尤笃。尝论黑奴问题曰："黑人肤色，诚与吾侪不同，其它优劣之点亦甚伙。然其具有将自己之手所得之面包，置诸自己口中之权利，则不以肤色之白黑而异也。"

林肯重民意，重自治主义，尝曰："人民者，国会与法院之真主宰也。故宪法之疑难，惟当以民意定之。民意能防止破坏宪法之政客，不至破坏宪法也。"

林肯应付外交，亦极敏练。初南军派马森（Mason）、史拉特（Slidell）赴欧洲，冀得英法二国后援。已御英船出公海，为北将威尔克（Wilkes）截获。英人索犯急，并责谢罪，美民闻之咸激昂。林肯卒徇英人之议，得无事。其言曰"一地方。与朋友谈论事情时，总是主动承担错误并作自我批评。他曾经说：“我不能支配事实的真相，只有承认事实的真相并去服从它。”

林肯常怀慈悲情怀，与人为善，且拥有优越的条件。军中有逃兵被抓后，林肯总是释放并赦免了他们。有一天，擒获了一个逃兵，将军伯脱劳（Butler）想将他军法处置，林肯用诙谐的语调说：“上天既然给了他一双怯懦的腿，他又怎么能不用这双腿去逃跑呢？”随后释放了士兵，让他离去。

林肯将美国《独立宣言》作为政治的信条，对于人权平等的意义，更是深信不疑。他曾在谈论关于黑奴的问题时说：“黑人的肤色，和我们确实不一样，其他的优缺点也很多。然而他们也有将自己劳动所得的面包放在自己嘴里的权利，这不会因为肤色的黑白不同而不一样。”

林肯注重民意，崇尚民主自治主义。他曾说：“人民，是国会与法院的真正主宰。所以修订宪法时遇到的疑难问题，应当以人民的意愿而定。民意可以防止那些蓄意破坏宪法的政客，以保证宪法不被破坏。”

林肯对于外交事宜，也非常机敏练达。南北战争初期南方军派马森（Mason）、史拉特（Slidell）去欧洲，希望得到英国和法国的援助。他们已经乘坐着英国的船出了公海，但被北方军将军威尔克（Wilkes）截获。英国人因此非常急切地想要回人，并要求美国为此谢罪，美国人民听后群情激昂。林肯最后顺从了英国人的意见，两国得以相安无事。他说的“一个国家同一时期中，只能承受时期中只容一战争”，外交界以为名言。

某史家之评华盛顿也，曰：“善人中之最伟大者，伟人中之最善良者。”如林肯者，殆亦无愧色矣。

【总评】

读《林肯传》，应知境遇不足以困人，但在人之有志。

读《林肯传》，知其处处不失民主国政治家之风范。

读《林肯传》，应知其南北战争之功业，有解放黑奴，统一国家之两大鹄的，为其功业之真精神，故足不朽。与穷兵黩武者不同。

读《林肯传》，应知林肯之功业，全由德性中流出。吾辈欲希望林肯之功业，应先修养林肯之德性。

一次战争”，被外交界奉为至理名言。

有个史学家评论华盛顿时，说：“他是善良人中最伟大的人，伟人中最善良的人。”这句话用在林肯身上，同样是毫无愧色。

【总评】

阅读《林肯传》后，应当知道无论什么境遇，都不足以困住一个人，唯独在于人要有志气。

阅读《林肯传》后，应该知道林肯为人处事处处不失民主自治国政治家的风范。

阅读《林肯传》后，应该知道他在南北战争时的功业，有解放黑奴和统一国家两大目标，这是他事业中的精神支柱，足以让他永垂不朽，流芳百世。这与那些随意使用武力，不断发动侵略战争的人是不同的。

阅读《林肯传》后，应该知道林肯一生的功业，全是由其良好的品德决定的。我辈要想成就林肯那般的功业，就应该先修养林肯那样的品德才行。

少年叢書

文白对照本

拿破仑

钱智修◎著

团结出版社

图书在版编目（CIP）数据

少年丛书 / 孙毓修编. -- 北京 : 团结出版社,2015.7
ISBN 978-7-5126-3662-0

Ⅰ.①少… Ⅱ.①孙… Ⅲ.①名人—生平事迹—世界—少年读物 Ⅳ.①K811-49

中国版本图书馆CIP数据核字(2015)第130183号

出版：团结出版社
（北京市东城区东皇城根南街84号 邮编：100006）
电话：(010) 65228880 65244790（传真）
网址：www.tjpress.com
Email：65244790@163.com
经销：全国新华书店
印刷：三河市祥达印刷包装有限公司
装订：三河市祥达印刷包装有限公司

开本：148×210 1/32
印张：128
字数：1500千字
版次：2015年12月 第1版
印次：2016年4月 第2次印刷

书号：978-7-5126-3662-0
定价：490.00元（全28册）

少年叢書

《少年丛书》白话语译编委会

出版前言

近代著名思想家、政治家梁启超曾经说：“少年强则国强，少年智则国智，少年富则国富，少年独立则国独立，少年自由则国自由，少年进步则国进步，少年胜于欧洲，则国胜于欧洲，少年雄于地球，则国雄于地球。”这是他的散文《少年中国说》中的一段，作于戊戌变法失败后的1900年。文中极力歌颂少年的蓬勃朝气，指出封建统治下的中国是“老大帝国”，热切希望出现“少年中国”，振奋人民的精神。

或许是受到梁启超先生的感召，1908年冬天，上海商务印书馆编译所推出了一套系列丛书——《少年丛书》，又名《中外伟人的传略》，这是二十世纪中国的第一部历史人物类学生课外阅读丛书。首任编辑和作者是林万里，第二任编辑是孙毓修，孙毓修是这套丛书的主要作者，后期加盟写作的骨干还有国学大师钱智修。他们都博览中外，以精准而严格的眼光审视中外古今文化资源，选取其中有益于

少年儿童精神世界的材料，予以整合，编写成册。这套书出版以后，广受少年儿童的欢迎，每册前后加印达几十次，若整套书累计，恐怕达到数百次之多，发行量之大，影响力之广，在二十世纪的人物传记类图书中堪称罕见。

《少年丛书》前后出版了近三十余种，每一册传主为一位中外历史名人。我们在全国各地经过多方的搜寻，共得二十八册，其中中国名人十五位，外国名人十三位。每篇先叙述名人的生平传记，后加以作者的评论，根据时事，启发少年，借以激励少年树立远大志向，明确奋斗目标，成就健全人格。著名作家茅盾在阅读这套书后曾评论说："记事简明，议论正大，阅之足以增长见识，坚定志气。"这套出版之初即为砥砺少年志向的书影响了当时无数少年儿童由此走上振兴中国之路。著名作家张天翼、赵景深、陈伯吹等，都曾深受这套书的影响。

《少年丛书》的三位作者，都是当时学贯中西的通儒，不仅有深厚的国学功底，也有睁眼看世界的非凡眼光。撰写本套书册数最多的孙毓修先生，他是我国近代著名的目录学家、藏书家、图书馆学家。他同时还创作了大量的儿童文学作品。除了《少年丛书》，他还先后主编出版《少年杂志》、《童话丛书》等，被茅盾誉为"中国童话的开山祖师"。

另一位作者钱智修，浙江嵊县人，字经宇，是著名的国学大家，博古文学家，东方学派思想家。他在学时，就以"国学国文湛深，文章洛阳纸贵"赢得尊敬，并被上海多家进步报馆争揽为特约撰稿人。1911年毕业后，他应编译所长高梦旦之聘，担任商务印书馆编

译所编辑。1920年7月他任《东方杂志》主编，长达12年，是该杂志有史以来任期最长的主编。他还参与编辑《辞源》及《中国人名大辞典》、《中国古今地名大辞典》。1931年任国民政府监察院秘书长。

第三位作者林万里是民国年间著名的报人，原名獬，又名白水，字少泉。他幼承家学，又拜名士高啸桐（商务印书馆创始人之一）为师。清光绪二十四年(1898年)，他在杭州参与创办求是书院、养正书塾、东城讲舍、蚕学馆4所新式学堂，任求是书院总教习；后任《杭州白话报》主笔，宣传新思想。光绪三十年(1904年)，他出任《警钟日报》主编，宣扬孙中山及其领导的革命，后追随孙中山。帝制取消后，林万里重操新闻旧业，创办过多份报刊。

鉴于每位作者独有的知识结构和兴趣热点，每位编者对人物都有自己的选择。孙毓修所撰写的大部分是中国历史名人，而且写作的视角也非常独特，如其所写的《玄奘》是一个历史人物，而不是《西游记》中的唐僧。现代的普通读者对玄奘的了解绝大部分是来自于《西游记》等小说，而历史上的真实情况却鲜有人知——玄奘取经并非唐太宗支持，相反还受限于当时的法令，他冒着生命危险才得以出境。这就需要有人为读者打开另外一扇窗户，还原真实的玄奘，而不是小说中的文学形象。茅盾先生对孙毓修所写的《玄奘》评价很高："可以说是内容翔实，深入浅出，既宜于少年阅读，也使成年人增加历史知识。"再如《苏秦》，作为一位著名的辩士，《史记》必然为之列传。孙毓修在写苏秦游说各国发言的时候采用了《史记》中记载的史料，而在后面的评论部分对苏秦的表现作了恰当的点评，分析苏秦游说秦、燕、赵、韩魏、齐楚的过程，阐述了苏

秦辩术策略的不断提高。对于国外人物的选取，孙毓修也是偏爱励志型的，如德谟士，从一个小人物成长为大演说家；彼得大帝，从受制于人，成为欧洲赫赫有名的皇帝。

另一位作者钱智修，先后写有《林肯》、《苏格拉底》、《拿破仑》等，这些都是西学东渐后中国人十分崇仰的外国名人。值得注意的是，钱智修秉承严复所主张的信、达、雅翻译原则，特别讲究传记所含的真实性。他所抒发、张扬的传主虽然都被列为人们仿效的楷模，写法却不做作，更没有为了塑造人物形象而更改史实。

林万里所写的外国传记和钱智修的作法大致相近，即在第一章抒发己之传记宗旨，后文谈及传主读书之术、治学之道与其行事风格，并进行了点评。此外还有其他人关于传主的言论，更有编译者自己的评论，以引导少年儿童正确地学习和借鉴，而不是一味盲从。

《少年丛书》的最大特色，就是“记事简明，议论正大”。书中除了记叙人物的生平故事之外，作者的评论也让这套书大为增色。其议论宏富，既能够结合少年的成长特点，指明如何学习书中人物的优良品质，也指出了其中的不足之处，对于引导少年如何立志修身，大有裨益。

这套书的另一大特色，就是全部用文言文写作，语言凝炼，文笔流畅，保持了中国传统作史传的鲜明特色。当时，白话文风已经悄然兴起，而作者能够不从时髦，采用文言写作，甚为难得。以至我们今日再读此书，依然能够体味到文言笔法的无穷魅力。然而考虑到近百年来，国人的文言文水平已经一落千丈。今日的大部分少年，阅读文言文尚有一定困难，因此我们特别组织人员，将全套书进行了

白话翻译。尽管我们做了最大的努力，文言文的神韵依然是难以用白话表达出来。因此，我们希望少年朋友通过阅读这套书，体会文言文的独特魅力，进而热爱和学习文言文。

《周易》有云：“君子以多识前言往行，以畜其德。”说的就是多学习古人的嘉言懿行，对我们修身立德至为重要。古人尝言：“童蒙养正，少年养志，壮年养德。”少年时期是人生至为关键的时候，这个时期树立什么样的志向，以什么样的人为榜样，往往会决定一个人未来的人生成就。而一个人少年时期读的书，也足以改变他的一生。在今日少年课外读物良莠不齐的状况下，《少年丛书》堪称鲜有裨益少年的优秀读物。若今日的少年，能够认真研读这套《少年丛书》，对于树立远大志向、培养健全人格、完善道德情操将大有裨益。或许，今日的风华少年，即是将来成就伟业的千古豪杰、泽被世人的大圣大贤。勉哉！勉哉！

为什么要读名人传记

——《少年丛书》白话语译序

我从小很喜欢读书，可是，因为身处偏僻山村，小的时候却无书可读。那个时候，家中只有父亲买的一本《古文观止》，儿时翻阅过无数次，虽看不太懂，却记忆深刻。有人说，儿童时期读的书，一生也难以忘记。此言确实不虚。

没有想到的是，儿时无书可读的我，日后竟然投身于出版业。今天，我国的出版业已经非常发达，给少年儿童读的书也非常多。可是，若细心寻求，真正的好书却是少之又少，尤其是给少年儿童介绍历史文化的书。

一个偶然的机会，我们与这套百年前的《少年丛书》结缘，这套当初专为少年而写的中外名人传略，让我眼界大开，没想到，百年前的前辈们，竟给少年们创作出如此优良的传记读物。要知道，给少年

儿童写作，比给成年人写作更难，尤其是给人物作传，既要符合历史史实，不可随意编撰，又要注意引导青少年如何取其长，避其短，以免误人子弟。因为，作为历史人物，不可能处处皆堪为今人楷模。这就需要作者要极富有爱心、责任心和严谨精神，才能让读者从中获得纯净的人生智慧。可以说，目前各种写给青少年的人物传记，很少能与这套《少年丛书》相提并论的。

这套书中的二十八位中外名人，大多数是我们耳熟能详的人物，但是对于他们的生平事迹，也许就知之甚少了。读了他们的传记，方知欲为圣贤豪杰，需下一番苦功夫才能有所成就。“人人皆可为尧舜”，说的是我们每个人都有成圣成贤的资质，然而虽有圣贤之资，也需后天的不懈努力，方能成就一番伟业。所以，这一套书作者的目的并不仅仅是让读者了解一下名人轶事，而是以伟人的事迹启迪和激励少年朋友，树立人生的志向，汲取这些英雄豪杰的人生智慧，修身立德，练就自身本领，最终成为造福国家和社会的有用之才。

这套书虽然是写给少年看的，并不意味着就不适合大人阅读。大作家茅盾就曾大力推荐这套书。现在的青年人，乃至家长、老师，若能读读这套书，对于人生事业，教育子弟，也是大有益处的。可以说，这是一套老少皆宜的好书。

《少年丛书》在当时之所以大受欢迎，销量巨大，也不是没有原因的。这套书每册文字量不大，文笔流畅，史实可靠，评议精彩，这都是许多普通名人传记所不具备的。因此，这套书深受读者欢迎，也就不难理解了。

读名人传记，重在学习名人的智慧和经验。正如文天祥所说，

“人生自古谁无死，留取丹心照汗青”。人生有涯，知也无涯，如何在有限的生命里寻求到人生的价值，获取人生的智慧，而不浪费光阴？《少年丛书》中的这些圣贤豪杰，就是我们的榜样。他们身上伟大的人格，比如孝友、善良、爱心、坚毅、勇敢等等，这些人性的光辉，都是我们的学习之处。

我们用了近一年的时间，将这一套书作了白话语译，希望今天的少年们，能够喜欢阅读并且从中汲取智慧。若能让每一位读者都能够有所收获，那就不负当初写作这套书的三位老前辈的一片苦心，而我们的工作也就没有白做了。

这一套书规模宏大，在校对和语译的过程中，难免会有错误，恳请广大读者不吝指正。

《少年丛书》语译小组　主编　萧祥剑

目录

目录

第一章 叙论

吾今取拿破仑遗事，以实吾《少年丛书》。吾知见者必滋以为异，以为拿破仑之为人，其对内则一专制之雄，共和主义之叛徒也。其对外则一穷兵黩武，扰乱世界之魔星也。是以得志不二十年，终至身败名裂，为大西洋孤岛之羁囚。吾辈处二十世纪平和民治之世界，方将悬此等人为政治家之厉禁，而深恶痛绝之不暇，而顾推波助澜，喋喋为述其历史何居？

应之曰：不然。为是说者亦未明法兰西革命时代之真相，与拿破仑所以与各国相持之故耳，请得分别论之。夫法兰西革命，固以民主立宪标榜于天下者，然国民无宪政之经验者。当其骤得政权之际，往往不善运用，而有举鼎绝膑之虞。试观法国革命政府成立以后，内讧迭起，党派纷歧。所谓吉伦德党（Girondists）、哲哥宾党（Jacobin）、哥特利党（Cordeliers），莫不以杀人喋血，为攘夺政权之武器。及至罗伯斯比（Robespierre）得政，史称“恐

拿破仑

我现在选取拿破仑的事迹，用以充实我的这一套《少年丛书》。我知道看见它的人肯定会惊异，认为拿破仑的为人，他对于法国来说，是独裁专制的雄主，共和主义的叛徒；对外联邦，他一直随意使用武力，不断发动侵略战争，成为扰乱世界和平的罪魁祸首。因此，他风光得意不到二十年的时间，最终身败名裂，被囚禁在大西洋圣赫勒拿孤岛之上，结束了自己的一生。我们生活在二十世纪国泰民安的世界环境中，正要将这等人列为政治家避忌的危险人物，厌恶、痛恨都来不及，然而却还从旁鼓吹，助长声势，这番喋喋不休地述说拿破仑的历史有什么意义呢？

对此，我认为并非如此。这样说拿破仑的人是不清楚法兰西革命的真相，这要和拿破仑与各国对立的原因分开而论。法兰西革命，是借民主立宪制的好名声宣扬于天下的，但国家和人民都没有过这种经历。当一个人或组织突然得到政权的时候，往往不能合理的利用，因而有了力不能及、不能胜任的忧虑。试看一下，法国革命政府自成立以后，内讧不断，党派之间意见分歧。所谓的吉伦德党（Girondists）、哲哥宾党（Jacobin）、哥特利党（Cordeliers），谁又不是把血流成河、杀人如麻作为攘夺政权的武器呢？到罗伯斯比（Robespierre）执政时，历史上称这一时期为“恐怖时代”（Reign of Terror）。然而反对派势力却愈来愈盛，甚至有革命党人悄悄谋划复辟，宣扬王党的人死灰复燃。这时候如果不是拿破仑从下层异军突起，清除执政党的暴虐施政，挽回了失去的人心，布奔王朝时期原有的统治者延续将不断出现。

怖时代”(Reign of Terror)。而反动力亦日盛，至有以革命党人潜谋复辟，扬王党之死灰者。藉非拿破仑异军苍头特起，捐党人之虐政，收已失之人心，则布奔(Boubon)朝之旧统虽绵延不绝可也。其后拿破仑得志而骄，虽亦创建霸朝，无以逃于私天下之讥。而其革除封建，编纂法典，裁抑教权，于革命之真精神。固皆保持勿失，吾辈尚论古人当咎。法民之不善运用政权，而因引以自鉴，以杜枭杰利用之机。若但执专制二字为爰书，并拿破仑内治之功积而抹煞之，又宁得谓平情之论哉?

至拿破仑之与各国相持，则为功为罪，又当从欧洲当日之大势论之。盖当时欧洲各国，结同盟军以与法为敌者，以俄罗斯、奥地利、普鲁士、英吉利诸国为职志。之数国者，如俄则东方之半开国，内厉专制之政，而外张侵略之谋者也；如奥则以哈布士保(Hapsburg)朝袭神圣罗马帝之尊号，国王以神权为护符，僧侣有无上之特权者也；如普则自腓特烈大王(Frederick the Great)崛起以来，虽以保护新教，与奥人争霸于中欧，然军阀制度、奴隶制度，其害民亦綦烈，未尝有立宪政治之基础也。惟英人以宪政先进国自豪于世，然当一千七百八十年之顷，则仍为贵族专制政治，其众议院之议员，则大地主之傀儡也。其改革宗之国教，则后来拿破仑得意忘形，虽然创建了一个鼎盛时期，但是也没有逃过被天下人讥讽为独占天下的结局。然而，拿破仑当政时推翻旧的封建制度、编著法典、遏制教权，是真正的革命者才有的精神。让这种精神一直保持没有丢失，我们这些人还在议论前人的不是。法国人民不善于运用政治权利，没有因此引以为鉴，以此来杜绝枭雄豪杰利用政权的机会。如果仅仅就“专制”二字为供辞，一并将拿破仑治理国家的功劳全部抹杀，又哪里来的公允、公平之说呢？

至于拿破仑与当时各个国家对立，是对还是错，还是得从当时欧洲局势来论。当时的欧洲各国，互相结为同盟军与法国为敌的，以俄罗斯、奥地利、普鲁士、英吉利等国家为首。而这些国家，像俄罗斯在东方有一半的土地都是侵略而来，对内执行专制统治政策，对外主张侵略他国；又比如奥地利，则是以哈布士保（Hapsburg）王朝沿袭神圣罗马帝国的尊号，国王以神权为护身符，僧侣有着无限大的特权；又辟如普鲁士自从腓特烈大王（Frederick the Great）崛起以来，虽然以保护新教的名义，与奥人争夺在中欧的霸主地位，然而军阀制度、奴隶制度，对人民造成的伤害也是很惨烈的，没有立宪政治的基础，只有英国以宪政的先进性骄傲地立于世界各国之林。然而，在1780年之后，他们却实行贵族专制政策，英国众议院的议员，只是大地主的傀儡罢了。

罗马教之变相也。要而言之，则是时欧洲各国，以君主、僧侣、贵族三者，垄断政权，其大多数国民，则彼等之刀俎鱼肉而已。而法之革命，独树民权自由之赤帜，将君主、僧侣、贵族之特权，一朝尽去之，又安怪其切唇亡齿寒之虑，皆欲甘心于法人乎？是以巴黎之乱一起，奥普二主，即合兵攻法。及路易十六（Louis XVI）被杀，而英、俄、瑞典、意大利、西班牙、葡萄牙诸邦，亦相继加入。拿破仑以革命政府之委任，起而兴应敌之师，其衅固非自我开也。其后拿破仑战胜攻取，自不能不杂好大喜功之念，然日中必熭，操刀必割，拿破仑既自任，宣扬民权自由之使命，与各国之拥护旧制者势不两立。自亦非以兵力制胜，各国不克完成其使命，至其不能制胜。而终为各国所踣，则以旧制根柢磐，深非一手一足之烈，所能拔本塞源之故。而拿破仑要可告无罪于天下，不得谓其与各国相持，纯出乎穷兵黩武之私也。

且拿破仑虽败乎，实则其所宣扬之主义，至十九世纪皆一一见诸行事，使后人食报于无穷，亦安得谓之败者。如法人经七月革命（一千八百三十年七月，法王查理士十世，以敕令改正选举法，束缚言论出版自由，法民愤变。查理士出奔英，是为七月革命）、二月革命（一千八百四十八年二月，法民表面改革了宗旨的国家宗教，实则就是罗马教的一种伪装。总而言之，当时欧洲各国，以君主、僧侣、贵族这三种社会群体为主，垄断了大多数民众掌握政权的权力，人民处于任人宰割的地位。而法国革命，独树一帜地举起了民权与自由的红色旗帜，将君主、僧侣、贵族的特权，一朝全部摧毁，又怎么能怪他们有唇亡齿寒的忧虑，怎么甘心于让法国人呢？因此，巴黎大乱的时候，奥地利与普鲁士的国王马上联合攻打法国。当法国国王路易十六（Louis XVI）被杀后，英国、俄国、瑞典、意大利、西班牙、葡萄牙和其他诸国联邦，也先后加入攻打法国的队伍。拿破仑接受革命政府的委任，号召并率领军队抗击敌人，政局的挑衅根本不是法国挑起的。后来拿破仑打了胜仗，自己不免有了一些好大喜功的杂念。然而他做事当机立断，毫不犹豫。他即位后宣扬民权自由的使命，与拥护传统制度的其他国家势不两立。拿破仑也不是全都以兵力取胜，其他国家不能完成他们的使命，以至于胜不了这一仗。最终法国又被各国联军打败，这是因为传统制度根深柢固，这绝对不是单薄的力量，就可以连根拔起的。然而拿破仑要说无罪于天下人，并不是所谓的与其他各国相对立，完全是他极其好战的私心罢了。

拿破仑最后虽然失败了，但实际上他宣扬的民主，一直到十九世纪都逐渐得到了实现，使后人受益无穷，又哪里来的所谓失败之说呢？比如法国人经历了七月革命（1830年7月，法王查理士十世，下令改正选举法，束缚言论出版自由，发过人民发动事变。查理士逃往英国，是为七月革命）、二月革命（1848年2月，法民赶走逐路易腓力，复建共和政体，以拿破仑第三为总统，是为二月革命）、普法战争（一千八百七十年，法帝拿破仑第三，为普鲁士所败，法国复建共和政体）之波折，卒能奠定共和，奏最后之胜利，其当归功于拿破仑固矣。即西班牙之自由运动（一千八百二十年）、比利时之永世中立（一千八百三十一年）、意大利之独立（一千八百五十九年）、日耳曼之统一（一千八百七十一年）、英吉利之宪法改革（一千八百三十二年）、瑞士之宪法改革（一千八百四十八年），亦何莫非以拿破仑为原动力者。盖拿破仑以战争传播民权自由之种子，凡被其征服或曾隶藩属之地，固因是改造其政治制度及社会组织。而同盟军之入巴黎，亦携此等种子以归，故发荣滋长。不及百年，而欧洲各国遂无专制政府存立之余地焉。此史家所以与华盛顿并称平民政治之开山，不以一时之成败，异其褒贬也，然则拿破仑可不谓之人杰也哉！

虽然吾非谓拿破仑之行事，可供今日少年取法也。彼席民党之地盘，而起而卒自建帝制，类乎狐埋狐搰者之所为，此其不宜取法者一也；彼欲以力征经营，握欧洲各国之大权，而不知民族独立国之范围，非武力所能破坏，此其不宜法者二也。庄子曰："药也，其实堇也，桔梗也，鸡痈也，豕零也，是时为帝者也。"在拿破仑处新旧过渡时代，或者非路易腓力，复建共和政体，以拿破仑第三为总统，是为二月革命）、普法战争（1870年，法帝拿破仑第三，为普鲁士所败，法国复建共和政体）的波折，才能奠定共和的基础，奏响最后胜利的乐章，这也应当归功于拿破仑。还有西班牙的自由运动（1820年）、比利时的永世中立（1831年）、意大利的独立运动（1859年）、日耳曼的统一（1871年）、英吉利的宪法改革（1832年）、瑞士的宪法改革（1848年），这些哪个不是以拿破仑思想为原动力的？因为拿破仑用战争的方式传播着民权与自由的种子，凡是被他征服或者曾经隶属于他的地方，肯定会因此而改变他们原来的政治制度与社会组织。然而，同盟军攻打巴黎，也携带了这样的种子回去，并且茁壮成长。不到一百年，欧洲各国就再也没有专制政府存在和立足之地了。因此，史学家们把拿破仑和华盛顿并称为平民政治的鼻祖，不以一时之间的成败，判断他的好坏，然而不得不说拿破仑真的是一位杰出的人物！

然而我并不是说拿破仑的行事风格，可供现在的年轻人取法学习。像现如今党派之间的地盘纷争，想自封为王的，就如同狐狸一样生性多疑，刚把东西埋下，又再把东西挖出来看看一样，这是不适合效法的其中一个原因。想要用武力征服和治理国家，掌握住欧洲各国经济大权，却不懂得民族独立是国家最后的底线，并不是只依靠武力破坏就可以的，这是不可效法的第二个原因。庄子说：“比如药材，就是乌头、桔梗、鸡头草、猪苓根等，这些药物大刀阔斧，不克奏改造世界之功。若非其时而妄效之，则谬矣。况乎拿破仑亦卒以此致败耶。惟拿破仑虽晚节不终，而其制度之恢张，经纶之展布。要非恒流所及，吾辈取其所长，而戒其所由致败之道，以勉力于正轨之事业，则固我国振衰起废之良药也，此则吾《拿破仑传》之所由作也。

轮换着做为主药，开出适合于各种病症的药方。”在拿破仑处于新旧过渡时期，或者如不是大刀阔斧的改革，就不能取得改造世界的功绩。如果不经过时间的验证而胡乱效仿，就是错误的了。况且拿破仑最终因此而失败了。拿破仑最后虽然晚年不得善终，但他建立的制度得到了恢宏张扬，筹划治理国家的才能和方法得到了发扬。只有经过长时间的沉淀，我们才能学习他有用之处，革除失败的原因。将这些用在正规发展途径上，那么就会成为我们国家振兴的一剂良药，这也就是我为拿破仑作传的原因。

第二章　少年时代

拿破仑（Napoleon），姓旁纳派脱（Bonapart），以一千七百六十九年（清乾隆三十四年，民国前一百四十三年）八月十五日，生于地中海科西嘉（Corsica）岛之爱觉须（Ajaccio）城。其先世自意大利来居，列名爵族。父查理士（Charles），治律有能称，娶来铁雪雅（Letizia），先生一子，名约瑟（Joseph），拿破仑其仲也。嗣有弟三人，曰罗星（Lucien），曰路易（Louis），曰哲罗穆（Jerome）。尤有三妹，曰加罗林（Carolin）、曰伊黎萨（Elisa）、曰保林（Paulina），皆以拿破仑为贵。

科西嘉岛旧隶热那亚（Jenoau）（意大利列邦），嗣以岛人谋独立，势张甚，乃售诸法兰西。然岛人仍不服，时有保黎（Paoli）者，为独立军渠帅，引查理士佐理军牍。其妻来铁雪雅，方怀拿破仑未分娩，亦追随戎马间，共兵士作苦。及保黎败遁英伦，始各分散。后体育家述拿破仑之言曰："余非引兵出战，或日驰马行六十里，则竟体为之不适。"盖受诸母胎然也。

拿破仑幼时，啼笑顾盼，即异常儿，性傲兀，不甘居人下。其妹伊黎萨尝犯小过，拿破仑欲蔽之，为代受罚七日，不出一言，其沉挚如此。稍长，受书市学。辄携晨餐向军营拿破仑（Napoleon），姓旁纳派脱（Bonapart），于1769年（清乾隆三十四年，民国前一百四十三年）8月15日在地中海科西嘉（Corsica）岛的爱觉须（Ajaccio）城出生。拿破仑的祖先是从意大利移民过来的，当时名列勋爵。他的父亲查理士（Charles），学习法律，非常有能耐，娶的妻子叫来铁雪雅（Letizia），第一个出生的是儿子，叫约瑟夫（Joseph），拿破仑排行老二。后面有三个弟弟，分别是罗星（Lueien）、路易（Louis）、哲罗穆（Jerome），还有三个妹妹，分别是：加罗林、伊黎萨、保林，他们都非常崇拜拿破仑。

科西嘉岛旧时隶属于热那亚（Jenoau）（意大利列邦），其子孙后代一直在科西嘉岛谋求独立，其势力扩张非常快，于是他们将岛卖给了法国。但是岛上的人民仍然有不服他们的，有一个叫保黎（Paoli）的人，为独立军的统帅，举荐查理士辅佐整理军中的文书公牍。查理士的妻子来铁雪雅，当时怀着拿破仑还没有生下来，同样跟随着军队，和士兵一起同甘共苦。至后来保黎战败逃跑到英国，军队才各自分散。后面有体育家讲拿破仑曾说过的话："我如果不是带兵出战，有时一日骑马飞驰六十里，都没有感觉到身体不舒服。"这大概是在母体里受了母亲的感染。

拿破仑小时候，一哭一笑、一举一动，都和别的小孩不一样，性格倔强孤傲，不甘心居人之下。他的妹妹伊黎萨曾经犯了小错，拿破仑为保护她，就代替她受了七天罚，没有说一句话。他就是这样深沉真挚。稍微长大一点后，他在市里学校上学，易黑面包食之，谓己他日必当以兵士起家。会查理士降法，以代议士奉召至京，乃携拿破仑入白利思（Brienne）陆军小学肄业，时年仅十岁耳。

拿破仑居陆军小学，治学甚勤。初操意大利语，移时遂能法语。性勿习群儿遨戏，然试习野战，则喜溢眉宇。一日天大雪，拿破仑累雪作砲台，令同学居守，而自率他同学围攻之。指挥部勒，俨然有大将风。同学以科西嘉新附，拿破仑又家贫，遇事恒齮龁之。拿破仑私心愤慨，益切亡国之痛，尝谓人曰："吾父身为保黎裨将，在理宜与共忧患，有中道相弃，吾甚愧之。"是可见其爱国之诚矣。

拿破仑年十五，升入巴黎陆军大学。居二年，学业锐进，其最精者为算学，次历史、地理。尤喜读布鲁达（Plutarch，希腊人，生于一世纪间）《英雄传》（Parallel），每引传中人物以自况。时大学生多贵游子弟，竞以奢华相尚，校中供待尤极丰腆。拿破仑叹曰："此校非为法国育勇敢之将，徒为王室育佞臣耳。且贵族家贫者，沾染恶习认归，尤足为父母之累。"因上书校长，谓当撤盛食，照兵间例，计口分粮。并令学生躬亲浣濯，以养成勤俭刻苦之总是用自己的早餐去军营换黑面包吃，说自己以后一定要从当兵做起。适逢查理士投降了法国，他以代仪士的身份进入京都，便把拿破仑转到了白利思（Brienne）陆军小学学习，当时拿破仑年仅10岁。

拿破仑到了陆军小学，学习非常勤奋。刚开始的时候他说的是意大利语，没多久便学会了法语。他不喜欢和其他小孩在一起玩，但是在试着玩过一个野战游戏时，便显得十分高兴。有一天下着大雪，拿破仑用雪修筑了碉堡，命令几个同学防守，自己率领别的同学攻打他们，指挥布局，俨然有了大将风范。同学们因为科西嘉岛刚刚附属法国，拿破仑的家里又没有钱，遇到事情总是和他意见不统一为难他。拿破仑心里十分愤慨，更加迫切地想消灭现在的国家。他曾经痛苦地和别人说："我的父亲身为保黎的副将，理应与保黎共患难，中途却背叛了保黎，我深切地感到惭愧。"这足以见得他爱国的诚心了。

拿破仑十五岁那年，升入巴黎陆军大学。第二年，他的学习成绩大进，其中最好的是数学，其次是历史和地理。他尤其喜欢读布鲁达（Plutarch）（希腊人，生于一世纪间）《英雄传》（Parallel），脑子里总是将自己和这些大英雄相比。当时的大学生大多数是游手好闲的贵族孩子，都以攀比谁的衣服奢华为时尚，学校供应的食物尤为丰盛。拿破仑因此感叹说："这所学校不是为国家培养勇敢之将的，仅仅是为王室培养奸佞之臣罢了。而且家中稍贫的贵族子弟，沾染不良习气回家，肯定都将成为父母的拖累。"所以写信给校长，说应该撤销这些丰盛的食物，按照当时军风。书上不报，及后二十年，拿破仑为皇帝，始于方汀勃罗（Fontainebleau）设一陆军校，以成其志。

一千七百八十五年（清乾隆五十年，民国前一百二十七年）冬，拿破仑大考列上第，出屯罗尼（Rone）河畔之瓦椟萨（Valence）。时其父查理士适逝世，拿破仑每星期所入，不过英金十七先令，而其兄约瑟，又荏弱不任事。侍奉慈闱，拄措家室，职责集于一身，计窘甚。然因此益励其艰贞之德，清晨四点钟起，至晚十点钟，始就寝，计每日只睡六小时。其饮食亦至菲薄，只于下午三点钟时，进餐一次。他年转战于百万军中，沐雨栉风，坚强不屈，盖得力于此时之修养者为多焉。

军中职务甚简，故拿破仑得以余力治学，所居邻书肆，拿破仑暇即过之。纵观其典籍，而于福禄特尔（Voltairc法国文学家，生一千六百九十四年，卒一千七百七十四年，所著诗歌、小说力主信教自由）及卢梭（Roussean法国哲学家，生一千七百十二年，卒一千七百七十八年，著《民约论》创天赋人权之说）之书，尤所服膺。时里昂（Lyons）学会悬赏征文，问国家操何法，能使万民跻于康乐。拿破仑匿名进其文，获首选，文意主民主也。嗣又欲著科西嘉史，发挥民治精神。

队的惯例，根据人头分粮食，并且要命令学生自己清洗衣服，以养成勤俭刻苦的风气。信交上去后没有得到答复，直到二十年后，拿破仑做了皇帝，才在法国巴黎市区方汀勃罗（Fontainebleau）设立了一所陆军学校，完成了自己的心愿。

1785年（清乾隆五十年，民国前一百二十七年）冬天，拿破仑考试名列第一，出兵驻扎在罗尼（Rone）河畔的瓦棱萨（Valence）。当时适逢父亲查理士去世，拿破仑每个星期的收入，只有英金17先令，然而拿破仑的大哥约瑟夫，又怯弱得不能做任何事情。侍奉母亲，支撑整个家庭，这些责任全部落在拿破仑一个人的身上，当时经济上非常窘迫。拿破仑却因此收获了坚贞的品德，每天清晨四点钟起床，到晚上十点才能睡觉，合计每天只睡六个小时。他的饮食也十分少，只在每天下午三点钟的时候，吃一次饭。后来转战于百万大军中，经常沐雨栉风，辛苦奔波，却坚强不屈，很大一部分的原因都是得力于这时候的修养。

军中的职务比较简单，所以拿破仑就有了学习的时间。他住的地方隔壁就是一家书店，拿破仑空闲的时候都会过去。他浏览了很多典籍，而福禄特尔（voltaire）（法国文学家，1694年~1774年，所著诗歌、小说力主信教自由）及卢梭（Rousseau）（法国哲学家，1712年~1778年，著《民约论》，创天赋人权之说）的书，让拿破仑最为衷心信服，铭记在心。当时里昂（Lyons）学会悬赏征文，征同民众国家应该实行哪种制度，才能让万民都安康长乐。拿破仑匿名投稿，获得了第一，文章的内容主要是主张实行民主主义。随后拿破仑又想写关于科西嘉的历史，发挥国家的人民自治精神。

属草已竟，以文网密，未及印行。

【批评】

天下惟有自制力者始足称大勇，如韩信之忍辱于淮阴少年，李广之见屈于霸陵尉，非怯也。彼其勇德锻炼至深，寻常血气之感，不足以动其心也。拿破仑代妹受罚七日，不出一言，在幼稚时代，其自制工夫已若此。宜他年气吞欧陆，视各国联军若无物矣。

无论学业事功，必先于我之一面，尽其相当之劳力，未有不尽力而能安享其成者。拿破仑欲以兵士起家，而从食黑面包入手，是已知尽兵士耐劳习苦之本分，而成功之机在是矣。语曰“种瓜得瓜，种豆得豆”，汪信民曰“人能咬得菜根，则百事可做”，世之大言无实者鉴诸。

拿破仑论巴黎大学之弊，可谓针针见血。尝谓欲端士习而振颓风，莫如从提倡勤俭始。惟勤故能磨砺精神，担当大事；惟俭故能止足寡欲，自坚节操，此修身淑世之本源工夫也。今之学校，浮慕欧风，人尚浮华。家崇通脱，无论将来必不能成人材，即幸而有一技一能可取，其不至败常失节者寡矣。

草稿已经撰写完成，由于文化禁令严密，就没有刊行。

【评论】

天底下只有自制力好的人才能称之为勇敢，比如韩信在淮阴少年的胯下忍辱偷生，李广失官之后在霸陵受尽屈辱，这不是胆怯。这只能说明他们的勇气和品德得到很好的锻炼，普通的那种激进的进步热情，都不足以撼动他们的内心。拿破仑代替妹妹受罚七天，没有说一句话，在孩提时代，自制力就到了这种地步。难怪他日后气势威震欧洲大陆，看各国联军就好像是不存在一般。

无论学业事业是否成功，必定要有自己独特并且先于别人的一面，在这一方面倾尽自己的全力，没有不尽力就能安享其成的人。拿破仑本身就想从士兵做起，所以从吃黑面包开始，那时就已经知道尽士兵耐劳吃苦的本分，而他成功的关键就是在这里。谚语说“种瓜得瓜，种豆得豆”，汪信民说“人只要能吃的了菜根，做什么事都可以成功”，世上那些大言不惭的人要引以为鉴。

拿破仑谈论巴黎大学存在的弊端，可谓是针针见血。他曾经说要想端正士兵学习的态度而振颓废之风，不如从提倡勤俭节约开始。只有勤劳才能磨砺精神，担当大事；也只有节俭才能让人止步诱惑，无欲无求，自己坚守节操。这些修身立世的根本工夫。当今的学校，浮于仰慕欧洲的风气，人人都崇尚表面上的华丽阔气，不顾实际。而若家庭都能崇尚旷达洒脱，不拘小节，且不说将来一定不能成为人才，即便是侥幸有一技之长可取，不败坏伦常、丧失气节的都很少。

第三章　法兰西革命

法兰西革命，盖拿破仑奋飞于世界之先声也。初法王路易十五（Louis XV），外喜武功，内纵淫侈，日以横征暴敛厉民。而其时贵族僧侣，占国中田产之半，均不纳赋课。又得圈禁民田，以备春秋射猎。故法民益无以聊生。文学家著书评政教，咸主张天赋人权，论专制政治之不法。会美利坚离英独立，肇建民主，法民艳羡之。革命之种子，遂酝酿待发。路易十五临殁，尝谓其宠臣某曰："我辈身后，必有洪水之灾。"盖不啻革命之豫言也。

路易十五薨，王孙路易十六嗣位，颇有意于中兴。然财政紊乱，世家跋扈，已成积重难挽之势。乃以一千七百八十九年（清乾隆五十四年，民国前一百二十三年）五月，集贵族僧侣平民，开国会于非色野（Versailles），议更定国是，改革租税。平民人数众，欲合三族会于一院，以夺贵族僧侣之特权。贵族僧侣不允，必欲承旧制，分两院。扰攘月余，路易十六徇贵族意解散之。

法民攻巴士的狱

法兰西大革命，是拿破仑振翼高飞于世界的开始。刚开始时，法国国王路易十五（Louis XV），对外喜欢武力侵犯，对内则骄奢淫逸，经常毫无理由横征暴敛。然而当时法国的贵族僧侣，占了国中的一半田地，全部都不缴纳税赋。他们又可以圈禁百姓的田地，以备春天、秋天狩猎用。因此当时法国民众更加民不聊生。文学家出书评论当时的政教，都主张天赋人权，谈论专制执政的不合法。正好当时美国脱离英国独立，创建了民主政治，法国民众非常羡慕。法国革命的种子，终于得以酝酿，蓄势待发。路易十五临死前，和他的一个宠臣说："我死之后，必将会有洪水滔天的灾难。"这无异于法国革命的预言。

路易十五死后，他的孙子路易十六即位，很想要中兴法国。然而当时财政混乱，贵族世家嚣张跋扈，已经形成了无法挽回的局面。于是在1789年5月（清乾隆五十四年，民国前123年）召集所有的贵族僧侣和平民，在非色野（Versailles）召开国会，商议更变国事，改革租赁赋税。会上，平民的人数很多，想合并三个贵族系统成一个立法院，来夺取贵族僧侣的特权。贵族和僧侣不同意，主张继承旧的传统，分成两院。纷纷攘攘争吵了好几个月，路易十六还是遵循了贵族的意思而解散了国会。平民十分愤怒，另设了国民议会，群集在王宫的打球场，扬言如果不另设新的宪法恢复人民平民大愤，因别设国民会议，麇集于王宫之打球场，扬言非定新宪法，恢复人民权利，誓不散。巴黎市民，更组织护国军以应之。军用三色旗，标自由、平等、博爱三义。于七月十四日袭巴士底（Bostile）狱破之，于是而革命之风潮，遂勃发不可止矣。

路易十六闻护国军之变，亲至巴黎抚慰之，又从人望，命拉飞咽（Lafayet）为军统，力谋改革，乱稍靖。然革命党日得势，各地揭竿者蜂起。一千七百九十一年（清乾隆五十六年，民国前一百二十一年），拉飞咽退职，革命党设立法会议。明年，奥地利、普鲁士起联军助王，是为欧洲各国同盟讨法之始。革命党败之，遂废王位，改法为民主共和国。又明年，复以通敌罪刑路易十六于市。立国民协会主国政，革命党正式政府，至是成立。然各国党王者皆不承认，加入攻法同盟者日众。而革命党人，又以攘夺政权起内哄，故法之国势，亦至是而益危。

巴黎革命会议

当巴黎革命军之起事也，拿破仑犹戍瓦棱萨，闻而深喜的权利，就发誓不散。巴黎的市民，更是组织了护国军队来响应他们。军队用三色旗，象征自由、平等、博爱三种意思。他们在7月14日攻占了象征法国封建统治的巴士底监狱，于是法国大革命的风潮，随即爆发而变得无法遏制。

路易十六听闻护国军事变，亲自去巴黎安抚他们，又顺从民众的愿望，任命拉飞咽（Lafayet）为军统，极力策划改革，日益扩大混乱局面才稍微得以平息。然而革命党的势力渐渐扩大，各地民众都揭竿而起。1791年（清乾隆五十六年，民国前一百二十一年），拉飞咽退职，革命党设立了立法会议。第二年，奥地利击败了联军普鲁士起兵联军帮助法国王室，这正是欧洲各国同盟讨伐法国的开始。革命党击败了联军，便废掉王位，改法国为民主共和国。又过了一年，巴黎人民再次起义，以通敌卖国的罪名逮捕路易十六国王，在集市处死。他们创立国民协会主持国政，革命党建立的正式政府，就这样成立了。然而其他各国的王室都不承认革命党政府，加入攻打法国的同盟军人越来越多。然而革命党的人，又为了夺取政权而起了内讧，所以当时法国的国势，也变得更加危险。

当巴黎革命军起兵的时候，拿破仑还在戍守瓦棱萨，听闻革之，谓人曰：“革命者，英雄豪杰得志之秋也。上将可党王，若屈居末弁，奈何不言民主。”遂归科西嘉，与其弟罗星谋响应。时保黎亦自英归，再图独立，闻拿破仑知兵，欲延为参谋。然保黎主联英，拿破仑则以法国方革命，科西嘉附义有功，可得自治之权，主联法。议不谐，遂辞不就职。顾犹深敬保黎之为人，不忍遽绝。会独立党人忌之甚，有欲乘间除去之者。拿破仑不得已，始入革命党赛立色梯（Salicetti）军，与独立党人战，夺其葛毕德路（Capitello）高塔，是实拿破仑立功于法国革命之第一次也。

未几，拿破仑战不利，爱党须故居，复为独立党所毁。乃率其眷属蜷伏破舟中，遁至马赛（Marseilles）。而自至巴黎陆军部谋事，事久不得当。拿破仑客居无聊，至欲赁屋为逆旅主人以自给，其窘状殆可想见，然仍不改其傲兀之气。一日方卖所佩时计，与友人沽食于市肆，见民党争入丢勒柳（Tuileries）宫，宫人咸蒙奇辱。路易十六冠赤帻，居危楼，状尤哀窘。拿破仑殊不平，曰：“吾意以大炮轰去数百人，则余众散矣。”旋又著一书，谓法国乱象已成，非豪杰乘时崛起，大气包举，不能谋治安。哲哥宾党领袖罗伯命之事后十分高兴，对别人说："革命时期，正是英雄豪杰得志的时候。有位的将军可以组织保王，我们这些低级武官为什么不推崇民主呢？"随后便回到了科西嘉，和他的弟弟罗星密谋响应革命。恰逢当时保黎也从英国归来，准备再次图谋独立，听闻拿破仑善用兵，想请他做参谋。但是保黎主张与英国联盟，拿破仑却认为法国刚开始革命，科西嘉参与这项义举有功劳，应当得到民主自治的权利，主张联合法国。协商没有成功，随后拿破仑辞职，但是他又十分敬重保黎的为人，不忍心那么迅速的决裂。恰逢独立党的人非常嫉恨他，想趁这个机会除去拿破仑。拿破仑没有办法，只能加入革命党赛立色梯（Salicetti）军，和独立党的人战斗，夺取了他们的葛哔德路（Capitello）高塔，这实际上是拿破仑第一次在法国革命中立功。

没有多久，拿破仑战争失利，爱觉须老家又被独立党人所破坏。于是他带着亲戚家人隐藏在一条破舟中，逃去了马赛（Marseilles），而后自行到了巴黎陆军部找工作，很久都没有找到。拿破仑客居他乡很无聊，想去给人租房子来维持生计，当时的窘迫是可想而知的。然而拿破仑仍然没有改掉他骄傲自大的脾气。一天，他想卖了自己所佩戴的首饰用来维持生计，便和朋友到集市上去卖，正好看见民众争相进入丢勒柳（Tuileries）宫，宫人们全都遭受了极大的侮辱。路易十六戴着红色的帽子，站在楼宇之上，状况看起来尤其窘迫。拿破仑愤愤不平地说："我真的很想用大炮去轰那几百个人，其他的人也就散开了。"随后他又写了一本斯比善其言，及推为炮队长，率师攻土龙（Toulon）。时则一千七百九十三年（清乾隆五十八年，民国前一百十九年）九月，法国革命之第四年也。

土龙者，法国地中海旁之要塞也，时为王党所据。迎英、意、西班牙海军助守，革命政府攻之不克。及拿破仑至，已三易其主将矣。拿破仑规度形胜，知城西之哀圭雷脱（Equillette）炮台，凭高控下，实全城险要。而英军守之坚，猝不易拔。因以三月之力，于哀圭雷脱后，别筑一台，成建瓴之势。十二月十七日薄暮，台工竣，拿破仑督部卒力攻哀圭雷脱。敌弹中其左股，仍不退。迟明，哀圭雷脱炮台破，拿破仑乘胜登，移炮击联军空舰。联军守城者，惧舰覆无归路，争出城挟舰遁。城内空虚，至十九日而法军遂长驱入土龙矣。

当拿破仑筑炮台时，悉力工作，未尝以一骑临城。监军某以其旷日持久，不能得显效，驰书告政府，请罢其役。书未抵巴黎前二日，而土龙已破矣，监军大愧服，谓是书非其真笔云。

书，说现在的法国乱世已成定局，如果英雄豪杰不乘势崛起，大义在身，是不能长治久安的。哲哥宾党领袖罗伯斯比赞许拿破仑的观点，便推荐他做炮队队长，率军队攻打土龙（Toulon）。当时是1793年9月（清乾隆五十八年，民国前一百十九年），法国大革命的第四年。

土龙，是位于法国地中海岸边的军事要塞和最大港口，当时被法国王族所占据。他们邀请了英、意、西班牙的海军驻守，革命军政府久攻不下。等拿破仑到那边时，已经换了好几个主将了。拿破仑到了后察看地形，分析形势，得知城西的哀圭雷脱（Equillette）炮台，是一个可以从高处俯视全城的险要之地。然而英国军队守护那边的力量十分坚固，不能轻易攻占。所以他用了三个月的时间，在要塞哀圭雷脱的后面，另外修筑了一个炮台，形成了居高临下的形势。12月17日傍晚新的炮台修筑完成，拿破仑命令军队全力攻打哀圭雷脱。敌人的子弹打中了拿破仑的左腿，拿破仑仍坚持不退。天刚刚亮，哀圭雷脱炮台被攻陷，拿破仑乘胜登上炮台，移动大炮攻击联军的空舰。联军守城的那些人，害怕军舰毁掉了没有了退路，争相出城登上军舰逃走了。城内因此空虚，到19日法军便长驱直入，占领了土龙城。

当拿破仑修筑炮台的时候，只是尽心竭力工作，并没有用一兵一卒去攻城。有一个监军认为他做这件事花费时间太久，不能立马看到效果，便赶紧写信告诉政府，请求罢黜拿破仑的职务。书信还没到巴黎的前两天，拿破仑就已经攻下了土龙，监军十分惭愧和信服，便说那封信不是他写的。

【批评】

国家之事，破坏易而建设难。破坏之时但凭积愤之人心，一往之勇气，已足集事。至破坏之后而言建设，则君子争意气，小人争权利，使无调和节制之精神，未有不起同室操戈之祸者。法民革帝制，如摧枯拉朽。顾革命以后，杀人如麻，流血成渠。适以资拿破仑之先驱，亦意气权利之见盛，而无调和节制之精神故耳。揽世变者可以知所戒矣。

拿破仑论革命，谓末弁当言民主。及见民党入丢勒柳宫，又欲以大炮轰击之，其纵横排傲刍狗万物之心，昭然若揭。故当时虽席共和之徽帜以起，后卒凭藉兵威，建立君统。然法国当革命时，党祸哄墙，列强伺衅，设非拿破仑以大力控搏之，其不亡于外患者几希。吾人鉴古证今，当以自治精神，杜枭杰利用之机。世界思想，扩英雄用武之地不当苟持自论，苛诋秦皇汉武，而反宽于石敬瑭、刘豫辈也。

拿破仑之攻土龙，见英军坚守哀圭雷脱炮台，则于其后更筑一台以夺其形胜，此兵法所谓争地吾将趋其后（谓地利在前，当速进其后也）也。及哀圭雷脱既陷，犹不遽击土龙

【评论】

国家的事情，破坏容易而建设难。破坏时凭借的完全是积怨已久的人心，往往单凭勇气，就可以完成很多事。至于破坏以后的建设，则是君子之间争夺声望、小人之间争夺权力，根本没有互相谦让节制的精神，没有不会进行内部争斗的。法国民主革命，废除了世袭的帝王制度，轻而易举地摧毁了腐朽势力。回头看革命以后，杀人如麻，流血成渠。正好拿破仑当时做了革命的先驱者，同样非常看重名望和权利，是没有谦让节制精神的缘故啊。掌握时局变化的人，应该知道禁戒了。

拿破仑谈论革命，说最低级的武官应该讲求民主。等他看见民党的人进入到丢勒柳宫，又说想用大炮把他们都轰了。拿破仑纵横四海，目空一切的心理，让所有人都看得明明白白。所以当时拿破仑虽然是倚仗民主共和的旗帜兴起，后面却又凭借自己军队的威力，建立了君王统治。然而当时的法国正在经历变革，党羽祸害哄然崛起，诸国列强虎视眈眈，假设不是拿破仑以其铁腕手段控制大局，那法国不被诸国列强灭亡的希望几乎没有。我们鉴古证今，应该以民主自治的精神，杜绝枭雄豪杰可趁的时机。世界的政治思想，扩大英雄的用武之地，不应该随便保持自己的理论，就如严厉地抵制秦始皇和汉武帝，反而宽容了石敬瑭和刘豫这一类的人。

拿破仑攻打土龙时，看见英国坚守哀圭雷脱的炮台，便在哀圭雷脱的后面修筑了一个炮台，以便夺取它得天独厚的地形优势。这个兵法就叫做要争取地形优势，就应当赶紧赶到它的后面（就是城，而击联军空舰，此兵法所谓攻其所必救也。英雄决策，固与凡众不同。然非于地形阨塞，习之有素，亦何能指挥若定，不挠于众议。此又可证学之不可以已，而临事之受用为无穷也。

所谓的“地利在前，当速进其后”也）。等到哀圭雷脱沦陷，仍然不立马去攻击土龙城，而是攻打联军的舰队，这个兵法就是所谓的攻打他就要打他必须保护的地方。英雄决策，固然是与众不同的。然而如果不是对于险要之地平时就留心观察，士兵训练有素，怎么能指挥若定，不屈从于众人的非议呢？这还可以证明，平时的学习不停止，紧要关头才能受用无穷。

第四章 征意大利

拿破仑攻土龙归，以功擢陆军少将。奉罗伯比斯命，密侦热内亚海湾形势。及事竣而罗伯斯比败，遂以嫌疑罪被囚。拿破仑在狱中，谈笑从容，日读意大利北境地图，具知其厄塞险要。行军途径囚二星期，国会知其无他，乃见释。

时有荐拿破仑为步兵队长者，拿破仑以国内党争方烈不能有所展布，辞不就。上书当道，请往土耳其练兵。尝告人曰："此书若得当者，余必以步卒起为耶路撒冷（Jerusalem）之王。"此可知其当日屈居人下，而欲驰骋于域外之雄心也。书上不报，拿破仑亦郁郁居巴黎。会国民协会，组织督政府（Directorial Government），以督政五人主国政，政策渐倾于平和。过激党恶之，欲勾连王党余烬，再图革命。国会大恐，乃复起拿破仑督炮兵，副陆军大将巴拉（Barras）御乱民。

拿破仑再起督炮兵，在一千七百九十五年（清乾隆六十年，民国前一百十七年）之九月。逾月四日，与乱民战于丢勒柳宫前，发炮毙二百人，乱遂定。说者谓是时若乱民得志者，则革命之局尽翻，巴黎必鱼烂，拿破仑再造法国之功大也。明年，复以巴勒荐，拜意大利统兵之命。遂于三月拿破仑攻打土龙回来，因为战功被提拔为陆军少将。奉罗伯比斯的命令，他秘密侦查热内亚海湾形势。事情结束后罗伯斯比战败，拿破仑被国会以嫌疑犯的罪名囚禁。在监狱里，他谈笑风生，从容不迫，天天看意大利北边境的地图，详细地了解了意大利的险阻要塞。在行军路上被囚禁了两个星期，国会知道拿破仑并没有其他的心思，就把他释放了。

当时有人举荐拿破仑做步兵队长，拿破仑以国内党政争夺太激烈不能有所作为，推辞不就。他上书给当局，请求前往土耳其练兵，他曾和别人说："如果我的请求可以获得批准，我必定以步兵作为起家的资本，成为耶路撒冷（Jerusalem）之王。"从这就可以看出拿破仑当日虽然屈居人下，但很想驰骋于国外的雄心壮志。信交上去后没有回应，拿破仑郁郁寡欢地居住在巴黎。当时国民协会，组织了督政府（Directorial Government），以政府的五人主持国政，法国政策渐渐倾向于平和。过激党派十分讨厌他们，想勾结王族的余党，再次革命。国会知道后非常害怕，于是恢复了拿破仑炮兵队长的职位，与副陆军大将巴拉（Barras）一起抵御乱民。

拿破仑又当起了炮兵队长，是在1795年（清乾隆六十年，民国前117年）的9月。第二个月的四日，和乱民在丢勒柳宫前大战，发炮打死了200多人，叛乱才被平定。有人说，那时候如果让乱民得志胜利，那革命的局势将全盘覆灭，巴黎必定会像鱼肉一样慢慢腐烂，由此可见拿破仑再造法国的功劳很大。第二年，拿破仑又因巴勒举荐，领远征意大利统兵的命令。于是3月21日，他到尼司（Nice）领取了兵符。拿破仑出征前的第12天，刚与之前的子爵蒲二十一日，至尼司（Nice）受符节。其出征前十二日，始与故子爵蒲赫那（Beauharnais）之妻约瑟芬（Josephine）成婚。时拿破仑年二十六岁，约瑟芬年三十，美名冠于一时，尤能以术阴连朝贵，拿破仑之得专阃寄，盖约瑟芬与有力云。

当是时，奥地利戍意之兵凡二十万，而法兵只五万，驻热内亚河畔已二年，糗粮衣械悉不备。拿破仑欲直捣各城以给军食，语部曲曰："若辈既饥且寒，国家良负汝。今余新受命拜大将，思欲纳若辈于饶沃之区，恣若衣食，前途多美望，亲若辈勇气，何如耳。"此盖拿破仑誓师之第一日也，于是率兵三万人，径前攻敌军。转战逾月，连得胜，遂进军龙巴地（Lombardy），与奥师战于洛第（Lodi）。时奥人扼守阿达（Adda）河，列世炮岸次，谋毁渡河之石桥。拿破仑自引兵夺桥进，万弹奔腾，尘埃蔽天，不少挫，人尤服其神勇。

拿破仑既得龙巴地，遂奄有意大利北境，进略奥疆，奥遣宿将华穆萨（Wurmser）御之，军容甚壮。而拿破仑出奇制胜，其势锐不可当。又时纵间谍，以自由民主之说，鼓动其土著为内应，故奥军益不支。一千七百九十七年（清嘉庆赫那（Beauharnais）的妻子约瑟芬（Josephine）成婚。当时拿破仑正好26岁，约瑟芬30岁，约瑟芬以美艳闻名，尤其是善用于手段暗中攀附朝廷权贵，拿破仑能够专心地在外统军打仗，大概约瑟芬是起了很大作用的。

当时的局势，奥地利在意大利戍守的将士有20多万，而法国军队只有5万，驻扎在热内亚河畔已经二年，军饷、粮草、扎营的工具全都不完备。拿破仑想直接攻占各个城池来补充自己军队的粮食军饷，就和他的部下说："士兵们！我们在此饱受饥寒之苦，国家确实有负于你们。现在我受命做了你们的将军，我就想带你们到世界上最富饶的地方去，供给你们衣服、粮食，你们在那儿将会得到尊敬、荣誉和财富。意大利方面军的士兵们！难道你们的勇敢精神和坚忍力量不够吗？"这是拿破仑誓师的第一天，于是他亲自率兵三万人，直接前进攻打敌军。打了好一个多月，连连得胜，于是便进军龙巴地（Lombardy），与奥地利的军队在洛第（Lodi）交战。当时奥地利军队坚守阿达（Adda）河，在岸边安置了很多大炮，想摧毁过河的石桥。拿破仑亲自领兵夺桥后前进，万弹奔腾，尘土漫天飞扬，遮天蔽地，不久便攻下来了，所有人都佩服拿破仑的神勇。

拿破仑得到龙巴地后，随后便吞并了意大利北境，进逼奥地利疆土。奥地利派遣久经战争的将领华穆萨（Wurmser）去抵御拿破仑，军队很壮观。然而拿破仑出奇制胜，势力锐不可当。当时他又经常派出间谍，以自由民主的说法，鼓动当地的土著人作为内应，所以奥地利的军队越来越无力招架。1797年（清嘉庆二年，民

二年，民国前一百十五年）四月，法军进驻里乌朋（Leoben），离奥京仅百英里。奥廷大震，请和，拿破仑许之。乃以十月十七日，署和约于堪布福米倭（Campo Formio）。当会议时，奥使定约文，首称奥皇帝认法为民主之国。拿破仑怒曰："吾法民主，如日方中，人无不被其光灵者，何劳尔国承认。"因掷茗椀于地，椀尽碎，奥使股弁不能声，卒去之。

堪布福米倭和约成，奥领尼德兰（今比利时地）及来因河以西地，均归法。又于意大利北境，建立西萨尔宾共和国（Cisalpine Republic）。拿破仑以次年二月奏凯返巴黎，计掳敌军十五万，夺国旗百七十方，大炮五百十尊，快炮六百尊，战船三十三艘，金资货贿无算，劳苦功高为一时冠，年仅二十八岁耳。然政府中人颇因是忌之。拿破仑解兵柄，就职于学士院，每出必御学士章服。人有疑拿破仑无大志，将以学问家终其身者，讵知其正韬晦以待时耶！

莱茵河

一千七百九十八年（清嘉庆三年，民国前一百十四年）四国前一百十五年)4月，法国军队进驻里乌朋(Leoben)，离奥地利京都仅仅百英里。奥地利十分惊恐，急忙请和，拿破仑答应了。于是在10月17日，双方在堪布福米倭(Campo Formio)签署和约。会议进行时，奥地利大使拟定和约条文，第一次称奥地利皇帝认同法国为民主自治的国家。拿破仑大怒说："我们法国的民主，如日中天，没有人不被他的光芒照耀，何须劳烦你们国家承认。"随即把茶杯摔在地上，茶杯粉碎，奥地利大使大腿发抖，惊恐至极不敢说话，于是把这一条文删除了。

堪布福米倭合约达成，奥领尼德兰(今比利时地)及莱茵河以西的地方，全部归法国。又在意大利的北部边境，建立了西萨尔宾共和国(Cisalpine Republic)。拿破仑在第二年2月时胜利返回巴黎，总计俘虏敌军十五万，缴获军旗170多面，大炮500多门，快炮600多门，战船33艘，金银财宝货物不计其数，拿破仑的功劳在当时位居第一，当时才年仅28岁。然而政府中的人因为这个很是嫉恨他。拿破仑被迫卸下兵权，在学士院就职，每次出门必然穿着学士的服装。有些人怀疑拿破仑胸无大志，会以学问家的身份终结一生，哪里知道拿破仑正在韬光养晦以待时机呢！

1798年4月(清嘉庆二年，民国前一百十四年)，拿破仑被再月，拿破仑起为东征总司令，率师征埃及。政府意本欲侵英，其改而征东，盖从拿破仑计也。五月师渡地中海，顺势取毛而太（Malta）岛。逾月，陷亚勒散得（Alexandria），进窥埃京之开罗。法军见金字塔巍峨插天（金字塔为埃及古墓，高至五百英尺，旁有石象女首狮身，狰狞可畏）。埃及骑兵，自塔旁来迎敌，势猛历无伦，颇胆怯。拿破仑指塔誓其众曰："此塔岳岳者，悉千古之英雄，彼灵旗矗天，阴灵下瞩，汝辈慎弗愧此长眠人也。"众闻之，争出接战，遂攻克开罗城。时英将讷尔逊（Nelson），败法人于尼罗河，法海军歼焉。然拿破仑仍以陆军定埃及全境，进军至叙利亚，会英师扼之于亚克（Acre）。而国报频至，法京事尤危急，始命克雷白（Klebe）统军留守，兼程返巴黎。

金字塔

拿破仑以一千七百九十九年（清嘉庆四年，民国前一百十三年）八月班师。其治埃及，为时不过一年。而擘画部署，在在见其经济。师行所至，必诫其部曲，毋得仇视回教徒。

次起用，担任东征总司令，率师征讨埃及。政府的意思本来是想先进攻英国，拿破仑改变主意决定征讨东边，政府也就听从了拿破仑的计划。拿破仑5月率军横渡地中海，顺势攻取了毛而太（Malta）岛，第二个月，攻陷亚勒散得（Alexandria），进逼埃及首都开罗。法军看见金字塔高大壮观，直插云霄（金字塔为埃及古墓，高至五百英尺，旁有个女首狮身的石像，狰狞可畏）。埃及骑兵，从塔旁出来迎战敌军，其士气勇猛无比，很令人害怕。拿破仑指着金字塔告诫众人说："这塔高高耸立在此，里面全都是盖世英雄，灵旗直冲云霄，他们的英灵在俯看我们，你们不要愧对长眠在此的人啊！"众人听到这话，争相出战，随后开罗城被攻破。当时英国大将讷尔逊（Nelson），在尼罗河击败法国军队，法国海军全部阵亡。然而拿破仑仍然以陆军军队平定埃及全部国土，进军到叙利亚，与英军相遇于英国守卫的亚克（Acre）。然而法国的军报却到了，法国京都危急。拿破仑不得以才命克雷白（Klebe）统军留守驻地，自己日夜兼程返回巴黎。

拿破仑在1799年（清嘉庆四年，民国前113年）8月份班师回朝。他管理埃及，用了仅仅一年的时间。然而筹划部署，各方面都可以体现他的才干。军队到达的地方，必然警告他的军队，不可以仇视回教徒。

又设议院二，用阿刺伯名辈及回教中端士为议曹，议整顿埃及内政。浚水利，务农垦，锄豪暴。开罗一城，较法军未莅前商业兴起数倍。盖拿破仑意，欲步武亚历山大王，建帝国于东方，以断英国与印度之交通。虽未竟厥施，然规模固已宏远矣。

尼罗河之战

【批评】

器小者易盈，强梁者不得其死。人挟尺寸之才，以争权利于乱世。政潮之起落无常，肘腋之伺隙者众，未有不身败名裂者。拿破仑功名之士也，然党争方烈，则辞步兵队长而不为。征意既归，则御学士章服以自晦。惟亟亟于建立东方帝国，以发扬国威。是不特避实就虚，善处功名之地，亦可知其志量恢宏，有翔步云霄弥纶宇宙之概，彼鸡虫之得失，不足当其顾盼矣。

又设了两个参议院，起用阿刺伯的名辈和回教中的端士做为议员，商议整顿埃及国家内政，顺通水利，开垦农田土地，铲除强横凶暴的人。开罗城，因此比法国军队没有来之前商业繁荣了数倍。按照拿破仑的想法，是想做亚历山大，在东方建立自己的帝国，用此来断绝英国与印度之间的交通。虽然最后没有全部达成他的目标，但是规模已经十分宏远了。

【评论】

容器小便容易满，强暴的人会死无葬身之地。人们喜欢凭借自己小小的才华，在乱世中争夺权利。政治如潮水一样起落无常，身边伺机进攻的人很多，没有不身败名裂的。拿破仑是有功业和名声的人，但是在党派之间的斗争十分激烈的时候，他就辞去了步兵队长不做。征讨意大利归来后，他便每天穿着学士服以韬光养晦。唯有在想建立东方帝国，以发扬国威一事上十分急切。这说明他不仅懂得避实就虚，擅长处在功名利禄之下，也同样可以知道他的志气恢宏，有翔步云霄统摄宇宙的英雄气概，他那些微不足道的过失，不应引起人们的关注。

拿破仑誓师，以丰衣美食相歆动，其语与迦太基大将汉尼拔（Hannibal）同。古兵家有因敌为粮之说，而纵兵大掠，且视为争城得地者正当之报酬，即此意也。然而其术则已惨矣，至于处经济竞争之世，而谋图存自立之方，非拓殖民地，不足纳过剩之人口。非有海陆军，不能为商业之后援，则此全国民之衣食问题所系，必人人急起直追，始能不落人后，无俟乎霸主之驱策者也。

向戌弭兵，子罕责其以诬道蔽诸侯，国家不能自立。而欲藉国际之均势以生存，或强邻之卵翼以为重，皆诬道也。拿破仑告奥使，谓法国民主，如日方中，何劳尔国承认，说得何等响亮。吾侪生于积弱之中国，纵不必有是能力，亦安可不以此自励乎？

灭国之道，有豪夺，有巧取。豪夺者其为势暴而设计浅，故五胡乱华，金元覆宋，皆不久而光复故物。巧取者其为势隐而设计深，或利用旧朝而潜夺其政权，或朘削财源而阴制其死命。常能使人堕其术中，万劫不复。拿破仑之治埃及，盖亦用巧取之法耳，若谓其真有益于埃人，则今日欧洲各国之于殖民地，亦有以卫生之周备，都市之拿破仑出征前向战士宣誓，用丰衣美食来鼓动士兵，他说的话和迦太基大将汉尼拔（Hannibal）是一样的。古代兵家有从敌人方面取得粮食等物资的说法，领兵大肆掠夺，被视为攻占城池夺得土地的人应该得到的报酬，就是这个意思。然而这个方法现在的下场很惨，身处经济竞争的世界，而图谋保存自立的一方土地，如果不拓展殖民地，根本不足以容纳那么多过剩的人口。只有海陆军队才能作为商业经济的后援，这是关乎全国民众衣食问题的大事，必定是人人奋起直追，才能不落人后，这无疑是霸主驱使民众最好的计谋。

宋国大夫向戌发起弭兵之会，子罕责备他是用欺诈之术蒙蔽诸侯，国家因此不能自立。然而要想凭借国际之间的平衡势力来求生存，或者是想倚靠强邻的羽翼来保护自己，这些都是属于欺诈之术。拿破仑告诉奥地利的使者，我们法国民主自治，如日中天，何必劳烦你们国家的承认，说得多么响亮。我们生活在积弱不振的国家中，纵然没有拿破仑那样的能力，但又怎么能不以此来激励自己呢？

毁灭一个国家的方法，有豪夺，有巧取。用豪夺的人比较残暴，但是计谋没有那么深，比如五胡乱华，金元覆宋，都是没有多久就被推翻的。巧取的人暗地里隐藏自己的势力，而计谋深沉，或者利用以前的王朝潜伏而夺取它的政权，又或者剥削经济来源从而暗地里要他的性命，常常能让人深陷他的阴谋中，万劫不复，不能自拔。拿破仑用来治理埃及的办法，用的也是巧取的办法，如果他的办法真的有益于埃及人，那今天欧洲各国将会全部成为殖繁隆。自诩仁政者，顾何以其土著反憔悴枯槁以至于沦亡耶？是知民族自主权，实生死存亡之关键。凡有血气，莫不当尽保卫之责也。

民地，应当有周密完备的卫生设施，繁荣昌盛的都市。那些夸耀自己是喜好仁政的人，为什么土著人反而变得困苦、贫困，以至于最后成了沦亡之人呢？由此知道民族的自主权，实际上是生死存亡的关键所在。凡是有骨气血肉之人，都有应当尽自己的责任来保卫自己的故土。

第五章　主国政

拿破仑归法时，正法国内忧外患交集之秋也。先是奥地利结英俄诸国为第二同盟，乘法人不备，尽规复意境所失地。寻渡来因河，袭瑞士，窥法北边。法军事屡失利，益以五督政争权，库藏空匮，民怨沸腾。故拿破仑之归国，国人争倾附之。拿破仑阳示镇静，阴结连诸军士为腹心。一日突发阅兵令，遂入督政府，数诸督政丧师辱国之罪，囚拘之。又以兵临国会，声言将改组政府，为自由平等保障。国会上院故与拿破仑通款，力赞其议。惟下议院颇强项示不屈，拿破仑立命卫士驱议员出院，于是两院同时解散。

此一千七百九十九年十一月九日事也，虽金风铁雨中，万声嚣动，举国欢哗，顾未尝血刃戮一人。拿破仑集国会友党议新宪法，置执政（Consul）三人，执行国政，其任期为十年。又别设元老院主顾问，立法院主立法，护民院主司法。拿破仑以众选为三执政之领袖，集国家魁柄于一身，共和政体仅存形式。然人人钦其威望，罔不悦服。宪法定，下议全国，可者三百万人，否者仅一千五百人。

拿破仑既柄国政，弃旧督政署勿居，入居丢勒柳王宫。谓其地据国都形胜，有乱可以屯兵。起居出入，咸用大将拿破仑回法国时，正是法国内忧外患的时候。先是奥地利与英国、俄国等国家结成了第二同盟国，趁法国不备，将意大利境内所失去的土地全部夺回。后来又偷渡莱茵河，袭击瑞士，窥伺法国边境。法国军队屡屡失利，又加上五督政府争权夺利，国库空虚，民怨四起。所以当拿破仑归来时，国人争相依附他。拿破仑表面上装得十分平静，私下里却联系各方军士作为自己的心腹。一天，他突然发出阅兵令，于是进入了督政府，详细数落了各督政的丧师辱国的罪过，并因此囚禁了他们。他又带兵到国会，发表言论说将改组政府，为广大人民的自由平等做出保障。国会上院因此与拿破仑通和言好，全力赞成拿破仑的提议。只有下议院颇为顽强，一直不予屈服。拿破仑马上命令士兵将议员赶出了议院，于是上议院和下议同时解散了。

这是1799年11月9日发生的事。虽形势危险，全国各界震动全国民众哗然，但这件事没有杀戮一个人。拿破仑集合国会自己的党羽商议创立新宪法，设立执政三人，执行国政，任期为十年。又分别设立了元老院主顾问，立法院主立法，护民院主司法。拿破仑被大众选为三个执政的首领，集国家朝政大权于一身，共和政体仅存一个形式而已。然而，人人都钦佩他的威望，无不心悦臣服。宪法确定后，下发到全国各地，同意的就有三百万人，而反对的仅仅一千五百人。

拿破仑执掌国政后，便放弃了原来的督政府，入住丢勒柳王宫。他认为丢勒柳王宫的地势险要有利，可凭借地形制胜，发生战乱时可以屯兵士。他的起居出入，全都采用大将军出入的仪仗。

军仪卫。行政亦决策于己，权不旁落。革命以来，有护国军，久为治安之梗，至是废置之，令隶常备军。又令地方厅吏直隶政府，为强干弱枝之计。其用人则但论材地，不问宗旨异同，无论贪诈瑕秽之人，苟合时用，必予迁擢。尤能利用各党之互相倾轧，以刺探弊窦。故令行禁止，怀反侧者不敢逞。

拿破仑以国事略定，乃分致国书于俄皇保罗第一（Paul I）、英王乔治第三（George III）、奥皇佛兰西斯第二（Francis II）提和议。俄人许之，撤回攻法同盟军，英奥皆不许。论者谓拿破仑之求和，本非其夙心。彼以为国人喜乱，非激以外侮，令悉心向敌，则内乱必不靖，英奥之拒和，适堕其术中耳。

阿尔卑斯山

国家事务都由他亲自决策，将权利牢牢地掌握在自己手中。自从变革以来，护国军成了长久以来防碍国家和社会安宁的阻碍，于是拿破仑下令废除了护国军，归属到常备军。又令地方厅吏直属政府管理，这是加强自己手中的中央政权、削弱他方势力的计策。拿破仑用人方面只讲究有无才能，不问他是什么党派，观点是否一致，不管他是贪诈之人还是污秽小人，如果符合当时的用人需求，必定给与迁升。他特别善于利用各党派之间相互排挤、打击，来刺探弊害或漏洞。因此国家令行禁止，怀有反叛之心的人也不敢出头逞能。

拿破仑认为国事大致上已经安定，于是分别发国书到俄国皇帝保罗一世（Paul I）、英王乔治三世（George III）、奥皇佛兰西斯二世（Fracis II），提出和议。俄国同意了，撤回了攻打法国的同盟军，英奥两国都反对。有研究他的人都说，拿破仑之所以求和，并不是出自他的真心。他以为自己的人民喜好战争，如果不激起外来势力的羞侮，不能让他们尽力去抵抗外敌，这样内部必定不能平息。英国和奥地利拒绝讲和，刚好掉进了他的计谋之中。

一千八百年（清嘉庆五年，民国前一百十二年）春，拿破仑大募远征军，定征奥之计。盖是时奥军势最强，非先挫之，不足以立声威也。阅三月军成，拿破仑令摩罗（Moreau）将第一军，自巴威略（Bavaria）西境，迫亚尔萨斯（Alsace）。而自率第二军，进掠意大利。时奥军方攻热那亚及尼司，骎骎入法疆。拿破仑欲出不意，直拊敌军之背。乃发密令，令军士越阿尔卑斯（Alps）山脊而过。五月十五日，法军入山。二十日，至山之最高顶。越日，自山顶迤逦下，拿破仑率卫士为前导，沿途凿险缒幽，猛进不已。奥军咸望风溃，而其攻尼司之大队，仍未通消息。至六月二日，拿破仑进密兰（Milan），截获奥军谍报，犹谓法军抄越阿尔卑斯，为无根之谰言。

法军既得密兰，奥将墨拉斯（Melas），始返兵来攻。六月十四日，战于谟伦古（Marengo）。初法军颇不利，骑兵已大半溃，大炮亦多落敌手。会摩罗战胜于巴威略，分兵来援，拿破仑乃合军再战。自立马阵前，鼓励将士，将士欢呼，杂以鼓鼙大炮之声，声震山岳。战至日晡，奥军大挫。拿破仑豫设伏截其归路，奥军遂穷迫乞休战。是年十二月，摩罗胜奥军于霍亨林顿（Hohenlinden），奥人又请和。以明年二月，定约于路尼维尔（Luneville）。

1800年（清嘉庆五年，民国前112年）春天，拿破仑大量招募远征军，定下了远征奥地利的计划。此时的奥地利军队势力是最强大的，如果不先挫挫他们的锐气，就不能建立自己的声威。经过三个月的阅兵训练，拿破仑命令摩罗（Moreau）将军率领第一军，从巴威略（Bavaria）西境，进军亚尔萨斯（Alsace）。而自己率领第二军，进攻意大利。此时，奥地利军队正在攻打热那亚及尼司，快速侵入法国境内。拿破仑想出其不意，直捣敌军后方。于是发密令，命令军队从阿尔卑斯（Alps）山脊穿过。5月15日，法军入山。20日，到达山顶。第二天，又从山顶曲折而下，拿破仑率领自己的卫兵为前锋，一路上缘绳下坠，穿过险峻幽奇，突飞猛进。奥地利军队望风而逃，而攻打尼司的军队，却仍然没有得到消息。到6月2日，拿破仑进攻密兰（Milan），截获奥军的情报，还在说法军从阿尔卑斯山包抄是无稽之谈。

法军夺得了密兰，奥地利将领墨拉斯（Melas），才率军回过头来攻打。6月14日，两军在谟伦古（Marengo）开战。刚开始，法军打得很是不顺利，骑兵大部分已经被冲散，大炮也多数落到敌人手中。适逢摩罗攻克了巴威略后，分出部分兵马前来援救，拿破仑于是重整军队再战。他亲自带队冲在最前，鼓励将士，将士们欢呼雀跃，夹杂着鼓声、大炮声，声震山岳。战到申时（下午的三点到五点），奥地利军队大败。拿破仑预先设了埋伏，截断了奥地利军队的退路，奥军最终被迫请求停战。这年12月，摩罗在霍亨林顿（Hohenlinden）打赢了奥地利军队，奥地利人又请和，约定第二年2月，在路尼维尔（Luneville）签定和约。

是役也，奥仍以来因河西岸地还法，且认西萨尔宾为共和国。拿破仑出师未一年，督政时代所失之地，尽恢复焉。各国见奥议和，亦相继离纵图自保。惟英人负气不相下，累败法海军，取埃及诸殖民地。拿破仑欲以兵威慑之，聚兵二十万于蒲罗义（Boulogne），又聚军舰于法境北海口，张渡海之势。英人惧，亦请和。一千八百二年（清嘉庆七年，民国前一百十年）三月，缔和约于鸦眠（Amiens），以所得殖民地之一部归法。

英法既媾和，拿破仑益得专力内政。法国旧时勋阀，久夷为平民，拿破仑特设勋位令，以羁縻上级社会之人心。凡以事功学术，负重名于国中者，咸得受勋位，袭五等之称。又兴复旧教，与罗马教皇和亲。然主教、大主教，悉听政府黜陟，不容教皇干预，亦不虐待新教徒。创建大学，崇奖学术，修复都会，开通道路河渠。每一令下，人皆颂其得体。拿破仑又以法国承封建时代之遗制，法律多失其平，乃设法制编纂会。编新律二千二百八十一条颁布之，名曰《拿破仑法典》（Code Napoleon），整齐画一。后来欧洲诸国之成文法，多奉为楷模。

这一仗，奥地利还是将以莱茵河西岸的土地还给法国，并且承认西萨尔宾为共和国。拿破仑出师不到一年的时间，督政时代所失去的土地，尽数都收复了回来。其他国家眼看着奥地利议和，也先后撤出同盟，各保平安。只有英国人不肯屈于人下，又多次打败了法国海军，取得埃及各殖民地。拿破仑想用军威振慑英国，便聚集了二十万兵力到蒲罗义（Boulogne），又将军舰聚集到法国北海口，作出准备渡海的样子。英国人怕了，也请求和议。1802年（清嘉庆七年，民国前一百十年）3月，英法在鸦眠（Amiens）订立和约，英国把所得部分殖民地划分给法国。

英国和法国既然已经达成和平协议，拿破仑也得以将全部精力放在内政上。法国以前的勋阀，很久前已经被贬为平民，拿破仑特下令设立勋位，用以笼络上流社会的人心。凡是致力于学术研究，在国家担有很大名望的，都可被受以勋位，承袭五等勋位称号。又兴复旧教，和罗马教皇和亲。但主教、大主教职位的升降，都全部由政府决定，教皇不得干预，也不得虐待新教徒。又创建大学，推崇学术研究，修复都会，开通道路河渠。每下一道命令，人民都赞颂他做得恰到好处。拿破仑又以法国封建时期遗留下来的制度，大多有失公平为由，设立法制编纂会编篡新法。编新律2281条并颁布实施，命名为《拿破仑法典》（Code Napoleon），秩序井然，毫不凌乱。后来的欧洲各国所成立的文献法典，大多以它作为范例。

【批评】

昔魏武下令求材，至以污辱之名，见笑之行，举为标格（建安二十二年八月令），而拿破仑亦喜用贪诈瑕秽之人。霸主用心，后先同揆，盖小人工于心计，其疏附奔走之能，钩距抉摘之术，固时有胜于君子者。然浇醇散朴，毁方败常，其收效于行政者至微，而贻祸于人心风俗者至大，故魏祚不永，拿破仑亦及身而覆国。为政者，亦可以知所取舍矣。

拿破仑欲以外患泯内乱，此实专制君主操纵人心之枕中秘，然军事失利，亦每足为引起革命之媒。如我国之隋炀帝，及英之查理士第一（Charles I）是也。谁谓民愚易欺，而政策之可以妄弄耶？

拿破仑为执政，设勋位，复旧教，多与革命时代之宗旨相背。独其编纂法典，去阶级而崇平等，则为欧洲鼎新革故之大关键，功不在华盛顿林肯下。此所以虽创立君统，史家仍称之为平民主义之英雄也。

【评论】

过去魏武帝曹操下令寻求人才，将名声卑鄙、被别人笑话的人，推举为典范（公元217年8月下令），而拿破仑也喜欢任用贪婪狡诈、有过失或恶行的人。成就霸业人，用人的准则都一样，因为小人工于心计，他们使疏远的人亲附、迎合于人的能力，用计的谋略，有时胜过君子之流。然淳朴的社会风气变得浮薄，规矩和常理遭到破坏，这在国家政事上收到的效果很少，而贻乱祸害人心，破坏社会风气的效果却很明显了，因此魏国的命运不能长久，拿破仑也是本人在位时就亡国了。国家的执政领导人，必须明白其中的取舍利害。

拿破仑想用外患平息内乱，这实际上是专制君主操纵人心的秘术。然而军事上的失利，也是足以引起革命的媒介，如我国的隋炀帝、及英国的查理士一世（Charles I）。谁说老百姓愚昧容易欺骗，就可以随意制定国家的政策路线呢？

拿破仑执政时，设立勋位，兴复旧教，大多与革命时期创立的宗旨相反。唯独编的法典，去除阶级的划分而推崇平等，成为了欧洲破旧立新的大关键之所在，功劳不在华盛顿、林肯之下。这也是他虽然创立了君王统治，但史学家们仍旧称他为平民主义英雄的原因。

第六章 称帝

拿破仑既总法政，复兼领西萨尔宾共和国大总统。寻又改宪法，定执政为终身职，且得自定其继任人，论其实权，已无殊君主。然哲哥宾党人忌之甚，与故王党合，欲狙击拿破仑，谋复辟。于是元老院议员率百官奉表劝进，请拿破仑即尊位，称法兰西大皇帝拿破仑第一，世世子孙，继承勿替，拿破仑受之。遂以一千八百四年（清嘉庆九年，民国前一百八年）之十二月二日，莅诺脱尔屯（Notre Dame）礼拜堂，行加冕礼。教皇庇亚斯第七（Pius VII）自罗马来会，为之颂祷。祷讫，百姓咸呼万岁，时拿破仑年三十五岁也。明年，复废意大利共和政治，自兼意大利王。临幸龙巴地，受其故王之铁冠。

是时拿破仑削诸侯之特权，使平民得参与国政，又擢旧勋十八人为元帅，内安外攘，威望益隆。会英人以法并热那亚，背鸦眠之约，联俄、奥、瑞典为第三同盟，谋犯法境。拿破仑闻之，先众未合，径引兵渡来因河，击奥军后卫。其时讷尔逊又败法海军于特拉法加（Trafalgar），拿破仑自是不能

纳尔逊

拿破仑掌握法国所有的政权后，又兼任了西萨尔宾共和国大总统。后来又改变宪法，定执政为终身制，而且能够自己指定继承人，论起来拿破仑的实际权力，和君王已经没有什么区别了。然而，哲哥宾党人对此十分顾忌，于是与之前的王党合作，准备找机会袭击拿破仑，谋划复辟。于是元老院议员率领上百名官员上书劝进，请拿破仑即位，称法兰西大皇帝拿破仑第一世。后代子孙世袭，不可代替。拿破仑接受了。于是在1804年12月2日（清嘉庆九年，民国前一百八年），在莅诺脱尔屯（Notre Dame）礼拜堂，行加冕礼。教皇庇亚斯第七（Pius VII）从罗马赶来赴会，为拿破仑进行祈祷。祷告完成后，百姓都高呼拿破仑万岁。此时，拿破仑才三十五岁而已。第二年，又废除意大利共和政治，自己兼任意大利王。亲临龙巴地，接受原来国王的王冠。

这时，拿破仑削弱了诸侯的特权，使平民能够参与国政，又升任原有勋位的十八人为元帅，国内社会安定，对外不断扩张，威望越来越高。正好英国人因为法国吞并了热那亚，背弃了鸦眠和约，于是联合俄国、奥地利、瑞典结为第三同盟，预谋进犯法国边境。拿破仑收到消息，趁大部队还没有集结完成的时候，直接带兵横渡莱茵河，攻击奥地利军队后方。此时讷尔逊再次在特拉法加（Trafalgar）打败法国海军，拿破仑从此没法率军攻打英国。然入英。然陆军连战皆捷，遂克乌尔谟（Ulm），进占维也纳。以十二月二日，大破俄奥联军于奥司德利士（Austerlitz）。是日距法帝加冕期适一年。拿破仑于前一夕布行军令，运筹决算，料敌如神，人尤服其将才。

战之明日，俄皇先班师归本国，奥皇佛兰西斯第二，亦诣法军行成。遂有普勒斯堡（Presburg）之约，以奥之威匿斯（Venice）及亚德利亚海以北诸省归意大利，建王国。又以日耳曼西部十六国为联邦，称来因河同盟，归法保护。初佛兰西斯第二，本以神圣罗马帝为日耳曼共主，至是拿破仑令去之，但称奥帝佛兰西斯第一，神圣罗马帝国遂灭亡焉（按：神圣罗马帝国起于西历九百六十二年，至一千八百六年而亡，凡八百四十五年）。旋又逐那不勒（Naples）王至西细利（Sicily），以其兄约瑟为那不勒王。废巴达斐亚（Batavia）共和国，封其弟路易为荷兰王，封妹婿慕拉（Murat）为堡格（Berg）上公。其余诸将，亦均分封赐土，永为法帝国之屏藩。

普鲁士者，日耳曼联邦之一也。自第一同盟解散，即怵于拿破仑声威，中立图自保。拿破仑复使普领汉诺威（Hanover）以饵之，故普法亲交，常羁縻不绝。及来因同盟成，普王腓特烈威廉第三（Frederick William III），见拿破仑蚕食疆土，其欲无厌，心大不平。遂与英俄修旧好，结第而陆军每战必胜，于是攻占了乌尔谟（Ulm），占领了维也纳。于12月2日大败俄奥联军于奥司德利士（Austerlitz）。此时，距离拿破仑加冕法国皇帝刚好一年。拿破仑在前一夜便发布行军命令，运筹决算，料敌如神，人们更加佩服他率军打仗的才能了。

战到第二日，俄国皇帝首先撤军回国，奥地利皇帝佛兰西斯二世紧随其后，也向法国商议求和，于是有了普勒斯堡（Presburg）和约。和约规定将奥地利的威匿斯（Venice）及亚德利亚海以北等省划归意大利，建为王国；又规定将日耳曼西部十六国划为联邦，称为莱茵河同盟，归法国保护。刚开始的时候，佛兰西斯二世原本以神圣罗马帝为日耳曼共主，至此被拿破仑下令去除了，只称奥帝佛兰西斯一世，神圣罗马帝国于是灭亡了（按：神圣罗马帝国起于公元963年，1806年而亡，845年）。接着拿破仑又驱逐那不勒（Naples）王到西细利（Sicily），让他的哥哥约瑟为那不勒王；废除了巴达斐亚（Batavia）共和国，封他的弟弟路易为荷兰王，封妹婿慕拉（Murat）为堡格（Berg）上公。其他的将领，也都分封赐土，永远作为法国四周的疆土。

普鲁士，是日耳曼的联邦之一。第一联盟解散后，害怕拿破仑的声势和威名，一直保持中立，以图自保。拿破仑再次将汉诺威（Hanover）划为普鲁士的领土以作此为诱饵。所以，普法两国亲近交往，不断笼络。等到莱茵同盟达成，普王腓特烈威廉三世（Frederick William III），看到拿破仑侵吞他国领土，贪得无厌，心里十分不满。于是他又与英国、俄国重修旧好，结成了第四四同盟，起兵抗法。然拿破仑先机制胜，乘俄师未至，已进兵萨克索尼（Saxony），败普军于奥司塔特（Auestadt）。未几又败之于耶那（Jena），法军遂长驱入柏林。时一千八百六年（清嘉庆十一年，民国前一百六年）十月二十七日也，其距出师之期，盖不过二星期云。

是年十一月，拿破仑自柏林传檄四方，禁与英国通商。凡欧洲诸海口，不许英船出入；英商品产业在各国者，则没收之，是为大陆条例（Continental System）。盖各国连年抗法，英实为戎首，欲藉此报之也。令出，各国奉行惟谨，惟困英之举，必兼封俄海口，其策始万全。故拿破仑又进兵波兰，以袭俄人。波兰遗民，冀拿破仑之来，得光复故物，无不倒戈应者，法军遂陷华沙（Warsaw）。会俄皇亦渡维斯都拉（Vistula）河，与普王合力御法军。遂以一千八百七年（清嘉庆十二年，民国前一百五年）之二月，决战于哀牢（Eylau）。战一日，法普俄三军，死丧皆甚众，未分胜负。及六月十四日，又战于佛里兰（Friedland），俄师大败。溺死于爱勒（Alle）河及被擒者，至六万人，始乞和。是月二十五日，法俄二皇，编木为筏，相见于尼们（Niemen）河。俄皇以英援师不至，深怨之，语拿破仑曰："孤之恶英，正与陛下同。"拿破仑曰："如是则和局定矣。"于是法俄之交合，第四同盟同盟，起兵抗争法国。然而拿破仑先发制人，趁俄国军队未到之时，就已经进军萨克索尼（Saxony），在奥司塔特（Auestadt）打败普军。没过几天，又在耶那（Jena）再次打败普军，于是法军长驱直入柏林。这时是1806年（清嘉庆十一年，民国前一百六年）10月27日，离拿破仑率军出发的日子，也不过两个星期而已。

这一年的十一月，拿破仑从柏林向各同盟国和地方政府传布命令，禁止和英国通商。凡是欧洲各个国家海口，不许英国船只出入；在各个国家的英国商品产业，全部予以没收，这就是“大陆条例”（Continental System，大陆经济封锁政策）。因为各个国家连续几年抵抗法国的运动，实际上英国都是主谋，拿破仑因此想借此机会报仇。法令一出，各个国家都认真执行。但是要将英国围困，必须一起封住俄国的各个海口，这样才为万全之策。因此，拿破仑又进军波兰，以便袭击俄国。波兰沦陷区的人民，盼望着拿破仑的到来，能够光复之前的王朝，因此没有不倒戈相迎的，于是法军占领了华沙（Warsaw）。正好俄国皇帝也渡过了维斯都拉（Vistula）河，联合普鲁士国王一起抵御法军。随即于1807年（清朝嘉庆十二年，民国前一百五年）2月，双方决战于哀牢（Eylau）。第一天，法、普、俄三军，死亡人数都特别大，胜负难分。6月14日，三军又在佛里兰（Friedland）交战，俄军大败，淹死在爱勒（Alle）河的，还有被俘的，大约六万人，于是请求谈和。当月25日，法国、俄国两国皇帝，乘坐在木伐上，在尼们（Niemen）河上见面。俄皇也因英国后援的军队不能及时赶到而怨恨英国，便对拿破仑说：“我痛恨英国，也是和您一样的。”拿破仑说：“既然这样，那么和谈的局势就又解。

逾月，法普俄三主盟于铁耳屑（Tilsit）城，是为铁耳屑会议。时拿破仑欲牢宠俄皇，为己用，许俄取瑞典之芬兰，且为调停土耳其之争议。俄皇亦以闭关拒英报之，缟纻言欢，过从日密，遂定分霸南北欧之约。惟普鲁士则兵败孤立，事事惟拿破仑命。拿破仑取其汉诺佛、黑西（Hessei）、不伦瑞克（Brunswick）诸地，建威士法利亚（Westphalia）国，王其弟哲罗穆，使隶来因同盟。又割普属波兰，建华沙大公国，以属萨克索尼。普失其疆域之半，又限制军额，不得过六万二千人。盖自腓特烈大帝以来，积世雄威，至此尽矣。

铁屑尔会议后，葡萄牙、西班牙二国，复与英奥结第五同盟，不遵大陆条例。拿破仑遣将征葡，逐其王至巴西，又迫西班牙王查理士第四（Charles IV）让位，以与其兄约瑟。此一千八百年（清嘉庆十三年，民国前一百四年）事也。事定移师攻奥，仅一月，占其都，奥人复割地求和。此一千八百九年（清嘉庆十四年，民国前一百三年）事也。嗣拿破仑又执罗马教皇幽诸巴黎，因荷兰王路易辞职，夷其地为法属。战胜攻取，版图日扩。及一千八百十一年（清嘉庆十六年，民国前一百一年），是为拿破仑登极之八年，而法帝国之声威遂臻定下了。”于是法国与俄国谈和，第四同盟再次解散。

一个月后，法国、普鲁士、俄国三国在铁耳屑（Tilsit）城举行同盟会议，称为铁耳屑会议。当时，拿破仑想要巩固与俄国皇帝的关系，纳为己用，便许诺俄国可以得到瑞典的芬兰，并且答应为他调停俄国与土耳其的争议。俄国皇帝也答应关闭海口拒绝英国作为报答，双方交情笃深，相谈甚欢，交往也日益亲密，于是定下分别霸占南北欧的约定。只剩下普鲁士战败后被孤立，对拿破仑言听计从。拿破仑夺取了汉诺佛、黑西（Hessei）、不伦瑞克（Brunswick）等地，成立威士法利亚（Westphalia）国，让他的弟弟哲罗穆为王，来统治莱茵同盟国；又将本属普鲁士的波兰划走，建立了华沙大公国，归属萨克索尼。普鲁士丢失了大半疆域，又被限制军队人数名额，不得超过六万二千人。从腓特烈大帝以来积攒下的雄威，至此全部都没有了。

铁屑尔会议之后，葡萄牙与西班牙两个国家，又再次与英国、奥地利结成第五同盟，不再遵守大陆条例。拿破仑派兵攻打葡萄牙，将他们的王室驱逐到巴西，又逼迫西班牙王查理士四世（Charles IV）让位给拿破仑的哥哥约瑟。当时是1806年（清朝嘉庆十三年，民国前一百四年）的事情。从事情发生到出动军队攻打奥地利，仅仅用了一个月时间，拿破仑便占领了奥地利的首都，奥地利再次割地求和。此时是1809年（清嘉庆十六年，民国前一百一年）。接着拿破仑又将罗马教皇幽禁在巴黎，当时荷兰王路易辞职，便将其领地划归到法国。拿破仑通过战争攻夺，法国的版图不断扩大。到1811年（清嘉庆十六年，民国前一百一年），当时拿破仑极顶。自法兰西本部外，如比利时、荷兰、日耳曼西北列邦，意大利亚勒卑斯山以西，南迄于那不勒王国，及阿德利亚海之北，皆归法管辖。其四邻则非法藩属，即其与国，无敢忤拿破仑意者。然而日中必昃，月盈则亏，拿破仑盛极而衰，亦以是时始矣。

拿破仑之胜奥也，尝求婚于奥公主玛利路易莎（Marrie Leuise），乃于一千八百十年（清嘉庆十五年，民国前一百二年）四月，册立为后，而废其故后约瑟芬。明年，玛利后生一子，名弗兰西约瑟查礼士（Francis Joseph Charles）。拿破仑封之为罗马王，法民庆祝者盈途。然意大利人以拿破仑尝许罗马自为一国，今忽食言，颇怨之。

【批评】

欧洲当中世纪以后，宗教之权，与君权相表里，根柢蟠深，牢不可破。自神圣罗马帝国亡，而教皇自遭巴黎之囚，权力亦日陵替。于是神权统治之说无人复信，自由主义与国家主义遂不废江河万古流矣，此亦拿破仑摧陷廓清之功也。

腓特烈威廉以区区一普鲁士，欲与专制全欧之拿破仑抗，其胜败之数，又宁待蓍龟。然国耻激于外，士气动于已经登基八年，法帝国的声威已经是如日中天。除去法兰西本土以外，如比利时、荷兰、日耳曼西北列邦、意大利亚勒卑斯山以西，南到那不勒王国，以及阿德利亚海以北，全部都为法国管辖范围。四周边领不属法国领地的国家，都没有敢违背拿破仑意思的。然而，太阳到达正中后必定会西斜，月亮圆后必定会变缺，拿破仑盛极而衰，这时也到了开始走下坡路的时候了。

拿破仑当时征服奥地利，曾向奥公主玛利路易莎（Marrie Leuise）求婚，并于1810年（清嘉庆十五年，民国前一百二年）4月，册立为皇后，废黜了原来的约瑟芬皇后。第二年，玛利皇后生了一个儿子，取名为弗兰西约瑟查礼士（Francis Joseph Charles）。拿破仑封他为罗马王，法国人民为他庆祝的人占满了整条道路。然而意大利人则因为拿破仑曾许诺过罗马，可以自己独立为一个国家，如今拿破仑突然说话不算话，心里特别怨恨。

【评论】

欧洲从中世纪后期开始，宗教的权力和君王的权力就是互为一体的，坚如磐石，牢不可破。自从神圣罗马帝国灭亡后，教皇也沦为囚徒，被关押在巴黎，权力也慢慢被削弱。于是神权统治的说法再也没有人相信，自由主义与国家主义因而得以像河流一样长久流传下来。这也是拿破仑打破旧规的功劳了。

腓特烈威廉以区区一个小小的普鲁士国，就想与统制了整个欧洲的拿破仑相抗衡，其中的胜利与失败早已有了定数，又何必等待占卜来预测呢？然而，外敌激起了国家的耻辱之心，国内民族内，屡蹶屡起，到底不懈。故至其子威廉第一（William I）之世，终能大败法人，成德意志统一之功。楚庄明耻教战，遂霸诸侯。勾践尝胆卧薪，用兴于越。人贵有志耳，一时之利钝得失，亦胡足计哉。

拿破仑之颁大陆条例，意在困英。然从此沿海各国，民不聊生。且以此事屡与西班牙构衅，法兵前后死者，尸积如山，实为失策之尤。故帝至被谪后，犹深悔之。国家事有不能徇其意气之私者，此类是也。

气节被带动，所以他们屡败屡战，坚持不懈。因此到他的儿子威廉一世（William I）时，最终能大败法国，完成了德意志统一的大业。楚庄王知耻而教导士兵作战，最终成为称霸一方的诸侯。越王勾践卧薪尝胆，因此兴复了越国。人可贵之处在有志气，短时间内的名利得失，不值得计较。

拿破仑颁布的大陆条例，旨在围困住英国。然而从此以后，沿海各个国家民不聊生，而且经常又因此事多次与西班牙结怨，前前后后法国兵士死尸堆积如山，这件事实在是失策啊！所以拿破仑被流放之后，对此事还特别悔恨。国家大事不能因为个人一时的情绪而意气用事，拿破仑就是很好的例子。

第七章 伐俄罗斯

拿破仑所以霸业中隳，重为各国所困者，盖自伐俄之失策始。初俄皇苦大陆条例不便，尝阴纵其民，与英国通商。以是俄法有违言。会西班牙新得英援，逐约瑟而复其国。拿破仑大愤，以为非乘此时挫一强敌，使为城下之盟，不足以立威重，固霸权。于是诘俄使寒盟背约之罪，即日给护照遣归。此俄法肇衅之张本也。

拿破仑既定伐俄之谋，遂征兵各国，下诏亲征。时法国本部兵凡二十五万，益以诸属国及奥、普、波兰等新附之邦，凡二十国，咸率师来会，共得精兵八十万人，军容之盛，旷古仅见。拿破仑留其三十万防边，而自统五十万人以行。一千八百十二年（清嘉庆十七年，民国前一百年）五月，师发自巴黎。大臣中以倾国远征，惧敌人乘虚袭其后，多上书极谏者。拿破仑曰："吾拥大军八十万，俯视欧罗巴，直衰龄老妓，当令宛转随人耳。尔辈前累言不能，此二字大非法人所应言，且法国亦无此卑鄙之名辞也。"不听。六月，师渡尼们河，进俄境。俄皇遣使来行成，又不许。俄廷大震，乃起其宿将科托索夫（Koutousof）为统帅，督兵十三万御法军。

拿破仑平日用兵，均因粮于敌。此次北征知俄境荒拿破仑的霸业之所以中途被毁，又被其他国家围困，是从讨伐俄国这一失误开始。刚开始，俄国皇帝就因大陆条例引起的许多麻烦而苦恼，曾暗地里放任百姓与英国通商。因为这，俄、法两国语言不合而失和。正好当时西班牙又得到英国的援助，驱逐了约瑟并恢复了国家。拿破仑得到消息大怒，认为不趁这时挫一挫这一强劲对手，使它成为自己的盟国，就不能够确立自己的名声和声望，巩固自己的霸主权力。于是谴责俄国使者背信弃义，当日就发放证件将他遣回俄国。这是俄国与法国挑起事端的最初原因。

拿破仑定下讨伐俄国的计划后，于是向各国召集军队，下令亲自带军出征。此时法国本土兵士有二十五万，又加上其他下属国，像奥地利、普鲁士、波兰等新投靠的邦国，共有二十个国家，都率领军队集合，共有精兵八十万人，军队阵容的强大，从古至今也是难得一见的。拿破仑留下三十万人驻守边境，亲自统领五十万人出发。1812年（清嘉庆十七年，民国前一百年）5月，部队从巴黎出发。有大臣认为全国远征，害怕敌人趁其空虚而袭击后方，多次上书极力劝谏。拿破仑说："我有八十万大军，低头看看欧洲各国，就如同一个年老色衰的妓女，早就应该下命顺应时势加入我国。你们之前总是说不能，这两个字不应当是法国人说的，法国也从来没有卑鄙的名词。"拿破仑不肯听。六月，军队渡过尼们河，进入俄国境内。俄皇帝派使前来商议求和，拿破仑又不同意。俄国朝廷十分惶恐，于是起用久经战场的老将科托索夫（Koutousof）为统帅，率兵十三万抵御法国军队。

拿破仑平时用兵，都是依靠敌人来补济军队的粮食。这次北寒，粮运必不继。故行军前即广储刍糗，令陆续转运给军。顾万里转输，车马均不备，计至军者不及三分一。科托索夫诇得其情，乃令诸将一见来军，即引兵退。凡所过，悉焚积聚，勿留以资敌，欲引法军深入，因而蹈之。时法军转战数月，连陷维耳那（Wilna）、斯摩棱斯克（Smolensk）、惟士买（Viazma）诸城，进规莫斯科，势张甚。九月七日，俄军御之于莫斯科河畔之勃罗底诺（Borodino），遂大战。晨四时，法军尽锐犯雾前，四路进攻，势如潮沸。俄炮台不能支，弃之遁。然俄军频危决命，勇敢无匹，法军亦屡为所困。战至日晡，俄兵死二万八千人，始收军退。而法兵亦死二万二千余人，益以孤军陷敌道路险巇，主客异势，其锐气已大不如前矣。

拿破仑征莫斯科

嗣是法军仍蹑俄军，向莫斯科进发。十四日，俄军退入都，然未几即拔队行，似畏敌势不敢久留者。法军不知其计，望见莫斯科城，谓可留此就粮卒岁，咸欢呼争征，他清楚俄国境内荒凉寒冷，粮草运输肯定会跟不上。因此，军队出发之前就开始大规模地存储粮草，命令断断续续地转运给军队，但因为转运输送路途太远，车马都不齐备，最后到达军方的不到三分之一。科托索夫探听到这一军情，于是密令所有将领只要见到法军，马上带兵撤退。凡是经过的地方，将物资全部烧掉，不给敌人留下任何物资，准备引法军深入后再消灭。此时，法军已经辗转战斗几个月，接连攻克维耳那（Wilna）、斯摩棱斯克（Smolensk）、惟士买（Viazma）等多座城市，进军莫斯科，气势十分强盛。9月7日，俄军在莫斯科河畔的勃罗底诺（Borodino）展开了抵御，与法军进行了一场恶战。战到凌晨四点，法军精锐在大雾迷漫中拼尽全力，分四路进行攻击，气势如潮。俄军炮台抵挡不住，于是丢弃炮台逃跑。然而俄军在眼看着快没命的时候，决定最后一搏，所有人都勇敢无比，法军也因此多次被围困。战到下午三点左右，俄军一共死了二万八千人，开始集结军队撤退。而法军也死了二万二千多人，更因为孤军作战，深陷敌人腹地，加上道路崎岖危险，双方的形势发生了转变，法军的锐气已经大不如之前了。

之后法军仍坚持追击俄军，向莫斯科进发。十四日，俄军撤退到都城内，然而，没多久又整兵出发，似乎是害怕敌人而撤退，不敢久留的样子。法军不明白这是阴谋，看到莫斯科城就在眼前，想着留在这里就有粮草过冬了，都欢呼着争先恐后地进城。拿破仑也认为既然占领了俄国首都，俄国皇帝肯定会投降的，这一仗就全部胜利了。因此屯兵克里姆林（Kremlin）宫，命令三军将士大先入。拿破仑亦以为既据俄都，俄皇必纳降，奏全胜之功。因屯兵克来姆林（Kremlin）宫，令三军大酉甫，得恣取民间百物无禁。讵是日夜午，法兵方轰饮，忽城中火起，北风扇之，四响皆炽，烟焰蔽天。盖俄军豫诫居民迁避，因阴遗火种，伏囚丐纵之，以困法军者。焚四日火熄，全城均成焦土，法兵居灰烬中，无所得食，乃使使至俄营请和。科托索夫辞以无权，旋又遣使自通于俄皇，仍不得要领。时拿破仑犹欲留待和议之成，谓必如是，方不虚此行，归途亦不至受梗。然全军久屯坏城中，疲惫饥寒，外援不至，倡归计者日众，拿破仑竟不能禁。

十月十九日，拿破仑传令班师，盖困守莫斯科已一月余矣。拿破仑初欲取道西南行，会俄将科托索夫以大队截其归路，乃转向斯摩棱斯克而退，然俄军已抄截其前。二十四日，法军抵耶路斯拉夫（Jaroslav），与俄军大战，两军死伤相当。十一月六日，法军至陀罗古勃治（Dorogubuj），天风雪大作，墮指裂肤。法军不耐苦寒，道死者相望。明日，俄人纵哥萨克骑兵追击法军，法军屡败。拿破仑遣其将奈伊（Ney）殿战，始得脱。二十六日，法军至跋勒西那（Beresina）河，时前左右三面均有敌兵，拿破仑挥兵猛战，肆欢庆，允许任意夺取百姓的物品。当天晚上半夜，法军正在大吃大喝，忽然之间城中就起火了，又被北风一吹，于是四面八方都燃烧了起来，烟雾迷漫，遮天蔽日。原来俄军预先告诫了城里的居民提前搬离了，暗地里留下的火种，埋伏下囚犯或要饭的人来纵火，用以困住法军。火烧了四天四夜才熄灭，整座城市成为了一片焦土，法军居住在一片灰烬之中，没有办法得到任何食物，于是派人到俄国军营求和。科托索夫以自己无权作主为由拒绝了，于是又派遣使者直接向俄皇求和，仍然得不到回复。此时拿破仑还想要留下来等待和议成功，认为只有这样，才对得起不远万里打的这一仗，回去的路上也不至于受到阻碍。然而，全军上下久居在烧光的城中，疲累不已，且又冷又饿，又没有援军和食物的补给，要求回国的人越来越多了，拿破仑竟然无法阻止。

10月19日，拿破仑下令撤军回国，此时他们已经被围困莫斯科一个多月了。拿破仑起初想借道从西南方向出发，却被俄国将领科托索夫用大队军马阻断了回去的路，于是转向朝斯摩棱斯克方向撤退，随即又被俄军抄近路赶到前面堵截了。24日，法军抵达耶路斯拉夫（Jaroslav），与俄军大战，两军死伤人数不相上下。11月6日，法军抵达陀罗古勃治（Dorogubuj），天忽然刮起了狂风，下起了大雪，天气十分寒冷，手指都冻掉了，皮肤也冻裂了。法军不耐严寒，一路上不断有人死去。第二天，俄人派萨克骑兵追击法军，法军又失败。拿破仑派遣将领奈伊（Ney）在最后拖延，才得以逃脱。26日，法军到达跛勒西那（Beresina）河，这时前方、左、右三始夺路出。而渡河时，俄军复以巨炮击其后，淹死者尤众。自是间关历险，至十二月十日，始以残军抵华沙，士卒皆病不能兴，形容如枯腊，无复知为法皇劲旅，夙以战胜攻取名者。然拿破仑态仍整暇，告华沙公使曰："吾兵尚健，今得至维耳那，与后备兵合，犹堪一战也。"会闻巴黎党人倡乱，乃即日间道归巴黎。

是役也，法军战死者十三万五千人，死于冻馁者，十三万三千人，为俘者十九万三千人。计入俄境之师五十万，得生还者只四万而已。而所失车马枪械尤不可胜数，是盖拿破仑勤远略、好武功之结局也。俄国乘拿破仑新败，复说英、奥、瑞典、普鲁士合纵攻法，于是欧洲第六同盟成，而拿破仑益穷蹙矣。

【批评】

凡人当志得意满时，往往只顾前进，不知作后退一步想。以拿破仑用兵之精，更事之久，讵不知孤军深入，犯兵家之大忌。而战败之余，人心一去，更有难于收拾者。而当时顾直情径遂以行之者，亦以积累年战胜之威。予智自雄，成为心习，遂不觉计虑之偶疏耳。易曰："高明之家，鬼瞰其个方向都有敌人，拿破仑指挥军队展开了激烈的战斗，好不容易夺路而逃。然而在渡河时，俄军再次用猛烈的炮火在后面攻打，法军淹死的人非常多。经历了重重危险，到12月10日，残余部队才抵达华沙。士兵都有伤病在身不能再战，一个个干瘦如材，不再是法国皇帝的精锐，和原来那只战无不胜、攻无不克的军队。然而拿破仑的态度依旧从容不迫，他告诉华沙公使说："我的士兵都在，如今到了维耳那，与后备军队汇合后，还可以再打仗。"正好这时接到巴黎党人在国内带头造反的消息，于是当日便从小道回了巴黎。

这一仗，法军战死的有十三万五千人，死于严寒与饥饿的有十三万三千人，被俘虏的有十九万三千人。合计一共进入俄国境内的军队有五十万，活着回来的只有四万人而已。其他损失的车马、枪械等其他物品更是无法计算。这也是拿破仑喜欢到远方侵略，好用武力的结局了。俄国趁拿破仑刚刚吃了败仗，再次说服英国、奥地利、瑞典、普鲁士等国家联合起来攻打法国，于是欧洲第六同盟结成，而拿破仑的处境日益困窘了。

【评论】

一般人在志得意满时，往往只顾着向前进，不知道向后退一步设想。以拿破仑带兵打仗的聪明、细致，长久以来经历的事情，哪里不清楚孤国深入是犯了兵家的大忌呢？然而战败之后，人心一去，便不容易收拢了。而当时，遵从心意直接追随他的，也只是因为他多年来打仗树立起来的声威。他自以为了不起，并成为了内心的一种习惯，因此觉察不到思考问题时偶尔的疏忽了。《易经》中有说：

室。”老子曰：“抗兵相加，哀者胜矣。”匪特用兵，凡吾人治心处世，皆应作如是观矣。

拿破仑丧师于俄，而巴黎党人倡乱，列强纵约复合。盖霸主所以劫制人者，无过兵威武力，一旦失其所凭藉，怨毒发于人心。强邻伺其肘腋，未有不罹土崩瓦解之祸者。是又可知立国根本之计，在合国民之智德力，以造成法治精神。一二人力征经营之功，不足尚也。

“达官显贵之人，是会遭遇鬼神的厌恶的（注：此二句应为扬雄所作）。”老子也说：“两国举兵相加，受侵略而怀着悲愤心情的一方将会获胜。”不仅是用兵方面，人们在接人待物，为人处事方面都应该是这种观点。

拿破仑败给了俄国，而巴黎党人又带头造反，其他国家也再次联合结成同盟。因为强大的人之所以能控制别人，不过是凭借武力威胁，一旦失去了他凭借的力量，怨恨、仇恨就会在人心中暴发，强大的邻国窥伺着他的切近之地，因此没有不遭受彻底崩溃的祸患。如此可以得知，使国家生存的根本之所在，就是联合全国民众智慧的力量，来形成依法治国的精神；只用个人的力量去治理国政，是不值得提倡的。

第八章　退位

拿破仑败归巴黎，捕叛党二十四人下狱论死，即下诏大募兵。时法国物力凋敝，闾阎驿骚，情状大非昔比。然朝士拥戴之心仍固，以为大军虽没，皇帝无恙，报仇尚有日。人人咸竭力自励，较未败时尤为振作。而意大利、西班牙留屯之劲卒，亦归伍备战，未及数星期，竟得新军二十五万。一千八百十三年（清嘉庆十八年，民国前九十九年）四月，拿破仑复率新军渡来因河御敌。

是年五月，法军攻俄普军于罗镇（Lutzen），继复与瑞典军战于包镇（Bautzen），俱获胜。六月，奥人居间请和议，不许。八月，奥人与同盟军合，进攻法军。法军又败之于德勒斯盾（Dresden），是皆以少胜多，非拿破仑出奇制胜之谋不及此。然是时英将惠灵吞（Wellington），败法军于西班牙之维都丽雅（Vittoria），同盟军势复振。拿破仑欲依来因河为险，以守局胜之，顾不胜而退，反被敌人追逼。乃于十月十六日，有利俾瑟（Leipzig）之战。

惠灵吞

拿破仑吃了败仗后回到巴黎，抓捕了二十四个叛党打入监狱，判处死刑，马上又下令大肆招募士兵。然而此时的法国，物资贫乏，民间骚乱，情形已经大不如前了。但是官员的拥戴之心仍然坚固，他们认为大军虽然没有了，但皇帝没事，不久之后还可以报仇。大家都尽力自我勉励，比起没有失败时更加振作。而在意大利、西班牙屯留的精兵强将，也回归了队伍准备战斗，不到几个星期，最后招募了新军二十五万人。1813年4月（清嘉庆十八年，民国前九十九年），拿破仑再次率领新招来的士兵渡过莱茵河抵抗敌军。

同年5月，法军在罗镇（Lutzen）攻击俄军与普军，接着又与瑞典军队在包镇（Bautzen）展开激战，都取得了胜利。6月，奥地利人中途请求和议，拿破仑不同意。8月，奥地利与同盟军联合，攻打法军。法军又在德勒斯盾（Dresden）打败了奥军，这都是以少胜多，如果不是拿破仑出奇制胜的谋略与用兵方法就不会有这个结果。只是当时英国将领惠灵吞（Wellington）在西班牙的维都丽雅（Vittoria）大败法军，同盟军的势气再次高涨。拿破仑想以莱茵河为凭障，以防守取胜，却不胜反退，被敌人追逼。于是在10月16日，发生了利俾瑟（Leipzig）之战。

利俾瑟之战，凡三日，第一日法军胜，第二日俄奥新军至，第三日复战，法军又垂胜。会守要隘之撒克逊兵叛，以炮队反攻法军，法军阵乱，遂大溃。拿破仑闻变犹分羽林军以敌撒克逊叛兵，又夺其炮还击同盟军，神色镇定如常。然卒以军火不继引兵退，同盟军自后追击之，法兵死者六万人，是即史家所称“国际战争（Battle of nations）”。而拿破仑霸业之终局也，至十二月九日，始克以残军归巴黎。

同盟军既败拿破仑于利俾瑟，遂大举进兵入法境。其军统计七十万，以奥兵为先锋，自意大利进。英兵过别达沙（Bidassoa），自比拉尼斯（Pyrenees）山顶进。嚣真保（Schwartzenberg）率俄兵十五万，自瑞士进。勃罗邱（Blucher）率普兵十三万，自佛朗渡（Frankfort）进，衮奈陀（Bernadotte）率瑞典撒克逊兵十万，自比利时进。四路攻逼，以巴黎为会师地。拿破仑得谍报，分命诸将应敌，而自率兵六万，往来飘忽于诸军间。战十日，获胜五次，同盟军死者九万人。然后路之兵续续至，拿破仑指挥所不及处，法军无力抵御，多败溃。至一千八百十四年（清嘉庆十九年，民国前九十八年）之三月三十一日，法将马尔忙（Marnont）约元老院纳降，而同盟军遂入巴黎矣。

利俾瑟之战打了三天，第一天法军赢了，第二天俄国与奥地利的增援到了，第三天接着打，法军又快要打赢了。正好这时防守要塞的撒克逊突然发动兵变，反过来用炮队攻打法军，法军阵脚大乱，大败。拿破仑收到叛乱的消息后，还分出羽林军去抵挡撒克逊的叛军，又夺回炮台还击同盟军，神色镇静如常。然而最终还是因为武器弹药无法及时供给而率兵撤退，同盟军从后追击，法国战死了六万人，这就是史学家所称的“国际战争（Battle of nations）”。而且这次也决定了拿破仑霸业的最终结局，到12月9日，才带领残余部队回到巴黎。

同盟军在利俾瑟打败了拿破仑，于是向法国大举进兵。同盟军共计七十万，以奥地利军队作为先头部队，从意大利方向进发；英军穿过别达沙（Bidassoa），从比拉尼斯（Pyrenees）山顶进发；罢真保（Schwartzenberg）率十五万俄军，自瑞士出发；勃罗邱（Blucher）率领普鲁士十三万军队，从佛朗渡（Frankfort）进攻，裒奈陀（Bernadotte）率瑞典撒克逊十万士兵，从比利时方向进发。四路大军同时进攻，直逼巴黎，以巴黎作为会师地点。拿破仑得到情报，分别命令下属将领抵御敌人，而自己则率六万兵马，在各军队间机动穿行。打了十天，赢了五次，同盟军死了有九万多人。然而后续援军源源不断地抵达，拿破仑指挥调度来不及做出调整，法军无力抵御，大多溃败。到1814年（清嘉庆十九年，民国前九十八年）3月31日，法国将领马尔忙（Marnont）约元老院投降，同盟军于是随后进入巴黎。

拿破仑时驻方汀勃罗，闻巴黎陷，犹欲以帐下五万人一出决战。诸将谏阻之，乃止。于是同盟军迎立路易十六之弟为法帝，称路易十八（Louis XVII）。而谪拿破仑于地中海之爱而巴（Elba）岛，给法金二百万佛郎为岁俸，仍得节制岛民，称帝号如故。拿破仑不得已从之，以四月二十日，自方汀勃罗登车就国。

是日，拿破仑大集羽林军于行在所，自乘马至，下马时，泪落如渖。语诸军曰："方今举全欧之众，以兵仇我，即法人亦弃我别立新朝。我若以兵为梗，尚足支撑数稔。顾流血暴骨之事，法人所恶，我亦弗为。顾尔辈善事新君，使我得闻好消息也。我百事俱已，即自裁亦所弗难。第以丈夫处世，自经沟渎，吾所深耻。昔余与诸君同举事于欧洲，百战之余，余当一一叙录其事，以示来叶。"遂与羽林大将执手为别曰："吾不能遍执诸君之手也。"因令取鹰纛与之亲吻，曰："我所挚爱之鹰纛，但愿与尔亲吻之言，时时刻入诸壮士之心，勿坠勇气。吾行矣，君辈可环立吾前，俾吾周视无遗，后此将不更见。"

时大众悲梗已极，及启行，愿随从至谴所者，车凡十四，乘步兵七百骑，士一百五十人，是皆为拿破仑留别之拿破仑当时驻守在方汀勃罗，收到巴黎沦陷的消息，还想着凭借手下的五万人进行决战。属下众将纷纷劝阻，于是他才打消了决战的念头。于是同盟军随即迎立路易十六的弟弟为法国皇帝，称为路易十八（Louis XVII）。而将拿破仑流放到位于地中海的爱而巴（Elba）岛，每年以法金二百万法朗做为俸禄，让他管理岛民，帝号不变。拿破仑没有办法，只能听从安排，在4月20日这一天，从方汀勃罗登车前往封地。

当日，拿破仑在住所前集合羽林军，自己骑着马到，下马时，眼泪如同珠子般落了下来。他对众将士说："如今整个欧洲联合起来，用武力胁迫我，就连法国人也放弃我，另立新朝。如果我手握兵权，还可以抵抗几年。只不过流血牺牲，暴尸荒野的事，是法国人所厌恶的，我也不会这么做。你们好好地伺奉新主，让我听到好消息。现在我所有事情都一了百了，即使自杀也是不难的事情。但大丈夫处世一定要堂堂正正，在困境中上吊或投河会成为我生命中最大的羞辱。曾经与各位在欧洲境内并肩战斗，经历了一百多场战争，我会将这些事情一一记录，用以告知后世。"于是握住羽林军首领的手告别说："我就不与各位一一握手告别了。"因此下令取来印有雄鹰的大旗并亲吻，说道："我所最爱的鹰旗，希望与你的临别之言，能让各位壮士时时铭记在心，不要失去勇气。我走了，大家可围绕在我周围，使我好好仔细看看大家，不留遗憾，从此后便永不再见。"

一时间大家都悲伤哽咽，动身时，都愿意跟随他到封地去，共有车辆有十四辆，步兵七百，骑兵一百五十人，这些人都是被拿破言所感动者也。

【批评】

拿破仑自俄国败归，犹能于仓卒间平定内难，募集新军，其到底不懈之奋斗精神，固非常人所及。然国家元气凋伤，弩末之势，亦何能久？颜子有言："舜不穷其民力，造父不穷其马力，是以舜无佚民，造父无佚马。"惜乎功名之士之不足以语此也。

拿破仑留别羽林军，语语不忘法国，即语语推尊自己，故能感动众人，为卷土重来之张本。昔罗马大将凯撒（Julius Caesar），为民党所戕，安东尼（Antony）临死演说，其辞亦正言若反，卒能重翻罪案，使罗马人为凯撒复仇。是可悟文章之烘托法也。

仑临别之言感动的。

【评论】

拿破仑自从俄国吃了败仗回来后，还能在仓猝间平定内乱，招募大批新军，这种坚持到底不知疲倦的战斗精神，本来就不是一般人拥有的。然而国家元气大伤，已是强弩之末了，又如何能长久呢？颜子曾说过：“舜不会用尽百姓的力量，造父不会用尽马匹的力量，因此舜时没有逃亡的百姓，造父驾车没有逃跑的马。”可惜那些重视功业名声的人是不值得跟他们说这个的。

拿破仑临别羽林军时，说的话句句不忘记法国，又句句推崇自己，因此能感动许多人，为以后的重新崛起打下了基础。曾经的罗马大将凯撒（Julius Caesar），被民党杀害，安东尼（Antony）临死时的演说，其言辞也是正话反说，才有重新翻案的机会，使罗马人为凯撒报仇。从这里我们也可以悟得做文章时可用的烘托法。

第九章　滑铁卢之战

拿破仑以拔山盖世之雄，曩者驰骋欧洲，犹以地小不足回翔为苦，又安能郁郁居荒中者。故一至爱尔巴，即料简军实，日夕图兴复。各国知兵之士，相随至岛者。拿破仑尤能以恩意款洽之，收为己用。尝酒酣耳热，太息谓左右，曰："吾极爱公等，惜无官爵土地，为公等宠荣，表吾爱慕之忱耳。"左右皆曰："不愿为官，愿为大王部卒效驰驱。"是可知拿破仑之能得士心矣。

其时同盟军会议于维也纳，欲使欧洲政治疆土，悉复旧状。使臣各欲自利，议经年不决。而路易十八之治法，受制贵豪，厉行秕政，民怨亦腾起。拿破仑闻之益喜。一千八百十五年（清嘉庆二十年，民国前九十七年）二月二十六日，岛中统监曰坎穆培尔（Campbell）者，方以事假出。而拿破仑已率其侍从诸臣，渡海归国矣。行时，有精兵四百，船六艘。拿破仑在舟中，草檄示军民，声言将罢远略，图治安，以自补过。军民见之，多望风响应。及三月二十晚至巴黎，反正者益众，人人呼皇帝万岁，无异于凯旋时。路易十八知势不敌，乃出居荷兰。

拿破仑之复辟也，开议会，定宪法，许人民以参政之自拿破仑凭借拔山盖世的英雄气概，随意纵横于欧洲各大战场，尚且认为地方太狭小，不能够任他自由的盘旋飞翔而苦恼，现在他又怎么可能老老实实地屈居在这一荒岛上呢？因此一到爱尔巴岛，他便马上整理军务，日夜筹谋兴复大事。其他国家的有识之士，也先后追随到岛上。拿破仑对待诸人特别亲密，纳为自己人。他曾在喝酒喝到最高兴的时候，他叹息着对旁边的人说："我将各位当作我至亲的人，只可惜我现在没有官爵土地，给各位尊荣，以表示我对你们最为真诚的爱慕。"旁边的人都说："我们不要官位，只愿跟随大王，以效犬马之劳。"由此可以看出，拿破仑的能力得到了士兵的真心拥护。

当时，同盟军在维也纳召开会议，计划将欧洲境内的土地，全部恢复到以前。各国大臣因以各自利益为重，此事商议了一年都没有定下来。而路易十八的治国方法，又被贵族和富豪所制约，实行苛刻的政治措施，百姓怨声四起。拿破仑听后很是开心。1815年2月26日（清嘉庆二十年，民国前九十七年）岛上的统监叫坎穆培尔（Ccmpbell），因有事请假出岛，拿破仑就迫不及待地率领侍从和储臣渡海回国了。走时有精兵四百，船六艘。拿破仑在小船上，草拟檄文告知军民，宣扬称将停止那些深远的谋略，只为谋求国家和社会的安宁，以弥补自己的错误。军民看到后，大多积极响应。到3月20日晚回到巴黎时，投靠他的人更多了，人人都呼皇帝万岁，就和凯旋而归时一样。路易十八见形势不妙，于是逃去了荷兰。

拿破仑复辟成功，于是马上召开议会，制定宪法，许诺平民由。人民莫不歌颂之，史称“百日政治”。旋又致书各国，欲重提和议，共保太平之局。各国不许，复结第七同盟讨法。于是拿破仑亦募军，发巴黎迎敌。六月十四日，师次比利时之哀芒脱（Beaumont）。

拿破仑为誓师之辞曰：“今日为六月十四日，余旧大胜于谟伦古佛里兰，均是日也。昔日之法军，犹今日之法军。讵前此累胜之余，今乃变勇锐为疲钝。且法人义愤已极，人人果敢。敌人此来，殆自觅其窀穸耳。今日之行，大难在前，凡我义烈男子，非图胜即就死，舍此别无二义，健儿勉之。”誓已，人心大奋，盖是时普将勃罗邱，英将惠灵吞均驻比利时。拿破仑欲乘俄奥之兵未至，急击英普军，为先声夺人计，故其慷慨决死之心，亦倍蓰于平时也。

十五日，至商白而（Sambre）河西岸。拿破仑命将军奈依，以一师牵制英军，而自率精兵击普军之前卫。明日，战于林尼（Ligny），普军大败，退至惠佛尔（Wavre）。而奈依亦于是日与惠灵吞战于苦忒白雷（Quatre Brass），惠灵吞以步队冲法骑兵，奈依已垂败，会拿破仑以援兵至，始得胜。惠灵吞既败，率兵七万二千人，退驻于不鲁塞尔（Brussel）东南之滑铁卢（Waterloo），欲坚守以待普军来援。然拿破仑百姓参政的自由权力。人民都赞颂不已，历史上称之为“百日政治”。紧接着又给各国发文，准备重新提起和议，共同保持和平局势。其他国家不同意，再次结成第七同盟讨伐法国。于是拿破仑也招募新军，发动巴黎军民迎敌。6月14日，军队到达比利时衰芒脱（Beaumont）。

拿破仑出征前誓师，向士兵表决心说：“今天是6月14日，我原先大胜谟伦古佛里兰也是这个日子。曾经的法军，就像现在的法军。谁说之前取得了多次胜利的勇士，如今变得疲惫迟钝了呢？而法国人民已经被激怒到了顶点，人人果断勇敢。敌人这次来，大概就相当于是自掘坟墓吧。今日之行，大难当前，凡是我重情重义的男子汉，不取得胜利就是死，除了这没有其他的选择了。勇士们，为此努力吧！”说完，军队士气大振。此时，普鲁士将领勃罗邱、英国将领惠灵吞都驻扎在比利时。拿破仑想趁俄国与奥国的军队还没到达的时候，快速攻击英普士兵，先声夺人，因此他激昂的决一死战之心，更是平时的好几倍。

15日，抵达了商白而（Sambre）河西岸。拿破仑命令奈依将军，以一大队人马牵制住英军，而自己则率领精锐部队攻击普鲁士军队的前锋部队。第二天，他们与普军在林尼（Ligny）交战，普军大败，撤退到惠佛尔（Wavre）。而奈依也于当日与惠灵吞在苦忒白雷（Quatre Brass）展开战斗，惠灵吞用步兵冲击法国骑兵，奈依眼看就要败了，拿破仑的援兵及时赶到，才得以胜利。惠灵吞战败后，便率兵七万二千人，撤退到不鲁塞尔（Brussel）东南的滑铁卢（Waterloo）驻扎，准备坚持到普军援兵到来。然利在速战，亦率法兵七万五千追踪至，于是此历史上有名之“滑铁卢大战”，遂于六月十八日开始矣。

是日，天气阴沉如墨，法军进攻凡四次。午前十一时，法将几罗姆（Jerome），冲入英军左翼之霍古孟德（Hougomont），相持久之，为英炮所轰，负伤退，此第一次进攻之情形也。寻又以步兵四大队，继以甲骑，陷英军中坚，入据拉海夷圣德（LaHaye Saint）。而英骑队忽至，横冲而入，势锐甚，拉海夷圣德仍为英军所得，此第二次进攻之情形也。嗣法军又易攻英军之右翼，英军步队列数方阵来迎，驾三十巨炮为前距。法骑冲过炮队，贯入方阵之中，英军排枪夹击，法军堕骑死者无算，此第三次进攻之情形

滑铁卢之战

而拿破仑希望速战速决，便率兵七万五千人追踪到了滑铁卢。于是，历史上有名的“滑铁卢大战”于6月18日拉开了帷幕。

当天，天气如黑夜般阴沉，法军一共进攻了四次。上午十一点，法将几罗姆（Jerome），冲进英军左翼霍古孟德（Hougomont）的阵中，双方僵持了很久，几罗姆被英国大炮轰炸负伤，于是撤退，这是第一次进攻的情形。紧接着又有步兵四大队，甲骑先后依仗拉海夷圣德（LaHaye Saint）攻进英军精锐，占据拉海夷圣德（LaHaye Saint）。然而英军骑兵忽然而至，横冲入阵，气势一往直前，锐不可挡，拉海夷圣德又被英军所得，这是第二次进攻的情形。紧接着法军又改变战略，攻打英军右翼，英军步兵摆出多个方阵迎战，驾三十门大炮为头阵。法国骑兵冲过炮阵，穿进方阵当中，英军采用排枪夹击，法军从马上掉下来死伤的无数，这是第三也。如是再接再厉，激战至八小时，法兵阵殒者至一万五千，英军亦死一万。拿破仑以非及此时逐去英军，则普众一来，力更难制。遂命别将雷尔（Reille）将羽林军径前陷阵，自以羽林四队为后援，挥兵猛攻不已。然法兵力战久，其势实已不支。其犹奋励用命者，则以拿破仑预命格鲁纪（Grouchy）为援兵，指顾且至，欲搘拄片刻，以博最后之胜利耳。

滑铁卢纪念塔

当是时，拿破仑方以远镜就高原观战，见一生力军自阵前驰至，以为是必格鲁纪之兵也，大喜。急传语前敌诸将，谓今日战胜决矣。诸将闻之，亦莫不勇气百倍。讵知来军一至，即列阵横攻法军，发枪如连珠，继出不已。而英军之势亦振，惠灵吞下骑督战，极力前扑。法羽林军狂奔骇逝，不能成阵。盖来者非格鲁纪，乃勃罗邱所率之普军也。拿破仑见状大骇，遁至极韈泼司（Jemmapes），欲收集残军备再战。会闻勃罗邱已入郤娄鲁阿（Charieroi），格鲁纪已为所俘，而法军之自战地生还者，亦仅三万众，乃鞅鞅归巴黎。

次进攻的情形。就这样连续不断激战了有八小时，法军阵前死的达一万五千人，英军也死了一万人。拿破仑认为如果不在这时打退英军，等普鲁士和其他国家的后援一到，则更加难以控制局面了。于是拿破仑命令别将雷尔（Reille）率领羽林军直接进攻敌人的阵地，自己以羽林四队作为后援，命令士兵发起猛烈攻击。然而法国士兵长时间奋力作战，实在是支撑不住了。还在激烈拼搏的人，都是想着之前拿破仑预先安排的格鲁纪（Grouchy）率领的援兵，短时间内可以到达，想着只要支撑一段时间，便可以搏取最后的胜利。

当时，拿破仑用望远镜在高处观看战场的局势，看到一支新投入战斗的队伍从阵前奔驰而来，以为是格鲁纪的援兵到了，喜出望外。他们急忙传话给在前方的将士，说今天胜局已定。各位将士们听到这个消息，更是勇气百倍，信心十足。怎知道援军一到，马上摆阵攻打法军，子弹如同断了线的珠子一般，接连不断地射了过来。而英军的气势也更加振奋，惠灵吞下马督战，奋勇往前。法国羽林军迅速逃奔，惊恐不已，不能成阵。原来过来增援的并不是格鲁纪，而是勃罗邱所率领的普鲁士军队。拿破仑见状十分惊恐，逃到极韈泼司（Jemmapes），想着收拢残余军马再战。又收到消息说勃罗邱已攻进了郤娄鲁阿（Charieroi），而格鲁纪已经被俘，法军从战场上生还的，也仅仅三万人，于是拿破仑闷闷不乐地回了巴黎。

拿破仑归巴黎，下诏两院欲让位于其子，两院不能决。而同盟军亦继至，路易十八复立。拿破仑遁至鲁却福（Rocherfort）港，将乘间走北美。又以英哨船警海不果，乃自投于英舰倍勒劳封（Bellerophon），求英政府保护，欲居英为寓公以终其身。英将佯许之，几忽徇各国议，流之于大西洋南之圣赫伦那（St. Helena）岛。拿破仑大愤，谓英人乘危行不义，失大国风度云。

【批评】

梅特涅

维也纳会议，始于一千八百十四年九月，终于翌年六月。其时以奥相梅特涅（Metternich）为议长，所定盟约，意在遏自由主义之勃兴，民族国家之独立。各国君主咸奉行维谨，盖实一专制政治之护身符也。然其后法民屡蹶屡起，终成民主之局。而意大利与日耳曼等国，亦皆奏民族统一之功。是可知天道后起者胜，非人力所能反抗矣。

滑铁卢之战，拿破仑虽以众寡不敌败，然观其四次进拿破仑回到巴黎，下诏令给两院准备让位给自己的儿子，两院不敢决定。而此时同盟军也先后到达，路易十八回到巴黎，继续做皇帝。拿破仑逃到鲁却福（Roeherfort）港，想趁机逃往北美。又因为英国哨船禁海没能成行，于是投靠在倍勒劳封的（Bellerophon）英国舰队，想求英国政府保护，客居英国直到终老。英国将领假装同意，迅速听从其他几国的意见，随即流放拿破仑到大西洋以南的圣赫伦那（St.Helena）岛。拿破仑大怒，说英国人趁人之危，不仗义，有失它大国的风度等等。

【评论】

维也纳会议，于1814年9月开始，直到第二年6月才结束。当时以奥地利首相梅特涅（Metternich）为议长，定下的盟约，主要也是在遏制自由主义飞速发展，民族国家的独立。各国君主都遵照实行，实际也是统一专制政治制度的护身符。但后来法国人民屡败屡战，最终确立了民主制度。而意大利与日尔曼等国家，也都完成了民族统一的大业。由此可以得知，顺应天道而来的胜利，不是人类的力量可以改变的。

滑铁卢之战，拿破仑虽然因寡不敌众而失败，然而看他组织的四次进攻，每个士兵都抱着必死的决心，军心是如此坚固，士气攻，人人决死，其军心何等巩固，士气何等激昂。设非格鲁纪以后至失机，最后之胜负，盖犹未可逆料，读史者不得以成败论英雄也。

拿破仑败于滑铁卢之后，斯时强敌临城，手无寸柄。正可脱屣轩冕，于历史上留一来去分明之纪念，顾犹殷殷以禅位其子为请。甑已破矣，顾之何益？是盖不免与魏武分香卖履之顾命，同为达士所讥矣。

也是如此激昂。设想一下，如果最后不是因为格鲁纪失了先机，最后的胜负之争，还真是难以预料呢！读历史的人不可只以一时成败而判定英雄。

拿破仑败于滑铁卢之后，那时候强敌兵临城下，手上又没有任何权力。正好可以卸去所有权力，在历史上留一个来去分明的纪念。但他仍然情深意切地想传给儿子。瓦罐都已经破了，再回头看又有什么意义呢？这不免和曹操临死时分香卖履的遗命是一样的，都只能让那些明智达理的人士笑话罢了。

第十章　晚年轶事

圣赫伦那岛，在南纬十六度，其地周围不及百英里。绝徼炎荒，瘴气甚恶，居民多以肝病赤痢夭亡。拿破仑以一千八百十五年十月十五日至岛，居于弄胡德（Longwood）一村舍中，其故后玛利，太子查理士，均流寓奥国，不得随驾。英雄迟暮，铁血无声，海水苍茫，山河非昨。意甚厌苦之，尝谓从者曰："此国杀人之地也，花亦易凋，人奈何得保生命？"又曰："以空气为杀人之器，昔我国代理官虽残酷，然不至此。是非太晤士（Thames）河畔人，谁能发明之。"盖其致憾，于英人者深矣。

时英将赫特孙鲁威（Hudsono Lowe），为岛中统监。其遇拿破仑尤严酷，有亲故往访，必多方阻难，书问亦恒被抑置。初英政府年给资用一万九千镑，赫特孙鲁威减为八千镑。拿破仑有从者五十人，不能供给，至斥金银食器以充之，又曾毁其卧床当薪。各国士夫闻之多不平，至有欲以计劫出之者。法伯爵拉加士（La Case），深敬拿破仑之为人，相随至岛，调护其周，亦为赫特孙鲁威逐去。拉加士有一子，其后伦敦市中，有要赫特孙鲁威于途而挑之决斗，以图报故主仇者，即其人也。

拿破仑虽窜居孤岛，然起居出入，仍不失帝王之度。每出，御者必盛服，车曳六马。其对臣下，亦凛凛有威仪。一圣赫伦那岛，在南纬十六度，方圆不到一百英里。边境炎热荒芜，瘴气特别重，这里的居民大多因肝病、痢疾等病早死。拿破仑于1815年10月15日到岛上，住在弄胡德（Longwood）一个村舍里，原来的皇后玛利、太子查理士都客居到奥国，不能跟随伴驾左右。英雄年老不再勇武，鲜血和武器也无声无息了，海水苍茫，山河的景象已不同于从前。拿破仑因心愿未了而特别苦闷，他曾对随侍的人说："这个国家是杀人的地方啊，连花都那么容易死，人又怎么保得住命呢？"又说："用空气当做杀人的武器，过去我国代理官员虽残酷，也到不了这种地步。若不是太晤士（Tthames）河畔的人，谁发明得出来呢？"言语中的抱怨，对英国人最为深切。

当时英国将领赫特孙鲁威（Hudsono Lowe），是岛中的统监。他对待拿破仑特别严历，有亲人朋友来探访，一定多方阻拦，书信也总是被扣压。刚开始英国政府给拿破仑年薪一万九千英镑，赫特孙鲁威减为八千镑。拿破仑有五十个侍从不能配给物资和钱物，便用金银餐具充抵，还曾经拆掉卧床来抵柴火。一些优秀的人物听到后都为他打抱不平，甚至有人计划去救他出来。法国伯爵拉加士（La Case），一直以来都敬佩拿破仑的为人，跟随着到了岛上，保护他十分周全，也因为这样被赫特孙鲁威赶走了。拉加士有一个儿子，后来到伦敦市后，曾在路上邀请赫特孙鲁威进行决斗，以图谋为旧主报仇的，就是这个人。

拿破仑虽然穷居孤岛，然而饮食起居，仍旧不失帝王的气度。每次外出，侍从身着华丽的服饰，拉车的马六匹。他对下属，仪容日，有从者语以中国尊君之习，拿破仑曰："是固不得不如此也。"又语近侍培脱伦（Bertrand）曰："人必有钟爱之物，吾爱所钟，在吾所信好之人。吾而钟爱于若人矣，必不少分此爱于他人也。"又曰："为王侯者，惟爱效用于我之人，且爱之亦惟在效用时耳。"从者知拿破仑志在利己，多不谓然。然拿破仑善抚士，分甘共苦，始终如一，故从者亦不忍舍去。

拿破仑好与从者语往日之盛事，或生平之抱负，而志行倔强，务欲处于无过之地。尝曰："昔时，虽以君主专制经营法国，然吾意所在立民主政治也。且频岁动兵，非自我发，皆因敌袭我。"又言："余得志太骤，故末路之穷，亦非恒人所历。吾年未三十，世界上轰烈之事，无不由我行之，今虽败何悔也。"其顾盼自雄类如此。

拿破仑本耽悦典籍，及居谴所，益以读书为消遣排愁计。所藏书多至二千七百册，丹黄评注，研究之迹，粲然可寻。四方名士有往访者，拿破仑与之论学，名言妙理，洒洒无穷。见者悉为倾靡，以是英国学士摆伦（Byron）遂赠以诗。诗意谓拿破仑处困不挠，无改英雄本色，殆能支之以学问也。

举止也是威风凛凛，不失威严。一天，有随从对他说起中国尊敬君主的习俗，拿破仑说："这本来就应该这样。"又对近侍培脱伦（Bertrand）说："人啊，都肯定有自己喜欢的东西。我最喜欢的，在于我所信任喜欢的人。我如果喜欢一个人，那么我不会再分一点点爱给别人。"又说："做王侯的，都喜欢效忠于自己的人，而且也只是在效用的那个时候喜欢。"随从清楚拿破仑只在于利己，大多不以为然。然而拿破仑擅长安抚下人，分甘共苦，自始至终都一样，因此随从也都不忍心舍他而去。

拿破仑喜欢跟随从说起曾经的壮举，或者这一生中的远大志向，而且他志向和操行刚强，想将事情处理得完善没有过失。他曾说："过去，我虽以君主专制统治经营法国，然而我意在建立民主政治的机制。而且连年征战，也不是我发起的，都是因为敌人先来袭扰我。"又说："我的愿望实现得太突然，因此才会穷途末路，这也不是一般人所能经历的。我不到三十岁，世界发生的轰动之事，没有不是因为我而引发的，如今虽然失败了，又有什么悔恨的呢！"他自认为了不起大概就像这样。

拿破仑特别喜欢阅读法典和古文献，在贬谪时，更是以读书为消遣，排忧解愁打发时间。他所收藏的书达2700册之多，用红色、黄色笔迹加以评论并注解，研究的痕迹，可以清楚地看到。各处名人志士有来探访的，拿破仑和他讨论学问，名言妙理，连绵不绝。接触的人无不为之倾佩，就连英国学士摆伦（Byron）也写诗赠他。诗的大意是拿破仑虽身处逆境仍不屈不挠，不改英雄本色，还能毫不懈怠地做学问。

拿破仑读书于历史、悲剧两类，尤所深嗜，以为“历史为描绘人心之具。悲剧者，鼓荡精神，激扬志气，尤足陶铸不世出之英雄”。故其藏书中亦以此两类书为多。又尝自作列传，终日伏案握管，至十四小时不停腕。每一篇成，吟哦达旦，歌哭无端，从者至不能安卧。

拿破仑好习劳，尝曰：“余之信条，劳动而已。余之生于斯世，为劳动而已，足之所游涉，吾知其有止境也。目之所流览，吾知其有涯涘也。惟劳动之力，则无物足以限制之。”其居圣赫伦那也，苦身手优闲，无所事事，则自为园丁以遣日。邸中故无树，购花木多种移植之。迟明而起，戴麦稿帽，蹑芒屩，躬伍佣厮，荷锹撮土，终日无倦容。

拿破仑素病胃。一千八百二十一年（清道光元年，民国前九十二年）四月，病益深。拿破仑自知不起，屏药不御，惟命神甫行祈祷，礼曰：“我科西嘉之儿也，实为意大利人。信教本笃，即帝位后，为富贵所惑，遂弃之。然闻钟辄喜，见僧每心动，未尝不惊帝力之伟大也。”又命侍医于死后剖出其心，以贻妻子，自作书媵之，词极哀惋。五月初三日，疾革，麾去群医，不令侍疾。中有一医云：“此时拿破仑眼棱棱有光，犹令人生畏。”初四日，海上忽大风，拔木振屋。初五，拿破仑读书特别喜爱历史典籍和悲剧这两类，常被它们深深吸引。他认为“历史能全面地描写人心，悲剧能鼓舞士气，激发人的斗志，特别能够造就出不同一般的英雄”。因此他的藏书中也以这两类书占居大多数。又曾经做自传，整天奋笔疾书，有时能十四个小时一直不停笔。每写完一篇，诵读到天亮，平白无故地就会哭泣，侍从都不能好好睡觉。

拿破仑喜欢劳动，曾经说：“我的人生信条，就是工作和劳动而已。我生在这个世道，就是为了劳动。脚步所能到达的地方，我清楚这是有限的。而眼睛所看到的，我知道那也是有限的。只有工作的力量，是任何条件下都不能够限制我的。”他住在圣赫伦那，一直为身手优闲、无事可做而苦恼，于是自己做园丁来消遣渡日。府邸中没有树木，他就购买花木种植。天不亮就起床，头戴麦杆帽，脚穿草鞋，自己就像雇佣的奴仆，用荷锹铲土，一天到晚都不会有疲倦之色。

拿破仑素来胃就有病。1821年（清道光元年，民国前九十二年）4月，病情越来越严重。拿破仑自己明白身体是治不好了，便放弃了吃药，任病情发展，只是命令神甫进行祈祷。他祷告说：“我是科西嘉的儿郎，实际上是意大利人。原本一心一意地信教，当了皇帝后，被荣华富贵所迷惑，这才放弃的。然而每次听到钟声就高兴，遇到僧侣内心就会有所触动，惊叹于上帝魅力的伟大。”他又命令伺候的医生在死后解剖出他的心脏，留给妻子和儿子，自己写下遗书，言词极其悲伤惋惜。5月3日白天，病情危急，他谴散医生，不让他们在旁边伺候。其中有一名医生说：“这时风仍勿止，拿破仑曰：“此甚似吾临阵杀敌时矣。”语已而逝，得年五十二岁。

【批评】

读末路英雄遗事，最足以动人观感。项羽垓下悲歌，拿破仑绝岛幽囚，皆山穷水尽，计无复之。然其一言一行，犹觉虎虎有生气，与彼醉生梦死者不同。此所谓豹死留皮，人死留名也。虽然是亦惟人格强固，始终不变者，始足当此耳。若把握不定，临时变节，则前半世虽有赫赫之名，到此亦一钱不值矣。

学问之功用，不仅在愈愚益智，供猎弋富贵之取资，尤在能使人得安身立命之地。不以穷途逆境，泯其湛然不昧之灵明。摆伦谓拿破仑处困不挠，在能支之以学问，即指此也。然则吾辈欲担当大事，精神之修养又乌可以已哉？

拿破仑谓悲剧足以陶铸英雄，最能道出音乐教育之原理。盖悲剧之观念，一在承认人类深沉秾挚之感情，不在赏心乐意之时，而在无可奈何抑郁不得志之时。二在承认拿破仑双眼突起且发光，还让人特别害怕。”4日开始，海上忽然刮起大风，狂风似要拔起大树搬走房屋般。5日，风仍旧没有停，拿破仑说：“这特别像我临阵杀敌时的景象啊！”话音一落便去世了，享年五十二岁。

【评论】

读末路英雄的故事，最是能够让人感动。项羽的垓下悲歌，拿破仑孤岛幽囚，都是到了山穷水尽，无力回天的地步。然而他们的一举一动，仍让人感觉到勇猛威武、气势蓬勃、生命力旺盛。与那些成天只知道醉酒和做梦，昏昏沉沉，糊里糊涂的人不同。这就是人们所说的“豹子死后留下珍贵的毛皮，人死后留下美名于后世”。虽然只有那些性格坚强始终不变的人，才可以做到这样。如果思想不坚定，中途突然间叛变的，则即使前半生声名显赫，到这时也是一文不值了。

学问的用处，不仅仅在让人去除愚昧增加智慧，供猎取富贵的人取得资本，还能让人生活有所着落，足以安身立命，不因处境坚危困难，而丧失原来清澈明亮无杂念的本性。摆伦说拿破仑身处困境仍不屈不挠，还能坚持做学术研究，也正是指这点。然而我们想做成一件大事，精神的修养又怎么能停止呢?

拿破仑说悲剧可以造就、培养英雄，最是能够说出音乐教育本身的道理。因为悲剧的观点理念，第一，在于能承认人类深沉、浓郁的真情实感，不在于开心快意的时候，而在于无能为力，忧愤烦闷不顺心的时候；第二，在于承认在看到他人境遇值得怜悯人类见他人遭际可怜，能发出一种至诚高尚之同情，将小己之哀乐悲欢，消纳于此种同情中而与之俱化，此皆志士仁人舍己为群之念所由起也。观西洋文学，自希腊耶世希罗（Aeschylus）、梭保克尔（Sophocles）以来，即以悲剧为大宗。故其武侠之风，亦冠绝天下，可以知其故矣。

时，产生的一种最为真诚最为高尚的情感共鸣，将个人的喜怒哀乐全部溶化在这种情感共鸣中，那些道德高尚，愿意舍弃个人利益而顾全大局的想法，都是从这里而来的。纵观西方文学，从希腊耶世希罗（Aeschylus）、梭保克尔（Sophocles）以来，都是以悲剧作为戏剧的主体。因此他们的骑士精神，也闻名天下，从这就可以知道其中的原由了。

少年叢書

文白对照本

加里波的

林万里◎著

團結出版社

图书在版编目（CIP）数据

少年丛书 / 孙毓修编. -- 北京 : 团结出版社,2015.7

ISBN 978-7-5126-3662-0

Ⅰ.①少… Ⅱ.①孙… Ⅲ.①名人—生平事迹—世界—少年读物 Ⅳ.①K811-49

中国版本图书馆CIP数据核字(2015)第130183号

出版: 团结出版社

(北京市东城区东皇城根南街84号 邮编：100006)

电话: (010) 65228880 65244790 (传真)

网址: www.tjpress.com

Email: 65244790@163.com

经销: 全国新华书店

印刷: 三河市祥达印刷包装有限公司

装订: 三河市祥达印刷包装有限公司

开本: 148×210 1/32

印张: 128

字数: 1500千字

版次: 2015年12月 第1版

印次: 2016年4月 第2次印刷

书号: 978-7-5126-3662-0

定价: 490.00元 (全28册)

少年叢書

出版前言

近代著名思想家、政治家梁启超曾经说："少年强则国强，少年智则国智，少年富则国富，少年独立则国独立，少年自由则国自由，少年进步则国进步，少年胜于欧洲，则国胜于欧洲，少年雄于地球，则国雄于地球。"这是他的散文《少年中国说》中的一段，作于戊戌变法失败后的1900年。文中极力歌颂少年的蓬勃朝气，指出封建统治下的中国是"老大帝国"，热切希望出现"少年中国"，振奋人民的精神。

或许是受到梁启超先生的感召，1908年冬天，上海商务印书馆编译所推出了一套系列丛书——《少年丛书》，又名《中外伟人的传略》，这是二十世纪中国的第一部历史人物类学生课外阅读丛书。首任编辑和作者是林万里，第二任编辑是孙毓修，孙毓修是这套丛书的主要作者，后期加盟写作的骨干还有国学大师钱智修。他们都博览中外，以精准而严格的眼光审视中外古今文化资源，选取其中有益于

少年儿童精神世界的材料，予以整合，编写成册。这套书出版以后，广受少年儿童的欢迎，每册前后加印达几十次，若整套书累计，恐怕达到数百次之多，发行量之大，影响力之广，在二十世纪的人物传记类图书中堪称罕见。

《少年丛书》前后出版了近三十余种，每一册传主为一位中外历史名人。我们在全国各地经过多方的搜寻，共得二十八册，其中中国名人十五位，外国名人十三位。每篇先叙述名人的生平传记，后加以作者的评论，根据时事，启发少年，借以激励少年树立远大志向，明确奋斗目标，成就健全人格。著名作家茅盾在阅读这套书后曾评论说："记事简明，议论正大，阅之足以增长见识，坚定志气。"这套出版之初即为砥砺少年志向的书影响了当时无数少年儿童由此走上振兴中国之路。著名作家张天翼、赵景深、陈伯吹等，都曾深受这套书的影响。

《少年丛书》的三位作者，都是当时学贯中西的通儒，不仅有深厚的国学功底，也有睁眼看世界的非凡眼光。撰写本套书册数最多的孙毓修先生，他是我国近代著名的目录学家、藏书家、图书馆学家。他同时还创作了大量的儿童文学作品。除了《少年丛书》，他还先后主编出版《少年杂志》、《童话丛书》等，被茅盾誉为"中国童话的开山祖师"。

另一位作者钱智修，浙江嵊县人，字经宇，是著名的国学大家，博古文学家，东方学派思想家。他在学时，就以"国学国文湛深，文章洛阳纸贵"赢得尊敬，并被上海多家进步报馆争揽为特约撰稿人。1911年毕业后，他应编译所长高梦旦之聘，担任商务印书馆编

译所编辑。1920年7月他任《东方杂志》主编，长达12年，是该杂志有史以来任期最长的主编。他还参与编辑《辞源》及《中国人名大辞典》、《中国古今地名大辞典》。1931年任国民政府监察院秘书长。

第三位作者林万里是民国年间著名的报人，原名獬，又名白水，字少泉。他幼承家学，又拜名士高啸桐（商务印书馆创始人之一）为师。清光绪二十四年(1898年)，他在杭州参与创办求是书院、养正书塾、东城讲舍、蚕学馆4所新式学堂，任求是书院总教习；后任《杭州白话报》主笔，宣传新思想。光绪三十年(1904年)，他出任《警钟日报》主编，宣扬孙中山及其领导的革命，后追随孙中山。帝制取消后，林万里重操新闻旧业，创办过多份报刊。

鉴于每位作者独有的知识结构和兴趣热点，每位编者对人物都有自己的选择。孙毓修所撰写的大部分是中国历史名人，而且写作的视角也非常独特，如其所写的《玄奘》是一个历史人物，而不是《西游记》中的唐僧。现代的普通读者对玄奘的了解绝大部分是来自于《西游记》等小说，而历史上的真实情况却鲜有人知——玄奘取经并非唐太宗支持，相反还受限于当时的法令，他冒着生命危险才得以出境。这就需要有人为读者打开另外一扇窗户，还原真实的玄奘，而不是小说中的文学形象。茅盾先生对孙毓修所写的《玄奘》评价很高："可以说是内容翔实，深入浅出，既宜于少年阅读，也使成年人增加历史知识。"再如《苏秦》，作为一位著名的辩士，《史记》必然为之列传。孙毓修在写苏秦游说各国发言的时候采用了《史记》中记载的史料，而在后面的评论部分对苏秦的表现作了恰当的点评，分析苏秦游说秦、燕、赵、韩魏、齐楚的过程，阐述了苏

秦辩术策略的不断提高。对于国外人物的选取，孙毓修也是偏爱励志型的，如德谟士，从一个小人物成长为大演说家；彼得大帝，从受制于人，成为欧洲赫赫有名的皇帝。

另一位作者钱智修，先后写有《林肯》、《苏格拉底》、《拿破仑》等，这些都是西学东渐后中国人十分崇仰的外国名人。值得注意的是，钱智修秉承严复所主张的信、达、雅翻译原则，特别讲究传记所含的真实性。他所抒发、张扬的传主虽然都被列为人们仿效的楷模，写法却不做作，更没有为了塑造人物形象而更改史实。

林万里所写的外国传记和钱智修的作法大致相近，即在第一章抒发己之传记宗旨，后文谈及传主读书之术、治学之道与其行事风格，并进行了点评。此外还有其他人关于传主的言论，更有编译者自己的评论，以引导少年儿童正确地学习和借鉴，而不是一味盲从。

《少年丛书》的最大特色，就是“记事简明，议论正大”。书中除了记叙人物的生平故事之外，作者的评论也让这套书大为增色。其议论宏富，既能够结合少年的成长特点，指明如何学习书中人物的优良品质，也指出了其中的不足之处，对于引导少年如何立志修身，大有裨益。

这套书的另一大特色，就是全部用文言文写作，语言凝炼，文笔流畅，保持了中国传统作史传的鲜明特色。当时，白话文风已经悄然兴起，而作者能够不从时髦，采用文言写作，甚为难得。以至我们今日再读此书，依然能够体味到文言笔法的无穷魅力。然而考虑到近百年来，国人的文言文水平已经一落千丈。今日的大部分少年，阅读文言文尚有一定困难，因此我们特别组织人员，将全套书进行了

白话翻译。尽管我们做了最大的努力，文言文的神韵依然是难以用白话表达出来。因此，我们希望少年朋友通过阅读这套书，体会文言文的独特魅力，进而热爱和学习文言文。

《周易》有云："君子以多识前言往行，以畜其德。"说的就是多学习古人的嘉言懿行，对我们修身立德至为重要。古人尝言："童蒙养正，少年养志，壮年养德。"少年时期是人生至为关键的时候，这个时期树立什么样的志向，以什么样的人为榜样，往往会决定一个人未来的人生成就。而一个人少年时期读的书，也足以改变他的一生。在今日少年课外读物良莠不齐的状况下，《少年丛书》堪称鲜有裨益少年的优秀读物。若今日的少年，能够认真研读这套《少年丛书》，对于树立远大志向、培养健全人格、完善道德情操将大有裨益。或许，今日的风华少年，即是将来成就伟业的千古豪杰、泽被世人的大圣大贤。勉哉！勉哉！

为什么要读名人传记

——《少年丛书》白话语译序

我从小很喜欢读书，可是，因为身处偏僻山村，小的时候却无书可读。那个时候，家中只有父亲买的一本《古文观止》，儿时翻阅过无数次，虽看不太懂，却记忆深刻。有人说，儿童时期读的书，一生也难以忘记。此言确实不虚。

没有想到的是，儿时无书可读的我，日后竟然投身于出版业。今天，我国的出版业已经非常发达，给少年儿童读的书也非常多。可是，若细心寻求，真正的好书却是少之又少，尤其是给少年儿童介绍历史文化的书。

一个偶然的机会，我们与这套百年前的《少年丛书》结缘，这套当初专为少年而写的中外名人传略，让我眼界大开，没想到，百年前的前辈们，竟给少年们创作出如此优良的传记读物。要知道，给少年

儿童写作，比给成年人写作更难，尤其是给人物作传，既要符合历史史实，不可随意编撰，又要注意引导青少年如何取其长，避其短，以免误人子弟。因为，作为历史人物，不可能处处皆堪为今人楷模。这就需要作者要极富有爱心、责任心和严谨精神，才能让读者从中获得纯净的人生智慧。可以说，目前各种写给青少年的人物传记，很少能与这套《少年丛书》相提并论的。

这套书中的二十八位中外名人，大多数是我们耳熟能详的人物，但是对于他们的生平事迹，也许就知之甚少了。读了他们的传记，方知欲为圣贤豪杰，需下一番苦功夫才能有所成就。“人人皆可为尧舜”，说的是我们每个人都有成圣成贤的资质，然而虽有圣贤之资，也需后天的不懈努力，方能成就一番伟业。所以，这一套书作者的目的并不仅仅是让读者了解一下名人轶事，而是以伟人的事迹启迪和激励少年朋友，树立人生的志向，汲取这些英雄豪杰的人生智慧，修身立德，练就自身本领，最终成为造福国家和社会的有用之才。

这套书虽然是写给少年看的，并不意味着就不适合大人阅读。大作家茅盾就曾大力推荐这套书。现在的青年人，乃至家长、老师，若能读读这套书，对于人生事业，教育子弟，也是大有益处的。可以说，这是一套老少皆宜的好书。

《少年丛书》在当时之所以大受欢迎，销量巨大，也不是没有原因的。这套书每册文字量不大，文笔流畅，史实可靠，评议精彩，这都是许多普通名人传记所不具备的。因此，这套书深受读者欢迎，也就不难理解了。

读名人传记，重在学习名人的智慧和经验。正如文天祥所说，

“人生自古谁无死，留取丹心照汗青”。人生有涯，知也无涯，如何在有限的生命里寻求到人生的价值，获取人生的智慧，而不浪费光阴?《少年丛书》中的这些圣贤豪杰，就是我们的榜样。他们身上伟大的人格，比如孝友、善良、爱心、坚毅、勇敢等等，这些人性的光辉，都是我们的学习之处。

我们用了近一年的时间，将这一套书作了白话语译，希望今天的少年们，能够喜欢阅读并且从中汲取智慧。若能让每一位读者都能够有所收获，那就不负当初写作这套书的三位老前辈的一片苦心，而我们的工作也就没有白做了。

这一套书规模宏大，在校对和语译的过程中，难免会有错误，恳请广大读者不吝指正。

《少年丛书》语译小组　主编　萧祥剑

目录

第一章 绪论

楚虽三户，亡秦必楚，甚矣。人心之不可侮也。夫匹夫犹不可以夺志，而况号曰社会者乎？亡国之民，犹不可以狎视，而况其俨然以国民称者乎？人之生也，其生命托于灵魂，而灵魂实隶于躯壳。故躯壳一敝，而人遂亡。国家之结合，其基础在于人民之意志，故意志一消，而国乃灭。然则即其国之既亡，苟其人民恢复之精神，一日不死，则恢复之事业，亦一日不息。而恢复之机会，亦终有来贲之一日。

不观罗马之事乎？罗马当驱佳里亚民族而奠居于意大利也。幅员之大，迈于前古。东界挨乌佛拉托河，西临大西洋，南至亚非利加，北逾多瑙河，侵入亚麦尼亚诸地，非里太尼亚及英吉利之一部，皆为所辖，何其盛也。迨纪元后四百余年，西罗马陷落，意大利全土乃为日耳曼族所有。五百年时，东罗马皇帝更复其地。自是之后，遂为罗马法王所居。至八百年，文艺复兴，复古之说渐盛。国民缅怀故国之念，自兹乃起。千一百年前后，日耳曼人，领有南意大利地，東罗马帝国。自是遂亡，意大利诸州，分崩离析矣。其后虽稍得自由，然终在人肘腋之下。若罗马、若西西里、若托斯卡那、若巴尔马、若莫底那诸国，皆为奥大利属邦。奥人即使楚国只剩下三户公族，也能灭掉秦国，说的极是。因为人心是不可以侮辱的。平民百姓尚且不能剥夺他们的理想，更何况那些自己号称是社会者的人呢！亡国的人民，尚且不能轻视他们，更何况这些自称为故国国民的人呢！人生在世，他的生命依托的是灵魂，而灵魂实际是属于身体的。所以身体一衰败，人随后就会死亡。国家的建立，其基础全部在于人民的意志。所以人民意志一旦消沉，国家就会灭亡。然而即使这个国家已经灭亡，假设这个国家人民恢复了复国的精神，只要这种精神一日不死，那恢复国家的事业，也就一日不会停止。而恢复国家的机会，也终究有一天会到来。

没看到罗马人复国的事迹吗？罗马人应当是在驱逐了佳里亚民族后，定居在意大利的。他们国土面积之大，超越了前面所有的朝代。东边边界挨着乌佛拉托河，西边靠着大西洋，南边到了亚非利加，北边越过了多瑙河，到达了亚美尼亚等地方，非里太尼亚及英吉利的一部分地方，都是它的辖区，那是何等的繁荣昌盛啊。等到纪元后400多年，西罗马陷落，意大利全境被日耳曼人所占有。约公元500年时，东罗马皇帝收复了所有土地。从那以后，罗马便为罗马法王所占有。到800年时，文艺开始复兴，复古的说法慢慢兴盛。国民缅怀自己故国的情绪，从此慢慢滋生。1100年前后，日耳曼人占领了意大利南边的领土，控制了罗马帝国。随后罗马帝国灭亡，意大利各州，分崩瓦解。后期虽然稍微有点自由，但是始终还是在别人的制约之下。比如罗马、西西里、托斯卡那、巴尔马、莫底那等国家，全部属于奥大利的邦国。奥大利派兵驻扎在这些地方，而造兵驻其地，而法国亦垂涎诸州，常与奥斗。于是意大利乃得乘间成恢复之业。夫意大利之亡，千有余年矣，然而国民惓怀，祖国之志，未尝一日衰，卒能光复旧物。然则国之未进于文明者，斯已矣。若夫于世界中，号为文明古国者，必有独立自尊之心。根器既厚，种子殆难遽灭。吾愿世界之人，对于此种国民，不可过于易视。吾尤愿国民之有此资格者，勿自易视，而甘为人之奴也。

—

吾今为加里波的传，顾乃于罗马之事，独有所述者。则以加里波的者，亦不过时代之产物也。彼之精神，社会精神之表现也，彼之结果，社会之结果也。故当时之意大利社会，第恐其无独立之性耳，既有如彼之独立性，则虽不有加里波的，亦必有他之英雄与加里波的相若者起而为之。故凡为国民者，不可无崇拜英雄之心。然崇拜英雄，非倚赖英雄之谓。特自视聪明才力不及英雄，即当奉其身，以供英雄之驱使耳。若夫狃于空论，而怠于实践，社会之责望于英雄者甚深，而自忘己之责务，而号为英雄者，亦复诋諆社会，巧以逃责。则全社会之精神，与其国家，既不相属，灭亡之祸，可翘足以俟矣。

虽然世间固有如是之现象乎，吾不敢不信之，而吾又法国也一直垂涎这些地方，经常和奥大利争斗。于是意大利得以趁机恢复了国土。本来意大利已经灭亡差不多已经一千多年了，然而国民眷恋故国，对恢复国土的意志没有衰退一天，最终光复了自己的国家。若是没有进入文明国家行列的，就不说了。像那些在世上能称之为文明古国的，国民必定有独立自主的自尊心。国家的根基、基础雄厚了，立国的种子就很难被毁灭。我希望世界上所有的人，对于这样的民族，不要过于轻视。我尤其希望国民里有这样资格的人，不要轻视自己，而甘愿成为别人的奴隶。

我如今为加里波的写这篇传记，但对于罗马的事情，单独有讲述。但是加里波的这个人，也不过是时代的产物而已。他的精神，是当时社会精神的表现；他取得的成果，也是社会的成果。所以当时的意大利社会，就怕没有独立的愿望，既然已经有了独立的愿望，那么即使没有加里波的这个人，也必然会有其他的英雄与加里波的一样的人站出来。所以凡是国民，不能没有崇拜英雄的心态。然而崇拜英雄，并非是说要依赖英雄。特别是那些自认为聪明但能力不如英雄的，便当奉献自己，以供英雄差遣。如果只是习惯空口说白话，而废掉疏忽了平日的实践，但社会对于英雄寄予的希望比较深，但他却忘记了自己的责任，这些号称为英雄的人，也同样会毁谤污蔑社会来逃避自己的责任。这样，全社会的精神，与自己的国家就没有从属关系，那么灭亡的灾难，便可翘足以待了。

虽然这是世间固有的一种现象，我不敢不信，但我又不忍心那么快的相信。我曾经查考历史，但凡是号称文明国家的，比如印不忍遽信之。吾尝稽之历史，凡号称文明之国者，如印度、如埃及、如波兰、如希腊、如罗马，其亡国之后，能成光复之业者，未及其一二也。夫郁之愈深者，发之愈暴，事势固尔。然与其在他人肘腋之下，而方图反抗，何如及时努力，以亟谋其自存之方。乌乎，读"如此江山坐付人"之诗，吾不能不为世之青年人勉也。

据宗教家之说，则谓造世界者，为造物主。虽然，是说吾不敢信，吾所敢信者，则以造国家者，决为英雄。夫彼印度、埃及、波兰、希腊，非与意大利同其为亡乎？乃意大利卒能始亡而终存，而彼印埃波希诸国，至今不复，何也？则以彼数国者，不产有加里波的其人而已。虽然，彼数国即产有加里波的，亦胡济焉。社会人人无独立自由之精神，无光复旧物之思想，虽百加里波的，且不能以免亡。故凡可以立国者，赖有英雄也，而相与助英雄而立国者，又赖有其时之社会。彼华盛顿之谋北美独立也，战争盖七年焉，倘非十三州人民，咸有独立之思，华盛顿其曷济矣。

度、埃及、波兰、希腊、罗马，他们的国家灭亡以后，能够成功光复国家伟迹的人，不到十之一二。那些积郁越深的人，爆发时就会越猛烈，这是事情固有的形势。然而与其在别人的控制之下，而试图去反抗，不如及早努力来谋取自我生存的办法。唉，读到“如此江山坐付人”的诗句，我不能不和现在的青年人一起共勉啊。

按宗教家的说法，则说创造世界的人，是造物主。虽然，这个说法我是不敢相信的，我敢相信的，是创造国家的人，一定是英雄。比如说印度、埃及、波兰、希腊，并非是和意大利一起灭亡的，但是意大利灭亡后最终可以生存下来，而印度、埃及、波兰、希腊这些国家，到现在都不能复兴，这是为什么呢？是因为他们这些国家，没有像加里波的这样的人而已。虽然如此，就算其他国家有加里波的这样的人，也是没有多少用的。如果一个社会，人人都没有独立自由的精神，没有光复故国的思想，即使有一百个加里波的，也不能免于灭亡。所以，凡是可以独立建国的，都是因为国家有英雄出现；而同时帮助英雄建立国家的，又要依赖于当时他所在的社会有建国的精神。华盛顿当时谋求北美独立，战争打了大概七年多，倘若不是当时十三州的人民，都有独立自主的思想，华盛顿又怎么能够成功呢！

第二章 加里波的幼时及水夫生活

加里波的者，名祚塞夫，加里波的其姓也。西洋名人，多以姓为字，故世但称之曰加里波的，不复称祚塞夫。父名多麦尼，为水夫。母名丽金多氏，贵族家女也，皆意大利人。千八百七年七月二十二日，生加里波的于意大利尼斯地。

加里波的幼时，好为游戏。一日游郊野，见草间有蟋蟀，就而捕之。蟋蟀跳遁，加里波的以手猛扑之，伤其一股。加里波的见之大悲，持归，入室涕泣良久。

加里波的年十二岁，与从兄某，猎于山中。道出河上，见有一妇，在河沿浣衣。妇忽坠水，道旁人观者，但挺立而呼曰："妇坠水矣！妇坠水矣！"顾莫肯援。加里波的遂解衣跃入救之。水流湍急，几溺。努力挽妇向岸而泅，遂得免。

加里波的少入神道学校读书。然性不喜宗教，专究天文、地理、算术诸学，欲为航海业。年十四，私与同学约，乘一小舟，径航海中。人告其父母曰："加里波的驾舟趣入海矣。"其家大惊，急沿海岸追及之。归家后，日郁郁不乐。父母以为忧，意加里波的既好海上生涯，不如听之，乃命加里波的航海。加里波的既得父母之命，就航海之生涯，则大喜。一日航行俄罗斯海湾，入夜，月明浪涌，海天如洗。加里加里波的，名字叫祚塞夫，加里波的是他的姓氏。西洋人的名字，多数都是以姓氏为名字，所以历史上称他为加里波的，而不是祚塞夫。他的父亲叫多麦尼，是一位船长；母亲是丽金多氏，是个贵族的女儿，父母都是意大利人。1807年7月22日，加里波的出生于意大利的尼斯地这个地方。

加里波的小的时候，很喜欢玩游戏。有一天，他在郊外玩游戏，看见草丛间有蟋蟀，便靠近草丛去抓蟋蟀。蟋蟀跳着要逃走，加里波的用手猛的扑过去，伤了蟋蟀的一条腿。加里波的见此十分悲伤，拿着蟋蟀回了家，在房里哭了好久。

加里波的12岁的时候，和他的一个堂兄，在山里打猎。他们途径河边时，看见有一个妇人，在河边上洗衣服。妇人忽然落入水中，河边的其他人看见，只是站着大喊："有妇人掉到水里了！有妇人掉到水里了！"但都不肯伸手援救。加里波的于是脱了衣服，跳入水中救人。水流十分湍急，有好几次他都差点溺水。经过努力，他牵着妇人游向岸边，最终妇人幸免于难。

加里波的年少的时候，进入神道学校读书。然而他天性不喜欢宗教文化，专门研究天文、地理、算数等学术，最想从事航海业。十四岁时候，便私下与同学相约，乘坐一艘小船，直接航行到了海中。有人告诉了他的父母，说："加里波的驾驶着船向海里去了。"他的家人听后十分惊慌，急忙沿着海岸追赶，把他他带了回来。回家后，加里波的天天郁郁不乐。父母为此很担忧，想着加里波的既然爱好海上的生活，不如就听他的，于是差遣加里波的去航海。加里波的得到了父母的允许，可以从事航海生涯，十分欣波的乐甚，与同行数人同上陆，入酒肆沽饮，酒酣赌棋。加里波的忽投子而叹曰：“嗟夫，诸君，吾辈奈何以有限之光阴，而作此无益之事乎？行矣，自今以后，吾更不复为此。”对弈者以加里波的败兴，甚怒。既闻其语，乃感动，敛子而罢。又一日，航行至旧罗马府。罗马为今意大利故国，其强盛时代，大类西秦，后为日耳曼蛮族所略，遂至分崩离析，不可收拾。加里波的至罗马故都，见废殿断垣，荒宫幽草，零落于夕阳晚霞之中。乃感慨不自禁，喟然而嗟曰：

“乌乎罗马！尔昔日之光荣，今安在也？尔庄严华丽之遗迹，犹留于人间也！宁使志士仁人过兹土者，空为尔吊耶？抑语彼以光复尔之旧物耶？乌乎罗马，吾若舍尔，将安归也。”加里波的言既，乃更为激抗之词曰：“罗马乎，吾誓，必恢复尔。”

自是之后，加里波的日以恢复罗马为己任，乃至魂梦之所萦绕，精神之所寄托，无一不在于此。其志一，故其业能成也。

喜。一天他航行到了俄罗斯海湾，夜晚时，月色明亮，浪花奔涌，大海和天空如洗过般干净。加里波的十分高兴，与同行的几人一同登陆，到酒吧喝酒。大家开怀畅饮，赌博下棋，玩得很高兴。加里波的忽然扔掉棋子叹息说："唉，各位，我们为什么要用有限的光阴，来做这些毫无意义的事情呢？走了，从今以后，我不会再做这样的事情了。"和他下棋的人认为加里波的扫了兴致，十分生气。随后听了他说的话，很感动，收了棋子。又有一天，他们航行到了旧罗马府的地方。罗马是现在意大利的故国。罗马强盛的时候，就像是中国的秦朝时期，后来被日耳曼民族侵略，最终分崩离析，无法再维系。加里波的到了罗马故都，看见到处都是废弃的宫殿和残垣断壁、荒凉的宫殿和幽深的荒草，零星的分布在夕阳晚霞之中。于是加里波的感慨万千，情不自禁，他喟然长叹道：

"唉，罗马啊！你过去的光荣岁月，现在在哪呢？你庄严华丽的遗迹，尚还遗留在世间！难道只是为了让有志之士、仁义之人经过这里时吊唁你吗？还是说想让他们光复你先前的辉煌？罗马啊，如果我舍弃了你，我又将回归何处呢？"加里波的说完，更是慷慨激昂道："罗马啊，我发誓，我一定会恢复你昔日的荣光！"

从这之后，加里波的每天都把恢复罗马过去的辉煌做为自己的梦想，甚至到了魂牵梦绕的地步，精神上所有的寄托，没有一样不是在这个上面的。他的意志非常坚定且专一，所以他能成就自己的事业。

【批评】

启蛰不杀，方长不折。古之圣贤，非好为是迂阔，毋亦欲自养成仁爱之性，使家国天下之被其泽耳。观加里波的不能忍一蟋蟀，乃能推之而救浣衣之妇人，乃能推之以救全意大利。殆所谓善推其所为者非耶，不然则亦不过妇人之仁而已矣。

加里波的之投弈具，何等决心。今人当游戏安乐时，耽之忘反，其结果不免为庸人。故青年人必当时时自警，勿谓恶小而为之，则庶乎不至于自暴弃也。

全国心理，所以能巩固者，必藉历史上之事。观加里波的以游罗马故府，顿起恢复之雄心，则历史事迹，其有以启发后人者不浅矣。吾国历史上之人物事迹极多，祖如黄帝，师如孔子；人物如汉武秦皇，宫殿如南京之明故宫，墓坟如南京之孝陵。何在不足以为观感，乃国人熟视若无所睹。其神经质亦未免太薄弱矣。青年男女，尚兴起哉。

【评论】

动物冬眠蛰伏时不杀，树木生长时不砍。古时的圣贤，并非都是思想迂腐而不切合实际的人，不过是想让他们养成仁爱的天性，让天下国家都可以享受他们的恩泽与庇护。从加里波的不能忍受蟋蟀受伤，便能推想出他为什么要救洗衣服的妇人，便能推想到他会以拯救整个意大利为目标。这大概就是所谓的从一个人的善行可推算出他所做的不会是坏事，要不然他也只不过是妇人之仁而已。

加里波的能扔掉棋子，这是何等的决心。现在的人在游戏享乐时，无不沉溺于其中，甚至忘了回家，他们的结局便沦为碌碌无为的庸人。所以年轻人要时刻自我警醒，不要觉得坏事小就无所谓，这样到最后也不至于自暴自弃。

全国人民的心理，凡是可以巩固的，必定都是凭藉历史上的事情。加里波的游历了一次罗马国的旧府地后，顿时便起了恢复古罗马的雄心。所以历史事迹，对于启发后人的雄心壮志有不小的作用啊。我国历史上这样的人物事迹很多，如先祖黄帝，儒师孔子，其他人物如汉武帝、秦始皇，宫殿如南京的明故宫，坟墓如南京的孝陵。这些那个不足以作为观感之物呢，只是国人熟视无睹罢了。他们在这方面的精神未免太过于薄弱了。青年男女，还需要努力啊。

第三章 共和党员

加里波的航海至君士但丁堡（土耳其都），羁迟旅舍，无所事事。纵读希腊罗马名人之传记，故国之感弥深，恢复之志益壮。时意大利国中有志士曰玛志尼者，组织秘密党，被捕。以年少不论，更集同志为少年意大利党，发行新闻纸，即名曰少年意大利，专以激发国民为事，声誉籍甚。

加里波的至君士但丁时，同舟有法兰西人，抵掌谈玛志尼事。加里波的听之，不觉意为之移。嗣又得读其檄文，感动弥甚。乃径往谒之，一见如故，坐语移日，退而语人曰："余遇玛志尼，知其所志。余见玛志尼而悦，即哥仑布发见阿美利加，殆不过是。"玛志尼亦语人曰："余见加里波的，殊足以减我负荷之半。"两人相得如此。

时玛志尼在国外纠合同志，欲与其国之党员相应。加里波的亦与其议，拟乘某节日之夜，击钟为号，同时起事。以仆沙尔基尼亚（意大利中一国）政府，而脱奥国之羁绊。事觉，党员大半被捕，并严捕加里波的。加里波的走匿一卖果肆中，卖果者之妻怜之，衣以农夫之服，令其乘夜急走。间行十日，得抵尼斯（加里波的乡）。自以狼狈之状，恐惊其母，藏于季父家。偶以事出外，为法兵所得。夜窥监，守者稍加里波的航行到了君士但丁堡(土耳其的首都)时，因故被迫停留在旅社里，无所事事。于是先后读了很多希腊罗马的名人传记，对罗马故国的感情更加深厚，想恢复国家的愿望越来越强烈。当时意大利有个有志之士叫玛志尼，组织了秘密党，被抓捕了。因为他年纪小，不予定罪，于是他积结了大批同志成立了少年意大利党，发行新闻报纸，即叫少年意大利党，专门以激发国民的志气为己任，声誉很盛。

加里波的到君士但丁堡的时候，同行的里面有一个法兰西人，常兴奋地谈论玛志尼的事情。加里波的听了，不知不觉意志就被他影响了。而后又读到了玛志尼发出的公告，更是感动。于是直接前往去拜见，两人一见如故，说了很久的话，告辞后对别人说："我遇见了玛志尼，知道了他的志向。我见到玛志尼很高兴，就算哥仑布发现了阿美利加，其兴奋之情我想也不过如此。"玛志尼也同样对别人说："我见到加里波的，绝对可以减轻我一半的压力。"两个人相互欣赏到了如此地步。

当时玛志尼在国外聚集同志，想和国内其他的党员遥相呼应。加里波的也参与了他的讨论，拟定乘着某个节日的夜晚，以击钟为信号，同时起事。以仆沙尔基尼亚(意大利的一个邦国)政府为契机，让它脱离奥国的控制。事情被人发觉了，其党员大部分被抓，并下令严捕加里波的。加里波的逃走并躲在一家水果店铺中，卖水果的人的妻子可怜他，给他换上农夫的衣服，让他乘着夜色急忙逃走了。从小道走了10天，到达了尼斯(加里波的故乡)。他怕自己的狼狈样子，惊吓了自己的母亲，便藏匿在小叔家里。偶然因懈，乃逾垣逃入山中。后得新闻纸读之，见己身已定死刑。乃变易姓名，流寓他方。会至一处，其地盛行虎列刺病，传染至速，医师多潜匿不肯出。加里波的乃谋得一看护之职，昼夜辛勤，病者感之。

欧洲诸国，疾视意大利独立。加里波的益不见容，乃赴南美。在南美十四年，不履欧土，其间可纪之事甚多，详于下章。

加里波的乘船赴南美，名其船曰玛志尼。盖其时方与玛氏友善，且同在患难中，名船曰玛志尼者，志不忘也。其后千八百四十八年，罗马有洛基伯暗杀事，加里波的闻而赞之，顾玛志尼不谓然。自是加玛两党，宗旨不同，议论日益相背。加里波的至谓亡罗马共和政府者为玛志尼之徒，玛志尼亦以加里波的献南意大利于沙尔尼亚王，斥之为卖国（事详下），两人意见，遂终身不复洽。

【批评】

加里波的与玛志尼，一见如故，可见惟英雄乃能相慕相爱。今之新党，人人要想做大统领，做头目，做魁首，见一才干稍好，学问稍好者，辄睨而忌之。若才学胜己者，更思排事外出，被法国兵士抓住了。夜晚时暗中窥伺监视的人，见其守卫稍有松懈，便乘机翻墙逃入了山中。后来从新闻报纸得知，自己已经被定了死刑。于是他便改了姓名，流落他方。当时正好到了一个地方，那里正流行虎列剌病，传染的速度很快，很多医生都躲了起来不肯出来医治。加里波的于是求到了一个看护的差事，日夜辛勤干活，病人都十分感动。

欧洲各国，全部都仇视意大利的独立。加里波的更加不受欢迎，便奔赴南美。他在南美呆了十四年，没有踏足欧洲领土。期间可记载的事情很多，详细见下章讲述。

加里波的乘船奔赴南美，命名其船为玛志尼。因为那时候他正与玛志尼相处交好，又同在患难中，把船叫玛志尼，是表达自己不忘他的志向。后来1848年，在罗马发生了洛基伯暗杀事件，加里波的听闻后十分赞赏，但是玛志尼不赞同。从这后加里波的和玛志尼两个党派，宗旨便出现了分歧，讨论的方向也渐渐相背。加里波的甚至说灭亡罗马共和政府的便是玛志尼这些人，玛志尼也认为加里波的将南意大利献给沙尔尼亚王，是卖国的行为（事情详见下章），两人因此产生了分歧，最后终生不再来往。

【评论】

加里波的和玛志尼，两个人一见如故，足可见只有英雄之间才能相慕相爱。现今社会的新生党派，人人都想着要做大统领，做头目，做魁首，看见一个才干稍微强点、学问稍微好点的，便总是斜视嫉妒别人。如果是才学胜出自己的，更是想着如何排挤而挤之，务使不得逞志而后快。日言团体，而体不团，可见其去英雄远矣。所以到底做不出一桩事。

加里波的始与玛志尼相友善，后乃不协，因其所持主义异耳。顾所持虽异，而为国则同，并无有一毫私的意见，存乎其间。世之反复子，不能以彼为借口。

他，务必不能让他称心如意才舒服。每天都说团体，但只体而不团，可见他离英雄还很远啊。所以最终都做不成一件事。

加里波的开始时与玛志尼相处很友善，但后面不融洽了，主要是因为两人所主张的主义不同。虽然两人所持见解不同，但为国之心却是一样的，并没有一丝一毫为自己的意思，存在其间。世间那些反复无常的人，不能以这个为借口。

第四章 南美之流寓

加里波的既赴南美，适其时里阿古兰共和国，与巴西国开战。加里波的潜助里国，夺巴国之船，自乘之。诘朝大雾，发于海上，遥见敌舰，自远而来，然冥蒙中莫辨其旗章也。雾少霁，谛审之，则固巴国之兵舰也。一将立船首促降，并以炮击。加里波的面无怖色，亦还击之。炮烟蔽天，彼此不相见，敌舰益进迫之。一士官名希奥达者，以炮击敌舰，发无不中，敌兵入海死者无算。希奥达反身引缆，适一飞弹贯其颅，遂仆。加里波的趋视，亦中弹仆，兵士散乱。时加里波的与希奥达相抱伏舱板上，不省人事。久之，始能启目，然口犹不能言。船人不明地理，乃以海图就希奥达，乞其指挥。希奥达手不能动，亦不能语，惟溅泪于海图之上而已。仓猝之中，众始转舵向其所指之处驶去。未几，希奥达死，士卒投其尸于海中。加里波的欲有所言，不能发声，第以手作指示状。良久乃言曰："余若死，愿归葬。不愿学希奥达。"

于是僵卧不能起。船漂海中凡十九日，乃入佳尔佳港。港官命医师为之疗治。

加里波的留佳尔佳六阅月，病势有间，然身如羁囚。

加里波的奔赴南美时，正好碰上里阿古兰共和国与巴西正在打仗。加里波的偷偷帮助里阿古兰共和国，夺取了巴西国的船，自己驾驶着。早上乘海上大雾时，出发行到海上，远远看见敌舰从远方过来，然而昏暗中辨别不清敌人的旗帜。雾稍变少时，仔细观察，果然是巴西的兵舰。一位大将站立在船首催促加里波的投降，并用炮轰击他。加里波的脸上毫无惧意，也用炮火还击他们。炮火的烟雾遮盖了天空，两方彼此都看不见对方，敌方的军舰进一步逼近。有一个士官叫希奥达，他用炮火轰击敌舰，百发百中，敌人掉入海中死亡的不计其数。希奥达背过身去拉缆线时，刚好一颗飞弹贯穿了他的头颅，随即倒下了。加里波的快步向前查看，也同样中弹倒地，顿时兵士大乱。当时加里波的和希奥达抱着躺在船舱夹板上，不省人事。过了很久，才能睁开眼睛，然而嘴巴仍不能说话。船上的船员不熟悉地理，于是拿着航海图靠近希奥达，希望他指挥战斗。希奥达手不能动，嘴也不能说话，只有眼泪掉在了航海图之上而已。仓促之间，众人开始转舵向希奥达所指的方向驶去。没多久，希奥达便死去，士兵们将他的尸体丢入大海中。加里波的想说些什么，但是不能发声，只能用手做指示的样子。过了很久才说："我要是死了，希望可以送回去安葬。我不愿意像希奥达那样。"

于是僵直的躺着不能起来。船在海中漂泊了十九天，随后进入佳尔佳港湾。港湾的官员命令医师为加里波的治疗。

加里波的留在佳尔佳港，过了六个多月，病情有起伏，但身体却如同囚犯一样。同船的人全部都被捕了，如果不离开，祸患肯定同舟者悉被捕缚，不去，祸且及己。乃乘马宵遁，未数里，为追者所及，缚于马上，疾驰至佳尔佳。港官严诘之，鞭扑数十，又缚其双手，悬置梁上。历二时间，气息几绝，手足皆冰冷。加里波的睥睨港官，曾不屈。官怒，复命鞭。已仍投之狱中，幽囚二月余，始见释。亡命归里阿古兰，投大统领军，再与巴国抗于亚莲河口。猝遇暴风，契友路基死焉。加里波的自是唱则寡和，离群索居，益以寂寥。有马尼他者，舞尔佳地少女也，性情温婉。加里波的见之，相结为友，后卒与之定婚。自是马尼他常从加里波的行阵间，大小二十余战。两军交绥，炮火连天，未尝动容，人皆称马尼他为天下之健妇也。

其后加里波的又助舞尔佳为战争，屡奏奇捷。凯旋时，舞尔佳市民欢迎之，感谢不可以状。法国水师提督亦临凯旋式，又亲往加里波的家。至则见其居处，颓垣破壁，莫蔽风雨。日暮，尚不举灯，提督怪而问之。黑暗中但闻有声言曰：“仆与共和政府约，日用品供给诸费中，忘蜡烛费。顾足下此来，意在与仆谈，宁必以睹仆之面为快耶。”

提督乃知此发言者，即加里波的也，因称谢，纵谈而去。去后，语军务卿，以金百元赠加里波的为蜡烛费。加里波的收其金以赠战死者之遗族，仅买烛少许。语其夫人曰：

会波及自己。于是他趁夜色乘马逃离，没跑几里路，便被人追上，绑在马上，迅速带回了佳尔佳港。港口的官员严厉地训斥了他，并鞭打了几十下，又把他的双手绑起来，悬挂在房屋梁上。过了两个时辰，几乎没了气息，手脚都变得冰冷。但加里波的斜视着港官，不曾屈服。港官大怒，又命令鞭打。随后仍将他关在狱中，幽禁了差不多两个多月，才释放了他。加里波的逃回到里阿古兰，投奔了大统领军，又在亚莲河口与巴西军队对抗。一天突然遇到了暴风，好友路基死了。加里波的从此少言寡语，喜欢一个人活动，变得越发寂寞。有一个叫马尼他的人，是舞尔佳当地的一个少女，性情温婉。加里波的见后，和她结为好友，后来与她订了婚约。从那以后，马尼他经常跟着加里波的行军打仗，大小经历了二十多场战役。两军交战，炮灰连天，她丝毫没有动容，大家都称她是天下最强健的妇女。

后来加里波的又帮助舞尔佳打了几次战役，屡建奇功。凯旋归来时，舞尔佳的市民十分欢迎他，感激之情不能言表。法国水师提督也亲临了凯旋仪式，又亲自前往加里波的家里慰问。到了他住的地方，看见颓垣破壁，非常破败，都不能遮风挡雨。天都黑了，还没有点灯，提督非常奇怪，便问是为什么。只听见黑暗中有声音说："我之前与共和政府约定时，在日用品供给费用中，忘记了蜡烛费。但您这次前来，是来与我谈事的，难道一定要看到我的脸才高兴吗？"

提督知道说话的人，就是加里波的，因此道过谢，畅所欲言后离去。离开以后，他对军务卿说，赠给加里波的百元作为蜡烛费。加里波的收下并赠给了战死者的家人，仅买了少许蜡烛。他

“此烛勿动，留待法提督再来时用之。”

加里波的既留南美久，心念意大利甚切，日思归本国，谋恢复事业。时意大利革命之论，已嚣于国中。罗马法王新即位，民心不靖，颇有可乘之机。玛志尼乃以书来促加里波的归国。加里波的患无资斧，不得发。久之，始从一商人假得，乃纠集决死队六十三人，以千八百四十八年三月十七日，扬帆而归。送行者数千人，咸以加里波的为里阿古兰立功，功成孑身而归，殊可爱敬也。

加里波的行至中途，闻意大利境内民军四起，布告独立自由于九州岛万国。加里波的闻之，扼腕挥泪，欢喜若狂。因裂其旧军服，及寝衣为青白赤三色旗，径向尼斯而发。六月二十四日抵乡，乡人欢迎，声振天地。盖加里波的距去国之日，已十有余年矣。

【批评】

加里波的任侠好义，实根于天性。彼醉心共和，凡与彼同主义者，虽属异国，亦不惜舍身助之，西洋人往往有此义举。夫今日国家思想，固不能无，然若不明人类主义，而抱一世界的慈悲心，对于外国人，咸怀敌视，则并不知国家所对妻子说："这些蜡烛不要用，留着等到提督来了时再用。"

加里波的留在南美已经很长时间了，心里很是想念意大利，日夜都想着回到自己的祖国，谋求复兴故国的事业。当时意大利的革命言论，在国内已经沸沸扬扬。罗马法王刚刚继位，民心还没有安定，机会很多。玛志尼写信来催促加里波的赶紧回国。加里波的苦于没有旅费，不能出发。很久之后，才从一个商人那里借到了资金，便集合了敢死队六十三人，在1848年3月17日，扬帆归国。当时来送行的有一千多人，他们都认为加里波的为里阿古兰立了大功，而在立了大功后能孑然而归，是十分可敬可佩的。

加里波的一行走到半途中时，便听说意大利国内农民义军四起，各州、岛、城邦纷纷宣告独立。加里波的听后，扼腕挥泪，欣喜若狂。因此撕裂了自己的旧军服，以及睡衣，做成了青、白、红三色的旗子插于船上，径直向尼斯地挺进。6月24日抵达家乡，家乡人热烈欢迎，欢迎声震天动地。因为距离加里波的离开祖国，已经有十几年了。

【评论】

加里波的行侠仗义，见义勇为，这实际根源是来自于天性。他醉心于人民共和，只要是和他拥有同样观念主义的人，即使是其他国家的，也不惜舍身相助，西洋人经常会有这样的行为。我们现在国家的思想，虽必不可少，然而如果不明白人类生存的意义，而只是对一国人民心怀慈悲之心，对于外国人全怀敌意，那么说明他并不知道国家之所以存在的意义。

以存立之意矣。

予人以恩，而不肯责报者，斯为真道德之人矣。若施恩望报，则不过一商贾买卖之行为耳。观于加里波的与共和政府所约日用之费，至不足以给灯烛，盖彼固以为吾之助彼，为实行吾之主义而然，非于彼有所私也。故但求粗足自给而已。世俗之人，每施人以小恩，责人以厚报；耰锄箕帚，德色形焉，读此宁无汗颜。

对人施恩，而不要求回报的人，这是真正有道德的人。如果施恩后希望求得回报，那只不过是一种商人的买卖行为而已。加里波的与共和政府所约定的日常费用，甚至不足以给自己买蜡烛，这是因为他认为我帮助别人，为的是实现自己的思想主义，并非是他有什么私心，所以他只求能够自给就可以了。世俗之人，每每向别人施舍一点小恩小惠，就责求他人要厚报自己；借给人锄和耰，就流露出恩赐的脸色；给人用一下畚箕和扫帚，便立即产生施恩于人的神色，像这样的人，读到这里，难道不觉得汗颜吗？

第五章 独立

加里波的既归，谒查尔斯王。王惮之，不敢纳。因去之米兰，米兰市民欢迎之，四方义勇之士，驰集麾下者，络绎于道。不数日，兵数已达三万以上。此时人民热望，悉属于彼之一身。当时有边多氏者，目击军队状况，曾为记录，述之如左：

军队中所含人物，种类甚杂。有十三四岁之少年，有老兵。有为功名心所驱者，有欲乘战争时，为不义之事，以逞其欲者。然主将皆能统一之，使服己命令。且制其欲，俾不得遂。主将及将校，皆跨马，马饰美利坚鞍，着深红外套，无上下着别；冠形殊诡，无定制（中略）。其阵营与敌相距远时，加里波的常伸张其肢体，仰卧天幕中。敌近时，则跃跨马上，号令军士。时为农夫，以侦敌情，多坐高丘上，以望远镜窥察四周地势。喇叭一鸣，传出阵之令，则群起加鞍辔于战马上。进军令，率先一日定。出发时，一军皆不知当赴何地。其号令务为简便，谓之为一军之将，不如谓之为亚美利加土族酋长也。顾加里波的行军，猝遇危险时，泰然不稍动。其行事机敏迅速，三军之士，望之若神焉。

千八百四十九年二月八日，意大利全国代议士加里波的归来后，去拜会查尔斯王。查尔斯王害怕他，不敢接纳他。因此他离开去了米兰。米兰的市民十分欢迎他，四面八方的勇敢人士，起来投奔加里波的，还在路上的络绎不绝。没几天时间，他帐下的士兵数量已经达到了三万多。这时候人民的热切希望，全都寄托在他一人身上。当时有一姓边多氏的人，目击了军队的状况，曾将它记录了下来，具体如下：

军队中所包含的人，种类十分繁杂。有十三四岁的少年，也有老兵；有为了功名利禄所来的，也有想乘着战争时，做些不仁不义的事情，以此来达到自己目的的。然而主将都能统一领导他们，让他们服从自己的命令，而且可以制止他们的欲望，使他们不能得逞。主将和将校们，全都骑着马，马装备的是美利坚的马鞍；他们都穿着深红色的外套，上下级没有着装的区别，帽子奇形怪状的，也没有定制（中略）。他们的阵营和敌人之间的距离还很远时，加里波的经常张开四肢，仰卧于天空下。当敌人临近时，则跳到马上，指挥号令全军士兵。一次，他装扮成农夫，以侦查敌情，大部分坐在高山丘上，用望远镜来窥探四周的地势。只要喇叭声一响，发出列队的命令，则所有人马上行动，将战马的马鞍、缰绳套好。进军的命令，是在前一天率先安排好的。出发的时候，全军都不知道要去什么地方。他的号令，要求一定要简单、便利。与其说他是一军之将，还不如说他是亚美利加土族的酋长。但加里波的行军，突然遇到危险时，能够安然不动。他做事机敏迅速，三军将士，对他就像是对神一样。

1849年2月8日，意大利全国代理议员共145人，集结在罗马会百四十五人，集于罗马会堂，议独立事。加里波的方病，扶掖而至。临席演说，意欲罢法王（即天主教教主）政权，而建共和政府。最后厉声言曰："自今以往，吾辈非孤立的罗马市民，当勿自忘其为合众的意大利国民也。"语语皆含热泪，闻者感动，乃定共和政府假设之宪法。

独立之报，传于欧洲，法、奥、西三国，咸谋干涉其乱。法国以保护法权为借口，遣兵至意。加里波的闻之，请于玛志尼，假与一军，直趋捏布尔，以鏖法军。玛志尼不可。加里波的曰："今敌国内侵，吾若不早为之备，设一旦罗马僧侣，应三国之军而迫我，悔何及乎？"玛志尼因别有所计，不用其言。

法将奥特诺，将兵数万，入意大利，所向无敌，猝迫罗马府。加里波的据卑拉马宫殿，伏两翼以待。侵晨，获一斥候，麾于戏下，斥侯战栗伏，连呼乞命。加里波的笑顾左右曰："虏在我足下矣，乃贷其生。"法军渐集前门，将进薄二门间，行未半，两翼突起击之。法知有备，退据小丘，已复进击。加里波的军因路狭进退不便，左右受敌，死者甚众，加里波的亦身受敌刃数处。正危急间，忽尘沙大起，呼声振天，一军直贯敌阵，敌人披靡。视之，则意大利大学学生军也。加里波的因挥兵与学生军相应，夹击法军。法军走且仆，意军堂，商议独立之事。加里波的当时正好在生病，是被别人搀扶着前来的。他在席间演讲时，提倡罢黜法王（即天主教教主）的政权，从而建立共和政府。最后他大声说道：“古往今来，我们都不是独立的罗马市民，我们不应当忘记自己是合众国的意大利国民。”他说每句话时都眼含热泪，听的人都很感动，于是定下了共和政府的预定宪法。

独立的消息，很快传遍了欧洲。法国、奥地利、西班牙三个国家，想要干涉意大利的动乱。法国以保护法国权利为借口，派了军队到意大利。加里波的听说后，想向玛志尼请求借给一支军队，直接前往捏布尔，以阻止法军。但玛志尼不肯。加里波的说：“现在敌国入侵，我们如果不提前做好防备，假如一旦罗马的僧侣，答应了三国的军队而前来逼迫我们，到时候后悔还来得及吗？”玛志尼因为有别的计划，所以没采用加里波的的建议。

法国将军奥特诺，率领数万兵士，侵入意大利，所向无敌，逼近了罗马政府。加里波的占据着卑拉马宫殿，在宫殿两侧设下埋伏，等待敌军。黎明时分，抓获了一个侦察兵，交给部下审问，侦察兵战栗着趴在地上，连连求饶。加里波的笑着对左右的人说：“被我们俘虏的人，就饶恕他的生命吧。”法军渐渐集结到了前门，快要逼近第二扇门，走了不到一半时，两边的伏兵突然发起攻击。法军知道加里波的有防备，便退后占据一小丘，然后再次发起攻击。加里波的的军队因为道路狭窄，进退不便，又左右受敌，死伤的人很多，加里波的自己也多处被敌人打伤。正在危机之时，忽然尘沙大起，呼声震天，一支军队直插敌军阵营，敌追逐数里外，杀伤甚众。

法军既败，气大沮。奥特诺乞休战。加里波的语玛志尼曰："法人请休战，实欲缓师以待援也。援至，更与我剧战，我不如乘机追逐之国外。"玛志尼不听，因与法将约休战数月。是时尼亚与奥、西联兵来袭，警报达罗马，加里波的乃率师赴援。战方酣，玛志尼忽遣使者来召，谓法军得援，复来促战，当急归谋应敌。加里波的乃敛兵归。玛志尼以前此不用加里波的言，深自敛抑，欲迎其意，乃问所欲。加里波的答曰："余惟望得一独立独断之权，不然，则宁令余为一下士。"盖彼深愤朝士之掣其肘也。

法将奥特诺，既以休战欺玛志尼，乘间整理兵备。兵备既整，与意军约六月二日开战。先战期二日，乘深夜袭罗马府。加里波的从睡梦中，闻变惊觉，乃急勒阵以待。时外廓卫戍，已为敌所歼，并夺意军要塞一。加里波的力战复之，十五分间，再为敌据，将士战死者甚多。是时敌势甚盛，罗马府陷落在旦暮间。而加里波的终不少挫其志气，励士卒军大败。一看，则是意大利大学的学生军。加里波的因此指挥军队和学生军两相呼应，夹击法军。法军一边逃一边又纷纷受伤倒地，意大利军队追逐了数里路，杀伤的敌人很多。

法军失败后，士气十分低落。奥特诺因此请求休战。加里波的对玛志尼说："法国人请求休战，实际是想缓解一下军队以等待援军。援军到了，会更加猛烈地攻击我军。我们不如乘机驱逐他们出国。"玛志尼不听，因此与法军将领约定休战几个月。当时尼亚和奥地利、西班牙联合来袭，警报到达罗马，加里波的率军前往援助。战争正激烈的时刻，玛志尼忽然派遣使者来召，说法军得到了援助，又过来挑衅战斗，应当赶快回去商量应敌计策。于是加里波的只得收兵回去。玛志尼因为之前没有采信加里波的的话，深深自我反省，想要迎合加里波的的意思，于是闪往问加里波的的想法。加里波的回答说："我只希望得到一个能独立决断的权利，不然，我宁愿去做一个下士。"因为加里波的对那些朝廷之士对他的制约很是愤恨。

法国将领奥特诺，用休战的名义欺骗玛志尼，乘着这段时间整理兵备。兵备准备整齐后，与意大利军队约定在6月2日开战，并在约定开战的前两天，趁深夜偷袭罗马府。加里波的从睡梦中惊醒，于是急忙勒令严阵以待。当时外城的卫戍部队，已经被敌军全歼了，并且夺取了意大利军队的一座要塞。加里波的拼尽全力夺回了要塞，但只过了十五分钟，又被敌方所占领，将士战死的人很多。当时敌人的士气非常强盛，罗马府的陷落只在旦夕之间。而加里波的始终没有稍挫自己的志气，他激励士兵们奋勇进军，在高进军，垒于高邱之上，弹丸注射敌垒。敌不能支，稍引退。此时一片加里波的万岁之声，振动天地。二十九日，敌又大举来攻，战甚剧。加里波的决以身殉，挥刃出入敌阵中，奋迅如狂猘，敌人当之辄靡。方事之殷，政厅忽遣急使相召，加里波的乃休战，随使者归。入议场时，袍绔尽赤，刀缺口，且作曲形，半在鞘外。援刀斫案，数当局者不用其谋，致有今日；且谓当移政厅于别地，更造罗马，以与敌抗。慷慨而谈，声泪俱下。徒以军无斗志，不用厥谋，卒遣降表于法军。官吏中居重职者，咸惧诛，悉遣妻孥居乎境外。加里波的愤懑不可遏，乃自率所部决战，效死勿去。顾其时降表既上，城楼上白旗临风而飘，夕阳返照，益呈黯淡之色。加里波的见大势已去，计无复之，乃集兵士说以降敌之可耻，不如逃入山野，为再举计，且告之曰：

余愿与诸君辟一新战场，开一新面目，以与世人相见。夫世之人，必以为与余同行者，终必受我国民之报。虽然，吾辈宁望报耶？吾所求于诸君者，惟爱国之至情，与夫不灭之精神而已。若乎俸糈及休息之事，诸君不能地的山丘上垒起战壕，用炮弹直接攻击敌人的堡垒。敌人无法支撑，稍微往后退却了。此时一片欢呼加里波的万岁的声音，撼天动地。29日，敌军又大举来攻，战况十分激烈。加里波的决定以身殉国，挥着军刀冲入敌方阵营，奋勇前进，十分凶猛。敌人抵挡他的都失败了。战事才稍有起色，政厅突然遣派使者来召见加里波的。于是加里波的只得休战，随使者回去。他进入会场时，外套已全被鲜血染成了红色，手中的刀已经缺了，刀口已经卷曲，一半已露在刀鞘外。他拔出刀砍在桌子上，细数当局的人不采用自己的计谋，导致有今天的结局，并且说应该把政府大厅移到别的地方，重新建造罗马，以此来抵御外敌。他慷慨激昂的演讲，说得声泪俱下。无奈军队没有斗志，没有采用他的计谋，最终派人递交了投降书给法军。官吏中那些位高权重的人，都害怕被杀，都把自己的妻子儿女送到了境外居住。加里波的满腔愤怒，不可遏制，于是亲自率领自己的部下与敌军决战，发誓效死不去。只是当时意大利的投降书既然已经交了，城楼上白旗迎风飘扬，夕阳照在上面，越发呈现出暗淡的颜色。加里波的见大势已去，估计已经无法收复，便召集士兵说投降敌人是非常可耻的，不如逃进大山中，以为重来做准备。并且告诉士兵们说：

我愿意和大家一起开辟一个新的战场，开创一个全新的局面，以便让世人看看。现在的人，必然以为与我同行的人，最终一定会受到我国国民的回报。虽然如此，但我们难道是图国民的报答吗？我所求于各位的，只有爱国的赤诚之情，和永不磨灭的精神而已。像俸禄和安逸休息的事情，你们不能从我这里得到，只能随时随地得之于余，惟随地觅食耳。苟不能堪此境遇者，不如勿与余俱。余今者出此庄严神圣罗马之都门，再归之时，必不见法人有只影之在我罗马也。吾人之双手，亦既染法人之鲜血矣，何不再纵横于奥军中，而啜其血耶。

加里波的演说既竟，闻者莫不泣下。步兵骑兵愿从行者，凡五千人。咸以手指天，高呼加里波的名，誓与同生死。夫人马尼他，亦男装而列于行间。部署至于日暮，加里波的，始率其同志之五千人，离罗马而去。

加里波的之将去罗马也，美国公使克氏访之，且语曰："已至此，足下倘有意，愿赴我国，余必为足下有所尽也。"

加里波的致谢，谓今者罗马虽陷，所部兵尚可用，将乘机一决死，谢公厚意。语毕，遂辞去。

加里波的既行，法兵追之，奥国亦以军要之于路。所部且斗且走，多死伤，存者仅千五百人，已而又减为二百人。逾白尼斯河，则存百五十人，更为奥军所虏。八月三日至海岸，只余从者数人，及其夫人。乃令从者分途而遁，己则与其夫人俱。夫人时方孕，加里波的欲其寄宿人家，而己则间关自己找吃的了。如果不能忍受这种境遇的人，不如就不要和我一起了。我今日出了这庄严神圣的罗马城城门，等再次归来的时刻，必然不会让一个法国人的身影留在我罗马帝国。我本人的双手，也已经染尽了法国人的鲜血，为什么不再纵横于奥国的军队中，而饮用他们的鲜血呢！

加里波的演说完后，听了的人没有不流泪的。步兵和骑兵愿意跟随的，一共有五千人。他们全都以手指天，大声呼喊着加里波的的名字，发誓与加里波的同生共死。他的夫人马尼他，也穿着男装列在队伍中。部署军队一直到了太阳落山的时候，加里波的才率领与他志同道合的五千人，离罗马而去。

在加里波的将要离开罗马的时候，美国公使克氏来拜访，并对加里波的说："现在事已至此，倘若阁下有意向，愿意去我的国家，我必定尽我所能为阁下提供帮助。"

加里波的向他致谢，说现在罗马虽然已经沦陷，但我所带领的部下尚且还可以战斗，我们将寻找机会一决死战。谢谢您的厚意。说完后，便告辞而去。

加里波的已经离开了，法军派人追击他，奥国军队也用自己的军队在途中拦截他。加里波的的部队边战边走，死伤了很多人，幸存者仅有1500人，后来又减少了200多人。越过白尼斯河的时候，只剩下了150人，更是被奥国军队所俘。8月3日到达海岸线时，只剩下了几个人，以及他的夫人。于是命令随从人员各自分开逃去，自己则和夫人一起。当时夫人正好怀孕，加里波的想让她先寄宿

亡命。夫人不听，颠顿道途中。第三日，敌追愈急，夫人不能行，晕于地。载之以车，更历数时，至河滨。夫人胎堕，气息奄奄，卧于地上。加里波的伫立其侧，不知所为。适有所部一人来，乃共扶夫人入一民家，招医者。至则加里波的遮道语之曰："愿以足下力，使马尼他得生。"

医者颔之，因请加里波的扶夫人卧床上。加里波的拥其背，抱置床间，抚之已冰。加里波的抚尸大哭，至于失声。左右劝慰之，乃草草埋之荒野而去。

其后加里波的卒为法兵所虏，投于节诺亚狱中，又送置超尼斯（法地）。既而脱走，道中为侦骑所窘。至礼吴马池，忽患剧疾，几殆。愈后，因变名曰邱西波，以制烛为业。至千八百五十四年，遂流寓卡布礼岛中，为农夫。此四年间，备受艰苦，凡人所不能忍者，加里波的悉忍之。嗟乎，动心忍性，天之困苦加里波的者亦可为至矣。

在别人家里，自己则间关亡命天涯。夫人不听，陪着加里波的一路颠沛流离。到了第三天，敌人的追击越来越急，夫人已不能继续前行，晕倒在地。加里波的用车载着夫人，经历了几小时后，到了河岸边。这时他夫人堕胎了，奄奄一息，躺在地上。加里波的站在旁边，不知道如何是好。这时正好他的一个部下赶了过来，和加里波的一起扶着夫人进了一户农家，找来了医生。医生到了后，加里波的拦住他说："请阁下尽最大努力，要让马尼他活下来。"

医生点了点头，请加里波的扶着夫人躺在床上。加里波的扶着她的背，把她抱到了床上，摸着她的身体，感觉已经冰冷。加里波的抱着尸体大哭，以至于失声。左右的人安慰他，于是草草的将夫人埋在荒野中离去。

后来加里波的最终还是被法军俘虏，关入了节诺亚的监狱中。后来又被送到了超尼斯（法国一个地方），随即得以逃脱，途中被侦察骑兵所追迫。到达礼吴马池时，他忽然又患了严重的疾病，几乎差点死去。痊愈后，他改名为邱西波，以制造蜡烛为业。到了1854年时，流落到了卡布礼岛上，做了一名农夫。这四年里面，他备受艰苦，平常人所不能忍耐的，加里波的全都忍受了。唉，历经困苦和磨炼，他都坚持了下来，上天对加里波的的困苦也可算是到达极致了。

【批评】

一国三君，吾谁适从？事权之不一，其足为业务之害，岂浅鲜哉？加里波的之言曰：“余惟望得一独立独断之权，不然宁令余为一下士。”是何慨之深也。夫委人以事，非可以轻易。倘既委之，则非有至显至大之害，决不能丝毫侵其权限。不然则疑信靡常，爱憎屡变，其不为事之贼者几希。观于加里波的之失败，吾不能不为玛志尼咎，吾尤不能不咎当时罗马之政厅。

临财勿苟得，临难勿苟免，此不必圣贤能之，自好之士，亦可以勉强也。观加里波的攘臂一呼，从者数万。至危急之际，而所部之士，犹与共生死。然则田横五百，所以不复见于今者，毋亦在于上流社会之人，奖脆弱而励苟且，遂使风俗颓废，不可复振。苟能反其道而行之，则移风易俗，亦非难事。世人动谓举世腐败，纵我一人热心，有何益处？岂非贼群之言？

【评论】

一个国家有三个主政的人，我该听谁的呢？行事的权力政令不一致，足以妨害事业成功，怎么能看作是微不足道的呢？加里波的曾说过：“我唯一希望得到的是一个自主判断的权利，不然，我宁愿去做一个下士。”这是多么深刻的感悟。任命别人的职务是不能轻易改变的。倘若已经任命，除非事情有明显的极大的危害，否则不能丝毫侵夺别人的权限。不然的话，犹疑不定，爱憎无常，这样的人不变成祸患的很少。加里波的的失败，我不能不追究玛志尼的责任，更是不能不追究当时罗马政府的责任。

面对财物不随便拿取，面对危难不随意逃避，这一点不一定是只有圣贤才可以做到，洁身自好的人也可以勉强做到。加里波的振臂一呼，响应跟随的人便达好几万。到了危机时刻，都是可以同生共死的人。然而像田横的五百死士之所以不再出现，不正是因为现在上流社会的人，奖励软弱与苟且偷生的人吗？才致使风俗颓废，不能再振兴。如果能够反其道而行之，那么移风易俗，也并非是难事。世人动不动就说全世界都是腐败之人，我一个人再热心又有什么用？这岂不是害群的话吗？

第六章 意奥战争及国交失败

千八百五十九(咸丰九年),意奥战争,加里波的乃复从田间出而为将。意奥战争之议,倡自加富尔。加富尔时为意大利宰相。

加富尔既决开战,遣使召加里波的。加里波的乃着一广长之赤外套,戴破帽,径诣首相邸。阍者叩其姓名,加里波的不答,但言我欲见首相也。阍者怪之,不为通,私入内问主人意。加富尔曰:“可令彼入,是殆贫儿,于余有所求者。”既见,乃知为加里波的也。是为加里波的与加富尔相见之始。

千八百五十九年五月二日,沙尔尼亚王卑克托尔,下诏国内,布告开战事。亲率军十二万,别遣加里波的率所部兵,许以便宜行事。加里波的乃于五月九日,将兵三千七百人发超林府(意大利都),击退奥军,入卑尔斯府,传檄,谕州民。州民应者八千人,征集军需,不数日间,已得二百万佛郎。

沙王所部军,与法之同盟军,以五月二十日,对奥军开始战事,所向皆捷。六月四日之战,大获胜利。八日,法帝与沙王同入米兰府,士民蜂起逐奥兵,欢迎二主。市中灯饰辉耀,欢声如雷。昔日呻吟憔悴之国民,而遽有今日,是皆加里波的之赐矣。

六月十五日,加里波的率同盟军与奥兵战于卡斯特。初

1859年（咸丰九年），意大利和奥地利开战。加里波的再次从田间复出为将。意大利和奥地利开战，是加富尔倡议的。加富尔当时为意大利宰相。

加富尔既然决定与奥地利开战了，便派使者召回加里波的。加里波的穿着一身又宽又长的红色外套，戴着破草帽，径直去了宰相府邸。门卫问他姓名，加里波的没有回答，只是说我想见首相。门卫觉得很奇怪，没有让他进去，而是私下进去问首相的意思。加富尔说："可以让他进来。大概是个贫穷人，有什么事情想求我帮忙吧。"见面后，才知道是加里波的。这是加里波的和加富尔的第一次见面。

1859年5月2日，沙尔尼亚王卑克托尔向全国下诏，公布要与奥地利开战的事。他亲自率领12万大军，另外遣派加里波的率领他的军队，让他根据实际情况随机应变。加里波的于是在5月9日，率领3700名兵士进军超林府（意大利首都），击退了奥地利军队，进入卑尔斯府。他发布公告，征集州民入伍，响应号召的有八千人；征集军资，不到几天的时间，便征集到了二百万的佛郎。

沙尔尼亚王所率领的军队，和法国军队结成同盟，在5月20日，向奥地利军队开战，所到之处，都取得了胜利。6月4日的战斗，大获全胜。8日，法国帝王和沙尔尼亚王一同进入米兰府，士兵和国民像蜜蜂一样群起驱逐奥军，欢迎两位主人。城市中灯火闪耀，欢呼声震耳欲聋。昔日因痛苦不堪而憔悴的国民，能有今天的光景，全都是加里波的的功劳啊。

6月15日，加里波的率领同盟军和奥地利军队在卡斯特相战。刚以众寡相悬，战不利。乃出奇计背击之，奥军尽破。王锡加里波的勋章，慰劳备至。

同盟军更发米兰，奥帝亦亲履行阵。七月二十五日，大战于索尔夫，两国之兵，凡三十有余万。炮震响天，呼声动地，死者山积。自午前四时，至午后四时，奥军不能胜，乃坏桥而退，同盟军遂领其地。

奥军虽败，犹坚守四棱塞不退。时军中谣言法帝密遣一使至奥帝营，有所议。未几其说益播，乃知法帝不告沙王，擅自与奥帝为休战之约。意军人人愤激，咸谓法帝诡诈，欲击同盟军。加富尔驰至沙王营，语二时许，迫王拒休战之约。王不听，但以温语慰谕之，加富尔乃怫然辞去。

加里波的用兵如神，威振全意。既闻休战之约，乃诣王所，乞解印绶归。王强留之。时加富尔辞职，继任者为拉他基。拉氏为政主因循，非济变之才，其去加富尔远矣。和约既定，乃命义勇队归休，加里波的不听，令于军中曰：

“政事之方针，固非吾人所宜豫。今虽奉命解甲，以吾观之，尚非修文偃武之期。及今闲暇，益当训练军实，奉英开始时因敌众我寡，战事不利。于是他用计谋，从背后攻击敌军，奥地利军队大败。国王赠给加里波的勋章，慰问犒劳，无微不至。

同盟军再从米兰出发，奥地利国王亲自上阵督战。7月25日，双方在索尔夫展开大战，两国的军队，加起来有三十多万。炮声震天，呼声动地，死去的士兵尸体堆积成山。战争从中午前四小时一直持续到午后到四小时，奥军未能取胜，于是破坏了桥梁后退兵离去，同盟军随即占领了索尔夫。

奥军虽然失败了，但是仍然坚守着四棱塞不退。当时军中有谣言说，法国国王秘密遣派了一名使者到奥国皇帝的军营，双方达成了一些协议。没多久，这个传言越传越广，才知道这是法国国王没有告诉沙尔尼亚王，擅自与奥国签订了休战条约。意大利军队听说后人人激愤，都说法国国王阴险狡诈，想攻击同盟军。加富尔急忙赶到沙尔尼亚王的营地，谈了约两个时辰，想迫使国王拒绝休战协议。沙尔尼亚王没有听从，只是以温言软语安慰他，加富尔于是愤然离去。

加里波的用兵如神，威震意大利全国。他听闻了休战协议，于是前往沙尔尼亚王居处，祈求解甲归田。沙尔尼亚王强行留下了他。当时加富尔已辞职，继位的是拉他基。拉他基从政，主张按部就班，并非是可以适应时局变化的人才，相比加富尔，他差得太远了。和约既然已经定了，于是沙尔尼亚王命令义勇军回家休整，加里波的没有听从，他传令军队说：

“政事的战略方针，并不是我们这些人所能干预的。今日虽然奉命卸甲回家，但是以我的观察，现在还没有到提倡文教、停息明神圣之陛下，卧薪尝胆，风示于欧洲之列强，而使之不吾狎。盖吾人耳惊天动地之警报者，为时决非远也。”

沙王从加里波的之请，命为中央意大利军总督。就职后，望其威名来从军者，相续于道。然其时军务大臣胡安之忮其能，阴掣加里波的之计划。加里波的忿甚，自思佥人在内，终不能伸其志气。乃决计辞职归里。王强留之，不听。远近闻者，莫不嗟叹；所部将士，以加里波的既去，人人谋解伍。加里波的乃遗书慰之曰：

“中央意大利同志诸君，其勿以余之去职，而掷其所主持神圣主义之热心以去。余与意大利自由代表者之诸君离，余心实有不堪其戚戚者。虽然，余自计不久当再与诸君相见，协力从事于疆场。吾人当励行其梦寐不忘之事业，皇天鉴吾等之忠诚，终有佑我成功之日。彼顽劣之外交家，于事物之真相，眊然莫察，或且以诸君为蠢尔不靖之徒，未可知也。然诸君其姑忍之，今之休战条约，其不可以永续也，尽人知之。吾人固非抱侵略之野心者，顾吾祖宗缔造之江山，尺寸亦不可授诸他人。此吾人所当日执武器以为卫者武事的时候。趁现在比较空闲，更应当好好训练军队，拥戴我们英明神圣的国王大人，卧薪尝胆，告诫欧洲各列强，从而使他们不敢觊觎我国。我想离我们听到惊天动地的战争警报声，绝对不会太远。”

沙尔尼亚王听从了加里波的的建议，任命加里波的为意大利中央军总督。任职后，仰望加里波的威名过来从军的人，络绎不绝。然而当时的军务大臣胡安之，嫉妒加里波的的才能，暗地里破坏加里波的的计划。加里波的十分生气，认为一个国家小人在内，终究是难以实现自己的抱负。于是决定辞职回家。国王强行留他，加里波的没有同意。远近各地的人听说后，没有不叹息的；他带领的部队将士，因为加里波的离去，人人都想离开军队。加里波的于是写了书信安慰他们说：

“意大利中央军的同志们，你们不要因为我辞了职，便放弃了你们所坚持的神圣主义的满腔热忱。我和意大利自由党代表的诸君分别，我的心里实际是特别忧伤的。虽然如此，我想不久以后，我们便会再次相见，一起驰骋战场。我们应当激励自己，努力去实现我们梦寐不忘的事业，上天知道我们的忠心，终究会有保佑我们成功的一天的。现在那些愚顽的外交家，丝毫看不清事实的真相，或许会认为大家都是些愚蠢而不安分的人，也不一定。然后请大家暂且忍忍吧，今日的休战约定，是不可能长久的，这是所有人都知道的。我们困顿不应当抱有侵略他人的野心，只是我们祖先缔造的江山，一尺一寸也不能让给别人，这是我们应当天天拿着武器去保护的东西。我们如果可以一直有这个决心，则我这一也。吾人果能常持此决心，则吾之生也，为自由而生；吾之死也，为自由而死。惟有生死不二，而决不屈于威力之下。自今以往，吾人虽中道殂丧，弗竟厥功，而此光复旧物之志，必传之后世子孙，永永无穷。盖吾人苟能以此雪耻之志，及铁与血遗之吾子孙，则彼压制家者，亦决不得高枕而眠也。

意大利民众诸君，诸君幸勿放掷武器，勿背诸君之首领，勿失严肃之纪律，勿使同志诸君有一人不尽瘁于国事。吾人以勇往迈进之精神，遇有违正道公义之贼者，誓必灭之，使无噍类。其各奋其志气，以俟时会之至。天下幸甚，国家幸甚。”

千八百六十年（咸丰十年）一月，沙国首相拉他基免官归，加富尔复为相。时中央意大利诸州人民，皆应加里波的之檄，欲与沙国合并。然法帝拿破仑三世，欲合中央意大利以王其甥。沙国恐奥法交欢，乃议割沙部威及尼斯地与法，以戢其谋。民人骤闻此说，疑信参半。是年加里波的适自尼斯府选为议员，以此事质加富尔，加富尔力辨其诬。然未几其事大露，加富尔禁议员论此事，加里波的自是遂与加富尔不协。加里波的与加富尔、玛志尼三人，时人称曰意大利建国三杰。然皆不相能，因其所处地位，各不同也。

生，就为了自由而生；我要是死了，也同样是为了自由而死。只要我们生死不渝，就决不会屈服于威力之下。从今以后，我们就算中途离世，不能够完成这份事业，但是这光复故国的遗志，必定会传给后世子孙，世世代代，永远不会停止。如果我们能够用这种一雪前耻的志向，以及这种铁血般的意志传给我们的后辈子孙，那么那些压制别人的人，也决不会有高枕无忧的日子。

“意大利的各位民众，希望你们不要放下武器，不要背弃你们的首领，不要丧失了严肃的纪律，不要让你们这里面的任何一个人不为国家尽忠。我们要有勇往直前的精神，遇到有违背正义道德的贼人，发誓一定要消灭他们，让他没有一个能活下来。大家要各自为自己的志向而奋斗，以等待机会的到来。这将是天下的幸运，也是国家的幸运。”

1860年（咸丰10年）1月，沙尔尼亚首相拉他基免官回家，加富尔重新担任首相。当时中央意大利各州的人民，全部都响应加里波的的号召，想和沙尔尼亚合并。然而法国国王拿破仑三世，想合并中央意大利国，让他的外甥为王。沙尔尼亚王害怕奥地利和法国交好，于是商议割让沙尔尼亚部威及尼斯两个地方给法国，想以此来让法国放弃自己的计谋。意大利民众突然听闻这个传言，将信将疑。这一年加里波的正好当选为尼斯府的议员，他听说后就这件事情质问加富尔，加富尔极力辩解。然而没多久，事情就暴露了，加富尔禁止议员议论这件事，加里波的从这以后便与加富尔关系不和谐了。加里波的和加富尔、玛志尼三个人，当时人称意大利建国三杰。但是却互不和睦，因为各自所处地位不同。

【批评】

加里波的与军务大臣胡安之不协，愤然挂冠，至其部下辞职，复作书慰留之，且动以大义。彼其心岂有一豪意气，悻悻然如小丈夫之所为哉？观其书中之言曰：“吾之生也，为自由而生；吾之死也，为自由而死。”士大夫生当乱世，可以死而不死，亏灭忠义，丧失人格，即丧失其自由也。吴梅村临终所为词，有曰“竟一钱不值何消说”。人之将死，其言也善，信然。

凡人但知守经，而不知达权，则不免于偾事。加里波的与军务大臣不协，而遂辞职。然当战事初息时，拉他基命其解散军队，彼独不肯应命。夫彼之以服从为天则，与其信自由同。而所以出此者，盖将在外，君命有所不受。当敌氛未靖，四边多警之际，而欲撤兵备，其危险真有不堪言者。于此而言服从，斯为不知达权之旨者。

【评论】

加里波的和军务大臣胡安之不融洽，愤然辞去了官职，导致他的部下均要辞职，只得再写信劝慰他们留下，并且动之以大义。他心中可有一丝意气用事的想法？可有丝毫怨恨失意的小人行径？看他在书信中说的话："我这一生，是为了自由而生；我要是死了，也是为了自由而死。"大丈夫生在乱世，可以死而不死，丢弃忠义，丧失人格，也就是丧失他本身的自由。吴梅村临终时写的词里，说"人生最终将一钱不值，还有什么好说的呢"。人到快死的时候，说的话都是真心话，的确是这样的。

平常人一般都知道坚守自己的原则，而不知道根据实际情况随机而变，才不免败事。加里波的和军务大臣不融洽，于是愤然辞职。然而当战事刚刚平息的时候，首相拉他基命令他解散军队，他也不肯听命令。他作为军人，应该以服从为天职，这与他信仰自由是同样的道理。而他之所以这样做，是因为将士在外，君命有些可以不必接受。当敌人还没有被全部赶走，国家周边到处都是敌警的时候，而想要撤走军队，其中的危险真是有些无法言说。这时候如果来谈服从，那就是不懂得什么是随机应变的含义了。

第七章　西西里之远征

加里波的生平最快意者二事，一远征西西里，一救南意大利之围。今先述西西里远征事。

西西里属那不勒斯政府，其人民呻吟于虐政下者，几五十余年。英国自由党领袖格兰斯顿，曾过此邦，遗书于友，述那不勒斯政府虐政甚详，今录之如左：

余所述那不勒斯政府之行政，非仅为其毫末之瑕瑾，亦非偶然之苛政也。其最可怪者，无过于以法律监督维持之权力，乃无间断，而为蹂躏生民之举。其破坏法律之目的，乃在于举制定之法律，不朽之法律，政府之法律，神圣之法律，及一切之法律而空之，以政权而渎社会之宗教，驱恐怖之念，嫉妒之情，而与道义之法则为难，被非古之面具，蔑法权而不顾。其国王侍从之诡谋，在于灭自由平和，而诛夷社会中最善进取者。凡有德行、有名誉、有智识正义之士，悉被裁制。其裁判制度，自裁判官以意为之，滥施拷问，而无所恤。流毒所被，乃至道德上社会上之思想，悉为所束缚箝制。法律可以不遵，而政府立脚之地，乃存于威力，而非出于仁爱。于是自由思想，与秩序思想间，恒起剧烈之轧轹；以尊严神圣之政权，而乃授之恶德非行者之手。余尝闻其邦人之恒言矣，曰政府者，自神所斥之人而组织者也。其言良信。

加里波的这一生最得意的有两件事，第一是远征西西里，另一个是解救南意大利的困境。今日先说远征西西里的事吧。

西西里属于那不勒斯政府，他的人民在暴虐的政权下无声的呻吟，经历了将近50多年。英国自由党领袖格兰斯顿，曾经过这里，写信给自己的好友，十分详细地叙述了那不勒斯政府的残暴统治。现在将其记录如下：

我讲述的那不勒斯政府的行政管理，并不仅仅是他们小的过失，也不是他们偶然才有的暴政。最奇怪的，莫过于以法律监督来维持他们的权力。因此他们从未中断，而采取了蹂躏民众的行为。他们破坏法律的目的，是在于将制定的法律、不朽的法律、政府的法律、神圣的法律，以及一切法律架空，然后便用政权来亵渎社会宗教，来制造恐怖的念头、嫉妒的情绪。进而违背道义的法则，带着否定过去的面具，藐视法律权益而不顾。他们国王及身边的侍从的阴谋诡计，目的是在于毁灭自由平和，一并诛杀社会中那些善于奋斗进取的人。凡是有德行、有声望、有智慧的正义之士，都被制裁谋杀了。他们裁决的制度，出自裁判官自己的意志，随意严刑拷打，没有丝毫体恤之情。社会为这种危害所及，以至于在社会道德思想层面，完全被它所束缚，牵制。法律可以不遵循，但是政府立脚之地，靠的是威力，而不是出于仁爱。于是自由民主的思想，与遵守社会秩序之间，便总是存在着剧烈的矛盾；尊严神圣的政权，便落在了恶行满盈的没有任何德行的人手里。我曾经听他们那里的人总是说，政府的人，都是被神所排斥的人组织的。这话的确可信。

当时西西里概况如是。千八百六十年（咸丰十年）春，米特西那及卡他尼亚皆起兵叛。加里波的闻其事，乃径赴之。顾加里波的意谓西西里之乱，加富尔不便公为处置，以其居嫌疑之地，动招法奥干涉，故此事非可望之政府。但愿加富尔以我所为与政府无与，而杜列国之口。则己得自由操纵其事矣。意既决，乃不待政府之许可而发。先期上书于王曰：

"臣冒万死一生之业。若能竟厥绪，则臣等得以光辉之宝玉，加于陛下之王冠，未可知也。自后臣工，更有以土地让人之说进者，望陛下幸勿受其欺。"

书上，乃率兵一千，乘舟而发。此时加里波的以孤军深入西西里，人人咸为加里波的危。五月五日，解缆于节诺亚港，沙国舰队蹑其后。加富尔遗书提督，谓足下航行于加里波的与那不勒斯舰队之间，幸足下解余意。提督答书言："余已知阁下之意矣。若与阁下意忤者，请投我于狱。"加富尔之意，欲使提督为后援，以厚加里波的之势。然加里波的固未尝望沙王及加富尔助己。沙王及加富尔纵不为彼助，而彼志固已早决。盖加里波的者，固为独立之人也。

五月十一日，加里波的达西西里岛南部。上陆后，以电信报米特西那府，并发一檄文曰：

当时西西里的概况就是这样。1860年（咸丰十年）春天，米特西那和卡塔尼亚都起兵反叛。加里波的听说这件事后，便径直奔赴处理。按加里波的意思，是说西西里的叛乱，加富尔不便公开处置，因为他处在一个敏感的位置，稍有动作便会招致法国和奥地利的干涉，所以这件事不能指望政府解决。但愿加富尔觉得我的作为是和政府没有关系的，因而杜绝各国之口舌。这样自己便可以自由操控这件事了。主意已经决定，于是他没等政府许可便先出发了。这之前他上书给国王说：

“臣冒着九死一生的危险去做这事。如果能够成功，那么臣等便能得到璀璨光辉的宝玉，加在陛下的王冠之上，这也是说不定的事。从今以后，如果再有臣子进谏说将土地让给别人的事，希望陛下不要受了他们的欺骗。”

书信递上去后，便带了一千士兵，乘船而发。此时加里波的以孤军深入西西里，人人都说加里波的危险了。5月5日，在节诺亚港湾出发，沙国舰队跟在他后面。加富尔写了封信给提督，说请阁下开船到加里波的和那不勒斯舰队之间，希望阁下明白我的意思。提督回信说：“我已经知道阁下的意思了。如果有忤逆阁下意思的地方，请将我关进监狱。”加富尔的意思，是想让提督作为后援，以加强加里波的的实力。然而加里波的根本没有想要沙尔尼亚和加富尔帮助自己。沙尔尼亚和加富尔纵使不帮助他，他的主意也早就已经决定了。因为加里波的，本来就是一个十分独立的人。

5月11日，加里波的到达西西里岛南部。登陆后，发送电报告诉了米特西那政府，并发了一份公告，说：

“西西里人民诸君，余今者已率援助西西里起义之一队壮士来矣。吾人幸得以百战余生，与诸君共此大计。吾人之夙志，惟期我意大利之自由。而于此际不取武器而奋起者，非懦夫则国贼也。武器缺乏，决不足以为患。君等幸勿以是为借口，而迟迟于兴师。苟未能得铳炮时，即揭竿斩木，固亦无不可者。各都人士勿恋尔妻孥，勿恋尔家室，咸宜同心戮力，以仆压制之妖氛，以恢自由之天赋，期对我祖宗天地及世界人类，而无有愧怍。”

檄至西西里，一时应檄而集加里波的旗下者，八百人。二十七日，迫巴利尔磨府。府中守兵一万五千，那国舰队与之相应。顾是时西西里土民，闻加里波的来援，群起投其麾下。遂与那军剧战，直四日不休。那军不能抗，乃为休战约，以六月六日，那军悉退出色利尔磨府。于是西西里全岛未脱那王羁绊者，惟米特西那而已。

先是那政府与加里波的约休战，遣守将来谒。守将见加里波的之民，无老幼男女，咸为尽力造城壁，僧侣到处说人民以当为神圣之自由主义争战。守将大惊，以为加里波的胡乃得民如是。心中且敬且畏，知大势所趋，非复可以威力相制，乃定和议。

“西西里岛的民众，我现在已经率领了一支援助西西里起义的军队来了。我有幸在身经百战后得以存活下来，并和大家一起共同完成这件大事。我这一生唯一的愿望，便是期待我意大利可以得到自由民主。在现在这一刻不拿起武器来奋起抗争的人，不是懦夫就是卖国贼。武器缺乏，绝对不是借口。你们千万不要以这个为借口，而迟迟不肯发兵兴师。如是没有得到火炮时，就是揭竿斩木，也是可以的。各个城市的人们，请不要依恋你的妻子儿女，不要留恋你的家庭，全都应当同心协力，以打倒压制我们的妖祸，以恢复我们热爱自由的天性，期望对我们的祖宗、天地和世界上的人类，不会有丝毫惭愧。”

公文到达西西里岛，一时之间响应号召而汇聚到加里波的旗下的人，共有800名。27日，逼进到巴利尔磨府。府中有守兵大约有一万五千人，那不勒斯的舰队也与他们相呼应。当时西西里岛的当地民众，听闻加里波的过来支援，都投入到了加里波的的阵营。最终他们与那军发生了激烈战斗，打了四天仍没有停止。那军不能抵抗，于是发出了休战约定，约定6月6日，那军全部退出色利尔磨。于是西西里全岛还没有脱离那王统治的，就只有米特西那了。

之前那国政府与加里波的约定休战，派遣使者前来拜见。守将看见加里波的手下的人民，不论是男女老少，全都在尽心尽力地建造城墙，僧侣们到处游说人民应当为了神圣的自由主义而战斗。守将看后十分惊恐，以为知道了加里波的为什么如此得民心了。他心里面是又敬佩又害怕，知道大势所趋，不再是用武力就可以制约得了的，于是决定与加里波的议和。

加里波的既克巴利尔磨府，又与那王约偿其兵费，那王从之。于是养兵聚粮，自为西西里摄政官，人信服而宗仰之，如天神焉。加里波的乃下令禁杀伤盗贼，定兵制，男子年十七岁以上，五十以下，皆编入兵籍。其法十七岁以上，三十以下者，服国内兵役；三十岁以上，四十以下者，服州内兵役；四十岁以上，五十以下者，服区内兵役。又设贫民学校，及女学校。且发行新闻，自告记者，谓苟余所行，与余生平之主义违者，君可尽力攻击，余决不怒君之讥骂也。

陆军之制既定，加里波的更思扩张海军。乃遣人赴英国，定造炮舰，并致国书于英女皇。英国自由党素与意大利表同情，于是英之贵妇人，共立一慈善会，募资救恤加里波的部下战死及负伤者之遗族，瑞典、日耳曼人亦群起应之。

加里波的既治西西里，罗马法皇忌之特甚，目之为海贼。那不勒斯王亦恐国人叛己，乃频行大赦，欲以收人望；又制国宪，屡更迭其大臣，以博国人之欢。法帝乘机迫沙王，使加里波的行政。加富尔亦深疑之，遣拉弗亚里视察其地。那氏欲夺加里波的政权，率为加里波的所觉，因缚之，送归本国。

加里波的在职久，军备益充实。六月十日，那国军舰加里波的攻克了巴利尔磨府后，又和那王约谈由那政府赔偿相关军费的事，那王同意了。于是加里波的养精蓄锐，自任西西里岛的摄政官。人们信服他，崇尚敬仰他如同天神一般。加里波的下令禁止杀伤盗贼，制定了兵役制度，规定男子17岁以上、50岁以下的，全都编入兵籍。其中年龄17岁以上、30岁以下的，服国内的兵役；30岁以上、40岁以下的，服州内的兵役；40岁以上、50岁以下的，服区内的兵役。又设立了贫民学校和女子学校。并且他发布新闻，自己告诉记者，说如果我做的这些事情，有与我这一生所追求的自由主义相反的，你们可以尽情攻击我，我绝不会因为你们的讥骂而发怒。

陆军军制制定后，加里波的又想着要扩张海军。于是派人前往英国，定制了炮舰，并向英国女皇递交了国书。英国自由党一直以来都很同情意大利，于是英国的贵妇人，共同创立了一个慈善会，募集捐款，以救助加里波的部下战死的以及负伤者的家人。瑞典人和日耳曼人也都群起呼应。

加里波的统治西西里岛后，罗马法皇特别忌惮他，把他当做是海贼。那不勒斯国王也害怕国人反叛自己，于是频频大赦天下，以求收买民心；又制定了国家宪法，屡次更换大臣，以此来博取公众的欢心。法国国王乘机胁迫沙尔尼亚王，让他任命加里波的主政。加富尔也深疑加里波的，便派拉弗亚里前来加里波的这视察。那氏（疑为拉氏）想夺取加里波的的政权，但被加里波的发觉，因此把他绑了，送回了自己的国家。

加里波的在职时间长了后，军备越来越充实。6月10日，那国军卑挨来斯号来降，同时又购英国炮舰四只。因进军迫米特曹里府，降之。乘胜进据米特西那府，于是岛中悉平。加里波的乃为全岛之摄政官，威望日隆。而其自奉，日仅八佛郎耳。

那不勒斯王，见加里波的势力日张，惧其不利于己，乃乞援于法国。法帝遣使责让沙王，数加里波的僭越之罪，谓王宜禁之。王因以书遗加里波的，命勿与那国为难。加里波的报书于王曰："臣非奉陛下为联合意大利国王之时，纵有何人命令，臣决不以之自放掷其谋成之事业也。"

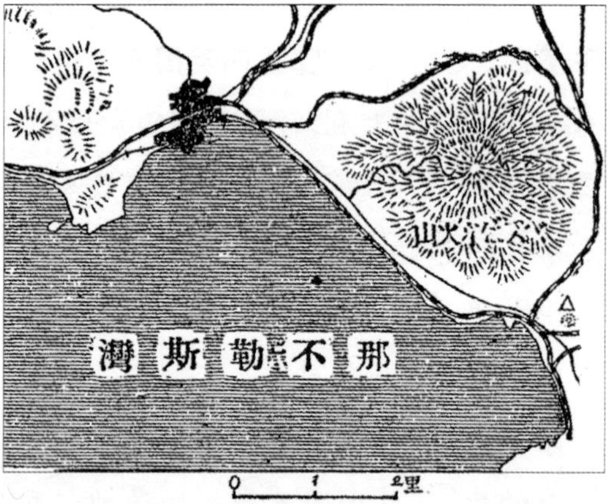

那国大臣更私昭加里波的以利，使人密告之曰："君若许自今不侵入敝国，当以五十万佛郎为赠。且君欲略取卑礼奢时，敝国当起倾国之师，以助君于疆场。"加里波的之志终不可夺。那人乃谋刺之，刺客挟剑而往，不中。于是加里波的谋那不勒斯之志益坚。

舰卑挨来斯号前来投降，同时又买了4艘英国炮舰。因此他进军米特曹里府，迫使其投降了。又乘胜占据了米特西那府，于是西西里岛全部被加里波的平定。加里波的于是成了全岛的摄政官，威望与日俱增。然而他自己的俸禄，每天只有8佛郎而已。

那不勒斯国王，看见加里波的的势力日益扩张，害怕他会对自己不利，于是向法国祈求援助。法国国王派使者谴责沙王，细数加里波的的僭越之罪，说沙王应该禁止他。沙王因此写信给加里波的，命令他不要和那国作对。加里波的回信给沙王说："在我还没有尊陛下为联合意大利国王之前，不论什么人的命令，我都绝不会因此而自己放弃谋划成功的事业。"

那国大臣更是私下表明可以给加里波的利益，派人秘密告诉加里波的说："阁下要是许诺从今往后不再侵犯我的国家，我们可以赠给您50万佛郎。且如果阁下要夺取卑礼奢时，我们国家定当调动全国军队，在战场上帮助阁下。"加里波的的意志终究没有改变，那国人于是计划行刺他。刺客佩剑前往，没有成功。于是加里波的夺取那不勒斯的意志更加坚定。

【批评】

惟善人能受尽言，信哉。夫善人者，不患人之不己知，故未尝有虚伪求荣之心。既无此心，则其过也，如日月之食焉，可与天下共见，而无所用其回护矣。加里波的告新闻记者，使摘发己过。而近世怙恶之政府，往往设苛酷之新闻条例，以钤人口。此其器量与加氏较，相去真天壤矣。虽然，讳疾忌医，而疾弥革，自塞耳目，而甘为世僇，亦胡为焉。

加里波的之为西西里远征也，为助西西里脱那国之压制也，为西西里之自由也，为谋意大利之统一也。既非为一己之富贵计，且非抱侵略之野心。顾那之政府不知，乃欲以五十万佛郎戢其谋。此所谓以小人之腹，度君子之心也。夫那国欲败加里波的之谋，正自易易耳，除其苛政，改其法律，政府立于正义公道之上，与民更始，则加里波的无所借口矣。世之政府，往往不此之计，欲以强硬之力制人。呜呼！靡特强硬不足以制人，即柔软如那王，自愿以五十万佛郎为馈，亦且失败矣。

【评论】

只有有德行的人才能够接受直言，确实是这样。有德行的人，不会担心别人不了解自己，所以就不会有虚伪求荣的心。既然没有这个心，那他们的过错就像日食月食一样，全天下的人都能看得见，而不用去刻意回护。加里波的告诉新闻记者，让他们摘录报道自己的过错。而现在坚持作恶的政府，往往设定了一些苛刻严酷的新闻条例，以此来堵塞人言。这种气量和加里波的比起来，简直是有天壤之别。讳疾忌医，病久不能去除；自己障蔽耳目，而甘愿被世人侮辱，又有什么用处呢？

加里波的当初远征西西里岛，是为了帮助西西里岛脱离那国的压制，是为了西西里岛的自由，为了谋求整个意大利的统一。既不是为了自己一个人的荣华富贵，而且也不是抱有侵略他国的野心。但那国政府不知道，想用50万佛郎阻止加里波的的计划。这就是所说的以小人之心，度君子之腹啊。那国政府想要挫败加里波的的计划，便自己采取了措施改变自己。他们废除了苛刻的暴政，改变了自身的法律，使政府走上了正义公平的道路，从改变民生开始，这样加里波的就没有任何借口了。世上的政府，往往不会用这种办法，都是想用强硬的手段来压制别人。唉，不但强硬措施不能压制他人，即使是软弱如那王，自愿以50万佛郎送给加里波的，也同样失败了。

第八章　南意大利之救济

加里波的经营南意大利，昼夜劳瘁。欲图米特西那，而无缘悉其内情。继知其海滨，有一渔村焉。加里波的微服，溷迹渔人之中。居数月，而人不知。加里波的则已洞悉其情势。乃于八月八日夜，选锐卒二百人，袭击对岸寨堡。时夜已半，天沉黑如墨，咫尺不能辨，水流湍急，兵不能渡，于是遂退归。

加里波的初举不利，乃谋再举。遂以十八日夜半月明时，率兵四千，横渡海峡。二十二日，进击礼特奇奥塞，降之。次陷非特曹及塞尔拉府，长驱直进，势如破竹，兵不血刃，已达那国首府旁近。国王闻之，仓卒不知所为，乘舟逃于倪特府。留守诸大臣迎降，加里波的乃从数骑入都。行过敌塞，守兵将炮击之。加里波的勒马瞋目而视，守兵不敢动，乃咸呼加里波的万岁。自是所过欢声如雷。既入都，加里波的草告谕书一篇，中述尊重意大利之自由诸语，读者无不感动。入夜，祝灯辉耀如白昼，人民喧腾，至漏三下犹未加里波的管理南意大利，昼夜疲劳。想要谋取米特西那，但是无缘得知它当时的情况。后来知道了它的海岸边，有一个渔村。加里波的因此微服私访，混迹在渔人之间。生活了好几个月，都没有人知道，而加里波的则已经了解了它的形势。于是在8月8日晚上，挑选了200精锐士兵，袭击对岸的寨堡。当时已经是半夜，天色黑沉沉的如同墨汁，近在咫尺都不能分辨，水流湍急，士兵无法渡水，于是最终退了回来。

加里波的初次行动没有成功，便计划再次行动。于是在18日半夜时分乘月光十分明亮时，率兵四千，横渡海峡。22日，进攻礼特奇奥塞，敌人投降。后又攻陷非特曹及塞尔拉府，长驱直入，势如破竹，兵不血刃，已经到达那国首都旁。那国国王听闻后，仓猝之间便坐船逃到了倪特府。留守的诸位大臣投降并开门迎接，加里波的于是带了几个骑兵入城。当经过敌人要塞时，守兵想用炮火攻击他。加里波的便勒住马，瞪着眼睛看着他们，守兵不敢乱动，于是都高呼加里波的万岁。从这以后凡是他经过的地方都欢声如雷。进入城都后，加里波的便草拟了一份公告书，其中讲述了尊重意大利自由的一类话语，读了的人没有不感动的。到了夜晚，祝贺的灯火闪耀，如同白天一般，人民喧哗欢腾，到了半夜的时候还是静，兵士皆不能就寝。一士官向窗外语市民曰：“摄政官以恢复君等自由，故在军久不眠。君等今日肯以一眠报摄政官者，幸勿哗也。”众声遂寂，额手告别而去。

加里波的既定那国，沙国首相加富尔，闻报大惊。又闻共和党领袖玛志尼，在那国将有所谋，乃向国会提议，以加里波的所得侵地，编入王国。更遗书提督曰：“意大利不可不从外人与凶恶主义及狂夫而成救济之业。”外国指法国，凶恶主义指玛志尼，狂夫指加里波的也。编入议既决，加里波的乃与政府约，以己为全西西里摄政官，待卑克托尔（沙王名）为全意大利王时，始奉还其地，归政府管辖。

加富尔恐加里波的乘胜入罗马，乃急遣兵趣罗马，为先发计。遗书于驻外国之意大利公使曰：“若吾人不能于加里波的至拉卡托里前，达波尔超诺河，则王国必亡，意大利恐将为革命之饵矣。”云云。时法帝拿破仑，对于其事，不置可否，静伺其变。加富尔于九月初，以沙国兵前进，与罗马法王兵会，一举败之，直占领安克那地。此时沙王之兵，向南而下，而加里波的兵，向北而行。玛志尼告加里波的曰：“君若非于三周以前，出罗马成卑尼斯之道，君之素志，将成为水泡矣。”于是加里波的急进兵，与加富尔各试其术。

不能安静下来，兵士们都不能睡觉。一名士官对着窗外向市民说："摄政官为了恢复了你们的自由，在军中经常不能安睡。你们今天如果想报答摄政官就让他睡个安稳觉，请不要喧哗。"众人随即收声，告别离去。

加里波的平定了那国，沙国首相加富尔听说后大惊。他又听闻共和党的领袖玛志尼，在那国将会有所谋划，于是向国会提议，把加里波的所夺占的地方，全部编入王国的领土范围。他还写信给提督说："意大利不可以不从外人及凶恶主义和狂夫手里而成就救济的事业。"外国指的是法国，凶恶主义指的是玛志尼，狂夫指的是加里波的。将加里波的夺占的地方编入王国领土的提议决定后，加里波的便与政府约定，由自己担任西西里岛的摄政官，等到卑克托尔（沙王名字）做了全意大利国王时，再奉还他现在的地方，归政府来管辖。

加富尔害怕加里波的乘胜进入罗马，于是急忙派遣军队前往罗马，准备先发制人。他写信给驻外国的意大利公使说："如果我们不能在加里波的到达拉卡托里前到达波尔超诺河，那么王国必定会灭亡，意大利恐怕将会成为革命的诱饵。"等等。当时法国国王拿破仑，对于这件事，不置可否，静待其变。加富尔于9月初，带领沙国军队前进，和罗马法王率领的军队相遇，一举打败了他们，直接占领了安克那地。这时候沙王的军队，向南而下，而加里波的的军队，向北而行。玛志尼告诉加里波的说："你要是不能在三周的时间内，经过罗马打通前往卑尼斯的道路，那你的志向，将会全部成为水泡。"于是加里波的急忙行军，和加富尔两人各自使出自九月十七日，加里波的命进军，先锋仅六百人，攻卡基耶特曹府，拔之。后二日，敌大举来袭。加里波的军多南部意大利兵，及学校幼年生徒，年皆不满十五岁，死守坚壁不退。敌炮兵迫二百码（约千二百尺）内，弹丸雨注，少年兵死者无算。那王要加里波的于波尔超诺河北岸。十月一日两军大战，那王军败四散。加里波的乃渐与其王卑克托尔（即沙王）军相即。翌日八时，加里波的与沙王相会于高丘上。王遥望见加里波的之赤外套，鞭马就之，握手慰劳备至。加里波的谦让再三而答曰："臣不足以当王言万一，若非有卑克托尔旷代之圣主，则加里波的亦终不能有成功之日也。"于是与王并辔巡视军中。沙国兵衣服皆灿烂，而加里波的所部则皆褴褛。军中呼意大利王及加里波的万岁声一片若潮涌焉。

那国既平，国民乃决议奉沙王为意大利国国王。十二月七日，王与加里波的同辇入那不拉斯府。先一日，加里波的宣告谕于国民曰：

呜呼，我同胞，尚其听余一言。维我王卑克托尔，将以明日即大位，为意大利国王。维王能破我数百年全国乖离之障，以成统一之大功。维我忠勇义烈之人民，鉴于上帝之式，凭以欢迎上帝之天使（指沙王）。吾人爱情之表彰，王心己的招数。9月17日，加里波的命令进军，仅先锋600人，攻击卡基耶特曹府，胜利攻占。后面两天，敌军大举来袭。加里波的的军队大多是来自意大利的南部，以及学校年幼的学徒，年龄都不满15岁，他们坚持死守着城墙毫不退缩。敌人炮兵逼迫到了二百码（约一千二百尺）以内，炮弹如雨般落下来，少年兵死伤无数。那王约加里波的在波尔超诺河北岸决战。10月1日时两军大战，那王军队败退，四处逃散。加里波的渐渐与他的国王卑克托尔（即沙王）所率军队靠近。第二天8点，加里波的和沙王相会于一高高的山丘之上。沙王远远就看见了加里波的红色外套，于是策马赶了过来，握着他的手嘘寒问暖，无微不至。加里波的谦让再三，而后回答说："我不敢担当陛下所说的万分之一。如果不是有卑克托尔旷世难得的圣主，那么我加里波的也不会有成功的一天。"于是和国王一起骑着马巡视军中。沙王的兵士衣服全都是整齐华丽的，而加里波的率领的士兵，衣服都破烂不堪。军中士兵都欢呼着"意大利国王万岁"、"加里波的万岁"，声音一波接一波，有如潮涌。

那不勒斯被平定后，国民于是商议决定尊奉沙王为意大利国王。12月7日，沙王与加里波的同乘一辆马车进入那不勒斯府邸。在这之前一天，加里波的发布告令告诉国民说：

唉，我的同胞们，尚且听我说一句话。我们的王卑克托尔，将在明天继承大位，成为意大利的国王。唯有我们的国王可以打破国家数百年来分离的阻碍，来完成全国统一的功绩。唯有我们忠勇义烈的人民，鉴于上帝之式，借此欢迎上帝的天使（指沙王）。我们的爱戴之情，让国王心里十分高兴。哎呀，我的同胞们，尽情亲爱我亦以为快。呜呼，维我同胞，用能亲爱我王，采协同之花，撒于王路。自今以往，尚其各息党争，执吾国救济隆运之帜标，以统一于我王之下。

大业既定，朝臣忮加里波的者多，胡安之尤与彼不协。加里波的乃决计辞职。王与之以爵及勋章，并授以陆军大将之职，岁给五十万佛郎，加里波的悉辞不受。其从人以为忧，语加里波的曰："君无财产，自今以往，日食且不能给，奈何辞赐金？"加里波的夷然曰："吾何忧？卡布礼岛中，犹有谷物木材。鬻之，足以自活也。吾何忧？"乃归卡布礼岛。

【批评】

意国当日情势大难，求为统一，则难于共和。期于共和，则难于统一。玛志尼始终主共和，故以共和为第一目的，而以统一为共和之副目的焉。加里波的始终主统一，故以统一为第一目的，而以共和为副目的焉。观其告谕国民，一则曰协同之花，再则曰意大利者吾人救济之帜标。其主义之趋重于统一可见，彼固始终未尝背其主义者也。

加里波的所主张之自由，为意大利国自由。以为意大利国能自由，则国民亦被其泽。故重国权，而个人自由则置第二着。玛志尼所争者，为意大利国民的自由，故重政权，而们的国王吧，一起采摘合作之花，撒在我王登位的路上。从此以后，愿各党派能平息相互之间的斗争，共同执掌我国救济隆运的旗帜，一统于我王之手。

国家统一大业确定后，朝廷大臣中很多都忌惮加里波的，胡安之与他尤其不和。加里波的于是决定辞职。国王授予他爵位和勋章，并授他以陆军大将的职位，每年给予50万佛朗，他全都推辞了，没有接受。他的部下对此很是担忧，他们对加里波的说："您没有财产，从今以后，每天的食物都无法自给，为什么要辞去赏金呢？"加里波的平静的说："我有什么好担心的。卡布礼岛上，还有很多谷物和木材。卖了这些，足够我生活下去了。我有什么担心的。"于是回到了卡布礼岛。

【评论】

意大利当时情势十分困难，谋求统一，则难以实行共和。想要实行共和，便又难以统一。玛志尼一直主张共和制度，所以以共和为第一目的，而把统一作为了共和制度的次要选择。加里波的始终主张统一，所以以统一为第一目的，把共和作为统一制度的次要选择。在加里波的发布的告国民书中，一则是说协同之花，再则是说意大利人是他们救济的旗帜。他主张统一的想法清晰可见，他从来没有放弃过自己的主张。

加里波的所主张的自由，是意大利全国的自由。他认为意大利国家如果能得到自由，那么全国民众都可以享受到恩泽。所以他重视国家的权利，而个人的自由则是放在第二位。玛志尼一直争取以立共和政体为惟一目的。此二子一生主义大异处。

玛志尼持共和主义，故沙王欲拜为首相，使之制定宪法，而彼不应。加里波的功成，亦尽辞爵禄，退居荒岛中。二人之不为富贵所动，不为名誉所动，盖同。世之热中者，即不能砍破此关，故亦无所成就。

的，是意大利国民的自由，所以他注重的是政治权利，从而把建立共和制度作为了唯一的目的。这就是这两个人一生追求的观念最大不同之处。

玛志尼坚持主张共和主义，所以沙王想拜他为首相，让他来制定宪法，但是他没有答应。加里波的功成名就，同样也是推辞了所有的功名利禄，退居到了荒岛之中。两人都不为富贵所动，也不为名誉所动，这点是相同的。世上那些热忠于功名的人，便不能勘破这一关，所以也就没有什么成就。

第九章　罗马恢复规画之失败

本章共分三段，以次述之。

（一）自议会临席至罗马恢复规画

千八百六十一年（咸丰十一年），开全意大利国国会于超林府，加里波的复被选为议员。此时全意大利同戴一王，惟卑尼斯、罗马，未入版图，譬诸万雷收声，而天空犹有一点云翳也。顾罗马为意大利枢府，意大利无罗马，则如无首之躯。而罗马者，又加里波的与玛志尼所崇拜之偶像，不得罗马，彼等殆不能独生。即加富尔亦以为无罗马，则意大利终不得为强固之统一，而深与二子表同情。然三人意志虽同，而方法各异，故终不能相洽。四月十四日，加里波的于议场盛数加富尔罪恶，谓其卖国，与法国同盟。以为此等人，吾辈决不能与之握手共事。加富尔闻之颇怒，乃强自抑制而言曰：

“余自知余与生平所最尊敬之将军加里波的有隙，余前者以沙部威与尼斯让法国事，言于王，建议于国会。是诚余伤心之事，是诚余生涯中最伤心之事也。以当时悔恨之情推之，而知余最尊敬之将军加里波的，其悔恨之情，当不可已。然将军纵不能容余所为，余亦毋怨。”

议场是非纷起，秩序大紊，议长命停议。众乃对两人调停其意见，加富尔因曰：“余亦赞成将军事业之一人。于本章一共分为三段，依次叙述。

（一）自议会临席至罗马恢复规画

1861年（咸丰十一年），意大利在超林府召开了全国国会，加里波的再次被选为议员。这时候的意大利，全国上下全都拥戴一个国王，唯独只有卑尼斯、罗马没有并入国土范围，这也就好像是在所有的雷声都已经消失后，天空中还残留有一点阴暗的云彩一样。但是罗马是意大利的首府，意大利要是没有罗马，就像是躯体没有脑袋一样。而罗马帝国，又是加里波的和玛志尼两人所崇拜的偶像，不得到罗马，两人几乎不能独自生活。即便是加富尔，也认为如果没有罗马，那么意大利最终算不上完全统一，因此对两人深表同情。然而他们三个人虽然意志相同，但是采取的方法却大不相同，所以最终不能相互融洽。4月14日，加里波的在议会上狠狠数落了加富尔的罪恶，说他卖国，和法国人同盟。他认为这样的人，是决不能和他一起握手共事的。加富尔听后十分生气，却强行控制着自己说道：

我知道自己和我生平最尊敬的加里波的将军有矛盾，我之前把沙部威与尼斯让给法国的事情，和国王说过，也给国会建议过。这确实是让我十分伤心的事情，也确实是我这一生中最伤心的事情。以当时我悔恨的心情来推测，就可以知道我最尊敬的加里波的将军，他的痛恨之情，应当无法控制。然而将军最终不能容忍我所做的事情，我也没有怨言。

议会现场是非争论之声大起，秩序大乱，议长命令停止议会。众人于是对两个人的意见进行调停。加富尔说："我也赞成加八百五十九年（咸丰九年）义勇兵之募集，余最尽力此事，度将军犹未知之也。”

加里波的乃起而称谢，然二人意见，终不能泯。王忧之，乃于超林府附近六七里之宫殿，命二人相会，自为之和解。缕述从来政府方针，实出于不得已。加富尔亦深自敛抑，于是二人意见渐融。越三月，而加富尔病逝。

是年五月五日，为加里波的远征西西里出师一周年之期。节诺亚府民，树纪念碑于节诺亚湾，以是日行落成礼。其朝，雨下如注，然府民来集者，凡一万五千。冒雨络绎道上，连呼“赤衣将军万岁，意大利国王万岁”不绝口。会场内演说声、欢呼声、拍手声、喝采声，与风雨之声相间也，是为市中从来未有之盛举。

加里波的虽退隐，然心未尝忘罗马。千八百六十二年（咸丰十二年），法帝训令罗马驻扎公使，谓若以天主教之首府，兼为意大利首府，法国必当干涉其事。时拉他基为相，政主因循。加里波的不能忍，乃自率义勇兵一队，向西西里岛，发檄煽动人民征罗马。法帝怒，迫拉他基逮加里波的。意大利王不得已，乃下令捕之。

里波的将军是国家统一大业中的一人。在1859年（咸丰九年）招募义勇兵的时候，我最清楚这件事，估计将军是不知道的。”

加里波的随即起身称谢，然而两个人的意见，终究是没能消除。国王对此十分担忧，于是在超林府附近六七里之外的宫殿，约定两人会面，亲自劝他们两个人和解。他多次陈述说以前政府的方针政策，实在是不得已而为之。加富尔也深自收敛，控制自己，于是两人的意见慢慢相融。三个月后，加富尔因病去世。

这年5月5日，是加里波的远征西西里岛出师一周年的纪念日。节诺亚府的民众，在节诺亚海湾树立了纪念碑，并在这天举行落成典礼。这天早晨，雨下的特别大，然而前来集合的民众，总共达到了一万五千人。他们冒着大雨，前后相接，走在道路上，连声呼喊“红衣将军万岁！意大利国王万岁！”不绝于口。会场内的演说声、欢呼声、拍手声、喝彩声，与风雨声相间，这是节诺亚市从来都没有过的盛举。

加里波的虽然已经隐退，然而心里却从来没有忘记罗马。1862年（咸丰十二年），法国国王命令罗马驻扎的公使，说要是将天主教的首府，兼作为意大利的首府，那么法国必定会干涉。当时拉他基为首相，政策主张因循守旧，默守陈规。加里波的无法忍受，于是亲自率领一队义勇兵，进军西西里岛，发布公告鼓励人民征讨罗马。法国国王大怒，逼迫拉他基逮捕加里波的。意大利王不得已，于是下令逮捕加里波的。

(二)被逮

加里波的闻国王逮己，不顾。乃发兵，所向无阻，遂横渡海峡而袭罗马。八月二十八日夜，至西格奥府西，兵士饥疲，多道亡者，所余仅千五百人，为追骑所及，义勇兵悉被遣还乡。加里波的左股中弹，伤不能行，乃从水道缚致超林府，囚之。都人无男女老幼皆往省视。英人闻其事，醵金一千磅，遣医士往疗其伤。英国妇人欲以一语慰其病者，争先赴意大利。有一妇人贫且老，躬自英国来，乞为看护。不纳，仅得入其室，得加里波的发一缕，持之而出，欢喜不自胜云。

已而遇赦出狱，然伤犹未愈，转居悲查地养疴。是时国会开会，议员孟里氏，于会场中痛斥首相对于加里波的及罗马之处置为不合，语极激烈，于是首相拉他基解印绶去。

(三)游英

千八百六十四年(同治三年)，加里波的病犹未愈，英人屡促其来游。乃以四月首途，入英国境。英人欢迎者，相属于道，遮拥不得前。所著赤衣，至为人寸裂夺取，以为纪念。既托寓各地举代表人来问疾者十余处，咸乞其往游。

（二）被逮

加里波的听闻国王要逮捕自己，没有去管。于是他率军出征，所到之处，无人可挡，最终横渡海峡，进攻罗马。8月28日晚上，到达西格奥府西，兵士们又疲劳又饥饿，多中途逃逸。剩下的仅仅只有1500人，又被骑兵追赶，义勇兵全部被遣返回乡。加里波的左大腿中弹，受伤不能行走，于是从水路绑到了超林府，被囚禁起来。都城人不论男女老少全都来看望他，英国人听说了这件事，筹集了一千英磅，派了医生前来为他治疗。英国妇人想要对他说说话来安慰他的，争相前往意大利。有一个妇人没有钱而且年纪很大了，亲自从英国赶来，祈求做加里波的的看护。政府没有同意，只是让她进入了房间，得到了加里波的的一缕头发，并拿着头发出来，但她欢喜的心情却不胜言表。

后来加里波的遇到大赦出狱，然而伤情并没有痊愈，换去了悲查地居住养病。当时国会召开会议，议员孟里氏，在会上痛斥首相拉他基对于加里波的和罗马的处置不合适，语气十分激烈，于是首相拉他基被迫辞官离去。

（三）游英

1864年（同治三年），加里波的病情还没有痊愈，英国人屡次催促他去英国游玩。于是在四月启程，进入英国境内。英国欢迎他的人，全都聚集在道路上，拥挤得无法向前。加里波的穿的红色衣服，甚至被众人争抢撕成了一寸寸的碎片，以此作为纪念。委托了代表到居住地来探望病情的有十几个地方，全部都盼望他可以前往入伦敦时，观者如堵，工商人各合团体，执旗帜为前导，途人骈阗，祝声撼天。

英国人欢迎加里波的，殆如狂热。顾英政府以国交故，雅不欲失法帝欢。于是自首相以下，皆不悦彼留寓于此；语及加里波的，咸詈之为海贼。加里波的知之，乃引去。二十七日，复归意大利。英人痛斥政府不礼加里波的，工人社会尤激昂。格兰斯顿在议场力辩其事，然人民怒终未释也。加里波的去后，英国妇人间有一种衣袖，以彼为名，称曰加里波的袖。

【批评】

加里波的之所以得人心如彼者，岂仅其功业使然哉。亦其侠烈之性情，高尚之品格，足以为世矜式而已。夫怜彼爱彼同情于彼者，舆论之声也，亦天之声。人之口可箝，而天之声无由止。不然何以英国国民，乃至以一外人之故，非难其政府不置哉。

爱人者，人恒爱之；敬人者，人恒敬之。故爱一乡之人，必为一乡之人所爱。爱一国之人，必为一国之人所爱。爱天下之人，必为天下之人所爱。夫彼加里波的之爱人，岂旅游。进入伦敦时，围观的人多得堵在一起动弹不得。工商各界人士分别组成团体，手拿旗帜走在前面，路人聚集在一起，祝福之声撼天动地。

英国人欢迎加里波的，几乎到了狂热的地步。但是英国政府因为邦交的缘故，很不想引起法国国王的不快。于是从首相以下的官员，都不高兴加里波的留住在英国；说话谈到加里波的时，都责骂他是海贼。加里波的知道后，于是离开了。27日，再次回到意大利。英国人痛斥政府没有对加里波的以礼相待，工人阶层情绪尤其激昂。格兰斯顿在议会上极力辩解这件事，但是人民的怒气最终还是没能消除。加里波的离开之后，英国妇人间有一种衣袖，便以他的名字命名，叫做加里波的袖。

【评论】

加里波的之所以可以如此得人心，又怎么仅仅是他的功绩才这样呢！也因为他侠义的性情，高尚的品德，足以让其他人敬重和取法。怜悯他，爱他，同情他的人，是舆论的声音，就是上天的声音。人的口可以被禁闭，但是上天的声音却是没有理由禁止的。不然为什么英国的国民，因为一个外人的缘故，要责难自己的政府无礼呢？

爱别人的人，别人也会一直爱他；尊敬别人的人，别人也会一直尊敬他。所以爱着一个地方的人，这个地方的人必定也会都爱他；爱一个国家的人，这个国家的人也一定会爱他。加里波的对于别人的爱，又怎么会预先期望别人也会如此爱他呢。然而人尝豫期人之爱彼哉。然而人性皆同，无德不报。观其助南美之共和，救西西里于虐政，而无一毫私利之心。斯其恩及，于人类，而不仅区区一意大利已也。人之爱彼，谁曰不宜。

性都是一样的，没有恩德是不会有回报的。从他帮助南美建立共和政府，解救西西里岛于虐政，可看出他是没有一丝一毫的自私心的。他所恩惠的，是全人类，而不仅仅是区区一个意大利。人们都爱他，谁会说不应该呢。

第十章 第二之意奥战争

加里波的既归卡布礼岛。数月后，将赴匈牙利，助其国义士举兵抗奥地利。为意大利王所闻，力阻其行，乃复归故乡。

千八百五十九年，法意同盟，与奥国战，顾终不能脱其羁绊。至千八百六十六年，普奥构兵，意王乃乘机与普国宰相俾斯麦约，为南北夹攻之计，遣使迎加里波的归。五月八日，意王发义勇兵二十大队，使彼将之，远近闻风，争来应募。不及二十日，已达预期二倍之数。顾义勇兵募集非内阁意，因是内阁辞职，以克里斯为相。克氏素与加里波的友善，王使克氏为相，问其施政方针，克氏曰："奥人尚存，意国中不必为他之约法，纵有之，吾亦不愿遵守。盖吾惟知与奥人开战也。"王大喜。

克氏既为内阁，乃以六月十九日，布告开战。以将军拉麻尔为总督，统大军赴卑礼奢。二十六日，与奥军大战。是役敌兵六万三千人，大炮百六十八门；意军九万，大炮百九十二门。然以总督不善，遂为敌所败，拉麻尔解职。

加里波的以所募义勇兵，进迫特罗尔地方。二十五日，与敌会。义勇兵多新募，不任战，遂为敌败。七月三日，再败于麻哥里近旁。

陆军既败，水师亦不利。提督白尔沙，以十一只铁甲加里波的已经回到了卡布礼岛。几个月以后，他准备前往匈牙利，帮助他们国家的义军起兵反抗奥地利。这消息被奥地利国王知道了，竭力阻止他前往，于是他只得又回到了故乡。

1859年，法国和意大利结成同盟，和奥地利开战，只是终究没能脱离奥地利的羁绊。到1866年时，普鲁士王国和奥地利交战，意大利国王便乘机和普鲁士首相俾斯麦约谈，制定了两国南北夹击奥地利的计划，并派人迎接加里波的回来。这年5月8日，意大利国王派遣二十大队人马，由加里波的率领。远近的人听后，都争相前来报名入伍。不到二十天，人数便达到了预期的二倍之多。但是义勇兵招募这件事并非是内阁的意思，内阁因此辞职，于是任克里斯为首相。克里斯素来和加里波的关系友善。国王让克里斯做首相，问他具体的施政方针，克里斯说："现在奥地利人还在，意大利国内不必制订其他的法律。纵使有，我也不愿意去遵守。因为我只知道现在要和奥地利人开战。"国王听后十分高兴。

克里斯组织了内阁后，于是在6月19日，宣布向奥地利开战。以将军拉麻尔为总督，统领大军前往卑礼奢。26日，与奥地利军队展开大战。这场战役敌兵共六万三千人，大炮一百六十八门；意大利军队九万人，大炮一百九十二门。但是因总督不善作战，最后被敌军打败，拉麻尔解职。

加里波的率领他招募来的义勇军，进军到了叫特罗尔的地方。25日，与敌军交战。因为义勇军多是刚招募的新兵，不能胜任作战，最终被敌军打败。7月3日，再次在麻哥里旁边被打败。

陆军被打败了，水军也出师不利。提督白尔沙，用十一支铁甲舰，及其它军舰，组成一队。于里查岛，为奥国舰队所击，师歼焉。白尔沙受上院审问，褫其职。

奥军虽获利，而北方诸地，为普所侵。时奥国以二十四万五千大军，守奚米耶，而普国输送军队，转运军械，至为捷速，连败奥国。奥国乃变其图南之志，而并力于北，以卑礼奢地，委法帝仲裁，引其地之兵北向。于是意大利不战而入卑礼奢。七月二十五日，与奥军约休战。普军势益猖獗，奥军大败。乃于八月十三日，在布拉克结和约，以罗母巴尔多，及卑礼奢全土，割让意大利。意奥战争，自是乃告终局。

【批评】

加里波的初起时，百战百胜，而于奥意之役，独无成功，岂其战术之独劣哉？毋亦时势使之然耳夫？加里波的者，非能以一己之力，而遂足以为加里波的也。以共和政府抗法军之时，则有意大利大学学生为之助力；与那国战时，西西里岛幼年生徒，皆与战事。盖当其始也，意国人民，愤国势之积弱，受虐政之苛酷，故不惮掷其生命，以求自由。遂能振臂一呼，群起相应。加里波的不过善于利用其时机舰和其他军舰，组成了一支舰队。在里查岛，被奥地利舰队攻击，全军歼灭。白尔沙受到了议会上院的审问，被解除了职务。

奥地利军队虽然获得了胜利，但是它的北方各地，全都被普鲁士所侵占。当时奥地利用二十四万五千的大军，守备奚米耶，而普鲁士运送军队，转运军火枪械，速度很是快捷，连连击败奥军。奥地利于是改变了企图占领南方的想法，因而集合全部兵力到北方，将卑礼奢这个地方，交给法国去仲裁，带领卑礼奢的士兵向北方前进。于是意大利得以不战就进入了卑礼奢。7月25日，意军与奥军约定休战。普军的势力日益强盛，奥军大败。于是在8月13日，意奥两国在布拉克签订和约，奥地利将罗母巴尔多以及卑礼奢全境领土，割让给意大利。意大利和奥国的战争，从这以后才算是完全结束。

【评论】

加里波的刚开始崛起时，百战百胜，但是在意大利和奥地利的战争中，唯独没有成功过。难道是因为他在这场战役中的战术不当吗？还是当时的时势让他如此呢？加里波的，并不是以自己个人的力量，就能成为加里波的这样的人。在共和政府抗击法国军队的时候，则有意大利大学的学生帮助他；在和那不勒斯开战时，西西里岛的幼年学生学徒，全都参与了战事。因为在最开始的时候，意大利的人民，因国家长期积弱不振而气愤，又遭受到暴政的残酷虐待，所以不害怕舍弃自己的生命，来追求自由。所以加里波的才能振臂一呼，群起而相应。加里波的不过是善于利用时机而而已。虽一腔侠烈，足以感动国民，而之死靡他，则固当时境遇有以致之也。至南北意大利统一之后，人民稍得安逸，狃承平之治，而渐厌兵。此时虽有百加里波的，殆无如之何矣。故一加里波的之成功，常有无数之加里波的为之助，特传者惟加里波的一人而已。读史者，当知加里波的为代表时势之人，读加里波的传，不当作一人传记读，当作意国当时千百义侠者之列传读。夫如是，则吾学加里波的者，但学其义侠足矣。其将来能为加里波的与否，不必计也。

已。虽然他的一腔侠肝义胆，足可以感动国民，哪怕至死也不会有其他想法，这是当时的境遇才导致了有这样的局面。到南北意大利统一之后，人民的生活稍稍过得安逸了，习惯了太平的社会生活，从而渐渐开始讨厌战争。此时即使有上百个加里波的，大概也不知道该怎么办吧。所以，一个加里波的的成功，常常有无数个加里波的的帮助，只是传记中只记载了加里波的一个人而已。读历史的人，应该知道加里波的只是当时时势的代表人而已。读加里波的的传记，不能当做一个人的传记来读，应该当作全意大利当时成千上百的义士的传记来读。这样，我们学习加里波的，只需要学习他的侠义就可以了。至于将来能不能成为加里波的那样的人，就不必去考虑了。

第十一章 罗马恢复

先是法帝拿破仑，防意国之侵掠，以军队驻于罗马府。继恐起列国之兵，欲撤之，又恐意国之激烈党乘机而起。乃以一千八百六十四年九月，与意大利政府结特别条约，大意谓意大利政府不得侵罗马法王领地，且当任保护之责；法国二年内，亦当践撤兵之约；法皇在其领地内，因维持平和，而设军队，意大利政府，不得加妨害；意大利首都，当移居弗罗达士，不得仍在超林府等事。法帝之欲意大利移都也。其意盖欲使意大利人，渐忘罗马。意国政府颇觉其谋，将军斜尔基尼在议院宣言，意大利不可不定都罗马，意大利当期于不得罗马不已，而其机即在于法国撤兵之时。法人闻之大虑，故协议条约时，法使语意王曰："陛下固无侵略罗马之意，但于吾国撤兵之后，陛下未入府之前，人民若有不测之事，则意大利对于法国，当负责任。"

千八百六十七年九月，法国虽宣言撤兵，而实无意。加里波的不能忍，因又与玛志尼党中之主共和主义者，谋乘法军不备，以袭罗马。事觉，首相拉他基捕置之狱，且遣使法帝，告以罗马革命党之事。拉氏意欲乘机派意大利军队驻屯罗马。法帝知之，拉氏之计不遂，乃引去。

政府外交政策，方逡巡间，加里波的党奉其子米诺他加里波的（即前马尼他所生子），以九月二十九日入罗马法王之前，法国皇帝拿破仑，为了防止意大利的侵掠，把军队驻扎在罗马府。接着又害怕其他国家发动兵变，因此想撤走，又害怕意大利激进党趁机兵变。于是在1864年9月，与意大利政府签订特别条约，大意是意大利政府不得侵入罗马法王领地，并且要担当保护罗马法王领地的责任；法国在两年之内，也应该履行它撤兵的约定；法国皇帝在罗马领地内，为维持和平而设立军队，意大利政府，不得加以妨碍破坏；意大利的首都，应该迁移到弗罗达士，不可以还设在超林府等等。法国皇帝的意思就是想让意大利迁都。他是想让意大利人慢慢忘记罗马。意大利政府隐约察觉了他的阴谋。将军斜尔基尼在议院发言说，意大利不可能不定都罗马，意大利应当不夺回罗马便不罢休，而夺回罗马的时机就在法国撤兵之时。法国人听了后非常忧虑，所以在商议协议的条约时，法国使者对意大利国王说:“陛下您固然没有侵犯罗马的意图，但是在我国撤兵之后，陛下您还没有进入府邸之前，贵国人民如果有什么过激的行为，那么意大利对法国应该负起责任。”

1867年9月，法国虽嘴上宣布撤兵，但实际上却没有撤兵的意思。加里波的无法容忍，因此又和玛志尼党派中主张共和主义的，谋划着趁法军无准备时，偷袭罗马。事情被发觉，首相拉他基将他们抓捕入狱，并且派人送信给法国皇帝，告诉他罗马革命党的事。拉氏的意思是想趁机派意大利军队进驻罗马。法国皇帝知道了，拉氏的计划没有成功，于是引兵退去。

当政府外交政策还在徘徊不定时，加里波的党派的人拥护着他的儿子米诺他加里波的（就是前马尼他生的儿子），于9月29

领地。时加里波的方羁于卡布礼岛中，闻报逃出。十月二十日至弗罗莲斯，整军备。意大利守兵无与抗者，义勇队乃得沿途无阻，入法王所领地。父子并辔而进罗马，与法人剧战凡五，大破之时，十一月十四日也。

意大利政府欲乘机占领罗马，乃自弗罗莲斯遣一军队，达罗马境。法国亦遣兵二千，使将军基思孟将之赴罗马。加里波的此时进退维谷，顾其志不少衰，乃演说于军中曰：

“弗罗莲斯政府，侵入吾人昔日以贵重之血所购罗马之领地，吾人不可不以爱情迎吾之同胞。与彼等协力以放逐虐政之佣兵于罗马之外。苟彼政府者，与天主教主义相合并，而欲实践九月之条约，使吾人不得舍掷其武器，则余将使世界之人，知有以己之剑而自卫己所辖领地之权利者，惟余一人。以余固罗马惟一正当之政府（指其时共和政府）！

日进入罗马法王领地。当时加里波的正好被拘押在卡布礼岛上。他听说这事后设法逃了出来，10月20日到达弗罗莲斯，整顿军备。意大利守军没有能与他抵抗的，义勇军于是得以一路畅行，进入法王所属领地。父子二人骑马并行进入罗马，与法军激烈交战了五天。大败法军时，已经是11月14日了。

意大利政府想趁机占领罗马，于是从弗罗莲斯派遣一支军队，到达罗马边境。法国也派了两千军队，派将军基思孟率领奔赴罗马。这时候加里波的已经是进退两难，但他的意志没有丝毫改变，于是在军中发表了演说，道：

“弗罗莲斯政府，侵入我们祖先曾经用宝贵的鲜血和生命换来的罗马，我们不能不用满满的爱意来迎接我们的同胞。我将和你们共同努力将残暴政府的佣兵驱逐出罗马城之外。如果这个政府，与天主教推行的主义相结合，而要想实践9月份的条约，让我们这些人不得放下手中的武器，那么我将让世界上所有的人知道，能用自己手中的剑来保护自己所管辖领土这个权利的人，只有我一个。因为我们本来就是罗马唯一的合法政府（指当时共和政以全体投票所选之罗马将军也！义勇队诸君，君等为自由主义之人，为统一意大利之勇士。其有欲以罗马为意大利之首都，以完国会及国民之意志者乎？具此志愿之大，势得良心之信仰自由。而建我意大利于天主教主义废墟之上，非放逐虐政军队于我国土之外，决勿收尔剑也。”

加里波的演说语，激烈壮大如此。彼以为时势若可，则吾当与王军戮力于平和之间，而得罗马之地。不然，而王军舍我不顾，甚乃阻我行动，使不得前进，则吾亦当尽吾之力，不使罗马合于意大利不止也。加里波的意既决，乃促进兵。

时罗马法王兵三千，与法军二千合，于十一月三日，发罗马府，与加里波的军遇于一小村中。众寡之数相悬，加里波的兵多未训练，且器械不精，军皆乌合。而法军训练有素，兵器锐利，法王之兵，亦人人决死。于是自十二时半至三时，义勇军受法兵两翼合击，至五时半败走，据棉他那，彻夜死守。至翌朝，力不能支，遂降。

加里波的兵既降敌，见势无可为，乃去归卡布礼岛。中途为政府所捕缚，送古那城，旋解其囚，再归卡布礼。嗣是以后，外则潜鳞戢翼，伏处躬畊。然未尝不闻鸡起舞，思属风云。盖其恢复罗马之志，固不忘也。

府）！因为我是全体人们投票选举出来的罗马将军！义勇队的各位兄弟，你们都是自由主义的追随者，你们是为统一意大利而战的勇士。你们想把罗马作为意大利首都，以成全国会和全国民众的心愿吗？有这样的大愿望的人，一定会得到良心上的信仰自由。而要在天主教主义的废虚之上建立我们的意大利国家，一定要将残暴政权的军队赶出我们的国土，否则绝不收回我们手中的刀剑！”

加里波的演说辞，是如此激烈壮大。他认为如果时局允许，那么我将与国王的军队通力合作，从而取得罗马之地。不然，如果国家军队舍弃我们不管，甚至是阻止我们的行动，让我们无法前进，那么我一定会尽我所有的力量，不使罗马回到意大利决不停止。加里波的心意已决，于是马上发兵进驻罗马。

当时罗马法王有三千兵力，他们与两千的法军士兵汇合在一起，在11月3日时发兵罗马府，与加里波的的军队在一小村中相遇。由于兵力相差悬殊，加里波的的士兵大多数又是没有经过训练的，而且器械也不精良，都是些乌合之众。而法军训练有素，兵器精锐，法王的士兵也都抱着必死之心。于是从12点半到下午3点，义勇军遭到了法军的两侧夹击，到5点半时便败退而走，占据棉他那死守了一夜。第二天早上，他们便再也无力支撑，于是投降了。

加里波的的军队向敌人投降后，加里波的见势已无可为，于是离开回卡布礼岛。在路途中时，被政府抓获，送往古那城，不久又放了他，再次回到卡布礼。从这以后，他对外潜藏自己的踪迹，隐匿在田间亲自耕种。然而没有不闻鸡起舞，发奋图强，蓄志待发的。因为他收复罗马的愿望，根本无法忘记。

一千八百七十年，普法战事起。意大利乃乘机取罗马，遣将军卡多尔那，率兵五万，趋罗马府。意王致书于罗马法王，其书曰：

“最富于天福之圣父，余今以子之爱情，以天主教徒之信仰，以意大利全国之民之精神，祈于圣父，深望圣父亦当以余之心为心也。

“洪水浩漫，浸今之欧罗巴。革命之徒，乘欧州大陆之战争，所在蜂起，益复肆谋以窥于圣父所治，且侵王权及于法王之权。余知圣父之心，固有视此事为更大者。然余以天主教之资格，以意大利国民之资格，从皇天之所命，与夫国民意思之所存，而保护意大利全国国民之运命。余固信余负有保护此在于欧洲及天主教制度前之半岛国及圣教会安泰之责任，且为余之义务也。愿及今之时，使余得担此意大利及教会重大之责任。愿法王对于圣父之国，对于余平和之感情，于圣父胸中之仁爱心，而加一鞭焉。从国民之所渴仰，超然卓立于俗尘之外，永保大巴河畔光荣之位。圣父苟能驱逐外兵于罗马之外，则罗马从此可以永无革命之乱矣。”

当时罗马法王颇自恋其权势，不从意王之请，乃作报书曰：

“余至欲诺君所请，顾君之主义，余决不能行。以余自

1870年，普法战争暴发。意大利于是趁机夺取罗马，派遣卡多尔那将军率领五万兵马，赶赴罗马府。意大利国王向罗马法王写了封信，信中说：

“最为富有天福的圣父啊，我现在以圣子对圣父的热爱，以天主教教徒的信仰，以意大利全国人民的愿望，祈求于圣父您，深切期望圣父您也能想想我的心情。”

“洪水浩瀚，淹没了现在的整个欧洲。革命党徒，趁着欧洲大陆争战的机会，纷纷蜂拥而起，更是狂妄地想要夺取圣父您所管辖的领土，并且侵犯了王权以及法王的权益。我十分了解圣父的心情，因此将此事当作最大的事。然而我以天主教信徒的资格，以意大利国民的资格，听从上帝的命令，与国民的意愿相一致，有保护意大利全国百姓的责任。我确信我负有保护这个在欧洲以及天主教制度前的半岛国，以及圣父教会安全的责任，并且这也是我的义务。现在我希望，让我担负起保护意大利以及教会的重大责任。希望法王您对于您的圣父之国，对于我渴望和平的情感，使圣父内心的仁爱之心，能够出一份力。从国家百姓的意愿出发，超脱尘俗而立于尘世之外，永远保佑大巴河畔的荣耀之光。圣父您如果能将外国军队驱赶出罗马，那么罗马从此将可以不再遭受战乱之苦了。”

当时的罗马法王特别舍不得放下手中的权势，不愿听从意大利国王的请求，于是回信说：

“我很想答应国王您的请求，但是您所提倡的主义，我决不谂，余即神也。余之本领，全托于神之手也。”

意王得覆书，知罗马法王，顽强犹昔。乃于九月二十日，率兵径入罗马府，于巴基干殿上，竖三色之旗。于是以罗马与意大利合并事，取决于国民，可者十三万三千六百八十一票，否者千五百七票。乃以十二月开意大利国会，决议迁都于罗马。千八百七十一年六月二日，意大利王乃入都罗马，于第一期国会，下左之勅语焉。

吾人今日已完成此牺牲生命之事业矣。成兹事业，历岁月几何，历艰苦几何，卒使数百年来分崩离析之罗马与意大利人民，更得举代议士而相聚于一堂之内。于今之时，见吾国之山河，故都之宫殿，草木禽鸟，皆若隐告我以华美庄严之景象者，岂不懿哉。

自是之后，统一之业告终。顾其事业不成于他人，而实成于仁人志士之血泪，然终以加里波的之功最多。故意大利之建国历史，半皆加里波的之历史。意大利所以有今日者，实加里波的之赐也。夫中世以前之意大利，殆若朽木，不足以为舟，称意大利为一甫民者，未尝有也。罗马帝国覆灭以来一千年，意大利不过为地理上之名辞，于历史上，不复存其意义。望卡塞基已冷之火焰，吟古诗人之吊辞，亡能同意。经过自我反省，我认为，我就是神。我的本领，全都是托上帝之手赐予我的。”

意大利国王收到回信，知道罗马法王还是和以前一样冥顽不化。于是在9月20日，率领军队直入罗马府，在巴基干殿上，竖起三色旗。于是将罗马与意大利合并的事，交由国民来判定，赞同的有十三万三千六百八十一票，反对的一千五百零七票。于是在12月召开意大利国会，决议迁都罗马。1871年6月2日，意大利国王进驻罗马，在第一期国会上，下达了下面的诏令：

我们今天终于完成了这用生命与热血换来的事业。为了完成这项事业，历经多少岁月，历经多少艰苦，最终才使这分崩离析数百年的罗马和意大利人民，更是得以推举代表议员汇聚于一堂之内。今天，放眼看看我们国家的壮丽山河，旧都的雄伟宫殿，草木禽鸟，都隐隐显示出我们国家华美庄严景象，难道这不是很美好的事吗？

从此以后，统一大业终于告成。但这项伟大事业的成功，并不是因为依靠别人，而是靠许许多多的仁人志士用鲜血和生命换来的，但最终以加里波的的功劳最多。因此意大利的建国历史，一半是加里波的历史。意大利之所以能取得今天的成就，实际上是靠加里波的取得的。中世纪以前的意大利，大概就是一块腐烂的木头，做不了小船，称意大利是大国的人，从来没有过。罗马帝国覆灭一千年以来，意大利只不过是在地理上的一个名词罢了，在历史上，根本不再有什么实际意义。看着卡塞基已经冷却的火焰，吟唱着古代诗人们所写的悼念之词，亡国的悲痛又如何比拟？如国之悲何似。而今者精兵五十余万，军舰二百只，铁道六千里，面积十一万方里。德奥意三国同盟，于欧洲政界上为绝大势力。此其景象与畴昔相较，令人愈追念加里波的之功，而不能忘。

加里波的晚年之历史，如西山残照，黯淡无色。至易身之后，再与评量，则加里波的亦复何恨？意大利之荣光，即加里波的之荣光也。其事迹，更于下章详之。

【批评】

加里波的之克南意大利也，不惜举而委之于意大利王手，非有私于王也。统一计划，固有不得不然者也。然至入罗马时，则谓王军如助法王，当与之抗，亦统一计划，不得不然者。盖彼之忠君，以其君为国之君而忠之也，否则君为个人。贵民次社稷之义，吾孟氏固已前言之矣，加里波的可谓深悉此旨。

加里波的屡破国交，其不得谓之为得罪国民者。以彼固以一身任其责也，成则举国受其福，不成是一身任其咎。故事虽失败，而天下后世当可谅其心。若夫利则归己，害则归人，审吉凶而巧趋避，亦适成为小人而已。此等人，既决其今，我们拥有精兵五十多万，军舰两百艘，铁路线六千里，国土面积十一万平方公里。德、奥、意三国联盟，在欧洲政界上是绝对的大势力。这翻景象与过去相比，让人更加怀念加里波的功劳，而不能忘记。

加里波的的晚年经历，如同快要落山的残阳，没有任何色彩。到换位思考后，再来进行评论，则加里波的还有什么可怀恨的呢？意大利的荣光，便是加里波的的荣光。他的具体事迹，将会在下章中详细叙述。

【评论】

加里波的为了攻下南意大利，不惜委身于意大利国王，这并不是有私人利益有求于意大利王。国家的统一大业，本就会有不得不这样的无奈。然而到进入罗马的时候，加里波的则说，如果国王军队帮助法王军队，就应当与国王军队相抵抗，这也是为了统一大业着想，不得已而为之。他的忠君思想，是以这个君主忠于国家他才忠于君主，否则君主就只是个普通人。民为贵，社稷次之的言论，我国孟子早就说过了，而加里波的可说是非常明白其中的道理。

加里波的多次破坏国家的邦交，这不能说他是得罪了国民。他把所有的责任都扛到自己一人的身上，如果成功了，那么全国人民都能享受他带来的好处；如果不成功，那么便由他一个人承担所有的责任。所以他虽然失败了，但后世之人都应当体谅他的良苦用心。如果对己有利时便归功于个人，有害时便推脱给别人，判别吉不能成功。而一遭失败，便为天下后世所僇辱，岂不可哀?

凶后而取巧逃避责任，也只能成为一个小人而已。这样的人，肯定是不能取得成功的，而一旦失败，便会被天下后世所唾弃，这难道不可悲吗？

第十二章　加里波的之晚年

加里波的晚年，阅尽艰难。光阴逝水，马齿已加，顾壮志则犹未已。既于罗马失败后，归农卡布礼。嗣闻法国废皇帝拿破仑，布告共和政体。乃赴法国助之，授东部都督，将二万兵。然其时大势已不可挽，卒无功而罢。又被选为法国国会议员，未几辞职归。于是加里波的归卡布礼岛凡六次矣。

千八百七十五年，加里波的自卡布礼岛，移家罗马都，助都人兴水路工事。值旧创复作，乃决退隐，并辞国会议员之职，不兑许。千八百七十六年，以家族生计故，意王乃从国库出百万佛郎赏之，更与以五万佛郎之年俸。顾其时加里波的体已就衰，非复昔日矍铄之态矣。千八百八十二年二月，加里波的坠车伤，自是元气益耗。遂以其年六月二日，病终于家，年七十四岁也。后世之人，论加里波的者甚多，今录其一二如左。

卑克托尔之论曰：

法军蹂躏罗马，而加里波的乃能制胜欧洲。

历史家论意大利三杰玛志尼、加富尔、加里波的之言曰：

加富尔有政治家之天才，有判断力，足以决事；性机警，临事能达变；长于外交，及利用议院之法，其胆识极高，足以当大事而不偾。然若无玛志尼之鼓吹自由，以伸张国加里波的晚年生活，历经了艰难困苦。时光如流水，岁月匆匆，但心中壮志还没有完成。就在攻打罗马失败后，他回到卡布礼务农。后来听说法国废除了皇帝拿破仑，宣布成立共和政府。于是他奔赴法国相助，被委任为东部都督，拥兵两万。然而当时已经是大势已去，最终无功而返。又被选为法国国会议员，没过多久便辞职归隐。这时，加里波的前后已是第六次归隐卡布礼岛了。

1875年，加里波的将家从卡布礼岛搬迁到罗马都城，帮助当地人民兴修水利、道路等工事。当时正好他旧疾复发，于是决定隐退，并请求辞去国会议员的职务，没有得到同意。1876年，因为家族生计的缘故，意大利国王又从国库中拿出百万佛郎做为赏赐，更是给了他五万佛郎做为年薪。但那时候加里波的身体已经十分衰弱，不再有过去精神矍铄的状态了。1882年2月，加里波的从车上摔下来受伤了，从这以后更是元气大伤。最终在这年6月2日，于家中病逝。终年74岁。后世之人，讨论加里波的的人很多，这里摘录其中一两件：

卑克托尔议论说：

法军只能欺负罗马，而加里波的却能制胜欧洲。

历史学家在议论意大利的三杰，即玛志尼、加富尔、加里波的时说：

加富尔有政治家的天份，有判断力，能够决定事情；他性格机警，遇到事情善于变通；善于外交，以及利用议院的法规；他很有胆识，遇到大事绝对能够冷静对待。然而，如果没有玛志尼的宣扬自由，以伸张国民的正义之气；如果没有加里波的纯洁与正直，士民之气，若无加里波的之纯洁不欺，士乐为死，则虽有加富尔，而意大利统一之业，亦不能成。虽然彼玛志尼、加里波的，若无加富尔，则终不能得欧洲之信用，扶助同情。故若非有彼之胆识兼备，临事不惑，则玛志尼恐不过为一暴动者，而无功可成。加里波的之爱国热肠，亦终归于无裨。故以三杰相较，其所成就之业，当以加富尔为多也。

如上所论，意大利统一之功，固不得独归于加里波的矣。然加里波的之所以为加里波的者，固不在于事之成败利钝也。夫彼惟其无成败利钝之见，存于胸中，故得以成为加里波的。若彼以成败利钝之见萦于其心，则患得患失之志萌，而趋安避危之念起矣。夫传记与历史异。历史者，以其社会之事实为中心，则其事实于全史中占主要位置。传记者，以其人格为中心，无论其事实与历史上关系何若，但视其人格何如而已。加里波的之功业纵不及加富尔，而其人格岂在加富尔下乎。

【批评】

加里波的之热诚，与华盛顿相似，然殆所谓质美而未学也。观加里波的一生行事，虽亦诚意周浃，然不免为气所使。而华盛顿则纯乎诚也，故华盛顿晚年，德望愈尊，为兵甘愿为他牺牲生命，那么就算有加富尔在，而意大利的统一大业也不一定能成功。虽然有玛志尼和加里波的，但如果没有加富尔，那么最终也不能得到欧洲的信任，也就不会有他们的帮助和同情。所以，如果没有他的胆略和见识，遇到事情不被迷惑，那么玛志尼恐怕就只是一个暴动者而已，而不会有成功可言。而加里波的的爱国热情，最终也会于事无补。因此，就三个人相比较而言，对统一大业所做的贡献，应该以加富尔最多。

如上所说，意大利统一的功劳，肯定是不能全部归功于加里波的一人。但是，加里波的之所以能成为加里波的，根本不在于事情的成败或顺利与否。因为他心中不存有事情能否成功，顺利还是困难的想法，所以才能够成为加里波的。如果他心中时刻想着成败得失，顺利与否，那么心中便会产生患得患失的想法，因而就会产生趋安避危的念头。传记和历史是有差别的。历史，是以当时社会的事实为核心，所以事实在历史中占主要位置。传记，主要是以人物为中心。但无论其记录的社会事实与当时的历史事实关系如何，只看这个人的思想情操怎么样就行了。加里波的功绩纵然不如加富尔，但他的人格又怎会在加富尔之下呢？

【评论】

加里波的的爱国热忱，与华盛顿差不多，这大概就是所谓的质美而未学吧。试看加里波的一生的所行之事，虽然诚意十足，但不免有些意气用事，而华盛顿却纯粹是出于真诚。因此华盛顿到了晚年，声誉、名望越来越高，为世人所敬重和取法；而加里波的晚世矜式。而加里波的末路，乃至迭遭失败，不及其中年之时。盖守诚者，则诚无盛衰；而任气者，则气有盛衰也。夫仁者必有勇，勇者不必有仁。华盛顿与加里波的，固皆可谓仁者，然而加里波的见理未精，间有为气所使。而二子之结果，率不相类。然则世之人欲自立于不败之地者，其亦慎于所守哉。

年，却接连遭遇失败，不像中年时期那般志得意满。因此能够坚守真诚的人，其诚心是没有兴衰之分的；而意气用事的人，他的气势是有兴衰区别的。一个心怀仁义的人一定有勇气，但一个有勇气的人却不一定心存仁义。华盛顿与加里波的，都可称得上仁义之人了，然而加里波的对事理看得不透彻，时而会有几分意气用事。因此这两个人的结局，明显的不相同。然而世人想要自己立于不败之地，他也得小心自己心中坚守的是否适宜。

第十三章　加里波的之轶事

吾述加里波的一生事业既终。今更列其一二轶事，以结前传。

加里波的少时，不喜教会，喜观海，初不习航海术。一日从船长某，航塞尔尼尔国港中，归时与一商舶相遇，并舳而行。近节诺亚岸，忽起飓风，舟荡。加里波的不知所为，然终能自制。乃鼓其勇气，刺船如飞。而涛头怒起，行将覆。忽有商船过之，将覆矣。加里波的欲趋救之，大浪遮船，船不得前，而商船卒沉。加里波的望海大恸，频自引咎。其后与人谈及此事，犹自恨其临难无勇也。

加里波的尝语人云，余在海上，屡遇危险，每见邻舟遭难，余心辄伤。较之自沉其舟，伤尤甚焉。尝奉命率舰出他拉曼，至河口，忽遇飓风，舰将覆。顾同舟皆余知交，且皆为自由奋战者。彼等不习海事，余夙业海，故于风波怒号之际，犹得以己力勉强支持。陡间一浪掠舻，余为浪冲掷至丈余外，幸身犹在甲板上。因即起欲助吾友集木片，分给诸人，使抱持之。友人挨多华在舱板上，身已半没，余急与以木片。旋翻身向舳，见吾友路基，亦立舱板，为湿衣所缠，苦不得脱。余则急引刀切断其衣。正夷犹间，又有一浪来，船陡覆。余为浪所击，直投入海数丈。乃更浮露水面，视友咸我已经将加里波的一生的事迹讲完了。现在另外列举一二件他的轶事，来总结前传。

加里波的小的时候，就不喜欢教会，喜欢看大海，当初还没有学习航海技术。一次跟随一位船长，航行到塞尔尼尔国的港口，回来时与一商船相遇，两船并排航行。接近节诺亚港口的岸边时，忽然刮起了大风，船摇摆得很厉害。加里波的不知道该怎么办，但始终还能自我控制。于是他鼓起勇气，撑着船飞快前进。而此时浪涛汹涌而来，眼看就要翻船了。忽然有艘商船超过了他，就要翻沉了。加里波的想马上前去营救，但大浪遮盖了船，无法前进。而商船最后沉没了。加里波的面对着大海痛哭不已，多次为此而自责。后来和别人谈起此事，还悔恨自己当初面临危难时没有了勇气。

加里波的曾经对人说，我在海上，多次遇到危险，每次看到旁边的船遇到危难，我的心便会难过。相比自己的船沉没，更为伤心。我曾经奉命率领舰队去他拉曼，到河口处时，忽然遇到大风，舰船眼看就要沉没。然而同舰的人都是我的知交好友，而且都是为了自由而奋斗的同志。他们不熟悉海事，我素来在海上跑，因此在风波怒号之时，还能以一己之力勉强支撑。突然一个大浪掠过船舳，我被大浪冲出一丈多远，幸好身体还在甲板上。因此马上起来帮助我的朋友收集木片，分发给大家，让他们抱着木板坚持。朋友挨多华在舱板上，身子有一半已淹没在水里，我急忙将木片给他。我又翻身走向船头，看到我的朋友路基，站在舱板上，被湿透的衣服缠住了，无法脱身。我于是赶紧拿起刀准备割断他身上的衣服。正犹豫的时候，又一个浪打过来，船突然翻了。我被漂流海中如木叶。见余一人凫向岸，则皆从余而凫。余固幼习海事者也，故能最先达岸左。挨多华亦垂近岸矣，力竭，复随波漂去。余乃再趋入海救之，授以手，使引余手而凫。凫数步，浪又来冲，拉多华卒为浪所夺，不复见其形影。此时余痛恨极，乃至不能出涕，因再登岸。时船客没者十六，生存者十四人而已。天气酷寒，烈风凛肤，诸人相顾无颜色。适有一樽白兰地酒，随海波漂来。众喜，将开而饮之，而力已乏，卒不能开。是时风愈烈，饥寒交迫，十余壮士，咸将毙于途次。余乃厉声命众人沿岸行，毋与风逆。因自为先导，向前而奔。众亦随余疾走，神魂飞越。余几仆者屡，顾不急行则必冻死于道，乃努力行数里，至一农家前，昏仆于地。主人夫妇出救，久之乃苏。集枯木炽火，相聚取暖，且取将熟柑以飨余等。余等乃额手相祝无事也。

加里波的赴南美助里阿古兰之自由，与布拉基开战时，一日粮尽，出而觅食，与二三从卒共上陆行旷野间。数十里，见一农家，家隔一流，无舰不能渡。加里波的临流大呼，见农家门开，出一少女，年初也。因告以故，女掉舟来渡。既抵家，出食飨之。且言吾父外出，少间即当归，卿盍少留。

浪直接冲击到几丈远的海里了。等到我浮出水面，看到朋友们都如同落叶一般漂在海中。他们看到我游向岸边，便都跟在我身后游着。我从小就熟悉水性，因此最先到达了岸边。挨多华也接近岸边了，但已没有了力气，又被波浪推远了。我于是再次下海去救他，我伸出手，让他借着我的手游。游了几步，海浪又打了过来，拉多华又被浪给淹没，再也不见了身影。这时候我十分悲痛，以至于都不能出声哭泣，因此再次登岸。当时船上的人被淹没的有16人，生存下来的只有14个人而已。天气特别冷，冷风吹得皮肤都僵了，每个人互相看着，脸上没有了颜色。这时正好有一瓶白兰地酒，随着海浪漂了过来。众人大喜，准备打开了喝，但因力气已经用尽，最终没能打开。当时风越来越猛烈，饥寒交迫，十几个壮士，都快要死在路上。我于是大声命令所有人沿着海岸跑，不要逆着风。因而自己带头，向前奔跑。大家也跟着我奔跑，神魂不定。我好几次跌倒在地，但是如果不赶紧跑就会冻死在路上，于是努力跑了好几里，到了一户农家门前，昏倒在地。主人夫妇出来搭救，很久才醒过来。他们收集了枯木烧起大火，让我们聚在一起相互取暖，并且拿出快熟的柑桔招待我们。我们相互祝贺大家平安无事了。

加里波的奔赴南美帮助里阿古兰为自由起义，与布拉基开战时，有一天粮食没了，出去找东西吃，和几个随从登岸在旷野间行走。走出数十里后，见一户农家，但是和农家中间隔了一条河，没有船不能过去。加里波的靠近河边大声呼喊，看见农家的门打开了，出来一个少女，刚刚成年的样子。因此告诉了她缘故，女子划了船来接他们。到了家中，拿出食物给他们。并且说自己的父亲外出了，一加里波的诺之。女既进食，因自取琴鼓之，为荷马之歌。歌声绝哀抗激楚，听者毛发为悚。歌阕，主人自外入，问客来意，因以粮食为馈。加里波的得粮而归，因得鼓勇胜敌。此女即马尼他也，后与加里波的成伉俪。事见前传。

加里波的尝流寓中央阿美利加，有法人常来访。加里波的接人，语讷讷不出口，而法人好为谈论。未数语，辄夸其国，盛称拿破仑攻入意大利事。语次，嘲意大利人，谓意人乃卑劣人种，终无独立之望。加里波的愤甚，叱之，法人引去。数日后，忽有友人来，出一新闻纸示之。中有诽加里波的语，谓彼为海贼。盖即前此来访法人之投书也。加里波的大怒，裂碎新闻纸，自赴法人家，遇之于一肆门外。因问法人，若知我否耶？法人故为不知状。加里波的怒曰："若既不知我，我今当令若知。"乃以杖叩之。法人大愤，还击加里波的，流血被面，几仆。法人又出短刀迫之，加里波的奋力相托，法人刀落，驰入内。警吏见之，欲向前捕，加里波的乃逃去。事后常深自悔，以为吾辈当挺身为国家之急，奈何以小忿故，为匹夫所为。自是深自敛抑。

会儿就会回来，请先生稍等。加里波的答应下来。女子吃过东西后，便取来琴弹奏，弹的是荷马之歌。歌声悲绝哀恸，高亢凄清，听的人毛发悚然。歌曲停止后，主人回来了，问清楚了客人的来意，因此以粮食相赠。加里波的得了粮食回来，因此鼓舞了士气战胜了敌人。这个女子就是马尼他，后来和加里波的结成夫妻。具体情况见前传。

加里波的曾经流落到了中央阿美利加，有一个法国人常来拜访他。加里波的接待人，常常说话迟钝，讲不出口。而法国人善于谈论，没说几句话，就夸耀自己的国家，大专用称赞拿破仑攻入意大利的事情。说完后，嘲笑意大利人，说意大利人是卑劣人种，终究没有独立的希望。加里波的十分生气，大声呵斥他，法国人因此离去。数日后，忽然有朋友过来拜访，拿出一新闻报纸给他看。报纸上有诽谤加里波的的话，说他是海贼。原来这就是之前来拜访他的法国人写的稿子。加里波的大怒，撕碎报纸，亲自赶去法国人家里，在一店铺门外碰见了法国人。因此问法国人，你了解我吗？法国人故意假装不知道的样子。加里波的生气的说："既然你不了解我，那我今天就让你知道。"于是用木棍打他。法国人十分生气，还击加里波的，脸上流满了血，几次被打倒。法国人又拿出短刀逼近加里波的，加里波的奋力反抗，法国人短刀被击落，于是跑入了店内。警察看见了，想要上前逮捕他，加里波的于是逃走了。事后，他常常自悔，认为自己应该为国家的危难挺身而出，怎么能因为一点小忿，而意气用事呢？自此以后，他收敛了很多。

【批评】

养气工夫，亦难矣哉。余所传诸名人中，足以语此者，惟华盛顿一人而已。顾其它诸人，虽涵养未到，而要皆能自制，常不使之逸轨。观于哥仑布性易怒，而能自制；大彼得狂犷，而乐于闻善；加里波的亦然，受法人之辱，不能自制，既被其创，乃引为终身戒。世之效英雄者，乃以为英雄不拘细行。夫不拘细行，非彼所以为英雄之资也，特适以为英雄累耳。吾人若从而学之，则亦适足以自障其为英雄之途而已。

加里波的与讷尔逊，同为血性好男子。若以功业之大小较，则加里波的较讷尔逊为优。若以功业之完全论，则加里波的不及讷尔逊。若以主义论，则讷尔逊主义，在于爱国，古来史传中，多有之；而加里波的所持主义，为世界人类主义，十九世纪之新产物也。

【评论】

修身养气的功夫，也是很难的事。我所写的这些名人传记中，完全做到这点的，唯独华盛顿一人而已。不过其余的那些人，虽然涵养不够，但是都能自制，不让自己做出轨的事。哥仑布本性易怒，但是他能够自我控制；大彼得性格狂放粗犷，但是愿意听取别人的意见。加里波的也是一样的，受到法国人的侮辱，不能自制，后来被法国人打伤，便引以为终身戒律。世上效仿英雄的人，都以为英雄不拘小节。他们不拘小节，并不是他们成为英雄的资本，这恰恰会成为英雄的累赘。我们要是学习他们不拘小节，则只会障碍自己成为英雄的路途。

加里波的和讷尔逊，同样都是有血性的好男子。如果用功业的大小来比较，那么加里波的比讷尔逊要更为优异。如果是用功业的完成度来比较，那么加里波的不如讷尔逊。如果是以个人主张的主义来比较，则讷尔逊的主义在于爱国，这在古往今来的历史传记中有很多；而加里波的秉持的则是世界人类主义，是19世纪新兴起的主义。

少年叢書

文白对照本

毕斯麦

林万里◎著

團結出版社

图书在版编目（CIP）数据

少年丛书 / 孙毓修编. -- 北京 : 团结出版社,2015.7
ISBN 978-7-5126-3662-0

Ⅰ.①少… Ⅱ.①孙… Ⅲ.①名人—生平事迹—世界—少年读物 Ⅳ.①K811-49

中国版本图书馆CIP数据核字(2015)第130183号

出版：团结出版社
（北京市东城区东皇城根南街84号 邮编：100006）
电话：(010) 65228880 65244790 （传真）
网址：www.tjpress.com
Email：65244790@163.com
经销：全国新华书店
印刷：三河市祥达印刷包装有限公司
装订：三河市祥达印刷包装有限公司

开本：148×210 1/32
印张：128
字数：1500千字
版次：2015年12月 第1版
印次：2016年4月 第2次印刷

书号：978-7-5126-3662-0
定价：490.00元（全28册）

少年叢書

《少年丛书》白话语译编委会

出版前言

近代著名思想家、政治家梁启超曾经说："少年强则国强，少年智则国智，少年富则国富，少年独立则国独立，少年自由则国自由，少年进步则国进步，少年胜于欧洲，则国胜于欧洲，少年雄于地球，则国雄于地球。"这是他的散文《少年中国说》中的一段，作于戊戌变法失败后的1900年。文中极力歌颂少年的蓬勃朝气，指出封建统治下的中国是"老大帝国"，热切希望出现"少年中国"，振奋人民的精神。

或许是受到梁启超先生的感召，1908年冬天，上海商务印书馆编译所推出了一套系列丛书——《少年丛书》，又名《中外伟人的传略》，这是二十世纪中国的第一部历史人物类学生课外阅读丛书。首任编辑和作者是林万里，第二任编辑是孙毓修，孙毓修是这套丛书的主要作者，后期加盟写作的骨干还有国学大师钱智修。他们都博览中外，以精准而严格的眼光审视中外古今文化资源，选取其中有益于

少年儿童精神世界的材料，予以整合，编写成册。这套书出版以后，广受少年儿童的欢迎，每册前后加印达几十次，若整套书累计，恐怕达到数百次之多，发行量之大，影响力之广，在二十世纪的人物传记类图书中堪称罕见。

《少年丛书》前后出版了近三十余种，每一册传主为一位中外历史名人。我们在全国各地经过多方的搜寻，共得二十八册，其中中国名人十五位，外国名人十三位。每篇先叙述名人的生平传记，后加以作者的评论，根据时事，启发少年，借以激励少年树立远大志向，明确奋斗目标，成就健全人格。著名作家茅盾在阅读这套书后曾评论说："记事简明，议论正大，阅之足以增长见识，坚定志气。"这套出版之初即为砥砺少年志向的书影响了当时无数少年儿童由此走上振兴中国之路。著名作家张天翼、赵景深、陈伯吹等，都曾深受这套书的影响。

《少年丛书》的三位作者，都是当时学贯中西的通儒，不仅有深厚的国学功底，也有睁眼看世界的非凡眼光。撰写本套书册数最多的孙毓修先生，他是我国近代著名的目录学家、藏书家、图书馆学家。他同时还创作了大量的儿童文学作品。除了《少年丛书》，他还先后主编出版《少年杂志》、《童话丛书》等，被茅盾誉为"中国童话的开山祖师"。

另一位作者钱智修，浙江嵊县人，字经宇，是著名的国学大家，博古文学家，东方学派思想家。他在学时，就以"国学国文湛深，文章洛阳纸贵"赢得尊敬，并被上海多家进步报馆争揽为特约撰稿人。1911年毕业后，他应编译所长高梦旦之聘，担任商务印书馆编

译所编辑。1920年7月他任《东方杂志》主编，长达12年，是该杂志有史以来任期最长的主编。他还参与编辑《辞源》及《中国人名大辞典》、《中国古今地名大辞典》。1931年任国民政府监察院秘书长。

第三位作者林万里是民国年间著名的报人，原名獬，又名白水，字少泉。他幼承家学，又拜名士高啸桐（商务印书馆创始人之一）为师。清光绪二十四年(1898年)，他在杭州参与创办求是书院、养正书塾、东城讲舍、蚕学馆4所新式学堂，任求是书院总教习；后任《杭州白话报》主笔，宣传新思想。光绪三十年(1904年)，他出任《警钟日报》主编，宣扬孙中山及其领导的革命，后追随孙中山。帝制取消后，林万里重操新闻旧业，创办过多份报刊。

鉴于每位作者独有的知识结构和兴趣热点，每位编者对人物都有自己的选择。孙毓修所撰写的大部分是中国历史名人，而且写作的视角也非常独特，如其所写的《玄奘》是一个历史人物，而不是《西游记》中的唐僧。现代的普通读者对玄奘的了解绝大部分是来自于《西游记》等小说，而历史上的真实情况却鲜有人知——玄奘取经并非唐太宗支持，相反还受限于当时的法令，他冒着生命危险才得以出境。这就需要有人为读者打开另外一扇窗户，还原真实的玄奘，而不是小说中的文学形象。茅盾先生对孙毓修所写的《玄奘》评价很高：“可以说是内容翔实，深入浅出，既宜于少年阅读，也使成年人增加历史知识。”再如《苏秦》，作为一位著名的辩士，《史记》必然为之列传。孙毓修在写苏秦游说各国发言的时候采用了《史记》中记载的史料，而在后面的评论部分对苏秦的表现作了恰当的点评，分析苏秦游说秦、燕、赵、韩魏、齐楚的过程，阐述了苏

秦辩术策略的不断提高。对于国外人物的选取，孙毓修也是偏爱励志型的，如德谟士，从一个小人物成长为大演说家；彼得大帝，从受制于人，成为欧洲赫赫有名的皇帝。

另一位作者钱智修，先后写有《林肯》、《苏格拉底》、《拿破仑》等，这些都是西学东渐后中国人十分崇仰的外国名人。值得注意的是，钱智修秉承严复所主张的信、达、雅翻译原则，特别讲究传记所含的真实性。他所抒发、张扬的传主虽然都被列为人们仿效的楷模，写法却不做作，更没有为了塑造人物形象而更改史实。

林万里所写的外国传记和钱智修的作法大致相近，即在第一章抒发己之传记宗旨，后文谈及传主读书之术、治学之道与其行事风格，并进行了点评。此外还有其他人关于传主的言论，更有编译者自己的评论，以引导少年儿童正确地学习和借鉴，而不是一味盲从。

《少年丛书》的最大特色，就是“记事简明，议论正大”。书中除了记叙人物的生平故事之外，作者的评论也让这套书大为增色。其议论宏富，既能够结合少年的成长特点，指明如何学习书中人物的优良品质，也指出了其中的不足之处，对于引导少年如何立志修身，大有裨益。

这套书的另一大特色，就是全部用文言文写作，语言凝炼，文笔流畅，保持了中国传统作史传的鲜明特色。当时，白话文风已经悄然兴起，而作者能够不从时髦，采用文言写作，甚为难得。以至我们今日再读此书，依然能够体味到文言笔法的无穷魅力。然而考虑到近百年来，国人的文言文水平已经一落千丈。今日的大部分少年，阅读文言文尚有一定困难，因此我们特别组织人员，将全套书进行了

白话翻译。尽管我们做了最大的努力，文言文的神韵依然是难以用白话表达出来。因此，我们希望少年朋友通过阅读这套书，体会文言文的独特魅力，进而热爱和学习文言文。

《周易》有云："君子以多识前言往行，以畜其德。"说的就是多学习古人的嘉言懿行，对我们修身立德至为重要。古人尝言："童蒙养正，少年养志，壮年养德。"少年时期是人生至为关键的时候，这个时期树立什么样的志向，以什么样的人为榜样，往往会决定一个人未来的人生成就。而一个人少年时期读的书，也足以改变他的一生。在今日少年课外读物良莠不齐的状况下，《少年丛书》堪称鲜有裨益少年的优秀读物。若今日的少年，能够认真研读这套《少年丛书》，对于树立远大志向、培养健全人格、完善道德情操将大有裨益。或许，今日的风华少年，即是将来成就伟业的千古豪杰、泽被世人的大圣大贤。勉哉！勉哉！

为什么要读名人传记

——《少年丛书》白话语译序

我从小很喜欢读书，可是，因为身处偏僻山村，小的时候却无书可读。那个时候，家中只有父亲买的一本《古文观止》，儿时翻阅过无数次，虽看不太懂，却记忆深刻。有人说，儿童时期读的书，一生也难以忘记。此言确实不虚。

没有想到的是，儿时无书可读的我，日后竟然投身于出版业。今天，我国的出版业已经非常发达，给少年儿童读的书也非常多。可是，若细心寻求，真正的好书却是少之又少，尤其是给少年儿童介绍历史文化的书。

一个偶然的机会，我们与这套百年前的《少年丛书》结缘，这套当初专为少年而写的中外名人传略，让我眼界大开，没想到，百年前的前辈们，竟给少年们创作出如此优良的传记读物。要知道，给少年

儿童写作，比给成年人写作更难，尤其是给人物作传，既要符合历史史实，不可随意编撰，又要注意引导青少年如何取其长，避其短，以免误人子弟。因为，作为历史人物，不可能处处皆堪为今人楷模。这就需要作者要极富有爱心、责任心和严谨精神，才能让读者从中获得纯净的人生智慧。可以说，目前各种写给青少年的人物传记，很少能与这套《少年丛书》相提并论的。

这套书中的二十八位中外名人，大多数是我们耳熟能详的人物，但是对于他们的生平事迹，也许就知之甚少了。读了他们的传记，方知欲为圣贤豪杰，需下一番苦功夫才能有所成就。“人人皆可为尧舜”，说的是我们每个人都有成圣成贤的资质，然而虽有圣贤之资，也需后天的不懈努力，方能成就一番伟业。所以，这一套书作者的目的并不仅仅是让读者了解一下名人轶事，而是以伟人的事迹启迪和激励少年朋友，树立人生的志向，汲取这些英雄豪杰的人生智慧，修身立德，练就自身本领，最终成为造福国家和社会的有用之才。

这套书虽然是写给少年看的，并不意味着就不适合大人阅读。大作家茅盾就曾大力推荐这套书。现在的青年人，乃至家长、老师，若能读读这套书，对于人生事业，教育子弟，也是大有益处的。可以说，这是一套老少皆宜的好书。

《少年丛书》在当时之所以大受欢迎，销量巨大，也不是没有原因的。这套书每册文字量不大，文笔流畅，史实可靠，评议精彩，这都是许多普通名人传记所不具备的。因此，这套书深受读者欢迎，也就不难理解了。

读名人传记，重在学习名人的智慧和经验。正如文天祥所说，

“人生自古谁无死，留取丹心照汗青”。人生有涯，知也无涯，如何在有限的生命里寻求到人生的价值，获取人生的智慧，而不浪费光阴？《少年丛书》中的这些圣贤豪杰，就是我们的榜样。他们身上伟大的人格，比如孝友、善良、爱心、坚毅、勇敢等等，这些人性的光辉，都是我们的学习之处。

我们用了近一年的时间，将这一套书作了白话语译，希望今天的少年们，能够喜欢阅读并且从中汲取智慧。若能让每一位读者都能够有所收获，那就不负当初写作这套书的三位老前辈的一片苦心，而我们的工作也就没有白做了。

这一套书规模宏大，在校对和语译的过程中，难免会有错误，恳请广大读者不吝指正。

《少年丛书》语译小组　主编　萧祥剑

目录

第一章 绪论

学孔子者，但学其出妻；学子路者，但学其愠见；学颜子者，但学其箪食瓢饮；学曾点者，但学其嗜羊枣，浴乎沂、风乎舞雩，而谓吾学圣贤矣，可乎？

不学齐桓之尊王攘夷，而学其杀公子纠；不学晋文之创业定霸，而学其恋齐姜；好酒及色者，谓吾学汉高祖；喑呜叱咤者，谓吾学楚霸王，而谓吾学英雄矣，可乎？

语曰：人非圣贤，孰能无过？可见过者，为人所难免也。虽然，吾敢曰，人虽圣贤，亦不能无过，盖圣贤不过寡过而已。故孔子曰“假我数年，五十而学易，亦可以无大过矣乎”，蘧伯玉但求寡过未能。此可见圣贤一生，亦不外求寡过、求无大过耳，岂敢曰无过乎？

过既为圣贤所难免，则古今以来，欲求一完全无过之人难矣。古今既少完全无过之人，然则古今之圣贤豪杰，岂皆不足学乎？曰不然，古今圣贤豪杰皆彼此相学而成也。苟有些学习孔子的人，往往只知道效仿他离妻远家的行为；有些学习子路的人，往往只知道效仿他遇事后的愤愤不平；有些学习颜渊的人，往往只知道他安于贫困；有些学习曾点的人，往往只知道他喜欢吃羊枣、与朋友游乐于沂水之间、临风于舞雩之台。如此只了解一些圣贤的轶闻故事，就说自己已经学习了圣贤，这样可以吗？

不学习齐桓公尊奉周朝王室、抵御北方少数民族入侵的丰功伟绩，却学习他为争权杀死自己哥哥公子纠的行为；不学习晋文公历经艰辛磨难成就春秋霸业，却学习他沉醉齐姜美色、不思国事；自己吃喝玩乐却说是学习汉高祖的行事风格；对人动辄厉声呵斥却说是学习楚霸王的处世方法，如此取短避长，就说自己是学习英雄所为，这样可以吗？

古人说："一般人达不到圣贤的境界，谁又能没有过失呢？"因此，生活中人们都难免出现过失。尽管如此，我仍然敢断定，人即便是能达到圣贤的标准，仍然不可能不犯错误，不过是圣贤之人所犯的错误较少而已。因此，孔子说："假如再借给他几年时间，在五十岁的时候开始学习《易经》，应该可以做到不犯大错误了。"春秋时卫国有名的贤人蘧伯玉也只是尽量减少犯错误，没能完全无过。纵览圣贤之人的一生，也不过是努力避免错误、尽量不犯严重的错误，哪敢妄言自己不犯错呢？

既然圣贤都难以避免犯错，那么古往今来，想找到一个从来没有犯过错误的人太难了。那么自古以来既然没有完全不犯错的人，是不是以往的圣贤豪杰因为犯过错就不值得学习呢？我认为以圣贤豪杰不能免过，而不屑学之，则圣贤豪杰，将绝迹于天下矣。

圣贤豪杰，既不能免过矣，而吾又不能不学圣贤豪杰矣。今敢问学之之法奈何？只学圣贤豪杰之过，而可以为圣贤豪杰乎？抑学其圣贤豪杰，而又必须兼学其过乎？如谓只学圣贤豪杰之过，而可以为圣贤豪杰，则当吾未学圣贤豪杰之过时，吾身本为有过之身。今又从而益之，是适成为过失重重之人，更何圣贤豪杰之有？如谓学其圣贤豪杰，又必须兼学其过，则圣贤豪杰有过，本为圣贤豪杰之不幸，非谓凡为圣贤豪杰者，必须有几许过失，而后圣贤豪杰之格乃为完全。吾苟幸得免过，岂不较彼更善，则又何苦故为白璧之瑕也。

今天下有一多过之人焉，当其犯过也，彼亦自知不能掩人之耳目，于是先于古今中外之所谓圣贤豪杰中，择其一人，曾亦有此过失者为彼之保护。有人指其过失彼即借口曰：某圣贤某豪杰不尝有此乎？吾学某圣贤某豪杰也，吾又何惧？

夫圣贤豪杰之有过，此为圣贤豪杰之不幸。然亦因并不是这样。历代的圣贤豪杰都是互相学习，取长补短，不断提升自己。如果因为以前的圣贤豪杰都犯过错误，就不屑于向他们学习，那么从此世界上就不会再出现圣贤豪杰了。

圣贤豪杰既然都有犯错的时候，但我们却不能不学习他们。那我们到底应该怎么样向他们学习？仅仅学习圣贤豪杰做的不对的地方，可以成为他们那样的人吗？又或者是学习圣贤豪杰的过程中应当连同他们的不足之处一并学习？如果只是学习圣贤豪杰的不足，从而就可以达到圣贤豪杰的标准，那么我们还没有学习效仿他们的过错之前，自身本来就已经存在很多过错，现在又学习沾染了更多的毛病，则恰恰成为了有严重过错的人，这哪里谈得上是圣贤豪杰呢？又或者学习圣贤豪杰必须在学习的过程中将他们的优缺点“兼收并蓄”？实际上，圣贤豪杰犯错对他们而言原本是一种缺憾，而不是说凡是圣贤豪杰就一定要有些过失才行，只有这样才符合圣贤豪杰的标准。那么，如果我们只学习了他们优秀的品质，同时又避免出现他们那样的过失，岂不是比以往的圣贤豪杰更高一筹？既然如此我们又何必画蛇添足，非要在纯洁的白壁上添上一点瑕疵呢？

假如现在世上有一个经常犯错的人，当他犯错的时候，他也很清楚自己所犯的错误不能骗过别人，于是就从古今中外的圣贤豪杰中挑出一位犯过类似错误的人作为说辞，一旦别人指出他的错误，他就以此为借口，说“历史上某位圣贤某位豪杰不也犯过这样的错误吗？我这是学习某位圣贤某位豪杰的做法，我犯错又怕什么”？

圣贤豪杰犯错，也是他们不希望发生的。但是对他们而彼于犯过之后，能力改其过，而又卒能变成为圣贤豪杰，然后其过始为人所传。不然，圣贤豪杰之过固为常人所恒有。彼常人者，何不以过而传其名，而圣贤豪杰之过，转载在青史也。彼犯过者，既不学圣贤豪杰之学问事业，而反以彼偶犯之过失为借口。呜呼！圣贤豪杰，苟犹有知，当必益增遗憾矣。

或问曰：此人犯过，既每以圣贤豪杰为借口，然则自来之史家。记圣贤豪杰之事者，何不但记其善，而举此一二不检之细行，付之阙如？或可免滋流弊也。应之曰：是不然。史家记一人物，而不欲遗其细行者，盖有数意焉。

史家与画家同，史家最要者在于传信，画家最忌者在于失真。故画家之画山水，不但画其明媚而已，凡山旁之破屋秃樵，水边之破船老渔，皆为一一描出。盖以描破屋破船，愈足以衬山水之明媚也。若于山旁而添一广厦华屋，水边而添一画舫彩船，饰渔翁为美人，改樵子为显者，则山水之真景失矣。人物者最与山水相类也，故史家之记人物，每当言，正是因为犯过错误后能够尽力改正自身错误，才逐步蜕变成为圣贤豪杰，然后圣贤豪杰所犯的错误才在人们中间流传。不然的话，圣贤豪杰的错误本来也是普通人所经常犯的，那么这些普通人为什么不能因为犯这些错而被世间流传？相反，圣贤豪杰犯错则被记载在历史上。那些犯错的人，不学习圣贤豪杰的学识修为和事业成就也就算了，反而以他们偶尔犯的过错作为自己犯错的借口。唉，如果圣贤豪杰泉下有知，应该会感到非常遗憾吧。

有人可能问，这些人犯错既然总以圣贤豪杰为借口，而这些内容又来自史学家记载的圣贤豪杰的轶闻故事，那么史学家为什么不仅仅记载他们的优点善行，对于一些不端的行为直接略过呢？或许能够避免产生不好的影响。回应这个问题，其实这么做是不对的，史学家记载一个人物，不愿意放过每一个细节事件，是出于多个方面考虑的。

史学家与画家一样，史学家最核心的追求是在于记载真实的历史，画家最忌讳的事情就是描绘失真走形。因此画家画山水画，不仅仅画山清水秀的靓丽一面，但凡山脚的破房子、穷困的樵夫、水边的破船、年迈的渔翁，都要逐一描绘出来。因为描绘这些破房破船，更能够衬托出山水的明媚秀丽。如果山的旁边画一栋富丽堂皇的高楼大厦，水边再添一艘装饰华丽的大船，把老渔翁画为妙龄少女，把穷樵夫画成达官显贵，那么山水的真实景色就荡然无存了。描绘人物与描绘山水的性质最为接近。所以，史学家在记载一个人物的时候，总会搜集一些关于他们的逸闻轶事，作为传记的一部搜其一二逸话，为文章材料者，亦传信之意也。

历史者，人生之宝鉴也，亦人生之模范也，标准也。故史家之记一人物，必须举一人物之事迹，始末巨细，悉载之于书，且旁及于其朝代之关系。俟后之读者知其人物之所以成为人物者，或由其朝代所造成，或由其境遇所造成，而可以推定其人物之价值。至于其少年之逸事，及其生平之细行，所以不欲掩之者，史家之意，盖谓此等逸事细行，无论为善为恶，皆足为读者之宝鉴、模范标准。何也？凡成年以上之男女，无不具有识别之脑力。观古人之善，未有不知其为善；观古人之恶，亦未有不知其为恶者。人类既具有此识别善恶之脑力，则当其读人物传记时，见其善者，未有不动欢欣钦慕之情；见其恶者，自未有不生嫌恶悼惜之念。且同时又必发生一心理焉，以为以彼之如许圣贤、如许豪杰，犹不免有此遗憾，难逃直笔。吾侪苟不鉴彼之善，而知其恶，则不特增彼圣贤豪杰之遗憾，抑亦非作史者之意也。

且古来人物之所以成为人物者，大半皆因其生平偶陷一二之过失，后知所悔，乃急急于改过，又同时急急于立分，这也是出于使人物形象更加真实更具立体感的目的。

历史，是人们生活中可以借鉴的宝贵经验，也是人们一生中学习的榜样和处事的标准。因此，史学家记载人物就一定会记叙一些人物过去所做的重要事情，从起始到结束、从大事到小情全部都记载在书上，而且旁征博引，到人物所处的时代背景。等到后世的读者能够理解历史人物之所以能成为有才能的人，或者是由于时势造就，或者是由于自身的经历所形成的，从而可以明确历史人物的真实价值。至于这些人物年少时候的琐事和生活中的细枝末节小事，之所以不愿意进行掩饰，史学家认为，主要是考虑类似的小事小节，不管其性质是好是坏，都能够作为读者借鉴的宝贵经验教训和处事的参照标准。为什么呢？只要是正常成年人，全部具有分辨善恶的认知能力。看到古人所做的善行义举，没有不知道这是好的；看到古人所做的恶行劣迹，也不会不知道这是坏的。人既然拥有认知善恶的能力，那么当他阅读人物传记的时候，看到记载的善事都会引发高兴倾慕的情绪，看到记载的坏事自然都会产生厌恶惋惜的感觉。与此同时，又会产生这样的心理认识，即便达到如此圣贤的高度，做出如此豪杰的壮举，仍然免不了留此遗憾，难以逃脱历史如实描述。我等之辈如果不学习他们的优点，避免他们的过失，那么不光是增加了那些圣贤豪杰的遗憾，也枉费了史学家的一片心意。

况且古今以来，那些之所以能成为大人物的，多数是因为他们人生中偶然犯了一些过错，然后产生悔意，于是迫切改正自己的缺点和不足，同时又迫切于建功立业，希望以此弥补自己以前犯功，冀以自补前过，而其结果乃成为圣贤豪杰矣。故作史者之意，更欲以是有过之事，摭拾而录之，俟读者自知凡人遇有过失之后，不可自馁其志气。苟不馁其志气，能力改其过，而臻于善，则其结果仍可以为圣贤为豪杰也。

史家之用意，盖不外于以上所述。故其记一人物也，遇其人道德之完全者，则记其完全，遇其人道德之不完全者，即记其不完全，从无讳饰之事，以待读者之识别去取。而不料后世之人，日巧于为恶，乃至不学古人之善，而专刺取其一一恶行，以为自己之护符，使得利用古人，以为抵抗舆论、防御清议之具。虽然曹丕逐君，亦自谓学伊尹；王莽篡汉，亦自谓学周公，而后世终以莽丕为乱贼，不闻颂莽丕为伊周，可见美名终不可以盗取也。

此等道理，本为至浅。然读书者，必先识此浅理，而后任读何书，皆受其益矣。孔子不云乎："三人行，必有我师，择其善者而从之，其不善者改之。"夫世有善不善皆萃于一人之身，使读者见其善，不能不从，见其不善，亦不能不改。此其人为谁？曰是惟德国宰相毕斯麦。

过的错误，于是最终成为了圣贤豪杰。因此，撰写历史人物的本意，更主要是希望有选择地拾取摘录古今人物出现过错的故事，使读者能够明白人一旦遇到挫折失败后，不能妄自菲薄，失去信心。如果不失去信心，而是竭力改正自己的过错，逐渐完善提升自己，那么最终仍然可以成为圣贤豪杰那样的人。

史学家的意图，基本不外乎以上所说的几点。因此，在记载一位人物时，如果他的道德品行尽善尽美，就记载他尽善尽美的地方。当这个人道德品行存在不足之处，则连其不足之处一并记录，而从不存在避讳修饰的事，来让读者根据自己的判断去辨别取舍。但是没有料到后来的人越来越善于学习不好的地方，甚至于不学古人的优点而专门逐一挑选学习古人的恶行，作为辩解自己犯错的护身符，用古人犯错的事例来阻却舆论批评，当做防止时政议论的工具。虽然曹丕迫使汉献帝禅位，也自称是效仿伊尹外放周王太甲的故事，王莽篡夺汉室皇权，也自称是效仿周公摄政称王的故事，但后人始终认为王莽、曹丕是乱臣贼子，没有听说称赞王莽、曹丕为伊尹、周公的。可见，美好的声誉终究是不能靠说辞来窃取的。

上面这些道理，本来是非常浅显的。然而读书人必须首先明白这些浅显的道理，然后不管读什么书，都能够受益。孔子不是说过吗，“别人的言行举止，必定有值得我学习的地方。选择别人好的学习，看到别人缺点，反省自身有没有同样的缺点，如果有就加以改正”。这个世上有这样一个人，他身上集善恶于一身，使读者看到他的优点不能不学习效仿，看到他的缺点也不能不反省自改。这个人是谁呢？就是德意志帝国的首任宰相毕斯麦。

第二章 毕斯麦之家世及其少年

毕斯麦者，德国人，其家世为贵族。曾祖某，尝从德国斐特礼大王出征，战死。父为近卫士官，亦斐特礼大王之宠臣也。其母尝出入于宫禁，德皇威廉一世，甚尊敬之。西历一千八百十五年四月一日，毕斯麦生。

毕斯麦年十七，入猗契硁大学，然甚放纵，不守礼法，日以饮酒决斗为生活。尝往靴店定制一靴，嘱靴工曰：吾将于某日来取靴，苟误我期限，则吾必牵一猛犬来噬汝。于是每日必往靴店一次，问其果误期否。靴工畏其蛮暴，乃赶制其靴，如期而付之。毕斯麦喜曰：吾以后若更有烦汝制靴之事，亦愿汝能如期付我。不然，吾犬与汝本无交情，汝其慎之。靴工唯唯应命。

毕斯麦家居帕米拉亚地方，日以击枪为事，轰轰之声，终日不绝。四邻苦之，咸呼彼为乱暴公子。然彼不顾，狂放日甚。在猗契硁大学一年，入伯林大学。伯林为德国京城，毕斯麦既入伯林大学，时时思归。某年夏，德京疫气大作。其父寄书与毕斯麦，言伯林市中疫气若不息，可即归乡。毕斯麦得书大喜，即骑一马疾鞭之，出伯林市。既出都，马颠，毕斯麦坠地，伤一足。然思归心热，竟不觉其痛，复上马疾驰而返。

毕斯麦，是德国人，出生于贵族世家。他的曾祖父曾经跟随德国的斐特礼大王外出征战，战死沙场。父亲是皇帝的贴身侍卫，也是斐特礼大王宠幸的大臣。他的母亲曾经出入于宫廷，德国皇帝威廉一世非常尊敬她。公元1815年4月1日，毕斯麦出生。

毕斯麦十七岁时，到格廷根大学就读，然而他的行为特别放纵，不遵守规矩制度，每天的生活就是饮酒决斗。他曾经去一家鞋店定制一双靴子，嘱咐做靴子的工匠说我将在某天过来取我的靴子，如果超过了期限还没做好，我就一定要牵一头凶狠的狗来咬你。然后他每天都必去靴店一次，问问是不是误了期限。工匠害怕他野蛮残暴，于是抓紧为他赶制靴子，按照规定期限交给了他。毕斯麦高兴地说，我以后如果还有麻烦你帮我做靴子的事，也希望你能按期做好给我，不然我的烈狗可是和你没什么交情，你可要小心了。工匠恭顺地答应了。

毕斯麦家住帕米拉亚，每天就是射击作乐，轰轰的枪声一天到晚不停，周边邻居备受其害，都把他称作乱暴公子。但是他丝毫不顾及别人的看法，更加疯狂放荡。在格廷根大学就读一年后，他转到柏林大学读书。柏林是德国的首都，毕斯麦进入柏林大学后常常想回家。有一年夏天，德国首都大规模流行传染病，他父亲寄信给毕斯麦说，如果柏林市里传染病没有控制住，就可以马上回家。毕斯麦看到信后极为高兴，立即快马加鞭往回赶，出了柏林市区。刚出都城，所乘的马便发癫了，毕斯麦从马上摔到地上，一只脚受伤了。然而他归心似箭，竟然没感觉到痛，重新爬上马急速赶往家中。

毕斯麦既卒业于伯林大学，乃为伯林裁判所之书记官，复转为陪审官，又入控诉院，后更为兵。盖西人男子成年后，皆须服兵役，此为人民对国家之义务。故毕斯麦虽已作官，犹不能不当兵也。

毕斯麦甚嗜烟。当兵时，每出街，手必执烟卷。兵士手执烟卷行道上，状若文人，颇不雅观。其长官恶之，乃下令曰：步行时，若吸烟者，当处以军律。毕斯麦乃集其同辈，杂坐于道旁公共椅上，大吸烟卷。同辈不敢，曰长官方禁吸烟，奈何违令。毕斯麦曰：彼言步行时不得吸烟，吾今坐而吸之，安有违令？于是其长官亦无如之何。

毕斯麦性喜漫游，兵役既满，即漫游于英法二国。然甚留意于各国之政治，随时考察，知之甚详，故能通晓天下大势，卒建大业。

未几其父死，毕斯麦归乡里，日夜悲伤，念父甚切。经年无笑容，而狂荡之态，亦不复露。

父丧既除，毕斯麦复为漫游。路遇一少女，名岳罕讷。毕斯麦见而好之，与之谈论甚洽。少女亦慕毕斯麦，与约为夫妇。然西人男女结婚，虽有自由之权，要不能不请命于父毕斯麦从柏林大学毕业以后，就到柏林市政府的一所裁判所当书记官，接着转职为陪审员，又进入控诉院，然后到部队服兵役。西方国家的男人成年以后，都必须要服兵役，这是公民对国家要履行的义务。因此，尽管毕斯麦已经做官了，仍然不能不去当兵。

毕斯麦非常喜欢抽烟。当兵期间，每次出去逛街，他手里必然要拿着卷烟，士兵手里拿着卷烟在路上走，跟个文人一样，很不雅观。他的长官很厌恶这种现象，于是颁布军令，说如果士兵在步行时抽烟，就要按军法进行处置。毕斯麦于是就纠集他的同伴，乱七八糟地坐在路边的公共长椅上，大肆抽烟。有些同伴不敢抽，说长官才下令禁止抽烟，怎么能违抗命令呢。毕斯麦说，长官下令说步行走路的时候不能吸烟，我现在是坐着抽烟，哪里违背命令了？于是他的长官也拿他没办法。

毕斯麦生性喜欢四处漂游，服满兵役后，就去了英国和法国旅游。然而，在旅居期间他非常关注各个国家的政治形势，随时进行考察调研，了解得非常具体，因此能够熟悉世界格局的动向，最终成就了大业。

不久他的父亲过世，毕斯麦回到家乡，整天悲痛欲绝，深切思念亡父。一年都看不见他面露笑容，连以往狂妄放荡的态度也没有丝毫的迹象显露出来。

为父亲服丧期满后，毕斯麦再次外出旅游。在行程中遇见一名少女，叫岳罕讷，毕斯麦对她一见钟情，交谈甚欢。少女也倾心于毕斯麦，并相互约定结为夫妇。然而西方国家男女结婚虽然有母。若男子年在二十以内，女子年在二十五以内，则仍须受父母之保护，非可漫然自由也。故毕斯麦虽欲与岳罕讷定婚，而不能不请于岳罕讷之父。乃作一书告岳罕讷之父，谓欲得岳罕讷为妻。岳罕讷父，以毕斯麦素放荡，意颇不欲。顾岳罕讷独喜毕斯麦之气概，不以为嫌，其父乃先以书招毕斯麦至家，欲与谈论，以觇其人品。其日治酒延宾客，少顷毕斯麦来。既入门，宾客满座，毕斯麦傲然不为礼，即以臂抱岳罕讷，频频接吻不已。座客见其状，莫不惊怪，以为岳罕讷父，奈何欲以爱女嫁莽夫也。然岳罕讷意已决，乃于千八百四十七年夏成婚礼焉。

【批评】

观毕斯麦之少年，殆无一事可取。为学生时不守礼法，当兵时，故违命令。此皆彼之极坏处，读者不可不知。

毕斯麦少年，全是野蛮之自由。然父死守制，经年不笑，狂荡之态亦不复露。英雄亦何尝不守礼法乎。

观其与岳罕讷结婚，必先请于其父，绝不肯为暧昧苟婚姻自由的权利，也绝不能不征求父母意见。如果男性年龄小于二十岁，女性年龄小于二十五岁，则仍然要受到父母的保护，而不是没有底线的自由。因此，毕斯麦虽然想跟岳罕讷正式订婚，又不能不向岳罕讷的父亲提亲。于是他给岳罕讷的父亲写了一封信，表明自己想要娶岳罕讷为妻。岳罕讷的父亲认为毕斯麦向来放荡不羁，心里不太同意。考虑到毕斯麦正直豪迈的气概，岳罕讷的父亲没有嫌弃他的过去，就先写信邀请毕斯麦到家做客，想当面和他谈谈，以观察他的人品举止。那一天，岳罕讷家摆上酒席宴请宾客，不一会儿毕斯麦到了，进门的时候宾客已经全都坐满了。毕斯麦态度倨傲，没有按礼数向宾客致意，然后就和岳罕讷拥抱，时不时就做出接吻的亲密举动。客人见到他们这样，无不感到惊讶，觉得岳罕讷的父亲怎么能把宝贝女儿嫁给这样鲁莽的丈夫呢？但是岳罕讷心意已决，于是定在1847年夏天举办了婚礼。

【评论】

纵览毕斯麦少年时期，几乎没有一件事情值得称道。当学生的时候不遵守规矩，当兵时故意违背上级命令。这都是他犯的严重错误，读者不能不知道这些。

毕斯麦年轻时，一直是毫无拘束，率性妄为，但是在他父亲死后按照礼数服丧，整年没有嬉笑不端行为，狂妄放荡的态度也没有丝毫流露。英雄又何尝不遵守礼法制度呢？

看他处理与岳罕讷结婚这件事，一定要先请示岳罕讷的父亲，而绝不愿意做私定终身这样为世人所不齿的事情，这都是毕且之事，此亦是毕斯麦极好处。

毕斯麦力与民权立宪之说反对，然其后卒不能不赞助德国立宪，不能不重民权。可见真理所在，也要随着时势为转移。与今世顽固守旧一般人不同，此所以成为英雄也。

斯麦极大的优点。

毕斯麦原本竭力反对民主立宪主张，然而后来又不得不支持德国采取立宪制度，不得不重视民主权力。由此可见，因为真理的存在，不管是谁，都得随着时势的度化而不断改变。毕斯麦与当前一些墨守成规、因循守旧的常人不同，这也是为什么他会成为英雄的原因。

第三章 政治之意见

毕斯麦居帕米拉亚，被举为帕米拉亚之代议士。代议士者，代表一地方之人民，而议国家之大政也，亦谓之议员。毕斯麦既为代议士，主张尊君权、排斥民权之论，视立宪若仇敌，尝谓宪法为侮辱君权、破坏国体之物。

一日，毕斯麦独坐酒肆饮酒，适有绅士数人，亦入肆，围坐而饮，纵谈政治。语次，谤及王室及亲王。毕斯麦闻之，不能耐，即厉声曰：汝等勿在我前，作不敬之论，不然吾将挥吾铁拳矣。绅士见之愕然，乃不复语，少顷又谈。毕斯麦大怒，跃起，以酒杯掷绅士，中其额。绅士仆地，血涔涔然，众皆骇愕。毕斯麦徐步出酒肆而去。

是时毕斯麦已为议员，又为新闻主笔，其言论皆与立宪民权反对，然立宪政治已为欧洲文明各国所通行。盖不立宪，则无国会；无国会，则无议员；无议员，则百姓不知国家之政事；百姓不知国家之政事，则对于国家不肯负纳税当兵之责任，而地方自治之团体，亦不能成立。然则以专制一君主之聪明，及政府少数官吏之能力，而欲管领数千万里之地、数万万之民，宜其无成效也。故虽以毕斯麦之雄才，竭全力以反对立宪，而时势所迫，卒使德国不能不立宪。千八百四十八年十二月，德国发布新宪法，时毕斯麦正为国毕斯麦住在帕米拉亚，被选为帕米拉亚的代议士。代议士，就是代表一个地区的人民，讨论审定国家的大政方针，也叫做议员。毕斯麦当上议员以后，主张维护君主制度，反对人民民主权力，对立宪制抱着仇视的态度，他曾经说过宪法是损害君主权力、破坏国家体制的东西。

有一天，毕斯麦独自坐在酒馆喝酒，恰好有几个绅士，也到酒店围坐在一桌喝酒，毫无顾忌地谈论政治形势。说话间，诽谤了君主王室和贵族亲王。毕斯麦听到后，不能忍受，立即大声呵斥他们说，你们不要在我面前说这些大不敬的话，否则我将用我的拳头揍你们。绅士们见此情形十分惊诧，于是暂停谈论。过一会又谈起这个话题，毕斯麦闻声大怒，一跃而起，用酒杯砸向几个绅士，打中了其中一人的额头，绅士倒在地上，头上血流不止，其他人震惊不已。毕斯麦则慢悠悠地从酒馆离开。

当时，毕斯麦已经成为议员，又是新闻报刊的主笔，他发表的言论都是反对民主立宪制的，然而立宪制已经成为欧洲发达国家的普遍制度。如果不立宪就没有国家议会，没有国家议会就没有议员，没有议员则老百姓就不知道国家的方针政策，老百姓不知道国家的方针政策，就不愿意承担国家纳税服兵役的义务，并且地方的民间自治组织也不能组建。然而以专制君主一个人的智慧，和为数不多的政府官员的能力，想要统治管理数千万平方公里的地区、上亿的人民，自然成效不大。因此，尽管毕斯麦有雄才大略，竭尽全力反对立宪制度，但受社会形势迫使，最终德国不得不采取立宪制。1848年12月，德国颁布新的宪法。当时，毕斯麦正是国会会员。

德意志本为联邦，联邦分南北二部，曰南德意志，曰北德意志，中有二十五国，三王国、六大公国、五公国、七侯国、三自由市，并普鲁士为二十五，其形势甚散漫。当时南部之势最强，而联邦霸权，独为奥大利所握。奥大利者，固与德国联邦，不同种族之国也。

毕斯麦之意见，以为联邦形势甚散漫，必须统一各联邦，而建一新国，而后国权乃尊，而国家之基础亦固。然奥大利种族，本与诸联邦不同，凡不同种族者，不能统于同一政治之下，故奥大利必须排斥之。

毕斯麦既以统一联邦排斥异族为宗旨，而同时又以反对民权扩张军备为手段，意谓吾欲新造一国家，此真所谓非常之功也。非常之功，必待非常之人。彼辈凡夫俗子，决不足与共谋大计。若兴民权，则诸事必听众议，而吾之政略，必不能畅行无阻。故暂时必须由少数人专制而断行之，而事乃有济。然欲排斥奥大利，决不能不用武力。且当新国建立之际，诸联邦谁不欲为元首，而欧洲各强国，亦必有乘机窥伺之虞。故非扩张军备，则无以为此会的议员。

德意志原本是联邦体制，联邦分为南方和北方两个部分，一个叫南德意志，一个叫北德意志，共有二十五个国家，其中三个为君主王国，六个隶属王国的相对独立的公国，五个小公国，七个封建诸侯国，三个自由市，加上普鲁士一共是二十五个国家。联邦内部非常散乱，缺乏凝聚力。当时南方的综合实力最强大，整个联邦的霸权掌握在奥地利手中。奥地利虽然是德国的联邦，但却与德国的种族不同。

毕斯麦的意见，认为联邦国家权力分散，必须要将各个小国统一，建立一个新的大国，然后国家权力才能被尊重认可，国家的基础也更加稳定。但是奥地利种族本来就与各个联邦国家不是同一个种族。只要是不同种族的人就不能够形成一个政治体制，因此建立新的大国必须要排斥奥地利。

毕斯麦既坚持把统一国家、排斥外族作为根本追求，同时又把反对民权、扩张军事实力作为主要手段，阐明将要建立一个新的国家，这可真是所谓异乎寻常的事业。异乎寻常的事业，必然需要异乎寻常的人。那些普普通通的老百姓是决不能够和他们共同谋划大事业的。如果实行民主制度，那么国家各种事务都要参考普通群众的意见，而我的政治主张必然就不能够顺畅施行。因此暂时必须由少数人独揽朝政，独裁专行，然后大事才能成功。然而，想要排除奥地利，决不能不使用武力。而且建立新的国家的时候，各个联邦侯国哪个不希望成为元首，欧洲的其他强国也必然会有乘机侵略的可能。因此，不扩大军事实力，就失去了施行这种政略之后盾。

【批评】

毕斯麦之反对立宪民权，并非有自私自利之见。盖彼系普鲁士人，普鲁士不过为联邦中之一国，彼欲统一各联邦，而建立新国，自不能不以普鲁士为联邦之长，则强图普鲁士之结合，及维持王室之尊严，皆为重要政策。执此政策，自不能不用专制手段。非如今世人反对立宪民权，全系为保持权势与利禄起见。盖必有毕斯麦之雄才，而后方可主张专制；亦必有毕斯麦之公心，而后方足反对立宪民权也。

联邦种族相同，故必欲统一之，则权势不分，而国家基础巩固矣。奥大利本不同种族之国，不同种族必欲排斥之，则人种不杂，而国民感情亲厚矣。此等见解，真是谋国者根本之见解。

欲统一联邦，若不先排斥异族则统一之功不成；欲排斥异族，非扩张普鲁士军队之势力，则排斥之目的亦终不达；欲扩张军队，则军队之费用必巨，若听议院之议决，则必有许多反对之人，故同时又不能不行专制之手段。盖毕斯麦既抱此等宗旨，自不能不用此等手段，则此宗旨与此手段固政策的坚强后盾。

【评论】

毕斯麦反对立宪民主制度，并不是出于自私自利之心。因为他本来是普鲁士人，普鲁士不过是德国联邦中的国家之一。他想要统一各个联邦国家，建立一个新的国家，自然不能不主张将普鲁士作为联邦的元首国家。而强力推进普鲁士内部团结，维护君主王室的尊贵地位，都是重要的政策内容。执行这样的政策，自然不能不用独裁专制的手段。不像现在人们反对立宪民主制度，不过都是为了保护自己的权力和利益不受损害。因此必须有毕斯麦这样的雄才大略，而后才能主张独裁专制；也必须有毕斯麦这样的大公无私的心怀，而后才能够有资格反对立宪民主。

联邦国家的种族相同，所以一定要把他们统一之后，才有可能不使国家权力分散，国家的基础才能巩固。奥地利本来就是与联邦种族不同的国家，不同的种族必须要排除在外，这样国家的人种就能保持纯正，国民之间感情也会更加亲密。这种见解，真是谋划国家大事的人的真知灼见。

想要统一联邦，如果不先排斥不同种族，那么统一国家的事业就无法成功。排斥不同的种族，不扩大普鲁士的军队实力，那么排斥的目的也终究无法达到。想要扩张军队，那么军费支出规模必然很大，如果就此听取议院的讨论决议，则肯定有很多反对的人，因此同时又不能不实行专制制度。因此毕斯麦既然抱定这种根本宗旨，自然不能不用这样的手段。这样的宗旨和手段是相互是相联系者也。读者须于此窥见英雄苦心，不可徒责其手段之不是，亦不可不问其宗旨若何，而但学其手段，则庶可免画虎类狗之讥矣。

关联的，读者必须要从其中认识到英雄的一片苦心，不能只是批评他手段的不对，也不能不考虑他主张的宗旨是怎样的而仅仅学习他这种手段，这样才能避免闹出画虎不成反类犬的笑话。

第四章 思想之渊源

凡人思想之发生，必有其渊源焉。如法国人民之有革命思想，其渊源在于法王路易十四世之专制；美国十三州人民之有独立思想，其渊源在于英国之虐待殖民，此皆其思想之渊源也。而家庭与学校，亦往往为英雄思想渊源之地，试即毕斯麦观之。

毕斯麦当欧洲革命风潮大盛之时代，民权自由之说，人人赞成，而彼一人，独持尊王之义。此其思想，岂不可怪？然细考其思想之渊源，则毫无足怪也。盖毕斯麦家世为贵族，其父母又皆为普王之宠臣，毕斯麦从少受家庭教育，故其尊王之心牢不可破矣。

又当十八世纪时，欧洲大陆，经拿破仑之蹂躏，血战数年，乃就平和，斯时人人厌兵。而毕斯麦独喜扩张军备，生平专以武力为运用政略惟一之手段，此其思想渊源于何处乎？盖毕斯麦家世为武人，而彼亦曾为骑兵士官，军事生涯，久为习惯。又受家庭之感化力，故其生平政略，常与军事相伴，所谓铁血政略者是也（铁血二字，解见下文）。

观以上所述，则毕斯麦生平反对立宪，只知崇奉专制君主若神明，及其所抱之铁血主义者，无非渊源于家庭教育矣。而其思想，渊源于学校者，则如何？

毕斯麦在大学为学生时，专好读历史地理，彼观历史上人只要产生一种思想，那么肯定会有产生的根源。比如法国人民的革命思想，根源在于法国国王路易十四的专制独裁，美国13个州的人民的独立思想，根源在于英国虐待殖民地的人民。这都是这些思想产生的根源，家庭环境与学校环境往往是英雄思想观念形成的地方，且以毕斯麦为例作一分析。

毕斯麦生于欧洲革命风潮盛行的时代，民主自由的主张人人都赞成，而唯独只有他一个人持尊奉君主制度的政见，这种思想岂不是很奇怪？然而仔细考究他的思想渊源，那不足为怪了。因为毕斯麦生于贵族世家，他的父母又都是普鲁士国王的宠臣，毕斯麦从小就接受贵族的家庭教育，因此他的尊王思想意识十分牢固稳定。

其时又处于十八世纪，欧洲大陆各个国家经过拿破仑的侵略，历经多年苦战，好不容易才实现和平。当时人人都厌恶战争，唯独毕斯麦希望扩张军事力量，平生专门以武力作为实现政治谋略的唯一方式。他这种思想是怎么形成的呢？是因为毕斯麦家中历代从军，他本人也曾当过骑兵士官，长期的军事生涯使他习惯了军事思维。平时又深受家庭环境影响，因此他一生的政治谋略多与军事相关，因此被称作“铁血宰相”（铁血的解释，见下文）。

综上所述，毕斯麦生来反对立宪制度，只知道尊奉专制君主制度如同神明一样，及其所坚持的铁血主义理念，无不是起源于他的家庭教育。而他的思想起源于学校的又是什么呢？

毕斯麦在大学读书的时候，特别喜欢阅读研究历史、地理，他看到历史上只要有多种族并存的国家都难以长久，最终都会分有种族混杂之国家，不久终致分裂，于是思排斥奥大利。彼观地理上，有各邦封建之制度，不久终致离析，于是思统一各联邦。故后来普奥之战争、联邦之组织，人第知其功业之煌煌，而不知其思想之由来，实渊源于在学校时读历史地理也。

鸣呼！以绝世英雄之德国宰相毕斯麦，败奥国、败法国、败丹麦国，卒能统一日耳曼，造成强大之新国，而不意其思想之渊源，皆在于家庭教育，与学校教育也。由此观之，家庭学校真足以造就英雄矣。

【批评】

诸葛亮未出茅庐，早定三分之局。毕斯麦未出学校，即怀统一之心。时势不同而英雄之见解亦异然，而易地，则皆然矣。

观毕斯麦之独抱尊王，主张尚武，其思想渊源于家庭。可见家庭教育，其影响甚大。

观毕斯麦之欲排斥奥地利，统一各联邦，其思想渊源于在学校时所研究之历史地理二学科。可见学校教育，其结果能造出绝世英雄。

裂，于是考虑要排斥奥地利。他看到疆域划分上联邦分封体制下的国家难以维系，最终也都是出现分裂，于是考虑统一各个联邦国家。所以后来有普鲁士和奥地利战争、德国联邦组织的建立。人们只知道他的丰功伟业，而不知道他的思想由来起源于在学校时学习历史和地理。

唉！绝世英雄、德国宰相毕斯麦，先后打败了奥地利、法国、丹麦，最终统一了日耳曼种族，建立了强大的德意志新国家，没想到他的思想渊源竟然都出于家庭教育和学校教育。由此可见，家庭和学校环境真的能够造就一世英雄。

【评论】

诸葛亮没有出山前就已经定下了三分天下格局的计策，毕斯麦还没有离开学校就已经抱着统一联邦的志向。时代形势不同，英雄之间的见识也不一样，换个地方那就都一样了。

分析毕斯麦唯独尊奉王权、崇尚武力的主张，思想根源出于家庭，可见家庭教育对人一生影响特别大。

分析毕斯麦要排除奥地利、统一联邦各国的观点，思想根源出于在学校时所研究的历史和地理两个学科，可见学校教育可以培养出绝世的英雄。

第五章　外交界之经历及其预备政策

德国联邦，每年必开议会一次，其议会开于弗兰克地方，各邦当派一公使来会议。千八百五十一年，联邦又开议会，普鲁士派罗高将军为公使，而使毕斯麦为公使之书记官。毕斯麦委身于外交界，实始于此。

毕斯麦既至弗兰克，住于一旅馆内。旅馆室中无呼人铃，毕斯麦命旅馆主人设备。主人有难色，辞曰：此非旅馆所应备，客可自出资置铃。言毕而去。毕斯麦怒甚。少顷，旅馆人忽闻有声轰然，发于毕斯麦之室，众大惊讶。主人即趋至毕斯麦室视之，见毕斯麦坐于几前，状甚自得，徐徐整理其书籍，几间横一短枪，余烟尚腾于枪口也。主人愕然，乃进问曰：客何事乃于室内放枪乎？毕斯麦徐答曰：主人得无惊怪余放枪乎，余所放者，空枪耳。余放空枪，即以代呼人铃也。此后倘有呼人，均以枪代之，请汝预记此枪声。语毕，仍整理书籍。旅馆主人畏其暴状，不得已，急为备一呼人铃。

罗高将军既辞任归伯林，即举毕斯麦代己为公使。普王斐特礼恐毕斯麦不足当外交之任，罗高将军曰："毕斯麦才，非臣所及。王若任毕斯麦为弗兰克公使，必有可观。"普王乃命毕斯麦赴任。

毕斯麦既为公使，驻于弗兰克时，各联邦使臣，亦均驻德国联邦每年必然要召开一次议会，会议召开地点在弗兰克，各国分别派遣一名公使来参加会议。1851年，联邦再次召开议会，普鲁士派遣罗高将军作为公使，而毕斯麦作为公使的书记官。毕斯麦从事外交领域工作，实际是从这个时候开始的。

毕斯麦到了弗兰克以后，住在一间旅馆内。旅馆的房间中没有呼叫服务员的电铃，毕斯麦要求旅店老板安装一个。老板表现出很为难的样子，拒绝说这不是旅馆应该配备的东西，你可以自己花钱安装一个电铃，说完就出去了。毕斯麦愤怒至极。不一会儿，旅馆的人忽然听见有一声巨响，是从毕斯麦的房间里传来的。众人感到惊讶，老板马上就赶到毕斯麦的房间查看发生了什么事。进去后看到毕斯麦坐在桌子后面，看上去很得意的样子，在慢条斯理地整理他的书籍。桌子上横放着一把短枪，枪口还冒着余烟。老板感到很奇怪，于是问他说，您有什么事要在房间内开枪呢？毕斯麦慢慢回答道，老板不要对我打枪的行为感到吃惊，我放的是空枪，用来代替叫人的电铃，往后我要是想要叫人，都用放枪表示，希望你先记住这个枪声。说完接着整理书籍。旅馆老板害怕他暴烈的脾气，没有办法，急忙为他的房间安装了一个电铃。

罗高将军辞去公使职务后回到柏林，就举荐毕斯麦代替自己作为公使。普鲁士国王斐特礼担心毕斯麦能力不足以胜任外交事务。罗高将军说，毕斯麦的才能不是我能比得了的，您若任命毕斯麦为参加弗兰克会议的公使，一定会有不俗表现。于是普鲁士国王便命毕斯麦前去赴任。

毕斯麦担任公使后，居住在弗兰克，各联邦的公使也都居住此地。于是毕斯麦大挥其外交手腕于联邦使臣之前，联邦使臣一一被其戏弄。联邦会议议长，与毕斯麦意见不合。毕斯麦欲以武力压之，乃约议长决斗，议长惮之。

是时联邦霸权，在于奥大利。毕斯麦既怀排斥奥人之心，乃先默察奥廷之政治及其人物，悉洞见其庸弱之状，心颇轻之，自喜联邦霸权，不久将移于普鲁士。乃劝普王耀武，以张国威。

千八百五十九年，普王命毕斯麦为驻俄公使。毕斯麦默相当时列国之形势，知俄国可以助己，乃极力与俄廷交好，凡事务求买俄国之欢心。故在俄三年，自俄皇以下，无不喜毕斯麦者。俄普交谊自是益深。

千八百六十二年，毕斯麦转任为驻法公使。毕斯麦当为学生时，喜读历史，见法帝拿破仑一世，蹂躏德国之事，即怀报仇之心。今既为驻法公使，是时法国皇帝名拿破仑第三，毕斯麦深与结交，并与其近侍相亲厚，凡拿破仑第三一举一动，莫不细加探访。故法国之内情，及法王之为人，毕斯麦悉记于脑中殆无遗漏焉。

毕斯麦在外交界之经历，既如上所述。而当时预备之政策，试更述之。

在此。于是毕斯麦充分发挥其外交手段斡旋于联邦使臣之中，其他联邦使臣全都被他玩弄于股掌之间。联邦议会议长跟毕斯麦意见相左，毕斯麦想要以武力慑服他，于是约议长决斗。议长很害怕他。

当时联邦的霸权掌握在奥地利手里，毕斯麦已经有排斥奥地利的倾向，于是先默默地观察奥地利政府的政治动向和人物关系，清楚地看到奥地利羸弱的局势，内心有些轻视奥地利。毕斯麦暗自高兴，联邦的霸权不久以后就会落到普鲁士头上。于是他劝说普鲁士国王炫耀武力，以展示国家威风。

1859年，普鲁士国王任命毕斯麦为驻俄国公使。毕斯麦暗暗比较当时各个国家的形势，知道俄国可以帮助自己，于是极力与俄国政府建立友好关系，什么事都务必赢得俄国高兴。因此他在俄国三年时间，从俄国沙皇以下没有不喜欢毕斯麦的，俄国和普鲁士两国的关系此后日益深厚。

1862年，毕斯麦转任为国家驻法国的公使。毕斯麦还是学生的时候，喜欢阅读历史，看过法国皇帝拿破仑一世时侵略德国的历史，因此心里便有报仇的想法。现在既然做了驻法国的公使，当时的法国皇帝叫拿破仑三世，毕斯麦便与他密切交往，并且和他身边的人也来往亲密，只要是拿破仑三世的一举一动他无不密切关注。因此法国的国情及皇帝的为人风格，毕斯麦全部毫无遗漏地记在脑中。

毕斯麦在外交界的经历，上面已经讲完了。他当时所做的准备工作，在下面进行论述。

当毕斯麦任驻弗兰克公使时，俄国与土耳其适有战事。俄土之战，系争黑海屯兵。然黑海屯兵，则欧洲诸国均不利，故奥大利意大利法兰西英吉利诸国，咸助土耳其以敌俄国。奥大利乃诱普鲁士，加入英法同盟。毕斯麦闻之，急驰书告普王，谓决不可从奥国之请。其大意谓，普鲁士若欲统一联邦，终须排去奥大利而夺其霸权，然非俄国则莫能为助。故俄土战事，欧洲诸国合力排俄，惟普鲁士不与焉。

毕斯麦此政策为他日排奥之预备政策也。

自是之后，俄普邦交，益形亲密。未几毕斯麦又由弗兰克转任驻俄公使，益得俄廷之欢。千八百六十一年，普王斐特礼崩，威廉第一嗣位，召毕斯麦归为宰相。毕斯麦不归，以为宜先赴法国察拿破仑第三之为人，及调查法国之内政。故又由俄转任法国，在法国三月，考察甚详，遂返伯林。

毕斯麦此政策为他日与法国开战之预备政策也。

【批评】

毕斯麦之谋国，甚似诸葛亮。诸葛亮欲规复中原，以东和孙权、北拒曹操为政策，毕斯麦欲统一联邦，以结交俄罗斯、排斥奥大利为政策。可见英雄谋国，皆须洞察中外全局，当毕斯麦担任驻弗兰克公使的时候，俄国与土耳其正好发生战争。俄土战争是为了争夺黑海地区的驻兵权力。然而在黑海屯兵，欧洲各个国家都会受到威胁。因此奥地利、意大利、法兰西、英吉利等各国都帮助土耳其攻打俄国。奥地利于是诱使普鲁士加入英法同盟。毕斯麦听说后急忙发信劝告普鲁士国王，绝对不能听从奥地利的说辞。信上大概意思是，普鲁士如果想要统一联邦，最终必须排除奥地利，夺取奥地利的霸权地位，然而除了俄国则没有别的可以借助的力量。因此，俄土战争期间欧洲各个国家都合力敌对俄国，只有普鲁士没有参与。

毕斯麦这个计策是为了以后排除奥地利所做的准备政策。

从此之后，俄国和普鲁士的国家关系更加亲密。不久毕斯麦又从弗兰克转任为驻俄国公使，更加赢得俄国上下的喜欢。1861年，普鲁士国王斐特礼去世，威廉一世继位，召毕斯麦回国担任宰相。毕斯麦表示暂不回国，认为要先到法国观察拿破仑三世的为人，调查法国的内政国情，因此又从俄国转任法国。在法国三个月，他考察得非常细致之后，才返回柏林。

毕斯麦这个计策是为了以后和法国开战所做的准备政策。

【评论】

毕斯麦谋划国家大事的风格很像诸葛亮。诸葛亮想要收复中原，使用的是东与孙权联合、北拒曹操的政策方针，毕斯麦想要统一联邦，使用的是结交俄罗斯、排斥奥地利的政策方针。可见英雄谋划国事，都要清楚地了解国内外的全局大势，准确分析局面之后拿定把握，然后才肯放手做去。

凡人无论办何事，皆须有一番预备工夫，所欲办之事愈大，其预备之工夫愈深。譬如欲入中学堂，必须有小学堂数年之预备；欲入高等学堂，必须有中学堂数年之预备；若欲入专门学堂，则普通学问及各国言语文字，其预备工夫更深，断无不预备而可以成学问者。观毕斯麦少受家庭教育，而知尊王；长受学校教育，而思建国；为弗兰克公使，而日与奥国政治家相往还；为俄国公使，日与俄廷上下相结交；为法国公使，日察法园之内政、及拿破仑第三之为人。是其政策未行之先，已有如许之预备矣。今人为学问为事业，毫无预备，每欲求其速成，冒昧而为之，宜其所成就者浅也。

才会放心大胆的去实施。

一般人无论做什么事情，都要做一些提前准备工作，想要做的事越大，需要准备付出的努力就越多。比如想要进入中学，必须在小学用几年时间准备；想要进入大学，则必须在中学花几年时间准备。如果想进入专业性很强的学校，那么在一般的知识和其他国家的语言文字上下的准备功夫就更多，绝不可能没有充分的准备就可以直接成为有大学问的人。看毕斯麦年轻的时候因受家庭教育影响，所以知道尊奉王室；长大以后接受学校教育，然后能想到建立统一的国家；担任弗兰克公使，然后才能每天与奥地利的政治家们往来；担任俄国公使，然后才能每天与俄国政府上下官员结交；担任法国公使，然后才能刺探法国内部的政治事务。一点准备都没有，总想希望事情快点办成，不顾地位、能力、场合是否适宜就开始做，那么所取得的成就自然就小。

第六章 铁血宰相开幕

威廉第一图

毕斯麦既拜宰相之命，千八百六十二年九月，归伯林。时新皇威廉一世，锐意图治，欲谋改革军制、扩张军备。然立宪国之制度，凡国家欲兴一种事业，必须将议案付议会提议。议会赞成其事，则可加增赋税，议会不赞成，则赋税不能加，而办事之费无所出。是时普国议会，反对新皇之意，谓普国财政困难，不能再张军备也。毕斯麦出法国时，漫游于亚富尼亚山，折山中橄榄树一枝，归德国。此时德国议会，连日会议豫算财政之事，议员正与政府相反对。毕斯麦携其所折之橄榄树一枝，到议场，以示各议员曰：余在法兰西之南方，折此橄榄一小枝，意欲以赠诸君，为议会平和之标识。故今日特携来议场，而不意此议会，去平和尚远也。会员听者不以为意。毕斯麦厉声言曰：今日横于吾眼前之问题，非议员之演说及议院通过之议决，遂能解决，惟藉血与铁始足以解决耳。铁血宰相之名，自此始。

毕斯麦既为宰相，无论在朝在野之人，莫不痛嫉之。然毕斯麦不顾，依然排斥民权，解散议会，禁止言论出版之自毕斯麦收到担任宰相的任命后，于1862年9月回到柏林。当时新皇帝威廉一世下定决心要治理好国家，想谋划改革军队体制，扩充军事力量。然而立宪制国家的制度规定，国家想要推行一项政策，必须将议案提交到国家议会讨论，议会同意通过了才能增加税费标准；议会不通过，则税赋就不能提高，那么推行政策的费用就无处可筹。当时普鲁士议会反对新皇帝的主张，指出普鲁士财政困难，不能再扩张军备力量。毕斯麦出任法国大使期间，曾游玩于亚富尼亚山，在山里折了一枝橄榄树的树枝，带回到德国。此时德国议会正连续几天召开会议，讨论财政预算支出的事情，议员反对政府提案。毕斯麦带着他折的一枝橄榄枝到会场，并展示给议员们看。他说，我在法兰西的南方，折了这一小枝橄榄，原本想要赠送给大家，以作为议会和平的标志，因此今天特意带来会场，但是没有想到议会离和平还远着呢。议员对他的话并不在意。毕斯麦大声呵斥道，现在摆在我们面前的问题，不是靠议员的演说和议院通过的决议所能解决的，只有依靠铁与血方能解决。“铁血宰相”的名号由此流传开来。

毕斯麦当上宰相后，无论是政府官员还是普通百姓，无不痛恨他。然而毕斯麦毫不在乎，依然反对民主权力，解散了国家议由。于是国民益愤，屡欲杀之。毕斯麦不稍惧，尝告人曰：欲使普鲁士人意满，必先使余登绞首台，虽然余不能从之。惟过此数年后，普鲁士国民当必欢迎余矣。

毕斯麦政策，既屡为议会所反对，毕斯麦亦决死与议会相争，曾与反对党首领相约决斗。一时普鲁士国民，视此新宰相，殆同仇敌。

【批评】

议会为国民会议之地，议会议员，为全国人民之代表。毕斯麦欲以一人之力，与全国人民反对，是不啻以一人欲与千万人战也，在理本为不合。然毕斯麦此时所自信者，谓吾非有自私自利之心，吾之所为，系欲为普鲁士建造新国。以彼多年之豫备，多年之经历，自揣此目的终必可达，故不妨牺牲个人之名誉及身命，决死与议会相争。后世学毕斯麦者，苟无其持心之公忠，及其计划之远大，只顾一己之利禄名位，而欲以毕斯麦为借口，不顾舆论，悍然与国民为敌，则真毕斯麦之罪人矣。

毕斯麦反对立宪、排斥民权、禁止言论自由等事，皆系为一时不得已之计，其专制手段，究不足为训。若欲以毕斯麦之手段，行于今之中国，则是适足以促其亡，读者不可不知。

会，禁止言论自由和出版自由。于是国内百姓愈加愤怒，多次想策划刺杀他，毕斯麦一点也不害怕。他曾经告诉别人说，想要使普鲁士人满意，必须先绞杀我。虽然如此，但我不能这样做。只有经过数年之后，普鲁士的人民一定会欢迎支持我。

毕斯麦的政策方针，多次被议会反对，毕斯麦也决心和议会斗争到底。他曾经与反对党领袖相约决斗，一时间普鲁士的人民将这个新宰相视作仇敌一般。

【评论】

议会是国家人民讨论国家大事的地方，议会的议员是全国人民的代表，毕斯麦想要以一个人的力量与全国人民作对，无异于一个人和上千万人作战，理论上看这么做并不应该。但是毕斯麦此时的信心主要在于他不是抱着自私自利的目的，他的所作所为是要为普鲁士建设一个新的国家。根据他多年的准备、多年的经历，自认为这个目的最终一定能够实现，因此不妨牺牲个人的名誉甚至生命，以死与议会抗争。后世学习毕斯麦的人，如果没有他的忠于国家的公心和远大的战略谋划，仅仅是考虑自己的利益地位，却想以毕斯麦作为挡箭牌，不顾及舆论，公然与国家人民为敌，则真是污蔑毕斯麦的罪人啊！

毕斯麦反对立宪、排斥民权、禁止言论自由等做法，都是当时别无他法的权宜之计，他的专制手段终究不能作为借鉴。如果想要以毕斯麦的方法，施用于当前的中国，则恰好会加速国家的灭亡，读者不可不明辨。

毕斯麦尝谓：普国国民，虽反对于一时，必欢迎于他日。可见彼之眼光，已照到后来结果，故敢冒一时之不韪，如王安石所谓人言不足恤是也。今之居民上者，往往独行独断，不恤人言。试问其眼光所到处，果能决定后来结果、必能利民利国否？既然无此把握，便不可故与舆论为敌。盖学毕斯麦不成，则不免为民贼矣。

毕斯麦曾经说，普鲁士人民虽然暂时反对我，但以后必定会支持我。可见以他的眼光已经能料到以后的结果，所以敢于去干当时大家都认为不对的事情，就好比王安石所说的改革就要对流言蜚语无需顾虑。现在执政者经常独裁专断，不考虑社会的舆论，试问他们的眼光能看到的，是不是能料到将来的结果？是不是一定能有利于国家和人民？既然没有这个把握，就不能故意与社会舆论为敌，最终没有学习好毕斯麦，反而会成为人民的敌人。

第七章 丹麦战争

丹麦本为一王国，又有休勒斯、霍尔斯、洛因布三公国者，属于丹麦王国之下。然霍尔斯与洛因布二国，地近德意志，为德意志之联邦，宜在联邦议会监督之下。丹麦王佛勒特礼，欲并吞此三公国，乃布新法律，以此三公国为丹麦之领土，谓此后联邦会议，此三公国不得与同。

先是德意志与丹麦争议三公国事，久不决，几欲兴兵。后欧洲列国会议于伦敦，调停其事，战端乃止。丹麦并吞三公国法令既布，未几而丹麦王薨，其女克立斯继位。德意志联邦中，倡议欲争三公国之权利，毕斯麦乃结奥大利为同盟，许以均沾利益，以与丹麦战。

毕斯麦之约奥大利为同盟，盖有深意焉：一则可使奥大利不与他国相结合，一则可免欧洲列国责德意志独为戎首，一则藉此战争，可以试验奥大利军队之实力，以为将来排斥之地位。

一千八百六十四年，德意志向丹麦政府，要求其废止新宪法，丹麦政府不听。于是奥大利派兵三万，普鲁士派兵四万六千，向休勒斯进发。五月列国会议于英京伦敦，议不协。六月普鲁士亲王率军队直逼丹麦，同时普国船队及普奥联合船队亦奏大捷，丹麦大败。七月十八日，丹麦政府求休丹麦原本是一个王国，休勒斯、霍尔斯、洛因布三个公国隶属于丹麦王国。霍尔斯与洛因布两个公国在地理上与德国比较接近，是德国联邦的组成部分，本应该接受联邦议会的领导监督。丹麦国王佛勒特礼想要吞并这三个公国，于是颁布新法律，将这三个公国纳入丹麦的领土范围，说今后三个公国不允许参加德国的联邦会议。

一开始德国与丹麦就三个公国的隶属关系发生争议，长期没有定论，几次差点爆发战争。后来欧洲列国在伦敦召开会议，对两国纠纷进行调解，然后爆发战争的端由才消弭。丹麦吞并三个公国的法律颁布不久，丹麦国王就去世了，他的女儿克立斯继承王位。德意志联邦中的国家提议想要争夺三个公国的权利，毕斯麦于是与奥地利结为同盟，约定共同分享战争利益，然后共同向丹麦作战。

毕斯麦和奥地利约定同盟，是别有意图。一是可以让奥地利不与别的国家结盟，二是可以避免欧洲列国谴责德意志为首先挑起事端的国家，三是可以通过这次战争，检验奥地利军队的作战能力，从而为将来争夺霸主地位做准备。

1864年，德国向丹麦政府提出要求，废除丹麦新颁布的宪法，丹麦政府拒绝了。于是奥地利派遣军队三万人，普鲁士派遣军队四万六千人，向休勒斯公国进攻。5月份，欧洲列国在英国首都伦敦召开会议，没有达成协议。6月份，普鲁士亲王率领军队逼近丹麦，同时普鲁士舰队和普奥联合舰队也赢得战役，丹麦战败。7月18日，丹麦政府请求休战。于是在奥地利首都维也纳召开会议。

战，遂会议于奥京维也纳。十月三十日，维也纳条约告成。

维也纳条约既成，休勒斯霍尔斯洛因布三公国，脱离丹麦政府之管辖。于是普奥又结条约。

【批评】

观毕斯麦之结奥大利为同盟，表面似与奥国亲厚，而实际实恐奥国与他国相结合。此时战事初兴，不欲奥国与普反对。又因伦敦条约，本为列国所公定，以保平和。今若由普鲁士发难，与丹麦开战，是破平和之约，恐失列国欢心。若与奥国同盟，则普国自不独担责任。且普欲排奥，不知奥国军队实力，究竟如何。此举可以暗觇奥国军队之实力，则将来与奥开战，方有把握。其计划之周到，思虑之宏远，真可惊服。

10月30日，签订了维也纳条约。

维也纳条约签订后，休勒斯、霍尔斯、洛因布三个公国不再由丹麦政府管辖。然后普鲁士和奥地利又签订条约。

【评论】

毕斯麦与奥地利结为同盟关系，表面看上去好像是与奥地利亲近，而实际则是害怕奥地利与别的国家结盟。当时战争刚要开始，毕斯麦不希望奥地利站在普鲁士的对立面。又因为伦敦条约原本是欧洲列国共同议定用来保障国家间和平关系的，现在如果由普鲁士率先挑起争端与丹麦开战，就是破坏了和平协议，恐怕得罪了其他欧洲国家。如果与奥地利联合，则普鲁士自然就不会独自承担毁约的责任。且普鲁士想要排斥奥地利，又不知道奥地利军队的实力究竟怎样，通过这个措施就可以暗中观察奥地利的军队实力，将来和奥地利开战才能有把握。毕斯麦计划的周详、考虑问题的深远，实在让人叹服。

第八章 普奥战争

此章当分二段：（一）战争以前之准备；（二）战争概况。今以次述之。

（一）战争以前之准备

普奥战争之计划，毕斯麦蕴于胸中者已久，故其战争以前之事实，可为参考者凡三。举之如左。

俄罗斯为斯拉夫民族，与奥大利同种。奥若与俄合，则普终当蜷伏其下，不得乘间而发也。故普欲破奥，必先亲俄。毕斯麦亲俄之外交政略，既可前述矣。然而外交者，以感情与利害较，则感情轻，而利害重，徒以联络感情为事，未见其有当也。毕斯麦有见于此，而其时适有可以利用之事，其事维何？曰一千八百六十三年，波兰之乱是已。波兰之乱，毕斯麦于其前二月，阴与俄缔密约，出兵助之，遂于千八百六十四年三月，平定其乱。其时法兰西奥大利，颇与抗议，毕斯麦不顾，计所得利益有二。

其一表同情于俄罗斯，且以间俄奥之亲交，使普攻奥时，俄不掣其肘也。

其二以树普鲁士之威望，使诸联邦詟已之威，生携贰于奥大利，且以起国民之雄心，使之一致向外。

此外更有一事，可以窥见毕斯麦之处心积虑不止一日者，则弗兰克之宪法修正是也。一千八百六十三年八月，奥这一章分为两部分，(一) 战前的准备工作。(二) 战争的基本情况。现按此依次加以论述。

(一) 战争前的准备

普鲁士与奥地利的战争计划，毕斯麦已经在心中酝酿很久了，可以举三个例子作为参考。举例如下：

俄罗斯是斯拉夫民族，和奥地利属于同一个种族。奥地利如果与俄国联合，则普鲁士始终将屈居奥地利之下，没有机会兴起。因此，普鲁士想要战胜奥地利，必须先亲近俄国。毕斯麦亲俄的外交政策，前面已经做了论述。然而外交工作，从感情和利害关系比较，则感情的权重轻，利害关系更为重要。仅仅靠联络感情作为主导，不一定取得成效。毕斯麦考虑到此，而且当时恰好有可以利用的事，这是什么事呢？就是1863年的波兰武装起义。波兰之乱爆发后，毕斯麦在2月份秘密与俄国缔结合约，出兵帮助俄国平定暴乱，最终于1864年3月平定了波兰之乱。当时，法兰西和奥地利均对普鲁士出兵表示抗议。毕斯麦对他们的抗议置之不顾。此次出兵获得的好处有两个方面。

一是表现出同情俄罗斯的意思，而且利用这件事离间俄国和奥地利的外交亲密关系，使俄罗斯在普鲁士攻打奥地利的时候不至于从中阻挠。

二是树立普鲁士的威望，让各个联邦摄于自己的威力，对奥地利产生二心，而且可以激起国内群众的雄心，使民心一致对外。

此外还有一件事，可以看出毕斯麦处心积虑谋划攻打奥地利不止一时半会，就是弗兰克宪法修正事件。1863年8月，奥地利皇大利皇帝佛兰西士，会普王威廉于佳士他因，述及联邦宪法修正之事，普王漫应之。于是奥国以八月十四，大会联邦各君侯于佛兰克，是会独普鲁士以下三小国不至。奥皇乃命沙克苏尼亚王赍书招普王，书中各王侯皆署名。毕斯麦以此会议必不利于普，劝王勿往，且力争之曰：王若赴会，臣即辞职。王乃听其言，不果往。

于此会议，奥大利所要求者，皆得可决。毕斯麦乃突然宣告此决议之无效，以为修正联邦宪法，奥普有同等权利，今普鲁士未尝与议，则其所议决者，不得为有效可知。于是奥大利之策，卒不得售。而两国感情，益如水火之不能相容矣。

（二）战争概况

战争之机既熟，普奥二国，所以不即交兵者，特以时机未至，且无以为开战口实，而战志固未尝一日已也。果无几而有丹麦战争、普奥缔结条约之事。

丹麦之事已详于前章，今但详其条约。

千八百六十五年八月，普、奥二国因丹麦之役，缔结条约。其约曰：

●普、奥二国，对于休勒斯，及霍尔斯二公国，有共同帝弗朗西斯与普鲁士国王威廉在佳士他因会谈。谈到修正联邦宪法的事情时，普鲁士国王含糊答应了。于是奥地利在8月14日召集联邦各个君主到弗兰克，这个会议唯独包括普鲁士在内的三个小国家没有去。奥地利皇帝于是命令沙克苏尼亚王带着书信去邀请普鲁士国王，书信中各个王国领导都署名了，毕斯麦认为这个会议肯定不利于普鲁士，就劝威廉不要前去参会，而且竭力劝谏说："您要参加这个会，我就立即辞去宰相职务。"威廉于是听从他的劝告，果然没去。

在这个会议上，奥地利所提出的要求都得到了通过。毕斯麦突然宣告这个会上所作的决议是无效的，指出修正联邦宪法，奥地利和普鲁士享有同等权利，现在普鲁士没有参与会议表决，那么这个会上通过的决议自然就不能产生效力。于是奥地利的计划就不能实现，普奥两国的外交关系更加变得像水火一样不能兼容。

（二）战争概况

发动战争的时机已经成熟，普奥两个国家之所以没有立即交战，只是因为开战的时候没到，而且没有什么作为开战的借口。然而，战争的意图没有一天停止。果然不久就发生了丹麦战争和普奥两国缔结条约的事。

有关丹麦战争的事，前面已经详细述说了，下面仅详细列举条约内容。

1865年8月，普、奥两国因为丹麦战争，缔结了盟约。双方约定如下：

●普、奥两国对于休勒斯及霍尔斯两个公国，拥有共同管理主权。普国管领休勒斯，奥国管领霍尔斯。

●奥国当以罗因堡公领，让与普国。普国出偿费二百万元。

●伦芝堡及启尔二地，为联邦之共有，惟普国有支配启尔之权。霍尔斯之铁道电线，亦当归普国担保。

此条约既出，普鲁士所占之利益较奥为多，奥大利及各联邦甚为不平。于是奥大利及各联邦又结同盟，反抗普国。

先是俄土战事，奥国要普鲁士同盟拒俄，毕斯麦不肯。及巴黎会议，奥大利大愤，力拒普鲁士不得参与会议。千八百六十三年，奥廷开联邦会议于弗兰克，毕斯麦于此议会，又提议拒绝联邦列席。俄奥二国，已伤感情，至此次条约一出，奥国益怒普鲁士轻已，战端遂开。

当战端将开之时，毕斯麦先笼络意大利，使勿助奥。又与拿破仑第三结约，普国许割来因河东岸之地与法国，法国当认普国可以并吞休勒斯霍尔斯洛因布各公国。约既成，拿破仑第三又阴与奥国约，谓奥若得胜，当以西勒亚地割让法国。

拿破仑第三

权，普鲁士对休勒斯享有管辖权，奥地利对霍尔斯享有管辖权。

●奥地利将罗因堡公国的归属权让渡给普鲁士，普鲁士向奥地利支付补偿费用200万元。

●伦芝堡和启尔两个地方作为联邦国家共同拥有的属地，但只有普鲁士对启尔具有支配权力，霍尔斯的铁路和电缆也由普鲁士负责修建。

这个条约签订后，普鲁士所获得的利益比奥地利多，奥地利及其他联邦感到非常不公平。于是奥地利和各联邦结成同盟关系，共同反对普鲁士。

在这之前的俄国和土耳其的战争，奥地利强求普鲁士共同抵抗俄国，毕斯麦不同意。等到召开巴黎会议，奥地利极为愤慨，竭力拒绝普鲁士参加会议。1863年，奥地利在弗兰克召集联邦会议，毕斯麦又提出拒绝参加这个会议。普奥两个国家关系本来就已经紧张，等到这个条约出来后，奥地利越发不满普鲁士轻视自己，于是引发了两国战争。

当战争即将爆发的时候，毕斯麦首先笼络意大利，确保意大利不协助奥地利，又和拿破仑三世签订条约，普鲁士许诺割让莱茵河东部领土给法国，法国要承认普鲁士可以吞并休勒斯、霍尔斯、洛因布等几个公国。条约签订后，拿破仑第三又在暗地里和奥地利约定，如果奥地利获胜，应当将西勒亚割让给法国。

拿破仑第三，亦巧于外交。既与普奥二国订约，意谓勿论何国得胜，法国均有得地之利益。继又思两国开战，终有一胜一败，吾能得胜国之地，必不能得败国之地也。不如开列国会议于巴黎，调停其事。盖拿破仑第三，名为维持平和，实欲买普奥二国之好，而藉此可图二国之报酬也。此时奥国既与联邦同盟敌普，自谓势力已厚，可以一举而败普军，故拒绝拿破仑第三之提议。而毕斯麦亦急欲与奥一战，故亦却拿破仑第三之请。

奥大利更向普鲁士提议谓，普国若许休勒斯霍尔斯公国，以独立君主之资格，加盟于日耳曼联邦，则可不开战祸。毕斯麦大怒，送覆书于奥国政府，谓奥国若以此新加盟国之海陆军，置于普国管下，更有对于丹麦之防卫要地，让与普国，则普国当从奥国之请。奥廷接覆书，知普国不认各公国之独立，于是决计开战。

千八百六十六年，普国下战书与奥大利，而同时意大利亦对奥国宣战。普兵直进据霍尔斯地，而迎奥军，威廉一世自督阵，宰相毕斯麦亦从行。两军既交，炮火极烈，胜败久不决，毕斯麦忧甚。是时普军大将乃毛奇也，毕斯麦一探毛奇之态度，乃驰马上一高邱。毛奇正在高邱上督战，见毕斯拿破仑三世也善于外交工作，跟普鲁士和奥地利签订条约后，认为不论哪个国家赢得战争，法国都能够获得割让土地的利益；然后又想，两国作战，必然会有胜败，法国能得到战胜国的土地，就必然不能获得战败国的土地，因此不如在巴黎召开列国会议，调解两国纠纷。这样拿破仑三世名义上是维护和平，实际上是想赢得普奥两国的好感，借此可以图谋两个国家的报酬。这时，奥地利已经与联邦结成同盟，共同抵抗普鲁士，自认为势力已经非常雄厚，可以一举打败普鲁士军队，因此拒绝了拿破仑三世提出的意见。同时毕斯麦也急于和奥地利开战，因此也推辞了拿破仑三世的主张。

奥地利甚至向普鲁士提议说，普鲁士如果允许休勒斯、霍尔斯公国以独立主权公国的身份加入日耳曼联邦，那么就可以避免爆发战争。毕斯麦十分生气，回信给奥地利政府说，奥地利如果让这几个新加盟国家的海陆军队归由普鲁士管制，还有将防卫丹麦的战略要地转让给普鲁士，那么普鲁士就会同意奥地利的请求。奥地利政府收到函复后，知道普鲁士不会让各个公国独立，于是打定主意开战。

1866年，普鲁士向奥地利递交战书，同时意大利也向奥地利宣战。普鲁士立即进入霍尔斯区域迎战奥地利军队，威廉一世亲自监督作战，宰相毕斯麦也跟随到前线。两军交战后火力极其猛烈，打了很久也没有决出胜负，毕斯麦非常担忧。当时普鲁士的将军是毛奇，毕斯麦想要试探一下毛奇的状态如何，于是骑马飞奔到一个高地上，毛奇正在这个高地上指挥作战，看到毕斯麦来了赶麦至，趣而迎之。毕斯麦知毛奇嗜烟，乃吸烟卷二枝，美恶各一。意谓当此血战，毛奇若已有胜算，则心意不乱，必能择其美者。乃谓毛奇曰："将军苦战，盍稍休，吸烟卷乎。"语毕，以二烟卷进。毛奇欢然，择其美者，取火吸之。毕斯麦大喜，退告人曰：毛奇态度从容，吾军必胜矣。少顷，普军果大捷。

毕斯麦与威廉一世极相得。当两军战斗时，威廉一世自临阵立马于硝烟弹雨之间，毕斯麦恐帝遭不测，劝帝退避。威廉曰：朕之兵卒，为祖国挺身奋斗，朕何忍独置身于安地。毕斯麦感泣不能仰视，又大声谏曰：陛下若有危急，臣为宰相，何面目对国民？威廉感其言，乃挽其马首稍退。然威廉见普军甚奋勇，心念兵士尽力，不忍独安，缓辔徐行，不忍遽退。毕斯麦暗以长鞭蹴马足，马跃而奔，威廉乃脱险。

法帝拿破仑，闻普军获胜，欲干涉其事，令普鲁士退兵。又告奥国，言彼愿为调停，其意欲得两国之酬劳也。毕斯麦知其意，乃力拒之。

八月二十三日，普奥二国结和，奥国出偿金二千万，休勒斯、霍尔斯、哈诺维尔、赫金、奈索、弗兰克各地，悉割让于普。

紧去迎接。毕斯麦知道毛奇喜好抽烟，于是准备了一只好烟一只劣烟，心里想对这次战役如果毛奇心里有打胜仗的把握，则心里不会躁乱不安，必然会选择抽那只好烟。于是跟毛奇说："将军作战辛苦，何不稍作休息，抽根烟歇歇。"说完就把两根烟递了上去，毛奇很高兴，选择了其中的好烟点着了抽。毕斯麦非常高兴，回去后告诉别人说，毛奇态度镇定，我方军队必然会胜利。不久，普鲁士军队果然赢得重大胜利。

毕斯麦和威廉一世君臣关系非常好。当普奥两军激战时，威廉一世骑马亲自到枪林弹雨的作战一线，毕斯麦担心威廉一世会遭遇难以预料的危险，劝谏他往后方撤退。威廉说："我的战士为国家勇往直前，我又怎么忍心唯独自己呆在安全的地方呢？"毕斯麦感动得泪流满面，又大声劝谏说："您要出点什么事，我作为宰相还有什么脸面对国家人民？"威廉对他的话深受感动，于是掉转马头稍微往后退了一段，然而威廉看到普鲁士军人奋勇异常，心里想着士兵这么奋不顾身，不忍心自己躲在安全的地方，于是放松缰绳，骑马缓行，不愿意退得太快。毕斯麦暗中用马鞭打威廉坐骑的后足，于是马快速跳跃奔跑，威廉才脱离危险之地。

法国皇帝拿破仑听说普鲁士赢得胜利，想要插手干涉，要求普鲁士撤退，又告诉奥地利说自己愿意调停两国战争，心想要获得两国的酬谢。毕斯麦明白他的意图，于是明确拒绝了。

8月23日，普奥两国达成和解，奥地利赔偿普鲁士战争军费两千万，休勒斯、霍尔斯、哈诺维尔、赫金、奈索、弗兰克等地区都割让给普鲁士。

千八百六十七年，普国王威廉一世，被举为联邦元首，开设代表联邦政府之联邦议会，又置一国会。画一联邦兵制，普王威廉一世，自为大元帅。于是北德意志之联邦基础大定。当时联邦首相，即毕斯麦也。

【批评】

外交家之难，在于勿失过机会而已。夫外交之事，非可以空言奏其功也。其与人亲也，必有使人深信不疑之证据，其与人疏也亦然。波兰之乱，法奥以为不当干涉其事，而毕斯麦乃与俄结密约，出兵讨平之。彼俄人者，其视普之与奥，果何亲何疏耶？故不特与普感情融洽，且引为可与同利害之邦，遂至与奥虽有同种族之关系，亦竟坐视而不之救。岂非毕斯麦之力耶？

普王之将赴佛兰克也，与楚怀王之将赴武关相类。然而屈平之说不行，怀王卒为秦虏。毕斯麦之谏得用，而普鲁士乃得吐气扬眉。夫屈平之世仕于楚，与毕斯麦与德之关系，其为故家，盖亦相同，而得君之殊，乃至于是者，固以屈子无术之故耳。苏明允曰：张仪苏秦，吾取其术，不取其心；龙逢比干，吾取其心，不取其术。如毕斯麦者，殆仪秦其术，而龙比其心者耶。虽然，世之学彼者，若但学其术，不

1867年，普鲁士国王威廉一世被推举为德国联邦的元首，设立代表联邦国家的联邦议会，又设立一个国家议会，统一联邦军事制度，普鲁士国王威廉一世自己担任联邦军队大元帅。于是北德意志联邦的基本架构已经基本形成。当时的联邦首相就是毕斯麦。

【评论】

做外交家的难点在于不要失去有利时机而已。开展外交工作不是仅凭空口白话就能取得成功，要和别人亲近，必须要有让别人坚信不疑的依据，和人疏远关系也是这样。波兰暴乱，法国和奥地利认为不应该干涉这件事，但是毕斯麦则与俄国秘密签约，派遣军队帮助俄国平定叛乱。俄国人对待普鲁士和奥地利，究竟对谁更亲近谁更疏远呢？因此，无怪乎和普鲁士之间的感情更为融洽，而且视为彼此利害攸关的国家，以至于和奥地利虽然同属一个种族，最后看着奥地利失败却没有出兵救援。这不是毕斯麦的功劳吗？

普鲁士国王将到弗兰克去，这和楚怀王将到秦国武关赴约情况类似。然而屈原的劝说没有被采纳，导致楚怀王被秦国拘禁；毕斯麦的劝谏被采纳了，普鲁士于是能够扬眉吐气。屈原祖上历代在楚国为官，这与毕斯麦和德国的关系如同一家，基本上是一样的，但是君主却有很大差别，导致两个结果不同，固然也有屈原不善于权术的原因。苏明允说，我赞成张仪、苏秦的权术，不赞成他们的心机；我赞成龙逄、比干的忠心，不赞成他们做事的方法。像毕斯麦这样的人，是兼具张仪、苏秦的权术和龙逄、比干的忠心吧！世人学其心，是适为仪秦类耳，岂足训哉。

观普奥之役，普鲁士实甚可危。是时联邦与奥国同盟敌普，一可危也。普国不许丹麦各公国独立加盟，失各公国欢心，彼自必与奥相结，二可危也。法帝拿破仑之狡诈，惟利是图，难保其不暗助奥国，及各联邦，三可危也。而毕斯麦此时政策，则先得俄国欢心，次许法国以利益，最后与意大利同盟。然俄法并不能明明助普，此次胜算，实得力于与意同盟。与意同盟，则奥国前后受敌矣。

观普军胜奥之后，威廉即被举为联邦元首。可见不排斥异族，普国终无独立之望，此毕斯麦宁冒许多危难，而不肯容忍于一朝也。

学习毕斯麦，如果只学习他的权术，不学习他的忠心，则恰恰成为了张仪、苏秦这样的人，怎么值得取法为训呢？

我们看普奥战争，其实普鲁士处境非常危险，当时联邦其他国家与奥地利结成同盟抵抗普鲁士，这是第一个危险；普鲁士不允许丹麦等各个公国以独立主权加入联邦，丧失了各个公国的支持，他们自然会跟奥地利结合，这是第二个危险；法国皇帝拿破仑三世生性狡诈，唯利是图，很难保证他不在暗中帮助奥地利和其他联邦，这是第三个危险。而毕斯麦当时的策略是先赢得俄国的支持，然后许诺给予法国利益，最后是与意大利结成同盟关系。然而俄国和法国不能明目张胆地帮助普鲁士，可以说这次的胜算实际是得益于和意大利的结盟。和意大利结盟，那么奥地利则腹背受敌。

普鲁士战胜奥地利后，威廉马上就被推举为联邦元首，可以看出不排除异族，普鲁士始终不会有独立的希望，这是毕斯麦宁可冒着这么多危险和困难也不愿意容忍一时的原因。

第九章 普法战争

普奥战争既终，北德意志联邦之霸权，归普鲁士，而法帝拿破仑忌之最深。盖拿破仑第三，本以扩张法国版图为志，欲扩张法国之版图，不能不望德国之分裂。今见普奥讲和，联邦建设之业大成，德国国家，有确然不可动摇之势，此大不利于法国也。乃遣使至普鲁士，求践前约，割来因河东岸之地。

先是有路克圣堡者，亦一公国。当普奥战争以前，路克圣堡，系在联邦之内。及普胜奥，普王为联邦元首，是时北德意志各邦，既已联合，而路克圣堡不与焉。于是拿破仑欲以路克圣堡并入法国，时普国在路克圣堡有驻兵，拿破仑令其撤去，普国不肯。

千八百六十七年，列国会议于伦敦，定路克圣堡为永世中立国，普国不得已乃撤其驻兵。此时毕斯麦因北部德意志初建立，而南部德意志尚未结合，且奥国新败，又虑其复仇，故不能再与法国为难，乃暂从列国之请。

普皇威廉，急欲统一南北诸邦，令毕斯麦速行其策，毕斯麦以为机会未至也。盖是时南部诸洲，富于民权思想，人人喜自由。毕斯麦意谓，若即联合南部德意志，恐基础不固，转有分裂之患。乃先与南部各邦，订攻守同盟之约焉。

拿破仑闻德意联邦，南北同盟，益惧。自思来因河东岸普奥战争结束后，北德意志联邦的霸主权力归属于普鲁士，法国拿破仑三世对此很是顾忌。因为拿破仑三世本来就把扩大法国领土版图作为目标。想要扩大法国领土面积，就不能不寄希望于德国分裂。现在普奥达成和平协议，德国联邦统一的大业已经告成，德国这个国家显然已经形成了让人难以撼动的局面，这对法国的战略极为不利。于是法国派遣使者到普鲁士，要求履行之前将莱茵河东岸地区割让给法国的约定。

在这之前，有一个叫路克圣堡的公国，在普奥战争之前，这个公国是属于联邦国家之一，等到普鲁士战胜奥地利，普鲁士国王成为联邦元首后，当时北德意志的各个联邦国家已经都合成一体，但路克圣堡公国不在其中。于是拿破仑想要将路克圣堡归并到法国。此时普鲁士在路克圣堡驻扎有军队，拿破仑要求普鲁士撤去驻兵，普鲁士没有同意。

1867年，在伦敦召开的列国会议约定路克圣堡成为永世中立国，普鲁士没有办法才撤出驻扎的军队。当时毕斯麦因为北德意志才刚刚建立，南德意志还没有统一，并且奥地利刚战败又怕他报仇，因此不能够再和法国交恶，于是暂时服从了各列国的决议。

普鲁士国王威廉一世着急统一德意志南北各国，要求毕斯麦抓紧制定战略计划，而毕斯麦认为统一的时机尚未形成。当时南德意志的各个邦国民主权力思想盛行，人民喜欢自由。毕斯麦认为，如果立即统一南德意志，恐怕国家的基础不牢固，很快会产生分裂的隐患，于是先和南部的各个邦国签订攻守同盟的约定。

拿破仑三世听说德意志联邦形成南北同盟关系，更加害怕，之地，终不可得，不如与普一决胜负。盖其时更有一事，益以促普法战争之机者，则西班牙王位继承问题是也。时西班牙建立宪政体，逐女王，女王逃往法国。西班牙乃议迎德之皇族曰礼阿保尔者，入承王位。礼阿保尔开亲族会议，自谓以此事惹起外交问题，不如辞职。时毕斯麦以病在他处，不与议。及归，大反抗其说，以为苟承诺西班牙之请，于吾国政治及经济上，皆有利益，于是怂恿礼阿保尔速往西班牙。于七月十三日，布告其事于各国。

拿破仑闻之大怒，遣一使者来见普王威廉，谓当令礼阿保尔辞职。其继以公使照会，更亲来见普王，以为礼阿保尔若不辞职，必招不测之患。普王答以此事当询之礼阿保尔，俟其覆书。嗣得礼阿保尔覆书，言若因此事而起外交问题，则己愿辞职。事垂定矣，而法之主战派人，又来见普王，谓普王当立誓，是后永不得以皇族承西班牙王位。普王怒而拒之。

时普王不在伯林，以此事电伯林，告毕斯麦。毕斯麦方与将军毛奇晚餐，得电后，即录付都下各新闻纸，命以二号字列登之，且批评其不当，务以激动法人，使之速战。法帝拿自认为莱茵河东岸地区终究得不到，不如和普鲁士开战一决胜负。当时还有另外一件事，愈发促成了普法战争的时机，这就是西班牙王位的继承问题。当时西班牙建立了宪政制度，驱逐了西班牙女王，女王潜逃至法国。西班牙于是讨论迎立德国的皇族礼阿保尔继承王位。礼阿保尔召开皇族会议，说这件事容易引发外交矛盾，不如辞去西班牙王位。当时毕斯麦因生病在别的地方休养，没有参与讨论，等到他回来后坚决反对这个意见，认为如果答应西班牙的请求，对德国的经济政治都会获得利益，于是劝说鼓动礼阿保尔立即到西班牙任职。7月13日，普鲁士将这件事通告给了其他国家。

拿破仑听说后极为震怒，派遣一名使者告诉普鲁士国王威廉说，应该命令礼阿保尔辞去西班牙国王职务。然后又通过公使照会，亲自和普鲁士国王会谈，指出礼阿保尔如果不辞职，必然会导致难以预料的祸患。普鲁士国王回应说这件事应当征求礼阿保尔的意见，等待他的答复。不久礼阿保尔的回复收到了，说如果因为这件事引发外交纠纷，那么自己愿意辞职。就在这件事基本确定的时候，法国主战派又来见普鲁士国王，说普鲁士国王应当立下誓言，今后永远不能让德国皇族继承西班牙的王位。普鲁士国王愤怒地拒绝了。

当时普鲁士国王没在柏林，就把这件事通过电报发给毕斯麦。毕斯麦正在和毛奇将军共进晚餐，收到电文后立即将内容抄录给各家新闻报刊，要求报纸用二号大字刊登转发此事，而且批评法国这么做的不对之处，专门用来刺激法国人，使法国尽快发动战争。法国皇帝拿破仑三世看到后，果然大怒，法国的普通群众破仑见之，果大愤。而法之人民，亦异常激昂。

毕斯麦知战机已逼，乃思重结欢于俄。因改正巴黎条约，伸张俄国之利益。俄皇来幸欧姆斯，毕斯麦见俄皇，又与结密约，使俄助普。时拿破仑欲与奥国联合，毕斯麦又与意大利订约，以牵掣之。

威廉一世，自欧姆斯返伯林，以战事豫算案命国会提议。国会决议，筹一亿余万金为军事费用。普国乃向法国宣战。

法军三十三万六千，拿破仑自为元帅，使儿蒲夫为参谋总长，向德意志进发。

普军七十五万，威廉第一自为元帅，使毛奇为参谋长。分军队为三：第一军六万，墨芝将军将之；第二军十三万，加罗亲王将之；第三军十三万，皇太子将之（即今皇威廉第二）。

拿破仑以为法国与奥意二国，易为同盟，拟率军队直逼德意志，先破其南部诸州后，再与奥意联合，以当普鲁士。不料奥意二国早为毕斯麦所联络，不能助法也。是时普军由铁道载运，速如疾风，直破法军主力，冲入巴黎（即法国京城）。

法军未出国境，而普军已进逼其都。于是拿破仑前所定先破德意志南部诸州之计划，一失败矣。开战未数日，而的情绪也异常激动、愤慨。

毕斯麦知道战争时机已经逼近，于是考虑重新讨好俄国，所以修订巴黎条约，扩大俄国的利益。正好俄国沙皇抵达欧姆斯，毕斯麦会见了俄国沙皇，又签订了秘密条约，让俄国帮助普鲁士。当时拿破仑三世想要和奥地利联合，而毕斯麦则又和意大利签订协约，从而牵制奥地利。

威廉一世从欧姆斯返回柏林后，拟定战争预算支出议案提交国会审议。国会讨论后决定筹集一亿多元作为军事费用。普鲁士于是向法国宣战。

法国军队共33万6千人，拿破仑三世自己担任军队元帅，任命自己的儿子蒲夫担任参谋总长，率军向德国开进。

普鲁士军队共75万人，威廉一世担任元帅，任命毛奇担任参谋长，将军队分为三个部分，第一支军队6万人，由墨芝将军率领；第二支军队13万人，由加罗亲王率领；第三支军队由皇太子率领（即后来的威廉二世）

拿破仑三世以为法国和奥地利、意大利很容易结为同盟，打算率领军队直接进逼德意志，先攻下德国南部各个州郡，然后与奥意两国联合，抗击普鲁士。没有想到奥地利和意大利两国早就与毕斯麦约定，不能协助法国。当时普鲁士军队靠火车运送，行军速度快得跟风一样，直接攻破了法军主力部队，打到了巴黎（即法国首都）。

法国军队还没开出国境，而普鲁士军队已经兵临法国首都，因此拿破仑三世之前所制定的先攻破德国南部州郡的计划全部失奥大利、意大利、俄罗斯、丹麦、比利时各国，皆宣告局外中立。于是拿破仑前所定欲与奥意联合抗普之计划，再失败矣。本为攻普，而转为普所攻，于是变攻势为守势，其窘迫殆不可名状。

普鲁士军，自开战后，连战皆捷，势如破竹。九月初一日，普兵进至师丹。师丹有大炮台，法兵守之甚严，普兵围之数日，炮台下积尸数尺，普兵立于积尸上，向炮台猛进不已。法人见炮火不能为力，惊而溃走。于是师丹城兵皆降，法国全军为捕虏，拿破仑出走。普兵遂长驱围巴黎。

法人忿拿破仑丧师辱国，于是推翻帝政，建立共和政府，举德洛由为大统领，以法布尔为外务大臣。法布尔求见毕斯麦，开讲和谈判。和议卒不成，普军围巴黎益急，炮弹如雨，落于巴黎市，全市破坏。

千八百七十一年一月，普军入巴黎。普王威廉一世，在路易十四世（即前法国皇帝）之故宫，登帝位。自此南北联邦，永世同盟，普鲁士王，永为联邦盟长，称为德意志皇帝。联邦见普鲁士胜法，无不震恐惊伏，乐为推戴。于是毕斯麦数十年所怀抱统一之大志，卒告成功矣。

当巴黎围攻之时，法国政府命启欧尔为委员长，游说各国，乞解巴黎之围。然列强已受毕斯麦之笼络，宣告中立，败。开战没几天，奥地利、意大利、俄罗斯、丹麦、比利时等国家，纷纷表示局外中立，于是拿破仑之前制定的想和奥意联合对抗普鲁士的计划也失败了。本来是要攻打普鲁士，现在反而变成被普鲁士攻打，法国的窘迫之态都无法用言辞形容了。

普鲁士军队自从战争开始后，接连赢得战争胜利，势如破竹。9月1日，普鲁士军队开到师丹，师丹上筑有大炮炮台，法军防守十分牢固，普军围攻几天，炮台下面尸体堆积了好几尺厚，普鲁士士兵从堆积的尸体上向炮台发动猛烈进攻。法国人看炮火也不能阻挡普军，惊慌溃逃，于是师丹城里的士兵都投降了，城内法国军队全都被俘虏，拿破仑三世逃走。普鲁士军队于是长途驱驰围困了巴黎。

法国人对拿破仑三世打了败仗，使国家蒙受耻辱很愤慨，于是推翻了君主政权，建立共和政府，推举德洛为大统领，法布尔担任外务大臣。法布尔请求谒见毕斯麦，进行和平谈判。谈判没有达成共识，普鲁士军队围攻巴黎更加猛烈，炮弹像雨点一样落在巴黎市中，整个城市被严重破坏。

1871年1月，普鲁士军队攻入巴黎。普鲁士国王威廉一世在路易十四（即前任法国皇帝）的宫殿登基称帝，从此南北联邦永远结为同盟，普鲁士国王永远为联邦首脑，称为德意志皇帝。其他联邦国家看到普鲁士战胜了法国，无不感到震惊和恐惧，纷纷归服，愿意拥戴普鲁士为联邦首脑。于是毕斯麦数十年怀抱的统一德国的宏大志向终于实现了。

当巴黎被围攻的时候，法国政府任命启欧尔作为委员长，到其他国家进行游说，希望解除巴黎之围。然而各个强国已经被故皆不肯干涉其事。二月二十一日，启欧尔又求见毕斯麦，开和议。毕斯麦乃提出三条，要求法国。

（一）法国当割让欧尔萨斯，及东部罗脱林垦与普鲁士（面积四七〇〇方英里。人口百五十万）。

（二）法国宜赔兵费六十亿佛郎。

（三）兵费全额未付清以前，普鲁士以三万兵驻巴黎。

启欧尔与毕斯麦对坐于一长方桌子上，用德语谈判。启欧尔曰："法国之富，不足以付六十亿之偿金，无此费力，而负债，是使法国为诈伪也。"毕斯麦乃减至五十亿，启欧尔犹不肯，曰："法国之力，只能二十亿。"毕斯麦大怒，离坐厉声而言曰："公等如此强硬，是否尚欲继续战争乎？"启欧尔亦愤甚，操法语而言曰："嗟夫！此真不可争之强掠也。"毕斯麦冷笑谓启欧尔曰："余亦通法语，然德国固战胜国也，请足下仍用德语相谈。"

普法议和

时启欧尔与法布尔均为讲和委员，当谈论激烈之际，毕毕斯麦笼络了，都宣告中立，因此不愿意参与这件事。2月21日，启欧尔又请求拜见毕斯麦，进行和平谈判。毕斯麦于是提出三条意见，要求法国履行：

（一）法国应当割让欧尔萨斯和东部的罗脱林垦给普鲁士（面积4700平方英里，人口150万）。

（二）法国应赔偿普鲁士军费60亿法郎。

（三）在全部付清军费赔款以前，普鲁士将在巴黎驻兵3万人。

启欧尔与毕斯麦对坐在一个长方形的谈判桌子前面，用德语进行谈判。启欧尔说："法国的财力支付不起60亿法郎的赔偿金，没有这个财力而负债允诺，这是逼法国欺骗同意条约。"毕斯麦于是将赔款削减到50亿，启欧尔仍然不同意，说法国的国力只能承担起20亿的赔款。毕斯麦大怒，离开座位大声说："你们态度这么强硬，是不是想继续进行战争啊？"启欧尔也非常愤怒，用法语说："这简直是不讲道理的强取豪夺。"毕斯麦冷笑着跟启欧尔说："我也会法语，不过德国才是战胜国，请你还用德语进行谈判。"

当时启欧尔和法布尔都是谈判代表，在谈判激烈的时候，斯麦以烟卷进于法布尔前，法布尔不嗜烟，乃辞不吸。毕斯麦曰：“足下不吸烟乎？余不能不为足下憾也。试思人当吸烟时，必支烟卷于指间，又必留意使之不坠落。以此之故，身体不敢激烈振动，而心意亦因以舒徐，不陷于粗暴矣。故吸烟者，正可使人入于快乐之境也。足下更试看烟卷中之烟，腾腾而升于空际，其状婉转屈曲，令见者目为之爽。而同时又有香气扑鼻而过，令人心醉。于是降其圭角，开始谈判，而谈判乃能圆滑灵敏矣。夫吾辈外交家之任务，岂非以圆滑灵敏，而后乃收其效耶？”法布尔无以应。

毕斯麦尝言：凡为外交家，不能尚血气，当力制其热情，而学冷淡之态度。故彼当心绪繁乱时，必读小说以自镇。师丹之战，两军胜败未决，毕斯麦通宵读小说不释。其后法国书记官，夜半往访之，见毕斯麦横于卧蓐，床头燃烛，正在读法兰西小说也。旁观以为如此公务繁忙，毕斯麦何以尚有余暇读小说，而不知毕斯麦正以小说而自制其激烈之热情也。

讲和谈判既久，法国卒以五十亿佛郎赔德国，于是条约告成。

普军得胜而归，修维多利之柱，以为战功之纪念。于是开国会于伯林，决定普鲁士之王统。世世为德意志帝毕斯麦把烟递到法布尔面前，法布尔不喜欢抽烟，于是推辞不抽。毕斯麦说："您不抽烟吗，我真是不能不为你感到遗憾。尝试着想象人抽烟的时候，必然要用手指夹着烟卷，又必须注意不让烟卷掉了，因为这个原因，身体就不能大幅度的晃动，而心境也随之淡定舒缓，不至于变得暴戾。因此，吸烟正好能够让人进入快乐的境界。您再看烟卷里冒出的烟，慢慢上升飘到空中，它的形状曲折飘逸，让看到的人精神爽快。同时烟卷散发的香气从鼻子闻到后又让人感到心醉，这样便能够收敛锋芒，开始谈判，谈判才能圆滑机灵敏锐。我们做外交家的任务，不就是靠圆滑、机灵、敏锐才能收到成效吗？"法布尔无言以对。

毕斯麦曾经说过，只要是外交家就不能感情冲动，应当尽力克制自己激动的心情，学会冷静淡定处事的态度。所以当他心里思绪烦躁不安的时候，一定会通过阅读小说来使自己镇定。师丹战役，双方军队胜负还没有明确的时候，毕斯麦整夜阅读小说，手不释卷。有一个法国的书记官半夜去拜访他，看见毕斯麦横卧在床垫上，床头点着蜡烛，正在阅读法兰西的一本小说。书记官在一旁看到后，认为公务这么繁忙，毕斯麦怎么还能有闲工夫看小说，却不知道毕斯麦正在通过阅读小说来克制自己内心激动的情绪。

和平谈判进行了很久，法国最终还是赔偿给德国50亿法郎，停战条约因此得以签订。

普鲁士军队胜利回国后，修建了维多利之柱，用来纪念战争取得的功绩。然后在柏林召开国家议会，决定普鲁士的皇族血统国之元首，及海陆军之大元帅。改联邦议会及国会为帝国议会，置上下议院，联邦首相兼为上议院议长。于是毕斯麦为上议院议长，又以功封公爵。普鲁士朝野上下，前此反对毕斯麦，欲杀而甘心者，至是乃人人称其功矣。

维多利亚柱

【批评】

观毕斯麦欲与奥国开战，而频频结欢于俄，终订密约，使俄助己。又与罗马订盟，以牵掣奥大利。而拿破仑不知，尚拟进军德意志，后与奥意联合以抗普鲁士。不料战书甫下，而奥意均宣告中立矣。故普法之战，普兵虽猛于炮击，而其中最猛最毒者，乃毕斯麦之外交手段也。

毕斯麦以南部德意志富于民权自由思想，不急急与之联合，而先订攻守同盟之约，亦具有卓见。盖毕斯麦以为，若不能胜法国，则南北虽联合，终有分裂之患。若能胜法，则普鲁士威力，方且震动欧洲，区区南部诸州，自不怕其不闻风而从我。必至此时，而统一之，其基础乃确不可拔也。

永世都为德意志帝国的元首和德国海陆军军队的大元帅，将联邦议会和国家议会改制成为帝国议会，设置上议院和下议院，联邦首相兼任上议院的议长。于是毕斯麦担任了上议院议长，又按照他的功绩封了公爵。以前普鲁士从政府到百姓举国上下都反对毕斯麦，想要杀了他才肯甘心，到此时所有人都称赞他的功绩。

【评论】

毕斯麦想要和奥地利开战，于是频繁争取俄国的欢心，最终签订秘密条约，成功地让俄国帮助自己；又和罗马约定同盟，从而牵制奥地利。拿破仑对此毫不知情，竟然还打算进军德意志后和奥地利、意大利联合攻打普鲁士，没有料到战书刚刚下达，奥地利、意大利都宣告保持中立立场。因此普法战争，普鲁士军队的勇猛虽然比大炮还厉害，但其中最勇猛最厉害的，应该是毕斯麦的外交手腕。

毕斯麦认为南德意志民权自由的思想盛行，并不急于和他们联合，而是先签订攻守同盟的约定，这也看出毕斯麦的远见卓识。因为毕斯麦认为，如果不能战胜法国，即便是南北暂时统一，最终仍然会有分裂的隐患；如果能战胜法国，那么普鲁士的威力就能使整个欧洲为之震动，更何况小小的南部各国家，自然也就不担心他们不会顺从形势而服从普鲁士，必须在这个时候项羽既胜秦军，诸侯从壁上观，无不人人震恐，于是蒲伏入辕门，尊羽为上将军，诸侯军皆属之。然则不先于异族肆其排击，而获胜利，而欲谋本族之联合统一，吾知其难矣。

路克圣堡之撤兵，普鲁士不能不屈服列国之会议者，时机未至也。及时机已至，则召集军队，由铁道载运，捷如疾风，直逼法京，使拿破仑变攻势为守势。毕斯麦之政策，正所谓守如处女，出如脱兔。今人做事，只解得一味迟缓狐疑，却自谓老成持重，岂不羞死。

法布尔欲救巴黎之围，来与毕斯麦开讲和谈判，其责任何等重大，而毕斯麦与法布尔论吸烟事，刺刺不休。外交家态度，从容如此，可敬可爱。

毕斯麦生平以铁血为政略，似其人为专尚血气之人，而不知彼乃善制血气之人也。观其当师丹围攻时，成败未可知，而彼彻夜读小说，此皆自镇其心之法也。盖办大事人，最怕脑筋激刺大烈，脑筋一受外界之激刺，则必有粗暴之弊。一粗暴，则虑事必不能周，计划便不能远到。故必须用全力以自裁制，而后方不至于愤事也。今人一遇事变，便至统一德国南北部，这样国家统一的基础才能牢不可破。项羽打败了秦国军队后，诸侯坐观成败，而无不感到震惊恐惧，于是纷纷匍匐到项羽军门前，尊奉项羽为上将军，诸侯的军队都归入项羽麾下。然而不先攻打外族势力赢得胜利，就想要谋划本族内部的统一，我估计这会非常艰难吧。

从路克圣堡撤兵，普鲁士不得不屈服于列国会议作出的决定，是因为对抗的时机没有到，等时机到了以后，则立即组织军队通过铁路线输送兵力，速度快得跟风一样，直接逼近法国首都，促使拿破仑三世从进攻态势转变为防守态势。毕斯麦的计策，就像所说的“未行动时像未出嫁的姑娘那样持重，一行动就象飞跑的兔子那样敏捷”。现在的人做事，只知道一味的拖沓犹豫，却说自己是经验丰富，办事老练稳重，岂不是羞愧死了。

法布尔想要解除巴黎被围困的局面，来和毕斯麦进行和平谈判，这个责任是多么重要。而毕斯麦却和法布尔讨论吸烟的事儿，说话唠唠叨叨，没完没了。外交家处理大事的态度竟然如此从容自在，值得我们敬佩学习。

毕斯麦一生中将铁和血作为政策的核心，他这个人好像是个容易冲动的人，不知道他却是擅长克制冲动的人。看他在师丹战役胜负还没有眉目的时候，整夜阅读小说，这都是他让自己内心镇静的方法。谋划大事业的人，最害怕的就是脑子发热，情绪激动，精神一旦受到外部环境的激烈刺激，则肯定会产生鲁莽暴躁的问题。一旦鲁莽暴躁，考虑问题必然就不能周全，计划就不能有远见。因此必须竭力靠自己控制，然后才能不至于愤怒于张皇，往往措置失当，何不以毕斯麦为法乎？

当铁血宰相初开幕时，朝野上下，人人反对，甚至视之如蛇蝎焉。及铁血政略，奏功三次，于是前之反对者，今乃欢迎，卒不出毕斯麦之所料。虽然，毕斯麦前之不恤人言，非如今世人不顾羞耻，甘冒不韪也。盖彼所不恤者，一时之人言也，彼知牺牲一时之名誉终可求得最后之名誉，故敢与一时之舆论为敌。今人之敢与舆论为敌者，试问其是否有求得最后名誉之心乎？曰非也，彼盖不过以名誉殉利禄而已。故不有求得最后名誉之心，而甘与舆论为敌者，谓之冥顽。遇一时舆论之反对，而即缩首裹足，不肯断行其大计者，谓之怯懦。冥顽怯懦，大之皆足以误国，小之皆足以自误其身，吾愿青年人慎之。

事。现在的人一旦遇到突发事件，便会惊慌失措，常常就处置不当，为什么不以毕斯麦作为借鉴呢？

在铁血宰相的政策刚开始执政时，从中央到地方、从官员到百姓所有人都反对，甚至把他当做蛇蝎看待。等到铁血政策接连三次奏效以后，之前的反对者开始表示赞许，这都在毕斯麦的预料之中。虽然毕斯麦之前不顾及社会舆论，却不是像现在有些人不顾羞耻而去干大家公认的坏事。毕斯麦所不顾及的，是当时特定时期的舆论，他知道自己放弃的是暂时的名誉，终究可以获得最终的称誉，所以才敢和当时的舆论作对。现在的人敢于对抗社会舆论，试问他们是否具有赢得最终赞誉的打算呢？回答是否定的，他们不过是损坏自己的名誉去换取利益和地位而已。因此没有追求最终赞誉的打算而甘心和舆论作对的叫做愚昧顽固；遇到一时的舆论攻击就退缩不前，不敢果断实行自己的宏大计划的人叫做胆小软弱。冥顽怯懦，往大了说可以损害国家，往小了说会损害自己，我希望青年人要慎重。

第十章　伯林会议

千八百七十年，俄土又有战事，欧洲列国如奥大利、意大利、英吉利、法兰西，皆起而拒俄。是时德意志新建帝国，又以普法战后，不欲再兴兵事。且俄罗斯与德国修好已久，毕斯麦不欲附和列国，与俄为难。然德若助俄，是明明与英法奥意为敌。毕斯麦乃建议开平和会议于伯林，通告列国。

柏林会议

千八百七十八年，欧洲十一国，应毕斯麦之请，各派大使，来伯林会议。毕斯麦为议长，调停英俄、奥俄之间，使不生冲突。时俄国大宰相哥尔查，与英相议不合，英相怒，欲归国。毕斯麦乃力劝俄相让步，于是伯林条约告成。

伯林条约既成，列国皆颂毕斯麦之功，而俄相哥尔查心独不平，乃赴法国，与法廷交好，欲联合法国，以敌德。毕斯麦乃与奥国结同盟，又与意大利修好。千八百八十年，德

1870年，俄国和土耳其再次发生战争。欧洲列国包括奥地利、意大利、英吉利、法兰西等都共同反对俄国。当时德意志刚刚建立统一的帝国，又因为普法战争之后，不愿意再次参与战争。而且俄罗斯和德国多年来已经建立起良好的关系，毕斯麦不愿意附和其他国家为难俄国。然而德国如果帮助俄国，那就是摆明和英、法、奥、意作对。毕斯麦于是建议各个国家到德国柏林召开和平会议，并通告了各个国家。

1878年，欧洲的十一个国家，接受毕斯麦的邀请，分别派遣大使到柏林开会讨论。毕斯麦作为议长调解平息英俄、奥俄之间的争端，避免相互之间发生冲突。当时俄国的大宰相哥尔查与英国首相商议时意见不合，英国首相对此很气愤，想要回国。毕斯麦力争劝说俄国宰相让步，于是柏林条约才成功签订。

柏林条约签订后，各个国家都称赞毕斯麦的功劳，而唯独俄国宰相哥尔查心里不服气。于是他赶到法国，与法国政府建立良好的关系，想要联合法国共同对抗德国。毕斯麦于是与奥地利结为奥意三国同盟。越三年，德奥二帝，又与俄帝会见。是时俄相哥尔查死，俄德感情又渐融和，卒结同盟之约焉。

当是时法国深恨德国，屡欲复仇，然德国既与奥意俄同盟，法亦不敢再启衅。抑德之与奥意同盟，不仅免己之孤立而已，且以离间法意之交。法意合，于德有所不利也。毕斯麦于伯林会议，告意大利之首相曰："法兰西既占亚非利加北岸地，其邻趋尼士必为所併，贵国不可不预防之。"首相知毕斯麦之诈，不为动。毕斯麦乃嗾使英国劝法兰西侵略趋尼士地，于是意大利地中海势力顿失，两国交恶，乃以渐昵于德国。毕斯麦斯举，诚可谓一举两得也。

【批评】

欧洲当十八世纪时，民族主义方盛。奥与俄为同族，意与法为同族，而与德同族之国盖少，势不得不引异族之国。然异族之国，猜疑必甚，殆无以取信。故欲与俄亲，必先间俄奥之交，欲与意亲，必先间法意之交。于俄适有波兰之机可乘，而于意则未有时机，故不得不用诡谋以求联合。然此不过一时政策，作伪之事，终有发露之日，故至今日德国尚同盟，又和意大利结成友好关系，1880年德、奥、意三国结成同盟国。过了三年，德国和奥地利两国元首又和俄国皇帝会面，当时俄国宰相哥尔查已经去世，俄国和德国感情又逐渐融洽，于是就签订了同盟条约。

当时法国特别憎恨德国，多次想要报仇。然而德国已经与奥、意、俄结成同盟，法国也不敢再挑起事端。德国和奥、意两国同盟，不仅仅避免了孤立自己，而且可以离间法国和意大利的关系。法国和意大利联合，对德国将会产生不利影响。在柏林会议期间，毕斯麦对意大利首相说："法兰西已经占领了亚非利加北岸地区，他的邻国趋尼士必然也会被法国吞并，意大利不能不提前预防。"意大利首相知道毕斯麦使诈，对他的话不为所动。毕斯麦于是唆使英国劝法国侵略趋尼士，于是意大利在地中海的势力范围顿时荡然无存，法意两国外交恶化，于是和德国的关系逐渐变得友好。毕斯麦这个计策，可是说是一举两得。

【评论】

欧洲在十八世纪时，正是民族主义盛行的时候。奥地利和俄国属于同一民族，意大利和法国属于同一民族，而与德国是同一民族的国家是很少的。形势所迫，德国不得不亲近异族国家。但是异族国家之间，相互猜疑必然严重，因此很难相互获得信任。因此想要和俄国亲近，必然要先离间俄国和奥地利的外交关系；想要和意大利亲近，必然要先离间法国和意大利的外交关系。对于俄国刚好赶上波兰暴乱的机会可以利用，而对于意大利则还没有居孤立地位。所谓德奥意联盟，殆未得为巩固之结合也。

俄土战事，欧洲列国起而拒俄，是时德国实有左袒不能、右袒不可之势。盖不拒俄，则违列国之意，众怒难犯，拒俄则又失俄之欢心。而法国正欲复仇，若俄法联合，而德危矣。毕斯麦左右为难，惟有开平和会议之一法。外交家苦心，至今如见。

平和会议，卒难两全。故其结果，终失欢于哥尔查。于时毕斯麦又不能不与奥意相握手，以牵掣俄法。直至哥尔查死，于是又乘机与俄联盟，终使法国不能快其复仇之望。外交巧妙，令人畏之爱之。

机会可用，因此不得不通过阴谋诡计来实现和意大利的联合，然而这不过是暂时的缓兵之计。虚假的事情，早晚会被发觉暴露出来，所以到现在德国仍然处于被孤立的地位，所谓的德、奥、意联盟，算不上是十分牢固的同盟关系。

俄国与土耳其之间的战争，欧洲各国联合抵制俄国，当时德国确实是偏袒俄国也不行偏袒欧洲列国也不行，不抵制俄国就违背了各国的意思，不可以做让各国不满意的事情；抵制俄国则又失去了俄国的友好关系。而法国正图谋复仇德国，如果俄国和法国联合，那么德国就危险了。毕斯麦左右为难，只有用召开和平会议这一个办法。外交家的良苦用心，现在仍然可以感受到。

和平会议，很难做到两全其美，因此最终结果，还是得罪了哥尔查。当时毕斯麦又不能不和奥、意两国宰相握手言和，从而牵制俄国、法国。直到哥尔查去世，才又趁机和俄国联盟，终究让法国没有实现向德国复仇的希望。外交的巧妙，让人害怕又让人喜欢。

第十一章 民权自由

以上所述者，毕斯麦之帝国统一政略，及外交政略，即间有涉及内治者，亦多置重于国权问题，不足以语内治。今请述毕斯麦内治之政策。

毕斯麦内治之事，有出世人意料外者。其一为民权自由之伸张，其二为国家社会主义之提倡。前者之事，在于普奥战争之告终，后者之事，发于普法战争之完了。本章于其前者之事实先详焉。

先是毕斯麦之提增税问题于议院也，以增税议决之权，授之贵族院。贵族院固党政府者，于是否决下议院之总豫算，而赞成政府所提出之案。然依宪法六十二条明文，贵族院但得不认下议院所已决定之豫算案而已。今以未经下议院议决者，提出于贵族院，其为违宪，固无待论。毕斯麦乃悍然不顾，解散议院，利用王权专制。直至普奥战争后，政策为之一变。

自议院解散之后，普之一战而胜丹麦，再战而胜奥大利，议会未与有分毫之力者也。于是世之为顽固之论者，以为议会无用，适足以阻国家之进步，因盛倡专制政治主义，至欲以王权易立宪政体者。毕斯麦独奋然反对此论，劝普王与下议院和解。于是一千八百六十六年，王亲临议会席为演说曰："确定豫算，要经议会之协赞，此固宪法所明定，昭以上所说的，是毕斯麦建立帝国的统一政略和外交政策，即便中间有涉及国内治理的，也都多侧重于国家政权问题，不能说明这是他的内政方针。现在就来说说毕斯麦治理内政的方针政策。

毕斯麦治理国政有两件事情是出乎人们意料之外的。一件是大力主张民主自由，第二件是提倡国家社会主义。第一件事发生在普奥战争结束的时候，第二件事发生在普法战争结束时。这一章节先详细论述第一件事。

一开始是毕斯麦在议院提出国家增加税收的议题，将增税的讨论决定权授予贵族上议院。上议院的议员原本就是领导政府的政党之人，于是他们往往否决下议院做出的总预算方案，而赞成政府提出的预算方案。然而，根据宪法的第六十二条明文规定，上议院只能够有权否决下议院所决定的预算案而已。现在没有经过下议院地讨论，直接由上议院提出预算方案，这是属于违反宪法规定的行为，这是不容置疑的。毕斯麦悍然不顾违反宪法的事实，解散了议院，实行君主专政制度。直到普奥战争结束后，这一政策方才改变。

自从议院解散后，普鲁士第一次战争就打败了丹麦，第二次战争又打败了奥地利，议会没有发挥一点儿作用，于是社会上一些顽固派认为议会毫无作用，只能是阻碍国家的发展，因而大力倡导实行专制集权的政治主张，乃至于想要将君主制改革为立宪制政治体制。唯独毕斯麦激烈反对这种论点，他劝说普鲁士国王和下议院达成和解。于是1866年，普鲁士国王亲自到议院就此事进行演讲，他说："决定预算案，要经过议会的通过，这本来是宪法然在人耳目者。虽然两三年以来，以国家危迫，不可终日，内谋统一之大业，外绝强敌之窥伺。因政略之实行，而不得不谋军备之扩张。因军备之扩张，而不得不求增税之承诺。然增税之承诺，非可以得之议院者，故不得已而于此成规，暂省略不用。其为违宪，无可讳矣。虽然，因有此军备扩张，而于奥大利丹麦两役，大获胜利，迈于前古，国旗光辉，照耀天下，人民欢虞，大业底定。于宪法上之过失，殆足以偿之而有余也。”云云。

演说终，议院内欢声如沸，中有感泣者。盖新胜之后，议院之人，固以为政府必有不可犯之威棱，今乃得此恳挚温和之诏旨，实出意外。然而王之所以能为演说，盖出于毕斯麦之意。然则毕斯麦之成功，不在于外交政略，而在于内治，不在于创非常之业务，而在于循世界之公理，不在于勇于虑始，而在于善于守成。卒之国受其福，民沾其泽，固非卤莽灭裂之夫，所能望其

德国议院

所明确规定的，是大家所公认的。尽管最近两三年以来，由于国家形势紧急，一天都过不下去，对内要谋划国家统一的大业，对外要抵抗外国强大势力的侵略。因为这些政策实行，不得不谋求扩大军事实力；因为要扩大军事实力，又不得不做出增加国家财税收入的决定。然而增加财税收入的决定无法通过下议院，因此不得已暂时不执行宪法的这条规定。这种行为违宪，没有什么好避讳的。这样，因此才有了后来的军备扩张，而后才赢得了奥地利、丹麦两场战争，大获全胜，远远胜于前人，使国旗生辉，在世界上赢得了地位，老百姓欢欣鼓舞，国家大业基本形成。相比而言，违反宪法的这些过失错误，所取得成就足以弥补了。”等等。

演说完了后，议院中的人像沸水一样欢腾，其中甚至有人感动得哭了。因为国家刚刚赢得胜利，议院的人原本以为政府肯定会表现出不可冒犯的威风，现在却得到这样恳切、真诚、温和的道歉，实在是非常意外。然而国王之所以能做这样的演说，本是出于毕斯麦的主意。然而，毕斯麦最大的功劳，不在于外交政策，而在于国家治理，不在于创造异于寻常的功绩，而在于遵循世界的普遍规律，不在于勇于谋划事情的开始，而在于善于守住创下的业绩，而后国家和人民得以享受他带来的福泽。这不是做事草率、粗疏的人所能够达到的。从这件事之后，毕斯麦就改变了原来的专制主义主张，而推崇自由主义。因此当时议会中政治党派很多，各种观点政见不断出现，又在来布基克设立了高等法院，而且修正肩背者矣。自是之后，毕斯麦乃一变其从前专制主义，而采自由主义。故其时议会之中，政党林立，议论纷起。又于来布基克，设高等法院，且修正新刑法，以图司法上之革新。其结果遂至国家主义，勃然以兴，而德意志学说，遍于天下矣。自由贸易，盖赴隆盛，而德意志商业，乃渐凌于英吉利之上矣。凡此者，皆不可谓为非毕斯麦之功也。

然而俊杰者，识时务者也，故时势一变，而俊杰之政策亦随之转移。今请于下章述其所主持之国家社会主义事。

【批评】

记有之曰：虽有智慧，不如乘势。观于毕斯麦之忽而专制，忽而立宪，忽排斥自由党，忽主张国家社会主义，非故为是反复，诚以时势大力，虽英雄亦莫敢逆之。靡特不敢而已，倘逆此时势，亦与彼之目的相戾。盖立宪之国，其平和之日，必较专制为多，此历史上不可诬之事实也。独至军事外交等，一日千变，非得取决之舆论者。故各国宪法，于此二事，多属于君主之大权。惟美国宪法，稍为繁重，故政治上生许多不便。毕斯麦盖有见于此，故当决行其政略之时，虽违背宪法，解散议院而不惮，其实有不得了新的刑法，从而追求司法制度上的改革创新，结果就引起了国家主义的蓬勃发展，德意志的理论学说也传播到世界各国。德国的自由贸易逐渐兴盛，德国商业经济规模于是渐渐超过了英吉利。类似这些事，都不能不说是毕斯麦的功劳了。

所谓英雄豪杰，是明白顺应时事趋势的人。因此，只要社会形势发生变化，英雄豪杰的政策也会随着时事发生变化。现在在下一章论述毕斯麦主导的国家社会主义一事。

【评论】

古语曾经说过，虽然很有智慧，但也赶不上顺势而为。我们看毕斯麦时而主张专制，时而又主张立宪，突然排斥自由党派，又突然主张国家社会主义，这不是他故意想要摇摆变化，实在是社会形势的力量之大，即使是英雄也不敢违抗。也不仅仅是不敢，而是如果违逆形势，和他们的目的也是相违背的。实行立宪制度的国家，处于和平时期必然会比专制国家的时间要多，这是历史上不可否认的事实。唯独军事和外交两项工作，变化速度极快，是不能靠舆论左右决策的。因此各个国家的宪法在这两个问题上多数都将其作为君主手中的权力。只有美国的宪法比较繁琐复杂一些，因此政治上产生了很多不便利的地方。毕斯麦考虑到这个问题，所以在决定施行他的战略思想时，尽管违背宪法规定，解散议院都不然者也。普自创于法后，国势不振，四邻眈眈，而斯拉夫拉丁民族，日为窥伺军备一弛，敌国乘之，国运之危，无待蓍蔡。当如此危迫之际，而不用权宜，恐德意志至今，犹在人肘腋下耳。读者须知其一番苦心，而非武断者比，苟非处相同之时势，亦不可贸然学他耳。

世人喜言守旧维新，吾见其能称实者恒少。平日高睨大谈，临事则畏首畏尾，如是之人，靡特无新可维，抑亦无旧可守。观于毕斯麦，解散议院之时，全国忿恨，咸欲剚刃其腹，而彼不为动，此其守旧何如乎？及普奥战役告终，废撤议院之论，骚于都下。而彼独于此时尊自由重民权，再开议会，事事公之舆论，此其维新为何如乎？盖新旧者，固非有一定界限，谋国者但取其适于时而已。

不畏惧，而实际上是有不得不这么做的原因。普鲁士自从实行法制后，国家难以振兴发展，邻国虎视眈眈，而且斯拉夫、拉丁民族国家一直等待普鲁士军事松弛的时机。敌对国家一旦乘机而入，国家命运的危险不用占卜预测都能知道。在这个危急紧迫的关头，若不因事而变通办法，恐怕德意志至今仍然会在别人的势力压迫下。读者应当知道毕斯麦的一番苦心，这绝不是武断的人能比得了的。如果不是处在同样的形势下，也不能贸然学习他这样的做法。

社会上一些人喜欢谈论恪守旧制和改革创新，我看他们的能耐足以合乎实际的实在是太少了。平时举动、言论气概不凡，一到遇见难事就前也怕后也怕，像这样的人不光没有什么创新可以改革，甚至连旧的制度都守不住。毕斯麦解散议院的时候，全国对他都很不满，心生怨恨，都想要取他性命，但他却不为所动。他这种守旧的行为该怎样评价呢？等到普奥战争结束后，废除议院的论调在城中传的沸沸扬扬，但是他却单单在这个时候尊崇自由和民权，重新恢复议会，凡事按照社会公共舆论执行。他这种改革创新又该怎样评价呢？所谓的新和旧，原本没有特定的界限，谋划国家大事的人只是根据其是不是合乎时势进行抉择。

第十二章　国家社会主义

毕斯麦既以铁血政略行于外交，奏三次之功效，而当时内政，亦纯用专制，束缚言论自由、禁止出版自由、携抑民权，不遗余力。于是社会党恨之刺骨。

千八百七十八年，社会党党员亨德尔，以短枪狙击德皇威廉一世。自是之后，毕斯麦知徒藉外交手段、铁血政略，终不足以治国，且恐社会党频加害于皇帝，而牵动全国之运命，于是大变其内政之方针，提倡国家社会主义。

孔子有言：不患寡而患不均。凡自古国家之乱，多因民生之穷蹙而起，贫者日趋于贫，富者即日趋于富。贫富相悬，则有不均之患，而乱事起矣。欧洲自十六世纪以后，劳动者对于资本家革命之说，盛行于各国。而同盟罢工之事，仆而复起者屡，即是故也。国家社会主义者，聚全国资财于国家，而国家以其资财之一部，救护贫乏，所以抑资本家之权势，而维持贫富不均之政策也。

虽然，以国家之名义，强夺富者之资财，以与贫者，此虽可以平劳动者之心，而究不能免资本家之怨。且此等政策一行，而政府之权力较前更大，甚至官吏作弊，借口于平民政策，强肆掠夺，是平民未见其益，或先见其害矣。故毕毕斯麦将铁血政策贯穿于外交事务，并取得了三次显著的成绩，而且在国家事务治理上也单纯地依靠专制，控制了社会言论自由，禁止出版自由，全力以赴地遏制民主权力、于是社会党派对他恨之入骨。

1878年，社会党人士亨德尔用短枪狙击德国皇帝威廉一世。从这以后，毕斯麦知道光靠外交手段和铁血政策始终不能够很好地治理国家，而且担心社会党频繁加害皇帝，牵动影响整个国家的形势。因此他极大地改革了治理国家的策略，提倡国家社会主义。

孔子曾经说，不担心得到的少，而是担心分配的不公平。历来国家出现暴乱，多数是因为老百姓生活穷困潦倒而引发的。贫穷的人越来越穷，富裕的人越来越富，贫富悬殊太大，就会有不公平的问题，而后就会发生暴乱。欧洲自从十六世纪以后，劳动者对于开展资本主义革命的理论，广泛流传于各个国家，工人联合起来罢工事件多次才刚平息就又发生，就是因为这个原因。国家社会主义，就是一种把整个国家的财富聚集到政府手中，政府用这些财富的一部分用于救助贫困群体，从而压制资本家的权势、控制贫富不均问题的政策。

这样，通过国家的名义来强制夺取富有者的财富给贫困群体，虽然能够平衡劳动者的不满心理，却终究不能够避免资本家产生怨恨。而且这种政策一旦执行，政府的权力跟以前相比就更加强大，甚至于官员腐败，拿造福普通百姓作为借口，强制随意夺取财富。这样，普通百姓还没有看到这样做的好处，却已经先看斯麦执此政策，其表面虽系保护平民，而内容仍不脱专制之性质也。今试录当时毕斯麦在国会之演说如左：

凡世界上，常有贫者富者之悬隔。既有贫富之悬隔，于是贫者不能不为劳动，富者亦自恃其资本，而役使贫者。而贫富之阶级，遂永久不能平。今欲破此阶级，惟以慈善事业为第一要务，使富者必须怜恤贫者，资本家必须救护劳动者。虽然，就事实而论，富者未必怜贫，资本家未必救护劳动者。故国家须以固有之权势，加压力于富者资本家之头上。

观此则毕斯麦所提倡之国家社会主义，不过藉国家之力强迫富者，行救贫之义务而已。千八百八十四年，德国设天灾保险局，又设病灾保险局、养老保险局。而毕斯麦又欲以全国铁道，归于国有。设烟草专卖局、白兰地酒专卖局，并改正课税之法。

【批评】

以醉心专制之宰相，犹不能不因社会党一枪之击，而变其专治之方针，可见民气终不可以摧残，民权终不可以排斥，而专制政体终无长活于世界之望。今人喜言专制，何其顽钝不聪明如是。

到这样做的害处了。因此毕斯麦执行这个政策，表面上虽然是保护普通百姓，但实质上仍然没有摆脱专制的性质。现将当时毕斯麦在国会上的演讲内容记录如下：

这个世界上，常常会出现贫富差距较大的现象。形成贫富差距较大的局面后，贫困的人不得不参与劳动，富人也凭借着自己的财富雇用贫困的人，贫穷和富裕两个阶级便永远也无法平衡。现在想要破除这种等级限制，只有将慈善工作作为最重要的事，让富人必须要怜悯贫穷的人，资本家必须要救助帮助劳动者。即使这样，根据实际情况看，富人未必会怜悯贫穷的人，资本家也未必会帮助救助劳动者。因此国家必须要通过本身具有的权力，对富裕的人和资本家施加压力。

毕斯麦所提倡的国家社会主义，不过是借助国家的强权，强迫富人履行救助穷人的义务而已。1884年，德国设立天灾保险局，又设立了病灾保险局和养老保险局。毕斯麦还想将全国的铁路划归国家所有，设立烟草专卖局、白兰地酒专卖局，并修改调整征税的办法。

【评论】

以爱好专注于专制的宰相，尚且不能不因为社会党枪击案而改变他治理国家的政策，可见，百姓的诉求终究是不能被摧残的，民主权力最终是不能够被压制的，专制政治体制终究没有长久的存在于世界上的可能。现在的人喜欢专制政体，这是多么的愚昧顽固、不聪明。

国家社会主义，在贫民视之，固为有利，在富民视之，则与掠夺财物相同，此主义究不得谓公。故近世欧洲人民，于社会主义，分为二派，其一派名国家社会主义，即欲利用政府之力，化土地财产私有者为公。然行之不善，势必权利均归政府，既归政府，则土地财产，昔之属于少数资本家者，今易而属之于统一之政府，是不啻以政府为一大资本家也。多数劳动之民，昔日受少数资本家之压制，今则受最大资本家之压制矣。夫劳动者受资本家之压制，尚得以同盟罢工为抵抗之武器，若受政府资本家之压制，则真无所脱逃矣。于是又生出一派曰：无政府主义。无政府主义者，人民不认政府为必要，亦不愿用国家政治之力，惟依劳动者固有之力，出以相争，而自行支配全国之土地财产人民。此主义固为防遏政府流弊起见，然其结果，必至相争夺相仇杀，陷于无法律。故此派之人，至今为各国政府所严禁。总之优胜劣败，天演公例，吾苟为优，何必患贫，何必疾富。吾苟为劣，而欲彼富人强以财产分我，按之法律道德，两无所合，而天演公例，竟不能逃。此理至明，青年人不可不知也。

国家社会主义，从穷人的角度看确实是有利，但从富人的立场看则无异于抢夺私人财产，这种主义根本不能算作公平。因此近代欧洲人，对于社会主义观点分为两个派系。一个派系是叫做国家社会主义，即要利用政府的权力，将私有化的土地和财产划归公有资产。然而如果操作不当的话，必然权力全部归属于政府、归属政府后，这些土地财产以前属于少数的资本家所有，现在变为归属于统一的政府所有，实际就是把政府变成一个拥有巨额资产的资本家。多数的劳动人民以前遭受少数资本家的压迫剥削，现在则是受最大资本家的压迫剥削。劳动者受到少数资本家的剥削压制，尚且可以通过联合起来罢工作为抵抗压迫的工具，如果受到政府这个大资本家的剥削压迫，那么就真的没法摆脱了，于是又产生了一些主张无政府主义的派别。无政府主义理论，是人民不认为政府的存在是必要的，也不愿意依赖国家的整治权力，唯有依靠劳动者本来就有的力量进行抗争，由自己支配国家的土地资产和人民。这种主义确实是出于防止遏制政府产生弊端的目的，但这个结果必然导致人与人之间相互争夺和仇杀，陷入没有法律规则的境地。因此持这一派观点的人到现在仍然被各国政府所严厉禁止。总而言之，竞争中适应力强的保存下来，适应力差的被淘汰，是大自然的发展规律。我如果是适应力强的人，又何必担心穷人，又何必仇视富人。我如果是适应力差的人，想要那些富人勉强将财产分给我，不管是从法律还是道德角度看，都不正确，而大自然的规律最终也无法逃脱。这个道理非常明显，青年人不能不知道。

第十三章 毕斯麦之退政及其轶事

德皇威廉一世既崩，新皇威廉二世即位。惮毕斯麦专政，欲裁抑之。立宪国之制，君主无责任，其责任系宰相代负之。宰相既代君主负责任，于是不能不重宰相之权，一切各部大臣，均归宰相监督，所谓内阁政治是也。是时朝臣见新皇不喜毕斯麦，于是凡事不白宰相，直奏皇帝。毕斯麦怒，乃本千八百五十二年之阁令，谕曰各大臣宜服宰相监督权，不得妄自与皇帝为政治交涉。新皇益不喜，乃废五十二年之阁令。

先是德国有中央党者，民间之社会党也。中央党见毕斯麦失势，欲与联合。千八百九十年三月一日，中央党首领往见毕斯麦，自言宰相若无祸中央党，则中央党愿助宰相，以抗皇帝。毕斯麦却之。然其事为人所知，新闻纸亦传播之，遂讹传宰相与中央党领袖结密约。威廉二世闻而大愤，即命内务大臣传旨于毕斯麦曰：自今以后，不奏明皇帝，勿得与政客会见。毕斯麦曰：臣能自解职权，决无超越职权，而羁束他人之事。十五日，皇帝自幸宰相邸，诘问其会见中央党之始末，并严禁其以后不得脱皇帝之管辖，滥与民间党人会见。毕斯麦慨然曰：臣虽不敏，不欲以私事烦陛下。皇帝勃然作色曰：朕命，汝不从乎？毕斯麦曰：君权虽尊，固不能施德国皇帝威廉一世驾崩后，新皇帝威廉二世继承王位。他害怕毕斯麦个人独揽大权，想要抑制打压他。立宪制国家的制度设计，是君主对国家事务不承担责任，这个责任由宰相代替君主承担。宰相既然代替君主承担责任，那么就不能不重视宰相的权力，其他各个部门的大臣都要由宰相进行监督管理，就是所谓的内阁政治。当时内阁中的大臣看到新皇帝不喜欢毕斯麦，于是所有的事都不告诉宰相，直接向皇帝汇报。毕斯麦很生气，于是根据1852年制定的内阁规定，下令要求各个大臣要服从宰相的监督管理权，不能随意跟皇帝交谈政治事务。新皇帝更加不喜欢毕斯麦，就废除了1852年的内阁规定。

之前德国有一个中央党，是民间的社会党派。中央党看到毕斯麦失去权势，就想和毕斯麦联合。1890年3月1日，中央党主席去拜见毕斯麦，说宰相如果不损害中央党利益，那么中央党愿意协助宰相对抗皇帝，毕斯麦拒绝了他的提议。然而这件事还是被人知道了，新闻报纸也进行了刊发，然后就谣传宰相和中央党领袖达成秘密合约。威廉二世听说后极为震怒，立即让内务大臣将旨意传达给毕斯麦，说从今往后不请示皇帝不得会见其他政客。毕斯麦说，我能自动解除宰相的职权，但绝对没有逾越职权、约束别人的事情。15日，皇帝亲自到宰相的官邸，责问他会见中央党领袖的全过程，并严禁他以后不能脱离皇帝的管理范围，不加选择地会见民间党派人士。毕斯麦愤慨地说，我虽然不聪明，但也不想因私人的事情烦扰皇帝。皇帝愤怒得脸色都变了，说我的命令你敢不听从吗？毕斯麦说，君主的权力虽然尊贵，但却不能管到我及吾妻之室也。且曰：臣奉太祖之命，辅弼皇帝，事君盖三世矣。陛下若厌忌臣，臣当解职。乃自草辞表，并声明其辞职出于皇帝之意云。

毕斯麦既辞职，乃与皇帝诀别，归斐迭礼斯路。当其出伯林时，独坐一马车，道旁之人，争以花环送别。花环丛集如雨，祝声若潮沸。毕斯麦乃下马车步行，与市民为别。市民群拥毕斯麦呼万岁，毕斯麦泪落如绳，众亦涕泣，其受国民之亲爱如此。

自是之后，斐迭礼斯路之闲村，变为近代著名之地。各国政治家、文学者、新闻记者，相率来访不绝。

千八百九十三年，毕斯麦病，皇帝特遣勅使至斐迭礼斯路问疾。至千八百九十八年七月三十日，毕斯麦卒于家，享寿八十四岁。

毕斯麦生平多过失，其晚年曾自悔曰：余长子为人颇敬虔谨直，余壮年若能如彼，则所成就事业当更大。

毕斯麦人格极高，尝爱天趣，彼居斐迭礼斯路时，尝自言曰：余心神之高激，每在于默坐寂静之森林中，听群鸟鸣于乔木之上。故时人咸谓毕斯麦有诗人之性，盖其动则为铁血之政治家，静则为萧然物外之诗人也。

家庭内部的事，而且我按照太祖皇帝的命令辅佐皇帝，加上您一共已经三代了。您要是对我感到厌恶和忌恨，我会辞职。于是自己草拟了一个辞职申请，并且声明他辞职是出于皇帝的意思。

毕斯麦辞职以后，和皇帝告别，回到了斐迭礼斯路。当他离开柏林时，独自坐在一辆马车上，路边的百姓争相用花环送别毕斯麦，花环堆积得跟雨点一样多，祝福的声音像潮水一样沸腾。毕斯麦于是从马车上下来步行，和市民告别。市民一起拥簇着毕斯麦，大声呼喊万岁。毕斯麦眼泪流成了一条线，群众也都哭了。毕斯麦受到国家百姓的爱戴到了这个程度。

从此之后，斐迭礼斯路这个原本荒凉的地方，变成了近代著名的圣地，各个国家的政治家、文学家、新闻记者络绎不绝地到访此地。

1893年，毕斯麦病倒了，皇帝专门派遣特使到斐迭礼斯路询问毕斯麦的病情。1898年7月30日这一天，一代名相毕斯麦在家中逝世。享年84岁。

毕斯麦一生犯过很多过错，他晚年的时候曾经自己后悔说，我的大儿子做人很庄敬虔诚、谨慎耿直。我年轻的时候如果能像他这样，那么我所能够获得的成就会更大。

毕斯麦生活的格调非常高，曾经喜欢自然之趣。他居住在斐迭礼斯路时，自己曾经说过，我内心精神兴奋激烈之时，就是当默默地坐在寂静无人的森林里，聆听各种鸟儿在树枝上鸣叫的时候。因此当时的人都说毕斯麦具备诗人的品性，当他做事的时候是崇尚铁血的政治家，闲处的时候则是超然世外的诗人。

毕斯麦与其妻甚和好。贵为宰相，而饮食之物必其妻所手治者，庖人虽进嘉肴，毕斯麦未尝以为美也。

毕斯麦为宰相时，某日游于市中，遇一刺客，举短枪击之，连发四响，皆不中。毕斯麦挺身自捕刺客付警察后，悠然徒步归邸。邸中适有宾客，毕斯麦乃入应接室，与客谈，颜色言笑如常。座客不知其遇变也，然市中已播其事。老帝威廉闻之，大惊，自驾车至毕斯麦邸，见宾客满座，毕斯麦谈笑若平日。即问顷市中传言：卿遇刺客，事殆不信乎。毕斯麦答曰：诚有此事，臣已自捕刺客付警官矣，赖陛下福，幸无恙。于是座客大惊，咸叹服其态度不可及。

当德兵入巴黎时，公亦驱马随后，至凯旋门，法国市民，人人愤慨。有一工人，以怒目视毕斯麦，手探怀中欲出枪击之。毕斯麦觉之，急转其马首，向工人与之言语，且乞火以燃烟卷，语极谦逊。工人见大宰相与之交语，顿受一惊，急敛藏其凶器，易火柴以献。于是毕斯麦笑谢工人，策马而去。其沈勇机变如是。

毕斯麦尝自言余之处世，对人则容忍，对己则宽大。即此二话观之，毕斯麦之度量过人，宜其为欧洲第一流之政毕斯麦和他的妻子相处极为融洽。虽然他已经贵为宰相，但喜欢吃的饭一定是妻子亲手做出来的。厨师虽然也能烹饪美味的菜肴，可毕斯麦从来没有觉得好吃。

毕斯麦当宰相时，有一天曾经在市场中逛街，遇到一个刺客用短枪刺杀他，接连打了四枪都没有打中。毕斯麦奋身而起亲自将刺客抓起来交到警察手中，慢悠悠地走回到家中。家中恰好有客人到了，毕斯麦于是到接待室和客人交谈，面色和语气跟平时一样。来客也不知道他遇到了刺杀。然而这件事在群众中已经传播开了。威廉一世听说后，大吃一惊，亲自坐车到毕斯麦家中，看到他家里宾客满座，毕斯麦跟往常一样谈笑风生，就询问在市场中的传言说，传闻你刚才遇到刺客行刺，这件事果然是不可信。毕斯麦回答说，确实是有这件事，我已经亲自把刺客抓了交给警察。承蒙陛下的福泽，很幸运没有受伤。于是在座的客人非常吃惊，都赞叹他的气势无人能比。

当德国军队进入巴黎时，毕斯麦也骑马跟在部队后面，到了凯旋门。法国市民情绪都很愤怒，其中有一名工人，瞪着眼睛看毕斯麦，手伸向怀里想要掏枪射杀他。毕斯麦发觉了，赶忙调转马头，和这个工人交谈，并且向工人借火点烟，语气特别谦虚。工人看到地位尊崇的宰相能和他交谈，顿时感到惊讶，急忙将短枪藏起来，换成火柴给他。于是毕斯麦笑着感谢工人，然后骑马走了。他沉着冷静善于应变到这种程度。

毕斯麦曾经说自己为人处世，对别人则宽容忍耐，对自己则宽厚不苛刻。从这两句话可以看出，毕斯麦的度量超过一般人，他成治家也。

毕斯麦遍通各国语言，当伯林会议时，以英语开谈判。时毕斯麦为议长，英相皮肯斯斐尔德欲以此苦之，然毕斯麦无难色，辩论滔滔。又通俄法之语。或谓毕斯麦曰：外交上之谈判，例有普通之译官，公使何必自学他国言语。毕斯麦曰：余不可不精通各国语言，盖真正之外交上谈判，究非通译官可恃也。

毕斯麦不善演说，彼在会场演说时，往往语不出口，故以咳嗽延其时闲。每遇激烈争论时，其咳嗽愈甚。

毕斯麦善滑稽。当退隐于斐迭礼斯路时，过其门者，咸欲一践名相之庭园，折其树枝携归作纪念。一日毕斯麦适在园内散步，有一妇人进园，正举手欲攀折其树枝。毕斯麦止之曰：贵女勿尔，卿试思之，苟涉余园者，人折一枝，则余园之树木，岂不秃似吾颅耶。言毕大笑。

毕斯麦于外交上，极守秘密，无人能受其信任。以长子为秘书官，次子及壻皆任要务，而其女兰超夫人，尤管外交之重要任务。然毕斯麦虽为外交家政治家，而甚爱学者，每能听学者之言，故其措施政策，亦多得当。

毕斯麦容貌魁伟，风采堂堂，与国家同休戚，有中流为欧洲一流的政治家也是应该。

毕斯麦精通各国语言。当柏林会议召开时，用英语进行谈判。当时毕斯麦为议长，英国首相皮肯斯斐尔德想要用英语为难他，然而毕斯麦没有表现出为难的样子，辩论滔滔不绝。他还精通俄语和法语。有人跟毕斯麦说，外交谈判，按照惯例都有常用语的翻译人员，作为公使何必亲自学习别的国家的语言呢。毕斯麦回答说，我不能不精通各国语言，真正的外交谈判，终究不能完全依赖翻译人员。

毕斯麦不擅长演讲。他在会场演讲时，常常话都说不出来，因此通过咳嗽来拖延说话的时间。每当遇到激烈的争论时，他咳嗽得就更加厉害。

毕斯麦很幽默。当他辞职隐居斐迭礼斯路时，从他门口经过的人都想要游览一下著名宰相的庭院，折他院子里的树枝带回去作为纪念。一天毕斯麦正好在院子里面散步，有一名妇女进到院子里，正想要伸手折他的树枝。毕斯麦制止她说，女士不要这么做啊，你且想象一下，假如到我院子里的人都折一根，那么我院子里的树木，岂不是都像我的头顶一样秃了。说完哈哈大笑。

毕斯麦在外交工作上，极为注重保密，没有人能让他完全信任。他的大儿子作为他的秘书官，二儿子和女婿都担任核心职务，他的女儿兰超夫人专门负责外交上的关键任务。然而毕斯麦虽然是外交家和政治家，但他特别喜欢学者，每次都能听从学者的意见建议，因而他的政策措施多数都比较恰当。

毕斯麦长相魁梧高大，风度神采很有气魄。他与国家的利害砥柱之概。其体魄亦极强健，勤勉耐劳，遇事敢为，不挠不屈。有医学博士名休欧宁者，毕斯麦之侍医也，甚爱之，举彼为伯林医科大学之教授。伯林诸博士反对其事，欲肆排斥。毕斯麦大怒，更以赤鹫三等勋章授休欧宁。又彼在法国时，曾与亚尔尼姆不睦，谓其泄漏外交。亚尔尼姆怒归本国，诉其事于老帝威廉，威廉欲为调停。毕斯麦终不屈曰：亚尔尼姆若在职，臣当挂冠。辞气颇厉，老帝不得已，乃命亚尔尼姆罢官。

毕斯麦生平极忠诚，其事新皇威廉第二，亦能尽忠，不挟私意。惟反对者众，争相构陷，而威廉第二，又喜信谗，故终至于辞职。临终时，遗命其子曰：吾死后，可葬我于老帝陛下之墓侧，碑上可刻曰“威廉一世陛下之忠仆毕斯麦墓”。呜呼！此亦可见毕斯麦之忠于王室矣。

毕斯麦生平政敌极多，而英相格兰斯顿政敌亦多。然格兰斯顿，每于星期日，在教堂与政敌相握手，其气度甚广。毕斯麦不然，其遇政敌，每以恶感待之。人或以此短毕斯麦，然毕斯麦不能作伪也。

伯林会议后，有问毕斯麦曰：谁为欧洲第一之外交家？毕斯麦曰：第一外交家为谁，余今不能语足下，惟第二之外关系特别密切，有中流砥柱的气魄。他的身体素质也非常强健，勤劳不懈，耐得住劳累。遇到事情敢作敢为，在压力面前从不屈服。有一位叫休欧宁的医学博士，是毕斯麦的专用医生，毕斯麦特别欣赏他，就推荐他担任柏林医科大学的教授，柏林的很多博士都很反对这件事，想要排挤休欧宁。毕斯麦很生气，又授予休欧宁赤鹫三等勋章。还有他在法国时，曾经和亚尔尼姆有矛盾，说亚尔尼姆泄露外交机密，亚尔尼姆一气之下就回到国内，将这事告诉了威廉一世。威廉想要在他们两人之间进行调解，毕斯麦始终不愿意屈服，说如果亚尔尼姆要是继续任职我就辞职，语气十分严肃。老皇帝没有办法，就罢免了亚尔尼姆的官职。

毕斯麦一生极为忠心，他辅佐新皇帝威廉二世的时候也能够尽忠，不掺杂个人私利。只是因为反对他的人太多，争相设计陷害他，而威廉二世又喜欢听信谗言，因而最终导致他辞职。毕斯麦临死前要求他的儿子，等他死后把他葬在威廉一世的坟墓旁边，墓碑上的铭文写“威廉一世皇帝的忠实臣子毕斯麦之墓”。这也可以看出毕斯麦对于王室的忠诚。

毕斯麦一生中所树的政敌特别多，英国首相格兰斯顿的政敌也很多。但是格兰斯顿每到星期日在教堂遇到他的政敌就握手致意，度量特别宽宏。毕斯麦则不是这样，每当遇到他的政敌，就总以不好的态度对待别人。有人用这样的事来批评毕斯麦，然而毕斯麦却不愿意做出虚伪的行为。

柏林会议结束后，有人问毕斯麦说，谁是欧洲最优秀的外交家。毕斯麦说，谁是最优秀的外交家我现在不能告诉你，但第二交家，则属之英相皮肯斯斐尔德矣。盖毕斯麦以第一外交家自许也。

毕斯麦为宰相时，偶因事乘火车赴他处。既至，憩于车栈，坐椅子上。有一旅客，亦来同坐，问毕斯麦曰：足下自伯林来乎？毕斯麦答曰：然。旅客曰：足下来此，是否为商业乎？毕斯麦即问之曰：公系何商？旅客答曰：余为靴商也。毕斯麦曰：余亦靴商。旅客欣然曰：足下为靴工欤，在伯林商务必盛。毕斯麦曰：幸托公福，余业固不衰也。少顷，有一严装之从者来，见毕斯麦脱帽再拜，报马车已驾矣。毕斯麦乃离坐，抚旅客之背曰：失敬失敬，公他日到伯林，可至威廉街七十六号访我，余工场在彼处也。言毕而去。威廉街七十六号者，总理大臣之官邸也。旅客错愕问旁人，乃知遇宰相矣。

毕斯麦有统一世界之力三：一武装平和，世界各国所遵从也；二铁血政略，世界各国所蹈袭也；三国家社会主义，世界各国所应用也。以渺渺一身，而具有统一世界之势力，斯真绝世之英雄矣。

毕斯麦铁血政略，未尝运用于德意志建国之后。由此观之，名为铁血，实则为普鲁士求永远之平和而已。

优秀的外交家应当是英国首相皮肯斯斐尔德。这是毕斯麦自认为是最优秀的外交家。

毕斯麦当宰相时，有次突然有事要乘坐火车到别的地方去。到了以后，在车站休息，坐在椅子上。有一个旅客也过来和他坐一起，问毕斯麦说您是从柏林过来吗。毕斯麦说是的。旅客说您到这里来是不是经商呢。毕斯麦反问他说你是做什么的商人。旅客回答说我是做鞋子的商人。毕斯麦说我也是做鞋子的商人。旅客高兴地说您也是鞋商啊，在柏林的生意一定很好吧。毕斯麦说托您的福，我的产业确实兴隆。不一会儿，有一个穿着正式的侍从过来，看到毕斯麦后行脱帽礼致意，报告说马车已经准备好了。毕斯麦于是起身离开座位，拍着旅客的后背说，十分抱歉，我要走了。你哪天到柏林，可以去威廉街七十六号来找我，我的工厂就在那里。说完就走了。威廉街七十六号是总理大臣的官邸。旅客仓促间感到惊愕，问旁边的人，这才知道自己遇到的是宰相。

毕斯麦有三个手段被世界所广泛认同。一是武力征服，世界上各个国家都遵从的准则；二是铁血政策，世界上各个国家都用来因循沿袭；三是国家社会主义，世界上各个国家都运用的理论。以自己微小的身躯，竟然能产生影响整个世界的力量，他真是绝世的英雄啊！

毕斯麦的铁血政策，在德意志统一以后就没有再次使用过。由此可见，表面上说是铁血，实际上不过是普鲁士追求永久和平的过程而已。

凡人身体不强健，则意志不巩固。毕斯麦生平为嗜烟家、为豪饮家，为不畏劳苦之勤勉家，其身体强健异常。故当国数十年，内而国会、外而列国，群与为敌。而彼每谋一事，不贯澈其志不止，盖其身体强也。

【批评】

或谓欧洲自入十九世纪以来，久免战争之祸。然毕斯麦公与威廉一世，窃议阴谋，为祸乱之准备，养成精锐军队，乘机破丹麦，蹂躏奥大利，又用猛烈军队，加于法国。而普鲁士王国，乘势飞扬跋扈，统一联邦，丹麦与法，皆供其牺牲。此皇帝与宰相，平地起波澜，遂现出古来未有之武装平和，各国因之而增多租税、募集壮丁，为国民大患。阻害人文之发达，抑制国民之幸福，未有过于此者。毕斯麦岂非平和之贼、文明之敌乎？

虽然，毕斯麦明知丹麦奥法，供日耳曼之牺牲。但凡为一国之民，未有不望其祖国之光荣者，望其祖国光荣，凡可以牺牲他国之人民财产土地者，自不能不断然行之。盖求一国之幸福，而非求世界之幸福也。且自三大战争后，德国联只要是人的身体不强壮健康，那么意志力就不强大。毕斯麦一生是爱好抽烟的嗜烟家，喜好饮酒的豪饮家，也是不怕辛苦劳作的勤勉家，他身体强壮健康的程度异于常人。因此在主持国政几十年之中，国内的国家议会，国外的各个国家，都一起和他作对，但他每当谋划一件事情，不彻底将自己的意志执行下去就不会停止，这也是因为他身体强壮的缘故。

【评论】

有人说，欧洲自从进入十九世纪以来，很长一段时间都没有遭受战争的祸害。然而毕斯麦和威廉一世私下秘密谋划诡计，为挑起祸乱做准备，培养出精干勇猛的部队，借助机会攻破丹麦，侵略奥地利，又用强大的军队攻打法国，普鲁士王国则乘着有利形势骄横放纵，统一德国联邦，丹麦和法国都成了普鲁士的牺牲品。这两位皇帝和宰相，突然挑起事端变故，于是出现从来没有过的武装和平，各个国家因此而增加了税收费用，征集青年劳力，被各国家人民深深痛恨。阻碍社会文化发展，损害国家公民的幸福生活，没有比这段时期更为严重的了。毕斯麦岂不成了和平秩序的破坏者、文明社会的敌人？

尽管如此，毕斯麦明明知道丹麦、奥地利、法国是日耳曼民族兴盛的牺牲品，但凡是一个国家的人民没有不希望他自己的国家繁荣昌盛的。希望自己的国家繁荣昌盛，只要是可以通过损害其他国家的人民、财产、土地实现的，自然不能不下定决心去做。这是追求一个国家的幸福，而不是追求整个世界的幸福。而且自从普邦基础大固，至今为世界一等强国，无敢有犯之者。然则毕斯麦虽用铁血政略。非欲求最终之平和乎？

鲁士赢得三大战争以后，德国联邦的基础变得极为稳固，到现在都是世界上一流的强大国家，没有别的国家敢于侵犯德国。从这个角度看，毕斯麦虽然使用了铁血政策，不也是想要追求最终的和平吗?

少年叢書

文白对照本

纳尔逊

林万里◎著

团结出版社

图书在版编目（CIP）数据

少年丛书 / 孙毓修编. -- 北京：团结出版社,2015.7
ISBN 978-7-5126-3662-0

Ⅰ.①少… Ⅱ.①孙… Ⅲ.①名人—生平事迹—世界—少年读物 Ⅳ.①K811-49

中国版本图书馆CIP数据核字(2015)第130183号

出版：团结出版社
（北京市东城区东皇城根南街84号 邮编：100006）
电话：(010) 65228880 65244790 （传真）
网址：www.tjpress.com
Email：65244790@163.com
经销：全国新华书店
印刷：三河市祥达印刷包装有限公司
装订：三河市祥达印刷包装有限公司

开本：148×210 1/32
印张：128
字数：1500千字
版次：2015年12月 第1版
印次：2016年4月 第2次印刷

书号：978-7-5126-3662-0
定价：490.00元 (全28册)

少年叢書

出版前言

近代著名思想家、政治家梁启超曾经说:“少年强则国强，少年智则国智，少年富则国富，少年独立则国独立，少年自由则国自由，少年进步则国进步，少年胜于欧洲，则国胜于欧洲，少年雄于地球，则国雄于地球。”这是他的散文《少年中国说》中的一段，作于戊戌变法失败后的1900年。文中极力歌颂少年的蓬勃朝气，指出封建统治下的中国是“老大帝国”，热切希望出现“少年中国”，振奋人民的精神。

或许是受到梁启超先生的感召，1908年冬天，上海商务印书馆编译所推出了一套系列丛书——《少年丛书》，又名《中外伟人的传略》，这是二十世纪中国的第一部历史人物类学生课外阅读丛书。首任编辑和作者是林万里，第二任编辑是孙毓修，孙毓修是这套丛书的主要作者，后期加盟写作的骨干还有国学大师钱智修。他们都博览中外，以精准而严格的眼光审视中外古今文化资源，选取其中有益于

少年儿童精神世界的材料，予以整合，编写成册。这套书出版以后，广受少年儿童的欢迎，每册前后加印达几十次，若整套书累计，恐怕达到数百次之多，发行量之大，影响力之广，在二十世纪的人物传记类图书中堪称罕见。

《少年丛书》前后出版了近三十余种，每一册传主为一位中外历史名人。我们在全国各地经过多方的搜寻，共得二十八册，其中中国名人十五位，外国名人十三位。每篇先叙述名人的生平传记，后加以作者的评论，根据时事，启发少年，借以激励少年树立远大志向，明确奋斗目标，成就健全人格。著名作家茅盾在阅读这套书后曾评论说："记事简明，议论正大，阅之足以增长见识，坚定志气。"这套出版之初即为砥砺少年志向的书影响了当时无数少年儿童由此走上振兴中国之路。著名作家张天翼、赵景深、陈伯吹等，都曾深受这套书的影响。

《少年丛书》的三位作者，都是当时学贯中西的通儒，不仅有深厚的国学功底，也有睁眼看世界的非凡眼光。撰写本套书册数最多的孙毓修先生，他是我国近代著名的目录学家、藏书家、图书馆学家。他同时还创作了大量的儿童文学作品。除了《少年丛书》，他还先后主编出版《少年杂志》、《童话丛书》等，被茅盾誉为"中国童话的开山祖师"。

另一位作者钱智修，浙江嵊县人，字经宇，是著名的国学大家，博古文学家，东方学派思想家。他在学时，就以"国学国文湛深，文章洛阳纸贵"赢得尊敬，并被上海多家进步报馆争揽为特约撰稿人。1911年毕业后，他应编译所长高梦旦之聘，担任商务印书馆编

译所编辑。1920年7月他任《东方杂志》主编，长达12年，是该杂志有史以来任期最长的主编。他还参与编辑《辞源》及《中国人名大辞典》、《中国古今地名大辞典》。1931年任国民政府监察院秘书长。

第三位作者林万里是民国年间著名的报人，原名獬，又名白水，字少泉。他幼承家学，又拜名士高啸桐（商务印书馆创始人之一）为师。清光绪二十四年(1898年)，他在杭州参与创办求是书院、养正书塾、东城讲舍、蚕学馆4所新式学堂，任求是书院总教习；后任《杭州白话报》主笔，宣传新思想。光绪三十年(1904年)，他出任《警钟日报》主编，宣扬孙中山及其领导的革命，后追随孙中山。帝制取消后，林万里重操新闻旧业，创办过多份报刊。

鉴于每位作者独有的知识结构和兴趣热点，每位编者对人物都有自己的选择。孙毓修所撰写的大部分是中国历史名人，而且写作的视角也非常独特，如其所写的《玄奘》是一个历史人物，而不是《西游记》中的唐僧。现代的普通读者对玄奘的了解绝大部分是来自于《西游记》等小说，而历史上的真实情况却鲜有人知——玄奘取经并非唐太宗支持，相反还受限于当时的法令，他冒着生命危险才得以出境。这就需要有人为读者打开另外一扇窗户，还原真实的玄奘，而不是小说中的文学形象。茅盾先生对孙毓修所写的《玄奘》评价很高："可以说是内容翔实，深入浅出，既宜于少年阅读，也使成年人增加历史知识。"再如《苏秦》，作为一位著名的辩士，《史记》必然为之列传。孙毓修在写苏秦游说各国发言的时候采用了《史记》中记载的史料，而在后面的评论部分对苏秦的表现作了恰当的点评，分析苏秦游说秦、燕、赵、韩魏、齐楚的过程，阐述了苏

秦辩术策略的不断提高。对于国外人物的选取，孙毓修也是偏爱励志型的，如德谟士，从一个小人物成长为大演说家；彼得大帝，从受制于人，成为欧洲赫赫有名的皇帝。

另一位作者钱智修，先后写有《林肯》、《苏格拉底》、《拿破仑》等，这些都是西学东渐后中国人十分崇仰的外国名人。值得注意的是，钱智修秉承严复所主张的信、达、雅翻译原则，特别讲究传记所含的真实性。他所抒发、张扬的传主虽然都被列为人们仿效的楷模，写法却不做作，更没有为了塑造人物形象而更改史实。

林万里所写的外国传记和钱智修的作法大致相近，即在第一章抒发己之传记宗旨，后文谈及传主读书之术、治学之道与其行事风格，并进行了点评。此外还有其他人关于传主的言论，更有编译者自己的评论，以引导少年儿童正确地学习和借鉴，而不是一味盲从。

《少年丛书》的最大特色，就是"记事简明，议论正大"。书中除了记叙人物的生平故事之外，作者的评论也让这套书大为增色。其议论宏富，既能够结合少年的成长特点，指明如何学习书中人物的优良品质，也指出了其中的不足之处，对于引导少年如何立志修身，大有裨益。

这套书的另一大特色，就是全部用文言文写作，语言凝炼，文笔流畅，保持了中国传统作史传的鲜明特色。当时，白话文风已经悄然兴起，而作者能够不从时髦，采用文言写作，甚为难得。以至我们今日再读此书，依然能够体味到文言笔法的无穷魅力。然而考虑到近百年来，国人的文言文水平已经一落千丈。今日的大部分少年，阅读文言文尚有一定困难，因此我们特别组织人员，将全套书进行了

白话翻译。尽管我们做了最大的努力，文言文的神韵依然是难以用白话表达出来。因此，我们希望少年朋友通过阅读这套书，体会文言文的独特魅力，进而热爱和学习文言文。

《周易》有云：“君子以多识前言往行，以畜其德。”说的就是多学习古人的嘉言懿行，对我们修身立德至为重要。古人尝言：“童蒙养正，少年养志，壮年养德。”少年时期是人生至为关键的时候，这个时期树立什么样的志向，以什么样的人为榜样，往往会决定一个人未来的人生成就。而一个人少年时期读的书，也足以改变他的一生。在今日少年课外读物良莠不齐的状况下，《少年丛书》堪称鲜有裨益少年的优秀读物。若今日的少年，能够认真研读这套《少年丛书》，对于树立远大志向、培养健全人格、完善道德情操将大有裨益。或许，今日的风华少年，即是将来成就伟业的千古豪杰、泽被世人的大圣大贤。勉哉！勉哉！

为什么要读名人传记

——《少年丛书》白话语译序

我从小很喜欢读书，可是，因为身处偏僻山村，小的时候却无书可读。那个时候，家中只有父亲买的一本《古文观止》，儿时翻阅过无数次，虽看不太懂，却记忆深刻。有人说，儿童时期读的书，一生也难以忘记。此言确实不虚。

没有想到的是，儿时无书可读的我，日后竟然投身于出版业。今天，我国的出版业已经非常发达，给少年儿童读的书也非常多。可是，若细心寻求，真正的好书却是少之又少，尤其是给少年儿童介绍历史文化的书。

一个偶然的机会，我们与这套百年前的《少年丛书》结缘，这套当初专为少年而写的中外名人传略，让我眼界大开，没想到，百年前的前辈们，竟给少年们创作出如此优良的传记读物。要知道，给少年

儿童写作，比给成年人写作更难，尤其是给人物作传，既要符合历史史实，不可随意编撰，又要注意引导青少年如何取其长，避其短，以免误人子弟。因为，作为历史人物，不可能处处皆堪为今人楷模。这就需要作者要极富有爱心、责任心和严谨精神，才能让读者从中获得纯净的人生智慧。可以说，目前各种写给青少年的人物传记，很少能与这套《少年丛书》相提并论的。

这套书中的二十八位中外名人，大多数是我们耳熟能详的人物，但是对于他们的生平事迹，也许就知之甚少了。读了他们的传记，方知欲为圣贤豪杰，需下一番苦功夫才能有所成就。“人人皆可为尧舜”，说的是我们每个人都有成圣成贤的资质，然而虽有圣贤之资，也需后天的不懈努力，方能成就一番伟业。所以，这一套书作者的目的并不仅仅是让读者了解一下名人轶事，而是以伟人的事迹启迪和激励少年朋友，树立人生的志向，汲取这些英雄豪杰的人生智慧，修身立德，练就自身本领，最终成为造福国家和社会的有用之才。

这套书虽然是写给少年看的，并不意味着就不适合大人阅读。大作家茅盾就曾大力推荐这套书。现在的青年人，乃至家长、老师，若能读读这套书，对于人生事业，教育子弟，也是大有益处的。可以说，这是一套老少皆宜的好书。

《少年丛书》在当时之所以大受欢迎，销量巨大，也不是没有原因的。这套书每册文字量不大，文笔流畅，史实可靠，评议精彩，这都是许多普通名人传记所不具备的。因此，这套书深受读者欢迎，也就不难理解了。

读名人传记，重在学习名人的智慧和经验。正如文天祥所说，

“人生自古谁无死，留取丹心照汗青”。人生有涯，知也无涯，如何在有限的生命里寻求到人生的价值，获取人生的智慧，而不浪费光阴？《少年丛书》中的这些圣贤豪杰，就是我们的榜样。他们身上伟大的人格，比如孝友、善良、爱心、坚毅、勇敢等等，这些人性的光辉，都是我们的学习之处。

我们用了近一年的时间，将这一套书作了白话语译，希望今天的少年们，能够喜欢阅读并且从中汲取智慧。若能让每一位读者都能够有所收获，那就不负当初写作这套书的三位老前辈的一片苦心，而我们的工作也就没有白做了。

这一套书规模宏大，在校对和语译的过程中，难免会有错误，恳请广大读者不吝指正。

《少年丛书》语译小组　主编　萧祥剑

目录

第一章 绪论

“出师未捷身先死，长使英雄泪满襟”，此失败之英雄语也。虽然英雄本无失败成功之别，但观其所建之事业，所抱之志趣，所历之境遇，有英雄之价值，便可称为英雄。其失败与成功，不足论也。故学英雄者，亦但学其英雄而已。不可弃失败之英雄，而重成功之英雄。

且自古为英雄者，亦断无豫计成败之理。倘豫计成败，则成功之英雄，谁不乐为？人人乐为，则英雄不贵矣。故英雄者，希望成功则有之。若谓英雄皆有豫计成功之心，则倘遇时势之不顺，未必有成功之望者，岂遂裹足不前乎？然则揣英雄之心，不过希望成功而不惧失败而已。

读失败英雄之传，而使人悲；读成功英雄之传，而使人喜。读失败英雄之传，而使人起敬；读成功英雄之传，而使人起慕。若夫又失败，又成功，使读者忽而可悲，忽而可喜，忽而起敬，忽而起慕。论其个人之利害，则百战而死；论其事业之伟大，则上足以张国家之威，经百年而不衰，下足以传其名誉，更万代而犹不朽，一国人崇拜之，世界之人亦莫不崇拜之。此其人不特一国所罕有，即世界亦罕有之，不特今日所罕有，即数千年以来亦不多见。吾于古今中外得一人焉，即英国海军将军纳尔逊是。少年人读英雄传，最喜战争之英雄。纳尔逊者，即世界战史上最大之人物也。

“出征还没取得最终的胜利就含恨而死，常会使后世的英雄们对此泪湿衣襟”，这是失败的英雄常说的一句话。然而不以成败论英雄，只要看他所建立的事业、所怀有的志向、所经历的遭遇，有英雄的价值，便可以称他为英雄。至于失败还是成功，不值得考虑。所以向英雄学习，也就是学习他如何成为英雄罢了。不可以排除那些失败的英雄，而只重视那些成功的英雄。

况且自古成为英雄的人，也绝对不会有预料自己能否成功的想法。倘若预料出成败，那么成为一个成功的英雄，谁不乐意呢？人人乐意，那么英雄就不尊贵了。所以有希望成功的心就可以有英雄。假如说英雄都有预计取得成功的心，那么倘若遇到不利的形势，未必有成功的希望，难道就裹足不前了吗？那么揣测英雄的心，不过是希望取得成功并且不怕失败罢了。

读失败英雄的传记，会使人悲伤；读成功英雄的传记，会使人高兴。读失败英雄的传记，能让人肃然起敬；读成功英雄的传记，能让人心生羡慕。如果一个英雄既有失败，又有成功，就会使读者时而为他悲伤，时而为他高兴，时而对他肃然起敬，时而对他心生羡慕。有没有一个人，说他厉害，身经百战、壮烈牺牲；说他的事业伟大，上能彰显国家威望，几百年都不衰落，下足够能使他的名声荣誉传扬下去，更换几万代也不隐没，同一个国家的人崇拜他，世界上的人也没有不崇拜他的。这种人不只是在一个国家少有，就是在全世界也是少有的，不只是在当今少有，就算是几千年来也很少见。我从古今中外的人物中找到一个这样的人，他就是英国海军将领纳尔逊。少年人读英雄的传记，最喜欢的就是战争英雄。纳尔逊，即是世界战争史上最著名的人物之一。

第二章 纳尔逊幼年时代

黄沙蔽野，铁骑若风，白浪滔天，弹丸如雨；或陆战，或海战，此为国家所难免之事。盖战争为国家之生命，欲存国家之生命，则不可无战争。而英雄之生涯，亦大半在于战争之里。

肝胆照日月，叱咤生风云。此等英雄，虽不能百年长生，而今日读其历史，犹如闻其声，而见其人。呜呼！英雄虽死，其功业与名誉实不死者也。

距今百年前，有一空前之大海战。当炮火满天，弹花溅肉，鲜血淋漓，气息奄奄之间，尚呼曰："叩谢苍天！余为国家殉！"呜呼！是即海军大将纳尔逊临终之言也。

饮露飧霜，栉风沐雨，常为炮声惊破其酣梦者，纳尔逊海上之生涯也。呜呼！彼为国家牺牲，虽经百战受万创，而毫无惧色。英雄气概，至今犹可想见。

西历一千七百数十年之间（约当我乾隆嘉庆之时），法国有一大英雄名拿破仑者，欲藉其兵力，吞灭欧洲全境。各国合力与战不能胜，不得已皆俯首帖耳，降伏于彼之膝下。独英国不服其威力，且屡困之。遂使绝世英雄，不得张势力于欧洲大陆之外。当时英国舰队之指挥官，即纳尔逊也。连战二次，悉碎敌舰。当年之英雄，实一千七百五十八年（乾隆二十三年）九月二十九日，在英国某州某村扬呱呱之声者也。

铁骑奔腾如风，有如黄沙漫天蔽野，战舰炮弹如雨，有如滔天白浪；或是陆战，或是海战，这是每个国家难免遇到的事。战争是为了一个国家的生命，想要保存一个国家的生命，就不能没有战争。而英雄纳尔逊的生涯，也大半是在战争中度过的。

赤胆忠心令日月失色，一声怒喝使风起云涌。这样的英雄，虽然不能活几百年，但在今日读他的历史，依然好像能听到他的声音，见到他的人。唉！英雄虽然已死，他的功业和名誉却长存啊！

一百年前，有一场前所未有的大海战。当时炮火满天，弹片、血肉四处飞溅。纳尔逊在鲜血淋漓、气息奄奄的时候，还高呼："叩谢苍天！让我能为国家而死！"啊！这就是海军大将纳尔逊的临终遗言。

生活艰苦，与霜露为伴，在风雨中奔波劳碌，经常被炮声从美梦中惊醒，这就是纳尔逊的海上生涯。唉！你为国家牺牲，虽然身经百战受了无数的伤，但毫不畏惧。那英雄气概，至今还可以想象。

在公元一千七百多年的几十年时间里（大概是我们乾隆嘉庆的时候），法国有一位叫拿破仑的大英雄，想凭借武力，征服整个欧洲。各国联合和他开战没能取胜，不得不都低头认输，臣服于他。只有英国不屈服于他的威力，并且屡次战胜他。于是使拿破仑这位绝世英雄，不能把势力扩张到欧洲大陆之外。当时英国舰队的指挥官，就是纳尔逊。他连战两次，都击溃了敌方。当年的英雄，其实就是在1758年（乾隆二十三年）9月29日，在英国某州某村降生的婴儿啊。

纳尔逊父名欧特曼，为美国某州教徒，母名萨克林。萨克林之兄，为海军将官。当纳尔逊九岁时，萨克林因病逝世，其兄以萨克林不及见子成立而卒，心甚怜之，因访欧特曼，谓欲携纳尔逊归，自任其教育，以慰萨克林之心。时纳尔逊尚肄业于小学校也。

日月易逝，转眼三年，纳尔逊十二岁矣。冬期休假，自学校归，见新闻纸上，载有其舅氏将为某军舰之舰长，此舰有六十四门大炮。纳尔逊读新闻既罢，志意慨然，遂起愿为海军军人之思，因请于其父，愿随舅氏偕往，且自誓曰："儿已决心欲为海军军人，虽处极不利益之地，亦必不肯中途而变志。"父许之，乃告其舅氏，令携纳尔逊同赴军舰。

观英雄如观生龙焉，海天苍茫之里，忽现一鳞一爪，人可想象其为龙也。而英雄幼年一二遗事，实与龙之一鳞一爪出没于云雾间者无异。故欲观英雄之全体，先观其少年时一二遗事，即可知其不凡矣。纳尔逊幼时，一日随一牧童游于野外，日中忘返，家人虑纳尔逊失道，急出寻之，见纳尔逊坐于河岸，谈笑自若，无忧惧之色。及归家，其祖母问之曰："儿独不因恐惧饥饿而思家乎？"纳尔逊闻而大疑，特问其祖母曰："恐惧乎？小子实不知恐惧为何物也。"

某年冬日，纳尔逊从其兄往学校。至中途忽遇大雪，纳纳尔逊的父亲名叫欧特曼，是美国某州的教徒，母亲名叫萨克林。萨克林的哥哥，是海军的一名将官。当纳尔逊九岁时，萨克林因病逝世，她的哥哥因为她没等到看见儿子长大成人就死了，觉得她十分可怜，于是拜访欧特曼，说想带纳尔逊回去，亲自教导，以慰萨克林在天之灵。当时纳尔逊正在读小学。

时光易逝，转眼三年过去了，纳尔逊已经十二岁了。寒假时，纳尔逊从学校返家，看见报纸新闻上登载有他的舅舅将成为某艘军舰舰长的内容，这艘军舰有六十四门大炮。纳尔逊读完新闻，精神振奋，就生起愿做一名海军军人的想法，于是向他的父亲请求，愿意跟随舅舅一同前往，并且发誓说："我已下定决心要做一名海军军人，哪怕处在对我毫无好处的境地，也一定不中途改变志向。"父亲答应了他，告诉他的舅舅，让舅舅带着纳尔逊一同去军舰。

看英雄好比看龙，在海天苍茫中，忽然露出一鳞一爪，人们可以想象出那是龙。英雄少年时留下的一两件事，其实和龙的一鳞一爪在云雾间出没没有什么差异。要想了解一个英雄的全部，先看他少年时留下的一两件事，就可以知道他的不凡了。纳尔逊小时候，一天和一个牧童在野外游玩，中午还没回来，家里人担心纳尔逊迷路了，急忙出去寻找，结果看见纳尔逊坐在河岸，很自然地谈论欢笑，毫无担忧惧怕的神色。回到家后，纳尔逊的祖母问他："你就不因为恐惧饥饿而想家吗？"纳尔逊听了十分不解，特意问他的祖母："恐惧吗？我实在是不知道恐惧是什么东西啊。"

某年冬季的一天，纳尔逊跟着哥哥前往学校。走到半路忽尔逊遂与其兄同归。其父告之曰："儿若因大雪不便于行路，不得已而归，可也；若因大雪而生退沮之念，不可也。凡人生不论执何业，均可随其志向，惟进取与却步与名誉有关系耳。"其兄闻父之言，犹难于行。一代英雄之纳尔逊，一闻父训，奋然语其兄曰："吾与兄不可不行矣，到校与否，非与吾辈名誉有关系乎？"乃背其书囊，冒风雪而去。

雪中赴校

雪消冬尽，春色西来。一日早晨，纳尔逊方起，立于晨光熹微之中，眺望景色。有使者自其父处来，命纳尔逊随舅氏登六十四门大炮之军舰。

纳尔逊既得父命，遂与数年间游戏之伴侣、学问之朋友、亲爱之兄告别，登军舰。英国海军开幕，即在此十二龄之儿童。

【批评】

拿破仑尝言："难之一字，法国字典中无之。"而纳尔然下起了大雪，纳尔逊于是和哥哥一同回家了。他们的父亲告诉他们："你们若是因为大雪不便于行走，不得已才回来，可以；若是因为大雪而萌生了退却的念头，不可以。人生从事哪种行业，可以随顺他的志向，唯独选择进取还是退缩事关人一生的名誉。"纳尔逊的哥哥听了父亲的话，还是不愿出行。一代英雄纳尔逊，一听到父亲的训诫，振奋地对他的哥哥说："我和哥哥不能不走，能不能到校，难道和我们的名誉没有关系吗？"于是纳尔逊背上他的书包，顶着风雪上学去了。

冬天过去，冰雪消融，春天来了。一天早晨，纳尔逊刚起床，伫立在熹微的晨光里，眺望远处的景色。父亲的使者来到，让纳尔逊跟着舅舅登上那艘有六十四门大炮的军舰。

纳尔逊得到父亲的命令后，便和几年来一起做游戏的伙伴、一同学习的朋友、亲爱的哥哥告别，登上了军舰。拉开未来英国海军强大序幕的，就是这个现在只有十二岁的儿童。

【评论】

拿破仑曾说："法国字典里没有难这个字。"纳尔逊年幼时，逊幼时，即不知恐惧为何物。可见欲为英雄，都要从不畏难、不恐惧做起。孔子言：“勇者不惧。”佛氏言：“无有恐怖。”正是此意。

今人都是有志气想做事，到后来弄得个个不成才，也都是像这半路遇雪逃回的样子。纳尔逊幼时也不免有此丑态，但他一闻父训，便能鼓勇前进，无些子迟疑。今人馁了志气，只是再鼓不起。但差一着，便输了一个英雄，可怜可惜。

就不知道什么是恐惧。可见要想成为英雄，都要从不害怕困难，不恐惧做起。孔子说："真正大勇的人没什么害怕的。"佛家说："无有恐怖。"说的就是这个道理。

现在的人都是有志气想做成某事，到后来却弄得个个不成才，也都是像纳尔逊兄弟半路遇雪逃回的样子。纳尔逊小时候也免不了漏出这样的丑态，但他一听到父亲的教训，便能鼓起勇气继续前进，毫不迟疑。现在的人丧了志气，却是再也鼓不勇气起来了。差了这一点，就少了一个英雄，真是可叹可惜！

第三章 初航海

好逸恶劳，此庸人之性癖也，而英雄则喜劳而恶逸。当纳尔逊在其舅军舰时，适值国家无事，军舰泊于港湾。绝世英雄之纳尔逊，不能耐其逸也，乃请于其舅，欲投北极探海之远征队中。远征队冒险涉北海，有坚冰破船之患，故非老于航海者，咸不得充远征队军人。纳尔逊乃藉其舅之介绍，得列于某军麾下，为某舰之舵手。

千七百七十三年，纳尔逊随远征队出帆，向北海进发。到第三日，舰队被结冰围困，不能进。各舰乃以铁锚凿冰，力开航路，向西北方行。是时海上坚冰，一望无际，气候严寒，北风如刀。远征舰队，殆将失破冰出海之机会矣。

北海多海象，其状类人，恒出没于层冰之上。一日有舰队兵官，在小艇上，见海象，发炮击之。海象负伤跃入海，招其伴侣图报复。俄见有无数海象，围小艇，且衔其棹，小艇几为所覆。远征舰队长下令遣数艇救助之，而令纳尔逊为救助艇之指挥官。纳尔逊受令下艇，率其所部，列阵围击。弹出冰碎，但闻炮声与冰声相击，轰响绝巨，海象之血溅于冰

海象

贪图安逸厌恶劳动，这是平庸人的性格习气，而英雄却是喜欢劳动厌恶安逸。当纳尔逊在他舅舅的军舰上时，正赶上国家没有战事，军舰在港湾内停泊。绝世英雄纳尔逊，不能忍受安逸，于是向他的舅舅请示，想加入北极探险的远征队中。远征队冒险探索北冰洋，有坚硬的冰破坏船只的危险，所以不是航海经验丰富的人，都不能充当远征队的军人。纳尔逊经舅舅介绍，得以加入某支部队，成为某艘军舰的舵手。

1773年，纳尔逊跟随远征队出海，向北冰洋进发。第三天，舰队被冻结的冰围困，不能前进。各艘军舰于是用铁锚凿冰，尽力开辟航路，向西北方行驶。当时海上坚硬的冰，一眼望不到边，气候严寒，北风像刀子一样。远征舰队，将失去破冰出海的机会了。

北冰洋有许多海象，长得像人，经常在冰层上出没。一天舰队有一名士官，在小艇上，看见了海象，开炮轰击它。海象负伤跳入海中，招呼它的同伴想要报复。不一会只见有无数的海象，包围小艇，并且衔走船棹，小艇几乎被弄翻了。远征舰队的队长下令派几艘舰艇前往救助，令纳尔逊做救助艇的指挥官。纳尔逊接受命令登上救助艇，率领部下，排列阵型进行包围攻击。炮弹打出击碎了冰层，只听炮声和冰碎的声音混合，轰响声十分巨大，海象的血上，如着色玻璃，漂流于数里之内。于是海象皆遁去，纳尔逊解围报捷，而归本舰。呜呼！不意以碎尽法国联合舰队之英雄，而先以此无数海象，为其试威之机会，海象有知当以见败于英雄为荣幸矣。

远征舰队正航行间，忽遇大雾，队长下令停轮。时海雾满目，咫尺不辨。纳尔逊忽思出猎，乃荷枪偕一友人，踏冰而去。道遇一巨熊，直扑纳尔逊。纳尔逊急发枪，枪管忽破，药弹亦尽。是时舰长因不知纳尔逊所在，遣人寻之。寻者遥见纳尔逊面熊而立，意态甚静，俄又惊见纳尔逊枪管已坏，发射不能声。熊欺纳尔逊，思越坑而进。其友人惊怖不知所措，纳尔逊犹屹立不动，呼曰："尔勿恐，熊来，吾犹能持枪柄击熊也。"舰长在船上，遥见纳尔逊将为熊所袭，急命发炮，于是熊乃逸去。纳尔逊荷废枪，徐徐而归。舰长问纳尔逊："何所欲，乃作此冒险之举？"纳尔逊应曰："余见熊而念及吾父，思献此巨熊之皮于我父，故欲得熊也。"

白熊

溅到冰上，像染色的玻璃，在几里的范围内漂流，于是海象都逃走了。纳尔逊成功解除海象的包围，回到了原来的军舰上。唉！没想到粉碎法国联合舰队的英雄，却先以这无数的海象，作为试验他威力的机会，海象如果知道，应当为败给英雄感到荣幸。

远征舰队正航行的时候，忽然遇到了大雾，队长下令停船。当时满眼都是海雾，很近的事物都不能分辨。纳尔逊忽然想出去打猎，于是扛着枪和一位朋友，踏着冰出去了。道上遇到了一头巨大的熊，直接向纳尔逊扑来，纳尔逊急忙开枪，枪管忽然破裂，弹药也没有了。当时舰长因为不知道纳尔逊在哪，派人寻找。寻找的人在远处看见纳尔逊面对着熊站立，表情十分平静，忽然又惊愕地看见纳尔逊的枪管已经坏掉，不能发射。熊轻视纳尔逊，想越过坑进攻。他的朋友惊慌害怕，不知道怎么对付，纳尔逊还是屹立不动，大声说："你不要害怕，熊过来，我还能用枪柄击打它。"舰长在船上，远远地看见纳尔逊就要被熊袭击，急忙命令开炮，于是熊便逃走了。纳尔逊扛着废枪，缓缓回去了。舰长问纳尔逊："你要干什么？做这样冒险的举动。"纳尔逊回应说："我看见熊想到了我父亲，想把这头巨熊的皮毛献给我的父亲，所以想要这头熊。"

远征舰队自北海归，纳尔逊复投某舰，航行东印度。以勤于职务，遂渐升为海军候补少尉。印度气候酷热，纳尔逊在印十八月，中暑大病，遂归英国。

纳尔逊自印度归，病体日就羸弱。自思功业未成，而精神日不自振，英雄绝大之希望，恐不得达矣，不如蹈海而死。继又思吾父昔日训我之言，吾今日若以一病之故不自振作，岂非又生却步之想乎？念及此，不觉面热汗下，精神为之一奋。

纳尔逊病即愈，为某舰副官副官当受海军考验。纳尔逊以优等及第，因转任为某舰第二副官。千七百七十八年，又转任为双樯舰之指令官，时纳尔逊仅二十岁也。已而复受命远征西班牙之领土，西班牙领土，气候极恶。远征队千八百人，病死过半。一日纳尔逊卧于野际，有巨蛇盘绕其足下，张口欲噬之。适一印度人，行过其侧，急呼纳尔逊，纳尔逊惊醒，见巨蛇之首，已将近腹一跃而起。蛇见纳尔逊若惊其神威者，乃遁去。

印度之风景

远征舰队从北冰洋回来，纳尔逊又投到某艘军舰，向东印度航行。因为工作勤奋，于是逐渐升为海军候补少尉。印度气候酷热，纳尔逊在印度十八个月后，中暑得了一场大病，于是回到了英国。

纳尔逊从印度回来，身体一天比一天瘦弱。自己想着还没建功立业，而精神却天天不振作，绝大多数希望，恐怕是达不到了，不如跳海自杀。接着又想父亲从前教训我的话，现在如果因为一场病的缘故就不振作，那不是又生了退步的想法吗？想到这，纳尔逊不自觉面部发热浑身流汗，精神也因此一振。

纳尔逊的病痊愈后，做了某艘军舰的副官。副官需要接受海军办公室的考试，纳尔逊以优异的成绩通过，因此转任为某艘军舰的第二副官。1778年，纳尔逊又转任为某艘双桅军舰的指挥官，当时纳尔逊只有二十岁。不久又受命远征西班牙。西班牙气候极其恶劣，远征队一千八百多人，有一半病死了。一天纳尔逊在野外睡觉，有一条巨蛇盘绕在他的脚下，张开巨口要吞噬他。正好一个印度人，走路经过纳尔逊的身旁，急忙呼叫纳尔逊，纳尔逊惊醒，看见巨蛇的头部，已将接近他的腹部，一跃而起，蛇见纳尔逊好像被他的神威震惊，就逃走了。

又一日，纳尔逊道行，渴甚，掬河水而饮。时水之上流，适有毒树之叶，为风所吹，漂坠水面。纳尔逊既饮毒水，忽觉腹痛，急召医生来验，知已中毒，于是感病甚剧。医生劝纳尔逊急归英国，纳尔逊忿然曰："西班牙领土之气候，能杀远征队千数百人，而不能杀我。巨蛇垂首及腹，犹不敢犯。北海之海马与熊，想其至今犹悸我也。平生经险已屡，奈何以饮毒故，罢吾远征。"纳尔逊虽为壮言，然病已日困，不得已乃归英国。

印度之土人

归三月，纳尔逊病愈，为二十八炮门舰之指令官，巡行于丹麦海岸，考其形势甚悉。将来海军之胜利，大半得力于此。

纳尔逊巡行至某地，曾遇一美妇人，情爱甚笃。顾身为海军指令官，在军舰中，不能娶少妇也。既与妇人别，归舰矣，将起锚，纳尔逊徘徊舰上，终不能制，复上陆访妇人。

又一天，纳尔逊在路上行走，非常渴，掬起河水饮用。当时水的上游，正好有毒树的叶子被风吹落在水面上。纳尔逊喝了有毒的水后，忽然觉得腹痛，急忙召来医生检验，知道自己已经中毒，因此感觉病情加重了。医生劝纳尔逊马上回英国。纳尔逊愤怒地说："西班牙领土的气候，能杀远征队千百的人，却不能杀我。巨蛇低下头就要到我的肚子，却不敢进犯。北冰洋的海象和熊，至今想到还令我心悸。我平生屡次经历险境，怎能因喝了有毒的水，就停止我的远征？"纳尔逊虽然口出豪言壮语，然而病情日益严重，不得已回到了英国。

回来三个月后，纳尔逊的病痊愈，成为有二十八门炮的军舰的指挥官，在丹麦海岸巡行，非常仔细地考察那里的形势。将来英国海军的胜利，大半得力于这些考察。

纳尔逊在某地巡行，曾经遇到一个美妇人，两人感情很深。由于纳尔逊身为海军的一名指挥官，在军舰上，不能娶这个少妇。和妇人分别后，纳尔逊回到军舰，将要起航的时候，纳尔逊在军舰上徘徊，最终不能控制自己，又上岸拜访那名妇人。半路遇到了中途遇其友达萍孙，达萍孙问纳尔逊何往，纳尔逊详告以故。达萍孙曰："异哉！子非爱名誉而富希望者与？奈何以一妇人故，弃名誉与希望也？且子不惮冒艰苦、犯风涛，至于今日，岂非欲深其阅历，以图报国乎？今身为军人，无故而为儿女子之恋，国家所赖尔、父母所望尔者，果如是乎？"纳尔逊闻达萍孙最后之二语，心大感动，奋然曰："吾归舰！吾归舰！吾虽爱妇人,终不如吾爱国家之深也。吾今谢君矣。"因与达萍孙握手而返。军舰既开，满帆孕风，向故国而归。英雄之纳尔逊，犹回首频望陆地，心念少妇，及达萍孙之言也。

轻名誉重财产，庸人之思想，大半如是。而当时海军军人，亦人人具此思想也。纳尔逊既从某地归，复受航行纽约之命。纽约者，亚美利加地也。其地多金银宝物，故英人到纽约者，咸思得财。纳尔逊舰到纽约，谒其提督。提督语之曰："纽约多金，子来殊幸，可任意取之也。"纳尔逊应曰："提督之言良是。提督若以吾为好赀财而来也，则来纽约诚幸矣。虽然，西印度得名誉之地也。彼英雄之哥仑布，冒万险以发此新大陆，证明地圆之说。吾乃为爱金而来，何其陋与？"

他的朋友达萍孙，达萍孙问纳尔逊去哪里，纳尔逊详细地告诉了他原因，达萍孙说："奇怪啊！你不是爱惜名誉、有很多希望吗？怎么能因为一个妇人的缘故，就放弃了名誉和希望呢？况且你不怕艰苦、风浪，直到现在，难道不就是想丰富你的阅历，好报效祖国吗？现在你作为一名军人，无缘无故和一个女子相恋，国家所依赖的、父母所期望的，结果又当如何呢？"纳尔逊听到达萍孙最后两句话，心里十分感动，激愤地说："我回军舰！我回军舰！我虽然爱那名妇人，终究不像我爱国家那么深，我今天谢谢你了。"于是纳尔逊和达萍孙握着手返回军舰。军舰开动后，整个船帆鼓满了风，向祖国返航。英雄纳尔逊，还是不断回头望向陆地，心中想着那名少妇，和达萍孙的话。

轻视名誉重视财产，庸人的思想，大半都是这样。当时的海军军人，也是人人都有这样的思想。纳尔逊从某地回来后，又接受航行到纽约的任务。纽约在亚美利加洲，此地有许多金银宝物，所以来到纽约的英国人，都想得到财宝。纳尔逊乘军舰到达纽约，拜见当地的提督，提督对纳尔逊说："纽约有很多金子，你能来是多么幸运，你可以任意拿。"纳尔逊回应说："提督说得不错。提督如果以为我是因为爱财而来这里，那么我来纽约真是幸运啊。然而，西印度也是能收获名誉的地方，英雄哥伦布，冒无数危险发现这块新大陆，证明了地圆学说，我却因爱财而来，是多么藐小啊！"

【批评】

见熊而念及老父，至欲以废枪之柄，力击猛兽，英雄之胆、孝子之心一时都见纳尔逊一生得力处。在不肯却步，观其病困志馁时，忽忆父言，精神复振。英雄之不忘父训，与其父之善于教育，均可效法。

勇足以击海象、搏巨熊、避毒蛇，而不能却一恋爱之少妇，此时若无达萍孙之言，纳尔逊一生功名，将为一妇人所败矣。然纳尔逊一闻达萍孙之言，便能警觉，奋然归舰，然则击海象、搏巨熊、避毒蛇，不足为勇，惟其能纳谏，能改过，斯真勇矣。

以西印度为名誉之地，耻于取金，其心迹何等磊落。呜呼！闻朋友之言，则美人不恋；至纽约之地，则黄金不取。可见要做英雄，必先从不贪财不好色下手。

【评论】

看见熊想到老父亲，甚至要用废枪的枪柄奋力搏击猛兽，英雄的胆识、孝子的心情，都能在纳尔逊一生中精彩的地方看到。在不甘停步，被疾病所困，志气衰落时，他忽然想起父亲的话，精神再次振奋，英雄不忘父亲的教诲，以及他父亲的善于教育，都可以学习。

纳尔逊的勇敢足以击海象、搏巨熊、避毒蛇，而不能放下相爱的女子，要没有达萍孙的话，纳尔逊一生的功名，将要毁在一个女子身上了。然而纳尔逊一听到达萍孙的话，就能警觉，振奋地回到军舰，那么击海象、搏巨熊、避毒蛇，都不算真正的勇敢，惟有能接受建议，能改正过错，是真正的勇敢啊！

纳尔逊认为西印度是取得名誉的地方，以取金子为耻，他的心是多么光明磊落。哎！听朋友的话，不爱美人；到了纽约，不取黄金。可见要做英雄，必须先从不好色、不贪财下手。

第四章 结婚

纳尔逊之结婚

纳尔逊妻名黎苏菲德，黎氏本为一医士妻，医士死，乃嫁纳尔逊，年十八，有一子，三岁矣。千七百八十七年，纳尔逊与黎苏菲德，行结婚式。是日宾客大集，人人致祝词，独有一人，慷慨而言曰：“诸君咸贺纳尔逊，吾今独吊我英国海军矣！凡为军人决不可恋少妇，纳尔逊今娶少妇不能不用其爱，爱少妇矣，又安能爱国家，而为海军尽其职乎？”纳尔逊举行婚礼，意气甚得，及闻客言，大惊，急谢曰：“客言良是，吾今当节吾之爱情，以倾注于我英国，不敢忘客之厚意矣。”

惟英雄乃能多情，而惟英雄乃能善用其情。观纳尔逊与其妻之书，则知其于一公一私之间，辨之甚明，断不因爱美人故，而稍减其爱国之天性也。今录其书如下。

纳尔逊致黎苏菲德夫人书

黎苏菲德夫人：

自与夫人别后，吾无时不念夫人也。海军之谚曰：“咸纳尔逊的妻子叫黎苏菲德，她本是一位医生的妻子，医生死后，又嫁给纳尔逊，十八岁，有一个儿子，三岁了。1787年，纳尔逊和黎苏菲德，举行了结婚仪式。那天许多宾客聚集，人人都致祝词，唯独有一人，慷慨地说："大家都祝贺纳尔逊，今天我却要独自凭吊我们英国的海军啊！凡是军人绝不可以迷恋女色，纳尔逊如今娶妻就不能不为爱情付出，爱女人了，又怎能爱国家，为海军尽到自己的责任呢？"纳尔逊举行婚礼，意气风发，听到这名客人的话后，大吃一惊，急忙道谢说："客人说的极是，我应当节制我对她的爱情，好倾注在我们英国上，我实在不敢忘记客人的深厚情意。"

惟有英雄才能多情，也惟有英雄才能善于运用感情。看纳尔逊写给他妻子的信，便知他在一公一私之间，分辨得很清楚，绝不因为爱美人的缘故，而稍微减弱他爱国的天性。现摘录他的书信如下：

纳尔逊致黎苏菲德夫人信

黎苏菲德夫人：

自从和夫人分别后，我无时不想念夫人。海军有句谚语说：

水足以洗军人之爱情。”斯言也，吾信其谬。吾每晨尝以六盆咸水，注我头上。而吾爱之花，似藉咸水之溉，而益灿发矣。且吾爱情之范围极广。吾尝念我国家，日思尽对国之职。盖吾身为海员，一私人之利益幸福，不能不为国家之故而牺牲。故虽甚爱夫人，亦不敢少懈其对国之职务。今军舰将返本国，吾苟公事已治，必能依一定之时刻与君握手也。

【批评】

美人可爱，国家更可爱。今人但爱美人，而不爱国家，所以把须眉之气，消磨都尽。

观纳尔逊与其妻之书，句句言情，却无儿女之态。今人只知妻子团聚为一生幸福，故以当兵打仗，为最悲惨之事。纳尔逊当时，若似此等卑劣思想，则英吉利今日，安有世界海王之称？惟其能牺牲个人之幸福，以图国家之幸福，此纳尔逊所以为英雄也。

“海水足以磨洗掉军人的爱情。”这句话，我相信它是错的，我每天早晨用六盆海水，浇到我的头上，但我的爱情之花，似乎借着海水的浇灌，开得更加灿烂了。并且我爱情的范围很广，我常想我的祖国，每天想尽自己对国家的职责，我身为一名海军军人，个人的利益幸福，不能不为国家而牺牲。因此虽然我很爱夫人，也不敢稍稍放松对国家的职务。如今军舰将返回英国，如果我办完公事，必定能在一定的时间回来和你相见。

【评论】

美人值得去爱，国家更值得去爱。现在的人只爱美人，却不爱国家，所以把男子的气概，消磨殆尽。

看纳尔逊写给他妻子的信，句句都含情，却不是寻常的儿女情长。现在的人只知道和妻子儿女团聚是一生的幸福，所以认为当兵打仗，是最悲惨的事。纳尔逊当时如果有这样卑劣的思想，那么今天的英吉利，怎能有世界海王的称号？惟有他能牺牲个人的幸福，以谋得国家的幸福，这是纳尔逊之所以成为英雄的原因。

第五章 意大利之赴援

疾风知劲草，乱世出英雄。呜呼！以吾中国今日之多事，何以英雄犹未出也？纳尔逊从前，虽为海军军人，然其时天下无事，故终不得展其手腕，闲散沉寂之生涯。此英雄所最不耐者也。未几，而英法战事起，于是英雄之纳尔逊，乃乘时势而上战争之舞台。

初，法国皇帝拿破仑，有勇略，善用兵，欲以兵力，征服诸国，屡兴干戈，欧洲全境，大受扰害（事见《拿破仑传》）。千七百九十三年（乾隆五十八年）二月一日，法兰西遂向英国宣战，西班牙、荷兰亦与法相联合，法之兵力益厚。

时纳尔逊奉命入地中海，法兵占据巴司脚及加鲁比二地，形势极佳。海军不便施炮，纳尔逊乃率一千二百名水兵，冒险上陆，图先取巴司脚。巴司脚守兵数千，尽力抵御。纳尔逊猛战四十余日，卒夺取之。

巴司脚既陷，纳尔逊移军围加鲁比。加鲁比守兵发巨炮，猛击英军。纳尔逊自为前锋，率队冲之。战正酣，一炮轰然坠地上，铁片四飞，一片伤纳尔逊目。纳尔逊一手掩目，一手执刀，挥军队急进。众见纳尔逊受伤，犹前进不止，心大感动，咸冒炮火突前，加鲁比守兵望而惊溃。

是役也，纳尔逊以孤军深入敌境四月，乃攻陷二地，烧在猛烈的大风中可以看出什么样的草是强劲的，乱世往往会磨练出英雄。唉！我们中国现在事变多发，为何还是不出英雄？（编者注：指作者所处的清末民初之时）纳尔逊之前，虽然身为海军军人，然而国家没有战事，所以始终不能展现他的才能。闲散沉寂的生涯，是英雄最不能忍受的。不久，英法发生战争，于是英雄纳尔逊，随当时的形势登上战争的舞台。

起初，法国皇帝拿破仑，有勇有谋，善于用兵，想用武力征服各国，屡次发动战争，整个欧洲受侵扰危害很大（事情详见《拿破仑传》）。1793年（乾隆五十八年）2月1日，法国向英国宣战，西班牙、荷兰也和法国联合，法国的兵力更多。

当时纳尔逊奉命进入地中海，法军占据了巴司脚和加鲁比两地，形势很好。由于海军不便于发炮，纳尔逊便率领一千二百名水兵，冒险登陆，想先攻取巴司脚。巴司脚有几千守军，尽力抵御。纳尔逊猛战四十多天，最终夺取该地。

攻陷巴司脚后，纳尔逊转移军队围攻加鲁比。加鲁比的守军发射巨炮，猛烈轰击英军。纳尔逊亲自做前锋，率领军队冲锋。战事正激烈，一发炮弹轰的一下坠落在地，铁片四处飞溅，其中一片伤到了纳尔逊的眼睛。纳尔逊一只手捂着眼睛，一只手拿着刀，指挥军队急速进攻。众人见纳尔逊受伤，还前进不停，心里十分感动，都冒着炮火突击前进，加鲁比的守军望见后惊慌溃散。

那场战役，纳尔逊孤军深入敌境长达四个月，攻陷了两处地弃敌舰十二艘。其地气候极恶，兵士病死过半，纳尔逊一目受伤，旋即丧明。上官以是役死伤既多，旷时又久，不录其功，负伤人名表中，亦不记纳尔逊伤目事。众咸不平，或劝纳尔逊自白其事。纳尔逊笑曰："余生平固重名誉，虽然名誉者非徒赖口舌之传播也。故余之名誉，不愿他人为之，余自为名誉可也。盖余之一生，实不啻一功绩簿矣。"

法军虽失巴司脚、加鲁比，仍进攻意大利不止。是时奥国及萨维尼亚，编一同盟军，助英攻法。然同盟军极畏缩，常观望不肯一战。纳尔逊建议，欲率七十四炮门军舰二艘，及中军舰小军舰各十艘，以追法舰。提督不从，仅予以中军舰一艘，及二桅舰一艘。纳尔逊不得已，率此二舰，追逐法军。至某港，轰战甚烈，法舰破坏十二艘。然纳尔逊军力过弱，故法兵终得占领某港。

法军侵入意大利，其战斗舰屯泊于某港者，百数十艘。纳尔逊又请于提督，乞多遣军舰，厚增兵力，冀可扫荡法之水师。提督不用其计，而法军进迫意大利益急，日诺亚海岸之领地，悉为敌所蹂躏。奥军与英国军舰相隔，声援已绝。拿破仑遂以连战连胜之势，直迫奥都，奥廷不得已而乞降。

方，烧毁了敌舰十二艘。当地气候极其恶劣，士兵病死的超过一半，纳尔逊一只眼睛受伤，不久就失明了。上级长官因为这场战役死伤很多，花费的时间又长，没有给纳尔逊记功，在负伤人员的表中，也没有记载纳尔逊一眼受伤的事。众人都觉得不公平，有的人劝纳尔逊亲自向上级陈述这件事。纳尔逊笑着说："我平生固然重视名誉，然而名誉并不只依赖口舌来传播。所以我的名誉，不愿让他人费力传播，我自己为名誉努力做就可以了。我的一生，其实如同一本功绩簿啊。"

法军虽然失去巴司鲁和加鲁比，仍然不停止进攻意大利。当时奥地利和萨维尼亚，组成同盟军，帮助英国进攻法国。然而同盟军因害怕而退缩，常常观望不肯打仗。纳尔逊建议，想率领两艘有七十四门大炮的军舰，和中军舰、小军舰各十艘，追击法国舰队。提督不答应，只给了他中军舰一艘，和一艘双桅军舰。纳尔逊不得已，率领这两艘军舰，追击法军。到了某个港口，轰战十分激烈，法国的军舰被破坏十二艘。然而因纳尔逊兵力过弱，所以法军最终还是占领了某个港口。

法军入侵意大利，有一百几十艘战舰停泊在某个港口。纳尔逊又向提督请示，请求多派遣军舰，多增加兵力，希望能歼灭法国的海军。提督不采纳他的计策，而法军进攻意大利更加紧急，日诺亚海岸的领土，都被敌军蹂躏。奥军和英国军舰被隔开，无法相援助。拿破仑便以连战连胜的气势，直逼奥地利的首都，奥地利的朝廷不得已投降。

【批评】

以海军军人，而为陆地战争，一难；以一千二百名水兵，而攻炮台数千之守兵，二难；以孤军深入敌地，围击四阅月，兵士病死过半，而犹不少却，三难；一目中弹，犹能指挥前进，卒夺要垒，四难；上官不以为功，亦不录其负伤之事，旁观不平，纳尔逊犹处之泰然，只顾自为名誉，五难。英雄未遇知己，竟不灰其爱国之心，真可敬服。

【评论】

作为海军军人，打陆地上的战争，这是第一难；以一千二百名水兵，攻打炮台几千的守军，这是第二难；孤军深入敌地，围击敌军四个月，士兵死伤过半，依然没有丝毫退却，这是第三难；一只眼睛中弹，还能指挥前进，最终夺取要塞，这是第四难；上级长官不为他记功，也不记录他受伤的事，周围的人为他抱不平，纳尔逊还能泰然处之，只顾自己为名誉付出，这是第五难。英雄没遇到知己，竟然不丧失他的爱国心，真是值得敬佩。

第六章　胜平新得岬之海战

因巴司脚、加鲁比之役，意大利人盛称纳尔逊之功，故沿意大利海岸，无不知有英国海军少将纳尔逊也。某日，有人投书纳尔逊，其信面但书在日诺亚之纳尔逊数字。或问此投书者：“何简略至是？不虑书不得达乎？”投书者曰：“纳尔逊世界之伟人也。伟人无两，吾书安有不达之患？”

未几，纳尔逊率其舰队，移向地中海，与地中海英国舰队相联合。二月十三日，纳尔逊至胜平新得岬，此岬为英国舰队之根据地。纳尔逊既至，即发信号，命各舰为战斗准备。夜既深，又发信号，命各舰互相密接。向晓，英军遥望，见敌舰无数，现于海上，盖西班牙之游弋舰队也。

西班牙与法联合，欲图击英。初得报，谓英舰在地中海者，数只九艘。遂率其全队，航向胜平新得岬，意欲尽歼此九英舰也。西军既至胜平新得，时雾甚，不能辨。待至雾散，忽见英舰十余艘，整列作战备，大恐，阵为之乱。

是时英舰队有百炮门舰二艘，九十八炮门舰二艘，九十炮门舰二艘，七十四炮门舰八艘，六十四炮门舰一艘，共十五列舰，其他中军舰、小军舰各一艘，快船一艘，加入其间。而西班牙舰队，则有百三十六炮门之四层甲板舰一艘，百十二炮门之三层甲板舰六艘，八十四炮门舰二艘，七十四由于巴司脚、加鲁比战役，意大利人盛赞纳尔逊的功劳，因此意大利的海岸地区，没有不知道英国海军少将纳尔逊的。某天，有人寄信给纳尔逊，他的信封上只写了日诺亚的纳尔逊几个字。有的人问寄信人："为何写的如此简略？不怕信达不到吗？"寄信人说："纳尔逊是世界伟人。伟人没有相同的两个，我的信怎么会有达不到的情况？"

不久，纳尔逊率领他的舰队，驶往地中海，和地中海的英国舰队汇合。二月十三日，纳尔逊到达胜平新得岬，这里是英国舰队的根据地。纳尔逊到达后，立即发出信号，命令各舰为战斗做准备。夜已经很深了，又发出信号，命令各舰互相紧密连接。拂晓，英军遥望，看到了无数的敌舰出现在海面上，原来是西班牙的巡逻舰队。

西班牙和法国联合，想合击英国。先前得到情报，说在地中海的英舰，只有九艘。于是率领整个舰队，驶向胜平新得岬，想要歼灭这九艘英舰。西军到达胜平新得岬后，当时雾很浓，看不清楚。等到雾散，忽然看见十多艘英舰，排成队列做好战斗准备，十分恐慌，阵型也因此乱了。

当时英国舰队有一艘一百门大炮的军舰，两艘有九十八门大炮的军舰，两艘有九十门大炮的军舰，八艘有七十四门大炮的军舰，一艘有六十四门大炮的军舰，共十五艘军舰，其他中军舰、小军舰各一艘，快船一艘，夹在中间。而西班牙的舰队，有一艘有一百三十六门大炮四层甲板的军舰，六艘有一百一十二门大炮三层甲板的军舰，两艘有八十四门大炮的军舰，八艘有七十四门大炮炮门舰八艘，中军舰十艘，共二十七列舰。

西军望见英舰严整，既乱其行列。英提督日尔比斯，率舰突前，通过其舰队行列之间。西军各舰，相距甚远。日尔比斯舰，既前进，有西军舰九艘，遂不得与其本队相联合，乃转左舷而逃。

时英军提督欲注全力，攻击敌之本队，频发信号，令各舰直前。纳尔逊乘甲卜丹舰，列于英国舰队之后方，见敌舰受英炮击，意欲逃遁，乃自移其舰于下方待之。于是有敌舰名脱里泥他者（即前记之一百三十六炮门舰）与桑局宣（即前记之一百十二炮门舰）、萨尔拔特尔（即前记之一百十二炮门舰）、桑尼哥（即前记之八十炮门舰）、桑伊希特洛（即前记之七十炮门舰）及一等战斗舰，与纳尔逊遇，猛发巨炮。纳尔逊以一舰当敌六舰，轰战不休。英舰队望见纳尔逊危急，遣加罗丁舰救之，然犹不支，布伦亨姆舰又救之。纳尔逊得二舰之助，乃令二舰猛击西军。于是萨尔拔特尔及桑伊希特洛二舰，落于后列。未几，同举降旗。

当是时，英军布伦亨姆舰在前，加罗丁舰在后，而纳尔逊所乘之甲卜丹舰，距敌甚近，为敌之第一战斗舰与桑尼哥拉斯号及七十四炮门舰一艘所围，舰面大受破坏，头桅亦折。敌炮击中甲卜丹舰轮，甲卜丹舰不能运转。时敌舰桑尼的军舰，十艘中军舰，一共二十七艘军舰。

西军望见英舰严肃整齐，阵型大乱。英军提督日尔比斯，率领军舰突击前进，插入西班牙舰队的空隙。西军的各艘军舰，相距很远。日尔比斯的军舰，又上前进攻，有九艘西班牙军舰，便无法和大部队汇合，于是向左逃走。

当时英军提督想倾尽全力，攻击敌军的大部队，频频发出信号，命令各军舰径直向前。纳尔逊乘甲卜丹舰，排列在英国舰队的后方，看见敌舰受英军炮击，想要逃跑，便擅自转移军舰到后方等待。敌舰脱里泥他（即前面记载的有一百三十六门大炮的军舰）与桑局宣（即前面记载的有一百一十二门大炮的军舰）、萨尔拔特尔（即前面记载的有一百一十二门大炮的军舰）、桑尼哥（即前面记载的有八十四门大炮的军舰）、桑伊希特洛（即前面记载的有七十门大炮的军舰）以及一艘军舰，和纳尔逊相遇，猛烈开炮。纳尔逊以一艘军舰战敌方六艘军舰，轰战不停。英舰队看见纳尔逊危险，派加罗丁舰营救，然而还是不行，布伦亨姆舰又前往救助。纳尔逊得到两艘军舰的帮助，便让这两艘军舰猛烈炮击西军。于是萨尔拔特尔和桑伊希特洛这两艘军舰，落在了后方。没多久，两舰就一起投降了。

当时，英军的布伦亨姆舰在前面，加罗丁舰在后面，而纳尔逊乘坐的甲卜丹舰，和敌舰相距很近，被敌方第一战舰和桑尼哥拉斯号以及一艘有七十四门大炮的军舰包围，军舰受到很大破坏，军舰两头的桅杆也折断了。敌舰的大炮击中了甲卜丹舰的轮机舱，甲卜丹舰不能正常运转。当时敌舰桑尼哥拉斯和桑局宣与甲卜丹哥拉斯及桑局宣与甲卜丹相并，将施巨炮。纳尔逊急令转其右舷近敌，率舰员突上敌舰。

纳尔逊既与舰员跃登桑尼哥拉斯，敌之士官，密闭窗口，以拳铳狙击英兵。英兵奋勇直前，破其窗户。副官卑利氏，登船尾楼，夺西班牙海军之旗。西班牙少将中弹死，其余将校，一见纳尔逊，即解其佩剑，以示归降。

桑尼哥拉斯既为英员所夺，而桑局宣号，犹以拳铳狙击英兵。纳尔逊复率水兵，自为先导，由桑尼哥拉斯号，跃登桑局宣。西军见纳尔逊登舰，悉掷其兵器于地而降。

是役也，纳尔逊始以一舰当敌之大战舰六艘，继以一将沉之甲卜丹舰，夺敌舰二。夺舰之际，甲卜丹舰员死者二十四人，伤者五十六人，纳尔逊则仅受微伤而已。

于是西军全队悉遁去。纳尔逊谒见日尔比司提督，提督谢之曰："对此战胜，余不知以何辞谢君也。"乃报捷于政府，政府嘉纳尔逊之功，即升其任，为副海军司令官。

此战局未开之前，纳尔逊曾以书告其妻曰：

"战斗之状，吾至不愿详以告君，盖吾不欲藉战斗之报告，以得盛名也。吾他日期自为名誉之表彰，必使吾之名誉与事实相称，更欲藉所表之事实，以传吾名誉。若夫口舌与笔墨，传我名誉，非我之所乐闻。何也？因吾倘有真名誉，则并排，将用巨炮轰击。纳尔逊急忙下令向右转靠近敌舰，率舰员突然登上敌舰。

纳尔逊和舰员们跳上桑尼哥拉斯号后，敌军的将士们，关紧窗户，用手枪狙击英军。英军奋勇冲锋，打破窗户。纳尔逊的副官卑利氏，登上船尾的塔楼，夺下西班牙海军的旗帜。西班牙的少将中弹而死，其他军官，一看到纳尔逊，就解下他们的佩剑，表示投降。

桑尼哥拉斯号被英军夺取后，而桑局宣号还用手枪狙击英军。纳尔逊又率领水兵，亲自做先锋，从桑尼哥拉斯号跳上桑局宣号。西军看到纳尔逊登上军舰，都把兵器扔到地上投降。

这场战役，纳尔逊以一艘军舰战敌方六艘大型军舰，又以一艘将沉没的甲卜丹舰，夺取两艘敌舰。夺舰的时候，甲卜丹舰的船员有二十四人死亡，五十六人受伤，纳尔逊只受了点轻伤而已。

于是西班牙军都逃走了。纳尔逊拜见日尔比司提督，提督感谢他说："对于这场胜仗，我不知道用什么话来感谢你才好。"于是向政府报捷，政府嘉奖了纳尔逊的功劳，立即升了他的职位，做副海军司令官。

这场战斗还没开始之前，纳尔逊曾写信告诉他的妻子说：

"战斗的状况，我真不愿意详细告诉你，因为我不想借战斗的报告书，来获得盛名。他日我希望亲自表彰我的名誉，一定使我的名誉和事实相符，更想借表达的事实，来传播我的名誉。如果借口舌和笔墨，来传播我的名誉，不是我乐意听到的。为什么？因为倘若我有真正的名誉，世界不歌颂我难道还要我来亲自歌颂自己世界上不讴歌余而自讴歌余？想君亦必不赖此区区之报告书，始知吾之战况与奇绩也。”

纳尔逊既胜西班牙军，一时名震全国，其父欧特曼尝致书与纳尔逊曰：

“余谢苍天，当战争间，祸不及汝。自捷书到后，国中人人向余述祝辞。余每于途次遇国人，不及掩避，众见余，咸挽余袖，极赞汝之忠勇。吾不知世间为人子者，更有何人能得此名誉？更不知世间为人父母者，更有何人能亲见其子之得此名誉也？余不禁喜极而悲，流欢欣之泪，落于瘦颊上矣。汝之盛名，已宣传于茶肆、剧场间矣。”

【批评】

一舰当敌六舰，且能降其二焉。一将沉之舰，遇敌二巨舰之夹击，且能夺其二焉。纳尔逊之战术固佳，然其大要则全在于勇敢不肯却步。

今人只知好名，而不肯着实做事。观纳尔逊致其夫人之书，则知纳尔逊之好名，全在于肯着实尽职，盖不以名誉为名誉，而以事功为名誉者也。

守其父不却步之训，遂能击退西军。观欧特曼之书，可知老人何等欣慰。纳尔逊真忠臣！纳尔逊真孝子！

吗？想来你也一定不是依赖区区的报告书，才知道我的战况和神奇的功绩啊。”

纳尔逊战胜西班牙军之后，一时名震全国，他的父亲欧特曼曾经写信给纳尔逊说：

“我感谢苍天，在战争期间，不让祸患降临到你身上。自从捷报到达后，英国许多人向我祝贺。我每次在路上遇到国人，来不及遮掩躲避，众人看到我，都挽着我的手臂，极力称赞你的忠诚和勇敢。我不知道世上为人子女的，还有谁能得到这样的名誉？更不知道世上为人父母的，还有谁能亲眼看到他的孩子得到这样的名誉？我不禁高兴到极点而转为悲伤，流下欣慰的眼泪，落在我消瘦的脸颊上。你的盛名，已经在茶馆、剧场间流传了。”

【评论】

一艘军舰战敌方六艘军舰，并且还能使其中两艘投降。一艘将沉没的军舰，遇到敌方两艘大型军舰的夹击，还能夺取这两艘大型军舰。纳尔逊的战术固然是好，然而更重要的都在于他的勇敢、不肯让步。

现在的人只知道追求名誉，而不肯踏踏实实做事。看纳尔逊写给夫人的信，就知道纳尔逊的好名誉，全在于他肯确实尽到自己的责任，就是不把表面的名誉做为名誉，而把成功的事实作为名誉。

奉行父亲不让步的训诫，就能击退西班牙军。看欧特曼的信，就知道老人是多么欣慰。纳尔逊真是忠臣啊！纳尔逊真是孝子啊！

第七章 英雄之失败

西班牙海军既为英所败，逃入某港。于是英廷命纳尔逊率主战舰四艘，中军舰三艘，小军舰一艘，直向某港。纳尔逊既至敌地，思先以陆战军队，夺其炮垒，一举而陷其城。会暴风雨，潮势甚急。其夜，英军载兵于小舟，逆流而驶，将近岸，天曙，敌见英军来袭，发炮猛击，英军不能进，乃退归本舰。

西军凭险设垒，纳尔逊屡欲上陆，卒为潮势所沮。诸将相顾无策，兵士皆有退心。纳尔逊日夜忧愤，乃与诸将谋，袭其城砦上之高阜。于是复组织一陆战队，亲自督励。至夜半，分其队为六分队，以小舟渡之。纳尔逊自知此役冒险实甚，乃先遗书于日尔比司提督曰：

“明日吾头若不以月桂树装饰，则将以罗汉松掩蔽矣。”

盖谓生死成败，均视此一举也。继呼其养子尼斯彼得前，令勿预是役，且曰：“汝死，谁养汝母？”尼斯彼得涕泣请从，不得已而许之。

英军既暗渡上陆，直达高阜下。西兵自其守堡发炮击之，堡列大炮四十门，一时齐发，英军大溃乱，前后仆毙无数。纳尔逊拔剑大呼，麾其军前进。适有一热弹贯其右手，右手全断，纳尔逊即昏晕仆地，少顷，复起，立以左手拾剑西班牙海军被英军打败后，逃进了一个港口。于是英国朝廷下令纳尔逊率领四艘主力战舰，三艘中型军舰，一艘小型军舰，直开赴那个港口。纳尔逊到达敌军驻地后，想先用陆战部队夺下敌军的炮垒，从而一举攻陷整个城市。但当时正赶上暴风雨，潮水很急。那天夜晚，英军用小船载着士兵，逆着潮流行驶，快到岸边，天亮了，敌军见英军来偷袭，开炮猛击，英军不能前进，便退回他们的军舰。

西军凭地势险要修建堡垒，纳尔逊屡次想登陆，最终都被潮水阻碍。军官们互相看着没有计策，士兵们都有了撤退的想法。纳尔逊日夜忧虑愤恨，便和军官们谋划，袭击城寨上面较高的土山。于是又组织一支陆战队，亲自督战鼓励。到了半夜，纳尔逊把陆战队分成六支小队，用小船运输渡海。纳尔逊自己知道这场战役要冒很大风险，便先写信给日尔比司提督说：

“明天我的头如果不用月桂树装饰，那么将用罗汉松遮掩了。”

这就是说生死成败，全看这次行动了。纳尔逊接着又把他的养子尼斯彼得叫到面前，让他不要参与这次战役，并且说：“你死了，谁养你的母亲呢？”尼斯彼得流着泪请求跟从，纳尔逊不得已答应了他。

英军秘密渡海登陆，直接到达那座较高的土山下。西班牙军队从堡垒中开炮轰击，堡垒内排列四十门大炮，一齐发射，英军大败四处逃散，前后被击毙倒地的不计其数。纳尔逊拔剑大喊，指挥军队前进。正好有一发炮弹击穿了他的右手，整个右手断掉，纳尔

纳尔逊之负创

且前且麾其军，行数十步，又仆。其养子尼斯彼得，急驰至纳尔逊侧，扶之归小舟。是时鲜血四溢，纳尔逊全身皆染红。既返舟，尼斯彼得裂绢缚其血管，血乃不溢。纳尔逊既醒，见身在小舟上，自料不能上陆督战，乃大呼曰："扶余上甲板一视战况。"尼斯彼得知不可止，乃扶之上。时陆上轰战正烈，两军为炮火所蔽，莫辨胜负。而近岸各舰，均为敌炮所中，舰员纷纷落水。纳尔逊见之，忍痛指挥各艇命其救助，自移于一小舟，命余人悉往赴救。众见纳尔逊失一手，旋立旋仆，欲下小舟扶之。纳尔逊以左手攀舷索而立，顾告将士曰："君等急救落水者，我犹余二足一臂，何劳君等救助耶？"

是役英军大败，一大尉死，舰长非利曼，右手亦伤，其他水兵死伤者，凡二百五十人。纳尔逊即详陈其败状于政府，而于己之右手全失之事，不赘一言。惟遗书于平圣德伯，自叹此役之失败，且云余前失一眼，今又失一臂，不全之体，恐难为国家尽力，并请平圣德伯速遣一将，继彼之逊当时就倒地昏了过去，不一会，他又站了起来，用左手捡起剑一边向前一边指挥他的军队，走了几十步，他又倒在地上。他的养子尼斯彼得，急忙跑到纳尔逊身旁，扶着他向小船回返。当时纳尔逊的血溅得到处都是，全身都被染红了。返回小船后，尼斯彼得撕破衣服扎住他的血管，血才止住。纳尔逊醒来后，看见自己身在小船上，自己知道不能上陆地督战，便大喊说："扶我到甲板上看一看战况。"尼斯彼得知道不能阻止他，便扶他上去。当时陆地上轰战正激烈，两军都被炮火遮蔽，分辨不出胜负。然而靠近海岸的各艘军舰，都被敌军的炮火击中，船员纷纷落水。纳尔逊看见，忍着痛指挥各艘军舰前往救援，自己移到另外一艘小舟，命令其他的人都前去救援。众人看见纳尔逊失去一只手，站立不稳，想下小舟扶他。纳尔逊用左手拉着船上的绳索站起来，回头告诉将士说："你们赶快去救落水的人，我还有两只脚一只手，何必劳烦你们救助呢？"

这场战役英军大败，一名大尉战死，舰长非利曼的右手也受了伤，其他死亡或受伤的水兵，有二百五十人。纳尔逊向政府详细地陈述了失败的情况，但对自己完全失去右手这件事，不加一句话。只写信给平圣德伯，自叹这场战役的失败，并且说我之前失去一只眼睛，现在又失去一只手，残缺不全的身体，恐怕难以为国家尽力，并且请平圣德伯立刻派遣一名将领，接替他的职务。平圣德任。平圣德伯者，海军之总督也。

纳尔逊又遗书于其妻曰：

“战场负伤，兵家常事。尼斯彼得救我于万死之中，想君闻之，必喜此子之能尽孝也。君与吾父，勿为吾负伤之故而悲。凡为武人，当未临战之前，固已存创痍满目之想矣。吾不以负伤与失败为悲，惟悲自此以后不能为国家尽力耳。”

纳尔逊既因创伤归英国，治三月未愈，日夜痛苦，其夫人侍病榻之侧，看护极尽力。一夕纳尔逊因创痛不能宁睡，服安眠药少许，且睡矣，忽闻户外人声大哗，挝扉甚急。盖当时有英国提督，大败荷兰海军，擒其将军一人，捕获军舰八只。伦敦市民，祝贺战捷，家家悬国旗，欢声振于全市。独纳尔逊家，闭门卧病，不举欢祝，市民愤之，故来问罪，而不知其为纳尔逊之居也。其邻右见市民聚扰，急止之曰：“此将军纳尔逊家也，将军为国杀敌，伤其一手，近方卧病未起，君等奈何惊将军？”众闻之，大悔其非礼，急相约散去，且行且自责曰：“吾侪负将军矣。”其为市民所敬爱如此。

伯，是海军的总督。

纳尔逊又写信给他的妻子说：

“战场上负伤，是带兵作战的人经常遇到的事。尼斯彼得把我从万死的境地中救了回来，想来你听到，一定会为他能尽孝而高兴。你和我的父亲，不要因我负伤的缘故而悲伤。凡是军人，在没有参加战斗之前，就已经做好自己浑身是伤的准备。我不为我的负伤和失败感到悲伤，只是悲叹从此以后不能为国家尽力了。”

纳尔逊因受伤回到英国后，治疗三个月还没痊愈，日夜痛苦，他的夫人在病床旁边服侍，看护得极其尽力。一天晚上纳尔逊因为伤痛不能睡得安宁，服了少许安眠药，才睡着，忽然听到户外人群喧闹，敲门十分急促。原来当时有一名英国的提督，大败荷兰海军，俘虏一名敌将，缴获八艘军舰。伦敦的市民们，庆祝战争胜利，家家悬挂国旗，欢呼声响彻全市。唯独纳尔逊家，闭门养病，不进行庆祝，市民们感到愤怒，因此前来问罪，但不知道这是纳尔逊的住处。纳尔逊右边的邻居看见市民们聚集打扰纳尔逊，急忙制止说：“这是纳尔逊将军的家，将军为国杀敌，一只手受伤，最近正因病卧床无法起来，你们怎么能惊扰将军呢？”众人一听，非常后悔他们不合理的行为，急忙相约散去，一边走还一边自责说：“我们这些人愧对将军了。”纳尔逊就是如此被市民们敬爱。

【批评】

右手全断，仆地而复起立，起立而复仆地，一身染血，犹扶上甲板观战，何其勇也？见兵士落水，忍痛指挥小艇救助，自以左手攀绳而立，何其仁也？不悲断臂，不悲失败，而以此后不能为国家尽力为悲，何其忠也？忠勇而且仁爱，大军人之资格，固应如是。

观英雄，须观其失败时。学英雄，亦须学其处失败时。盖当失败时，而所以处失败者，犹不失为英雄，则虽终不成功，千载以下，犹将敬而慕之，况处失败而不变乱其志气者之终可必其成功也。

【评论】

整个右手断掉，倒地又站起来，站起来又倒在地上，浑身染血，还要被扶上甲板观战，是多么英勇啊！看见有士兵落水，忍痛指挥小艇前往救助，自己用左手拉着绳子站立，是多么仁德啊？不为断臂而悲，不为失败而悲，但为以后不能为国家尽力而悲，是多么忠诚啊？忠勇并且仁爱，有资格被称为大将的，就应当是这样。

看英雄，需要看他失败的时候。学英雄，也需要学处在失败时的他。在失败的时候，那些正处在失败中的人，依然不愧是英雄，那么虽然最终他没有成功，千年之后，人们还将敬慕他，何况处于失败但不改变志向的人最终一定可以成功。

第八章　尼罗之捷

法帝拿破仑，既以兵力雄压欧洲。欧洲全土，几为所躏，诸国咸告臣服。傲然不屈者，惟英国而已。拿破仑知法之海军，不足敌英，乃大治军舰，欲举全力败英国。时纳尔逊创已愈，英廷乃复起之为黄牙德舰之司令官，属于平圣德伯总督之下。

是年五月，纳尔逊率军舰七艘，向地中海进航。途次遇风，全队均受损坏，乃泊入港内，修理各舰。纳尔逊日夜督促工事，四日报竣。于是再修战备，搜索法舰。

法舰惧英，尝巧避其锋，纳尔逊搜索不能得，而英廷屡以书促纳尔逊开战。七月，纳尔逊探法舰已向埃及，乃转其针路，向埃及亚力山大港追之。八月一日，英军至亚力山大港，遂与法军相遇。

亚力山大港

尼罗河之河流，发源甚远，其水势自上直泻，挟泥沙而来，故河岸沙滩，恒远接于数里之外。法舰停泊于河口，背向沙滩，其于军事地理上，已居劣败之势。纳尔逊瞻眺敌舰，默法国皇帝拿破仑，用武力强制压迫欧洲。整个欧洲，几乎都遭到蹂躏，各个国家都表示臣服。坚强不屈服的，只有英国。拿破仑知道法国的海军，不能和英国抗衡，便大造军舰，想倾全力打败英国。当时纳尔逊的伤已经痊愈，英国朝廷便重新起用他做黄牙德舰的司令官，隶属平圣德伯总督。

同年五月份，纳尔逊率领七艘军舰，向地中海航行。路上遇到了狂风，整个舰队的军舰都受到损坏，于是在港口内停泊，修理各艘军舰。纳尔逊日夜督促工程，四天就修理完毕。于是重整军备，搜索法国军舰。

法国舰队惧怕英国舰队，试着巧妙避开精锐的英国海军，纳尔逊搜索不到，但英国朝廷屡次下达书信催促纳尔逊开战。七月份，纳尔逊打探到法国舰队已经驶向埃及，便转变主航向，向埃及的亚历山大港追击敌军。八月一日，英军到达亚历山大港，便和法军相遇。

尼罗河的河流，发源地很远，水从高处直接流下，挟带大量泥沙，所以河岸的沙滩，远远延伸到几里之外。法国军舰停泊在河口，背对沙滩，在军事地理上，已经处在败势。纳尔逊向前方眺相形势，成算已定，乃集全舰队于旗舰，授以方略。

尼罗河

是时法国舰队，有战斗舰十三，中军舰四，计大炮千一百九十六门，水兵一万一千二百三十人。英国舰队，仅有战斗舰十三，计大炮千十二门，水兵八千六十八人而已。较其军力，法实视英为强。

纳尔逊令舰队出于敌舰与沙滩之间，使前列者攻敌阵前方，后列者攻敌阵后方，左右夹击。舰长卑利闻此方略，惊喜曰："英军真不战而胜矣。"纳尔逊应曰："君言良是，胜算历历，无有疑义，但吾终临事而惧耳。"

两军既接，法舰先发炮击英舰之右舷，而沿岸炮台，亦向英舰发射，然相距尚远，弹均不能中。英舰不应一炮，徐徐进行。

有法国快舰数艘，欲图诱英舰搁于沙滩，乃自向沙滩伪遁。纳尔逊知其计，按军不追。

开战二十分，有法舰二，桅樯均折，其他战舰，亦大半破损。至八时半，敌之第三、第四、第五各舰，皆被捕获。时望敌舰，暗暗盘算形势，定好计划，便把整个舰队聚集在旗舰附近，传授作战计划。

当时的法国舰队，有十三艘战斗舰，四艘中型军舰，共计有一千一百九十六门大炮，一万一千二百三十名水兵。英国舰队，只有十三艘战斗舰，共计有一千一十二门大炮，八千零六十八名水兵。比较双方兵力，法国实际强于英国。

纳尔逊命令舰队航行到敌方舰队和沙滩之间，让前排的军舰攻击敌方阵列的前方，后排的军舰攻击敌方阵列的后方，左右夹击。舰长卑利听说这个战略，惊喜地说："英军真可以不战而胜了。"纳尔逊回应说："你说的对，胜算很大，没有异议，但我对实际的战事还是害怕啊。"

两军交战，法国舰队先开炮攻击英国舰队的右侧，沿岸的炮台，也向英舰开炮，然而两军相距还很远，炮弹都不能打中。英舰不回应一炮，慢慢实行计划。

有几艘速度快的法国军舰，想诱使英舰搁浅在沙滩上，于是假装向沙滩逃跑。纳尔逊知道敌军的诡计，止住军舰不去追击。

开战二十分钟，有两艘法国军舰，桅杆全部折断，其他的军舰，也大多数都有破损。到八点半，敌方的第三、第四、第五各艘夜色苍茫，沉黑如墨，纳尔逊命燃火于樯头，自立旗舰之甲板督战。适有弹飞入旗舰，坠纳尔逊前，弹片碎其前额，额血大涌，纳尔逊将仆，舰长卑利急扶之入船室，促召军医来。军医既至，纳尔逊问："舰中当有先余负伤者，君宜先往视之，余不愿先疗余额也。"军医言："舰员负伤者，某已疗之，今以次当疗将军，愿将军勿念伤者。"纳尔逊乃移其首，命军医施药。加鲁比之役，纳尔逊右目为弹片所中，已失明。今也前额破碎，额肉覆及左眼，益以血注，于是左眼亦不能视。纳尔逊虑不得生，乃召集各舰长，谢以今日战事之尽力，又命舰长卑利，作捷书，报之英廷，继呼牧师属以后事。处分既毕，纳尔逊卧床上，自分必死。既而军医又检纳尔逊伤处，宣言伤不足为患。舰内人闻之，喜极连呼万岁。纳尔逊闻军医言，亦窃自喜，展颜而笑。军医戒纳尔逊静卧勿动。然纳尔逊既幸得活，遂复不能自制，呼书记官作捷书。时书记官亦负伤，不能执笔。纳尔逊更呼牧师，牧师未至。纳尔逊不能耐，起趋座次，自援笔作书。书数行，忽报敌

尼罗河之剧战

军舰，都被捕获。当时夜晚一片模糊，黑得像墨一样，纳尔逊下令在桅杆顶端点燃火把，亲自站在旗舰的甲板上督战。正好有一发炮弹飞到旗舰上，坠落在纳尔逊前面，弹片击碎了纳尔逊的额头，额头涌出许多血，纳尔逊将要倒地时，舰长卑利连忙把他扶进船舱，立刻召来军医。军医赶到后，纳尔逊问他："军舰中应当有在我之前负伤的，你应该先去看望他们，我不愿先为我治疗额头。"军医说："负伤的舰员，我已经治疗了，现在是按次序应该为将军治疗，希望将军不要挂念伤员。"纳尔逊便移动头部，让军医医治。加鲁比战役中，纳尔逊的右眼被弹片击中，已经失明。现在前额又破碎，额头的肉连带着左眼，再加上出了很多血，左眼看不见了。纳尔逊想自己活不了了，便召集各位舰长，感谢他们为今天的战役尽力，又命令舰长卑利，写报捷的信，寄给英国朝廷，又叫来牧师嘱托后事。处理完毕后，纳尔逊躺在床上，料想自己必定会死。接着军医再次检查了纳尔逊的伤处，宣布他所受的伤不必担心。军舰内的人听了，高兴地连喊万岁。纳尔逊听了军医的话，也暗暗高兴，脸上露出笑容。军医告诫纳尔逊要安静躺着不要乱动。然而纳尔逊能活下去，便又不能控制自己，叫书记官写报捷的信。当时书记官也负伤，不能拿笔。纳尔逊改叫牧师，牧师没有来。纳尔逊不能忍耐，站起来走到座位上，亲自提笔写信。写了几行，忽然有人报告敌方的旗舰起火。纳尔逊在船舱内，听到敌舰好多人大声呼喊，之旗舰起火。纳尔逊至室中，闻敌舰人众大喧，立起趋上甲板。时绷带束额，蔽及眼际，纳尔逊自布隙力张左目，望见敌舰火发，舰面为烟焰所蔽，时吐红光，乃急呼曰："速救溺水敌兵，彼虽为我敌，然岂忍坐视其溺？"因自督水兵下舢板救溺，指挥自如，竟忘伤痛，见者亦不知将军初被巨伤也。

法国旗舰之舰长，名蒲尔欧，旗舰既火，蒲尔欧身亦被创，然犹不去甲板，绩发号令。适一热弹炸裂于前，蒲尔欧之体立碎。斯时火焰包舰，法兵犹人人蹲炮侧，从火焰之下，施炮不止。俄而旗舰忽发大声，沉没入海。同时忽有大地震，声如雷霆。英军但闻敌舰陷海声，与法兵被火狂叫声，杂于炮声与地震之内也。

旗舰既沉，法军全队亦碎大半，遁走者只战舰二艘，与中军舰二艘而已。是役也，英军擒敌舰九艘，烧毁其二。法军负伤者，三千一百五人，战死者五千二百十人。而英军负伤及战死者，只八百九十五人而已。

英法尼罗之役，阿剌伯人群集海岸观战，见法舰全碎，连呼万岁，交叉国旗与英旗于门，欢声遍于一市。法军战死者，尸体咸漂入海湾，阿剌伯人悉取而投之岛。其后三年，有人至此岛，犹见法军之尸，累累如小邱焉。

立刻站起身走到甲板上。当时由于绷带扎住额头，挡住了视线，纳尔逊便从绷带的缝隙中极力张大左眼，看见敌舰起火，舰面被火焰、黑烟遮蔽，不时冒出红光，便急忙喊："赶快救溺水的敌兵，他们虽然是我们的敌人，然而怎么忍心坐着看他们溺死？"于是亲自督促水兵们从舢板跳下救溺水的敌兵，指挥自如，竟然忘记了伤痛，看见的人也不知道将军刚才受了重伤。

法国旗舰的舰长，叫蒲尔欧，旗舰着火后，蒲尔欧的身体也受创伤，然而还是不离开甲板，继续发号施令。正好有一发炮弹在他前面炸裂，蒲尔欧的身体立刻粉碎。当时火焰包围了军舰，法兵还是人人都蹲在大炮旁，在火焰的下面，不停开炮。不久旗舰忽然发出很大的声音，沉没入海。同时忽然发生大地震，声音好像打雷。英军只听敌舰陷入海中的声音，以及法兵被火烧狂叫的声音，夹杂在炮声和地震的声音之内。

旗舰沉没后，法军整个舰队也没了一大半，逃走的只有两艘战斗舰和两艘中军舰而已。这场战役，英军擒获九艘敌舰，又烧毁两艘。法军负伤的，有三千一百零五人，有五千二百一十人战死。而英军负伤和战死的，只有八百九十五人而已。

英法的尼罗之战，阿拉伯人聚集在海岸观战，看见法国舰队完全被击溃，连喊万岁，在门口插上本国和英国的国旗，欢呼声遍布整个城市。战死的法军，尸体都漂入海湾，阿拉伯人都打捞起扔到一座岛上。之后三年，有人到这座岛，还能看见法军的尸骨，堆得像小山一样。

尼罗河大捷之报，传于各国，纳尔逊名誉，喧于世界，欧洲诸国，悉赖其功，得脱拿破仑之束缚。故诸国之政府、皇族及市府之团体，争为纳尔逊祝贺，赠珍宝财物无数。土耳其皇帝，赠貂皮袖袍一袭，值五千金，羽冠一，值一万八千金，又以二千金赏英之负伤士卒。其皇太后赠金刚石手箱一，值千金。塞尔维尼亚王赠镶金刚石之金匣一。东印度会社赠一万金。土耳其会社赠黄金板一枚。而伦敦市民，则以宝刀为赠。英国政府，重纳尔逊之功，进封男爵，赐年金二千，供其一生，许其相续者二世，又以报酬不足偿其功绩，遂提出于下议院。有议员披得者，独起而言曰："爵禄之厚薄，安足为纳尔逊重？纳尔逊提督之名，将随我英国系统，传之不朽。其空前绝后之大胜利，记录于不磨之青史，亦足矣。至于男爵、子爵、伯爵，特区区一人爵耳，后世谁因此人爵，而问其真价耶？"众善其论，咸谓披得之言，真有评论纳尔逊之价值。

纳尔逊既以战捷博世界至大之名誉，因念其故友达萍孙，意当时若无达萍孙之忠谏，则将终恋少妇，不复能为军人矣，乃举达萍孙为捕获船之处分委员长。达萍孙镕捕获船所得之金银铜，铸为赏牌，自舰长以下以次分给之。

法舰既碎于尼罗河口，于是驻埃及之法兵，势成孤立，尼罗河大捷的消息，在各国传播，纳尔逊的名誉，响遍世界，欧洲各国，都依赖他的功劳，得以摆脱拿破仑的束缚。因此各国的政府、皇族以及市民团体，争着向纳尔逊祝贺，赠给他无数的珍宝财物。土耳其皇帝，赠给他一件貂皮袖袍，价值五千金，一顶羽冠，价值一万八千金，又赏给英国负伤的士兵们两千金。土耳其皇太后赠给他一只金刚石手箱，价值千金。萨维尼亚国王赠给他一个镶着金刚石的金匣。东印度的会社赠给他一万金。土耳其的会社赠给他一枚黄金板。伦敦市民，赠给他一把宝刀。英国政府，重视纳尔逊的功劳，加封他男爵，每年赏赐两千金，供养他一生，允许爵位延续两代，又认为报酬不足以抵他的功绩，于是向下议院提案。有一名叫披得的议员，独自站起来说："爵位的高低、赏赐的多少，怎么能让纳尔逊重视？纳尔逊提督的名字，将随着我们英国的历史，永不磨灭。这场从来没有过以后也不会有的大胜仗，记录在永不磨灭的历史中，也足够了。至于男爵、子爵、伯爵，不过区区一个爵位而已，后世谁会因为这个爵位，而去问这个爵位真正的价值呢？"众人赞同他的言论，都说披得的言论，能够真正体现纳尔逊的价值。

纳尔逊因为胜仗在世界上博得了很大的名誉，由于挂念老朋友达萍孙，回想当时如果没有达萍孙忠诚的劝谏，那么自己将终生迷恋少妇，不再能做好军人了，于是举荐达萍孙做捕获船的处分委员长。达萍孙把捕获船所得的金银铜熔铸成赏牌，从舰长往下依次分发。

法国舰队覆灭在尼罗河口，于是驻扎埃及的法军，势单力孤，法国人人震骇。纳尔逊乃于战后七日，移军直向奈普尔斯。

【批评】

观纳尔逊瞻眺形势、指授方略，及不为法舰所诱二事，吾服其智。观纳尔逊弹片碎额，命在顷刻，犹念先彼负伤之士卒，不肯先自疗治，及救援落水之敌二事，吾服其仁。观纳尔逊以少击众，捕敌九舰，焚敌二舰，使法之全舰队，悉归乌有，死伤之数，达于八千，而英军死伤者，不过八百，吾服其勇。宋臣岳飞有言："为将之道，智仁勇三者缺一不可。"纳尔逊有然。

能碎十三艘之全舰队，能敌一万数千之水兵，而不能却一少妇，当时若无达萍孙之忠告，则世界海战史上，无纳尔逊之名。即世界英雄传中，亦必无纳尔逊之名矣。英雄立功，念及故友，然则纳尔逊之功业，谓为达萍孙成之可也。

法国每个人都很震惊。纳尔逊在战后第七天，移军直奔奈普尔斯。

【评论】

看纳尔逊预计形势、指点传授战略，以及不被法舰诱惑这两件事，我佩服他的智慧。看纳尔逊被弹片击碎额头，性命不保，还想着先前己方负伤的士兵，不肯先为自己治疗，以及救援落水的敌人这两件事，我佩服他的仁德。看纳尔逊以少敌众，捕获九艘敌舰，烧毁两艘敌舰，使法国的整个舰队，化为乌有，死伤的数目，达到八千，而英国死伤的数目，只有八百多，我佩服他的勇猛。宋朝大臣岳飞曾说："作为将领的原则，智慧、仁德、勇猛三者缺少一样都不可以。"纳尔逊就是这样。

能击溃有十三艘军舰的舰队，能敌一万几千名水兵，却不能拒绝一名少妇，当时如果没有达萍孙的忠告，那么世界海战史上，就没有纳尔逊的名字，世界英雄传中，也一定没有纳尔逊的名字了。英雄建功立业，可以想到他的老朋友，纳尔逊的功业，也可以说是达萍孙促成的。

第九章 英雄与美人

爱情有二，有肉体之爱情，有精神之爱情。肉体爱情，凡庸人及动物皆有之。而精神之爱情，则惟英雄所独富也。读英雄之传，而爱英雄；见种族之庶，而爱种族；生于国家保护之下，而爱国家；处于父子、兄弟、夫妇、朋友之间，而爱父子、兄弟、夫妇、朋友……此皆精神上之爱情也。故富于肉体之爱情者，其爱为欲爱，其人为庸人，其思想去牛马犬羊不远。而富于精神上之爱情者，大率能为其爱情所驱，演成惊天动地之大事业，此征之历史，往往而然矣。纳尔逊生平爱情最富，其前之恋少妇几丧其名誉者，不过循肉体之爱，其实不谓之为爱情也，自闻达萍孙之言后，而爱乃大进化。

先是有哈弥儿顿夫人者，为意大利奈普尔斯府人，其夫名哈弥儿顿，故人但称之为哈弥儿顿夫人云。哈弥儿顿夫人，美而多才，且富于学问，奈普尔斯人恒倚重之。夫人尝从其夫使英国，一见纳尔逊而重其人，自念奈普尔斯弱小，终为法灭，欲藉纳尔逊以蹜法国，乃深与结交。纳尔逊亦惊其天才，爱慕不置，常许为夫人尽力。

当英军在地中海，搜索法舰时，途次粮食告绝。哈弥儿顿夫人闻信，乃告其国王，以厚粮给纳尔逊。故尼罗捷后，纳尔逊尝言："余幸得尼罗河之大捷者，哈弥儿顿夫人之力也。"纳尔逊与哈弥儿顿夫人之交谊，自此益笃。

爱情有两种，有肉体上的爱情，有精神上的爱情。肉体上的爱情，庸人以及动物都有。而精神上的爱情，则惟有英雄富有。读英雄的传记，爱英雄；看见同种族的人，爱种族；生活在国家的保护下，爱国家；处在父子、兄弟、夫妇、朋友之间，爱父子、兄弟、夫妇、朋友……这些都是精神上的爱情。因此富有肉体上爱情的，他的爱是欲爱，这个人是庸人，他的思想和牛马犬羊相差不远。而富有精神上爱情的，大多数都能被他们的爱情驱使，做成惊天动地的大事业，在历史中印证，往往就是这样。纳尔逊生平的爱情最为丰富，之前爱恋那名少妇差点丧失名誉的，不过是寻求肉体上的爱情，其实不能称之为真正的爱情，自从听了达萍孙的话后，他的爱情观才大大进化。

以前有哈弥儿顿夫人，她是意大利奈普尔斯府的人，她的丈夫名叫哈弥儿顿，人们都只称她为哈弥儿顿夫人。哈弥儿顿夫人，美丽多才，并且学问丰富，奈普尔斯人都很依赖敬重她。哈弥儿顿夫人曾经和她的丈夫出使英国，一看见纳尔逊就很器重他，暗自考虑奈普尔斯弱小，终将被法国灭掉，想借纳尔逊打倒法国，于是和他深交。纳尔逊也对哈弥儿顿夫人的天才感到震惊，爱慕不止，常常许诺为哈弥儿顿夫人尽力。

当英军在地中海搜索法国舰队时，途中粮食断绝。哈弥儿顿夫人得到消息后，便上奏国王，给纳尔逊很多粮食。因此尼罗河大捷之后，纳尔逊曾说："我有幸取得尼罗河大捷的原因，是哈弥儿顿夫人的帮忙。"纳尔逊和哈弥儿顿夫人的交情，从此更加深厚。

英军既向奈普尔斯，纳尔逊途次发热病，不省人事者累日。哈弥儿顿夫人与王，闻而大忧，为之亲祷于上帝。军舰既抵港时，纳尔逊病已少愈。夫人乘舢板自往迓之，既上甲板见纳尔逊，喜不可遏，乃殷勤握手问病状。而奈普尔斯王，亦亲至舰上，握手呼纳尔逊为救命主、为保护者，极赞其功。沿岸观者，咸三唱万岁。纳尔逊既上陆，市民欢呼若狂，万岁之声，振于全市，至有放笼中之鸟为纳尔逊祝福者。

意大利屡败于法，民气大弱。时法军新挫于英，纳尔逊乃劝奈普尔斯王急率兵逐之，未几，又为法所败。是时法军舰队，又与西班牙相联合。纳尔逊屯军于别地，闻奈普尔斯败报，乃率舰六艘，进航地中海。而法兵此时已据奈普尔斯，纳尔逊猛攻之，连降三城，法兵乃遁去，意大利北境悉平。

奈普尔斯

法兵在意大利北境者，既为纳尔逊所驱，乃窜意之南英军驶向奈普尔斯，纳尔逊在途中发了热病，好几天不省人事。哈弥儿顿夫人与奈普尔斯王，听到后十分担忧，亲自向上帝为他祈祷。军舰到达港口时，纳尔逊的病已经好了一些。哈弥儿顿夫人乘小船亲自前往迎接，在上甲板见到纳尔逊后，抑制不住内心的喜悦，握住他的手殷勤地询问他的病况。奈普尔斯王也亲自到军舰上，握着纳尔逊的手喊他救世主、守护者，极力称赞他的功绩。沿岸观看的人，都三呼万岁。纳尔逊登陆后，观看的市民们疯狂地欢呼，万岁的声音，在全市震响，甚至有人放出笼中的鸟为纳尔逊祝福。

意大利多次败给法国，民族精神大大衰弱。当时法军刚被英国打败，纳尔逊便劝奈普尔斯王赶紧率兵追击，不久，又被法军打败。当时法国舰队又和西班牙舰队联合。纳尔逊屯军在别的地方，得到奈普尔斯战败的消息，便率六艘军舰，向地中海进发。法军此时已经占领了奈普尔斯，纳尔逊猛烈进攻，连续攻下三座城市，法军便逃走了，意大利的北部地区都恢复了和平。

法军在意大利北部被纳尔逊赶走后，流窜到意大利南部，以境，及罗马、土耳其各地，而屯军舰于玛尔他岛，声势复张。纳尔逊欲率军舰击之，然是时军费不足，乃典其公爵领土（纳尔逊因恢复罗马之功，封为伊大利之布伦特公爵），得四万金，以充军资。遂率队直迫玛尔他岛，一战而毁法、西之舰，并占领其岛。于是地中海上，杳不见法舰一帆影，土耳其、意大利全境，悉告又安。

纳尔逊既屡以战捷得盛名，众咸谓当代圣平德伯为地中海舰队总督，而英廷未迁其职。纳尔逊以功高赏薄，积不能平，乃上辞表归故国。

时军舰悉就职务，纳尔逊乃遵陆而行。每到一地，均受欢待。至伦敦，市民数千，拥纳尔逊连呼万岁，张盛宴以待，又鸠赀制金错刀，以金刚石为缕，赠之，值逾数万金。

驱意大利、罗马法军之力者，纳尔逊也。能使纳尔逊驱意大利、罗马之法军者，爱国之哈弥儿顿夫人也。伟哉英雄！卓哉美人！

【批评】

两相爱，而均不及于乱，此纳尔逊所以为英雄，而哈弥儿顿夫人，所以亦得为女杰也。

及罗马和土耳其各地，并把军舰停泊在玛尔他岛，气势又恢复了。纳尔逊想率领军舰攻击法军，然而那时军费不够，于是卖掉了他作为公爵的领土（纳尔逊因为恢复罗马的功劳，被封为伊大利之布伦特公爵），得到了四万金，用来补充军用物资。率领军队直逼玛尔他岛，一场战斗就摧毁了法国、西班牙的舰队，并占领了玛尔他岛。于是地中海上，完全看不见法国舰队的影子，土耳其和意大利全境，都重回安宁。

纳尔逊因为胜仗获得了好的名声，众人都说他应当代替圣平德伯为地中海舰队的总督，但英国朝廷不升迁纳尔逊的职位。纳尔逊因为功劳大但得到的赏赐少，积怨不能平复，于是递上辞职信回到了祖国。

当时军舰都有任务，纳尔逊便沿陆路而行。每到一个地方，都受到热情的款待。到了伦敦，几千名市民，拥着纳尔逊连喊万岁，设盛宴款待他，又筹资打造金错刀，用金刚石装饰，赠给他，价值超过几万金。

亲自出力驱逐意大利和罗马的法军的，是纳尔逊。能让纳尔逊成功驱逐意大利和罗马的法军的，是爱国的哈弥儿顿夫人。伟大的英雄！卓越的美人！

【评论】

两人相爱，但都不至于淫乱，这是纳尔逊之所以为英雄，而哈弥儿顿夫人之所以为女中豪杰的原因。

哈弥儿顿夫人，爱纳尔逊，爱其才也。而纳尔逊之爱哈弥儿顿夫人，亦爱其才也。哈弥儿顿夫人，因欲保其国土人民，而深藉纳尔逊之踣法，是因爱国之故，而爱纳尔逊也。而纳尔逊亦因哈弥儿顿夫人之知爱国，又知已为英雄，信任而且援助之，于是益爱哈弥儿顿夫人。是纳尔逊之爱哈弥儿顿夫人，爱其爱国，爱其能知已也。所爱者正，其不及于乱也宜。

因一英雄与一美人相爱之故，遂使绝世之拿破仑，不得逞志于天下。而意大利、罗马、土耳其诸国，悉得恢复平和，保全生命数十百万。一爱而安天下，斯可谓爱之进化！

哈弥儿顿夫人，爱纳尔逊，爱的是他的才能。而纳尔逊爱哈弥儿顿夫人，也是爱她的才华。哈弥儿顿夫人，因为想保全她的国土和人民，才深交纳尔逊，借他之力打败法国，是因为爱国的缘故，而爱纳尔逊。而纳尔逊也因为哈弥儿顿夫人知道爱国，又看出自己是英雄，相信他并且援助他，于是更爱哈弥儿顿夫人。纳尔逊爱哈弥儿顿夫人，是爱她爱国，爱她懂自己。正因为他们的爱出自公心，没有逾矩的行为也是在情理之中的啊。

因为一位英雄和一个美人相爱的缘故，才使得绝世的拿破仑，野心不能得逞。意大利、罗马和土耳其等国家，能恢复和平，保全几十万甚至上百万生命。一种爱的力量能使天下安定，这可以称之为爱情的进化啦！

第十章 丹麦之征服

英国海军新胜之势力方盛，海上霸权，独归其掌握，诸国咸有戒心。于是北方三国，互相联盟，图为抵御。三国者，俄罗斯、丹麦、瑞典是也。

当是时，丹麦海军有战斗舰二十三艘，中军舰及小军舰各三十一艘。瑞典海军有战斗舰十八艘，附属舰八十四艘。俄国海军有战斗舰八十二艘，附属舰四十艘。此等联合舰队，交整战备，不日会于地中海矣。英廷闻报大惊，乃再起纳尔逊为海军副提督，而命海特为总督。

千八百一年（嘉庆六年）三月，纳尔逊率舰队直趋丹麦。是时英廷更遣使者至丹麦，欲与议和。使者归报丹麦殊无和意。纳尔逊知战机不可稍缓，乃与总督决议，进击康本哈根。

康本哈根者，丹麦之都城，其地近玛海峡，与瑞典相对，可望见日耳曼之海岸。自外海达康本哈根有二道，一由克罗能海峡进，一由卑尔得海峡进。英军初畏克罗能之炮台，欲由卑尔得海峡进航，继以不习卑尔得之水路，乃改向克罗能海峡而行。纳尔逊为前军，海特总督为中军，格勒布提督为后军。

康本哈根

英国海军新取得胜利，气势正强盛，海上的霸权，独归英国掌握，各个国家都有戒备心。于是北面的三个国家，互相联合，想共同抵御英国。这三个国家，是俄罗斯、丹麦和瑞典。

当时，丹麦海军有二十三艘战斗舰，三十一艘中军舰和小军舰。瑞典海军有十八艘战斗舰，八十四艘附属军舰。俄国海军有八十二艘战斗舰，四十艘附属军舰。这支联合舰队，整理军备，不久就要在地中海汇合。英廷得到消息大惊，于是重新起用纳尔逊为海军副提督，而任命海特为总督。

1801（嘉庆六年）3月，纳尔逊率领舰队直逼丹麦。当时英廷还派遣使者到丹麦，想和丹麦议和。使者归来报告丹麦完全没有和谈的意思。纳尔逊知道战机不可稍稍放纵，便和总督决定，进攻康本哈根。

康本哈根，是丹麦的首都，这里临近玛海峡，和瑞典隔海相对，可以望见日耳曼帝国的海岸。从外海到达康本哈根有两条路，一条从克罗能海峡进入，一条由卑尔得海峡进入。英军起初害怕克罗能海峡的炮台，想从卑尔得海峡航行，又因为不熟悉卑尔得海峡的水路，于是改从克罗能海峡航行。纳尔逊为前锋，海特总督率领中军，格勒布提督率军做后援。

少顷，全队悉迫克罗能炮台，台上炮发，英舰应之。克罗能为丹麦名胜，有城绝高，峰峦浓郁，势极险峻，其南有平沙数里，森林、田舍、宫殿，杂出其间，景色若画，今则悉为炮烟所锁矣。

英舰通过克罗能，直达康本哈根府前面。纳尔逊与总督海特、提督格勒布，共乘小舢板，视察敌垒，见敌守备甚严，岸上各所，悉置炮台，台下泊军舰数百艘，远接于四里之外。纳尔逊以小舢板测量港湾，彻夜不息。黎明，舰队进至脱拉尼岬，传令诸舰曰："若遇风顺，我军必胜。"盖脱拉尼岬，距康本哈根，仅二里许也。

丹麦本以武勇名于世界，其国人赴公家之战无有不力者，妇送其夫，母励其子，大学生掷书执枪，自编军队，共赴国难。斯时也，上有炮垒数百，下有敌舰数百，举丹麦全国之武勇男子，踊跃慷慨，人人欲吞英军，强敌之不可侮，如是如是。

夜气方静，天沉如墨。丹麦海岸，守备绝严。纳尔逊悠然上甲板，意态轩昂，犹如当年在北海冰上当熊而立时也。夜半纳尔逊归寝，适有自海底测量者归舰，纳尔逊立命之至榻前，详询一切，呼书记生记之。少选风顺，旗舰传信号，命全队准备战斗。

不久，整个英国舰队都逼近克罗能炮台，炮台上开炮，英舰回击。克罗能是丹麦风景优美的地方，城墙非常高，山峰很多，山势十分险峻，克罗能的南部有几里的沙漠，森林、农田、房舍以及宫殿，点缀其间，景色美得像一幅画，现在都被硝烟笼罩了。

英国舰队通过克罗能海峡，直接到达康本哈根前面。纳尔逊和总督海特、提督格勒布，一同乘小艇，视察敌军堡垒，见地方守备很严密，岸上各个地方，都设置了炮台，炮台下停泊着几百艘军舰，远远地延伸到四里之外。纳尔逊乘小艇测量港湾，整夜都不休息。黎明，舰队前进到脱拉尼岬，纳尔逊传令各艘军舰："如果遇到顺风，我军必胜。"原来脱拉尼岬，距离康本哈根，只有二里。

丹麦本来就以武勇闻名于世界，丹麦人为国家作战没有不尽力的，妇女送她的丈夫，母亲鼓励她的儿子，大学生扔下书拿起枪，自己编制成军队，共同奔赴国家最危急的地方。那时，康本哈根陆上有几百座炮垒，海下有几百艘军舰，聚集丹麦全国的武勇男子，情绪激昂跃跃欲试，人人都恨不得吞没英军，强大的敌人不可以去侮辱，就是这样。

夜晚正安静，天黑得像墨一样。丹麦的海岸，守备森严。纳尔逊悠然地走上甲板，动作神态不凡，好像当年在北冰洋的冰上站立面对北极熊那样。半夜纳尔逊回到住处，正好在海底测量的人回到军舰，纳尔逊立刻命令他到床边，详细地询问所有情况，让书记员记下。等着顺风，旗舰传达信号，命令整个舰队准备战斗。

翌日十时，两军开战，千百弹丸，与海波相为飞跃。纳尔逊见此景象，意气爽然，频往来于甲板之上，炮弹掠身而过，绝不一顾，笑谓士官曰："吾经战久闻炮声，大类举乐，令我胸中烦闷一时都洗。"语罢，复令开炮，麾各军前进不止。

是时总督海特，在中军，见纳尔逊猛战锐进，步步陷入危境，欲自率舰援之，会风势下转，潮流湍急，历三时，舰仍不能进，而望见纳尔逊犹前驶不止。总督顾谓舰长曰："副提督殆矣，余今欲传退却之令，令彼勿进，何如？"舰长意欲以中军各舰，与纳尔逊相联合，然后同退。总督曰："今潮急，不能逆驶，副提督危在顷刻，待救终恐不及。"乃发退却之信号。

纳尔逊立于甲板上，意气轩昂，正在督战。适有一弹，轰然飞中大桅，桅折而崩，坠于纳尔逊之侧。纳尔逊顾左右曰："吾侪最后之结果，将至矣。"既而步至舷门，告众人曰："汝勿怖，苟死者，吾与汝曹共之，吾不肯独生也。"有少尉某，趋告纳尔逊，旗舰悬信号，令退却矣。纳尔逊不应，督战益力。士官复进问纳尔逊，旗舰悬信号矣，应否揭答旗。纳尔逊叱曰："当此危急时，安有从信号之余地？"更回问守信号之人曰："总督舰上，所示者果何语？"答曰："信号也，我实见退却之信号。"纳尔逊独语曰："退却乎？退却何物？际第二天十点，两军开战，成千上百的炮弹，在海浪上飞跃。纳尔逊看到这一景象，感觉痛快，频繁地在甲板上往来，炮弹擦着身子过去，绝不回头看，笑着对士官说：“我打仗总听炮声，和听音乐很类似，让我胸中的烦闷一下子都被清洗干净。”说完，又下令开炮，指挥各艘军舰不断前进。

当时总督海特，在中军，望见纳尔逊猛战迅速前进，一步步陷入危险，想亲自率领舰队前去救援，正赶上风势逆转，潮水很急，过了三个时辰，舰队还是不能前进，而看纳尔逊还是不停向前航行。总督回头对舰长说：“副提督有危险，我现在想传达撤退的命令，让他不再前进，怎么样？”舰长想让中军的各艘军舰，和纳尔逊汇合，然后一同撤退。总督说：“现在潮水很急，不能逆流航行，副提督危急紧迫，等待救援恐怕来不及。”于是发出撤退的信号。

纳尔逊站在甲板上，动作神态不凡，正在督战。正好有一发炮弹，轰的一声击中大桅杆，桅杆折断崩坏，坠在纳尔逊身旁。纳尔逊回头对身边的人说：“我们最后的时刻，将要到来。”之后走到舷门，告诉众人说：“你们不要害怕，如果要死，我和你们一起，我不肯单独活下去。”有某位少尉，赶来告诉纳尔逊，旗舰上挂出信号，命令撤退。纳尔逊不应答，督战更加卖力。少尉又上前问纳尔逊，旗舰悬挂信号了，应不应该挂旗回复。纳尔逊训斥他说：“在这危急关头，哪有按信号办事的余地？”又回头问负责信号的人说：“总督的军舰上，所表示的是什么意思？”负责信号的此危急，吾舰焉得退？”寻问舰长曰：“余仅有一眼，不善于辨物，余取远镜遥瞩旗舰终不见有退却之信号也。”语毕，仍命前进，更令续续发炮勿少止。

英军自晨炮战至逾午，捕获敌舰无数。敌舰既失其战斗之力，而岸上炮台，亦势孤，守兵相率遁去，积尸蔽海而下，漂流数里。于是纳尔逊率诸舰，直抵康本哈根城下。纳尔逊见两军死伤既巨，而丹麦犹倔强不肯降，乃以书抵丹麦皇太子，劝其急降，不然将悉举其军舰炮台而碎之，且曰：“丹麦英国兄弟之国也，丹麦若降，英人决不视为仇敌。”

使者持书赴丹麦军。少选，皇太子遣一副将，持休战旗，来见纳尔逊。副将述皇太子意，问纳尔逊之意安在。纳尔逊曰：“副提督纳尔逊之真意，基于人类之慈悲心也。丹麦若肯休战降英，英将送其捕虏及负伤之人，于丹麦海滨，不复以炮火残杀人类。”副将归报皇太子，皇太子大喜，乃议和约。

千八百一年，四月，纳尔逊率护卫兵上陆，见丹麦皇太子，结英丹平和条约。约成之日，丹麦举国，皆悲送负伤者入病院。又集战死者之骸骨，葬于近郊，建石碑于其上，以为纪念。国人皆为国家持丧，痛哭不止。

人回答说："信号啊，我确实看到了撤退的信号。"纳尔逊独自说："撤退吗？撤退是什么东西？在这危急时刻，我的舰队怎么能撤退？"又对舰长说："我只有一只眼睛，不善于分辨事物，我用望远镜看旗舰，始终没有看到撤退的信号。"说完，仍然下令前进，更下令继续开炮不要有一丝停顿。

英军的炮火从早晨持续到中午，捕获了无数的敌舰。敌舰丧失了战斗力后，岸上的炮台，也势单力孤，守军相继逃跑，堆积的尸体滚落下来遮蔽海面，漂流到几里之外。于是纳尔逊率领各艘军舰，直接到达康本哈根城下。纳尔逊见两军伤亡巨大，然而丹麦还是倔强不肯投降，便写信给丹麦的皇太子，劝他们立即投降，否则将让所有军舰上的炮台攻克敌方，并且说："丹麦和英国是兄弟国家，丹麦如果投降，英国人决不把丹麦看做仇敌。"

使者带着书信赶到丹麦军中。不久，丹麦皇太子派遣一名副将，拿着休战旗，来见纳尔逊。副将阐述了皇太子的想法，问纳尔逊的意思。纳尔逊说："副提督纳尔逊的本意，基于人类的慈悲心。丹麦如果肯休战投降英国，英国将送回俘虏的和受伤的人到丹麦海岸，不再用炮火残杀人类。"副将回去报告给皇太子，皇太子大喜，便商议和约。

公元1801年4月，纳尔逊率领护卫兵登陆，和丹麦皇太子见面，缔结了英丹和平条约。条约缔结后，丹麦所有国人，都悲伤地把负伤的人送入医院，又收集战死士兵的骸骨，埋葬在近郊，在墓地上面修建石碑，作为纪念。国人都为国家服丧，痛哭不停。

康本哈根大捷之报，传于英国，国民咸额手相庆。哈弥儿顿夫人，亦欣忭若狂。政府遂升纳尔逊为司令总督。俄瑞丹三国同盟，自此而解，英国遂无北顾之忧。兵乱既定，纳尔逊解军职，归其乡里。

【批评】

冒险与鲁莽异，观纳尔逊巡察敌港，测量彻夜，何等精细！若不学其精细，但学其冒险，则必有鲁莽灭裂之弊，此不可不知。

纳尔逊生平，守不可却步之训，故当攻入康本哈根海峡时，危殆万分，总督悬信号命之退却，卒不肯退，至谓不知退却为何物。异哉！其父一言，能使其子终身受用不尽，今人读格言数百则，竟无丝毫仿佛。可见读书万卷，不如实践一言。

观丹麦人之勇于从军，力战不懈，亦自可敬，不必以成败论人。

康本哈根大捷的消息，传到英国，国民都以手加额庆祝。哈弥儿顿夫人，也欣喜若狂。政府于是将纳尔逊升职为司令总督。俄罗斯、瑞典、丹麦三国同盟，从此瓦解，英国便没有了北面的担忧。平定战乱后，纳尔逊解除军职，回到了老家。

【评论】

冒险和鲁莽不同，看纳尔逊巡视敌港，整夜测量，多么精细！如果不学习他的精细，只学习他的冒险，那么一定会有因鲁莽遭到灭亡的危险，这不可以不知道。

纳尔逊生平，奉行不可退步的训诫，所以当攻入哥本哈根海峡时，危险万分，总督打出信号让他撤退，最终还是不肯撤退，甚至说不知道退却是什么东西。多么少见啊！他父亲的一句话，就能让儿子终身受用不尽，现在的人读了几百条格言，竟然好像一点没读过。可见读万卷书，不如把一句话落实到行为中。

看丹麦人勇敢参军，奋力作战不懈怠，也值得尊敬，不必只以成败衡量人。

第十一章 最后之大海战

势如狮子，咆哮于欧洲之法帝拿破仑，夜半扑枕叫绝曰：“使朕能占领英吉利海峡，六时间，即可逞兵冲伦敦，使不列颠半岛（不列颠，英国古时之称）之草木，皆无生色。”呜呼！拿破仑终不能加一兵于英国者，非纳尔逊之力，其谁之力耶？

渡一衣带水之英吉利海峡，冲入英国，此拿破仑毕世之目的也。于是拿破仑复唆西班牙，破局外中立，严禁英国军舰，停泊于西班牙诸港。联合法西舰队，组织一大舰队，命将军威勒纽为总督，大修战备。

拿破仑知英国舰队精锐，难以骤挫，令威勒纽勿轻与英舰交锋，巧避踪迹，使英舰疲于奔命。

英廷以法西复联合，组织大军，乃再起纳尔逊为海军大将。纳尔逊既拜命，率舰队搜讨法军。敌舰巧避，竟不能得其踪迹。

时千八百五年（嘉庆十年），正月，有飞报法西联合舰队，自芝伦港进发者。纳尔逊传令舰队，即日追逐，久之，终不能得。二月，纳尔逊巡航于埃及沿岸，又不见法西舰队片影。英军自正月以来，追逐法舰，日无暇晷，辛苦备尝，自春气势有如狮子，咆哮声响彻整个欧洲的法国皇帝拿破仑，半夜扑倒在枕头上绝望地喊着说："如果让我占领了英吉利海峡，六个小时内，我就可以带兵冲杀到伦敦，让不列颠半岛（不列颠，是英国古代的叫法）的草木，都失去生机。"唉！拿破仑之所以始终不能让一名士兵打到英国的原因，这不是纳尔逊的力量，那是谁的力量呢?

渡过一衣带水的英吉利海峡，冲入英国，这是拿破仑一生的目的。于是拿破仑再次唆使西班牙打破了保持局外中立的立场，严禁英国的军舰停泊在西班牙的各个港口。拿破仑联合法国和西班牙的舰队，组成了一个大舰队，任命将军威勒纽为总督，全力为战争做准备。

拿破仑知道英国舰队精锐，很难立刻将其挫败，命令威勒纽不要轻易和英国舰队开战，巧妙地隐蔽踪迹，使英国舰队疲于奔命。

英国政府因为法国、西班牙再次联合，组成了大军，于是再次起用纳尔逊为海军大将。纳尔逊接受任命后，便率领舰队搜索讨伐法国军队。但是敌方的舰队巧妙地躲过了搜索，竟然找不到他们的行踪。

1805年（嘉庆十年），正月，有紧急报告说法国和西班牙的联合舰队，从芝伦港出发。纳尔逊传令整个舰队，从第二天起开始追逐，追了很长时间，最终还是没追到。二月份，纳尔逊在埃及沿岸地区航行巡视，还是看不到法国和西班牙舰队的一片影子。英军从正月以来，追逐法国舰队，每天没有闲暇的时间，备尝辛苦，徂夏，不得一战。十一月，纳尔逊遣中军舰测量加特司港，乃发现法国战斗舰十八艘，西班牙军舰六艘，中军舰数艘，小军舰二艘。纳尔逊既得报，遂集中舰队于加特司港近旁，以窥法舰动静。十一月十九，敌舰出加特司港，纳尔逊率全队向东南进行，追逐法舰。是日西南风颇微。

翌日，天方曙，英军见东南二十里之海上，有法西舰队。纳尔逊先遣搜索舰，探其实力。搜索舰归报，敌舰舰数吨数，均在我军之上。于是纳尔逊率队追之。既近敌舰，方知法西舰队全数，凡四十只。而英国舰队，仅主战舰二十七艘，报知舰四艘而已。

先是纳尔逊舅萨克林氏，于某年十一月二十一日，曾以海军与法搏战，碎其军舰。故纳尔逊于是日，心窃自喜，以为是日吉也。乃传令各舰，为战斗准备。而自退入舰室，为祈祷之辞曰：

海军大将臣某，谨祷告于我皇天上帝。维彼法王，肆厥凶残，蹂躏欧土，用乖上帝好生之心。肆予英国皇帝，命纳尔逊，统兹大军，以讨其罪，保欧土之乂安。维天相我英国，俾予克告成功；俾予英国舰队，勿多残敌之生命；俾予英国舰队之将士，勿因战胜而不仁；俾世界诸国，咸知予英国舰队，能以仁爱而得战胜。呜呼！维我皇天上帝！其克相从春天到夏天，没打一次仗。十一月份，纳尔逊派遣中军舰测量加特司港，才发现有十八艘法国战斗舰，六艘西班牙军舰，几艘中型军舰，两艘小型军舰。纳尔逊得到消息后，便把舰队集中在加特司港附近，好打探法国舰队的动静。十一月十九日，敌方舰队从加特司港出发，纳尔逊率领整个舰队向东南航行，追逐法国舰队。那天有轻微的西南风。

第二天，天刚亮，英军看到东南二十里的海面上，有法国和西班牙的联合舰队。纳尔逊先派出搜索舰，打探敌方实力。搜索舰回来报告，敌方的军舰数目、排水量吨数，都在我军之上。于是纳尔逊率领舰队追去。靠近敌方舰队后，才知道法国、西班牙舰队的军舰数量，有四十艘。而英国舰队，只有二十七艘主力战舰，四艘报知舰。

之前，纳尔逊的舅舅萨克林氏，在某年十一月二十一日，曾率领海军和法军搏战，击碎了敌方的军舰。因此纳尔逊在那天，心里暗暗高兴，以为那天是吉日，便传令各军舰，为战斗做准备，自己退入船舱，祈祷说：

“海军大将纳尔逊，谨向我皇天上帝祷告。那个法国皇帝，凶残肆虐，蹂躏欧洲疆土，违背了上帝的好生之德。因此英国皇帝，命令纳尔逊统帅大军，讨伐其罪，保护欧洲重新回复安宁。愿上天保佑我英国，使我能够马上取得胜利；也希望保佑我英国舰队，不要过多残害敌军的生命；使我们英国舰队的将士，不因为战胜而变得不仁慈；使世界各国，都知道我们英国舰队，能用仁爱取胜。啊！我的皇天大帝啊！请保佑我的国家，我愿献出我的身体，服从予国家，予小子将奉呈其身听天之命，以博兹一捷。

鸣呼！为国家牺牲身命之纳尔逊，其心绪何如是之伟大也！战事既开，英国舰队，果得空前绝后之大捷，而纳尔逊终断送其生命。

少选，战斗之准备既毕，英军勇气百倍。晌午，纳尔逊悬信号，告全军曰："我英国望诸君各尽义务。"全军见此信号，无不人人感奋，气吞敌舰。

纳尔逊自以旗舰冲敌之中坚，命其余各舰，鱼贯断敌之舰列，待其乱列，然后举兵迫而捕之。法西舰队总督威勒纽，知英兵突进，乃令其舰队密接，成一字形，首尾相应，以防遏之。

是日，纳尔逊著水师提督之服，胸际悬四星之勋章，一见而知为将帅也。法军舰中有小铳狙击队，伏于甲板。或虑提督被祸，军医某，进谏纳尔逊，请去其勋章。纳尔逊毅然曰："是何害？悬名誉之勋章，遂名誉之战死，此名誉之极也。"

纳尔逊分军舰为二部，其一部自指挥之，而令哥林古特指挥一部。两军相接既近，英舰向前猛进。敌将威勒纽遥望之，顾告士官曰："似此作战计划以相夹击，焉得不胜？"然威勒纽亦勇将，于是振其毕世战略，指挥舰队，从上天的命令，以取得这次胜利。”

啊！敢为国家牺牲性命的纳尔逊，胸怀是多么伟大啊！战争打响后，英国舰队，果然取得了空前绝后的大胜利，而纳尔逊最终付出了他的生命。

过了一会，战斗的准备工作完毕，英军的勇气提升百倍。中午，纳尔逊悬挂信号，告诉全军说：“我们英国指望各位各尽到自己的义务。”全军看到这个信号，没有人不感动振奋，气势能吞没敌舰。

纳尔逊亲自率领旗舰冲向敌军的中坚部分，命令其余各舰，快速前进切断敌方舰队，等到敌方阵型乱了后，用武力威胁围捕他们。法西联合舰队的总督威勒纽，看到英军突进，便下令联合舰队紧密连接，排成一个“一”字形，首尾互相照应，以防止被英舰阻止。

那天，纳尔逊穿着海军提督的服装，胸前悬挂着四星的勋章，一看就知道是将帅。法国军舰中有小铳狙击队，伏在甲板上。考虑到提督有危险，某位军医，上前建议纳尔逊，请他把勋章摘掉。纳尔逊坚毅地说：“这有什么坏处？戴着荣誉的勋章，为名誉而战死，这是名誉的极点啊。”

纳尔逊把军舰分成两部分，其中一部分亲自指挥，命令哥林古特指挥另一部分。两军相距越来越近，英舰向前迅猛前进。敌方将领威勒纽远远地看到，回头告诉军官说：“用像这样的作战计划进行夹击，怎么能不取胜？”然而威勒纽也是勇将，于是用他毕生的战斗经验，指挥舰队，从容做好开炮准备，容开炮门，以待英舰进击。

正午十二时，两军相距益近。法舰炮先发，一弹中哥林古特之旗舰，盖法舰福术号所放者也。与福术号相接之敌舰同时开炮，向哥林古特旗舰注射。旗舰不应一炮，徐徐进行。逾午，旗舰益进，与西班牙百十二炮门之大军舰桑汤奈号舰尾相接近，遂齐开炮门猛击之。俄顷炮丸扫荡桑汤奈甲板，一时死伤四百余人。又以右舷之炮，射击法舰福术号。且击且进，敌阵大乱。

纳尔逊乘维多利亚号猛进，向西舰桑偷伊袭之。敌舰悉开炮门，向维多利亚注射。一弹中纳尔逊秘书官，秘书官立倒。舰长哈窦，令士官移其尸，置别所。士官移尸过纳尔逊侧，又有一弹中舰尾楼，舰尾楼之水兵立死。时纳尔逊方与哈窦并立，指挥士卒。敌弹又坠下，碎一木�，木匡破片，伤哈窦足，纳尔逊惊问哈窦："伤重乎？"哈窦言："无妨，伤靴耳。"因问纳尔逊伤否。彼此停足互视，纳尔逊笑语哈窦曰："哈窦君，倘此势不止，岂非猛烈之战争乎？"

此时维多利亚号犹未加一炮于敌，肃然向敌队进行。甲板上死者已有五十余人矣。行既近，纳尔逊发令，左右炮门悉开，同时发射，每炮皆中敌舰。

等待英舰进攻。

正午十二点，两军相距越来越近。法国军舰先开炮，一炮击中哥林古特的旗舰，是法国军舰福术号所发射的炮弹。和福术号相连的敌舰同时开炮，向哥林古特旗舰发射。旗舰不回应一炮，缓缓进行作战计划。过了中午，旗舰前进更远，和西班牙有一百二十门大炮的军舰桑汤奈号的尾部接近，于是一齐开炮猛烈攻击它。很快炮弹扫荡桑汤奈号的甲板，一下死伤四百多人。又用右侧的炮，射击法舰福术号。一边射击一边前进，敌军阵型大乱。

纳尔逊乘坐维多利亚号迅猛前进，向西班牙军舰桑偷伊发起进攻。敌舰打开了所有炮门，一起向维多利亚射击。一发炮弹打中了纳尔逊的秘书官，秘书官立刻倒地。舰长哈宾，令士兵把他的尸体移到别的地方。士兵移动尸体经过纳尔逊的身旁，又有一发炮弹击中了船尾楼，舰尾楼的水兵立即死去。当时纳尔逊正和哈宾并排站立，指挥士兵。敌军炮弹又坠下，击碎了一个木框，木框的碎片，伤到了哈宾的脚，纳尔逊吃惊地问哈宾："伤重吗？"哈宾说："没事，伤到靴子而已。"又问纳尔逊有没有受伤。彼此停下脚步对视，纳尔逊笑着对哈宾说："哈宾，倘若这个形势不停止，难道不是猛烈的战争了吗？"

此时维多利亚号还没对敌军开一炮，谨慎地向敌方舰队前进。甲板上的死者已经有五十多人了。两军接近后，纳尔逊发令，左右大炮齐开，同时发射，每炮都打中敌舰。

英国舰队不乘胜利之余威，为残暴之举动，此纳尔逊夙抱之宗旨也。当激战之顷，有法舰利达勃尔号，沉默不发一炮。纳尔逊望见是舰，以为早失战斗力矣，乃命炮手勿向是舰发炮。

午后一时三十分，纳尔逊在舰尾，视察战况。步后甲板之中央，欲至舰长哈窦之侧。乃沿中央舱口，绕左方而行，且行且传号令于士卒。行数步，忽有一弹疾如电光，飞中纳尔逊左肩。盖即法舰利达勃尔号所发者也。

纳尔逊既中炮，觉痛甚，踉跄而行，卒然仆于甲板，血流如注，染提督军服。及甲板，皆血也。有士官三人，急驰至，力抱纳尔逊。舰长哈窦，亦奔其侧，见之愕然。纳尔逊忍痛，徐徐启齿，告舰长曰："哈窦君，敌今夺我命矣。"哈窦潸然泪下，应曰："余愿溅满腔热血，祝汝健全。"纳尔逊曰："我肩骨全碎，恐无健全之望。"是时，纳尔逊神气晏然。士官等扶纳尔逊下阶，入舰室，至阶际，见舵绳为弹所断，纳尔逊愿士官速治舵绳。又恐兵士等见其伤痛颜色，沮勇气，乃取手巾一方，自覆其面与勋章，令见者不知提督伤也。

治疗室中，负伤者充满无余地。士官等运纳尔逊，卧于一少尉候补生之小榻上。军医检纳尔逊伤，知不可治。然提英国舰队不会乘着胜利的余威，做出残暴的举动，这是纳尔逊一直抱定的宗旨。在激战之中，法国军舰利达勃尔号，沉默着不开一炮。纳尔逊看到这艘军舰，以为它早已失去战斗力，便命令炮手不要向这艘军舰开炮。

下午一点三十分，纳尔逊在舰尾视察战斗情况。他走在军舰后面的甲板中央，想到舰长哈实身旁去。于是他沿着中央船舱出口，绕向左方行走，一边走一边传达命令给士兵。走了几步，忽然有一发子弹快如闪电，打中纳尔逊左肩。原来是法国军舰“利达勃尔”号发射的。

纳尔逊中弹后，感觉痛到极点，踉跄地走着，忽然扑倒在甲板上，血流如注，染红了提督军服，甲板都是血。有三名士官，急忙赶来，用力抱起纳尔逊。舰长哈实，也跑到纳尔逊身旁，看到后十分震惊。纳尔逊忍着伤痛，缓缓开口，告诉舰长说：“哈实，敌人今天夺走我的生命了。”哈实潸然泪下，回应说：“我愿意献出我的满腔热血，来祝福你健全。”纳尔逊说：“我的肩骨完全粉碎，恐怕没有健全的希望了。”这时，纳尔逊神态安详。士官等人把纳尔逊扶下台阶，送入船舱，到台阶旁边，纳尔逊看到舵绳被炮弹击断，纳尔逊让士官快速修好舵绳。又害怕士兵看到他受伤的样子，丧失了勇气，便取出一条手巾，盖住自己的面部和勋章，使见到的人不知道是提督受伤。

治疗室内，充满了负伤的人没有空余的地方。士官等人把纳尔逊送到一名少尉候补生的小床上。军医检查纳尔逊的伤处，知道不能救治。然而提督有生命危险，除了军医和一名教师外，其他人督之危，舍医师与一教师外，余人莫知也。是时，纳尔逊痛不可止，血涔涔自肩被于榻下。纳尔逊知其必死，乃退医师曰："我创终不可治，君毋宁速去治他人，勿以我故而误他人伤者。"此时医师只取纸片，扇其患处，并饮以柠檬液，以解其渴。纳尔逊精神犹不少乱，闻甲板上喝采声，知已击沉敌舰，喜顾医师曰："我军又沉一敌舰矣。"语毕，喜动颜色。

纳尔逊频思见舰长哈窦，一问战况，顾哈窦以战事方急，不能速来。纳尔逊知去死已在瞬息，恐终不得见哈窦，乃顾医师曰："速呼哈窦来。"哈窦既至，以全胜报。时纳尔逊负伤，已一时十分矣。于是提督纳尔逊，与舰长哈窦握手无语。哈窦进至纳尔逊侧，耳语之曰："我军捕获敌舰已不下十四五艘矣，我舰队必全胜无疑。"纳尔逊莞尔笑曰："大好，但恨不能捕获二十艘耳。哈窦君，我舰队得无一艘被捕者乎？"哈窦言："实无被捕者，君可无忧。"纳尔逊闻其语大慰，乃向哈窦嘱以后事，且曰："余去死已近，愿哈窦近闻余言，我死，请将我之发与我所持者，悉赠哈弥儿顿夫人。"哈窦誓而诺之。于是哈窦仍上甲板。

医师更问纳尔逊创痛如何，纳尔逊低声答曰："余痛实甚，愿早死，虽然，人孰不欲多一刻生存耶？矧余尚欲闻胜利之报。"更低声而言曰："哈弥儿顿夫人若闻余死，未知都不知道。当时，纳尔逊疼痛不止，血不断从肩膀流到床上。纳尔逊知道自己一定会死，便摒退军医说："我的伤最终无法救治，你不要停在这，马上去救治其他人吧，不要因为我耽误了其他受伤的人。"这时军医只好拿出纸片，敷在伤处，并让纳尔逊喝下柠檬汁解渴。纳尔逊的思维还没有混乱，听到甲板上喝彩的声音，知道已经击沉了一艘敌舰，高兴地对军医说："我军又击沉一艘敌舰了。"说完，满脸都是喜色。

纳尔逊几次想见舰长哈宾，好问一问战斗情况，但是哈宾因为战争进行得正激烈，不能马上来。纳尔逊知道自己离死亡的时间很近了，担心最终见不到哈宾，便对军医说："赶快去把哈宾叫来。"哈宾赶到后，报告获得全胜。当时纳尔逊已经负伤一小时十分钟了。于是提督纳尔逊和舰长哈宾握着手没有说话。哈宾向前凑到纳尔逊脸旁，耳语说："我军捕获的敌舰已经不小于十四五艘了，我们舰队必然获得全胜，不用怀疑。"纳尔逊笑着说："太好了，只是恨不得能捕获敌军二十艘军舰。哈宾，我们舰队没有一艘被捕获吗？"哈宾说："确实没有被捕获的，您可以不用担心。"纳尔逊听了哈宾的话大感欣慰，便向哈宾嘱托后事，并且说："我离死不远了，希望哈宾靠近些听我的话，我死之后，请将我的头发和我的物品，都赠给哈弥儿顿夫人。"哈宾允诺并发誓。于是哈宾又回到甲板上。

军医又问纳尔逊伤痛怎么样，纳尔逊低声回答说："我非常痛苦，希望能早些死去，虽然如此，哪个人不想多生存一刻呢？况且我还要听胜利的报告呢。"又低声说："哈弥尔顿夫人如果听到我其悲戚何如也。”既而哈窦又至，历陈战胜之状。纳尔逊喜甚，乃嘱哈窦曰：“我死勿投遗骸于海，请葬我先人墓侧。”更紧握哈窦手，请最后之接吻。哈窦泪落如绳，默然跪亲其额。纳尔逊闭其眼曰：“余已满足，余已尽余之义务，虽死无憾矣。”语毕，有不堪痛苦之状。哈窦哀不可止，更跪亲其额。此时纳尔逊眼昏，微发语问亲额者谁乎，继知为哈窦，乃言曰：“哈窦君乎，神必福汝。”于是舰长哈窦，与提督纳尔逊，为最后之永诀，再上甲板督战。

死期渐迫，时一教师在纳尔逊侧，纳尔逊语之曰：“余生平更无罪恶之事。”继复语曰：“愿为我勿忘哈弥儿顿夫人与藿郎。”藿郎者，纳尔逊女也，时方五龄。

纳尔逊气已将绝，忽厉声言曰：“余为国家尽其义务，余谢上帝，余得尽义务矣。”如是反复者数次，溘然而逝，时年四十七。

纳尔逊被创后，经三时十五分而卒。时千八百五年（嘉庆十年），十一月二十一日，午后四时三十分也。

纳尔逊既死，全军痛哭，若丧其父母。国中人，闻其丧者，无不人人流涕。

法西联合舰队，或捕获，或沉。至午后四时，形影全死了，不知道她会多么悲伤呢。”过了一会哈宾又赶到，详细地陈述了战胜的情况。纳尔逊十分高兴，便嘱托哈宾说：“我死后不要把我的遗骸投入大海，请葬在我先人的墓旁。”又紧握哈宾的手，请求最后的亲吻。哈宾泪流不止，默默地跪下亲吻纳尔逊的额头。纳尔逊闭上他的双眼说：“我已经满足，我已经尽到了我的义务，虽死没有遗憾。”说完，表现出痛苦不堪的样子。哈宾的哀伤不能停止，又跪下亲吻纳尔逊的额头。这时纳尔逊眼睛看不见，微微出声问亲吻额头的人是谁，知道是哈宾后，又说：“哈宾，神灵一定会降福于你。”舰长哈宾，为了和提督纳尔逊最后的永别，再上甲板督战。

纳尔逊的死期正在渐渐逼近。当时有一名教师在纳尔逊身旁，纳尔逊对他说：“我平生没有做过罪恶的事。”接着又说道：“希望我不会忘记哈弥儿顿夫人与霍郎。”霍郎是纳尔逊的女儿，当时只有五岁。

纳尔逊的气息已经快要断绝，忽然高声说：“我为国家尽到了我的义务，我感谢上帝，让我能尽到我的义务。“这样反复重复几次，突然死去，时年四十七岁。

纳尔逊从负伤后，共经历了三小时十五分钟后死去。当时是1805年（嘉庆十年），11月21日，下午四点三十分。

纳尔逊死后，全军痛哭，好像丧失他们的父母。国内的人听到他死后，没有不流眼泪的。

法国与西班牙的联合舰队，有的被捕获，有的被打沉没，到下午四点时，全军覆灭，战争结束。比纳尔逊的死亡时间，早了三十灭，战事告终。距纳尔逊气绝，先三十分也。

是役也，法西联合舰队总督威勒纽被擒，西班牙副水师提督，亦中炮死。英国舰队损害亦巨，死伤总数，有千五百八十七人。

纳尔逊既战死，法国舰队全灭，绝世英雄之拿破仑，终归失败。英国以满腔热诚，哀悼纳尔逊，封纳尔逊兄弟为伯爵，受年金六千，其姊妹亦各给一千。又以十万金，为其世袭财产。十二月三日，维多利亚舰，护送浸于酒精之纳尔逊遗体，向英国归帆。纳尔逊之丧归英国，英国海军遣军舰迎之。翌年一月九日，以国礼葬纳尔逊于圣保罗寺。

纳尔逊战死后，英国国民，若丧慈母，咸谓以彼立功之伟人，奈何竟以战死。虽然，杀身成仁者，人世最荣誉之死也；为国流血者，人世最畏敬之死也；粉身碎骨于炮弹下者，人世最勇猛之死也。纳尔逊之死死有余荣，实无足悲。今其人虽亡犹能鼓舞国民之元气，发扬国家之威棱，且足以激励青年为伟人之金鉴。呜呼！纳尔逊之名与日月争光可也。

纳尔逊死已百年，而英国尚藉其战捷之余威夸称海王，到处发展其势力。

纳尔逊更有日记，述及其最爱之女友哈弥儿顿夫人，赞助其成功之影响实大。而夫人对于英国政府，亦有分钟。

这场战役，法西联合舰队总督威勒纽被擒，西班牙副水师提督，也中炮而死。英国舰队损失也很巨大，死伤的总数，有一千五百八十七人。

纳尔逊战死后，法国舰队也全军覆灭。绝世英雄拿破仑，最终失败。英国人用满腔热诚，哀悼纳尔逊，封纳尔逊的兄弟为伯爵，每年享受六千金的俸禄，他的姐妹也各享受一千金，又把十万金作为他的世袭财产。12月3日，维多利亚舰护送浸泡在酒精中的纳尔逊遗体，向英国返航。纳尔逊的遗体回到英国后，英国海军派遣军舰迎接。第二年的1月9日，英国按国礼将纳尔逊葬在圣保罗寺。

纳尔逊战死后，英国国民，好像丧失了慈母，都说这样建功立业的伟大人物，怎么竟然因为战争而死。然而，为正义牺牲生命，是人世间最荣耀的死亡；为国家流血而死，是人世间最值得敬畏的死亡；在炮弹下粉身碎骨，是人世间最勇猛的死亡。纳尔逊的死很光荣，其实不必悲伤。现在纳尔逊虽死还能鼓舞国民的士气，发扬国家的威力，并且足以成为激励青年成为伟人的好榜样。啊！纳尔逊可以与日月争光。

纳尔逊死去已经一百年，而英国还可以借他所打胜仗的余威夸耀称自己为海王，到处发展他的势力。

纳尔逊还有本日记，写了他最爱的女性朋友哈弥儿顿夫人，她的赞助对纳尔逊成功的影响确实很大。而夫人对英国政府，也大功云。

又记云："傥一朝战死，则无扶助夫人之爱友，深望英国皇帝，幸录夫人之功，赐以年金，终其残年。"

又记云："吾遗一女藿郎于我英国，吾但望彼女，将来继承纳尔逊之名。"

又曰："余临战所哀求于我国家皇帝者，惟此数事而已。于皇天赐惠于英国皇帝，及英国，且及与我亲爱之人人。"

纳尔逊女藿郎，时方五岁。纳尔逊死，藿郎受养于哈弥儿顿夫人。

此日记，即纳尔逊之遗言也。呜呼！观纳尔逊之言，即可以知其为多情之英雄矣！

【批评】

矢人惟恐不伤人，函人惟恐伤人。然则为军人者，固以能杀敌为心者也。乃观纳尔逊祈祷之词，其慈祥仁爱，溢于言外，是又矢人而具函人之心矣。项羽坑降卒，对此得无有愧色也？

悬名誉之勋章，遂名誉之战死，英雄气概，何等磊落。

李广射虎，度不中不发，故以善射名，盖不外精细审慎持重而已。观英法迭次海战，法军一见英舰，必先发炮，而有大功。

又写到："假如有一天我战死，就没有好朋友来扶助哈弥儿顿夫人，深深希望英国皇帝，记录哈弥儿顿夫人的功绩，赐给她年金，直到她死。"

又写到："我留有一女藿郎在英国，我只希望她将来能继承纳尔逊这个名字。"

又写到："我多次参战哀求我国皇帝的，只有这几件事。愿皇天能赐福给英国皇帝，以及英国，以及我爱的人们。"

纳尔逊的女儿藿郎，当时只有五岁。纳尔逊死后，藿郎由哈弥儿顿夫人养育。

这本日记，也是纳尔逊的遗言。哎！看纳尔逊的话，就可以知道他是一位多情英雄！

【评论】

造箭的人就怕他造的箭不能伤人，造铠甲的人就怕他造的铠甲让穿的人受伤。然而作为一名军人，只能以杀敌作为自己的心。但看纳尔逊的祈祷词，他的慈祥仁爱，通过语言充分表达出来，是既有造箭人的心又具有造铠甲人的心。项羽坑杀投降的士兵，对此能没有惭愧的表情吗？

戴着代表名誉的勋章，为名誉而战死，英雄气概，多么光明正大。

李广射老虎时，估计射不中时不会发箭，因此以善于射箭出名，其实不外乎精细、审慎、持重而已。看英法的几次海战，法军纳尔逊默然不一应之，迨进行已近，度其必中，然后大开炮门，尽力注射。故法舰遇之，无不立碎。此正与李广射虎之法相同，盖亦不外精细、审慎、持重而已。故学纳尔逊者，若只知其冒险，而不知其临事精细、审慎、持重，则必有鲁莽误事之患。

纳尔逊见法舰利达勃尔不发一炮，以为已失战斗力，令炮手勿击之，然卒为利达勃尔丧其生命。世或疑纳尔逊为宋襄之仁，而不知纳尔逊生平，固不欲以战胜而为残暴之举，此正仁者之勇，勇者之仁。

肩骨已碎，犹能从容命士官治舵绳，旋取手巾覆面，不敢因伤而沮士气，大有汉高折足之概。绝世英雄，中外同调。闻捕获敌舰十四五艘，犹不满意，且曰但恨不能捕二十艘。战斗家之野心，可畏可爱。临死而呼曰："余已为国家尽义务。"可见英雄到底不忘国家。呜呼！惟其不忘国家，时时思为国家尽义务，故能成为英雄也。

距纳尔逊之死先三十分钟，法西联合舰队全碎，纳尔逊虽死瞑目矣。故纳尔逊之死，实死于成功之后。世犹以其死为悲，而不知人之所以生者，以人类心理之富于希望故也。或不得达其希望，而必欲达之，故生；或希望只达其一半，尚有一半未达，而又必欲达之，故生。若纳尔逊者，人一看到英舰，必先开炮，而纳尔逊默默不回应一炮，等航行到近处，估计开炮必中，然后才猛烈开炮，尽力发射。因此法舰遇到他，没有不立即粉碎的。这正和李广射虎的方法相同，其实也不外乎精细、审慎、持重而已。因此学纳尔逊的人，如果只知道学他冒险，而不知道学他的精细、审慎、持重，就一定会有因鲁莽而误了大事的祸患。

纳尔逊见法舰利达勃尔号不开一炮，以为它已经失去战斗力，令炮手不要射击它，然而最终被利达勃尔号夺去了生命。世人有的怀疑纳尔逊是迂腐的仁慈，而不知到纳尔逊一生，始终不想趁战胜做出残暴的事，这正是仁者的勇敢，勇者的仁慈。

肩骨已经粉碎，还能从容命令士官修理舵绳，快速取出手巾遮挡面部，不敢因自己的伤而降低士气，大有汉高祖胸口中箭而只说射中脚趾的气概。中外的绝世英雄都有相同的地方。听到捕获敌舰十四五艘，还不满意，并且说恨不能捕获二十艘。军事家的野心，可畏也可爱。他临死还喊："我已经为国家尽到义务。"可见英雄到底不忘国家。唉！只因他能不忘国家，时时想为国家尽到义务，所以能成为英雄。

纳尔逊死前三十分钟，法西联合舰队覆灭，纳尔逊虽死也可以瞑目了。所以纳尔逊的死，其实死在成功之后。世人还为他的死而悲伤，却不知道人之所以活着，是因为人类心里有希望。因此不能实现他所希望的，就一定要实现所以活着；或者他所希望的实现一半，还有一半没有实现，但又一定想实现，所以活着。

之希望已全达，且已完满其希望矣，若再生于世间，岂非无一事可做？岂非世间事皆无可做之价值？然则其生也亦赘矣。故凡人之死，均有遗憾。惟纳尔逊之死，其对于个人，对于国家，均无丝毫遗憾。呜呼！人必如纳尔逊者，而后方有生之价值；人必如纳尔逊者，而后方有死之价值。

像纳尔逊这样的人，他所希望的已经全部实现，并且已经圆满了，如果再活在世间，岂不是没有事情可做？岂不是世间的事都没有值得做的价值？那么他活着也是累赘。因此凡人的死，都有遗憾。唯独纳尔逊的死，对他个人，对于国家，都没有一点遗憾。唉！人必须要像纳尔逊那样，才有生存的价值；必须像纳尔逊那样，才有死的价值。

少年叢書

文白对照本

哥伦布

林万里◎著

团结出版社

图书在版编目（CIP）数据

少年丛书 / 孙毓修编. -- 北京 : 团结出版社,2015.7
ISBN 978-7-5126-3662-0

Ⅰ.①少… Ⅱ.①孙… Ⅲ.①名人—生平事迹—世界—少年读物 Ⅳ.①K811-49

中国版本图书馆CIP数据核字(2015)第130183号

出版: 团结出版社
(北京市东城区东皇城根南街84号 邮编：100006)
电话: (010) 65228880 65244790 (传真)
网址: www.tjpress.com
Email: 65244790@163.com
经销: 全国新华书店
印刷: 三河市祥达印刷包装有限公司
装订: 三河市祥达印刷包装有限公司

开本: 148×210 1/32
印张: 128
字数: 1500千字
版次: 2015年12月 第1版
印次: 2016年4月 第2次印刷

书号: 978-7-5126-3662-0
定价: 490.00元 (全28册)

少年叢書

《少年丛书》白话语译编委会

出版前言

近代著名思想家、政治家梁启超曾经说："少年强则国强，少年智则国智，少年富则国富，少年独立则国独立，少年自由则国自由，少年进步则国进步，少年胜于欧洲，则国胜于欧洲，少年雄于地球，则国雄于地球。"这是他的散文《少年中国说》中的一段，作于戊戌变法失败后的1900年。文中极力歌颂少年的蓬勃朝气，指出封建统治下的中国是"老大帝国"，热切希望出现"少年中国"，振奋人民的精神。

或许是受到梁启超先生的感召，1908年冬天，上海商务印书馆编译所推出了一套系列丛书——《少年丛书》，又名《中外伟人的传略》，这是二十世纪中国的第一部历史人物类学生课外阅读丛书。首任编辑和作者是林万里，第二任编辑是孙毓修，孙毓修是这套丛书的主要作者，后期加盟写作的骨干还有国学大师钱智修。他们都博览中外，以精准而严格的眼光审视中外古今文化资源，选取其中有益于

少年儿童精神世界的材料，予以整合，编写成册。这套书出版以后，广受少年儿童的欢迎，每册前后加印达几十次，若整套书累计，恐怕达到数百次之多，发行量之大，影响力之广，在二十世纪的人物传记类图书中堪称罕见。

《少年丛书》前后出版了近三十余种，每一册传主为一位中外历史名人。我们在全国各地经过多方的搜寻，共得二十八册，其中中国名人十五位，外国名人十三位。每篇先叙述名人的生平传记，后加以作者的评论，根据时事，启发少年，借以激励少年树立远大志向，明确奋斗目标，成就健全人格。著名作家茅盾在阅读这套书后曾评论说："记事简明，议论正大，阅之足以增长见识，坚定志气。"这套出版之初即为砥砺少年志向的书影响了当时无数少年儿童由此走上振兴中国之路。著名作家张天翼、赵景深、陈伯吹等，都曾深受这套书的影响。

《少年丛书》的三位作者，都是当时学贯中西的通儒，不仅有深厚的国学功底，也有睁眼看世界的非凡眼光。撰写本套书册数最多的孙毓修先生，他是我国近代著名的目录学家、藏书家、图书馆学家。他同时还创作了大量的儿童文学作品。除了《少年丛书》，他还先后主编出版《少年杂志》、《童话丛书》等，被茅盾誉为"中国童话的开山祖师"。

另一位作者钱智修，浙江嵊县人，字经宇，是著名的国学大家，博古文学家，东方学派思想家。他在学时，就以"国学国文湛深，文章洛阳纸贵"赢得尊敬，并被上海多家进步报馆争揽为特约撰稿人。1911年毕业后，他应编译所长高梦旦之聘，担任商务印书馆编

译所编辑。1920年7月他任《东方杂志》主编，长达12年，是该杂志有史以来任期最长的主编。他还参与编辑《辞源》及《中国人名大辞典》、《中国古今地名大辞典》。1931年任国民政府监察院秘书长。

第三位作者林万里是民国年间著名的报人，原名獬，又名白水，字少泉。他幼承家学，又拜名士高啸桐(商务印书馆创始人之一)为师。清光绪二十四年(1898年)，他在杭州参与创办求是书院、养正书塾、东城讲舍、蚕学馆4所新式学堂，任求是书院总教习；后任《杭州白话报》主笔，宣传新思想。光绪三十年(1904年)，他出任《警钟日报》主编，宣扬孙中山及其领导的革命，后追随孙中山。帝制取消后，林万里重操新闻旧业，创办过多份报刊。

鉴于每位作者独有的知识结构和兴趣热点，每位编者对人物都有自己的选择。孙毓修所撰写的大部分是中国历史名人，而且写作的视角也非常独特，如其所写的《玄奘》是一个历史人物，而不是《西游记》中的唐僧。现代的普通读者对玄奘的了解绝大部分是来自于《西游记》等小说，而历史上的真实情况却鲜有人知——玄奘取经并非唐太宗支持，相反还受限于当时的法令，他冒着生命危险才得以出境。这就需要有人为读者打开另外一扇窗户，还原真实的玄奘，而不是小说中的文学形象。茅盾先生对孙毓修所写的《玄奘》评价很高："可以说是内容翔实，深入浅出，既宜于少年阅读，也使成年人增加历史知识。"再如《苏秦》，作为一位著名的辩士，《史记》必然为之列传。孙毓修在写苏秦游说各国发言的时候采用了《史记》中记载的史料，而在后面的评论部分对苏秦的表现作了恰当的点评，分析苏秦游说秦、燕、赵、韩魏、齐楚的过程，阐述了苏

秦辩术策略的不断提高。对于国外人物的选取，孙毓修也是偏爱励志型的，如德谟士，从一个小人物成长为大演说家；彼得大帝，从受制于人，成为欧洲赫赫有名的皇帝。

另一位作者钱智修，先后写有《林肯》、《苏格拉底》、《拿破仑》等，这些都是西学东渐后中国人十分崇仰的外国名人。值得注意的是，钱智修秉承严复所主张的信、达、雅翻译原则，特别讲究传记所含的真实性。他所抒发、张扬的传主虽然都被列为人们仿效的楷模，写法却不做作，更没有为了塑造人物形象而更改史实。

林万里所写的外国传记和钱智修的作法大致相近，即在第一章抒发已之传记宗旨，后文谈及传主读书之术、治学之道与其行事风格，并进行了点评。此外还有其他人关于传主的言论，更有编译者自己的评论，以引导少年儿童正确地学习和借鉴，而不是一味盲从。

《少年丛书》的最大特色，就是“记事简明，议论正大”。书中除了记叙人物的生平故事之外，作者的评论也让这套书大为增色。其议论宏富，既能够结合少年的成长特点，指明如何学习书中人物的优良品质，也指出了其中的不足之处，对于引导少年如何立志修身，大有裨益。

这套书的另一大特色，就是全部用文言文写作，语言凝炼，文笔流畅，保持了中国传统作史传的鲜明特色。当时，白话文风已经悄然兴起，而作者能够不从时髦，采用文言写作，甚为难得。以至我们今日再读此书，依然能够体味到文言笔法的无穷魅力。然而考虑到近百年来，国人的文言文水平已经一落千丈。今日的大部分少年，阅读文言文尚有一定困难，因此我们特别组织人员，将全套书进行了

白话翻译。尽管我们做了最大的努力，文言文的神韵依然是难以用白话表达出来。因此，我们希望少年朋友通过阅读这套书，体会文言文的独特魅力，进而热爱和学习文言文。

《周易》有云：“君子以多识前言往行，以畜其德。”说的就是多学习古人的嘉言懿行，对我们修身立德至为重要。古人尝言：“童蒙养正，少年养志，壮年养德。”少年时期是人生至为关键的时候，这个时期树立什么样的志向，以什么样的人为榜样，往往会决定一个人未来的人生成就。而一个人少年时期读的书，也足以改变他的一生。在今日少年课外读物良莠不齐的状况下，《少年丛书》堪称鲜有裨益少年的优秀读物。若今日的少年，能够认真研读这套《少年丛书》，对于树立远大志向、培养健全人格、完善道德情操将大有裨益。或许，今日的风华少年，即是将来成就伟业的千古豪杰、泽被世人的大圣大贤。勉哉！勉哉！

为什么要读名人传记

——《少年丛书》白话语译序

我从小很喜欢读书，可是，因为身处偏僻山村，小的时候却无书可读。那个时候，家中只有父亲买的一本《古文观止》，儿时翻阅过无数次，虽看不太懂，却记忆深刻。有人说，儿童时期读的书，一生也难以忘记。此言确实不虚。

没有想到的是，儿时无书可读的我，日后竟然投身于出版业。今天，我国的出版业已经非常发达，给少年儿童读的书也非常多。可是，若细心寻求，真正的好书却是少之又少，尤其是给少年儿童介绍历史文化的书。

一个偶然的机会，我们与这套百年前的《少年丛书》结缘，这套当初专为少年而写的中外名人传略，让我眼界大开，没想到，百年前的前辈们，竟给少年们创作出如此优良的传记读物。要知道，给少年

儿童写作，比给成年人写作更难，尤其是给人物作传，既要符合历史史实，不可随意编撰，又要注意引导青少年如何取其长，避其短，以免误人子弟。因为，作为历史人物，不可能处处皆堪为今人楷模。这就需要作者要极富有爱心、责任心和严谨精神，才能让读者从中获得纯净的人生智慧。可以说，目前各种写给青少年的人物传记，很少能与这套《少年丛书》相提并论的。

这套书中的二十八位中外名人，大多数是我们耳熟能详的人物，但是对于他们的生平事迹，也许就知之甚少了。读了他们的传记，方知欲为圣贤豪杰，需下一番苦功夫才能有所成就。“人人皆可为尧舜”，说的是我们每个人都有成圣成贤的资质，然而虽有圣贤之资，也需后天的不懈努力，方能成就一番伟业。所以，这一套书作者的目的并不仅仅是让读者了解一下名人轶事，而是以伟人的事迹启迪和激励少年朋友，树立人生的志向，汲取这些英雄豪杰的人生智慧，修身立德，练就自身本领，最终成为造福国家和社会的有用之才。

这套书虽然是写给少年看的，并不意味着就不适合大人阅读。大作家茅盾就曾大力推荐这套书。现在的青年人，乃至家长、老师，若能读读这套书，对于人生事业，教育子弟，也是大有益处的。可以说，这是一套老少皆宜的好书。

《少年丛书》在当时之所以大受欢迎，销量巨大，也不是没有原因的。这套书每册文字量不大，文笔流畅，史实可靠，评议精彩，这都是许多普通名人传记所不具备的。因此，这套书深受读者欢迎，也就不难理解了。

读名人传记，重在学习名人的智慧和经验。正如文天祥所说，

“人生自古谁无死，留取丹心照汗青”。人生有涯，知也无涯，如何在有限的生命里寻求到人生的价值，获取人生的智慧，而不浪费光阴？《少年丛书》中的这些圣贤豪杰，就是我们的榜样。他们身上伟大的人格，比如孝友、善良、爱心、坚毅、勇敢等等，这些人性的光辉，都是我们的学习之处。

我们用了近一年的时间，将这一套书作了白话语译，希望今天的少年们，能够喜欢阅读并且从中汲取智慧。若能让每一位读者都能够有所收获，那就不负当初写作这套书的三位老前辈的一片苦心，而我们的工作也就没有白做了。

这一套书规模宏大，在校对和语译的过程中，难免会有错误，恳请广大读者不吝指正。

《少年丛书》语译小组　主编　萧祥剑

目录

第一章 绪论

“天下无难事，只怕有心人”，此二语真可为吾辈少年宝训。诸君试思，以君等之聪明才力，若欲求学问，则何人不可为博士？若欲建事业，则何人不可为英雄？盖此等根基，在诸君固已人人尽有矣。

吾今欲将外国古今名人，编成传记，供给诸君观览。当编书时，心中忽发一思。所思者何？因吾所编之人物传记，皆不过外国之博士英雄而已。诸君此时，人人既已有此根基，将来或能驾彼外国人物之上，则吾此时欲以此等人物传记，供给诸君观览者，岂非十分多事乎？

呜呼诸君，君等得毋以吾前说为然耶？吾今再思之，乃自觉吾言之多失当矣。夫吾辈黄种，在世界种族中，本属最优。不意传至于今，聪明才力，虽尚仍旧，而环顾国中，有学问者，竟无几人。至如大英雄大豪杰，更不多见。此其故非他，只因吾人无忍耐心，无冒险性，遂致今人不若古人。

诸君不观孔子乎？孔子欲行其道于天下，周游列国，为人所忌，遂致在陈绝粮七日。若在他人，处此境遇，正不知其当发几许悲叹矣。然而孔子并不因处境困难，而变更其

“天下无难事，只怕有心人”，这两句话真的可以当做我们青年一代的宝贵格言。各位试想一下，凭借各位的聪明才智，如果想要学得知识，那么什么人不可以成为有学问的人呢？如果想要成就事业，那么什么人不可以成为非凡出众的人物呢？这些基础对各位来说本来就已经人人都具备了的呀！

我现在想将国外的古今名人事迹，编写成传记，供大家阅读。在编写这本书的时候，心中忽然产生一个想法。什么想法呢？因为我们所编纂的人物传记，都不过是外国有学问的人或者非凡出众的人物。各位现在已经具备了成为有学问的人或者非凡出众之人的基础，未来或许能够超过这些外国人物。那么我们现在想要给这些人物编订传记，提供给大家阅读，难道不是显得十分多余吗？

各位，大家是不是都认为我前面所说的是正确的呢？我现在反复思考，才感觉到自己的言谈有很多不恰当的地方。我们黄种人，在世界种族中，本来是最优等的。不曾想传承到现在，聪明才智虽然和过去一样，但是看看国内，有学问的竟然没有几人。至于像上面说到的大英雄、大豪杰，更是不多了。这其中的原因并非其他，只不过是因为我们已经没有忍耐心，没有冒险精神，最终导致现代人的成就比不上古代人了。

各位没有看到孔子的作为吗？孔子想要在普天之下推行他的大道，游遍各国，被人们所嫉妒、憎恨，最后导致在陈国断粮七天。如果对其他人来说，遇到这种境遇，真不知道要发出多少悲哀的叹息了！然而孔子并没有因为处境艰难，而改变他挽救天下、济世救民之志，此其忍耐心为何如乎？即至桓魋阳虎，皆欲得而甘心，而孔子亦并不以一人之祸害，而生畏避。此其冒险性为何如乎？由此观之，则凡欲办天下之大事者，必先有忍耐心、冒险性，而后事乃可成。盖是二者，常与英雄豪杰相伴而为生涯者也。

呜呼！吾不意吾中国今日之人，即此忍耐心、冒险性为最缺也。夫惟人人无忍耐心、冒险性，故少而读书，长而办事，稍遇困苦之境，即生烦厌，即发牢骚，于是有废书不读者矣；稍逢危难之时，即起迟疑，即思畏避，于是有置事不办者矣。呜呼！不遇岁寒，焉知松柏；欲观劲草，当在疾风。世未有不贮苦停辛而可以建大事功、成大学业者也。惜乎吾少年之多未省耳。

吾今欲敬问吾国少年诸君曰：“君等亦欲为大博士大英雄乎？苟欲为之，君等慎勿自谓根基已立，聪明才力皆已有余，只须坐而待之也。君等当知吾辈今日所最缺者，止此忍耐冒险，则吾辈今日之所希望为大博士大英雄者，亦止在于忍耐冒险而已。苟能忍耐，苟能冒险，则虽聪明不如人、才力不如人，而学业事功仍可以成就也。苟遇困苦而不拯济百姓的志向，这种情况下他的忍耐心怎么样呢？等遇到司马桓魋、阳虎，他们都想让孔子无处立足才甘心，然而孔子却并没有因为自己一人遭遇的灾难而畏惧、躲避。这种情况下他的冒险性又如何呢？由此看来，凡是想要在天下成就大事业的人，一定要先有忍耐心、冒险性，然后事业才有可能成就。大概是这两者经常与英雄豪杰相伴随并且成为他们赖以生存的东西的原因吧！

唉！我没有料到我们国家现在的人，忍耐心和冒险性成为了最为缺失的东西。因为人人都没有忍耐心、冒险性，因此少年时代读书，长大后做事，稍微陷入艰难困苦的境地，就会心生厌烦，大发牢骚，于是便有了放弃读书的人；稍微遇到危难，就拿不定注意，便想着逃避，于是有了遇事便放弃不理的人。唉！不到寒冷的季节，哪里会知道松柏是最后凋零的；要想知道劲草的生命力，应当在大风吹起的时候。世上没有不忍受困苦艰辛就可以成大事、成就大学问的。可惜现在的青年人大多数都没能领悟到这一点。

今天，我想要请问我国的青少年朋友们："你们也想要成为大学者、大英雄吗？如果想要成为这样的人，你们就千万不要自以为根基已经具备，聪明才力已经绰绰有余，只需要坐着等待成为大学者、英雄的那一天。你们如果知道我们这辈人目前所最缺乏的，只是这种忍耐心与冒险精神，那么今天我们这辈人中想要成为大学者、大英雄的人，也只需要忍耐心与冒险精神了。如果能有忍耐心，如果敢于冒险，那么即使聪明比不上别人、才智比不上别人，想要学有所成、事业成功，也一样可以实现。如果遇到困难而不能能忍耐，遇危难而不肯冒险，则虽聪明才力之有余，譬如筑墙然，基础虽立，苟不施版筑之劳，而一经风雨，终有飘摇倾倒之日矣。”呜呼！诸君疑吾言乎？则试读此世界大忍耐家、大冒险家哥伦布传。

忍耐，遇到危急情况不肯冒险，那么即使聪明才智过人，就好比筑墙一样，根基虽然打下了，假如不用杵夯实使它变得牢固，一经风吹雨打，最终会有随风飘摇乃至倾倒坍塌的一天。”唉！各位不相信我的话吗？那么请试读这个世界大忍耐家、大冒险家哥伦布的传记吧！

第二章 哥伦布之少年

一、小学校之生活

哥伦布者，意大利国人也，其家世执工业。父曰德美尼克，有子四人，哥伦布其长也。西历千四百三十五年，哥伦布生，幼时好海居。有与谈海上生活者，每倾听不倦。入小学校，习国文、数学、图画及普通各科。是时哥伦布甚贫困，父为梳毛业。日命哥伦布梳毛，哥伦布请于其父，画入学校读书，夜归梳毛。梳毛本贱业，然西人视职业重，每以安闲无事为羞。苟能执一业，而其业又无害于社会，则虽甚小者，咸不轻之。盖以有业者必能自立，不为社会之累。故人但称哥伦布善读书，并不以操业贱而笑之也。

哥伦布既勤学业，然因家贫不能多买书。乃又请于其父，以每夜梳毛所得之金，一半助家用，一半为买书之费及学费。父许之。于是哥伦布每夜归，梳毛加勤。父怜其苦，命之就寝。然其父未寝，哥伦布不寝也。

二、英雄之风仪与性行

哥伦布体极雄伟，面长，带赤色，隆准（高鼻也）高颊，两目有光，举动不苟。年二十余，头发已灰白，盖劳苦之所致也。饮食不求多量，甘味美服。一无所好，口善辩论。然所

一、哥伦布的小学生活

哥伦布，是意大利人，家中世世代代从事手工业制造。父亲德美尼克一共有四个子女，哥伦布是长子。公元1435年，哥伦布出生。他小时候就向往海上生活，如果有人和他谈论海上生活，他每次都细心倾听，从不感到疲倦。上小学后，他学习国文、数学、图画和其他普通学科。当时哥伦布家里很贫困，他的父亲从事手工纺织业。一天，父亲让哥伦布学习纺织术，哥伦布就向父亲请教，准备白天进入学校读书，晚上回家纺织。纺织业在当时本来是低贱的职业，但是西方人很重视工作，都以无所事事为羞耻。如果能够从事一项职业，并且对社会没有危害，那么即使是很小的一项事业，人们都不会轻视它。所以有职业的人一定能自立于世，不会成为社会的拖累。因此人们都只称赞哥伦布善于读书，并没有因为他从事的职业低微而嘲笑他。

哥伦布勤于学习，但是因为家庭困窘不能多买书。于是又向父亲提出请求说，把每天晚上纺织得来的酬金，一半用来补贴家用，一半用来作为买书的钱以及学费。父亲答应了他。从此以后，哥伦布每天晚上回家，织布更加勤奋了。父亲心疼他辛苦，让他先睡。但只要父亲没有入睡，哥伦布也不会先行睡去。

二、英雄的风范与性行

哥伦布体格雄伟，长脸，面带红光，高鼻梁，高颧骨，眼睛炯炯有神，办事一丝不苟。二十多岁，头发就已经灰白了，大概是劳累导致的。他吃的不求量多，只要自己觉得味道好即可。没有什么特遇苟非其时，所接苟非其人，则默默不出口。故不知哥伦布者，咸以哥伦布为讷也（讷，不能言也）。哥伦布既毕业于小学校，不数年由中学升入大学，专治几何、地理、天文、航海（海上行船也）诸学。年三十七，游于葡萄牙。是时哥伦布家益贫。其父每寄书言，自哥伦布出外，家中乏人梳毛，将不得食矣。令哥伦布急归，助之梳毛。哥伦布得父书，惊忧不止。自思不归，则父将不得食；归，则学问又废。是时哥伦布因治地理之学，善于制图，乃日制地图卖之，得金不敢用，均寄归以养老父，并为教育其弟之费。葡萄牙人但知哥伦布得金多，而自奉特俭，咸疑其吝，而不知哥伦布之孝友也。

【批评】

西人重职业，故其人咸能自立，而国亦富强。吾国人每以安闲无事为幸福，视工商为贱业，此所以至于贫弱也。哥伦布如此穷苦，何以不求亲戚帮助？何以不向朋友借贷？吾知哥伦布必曰："梳毛自食无可耻，倚赖他人为生活可耻也。"昼读书，夜梳毛，一半助家用，一半为学费，英雄出身，如此可怜！或曰："不如此可怜便不能成英雄矣。"吾愿有如此可怜之人勉之。或又曰："无如此可怜，更容易做英雄殊喜好，只是善于辩论。然而如果不是在合适的时间，接触的人不是合适的，就会默默不言。因此，不了解哥伦布的人，都以为他是一个木讷的人。哥伦布小学毕业以后，没几年就又由中学升入了大学，专攻几何、地理、天文、航海等学科。三十七岁的时候，到葡萄牙游学。这时候哥伦布家中经济更加困难了。父亲每次寄信给他都说，自从哥伦布离开家以后，家里就没人织布，已经快要没有吃的了。父亲命令哥伦布快点回家，帮助他织布。哥伦布收到父亲的信以后，感到非常忧愁。自己思量：如果不回去，那么父亲将没有吃的；如果回去，那么又将会荒废学业。这以后，哥伦布凭借对地理的学习，善于绘制地图，就每天画地图卖钱，得到的酬劳都不敢自己用，全寄回家赡养年老的父亲，以及作为弟弟的学费。葡萄牙人只知道哥伦布得到了很多钱，但自己生活却特别节俭，都觉得他是一个吝啬的人，却不知道哥伦布原来是个孝友之人！

【评论】

西方人重视职业，因此他们都能自立，而且国家也富强。我国人民都认为安闲无事才是幸福，把工商业看做低贱的职业，这就是导致我国贫穷弱小的原因。哥伦布如此穷困愁苦，为什么不求他的亲戚帮助他呢？为什么不向朋友借贷呢？我想哥伦布肯定会说："靠织布来养活自己不可耻，依赖他人生活才是真正的可耻！"白天读书，晚上织布，一半补贴家用，一半用来做学费，英雄的出身竟是如此可怜！有人说："如果没那么可怜那么就不能成为所谓的英雄了。"我希望像他一样可怜的人能以他的事迹勉励自己。有人又矣！”吾愿无如此可怜之人勉之。

肯读书人，又须梳毛；不必梳毛，人又不肯读书。或曰：“惟其必先尝梳毛之苦，而后才肯读书，而后才精地理学，而后才能制图卖图以代梳毛。因制图卖图，而后地理学才益精，而后才能发现新大陆也。吾青年男女学生勉之。”做英雄是极不平常，孝友是极平常。然以哥伦布之极不平常，而卒不能逃却极平常的道理。可见，英雄也要根本于孝友。

说："如果没有这等可怜的遭遇，更容易成为英雄了！"我希望没有这样可怜的人以此勉励自己。

喜欢读书的人，又必须要织布；不用织布的人，又不喜欢读书。有人说："正是他先尝试了织布之苦，然后才喜欢读书，然后才精通地理学，然后才能画地图卖钱来代替织布。因为画图卖图，他的地理学才日益精进，然后才能发现新大陆。我国青年学生应该以此作为勉励。"做英雄是件极其不平常的事情，做到孝顺、友悌倒是常事。然而以哥伦布极不平常的经历，最后却不能逃脱极平常的人生道理。由此可见，英雄也要从做孝顺、友爱开始。

第三章 当时地理上之见解

哥伦布之事业，与地理学有绝大关系。故欲知哥伦布之事业，不可不先明地理。

大地之体，浑圆如球。中分五洲，曰亚洲即亚细亚（吾国即在亚细亚之东部），曰欧洲即欧罗巴，曰非洲即亚非利加，曰澳洲即澳大利亚，曰美洲即亚美利加是也。球体即为圆形，自有东西两面。亚细亚、欧罗巴、亚非利加、澳大利亚，均在地球之东半面。而亚美利加在西半面焉。五洲既分，又有海洋三，即太平洋、大西洋、印度洋是也。由欧赴美，必经大西洋。由美赴亚，必经太平洋。由亚赴欧，必经印度洋。地球最中之处为赤道。赤道者，正照太阳。太阳直线，垂于赤道，故赤道为最热。而南北之处，为南北极。南北极距太阳线甚远，其地最冷，恒结冰经年，故又曰南冰洋、北冰洋。此地球之大概也。而当十五世纪时，地理上之见解则如何。今分三节述之。

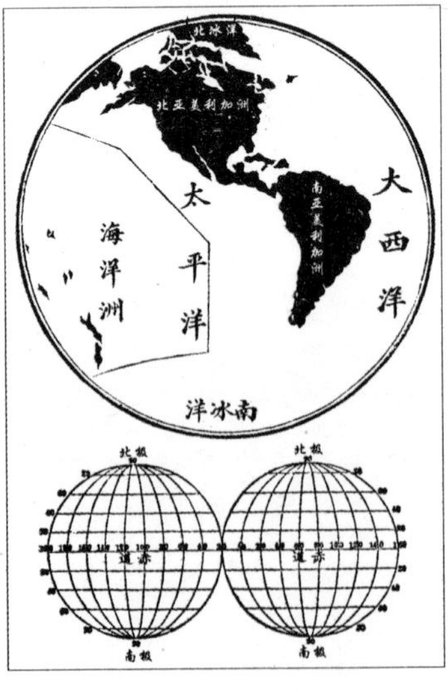

哥伦布的事业，与地理学有很大的关系。因此想要知道哥伦布的事业，不能不先弄清楚地理知识。

地球的形状，外表看起来浑圆，像个球一样。地球分为五个大洲，分别叫做亚洲，即亚细亚（我国就在亚细亚的东部）；欧洲，即欧罗巴；非洲，即非利加；澳洲，即澳大利亚；美洲，即亚美利加。球体既然是圆形的，就有东西两面。亚细亚、欧罗巴、亚非利加、澳大利亚，都在地球的东面，而亚美利加在地球的西面。五洲分开后，又形成了三个大洋，即太平洋、大西洋、印度洋。由欧洲到美洲，必须经过大西洋；由美洲到亚洲，必须经过太平洋；由亚洲到欧洲，必须经过印度洋。地球最中间的地方是赤道。赤道，是太阳直射的地方。太阳照射的光线，垂直于赤道，因此赤道是地球最热的地方。而南北两地，分别叫做南北两极。南北极距离太阳照射很远，最为寒冷，终年结冰，因此又叫做南冰洋、北冰洋。这就是地球的大致样貌。十五世纪的时候，地理上的见解是怎样的，现在分三节来叙述。

(一)当时一般人民之地理见解

人民思想未发达时，其思想材料，不外二种：一则遇不可解之事，辄归之于神怪；一则遇不可解之事，辄以日常所目见之事物，类推其情状，未尝深求其故，即妄断以为必不出其所料。此即号为学者，亦不免有此浅见，而笔之于书。古今中外皆如是也。

今请略述当时人民之地理见解如下：甲以地为不动说。彼以为天形如覆盂，地在其下。吾人处天之下，殆如人在室中，受屋瓦之覆，特其形有大小之异耳。故若语以地动之说，彼必震骇失措。以为地形若动，则彼之附着于地上者，必纷纷下坠。而江河湖海，亦必倾盆下泻矣。乙以地为神造说。原始人民，见不可解之事，辄以为是神所造者，且忌人泄其秘密。若有人欲泄其秘密，必加以刑罚。彼见赤道地渐热，辄以为由此前进，太阳直垂赫赫之光线，其地受日光之热，草木不生，海水殆如汤沸。至其地者，必不能生还。

又彼等在海洋遇风时，辄以为神怒；吾人欲发海洋之秘，故示以威。且又以为海洋者，其底必各有界限。若逾其界限，必遭危险。故其时人民航海，只肯航行于最近之海

（一）当时一般人的地理学见解

在人民思想不发达的时候，他们思想的来源不外乎两种：一是遇到不可解答的事情，就归于神怪；一是遇到不可解答的事物，就从日常生活中所看到的事物类推它的情状，没有深刻探究它的缘由，便妄自断论，认为一定不会超出他们所想。就是号称学者的人，不免也有这种浅显的见解，然后下笔写成书籍。古今中外都是这样啊。

现在就略述当时人民的地理学见解：一种是认为地球是不动的。他们认为天的形状像一个盆一样覆盖在上面，地在天的下面。我们人类处于天的下面，大概就像人在屋子里面一样，受到屋顶瓦的覆盖，只是他们的形状大小有区别罢了。因此那些认为地球在动的人，一定会惊慌失措。他们认为地球在动，那么那些附着在地上的东西，一定会纷纷往下坠落。而江河湖海，也一定会倾盆下泻。一种是认为地球是神灵创造的。原始人民，遇到不可解答的事情，就认为是神灵使然，而且忌讳人类泄露他的机密。如果有人想要泄露他的机密，一定会对他施加刑罚。那些发现赤道一带越来越热的人，就凭借这点认为，太阳炽热的光线垂直照耀下来，它下面的地球受到日光的热气，草木不得生长，海水也像沸腾的开水一样。至于地球上的人，一定不能生还。

那些在海上遇到大风的人，就认为是神灵发怒了；我们这些人想要发现海洋的机密，所以海洋向人类示威。人们又认为海洋底部是有界限的。如果超越界限，一定会遭遇危险。因此，当时的人们出海航行，只肯在最近的海岸航行，一说要远行，就都摇头岸，一言远征，则皆摇首吐舌不敢前。

以上所述，当时人民之见解，自今日观之，若甚可笑者。然凡人当智识未开时，见解皆不能无误。但使此等见解，若至今不破，则虽有百哥伦布，亦无如之何。然而天下真理，固皆有其发现之机会，不能终秘也。

（二）葡萄牙王显理之地理见解

凡事之成，不成于成之日，其机必有所由起。亚美利加之发现，事虽成于哥伦布，而机实始于显理。今请略述显理之事迹。

显理者，葡萄牙之亲王，生于十五世纪初。当十五世纪时，亚细亚东方商业甚发达。其商品输入欧洲者，必由印度经埃及。然道远税重，运费又昂。显理之意，欲更寻一直捷之航路，以求商务之便。故欲自葡萄牙南下，沿亚非利加西岸，至极南后，更折而东，以期达于东方之印度。当时反对显理之人极多，显理不顾。今按显理所为之事，有影响于哥伦布之事业者三。

——养成航海技术。显理兴航海学校，且设观测所，招集四方有名之士，研究航海学、天文学、地理学等，用自东方传来之罗盘针。因是其时之人，益练习于航海之术。即吐舌不敢前往。

综上所述，当时人们的见解，用今天的观点来看，是非常可笑的。然而凡是人类智慧没有开启的时候，见解都不可能是准确无误的。只要这些见解，如果至今都没有被打破，那么即使有一百个哥伦布这样的人，也无可奈何。然而天下的真理，应该都有被发现的机会，不能一直是秘密呀。

（二）葡萄牙王显理的地理见解

凡是事业的成就，都不是成就于成功的时候，它的机会一定有所缘由。亚美利加的发现，虽然是哥伦布的成就，但是它被发现的机会则是始于显理。现在请让我来简单叙述一下显理的事迹。

显理，是葡萄牙的亲王，出生于十五世纪初期。十五世纪的时候，亚细亚东部的商业十分发达。它的商品在输送到欧洲时，一定要从印度经由埃及。然而这样路途遥远，税收繁重，运费又高昂。显理于是想要寻找一条更为捷近的航线，以便商务运输往来。所以，他想要从葡萄牙往南，沿亚非利加的西岸，到达南极后，再折返向东，最后达到东边的印度。当时反对显理的人很多，显理没有顾忌退缩。现在来看显理所做的事，对哥伦布的事业产生的影响大致有这样三个方面：

一是培养了航海技术。显理兴办航海学校，并且设置了观测所，召集四方有名望的人才，研究航海学、天文学、地理学等，使用的是从东方传来的罗盘针。因此当时的人，对航海技术更是反复操练，即使遇到有风的日子、有海浪的夜晚，也敢大胆冒险，在遇有风之日、有波之夜，辄敢大胆冒险，纵横于海上。而哥伦布航海时从行之人，皆习于航海之术者，实显理之赐也。

——鼓吹航海者之机心。自显理奖励航海后，其所发现陆地不少，一时人心若渴，咸以发现陆地为壮快之事业。而所谓远适异国，昔人所悲之见解，因之全息矣。

——破当时之迷见。如千四百四十一年，发现布兰克岛。此岛前人皆以为其地气候酷热，草木不生。而发现后，乃与前人所言大异。其地土壤腴厚，草木繁盛。于是人心一变，咸以前人之说，为不尽可信，无泥古之病矣。

如上三者，皆显理之功也。世人但知哥伦布，而不知显理；但知哥伦布之发现大陆，而不知其原因实造于显理。吾辈读书，及观察天下之事物，皆须先考其原因，而后求其结果，不可但观其结果，而不明其原因也。故特论及之。

（三）哥伦布之地理见解

于此将述哥伦布之见解矣。哥伦布之见解，读者必以为真实无误，而孰知不然。天下事而皆可得真实无误之见解，斯亦已矣。然此必不可得者也。见解错误，仍沿而不知改，则天下之事何一可成？见解错误，而必欲俟其正当，而后见海上肆意航行。而哥伦布航海时跟从他的人，都是学过航海术的人，这真的是拜显理所赐啊！

二是鼓动了航海者的信心。自从显理奖赏航海以后，他发现了不少的陆地，一时间人人都迫切地希望出海航行，都以发现新大陆为雄伟的事业。而对于之前所说远去异国他乡，古人悲观的见解，也因显理而全部消灭了。

三是破解了当时社会上迷茫的观点。比如，1441年发现了布兰克岛。对于这个岛屿，以前人们都认为它气候酷热难耐，草木难以生长。但后来人们才发现，实际与前人所说的相差很大。这个地方土壤肥沃，草木茂盛。于是人们心中的想法变了，都认为以前人们的说法不可以完全相信，没有了拘泥于前人学说的弊病。

上述三点，都是显理的功劳。世人只知道有哥伦布，却不知道有显理；只知道是哥伦布发现了新大陆，却不知道他发现新大陆是因为显理的缘故。我们读书及观察天下事物，都应该先考究事物的原因，然后再谋求结果，不能只看结果而不明白其中的缘由。因此在这特别说明这一点。

（三）哥伦布的地理学见解

到这就要开始讲述哥伦布的见解了。哥伦布的见解，读者一定会认为是真实无误的，却不知道不是这样。天下事都可以得出真实无误的见解，这就罢了。然而这必定是不可取的。见解错误，仍然沿袭下来而不知道去改正，那么天下事哪个可以成功呢？见解错误，如果一定要想等到它改正，然后再实行，那么天下事哪个

诸实行，则天下之事亦何一可成？何也？见解之正当与否，一由吾之断定。吾虽断定其无误，而其真为无误与否，犹无从实验也。苟因其无从实验，而遂永无自信之事业，则社会知识，何从而进？虽然，创立之见解，皆未定者也。未定而欲见诸实行，必有许多之危险。苟以此危险者，委之他人，于吾心必有所不安。故吾欲验吾之见解，必与吾同抱此目的者，与之实行其事。成则天下受其福，不成则一身任其祸。大丈夫行事，不当如是磊落耶。

虽然哥伦布见解，非全误也。全误之原因，必无从得不误之结果。今于彼之见解，分别言之。

甲、其见解不误者。如以地为圆之说是也。地为球形，转动不已，其附于上者，以地心有吸力，故能黏着。此理至显。试以纸附唇上，吸之以气，能久着不坠。古代人不知此理，故无信地圆之说者。哥伦布独能信之不疑，故彼以为由西航行，必可达在东之亚细亚也。

可以成功呢？为什么呢？见解正确与否，一概由我自己来断定。我即使断定它无误，但它真的无误与否，又无从用实验来考证，如果因为它无从实验，而最后一直没有自己相信的事业，那么社会知识又如何进步呢？即使这样，自己创立的见解，都没有定论了。没有定论而想要实行它，一定会有许多失误的地方，如果把这些失误交给他人，对我来说必定会有所不安。因此我想要验证我的见解，一定会与和我抱有相同目的的人一起实行。如果成功，那么天下会得到它的福祉；失败，就一人来承担这祸患。大丈夫做事，不应当如此光明磊落吗？

即使如此，哥伦布的见解也并不全都是错误的。说他的见解全错，那么就无从得到没有错误的结果。如今对于他的见解，应该分开来看。

一、认为他的见解没有错误。比如他说的地球是圆的这一学说。地球是球形，时刻都在转动，不会停止。那些附着在它上面的东西，因为有地心引力，所以能黏着在上面。这个道理是很明显的。比如把一张纸附着在唇上，吸气，纸能久久地不下坠。古代人不懂得这个道理，因此不相信地球是圆的这一学说。哥伦布能确信不疑，因此他认为从西边出发开始航行，一定能够到达东边的亚细亚。

乙、其见解之误者。哥伦布之志，在于发现亚细亚，而无意中，乃得发现亚美利加。彼以为自西班牙航大西洋，至亚细亚，较之由红海东航过印度洋者为近。彼盖不知欧罗巴在亚细亚之西北，与亚细亚均在地球之东半面，而亚美利加乃在于西半球。自欧西行，欲达亚洲，中有美洲隔之也。因此之故，彼发现美洲后，尚误认为亚细亚。

如上所述，哥伦布之见解，不可谓完全。而彼乃本此不完全之见解，而成莫大之事业。可见，天下之事，重在实行矣。

哥伦布始终以美洲为印度，至其后有意大利人名亚美利加者，探险于南美沿岸各地，为详细之报告。于是乃以其人之名，名其地为亚美利加。此时新大陆之名称始定，同时又有克部拉尔者，自葡萄牙航行至东方印度，于是始知东印度之所在。

一千五百十九年，有马佳里者，自西班牙起程，环游世界一周，而地为球形之说乃得证明。然距哥伦布之没，已四十有余年矣。

【批评】

当举世顽迷咸不知地球为何物之时代，而哥伦布独能不为附和自辟见解。今人只知随俗浮沉，笃守故见。故其所

二、认为他的见解是错误的。哥伦布的目的，是想去寻找亚细亚，但是在无意中，却发现了亚美利加。他以为从西班牙出发，航行穿过大西洋到达亚细亚，这比从红海出发，向东航行经过印度洋更近。他不知道欧罗巴在亚细亚的西北方向，和亚细亚都在地球的东面，而亚美利加却是在西半球。从欧罗巴向西航行，中间隔了个美洲。因为这个原因，他发现美洲以后，仍然误认为那就是亚细亚。

综上所述，哥伦布的见解，又不能完全说是对的。而他凭借这个不完全正确的见解，成就了巨大的事业。可以见出，天下事的成功，重点在于实践。

哥伦布始终认为美洲就是印度，至于他之后有名叫亚美利加的意大利人到南美沿岸各地探险，写下详细的报告，从此才用那个人所取的名字，把这个地方称为亚美利加。这时新大陆的名称才被定下来，同时又有个叫克部拉尔的人，从葡萄牙航行到东方的印度，从此才知道有东印度的存在。

1519年有个叫马佳里的人从西班牙起程，环游世界一周，地球是圆形的这一学说才得到证明。然而此时距离哥伦布逝世，已经四十多年了。

【评论】

在那个全世界都迷惑而不知道地球是什么样子的时代，只有哥伦布能不附和别人的见解而提出了自己的观点。当今人们只知道随世俗的见解人云亦云，坚守陈旧的观点。因此他们所取得的成就，终无远大之望。

读古人之书，不可不信古，然亦不可不疑古。苟古人之言，均不之信，则小而立身，大而应世，皆无所依据，无所模范。故圣之训，不可不从也。然苟古人之言，一一信之泥之，而不肯自辟见解，以补古人所不及，则数千年以后之文化，必至与混沌草昧之时代相同，则又成何世界？故吾辈读书，既不可不信古人，而又不可不疑古人。但疑古与蔑古不同。蔑古者，举圣贤之大经大法而均不遵守之之谓也。疑古者，则将古人所作之事，所言之理，时时体认。若有见其不足之处，必须即其事而改良之，即其理而矫正之。如此，则不特一身之学问事业均有远大之望，而社会之所以进化亦赖之矣。

当哥伦布以前，地圆之说，无人确道。而哥伦布独能自辟见解，以地为圆，此哥伦布之善于疑古者。然当时二三学者，已有作为影响模糊之论，或有言某处有岛，某处有陆地。此等书籍，在守旧泥古者见之，方斥为怪诞。而哥伦布独能平心静气，按之道理，徐为体察，于是决信其说，不惮冒万险而见之实行，此又哥伦布之善于信古也。今人或不知时势，但泥古而仇新；或好趋风气，每喜新而厌故。其实自己皆无一定把握，一定见解。故两者皆足为害。呜呼！世必成就，终究不会远大。

读古人之书，不可不信他们，但是也不可不怀疑他们。如果古人之言，都不去相信，那么小到个人修身立业，大到管理社会事务，都会没有依据，没有典范可仿。因此圣人的教训，不可不遵从啊。然而如果一味地相信前人的言论甚至拘泥于他们的言论，又不肯自己树立自己的见解来补充前人的不足之处，那么数千年后的文化，一定会与混沌愚昧时代的相同了，那又会形成一个怎样的世界呢？因此我们这辈人读书，既不可以不相信前人的学说，又不可以不怀疑他们的学说。只是怀疑前人与蔑视前人不同罢了。蔑视前人的人，指的是那些知道圣人的经验、法度而不遵守的人。怀疑前人的人，则是对前人所做的事、所说的道理，时时加以体验确认。如果有发现其中的不足之处，一定会对它们加以改良，根据他们自己的理论依据来矫正前人的道理。这样，不仅学问、事业都有成功的希望，而社会之所以能进步也依赖于此了。

在哥伦布之前，没有人能确定地球是圆的。而哥伦布能提出自己的见解，认为地球是圆的，这就是哥伦布敢于怀疑古人的地方。然而当时的一些学者，已经有了一些对他有影响的言论，有的说某个地方有岛屿，某个地方有陆地。这些书籍，在守旧泥古的人看来，一定会说是非常荒诞的。而哥伦布又能平心静气，根据这些学说，慢慢考察，从此坚信他们的学说，不怕冒险而去通过实践去考证，这又是哥伦布善于相信古人的地方。今天的人要么不明白当前形势，只知道拘泥于前人的见解而仇视新的学说；要么就是喜欢一味跟从社会风气，喜新厌旧。其实自己都没有把握，有如哥伦布者，而后始足言求新世必有如哥伦布者，而后始足言好古也。

人类之初，其地理见解，奇异处甚多。不特西洋，即吾中国亦何尝不如是。如吾国古说，谓女娲氏炼石补天者，殆以天为石壁。又谓断鳌足以立四极，盖以天地之形。一如吾辈所居之屋，四方必有柱支之，若缺其一柱，则天必倾斜。故杞国之人，忧天崩坠。此虽或出于寓言，或出于神话，亦可见当时之一般心理矣。

没有形成自己的见解。因此，这两者都足以称得上是社会的危害。唉！世间一定有像哥伦布一样的人，然后才有像哥伦布一样追求新知识的人，然后才能说他们是喜好前人学说的人。

人类诞生初期，他们的地理学见解，有很多奇异的地方。不仅仅只是西方存在，就是我国又何尝不是这样。就比如说我国所说的女娲炼石补天，大概都认为天是石头做成的四壁。又说把鳖的四肢截断，来做成天的四极，大致形成了天地的形状。就好比是我们所居住的房屋一样，四角一定有柱子作为支撑，如果缺少了其中一根石柱，那么天一定会发生倾斜。因此担忧国家的人，都担心天会崩塌坠毁。这些说法虽然有的出自寓言故事，有的出自神话，但也可从中看出当时人们的普遍心理了。

第四章　英雄之遭遇

一、学业上之遭遇

古昔圣贤，所以列朋友于五伦之内者，盖以朋友者，智识可以相交换，道德可以相切磋，患难可以相救助也。古语曰："独学而无友，则孤陋而寡闻。"然则朋友者，岂可以势利相成乎？故孔子曰："无友不如己者。"又曰："益者三友，友直、友谅、友多闻，益矣。"由此观之，人焉可不慎于交友哉！

呜呼！吾观于哥伦布，乃知凡人学问之能成立，实惟朋友之是赖矣。哥伦布既游于葡萄牙，乃娶一葡女为妇，女名佛挨。佛挨，父老于航海，然早死。哥伦布既娶葡女，居于女家。佛挨母，见哥伦布好航海之学，乃以其夫航海之事，告哥伦布。又以其夫所作地图，及旅行日记示之，哥伦布学问因以大进。

托斯客者，法国人，富于学问，且精地理。哥伦布闻其名，遂与结交。有友名挨尔者，亦精航海之术，著书甚多。托氏悉举其日记，以赠哥伦布。而佛挨（即哥伦布妻）妹嫁于披托罗，披托罗亦著名之航海家，每告哥伦布海上必有新陆，西行可达也。

有人告哥伦布，于海中曾拾一木片。此片为非洲人雕

一、学业上的遭遇

古代的圣贤，之所以把朋友列入了五伦之内，是因为他们认为，朋友是智慧学识上可以相互交换、道德上可以相互切磋、患难时可以相互救助的人。古语说："一个人独自学习而没有朋友，那么多半会变得孤陋寡闻。"然而所谓的朋友，岂能是凭借权势和利益就能成就的呢？因此孔子说："不要交与自己志趣不同的朋友。"又说："有三种朋友多多益善，一种是为人耿直的朋友，一种是懂得体谅他人的朋友，一种是见多识广的朋友。"由此看来，人们交友怎么能不谨慎呢！

唉！我通过哥伦布的事迹，才知道凡是能成就学问的人，实在是对朋友有所依赖的啊！哥伦布游学于葡萄牙后，就娶了一个葡萄牙女为妻，名叫佛挨。佛挨的父亲是一个擅长航海的人，但是死得很早。哥伦布娶了葡萄牙女后，就居住在女方家里。佛挨的母亲看见哥伦布喜欢研究航海知识，就把丈夫航海的经验告诉给他，又把她丈夫所作的地图和旅行日记都给他，哥伦布的地理学问也因此有了很大长进。

托斯客，是法国人，学问深厚，并且精通地理学。哥伦布听说他的名声以后，就与他结交。托斯客有个名叫挨尔的朋友，也是个精通航海技术的人，著述很多。托斯客就把他手里挨尔所作的全部航海日记都赠给了哥伦布。而佛挨（哥伦布的妻子）的妹妹嫁给了披托罗，披托罗也是著名的航海家，他经常告诉哥伦布海上一定有新大陆，向西航行可以到达。

有人告诉哥伦布说，他曾经在海上捡到一块木片。这木片是刻之物，盖自西风吹来，西方必有未发现之陆矣。而当时又盛传有大树叶及大芦，时漂流于海岸。意其芦叶，皆来自印度也。

哥伦布既赖朋友之助，学业日进，又时时就航海人问以海上所见。每有所闻，咸记之于簿，备参考焉。

二、事业上之遭遇

哥伦布既居其妻佛挨家。久之，佛挨病死，哥伦布益困，负债甚多。债家索钱不得，夺哥伦布地图而去。盖哥伦布尝据古书，及朋友之言，参以航海家所亲见海上情况，制一最精地图，日夜按图研究学问，尝宝此图若宝其生命。今既为债家所夺，痛惜欲死。于是抱其子而逃，逃至西班牙，无所投宿。日暮矣，欲入旅馆，然无一钱，又无行李。旅馆主人以为丐也，拒之。于是哥伦布抱其子，立于一教会之门。教长吉安者，博学之君子也，且为西班牙女王所信任。吉安氏一见哥伦布，怜其无依，延之入宿。

哥伦布既入宿，因与吉安氏谈，知吉安氏富于学问，乃举平日所研究之地理学以告，且言欲自航海发现大陆。吉安非洲人的雕刻之物，大概是随着西风吹来的，所以在西方一定有没有被发现的大陆。并且当时社会上又盛传有大树叶和芦苇，经常漂流在海岸边。当时，大家以为这些树叶和芦苇，都是从印度漂过来的。

哥伦布靠着朋友的帮助，学业日益精进，又经常向航海人请教在海上的所见所闻。每次听到新的东西，他都记录在册子上，以备参考。

二、事业上的遭遇

哥伦布居住在他妻子佛挨的家里。后来，佛挨病死了，哥伦布的生活日益困窘，负债很多。债主向他索债无所收获，就夺了哥伦布的地图离开了。这是哥伦布曾经参考古书和朋友的言谈，并且参照航海家亲眼所见的海上的情况，制作出来的当时最精确的地图，他日日夜夜按照地图研究学问，曾经把这地图视若和他生命一样宝贵，现在竟然被债主夺去，心中痛惜得想要自尽。于是哥伦布抱着他的儿子逃走了，逃到了西班牙，却没有地方投诉。傍晚时分，想要进旅馆，但是却身无分文，也没有行李。旅馆主人以为他是一个乞丐，赶走了他。于是哥伦布又抱着儿子，站在一个教会的门口。教会长名叫吉安，是一个学识渊博、品德高尚的人，并且很受西班牙女王信任。吉安一见哥伦布，可怜他无依无靠，就把他请进教会让他留宿。

哥伦布住进去以后，通过与吉安的交谈，知道吉安是一个学识渊博的人，于是把自己平日对地理学的研究告诉了他，并且说想氏惊喜良久，因作书告西班牙候补教长弗挨尔，请其告女王，谓有哥伦布者，欲乞女王之助，与以金及船数只，将航海寻陆地也。

时西班牙适有兵事，女王伊沙卑，方日夜筹国计。而弗挨尔亦怪哥伦布此请，殆类疯痴，以为海上安有新陆地？彼哥伦布不过欲欺女王，图得金耳。乃置吉安之书，不告女王。

哥伦布在西班牙京，日夜望女王召己入见，久之，竟不得报。而西班牙教会，咸斥哥伦布之妄，以为地圆之说，非教经所言，哥伦布殆异端之邪说也。哥伦布既为教会所摈斥，不得一见女王，穷困益甚，衣履垢敝，面目憔悴。会西班牙兵事定，弗挨尔乘女王无事时，乃告女王，外间有哥伦布者，欲于海上寻陆地，彼盖以地为圆，国人斥之，彼终守其说不变。今穷困将行乞矣。女王闻之大惊异。弗挨尔乃呈教长吉安之书，于是女王召哥伦布入见。女王既见哥伦布，而奇其人。哥伦布在女王前，极地道圆之说可信，海上必有陆地。但求女王助彼，终能成功，报女王也。女王许之。然其时教会权力甚大，凡国家之事，必经教会会议，而后乃行。以故女王虽许哥伦布，犹必待教会议决。哥伦布待既久，贫益不支。

通过航海去发现新大陆。吉安感到非常惊喜，并且写信告诉了西班牙的候补教长弗埃尔，请他告诉女王，就说有个叫哥伦布的人，想要得到女王的帮助，赐予他资金和几艘船只，用于航海寻找陆地。

恰逢西班牙有战争，女王伊沙卑日夜为国筹划。而弗埃尔也认为哥伦布的这个请求有点奇怪，几近于疯狂，认为海上怎么可能有新的陆地呢？哥伦布不过是想要欺骗女王，骗得重金罢了。于是把吉安的书信放到一边，没有告知女王。

哥伦布在西班牙首都，日夜盼望女王召见他，等了很久都没有接到通报。而西班牙教会里的人，都斥责哥伦布的狂妄，认为他所提出的地圆学说，不是教会经书上所说的，哥伦布宣扬的不过是异端邪说罢了。哥伦布既被教会所摈斥，又不能进见女王，生活更加穷困潦倒了，衣不蔽体，面容憔悴。直到西班牙战事平息以后，弗埃尔乘女王闲暇无事的时候，才告知女王，外面有个叫哥伦布的人，想要去海上寻找新的陆地。他认为地球是圆的，大家都斥责他，但他仍然坚守自己的学说没有改变，现在生活穷得将要乞讨了。女王听后感到非常惊异。弗埃尔就把教长吉安给他的信呈给女王看，于是女王召哥伦布入见。女王见了哥伦布，对他感到非常好奇。哥伦布在女王跟前，极力说地球是圆的学说非常可信，海上一定有陆地。只要女王肯帮助他，最终一定能以成功来回报女王。女王答应了他。但是当时教会权利相当大，凡是国家大事，一定要经过教会会议讨论，然后才能施行。因此即使女王答应了哥伦布，也必须等教会决议。哥伦布又等了很久，更加穷困，入不敷乃又往求教长吉安，作书女王，催其速向教会提议。

哥伦布坚守宗旨，以为海上必有新陆。乃与西班牙政府约，苟得陆地，必以彼为新陆地之总督，且须以新陆地每岁所得之金分之。是时教会本不信哥伦布之言，咸谓政府若助哥伦布，彼苟不得地，则徒縻政府巨金；即得地，而哥伦布且将自为总督，岁收其所入，则西班牙政府何利焉？于是决议不许其请。

哥伦布在西班牙久，初欲求见女王而不得。既见女王，许其请矣，又待教会提议，教会久不议。终复藉教长吉安作书催之，提议矣，而卒不许。于是哥伦布辛苦十八年矣，竟不得达其志，乃命其弟往英国，请于英王。英王亦却之。哥伦布不得已，乃去法国。哥伦布既去，西班牙女王，自思以金钱故，而却豪杰之请，恐为他国笑也。急遣使者追之，使者追哥伦布返。于是女王与哥伦布订约，遣之航海。

【批评】

哥伦布之学问，得朋友之力甚多。苟当时不交托斯客，便不能得弗埃尔之日记；不交披托罗，便不能坚其西方陆地之想。可见交学问之友，受益正自不浅。孔子称孔文子出。于是他又前往教会求助于教长吉安，请他写信给女王，催促她尽快向教会提议。

哥伦布坚持他自己的宗旨，认为海上一定有新陆地。于是与西班牙政府约定，假如找到新陆地，一定要让他担任新陆地的总督，并且要把新陆地每年所得的收入分一部分给他。当时教会根本不相信哥伦布的言论，都说政府如果帮助哥伦布，如果最后没有发现新陆地，那么就是白白耗费了政府的大量资金；即使发现了新陆地，哥伦布将要自己担任总督，每年收入归他所有，那么西班牙政府又有什么好处？于是决定不答应他的请求。

哥伦布在西班牙待了很久，最初是想见女王而不得见。等见了女王，女王同意了他的请求，又要等待教会的提议，教会却久久没有提出讨论。最终还是通过教长吉安写信催促，才提出来商议的，但最终却没有批准。于是哥伦布辛苦了十八年，最后竟然不能实现他的志向，就让他的弟弟前往英国，向英国国王请求帮助。英国国王也拒绝了他。哥伦布不得已，就动身前往法国。哥伦布离开后，西班牙女王心中思量，如果因为金钱的缘故而拒绝了豪杰之士，恐怕会被他国耻笑。于是急忙派人前去追哥伦布，把哥伦布又带回了西班牙。于是女王和哥伦布订立协议，派他出海远航。

【评论】

哥伦布的学问，得到朋友的帮助实在很多。如果当时哥伦布没有结识托斯客，就不能得到弗埃尔的日记；不结识披托罗，就不能坚定西方有陆地的想法。由此可见，结交有学问的朋友，对自己来

"敏而好学，不耻下问"。观哥伦布好就航海者，问以海上之事，有闻必记，用备参考。此等航海者，大半皆下流不读书之人，而哥伦布独不耻于下问。今之少年，好轻视下等社会之人，故见闻终不能广。

妻死子幼，索债纷纷，宝贵之地图，卒为债家所夺，此一难堪也。由葡萄牙赴西班牙，途中不名一钱，投宿无所，徘徊于教会之门，二难堪也。幸得教长知己，且为作书，介绍于女王。想哥伦布此时，喜慰极矣。而孰知西班牙又有兵事，女王日筹国计，弗挨尔又搁教长之书，使不得达。同时复遭教会排斥，真有途穷日暮之境，三难堪也。幸兵事大定，女王召见，且许为之助力。此时哥伦布，方自谓成功八九矣。而孰知教会会议，率不之许？而其弟往说英王，又不成功，于是不得已而去法国，四难堪也。欲图大事，必经许多难堪。若非有大忍耐心，安能达其希望？

说定会收益不浅。孔子曾称赞孔文子“敏而好学，不耻下问”，看哥伦布喜欢接触航海之人，问他们海上事情，有新的见闻就一定把它记录下来，以备参考。这些航海者，大多数都是社会下层没有读书的人，而哥伦布却能不耻下问。现在的青年人，喜欢轻视社会下等人民，因此他们的见识始终不能增长。

妻子逝世，儿子幼小，债主索债，宝贵的地图被债主夺去，这是他的第一重尴尬。从葡萄牙到西班牙，途中身无分文，无处投宿，在教会门口流连，这是他的第二重尴尬。幸好遇到教长这个知己，并且为他写信，把他介绍给女王。想必哥伦布这时一定是高兴极了。可谁知道西班牙又遇到战争，女王日益筹划战事，弗埃尔又把教长的书信搁置了下来，没能使它及时送到女王手里。同时又遭到教会的排斥，真是到了穷途日暮的境地，这是他的第三重尴尬。幸亏战争平定后，女王召见他，并且答应会帮助他。这时的哥伦布可以说是成功了百分之八九十。但谁又知道教会会议又不允许帮助他呢？他的弟弟前往英国游说英国女王，也没有成功。于是不得已前往法国。这是他的第四重尴尬。想要做成大事，一定会遭遇很多尴尬的境地。如果没有强大的忍耐力，又怎能实现自己的希望呢？

第五章 第一航海

女王伊沙卑，既与哥伦布订约，乃与以大船三艘、小船三艘，同行百二十人。自拍罗斯港出发，时千四百九十二年八月也。当时西班牙人，咸以此去必无还期，泣送行者，如送丧焉。而百二十人，亦以此行若赴大敌，徒葬鱼腹，供彼迷信家哥伦布及女王之牺牲而已。独哥伦布欣然就道。

船既行，哥伦布恐同行者惊惧，日以好语慰之，且曰："君等若以此行为冒险，而觅不可知之大陆，自吾视之若归故乡也。"船行数日，转而西向，海水汪洋，一望无际。船众大恐，以为即行百年，恐尚不能见陆影，咸责哥伦布妄而欺己，谋杀之。

哥伦布虑船众谋叛，于是日着提督军服，巡行船中明示以威严，而又暗结以恩信。船众畏惮，不敢露反形。又行数日，哥伦布告船众曰："大陆不久当见矣！其地且多金银，汝等取之，富不可言。"哥伦布虽以此语告船众，然已实不知大陆在何所也。海行既久，时见礁石上多树木，禽鸟栖于其女王伊沙卑在与哥伦布订立约定后，就给了哥伦布三艘大船、三艘小船，以及一百二十个同行者。他们从拍罗斯港出发，当时是1492年8月。当时的西班牙人都认为他们此次前去一定不会有归还的日期，都哭泣着为他们送行，就像送丧一样。那一百二十人也把此次航行视为奔赴战场，只是白白去葬身鱼腹，为迷信的哥伦布和女王牺牲罢了。只有哥伦布一人很高兴地上路了。

船出发后，哥伦布担心同行的人害怕，便每天都用好听的话宽慰他们，并且说："你们把这次航行看作冒险，要去寻找没人知道的陆地，在我看来就像回归故乡一样。"船行了几日，转向西边，海水汪洋，一望无际。船上的人都感到非常恐惧，认为就算走几百年，可能也不会见到陆地的影子，都责怪哥伦布狂妄，而且欺骗了他们，打算杀掉哥伦布。

哥伦布担心船上众人谋反叛逆，于是每天都穿着提督的军服，在船上巡查以示威严，又暗中用恩惠和信义结交亲信。船上众人有所畏惧，不敢露出反叛的形迹。又行进了几天，哥伦布告诉船上众人说："不久就一定能看见大陆了！陆地上有很多金银财宝，大家尽管拿去，富裕的程度不能用言语来形容啊。"即使哥伦布把这些话告诉给了船上众人，实际上他也不知道大陆到底在何处。

上，众谓此殆有陆地之兆，心稍喜慰。已而又望见海尽处，隐隐有蓝色，众大哗噪，以为陆也。努力向前视之，乃为云片。如是者数次，众益失望。

海风自东吹来，逐船益急。船众以陆地终不可见，告哥伦布，乞其转航而归。咸谓："我等弃父母妻子，从提督来者，冀发现陆地也。今陆地既不可得，海波汪洋，数千万里，未有所止。风逐船飞，终丧生命。夫杀敌而死者，为国家也；冒险而死者，殉希望也。今以孤舟飘于怒涛巨浪之间，以百二十人供鱼虾之一饱，其事与冒险杀敌者不同。朋友亲戚，且将笑吾愚而见欺于人，其不名誉为已极矣！愿提督怜我，且我等航行数十日，已为提督尽义备矣。陆地不见，罪不在我。我百二十人，终不能从提督之空想，而牺牲其生命也。"

哥伦布乃语之曰："予来，奉女王之命而来也。女王以我为提督，命我寻陆地。今若半途而归，徒糜国家巨金，事又无成，女王必咎我，而叩其故。苟知返国之意，出于君等，则女王必怒君等之叛命，而罪此百二十人。夫为罪而死，与冒险而死，孰愈？此不待智者而知。况冒险未必尽死，倘一船行了很久，偶尔看见礁石上长了很多树木，禽鸟栖息在上面，众人都说这好像是有陆地的征兆了，心里稍微有点宽慰。不久又看见海水尽头，隐隐约约有蓝色出现，众人大声喧哗鼓噪起来，认为那就是陆地了。于是努力向前航行，一看才发现原来只不过是云朵罢了。这样重复了好几次，众人就更加失望了。

海风从东边吹来，追赶着船，让船行驶得更急了。船上众人都认为陆地最终应该是见不到了，因此告诉哥伦布，希望他能掉转航向回国去。他们都说："我们众人抛下父母妻子，跟从提督前来，是希望能发现新陆地。现在陆地既然找不到，海水汪洋千万里，没有尽头。风吹着船飞一般前行，最终一定会丢失性命的。那些杀敌而死的人，是为国家而死；冒险而死的人，是为希望而死。现在我们凭借一艘孤舟飘荡在波涛巨浪之间，一百二十人供给鱼虾饱餐一顿，这种死法与冒险而死、杀敌而死是不同的。朋友亲戚都会笑话我们愚蠢，我们也会被大家看不起，我们的名望声誉就差到了极点了呀！希望提督能怜悯我们，况且我们航行了几十天，已经为提督尽义务了呀！陆地找不到，罪责不在我们身上。我们一百二十人，最终也不能为了遵从提督的空想，而牺牲我们的性命呀！"

哥伦布就对他们说："我之所以前来，是奉了女王的命令。女王任命我担任提督，命令我寻找陆地。现在如果半途而归，只是白白浪费国家资金，事情又没办成，女王一定会怪罪于我，因而询问我返回的原因。如果女王知道返回的原因是因为你们，那么女王一定会因为你们违背命令而发怒，从而惩罚你们。被惩罚处死和冒险而死想比，哪一种死法更好呢？这是没有智慧之人也可以知道答案旦得见陆地，则取其金银而归，岂非宝贵而又荣誉哉？”众闻哥伦布言，颇有理，自思悔亦不及，不如且进。于是各服其职务，而哥伦布复时时以言语镇定之。

一、希望之迁延

哥伦布所坐船，名山茶。第二船，名宾他，船长亚伦领之。第三船，名尼那，其船长名耶勒。

行数日，宾他船众忽哗，咸呼有陆有陆。于是六船之人皆大喜，跪谢上帝，今成功矣。行既近，见前面乃为云层，现于地平线上，非陆也。众复失望，悲叹不止。某日尼那船，又群呼前面有陆地。船人渴望陆地已久，一闻有陆，不暇审视，即欣喜若狂，至树旗发枪，以表欢祝之意。及近而视之，又为云也，众复失望，咸谓提督误我。

哥伦布以航行既久，竟不见有陆地，亦窃窃自忧，且虑无以慰船众。乃立于甲板旁，夜视海水，忽见有芦根带土，流近船侧，果实之树，随波飘来。又见有木板浮于水面，板上多斧痕。又见有杖一枝，杖头施雕刻，哥伦布大喜，急捞起，遍示船众，谓此去陆地必不远，不然芦根之土，果实的啊！更何况冒险也未必就一定是死，倘若一旦找到陆地，那么就能把那里的金银财宝带回去，那岂不是既得到了宝贵的财富又得到了荣誉吗？”众人听了哥伦布的话，觉得很有道理，自己思量觉得后悔也来不及了，不如就继续前进吧。从此以后各人各自做好自己分内的事，哥伦布也经常用言语来宽慰他们，使他们情绪安定。

一、希望的迁延

哥伦布所坐的船，名叫山茶。第二条船，名叫宾他，由船长亚伦率领。第三条船，名叫尼那，船长名叫耶勒。

船走了几天，宾他船上的众人忽然喧哗了起来，都直呼有陆地有陆地。于是六只船上的人都非常高兴，跪下感谢上帝，现在成功了。等船走近以后，才看见前面是云层，浮现在地平线上，而并非陆地。众人又很失望，悲叹不已。有一天尼那船上的众人又呼叫说前面有陆地。船上的人们渴望陆地已经很久了，一听见说有陆地，没有时间仔细查看，就欣喜若狂，把旗帜树起，来表示欢喜庆祝。等走近了一看，原来又是云，众人又失望了，都说是提督误导了我们。

哥伦布因为航行已经很长时间了，始终不见有陆地，也暗中担心不已，并且还担心没有办法继续安慰船上众人。于是站在甲板旁边，在夜晚远眺海水。忽然发现有沾了土的芦苇漂流到了船的近旁，生长果实的树木也随波飘来。又看见有木板浮在水面上，木板上有很多斧子的痕迹。还看见有一支木杖，木杖的一头有雕刻。哥伦布十分欣喜，赶紧把它们捞起来，把它们给船上的之树，何由而来？更语船众曰，前面不止有陆地，且亦有人居之。板上之斧痕，杖头之雕刻，非人工而何？于是众心大慰，人人鼓勇前进。十月十二夜，船行海中，山茶船众咸立甲板上远望，忽见前面一片陆影，且隐隐见有灯火明灭其间。间其五船，亦谓皆望见之。于是船益进行。天将明，宾他船忽发一炮，报告各船，各船人人趋甲板上视之，果见陆地。于是新大陆终乃发现。

二、新世界

既近陆，船众人人称提督之功，且谢前日无礼举动。于是哥伦布与船众均上陆地，见其地风景绝佳，近海一带，皆植树木，青翠可爱。岸上土人，见有船至，皆大惊，以为神降也。又见船上悬旗，临风而飘，以为殆类鸟翼，此船当自天外飞来也。然土人性极朴实有情，而又柔顺，皮肤如铜，作赤黑色，垂发及肩，状甚活泼，如小儿焉。

哥伦布登陆

人看了个遍，说这个地方离陆地肯定不远了，不然沾了泥土的芦苇、生长果实的树木从何而来呢？又对船上众人说，前面不只有陆地，而且也有人居住。木板上的斧子的痕迹，木杖头上的雕刻，不是人力所为是什么呢？于是众人这才心安了，人人都鼓足勇气向前进。十月十二晚上，船航行在海上，山茶船上的众人都站在甲板上远望，忽然看见前面有一片陆地的影子，并且隐隐约约看见中间有灯火一会儿明亮一会儿又熄灭。其他的五只船，也说都看见了。于是船以更快的速度驶向前去。天快亮的时候，宾他船忽然打响一炮，报告各船，各船上的人都赶紧跑到甲板上看，果然看见了陆地。于是新大陆终于被发现了。

二、新世界

等靠近陆地，船上众人都称赞是提督的功劳，并且为前些日子的无礼举动向哥伦布请罪。然后哥伦布与船上众人都登上了陆地，看见那个地方风景优美，靠近海岸一带都种植了树木，青翠欲滴，惹人喜爱。岸上的土著居民看见有船到了，都大吃一惊，认为是神灵降临。又看见船上悬挂的旗帜迎风飘舞，以为大概是鸟的翅膀，这船应该是从天外飞来的。土著人生性朴实热情，性格柔顺，皮肤像铜一般，呈红黑色，长发及肩，看上去非常活泼，像小孩子一样。

美洲土人

哥伦布与同行诸人，捧十字架及国旗，移步登陆，插十字架国旗于海岸砂上，跪而礼拜，谢上帝。此时哥伦布着提督服，貌甚威严，船众敬服，环跪其侧，自悔前罪，并誓此后当尽忠诚于提督。哥伦布亦恕其罪，乃名其地为沙尔巴托尔。沙尔巴托尔者，救世主之谓。西人迷信宗教，以得陆地归功于救世主，故名。土人言，此地本名为古亚那哈尼。哥伦布以为此地在东印度之极端，乃名其海岸西印度，且称其人为印度人。其后美洲虽定名，而西印度之名犹不改也。土人颇无智识，不知黄金之贵，即铜铁之物，亦不知为用。见西人之刀，大奇之，执以为戏，人人受伤。又见西人所待玻璃，及染色绢布等，大喜，然不知其价值，恒以黄金换之。西人见土人多金，其耳鼻腰踵，皆以金为饰，因问以金之产处，土人以手指南。于是船众争欲得金，乃更开船南向，寻金地。

哥伦布与同行的数人，手捧十字架和国旗，登上陆地，把十字架和国旗插在海岸边的砂石上，跪下行礼，感谢上帝。这时哥伦布穿着提督的服装，样貌非常威严，船上众人都尊敬服从他，围着他身边跪下，为之前自己的罪行忏悔，并且发誓从此以后一定对提督竭尽忠诚。哥伦布也宽恕了他们的罪行，然后把这个地方命名为沙尔巴托尔。沙尔巴托尔，是救世主的称呼。西方人迷信宗教，认为找到陆地应当归功于救世主，因此给它起了这个名字。土著人说，这个地方本来名叫古亚那哈尼。哥伦布认为这个地方在东印度的极端，就把它的海岸取名为西印度，并且称那里的人为印度人。后来美洲虽然改定了自己的名字，但西印度的名称仍然没有改。土著人没有多少智慧和见识，不知道黄金到底有多贵重，就算是铜铁等东西，也不知道怎么用。他们看见西方人的佩刀，都感到很稀奇，拿起来戏耍，结果大家都因此而受伤。又看见西方人所用的玻璃以及染了颜色的绢布等等，都很喜欢，但是却不知道它们的价值，就用黄金来和他们交换。西方人见土著人有很多黄金，他们的耳鼻腰脚都戴了黄金做的饰品，就问他们黄金的出产地，土著人用手指向南边。于是船上众人都想要得到黄金，便把船向南方开去，寻找黄金的产地。

三、欹优巴之发现

美洲土人风俗

自此南进，海中见有小岛甚多。每见一岛，皆泊船上陆求食物。问其岛人，黄金产处，皆言远在南方。十月二十七日，船至一岛，其岛名欹优巴，风景绝丽。其土人胆尤怯，见西人来，皆走匿避之。西人赠以物品，以安其心。与之言语，不通晓，乃以手足指画示意。更问土人金产何地，惟指东。乃向东行，至仙托托岛。哥伦布名其岛曰小西班牙。

是时宾他船长亚伦，欲夺哥伦布之功，乃暗自驾船归西班牙，欲先以此信报告政府，冀独占名誉与赏金也。

欹优巴土人，美容貌，性温和，待人极诚恳，言语举动，无有欺饰。其地产物甚多，居处无墙垣之隔，不盗不争，亦不设官长法律，而诸事皆治。世界乐土，此为第一。

一日，哥伦布方睡，命舵工驶船，误触礁石。船众急移船泊于海岸，各乘小舟逃上尼那船。哥伦布醒，知船已漏，乃自浮一木筏，登岸。土人性正直仁慈，见哥伦布船破，怜

三、欹优巴的发现

从这个地方向南前进，海中有很多小岛。每看见一座岛屿，他们都把船停下登陆去寻求食物。向岛上的人询问黄金的产地，都说远在南方。十月二十七日，船到了一座小岛，它的名字叫做欹优巴，风景异常美丽。岛上的土著人特别胆小，看见西方人来，都赶紧逃走躲避他们。西方人赠与他们物品，以使他们安心。跟他们说话，语言又不通，就用手脚指着图画表示意思。又问土著人黄金产于何处，都指向东边。于是众人又向东航行，到了仙托托岛。哥伦布把这个岛取名叫做小西班牙。

这时宾他船的船长亚伦，想要夺取哥伦布的功劳，就私自驾驶航船回到西班牙，想要先把这个消息报告给政府，希望独自享有这些名誉和赏金。

欹优巴人容貌美丽，性格温和，对人十分诚恳，言语举动没有任何欺瞒。这个地方物产丰富，住所也没有墙壁作为阻隔，没有盗窃没有纷争，也没有设长官和法律，但事事都治理得很好。世界乐土，这里可以说是第一了。

一天，哥伦布刚刚睡着，让舵手驾船，误触了礁石。船上众人赶紧把船停在岸边，然后各自乘小船到了尼那船上。哥伦布醒来，才知道船已经漏水了，就自己抱着一块浮木，漂到了岸上。土著人生性正直仁慈，看见哥伦布的船漏了，可怜他的不幸遭遇，甚至有其不幸，至有流泪者，乃助哥伦布，运其船上物品于陆。土人有一首长名那贾里，见哥伦布遭难，乃与一地，使居之，以避风雨。西人所有物品货宝，置于岸上，无一人盗者。

那贾里告哥伦布，此岛内地，产金甚多。哥伦布思今既得地，不如且归欧洲。乃请于那贾里，以破船材料，建一砦于此。那贾里许之。砦成，名曰那比打特托，留四十人居之。哥伦布属此四十人，当与土人亲密，不可任意虐待，致土人畏我怒我，则产金之处，终不可得，而生命且不保矣。因置枪炮及军械于砦上，又多备欧洲杂物，使其时时与土人交换食品。千四百九十三年一月四日，哥伦布乘尼那船归欧洲，中途与宾他船相遇。问其何故不告而去，亚伦言，因遇风漂流至此，非敢背提督先归也。哥伦布明智亚伦欲夺己功，亦不之罪。

四、航欧

于是哥伦布乃与亚伦同行，中途忽遇大风浪，船樯尽折，船众大恐。哥伦布亦深忧之，自思归路尚远，苟风犹不止，船必沉没，则发现大陆之报，终不得达于欧洲，海洋将仍旧守其秘密矣。乃以纸记其新世界发现之事，置于玻璃的人为此流泪。于是帮助哥伦布把船上的东西都运到陆地上。土著人的首长那贾里，见哥伦布遭到了难处，就给了他一个地方，让他住在那里，以躲避风雨。西方人所有的物品珍宝，都放在岸上，没有一人去偷盗。

那贾里告诉哥伦布说，这个岛上的土地盛产黄金。哥伦布想如今既然已经找到黄金的产地，不如先且回到欧洲。于是哥伦布请求那贾里，用破船作为材料，在这个地方建一座寨子。那贾里答应了他。寨子建成以后，取名叫做那比打特托，留下四十个人居住在这里。哥伦布嘱咐这四十个人，要与当地的土著人亲近，不能够任意虐待他们，致使土著人惧怕他们、恼怒他们，否则黄金的产地最终还是找不到，并且有可能性命不保。又把枪炮和武器放在寨子里，准备了很多欧洲的物品，使他们能经常有东西拿来与土著人交换食物。1493年1月4日，哥伦布乘坐尼那船回到欧洲，中途与宾他船相遇。问他们为什么不告而别，亚伦说是因为遇到狂风吹袭才漂流到这个地方的，不敢背着提督先行回西班牙。哥伦布明白亚伦是想要争夺自己的功劳，也没有怪罪他。

四、返航欧洲

于是哥伦布就与亚伦同行，中途突然遇见大风浪，船的桅杆都被吹断了，船上众人非常恐慌。哥伦布也很担心，自己思量着回去的路途还很远，假如狂风仍然不停止的话，船一定会沉没，那么发现新大陆的信息最后仍然不能传到欧洲，海洋仍然会一直保守它的秘密。于是哥伦布就把发现新大陆的事迹写在纸上，然后把纸瓶中，封闭瓶口，投于海面，以为船即沉没，此瓶倘能漂至欧境，必有人拾见，而知吾之事业矣。其后数百年，此瓶终随海潮达于欧境云。

其时海风益大，尼那船危在顷刻，船众咸谓因哥伦布发现海洋秘密，故触神怒，必投哥伦布于海，风浪乃可定也。然众见哥伦布之尊严，又不敢加害。哥伦布力驾其船，驶泊葡萄牙海岸。三月十三日，船至拍罗斯港。此港即前航海时出发地也，前日送行之人，感谓船众必死，皆悲送之。今闻其归，皆来欢迎。而尼那船，迟数日始到。船长亚伦归西班牙，不数日病死。西班牙女王伊沙卑，闻哥伦布归，甚喜，召之入见，且赐之坐。问新世界事，哥伦布乃呈新世界所得之菓实植物于女王，并献纯金之冠，及金饰各物。女王赞美不置。而国中亦人人道其功绩，赞不绝口。从前教会反对哥伦布，及笑骂哥伦布者，至此亦尽变其说，随众喝采拍手矣。

【批评】

观其自拍罗斯港出发后，船众中途谋叛，何等危险！误认云片为陆地，近而观之，又非真陆，如是者数次，何等失望！然危险而卒能冒险，失望而终能忍耐，此等坚强不拔之条装在玻璃瓶中，封闭瓶口，再把瓶子扔到海里，就算船沉没了，假使瓶子能够飘到欧洲境内，一定会有人捡起来看，然后就知道他的事业了。数百年后，这个瓶子终于随着海浪飘到了欧洲境内。

当时海风很大，尼那船危在旦夕，船上众人都说是因为哥伦布发现了海洋的秘密，惹恼了神灵，只要把哥伦布投到海里，风浪就会平息下来了。但是众人因为哥伦布的威严，又不敢加害于他。哥伦布奋力驾驶他的船只，漂泊到了葡萄牙岸边。3月13日，船只到了拍罗斯港。这个港口就是之前哥伦布航海的出发地，之前为他们送行的人都认为船上众人一定会死，都很悲痛地为他们送行。现在听说他们回来了，都前来欢迎。而尼那船迟了很多天都没到。船长亚伦回到西班牙，没有多久就病死了。西班牙女王伊沙卑，听说哥伦布回来了，很是高兴，召见了哥伦布，并且给他赐座。女王问哥伦布新大陆的事物，哥伦布就把他带回来的果实植物都呈上给女王看，并且献给女王一顶纯金的皇冠和各种金银首饰。女王赞美不已。而西班牙人也人人称赞哥伦布的功绩，对他是赞不绝口。之前教会中反对哥伦布和嘲笑谩骂哥伦布的人，这时候也都改变了态度，跟随众人拍手喝彩。

【评论】

自从哥伦布从拍罗斯港出发以后，船上众人中途想谋反叛变，这是何等危险！途中误把云彩当作是陆地，走近了发现并不是真正的陆地，如此反复，何等的失望！然而哥伦布面对危险最终敢志，真非凡人所能。美洲土人，以满腔忠诚，欢待西人，而不知西人后此卒亡其国，灭其种。吾人若不求学问，不知爱国，将来亦不免为美洲土人。现在到处开租界，西人反客为主，役使虐待吾国人如牛马奴隶，已有美洲土人之兆矣。可不寒心，可不急急猛省。

当大陆未发见时，船众以哥伦布欺己，谋杀之而归。及既见陆地，乃惊服哥伦布，自悔前罪。然则以一豪杰而与众庸人谋事，宜其有此。今人未必都无见解，都不想做事。一遇庸俗反对，便尔灰心，或生怨恨。其见识出哥伦布下矣。船众既悔前罪，自誓忠诚。而当船触礁时，乃竟不告哥伦布，自乘小舟，逃上尼那，其心肝何等凶险！回航遭风，又妄谓哥伦布发海洋之秘，致触神怒，欲投之于海。可见无智识人，便无道德。此等人真是可恨可笑！亚伦欲夺哥伦布之功，暗自解缆先归。岂知半路遭风，归国反后于哥伦布，弄巧反拙，不数日而死。可见凡人做事，都要凭着良心，苟背天良终无便宜可占。

第一航海，自拍罗斯港出发，当时送行者，以为无生还于冒险，面对失望而最终能够有所忍耐，这种坚忍不拔的意志，真不是凡人所能做到的。美洲的土著人，用满腔热忱款待西方人，而不知道西方人最后使得他们的国家灭亡，种族消灭。我们这些人如果不求学问，不懂得爱国，将来也难免像美洲土著人一样。现在国家到处开设了租界，西方人反客为主，像奴役牛马一样奴役、虐待我国百姓，我们已经有了美洲土著人的征兆了。能不让人感到寒心吗？能不让人猛然醒悟吗？

当新大陆没被发现的时候，船上众人认为哥伦布欺骗了他们，谋划着把哥伦布杀了然后回国。等到发现了陆地，他们又惊叹佩服哥伦布，自为之前的罪行忏悔。然而一个英雄豪杰与一些庸人共同谋事，肯定会碰上这等遭遇。现在的人们未必都没有自己的见解，未必都不想做点实事。但他们一遇到庸俗之人的反对，就灰心丧气，或者对他们心生怨恨。他们的见识远在哥伦布之下啊！船上众人在为之前的罪行自我忏悔以后，发誓会对哥伦布竭尽忠诚。然而，当船触礁的时候，他们竟然不告知哥伦布，而是自己乘坐小船，逃到了尼那船上，他们的用心是何等的凶恶！在回去的途中遇到强风，他们又说是因为哥伦布发现海洋的秘密触怒了神灵，想要把他扔到海里。由此可见，没有智慧学识的人，也没有道德可言。这些人真是可笑又可恨！亚伦想要夺取哥伦布的功劳，私自解开缆绳先行回国。哪里料到半路遭遇大风，归国时间反而在哥伦布的后面，弄巧成拙，没多久便死了。可见凡是做事，都要凭借良心去做，假若违背天良，最终一定没有便宜可占。

第一次航海，哥伦布从拍罗斯港出发，当时为他送行的人都之望，皆悲送之。及其归时也，又来欢迎，一悲送，一欢迎，都无价值。庸人无识，一发可笑！

认为他没有生还的希望，都很伤心地为他送行。等到他归来之时，又前来欢迎。一悲痛相送，一欢喜相迎，都没有价值可言。庸人没有学识，真是可笑！

第六章　第二航海

千四百九十三年，哥伦布复为第二航海。西班牙人闻新大陆多黄金，人人愿往，从行者盖数百人。哥伦布以佛奥勒为新大陆副总督，与之偕行，率大船十七艘，于九月二十八日，再由西班牙出发。天气清明，波平如镜，海风逐船而西。船众人人踊跃，服其职务，不似初航时疑惧也。哥伦布思更觅新地，乃变其针路，指南而驶。十二月二日，船至一岛。欲上岸探视，忽见有无数岛民，狞恶若鬼，意欲噬人。众大惊，乃退归船，仍向古亚那哈尼（即第一航海所得地）进发。既近岸，发报知炮。少顷，岛中无应声。同行者怪之，乃上陆。见寨全坏（即前次以破船材料建砦于此处者），大炮半埋土中，砦旁皆白骨，盖即前次守砦四十人之尸也。土人见哥伦布又至，皆走避。哥伦布急访其首长，问其何故无礼。首长乃述，自船去后，此四十人日肆残虐，屠杀土人，掠夺其妻子财产。土人苦其暴状，故杀此四十人报仇，并坏此砦。

哥伦布以四十人之遭害，咎由自取，置之不问，乃就其地建屋筑墙，植树木，治道路，为殖民地之基础（殖民地者，谓得一新地，移其国民增殖于此也）。是时同行数百

1493年，哥伦布开始了他的第二次航行。西班牙人听说新大陆有很多黄金，大家都愿前往，跟随他前往的有几百人。哥伦布命佛奥勒为新大陆的副总督，与他一同前往，率领十七艘大船于9月28日再次由西班牙出发。这天天气晴朗，海面平静，海风把船往西吹去。船上的人都很踊跃，各司其职，没有了第一次航行时的疑虑和恐惧。哥伦布想寻找新的大陆，因此改变了航行线路，向南行驶。12月2日，船到了一座岛上。船上的人想上岸查探情况，忽然发现有无数岛上的民众，面目狰狞，像魔鬼一般，想要吃人的样子。众人大惊，都退回了船内，仍旧向古亚那哈尼（也就是第一次航海所到的地方）前进。即将到岸时，他们发出了信号弹。过了一会儿，岛上却没有回应的声音。同行的人都感到很奇怪，于是上陆，只见寨子（就是第一次航行用破船作为材料在这建的寨子）已经完全被毁坏了，大炮一半被埋在土里，寨子旁边都是白骨，大概是上次到这里守着寨子的那四十个人的尸体。土著人见哥伦布又来了，都走开逃避他。哥伦布赶紧前往询问当地的首长，问是什么原因导致这里的人变得这样无礼。首长才告诉他们，自从哥伦布的船离开以后，这四十个人日益残暴肆虐，屠杀土著居民，掠夺他们的妻子和财产。土著人为他们的暴虐行为感到非常痛苦，因此杀了这四十个人来报仇，并且毁坏了这座寨子。

哥伦布认为那四十个人被杀害，纯粹是咎由自取，因此对他们的尸骨置之不理，然后就在原来的地方兴建房屋，筑起高墙，种植树木，整理道路，作为殖民地（殖民地，就是找到一个新的地方，把本国的居民迁徙到这个地方来）的根据地。当时同行的几人，急欲得金，日叩土人黄金产处，土人但以手南指。于是哥伦布以其弟为古亚那哈尼副总督，留守其地，自率各船，向南航行。船行至歆优巴岛之西，又见有一大岛，其地风景亦佳。岛民勇而善战，船众索金不得，颇有怨声。适哥伦布病，不能进航，乃暂归歆优巴岛。哥伦布病极危笃，而殖民复屡起纷扰，盖彼等之意，只在于得金。及至新陆地数月，卒不知黄金产于何所，而哥伦布又日夜与工事，为长久之计。于是殖民大失望，咸谓总督（此时哥伦布已为新陆地之总督，故不称提督，称总督也）欺我。诉于国中，佛奥勒（即哥伦布举之为新陆地副总督之人）亦疑哥伦布侵彼权限，心甚不平。哥伦布以众心不服，恐女王疑己，不得已乃归西班牙，欲自诉于女王，以明其无他。船既归西班牙，人咸谓总督必载多金而返。及见哥伦布上陆，依然无金，于是大愤，皆欲杀哥伦布，以图报仇。

哥伦布乃自见伊沙卑女王，陈其布置新陆之状。女王甚喜，以谤者为不足信，欲命哥伦布再行。因与殖民约，令不得虐待土人，凡事当从总督之命。然殖民只图得黄金，见土人力弱，咸思掠夺其财产，朝廷之令，不能行于新陆。故政府恐哥伦布终不能治，乃迁延其期，不令再往。且是时西班百人都想要得到黄金，每天问土著人黄金的出产地，土著人只是用手往南指。于是哥伦布就让他的弟弟担任古亚那哈尼的副总督，留下来守护这个地方，亲自率领船队，向南航行。船航行到歆优巴岛，又看见有一个大的岛屿。那个地方风景也很优美，岛上居民勇敢善战。船上众人向他们索要黄金而没有实现，很多人都有所抱怨。恰逢哥伦布生病了，不能继续向前，于是暂时回到了歆优巴岛。哥伦布病得很重，生命垂危，而前来的人又频繁发生争端，因他们的意思只在于得到黄金。可是到了新大陆几个月，都还不知道黄金到底产于何处，而哥伦布又日夜忙于兴修建筑，以便实施长久的计划。于是殖民者大失所望，都说总督（这时哥伦布已经是新大陆的总督，因此不称提督而称总督了）欺骗了他们。殖民者把这些告诉给国内的人民，佛奥勒（也就是哥伦布举荐成为新陆地副总督的人）也怀疑哥伦布侵犯了他们的权限，心中很是不平。哥伦布因为众人心中不服气，害怕女王怀疑他，不得已之下回到了西班牙，想要亲自告诉女王，以表明他并没有其他想法。乘船回到西班牙后，人们都说总督必定载了很多黄金回来。等他们看到哥伦布上陆，却没有看到黄金，于是非常愤怒，想要杀掉哥伦布报仇。

哥伦布于是亲自去觐见了伊沙卑女王，陈述了他对新发现陆地的处理情况。女王非常高兴，认为那些诽谤他的人说的话不值得相信，想命令哥伦布再次前往，并趁机与殖民者约定，命令他们不得虐待土著人，凡事都要听从总督的命令。然而殖民者们只是想要得到黄金，看见土著人落后，便都想着掠夺他们的财产，朝廷的命令根本不能在新大陆得到施行。所以政府担心哥伦布最终还是不能治理牙财用亦竭，故哥伦布终不得行。

【批评】

古今豪杰办事，往往失败者，何也？因反对者多也。反对者何以多？因见解不同故也。哥伦布不以得金为急，而殖民皆急于得金，此见解一不同也。哥伦布欲亲厚其土人，冀将来得彼之助，而殖民只思掠夺其财产妇女，残虐其生命，遂致生土人之怨，于是愈欲得金，而金愈不可得，此见解二不同也。哥伦布欲固殖民地之基础，日命殖民，从事工作，为久远之计。而殖民不耐劳苦，反以哥伦布为虐，此见解三不同也。一豪杰与众庸人共事，宜其处之不合。于是而豪杰势孤矣，此所以易致失败也。当时若非女王明断，则第三次航海，恐终无望。故哥伦布虽遭种种不幸，而独能得女王之信任，尚可谓不幸之幸也。观哥伦布尔日夜在新陆建屋筑墙，植木治道，以固殖民地之基础，其办事手段与眼光，与众不同。盖众人只图得金而归，而哥伦布则欲发现新地，行其殖民政策，不贪近功，不图小利，而以亡人之国，灭人之种为大欲。欧土英雄，如此可怕。

好殖民地，就推迟了他航海的期限，不让他再次前往了。再加上这时候西班牙国内财产也耗尽了，因此哥伦布最终也没能成行。

【评论】

古往今来英雄豪杰们做事，往往以失败告终，为什么呢？因为反对的人多。反对的人为什么会多？因为见解不同。哥伦布不急于找黄金，而殖民者急于找黄金，这是他们见解不同的第一点。哥伦布想要亲近、厚待当地的土著，希望将来得到他们的帮助，而殖民者只想着掠夺他们的财产、妻女，残暴地虐待他们的生命，最终导致土著人心生怨恨。于是越想要得到黄金，反而越是得不到，这是他们第二个不同的观点。哥伦布想要稳固殖民地的基础，每天命令殖民者兴修建筑，以便长远发展；而殖民者不能忍受劳动的辛苦，反而认为哥伦布是在虐待他们，这是他们分歧的第三点。一个英雄豪杰与那么多庸俗的人共同谋划事业，理应会出现很多不合的地方。因此豪杰势单力薄，这就是容易导致失败的原因。当时如不是西班牙女王明辨是非，那么哥伦布的第三次航海恐怕最终也没有希望了。因此说，哥伦布尽管遭遇了种种不幸，但是他能够得到女王的信任，又未尝不能说是不幸中的万幸啊！看哥伦布日夜在新大陆建造房屋，修筑高墙，种植树木，治理道路来巩固殖民地的基础，他办事的手段和眼光都与众不同。众人只知道找到黄金就回去了，哥伦布却想要开辟新的陆地，来推行他的殖民政策；不贪图眼前的功劳，不谋求微小的利益，而是把别人的国家灭亡、消灭别人的种族作为自己的目标。欧洲的英雄，原来是如此可怕。

第七章 第三航海

千四百九十八年四月，哥伦布复得西班牙政府之命，第三次航海。于是距第二航海已六年矣。是时西班牙人，以新陆地不易得金，无人愿往。哥伦布乃请于政府，以囚徒充殖民。哥伦布意谓囚徒易制，且从事新陆工作，较之服役于本国牢狱为安，而不知囚人性质更恶，其后常与殖民联合，虐待土人，反抗哥伦布。

哥伦布既为第三次航海，船向西南方行，渐近赤道。众皆苦热，乃转航西北。至特里尼岛。环视海岸，寂无居人。哥伦布既上陆，复率船赴小西班牙（即歆优巴岛）。

呜呼！此即亚美利加之本土也。哥伦布身至亚美利加本土，而犹不知，尚以为印度之地。盖彼信地图之说，以为自西航东，循一直线，终达亚细亚，而不知中有此美洲之隔，必经美洲绕太平洋，而后乃至亚细亚也。故哥伦布至死，不悟已所至之地，为西半球之亚美利加。

哥伦布既至小西班牙，又发病甚笃，乃住于此。时其弟在小西班牙，管理殖民之事，布置甚善。而殖民每因不能得金，且苦工作，怨哥伦布，并及其弟，谋反数次。有归航者，咸以哥伦布不善治殖民地，诉于西班牙政府。政府恐哥伦布终不协于殖民，乃更派一使者，巡察殖民地。使

1498年4月，哥伦布又得到西班牙政府的命令，开始了他的第三次航海。这时候距离第二次航海已经有六年了。当时的西班牙人，认为新大陆也不容易找到黄金，没人愿意前往。哥伦布就向政府请求，用囚犯来充当殖民者。哥伦布想着囚犯容易制服，并且从事新大陆的工作，比起在本国监狱里服役更好一些，却不知道囚犯的品行更加恶劣。后来他们经常与殖民者联合，虐待土著人，反抗哥伦布。

哥伦布开始了他的第三次航海，航船向西南方向航行，逐渐接近赤道。众人都苦于天气太热，于是就转向西北方向航行。到了特里尼岛。环视海岸，寂静没人居住。哥伦布登陆后，又率领船只驶向小西班牙（即歃优巴岛）。

呜呼！这就是亚美利加的本土啊！哥伦布到了亚美利加的土地上，却不知道，仍然以为那是印度的地方。大概是因为他相信地图上所说的，认为从西向东航行，沿着一条直线，最终一定能够到达亚细亚，却不知道中间有美洲作为阻隔，必须经过美洲绕道到太平洋，之后才能到达亚细亚。因此哥伦布至死都不知道自己所到的地方，原来就是西半球的亚美利加。

哥伦布到了小西班牙之后，又生重病，就住在了这个地方。当时他的弟弟在小西班牙管理殖民的相关事宜，布置得很好。而殖民者们每每因为不能得到黄金而且工作辛苦，都怨恨哥伦布和他的弟弟，多次谋反。有航海归来的人，都说哥伦布不善于治理殖民地，并且告诉给了西班牙政府。西班牙政府担心哥伦布最后不会帮助殖民，于是就重新派遣了一名使者巡察殖民地。这名使者名叫者名敦佛兰，既至殖民地，殖民争诉不已。敦佛兰乃缚哥伦布兄弟，送归西班牙。哥伦布既被缚，恐为其同行者所害，乃问监守人曰：“君将送我于何处耶？”监守者曰：“君勿忧，余送君归西班牙耳，余决不背害君之生命也。”同行人怜哥伦布无罪被缚，欲释之。哥伦布不肯，曰：“余不得女王之命令，终不敢释此缚。女王苟释余，余亦当永存此锁为记念也。”其后哥伦布常以此锁悬于密室。临死时，犹遗命其子以锁为殉也。

哥伦布既归西班牙，女王召彼入见。哥伦布历陈殖民难治，且言殖民怨己之故，在于使彼从事工作，并禁其虐待土人，因是人人怀恨。女王怜其无罪，赦之。

【批评】

哥伦布一生学问成立，全赖朋友，如交托斯客（见第四章第三节）、披托罗（同见上）是也。哥伦布一生事业成立，亦全赖朋友，如交教长吉安（见第四章第八节）是也。而其航海后次次招失败，亦由于朋友。如第一航海与亚伦同行，而亚伦不告先返（见第五章第十三节）；如第二航海举佛奥勒为副总督（见第六章第一节），而佛奥勒卒反对之（见第六敦佛兰，到了殖民地后，殖民者争先恐后向他倾诉哥伦布及其弟弟的行为。于是敦佛兰下令绑了哥伦布兄弟二人，把他们送回西班牙。哥伦布被绑以后，担心被同行的人杀害，就问监守他的人说：“你们准备将我送到什么地方去呢？”监守的人说：“你不要担心，我送你回西班牙，绝不会残害你的性命。”同行的人都同情哥伦布没罪但却被绑，想要放了他。哥伦布不答应，说：“我没有得到女王的命令，始终不敢解开自己的捆绑。如果女王释放了我，我一定会永远把这把锁当作纪念的。”之后哥伦布经常把这把锁悬挂在密室中。快死的时候，还写好遗嘱嘱咐他的儿子要把这把锁作为他的陪葬品。

哥伦布回到西班牙后，女王召他觐见。哥伦布一一陈述了殖民者难以统治，并且说了殖民者难于管制的原因，是因为自己要让他们从事建筑工事，还禁止他们虐待土著人，因此人人都对他怀恨在心。女王怜悯哥伦布，认为他没有罪过，就赦免了他。

【评论】

哥伦布一生学问得以成就，全是依赖他的朋友，比如托斯客（见第四章第三节）、披托罗（同见上）这些人。哥伦布一生的事业得以成就，也全依赖他的朋友，如他结交的教长吉安（见第四章第八节）。但他从航海后的次次失败，也是因为朋友。比如第一次航海时与亚伦同行，但亚伦却在途中不告而别先行返航了（见第五章第十三节）；第二次航海，他推举佛奥勒做了副总督（见第六章第一节），但佛奥勒最后却反对他（见第六章第五节）。此外，如章第五节）是也。此外如第一航海之百二十人，所挟目的与己不同，中途几为所害。第二航海人众更杂，人人以得金为望。及至金不可得，乃群起反对，屡生反叛，造作谣言，致西班牙政府疑己，不得已反航自白。迁延六年，始命之为第三航海。而第三航海又无人愿往，乃选囚徒充殖民，卒致与前次殖民结合，抗拒号令，争诉不已，而哥伦布兄弟，终被缚而归。此皆哥伦布用人不当处。

大凡欲办一事，断非一人之力所能。然欲与多人共办一事，必详察其人是否与我同目的、同希望，其志行其良心均须细为观察，然后乃可与之共事。苟彼所挟之目的、所抱之希望与己不同，一经困难，一遇危险，必生反悔，必生怨恨，而吾事败矣。故吾人读哥伦布传，只可学其冒险，学其忍耐，至于哥伦布此种过失，不可不引之为鉴也。

第一次航海的一百二十人，他们航海的目的跟自己不同，中途差点都被他们所害。第二次航海人员更加复杂，人人都只期望得到黄金。没得到黄金，就联合起来反对他，多次叛变，造谣生事，导致西班牙政府怀疑自己，迫不得已只有返航。延迟六年后，才接到命令开始第三次航海。而第三次航海又没有人愿意前往，就选了一些囚犯充当殖民者，最后导致他们与第二次航海的殖民者联合起来，拒绝听取号令，争先上诉，哥伦布兄弟最后也被绑回国。这就是哥伦布用人不当的地方。

大凡要办成一事，绝对不是仅仅凭借一个人的能力就能够成功的，必须要详细考察那些人是否和自己有相同的目的、厚望，他们的志向、行为都必须经过详细考察，这样以后才能与他共事。如果别人的目的、愿望都跟自己不相同，一遇到困难、危险，必定会反悔，心生怨恨，而自己的事业最后也会失败。因此我们读哥伦布的传记，只能够学他的冒险精神，学习他的忍耐精神，至于哥伦布的种种过失，不可不引以为鉴啊！

第八章　第四航海与哥伦布死

千五百二年，哥伦布复奉女王之命，为第四航海。于是哥伦布年六十六矣。是时西班牙政府财政困难，又因西人愿往者甚少，乃与以渔船四艘，大不过六十余吨。哥伦布领此渔船，飘泊于大洋中，其危险实甚，乃停泊于小西班牙。时小西班牙总督，名奥盘多，力拒哥伦布，不许上陆。哥伦布航海既久，知风信，豫测海上将起大风，乃泊舟于港外。会敦佛兰（即第三航海时缚哥伦布兄弟之人）与殖民等，大肆掠夺，得财物甚多，满载数舟，归西班牙。哥伦布告以海上将起大风，劝其勿行。敦佛兰不信，率船而行。至半途，风果大作，敦佛兰舟尽覆，人与财物，均葬于海。

小西班牙总督不许哥伦布泊舟港湾，哥伦布乃率其渔船，到处觅陆地。又至亚美利加之一部，即今之墨西哥地也。哥伦布至其地数日，船破不能行，乃乘一小舟，至马伊卡避难（马伊卡在歃优巴海岸西之大岛）。其从行者二人，人驾小舟至小西班牙求救。而奥盘多（即小西班牙总督）方幸哥伦布早死，不肯遣船来救。哥伦布不得已，乃乘小舟归西班牙。

哥伦布既归西班牙，而女王伊沙卑已死，政府无人信哥伦布，国中人人憎恶之。于是哥伦布年老，日生疾病，欲再求航海，卒不可得，贫困如初。至西班牙时，抑郁不乐。

1502年，哥伦布又奉女王的命令，开始第四次航海。当时哥伦布已经六十六岁了。这时候的西班牙政府财政很困难，又因为西班牙人愿意前往的很少，就给了哥伦布四艘渔船，不过六十多吨重。哥伦布带领这些渔船，漂泊在汪洋大海中，相当危险，就把船停在小西班牙。当时小西班牙的总督名叫奥盘多，极力拒绝哥伦布，不允许他登陆。哥伦布航海已久，知道风向信息，预测海上即将刮起大风，就把船停在海港外面。恰逢敦佛兰（即第三次航海的时候绑了哥伦布兄弟二人的人）与殖民者们大肆掠夺，得到了很多财物，装满了数只大船，回西班牙。哥伦布告诉他们海上即将起大风了，劝他们不要起航。敦佛兰不相信，带领船队开始了航行。到半路，果然狂风大作，敦佛兰的船只全部被吹翻，人和财物全部葬于海底。

小西班牙的总督不允许哥伦布把船停在港湾，哥伦布只好率领他的渔船到处寻觅陆地。又到了亚美利加的另一个地方，就是今天的墨西哥。哥伦布到这地方几天后，船已经破败得不能继续前行了，就乘坐一只小船到马伊卡（马伊卡在歆优巴海岸西边的大岛上）避难。跟从他一起航行的其中两个人，驾驶小船到小西班牙求救。而奥盘多（即小西班牙的总督）正希望哥伦布早早死去，不肯派遣船只前来相救。哥伦布不得已，只好乘坐小船回西班牙。

哥伦布回到西班牙以后，女王伊沙卑已经去世了，政府没有人相信哥伦布，国内百姓也是人人都憎恨他。因为哥伦布年事已高，经常生病，想要再去航海，最终没能实现，又像当初一样贫穷困顿了。回到西班牙的时候，郁郁寡欢。

千五百六年，哥伦布死于西班牙，年七十岁。

【批评】

海上探险，此何等事！乃仅率渔船四艘，大不过六七十吨，宜其船之破也。虽然，哥伦布岂不知此行冒险？只因西班牙政府待彼渐渐冷淡，四艘渔船，尚是女王之力，故不得不率之而行也。可怜可怜！

哥伦布此次失败，系为船破之故。其船破之故，系船小之故。若在他人，必不肯行，自不致招此失败。而哥伦布明知船小，竟率之而行，此所以成为完全伟大之冒险家也。

哥伦布积数十年之精神劳苦，寻得新陆地，而至第四航海时，竟不得上陆，且不许之在港内避风。此真所梦想不到之事。如奥盘多者，亦太无心肝，太无廉耻矣。

哥伦布千辛万苦，寻得陆地，而奥盘多安然为总督，既不许其上陆，又不遣船救之，此种人真十分可恨。敦佛兰缚哥伦布兄弟，逐之出境，此哥伦布之仇人也。而当彼载金归国时，哥伦布知海风将起，尚劝之勿行，以一片仁爱心待仇敌，贤哉哥伦布！敦佛兰不信哥伦布之忠告，卒致生命财产，均葬海底。小人只重金钱，不重良心，宜其致死。当哥

1506年，哥伦布在西班牙逝世，享年七十岁。

【评论】

海上探险，这是何等的大事！哥伦布仅仅率领四艘渔船，重不过六七十吨，船被打破也是意料之中的。即使这样，哥伦布岂会不知道这次航海实属冒险？只不过是因为西班牙政府对他日渐冷淡，四艘渔船尚且都是女王极力争取的，因此不得不率领渔船航行。可怜可怜啊！

哥伦布的这次失败，是因为船差的原因。船差的根源，又是因为是小船的缘故。如果是换了其他人，一定不肯前行，自然也就不会导致这次失败。而哥伦布明明知道船小，仍然率领船队出行，这就是他能成为名副其实的伟大冒险家的原因了。

哥伦布历经了数十年的精神劳顿才发现了新大陆，但到第四次航海时竟然不能登上陆地，而且还不被允许在港口内避风。这真是做梦都想不到的事。奥盘多这人，也太没有良心，太不懂得廉耻了。

哥伦布千辛万苦才找到了新大陆，而奥盘多安安稳稳地做了总督，既不允许哥伦布登陆，又不派船去救他，这种人真的是十分可恨。敦佛兰绑了哥伦布兄弟二人，把他们驱逐出境，可以说是哥伦布的仇人。但当他满载黄金回国时，哥伦布知道海上即将起大风，还劝说他不要起航，用一片仁爱之心来对待他的仇人，哥伦布真是一个品德高尚的人啊！敦佛兰不听从哥伦布的忠告，最终导致他的生命财产都葬于海底。小人只看重金钱，不看重良心，应当伦布初至西班牙时，贫如乞丐，及四度航海，发现许多陆地，其终局仍是贫如乞丐。若在他人，未有不生悔恨者。而哥伦布却至死不悔，何也？盖彼发现新陆后，彼之个人，虽不得好处，而地理学得以证明，破千古之迷梦，与后世学者以便利，则他人之得好处者不知几千万万也。且自美洲发现后，至今为西半球开一文明之新国，增进世界之文化不少。而今之美国富冠全球，此皆哥伦布之赐也。牺牲个人利益而求世界公共之大利益，此等思想，真是千古一人。

读者幸勿鉴于哥伦布之末路萧条，而灰心于事业。须知哥伦布之名誉满于世界，传之万年，使全世界增进文化，白种人至今蒙其赐。如哥伦布者，乃极不萧条者也。

受死。哥伦布刚到西班牙的时候，一贫如洗，等他四次航海发现许多新陆地后，他的结局仍然是穷困得像乞丐一样。如果这事发生在其他人身上，没有不觉得悔恨万分的。而哥伦布却至死都没有后悔过，为什么呢？大概是因为他在发现新大陆后，虽然对于他个人来说没有得到任何好处，但是地理学却得到了证明，破解了地理学上的千古之谜，为后世学者提供了便利，这比其他人得到的好处不知道多了几千万倍了！况且自从美洲被发现后，至今都为西半球开发了一个文明的国度，这对促进世界文化的发展有不小的作用。而今天美国成为全球首富，都是拜哥伦布所赐啊。牺牲个人的利益而求得了全世界人民的大利益，这等思想境界，真是千古以来的第一人。

读者千万不要因为哥伦布晚年生活的萧条就对事业灰心丧气。应当知道哥伦布的名声美誉传遍了世界各地，传承了千百万年，促进了世界文化的发展，白种人至今都在享受他的好处。像哥伦布这样的人，才是极其不寂寥的人啊！

少年叢書

文白对照本

克林威尔

钱智修◎著

团结出版社

图书在版编目（CIP）数据

少年丛书 / 孙毓修编. -- 北京 : 团结出版社,2015.7
ISBN 978-7-5126-3662-0

Ⅰ.①少… Ⅱ.①孙… Ⅲ.①名人—生平事迹—世界—少年读物 Ⅳ.①K811-49

中国版本图书馆CIP数据核字(2015)第130183号

出版：团结出版社
（北京市东城区东皇城根南街84号　邮编：100006）
电话：(010) 65228880　65244790　(传真)
网址：www.tjpress.com
Email：65244790@163.com
经销：全国新华书店
印刷：三河市祥达印刷包装有限公司
装订：三河市祥达印刷包装有限公司

开本：148×210　1/32
印张：128
字数：1500千字
版次：2015年12月　第1版
印次：2016年4月　第2次印刷

书号：978-7-5126-3662-0
定价：490.00元（全28册）

少年叢書

《少年丛书》白话语译编委会

出版前言

近代著名思想家、政治家梁启超曾经说："少年强则国强，少年智则国智，少年富则国富，少年独立则国独立，少年自由则国自由，少年进步则国进步，少年胜于欧洲，则国胜于欧洲，少年雄于地球，则国雄于地球。"这是他的散文《少年中国说》中的一段，作于戊戌变法失败后的1900年。文中极力歌颂少年的蓬勃朝气，指出封建统治下的中国是"老大帝国"，热切希望出现"少年中国"，振奋人民的精神。

或许是受到梁启超先生的感召，1908年冬天，上海商务印书馆编译所推出了一套系列丛书——《少年丛书》，又名《中外伟人的传略》，这是二十世纪中国的第一部历史人物类学生课外阅读丛书。首任编辑和作者是林万里，第二任编辑是孙毓修，孙毓修是这套丛书的主要作者，后期加盟写作的骨干还有国学大师钱智修。他们都博览中外，以精准而严格的眼光审视中外古今文化资源，选取其中有益于

少年儿童精神世界的材料，予以整合，编写成册。这套书出版以后，广受少年儿童的欢迎，每册前后加印达几十次，若整套书累计，恐怕达到数百次之多，发行量之大，影响力之广，在二十世纪的人物传记类图书中堪称罕见。

《少年丛书》前后出版了近三十余种，每一册传主为一位中外历史名人。我们在全国各地经过多方的搜寻，共得二十八册，其中中国名人十五位，外国名人十三位。每篇先叙述名人的生平传记，后加以作者的评论，根据时事，启发少年，借以激励少年树立远大志向，明确奋斗目标，成就健全人格。著名作家茅盾在阅读这套书后曾评论说："记事简明，议论正大，阅之足以增长见识，坚定志气。"这套出版之初即为砥砺少年志向的书影响了当时无数少年儿童由此走上振兴中国之路。著名作家张天翼、赵景深、陈伯吹等，都曾深受这套书的影响。

《少年丛书》的三位作者，都是当时学贯中西的通儒，不仅有深厚的国学功底，也有睁眼看世界的非凡眼光。撰写本套书册数最多的孙毓修先生，他是我国近代著名的目录学家、藏书家、图书馆学家。他同时还创作了大量的儿童文学作品。除了《少年丛书》，他还先后主编出版《少年杂志》、《童话丛书》等，被茅盾誉为"中国童话的开山祖师"。

另一位作者钱智修，浙江嵊县人，字经宇，是著名的国学大家，博古文学家，东方学派思想家。他在学时，就以"国学国文湛深，文章洛阳纸贵"赢得尊敬，并被上海多家进步报馆争揽为特约撰稿人。1911年毕业后，他应编译所长高梦旦之聘，担任商务印书馆编

译所编辑。1920年7月他任《东方杂志》主编，长达12年，是该杂志有史以来任期最长的主编。他还参与编辑《辞源》及《中国人名大辞典》、《中国古今地名大辞典》。1931年任国民政府监察院秘书长。

第三位作者林万里是民国年间著名的报人，原名獬，又名白水，字少泉。他幼承家学，又拜名士高啸桐（商务印书馆创始人之一）为师。清光绪二十四年(1898年)，他在杭州参与创办求是书院、养正书塾、东城讲舍、蚕学馆4所新式学堂，任求是书院总教习；后任《杭州白话报》主笔，宣传新思想。光绪三十年(1904年)，他出任《警钟日报》主编，宣扬孙中山及其领导的革命，后追随孙中山。帝制取消后，林万里重操新闻旧业，创办过多份报刊。

鉴于每位作者独有的知识结构和兴趣热点，每位编者对人物都有自己的选择。孙毓修所撰写的大部分是中国历史名人，而且写作的视角也非常独特，如其所写的《玄奘》是一个历史人物，而不是《西游记》中的唐僧。现代的普通读者对玄奘的了解绝大部分是来自于《西游记》等小说，而历史上的真实情况却鲜有人知——玄奘取经并非唐太宗支持，相反还受限于当时的法令，他冒着生命危险才得以出境。这就需要有人为读者打开另外一扇窗户，还原真实的玄奘，而不是小说中的文学形象。茅盾先生对孙毓修所写的《玄奘》评价很高："可以说是内容翔实，深入浅出，既宜于少年阅读，也使成年人增加历史知识。"再如《苏秦》，作为一位著名的辩士，《史记》必然为之列传。孙毓修在写苏秦游说各国发言的时候采用了《史记》中记载的史料，而在后面的评论部分对苏秦的表现作了恰当的点评，分析苏秦游说秦、燕、赵、韩魏、齐楚的过程，阐述了苏

秦辩术策略的不断提高。对于国外人物的选取，孙毓修也是偏爱励志型的，如德谟士，从一个小人物成长为大演说家；彼得大帝，从受制于人，成为欧洲赫赫有名的皇帝。

另一位作者钱智修，先后写有《林肯》、《苏格拉底》、《拿破仑》等，这些都是西学东渐后中国人十分崇仰的外国名人。值得注意的是，钱智修秉承严复所主张的信、达、雅翻译原则，特别讲究传记所含的真实性。他所抒发、张扬的传主虽然都被列为人们仿效的楷模，写法却不做作，更没有为了塑造人物形象而更改史实。

林万里所写的外国传记和钱智修的作法大致相近，即在第一章抒发己之传记宗旨，后文谈及传主读书之术、治学之道与其行事风格，并进行了点评。此外还有其他人关于传主的言论，更有编译者自己的评论，以引导少年儿童正确地学习和借鉴，而不是一味盲从。

《少年丛书》的最大特色，就是“记事简明，议论正大”。书中除了记叙人物的生平故事之外，作者的评论也让这套书大为增色。其议论宏富，既能够结合少年的成长特点，指明如何学习书中人物的优良品质，也指出了其中的不足之处，对于引导少年如何立志修身，大有裨益。

这套书的另一大特色，就是全部用文言文写作，语言凝炼，文笔流畅，保持了中国传统作史传的鲜明特色。当时，白话文风已经悄然兴起，而作者能够不从时髦，采用文言写作，甚为难得。以至我们今日再读此书，依然能够体味到文言笔法的无穷魅力。然而考虑到近百年来，国人的文言文水平已经一落千丈。今日的大部分少年，阅读文言文尚有一定困难，因此我们特别组织人员，将全套书进行了

白话翻译。尽管我们做了最大的努力，文言文的神韵依然是难以用白话表达出来。因此，我们希望少年朋友通过阅读这套书，体会文言文的独特魅力，进而热爱和学习文言文。

《周易》有云：“君子以多识前言往行，以畜其德。”说的就是多学习古人的嘉言懿行，对我们修身立德至为重要。古人尝言：“童蒙养正，少年养志，壮年养德。”少年时期是人生至为关键的时候，这个时期树立什么样的志向，以什么样的人为榜样，往往会决定一个人未来的人生成就。而一个人少年时期读的书，也足以改变他的一生。在今日少年课外读物良莠不齐的状况下，《少年丛书》堪称鲜有裨益少年的优秀读物。若今日的少年，能够认真研读这套《少年丛书》，对于树立远大志向、培养健全人格、完善道德情操将大有裨益。或许，今日的风华少年，即是将来成就伟业的千古豪杰、泽被世人的大圣大贤。勉哉！勉哉！

为什么要读名人传记

——《少年丛书》白话语译序

我从小很喜欢读书，可是，因为身处偏僻山村，小的时候却无书可读。那个时候，家中只有父亲买的一本《古文观止》，儿时翻阅过无数次，虽看不太懂，却记忆深刻。有人说，儿童时期读的书，一生也难以忘记。此言确实不虚。

没有想到的是，儿时无书可读的我，日后竟然投身于出版业。今天，我国的出版业已经非常发达，给少年儿童读的书也非常多。可是，若细心寻求，真正的好书却是少之又少，尤其是给少年儿童介绍历史文化的书。

一个偶然的机会，我们与这套百年前的《少年丛书》结缘，这套当初专为少年而写的中外名人传略，让我眼界大开，没想到，百年前的前辈们，竟给少年们创作出如此优良的传记读物。要知道，给少年

儿童写作，比给成年人写作更难，尤其是给人物作传，既要符合历史史实，不可随意编撰，又要注意引导青少年如何取其长，避其短，以免误人子弟。因为，作为历史人物，不可能处处皆堪为今人楷模。这就需要作者要极富有爱心、责任心和严谨精神，才能让读者从中获得纯净的人生智慧。可以说，目前各种写给青少年的人物传记，很少能与这套《少年丛书》相提并论的。

这套书中的二十八位中外名人，大多数是我们耳熟能详的人物，但是对于他们的生平事迹，也许就知之甚少了。读了他们的传记，方知欲为圣贤豪杰，需下一番苦功夫才能有所成就。“人人皆可为尧舜”，说的是我们每个人都有成圣成贤的资质，然而虽有圣贤之资，也需后天的不懈努力，方能成就一番伟业。所以，这一套书作者的目的并不仅仅是让读者了解一下名人轶事，而是以伟人的事迹启迪和激励少年朋友，树立人生的志向，汲取这些英雄豪杰的人生智慧，修身立德，练就自身本领，最终成为造福国家和社会的有用之才。

这套书虽然是写给少年看的，并不意味着就不适合大人阅读。大作家茅盾就曾大力推荐这套书。现在的青年人，乃至家长、老师，若能读读这套书，对于人生事业，教育子弟，也是大有益处的。可以说，这是一套老少皆宜的好书。

《少年丛书》在当时之所以大受欢迎，销量巨大，也不是没有原因的。这套书每册文字量不大，文笔流畅，史实可靠，评议精彩，这都是许多普通名人传记所不具备的。因此，这套书深受读者欢迎，也就不难理解了。

读名人传记，重在学习名人的智慧和经验。正如文天祥所说，

“人生自古谁无死，留取丹心照汗青”。人生有涯，知也无涯，如何在有限的生命里寻求到人生的价值，获取人生的智慧，而不浪费光阴？《少年丛书》中的这些圣贤豪杰，就是我们的榜样。他们身上伟大的人格，比如孝友、善良、爱心、坚毅、勇敢等等，这些人性的光辉，都是我们的学习之处。

我们用了近一年的时间，将这一套书作了白话语译，希望今天的少年们，能够喜欢阅读并且从中汲取智慧。若能让每一位读者都能够有所收获，那就不负当初写作这套书的三位老前辈的一片苦心，而我们的工作也就没有白做了。

这一套书规模宏大，在校对和语译的过程中，难免会有错误，恳请广大读者不吝指正。

《少年丛书》语译小组　主编　萧祥剑

目录

第一章 绪论

吾今作《克林威尔传》，吾请先论英雄之价值。

使英雄之价值而求之于行事之迹象耶，则冯道大圣，胡广中庸。古来工于作伪之小人，畴不能蒙假面具以欺饰一时之耳目。顾英雄之价值不在乎是者，则以英雄之建立事业，必有贯注其事业之真精神。精神而善，则迹象虽似乎恶，而仍不失其善；精神而公，则迹象虽涉乎私，而仍无碍于公。历览英雄传记，类多粗疏本色、大醇不掩小疵之人。而终不容乡愿的政治家占一席地，则精神之价值高于迹象故也。

使英雄之价值而求之于庸众之毁誉耶，则周公恐惧流言，王莽谦恭下士。世人肤浅之眼光，又几何不看朱成碧，混淆事实之真相？然英雄之价值又不在乎是者，则以英雄之立身行己，必有其独乐自娱之真鹄的。鹄的之所弃，则举世誉之而不加劝；鹄的之所取，则举世非之而不加沮。一身之生死祸福，且有所不顾，复何暇顾悠悠之口、浮云蔽空之毁誉者？则鹄的之价值高于毁誉故也。

我现在准备写《克林威尔传》，在写之前请让我先说说英雄的价值吧！

如果从一个人的行事方式来看待英雄的价值，那么像冯道这样的人可以称为大圣人，而胡广这样的人则是中庸之人。自古以来，那些善于伪装的小人，就如同戴着假面具一样，只能欺瞒世人一时而已。但英雄的价值不在于这些方面，他们建功立业时一定有一种正确的精神贯穿在其中。只要他的精神信念是好的，那么即使他展现出的行为似乎不是很好，但这仍是好的。只要他行事的信念是出于公心，那么即使他的行为看似涉及私利，但仍然不会妨碍公心。我们看到的英雄们的传记，里面记述的英雄们大多是本色粗放，敦厚纯正而不掩饰小毛病的人，而终究没有允许那些伪善的政治家占有一席之地，是因为他们的精神价值远远高于其迹象的缘故！

如果想从常人的毁损与赞誉中来看待英雄的价值，那么就会有周公被流言中伤，辞去相位，心怀恐惧，而贼子王莽却尊礼贤士，假行公道的现象。世人的眼光是那么的肤浅，又难免把红的看成绿的，混淆事实本来的面目。可是英雄的价值是不在乎这些的，所以英雄们修身立德，克己自奉，一定会有他们自我欣赏、独自寻乐的目标。抛开了志向，那么世上的人们都赞誉他，他不会因此越发奋勉努力；坚定了宏大志向，世上的人们都非难他，他也不会因此而沮丧。一个人如果连生死祸福都不顾，又怎么能顾及世人众多的的传言和议论，以及像浮云遮蔽晴空一样的责难和赞誉呢？这是因为英雄志向之价值高于众人的评论的缘故。

英雄之精神与英雄之鹄的，孰张主是，孰纲维是，吾无以名之，则名之曰出世观。出世观者何？超脱世俗之是非，而兢兢良知之是非也；牺牲肉体之娱乐，而别谋灵魂之娱乐也。庄子者，善于状英雄者也。则曰：“大浸稽天而不溺。大旱金石流土山焦而不热。”卡莱尔（Carlyle，英国文学家，著《英雄及英雄崇拜论》），亦善于状英雄者也。则曰：“困难、克己、死义、殉道，皆足以鼓道义之热情，而熄其计较利害之心。”皆吾之所谓出世观也。有此出世观，故可以略迹象而独见精神。有此出世观，故可以排毁誉而达其鹄的。此其滥觞之源，从出之根。固在于宗教之信心，实则一切政治事业社会事业，亦不能外之。盖英雄之献身于政治事业与社会事业，而显真正之价值者，大都胸中别具一境界，而超出乎世网尘氛之外者也。是岂笃时拘墟，守井蛙夏虫之见者，所能窥测其浅深也耶？

英雄之价值定，而克林威尔之人格，亦可略见矣。夫克林威尔，非所谓暴民之雄，专制之魁耶。彼起于英伦国会军旗帜之下，顾及其得志，则不惜以铁骑解散国会，彼手绝斯跳脱（Stuart）朝之君统。顾其为保护主也，仍无异于世英雄的精神及其志向，什么是其主题，什么又是其提纲和主要内容，我没法用词语来形容，姑且叫其为“出世观”吧！什么是“出世观”？即超脱世俗的是非观念，谨守良知的是非标准；克制肉体上的欢愉，而另外谋求灵魂上的快乐。庄子，是善于描述英雄的人。他说：“英雄，即使是遇洪水滔天，他也不会溺水；即使是大旱到金石熔化，土山烧焦，他也不会觉得灼热。”卡莱尔（Carlyle，英国文学家，著有《英雄及英雄崇拜论》），也是善于描述英雄的人。他说：“生活困苦处境艰难，克制自己的私心，为义而死，为道而献身，都足以鼓舞人们道义的热情，而熄灭其计较利益得失的心。”这些都是我所说的“出世观”。因为有这个“出世观”，就可以抛开迹象，而只关注英雄的精神。因为有这个“出世观”，可以排除众人的议论而直达英雄的志向，这是其根源所在。按照其产生的原因，根本在于宗教的信仰，实际上一切的政治活动和社会活动都不能绕开它。所以献身于政治事业与社会事业，彰显真正价值的英雄，大多与普通人的境界不同，他们胸怀壮志，又超然于世俗束缚与尘俗气氛之外。那些见闻短浅，固守着像井底之蛙、一夏之虫那样的见识的人，又怎么能知晓英雄境界的高低呢？

英雄的价值标准明确了，那么克林威尔的人格，也可以粗略地看出来了。克林威尔，并非是所谓暴民的枭雄、专制的党魁。他崛起于英伦国会军旗之下，到他愿望实现时，不惜以“铁骑军”解散国会，亲手终结斯跳脱（Stuart）王室的统治；到他自任“保护主”时，仍然无异于世袭之君主统治制。追溯他一生的政绩，民意袭之君统。溯其一生政绩，民意则屈抑不申，军权则至高无上。故身死不旋踵，而反动力已起，致有查理士第二复辟之事实。此盖法之拿坡仑、墨西哥之爹亚士所引为同调，而手段之高犹或过之者也。故当时欧洲史家咸谥之曰狂徒，曰暴主，曰精神病之牺牲，曰平民政治之蟊贼。诚以克林威尔行事之迹象，固时与狂徒暴主相近，而无以逃于精神病与民治之蟊贼之讥也。

虽然，此亦仅论其迹象而已，亦仅为庸俗之毁誉而已。而克林威尔则有其独到之精神也，独信之鹄的也。彼挟此精神与鹄的，以行其心之所安。故虽行事之迹象，百孔千疮，罅漏叠见，而于其精神无所损；庸俗之毁誉，呼马呼牛，颠倒黑白，而于其鹄的无所污。而既以光明磊落之精神与鹄的，立乎百世以上。而与百世以下人肝胆互照，则纵不必求谅于人，而人亦终必能相谅。试游英之下议院，巍巍遗像，矗立中庭。英王则出入式瞻之，议员则朝夕礼拜之，国民亦馨香尸祝之。此非当

英国下议院

委曲压抑不能伸张，军权则至高无上。所以他死后没多久，反动势力已悄然兴起，以致于有了查理士第二复辟的事实。这就是法国的拿坡仑、墨西哥的迪亚士将他引以为志趣相投的人的原因，但政治手段比他们更加高超。所以当时欧洲史学家都在他死后说他是“狂徒”、“暴主”、“精神病的牺牲”、“平民政治的蟊贼”。诚然以克林威尔行事的迹象，当时本来就与狂徒、暴主相近，因而逃不脱精神病与民治之蟊贼的讥讽。

虽然如此，这也仅是讨论了他行事的迹象而已，也仅仅是庸俗的评价而已。而克林威尔，却有其独到的精神，以及其坚信的目的。其带着这精神与目的，来做能让他内心安定的事。所以，虽然他行事的迹象有很多罅漏，但这对其精神却并没有什么污损。庸俗之人的诋毁，呼马喝牛，颠倒黑白，但这对于他的目标也没有什么损害。既然能以光明磊落的精神与志向，立于世间百年，所以与百年以后的人也定能肝胆相照。这样，纵然不求人谅解，而后人也终将会谅解。如果有机会，请去参观一下英国的下议院。庭院的中间，巍然矗立着克林威尔的塑像，英国国王出入都瞻仰礼视他，议员们则早晚向他礼拜致敬，民众们也敬献鲜花纪念他。这不是当时所被诋毁为狂徒、死后被称为暴君、被嘲讽为精神病的牺牲日所诋为狂徒，谥为暴主，笑为精神病之牺牲，讥为平民政治之蟊贼之克林威尔乎？语有之曰“盖棺论定”。盖克林威尔逝世，至今二百六十年，而定论亦稍稍出矣。

克林威尔者，大革命家也，大军事家也，大政治家也。英国专制之推倒，海权之发达，殖民地之遍布环宇，荜路蓝缕，皆以克林威尔开其先。然此皆克林威尔之事业之一鳞一爪，而非其事业所从出之源也。盖克林威尔实一真挚之宗教家，以宗教之信心，为其事业之精神与鹄的者也。彼见其宗教之信心，当以革命达之，则尽力于革命；当以军事达之，则尽力于军事；当以政治达之，则尽力于政治。而又以为受上帝之使命能出斯民于水火而登诸衽席者，舍己无异人任，故不欲诿其责于他人，亦不求原其过于众口。盖克林威尔之行事，固对于上帝而负责任，而非对于凡民而负责任者也。此即余之所谓出世观也。夫以出世之观念而行救世之责任，则虽入地狱无异于天堂，虽处廊庙无异于山林。其人格之晶莹洁白为何如耶？

克林威尔可学乎？不可学乎？曰是未易言也。克林威尔之治国，混政治宗教而一之，殆未能脱中世纪之陋习，此其不宜学者一也。克林威尔具单纯质直之爱国心，故甘犯蹂躏民意、解散国会之不韪而不辞。反之而假公济私之野心品，被讥笑为平民政治蟊贼的克林威尔吗？有一句话叫“盖棺论定”。算起来克林威尔去世到今天，已有二百六十年了，而对他的定论也慢慢出来了。

克林威尔，堪称大革命家、大军事家、大政治家。英国专制的推倒，航海事业的发达，殖民地能够遍布世界，这些艰苦创业的开始，都是因为克林威尔开创的先例。然而，这些也只是克林威尔事业的一鳞半爪，而不是他事业开始之源流。只因为克林威尔是一名真正的、虔诚的宗教家，他以宗教的信仰作为其事业的精神与志向。那么可见他宗教的信仰，如果以革命来促成，那么就必须尽力于革命；如果以军事来达成，那么就必须尽力于军事；如果以政治使之达成，那么就必须尽力于政治。而又以为能受上帝之使命救黎民出水火而让他们安居乐业的，除了自己便没有别人了，所以他不愿推诿其责任于他人，也不求众人非议原谅其过错。因为克林威尔行事，只对上天负责任，而不是对普通人负责任。这就是我所说的“出世观”。以此观念来担当起救世的责任，那么虽入地狱却和登天堂一样，虽在朝堂之上，又和隐于山林有什么区别？其人格是多么晶莹洁白啊！

克林威尔值得学习吗？不值得学习吗？我觉得这实在是难以言说啊！克林威尔治国时，将政治与宗教捆绑在一起，仍没有摆脱中世纪的陋习，这是他不应被人学习的第一点。克林威尔具有单纯、质朴、正直的爱国之心，所以甘愿冒罔顾民意、解散国会之大忌而不退缩。相反，那些假公济私的野心家，又为什么不可以假家，亦何不可托爱国之名，为蹂躏民意、解散国会之口实，此其不宜学者二也。食肉不食马肝，未为不知味。吾辈生于平民政治信教自由之国家，亦惟循法治常轨以尽其救国之责任而已，讵可效颦过去时代之英雄，以致误入岐途者。然其出世之观念与沉毅之信心，则无间东西古今。为凡欲大有为于世者，所不可或缺。吾见夫人欲横流之世，政客如云，而求一有淡泊宁静之素养者，而不可得也。吾见夫根器薄弱之士，日言救国，而求一能胜遗大投艰之重任者，而无其人也。此则吾《克林威尔传》之所由作也。

托爱国之名义，作罔顾民意、解散国会等落人口实的事呢？这是他不应被人学习的第二个方面。马肝有毒不可食用，所以吃肉时不吃马肝，并不是不知道美味。我们出生在平民政治、宗教信仰自由的国家，也只有遵循法治的常规以尽救国的责任罢了而，岂可效仿过去时代的英雄，以致于误入歧途？然而他这种出世观念和沉着坚毅的信心，则是不分东西，不分古今的。这是世间那些凡是想有大作为的人所不能缺少的。我看这世界，人欲横流，从政之人多如浮云，而想要求得一个有淡泊宁静素养的人却不可得。我看那些终日高喊救国的人，却都品行低下，器量狭小，想求得一个能胜任交付重任的人，却找不到。这就是我写《克林威尔传》的原因。

第二章 家世及幼时

奥士河畔风景

传曰："深山大泽，实生龙蛇。"英伦北部之恒丁敦（Huntingdon）市，其三岛风云之发源地哉。市在奥士（Ouse）河沿岸，沮洳弥望，草木不蕃，廛市萧条，风景凄厉。土著之民以农业为生，大都终岁勤劳，仅足供口腹。故生计僿野而抵抗自然之力量独厚，有坚苦卓绝之风，富沉毅哀悲之气。一千五百九十九年（明万历二十七年，民国前三百十二年）四月二十五日，市中一绅士家，有扬呱呱之声以墮地者，则将来英国之保国主克林威尔，而吾书之主人翁也。

克林威尔（Cromwell）名阿利华（Oliver），其先世代有闻人，而尤与清教（Puritanism）有密切之关系。清教者，耶稣新教之一派，以清净寡欲为宗而力排罗马教之繁文缛节者也。创之者为法人喀尔文（Calvin）。先行于瑞士各地，至英王亨利第八（Henry XIII）之世，始输入英国。其时提倡此教最力者，实为国玺大臣汤麦斯克·林威尔（Thomas Cromwell）。汤麦斯有甥曰李却特（Richard），亦以信奉清教

《左传·僖公二十三年》里记载："深山大泽，实生龙蛇。"英国北部的恒丁敦（Huntingdon）市，是英伦三岛的政治风云发源地。恒丁敦市在奥士（Ouse）河沿岸，所看到的都是低洼的湿地，草木不多，市肆萧条，景色凄冷。当地民众以农业为生，大多终年辛劳耕作，却仅仅够糊口。所以其谋生之计鄙陋粗野，而抵抗自然的能力却很强，有超乎寻常的、坚韧的、刻苦的精神，也富有沉着、坚毅、悲壮的气概。1599年（明万历二十七年，民国前三百十二年）4月25日，市中一个绅士的家里，传出了婴儿啼哭的声音，一个孩子出生了，这就是英国未来的"保国主"克林威尔，也正是我这书的主人翁。

克林威尔（Cromwell）名阿利华（Oliver），其祖先世代都是名望显达的人，尤其与清教（Puritanism）有着密切的关系。清教是耶稣新教中的一个流派，以清净寡欲为宗旨，而大力排斥罗马教的繁文缛节。其创始者是喀尔文（Calvin），最开始在瑞士各地流行，到英国亨利第八（Henry XIII）时，开始传入英国。当时极力提倡清教的，是国玺大臣汤麦斯·克林威尔（Thomas Cromwell）。汤麦斯有个外甥叫李却特（Richard），同样信奉清教而得到舅舅汤麦斯的喜爱，因继承了他母亲的姓氏而名列于士族。这就是阿得乃舅欢，因承其母姓而列名于士族。此即阿利华·克林威尔之曾祖行，而其得姓之由来也。李却特生亨利（Henry），亨利生劳白脱（Robert），是为克林威尔之父。劳白脱娶伊里查白氏 （Elizabeth），先产子女四人，俱不举。克林威尔其季也。劳白脱之为人，公正而有威严，历充国会议员、自治委员、保安判事，均称职。而伊里查白夫人亦富家子，知书娴母仪，所以教其爱子者甚有义方。劳白脱有兄名阿利华，亦列名士族。克林威尔尝承其遗产，因以其名为名。

克林威尔幼年时代之轶事，传者颇多。有谓其学校演剧时，好扮演古帝王者；有谓其信星命占卜家言，以英国未来主人翁自命者，然皆荒诞不足据。其可称为信史者，则克林威尔为一严格家庭之产儿，品性沉毅，体格壮健，而好足球角斗之戏是也。

【批评】

古今不世出之伟人，其生产地之形势，往往异于寻常。如回教主穆罕默德，则生于炎荒绝徼之阿刺伯；耶教革命家马丁路得，则生于冰雪寒沍之北日耳曼；清教初祖喀尔文，则生于平芜满目之比加狄（Picardy）。而克林威尔故乡恒丁敦市，亦为一荒寒寥寂之区。盖其四周环境既能使人利华·克林威尔的曾祖父辈，也是他姓氏的由来。李却特生亨利（Henry），亨利生劳白脱（Robert），就是克林威尔的父亲。劳白脱娶伊里查白氏（Elizabeth），先生了四个子女，都没活下来。克林威尔是最小的。劳白脱为人公正而威严，历任国会议员、自治委员、保安判事，都非常称职。而伊里查白夫人也是富家子女出身，知书达理、温柔娴惠又有母亲的德仪，所以教育孩子很遵守规范和道理。劳白脱有个兄弟名叫阿利华，也名列士族，克林威尔曾经继承他的遗产，因此也沿用了他的名字。

克林威尔幼年时代的轶事，流传的有很多。有的说他在学校表演剧目时，喜好扮演古代的君王。有的说他相信星命占卜家的话，以英国未来的主人翁自称，然而这些都荒诞不经，不足为信。那些真实可信、无所讳饰的史籍中，则说克林威尔是一个有着严格家庭教育成长起来的孩子，品性沉着、坚毅，体格健壮，而且喜好足球、角斗之类的游戏。

【评论】

从古至今那些不应时出现的伟人，其出生地当时的形势，往往不同寻常。例如回教教主穆罕默德，生于炎热荒远的边境之地阿剌伯；基督教革命家马丁路得，则出生于冰雪严寒的北日耳曼；清教的始祖喀尔文，则出生于草木丛生的原野比加狄（Picardy）。而克林威尔的故乡恒丁敦市，同样是荒寒寥寂之地。因为这里的环境既能使人意志坚强，克制贪图安逸享乐的想法，那么他奋斗动心忍性而去其晏安酖毒之怀，则其奋斗能力必强，而悲天悯人之念亦必富。其所成事业，有断非都市纨袴儿所能企及者。是可证地理与文明之关系。而孟子“生于忧患，死于安乐”之言之有至理也。

凡人事业必有所本。克林威尔所以能成推翻专制之功者，亦以其家世为清教徒，有清净寡欲之信条为其本故耳。吾国开化最早，先儒言行，载籍粲然，任取一家而服膺之，皆可为淑身淑世之资。正不必见异思迁，厌家鸡而爱野鹜也。

克林威尔生于严格家庭，故其为人，亦以刚果严毅胜。今者自由之说大昌，承学之士，在青年时代，即已浮慕欧风，崇尚通脱，求一强毅有担当之人遂不可得。南齐陈显达谓其子曰：“麈尾蝇拂，是王谢家物，汝不须捉此。”教子弟者，可以知所取舍矣。

的能力必然强大，而悲天悯人的念头也必然强烈；他所成就的事业，决不是城市里那些纨绔子弟所能企及的。这可充分证明地理与文明的关系，而孟子之所以说“生于忧患，死于安乐”，是非常有道理的。

但凡人要成就事业，一定有其所依据的根源。克林威尔所以能成为推翻专制的成功者，也是因为他的家族几世都是清教徒，有清净寡欲的信条作为他行事的根本。我们中国开化最早，先前的大儒们留下的言行，记载在典籍之中，粲然夺目。任意取出其中一家的学说而牢记在心，由衷信奉，都可作为修身立世的资本，真的没必要见异思迁，就如同厌恶家鸡而喜爱野鸭一样。

克林威尔生于家教严格的家庭，所以他的为人也以刚毅、果断、严明而著称。当今自由之说很兴旺，作学问的人们，在青年时代就已经虚慕欧洲风尚，崇尚通达脱俗，想找一个强毅有担当的人，最终也难以找到。南齐陈显达曾对他的儿子说：“麈尾、蝇拂这些器物都是豪门富贵家庭用的物件，你不要使用。”可见教育子弟，应该要知道有所取舍。

第三章 英国之时势

英雄者，时代之产物也。故欲知克林威尔之事业，不可不先明其所凭藉之时势。初英女王伊里查白（Elizabeth），治国有材称。尝内平苏格兰之政变，外挫西班牙之舟师，航业大兴，国威远播，国民崇拜之忱，达于极点。然女王好权术，嬖幸小人，往往用事，而视国会若赘旒。故及其末叶，反动力已渐起。女王以一千六百零三年（明万历三十一年，民国前三百零九年）逝世，即克林威尔出世之第四年也。

伊里查白殂，苏格兰女王马利（Mary）之子惹米斯（James）入嗣，是为斯跳脱朝统治英苏之始。王性庸暗，顾恃其积威，谓君权天授，非国民所得干涉。国会非政府党，力抗之，遂与政府时起冲突。计在位二十余年，解散国会凡三次，其对待教会尤失其平。即位时以其母马利奉旧教，颇左袒之。其后受国教徒挟制，又虐遇他宗。旧教徒怨之深，谋乘王临议会时，以火药轰毙之。事泄，诛窜者甚众，新教

伊里查白女王

英雄，是应时代而生的。所以，想知道克林威尔的事业，不能不先了解他当时所处的社会形势。起初英国女王伊里查白（Elizabeth）治国有方，为世人称道。她曾对内平息了苏格兰政变，对外挫败了西班牙海军，使英国航海业大为兴盛，英国国威远播世界。国民对她的崇拜和热忱，因此达到极点。但是女王喜欢玩弄权术，宠幸小人，决定事项时往往视国会为多余和累赘。所以在她的统治后期，反动力量已经慢慢开始抬头。伊里查白女王于1603年（明万历三十一年，民国前309年）逝世，也就是克林威尔出生的第四年。

伊里查白死后，苏格兰女王马利（Mary）的儿子惹米斯（James）继承了她的王位，这就是斯跳脱朝统治英格兰和苏格兰的开始。新国王生性平庸昏聩，只知一味凭借自己的威势，宣称君主的权力乃是上天所授，并非国民所能干涉。国会并不是执政的党派，所以他们全力抵抗，结果经常与政府发生冲突。惹米斯在位二十多年，先后三次解散国会，他对待教会尤其有失公允。他即位时因为母亲马利信奉旧教，而多有偏袒。后来又受国教徒要挟牵制，虐待其他教派。旧教徒对他因此怨恨很深，密谋乘国王前往议会时，用火药炸死他。后来事情泄露，被诛杀的人很多，新教党魁克的斯毕（Catesby）亦被杀，是为“火药阴谋案”。于是宗教问题遂为英国政争中之焦点。

一千六百二十五年（明天启五年，民国前二百八十七年），惹米斯殂，子查理士第一（Charles I）立。王才识过其父，尤谲诈尚权术。当惹米斯与国会冲突时，王尝阴援下议院，主张与西班牙开战，议院深德之。及即位，颂声载道，咸望其尊民意，为前王干蛊。讵知初政第一步，即许旧教徒以特权，又不经议会协赞，私与世仇法国结婚。故国民大失望，而国会之反对政府亦益剧。其时揭自由正义之旗帜，为民党中坚，以讼言查理士之失政者，则新教别派之清教徒，而克林威尔渊源之所自也。

查理士第一

【批评】

英国之有伊里查白，犹清代之有乾隆。其时政治修明，人文蔚起。如哲学家培根、戏曲家莎士比亚、诗家爱特们斯宾塞辈（Edmond Speneer），均生于其时，史称“黄金时代”。然君权积盛，而国民政治能力消磨殆尽，朝野酣嬉，党魁克的斯毕（Catesby）也被杀，这就是“火药阴谋案”。从这之后，宗教问题也就成了英国政治斗争的焦点。

1625年（明天启五年，民国前287年），惹米斯去世，他的儿子查理士一世（Charles I）登基。新国王的才识远远高过他的父亲，尤其是在诡诈、擅弄权术方面。当惹米斯与国会冲突时，查理士一世曾私下援助下议院，主张与西班牙开战，议院因此对他深为感激。到他即位时，颂声载道，都希望他能尊重民意，继承父志。谁知执政一开始，他就承诺给旧教徒以特权，也不经议会协商，私自与世仇法国联姻，致使国民大失所望，而国会反对政府也更加剧烈。当时打出自由正义旗帜的，是民党的中坚力量。而以诉讼指责查理士政治混乱的，是新教支派的清教徒，也是克林威尔宗教信仰的出处。

【评论】

英国的国王伊里查白，就如同清代的乾隆皇帝。其统治期间，政治清明，文化蓬勃兴起，如哲学家培根、戏曲家莎士比亚、诗家爱特们斯宾塞（Edmond Speneer）等，都出生于那个时期，史称“黄金时代”。然而君权高度集中，而国民政治能力则消磨殆尽；朝野沉湎于嬉游，道德沦丧，以至王位不能再传下去，而最终产生道德堕落，是以不再传而遂有革命之祸。天若特生一克林威尔，以结其中兴末运者，是知专制政体无长治久安之策。其歌舞承平之日，即其酝酿革命之机也。

伪改革者，革命之媒也。当查理士第一之见好于议院也，讵不曰民愚易欺。吾以权术牢笼之，则当日之反对党，皆能范我驰驱乎？不知行事之非出于真诚者，罅漏终不能掩。而国民失望之余，其责备愤怨之情亦必烈。是无异饮鸩以止渴也，世之妄弄政策者鉴诸。

英人常以其宪政之自然发达，夸于天下。然其国会，屡经惹米斯第一与查理士第一之蹂躏，国民之以血以泪，与专制君主相抗者，前仆后起。何等激昂！是皆其宪政之代价也。吾人欲享受宪政之幸福，其亦勿惜此代价也可。

了革命的祸端。上天如果是特意让克林威尔的出生来终结英国中兴后的末运，可能正是因为知道了专制政体是没有维持长治久安的政策吧。其歌舞升平的日子，也就是革命酝酿的时机。

那些伪改革者，是革命的媒介。当查理士一世赢得议院的好感时，绝不会说民众愚昧而易欺骗。如果当时他以权术来束缚民众，那么当时的反对党，都能为他所用吗？他却不知道行事如果不出于真诚，那么缺陷终将无法掩盖。而国民失望之余，其责备愤怨的情感也一定会更强烈。这无异于饮鸩止渴，世上那些妄意玩弄权术的人应该引以为鉴。

英国人常以其宪政的自然发达，而自夸于天下。然而他们的国会，多次被惹米斯一世与查理士一世肆意践踏后，国民中与专制君主血泪相抗的人，前仆后继，何等激昂！这都是争取宪政的代价啊！我们想要享受宪政带来的幸福，也就要想着不能不付出这样的代价。

第四章　修养

恒丁顿中学校

克林威尔以事功显。然其事功，实发源于高尚纯洁之宗教心，与功名之士，苟图哗众取宠者不同，则少年时代之所养然也。其小学教育，受于本市之文法学校。校长佩尔特(Beard)博士，为清教急进派，管理生徒甚严厉，尤喜用夏楚。说者谓克林威尔之性行，受其陶范者为多焉。年十七，入剑桥中学，逾年升入大学。该大学亦清教徒集中地。克林威尔耳濡目染，其信仰根基，遂益巩固。

克林威尔在大学，好数学及历史，尤精拉丁文。后此既秉国政，犹能以拉丁语与荷兰公使会谈。史家有议其目不识丁者，盖不根之谰言也。会其父劳白脱逝世，乃辍业归。旋又入伦敦林肯法学院，研究法律。时某巨商有女，亦名伊里查白，方旅居伦敦。克林威尔因与联姻，以一千六百二十年(明泰昌元年，民国前二百九十二年)行结婚礼。时年二十一岁也。

克林威尔因为建立的功勋而出名。然而他建立的功勋，真正是发源于他高尚纯洁的宗教信仰，与那些追求功名的人，只贪图哗众取宠的人不同，这主要得益于他少年时代的教育和训练。他的小学教育，受教于本市的文法学校。校长佩尔特（Beard）博士，是清教的急进派，管理学生和教徒非常严厉，常用教鞭责罚他们。有人说，克林威尔的性格、品行受他的影响是最多的。十七岁时，克林威尔进入剑桥中学读书，一年后升入大学。这所大学也是清教徒的集中地。克林威尔耳濡目染，他信仰的根基也因此变得更加稳固。

克林威尔在大学时，爱好数学和历史，尤其精通拉丁文。后来执掌国政后，他还能用拉丁语与荷兰公使进行会谈。有些史学家说他目不识丁，都是没有根据的诬陷。当时正遇上他的父亲劳白脱逝世，他于是辍学回家了。不久后，他又进入伦敦林肯法学院，研究法律学。当时一位大商人的女儿也叫伊里查白，正旅居伦敦。克林威尔与她联姻，在1620（明泰昌元年，民国前292年）时举行了婚礼。当时克林威尔二十一岁。

克林威尔既成婚，闲居侍母者凡十年，先后生子女八人，萱闱日永，玉树枝繁。服先世之田畴，急地方之公益，盖一恬淡静穆之乡绅生活也。其所拳拳服膺、朝夕哦诵者，则为新、旧约《圣经》。而对于《圣经》之见解，尤高人一等。拉马丁（Lamartine）尝论之曰：

克林威尔夫人

“克林威尔之宗教观及政治观，皆由读《圣经》之创见而来。彼以为《圣经》中一字一句，罔非吾人安身立命克己复礼之资，此与一般清教徒同者也。然据克林威尔之意，则人必以上帝之心为心，始能悟《圣经》之真理，而得切实受用。先贤之旧注，师友之提撕，无益也。盖克林威尔之为人，虽惟《圣经》之谟训是遵，然解释《圣经》之权利，则以为在我而不在人也。”

克林威尔抱此见解，故虽信教綦笃，仍有独立不惧之精神。养晦待时，已负霖雨苍生之怀抱。每来复日，则集市民于礼拜堂，为说社会之腐败，家国之阽危。而以献身上帝拯救时艰为勖，立言恳挚，闻者咸感动。他日从其麾下，披克林威尔成婚后，闲居在家，侍奉母亲共十年，先后生了子女八人，真可谓是“萱闱日永，玉树枝繁”。他辛勤地耕种先祖留下的田业，热心于地方的公益事务，可以说是过着恬淡静穆的乡绅生活。他所牢牢谨记，朝夕吟诵的，则是新、旧约《圣经》。而对于《圣经》的见解，他总是高人一等。拉马丁（Lamartine）曾这么评价他说：

“克林威尔的宗教观及政治观，都是由读《圣经》后得到的创新和见解。他认为《圣经》中的一字一句，无不是我们安身立命、克己复礼的资本，这是与一般的清教徒相同的看法。然而根据克林威尔的理解，他认为人必须以上帝之心为心，才能够领悟《圣经》的真理，从而得到切实的受用。先贤们旧的注解，师友的提携，是没有益处的。因为克林威尔为人处事，虽然一切都是遵照《圣经》的教导，但是对《圣经》解释的权利，他认为在于自己而不在于他人。”

克林威尔持有这样的见解，所以他虽然信教虔诚，但仍有独立不惧的精神。他暂时的隐居，是在等待时机，他已有了泽被苍生的抱负。每到星期天，便在礼拜堂召集市民陈述社会之腐败、家国岌岌可危的状况，而又以献身上帝、拯救时艰来勉励市民。他的发言诚恳真挚，听闻者没有不为之感动的。后来，投奔到他的麾坚执锐，以效命于疆场者，皆此时礼拜堂中听讲之市民也。至一千六百二十八年（明崇祯元年，民国前二百八十四年），选任国会议员。于是克林威尔之政治生涯，乃始发轫。

【批评】

人必有学养而后能有作为。伊尹莘野躬耕，诸葛武侯隆中高卧，与克林威尔十年侍母，皆于学养功夫，讲求有素。是以出而问世，能举重若轻绰有余力。若学养未深而欲轻任天下事，则好爵之羁縻，足以丧其守；艰巨之猝集，足以焚其神，未有不贻折鼎覆餗之饥者。此孔子所以举隐居求志于行义达道之先也。

克林威尔谓解释《圣经》之权，在我而不在人，此佛学所谓"顿悟"，阳明学所谓"良知"也。以顿悟之所得，行良知之所信，则知行合一，当仁不让。六经皆我注脚，举世惟我独尊，自不至屈己徇人，进退失据。日本维新功臣，多禅宗及王学中人，即此理也。彼拘文牵义，死在句下者，虽学富五车，亦何从得一些受用来？

曾文正有言："转移习俗而陶铸一世之人，非特处高明之地者然也。凡一命以上，皆与有责焉者也。"观克林威尔居下，为他披甲执矛、效命于疆场的，都是当时在礼拜堂中听他演讲的那些市民。至1628年（明崇祯元年，民国前二百八十四年），他当选为国会议员。于是，克林威尔的政治生涯便由此开始。

【评论】

人必须在有学问修养后，才能有所作为。伊尹躬耕于莘野，诸葛亮隐居于隆中，与克林威尔十年侍奉母亲一样，都是学问修养，已非寻常。所以他们出山治世，能够举重若轻而有余力。如果是学问修养未深，却想要担任天下事，那么官位的牵绊，足以使人丧失操守；艰巨的任务突然来临，足以让人思绪焦虑不知所措，没有不因为能力不足难以胜任而不失败的人。这就是孔子之所以在依义贯彻自己的主张之前先隐居，以保全自己志向的原因。

克林威尔说解释《圣经》的权力，在于自己而不在于他人，这正是佛教所说的“顿悟”、阳明学派所说的“良知”啊。以顿悟的认识来实践“良知”的信义，可以知行合一，当仁不让。如果六经都按照我的理解注释，全世界惟我独尊，就不会委屈自己来取悦他人，使得进退两难。日本明治维新的功臣，大多是学习禅宗和王阳明学说的人，就是这个道理。那些拘泥于书本，不知灵活变通的人，即使是学富五车，又有何受益呢？

曾国藩在《原才》一文中说：“移风易俗和栽培造就一代人才，并非仅仅是身居显贵之人的事，凡是有一官半职的人，都有责任参与此事。”我们看克林威尔闲居在乡野讲学，使得敦厚朴实的乡讲学，可以使敦朴之市民，成貔貅之劲旅，陶铸人材之效，亦大可见矣。吾国今日人心堕落，政纪陵夷，言救国者几于无从着手。惟讲学一事，犹为士大夫力之所及，可各随其地位而为之。虽于政治上未必能收速效，而化民成俗，起敝振衰，其间接裨益于国家者，亦非浅尠。有志之士曷兴乎来？

市民成为如貔貅一样勇猛的劲旅，栽培人材的效果是非常显著的。我们国家如今人心堕落，政治衰败，想要投身救国的人却无从着手。只有讲学这件事，是士大夫力所能及的，可按照他们的地位施行，虽然在政治上未必能立即见效，但是对移风易俗，提振疲敝的时局，间接使国家受益的好处也是不小的。这样有志之士，怎么会不多起来呢？

第五章 查理士与国会

克林威尔之入国会，则正查理士与国会相持，以酝酿革命之时也。王信神权统治说，以为国会存废，国王有独断之权。其宠臣伯京罕（Buckingham）辈，复炀灶而拥蔽之。故即位甫二年，已解散国会二次。王虑国民怨己，因与法兰西开战，冀泄民气于域外。顾其结果则英师败绩，国帑空虚，舆论益愤激。王不得已，乃以政费问题，召集第三次国会。而克林威尔亦于是时以古朴之衣冠，列席于下院。

此第三次国会中，有英国宪政史上特笔大书之一事出现，则所谓“权利请愿书”（The Petition of Right）是也。书中罗举查理士非法征税、逮捕无辜、滥行军法、屯兵民宅四弊政，必王宣誓勿再犯，始为通过政费案。盖民党诸议员惩查理士之屡失信，以此为供给政费之要盟者。王允之。然逾年仍反汗，且命宪兵围院，捕民党领袖伊略脱（Eliot）辈，下诏狱瘐死。而第三次国会亦遂解散。

克林威尔在此次国会，沉机观变，未尝轻作政谈，惟于宗教问题，则特为尽力。其第一次演说，即力攻监督宗之离经叛道。监督宗者，盖当时英伦之国教，为查理士煽专制之虐焰，而长老宗及清教徒所认为公敌者也。克林威尔生平为此一大事出世，故靖献国家亦从此处入手，而后此掀天动地之事业，基于是矣。

克林威尔进入国会，正是查理士一世与国会相持不下的时候，也正是酝酿革命的时候。国王坚信神权统治的说法，认为国会是否保留，国王有独断的权力。他的宠臣伯京罕（Buckingham）等人，又佞幸欺瞒国王。所以查理士即位刚二年，已两次解散国会。国王担心人民怪罪他，于是向法兰西开战，希望以此将民怨转移到国外。但结果是英军战败了，国库因此空虚，民情舆论日益激愤。查理士一世不得已，便就政府经费问题召开了第三次国会。而克林威尔也在这个时候，以古朴的衣冠，列席于下院。

在这第三次国会中，有英国宪政史上值得大书特书的一件事出现，即所谓的“权利请愿书”（The Petition of Right）。书中罗列了查理士一世非法征税、逮捕无辜、滥行军法、屯兵民宅等四项不正确的政治措施，必须由国王宣誓不会再犯这些错误，才可以通过政费提案。民党的议员们为了惩罚查理士一世屡次失信，以此作为供给政费的约定。国王答应了。然而一年后，国王就反悔食言收回了成命，并且命令宪兵包围了国会，逮捕了民党的领袖伊略脱（Eliot）等人，下诏打入监牢，最后病死在狱中。而第三次国会也随之解散。

克林威尔在此次国会时，静观时局之变，未曾对政治轻作议论，只是对于宗教问题，则特别尽力。他第一次演说，就痛斥监督宗之离经叛道。监督宗，一直以来是英国的国教，为查理士一世鼓吹专制的残暴气焰，而长老宗及清教徒都以其为公敌。克林威尔生平因为这件大事而为世人认识，所以尽忠于国家也是从此处入手。而后来那些惊天动地的事业，也都是以此为基础的。

第三次国会解散，英国无国会者十一年。克林威尔亦悄然归里，重享乡居之生活。一千六百三十年（明崇祯三年，民国前二百七十八年），任本市保安委员。遇王室庆典，不肯出贺，罚金十镑去位。乃斥恒丁敦故庐，迁居于圣埃佛（St. Ive）市。市在奥士河下游，地宜畜牧。克林威尔日与老妻幼子，牧牛羊于场圃中，庭户萧然，生涯寥寂，一若国政之蜩螗鼎沸，无与己事者，惟其卫教之热情，则较前更烈。尝与友人书，述其感想曰：

“余今殆处于黑暗世界中，而余亦安之而无怨，然上帝必不弃余。上帝之延长此黑暗时期也，殆欲验余卫道之决心。余必能赖上帝之呵护，出黑暗而睹光明也。”

观右书所述，则克林威尔在此十一年中，所以能蒙难坚贞，养成独迈孤往之品格，以自度度人者，抑有由矣。

此十一年中，查理士无国会掣肘，法外之课税益繁。有强迫公债、报效金等目，而其最为国民注目者，则为克林威尔从兄汉布顿（Hampden），力争船税一事。旧制沿海之民，应准其财产纳船税，以供国王建造军舰。顾查理士之征此，乃未造一舰，且扩其区域于内地，故民党力拒之。时汉布顿应课十二先令，抗不纳。政府讼诸法庭，历时三年，汉布顿第三次国会解散后，英国没有国会的时间长达十一年。克林威尔也回到故乡，重新开始了享受乡下闲居的生活。1630年（明崇祯三年，民国前二百七十八年），他出任本市的保安委员。当时正值王室庆典，他不肯出面祝贺，被处以十镑罚金而去职。于是他离开了恒丁敦故居，搬迁到了圣埃佛（St.Ive）市生活。圣埃佛市在奥士河下游，土地适宜畜牧。克林威尔每天在园圃中，与妻儿放牧牛羊，生活简单清苦，仿佛纷扰不宁的国政世事都与己无关，惟独对于保卫教义的热情，却比以前更加强烈。他曾写信给友人，表达了他的感想：

“我现在不幸处于黑暗的世界之中，但也能安于现状而没有怨恨。然而上帝绝不会抛弃我。上帝延长这段黑暗时期，大概是想考验我卫道的决心吧！我一定能依赖上帝的呵护，走出黑暗而看到光明。”

从他信中所说的来看，克林威尔在这十一年中，之所以能遇到困难而秉持信念，养成这样独立而坚毅的品格，修炼自身进而普度众人，是有原因的啊！

这十一年中，查理士国王没有了国会的掣肘，违法新增征收的税目更加繁多。有强迫公债、报效金等项目，而最为国民注目的，则是克林威尔的堂兄汉布顿（Hampden）力争船税一事。按照旧的规定，沿海之民应核准其财产来缴纳船税，以供国王建造军舰。然而查理士征收这个税后，竟然未造一舰，并且将征税区域扩大到了内地，所以民党全力反对。当时汉布顿应缴纳税币十二先令，但他坚决不缴纳。政府将他诉讼到法庭，官司历时三年，汉布费讼费三千余镑，卒败诉。然因此而汉布顿遂为国会党之首领。后此克林威尔以长期国会议员，为革命军之首领，亦出于汉布顿之提携为多云。

【批评】

查理士之失策不一端，而屡次解散国会，则失策之尤甚者也。盖解散以后，势不得不再集，而再集之时，前会中之反对政府者，必仍为民望所归，而获再选。则其反对政府必益烈，而政府之媾怨于民亦益深，两方面各趋极端，或别出他途以求逞，此革命之祸所由起也。近世各国宪法，元首多有解散国会之特权，顾非万不得已，必不敢轻用，亦鉴于查理士之覆辙耳。

克林威尔为议员归，仍隐居牧羊，萧然如平时，此为其忍耐心不可及处。天下惟大忍者始足称大勇，故处则能坚，遁世无闷之怀，出则能胜宏济时艰之任。读其与人书，所谓“上帝以黑暗时期验余卫道之决心”一语，其锻炼之功，救世之心，何等真切！与彼根柢浅薄，随波逐流者，固不可同年语矣。

克林威尔既反对王室，则虽于庆贺之末节，亦不肯稍稍迁就。若以圆熟软媚者处之，吾知必援小德出入以自解。其顿支付的诉讼费达三千多镑，最终败诉。然而，经过此次事件后，汉布顿成为了国会党的首领。后来，克林威尔能长期担任国会议员，成为革命军的首领，也都是由于汉布顿多加提携。

【评论】

查理士的失策并不只这一件事，尤其是多次解散国会，更是失策。国会解散以后，迫于形势不得不再成立，但是再次召集的时候，前国会中反对政府的那些人，必定仍会是民望所归，因而会再次当选。这样，他们反对政府的态度也一定会更加强烈，而政府与民众之间的结怨也就会更深，两方面都将难以调和，从而变得更加极端，或者是另外想别的方法来达成目的，革命的祸端也就因此而起了。近代各国宪法，元首大多有解散国会的特权。但不是万不得已，他们必然不敢轻易使用，这也是考虑到不敢重蹈查理士覆辙的缘故。

克林威尔当选议员后回到故乡，依旧隐居牧羊，和以前一样悠闲，这是他的忍耐心让人无法企及的地方。天下只有能大忍的人，才当得起大勇的称号，所以处事时能坚持逃避世俗没有烦忧，出仕时能够胜任匡扶时世的艰难任务。读他写给朋友的信，他所说的“上帝以黑暗时期验余卫道之决心”一语，便可看出他磨练自己所下的功夫、挽救世人的心情，是何等真切！与那些根基浅薄、随波逐流的人，当然不可相提并论。

克林威尔既然反对王室，那么对于庆贺这种细枝末节的事情，也就不肯稍稍迁就了。如果是圆滑媚骨的人对待类似的事情，不见卖于金钱，屈节于权势者几希矣。吾辈欲自尊人格，最当于此等处立定脚跟。

汉布顿以不纳十二先令之非法课税，至出三千镑之讼费以争之，在吾东方人眼光视之，必有大惑不解者。不知此正权利思想之好模范，而盎格鲁撒逊民族之特性所由表著也。盖权利为人格之保障，非金钱上之数量所得比拟。汉布顿之以三千金镑，争此十二先令者，非争此十二先令之税额也，亦为国民争人格耳。人人能自保其人格，则专制政府尚有存在之余地乎？

我想他一定会援引不拘小节的话来为自己辩解。能够面对金钱而不见利忘义，面对权贵而不丧失气节的人已经太少了。我们要想尊重自己的人格，就最应该在这些方面立得住脚跟。

汉布顿因为坚决不缴纳十二先令的非法税收，甚至付出了三千镑的诉讼费来与之抗争，用我们东方人的眼光来看，一定有人对这大惑不解。殊不知这正是权利思想的好模范，而盎格鲁撒逊民族的特性也由此显露无疑。因为权利是人格的保障，而非金钱的多少所能比拟。汉布顿之所以用三千金镑来争这十二先令，并不是争这十二先令的税额，也是为国民在争人格啊！如果人人能自保自己的人格，那么专制的政府还能有生存的余地吗？

第六章 国会军

查理士既三次解散国会，于政治上则征非法课税，于宗教上则行强迫信仰，亦几几达其神权统治之目的矣。未几，苏格兰清教徒，以反对英伦国教起暴动。查理士用兵镇之不利，军费大绌，因于一千六百四十年（明崇祯十三年，民国前二百六十八年）召集第四次国会。会开于是年四月，越三星期，仍以反对政费案解散。时克林威尔则剑桥大学选区之代表也。史称此谓“短期国会”。

国会则解散矣，然查理士终不能避过国会之一关而别得政费也。其强迫公债、报效金以及船税等种种朝三暮四之政策，非可以终欺权利思想发达之英民也。于是查理士复于短期国会解散后之六月，召集第五次国会。此第五次国会，则即后此以行政会议之名义，支配全英，而历时至二十年之久者也。史称“长期国会”。

长期国会开，克林威尔仍为剑桥选区之代表。以彼寝馈于《旧约》者二十余年，古貌古心，孤芳自赏。纵横捭阖之材，舌战口辩之词，固非其所长，然人皆敬其真诚。其潜势力遂日盛，有时偶登演坛，尤能以横厉无前之气，先声夺人。华威克（Warwick）尝于《旁听录》中状之曰：

“余今晨赴院，见一未知名之绅士，登坛演说。是人身躯伟岸，衣粗敝之衣，佩长剑，面作深绛色，发声尖锐而语查理士在第三次解散国会后，在政治上则非法征税，在宗教上则强迫民众信仰，也差点就达到他神权统治的目的了。不久，苏格兰的清教徒，因为反对英伦国教而发动了暴乱。查理士派军队镇压却没有成功，军费也严重不足，因此在1640年（明崇祯十三年，民国前二百六十八年），他召集了第四次国会。这次国会于这年四月召开，三个星期后，仍然因为国会反对政费案而被解散。当时克林威尔是剑桥大学选区的国会议员代表。历史上称这届国会为“短期国会”。

国会虽然已经解散了，但是查理士一世始终无法绕过国会这一关，而从别处得到政府经费。他强迫收取公债、报效金，以及船税等各种反复无常的政策，并不能始终愚弄和欺骗权利思想已经发达的英国民众。于是查理士一世又在短期国会解散后的六月，召集了第五次国会。这第五次国会，则在这之后以行政会议的名义掌控了全英国政权，历时长达二十年之久。史称这届国会为“长期国会”。

长期国会召开时，克林威尔仍然是剑桥大学选区的代表。因为他认真研读《旧约》达二十多年，所以相貌和性情也具有了古人的风格，忠直清高。虽然纵横捭阖能力和舌战口辩不是他擅长的，但是人人都敬重他的真诚。他潜在的势力于是日渐兴盛，有时偶尔登上演讲坛，特别能以凌厉的气势先声夺人。华威克（Warwick）曾在《旁听录》中描述他说：

“我今天早晨到国会去，见到一位不知名的绅士，登坛演说。此人身躯伟岸，身穿粗陋简朴的衣服，腰佩长剑，脸色为深绛色，无伦次，似陂陀小山中，忽遇奇峰突出者。盖其人全身精神均贯注于演题中，自不觉其立言之慷慨而激昂也。”

此为克林威尔提议请释黎尔般（Lilburne）时之情形。黎尔般者，亦当时民党健将，以忤查理士下狱者也。其后斯屈罗特（Strode）提议每年例开国会案，伦敦市民请愿废止国教案，克林威尔均首赞之。而历史上有名之“大抗议”（The Grand Remonstrance），尤非克林威尔无以底其成。大抗议者，国会对于查理士之宣战书也。其导火线，实发于爱尔兰之乱。初爱尔兰旧教徒，以反对英伦国教，杀新教徒数万人。然国会议员以查理士夙袒旧教，反疑出其指使。故乱信传来，对于查理士，又增一层恶感。克林威尔于大抗议提案时，尝告其友人曰：

“使此案而被拒者，余必尽斥所有，作异国之鬼雄，誓不复见英伦。”

盖其万死不顾一生之计，已决之于此时矣。

大抗议既不得要领，查理士复有逮捕议员之举。克林威尔因提出戒严动议，主征集民兵，据英伦各要塞。复输其家赀，为备王及征爱之军实。于是国会军之组织成，革命之形势，迫于眉睫。时为一千六百四十二年（明崇祯十五年，民国前二百七十年），克林威尔年四十三岁也。

声音高昂却又语言杂乱无条理，就像在崎岖不平的小山中，忽然看到突出的奇峰。此人全部精神均贯注于演题中，并不觉得自己的话是多么慷慨而激昂。”

这是克林威尔提议请求释放黎尔般(Lilburne)时的情形。黎尔般，也是当时民党的一员健将，因为触犯了查理士而被抓入监牢。之后斯屈罗特(Strode)提议每年依例召开国会案，伦敦市民请愿废止国教案，都得到了克林威尔的大力支持。而历史上有名的“大抗议”(The Grand Remonstrance)，更是没有克林威尔的相助就不会取得成功。大抗议，是国会对查理士一世的宣战书。其导火线，实际上是因为发生在爱尔兰的暴乱。当初爱尔兰的旧教徒因为反对英伦国教，残杀了数万新教徒，然而国会议员因为查理士向来偏袒旧教，所以怀疑这次也是出自他的指使。所以谣言传来，大家对于查理士更加厌恶。克林威尔在大抗议提案的时候，曾告诉友人说：

“如果这个议案被拒绝，我必将倾尽所有，哪怕是成为异国的鬼雄，发誓也不再返回英国。”

可见他为此万死不辞的打算，在这个时候已决定了。

大抗议没有抓住关键，查理士便又开始了逮捕议员的行动。克林威尔因此提出戒严动议，主张征集民兵，抢占英国各要塞。随后他又捐出自己的家财，以防备国王及充实征伐爱尔兰军队的器械和粮食。于是国会军的组织成立，革命的形势都迫在眉睫。当时为1642年(明崇祯十五年，民国前270年)，克林威尔四十三岁。

【批评】

“不出代议士，誓不纳租税”，此泰西各国民抵制专制政府之格言也。故虽查理士之予智自雄，及其度支告匮，终不得不乞怜于国会，后进立宪国。若能师其成法而善用之，明权利义务之界限，立监督财政之机关，则自足使政府奉公守法，惟民意之是尊，正不必决之于兵戎也。

华威克之议场旁听录，颇能写出克林威尔之人格，即品性之木强，与目的之单纯是也。惟品性木强，故不至为时风众势所移；惟目的单纯，故不至为利害生死所惑。古来英雄豪杰，能大刀阔斧特开一新局面者，大都得力于此。若于世故计较太深，则无一事可为矣。

庄生有言：“两喜必多溢美之言，两怒必多溢恶之言。”个人心理然，群众心理亦何莫不然。故善为治者，务在保持国民之感情，使不至横决旁溃，至虽有善政，亦无从收拾。如爱尔兰旧教徒之乱，固属查理士宗教政策之反动，然谓其嗾使旧教徒以自毁其所保护之国教，则决无是理。而国民积怨既深，则任遇何事皆可归狱。政府为革命之媒介，于是非疑似间，往往不暇辨别。是可知众怒之难犯，而国民之恶感之可惧矣。

【评论】

“不选出代表，绝不纳租税”，这是西方各国民众抵制专制政府的口号。所以，虽然查理士自认聪明，等到后来国家开支极度匮乏时，却不得不向国会请求援助，而后来国家也成了立宪制国家。如果他能学习已经实践过的成功经验并且好好运用，明确权利和义务的界限，设立监督财政的机关，那么自然能够使政府奉公守法，时时处处尊重民意，事情也就没必要用武力来解决了。

华威克的议场旁听录，颇能写出克林威尔的人格，即品性的质直刚强和目的之单纯。惟有品性刚强，才不至于被社会风气和众人的喜好所动摇；惟有品性单纯，目的才不会被利害生死所疑惑。自古英雄豪杰，能大刀阔斧开创新局面的，大都得力于此。如果对于世故过于计较，只会一事无成。

庄子说：“双方欢喜，就会有过分的赞美之词；双方积怨，就会有过分的指责之言。”个人的心理是这样，那么群众的心理又何尝不是这样呢？所以治国有方的人，最紧要的是保持国民的感情，使之不会冲破常规，失去控制，以至于虽然有好的政策，却也无从收拾。就如爱尔兰旧教徒的祸乱，固然是因查理士宗教政策过于反动造成的，然而他煽动旧教徒以自毁的方式保护国教，则决没有这样的道理。而国民积怨越来越深，那么无论遇到什么事情都可能被判入狱。政府是革命的媒介，在对错和难以判断真伪的情况下，往往会顾不上仔细审辨。由此可知，百姓的怨怒不可轻易碰触，而国民对此的深恶痛绝更是可怕。

第七章　革命

一千六百四十二年（明崇祯十五年，民国前二百七十年）八月二十二日，查理士奔诺定昂（Nottingham），举兵敌国会军。是为英国革命史开幕之始。时英伦西北部贵族旧教徒、国教徒助王，其众蓄长发，鲜衣怒马，号为骑士；伦敦及东南部平民、工商、长老教徒、清教徒附国会，其众剪发四垂成圆形，号圆颅党。初，王党多骁将，亲王闾巴德（Rupert），尤英勇善治军。而国会军则自市井中招募而来，驽劣不任战斗。是年十月，两军遇于爱智赫（Edgehill），国会军败绩，死伤甚众。明年六月，王将霍布敦（Hopton）于西部连得胜，其别将纽卡西（Newcastls）又败国会军于阿杜尔东（Adwalton）。查理士继至，三路会师，伦敦且旦晚下。会克林威尔率东路同盟军至，败王师于根斯波罗（Gainsborough），断其首尾，查理士始退驻鄂斯福（Oxford）。

东路同盟军者，瑙福克（Norfolk）、塞福克（Suffolk）、厄塞克斯（Essex）、剑桥、黑德福（Hertford）、恒丁敦、林肯（Lincoln）七郡所合组之联防军也。其后克林威尔战胜攻取，罔不得力于是军。而其组织历史，尤与他军不同。先是国会军之败于爱智赫也，克林威尔尝语汉布顿，曰：

“军事之胜负，决于精神者也。以此种市井轻薄儿，

1642年（明崇祯十五年，民国前二百七十年年）8月22日，查理士奔赴诺定昂（Nottingham），率兵抵抗国会军。这就是英国革命史的开始。当时英伦西北部贵族旧教徒、国教徒站在国王一边，他们蓄着长发，军装齐整，战马强壮，号称为“骑士”。伦敦及东南部的平民、工商业者、长老教徒、清教徒等归附国会军，他们把头发剪成圆形，四面垂下，叫做圆颅党。开始的时候，国王的阵营中有很多骁勇之将，亲王闾巴德（Rupert）尤其英勇，善于治理军队。而国会军则大多是从民众中招募来的，军备很差，远远不能满足作战的需求。这年十月，两军在爱智赫（Edgehill）相遇交战，国会军战败，死伤惨重。第二年六月，国王军中大将霍布敦（Hopton）在西部连连获胜，配合主力军作战的别将纽卡西（Newcastls）又在阿杜尔东（Adwalton）打败了国会军。查理士跟着也到了，三路军队会师，攻下伦敦只是早晚间的事。正好这时克林威尔率领的东路同盟军抵到了，在根斯波罗（Gainsborough）击败了国王军队，并截断了国王军，使其首尾不能兼顾，查理士这才不得不退兵驻守鄂斯福（Oxford）。.

东路同盟军，是由瑙福克（Norfolk）、塞福克（Suffolk）、厄塞克斯（Essex）、剑桥、黑德福（Hertford）、恒丁敦、林肯（Lincoln）等七郡所组合而成的联防军。此后克林威尔战胜国王军，攻城掠地，无不得力于这支军队。而它的组织历史，更是与其他军队不同。之前，当国会军在爱智赫被国王军打败时，克林威尔曾告诉汉布顿说：

“战斗的胜负，取决于战斗精神。让轻佻的市井之徒与爱惜而与爱名誉富胆略之绅士战，其精神先远不敌，胜负之数，又何待于蓍龟尔！欲战胜王党，不可不先求抵制王党之精神也。”

克林威尔既以精神为胜负之前提，故其东路同盟军之组织，亦于精神之结合，特为注意。夫王党虽无道，然血统之关系，阀阅之尊严，皆可以固结精神而为负嵎之抗，所谓“百足之虫，至死不僵”者也。克林威尔信清教，以为是可以清教之精神胜之，因以此为募兵之唯一条件。凡东路同盟军人中，自将校以至下士，殆无一非清教徒也。军中每日必行祈祷礼，出战则唱赞美诗，全队兵士，相爱如昆弟。有某队长者，素不娴军事，人以只知祈祷不知战斗讥之。克林威尔曰：

“否。人之最善祈祷者，必其最善战斗者也。”

其言果历验不爽。盖此种善于祈祷之兵士，自出战以来，固无往而不胜也。东部同盟军初募集时，得战马八十具，兵士同之，其势力甚微。然克林威尔身先士卒，感之以至诚，故每临阵，无不人人死战，一以当百。其纪律尤极严明，虽为敌军所挫，行列仍整齐，非有克林威尔之后命，不稍动。当爱智赫之役，国会军败于王党，全师大乱，其殿后而归。秩序完整者，即此少数之东路同盟军也。其后兵额渐名誉而又胸怀胆略的绅士战斗，在精神上就先已经败了，胜负的结果，不用占卜也能知道了。想要战胜国王军，不可不先具有抵制国王军的精神。”

克林威尔坚持以精神作为战争胜负的前提，所以他率领的东路同盟军，就特别注意与战斗精神的结合。国王党虽然无道，但是由于血统的关系，以及家族的尊严，他们都能够稳定精神而负隅顽抗，这就是所谓的“百足之虫，至死不僵”。克林威尔信仰清教，认为可凭借清教的精神而战胜国王军，因此把这当作了招募士兵的唯一条件，凡是加入了东路同盟军的人，从将校一直到下士，没有一人不是清教徒的。军中每天必定会举行祈祷礼，出战前则歌唱赞美诗，全队的兵士，就像亲兄弟一样团结相爱。有一位队长，向来不精通军事，有的人便讥笑他只知道祈祷而不懂得战斗。克林威尔说：

“不对，那些最善祈祷的人，必定是最善于战斗的人。”

他说的话果然应验不爽。因为这些善于祈祷的兵士，自从出战以来，都无往而不胜。东部同盟军当初刚募集时，仅仅得到八十匹战马，兵士也一样，势力非常弱小。然而克林威尔身先士卒，以至诚的行动感动了士兵，所以每次面对敌军时，士兵们无不浴血奋战，以一当百。他们的纪律极为严明，即使被敌军打败了，队伍行列仍然非常整齐，如果没有克林威尔的后续命令，他们绝不会轻易行动。在爱智赫战役时，国会军被国王的军队打败，全军大乱，东部同盟军殿后而归。回来时，仍然保持秩序完整的，便是这人数很少的东路同盟军。之后东路同盟军的兵额渐渐增多，参战时增，参战亦累得胜，遂于根斯波罗之役，断王师之后援。时则克林威尔方受议院任命，为伊里岛（Ely）知事也。

一千六百四十四年（清顺治元年，民国前二百六十八年）一月，克林威尔以东路同盟军之陆军中将，为国会军副司令。逾月，复为英苏联合军军事委员。是时东路同盟军兵数达万一千人，取希勒斯屯（Hillesdon），进围林肯，转战于北方各郡，势张甚。然王党于他处，犹屡胜国会军。及是年七月，有马斯敦（Marston）之捷。逾年六月，复有耐斯佩（Naseby）之捷。于是战局之形势一变，而东路同盟军，遂长驱直入，势如破竹矣。

【批评】

"军事之胜负，决于精神。"此言最能扼治军之要。彼孙、吴、司马法等书，专从权谋运用着想，犹枝叶而非其根本也。惟专制国之军队，有利禄以为诱饵，有刑威以为劫制，故将帅得人，则士卒用命，一军之精神，亦可转弱为强。而共和国之军队，则人人为国家服务。非将佐士卒，咸具舍身卫国之常识，必不能同甘共苦。维系其精神于不敝，此克林威尔十年讲学之功，所造于英国革命者大也。

克林威尔谓"善于祈祷者必善于战斗"，此虽专从清教也经常获胜，最后在根斯波罗的战役中，截断了国王军的后援。此时，克林威尔刚被议院任命为伊里岛（Ely）的知事。

1644年（清顺治元年，民国前二百六十八年）1月，克林威尔以东路同盟军陆军中将的身份当选为国会军的副司令。一个月后，他又成为了英格兰和苏格兰联合军的军事委员。当时东路同盟军的士兵人数已经达到一万一千人，他们攻取了希勒斯屯（Hillesdon），进兵围困了林肯郡，继而又转战于北方各郡，势力扩张的速度很快。然而国王军队在其他地方，还是屡次战胜国会军。到这一年的七月时，国会军在马斯敦（Marston）取得了大胜。第二年六月，又在耐斯佩（Naseby）获胜。于是战局的形势由此而发生了转变，东路同盟军一路长驱直入，势如破竹。

【评论】

"军事的胜负，取决于军队的精神。"这话最能体现治军的要领。《孙子兵法》、《吴子兵法》及《司马兵法》等书，只是专门从权谋运用着想，只能说是枝叶而不是根本。只有专制国家的军队，以利禄作为诱饵，以刑罚来制约，所以只要能得到将帅之才，那么士兵就能效忠听命，一个军队的精神，也就可以转弱为强。而共和国的军队，则是人人都有为国家服务的信念。如果不是将帅兵士，都具有舍身卫国的认识，必定不会同甘共苦。维系他们的精神信念不失，这是克林威尔十年讲学的功劳，对于英国革命的影响实在太大了。

克林威尔说"善于祈祷的人，必定善于战斗"，这虽然是站在方面说法，实则含义至精，非阅历有得者，不能道其只字。盖战斗之时，必先治其心，使不动，始能齐生死而制利害。而祈祷一事，则以生死利害托命于上帝，而使吾心得所归宿者也。吾国兵家言，托始于黄帝、太公，他如鬼谷、尉缭诸子亦多，与道家相通，亦以道家善于治心故耳。

昔蜀汉昭烈帝败于当阳之长阪，张翼德将二十骑拒后，敌皆不敢近。克林威尔以八十骑战于爱智赫，亦能御优势之敌军，而完其队伍。东西名将，差堪媲美。

清教徒角度的说法，但它的含义非常精到，不是有丰富阅历的人，说不出这样的话。因为作战之时，必须先统一将士的思想，使其坚定不移，才能看淡生死与利害得失。而祈祷这件事，则是把生死利害都托付于上帝，使自己的心灵有了归宿。我国军事家的论述，始于黄帝、姜太公，其他的像鬼谷子、尉缭子等人也有很多，都与道家的理念相通，这也正是因为道家善于调伏人心的原因。

旧时蜀国汉昭烈帝刘备在当阳长阪失利，张飞率领二十余名士兵断后，敌军都不敢靠近。克林威尔率领八十骑兵激战于爱智赫，也能以弱抗强，而队伍几乎没有损失。一东一西的两位名将，几乎可以媲美了。

第八章　马斯敦之战

马斯敦一役，盖英国革命以来空前之大剧战，而亦克林威尔峥荣显头角之时也。故史家尤乐道之。先是查理士与爱尔兰旧教徒媾和，乞师助战。而国会军亦与苏格兰人缔圣约同盟，合组英苏联军，连下诺森勃兰（Northumberland）、窦汉（Durham）诸城，困王将纽卡塞于约克（York）。此一千六百四十四年四月间事也。逾月，东路同盟军总司令曼却斯德（Manchester）亦率师来会，约克城垂下。会闾巴德亲王自兰凯郡（Lancashire）驰至，遂与国会军相持于奥士河上。是为马斯敦大战前之形势，而克林威尔则东路同盟军之副司令也。

七月二日晨五时，天微雨，黑云四垂，鼓角之声呜呜，杂以雷电，马斯敦大泽中，顿现肃杀阴沉之状。是为两军合阵之始。时王师凡三万人，分三队，列阵于泽南之平原；国会军凡二万七千人，亦分三队，列阵于托克威士（Tockwith）迤长之小邱，凭高下瞰，取攻势。对阵三小时，克林威尔突以左翼马队，攻王师右翼之第一阵线，破之。未几，又破其第二阵线。当破第二阵线时，两军血肉相搏，激战甚烈。克林威尔面部中敌弹，伤其目，然仍督战勿稍退。

克林威尔既破王师右翼，则折入中权，冀与他队会合。然其时他队国会军，则方节节败退。其右翼马队，先为王将马斯敦战役，可以说是英国革命自开始以来空前的大激战，也正是克林威尔显露其才华的一战。所以史学家们对此常津津乐道。之前，查理士与爱尔兰的旧教徒缔结和约，请求他们出兵协助作战。而国会军也与苏格兰人缔结圣约同盟，联合组成英苏联军，接连攻下了诺森勃兰（Northumberland）、窦汉（Durhanm）等城，将国王军队大将纽卡塞围困于约克（York）。这是发生在1644年4月间的事。一个月后，东路同盟军总司令曼却斯德（Manchester）率领部队赶来会师，约克城眼看就要被攻下。正好当时闾巴德亲王的部队从兰凯郡（Lancashire）急速赶来救援，于是两军相持于奥士河上。这就是马斯敦大战之前的形势，而克林威尔当时任东路同盟军的副司令。

七月二日早晨五时，天空下着小雨，四周乌云密布，战争的鼓角齐齐鸣响，夹杂着雷电，使马斯敦空旷的大泽中顿时呈现出一片肃杀阴沉的气象。这就是两军对阵时的景象。当时国王军共有三万人，分列为三队，列阵于沼泽南面的平原上；国会军有二万七千人，也分成了三个队，列阵于托克威士（Tockwith）连绵的小丘陵地带，居高临下，采取了主动攻击的态势。两军对阵三个小时后，克林威尔突然率领左边的马队，突袭国王军队右边的第一阵线，并攻破了这道阵线。没过多久，又攻破了其第二阵线，于是两军展开了肉搏战，战斗非常激烈。克林威尔的面部被敌军枪弹击中，伤到了眼睛，但他仍然坚持指挥战斗。

克林威尔大破国王军队的右翼后，便折返回中军地带，希望与其他队伍会合。然而当时其他的国会军，却正在节节败退。其中哥林（Goring）所挫，主将费法克斯（Fairfax）负重伤；曼却斯德及大本营之苏兵，亦见创于王将纽卡塞。闾巴德亲王乘胜进，追奔逐北，国会军几全部溃散。顾当此危急存亡之顷，而克林威尔已率新胜之军掩至。时王师人数倍国会军，结阵亦壁垒森严，无隙可抵。而克林威尔军人人决死志，冲锋突阵，如入无人之境，王师竟断为两截。

王师既为克林威尔冲破，国会军亦散而复聚。克林威尔进据王将哥林阵地，先与苏格兰将勒士礼（Leslie），拔苏兵于重围，旋又破王师马队，与东路同盟军偏将克劳福（Crawford），破其步兵。克林威尔按剑指挥，马首之所瞻，敌兵咸望风溃。战至午后，闾巴德亲王先败，退保约克城。未几，纽卡塞亦陷绝地，率残兵溃围去。迨日晡，马斯敦阵地，遂无敌军踪迹。

是役也，王师战死者三千人。国会军奏凯归，俘敌六百人，军需辎重无算。越二星期，纽卡塞奔日耳曼，闾巴德亲王返兰凯郡，约克城亦为国会军所得。其以一旅之师，鼓全军勇气，而戴得胜之冠者，则克林威尔也。故其威名亦出诸将上，闾巴德亲王尤深畏之，至呼其军为“铁骑”（Ironside）。由是铁骑之名闻天下。

右翼的马队，最先被国王军的大将哥林（Goring）打败，主将费法克斯（Fairfax）负了重伤；曼却斯德以及大本营的苏格兰军队，也被国王军将领纽卡塞击败。闾巴德亲王率军乘胜追击败北的国会军，国会军几乎溃不成军。在这危急存亡之际，克林威尔率领刚刚获胜的军队冲杀了过来。当时国王军的士兵人数是国会军的几倍，他们的阵线也是壁垒森严，几乎无隙可乘。但克林威尔军中的士兵，人人都抱着决一死战的信念，冲锋突阵如入无人之境，国王军竟然被他们断为两截。

国王军队被克林威尔率领的军队冲破，国会军也由分散而重新聚集。克林威尔进攻并据守国王军将领哥林的阵地，先是与苏格兰大将勒士礼（Leslie）一起解救了陷入重重围困的苏格兰军队，随后又大破国王军的马队，与东路同盟军偏将克劳福（Crawford）打败了国王军的步兵。在克林威尔指挥下，其战刀所指之处，敌军望风而逃。激战到午后，闾巴德亲王先败逃，退到了约克城。没过多久，纽卡塞也被逼入绝境，率领残兵突围而去。到了下午，马斯敦阵地终于没有了敌军踪迹。

这次战役，国王军队战死的有三千人。国会军凯旋而归，俘虏了敌军六百人，所获军需辎重难以计数。过了两个星期，纽卡塞到了日耳曼，闾巴德亲王返回了兰凯郡，约克城也被国会军控制。以一个旅的军队，鼓舞了全军的勇气，而最终取得了战争的胜利之冠，这就是克林威尔！因此他的威名此时超过了其他将领，闾巴德亲王尤其惧怕他，以至于称他的军队为“铁骑”（Ironside）。从此之后，“铁骑”的称号名闻天下。

然克林威尔不矜才，不使气，一本其平日信教之诚心，归功于上帝。其与友人书有曰：

“惟英国与教会，获眷佑于上天。故我军得凭藉宠光，奏此大胜利。我军以马队当优势之步兵，剑锋所指，敌军断脰揕胸，死者相枕藉，若有所慴慑，而不敢遁者。此皆上帝之威灵也，非人力之所能为也。”

由斯以观，则克林威尔不特善战，其所以持盈保泰而萌僚佐之猜嫌者，盖亦大有功夫矣。

国会军陷约克后，寻进攻鄂斯福，克之。查理士奔纽勃来（Newbury）。克林威尔皆先登，获首功。顾其时曼却斯德忽主和议，克林威尔为所抑，郁郁不得志。始运动议院，组织模范军。

一千六百四十五年（清顺治二年，民国前二百六十七年）四月，模范军成立。克林威尔以陆军中将，为费法克斯之副，实则其真正之领袖也。而耐斯佩之战，尤非克林威尔之力不及此。时为六月十四日，费法克斯与亲王间巴德战。至日午，死伤已过半。及克林威尔驰至，遂大胜，其所统不过六百马队耳。

耐斯佩之战，国会军俘王师九千人，又驱其骑兵至雷塞斯德（Lecester），查理士精锐悉尽。遂于次年四月，走降苏然而克林威尔不自恃才高，不意气用事，坚持他平日信教的诚心，将一切成就归功于上帝。他在写给友人的信中说：

“只有英国与教会，得到上天的眷佑，所以我军才能够凭借这恩宠的荣光，取得了这次大胜。我军以马队抵挡敌军优良的步兵，剑锋所指之处，敌军头断血流，横尸遍野，若有所惧怕而不敢逃跑。这都是上帝的威灵造成的，而非人力所能为。”

由此可以看出，克林威尔不只是擅长打仗啊。他之所以能身居高位却平安无事，而同僚对他却没有产生猜嫌，也是他日常下了大功夫的缘故啊！

国会军攻陷约克后，继续进攻鄂斯福，并一举攻克。查理士逃奔到了纽勃来（Newbury）。几次战争，克林威尔都是冲在最前面，获得了头等功。但当时曼却斯德却突然主张议和，克林威尔被他压制，郁郁寡欢，志愿无法实现。于是他开始动员议院，组织模范军。

1645年（清顺治二年，民国前二百六十七年）4月，模范军正式成立。克林威尔担任其陆军中将，是费法克斯的副手，其实是这支军队的真正领袖。而耐斯佩战役，如果不是克林威尔，战争也就不会取得那样的结果。当时是6月14日，费法克斯与亲王闾巴德的军队展开了激战。战到中午时分，费法克斯率领的军队已死伤过半。直到克林威尔赶来后，最终获得大胜，而他所率领的兵士不过是六百人的马队而已。

耐斯佩之战，国会军俘虏了国王军九千人，又将国王军的骑兵赶到了雷塞斯德（Lecester），查理士国王的精锐部队全部被歼。

格兰军。逾月，苏军得贿五十万镑，献查理士于国会。国会锢诸罕默佩（Holmby）。而克林威尔亦率师归伦敦，迁居于威斯闵斯德（Westminster）之王街。

【批评】

武王谓“纣有臣亿兆，惟亿兆心。予有臣三千，惟一心”，《六韬》谓“用兵之道，莫过乎一。一者能独往独来”。观克林威尔之御王师，均以偏师取胜，亦以其军皆清教徒，作战于共通目的之下，而得“一”之道耳。世有以势利之结合，逞黩武之野心者，其亦知所返矣。

克林威尔以马斯敦之胜利，归功上帝，此不特善处功名，可杜妨贤害能者之口，实度其作战之前，亦必先有上帝临汝之观念，故能杀敌至果而无所于怯。然则虽谓马斯敦之胜，真出于上帝之助可也。

克林威尔见厄于曼却斯德，能运动议院，改组模范军以伸其志，此为其手腕灵敏处，亦即其涵养深到处。若不能容忍，而蹈项羽杀卿子冠军之覆辙，则内哄立起，而革命之功亦败于一旦矣。

于是在第二年的四月，查理士国王逃奔到苏格兰，向苏格兰军投降了。一个月后，苏格兰军得到了五十万英镑的贿赂，将查理士押送到了国会。国会将查理士监禁在罕默佩（Holmby）。而克林威尔也率军回到了伦敦，迁居到了威斯闵斯德（Westminster）的王街。

【评论】

武王说：“商纣有臣亿万，是亿万条心，我有臣子三千，只是一条心。”《六韬》中写道：“一切用兵的方法，无非精纯专一。军队精纯统一就能不受牵制而无往不利。”我们看克林威尔对抗国王军，他所率领的都不是主力军，却能取胜，这也是因为他的军队都是清教徒，有共同的作战目的，懂得运用众人一心的缘故。世上那些因为势力和利益而相结合、穷兵黩武的野心家，也应该知道有所收敛了吧！

克林威尔将马斯敦战役的胜利归功于上帝，这不仅说明他善于对待名利，可以杜绝小人嫉妒加害的谣言，更是考虑在作战之前，也一定先有上帝保佑自己的观念，所以能杀敌勇猛而毫不胆怯。这样看来，说马斯敦战役取得的胜利，真是因为上帝的神力相助也是可以的。

克林威尔受制于曼却斯德时，却能说服和动员议院的众多议员，争取到他们的支持，改组了模范军以实现他的理想，这是他手腕灵活的表现，也是他涵养深厚的表现。如果他不能容忍，而重蹈项羽杀上将军宋义的覆辙，那么一定会立即发生内哄，而革命的功绩也将毁于一旦。

第九章　查理士被戮

查理士见执，英国革命，亦既告成功矣。顾其时革命军中，方以宗教问题生内哄，故查理士又得构煽其间，为复辟运动。此盖查理士致死之由，亦克林威尔武断政略之先导也。初，国会与苏格兰人合，各设委员执政，以长老宗代国教，清教徒之军队，则别树一帜，号曰独立党（Independency）。时与国会龃龉，然克林威尔力调解之，欲保存此立法机关，以免骚乱，因得相安无事。

至是，国会挟查理士为重，谋复辟甚亟。苏军助之，竟于一千六百四十七年（清顺治四年，民国前二百六十五年）下令解散独立军。于是独立军哗变，而克林威尔亦加入为谋主。其宣言曰："以军队执最高权而无人为主，则英国必陷于无政府；反之而使长老教执最高权，则二次革命之祸亦立见。"即其加入军队方面之理由也。

克林威尔既加入军队，独立军兵变立平，是可见其威德之盛也。逾年，南威尔士（South Wales）及东方一部起兵勤王，克林威尔击破之。未几，苏格兰人亦为王来侵。克林威尔复破之于伯勒斯顿（Preston），追至苏境而还。

时军队与国会所相持不下之问题，则查理士之处置也。独立军方面，主废之为庶人，改建共和政体。而国会则与查理士通款，欲仍奉为共主，建君主立宪政体。故是年查理士被捕了，英国革命也就算是成功了。但当时革命军中正因为宗教问题而产生了内讧，所以查理士又得以有机会在中间挑拨煽动，为复辟王位而奔走活动。这大概是查理士被处死的原因吧，也是克林威尔在政治策略上以权势独断独行的先导。起初，国会与苏格兰人合作，分别设立了委员来执政，以长老宗取代了国教，而清教徒的军队，则另立旗号，叫做独立党（Independency）。独立党当时与国会意见不合，但克林威尔极力调解，想保存这个立法机关，以免引发骚乱，因此双方得以相安无事。

这时候，国会倚仗查理士国王而抬高自己的地位，急切谋划想要复辟。苏格兰军也支持他们，竟然于1647年（清顺治四年，民国前二百六十五年）下令解散独立军。于是独立军发动了叛乱，而克林威尔也加入其中，并成为出谋划策的主要人物。他宣称说："让军队执掌最高的政权而没有人做领导者，英国必定会陷入无政府状态。反之，如果让长老教执掌最高权力，那么二次革命的祸患马上就会再现。"这也是他加入军队方面的理由。

克林威尔加入军队后，独立军兵变立马平息，由此可见他的威望之高。一年后，南威尔士（SouthWales）及东方的一支军队起兵救援君王，克林威尔率军击败了他们。没多久，苏格兰人也为国王之事入侵。克林威尔在伯勒斯顿（Preston）再次击败了他们，追到了苏格兰境内才收兵返回。

当时军队与国会相持不下的问题，是如何处置查理士。独立军方面，主张废黜他为庶人，改建国家为共和制政体；而国会方面，则与查理士通和言好，仍想将他奉为共同的君主，建立君主立之冬，独立军竟以兵围院，尽驱长老宗之议员。其领兵围院者，为陆军大佐朴赖特，史称“朴赖特之洗涤”（Pride’s Purge）。

朴赖特围院以后，独立军留其党五十余人，别设国会，是为娄尾国会（Rump Parliament），言其为长期国会之尾声也。更移锢查理士于军营，以国会命，组织高等法庭讯鞫之。查理士庭辩不屈。逾年，是为一千六百四十九年（清顺治五年，民国前二百六十四年）一月三十日，乃以谋叛罪，处死刑于伦敦之白宫街。刽手取头掀之，大呼曰“反者头也”，又曰“他人有觊觎王位者，视查理士”。众莫不震慄。

查理士之处死刑，克林威尔以第三人署名于判决状。当时军官多以是举为古今奇变，避不出。克林威尔亦迟回不决者累日，最后乃毅然曰：“吾辈为此，将使后世基督教徒，传为光荣之历史；世界专制君主，永存恐怖之纪念。”

意遂定。说者谓克林威尔生平，每不恤犯众人之不韪，而独行其是，皆此类云。

【批评】

国家之事，破坏易而建设难。当破坏时，人人以对待公宪制的政治体制。所以这年冬天，独立军最终发兵围困了国会议院，驱逐了长老宗的全部议员。这次率兵围院的，是陆军大佐朴赖特，史称“朴赖特之洗涤”（Pride's Purge）。

朴赖特围困议院之后，独立军留下自己政党中的五十多人，另外设立了国会，这就是婪尾国会（Rump Parliament），被称为是长期国会的尾声。他们将查理士转移并禁锢在军营中，又以国会名义颁发命令，组织高等法庭对其进行审讯。查理士在庭上为自己辩解，没有屈服。一年后，1649年（清顺治五年，民国前二百六十四年）1月30日，法庭以谋叛罪判处并在伦敦白宫街对查理士执行了死刑。刽子手砍下他的头后高高举起，大声说：“这是反叛者的头！”又说：“凡是觊觎王位的人，查理士就是他们的下场！”民众无不震惊恐惧。

对查理士判处死刑，克林威尔在判决书上以第三人署了名。当时的军官们大多认为处死查理士是古今奇变，纷纷避而不出。克林威尔也多日迟疑不决，最后才毅然下定决心。他说：“我们今天这么做，将会让后世的基督教徒，认为这是一段光荣的历史；让世界上专制的君主们引以为戒，心中常存恐惧之念。”

于是他的决心更加坚定。评论克林威尔生平的人，说克林威尔做事经常不顾是否冒犯众人，而是按照自己的意志独行其事，说的都是这类的事。

【评论】

国家的事，破坏容易，但建设起来却非常困难。当破坏的时敌为事，故其志专，其势顺，其力强，而无权利意气之可争。至破坏之后而言建设，则公敌去而私敌生。使无调和节制之精神，未有不互相水火，为武力专制之前驱者。如英伦之宪政先进国，犹不能逃此公例。况乎于宪政素无经验者，其不可慎所处耶？

克林威尔既得政，即有逐国会长老教徒之举。以立宪政治之原则论之，实不足为训。然彼之为此，一以弥军队之哗变，一以杜复辟之阴谋，与拥兵自卫以驱除异己者，固尚有间。读者谅其志而勿蹈其迹可也。

查理士之为人，其才具正不可及，故虽日暮途穷，身为阶下囚，犹能以权术操纵一部分之人心。然卒不免在断头台上，偿二十余年专制之孽债。“曹孟德固一世之雄也，而今安在？”读东坡《赤壁赋》，令人感叹无穷。

查理士之处死刑，史家有讥独立军过于操切，致起王党负嵎之反动者，而克林威尔则谓可使专制君主永留恐怖纪念。观其后查理士第二虽复辟，至其弟惹米斯第二之世，终为国民所逐，光荣革命（Glorious Revolution）成功。而专制政治，亦绝迹于英伦三岛焉。则克林威尔之言信矣。

候，人人都把对待公敌当作自己的事，所以他们志向专一，情势顺利，力量强大，没有权利、意气的争议。到了破坏之后谈及建设时，大家却因公敌已经除去，而开始出现了私敌。如果大家没有调和、节制的思想，那么没有不相互视同水火而成为了武力专制的先驱者。如那些和英国一样最先实现宪政的国家，都没能逃脱这个规律。更何况是对于宪政毫无经验的人，他能不谨慎对待吗？

克林威尔掌政后，就采取了驱逐国会长老教徒的措施。以立宪制政治的原则来说，这并不值得议论。然而他这么做，一方面可以消弥军队的哗变，一方面可以杜绝复辟的阴谋。这和拥兵自卫来驱除异己的人，有本质的区别。读者应当理解这种精神，却不必重蹈他的复辙。

查理士的为人，其才能无人可及，所以虽是日暮途穷，身为阶下囚，还能以权术操纵一部分人的思想为己所用。然而最终仍难免死在断头台上，以偿还二十多年专制的孽债。“曹操确实是一世枭雄，但现在他在哪呢？”读东坡《赤壁赋》，令人感叹无穷。

查理士被处以死刑，有的史学家嘲讽独立军对这件事操之过急，使得国王党负隅顽抗，但克林威尔却认为这样可以让专制君主永留恐怖的纪念。反观之后的查理士第二，虽然复辟了，但到他的弟弟惹米斯第二世时，最终还是被国民驱逐了，光荣革命（Glorious Revolution）成功。而专制政治，也绝迹于英伦三岛。可见克林威尔的话说得没错。

第十章　共和成立

一千六百四十九年二月，婪尾国会决议，废元老院，除君主世袭制。五月，布建国令，改英伦为共和国，以国会为最高机关，由国民代表组织之；国会之下，设行政会议，以谋人民之安宁幸福，仍受国会裁制。是为英伦共和国（Commonwealth of England）之组织法。而克林威尔则以婪尾国会之议员，兼任行政会员。会爱尔兰王党复起，乃受征爱总司令之职，率师讨之。

克林威尔膺征爱之命，以八月抵杜伯林（Dublin）。阅月，战王党于特洛基达（Drogheda）；又阅月，战于威克斯福（Wexford），均大胜。当时戮降甚惨，诛夷旧教徒，几无噍类，至有“日色暗无光，平野如白纸”之谣。惟克林威尔则以为除恶务尽，上帝之威灵，实式凭之。

一千六百五十年（清顺治六年，民国前二百六十三年），苏格兰亚吉尔侯（Arquill）起兵，将军莽得罗斯（Montrose）助之，迎查理士第二（查理士第一之子）为嗣君，复辟之势复炽。时独立军统帅费法克斯已辞职归田，克林威尔又拜共和国陆海军大元帅，率师征苏。

是年七月，克林威尔抵苏。九月，败苏人于敦巴（Dunbar）。苏兵死者四千人，俘虏万余，莽得罗斯死之。

1649年2月，英国婪尾国会决议，撤销英国元老院，废除君主世袭制。5月，颁布建国令，改英国为共和国，以国会为全国最高权力机关，由国民代表组成。国会之下，设行政会议，来为人民谋求安宁幸福，但行政会议仍受国会约束，这就是英伦共和国（Commonwealth of England）的组织法。而克林威尔则以婪尾国会议员的身份，兼任行政会员。当时正逢爱尔兰的国王党重新得势，于是克林威尔接受任命，担任征伐爱尔兰总司令一职，率军讨伐爱尔兰。

克林威尔接受这一任务后，8月份抵达了杜伯林（Dublin）。一个月后，他所率军队与国王党军在特洛基达（Drogheda）发生激战；又过了一个月，双方在威克斯福（Wexford）再次交战。两次战役，克林威尔所率军队都取得了大胜。当时他对投降的敌军进行了惨烈的屠杀，旧教徒几乎被全部诛杀，以至于出现了“日色暗无光，平野如白纸”的民谣。只有克林威尔认为，除恶务尽，这些全是上帝威灵和意志的显现。

1650年（清顺治六年，民国前二百六十三年），苏格兰的亚吉尔侯（Arquill）起兵叛乱，将军莽得罗斯（Montrose）协助响应，拥立查理士第二（查理士第一之子）继位，复辟的势头死灰复燃。当时独立军统帅费法克斯已辞职归隐，于是克林威尔又被任命为共和国陆海军大元帅，率军队征战苏格兰。

这年七月，克林威尔抵达苏格兰。9月，在敦巴（Dunbar）大败苏军，苏军战死者达四千人，被俘虏的达一万多人，莽得罗斯也

查理士第二

逾年，查理士第二入英伦之北境。克林威尔复以九月败之于窝识特（Worcester），查理士第二微服走荷兰。于是英伦三岛之王党悉平，而克林威尔亦以是月奏凯返伦敦。克林威尔返伦敦，国会议酬庸之典，年予勋金四千镑，并给汉北登离宫（Hampton Court）为私邸。

“去时儿女悲，归来笳鼓竞”，此诚大丈夫得志于时之所为也。虽然，克林威尔军人也，且清教主义之军人也。前此寄阃专征，其责虽重，盖犹军人之力所能了。至于处治平之世而当政治之冲，则与军人之素养，及单纯质直之清教主义，皆非所宜，抑亦克林威尔始愿所不及此也。不意天不肯逸英雄之躬，至克林威尔战胜归来，而英国政界，已老成彫谢，后起无人，非克林威尔不能膺国家之重任。而国会诸君子，复不善运用职权，使克林威尔不得不以治军之手段，解决立法行政之难题。此则君子读英伦保国主时代之历史，所深为共和政治悲，且为克林威尔之盛名惜者也。

战死。第二年，查理士第二逃到了英伦的北部边境。克林威尔于9月份又再次于窝识特（Worcester）大败叛军，查理士第二乔装改扮逃亡荷兰。于是，英伦三岛的王党全部被剿灭，而克林威尔也于当月胜利返回伦敦。回到伦敦，国会为他举行了庆功大典，并决定每年给予他勋金四千镑，且将汉北登离宫（Hampton Court）作为私邸奖励给他。“去时儿女悲，归来笳鼓竞”，这确实是大丈夫实现志向后应该得到的啊！即使如此，克林威尔还是一名军人，并且是信奉清教主义的军人。在此之前，作为统兵的将军在外作战，责任虽然重大，但仍在军人的职责范围；到了太平盛世，身处治理国政的要害部门，则与军人的素养，以及单纯质直的清教主义不是一回事，这大概也是克林威尔之前所没有想到的吧。不料上天不肯让英雄过上安逸的生活，当克林威尔战胜归来时，英国政界大多年事已高或已辞世，后继无人，除了克林威尔无人可以担当起国家的重任。而国会中的各位议员，又都是不善于运用职权的人，使得克林威尔不得不以治军的手段，来解决立法行政的难题。这也是君子读英伦保国主时代历史时，深为共和政治悲哀的地方，也是为克林威尔盛名后感到惋惜的地方。

【批评】

昔白起阬赵降卒四十余万，何晏讥其“要一朝之功而坚诸侯之守”。克林威尔之戮爱尔兰旧教徒，亦何独不然？彼之立意，讵不欲假兵戈之威，使爱人叛弃旧宗，皈依新教。不知威抑愈强，则反动亦愈烈。先民慷慨就义之痛史，适足以鼓其子孙复仇卫道之热情。今者世阅二纪，而爱人犹笃守旧教，至英政府不能不许自治案之成立，又何莫非克林威尔戮降之举种其因乎？而武力万能之说之不足尚，亦可知矣。

居马上得天下，不能以马上治之。故军民分治，实近世立宪国之天经地义。而功成身退，尤开国英雄保全令名之上策。若欲以貔貅、兕虎之材，膺社稷人民之寄，未有不操刀伤手，自误误人者。以克林威尔宅心之公正，禀赋之伟奇，犹不能逃此公例，况乎道德材器之不及克林威尔者耶？其可不知所戒耶？

【评论】

昔日，白起活埋赵国投降的兵士四十多万，何晏讥笑他“以一时邀功的行为而使诸侯们更加坚守抗敌”。克林威尔屠杀爱尔兰旧教徒，与白起又有什么不同呢？他本是想借助兵戈的威力，而使爱尔兰人放弃原来的宗教，而皈依新教。却不知施加的威力压制越强，那么反抗也就会更加强烈。先祖慷慨就义的苦痛历史，足以鼓舞他们的子孙复仇、卫道的热情。现在已过去了两个朝代，而爱尔兰人仍然坚信旧教，使得英国政府不得不允许自治案成立，这又何尝不是克林威尔屠杀举动而种下的因果呢？而武力万能的说法是不足取的，由此也就能得到答案了。

可以从马背上取得天下，却不能在马背上治理天下。所以军民分治，实在是近代立宪国家天经地义的做法。而功成身退，更是开国英雄保全性命和名誉的上策。如果想以貔貅、兕虎的才能，来承担国家与人民托付的责任，没有不因操刀而伤手，自误而误人的。以克林威尔心地的公正、天赋的伟奇，也不能逃脱这个规律，更何况道德材器都不如克林威尔的人呢？他们又怎么能不在这方面小心呢？

第十一章 保国主

克林威尔以百战余生，为开国元老。江淮草木知张万福之威名（唐德宗以张万福为濠州刺史，谓之曰："朕闻江淮草木，亦知尔之威名。"）；西夏小儿，闻刘都护而止哭（宋刘锜为陇右都护，与夏人战屡胜，夏人儿啼辄怖之曰："刘都护来。"），其功名声望，在英伦三岛中，固已无与抗衡矣，然克林威尔尚不敢忘其共和国民之本分。故战胜归来，仍以国会议员，尽力政治宗教之改革，乃不二年而风波激荡，全局尽翻，卒以成保国政府之新形势。此则克林威尔戆直之性情，纯单之思想，其不适于共和政治者固多，抑亦国会之不孚人望有以致之也。

初，英国之宣布共和国也，其时戎马倥偬，国基飘荡，盖未暇为长治久安计。故棼尾国会，遂以五十余任期久满之议员，握立法行政之大权。国民方以抵御王党为事，无如之何也。至是，议员益专横，国民及军队两方面均恶之，屡有解散国会之请。而克林威尔则以议员一分子，运动国会之更选。盖据克林威尔之意，若新国会成立，则旧议员依法退职，而行政立法诸权限，自可迎刃而解，初不必借助于武力也。

棼尾国会以克林威尔之请求，因于一千六百五十三年（清顺治九年，民国前二百四十九年）四月，提出新选举案。

克林威尔以身经百战的余生，成为开国元老。就如同江淮的草木，都知道张万福的威名（唐德宗以张万福为濠州刺史，并说："朕听说江淮的草木也知道你的威名。"），西夏国的小孩，听到刘都护的名字后就都不敢再哭（宋刘锜为陇右都护，与西夏战，屡屡得胜。西夏人听到儿童啼哭，就会吓唬他们说："刘都护来了。"）一样，克林威尔的功名声望，在英伦三岛中，固然已经没有可以与他抗衡的人了，但克林威尔还是不敢忘记自己是共和国国民的身份。所以战胜归来后，他仍以国会议员的身份，全力推行政治与宗教的改革，但不到二年就风波激荡，局面全部翻盘，最终形成了保国政府的新形势。这就是克林威尔戆直的性情、单纯的思想，不适应共和政治的方面固然很多，但也是国会不孚人望而导致的结果吧！

当初，英国宣布为共和国时，国家军务繁忙，整个国家动荡不安，那是因为没有时间来考虑长治久安的策略。所以婪尾国会，就以五十多位长期担任议员的人，掌握了立法行政的大权。国民这时主要精力在抵御王党，所以面对国会，却没有任何办法。这样一来，议员更加专横，民众与军队两方面均厌恶他们，经常有解散国会的请求。而克林威尔则以议员中的一员，在策划着如何进行国会的重新选举。按照克林威尔的意图，如果新国会成立，旧议员就要依法退职，而行政立法的诸多权限，自然就可迎刃而解了，这样一开始也就不需要借助武力了。

婪尾国会也因克林威尔的请求，于是在1653年（清顺治九年，民国前二百四十九年）4月，提出了新的选举方案。但新方案的内顾其内容，则出人意外。凡旧议员均不须更选，继续任职，而新议员资格，则须旧员承认。于是克林威尔知国会终无悔祸之心，解散之意遂决。是月二十日，新选举案方付三读会，克林威尔率卫士守院门。逾时，议长宣告议案成立，卫士入议场，尽驱诸议员出，而二十余年之长期国会，至此遂宣告闭幕。

克林威尔于议员退席时，大呼曰："余尝日夜祷上帝，宁杀吾身而不愿出此。而今终不得不出此者，则君等之迫我为之也。"

言时，容度沉毅，不胜悲愤，盖其积怒于国会者深矣。

婪尾国会解散，英国陷于无政府状态者数月。时克林威尔望重功高，军符在握，实际上已无异君主。因有议以克林威尔之女，与查理士第二联姻，使其以元舅之名，复建君统者。然克林威尔拒之，语人曰："吾辈之解散国会，盖将以同心卫国之诚，昭示世人非藉武力以攘权利也。何得有此不名誉之举？"

盖是时，克林威尔犹不愿以手造之共和，及身而破坏之也。是年七月，行政会议召集新国会。是会议员百四十人，史称雏形国会（Little Parliament），言其仅具国会之形式也。越六月，雏形国会内哄，自辞职。克林威尔乃以行政会议之建容，却出人意外。新方案规定，凡是旧议员都不需要重新选举，继续留任，但新议员的资格，却需要旧议员的承认。于是克林威尔明白，国会始终没有悔悟之心，解散国会的心意便更加决绝。当月二十日，新选举案刚刚交付三读会，克林威尔便率卫士守住了议会院门。不多时，当议长宣告议案成立时，卫士进入议场，驱逐了所有议员，而二十余年的长期国会，至此宣告闭幕。

克林威尔在议员退席时，大声说道："我曾经日夜祈祷上帝，宁愿自己身死也不想这样做。但现在却不得不这样做，实在是各位逼我的呀！"

说这些话时，他表情沉着坚毅，异常悲愤，这是因为他长久以来对国会的怨气已很深了。

娄尾国会解散后，英国长达几个月陷于无政府状态。当时克林威尔威望高，功劳大，又军权在握，实际上和君王已没什么差别。所以，有人因为克林威尔的女儿与查理士二世有婚姻关系，提议让他以元舅的名义，重新建立君主统治国家，但是克林威尔不同意。他对别人说："我们之所以解散国会，是本着大家共同保卫国家的诚意，告诉世人，并非是借助武力夺取权利。又怎么会再做这样有损我们名誉的事情呢？"

这个时候，克林威尔还是不愿亲眼看着自己亲手缔造的共和国被破坏。这年七月，行政会议召集了新国会。此次会议，共有一百四十名议员，史称雏形国会（Little Parliament），是说它仅仅具有了国会的形式而已。过了六个月，雏形国会发生了内讧，议员自议，称共和国保国主（Lord Protector）。至是而英苏爱三邦之统治权，集于克林威尔一身，而共和政体仅存其名义矣。时为一千六百五十三年十二月，克林威尔年五十四岁。

克林威尔为保国主者五年。此五年中，又解散国会二次，其手段亦日趋专制，世颇以是议之。惟政教修明，改订民刑律，提倡大学教育，均卓然有成效。其于整顿风化，尤极注意，凡斗鸡、赛马、赌博及无益之游戏，均有禁，欲以造成清教醇朴节俭之风。论者谓英国承斯跳脱朝之末流，骄奢淫佚，纲纪荡然。克林威尔此等政策，其裨益人心实多云。

【批评】

克林威尔以共和党起，而以保国主终，实为其生平缺憾。然当其苦心孤诣，以调停于国会军队间时，保存共和之心，何尝不切！至国会垄断政权，深闭固拒，于是两方面之意见，背道而驰，而专制之局成矣。此所以共和国民，既须有保持权利之能力，尤贵有调和互让之精神，非专恃气矜之雄，所能济也。

以克林威尔与查理士第二联姻之说，几与王莽为安汉动辞职。克林威尔于是根据行政会议的提议，出任共和国保国主（Lord Protector）的职位。从此，英格兰、苏格兰、爱尔兰的统治权，都集中到了克林威尔一人身上，而共和政体也仅仅只在名义上存在。当时为1653年12月，克林威尔五十四岁。

克林威尔担任保国主五年。在这五年中，他又两次解散国会，他的手段也越来越专制，世人对此也是议论纷纷。但是在他执政期间，政治清明，修订了民刑律，提倡大学教育，这些举措都非常有成效。他尤其注意社会公德和民风习俗的整顿，凡是像斗鸡、赛马、赌博等无益于身心健康的游戏，都在禁止之列，想要通过这些措施来形成清教醇朴、节俭的风气。有评论者说，英国继承了斯跳脱王朝的末代之风，生活放纵奢侈，荒淫无度；法律纲纪，荡然无存。克林威尔推行这些政策，对人们的精神健康实在是益处很多。

【评论】

克林威尔的政治生涯从共和党起家，以保国主结束，实在是他生平的缺憾。然而当他苦心孤诣，在调停国会与军队之间不和的时候，他极力保存共和体制的主张，又如何会不急切呢！到国会垄断政权后，又坚决不接受别人的意见，于是两方面的意见背道而驰，而专制局面也由此形成。所以共和国国民，既要有保持权利的能力，特别是又需具备可贵的具有调和互让的精神，而不是单凭意气用事、骄慢自大所能做到的。

而克林威尔与查理士第二联姻的说法，几乎和王莽成为安汉公事相同。盖人当声势隆赫之时，必有左右近习，出其种种手段，为献媚邀功计。克林威尔人格高尚，幸不为其所惑。然古今之堕其术中而据炉火上者众矣。开国承家，小人勿用，可不慎诸。

国奢示之以俭。克林威尔整顿风化诸政，非特英国当时之良药，抑亦我国今日借镜之资也。振人心，挽末俗，少年有志之士，与有责矣。

公一事相同。因为当人声势隆赫的时候，身边那些受宠的小人就会通过种种手段，献媚邀功。克林威尔人格高尚，所幸没有被这些人迷惑。然而古往今来，被谗言所惑而陷于不义的人太多了。建立邦国，继承封邑，千万不可任用小人，这不得不谨慎啊！

一个国家盛行奢侈之风时，那么领导者就必须带头力行俭约。克林威尔整顿风化等举措，不单单是英国当时的良药，同样是我们现在也应该借鉴的。振奋人心，改良风俗，年轻有志的人士，都有责任。

第十二章　外交

克林威尔所以功盖寰区，英民到今受其赐者，外交之胜利，其尤著者也。计其在位五年间，胜荷兰，联法兰西，败西班牙，凡英国旗之所至，欧洲诸国，无与抗颜行者。自非有过人之才，成竹在胸，谋定后动，又安足以语此？

英荷之战，始于一千六百五十二年，盖英国海上霸权之嚆矢也。先是荷人擅航业，欧洲诸国及英人之商于外者，皆托荷船运载。会英使森约翰（St. John），为荷人所侮。归言于克林威尔，定“海上条例”（Navigation Act），颁诸列国。凡亚、非、美三洲物，非用英船，不得入英境，惟欧货之用本国船者听之。意实以夺荷人航海之利也。故英荷遂开衅。

荷人命万德朗（Von Tromp）统水师侵英，旋又命雷德尔（Ruyter）继之。舰队纵横，缚帚桅竿上，示扫平海面，英师迎战大挫。会水师提督勃雷克（Blake）力破之，得其商船三十，兵船十一，荷军乃退。明年，万德朗败英将猛格（Monk），荷军稍振。而勃雷克宵战于海口，复大破之。遂进兵荷兰洋，斩万德朗，荷兵大溃。于是荷人遣使乞和，愿奉海上条例，如英国命。此一千六百五十三年事也。英人既败荷师，丹麦、瑞典诸国，亦相继通款，遵海上条例。英之克林威尔之所以功盖世间，让英国人民到今天还享受着他当时施政带来的好处，在外交方面的功劳，尤为突出。算起来他在位的五年间，战胜荷兰，联合法兰西，击败西班牙，只要英国国旗所到之处，欧洲各国，都不敢与之对抗。如果不是他有过人之才，成竹在胸，智勇双全，又怎么能这样说呢？

英荷之战，开始于1652年，这是英国建立海上霸权的开端。此前荷兰人擅长航运，欧洲各国及英国人，凡是在海外做生意的，都得依靠荷兰的船只运载。当时英国的使节森约翰（St. John），被荷兰人羞侮，归国后，他向克林威尔汇报了这些情况，于是英国制定了“海上条例”（Navigation Act），公告给欧洲各国。条例规定，凡是亚、非、美洲的货物，如果不是用英船航运的，不得进入英国境内，只有用本国船只运输的欧洲货物，才可以自由航行。条例的意图就是要夺取荷兰人航海的霸权。英、荷两国之间的战争也因此而起。

当时，荷兰人任命万德朗（Von Tromp）统领海军侵犯英国，接着又命令雷德尔（Ruyter）紧随其后入侵英国海域。荷兰舰队纵横海上，在桅杆绑上扫帚，意示他们要扫平海面。英国海军迎战，遭受大败。当水师提督勃雷克（Blake）全力反击，大破荷兰海军后，缴获了荷兰商船三十艘，兵船十一艘，荷军这才撤退。第二年，万德朗打败了英将猛格（Monk），荷兰海军士气稍稍有所提振。而勃雷克又与荷兰海军在港口连夜激战，并击败了荷兰海军。于是进兵荷兰海域，擒杀了万德朗，荷兰海军大败。于是荷兰派遣使者乞求议和，愿遵守英国“海上条例”，听从英国的命令。这是海权，遂甲于天下。克林威尔复命勃雷克率师往地中海，诛捕海盗。勃雷克善治军，约束严明，士卒用命，威名震于列国，人以为克林威尔知人善任之效。

一千六百五十五年（清顺治十一年，民国前二百四十七年），法兰西与西班牙构兵，各遣使来求援。克林威尔以西班牙多旧教徒，恶之。遂遣水师将边恩（Penn），往西印度海，取其属地牙买架（Jamaica）岛。牙买架岛在古巴之南，溪涧纵横，足资灌溉，盖膏腴之地也。时英师又在加斯的海，获西之商船，取其赀装二百万，国用因以大饶。

一千六百五十七年（清顺治十三年，民国前二百四十五年），法相马撒伦（Mazarin）以法之北方海口腾格（Dunkirk），为西班牙所据，乞师于英，谓英若取腾格以归法者，则英之嗣君及其党在法者，愿为英逐之。克林威尔允其请，遂发精兵攻西，取腾格。英法本世仇，以克林威尔是举，有大功于法，故法亦奉为盟主。

是年，克林威尔复遣兵援辟门（Piedmont）。辟门者，居意大利万山中，不与外人通。外人多奉旧教，惟辟门人则宗新教，故撒注（Savoy）人攻之，焚其邑。克林威尔闻之，遣发生在1653年的事。英国人打败了荷兰，丹麦、瑞典等国，也相继表达了友好，愿遵守英国“海上条例”。英国的海权，从此称霸天下。克林威尔又命令勃雷克率海军前往地中海，剿灭海盗。勃雷克善于治军，约束纪律严明，士卒都非常听命，其军队的威名散播于周边列国，人们都认为这是克林威尔知人善任的结果。

1655年（清顺治十一年，民国前二百四十七年），法兰西与西班牙交战，分别派遣使者向英国求援。克林威尔因厌恶西班牙人大多是信奉旧教的教徒，所以派遣海军大将边恩（Penn），前往西印度海，攻占了西班牙的属地牙买架（Jamaica）岛。牙买架岛在古巴南面，河水众多，灌溉十分便利，是一个土地肥沃的地方。当时英军又在加斯的海，截获了西班牙的商船，得到了其二百万的货物财产，英国的国库因此而大大充实。

1657年（清顺治十三年，民国前二百四十五年），法国首相马撒伦（Mazarin）因法国北方的港口腾格（Dunkirk）被西班牙占据，而向英国请求出兵相助，并许诺英国，如果能将腾格夺回，使其重归法国，那么，英国流亡法国的继任君主以及他的党羽，都将被驱逐出法国。克林威尔答应了法国的请求，于是派出精兵攻打西班牙，夺取了腾格。英、法两国本来一直是敌对关系，而克林威尔因为这个壮举，而对法国有大的功劳，所以法国也尊奉英国为盟主。

这年，克林威尔又派部队支援辟门（Piedmont）。辟门，在意大利的群山中，与外界不相通。山外面的人多信奉旧教，惟独辟门人信仰的是新教，因此撒注（Savoy）人攻击了他们，放火焚烧了他吏往理其事，又使水师至地中海备之。辟门人得返故土，奉新教，克林威尔之力也。

综上所述，一则植海上之霸权，一则绝复辟之外援，一则为新教之保障，皆当日英国之根本大计，亦其后称雄于天下之基础也。克林威尔虽享国未永，日不暇给，顾其成就者已如此，夫亦可谓踌躇满志矣。故诗人华留民（Waller）颂之曰：

猗欤吾英海之王，万国琛贶来梯航。
楼船翼翼垂桅樯，式礼英旗礼敢荒。
海若之神御风游，尔力隆伟能相雠。
气吞八荒大九州，与国家同无疆休。
盖纪实也。

【批评】

专制君主每喜用兵域外，冀国民以敌忾同仇之义，化其反对内政之心。如我国之秦始皇、隋炀帝，及查理士当年之战法兰西，皆此意也。不知其用兵之目的，既在祟殖私利，则国民亦断不能激发忠勇，为之效力，甚且因战事之失利，而促成革命之机焉。必如克林威尔之以国权正义为前提，然后师出有名，能受人民之爱护耳。

们的城市。克林威尔听说后，派遣官员前往辟门处理这件事，又命令海军抵达地中海待命。辟门人因此得以回到故土，信奉新教，这都是克林威尔的功劳。

综上所述，克林威尔一是树立起了英国的海上霸权，一是从根本上杜绝了国王党复辟的外援，一是为新教提供了保障。这些都是当时英国的根本大计，也是英国后来称雄天下的基础。克林威尔虽然在位时间不长，每天为繁杂的事务所困，但他却取得了这么大的成就，也可以说是踌躇满志了。所以诗人华留民（Waller）写诗歌颂他：

啊！我大英帝国乃海上之王！万国跋山涉水，前来朝贡。
战舰严整，齐列海疆；敬礼国旗，高高飘扬。
海上之神，驾风徜徉；如此神勇，谁能相抗？
气吞八荒，威震九州；国运不休，万代无疆！
这说的都是实话啊。

【评论】

专制的君主常喜欢征战国外，希望国民能以一致对敌的气概，化解他们对内政不满的心念。例如我国的秦始皇、隋炀帝，以及查理士当年征战法兰西，都是这样的意图。不知道他们用兵的真正目的是培殖人们自私自利的思想，所以肯定也激发不出国民的忠勇之心，为他们效力，甚至会因为战事的失利而促成革命的机缘。一定要像克林威尔那样，以保卫国权、弘扬正义为前提，然弱国无外交。外交者，黑铁耳，赤血耳。使克林威尔无虎将雄师以为外交之后盾，则其植海权、杜复辟、保新教之三大目的，亦徒托空言而已。闻鼓鼙之声而思将帅，我少年军国民，其有意乎？

后师出有名，才能得到人民的拥护。

弱国无外交。外交，只能靠武力与鲜血，没有别的办法。如果克林威尔没有雄厚的军力和勇猛的将士作为外交的后盾，那么他确立海上霸权、根绝国王党复辟、保全新教这三大目标，也只是空话罢了。听到鼓角的声音而思念将帅，我们年轻的将士和国民，你们有这样的想法吗？

第十三章 轶事

李郤特·克林威尔

克林威尔者，天性真挚人也。故不特其功名事业，皆一一自真性情中流出。即其言论丰采，与夫宴居私处时之遗闻轶事，亦足以表著伟大人格，而供吾人取法之资。此亦崇拜英雄者所不可不知者也。

克林威尔长六尺，丰颅隆准，口哆而发修，目作深赤色，奕奕有神，望而知为血性男子。

克林威尔左目上有一黑子。尝令画工写象，工以不适观阙去之，克林威尔呵之曰："画我当画似我者。"人谓克林威尔生平做事，磊落光明，从不欲有一毫假饰，可于此语征之。

克林威尔善决断。筹策既定，人不能移，故能力排反对党而独伸其志。然亦勇于改过。当时虽争论激烈，盛气陵人，及至事过境迁，自知失策，则立表其悔悟歉仄之忱。

克林威尔拙于谈论。友朋晤叙，每喜作粗豪语，无温文尔雅之风。其演说书札亦然，往往任情所之，不修章采，里巷委鄙之言，时出于字里行间，然仍有一种真挚气，动人克林威尔，是个天性真挚的人。所以不仅仅是他的功名、事业，生活中的许多事都是他真性情一一流露的反映。即便是他的言论和神采，以及他闲居在家时的种种遗闻轶事，也足以表现他的伟大人格，可以成为我们效法的榜样。这也是崇拜英雄的人所不可不知道的。

克林威尔身长六尺，大头，高鼻梁，方口，长发，瞳孔深红色，奕奕有神，见到他就知道他是个血性男子。

克林威尔左眼上有一颗黑痣。他曾让一个画工为他画像，画工觉得不好看，于是在画时把它去掉了。克林威尔因此斥责他说："画我应当要画得像我。"有人说克林威尔生平做事磊落光明，从不愿有一丝一毫的虚假伪装，从这句话里便可得到证明。

克林威尔善于决断。谋划确定后，便没有人可以改变他的决定，所以他能够独力排除反对党的抗议，从而实现自己的想法。而且，他勇于改过。当时，他虽然争论得异常激烈，盛气凌人，但事过境迁后，如果发现是自己错了，他便会立即表现出自己悔悟、抱歉的诚意。

克林威尔不善于谈论。与朋友聚会叙旧时，他常常喜欢说些粗豪的话，没有一点温文尔雅的风格。他的演说书札也一样，往往是有感而发，不注重修辞文采，字里行间常有村言俚语，然而不失观感。嗣后卡赉尔尝裒其遗文为一集，称之为“真人”，人谓其品题恰当。

克林威尔不修边幅。当其为议员时，服御朴素不合度，饮食亦极俭啬。及晚岁执国政，乃稍稍尚威仪。其侍卫四十人，尤衣装燿灿，于是共和党又以有变更国体之意疑之。然克林威尔不为动，以为是足以表示英国之光荣。

克林威尔事母至孝。母年九十四终，非其子不欢，故克林威尔虽军国事冗，而定省无或间。性尤喜乡居，臂鹰射猎，皆所擅长。当窝塞斯脱凯旋后，尝再四乞休，顾终不得遂其归田之志者，则责任心督促之也。

克林威尔爱蓄马。凡地中海沿岸诸国之驻使，每年必购亚剌伯巴拨诸马以献，厩中名骏甚富。

克林威尔虽武人，然颇礼重文士，如弥儿顿（Milton）、马佛尔（Marvell）辈，多延聘为秘书。又如哲学家霍布斯（Hobbes）、诗人考雷（Cowley），当时皆以王党被放。克林爱其才，遂获赐环。

克林威尔嗜音乐，引商刻羽，审律甚精。有鄂斯福大学生圭音（Quin）者，以隶耶稣会被黜，尝为克林威尔作歌。克真挚之气，令人感动。后来卡赉尔曾将他的遗文收集汇编成一册书，称之为“真人”，读者都说这个命名十分恰当。

克林威尔平时不修边幅。他在做议员时，衣服和用具都很朴素且略显不适宜，饮食上也非常节约简单。到晚年执掌国政后，他才稍稍注重威仪。他的侍卫有四十人，个个都衣装光彩鲜艳，于是共和党就怀疑他想要变更国体。然而克林威尔不为所动，他认为这样完全可以体现出英国的光荣。

克林威尔特别孝顺母亲。他的母亲终年九十四岁，不见到他就会不开心。所以克林威尔虽然国事、军机都很繁重，但每天对母亲的问候和探望从没有间断。他很喜欢居住在乡下的生活，驯鹰打猎，都非常擅长。当年从窝塞斯脱凯旋之后，他曾经多次提出辞职回家休养，但最终也没有实现回归乡野的心愿，这是他的责任心督促他忠于职守的缘故。

克林威尔爱养马。地中海沿岸各国的驻英国使节，每年都会购买亚剌伯巴拔的马献给他，他马圈中的名马非常多。

克林威尔虽然是军人，却非常尊重文人，就如弥儿顿（Milton）、马佛尔（Marvell）等人，大多被他聘用为秘书。又如哲学家霍布斯（Hobbes）、诗人考雷（Cowley），当时都因为属于国王党而被流放。克林威尔喜爱他们的才华，于是后来他们被赦免了。

克林威尔爱好音乐，讲究音律，对音律很有研究。有个鄂斯福大学的学生圭音（Quin），因为参加了耶稣会而被开除了，他曾经为克林威尔演唱过。克林威尔欣赏他的歌声，因此马上恢复了他林威尔赏其喉佳，立为复其学籍。

克林威尔虽为保国主，仍自谓不背共和政治之原则。尝曰：“共和政治者，为人民利益而设者也，然亦不必由民为政。诚以事之有益于民者，未必尽悦于民心也。”此殆其所以崇尚专制之理由也。

一千六百五十八年（清顺治十四年，民国前二百五十四年）八月，克林威尔罹热症，势剧甚。病中祈祷甚勤，谆谆以国民同心协力为念，无一语及其私。越月，是为九月三日，遂卒，得年五十九。前一日，欧洲飓风大作，舟舶漂没，坏屋拔木，人以为其生非偶然也。

克林威尔既殂，英民葬之威斯闵斯德，丧仪甚隆。旋奉其子李部特（Richard）为保国主。李部特无干略，阅八月辞职。王将猛格遂迎查理士第二返国，复建王政。查理士第二，立诛共和党首领十人，又发克林威尔墓，弃其尸于野。人讥其暴。时有传克林威尔曾传遗命，潜易其尸者。史家以是说与其人格不类，多不信之。

【批评】

天下惟真性情，始能有真事业。克林威尔之为人，虽百孔千疮，瑕瑜互见，然能以真性情含盖之，弥觉醇朴可爱。

的学籍。

克林威尔虽然身为保国主，仍常说自己不会背叛共和政治的原则。他曾说："共和政治是为人民利益而设立的，但也不必全由民众来执政。只要做的事是有益于人民，未必需要处处取悦民心。"这大概也是他之所以崇尚专制的理由吧！

1658年（清顺治十四年，民国前二百五十四年）8月，克林威尔患热症，病情很危急。病中他经常不停地祈祷，很是勤快，总是诚恳地盼望着国民能够同心协力为国出力，没有一句话是为自己考虑的。一个月后，也就是九月三日这一天，克林威尔逝世，终年五十九岁。他去世前一天，欧洲飓风大作，船舶被海浪冲走，房毁树倒，人们都说这不是偶然发生的。

克林威尔死后，英国民众将他安葬在威斯闵斯德，丧礼极为隆重。随后英国人尊奉他的儿子李郤特（Richard）为保国主。李郤特没有才干谋略，过了八个月后便辞职了。国王军的大将猛格于是迎接查理士第二回国，恢复了王权政府。查理士第二重掌政权后，立即下令诛杀了共和党的首领十人，又掘开了克林威尔墓葬，将他的遗骨弃于荒野。人们都讥讽查理士第二的残暴。当时有传说克林威尔曾传有遗命，让人悄悄换掉了他的尸体。史学家认为这个说法和克林威尔的性格不符，大多不相信这个说法。

【评论】

天下只有真性情的人，才能成就真正的事业。克林威尔的为人，虽不完美，优点和缺点并存，但都能以真性情来涵盖，这样更其粗豪处，正其心口若合一处；其专辄处，正其肯负担当处。所谓浑金璞玉，无待于人工之雕琢也。卡赉尔评之为真人，可谓一语破的，无愧知言之选者矣。

克林威尔多过，然能勇于改过。放下屠刀，立地成佛，此其所以不失为君子也。若怙过不悛，甚或援古人之已事，以自文其过，则“孔子出妻，不疑盗嫂”，记载中不足为训之事多矣。吾辈尚友古人，当于此等处加以辨别。

克林威尔论治，颇与开明专制之说相近。此在国家民智蹇浅纲纪陵夷之际，诚亦有时奏效。然天下无绝对之良政治。所谓良政治者，不过在一时代中，合大多数人之心理耳。而欲合大多数人之心理，则少数人之代谋，不如多数人之自为谋，而立宪政治胜矣。况夫国民经立宪政治之陶范，则其智德亦可从实地练习，而自进于优良耶。克林威尔于此一层，似未见到，遂至人亡政熄，不能及身建法治之隆轨，殆不免贤智之过矣。

易尸事近诈谖，克林威尔立品甚高，何至出此。然当时既盛传此说，则必有不忍见英雄之暴骨原野，而以此为无聊之慰藉者。此可见克林威尔盛德感人之深，不得与魏武疑塚事，相提并论也。

加让人觉得他为人的醇朴可爱。他粗犷豪迈的地方，正是他心口合一的表现；他独断专行的地方，也正是他肯担当责任的表现，就好比天然的黄金、玉石，不需要人工的雕琢。卡赉尔评论他是真人，可谓是一语破的，无愧是了解克林威尔的人。

克林威尔多过失，然而他能勇于改过。放下屠刀，立地成佛，这也正是他不失为君子的理由。如果是他坚持错误不改，甚至是援引古人的往事，来掩盖自己的过错，那么“孔子出妻，不疑盗嫂”，这些记载中不足为训之事就更多了。我们以古人为良友，应该在这些地方加以辨别。

克林威尔议论治国的方法，与开明专制的言论很是相近。这在国家民智粗浅、法律道德沦丧的时候，有时确实会很有效果。然而天下没有绝对好的政治。所谓好的政治，不过是在某个时代，符合大多数人的心理罢了。而想要符合大多数人的心理，那么由少数人来代为谋划行事，不如让大众自己来决断，因此立宪政治就成功了。何况国民经过立宪政治的陶冶、规范，民智、品德也就可经过实地练习而自行进步到优良。克林威尔似乎并没有看到这一层，以至于人亡政息，不能亲手建立法治的重要规则，这不免成为了他贤德才智的不足之处。

替换遗体的事，几乎就是谣传，克林威尔品德高尚，又怎么会做出这样的事。然而当时却盛传这个说法，一定是有人不忍看到英雄暴骨于荒野，因而以此聊表慰藉吧！由此可见，克林威尔的高尚品德感人至深，是不能与曹操的七十二疑冢相提并论的。

少年叢書

文白对照本

彼得大帝

林万里◎著

团结出版社

图书在版编目（CIP）数据

少年丛书 / 孙毓修编. -- 北京 : 团结出版社,2015.7

ISBN 978-7-5126-3662-0

Ⅰ.①少… Ⅱ.①孙… Ⅲ.①名人—生平事迹—世界—少年读物 Ⅳ.①K811-49

中国版本图书馆CIP数据核字(2015)第130183号

出版：团结出版社

（北京市东城区东皇城根南街84号 邮编：100006）

电话：(010) 65228880　65244790（传真）

网址：www.tjpress.com

Email：65244790@163.com

经销：全国新华书店

印刷：三河市祥达印刷包装有限公司

装订：三河市祥达印刷包装有限公司

开本：148×210　1/32

印张：128

字数：1500千字

版次：2015年12月 第1版

印次：2016年4月　第2次印刷

书号：978-7-5126-3662-0

定价：490.00元（全28册）

少年叢書

《少年丛书》白话语译编委会

出版前言

近代著名思想家、政治家梁启超曾经说："少年强则国强，少年智则国智，少年富则国富，少年独立则国独立，少年自由则国自由，少年进步则国进步，少年胜于欧洲，则国胜于欧洲，少年雄于地球，则国雄于地球。"这是他的散文《少年中国说》中的一段，作于戊戌变法失败后的1900年。文中极力歌颂少年的蓬勃朝气，指出封建统治下的中国是"老大帝国"，热切希望出现"少年中国"，振奋人民的精神。

或许是受到梁启超先生的感召，1908年冬天，上海商务印书馆编译所推出了一套系列丛书——《少年丛书》，又名《中外伟人的传略》，这是二十世纪中国的第一部历史人物类学生课外阅读丛书。首任编辑和作者是林万里，第二任编辑是孙毓修，孙毓修是这套丛书的主要作者，后期加盟写作的骨干还有国学大师钱智修。他们都博览中外，以精准而严格的眼光审视中外古今文化资源，选取其中有益于

少年儿童精神世界的材料，予以整合，编写成册。这套书出版以后，广受少年儿童的欢迎，每册前后加印达几十次，若整套书累计，恐怕达到数百次之多，发行量之大，影响力之广，在二十世纪的人物传记类图书中堪称罕见。

《少年丛书》前后出版了近三十余种，每一册传主为一位中外历史名人。我们在全国各地经过多方的搜寻，共得二十八册，其中中国名人十五位，外国名人十三位。每篇先叙述名人的生平传记，后加以作者的评论，根据时事，启发少年，借以激励少年树立远大志向，明确奋斗目标，成就健全人格。著名作家茅盾在阅读这套书后曾评论说："记事简明，议论正大，阅之足以增长见识，坚定志气。"这套出版之初即为砥砺少年志向的书影响了当时无数少年儿童由此走上振兴中国之路。著名作家张天翼、赵景深、陈伯吹等，都曾深受这套书的影响。

《少年丛书》的三位作者，都是当时学贯中西的通儒，不仅有深厚的国学功底，也有睁眼看世界的非凡眼光。撰写本套书册数最多的孙毓修先生，他是我国近代著名的目录学家、藏书家、图书馆学家。他同时还创作了大量的儿童文学作品。除了《少年丛书》，他还先后主编出版《少年杂志》、《童话丛书》等，被茅盾誉为"中国童话的开山祖师"。

另一位作者钱智修，浙江嵊县人，字经宇，是著名的国学大家，博古文学家，东方学派思想家。他在学时，就以"国学国文湛深，文章洛阳纸贵"赢得尊敬，并被上海多家进步报馆争揽为特约撰稿人。1911年毕业后，他应编译所长高梦旦之聘，担任商务印书馆编

译所编辑。1920年7月他任《东方杂志》主编，长达12年，是该杂志有史以来任期最长的主编。他还参与编辑《辞源》及《中国人名大辞典》、《中国古今地名大辞典》。1931年任国民政府监察院秘书长。

第三位作者林万里是民国年间著名的报人，原名獬，又名白水，字少泉。他幼承家学，又拜名士高啸桐（商务印书馆创始人之一）为师。清光绪二十四年(1898年)，他在杭州参与创办求是书院、养正书塾、东城讲舍、蚕学馆4所新式学堂，任求是书院总教习；后任《杭州白话报》主笔，宣传新思想。光绪三十年(1904年)，他出任《警钟日报》主编，宣扬孙中山及其领导的革命，后追随孙中山。帝制取消后，林万里重操新闻旧业，创办过多份报刊。

鉴于每位作者独有的知识结构和兴趣热点，每位编者对人物都有自己的选择。孙毓修所撰写的大部分是中国历史名人，而且写作的视角也非常独特，如其所写的《玄奘》是一个历史人物，而不是《西游记》中的唐僧。现代的普通读者对玄奘的了解绝大部分是来自于《西游记》等小说，而历史上的真实情况却鲜有人知——玄奘取经并非唐太宗支持，相反还受限于当时的法令，他冒着生命危险才得以出境。这就需要有人为读者打开另外一扇窗户，还原真实的玄奘，而不是小说中的文学形象。茅盾先生对孙毓修所写的《玄奘》评价很高："可以说是内容翔实，深入浅出，既宜于少年阅读，也使成年人增加历史知识。"再如《苏秦》，作为一位著名的辩士，《史记》必然为之列传。孙毓修在写苏秦游说各国发言的时候采用了《史记》中记载的史料，而在后面的评论部分对苏秦的表现作了恰当的点评，分析苏秦游说秦、燕、赵、韩魏、齐楚的过程，阐述了苏

秦辩术策略的不断提高。对于国外人物的选取，孙毓修也是偏爱励志型的，如德谟士，从一个小人物成长为大演说家；彼得大帝，从受制于人，成为欧洲赫赫有名的皇帝。

另一位作者钱智修，先后写有《林肯》、《苏格拉底》、《拿破仑》等，这些都是西学东渐后中国人十分崇仰的外国名人。值得注意的是，钱智修秉承严复所主张的信、达、雅翻译原则，特别讲究传记所含的真实性。他所抒发、张扬的传主虽然都被列为人们仿效的楷模，写法却不做作，更没有为了塑造人物形象而更改史实。

林万里所写的外国传记和钱智修的作法大致相近，即在第一章抒发己之传记宗旨，后文谈及传主读书之术、治学之道与其行事风格，并进行了点评。此外还有其他人关于传主的言论，更有编译者自己的评论，以引导少年儿童正确地学习和借鉴，而不是一味盲从。

《少年丛书》的最大特色，就是"记事简明，议论正大"。书中除了记叙人物的生平故事之外，作者的评论也让这套书大为增色。其议论宏富，既能够结合少年的成长特点，指明如何学习书中人物的优良品质，也指出了其中的不足之处，对于引导少年如何立志修身，大有裨益。

这套书的另一大特色，就是全部用文言文写作，语言凝炼，文笔流畅，保持了中国传统作史传的鲜明特色。当时，白话文风已经悄然兴起，而作者能够不从时髦，采用文言写作，甚为难得。以至我们今日再读此书，依然能够体味到文言笔法的无穷魅力。然而考虑到近百年来，国人的文言文水平已经一落千丈。今日的大部分少年，阅读文言文尚有一定困难，因此我们特别组织人员，将全套书进行了

白话翻译。尽管我们做了最大的努力，文言文的神韵依然是难以用白话表达出来。因此，我们希望少年朋友通过阅读这套书，体会文言文的独特魅力，进而热爱和学习文言文。

《周易》有云：“君子以多识前言往行，以畜其德。”说的就是多学习古人的嘉言懿行，对我们修身立德至为重要。古人尝言：“童蒙养正，少年养志，壮年养德。”少年时期是人生至为关键的时候，这个时期树立什么样的志向，以什么样的人为榜样，往往会决定一个人未来的人生成就。而一个人少年时期读的书，也足以改变他的一生。在今日少年课外读物良莠不齐的状况下，《少年丛书》堪称鲜有裨益少年的优秀读物。若今日的少年，能够认真研读这套《少年丛书》，对于树立远大志向、培养健全人格、完善道德情操将大有裨益。或许，今日的风华少年，即是将来成就伟业的千古豪杰、泽被世人的大圣大贤。勉哉！勉哉！

为什么要读名人传记

——《少年丛书》白话语译序

我从小很喜欢读书，可是，因为身处偏僻山村，小的时候却无书可读。那个时候，家中只有父亲买的一本《古文观止》，儿时翻阅过无数次，虽看不太懂，却记忆深刻。有人说，儿童时期读的书，一生也难以忘记。此言确实不虚。

没有想到的是，儿时无书可读的我，日后竟然投身于出版业。今天，我国的出版业已经非常发达，给少年儿童读的书也非常多。可是，若细心寻求，真正的好书却是少之又少，尤其是给少年儿童介绍历史文化的书。

一个偶然的机会，我们与这套百年前的《少年丛书》结缘，这套当初专为少年而写的中外名人传略，让我眼界大开，没想到，百年前的前辈们，竟给少年们创作出如此优良的传记读物。要知道，给少年

儿童写作，比给成年人写作更难，尤其是给人物作传，既要符合历史史实，不可随意编撰，又要注意引导青少年如何取其长，避其短，以免误人子弟。因为，作为历史人物，不可能处处皆堪为今人楷模。这就需要作者要极富有爱心、责任心和严谨精神，才能让读者从中获得纯净的人生智慧。可以说，目前各种写给青少年的人物传记，很少能与这套《少年丛书》相提并论的。

这套书中的二十八位中外名人，大多数是我们耳熟能详的人物，但是对于他们的生平事迹，也许就知之甚少了。读了他们的传记，方知欲为圣贤豪杰，需下一番苦功夫才能有所成就。“人人皆可为尧舜”，说的是我们每个人都有成圣成贤的资质，然而虽有圣贤之资，也需后天的不懈努力，方能成就一番伟业。所以，这一套书作者的目的并不仅仅是让读者了解一下名人轶事，而是以伟人的事迹启迪和激励少年朋友，树立人生的志向，汲取这些英雄豪杰的人生智慧，修身立德，练就自身本领，最终成为造福国家和社会的有用之才。

这套书虽然是写给少年看的，并不意味着就不适合大人阅读。大作家茅盾就曾大力推荐这套书。现在的青年人，乃至家长、老师，若能读读这套书，对于人生事业，教育子弟，也是大有益处的。可以说，这是一套老少皆宜的好书。

《少年丛书》在当时之所以大受欢迎，销量巨大，也不是没有原因的。这套书每册文字量不大，文笔流畅，史实可靠，评议精彩，这都是许多普通名人传记所不具备的。因此，这套书深受读者欢迎，也就不难理解了。

读名人传记，重在学习名人的智慧和经验。正如文天祥所说，

“人生自古谁无死，留取丹心照汗青”。人生有涯，知也无涯，如何在有限的生命里寻求到人生的价值，获取人生的智慧，而不浪费光阴？《少年丛书》中的这些圣贤豪杰，就是我们的榜样。他们身上伟大的人格，比如孝友、善良、爱心、坚毅、勇敢等等，这些人性的光辉，都是我们的学习之处。

我们用了近一年的时间，将这一套书作了白话语译，希望今天的少年们，能够喜欢阅读并且从中汲取智慧。若能让每一位读者都能够有所收获，那就不负当初写作这套书的三位老前辈的一片苦心，而我们的工作也就没有白做了。

这一套书规模宏大，在校对和语译的过程中，难免会有错误，恳请广大读者不吝指正。

《少年丛书》语译小组　主编　萧祥剑

目录

第一章 绪论

吾作《大彼得传》，吾自问作此传何意。

为彼得之权变机巧，欲以为当世法耶？则权变机巧之士，吾国史传中固多有之，何必远取之欧洲，且是亦恶足法也。为彼得之变法革新，而欲引之为守旧者鉴耶？似矣，然是亦未足以尽吾意。夫俄罗斯当日，人民蒙昧未开，故必以专制独裁行之，而始有效。吾国今日之国情，与当日之俄不同。而人民开化之度，近亦渐进，朝廷即翻然革新，效法日本，颁布宪法。而钦定宪法，尚未必足厌草野之望，况专制独裁，适足为亚东大陆，生产许多虚无党也。

是二者，皆非吾作传意矣。然则吾曷为而传彼得？曰：彼得一生事业，军事规画居其大半。传彼得者，欲以振荡尚武之精神，而救吾国之文敝也。

且夫俄罗斯当日，不得与欧洲列强齿久矣。北负白海，盛夏以外，终岁结冰，东隔西伯利亚大漠，土地硗瘠。气候严冷，皆无足以大施设，所欲引首伸眉者，西南耳。然而瑞典方盛，胁丹麦诸国，以与之抗。土耳其扼黑海之峡，使俄我写这篇《大彼得传》(注：本次出版时，书名改为了《彼得大帝》)时，也常在内心问自己为什么要写这篇传记。

是因为彼得随机应变的能力和智谋，能够成为当世的榜样吗？但是这样的人，在我国的历史上原本就有很多，又何必去遥远的欧洲寻找呢？况且这样也未必就值得效仿。还是因为彼得能够变法革新，而可以引进来让那些因循守旧之人借鉴呢？看起来好像是这样，但这仍然不能完全表达我的想法。当时的俄罗斯，人民愚昧无知，尚未开化，所以必须实行独裁统治，国家才有可能兴盛。现在我国的国情和当时的俄罗斯不同。因为我国人民的开化程度，正在慢慢地提高；朝廷也迅速进行了改革，他们学习日本，颁布宪法。但就算制定了宪法，也不一定能满足老百姓的期望，况且如果我们效仿彼得，实行独裁统治，反而会在东亚出现许多无政府主义者。

以上这两点，都不是我写这本传记的用意。那么我为什么要为彼得作传呢？因为彼得一生的功绩，军事谋划占了很大一部分。为他作传，是借此发扬尚武的精神，来弥补我国过于崇尚文治的弊端。

当时俄罗斯还迟迟不能和欧洲的列强比肩抗衡。俄国北临白海，除了盛夏时节，北部地区终年都被冰雪覆盖；东边是西伯利亚大荒漠，那里的土地又很贫瘠。俄国气候严寒，不能大举施行建设，它想要扩充国土，只能往西南方发展而已。但是当时西边的瑞典正是国势强盛兴盛的时候，还和丹麦等国家联合一起对抗俄罗斯。土耳其又扼制住了黑海海峡，让俄罗斯不能向南方迈出一不得出南方一步。彼得处此形势，乃能奋然图强，搜讨军实，南出东亚，西得波罗的，兵力为欧洲冠。即至最近远东之败，而国力如故，掘强不屈。夫俄罗斯专制政体，无足论矣，而原其所以致强之故，岂非兵哉？吾国戎略不修，藩篱尽撤，国民视当兵为畏途，笑尚武为目论。处万马东向之时，而朝野士夫，顾乃揖让纡徐，坐而论道。呜呼！死者不能再生，亡者不能复存。众生芸芸，何慕于蛾之奔火也？语曰：待文王而后兴者凡民也。若夫豪杰之士，虽无文王犹兴。嗟我国民，幸勿以凡民自居，徒啧啧于彼得之业，以为非彼莫能任也。

步。彼得面临国内贫乏、国外包围这样十分不利的局势，能够奋发图强，增强国家军事实力，通过战争从南方冲出东亚，向西攻下了波罗的，军事实力成为了欧洲第一。即便是最近经历了远东的失败（指日俄战争），国家实力依旧强盛，丝毫不软弱。当时俄罗斯的专制政体，不值得我们去论述，但是分析考查它强大的原因，难道不是发展军事而产生的结果吗？我们国家不进行军事建设，甚至连边疆上的防守都被撤除；国民们害怕当兵，认为崇尚武力肤浅，嘲笑尚武的思想。在外国列强入侵的危急时刻，朝廷内外的士大夫们却依旧礼节从容，坐着谈文说道，丝毫不考虑国家的存亡。唉，要知道死者不能再生，天下芸芸众生，为什么都仰慕飞蛾扑火自取灭亡呢？孟子说，一定要等待周文王那样的帝王出现后才奋发的都是平庸之人。至于豪杰之士，就算没有周文王那样的人出现，自己也会奋发兴起。所以我国的国民啊，希望你们不要把自己看作平庸之人，只对彼得的功绩啧啧称赞，认为除了他没有人可以做得到。

第二章 彼得之诞生

千六百十三年，罗马信氏，始为俄国皇帝（其前俄皇属他姓也）。其第二世曰亚历须弥者，娶贵族女漪明脂为后，后生四子二女，中二子皆夭逝，存者曰黑窝德，曰易黄，顾皆弱质，独长女苏菲亚，强健有才。未几后没，亚历须弥虑其二子不能任政，而俄制女子又不得嗣皇统，乃更纳那达利亚为后，后即彼得母也。

先是朝臣妒那达利亚家宠盛，思以事中伤之，顾未有间。举行结婚式时，那达利亚因结发太急，晕于地。朝臣乃贿侍医，令诬后有狂疾。帝怒，谪后于西伯利亚。会有上书告其事者，帝悟，乃穷治诬者，遣使迎后归，为夫妇。遂以千六百七十二年五月三十日，生彼得。

彼得躯干修伟，体力亦强，生六月即能疾走，亚历须弥知此子为大器，为置侍从二，乳媪一，太傅二，皆慎其选。稍长，乃减扈从，聘学士奇氏为之师。奇氏为有名教育家，既受命为师，因察彼得性情，徐施教育。彼得性活泼，公元1613年时，罗马信氏获取了俄罗斯政权，当上了俄国皇帝（在这以前，俄国的皇帝属于其他姓氏的家族），其中二世皇帝名叫亚历须弥，他娶了贵族女子漪明脂，并且册封她为皇后。她一共生了四个男孩和两个女孩，中间的两个儿子都早年夭折，活下来的名叫黑窝德和易黄，只是他们的身体都很瘦弱，只有大女儿苏菲亚身体强健，才学渊博。没过多久皇后去世了，亚历须弥考虑到两个儿子因为身体瘦弱，不能继承皇位，而当时俄国的制度规定，女子不能继承皇位，没有办法，他只好又娶那达利亚为皇后，这便是彼得的母亲。

当时朝廷中的臣子妒忌那达利亚家族受到皇帝的恩宠，于是便密谋找借口来中伤那达利亚家族，只是没有机会。在那达利亚的册封仪式上，那达利亚因因为梳妆时过于着急而突然晕倒在地。群臣们看到了机会，趁机贿赂侍奉皇后的医生，让他们诬陷皇后患有癫痫病。皇帝得知那达利亚患有疾病却瞒着他后非常愤怒，把她贬谪到了遥远的西伯利亚。后来有人上书告发这件事，皇帝这才醒悟过来，便处罚了当时所有参与诬告的人，并且派遣使者迎接皇后。最后他们终于结为夫妻，于1672年5月30日，生下了彼得。

彼得从小就长得高大强壮，才六个月时就能快速走路了。亚历须弥皇帝感觉到这个孩子将来一定能成大器，于是便给他配置了两位侍从，一位乳妈，二位幼师，都是精挑细选出来的。等到彼得渐渐长大时，才减少了随从数量，聘请了奇氏，让他当彼得的老师。奇氏是当时非常有名的教育家，接受了邀请后，他观察彼得的性格，采取因材施教的方法，根据彼得的个人情况，选择适合他且喜事。奇氏欲使彼得广闻见，引起其向学之心，乃时引彼得入殿中画室，与之讲述先代伟人事业，更以城塞船舶模型，及山川海陆地图以进。每施教育，务先唤起其兴味感情，而后为之讲论指示。说者谓彼得所以能成伟人，多得诸奇氏之教云。

【批评】

周公傅成王，亚里士多德傅亚力山大，而奇氏傅大彼得，当能成为雄主，贤傅之功，大矣哉！史家之纪帝王，好言其生有异禀，顾明君英主，犹必以贤傅之力，而后成材。则世之无异禀者，安可不求良师？而以受教诲为急务哉。灵王生而有须，彼得生六月即能疾走，史家纪帝王，每喜铺张扬厉，大率类是。故尽信书，则不如无书。

的教育方法。彼得性格活泼，喜欢热闹。奇氏想要扩大彼得的知识面，引发他对学习的兴趣，就把他带到了皇宫的画室，给他讲述以前伟人的事迹，后来又给他介绍城塞、船舶的模型，以及山川、海陆的地图，教给他各种各样的知识。奇氏每次给彼得上课时，一定会先唤起他对这门课程的兴趣，然后才开始讲内容。所以有人认为彼得之所以成为伟人，很大一部分的原因是奇氏高明的教育方法。

【评论】

历史上，周公教导周成王，亚里士多德教导亚力山大，还有奇氏教导彼得，后者最终都成为了一代伟人。从这三个例子我们可以看出，圣贤的老师的功劳真是大啊！史学家记载帝王的事迹，喜欢说他们生来就有着不同寻常的才能。但是我看那些伟大英明的君主，尚且需要优秀老师的教育指导，然后才能成才。那么世界上那些没有独特禀赋的人，怎么能没有优秀的老师呢？在我看来，他们更需要积极地接受教诲。周灵王生下来就有胡须，彼得生下来六个月就会跑步，史学家们记载帝王，总是喜欢夸张事实，尽说些不切实际的东西，大概中外在这点上是一样的。难怪孟子会说：与其完全相信书本，还不如没有书本。

第三章　彼得之幼时

本章分三段，以次叙述之如下：

一、自黑窝德嗣位至彼得登极

彼得生四岁而父殁，长兄黑窝德嗣位。朝臣党黑窝德者，久欲放逐彼得。先帝在日，有所惮不敢发，帝既殁，于是黑窝德嬖臣曰耶士哥弗者，矫诏称宫殿狭隘，令那达利亚后与彼得移居离宫。宫在数十里外，耶氏意欲使那后及彼得不得近新皇。后觉其伪，不奉诏。彼得见母郁郁不乐，问母何故，得母念先帝耶？

后涕泣密语以移宫事，彼得闻之大恚，乃迳造黑窝德室，与黑窝德握手，大呼曰："兄乎！吾将以耶士哥弗事诉汝，耶士哥弗欲放逐吾母及吾，以间吾骨肉。吾闻昔有哥德诺弗者，逐皇子垤弥，后遂杀之。彼耶士哥弗者，宁非垤弥吾耶？兄乎！吾若移居，必与兄俱，吾生命乃无恐。否者，吾不愿行。"

言已，涕泣被颜面，更旁顾侍女厉声而言曰："吾独非先帝子耶，曷为不得居先帝之宫？"

时彼得年才五岁，所吐语语出肺腑。黑窝德闻之大惊，本章分为三段，现在依次叙述如下：

一、自黑窝德嗣位到彼得登基

彼得生下来才四岁，父亲就去世了，他的长兄黑窝德继承了皇位。朝廷群臣中拥护黑窝德的人，总是想着驱逐彼得。先帝在位的时候，他们有所忌惮还不敢说出来，等到先帝去世，黑窝德的近臣耶士哥弗假托皇帝的诏书称宫殿狭窄，命令那达利亚皇后和彼得搬到离宫去居住。离宫在皇宫数十里以外，耶士哥弗就是想要让皇后和彼得不在新皇的身边。皇后觉得这封诏书是假的，就没有奉行诏令。彼得看到母亲郁郁不乐，就问母亲为什么伤心，是不是想念先帝了？

皇后流着眼泪，将耶士哥弗假托皇帝诏书要他们搬出宫殿的事情偷偷告诉了他。彼得听后十分愤怒，直接到黑窝德的房间，握着黑窝德的手，大声说："皇兄啊！我把耶士哥弗的事情告诉你，耶士哥弗他想要驱逐我母亲和我，来离间我们兄弟。我听说以前有个叫哥德诺弗的人，他驱逐了当时的皇子垤弥，紧接着垤弥皇子就被杀了。这个耶士哥弗的所作所为，难道不就是把我当做垤弥吗？皇兄啊！如果您要我搬到别处，我一定要和哥哥您在一起，只有这样我才不会为自己性命担忧。不然的话，我不愿意听从您的命令。"

彼得说完，已经泪流满面，又回头看着他的侍女大声说道："难道唯独我不是先帝的儿子吗，凭什么不让我居住在先帝的宫室中？"

当时彼得才五岁，他说的话句句却都是肺腑之言。黑窝德听了与之接吻，且慰之曰："弟幸无忧，吾宁听耶士哥弗妄为耶？"

黑窝德乃亲诣后处谢罪，且捕耶士哥弗，请后处置。后命释之。黑窝德乃褫其官职，逐之宫外。

耶氏既褫职，其党益啣后及彼得，日间之于黑窝德前。后不自安，乃与彼得移居于普列伯乡。彼得时十岁，姿容秀伟，金色发覆额际，眼大而黑，目光如炬，一见而知为伟人。

黑窝德纳普拉克亚为后，三月而逝，无子。群臣大忧，因会议于殿中，或言黑窝德临终，遗命以位传彼得，或言易黄也（彼得之异母兄）。议久不决，大教师高德乃前曰："诸君幸同心协力，选新命，不可徒为党争，致危社稷。"时会者数十人，同声呼曰："愿戴彼得为帝。"于是彼得乃以公选登帝位，然年尚幼，不能莅政事，以母后那达利亚摄政。

二、自彼得登极至苏菲亚专政

于时俄国朝野，外若无事，而萧墙之祸，盖已潜伏。黑后大惊，亲吻了他，并且安慰说："弟弟你不要担忧，难道我会听任耶士哥弗为所欲为吗？"

黑窝德就亲自到皇后那里请罪，并且逮捕了耶士哥弗，交给皇后处置。皇后让人释放了他。黑窝德便革除了耶士哥弗的职位，并将他驱逐出宫了。

耶士哥弗被革职后，他的同党们更加愤恨皇后和彼得，每天在黑窝德前离间他们。皇后感觉到在皇宫里不安全，就和彼得一起搬到了普列伯乡。当时彼得十岁，面容英俊秀丽，身材高大伟岸，他金发覆盖着额头，眼睛又大又黑，目光炯炯有神，别人一看到他就知道他将来一定会成为伟人。

黑窝德纳册封普拉克亚作为皇后，仅仅三个月后他就去世了，没有留下子孙。选取新皇帝继位的事情还没有定下来，群臣们很担忧，于是在宫殿中聚集开会，有的人说黑窝德临终时，留下遗言将帝位传给彼得，有的人说是传给易黄（彼得的同父异母哥哥）。他们争论了很久都没有做出决定，这时候大教师高德上前说："我希望诸位同心协力，选择新的皇帝，不可以只进行党派斗争，危害到我们国家。"当时开会的几十个人，异口同声呼喊道："我们愿意拥戴彼得为皇帝。"于是彼得就通过公开的选举登上了皇位，但是他当时年龄还小，不能亲自处理政事，母亲那达利亚皇后就代理政事。

二、自彼得登极至苏菲亚专政

当时，俄国朝廷内外，表面上看起来好像平静无事，但是皇族窝德姐苏菲亚，年二十五，素与那达利亚后不协，恐政归母后，不利于己。先是俄制女子不得参与典礼，且不许接见人民。苏菲亚不顾，径诣黑窝德墓会葬。仪既终，苏菲亚故为悲哀之状，泣诉于众人曰："我国民乎！汝知耶否耶？先帝黑窝德，盖鸩杀于毒妇之手（指那达利亚后）者。乌乎！妾之痛恨，果何似耶？妾今身陷孤危，祇有一弱弟，汝等乃不欲其为帝，而愿戴彼得，我果何负于国民？国民若以我为有罪，幸速放逐我，我亦无悔。"

苏菲亚既为沉痛语，冀以激动人听，乃更与心腹谋，欲煽耶稣教徒起乱事，因流言曰："黑窝德之死，实出于鸩杀，临终遗命以位传易黄，而那尔斯康（那达利亚后之弟）迫易黄以位让彼得。"众以彼得得位，系出公选，知苏菲亚诳也，不之应，独射击队应之。射击队者，自易黄四世时编设，以之警卫帝室者也。队中人不营生计，衣食皆仰县官，沉湎骄惰，无所不至。又以长官蚀其饷糈，怨望思乱已久。既闻流言，欲以是为藉口，冀遂所欲。苏菲亚因遣人告之曰：

"贼臣那尔斯康，毒杀易黄，谋为不轨。国家存亡，在于呼吸。君等世受国恩，夙抱忠义，其各努力用命，以锄奸内部，早已祸乱四伏。黑窝德的姐姐苏菲亚，当时二十五岁，一向和那达利亚皇后不和，她担心政权被皇后掌握后，不利于自己。在这之前，俄国制度规定女子不能参与典礼，甚至不许接见群众。苏菲亚不顾制度，直接参加了黑窝德的葬礼。等到葬礼仪式结束，苏菲亚故意表现得极为悲伤，在众人前哭泣着说："我国的国民啊！你们知不知道，先帝黑窝德大概是被恶毒的妇人（指那达利亚皇后）毒杀了。啊！我对她的痛恨程度，该要怎么形容呢？我现在势单力薄，只有一个小弟弟，你们不想让他当皇帝，反而愿意拥戴彼得。难道我有什么对不住国民的罪行吗？如果你们认为我有罪，希望你们尽快驱逐我，我也不会因此后悔。"

苏菲亚的沉痛诉说，是希望鼓动人民，于是与心腹谋划，想煽动耶稣教徒叛乱，因此她散布流言说："黑窝德的死，实际上是毒杀，他临终遗言是把皇位传给易黄的，但是那尔斯康（那达利亚皇后的弟弟）强迫易黄让位给彼得。"众人知道彼得当上了皇帝，是出于公开的选举，苏菲亚是在骗人，人们没有听从她的号召，唯独射击队响应苏菲亚。射击队是从易黄四世开始收编设置的军队，用来守卫皇宫。队中的人不用考虑自己的生活，他们的衣食住行都依赖官府供养。射击队的人都骄傲蛮横，无所不为。又因为长官腐败，扣留了他们的军饷，他们十分愤怒，很久以前就想作乱。听到了苏菲亚的流言，就想以此为借口，公然作乱，来满足他们的欲望。苏菲亚趁机派人告诉他们说：

"贼臣那尔斯康，他毒杀了易黄，图谋不轨。国家的存亡，就在这一瞬间了。你们世世代代享受国家的恩赐，一向胸怀忠义，我逆，清王室，事定之后，行当论功。”

射击队闻命大喜，乃于五月十五日黎明，拥兵入宫廷，破扉进前殿，立朱阶下，大声呼曰：“速命杀易黄贼臣那尔斯康出。”后闻变大惊，即以易黄、彼得出示之。暴徒见易黄在，知为苏菲亚所诳，众垂散矣。中有巨魁呼曰：“易黄虽在，然不杀那尔斯康，终恐他日为患。”乃更同声索那尔斯康甚急，因大索殿中，迄不能得。暴徒又声言：“不得那尔斯康，将尽戮贵绅。”后不得已，命那尔斯康出，那尔斯康遂为乱兵所杀。血溅殿庭间，时彼得独立朱阶观变，不少怖。

射击队皆异教徒（俄国称与国教异者曰异教），乱事定数日。都下盛传国教大教师，欲迫射击队咸皈依国教，暴徒闻之大愤，乃突入寺院内，揭石投大教师。时彼得正居其室，见暴徒无礼，神色自若，驰入暴徒中以皇冠示之曰：

“朕一日戴此冠，必不许汝曹入正教徒之礼拜堂。汝曹但奉异教，大教师不迫汝曹也。”

语毕，顾左右挥暴徒出。时彼得才十岁，英风凛然。暴徒惮之，因相约退出。国人以彼得十岁能镇乱，惊为天人，希望你们个个都听从命令，驱除那些奸险不忠的人，清除王室中的奸党，等到事情做成了，我就按功论赏。”

射击队听到命令后十分高兴，在五月十五日黎明，率领军队冲入皇宫破门而入，到了前殿，站在红色台阶下，大声命令道：“赶快让杀害易黄的贼臣那尔斯康出来。”皇后听到事变后，大吃一惊，马上把易黄和彼得带出来。暴徒们看见易黄还在，知道被苏菲亚骗了，众人都打算解散。其中有个头子说：“虽然易黄没有死，但是不杀死那尔斯康，怕他以后还是会作乱。”众人又急切地搜查那尔斯康，趁机在殿中大肆搜寻，但是直到最后还是没能找到。暴徒们又说：“如果找不到那尔斯康，我们会把贵族们都杀尽。”皇后听了迫不得已，只好命令那尔斯康出去，那尔斯康就被乱兵杀害了。鲜血飞溅在宫中，当时彼得独自站在红色台阶上，观看事变，完全不害怕。

射击队的成员们都是异教徒（俄国称国教以外的教派是异教），动乱平定几天后。国都中传言国教的大教师想要迫使射击队的人都皈依国教，暴徒们听了十分愤怒，就冲到寺院里，拿着石头投向大教师。当时彼得正在室内，看见暴徒们蛮横无礼，他神色自若，骑马到暴徒们当中，拿起皇冠给他们展示，说：

“只要我一天戴着这个皇冠，就一定不准许你们进入正教徒的礼拜堂。如果你们只是信奉异教，那么大教师不会逼迫你们更改自己的信仰。”

说完，彼得命令左右侍从把暴徒驱除出去。当时彼得才十岁，英姿飒爽，气势凛然。暴徒们都很害怕他，于是相约退出。国人们益敬慕之。

那尔斯康既死，苏菲亚甚得意，更与朝臣谋，使易黄即帝位。自是俄罗斯同时戴二帝，顾易黄性懦，不能任政，政多归彼得。苏菲亚恶之，乃自居摄政，谓辅易黄也，实欲自揽朝中政权。

三、彼得幼时之军事游戏

彼得自幼好军事游戏。一日，母后陈玩具几上，令择所好者，彼得独取小剑佩之，且曰："我军人也。"因日夜仗剑不释。父亚历须弥大悦之，命贵绅儿童年与彼得齿者，从彼得游。彼得既得游侣，益喜，因编成小队，自号大元帅，指挥群童，为军事演习，时为侦探，时为司命官，或堙堑塞墉，执工兵之役，终日仆仆无倦容。是时苏菲亚专政，彼得愤之，益以军事游戏自娱。尝从外国教官学武术，因更编成一游戏队，即今近卫队之起源也。又募炮兵日为演习，以研究战术为务，其激战甚烈。队中常有死伤者，彼得亦尝伤足。

彼得又从典墨兰及烈何德二人，习炮台建筑术及药弹之学。又好为器械学，遣人赴法兰西，购测量器，聘荷兰教认为彼得十岁就能镇压乱事，感到震惊，把他看做天人，更加尊敬、仰慕他。

那尔斯康被杀后，苏菲亚十分得意，就和朝廷中的群臣策划，让易黄继承帝位。从那时候开始俄罗斯同时拥戴两位皇帝，但是易黄的性格比较懦弱，不能胜任政事，政权大多到了彼得手上。苏菲亚厌恶他，就自己代理政事，说是辅佐易黄，实际上想要独自包揽朝中政权。

三、彼得小时候的军事游戏

彼得从小就喜欢军事相关的游戏。一天，母后把各种玩具放到案几上，让他选择自己喜欢的。彼得只拿了一把小剑，把它佩戴在身上说："我是一名军人。"于是他无论白天晚上都拿着剑不放手。父亲亚历须弥看了十分高兴，命令年纪和彼得相近的贵族儿童，跟彼得一起玩耍。彼得有了一起玩耍的伙伴，更加高兴了，他趁机把这些孩子编成小队，自称是大元帅，指挥儿童们，进行军事演习，他们有时当侦探，有时当司命官，有时填堵城池，进行建设工作。彼得一整天劳碌，不知疲倦。当时苏菲亚专政，彼得对此感到愤怒，越发进行军事游戏来自娱自乐。他曾经还跟随外国教官学习武术，编成了一支游戏队，就是现在近卫队的起源。又召集炮兵们每天演习，让他们研究战术，在演习中激烈交战。队伍中常有死伤的人，彼得也曾经因此伤到过脚。

彼得又跟随典墨兰和烈何德两位老师，学习炮台的建造方法和制造弹药的技术。他又喜欢器械，就派人到法兰西，购买测

师，使授测量之法。所习技艺多至十四种。一日检其先世贮物品，见一英国制小艇，是艇为英女皇所赠先帝物，垂坏矣。彼得一见大喜，自是忽思兴海军，因命伯兰德修缮小艇。伯兰德者，先帝时所雇荷兰水手也。伯兰德既受命，凝思数周间，乃完成小艇工事。彼得甚喜，泛之于约沙河上。

彼得尝从母后乘舆渡河，适河水暴涨，浪益入舆中，惊彼得。自是不敢近水，侍臣患之，欲矫其癖，乃约彼得赴猎。驰马至大河前，彼得方欲取他径，侍臣迳策马乱流而渡，彼得徬徨不知所为，见侍臣已立对岸呼曰："帝速渡，臣且不惧河水，帝宁惧耶？"彼得勉强渡河，是后乃不畏水。

【批评】

英雄豪杰，性情未有不挚者。观彼得对其兄之语，寥寥数言耳，乃能命闻者心恻。今人欲为英雄豪杰，而不从心性量仪器，聘请荷兰教师来教授他测量的方法。彼得学习的技艺多达十四种。一天他检查祖先贮藏的物品，看见一艘英国制造的小艇，这个小艇是英国女皇曾经赠送给先帝的礼物，现在快要毁坏了。彼得看到了很高兴，从此就突然想要兴盛海军，于是命令伯兰德修复这艘小艇。伯兰德是先帝雇佣的荷兰水手。他接受命令后，仔细考虑几周，就完成了小艇的修复工作。彼得高兴极了，就在约沙河上驾驶这艘船试航。

彼得曾经跟随母后乘船渡河，当时遇到河水暴涨，大浪打入船中，惊吓到了彼得。从此他就不敢靠近水，侍奉他的臣子们担心他，想要改正他的弱点，就约彼得去打猎。他们骑马到大河边，当彼得正要改走其他的路，臣子他就直接策马穿越激流过河，彼得徬徨着不知道该怎么办，只见侍臣站在对岸向他喊道："皇帝快过河，我们都不怕河水，难道皇帝您害怕吗？"最后彼得勉强渡过了河，这以后他就不再怕水了。

【评论】

英雄豪杰们感情都非常诚挚。彼得对他哥哥说的话，只是寥寥几句，就能让听者心生同情。现在的人想要成为英雄豪杰，但是上求其诚挚，岂非缘木求鱼?

西谚有曰：摇篮所学，入墓方休。信哉！孔子幼陈俎豆，彼得幼佩刀剑。其异日所造，卒营不凡。然则游戏虽小事，亦不可不注意也。西人于儿童游戏，多教以军队演习，国会演习，以开发其志气；吾国儿童游戏，不外赛鬼迎神、赌钱饮食诸事。即此而论，固已输彼一筹。

有骑马者，一日坠伤，于是终身徒行，不敢近马。彼得坐舆为浪所侵，自是不敢近水。天下进取过锐人，偶一失败，往往终身引鉴，不欲再前，游戏之事亦然，苟行之不适度，或至为一生进取之障，故不可不慎也。

或谓彼得躬为帝王，故幼时军事游戏，长后卒成其志。若吾辈手无斧柯，纵有振兴军备之心，亦无从下手，奈何?应之曰："是不然，不见美国少年船之事乎?以小学生徒，节其饼饵之费，贮之银行，不数月而成万吨之军舰。"可见天下事不难为，只在人之有心耳。

不从心性上追求这种诚挚的感情，难道不是缘木求鱼的做法吗?

西方有句谚语说：摇篮中学到的东西，到进了坟墓后才会停止。确实是这样！孔子小时候把存放俎豆的祭祀器物拿出来，练习磕头行礼；彼得小时候佩戴刀剑。他们幼时的行为，最终成就了他们的伟大。虽然儿童们玩游戏是小事，但是也不可以不注意。在儿童游戏这一方面，西方人大多教授儿童们军队演习或者国会的演练，来开发儿童的智力，培养他们的志气；我国的儿童游戏，不外乎就是些比赛鬼怪、迎接神仙、赌钱、饮食等方面的事。由此而论，我们在儿童的培养上已经输了西方一等。

有一个骑马的人，一次坠下马受伤，于是终生步行，不敢再骑马。彼得坐船遇到大浪，从此不敢再靠近水。天底下这些锐利进取的人，遭受一次偶尔的失败，往往终生引以为鉴，不愿继续前行。就连游玩嬉戏的事情也是这样，这些事如果做得不恰当，也有可能成为一生前行的障碍，所以我们不可不慎重对待这些小事。

有的人说彼得之所以能够成为帝王，就是因为小时候的军事游戏，长大后成就了他的志向。可是我们没有权力，纵然有振兴国家军事实力的想法，也无从下手。那怎么办呢? 面对这种情况，我们就应该说："这种想法是不对的，你们难道不知道美国的少年船一事吗? 小学生自发缩减伙食费，把节约到的钱存到银行，不过几个月就有了建造万吨级军舰的资金。"从美国的做法可以看出世上无难事，只怕有心人。

第四章 苏菲亚之乱

苏菲亚既专政，见彼得日为游戏，心窃喜之，顾终恐其年长难制，欲早除之，乃与近幸谋变更军制，以猎夫游荡之徒，厕行间，使之伺隙去彼得。时彼得新婚（见下章），赴柏列亚旅行，将归时，苏菲亚遣人飞檄射击队，诬言彼得罪恶，且布间谍使人民与那尔斯康之党为难。人民知苏菲亚狡黠，相戒不坠其谋。苏菲亚久之无所获，乃更变计谋，募集市中无赖者，授以兵编成一队，阳以拥护彼得为名，实欲使之图弑。未几，彼得有友觉其事，以告彼得，彼得方寝，闻之大惊，无暇更寝衣，驰匿马厩，其友挽马至。彼得乃跃马走一森林。其友挟御袍以从，乃共匿于寺院之内。

苏菲亚知谋败，因欲自掩护，乃上书乞帝早归莫斯科（俄京也），更亲诣寺院谒彼得。彼得以苏菲亚迭为祸乱，不愿与之相见，遗中官持节止之于途。暴徒知为苏菲亚所卖，亦大怨恨苏菲亚，群向彼得谢罪，愿效忠王室以自赎。彼得乃乘机扑灭苏菲亚党，大捕党人，检二一巨魁，处以死刑，其他或流或锢，论罪有差。又引轻犯者数人，于稠人前苏菲亚专政后，看到彼得整日每天游玩嬉戏，她暗地里很高兴，只是还是害怕彼得长大后难以控制，想要早点除去他，于是就和宠信的近臣谋划，下令改编军队的编制，征集猎人、游荡不守正业的人，夹杂在军队中，命令他们找到时机趁机除去彼得。当时彼得刚刚新婚（内容见下章），去柏列亚旅行，快要回来的时候，苏菲亚派人紧急通知射击队讨伐彼得，诬陷彼得有罪，而且还布控间谍搅乱，让人民和那尔斯康的余党为敌。人民知道苏菲亚狡猾的骗局，相互告诫不要相信她的阴谋诡计。很长一段时间苏菲亚都没有收获，于是她就改变计划，招募了集市中的一些无赖，授予他们军衔编成一支军队，这支军队表面上是在拥护彼得，实际上是想要图谋杀害他。没过多久，彼得的一位朋友觉察了这件事，告诉了彼得，当时彼得正在睡觉，听到这件事感到十分震惊，他没来得及换掉睡衣，就躲到马棚中，朋友牵来一匹马。彼得立即上马飞驰到一片森林中。朋友带着皇袍跟随着他，和彼得一起躲在了一座教堂里。

苏菲亚知道自己的计谋失败了，想要隐瞒自己的罪行，于是写信请乞求皇帝早点回莫斯科（俄国的京城），还亲自到教堂拜见彼得。彼得认为苏菲亚屡次作乱，不愿和她见面，命令官员把她挡截在路途中。暴徒们知道被苏菲亚出卖，同样也十分怨恨苏菲亚，都向彼得谢罪，表示愿意效忠王室来赎罪。彼得于是趁机消灭了苏菲亚的余党，大肆逮捕他们，他抓捕了余党中的一两个头目，对他们处以死刑，其他的人有的被流放，有的被囚禁，判定的罪数之，并宣言此等罪人，终其身皇帝不复加恩遇。处置既毕，幽闭苏菲亚于修道院，与约非大祭日不许与皇族及亲属会见。彼得虽幽闭苏菲亚，然以骨肉故，待之极有恩，除净室以予之，并为之广置奴婢焉。

其后彼得游欧洲时（见下），苏菲亚又作乱。贵族及射击队，反对彼得改革之事，谋背彼得，拥苏菲亚为帝，哥敦将军讨平之。彼得闻报驰归，处罚叛徒，再锢苏菲亚，禁其与闻国事（时苏菲亚已被释放故云）。苏菲亚之乱，几十余年，至是乃平。

【批评】

俄国贵族权力甚盛，故历代君主，非如彼得之英伟者，殆守府而已。夫专制国之君主，号曰专制，而实际乃被专制者。俄之专制与吾国类，而历史亦然，吾国数千年来，宦官女后外戚之祸，史不绝书，俄亦如之。苏菲亚之乱，亘十数年乃平。其他俄史上，于此等事亦复不少。故今日俄国虚无党之凌迫政府，亦可谓甚矣。然其所以不能得政权者，毋亦贵族所把持，非必君主意也。故近日虚无党反对专制者，恒行各有不同。彼得又押着罪行较轻的一批人，带到众人面前清点人数，并且告诉他们，他们这些罪犯，一生都不会受到皇帝的恩待。彼得处置完毕后，就把苏菲亚幽禁在修道院里，跟她约定除了大祭日外不允许和皇族与自己的族人、亲属见面。虽然彼得幽禁了苏菲亚，但是因为他们是亲生骨肉，对待她很有礼节，除了配备给她干净的房间，还给她许多奴婢侍奉她。

后来彼得游历欧洲时（详情见下文），苏菲亚又再次作乱。当时贵族们和射击队反对彼得的改革，谋划背叛彼得，拥护苏菲亚为皇帝，驻扎在莫斯科的哥敦将军讨伐他们，平定了叛乱。彼得听到消息后也很快回国，惩罚了叛徒，再次幽禁了苏菲亚，禁止她听取国家大事（当时苏菲亚已经被释放，所以这么说）。苏菲亚之乱，前前后后历时几十年，到这时才彻底平息。

【评论】

俄国的贵族权力很大，所以历代君主，如果不是像彼得这么能干，大概只能是守住自己的国家罢了。专制国家的君主，说起来是实行专制，但实际上是被贵族们专制着。俄国的专制情况和我国类似，在历史上也有相同点，例如我国数千年以来，宦官皇后外戚篡权引发的祸乱，在史书上从来没有断绝过，这点俄国也差不多。苏菲亚之乱，前后持续了十几年才平息。在俄国其他的历史时期，像这样的例子也不少。所以现在俄国的无政府主义革命者，逼迫政府交出政权，也可以说是这样的极端例子。他们之所以还不能获得政权，只是因为权力还在被贵族们把持着，不是一定要君不反对君主，但与其贵族大臣抗。贵族大臣一屈，则帝政自倒。此固征之已事，而可料者也。

主交权。所以，近日这些无政府主义者反对专制体制，但是不反对君主，只是反抗贵族大臣。这些贵族大臣一旦认输，那么专制帝制自然就会终结。这是已经发生过且得到过验证的事，结果是可以预料的。

第五章　彼得壮年之海军规画

本章分三段，以次叙述之。如下：

一、巨舰之制造

彼得既命伯兰德制艇，泛之约沙河上，欣然意得也，乃更欲造巨舰，因问典墨兰何处有大江河，可以泊巨舰者，典墨兰言："去此东二十余里，有大湖曰伯列斯罗者，良港也，足以弋巨舰，且可于其近旁设制造所。"彼得闻之大喜，遂日夜思赴其地。

彼得时往郊外游览，目击俄罗斯贫窭疲敝状，怃然怀思：以为邻国瑞典，土地较我小，而国富强，徒以有海陆军耳。我国若留意军备，富强可立致也。顾欲兴海军，必先知制舰之术，典墨兰之书若可信，则制舰屯舰，不患无地。吾当先往审视，然恐母后不许。乃伪为欲往修道院祈祷者，请于母后，后许之，彼得因与伯兰德及典墨兰俱。未几后知其事，殊以为忧，然彼得已去，遂亦无如之何。

彼得既抵伯列斯罗，审其地势，负山面水，便于屯泊舰队，且山多良材，可供制造之用。因召匠伐木，亲执斧锯，与匠同苦。居久之，已近冬令，朔风袭人，湖水皆结冰，不便制造，乃归。因于千六百八十九年，纳罗马那德氏为后，从母后意也。结婚后，探闻伯列斯罗冰解，乃复赴其地。母妻昔以本章分为三段，依次叙述如下：

一、巨舰的制造

彼得命令伯兰德建造军舰后，在约沙河上试航，非常高兴，就想制造巨舰。于是问典墨兰在哪里有大江，可以停泊巨舰，典墨兰说："从这里向东二十里左右，有一个伯列斯罗的大湖，那里有优良的港口，足够航行巨舰，而且可以在附近修建船厂。"彼得听了十分高兴，日日夜夜想要到这个地方去。

彼得经常到郊外游览，看到俄罗斯人民贫穷、疲惫的样子，忧心忡忡，他想：自己的邻国瑞典，虽然土地面积比我国小，但是国家富强，只是因为有海军、陆军而已。如果我国留意自己的军事建设，也可以很快达到富强。想要兴盛海军，一定要先掌握造船技术，如果典墨兰信中说的可以相信，那么制造和停泊舰艇，就不担心没有地方了。我应当先去视察，只是恐怕母后不准。于是彼得假装要去修道院祈祷，请求母后，母后答应了，他就和伯兰德、典墨兰一起出发去伯列斯罗湖。没过多久，母后知道了这件事，十分担心彼得，但是彼得已经离开，也就无可奈何了。

彼得抵达伯列斯罗湖，考察当地的地势，这里背靠山，面朝湖，停泊舰队很方便，而且山上有很多优质木材，可以用来造船。于是彼得召集工匠伐木，他自己也亲自拿斧头上阵，与工匠同甘共苦。在这里住了很长一段时间，到了冬季，北风吹袭，湖水都结冰了，继续造船很不方便，他们这才回去。在一千六百八十九年，彼得听从母后的意见娶罗马那德氏，册封她为皇后。彼得结婚后，探知伯列斯罗湖面的冰融化了，就再次赶赴此地。母后和妻子写信书招之归莫斯科，未几又往。彼得恐母后念己，乃以书慰母后曰：

“后其勿悲岑寂，母宁为儿祈福，俾儿得以健康之身，亲劳苦之务也。今者湖上冰已渐解，工事大进，大船亦渐竣工，所缺者缆绳耳。后若命普里加特急造缆绳三百丈许，送致儿地，则儿得绳，益能藏其工事，可以归宫，依慈母之膝下矣。”

母后得书大喜，即命造绳，如数予之。彼得工事既竣，即归。归时有苏菲亚之难，难既平，彼得乃与其兄易黄共政事。易黄体羸不任政，政皆归彼得。彼得乃乘间改革内治，整理市政，聘外国人为军事顾问，设常备兵，购置武器，制造军舰。其所规画，固不以海军为限也。外国顾问官最信任者二人，曰哥敦，曰列何德。大事询哥敦，小事询列何德，更以皇族贵绅充顾问之职，以收人心焉。

彼得于制造事极注意，常与德意志人游，因雇聘其国之艺士，制造船舶铳炮等。无几时，而伯列斯罗湖畔，工场广开，烟突林立，轰轰之声，不绝于耳。又于克斯湖旁设船厂船坞，以广制造之业。

彼得之往伯列斯罗也，虽因从事制造，亦用以自晦，使不为苏菲亚所忌。其时苏菲亚伺彼得甚密，然每致转为彼请求彼得回莫斯科，他刚回来没多久又去了那里。彼得担心母后想念自己，就写信安慰她说：

“希望母后不要悲伤寂寞，请您安心为儿子祈福，让我保持健康的身体，亲自干劳苦的工作。现在湖面的冰已经渐渐融化，工事也有很大的进步，大船快要竣工了，缺少的东西只有缆绳。如果母后命令普里加特赶快编织缆绳三百丈左右，送到儿子我这里，那么我得到了缆绳，就能早日完成这里的工事，然后就可以回到皇宫，依靠在慈母您的膝下了。”

母后看到信后十分高兴，马上命令编织缆绳，按照长度运给彼得。彼得他们的工事很快完成，他也就迅速赶回来。回来时苏菲亚正在发动叛乱，动乱很快被平息，彼得就和他的哥哥易黄共同处理政事。易黄的身体羸弱不能胜任政事，政权都到了彼得手上。于是彼得趁机改革内政，整治城市，聘请外国人作为军事顾问，设置常备军，购置武器，制造军舰。这些规划，就不再仅仅局限于海军了。他雇佣的外国顾问官中最信任的两个人，一个叫哥敦，另一个叫列何德。彼得遇到大事就请教哥敦，小事请教列何德，为了收买人心，雇佣官员中也任用一些本国里皇族贵族的人。

彼得极其关注制造业的发展，常常和德意志人一起交流，因此聘请了德国的制造师，让他们制造船舶、枪械、炮弹等。没过多久，在伯列斯罗湖边，工场建立了起来，厂房大量开设，烟囱林立，轰轰声不绝于耳。又在克斯湖边建造了船厂、船坞，扩大了制造规模。

彼得到伯列斯罗，虽然是因为从事制造工作，也借此韬光养晦，隐藏自己的才能，不让苏菲亚嫉妒。当时苏菲亚监视彼得很严得所愚。今举其一事，亦可以验彼得才智也。

一日有贵绅某，素党苏菲亚，约彼得猎，其意欲使彼得耽游乐，怠于国政。彼得知之，乃与为期日，至期，贵绅以猎夫自随，彼得嗤曰："朕与卿约猎，未当约猎夫也。"贵绅乃去猎夫，彼得自为乡导，至猎场指挥众绅，驰骋深林豁谷间。贵绅素不习猎，未知驭狗之法，狗以其弗习也，脱绳而逸，马见狗逸惊窜森林中。贵绅等不知所为，乃尽弃其狗及猎具，仅以身免。自是之后，彼得虽力劝其出猎，诸人咸畏缩，不敢从行。

二、航术之练习

彼得于制舰事，既略有端绪，乃更习航行之法。顾莫斯科附近，无广大湖海，乃与外国之军事顾问，同至白海沿岸审察。白海距都五百余里。母后忧之，尼其行。彼得固请不已，遂迳乘小舰"圣彼得"号，赴白海。时彼得年二十一，千七百九十三年七月也。既抵白海，乃遣使归报母后，且语无恙。皇族及国民闻彼得远出，皆大惊。时彼得已生子，曰亚历须。上书乞彼得还御，彼得谕之曰："吾得汝书，知汝悲。虽然，是胡为者？汝若悲，吾亦奚乐？以吾固不密，但是反而每次都被彼得愚弄。现在举出其中的一件事，也可以展现彼得的才智。

一天，有个一向拥护苏菲亚的某绅士，约彼得一起去打猎，想要让他沉迷游乐，从而怠慢国政。彼得知道这件事后，就跟他约定日期，到了这一天，贵绅带了猎人跟在身边，彼得讥笑他说："我和你约定一起打猎，没有约猎人啊。"于是贵绅只好让猎人离开。彼得自己当向导，到猎场指挥绅士们，他一个人驰骋在深林峡谷之间。绅士们都没有学习过打猎，还不知道驾驭猎狗的方法，猎狗因为不习惯，也就挣脱缰绳逃跑了，猎马看到猎狗逃跑受到了惊吓，逃窜到森林中。贵绅们一个个不知道怎么办，都丢弃他们的猎狗和打猎的器具，仅仅自己逃了出来。从此以后，即使彼得尽力劝他们去打猎，他们都畏畏缩缩，不敢跟从了。

二、航术的练习

彼得在舰艇制造上，已经有了个大概的头绪，便去学习航行技术。因为莫斯科附近，没有广大的湖泊、海洋，于是他便与外国军事顾问一起到白海沿岸考察。白海离都城有五百多里。母后担心他，便阻止他前行。彼得坚持要求前往，于是最终他乘坐着小舰"圣彼得"号，赶赴白海。当时彼得21岁，是1793年七月。抵达白海后，彼得派遣使者回去报告母后，告诉她自己安然无恙。皇族和国民们听说彼得远行，都十分惊讶。当时彼得已经生下了孩子亚历须。亚历须上书请求彼得回宫，彼得回信说："我收到了你的信，知道你很悲伤。虽然如此，这又是为何呢？如果你悲伤，我又怎忍见汝悲也，汝幸勿悲。”

母后及皇后以彼得久不返，贻书促之，彼得答书曰：“顷方从事制舰，事竣后即当归宫，但期日不能豫定耳。苟船舶工竣，行当购求船中所用器具，其时当倍道归莫斯科，面朝母后。夫后亦何用为儿虑？后不尝祷圣母前，为儿祈福耶？然则儿身固可以无意外之患矣，愿后勿忧。”

自是久滞白海，日夜督励工人，制造巨舶，训练兵士。暇则与外国人谈论列国形势，或聚国人演说贸易及制造之利。时乃为游泳，掉轻舸以习航海之术，发射大炮，演习海战，以为娱乐。

彼得又乐与工人同苦，于上下舟绳，扬卸布帆，投拔铁锚诸事，皆亲自为之，若忘帝王之尊。又能虚衷纳言，船舶操纵之法，悉如外国顾问官之教，未尝违命。于是术业大进，益思以春令制巨舰，载俄国物品输之海外。乃先致力研治航术，每于远洋归航时，必置酒张宴劳其水手，谈笑甚欢，不自知其为帝王也。

海军既与，乃以白海为海军根据地，命弗斯基为海军总长，伯多林哥敦副之，彼得亦自领一舰。于其年秋，归莫斯科。

么会快乐呢?我不忍心看到你伤心。希望你不要悲伤。”

过了很久彼得都没有回来，母后和皇后写信催促他，彼得回信说:“我这段时间正在从事舰艇的制造，事情完成后就会立即回宫，只是回去的日子不能确定罢了。如果船舶建造完成，我就会去购买舰用器械，并且日夜兼程赶回莫斯科拜见母后。母后您又何必担心儿子我呢?母后您何不在圣母面前祈祷，为我祈福呢?这样我的身体就可以免去意外的伤害了，希望母后不要担忧。”

从此彼得一直滞留在白海，日日夜夜监督、勉励工人制造巨舰，训练士兵。闲暇的时候就和外国人谈论国际形势，或者召集国人进行演说，讲解发展贸易和制造业的意义。有时去游泳、驾驶小船来练习航海技术，有时发射大炮，进行海上演习，并以此当做娱乐。

彼得乐于和工人同甘共苦，在放上、放下舟绳，扬起、卸下布帆，抛下、拔起铁锚等事上，都亲力亲为，好像忘记了自己是尊贵的帝王。彼得还能够虚心接受建议，在船舶操作技术的学习上，他都听从外国顾问官的教导，从来没有违背命令。于是他的技术进步很快，又在考虑春季下令制造巨舰，运载俄国的商品输送到海外。他先致力于学习航海技术，每一次远洋归航后，他一定张罗酒宴犒劳水手，在酒宴上他愉快地谈笑，不知道自己是尊贵的帝王了。

海军建成后，他把白海设为海军根据地，命令弗斯基为海军总长，伯多林哥敦为海军副总长，彼得也亲自带领一艘舰艇。在这一年秋天，他回到了莫斯科。

彼得既归莫斯科，未几，而母后没，哀毁逾恒，途中辍其业。翌年春，再赴利斯克，检视自荷兰国购归之军舰，鉴备巨炮四十四门。时军舰尚未入港，彼得乃与大教师某，乘舟诣修道院参拜。方出海，忽遇飓风，怒涛掠舟，几覆者屡，舟人相顾失色，悉投器具于海中。彼得夷然自若，静坐后舱，促舵手道进。舵手安多普请曰："今舟已不能当风，宜避入淮拿河口。"彼得然之，顾淮拿河口多暗礁，当暴风时，操舟不能自如。彼得以舵授安多普，其时风力益紧，船几触礁矣。彼得复从安多普夺其舵，欲自御之。安多普方把舵避礁，见彼得夺其舵，因叱之曰："去！帝既以舵授臣，勿复掣臣肘。"彼得无以应。顷之，船既脱险，抵修道院河岸。彼得深赏安多普之才，置酒劳之。

酒半，语安多普曰："汝知在船中叱我事耶？"

安多普大惊，伏帝足下，不能起。彼得慰抚之曰："安多普，汝勿作此态。夫天下不习其事之人，宁可任其容喙耶？吾固当叱，以吾对汝，固为所不当为也，汝勿心痛。"

言已，亲扶起安多普，与之接吻，以海水湿衣与之为纪念。又于修道院河岸，立十字架，上记"耶稣降生千六百九十四年，船长彼得建立"等字。

彼得回到莫斯科后，没过多久母后去世了，他极度悲伤，途中暂时停止了他的事业。第二年春天，彼得再次赶赴利斯克，视察了从荷兰购来的军舰，欣赏了四十四门巨炮。当时军舰还没有入港，于是彼得和某大教师，乘船去修道院参拜。他们刚出海，忽然遇到飓风，惊涛骇浪拍打船只，几次都快要颠覆舰艇，舰中的水手互相看着对方，惊慌失措把器具丢进海中。只有彼得镇定自若，在后舱中督促舵手前进。舵手安多普请求说："现在军舰已经不能抵挡狂风，应当到淮拿河河口去避难。"彼得同意了，考虑到淮拿河口有很多暗礁，又正是在暴风时，很难操纵船只。彼得把船舵交给安多普操控，当时风力更大了，船几乎要碰触到暗礁。彼得又再次从安多普手中夺来船舵，想要自己控制。安多普正要把舵避开暗礁，看见彼得要夺走船舵，马上呵斥他说："快离开！皇帝您既然已经把船舵交给我，就不要再干扰我的操作。"彼得无话可说。过了一会儿，船只脱险，抵达修道院所在的河岸。彼得很欣赏安多普的才能，设置酒宴犒劳他。

酒喝到一半，他对安多普说："你知道在船中呵斥我的事吗？"

安多普听了大吃一惊，趴在皇帝脚下，不敢站起来。彼得安慰他说："安多普，你不要这样子。有谁可以容忍那些没有真才实干的人插嘴呢？你本来就应当呵斥我，我在船上那样对你，本来就是在做不该做的事，你不要痛心了。"

说完，彼得亲自扶起安多普，亲吻了他，把海水浸湿的衣服留给他作纪念。又在修道院的河岸，立起十字架，在上面记下"耶稣降生的第1694年，船长彼得设立"等字样。

彼得入修道院谒神后归航，而荷兰新归之舰，已泊港内，大喜，即以之为司命舰，合他船舶编成舰队。舳舻相衔，向白海而发，途次行大演习，自是俄国海军称雄焉。

三、军港之经营

彼得既成海军之业，然苦无军港，遂乘土耳其不备，袭击亚东，亚东守坚不能拔，乃引归。翌年春，易黄以狂疾病卒，自是彼得为独裁皇帝。此时彼得所编之游戏队，数益增加，已达七万五千以上。于是大扩张陆军，设骑炮诸队，聘德意志士官，日夜教练，为再举计。

千七百九十六年五月，顿河河水大涨，俄国海军顺流而下，道指亚东，扼土耳其海军于顿河口。土军以俄兵前败，易视之，不以为意。俄军乃一战而降之，因占领亚东。亚东既归俄，黑海之门户遂启。俄国自是二百余年，以蚕食土耳其为事，其计谋盖始于是役云。

海军既兴，而将校之才犹苦乏。彼得乃选拔贵绅子弟，赴英吉利意大利波兰诸国，学习航海造船之术，是为俄国后来海军强盛基础，俄国史上，所当大书特书者也。

彼得到修道院参拜神灵后返航。这时荷兰新送来的军舰，已经停泊在港内，他十分高兴，随即把它当作指挥舰，和其他船舶编成舰队。舰队中船头船尾相互衔接，向白海进发，途中进行了大规模的演习，从此俄国海军开始称雄。

三、军港的经营

彼得建成海军后，苦于没有港口，于是趁土耳其没有准备，袭击了亚束，亚束坚守牢固，俄军没有攻下来，他们只好回去。第二年春天，易黄因为癫痫发作病逝，从此彼得成为独裁皇帝。此时彼得编制的游戏队，成员越来越多，已经达到七万五千人。于是他大举扩张陆军，设置骑兵、炮兵等部队，聘请德意志的士官，日日夜夜操练，为再一次进攻做准备。

1796年5月，顿河的河水大涨，俄国海军顺流而下，直达亚束，在顿河河口遏制住了土耳其海军。因为俄军先前战败，土耳其军队轻敌，没有提高警惕。结果俄军一场战斗就降服了土耳其军队，占领了亚束。亚束归属俄罗斯后，黑海的门户就打开了。此后的二百余年，俄国蚕食着土耳其的土地，它的计谋大概是从这场战役开始的。

俄国海军已经兴盛起来，但是国内缺乏优秀的将领。彼得就选拔贵族子弟，到英吉利、意大利、波兰等国，学习航海造船的技术，这就是俄国后来海军强盛的基础，在俄国历史上，这应当是大书特书的事情。

【批评】

彼得性情，类于粗暴，而对于家庭，何其温和也！观其寄母之书，其亲爱之情，溢于言表。母死居丧，哀毁逾恒。由此可知能成莫事业者，必不可无真性情。今世之士，但学英雄豪杰之所短，而欲以兴业成务，难矣。

欲以身处天下之上者，必能处乎其下。观彼得以帝王之尊，而伍工人，与之同苦，而不以为耻；亲执贱业，而不以为卑。受舵工之叱，夷然不以为意，此其器度，殆所谓能下人者非耶？今人一冠儒冠，辄自尊大，耻与牧监市侩为伍，而问其所能，则力不胜匹雏，才不任末艺，而尚以为士也，岂不羞哉？

【评论】

彼得的性情近乎粗暴，但是对于家庭，又是多么的温和啊！看他寄给母后的信，他亲切、关爱的感情，溢于言表。母后死后，他极度悲伤。由此可以知道能够成就、奠基事业的人，必然不可以没有真性情。当今世上的人，只是学习英雄豪杰的短处，就想要兴盛事业，这很难啊。

想要凌驾于天下所有人之上，也一定能屈服于他人之下。彼得有帝王的尊贵，但是和工人为伍，和他们同甘共苦，不认为这是羞耻的事；亲自操执低贱的工作，但是不感到是卑贱。受到舵工的呵叱，心境平和不是很在意，他有这样的器量，难道不正是那种谦卑待人的人吗？现在的人一旦戴上读书人的帽子，就妄自尊大，羞于同下层人交往，论才能既无缚鸡之力，又无一技之长，但是他们还认为自己是知识分子，难道不应该感到羞愧吗？

第六章 彼得之外国漫游

本章分为二段以叙之。

一、漫游前之朝臣反对

彼得所期望事，不仅海军已也，于开矿铸炮织呢之业以至学校印刷术，及其他教育之事，无不留意。然当时俄国人才，足以胜任者殊寡。借材异地，所费又糜，且夺本国劳动者生业。前所遣留学外国学生，其学业有成者，十不得一。因是彼得思躬赴欧洲诸国，亲习艺能，并可默察列国国情，以为异日对付之策。乃集群臣而谕之曰："朕以眇眇之身，君临万乘。虽早起晏罢，毋敢暇豫，然无治国乂民之术，以负群黎之望，朕甚愧之。今朕当巡视列国，躬察其学艺，冀有所得，归以饷我国人。朕行后，国中政治，一以委于卿等，卿等其各敬奉朕命，毋忽。"

群臣闻之，皆惊愕相视。莫斯科市民，闻皇帝欲往欧洲，相与拟议，其言曰："乌乎！彼得帝，非正教徒欤！胡为弃我等，而与异教徒之国亲也？是行必不能以善归，彼殆为异教所惑，而迷其途乎？"

市民始而叹息，继而怨望。顾彼得心殊决，终不为动。一日赴列何德处告别，因宴其家。正酒酣，忽有人来本章分为两部分来叙述。

一、漫游前之朝臣反对

彼得想要做成之事，不仅仅是海军建设，在开采矿藏、制造炮弹、发展纺织业等方面，甚至是学校建设、印刷技术等其他教育上的事，没有他不留意的。但是当时俄国的人才中，可以胜任这些事的很少。从国外聘用人员，需要的费用又很多，而且这样会导致本国劳动者失业。先前派遣的外国留学生，学业有成的不到十分之一。因此彼得想亲自赶赴欧洲的一些国家，学习技艺。同时还可以暗地考察各国国情，得出以后对付他们的策略。于是彼得召集群臣告诉他们说：“我凭借微小的身躯，君临天下。即使早起晚睡，也不敢悠闲享乐，然而我没有治理国家、安定百姓的良策，辜负了百姓们对我的期望，我很惭愧。现在我应当巡视各国。亲自考察他们的技艺，希望有所收获，回来后给我国人民带来益处。我走后，国中的政治，全部委托给你们，你们各个都应该奉行我的命令，不要有所疏忽。”

群臣听了后，都感到震惊，互相看着你我。莫斯科的市民，听说皇帝想要前往欧洲，相互议论这件事，他们说：“唉！彼得皇帝不是东正教的教徒吗？他为什么抛弃我们，而亲近异教徒的国家呢？这次出行一定不会平安地回来，他大概会被异教迷惑，迷失自己的道路吧？”

市民们开始是叹息，后来变成怨恨，但是彼得心意已决，最终不为所动。一天彼得到列何德处告别，就在他家用宴。彼得喝酒兴致正高，忽然有人来报告，说是门外有两个射手请求参见陛下，报，门外有射手二人，请见陛下，彼得乃命之入。射手以射击队队长及索哥弗宁谋以今夕放火宫殿弑皇帝事告。彼得闻之，颜色不变。徐召近卫长骆普芬，命以今夕十一时围索哥弗宁宅，勿脱一人。处分既罢，彼得复从容就席，尽欢而去。

时叛徒方聚谋于索哥弗宁宅，议熟将发矣。忽有人排闼入，惊视之，乃彼得也。彼得笑谓叛徒曰："卿等深夜聚此，将为何事？"

众惊骇不能发一语，于是彼得乃更言曰："朕今日适从宴会归，见此间窗牖漏灯光，意必卿等聚饮。故来此，欲更与卿等博一醉。"

叛徒中一人答曰："我等相聚，饮酒为乐，无他意，幸帝恕我。"

彼得曰："若然，固大佳事。幸以一觞与朕。"

索哥弗宁乃以酒进，并祝皇帝健康。时彼得待骆普芬未至，因于筵间故为诙诡之辞，以延时刻。叛徒等恐失机会，乃互用暗号，欲突起刺杀彼得。有一人起与索哥弗宁耳语曰："时已到。"索答之曰："尚未。"于是彼得怒不能忍，发指眦烈，厉声而骂曰："朕时亦已到矣。"乃直前击索哥彼得就命令他们进来。射手把射击队队长和索哥弗宁谋划在今天晚上放火烧宫殿、弑杀皇帝的事情告诉了彼得。彼得听了，脸色不变，从容地召来近卫长官骆普芬，命令在今晚十一时包围搜索哥弗宁宅，不要让一个人逃脱。处理完毕后，彼得又从容就坐，尽情娱乐后才离开。

当时叛徒正聚集在索哥弗宁家中谋划，讨论完毕快要出发了。忽然有人推门而入，他们大吃一惊，一看原来是彼得。彼得笑着对叛徒们说："你们深夜在这里聚集，将要做什么呢？"

众人惊讶恐惧得说不出话来，于是彼得又换了句话说："我今天恰好从宴会上回来，看到这里窗户上露出来的灯光，想必你们在这里聚会饮酒。所以我就进来，想要和你们再喝几杯，博得一醉。"

叛徒中有一人回答说："我们相聚，饮酒为乐，没有别的意思，希望皇帝能宽恕我们。"

彼得说："原来是这样啊，那是件大好事。希望我能与大家干上一杯。"

索哥弗宁于是拿着酒向前，向皇上祝酒，并祝他身体健康。当时彼得一直在等骆普芬，可是骆普芬还没有来，便在宴席中故意说一些诙谐的话，拖延时间。叛徒们恐怕丧失良机，就互相使用暗号，想要突然刺杀彼得。有一人站起在索哥弗宁耳边说："时间已经到了。"索哥弗宁答道："还没有。"彼得听后大怒，无法再忍受，头发根根向上竖起，眼睑张开，大声骂道："可是我的时间弗宁，顾呼曰："骆普芬盍来。"骆普芬以精兵涌入室，悉捕缚叛徒，置之于理。彼得怒骆普芬来迟，几陷于难。以拳击骆普芬，骆普芬伏彼得足下，出令状，言帝授此状时，约臣十一时，臣固未会逾时。彼得乃悟，与之接吻，谢前失焉。乱事既平，彼得乃定行期。以政权委贵族礼弗夫，命哥基侯为莫斯科市长，使之共司国政。又以列何德及哥海滑为特派大使，从行者二百余人，彼得亦隐其间为从者。彼得此行，非欲求大学高深之业，非欲习语言之末，其志盖欲广求世界知识云。

二、漫游纪事

波兰。千六百九十七年孟秋，向维也纳出发，途过波兰，遂驻里牙一周。彼得常独步市街，探其地之人情风俗，视察兵营、炮台、火药库等。暇辄与从者纵谈列国形势，知识大进。

德意志。自波兰赴德意志之客尼克，列何德旧友某侯，欢迎同行者，礼意殷渥。然彼得务与避面，独徘徊市街中，巡览学校、病院、兵营等。时普鲁士国王，闻同行中有彼得在，遣使问真否，彼得以己方为微行，不欲暴其事于外，乃已经到了。”就直接上前刺向索哥弗宁，并回头大呼道：“骆普芬快来。”骆普芬带着精兵涌入房间，逮捕了所有叛徒，并找理由处置了他们。彼得对骆普芬来晚了很愤怒，自己差点就遇难了。他用拳头击打骆普芬，骆普芬跪在彼得脚下，拿出令状，说皇上授与我这文书时，约定在十一时，我本来就没有超过时间。彼得才知道，于是亲吻了他，为刚刚的错误道歉。乱事平定后，彼得就定下出发的时间。把政权委托给贵族礼弗夫，命令哥基侯担当莫斯科市长，共同管理国政。又把列何德和哥海滑任命为特派大使出使欧洲，陪同出发的有二百来人，彼得也隐藏在这些人中间。彼得这次出行，不是想要追求大学中高深的知识，也不是想要学习外语，他的志向是要广泛追求世界上先进的技术。

二、漫游纪事

波兰。1697年的初秋，彼得一行人向维也纳进发，途中经过波兰，于是在里牙停留了一周。彼得常常独自在市区街道散步，探寻当地的民风民情，视察军营、炮台、火药库等。闲暇时就和陪同出使的人谈论各国形势，知识大有长进。

德意志。彼得他们从波兰赶赴德意志的客尼克，列何德的旧日朋友某某侯爵，欢迎同行的人，礼仪十分周到。但是彼得想要避开会见，他独自在市区街道中徘徊，视察学校、医院、兵营等地方。当时普鲁士的国王，听说同行的人中有彼得皇帝，派遣使者询问情况是否属实，彼得认为自己是微服私访，不想把自己的身份暴于夜半驰马谒普王，且戒其勿宣。王大悦，为演种种杂艺慰之，自是彼得迭与普王暗相往来，交谊殊笃。

丹麦。彼得居德意志月余，乃去之丹麦，与当时漠诺堡女皇会见，当时女皇笔记中，会记其事曰：

帝体硕而颀，容姿端丽。言语极精密，有条理。精神亦甚活泼，惟举止稍粗莽。于交际场中，不为妇人所炫惑，故如余（女皇自谓）者，殊不足为彼之旅行记增色也。一日余方舞蹈时，帝直前拔余舞裳所饰鲸骨，谛

视良久，以为日耳曼妇人，常以甚坚之骨，饰其裳也。其精警多类是。彼得性极喜事，凡不经见之物，每容谛不倦。一日散步市街，见贵妇人腰间缀金表，以珐琅为饰，彼得竟攫觎之，良久乃去。又尝道遇一绅士戴法兰西假发者，彼得大奇之，迳前去其发，视之，乃假发也，因大笑，掷之道左。

彼得巡视各制造场，必穷知其内部组织之事；凡与外

露在外，于是在晚上骑马拜见了普鲁士国王，告诉他不要宣传。国王十分高兴，为他们展出了各种杂艺表演，从此彼得多次和普鲁士国王暗中相互往来，他们的友谊十分深厚。

丹麦。彼得在德意志住了一个月左右，才离开去丹麦，和当时漢诺堡女皇会见，当时女皇笔记中，记载了当时的事情，笔记上写道：

彼得皇帝身体健壮高大，容貌俊秀。说话极其缜密，有条理。精神也很活跃，只是举止稍稍粗莽。在交际场中，不被妇女引诱，所以就算是我也不能丰富他的旅程。一天我正在跳舞，皇帝径直向前拿起我饰有鲸鱼骨架的舞裙，仔细观察了好久，他以为日耳曼的妇女，常常用坚硬的骨架装饰她们的衣服。其他精怪的事情大多像这样。彼得十分喜欢各类新奇事物，只要是没有看过的东西，他每次都仔细的观察。一天他在市区街道上散步，看见贵妇人的腰间别着金表，金表用珐琅装饰，彼得竟抢过来，看了很久才离开。他又曾在途中遇到一位戴着法兰西假发的绅士，彼得感到十分惊讶，径直向前拿他的头发，一看，原来是假发，他就哈哈大笑，把假发扔在路边。

彼得巡视各个制造场，一定要看遍其中的内部组织结构；凡国人相接，必问以教蒙昧人民之术。此行最注意者为海军，目击造船之事，且习其术，乃思赴荷兰，盖当时荷兰海军，居世界一等，凡航海制造之术，皆推荷兰第一也。

荷兰。彼得乃留列何德等驻丁抹，自赴荷兰，以六人随。荷政府礼遇极优，然彼得深自谦抑。在荷每有闻见，未尝不击节称赏。更留意荷之技术，及商业物产。距荷兰都府西五里，曰撒亚尔台者，以造船术有名于时。彼得潜赴其地，以舟泝运河上驶。将入港，忽见有掉小舟而渔者，视之则在莫斯科时所傭之荷兰锻工基斯笃也，彼得见彼至欣喜，乃大呼基斯笃名，基氏仰视呼者，乃为彼得，大惊。因邀至其家，彼得戒基氏勿扬于外，基氏诺之，乃除其所居寝室馆彼得。基氏家本编茅，不图乃足以供帝者之居。至今其茅屋犹在焉。

彼得既居基氏家，因以基氏为乡导，日倘徉于市中，视察一切。市故狭隘，然高屋大厦，鳞比左右。运河中诸国商舶往来，帆樯如织。沿岸造船厂及制造所，林立相并。水声机声斧斤声，轟轟不绝。乃深叹是地商业繁盛，又观其市民率皆耐劳苦、营生业，深感服之，因决计于此地习造船术。以基氏之介，得见船厂主人，乞为工，主人诺之，彼得大是和外国人接触，一定要询问教育蒙昧人民的方法。他这次出行最注意的是海军，想要亲眼看看造船的事，并且学习其中的技术，就想要赶赴荷兰，因为当时荷兰海军，是世界第一，凡是航海、制造的技术，都首推荷兰。

荷兰。彼得把列何德等人留在丁抹，亲自和随从六人赶赴荷兰。荷兰政府招待彼得十分周到，彼得则非常谦逊。每次在荷兰有所见闻，他都拍手称赞。在荷兰，他更加留意当地的技术和商业产品。荷兰首都西边五里是撒亚尔台，那里凭借造船技术闻名一时。彼得暗地赶赴这里，在运河上驾驶着小船逆流而上。正要入港时，忽然看见一位开船的渔民，原来是在莫斯科时雇佣的荷兰铁匠基斯笃，彼得遇到他激动万分，大声呼喊他的名字，基斯笃抬头看喊他的人，发现竟然是彼得，大吃一惊。于是基斯笃邀请彼得到家中，彼得告诫基斯笃不要把自己的身份宣扬到外面去，基斯笃答应了，很快清理了自己居住的住所给彼得。基斯笃的家是茅草编制的，事实上根本不能够给尊贵的帝王居住。至今这间茅屋依然留存。

彼得在基斯笃家中安定下来后，就让基斯笃当他的向导，每天徘徊在市区中，视察一切事物。市区本来就狭窄，但是高楼大厦，鳞次栉比，一栋接着一栋。运河中各国商船来来往往，船帆像织布一样连绵不断。沿岸造船厂、制造所林立，挨在一起。水声、机器声、斧头声，不绝于耳。彼得深深感叹这里商业繁华，又看到市民们都不辞辛苦地经营着自己的事业，十分佩服，因此他决定在这里学习造船技术。让基斯笃当中介，彼得得以见到船厂厂主，他喜，乃伪自称曰弥海尔。往船厂作工，其所为辄兼人，而又精巧，主人深赞其能。彼得晨赴工场，归时，于市肆中购求食物，命基氏调之以进。时时于市遇见曩在国中所僱职工，即邀与同归，叙述怀旧之情，且存问其近况。间有见异形之舟，辄喜试之于运河上。

彼得在荷兰，务自韬晦，顾其踪迹举动，不类凡人，人咸疑之。彼得尝以三百罗布（俄国币名）购一轻舟，于是市民知彼非寻常职工，殆俄之富家也。彼得住处，常有俄国显官来谒，与彼议公事，邻居窃窥之，见彼得据首座，指论朝政，以意为可否，显官皆唯唯听命，于是荷兰人疑彼不仅为富家，殆俄之贵人也。风说一播，全市人人瞩目。一日往制纸场参观，熟视其机械良久，亲以纸屑自制，竟成良纸，场主见之，叹赏不止，彼得亦大喜，出一金货赠场主，众益奇其所为。又一日自工场归，厌市中繁杂，取道小径，购梅实，有数十儿童从之乞梅，彼得迳与之。顾其数不足均分，儿童中有不得梅者怒，揭石投彼得，彼得大窘，狼仓而归。市之官吏，知彼非常人，乃下令戒市中，毋得侵辱彼得。于是市民益惊怪，以为彼得固明明为造船厂工人，胡乃特邀礼遇？好请求做一名工人，厂长答应了，彼得也很高兴，就谎称自己叫弥海尔。彼得到船厂做事，工作量是别人的几倍，而且所作又精致巧妙，主人深深叹服他的才能。彼得清晨赶赴工场，回来时在集市中购买食物，命令基斯笃烹饪好送进来。彼得时常在市区中遇到从前在俄罗斯雇佣的职工，就邀请一起回去，叙述旧事，怀念旧情，还询问他们的近况。期间有时看见形状奇怪的船只，他就高兴地尝试在运河上驾驶。

彼得在荷兰，韬光养晦，隐藏自己的身份，只是他的一举一动，不像平常人，人们都怀疑他的身份。他曾经用三百罗布（俄国货币）购买一艘小船，于是市民们知道他不是寻常的职工，大概是俄国的富豪。彼得的住处，常有俄国的大官前来拜见，和他议论公共事务，邻居偷偷窥看，看见彼得占据首席，指点评论朝政，表达自己的意见，决定事情可不可行，大官都恭敬地听从命令，于是荷兰人怀疑他不仅是富豪，大概是俄罗斯的高官。风声一经传播，整个市区人人瞩目。一天彼得到制纸场参观，仔细观察制纸的机械，亲自用纸屑造纸，竟然成功造出了优良的纸张，场主看了，称赞不已，彼得也十分高兴，拿出价值一两黄金的货物送给场主，众人更加对他的所作所为感到奇怪。又有一天他从工场回来，厌恶了市区中的纷繁嘈杂，就选择走小路，购买了梅子，有数十个儿童跟随着他乞讨梅子，彼得直接把梅子分给他们。只是梅子数量不够，没得到梅子的儿童很愤怒，拿石头扔彼得，彼得十分窘迫，仓皇逃跑。市区中的官员，知道他不是一般人，就下令告诫市民，不要侮辱、侵犯彼得。于是市民们感到更加奇怪了，他们觉得彼得明事者日往基斯笃家，瞰彼得所为，基氏之门，遂若市矣。众诘基氏：“尔家所居果何人？”基氏告之曰：“是人乃俄国莫斯人一木工耳。君等胡为惊怪若是？”顾众不之信，而基氏妻，亦稍稍以彼得泄之于外。于是荷兰市民，乃知彼得盖俄国皇帝也。彼得既为人所知，遂不能自由行街市间，适闻列何德至荷兰，乃往就之。然荷兰政府，方议盛待俄帝，彼得恶其烦，乃不复往。日从事调查造船，如是数周，适得东印度会社许诺，入其造船厂，再为工匠。工人知彼得为俄国皇帝，皆表敬意，彼得益自谦下。居数月，制船一艘，名“圣彼得”，鬻之其国王族。彼得时于其地屡转居，昼在厂执役，夜归旅馆，理俄国政治，常与俄之贵族通问，命列何德与荷兰政府结条约，并雇造船工匠，及其他技艺之士百余人，送归本国。

英吉利。当时英国造船术，亚于荷兰，国势日赴强盛。彼得欲往考察英国制船之法，于是留列何德驻荷兰，独航英国，时千六百九十八年正月也。

既至伦敦，与英政府约，遇之如恒人，顾英廷不欲失国际礼仪，乃除别宫馆彼得，彼得恐习于赊惰，致忘正务，因自移居于民间。

明只是造船厂的一个工人，为什么他可以享受礼遇？好事者每天前往基斯笃家，偷看彼得在干什么，基斯笃家前门庭若市。众人诘问基斯笃：“你家住着什么人？”基氏告诉他们说：“这个人只是俄罗斯莫斯科的一个木匠罢了。你们为什么这么惊讶？”看到众人不相信，基斯笃的妻子，悄悄把彼得的身份泄露了出去。于是荷兰市民，才知道彼得就是俄国皇帝。彼得的身份被众人知晓，不能在街道市区中自由行走了，正好听到列何德到了荷兰，就想去他那里。但此时荷兰政府正在商议如何盛情款待俄国皇帝，彼得厌恶其中的纷繁，就不再去了。他每天从事调查建造船只的工作，像这样过了几周，正好得到了东印度公司的许诺，可以到他们的造船厂，再次做工匠。工人们知道彼得是俄国皇帝，都表示敬意，彼得则更加谦逊。他工作了几个月，制成了一艘船，给它起名叫“圣彼得”号，卖给了他的王族。当时彼得在这里多次搬家，白天在厂中工作，晚上回到旅馆处治理俄国政事，常常和俄国的贵族交流，命令列何德和荷兰政府缔结条约，并且雇佣当地造船的工匠和其他技艺人员一百人左右，派遣他们到自己的国家。

英吉利。当时英国的造船技术，仅次于荷兰，而且国势日益强盛。彼得想要去英国考察造船的技术，于是留列何德驻扎在荷兰，独自乘船前往英国，当时是1698年正月。

彼得到了伦敦，和英国政府约定，用对待平常人的礼节对待他，只是英国朝廷不想舍弃国际礼仪，就清扫其他的宫室给彼得住，彼得害怕会养成懒惰的习惯，以至于忘记正事，因此自己搬到街市中居住。

移居后，日从事考察，极为周至，凡炮台之武器，造币局之货币，国会之议事，以至剧场、礼拜堂、大学校等，靡不一一注意。又时屈身于制纸厂、锯木厂中，亲执职业，务以洞其窾窍。凡七月，其劳苦一如在荷兰时。彼得后尝语人曰："朕若不居英国，殆不知贸易生涯为何物。"

彼得居伦敦市，寓英人英边邻家。英边邻日记中，会记其事曰：彼得欲知我邦之造船术，不居英王之宫，而独馆于我，彼得殆视吾家如英王所予之宫殿者，顾吾家近市，邻比多不洁。而彼得居于余家，安之若素。昼食十时，夜食六时。在家时极稀，常易服访英王，又时泝河而行，英王屡飨彼得。彼得所费，悉支给之。彼得于造船厂中，更以余暇，习数学航海解剖诸术。

彼得漫游之际，所至必与其国之名士相交好。至英，更招致技术之士及医者而归，以兴诸艺。英王与彼得订交至深，会以肖像赠彼得，至今犹悬于宫殿画室中。彼得既调查英国海军制度，及军舰商舶制造诸法，乃更纵游伦敦，遍历名胜，聘航海及技术者五百余名而归。

搬家后，彼得每天从事考察工作，极其周密细致，凡是炮台这类武器，造币厂的货币，国会的提议，甚至是剧场、礼拜堂、大学校等，没有不一一注意的。他又时时委屈自己在制纸厂、锯木厂中亲自从事工作，想要把每一点都弄懂。在这里的七个月，他劳苦的程度和在荷兰时一样。后来彼得曾对别人说："如果我不住在英国，可能还不知道从事贸易生活是什么样子的。"

彼得在伦敦市，居住在英国人英边邻的家中。英边邻的日记中，恰好记载了这件事，日记上说：彼得想要知道我国的造船技术，不住在英国国王的宫殿，而唯独住在我家，大概是因为彼得把我家当作了英国国王给予的宫殿，而且我家靠近市区，附近的家庭又大多不太整洁吧。彼得在我家，安之若素，仿佛在自己家一样，虽然这里条件差，但是他丝毫不在意。每天白天十点吃饭，晚上六时吃饭。在家的时间很少，常常换上正装拜访英国国王，又时时在河中逆行，学习驾驶技术，英国国王多次宴请彼得。彼得的经费，也都由他支付。彼得在造船厂中，在闲暇时间还学习数学、航海、解剖等各种技术。

彼得出使的时候，所到的地方一定会和这个国家的名人交好。到了英国，更是招来了技术人员和医生，把他们送到俄国，让他们兴盛俄国的各项事业。英王和彼得关系很好，会面时英王曾把自己的肖像赠送给彼得，这幅肖像至今依然悬挂在俄国皇宫的画室中。彼得调查完英国的海军制度，以及军舰、商船的制造方法后，就肆意地在伦敦游玩，游览这里的名胜古迹，同时聘请航海家和技术工作者五百来人并派遣回国。

奥大利。彼得既辞英国，复至荷兰，与列何德会，遂入奥都维也纳谒其国，与约联合征服土耳其事。嗣以他故，约不能成，乃辞维也纳，向意大利。至意，闻射击队变（见第四章）。亟驰归，归后乱事已定，乃谋整理内政。

【批评】

人生吃得菜根，百事可做，故无忍耐之力者，终无成事之期。彼得遍历欧洲，劳苦之事，皆躬尝之，以帝王之尊，下与工人伍，若不知其有贵贱之分也者。卒能深通艺事，博知治理，致其国于富强，为俄罗斯建不朽之业，非富于忍耐力者乎？

晋公子重耳在外十九年，备尝艰苦，左氏称之。然重耳一馆于齐，即起怀安之念。汉高祖入咸阳，见秦宫室之美，遂欲居之。富厚之足以移人，亦甚矣哉！彼得在英，不居英皇所除之宫，而主于英边邻家，盖防偷惰之心生，而害其志也，此真可谓善自制者。夫人莫难于自制，士人当未显达时，皆慨然有澄清天下之志，而一旦为膏粱文绣所炫，便奄奥地利。彼得离开了英国，又到了荷兰，和列何德见面，于是到奥地利都城维也纳拜见国王，和他约定联合征讨土耳其的相关事宜。但接着因为其他的原因，这项约定没能达成，彼得就辞别了维也纳，去意大利。到了意大利，听说国内的射击队发生了军变（见第四章）。彼得即刻回国，回来后乱事已经被平定了，他就谋划整治国家内政。

【评论】

人生中如果连菜根这么难咽的东西都能吃下，那还有什么苦不能吃，什么事不能做，所以没有忍耐力的人，最终不会做成任何事情。彼得游历欧洲各个国家，劳苦的事情都亲自尝试，他有着帝王的尊严，却委屈自己和工人们为伍，好像不知道有高低贵贱的分别。也就是因为这样他能够通晓各种技术，知道各种治理国家的方法。他的出行让俄国变得富强，为俄罗斯建立了不朽的基业，这么来看难道他不正是很有忍耐力的人吗?

晋国公子重耳在外漂泊了十九年，尝尽了艰苦，左丘明因此称赞他。可是重耳在齐国一旦安定下来，很快就生出了不思进取的想法。汉高祖进入咸阳，看见秦宫室的雄伟盛大，就想要居住在里面。富贵安逸的生活对人精神意志的消磨，也真是太厉害了！彼得在英国，不居住在英皇的宫室里，而是主动住在英边邻的家中，就是为了防止懒惰心思的产生，而有损他的志向，他真正可以说得上是善于自律的人。做人没有比自律更难的，当文人们还没有声势显赫的时候，都情绪激昂，有着使天下澄清的志向，但是一旦任奄无复生气矣。如孟子所谓富贵不能淫者，余盖至今未见其人也。

官后被美酒美食、精美的织品迷惑了双眼，就连气息都微弱了，不再有活力。像孟子所说的“富贵不能淫”的人，我至今都没有遇到过。

第七章 彼得之内治改革

彼得既自欧洲归，见己国民智晦塞，开化之度，远逊欧洲，以为非厉行改革，不足以起衰救敝也，于是先着手于改革问题。

其时俄廷之上，多守旧党。守旧党势盛，往往泥彼得行政。彼得以为立法期其必行，其法乃有效，因大张告谕，榜诸官署前，谓自是之后，官民咸须恪守法律。朝廷有令，无上下皆当服从。先是俄俗人好蓄髯，彼得下命，令民去髯。民多不服其令，乃命警吏道遇蓄髯者，迳引致割断其髯，若不从令，科以罚金，并予以徽章，令缀胸际，以识其过。又因欲矫奢侈之习，令人民衣服，均尚朴素，无许奢侈，恐人民不从令，乃自衣丽服行市中，密使警吏拘彼科罚金，俄民见皇帝违令受警官之罚，乃知命不可犯。时国中人人曳长裾，彼得以为戾于欧俗，下令严禁之。又禁行道者勿得以仆从自随，因自徒步市中，以为之倡。改旧历，

彼得从欧洲回来后，看到自己国民智力低下，见识短浅，文明开化的程度远远低于欧洲，他觉得除非厉行改革，革除其中的弊端，否则难以扭转衰败的局势，于是他开始先着手改革上的问题。

当时俄国朝廷上，守旧党很多。守旧党的势力非常大，常常阻碍彼得的行政措施。但是彼得认为制定的法律规定一定要执行，有法必依，法律才有效，于是广泛地公布法律，写在政府的公布栏上。要求从此以后，官民都要严格遵守法律。朝廷有命令，没有上下级别的区分，全体公民都应当服从。以前俄国一些俗人喜欢蓄胡子，彼得下命，让民众剃去胡须。很多人不服从这项命令，彼得就命令警察，他们一旦在路上遇到蓄胡子的人，直接上前割下他的胡子，那些不听从命令的，依法予以罚款，还要强迫他在胸前戴上徽章，来昭示他的罪行。彼得还想趁机矫正俄国奢侈的陋习，下令人民的衣服，都要崇尚朴素，严防奢侈之风，为了防止民众不听从命令，就自己穿着鲜艳的衣服行走在市去中，暗地让警察拘捕他，并依法罚款，俄国人民看见皇帝违背命令都受到警察的处罚，就知道命令不可以违犯。当时国中人人都拖着长裙，彼得认为这违背了欧洲的风俗，下令禁止。他又为了禁止路上的人不得让仆从跟随，自己徒步在市区中，以身作则，倡导民众。他改换了旧历，把正以正月一日为元旦（俄旧历以九月一日为元日）。顾人民安于故常，以彼得所改革为不便，以故受罚者极多云。

彼得以开化人民，惟教育为最急，乃以教育事委之寺院，设高等学校于莫斯科，及圣彼得堡，于各县编设小学，行强迫教育之令，并定士族子弟不入学者，毋得结婚。又设海陆军大学校、医学校、施药院、解剖学讲社，甚众。设天文台，说明日蚀之理，以释民惑。置植物图，搜集异草奇木于其中，以广人民知识。更欲开技艺大学，事未成而卒。

文化之事，既一一致力，同时扩张兵备，以固国防。施征兵令，募各地勇敢之士，陆军制仿德国，而海军则以荷兰为法。并于要隘，分设砦塞，以资守御焉。

当时贵族跋扈，皇帝废立之权，尽操于彼。彼得患之，乃谋渐削贵族之权，又改正士族制任官法，废从来世袭旧制，广阔俊秀登进之途。

改革事业，方有进步，而列何德病殁。列何德者，彼得尝师事之。列氏殁，彼得不怿累月。葬时，车驾亲临，执部属礼。盖彼得尝隶列何德麾下，故不敢上之。以为全国军人，示服从长官之模范焉。

月一日作为元旦(俄国旧历以九月一日为元日)。因为人民安于以往的习惯,所以彼得的改革很不方便,受罚的人也很多。

彼得想要推进俄国人民的文明程度,只有兴办教育是最紧急的,于是把教育的事情委托给教会,在莫斯科和圣彼得堡设置了高等学校,在各个县市编设小学,下令强迫人民接受教育,并规定士族的子弟中不入学的人不能结婚。又设置海陆军大学校、医学校、制药的学校、解剖学讲社,各种学校等等,种类有很多。他还设置了天文台,说明日食的道理,来消除民众的疑惑。编撰植物图,编入搜集到的奇异的植物,来扩充人民的知识。更想开设技艺大学,可惜事情没有做成他就去世了。

文化建设上的事,彼得都一一过问,同时扩充军备,巩固国防。发布征兵令,募集各地勇敢的人。陆军的编制效仿德国,而海军的建设则效仿荷兰。并且在险要地带,设置关卡、阻隔等工事,用于防御敌人。

当时贵族飞扬跋扈,横行霸道,废除、拥立皇帝的权力,都被他们操控。彼得很担心,于是逐渐削弱了贵族的权力,又改正了士族制度和任官方法,废除了世袭的旧制度,扩大了优秀人才从政的道路。

改革的事业正在前行,列何德却病死了。列何德是彼得曾经的老师。列何德死了,彼得几个月都很悲伤。举行葬礼时,彼得驾驶马车亲自到现场,行部下的礼节。因为彼得曾经在列何德门下,所以不敢用上对下的礼节来对待老师。这是为了给全国军人展示他服从长官的模范。

彼得半生事业，殆可以改革括之：于事无论巨细，有当改良者，皆断行之，不少惮。如创设民刑诉讼所于各地；商贾用私奴；以保护金奖励制造业；劝谕人民，使移殖于外国；修缮道路，开通运河，以谋交通便利；设印刷所，以发刊新闻；劝人吸烟，以仿欧洲之风。诸如此类，靡不尽力倡率。法国历史家慕尔丁，尝评之曰：“彼得于根本之地，断行政革，遂使俄罗斯人民之风俗习惯法律等，斐然一新。为中兴雄主，声振奕。国民志之，至今弗谖。”信哉言乎！盖彼得以英迈之资，运万年之谋，扫除顽陋之积弊，矫正游惰之风尚，令全国精神，终始一贯。自彼崛起，厉行政革之后，西欧文明，浸以输入。不数十年，面目尽改。虽然，天下利害，往往相为倚伏。彼得之改革，上级人民希望进步者，固乐与赞成，而下级人民，狃于旧习，恒以更张为病。故其时朝野上下之间，益致隔绝，斯亦自然之趋势也。

虽然，彼得之所为，固非浮慕欧风者可比。彼固以无限热诚，爱护其国也。故其改革，卒能使俄国富强，冠绝世界，世被其泽，民受其福。俄国诗人蒲瓦金者，会以诗咏彼得曰：效西欧之文化兮，羌不遗我故乡。可谓知言。

彼得半生的事业，大概可用改革来概括：在事情上无论大小，应当改良的，都果断实行，没有忌惮。比如在各地创设民法、诉讼所；商人可以使用私人奴隶；通过收取保护金来奖励制造业；奉劝人民，到国外投资；修复道路，开通运河，来谋取交通的便利；设置印刷所，来发表、刊登新闻；劝人吸烟，模仿欧洲的风俗。诸如这些事情，没有不努力提倡的。法国的历史学家慕尔丁，曾评价他说："彼得在国家的根本上，坚决政革，最终让俄罗斯人民的风俗习惯、法律等，焕然一新。他是国家中兴的英雄，影响特别深远。国民们都记住他，至今没有忘记。"这评价是可信的啊！彼得就是凭借自己英勇豪迈之情，长久的谋划，扫除了积累下来的顽劣、鄙陋的弊端，矫正了随意懒惰的风俗，让全国的精神焕然一新，并且始终保持一致。从他实行严厉的政革后，西欧的文化，全面输入俄罗斯，不到十年，国家面目就改变了。然而即使这样，天下的利处和害处往往是依靠在一起的，这就是所谓的祸福相依。彼得的改革，上级官员与人民中希望进步的人固然乐于赞成，但是下级人民还拘泥于旧习中，一直认为改弦更张是错的，所以当时朝廷和民间、上级和下级之间隔阂加大，这也是很自然的趋势而已。

即使是这样，彼得的所作所为不是那些单单美慕欧洲风俗的人可以比的。彼得用自己无限的热诚，爱护自己的国家，所以他的改革，最终让俄国得以富强，成为了世界第一强国，让每代人都享受到了他改革带来的恩惠，民众得到了福利。俄国诗人蒲瓦金用诗句歌颂彼得：他效仿西欧的文化，全部不遗漏地带给我故乡。这句诗可以说得上是智慧的言论。

【批评】

法律之所以行者，在于信平二字。故商君之立法也，徙木以示信，刑太子师傅以示平。彼得揭示官署，使人民严守法律。虽蓄髯之细，不为宽假，令出惟行，且复以身作则，自科罚金，徒步市中，以朴素风全国。他如定上下之分，则亲执列何德之丧，而行属吏之礼。盖欲使其民知无论君民，当须受治于法律之下，固非以个人威力，强人之服从也。

彼得之改革，在当时可谓之根本改革，而于今日观之，则否。当时俄国人民蒙昧，故不可不用干涉，若行之今日，则适足以激成虚无党之反抗。当时俄民智识幼稚，故政府无论何事，皆须为民代谋。若用之于今日，则以如是之万能政府，其举事必无尽当者也。俄国工商之业未兴，故贸易当主保护政策。若行之于今日自由贸易之国，则怨声载道矣。俄国国权无缺，又以僻处一隅，不为列强注目。故聘用外国顾问官，无他患害。若在今日，一或不慎，动有损失之忧矣。俄国当时人民识见固陋，故欲改革内政，必先从其于耳目易见之地，试为着手，吸烟蓄髯之细，无不干涉。若在今日，则

【评论】

法律之所以可以实行，在于“守信”、“平等”两个词上。所以商鞅在立法上，奖励搬木头的人来表示法律真实，刑罚太子的两位老师表示法律平等。彼得把法律条文公布在政府前，让人民严格遵守法律。即使是蓄胡子这样的小事，有人犯法也不宽限、作假，命令推出来后只有实行，而且还以身作则，自己按照法律罚款，比如他穿着显眼的衣服徒步在市去中接受惩罚，通过这种方式让全国的风俗朴素起来。他为了明确上下的区别，就亲自执行列何德的丧礼，行下属官员的礼节。他是想要让民众知道无论是君主还是人民，都要受到法律的约束，这样一来法律就不再是用他一个人的权威强迫别人来服从了。

彼得的改革，在当时可以说得上是根本性的改革，而放到现在来看，就不是了。当时俄国人民蒙昧，所以不可以不进行独裁，如果在现在实行，那么就会演变成无政府主义者的激烈反抗。当时俄国民众知识匮乏，所以政府需要替民众谋划任何一件事。如果现在这样做，那么即使是万能政府，现在的全部事情也没有人能担当得完。俄国的工商业没有兴盛，所以应当实行贸易保护政策。如果在现在实行，奉行自由贸易的国家就会怨声载道。俄国的国权没有缺失，国家又处在一个偏远的位置，不被列强注意。所以聘用外国的顾问官，没有坏处。如果是现在，一旦没有谨慎考虑，实行起来就会担心损失。俄国当时的人民见识短浅，所以想要改革内政，一定要先在可以看得见的地方，尝试着着手实施，吸病其流于形式，而有烦苛之患矣。俄国当时主专制，教育亦主专制，故可授之寺院。若在今日，则教育黑暗，民智锢塞。民有觉者，必生反抗。虚无党之无神论，其反动也。俄国当日，奴隶制度未废，故许商贾用私奴之制，得以成立。若在今日，则人格问题，关系甚大。上之有违背世界公理之虞，次之有腐败国民精神之患。农奴解散问题，其已事也。呜呼！是数事者，在当日皆可称为良谟，而于今则无一不为下策。然则时势变易，柄国者亦当务为转移。若居今日，而尽法彼得之所为，岂惟不能图强，或恐其不能免亡也。故曰：刻舟求剑，未足以为政。

烟、留胡须这样的小事没有不干涉的。如果是现在，那就是流于形式，而且人民会厌恶它的繁琐。俄国当时实行专制，教育也实行专制，所以可以把教育权授给教堂。如果是现在，那就是教育的黑暗，禁锢人民的智慧。民众中察觉到的人一定会反抗。无政府主义者的无神论，就是对禁锢教育的一种反抗。当时俄国，奴隶制度没有废除，所以准许商人使用私人奴隶。如果是现在，那么这就关乎人格问题：首先担心会违背世界的公理，其次担心会腐蚀和败坏国民的精神。农奴解散的问题，已经事成了。唉！这些法律，在当时都可以称得上优良，而在现在则没有一个不是下策。所以历史形势容易变化，当权者也要跟上时代改变思想。如果现在全部效仿彼得的所作所为，岂止国家不能富强，恐怕还会灭亡呢？所以说，如果只知道刻舟求剑，那么就不足以懂得如何从政了。

第八章 彼得之外交及侵略

彼得于内治事，既已致力，而侵略之念，乃不可遏。盖俄国当时，仅有白海及亚束，为海军军港。顾亚束基础未固，而白海则盛夏之外，终岁结冰。俄国欲兴海军，势不得不求第三之军港。而波罗的海沿岸地，固俄所视之眈眈看也。时瑞典方盛，无间足乘。彼得乃整顿军备，欲一试其锋。适有游戏鼓手某，一日演习后，倦而假寐，梦有嵯峨高峰，崭岩突兀，矗立其前，忽有一猛鹫，排空振翼，将攫岩上小鸟食之，梦觉，以告其母，母曰："高峰者，莫斯科也；崭岩者，斯德哥尔摩（瑞典都）也。猛鹫者，彼得帝也；小鸟者，瑞典王查理斯十二世也。今子梦此，其俄瑞交兵之兆欤。"事闻于彼得，彼得征瑞意乃益决。俄与瑞战，病其孤立无援，彼得乃运谋，得联合国二，一为丹麦，一为波兰。彼得许丹麦以征瑞获胜，当以休礼斯威地予之，又许波兰，当为波兰恢复里慕尼亚旧土。盖是土固属波兰，为瑞典所略者。二国既从俄，彼得因大蒐军实，以千七百年春，突然向瑞典宣战。是役也，前后亘二十余年，欧洲有名之大战争也。

瑞典王查理斯，年仅十九，幼时不嗜学，好猎熊，及为无益游戏，人多易之。然查理斯才气过人，稍长即愤列国侵彼得致力于内政治理后，他侵略的想法不可遏制。因为当时的俄国，仅有白海和亚束是海军港口。而且亚束的基础不太牢固，白海除了盛夏之外，终年也都结冰。俄国想要真正兴盛海军，在这种不利的形势下不得不寻求第三个港口。波罗的海沿岸地带，俄国一直虎视眈眈。当时瑞典正兴盛，没有给俄国侵守的机会。彼得就整顿军备，想要试一试军队的作战能力（指尝试攻打瑞典——译者注）。这时有一位游戏队的鼓手某某，一天演习后，感到疲倦，就睡了一会儿，梦到有一座像嵯峨山一样的高峰，山上突兀高大的岩石矗立在眼前，忽然有一只凶猛的鹫在空中振动翅膀，将要抓住岩石上的小鸟吃了。梦醒了，他把这个梦告诉了母亲，母亲说："高峰喻指莫斯科，高大的岩石指斯德哥尔摩（瑞典的都城）。凶猛的鹫好比是彼得皇帝，小鸟就是瑞典国王查理斯十二世。今天你梦到这些，这是俄国和瑞典将要交战的征兆。"这件事被彼得听到了，他征讨瑞典的想法更加坚决。俄国和瑞典的战斗，主要是担心自己孤立无援，于是彼得谋略联合了两个国家，一个是丹麦，另一个是波兰。彼得和丹麦约定，如果征讨瑞典获胜，就把休礼斯威这块地给它，又和波兰约定，给波兰恢复在里慕尼亚以前的土地。因为这片土地原来属于波兰，被瑞典占领了。两国跟随俄国，彼得因此扩充军备，在1700年春天，突然向瑞典宣战。这场战斗，前前后后一直打了二十多年，是欧洲有名的大战争。

瑞典国王查理斯，年仅十九岁，小时候不喜欢学习，喜欢猎杀熊，还做一些没有益处的游戏，人民大多想换掉国王。但是查理斯才气过人，很小就对各国的侵略感到愤怒，于是完全改变了他陵，因一洗其怠惰之习，厉精图治，冀雪国耻，以善用兵名。查理斯久知彼得欲侵己，计不如乘其军备未振，先发制之。乃急率兵击丹麦，丹麦王狼狈不知所为，遂乞和议，查理斯许之，与之约，令丹麦认法尔斯坦因独立，并脱俄波同盟，约既定。查理斯更进军于里慕尼亚，与波兰战，波兰兵不利，引归。时俄军亦在其地，乃攻瑞典兵于那尔坡城。查理斯以八千兵，敌俄军六万有余。俄军殊死战，然时方严冬，积雪没胫，又以闇于地势，进退失据，遂陷死地。瑞兵因而蹙之，俄军大乱，死者相枕籍。是役也，俄军死者凡二万人，为瑞兵生擒者数千，兵器粮食，悉为瑞兵所有。彼得闻报，夷然顾左右曰："朕固知瑞典破我军事，然彼亦教我以破彼军之方法矣。"彼得之胸怀洒落，于此可见。

骄兵必败，古有明征。查理斯因放逐俄兵，遂以俄为不足虑。注全力以攻波兰撒逊尼。已而逐波兰兵于里慕尼亚，更乘势进兵向其首府滑尔逊。一战下之，迫波兰议会，立嬖人斯坦因罗为王。国人不肯，所在起兵，与瑞典抗。瑞兵疲于奔命，势日就蹙。查理斯乃去波兰，进攻撒逊尼，屡与波撒联合军战，大破之，侵至雷葡知。遂与撒逊尼结约，使认斯坦因罗为王，并偿一年兵费。

彼得见查理斯兵力敝于波撒，当其机有可乘。千七百一怠慢的习气，厉精图治，希望雪洗国耻。他因为善于用兵而闻名。查理斯很久就知道彼得想要侵略自己，谋划不如趁敌方还没有做好战争准备的时候，就先发制人。于是他马上率兵攻打丹麦，丹麦国王狼狈不堪，就乞求议和，查理斯答应了，与他约定让丹麦承认法尔斯坦因是独立的，并且脱离俄波同盟，条约签订了下来。查理斯就又进军到里慕尼亚，与波兰作战，波兰军队不利，撤了回来。当时俄军也在这里，就趁机在那尔坡城进攻瑞典的军队。查理斯用八千的兵力，抵挡住了俄军六万多的军队。俄军殊死奋战，但是当时天气严寒，积雪都超过了小腿，又因为军队不熟悉地势，在进退中失去了自己的据点陷在死地。瑞兵趁机包围，俄军大乱，死者相互堆积。这场战斗，俄军死了一共二万人，被瑞典兵生擒的几千人，兵器粮食，都被瑞典兵占有。彼得听到战报，平静地看着左右官员说："我已经完全了解了瑞典大破我军一事，然而他也教了我大破他军队的方法。"由此可见，彼得胸怀之洒脱。

骄兵必败的道理，自古以来早就得到了验证。查理斯随即释放了俄国士兵，认为俄国不值得忧虑。他倾注全力进攻波兰和撒逊尼。最后追击波兰军队到了里慕尼亚，更是趁机进攻到它的首都滑尔逊。一战打下来，迫使波兰议会扶立查理斯所宠的斯坦因罗为王。国人不答应，他们起兵，和瑞典对抗，瑞典的军队疲于奔命，形势一天天紧迫。查理斯于是离开波兰，进攻撒逊尼，多次和波撒联军作战。大破联军，侵略到雷葡知。随即和撒逊尼签订条约，让他们承认斯坦因罗为王，并赔偿一年的军费。

彼得见查理斯的兵力被困在波兰和撒逊尼，认为有机可乘，年，使将军曼细格，征英格利亚（瑞典属地）。所至辄奏大捷，因乘势大举攻瑞典，及芬兰。千七百二年大破瑞典兵于末利圆堡，得瑞典女迦他陵，彼得纳之。

千七百三年，彼得率兵亲征瑞典，悉逐里慕尼亚英格利亚瑞典之兵，据有其地。巡视山川形势，至根波河口，忽以杖抵地咤曰："此天然良都也。"乃建立新城，名曰圣彼得堡。遂自莫斯科徙都，盖以其地薄近土耳其，且占形胜。二百余年土耳其蚕食计谋，盖定于是云。

查理斯迭经败衄，而气不少屈，日蒐军实，为再举计。彼得虑之，乃于千七百十四年，据那尔坡城，大缮守备，以防查理斯来袭。守备既固，佯遣使求和于查理斯。查理斯告使者曰："若归语而君，而君欲请盟，当于莫斯科城下也。"使者归报，彼得笑曰："查理斯欲效亚历山大王所为乎？惜朕非达留其人也。"于是俄瑞又交兵。

斯时为查理斯计，当先恢复里慕尼亚、波罗的海沿岸，使与本国声气相联，而后再图进击，策乃万全。顾查理斯嗜进不止，欲以兵直趣莫斯科。彼得闻之，乃焚积聚，坏道路，以待瑞军之来。查理斯卷甲疾进，遇彼得军于洛特那弗。

于是在1701年，他派遣将军曼细格率军征讨英格利亚（瑞典的属地），所到的地方都大胜，因此又趁机大举进攻瑞典和芬兰。1702年，在末利圆堡大败瑞典兵，掠得一瑞典女子迦他陵，彼得将她纳为妾。

在1703年，彼得率军队亲自征讨瑞典，消灭了里慕尼亚、英格利亚的全部瑞典军队。彼得占领了这里的土地，彼得巡视山川地势，到根波河河口，忽然用杖撑着地大声说："这里是天然优良的都城啊。"于是下令建立新城，取名圣彼得堡，就打算从莫斯科迁都，因为这里靠近土耳其，而且地形上占有优势。此后二百多年对土耳其的蚕食计划，就在此时确定了。

查理斯多次遭受挫败，气势也被打压了不少，他每天搜刮军备，计划再次进攻。彼得谨慎考虑，在1714年，占据那尔坡城后，严密地修复了防御工事。为了防止查理斯攻来，稳固防御后，伪派使者向查理斯求和。查理斯告诉使者说："你回去跟你的君主说，你的君主想要结盟，一定是在莫斯科的城下。"使者回来后报告，彼得笑着说："查理斯是想要学习亚历山大吗？可惜我不是达留其人啊。"于是俄国与瑞典又再次发生战争。

这时查理斯的计划当然是先恢复里慕尼亚、波罗的海沿岸地区，使得这里和国家本土连成一片（即与本国接壤——译者注），而后再企图进攻俄国，才是万全之策。看到查理斯进攻不止，甚至想要带兵直达莫斯科。彼得听闻后，就焚烧了积聚的物资，破坏了道路，等待瑞典军的到来。查理斯带兵快速行进，在洛特那弗遇到了彼得的军队。

两军既相见于洛特那弗，俄军以众寡不敌，战二日不利，即退军。查理斯穷追之，侵入斯毛达斯，自是转道南下宇克罗，以待设巴之援。设巴者，哥萨克酋长也，反对彼得改革，故助查理斯。时瑞典将军礼苑，欲与查理斯合，携兵器粮食无算，向宇克罗进发。然查理斯趣利不顾，悬军深入，遂与礼苑军相失。礼苑军行至半途，遇俄军五万袭击，大战三日，为俄所破。礼苑军死者八千人，尽弃其大炮、弹药、粮食等而遁。礼苑以四千残兵突围，走就查理斯。查理斯兵士饥饿，方日夜待礼苑援己。至是知兵器、弹药、粮食尽为敌有，大沮丧。查理斯不得已，乃留礼苑守宇克罗。

设巴所部之哥萨克兵，见瑞军败衄，俄之军势日张，人人惴恐，无战志。于是设巴不能如约，以兵援查理斯，惟单骑从数人来见。查理斯怪问："大军当垂至耶？"设巴曰："哥萨克兵，慑于俄人之威，不敢来，故吾独来助君耳。"查理斯方盼哥萨克援己，今又不如意，益以气候寒冷，军中衣食咸缺，士卒冻死者达二千。于是屯军不能行，期明年春进兵莫斯科。

千七百九年春，瑞军迳指莫斯科，于途围波尔士城。波俄国、瑞典两军在洛特那弗相遇后，俄军因为兵力不足，不敌对方，战斗两天后形势不利，便撤退了。查理斯一直追击到了斯毛达斯，在这里改变道路南下宇克罗，等待设巴的援助。设巴，是哥萨克的酋长，他反对彼得的改革，所以愿意帮助查理斯。当时瑞典的将军礼苑，想与查理斯会合，因此携带了很多的兵器粮食，向宇克罗进发。但是查理斯求胜心切，没有顾及危险，孤军深入，错过了和礼苑军会和的时机。礼苑军走到半路上，遭到了俄军五万人的袭击，双方大战了三天，最后被俄军打败。礼苑军死者八千多人，他们舍弃了全部的大炮、弹药、粮食等物资，然后逃了。礼苑带着四千残兵突围，向查理斯方向靠近。查理斯的兵士忍饥挨饿，正日日夜夜等待礼苑的援助。等礼苑来后，才知道兵器、弹药、粮食已都被敌人抢走了，十分沮丧。查理斯不得已，只好留下礼苑驻守在宇克罗。

见到瑞典军队大败，俄军势力一天天涨起来，设巴部署在哥萨克的军队人人都恐惧害怕，没有战斗的想法，结果设巴不能如约而至派兵援助查理斯，只有他一个人和其他几人来见查理斯。查理斯怪罪他，问道："你的大部队应当赶到了吧？"设巴说："哥萨克的士兵，害怕俄国人的威风，不敢来，所以只有我独自来帮助你罢了。"查理斯正在盼望哥萨克对自己的援助，现在又不如意，更因为气候寒冷，军中衣服、食物都短缺，士兵中冻死的人达到了二千。于是查理斯屯兵，没有前行，盼望在明年的春天再进攻莫斯科。

1709年春天，瑞典军队直接向莫斯科进军，在途中包围了波尔士城，为通莫斯科要道。彼得盛蓄粮食、器械于此。查理斯计得此可以救全军之困，乃悉锐攻之。城兵守御甚力，不能破。彼得闻瑞军围波尔士，乃发兵五万余救之，与查理斯隔河而阵。

彼得乃昼策，涉奥尔斯河，移军据敌上游，更分兵为二线，以一队驻慕理斯河岸。慕理斯河居奥尔斯河下游，其两河会合处，距波尔士城四十五英里。瑞军若进击不利，俄军将乘之于两河间。于是彼得固营垒，设重炮，为必胜计。其步、骑、精兵，人人咸欲决死，粮食、器械大充。而查埋斯兵凡二万四千，瑞人仅占其半，皆倦于战事，又为饥寒所迫，勇气全丧矣。顾查理斯意气犹张，以为吾之威名，足以慑敌，宁可以坐困耶？因进击俄军。

兵既交，查理斯足中弹，不能行，乃乘床往来行阵间。瑞军与俄，众寡既殊，而地利亦不相若。然士卒殊死战，进夺俄之二垒，呼噪声振天地。寻俄人增新兵来援，直贯瑞军纵队，破之，死者甚众，壁垒为赤。俄人遂复二垒，更令第一线步骑出垒前，整列以待。自是两军大战平野间。彼得查理斯二帝，胜败皆决于此举。两军亦各以其主在行阵，战殊努力。然瑞军势益衰，哥萨克土民起而掠之，士卒大乱。

尔士城，波尔士城是通往莫斯科的要道。彼得在这里储蓄了足够的粮食、器械。查理斯计划攻下这座城，这样就可以解救全军的困境，于是下令全军大肆进攻。可是城中俄国士兵坚守，不能攻下。彼得听说瑞典军队包围了波尔士，于是发兵五万左右解救，和查理斯隔河摆下军阵。

彼得于是当便决定，渡过奥尔斯河，把军队驻扎在敌人上游，并将兵力分为二队，以一队驻守慕理斯河岸。慕理斯河在奥尔斯河下游，两河的会合处，距离波尔士城四十五英里。如果瑞军进击不利，俄军便可乘机在两河之间反攻。彼得就加固营垒，设置了重炮，以求立于不败之地。他的步兵、骑兵、精兵们，人人都想决一死战，粮食、器械也十分充足。而查理斯的军队一共二万四千人，瑞典人只占了其中一半，他们都已疲于应付战争，又因饥寒交迫，全军勇气都已丧失了。但查理斯一个人的意气却依然奋发，以为凭借自己的威望名声，足够威慑敌人。怎么能够坐以待毙吗？因此他向俄军发起了进攻。

两军打起来以后，查理斯的脚部中弹，不能行走，就躺在床上由人抬着在阵上来来往往。瑞典军和俄军，数量多少上有很大区别，而且所处的地势也不能相提并论。但是士兵们殊死战斗，进而夺走了俄军的两座堡垒，呼喊声振动在天地间。过了一会俄军的增兵前来支援，直接贯穿瑞典军队，大破敌军，死者众多，堡垒都染成了血红色。俄军收复了这两座堡垒，更命令第一线的步兵、骑兵出堡垒，列阵等待。从此两军在平原上大战。彼得和查理斯两位皇帝的胜败都由这场战斗决定。因为主帅在行阵中，两军战斗查理斯乃以兵七千留守垒，而自率余兵，且战且却。激战历五时，全军皆灭，降者大半，余皆为俄军所蹙。赴水而死者，不可胜算。瑞军只余数百人，查理斯仅以身免。乃凫慕尔斯河，从设巴遁入土耳，其为土宾客。

俄军既胜瑞典，尽携所得物品，凯旋归圣彼得堡京，市民欢迎彼得，不可以状，时千七百九年六月也。

瑞典自亚都尔夫以来，国势称盛，至是一蹶不能再振，而俄国乃一跃而侪于欧洲强国之列，彼得尝戏言曰："东方旭日坠于地上，圣彼得堡之基础，竟以确立耶。"盖自鸣得意云。后二年，彼得册立迦他陵为后（时前后已没）。迦他陵天资温厚，富于爱情，常能制彼得之性。彼得行军，迦他陵每出奇计，辄奏奇捷，故彼得出师，必以迦他陵从。

查理斯留土耳其五年，常以雪耻为念，乃请于土皇，以兵伐俄，土皇许之。千七百十一年，土廷向俄国宣战。土耳其兵二十五万人，彼得发兵五万应之，俄将违令轻进，遂为土军所围。围急，彼得不得援，默然坐大幕中，沉思久之。迦他陵慰曰："帝宜奋其勇气，毋以敌为虑。"因自巡行阵中，励将士曰："事已急，皇帝及君等终莫能脱围。为起来特别努力。但是瑞典军队势力越来越衰弱，哥萨克的土著居民兴起掠夺他们，导致士兵大乱。查理斯就把七千多士兵留守堡垒中，亲自率领剩下的军队，一边战斗一边后退。大战历时五个小时，查理斯全军都被消灭，投降的人有一大半，其余的都被俄军包围。投水自杀的人，不可计数。瑞典军只余下来数百人，查理斯仅仅保全了自己。他渡过慕尔斯河，跟随设巴逃到了土耳其，成为了土耳其的宾客。

俄军战胜了瑞典，携带上全部的战利品，回到都城圣彼得堡，市民们夹道欢迎彼得，盛大的场面不能描绘，当时是1709年6月。

瑞典从亚都尔夫时代以来，国力强盛，到这里一蹶不振，而俄国一跃而起，和欧洲强国同列，彼得曾经开玩笑说："东方的太阳降临到土地上，圣彼得堡的基础，竟然就这样确立了。"这是他自鸣得意之辞。过了两年，彼得册封迦他陵为皇后（当时先前的皇后已经去世），迦他陵天生性格温厚，富有爱心，常常可以对制住彼得的习气。彼得行军时，迦他陵每次提出不寻常的计策，都能获得不寻常的胜利，所以彼得出师，一定让迦他陵跟从。

查理斯留在土耳其五年，常常思考一雪耻辱，于是请奏土耳其皇帝，带兵讨伐俄罗斯，土耳其皇帝答应了。在1711年，土耳其朝廷向俄国宣战。土耳其发兵二十五万人，彼得发兵五万应对，俄将违背命令轻易进攻，结果被土耳其军队包围。包围得非常急迫，彼得得不到支援，他沉默着坐在大幕中，沉思了很久。迦他陵安慰他说："皇帝您应当奋发勇气，不要因为敌人而担忧。"迦他陵趁机亲自在行阵中巡视，鼓励将士们说："现在情况已经非常紧急，皇今计，惟有行贿于土耳其，冀其解兵。苟有赞兹事者，幸各捐金。”

俄顷间，巨金已集，彼得犹不知其事也。迦他陵既得金，益以己之所有宝石金饰，遣使赍致土耳其宰相乞和，且约二事：

（一） 还亚束于土。

（二） 纵彼得归国。

约成，土兵解围而出彼得。查理斯闻之大愤，土政府自是亦远之。其时瑞典内讧外患迭起，国势危殆，人民欲废查理斯，更立新主。波兰、丹麦、普鲁士、英吉利诸国，咸推俄罗斯为盟长，谋相联合攻瑞。查理斯得报大惊，疾驰归国。行十四日，抵其领地须士罗，因与联合军战。时迦他陵从彼得在战地，屡画奇策破敝。查理斯迭败，乃舍须士罗，归本国。

彼得既战胜，乃与迦他陵再游欧洲，至克边半。英波军舰数十，适在其地。彼得更与二国合，袭击瑞典海军，大破之。彼得顾左右曰：“是吾最得意之秋也。”扬扬之色，现于颜面。

查理斯归国后，欲征服丹麦之同盟国挪威，乃于千七百十八年冬，亲将围敌城堡，中流弹卒。查理斯一生负帝和各位都不能够脱离包围圈。根据现在的情况，只有贿赂土耳其，希望能够解除包围撤军。如果有赞成这件事情的人，希望你们能够捐献钱财。”

顷刻间，就筹集了大量的钱财，彼得还不知道这件事。迦他陵拿到了钱财，又拿出自己所有的宝石、黄金饰链，派遣使者把钱财给土耳其的宰相求和，并且约定二件事：

(一)归还亚束这片土地给土耳其。

(二)放彼得回国。

约定达成后，土兵解围救出了彼得。查理斯听了后十分愤怒，土耳其政府从此也疏远了查理斯。当时瑞典内讧和外患相继发生，国势危机，人民想要废除查理斯，更换拥立新的皇帝。波兰、丹麦、普鲁士、英吉利等国，都推选俄罗斯作为盟长，计划联合起来攻打瑞典。查理斯得到报道十分震惊，快速赶回去，走了十四天，抵达自己的领地须士罗。在这里和联合军队作战，当时迦他陵在战场上跟随彼得，多次出谋划策解除困境。查理斯多次失败，就舍弃须士罗，回到自己的国家。

彼得战胜瑞典军队后，和迦他陵再次游历欧洲，到克边半。英国、波兰的数十艘军舰，恰好停泊在这里。彼得再次和两国合作，袭击瑞典海军，取得了很大的胜利。彼得回头对左右官员说：“这是我最得意的时候。”他洋洋自得的样子，表露在脸上。

查理斯回国后，想要征服丹麦的同盟国挪威，就在1718年冬天，亲自率领将士包围敌方的城堡，他被流弹击中死亡。查理斯一气，不肯下人，轻用其锋，国力乃敝，遂招败亡，卒时年仅三十六岁。欧洲历史家称之曰：北欧之狂王。法国文学家慕尔丁，著有《查理斯传》，述其事颇详。

查理斯即死，新王即位，国势益衰。千七百二十一年，遂与俄国立约，割地予俄英普三国以和。俄所得地，为里慕尼亚，及波罗的海沿岸。自是俄国遂得出波罗的海之道，以海军称雄于世界。

战争终局，彼得乃去丹麦，至荷兰安特坦府，留皇后居此。自赴法国，至巴黎，法人款待周至。巴黎壮丽甲天下，彼得大感动，叹曰："吾归国，必兴美术。"时法王年仅七岁，常驱马车访彼得于旅馆，彼得爱之，视如己子焉。

彼得在巴黎，暇必巡视工场、造船厂、制造局等，以博闻见。或翻地图，彻夜不寐；或模造炮台，孜孜不已，一如前次游历时。

一日诣法国贤相加尔特墓，奠酒墓前，呼其灵而告之曰："加尔特乎，朕恨不能与卿并世以生。苟得见卿，朕即以领土之半与卿，亦不惜也。盖朕诚愿奉国之半，以听命于卿之治道。卿若有灵，其将胡以慰朕驰慕相思之情？"

言已，嗟叹良久，乃去。

生傲慢，不肯服人，轻率地动用军队，国力减损，才招至了失败灭亡，死时年仅三十六岁。欧洲历史学家评价他说：他是北欧狂暴的君王。法国文学家慕尔丁，著有《查理斯传》，对他的事迹记叙得十分详尽。

查理斯死后，瑞典新的国王即位，国势更加衰弱。在1721年，就和俄国签订条约，割地给俄国、英国、普鲁士三国求和。俄国得到的土地，是里慕尼亚，和波罗的海沿岸。从此俄国就取得了走出波罗的海的道路，凭借海军称霸世界。

战争结束后，彼得去了丹麦，到荷兰的安特坦府，把皇后留在这里居住。自己赶赴法国，到巴黎后，法国人款待他十分周到。巴黎的壮丽天下第一，彼得十分感慨，叹道："我回国，一定要发展美术。"当时法国国王年仅七岁，常常驾驶马车到旅馆访问彼得，彼得怜爱他，把他看做自己的儿子。

彼得在巴黎，闲暇时一定去巡视工场、造船厂、制造局等地方，他因为博识而闻名。有时翻阅地图，彻夜不寐；有时铸造炮台，孜孜不倦，和以前的游历完全一样。

有一天彼得去祭拜法国贤相加尔特的墓，在墓前祭酒，并呼唤他的神灵道："加尔特啊，我遗憾不能和你生活在同一个时代。如果可以见到你，我就是把领土的一半给你，也不可惜。我真的愿意奉献出国家面积的一半，来听闻、学习你治国的方法。如果你能显灵，拿什么来安慰我仰慕思念你的深情呢？"

彼得说完，叹息了很久，才离开。

留巴黎数月，辞去，与迦他陵遵陆归圣彼得堡。时千七百二十二年正月。国人以彼得二次奏凯而归，且得波罗的海沿岸地，为海军良港，功勋不朽，人人争欢迎之，因上大帝尊号，呼曰国父。

【批评】

晋文梦楚子盬其脑，而自以为得天。秦缪梦受帝享，乃兴戎事；彼得闻鼓手之梦，而遂与瑞典构兵。彼数主者，岂真信此祥梦，而奋其武略哉？盖野蛮时代之民，迷信素重，故雄主多利用神怪之事，使之乐于从己。篝火、狐鸣、赤符、白帝，皆一时之方术。后世不察，以为帝王真乃天授，取一切之事，委之运命而不肯以人力争，其亦太自愚矣。悲夫！

自满者，进步之敌也。查理斯之卒为数虏者，其与彼得相去，不过一间，非其才气之不若，所争者只在“忍”之一字耳。然彼得当海军胜瑞时，扬扬自得，以为最得意之秋，而其功业遂止于是。夫既曰“最”，宜夫无有出其上者矣。幸查理斯早死，乃得无患。不然，则两主终局，正未可知。读书者，不可以成败论人也。

彼得在巴黎呆了几个月后，离开了，与迦他陵从陆路回到了圣彼得堡。当时是1722年正月。国民因为彼得第二次胜利而归，并且还得到了波罗的海沿岸的土地，使之成为了海军的优良港口，他的功勋将永垂不朽，大家都争相前往迎接他，并趁机献上大帝的尊号，称他为国父。

【评论】

晋文公梦到楚成王在吮吸他的脑汁，就自以为得到了上天的帮助。秦缪公梦到享受到了帝王的祭祀品，就发动战争。彼得听到鼓手做的梦，就和瑞典交战。这几个人，真的相信这些有好运的梦，就发动军队侵略吗？大概野蛮时代的人民，迷信本来就很严重，所以豪杰君主多利用鬼怪的事情，让人们乐于跟随自己。无论是燃篝火、学狐狸叫的陈胜吴广起义，还是预言刘秀称帝的赤伏符、自称斩白帝之子灭秦的刘邦，都只是一时的方术。后世之人没有细察，以为帝王之尊真是上天授予的，把一切的事物，委托给命运，不肯尽力去奋斗，这也太愚笨了。真是悲哀啊。

自满，是进步的敌人。查理斯最终多次失败，他跟彼得的差别，不过是一个小间隙。不是他才气比不上，他们的区别只是在“忍”这一个字上面罢了。但是当彼得的海军战胜了瑞典时，他洋洋自得，认为是最得意的时候，而功业就停止在这里了。既然说了“最”字，应当没有超出这个上面的了。幸好查理斯死得早，才没有忧患，不然两位君主的结局，就不知道了，读书的人不可以通过成败评论别人。

俄国之地，不特广漠而已，而形势险恶，气候严冷，皆足以为困敌之资。查理斯那尔波之偾，拿破仑滑铁卢之败，皆由于是。

俄国的土地，不只是广大的荒漠而已，地势的险恶，气候的严寒，都足够困住敌人。查理斯在那尔波的覆败，拿破仑在滑铁卢的失败，都是因为这个。

第九章　彼得之晚年

吾国有言，三王官天下，五帝家天下。夫自家天下之制立，而传贤之事乃不复见。于是君主庸闇者，但循其祖宗成法，苟求无事而已。而二一英迈之君，偶有非常之举，全国反对。甚至近亲之间，亦复意见殊异，猜嫌大起，卒至宫庭喋血，骨肉相残。历史所载，不可胜纪。赵武灵王之过弑，汉武之杀其子，皆可为殷鉴也。而彼得所处之境，亦与一一君相同。

彼得子曰亚历须者，前后出也，天性恣睢，惰慢无耻，见彼得改革内治，颇不谓然，时露反对之意，常扬言于众曰："吾父苟死，吾为帝，必尽反其所为。吾但知凡百政事，遵俄罗斯旧章耳，安知所谓变法维新者。"彼得闻而恶之，乃制自今以后，皇位继承，但由皇帝之意，不以长男为限。彼得虽有废立意，然心犹恋亚历须，乃告之曰："若欲承吾伟业欤？抑欲为僧侣欤？二者可择其一。"

亚历须冷然答曰："儿第愿为僧侣。"

彼得闻之，甚痛心，乃欲游欧洲，以纾其胸中郁结，约亚历须在安特坦府相会。亚历须不如约，独赴意大利。彼得犹不忍弃之，遣使谓之曰："汝若改前失，听吾之命，仍当以汝为皇帝，汝果如何？速自度之。"亚历须闻命，乃归莫斯科。

我国有句话，三皇时代是人民中贤能的人治理天下，五帝时代则是传子来治理天下。从王位只传给家族的制度开始，传给贤明圣人的事就不再出现。这样一来君主中昏暗的，遵循他祖宗制定的法律，只求没有祸患而已。反而一两位英勇豪迈的君主，有时候有不同寻常的举措，全国都反对他。甚至在近亲之间，意见也十分不同，产生猜测、怀疑，以至于宫廷流血事件发生，骨肉相残。历史中记载的，数不胜数。赵武灵王被弑杀，汉武帝杀害他的孩子，都可以作为借鉴。彼得所处的环境，也和这些君主相同。

彼得的长子叫亚历须，由第一个皇后所生，他天性放纵，懒惰傲慢，不知廉耻，看到彼得改革内政，感到十分不满意，时常表露出反对的意思，常常在众人面前扬言道："如果我的父亲死了，我当了皇帝，一定把他的做法全部反过来。我只知道所有政事，遵照俄罗斯旧时的典章罢了，怎么会知道所谓变法维新的呢？"彼得听了后厌恶他，于是制定法令，从今以后，皇位的继承，只遵照皇帝的意思，不仅仅限于长子。虽然彼得有废除长子的想法，但是心中依然想由亚历须继承，于是对他说："你是想继承我伟大的事业？还是想当一名僧侣？这两件事可以选一件。"

亚历须冷冷地答道："儿子我愿意做一名僧侣。"

彼得听了，十分痛心，就想游览欧洲，来缓解胸中的郁闷，他和亚历须约定在安特坦府会面。亚历须不履行约定，独自赶赴意大利。彼得依然不忍心放弃他，派遣使者对他说："如果你改变以前的过失，听我的命令，我仍然让你当皇帝，你的想法是什么？快点考虑。"亚历须听到了命令，就回到莫斯科。

彼得归莫斯科，以亚历须骄慢不逊，疑有奸臣教之，或至潜图弑逆，乃下亚历须于狱，拷问其事，亚历须坚不肯吐，人有劝其谢罪者，亦不从，如是五月彼得乃处以死刑。死刑前一日，瘐死狱中，或谓为人所毒杀，亚历须既死。彼得怒不息，乃更毒杀他之嫌疑者，诛戮前后亲族殆尽，斥亚历须子，不使居皇位。然其后以迦他陵所出者皆夭折，乃以亚历须子为嗣，是为彼得二世。

彼得晚年，尚孜孜改良内政，国势日隆。先是彼得曾于窝尔牙河及顿河间，置驿传，建都府，以此地为交通南部诸国之中枢。经营不遗余力。然以千七百十一年与土耳其约，还亚束于土，至是遂失与波斯印度之通路。彼得乃更谋东向，与克巴国结约，阳与交欢，阴实图之。遣使至其国，后因不能竟功而罢。

顾彼得经营东方之志，终不少衰，乃遣使波斯，欲自是与印度通。方是时，波斯屡为土耳其及阿富汗所攻，国势危殆。彼得欲乘机干涉其内政，外托修好之名，遣兵五万援波斯，而所至辄收其地，并夺取加斯比海边三州。后阿富汗人入波斯，废其王。彼得乃更以兵助之废王，于是一二年间，加斯北海西南数州地，皆归俄有。然适有蛮族起事，逐波斯境彼得回到莫斯科，因为亚历须依旧放纵傲慢，怀疑有奸臣教导他，可能以至于暗地谋划弑杀，于是把亚历须关到牢房中，拷问监查这件事，亚历须坚决不肯说，有人劝他承认罪行，他也不听从，这样在五月彼得就把亚历须处以死刑。死刑前一天，他死在了牢房里，有人说他是被人毒杀，亚历须已经死了。彼得的愤怒没有平息，于是杀害了其他的嫌疑人，前前后后快要把亲人族人诛杀完了，又责备亚历须的儿子，不让他继承皇位。但是后来迦他陵生的孩子都夭折了，彼得这才把亚历须的儿子当做继承人，这就是彼得二世。

彼得晚年，依然孜孜不倦改革内政，国势一天天强盛。以前彼得正好在窝尔牙河和顿河中间，设置驿站，建立都府，把这里作为联系南部各国的交通中枢。他不遗余力地经营这里。但是在1711年和土耳其签订条约，归还了亚东的土地，从此就失去了和波斯、印度联系的道路。彼得就改为向东谋划，和克巴国签订条约，表面上是互利互惠的事，暗地里是图谋这里的土地。派遣使者到这个国家，后来因为不能完全成功就放弃了。

彼得侵略东方的志向，最终都没有消减，他派遣使者访问波斯，想要从这里通到印度。正在这个时候波斯多次被土耳其和阿富汗侵略，国势危急。彼得想趁机干涉波斯内政，在外假托修复关系，派遣兵力五万援助波斯，但是所到之处就侵占土地，并且夺取了加斯比海边上的三个州。后来阿富汗人入侵波斯，废了波斯王。彼得就派兵援助这个被废除的国王，于是在一两年间，加斯比海西南边的多个州，都归俄国所有。但是恰好有蛮族发兵，赶走内之阿富汗人，及土耳其族人，更转其锋寇俄国。俄遂尽失所得侵地，彼得崩后，俄人乃以金赎还之。

彼得置集议院、元老院、以国政公之与论。又欲振兴商业，奖励海运。遣青年子弟，留学欧洲诸国，习航海之术。当时俄之农业甚拙，彼得乃遣农夫数百，赴欧洲，以研究农事为务。更矫当时习俗，宫室衣服，悉仿欧洲之风。

时值战后，国中游民极多，彼得乃设工艺厂数十所，以纳游民，各授以事。又设养育院，以养贫穷老幼。命全国调查户籍，以论民数。官吏中有受贿者，黜之，而奖其正直者，以清官治之源。

彼得于美术，亦极留意。遣工学士数人赴法京巴黎，攻究建筑之术，建设礼拜堂，及修道院，以壮新都之观。

彼得于暇时，辄张宴招集朝野绅士，相聚谈论。一日语次，偶及先帝亚历须弥，彼得乃问群臣曰："朕与先帝孰优？"

群臣有答曰："先帝恶足以拟陛下？陛下固建伟业之天子也。"

彼得怒曰："汝曹诽先帝乎？乃以谀朕，然谀朕而诽先了波斯境内的阿富汗人和土耳其族人，还转过来攻打这里的俄国人。于是俄国失去了全部侵占的土地，彼得去世后，俄国人才用黄金赎买回来。

彼得设置了集议院、元老院，把国家政治法令公布出来，给他们讨论。又想要振兴商业，于是奖励航海出行。派遣青年子弟，去欧洲各国留学，学习航海技术。当时俄国农业十分落后，彼得就派遣农夫几百人赶赴欧洲，任务是研究农事。他更想矫正当时的习俗，宫室衣服样式都模仿欧洲的风俗。

当时正是战争结束后，国中的游民很多，彼得就设立几十所手工艺厂，来接纳游民，个个都授与了工作。又设置养育院，来供养贫困的人、老人和幼儿。命令全国调查户口地籍，来议论官民的数量。官吏中有受贿的人，罢免官位，奖励其中正直的人，以此来澄清吏治之源。

彼得在美术上，同样十分留意。派遣几个工学士赶赴法国京城巴黎，攻读研究建筑技术，回国建设礼拜堂和修道院，让新建的都城更加壮丽。

彼得在闲暇时，就张罗宴席招集朝廷内外的绅士，相聚谈论。一日谈论之余，偶然谈到先帝亚历须弥，彼得就问群臣："我和先帝谁更优秀？"

群臣中有回答的人说："先帝怎么能跟陛下您相提并论呢？陛下您本来就是建立伟大功业的天子啊。"

彼得愤怒地说："你们是在诽谤先帝吗？这样来奉承我，但帝，不啻毁朕也。汝曹可勿再言。”乃更扣朝臣吴路基所坐椅，问之曰：“汝生平常苦谏朕，朕虽憎汝，然固爱汝正直。今问汝，朕果与先帝孰贤？”

吴路基答曰：“帝幸复座，臣当思之。”彼得归座，吴路基捻髯含笑而言曰：“信如诸臣言。帝之优有三：以公道治国，此先帝所不能也；改革弊俗，整兴海陆军备，此陛下之所以优于先帝也；去闭关之习，与列国规交，文化输入，国运以隆，此先帝之不及于陛下也。”言已大笑。

彼得闻吴路基语，默然久之，乃言曰：“汝诚忠臣，朕今后当信汝言。”遂起与接吻。

彼得年未逾五十，然以积岁劳苦，倦于政事，而皇孙年幼，不能莅政，乃让位于迦他陵，以皇冠授之，时千七百二十四年二月一日也。

迦他陵为女皇，不敢独决政事，以曼西格弗侯为顾问，或付议会，令为协议，因是国民渐归附迦他陵。适有蜚语，谓迦他陵与苦鲁特克有私，欲谋弑彼得。彼得闻之大怒，立逮苦鲁特克而杀之，以其首示迦他陵。意迦他陵苟私苦鲁特克，则见之必色动也。顾迦他陵既见苦鲁特克头，颜色不少动。彼得遂亦释疑，待之如初。

是奉承我又诽谤先帝，不只是诋毁我了。你们可以不用再说了。”于是彼得还把手扣在臣子吴路基坐的椅子上，问他：“你平常苦苦劝谏我，虽然我憎恨你，但是我喜欢你的正直。现在我问你，我和先帝谁更优秀？”

吴路基答道：“希望皇帝坐下来，我再想一想。”彼得回到自己座位上，吴路基摸着胡须，含笑道：“确实像群臣说的，皇帝您有三大优点：治理国家，讲究公道，这是先帝不能够做到的；实行改革，除去弊端，整治发展海陆两军军备，这是陛下您之所以优于先帝的原因；除去闭关锁国的陋习，和列国建交，输入外国文化，国家兴隆起来，这是先帝不及陛下的地方。”吴路基说完大笑。

彼得听了他说的话，沉默良久，才说：“你实在是我忠诚的臣子，我以后应当相信你的话。”于是站起身来和他亲吻。

彼得年龄没到五十岁，但是因为每年劳苦，对政事感到疲倦，而皇孙的年龄小，不能行使政权，于是让位给迦他陵，把皇冠授与她，当时是1724年2月1日。

迦他陵是女皇，不敢独自决定政事，让曼西格弗侯当顾问，有时让议会决定，让他协助讨论，因此国民开始渐渐归附迦他陵。这时候恰好有流言蜚语，说迦他陵和苦鲁特克私下有关系，想要谋划弑杀彼得。彼得听了十分愤怒，立即逮捕了苦鲁特克，杀了他，把他的首级给迦他陵看。他想如果迦他陵和苦鲁特克有关系，那么迦他陵看了脸色一定会变。他注意到迦他陵看到了苦鲁特克的头，神色不变。彼得就马上不再怀疑，对待迦他陵像以前一样。

彼得晚年多病，无一日安者。适有新造一军舰，方告竣，彼得欲亲临视，侍医阻之不听，乃扶病赴视军舰，欲更乘之以试远航。忽飓风起，波浪汹涌，舰几为浪所没，乃投锚于近陆处，以俟风息。方投锚，见有一短艇乘流来，艇中满载兵士，为浪所簸，危险不可以状。彼得奋然欲自掉一短艇救之。仓卒间，自舰上跃入短艇，误坠海中，幸遇救，因是病益增剧，精神错乱，卧病数日。千七百二十五年一月十八日，夕阳既西，暮鸦哑哑树林间，于斯时也全国惊悼，若丧考妣，而俄罗斯国父彼得大帝，乃以其日溘然永逝，年五十有三。

彼得死，距今凡百八十余年。而俄国日赴强盛，西执欧洲牛耳，东垂涎亚洲，蚕食黑龙江畔之地，使吾国不得一日宁处。吾国人士盍眄彼洪业，溯其强盛之迹，而考其成败得失之故，以为鉴戒也。

【批评】

凡人立于世界之上，必求其安心宅命者，非图有形快乐，即可以自遂也。夫以利益为事，则利益高一丈，祸殃亦高一丈，甚乃过之。专制君主，宜夫其无欲不遂矣，而孰知其苦处？乃非常人所能喻。观彼得晚年，夫妇父子之间，互彼得晚年多病，没有一天安稳。恰好有新建造的一艘军舰，刚竣工，彼得想要亲自去看，侍医劝阻他，他不听，还忍着病视察军舰，更想乘坐上去尝试远航。忽然飓风兴起，波浪汹涌，军舰几乎被浪吞没，于是打算在靠近陆地的地方抛锚，等待风停。正要抛锚时，看到有一艘短艇顺流而来，艇中载满了士兵，被浪颠簸，危险的情形不可以描述。彼得奋起想要放下一艘短艇解救他们。仓促之中，彼得从舰上跳到短艇时，误掉到了海水中，还好遇救，却因此病情加重，精神错乱，卧病几天。在1725年1月18日，夕阳快要落向西边，傍晚的乌鸦在树林间哑哑地叫着，在这个时候全国哀悼，好像都失去了自己的父母一样，俄罗斯的国父彼得大帝，就在这一天溘然长逝，享年五十三岁。

彼得逝世，距今共有一百八十来年。而俄国日益强盛，西边称雄欧洲，东边想要吞噬亚洲，蚕食了黑龙江边的土地，使我国不得一日安宁。我国人民都应当审视他的伟业，追溯他强盛的轨迹，考察他成败、得失的原因，引以为鉴。

【评论】

只要是人在世界上立足，一定会去寻求安心保命的方法，这时不去追寻有形的快乐，就可以成就自己了。如果还把利益当做要事去追求，那么利益高一丈，祸患也高一丈，甚至要超过前者。专制的君主，没有什么欲望是不能实现的，但是有谁知道其中的苦呢？这不是常人能够想象的。我们看看彼得的晚年，夫妇、父子之相疑沮，乃至宫庭喋血，骨肉相残，变恩爱为仇敌。夫彼岂乐于为此？盖所拥者厚，则疑人必深，而益以髦昏之时，群小相乘，谗间交作。专制之主，乃不得一朝安其心。由此观之，则鄙夫者，固宜其患得患失，而不知止也。虽然，矫枉过正，亦复同病，若弃富厚，而甘为玩逸，其归着亦终不足以安其心，故曰中庸不可能也。

彼得与华盛顿绝异，其一为功名心所迫，其一为道德心所使。彼得欲自掉短艇救垂覆之舟，亦以示其矍铄耳。与华盛顿拯里儿溺水事，虽相类，而居心正自不同。观华盛顿一生，未尝伐善，而彼得屡为得意语。此二人者，不能无纯驳之殊，而其境遇之顺逆，亦卒不能无异。

彼得与拿坡仑，皆抱侵略之志。然拿破仑不用外交诈术，故卒为列国所乘，而不免于取败。彼得则联络与国，取远交近攻之策，见势或不利，即敛锋以藏。时有可乘，即及锋而试。故得安全，以成大业。夫拿破仑所主张为民权自由，其势固不得与欧洲诸国合，但进取太锐耳。彼得反之，专务持重，以求最后之胜利，此其所以异欤。

间，互相猜疑，以至于宫庭喋血，骨肉相残，恩爱的人变为仇敌。难道他对这样的情况感到快乐吗？大概所拥有的越多，那么怀疑别人就一定越深，而且特别是在老年的时候，众多小人相互利用、相互诽谤、离间的事时常产生。专制的君主，也就得不到一刻安心。由此来看，那些目光短浅的人，本来就会患得患失，不知道停止。即使是这样，矫枉过正也同样不行，如果舍弃富贵，甘愿放纵懒惰，这最终也不能够安心，所以说“中庸”是难以达到的。

彼得和华盛顿有很大不同，彼得为功名心逼迫，华盛顿为道德心驱使。彼得想要自己降下短艇解救快要翻沉的小舟，只是展示自己身体还健壮罢了。这和华盛顿拯救邻家小儿溺水一事，虽然有点类似，但各自的存心是不同的。考察华盛顿的一生，他从来没有夸耀过自己，但是彼得多次说过得意的话。这两个人，不能说没有纯粹与驳杂的区别，而他们的人生境遇，也就因此有顺有逆，最终也有所差异。

彼得和拿破仑，都有侵略的想法。但是拿破仑不使用外交诈术，所以最后被各国利用，失败不可避免。彼得则联络各国，采取远交近攻的策略，看见形势不利，就收敛刀锋，隐藏武器；看到时机到了，便全力出击。因此国家得以保全，成就了帝国大业。拿破仑主张的是民权自由，他的主张当然不会和欧洲各国的相同，但是他进取心过于急切了。彼得相反，专心保持稳重，来求得最后的胜利，这就是他们不同的原因。

第十章　彼得之人物

天下之人，往往因性质之异，与夫修养之浅深，而生种种之区别。有单纯之人，有复杂之人。单纯者，富于性情，易几于圣贤；复杂者，恃其才智，易侪于豪杰。豪杰之不能兼为圣贤，豪杰之不幸也。观于彼得，可以得其证矣。

彼得一生事业，有可褒者，有宜贬者，有可效者，有足讥者，非能猝然妄加以批评者也。兹述其二一轶事，以任读者诸君之判断焉。

彼得性粗暴，往往为意气所役使，彼尝叹曰："呜呼！朕力能改革大帝国，而不足以更新兹藐躬。"言何其悲也，然彼得素好酒，后能自禁。又喜为慈善事，见人有危难者，恒舍命救之。平生亲劳役无所惮，凡以役人者，无不以之自役，此彼得之美性也。彼得性虽粗暴，顾勇于从谏。尝捕盗亲临决囚，命狱吏一一引出屠戮，备极惨酷。中有一囚，以次当斩，至断头台下，见台旁多首级，以足蹴之，回顾彼得言曰："使我头如是，陛下亦复奚快？"

时彼得方盛怒，闻囚人言，忽敛容，因放免之，其后此囚，竟仕至贵族。

彼得通欧洲数国语言，荷兰、拉丁之语，尤通晓。暇辄翻译外国书籍，又精外科术，常莅彼得堡解剖场，从事治天底下的人，往往因为性格天赋与后天修养的差异而产生各种各样的区别。有单纯的人，也有复杂的人。单纯的人充满情感，容易接近圣贤的境界；复杂的人则依仗自己的聪明才智，容易跻身于豪杰的行列。豪杰不能同时成为圣贤，这是豪杰的不幸。考察彼得，可以证明这个道理。

彼得一生的事业，有可以褒奖的地方，也有应该批评的地方；有可以效仿的地方，也有可以讥讽的地方，不能够一时之间妄加评论。这里记录他的一两件轶事，来让读者对他有个清晰的认识。

彼得性格粗暴，往往被意气所驱使。彼得曾经感叹道："唉！我的能力可以改变整个大帝国，却不能改变我微小的身躯。"这句话说得多么悲伤啊，但是彼得素来喜好饮酒，之后却能自己克制。又喜欢做慈善之事，看到有人遇到危难，总是舍命去帮助他人。平生亲自做辛劳的工作，没有什么惧怕的，凡是用来役使他人的事，没有不自己亲自去做的，这是彼得美好的道德品质。彼得性格虽然粗暴，却能够勇于听从他人的意见。他曾亲自到处决囚犯的现场，命令监狱的官吏将囚犯一个一个带出执行死刑，场面残酷到了极点。其中有一个囚徒，按着顺序应该轮到他被斩首。他走到断头台下，看到旁边有许多头颅，就用脚踢那些头颅，回过头来对彼得说："让我的头变成这样子，陛下您又有什么快乐呢？"

当时彼得正十分恼怒，听到这个囚犯的话后，忽然收敛了表情，并且释放了这个囚徒，之后这个囚徒竟然官做到了贵族。

彼得通晓欧洲多个国家的语言，尤其是荷兰语和拉丁语。他闲暇时翻译外国的书籍，又精通外科医术，经常到彼得堡的解剖场疗。一日教其女学法语，女读之颇能上口。彼得大喜，因谓之曰："汝幼时得读书，诚大幸事。苟吾幼时亦得如汝，受完全教育，则纵失吾指，亦无所惜。"足见彼得之笃学矣。

彼得临事，勇往迈进，既决则期其必成，而性复忍耐。然有与己见相戾者，则恒不能容忍。好教人习劳，辄躬自为之，以示模范，此彼得美性中之最美者。一日会群臣，出掌示之曰："朕为卿等之皇帝，而掌糙如此。"群臣唯唯，盖彼得意讽群臣，当自习劳也。彼得勇于任事，尝遣人凿一湖，功成时，喜极，扶病赴其地，抱持其人，狂呼曰："朕今得观湖工之成，病亦良愈。"其热诚如此。

世之评彼得者曰："彼得者，血气易动之人也。彼得尝饮烈酒，益以增其热度。彼得之头脑，不受教育，而自聪明。所为事，殆皆器械也。由此而论，以彼为皇帝，宁使之为造船匠，于彼之性质尤宜。"

此论虽未能尽彼得，然亦可以得彼得之半面。要而言之，彼得终不免为一复杂之人。其品性未经陶冶，故以人格论，彼得固未得谓为完全。欲效彼得者，不可不熟知也。

从事治疗。一天，他教女儿学习法语，女儿说起来十分流畅。彼得十分高兴，于是对她说：“你小的时候就能读书，实在是一件很幸运的事。如果我小时候就能像你一样接受完全系统的教育，那么即使失去我的手指，也没有什么可遗憾的。”这足以看出彼得专心好学的品质来。

彼得每次遇到一件事，就勇往直前，已经决定好的事则期待它一定会成功，而他的性格又十分能忍耐。但是遇见与自己意见相左的人，就绝对不能容忍。喜好教育人劳动，总是亲自示范，作为模范，这是彼得道德品质中最美好的地方。一天彼得召见群臣，拿出他的手掌展示说：“我是你们的皇帝，但是手掌却这样的粗糙。”群臣点头附和。这大概是彼得想讽刺群臣，应当自己劳作吧。彼得勇于担任大事，曾经派人去开凿一座湖泊，湖泊建好后，彼得十分高兴，带着病赶赴那里，抱着开凿的人大声说：“我今天看到湖完工，病也好得差不多了。”他的热诚到了如此地步。

世上有人评论彼得说：“彼得这个人是个容易冲动的人。彼得曾经喝烈酒来增加身体的热度。他的头脑不接受教育，本身就很聪明。所做的事几乎也都是机械方面的。从这里看出，彼得作为皇帝，不如当一个造船匠更适合他的性格。”

这条评论虽然不能彻底地概括彼得，但是也说到彼得一半的性格特征。简要地说，彼得终究不免是个复杂的人。他的品性没有得到陶冶，所以从人格的角度来看，彼得自然不能称得上完全。所以希望效仿彼得的人，不能不熟知这一点。

【批评】

千古完人难得，非人之不能为完人也，盖求为完人者少，即求为完人，而又不知其方法也。夫人皆有所偏，然于其偏，每可以见其人之长处，亦可以见其人之短处。故道在于补其短，而非在于去其长。所谓“沉潜刚克，高明柔克”者，非谓制其沈潜高明之力，而不使发达，但当启发其刚与柔之性耳。刚与柔之性既发达，则与沈潜高明势均力敌，而不使其性之有所偏，故称之曰克，犹克伐之意也。然少年人，知此者盖鲜。哥仑布善怒，而其末路乃为仇家所乘。彼得自谓力足以改革大帝国，而不能更新一身。至其晚年亦肇祸骨肉之际，此亦不知淑性陶情之术，在于施根本教育。而徒守头痛灸头、脚痛灸脚之方，其成效自不可得见也。然因无完全之人格，而遂不能得人生完全之幸福。呜呼！终身由之，而不知其道者众，子舆之叹有以哉。

天下本无所谓境遇也，境者随心而迁者也，然而心为境所左右，亦往往难免。世之奇才异能者，多为境所困，而不能大有所展。境遇优者，又不知自爱，卒至于错过好境遇，无所成就，岂不可惜？俾斯麦见其子循谨，而自悔其幼时粗暴，以为不受教育之故。彼得亦语其女，以为己之少

【评论】

千古以来，做到完人都十分难。不是人不能成为完人，而是希望成为完人的人少。即使想要成为完人，而又不知道方法。每个人都有一定的偏向，然而在他所偏向的地方，往往可以看到这个人的长处，也可以看到这个人的短处。所以方法就在于补足自己的短处，而并不是去掉自己的长处。《尚书》中记载的“沉潜刚克，高明柔克”，并不是指压制自己的高明之处，不使其发展，只是应当多发展自己刚柔的特性罢了。刚柔的特性发达了，就可以与自己的高明之处均衡，从而不是有所偏向了。所以说它叫克，犹如克服的意思。然而年少的人，知道这点的人很少。哥伦布脾气很暴躁，于是最后他这个缺点被仇家所利用。彼得自称能力足以改变一个大帝国，却不能改过自新。到了晚年也遭到了子女方面的祸患，这也是不知道陶冶自己性情的方法是在于实施根本性的教育。然而只采用头疼治头、脚疼治脚的方法，这样的效果自然看不到。然而因为没有完全的人格，所以最后不能得到人生完全的幸福。唉！终身都这样，还不知道对治方法的人却还有很多，孟子的感叹实在是很有道理啊。

天下本来就没有什么境遇之分，环境是随着心境改变而改变的，然而心随环境而左右的事，有时也在所难免。世界上有特殊才能的人，多被环境所困，而不能有大的施展。境遇好的人，则不知道珍惜，以致错过良好的境遇，没有什么成就，这难道不是一件很可惜的事情吗？俾斯麦看到他的儿子循规蹈矩，才悔恨自己在他幼小时过于粗暴，认为这是他自己没有受到良好教育的缘故。

时，苟能受完全教育，虽失指无悔，伤哉言也。夫豪杰以不学而自悔恨。世之学豪杰者，乃学其不学，而方自谓学彼，则又乌知固以是自限其进步也？吾愿青年男女，三复彼得之言。境遇不良者，随其境遇而尽其力所能及之事，则道德上价值，决非与境遇良者有所差异也。彼境遇良者，更当自思其对于社会责任之大，而不可一日忽。受天之命，自求多福，苟其不福，伊谁之责哉？伊谁之责哉？

彼得也对她女儿说，认为他自己年少时如果能接受完全系统的教育，纵然失去自己的手指也没有什么感到可惜的。他们说得多么感伤啊！那些豪杰因为没有学习而感到悔恨。可是那些学习豪杰的人却学习他们不该被学习的地方，还自称是在学习他们，怎么知道保持这样的想法是在自己限制自己的进步呢？我希望青年男女们，多次思考彼得的言论。境遇不佳的人，跟随境遇而尽力做到自己力所能及之事，那么道德上的价值，绝对与境遇好的人没有区别。而那些境遇好的人更应当反思自己对于社会责任的重大，更不可以荒废一天。承载上天的命令，自求多福，如果这样还没有福气，那是谁的责任呢？那是谁的责任呢？

第十一章 彼得之遗训

彼得临终时，以遗训示子孙。观其遗训，可以知俄国侵略之志。今于末章录之。

第一款 我俄国之人，尚其念祸至无日，平居当一如临战之时：士卒宜日不释甲，枕戈待旦，以排万难，图自振，更宜养精蓄锐，以乘时会。不可一日弛军备，盖并吞诸国，以致强大。吾国固当循此途辙，以为生存者也。

第二款 我俄国于战时，当自他国订聘将校。平时则延其学士文人，以兴教育，使吾国人民，毋落他国后。惟招聘外国人，务须于吾国人自尊精神，无所损失。

第三款 欧洲中，若有纷议事，当藉为口实，乘间插足于其间。日耳曼为我邻国，其利害关系，尤巨且显。故彼国事变，当以全力干涉，勿使滋蔓。

第四款 对于波兰，当煽其内乱，贿其贵族，间其议会。使党俄之人，日益得势，更须遣兵屯其国境，托为保护。若他国起与吾争，则当先与之分剖其地，然后徐俟机势，收其全土。

第五款 对于瑞典当用蚕食之策。若彼怒而兴兵，则吾得乘之而移其祚。次乃图侵丹麦，惟当侵略之先，务使二国彼得临终的时候，把遗留的指示拿出来教育子孙。我们读他的指示，可以知道俄国想要侵略扩张的想法，现在将其收录在最后一章中。

第一条　我们俄国人，崇尚居安思危，平常时也要像即将发生战争一样：士兵们最好白天不脱盔甲，晚上枕着武器睡觉，通过这种精神来克服各种困难，图求我们国家的振兴。也要养精蓄锐，等待时机。一天也不可以放松军事操练，以吞并其它各国，来使我国强大。我国一定要沿着这样的路，来维持国家的生存。

第二条　我们俄国在打仗时，应当从其他国家聘请军官。平时也请一些知识分子来振兴我国的教育，让我国的国民素质不落后于其他国家。只是在招聘外国人来我国的时候，需要注意不要因为他们损害我国人民的自尊精神。

第三条　在欧洲，如果有什么骚乱纷争，我们应当以此为理由，乘机插手欧洲事务。日耳曼是我们的邻国，其利害关系对我国尤其重要。所以这个国家一旦发生事变，应当尽全力干涉，千万不要让他们国内的力量滋长。

第四条　对于波兰，应当煽动他们国家内乱，贿赂他们的贵族，离间他们的议会。使亲近俄国的人，越来越有势力。我们也要屯兵在国境线上，名义上是保护人民。如果其他国家起兵来和我们争夺波兰的土地，那么应当先和他一起分割波兰的领土，然后再慢慢等待时机，将波兰全部纳入版图。

第五条　对于瑞典应当采用慢慢蚕食的策略。如果瑞典因此恼怒而发动战争，那我国就可以趁机占领他们国家。然后应当谋常怀敌意，不相救助，以孤其援。

第六款 俄国亲王，当与日耳曼王室结婚，以姻娅之谊，联络情意，使彼常为我助而不掣吾之肘。

第七款 英国之海军贸易，皆与我文化有裨。宜与通商同盟，以我之材木物产，易彼金货，且使两国商人航海者，互相亲睦，以期术业之盛。

第八款 扩张版图当北沿波罗的海，南向红海，以其形势利便也。

第九款 我俄国领土，当使与土耳其都相迩，盖于此奠都，统一宇内之基可立。宜与土耳其波斯搆兵勿息，更扩黑海海军，据波罗的海沿岸，而后进迫君士但丁堡（土耳其都），是为称霸之第一著。此外如乘波斯衰微，占其港湾，如经营西伯利亚，回复恰克图贸易，或南侵入印度。印度为世界宝库，汝曹苟得践斯土，可效法英国，以资财为吞并之媒，毋须流鲜血也。

第十款 俄奥同盟，当使持久。若奥国欲统御日耳曼，宜奉阳其意，阴煽邻国，使之交恶。又宜以策命日耳曼诸邦，乞援于我，我乃立于不败之地，保护诸国，渐使奥国屈服。

划侵略丹麦，在侵略他们之前，一定要使他们两国相互敌视，不相互帮助，让他们孤立无援。

第六条 俄国的亲王，应当与日耳曼王室成员结婚。通过婚姻的情谊来联络情意，使得他们国家经常帮助我们，而不是干扰我国行动。

第七条 英国的海军和贸易，都对我国的文化发展有益。我们应该与英国通商、缔结同盟，用我国的木材等其他物产，换取他们的黄金、货物，并且要让两个国家的商人在航海时互相亲近和睦，来达到我国学术技艺的兴盛。

第八条 扩张版图时应当向北沿着波罗的海，向南沿着红海，因为这里地势便利。

第九条 我们俄国的领土，应当靠近土耳其的首都，因为在这里建立首都，可以奠定统一世界的基础。我们应当与土耳其波斯交战不停息；扩张黑海海军，屯聚在波罗的海沿岸，之后进攻君士坦丁堡（土耳其的首都），这是称霸的第一步。此外如果能趁波斯衰微，占领它的港湾，此外还可以发展西伯利亚荒原，重新开始同中国的贸易，或者向南侵略印度。印度是世界宝库，你们如果能够进入那片土地，就可以效仿英国，通过资本和财产作为吞并其他国家的方式，不需要再进行流血战争。

第十条 俄国与奥地利的同盟，应当保持长久。如果奥地利想侵略统治日耳曼，那我们就假装听从他的意见，背地里煽动其他邻国，让他们与奥地利不和。又可以让日耳曼的那些邦城向我国求援，我国于是立于不败之地，保护那些国家，渐渐使奥地利屈服。

第十一款　对于奥国，宜诱以利，使与我亲，我乃约之攻土耳。其或以掠夺所得分与之，或与约为彼复仇，其所得恢复之地一时当以予彼。

第十二款　于匈牙利、土耳其、波兰等之教徒，及我国之希腊教徒等。汝曹当怀柔之，以汝曹之身，为各团体之总汇，使于宗教社会建立王政，更立阀族（谓门阀之族）社会，俾得积渐归我统辖，利用斯拉夫尼喀教徒为间谍，以之侦察敌情。

第十三款　割瑞典，征波斯，并土耳其，吞波兰，乃整陆军。以海军拥护黑海及波罗的海，养成强大兵力，徐窥时机，劝法、奥以并吞之策，约与均分。两国若从吾议，当纵之讨灭他国，汝曹乃乘其敝，一弋而取之则并吞世界之功，可以立定。

第十四款　苟法、奥拒吾之议，则当广布谗间，使两国交恶。待其兵穷财匮之时，然后我乘其机，大举陆军，攻日耳曼。更遣二大舰队，一向亚束海，一向亚他宁港。载亚细亚之蕃人，以波罗的海及黑海舰队为拥护，自地中海出大西洋，乘法之不意，为掩袭计。二国既平，则其他诸国可传檄而定矣。

第十一条　对于奥地利，应该通过利益来引诱，让它亲近我国，我们就可以与它约定一齐攻打土耳其。在这期间，可以把掠夺的东西与它分享，或者约定为对方复仇。至于所收复的土地也应当暂时分给它。

第十二条　对于匈牙利、土耳其、波兰等国的教徒，以及我国的希腊教徒。你们应当对他们采取怀柔政策，利用你们的身份，成为各个宗教团体组织的负责人，在宗教社会上建立君王政权，将其更改确立为门阀士族形式的社会，让他们渐渐归我国统辖。利用斯拉夫尼喀教徒作为间谍，来侦察敌情。

第十三条　想要分割瑞典，征服波斯，吞并土耳其和波兰，则需要整顿陆军，通过海军来控制黑海与波罗的海，我们要培养强大的兵力，慢慢等待时机。劝法国、奥地利一齐参与我们的吞并计划，约定与他们一同平均分割土地。这两个国家如果听从了我们的意见，在他们侵略讨伐其他国家的时候，你们就可以趁他们国内空虚一举消灭他们。那么吞并世界的功绩，就可以确立了。

第十四条　如果法国和奥地利拒绝了我国的意见，我们就广泛散播谣言，使这两个国家关系紧张，相互发动战争。等到他们兵力消耗、财力匮乏的时候，我们国家就可以趁机，大规模发动陆军进攻日耳曼。再派遣两只舰队，一支向亚述海航行，一支向亚他宁港航行。船上载着亚细亚洲的土著，用波罗的海和黑海的舰队护航。从地中海出大西洋，趁法国不注意偷袭法国。这两个国家一旦平定，那么其他国家只通过一纸文书就可以降服了。

第十五款 后世子孙，宜循此策，以经略全欧，且舍是之外更无他良策也。我俄国无穷之福在于此举，汝曹子孙其勿违兹训。

【批评】

彼得遗训，俄人自彼没，殆无一不实践者。分割波兰，利用党争，干涉其内乱。始与普、奥均分其地，后乃全归俄有。其于瑞典、丹麦，亦遵前策。而土耳其侵略，亦一如彼得之谋。不料英法二国，起而扼之于黑海，而俄乃不得出地中海，与欧洲列强争一旦之命矣。至德、奥、意联盟既成，而俄并吞德法之谋，途不得展。故彼得外交侵略，因时势变易，卒不能尽如其意。然俄人不得志于西，乃求逞于东。印度守御尚固，又有西藏之阻，亦不能遂其所欲。波斯、阿富汗、以英与之力持均势之局，其策亦不得行。于是视线所集，一向于吾国伊犁、蒙古、黑龙江诸地，蚕食至数千里。大连军港，租借且数十年，基础既固，侵略之谋益急，乃乘拳匪之乱，而屯兵于东三省。此数年来之事，人所共见者也。近者虽败于日本，不能逞志极东，而又思笼络喇嘛，以窥西藏，测量戈壁，以通蒙古。伊犁之戍兵，日有增加，波罗的之舰队，且有实行恢复之说。亚东大陆，终为俄人所蚕

第十五条 后代的子孙，应该遵循这条道路来筹划治理欧洲，而且除此之外也没有什么其他好的方法了。我们俄国美好的未来就在这里了，你们切勿违反这些指示。

【评论】

彼得的遗训，俄国人自他死后，没有不实施的。分割波兰，利用它内部的党派争端，干涉他国内乱。开始和普鲁士、奥地利平均分割波兰的土地，后来全部归俄罗斯所有。至于瑞典、丹麦，也遵循了彼得的计策，甚至侵略土耳其，也都是遵照彼得的计策。不料英国与法国出兵，把俄罗斯堵在了黑海，使得俄罗斯无法走出地中海与欧洲列强决一死战。直到德国、奥地利、意大利同盟形成，俄罗斯吞并德国和法国的计划才无法施展。所以彼得的外交侵略，因为时代与形势发生了变化，不能实现他的想法。然而俄罗斯人在西边不得志，于是希望在东边获得利益。印度防御尚且严密，还有西藏的阻隔，也不能实现他的想法。在波斯、阿富汗、以英和俄国势均力敌的局面下，这项策略也不能够实行。于是侵略的眼光，指向我国伊犁、蒙古、黑龙江等地，蚕食了将近数千里。大连军港已经被租借了数十年，这里的基础已经十分牢固。他们侵略的计划就更加紧迫，乘我国义和团运动，国家动乱的时候，屯兵在东北三省。这以后几年的事，都是大家有目共睹的。最近虽然被日本打败，不能在远东舒展其志向然而现在又在笼络喇嘛，希望占领西藏，测量戈壁来修建通往蒙古的道路。驻扎在伊犁的军队数量日益增加，波罗的海的舰队也有要恢复的说法。东亚大陆最终会被食，俄窥吾圉，各国从而生心。于是均势之论既嚣，瓜分之祸弥急矣。嗟我国民，尚其读彼得之遗训，而知俄人之用心，急起而谋自固之策哉。

俄罗斯人所蚕食，俄罗斯觊觎我国的边疆，各个国家跟从他，都产生侵占我国的想法。于是均衡各自在中国的势力的论调叫得越来越响，而中国被瓜分的危险越来越急迫。我们的国民，应当读彼得临终前的指示，知道俄国人的用心，立刻起来考虑保护自己国家的策略啊。